PANTHÉON LITTÉRAIRE.

LITTÉRATURE GRECQUE.

POÉSIE.

ated OEUVRES

DES

POÈTES GRECS.

BATIGNOLLES-MONCEAUX, IMPRIMERIE D'AUGUSTE DESREZ, ET Cie,
RUE LEMERCIER, 24.

LES PETITS
POÈMES GRECS

PAR

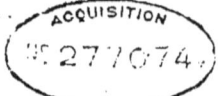

ORPHÉE. — HOMÈRE. — HÉSIODE. — PINDARE. — ANACRÉON. — SAPPHO. — TYRTÉE.
STÉSICHORE. — SOLON. — ALCÉE. — IBYCUS. — ALCMANE. — BACCHYLIDE.
THÉOCRITE. — BION. — MOSCHUS. — CALLIMAQUE. — COLUTHUS.
MUSÉE. — TRYPHIODORE. — APOLLONIUS. — OPPIEN. — SYNÉSIUS.

TRADUITS PAR

ALUTH. — BIGNAN. — BELIN DE BALLU. — J.-J.-A. CAUSIN. — ERNEST FALCONNET. — GRÉGOIRE ET COLLOMBET.
LAPORTE DUTHEIL. — J.-M. LIME. — PERRAULT-MAYNAND, ETC.

PUBLIÉS PAR M. ERNEST FALCONNET,

SOUS LA DIRECTION

DE M. AIMÉ-MARTIN.

PARIS,
AUGUSTE DESREZ, IMPRIMEUR-ÉDITEUR,
RUE NEUVE-DES-PETITS-CHAMPS, 50.

M DCCC XXXVIII.

PRÉFACE DE L'ÉDITEUR.

La traduction des *Poëtes grecs* que je présente au public est l'œuvre de plusieurs auteurs. Un volume composé d'ouvrages aussi variés par la forme et par les idées ne pouvait appartenir à une seule rédaction; il lui fallait tout à la fois l'unité de direction imprimée par une intelligence patiente et dévouée au travail difficile de l'arrangement et le talent varié de plusieurs traducteurs s'exerçant chacun sur un texte différent et le marquant au cachet de sa personnalité, de son style, de sa manière. D'heureuses circonstances m'ont permis de faire ainsi : des hommes habiles ont bien voulu se joindre à moi pour élever à la poésie grecque un monument sérieux et durable. Qu'ils en acceptent ici tous mes remercîment et qu'ils me permettent de faire ressortir en même temps leur modestie et leur mérite.

M. Bignan se trouve, parmi tous ces brillans collaborateurs, le premier dans l'ordre du volume. Ami de Dugas-Montbel, cet excellent traducteur trop vite enlevé à la littérature, il a été son fidèle compagnon d'études; il avait longtemps lutté avec lui contre toutes les difficultés de la langue grecque; il en connaît toutes les ressources et tous les secrets. La traduction inédite d'Hésiode, qu'il a bien voulu nous abandonner, est l'œuvre de plusieurs années de travail. Les notes seules, pleines d'une érudition puisée dans les auteurs primitifs, dans les scholiastes les plus diffus et les commentateurs les plus minutieux, prouveront tout ce qu'il a fallu de recherches pour éclairer le texte d'Hésiode, si obscur par les sujets qu'il traite et par la date reculée à laquelle se rapportent les différens usages des peuples anciens.

M. Perrault-Maynand, helléniste distingué, connu par plusieurs ouvrages devenus classiques dans l'enseignement, s'occupait depuis cinq ans d'une traduction complète de Pindare. La première portion de son travail avait paru en un volume in-8°; elle renfermait la traduction des *Olympiques* avec le texte grec, des notes et une version latine excessivement exacte. Ce volume nous avait révélé la science d'un homme également habitué à toutes les difficultés grammaticales de la langue grecque et à toutes les beautés de la langue française. En même temps qu'il nous a permis de profiter des *Olympiques* déjà publiées, il a terminé pour nous les *Néméennes*, les *Isthmiques* et les *Pythiques*, et nous a ainsi donné une œuvre complète bien supérieure à toutes les tentatives de Chabanon, de Gin et de Tourlet.

Théocrite, Bion et Moschus sont dus aussi à des savans qui, comme M. Perrault-Maynand, travaillent loin du tumulte, des événemens et des hommes, retirés dans une ville dont la réputation est loin d'être littéraire. M. Perrault-Maynand, traducteur de Pindare; M. ***, traducteur de Théocrite; MM. Grégoire et Colombet, traducteurs de Bion, de Moschus et de Synésius, vivent à Lyon. Leur dévouement aux études sérieuses mérite d'être récompensé par la plus grande publicité, et nous espérons qu'on nous saura gré d'avoir prouvé au monde savant qu'il est ailleurs qu'à Paris de nobles efforts dignes d'être connus et encouragés.

Les Halieutiques d'Oppien appartiennent à M. Limes : il nous a autorisés à reproduire sa traduction. Il n'était pas possible de faire mieux; nous avons donc été heureux de pouvoir profiter d'une version aussi élégante que consciencieuse.

Quant à moi, j'aurais désiré mériter un voisinage aussi redoutable, j'ai essayé. Le premier en France j'ai tenté de traduire Orphée et de pénétrer à l'aide d'une version exacte dans les mystères de cette civilisation primitive. Les difficultés sont inextricables, et je ne me flatte pas de les avoir surmontées. L'excellent discours préliminaire, héritage d'un savant helléniste, Delille-Desalle, mort depuis longtemps, m'a été utile pour résumer toutes les idées sur le problème encore indécis de l'existence d'Orphée; mais malgré ce secours et les notes d'Eschenbach et de Gessner, je n'ose espérer d'avoir réussi dans une œuvre presque impossible. Des travaux plus agréables et moins difficiles sur Homère, Anacréon, Sappho, l'*Anthologie* et quelques petits poëtes complètent avec l'introduction ma part dans ce volume. J'ai eu soin que l'introduction ne présentât que le sommaire d'idées générales sur les caractères de la poésie grecque; j'ai développé dans les préfaces mises en tête de chaque poëte le caractère particulier de chaque poëte et de chaque époque; enfin j'ai apporté à ce volume tous les soins de surveillance et de révision dont je suis capable ! Puissé-je ne pas être resté au-dessous de ma tâche.

Ernest Falconnet.

Paris, 20 août 1838.

INTRODUCTION.

La poésie humaine, dans les temps anciens, a surtout été représentée par deux peuples, le peuple hébreu et le peuple grec. Ils se sont partagé les élémens de toute inspiration : à l'un, la nature extérieure et ses charmes infinis, les harmonies du monde et ses plus suaves mystères exprimés, comme ils étaient sentis, avec une expression enthousiaste et habile à personnifier; à l'autre, les symboles de la divinité, l'héritage des traditions primitives accepté et conservé avec la fidélité la plus religieuse, l'explication intelligente des imperfections de l'âme et de sa faiblesse native. Ainsi les deux faces de la pensée sont représentées par ces deux peuples ; leurs livres résument pour nous toute l'antiquité : ils nous offrent des chefs-d'œuvre et des modèles ; ils lient, par une chaîne non interrompue et dont Rome a été le dernier anneau, le développement des temps primitifs au développement des temps présens ; ils reproduisent et expliquent les influences du climat, de la civilisation, des idées ; ils réfléchissent dans leur caractère ces dissemblances si marquées. Le génie de chacun de ces peuples, de sa langue, de ses habitudes, de son origine se retrouve dans sa physionomie générale : chez l'un comme chez l'autre, la supériorité est réelle ; l'empire étant partagé, chacun est resté maître chez soi, sans égal ; en sorte qu'en réunissant ces deux poésies, on formerait une magnifique unité du cœur et de l'intelligence humaine : ce serait une belle médaille antique portant une double empreinte, l'exergue du monde et le sceau de Dieu.

Les monumens de la littérature indienne ont bien la prétention d'une gloire plus ancienne et plus complète, mais nous les connaissons à peine ; les érudits en ont fait leur conquête : ces livres sacrés ne sont pas répandus, le cercle de leur publicité et de leurs admirateurs est restreint. Ils appartiennent à une civilisation aussi avancée dans les intérêts matériels que dans les manifestations de l'intelligence : cette civilisation, nous l'ignorons encore, nous n'en arrachons qu'avec peine quelques lambeaux au passé. Nous ne suivons pas de l'œil tous les membres de ce grand corps que formait la société indienne : une portion est dans l'ombre. Le temps, l'éloignement et surtout l'étrange *personnalité* qu'on aperçoit dans cette civilisation nous la rendent difficile à comprendre. Elle se prétend primitive : il nous faut pour l'apprécier la retrouver complète ; nous ne pouvons arriver à la connaître par analogie ou par comparaison : le sanctuaire de la sagesse des brahmines est impénétrable aux yeux des modernes ; tous les secrets d'une civilisation y sont cachés. L'Allemagne, l'Angleterre et la France se sont mises à l'œuvre ; mais nous attendons encore une intelligence assez hardie pour déchirer le voile et nous guider dans cette initiation mystique que nous implorons en vain.

Laissons donc de côté ces livres que nous ne connaissons que par quelques traductions imparfaites. L'œuvre de l'esthétique ne vient qu'après l'œuvre de la science, et l'œuvre de la science n'est pas encore terminée. Comparons seulement, dans une appréciation sérieuse, la poésie hébraïque et la poésie grecque, car nous ne connaîtrons bien l'une que par l'autre. Nous nous servirons de celle-ci pour éclairer les défectuosités de celle-là, et nous voulons que notre appréciation porte un caractère net et formulé.

Chaque peuple a une qualité dominante, sa littérature la reproduit ; elle s'empreint dans ce moule de la manière la plus parfaite ; elle la représente toujours avec une scrupuleuse fidélité : du jour où elle ne la représente plus, elle meurt. C'est une loi de l'organisation des sociétés de développer activement cette qualité; poëtes et philosophes travaillent à cette œuvre, et les législateurs eux-mêmes sont dominés malgré eux, à leur insu, par l'ascendant de cette faculté souveraine. Les peuples sont comme les individus, ils apportent sur la scène du monde vices et vertus : ils sont frères, mais ils ne se ressemblent pas.

Ainsi, et nous aurons occasion de le prouver plus tard, ce qui distingue les Grecs, c'est une certaine clarté qui se répand de prime jet sur toute leur civilisation, sur toutes leurs œuvres : dans la pensée, elle se produit par une inspiration d'abord chaleureuse et compréhensive, plus tard artificielle mais habile; dans la philosophie, elle adopte comme la plus vulgairement intelligible cette science de la morale qui se traduit pour tous et par tous; dans l'éloquence, elle est toujours élégante dans l'ensemble et fleurie dans les détails; dans l'architecture, elle a des coupes droites qui, par l'ensemble des lignes, se détachent brusquement sur le ciel, mais s'épanouissent en détails des plus gracieux ornemens. On sent dans toute cette vie une atmosphère chaude, un mouvement facile, une volupté jetée au dehors et modérée par l'intelligence. Ce caractère se retrouve partout dans les œuvres de la Grèce. Tout ce qui y échappe est exception.

Les Romains au contraire possédaient surtout une appréciation poétique universelle : ils faisaient ce qui est utile. La poésie leur vint tard : à quoi leur eût-elle servi? Les lois, ils les prirent à la Grèce, ils les façonnèrent à leurs nécessités, mais ils ne les subirent que quand l'heure fut venue. Cette ancienne civilisation étrusque, dont ils auraient dû être les heureux héritiers, ils l'effacèrent tout entière. Peuples neufs, peuples durs et nés pour la guerre, ils se créèrent par la conquête, ils eurent le sol par la conquête, des femmes par la conquête, des lois par la conquête, de la poésie par la conquête : la Grèce asservie leur inspira ses chants. Ce peuple avait un grand égoïsme légitimé et sanctionné par une grande force de raison.

Le peuple hébreu est surtout le représentant d'une idée, l'éternité : il porte dans son histoire, dans son style, dans ses traditions une profondeur toute prophétique; chaque fait y révèle une double signification, l'une matérielle et présente, l'autre symbolique et d'avenir. L'existence et le sentiment de ce peuple se rattachent moins au passé qu'au présent, qu'à l'avenir surtout. Fier d'une promesse qu'il avait inscrite dans sa religion, il aspirait vers son parfait développement; et dans les langes de ses premières années, il lui avait été donné de sentir sa civilisation future. Son passé n'était point, comme celui des autres peuples, le trésor des simples traditions, des souvenirs poétiques, mais c'était surtout le grave sanctuaire d'une constitution divine et d'une alliance éternelle. Dieu avait passé par là. Le merveilleux livre de la Genèse, bien qu'écrit et coordonné par Moïse à une époque déjà postérieure, présente partout le cachet du monde primitif, dont les traces se retrouvent dans chacune des syllabes qui le composent; il dévoile le grand mystère de l'homme, il renferme la clé de toute révélation : c'est l'Évangile de l'ancienne alliance

Chez les Grecs, l'idée d'éternité était séparée de la vie active; admise par quelques philosophes dans les enseignemens d'une doctrine sévère, elle était isolée de toute autre idée : c'était une méditation solitaire, abandonnée à quelques-uns, ne fécondant rien autour d'elle, ralliant à peine quelques rares intelligences. La personnification avait tout envahi; la poésie imitative avait asservi et maîtrisé toute tentative d'apothéose idéale. Socrate prêchait une âme immortelle; il but la ciguë, car il venait faire une révolution dans les doctrines. On hésitait en face de cette croyance, on marchandait avec elle; on permettait à l'âme d'exister avec la migration, avec la métempsycose, mais on lui niait l'immortalité, l'éternité. Les doctrines allaient jusqu'à l'erreur; elles s'arrêtaient là. Les vérités étaient rares au temps ancien, et cette morale, qui est devenue aujourd'hui le lait de la jeunesse, reposait dans un secret plein de ténèbres, sondé seulement par des esprits spéculatifs et supérieurs.

Dans le développement du peuple hébreu, au contraire, l'idée d'éternité était étroitement liée à la vie, au passé merveilleux de la nation, aux promesses plus magnifiques encore de son mystérieux avenir. La législation fondée par Moïse ne se développa presque jamais dans une complète réalité ; les temps de l'existence réelle des Juifs sont courts, car l'invasion des opinions, de la civilisation et de la langue des Grecs fut rapide parmi eux ; les dominations étrangères leur inspirèrent successivement des doctrines et des croyances qui altéraient leur dot sacrée, mais cependant nous pouvons dire que l'existence de ce peuple fut celle d'un peuple élu, privilégié, et qu'elle se rattacha d'une manière prophétique à un avenir qui fut accompli. Et ceci se retrouve dans ses livres divins ; l'expression y est continuellement dictée par le culte ; les comparaisons mystiques y abondent. La nature extérieure est invoquée comme hommage à la nature divine : Dieu s'explique par le monde. C'est le but de toute l'inspiration. La religion qui en ressort est toujours sévèrement morale, basée sur une foi inaltérable et héroïque en la Providence, c'est une théocratie perpétuelle, transmissible, animant et ordonnant tout dans la vie, c'est un ensemble de prescriptions sévères, impérieuses, non pas enveloppées dans une philosophie qui disserte gravement des attributs de Dieu, bâtit des démonstrations sur des argumens subtiles et parvient à la vérité en s'appuyant sur des moyens artificiels, mais inspirant une crainte filiale et un amour immuable en Dieu par une alliance inébranlablement solide et la relation vivante, perpétuelle et inspirée.

La littérature des Hébreux porte donc surtout ces deux qualités distinctes, moralité et divinité. L'ensemble et les détails sont pareillement illuminés de cette puissante nature. Ainsi ses livres représentent un tabernacle grandiose couronné de l'auréole des douze petits prophètes, flamboyant à ses quatre angles de ces torrens enflammés de prophéties jetées par les quatre grands prophètes. Les livres historiques témoignent encore de l'intervention divine ; ils nous montrent dans leur ensemble les égaremens, les épreuves et les voies miraculeuses du peuple élu, secouant par fois les ordres d'en haut et se courbant bien vite ensuite sous la crainte salutaire. Les histoires particulières, les légendes hébraïques, qui d'après le point de vue ordinaire et littéral ne formeraient qu'une partie accidentelle et purement épisodique du tout, comme le livre de Ruth, celui d'Esther et de Tobie, nous montrent encore l'action réelle de la Providence sévère et bienveillante sur les personnes isolées ; ils viennent ainsi se rallier au grand livre de la vie du peuple hébreu, lui servir de commentaire, présenter la même idée dans une sphère plus restreinte et sous un vêtement symbolique. Ce tronc nerveux des livres divins, qui porte tant de fruits dans leurs fleurs, enfoncé aussi dans la terre par les fortes racines de la Genèse, lève vers le ciel les rameaux de ses prophéties et domine de son ombre toute cette abondante et luxurieuse végétation de cantiques qui grandit à ses côtés. Ces hymnes, aspirations ardentes de foi et d'amour, s'élancent comme un triple rejeton, audacieux et portant haut la signification de leurs idées. Le livre de Job complète l'obéissance à la loi divine par la patience et la foi ; les livres de Salomon annoncent les mystères de l'amour divin, et les proverbes présentent les paroles sévères de la morale ordinaire. Tel est l'ensemble de la littérature hébraïque : elle est toute renfermée dans les livres saints. Procédant de l'unité de Dieu, elle arrive à l'unité de la doctrine ; toutes ses portions se groupent dans une même tendance. C'est le résumé sublime d'une civilisation isolée, sérieuse, qui a grandi sous l'influence de la théocratie et lui doit ses plus glorieux développemens.

La littérature grecque est plus universelle, plus éparpillée, adonnée à la forme et à l'expression, mais ne reconnaissant aucune pensée dominante. Elle procède de l'inspiration des hommes et de l'inspiration des événemens ; mais les hommes et les événemens ont un caractère purement accidentel. Un poëme vient après un poëme ; entre eux il n'y a pas de liens. Les croyances étaient indécises et mobiles. Deux parts se trouvaient dans le paganisme : l'une secrète, dévoilant les idées qui se cachaient sous les formes, initiant aux doctrines par les mystères si profondément significatifs d'Éleusis et les sages oracles de Delphes ; l'autre publique, vulgaire, divisant les vices et les vertus, faisant des dieux de tous les penchans humains, peuplant l'Olympe de divinités passionnées, irritables, faibles, amoureuses ou sages, faisant ainsi des cieux une reproduction fidèle de la terre.

Cette dernière religion, aidée par le climat, par l'exaltation naturelle aux Grecs, par l'ignorance, qui voyait dans chaque phénomène une apparition, le jeu d'une divinité, se reproduit tout entière dans les œuvres des poëtes. On entrevoit bien parfois comme un souvenir lointain de la civilisation asiatique; les traditions de cet âge antérieur se produisent vaguement dans quelques génies primitifs, mais elles disparaissent promptement; elles sont étouffées par cette végétation luxuriante des images, cette exubérance gracieuse de la forme; le mouvement des esprits se livre à sa tendance naturelle : la civilisation devient spontanée, aimable, indépendante des autres nations. Ils ont bien, il est vrai, dans le principe et d'après leur propre témoignage, appris des Phéniciens l'art de l'écriture; ils ont emprunté aux Égyptiens et à d'autres nations de l'Asie les premiers élémens de l'architecture et des mathématiques, beaucoup d'idées philosophiques et d'arts nécessaires à la vie; ils ont d'ailleurs des héros d'une existence problématique qui leur sont communs, des traditions à peine modifiées qui établissent la parenté des deux peuples; mais ce ne sont que des traces fugitives et éparses effacées par le temps, peut-être aussi par l'orgueil national, des souvenirs à moitié éteints que l'intelligence seule des philosophes modernes a pu rallumer pour éclairer la route des recherches philologiques; encore ne peut-on en tirer qu'une induction vague et générale : c'est une preuve assez indécise de l'origine commune des peuples; c'est le berceau du développement de l'esprit humain. Mais s'ils ont appris des étrangers, s'ils leur ont emprunté, ils ont bien vite appliqué toute leur industrie à l'amélioration et au perfectionnement : peuple imitateur et surtout spirituel, ils ont saisi en toutes choses la surface brillante; ils ont fait de toutes les notions isolées un ensemble complet; ils ont apposé à leur œuvre un tel cachet de personnalité qu'à première vue, au lieu d'admirer la réalité de leurs conquêtes, on s'éprend d'amour pour une civilisation qui semble leur appartenir tout entière.

Nous devons dire aussi que la vanité nationale ne joua pas seule un rôle actif dans ce travestissement des premières idées, dans ce déguisement de l'origine : l'ignorance et l'erreur ont pu y être pour beaucoup. Les vestiges des traditions asiatiques se sont glissés dans la société grecque; les arts et les sciences les ont adoptés, mais à leur insu. Habitués à voir ses étrangères vêtues à leur façon, ils les ont laissées se mêler à eux; comme ces hommes d'une nation éloignée, qu'on accueille d'abord avec une généreuse hospitalité et qui plus tard mêlent leur sang et leurs idées au sang et aux idées de leurs hôtes. Une race nouvelle reçoit le baptême de la vie; son teint sont accent, trahissent encore une origine différente; mais nul ne songe à la lui reprocher; elle a acquis des temps et des événemens le droit de cité et de fraternité. C'est ce qui est arrivé aux Grecs. Les monumens de l'antiquité orientale la plus reculée leur étaient pour la plupart inconnus; il vint une époque où ils en découvrirent avec surprise quelques restes : leur joie égala leur étonnement; la vivacité de leur imagination s'en empara; et ce fut un malheur pour eux, car cette origine asiatique, qui leur apparaissait comme une lueur subite sans qu'ils pussent bien s'en rendre compte, les éblouit entièrement. Ils perdirent de vue l'harmonie de leur civilisation, représentée par leurs mœurs et leur philosophie. Ceux même d'entre eux qui avaient étudié l'Orient, qui en avaient aspiré quelques idées, quelques croyances confuses et environnées de l'obscurité des mythes, ignoraient la généalogie de ces idées, souvent enfermées dans un mot. Ces mots (*fata*) étaient mystérieux pour les anciens : individus à longue vie, qui voyageaient de siècle en siècle et souvent d'un bout du monde à l'autre, ils portaient en eux tout le secret d'une religion; les hommes les plus avancés, ceux qui sur la foi du passé prophétisaient l'avenir, Platon lui-même, ne pouvaient remonter jusqu'au véritable point de départ de l'espèce humaine, y retrouver à sa source le principe et l'unité de toute société et de là suivre les ramifications multiples de l'arbre du genre humain. Nous seuls, grâce à l'étendue de nos connaissances ethnologiques et philologiques, pouvons suivre les traces de ces origines asiatiques, en marquer le passage dans les traditions et la civilisation des Grecs, les rapprocher les unes des autres, les réunir, les comparer, reconnaître leur influence, en former un tout et connaître ainsi tout à la fois la belle unité qui est particulière à la civilisation grecque et les causes qui ont rendu sa littérature multiple et dominée par des idées souvent mobiles, appartenant à un ordre différent.

Une autre cause importante et qui réagit sur les productions des poëtes grecs se rencontre dans le caractère successif de leur constitution; nous devons la signaler, parce qu'elle explique plusieurs œuvres remarquables et fait comprendre les temps antiques.

La différence des peuples primitifs repose surtout dans l'organisation des castes et des rangs. On constate leur souche commune par le principe qui domine leur organisation; c'est une pierre de l'ancien édifice des sociétés avant leur dispersion retrouvée parmi les ruines et qui fait l'angle apparent d'une société plus récente. C'est ainsi que les Égyptiens étaient surtout un peuple de prêtres, non qu'on y trouvât point d'autres castes reconnaissables par leur isolement, mais chez eux tout s'humiliait devant le sacerdoce comme principe dominateur : l'esprit et l'influence des prêtres étaient prééminens. Dépositaires des leçons et de la sagesse des anciens, ils se les transmettaient et acquéraient ainsi une juste puissance dans l'état. Les livres sacrés des Indiens nous montrent le même système, la sagesse et la morale confiées aux brahmines; les Juifs nous offrent le spectacle d'une théocratie complète. Dans notre Occident, ce caractère sacerdotal anime toute l'organisation sociale des Étrusques : les premiers temps de l'histoire de Rome sont même empreints de l'influence de ce principe; seulement il prend une direction différente : il dévie à une certaine date, quand les patriciens surent unir, entre leurs mains, aux priviléges sacerdotaux le pouvoir supérieur de juges et de chefs militaires. D'autres nations, issues d'une souche identique, annihilèrent l'action sacerdotale et développèrent la prééminence d'une autre caste. Ainsi les Perses, les Mèdes et postérieurement les Germains peuvent prendre le nom de peuples héroïques par la puissance qu'ils laissèrent se concentrer dans la classe des guerriers et des nobles. Viennent ensuite les Grecs, qui réunissent ces deux principes,

prennent le milieu entre ces deux grandes divisions et par la suite des temps revêtent tour à tour le caractère particulier à chacune d'elles. L'époque héroïque des Grecs fut aussi précédée d'une époque sacerdotale. Tous les anciens mythographes et les historiens, quelles que soient les conjectures qu'ils exposent, s'accordent pour placer confusément dans le fond du tableau de la vie joyeuse, animée, mêlée d'aventures et de passions des Grecs plus modernes, une race primitive de Pélasges, toujours sérieux et méditant, dans le calme d'un état avancé, leur théorie religieuse de l'humanité.

Par ce nom de Pélasges et sa signification étymologique, nous pouvons entendre ou les anciens peuples du pays ou les vieillards des tribus. Ainsi les temps héroïques d'Homère sont déjà une seconde époque, et la première organisation sociale de la Grèce, celle qui lui est antérieure, ressemble surtout à celle des Égyptiens, des Asiatiques ou des Étrusques. Les doctrines sacerdotales et symboliques des Pélasges vécurent longtemps encore; mais cachées et restreintes dans le cercle étroit des mystères; leur célébrité était grande, une vénération tremblante s'attachait à elles, et les élus qui en recevaient le dépôt sacré, le transmettaient par l'initiation. Elles n'eurent jamais leurs historiens, mais elles eurent leurs poëtes[1]; les nuages des temps se sont joints aux nuages des doctrines, et nos connaissances sont trop incertaines pour préciser les dates, les faits et les lieux. La tradition par laquelle nous connaissons les poëtes qui florissaient longtemps avant la composition des chants héroïques de Troie et avant Homère commence par Orphée, qui n'était pas Grec, et appartient à cette époque sacerdotale et à cette théogonie toute symbolique des temps primitifs. Voilà un point que nous entrevoyons dans l'horizon éloigné et obscur de la poésie grecque : c'est l'époque la plus reculée, c'est l'époque de la première poésie, c'est l'époque d'Orphée.

Plus tard, le développement de la civilisation grecque se fait par d'autres élémens, par des circonstances d'une autre nature. Un principe ayant fait son temps, il est remplacé;

---

[1] Les recherches de M. Petit-Radel sur les constructions pélasgiennes ont étendu le cercle des connaissances acquises sur ce peuple.

il en est des idées comme des hommes : elles passent, et la génération oublieuse conserve à peine leur souvenir. L'antique et étroite constitution sacerdotale des Pélasges fut rompue par la nouvelle race turbulente de ces Grecs si vifs et si avides de combats. Ils viennent après elle, brisent les premiers liens et l'effacent tout entière. De nos jours, il ne nous est pas possible de rebâtir cet ordre social à l'aide des données historiques. Une époque a tué l'autre. Nous connaissons sa mort sans connaître sa vie : c'est la seconde époque de la civilisation grecque, l'époque héroïque.

Celle-là nous est récitée tout entière par les rapsodes : Homère la commence et Hésiode la finit. Dans les œuvres de celui-ci se trouve un poëme didactique, *les Travaux et les Jours*, qui trahit déjà l'avenir d'une crise dans cette société : les besoins matériels, développés par la guerre et les rapines, demandent à être satisfaits, le luxe est devenu une nécessité, l'élégance gracieuse de la vie remplace les appétits grossiers et avides; les grandes familles héroïques disparaissent, elles sont débordées de tous les côtés par le commerce : ses progrès envahissent et nivellent toute aristocratie, ils se multiplient par les nombreuses constructions des villes dans un pays essentiellement maritime. Les traditions de la poésie restent seules comme héritage des temps héroïques; leur suprématie politique réelle s'anéantit. Alors nous apparaît un développement intellectuel tout à fait libre et indépendant : nulle influence ne pèse sur lui; il n'est pas resserré dans le cadre étroit mais brillant de la théocratie de l'Orient; il ne la dirige pas, comme chez les Romains, dans un but politique : il est isolé de tout contact, de toute utilité; il est fier et agit hardiment dans toute cete liberté conquise; il n'a plus d'autre mobile que l'impulsion naturelle des besoins de l'intelligence. Les arts et les sciences, la poésie et la philosophie vivent alors par eux-mêmes : ils sont parce qu'ils sont; indépendans de l'état et du sacerdoce, ils forment une puissance à part, puissance multiple, puissance active, puissance redoutable qui n'obéit à aucune idée.

Dans cette troisième époque il est des événemens principaux qui nous servent à expliquer les modifications de la poésie grecque. Ils tiennent à la gloire nationale, à l'histoire de la Grèce; mais il faut les comprendre pour bien les apprécier. Le premier est la guerre des Perses, dans laquelle les Grecs luttèrent pour la liberté de leurs foyers contre une puissance colossale, mais peu appréciée de sa nature. Cette guerre fut propice par ses résultats matériels et bien plus encore par les avantages moraux qui en ressortaient. L'unité se fit un instant parmi eux : le danger les réunit et les resserra. Un élan sublime anima la poésie pour chanter le triomphe, et le vertige qui suivit la victoire aida aux arts et aux sciences. La nationalité fut plus forte et plus vivace que jamais; elle se produisit hardiment dans les œuvres de l'imagination; elle fut pendant quelque temps le but des poëtes.

Les conquêtes d'Alexandre forment ce second événement, qui ne devait avoir qu'un seul reflet dans les fastes de l'histoire humaine de nos jours. Le héros entraîne à sa suite, avec les armées grecques, l'élément et le caractère de leur civilisation; il remue sur le sol de l'Asie les idées et les institutions et les hommes; il mêle deux natures, il rapproche deux mondes : il unit l'Europe à l'Asie. Envoyé de Dieu, il joue le premier le rôle de conquérant; il confond les nations, il défait les limites des empires, il crée des provinces là où se trouvaient des royaumes, il détruit et fait un chaos que les idées intelligentes de la Grèce devaient féconder pour l'avenir. Dans le cercle ainsi tracé de la supériorité de la Grèce, son plus beau temps, celui où la civilisation se développe par le commerce, par la philosophie, par la littérature, par la poésie, par tous les chefs-d'œuvre de l'intelligence humaine, est compris dans le court intervalle de trois siècles environ, qui se sont écoulés de Solon à Alexandre.

Solon favorisa surtout la liberté de pensée; il l'activa, et par la souveraine protection dont il l'ennoblit, il excita toutes les œuvres à se produire. C'est de lui que date toute la gloire d'Athènes, devenue centre de la civilisation grecque. Jusque-là les Grecs possédaient bien des chants destinés à soutenir leur courage pendant les guerres, à réveiller le sentiment patriotique; des poëmes de joie, d'amour ou de colère; les livres homériques existaient, mais ils n'étaient pas réunis : il les arracha à l'oubli et aux infidélités d'une transmission orale, les fit plus généralement connaître et assura leur immortalité en les faisant rédiger par écrit. La poésie lyrique fait entendre ses plus doux chants; la poésie dramatique rejette ses langes et représente de nobles passions en un noble style; les poëtes didactiques et moraux renferment dans des vers des pensées ingénieuses et profondes : la poésie est appelée au service de la philosophie. Les philosophes ioniens de l'école de Thalès expriment leurs doctrines dans des sentences simples, judicieuses et souvent revêtues d'une expression très-pittoresque : c'est l'âge d'or de la poésie grecque, mais il est bien court; il finit à Alexandre. Démosthènes fut le dernier écrivain influent sur ses compatriotes, excitant leur énergie au profit de leur indépendance; il les poussa aux armes; il engagea la lutte de la liberté contre l'oppression; il y laissa sa vie. Depuis lors les Grecs restèrent un peuple spirituel et civilisé : cette fleur exquise du langage, cette urbanité de manières, devenue proverbiale, furent encore leur privilége. En Égypte, sous les Ptolémées, ils devinrent même plus savans et plus profonds qu'ils ne l'avaient été sous le beau ciel de la Grèce; mais l'idée inspiratrice de leurs efforts, ce qui donnait la vie et l'enthousiasme à leurs chants, n'existait plus : ils ne formaient plus une nation.

Telle est la littérature grecque : adoptant toutes les formes, toutes les idées; reproduisant surtout la nature extérieure, dominée parfois par un sentiment d'amour de la patrie et de la liberté, rarement par l'idée de Dieu; appelant les rhythmes les plus suaves et la musique d'une langue harmonieuse et accentuée à l'aide des impressions; fille hautaine et indépendante de la forme du gouvernement, vivant par sa force et sans le secours des émotions politiques, sans le secours de ces grandes idées divines qui ont fait vibrer la lyre des prophètes à une date différente, avec un peuple différent, absolument semblable à la poésie italienne, qui peint pour peindre, qui chante pour chanter et qui rarement se hasarde à faire de Dieu ou de la société le principal sujet de ses poëmes.

L'influence de la littérature grecque doit donc être plus forte et plus générale que celle de la littérature hébraïque. Comme elle fait résonner les cordes de sa lyre, toutes les émotions tour à tour, elle était appelée à jouer un grand rôle dans l'éducation des peuples nés et élevés plus tard que le peuple grec.

La littérature latine elle-même ne fit que reproduire, calquer servilement tous les chefs-d'œuvre de la Grèce. L'imitation fut complète, parce que la supériorité de la Grèce fut de suite reconnue et constatée. Dès que les Latins eurent connu cette langue d'Homère, si douce, si harmonieuse, si merveilleusement propre à reproduire les inspirations les plus suaves et les plus grandioses, eux, qui ne connaissaient jusque-là que le rude axiome d'Ennius, s'éprirent d'amour pour toutes les qualités réunies de ce beau langage : dès lors ils avouèrent l'impuissance et l'âpreté de leur langage, ils empruntèrent à la langue grecque des expressions qui leur manquaient. La grâce du style attique leur parut digne d'envie, et ne pouvant l'atteindre, ils en rejetèrent la faute sur leur langue sourde, pauvre, sèche, difficile à manier, sans délicatesse et sans harmonie, cette langue qui, de l'aveu de Quintilien, ne peut sous le rapport de l'élocution présenter une ombre d'imitation (l. 12, c. 10). Les auteurs supérieurs de la littérature latine, les hommes qui voulurent développer leur talent de style, essayèrent de traduire du grec en latin : c'était pour eux une manière d'acquérir cette abondance et cette facilité d'élocution qui leur manquaient; en outre, ils reconnaissaient aux orateurs grecs cet art d'éloquence qu'ils possédaient vraiment et qui consiste dans l'habile disposition des choses. Aussi L. Crassus, dans ses livres de *l'Orateur*, disait qu'il s'y était souvent exercé; Cicéron le recommandait expressément en son propre nom, il joignit même l'exemple au précepte, il traduisit les ouvrages de Xénophon et de Platon, et ce fut par cette lutte hardie entre la mélodieuse délicatesse de la langue grecque et l'aspérité du style latin, qu'il parvint à conquérir ce nombre harmonieux de la phrase et cette habile et délicate disposition des mots à laquelle il a donné son nom. Messala, qui laissa parmi les Latins une si grande réputation, traduisit aussi plusieurs oraisons grecques, entre autres celle d'Hypéride pour Phryné. Quintilien nous cite cette traduction comme un modèle de traduction intelligente et hardie.

Si nous voulions prouver par de nombreux exemples que la littérature latine tout entière a rendu hommage lige à la littérature grecque, il n'est pas de grand nom illustre chez les Romains qui ne pût nous en fournir une preuve éclatante. Outre les traductions de Xénophon et de Platon, publiées par l'orateur romain, nous devons encore mentionner celle que Cicéron avait faite des Philippiques de Démosthènes, monument précieux qui ne nous est pas parvenu et qui aurait pu nous faire comprendre la marche et les progrès de ce talent prodigieux. Virgile, sans compter ses continuels emprunts à Homère, a traduit tout son second chant de l'*Énéide* de Pisandre, poëte grec, lutte ambitieuse de beautés où la victoire reste si souvent au père de la poésie grecque. Properce nous dit qu'il initiait les Latins aux chœurs sacrés de Callimaque et de Philètes (liv. 3, él. 1); Catulle copie Sappho et Callimaque; Térence résume tous les poëtes grecs et surtout Ménandre; Horace imite chaque pièce et souvent tous les vers d'Alcée, de Pindare, d'Anacréon.

Tel est le rôle que la littérature latine fut obligée de subir pour s'élever jusqu'aux chefs-d'œuvre qu'elle a produits. Elle fut toujours un reflet d'une littérature étrangère : aussi elle ne fut pas utile; elle ne conserva aucun des élémens primitifs qui constituent une nation, elle n'eut pas de caractère particulier : aucun lien ne la rattacha au passé, elle ne servit de refuge à aucune tradition : elle dénatura l'idiome pour l'améliorer et transporta à Rome ces mœurs de la civilisation grecque, douce et molle; elle efféminа l'Italie pour la livrer plus tard sans force et sans courage aux hordes du Nord qui venaient régénérer par le sang cette vieille race abattue.

En reconnaissant combien la littérature romaine a imité la littérature grecque et l'a servilement reproduite, nous devons cependant admettre dans quelques-unes de ses productions et dans quelques-uns de ses auteurs une pensée dominante et placée en dehors de l'influence étrangère; mais pour la saisir et la comprendre, pour préciser les rapports et les différences qui existent entre ces deux littératures, il nous faut tracer les phases principales de leur développement ou du moins faire saillir en relief leurs traits caractéristiques.

Toutes les nations qui entrent tard dans l'histoire du monde reçoivent des nations civilisées avant elles et à titre d'héritage une grande partie de leur culture intellectuelle; ce n'est point une transmission opérée d'une manière directe : le peuple qui impose et le peuple qui reçoit cette influence l'ignorent également; ils obéissent à une loi éternelle qui opère la fusion des races et des individus par des rapports mystérieux. La fraternité de l'espèce humaine se prouve par cette nécessité du contact; elle est imprévue, elle se révèle brusquement et par une vive commotion ou bien elle marche par des voies détournées; elle ne heurte aucune idée reçue, aucune forme d'état déjà accomplie : elle s'avance graduellement et se dévoile quand elle est arrivée. Ainsi un esprit supérieur aurait-il la conscience de l'influence d'une nation étrangère sur sa nation, il ne peut s'arrêter : toute l'énergie de son âme, toute la force de son esprit, toute l'activité de son intelligence s'useront inutilement à ce labeur. Il sera bien donné à ses nobles efforts une certaine récompense : c'est de pouvoir s'arracher, lui, lui seul, à cette domination hardie et despotique; mais nul autre ne le suivra dans son isolement. L'intelligence d'un homme ne peut pas avoir raison contre l'intelligence d'un peuple. Cet égoïsme d'une nation, qu'on appelle patriotisme, a des bornes réelles : il arriverait à l'erreur par l'exaltation ou à l'avilissement par les préjugés. Pour comprendre et pour reproduire, un peuple doit donc s'aider des progrès d'un autre peuple. L'imitation dangereuse, l'imitation qui tue, c'est celle qui, au lieu de saisir et de s'assimiler l'extension et la vie générale de l'esprit, suit avec anxiété les formes d'art particulières à une nation et qui conviennent rarement à une autre; c'est celle qui veut mettre l'artifice à la place de la nature, qui veut produire ce qu'un autre a produit et comme il l'a produit.

Ce reproche peut s'adresser en partie à la littérature romaine. Elle semble avoir négligé les antiques traditions nationales et patriotiques, avoir vainement cherché à imiter certaines formes étrangères qui arrachées au sol natal paraissent toujours froides, sans force et sans vie, ou n'ont du moins qu'une vie misérable, étiolée et superficielle comme ces plantes qui croissent dans nos serres chaudes. L'homme qui veut agir sur sa nation, qui impose à son génie une mission d'utilité peut bien s'élever et s'enrichir par l'aspect du haut degré et de la perfection où l'art et la pensée, l'esprit et le langage sont parvenus chez les autres peuples; mais il doit s'arrêter là; il ne doit transplanter dans son pays aucune de leurs formes particulières, il doit laisser à chacun sa physionomie personnelle.

La littérature romaine au contraire a pris une couleur et un vêtement grecs; ce qu'elle a gardé d'individuel, c'est ce qu'elle avait au fond du cœur. Rome, ce grand centre du monde, se retrouve dans toutes ses œuvres. Le peuple-roi avait conscience de sa dignité et de sa supériorité imposante. La diversité de but n'existe pas dans les ouvrages de ces grands écrivains. Rome aimait les applaudissemens; elle avait besoin qu'on lui parlât d'elle-même, qu'on louât sa gloire présente, son char triomphal conduit au Capitole par les victoires, suivi d'esclaves tête baissée, pieds nus et chargés de fers; elle voulait que tous lui fissent escorte, chantant sur des rhythmes divers toutes les glorieuses actions, tous les nobles développemens de sa force intérieure et égoïste. L'idée de la patrie, l'idée de l'aigle romain, maître du monde et prenant le monde dans ses serres impériales, animait toutes les intelligences, se trouvait dans tous les ouvrages, était au fond de toutes les pensées et de tous les livres: c'était là l'esprit vital de leurs compositions. L'intelligence particulière se mettait au service de la patrie, le génie de l'homme se courbait devant le génie du peuple; nul n'écrivait pour sa propre gloire, pour sa louange, pour se prélasser dans l'orgueil d'avoir fait un livre. Au-dessus de toutes les idées, de toutes les inspirations, de toutes les doctrines, de toutes les recherches historiques, planait cette grande figure de la cité romaine fortement constituée par la famille, enlaçant tous les individus dans des lois nerveuses, commandant à ses propres fils par la terreur, allant chercher au loin les trésors étrangers et le luxe des formes étrangères, mais ne permettant à aucun de mettre ces formes et ce luxe au service et à la louange d'une autre gloire que sa propre et immense gloire.

Le poëte et l'écrivain de génie doivent mettre dans toutes leurs œuvres la même pensée, la reconnaître et la servir par toutes leurs actions et par tous leurs livres. De même que le sculpteur inspiré par une grande idée qui remplit toute son existence se laisse absorber par elle, rompt avec toutes les autres et met dans chaque bloc de pierre, dans chaque statue la personnification de cette idée génératrice, la fait vivre sous toutes les formes, la féconde dans toutes ses inspirations, se dévoue à elle et ne la quitte qu'à la mort, de même l'écrivain de génie est sous le joug d'une idée qui lui est entièrement propre et qui devient pour lui le centre de toutes ses études, de tous ses travaux, de toutes ses méditations; la forme n'est plus qu'une expression: il se saisit de toute forme, il en fait une parure pour son idée: c'est là ce qu'ont fait les Romains, c'est ce qui les distingue des Grecs.

Comparons les grands poëtes des temps florissans de la Grèce, Eschyle, Pindare, Sophocle, Démosthènes, Hérodote et Thucydide, les premiers des historiens, ou Platon et Aristote, ses deux plus grands et ses deux plus profonds penseurs, et nous trouverons dans chacun d'eux une idée personnelle, une idée qui est tout pour lui et que réfléchissent toutes ses productions. Ainsi Homère nous présente dans la plénitude de leur développement les preuves les plus manifestes de la force de l'imagination poétique dans les plus beaux temps de l'époque héroïque, et ce n'est certes pas là l'effet de l'art, le produit du travail: c'est le résultat d'une heureuse perfection, fille d'une grande puissance naturelle. Chacun des autres grands écrivains nous montre une manière de penser différente, une méthode d'exposition qui lui appartient, une forme qui lui est particulière, un style et souvent même une langue à lui, en sorte qu'en entrant dans ses œuvres on sent l'air d'un monde nouveau, d'une nature nouvelle et inconnue auparavant. Aristote nous montre le sommet et la circonférence de toutes les choses que pouvaient éclairer les lumières naturelles de l'antiquité, soit par la force de la pensée, soit par l'expérience scientifique. Les poëtes dramatiques ont saisi l'expression de la vie morale des anciens ; le caractère, le sentiment, les émotions *titaniennes* des hommes primitifs nous apparaissent en leurs tragédies. Ils n'ont point l'harmonie des formes, hormis Sophocle, mais ils la colorent d'une teinte locale et individuelle qui la rend inappréciable à toute autre époque ou dans tout autre lieu. La classe qui saisit la profondeur de leur sens est restreinte; ils ne sont pas, comme Aristote et Homère, universels et compris, mais toute l'expression d'une certaine antiquité se trouve en eux : il faut remonter le cours des temps pour les comprendre et joindre les mœurs d'une autre époque aux sentimens d'autres hommes, il faut refaire par l'étude une race entière dont nous avons perdu l'histoire et la constitution. Dans Platon, nous apercevons la raison purifiée occupant le sommet de l'antique civilisation, se débarrassant des langes d'un polythéisme fatigant, écartant avec peine les nuages de l'erreur et luttant de sa seule force contre les secrets et les symboles de la Divinité pour retrouver la trace d'une révélation primitive. Nous le voyons, incertain de la réalité même des idées qu'il cherche, s'aider tantôt des doctrines orientales qu'il connaissait, tantôt des vagues pressentimens du christianisme, qui ébranlaient sa haute et noble intelligence. Sur les ailes de l'enthousiasme il franchissait la sphère des institutions matérielles et des connaissances superficielles des Grecs ; il retrouvait dans les traditions primitives les traces à moitié effacées d'une sagesse surnaturelle et devinait les mystérieuses destinées de l'avenir.

C'est ainsi que le cercle entier des forces de l'esprit humain, se déployant librement dans toutes les diversités de l'intelligence, se trouve parcouru et embrassé par ces grands esprits élémentaires : peintres de la société ou révélateurs de la destinée humaine, ils ont mis chacun au service d'idées différentes l'imagination et la raison, le caractère et l'entendement. C'était un développement riche et libre, s'aidant autant du talent que du génie, de l'habile proportion des formes et de l'habile disposition des choses que de l'inspiration.

Cet esprit d'originalité et d'adresse n'existe pas dans la littérature romaine; mais nous trouvons en elle une qualité qui compense ce défaut, c'est la grande idée qui préoccupe ses écrivains : Rome qui domine partout, comme nous l'avons déjà dit. Il est vrai que l'unité politique, si grande et si développée, écrase les génies même les plus vigoureux de cette littérature ; il n'y a pas proportion : la variété du développement intellectuel n'existe pas, et son unité se trouve aux prises avec une si grande, une si incompréhensible unité d'organisation que dans cette lutte l'esprit se trouve dominé par la réalité et ne peut que rarement atteindre à sa hauteur. Toute institution politique fortement constituée s'oppose au développement des arts et des sciences; elle a peu de souci de ce luxe de la pensée : comme le voulait Platon, elle met les poëtes à la porte de sa république ; des choses qu'elle croit plus sérieuses réclament son attention. Le développement des facultés viriles la préoccupe, la gloire nationale et extérieure, fondée sur la guerre, est son but unique; elle veut la vigueur et la santé au dedans, comme Sparte ; la dépendance et la haute inflexibilité de ses relations au dehors, mais elle dédaigne comme éphémères, comme jouets d'oisiveté la poésie, les arts et tout ce qui occupe l'investigation de la pensée. Rome ne fut pas aussi exclusive ; mais une raideur naturelle et primitive gêna cependant longtemps tout développement de la pensée, et quand plus tard la verve eut rompu ces digues que lui opposaient les mœurs, elle ne put jamais se remettre de la sévérité inexorable de sa première éducation.

La Grèce a donc agi puissamment sur l'Italie; elle est venue jeter sur les premières traditions romaines, écrites en vers saturnins, le voile d'un éternel oubli; elle s'est établie en maîtresse là où elle avait été amenée comme esclave; elle a commencé à Rome l'essai de son empire universel : c'est de là qu'elle a pris son grand essor et est venue s'abattre jusque sur nous, dévastant plus qu'elle n'a fecondé. De l'examen sérieux d'une littérature, nous ne voulons point faire ici un programme hostile à certaines opinions ou favorable à d'autres. La prééminence des anciens sur les modernes est une vieille dispute, nous ne la renouvellerons pas ; mais ce que nous devons dire, ce qui est réel, ce qui est incontestable pour tout esprit dégagé de préoccupation, c'est que si l'étude de l'art et de la littérature antique a donné à l'art et à la littérature moderne une forme plus sage, plus réservée, plus belle, si à d'autres époques elle a pu réveiller de sa tombe le génie des sociétés, elle a aussi retardé le développement des langues, elle a fait obstacle à la franchise de nos premières traditions, elle a étouffé sous l'imitation les germes des progrès, elle a transporté dans notre littérature une mythologie étrangère et des invocations étrangères, en sorte qu'on se demande à quelle date et en quel pays ont été écrits les chefs-d'œuvre d'un de nos plus grands siècles.

Quoi qu'il en soit, nous ne pouvons, tout en déplorant ce résultat, reconnaître qu'il constate la supériorité de la littérature grecque. Elle porte en elle la puissance extérieure, la virilité gracieuse, les formes élégantes et souples, tous les élémens du beau; elle profite habilement d'une langue mélodieuse et facile à manier, elle en double la puissance par une prosodie qui devient une seconde musique; elle peint tour à tour avec des couleurs éclatantes et que les siècles nous ont transmises sans les altérer les plus grandes passions de l'homme, la colère, l'amour, la vengeance, le courage impétueux et la prudence habile; elle crée des types et nous les transmet en un glorieux héritage que nous avons reçu d'elle sans oser l'augmenter; elle est assez éloquente avec **Tyrtée** et **Démosthènes** pour armer des peuples et enfanter des victoires, assez large avec Homère pour se déployer dans les deux plus beaux poëmes de l'antiquité, assez gracieuse avec Anacréon pour laisser son nom comme un modèle, assez hardie et bondissante dans son allure pour célébrer avec Pindare les victoires des hommes et la gloire des dieux, leurs pères; enfin si elle est froide, sévère, philosophique avec Aristote, au point de tout classer, de tout préciser et de dresser avec ordre le catalogue de la nature humaine, elle devient avec Platon devineresse de l'avenir, prophétesse illuminée, elle annonce ce soleil de vérité qui se lève à l'Orient.

Certes, c'est jouer un rôle illustre dans les annales de l'histoire humaine qu'avoir conservé à travers tant de siècles le droit de littérature-modèle par des titres si nombreux et si mérités. On lui reprochera bien peut-être, à cette poésie si vantée, de n'avoir jamais peint la tristesse des âmes malades et les souffrances de la poésie exilée sur la terre; elle n'a eu nul écho de cette mélancolie mystérieuse qui nous est venue de l'Orient et du Nord; elle n'a vu dans l'amour qu'un appétit grossier, et l'idée n'est point venue pour elle animer la chair : il lui a manqué en effet la foi à la Divinité et l'intelligence des qualités tendres du cœur. Mais les nouvelles sources de poésie devaient jaillir pour nous d'une religion nouvelle; il y a dix-huit siècles que le christianisme nous les a révélées, et c'est à peine si de nos jours, tant a été grand et légitime l'empire de la littérature grecque, c'est à peine si quelques-uns de nos maîtres sont allés s'inspirer de ces sublimes enseignemens. Ainsi, nous ne pouvons le nier, nous sommes les fils de la Grèce par les idées qu'elle nous a données : elle a fait notre éducation; nous lui devons nos hommages, nous lui devons de l'étudier avec respect et vérité. N'insultons pas notre mère; et si quelque chose a manqué à son illustration complète, si cette antique et forte nature a toujours glorifié l'homme aux dépens de Dieu et la société présente aux dépens de l'humanité, n'oublions pas que c'était là le défaut des temps, et qu'il a fallu pour arriver aux idées qui lui manquent une religion nouvelle, c'est-à-dire une parole que Dieu a envoyée aux hommes.

ERNEST FALCONNET.

ORPHÉE.—HOMÈRE.—HÉSIODE.—PINDARE.—ANACRÉON.
SAPPHO.—TYRTÉE.—STÉSICHORE.—SOLON.
ALCÉE.—IBYCUS.—ALCMANE.—BACCHYLIDE.—THÉOCRITE.—BION.—MOSCHUS.
CALLIMAQUE.—COLUTHUS.—MUSÉE.—TRYPHIODORE.
APOLLONIUS.—OPPIEN.—SYNÉSIUS.

OEUVRES D'ORPHÉE,

TRADUITES PAR M. ERNEST FALCONNET.

ORPHÉE ET SES OEUVRES.

I.

Peu d'hommes dans les âges primitifs ont eu plus de droits à la reconnaissance des peuples ou à la célébrité que le beau génie dont je vais essayer de tracer l'histoire. Il civilisa des peuples sauvages et leur donna des mœurs et des lois ; il écrivait presque sans modèle sur la plupart des matières qui sont du ressort de l'entendement : ajoutons qu'il était à la fois hiérophante des mystères et médecin, c'est-à-dire qu'il éclairait et guérissait tour à tour l'homme qui lui devait de n'être plus barbare ; on aurait dit que, grâces aux végétaux bienfaisans dont il se faisait le dispensateur et à la religion tutélaire dont il était l'apôtre, il se plaçait entre la nature et la providence.

Mais, par une bizarrerie inexplicable à une philosophie vulgaire, l'antiquité a plus cité Orphée qu'elle ne l'a fait connaître. La Grèce, pleine de son nom, a laissé entourer de nuages sa vie et ses écrits. On serait tenté de le comparer au dieu inconnu d'Athènes et de ne croire à son existence que par son apothéose.

Différentes causes ont contribué à cette union bizarre de la célébrité et de l'oubli.

Orphée, suivant les tables d'approximation de la moins conjecturale des chronologies, qui place l'expédition des argonautes grecs, dont ce sage fut un des héros, à l'an 304 de la chronique des marbres de Paros, c'est-à-dire 1278 ans avant notre ère vulgaire, ou 3078 avant l'ouverture de notre dix-neuvième siècle, dut naître il y a environ trois mille cent ans. Or, si l'on en excepte le Pentateuque, quel est le monument authentique qui remonte à cette époque? Le fil encyclopédique qui lie les connaissances humaines se casse à chaque instant dans ces premières origines, et peut-être vaut-il mieux en accuser les révolutions physiques du globe que la jeunesse du genre humain.

Hérodote, le père de l'histoire grecque, avait, s'il faut en croire Olympiodore, cité dans Photius[1], écrit une vie d'Orphée, qui déjà n'existait plus sur la fin du siècle d'Alexandre.

Nous ne voyons point, dans la liste des ouvrages de Plutarque que le temps a anéantis, que cet écrivain célèbre, qui a tracé des portraits si ressemblans des législateurs de l'antiquité, de ses héros et de ses sages, se soit occupé d'Orphée pour le mettre en parallèle avec d'autres grands hommes.

Diogène Laërce lui-même, qui a froidement compilé sous les Antonins tout ce que ses contemporains savaient et ne savaient pas sur les philosophes les plus illustres des premiers âges, a oublié de placer Orphée, un de leurs patriarches, dans la galerie des quatre-vingt-quatre tableaux qu'il nous a laissés : seulement il consacre au portrait de ce beau génie une douzaine de lignes dans sa préface, et c'est pour calomnier sa mémoire et accréditer le conte vulgaire qu'il fut foudroyé.

Il faut traverser le moyen âge tout entier pour arriver à quelques notions conjecturales sur le législateur de la Thrace. Il existait de temps immémorial à Turin, dans le musée des rois de Sardaigne, un marbre infiniment précieux représentant Orphée déchiré par les Bacchantes. Ce marbre est d'un fini de sculpture qui rappelle le bel âge de Périclès[1]. On y voit quatre de ces furies arrachant les membres du sage qui n'est plus. La scène se passe non loin de l'Hèbre, sur le rivage duquel la lyre du poëte est abandonnée. Orphée, quoique plus que septuagénaire à l'époque de sa mort, y est peint sous les formes arrondies de l'adolescence. Ce contre-sens était peut-être dans les principes de l'art chez les Grecs : on ne croyait pas, parmi les contemporains de Praxitèle et de Phidias, que le ciseau dût s'exercer sur des squelettes ; il n'y avait pour eux qu'une belle nature, celle de la Vénus Anadyomène et de l'Apollon.

Ce n'est qu'en 1743 que l'Europe a connu le marbre de Turin[2]; mais les mémoires qui en renferment la gravure ne se bornent pas à offrir aux yeux une frivole

---

[1] Cette aventure (dit l'éditeur), *hoc saxo luculenter expressam, qui græcam antiquitatem primis labris attigerit facile agnoscit.*

[2] *Marmora Taurinensia.* — Augustæ Taurinorum, in-4°, ex typographia regia. Le marbre d'Orphée se trouve au tome premier.

[1] *Biblioth.* cod. 80.

estampe ; on voit à la suite l'édition d'un manuscrit grec (recueilli à Milan par Constantin Lascaris, homme de lettres célèbre, de la famille des empereurs d'Orient) qui a pour titre : *Prolégomènes sur Orphée*. Cet opuscule grec, accompagné d'une version latine, est d'autant plus curieux qu'il paraît avoir été fait d'après des écrivains de l'antiquité que nous n'avons plus. Lascaris, sorti de Constantinople au milieu du quinzième siècle, trouva ces Prolégomènes dans un état de détérioration qui lui fit désespérer longtemps de régénérer l'ouvrage. Il fait entendre qu'ils servirent originairement de préface au poëme des argonautes. Quoi qu'il en soit de cette conjecture, l'opuscule nous guidera plus d'une fois dans le cours de cette histoire.

A mesure que nous descendons vers le siècle de Louis XIV, les nuages s'épaississent, soit parce qu'il y a moins de monuments intermédiaires entre nous et l'âge d'Orphée, soit parce que l'érudition du temps s'occupait plus à citer fidèlement des autorités contradictoires qu'à faire jaillir, des contradictions mêmes des écrivains, des traits de lumière qui menassent à la vérité.

J'ai feuilleté avec le plus grand soin le *Thesaurus antiquitatum* en quatre-vingt-cinq volumes in-folio de Grœvius et de Gronovius; et, quoique ce soit un vrai trésor pour les amateurs de recherches, à une médaille près, je n'y ai pas trouvé une seule petite pièce d'airain frappée au coin d'Orphée, un seul monument qui portât l'empreinte de ce grand homme.

Dans la crainte de m'égarer plus longtemps dans un dédale de vaines conjectures, j'ai eu recours au savant Fabricius, qui passe pour avoir défriché avec le plus de succès les landes bibliographiques des premiers âges. Sa *Bibliothèque grecque* offre en effet sur Orphée une notice plus longue que les ouvrages mêmes dont elle présente l'analyse : toutes les sources y sont indiquées avec un scrupule religieux. Il n'y a point de distique dans Athénée, point d'hémistiche dans l'Anthologie ayant un rapport direct ou indirect avec l'époux d'Eurydice, qui n'y trouve sa place : malheureusement la critique, sans laquelle les faits ne sont que des contes de féerie, est nulle. On voit que Fabricius sait rassembler de toutes les parties du monde des pierres bien ou mal taillées pour en former des assises, mais qu'il n'a point le génie de l'architecte pour en construire un grand édifice.

Ce défaut d'ordonnance dans la bibliothèque grecque était senti par tous les gens de goût en France, en Angleterre et en Allemagne, et on en demandait de toute part la réforme : elle a été commencée en effet dans la quatrième édition donnée en 1790 par les soins de Harles[1]. Il a ajouté quelques notes tirées de la littérature moderne, quelques supplémens qui auraient plus de prix si les citations étaient toujours exactes : mais le chaos ancien est le même. En général, l'éditeur trop circonspect marche toujours avec Fabricius et ne le devance jamais : l'Orphée surtout, qui demandait à être placé sur le devant de la scène, reste dans l'ombre au fond de la perspective.

Cette critique sage et lumineuse, que j'avais cherchée vainement dans la *Bibliothèque* de Fabricius, devait naturellement se rencontrer dans le plus beau monument de littérature des âges modernes, dans les mémoires de l'Académie des belles lettres. Malheureusement ce beau sujet ne s'est point trouvé sous la plume des hommes célèbres à qui on doit ce grand ouvrage et dont le génie aurait rendu mon travail inutile ; dans les quarante-six volumes de la collection in-4°, je ne vois que deux mémoires où cette matière soit effleurée : l'un de l'illustre Fréret, où, à propos de *Recherches sur le culte de Bacchus parmi les Grecs*[1], on insinue, d'après un opuscule perdu d'Aristote, qu'Orphée n'est probablement qu'un être de raison ; l'autre, plus direct, traite de la *vie orphique*[2]. On y expose presque sans critique les traditions vulgaires des savans sur le législateur de la Thrace : la dissertation est de l'abbé Fraguier et ne contient que six pages.

Privé de guides dans une matière d'autant plus délicate qu'elle prêtait davantage aux conjectures, j'ai eu recours aux meilleures éditions des œuvres attribuées à Orphée ; convaincu que la lumière, trop disséminée dans les livres étrangers à mon sujet, se trouverait réunie dans les préfaces des écrits qui occupaient ma plume, ou dans leurs prolégomènes.

L'édition *princeps* d'Orphée, imprimée à Florence en 1500, quoique la base de celle des Aldes, qui parut dix-sept ans après, ayant été faite sur un manuscrit souvent incorrect et quelquefois infidèle, fourmille de fautes, suivant le jugement du célèbre Henri Estienne, qui donna en 1566 la première édition vraiment pure des trois ouvrages qui portent le nom d'Orphée, c'est-à-dire des *Hymnes*, du long fragment *sur les Pierres* et de l'espèce de poëme épique des *Argonautes*[3].

---

[1] *Mémoires de l'Académie des inscript.*, XXIII.
[2] *Acad. des Inscript.*, t. V, p. 117.
[3] L'édition *princeps* est in-4°, et purement grecque, ainsi que celles des Aldes et de Henry Estienne ; elle porte pour titre, *Orphei Argonautica et Hymni*. Le traité *de Lapidibus* ne s'y trouve pas : l'éditeur a mis, à la place, des hymnes attribuées au philosophe Proclus.
Le premier écrivain qui donna une version latine d'Orphée est un italien assez peu connu, nommé Cribello. Elle est en prose mesurée, que l'auteur appelle des vers : son format est in-folio, et porte la date de 1519.
Trente-six ans après Cribello, Perdrier, savant de Paris, non moins inconnu dans les lettres, donna une seconde traduction qu'il eut le bon esprit de faire en prose. Elle porte pour titre : *Orphei opera, per Renatum Perdrierium parisiensem, ex officinâ Operini*. Basileæ. 1555. Elle est du format in-8°. Ces deux versions, de Perdrier et de Cribello, faites sans littérature grecque et surtout sans goût, ne sont connues aujourd'hui que des bibliographes.

---

[1] FABRICII *Bibliotheca græca*; editio quarta, curante HARLES; Hamburg, Ernest Bohn, 1790, in-4°.

En 1689, un professeur de Nuremberg, nommé Eschenbach, jeune et plein d'enthousiasme pour un nom aussi célèbre que celui d'Orphée, publia à Utrecht une petite édition in-12 des trois ouvrages qu'on donne à l'antique législateur de la Thrace, avec une version latine presque littérale, des remarques grammaticales et historiques en petit nombre, et les notes de Henri Estienne et de Joseph Scaliger [1]. Critiqué par le savant Leclerc [2] avec une sévérité qui annonçait une plume rivale plutôt qu'une plume amie du bon goût, il ne se découragea point et fit paraître en 1611, sous le nom d'*Épigène*, un autre monument en l'honneur du grand homme dont il semblait avoir épousé la gloire [3].

Cet *Épigène*, que son auteur fut dix ans à composer, offre quelques détails précieux sur les nombreux ouvrages d'Orphée dont il nous reste quelques fragmens, ainsi que sur ceux que le laps des siècles a totalement anéantis, et en particulier sur l'*Oronismoi*, qui traite des symboles des mystères, sur le *Kraterès* ou l'âme du monde et sur la *Théogonie*. Je ne me dissimule pas que le dissertateur n'est ni un Henri Estienne en hellénisme ni un Fréret en critique. Il veut étaler son érudition plutôt qu'instruire ses lecteurs : il cite toutes les doctrines philosophiques à propos d'Orphée plutôt qu'il n'analyse celles de cet homme célèbre, et l'on est toujours sûr, quand il consacre dix pages à l'examen d'un fragment, que son opinion sur le fragment même ne se trouve que dans les dernières lignes. Malgré ce tribut qu'il paie au mauvais goût de son temps, il y a dans son livre beaucoup de recherches et quelques traits de lumières ; ce qui lui donne des droits non-seulement aux égards du dix-neuvième siècle, mais encore à sa reconnaissance.

Malgré l'*Épigène*, Orphée ne put faire secte en Europe comme Aristote : sa gloire même semblait se traîner lentement, grâce au silence de ses admirateurs, lorsqu'une nouvelle édition, publiée en 1764, à Leipsick, par les soins du savant Gesner, réveilla l'enthousiasme endormi et donna à l'homme de lettres qui n'arbore aucun drapeau les moyens d'apprécier un bienfaiteur des hommes, que depuis près de deux mille ans on ne semblait louer ou critiquer que sur parole.

Cette édition a pour titre *Orpheos Apanta* [4], et quoique ce soit un simple in-8° de 626 pages, on y trouve non-seulement Orphée, tel qu'il nous reste, tout entier, mais encore un travail sur cet écrivain, que deux siècles auparavant plusieurs volumes in-folio auraient à peine pu contenir.

Mathias Gesner, dont le nom rappelle plus d'un service rendu, soit à la poésie allemande, soit à l'histoire naturelle, soit à l'art numismatique, avait semblé faire dépendre sa renommée de cet ouvrage ; il y travailla un grand nombre d'années avec un zèle infatigable et mourut avant qu'il fût terminé. Ce fut son ami Hamberger qui le publia à Leipsick, il y a soixante-quatorze ans ; et quand celui-ci l'appela dans sa préface un homme immortel, il ne fondait que sur ce titre son immortalité.

Gesner, outre les manuscrits allemands, hollandais et français qu'il avait collationnés, avait travaillé sur deux autres infiniment précieux, celui de Vossius que possède la bibliothèque de Leyde et celui que le savant anglais Askew avait apporté de Grèce dans sa patrie : ainsi son texte ne pouvait être plus pur, et c'était un grand service rendu aux lettres, quand il s'agissait d'un ouvrage dont les altérations et les interpolations faisaient soupçonner l'authenticité.

L'édition est précédée de *Prolégomènes* lus en 1759 à l'académie de Goettingue, et qui sont d'autant plus substantiels que l'auteur a renfermé beaucoup de choses en dix pages.

Le poëme des *Argonautes* vient ensuite ; le texte grec s'y trouve en regard avec une traduction latine, assez élégante quoique littérale, et des notes critiques et grammaticales qui forment à elles seules la moitié des pages. Tout est de Gesner, à l'exception du texte grec ; encore ce texte a si peu de rapport avec l'édition *princeps* qu'on pourrait l'appeler aussi son ouvrage.

Les *Hymnes* suivent le poëme épique ; le travail de Gesner est le même, à l'exception de la traduction en vers latins, qui est du fils du fameux Jules-César Scaliger. Ces hymnes sont au nombre de vingt-six et ne forment qu'une très-petite partie de l'héritage de gloire du législateur de la Thrace.

On lit ensuite le petit ouvrage versifié *sur les Pierres*, dont le savant éditeur a retouché la version latine et qu'il a accompagné de notes d'une haute érudition. Quant aux fragments d'Orphée ou sur Orphée, que Henri Estienne avait tirés des anciens et qui sont au nombre de cinquante, Gesner se contente de les donner dans la langue originale.

Ce grand travail est terminé non-seulement par un index très-bien fait, de plus de cent pages, sur la collation des manuscrits d'Orphée, mais encore par une dissertation latine d'une sage critique sur les navigations des Phéniciens au delà des colonnes d'Hercule.

Ainsi, quelques textes épars dans les écrivains de

---

[1] *Orphei Argonautica, Hymni, et de Lapidibus, curante Andrea Christiano Eschenbachio, noribergense; cum ejusdem ad Argonautica notis et emendationibus; accedunt Henrici Stephani in omnia et Josephi Scaligeri in Hymnos notæ.* Trajecti ad Rhenum, apud Guillelmum Vande Water 1689.

[2] *Bibliothèque universelle*, t. XV.

[3] *Andr. Christian. Eschenbach Epigenes de poesi orphica, in priscas orphicorum carminum memorias liber commentarius.* Noribergæ, 1611, in-4°. Cet ouvrage précieux pour le temps est très-rare, même en Allemagne.

[4] Le second titre est : *Orphei Argonautica, Hymni, libellus de Lapidibus et Fragmenta, cum notis H. Stephani et Andr. Christ. Eschenbachii : textum ad eodd. Mss. et editiones veteres recensuit, notas suas et indicem græcum adjecit*, Jo. Mathias Gesnerus, curante Hambergero. Lipsiæ, sumptibus Fritsch, 1764.

l'antiquité et du moyen âge, une faible notice de Fabricius, six pages des mémoires d'une Académie, l'*Épigène* d'Eschenbach et l'*Orpheos Apanta* de Gesner, voilà, en dernière analyse, tous les matériaux vraiment élémentaires sur Orphée; voilà, si j'ose le dire, l'unique foyer où vont aboutir tant de rayons de gloire, disséminés dans trente siècles et parmi cent nations diverses de l'Asie et de l'Europe, sur l'instituteur d'une des religions sociales dont la raison humaine s'honore davantage.

II.

Avant de me faire l'historien d'Orphée, je me vois condamné, sous peine de renouveler l'anecdote de la dent d'or de Fontenelle, à rechercher si mon héros a existé. Ce doute paraîtra très-étrange lorsque tant de siècles amoncelés sur sa tombe se sont réunis pour la couvrir de quelques rayons de gloire; mais il semble accrédité par deux écrivains du plus grand nom parmi les anciens, et ce serait manquer aux premières lois de la critique que de dédaigner l'examen d'un pareil paradoxe.

C'est Aristote et Cicéron que les savans soupçonnent d'avoir tenté d'avoir raison contre l'antiquité entière : voici le texte du dernier tiré du Traité *de Natura deorum*. Si ce texte n'est pas exact, il entraîne dans sa chute le suffrage de l'instituteur d'Alexandre. « Aristote affirme qu'Orphée n'a jamais » existé, et les vers qu'on a publiés sous son nom » sont, à ce qu'on prétend, d'un nommé Cer- » cops, disciple de Pythagore : *Orpheum poetam* » *docet Aristoteles nunquam fuisse, et hoc orphi-* » *cum carmen Pythagorei ferunt cujusdam fuisse* » *Cercopis*[1]. » Ces trois lignes ont suffi pour préparer une espèce de guerre littéraire de deux cents ans qui dure encore et qui ne finira pas de long-temps.

Vossius, un des ennemis les plus déterminés d'Orphée, comme un des plus dangereux par l'universalité de ses connaissances, partit de ces trois lignes de Cicéron pour rayer du livre de vie, non-seulement ce poëte célèbre, mais encore Musée et Linus. Son paradoxe se lit dans son Traité *de Artis poeticæ natura* : « Il y a, dit-il, un triumvirat de poëtes » grecs, composé d'Orphée, de Musée et de Linus, » qui n'a jamais existé. Les noms mêmes qu'on » donne à ces personnages imaginaires ne désignent » que des expressions grammaticales tirées de la » langue antique des Phéniciens, dont Cadmus fit » usage, et de temps en temps la postérité de ce » fondateur de Thèbes : *Triumviros istos poeseos,* » *Orphea, Musæum, Linum non fuisse, sed no-* » *mina ab antiqua Phenicum lingua, qua usi* « *Cadmus et aliquandiù posteri*[2]. »

Linus et Musée ont appelé avec succès de la sentence de Vossius, qui seul les reléguait parmi les ombres. Quant à Orphée, dont l'ennemi semblait se cacher derrière les noms vénérables de Cicéron et d'Aristote, il a eu un peu plus de peine à se relever d'un pareil anathème.

Le trait de Vossius était d'autant plus dangereux à une époque où les livres des savans semblaient des polyglottes, qu'il fit venir les langues orientales à l'appui de son système. Il prétendit que le nom fantastique du législateur de la Thrace dérivait évidemment de l'arabe *Arifa*, qui signifie *scire*, d'où est venu en droite ligne *Arif* et par corruption Orphée, qui au fond ne signifie que le savant par excellence.

Il eût été dans la logique naturelle de répondre à Vossius que, puisqu'il existait un *Arif* qui représentait le savant par excellence, il était tout simple de l'appliquer à Orphée dont la science profonde semblait avoir passé en proverbe chez les anciens; mais alors on ne répondait pas à un savant qui, comme Vossius, Bochart ou Rudbeck, accablait ses adversaires sous le poids des citations grammaticales. Dans les âges d'érudition qui précèdent les siècles de goût, il est rare que des textes arabes ou chaldéens ne l'emportent sur le meilleur syllogisme.

Huet, le savant évêque d'Avranches, partit du paradoxe primitif de Vossius, pour en imaginer un autre dans une branche collatérale. Il prit à son prédécesseur l'idée qu'Orphée était un héros imaginaire; mais il prétendit que le portrait de l'*Arif* des Arabes avait été calqué sur celui de Moïse[1] : d'où il s'en suivait que le poëme des Pierres, les hymnes sur les Aromates et le voyage des Argonautes pouvaient avoir pour type le sublime ouvrage du Pentateuque.

Il me semble que, pour battre en ruine Huet, qui s'appuie sur Vossius, lequel, de son côté, a pour garans Cicéron et Aristote, il suffirait peut-être de faire pressentir que le fameux texte cité du livre philosophique de la *Nature des Dieux* n'a qu'une bien faible autorité, surtout quand il s'agit d'une opinion des premiers âges, qui semble avoir envahi la monarchie universelle.

Cicéron, comme nous l'avons vu, cite pour son garant Aristote : *Orpheum docet Aristoteles nunquam fuisse*. Or, d'après l'affirmation de l'orateur de Rome, on n'a pas manqué de compulser l'Aristote tout grec de l'édition *princeps*, l'Aristote arabe d'Averroës et l'Aristote grec et latin de notre imprimerie royale, pour s'assurer de l'existence du passage hétérodoxe. Toutes les recherches les plus minutieuses ont été inutiles; et les commentateurs, pour qui tout est sacré dans les œuvres de l'écrivain sur lequel ils travaillent, en ont conclu que Cicéron n'avait point cité Aristote à faux, mais que probablement le blas-

---

[1] Lib. I, cap. 38.
[2] *De Artis poeticæ natura*, cap. 18.

[1] *Demonstrat. evangelic.* Propos. 4, cap. 8.

phème de l'instituteur d'Alexandre sur Orphée se rencontrait dans un de ses ouvrages que nous avons perdus : ce qu'un homme de sens peut se permettre de ne pas croire, mais qu'il n'aura pas l'audace de réfuter.

Le savant Eschenbach, qui publiait son *Epigène* il y a environ deux cents ans, alla plus loin que de jeter des soupçons sur la garantie d'Aristote ; il fit pressentir que le texte de Cicéron même pouvait être faux, ou du moins interpolé : *Si tamen*, dit-il, *Cicero non falsus fuit aut lectio genuina est*[1]. Mais Eschenbach a commenté Orphée : on peut lui croire un intérêt particulier à défendre son idole, et je ne veux tirer aucun parti de son induction. Je vais supposer que le texte du Traité de la *Nature des Dieux* n'a subi aucune altération, et combattre ainsi mon éloquent adversaire en lui laissant tous ses avantages.

Qu'est-ce que le fameux Traité *de Natura Deorum*, si ce n'est une espèce de roman philosophique destiné à mettre en scène l'académicien, le stoïcien et l'épicurien ; à les faire raisonner et déraisonner sur la théologie naturelle ; à les combattre par eux-mêmes et à tenter de substituer le doute méthodique à la croyance universelle sur l'existence de l'ordonnateur des mondes ?

L'abbé d'Olivet ne croyait qu'aux livres saints et à Cicéron : cependant cet enthousiaste de l'orateur de Rome appelle lui-même le *de Natura Deorum*, qu'il traduisait, le *Roman théologique* de l'antiquité[2]. Or un roman écrit par le plus beau génie n'est pas un guide bien sûr, quand il s'agit d'établir les vérités sévères de l'histoire.

Ajoutons que la seule idée d'avoir donné une forme dramatique à un ouvrage où l'on se permet d'abattre de son piédestal une des grandes statues de l'antiquité lui ôte une partie de ses titres à la croyance des amis austères de la vérité. Des dialogues, fussent-ils de Platon, n'ont pas en ce genre l'autorité d'un Thucydide, et une comédie de Térence ne fait pas foi comme un paragraphe de Tacite ou de Tite-Live.

Ce qui ajoute encore à mon doute raisonné sur ce fameux texte de Cicéron, c'est que ce n'est pas ce beau génie lui-même qui parle ; c'est un certain pontife Caïus Aurelius Cotta qui, en qualité d'académicien, se joue à chaque instant des hommes et des choses, blasphème les dieux dont il est le ministre, et attaque tour à tour la providence sublime de Zénon et le fantôme divinisé des intermondes d'Épicure.

Voici donc en peu de mots l'analyse du jugement qu'on peut se former du texte trop célèbre de Cicéron, qu'on a cité tant de fois sans le peser, et quelquefois sans y croire.

L'opinion anti-orphéenne est appuyée du suffrage d'un philosophe qui n'en a rien écrit dans ce qui nous reste de ses ouvrages.

Cette opinion est consignée dans un roman théologique où l'on ne parle qu'à une imagination vagabonde, et non à la raison.

Cicéron n'expose point lui-même sa pensée originelle ; mais il se cache derrière la toile, tandis que Cotta, l'ennemi de l'évidence, déraisonne à perte de vue sur les premières causes.

Ce Cotta se contredit lui-même en parlant des dogmes d'Épicure, et tout invite à croire que sa doctrine n'aurait pas été plus homogène s'il avait eu à discuter, à de grands intervalles de temps, le problème sur la personne d'Orphée et sur son existence.

Maintenant, après avoir détruit les assertions téméraires qui tendaient indirectement à faire d'Orphée un être de raison, il faut, par quelques preuves directes, justifier l'antiquité, qui semble avoir fait son apothéose.

Il y a peu d'écrivains, dans la Grèce des premiers âges, qui n'aient rendu un hommage solennel au théisme d'Orphée, à ses principes tutélaires et au génie qui respire dans ses ouvrages.

Orphée était poëte : nous n'avons de lui, ou des disciples qui l'ont fait parler, que des vers : ainsi c'est par les poëtes qu'il me convient de commencer la liste des écrivains qui ont rempli l'Europe, l'Asie et l'Afrique de sa renommée.

Pindare semble à la tête de l'école orphéenne : il le fait fils d'Apollon et de la muse Calliope, et le place dans la liste des héros qui entreprirent l'expédition si connue sous le nom de Voyage des Argonautes[1]. La filiation que lui donne le poëte lyrique n'est qu'un titre honorifique qui ne porte aucune atteinte à l'opinion générale, qui le dit issu d'un roi de Thrace. Un hommage rendu au génie poétique n'est point un titre faux dans une généalogie.

Aristophane, dans sa comédie des *Grenouilles*, fait dire au tragique Eschyle qu'Orphée apprit à l'homme à s'abstenir de meurtres et qu'il lui donna les chaînes tutélaires de la religion[2]. Tel est le germe sans doute des beaux vers d'Horace si connus :

> Sylvestres homines, sacer interpresque Deorum,
> Cœdibus et fœdo victu deterruit Orpheus,
> Dictus, ob hoc, lenire tigres rabidosque leones[3].

Euripide, quoique joué lui-même sur le théâtre d'Athènes par le cynique Aristophane, se réunit avec lui pour appuyer de son suffrage l'existence du chantre de la Thrace et sa juste célébrité. Il fait dire à un chœur de son *Alceste*, que, d'après les vers d'Orphée qu'il appelle en témoignage, il n'y a aucun remède contre la nécessité.

L'*Hyppolite* du même dramatique offre encore, à cet égard, un plus grand trait de lumière. Le poëte fait dire à Thésée, au milieu de ses imprécations contre

---

[1] Epigenes, *de poesi orphica, in præmio.*
[2] Préface du *Traité de la Nature des Dieux*, p. 10.
[1] *Pythic.* I.
[2] Aristoph. *Ranæ*, vers. 1064.
[3] Horat. *Art. Poetic.*

un fils qu'il croit coupable d'un amour incestueux : « Le voilà donc cet homme en commerce avec les immortels!... Qu'il cesse de m'en imposer; je ne crois point à un commerce qui rabaisserait la majesté des êtres que toute la terre révère... Maintenant que tu es pris dans les piéges du crime, soumis à Orphée ton maître, joue l'inspiré, affecte de ne point te nourrir de ce qui a eu vie, et repais-toi de la fumée d'un frivole savoir. »

Faisons observer qu'en combinant la chronique des Marbres de Paros avec un texte d'Apollodore, il se trouve qu'Orphée et Thésée devaient être contemporains : ainsi le témoignage d'Euripide, historien aussi sévère dans ses pièces de théâtre qu'Homère dans l'épopée, est ici infiniment précieux [1]. Si le poëte des Argonautes avait été dans l'opinion publique un être de raison, croit-on qu'Aristophane aurait passé sous silence le mensonge odieux de l'ami de Socrate? Ennemi comme il l'était de ce grand tragique, parce qu'il tenait au sage par le commerce de la vie sociale et par celui des lumières, n'avait-il pas, au besoin, de secondes *Nuées* toutes prêtes pour le foudroyer?

Ce serait ici le lieu de parler de Virgile et d'Ovide, qui, postérieurs à Cicéron, n'ont point adopté son pyrrhonisme sur Orphée : mais je n'aurais, à cet égard, rien de neuf à apprendre. Il n'est point d'homme de goût qui ne sache par cœur le beau quatrième chant des *Géorgiques*, et qui n'ait lu, au moins une fois, le dixième livre des *Métamorphoses*.

Des orateurs grecs, tels qu'Isocrate [2] et Dion Chrysostôme [3], ont parlé des ouvrages d'Orphée, sans répandre des nuages injurieux sur son existence.

Les philosophes, à cet égard, ne sont pas moins affirmatifs. Une grande partie des dialogues de Platon, et en particulier le *Cratyle*, le *Banquet* et le huitième livre des *Lois*, respirent la vénération pour la personne d'Orphée et pour ses ouvrages. Il faut observer que, dans sa belle *Apologie de Socrate*, le sage, qui est toujours l'interlocuteur dominant, parle du chantre de la Thrace avant Homère même : comme si ce nom vénérable se présentait toujours le premier à sa pensée, quand il s'agissait de donner aux hommes le double bienfait des lois et des lumières!

Maxime de Tyr parle avec enthousiasme des grandes choses qu'Orphée a exécutées avec le seul mobile de l'harmonie [4]. Stobée loue trois fois le *proœmium* de son poëme sur *les Pierres*, dont il se garde bien de lui contester la paternité [5]. Hyéroclès ne peut se lasser d'admirer l'accord parfait qui se trouve entre lui et Platon sur le dogme admirable de la providence [1].

Je ne parle ici ni de Macrobe [2], ni d'Eustathe [3], ni de Sextus Empiricus [4], ni de Jamblique [5], ni d'Athénagore [6], qui ont réfuté Cicéron et Aristote sans les nommer, en ne mettant pas l'existence d'Orphée en problème, et je me hâte d'arriver au témoignage irréfragable de l'histoire.

Hérodote qui, malgré le pyrrhonisme du demi-savoir, n'est pas toujours le père des fables, parle d'Orphée d'après son antique renommée et le met en parallèle avec Pythagore. Il suppose les institutions de ces deux philosophes émanées des fameux mystères de l'Égypte des Pharaons; et tout ce qu'il dit à cet égard semble plein de sens et de raison [7].

Je trouve dans un faible écrivain de l'empire grec une citation d'un ancien historien, du nom de Timothée, qui rendait une justice authentique à Orphée. « Ce poëte, contemporain de Gédéon, à ce que dit Cédrène, était un des hommes les plus célèbres et les plus éclairés de son temps : on lui doit une *Théogonie* qui explique la formation du monde et l'organisation de l'homme; *Sapientissimus et celeberrimus poeta, qui edidit theogonias, mundi creationem et hominum formationem* [8]. » Malheureusement ce suffrage perd de son poids par un mot qu'ajoute l'écrivain : c'est que *la doctrine de ce législateur de la Thrace lui a été révélée par le soleil.*

Le patriarche de Constantinople, Photius, nous a conservé dans sa *Bibliothèque* cinquante récits originaux de l'historien Conon, et le quarante-cinquième est consacré à Orphée. On y voit des détails précieux sur sa vie, sur sa mort et surtout sur le culte religieux dont la reconnaissance des peuples honora sa mémoire [9]; car il le jugeait un grand homme, et, d'après les mœurs du temps, digne de l'apothéose.

Pausanias, dans son *Voyage historique de la Grèce*, et surtout dans le livre IX, qui traite de son itinéraire en Béotie, a fait beaucoup de recherches sur ce héros des âges antiques. La manière dont il s'exprime sur ses ouvrages prouve qu'il les avait lus avec toute la conscience littéraire : « Quant à ses

---

[1] Outre l'*Alceste* et l'*Hyppolyte* d'Euripide, voyez aussi son *Rhesus*, vers 941 et 943.
[2] *Busiridis Laudatio*, édition grecque et latine d'Anastase Auger, donnée par Didot l'aîné, en 1782. t. II, p. 288.
[3] *De regno orat.* 4. (Voyez le même Dion Chrysostôme, orat. 80, édition in-f° de Morel, avec la diatribe de Casaubon. Lutetiæ, ex typis regiis, 1604.
[4] *Dissert.* 10 et 33. (Voyez l'édition in-4°, grecque et latine, de Davisius et de Markland, donnée à Londres, en 1740, p. 105 et 439.
[5] *Florileg.*, p. 17, 23 et 129.

[1] *Hyeroclis, alexandrini philosophi, In aurea carmina commentarius*, lib. 4, édition grecque et latine, in-8°, Londres, 1742.
[2] *Saturnal.* lib. I, cap. 8.
[3] *Commentar. ad Dionys.* per leget in limine.
[4] *Ad versus mathematic.* lib. II. (Voyez Sexti Empir. opera quæ extant, edente Henrico Stephano, in-fol. Genevæ, 1621, parte secund, p. 70.
[5] Jamblic, chalcidensis, *de vita Pythagoræ*, græcè et latinè, cap. 34, in-4°, ex bibliopoleo Commeliniano, 1598.
[6] *Legat. pro christianis.*
[7] *Euterpe*, ou lib. II.
[8] Voyez le tom. Ier de l'édition grecque avec la version de Xylander, donnée du Louvre en 1647.
[9] Photii *Myriobiblon* seu *Bibliotheca*, édit. in-fol. grecque et latine, de *Hoeschelius*, Oliva, Paul Étienne, 1611, *narrat. Conon*, p. 451.

» Hymnes, dit-il, ceux qui ont étudié les poètes n'i-
» gnorent pas qu'elles sont courtes et en petit nom-
» bre; elles cèdent, du côté de l'élégance, à celles
» qui sont sorties de la plume d'Homère : cependant
» la religion les a adoptées et n'a pas fait le même
» honneur au chantre d'Achille [1]. »

Diodore, le premier des Grecs, suivant Pline, qui cessa de travestir la majesté de l'histoire, *primus qui desiit apud Græcos nugari*, a consacré un article à Orphée, dans le dernier chapitre de son premier livre, où il traite des Grecs qui ont été dans la Haute-Égypte s'instruire des élémens des sciences ; il le place même à la tête des voyageurs les plus illustres, tels qu'Homère, Lycurgue, Solon, Platon et Pythagore [2]. Il est bien évident que si l'orateur de Rome avait raison dans le procès qu'il a intenté à Orphée, il faudrait envelopper presque tous les législateurs de l'antiquité dans le même anathème.

Je termine cette longue nomenclature, que les grands noms de Cicéron et d'Aristote rendaient nécessaire, par Diogène Laërce, l'historiographe sans génie de la plupart des beaux génies de l'antiquité. Cet écrivain, comme je l'ai déjà fait observer, ne fait point l'honneur à Orphée d'écrire sa vie ; mais du moins il en parle avec quelques détails dans son introduction.
« Les Grecs, dit-il, ont été les inventeurs de la phi-
» losophie... Ceux qui en attribuent la découverte aux
» barbares objectent en vain qu'Orphée, Thrace d'o-
» rigine, fut vraiment philosophe. Pour moi, je ne
» sais si l'on doit donner un pareil titre à un poète qui
» a dégradé la majesté des dieux jusqu'à leur donner
» les passions des hommes, jusqu'à les présenter dans
» un état honteux de prostitution. L'opinion com-
» mune est que les Bacchantes le déchirèrent ; mais
» son épitaphe, qu'on voit à Dia en Macédoine, prouve
» qu'il fut foudroyé par Jupiter [3]. »

Il est aisé de voir que Diogène, adoptant tous les préjugés d'une vanité nationale, n'exclut Orphée de sa légende historique, n'empoisonne ses opinions, ne calomnie son théisme religieux que parce qu'il est né en Thrace et non dans le Péloponèse ; mais on peut conclure du moins des aveux de ce détracteur du sage, que ce dernier a existé, puisqu'il a écrit les dogmes de sa religion et qu'on voit son tombeau dans une ville de Macédoine.

Ce tombeau, qui probablement existait du temps de Diogène, est un monument non moins authentique que celui de l'histoire : on peut le regarder comme un brevet perpétuel d'existence ; et voilà pourquoi ceux des Pharaons qui croyaient à l'immortalité dépensèrent tant de talens d'or pour renfermer leurs augustes momies dans les pyramides. Voici l'épitaphe qu'on lisait sur le tombeau de notre philosophe : « Ici
» repose Orphée de Thrace, qui fut écrasé par la
» foudre. Les Muses prirent soin de l'ensevelir et
» renfermèrent sa lyre d'or avec sa cendre dans le
» monument qu'elles lui érigèrent [1]. »

Il me semble que cette épitaphe, en attestant qu'Orphée a vécu, atteste aussi l'odieuse malveillance de Diogène : rien n'annonce dans cette inscription funéraire que le sage ait été puni des dieux pour les avoir blasphémés. Cette mort tragique, en la supposant telle, ne serait que l'effet d'un phénomène naturel. Orphée aurait péri d'un coup de tonnerre, comme Eschyle de la chute de l'écaille d'une tortue ; et ce qui le démontre, c'est le soin que prennent les Muses de lui ériger un tombeau et de l'ensevelir avec sa lyre d'or. Assurément chez les peuples neufs, comme l'étaient les Thraces et les Macédoniens il y a plus de trente siècles, on ne s'avise pas de faire intervenir les *chastes filles du ciel*, comme les anciens appelaient les Muses, pour rendre des honneurs funèbres à un blasphémateur ; on ne lui érige pas un tombeau, et l'on ne prépare pas les voies à son apothéose.

Un autre monument plus durable que des tombeaux de pierre ou de marbre, que le temps détruit en silence et que les hommes en révolution renversent en un moment, est la représentation des héros, ou des grands événemens de leur vie, sur des pierres précieuses qui, soit par leur prix intrinsèque, soit par le prix d'opinion qu'y attache le fini du travail, semble défier l'influence des siècles. C'est sous ce point de vue que je parlerai de la fameuse médaille du cabinet de la Bibliothèque impériale, ayant pour titre *Orpheus theologus*, et qui représente ce sage célèbre au milieu des oiseaux de proie, des tigres et des lions, qu'il charme avec les sons de sa lyre. Gronovius, qui l'a fait graver dans sa grande et belle collection des Antiquités grecques et romaines, suppose, à cause du delta qui touche à l'instrument, cette médaille frappée dans l'île de Délos [2], et il en trouve l'explication dans la dix-neuvième épigramme du dixième livre de Martial.

Je passerai encore moins sous silence la célèbre cornaline du cabinet du Palais-Royal, qui représente Eurydice assise et avançant la main sur la blessure que le serpent lui a faite, pendant qu'elle cueillait des roses [3]. Cet événement est, comme l'on sait, le plus marquant de la vie du sage. On ne peut pas plus détacher le nom d'Eurydice de celui d'Orphée, que Pylade d'Oreste, et Homère de l'immortalité que lui donne son *Iliade*.

---

[1] Pausaniæ *accurata Græcæ descriptio*, édition grecque et latine de *Xylander*, Francofurti, anno 1583.

[2] Diodori Siculi, *Bibliotheca historica*, græcè et latinè, edente *Wesselingio*. Amstolodami, 1746, in-fol. 2 vol. — t. Ier.

[3] Laert. Diogen. de Vitis dogmatis, et apopgtegmatio eorum qui in philosophiâ claruerunt, græcè et latinè, edente *Menagio*. Londini, in-fol., 1664, in proemio, p. 2.

[1] Laert. Diogen. *loco citato*.

[2] *Thesaurus græcarum antiquitatum*, edente Jacobo Gronovio, Lugd. Batavor. 1695, in-fol., t. Ier, au mot *Orpheus*.

[3] *Description des pierres gravées* du Cabinet du duc d'Orléans, 2 vol in-fol. Paris, 1784. La cornaline d'*Eurydice* est la première du second volume.

Les savans éditeurs de ce cabinet de pierres gravées n'ont pas manqué, à propos de la cornaline d'Eurydice, de rappeler laborieusement les traits les plus connus de la vie publique du législateur de la Thrace. Mais, par une logique qui n'est qu'à celui d'entre eux qui a pris la plume, après avoir fait l'énumération de tous les traits qui pouvaient constater l'existence personnelle de cet homme si justement célèbre, ils en concluent froidement que c'est un être fabuleux, parce que sa vie n'est explicable à la raison que par les images fantastiques de l'allégorie.

Un critique bien plus dangereux serait l'illustre Freret, s'il avait eu à lui une opinion bien prononcée. Mais on voit qu'entraîné en sens contraire par les ennemis d'Orphée et par ses admirateurs, il n'ose résoudre le problème sur son existence. Terminons cet article en jetant un coup d'œil rapide sur les doutes raisonnés de ce grand dialecticien, qui ont, à mes yeux, plus de poids que les assertions des hommes qui travestissent l'histoire en allégories.

« Il est du moins très-douteux, dit Freret, qu'il y ait jamais eu un Orphée,... et s'il a existé, c'est au temps des Argonautes qu'il faut le placer, vers l'an 90 avant la prise de Troye, et 63 ans après l'apothéose de Bacchus, suivant Apollodore[1]. »

Les deux parties de cette phrase semblent impliquer contradiction entre elles; car s'il est très-douteux qu'il y ait eu un Orphée, je ne vois pas pourquoi on cherche à faire coïncider son avénement avec l'apothéose de Bacchus, personnage pour le moins aussi merveilleux que le législateur de la Thrace. Il n'est pas dans l'ordre naturel d'inscrire sur des tables de chronologie l'être dont on révoque en doute l'existence.

Ce que ce grand critique ajoute semble, au premier coup d'œil, plus spécieux : « Il n'est fait mention d'Orphée, dit-il, ni dans Homère, ni dans Hésiode; et c'est Philammon, et non l'époux d'Eurydice, qui est le chantre des héros grecs dans les Argonautes de Phérécyde. »

Mais ici Freret, et j'en demande pardon à sa mémoire, semble se tromper à la fois sur les faits et sur les raisonnemens.

Les écrivains cités ici par ce grand critique ont bien plus fait que de nommer Orphée; ils se sont imprégnés pour ainsi dire de sa doctrine et s'en sont fait honneur dans leurs ouvrages. C'est un fait attesté par les anciens et qui n'aurait pas dû échapper à l'érudition profonde d'une des meilleures têtes de nos académies.

L'oubli du nom d'Orphée dans la liste des Argonautes de Phérécyde n'est constaté que par un faible scoliaste[2] et ne prouve rien quand le nom est rétabli dans toutes les autres listes qui nous restent de l'antiquité[1]. D'ailleurs nous savons par Suidas que ce Phérécyde recueillit le premier les œuvres d'Orphée[2], et tout porte à croire qu'il ne fut jamais que l'éditeur et non l'auteur du poëme des Argonautes.

Il suffit de lire sans préjugé la théogonie d'Hésiode et de la comparer avec les fragmens qui nous restent de celle d'Orphée, pour voir que cette dernière est l'ouvrage original, tandis que l'autre ne semble qu'une copie défigurée. D'ailleurs un des meilleurs critiques de la Grande-Bretagne, Thomas Gale, le dit formellement dans ses notes sur Apollodore. A l'en croire, Hésiode a moins imité que corrompu la théogonie primitive de son modèle[3]. Cet ouvrage, qui dans le temps fit du bruit dans la république littéraire, est de 1675. Freret, accoutumé à mettre à contribution les écrivains célèbres de tous les âges pour donner du poids à sa chronologie anti-newtonienne, a dû le connaître, et il devait ou le prendre pour guide ou le réfuter.

Quant à Homère, l'erreur de Freret est plus étrange encore. Nous avons plus d'un garant que le créateur de l'Iliade mettait souvent en vers sublimes la théorie religieuse d'Orphée. *Homère*, dit Clément d'Alexandrie dans ses Stromates, *a pris diverses choses au poëte de la Thrace et les a insérées dans ses ouvrages*[4]. Athénagore, dans son *Ambassade chrétienne*, assure qu'Orphée donna le premier un nom aux cieux, qu'il créa leur généalogie et qu'Homère le copia quelquefois[5]. Il est difficile d'expliquer le parti pris par un aussi grand critique, de taire les autorités qui contrariaient ses opinions, tandis qu'il faisait valoir d'une manière aussi tranchante celles qui en étaient l'appui ; à moins qu'on ne dise que, depuis que la *lettre de Thrasybule* avait échappé à son pyrrhonisme[6], son dédain pour les pères de l'église était tel qu'il les regardait ainsi qu'Orphée comme des êtres non existans; mais n'appuyons pas sur ces petites taches d'un écrivain célèbre qui nous a laissé tant et de si beaux titres pour honorer sa mémoire.

Je termine ce que je crois pouvoir appeler ma démonstration historique de l'existence d'Orphée par un trait de Pausanias qui vaut un monument ; c'est qu'il y avait une famille grecque du nom de *Lyco-*

---

[1] *Recherches sur le culte de Bacchus parmi les Grecs* dans les *Mémoires de l'Académie des Belles-lettres*, t. XXIII, p. 248 et 251.

[2] *Scholiast. Apollon*, lib. Ier.

[1] Voyez, en particulier, celle d'Apollodore, *Notæ Thom. Gale in Apollodor*, p. 26, et *Apollonii Rhodii Argonauticon*, belle édition en 2 vol. in-4°, grecque et latine, *edente* Joan. Shaw, Oxonii, et typographeo Clarendoniano, 1777, t. Ier, lib. Ier, p. 226.

[2] *Suidæ Lexicon græco-latinum*, edente Kustero, Cantabrigiæ, 1705, in-fol. 3 vol. (Voyez tome III, au mot *Serapion*.)

[3] *Apollodori Atheniensis Bibliotheces*, dans l'*Historiæ poeticæ scriptores antiqui*, édition grecque et latine, de 1675.

[4] Clem. Alexandr. Stromat. lib. 3, p. 618.

[5] *Legat. pro christian.*

[6] J'indique ici l'opinion très-répandue à cet égard, sans la garantir comme sans la réfuter.

mides, qui, de temps immémorial, apprenait par cœur des poëmes d'Orphée et les chantait dans la célébration des mystères [1]. C'était à quelques égards les Lévites des Hébreux, qui veillaient à la conservation du Pentateuque.

Il y a donc eu un Orphée qui a rempli la terre entière de son nom, et ce nom n'est ni une dérivation étymologique des langues orientales, ni la froide copie d'un héros, ni une vaine allégorie.

L'opinion de la non-existence d'Orphée avait fait si peu de fortune parmi les anciens qu'il s'en est trouvé qui, ne pouvant expliquer par un seul individu toutes les merveilles de la vie de cet homme célèbre, l'ont partagé en trois. L'exemple en avait été donné antérieurement par rapport à Hercule et au grand Jupiter. C'est un moyen très-commode de multiplier la race des héros, lorsque la nature semble s'épuiser à en organiser un dans l'espace de plusieurs siècles.

C'est ainsi que Suidas distingue l'Orphée de Thrace d'un Orphée de Crotone, patrie de l'athlète Milon, et c'est à ce dernier qu'il fait honneur du poëme des Argonautes [2].

Pausanias, de son côté, en suppose un né en Égypte [3]; ce qui achève d'altérer sur ce point les sources de l'histoire.

Une critique sage fait pressentir que l'Orphée de Pausanias n'est pas différent du législateur de la Thrace et de l'époux d'Eurydice. Nous avons vu qu'avant de civiliser ses concitoyens, il avait fait un voyage en Égypte pour s'y instruire des élémens des sciences, gravés en hiéroglyphes sur les pyramides. Or les Égyptiens ont eu la manie de tous les peuples anciens qui ont eu le bonheur d'avoir un siècle de lumières: ils ont adopté les héros étrangers qui venaient leur rendre hommage, et bâti sur cette chimère de l'amour-propre leur généalogie nationale. Si Pausanias avait été aussi patriote que les prêtres de Thèbes ou de Memphis, il aurait revendiqué un héros presque indigène, qui n'avait ni par son nom, ni par sa vie, et encore moins par ses écrits, aucun point de contact avec les esclaves des Pharaons.

Je serais tenté de n'être pas tout-à-fait si sévère par rapport aux deux Orphées de Suidas: non que ce lexicographe du onzième siècle ait beaucoup d'autorité en raison et en histoire; mais il a travaillé sur des mémoires anciens, et en particulier sur ceux d'un annaliste de son nom, dont Strabon faisait quelque cas, ainsi que le scoliaste d'Apollonius de Rhodes et Étienne de Byzance [4]. Il a donc pu avoir une garantie près de la postérité, que son nom seul ne présente pas; mais j'ai un motif bien plus puissant encore pour croire que la grande célébrité d'Orphée a pu être partagée entre deux personnages, séparés par un intervalle de temps que la chronologie vulgaire ne peut calculer: et ce motif, que je ne tarderai pas à faire valoir, je crois l'entrevoir dans un examen approfondi de la géographie du poëme des Argonautes.

Je ne ferai qu'indiquer en ce moment ce grand trait de lumière, qui aurait dû éclairer d'autres critiques célèbres, plus faits que moi pour le faire valoir; la place naturelle de cette discussion est à la fin de ce mémoire, quand, n'ayant plus rien à dire sur la personne d'Orphée, je m'occuperai à porter l'analyse sur le plus brillant de ses ouvrages.

Orphée, suivant un manuscrit grec antique, interprété par Constantin Lascaris, naquit soixante-dix-sept ans avant le commencement de la guerre de Troie; Egée régnait alors dans Athènes, et Laomédon dans Troie [1]. C'était à l'époque de la fin des douze travaux de l'Hercule de Thèbes, et quinze avant la naissance de ce Thésée, que le héros devait accompagner dans la fameuse expédition des Argonautes.

Il ne faut point s'amuser ici à réfuter Pindare, qui fait naître cet homme célèbre de la muse Calliope [2], ni Hygin, qui lui donne Apollon pour père [3]. Cette généalogie céleste est évidemment une allégorie, pour désigner le grand nom qu'il s'est fait par ses poëmes. Diodore, moins enthousiaste, et par conséquent plus vrai, le fait fils d'un Æagrius ou Æagre, roi de la Thrace méridionale; opinion qui mérite d'autant plus notre assentiment, qu'Orphée lui-même, ou son disciple Onomacrite, le dit dans son poëme des Argonautes [4]. Cet Æagre, comme on s'en doute bien, n'était pas un monarque à la manière des Xerxès et des Ninyas; on pourrait le comparer aux Caciques sans couronne du nouveau monde, vers le temps de sa conquête: car les Thraces, à cette époque, sortaient à peine du chaos de la barbarie, et on les accusait d'être anthropophages [5].

Orphée, appelé à gouverner des hommes qui se mangeaient entre eux, sentit qu'il fallait les refondre en les jetant dans le creuset de la nature. Telle est l'origine de son fameux système diététique, des merveilles qu'il parut opérer avec l'harmonie, du culte tutélaire qu'il donna aux Thraces, de ses écrits philantropiques et de ses voyages.

Modeste comme le sont tous les hommes de génie, qui ont d'autant plus de défiance de leurs lumières,

---

[1] Strabon. *Rerum geographicar*, edente *Welters*, grec. et lat. Amstelod, 1707, in-fol., 2 vol., t. Ier, lib. 7.
Scholiast *Apollonii Rhodii*, ad lib. 1, 535.
Stephan. Byzant. *de Urbibus*, edente *Berkeley*, Lugd. batavor, 1688, in-fol., in *voce Amyros*.
[2] Suidæ *Lexicon*. t. Ier, au mot *Eudocia*.
[3] In Beot.
[4] Eleat, cap. 20.

[1] *Marmor. Taurin.*, t. Ier, p. 107. Cette opinion offre plus de probabilité que celle d'Eusèbe, qui le place à l'an 750 depuis Abraham, Euseb. *Cyronic. Hyeronimo interpret.*
[2] *Pythic.* 1.
[3] *Lib.* 14.
[4] Voyez Constantin Lascaris, *Marmor. Taurinens.*, t. Ier, loc. cit.
[5] Il y avait encore de ces hordes d'anthropophages près le Pont-Euxin du temps d'Aristote. *Politic.* lib. 8.

qu'ils en inspirent moins aux autres, Orphée commença par s'instruire par lui-même des progrès de la civilisation chez les peuples étrangers qui passaient à cet égard pour l'avoir portée le plus loin. L'Égyptien, qui se croyait né du sol qu'il habitait, l'appela le premier dans son sein [1]. Il vit, en abordant au Delta, un peuple triplement abâtardi par l'inertie de son ciel, par le despotisme de ses rois et par l'abjection de ses dieux : cependant il sentit que, pour juger une monarchie entière, il ne fallait pas s'arrêter à une pareille écorce. Il était fils de roi, et à ce titre aucune porte ne lui était fermée. Il obtint des Pharaons la permission de visiter l'intérieur des pyramides; et là, il s'instruisit en silence des élémens des connaissances humaines qu'Hermès y avait gravés dans la langue mystérieuse des hiéroglyphes.

Chez les peuples neufs, dont les premiers rois sont toujours dans le ciel, il n'y a guère d'hommes éclairés que parmi les prêtres : Orphée se présenta chez ceux de la Haute-Égypte, en fut accueilli, et obtint d'eux la clé de leur double doctrine : ceux-ci, enchantés de son affabilité et de ses grâces, lui firent un honneur qui devait moins parler à sa sensibilité que flatter leur amour-propre : ils l'adoptèrent.

Les prêtres égyptiens, pour établir une ligne de démarcation entre l'homme instruit et celui qui ne l'était pas, et les gouverner tous deux, avaient créé, en l'honneur d'Isis, une espèce d'ordre religieux où l'on célébrait des mystères. Orphée s'y fit initier et transporta l'institution en Grèce [2], en la combinant avec celle des mystères de Bacchus, émanés de la même source, et déjà dégradés par l'introduction des femmes qu'on avait eu la maladresse d'en rendre dépositaires.

On connaît la partie élémentaire des constitutions de ces trois ordres religieux, dévoués à Isis, à Bacchus et à Cérès.

Peut-être Orphée, né avec plus de génie que les hiérophantes d'Héliopolis qui l'instruisaient, eût-il tort d'apporter dans la Thrace et au Péloponèse des mystères dont il était si facile d'abuser [3] : la religion primordiale ne semble pas avoir besoin d'être entourée de voiles; il faut, comme j'ai dit dans un autre ouvrage, quand il s'agit du contrat tacite qui lie le ciel et la terre, ne point avoir de double doctrine, et que la langue populaire ne soit que la traduction littérale de celle des sages, c'est-à-dire l'expression d'un respect raisonné et de la plus pure reconnaissance.

Cependant il faut être juste : l'époque ou Orphée parut semble justifier sa mémoire; la Grèce, alors à peine civilisée, avait besoin de la massue de ses Hercules pour la délivrer des espèces de sauvages robustes qui tyrannisaient ses villes naissantes et des bêtes féroces qui dévastaient ses campagnes. La Thrace, où était le trône mobile de son père Æagre, avait encore dans son sein des antropophages. Ce n'est pas avec un froid système de lois, c'est avec de grands spectacles qu'on semble nécessaire d'avoir une doctrine d'hommes : il semble nécessaire d'avoir une doctrine populaire pour le peuple et une doctrine philosophique pour ce qui ne l'est pas; de diviniser la nature entière pour la multitude, et de concentrer le culte du sage à l'autel de l'ordonnateur des mondes. Ensuite la civilisation fait des progrès, la raison s'épure, les lumières se réunissent à un seul foyer; alors la double doctrine disparaît, le peuple cesse de l'être, et comme il n'y a qu'un père de la nature, il n'y a pour ses nombreux enfans qu'un mode religieux de reconnaître ses bienfaits.

Ajoutons que ces mystères mêmes avec lesquels on tente de dégrader la mémoire d'Orphée pouvaient, dans un âge de barbarie, être regardés comme un monument de raison; il suffit de les mettre en parallèle avec ceux de Bacchus, qui étaient alors parmi les Grecs dans la plus haute faveur, pour se convaincre combien l'époux d'Eurydice avait de supériorité sur l'amant léger et perfide d'Ariane et d'Érigone.

Bacchus, qui avait volé à l'Égypte ses mystères, et qui les dénaturait pour en paraître l'inventeur, prenait tous les petits moyens de la tyrannie pour empêcher que la raison n'en empoisonnât les cérémonies. Quand, suivant Diodore, que je vais analyser, il rencontrait des incrédules qui se permettaient d'en rire, il les rendait insensés, probablement à l'aide d'un breuvage, ou bien il les faisait déchirer par ses amazones. C'est à l'occasion de ce nouvel attentat du fanatisme, qu'il inventa un nouveau stratagème de guerre; il fit du thyrse de ses Bacchantes une lance, dont le fer était caché sous des feuilles de lierre : l'ennemi, qui ne se défiait pas d'un pareil artifice, s'approchait d'un sexe dont la force semble toujours dans sa faiblesse, et trouvait la mort. L'histoire dit que Bacchus punit ainsi un Myrbane, roi de l'Inde, un prince grec nommé Penthée, et un Lycurgue, souverain de la partie de la Thrace qui est située sur l'Hellespont [1].

Orphée, le plus pacifique des hommes parce que la morale qu'il prêchait était toute dans son cœur, n'adopta point ce farouche prosélytisme; il crut que le culte du père de la nature devait se propager par la persuasion et non par les assassinats : tels dans la suite des âges ont été aussi les principes des hommes d'état qui ont laissé une grande renommée, de Confucius, de Marc-Aurèle, du législateur de la Pensylvanie, et de notre immortel Fénélon.

---

[1] Diod. Sicul. lib. 4.
[2] Le manuscrit de Constantin Lascaris dit dans l'île de Samothrace.
[3] L'abréviateur de *Trogue Pompée*, Justin, parle de la théologie d'Orphée et de ses mystères, au livre XI de son *Histoire universelle*.

[1] Diod. Sicul. lib. 4.

L'origine de la licence barbare des mystères de Bacchus provenait évidemment, ainsi que je l'ai déjà fait entrevoir, de ce que le héros grec avait eu la faiblesse d'y faire initier un sexe plus fait pour respirer dans l'élément du plaisir que pour goûter les jouissances intellectuelles. En effet, des femmes telles que l'antiquité nous représente les Bacchantes, qui s'abandonnaient à l'ivresse, qui célébraient à demi-nues leurs orgies religieuses, qui passaient leur vie vagabonde au milieu des soldats dont elles partageaient la licence, ne sont pas des êtres bien respectables, et il était permis aux détracteurs des mystères de les prendre pour de féroces Messalines.

Orphée, trop ami de l'ordre et des mœurs pour ne pas rectifier une institution religieuse déjà aussi éloignée de ses élémens, coupa le nœud gordien en refusant d'admettre les femmes dans ses mystères. Cette modification, provoquée par la haine publique qui poursuivait les Bacchantes, attira de tout côté des hommes de bien et des sages au culte pur du héros de la Thrace, mais les femmes qu'il refusa d'initier ne lui pardonnèrent point cet acte de raison et de courage. Nous verrons dans la suite que, désespérant d'en faire un second Bacchus, elles osèrent l'assassiner.

Parmi les dogmes qu'Orphée emprunta aux mystères de l'Isis égyptienne, pour les transplanter dans la Grèce, le plus remarquable, suivant les historiens de sa vie, est celui d'un Tartare, imaginé, dit-on, pour contenir les hommes pervers. Mais ces historiens calomnient à mon gré la nature humaine : plus on se rapproche du berceau des sociétés, plus il y a dans l'homme de moralité originelle ; plus l'idée d'un dieu rémunérateur et vengeur s'y montre dans toute son énergie ; plus on sent le besoin d'atteindre les délits secrets, dans les replis cachés de la conscience, par le dogme réprimant de l'immortalité.

Il suit de cette considération que Pausanias a eu tort de laisser entendre, à propos de la descente d'Orphée aux enfers, que ce sage inventa un mode d'expier les crimes[1] : un tel mode ne s'invente point, surtout chez un peuple neuf. Il suffit de replier un moment son ame sur elle-même pour sentir que l'ordre primitif est indépendant de nous ; que quand nous le troublons volontairement, le vengeur n'est pas loin, et que c'est notre cœur lui-même qui prononce la sentence.

Il résulte aussi que Diderot, qui avait de la vertu quoique athée, a cependant calomnié Orphée, quand il a fait pressentir que c'était un fourbe éloquent, qui fit parler les dieux pour maîtriser les hommes et les empêcher de s'entre-détruire[2]. Il n'y a point de fourberie à faire sanctionner par le cœur humain le frein des délits secrets ; il n'y en a point à placer l'être qui démérite entre une justice vengeresse et ses remords.

Nous verrons, par l'analyse des ouvrages importans d'Orphée, que l'unique politique qu'il mit dans la religion qu'il donna aux Thraces fut de la rendre populaire plutôt qu'intellectuelle : tout le monde était peuple chez cette horde de sauvages, et s'il avait défini Dieu à la manière sublime de Moïse ou de Newton, personne dans sa patrie n'aurait fait un pas vers la civilisation, parce que personne n'aurait pu l'entendre.

C'est probablement vers l'époque de l'institution des mystères dans l'île de Samothrace, qu'Orphée perdit Æagre son père, et vint à Libèthre, chef-lieu de sa petite principauté, où, suivant le manuscrit de Lascaris, il s'occupa *à faire des lois et des livres*.

C'est à Libèthre, d'après le même historien, que Jason vint trouver Orphée, pour l'engager à l'accompagner dans l'expédition des Argonautes. Le motif n'avait rien de ce merveilleux qui accompagne les moindres détails de la vie des conquérans de la Toison-d'Or : il s'agissait simplement de donner des leçons de cosmographie au pilote du navire, qui en était dépourvu. Ce n'est pas ici le lieu de m'étendre sur ce Périple mémorable, dont le héros de la Thrace fit un poëme épique ; je me contenterai de dire que, revenu de la Colchide, il se fixa à Libèthre, où il vécut à la fois en prince et philosophe[1].

Les anecdotes de la vie privée d'Orphée sont peu connues ; le temps a détruit presque tous les monumens historiques qui auraient pu nous les transmettre. D'ailleurs, à une distance de trente-un siècles, les objets n'intéressent qu'en masse.

Cependant trois traits de cette vie mémorable ont échappé aux ravages du temps, grâce au concert des poëtes et des philosophes pour les faire passer aux générations à naître : ce sont les merveilles que le législateur des Thraces opéra avec sa lyre, le beau délire de son amour pour Eurydice et l'événement tragique qui amena sa mort.

Orphée monta sa lyre de sept cordes et exécuta avec elle des prodiges ; c'est-à-dire de ces choses supérieures aux connaissances contemporaines, qui sont toujours des prodiges dans l'âge des fables[2].

Peut-être faudrait-il aussi pour l'honneur des Thraces, ou si l'on veut de la raison humaine, expliquer avec ce symbole son talent d'apprivoiser les tigres et d'amollir les rochers. De pareilles merveilles ne deviennent vraisemblables qu'au moyen de ses succès dans la civilisation des barbares : il était plus flatté, sans doute, de mettre de l'harmonie entre les hommes, que d'en tirer de sa lyre à sept cordes.

---

[1] *In Beot.*
[2] *Opinions des philosophes*, œuvres de Diderot, t. V, p. 415.

[1] C'est l'expression même dont se sert Lascaris : *Et ibi vixit ut princeps et philosophus.*
[2] Voyez, sur ses découvertes en musique, ainsi que sur ses succès, Diod. Sicul. lib. 4, Senec. *Tragœd. Hercul. furens*, et Boet. *De consolat.*, lib. 3.

Ajoutons qu'une autre cause peut encore avoir influé sur les phénomènes surnaturels qu'Orphée semblait opérer avec sa lyre. *A sa voix*, disent les poètes qui se sont faits ses historiens, *l'onde cesse de couler, les fleuves rapides remontent vers leurs sources, les arbres accourent, les monstres s'apprivoisent, et la nature en silence demeure suspendue.* Tout cela s'explique quand on se transporte sur le lieu de la scène. N'oublions pas qu'il s'agit ici des Mystères, où l'hiérophante parlait à l'imagination ardente des initiés par de grands spectacles; n'oublions pas que les prêtres de Thèbes avaient pu montrer à Orphée ces spectacles du côté des machines, faire raisonner devant lui la statue de Memnon, sans attendre le lever du soleil, et alors on verra le noyau de vérité qu'enveloppe l'écorce fabuleuse des métamorphoses.

Orphée, le demi-dieu de l'harmonie, n'épousa point la dissonante Agriope, quoiqu'en dise Diogène Laërce; il unit sa destinée à celle de la sensible Eurydice, et ses chastes amours ont traversé tous les siècles, en intéressant pour une héroïne qui avait mérité de son époux le plus beau des dévouemens.

Tous les hommes de goût, dignes d'apprécier le chef-d'œuvre des Géorgiques, connaissent le tableau ingénieux de la descente d'Orphée aux enfers, pour ravoir, à force d'éloquence et de sensibilité, son intéressante Eurydice. On croit, sous le pinceau de Virgile, voir les ombres oublier leurs tourmens pour danser au son de sa lyre, Ixion cesser de tourner sa roue, et le vautour de Prométhée abandonner le cœur de sa victime Mais un tableau n'est point un monument d'histoire: il faut remonter au trait primitif qui a pu électriser tous les grands peintres, échauffer toutes les belles imaginations, et ce trait se rencontre, mais diversement interprété, dans plusieurs textes anciens, où l'on n'a cherché à parler qu'à la froide raison.

La tradition des temps primitifs, à cet égard, semble avoir été adoptée par un insipide écrivain de l'empire grec, appelé Tzetzès. Il dit, vers le commencement de sa *Chiliade*, qu'Orphée guérit sa femme de la morsure d'un serpent; c'était un secret qu'il tenait des Égyptiens: mais que celle-ci étant morte peu de temps après, peut-être par sa faute, ce double événement avait fait naître la tradition que le poète avait retiré Eurydice des Enfers, pour l'y voir ensuite retomber. Ce récit s'accorde très-bien avec la belle sculpture en relief de la cornaline du Palais-Royal.

Un détracteur d'Orphée, interlocuteur dans le *Banquet* de Platon, dénature l'héroïsme conjugal de ce sage, en faisant entendre qu'il ne vit aux Enfers que le fantôme d'Eurydice; juste punition, ajoute-t-il, d'avoir feint, à la mort de sa femme, une douleur qu'il ne ressentait pas. Exposer l'opinion de ce sophiste, que toute l'antiquité contredit, c'est assez l'avoir réfutée.

Pausanias mérite un peu plus d'attention dans la clef qu'il donne de ce singulier événement. Eurydice, dit-il, ayant cessé d'être, Orphée alla consulter un oracle de la Thesprotie, où l'on avait l'art d'évoquer les morts: il voulut saisir une ombre qui lui était chère; elle lui échappa, et il se tua de désespoir.

Quelle que soit l'opinion qu'on adopte à cet égard, il semble prouvé, du moins par le texte cité du *Banquet* de Platon, qu'Orphée survécut peu à la perte de son Eurydice; mais on varie sur l'événement tragique qui amena sa mort.

Lascaris, d'après son manuscrit grec, qui cite pour son garant le distique d'un certain Cnidius de Macédoine, croit qu'Orphée fut foudroyé par Jupiter dans une promenade, et il n'en donne aucun motif; mais on le soupçonne, par un texte de Pausanias, qui arme contre le héros la main du père des dieux, pour avoir révélé à des profanes les Mystères qu'il avait empruntés des prêtres égyptiens. Cette opinion, motivée ou non, mérite peu d'être pesée dans les balances de la raison: on sait d'ailleurs que le prodige d'un héros foudroyé était répété chez les anciens, toutes les fois qu'ils ne pouvaient rendre raison de la mort naturelle d'un grand personnage. Il le fut par les Grecs antérieurs à Homère, quand ils voulurent expliquer le naufrage d'Ajax, et par les Romains, dès leur monarchie naissante, quand ils voulurent justifier le meurtre de Romulus.

Le bon Plutarque fait entendre, mais avec son scepticisme ordinaire [1], qu'Orphée fut tué par les Thraces mêmes qu'il avait civilisés, sans désigner de quel sexe étaient ses assassins. Cette tradition tient un peu à se rapprocher de celle dont tant de vers et de monumens attestent, si non la vérité, du moins la vraisemblance.

Diodore fait un pas encore plus marqué vers une sorte d'évidence, quand il prétend que les femmes de la Thrace, irritées de ce que leurs maris les abandonnaient pour suivre leur législateur, conspirèrent contre lui, s'enivrèrent pour suppléer par l'effervescence du sang à l'absence du courage, et assassinèrent lâchement ce grand homme.

La plus répandue des traditions est celle que je serais tenté d'adopter: Les Bacchantes, qu'Orphée avait éloignées de ses Mystères, conservaient de cette espèce de dédain un ressentiment secret, qui ne tarda pas à s'exhaler [2]. Le héros thrace, après la mort de son Eurydice, se voyant pour ainsi dire seul avec la nature, eut la maladresse de vanter le célibat comme le souverain bien. Ses farouches ennemies, alarmées d'être abandonnées de leurs époux, profitèrent de la licence des fêtes de Bacchus pour s'armer de leurs thyrses perfides, fondirent sur lui et le massacrèrent.

---

[1] *De sera numinis vindicta.*
[2] L'historien Conon prétend que ce fut l'unique motif de la mort d'Orphée. *Phot. Myriobibl.* Conon, *narrat.* 45.

Une seule circonstance m'arrête pour ajouter une foi entière à ce récit : c'est l'âge qu'Orphée devait avoir, quand les Bacchantes assouvirent cette espèce de vengeance d'Atrée. Si l'on admet le témoignage d'Apollodore et de l'historien grec cité par Lascaris, qui fait naître ce sage soixante-dix-sept ans avant la guerre de Troie, et qu'on le combine avec un texte du poëme *des Pierres*, qui le fait survivre à l'incendie de cette métropole de l'Asie mineure, il est difficile de croire qu'il n'eût pas quatre-vingt-dix ans, quand il périt d'une manière aussi tragique.

Quelle que soit la tradition qu'on adopte sur la mort d'Orphée, il est certain qu'elle fut un sujet de deuil pour tous les êtres qui n'avaient point fait divorce avec leur cœur. *Quand son corps sanglant*, dit Ovide, *fut jeté dans les flots, sa langue murmura encore quelque chose d'inarticulé, mais de tendre, que répétèrent les échos plaintifs du rivage; et les cordes de sa lyre, mises en vibration par les ondes, rendirent quelques sons harmonieux*. J'aime cette image touchante dans le poëte des Métamorphoses, qui d'ordinaire affecte plus d'esprit que de sensibilité : ce qu'il ajoute ensuite, *que la tête du sage s'étant arrêtée près de l'île de Lesbos, un serpent qui voulut la mordre fut changé en rocher*, offre une allégorie pleine d'énergie sur la rage impuissante de l'envie et sur son supplice.

Pausanias, tout aride qu'il est dans le cours de ses voyages, le dispute à cet égard à l'amant de Corinne, par le charme de ses tableaux : *A en croire les Thraces*, dit-il, *les rossignols qui ont leurs nids près du lieu où repose les cendres d'Orphée chantent avec plus de mélodie que les autres*. Cette douleur générale, dans la Thrace comme dans la Grèce, réfute assez la calomnie de Diogène Laërce, que le héros, puni pour ses blasphèmes, fut foudroyé par Jupiter.

Un autre motif qu'on pouvait donner chez un peuple livré à un culte populaire, c'est que, d'après la croyance d'une partie de l'antiquité, la tête d'Orphée, séparée de son corps, rendit longtemps des oracles. Or la superstition, tout aveugle qu'elle est dans son principe et dans ses effets, ne va pas consulter, au pied des autels, un blasphémateur que le ciel a foudroyé.

J'ai dit que la consternation produite par le massacre d'Orphée s'était propagée dans toute la Grèce; et l'on ne doit pas s'en étonner, puisque ce sage, plus considéré, suivant l'usage, hors de sa patrie que dans son sein, à force de vivre dans le Péloponèse s'était fait vraiment grec. Il en avait non-seulement la manière de vivre, mais encore l'habillement. Le fameux peintre Polygnote l'avait représenté vêtu parfaitement à la grecque, dans un de ses meilleurs tableaux, au rapport de Pausanias [1].

Orphée a été calomnié dans son isolement loin des femmes après la mort de son Eurydice, par un des poëtes qui l'ont chanté le plus dignement [1]; mais ce n'est pas chez un peuple neuf, comme celui des Thésée et des Hercule, que l'imagination se déprave; il faut arriver à un siècle d'immoralité pour que l'homme pervers flétrisse l'isolement d'un Orphée ou l'amitié d'un Socrate pour un Alcibiade.

Orphée, après avoir bien mérité de ses contemporains par les talens de sa vie publique et les vertus de sa vie privée, semble avoir encore plus mérité de la postérité par ses ouvrages.

On est étonné, en lisant les anciens, du nombre étonnant d'écrits de ce beau génie, dont les titres ont échappé à l'oubli : il s'instruisait de tout pour écrire sur tout; il semblait qu'il avait parcouru l'échelle entière des connaissances humaines; et le recueil de ses livres, s'il existait, formerait à lui seul une espèce d'encyclopédie.

On citait, par rapport au système des êtres animés, sa *Génération des douze années primitives* et ses *Origines du monde et des dieux*, ou son *Peri Dios kai Eras*, où il donne un sexe aux intelligences intermédiaires entre le père de la nature et les hommes, pour les empêcher de s'anéantir.

Les ministres du culte religieux parlaient avec respect de ses *Initiations aux Mystères* et de son traité des *Sacrifices*.

Les amis des sciences naturelles ne tarissaient pas sur l'éloge de son *Traité sur l'Astronomie* [2]. On ne parlait pas avec moins d'enthousiasme de son livre de la *Pluralité des mondes* [3], écrit plus de trois mille ans avant le chef-d'œuvre de notre Fontenelle. Je serais tenté de croire, par rapport à cette belle opinion philosophique si digne de la sagesse du père de la nature, puisqu'elle multiplie le nombre de ses adorateurs, qu'elle est née de l'intelligence d'Orphée pour se répandre ensuite, par l'intermède de ses disciples, en Asie et en Europe. Il est certain du moins que les philosophes grecs qui ont propagé la doctrine de la pluralité des mondes, tels qu'Anaximandre, Anaxagore, Zénon d'Elée, Démocrite, Platon et Epicure [4], sont tous postérieurs de plusieurs siècles au législateur de la Thrace. On arrive ensuite, par une chaîne d'écrivains du moyen-âge, jusqu'à un enthousiaste du nom de David Fabricius, qui n'est point le savant auteur de la Bibliothèque grecque, et qui s'est vanté dans les universités d'Allemagne d'avoir vu les habitans de la lune de ses propres yeux et sans le secours d'aucun télescope [5].

---

[1] *In Phocid.*

[1] Ovid. *Metamorphos.*, lib. 10, vers 83.

[2] Nous apprenons, par un dialogue de Lucien sur cette matière, qu'Orphée, qui dans ses voyages avait probablement visité l'observatoire de Babylone, avait le premier donné aux Grecs des élémens d'astronomie.

[3] Plutarch. *De placitis philosophor.*, lib. 2; Euseb. *Præparat. evangel.* lib. 15, et Stob. *Eclog. physic.* 54.

[4] Stobeus, *Eclog. physic.*; Plutarch. *De placit. philosophor.* et *Sympos.* Plat. *in Conviv.* et Cicer. *de Natur. Deor.*, lib. 1.

[5] Fabric. *Bibl. Græc.* t. Ier, p. 179.

Outre ces écrits universellement estimés, on trouve dans des textes épars de la saine antiquité, la nomenclature de trente-cinq ouvrages, sur lesquels le savant Eschenbach a tenté, dans son *Epigène*, de rassembler quelques faibles traits de lumières.

Le *Koribanticon*, dont Suidas fait honneur à Orphée, traitait de l'origine des choses telle qu'on la présentait dans les mystères de la Samothrace, célébrés par les prêtres de Jupiter.

Le *Peplos kai diktion* déchirait le voile populaire sur le débrouillement du chaos et sur la guerre des Titans pour détrôner le père des dieux. Ce livre où il y avait beaucoup de philosophie occulte pouvait, dit-on, avoir été écrit, d'après la théorie du législateur de la Thrace, par un de ses disciples les plus célèbres, par Zopyre d'Héraclée.

Le *Kratères* traitait de l'âme du monde, sujet bien vague, bien systématique, bien fait pour faire fermenter des têtes pensantes, telle que celle de Timée de Locres, qui, dans des temps postérieurs, lui prêta l'appui de son ingénieuse métaphysique. C'est dans ce *Kratères* qu'on trouve l'idée première de l'œuf générateur, dont l'analyse occupera peut-être quelques lignes dans ce mémoire. Hésiode s'est emparé de cet œuf, principe de tout, dans sa Théogonie, et Aristote dans la lettre qu'une opinion peu probable lui a fait écrire à Alexandre. L'écrit d'Orphée, germe de tous ces commentaires poétiques et philosophiques, est cité avec éloge par Proclus, par Eusèbe et par Clément d'Alexandrie[1]; mais le temps destructeur n'a pas plus respecté sa réputation que l'obscurité des productions contemporaines.

La *Théogonie* semble le supplément du *Kratères*; c'est là qu'on trouvait la réunion, en un seul corps de doctrine, de la mythologie grecque et orientale, l'origine des symboles des anciens, l'explication de leurs allégories. Les poëtes avaient gâté par leurs tableaux le culte simple et pur de l'ordonnateur des mondes; il est beau de voir un poëte législateur y ramener les initiés des mystères et les poëtes; c'est-à-dire les hommes qui avaient alors, par leurs lumières, le plus d'influence sur la multitude.

C'est dans cette Théogonie que, suivant le scoliaste d'Apollonius[2], on voit Saturne ou le Temps, père de l'Amour; généalogie plus conforme à la marche de la nature, quoique moins brillante, que celle de l'auteur des *Métamorphoses*.

C'est aussi dans le même ouvrage qu'Orphée faisait l'énumération de trois cent soixante dieux destinés à servir de providence à chacun des jours de l'année; alors on ne connaissait pas les Epagomènes. Saint-Justin, dans son livre de la *Monarchie céleste*, avoue que ce n'étaient que des dieux du second ordre; car le polythéisme d'Orphée n'a jamais existé que dans la bouche des Bacchantes qui l'assassinèrent, ou sous la plume des écrivains jaloux qui le calomnièrent.

L'*Hieroi-Logoi* semble aussi mériter une grande attention, parce qu'on nous en a conservé des vers que, suivant Aristobule cité par Eusèbe, l'hiérophante lisait dans la célébration des mystères[1]. Pythagore les croyait vraiment d'Orphée[2]. Le martyr Saint-Justin en rapporte un fragment[3] qui commence à la manière d'une ode d'Horace : *Je vais dévoiler de grandes choses; profanes, retirez-vous.* Le vers le plus remarquable de ce morceau est celui qui rend un hommage solennel au théisme du sage : *Il n'y a qu'un Dieu, né de lui-même, et d'où tous les êtres ont tiré leur origine*[4].

J'ai dit qu'Orphée semblait avoir parcouru, comme Bacon, presque toute l'échelle des connaissances humaines : on peut en juger par son *Traité de Physique*, où Timée de Locres puisa ses idées sur la nature; par son *Onosmatique*, composée originairement de douze cents vers, où étaient les élémens d'une grammaire générale; par son *Peri botanon, ou Traité des Plantes*, dont Pline l'ancien a fait un grand éloge[5], et par son *Amnokorie* et ses *Ephémérides*, qui renfermaient des règles et des institutions sur l'économie rurale et sur l'agriculture[6].

Je ne parle ici ni du *Jodecateridos* ni du *Kresmoi*, qui traitent de l'art de prédire et des règles sur les sortilèges, parce que ces ouvrages, surtout le dernier, sont postérieurs à Orphée, suivant Suidas, et que ce sont les disciples de ce sage qui ont mis ces écrits sous son nom, pour leur donner une célébrité qu'ils ne pouvaient tenir, ni de la frivolité du sujet ni du talent des sophistes qui les avaient fabriqués.

Tous les ouvrages que je viens de citer n'existent plus pour nous depuis au moins quinze cents ans; et c'est une perte irréparable pour l'historien des hommes, qui, en partant de cette époque de trente siècles, voudrait juger par lui-même des pas de géant que nous avons faits vers la perfectibilité pendant les âges de lumière, et des pas rétrogrades qui nous ont entraînés vers la barbarie, dans les orages des révolutions.

Il me reste maintenant à porter un moment l'analyse sur les trois ouvrages que nous avons sous le nom d'Orphée. Il faut s'en faire une idée saine avant de tenter de résoudre le problème (qui semble, au premier aspect, insoluble), s'ils portent le cachet de ce sage; si nous les devons à une fraude pieuse des pre-

---

[1] Procl. lib. 1; Euseb. *Præpar. evangel.*, lib. 3, et Clém. Alexandr. *Stromat.*, lib. 5.
[2] Lib. 3.

[1] *Præparat. evangelic.*, lib. 13.
[2] Clement. Alexandr. *Stromat.*, loc. citat.
[3] *Cohortat. ad gentes.*
[4] *Unus est, ex se ipso genitus; ab uno omnia nata sunt.*
[5] *Histor. natur.* lib. 25, cap. 2.
[6] Les onze premiers vers des *Ephémérides* sont cités par Scaliger dans le Traité *De emendatione temporum*.
[7] On a fondé des conjectures sur le goût d'Orphée pour l'astrologie, par deux textes, l'un de Lucien, *de Astrolog.* et l'autre du commentateur Servius, *in Æneid.*, lib. 6.

miers chrétiens, ou s'ils ont été rajeunis sous la plume de ses admirateurs, tels que Phérécyde, Onomacrite et Pythagore.

Le poëme sur les Pierres, ou le *Peri Lithon*, semble avoir une sorte d'authenticité, à cause de son introduction écrite en prose par Démétrius Moschus, dont Stobée fait trois fois l'éloge dans le cours de quelques pages. Il y est dit qu'Orphée vint au-devant de Théodamas, fils de Priam, roi de Troie, pour assister à un sacrifice offert au soleil; pendant la route, le prince et le sage s'entretinrent du prix d'un certain nombre de pierres précieuses, de leurs vertus médicinales, de leurs usages dans les mystères : telle est l'origine de cette production, dont le mérite, très-indépendant du style, ne peut être senti que par les personnes qui attachent un grand prix à tout ce qui traite de l'histoire naturelle.

Après le préambule de Moschus, il y en a deux autres en vers qu'on annonce comme d'Orphée. Ces trois introductions à un opuscule qui n'a pas vingt-cinq pages paraissent hors de toute proportion à un goût épuré, mais il faut observer que l'ouvrage ne nous est pas parvenu complet : sur quatre-vingts pierres dont il devait traiter, la belle édition de Gesner n'en rassemble que vingt. Si nous avions le corps du livre entier, nous pourrions juger si son organisation comporte trois têtes.

Le cristal, le jaspe, l'opale, le corail et d'autres productions minérales ou animales passent en revue dans ce tableau, dont le caprice seul semble avoir réglé les rangs : d'ailleurs les chapitres n'y ont aucune proportion pour l'étendue. L'ophite est délayé en cent trente vers, et il n'y en a que deux consacrés à la topaze. Cet ouvrage se ressent du berceau de l'art.

Les hymnes portent bien plus l'empreinte du talent d'Orphée que le poëme du *Peri Lithon*; on peut en juger par les fragmens cités de ceux qu'on lisait de temps immémorial dans la célébration des mystères : malheureusement dans ces poëmes, que l'érudition des Henri Estienne et des Gesner a restaurés, il est difficile de distinguer l'or d'Orphée de l'alliage que ses disciples y ont introduit. Le législateur de la Thrace dédia son recueil primitif à Musée, son fils : ce que nous en avons est composé de quatre-vingt-six chapitres versifiés, qui n'ont entre eux aucun rapport d'ordonnance, dont le plus petit a six vers et le plus considérable vingt-sept. Le but de ces trente-six poëmes est le même : il s'agit toujours de recommander les mystères aux sages, et le culte religieux populaire à la multitude; d'indiquer les expiations comme le remède souverain des maladies de l'âme et de parler dignement de Dieu et de la nature.

La célébrité de ces hymnes a amené une grande dissension parmi les critiques qui ont voulu les apprécier : le docte Heinsius[1] leur donne le titre de Liturgie de Satan, et le jésuite Kircher, qui a tant écrit de paradoxes sur la nature parce qu'il ne la voyait que de son cabinet, a prétendu que ces poëmes renfermaient la théologie la plus sublime[1]. En mettant à part la faiblesse de cette production du côté du style, il me semble que la raison doit plus s'accommoder de l'éloge outré de Kircher que de l'injure théologique de Heinsius.

Le vrai titre d'Orphée à la palme du génie a dû être, dans les âges primitifs, et doit être encore de nos jours le poëme sur le voyage des Argonautes.

Mais ici se présente une grande difficulté que j'ai fait entrevoir vers le commencement de ce mémoire; et comme seul des historiens de ce sage je l'ai aperçue, je dois être le premier à tenter de la résoudre.

Le voyage des Argonautes, tel qu'on nous l'a transmis, n'est pas, sous tous ses points de vue, une petite expédition de flibustiers, destinée à enlever une toison d'or et une femme sur une plage inhospitalière du Pont-Euxin. Cette frivole conquête ne méritait pas d'être transmise dans l'histoire de la Grèce antique, dans ses poëmes et sur ses monumens : elle n'était pas digne que des prédécesseurs, je ne dis pas des rivaux d'Homère, employassent là trompette de l'épopée pour en éterniser la mémoire.

Il est certain qu'outre le poëme de ce genre qu'on attribue à Orphée nous en possédons un second d'Apollonius de Rhodes, qui succéda au célèbre Eratosthène dans la garde de la bibliothèque des Ptolémées, et un troisième de Valérius Flaccus, contemporain de Domitien, qui eut la bassesse de lui en offrir la dédicace. Il est certain aussi qu'Epiménide composa six mille cinq cents vers sur ce voyage du navire Argo; ce même Epiménide qui dormit, dit-on, cinquante-sept ans dans une caverne, et qui, s'étant couché ignorant, se réveilla philosophe.

Or il n'est pas dans la vraisemblance que quatre poëtes de divers âges et de diverses nations se soient donné le mot pour changer en Odyssée la petite expédition d'une chaloupe pontée qui longe des côtes pour aller à la conquête d'une frivole toison. En vain le mauvais goût a régné en France depuis les rois de la première race jusqu'à François Ier; on ne s'est pas avisé de faire cinq poëmes épiques sur les voyages de Mérovée ou sur les expéditions de Childebrand.

Tout le monde, ainsi que j'ai déjà eu occasion ailleurs de le faire pressentir, connaît la petite invasion de la Colchide, dont le sage Diodore nous a tracé le tableau. Il s'agissait de la futile conquête de la dépouille dorée d'un bélier qui servait de palladium à la petite monarchie du père de Médée : mais quand on veut concilier ce récit simple et dénué de merveilleux avec les poëmes de Valérius, d'Apollonius de Rhodès, et surtout d'Orphée, on est arrêté à chaque pas; on croit voyager dans deux mondes différens, qui n'ont de rapport entre eux que par la ressemblance

---

[1] In *Aristarcho*.

[1] In *Œdipo*, t. II.

d'un petit nombre de phares qui en éclairent la route.

On ne quitte le monde de la féerie pour se retrouver dans le monde de la raison, qu'en admettant qu'il y a eu, à deux époques infiniment éloignées l'une de l'autre, deux expéditions d'Argonautes; l'une, exécutée par des héros des âges primitifs, et l'autre par le ravisseur efféminé des Médée et des Hypsipyle.

Tout contribue à confirmer cette opinion qu'une connaissance approfondie de la théorie du globe empêche de mettre au rang des simples hypothèses : les merveilles de récits épiques qui contrastent avec la simplicité de la narration de Diodore, l'abus que les Grecs, les plus grands plagiaires des peuples civilisés, ont fait des noms des héros des deux expéditions, en les confondant à dessein dans leurs travaux ainsi que dans leur célébrité, et surtout la différence frappante des deux géographies, qui suppose que le monde diversement dessiné présentait un aspect contraire dans la double invasion de ce qu'on nomme la Colchide.

Ce mémoire n'étant destiné qu'à donner les résultats de ce que je crois avoir approfondi dans un autre ouvrage, je me hâte de désigner les deux expéditions des Argonautes, en appelant l'une le Périple de Jason et l'autre le Périple des âges primitifs.

Hercule, qui se trouve le héros de l'un et l'autre voyage, ne l'est que par un vain rapport de nom. On sait qu'il y a eu deux Hercules que Diodore fait vivre à un nombre infini de siècles l'un de l'autre, et qu'on honorait également dans le fameux temple de Gadès : le dernier est le fils d'Alcmène, qui aida Jason à enlever Médée; l'autre est le Mélescarth de Sanchoniaton, qui unit les deux mers au détroit de Gibraltar.

Il en est d'Orphée comme d'Hercule. Les anciens, qui ont partagé ce héros de la Thrace, ne pouvant expliquer autrement toutes les merveilles de sa vie romanesque, ont rendu hommage, peut-être sans le savoir, à la tradition des deux Périples.

Il est inutile de rappeler ici toutes les preuves de détail qui s'offrent en foule lorsqu'on distingue le voyage de l'Hercule de l'Orient de la petite expédition du bâtard d'Alcmène. Je n'en indiquerai qu'une ici : c'est celle de l'odyssée attribuée au sage de la Thrace, où le culte d'un Dieu rémunérateur et vengeur se trouve présenté avec des circonstances parfaitement inconnues aux Grecs vers les temps de la guerre de Troie.

Les Argonautes, fait-on dire à Orphée, voyagèrent dans des champs élysiens, séjour du juste; ensuite dans une espèce de Tartare, nommé Cimmérie, qui sert de prison aux pervers. « Cette Cimmérie, et ici je copie le Périple, est inaccessible au feu du soleil.... Notre route nous conduisit vers un de ces promontoires dont les plages glacées sont arrosées par le fleuve de l'Achéron : non loin est le peuple des songes, ainsi que les portes de l'enfer; c'est là qu'Ancée harangua les Argonautes et leur fit espérer la fin de leurs travaux. »

La position de ce Tartare cimmérien, non loin du cercle polaire, est un peu plus heureuse que celle que le chantre harmonieux d'Énée donne à son lac Averne, qu'on voit encore auprès des ruines du temple d'Apollon[1]. Il est certain que cette partie de l'Italie n'offrait pas un ciel moins riant du temps de Virgile que du nôtre : des pervers condamnés à y passer leur vie seraient tentés d'y voir la récompense de leur perversité.

Une des plus fortes preuves qu'il y a eu deux expéditions d'Argonautes, exécutées, à un intervalle immense, par deux Hercules et chantées par deux Orphées, est celle qui se tire de la géographie contradictoire qu'ont adoptée les hommes qui ont fait des Périples d'après les Mémoires orphéens qu'ils n'entendaient pas, et en particulier Apollonius de Rhodes et Onomacrite.

Et cette géographie cesse d'être contradictoire dès qu'on admet, d'après un principe devenu, j'ose le dire, classique en histoire naturelle, que, par l'effet de la retraite graduée des mers, le globe de nos Busching, de nos Danville et de nos Du Bocage n'est point dessiné tel qu'il était au temps des Méla, des Strabon et des Ptolémée; et que celui des Méla, des Strabon et des Ptolémée présentait une projection de cartes tout autre que dans les âges primitifs.

De ce principe si simple, mais si fécond en grands résultats, il suit que l'Hercule de l'Orient a pu, en partant de la mer qui baigne le Caucase, exécuter une navigation mémorable autour du globe, tel qu'il était dessiné à cette époque, afin de reconnaître le continent de l'Europe récemment élevé au-dessus de l'Océan; navigation qui a laissé des traces profondes soit dans les trois odyssées qui nous restent, soit dans la mémoire des hommes.

Le premier Orphée, que je me représente comme un des plus anciens législateurs qui aient civilisé le monde, était de cette expédition. C'est celui-là dont la lyre, ou l'éloquence harmonieuse, attirait les tigres et amollissait les rochers, car rien, dans ce qu'on appelle l'âge d'or, ne s'opère qu'avec la baguette des merveilles; c'est lui qui chanta en vers, la seule langue de ces siècles reculés, les longs travaux, la constance héroïque et les succès mémorables des premiers Argonautes.

Quant à la petite expédition de pirates, qui ne tendait qu'à descendre sur une plage inhospitalière du Pont-Euxin pour y enlever de l'or et des femmes, les Grecs, qui enviaient toutes les gloires, qui s'emparaient sans scrupule de toutes les antiques célébrités, ne crurent pas que l'Hercule, fils d'Alcmène, et l'Orphée de la Thrace fussent des héros assez grands pour justifier la renommée colossale qu'ils voulaient leur donner. Ils fondirent donc habilement les deux expéditions et réunirent les deux Orphées et

---

[1] Ce lac Averne se voit gravé dans le beau voyage pittoresque de Naples et de Sicile, de l'abbé Saint-Non.

les deux Hercules, bien convaincus que si leur usurpation traversait un certain nombre de siècles sans que le reste de la terre réclamât contre cette ingénieuse imposture, et surtout si leurs historiens montraient quelque génie, l'Orphée et l'Hercule des temps primitifs ne seraient que leurs héros indigènes.

Tout porte à croire que l'histoire de la première navigation fut écrite ou du moins traduite dans l'origine en phénicien. Lascaris conduit lui-même à cette induction quand il dit, dans ses *Prolégomènes* antiques sur Orphée, que le héros employa l'alphabet phénicien, ainsi que l'historien de Troie, Dictys de Crète. Or, les poètes grecs, qui voulurent relever les héros subalternes du siècle de Jason, abusèrent de l'équivoque des termes de cette langue pour donner quelque base à leurs fables mythologiques. Comme le mot syrien *gazath* signifie en même temps un *trésor* et une *toison*, ils inventèrent le conte de la *Toison d'or*; le terme *saur*, qui désigne à la fois un *rempart* et un *taureau*, fit naître l'idée du taureau vomissant des flammes, qui servait de rempart contre les ravisseurs du trésor; enfin le mot *nachas*, qui sert également à exprimer de l'airain et un dragon, conduisit à la fable du *Serpent ailé*, que le chef des Argonautes endormit pour s'emparer impunément de la toison[1]. Toute cette histoire, dépouillée de l'enveloppe hiéroglyphique que lui avait donnée la tradition du Périple oriental, signifie simplement qu'il y avait une grosse somme d'or renfermée dans un port de la Colchide; qu'un navigateur audacieux trouva le moyen d'assoupir la vigilance des soldats couverts d'airain, qui étaient préposés à sa garde, et qu'ensuite il s'empara de la forteresse malgré les feux qu'on lui lançait du haut des murailles. Quand on a la patience de lire, dans cet esprit de sage critique, les anciens contes de la mythologie et les rapsodies alchimiques qui traitent du grand œuvre, on rencontre çà et là quelque vérité qui dédommage de l'ennui que tant d'absurdités frivoles causent à la raison.

J'ai parlé de rapsodies à propos des Argonautes, et je m'éloigne moins de mon sujet qu'on ne pense. Suidas, dans son lexique, et Eustathe, dans ses *Notes sur Denys le géographe*, ont écrit sérieusement que Jason alla en Colchide pour chercher le grand œuvre. Le trésor qu'on y gardait avec tant de soin était, disent-ils, un livre précieux qui apprenait à convertir en or les métaux, et comme ce livre était écrit sur une membrane de bélier, on l'appela la *Toison d'or*. Assurément les Grecs du siècle de Jason étaient trop ignorans pour exposer leur vie dans le dessein de conquérir un livre, mais cette tradition a pu naître de la trace profonde que le voyage des Argonautes primitifs avait laissée dans la mémoire des peuples. Ce voyage était si mémorable que les poètes, comme je l'ai déjà remarqué, y ont trouvé la matière d'un grand nombre de poèmes épiques, et les Paracelses du moyen âge, l'apologie de leurs rêveries érudites sur la pierre philosophale.

Le poëme du premier Orphée sur le Périple des Argonautes primitifs a été fondu, comme nous l'avons vu, avec celui d'Orphée de Thrace sur le voyage des Argonautes de Jason, et cette disparate dans les événemens, jointe à celle que de savans hellénistes ont cru voir dans le style de l'ouvrage qui nous reste, a fait douter de l'authenticité de ce monument littéraire. Il faut placer sous les yeux les pièces du procès afin de mettre les bons esprits à portée de prononcer.

D'abord il faut déclarer franchement qu'à un petit nombre de vers près, soit cités dans les historiens, soit déclamés dans les Mystères, et qu'une tradition orale a pu conserver, il n'existe, dans le catalogue des trente-cinq ouvrages dont il est parlé dans l'*Épigène* d'Eschenbach, aucune production authentique des deux Orphées[1]. La discussion ici ne roule que sur les Hymnes, sur le poème des Pierres et surtout sur le Périple des Argonautes, qui portent le nom du chantre de la Thrace dans les belles éditions de Gesner, de Henry Estienne et d'Eschenbach.

Un texte de Diogène Laërce, accrédité par Jamblique[2], a pu amener le pyrrhonisme sur ce que nous appelons les œuvres existantes d'Orphée. Le premier dit que Pythagore avait écrit quelques ouvrages qu'il avait mis sous le nom de cet homme célèbre : *Pythagoram nonnulla scripsisse et ad Orpheum auctorem retulisse*. Mais cette vague inculpation, que les écrivains de poids de l'antiquité ne semblent point avoir accueillie, ne décide point la question. Il ne s'agit point nommément, dans la phrase de Diogène, des trois livres de la collection de Gesner; d'ailleurs il est avéré, par une tradition immémoriale, que les Hymnes et le poème des Argonautes, ainsi que les idées génératrices répandues dans les trente-cinq livres mentionnés dans l'*Épigène*, étaient répandues chez les anciens avant la grande célébrité de Pythagore.

Une opinion un peu plus plausible est que ce que nous avons d'Orphée ayant été recueilli par ses disciples aura été embelli, ou si l'on veut défiguré, en passant par leur plume. On accuse principalement de ce délit littéraire Prodicus, Théognète et Onomacrite.

Il faudrait peut-être alors, en réfléchissant au prodigieux éloignement où nous sommes des mémoires originaux d'Orphée, savoir gré aux amis de sa gloire, qui ont dérobé ces espèces de tables sacrées au nau-

---

[1] Toutes ces étymologies sont tirées de Bochart, l'homme de son temps le plus versé dans les langues orientales. *Phaleg.*, lib. 4, cap. 31.

[1] Je comprends dans cette proscription quelques-uns des fragmens d'Orphée qu'on voit à la tête de l'édition de Henry Estienne, et peut-être les 66 vers du *Peri-seismon*, ou *Pronostics sur les tremblemens de terre*, qu'on trouve dans l'appendice de l'*Anthologie*.

[2] Diog. Laert. *in Pythagor*. et Jamblic. *in vita Pythagor*.

frage des temps; il faudrait, malgré le vernis étranger qui couvre ces productions primordiales, regarder les éditeurs du sage de la Thrace du même œil que nous regardons Platon, qui dans ses immortels dialogues a conservé aux siècles la doctrine de Socrate.

Huet, le savant évêque d'Avranches, donna le premier le signal d'anéantir l'existence littéraire d'Orphée. Il prétendit dans ses *Questions Alétanes*, que les *Hymnes*, les *Pierres*, et surtout le poëme *des Argonautes*, avaient été composés par des chrétiens postérieurement à l'époque où fleurit Origène [1], et cette assertion a été répétée de nos jours et empoisonnée par Diderot, qui ajouta que ces faussaires de la religion du Christ *recoururent à cette petite ruse pour donner à leurs dogmes absurdes quelque poids aux yeux des philosophes* [2]. La prétention d'Huet, dénuée de preuves historiques, et l'assertion de Diderot, d'après les termes injurieux qui ont échappé à sa haine contre la religion de ses pères, ne demandent pas que j'entre en lice pour les réfuter.

La seule objection vraiment imposante est celle des hellénistes, qui trouvent dans le style des trois poëmes d'Orphée des traces évidentes de leur composition par quelque Annius de Viterbe, aussi mal-adroit que celui qui a ressuscité les annales du Bérose de Babylone.

Ces critiques, dont l'autorité est d'un grand poids, partent d'un texte de Jamblique, qui, sur la foi de Métrodore, affirme qu'Orphée écrivit ses poëmes dans l'ancien dialecte dorique [3]; tandis que le manuscrit grec interprété par Lascaris les suppose écrits originairement en phénicien. Or, disent les partisans de l'obscur Métrodore, le dialecte des Doriens ne se rencontre ni dans les *Hymnes*, ni dans le poëme *des Argonautes*; ainsi l'homme de goût ne saurait les lire sans s'indigner de voir le beau nom d'Orphée prostitué à de pareilles rapsodies.

Un critique estimable, sinon homme de goût, du moins homme très-versé dans l'hellénisme, Schneider, a beaucoup fait valoir cette preuve scientifique dans ses *Analecta critica*, qui ont paru en 1777. Il prétend que la langue des *Hymnes* ainsi que des *Argonautiques* est un jargon moitié grec et moitié latin, tel qu'on pouvait le parler à l'époque où les langues de Démosthène et de Tite-Live commençaient à se défigurer. Cependant, moins hardi que le savant Huet, il fait remonter jusqu'au commencement de l'ère vulgaire l'époque où on nous donna pour les originaux d'Orphée les romans philosophiques des Annius de Viterbe [4].

Malheureusement pour l'hypothèse de Schneider, il s'est trouvé dans l'université de Leyde un autre helléniste d'un grand nom, David Ruhnkenius, non moins versé dans la belle littérature du siècle de Périclès, qui a défendu les Hymnes et le poëme des Argonautes contre les imputations injurieuses de leur détracteur. Il a prétendu qu'une lecture réfléchie de ces deux ouvrages ne lui avait présenté aucun amalgame de grec et de latin; il a ajouté que les idées qui y étaient répandues *tenaient*, par leur originalité, *de l'âge d'or*, et que le style lui semblait très-*homérique*; seulement il penche à attribuer ces productions originales et dignes d'Homère à la plume d'Onomacrite.

Il ne m'appartient pas de décider entre les deux opinions contradictoires de Schneider et de Ruhnkenius; leurs noms comme leur hellénisme m'en imposent : je me contente de faire observer que la lutte des amis d'Orphée et de ses détracteurs n'est point finie; que les uns ne lancent aucun trait que le bouclier des autres ne repousse, et qu'à la fin du dix-huitième siècle les athlètes étaient encore en présence sur le champ de bataille.

Après avoir pesé avec quelque soin toutes les pièces du procès, voici quelle serait ma manière de penser; mais je ne la présente que comme une opinion, et non comme un jugement. Content de m'exprimer avec franchise, de n'avoir point de doctrine secrète et d'éloigner toute arrière pensée, je ne demande que la tolérance que je professe jusqu'à ce que l'on m'oppose une plus grande masse de lumière.

Le poëme des Pierres porte avec lui une espèce de type d'antiquité, à cause du fameux *Proœmium* en prose de Démétrius Moschus, qui précède les deux préambules en vers de l'auteur original. Je ne vois pas que les critiques allemands, entre autres le redoutable Schneider, aient dit de cet ouvrage ce que le jésuite Hardouin disait de l'Énéide de Virgile, imaginée à son gré par des moines dans les cloîtres de Cîteaux. D'ailleurs, le peu d'objets importans que ce poëme renferme, en prouvant l'enfance de l'art à l'époque où il a été composé, prouve aussi son originalité. Assurément si un faussaire l'avait écrit vers le siècle d'Origène, il aurait été bien maladroit de ne pas profiter des découvertes de Pline dans cette partie de l'histoire naturelle. La grande raison qu'on objecte, que ce traité en vers ne nous apprend rien de neuf, est précisément celle que je ferais valoir pour le donner à l'Orphée de Thrace : tout, jusqu'à la réduction de quelques chapitres en simples distiques, et à la mutilation du poëme qui a perdu les deux tiers de son étendue, semble annoncer qu'il ne s'est rien glissé d'hétérogène dans sa composition primitive. Des imposteurs qui l'auraient refait n'auraient ni imaginé des chapitres de deux vers, ni réduit à vingt opuscules le livre que les âges antérieurs avaient vu en quatre-vingts.

---

[1] *Quæstion. Aletan.*, lib. 2.
[2] *Opinions des philosophes*, t. V, de ses œuvres, *Philosophie fabuleuse des Grecs*.
[3] *De vita Pythagor.*, cap 34.
[4] *Analec. critic.* fascicul. 1, sect. 4, Trajecti ad Viadrum, 1777.

[1] *Epistol. critic.*, p. 69.

Il est plus difficile d'avoir une opinion bien prononcée sur les *Hymnes* que sur les *Pierres* ou le *Peri-Lithon*, parce qu'il y a eu nécessairement des altérations primitives à mesure que ces poëmes sacrés passaient par la bouche des initiés ; parce qu'ils perdaient leur originalité, soit par leur brièveté, qui les rendait populaires, soit par les amendemens des disciples du sage qui cherchaient à les rectifier. Leur faiblesse, quand on les met en parallèle avec les hymnes qu'on attribue à Homère, ne serait point alors un titre pour consacrer leur authenticité : tout m'invite à croire que cette production, telle qu'elle nous est restée, porte peu, en général, le cachet des âges antérieurs à la guerre de Troie. Sur les trente-six dont Gesner nous a donné le recueil, je ne serais tenté d'en excepter que trois ou quatre, qui respirent à mon gré cette précieuse simplicité antique [1] ; encore les convenances grammaticales du style pouvant contrarier mon sentiment intérieur, je me garderai bien de les indiquer.

Le poëme des *Argonautes* est celui des livres attribués à Orphée que j'ai étudié avec le plus de soin et sur lequel mes doutes raisonnés peuvent avoir le plus de poids.

Il me parait démontré, du moins suivant mes faibles lumières, que ce Périple d'une haute importance est un assemblage, quelquefois régulier et plus souvent informe, de deux ouvrages écrits, à un intervalle incalculable, par deux Orphées, dont l'un a chanté une navigation mémorable autour du monde nouveau de l'Europe, et l'autre a célébré le petit exploit de pirate de Jason sur une côte inhospitalière du Pont-Euxin.

D'après cette explication, qu'un coup d'œil philosophique sur les deux géographies des temps primitifs et du moyen âge semble devoir impérieusement réclamer, toutes les contradictions apparentes du Périple disparaissent. Par exemple, on insinue que l'ouvrage est apocryphe de ce qu'il y est fait mention des feux lancés du cratère du mont Etna, tandis que, d'après les monumens écrits, la première éruption connue est d'un âge infiniment postérieur à la guerre de Troie. La réponse à cette objection se trouve dans l'histoire physique du globe : plus on se rapproche des premiers âges, plus il est évident que l'incendie des pyrites, occasionné par la filtration des eaux de la mer, qui pesaient sur les flancs des montagnes, a dû rendre fréquens les grands phénomènes du volcanisme. D'autres critiques ont infirmé l'autorité du poëme des *Argonautes* parce qu'il y est fait mention des Thyrréniens, dont le nom n'était pas connu au temps de l'Orphée de Thrace. Tous ces nuages s'anéantissent quand on veut reculer l'époque de la publication du Périple jusqu'au siècle de Pisistrate.

Voici donc ma pensée toute entière sur cet ouvrage.

Il y a eu un Orphée primitif, qui a écrit, à une époque inaccessible à la chronologie, l'histoire d'une navigation mémorable attribuée à d'antiques Argonautes. Cet Orphée n'existe que par son nom dans les monumens de l'histoire ; mais son livre était connu, soit par une tradition écrite, soit par une simple tradition orale, dans la Grèce et dans l'Asie Mineure, très-longtemps avant la guerre de Troie.

Le second Orphée est venu ; il se trouvait dans le vaisseau de Jason lorsque celui-ci exécuta péniblement et à grands frais la petite expédition de la Colchide ; il la chanta, et, comme il avait du génie, son poëme agrandit les héros de la Toison-d'Or et leur donna une sorte d'immortalité.

Cet Orphée fit secte : ses disciples, pour ajouter à l'enthousiasme que son nom inspirait, lièrent sa vie à celle de l'Orphée primordial, réunirent, mais sans beaucoup d'art, les deux Périples, et telle est l'origine de l'espèce d'odyssée qui nous reste sur les Argonautes.

Cette odyssée n'est donc probablement d'aucun des deux Orphées [1] ; mais elle a été faite avec fidélité sur leurs mémoires, et cette fidélité est d'autant plus grande qu'on n'a point songé à voiler les contradictions qui naissent du rapprochement des deux Périples.

Les anciens attestent que le poëme des Argonautes a été rédigé par Onomacrite, qu'une chronologie peu suspecte fait contemporain de Pisistrate [2].

Pour ne rien laisser à désirer dans ce mémoire, il n'est point indifférent de le terminer par des considérations rapides sur la doctrine du second Orphée, telle qu'elle résulte des fragmens qui nous en restent, des témoignages qui lui ont été rendus par des écrivains de poids, et de l'idolâtrie de ses disciples, qui a semblé un moment justifier son apothéose.

Orphée ne croyait pas le monde éternel : cette éternité de la matière modifiée ne remonte guère au delà d'Ocellus Lucanus, et elle n'a acquis une sorte de consistance que depuis qu'une philosophie audacieuse plaça l'Être des êtres dans les intermondes d'Épicure.

C'est dans le *Kraterès* d'Orphée qu'on rencontre les premiers élémens de son système sur l'origine des choses, mais ces élémens sont enveloppés des nuages de l'allégorie : on voit que l'auteur a une doctrine

---

[1] Ces hymnes de choix ont encore une autre garantie : c'est de se trouver dans deux des plus beaux manuscrits du poëme des Argonautes : dans celui de la bibliothèque des Médicis, *Bandini*, t. II, et dans le Cabinet royal de Madrid, *teste Yriarto*, p. 86.

[1] Déjà, du temps de Pausanias, on doutait de l'authenticité des livres publiés sous le nom de l'Orphée de Thrace, et ce doute tombait particulièrement sur la Théogonie et sur le *Teletai*, ou le livre des Mystères. (Voyez, lib. 1, cap 14 et 37.)

[2] Tatian. *Orat. ad Græc.*, cap 62, et Clem Alexandr. *Stromat.* lib. 1.

Le poëme d'Onomacrite a aussi pour garans Scepsius et Mimnerme, deux écrivains de poids, cités par Strabon. *Geograph.*, lib. 1, cap. 46.

publique pour le peuple et une doctrine secrète pour les sages qu'il initie dans ses mystères.

Les principes générateurs d'Orphée, dans sa langue hiéroglyphique, sont l'éther, le chaos et la nuit. L'éther est le principe du bien, ou l'Oromase de la Perse, le chaos est le génie du mal, ou l'Arimane; l'ordonnateur du monde les concilie ensemble et les unit. Il résulte de cet hymen étrange, mais que l'introduction du mal physique et du mal moral semble justifier, il en résulte, dis-je, un œuf que Dieu confie à la nuit. Cet œuf se partage en deux pour former le ciel et la terre, la nuit le féconde, et voilà l'organisation de l'univers.

Lorsqu'on explique Orphée par lui-même, c'est-à-dire son *Krateres* par d'autres productions où sa pensée primitive est moins enveloppée, on arrive à une philosophie plus digne de la morale éternelle des âges primitifs.

Jupiter ou l'âme du monde, c'est-à-dire l'Être suprême, préexistait de toute éternité; il renfermait dans son sein tout ce qui était, ainsi que tout ce qui est et tout ce qui sera : ainsi il n'y a que deux substances nécessaires : Dieu, ou le principe actif, et le chaos, ou la matière inerte qui constitue le principe passif. La matière, modifiée par l'agent universel, arrive à sa perfection par toutes sortes de développemens, mais elle ne change pas essentiellement de nature : tous les êtres émanés de Dieu iront un jour se perdre dans son sein.

Les mondes organisés depuis la rupture de l'œuf générateur finiront un jour par une conflagration générale, et de leurs cendres fécondées il naîtra un nouvel univers.

L'intervalle entre l'Être des êtres et nous est rempli par des intelligences du second ordre et ensuite par des héros qui tiennent de la nature de l'homme et de celle des demi-dieux.

L'homme tient à l'âme du monde par son immortalité. Quand il n'est que faible, il trouve sur la terre des lustrations religieuses propres à le restituer à son principe; s'il est pervers, un Tartare à terme limité l'attend; si sa vie a été exemplaire, il trouvera au delà de la tombe sa récompense.

Il me semble que cette doctrine, dont on trouve des traces dans Plutarque, dans Porphyre, dans Jamblique et dans Proclus [1], n'est pas tout à fait indigne de la raison du dix-neuvième siècle. Mahomet n'avait pas une cosmogonie si pure, et cependant il a envahi la croyance d'un tiers du globe : il est vrai que son épée lui rendit à cet égard plus de services que son évangile.

Un fait qui paraît bien étrange à ceux qui ne sont pas versés dans la littérature de la haute antiquité, c'est que toute la morale d'Orphée et toute sa religion étaient en vers [2]. Mais à ces époques reculées tout s'écrivait ainsi, jusqu'aux lois et aux traités de paix : le rhythme, chez les peuples neufs, grave les pensées utiles dans la mémoire en les rendant populaires. Les poëtes bardes ont été les premiers historiens des Gaules; et parmi nous le poëme de la Rose et les chants des troubadours sont antérieurs aux bonnes chroniques en prose, à celles des Joinville et des Ville-Hardouin.

Tous les vers d'Orphée, quand il s'agit de religion, consacrent sa croyance dans l'ordonnateur des mondes : ses idées à cet égard sont aussi grandes que celles de Marc-Aurèle, et, dans ce sens, la poésie ne mérita jamais mieux qu'alors le nom de langage des dieux.

Le peuple, les conquérans et le temps, plus destructeur encore, mêlèrent des absurdités à l'ancienne théogonie de l'Orphée de Thrace; mais les beaux principes religieux qu'elle consacre se conservèrent plusieurs siècles dans la célébration des mystères avec toute leur intégrité; et si la doctrine annoncée par les hiérophantes de la Grèce avait été publique, Athènes n'aurait point eu à rougir du supplice de Socrate.

DE LISLE DE SALES.

[1] Voyez Plutarch., *in Symposiac*, et *de Isid. et Osirid*. Porphir. *de Myster*. et *de Abstinent*. Jamblich., *in vita Pythagor*. Proclus *in Timeum*. Il n'y a pas jusqu'à l'œuf générateur d'Orphée qui n'ait été adopté par le Sanchoniaton de la Phénicie et par les adorateurs d'Oromase, dans la religion de Zoroastre. Ce furent les grandes idées que présentait ce symbole qui firent défendre l'œuf dans le régime diététique d'Orphée et de Pythagore.
[2] On attribue même à ce sage la découverte du rhythme du vers. (Voyez Théodoret *Therapeut*., lib. 1, et Antipater de Sidon, dans le troisième livre de l'*Anthologie*.

L'ARGONAUTIQUE,

POËME.

O roi qui commandes à Python, poëte qui lances au loin tes traits, toi qui habites les sommets élevés du Parnasse, je chante ta vertu. Inspire à mon cœur une voix véridique, et donne-moi la gloire de répéter aux hommes dispersés de toutes parts un chant conforme aux préceptes de la Muse, un chant digne de la lyre. Car il est dans ma pensée, ô dieu qui portes le luth, de te dire en des vers bien aimés des choses que je n'ai pas encore dites, lorsque, animé du zèle de Bacchus et du roi Apollon, je chantai les flèches horribles, les remèdes favorables aux mortels et ensuite les droits mystiques des initiés. Et la nécessité du premier Chaos, et Kronus qui produisit l'Éther dans un laborieux enfantement, et l'Amour son frère jumeau, dieu aimable, parent de la Nuit éternelle que les hommes plus modernes ont nommée Phanète, et qui apparut le premier; et les parens du puissant Brimon et les ouvrages immenses des Géans, race dangereuse qui est tombée du ciel, race de la première génération, d'où sont sortis les hommes répandus aujourd'hui sur la surface de la terre, et la servitude de Jupiter, et le culte de la mère errante sur les montagnes, qui sur les sommets de Cybèle avait accompagné la jeune Proserpine à cause de Saturne son père toujours dur, et les mystères sacrés des Idéens, et la force prodigieuse des Corybantes, et l'erreur de Cérès, et le deuil amer de Proserpine; comment elle fut législatrice, et les dons splendides des Cabires, et les mystères du roi Bacchus qu'il faut taire, et Lemnos la divine, et la maritime Samothrace; Chypre montueuse et Vénus adonéenne, les orgies de Praxidice et les fêtes nocturnes de Minerve, et les fêtes pleines de deuil des Égyptiens, et les inféries sacrées d'Osiris, et les moyens sans nombre de l'art nouveau du devin qui s'exerce sur les bêtes sauvages, sur les oiseaux et dans les entrailles ; et tout ce que les âmes des hommes révèlent dans leurs songes lorsqu'elles sont agitées par le sommeil ; et les positions des signes qui annoncent l'avenir, et les révolutions des astres, et l'expiation qui purifie, avantage divin accordé aux vivans, et la manière dont les mortels apaisent les dieux en leur présentant de larges offrandes.

Je t'ai raconté d'autres merveilles encore, que j'ai vues moi-même et que j'ai recueillies dans mon esprit, lorsque j'ai parcouru la route ténébreuse du Ténare et que j'ai pénétré dans l'enfer poussé par mon amour pour mon épouse et me confiant à la puissance de ma cithare, et combien j'ai fréquenté la foule sacrée des Égyptiens, lorsque j'ai vu Memphis la divine et les villes sacrées d'Apis que le Nil rapide environne d'une vaste ceinture. Mon cœur t'a répété toutes ces choses. Maintenant que le taon aërien abandonne notre corps et remonte dans les larges espaces des cieux, tu apprendras de ma voix ce que je t'ai d'abord caché. Tu sauras comment, cédant aux sollicitations de . . . . je me joignis à lui et je devins compagnon de son voyage; comment sur un navire errant je visitai la Piérie, les sommets élevés des Libèthres, des contrées habitées par des hommes inhospitaliers et des nations impies sur lesquelles régna Éète fils du Soleil qui porte la lumière aux mortels.

Pélias craignait que l'empire royal ne lui fût arraché par les mains du fils d'Æson, comme un oracle l'avait prédit. Alors dans son cœur il résolut de recourir à des moyens fallacieux. L'oracle lui avait ordonné d'enlever la toison d'or de la Colchide et de l'apporter dans la Thessalie fertile en chevaux. Mais lui, dès qu'il eut entendu cette voix sévère, il éleva les mains et prit à témoin la vénérable Junon, car il la respectait entre toutes les immortelles et l'environnait d'un culte sacré. Elle écouta favorablement ses prières : le fils valeureux d'Æson était de tous les hommes le héros intrépide qu'elle aimait et estimait le plus. Elle appela Minerve, et la voyant auprès d'elle lui déclara sa volonté. Celle-ci construisit un vaisseau en bois de hêtre, qui le premier avec des rames sillonna les profondeurs salées de l'Océan et tenta hardiment les voies de la mer. Le divin Jason réunit des héros intrépides et se dirigea vers la Thrace fertile en bons chevaux; il me trouva préparant ma lyre aux accens mélodieux.

Je me préparais à faire entendre les sons d'une harmonie pareille à des flots de miel et à charmer par mes chants les bêtes sauvages, les reptiles et les oiseaux. En ce moment le héros arriva dans l'antre agréable qui me servait de demeure et du fond de sa poitrine velue sa douce voix se fit entendre.

« Orphée, fils chéri de Kalliopê et d'Oiagros, toi qui règnes dans la Bistonie sur les Kikones riches en troupeaux, salut, puisque pour la première fois j'arrive aux portes de l'Hémus, au bord du Strymon, non loin des hautes vallées du Rhodope. Je suis Jason de Thessalie, le sort me fit naître du plus noble sang des Minyens, je te demande l'hospitalité. Mais accueille-moi avec amitié, avec bienveillance; prête une oreille paisible à mes paroles et exauce ma prière. Viens avec nous sur le navire Argo affronter les profondeurs de la mer inhospitalière et les rives difficiles du Phase; viens, tu nous montreras les routes du Pont-Euxin : ce sera une œuvre agréable aux héros qui attendent le secours de ta lyre et de ta voix divine et qui désirent t'avoir pour aide et compagnon de leurs travaux. Car ils ne se soucient point d'entreprendre sans toi une longue navigation vers des tribus barbares, puisque seul entre les hommes tu as su pénétrer dans les vaporeuses ténèbres, dans les plus profonds abîmes et jusqu'aux entrailles nues de la terre...

« Voilà pourquoi je te conjure de partager leurs souffrances et leur gloire qui seront connues de la postérité. »

Je pris la parole à mon tour et je répondis en ces termes.

« Fils d'Æson, que me proposes-tu dans tes discours? Que, pour plaire aux héros Minyens, j'aille visiter la Colchide et que je traverse sur un navire solidement construit la noire étendue des mers? Assez de fatigues ont été mon partage, assez de travaux j'ai accomplis, quand j'ai parcouru des régions immenses et des villes nombreuses pour aller en Égypte et en Libye révéler aux mortels les oracles des dieux. Et certes alors ma mère me sauva des périls d'une vie errante et de la passion mystérieuse qui me dévorait, pour me reconduire dans ma demeure et m'y faire attendre la mort dans le sein de la triste vieillesse. Mais il n'est point permis de fuir ce qui est fixé par le sort. J'obéis à la volonté des Destins, car il ne faut point mépriser les Prières, filles de Zeus Jupiter, protecteur des supplians. C'en est fait : j'irai prendre mon rang parmi les Demi-Dieux et les rois de la génération nouvelle. »

Alors je quittai mon antre agréable, je partis emportant ma lyre avec moi, et mes pieds agiles me conduisirent aux bords du Pagase, auprès des héros Minyens. C'est là qu'ils étaient réunis : leur assemblée couvrait les rives sablonneuses du torrent; mais lorsqu'ils m'aperçurent au terme du chemin, ils se levèrent pour me saluer, et chacun d'eux se réjouissait dans son cœur. Or je pris la parole et je demandai les noms de ces hommes illustres.

D'abord je vis le puissant, le divin Héraclès, qui naquit de l'union d'Alcmène et de Zeus fils de Kronus, alors que le brûlant soleil déroba durant trois jours sa lumière et qu'une longue nuit couvrit le monde. Auprès de lui était Tiphys fils d'Aignias qui devait diriger le navire à la forme allongée. Sur les eaux du Permesse non loin de Thespies il avait jusqu'alors servi de nocher aux peuples de Sipha pour traverser le fleuve qui borne leur territoire : aussi une longue expérience féconde en bons conseils lui avait-elle appris à diriger un navire à travers les vents et les rapides tempêtes. Je reconnus Castor, habile à dompter les coursiers, et Polydeukès son frère; et Mopsos de Titarè que la belle Arégonis épouse d'Ampyx mit au monde sous un hêtre dans les champs de la Chaonie; et Pélée, illustre descendant d'Aiakos, qui régnait sur les Dolopes dans la Phtie aux fertiles guerêts. Puis je vis les trois héros du sang d'Hermès : Aitalidès, qui reçut le jour d'Eupolemeia, noble fille de Myrmidon, dans la pierreuse Alopè, et avec lui Erutos et le bel Echiôn, que le dieu de Kyllènè, le meurtrier d'Argus, qui porte une baguette d'or, engendra tous deux de sa mystérieuse union avec la nymphe Laotoè de Ménétos. Ensuite s'offrirent à mes regards Actoridès et Korônos qui se nourrissait de la chair du bœuf; et Iphiklos, divin rejeton de Phylacos, et Boutès enfant d'Ainias, semblable à Apollon qui porte une épée d'or. Le fils d'Abas, Kanthos, était aussi venu de l'île d'Eubée; mais il succomba aux coups du destin et l'inflexible nécessité lui imposa la loi de finir ses jours en

Libye et de ne point revoir son foyer domestique. Des rives de l'Aisope était accouru Alkonos de Phalère, celui qui fonda la ville de Gyrtôn au milieu des flots. Après ces guerriers paraissait Iphitos fils de Naubolos, qui régnait sur la Phocide et sur Tanagre couronnée de tours. Puis marchaient, précédés de leur renommée, les irréprochables Abantiadès, Laodokos, Talaos et Areios, qu'enfanta Pèrô. Amphidamos les suivait : fidèle aux ordres du généreux Aléos son père, il avait quitté le territoire de Tégée. D'autres guerriers se présentèrent à ma vue : c'était Erginos qui avait dit adieu aux campagnes de Branchos couvertes de fertiles moissons et aux fortes murailles de Milet qu'arrosent les eaux du Méandre aux mille détours. C'était Périclymenos, fils de Néleus, qui avait quitté la marécageuse Kolonès et la ville florissante qui s'élève non loin de Pallènè et des ondes pures du Lipaxos. C'était le héros de Kalydon, le léger Méléagre, qui naquit d'Oinéeus et d'Altaïè aux bras de rose : avec lui marchait Iphiklos parent d'Altaïè qui avait abandonné pour le suivre le lac d'Atrakeis, car il honorait par-dessus tout ce héros au beau visage et lui-même lui avait enseigné les hauts faits qui conduisent à la gloire. Ensuite venait Astériôn fils de l'illustre Komètos, qui habitait Peiresie où le Pénée mêlant ses eaux à celles de l'Apidane va se perdre avec elles dans la mer. Je vis encore Eurydamas, qui avait quitté les bords du lac Bobéis non loin du Pénée et de Méliboïè, la cité maritime; Polyphèmes, fils d'Elatos; qui se distinguait dans la foule belliqueuse des héros; Kainéus qui succomba, dit-on, dans les rangs des Lapithes sous les coups des Centaures : frappé avec des torches et des branches de sapin couvertes d'une longue écorce, il soutint le choc et ses genoux ne fléchirent pas, mais il descendit vivant parmi les morts dans les entrailles secrètes de la terre. Je remarquai Admète, arrivé de Phères; Admète, auquel le dieu Paian loua ses services, alors qu'il fuyait la colère de Zeus, après avoir percé les Cyclopes de ses flèches inévitables, en punition de la mort d'Asklepios. Puis marchaient Eurytiôn fils d'Iros Actoriôn, sorti de la sauvage Oponte, et Idas, et Lyncéas, qui seul d'entre les hommes pénétrait de son regard puissant l'étendue du ciel, les profondeurs de la mer et les abîmes de Pluton roi du monde souterrain. Télamon le suivait : l'épouse de l'invincible Aiakos, Aiginé fille de l'illustre Asope lui avait donné le jour sur les rivages de Salamine que la mer étreint comme une vaste ceinture. Ensuite apparaissait l'enfant naturel d'Abas, Idmôn, que le puissant Apollon eut de son union avec Antianeira la belle Phérienne, près des eaux de l'Amphryse; à ce fruit de son amour le dieu avait donné la science de prédire et une voix qui rendait des oracles afin d'annoncer aux hommes les destinées. Après lui venaient Menoitios d'Oponte, parent des héros Minyens, et le divin Oiléus, et le célèbre Phlias, guerrier au corps sans tache et au cœur prudent, qui naquit de Bacchus et d'une nymphe non loin des eaux fugitives de l'Asope. A la troupe belliqueuse se joignirent encore Képhéos et Ankaios arrivés tous deux de l'Arcadie riche en troupeaux ; Ankaios que son père envoya prendre part à la navigation du Pont-Euxin. Jamais ses robustes épaules ne se revêtirent d'une longue tunique, mais une peau d'ours velue couvrait sa poitrine. Puis Nauplios s'avançait : Amumonè, sa tendre mère, unie au dieu qui porte le trident, mit au monde ce noble guerrier semblable aux immortels. Euphèmos de Taïnarc le suivait laissant bien loin derrière lui les gorges du promontoire de Malée et Thérapnès la ville baignée des flots. Je vis ensuite Ankéos de Pleurône qui connaissait les révolutions célestes des astres et les globes errans dans l'étendue, (car il cherchait à connaître les choses présentes et celles qui devaient arriver aux hommes); Palaimonios, fils bâtard de Lerne, blessé aux deux pieds et mal assuré sur ses jambes, d'où vient que chacun l'appelait le descendant d'Héphaistos ; Augeias fils du Soleil à la flamme brillante, qui abandonnait les environs de Pise et les bords de l'Alphée; et avec eux les deux irréprochables héros Amphion, célèbre par ses chants, et Astérios inébranlable au combat, abandonnant tous deux Pallène et le sol de la patrie. Je reconnus encore les deux beaux rejetons de Borée, qu'enfanta Orithya fille d'Erechteus, alors que l'amour l'unit avec ce dieu non loin des bords de l'Ilissus : Zétès et Kalaïs, semblables aux immortels, s'enlevant à leur gré sur les aîles qui se déployaient sous leurs oreilles. Ensuite paraissait le fils du roi Pélias, car il désirait ardemment aborder avec les héros le Phase inhospitalier. Enfin marchait avec lui le compagnon du divin Heraclès, le bel Hylas; un tendre duvet ne brunissait pas encore ses joues blanches au-dessus de son menton de roses. Mais il était encore enfant et Héraclès mettait en lui toutes ses complaisances.

Tels furent ceux qui se réunirent auprès du vaisseau pour l'expédition lointaine; épars sur le rivage ils se haranguaient et s'exhortaient de part et d'autre. Puis le repas fut préparé et les nombreux convives s'assirent aussitôt à la table hospitalière, et chacun d'eux désirait l'accomplissement du grand œuvre. Lorsque leur cœur se fut rassasié de nourriture et de boisson, ils se levèrent tous de l'arène profonde, et se dirigeant vers le lieu où le vaisseau destiné à fendre les mers était tiré sur le sable, ils demeurèrent à sa vue saisis de stupeur. Alors fidèle aux conseils de la prudence, Argos se prépara à mettre en mouvement le navire avec des rouleaux de bois et des cables bien tordus attachés à la proue; et il appela ses guerriers à cette tâche pénible, leur donnant à tous des louanges. Et ceux-ci empressés d'obéir à sa voix, se dépouillèrent de leurs armes, et chacun attachant un cable autour de sa poitrine se courbait sur lui de tout le poids de son corps afin de mettre bientôt à flot Argo, ce navire doué du merveilleux don de la parole.

Mais le navire demeurait pesamment enfoncé dans le sable, et, retenu sur le sol par les algues desséchées, il refusait d'obéir aux mains puissantes des héros. Le cœur de Jason fut saisi de douleur: il jeta sur moi un regard pénétrant, et me fit signe de ranimer par mes accords le courage et la force de ses compagnons fatigués. Alors je tendis ma lyre, je répétai les chants harmonieux que j'avais appris de ma mère, et ma voix mélodieuse s'élança de mon sein.

« Héros, le plus noble sang des Minyens, courage! Appuyez sur les câbles vos vigoureuses poitrines, portez-vous en avant d'un commun effort, affermissez vos pas sur la terre, tendez les muscles de vos pieds et que leur pointe se dresse sur le sol, et entraînez joyeusement le vaisseau sur la vague azurée.

» Argo, toi dont les flancs sont tissus de chênes et de sapins assujétis ensemble, écoute ma voix, car déjà tu l'as entendue lorsque je charmais par mes accents les arbres des épaisses forêts, et que les rochers inaccessibles, abandonnant les montagnes, descendaient à mes accents. Viens donc, avance-toi dans les sentiers de la mer parthénienne et hâte-toi de traverser les flots jusqu'aux rives du Phase. Viens, confiant dans la puissance de ma lyre et dans les paroles divines qui sortent de ma bouche. »

A ces mots frémit la grande poutre de hêtre, que l'habile Argos avait coupée sur le Mont-Tonnerre pour en former la quille du vaisseau, suivant les conseils de Pallas. Elle frémit et fit voir qu'elle avait entendu. Aussitôt elle se souleva, et, enlevant dans sa course les ais sur lesquels elle était appuyée, elle glissa rapidement vers la mer: le choc dispersa les rouleaux qu'on avait placés en ligne sous la carène et le navire descendit dans le port. Le flot azuré recula pour lui ouvrir un chemin, et les ondes rebondirent sur la plage. Jason se réjouit dans son cœur. Argos s'élança sur le vaisseau, Tiphys le suivit de près. Ils y placèrent toutes les choses nécessaires préparées par leurs soins, et le mât et les voiles; ils attachèrent le gouvernail à la poupe, en le liant avec de fortes courroies; puis, après avoir étendu les rames de part et d'autre, ils invitèrent les héros empressés à monter sur l'esquif. Alors le fils d'Æson leur adressa ces paroles qui volèrent sur l'aile des vents:

« Écoutez-moi, princes irréprochables, car je ne me soucie point de commander à de meilleurs que moi, choisissez pour chef celui que votre cœur désire; que tous les soins du commandement lui soient confiés, que toute puissance lui appartienne en œuvres et en paroles pour nous guider dans notre course maritime, lorsque nous aurons touché la terre, puis dans la Kolchide, ou parmi d'autres nations. En effet, autour de moi seul vous êtes un grand nombre de guerriers vaillans, qui vous vantez de descendre d'une race divine et qui avez ambitionné une gloire commune, acquise par de longs travaux; mais je ne crois pas qu'il soit un héros plus fort et plus vaillant que le puissant Héraclès: et vous aussi, vous le savez comme moi. »

Il dit et tous lui applaudirent, et du sein de la foule s'éleva un murmure approbateur; une voix unanime pour placer Alcide à la tête des Minyens, Alcide qui, par sa valeur, l'emportait de beaucoup sur ses nombreux compagnons. Mais le héros inspiré ne céda point à leurs vœux, car il savait quels honneurs étaient réservés au noble fils d'Eson, dans les desseins de la déesse Héra, qui lui assurait une gloire immortelle à travers la postérité; il décerna donc à Jason le commandement de cinquante Argonautes, et sur la terre et sur la mer, et tous applaudirent à l'ordre d'Héraclès, et revêtirent Jason de la suprême autorité.

Mais lorsque le soleil, brisant la ligne immense de l'horizon, pressa ses rapides coursiers pour faire place à la nuit ténébreuse, le fils d'Eson médita dans son cœur de lier les héros par une foi commune et des sermens d'alliance, afin qu'ils gardassent une sévère discipline. Et alors, ô Musée! fils chéri d'Antiophêmes, il m'ordonna de préparer promptement un brillant sacrifice. Aussitôt j'apportai sur l'aride plage des morceaux de bois, dépouille du chêne dont le gland nourrit les hommes; au-dessus, je plaçai dans un voile les offrandes abondantes destinées aux dieux, et alors j'égorgeai un grand taureau, puissant chef d'un troupeau de bœufs : tournant sa tête vers le ciel, je le frappai à mort et je répandis son sang de part et d'autre à l'entour du bûcher. Puis, retirant son cœur de ses flancs entr'ouverts, je le plaçai sur un gâteau, en l'arrosant avec du miel et du lait de brebis. J'ordonnai ensuite aux héros debout autour de moi, de saisir leurs lances et leurs épées, et de les plonger dans la peau et dans les entrailles du taureau. Je plaçai en outre au milieu un vase d'argile renfermant, selon les rites, un breuvage dont les élémens étaient de la farine, du sang de la victime et de l'eau de mer, et après y avoir fait ajouter de l'huile jusqu'au bord, je pris une fiole d'or, et, l'emplissant de ce mélange, je la présentai tour à tour à chacun des puissans rois, pour qu'ils y trempassent les lèvres; puis j'ordonnai à Jason d'approcher du bûcher une torche de picéa. La flamme divine jaillit soudain. Alors, étendant les mains vers les flots de la mer retentissante, je prononçai ces paroles :

« Vous qui régnez sur l'Océan, dieux de l'abîme, vous tous qui habitez les rives et les profondeurs de la mer, je vous invoque, toi d'abord Nérée, le plus ancien de tous, avec tes cinquante filles; toi, Glaucus, qui fus changé en poisson, et toi, Amphytrite, dont l'empire est immense; Protée et Phorcyn, puissant Triton, vents rapides, zéphyrs qui avez des ailes d'or aux talons, astres qui nous éclairez du haut des cieux, épaisses ténèbres de la nuit, lumière du Soleil qui voles devant les pieds des coursiers divins, génies des mers, héros, dieux des rivages, fleuves qui vous jetez dans la mer, et toi-même Neptune à la chevelure noire, toi qui ébranles la terre, élance-toi des flots; venez tous, je vous invoque, soyez témoins de notre serment. Si nous demeurons fidèles à Jason, si nous prenons tous avec joie notre part des travaux communs, chacun de nous reviendra sain et sauf dans sa patrie. Mais quiconque violera le traité qui nous lie, sans s'inquiéter du serment prêté, soyez témoins contre lui, toi Thémis, et vous furies vengeresses. »

C'est ainsi que je parlai; ils y consentirent à l'unanimité, et jurèrent en étendant les mains. Après avoir prêté ce serment, ils entrèrent dans les profondeurs de leur navire tous en ordre, et posèrent leurs armes, et saisirent les rames dans leurs mains robustes. Tiphys leur ordonna alors de former une échelle avec des cordes étendues, de déployer les voiles et de s'éloigner du port à l'aide des câbles. Junon, épouse de Jupiter, envoya aussitôt un vent tranquille, qui poussa le navire Argo dans une douce navigation. Rois infatigables, ils maniaient les rames avec le courage de cœur et la force des bras, et le vaisseau sillonnait la mer immense, rejetant de sa carène rapide de larges flocons d'écume à droite et à gauche. Mais lors que le crépuscule sacré s'éleva au sein du grand fleuve Océan, et que l'aurore le suivit, apportant aux mortels et aux immortels sa lumière délicieuse, alors on aperçut le rivage, les bords et les sommets orageux du Pélion, couvert de bois. Tiphys saisit aussitôt le gouvernail des deux mains et ordonna de fendre l'onde sous les rames : ils arrivèrent ainsi rapidement au rivage, ils appuyèrent l'échelle de bois sur le port, les héros Minyens descendirent et cessèrent toute fatigue. Et l'écuyer Pélée se mit à les haranguer, groupés à l'entour de lui.

« O amis, voyez-vous cette montagne élevée, dont le sommet est couronné d'ombrages. Là, dans une caverne habite Chiron, le plus juste des Centaures qui furent nourris sur le Phalué et les cîmes élevées du Pinde. Il distribue la justice aux mortels, et leur donne des remèdes pour leurs maladies. D'autrefois, prenant la cithare des mains de Phœbus, ou la phorminx, qui rend un son semblable à la tortue de Mercure, il déclare les jugemens à tous les voisins. C'est là que Thétis aux pieds d'argent, recevant mon fils nouveau né, le prit dans ses langes, monta sur le Pélion ombragé et le confia à Chiron, qui l'aima tendrement et le nourrit avec soin. Amis, mon âme est remplie du désir de le voir. Approchons de cet antre, voyons l'habitation de mon fils, et comment il est élevé. »

Il dit et entra dans un sentier, et nous le suivîmes. Nous arrivâmes dans une grotte obscure, où le Centaure reposait sur un humble lit, étendant ses membres agiles à la course, terminé par des cornes robustes de chevaux. A côté le fils de Thétis et de Pelée touchait la lyre de ses doigts habiles, et l'âme de Chiron en était enchantée. Dès qu'il vit ces rois magnanimes, il se leva modestement et embrassa chacun d'eux ; il prépara les viandes du festin, il apporta les vins délicieux, et, ôtant les feuilles de son lit, il les dispersa pour en former une couche agréable ; puis il leur ordonna de s'asseoir et leur servit abondamment les chairs des porcs et des cerfs rapides, et leur distribua pour boisson un vin mêlé avec du miel. Et lorsqu'ils eurent abondamment satisfait leur faim, ils m'ordonnèrent avec applaudissemens de lutter contre Chiron, en faisant résonner les sons de la lyre qui retentit au loin. Mais je ne voulais pas, car j'eus honte, moi jeune homme, de venir m'égaler à un vieillard. Mais Chiron lui-même le désira, et malgré moi il m'invita à lutter par le chant. Le Centaure prit alors une belle cithare qu'Achille lui remit entre les mains.

Et d'abord il chanta les luttes des Centaures magnanimes, que les Lapithes massacrèrent. Il dit comment, irrités contre Hercule, ils combattirent dans Pholae. La colère les avait saisis parce que le vin leur avait été enlevé. Après lui je pris la lyre aiguë, et mes lèvres firent entendre un chant plein de la douceur du miel. Je chantai d'abord l'hymne triste du vieux Chaos, comment les élémens furent distribués, comment naquit le ciel, comment naquirent les terres et les profondeurs des mers ; et l'amour antique et générateur de tous les bons conseils et tout ce qu'il avait engendré, et les séparations qu'il avait établies entre plusieurs choses, et le pernicieux Saturne, et comment l'empire royal des dieux immortels avait été départi à Jupiter le maître de la foudre ; je chantai la race plus récente des mortels bienheureux et leur désaccord, les destins cruels de Brimion, de Bacchus et des Géants ; je chantai en outre l'origine de plusieurs nations et des hommes devenus plus faibles. La voix mélodieuse de ma lyre se répandait à travers les profondeurs étroites de la caverne ; les hauts sommets et les vallées ombreuses du Pélion furent émues, et la voix parvint jusqu'aux chênes élevés : ébranlés dans leurs plus profondes racines, ils s'approchèrent de la caverne ; les pierres nous répondirent : les bêtes féroces, entendant nos chants, arrivaient rapidement devant la grotte ; les oiseaux, se soutenant à peine sur leurs ailes fatiguées, oublièrent leurs nids et environnèrent la demeure du Centaure. Le Centaure vit ces prodiges et fut étonné, il frappa ses mains et de son pied il fit retentir la terre. En ce moment Tiphys vint du navire et appela tout à coup Mynias : moi je cessai de chanter, eux se levèrent rapidement et chacun revêtit ses armes. L'écuyer Pelée embrassa son fils dans les langes, il déposa un baiser sur sa tête et sur ses deux beaux yeux, en souriant au milieu des larmes, et Achille fut réjoui dans sa pensée. Puis le Centaure me fit don d'une peau de léopard, pour que je la portasse comme un souvenir d'hospitalité. Quand, nous retirant, nous quittâmes la grotte, le vieillard du haut du tertre leva les mains vers le ciel, et pria les Phillyrides et invoqua tous les dieux pour qu'ils voulussent accorder le retour de Minyas, et que les jeunes rois et ceux qui plus tard seront des hommes recueillissent une grande gloire.

Parvenus au rivage, ils descendirent tous dans le navire, ils prirent place sur les bords, et, pesant de tous leurs bras sur les rames, ils frappaient les ondes en s'éloignant du Pélion. L'écume bouillonnant sur les ondes immenses blanchissait la mer aux teintes verdâtres. On perdit de vue ces bords éloignés, et l'on aperçut Sciathos, et l'on vit le tombeau de Dolapis, la maritime Homale et le courant de l'Amyrus, qui se précipite dans la mer et roule à travers les terres immenses ses ondes tumultueuses. Les Minyens virent encore les sommets inaccessibles de l'Olympe élevé ; ils naviguèrent autour de l'Athos environné d'arbres, de la large Pallène et de la divine Samothrace. D'après mes conseils, les héros approchèrent des mystères redoutables des dieux, et inviolables aux mortels. Car il est utile aux hommes qui naviguent de sacrifier ainsi des offrandes divines. De là nous poussâmes notre rapide navire aux bords sintiaques, dans la divine Lemnos. Là les femmes étaient occupées à de terribles et criminels travaux. Elles avaient tué tous leurs maris, et la plus belle entre toutes, l'intrépide Hypsipile leur commanda selon leurs désirs. Mais pourquoi le dirai-je en beaucoup de paroles quel immense désir dans le cœur des nobles Lemniades excita Cypris, la mère des amours? Toutes brûlaient de partager les couches des héros. Hypsipile, par ses séduisantes caresses, captiva Jason. Ils s'unirent ensemble et tous avaient oublié leur route, si je ne les eusse persuadé par mes conseils salutaires et la douceur de mes chants; alors tous descendirent vers le navire aux flancs recourbés, ils se remirent à désirer une prompte navigation et se rappelèrent leurs travaux. De là le vent Zéphire, soufflant à la surface des eaux, nous porta avec l'aurore au-delà de l'étroite Abydos, laissant à droite Ilion la dardanienne et Pythios. Argo, le navire prophétique, rencontra ensuite les côtes d'Abarnie et les Periotes, terre fertile que l'Esepus arrose de ses ondes argentées. Quand nous approchâmes des sables du bord, Tiphys, le gouverneur du navire, et le fils illustre d'Eson, et les autres Minyens élevèrent un immense rocher à Minerve aux yeux glauques. Là les nymphes sous la fontaine d'Abtracie font courir de belles ondes, parce qu'une Sirène se présente à ceux qui naviguent sur le large Hellespont; mais la tranquillité la plus parfaite règne en cet endroit, et des baies recourbées s'enfoncent dans les terres, afin que les navires soient à l'abri du souffle des tempêtes. Là, préparant sur le rivage élevé le repas et nos tentes, nous songeâmes à nous livrer aux festins.

Pendant que nous étions ainsi occupés, arriva le héros Cycicus qui commandait aux Dolopes du voisinage, fils chéri d'Enée, et qu'enfanta une mère divine, la fille d'Eusore, Enéta aux belles joues. Minyas les honora tous d'une bienveillante hospitalité: il tua pour eux des brebis grasses et des chevreaux aux pieds rapides, et des porcs sauvages. Il leur donna en outre du vin rouge.

Il ordonna qu'on remît en abondance du froment à ceux qui s'en allaient; il leur offrit aussi des vêtemens, des tapis et des tuniques peintes; et durant la journée toute entière il les engagea à boire. Mais quand Titan se fut précipité dans les flots de l'Océan, et que la lune vêtue d'étoiles amena la nuit sur la terre, alors arrivèrent des hommes redoutables, semblables à des bêtes sauvages, et qui habitaient les montagnes élevées. Ils ressemblaient aux Géants et aux Titans robustes. En effet chacun d'eux avait six mains qui lui pendaient des épaules.

Les rois courageux les voyant se précipiter pour la bataille revêtirent leurs armes. Dès que la nuit ténébreuse put favoriser leur téméraire entreprise, ils se précipitèrent sur Mynias. Le robuste fils de Jupiter qui lance les flèches les extermina au milieu de cet assaut, mais il tua aussi le jeune Cysique, bien involontairement, et entraîné par une précipitation fatale: il était dans sa destinée de périr de la main d'Hercule. Les Myniens armés descendirent aussitôt dans les flancs creusés du navire, et chacun s'assit sur les bords. Tiphys se mit à crier de l'extrémité de la poupe, et ordonna de tirer l'échelle et de délier les cordes, mais les cordes ne pouvaient être déliées: retenues par des nœuds inextricables, elles enchaînaient le navire et l'empêchaient d'avancer. Le prudent Tiphys resta d'abord stupéfait, mais bientôt effrayé il ouvrit les mains et abandonna le gouvernail du navire Argo. Il désespérait en effet de traverser désormais les flots, car Rhéa était irritée du meurtre de ses sujets: mais lorsque la nuit fut arrivée au milieu de sa course, et que les astres jetant une lumière plus éloignée se précipitèrent dans les eaux de l'Océan, un profond sommeil descendit sur les yeux du pilote. Pendant qu'il dormait ainsi, Minerve aux armes retentissantes lui apparut et lui déclara ses véritables volontés. Elle lui dit ces paroles divines d'une voix menaçante:

« Tu dors, fils d'Agniades, tu dors en proie au plus doux sommeil, mais hâte-toi de t'éveiller, appelle Tiphys, ordonne aux héros de revenir sur le rivage tranquille, de sortir du vaisseau, et de se rendre au lieu où repose leur hôte tué sur les sables, pour lui rendre les derniers devoirs. Rhéa, la mère de tous, ordonne qu'on fasse aux enfers des libations et des offrandes, que des larmes coulent de tous les yeux, et qu'on témoigne ainsi son respect pour la sainteté des tombes et pour la table hospitalière. Hercule, il est vrai, l'a tué sans le vouloir, en lançant des traits durant l'obscurité de la nuit; et cependant l'âme de la déesse Rhéa est remplie de colère. Dès que vous aurez rendu à votre hôte mort de justes devoirs, alors montez jusqu'à Dindymon, demeure de Rhéa, apaisez la fille de la terre par des supplications, vous pourrez ensuite reprendre votre voyage maritime. »

En disant ces mots, la déesse disparaît et remonte au ciel rapide comme une flèche. Le sommeil du nautonier se dissipe aussitôt : il s'élance promptement sur la poupe, réveille le peuple par ses cris, et lorsque tous les héros arrachés au sommeil sont réunis à ses côtés, tremblant encore au fond du cœur, il leur raconte à la hâte cette vision. S'étant ainsi levés rapidement, ils se précipitent tous sur le rivage. Cependant l'Aurore, secouant les rênes dorées de ses coursiers, ouvre la porte du pôle obscur et s'élance dans le ciel éclairé encore d'une lueur incertaine. Les chefs Minyens reconnaissent en effet le héros mort, souillé de sang et de poussière. Les autres guerriers belliqueux gisaient à l'entour comme des corps immenses de bêtes fauves. Ils posent alors le cadavre de Cysique sur de grandes pierres, ils lui creusent un tombeau et lui élèvent un monument. Ils réunissent précipitamment des racines et les brûlent pour préparer un sacrifice. Moi, j'apaise son âme en offrant aux divinités de l'enfer des libations de lait et de miel, je répands de l'eau puisée à des fontaines douces comme du miel, et je l'honore de mes hymnes.

Jason lui-même proposa un prix à ses compagnons pour récompense de la lutte autour du tombeau ; il leur destine le don précieux que Hypsipile lui avait apporté de Lemnos. Il donna à Ancée le prix de la palestre, un vase d'or très large. Il donna à Pelée, vainqueur au jeu du stade par la rapidité de ses pieds, une tunique de pourpre, ouvrage habile de Minerve, il donna à Hercule une coupe d'argent, ornée d'une manière remarquable ; il donna à Castor, vainqueur à la course de chevaux, de magnifiques ornemens d'or ; à Pollux, vainqueur au pugilat, il donna de somptueux tapis, car il avait remporté une magnifique victoire. Luimême il prend un arc flexible et des flèches. Il tend l'arc et lance le trait qui vole au loin.

Minyas donne à Eson ; comme tribut d'honneur, une couronne de lauriers entremêlée de fleurs. Mais le divin Jason me donne à moi le prix du chant, un cothurne d'or aux ailes étendues. C'est ainsi que fut terminé le combat ; mais la renommée en vola bien vite jusque dans la maison de Cysique, qui avait été tué. Dès que sa veuve malheureuse l'eut appris, elle pleura amèrement, se déchirant la poitrine, et attachant une corde à son cou, elle perdit la vie en s'étranglant. La terre recevant ses larmes dans son sein fit jaillir une fontaine. Son eau semblable à de l'argent s'élance toujours bouillonnante du milieu de sa source. Les habitans l'appellent Clyten. Alors les rois, obéissant aux avis divins qu'ils avaient reçus durant la nuit, montèrent sur les sommets élevés du Dindymon, pour satisfaire la déesse Rhéa par d'abondantes libations, et pour apaiser l'âme de la reine. Je suivais tenant la lyre dans les mains. Argos lui-même vint, laissant son navire habilement construit. Avec un fer tranchant il coupa un rameau de vigne flexible, et il sculpta une idole sacrée d'une forme très-délicate, pour qu'elle pût rester constamment auprès de ses derniers descendans ; avec des pierres bien taillées il construisit la maison de la reine. Puis les héros Minyens, pleins d'ardeur, élevèrent avec des pierres un autel élégant, sur lequel les chefs firent des libations infernales et des sacrifices somptueux. L'âme de Rhéa était satisfaite de ces libations. Ils m'ordonnèrent de célébrer la déesse pour qu'elle accordât à nos supplications un retour agréable. Après que nous eûmes adressé ainsi des sacrifices, des prières et des supplications, nous descendîmes au navire Argo. De là Tiphys appela les héros au navire ; tous se précipitèrent en même temps, et tous prenant place sur les bords se remirent aux travaux de la navigation. Les cordes se délièrent d'elles-mêmes, les câbles furent tendus, et Rhéa, dont le front est couronné de tours élégantes, envoya du sommet de Dindyme un vent favorable et rapide. Nous fîmes de nouveau dans le navire de splendides sacrifices, et nous couronnâmes l'autel, pour qu'il apprît à nos descendans qu'en ce lieu les cordes du navire Argo s'étaient dénouées d'elles-mêmes. Dès que le vent eut rempli les voiles de notre vaisseau, et que nous eûmes frappé en les sillonnant les flots sacrés de la mer, il bondit et s'élança sur l'Océan, passant près des confins de la terre de Mysie. Il pénétra aussitôt en courant dans le port de Royndace, il entra dans la baie couverte de sable et toucha au rivage. Prenant les cordes avec leurs mains les héros roulèrent les voiles et les lièrent avec des courroies, ils appuyèrent l'échelle sur la terre et descendirent, poussés par le désir ardent de prendre de la nourriture. A l'entour apparut la colline d'Arganthe et ses sommets élevés. Hercule se précipita aussitôt vers les bois ténébreux, tenant dans ses mains son arc et ses flèches à trois pointes, pour se livrer au plaisir de la chasse, et pour apporter à ses compagnons un souper agréable, ou des sangliers ou une génisse ornée de cornes, ou un chevreau sauvage. Comme il s'égarait, Hylas sortit du navire et le suivit; mais lui-même se perdit dans une route tortueuse, il erra dans la forêt, et arriva à la grotte des nymphes champêtres. Elles, le voyant dans la fleur de l'adolescence et semblable aux dieux, le retinrent afin qu'il fût immortel au milieu d'elles, et qu'il vécût éternellement sans connaître la vieillesse.

Lorsque le Soleil eut conduit ses chevaux rapides au milieu du jour, un vent favorable et violent souffla de la montagne et vint enfler nos blanches voiles : alors Tiphys ordonna de rentrer dans le navire et de détacher les cordes du rivage. On obéit aux ordres du nautonier; mais Polyphème monta rapidement sur le sommet de la montagne pour rappeler avec promptitude Hercule au navire. Il ne le rencontra pas, car il était dans la destinée qu'Hercule doué d'une force prodigieuse ne pût pas venir jusqu'au Phasus qui roule de belles ondes. Nous arrivâmes sans lui au matin, vers une terre funeste, dans laquelle Amycus commandait aux Bébryciens parjures.

Amycus, méprisant la vengeance de Jupiter auquel rien n'échappe, déclarait toujours le combat aux hôtes qui habitaient à l'entour, quels qu'ils fussent, quand ils venaient habiter son pays ou sa maison ignominieuse. Il les provoquait insolemment au pugilat. Pollux, d'une force prodigieuse, le tua en le frappant rudement sur la tête avec ses durs cestes. Les Minyens détruisirent par le fer la tourbe vulgaire des Bébryciens; enfin, étant remis de la fatigue de notre navigation, nous sommes arrivés sur le rivage à la grande ville des Bithyniens. C'est là que le malheureux Phinée, séduit par les charmes et les caresses des femmes, creva les yeux à ses deux fils et les exposa sur des rochers élevés, pour en faire la proie des bêtes sauvages. Mais les fils de Borée les ramenèrent à la vie et leur rendirent la vue. Remplis de colère, ils imposèrent au contraire une cruelle punition à Phinée, et ôtèrent la lumière à ses yeux. Puis ensuite le véhément Borée l'ayant enlevé dans une tempête impétueuse le roula dans les épaisses forêts de la Bistonie, pour qu'il y fût puni par un mauvais destin et par une vie malheureuse.

Nous laissâmes ensuite les contrées de Phinée et nous nous échappâmes sur les plaines immenses de la mer, jusqu'aux rochers de Cyanée, dont ma mère, la sage Calliope, m'avait souvent entretenu. Nul repos dans leur pénible labeur : précipités par les ouragans contraires, ils retombent à l'envi les uns sur les autres, et le bruit tumultueux se répand au-delà de la mer et du ciel spacieux, le bruit de l'onde qui se brise et de la mer profondément émue. Et la mer immense résonne dans les bouillonnemens des flots. J'avais annoncé toutes ces choses à Hayniades, afin qu'il veillât du haut de la poupe, de peur de s'exposer à quelque danger. L'ayant entendu, il resta stupéfait dans son esprit; mais seul entre tous les héros il cacha dans son cœur ce qui devait arriver. Alors la déesse Minerve, d'après les conseils de Junon, envoya un héron qui se posa à l'extrémité d'une vergue : il volait tristement. Puis porté sur ses ailes rapides il pénétra jusque dans les cavités les plus profondes de ces roches animées. De suite il fut environné; toutes se soulevèrent et se précipitèrent impétueusement sur lui, cherchant à dévorer l'oiseau, elles engageaient entre elles des combats dangereux. Tiphys, voyant la manière dont le héron, par une fuite impétueuse, échappait à ces périls, avertit les héros en baissant la voix. Ceux-ci le comprirent et sillonnèrent plus rapidement la mer de leur rame. Quant à moi, par la mélodie de mon chant, je parvins à tromper ces roches élevées, et toutes se retirèrent à l'envi; et les flots s'entr'ouvrirent, et l'abîme s'éloigna du vaisseau, charmé par ma cithare et par mon chant divin. Mais dès que notre navire eut évité le péril de ce passage et les roches Cyanées, elles devinrent immobiles et fixées irrévocablement; elles restèrent désormais dans cet état, car c'est ainsi que le décidèrent les Parques.

Arrachés aux amères destinées du trépas, nous voguâmes à travers les embouchures du Rhéban, jusqu'au rivage noir dans la longue île de Tynéide, où le Timbre poissonneux bouillonne dans ses rives verdoyantes, et le Sangarius se précipite dans les flots de l'Euxin. Nous étant approchés du bord à force de rames, nous nous arrêtâmes près du courant du Lycus, où le roi Lycus, qui porte le nom du fleuve, commande à des peuples nombreux. Il reçut les héros Minyens avec un amical empressement, les fit asseoir plusieurs nuits à sa table hospitalière, et les retint pendant plusieurs jours. En cet endroit la Parque nous enleva deux guerriers, Idmon Ampycide et le nautonier Typhis. L'un fut emporté par une douloureuse maladie; l'autre fut tué par un sanglier sauvage. Nous leur élevâmes des statues, puis nous reprîmes notre navigation sur les immensités de la mer, en confiant notre sort à Ancée. Tous le disaient fort habile dans la navigation. Il saisit donc d'une main ferme la courroie du gouvernail, et dirigea le navire sur les courans du Parthénius, connu aussi sous le nom de Callichoron, et dont j'ai déjà parlé précédemment. De là, dirigeant notre navigation par delà les montagnes élevées, nous arrivâmes à la terre des Paphlagons; le navire Argo l'évita en sillonnant la mer immense, et il arriva au rivage de Carambie ou repose Thermodon, et sur les bords du fleuve Algas, qui jette ses flots rapides dans le sein de l'Océan. En naviguant un peu plus loin de la région de l'Arctique boréal, on trouve le tombeau et les restes immenses de Themicyre Déantide. Non loin de là sont les villes des amazones. Les Chalybes, les Tibarins et d'autres peuples voisins habitent confusément dans cette région de Mosyn. Tournant à notre gauche, nous arrivâmes à un port où se trouvent les Taures, voisins des Maryandins. Encore plus bas vers le Septentrion, se trouve une longue chaîne de montagnes, dont les sommets s'élancent les uns sur les autres. A leurs pieds des vallées ouvrent leur large sein. C'est là qu'est le mont Symes, immense pâturage toujours verdoyant. Là se trouve le fleuve Araxe, dont les eaux roulent avec de grands retentissemens; le Phasis et le Tanaïs en découlent aussi, et le pays est habité par la nation intrépide des Colches, des Enioches et des Araxons. Après l'avoir traversé, nous naviguâmes jusqu'aux ports des Uriens, des Chidnéens, des Charandiens et des Solymiens, et des derniers Assyriens; nous vîmes les âpres sommets du Synape, et les habitans de Philyre et les cités nombreuses des Sapeires, les Bysériens et les nations inhospitalières des Sigynniens. Le navire Argo, poussé par un vent favorable, entra à pleines voiles dans le Phasis au cours gracieux depuis le matin, à l'heure où l'Aurore se levait sur le monde immense, jusqu'au soir. Ancée prenant la parole ordonna de plier les voiles de délier les antennes et de faire route à la rame après avoir abattu le mât. Quand nous fûmes entrés dans le lit du fleuve tranquille, alors les murs et les fortifications d'Eète nous apparurent; les bois sacrés s'offrirent à nous; c'était là que se trouvait la toison d'or, suspendue à un humble hêtre.

C'est ainsi que se passèrent toutes ces choses : Jason hésita longtemps dans sa pensée et fut incertain, puis il soumit aux Myniens cette question indécise, s'il irait seul à la maison d'Éète, sans être accompagné d'aucun de ses guerriers, ou si de suite il se précipiterait avec ses héros pour engager la bataille. Mais les Minyens ne voulurent pas aller ainsi. Junon, la belle déesse, avait inspiré à leurs âmes de la crainte et de l'hésitation, pour que les destins fussent accomplis. Elle envoya promptement du ciel un songe humide dans la maison d'Éète : elle éveilla une terreur profonde dans son esprit : il lui semblait qu'une jeune vierge qu'il avait fait soigneusement élever dans son palais, Médée, recevait avec ravissement dans son sein un astre éclatant qui brillait dans les airs et venait s'unir à elle. Puis, l'ayant ainsi reçu, elle le portait dans l'onde immense du fleuve Phasis. Mais l'astre l'enlevant s'échappa avec elle à travers les flots de l'Euxin. Voyant cela dans ses songes, il secoua précipitamment ce sommeil pénible, et son esprit resta en proie à une crainte effroyable. Il s'élança de sa couche et ordonna à ses serviteurs de préparer de suite les chevaux et de les atteler à son char, pour qu'il pût aller sur les bords aimables du Phasis, avec les nymphes paternelles, apaiser les âmes des héros qui erraient sur les rives du fleuve. Il appela ses filles de leur lit odorant pour qu'elles le suivissent, Chalciope, avec les enfans de Phryxus mort, et la tendre Médée, douée de toutes les grâces de la taille et vierge pudique. Absyrtus habitait des maisons séparées dans la ville. Éète monta donc sur son char d'or avec ses filles. Ses chevaux le portèrent rapidement à travers les champs à l'embouchure du fleuve couvert de roseaux, où s'accomplissaient toujours les vœux et les sacrifices. Argo abordait en cet instant les rives, fendant l'onde à pleines voiles : Éète, voyant le navire, se hâta; il aperçut grand nombre de héros rangés en ordre, semblables à des Immortels. Leurs armes brillaient à leurs côtés. Entre tous le divin Jason se faisait distinguer, car Junon le préféra à tous les autres, et lui donna les grâces de la forme et les forces de la taille. Quand, s'étant approchés, ils jetèrent par un mouvement naturel les yeux les uns sur les autres, Myniens et Éétes furent également étonnés. Devant eux Éète sur son char, comme le soleil, dardait de tous côtés des rayons d'or par la splendeur de ses vêtemens. Sa tête était environnée d'une couronne qui jetait des éclairs de magnificence : il tenait dans les mains un sceptre brillant comme les rayons des étoiles. De chaque côté étaient ses filles, au milieu desquelles il était orgueilleusement traîné par ses coursiers. Il s'approcha du navire en jetant autour de lui des regards furieux, et, arrachant de sa poitrine sa voix frémissante, il prononça d'horribles menaces et hurla ces paroles terribles :

« Dites, qui êtes-vous? Qui vous a amenés ici? Comment êtes-vous parvenus en ces lieux? Comment n'avez-vous pas frémi de terreur en méprisant ainsi mon pouvoir, en méprisant le peuple soumis à mon sceptre, les Colchyens, guerriers redoutables à la lance et que Mars lui-même ne saurait surpasser; peuple illustre qui combat vaillamment ses ennemis. »

Il dit, et les nôtres se sentirent glacés de frayeur. Mais Junon, la vénérable déesse, inspira du courage à Jason et il répondit avec une colère non moins grande :

« Nous ne venons pas ici comme des voleurs, jamais nous n'avons envahi une terre en vagabonds. Forcés par une injure fatale, nous avons entrepris une conquête que plusieurs désirent. C'est à cause de toi que nous entreprenons cette pénible expédition. Pélias, fils de Neptune, m'a imposé cette conquête. Il m'a ordonné de ne pas rentrer dans la belle ville de Yolchos sans rapporter cette belle toison, objet de mes désirs. Mes compagnons bien-aimés ne sont pas des hommes à mépriser : les uns sont nés du sang des Dieux, les autres du sang des héros, et certes aucun d'eux n'est inhabile aux guerres terribles et aux chances hasardeuses des combats. Mais nous préférerions être reçus par toi comme des hôtes bienveillans. »

Il dit; l'âme d'Éète fut émue comme par une tempête : il nous jeta un regard terrible, et dès-lors il médita dans son cœur une vengeance effroyable contre les héros : cependant il leur répondit par ces paroles insidieuses :

« Si vous avez l'intention de déclarer la guerre aux Cholques et de les attaquer, soyez persuadés que vos guerriers useront inutilement leurs forces : mais maintenant même je vous permets d'enlever cette toison et de retourner dans votre patrie : si vous étiez battus par nos phalanges, votre navire serait détruit; si au contraire vous vous rendez à mes avis, ce qui vous sera bien plus utile, vous choisirez le meilleur d'entre vous ou celui qui est le plus noble, afin qu'abandonnant les autres il s'expose seul aux travaux que je lui proposerai pour enlever la toison d'or : alors elle deviendra votre bien! »

Ayant ainsi parlé, il poussa les chevaux qui l'entraînèrent rapidement loin de nous. Le cœur des Myniens était en proie à la douleur; ils regrettèrent alors profondément Hercule; car ils ne pensaient pas qu'ils pourraient lutter sans lui contre la nation impétueuse et invincible des Cholques.

Maintenant, ô Musée, je te raconterai brièvement tout ce qu'ont souffert les Myniens et les grandes choses qu'ils ont accomplies; comment d'une course rapide le belliqueux Argos, fils de Phrixus, se rendit du palais d'Éète vers les Myniens. Il avait été enfanté par Chalciope qui fut forcée, par les menaces de son père, à s'unir d'amour avec Phrixus quand il vint à Colchos sur le dos du bélier. Il raconta aux Myniens tout ce que l'impie Éète avait l'intention de faire contre eux. Je te dirai, ô Musée, comment l'infortunée Médée, par la volonté de Junon, s'abandonna aux tendres séductions de Jason : Cythérée, qui nourrit les amours, excita en elle d'ardens désirs, et l'atroce Érinnys lança une flèche dans son sein; comment Jason parvint à courber sous le joug les taureaux dont les naseaux vomissaient la flamme et laboura quatre arpens qu'il ensemença de la semence apportée par Phrixus quand il vint dans la maison d'Éète, et comment des dents du dragon il recueillit une moisson de guerriers; comment d'une main funeste il tua cette génération ennemie et se couvrit ainsi d'une gloire éclatante; comment Médée, la vierge malheureuse, protégée par les brouillards de la nuit et couverte d'un simple voile, se glissa en secret loin du palais d'Éète : la Destinée respectable et les Amours qui la subjuguaient la conduisaient au navire Argo, sans qu'elle craignît la colère de son père. Je te dirai encore comment s'étant jetée au cou de Jason elle l'embrassa et déposa d'ardens baisers sur son sein et sur sa figure charmante : ses joues étaient mouillées de larmes, et son désir de s'unir au héros n'était pas combattu par la pudeur. Tourmentée d'amour, elle livra sa virginité, elle abandonna son esprit à toutes les joies de la couche nuptiale. Plus tard, tu apprendras encore bien d'autres faits.

Quand Médée eut ainsi abandonné en secret la maison d'Éète, et fut venue à notre navire, nous délibérâmes ensemble pour savoir comment nous parviendrions à arracher la toison d'or du hêtre sacré. Nous apprîmes d'elle comment tout cela pouvait être fait d'une manière bien facile, et aucun de nous ne désespéra de terminer heureusement cette entreprise. Plus tard, les héros rencontrèrent de grandes difficultés, et le gouffre des maux s'ouvrit pour eux; car devant la maison d'Éète et devant le fleuve qui était fortifié s'élevait un grand enclos, environné de tours redoutables et de sept murailles. De triples portes immenses et plus loin encore un mur élevé les protégeaient. Sur le seuil de la porte était placée la statue d'une reine qui distribue tous les rayons du feu. Les Colches l'adorent sous le nom de Diane la janitrice (la portière), déesse redoutable par sa présence et par les accens de sa voix pour tous les hommes qui s'approcheraient de ses demeures sacrées sans avoir fait des expiations. La malheureuse Médée, seule dépositaire de ces mystérieuses cérémonies, les avait toujours accomplies en secret, comme prêtresse de cette divinité. Ni habitant ni étranger n'avaient jamais passé le seuil et pénétré dans cette enceinte. La déesse qui habite en ces lieux en éloigne tous les mortels en les faisant garder par des chiens enragés. Dans les portions les plus reculées de cette enceinte se trouve un bois épais composé d'arbres verdoyans, de lauriers, de cornouilliers et de hauts platanes. Des herbes moindres croissent à l'ombre des arbres : l'asphodèle, le capillaire et le beau chèvrefeuille, les primevères, les violettes, le velar, l'orvale et le divin cyclamen, l'hysope et le dictame subtil, l'aconit et plusieurs plantes dangereuses poussent aussi dans cette terre. Au centre du bois s'élève un vaste tronc d'or dominant tous les arbres à l'entour et projetant des rameaux de hêtre. Là une toison d'or pend de chaque côté, suspendue à une longue branche. Elle est gardée par un serpent horrible, merveille redoutable pour les mortels. Il est cuirassé d'écailles d'or, et son corps se déroule en des contours qui forment d'immenses spirales. Tel est ce monstre infernal, gardien vigilant de la toison. Il la garde avec une infatigable persévérance, jamais ne s'endort, et tient toujours fixés sur elle les regards abominables qu'il lance de ses yeux glauques. Nous écoutâmes d'abord attentivement quelle conduite nous avions à tenir pour tromper la surveillance du terrible dragon, ce que Médée nous apprit d'une manière évidente. Nous cherchâmes ensuite si nous n'aurions pas l'espoir de faciliter notre travail, de fléchir la terrible déesse, d'arriver jusqu'à ce monstre dangereux et d'enlever cette toison que nous rapporterions dans notre patrie. Alors Mopsus exhorta les héros, car lui seul possédait l'art de la divination, à me prier d'entreprendre cette œuvre, d'apaiser Diane et d'assouvir la faim de cette bête féroce. Tous réunis autour de moi se mirent donc à me supplier. J'ordonnai alors à Jason de désigner des hommes courageux, le cavalier Castor et Pollux, fameux au pugilat, et Mopsus Ampycide pour accomplir notre travail.

Médée me suivit seule. Quand je fus arrivé au temple et au lieu sacré, je creusai dans le champ une large fosse et amassant des troncs de genévrier, des branches de cèdre aride, de nerprun aigu et de noirs peupliers qui sifflent sous le vent, je construisis une pyramide de bois à côté de la fosse; Médée, initiée à ces mystères m'apportait tous les objets utiles qu'elle prenait dans les corbeilles au lieu le plus secret du temple. Je préparai sous mes vêtemens les mélanges nécessaires, je les jetai sur le bûcher, j'immolai des victimes, je sacrifiai trois petits chiens noirs. J'y mêlai du vitriol, du strytion, herbe à foulon, et le psyllion difforme et l'organette rouge et le calcimon. J'en remplis le ventre des petits chiens et je les mis ainsi sur le bûcher; je mélangeai leurs intestins crus avec de l'eau, je les répandis autour de la fosse, et, couvert d'un manteau noir, je récitai des prières favorables. Tisiphone, Alecto et la divine Mégère m'entendirent aussitôt : elles rompirent les barrières de l'empire ténébreux et s'élancèrent sur leur char sanglant en secouant dans leurs mains des torches résineuses. La fosse absorba aussitôt la flamme et le feu pétilla; et la flamme ardente répandit une immense fumée. Aussitôt se précipitèrent des enfers, au milieu de la flamme, les déesses horribles, redoutables et invisibles. Celle que les enfers appellent Pandore avait un corps de fer; avec elle, Hécate aux trois têtes, revêtant tour à tour des formes différentes, se présente comme un monstre horrible ; son épaule gauche portait une tête de cheval hérissée de crins et l'épaule droite portait une tête de chien enragé ; la tête du milieu était celle d'une bête féroce. Des deux mains, elle tenait une épée par la poignée. Pandore et Hécate tournaient toutes les deux en rond autour de la fosse, et les furies se ruaient avec elles dans des courses de bacchantes. La statue de Diane gardienne fut émue et éleva les yeux vers le ciel ; les chiens, les gardiens, nous caressaient en remuant la queue, les verrous d'argent tombaient, les belles portes du grand mur s'entr'ouvraient et le bois sacré nous apparut.

Je franchis le seuil le premier. Après moi vinrent la fille d'Éète, Médée et le fils intrépide d'Éson, et les Tyndarides ; Mopsus les suivait. Lorsque nous approchâmes du hêtre sacré, du lieu hospitalier consacré à Jupiter et de l'autel qui lui est élevé, le dragon, qui était roulé dans ses replis tortueux, leva la tête et poussa de ses horribles mâchoires un profond sifflement ; l'air immense en fut ébranlé, et les arbres résonnèrent vibrant à droite et à gauche dans leurs plus profondes racines. Le bois épais répéta ce bruit par un sourd hurlement. La peur me prit ainsi que mes compagnons. Médée seule garda son âme tranquille et calme dans sa poitrine. Moi je pris ma lyre et j'unis ses sons aux accens de ma voix : mes lèvres récitèrent de doux chants.

J'invoquai le sommeil, le roi des dieux et des hommes, pour qu'il vînt au plus tôt calmer la colère du terrible dragon. Il se rendit aussitôt à mes désirs et il vint sur la terre des Citaïdes. Sur son passage il endormit les nations des hommes, les souffles furieux des vents et les flots de la mer, les fontaines d'eaux éternelles, et les courans des fleuves, et les bêtes féroces et les oiseaux, tous les animaux et les reptiles. Il arriva porté sur ses ailes d'or et s'abattit dans la contrée florissante des Colches. Il s'empara aussitôt des yeux de l'immense dragon. Le monstre recourba son cou chargé d'écailles et ramena sa tête sous son ventre. A cette vue, la malheureuse Médée fut frappée d'étonnement ; elle conseilla au fils intrépide d'Éson de profiter de cet instant pour enlever à l'arbre cette belle toison d'or. Lui n'hésita pas : saisissant la toison immense, il se dirigea vers son navire. Dès que les héros myniens le virent, leur cœur fut réjoui d'allégresse ; ils élevèrent les mains vers les dieux qui habitent le ciel immense.

Cependant Éète apprit de ses esclaves que Médée avait disparu : il ordonna aussitôt à Absyrte de convoquer son peuple et de chercher partout cette jeune vierge, sa sœur germaine. Celui-ci, ne perdant pas un instant, se précipita vers la rive, arriva à la flotte des héros et saisit l'infortunée jeune fille. Cependant la nuit, vêtue d'étoiles, avait fait la moitié de sa route lorsqu'une ruse horrible, un crime atroce fut commis par Médée contre l'amour du noble Absyrte : il fut tué, puis fut précipité sur les rives du fleuve rapide. Le vent impétueux l'entraîna aussitôt. Absyrte, ainsi poussé par les flots, fut roulé jusqu'aux immensités de la mer, et enfin il fut jeté dans les îles qui depuis ont pris le nom d'Absyrtides. Mais ce crime n'échappa point à Jupiter, dont l'œil embrasse tous les hommes, ni à Némésis, car lorsque les héros furent venus au navire et que, s'appuyant de toutes leurs forces sur les rames rapides, ils sillonnèrent le fleuve, nous n'arrivâmes pas directement à la mer par l'embouchure du large Phasis, mais nous déviâmes malgré nous et nous fûmes entraînés en arrière en revenant sur nos pas.

Nous avions laissé les villes des Colches sans que les Myniens pussent s'en apercevoir, car une nuit ténébreuse nous environnait. A force de bras, en ramant péniblement, nous arrivâmes au milieu du fleuve, au centre de la région. Les peuples qui habitent à l'entour sont les Gymniens, les Buonomiens, les Arciens sauvages, la nation des Cercétiques et des féroces Sindoriens. Dès que l'aurore bien-aimée des hommes apparut dans les cieux, nous abordâmes à une île couverte d'herbes. Deux fleuves l'environnent de leurs eaux, qui ne sont pas navigables, le lent Phasis et le tranquille Saranges. Celui-ci se précipite dans la mer à travers des herbes marécageuses avec de profonds retentissemens. Alors nous naviguâmes à la rame pendant le jour et pendant la nuit : nous parvînmes ainsi, à travers les détours des marais Méotides, jusqu'au Bosphore, que Titan traversa assis sur un immense taureau, après avoir dérobé des bœufs. Fatigués d'avoir ramé tout le jour, nous abordâmes d'abord sur les rives des Méotiens aux légers vêtemens, vers la tribu des Gélons et les populeuses nations des Comates. Nous vîmes encore les Sauromates, les Gètes, les Gymnéens, les Céoryphes, les terribles Arimaspiens, nations formidables aux autres peuples et qui habitent sur les terres situées autour des marais Méotides. Mais les dieux nous opposèrent encore de grandes difficultés après que nous eûmes traversé les dernières eaux de l'abîme. Les flots sont resserrés dans des rives étroites; ils rongent leurs bords avec de tels bruits que la forêt tout entière en résonne, jusqu'à ce qu'enfin ils se précipitent dans l'océan. Malgré tous les dangers, Argo pénétra à travers ces étroites ouvertures. Après avoir travaillé pendant neuf jours et autant de nuits, nous nous éloignâmes de toutes ces nations féroces, de la tribu des Arctiens, des Léliens cruels et des Scythes armés de lances, serviteurs bien-aimés de Mars. Nous laissâmes encore les Taures homicides, qui font à Hécate de tristes sacrifices en lui offrant des coupes pleines de sang, les Hyperboréens, les Nomades et la nation caspienne. Quand la dixième aurore apparut apportant la lumière aux mortels, nous approchâmes des vallons de Ripée, et notre navire s'élança aussitôt à travers le courant étroit. Il tomba dans l'Océan hyperboréen, que les hommes, à cause du calme plat, appellent la mer Morte. Là nous espérions à peine éviter le plus fâcheux malheur si Ancée n'avait forcé le vaisseau à passer du côté droit du rivage en maniant habilement le gouvernail. Aidé de toutes nos forces réunies, le navire s'élança et navigua en pleine eau. Mais les héros étaient fatigués par le pénible labeur des rames au point qu'elles échappaient à leurs mains basanées; leurs cœurs étaient attristés; ils reposèrent sur le lit leurs têtes mouillées de sueur et ils songèrent à satisfaire leur faim. Ancée s'approcha d'eux, et leur adressant de douces paroles, il releva leur courage abattu.

Alors ceux-ci, encouragés et voyant que le fond était rempli de vase, tressèrent des cordes et, se précipitant dans la mer, lièrent le vaisseau avec ses câbles, tandis qu'Argus et Ancée, jetant une longue corde du haut de la poupe, en remirent l'extrémité aux héros, qui se mirent à marcher sur la rive en traînant le navire; et le vaisseau les suivit en fendant les plaines humides tout près du rivage; car il n'y avait pas dans cet instant le moindre souffle qui agitât la mer profonde, ce royaume de tous les vents; car en cet endroit, où sont les dernières ondes de Thetyas et d'Hélice, l'immensité de la surface est toujours muette.

Lorsque s'approcha la sixième aurore apportant la lumière aux hommes, nous arrivâmes auprès d'une opulente nation, les Macrobiens, qui vivent de longues années: leur existence est de douze mille mois sans aucune souffrance; quand approche le dernier mois, la mort leur vient dans un doux sommeil. Ils ne sont jamais inquiets de leur nourriture ou des choses dont s'occupent les hommes: ils se nourrissent d'herbes emmiellées qui se trouvent au milieu des pâturages; ils ont pour boisson divine une rosée délicieuse comme l'ambroisie; c'est ainsi qu'il vivent dans une jeunesse éternelle et florissante. Une charmante sérénité brille toujours dans les yeux des fils comme des pères, leur esprit est calme et tranquille pour faire les choses justes et dire des paroles prudentes. C'est ainsi que nous traversâmes ce rivage au milieu d'un grand nombre d'hommes. Traînant toujours notre navire rapide, nous arrivâmes aux Cimmériens, qui seuls sont toujours privés de la chaleur bienfaisante du soleil: le mont Ripée et le sommet du Calpin éloignent sa lueur et leur cachent ses doux rayons en les protégeant contre les vents du midi; les Alpes élevées leur voilent aussi le soleil couchant; un épais brouillard pèse toujours sur eux. Nous sortîmes de là et, toujours sur nos jambes fatiguées, nous vînmes jusqu'à un âpre promontoire et un port qui manque de vent, où le fleuve Achéron, qui roule de l'or, parcourt avec de profonds tourbillonnemens cette froide contrée: son eau, semblable à de l'argent, est reçue par un noir marécage; non loin du fleuve murmurent des arbres qui la nuit comme le jour sont chargés de fruits. Cérès, la déesse de la terre et des guérets, habite là dans des bourgs bien bâtis. Le peuple de ces contrées est une race juste entre tous les hommes; quand ils meurent, un navire leur suffit, car leurs âmes traversent aussitôt l'Achéron, près duquel se touvent les cités et les portes impénétrables des enfers et le peuple des songes. Lorsque nous eûmes traversé le pays de ces nations et leurs villes, toujours fatigués par le dur service que nous nous imposions, Ancée sortit du navire; il ordonna aussitôt à ses compagnons harassés de revenir auprès de lui et les flatta par ces douces paroles:

« Amis, supportez courageusement ce travail ; j'espère que plus tard il ne s'en présentera pas de plus fatigant ; car je sens déjà le zéphire qui s'élève et ride légèrement la surface de la mer. Ce n'est pas un vain signe pour moi quand l'eau de l'océan fait de doux bruits en caressant les sables. Élevez donc promptement le mât, déliez les voiles des antennes, et retirant les cordes, disposez-les convenablement et abandonnez-les de chaque côté du navire. »

Ils exécutèrent aussitôt tous ses ordres. Mais dans cet instant, du fond du navire résonna une voix qui annonça l'avenir : c'était celle du prêtre sacré que Pallas avait cloué sous les poutres ; elle parla en ces termes, et la terreur saisit l'âme de chacun de nous :

« O malheureux que je suis ! Qu'il eût mieux valu que j'eusse été brisé sur les roches Cyanées dans les flots de l'Euxin que de porter ainsi l'opprobre et l'infamie des rois ! Car le sang d'Absyrte, versé par un assassinat, demande vengeance et suit toujours ma trace ; et c'est là l'injure qui nous insulte plus que toute autre. Moi je vous accuserai de ce crime récent et infâme lorsque nous serons plus près des Érynnies, et si vous ne m'apaisez par des sacrifices, quand vous me pousserez entre la terre et la mer, je me précipiterai dans l'océan Atlantique. »

Après avoir prononcé ces mots, il se tut. Les âmes des héros, ayant entendu ces paroles, furent effrayées qu'un si grand malheur les menaçât à cause de l'amour de Jason. Et plusieurs roulaient dans leur esprit le projet de tuer la malheureuse Médée et de la jeter en pâture aux poissons pour calmer ainsi les Furies. Ils auraient accompli ce projet si le fils illustre d'Éson ne les eût suppliés lui-même et n'eût ainsi calmé leurs cœurs. Ayant entendu ces paroles prophétiques des flancs d'Argos, ils s'assirent promptement sur les bords et reprirent les rames. Ancée mania habilement le gouvernail et nous arrivâmes à l'île Hibernie ; là un vent rapide et obscur, se précipitant sur notre poupe, emplit nos voiles, et notre navire courut rapidement sur la mer soulevée. En ce moment, aucun de nous n'espéra échapper à la mort, car la douzième aurore avait déjà passé ; aucun de nous n'aurait su non plus où nous étions si Lyncée n'eût parfaitement connu le cours désormais tranquille de l'océan. En effet, celui-ci découvrit dans le lointain une île toute couverte d'arbres résineux et les vastes temples de la reine Cérès, qui étaient environnés d'une nuée immense.

O Musée plein de prudence, tu as déjà appris dans mes vers comment Proserpine, cueillant de tendres fleurs, fut enlevée un jour dans un bois épais ; comment Pluton, attelant à son char ses noirs coursiers, ravit la jeune fille d'après la volonté des dieux, et l'emmena de force à travers les flots stériles. Je fus d'avis de ne pas naviguer vers le rivage de l'île couvert de maisons splendides où jamais aucun mortel ne put arriver avec un navire ; car il n'y a pas de port qui puisse recevoir et abriter les vaisseaux. Mais l'île est toute environnée d'une roche immense sous laquelle croissent les dons merveilleux de Cérès. Ancée, le patron de notre noir navire, reconnut la sagesse de mon conseil ; inclinant le gouvernail à gauche, il repoussa aussitôt le navire et le fit rétrograder. Ensuite, de peur qu'il ne continuât sa route directement, il le fit tourner vers la droite. Le troisième jour nous parvînmes à la maison de Circé, à la terre de Lycée, et en des lieux de tous côtés environnés par la mer. Dès que nous touchâmes le rivage, inquiets au fond du cœur, nous attachâmes les câbles du navire à des rochers, et Jason envoya du navire ses compagnons chéris pour s'informer quels hommes habitaient cette terre immense et pour connaître aussi la ville et les mœurs de ces peuples. Comme ils faisaient tranquillement la route, se présenta devant eux la sœur du magnanime Éète, fille du Soleil, fille de sa mère Astérope et de l'illustre Hypérion, on l'appelle Circé ; elle se dirigea vers le navire. Tous les héros furent fort étonnés en la voyant, car sa tête était couverte de cheveux semblables à des rayons ardens. Son beau visage brillait d'un magnifique éclat ; elle jetait autour d'elle toute la splendeur d'une flamme. Quand elle vit Médée couverte d'un voile blanc, car par pudeur elle avait ainsi caché sa face et son cœur était dévoré d'inquiétude, elle eut pitié d'elle et lui parla ainsi :

« Ah ! malheureuse ! quel sort t'a donc réservé Cypris ? car nous n'ignorons pas ce que vous avez fait avant votre arrivée dans notre île ; nous n'ignorons pas les crimes que vous avez commis sur notre père, pauvre vieillard, et sur notre frère, que vous avez tué d'une horrible manière. Certes, je ne vous promets pas que vous rentrerez au foyer paternel si vous persévérez tranquillement dans de tels crimes. Hâtez-vous de vous laver d'une telle ignominie par diverses expiations, ayez recours à l'art d'Orphée dès que vous serez parvenue aux rivages de Maléa. Je vous interdis d'entrer dans notre maison tant que vous serez souillée d'un tel forfait. Je vous enverrai cependant des présens comme à des étrangers, du froment, du vin agréable et des chairs pour votre nourriture. »

Elle parla ainsi et elle reprit son vol vers les cieux. Aussitôt nous vîmes au milieu du navire des vases abondans remplis de nourriture et de boisson. Comme nous préparions notre départ, il s'éleva un vent violent; nous relâchâmes les cordes, nous traversâmes la mer dans le golfe de Tartèse, et nous arrivâmes au colonnes d'Hercule. Nous passâmes la nuit autour du promontoire du roi Denys, car nous avions besoin de prendre de la nourriture. Lorsque la brillante aurore se leva à l'orient, dès le matin, nous sillonnâmes de nos rames agiles les flots de l'océan; nous parvînmes à la mer des Sardiens et au golfe des Latins. Nous visitâmes les îles de l'Ausonie et les bords tyrrhéniens. Lorsque nous arrivâmes à la mer retentissante de Lilybée et que nous touchâmes à l'île de Trinacrie, nous aperçûmes les flammes de l'Etna, sous lequel Encelade est écrasé. L'onde terrible bouillonna autour de nous, Charybde résonna dans les profondeurs les plus impénétrables de son abîme, et les flots, s'enflant tumultueusement, rejaillirent jusqu'à nos voiles. Le gouffre tourbillonnant retenait notre navire au même lieu, il ne pouvait ni avancer ni reculer; il tournait rapidement sur lui-même, attiré et fouetté par l'onde tournoyante du golfe. Le moment approchait où notre vaisseau allait être englouti si la fille du dieu des mers Eurybie n'eût désiré voir son mari Pélée et ne fût venue doucement du fond de la mer pour sauver d'une perte imminente le navire Argo.

Poursuivant notre course, nous doublâmes non loin de là un rocher élevé : cette roche, brisée à son sommet, s'avance dans la mer en larges cavernes sous lesquelles les flots noirs s'engouffrent en hurlant. C'est là que de jeunes filles, les syrènes, modulent les accens d'une douce voix et charment les hommes par la suavité de leurs chants. Les Myniens étaient charmés de les entendre ainsi; ils ne voulaient pas naviguer plus loin et déjà ils avaient rejeté les rames, et Ancée avait dirigé le navire vers l'écueil le plus élevé lorsque je saisis ma lyre et je leur chantai les chants délicieux que j'avais appris de ma mère. Je touchai fortement les cordes de ma lyre pour en tirer des sons divins : je dis comment Neptune, irrité contre son père Jupiter, frappa la terre de son trident d'or et fit naître, à travers l'immense océan des îles maritimes qu'on appela Sardo, Eubée et Cypre, battues des vents. Je chantais, et sur leur sommet neigeux les syrènes restaient muettes d'étonnement; leurs chants avaient cessé. L'une jeta sa flûte, l'autre jeta sa cithare, et elles soupirèrent profondément, car l'heure fatale de leur mort était venue. Du sommet des rochers elles se précipitèrent elles-mêmes dans les ondes mugissantes de l'abîme : leurs beaux corps dont les formes étaient si charmantes furent changés en rochers. Lorsque le rapide Argo eut évité ce péril et ce détroit si fertile en dangers, il se dirigea, les voiles enflées par le vent et les cordes tendues, vers la divine Cercyre, dans laquelle habitèrent les Phéaciens habiles aux lointaines navigations : ils reconnaissaient les lois d'Alcinoüs, le plus juste des souverains. Nous retirâmes donc les cordes et nous préparâmes des sacrifices à Jupiter tout-puissant et à Apollon dieu du rivage.

Là nous vîmes arriver, naviguant rapidement à force de rames, la flotte d'Éète, composée des Colches, des Erraviens, des Charandiens, des Solymiens; ils venaient à la recherche de Minyas pour ramener Médée en la présence de son père Éète et lui infliger de justes peines pour le crime qu'elle avait commis en tuant son frère. A mesure qu'ils approchaient de l'enceinte du port profane, Médée sentait fléchir ses genoux et la frayeur faisait pâlir ses joues : elle craignait que le roi des Phéaciens, la saisissant malgré elle, ne la fît reconduire dans la maison de son père et qu'il en résultât pour elle des choses inouïes; mais la parque furieuse ne permit pas ces choses avant que Jason n'eût causé la perte de la maison de Pélias et qu'il n'eût occasionné de grands maux au roi lui-même. Quand Arète, qui a les bras couleur de rose, et Alcinoüs, semblable à un dieu, eurent appris la volonté de ce roi cruel, ce dernier ordonna aussitôt aux hérauts d'armes d'amener du vaisseau la jeune fille dont il était question et de la livrer à son père pour qu'elle subît de justes peines.

Mais Arète, la reine magnanime, eut pitié de la malheureuse. Adressant à son mari des paroles flatteuses, elle lui parla en ces termes :

« Il n'est pas bien de rompre les mariages, de troubler le lit conjugal et d'éteindre la flamme de l'amour. Vénus s'irrite contre les hommes et les femmes qui commettent de pareilles actions. Mais si cette fille est venue jusqu'ici vierge et n'ayant pas goûté les plaisirs de l'amour, qu'elle rentre dans la maison de son père et dans les pénates des Colches ; mais si elle a défloré sa virginité, si elle s'est abandonnée aux embrassemens de son époux, que celui-ci la reconduise. »

Elle dit. Alcinoüs pesa attentivement la gravité de ces paroles ; il résolut d'accomplir ces choses. Mais Junon ne laissa pas ignorer ce projet à Minyas ; ayant revêtu la figure d'un esclave, elle lui rapporta et lui confirma ces intentions. Alors Médée prépara le lit de noces sur la sommité de la poupe ; on l'orna des plus beaux tapis et on étendit la magnifique toison d'or ; ensuite, ils suspendirent des peaux de bœufs à des piques et ils réalisèrent l'œuvre vénérable du mariage. Et ainsi, Médée la malheureuse jeune fille, Médée vit fanée par l'amour sa fleur virginale. Lorsque les Colches et les Minyens vinrent en présence du roi, Jason accepta la sentence et reçut pour épouse, de la main d'Alcinoüs, Médée, qu'il fit de suite embarquer sur son navire. Argo, poussé à force de rames, s'élança en sillonnant. Je te raconterai, ô Musée, fils des Dieux, comment ils terminèrent leur navigation errante, et ce qu'ils eurent encore à souffrir dans la Crète lorsqu'ils aperçurent le Géant. Celui-ci ne permit à aucun navire d'entrer dans le port, et pressés de tous les côtés par les ondes frémissantes, battus par les noires tempêtes nous avons craint que notre navire rapide ne fût brisé par les rochers. Péan, qui lance au loin ses traits, du sommet de Délos lança un dard qui se voit encore au milieu des Sporades. C'est de là que les hommes qui habitent à l'entour ont appelé cette île Cranaë. Mais il n'était pas permis même à cet écueil d'être la cause de la perte de Jason, car il portait avec lui le prix de sa sauvegarde. Lorsque nous fûmes arrivés aux côtes de Malas, les Minyens voulurent suivre les conseils de Circé, et persuadés par ses avis, ils voulurent échapper à la colère d'Éète et de la furie qui punit les crimes ; alors, au nom des Minyens, je fis les sacrifices expiatoires et je suppliai Neptune, qui heurte la terre, de vouloir bien accorder aux héros fatigués un heureux retour dans leur patrie et auprès de leurs parens chéris. Ensuite ils dirigèrent leur navigation vers la ville magnifique de Yolcon ; moi je rentrai dans Ténare, battu de vents, pour faire des sacrifices aux rois illustres qui tiennent les barrières de l'enfer souterrain. Parti de là, je dirigeai ma course vers la Thrace neigeuse et dans la région des Libèthres, ma patrie, et je rentrai dans la grotte dans laquelle ma mère me conçut en partageant la couche du magnanime Œagre.

FIN DE L'ARGONAUTIQUE.

HYMNES[1].

I.

LE PARFUM DE LA DÉESSE QUI VEILLE AUX PORTES.

Le Styrax.

Écoute mes chants, ô vénérable déesse, toi qui protéges les couches des femmes, toi qui aimes les mystères de la génération ; protectrice du sexe féminin, déesse qui présides aux noces, salut. Tu es douce, tu es bonne, tu es agréable pour tous les hommes. Tu habites les édifices de tous les mortels et tu fréquentes leurs festins. Tu es invicible, mais tu veilles toujours à tous les enfantemens. Tu prends pitié de ceux qui sont difficiles et tu te réjouis de ceux qui se multiplient. C'est toi qu'invoquent les femmes enceintes, toi qui peux apporter un allégement à leurs souffrances, car c'est toi qui toujours veilles sur la partie de la femme où cesse le sein. O Artemise bienveillante, de qui dépendent les heureuses délivrances, accorde-moi une agréable progéniture, préside aux douleurs des femmes qui accouchent, et conserve-les comme les conserve Junon, l'excellente protectrice.

II.

LE PARFUM DE LA NUIT.

Je t'invoque, ô déesse qui engendres les dieux et les hommes. La nuit est le principe de toutes choses. Écoute-moi, grande déesse, tour à tour voilée d'obscurité ou couverte d'un brillant manteau d'étoiles. Tu aimes les lieux habités par le sommeil silencieux et par l'agréable paresse ; bonne déesse qui te plais aux festins, la mère des songes, ennemis de toutes les inquiétudes, et du repos, la plus tranquille de toutes les choses. Amie de tous, précédée du crépuscule, tu habites tour à tour la terre et le ciel ; tu viens du Tartare et tu retournes à l'Orcus en chassant devant toi la lumière, car les lois éternelles des choses t'y contraignent irrévocablement. Sois présente à nos chants, ô vénérable déesse aimée de tous, écoute les humbles prières de ceux qui te supplient ; déesse, viens à nous en fuyant les images incertaines du crépuscule.

III.

PARFUM D'OURANOS.

L'Encens.

Ouranos, père de toutes choses, partie éternellement agissante du monde, principe et fin de tout l'univers, toi qui fais rouler la terre dans des cercles immenses, demeure des immortels qui tournes en tourbillonnant dans les sphères infinies, dieu céleste et terrestre qui gardes et qui voiles toutes choses, qui résumes en toi seul toutes les lois éternelles de la nature, père éternel, puissant, indomptable, changeant toujours de forme, protecteur universel, créateur de Saturne, le plus grand des dieux, viens à mes prières et accorde la vie au jeune enfant qui sert les mystères.

IV.

PARFUM DE L'ÉTHER.

Le Safran.

Flamme sacrée, qui veilles éternellement dans les palais élevés de Jupiter, portion toute-puissante des étoiles, du soleil et de la lune, Éther dominateur de toutes choses, ardeur vivante de tout ce qui respire, toi qui règnes dans les hauteurs azurées, noble élément du monde, fleur flamboyante, rayon radieux, je te supplie avec prière d'être pour moi innocent et tempéré.

V.

PARFUM DU PRIMIGENIUS (DU PREMIER ÉLÉMENT GÉNÉRATEUR.)

La Myrrhe.

Je t'invoque grand couple primigène, toi

---

[1] Les hymnes d'Orphée sont plutôt des prières que des œuvres de poésie : il est probable qu'elles se chantaient dans les mystères sacrés et qu'on présentait en même temps le parfum qui s'adressait à chaque divinité.

qui vogues dans les airs et qui te soutiens sur des ailes d'or, semence génitrice et féconde des dieux et des hommes, divinité célèbre et mémorable sur la terre primitive, noble germe des autres divinités, qui as éloigné de tous les yeux la profonde obscurité qui les aveuglait dans le principe, toi qui planes sur les murailles du monde soutenu par tes ailes qui sont des signes favorables, toi qui répands la lumière et qui as pris de là le nom de Phanète (Lunus), dieu de la nuit, bienheureux immortel, sois-nous favorable, assiste aux sacrifices des prêtres, aux expiations universelles qu'ils te présentent.

VI.

PARFUM DES ASTRES.

Les Aromates.

Lumière flamboyante, signaux brillans du ciel, je vous invoque d'une chaste voix, vous et les génies du firmament arrondi, astres étincelans du monde, compagnons bien-aimés de la nuit, parcourant dans vos immenses orbites toutes les cavités du ciel, origine primitive de toutes choses, vous qui annoncez les destinées et indiquez les lois sévères de l'avenir! flambeaux de la route du firmament indiquée aux premiers mortels, tribuns aériens du camp céleste, nation inquiète, toujours vague et voyageuse, nation nocturne, éparse sur le manteau sombre des nuits, flammes scintillantes, joyeuses et pleines de vigilance, je vous invoque pour les mystères sacrés de votre culte : faites briller une lueur favorable aux sacrifices par lesquels nous vous adorons.

VII.

PARFUM DU SOLEIL.

L'Encens.

O dieu dont l'œil éternel embrasse tous les ouvrages, Titan illustre, lumière toute-puissante, lumière infatigable, miroir animé de tout ce qui respire, père du matin lorsque tu es sur la droite, et de la nuit quand tu arrives à gauche, modérateur du temps, traîné par quatre chevaux à la course retentissante ; torrent de feu, aimable divinité, achevant ta course par un rapide tourbillon ; conducteur favorable des hommes pieux et hostile aux méchans ; toi qui sur ta lyre fais entendre des sons harmonieux, maître des ouvrages qui réussissent, père des tempêtes, dieu tout-puissant, rayonnant et agile, œil du monde étoilé, qui meurs et revis chaque jour dans des flammes immortelles ; grand inquisiteur de la justice, maître du monde, fils de Jupiter, toujours présent pour les mortels, lumière de la vie, toi qui de ton fouet sifflant précipites la course de ton char attelé de quatre chevaux, nous te supplions, accorde une vie heureuse aux jeunes enfans qui se dévouent à tes mystères.

VIII.

PARFUM DE LA LUNE.

Les Aromates.

O reine puissante, Séléné, la plus illustre des vierges, lune vigilante, habitante des airs, compagne fidèle de la nuit, lune escortée de tes fidèles étoiles, tour à tour nouvelle et devenant plus vieille, toujours brillante; mère des siècles, toi qui protéges tous les hommes, légère de sommeil, et présidant aux signes enflammés des cieux, amante de la joie aimable et de la paix, sois présente, ô vierge splendide, brillante, étoilée, protége nos sacrifices.

IX.

PARFUM DE LA NATURE.

Les Aromates.

Nature toute-puissante, habile et sachant toutes choses, ouvrière majestueuse, reine superbe, victorieuse et invincible, vivante pour tous, la plus honorable, la plus magnifique de toutes les choses ; vierge née la première, vierge éternelle, force toute-puissante qui guides dans la nuit les étoiles des cieux, vierge dont les pieds rapides ne posent à terre que des traces légères ; toi qui ornes les dieux, fin infinie de toutes choses, commune à tous et inconnue dans tes secrètes profondeurs, née de toi-même sans père, illustre par tes vertus ; divinité merveilleuse et fleurie qui portes en toi toute les divinités; divinité qui produis et nourris tout, qui habites le ciel et la terre et qui imposes encore tes lois aux ondes toutes-puissantes, toujours redoutable aux méchans et toujours amie des justes; reine toute-puissante, victorieuse, éternelle; déesse des jeunes gens et des hommes; père et mère de tous, nourricière bienfaisante; toute-puissante et bienheureuse déesse, perfection de toutes choses, sagesse universelle qui te meus régulièrement dans l'univers; honorable et majestueuse déesse qui prends toutes les formes, qui dictes des lois aux mortels et qui fais courber sous ton sceptre la tête des rois; reine intrépide, dominatrice universelle, fleur de la vie éternelle, immortelle déesse, toi seule es tout, car toi seule produis toutes choses. Je te supplie, toi et les Saisons bienveillantes, de me donner la paix et la santé et d'accroître toutes choses.

X.

PARFUM DE PAN.

Tous les Encens.

J'invoque Pan, substance universelle du monde, du ciel, de la mer profonde, de la terre aux formes variées et de la flamme impérissable. Ce ne sont là que des membres dispersés de Pan. Pan aux pieds de chèvres, dieu vagabond, maître des tempêtes, qui fais rouler les astres et dont la voix figure les concerts éternels du monde, dieu aimé des bouviers et des pasteurs qui affectionnent les claires fontaines, dieu rapide qui habites les collines, ami du son, dieu chéri des nymphes, dieu qui engendres toutes choses, puissance procréatrice de l'univers, habitant des antres, dieu irascible, armé de cornes de boucs par la volonté de Jupiter; c'est sur toi que reposent les limites solides de la terre génératrice, les flots bruyans de la mer éternelle et l'océan qui enveloppe la terre de ses ondes salées; c'est en toi que repose une portion de l'air et le feu, puissant élément de toutes choses, base de la flamme éternelle; c'est à toi que sont soumis tous les divins élémens : tes ordres puissans changent les lois de la nature et tu peux augmenter à ton gré le nombre des années de la vie des mortels. Père toutpuissant, père triomphateur, accepte ces libations; permet que ma vie ait une fin juste et favorable, et éloigne des limites de la terre toutes les terreurs paniques.

XI.

PARFUM D'HERCULE.

L'Encens.

Salut, père Titan, Hercule au cœur plein de courage, doué d'une force prodigieuse; dieu invincible aux vastes mains, habile aux combats les plus terribles, père du Temps, éternel et bienveillant, dieu aux formes changeantes, dieu sauvage, invoqué par d'innombrables prières, dominateur tout-puissant, au grand cœur, aux membres solides, divinité d'un augure favorable; dieu procréateur, dieu illustre qui soumets toutes choses et domptes les monstres féroces, né de ton propre génie, race invincible de la terre; dieu favorable, animé par la flamme éternellememt primitive, toi qui portes sur ta tête le matin et la nuit couverte d'épaisses ténèbres, toi qui depuis ta naissance jusqu'à ta mort as supporté douze combats illustres, qui tour à tour as su te passer des immortels et t'es assis parmi eux, sois-nous propice, apporte-nous les remèdes qui charment les maladies, donne-nous des augures favorables, éloigne avec tes mains sacrées les fièvres dangereuses et chasse les maux terribles à l'aide de tes flèches rapides.

XII.

PARFUM DE SATURNE.

Le Styrax.

Souche illustre des hommes et des dieux qui habitent le ciel, Titan tout-puissant, fertile en ruses et doué d'une force prodigieuse, qui résumes toutes choses et qui termines toutes choses, lié par des chaînes mystérieuses à travers les silencieuses plaines de la terre. Saturne père du Temps, Saturne plein de fourberie, engendré par la terre et par le ciel peuplé d'étoiles; souche primitive, Titan indestructible, dieu favorable, qui par tes membres es présent sur toute la surface du globe, sois propice à nos vœux, apporte aux mortels une fin heureuse pour leur vie.

XIII.

PARFUM DE RHÉA.

Les Aromates.

Vénérable Rhéa, mère des dieux primigènes,

aux formes variées ; vierge qui aimes le bruit des cymbales et le retentissement des tambours, mère puissante de Jupiter, déesse prompte à secourir les hommes, déesse belle et honorée qui partages la couche auguste de Saturne, toi qui te plais sur les montagnes et qui aimes les hurlemens sacrés des hommes, majesté bienveillante, douée d'une force prodigieuse, mère des dieux qui habitent le ciel et des hommes mortels! c'est de toi que procèdent la terre et le ciel élevé, et la mer salée et les vents qui courent sur le monde. Déesse illustre, sois-nous favorable, protège-nous, donne-nous la paix et l'abondance de tous les biens et chasse loin de nous les pestes, les dangers et toutes les choses terribles.

XIV.

PARFUM DE JUPITER.

Le Styrax.

O vénérable Jupiter ! Jupiter éternel, nous te présentons nos prières, nos témoignages et nos vœux. O Jupiter ! toutes choses dépendent de ta divinité : la terre et les sommets immenses de la terre, les montagnes et la mer, et tout ce que l'air environne de son fluide élément, tout cela c'est à toi. Jupiter, fils de Saturne, générateur universel, commencement et fin de toutes choses ; Jupiter, qui tiens dans tes mains le tonnerre, les éclairs et la foudre, écoute-moi favorablement, accorde-moi la paix divine et le bonheur des richesses.

XV.

PARFUM DE JUNON.

Les Aromates.

O reine Junon! illustre épouse de Jupiter, assise dans tes demeures aériennes et voilées d'azur, qui par de doux zéphyrs favorables charme le cœur des mortels, mère des nuages, génératrice des vents! sans toi le souffle de la vie n'est pas respirable ; tu pénètres toutes choses en te mêlant au souffle des vents, seule tu règnes sur toute la nature, tu la domines toute entière ; tu viens jusqu'à nous, divine Junon, dans les sifflemens de l'air ; je t'en conjure, divine déesse, grande reine, viens à nous et sois-nous favorable en souriant de ta lèvre bienveillante.

XVI.

LE PARFUM DE NEPTUNE.

La Myrrhe.

Écoute-moi, Neptune à la chevelure mouillée par les ondes salées de la mer, Neptune traîné par de rapides coursiers et tenant dans la main ton trident acéré, toi qui habites toujours les immenses profondeurs de la mer, roi des ondes, toi qui presses la terre de tes eaux tumultueuses, toi qui lances au loin l'écume et qui conduis à travers les flots ton rapide quadrige ; dieu azuré à qui le sort accorda l'empire des mers, toi qui aimes ton troupeau armé d'écailles et les eaux salées de l'océan, arrête-toi sur les bords de la terre, donne un bon souffle aux navires et ajoutes-y pour nous la paix, le salut et les dons dorés des richesses.

XVII.

SUR PLUTON.

Magnanime Pluton, toi qui parcours les espaces sombres des enfers, le Tartare obscur et les immensités silencieuses voilées par les ténèbres, je t'implore en t'offrant un don favorable ; toi qui environnes de tous côtés la terre, qui produis toutes choses, toi qui as obtenu par le sort l'empire de l'Averne, demeure des immortels, dernière demeure des hommes, tu n'as pour empire que des champs environnés de ténèbres, les champs de l'Achéron lointain, éternel, inexorable, et le noir Achéron lui-même, sombre ceinture de la terre ; toi qui tiens tes droits sur les hommes des largesses de la mort, dieu puissant qui, vaincu par l'amour, enlevas la fille de Cérès au milieu d'un pré fleuri et l'entraînas sur ton char à travers les plaines azurées de la mer jusqu'à l'antre d'Ahtide, où sont les portes de l'Averne ; dieu qui sais toutes les choses connues ou inconnues, dieu puissant, dieu illustre, dieu très-saint, qui te réjouis des louanges et du culte sacré de tes autels, sois-nous propice, je t'en supplie, sois favorable à la foule qui te vénère.

XVIII.

PARFUM DE JUPITER TONNANT.

Le Styrax.

O Jupiter, qui parcours les lieux enflammés

du monde retentissant, toi dont les flammes pétillantes effraient tous les esprits, dont la foudre sacrée ébranle la demeure des immortels, toi qui roules dans le ciel le torrent retentissant de tes feux, toi qui diriges les nuages, les traits rougis et les tonnerres, et qui enveloppes de tes traits tout ce qui est animé, toi qui vomis la flamme et le bruit et qui sèmes les ruines sur ton passage! Foudre terrible accompagnée d'une effroyable crinière, messagère ardente d'une main victorieuse, toi qui dévores tout arme indomptable et horrible, qui plonges toutes choses dans l'horreur et le tumulte, arme de Jupiter, trait rapide qui traverses les cieux précédé d'une flamme vengeresse, la terre nourricière, féconde, l'océan salé, les siècles vivans te craignent lorsque ton bruit épouvantable se fait entendre : alors on voit une lueur et un éclair rouge, et tu lances dans le ciel, dieu puissant, tu lances ta foudre étincelante. O dieu, répands ta colère sur les mers salées et sur les sommets élevés : nous connaissons ta force! Favorise nos sacrifices, accorde à nos esprits des dons favorables, les biens de la vie, et la force et la santé, et la paix des honorables dieux, et accorde-nous aussi une nourriture toujours conforme à nos désirs.

XIX.

PARFUM DE JUPITER FOUDROYANT.

Encens du Liban.

Je supplie Jupiter foudroyant, roi tout-puissant qui régit toutes choses, dieu enflammé, retentissant, qui habite les airs et commande aux nuages qui engendrent la foudre, dieu terrible, indomptable et invincible, d'accorder à mon existence une fin tranquille et heureuse.

XX.

PARFUM DES NUAGES.

La Myrrhe.

Nuages aériens, voyageurs célestes, générateurs de tous les fruits, vous qui renfermez dans votre sein les trésors de la pluie, vous qui parcourez le monde poussés par la forte haleine des zéphyrs, nuages foudroyans, enflammés, retentissans, vous qui tour à tour répandez dans l'air un inimitable murmure ou qui faites entendre d'affreux sifflemens sous le souffle des tempêtes, je vous supplie maintenant de verser sur la terre, avec de doux vents, les pluies fertiles qui fécondent les fruits.

XXI.

PARFUM DE LA MER.

L'Encens du Liban.

Je t'en supplie, Thétis aux yeux bleus, à la robe d'azur, qui habites les immensités charmantes de la mer, poussée par de doux zéphyrs jusqu'aux extrémités de la terre, toi qui fais entendre sur tes rives de délicieux murmures, fière des vaisseaux que tu portes, toi qui nourris dans ton sein de nombreux troupeaux de poissons, mère de Vénus, mère des nuages ténébreux, mère de toutes les fontaines qui se répandent en douces ondes, sois-nous propice, bénis nos vœux et envoie à nos vaisseaux les vents favorables.

XXII.

ENCENS DE NÉRÉE.

La Myrrhe.

O toi qui commandes au monde liquide et qui, au sein de ton empire azuré, te réjouis des quatre-vingts vierges qui sont tes filles, dieu de la mer, puissant Nérée, base de l'océan, borne de la terre, principe de toutes choses, toi qui ébranles l'univers quand tu précipites dans les cavernes tes flots tumultueux, sois-nous propice, respecte la terre et envoie à tes prêtres sacrés la paix, les richesses et le bonheur.

XXIII.

PARFUM DES NÉRÉIDES.

Les Aromates.

Filles de Nérée, charmantes nymphes aux beaux yeux, vous qui vivez sous les eaux, habitantes des ondes agitées, vous qui au nombre de quatre-vingts voguez à la surface des mers et suivez les chars des Tritons, en vous mêlant aux génies nombreux demi-monstres que nourrit le liquide élément, à tous ceux qui habitent les mers et parcourent leur immensité, et aux dauphins errans qui regardent d'un œil bleu, je vous en prie, comblez de vos faveurs les jeunes enfans qui vous offrent des sacrifices, car c'est vous qui les premières avez fait des fêtes avec l'auguste Bacchus, avec la déesse Proserpine, avec la mère Calliope et le puissant Apollon.

XXIV.

PARFUM DE PROTÉE.

Le Styrax.

Je t'honore, Protée, toi qui tiens les clés de la mer, Protée Primigène, toi qui d'abord pousses la nature dans ses limites, toi qui changes de différentes manières les lois sacrées de la matière, toi qui sais toutes les choses qui sont, toutes celles qui furent d'abord et celles que l'avenir nous réserve, car dans le principe la nature te confia tous ses secrets; c'est pourquoi sois-nous propice, donne-nous des oracles véridiques et accorde à notre vie une fin heureuse.

XXV.

PARFUM DE LA TERRE.

Toutes semences excepté les Fèves et les Aromates.

O Terre, grande déesse, mère des dieux et des hommes, déesse puissante, large, fertile en toutes choses, toujours jeune, toujours chargée de beaux produits; vierge habile, fondement du monde éternel; toi qui enfantes tous les fruits différens, déesse auguste, éternelle, bienheureuse, fière d'être ornée des herbes du gazon, avide de pluie; déesse autour de laquelle flottent les espaces semés d'astres et le ciel éternel, mère déesse, augmente les productions verdoyantes de la terre et sois-nous propice avec les saisons favorables.

XXVI.

PARFUM DE LA MÈRE DES DIEUX.

Plusieurs espèces de parfums.

Mère très-auguste de tous les dieux, viens à nous, grande déesse, accours aux sacrifices que nous t'offrons, attèle à ton char les lions terribles qui tuent les taureaux. Reine éternelle de l'univers, célèbre et justement honorée, toi qui te tiens au centre du monde, parce que, bonne déesse, tu commandes à toute la terre et tu nourris les hommes de ton lait divin ; c'est de toi que les dieux et les mortels tirent leur origine, c'est par toi que coule l'élément liquide et la mer elle-même ; on t'appelle Vesta, on te nomme aussi la dispensatrice généreuse des biens, parce que tu accordes aux hommes les nombreux bienfaits. Viens à nous, ô déesse qu'on vénère en frappant sur les tambours sacrés, déesse victorieuse, protectrice des Phrygiens, grande épouse de Saturne, habitante du ciel, toi qui nourris les hommes, viens assister au culte sacré que nous t'adressons.

XXVII.

PARFUM DE MERCURE.

L'Encens.

Fils bien-aimé de Maïa et de Jupiter, dieu voyageur, messager des immortels, doué d'un grand cœur, censeur sévère des hommes, dieu prudent aux milles formes, meurtrier d'Argus, dieu aux pieds ailés, ami des hommes, protecteur de l'éloquence, toi qui aimes la fourberie et les combats, interprète de toutes les langues, ami de la paix, qui portes un caducée sanglant, dieu heureux, dieu très-utile, qui présides aux travaux et aux nécessités des hommes, généreux auxiliaire pour la langue des mortels, accorde à mes prières une fin tranquille à mon existence, accorde-moi d'heureux travaux, un esprit doué de la mémoire et des discours choisis.

XXVIII.

HYMNE DE PROSERPINE.

Sois-nous favorable, Proserpine, fille illustre du magnanime Jupiter, déesse monogène, sois apaisée par cette libation; épouse honorée de Pluton, déesse nourricière, qui domines le sombre Arverne dans les profondes entrailles de la terre, descendante illustre de Jupiter, génératrice des Euménides, déesse des enfers, que Jupiter engendra d'une semence mystérieuse; mère de Velthurnus, toi qui domines les tempêtes, déesse aux belles formes, illustre, front orné de cornes, vierge aimée des mortels, toi qui aimes à respirer le souffle délicieux des gazons, toi qui te plais à voir la végétation verdoyante de la terre, toi qui apportes également aux mortels la vie ou la mort, et qu'on appelle à cause de cela Proserpine (Pherséphonie), car tu fais vivre et tu fais mourir également, protége-nous, grande déesse; fais pousser les moissons hors de la terre, accorde-nous la force et une santé toujours active, une vie heureuse et favorable au pied de tes autels et de ceux du terrible Pluton.

XXIX.

PARFUM DE BACCHUS.

Le Styrax.

J'honore Bacchus, qui fait un bruit effrayant, primigène, ayant une double nature et qui est trois fois revenu au monde. Bacchus, qui portes des cornes, dieu sauvage, agreste, obscur, à double forme; dieu couronné de feuilles d'arbres, dieu au front de taureau, dieu aimable, qui portes une guirlande de roses; dieu prudent, conseiller de Jupiter et de Proserpine; dieu très-pur, uni aux immortels par des liens mystérieux, écoute favorablement nos supplications, sois-nous favorable, et plein de doux sentimens pour tous ceux qui sont rassemblés ici, viens au milieu de nous.

XXX.

HYMNE DES CURÈTES.

Curètes, habiles danseurs, qui revêtus d'armures précipitez vos pas, et de vos pieds légers faites sur la terre des sauts prodigieux, porteurs d'armes, vigilans, voleurs et prêtres de la grande déesse qui se plaît sur les montagnes, écoutez favorablement nos prières et que votre âme soit toujours bienveillante pour le bouvier.

XXXI.

HYMNE DE MINERVE.

Fille illustre de Jupiter, engendrée toute seule, déesse Minerve, déesse immortelle, terrible, heureuse, qui aimes les bruits retentissans de la guerre, déesse célèbre qui habites les cavernes, qui te plais dans les palais élevés au milieu des rochers et sur les sommets verdoyans des montagnes, déesse puissante par les armes et qui glaces de terreur les cœurs des mortels, vierge Bellone, qui te plais aux terribles exercices des batailles, illustre dans les arts, inaccessible aux ennuis, meurtrière de la Gorgone, redoutable pour les mortels impies; bienveillante et pleine de sagesse pour les hommes de bien, enfantant la guerre, déesse honnête, vengeresse de Titan, vierge inexorable pour les méchans, maintenant dans la nuit comme aux derniers instans de notre vie, sois-nous favorable, accorde-nous une paix heureuse et des jours tranquilles; déesse illustre et habile, sois propice à nos vœux.

XXXII.

PARFUM DE LA VICTOIRE.

La Manne.

Je te supplie, Victoire toute-puissante, la plus douce des divinités pour tous les mortels, toi qui décides entre les bataillons armés, auquel des deux partis doit être accordé le prix de la bataille, à qui tu dois donner la palme en comblant ainsi tous ses vœux les plus ardens, car c'est toi qui décides tout, c'est toi qui décernes le triomphe couronné de rameaux verdoyans : viens donc à nous, illustre déesse, nous bénirons toujours tes œuvres et nous t'environnerons de louanges.

XXXIII.

PARFUM D'APOLLON.

La Manne.

Je t'implore, Phœbus, dieu illustre dans la médecine; Phœbus Lycoréen, meurtrier de Titye, dieu vénérable de Memphis, dispensateur de la santé et des honneurs; Apollon qui portes une lyre; Titan célèbre, dieu de Smynthée, qui tuas le serpent Python; toi qui portes la lumière, dieu champêtre, noble, adolescent; Musagète, chef des muses, toi qui lances au loin tes flèches, dieu jumeau, habitant des collines, roi de Délos, qui d'un regard bienveillant distribues aux hommes les flots de la lumière divine; dieu à la chevelure d'or, dont les préceptes et les oracles sont infaillibles, regarde-moi favorablement du haut du ciel; moi qui prie pour le peuple : car tu vois au-dessus des plaines immenses du firmament, au-dessus de la terre féconde; et durant les heures silencieuses de la nuit obscure tu reposes sous les flammes célestes des astres. Tu as planté tes racines plus profondément encore, tu tiens jusqu'aux limites du monde, tu es le principe et la fin. Tout fleurit autour de toi : tour à tour tu chantes sur ta lyre les demeures célestes et tu descends jusqu'aux confins les plus éloignés de ta demeure; tu conduis le ciel entier suivant le mode dorien, tu varies les générations animées, tu distribues également aux hommes les saisons, tu leur accordes des destinées pareilles, tu entremêles également l'été et l'hiver : pendant que tu donnes l'hiver à ceux qui habitent ce côté de notre globe, tu donnes l'été aux autres, et tu ramènes d'après le mode dorien le printemps délicieux pour les mortels; aussi les hommes t'ont surnommé avec justice le dieu Pan, qui porte des cornes et qui domine le souffle des vents. Toi qui commandes aux constellations des cieux, sois-nous favorable, écoute les vœux supplians de tes prêtres.

XXXIV.

PARFUM DE LATONE.

La Myrrhe.

O Latone, qui as engendré deux enfans, déesse vénérable, déesse au voile d'azur, déesse au grand cœur, déesse illustre, comblée de vœux, tu as mérité de concevoir dans les bras de Jupiter et d'enfanter deux enfans, Phœbus et Artémis-Diane aux flèches puissantes, celui-ci dans l'île de Délos et celle-là dans la Haute-Ortygie, grande déesse, sois-nous donc favorable, regarde d'un œil propice les sacrifices que nous t'offrons.

XXXV.

PARFUM DE DIANE.

La Manne.

Sois-nous favorable, ô grande reine, vierge célèbre, fille de Jupiter, déesse titanienne, déesse au grand cœur, aux flèches puissantes, déesse de la chasse aux filets, déesse visible pour tous, déesse qui portes une torche, toi qui présides aux enfantemens et qui toujours en as été exempte, toi qui délies ta ceinture, toi qui rends furieuse, Diane chasseresse, qui cours la nuit, déesse dangereuse, redoutée et estimée, aux formes masculines, sainte nourrice des hommes, déesse incorruptible, déesse sauvage, puissante et bienheureuse, meurtrière des bêtes féroces, chaste divinité qui habites les forêts et qui tues les cerfs; reine auguste, et qui jouis d'un âge toujours florissant, déesse des bois, déesse de la Crète, viens à nous, sois-nous favorable, apporte-nous les présens délicieux de la terre, les dons charmans de la paix, la santé précieuse, et relègue toutes les maladies sur des montagnes éloignées.

XXXVI.

PARFUM DES TITANS.

L'Encens.

Titans, race illustre de la terre et du ciel, ancêtres de nos pères, habitant dans les entrailles du globe des demeures horribles, au milieu de l'empire tartare; principe et semence de tout ce qui respire, de l'air, de la mer et de la terre qui porte des fruits; c'est de vous que proviennent toutes les générations des hommes; je vous adore; éloignez de nous les colères dangereuses s'il s'en trouvait qui vinssent menacer nos maisons.

XXXVII.

PARFUM DES CURÈTES.

L'Encens.

Curètes retentissans, Saliens qui portez les boucliers de Mars, riches habitans de l'air, de la terre et de la mer, souffles générateurs, semences conservatrices du monde, vous qui, demeurant dans les lieux sacrés de la Samothrace, courez à pleines voiles à travers l'océan jusqu'aux extrémités du monde, vous avez les premiers enseigné les sacrifices aux mortels; Saliens éternels qui portez les boucliers de Mars, vous frappez l'océan, la mer et les chênes élevés; vous frappez la terre du pied dans vos bonds prodigieux, et vous faites étinceler vos armes en les agitant. Toutes les bêtes féroces tremblent, le bruit et le fracas se répandent à travers les immensités azurées du ciel. Leurs pieds agiles font jaillir des nuages de poussière qui les environnent, et l'éclat des fleurs verdoyantes est terni. O génies éternels, lorsque la colère des dieux tombe sur les hommes, vous leur enlevez aussitôt leurs richesses, leur nourriture et vous frappez les coupables eux-mêmes. Alors l'océan fait entendre d'étranges mugissemens, les chênes tombent avec fracas sur le sol, et l'écho céleste retentit du bruit de leur chute. O Curètes, Corybantes, redoutables et tout-puissans princes de la Samothrace, descendans illustres de Jupiter, souffles éternels, vous qui aimez le froid, vous qui habitez les temples des deux cieux, vous dont le souffle est agréable et donne la santé, dieux qui amenez les saisons, qui engendrez les fruits, dieux tout-puissans, salut.

XXXVIII.

PARFUM DE LA MÈRE CÉRÈS D'ÉLEUSIS.

Le Styrax.

Bonne Cérès, mère des dieux, la plus illustre des divinités, vénérable déesse, dispensatrice de tous les biens, toi qui nous donnes les fruits et les moissons, toi qui n'aimes que la paix et les travaux de la campagne, Cérès qui sèmes les guérets, qui les fertilises, et leur fais produire des récoltes, qui règnes dans les sanctuaires de l'étroite Éleusis, nourrice aimable, douce et bienveillante des mortels, qui la première as appris aux laboureurs à joindre les bœufs sous le joug, à les atteler à la charrue, toi qui par tes charmes rends la vie agréable et facile pour les hommes; amie de Bacchus, déesse justement honorée, toi qui fais croître les moissons et te plais à les voir faucher; déesse qui souris à tous les hommes, mère pleine de tendresse pour ta fille nourricière céleste, qui, joignant des couleuvres sous les rênes de ton char, te promènes par de larges détours dans les champs sacrés; déesse unigène, vénérée des mortels, à qui s'adressent les prières et les vœux accompagnés d'offrandes et de fruits, me voilà devant toi chargé d'un beau présent d'épis; accorde-nous la paix et la concorde, qui respecte tous les droits sacrés; accorde-nous les abondantes richesses de la fertilité et la santé, le plus précieux de tous les dons.

XXXIX.

ENCENS DE MISA.

Le Styrax.

J'invoque Bacchus, porteur d'une férule, Bacchus législateur, illustre divinité à deux sexes, reine pure et sacrée, homme et jeune fille à la fois, femme à doubles formes, soit qu'il s'abandonne à la joie dans le temple odorant d'Éleusis, soit que, dans la Phrygie, il accomplisse des mystères sacrés avec la mère des dieux, soit qu'elle séjourne dans Cypre avec la charmante Cythérée, soit qu'elle se livre à la danse au milieu des champs couverts de moissons avec sa mère sacrée Isis, et qu'elle se trouve au milieu de ses prêtresses sur les bords de l'Égyptus; sois-nous favorable, grande déesse et accorde-nous des récompenses sacrées.

XL.

PARFUM DES SAISONS.

Les Aromates.

Saisons, filles chéries de Jupiter et de Thémis, paix bienheureuse, la plus féconde des déesses, vous qui nous comblez de biens; Saisons verdoyantes, fleuries en gazons, pures et délicieuses; Saisons aux mille couleurs et respirant une charmante haleine; Saisons toujours vertes, toujours changeantes et bien aimées; compagnes des jeux de Proserpine, qui portez des fleurs dans vos tuniques ondoyantes de rosée lorsque les parques et les grâces la rappellent des charmans détours des bois afin qu'elle assiste à leurs solennités par l'ordre de Jupiter et de sa mère Cérès, qui produit des fruits, soyez favorables à nos pieux sacrifices, apportez-nous le secours des douces haleines qui font mûrir les fruits.

XLI.

PARFUM DE SÉMÉLÉ.

Le Styrax.

Je t'invoque, fille illustre, née du prince Cadmus, belle Sémélé, beauté au sein ravissant, mère de Bacchus joyeux, qui porte une férule. Jeune fille, tu conçus de l'éternel Jupiter, et la foudre fit sortir ton fils de tes entrailles. La florissante Proserpine te jugea digne de l'honneur de te faire participer aux Triennales, qui sont instituées pour célébrer ton fils Bacchus. Je t'en prie, déesse, née du prince Cadmus, sois favorable à tes prêtres, sois-nous propice.

XLII.

HYMNE DE BACCHUS BASSARÉEN [1] ET TRIENNAL.

Je t'invoque, illustre Bacchus, né par la foudre; sois-nous favorable, dieu qui portes des cornes, Bacchus Bassaréen, dieu indomptable, toi que charment les épées, les combats et les Ménades sacrées. Bacchus insensé, furieux, qui portes le thyrse, sois favorable aux mortels qui habitent la terre sacrée, accorde-leur des présens qui les rendent heureux.

XLIII.

PARFUM DE LICNITUS [2].

La Manne.

Je vénère et j'adore avec des vœux et des prières Bacchus, dieu sans vêtement, dieu à la poitrine florissante, dieu de la persuasion, dieu bien-aimé des nymphes et de Vénus à la belle chevelure, qui parcourt les bois en frappant la terre du pied en mesure, accompagné de nymphes et de femmes en délire; toi qui, d'après l'avis de Jupiter, fus élevé par Proserpine et devins la terreur des dieux immortels, sois-nous favorable et regarde d'un œil propice le présent que nous t'offrons.

XLIV.

PARFUM DE BACCHUS.

Les Aromates.

J'invoque Bacchus, cultivateur de la vigne, lui qui, se promenant autour des maisons des Cadméens, apaisa les incendies de la terre. Lorsque des fleuves de flamme inondaient la terre de leurs flots tourbillonnans, lui seul arrêta leurs progrès. Sois-nous donc favorable, ô Bacchus, et que ta lèvre nous soit souriante.

XLV.

PARFUM DE SALAZIUS.

Les Aromates.

Écoute-moi, Salazius tout-puissant, fils de Kronos (Saturne), toi qui as recélé dans la cuisse Bacchus, dieu bruyant et inquiet, afin qu'ensuite il pût se retirer sur le mont sacré Tmolus, où se trouvait Ippia sa nourrice aux belles joues. Sois-nous donc favorable, ô roi de Phrygie, le plus puissant des habitans du ciel, et accorde tes faveurs à tes prêtres.

XLVI.

PARFUM D'IPPA.

Le Styrax.

J'invoque Ippa, nourrice de Bacchus, déesse qui célèbre les mystères sacrés des Saliens dans des assemblées où brille la flamme et par des chœurs qui se réunissent la nuit. Je t'en supplie, bonne mère, déesse bienveillante, soit que tu parcoures les sommets sacrés du mont Ida en Phrygie, ou le mont Tmolus, bien-aimé des Lydiens, regarde-nous, je t'en conjure, d'un œil bienveillant.

XLVII.

HYMNE DE BACCHUS LENÉUS (DIEU DU PRESSOIR), QUI DELIVRE DE TOUS LES MAUX.

Race illustre de Jupiter, écoute-moi, ô Bacchus, qui as eu deux mères; semence digne d'honneurs, dieu célèbre, dieu très-saint, germe secret des dieux, joyeux Bacchus, toi qui augmentes et fécondes les fruits et les moissons de la terre; dieu magnanime, dieu redoutable, dieu aux formes variées, remède des mortels, fleur sacrée, toi qui les délasses de leurs travaux, heureux sujet de joie pour tous les hommes, dieu à la chevelure bien soignée, toi qui délivres de tous les chagrins, ami de tous, soit que tu favorises les dieux où les hommes, je t'en prie, sois-nous propice.

XLVIII.

PARFUM DES NYMPHES.

Les Aromates.

Nymphes, illustres déesses, race de l'illustre océan, qui demeurez sous les profondeurs de la terre dans des habitations liquides; nourrices secrètes de Bacchus, joyeuses divinités des pénates, divinités fleuries qui errez aux angles

---

[1] Ce nom est donné à Bacchus parce qu'il était adoré à Bassarée, petite ville de la Lybie.
[2] Licnitus, nom donné à Bacchus et tiré d'un vin mystique qu'on employait dans ses fêtes.

des chemins, habitantes des cavernes et des antres, vous qui volez dans les airs, nymphes des fontaines, nymphes errantes qui répandez la rosée, nymphes aux pieds ailés, visibles et invisibles, courant et dansant avec les faunes sur le sommet des montagnes; nymphes des rochers, des forêts; nymphes qui animez toutes choses, nymphes à la douce odeur, à la blancheur éclatante et qui respirez de doux zéphirs, amies des bergers et des chevriers, tendres nourrices qui habitez au fond de toutes choses, amadriades dont la demeure est dans les chênes; ô vous qui volez dans les airs, amies du printemps, soyez favorables aux mortels avec Cérès et Bacchus, et, nous regardant d'un œil bienveillant, envoyez-nous les haleines agréables des douces saisons.

XLIX.

PARFUM DE BACCHUS TRIENNAL.

Les Aromates.

Je t'implore, Bacchus, dieu célèbre qui portes plusieurs noms, dieu au front de taureau, foudre redoutable, élève de la mère, Licnitus, dieu qui vomis des flammes, dieu nocturne qui portes une férule et qui es armé du thyrse; race terrible de Jupiter, dieu à la forme terrible, dieu primigène, père et racine des dieux; toi qui portes un sceptre et qui présides aux chœurs des Saliens, toi qui célèbres tes mystères divins dans tes fêtes triennales, dieu qui te plais aux bruits effrayans, dieu ardent comme la flamme, fils de deux mères, dieu solennel qui portes des cornes au front, dieu armé d'une lance d'or, dieu à la chevelure dorée, dieu revêtu d'une peau de faon, dieu qui longtemps es resté vierge, Bacchus, ami du vin, sois favorable à tes prêtres; sois-nous toujours propice.

L.

PARFUM DE L'ANNIVERSAIRE DE BACCHUS.

Tout excepté l'Encens.

J'implore Bacchus qui revient chaque année, j'implore en même temps les tendres nymphes ses compagnes: réunies autour des autels de la terrible Proserpine, elles célèbrent tous les trois ans les mystères de Bacchus. Dieu illustre accepte dans ces fêtes comme dans les fêtes triennales les hymnes sacrés que nous chantons en ton honneur, conduis les chœurs avec tes nourrices à la tunique retroussée et avec les heures rapides; dieu toujours verdoyant, dieu qui portes des cornes, dieu bienveillant, accepte ces offrandes sacrées d'un œil favorable et fais jaillir pour nous les fruits éternels de la terre.

LI.

PARFUM DU SATYRE SILÈNE

La Manne.

Écoute-moi, père nourricier de Bacchus, illustre Silène dont les dieux prennent un soin tout particulier, estimé et adoré des mortels, ô le plus célèbre des Sylvains! toi qui portes une peau de bouc pour vêtement et qui présides aux fêtes sacrées, dieu vigilant, toujours jeune au milieu de tes faunes, chef de toutes les bacchantes revêtues de lierre, viens avec tous les compagnons dont le corps se termine en bêtes fauves, viens avec tes bacchantes prendre place à nos mystères, et fais retentir les airs du cri des bacchanales; accompagne nos mystères sacrés, joins-toi à nos orgies de la nuit, préside à nos rites solennels, ô toi qui portes un thyrse et présides aux chœurs des bacchantes.

LII.

HYMNE D'APHRODITE.

Aphrodite, fille du ciel, fille illustre et souriante, déesse née de l'écume de la mer, vénérable déesse qui aimes les ténèbres de la nuit, Vénus, déesse de l'hyménée et de la nuit, habile sans ruses, mère de la nécessité, toutes choses viennent de toi, car tu donnes des lois au monde entier, tu commandes même aux trois parques, et tu engendres toutes les choses du ciel, de la terre et de l'élément salé; conseillère sacrée de Bacchus, toi qui te plais aux joies et aux festins, mère des amours, merveilleuse conciliatrice, toi qui accordes le don de la grâce, déesse à la belle chevelure, déesse visible et invisible, déesse des noces et des festins, la plus illustre des divinités, déesse qui te plais aux embrassemens des hommes et qui engendres les enfans; toi qui domines les mortels par tes charmes séducteurs, et qui frappes tout ce qui respire de l'éternelle blessure de l'amour, sois-nous favorable, déesse née dans l'île de Chypre, soit que tu parcoures les immensités du ciel en souriant de ta lèvre séductrice, soit que tu visites tes temples heureux dans la Syrie, soit que, traînée par tes coursiers éclatans, tu erres sur les bords augustes du fleuve Egyptus, soit que près des bords de la mer tu te réjouisses, reine divine, au milieu de la foule empressée des nymphes, soit que courant sur le gazon de la terre, tu te précipites, montée sur ton char rapide, aux bords sablonneux du rivage, ou bien enfin que tu te rendes dans Chypre, ta patrie, où les jeunes vierges et les jeunes mariées te célèbrent toutes les années en des rites sacrés ainsi qu'Adonis. Heureuse déesse, sois-nous donc favorable, je t'en supplie avec des prières sacrées et un cœur pur.

LIII.

PARFUM D'ADONIS.

Les Aromates.

Ecoute-moi, illustre Adonis, que j'invoque sous différens noms, dieu à la belle chevelure, qui te plais dans la solitude et qui brilles par les grâces les plus délicates, conseiller bienveillant, dieu aux formes variées, noble aliment de toutes choses, jeune vierge et jeune homme tout à la fois, Adonis toujours florissant, toi qui as succombé et qui renais au retour des saisons annuelles, dieu toujours jeune et aimable, toi qu'on adore en versant des larmes, dieu charmant qui aimes la chasse, dieu à la magnifique chevelure, cœur bien-aimé de Cypris, germe d'amour, toi qu'enfanta la divine Proserpine aux beaux cheveux, toi qui habites maintenant dans les profondeurs du Tartare, reviens de nouveau dans l'Olympe et accorde à tes prêtres les fruits délicieux de la terre.

LIV.

PARFUM DE MERCURE INFERNAL.

Le Styrax.

Toi qui habites la route de l'Averne inexorable et qui conduis les âmes des mortels dans les profondeurs de la terre, Mercure, fils bien-aimé de Bacchus et de la vierge de Paphos, la charmante Vénus, toi qui fréquentes les sanctuaires sacrés de Proserpine, voyageur éternel, compagnon des âmes sous la terre, dieu du sommeil dont le caducée adoucit tous les maux et ferme éternellement par la mort les yeux de ceux qui souffrent, car Proserpine t'a confié le soin d'accompagner toujours les âmes qui s'engagent dans la route de l'Averne, accorde à tes prêtres dans leurs travaux les secours de ta protection bienveillante.

LV.

PARFUM DE CUPIDON.

Les Aromates.

Je t'invoque, pur, aimable, charmant Cupidon, enfant ailé, armé d'une lance, prompt, rapide, impétueux comme la flamme, qui te joues également des dieux et des hommes. Enfant rusé, qui tiens les clés du monde entier, du ciel, de l'éther, de la mer et de la terre ; toi que la déesse mère universelle, qui produit toutes choses, et l'Averne, et la mer aux flots limpides reconnaissent également ; car toi seul tu commandes à tous ces élémens, sois-nous favorable, sois propice à tes ministres, dont l'âme est pure, éloigne d'eux les souffles dangereux des passions illégitimes.

LVI.

PARFUM DES PARQUES.

Les Aromates.

Parques infinies, filles de la nuit obscure, je vous implore, ô vous qui sur les bords du marais céleste, aux lieux où une eau sombre coule éternellement d'une fontaine infernale sous un épais brouillard, présidez aux âmes des morts qui sont réfugiées dans les profondeurs de la terre, vous venez aux demeures tumultueuses des hommes, accompagnées de l'Espoir et les yeux couverts de voiles de porphyre ; ainsi traînées par vos rapides coursiers, vous arrivez dans le champ fatal, aux limites de la Justice, de l'Espoir et des Inquiétudes, car la Parque est la maîtresse de la vie. Aucune autre des divinités qui habitent les sanctuaires du ciel n'accompagne aussi fidèlement Jupiter. La Parque sait tout ce que l'avenir nous réserve, tout ce qui est connu à la pensée habile de l'éternel Jupiter. O vierges de la nuit, soyez-nous favorables, soyez-nous bienveillantes ; Atropos, Lachesis, Clothos, déesses invisibles, redoutables, toujours inquiètes, car tout ce que vous donnez aux mortels c'est vous-mêmes qui le leur enlevez ; ô Parques, écoutez les prières des prêtres, écartez de l'âme d'Orphée tous les chagrins terribles.

LVII.

PARFUM DES GRACES.

Le Styrax.

Ecoutez-moi, Grâces illustres, dignes d'honneur, aimables filles de Jupiter et d'Eunomie au beau sein, Aglaé, Thalie et Euphrosine, vierges augustes, mères de la joie, pures, bienveillantes et souriant avec délicatesse, déesses aux formes variées, toujours florissantes et agréables aux mortels, déesses invoquées de tous, déesses aimables et aux beaux yeux, daignez assister aux mystères de vos prêtres et leur être favorables.

LVIII.

HYMNE DE NÉMÉSIS.

Je t'implore, Némésis, déesse victorieuse, grande reine qui vois toutes choses ! Tu scrutes les mystérieuses pensées des cœurs mortels. Eternelle et redoutable, rigide observatrice des droits sacrés, tu changes selon ton gré les volontés humaines. Tous les hommes attachés à cette vie reconnaissent ton pouvoir; tu pénètres dans l'intérieur des âmes, rien ne t'est caché : tu rends à la raison tout son empire lorsqu'une passion mauvaise a fait secouer son joug. Tu vois tout, tu entends tout, tu gouvernes tout. En toi reposent les droits des mortels, déesse puissante ; sois favorable aux prêtres qui célèbrent tes mystères, prête-leur ton secours; accorde de la force à la raison pour qu'elle chasse loin de nous les conseils ennemis, insidieux, superbes et néfastes.

LIX.

PARFUM DE LA JUSTICE.

L'Encens.

J'invoque la Justice, dont l'œil embrasse toutes choses ; elle est assise au trône sacré de l'illustre Jupiter ; du haut des cieux elle surveille les mœurs de tous les hommes; vengeresse inexorable, elle punit les actions mauvaises ; elle éloigne tout ce qui n'est pas selon la juste vérité. Elle impose son joug à tous les hommes injustes qui sont poussés par une mauvaise résolution et qui veulent commettre des actions coupables aux yeux des immortels ; elle est l'ennemie des méchans et l'amie des justes : déesse de la vérité, sois-nous toujours propice pour que nous arrivions heureusement à la fin de notre vie que nous a annoncée la Parque.

LX.

PARFUM DE L'ÉQUITÉ.

L'Encens.

Bonne conseillère des hommes, vierge opulente et très-juste, amie des hommes qui respectent la justice, ô déesse vénérable et bienheureuse, illustre Équité, tu partages entre tous des droits égaux selon des jugemens sacrés. Tu brises tous ceux qui ne veulent pas se soumettre à ton char, et qui, indomptables pour toi, échappent aux coups terribles de ton fouet. Divinité pleine de concorde, équitable pour tous, bienveillante, amie de la paix, le plus désirable des dons de cette vie; tu hais tout ce qui est faux, tu chéris le vrai ; tu es le but de la vertu et de la sagesse. Sois-moi favorable, déesse qui détruis les actions audacieuses des hommes pour que tous ceux qui jouissent des présens de la terre, tous ceux qui respirent et que l'Univers nourrit dans son sein, tous ceux que retient le Dieu puissant de la mer, dirigent leur vie dans le sentier de la justice.

LXI.

HYMNE DE LA LOI.

J'invoque la Loi divine, génie des hommes et des immortels ; déesse céleste, gubernatrice des astres, signe commun de toutes choses, fondement de la nature, de la mer et de la terre. Déesse constante, conservant les lois éternelles du ciel et lui faisant accomplir fidèlement ses immenses révolutions ; toi qui accordes aux mortels les bienfaits d'une vie prudente et qui gouvernes tout ce qui respire ; toi dont les sages conseils dirigent toutes choses selon l'équité, déesse toujours favorable aux justes, mais accablant les méchans de punitions sévères, douce déesse qui distribues les biens avec une déli-

LXII.

PARFUM DE MARS.

L'Encens.

Mars magnanime, terrible, invincible et sans crainte, Mars indomptable, puissant par les armes, impétueux ami du fracas et dégouttant de sang, dieu redoutable qui as toujours soif du sang humain, toi qui te plais au cliquetis des épées, au bruit des combats et des disputes, suspends tes batailles, laisse reposer tes tumultes effrayans. Abandonne-toi aux charmes de Cypris et de Bacchus, livre-toi aux travaux de Cérès, et sois ami de la Paix, qui distribue largement une copieuse nourriture et les richesses bienheureuses.

LXIII.

PARFUM DE VULCAIN.

L'encens du Liban.

Vulcain tout-puissant, dieu très-fort, flamme éternelle, toujours alimentée par des souffles enflammés, dieu de la lumière, dieu brillant, dieu éternel et rempli d'habileté; toi qui travailles le fer, pur élément, portion du monde qui dévores tout, qui domptes tout, qui surpasses tout, qui envahis tout. Le soleil, la lune, les étoiles, ne reluisent aux yeux des mortels, ô Vulcain, que comme les membres enflammés de ton corps. Tu fréquentes toutes les maisons, toutes les villes, tous les peuples; dieu bienheureux et aimable, tu t'insinues dans les membres des mortels. Sois heureux, sois favorable à nos libations, viens à notre secours dans les travaux difficiles, éteins les incendies rapides, et conserve cependant en nous une lumière génératrice.

LXIV.

PARFUM D'ESCULAPE.

La Manne.

Esculape, médecin de tous les hommes, dieu bienveillant, dieu favorable, qui adoucis les contagions mauvaises de toutes les maladies, toi qui apportes de doux présens et qui viens toujours accompagné de la Santé, toi qui éloignes les cieuse largesse, souviens-toi de nous et prononce notre nom avec amitié.

flammes dévorantes des pestes meurtrières; dieu aimable, distributeur des biens, fils honoré de Phébus Apollon, ennemi de la Maladie, époux de l'aimable Santé, sois nous favorable, accorde-nous d'aimables destinées.

LXV.

PARFUM D'HYGIÉE (LA SANTÉ).

La Manne.

Santé féconde et aimable et qui règnes sur tous les hommes, écoute-moi, ô mère opulente qui nous apportes tous les biens. C'est toi qui chasses la maladie loin des hommes souffrans, c'est toi qui par ta grâce ramènes la joie sous les toits des mortels. Le monde, frappé de ta puissance, te désire et la divinité infernale qui préside aux termes de la vie te poursuit de sa haine. O bien-aimée et désirée, tu es la consolation de toutes choses. Sans toi le vieillard n'a aucun bonheur durant ses vieux jours; Plutus n'est rien pour lui, toi seule tu gouvernes tout, tu règnes sur tout. O déesse sois donc favorable aux vœux de tes prêtres, écarte d'eux les terribles fléaux et les maladies.

LXVI.

PARFUM DES EUMÉNIDES.

Les Aromates.

Je vous invoque, déesses redoutées de tous, déesses horribles, Alecton, Tisiphone et toi vénérable Mégère, déesses amies de la nuit, qui habitez des demeures souterraines, dans un antre obscur sur les bords sacrés du Styx, déesses cruelles, terribles, toujours accompagnées des Nécessités impitoyables, déesses vengeresses, inexorables, vêtues de peaux de bêtes féroces, filles de l'Orcus, déesses aux mille formes, aériennes, invisibles, plus légères que la pensée. Ni les travaux rapides du soleil et de la lune, ni la vertu puissante par sa sagesse, ni la vieillesse aimable, ni la jeunesse éclatante de puberté, ne pourraient inspirer malgré vous à notre cœur les jouissances de la joie. Vous gouvernez toujours sur cette terre les générations mortelles des hommes, et vous leur rendez scrupuleusement la justice dorée. O déesses terribles, déesses aux cheveux de serpens, déesses aux formes variées, que votre pensée bienveillante soit apaisée au fond de votre cœur.

LXVII.

PARFUM DES EUMÉNIDES.

Les Aromates.

Ecoutez-moi, Euménides au grand cœur, à la pensée prudente, filles chéries du grand Jupiter infernal et de Proserpine aux beaux cheveux bouclés, qui jugez toutes les fautes des mortels, déesses au regard foudroyant, reines éternelles, puissantes, redoutables, déesses terribles à voir, filles de la nuit, aux cheveux de serpens, au visage effroyable, je vous supplie d'être favorables à nos sacrifices respectueux.

LXVIII.

PARFUM DE MELINOE.

Les Aromates.

J'invoque Mélinoë, nymphe souterraine au voile de safran, que Proserpine, unie par un amour secret à l'immortel Jupiter, enfanta sur les bords du Cocyte. Plutus s'unit aussi à elle emporté par la violence de sa passion, et alors elle prit dans le sein de Proserpine un double corps de couleurs différentes. Toi qui chasses les ombres des mortels et qui changes à volonté ton horrible visage, tantôt d'une couleur transparente, tantôt noir comme la nuit, et parcourant ainsi les ténèbres de la nuit profonde; je t'invoque aussi, reine de l'Averne souterrain, qui conduis aux extrémités de la terre les âmes humaines, tourne vers tes prêtres un visage favorable.

LXIX.

PARFUM DE LA FORTUNE.

L'Encens.

Je t'invoque ô Fortune, douce reine dispensatrice des biens, et Diane ennemie née du sang de la sagesse. Nul ne peut lutter contre toi : tu es obscure et mystérieuse pour tous les mortels. C'est en toi que consiste l'opulence des hommes. Aux uns, tu donnes abondamment tous les biens; aux autres, dans ta colère, tu donnes une dure pauvreté. Je t'en prie, ô déesse, sois-moi favorable, accorde-moi tes richesses et tes bienfaits.

LXX.

PARFUM DU GÉNIE PROTECTEUR.

L'Encens.

J'invoque le Génie au grand cœur, dieu vénérable, Jupiter bienveillant, qui engendres toutes choses et qui distribues la vie aux mortels, Jupiter tout-puissant, maître universel, présent dans tout l'univers; dispensateur des richesses, entre sous mon toit avec un signe de bon augure. C'est toi qui fais cesser les infirmités de la vie humaine, tu tiens dans tes mains la clé de la joie et des chagrins. Ainsi, dieu puissant, daigne éloigner de moi tous les chagrins et accorde-moi d'arriver jusqu'au terme de ma vie avec un cœur calme et une pensée tranquille.

LXXI.

PARFUM DE LEUCOTHÉE.

Les Aromates.

J'invoque Leucothée, née du prince Cadmus, illustre divinité, nourrice de Bacchus à la belle couronne. Sois-moi favorable ô dominatrice des flots azurés, toi qui te plais dans les ondes, protectrice des nautoniers. A travers les dangers terribles c'est vers toi que se dressent tous les navires; c'est toi qui viens au secours des hommes engagés à travers les périls des mers, et qui les aides dans les pénibles tourmentes. Sois-nous donc favorable, à nous, au milieu de nos dangers, sois favorable aux navires qui sillonnent la mer à pleines voiles, accorde un vent propice à tes prêtres.

LXXII.

PARFUM DE PALÉMON.

La Manne.

Toi qui as sucé le même lait que Bacchus, toi qui habites les plaines liquides et orageuses, ô Palémon, nous t'invoquons : que tes lèvres nous sourient et que ton visage nous soit favorable, conserve tes prêtres sur la terre comme dans les flots. C'est toi qui protéges les navires au milieu de la tempête sonore, et tu éloignes loin des mortels avides les colères tumultueuses de l'Océan.

LXXIII.

PARFUM DES MUSES.

L'Encens.

Filles de Mnémosyne et de Jupiter foudroyant, ô Muses célèbres et illustres, déesses qui engendrez tous les arts, nourricières de l'esprit, qui inspirez de droites pensées, qui gouvernez avec sagesse les âmes des hommes et qui leur avez enseigné les sacrifices divins; Clio, Euterpe, Thalie, Melpomène, Terpsichore, Erato, Polymnie, Uranie et Calliope, venez avec votre mère auguste; venez auprès de nous et soyez-nous favorables, amenez-nous la Gloire toute puissante et la Sagesse.

LXXIV.

PARFUM DE MNÉMOSYNE.

L'Encens.

J'invoque Mnémosyne, épouse du puissant Jupiter qui a enfanté les Muses au doux langage, et qui guérit de ses erreurs un cerveau dérangé. Amie de la raison, elle inspire les âmes de tout ce qui respire; elle augmente la force des hommes; vigilante et sans jamais se reposer, elle donne une mémoire fidèle à ceux qui aiment à cultiver les arts; elle réveille la pensée de ceux qui la respectent. Accorde donc à tes prêtres un esprit qui se souvienne toujours, éloigne d'eux l'oubli fatigant.

LXXV.

PARFUM DE L'AURORE.

La Manne.

Écoute-moi, déesse qui guides pour les mortels le char de la lumière, blanche déesse qui fais rayonner sur le monde un doux éclat, messagère dorée du grand Titan le Soleil. Toi qui par ta présence renvoies les épaisses ténèbres de la nuit dans les entrailles de la terre. Conductrice de tous les travaux, distributrice de la vie des hommes, tu fais la joie des mortels; aucun ne voudrait fuir ton charmant visage. Quand tu chasses loin des paupières le sommeil aimable, les hommes, les reptiles, les quadrupèdes, les oiseaux et tout ce qui habite le sein des mers, tout se réjouit. Tu donnes aux hommes la nourriture qui leur est agréable. Bienveillante pour les dieux, augmente pour eux l'éclat de ton char sacré.

LXXVI.

PARFUM DE THÉMIS.

L'Encens.

J'invoque Thémis, fille du ciel engendrée par la terre, déesse aux beaux yeux qui la première dévoila aux hommes les prophéties de l'avenir et annonça les oracles aux dieux dans la ville de Delphes. Elle régnait aussi dans Pythos et sur les Pythiens, et c'est là qu'elle accorda à Phébus le don d'annoncer l'avenir. Déesse auguste, vénérable, qui erres durant l'obscurité des nuits, la première tu as appris aux hommes à honorer les dieux et à offrir à Bacchus des sacrifices nocturnes. C'est de toi en effet que viennent les mystères des immortels. Viens à nous, ô déesse, avec une pensée favorable, assiste aux mystères que tes prêtres célèbrent en ton honneur.

LXXVII.

PARFUM DE BORÉE.

L'Encens.

Borée glacial dont le souffle horrible tourmente l'immensité des cieux, abandonne les montagnes neigeuses de la Thrace, écarte les nuages noirs qui couvrent le ciel, chasse bien loin les nuées qui engendrent la pluie; toi qui rassérenis, essuie l'immense Éther.

LXXVIII.

PARFUM DE ZÉPHIRE.

L'Encens.

Souffles charmans de Zéphire, habitans du ciel, vous qui glissez doucement sur les mers et nous consolez de nos durs travaux; vous qui exhalez une odeur agréable, vous qui faites germer et fleurir la terre; souffles bien aimés des ports, vous qui ouvrez aux vaisseaux sur l'immensité des mers une route facile, je vous en supplie, respirez doucement auprès de nous, souffles aériens, invisibles, aux ailes légères, rapides comme l'air.

LXXIX.

ENCENS DE NOTUS.

Le Liban.

Vents rapides, impétueux, aux pieds ailés, venez à nous, vous qui roulez précipitamment avec les immenses nuages; car Jupiter vous confie cette portion de l'air pour que vous ameniez vers la terre les nuées qui enfantent la pluie. Versez vos flots bienfaisans sur la terre aride, je vous en prie par le sacrifice que je vous offre.

LXXX.

PARFUM DE L'OCÉAN.

Les Aromates.

Je t'implore Océan, père dont l'origine est immortelle, père des dieux éternels et des hommes, qui environnes de tes replis les immenses contours de la terre. C'est de toi que viennent tous les fleuves et les flots de la mer; c'est dans ton sein que croissent en foule les écueils. Écoute-moi, dieu illustre, purificateur des immortels, fin de la terre, bornes extrêmes du monde, je t'en prie, regarde d'un œil favorable tous les prêtres qui t'invoquent.

LXXXI.

PARFUM DE VESTA.

Illustre Vesta, chaste fille du vieux Saturne, toi qui conserves dans ta maison le feu éternel, donne à tes prêtres qui s'approchent pour le sacrifice, un cœur pur, la chasteté, la richesse, et la force des membres. Sois-nous propice, ô fondement inébranlable de tous les dieux. Toute-puissante, éternelle, aimable et douée d'une belle forme; heureuse et souriante, assiste à tes sacrifices, accorde-nous des biens abondans et le bonheur d'une douce santé.

LXXXII.

PARFUM DU SOMMEIL.

Le Pavot.

Sommeil, père éternel, roi de tous les mortels et de tous les dieux et de tous les animaux que nourrit la terre! tu règnes sur tous, vainqueur tout puissant, tu enchaînes tous les corps dans des liens agréables. Tu domptes toutes les inquiétudes, tu es le repos agréable après les fatigues, tu chasses les chagrins de tous les cœurs malades. Tu éloignes la crainte de la mort et tu calmes les esprits, car tu es bien vraiment le frère de l'oubli et de la mort. Je t'en supplie, comble-nous de tes douces faveurs, nous qui t'offrons de pieux sacrifices.

LXXXIII.

PARFUM DE LA MORT.

La Manne.

Écoute-moi, reine de tous les hommes, plus tu accordes de temps à leur vie, plus tu es proche d'eux. Tu tues les corps et les âmes par un sommeil éternel; tu romps les liens de la nature humaine et tu fermes éternellement les yeux des hommes. Tu es commune à tous, et tu brises par une fin rapide les fleurs les plus charmantes. C'est en toi que viennent se résoudre toutes choses. Tu ne te laisses fléchir ni par les supplications, ni par les vœux. Bienheureuse et redoutable, ne viens à nous que bien tard, nous t'en prions par de pieux sacrifices, et accorde aux hommes une longue et heureuse vieillesse.

FIN DES HYMNES.

LES PIERRES [1].

PROOEMIUM.

Voici le présent sacré que le fils de Maïa, par ordre de Jupiter, qui chasse tous les maux, apporta aux hommes, afin qu'ils eussent un secours contre leurs souffrances. Mortels, acceptez-le avec joie. Je m'adresse aux hommes prudens dont l'esprit est intègre et sait obéir aux Dieux ; car un fou ne peut jamais trouver de secours efficace dans ses maux. Le fils de Latone, ravi de ce don précieux, et la prudente Minerve conduisirent le belliqueux Hercule auprès des Immortels, dans l'Olympe neigeux. Chiron, fils de Saturne, traversa aussi l'immense Éther pour entrer dans l'Olympe, où il apprit les secrets divins de l'art de guérir. Les palais immenses de Jupiter accueillirent avec joie ces descendans illustres des Dieux. Quant à nous, exilés sur la terre, Mercure nous ordonne de vivre heureux de nos biens et sans nous abandonner à des passions méchantes. Que celui des hommes prudens qui désire descendre dans l'antre merveilleux de Mercure, où sont déposés les amas de tous les biens, rentre aussitôt dans sa maison, les deux mains pleines de ces présens inestimables qui chassent bien loin toutes les souffrances. Désormais nulle maladie ne l'attaquera dans sa maison ; il échappera toujours à la colère impuissante de ses ennemis et reviendra dans sa demeure toujours fier de la victoire. Aucun adversaire n'osera se mesurer avec lui dans les combats poudreux, et ses membres, fussent-ils robustes comme l'airain, sa force fût-elle prodigieuse, aucun rival ne luttera contre lui dans l'espoir d'obtenir la couronne du vainqueur. Je le ferai semblable à un lion terrible pour les bêtes de la montagne et semblable à un démon familier aux peuples étonnés ; je le rendrai respectable à tous les hommes et même aux rois, qui sont les élèves de Jupiter. Les tendres jeunes gens, poussés par un irrésistible désir, voudront toujours l'enlacer dans leurs bras, et la douce jeune fille, brûlant d'amour, le sollicitera aux jeux de la couche nuptiale. Lorsqu'il répandra ses prières aux pieds des immortels, elles parviendront de suite à leurs oreilles bienveillantes. Il verra devant lui s'abaisser la mer tourbillonnante. Les voleurs implacables fuiront devant lui, même quand il cheminera seul, et ses serviteurs le vénèreront comme leur père et chériront la maison de leur maître. Quand il voudra savoir, il connaîtra toutes les pensées les plus occultes que les hommes cachent dans leur esprit ; il comprendra tous les cris que jettent dans le ciel les prophètes ailés de Jupiter, les oiseaux dont les chants annoncent l'avenir. Il saura arrêter l'impétuosité du dragon qui rampe à terre, il saura rendre impuissant le dard des reptiles dangereux. Je lui apprendrai à guérir les hommes atteints de la folie ou affligés de maladies pestilentielles, à chasser les âmes des morts, qui, échappées du noir Érèbe, se plaisent à tourmenter les mortels.

Bien d'autres présens, des présens innombrables apportés pour être distribués, sont encore dans la grotte de Mercure, le prudent conseiller. Celui qui parviendra jusqu'à eux deviendra un demi-dieu. Le belliqueux meurtrier d'Argus m'engagea à les annoncer aux mortels, il m'engagea à les chanter aux hommes avec les plus doux sons de ma voix. Mais, hélas ! les hommes ne professent aucun honneur pour la prudence ; ils affectent au contraire de mépriser la science vénérable. Dès qu'ils entendent, même de loin, la vertu, cette mère des héros, ils s'enfuient d'une course précipitée. Ils ont horreur d'elle qui soutient dans le travail, ils ont horreur du travail lui-même qui soutient dans la vie. Ils n'en ont pas pour cela plus de richesses dans leurs maisons et aucun d'eux ne sait honorer les Dieux immortels. Les insensés ! ils ont éloigné des hommes et des villes la science si utile, et il méprisent ignominieusement Mercure. Il est mort maintenant, celui qui avait commerce avec les demi-dieux. Devenu l'ennemi des hommes, il leur a donné le travail, et les hommes

---

[1] Les *pierres*, *peri lithon*, sont des pièces de vers dans lesquelles Orphée chante tour à tour la nature et les propriétés des différentes pierres. Comme détail de médecine et des croyances des anciens, ces énumérations peu gracieuses peuvent offrir quelque intérêt.

l'ont nommé Mage. Il est mort dans le combat cet homme divin, cette vaillante épée, sans être honoré de qui que ce fût, il est mort! Les mortels, semblables à des bêtes fauves, ignorans et indociles, et ne voulant pas se soumettre à la science divine et aux conseils divins, sont pleins de malice et de mauvaises pensées. Ils n'ont pas le courage de faire quelque grande œuvre digne d'admiration; un nuage épais obscurcit leurs cœurs et les empêche de s'avancer dans le pré verdoyant et fertile de la vertu. Mais moi, je me propose de dévoiler à ceux qui m'écouteront un trésor bien plus précieux que des monceaux d'or; mais il faut un homme laborieux que le travail ne rebute pas, qui éprouve promptement chaque chose et qui soit encouragé par ceux qui savent. Car Jupiter foudroyant ne veut pas donner sans peine une heureuse fin aux travaux et aux paroles : les coursiers mêmes du Soleil ne peuvent conduire ce dieu rayonnant dans l'immensité de l'Éther, qu'avec fatigue et pénible sueur.

ARGUMENT DES PIERRES.

Je serais bien plus charmé de l'entretien d'un homme prudent que de la possession de l'or, ce maître de tous les hommes. Un jour que j'allais offrir un sacrifice au Soleil, je rencontrai le prudent Théodamante, qui revenait à la ville : je lui pris la main et lui parlai en ces termes :

« O ami! si nulle nécessité ne te presse, il nous sera loisible de rentrer demain à la ville : c'est Dieu même qui m'a fait te rencontrer à l'instant où j'allais présenter mes offrandes : viens avec moi, nous célébrerons ensemble ces sacrifices divins qui doivent plaire à tous les hommes sages. Le cœur des Dieux immortels est rempli de joie lorsque des hommes de bien leur adressent des offrandes et des prières. Je ne te ferai pas faire une bien longue route, car tu me vois me rendant à cette montagne voisine qui fait partie de nos champs. Étant jeune homme encore, j'osai un jour y aller tout seul, et je me mis à poursuivre un couple de perdrix qui m'avait échappé. Chacune d'elles ayant entendu prononcer son nom s'arrêta et reconnut ma voix. J'étendis délicatement la main, mais avant que je pusse les prendre elles s'enfuirent. Moi, qui me penchais en avant, je tombai d'abord sur le visage, mais aussitôt je me relevai et je les poursuivis. Arrivé au sommet de la montagne, elles prirent leur vol plus rapides qu'un trait et battant bruyamment des ailes : elles avaient été effrayées par la vue d'un serpent horrible, entr'ouvrant sa gueule effroyable et mortelle, et se précipitant d'un hêtre antique et couvert de branches épaisses. Je m'approchai et je ne le vis pas; car mes yeux suivaient attentivement les oiseaux, je ne le vis pas avant que sa tête élevée, se dressant sur la terre, ne m'avertît de sa présence. Certainement il était prêt à me tendre un piége horrible. Mais si quelqu'un m'eût vu retournant sur mes pas et m'enfuyant avec rapidité, il n'eût pas pensé que les perdrix aux pieds rapides eussent pu me suivre; il n'eût pas pensé que mes jambes étaient encore jeunes et débiles. La peur me donna l'impétuosité de l'aigle et de l'orage. La mort était à mes talons; souvent la gueule du monstre atteignit l'extrémité de mon vêtement, la bête immense me glaça de son souffle empesté : j'étais perdu si je n'eusse eu l'idée de me réfugier à un autel que les anciens avaient bâti à Phébus. Un tronçon d'olivier déraciné, et que la flamme avait ménagé, était encore là; je le saisis et je le dirigeai contre la tête menaçante du dragon. Le monstre fut enflammé de fureur quand il me vit décidé à la défense; il se roula en rond, tournant ses reins flexibles en redoutables spirales. Les cercles se développaient ainsi les uns sur les autres. Puis, dressant sa tête, il l'éleva en sifflant au-dessus de l'autel, et ce bruit couvrit l'éclat de ma voix. Je frappai rudement la tête du monstre et du coup mon arme fut brisée. Il n'était pas dans ma destinée de venir à bout de cette bête féroce. Alors deux chiens appartenant à mon père, et que j'avais toujours traités avec douceur, reconnurent ma voix. Ils quittèrent les troupeaux qui paissaient loin de là et s'élancèrent à mon secours. Le dragon se précipita sur eux : aussitôt je pris rapident la fuite à travers les champs. De même qu'un lièvre timide fuyant les ongles féroces de l'aigle, oiseau de Jupiter, se cache dans d'épaisses broussailles, de même me réfugiant au milieu des brebis, et rapetissant mes membres, j'échappai à la vue de cette bête féroce. Quand mon père sut que je n'avais pas été blessé, il amena à l'autel un jeune taureau et l'offrit en holocauste au Dieu qui avait ainsi sauvé la vie de son fils. Et moi aussi choisissant dans le troupeau un veau bien gras, et l'arrachant à la mamelle pendante de sa mère, je le conduisis au sommet de la montagne, en me faisant accompagner d'un chœur joyeux de mes amis. Les deux chiens qui avaient étranglé le dragon me suivirent de leur plein gré : une douce aménité régnait autour de l'autel des Dieux; le champ était verdoyant, les herbes molles, l'ombre épaisse sous les ormes, et à côté une onde jaillissant éternellement des entrailles les plus profondes du roc rendait un doux son, pareil à des accens mélodieux. Viens avec moi; il n'est pas permis de refuser un festin offert aux Dieux. »

Je lui parlai ainsi. L'homme divin me répondit en ces termes :

« Que Phébus te soit toujours favorable et te préserve de tout mal et qu'il envoie d'abondantes richesses dans ta maison, puisque tu montes au sommet de la montagne pour accomplir un sacrifice aux dieux; je ferai en sorte qu'ils t'écoutent d'une oreille favorable....., »

I.

LE CRISTAL.

Prenez dans vos mains le cristal brillant et flamboyant, rayon de la divine lumière, le cœur des dieux immortels en est réjoui dans l'immense éther; si vous approchez du temple en le tenant dans vos mains, aucun dieu ne repoussera vos vœux. Ecoutez-donc afin d'apprendre les vertus de cette pierre brillante : si vous voulez allumer une flamme sans avoir besoin d'un premier tison enflammé, déposez-le sur des morceaux de bois arides. Aussitôt le soleil dardant sur sa face opposée il laissera échapper un petit rayon; dès qu'il aura atteint la matière sèche qui doit lui servir d'aliment, il en sortira d'abord de la fumée, puis un feu léger, puis une grande flamme. Les anciens appellent cela le feu sacré, et moi je crois qu'aucune flamme ne peut allumer les sacrifices avec plus de joie pour les immortels. J'ajoute encore cette qualité merveilleuse du cristal : quoique auteur de cette flamme qui ainsi aura subitement jailli de ce feu, il sera de suite refroidi et pourra être touché impunément, et, appliqué sur les reins, il en guérira les douleurs.

II.

LA GALACTITE.

Je t'offre une autre pierre également favorable à ceux qui adressent leurs prières aux dieux; elle est pleine d'un lait divin comme la gorge d'une jeune fille qui a conçu pour la première fois ou comme la mamelle d'une vache féconde. Les anciens l'ont appelée diamant royal parce qu'il fléchit l'esprit des dieux, de telle sorte qu'honorés par des sacrifices ils veulent bien avoir pitié des mortels. Ils l'ont aussi appelé Léthée parce que toujours elle a fait oublier aux mortels et aux immortels les maux qu'ils ont soufferts, parce qu'elle adoucit l'esprit et qu'elle fait concevoir des pensées agréables. D'autres ont pensé qu'il valait mieux appeler cette pierre Galactite, parce que, si on la brise, il coule de l'intérieur une moelle blanche parfaitement semblable à du lait. Si vous voulez en faire l'expérience cela vous sera facile.

Quand tu verras les mamelles de tes brebis diminuées et pendantes, que feras-tu, cher enfant? Quand tes boucs, pour lesquels tu as souvent adressé des prières afin qu'ils échappassent aux bêtes féroces, seront devant toi tristes et abattus, et que maigris ils pousseront dans l'étable un long gémissement, alors fais laver les mères qui sont malades dans les gouffres des noires fontaines; puis tu les purgeras les unes après les autres, et, mêlant de la poudre de galactite avec de la saumure, tu passeras à travers tout le troupeau de chèvres, et tu verseras de ce mélange sur le dos touffu et fertile de chacune d'elles. Aussitôt elles deviendront toutes plus fortes et plus soyeuses et donneront un lait abondant à leurs jeunes nourrissons. Ceux-ci, rassasiés à ces fécondes mamelles, sauteront de bonheur sous les ventres de leurs mères. Offre aussi à la jeune mère une douce boisson où sera mêlée de la galactite, afin qu'elle reporte à son berceau son jeune enfant nourri des trésors de son sein. Si la nourrice pend une de ces pierres au cou de son jeune élève, elle éloignera d'elle la terrible Mégère. Les rois vénérables et les nombreuses nations vous honoreront de même si vous portez cette pierre dans votre main; et les dieux t'accordant tout ce qui est dans tes désirs exauceront tes vœux.

III.

LA PETRACE.

Ceux qui ont une pétrace verdoyante peuvent en toute confiance s'approcher des autels et accomplir le sacrifice aux immortels.

IV.

L'AGATHE.

Si tu portes dans la main un fragment de cette pierre sur laquelle sont peints des arbres, le cœur de Dieu sera ravi ; il en est en effet dans lesquelles tu apercevras des arbres comme dans un jardin en fleurs, planté de nombreux arbustes. Aussi les hommes ont-ils donné à cette pierre le nom d'agathe arborescente parce que dans une partie elle est semblable à l'agathe et dans une autre partie au contraire elle reproduit fidèlement une forêt verdoyante e épaisse. Lorsque tes bœufs sillonnent péniblement la terre, si tu places une agathe entre leurs deux cornes ou autour des reins d'un vigoureux laboureur qui défriche son champ, alors, du haut des cieux, Cérès, couronnée d'épis, versera dans le sillon les dons fertiles qu'elle porte dans son sein.

V.

DE LA CORNE DE CERF.

Lorsque tu auras entre les mains de la corne admirable de cerf, ne manque pas de t'approcher des dieux immortels. Le cœur des immortels est réjoui quand ils voient cette œuvre merveilleuse de la nature produite sur la tête du cerf. Ce n'est pas en effet une pierre mais quelque chose qui lui ressemble. En sorte qu'il te serait difficile de reconnaître de suite si cela est ou n'est pas une pierre, à moins de t'en apercevoir en la touchant. Si tu es chauve elle te fera croître les cheveux ; car en la pilant dans de l'huile et te frottant tous les jours les tempes avec ce mélange, tu sentiras des poils nouveaux naître aux lieux où tu étais chauve. Si pour la première fois, jeune homme toi-même, tu conduis à ton lit nuptial une jeune épouse, aie cette pierre pour témoin de ton bonheur. Et alors un lien indissoluble d'amitié vous liera l'un à l'autre durant toute votre vie.

VI.

DE LA PIERRE BARBARE,
Pour ceux qui couchent dans les champs.

Je dis que la pierre barbare, polie par les eaux résonnantes du divin Euphrate le syrien, est agréable au fils de Jupiter qui porte l'Égide, au pasteur de taureaux sauvages, revêtu d'une courte tunique. Si tu lui fais un sacrifice, aussitôt la vigne se chargera de grappes fécondes, et il te rendra capable de récolter beaucoup de vin.

VII.

LA JASPE.

Si à l'instant de faire un sacrifice quelqu'un porte dans sa main une jaspe élégante et d'une couleur aérienne, le cœur des immortels sera réjoui : ils verseront sur la terre desséchée des pluies abondantes et il sera cause que les champs arides seront fécondés par cette pluie. Jaspe merveilleuse, éloigne également de nos moissons la sécheresse terrible et la grêle mêlée à la pluie et tous les dangers qui menacent les champs ; car les dieux te chérissent entre toutes les pierres précieuses, et comme le cristal tu as le pouvoir d'exciter sur les autels une flamme ardente sans le secours du feu. Tu es aussi puissante qu'un feu brillant qui environnerait le ventre d'un bassin plein d'eau fraîche, et si quelqu'un laissait un bassin pareil sur des cendres froides, avec ton secours le métal bouillonnerait bien vite.

VIII.

LA TOPAZE.

On dit aussi que la topaze d'une couleur transparente est favorable aux mortels qui vont faire des sacrifices.

IX.

L'OPALE.

Je dis que les dieux aiment aussi l'opale qui a la peau semblable à celle d'un jeune enfant. Elle guérit les yeux faibles et qui versent trop facilement les larmes, en la mêlant avec de la myrrhe qui répand une bonne odeur, et avec la lépidote qui brille par ses écailles blanchissantes. Ainsi mélangées, elles t'apprendront les biens et les maux que réserve mystérieusement l'avenir, et, si tu désires le savoir, la lépidote chasse également les douleurs terribles de nerfs. Ces deux pierres divines sont également aimées du Soleil aux cheveux d'or, et tu seras étonné quand tu les verras ; toutes deux portent des rayons droits et brillans qui semblent une chevelure. Leur apparence est cependant différente : l'une ressemble au cristal transparent, l'autre à la chrysolithe ; si la lépidote ne jetait des rayons semblables à des cheveux, ce serait tout-à-fait une chrysolithe. Je dis que l'une et l'autre sont bonnes. Le Soleil, ce grand nourricier, les a dotées toutes deux d'une merveilleuse puissance. Elles donnent aux hommes la beauté de la forme et la vigueur dans le combat, quoiqu'ils soient déjà d'un âge respectable. Ceux qui portent ces pierres prennent aussitôt l'allure généreuse des héros, et les dieux leurs accordent ce don précieux. Car l'audace et le calme plaisent également aux immortels.

X.

L'AIMANT.

L'aimant est aimé du belliqueux Mars, parce que si on l'approche d'un fer poli, de même qu'une jeune fille transportée d'un ardent amour enlaçant dans ses deux bras le jeune homme qu'elle aime ne peut se détacher de sa poitrine blanche comme du lait, de même il attire toujours à lui le fer belliqueux et ne veut jamais l'abandonner. On raconte en effet qu'il fut esclave de la fille du Soleil, qu'il lui fit boire d'énivrantes boissons, et qu'alors elle conçut dans d'ineffables délices. Veux tu connaître si ta femme t'est fidèle, si elle te conserve ton lit et ta maison chastes de tout homme, prends cette pierre et dépose-la secrètement sous la couchette ; et, comme occupé d'autre chose, chante pendant ce temps-là une joyeuse chanson. Elle, s'abandonnant à un doux sommeil, étendra les mains en désirant t'embrasser. Si Vénus la tourmente de désirs amoureux, elle tombera à terre du haut du lit.

Que deux frères portent de l'aimant avec eux s'ils veulent éviter les disputes et les haines. Cette pierre t'inspirera encore, si tu veux parler au peuple assemblé, les discours les plus doux et les plus agréables et tu porteras dans ton sein la charmante persuasion. Quoique je puisse te raconter bien d'autres merveilles de cette pierre, que te dirai-je de plus quand je l'aurai parlé des dieux ? Quelque élevées que soient leurs demeures, cette pierre fléchit leur âme et les rend favorables, en sorte qu'ils s'empressent de satisfaire nos désirs comme s'ils étaient nos parens. Si nous étions déjà arrivés à l'autel nous pourrions faire l'épreuve de tout ce que je viens de te dire. Car cet homme qui me suit porte sur ses robustes épaules les matières de ces différentes choses. Mais comme nous avons encore beaucoup de route à faire et que l'appréhension du dragon tourmente encore peut-être ton esprit, apprends le moyen de ne pas craindre les dards des serpens monstrueux. Fais broyer en poussière un petit fragment d'ophite, et si un serpent vient à te mordre avec ses dents venimeuses, couvres-en la blessure, le remède sera infaillible.

XI.

L'OSTRITE.

Si vous voulez calmer des douleurs, buvez du vin dans lequel vous aurez broyé une pierre pure d'ostrite ; le résultat en est infaillible : c'est une pierre absolument semblable, une pierre bonne contre les vipères, qui, à l'aide de l'art habile de Machaon, rendit sans danger la blessure dont Philoctète souffrait depuis neuf ans. Le fils de Pœan n'espérait plus en être guéri, quoique au fond de son cœur il le désirât ardemment. Mais Machaon, instruit dans la médecine par son père, prit cette pierre merveilleuse, l'appliqua sur la cuisse au lieu de remède, chose étonnante ! et renvoya de nouveau au combat contre les Troyens le meurtrier d'Alexandre. Le fils de Priam, sur le point de mourir, ne pouvait se figurer qu'il fût ainsi venu à la bataille avec ses pieds parfaitement guéris. Le noble héros tua le perfide Pâris, d'après l'ordre qu'Hélénus donnait aux Grecs, d'amener de Lemnos à Troie le meurtrier infâme de son frère. Mais Phébus Apollon donna à celui-ci une véritable pierre d'aimant qui pouvait parler, que quelques hommes ont appelée l'ophite sans âme, pierre dure, raboteuse, noire, épaisse. De tous côtés elle est rayée circulairement de fibres semblables à des rides. J'ai appris que pendant trois fois sept jours Hélénus se tint éloigné du lit de son épouse et des bains communs, et que cet homme grave et continent s'abstint de se nourrir d'animaux. Mais lavant toujours sa pierre animée dans une fontaine intarissable, il l'habillait de doux vêtemens, la réchauffait comme un jeune nourrisson, et lui offrant des sacrifices comme à un dieu, par ses hymnes puissantes il la rendit vivante. Puis allumant les lampes dans sa chaste maison, il lava la pierre de ses propres mains et en prit le plus grand soin, pareil à une mère qui porterait dans ses bras son petit enfant. Et toi, quand tu voudras entendre la voix des dieux, fais de même, afin que ton esprit soit témoin de ce miracle; si tu fais semblant de limer cette pierre entre tes mains, elle poussera tout d'un coup un cri comme un jeune enfant qui pleure dans le sein de sa nourrice. Mais il faut toujours la soigner attentivement, de peur que par mégarde, ou par une frayeur précipitée, tu ne la laisses tomber à terre et que tu n'excites ainsi la colère terrible des dieux. Interroge la sur l'avenir, elle te dira toutes choses avec sincérité. Puis, après que tu l'auras lavée, approche la davantage de tes yeux. Tu la trouveras abandonnée par le dieu et inanimée. C'est ainsi que le fils de Laomédon apprit de cette pierre divine que sa patrie serait envahie par les Atrides.

Je te dirai encore d'autres qualités de l'aimant: il est toujours semblable à un serpent. Aussi, Philoctète, son esprit était toujours occupé par une très-grande frayeur qui le privait même du sommeil, parce qu'il lui semblait continuellement voir un serpent devant ses yeux. Il priait instamment le prudent Palamède de lui indiquer quelque médicament qui pût mettre en fuite les serpens dangereux, quand il parcourait la terre nourricière en chassant. Et celui-ci prenant à témoin Phébus, fils de Latone, lui dit les choses que je vais te raconter. Phébus à la brillante chevelure m'apprit encore, à moi enfant, l'art d'interroger l'avenir; il me fit d'abord prêter serment de ne jamais tenir aux hommes de faux discours. Toutes les choses que je te dis sont donc très-vraies. Maintenant, prête une oreille attentive à mon discours, héros qui lances au loin les traits. La terre noire produit le mal pour les hommes infortunés; mais en même temps elle produit le remède de chaque mal. Ainsi la terre engendre les reptiles, mais elle engendre aussi des moyens infaillibles de guérir leurs morsures. C'est de la terre que viennent toutes les espèces de pierres, dans lesquelles se trouve une puissance prodigieuse et variée. Tous les avantages que présentent les racines, les pierres les offrent aussi. Les racines ont une grande force, mais les pierres en ont une bien supérieure; d'autant plus que la terre les crée incorruptibles et que jamais elles ne vieillissent. La racine meurt; elle ne verdoie que pendant un temps fort court; tant qu'elle vit on peut en récolter des fruits; mais une fois qu'elle sera morte, quel espoir pourrez-vous conserver en elle? Parmi les herbes que vous trouverez au printemps, les unes sont utiles, les autres nuisibles: mais vous rencontrerez difficilement des pierres dangereuses, et cependant il y a autant de pierres qu'il y a d'herbes. Héros illustre, armé de la pierre d'aimant, tu pourras traverser tranquillement à travers les reptiles, vinssent-ils à toi par troupes effroyables, tu ne craindras pas la mort affreuse. Ils auront beau s'élancer sur toi, ils ne pourront pas se servir de leurs dents. Il ne leur sera pas possible de rester là plus longtemps; à peine auront-ils paru que la frayeur les prendra, ils s'enfuiront par une course rapide. S'ils veulent se précipiter sur toi, ils se retireront de suite. Leur rage sera assoupie à l'instant, et, étendant leurs longues têtes, ils chercheront à te caresser avec leurs langues, comme le feraient de petits chiens. Souvent le chasseur Euphorbe, muni de ce préservatif, entraîné par l'ardeur de la chasse, s'endormit dans les épaisses profondeurs de l'Ida au milieu des dragons avides de carnage. Cédant à ses supplications, je lui avais donné une de ces pierres, et dans le grand nombre de serpens qui l'environnaient, aucun n'osa l'attaquer.

Menalippe un de mes cousins, d'une belle taille et d'une forme remarquable, homme excellent, était charmé d'Euphorbe, aussi belliqueux que beau; il aimait ce jeune homme, redoutable à la lance et portant une magnifique chevelure. Aussi, quand il allait à la chasse, jamais le fils d'Icetaon ne voulait se mettre en route sans Euphorbe. Mais, se plaisant avec l'enfant divin sur le sommet boisé des montagnes, accompagné de ses chiens et de ses amis, il poursuivait avec lui les bêtes fauves à la trace et désirait être seul avec lui. Son père, craignant de voir son fils chéri lutter contre des animaux sauvages songea à le retenir, et la puissance de Priam le retint en effet. Mais son esprit ne put pas se le persuader; car qui aurait pu ainsi renoncer à Euphorbe? Or, une hydre affreuse le blessa en lui enfonçant son dard mortel dans la jambe. Le malheureux comprit alors qu'il fallait bien qu'il abandonnât Euphorbe, et c'était là ce qui l'affligeait le plus. Dans sa désolation il étendait ses mains sur ses genoux, j'eus pitié de lui, je lui ordonnai de mettre sur la blessure un peu de poussière de cette pierre broyée. Aussitôt la violente maladie perdit sa force. Tel est le secours que la terre engendre sur les montagnes pour les hommes : c'est un remède pour les héros blessés; c'est un remède pour les femmes stériles, et un moyen de concevoir des enfans chéris, car les dieux accordent aux mortels des remèdes de diverse nature. Ainsi, Euphorbe, le pasteur de taureaux, instruit par ma mère Abarbarea, qui était habile et renommée pour guérir les maladies, me répéta que l'admirable ophite n'était pas seulement infaillible contre les serpens, mais encore qu'elle rendait la lumière aux yeux et qu'elle calmait les douleurs de la tête. Il est certain qu'un homme qui avait perdu l'usage de ses oreilles, s'en étant servi, parvint à entendre les sons d'une voix excessivement faible. Un autre, que la colère de la blonde Vénus avait rendu incapable de s'abandonner aux voluptueux désirs de l'amour, parvint à recouvrer sa santé : en outre, si tu jettes cette pierre dans le feu, les reptiles fuiront son odeur et ils ne pourront pas la supporter, fussent-ils cachés dans leurs plus obscures retraites.

XII.

LE JAIS.

Les reptiles fuient aussi le jais dont la mauvaise odeur éloigne tous les mortels. Il est couleur de flamme, plat et peu grand. Il jette un rayon de feu semblable à celui d'une branche de pin aride; mais il exhale en même temps une odeur putride qui est insupportable. Il peut vous servir à faire connaître les hommes qui sont attaqués d'une maladie sacrée, car de suite, en le sentant, ils seront courbés, précipités à terre, et, privés de leurs sens, ils se rouleront ainsi de droite et de gauche. La Lune aux pieds légers et qui porte des cornes, la Lune irritée a le cœur rempli de joie quand elle les voit ainsi succomber à leur mal. Le jais est encore utile aux femmes parce qu'il fait écouler les portions d'humeur qui leur restent au bas du ventre. Ceux que cette pierre a ainsi guéris du mal de ventre se réjouissent, car ces souffrances sont graves et sérieuses. J'ai entendu attribuer encore à la pierre de jais bien d'autres précieuses qualités, mais il suffit qu'elle chasse par son odeur les reptiles dangereux pour qu'elle te charme infiniment.

XIII.

LE CORYPHODE.

Qui ne sait pas que cette pierre chevelue mêlée à de l'ail aigre chasse les insectes qui blessent la tête et les scorpions qui lancent des dards acérés. Elle est parfaitement semblable à la chevelure d'un homme. Broyée dans un vin généreux, elle délivre des blessures de l'aspic qui engendre la mort terrible. Si on la mêle modérément avec de l'huile rosée, et qu'on se frotte avec ce mélange chaud, on aura un excellent remède pour les douleurs du col. En la mêlant avec du miel, on dissipe les eaux dangereuses qui s'amassent dans le ventre des hommes et peuvent menacer de dégénérer en tumeur indécente dans les parties masculines.

XIV.

LE CORAIL.

Sachez aussi que le corail qui a emprunté toute sa force à Persée, peut délivrer des dards des scorpions et rendre impuissante la morsure mortelle de l'aspic. Phébus à la belle chevelure m'a dit que de toutes les choses qui naissaient, c'était sans contredit la plus belle de la nature; elle avait été créée par une transformation, ce qui d'abord peut paraître faux, mais ce qui est très vrai. C'est d'abord une herbe verte, elle ne croît pas sur la terre que nous savons être la forte nourrice de toutes les plantes, mais dans la mer stérile, comme les algues, comme les mousses délicates. Lorsqu'elle est parvenue à la vieillesse, ses feuilles sont corrompues par les ondes et elle nage dans les profondeurs de la mer mugissante jusqu'à ce que les flots la rejettent sur le rivage. Ceux qui l'ont vue prétendent qu'ainsi exposée au souffle de l'air elle se durcit. Peu après, son écorce se solidifiant, elle est changée en pierre et vous pouvez manier dans vos mains ce qui auparavant était un corps frêle ami de l'eau. Elle garde sa première conformation d'herbe qu'elle avait auparavant, elle garde ses rameaux qui portaient des fruits et la racine même qui lui apportait le suc vivifiant. Elle est en pierre absolument ce qu'elle était en plante. Votre esprit serait enchanté si vous la voyiez; quant à moi, je ne sais quel charme infini descend dans mon cœur toutes les fois qu'il m'est donné de la contempler. Mes yeux ne peuvent se rassasier de ce spectacle ; et je suis frappé de stupeur, car il me semble que c'est un prodige étonnant, et, quoique je le croie, j'ai cependant de la peine à m'abandonner entièrement à cette idée.

On dit que ce fut d'abord la tête de Gorgone dont la vue était si fatale aux humains.

Persée au vol rapide ne doit pas être considéré comme un monstre, car c'est lui qui, aux extrémités escarpées de l'Atlantide, tua cette vierge farouche et d'un aspect infernal. Destinée horrible pour tous ! ceux qu'elle regardait de son œil sanglant, ceux qui contemplaient cet épouvantable monstre étaient tués sur-le-champ et changés en pierre par une volonté fatale ! La robuste Minerve, quelque courageuse qu'elle fût, ne voulut pas la regarder en face ; Persée, au glaive d'or, ne put être décidé par son frère homme magnanime, à jeter les yeux sur elle, même après qu'elle eut été exterminée. Il lui coupa la tête par ruse : s'approchant derrière elle qui ne le voyait pas, il lui trancha le gosier avec une arme recourbée. Quoiqu'elle fût morte, sa figure était encore dangereuse à voir, et beaucoup devaient descendre dans la noire demeure de Pluton à cause de sa mort. Le héros souillé de sang, s'approchant du rivage pour se laver dans la mer, déposa sur les herbes verdoyantes la tête de Gorgone chaude encore et palpitante. Quand il se fut rafraîchi dans les gouffres de la mer, il sortit de cette route trompeuse et de ses périlleuses luttes. Les racines des herbes qui se trouvaient au-dessous de la tête étaient alors humectées et remplies de sang. Aussitôt les filles de la mer accourant s'empressèrent de le comprimer ; elles le firent si bien que vous auriez cru l'herbe changée en pierre solide, et cela était en effet : elle perdit la verte couleur de l'herbe, il est vrai, mais elle n'en perdit pas la forme ; elle conserva seulement une couleur rouge qui venait du sang. Le héros intrépide fut frappé de stupeur quand il vit subitement ce grand miracle. La prudente Minerve, fille de Jupiter, accourut alors, l'admira aussi, et pour rendre la gloire de son frère immortelle, elle voulut que le corail eut la faculté de changer toujours sa première nature. La puissante Minerve lui donna aussi l'immense puissance de conserver les hommes qui entrent dans le liquide élément, si quelqu'un pénétrant dans cette route dangereuse porte avec soi cette pierre merveilleuse, ou traverse la mer enfermé dans un navire aux flancs solides. Le corail préserve encore les hommes de la lance meurtrière de Mars, de la colère homicide des brigands et des chiens aboyans de Nérée. Mais il faut qu'ils invoquent en même temps la verte Tritogénie qui excite les tempêtes et qu'ils implorent son appui. Si, en semant, tu le mêles au grain jaune que tu jetteras dans le sillon, il éloignera tous les fléaux de tes guérêts, tous les insectes qui se glissent dans les épis pour les sucer, et la grêle qui tombe avec rage sur les moissons et ravage les champs par ses traits perfides. Il dissipe en outre tous les vermisseaux qui naissent dans les ulcères ; il préserve également de la rouille éthérée qui tombe du ciel, s'attache aux épis et les ronge. Il met en fuite les phalanges innombrables des rats et des fourmis. Les foudres de Jupiter, respectant la gloire illustre de sa fille, ménageront les champs. Le meurtrier d'Argus apporta cet excellent corail aux hommes qui faisaient route. Quant à toi, souviens-toi de le boire avec de bon vin : il est alors infaillible contre les serpens dangereux, comme je te l'ai déjà dit.

XV.

L'AGATHE.

Buvez aussi avec un vin généreux la belle agathe qui revêt différentes formes ; elle paraît tour à tour présenter diverses couleurs ; en la regardant de près, vous trouverez en elle la transparence vitrée de la jaspe, la couleur sanglante de la sarde et tout le brillant de l'émeraude ; vous trouverez encore en elle la couleur luisante de l'argent et celle d'une pomme verte. mais la plus belle et la plus utile agathe sera celle qui t'offrira la couleur d'un lion fauve. C'est pourquoi les anciens l'ont appelée léontasère. Elle est piquée de petits points flamboyans, noirs, blancs et verts. Si quelqu'un a été piqué par le dard dangereux d'un scorpion, il approche cette pierre de la blessure, et aussitôt les douleurs sont calmées. Elle rendra agréable aux femmes un homme qu'elles n'aimaient pas avant. Par son aide tes discours charmeront les mortels ; tu remporteras toutes choses, tu obtiendras tout ce que tu demandes, et tu rentreras joyeux dans ta maison. Celui qui tiendra une agathe dans sa main pourra guérir un malade, et obtenir une cure assez merveilleuse pour le ramener à la vie. Mais mets-toi bien dans l'esprit que si Clotho a rompu le fil suprême, alors le dernier jour est venu inévitable.

XVI.

DE LA MÊME PIERRE.

Si tu as une fièvre qui de deux jours l'un vienne te brûler et te tourmenter, ou que te saisissant le quatrième jour, elle te menace d'un sort fâcheux et ne veuille pas te quitter, n'aie pas peur cependant de descendre aux enfers : tu te guériras avec l'agathe, aucun remède en effet n'est meilleur que celui-là. Mais je vais t'indiquer un signe pour reconnaître la force de la pierre : si tu la jettes dans des chairs cuites et qu'elle y séjourne un instant, les chairs seront de suite dissoutes.

XVII.

ENCORE DE LA MÊME PIERRE.

Je ne t'affirme pas qu'elle puisse être un bon remède contre les serpens, mais si tu en as besoin je t'en donnerai un qui vient du Ciel. Ecoute-moi attentivement : lorsque le large Ouranos déchiré par les mains du cruel Saturne, roulant sur la terre immense son corps brillant, désirait descendre des hauteurs de l'Éther sur notre globe pour rendre toutes choses ténébreuses et abandonner ainsi à Saturne la masse du ciel étoilé, alors des gouttes de son sang ambroisien tombèrent sur la terre : comme elles émanaient d'un corps immortel, elles ne pouvaient pas périr. Les Parques voulurent que ce sang restât conservé sur les glèbes de la Terre, la mère des dieux. Les chevaux brillans du Soleil le rendirent aride. Si quelqu'un le touche il croit avoir une pierre dans les mains, mais ce n'est que du sang condensé. Elle en a en effet parfaitement la couleur, et mise quelque temps dans l'eau, elle devient vraiment du sang. C'est là ce qui lui a fait donner par nos ancêtres le nom de pierre sanglante. Elle renferme en elle-même des remèdes excellens. Aussi les poètes disent-ils qu'elle est venue aux hommes par des moyens célestes ; car, mêlée à du lait blanc ou à du lait épaissi, elle ne permet pas à de nouvelles douleurs de fatiguer les yeux des hommes et elle chasse les anciennes ; mêlée à un doux miel, elle éloigne toute maladie des paupières ; elle supporte difficilement que les hommes ne puissent plus voir d'aimables visages et soient ainsi éloignés de la présence du premier né des immortels, du grand roi au regard oblique. Qu'on la mêle au vin des festins et qu'on la boive, elle éloigne toutes douleurs des parties nobles de l'homme. Je l'ai fortement recommandée au belliqueux Ajax, allant au combat contre l'impétueux Achille ; je lui conseillais de porter en ses mains ce gage certain de la victoire. Mais la valeureuse Minerve excita contre lui la gloire du patient Ulysse : sa destinée ne permettait pas d'écouter mes bons conseils. Il négligea le secours que je lui indiquais et il saisit son épée fatale. Mais toi, réfléchis mieux sur ton sort. Tu sais la merveilleuse puissance de la pierre sanglante contre la race noire des serpens : ordonne donc à tes amis d'adresser des sacrifices aux nymphes nayades. Moi, voulant que mon esclave rapide Dolon fût bien avec mon frère Hector, je lui ai donné volontiers cette pierre céleste. Aussitôt il fut plus chéri de mon père et d'Hector qu'aucun des autres Troyens. Lui, désirant me remercier et reconnaître le présent que je lui avais fait, obtint de son père une pierre d'un nom précieux qu'il me donna. Il l'avait rapportée d'Assyrie lorsqu'il avait été envoyé comme député à Memnon ; et là il en avait fait l'épreuve en ma présence et l'avait trouvée bien meilleure que l'or, et, pour l'obtenir, il avait fait des dons infinis aux mages, hommes illustres dans les sciences.

Écoute le récit tout entier : je ne parle qu'après avoir moi-même fait une épreuve. Il faut se rendre d'abord à des autels qui ne soient pas souillés de sang (car il n'est pas permis d'immoler une victime animée) ; célèbres-y par des vers le Soleil qui brille au loin et la Terre immense, la Terre aux fécondes mamelles, nourrice de toutes choses. Puis il faut jeter dans le feu qui pétille et faire fondre cette pierre qui par la seule odeur apprivoise les dragons. Ceux-ci, voyant la fumée qui s'élève, se pressent autour de l'autel ; ils sortent en rampant de leurs demeures souterraines et regardent attentivement. Alors trois enfans vêtus de tuniques neuves de lin, portant chacun une épée acérée, doivent saisir le serpent aux taches variées qui alléché par l'odeur rampe le plus près du feu. Toi tu le divises en neuf parties. Offres-en trois au Soleil, trois à la Terre féconde nourricière, trois à Minerve chaste et prudente qui sait l'avenir. Un vase de terre recevra toutes ces portions sanglantes; tu y joindras l'olive, présent de la fille de Triton. Verse le vin de Bacchus qui excite aux hymnes; jettes du sel blanc sur la nourriture, joins-y du safran âcre et précieux et d'une couleur dorée : et toutes les autres choses qui mêlées aux mets des hommes excitent leur appétit. Pendant que les chairs cuisent dans le ventre du vase, invoque les dieux par leurs noms secrets; car les dieux se réjouissent quand dans les sacrifices on les appelle par des noms peu connus du vulgaire. Prie-les de chasser la Mégère, qui machine tous les maux des hommes, loin du vase qui bout, et d'envoyer leur esprit saint sur les chairs sacrées. Quand l'instant sera venu où les chairs devront fournir un ample festin à ceux qui désirent se livrer à la joie du banquet, fais faire aux dieux des libations de lait; joins-y les produits odorans des abeilles. Que la terre couvre les restes du festin; couronnez vos fronts de rameaux sacrés arrachés à l'olivier, arbre aimé de Minerve. Il ne suffit pas que vous vous environniez dans vos vêtemens en revenant dans vos demeures; mais il ne faut même pas détourner vos regards quoique vous changiez de route, il faut retourner dans vos maisons, tenant toujours les yeux fixés sur le chemin qui est devant vous. Et ne parlez à personne, quelque voyageur que vous rencontriez, jusqu'à ce que vous ayez regagné votre foyer. Là, faisant de nouveaux sacrifices aux dieux, brûlez plusieurs espèces d'aromates. Moi, quand j'ai accompli de tels mystères, je comprends toutes les choses de l'avenir, tout ce que les bêtes féroces et les cruels quadrupèdes rugissent entre eux.

XVIII.

NEURITIS.

Je reconnais aussi les qualités de la neuritis pierre chérie de Bacchus. Les immortels écoutent avec plaisir les sacrifices et les prières des hommes qui la possèdent. Si quelqu'un a pressé de son pied nu le dos d'un serpent terrible, que le dard lui ait été enfoncé mortel dans les chairs, la neuritis apaisera ses douleurs. Elle rend un mari l'objet des désirs de son épouse. Pierre divine, utile aux hommes, je sais encore que ta vue est un remède contre la morsure de l'aspic : ta couleur est semblable à celle d'un poireau vert.

XIX.

CHABACIOS.

J'ai voulu aussi tenter ta puissance, divin Chabacios et je l'ai éprouvée. Tu nous rafraîchis dans les maladies où la flamme nous dévore et tu nous sers de remède si nous sommes piqués par un scorpion. Fils de Latone, le héros, fils de Péan, m'a dit que toutes ces choses lui avaient été longuement développées. Apollon, irrité contre ma sœur Cassandre, lui ordonna à elle qui savait l'avenir, de l'annoncer aux Troyens qui l'écouteraient. Moi j'ai juré par un grand serment de ne jamais dire une parole fausse aux hommes. Tout ce que je t'ai raconté est donc vrai : tu peux avoir confiance en mes paroles.

C'est ainsi que parla le fils chéri du divin Priam, rendant grâce à l'esclave intrépide d'Hercule. Ces doux entretiens nous adoucirent les fatigues de la route pendant que nous montions au sommet verdoyant de la montagne.

FRAGMENS [1].

I.

Il n'y a qu'un seul pouvoir, qu'une seule divinité, le vaste ciel qui nous entoure de ses feux! Lui seul a tout créé. En lui roule la création, le feu, l'eau et la terre.

II.

Dieu fait toujours naître une douleur des félicités humaines. Ce sont les horreurs de la guerre et les larmes qu'elles font couler.

III.

De sa main droite, il (Dieu) touche de toutes parts aux extrémités de l'Océan, et la terre roule sous ses pieds.

IV.

A DIEU.

Roi de l'air et des enfers, roi de la terre et

---

(1) Ces fragmens sont tirés des *Stromates* de saint Clément d'Alexandrie; mais ils portent un tel caractère de doctrine chrétienne que le lecteur doit les considérer comme une preuve de plus que l'école d'Alexandrie n'a pas été étrangère à la rédaction des œuvres d'Orphée.

des ondes, toi dont le tonnerre ébranle l'Olympe, toi que redoutent les Génies et que craignent les dieux, toi à qui obéissent les Parques inflexibles pour tout autre; père immortel de la mère (ou toi qui es à la fois le père et la mère), toi dont la colère secoue le monde entier, toi qui déchaînes les vents, enveloppes la terre de nuages et sillonnes de tourbillons de feu la vaste étendue des airs; la loi qui régit les astres et qui marque le temps de leurs révolutions émane de toi; auprès de ton trône étincelant se tiennent les anges infatigables, dont la tâche est de veiller aux besoins des mortels et à l'accomplissement de leurs devoirs. Le printemps qui se couronne de fleurs nouvelles et qui se pare de ses brillantes couleurs, est une création de ta volonté comme également l'hiver avec les nuages glacés qui l'environnent : et les fruits de l'automne, les raisins de Bacchus, c'est encore à toi que nous les devons.....

Inaccessible aux coups de la mort, ton nom ne peut se révéler qu'à des immortels. Viens, ô le plus grand des dieux! accompagné de l'inflexible nécessité; viens, dieu terrible, invincible, grand immortel, toi que l'air couronne.

V.

Tout ce qu'il cachait dans le sanctuaire de son cœur, il le fit éclater à la brillante lumière du soleil sous la forme des grandes actions.

VI.

Aie toujours les yeux fixés sur les préceptes divins et ne les en détache pas : scrute toujours d'un regard sévère les profondeurs intellectuelles de ton âme, marche d'un pas ferme dans la voie droite et ne contemple que le roi immortel de l'univers.

VII.

Il (Dieu) ne s'est révélé qu'à un descendant d'une famille chaldéenne. Cet homme connaissait le cours du soleil et la révolution circulaire que cet astre, toujours à la même distance de son axe, accomplit autour du globe terrestre. Il savait aussi comment le même astre guide autour des flots ses coursiers rapides comme les vents.

......Inébranlable, il est assis au plus haut du ciel sur un trône d'or et la terre roule sous ses pieds. De la main droite, il touche aux extrémités de l'océan : sa colère ébranle les montagnes jusques dans leurs fondemens ; elles ne peuvent supporter le poids de son courroux. Il est partout quoique le ciel soit sa demeure, et c'est lui qui accomplit toutes choses sur la terre ; car il est le commencement, le milieu et la fin de toutes choses. Que dis-je ? il n'est pas même permis de le nommer. Rien que de penser à lui, tout mon corps frissonne ; car c'est lui qui d'en haut dirige tout ici-bas.

FIN DES OEUVRES D'ORPHÉE.

OEUVRES D'HOMÈRE,

TRADUITES PAR M. ERNEST FALCONNET.

NOTICE SUR LA VIE ET LES OUVRAGES D'HOMÈRE.

Homère a-t-il existé? Ces admirables poésies que les siècles se sont transmises avec un respectueux enthousiasme ont-elles un auteur certain? Voici une question controversée; elle n'est pas encore résolue, et ce n'est pas nous qui prétendons la résoudre en ces pages. Nous avons à raconter maintenant ce que nous savons de la vie de l'homme auquel on attribue, à tort ou à raison, l'*Iliade*, l'*Odyssée*, la *Batrachomyomachie*, le *Margités* et les odes à Apollon et à différens dieux ou déesses. Les honneurs que sa mémoire a gardés se reflètent dans toutes les fables qui environnent sa naissance. Selon quelques-uns, il est né en Égypte. Damasgoras fut son père, Écleras fut sa mère; il eut pour nourrice une prophétesse, fille d'Orus, prêtresse d'Iris. L'esprit de poésie s'abattit sur son berceau; ses mains jouaient avec des tourterelles, et les premiers accens de sa voix imitaient le ramage de plusieurs espèces d'oiseaux. Ses fidèles admirateurs lui ménagent encore une naissance plus illustre : Apollon est un de ses ancêtres; il descend du dieu en ligne directe. Quel autre qu'un fils d'Apollon eût pu écrire l'*Iliade*? Entre toutes les vies d'Homère que nous a transmises l'antiquité, il en est une que nous devons citer en restant toujours dans notre rôle d'observateur et refusant de nous mêler par une conviction personnelle à une lutte inutile et chanceuse.

Hérodote, à qui cette vie d'Homère est attribuée, raconte que le poëte grec naquit à Smyrne; que, devenu orphelin de bonne heure, il profita de l'offre que lui faisait un patron de vaisseau, nommé Mentès, et le suivit dans de nombreux voyages. Il visita l'Italie et l'Espagne, étudiant avec soin les mœurs et les coutumes de leurs peuples; il débarqua à Ithaque, et là recueillit de nombreuses traditions sur Ulysse. Durant ses courses lointaines, il avait commencé l'*Iliade*; rentré dans sa patrie, à Smyrne, il acheva ce premier poëme; mais l'envie et l'ingratitude accueillirent son chef-d'œuvre; il quitta sa patrie et parcourut plusieurs villes de l'Asie Mineure, récitant ses vers et demandant à l'hospitalité un asile que la mauvaise fortune lui avait enlevé. Enfin il s'établit à Chio, où il ouvrit une école, se maria et eut deux enfans. Devenu aveugle, il consacra ses loisirs à un nouveau poëme et fit l'*Odyssée*; il voulut aller jouir en Grèce de la gloire de son nouvel ouvrage, mais il mourut dans la traversée à l'île d'Ios, une des Sporades : les habitans lui élevèrent un tombeau sur le bord de la mer. Aucune preuve ne vient appuyer ce récit, mais du moins il n'est pas invraisemblable. Toutes les traditions et les livres anciens nous représentent Homère aveugle, le front courbé sous la gloire et la méditation, visitant les villes grecques et chantant ses hymnes aux dieux dans son pèlerinage vagabond; nous le voyons aux fêtes publiques luttant de poésie avec Hésiode, réciter au peuple assemblé les beaux vers de ses poëmes.

Les citoyens de Chio se vantèrent pendant longues années de posséder parmi eux les descendans d'Homère et leur donnèrent le nom d'Homérides; ils frappèrent en son honneur une médaille qui d'un côté représentait le poëte, et de l'autre, le fleuve Mélès, d'où lui a été donné le nom de Mélésigène.

Cette obscurité qui environne la vie d'Homère, l'époque de son existence, le lieu même de sa naissance, laissaient un vaste champ aux hypothèses et aux systèmes. Les érudits s'y sont précipités, et plusieurs d'entre eux sont arrivés aux résultats les plus étranges, aux paradoxes et aux non sens absurdes. L'un d'eux, le docteur Bruyant, fait naître Homère dans la Thèbes d'Égypte : c'était un poëte âgé, voué à l'adoration mystique des divinités égyptiennes; il déroba les poëmes de l'ingénieuse Phantasia, dissimula habilement les lieux et les noms en conservant les scènes, remplaça les bords du Nil par les bords du Scamandre, et se revêtit d'une gloire dont il était le plagiaire. D'autres allèrent plus loin encore : Hollandais voués à une admiration exclusive pour leur pays, ils prétendaient qu'Homère et Hésiode étaient leurs compatriotes, qu'ils étaient nés en Belgique.

Enfin vint un homme qui, avec le poids d'une grande science et l'autorité d'immenses recherches, contesta sérieusement l'existence d'Homère. Aux prétentions de cette école esthétique qui voulait voir dans la beauté des œuvres du poëte la preuve de son existence, Wolff opposa une école historique forte d'argumens et d'érudition. Il soutint d'abord qu'Homère n'avait pas écrit, mais chanté les vers qui pendant plusieurs siècles s'étaient conservés dans la mémoire des poëtes. Wood, de Mérian et M. Milgen partagèrent cette opinion, fondée principalement sur le silence absolu d'Homère relativement à l'art matériel d'écrire. Puis, passant à l'examen de toutes les œuvres du poëte, rapprochant les analogies et les contrastes qui se trouvent entre quelques-unes de leurs parties, Wolff en vint à soutenir qu'elles appartenaient à plusieurs auteurs. Ce système fut développé avec un art, avec un esprit remarquable ; il fit révolution, et un grand nombre de littérateurs l'accueillirent. De nos jours, Dugas-Montbel l'a reproduit dans son Essai sur les poésies homériques. Quelques anciens croyans protestèrent avec énergie. Renoncer à Homère, c'était renoncer à leur dieu. Larcher, Sainte-Croix, Cesarotti, et plus récemment M. Pagne-Knight dans les prolégomènes de son édition d'Homère, soutinrent l'existence du poëte et se constituèrent les défenseurs de l'unité de ses œuvres.

Les opinions de Wolff, qui consistent à nier l'existence d'Homère, ont cependant acquis en France, à l'aide de ses partisans distingués, tels que Lévesque, Clavier et Dugas-Montbel, une sorte de popularité. Les textes des deux poëmes d'Homère ont subi de telles altérations que des vers entiers de l'*Iliade* et de l'*Odyssée*, cités par Platon, Aristote et Plutarque, n'existent plus dans les manuscrits ou les éditions qui nous restent. Or, selon Wolff, qui a développé ces idées en 1793, Homère n'a jamais rien écrit : de son temps, l'art de l'écriture n'existait pas chez les Grecs ; il a pu composer, réciter, chanter çà et là quelques fragmens qu'on a retenus, complétés, mis en ordre. Pour établir ce système, Wolff a besoin de faire Homère un peu plus ancien qu'il n'a paru l'être, ou plutôt de supposer que, depuis la prise de Troie jusqu'à l'an 950 avant notre ère, un poëte ou plusieurs poëtes ont célébré Agamemnon, Achille, Nestor, Ulysse, déploré la mort de Patrocle et raconté les malheurs de Priam. On a même fait remonter jusque vers le temps des Argonautes ces familles de rhapsodes qui parcouraient les villages et les villes en chantant leurs vers ou ceux d'autres poëtes. Homère n'aurait été qu'un de ces rhapsodes célébrant de préférence dans ses vers les exploits des Grecs vainqueurs des Troyens. Ses chants et ceux des autres rhapsodes ses contemporains ou ses successeurs, rassemblés sous Lycurgue, sous Pisistrate, et collationnés par les grammairiens d'Alexandrie, ont pris peu à peu une liaison épique à laquelle ni Homère ni les Homérides n'avaient jamais pu songer.

Telles sont les hypothèses habilement présentées tour à tour par Ch. Perrault, Vico, Wolff et Dugas-Montbel. Mais l'ingénieuse sagacité qui organisait ce système avait à lutter contre des faits qu'elle ne pouvait détruire.

Avant l'établissement de l'école d'Alexandrie, Aristote admirait la parfaite unité qu'Homère avait su imprimer à ses grands poëmes : il le trouvait supérieur en ce point à tous ceux qui avaient composé des héracléides, des théséides et autres épopées. Il le trouvait en outre si habile à rapprocher tous les détails qui tenaient à une seule action, à lier entre elles toutes les parties d'un même tout, que ses ouvrages ne pouvaient admettre nulle part des transpositions. L'antiquité entière et presque tous les littérateurs modernes en ont conçu la même idée, et si c'est là une opinion fortement appuyée par les faits, c'est aussi un sentiment dont on ne peut se défendre en lisant l'*Iliade* et l'*Odyssée*. Est-il possible de concevoir que plusieurs intelligences aient travaillé à une œuvre aussi grandiose, aussi parfaite d'unité ? Cet ensemble, qui résume tant de traditions, formé de détails si habiles, appartient à une seule conception, à une conception mûrie par l'expérience et par l'âge : nous devons en croire surtout cette impression qui résulte de la lecture de son poëme.

Quel que soit le terme de cette discussion, qui est presque devenue une dispute, l'antiquité elle-même a cru à l'existence d'Homère. Sept villes ont voulu s'honorer d'avoir été sa patrie : Smyrne, Rhodes, Colophon, Salamine, Chios, Argos, Athènes. Un voile obscur couvrait son origine. Ce mystère semble ajouter de la grandeur à sa mémoire.

Des statues, des bustes ont prouvé l'admiration des Grecs pour cet homme divin ; cependant, nous pouvons douter avec Pline que l'on ait possédé son portrait véritable. Les monnaies des anciens, consacrées à la divinité et sur lesquelles il est si rare de trouver d'autres portraits que ceux des maîtres du monde, nous ont conservé l'idéal de la tête d'Homère.

Smyrne, Ios, Amastris, Prusia, Larisse, nous offrent des portraits qui tous ont entre eux de l'analogie, malgré la différence de l'exécution. Constantinople a placé cette image sur les tessères et les pièces de bronze destinées au service de ses jeux et de ses cérémonies. Voici comment nous y voyons la tête d'Homère [1] :

Son front est élevé, saillant. Son œil est ombragé par un sourcil épais. La réflexion plus que la cécité semble avoir creusé son orbite. Le nez, qui arrondit le profil, lui donne de l'analogie avec celui du lion, qui de tous les animaux a l'aspect le plus noble et le plus imposant. Ces lèvres d'où s'échappaient des torrens d'éloquence s'entr'ouvrent avec un mouvement de fierté et sont entourées d'une barbe ondoyante.

[1] Portrait d'Homère d'après les médailles qui se trouvent au cabinet des médailles de la bibliothèque du roi.

Les cheveux sont partagés en boucles naturelles : l'une d'elles se relève et laisse le front à découvert. Des rides sillonnent son front et creusent ses joues ; elles semblent moins l'effet de la vieillesse que les traces du malheur et des fatigues de la vie.

L'ensemble n'a cependant pas l'expression de la tristesse, mais celle du calme et de la contemplation.

Si cette tête n'est qu'une création de l'art, on doit admirer le ciseau qui sut donner une telle physionomie au poëte divin.

Si ce n'est point le vrai portrait d'Homère, on ne peut nier que le génie de l'artiste ait vraiment créé une tête homérique.

Outre l'Iliade et l'Odyssée, on attribue à Homère trente-trois hymnes, dont on croit que deux seulement lui appartiennent : on peut en trouver les preuves dans la seconde édition de l'*Hymne à Cérès* de Rühnken. Ilgen, Matthiæ et Hermann ont essayé, dans les éditions qu'ils ont publiées de ces hymnes, de les rendre à leurs divers auteurs. Sur ce point ils ne peuvent s'appuyer que de conjectures très-vagues et qu'il est permis de ne pas admettre. Nous donnerons la traduction de ces hymnes ainsi que celle de la Bactrachomyomachie, en les laissant à Homère. Quant aux *épigrammes* et *petits poëmes*, ils ne portent aucun caractère d'authenticité : les recherches que l'on ferait sur ce point n'amèneraient aucun résultat, et les sujets ne valent pas la peine qu'on s'occupe sérieusement de leur trouver un auteur.

L'histoire des poésies homériques est aussi curieuse et appuyée de témoignages plus certains que l'histoire même d'Homère.

Selon quelques auteurs, Lycurgue aurait le premier réuni les poésies d'Homère[1]. Ayant voyagé durant plusieurs années dans l'Asie Mineure, berceau des arts et de la poésie grecque, il passa à son retour par l'île de Chio et conversa avec Homère, trente-neuf ans après la création de l'Iliade. Il parvint à retrouver des fragmens épars du poëte, fragmens qu'on ne connaissait alors que sous le nom de *Rapt de Briséis*, de *Valeur de Diomède*, de *Rançon d'Hector*, de *Jeux sur la tombe de Patrocle*. Il copia de sa main toutes ces portions séparées, les joignit habilement ensemble et publia ainsi dans le Péloponèse la première édition du poëte. Trois cents ans plus tard, Pisistrate, tyran d'Athènes, joignant l'intelligence des lettres à l'amour du pouvoir, fonda à Athènes la première bibliothèque publique. Solon, Hipparque et d'autres savans concoururent alors à une nouvelle édition d'Homère qui y prit la première place. De ce jour la gloire du poëte fut proclamée, elle devint nationale[2]. Ceux qui contestent l'existence d'Homère attribuent à Pisistrate la première édition de cette collection des chants héroïques de la Grèce, et considèrent le règne de Pisistrate comme l'époque à laquelle ils furent réunis en un manuscrit complet. Son fils Hipparque ordonna même qu'ils fussent récités tous les ans à la fête des Panathénées, comme capables de ranimer les nobles sentimens et les souvenirs héroïques. Ce fait est rapporté dans l'*Hipparque*, dialogue attribué à Platon. Cicéron l'a confirmé en laissant à Pisistrate, secondé du poëte philosophe Solon, le mérite d'avoir rétabli l'ordre dans les poëmes d'Homère.

Lors de l'incendie d'Athènes, pendant l'invasion de Xerxès, l'Iliade et l'Odyssée passèrent en Perse et prirent place dans la bibliothèque de Suze, où la conquête d'Alexandre vint les trouver. L'édition particulière rectifiée par Aratus et qui prit le nom d'*Aratéenne* pourrait être indiquée à cette date. Quoi qu'il en soit, il est certain qu'Alexandre fit beaucoup pour la gloire d'Homère. Il chargea Anaxarque et Callistène de réviser les recueils de Lycurgue et de Pisistrate, et son instituteur Aristote mit la dernière main à ce beau travail. Le concours de ces trois hommes justement célèbres donna naissance à une édition infiniment précieuse des œuvres d'Homère, connue sous le nom d'*Édition de la Cassette*[1].

Plus tard, Lénodote d'Éphèse fut chargé par le premier des Ptolémées de revoir et de publier le texte d'Homère. Enfin, la dernière édition de cette haute antiquité est celle que le critique le plus judicieux de son temps, Aristarque, fit paraître sous les auspices de Philomètor. Deux mille ans ont passé depuis cette époque, et cependant elle a servi de modèle à toutes les collections des ouvrages d'Homère dans le moyen âge et dans les temps modernes.

Puis vint l'école d'Alexandrie qui se dévoua à l'étude et aux commentaires des œuvres d'Homère. Les recherches furent patientes et dictées par un culte exagéré devenu du fanatisme. Il ne nous en est parvenu que de faibles lambeaux, dans les citations des Scholiastes et d'Eustathe, ou simplement les titres de quelques ouvrages que nous ont transmis Athénée, Étienne de Bysance, Harpocration, Suidas, Ammonius. Selon les savantes observations de Dugas-Montbel, les travaux faits sur Homère pouvaient se diviser en quatre classes, les *Commentaires*, les *Explications* les *Dissertations*, et enfin les *Recherches sur les poésies d'Homère*. Quelquefois ces recherches avaient pour objet des parties purement spéciales. Antisthènes avait composé divers traités sur quelques personnages des deux poëmes, tels que Chalcas, Ulysse, Télémaque, Hélène, Pénélope, le Cyclope, etc. Apollodore, Apollonius et Ménogène avaient travaillé sur le catalogue des navires. Héracléon l'Égyptien avait fait un commentaire sur le dix-huitième chant de l'Iliade. Nicanor avait traité de la ponctuation ; Philoxène, des signes critiques ; Ptolomée Pindarion avait écrit sur

---

[1] Ellian, Hist. Varr. Lib. 7, c. 4.
[2] Diogen. Laerc in Solone. Plato in Hypp.

[1] Plutarch. in Alexand.

le véritable caractère de la poésie homérique ; Ptolomée Épithétès sur les blessures décrites dans Homère; Érodianus, Ptolémée, Ascalonète et Tyrannion, sur la prosodie, c'est-à-dire sur l'accentuation des mots. Enfin, Hermas et Stratoclès s'étaient occupés de la tactique de l'auteur de l'Iliade.

Si nous suivons la série des temps et que nous examinions les éditions les plus précieuses qui ont été faites des œuvres d'Homère, nous trouverons que la première édition d'Homère, depuis l'invention de l'imprimerie, édition toute grecque et qui est en même temps une des plus magnifiques et des plus rares, est celle de Démétrius Chalcondyle d'Athènes et de Démétrius de Crète. Elle parut à Florence le 9 décembre 1488 en un volume in-folio. Elle avait été conférée avec le commentaire d'Eustathe ; on y a joint les deux vies d'Homère attribuées à Plutarque et à Hérodote.

Cette rare et précieuse édition fut fidèlement reproduite en 1504 par les presses des Aldes à Venise, en deux volumes in 8° ; mais la seconde aldine de 1517 offre dans le texte des différences sensibles que reproduisent les éditions subséquentes jusqu'à celle de 1528 inclusivement.

Plus tard, Henri Étienne, à l'aide d'un ancien manuscrit et des commentaires d'Eustathe, recueillit un certain nombre de variantes qu'il jeta en marge ou développa avec ses propres conjectures dans les notes de son bel ouvrage *Poetæ græci principes heroïci carminis*, 1566.

Elles avaient été précédées de deux traductions latines de l'Iliade, l'une en vers et l'autre en prose, publiées avant le texte grec lui-même : celle en vers de Nicolas Valle, qui ne comprend que les chants 2, 4, 5, 13, 18, le commencement du 19, les 20, 22 et 24, parut en 1474; celle de Laurentius Valle, en 1477, sous le titre suivant :

Homeri poetarum supremi Ilias per Laurentium Vallens in latinum sermonem traducta feliciter incipit. Brixie VIII kalend. december, MCCCCLXXVII.

En 1530, Jehan Samxon donna la première traduction française de l'Iliade : il l'avait entreprise par l'ordre de François Ier ; elle parut sous ce titre :

« Iliades de Homère, poete grec et grant historiographe, avecques les premisses et commencements de Dupont de Coulonne, souverain historiographe, additions et séquences de Darès Phrygius et de Dictys de Crete, translatées en partie de latin en langage vulgaire par Mestre Jehan Samxon, licentié en loys, lieutenant du bailli de Touraine, en son siége de Chatillon sur Indre. Jehan Petit avec privilége. »

Ce ne fut que plus d'un demi-siècle après que parurent en grec les œuvres d'Homère avec les commentaires entiers d'Eustathe, sous ce titre : *Homeri Ilias et Odyssea græce cum commentariis græcis Eusthatii, archiepiscopi thessaloniensis, Romæ,* *apud Bladum et Gontam*, 1542 et 1550, 4 volumes in-folio. Cette édition, la seule complète des commentaires d'Eustathe, a pendant longtemps été considérée comme un chef-d'œuvre de saine critique et de littérature. A l'aide du temps on a découvert de nombreuses fautes dans le texte, une stérile abondance dans le commentaire.

Six ans après cet Homère de Rome, parut à Leyde une édition estimée, à laquelle on joignit une édition latine et les scolies très-concises de Didyme, le tout formant 2 volumes in-8°.

En 1711, Josué Barnès reproduisit l'Homère grec et latin de Didyme à Cambridge, avec ses propres commentaires, sous ce titre : *Homeri Ilias et Odyssea, græ-colatina, cum scolis Didymi, necnon notis perpetuis Josue Barnes*, 2 volumes in-4°.

Au milieu du 18e siècle, parut l'Homère de Clarke : *Homeri Ilias et Odyssea, cum opusculis græcolatinis ex editione et cum notis Samuelis Clarke*, Londres, 1734, in-4°, 4 petits volumes. Malgré les récriminations de Wolff, qui, dans ses *Prolégomènes*, a accusé Clarke d'altérations téméraires dans le texte, cet Homère a pris place dans les bibliothèques comme une édition remarquable.

De 1759 à 1764 parut à Leipsick, en 5 volumes in-8°, une nouvelle édition d'Homère recommandable par sa fidélité au texte primitif : elle était d'Ernesti, un des savans les plus illustres de la Saxe.

L'érudition allemande ne se borna pas là. A l'aide des recherches laborieuses, des fragmens compilés de toutes parts, des scolies chargeant le texte, des notes hérissant chaque vers et d'un cortége pompeux de commentaires qui de la science intelligente passe à une sorte de patiente niaiserie, le célèbre Hugue, le doyen de l'université de Gœttingue, publia une nouvelle édition d'Homère en 8 volumes in-8°, égalant en grosseur et en texte 8 volumes in-4°. Ce résultat d'une émulation certainement louable est-il utile à la gloire d'Homère ? Nous ne savons ; mais on doit regretter tant de loisir et tant de science prodigués durant des années précieuses sans que le domaine de l'intelligence des hommes ait été augmenté d'une idée.

Nous arrivons à une œuvre complète et qui révéla à l'Europe des richesses qui lui étaient ignorées. Un helléniste célèbre, Villoison, envoyé à Venise pour y rechercher les matériaux de l'ancienne littérature, trouva dans la bibliothèque de Saint-Marc un manuscrit du 10e siècle renfermant une Iliade toute grecque avec les leçons de soixante des plus fameux critiques de l'antiquité, tels qu'Aristarque et Lénodote. Les variantes des éditions données dans les villes de Chio, de Sinope et d'Argos y avaient été jointes et le rendaient ainsi doublement précieux. Ce manuscrit fut publié et constitua l'*Homere Variorum*, le plus complet et le plus important, mais non pas encore le plus pur du texte.

Avant l'apparition de l'Homère de Villoison, l'allemand qui avait soutenu avec force l'opinion de la non existence d'Homère, Wolff, avait réuni toutes les recherches des anciens critiques, des lexicographes et des sophistes, et les découvertes des éditeurs modernes ; il avait recueilli en outre tous les vers d'Homère égarés et cités dans les œuvres de Plutarque, Platon et Aristote ; il avait réduit toutes ces compilations à un résumé intelligent et lucide, l'avait fait précéder des fameux *Prolégomènes*, devenus le champ clos des deux écoles, et avait ainsi publié l'Iliade en deux volumes in-8° en 1794. L'édition de Villoison révéla à Wolff des matériaux et des renseignemens qu'il ne connaissait pas encore. Il se remit à l'œuvre, et en 1804 parut une édition dernière et définitive, chef-d'œuvre de patience et de savantes investigations.

Au commencement du 17e siècle, Dusouhait donna une nouvelle traduction en prose de l'Iliade, et Boitel ou Boitet, une de l'Odyssée. Hugues Salel et Amadys Jamin avaient déjà publié leur traduction en vers de l'Iliade, tandis que Salomon Certon s'essayait de même à reproduire l'Odyssée en vers français.

On sait que parmi les traductions modernes, quatre surtout sont remarquables à des titres différens : celles de Mme Dacier, de Gin, de Bitaubé et de Dugas-Montbel : ce dernier a consacré sa vie à se faire un monument des poésies homériques. Il est mort au milieu de sa gloire, nous laissant un travail complet sur les œuvres d'Homère, après avoir éclairé, par une critique intelligente, les replis obscurs des scolies et les commentaires.

Nous ne devons pas omettre dans le nombre des auteurs qui ont travaillé à résoudre ce grand problème de l'existence d'Homère, l'auteur du *Voyage de la Troade*. Outre cet ouvrage destiné à servir de commentaire topographique à l'Iliade, M. Le Chevalier a publié un ouvrage, ou pour mieux dire un système tout entier sur Homère. Ce livre est intitulé *Ulysse-Homère* ou *du véritable auteur de l'Iliade et de l'Odyssée*, par Constantin Koliadès, professeur dans l'université Ionienne (1829, in-fol°). Une grande érudition, l'étude des lieux où se sont passées la plupart des scènes de l'Iliade et de l'Odyssée, les éloges continuels qui sont donnés à Ulysse et son influence qui semblent constamment dominer et dans le camp des Grecs et dans les chants du poète, ont amené l'auteur à cette opinion que l'auteur de l'Iliade et de l'Odyssée était certainement Ulysse lui-même. Voici ses conclusions :

« Ulysse ne serait-il pas l'homme étonnant qui a
» fait dans l'Iliade le tableau de la longue guerre où il
» a combattu, et dans l'Odyssée l'intéressant journal
» de ses aventures après cette guerre.

» Ne serait-ce pas ce génie sublime auquel nous
» devons le dénombrement de toutes les nations de
» la Grèce et de l'Asie, de ce chef-d'œuvre d'histoire
» et de géographie, de ce code immortel et sacré dont
» les Grecs invoquaient l'autorité pour fixer les limites
» de leur territoire. »

Quelque parti qu'on prenne sur cette découverte, appuyée par une science incontestable, on ne peut refuser à l'ouvrage de M. Le Chevalier le mérite d'un excellent commentaire, toujours aidé d'une grande lueur géographique. C'est une tentative de plus qui augmente encore la gloire d'Homère. Les traductions en langues étrangères sont d'ailleurs plus nombreuses encore que les commentaires.

Chez les Italiens, on estime surtout la traduction de Salvini, qui a traduit tout ce qui nous restait d'Homère ; celles de Cerutti, de Cesarotti et de Monti, qui n'ont traduit que l'Iliade.

Chez les Anglais, Chapmann et Hobbes ont pâli devant Pope, qui lui-même s'est trouvé effacé par l'exactitude, la couleur simple et naturelle de Cowper.

Les Allemands font beaucoup de cas des versions de Bodmer, du comte de Stalberg et de Voss. Tous les trois ont traduit Homère en vers exhamètres et mérité les éloges des critiques les plus sévères.

La littérature espagnole ne nous offre qu'une traduction justement estimée : c'est celle de Saverio Malo, employé à la bibliothèque de Madrid.

Quant à la *Batrachomyomachie*, que nous donnons ici, son auteur est aussi contesté que l'existence d'Homère lui-même. La foi robuste de quelque critique n'a pu être ébranlée. Pour éviter la peine de trouver un auteur à cette parodie ingénieuse des grands combats, ils l'ont attribuée à Homère. D'autres, comme Suidas, donnent la paternité de la *Batrachomyomachie* à Pigrès, frère de la reine Artémise, ainsi que le *Margitès*, quoique Aristote ait dit positivement qu'il appartient à Homère. Enfin il en est qui, sans préciser l'auteur de la *Batrachomyomachie*, en expliquent la naissance par l'habitude qu'avaient prise quelques auteurs postérieurs à Homère de parodier sa poésie en appliquant chacun de ses vers à des sujets différens. Diogène de Laerte (VI, 85) cite quelques vers de Cratès où il travestit ainsi un discours d'Ulysse, et nous pourrions y retrouver l'origine de la *Batrachomyomachie*, série de vers dans laquelle les passions, les dangers et les luttes des Grecs et des Troyens se trouvent parodiés et attribués à des rats et à des grenouilles.

Ernest Falconnet.

HYMNES.

HYMNE Ire.

A Apollon.

Je n'oublierai point Apollon qui lance au loin ses flèches, Apollon qu'honorent les dieux quand il s'avance dans le palais de Jupiter. Dès qu'il s'approche, dès qu'il tend son arc redoutable, toutes les divinités abandonnent leurs sièges. Latone seule reste aux côtés du roi de la foudre. Elle relâche la corde; elle ferme le carquois, de ses mains elle enlève l'arc des fortes épaules d'Apollon et le suspend, par une cheville d'or, à la colonne de son père. Puis elle le conduit sur un trône superbe.

Jupiter accueille son fils et lui présente le nectar dans une coupe d'or : tous les immortels reprennent ensuite leurs places, et l'auguste Latone est fière d'avoir enfanté ce fils illustre qui porte un arc redoutable.

Salut, mère fortunée, ô Latone! vous avez donné le jour à des enfans glorieux, le grand Apollon et Diane qui se plaît à lancer des flèches; elle naquit dans Ortygie, lui, dans l'âpre Délos, lorsque vous reposiez sur les hauteurs du mont Cynthus, auprès d'un palmier et non loin des sources de l'Ynope. Comment vous honorer dignement, ô Phébus, digne des plus grandes louanges. C'est à vous qu'on attribue de toutes parts les lois de l'harmonie, soit sur le fertile continent, soit dans les îles. Vous aimez les rochers, les âpres sommets des hautes montagnes, les fleuves qui se précipitent dans la mer, les promontoires penchés sur les flots, et les vastes ports de l'océan. Latone vous enfanta le premier? ô vous qui charmez les mortels. Elle était alors couchée sur le mont Cynthus dans une île sauvage, dans la maritime Délos, où le flot bleuâtre, poussé par la douce haleine des vents, vient se briser sur le rivage. C'est de là que vous êtes parti pour régner sur tous les hommes, sur tous ceux que renferment la Crète, la ville d'Athènes, l'île Égine, l'Eubée, célèbre par ses vaisseaux, Aigée et Irésie et Péparèthe, voisine de la mer, l'Athos de Thrace, les sommets élevés du Pélion, la Samothrace, les monts de l'Ida couverts d'ombrages, Scyros, Phocée, la montagne élevée d'Autocane, Imbros aux riches palais, Lemnos d'un abord si rude, la divine Lesbos, séjour de Macare, descendant d'Éole; Chio, la plus féconde de toutes les îles qui sortent du sein des mers, la pierreuse Mimas, les hauteurs du Coryce, la brillante Claros, la vaste montagne d'Esagée, l'humide Samos, les sommets élevés de Mycale, Milet, Cos, ville des Méropes, la haute Cnide, Carpathe, battue des vents, Naxos, Paros et Rhénée, hérissée de rochers. Latone, près d'accoucher d'Apollon, fut obligée de parcourir toutes ces contrées pour en trouver une qui voulût offrir un asile à son fils : mais toutes furent saisies de crainte et de terreur et nulle n'osa, quoique fertile, recevoir Apollon. Enfin, la vénérable Latone arriva à Délos et s'adressant à cette île elle prononça ces paroles :

« Délos, donne un asile à mon fils, place-le dans un temple somptueux. Nul, jusqu'à ce jour, n'approcha de tes bords et ne t'adressa ses vœux : ni troupeaux de bœufs, ni troupeaux de brebis ne t'enrichissent : tu ne produis pas de vignes, tu ne produis aucune espèce de plante. Mais bâtis un temple au puissant Apollon et aussitôt tous les hommes rassemblés en foule t'immoleront des hécatombes; ce roi te fécondera toujours, les dieux te protégeront, et quoique ton sol ne soit pas fertile, les étrangers t'apporteront des sacrifices dont la fumée s'élèvera vers les cieux. »

Elle dit. Délos, remplie de joie, lui répondit en ces mots :

« Latone, fille illustre du grand Céus, c'est avec plaisir que je recevrai à sa naissance le dieu qui doit un jour lancer au loin ses flèches; car il est vrai que je suis méprisée des mortels et alors, au contraire, je serai comblée d'honneurs. Mais je redoute une parole, ô Latone! et je ne vous la cacherai point : on dit qu'Apollon deviendra terrible; que sa domination s'étendra sur les immortels et les faibles humains habitans de la terre féconde. Je crains donc au fond de mon âme que lorsque ce dieu verra les rayons du soleil il ne me méprise, moi qui suis stérile, et que, me frappant du pied, il me précipite dans les abîmes de la mer. Alors un flot en tourbillonnant m'engloutirait tout entière et pour toujours. Lui, cependant, irait chercher une contrée plus agréable pour y posséder un temple et des bois sacrés, et alors les polypes construiraient leurs demeures sur mon sol, les noirs phoques y bâtiraient leurs habitations pendant l'absence des peuples. Je me rends cependant à vos désirs, ô déesse, si vous consentez à jurer avec serment qu'en ces lieux Apollon bâtira son temple magnifique pour être l'oracle des hommes, puisque dans la suite ce dieu doit être honoré sous plusieurs noms par tous les mortels. »

Ainsi parla Délos : alors Latone prenant la parole prononça ainsi le serment terrible des dieux :

« Je le jure maintenant par la terre, par les cieux élevés et par l'onde souterraine du Styx, serment le plus redouté des dieux immortels : ici seront pour toujours l'autel odorant et le chant consacré à Phébus, et lui t'honorera plus que toutes les contrées. »

Dès qu'elle a prononcé ce serment, Délos se réjouit de la naissance du dieu qui lance au loin ses traits. Alors pendant neuf jours et pendant neuf nuits, Latone fut déchirée par les cruelles douleurs de l'enfantement. Toutes les déesses les plus illustres sont rassemblées autour d'elle. Dionée, Rhéa, Thémis qui poursuit les coupables, la gémissante Amphitrite, toutes, à l'exception de Junon aux bras d'albâtre : celle-ci resta dans le palais du formidable Jupiter. Cependant la seule Ilythie, déesse des accouchemens, ignorait cette nouvelle ; elle était assise au sommet de l'Olympe dans un nuage d'or et fut retenue par les conseils de Junon qui ressentait une fureur jalouse parce que Latone à la belle chevelure devait enfanter un fils puissant et irréprochable.

Alors pour amener Ilythie, les autres déesses envoyèrent de Délos la légère Iris en lui promettant un collier mêlé de fils d'or et long de neuf coudées. Elles lui recommandent surtout de l'avertir à l'insu de Junon, de peur qu'elle ne l'arrête par ses paroles. Iris, aussi prompte que les vents, ayant reçu cet ordre, s'élance et franchit l'espace en un instant. Arrivée à la demeure des dieux sur le sommet de l'Olympe, elle appela Ilythie du seuil du palais et lui redit fidèlement toutes les paroles comme le lui avaient recommandé les habitantes des célestes demeures. Elle persuada l'âme d'Ilythie et toutes deux s'envolent semblables à de timides colombes. Lorsque la déesse qui préside aux enfantemens arriva à Délos, Latone était en proie aux plus vives douleurs. Sur le point d'accoucher elle entourait de ses bras un palmier et ses genoux pressaient la molle prairie. Bientôt la terre sourit de joie ; le dieu paraît à la lumière ; toutes les déesses poussent un cri religieux. Aussitôt, divin Phébus, elles vous lavent chastement et vous purifient dans une onde limpide et vous enveloppent dans un voile blanc, tissu délicat nouvellement travaillé qu'elles nouent avec une ceinture d'or. Latone n'allaita point Apollon au glaive étincelant. Thémis, de ses mains immortelles, lui offrit le nectar et la divine ambroisie. Latone fut alors comblée de joie d'avoir enfanté ce fils vaillant qui porte un arc redoutable.

Mais vous, ô Phébus ! à peine eûtes-vous goûté la céleste nourriture, que les ceintures d'or ne purent retenir votre impétuosité : les liens ne vous arrêtent plus, vous déchirez vos langes. Soudain le brillant Apollon dit aux déesses :

« Qu'on me donne une lyre harmonieuse et des arcs recourbés et désormais je révélerai aux hommes les oracles certains de Jupiter. »

En parlant ainsi, Phébus à la forte chevelure et qui lance au loin ses traits s'avançait fièrement sur la terre féconde. Les déesses étaient frappées d'étonnement. Délos paraît couverte d'or à la vue du fils de Jupiter et de Latone. Elle se réjouit que ce dieu puissant l'ait choisie entre toutes les îles pour y fixer sa demeure et que son cœur l'ait préférée. Elle brille d'un vif éclat comme le sommet de la montagne couronnée des fleurs de la forêt.

O divin Apollon, vous qui portez un arc d'argent et lancez au loin vos flèches, tantôt vous gravissez les rochers du Cynthius, tantôt vous visitez les hommes et les îles qu'ils habitent. Des temples nombreux et des bois ombragés s'élèvent en votre honneur. Vous aimez les rochers, les âpres sommets des montagnes et les fleuves qui se précipitent dans la mer. Mais, ô Phébus, Délos est le lieu le plus cher à votre cœur ; c'est là que se réunissent les Ioniens à la robe traînante avec leurs enfans et leurs épouses vénérables : c'est là qu'ils essaient de vous charmer en se livrant aux combats du pugilat, de la danse et du chant. Si quelqu'un voyait les Ioniens rassemblés, il les dirait immortels et exempts de vieillesse. Le cœur se réjouit en voyant ces héros gracieux, leurs femmes ornées de ceintures, leurs vaisseaux rapides et leurs trésors abondans. Mais il est encore un grand prodige dont la gloire est impérissable, ce sont les filles de Délos elles-mêmes, prêtresses du du dieu qui lance au loin ses traits. Elles célèbrent d'abord la gloire d'Apollon, puis elles rappellent Latone et Diane jalouse de ses flèches ; elles chantent aussi les héros anciens et leurs épouses et charment la foule des humains. Elles savent imiter les danses et les chants de tous les peuples. On dirait que chacun d'eux parle lui-même, tant ces belles voix imitent facilement leurs accords.

Soyez-nous favorables, Apollon et Diane. Salut à vous, ô leurs prêtresses. Ressouvenez-vous de moi dans l'avenir, et si jamais parmi les hommes quelque voyageur malheureux vous interroge et vous dit :

« Jeunes filles, quel est le plus illustre des chanteurs qui fréquentent cette île ? Lequel vous charma davantage. »

Pleines de bienveillance pour moi, puissiez-vous répondre :

« C'est le chanteur aveugle. Il habite dans la montagneuse Chio : ses chants conserveront une éternelle renommée dans les siècles futurs. »

Quant à moi, je redirai votre gloire par toute la terre jusqu'au sein des villes populeuses : les hommes seront convaincus, car c'est la vérité.

Non, je n'oublierai point Apollon qui lance au loin ses traits. Je chanterai le dieu qui porte un arc d'argent, le dieu qu'enfanta Latone à la blonde chevelure [1].....

O Apollon, qui possédez la Lycie, l'agréable Méonie et l'aimable ville de Milet, située au bord de la mer, vous étendez aussi votre puissance sur Délos, qu'entourent les ondes Le fils de la blonde Latone, faisant résonner une lyre harmonieuse, s'avance vers l'âpre contrée de Pytho, revêtu d'habits immortels et tout parfumé d'essences ; son archet d'or fait rendre à l'instrument les sons les plus mélodieux. Puis abandonnant la terre, il s'élève jusqu'à l'Olympe, et, rapide comme la pensée, pénètre dans les demeures de Jupiter pour se rendre à l'assemblée des dieux ; aussitôt les immortels consacrent tous leurs instans au chant et à la lyre. Toutes les muses font entendre leurs voix mélodieuses : elles chantent l'éternelle félicité des dieux et les souffrances des hommes qui vivent dans l'erreur et la faiblesse, sous la domination des immortels, et ne peuvent trouver aucun asile contre la mort, aucun remède contre la vieillesse. Les Grâces à la chevelure superbe, les Heures bienveillantes, Hébé, l'Harmonie, et Vénus la fille de Jupiter forment les chœurs des danses en se tenant par la main ; une divinité grande et admirable à voir et qui certes n'est pas une faible déesse, Diane, heureuse de ses flèches et la sœur d'Apollon, les accompagne d'une voix mélodieuse. Mars et le meurtrier vigilant d'Argus se joignent à ces jeux. Enfin le brillant Apollon lui-même joue de la lyre en marchant dans la splendeur de sa grâce et de sa fierté. Il brille d'une vive lumière; l'éclat de ses pieds et de sa longue tunique rayonne au loin. Latone à la blonde chevelure et le puissant Jupiter ressentent une vive joie dans leur âme en voyant leur fils se mêler ainsi aux jeux de la troupe immortelle.

Comment vous comblerai-je d'assez d'honneurs, ô vous digne des plus grandes louanges ? Chanterai-je vos plaisirs et vos amours lorsque, pour vous unir à la jeune Azantide, vous luttâtes avec le noble Ischys, vaillant cavalier issu d'Élation ? ou bien avec Phorbas, fils de Triopée, avec Érechtée, avec Leucippe et son épouse, vous à pied, lui monté sur un char ?..... Ou bien dirai-je, ô Apollon, toutes les contrées que vous avez parcourues cherchant un lieu propice pour rendre vos oracles aux mortels.

D'abord en quittant l'Olympe, vous êtes venu dans la Piérie, dans Lectos, dans Émathie, dans le pays des Éniens et parmi les Perrhèbés ; vous avez visité Iolchos et Cénée, promontoire de l'Eubée, célèbre par ses navires. Vous êtes resté quelque temps dans les champs de Lélanté, mais votre cœur ne trouva pas ce pays assez beau pour y bâtir un temple au milieu d'un bois ombragé. De là, vous avez franchi l'Euripe, divin Apollon ; vous avez traversé une montagne verdoyante ; vous êtes parvenu en peu d'instans à Mycalèse et jusque dans Teumèse aux gras pâturages. Enfin vous êtes arrivé à Thèbes dont le sol était couvert de

---

[1] Dans quelques éditions la première hymne s'arrête ici et les paroles suivantes «Ô Apollon» en commencent une seconde ; mais, à l'exemple de plusieurs traducteurs, nous avons accepté la leçon qui forme de tout le texte un seul ensemble : il en ressort une ampleur de conception plus naturelle aux œuvres d'Homère.

bois. Les hommes n'habitaient point encore la ville sacrée de Thèbes ; ni chemins, ni sentiers ne traversaient alors cette vaste plaine fertile ; on n'y voyait qu'une forêt immense.

Divinité puissante, vous n'avez pas tardé à quitter ces lieux ; vous êtes venue dans Oncheste où s'élève le bois sacré de Neptune. C'est là que le jeune coursier nouvellement dompté respire fortement de ses naseaux après avoir traîné le char magnifique. Le conducteur habile s'élance à terre et abandonne le char qui poursuit sa course. Désormais sans guide, les chevaux s'emportent avec rapidité. S'ils arrivent jusqu'au bois ombragé, des serviteurs dételent les coursiers dont ils prennent soin et rangent le char en l'inclinant. Ainsi fut établie cette fête dans l'origine. Ensuite les peuples implorent Neptune pour que le Destin conserve le char de ce dieu.

Bientôt vous avez abandonné ces lieux, divin Apollon ; vous êtes arrivé sur les bords rians du Céphise qui roule ses ondes limpides loin de Lilée. Vous avez franchi la ville d'Ocalie aux nombreuses tours, et vous êtes parvenu dans les prairies d'Aliartes près de la fontaine Telphuse. Ce lieu était propice pour construire un temple et planter un bois ombragé. Vous vous êtes alors approché de la fontaine et vous lui avez adressé ces paroles :

« Telphuse, j'ai résolu de bâtir en ces lieux un temple superbe pour y rendre mes oracles aux mortels. Ils m'immoleront de magnifiques hécatombes et viendront me consulter de tous les lieux de la terre, du fertile Péloponèse, de l'Europe ou des îles. Je leur ferai connaître à tous un avenir certain et je rendrai des oracles dans ce temple somptueux. »

En parlant ainsi, Apollon posait les fondemens d'un temple vaste et solide. Delphuse l'ayant vu s'irrita jusqu'au fond de l'âme et fit entendre ces paroles :

« Écoutez-moi, puissant Phébus qui lancez au loin vos traits, je veux déposer une parole en votre sein : vous avez résolu de construire en ces lieux un temple superbe pour rendre vos oracles aux mortels qui viendront vous immoler d'illustres hécatombes. Mais sachez-le et retenez bien ce discours dans votre pensée : vous serez sans cesse troublé par le bruit des coursiers rapides et des mules qui viendront se désaltérer à mes sources sacrées. Ici les hommes préféreront le spectacle des chars solides et le bruit des coursiers qui fendent l'air à l'aspect d'un temple spacieux et renfermant d'abondantes richesses. Laissez-vous donc persuader, illustre divinité, bien plus grande, bien plus puissante que moi, et dont la force est immense ; et construisez un temple à Crissa dans une vallée du Parnasse. Là jamais on ne voit de chars magnifiques ; le bruit des rapides coursiers ne retentira jamais autour de votre autel magnifique. Les mortels viendront offrir leurs sacrifices au divin Jopean ; vous, le cœur plein de joie, vous recevrez leurs pompeuses offrandes. »

Par cet habile discours Telphuse persuada le dieu qui lance au loin ses traits. Elle voulait conserver et ne pas se laisser ravir par Apollon la gloire de régner sur cette contrée.

Vous avez donc quitté ces lieux, ô puissant Apollon, et vous êtes venu dans la ville des Phlégiens, hommes pleins d'audace, méprisant Jupiter, qui habitent une riche vallée près du lac Céphise. Vous avez monté en courant jusqu'au sommet de la montagne, vous êtes arrivé à Crissa sur le neigeux Parnasse, à l'endroit où cette montagne est battue du souffle du zéphyr. Là, de vastes rochers qui pendent sur l'abîme forment une vallée âpre et profonde ; le brillant Phébus conçut le dessein d'y construire un temple magnifique et prononça ces paroles :

« J'ai résolu de bâtir en ces lieux un temple superbe pour y rendre mes oracles aux mortels. Ils m'immoleront de magnifiques hécatombes et viendront me consulter de tous les lieux de la terre, du fertile Péloponèse, de l'Europe ou des îles. Je leur ferai connaître à tous un avenir certain et je rendrai des oracles dans ce temple somptueux. »

En parlant ainsi le divin Apollon jeta les fondemens de son temple vaste et solide. Sur ces fondemens Agamède et Trophonius, tous deux fils d'Ergine et chers aux dieux immortels, posèrent le seuil. Les nombreuses tribus des hommes bâtirent avec des pierres polies un temple qui devait être à jamais célèbre. Près de ce temple était une fontaine limpide où Apollon tua de son arc redoutable une hydre énorme, affreuse, monstre sauvage et altéré de sang qui accablait de maux nombreux les hommes et les troupeaux de brebis. Autrefois cette hydre, protégée par Junon au trône d'or, avait nourri l'infâme Typhon, la terreur des mortels, ce fils de Junon, qu'elle avait enfanté dans son indignation contre Jupiter lorsqu'il conçut dans son cerveau l'illustre Minerve. Pleine de courroux l'auguste Junon adressa ce discours aux immortels assemblés :

« Écoutez-moi, dieux et déesses, le formidable Jupiter est le premier qui me méprise après m'avoir choisie entre toutes pour être son épouse vertueuse. Loin de moi maintenant, il a conçu la superbe Pallas, célèbre entre toutes les déesses fortunées, tandis que mon fils Vulcain aux pieds mutilés est né le plus faible de toutes les divinités ; moi-même quand je lui donnai le jour, je le saisis et je le précipitai dans la vaste mer ; mais la fille de Nérée, Thétis aux pieds d'argent, le reçut et le nourrit avec ses sœurs. Ah ! Jupiter devait honorer plus dignement les dieux. Insensé ! perfide ! quel autre dessein médites-tu donc maintenant ? Comment seul as-tu pu concevoir la pensée d'enfanter la belle Minerve ? N'aurais-je pu l'enfanter aussi, moi, nommée ton épouse par tous les immortels qui règnent dans les cieux ? Hé bien ! moi aussi je veux employer toute mon habileté pour qu'il me naisse un fils qui soit célèbre entre tous les dieux ; je n'outragerai ni ta couche ni la mienne, je ne partagerai point ton lit, et quoique éloignée de toi je vivrai parmi les dieux immortels. »

Elle dit, et s'éloigne des dieux le cœur dévoré de chagrin. Aussitôt l'auguste Junon forme des vœux, et de sa main frappant la terre elle prononce ces paroles :

« Écoutez-moi, Terre, Cieux élevés, et vous dieux Titans, qui dans des abîmes horribles habitez au fond du Tartare, vous qui avez donné naissance aux dieux et aux hommes, écoutez-moi tous maintenant, et procurez-moi sans l'aide de Jupiter, un fils dont la force ne lui soit pas inférieure, mais qui soit aussi supérieur à Jupiter que Jupiter est supérieur à Saturne. »

Junon parle ainsi et frappe le sol d'une main vigoureuse ; la terre féconde en est ébranlée, et Junon se réjouit dans son âme car elle pense que ses vœux sont exaucés. Durant une année entière elle ne partagea pas la couche de Jupiter, et comme autrefois ne prit point place sur le trône magnifique d'où souvent elle dicta de sages conseils ; mais elle resta dans les temples remplis de ses nombreux adorateurs ; elle se plut à recevoir leurs sacrifices. Les jours et les mois s'étant écoulés et les heures dans leur cours ayant amené le terme de l'année, cette divinité enfanta un fils différent des dieux et des hommes, l'horrible et funeste Typhon la terreur des mortels. Junon prenant ce monstre dans ses bras le porte à l'hydre épouvantable ; celle-ci le reçut. Cette hydre causait des maux innombrables aux humains ; quiconque s'offrait à sa vue trouvait la mort, jusqu'au moment où le puissant Apollon la frappa d'une flèche terrible. Alors l'hydre en proie aux plus vives douleurs, respirant à peine, se roule sur le sable, pousse d'affreux sifflemens, se tord en tous sens, se précipite au milieu de la forêt ; et dans son souffle empesté exhale sa sanglante vie. Cependant Apollon s'écriait dans la joie de son triomphe :

« Que ton corps desséché pourrisse sur ce sol fertile ; tu ne seras plus le fléau des mortels qui se nourrissent des fruits de la terre féconde et ils viendront m'immoler ici de magnifiques hécatombes ; ni Typhée, ni l'odieuse Chimère ne pourront t'arracher à la mort, mais la terre et le soleil dans sa carrière céleste feront pourrir ici ton cadavre. »

Ainsi dit Apollon fier de sa victoire. Une ombre épaisse couvre les yeux du serpent : échauffé par les rayons du soleil il tombe en pourriture. Voilà comment cette contrée prit le nom de Pytho : les habitans donnèrent au dieu le nom de Pythien, parce qu'en ces lieux le soleil de ses rayons dévorans a pourri ce monstre terrible. Apollon s'apercevant alors que la brillante fontaine l'a trompé, plein de courroux, se rend près de Telphuse et lui adresse ces paroles :

« Telphuse, tu ne devais point me tromper pour régner seule sur cette charmante contrée où s'écoulent tes ondes limpides ; je veux que ma gloire brille en ces lieux et non la tienne seulement. »

Le puissant Apollon précipite aussitôt sur la fontaine le promontoire et ses roches élevées ; il cache sa source et construit un autel au milieu d'un bois sacré non loin des eaux murmurantes. Les peuples le surnommèrent Telphusien parce qu'il enleva tous les honneurs à la fontaine sacrée de Telphuse.

Cependant le divin Apollon réfléchissait au fond de son âme quels hommes seraient ses ministres pour le servir dans l'âpre Pytho. Tandis qu'il agite ces pensées dans son sein, il aperçoit sur la vaste mer un vaisseau rapide ; dans ce vaisseau se trouvaient beaucoup d'hommes pleins de courage, des Crétois arrivant de Gnosse, ville de Minos, destinés à offrir un jour des sacrifices à la divinité, à publier les oracles du brillant Apollon au glaive d'or, lorsqu'il annoncera ses prophéties immortelles dans les vallons du Parnasse. Ces Crétois, dans l'intention de faire le négoce et d'amasser des richesses, voguaient sur leur léger navire vers la sablonneuse Pylos et les hommes qui l'habitent. Apollon les ayant découverts se précipite dans les ondes et, sous la forme d'un dauphin, se place sur le navire comme un monstre immense et terrible. Aucun des nautoniers ne le remarqua, aucun ne l'aperçut, mais chaque fois que le dauphin s'agitait, il remuait toutes les poutres du vaisseau ; les matelots tremblans restaient assis et gardaient le silence ; ils ne tendaient point les cordages, ils ne déployaient pas les voiles, mais ils naviguaient toujours dans la même direction où d'abord ils avaient été lancés à force de rames. Nôtus, de son souffle impétueux, poussait avec force le rapide navire. D'abord ils doublèrent le cap Maléa, côtoyèrent la Laconie, Hélos située sur les bords de la mer et le pays du soleil fécondant, Ténare, où paissent toujours les troupeaux du puissant Soleil, qui règne seul dans cette charmante contrée.

C'est là que les Crétois voulaient arrêter leur vaisseau, et voir, en descendant, si le monstre resterait sur le pont du navire, ou s'il se plongerait dans l'onde poissonneuse : mais le vaisseau aux larges flancs refuse d'obéir au gouvernail ; il continue sa route en côtoyant le fertile Pepolonèse. Le puissant Apollon de son souffle le dirige sans effort ; le navire poursuit sa course rapide, il passe devant Arène, l'agréable Argyphie, Thryos où l'Alphée offre un gué facile, devant la sablonneuse Pylos et les hommes qui l'habitent. Il franchit Crune, la Chalcide, Dyme, et la divine Élide où règnent les Épéens. Après avoir franchi les rivages de Phère, on vit se dessiner au sein des nuages la haute montagne d'Ithaque, Samé, Dulichium, et la verte Zacynthe. Puis le navire ayant coloyé tout le Péloponèse, on découvrit le vaste golfe de Crissa, qui lui sert de limite. En cet instant un vent violent et serein, le zéphyr, obéissant à la volonté de Jupiter, se précipite des cieux, afin que le vaisseau fende plus rapidement de sa proue les flots salés de la mer. En ce moment les Crétois se dirigent vers l'aurore et le soleil. Un dieu les guide, c'est Apollon, fils de Jupiter : ils arrivent bientôt dans l'heureuse Crissa, fertile en vignes ; ils entrent au port, le large vaisseau s'enfonce dans le sable.

Apollon s'élance aussitôt du navire, pareil à un météore qui paraîtrait en plein jour : mille rayons lui forment une auréole, et sa splendeur monte jusqu'aux cieux. Le dieu pénètre en son sanctuaire au milieu des trépieds sacrés. Lui-même brille d'une vive flamme, signe de sa présence, et son éclat se répand sur toute la ville de Crissa : les épouses des Crisséens et leurs filles aux belles ceintures jettent vers le ciel un cri religieux à l'apparition d'Apollon. Chacun est saisi de crainte. Aussitôt Phébus, rapide comme la pensée, s'élance sur le navire sous les traits d'un héros vigoureux et vaillant, resplendissant de la fleur de l'âge, et sa chevelure flottant sur ses larges épaules ; alors il s'adresse aux Crétois et leur dit ces paroles :

« Qui donc êtes-vous, ô étrangers ? De quels pays venez-vous à travers les plaines liquides ? Est-ce pour vous livrer au commerce ou bien errez-vous au hasard comme des pirates, jouant leur vie et fendant la mer, pour surprendre et ravager les nations lointaines ? Pourquoi rester ainsi immobiles et tremblans, ne pas descendre à terre et ne pas enlever les agrès du navire ? C'est cependant ainsi que font les nautoniers lorsque, après les fatigues d'une longue traversée, ils touchent enfin aux rivages : car alors ils éprouvent un vif désir de prendre une douce nourriture. »

Par ces paroles le dieu renouvelle leur courage, et le chef des Crétois lui répond en ces mots.

« Étranger, qui par votre figure et votre taille ne ressemblez point aux hommes, mais aux dieux immortels, salut ! Soyez comblé de félicité et que les habitans de l'Olympe vous accordent tous les biens. Parlez-moi avec sincérité et faites-moi connaître ce peuple et ce pays. Quels hommes sont nés en ces lieux ? Nous désirons aller à Pylos, nous sommes partis de la Crète où nous nous glorifions d'être nés, et nous avons franchi les vastes mers. Maintenant, impatiens du retour, c'est malgré nous que notre vaisseau nous a conduits en ces lieux par une autre route et par d'autres chemins. Une divinité nous a amenés ici contre notre volonté.

— Étrangers, répondit le grand Apollon, ô vous qui jusqu'à ce jour avez habité Cnosse, couronnée de forêts, vous ne reverrez plus cette ville aimable, vous ne reverrez plus vos riches demeures ni vos épouses chéries, mais vous resterez ici pour garder mon temple, et vous serez honorés par de nombreux mortels. Je suis le fils de Jupiter, je me glorifie d'être Apollon : c'est moi qui vous ai guidés en ces lieux, à travers les mers immenses sans mauvais dessein, mais afin que vous soyez les gardiens de mon temple et que vous receviez les hommages de tous les peuples. Vous connaîtrez les desseins des dieux, et par leurs volontés vous serez à jamais comblés d'honneurs. Mais obéissez de suite à mes ordres, pliez les voiles, tirez le navire sur le rivage, enlevez promptement les richesses et les agrès qu'il contient, et construisez un autel sur le bord de la mer. Puis vous allumerez le feu, vous y jetterez la blanche fleur de farine et vous prierez en vous tenant debout autour de l'autel : vous implorerez Apollon Delphien, parce que c'est moi qui, sous la forme d'un dauphin, ai dirigé votre vaisseau à travers les flots azurés : l'autel, qui recevra de même le nom de Delphien, subsistera toujours. Préparez le repas près du navire et faites des libations en l'honneur des dieux immortels de l'Olympe. Quand vous aurez pris abondamment la douce nourriture, vous m'accompagnerez en chantant Jopéan jusqu'à ce que vous arriviez aux lieux où s'élèvera mon riche temple. »

Il dit. Les Crétois obéissent à l'ordre qu'ils ont entendu : ils plient les voiles et détachent les câbles ; ils abaissent le mât en le soutenant avec des cordages, puis ils se répandent sur le rivage de la mer. Ils tirent le navire dans le sable, l'étaient avec de larges poutres et construisent un autel sur la grève. Ils allument le feu, ils y jettent la blanche fleur de farine et prient debout autour de l'autel, ainsi que le dieu l'avait ordonné. Tous ensuite préparent le repas non loin du navire et font des libations en l'honneur des habitans fortunés de l'Olympe. La faim et la soif étant apaisées, ils quittent ces bords. Le fils de Jupiter, Apollon, les précède, tenant une lyre dans ses mains et la faisant résonner en accens mélodieux : il s'avance avec une démarche haute et fière. Les Crétois l'accompagnent jusque dans Pythos en chantant Jopéan ; car tels sont les Péans des Crétois, hymnes sacrés, chants sublimes qu'une muse leur a inspirés. Sans nulle fatigue ils franchissent à pied la colline et parviennent bientôt sur la riante colline du Parnasse, où le dieu devait habiter et recevoir les hommages de tous les peuples de la terre. Apollon, qui les conduit, leur montre les riches parvis du temple. Leur âme est émue dans leur poitrine, et le chef des Crétois, interrogeant le dieu, lui adresse ces paroles :

« Roi puissant, vous nous avez conduits loin de notre patrie et de nos amis, c'est là votre volonté ; mais désormais comment subsisterons-nous ? Nous vous supplions de nous l'apprendre. Ces lieux ne produisent ni vignobles agréables, ni fertiles pâturages, ni rien de ce qui peut rendre heureux dans la société des hommes. »

Apollon lui répond aussitôt avec un doux sourire :

« Hommes faibles et infortunés, pourquoi donc abandonner ainsi votre âme aux soins, aux travaux pénibles, aux noirs chagrins ? Je vais vous donner un conseil facile à suivre ; conservez-le dans votre souvenir. Chacun de vous, tenant un glaive dans sa main droite, immolera tous les jours une brebis, car vous aurez en abondance les victimes que viendront m'offrir les différens peuples du monde. Soyez donc les gardiens de ce temple ; accueillez les hommes qui se réuniront ici par mon inspiration, lors même que leurs actions et leurs paroles seraient choses vaines ou même seraient une injure, comme il arrive souvent aux faibles mortels. Ensuite viendront d'autres hommes qui vous serviront de guides : vous leur serez soumis par nécessité. Crétois, je t'ai dit toutes ces choses : que ton âme les conserve dans son souvenir. »

Salut ! ô fils de Jupiter et de Latone ! je ne vous oublierai jamais ; et je passe à un autre chant.

HYMNE II.

A Mercure.

Muse, célèbre Mercure, fils de Jupiter et de Maïa, roi de Cyllène et de l'Arcadie, fertile en troupeaux, bienveillant messager des dieux qu'enfanta l'auguste et belle Maïa, après s'être unie d'amour à Jupiter. Éloignée des dieux fortunés, elle habitait un antre ombragé. C'est là que le fils de Saturne, profitant d'une nuit obscure, s'unit à cette jeune nymphe, à l'heure où le doux sommeil avait saisi la majestueuse Junon, car il voulait cacher ce nouvel amour aux immortels ainsi qu'aux faibles humains. Lorsque la pensée du grand Jupiter fut accomplie, et que brilla dans les cieux le dixième mois, on vit apparaître de grandes merveilles. La nymphe enfanta un fils éloquent et rusé, voleur habile, prompt à dérober les bœufs, maître des songes, surveillant de nuit, gardien des portes, et qui bientôt devait réaliser d'admirables merveilles au milieu des dieux immortels. A peine était-il né le matin, que déjà au milieu du jour il jouait de la lyre, et le soir il dérobait les bœufs d'Apollon. Tout était terminé le quatrième jour du mois où la vénérable Maïa le mettait au monde. Dès qu'il fut sorti du sein maternel, il ne resta pas longtemps enveloppé des langes sacrés; mais, s'élançant, il chercha les bœufs d'Apollon et franchit le seuil de l'antre obscur. Il rencontra une tortue et s'en empara. Elle était à l'entrée de la grotte, se traînant à pas lents et paissant les fleurs de la prairie : à cette vue, le fils de Jupiter sourit de joie et prononça ces paroles :

« Voilà sans doute une rencontre qui me présage du bonheur : je n'aurai garde de la dédaigner. Salut, aimable produit de la nature, toi qui peux devenir un instrument mélodieux, âme de la danse, compagne des festins, tu me combles de joie en m'apparaissant : tortue qui vis sur les montagnes, charmant joujou, écaille bigarrée, d'où viens-tu? Je t'emporterai dans ma demeure, tu me seras d'un grand secours. Je ne te mépriserai pas, tu seras l'origine de ma fortune : il vaut mieux pour toi habiter une maison, il te serait nuisible de rester à la porte. Vivante, tu serais un obstacle aux enchantemens funestes, si tu meurs tu rendras des sons harmonieux. »

Il dit, l'enlève de ses deux mains et retourne à sa demeure, portant cet aimable joujou. Il vide l'écaille avec le ciseau d'un acier étincelant, et il arrache ainsi la vie à la tortue des montagnes. Aussi prompt que la pensée qui traverse l'esprit de l'homme agité de mille soucis, aussi prompt que les étincelles qui jaillissent, Mercure accomplit cette œuvre avec la rapidité de la parole. Il coupe des roseaux en une juste mesure et leur fait traverser le dos de la tortue à l'écaille de pierre : tout autour il tend avec habileté une peau de bœuf; il y adapte un manche, sur lequel des deux côtés il enfonce des chevilles; puis il y joint sept cordes harmonieuses de boyaux de brebis.

Cet ouvrage achevé, il soulève cet instrument délicieux, il le frappe en cadence avec l'archet, et sa main lui fait rendre un son retentissant. Alors le dieu chante en improvisant des vers harmonieux, et comme les jeunes gens dans les festins s'abandonnent à de joyeux propos, de même il redit les conversations amoureuses de Jupiter et de la belle Maïa sa mère, il célèbre sa naissance illustre, il chante les compagnes de la nymphe, ses riches demeures, les trépieds et les somptueux bassins qui se trouvent dans la grotte : mais d'autres pensées agitaient son esprit tandis qu'il chantait. Il dépose la lyre harmonieuse dans le berceau sacré; il veut savourer la chair des victimes; il s'élance de la grotte parfumée, arrive sur une hauteur, roulant dans son âme un projet perfide comme souvent en exécutent les voleurs à la faveur des ombres de la nuit.

Le soleil précipitait ses coursiers et son char au sein de l'océan, lorsque Mercure atteignit par une course rapide les montagnes ombragées de Piérie, où l'on voyait une étable destinée aux bœufs immortels des dieux; ils paissaient en ce moment l'herbe touffue des riantes prairies. Le fils de Maïa, l'adroit meurtrier d'Argus, enlève à ce troupeau cinquante bœufs mugissans : pour détourner de leurs traces, il les conduit en s'égarant à travers les détours d'un chemin sablonneux. Il emploie en outre une ruse habile : il fait en sorte que tantôt les pieds de devant soient les derniers, et tantôt ceux de derrière soient en avant : le dieu lui-même marche à reculons. Il délie sa chaussure sur les rives de la mer, il réunit des branches de myrte et de tamarix et les tresse d'une manière admirable, incompréhensible et mystérieuse. Ayant lié ensemble ces vertes dépouilles de la forêt, il les adapte à ses pieds en une chaussure légère qui porte encore les feuilles qu'il avait prises sur la montagne de Piérie, car l'illustre Mercure craignait les fatigues de la mer et désirait terminer promptement un long voyage.

Parvenu dans les vertes campagnes d'Oncheste, il est aperçu par un vieillard qui cultivait un verger en fleurs. Le divin fils de Maïa lui tient aussitôt ce discours :

« Vieillard qui le dos courbé cultives ces plantes, si toutes portent des fruits, tu feras une abondante récolte. Mais ô vieillard, regarde tout sans rien voir : sois sourd à ce qui frappe tes oreilles et sois muet sur des choses qui ne blessent point tes intérêts. »

Ayant prononcé ces paroles, l'illustre Mercure rassemble ses bœufs, frappe leurs têtes robustes et les conduit à travers les montagnes ombragées, les vallées sonores et les champs diaprés de fleurs. Cependant les ténèbres de la nuit, propices à son larcin, commençaient à se dissiper ; déjà se levait l'aurore, qui ramène les travaux : la lune, fille de Pallante issu du roi Mégamède, s'élevait à peine derrière une colline.

Le fils puissant de Jupiter conduit aux bords du fleuve Alphée les bœufs aux larges fronts qu'il a dérobés au brillant Apollon. Ils arrivent sans nulle fatigue près d'une étable et de lieux marécageux, en face d'une prairie verdoyante. Mercure leur laisse paître l'herbe épaisse, puis il les renferme dans l'étable. Là tous ensemble, ils mangent encore le lotos humide de rosée. Alors le dieu entasse une grande quantité de bois et songe au moyen d'allumer du feu. Prenant une branche de laurier, de sa main vigoureuse il l'échauffe par le frottement de l'acier : bientôt brille une vive lumière, qui répand au loin en pétillant une ardente chaleur. Tandis que Vulcain excite le feu, Mercure entraîne hors de l'étable deux génisses mugissantes et les conduit près du foyer : sa force est invincible. Il les renverse haletantes sous lui, et se précipitant il leur arrache la vie. A ce premier travail, il en joint un second en découpant les chairs succulentes couvertes de graisse : puis il perce ces chairs avec de longues broches de bois et les fait rôtir avec soin ainsi que le large dos, portion d'honneur ; il réunit aussi le sang renfermé dans les entrailles ; laissant ensuite à terre les autres parties de la victime, il étend les peaux sur un âpre rocher.

Bientôt après, Mercure qui inspire la joie retire des foyers les chairs succulentes, les dépose sur la plage unie, en fait douze parts qu'il tire successivement au sort ; il les offre à chaque divinité comme un hommage solennel. Cependant l'illustre Mercure aurait bien désiré savourer les viandes du sacrifice ; il était attiré par un agréable parfum, mais son noble cœur ne cède point au désir de remplir son estomac divin d'une pareille nourriture. Il place soigneusement dans l'étable élevée les chairs et la graisse des victimes ; il rassemble leurs pieds et leurs têtes, qui pourraient témoigner du vol qu'il vient de commettre, les entasse sur les planches desséchées et les livre à la flamme. Le sacrifice achevé, Mercure jette sa chaussure dans les gouffres profonds de l'Alphée, éteint le brasier et pendant toute la nuit le laisse se réduire en cendre noire. La lune alors répandait la douce clarté de ses rayons.

Quand vint le jour, il arriva promptement sur les hauteurs de Cyllène. Nul parmi les dieux ni parmi les hommes ne s'offrit à sa vue sur une aussi longue route : les chiens mêmes ne donnèrent pas de la voix. Alors le fils bienveillant de Jupiter se courbe et se glisse dans la demeure par la serrure, semblable au vent d'automne ou à une légère vapeur. Il marche dans le réduit sacré de la grotte d'un pas furtif, il pénètre sans bruit comme il le faisait habituellement sur la terre, il arrive ainsi jusqu'à son berceau, il s'enveloppe les épaules avec ses langes comme un faible enfant et reste couché, jouant d'une main avec son maillot et de l'autre tenant sa lyre mélodieuse ; mais le dieu n'avait pu cacher sa fuite à sa divine mère ; elle lui parla en ces termes :

« Petit rusé, enfant plein d'audace, d'où viens-tu pendant l'obscurité de la nuit ? Je crains bien que le fils puissant de Latone ne charge tes membres de liens pesans, ne t'arrache à cette demeure ou ne te surprenne dans les vallons occupé à commettre des vols téméraires. Va, malheureux ! le puissant Jupiter t'a mis au monde pour être le fléau des hommes et des dieux immortels. »

Mercure lui répondit par ces paroles pleines de ruse :

« Mère, pourquoi vouloir me faire peur comme à un faible enfant qui connaît à peine quelque fraude et tremble à la voix de sa mère. Je veux continuer à exercer cet art qui me semble le meilleur pour votre gloire et pour la mienne. Nous ne devons pas ainsi rester seuls parmi les immortels sans présens et sans sacrifices, comme vous me l'ordonnez ; certes il est plus doux de jouir des richesses et des trésors, comme les dieux immortels, que de languir oisifs dans l'obscurité de cette grotte. Je veux jouir des mêmes honneurs qu'Apollon ; je tenterai tout pour les ravir, puisque mon père me les [a refusés : je serai le dieu des voleurs. Si l'illustre fils de Latone veut me poursuivre, il pourrait bien lui arriver quelque funeste aventure. Je pénétrerai jusque dans Pytho ; là je briserai les portes de sa vaste demeure, j'emporterai ses trépieds, ses bassins d'or, l'airain brillant et ses nombreux vêtemens. Vous, mère, si vous le voulez, vous pourrez être témoin de ce triomphe. »

Tels étaient les discours que tenaient ensemble le fils du maître de l'égide et la divine Maïa. Bientôt l'aurore matinale se leva du sein de l'Océan pour venir éclairer les mortels.

Cependant le brillant Apollon arrivait à Onchesle en parcourant les bois sacrés du bruyant Neptune. Là il rencontra un vieillard qui, près du chemin, était occupé à clore son champ d'une haie. Le fils de Latone lui parla en ces termes :

« Vieillard qui liez ensemble les buissons des verdoyantes campagnes d'Onchesté, je viens ici de Piérie à la recherche de génisses au front armé de cornes qu'on a enlevées à mon troupeau. Un seul taureau noir paissait à l'écart ; quatre chiens vigilans surveillaient le troupeau comme auraient fait de fidèles bergers : ce qui est étonnant, c'est que les chiens et le taureau noir sont restés, tandis qu'au coucher du soleil les génisses ont abandonné les prairies verdoyantes et les gras pâturages. Vénérable vieillard, veuillez donc me dire si vous avez vu un homme chassant devant lui des génisses sur cette route.

— Ami, lui répondit le vieillard, il me serait difficile de vous dire tout ce que mes yeux ont vu. Beaucoup de voyageurs passent par cette route, les uns avec de bons desseins, les autres avec de mauvaises pensées : je ne puis pénétrer ainsi l'âme de chacun. Pourtant, durant tout le jour et jusqu'au déclin du soleil, j'ai constamment travaillé à ma vigne. En effet, noble étranger, il me semble avoir entrevu un enfant (je n'ai pu le distinguer parfaitement) qui, quoique dans un âge bien tendre, poussait avec un bâton à la main un troupeau de belles génisses. Il marchait à reculons ; il suivait bien les génisses, mais leurs têtes étaient tournées dans un sens contraire à la sienne. »

Tel fut le discours du vieillard. Phébus l'ayant entendu poursuivit rapidement sa course. Alors il aperçoit un oiseau qui traverse le ciel les ailes étendues, il reconnaît aussitôt que le voleur est le fils de Jupiter ; il s'enveloppe d'un nuage, s'élance dans la divine Pylos pour y chercher ses génisses, et dès qu'il aperçoit les traces de leurs pieds, il s'écrie :

« Grands Dieux ! quel prodige s'offre à ma vue ! Voici bien les traces de mes génisses aux cornes élevées, mais elles sont dirigées du côté de la prairie. Ce ne sont les pas ni d'un homme, ni des loups, ni des ours, ni des lions, ni des autres bêtes fauves ; ils ne me paraissent pas ressembler aux pas du Centaure velu qui laisse d'énormes vestiges en marchant d'un pied rapide : ces pas sont plus difficiles encore à reconnaître loin du chemin qu'à ses abords. »

Prononçant ces paroles, le fils de Jupiter s'élance avec rapidité ; il parvient sur le sommet du Cyllène ombragé de forêts et s'approche de l'antre profond où la nymphe divine donna le jour au petit fils de Saturne. La montagne exhalait un délicieux parfum et de nombreux troupeaux paissaient l'herbe de la prairie. Apollon qui lance au loin ses traits se hâte de franchir le seuil de pierre et pénètre dans l'obscurité de la grotte.

Le fils de Jupiter et de Maïa, apercevant Apollon irrité du vol de ses génisses, s'enfonce aussitôt dans ses langes parfumés et reste enveloppé comme un tison enfoui sous des cendres amoncelées. A la vue du dieu qui lance au loin ses traits, Mercure, qui redoute sa présence, ramasse en un peloton sa tête, ses mains et ses pieds, comme un homme qui, sortant du bain, veut s'abandonner aux charmes du sommeil. Le dieu portait sous son bras la lyre divine. Il reconnaît aussitôt la belle nymphe des montagnes et son fils chéri, faible enfant s'enveloppant dans des langes trompeurs. Alors Apollon pénètre des yeux tous les coins de cette vaste demeure ; il saisit une clé brillante, ouvre trois cabinets les plus reculés, tous remplis de nectar et d'ambroisie. Là se trouvaient entassés beaucoup d'or, d'argent, les nombreuses parures de pourpre et les parures blanches de la nymphe, telles qu'en renferment les demeures secrètes des dieux. Le fils de Latone ayant fouillé dans ces réduits adresse ces paroles à Mercure :

« Enfant qui reposes dans ce berceau, dis-moi promptement où se trouvent mes génisses ; autrement s'élèveraient entre nous de funestes débats : je te saisirai, je te précipiterai dans le sombre Tartare, au sein des ombres funestes et horribles. Ni ton père ni ta mère vénérable ne pourront te rendre à la lumière, mais tu vivras enfoui sous la terre, ne régnant que sur un petit nombre d'hommes. »

Mercure lui répond aussitôt par ces paroles pleines de ruse :

« Fils de Latone, pourquoi me tiens-tu ce terrible langage ? Pourquoi viens-tu chercher ici tes génisses ? je ne les ai jamais vues, je n'en ai jamais entendu parler ; il ne m'est pas possible de t'indiquer le voleur : je ne recevrai donc pas la récompense promise à qui te fera trouver le voleur. Je n'ai pas la force d'un homme capable de dérober des troupeaux ; ce n'est point là mon métier, d'autres soins me réclament : j'ai besoin du doux sommeil, du lait de ma mère, de ces langes qui couvrent mes épaules et des bains d'une onde tiède. Mais fais en sorte qu'on ignore d'où vient cette querelle : ce serait un grand sujet d'étonnement pour tous les immortels qu'un jeune enfant qui vient à peine de naître eût franchi le seuil de ta demeure avec des génisses indomptées. Ce que tu dis est d'un insensé : je suis né d'hier, les cailloux auraient déchiré la peau délicate de mes pieds ; mais si tu l'exiges, je prononcerai un serment terrible : je jurerai par la tête de mon père que je ne suis pas l'auteur de ce vol et que je ne connais point le voleur de ces génisses quelles qu'elles soient : tu as été le premier à m'en apprendre la nouvelle. »

En prononçant ces mots, ses yeux brillent d'un vif éclat, il soulève ses sourcils, jette impudemment ses regards de tous côtés et laisse échapper un sifflement ironique comme n'ayant entendu qu'une vaine parole. Alors Apollon lui dit avec un sourire plein de raillerie :

« Jeune enfant trompeur et rusé, à entendre tes discours, je crois que tu pénétreras souvent dans les riches demeures et que pendant la nuit tu mettras plus d'un homme à la porte de sa maison après l'avoir dévalisé sans bruit. Tu rempliras aussi de chagrin le cœur des bouviers dans les vallons agrestes de la montagne, lorsque cherchant une proie tu rencontreras des troupeaux de bœufs et de brebis. Mais assez de sommeil comme cela, descends de ton berceau, mon beau compagnon de la nuit sombre : il est juste que tu jouisses des honneurs divins destinés aux immortels, toi qui seras un jour salué du titre de chef de voleurs. »

Et en même temps Phébus saisit l'enfant et l'emporte. Alors, après une perfide réflexion, le puissant meurtrier d'Argus, enlevé par les bras d'Apollon, lache un augure, serviteur audacieux parti du ventre et messager impertinent, puis il éternue avec force. A ce bruit, Apollon le jette à terre, et, quoique impatient de partir, il s'assied en présence de Mercure et lui dit ces mots railleurs dans l'intention de le piquer :

« Courage, fils de Jupiter et de Maïa, encore enveloppé dans les langes. Grâce à tes augures, je retrouverai bientôt mes génisses aux têtes robustes, toi-même me serviras de guide. »

Il dit. Le dieu de Cyllène se relève aussitôt en marchant avec vitesse ; il environne ses oreilles des langes qui couvraient ses épaules et s'écrie :

« Où veux-tu donc m'emporter, Apollon, le plus cruel de tous les dieux ? Pourquoi, furieux d'avoir perdu tes génisses, m'accabler ainsi d'outrages ? Puisse leur race être anéantie ! Ce n'est pas moi qui les ai dérobées, te dis-je, et je ne connais pas le voleur de tes génisses quelles qu'elles soient ; tu es le premier à m'en apprendre la nouvelle : rends-moi donc justice et soumettons-nous à faire juger nos différends par Jupiter. »

C'est ainsi que conversaient ensemble le solitaire Mercure et le fils brillant de Latone, mais animés de sentimens contraires : l'un, parlant dans la sincérité de son cœur, avait saisi l'illustre Mercure comme voleur de ses génisses, et le roi de Cyllène, par ses ruses, ses paroles pleines de fourberie, cherche à tromper le dieu qui porte l'arc d'argent. Mais, quelque habile que fût sa ruse, Mercure avait trouvé un rival qui pouvait être son maître. Le fils de Jupiter et de Latone le faisait marcher le premier sur le sable et le suivait ensuite par derrière. Ces enfans de Jupiter parviennent ainsi sur le sommet de l'Olympe parfumé ; là se trouvaient les balances de la justice qui leur étaient destinées. Les cieux retentissent d'une douce harmonie, et les immortels se rassemblent dans les retraites de l'Olympe. Devant Jupiter se tenaient Apollon et Mercure. Alors le dieu qui lance la foudre s'adresse en ces termes à son fils :

« D'où viens-tu avec cette superbe proie, nous amenant cet enfant nouveau-né qu'on prendrait pour un hérault ? sans doute tu viens devant le conseil des dieux pour une affaire importante ? »

Apollon, qui lance au loin ses traits, lui répondit :

« Mon père, j'ai des choses importantes à vous dire quoique vous me railliez toujours comme trop avide de butin. J'ai trouvé cet enfant, voleur déjà redoutable, dans les montagnes de Cyllène: j'ai parcouru beaucoup de pays avant de le joindre, car c'est un enfant plein de ruse et de perfidie comme je n'en vis jamais ni parmi les dieux ni parmi les mortels, quels que soient les brigands qui dévastent la terre. A la faveur des ombres du soir, il a éloigné mes génisses des prairies, il leur a fait traverser les rivages de la mer et les a conduites à Pylos. Il a laissé des traces merveilleuses qu'on peut admirer comme l'œuvre d'un dieu puissant : les empreintes de leurs pieds marqués encore sur la noire poussière indiquent un chemin opposé à celui qui mène aux pâturages. Quant à lui, habile, rusé, il n'a marché sur le sol sablonneux ni avec les mains ni avec les pieds, c'est à l'aide d'une pensée astucieuse qu'il a parcouru ce sentier merveilleux comme avec des branchages de chêne. Les traces de génisses ont marqué sur la poussière tant qu'il a suivi le sol sablonneux, mais dès qu'il est arrivé sur un terrain solide on n'apercevait plus les pas des génisses ; toutefois il a été vu par un homme au moment où il conduisait à Pylos ce troupeau de génisses au large front : les ayant enfermées sans bruit, et ayant mêlées ensemble toutes les races, il s'est couché dans son berceau, et pareil à la nuit profonde, il s'est blotti dans les ténèbres d'une grotte obscure ; l'œil perçant de l'aigle lui-même n'aurait pu le découvrir. Fidèle à ses ruses, il s'est caché les deux yeux avec ses mains, puis d'un ton assuré il m'a dit ces paroles : « Je n'ai point vu tes génisses, je ne les ai pas connues, je n'en ai même jamais entendu parler, je ne puis donc te les indiquer ni recevoir la récompense promise à celui qui te les rendra. »

Ainsi parla le brillant Apollon et il s'assied. A son tour, Mercure, s'adressant à Jupiter, maître de tous les dieux, répond par ces paroles :

« Puissant Jupiter, je veux vous dire la vérité, mon cœur est sincère, je ne sais pas mentir. Aujourd'hui même, au lever du soleil, Apollon est venu dans notre demeure en cherchant ses génisses aux pieds robustes. Il n'amenait pour témoin aucun dieu ; il ne m'offrait aucun indice, et cependant il m'ordonnait avec violence de dire où se trouvaient les génisses; il m'a menacé de me précipiter dans le vaste Tartare ; il abusait de sa force, lui, à la fleur de l'âge, tandis qu'il sait fort bien que moi, né d'hier, je ne ressemble pas à l'homme vigoureux qui dérobe des troupeaux. Croyez, ô vous qui vous glorifiez d'être mon père chéri, croyez que je n'ai point conduit de troupeaux dans ma demeure; je serais trop heureux ! Je n'ai pas même passé le seuil de ma grotte : je le dis avec sincérité. Certes j'ai du respect pour Apollon et pour tous les autres dieux ; je vous chéris et j'honore Apollon, vous le savez bien et lui-même le sait; je ne suis point coupable, je le jurerai par un grand serment : j'en atteste le palais sacré des immortels. Il a beau être plein de force, un jour je me vengerai de sa poursuite. Vous cependant secourez les faibles. »

Le dieu de Cyllène clignotait du regard en disant ces paroles et gardait sur l'épaule ses langes qu'il n'avait point encore rejetés. Jupiter souriait en voyant l'adresse de son fils, qui niait avec tant d'assurance le vol des génisses : il ordonne alors aux deux divinités de s'accorder et de chercher ensemble les troupeaux d'Apollon ; il enjoint ensuite à Mercure de servir de guide au divin Apollon et de lui montrer sans aucune ruse où sont enfermées les fortes génisses. Le fils de Saturne fait un signe de tête, et le beau Mercure s'empresse d'obéir, car il se rendait sans peine à la pensée du dieu de l'égide.

Les deux enfans de Jupiter se hâtent donc ; ils parviennent bientôt à la sablonneuse Pylos, sur les rives de l'Alphée, traversent les champs et pénètrent dans la haute étable où les troupeaux avaient été nourris pendant la nuit. Mercure entre dans le ténébreux rocher et rend à la lumière les fortes génisses ; le fils de Latone regardant de côté vit étendues sur le roc les peaux des génisses offertes en sacrifices, et frappé d'étonnement, il dit à Mercure :

« Enfant rusé, si jeune et si faible, comment as-tu pu écorcher ces deux génisses ? Ah ! ta force terrible m'effraie pour l'avenir. Qu'elle n'augmente pas davantage, dieu puissant de Cyllène, fils de Maïa ! »

A ces mots Apollon tord de ses deux mains les forts liens d'osier qui retiennent les génisses, mais elles restent immobiles, les pieds attachés à la terre, en face les unes des autres par les ruses de Mercure plein de fourberie. Apollon, étonné, admirait ce prodige. Mercure calme d'abord aisément le fils de Latone, quelque puissant qu'il soit ; puis, de sa main gauche prenant sa lyre, il frappe en mesure les cordes avec l'archet. Sous ses doigts, l'instrument rend un son retentissant. Le brillant Apollon sourit de plaisir, les divins accens pénètrent son âme et remplissent son cœur d'une vive émotion.

Le fils de Maïa, ainsi rassuré, fait résonner sa lyre mélodieuse. Assis près d'Apollon, il joint ses chants aux accens de sa lyre ; sa voix est douce et harmonieuse, il célèbre la naissance des dieux lorsque la terre était encore couverte de ténèbres et qu'elle fut partagée entre les divers immortels. Mais d'abord il consacre ses chants à Mnémosyne, la mère des Muses ; elle comble de dons gracieux le fils de Maïa. Le fils de Jupiter célèbre tour à tour chacun des immortels selon le rang qu'il occupe et selon l'ordre de sa naissance, s'accompagnant de sa lyre il n'omet rien. De vifs désirs de posséder cette lyre sonore se répandent dans le cœur d'Apollon, il s'adresse à Mercure en ces termes :

« Esprit ingénieux et habile qui tues si adroitement les génisses, agréable compagnon des festins, cinquante génisses ne pourraient égaler le prix de tes chants. Désormais il ne s'élèvera plus entre nous que de paisibles débats. Mais dis-moi, ô fils rusé de Maïa, s'il te fut donné à l'heure de ta naissance d'accomplir toutes ces merveilles ou si quelque dieu ou quelque mortel te comble de ces faveurs brillantes ou t'enseigne ces chants sublimes. Tu viens de me faire entendre des accords tout nouveaux et une voix admirable que jamais aucun homme, aucun habitant de l'Olympe ne peut égaler, je pense. O divinité chérie, fils de Jupiter et de Maïa, d'où te vient cet art ? Quelle Muse peut ainsi dissiper les noirs chagrins ? Quelle est cette harmonie ? J'y trouve réunis toutes les voluptés, le plaisir, l'amour, et le penchant au doux sommeil. Moi-même, compagnon habituel des Muses de l'Olympe, ami des douces chansons, des accens mélodieux de la lyre et des doux accords des flûtes, moi-même je ne goûtai jamais autant de plaisir en prêtant l'oreille aux refrain que répètent les jeunes gens au sein des repas. Fils de Jupiter, j'admire quels sons merveilleux tu sais tirer de la lyre. Assieds-toi donc, cher enfant, toi qui jeune encore connais déjà les nobles pensées, célèbre les louanges de tes aînés : la gloire et celle de ta mère sont déjà grandes parmi les dieux. Je te parle sincèrement : je te le jure par ce dard de cornouiller ; je te reconduirai heureux et triomphant dans l'assemblée des immortels ; je te ferai des dons magnifiques et jamais je ne te tromperai. »

Mercure lui répond aussitôt par ces paroles pleines de flatterie.

« Illustre Apollon, puisque tu m'interroges, je ne refuserai pas de t'enseigner les secrets de mon art : je veux te les apprendre aujourd'hui même ; je veux t'être favorable dans mes pensées et dans mes paroles. Fils de Jupiter, tu es fort et puissant, tu t'assieds le premier parmi les immortels : Jupiter te chérit à juste titre, il te comble de présens et d'honneurs. On dit en effet que tu reçus de ce dieu le don de révéler l'avenir : c'est de Jupiter que naissent tous les oracles ; je te reconnais maintenant pour un opulent héritier. Ce que tu désires savoir, ce serait à moi de l'apprendre de toi. Puisque tu souhaites jouer de la lyre, chante, prélude, livre ton cœur à la joie en la recevant de mes mains. Ainsi c'est toi qui me combles de gloire, chante donc en t'accompagnant de cet instrument mélodieux qui sait rendre avec justesse toutes les modulations. Heureux et fier, tu la porteras ensuite dans les festins, au milieu des chœurs aimables des danses et des fêtes splendides qui charment la nuit et le jour. Qu'un homme habile en son art interroge cette lyre, de suite elle révèle à son âme mille délicieuses pensées ; elle l'éloigne des travaux pénibles et l'entraîne aux joyeuses assemblées ; mais si quelque ignorant la touche avec rudesse, elle ne murmure plus que des sons vagues et sourds. Oui, ce que tu désires savoir, c'est à toi de nous l'expliquer. Accepte donc cette lyre, glorieux fils de Jupiter Apollon ; désormais ensemble sur les montagnes et dans les champs fertiles, nous ferons paître tes génisses sauvages ; là ces génisses, s'unissant aux taureaux, engendreront des femelles et des mâles en abondance ; mais ne t'abandonne donc ni à la ruse ni à la colère. »

En disant ces mots il présente la lyre à Phébus ; celui-ci la reçoit, donne en échange un fouet étincelant et charge Mercure du soin des génisses ; celui-ci s'en acquitte avec joie. Alors saisissant la lyre de la main gauche, le fils de Latone, Apollon qui lance au loin ses traits, la frappe en cadence avec l'archet ; l'instrument résonne en mélodieux accords, et le dieu marie les accens de sa voix aux sons de la lyre.

Ayant conduit les génisses dans la belle prairie, ces dieux, beaux enfans de Jupiter, remontent ensemble sur le sommet neigeux de l'Olympe : ils se réjouissent au son de la lyre, et Jupiter joyeux resserre les liens de cette intimité. Depuis ce jour, et maintenant encore, Mercure a toujours aimé le fils de Latone, auquel il avait donné sa lyre. Apollon jouait en la tenant sous le bras, mais lui-même inventa un art nouveau : il fit retentir au loin la voix des flûtes mélodieuses. En ce moment le fils de Latone dit ces mots à Mercure :

« Fils rusé de Maïa, j'ai peur que tu ne me dérobes maintenant mon arc et ma lyre. Tu reçus de Jupiter le soin de veiller au commerce, aux échanges trompeurs des hommes qui vivent sur la terre féconde ; si tu consentais à faire le grand serment des dieux en jurant par les ondes redoutées du Styx, tu satisferais le vœu de mon âme. »

Le fils rusé de Maïa promet par un signe de tête de ne rien dérober de ce que possède Apollon, de ne jamais approcher de sa demeure magnifique. A son tour Apollon d'un signe de tête lui jure amitié durable, lui jure de le chérir plus qu'aucun des dieux ou des hommes issus du grand Jupiter :

« Enfin, ajouta-t-il, pour que mes paroles t'inspirent respect et confiance, je déposerai le gage solennel des dieux : je te donnerai ce bâton magnifique, source de richesses et de bonheur, entouré de trois feuilles d'un or pur : il sera pour toi d'un secours tutélaire et te permettra de servir tous les dieux. Mais si entre toutes les paroles et les choses privilégiées que j'ai apprises de Jupiter, tu me demandais, dieu puissant, l'art de prédire l'avenir, je ne pourrais t'en instruire ni aucun des autres immortels : c'est la pensée que Jupiter s'est réservée. Quand il me l'a confiée, j'ai promis sur ma tête, j'ai fait le grand serment, que nul des immortels, nul autre que moi ne connaîtrait les desseins secrets du fils de Saturne. Ainsi, frère au sceptre d'or, ne me demande pas de te révéler les destins que médite le puissant Jupiter. Quant aux hommes, je parcourrai leurs nombreuses tribus : aux uns je serai favorable, aux autres je serai funeste. Ma voix prophétique aidera celui qui viendra à moi se guidant sur le chant et sur le vol des oiseaux destinés à prédire l'avenir ; mais je nuirai à celui qui, se fiant à des oiseaux trompeurs, voudra malgré moi connaître l'avenir pour en savoir plus que les Dieux immortels. J'accepterai ses dons, mais je rendrai son voyage inutile.

» Je te dirai encore, fils du grand Jupiter et de l'illustre Maïa, Mercure, divinité utile aux dieux mêmes : il existe trois sœurs vénérables, vierges toutes les trois et franchissant l'espace sur des ailes rapides ; leur tête est couverte d'une blanche farine, elles habitent un vallon du Parnasse. Éloignées des hommes, elles m'enseignèrent l'art de révéler l'avenir pendant que j'étais enfant et que je gardais les troupeaux. Mon père ne prenait aucun soin de m'instruire de toutes ces choses. Elles voltigent de toutes parts, elles se nourrissent de miel et accomplissent toutes choses. Lorsqu'elles sont rassasiées de miel nouveau, ces vierges disent volontiers la vérité ; mais quand ce doux aliment des dieux vient à leur manquer, elles s'efforcent de détourner les hommes de la route qu'ils doivent suivre. Je les place sous ton empire ; interroge-les avec attention, et ton esprit sera comblé de joie ; et si tu favorises quelque mortel, quand il viendra vers toi, tu lui feras entendre ta voix prophétique. Jouis de tous ces biens, fils de Maïa ; possède aussi des bœufs aux pieds robustes, des coursiers et des mules bien membrées. Illustre Mercure, je veux que tu règnes sur les lions terribles, sur les sangliers aux dents acérées, sur les chiens, sur les brebis et sur tous les animaux que nourrit la terre féconde. Tu seras seul employé comme messager fidèle dans le royaume de Pluton, et, quoique avare, ce dieu ne te donnera pas une vulgaire récompense. »

Dès lors Apollon fut toujours uni au fils de Maïa par la plus grande amitié. Jupiter récompensa cette intimité par de nombreuses faveurs. C'est ainsi que Mercure se mêle à la société des dieux et des hommes : il est rarement bienveillant ; le plus souvent il trompe les mortels durant l'obscurité de la nuit.

Salut, fils de Jupiter et de Maïa ; je me souviendrai de vous, et je vais moduler de nouveaux chants.

HYMNE III.

A Vénus.

Muse, redis les travaux de la blonde Vénus, déesse de Cypre : c'est elle qui fait éclore de tendres désirs dans le sein des dieux, qui soumet à ses lois les mortels, les oiseaux légers habitans de l'air, tous les monstres, et ceux du continent et ceux de la mer; c'est elle, douce Vénus couronnée de fleurs, c'est elle qui courbe sous ses travaux tout ce qui respire.

Mais il est trois divinités inflexibles à ses séductions et dont elle ne peut fléchir le cœur. Minerve aux yeux d'azur, fille du redoutable Jupiter, repousse les travaux de la blonde Vénus. Ce qu'elle aime, ce sont les guerres, les fatigues de Mars, les combats, les batailles, les charmans tissus. La première elle enseigna les arts aux mortels, elle leur enseigna à façonner les chariots et les chars étincelans d'airain. C'est elle qui, dans l'intérieur des palais, apprend aux jeunes vierges à se servir de l'aiguille et forme leurs mains à ces ouvrages délicats.

Vénus au doux sourire n'a pu soumettre à l'amour Diane qui porte des flèches d'or et qui chérit la chasse tumultueuse. Elle aime les arcs dont la flèche rapide atteint une proie sur les hautes montagnes, les lyres, les chœurs des danses, les cris des chasseurs, l'obscurité des profondes forêts et la cité des hommes justes.

Les travaux de Vénus ne sont point agréables à Vesta, vierge vénérable, la première enfantée par le rusé Saturne, et la dernière selon les volontés du puissant Jupiter. Apollon et Mercure désiraient épouser cette auguste déesse, mais elle ne voulut pas y consentir; elle s'y refusa constamment, et, touchant la tête du dieu puissant de l'égide, cette déesse fit le grand serment qu'elle a toujours tenu de rester vierge dans tous les temps. Au lieu de cette hyménée, son père la gratifia d'une belle prérogative : au foyer de la maison elle reçoit toutes les offrandes des prémices; elle est honorée dans tous les temples des dieux; elle est pour les mortels la plus auguste des déesses.

Le cœur de ces divinités a été inflexible à Vénus : elle n'a pu les séduire; aucun autre ne se soustrait à Vénus, qu'il soit dieu ou mortel. Elle égare même la pensée de Jupiter, roi de la foudre, le plus grand des dieux honoré par les hommes les plus illustres. Elle trompe à son gré cet esprit plein de prudence, l'unit à des femmes mortelles et lui fait oublier Junon, sa sœur et son épouse, qui par sa beauté l'emporte sur toutes les déesses. C'est cette divinité glorieuse qu'enfantèrent Saturne et Rhéa. Jupiter, dans la sagesse de ses conseils, a choisi cette noble épouse, habile dans les plus beaux ouvrages.

Cependant Jupiter inspira au cœur de Vénus le désir ardent de s'unir avec un mortel, pour qu'elle ne fût pas affranchie des plaisirs terrestres; car souvent parmi les immortels elle se vantait avec un malin sourire d'avoir uni les dieux à des femmes qui concevaient des fils sujets à la mort, et d'avoir uni des déesses à des hommes. Jupiter inspira donc au cœur de Vénus de vifs désirs pour Anchise, qui pour sa beauté ressemblait aux immortels, et qui faisait paître ses troupeaux sur le sommet de l'Ida, source d'abondantes fontaines.

A peine la belle Vénus eut-elle aperçu ce berger qu'elle en devint éprise; le désir le plus ardent s'empara de son âme. Elle prend aussitôt son vol, se dirige à Cypre et pénètre dans le temple parfumé qui s'élève à Paphos. C'est là qu'un autel toujours chargé de parfums s'élève dans un champ réservé pour elle : dès que la déesse est entrée, elle ferme les portes brillantes; les Grâces s'empressent de la baigner et de verser sur elle une huile divine, odorante, destinée aux dieux immortels, et qui ajoute à leur beauté. La déesse du sourire revêt son beau corps d'habits magnifiques, se pare de tous ses bijoux d'or, et abandonnant les retraites embaumées de Cypre, elle se hâte de franchir les hautes régions des nuages pour se rendre à Troye. Elle arrive bientôt sur l'Ida, source d'abondantes fontaines, retraite des bêtes sauvages, et se dirige droit à la bergerie à travers les montagnes. Les loups cruels, les lions acharnés à dévorer leur proie, les ours, les agiles panthères, insatiables de carnage, suivent ses traces d'un air caressant : son âme s'en réjouit; elle remplit d'ardeur ces monstres sauvages, et tous aussitôt dans la profondeur des vallées vont s'unir à leurs compagnes.

Cependant la déesse arrive près des cabanes solidement bâties : elle aperçoit près des étables et resté seul loin des autres le berger Anchise que sa beauté rendait semblable aux Dieux. En ce moment tous les bergers faisaient paître les bœufs dans de fertiles pâturages. Lui, près des étables, resté seul, errait au hasard en jouant de la lyre. Vénus, la fille de Jupiter, s'arrête devant lui : elle prend la taille et la forme d'une jeune vierge, pour qu'en la reconnaissant il ne soit pas effrayé ; le héros est frappé de surprise et d'admiration à la vue de cette beauté, de cette taille et de ses superbes vêtemens. Sa tête était couverte d'un voile plus brillant que l'éclat de la flamme ; elle portait des bracelets recourbés et de riches pendans d'oreilles. Autour de son cou s'arrondissaient de superbes colliers d'or ; sur sa poitrine magnifique une parure admirable à voir brillait comme les rayons de la lune. Anchise est aussitôt pénétré d'amour ; il s'adresse en ces termes à la déesse :

« Salut, ô reine ! Sans doute vous habitez les palais des dieux, que vous soyez Diane ou Latone, ou la blonde Vénus, ou la vénérable Thémis ou Minerve aux yeux d'azur. Peut-être même êtes-vous l'une des Grâces qui vivent avec les dieux et que nous nommons immortelles. Peut-être êtes-vous l'une des nymphes habitant cette agréable forêt, ou bien l'une de celles qui demeurent sur cette belle montagne aux sources des fleuves, et parmi les humides prairies. Je vous construirai un autel sur un tertre élevé dans le bois le plus apparent d'Ida, et dans tous les temps je vous immolerai de superbes victimes. Soyez donc pleine de bienveillance pour moi : faites que je sois un héros illustre parmi les Troyens, que ma postérité soit florissante dans l'avenir, que moi-même je jouisse longtemps encore des lumières du soleil, que comblé de biens parmi les peuples j'arrive au seuil d'une longue vieillesse. »

Vénus, fille de Jupiter, lui répond en ces mots :

« Anchise, le plus illustre des mortels nés sur la terre ; pourquoi m'égaler aux divinités ? Je ne suis point une déesse ; je suis une mortelle : la mère qui me donna le jour est mortelle aussi ; mon père est l'illustre Otrée ; vous devez le connaître : il règne sur toute la Phrygie aux fortes murailles. Je sais également bien votre langue et la mienne : une Troyenne m'ayant reçue de ma tendre mère m'éleva dans notre palais et me prodigua ses soins dès ma plus tendre enfance. Ainsi, je parle également bien et votre langue et la mienne. Mercure à la baguette d'or vient de m'enlever à un chœur que conduisait Diane armée de flèches et qui se plaît au tumulte de la chasse. Nous étions là plusieurs nymphes et plusieurs vierges aux riches dots : nous jouions ensemble en formant un grand cercle. C'est là que m'a saisi le meurtrier d'Argus : il m'a conduit à travers les champs cultivés par les mains des hommes, à travers les terres incultes et désertes qu'habitent les bêtes sauvages au sein des vallées ténébreuses : mes pieds semblaient ne pas toucher la terre. Il m'a dit que j'étais destinée à partager la couche d'Anchise, que je serai son épouse fidèle, et que je lui donnerai de beaux enfans : après m'avoir montré votre demeure et révélé ces oracles, le meurtrier d'Argus est retourné dans l'assemblée des immortels ; moi cependant, j'arrive auprès de vous, guidée par l'inflexible nécessité. Mais je vous en supplie à genoux, Anchise, au nom de Jupiter et de vos illustres parens, car un héros tel que vous n'est pas né de mortels obscurs, conduisez-moi vierge et sans avoir goûté l'amour auprès de votre père, de votre mère prudente et de vos frères nés du même sang que vous, afin qu'ils voient si je suis destinée à faire une digne épouse. Envoyez aussi un rapide messager chez les Phrygiens aux nombreux coursiers pour prévenir de vos desseins mon père et ma mère que j'ai laissés dans l'affliction. Ils vous donneront de l'or en abondance et de somptueux vêtemens ; vous recevrez d'eux des présens nombreux et magnifiques. Ces devoirs accomplis, nous célébrerons un mariage désiré, qui sera honorable aux yeux des hommes et des dieux immortels. »

En parlant ainsi, Vénus répand un vif désir dans l'âme du berger. L'amour pénètre le cœur d'Anchise, qui répond par ces mots :

« Si vous êtes une mortelle, si vous êtes issue d'une femme, si, comme vous me le dites, l'illustre Otrée est votre père, si c'est par la volonté de Mercure que vous venez en ces lieux, vous serez dans tous les temps appelée mon épouse : nul des Dieux et des hommes ne m'empêchera de m'unir de suite d'amour avec vous ; Apollon lui-même devrait-il me percer de ses flèches terribles, je consentirais, femme semblables aux déesses, je consentirais après avoir partagé votre couche à descendre dans le sombre royaume de Pluton. »

En prononçant ces paroles il saisit la main de la déesse. Vénus au doux sourire se détourne, baisse ses beaux yeux et se glisse timidement dans la couche superbe. Elle était formée de tapis doux et délicats, des peaux d'ours et de lions rugissans tués sur les hautes montagnes. Tous deux étant montés sur cette couche, Anchise détache la brillante parure de Vénus, les bracelets arrondis, les boucles d'oreilles et les colliers ; il dénoue sa ceinture, enlève à la déesse ses vêtemens superbes et les place sur un siége enrichi de clous d'argent. Ainsi, par la volonté des dieux et des destins, un homme sans le savoir reposa dans les bras d'une immortelle.

A l'instant où les pasteurs ramenant des pâturages émaillés de fleurs les bœufs et les grasses brebis les reconduisent à l'étable, Vénus répand sur Anchise le plus doux, le plus profond sommeil et reprend ses vêtemens magnifiques. Ainsi vêtue, la puissante déesse s'arrête à l'entrée de la bergerie : sa tête touche le sommet de la porte ; son visage rayonne d'une beauté divine, beauté qui n'appartient qu'à Cythérée couronnée de violettes. Elle réveille aussitôt Anchise et lui dit :

« Fils de Dardanus, lève-toi ; pourquoi rester ainsi plongé dans le sommeil ? considère mes traits et dis si je te parais telle que j'étais lorsque tes yeux m'ont vue pour la première fois. »

A ce discours, Anchise se réveille ; mais dès qu'il aperçoit le cou et les yeux de Vénus, il est saisi de crainte et détourne la vue : puis, se couvrant le visage de sa tunique, il implore la déesse en ces mots :

« Divinité puissante, dès que je vous ai vue je vous ai reconnue pour une déesse : vous ne m'avez pas dit la vérité ; mais je vous en conjure à genoux, par Jupiter, dieu de l'égide, ne permettez pas que je vive misérable parmi les hommes ; prenez pitié de moi, car la vie n'est pas longue pour l'homme qui s'est uni d'amour aux déesses.

—Anchise, héros plein de gloire, lui répond la fille de Jupiter, rassure-toi ; que ton esprit cesse de se troubler : tu n'as rien à craindre ni de moi ni des autres divinités, car tu es aimé des dieux. Un fils te naîtra qui régnera sur les Troyens ; ses enfans engendreront à jamais d'autres enfans. Il portera le nom d'Énée, parce que je souffre une douleur terrible pour avoir reposé dans les bras d'un mortel : ceux de ta race seront illustres entre tous : ils égaleront presque les dieux par l'intelligence et la beauté. Ainsi jadis Jupiter enleva le blond Ganymède à cause de son admirable beauté, pour le mettre au rang des divinités et pour être l'échanson des dieux dans le palais de Jupiter, et depuis il est honoré de toute la céleste assemblée quand il puise le rouge nectar dans un cratère d'or. Cependant Tros, ignorant en quel lieu la tempête avait emporté son fils, éprouvait un chagrin profond : ses gémissemens étaient continuels. Jupiter en eut pitié ; il lui donna pour la rançon de son fils des coursiers rapides destinés à porter les dieux. Tel fut le présent de Jupiter. Par son ordre, Mercure, le messager des dieux, lui annonça en outre que ce fils était pour jamais affranchi de la vieillesse et de la mort. Tros, ayant reçu le message de Jupiter, cessa de gémir ; son âme ressentit une joie extrême, et dans son bonheur il poussa dans la plaine ses coursiers aussi rapides que le vent. De même encore, la brillante Aurore enleva un de vos aïeux, Tithon, semblable aux divinités. Elle se rendit ensuite auprès du redoutable Jupiter, et lui demanda que son époux fût immortel et vécût éternellement. Jupiter lui promit de réaliser ses désirs. Insensée ! La vénérable Aurore ne songea pas à assurer à son époux une jeunesse éternelle et à lui épargner les chagrins de la vieillesse. Tant qu'il fut à la fleur de l'âge, il habita les bords de l'Océan aux extrémités de la terre, à côté d'Aurore, la fille du matin ; mais quand la blancheur vint argenter ses cheveux et sa barbe épaisse, l'Aurore abandonna la couche de Tithon ; elle continua cependant à le nourrir de pain et d'ambroisie dans ses demeures, à lui fournir des vêtemens magnifiques. Mais quand arrivé aux derniers termes de la vieillesse il ne pouvait plus ni mouvoir, ni soulever ses membres, voici le parti qui parut le meilleur à Aurore : elle le plaça dans une chambre dont elle ferma soigneusement les portes : là sa voix ne peut presque se faire entendre ; il n'a plus ce qui animait jadis ses membres agiles.

» Je ne veux donc point te mettre au rang des dieux pour te rendre immortel et te faire vivre à jamais. Mais tant que tu seras comme aujourd'hui dans l'éclat de ta beauté et de ta noble taille, tu seras appelé mon époux, nul chagrin n'obscurcira ton esprit plein de sagesse. Enfin le jour viendra où tu seras soumis à la froide vieillesse, triste sort de tous les humains, à la vieillesse importune et pénible que les dieux mêmes ont en horreur ; alors dans l'assemblée des dieux j'éprouverai à cause de toi une honte éternelle. Auparavant ils craignaient mes discours et mes conseils, car je les avais tous soumis, je leur avais inspiré le désir de s'unir à des femmes mortelles; mais ma bouche n'osera plus se glorifier en leur présence, parce que j'ai commis une grande faute, une faute irréparable; mon âme est tombée dans l'erreur : je porte un fils dans mon sein pour avoir reposé dans les bras d'un homme. Dès que cet enfant verra la lumière, il sera élevé par les nymphes agrestes aux larges tuniques, elles qui habitent cette haute et divine montagne et ne suivent ni les dieux ni les hommes; cependant elles jouissent d'une longue vie, elles se nourrissent d'ambroisie et forment de belles danses avec les dieux. Les silènes et le clairvoyant Mercure s'unissent d'amour avec elles dans les grottes profondes. Quand elles viennent au monde, la terre féconde produit aussitôt les pins et les chênes à la haute chevelure, arbres verdoyans : ils s'élèvent dans leur magnifique vigueur sur les montagnes escarpées où ils forment le bois sacré des immortels, et les hommes ne les frappent jamais de la cognée. Lorsque vient pour eux la destinée de la mort, ces beaux arbres se dessèchent, leur écorce se pourrit autour du tronc et leurs branches tombent; alors la vie les quitte, ils ne jouissent plus de la clarté du soleil. Telles sont les nymphes qui élèveront mon fils. Quand il atteindra l'âge heureux de l'adolescence, ces divinités t'amèneront l'enfant pour te le montrer. Cette jeune fleur pénétrera ton âme d'une vive allégresse (il ressemblera aux dieux), et tu conduiras cet enfant bien-aimé dans la superbe ville d'Ilion. Là, si quelqu'un t'interroge et te demande quelle mère le porta dans son sein, souviens-toi de répondre comme je vais te l'ordonner :

« On dit qu'il est né d'une de ces belles nym-
» phes qui habitent la campagne ombragée de
» forêts. »

» Si dans un moment d'imprudence tu leur disais que tu t'es uni d'amour à la belle Cythérée, Jupiter, furieux, t'écraserait de sa foudre brûlante. Tels sont mes ordres : garde-les dans ton âme, ne me nomme jamais et crains la vengeance des dieux immortels. »

A ces mots elle revole à l'instant dans les cieux élevés.

Salut, ô déesse qui régnez sur la charmante contrée de Cypre : je vous ai célébrée d'abord et maintenant je vais dire un autre hymne.

HYMNE IV.

A Cérès.

Je chanterai d'abord Cérès à la belle chevelure, déesse vénérable, et sa fille légère à la course, jadis enlevée par Pluton. Jupiter, roi de la foudre, la lui accorda lorsque, loin de sa mère au glaive d'or, déesse des jaunes moissons, jouant avec les jeunes filles de l'Océan vêtues de flottantes tuniques, elle cherchait des fleurs dans une molle prairie et cueillait la rose, le safran, les douces violettes, l'iris, l'hyacinthe et le narcisse. Par les conseils de Jupiter, pour séduire cette aimable vierge, la terre, favorable à l'avare Pluton, fit naître le narcisse, cette plante charmante qu'admirent également les hommes et les immortels : de sa racine s'élèvent cent fleurs; le vaste ciel, la terre féconde et les flots de la mer sourient à ses doux parfums. La déesse enchantée arrache de ses deux mains ce précieux ornement; aussitôt la terre s'entr'ouvre dans le champ crysien, et le fils de Saturne, le roi Pluton, s'élance porté par ses chevaux immortels. Le dieu saisit la jeune vierge malgré ses gémissemens et l'enlève dans un char étincelant d'or. Cependant elle pousse de grands cris en implorant son père, Jupiter, le premier et le plus puissant des dieux : aucun immortel, aucun homme, aucune de ses compagnes n'entendit sa voix. Mais la fille prudente de Perséus, Hécate au long voile, l'entendit du fond de son antre, et le Soleil, fils brillant d'Hypérion, entendit aussi la jeune fille implorant son père Jupiter : en cet instant, le Soleil, éloigné de tous les dieux, recevait dans son temple les sacrifices somptueux des faibles mortels.

Ainsi, du consentement de Jupiter, Pluton, qui dompte tout, fils renommé de Saturne, porté par ses immortels coursiers, entraînait cette jeune fille malgré sa résistance et quoiqu'il fût son oncle paternel. Tant qu'elle aperçut encore la terre, le ciel étoilé, la vaste mer et quelques rayons du soleil, elle espéra que sa mère vénérable ou quelqu'un des dieux immortels pourrait l'entrevoir. Cette espérance inspirait du calme à sa grande âme, quoique accablée de tristesse. Les montagnes jusques à leur sommet, la mer jusque dans ses profondeurs, retentissaient des éclats de sa voix divine. Son auguste mère l'entendit. Une vive douleur descend aussitôt dans son âme, de ses deux mains elle déchire les bandelettes autour de ses cheveux divins; elle revêt ses épaules d'un manteau d'azur, et, comme l'oiseau, s'élève impatiente sur la terre et sur les mers. Mais aucun Dieu, aucun homme ne voulut lui dire la vérité; le vol d'aucun oiseau ne put la guider par un augure certain. Pendant neuf jours la vénérable Cérès parcourut la terre, portant dans ses mains des torches allumées : absorbée dans la douleur, elle ne goûta durant ce temps ni l'ambroisie ni le nectar, elle ne plongea point son corps dans le bain. Mais lorsque brilla la dixième aurore, Hécate, un flambeau dans les mains, se présenta devant elle et lui dit ces paroles :

« Auguste Cérès, déesse des saisons et des moissons, lequel des dieux ou des mortels a donc enlevé Proserpine et rempli ainsi votre âme de chagrins? Je viens d'entendre sa voix; mais je n'ai pu apercevoir quel était le ravisseur. »

Ainsi dit Hécate. Cérès, la fille de Rhée, ne répond point à ce discours, mais elle s'éloigne avec la déesse en tenant dans ses mains les torches allumées. Toutes deux se rendent auprès du Soleil, observateur des dieux et des hommes. Arrivées devant ses coursiers, elles s'arrêtent, et Cérès l'interroge par ces paroles :

« Soleil! si jamais mes actions ou mes discours ont pu vous réjouir, traitez-moi comme une déesse, prenez pitié de ma douleur. J'ai entendu dans les airs la voix et les plaintes de la fille que j'ai enfantée, tendre fleur, admirablement belle : il m'a semblé que quelque audacieux lui faisait violence, et mes yeux n'ont pu la découvrir; mais vous qui du haut des cieux éclairez de vos rayons et la terre et les mers, dites-moi avec sincérité, divinité chérie, si vous avez découvert quelque chose et quel est celui des dieux ou des hommes qui a saisi ma fille avec violence et l'a enlevée loin de moi. »

Elle dit. Le fils d'Hypérion lui répondit alors en ces mots :

« Fille de Rhée à la belle chevelure, puissante Cérès, vous connaîtrez la vérité : je vous honore et je prends pitié des peines que vous ressentez de la perte de votre fille chérie. Aucun des immortels n'a causé votre malheur, si ce n'est Jupiter, dieu des nuages, qui permit à Pluton de nommer votre fille sa tendre épouse, quoique son oncle paternel. Ce dieu a enlevé la jeune vierge et malgré ses cris l'a conduite avec ses coursiers au sein des ténèbres éternelles. O déesse! calmez votre grande douleur; ne livrez pas inutilement votre âme à la colère indomptable. Pluton, roi puissant entre tous les dieux, n'est point indigne d'être votre gendre : oncle paternel de votre fille, il est du même sang que vous; un grand honneur lui est échu lorsque, dans le principe, les trois parts furent faites; maintenant il habite avec ceux sur lesquels il lui fut accordé de régner. »

En achevant ces mots, il excite ses coursiers. Eux, s'élançant à sa voix, emportent facilement le char léger, comme des oiseaux rapides aux ailes étendues. Cependant Cérès s'abandonne à une douleur plus vive et plus profonde. Irritée contre le fils de Saturne, elle s'éloigne pour longtemps de l'assemblée des dieux et du vaste Olympe; puis, après avoir changé de forme, elle parcourt les villes et les champs fertiles des mortels. Aucun homme, aucune femme aux larges tuniques ne la reconnut en la voyant, avant qu'elle fût venue dans la maison du vaillant Céléus, qui régnait alors dans la ville parfumée d'Éleusis.

Le cœur plein de tristesse, elle s'assied sur les bords de la route, près du puits Parthénius, où les citoyens venaient se désaltérer. Elle se tient à l'ombre d'un olivier touffu, sous les traits d'une femme âgée, privée des faveurs de Vénus, comme sont les nourrices des enfans des rois qui rendent la justice et les intendantes des palais aux voûtes sonores. Les filles de Céléus, venant puiser l'eau jaillissante pour la porter dans les vases d'airain au palais de leur père, l'aperçurent assise. Elles étaient quatre, belles comme des divinités et éblouissantes de jeunesse : Callidice, Disidice, l'aimable Démo et Callithoë, l'aînée de toutes. Elles ne reconnaissent point Cérès : il est difficile aux mortels de reconnaître les dieux; elles abordent la déesse et font entendre ces paroles :

« Bonne femme, quels peuples anciens venez-vous de quitter? Pourquoi vous éloigner de la ville et ne pas venir dans nos demeures? Là, dans nos palais ombragés, sont des femmes de votre âge; il en est aussi de plus jeunes : elles vous accueilleraient avec amitié; leurs discours et leurs paroles seraient pour vous remplis de bienveillance. »

Elles parlèrent ainsi. L'auguste déesse répondit en ces mots :

« Mes enfans, quelque rang que vous occupiez parmi les femmes, soyez heureuses; je vais vous répondre : nous devons parler sincèrement à ceux qui nous interrogent. Mon nom est

Déo ; je l'ai reçu de ma mère vénérable. Maintenant j'arrive, malgré moi, de la Crète, portée sur le vaste dos de la mer. Des pirates m'ont enlevée avec violence ; puis leur navire a abordé à Thorice, où plusieurs captives sont descendues sur la plage, tandis que les nautoniers préparaient le repas du soir près du vaisseau amarré. Pour moi, qui n'avais aucun désir de prendre la douce nourriture, je me suis échappée furtivement le long du rivage, j'ai fui ces maîtres insolens qui voulaient me vendre à un grand prix quoiqu'ils m'eussent obtenue sans rançon. Mes courses errantes m'ont amenée jusqu'en ces lieux. J'ignore quel est ce pays, quels sont les hommes qui l'habitent. Quant à vous, puissent les dieux qui règnent dans l'Olympe vous accorder d'être unies bientôt à de jeunes époux et de donner le jour à des enfans selon vos désirs ! Cependant prenez pitié de moi, jeunes filles ; ayez de la bienveillance pour moi, enfans chéris, jusqu'à ce que j'arrive dans la maison d'un homme ou d'une femme où je remplirai avec plaisir tous les devoirs qui conviennent à une femme âgée : je porterai dans mes bras un enfant nouveau-né, je l'élèverai avec soin et j'aurai la garde de la maison ; ou bien, dans l'intérieur de la chambre, je préparerai le lit des maîtres, et j'enseignerai leurs tâches aux femmes. »

Voilà ce que dit Cérès. Alors une de ces jeunes vierges, Calladice, la plus belle fille de Céléus, lui répondit en ces termes :

« O ma mère ! toutes nos peines, quelque grandes qu'elles soient, il faut les supporter, puisque les dieux nous les envoient : leur puissance est plus grande que la nôtre. Je vous indiquerai tous les hommes qui tiennent ici le premier rang dans le pouvoir, qui sont grands parmi le peuple et dont la prudence et la justice protégent les murs de la cité. Voici la demeure du sage Triptolème, celle de Dioclée, celle de Polyxène, celle de l'irréprochable Eumolpe, celle de Dolichus et celle de notre généreux père. Les épouses de ces héros veillent avec soin dans leurs maisons : à peine vous auront-elles vue qu'elles vous accueilleront toutes ; aucune ne méprisera votre extérieur ; aucune ne vous éloignera de son foyer, car vous ressemblez à une divinité. Mais si vous voulez, attendez ici, nous irons dans le palais de mon père, nous raconterons fidèlement cette aventure à notre mère, la vénérable Métanire, et si la reine nous ordonne de vous conduire dans notre maison, vous n'aurez plus à chercher un autre asile. Ce palais renferme un fils que mes parens ont eu dans leur vieillesse, jeune enfant qu'ils désiraient de toute l'ardeur de leur âme et qu'ils chérissent avec tendresse : si vous l'élevez et qu'il atteigne heureusement son adolescence, vous serez récompensée des soins donnés à son enfance si richement que toutes les femmes en vous voyant envieront votre sort. »

Telles furent les paroles de la fille de Céléus. Cérès fait un signe de tête pour approuver ce dessein. Aussitôt les jeunes filles emportent les vases brillans qu'elles ont remplis d'eau ; elles arrivent à la maison paternelle et racontent à leur mère tout ce qu'elles ont vu, tout ce qu'elles ont entendu. Métanire aussitôt leur commande d'appeler cette femme et de lui promettre de sa part de riches salaires. Pareilles à de jeunes biches, ou plutôt à des génisses rassasiées du pâturage qui bondissent sur la prairie durant la saison du printemps, les jeunes filles s'élancent en retenant les plis de leurs robes sur la route sillonnée par les chars ; leur chevelure, semblable à la fleur du safran, flottait en longues boucles sur leurs épaules.

Elles retrouvent la déesse toujours assise au bord du chemin où peu de temps auparavant elles l'avaient laissée ; elles lui servent de guides pour la conduire dans la maison de leur père. Cérès les suivait le cœur inondé de chagrin et la tête couverte ; son voile bleu descendait jusqu'à ses pieds. Elles arrivent ainsi au palais de Céléus. Leur vénérable mère était assise tout près de la porte solide, tenant son jeune enfant, tendre fleur qui reposait sur son sein : ses filles, empressées, accourent autour d'elle. Cependant la déesse franchit le seuil ; sa tête touche aux poutres de la salle et fait resplendir un éclat divin à travers les portes. Alors la surprise et la pâle crainte s'emparent de la reine ; elle lui offre son siége, elle l'engage à s'asseoir ; mais Cérès, déesse des saisons et des moissons, ne veut point se reposer sur ce trône éclatant, elle reste silencieuse et tient ses beaux yeux baissés jusqu'à ce que la sage Iambé lui présente un siége qu'elle couvre d'une blanche peau de brebis. Là, elle s'assied et de ses mains elle retient son voile. Triste, elle resta longtemps sur son siége, ne disant rien, n'interrogeant ni de la voix ni du geste, mais immobile dans sa douleur, sans prendre ni breuvage ni nourriture, et le cœur consumé de tristesse par le désir qu'elle avait de revoir sa fille à la flottante tunique.

Enfin la sage Iambé, s'abandonnant à mille paroles joyeuses, parvint à distraire l'auguste déesse, la fit doucement sourire et répandit le calme dans son âme. Les aimables saillies de cette jeune fille la lui rendirent dans la suite toujours plus chère. Alors Métanire lui présente une coupe remplie d'un vin délicieux. Elle le refuse, disant qu'il ne lui est pas permis de boire du vin ; mais elle demande qu'on lui donne à boire de l'eau mêlée avec de la farine dans laquelle on broierait un peu de menthe. Métanire alors prépare ce breuvage et le lui présente comme elle le désire. L'auguste Déo accepte par grâce, et Métanire commence l'entretien en ces termes :

« Salut, étrangère. Je ne puis croire que vous soyez issue de parens obscurs : vous êtes certainement née de héros illustres ; vos yeux sont resplendissans de grâce et de pudeur comme ceux des rois qui rendent la justice. Quelles que soient nos peines, il faut savoir les supporter parce qu'elles nous viennent des dieux : c'est le joug qui pèse sur notre tête. Puisque vous êtes arrivée en ces lieux, vous prendrez part à tous les biens que je possède. Ayez soin de ce fils que les immortels m'ont accordé dans ma vieillesse à l'instant où je ne l'espérais plus ; ce fils, objet de tous mes vœux et de tous mes désirs, si vous l'élevez avec soin et qu'il arrive heureusement aux jours de la jeunesse, toutes les femmes qui vous verront porteront envie à votre sort, tant vous serez récompensée des soins prodigués à mon enfant.

— Et vous aussi, grande reine, je vous salue, lui répond Cérès, et que les dieux vous comblent de joie ! Oui, je recevrai votre fils comme vous le commandez et je l'environnerai de tels soins que jamais maléfice dangereux, jamais plante mauvaise, ne pourront le troubler. D'ailleurs je sais un remède plus puissant que toutes les plantes coupées dans les forêts, je sais un préservatif infaillible contre les sortilèges. »

A peine Cérès a-t-elle prononcé de telles paroles qu'elle prend l'enfant dans ses mains immortelles et le suspend à son sein parfumé. La mère en avait le cœur réjoui. C'est ainsi qu'elle élève dans le palais le fils de Céléus, Démophon, qu'enfanta la belle Métanire. Il croissait beau comme un dieu, ne se nourrissant pas de pain, ne mangeant pas de lait. Cérès le frottait d'ambroisie, comme le fils d'un immortel, l'animait de son souffle et le portait sur son sein. Pendant la nuit, à l'insu de ses parens, elle le couchait, comme un tison, dans un ardent foyer. Tous s'étonnaient de le voir ainsi croître en vigueur et se développer semblable aux dieux. Sans nul doute la déesse serait parvenue à l'affranchir de la vieillesse et de la mort sans l'imprudence de Métanire. Durant la nuit, elle observa Cérès et l'aperçut de sa chambre parfumée. Elle poussa aussitôt un grand cri, elle se frappa les deux cuisses, et son âme tremblante pour l'enfant fut agitée d'une grande colère. Alors dans sa douleur elle laisse échapper ces mots :

« O mon fils, Démophon, c'est ainsi que l'étrangère te jette dans le feu, me livrant au deuil, aux chagrins les plus amers ! »

Métanire parlait ainsi en pleurant. L'auguste déesse l'entendit. Alors Cérès, irritée, retire du foyer cet enfant bien-aimé que la reine avait conçu contre toute espérance ; de ses mains divines elle le dépose à terre, un violent courroux anime son cœur ; elle adresse ces paroles à la belle Métanire :

« Que les hommes sont aveugles et insensés ! Ils ne connaissent ni les biens ni les maux que leur réserve le destin : c'est ainsi que ton imprudence fait aujourd'hui ton propre malheur. Oui, j'en fais le serment par l'onde inexorable du Styx, serment des dieux, j'aurais affranchi ton fils de la vieillesse et de la mort, je l'aurais doué d'une gloire éternelle. Maintenant il ne pourra échapper à la mort et à la destinée, mais il jouira toujours d'un grand honneur parce qu'il a reposé sur mes genoux et qu'il s'est endormi dans mes bras. Cependant, quand viendra sa jeunesse, les enfans d'Éleusis verront s'élever sans cesse entre eux les discordes funestes de la guerre. Je suis Cérès, pleine de gloire ; je fais la joie et le bonheur des dieux et des hommes. Allons, que près de la ville et de ses murs élevés tout le peuple me bâtisse un temple avec un grand autel sur la haute colline Callichore ! Je vous enseignerai les mystères, vous les célébrerez avec piété et vous apaiserez ainsi mon âme. »

La grande déesse, parlant ainsi, change de forme et secoue sa vieillesse : la beauté respire autour d'elle, une odeur agréable s'échappe de ses voiles parfumés, la lumière de son corps divin rayonne autour de la déesse, ses blonds cheveux flottent sur ses épaules ; tout le palais est rempli d'une splendeur semblable à l'éclair de la foudre. La déesse alors disparaît de ces demeures. En ce moment, Métanire sent fléchir ses genoux, elle reste longtemps sans voix, elle oublie même de relever son fils étendu sur la terre. Cependant les cris plaintifs de Démophon arrivent jusqu'aux oreilles de ses sœurs : aussitôt elles s'élancent de leurs couches ; l'une d'elles prend l'enfant dans ses bras et le presse contre son sein, une autre allume du feu, la troisième court avertir la mère ; puis, groupées autour de leur frère, elles lavent son corps palpitant et le comblent de caresses ; mais rien ne peut apaiser son âme : ses nourrices et ses gouvernantes sont bien inférieures à Cérès.

Durant toute la nuit, en proie à la plus grande frayeur, elles apaisent l'illustre déesse. Dès que l'aurore se lève à l'horizon, elles racontent au puissant Céléus toute la vérité, comme le leur a ordonné la déesse Cérès à la couronne resplendissante. Alors le roi réunit ses peuples nombreux, leur donne l'ordre d'élever à la déesse un temple et un autel sur le sommet d'une colline. Tous se hâtent d'exécuter ses ordres : un temple est construit comme le commande Céléus et s'avance rapidement par la volonté de la déesse. Dès qu'il fut terminé, le peuple cessa les travaux, chacun rentra dans sa demeure.

Alors la blonde Cérès vient s'y asseoir, loin de tous les dieux ; et le cœur rongé de tristesse par le désir de revoir sa fille à l'ample tunique, elle envoya une année terrible et funeste aux mortels : la terre ne produisit point de semences ; Cérès à la belle couronne les retenait dans les sillons. C'est en vain que les bœufs traînaient dans les champs le soc recourbé de la charrue ; c'est en vain que le froment le plus pur était répandu dans les guérets : la race des mortels allait périr par les horreurs de la faim, les sacrifices et les offrandes allaient manquer pour toujours aux divinités de l'Olympe si Jupiter, à la vue de ces maux, n'eût conçu dans son âme une sage résolution. Il envoie Iris aux ailes d'or appeler Cérès à la blonde chevelure et brillante d'une aimable beauté. Iris, d'après les ordres de Jupiter, franchit l'espace d'un vol rapide. Arrivée à la ville d'Éleusis, elle trouve dans le temple Cérès couverte d'un voile d'azur ; elle lui adresse aussitôt ces paroles :

« Cérès, le grand Jupiter à l'immuable volonté vous ordonne de venir à l'assemblée des dieux immortels. Hâtez-vous, afin que l'ordre de Jupiter ne reste pas inaccompli. »

Les paroles d'Iris étaient suppliantes, mais Cérès n'obéit pas. Jupiter lui adresse tous les dieux immortels : ils la conjurent tour à tour de venir dans l'Olympe ; ils lui offrent de nombreux présens et lui promettent dans l'assemblée des dieux tous les honneurs qu'elle pourra désirer. Mais nul ne peut fléchir le cœur de la déesse irritée. Elle rejette leurs vœux : enfin elle annonce qu'elle n'ira dans l'Olympe qu'après avoir revu sa fille aux doux regards.

Dès que Jupiter connaît cette résolution, il envoie dans l'Érèbe Mercure à la baguette d'or. Il le charge de décider Pluton, par des paroles insinuantes, à permettre que la chaste Proserpine s'éloigne du ténébreux empire et jouisse de la lumière dans l'assemblée des dieux, afin que Cérès soit apaisée à la vue de sa fille. Mercure obéit à cet ordre, il abandonne les demeures de l'Olympe et s'élance dans les abîmes de la terre. Il trouve le roi des ombres dans son palais, assis sur sa couche à côté de sa vénérable épouse, que le désir de revoir sa mère accablait de tristesse. Le meurtrier d'Argus s'approche de Pluton et lui tient ce discours :

« Pluton à la noire chevelure, roi des ombres, Jupiter m'ordonne de conduire la chaste Proserpine hors de l'Érèbe, au milieu de nous, afin que Cérès, voyant sa fille, abandonne sa colère envers les immortels. Cette déesse a le dessein terrible d'anéantir la race des mortels en cachant la semence au fond de la terre et de détruire ainsi les honneurs des divinités. Elle nourrit une colère terrible ; elle ne s'unit point aux autres dieux : seule à l'écart dans son temple parfumé, elle a fixé son séjour dans la forte citadelle d'Éleusis. »

A ce discours, Pluton, roi des morts, sourit. Obéissant à l'ordre de Jupiter, il parle en ces mots à la prudente Proserpine :

« Retournez, Proserpine, auprès de votre mère au voile d'azur. Conservez en votre âme une douce pensée et ne vous abandonnez pas à des chagrins inutiles. Certes, parmi les immortels, je ne suis pas un mari indigne de vous, moi, frère de Jupiter. Quand vous reviendrez en ces lieux, vous règnerez sur toutes les ombres qui les habitent, et vous jouirez des grands honneurs réservés aux divinités, et le châtiment frappera l'impie qui négligerait de vous offrir pieusement des sacrifices et d'accomplir les dons sacrés. »

Il dit. La prudente Proserpine, pleine de joie, s'élance avec allégresse. Pluton alors s'approchant d'elle en secret lui fait manger un doux pepin de grenade, pour qu'elle ne puisse pas toujours rester auprès de sa vénérable mère, Cérès au voile d'azur. Puis ce dieu qui dompte toutes choses attelle ses coursiers immortels à son char étincelant d'or. Proserpine y monte ; Mercure prend en main le fouet et les rênes ; ils quittent le sombre royaume ; les chevaux volent avec joie, et les deux divinités franchissent promptement d'immenses espaces : ni la mer, ni les fleuves rapides, ni les vallées verdoyantes, ni les collines n'arrêtent l'essort impétueux des coursiers immortels ; plus élevés que les collines, ils fendent de leur course rapide l'immensité de l'air. Enfin le char s'arrête devant le temple qu'habitait la blonde Cérès. Elle, à la vue de sa fille, s'élance comme une ménade qui se précipite de la montagne dans la sombre forêt. Proserpine, sautant à bas du char, court, prompte comme l'oiseau, au-devant de sa mère, lui baise la tête, lui prend les mains. Cérès, en embrassant sa fille, sent de douces larmes mouiller ses joues, sa voix expire sur ses lèvres ; puis, après un court silence, elle interroge Proserpine et lui dit ces paroles :

« Chère enfant, n'as-tu goûté aucune nourriture auprès du roi des morts ? Parle, ne me cache rien, que je connaisse la vérité, car s'il en était ainsi, tu pourrais désormais toujours habiter près de moi, près de ton père, le redoutable Jupiter, et tu serais honorée par tous les dieux. Mais si tu as goûté quelque nourriture, alors retournant de nouveau dans le sein de la terre, tu consacreras le tiers de l'année à ton époux, et les deux autres tiers, tu les passeras auprès de moi et des dieux immortels. A l'époque où la terre enfante les fleurs odorantes et variées du printemps, tu reviendras des obscures ténèbres, au grand étonnement des dieux et des hommes. Mais dis-moi par quelle ruse le terrible Pluton t'a trompée.

— Mère, répondit Proserpine, je vais tout vous dire avec sincérité. Lorsque Mercure, messager rapide de Jupiter et des autres dieux, est venu me faire sortir de l'Érèbe et m'amener à vous pour calmer votre colère, je me suis élancée avec joie ; mais Pluton m'a donné en secret un pepin de grenade, délicieuse nourriture, et m'a forcée de le manger. Je vais vous dire maintenant comment le fils de Saturne m'enleva par la secrète volonté de mon père et m'emporta dans les abîmes de la terre ; je vais tout vous raconter comme vous le désirez. Nous étions plusieurs jeunes filles dans une riante prairie : Lanippe, Phéno, Mélite, Yanthe, Électre, Yaché, Rhodia, Calliroé, Mélobosis, Tyché, la belle Ocyroé, Chryséis, Janire, Acaste, Admote, Rhodèpe, Plouto, la tendre Calypso, Styx, Uranie, l'aimable Glaxaure, Pallas, vaillante dans les combats, et Diane, heureuse de ses flèches ; nous jouions ensemble, cueillant mille fleurs variées ; nous réunissions en bouquets le safran parfumé, l'iris, l'hyacinthe, les roses au calice odorant, le lys d'une éclatante blancheur et le narcisse semblable au safran que la terre féconde venait d'enfanter. Joyeuse, j'arrache cette plante superbe : à l'instant la terre s'entr'ouvre, le redoutable Pluton s'élance, et, malgré ma résistance, m'emporte au sein des ténèbres sur son char étincelant d'or. Dans ma fuite, je poussais des cris lamentables. O ma mère ! voilà tout. Quoique triste, je vous ai tout dit avec sincérité. »

Ainsi, durant tout le jour, les déesses se réjouirent au fond de leur cœur par de mutuelles caresses. Leur âme cessa de s'affliger. Elles échangèrent ensemble les témoignages de la plus douce joie. En ce moment près de ces divinités arrive Hécate au voile éclatant ; elle embrasse tendrement la chaste fille de Cérès. Dès lors elle fut toujours la compagne et l'amie de Proserpine. Jupiter, maître de la foudre, ordonne à Rhée d'amener Cérès au voile d'azur dans l'assemblée des immortels et de lui promettre les honneurs divins qu'elle désirait. Il permet que Proserpine passe un tiers de l'année dans les sombres demeures et le reste du temps auprès de sa mère et des autres dieux. Ainsi le veut Jupiter. La déesse se hâte d'accomplir son message : elle s'élance rapidement des hauteurs de l'Olympe et arrive à Rhadios, jadis campagne fertile, aujourd'hui frappée de stérilité, aride, dépouillée de feuillage. Par la volonté de Cérès, le froment reste enfoui sans fécondité : pourtant la déesse permettra plus tard que ces champs soient couverts de longs épis au retour du printemps, et que des moissons abondantes destinées à être réunies en gerbes jaunissent encore les guérets. La déesse, ayant franchi les plaines de l'air, s'arrête en ces lieux.

Les deux divinités sont joyeuses de se revoir : leur cœur s'en réjouit. Rhée adresse alors ces paroles à Cérès :

« Ma fille, Jupiter, maître de la foudre, vous ordonne de venir prendre place parmi les immortelles et vous promet de vous faire rendre les honneurs que vous désirez au milieu des divinités. Il a décidé que votre fille demeurera la troisième partie de l'année dans les sombres demeures et le reste avec vous et les autres dieux. Il l'a promis d'un signe de sa tête : venez donc, mon enfant, laissez-vous fléchir par ces promesses, ne soyez pas plus longtemps irritée contre Jupiter ; rendez promptement les fruits nourrissans de la terre aux mortels. »

Cérès à la belle couronne ne résiste point à ces paroles ; elle rend la fécondité aux campagnes : la terre se couvre de feuillages et de fleurs ; la déesse enseigne aux rois chefs de la justice, à Triptolème, à Dioclès, écuyer habile, au courageux Eumolpe, à Céléus, pasteur des peuples, le ministère sacré de ses autels ; elle confie à Triptolème, à Polyxène, à Dorlé les mystères sacrés qu'il n'est permis ni de pénétrer ni de révéler : la crainte des dieux doit retenir notre voix. Heureux celui des mortels qui fut témoin de ces mystères ; mais celui qui n'est point initié, qui ne prend point part aux rites sacrés, ne jouira point d'une aussi belle destinée, même après sa mort, dans le royaume des ténèbres.

Cérès ayant accompli ses desseins, les deux divinités remontèrent dans l'Olympe et se mêlèrent à l'assemblée des immortels. Là, environnées d'une sainte vénération, elles habitent auprès du formidable Jupiter. Heureux entre tous les mortels celui qu'elles chérissent : elles envoient pour le visiter dans ses demeures le dieu Plutus, qui distribue la richesse aux faibles humains.

Auguste déesse des saisons, puissante Cérès, qui nous comblez de présens, vous qui régnez dans la ville d'Éleusis, à Paros et sur la pierreuse Antrone ; et vous, sa fille, belle Proserpine, soyez favorable à ma voix, daignez m'accorder une vie heureuse ! je ne vous oublierai pas et je vais dire un autre chant.

HYMNE V.

A Vénus.

Je chanterai la belle Vénus à la couronne d'or. Elle a pour empire les bords de l'île de Cypre, où le souffle humide du zéphyr la transporte sur une molle écume à travers les vagues mugissantes de la mer. Les Heures aux riches bandeaux la reçoivent avec allégresse et l'ornent de vêtemens divins : sur son front immortel elles placent une belle couronne d'or admirablement travaillée, dans ses oreilles percées des bijoux d'orichalque, enrichis d'or pur ; elles environnent son cou délicat d'un collier d'or qui retombe sur sa blanche poitrine, admirable collier que portent les Heures elles-mêmes quand elles se rendent aux danses des dieux et dans le palais de leur père. Sa toilette achevée, elles conduisent cette déesse dans l'assemblée des immortels. Ceux-ci la saluent et lui présentent la main. Chacun d'eux désirerait conduire en sa demeure cette aimable vierge pour en faire son épouse, tant Cythérée couronnée de violettes leur semble digne d'admiration.

Salut, déesse au regard séduisant, au doux sourire : accordez-moi la victoire dans ce combat, protégez les accens de ma voix : moi, je ne vous oublierai pas et je vais chanter un autre hymne.

HYMNE VI.

A Bacchus.

Je chanterai Bacchus, fils illustre de Sémélé : je dirai comment au bord de la mer stérile, sur un promontoire élevé, il parut tel qu'un jeune héros à la fleur de l'âge. Ses beaux cheveux noirs flottaient sur son cou ; ses larges épaules étaient couvertes d'un manteau de pourpre. Tout à coup un navire aux larges flancs chargé de pirates tyrrhéniens s'avance à travers les flots : une destinée contraire amenait ces pirates en ces lieux. Dès qu'ils voient Bacchus, ils se font des signes entre eux et s'élancent ; le cœur transporté de joie, ils se hâtent de le conduire dans leur vaisseau ; ils croyaient qu'il était fils des rois issus de Jupiter et voulaient l'enchaîner avec des liens pesans. Mais rien ne peut le retenir ; l'osier tombe de ses pieds et de ses mains : lui, regardant les nautoniers avec un doux sourire, s'assied auprès d'eux. A cette vue, le pilote effrayé appelle ses compagnons et leur dit :

« Ah ! malheureux, quel est donc ce dieu puissant que vous prétendez enchaîner ? Votre navire solide ne peut y suffire. C'est Jupiter,

Neptune ou Apollon à l'arc d'argent. Il ne ressemble pas aux faibles humains, mais aux habitans immortels de l'olympe. Remettons-le promptement à terre, gardez-vous bien de l'outrager, de peur que dans son courroux il ne déchaîne contre nous les vents furieux et les tempêtes mugissantes. »

Il dit, mais le maitre du navire s'approchant du pilote lui adresse ces durs reproches :

« Insensé, vois-donc, le vent est favorable ; hâte-toi de tendre les voiles, de préparer les agrès du navire ; quant à lui, les nautoniers en prendront soin, et il nous procurera de grands avantages. Nous le conduirons en Égypte, ou dans l'île de Cypre, ou chez les Hyperboréens, ou même plus loin encore, jusqu'à ce qu'il se soit décidé à nous faire connaître ses parens, ses amis, ses richesses : c'est un dieu qui l'a mis entre nos mains. »

Il dit et dresse les mâts et tous les cordages. Le vent souffle dans les voiles et les matelots préparent les agrès du navire. Mais bientôt d'éclatans prodiges brillent à leurs yeux : un vin odorant coule au sein du navire et de délicieux parfums s'exhalent dans les airs. La surprise s'empare de tous les matelots qui considéraient ces prodiges. A l'extrémité de la voile serpente de tous côtés un pampre auquel pendent de nombreuses grappes, un lierre verdâtre chargé de fleurs s'enlace au mât et le couvre de sa délicieuse verdure, des couronnes ornent tous les bancs des rameurs. A cette vue les nautoniers ordonnent au pilote de conduire le navire à terre ; mais à la pointe du navire le dieu leur apparaît sous la forme d'un lion terrible et pousse de longs rugissemens. Au milieu du navire, par un autre prodige, se montre un ours hérissé de poils ; l'ours enflammé de fureur se dresse sur ses pieds, tandis qu'à l'extrémité du pont le lion le regarde de ses yeux menaçans. Les matelots effrayés, près de la poupe, se réunissent autour du pilote, homme d'un esprit sage, et s'arrêtent dans les angoisses de la crainte. Soudain, le lion s'élançant enlève le maître du vaisseau. A cette vue les nautoniers pour éviter une terrible destinée se précipitent dans la mer et sont changés en dauphins. Mais Bacchus ayant pitié du pilote l'arrête et lui promet une vie heureuse en ces mots :

« Rassure-toi, noble pilote, cher à mon cœur, tu vois en moi le tumultueux Bacchus qu'enfanta la cadméenne Sémélé, après s'être unie d'amour à Jupiter. »

Salut, fils glorieux de Sémélé ; je ne dois pas t'oublier en composant mes douces chansons.

HYMNE VII.

A Mars.

Mars puissant, qui sous ton poids fais plier un char, toi dont la tête est armée d'un casque d'or et le bras d'un bouclier ; dieu magnanime au bras vigoureux, sauveur des cités, divinité cuirassée d'airain, rempart de l'Olympe, père de la Victoire dans une guerre équitable, soutien de Thémis, terreur de tes ennemis, chef des hommes vertueux, roi de la force, qui roules dans les airs un cercle lumineux au milieu des sept planètes, où t'enlèvent sans cesse d'ardens coursiers au-dessus du troisième orbite, exauce mes vœux, ami des héros, source d'une jeunesse audacieuse. Répands sur ma vie du haut des airs, et la douce clarté et la force martiale ; que je puisse éloigner de ma tête l'amère douleur, réprimer par ma prudence l'impétuosité trompeuse de mon âme, et retenir la fougue de mon courage qui me pousse à la guerre cruelle ; accorde-moi, dieu fortuné, de vivre sous des lois pacifiques en évitant l'impétuosité des guerriers et la mort violente.

HYMNE VIII.

A Diane.

Muse, chante Diane, la sœur du dieu qui lance au loin ses traits, vierge qui met tout son bonheur dans ses flèches, vierge issue du même sang qu'Apollon. Précipitant ses coursiers dans les ondes du Mélès bordé de roseaux, elle traverse rapidement sur son char étincelant d'or les plaines de Smyrne et de Claros, fertile en vignes, où repose Apollon en attendant sa sœur qui se plaît à lancer des flèches.

Diane et toutes les autres divinités, réjouissez-vous à ma voix ! C'est par vous que j'ai dû commencer, déesse puissante ; maintenant, après vous avoir célébrée, je chanterai un autre hymne.

HYMNE IX.

A Venus.

Je chanterai Cythérée, née dans l'île de Cypre : elle comble les mortels des plus douces faveurs ; sur son doux visage elle porte toujours un aimable sourire et la fleur de la beauté.

Salut, ô déesse qui régnez sur la belle Salamine et dans toute l'île de Cypre, prêtez à ma voix votre charme infini ; jamais je ne vous oublierai et maintenant, je vais chanter un autre hymne.

HYMNE X.

A Minerve.

Je commencerai par chanter la terrible Pallas Minerve, gardienne de nos cités, qui se plaît avec le dieu Mars aux fatigues de la guerre, aux ruines des villes, au tumulte des armes, aux dangers des batailles, et qui étend sa protection sur le peuple, qu'il marche au combat, ou qu'il en revienne.

Salut, déesse, accordez-nous la fortune et le bonheur.

HYMNE XI.

A Junon.

Je chante Junon au trône d'or, la fille de l'illustre Rhéa ; Junon, reine immortelle, douée d'une beauté ravissante, épouse et sœur du redoutable Jupiter, elle que tous les habitans fortunés de l'Olympe honorent à l'égal de Jupiter lui-même, le maître de la foudre.

HYMNE XII.

A Cérès.

Je commencerai par chanter Cérès à la belle chevelure, déesse vénérable, elle et sa fille Proserpine.

Salut, ô déesse, sauvez notre ville, écoutez nos chants d'une oreille propice.

HYMNE XIII.

A la mère des dieux.

Muse à la voix mélodieuse, fille du grand Jupiter, chante la mère de tous les dieux et de tous les hommes ; elle que charme le bruit des cymbales et des tambourins, le doux frémissement des flûtes, le rugissement des loups, des lions sauvages, les montagnes retentissantes et les vallons aux épais ombrages.

Je vous salue donc dans ces chants, ô mère des dieux et de toutes les déesses ensemble.

HYMNE XIV.

A Hercule au cœur de lion.

Je célébrerai le fils de Jupiter, Hercule, le plus vaillant des mortels. Alcmène, qui s'était unie d'amour à Jupiter, lui donna le jour dans la charmante ville de Thèbes. Ce héros, d'abord par les ordres du puissant Eurysthée, parcourut les mers et la terre immense, accomplissant les plus grandes entreprises, supportant les plus pénibles travaux ; maintenant plein de joie, il habite les superbes demeures de l'Olympe couvert de neige et possède la brillante Hébé.

Salut, roi puissant, fils de Jupiter, accordez-moi le bonheur et la vertu.

HYMNE XV.

A Esculape.

Célébrons celui qui guérit nos maux, le fils d'Apollon, Esculape, qui mit au monde la divine Coronis, fille du roi Phlégus, pour être la joie des hommes et pour alléger leurs douleurs les plus amères.

Salut, ô roi, je vous implore dans mes chants.

HYMNE XVI.

Aux Dioscures.

Muse mélodieuse, chante les Tyndarides, Castor et Pollux, issus de Jupiter Olympien. Ils reçurent le jour de l'auguste Léda, qui, s'étant unie d'amour au redoutable fils de Latone, les enfanta sur le sommet du Taygète.

Je vous salue, Tyndarides, habiles à dompter les coursiers.

HYMNE XVII.

A Mercure.

Je chante Mercure Cyllénien, le meurtrier d'Argus. Il protège les troupeaux sur le mont Cyllène et dans l'Arcadie féconde en troupeaux. Bienveillant messager des immortels, il dut le jour à la fille d'Atlas, la vénérable Maïa, qui s'unit d'amour à Jupiter ; éloignée de l'assemblée des dieux, elle habitait au fond d'une grotte obscure : c'est là que, durant les ténèbres de la nuit, le fils de Saturne s'unit à elle, tandis que Junon s'abandonnait aux douceurs du sommeil ; tous deux se dérobèrent à la vue des dieux et des hommes.

Je vous salue, fils de Jupiter et de Maïa ; maintenant que j'ai célébré votre gloire, je chanterai d'autres hymnes.

Salut, bienveillant Mercure, messager céleste, dispensateur de tous les biens.

HYMNE XVIII.

A Pan.

Muse, célèbre le fils chéri de Mercure, Pan aux pieds de chèvre, au front armé de deux cornes, aux sons retentissans, et qui, sous la fraîcheur du bocage, se mêle aux chœurs des Nymphes : celles-ci, franchissant les hautes montagnes, adressent leurs prières à Pan, dieu champêtre à la chevelure superbe mais négligée. Il reçut en partage les monts couverts de neiges et les sentiers rocailleux ; il marche de tous côtés à travers les épaisses broussailles ; tantôt il gravit les roches escarpées, et de leurs cimes élancées il se plaît à contempler les troupeaux. Souvent il s'élance sur les montagnes couronnées de blanches vapeurs ; souvent, dans les vallons, il poursuit et immole les bêtes sauvages qui ne peuvent se dérober à ses regards perçans ; d'autres fois, lorsque la nuit approche, seul, revenant de la chasse, il soupire sur ses chalumeaux un air mélodieux. L'oiseau qui sous la feuillée du printemps fleuri, répète d'une voix plaintive sa douce chanson ne l'emporte point sur cette divinité.

Alors se réunissent avec lui à pas pressés, auprès d'une fontaine profonde, les Nymphes des montagnes, à la voix éclatante. Écho fait résonner le sommet des monts ; le dieu se mêle au hasard au chœur des danses, et sans les rompre les pénètre d'un pas léger ; ses épaules sont couvertes d'une peau de lynx, son âme est réjouie par les accens mélodieux. Elles dansent ainsi dans une molle prairie où l'herbe touffue est embaumée du safran et de l'odorante hyacinthe. Dans leurs hymnes les Nymphes célèbrent et les dieux fortunés et le vaste Olympe, mais elles chantent surtout le bienveillant Mercure, rapide messager des dieux.

C'est lui qui vint dans l'Arcadie, source d'abondantes fontaines et féconde en troupeaux : là s'élève le champ sacré de Cyllène ; en ces lieux, lui, dieu puissant, garda les blanches brebis d'un simple mortel, car il avait conçu le plus vif désir de s'unir à une belle nymphe, fille de Dryops. Leur doux hymen enfin s'accomplit : cette jeune nymphe donna le jour au fils de Mercure, enfant étrange à voir, enfant aux pieds de chèvre, au front armé de deux cornes, aux sons retentissans, au sourire aimable. A cette vue la nourrice abandonne l'enfant et prend aussitôt la fuite ; ce regard horrible et cette barbe épaisse l'épouvantèrent : mais le bienveillant Mercure le recevant aussitôt le prend dans ses mains, et son âme en ressentit une grande joie. Il arrive ainsi au séjour des immortels en cachant soigneusement son fils dans la peau velue d'un lièvre de montagne : se plaçant devant Jupiter et les autres divinités il leur montre le jeune enfant. Tous les immortels se réjouissent à cette vue, surtout Bacchus. Ils le nommèrent Pan, car pour tous il fut un sujet de joie.

Salut, ô roi, je vous implore en ces vers ; je me souviendrai toujours de vous, et je vais dire un autre chant.

HYMNE XIX.

A Vulcain.

Muse mélodieuse, chante l'ingénieux Vulcain. De concert avec Minerve, il enseigna sur la terre les plus beaux ouvrages aux mortels ; auparavant ils habitaient les antres des montagnes, comme les bêtes sauvages, mais maintenant, instruits dans les arts par l'industrieux Vulcain, ils voient les années s'écouler dans une vie heureuse, ils vivent tranquilles dans la maison.

Soyez-nous favorable, ô Vulcain, accordez-moi le bonheur et la vertu.

HYMNE XX.

A Apollon.

O Phébus, le cygne vous célèbre dans ses chants mélodieux, lorsque agitant ses ailes, il s'élance sur le rivage près du Pénée, fleuve rapide ; c'est vous que le poëte sur sa lyre sonore chante toujours le premier et le dernier.

Salut, ô grand roi, puissé-je vous fléchir par mes chants.

HYMNE XXI.

A Neptune.

Chantons d'abord Neptune, dieu puissant, roi des mers, qui fait trembler la terre et la mer inféconde, qui règne sur l'Hélicon et sur l'immense ville d'Aigues. Neptune, vous avez reçu des immortels le double honneur de dompter les coursiers et de sauver les navires.

Salut, Neptune, à la chevelure azurée, dieu fortuné, que votre cœur bienveillant protége les navigateurs.

HYMNE XXII.

A Jupiter.

Je chanterai Jupiter le plus grand et le plus illustre des dieux, Jupiter dont la foudre retentit au loin, dieu puissant par qui tout s'accomplit, et qui donne à Thémis, assise près de lui, des conseils pleins de sagesse.

Soyez-nous propice, très-grand et très-illustre fils de Saturne.

HYMNE XXIII.

A Vesta.

O Vesta, qui dans la divine Pythie veillez sur le temple sacré d'Apollon, vous dont la chevelure exhale toujours les doux parfums, vous qui êtes douée d'une âme bienveillante, venez dans cette maison avec le grand Jupiter et soyez propice à nos chants.

HYMNE XXIV.

Aux Muses et à Apollon.

Je chanterai d'abord les Muses, Apollon et Jupiter. Des Muses et d'Apollon sont nés sur la terre les chanteurs et les joueurs d'instrumens, de Jupiter sont nés les rois. Heureux celui qui est chéri des Muses, une douce voix coule de ses lèvres.

Salut, enfans de Jupiter, prêtez quelques charmes à mes accens : je ne vous oublierai pas et je vais dire un autre chant.

HYMNE XXV.

A Bacchus.

Je célébrerai d'abord le bruyant Bacchus, à la chevelure enlacée de lierre, fils illustre de Jupiter et de Sémélé. Les Nymphes l'ayant reçu de son père l'élevèrent et le placèrent sur leur sein et le nourrirent avec soin dans les vallons de Nisa. Par la volonté de Jupiter, il grandit au fond d'une grotte parfumée; pour prendre place au rang des immortels. Quand les Nymphes élevaient cet enfant illustre, couronné de lierre et de laurier, il parcourait les bois sauvages : les Nymphes le suivaient; il marchait devant elles; les immensités de la forêt résonnaient d'un grand bruit.

Salut, ô Bacchus! qui fécondez nos vignes; faites que toujours dans la joie nous parvenions à la fin de la saison, et qu'après cette saison nous arrivions encore à de nombreuses années.

HYMNE XXVI.

Au même. — (Fragmens.)

On raconte que Sémélé s'étant unie d'amour à Jupiter, roi de la foudre, elle vous mit au monde, les uns disent à Dracane, les autres dans la vaste Icare, les autres à Naxos. O Bacchus! enfant divin, d'autres disent que vous êtes né près de l'Alphée, aux gouffres profonds; d'autres enfin, disent que ce fut à Thèbes. Ils sont tous dans l'erreur. Ce fut le père des dieux et des hommes qui vous engendra loin de tous les mortels, en se dérobant à la belle Junon. Il est une haute montagne nommée Nisa; elle est couronnée de vertes forêts, et loin de la Phénicie elle s'élève près des bords du fleuve Égyptus...

De nombreuses statues s'élèveront dans vos temples. Tous les trois ans, pour célébrer vos fêtes, les hommes sacrifieront en votre honneur d'illustres hécatombes...

A ces mots, le fils de Saturne abaisse ses noirs sourcils, la chevelure du roi des dieux s'agite sur sa tête immortelle; le vaste Olympe en est ébranlé.

... Jupiter parlant ainsi lui fit de la tête un signe d'approbation.

... Soyez-nous favorable, ô Bacchus! qui aimez les femmes; c'est toujours par vous que nous commencerons et terminerons nos chants; il n'est pas possible de vous oublier et de se souvenir d'un autre hymne.

Salut, ô Bacchus! Salut, ô Sémélé sa mère! vous qui portez aussi le nom de Thyone.

HYMNE XXVII.

A Diane.

Je célèbre Diane aux flèches d'or. Sœur d'Apollon au glaive étincelant, elle se plaît au tumulte de la chasse, et pleine de joie elle perce les cerfs de ses traits. Sur les montagnes, sur les sommets battus des vents, jouissant de tout le bonheur de la chasse, elle tend son arc brillant et lance au loin des flèches dont les coups sont mortels. Les montagnes élevées sont ébranlées jusque dans leurs cimes, et les halliers de la forêt tremblent avec horreur à la voix des bêtes féroces; la terre et la mer poissonneuse en frémissent; la déesse, remplie d'un noble courage, vole de toutes parts et renverse la foule des monstres farouches. Cependant, meurtrière des animaux féroces, Diane livre son cœur à la joie; elle détend son arc flexible et se rend dans la vaste demeure de son frère le brillant Apollon, au sein des fertiles campagnes des Delphiens, en conduisant le chœur des Muses et des Grâces. Là, elle suspend son arc et ses flèches, revêt une brillante parure et marche radieuse en guidant les danses des Nymphes. Celles-ci d'une voix divine célèbrent la belle Latone et disent comment, par la volonté des dieux, elle donna le jour à des enfans fameux entre tous par leurs illustres travaux.

Salut, enfans de Jupiter et de la blonde Latone, je ne vous oublierai jamais, et je vais dire un autre chant.

HYMNE XXVIII.

A Minerve.

Je chanterai d'abord Pallas Minerve, déesse illustre, féconde en sages conseils, portant un cœur inflexible, vierge vénérable, gardienne des cités, divinité forte, que le prudent Jupiter fit sortir de sa tête vénérable, toute vêtue d'armes de guerre, étincelante d'or.

En présence du dieu de l'égide, Minerve s'élança de la tête divine en brandissant une lance aiguë; le vaste Olympe fut ébranlé par la puissance de Minerve, la terre en poussa de grands cris, la mer se troubla, ses vagues profondes furent soulevées, l'onde amère resta suspendue. Le fils brillant d'Hypérion arrêta pendant longtemps ses coursiers fougueux, jusqu'à ce que Pallas eût rejeté de ses épaules les armes divines. Jupiter plein de prudence en fut réjoui.

Salut, fille puissante du dieu de l'égide, je ne vous oublierai jamais, et je vais dire un autre chant.

HYMNE XXIX.

A Vesta et à Mercure.

O Vesta! vous habitez la première place dans les palais élevés des dieux immortels et des hommes qui vivent sur la terre; vous avez les plus illustres honneurs; vous obtenez les plus belles et les plus riches offrandes : jamais sans vous il ne fut d'agréables festins pour les mortels; nul ne commence ou ne finit son repas sans avoir fait d'abord des libations d'un vin généreux à la déesse Vesta.

Mercure, fils de Jupiter et de Maïa, messager des dieux, porteur d'un sceptre d'or, dispensateur de tous les biens, soyez-nous propice et venez aussi avec l'auguste et bien-aimée Vesta. Tous les deux instruits des bonnes actions des mortels, accordez-leur l'esprit et la jeunesse, divinités qui habitez d'illustres maisons.

Salut, fille de Saturne; salut, Mercure, porteur d'un sceptre d'or; je ne vous oublierai jamais, et je vais dire un autre chant.

HYMNE XXX.

A la mère de tous.

Je célébrerai la Terre solide, mère antique de toutes choses, nourrice de tous les êtres épars sur le monde. Ils vivent tous de vos largesses, qu'ils rampent sur le sol, qu'ils habitent la mer, ou qu'ils volent dans les airs. C'est par vous, déesse vénérable, que les hommes ont une nombreuse famille et qu'ils jouissent des fruits abondans, car c'est vous qui donnez et soutenez la vie des faibles mortels. Ceux que vous honorez sont heureux : toutes choses leur sont accordées avec largesse. Leurs champs sont couverts de moissons, leurs troupeaux se multiplient dans les pâturages; leurs maisons regorgent de biens; leurs villes fécondes en belles femmes obéissent à de sages lois; partout la richesse et la félicité les accompagnent. O déesse auguste! divinité bienfaisante, la jeunesse et les plaisirs animent les enfans de ceux que vous protégez. Leurs jeunes filles joyeuses forment des chœurs, et, couronnées de roses, conduisent leurs danses dans les prairies couvertes de fleurs.

Salut, ô mère des dieux! épouse du ciel étoilé, daignez, dans votre bienveillance pour mes chants, m'accorder une vie heureuse ; je ne vous oublierai jamais, et je vais dire un autre chant.

HYMNE XXXI
Au Soleil.

Muse Calliope, fille de Jupiter, chante d'abord le Soleil rayonnant, lui que la belle Euriphaësse conçut du fils de la terre et du ciel étoilé. Hypérion épousa la célèbre Euriphaësse, sa sœur, qui mit au monde les enfans les plus beaux : l'Aurore aux doigts de rose, la Lune à la belle chevelure et le Soleil infatigable, semblable aux immortels, et qui, traîné dans un char rapide, éclaire à la fois et les dieux et les hommes ; à travers son casque d'or, ses yeux jettent des regards formidables ; des rayons étincelans s'élancent de son sein ; son casque brillant darde une splendeur éclatante et jette au loin la lumière de son visage radieux; autour de son corps brille une draperie légère que le souffle du vent soulève et fait voler ; sous sa main des coursiers vigoureux...

C'est là, qu'après avoir parcouru les cieux et s'être précipité dans l'Océan, il arrête ses chevaux et son char à l'essieu étincelant d'or.

Salut, ô grand roi! veuillez, dans votre bienveillance pour moi, m'accorder une vie heureuse ; j'ai commencé par vous, maintenant je chanterai cette race d'hommes demi-dieux, dont les immortels révélèrent à la terre les actions glorieuses.

HYMNE XXXII.
A la Lune.

Muses mélodieuses, filles de Jupiter, habiles dans l'art des chants, célébrez la Lune aux ailes rapides ; la lumière qui éclate autour de sa tête immortelle vient inonder la terre ; un doux éclat l'embellit et la clarté de sa couronne d'or dissipe les ténèbres de l'air. Vos rayons brillent, lorsque ayant baigné votre beau corps vous sortez de l'Océan, et que, vous étant enveloppée dans vos vêtemens lumineux, vous courbez sous le joug vos chevaux étincelans, à la tête orgueilleuse, lorsque vous leur faites déployer leur flottante crinière et prendre vivement leur course. Au milieu du mois, le soir, quand votre orbe immense est rempli, les cieux nous versent de vives clartés ; un signe mémorable apparaît aux humains. Jadis la Lune s'unit d'amour à Jupiter : de cette union naquit Pandée, belle entre tous les immortels.

Salut, déesse puissante aux bras d'albâtre, Lune divine et bienveillante, ornée d'une belle chevelure : j'ai d'abord chanté vos louanges, maintenant je vous dirai la gloire de ces hommes demi-dieux, dont les favoris des Muses célèbrent les actions d'une voix mélodieuse.

HYMNE XXXIII.
Aux Dioscures.

Muses aux yeux noirs, célébrez les Dioscures, descendans de Tyndare, beaux enfans de la brillante Léda, Castor écuyer habile et le noble Pollux. Sur les cimes du Taygète, haute montagne, Léda s'étant unie d'amour au formidable Jupiter donna le jour à des fils destinés à être les sauveurs des faibles humains et à protéger les navires, lorsque les tempêtes furieuses se précipitent sur la mer implacable. Les nautoniers implorent les fils du grand Jupiter et leur immolent des agneaux sur la poupe ; les vents furieux et les vagues amoncelées de la mer menacent d'engloutir le navire : alors, portés sur leurs ailes rapides, les Dioscures apparaissent dans les airs, apaisant les vents déchaînés et les tempêtes, ils calment les flots de la mer devant les nautoniers et font briller pour eux des signes favorables. La joie descend dans le cœur des matelots ; ils cessent leurs travaux pénibles.

Je vous salue, ô Tyndarides! conducteurs de rapides coursiers, je ne vous oublierai jamais, et je vais dire un autre chant.

FRAGMENS.

I.
AUX HABITANS DE NÉOTYCHOS,
Colonie de Cyme.

Ayez pitié d'un malheureux sans asile et qui

n'a pû trouver l'hospitalité, ô vous qui habitez cette belle cité, fille aimable de Cyme, et buvez aux pieds du mont Sédène, à la haute chevelure, l'eau divine de l'Hermus aux gouffres immenses qu'enfanta l'immortel Jupiter.

II.

EN REVENANT DANS LA VILLE DE CYME.

Que mes pieds me reportent avec rapidité dans cette ville où demeurent des hommes vénérables : leur âme est remplie de sagesse et de bienveillance.

III.

ÉPITAPHE DE MIDAS.

Je suis une vierge d'airain placée sur le tombeau de Midas. Tant que les eaux suivront leur pente, que les arbres élevés porteront des fleurs, que le soleil en se levant brillera dans les cieux ainsi que la lune éclatante, tant que les fleuves couleront à pleins bords et que la mer baignera ces rivages, je resterai sur cette triste tombe pour annoncer aux passans que Midas repose en ces lieux.

IV.

CONTRE LES HABITANS DE CYME.

A quelle terrible destinée le puissant Jupiter a-t-il permis que je fusse en proie ! moi dont l'enfance fut nourrie sur le sein d'une mère chérie. Par la volonté du dieu de l'égide, les peuples de Phriconis l'entourèrent de murs. Habiles guerriers, habiles à dompter les coursiers, brûlant d'une ardeur martiale, ils habitent dans le sein de l'éolienne Smyrne, voisine de la mer, battue par les vagues, et que traversent les ondes limpides du divin Mélès. C'est de là que vinrent les filles de Jupiter, vierges aimables qui m'inspirèrent de célébrer la terre divine et la ville des Héros ; mais ces hommes ignorans dédaignèrent ma voix sacrée et mes chants illustres. Qu'ils souffrent le malheur à leur tour, ceux dont la méchanceté a médité ma perte. Moi cependant je me résignerai à cette destinée qu'un dieu me réserva lors de ma naissance, et je la supporterai avec une âme patiente ; mes pieds ne me porteront plus dans les vastes rues de Cyme ; tout mon désir est de me rendre chez un peuple étranger, quelque obscur qu'il soit.

V.

CONTRE THESTORIDE.

Thestoride, entre toutes les choses voilées aux mortels, nulle n'est plus impénétrable que l'esprit de l'homme.

VI.

A NEPTUNE.

Puissant Neptune, qui régnez sur le vaste et fertile Hélicon, écoutez-moi. Envoyez un vent favorable, accordez un heureux retour aux pilotes qui dirigent le navire ; accordez-moi d'aborder au pied de la montagne élevée de Mimas, d'y rencontrer des hommes justes ; vengez-moi de celui qui, trompant mon esprit, offensa Jupiter, protecteur des étrangers et de la table hospitalière.

VII.

A LA VILLE D'ÉRYTHRÉE.

Terre illustre et féconde, qui nous versez une douce félicité, vous êtes bienveillante aux hommes que vous aimez ; mais vous devenez âpre et stérile pour tous ceux qui vous irritent.

VIII.

CONTRE DES NAUTONIERS

Qui refusèrent de le recevoir comme passager.

Nautoniers qui sillonnez les mers, semblables à la terrible Até, vous qui supportez une vie pleine de périls, même pour les plongeons, respectez le formidable Jupiter, protecteur des étrangers ; la terrible vengeance de Jupiter hospitalier atteint celui qui l'offense.

IX.

A UN PIN.

O pin, il est un autre arbre qui porte un fruit meilleur que le tien, sur le sommet de l'Ida, montagne aux nombreux vallons, montagne toujours battue des vents. C'est là que les hommes trouveront le fer de Mars lorsque les Cebréniens habiteront cette contrée.

X.

A GLAUCUS.

Glaucus, berger de ce troupeau, je vais donner à ton esprit un sage conseil : Avant tout, offre le repas à tes chiens devant la porte de ta cabane; c'est la plus sage précaution, car le chien est le premier à entendre l'homme vagabond et le loup qui se précipite dans la bergerie.

XI.

CONTRE UNE PRÊTRESSE DE SAMOS.

Divinité de la jeunesse, exaucez mes vœux : faites que cette femme repousse l'amour et les caresses des jeunes gens; qu'elle ne se plaise qu'avec les vieillards dont l'âge a brisé les forces et que le désir ranime encore, mais en vain.

XII.

A LA MAISON DES AMIS.

Les enfans sont la couronne de l'homme, les tours, la couronne d'une cité. Les coursiers sont l'ornement de la plaine, les vaisseaux sont l'ornement de la mer; les richesses accroissent une maison; les rois vénérables assis en assemblée sont pour le peuple un spectacle auguste : mais ce qui me plaît encore davantage, c'est une maison où brille le foyer pendant les rigueurs de l'hiver quand Jupiter répand la neige.

XIII.

LE FOURNEAU OU LA TERRE A POTIER.

Accordez-moi une récompense, ô potier, et je ferai entendre mes chants : venez en ces lieux, Minerve ; protégez ces fourneaux de votre main puissante ; faites que les vases et les corbeilles se colorent d'une teinte brunâtre, qu'ils cuisent à point, qu'ils se vendent bien, qu'ils aient un grand débit soit au marché soit dans les rues, qu'ils rapportent beaucoup ; et qu'ils me rapportent aussi à moi, puisque je chante. Mais, ô potier, si vous me refusez un salaire en me trompant, j'invoquerai contre vous tous les dieux funestes aux fourneaux : Santribe, Smarages, Asbrétos, Sabactée, Omodamon, qui causent de grands dommages aux potiers; je les prierai d'abattre ce portique et cette maison; qu'en même temps tout le fourneau soit détruit au milieu de vos cris d'alarmes. Comme frémit un cheval furieux, qu'ainsi le fourneau frémisse et que dans l'intérieur les vases fracassés soient éparpillés en éclat. Venez, fille du Soleil, enchanteresse Circé, répandez vos funestes poisons, perdez-les eux et leurs ouvrages. Venez aussi, Chiron, venez avec tous vos Centaures, ceux échappés aux bras vengeurs d'Hercule et ceux même qui ont péri; que ces travaux soient indignement brisés, que le fourneau s'écroule et qu'eux-mêmes, au milieu de gémissemens inutiles, contemplent ces tristes exploits; moi, je me réjouirai de ce malheureux désastre. Enfin si quelque imprudent s'approche trop pour regarder ces ravages, que son visage soit la proie des flammes, afin que tous apprennent à respecter la justice !

XIV.

LE RAMEAU.

Nous sommes arrivés devant la maison d'un riche; il peut de grandes choses : il jouit d'une grande félicité. Portes, ouvrez-vous ! de nombreux trésors sont dans cette demeure; avec les richesses y brillent aussi la joie et la douce paix. Que les amphores soient toujours pleines, que dans les vases le feu cuise sans cesse le gâteau délicat de sésame qui flatte l'œil. L'épouse de votre fils montera sur sa couche pour y reposer ; des mules aux pieds robustes la conduiront à la maison. Elle tissera la toile en appuyant ses pieds sur une escabelle ornée d'ambre. Oui, je reviendrai, je reviendrai chaque année, comme l'hirondelle aux pieds délicats revient sous ces portiques. Aidez-nous promptement, si vous voulez être généreux avec nous : autrement nous ne séjournerons pas ici, car nous ne sommes pas venus pour y habiter.

XV.

A DES PÊCHEURS.

HOMÈRE.

Pêcheurs d'Arcadie, qu'avons-nous fait ?

LES PÊCHEURS.

Nous laissons tout ce que nous avons pris; nous emportons ce que nous n'avons pu prendre.

HOMÈRE.

Je le vois : vous êtes bien les enfans de vos pères, qui ne possédaient ni de grandes richesses ni de nombreux troupeaux.

FRAGMENS

DE DIVERS POËMES ATTRIBUÉS A HOMÈRE.

I.

FRAGMENS DU MARGITÉS.

Il savait beaucoup de choses, mais il les savait toutes mal.....

Les dieux ne le firent point ouvrier ni laboureur ; ils ne lui donnèrent même pas l'habileté d'un homme ordinaire : dans tous les arts il manquait d'adresse....

Ministres des Muses et d'Apollon, le dieu qui lance au loin ses flèches.

II.

FRAGMENS DE LA THÉBAIDE,

Poëme cyclique.

Muse, chante la stérile Argos d'où les rois...,
Vêtus d'habits en lambeaux, accompagnés d'Arion à la noire chevelure....
Cependant le blond Polynice, héros qui descend de Jupiter, plaça d'abord devant OEdipe la belle table d'argent du prudent Cadmus ; ensuite il remplit une superbe coupe d'or d'un vin délicieux. Mais à peine OEdipe eut-il jeté les yeux sur les honorables présens de son père, placés devant lui, que de funestes pensées se précipitèrent aussitôt dans son âme. Soudain il prononça contre ses fils des imprécations terribles : la divine Érinnis les recueillit. Il demanda que les deux frères ne fissent pas avec amitié le partage des dons paternels, qu'entre eux guerres et combats régnassent toujours.

Dès qu'OEdipe aperçoit la cuisse de la victime, il la jette à terre et s'écrie :

« Malheur à moi ! mes fils m'envoient cette portion de la victime comme un outrage. »

Puis il invoque Jupiter et les dieux, afin que ses fils se frappant de coups mutuels descendent ensemble dans le royaume de Pluton.

III.

FRAGMENT DES ÉPIGONES.

Maintenant, ô Muses, commençons par chanter les exploits des guerriers les plus jeunes.

IV.

FRAGMENS DES VERS CYPRIENS.

(Quelques auteurs attribuent ce poëme à Stasinus.)

Jadis, les mortels errant sur la terre en nombreuses tribus couvraient de leur multitude sa surface. A cette vue, la compassion entra dans le cœur de Jupiter. Il résolut, dans son esprit rempli de prudence, de délivrer la terre des hommes qu'elle portait, en allumant la funeste guerre d'Ilion, afin que ce fardeau fût diminué par la mort. Ainsi périssaient les héros dans les plaines de Troie : la volonté de Jupiter s'accomplissait....

Tu n'as pas voulu parler de Jupiter qui a fait cela, et qui donna naissance à toutes choses; car où est la crainte, là est aussi la pudeur......

Mais Lyncée qui se fie dans la rapidité de sa course monte sur le mont Taygète ; il atteint bientôt le sommet et découvre toute l'île de Pélops, fils de Tantale. Soudain, le héros illustre de ses yeux perçans aperçoit deux guerriers dans le creux d'un chêne, Castor, écuyer habile, et Pollux, vainqueur dans les jeux. Aussitôt, s'approchant, il frappe Castor.....

V.

FRAGMENS DE LA PETITE ILIADE.

Poëme attribué par quelques auteurs à Lachès.

Je chante Ilion et la Dardanie féconde en coursiers, la Dardanie où les Grecs, disciples du dieu Mars, ont souffert beaucoup de maux.

Ajax enlève du sein des combats le valeureux fils de Pélée, mais le divin Ulysse ne voulait pas.....

Comment as-tu proféré cette parole ? comment as-tu pu la dire sans honte ? C'est un mensonge.....

La tempête emporte à Scyros Achille, fils de Pélée ; cette nuit même il parvint à aborder dans un port difficile.....

Autour de la lame étincelle un anneau d'or, surmonté par une double pointe.....

C'était le milieu de la nuit, la lune étincelait dans les cieux.....

Cependant, le vaillant fils d'Achille conduit dans ses vaisseaux l'épouse d'Hector ; il arrache le jeune enfant du sein de sa nourrice ; il le prend par le pied et le précipite du sommet de la tour : dans sa chute, la mort et l'impitoyable destinée s'emparent de lui. Puis, le héros enlève Andromaque, l'auguste épouse d'Hector, prix glorieux que dans le partage des dépouilles les chefs grecs accordèrent au fils d'Achille. Enfin ce héros fit monter dans son navire l'illustre rejeton d'Anchise, Énée, qui de tous les enfans de Danaüs était pour le vainqueur la plus grande récompense.

VI.

FRAGMENT D'UN POÈME INTITULÉ LES RETOURS.

Aussitôt elle change Éson en un jeune homme aimable à la fleur de l'âge ; et par ses secrets merveilleux elle le dépouille de sa vieillesse en faisant bouillir un grand nombre de plantes dans des bassins d'or.

VII.

FRAGMENT DES CERCOPES.

Les Cercopes étaient fourbes et menteurs.

VIII.

FRAGMENS DE POÈMES INCONNUS.

Lorsqu'arriva le printemps chéri des bœufs aux cornes recourbées.....

Le bruit s'en répandit dans l'armée.....

Car la mort est à moi.....

Ils allumèrent le tison. Le grand Vulcain se leva.....

Un trépied aux anses d'or me sera donné.....

En lui arrachant la vie avec le fer.....

Il coupe avec l'airain cruel.....

En aboyant avec un bruit terrible.....

La lance en sifflant.....

La course des chevaux aux pieds rapides comme le vent.....

LA BATRACHOMYOMACHIE

OU

LE COMBAT DES RATS ET DES GRENOUILLES.

Muses, daignez abandonner les hauteurs de l'Hélicon, venez dans mon âme m'inspirer mes vers. Mes tablettes sont placées sur mes genoux, je vais apprendre à tous les hommes une grande querelle, ouvrage terrible du dieu Mars : comment les rats marchèrent contre les grenouilles, comment ils imitèrent dans leurs exploits ces mortels qui passent pour être les géans fils de la Terre.

Voici quel fut le principe de la guerre :

Un jour un rat échappé aux poursuites d'un chat, et pressé par la soif, se désaltérait au bord d'un étang. Son menton velu trempait dans l'eau, dont il se gorgeait à plaisir. Une grenouille, heureuse habitante de ces marais, habile à croasser sur plus d'un ton, l'ayant aperçu lui parla ainsi :

« Étranger, qui donc es-tu ? quel pays as-tu quitté pour venir sur nos bords ? qui t'a donné le jour ? Prends garde à ne pas déguiser la vérité. Si tu me parais mériter mon affection, je te conduirai dans ma demeure, et je te ferai les présens de l'hospitalité. C'est Physignathe[1] qui te parle. Je suis la reine de cet étang ; j'y suis honorée comme telle, et j'ai toujours régné sur les autres grenouilles. Pelée[2] et Hydroméduse[3] s'étant unis d'amour sur les rives de l'Éridan, me donnèrent le jour. Ta beauté, ton air courageux, me font connaître que tu es fort au-dessus de ceux de ton espèce. Tu es sans doute un grand roi décoré du sceptre ou habile guerrier. Mais, en grâce, ne diffère plus à me faire connaître ton origine. »

Psicharpax[4] lui répondit en ces mots :

« Comment peux-tu ne pas connaître ma race ? Elle est connue aux hommes, aux dieux, et à tous les oiseaux habitans de l'air. Mon nom est Psicharpax ; je suis le fils du généreux Troxarte[1], la fille du prince Pternotrocte ; Lychomyle[2], est ma mère. Elle me donna le jour au fond d'une cabane et me nourrit avec des figues, des noix et des mets de toute espèce. Comment pourrais-tu me recevoir comme ton ami ? puisqu'il n'y a rien de commun entre nous. Tu passes ta vie au fond des eaux, et moi je me nourris comme les hommes, je me nourris de tout ce qu'ils amassent pour eux-mêmes. Rien n'échappe à l'avidité de mes recherches : ni le pain qu'on entasse dans des corbeilles, ni ces gâteaux aux larges bords assaisonnés avec beaucoup de sésame, ni les morceaux de jambon, ni les foies d'animaux recouverts de graisse blanche, ni le fromage frais, ni ces délicieux gâteaux de miel dont les dieux mêmes sont friands, en un mot rien de ce que les cuisiniers apprêtent pour les repas et qu'ils relèvent de mille assaisonnemens divers. Jamais on ne m'a vu fuir dans un combat au fort du danger ; c'est alors que je m'élance avec ardeur dans les premiers rangs. J'approche sans crainte d'un homme, malgré l'énormité de sa stature ; souvent même, grimpant sur son lit, je lui mords hardiment le bout du doigt. Je lui saisis le talon avec tant d'adresse qu'il le sent à peine et que le doux sommeil ne l'abandonne point. A la vérité je redoute fort deux animaux, l'épervier et le chat. Ces espèces sont pour la nôtre une source de maux ; je crains aussi les souricières, ce piège douloureux où réside une mort trompeuse. Mais ce que je redoute surtout, c'est le chat, cet ennemi cruel qui parvient à nous saisir à l'entrée même des trous où nous nous réfugions. Je ne mange ni raves, ni choux, ni courges ; la verte poirée et le céleri ne sont pas dignes de me nourrir. Ce sont là des mets faits pour vous et vos marécages. »

Physignathe sourit à ces mots et répliqua ainsi : « Ami, tu fais bien le glorieux et tout cela

---

[1] Qui a les joues enflées.
[2] Qui habite dans la fange.
[3] Reine des eaux.
[4] Qui ravit les miettes.

[1] Mange-pain.
[2] Lèche-gâteau.

au sujet de ton ventre! Je pourrais vanter moi aussi les merveilles qu'on voit chez nous, soit dans nos marais, soit sur terre. Le maître des dieux a donné aux grenouilles la faculté de vivre dans plus d'un élément; il nous est libre de parcourir les terres en sautant, ou de nous plonger dans les eaux. Si tu es curieux de t'en convaincre, la chose est facile : viens sur mon dos, serre-moi fortement dans la crainte de périr, et tu goûteras un plaisir infini à visiter ma demeure! »

A ces mots, elle lui présente la croupe. Psicharpax y saute d'un léger bond et la tient embrassée par le cou.

Ravi de voir Physignathe nager sous lui, Psicharpax ne se sentait pas d'aise en considérant les divers renfoncemens de la rive qui formaient autant de petits ports voisins les uns des autres. Bientôt l'onde devenant agitée, il se sentit mouillé; alors il a recours aux larmes, aux plaintes inutiles et tardives, il s'arrache des poils et replie ses pieds sous son ventre. Une situation si étrange le jette dans un trouble extrême : tantôt il porte ses regards vers le bord; tantôt, en proie à de mortelles alarmes, il gémit et soupire amèrement. D'abord il abaisse sa queue à la surface des eaux, et, s'en servant comme d'une rame, il la traîne après soi. Puis se sentant de plus en plus surmonté par les vagues armées, il supplie les dieux de le ramener au rivage. Enfin il pousse d'horribles cris, et sa bouche laisse échapper ces paroles :

« Le noir taureau qui conduisit autrefois Europe à travers les flots dans l'île de Crète ne porta jamais sur son dos le poids que l'amour lui imposait, aussi facilement que cette grenouille me transporte à cette heure sur les eaux vers son habitation. Comme son corps verdâtre s'élève au-dessus de l'onde blanchissante! »

Tout à coup, horrible spectacle pour tous les deux! une hydre leur apparaît relevant sa tête au-dessus des ondes. Physignathe ne l'aperçut pas plus tôt qu'elle fit le plongeon, sans penser quel noble ami elle allait perdre; elle descendit au fond de l'abîme, et par là elle évita un destin cruel. Psicharpax, ainsi abandonné, tomba renversé sur son dos. Il agite inutilement les pieds, et près de périr, il fait entendre un cri plaintif. Tantôt il descend au-dessous de l'eau, tantôt il remonte à la surface, et frappant du pied, il se relève et surnage. Il ne put cependant se dérober à sa destinée. Son poil pénétré par l'eau, ajoutait à sa pesanteur naturelle. Il touchait à son dernier moment lorsque s'adressant à Physignathe :

« Tu n'échapperas point aux dieux, lui dit-il, après le crime que tu viens de commettre. Tu as causé ma perte en me précipitant de dessus ton dos comme de la cime d'un rocher. Sur terre, perfide, tu ne te serais jamais montrée supérieure à moi dans aucune espèce de combat, ni au pugilat, ni à la lutte, ni à la course; mais c'est en employant la ruse que tu m'as précipité au fond des eaux. L'œil des dieux est un œil vengeur. Un jour tu porteras la peine de ta perfidie; c'est à l'armée des rats à t'en punir, tu ne saurais leur échapper. »

A ces mots il expire sous les eaux.

Cependant Lichopinax[1], assis sur les bords fleuris de l'étang, avait été témoin de ce malheur; il en gémit amèrement et se hâte d'aller l'annoncer aux autres rats.

Dès qu'ils apprirent le triste sort de leur compagnon, ils entrèrent en fureur. Les hérauts reçurent ordre de convoquer le lendemain matin une assemblée dans le palais de Troxarte, père du malheureux Psicharpax, dont le cadavre, éloigné de la rive, flottait au milieu du marais.

Au lever de l'aurore, les rats s'étant rendus en hâte au conseil, Troxarte le premier se leva au milieu de l'assemblée, et dans le ressentiment que lui causait la perte de son fils, il parla en ces termes :

« Chers compagnons, quoique jusqu'à présent j'aie été seul à souffrir de l'insolence des grenouilles, les mêmes malheurs vous menacent tous. Infortuné que je suis! j'avais trois fils et je les ai perdus tous les trois. Un chat odieux m'a ravi l'aîné; il l'a surpris comme il sortait de son trou. Les mortels, plus cruels encore, ont causé la mort du second avec des machines d'une invention nouvelle : ils ont fait servir le bois à leur artifice en construisant ce qu'ils appellent des souricières, qui sont le fléau de notre espèce. Il m'en restait un troisième qui réunissait toute ma tendresse et celle d'une mère chérie; mais une grenouille cruelle, en l'entraînant dans l'abîme, lui a fait perdre la vie. Sus donc, prenons les armes, et précipitons-nous sur les grenouilles après avoir revêtu nos armures étincelantes. »

Ce discours a un plein effet; il persuade

[1] Lèche-plat.

tout l'auditoire. Il semble que le dieu des combats leur inspire son ardeur et leur fournit lui-même des armes. Ils chaussent d'abord leurs bottines : elles sont faites de peaux de fèves qu'ils ont façonnées avec soin ; c'est le travail d'une nuit passée à ronger de ces légumes pour leur donner la forme convenable. Leurs cuirasses sont faites de chalumeaux réunis par des lanières de cuir, dépouille d'un chat qu'ils ont écorché eux-mêmes. De petits morceaux de cuivre, pris du fond d'une lampe, leur tiennent lieu de bouclier. De longues aiguilles, instrumens de guerre tout d'acier, leur servent de lance ; enfin leurs tempes sont pressées dans des coques de noix en manière de casques. Telle est l'armure des rats.

Dès que les grenouilles les aperçoivent, elles sortent de leurs marais et se rassemblent à terre. Tandis qu'elles considèrent quelle peut être la cause des mouvemens et du fracas qu'elles entendent, un héraut s'avance vers elles. Il porte un sceptre pour marque de sa dignité. C'est Embasichytre [1], fils du généreux Tyroglyphe [2] ; chargé du funeste message, il s'exprime ainsi !

« O grenouilles, les rats m'envoient vers vous avec des paroles menaçantes et pour vous avertir de vous préparer au combat. Ils ont reconnu sur les eaux l'infortuné Psicharpax, auquel votre reine Physignathe a fait perdre la vie. Que tout ce qu'il y a parmi vous de braves guerriers s'arme donc et s'apprête au combat ! »

Leur ayant ainsi annoncé la guerre, il s'en retourne. Ce discours, entendu par les grenouilles, répand le trouble dans l'assemblée. Pour faire cesser les plaintes et les reproches, Physignathe s'étant levée parle ainsi :

« Amies, je n'ai point été la cause de la mort de Psicharpax; je n'en fus pas même le témoin. Son imprudence a causé sa perte. Il a voulu jouer sur les eaux et nager à la manière des grenouilles ; il s'est noyé lui-même, et ses compagnons m'accusent à tort d'un fait dont je suis très-innocente. Hâtons-nous de délibérer par quel stratagème nous pourrons venir à bout de détruire ces perfides ennemis. Quant à moi, je pense que le meilleur parti que nous puissions prendre, c'est de nous mettre sous les armes le long des bords de cet étang, à l'endroit où le terrain est le plus escarpé : dès que nos adversaires s'élançant fondront sur nous, chaque grenouille saisira par le casque le guerrier le plus proche d'elle, et nous les précipiterons dans cet étang avec leurs armes. Comme ils ignorent l'art de nager, ils n'échapperont point au péril, et nous élèverons bientôt sur la rive un trophée de rats immolés.

Elle dit, et toutes aussitôt se revêtent de leurs armes. Elles entourent leurs jambes avec des feuilles de mauves qui leur servent de bottines. Les cuirasses sont de larges feuilles de poirée verte, des feuilles de choux bien façonnées servent de bouclier ; de longues branches de jonc acéré font l'office de javelots ; enfin chaque guerrière se couvre la tête d'une petite coquille en guise de casque. La troupe ainsi armée se range sur les bords élevés de l'étang : une ardeur guerrière transporte tous ces combattans et leur fait brandir leurs lances.

En ce moment, Jupiter ayant convoqué tous les dieux dans le ciel étoilé, leur montre cette multitude guerrière et la valeur des combattans, leur nombre, leur stature et la longueur de leurs javelots. Telle on voyait s'avancer la troupe des Centaures ou celle des Géans. Le maître des dieux demande alors, en souriant avec douceur, s'il y a quelqu'un parmi les immortels qui veuille entrer dans le parti des grenouilles ou dans celui des rats, et s'adressant à Minerve :

« Ma fille, lui dit-il, marcheriez-vous au secours des rats ? On les voit sans cesse trotter dans votre temple, attirés par la fumée et les bribes des sacrifices. »

Ainsi parle le fils de Saturne. Minerve lui répond en ces mots :

« O mon père ! à quelque extrémité que les rats puissent être réduits, on ne me verra jamais les secourir. Ils m'ont causé de trop grands dommages ; ils ont détruit les couronnes de fleurs qui me sont offertes ; et mes lampes ont cessé de brûler parce qu'ils ont enlevé l'huile. Mais ils m'ont fait une injure à laquelle j'ai été encore plus sensible. J'avais fait de mes mains un beau manteau dont la trame était très-fine : les perfides me l'ont rongé, et y ont fait mille trous. J'ai appelé un ouvrier pour réparer le dégât ; mais il m'en coûtera cher, et voilà ce qui me met en colère. J'avais eu recours aux emprunts pour achever ce bel ouvrage, et je suis hors d'état de rendre. Je ne suis pas plus disposée à prendre parti pour les grenouilles : il n'y a pas davantage à compter sur elles. Je me souviens qu'une fois, étant accablée de lassitude au

---

[1] Qui saute dans la marmite.
[2] Cave-fromage.

retour d'une expédition et ayant besoin de me refaire par le sommeil, elles firent un tel vacarme qu'il ne me fut pas possible de fermer l'œil un instant ; je passai la nuit sans dormir, ayant la tête rompue de leurs cris jusqu'au lendemain que le coq chanta. Gardons-nous donc, ô dieux! de faire intervenir notre aide dans cette affaire. N'allons pas nous exposer à recevoir de dangereuses blessures, car les guerriers sont vaillants, ils ne respecteraient pas les dieux mêmes, si les dieux se présentaient à leurs coups. Qu'il nous suffise de contempler du haut des cieux l'événement de cette journée. »

Elle dit, et les dieux de l'Olympe applaudissent à son discours. Déjà les combattans sont assemblés. On voit avancer deux hérauts ; ils portent le signal de la guerre. Les moucherons font résonner leurs trompes comme des clairons et sonnent le bruit redoutable du combat ; Jupiter lui-même veut annoncer cette sanglante journée en faisant gronder son tonnerre du haut des cieux.

Le premier trait lancé par Hypsiboas[1] atteint Lichenor[2], qui combat dans les premiers rangs : percé au foie, il tombe dans la poussière et souille ainsi son beau poil. Troglodyte[3], après lui, enfonce son javelot dans la poitrine de Péléon[4] : ce coup mortel la renverse par terre, son âme s'envole de son corps. Embasichytre meurt d'un coup que lui porte Seutlée[5] en le blessant au cœur. Artophage[6] frappe Polyphone[7] à la hauteur du ventre : cette malheureuse tombe et ses membres demeurent sans vie. Limnocharis[8], voyant Polyphone dans cette extrémité, attaque Troglodyte, et lui lançant une pierre énorme, l'atteint derrière le cou. Ses yeux s'appesantissent sous les ténèbres de la mort. Lichenor le venge en dirigeant contre elle sa lance brillante : il ne manque pas le but, il la blesse au foie. Dès que Crambophage[9] l'aperçoit, s'étant mis à fuir, elle se précipite du haut de la rive, et du milieu des eaux elle ne cesse pas de combattre ; elle l'abat d'un trait qu'elle lui lance : il ne lui est plus possible de se relever. Le sang qui coule de sa blessure teint de pourpre les eaux du marais, tandis que l'infortuné Lichenor est étendu sans vie sur le rivage, environné de ses entrailles palpitantes qui se sont répandues au dehors. Limnisie[1] ôte la vie à Tyroglyphe[2]. Calamite[3], voyant avancer Pternoglyphe[4], prend la fuite et saute dans l'eau après avoir jeté son bouclier. Hydocharis[5] tue le prince Pternophage[6] d'un coup de pierre qui l'atteint au crâne ; la cervelle lui coule par les narines et la terre est arrosée de son sang. Lichopinax immole le brave Borborocete[7] d'un coup de lance ; ses yeux se ferment pour jamais. Prassophage[8], apercevant Cnissodiocte[9], le saisit par le pied, l'entraîne dans l'eau et ne le laisse point aller qu'elle ne l'ait suffoqué. Psicharpax, animé par la perte de ses compagnons, combat vaillamment à leurs côtés. Péluse[10] reçoit de ce guerrier une blessure qui lui traverse le foie : elle tombe en avant et son âme descend chez Pluton. Pélobate[11], témoin de ce malheur, jeta une poignée de vase au visage de Psicharpax : son front en est tout couvert, et peu s'en faut qu'il ne perde la vue. Transporté de fureur, il soulève avec force une masse de pierre dont le poids surcharge la terre et dirige le coup contre Pélobate, qu'il atteint au-dessous du genou ; il en a la jambe droite toute fracassée et tombe à la renverse dans la poussière. Craugaside[12] venge son compagnon et se précipite à l'instant sur Psicharpax ; il lui perce le ventre avec la pointe du jonc qui lui sert de lance : comme il le retire avec force, tous ses intestins se répandent au-dehors. Sitophage[13] voyant Craugaside au bord de l'eau, se retire de la mêlée en boitant, car il souffre amèrement ; il saute dans un fossé pour éviter la mort. Troxarte blesse Physignathe au bout du pied ; celle-ci, tourmentée par la douleur de cette blessure, quitte aussitôt le combat et plonge dans l'étang. Troxarte, voyant fuir son ennemie qui respirait à peine, la poursuivit avec ardeur dans l'espoir de lui ôter la

---

[1] Qui crie fort.
[2] Qui lèche les hommes.
[3] Qui se retire dans un trou.
[4] Qui cherche la vase.
[5] Qui se nourrit de poirée.
[6] Mange-pain.
[7] Qui croasse sur plusieurs tons.
[8] L'ornement des marais.
[9] Qui se nourrit de choux.

[1] Qui habite les marais.
[2] Cave-fromage.
[3] Qui se tient entre les roseaux.
[4] Creuse-jambon.
[5] Qui se plaît dans l'eau.
[6] Mange-jambon.
[7] Qui se couche dans le bourbier.
[8] Qui se nourrit de poireaux.
[9] Qui est à l'affût de la graisse.
[10] Qui se plaît dans la fange.
[11] Qui marche dans la boue.
[12] Qui crie sans cesse.
[13] Qui se nourrit de blé.

vie; mais Prassée[1], voyant sa compagne à demi morte, vient prendre sa place aux premiers rangs et ne cesse pas de branler son javelot de jonc. Il ne peut réussir à percer les boucliers de ses ennemis; la pointe de sa lance ne pénètre pas assez avant. Alors la divine Origanion imitant par sa valeur les exploits du dieu Mars, frappe le casque orné de quatre aigrettes que portait Troxarte, et seule entre toutes les grenouilles elle se distingue dans la mêlée. Tous les rats se réunissent pour fondre sur elle; mais voyant qu'elle ne peut résister à tant de héros vaillans, elle se réfugie dans les profondeurs du marécage.

Parmi ces rats, un jeune guerrier se distingue sur tous les autres; il s'avance dans les rangs des ennemis pour les combattre. Ce vaillant chef est fils du brave Artépibule[2] : il ressemble en tout au dieu Mars. Méridarpax[3] est son nom. C'est le plus habile guerrier qu'il y ait dans l'armée des rats, car divisant une noix en deux parties, de ses coquilles vides il arme ses mains; aussitôt les grenouilles épouvantées fuient dans les marais. Enflé par son courage, il se présente sur les bords de l'étang, et là il se vante hautement qu'il viendra seul à bout de détruire la race des grenouilles, quelque belliqueuse qu'elle soit; sans doute il y fût parvenu, tant était prodigieuse sa force, si le père des hommes et des dieux n'eût prévu cette ruine. Touché de compassion pour ces pauvres grenouilles près de périr; il secoue sa tête auguste et il dit :

« Certes, c'est une terrible affaire que celle qui se passe à nos yeux. J'ai senti moi-même quelque effroi en voyant l'air féroce de Méridarpax, et son acharnement à dévaster ces marais. Pour l'écarter du combat, tout brave qu'il est, je vais à l'instant faire marcher contre lui la déesse qui se plaît dans le tumulte des armes ou le dieu Mars lui-même. »

[1] Qui se nourrit de poireaux.
[2] Qui guette le pain.
[3] Qui saisit une portion toute entière.

A peine a-t-il achevé ces mots que Mars prend la parole :

« Puissant fils de Saturne, dit-il, ni la force de Minerve ni la mienne ne viendraient jamais à bout de sauver les grenouilles du péril qui les menace; il faut que tous les dieux se réunissent en leur faveur ou que tu aies recours à cette arme immense, cette arme redoutable dont tu te servis avec tant de succès contre les Titans qui en perdirent la vie. Encelade, condamné depuis à des liens éternels, et la race perfide des géans, furent aussi terrassés de son poids. »

Comme il disait ces mots, Jupiter lance ses traits enflammés. L'on entend d'abord gronder le tonnerre, dont le fracas ébranle tout l'Olympe; puis on voit descendre le feu de la foudre, qui, dans sa marche tortueuse, répand la terreur parmi les hommes. A la rapidité de ce trait, on reconnaît l'arme du maître des dieux. Les grenouilles et les rats en sont d'abord également saisis d'effroi. Cependant le parti des rats ne cesse pas de combattre; leur ardeur à détruire les grenouilles aurait même redoublé, si Jupiter, du haut de l'Olympe, n'eût eu pitié d'elles et ne leur eût envoyé sans retard un puissant secours.

On voit arriver une troupe au dos robuste comme une enclume, aux serres crochues, à la démarche oblique et tortueuse : leur mâchoire est acérée et tranchante comme des ciseaux, et leur peau est une écaille dure comme l'os. Ils ont de larges et fortes épaules; le dessus de leur dos brille comme s'il était revêtu d'une armure, leurs jambes sont tortues et leurs mains toujours tendues en avant ; ils ont les yeux placés devant la poitrine, huit pieds, deux têtes et une quantité prodigieuse de mains. Ces animaux sont vulgairement connus sous le nom de *Cancres*. Leur arrivée devient fatale aux rats ; plusieurs d'entre eux ont la queue, les pieds ou les mains coupés ; leurs lances sont mises en pièces : enfin ces pauvres rats sont saisis d'une telle frayeur, qu'ils ne résistent plus et prennent la fuite. Déjà le soleil passait sous l'horizon; la fin du jour fut aussi celle de cette guerre.

FIN DES OEUVRES D'HOMÈRE.

OEUVRES D'HÉSIODE,

TRADUITES PAR M. A. BIGNAN.

ESSAI SUR HÉSIODE.

Il y a des noms qui ont passé à la postérité avec les impérissables et gigantesques monumens des anciens âges, dont ils offrent le résumé vivant ; c'est en eux seuls que tous les autres se sont absorbés et comme perdus : semblables aux débris du monde antédiluvien, ils ont survécu à tous les cataclysmes sociaux et politiques pour servir de jalons destinés à marquer les pas de l'humanité dans les voies successives de la civilisation. Tels sont les trois grands noms d'Orphée, d'Homère, d'Hésiode, trinité symbolique des trois phases que dans l'origine l'esprit grec a parcourues. Orphée, Homère, Hésiode ont été les premiers initiateurs de la Grèce dans le culte, dans l'histoire, dans la morale. Leur poésie, chargée d'une sorte de sacerdoce, a chanté les dieux, célébré les héros et gravé les préceptes de la justice et de la sagesse dans l'âme des peuples. Le scepticisme moderne a contesté ou nié leur existence. Sans doute les hymnes revêtus du nom d'Orphée portent une date postérieure au siècle de cet ancien chantre, puisque ce fut Onomacrite qui, sous les Pisistratides, les composa ou du moins rajeunit entièrement leur forme. Le nombre immense des ouvrages attribués à Homère et à Hésiode est un motif de croire que ces deux grands hommes n'ont pu en être les seuls auteurs ; mais si leurs contemporains et la postérité ont mis sur leur compte des travaux étrangers, est-ce là une raison suffisante pour ne voir en eux que des êtres imaginaires et abstraits ? Comment supposer que toute l'antiquité grecque et latine soit tombée dans l'erreur sur la réalité de faits dont l'époque n'était pas encore très-éloignée et sur lesquels on n'avait aucun intérêt à la tromper ? D'où serait provenue l'idée d'un Orphée, d'un Homère, d'un Hésiode, si trois poëtes de ce nom n'avaient point existé ? Cette existence ne semble-t-elle pas plutôt confirmée par la variété même des récits auxquels leur vie a servi de texte, par l'empressement des peuples à se disputer le privilége de leur berceau et de leur tombe, et surtout par le choix que l'opinion commune a fait de leur personne pour leur attribuer tant d'ouvrages ? Après tout, la question relative à la personnalité réelle ou supposée de ces anciens poëtes ne doit pas nous occuper longtemps. Qu'importent des noms ? Leurs œuvres nous restent ; c'est là qu'il faut étudier les secrets de leur génie. Avant d'examiner les ouvrages d'Hésiode, reportons nos regards sur les époques antérieures, parce qu'ils nous offrent un frappant synchronisme des antiques croyances déjà déchues et des croyances nouvelles prêtes à s'élever.

Le fleuve de la religion et de la poésie grecques se forma des nombreuses sources qui, dès hauteurs de l'Himalaya, des vallées du Nil, des rives de l'Euphrate et du Tanaïs, se dirigèrent vers la même contrée. Mais leurs flots, ballottés les uns contre les autres, luttèrent longtemps avant de suivre un même cours. Les deux races japhétique et sémitique, se trouvant face à face dans la Grèce, reprirent leurs haines, recommencèrent leurs combats ; les sacerdoces rivaux de l'Asie et de l'Europe se persécutèrent tour à tour, jusqu'à ce que la théologie orphique rassemblât les élémens de ces cultes divers et les concentrât dans une seule doctrine. Alors la théocratie, qui s'établit au berceau de tous les peuples, essaya de prendre possession du sol de la Grèce. Quoiqu'elle n'y ait jamais régné aussi impérieusement que dans l'Inde, dans la Perse, dans l'Égypte, chez les Hébreux ou chez les Étrusques, cependant, à travers les épais nuages dont est chargé le ciel mythologique de l'ancienne patrie de Linus et d'Orphée, on voit percer quelques rayons qui laissent découvrir son vague et mystérieux fantôme. La religion primitive des Grecs avait personnifié les astres, les vents, les métaux, les révolutions physiques du globe, les travaux de l'agriculture, les inventions des arts ; non contente de diviniser toutes les puissances cosmiques, surnaturelles et intelligentes, elle avait emprunté à l'Orient l'usage d'envelopper sa doctrine de formes énigmatiques ; ses sentences étaient brèves, synthétiques, profondes ; pour en traduire le texte, elle les métamorphosait en figures destinées à pénétrer dans l'esprit par l'organe de la vue ; elle revêtait ses idées d'un corps ; elle matérialisait sa pensée ; en un mot, elle parlait la langue du symbole. Le symbole domina jusqu'à la naissance du mythe, qui en est le développement naturel, et de l'histoire, qui a pour interprète le récit épique. Avant Homère, il n'y avait donc que des chantres sacerdotaux. Linus, Olen, Orphée, Musée, Eumolpe, Thamyris, Mélampe, Abaris, Olympus, Hyagnis, Philammon, Pamphus, ne composèrent en général que des théogonies. Ce fut dans la Piérie, dans la Thrace et dans les contrées du nord soumises à des castes sacerdotales que les Muses virent fleurir leur premier culte ; elles tâchèrent d'apprivoiser les mœurs encore grossières d'une population barbare. Ces Dactyles Idéens, ces Telchines, ces Curètes, ces Corybantes, ces Cabires de Samothrace, ces prêtres d'Argos et de Sicyone cherchaient à introduire des rites moins austères, moins sanglans, à importer des arts utiles, à faire éclore les germes de la civilisation. Ce n'étaient pas la guerre et la conquête qui amenaient dans la Grèce leurs cultes nomades ; ils y venaient à la suite de ces nombreuses colonies qui, chassées de leurs métropoles, voulaient établir avec un pays voisin des liaisons d'amitié, de commerce et d'industrie. La Grèce, devenue le rendez-vous des croyances les plus opposées, toucha à la Phénicie par Cadmus, à l'Égypte par Inachus, Cécrops et Danaüs, à la Phrygie par Pélops ; mais, au milieu de tant de points de contact, elle conserva l'empreinte des idées théologiques et cosmogoniques qui constituèrent la base de son culte primitif.

Le polythéisme grec trouva d'une part, chez les Pélasges, de l'autre, chez les Phéniciens, ses deux sources les plus antiques et les plus fécondes. Les arts se développèrent avec rapidité, comme l'attestent les traditions sur le génie de Dédale, les constructions cyclopéennes de Mycènes, de Nauplie et de Tyrinthe, le trésor de Minyas à Orchomène et les richesses consacrées à Apollon dans Pytho, la fonte et la ciselure des métaux, l'usage de tisser la toile et la pourpre, la fabrication des navires nécessaires à l'expédition des Argonautes, les premiers essais de la sculpture polychrome et polylithe, de la médecine, de l'agriculture, de l'astronomie. La barbarie, comme personnifiée dans Procruste, dans Augias, est combattue par Thésée et par Hercule ; le droit de la force commence à se retirer devant les principes d'ordre et de sagesse. Le génie des lois inspire Rhadamanthe et Minos. Partout l'esprit humain s'éveille, et s'il produit déjà d'utiles et de grandes choses, c'est qu'il marche appuyé sur la main puissante de la religion. Les corporations sacerdotales de Sicyone et d'Argos, les oracles de Dodone et de Pytho, la tendance symbolique de la poésie, tout semble prouver que les prêtres alors partageaient avec les rois la suprême autorité. Ainsi la théocratie grecque dut exercer d'abord de l'ascendant sur jeunes et ardentes imaginations. A la tête des poètes se présente Orphée, chantre inspiré des mystères et des symboles, Orphée, personnification vivante de l'époque sacerdotale de l'antique Grèce, comme Homère est l'expression individualisée de son âge héroïque.

Le siècle de la guerre de Troie, qui doit être pour nous identique à celui d'Homère, nous montre le triomphe de l'élément hellénique sur le principe pélasgique. Le frottement de l'esprit grec contre celui des pays voisins et surtout de l'Asie Mineure a rendu les mœurs moins farouches, les usages moins barbares. La religion, que la théocratie avait tenté de retenir dans ses pesantes chaînes, s'en affranchit pour multiplier ses croyances, qui deviennent, non plus le privilége exclusif de certaines castes, mais le domaine public de la nation ; l'anthropomorphisme place les dieux au niveau de toutes les intelligences ; aux chantres sacrés succèdent les poëtes épiques, qui célèbrent les héros plutôt que les dieux. Plus de mystères, plus de prêtres, plus de sacrifices de victimes humaines. Les seuls pontifes, ce sont les chefs d'armée, les princes, les rois, qui exercent en même temps les fonctions de juges, mais dont l'autorité est limitée par le concours des grands et du peuple. On voit combien l'élément populaire s'est accru et combien cet accroissement est favorable à la propagation des idées, que l'expédition de Troie sert encore à augmenter par le mélange de tant de peuplades mises en contact les unes avec les autres. Le temple cède la place au camp, à la cité. C'est alors que règne complètement le génie hellénique, dont Homère est le chantre et l'*Iliade* le trophée.

La guerre de Troie avait créé un commencement d'esprit d'association qui ne tarda point à s'affaiblir. La plupart des rois trouvèrent à leur retour leurs trônes envahis par l'usurpation ou leurs lits souillés par l'adultère. De là une longue série de crimes et de vengeances ; de là des querelles d'homme à homme, de famille à famille, de nation à nation. Quand la Grèce, qui avait triomphé au dehors, se replie sur elle-même, ce sont les guerres intestines qui servent d'aliment à son activité. Les peuples s'attaquent, s'exilent, s'exterminent mutuellement, et ces révolutions enfantent des rivalités héréditaires, de vives et profondes haines. Au milieu de cet ébranlement général, la royauté et la religion éprouvent un contre-coup violent. L'insubordination des peuples explique les tentatives des chefs pour les ramener au devoir. Alors les rois sont bien plus oppresseurs et les juges bien plus iniques que du temps d'Homère. Les croyances religieuses n'ont plus la même naïveté ni la même ardeur : le culte affecte quelques-unes de ces formes bizarrement merveilleuses qu'il avait déjà revêtues sous l'empire des idées sacerdotales. Il y a dans la poésie un retour vers les anciens dogmes théocratiques. Témoin des désordres de son siècle, Hésiode crut peut-être les arrêter en retraçant la généalogie de ces dieux dont il voyait s'affaiblir la puissance. Ses ouvrages durent rappeler la pensée publique vers des sujets religieux. Mais son mérite le plus incontestable, c'est d'avoir été poëte moraliste. A la paresse, à l'amour de l'or et des plaisirs, à tous les vices d'une société où les croyances s'énervent, mais où les idées s'étendent et se fortifient, il oppose la sagesse de ses maximes. Les conseils qu'il donne à son frère s'appliquent à tous ses contemporains. Sa muse initie l'homme au culte d'une morale plus pure ; elle flétrit l'oisiveté comme un fléau et vante le travail comme une source inépuisable de vertus, de richesses et de bonheur. Poëte cyclique ainsi qu'Homère, Hésiode fonde une école de chantres gnomiques, semblable à l'école de ces chantres épiques que la Grèce salua du nom d'Homérides.

Ainsi l'époque de la première civilisation grecque se divise en trois périodes distinctes, dont Orphée, Homère et Hésiode sont les représentans. Un examen attentif des œuvres d'Homère et d'Hésiode atteste qu'ils ont dû naître en deux siècles différens sous le rapport de la religion et de la politique, de l'état social et de la poésie. Ces preuves, tirées de leurs ouvrages mêmes, nous semblent les plus propres à détruire l'idée de leur coexistence. Un critique célèbre, Benjamin Constant, place entre eux l'intervalle de deux siècles, et cette conjecture offre, selon nous, plus de vraisemblance que toutes les autres opinions, que nous nous bornerons à rappeler sommairement. Hérodote dit qu'ils ont vécu quatre cents ans avant lui. Plutarque raconte la lutte de ces deux poëtes, qui se disputèrent la palme des vers à Chalcis. Philostrate, Varron, Érasme, les considèrent aussi comme contemporains; mais Philochore, Xénophane et d'autres auteurs soutiennent qu'Homère est plus ancien. Cicéron dit que ce poëte lui semble antérieur de beaucoup de siècles. Velleius Paterculus et Proclus croient Hésiode plus jeune, l'un de cent vingt années, l'autre de quatre siècles. Porphire prétend qu'il a vécu un siècle après Homère. Solin met entre eux l'espace de cent trente ans. L.-G. Giraldi, Fabricius, Saumaise, Leclerc, Dodwell, Wolff, assignent également à Hésiode une date postérieure. Dans ce conflit de sentimens divers, au milieu desquels Pausanias n'ose pas se prononcer, nous avons dû appeler la poésie au secours de la chronologie. La lecture des ouvrages d'Hésiode donne lieu de croire que, postérieur d'environ deux cents ans à Homère, il a vécu dans le huitième siècle avant l'ère chrétienne.

Quant à sa vie, elle a, comme celle d'Homère, fourni matière à des récits opposés.

D'abord, était-il originaire de Cume en Éolie ou d'Ascra en Béotie? D'un côté, Plutarque dit, d'après Éphore, que son père, étant déjà établi dans Ascra, y épousa Pycimède. De l'autre, Suidas prétend qu'Hésiode, encore très-jeune, fut transporté par ses parens de Cume, sa patrie, dans Ascra. Strabon, Proclus et Tzetzès rapportent le même fait. Hérodote et Étienne de Byzance le font naître également à Cume.

L'examen de ses poëmes nous servira à résoudre une question d'ailleurs peu importante. Lorsqu'il raconte dans les *Travaux et les Jours* (v. 635) que son père s'est transporté de Cume dans Ascra pour y chercher des moyens d'existence, il n'ajoute pas y être venu avec lui. Si cette circonstance avait eu lieu, n'en aurait-il pas fait mention? Un voyage maritime, surtout dans son enfance, n'aurait-il pas dû frapper son imagination et rester dans sa mémoire? Il y a plus : il dit formellement dans le même poëme (v. 650) qu'il n'a jamais navigué qu'une seule fois, dans son trajet d'Aulis en Eubée, où il remporta le prix de poésie aux funérailles du roi Amphidamas. De ces deux passages on peut légitimement conclure qu'il naquit dans Ascra, où son père s'était établi. Ce père, dont il ne dit pas le nom, s'appelait Dius, selon beaucoup d'écrivains. Vraisemblablement il amassa quelque fortune dans Ascra, puisque, après sa mort, ses deux fils plaidèrent pour le partage de sa succession. Persès corrompit les juges et obtint la part la plus considérable ; mais Hésiode devint bientôt plus riche, grâce à sa frugalité et à son économie. Assez généreux pour soulager plusieurs fois les besoins de son frère, il tenta encore de le ramener à la sagesse en composant pour son instruction le poëme des *Travaux et des Jours*.

Hésiode préférait à la vie corrompue des cités l'innocence et la tranquillité des campagnes. Pasteur sur l'Hélicon, il exerçait un métier qui, dans les âges fabuleux et héroïques, avait été le partage des dieux et des rois. C'est là que les Muses, lui reprochant sa paresse, lui donnèrent une branche de laurier et l'animèrent du souffle poétique. Dès lors il se voua tout entier à leur culte ; amant de la gloire, il apprit que les fils du roi Amphidamas, pour célébrer les funérailles de leur père, avaient ouvert à Chalcis en Eubée un concours de poésie ; il y obtint la victoire et en remporta un trépied, qu'il dédia aux Muses de l'Hélicon par reconnaissance ou pour se conformer à l'usage de son siècle. Suivant Proclus, Panidès, frère d'Amphidamas, l'avait couronné comme ayant célébré, non la guerre et le carnage, mais l'agriculture et la paix. Diogène de Laerte (liv. 2, sect. 46) et Thomas Magister (argument des *Grenouilles* d'Aristophane) lui donnent pour antagoniste un chantre nommé Cercops. Plusieurs autres écrivains prétendent que c'était Homère lui-même dont il avait été vainqueur, mais ils ne méritent pas de créance. Ainsi l'ouvrage intitulé *le Combat d'Homère et d'Hésiode* a été sans doute fabriqué par quelque détracteur d'Homère ou par quelque grammairien postérieur au siècle d'Adrien. Le sujet de cet opuscule ressemble à ceux que les rhéteurs et les sophistes donnaient à traiter à leurs élèves. D'ailleurs l'argument le plus péremptoire contre une semblable lutte n'est-il pas le silence d'Hésiode? S'il avait eu Homère pour rival, ne se serait-il pas vanté de l'avoir vaincu?

Plutarque raconte, dans le *Banquet des sept Sages*, qu'Hésiode, après sa victoire, se rendit à Delphes, soit pour consacrer son prix à Apollon, soit pour interroger l'oracle sur son avenir et qu'il reçut cette réponse: « Heureux ce mortel qui visite ma » demeure, cet Hésiode que chérissent les Muses im» mortelles ! Sa gloire s'étendra aussi loin que les » rayons de l'aurore. Mais redoute le bois fameux de » Jupiter Néméen. C'est là que le destin a marqué le » terme de ta vie. »

Hésiode, comme le raconte l'auteur du *Combat*, s'éloigna du Péloponèse, pensant que la divinité avait voulu désigner le temple consacré dans ce pays à Jupiter Néméen. Parvenu dans OEnoë, ville de la Locride, il s'établit chez Amphiphane et Ganyctor, fils de Phégée, ne comprenant pas le sens de la prédiction, car tout ce lieu s'appelait le lieu consacré à Jupiter Néméen. Comme il séjourna longtemps chez les OEniens, de jeunes hommes, le soupçonnant d'avoir violé leur sœur, le tuèrent et le précipitèrent dans la mer, entre l'Eubée et la Locride. Le troisième jour son corps fut rapporté par des dauphins tandis qu'on célébrait une fête en l'honneur d'Ariane. Tous les habitans, accourus sur le rivage, reconnurent le cadavre et l'ensevelirent avec pompe. On poursuivit les assassins, qui s'élancèrent dans une barque de pêcheurs et naviguèrent vers la Crète; mais au milieu de la traversée, Jupiter les foudroya et les précipita dans les flots. Suivant Pausanias (*Béotie*, ch. 31), ces jeunes hommes, qui étaient les fils de Ganyctor, Ctiménus et Antiphus, s'enfuirent de Naupacte à Molycrium, à cause du meurtre d'Hésiode, et là, ayant commis quelque impiété envers Neptune, ils subirent le châtiment mérité. Pausanias dit que tout le monde est d'accord sur ces faits, mais qu'il n'en est pas de même au sujet d'Hésiode; que, selon les uns, il fut accusé à tort d'avoir fait violence à la sœur de ces jeunes gens et que, d'après les autres, il était réellement coupable. Plutarque, dans *le Banquet de Dioclès*, explique ainsi la cause de sa mort : Hésiode, avec Milésius et un enfant nommé Troïle, fut reçu chez un hôte dont Milésius viola la fille pendant la nuit; les frères de la jeune fille, croyant Hésiode coupable, le tuèrent dans une prairie avec Troïle et le jetèrent dans la mer, en laissant le corps de l'enfant sur le rivage; des dauphins ayant rapporté le cadavre d'Hésiode au moment où l'on célébrait la fête de Neptune, les habitans du pays démolirent la maison de ses meurtriers et les noyèrent eux-mêmes.

Pausanias rapporte (*Béotie*, ch. 38) que de son temps on voyait à Orchomène le tombeau d'Hésiode, et il raconte pour quel motif les habitans de cette ville l'y avaient érigé : « Une maladie contagieuse faisant périr les hommes et les animaux, on envoya des députés pour consulter le dieu. On assure que la Pythie leur répondit qu'il fallait transporter les os d'Hésiode de la Naupactie dans l'Orchoménie et qu'il n'y avait pas d'autre remède au fléau. Les envoyés ayant demandé ensuite dans quel lieu de la Naupactie ils trouveraient ces ossemens, la Pythie leur annonça qu'une corneille le leur indiquerait. Lorsqu'ils eurent débarqué dans le pays de Naupacte, ils aperçurent à peu de distance de la route un rocher où était perchée une corneille, et ils découvrirent les os d'Hésiode dans le creux de ce rocher. On grava sur le tombeau l'épitaphe suivante :

« Ascra, riche en moissons, fut la patrie d'Hésiode; » mais la terre des Minyens, dompteurs de chevaux, » possède les os de ce poëte dont la gloire a été si » éclatante dans la Grèce parmi les hommes qui ju» gent d'après les lois de la sagesse. »

Quels qu'aient été le motif et le genre de la mort d'Hésiode, la tradition veut qu'il soit parvenu jusqu'à un âge très-avancé. De là le proverbe d'une *vieillesse hésiodéenne* et ce distique attribué à Pindare par Tzetzès (Prolégomènes ad *Erga*).

« Salut, mortel qui es entré deux fois dans l'ado» lescence et qui as eu deux fois un tombeau : Hé» siode ! ô toi qui as atteint le dernier degré de la sa» gesse humaine. »

Hésiode laissa un fils dont il parle (les *Travaux et les Jours*, v. 315), mais sans le nommer et sans dire quelle fut sa mère. Quelques auteurs prétendent que cette jeune fille, appelée Clymène ou Cténène, qu'il fut soupçonné d'avoir violée, avait été son épouse légitime et lui avait donné un fils nommé Mnaséas, Stésichore ou Archiépès.

Tout ce qu'on a débité sur la vie et la mort d'Hésiode semble porter le caractère de la fable plutôt que de l'histoire; les seuls faits authentiques sont les événemens consignés dans ses poëmes, tels que sa condition de pâtre sur l'Hélicon, sa victoire à Chalcis, son procès avec son frère et la naissance de son fils. Quant à son caractère, il s'est peint lui-même dans ses ouvrages; ami d'une existence sédentaire, observateur de la tempérance et de la justice, religieux jusqu'à la superstition, il n'ambitionna point la faveur des rois et borna son ambition à se rendre utile à ses concitoyens, à qui il prêchait la morale en beaux vers. Sa mémoire obtint les faveurs qui l'avaient fui pendant sa vie. L'admiration publique lui fit ériger, suivant Pausanias, des statues à Thespie, à Olympie, sur l'Hélicon. Chantées par la bouche des rhapsodes et transmises des pères aux enfans par la tradition orale, ses poésies furent rassemblées à la même époque que l'*Iliade* et l'*Odyssée*. Rien ne manqua à la renommée du poëte, puisqu'il eut même la gloire d'irriter l'envie. Hésiode, dit-on, eut son Cercops, comme Homère son Zoïle.

Après avoir jeté un coup d'œil sur le siècle et la vie d'Hésiode, nous examinerons ses œuvres avec plus de détails. Quel a été son premier ouvrage? Plusieurs critiques prétendent que c'est celui des *Travaux et des Jours*, parce que Pausanias dit (*Béotie*, ch. 31) avoir vu sur l'Hélicon, auprès de la fontaine, des lames de plomb très-altérées par le temps et sur lesquelles ce poëme était inscrit. La nature de son sujet leur semble encore un puissant motif de croire à son antériorité. On peut leur répondre premièrement que l'existence du poëme des *Travaux et des Jours*, tracé sur des lames de plomb, ne saurait indiquer la date de sa composition, attendu que, composé sans le secours de l'écriture, il n'a eu besoin que plus tard de chercher en elle un appui plus durable que les chants des rapsodes et la mémoire des peuples ; en second lieu, qu'il doit se rattacher à une époque où la civilisation avait altéré déjà la foi naïve et les mœurs simples des premiers âges, puisqu'il nous montre presque partout l'équité aux prises avec l'intérêt, la paresse en opposition avec la nécessité du travail, des pratiques de religion minutieuses et puériles succédant à l'ardeur et à la sainteté des vieilles croyances, une poésie qui cherche à moraliser et à convaincre au lieu de raconter et d'émouvoir. Toutefois nous sommes loin de prétendre qu'il soit postérieur à la *Théogonie*. Autant qu'il est permis de le conjecturer dans une question d'une si haute antiquité, ces deux poëmes nous semblent contemporains.

L'authenticité de la *Théogonie* a été révoquée en doute, et le scepticisme à cet égard s'est appuyé du récit de Pausanias, qui rapporte *(Béotie,* ch. 31) que les Béotiens, voisins de l'Hélicon, assuraient qu'Hésiode n'avait composé d'autre poëme que celui des *Travaux et des Jours*. Mais on ne doit pas oublier que Pausanias parle d'une autre opinion qui lui attribuait un grand nombre d'ouvrages, parmi lesquels se trouve la *Théogonie*. D'ailleurs, si nous ajoutons foi au témoignage d'Hérodote, de Platon, d'Aristote, d'Eratosthène, d'Acusilaüs, de Pythagore, de Démosthène de Thrace, d'Agatharchide de Cnide, de Manilius, de Xénophane de Colophon, de Zénon le stoïcien, de Chrysippe, du grammairien Aristonicus, de Zénodote et d'autres savans de l'école alexandrine, nous sommes en droit de regarder la *Théogonie* comme l'œuvre légitime du chantre béotien. Devons-nous pour cela penser qu'elle ait franchi un intervalle de plus de deux mille six cents ans sans additions, sans pertes, sans changemens ? Non : il en est d'Hésiode comme d'Homère : les rhapsodes ont mis la main dans ses œuvres. La *Théogonie*, qui n'a pas plus été écrite que l'*Iliade*, quoiqu'elle lui soit postérieure, présente encore plus d'empreintes d'un travail étranger. En considérant l'ensemble et les détails du poëme, la série de ces fables, souvent décousues ou maladroitement liées, la manière diverse et inégale d'exagérer les faits ; là d'oiseuses répétitions, ici des lacunes ou des contradictions frappantes, on ne peut s'empêcher de convenir que nous ne possédons qu'un monument incomplet, qu'un poëme conforme sans doute pour le fond, mais dissemblable en beaucoup de parties à celui qui est sorti pour la première fois de la bouche inspirée du poëte. Un sujet si religieux, si populaire, célébré par tant de chantres, semblait provoquer naturellement l'insertion de ces nombreux fragmens qui l'ont amplifié. La plus grande partie des interpolations remonte probablement à une époque très-ancienne. Depuis les rhapsodes, qui chantaient la *Théogonie* de ville en ville, jusqu'aux critiques de l'école d'Alexandrie, comme Cratès, Aristarque, Zénodote et d'autres, qui s'occupèrent de la révision de son texte, combien d'altérations successives n'a-t-elle pas dû éprouver ! Examinons-la toutefois telle qu'elle nous est parvenue.

D'abord on ne saurait douter que la *Théogonie* n'ait été précédée de plusieurs ouvrages de la même nature, bien que, pour montrer dans Homère et dans Hésiode les fondateurs de la mythologie grecque, on ait souvent cité ce passage d'Hérodote (liv. 2, c. 53) : « D'où chacun des dieux est-il venu ? Tous ont-ils existé de tout temps ? Quelles étaient leurs formes diverses ? Les Grecs ne le savent que depuis hier, pour ainsi dire, car je ne crois pas qu'Hésiode et Homère aient vécu plus de quatre cents ans avant moi. Ce sont eux qui ont été les auteurs de la théogonie des Grecs, qui ont donné des surnoms aux dieux, partagé entre eux les honneurs et les inventions des arts et décrit leurs figures. » Hérodote sans doute a voulu dire qu'Homère et Hésiode furent au nombre des premiers poëtes qui chantèrent la religion grecque et dont les œuvres leur survécurent : il n'ignorait pas que cette religion existait bien longtemps avant eux. Homère et Hésiode ont pu greffer quelques rameaux sur l'arbre des anciens dogmes ; mais, quel que fût l'ascendant de leur génie, ils n'ont pu implanter brusquement sur le sol de la Grèce une mythologie toute nouvelle. Hésiode n'a donc point inventé de théogonie ; sa voix n'a été que l'écho des croyances populaires. Avant lui la poésie grecque avait enveloppé de ses formes sévères des pensées mystiques, comme les oracles, ou liturgiques, comme les lois des initiations et des purifications. L'école orphique est la source où il paraît avoir puisé le plus abondamment : plusieurs chantres de cette école et d'autres encore ont pu lui servir de modèles. Pausanias rapporte *(Béotie,* c. 27) que Olen de Lycie composa pour les Grecs les plus anciens hymnes connus et qu'il inventa les vers hexamètres (*Phocide,* c. 5). Pamphus, suivant Philostrate (*in Heroicis*), célébra le premier les Grâces et consacra un hymne à Jupiter. Musée, d'après Diogène de Laerte, fut l'auteur d'une *Théogonie*, quoique Pausanias (*Attique,* ch. 22) ne reconnaisse comme son seul ouvrage légitime qu'un hymne pour les Lycomèdes en l'honneur de Cérès, dont Homère et Hésiode, selon Clément d'Alexandrie (*Stromates*, liv. 6), ont imité quelques passages. Mélampe passe pour avoir expliqué en vers les mystères de Bacchus. Les combats des dieux contre les Titans servirent aussi de sujets à beaucoup de poëmes, parce qu'ils offraient la personnification de la lutte des élémens. En effet, la première période de la poésie grecque est toute mythique : elle présente, non les simples jeux de l'imagination, mais le caractère solennel et grave du symbolisme. C'est sur la base des généalogies que repose l'édifice de la mythologie païenne. Les objets extérieurs et leurs principes furent personnifiés de telle sorte que l'on regardait comme engendrée d'une autre chose celle qui renfermait en elle-même le germe de son existence. Ce premier genre de génération comprit les cosmogonies et les théogonies établies par les physiciens sur le combat des élémens, sur l'organisation du ciel et de la terre, sur la puissance des forces productives et destructives de la nature. Le second embrassa dans la suite les héros fondateurs d'un peuple et d'une ville ou célèbres par leurs exploits et par leurs bienfaits envers l'humanité : on fit remonter leur origine jusqu'à l'antiquité la plus haute, soit qu'on suivît la route des vieilles traditions, soit qu'on appliquât l'ancien langage au récit des fables et qu'on se servît pour de nouveaux mythes de ces mêmes dieux inventés dans les époques cosmogoniques, où l'esprit, fortement frappé des objets exposés à la vue, cherchait à produire au dehors, comme des faits, ses impressions et ses pensées. Ainsi donc les premiers poëtes de la Grèce convertirent le vieux langage des symboles en récits mythiques qui devinrent le développement détaillé d'un sens abstrait et profond. Hésiode nous présente de nombreuses imitations des dogmes de ces poëtes. Comme il ne vint que longtemps après eux, il mêla aux symboles changés en mythes les mythes changés en histoires. Toutefois au milieu de ce mélange on reconnaît encore le type primitif. Mais ces allégories dont s'enveloppe sa muse, il n'en pénétrait pas probablement le sens occulte ; il les rapportait comme des traditions populaires, sans se douter qu'elles se rattachaient en partie à cette première religion révélée à l'homme dans le berceau de l'univers. On remarque plusieurs similitudes entre ses poésies et les saintes Écritures. Hésiode est généalogiste à la manière de Moïse, et la *Théogonie* est, à quelques égards, la Genèse du paganisme. Mais comme les points de contact des religions grecque et hébraïque n'ont pas été directs, il est difficile de les déterminer d'une manière précise, parce que ces emprunts se sont antérieurement combinés, modifiés ou altérés avec les divers cultes de l'Égypte, de la Phénicie et des autres contrées. Toutefois le début des cosmogonies hébraïque, phénicienne et grecque offre des traits de ressemblance qu'on ne saurait méconnaître.

Moïse dit, au commencement de la Genèse :

« La terre était informe et nue ; les ténèbres couvraient la face de l'abîme et le souffle de Dieu planait sur les eaux. »

Sanchoniathon admet pour principe du monde le souffle d'un air ténébreux, un chaos confus et le désir qui excite tous les êtres à leur reproduction.

Hésiode nous montre, avant tout, le Chaos, puis la Terre, ensuite le Tartare, enfin l'Amour, lien harmonique de tous les élémens, source de toute création.

L'empreinte originelle et identique des deux idées, d'abord de la confusion des élémens, puis de leur coordination, ne se manifeste-t-elle pas dans ces trois fragmens ? Plusieurs orientalistes ont établi d'autres rapports entre les récits de Moïse, de Sanchoniathon et d'Hésiode. Ainsi ils ont considéré Abraham, auteur de la circoncision, comme le type du Cronos des Phéniciens et de celui des Grecs, qui privent Uranus leur père de ses parties génitales. Les détails avec lesquels Sanchoniathon raconte la mutilation d'Uranus par Cronos sont évidemment la source où Hésiode a puisé toute sa narration. L'origine de ces mythes bizarres provient des idées symboliques qu'on attachait au lingam et au phallus dans l'Inde et dans l'Égypte.

D'après Fourmont (*Réflexions sur l'origine, l'histoire et la succession des anciens peuples*, liv. 2, c. 5), le livre d'Hénok, l'historien de la Phénicie et le poëte d'Ascra s'accordent à peu près pour les trois races que rapportent les traditions des âges primitifs.

Nous pourrions signaler d'autres traits de similitude plus éloignés et plus confus ; mais nous aimons mieux nous borner à constater quelques rapports plus frappans entre la religion phénicienne et la *Théogonie* d'Hésiode. Dans le fragment de Sanchoniathon[1] que nous a conservé Eusèbe, ne découvrons-nous pas une identité remarquable entre l'invention du feu par Phos, Pyr et Phlox et la découverte de cet élément par Prométhée, entre ces hommes doués d'une force et d'une taille prodigieuses qui donnèrent leurs noms aux montagnes dont ils s'emparèrent et les trois géans Cottus, Briarée et Gygès, entre ces Bétyles, ou pierres animées, qu'inventa Uranus et la pierre emmaillotée que la Terre fit avaler à Saturne ? Dans les deux *Théogonies*, Uranus et Gué, quoique frère et sœur, ne s'épousent-ils pas et n'ont-ils pas Cronos pour fils ? L'Hermès, la Vénus et le Vulcain de la Grèce ne rappellent-ils pas le Taaut, l'Astarté et le Sydic de la Phénicie ? La famille de Nérée et de Doris, la race de Phorcys et de Céto ne portent-elles pas l'empreinte d'une origine phénicienne ? Les noms de Pontus, de Nérée, de Poseidon, de Notus et de Borée ne se rencontrent-ils pas également chez Sanchoniathon et chez Hésiode ? Enfin la conformité de plusieurs autres noms, les divers points d'analogie de l'un et l'autre idiome, la fréquence des relations que des liens de commerce ou de mariage avaient redoublées entre les deux peuples, tout ne prouve-t-il pas que l'empreinte de ces dogmes phéniciens, importés par les premières colonies, est plus manifeste dans les poëmes d'Hésiode que dans ceux de tous ses devanciers ?

Si nous cherchons maintenant les traces de la re-

[1] Voyez la première note d'Hésiode à la fin du volume.

ligion égyptienne dans la *Théogonie*, ce Typhoë, qu'Hésiode décrit sous l'image d'un monstre combattu par Jupiter, nous semblera une copie du Typhon d'Égypte, dieu malfaisant. Il y a dans cette lutte une allusion au dualisme des principes du bien et du mal, représentés dans l'Égypte par Osiris et Typhon.

Cette Hécate, qu'Hésiode le premier transporta dans le polythéisme grec, n'est autre, suivant Jablonski (*Panthéon égyptien*), que la Titrambo égyptienne.

Latone est assimilée par Hérodote (liv. 2, c. 156) à l'Égyptienne Buto, qui représente l'air ténébreux dont la région sublunaire est remplie. Le même historien compare Apollon à Orus, Cérès à Isis, Artémis à Bubastis.

La *nuit* primitive, *Aïdes* ou Pluton, *Athéné* ou Minerve, *Héphaistos* ou Vulcain, nous reportent à l'*Athor*, à l'*Amanthès*, à la *Neitha*, au *Phtas* de l'Égypte.

Enfin, les formes grandioses et monstrueuses attribuées aux premiers simulacres de la Grèce, certaines idées sur la génération des êtres, sur les qualités des élémens, sur le dogme encore confus de l'immortalité de l'âme, attestent les nombreux emprunts que les chantres sacrés de la Grèce firent aux prêtres de Memphis. N'oublions pas qu'Hérodote (liv. 2, c. 81) considérait comme identique les qualifications d'Orphique et d'Égyptien.

L'Inde nous fournira aussi plusieurs lumières dont les croyances du polythéisme d'Hésiode n'ont été que le reflet.

Les *Pouranas* traitent, ainsi que la *Théogonie*, de la création du monde et de la généalogie des dieux.

Minerve est enfantée par la tête de Jupiter, comme les Brames sont issus de celle de Brama.

Jupiter, renfermant Métis dans ses entrailles, rappelle le Dieu suprême de l'Inde, qui tire de son propre sein Mana, ou l'intelligence.

Vichnou et les géans luttent pour la possession de l'*amrita*, breuvage d'immortalité, comme Jupiter et les Titans pour l'empire de l'Olympe.

Les centimanes d'Hésiode ont pu avoir été modelés d'après ce Crischna, qui possède une si grande quantité de bras, d'yeux et de bouches.

Saturne engloutit ses enfans comme Haranguer Behah: les deux cultes consacrent le symbole universel de la créature détruite par son propre créateur.

Nous pourrions signaler encore d'autres généalogies mythiques tirées des religions antérieures au polythéisme grec. Ainsi les Grecs ont peut-être reçu leur Ilythyia du pays des Hyperboréens et leur Neptune de la Lybie. C'est peut-être de la Scythie que Vesta leur est venue. On dirait qu'il existe des rapports entre les Izeds qu'Ormuzd créa pour faire le bien et les génies tutélaires dont parle Hésiode; entre Persée et Mithras; entre Hercule et le Roustan de l'épopée persane; entre l'Olympe de la Grèce et l'Albordj de la Perse, qui rappellent tous deux le mont Mérou de l'Inde. Toute la race du soleil et de la lune contient une foule de dénominations orientales et les souvenirs d'un culte astronomique.

Ainsi s'éleva le polythéisme de la Grèce, vaste panthéon où chaque nation appliqua son ciment, mais qui, malgré tant de couches successives, dut au génie hellénique la majesté, l'harmonie et la grandeur de son ensemble. L'époque où le polythéisme acquit le plus d'indépendance et de popularité fut l'époque homérique. La période antérieure est celle vers laquelle remonte Hésiode. Ces merveilleuses et gigantesques créations des premiers âges, telles que les Cyclopes, les Centimanes, les Harpies, les Gorgones, Typhoë, la Chimère, Échidna occupent chez lui plus de place que chez Homère. La *Théogonie* contient des allusions, soit aux guerres et aux actions des anciens héros, soit aux conflagrations, aux déluges, aux catastrophes locales ou universelles qui avaient ravagé le globe, soit aux luttes de quelques sacerdoces ennemis, soit enfin au sabéisme et aux dogmes symboliques répandus dans la Grèce primitive. De là un antagonisme de l'ancien et du nouvel élément religieux; de là une œuvre complexe où, à travers le coloris de la forme grecque, on voit souvent percer le fond des doctrines orientales; de là une mosaïque composée des débris de la théologie d'Orphée et de l'anthropomorphisme d'Homère, mais où l'on remarque déjà quelques-uns de ces premiers matériaux qui serviront dans la suite à la construction du nouveau temple érigé par Pythagore et par Socrate. Quoique le culte chez Hésiode n'ait point dépouillé encore la grossièreté de ses anciennes formes, sa morale commence à s'améliorer. Les dieux mettent plus de soin à juger les actions humaines, à récompenser la vertu, à punir le crime. L'Olympe mythologique, à mesure qu'il s'éloigne de la terre, s'élève vers une région plus brillante et plus pure.

L'examen du système, ou, pour mieux dire, des divers systèmes que renferme la *Théogonie*, a donné lieu à une foule d'explications contradictoires. Les uns, à l'instar des savans de l'école d'Alexandrie, n'y ont vu qu'une série continuelle de symboles et d'allégories; les autres, adoptant les idées d'Évhémère et de Diodore de Sicile, n'ont regardé les dieux que comme de simples mortels divinisés à cause de leurs services envers l'humanité; c'est avec la clé de l'histoire qu'ils ont cru ouvrir le sanctuaire de toutes les énigmes de la fable. Nous ne nions pas que l'histoire ne soit quelquefois entrée comme élément important dans le polythéisme d'Hésiode; mais nous pensons que c'est dans le symbole et dans le mythe qu'il faut en chercher la base fondamentale. Ces symboles, ces mythes s'étaient développés, quelquefois altérés ou perdus avec le temps; leur type primitif avait dû nécessairement s'effacer lorsqu'il se revêtit des formes humaines de l'épopée homérique. Aussi Hésiode, en cherchant à renouer une chaîne interrompue, ne pouvait-il expliquer le sens occulte des faits divins dont il ramassait les débris épars dans la mémoire des hommes. Nous ne saurions donc obtenir la solution complète de tant de problèmes. Toutefois, d'après l'idée que nous pouvons concevoir de la nature de quelques-uns, nous sentons que dans tous devait dominer une pensée grave, mystique, révélée, contemporaine peut-être des premiers jours de la création.

Un motif qui a induit en erreur les partisans exclusifs du système historique, c'est qu'Hésiode, postérieur au siècle épique, confond par un anachronisme involontaire les traditions des temps héroïques avec les dogmes plus anciens de l'époque purement religieuse. Les croyances de toute date se pressent confusément dans son poëme, quoiqu'il ait tenté de réunir en un corps homogène de doctrines tant d'allégories mythiques, cosmogoniques ou morales. La seule idée dominante qui plane sur toute la *Théogonie*, c'est l'idée des trois règnes ou plutôt des trois cultes d'Uranus, de Saturne, de Jupiter. Le culte de Jupiter admet surtout des développemens et des changemens considérables : tout ce qui le précède est bizarre, mystérieux, désordonné, parce qu'il y a encore lutte entre les dieux qui représentent les forces aveugles de la nature; tout ce qui vient après porte le caractère de la régularité, de la sagesse et de la beauté. Lorsque Jupiter, vainqueur des Titans, a obtenu l'empire des dieux et des hommes, ou, en d'autres termes, lorsque le principe de l'intelligence a triomphé de celui du désordre, nous voyons naître non plus des géans et des monstres, mais des êtres doués de proportions naturelles, revêtus de formes élégantes; alors s'établit une hiérarchie durable dans les honneurs et les emplois de chaque divinité. Le poëte, dans l'énumération de ces trois dynasties célestes et des nombreuses généalogies qui s'y rattachent, entrelace au tissu principal de sa narration beaucoup de fils accessoires. En accumulant tous ces détails, il semble reproduire dans la composition de son œuvre une image de ce polythéisme qui n'était parvenu jusqu'à lui qu'après avoir traversé tant de siècles, de pays et de croyances. Placée dans une de ces époques de transition où la société en travail enfante douloureusement un nouvel ordre de choses, au milieu des monarchies qui s'écroulent de toutes parts et des républiques qui commencent à s'élever, sa muse semble une prophétesse qui embrasse à la fois le passé et l'avenir de la religion grecque.

Hésiode, dans la *Théogonie*, a passé en revue cette foule de dieux qui composaient le polythéisme. C'est jusqu'au chaos qu'il a fait remonter les innombrables anneaux de la chaîne de cette généalogie céleste, et sa lyre a peuplé la terre et le ciel, les enfers et la mer des divinités créées par l'imagination ou admises par la crédulité d'une nation enthousiaste.

Descendu des hauteurs sacrées, il jette, dans les *Travaux et les Jours*, ses regards sur la famille humaine; alors il ne raconte plus, il conseille; le mythologue devient moraliste. En adressant à son frère Persès des maximes de sagesse et de vertu, d'économie domestique et rurale, il cherche à exciter chez tous ses contemporains le goût du travail. En effet, en quittant la vie guerrière pour la vie agricole et civile, les peuples ont dû substituer l'empire du travail, l'amour de la propriété à l'abus de la force, aux rapines de la conquête. Le poëme des *Travaux et des Jours* nous montre l'introduction des deux élémens nouveaux du travail et de l'ordre. Quoique renfermé dans un cercle moins large que celui de la *Théogonie*, il gagne en utilité ce qu'il semble perdre en grandeur et en élévation. Mais le poëte n'a dans sa marche rien de fixe ni de gradué : après avoir invoqué les Muses, il s'adresse à Persès; puis il raconte la fable de Pandore, décrit les cinq âges du monde, cite un apologue, donne des conseils tantôt à son frère, tantôt aux souverains, trace des préceptes pour l'agriculture, pour la navigation et finit par recommander des pratiques superstitieuses soit pour l'exécution des travaux champêtres, soit pour l'observation des jours propices et funestes.

Les *Travaux et les Jours* présentent donc une nomenclature de préceptes qui aurait pu se prolonger encore davantage; il est probable que ce poëme ne nous est point parvenu dans sa totalité. La plantation des arbres, par exemple, ne devait-elle point faire partie d'un code poétique d'agriculture? Heinsius (*Introductio in Opera et Dies*) observe qu'Hésiode devait avoir compris dans son poëme les préceptes relatifs à ce genre de travail.

Pline se plaint de ce que l'on commençait à ignorer de son temps la plupart des noms d'arbres mentionnés par Hésiode. On voit en outre par un fragment de Manilius (*Astronomiques*, c. 2,) qu'Hésiode avait dû enseigner l'art de planter les arbres, indiquer la qualité des terrains propres à la culture du blé et de la vigne, et même parler des bois et des fontaines. Ces diverses parties de son ouvrage n'ont point été conservées; il peut en avoir été de même de beaucoup d'autres.

Tout mutilé qu'il est, ce poëme ne laisse pas d'être aussi utile à étudier que la *Théogonie*. Indépendamment du luxe de poésie dont il est orné en certains passages, il fournit de précieux matériaux pour reconstruire le siècle d'Hésiode : s'il nous atteste les progrès des sciences et des arts, il nous initie au secret de cette corruption de mœurs qui dégénérait en tyrannie chez les rois, en vénalité chez les juges, en avarice, en jalousies, en haines, en paresse chez presque tous les citoyens. Mais en même temps que les justes plaintes d'Hésiode annoncent un état rongé de vices nombreux, une société différente de celle que nous représente Homère, le poëte remonte, sous le rapport de la religion, à une époque bien antérieure, puisqu'il constate cette croyance des premiers siècles du polythéisme que les dieux et les hommes étaient issus d'une commune origine. Hésiode, ici comme dans la *Théogonie*, est toujours le chantre de deux époques. S'il cherche à corriger ses contemporains, c'est en évoquant d'anciens souvenirs, c'est en prononçant des commandemens et des interdictions qui ressemblent aux dogmes des religions sacerdotales, c'est en revêtant sa muse de cette forme sentencieuse qu'affectait la poésie symbolique des temps primitifs. La formule des anciens oracles a contribué également à resserrer cette poésie dans les limites d'une expression brève et synthétique dont elle ne se dégagea entièrement qu'à l'apparition de l'épopée. L'histoire nous a conservé le souvenir de plusieurs poëmes didactiques qui datent de cette première période. Pausanias (*Béotie*, t. 31) cite les *Préceptes de Chiron pour l'éducation d'Achille*, et Plutarque (*Vie de Thésée*) les sentences morales du vieux Pitthée. Clément d'Alexandrie rapporte (*Stromates*, liv. 1, p. 2361) un vers d'un poëme intitulé *la Titanomachie*, d'après lequel le centaure Chiron avait enseigné aux hommes la *religion du serment, les sacrifices et les formes de l'Olympe*. Suivant Diogène de Laerte, Musée chanta le premier la théogonie et la sphère. Orphée, dit-on, composa un poëme des *Travaux et des Jours*. Tretzès prétend qu'Hésiode avait fait quelques emprunts à Mélampe. Telles sont les sources où Hésiode a puisé peut-être l'idée principale et les détails de son ouvrage. Mais comme le temps n'a point respecté les poëmes antérieurs au sien, nous pouvons placer les *Travaux et les Jours* à la tête de toutes les œuvres didactiques et gnomiques de l'antiquité grecque. Hésiode ouvrit la carrière où marchèrent Solon, Simonide, Phocyclide, Théognis, Pythagore, Mimnerme, Panyasis, Rhianus, Évenus, Eratosthène, Naumachius, Oppien, Nicandre et Aratus.

Son poëme est donc pour nous le premier qui consacre l'union féconde de la poésie avec la morale et la science; il ne peut avoir été composé que dans un temps où l'épopée en décadence fut remplacée par des ouvrages qui renfermèrent non plus le récit des anciens exploits, mais d'utiles préceptes applicables à la religion et à la vie champêtre ou domestique. Les *Travaux et les Jours*, chantés par fragmens comme la *Théogonie*, exercèrent sans nul doute une salutaire influence : la sagesse de leurs préceptes dut ramener les peuples de l'existence oisive de la place publique aux occupations honnêtes et profitables de l'agriculture et de l'industrie, à des idées de morale, d'ordre et de justice. La plupart de ces maximes devinrent proverbiales, grâce à la mesure du vers, qui rend plus durable la forme de la pensée. Le patriarche Photius rapporte, d'après un ancien auteur, que ce poëme était si cher à Séleucus Nicator qu'après sa mort il fut trouvé sous son chevet. Ainsi Alexandre dormait sur la cassette d'or qui renfermait le chef-d'œuvre du prince de l'épopée.

Si la critique a signalé plusieurs lacunes dans la *Théogonie* et dans les *Travaux et les Jours*, le *Bouclier d'Hercule* est encore bien moins complet, puisqu'il n'offre qu'un fragment qui a dû appartenir à deux ouvrages différens. Les cinquante-six premiers vers, qui parlent de l'amour de Jupiter et d'Alcimène, du retour d'Amphitryon et de la naissance d'Hercule se rattachent probablement au poëme intitulé *Mégalai Éoiai*, dans lequel Hésiode chantait les femmes les plus célèbres de la Grèce, tandis que la description du combat de Cycnus et d'Hercule, et du bouclier de ce dernier héros, a pu avoir été détachée d'un autre ouvrage intitulé *Généalogiai éroicai* ou *Érôogonia*, que le poëte avait consacré à la louange des héros les plus fameux. Cette dernière partie présente une plus forte empreinte de la couleur homérique que le commencement. Nous ne serions pas éloignés de croire qu'elle a été l'œuvre de quelque rhapsode. Le bouclier d'Achille dans l'*Iliade* a pu servir de type à celui de cet Hercule dont la gloire n'était pas moins répandue que la gloire du vainqueur d'Hector. C'est dans les jeux célébrés aux environs de Thèbes qu'on aura eu l'idée de chanter l'Hercule thébain. Ainsi le morceau des *Mégalai Éoiai* qui concerne la naissance de ce héros aura été rattaché à la description de son bouclier et de son combat avec Cycnus. L'école alexandrine assignait à la composition du *Bouclier d'Hercule* une date très-ancienne. Parmi les critiques modernes, Scaliger la fait remonter jusqu'au siècle de Solon et de Tyrtée.

Quant au poëme des *Mégalai Éoiai*, que le temps ne nous a point conservé, Pausanias rapporte (*Béotie*, c. 31) que certains peuples le regardaient comme étant d'Hésiode; il est attribué au même poëte par Athénée et par les scholiastes d'Apollonius de Rhodes, de Pindare et de Sophocle. Dans l'origine, ce poëme dépendait peut-être de la *Théogonie*, dont les deux derniers vers semblent propres à faire naître une telle conjecture. Ce n'est que plus tard qu'on l'en aura séparé, pour lui donner un titre spécial. Hésiode y célébrait les héroïnes les plus illustres, en les proposant pour modèles aux femmes de son siècle ou en les comparant toujours les unes avec les autres. Or, chaque comparaison commençant par cette formule : *è oiè* ou *telle que*, c'est de là qu'est venu le titre général de *Éoiai*: on sait qu'autrefois les premiers mots des ouvrages de poésie servaient souvent à les faire désigner. Quant à l'épithète de *Mégalai*, quelques savans pensent qu'elle est provenue du grand nombre de vers que ce poëme renfermait; l'importance des héroïnes qui étaient célébrées a pu aussi lui donner naissance. Quoi qu'il en soit, ce titre n'a pas été inventé par les grammairiens; s'il ne remonte pas jusqu'au premier auteur du poëme, il a dû au moins être imaginé dans ces temps où la multiplication des poésies de tout genre exigeait qu'on distinguât chacune par une dénomination particulière. Le témoignage de Pausanias démontre que le poëme d'Hésiode était connu très-anciennement chez les Grecs sous le nom de *Mégalai Éoiai*.

Il y a donc lieu de penser que le commencement du *Bouclier d'Hercule* n'est qu'un lambeau de ce grand ouvrage qu'Hésiode avait consacré à la gloire des femmes de l'antiquité, mais qu'un autre poëte a composé la description du Bouclier et du Combat. Ces deux fragmens, réunis, reçurent le titre de celui qui avait le plus d'étendue et d'importance ; on les appela *le Bouclier d'Hercule*. Si ce poëme a été attribué à Hésiode, c'est que son nom, ainsi que celui d'Homère, est comme le centre autour duquel a gravité toute la poésie de son siècle et même celle des âges postérieurs. Mais le caractère spécial de la muse d'Hésiode est moins le genre de l'épopée que les genres didactique et mythique ; elle aime plutôt à dicter des préceptes de morale, à décrire les généalogies humaines et divines qu'à chanter le courage et les exploits des héros. Tout *le Bouclier d'Hercule*, à l'exception du début, n'est donc vraisemblablement qu'un de ces *pastiches* homériques que les rhapsodes se plaisaient à composer. Si Apollodore, Athénée, Apollonius de Rhodes, Stésichore et l'Athénien Mégaclès l'attribuent à Hésiode, Aristophane le grammairien, Joseph Scaliger, Heinsius, Vossius, Dorville et d'autres célèbres critiques lui en refusent la gloire.

Le fond du sujet et les détails de la narration portent l'empreinte du génie primitif qui chanta le combat d'Achille et d'Hector. Ici les dieux, à l'exemple des dieux homériques, partagent les formes, les passions et les souffrances humaines, viennent secourir les mortels et sont blessés par leur lance ou par leur glaive.

Ce lambeau d'épopée est rempli sans doute de brillantes images, de traits vigoureux, de nobles pensées ; mais plusieurs vers sont textuellement empruntés de *l'Iliade*, et l'on reconnaît dans la couleur générale du style un caractère évident d'imitation. La poésie en est souvent abondante et large comme dans Homère ; elle n'est plus serrée et pleine comme dans Hésiode.

Quant au *Bouclier d'Hercule*, proprement dit, sa description est faite dans le style homérique ; mais il présente dans la nature des idées et dans le choix des figures quelques dissemblances avec le *Bouclier d'Achille*. Celui-ci n'offre point d'allusion à la généalogie ni aux exploits du fils de Pélée ; ses tableaux sont empreints du caractère de la généralité. Celui-là, au contraire, semble convenir à Hercule plus spécialement qu'à aucun autre héros. Homère se complaît davantage à décrire les travaux de la campagne, comme pour reposer sa muse guerrière sur de douces et riantes peintures : l'auteur du *Bouclier d'Hercule* retrace plus longuement les horreurs des combats, sans doute parce que ce tableau formait alors un contraste naturel avec les occupations champêtres de son siècle. On voit que le dernier chantre s'efforce toujours d'amplifier et d'embellir les images dont le premier lui a fourni le modèle. *Le Bouclier d'Achille* ne contient que huit sujets principaux ; *le Bouclier d'Hercule* en renferme un bien plus grand nombre.

Si le *Bouclier d'Hercule* nous offre un précieux objet d'étude, parce qu'il remonte jusqu'à un temps où la poésie était encore populaire, les *Fragmens* conservés sous le nom d'Hésiode n'ont pas moins d'intérêt aux yeux du savant. Là un passage sur Linus, dont on chantait la gloire au milieu des festins et des chœurs de danse ; ici un vers sur Danaüs, qui procura de l'eau à la ville d'Argos, rappellent les premiers essais des Muses, les premiers bienfaits de la civilisation. Tous ces débris, dispersés dans les ouvrages des auteurs, des grammairiens et des scholiastes grecs, malgré leur sens incomplet, se rattachent à un vaste ensemble de poésie, car le nom d'Hésiode a été peut-être le nom générique de tous les chantres d'une même époque. Si quelques critiques ont faussement attribué à Hésiode des fragmens qui ne lui appartiennent pas, beaucoup d'autres, sans citer de lui aucun vers, font allusion aux traditions d'histoire ou de mythologie consignées dans ses ouvrages. Or, la pensée se refuse à croire qu'il ait pu composer seul tant de poëmes. Plusieurs des fragmens qui nous sont parvenus ne présentent donc guère plus d'authenticité que certains passages de la *Théogonie*, des *Travaux et des Jours* et du *Bouclier d'Hercule*. Mais nous avons dû les recueillir religieusement comme les versets d'une légende sacrée dont l'ensemble a péri dans le souvenir des hommes. L'ami des arts, lorsqu'il n'a pas le bonheur de découvrir une statue tout entière, ne rejette point pour cela les tronçons épars qu'il rencontre en fouillant le sol fécond de l'antiquité.

Pausanias rapporte (*Béotie*, c. 31) qu'on attribuait encore à Hésiode un poëme sur le devin Mélampe, la *Descente de Thésée et de Pirithoüs aux Enfers*, les *Préceptes de Chiron pour l'éducation d'Achille*, et qu'ayant appris des Acarnaniens l'art de la divination, il passait pour avoir composé des *Prédictions en vers* et un livre d'*Explication des Prodiges*. Hésiode fut l'auteur, d'après Suidas, du *Catalogue des Femmes* en cinq livres, de l'éloge funèbre de son ami Batrachus et d'un poëme sur les *Dactyles Idéens* ; suivant Zosime (liv. v, c. 28), des *Théogonies héroïques* ; selon Tzetzès (*Prolégomènes sur Lycophron*), de l'*Épithalame de Thétis et de Pelée*, et comme le dit le scholiaste d'Aratus (v. 255), de la *Grande astronomie ou du Livre des astres*. Strabon (liv. vii, p. 302) cite de lui le *Tour de la Terre* ; Maxime de Tyr (Dissertat. 16), les *Discours divins* ; Athénée (liv. II, p. 49; liv. VIII, p. 364, et liv. XI, p. 503), les *Noces de Céyx*, les *Grands Travaux* et l'*Égimius*. Aristote et quelques grammairiens mettent sur son compte un ouvrage intitulé *les Préceptes*. Pline (liv. XV, c. 1; liv. XXI, c. 17 et 20; liv. XXII, c. 22; liv. XXV, c. 2) et Plutarque (*Banquet de Dioclès*) semblent croire qu'il composa des poëmes sur la vertu des plantes et des herbes et sur l'art de la médecine. La simple nomenclature de tous ces ouvrages, qui supposent une si grande variété de savoir, ne démontre-t-elle pas l'impossibilité qu'un seul homme en ait été l'auteur?

Après tout, l'idée d'attribuer tant de poëmes à Hésiode atteste l'admiration que son génie inspira. Si quelques écrivains l'ont accusé d'impiété, si Pythagore, suivant Diogène de Laërte (liv. VIII, sect. 21), feignait d'avoir vu son ombre enchaînée avec celle d'Homère dans le Tartare à une colonne d'airain, parce que ces deux poëtes avaient débité des mensonges sur les dieux; si Platon (*Répub.*, liv. II) le bannissait de sa république, d'où il chassait aussi le grand Homère, ces philosophes ne condamnaient sans doute que quelques points de ses croyances : ils devaient apprécier son talent reconnu par tant de juges habiles. Denys d'Halicarnasse vante la douceur de son style et l'habileté de sa composition. Velléius Paterculus dit que ce fut un poëte d'un esprit élégant et remarquable par la mollesse de ses vers. Quintilien fait l'éloge de la sagesse de ses maximes et de l'harmonie de sa diction; il lui décerne la palme dans le genre tempéré. Hésiode a obtenu également les suffrages d'Aristote, de Xénophon, d'Isocrate, d'Alcée, de saint Basile, du sophiste Aphthonius et de Cicéron.

La *Théogonie* avait été commentée, suivant Aulu-Gelle (liv. XX, c. 8), par Plutarque; on dit qu'elle l'avait été aussi par Aristote, par Aristonicus d'Alexandrie, par Démétrius Ixion d'Adramyttium et par Denys de Corinthe. Il ne nous est parvenu que deux commentaires grecs sur ce poëme : l'un est attribué à Jean Diaconus; l'autre est intitulé *Quelques anciennes scholies détachées sur la Théogonie d'Hésiode*. Natalis Comes (*Myth.*, liv. VI, c. 18) semble croire que Didyme en est l'auteur.

Nous avons sur les *Travaux et les Jours* des scholies de Proclus, de Jean Tzetzès et d'Emmanuel Moschopule. Jean Protospatharius a composé pour son fils une *Explication physique des Jours*.

Tzetzès et Jean Diaconus ont laissé, l'un une *Explication*, l'autre une *Paraphrase* sur le *Bouclier d'Hercule*.

Le travail de ces divers scholiastes, à l'exception de Proclus, n'offre guère qu'une compilation faite sans critique des gloses qu'ils avaient recueillies de tous côtés.

Les principaux commentateurs modernes sont Ange Politien, Scaliger, Vinet, Mélanchton, Jean Frisius, Grævius, Guiet, Hemsterhusius, Barlæus, Robinson, Leclerc, Rubnkenius, Heyne, Wolff, Bergier et C.-F. Heinrich. M. Creuzer, dans ses lettres sur Homère et Hésiode, a fait la critique d'une dissertation latine de M. Hermann *sur la plus ancienne mythologie des Grecs*.

Quant aux diverses éditions d'Hésiode, on nous saura gré sans doute d'extraire ce passage de la notice composée par Amar dans la *Biographie universelle* :

« *Les Travaux et les Jours* furent publiés pour
» la première fois à Milan, 1493, in-fol., par les soins
» de Démétrius Chalchondyle avec Isocrate et Théo-
» crite; mais comme le poëme d'Hésiode ne se trou-
» vait pas dans tous les exemplaires, on regarda long-
» temps comme édition princeps celle d'Alde Manuce,
» Venise, 1495, in-fol., qui renferme, avec plusieurs
» autres petits poëmes gnomiques, la *Théogonie*
» et le *Bouclier d'Hercule*. Le seizième siècle vit
» paraître un assez grand nombre d'éditions d'Hé-
» siode, parmi lesquelles il faut distinguer celle de Vic-
» tor Trincavelli, imprimée à Venise, chez Zanetti,
» in-4°, 1537. C'est la première qui présente les trois
» poëmes d'Hésiode réunis et accompagnés des scholies
» grecques de Proclus, de Jean Tzetzès et de Moscho-
» pule; elle est d'ailleurs très-correcte et d'une belle
» exécution typographique. Celle de Bâle, 1542, in-8°,
» est avec la version latine de Valla et les scholies
» de Tzetzès. Celle de Henri Estienne, Paris, 1566,
» in-fol., est la première où la critique du texte ait
» appelé l'attention de l'éditeur; elle est devenue la
» base de la plupart des suivantes. Oporinus donna
» à Bâle, en 1574, in-8°, les *Œuvres d'Hésiode*
» avec une version latine des scholies de Tzetzès. Celle
» de Spondanus, grecque et latine, La Rochelle, 1592,
» petit in-8°, est une édition rare et excellente. Le
» dix-septième siècle nous offre *l'Hésiode* de Daniel
» Heinsius, Plantin, 1603, in-4°. Cette édition, que
» tant de titres recommandent aux savans, est deve-
» nue excessivement rare; mais ce qu'elle renferme
» de plus précieux se retrouve dans celle d'Amster-
» dam, 1701, in-8°, qui contient de plus les *Lectio-
» nes Hesiodeæ* de Grævius et l'*Index* de Pasor.
» Jusqu'ici l'érudition, les recherches savantes et la
» collation des manuscrits avaient fait beaucoup pour
» Hésiode; mais il ne devait rien encore au luxe ty-
» pographique, lorsque Thomas Robinson publia sa
» belle édition à Oxford, 1734, grand in-4°. De nou-
» veaux manuscrits furent consultés pour la *Théogo-
» nie* et les *Travaux et les Jours*. L'éditeur ajouta
» ses propres observations aux notes d'Heinsius, de
» Guiet, de Leclerc; une dissertation préliminaire sur
» la vie, les ouvrages et le siècle d'Hésiode, et le
» *Combat d'Homère et d'Hésiode* avec une nouvelle
» traduction latine et les notes de Barnès. Cette édi-
» tion en un mot ne laissait à désirer que les scholies
» grecques; aussi gagna-t-elle beaucoup entre les

» mains de Lœsner, qui la publia de nouveau avec
» d'importantes additions, Leipsig, 1778, in-8°. Nous
» avons parlé déjà de celle de Brunck, page 150 de
» son recueil des poëtes gnomiques, Strasbourg,
» 1784. Le savant et ingénieux éditeur s'est servi,
» pour établir son texte, d'un manuscrit d'Hésiode de
» la bibliothèque du roi et d'un autre de Stobée, qui
» n'avait point encore été consulté. Il eût été à dési-
» rer que son travail embrassât les trois poëmes attri-
» bués à Hésiode, au lieu de se borner à celui des
» *Travaux*, qu'il a heureusement corrigé dans plu-
» sieurs endroits et purgé de plus de cinquante vers
» justement réputés suspects. L'année suivante, 1785,
» Bodoni fit paraître à Parme les ouvrages d'Hésiode
» avec la traduction en vers latins de Bernardo Zama-
» gra de Raguse, traduction assez élégante, mais en
» général peu fidèle et qui ne méritait pas un tel hon-
» neur typographique. Nous ne devons pas oublier
» l'édition publiée à Lemgow, 1792, in-8°, avec la
» traduction allemande de Hartmann et les remarques
» de Wachler, ni celle de Lanzi, accompagnée d'une
» traduction italienne *in terza rima*, Florence,
» 1808, grand in-4°. Elle ne contient que le poëme
» des *Travaux et des Jours* avec un discours préli-
» minaire et de longues notes qui n'offrent rien qu'on
» ne retrouve ailleurs. Nous souhaitons, en terminant
» cette nomenclature, que M. Heinrich ne s'arrête
» pas au spécimen qu'il nous a donné dans son édi-
» tion du *Bouclier d'Hercule* et que M. Tiersch réa-
» lise le projet de son édition d'Hésiode. »

Nous ajouterons à la liste de ces éditions celle de quelques autres non moins importantes :

Hesiodus, Theognis, Gnomæ diversorum poetarum, Carmina Sibyllæ, Pythagoræ aurea Carmina, Gregorii gnomæ, Theocriti opera omnia. Florentiæ, in ædibus Phil. Juntæ, 1515, *in-8°.*

Hesiodus, Theognidis sententiæ, Sibyllæ Carmina, Musæi opusculum de Herone et Leandro, Orphei Argonautica, Hymni et de Lapidibus, Phocylidis Parænesis, Florentiæ, per Benedictum, Junctam, 1540, *in-8°.*

Hesiodi ascræi opera quæ extant : in eadem doctorum virorum annotationes] et lectiones variæ è mss. palat. ab Hieronymo Commelino collectæ: 1591, *in-8°.*

Hesiodi ascræi quæ extant, cum notis ex probatissimis quibusdam auctoribus, brevissimis selectissimisque; accessit viri clarissimi Lamberti Barlæi, Græcæ linguæ in academiâ Lugduno-Batavâ, professoris eximiis, in ejusdem Theogoniam commentarius. Operâ et studio Cornelii Schrevelii. Lugduno-Batavorum, ex officinâ Francisci Hackii 1658.

Hesiodus cum versione emendatâ ab Erasmo Schmidio et in Erga enarratione Melanchthoniis et 23 tabulis synopticis ejusdem Schmidii. Witebergæ, 1601, *in-8°.*

Theogonia Hesiodea, textu subindè reficto in usum prælectionum seorsim, edita à F. a. Wolf. Halæ Saxon, 1783, *in-8°.*

Le texte d'Hésiode le plus correct est celui que Thomas Gaisford a édité en 1814. M. Boissonade l'a suivi dans son *Recueil des poëtes grecs* (tome XI, 1824) et nous l'avons également adopté.

Les traductions françaises en prose les plus connues sont la traduction de Bergier, précédée d'un discours sur l'origine des dieux du paganisme et suivie de remarques sur les ouvrages d'Hésiode, 1767; celles de Gin 1785 et de Coupé 1796.

Il existe une vieille traduction des *Travaux et des Jours*, publiée sous ce titre : *Les Besongnes et et les Jours*, mis en vers français par Jacques Legras, Paris, 1586, in-12. L'abbé Goujet la trouvait préférable à celles de Richard Leblanc, de Lambert Daneau et de J.-A. Baïf.

Ces traductions ne sont en général ni exactes ni complètes, puisqu'elles ne comprennent pas les *Fragmens*; elles ne nous ont offert que peu de ressources. C'est donc au texte grec seulement que nous avons eu recours, n'hésitant point à préférer le langage de la prose à celui de la poésie. Rien n'eût été moins poétique, en effet, que la reproduction en vers soit des nombreuses généalogies, soit des préceptes moraux et religieux que renferme Hésiode. Plusieurs morceaux d'élite, tels que la brillante description des cinq âges du monde, l'ingénieuse création de Pandore, l'énergique et sombre peinture de l'hiver, le magnifique combat de Jupiter avec les Titans, auraient sans doute prêté à la poésie ; mais ces divers passages ne constituent pas le caractère dominant du génie d'Hésiode, la physionomie habituelle de sa versification. Quelquefois comparable à Homère, Hésiode s'en éloigne souvent par la nature du style. Le style d'Homère est lucide, abondant, coloré, parce qu'il date d'une époque où la guerre avait mis en dehors tous les caractères, toutes les passions : celui d'Hésiode, au contraire, est grave, sérieux et précis ; il révèle un siècle de crise sociale où la pensée a besoin de se résumer dans un langage plein et nerveux et de se concentrer en elle-même, comme effrayée du tableau des vices et des dissensions qui tourmentent la Grèce. Hésiode diffère d'Homère sous beaucoup d'autres rapports, car tantôt il passe en revue les généalogies des familles célestes, et alors ses vers, presque entièrement hérissés de noms propres, ont toute la sécheresse d'une froide nomenclature ; tantôt il décrit en termes techniques des instruments et des objets d'arts, ou il trace des maximes dont le fond est revêtu d'une forme complexe. Ajoutez à ces difficultés les entraves que les interpolations ou les lacunes apportent à la marche et au sens de la phrase. Comme les ouvrages du compilateur d'Ascra sont loin de présenter cet enchaînement de faits, cette liaison d'idées qui, malgré des contradictions partielles, dominent l'ensemble des époques d'Homère, sa poésie est trop souvent elliptique, serrée, obscure. Quoiqu'elle appartienne au dialecte ionien, nous ne lui trouvons pas en général cette douceur si vantée par Denys d'Halicarnasse et par d'autres critiques ; il semble qu'on reconnaisse quelquefois en elle un reste d'archaïsme de l'époque anté-homérique.

Hésiode n'en est pas moins digne d'une étude sérieuse, surtout pour le fond de sa poésie. L'examen de ses œuvres prouve que sa pensée, malgré de fréquens retours vers un ordre de choses dès longtemps aboli, a été novatrice et progressive. Habile à seconder la marche de l'humanité dans ses initiations graduelles de siècle en siècle, elle a contribué puissamment à améliorer la morale en proclamant la supériorité du travail et de l'économie sur la paresse et sur la prodigalité, la religion en lui faisant faire un pas de plus vers ce dernier degré de perfection qu'elle ne devait atteindre que dans Pindare et dans Sophocle, la politique en poussant les esprits vers ces idées républicaines qui développèrent en Grèce le germe de tant de gloire et de liberté. Tel était l'auguste privilége des muses antiques : intimement liées au culte et aux mœurs populaires, chaque corde de leur lyre répétait, comme un fidèle écho, les divers sentimens qui vibraient dans le cœur de la nation ; leur voix inspiratrice immortalisait les grands événemens guerriers ou politiques, les saintes et vieilles croyances,[1] les utiles maximes d'équité, de sagesse et de vertu. Le chantre alors exerçait l'autorité du législateur ; un vers d'Homère, un précepte d'Hésiode, étaient révérés comme une loi de Lycurgue ou de Solon. Ce pieux respect, qui semble placer dans le ciel même le berceau de la poésie, n'appartient qu'à la jeunesse des peuples. Plus ces peuples vieillissent et plus le domaine du positif usurpe celui de l'idéal et du merveilleux. La poésie devient, non plus la base nécessaire, mais une simple décoration de l'édifice social : objet de vaine distraction pour quelques individus, elle ne pénètre plus, victorieuse, dans l'esprit des masses. Lorsque tant de puissans intérêts absorbent l'attention générale des états modernes, l'art restera peut-être longtemps encore sans construire un de ces monumens dont le large frontispice appelle tout d'abord les regards des contemporains et dont les fondemens solides résistent au cours dévorant des siècles. Mais si son avenir peut sembler incertain, étudions son passé avec une nouvelle ardeur ; la Grèce est le pays où il eut le plus de spontanéité, le plus de vérité, le plus d'indépendance. C'est donc vers cette terre privilégiée que notre pensée reconnaissante doit surtout se reporter comme vers la source primitive d'où jaillirent ces flots de poésie, d'éloquence, de philosophie et d'histoire qui, après avoir traversé les siècles d'Homère et de Périclès, fécondèrent le sol de l'Italie sous Auguste et sous Léon X et firent éclore dans notre France les palmes éternellement florissantes du talent et du génie.

LA THÉOGONIE.[1]

Commençons (1) par invoquer les Muses de l'Hélicon (2), les Muses qui, habitant cette grande et céleste montagne, dansent d'un pas léger autour de la noire fontaine et de l'autel du puissant fils de Saturne, et baignant leurs membres délicats dans les ondes du Permesse, de l'Hippocrène et du divin Olmius, forment sur la plus haute cime de l'Hélicon des chœurs admirables et gracieux. Lorsque le sol a frémi sous leurs pieds bondissans, dans leur pieuse ardeur, enveloppées d'un épais nuage, elles se promènent durant la nuit (3) et font entendre leur belle voix en célébrant Jupiter armé de l'égide, l'auguste Junon d'Argos, qui marche avec des brodequins d'or, la fille de Jupiter, Minerve aux yeux bleus, Phébus-Apollon (4), Diane chasseresse, Neptune, qui entoure et ébranle la terre, la vénérable Thémis (5), Vénus à la paupière noire, Hébé à la couronne d'or, la belle Dioné, l'Aurore (6), le grand Soleil, la Lune splendide, Latone, Japet, l'astucieux Saturne, la Terre, le vaste Océan et la Nuit ténébreuse (7), enfin la race sacrée de tous les autres dieux immortels. Jadis elles enseignèrent à Hésiode (8) d'harmonieux accords, tandis qu'il faisait paître ses agneaux aux pieds du céleste Hélicon. Ces Muses de l'Olympe, ces filles de Jupiter, maître de l'égide, m'adressèrent ce langage pour la première fois : « Vils pasteurs, opprobre des campagnes, vous qui ne vivez que pour l'intempérance, nous savons inventer beaucoup de mensonges semblables à la vérité ; mais nous savons aussi dire ce qui est vrai, quand tel est notre désir. »

Ainsi parlèrent les éloquentes filles du grand Jupiter, et elles me remirent pour sceptre un rameau de vert laurier superbe à cueillir; puis, m'inspirant un divin langage pour me faire chanter le passé et l'avenir, elles m'ordonnèrent de célébrer l'origine des bienheureux immortels et de les choisir toujours elles-mêmes pour objet de mes premiers et de mes derniers chants (9). Mais pourquoi m'arrêter ainsi autour du chêne ou du rocher (10)?

Célébrons d'abord les Muses qui, dans l'Olympe, charment la grande âme de Jupiter et marient leurs accords en chantant les choses passées, présentes et futures (11). Leur voix infatigable coule de leur bouche en doux accens (12), et cette harmonie enchanteresse, au loin répandue, fait sourire (13) le palais de leur père qui lance la foudre. On entend résonner la cime de l'Olympe neigeux (14), demeure des immortels. D'abord, épanchant leur voix divine, elles rappellent l'auguste origine des dieux engendrés par la Terre et par le vaste Uranus (15), et chantent leurs célestes enfans, auteurs de tous les biens. Ensuite, célébrant Jupiter, ce père des dieux et des hommes, elles commencent et finissent par lui tous leurs hymnes et redisent combien il l'emporte sur les autres divinités par sa force et par sa puissance. Enfin, quand elles louent la race des mortels et des géans vigoureux (16), elles réjouissent dans le ciel l'âme de Jupiter, ces Muses de l'Olympe, filles du dieu qui porte l'égide. Dans la Piérie, Mnémosyne, qui régnait sur les collines d'Éleuthère, unie au fils de Saturne, mit au jour ces vierges qui procurent l'oubli des maux et la fin des douleurs. Durant neuf nuits, le prudent Jupiter, montant sur son lit sacré, coucha près de Mnémosyne, loin de tous les immortels. Après une année, les saisons et les mois ayant accompli leur cours et des jours nombreux étant révolus, Mnémosyne enfanta neuf filles animées du même esprit, sensibles au charme de la musique et portant dans leur poitrine un cœur exempt d'inquiétude; elle les enfanta près du sommet élevé de ce neigeux Olympe où elles forment des chœurs brillans et possèdent des demeures magnifiques; à leurs côtés se tiennent les Grâces et le Désir dans les festins, où leur bouche, épanchant une aimable harmonie, chante les lois de l'univers et les fonctions respectables des dieux. Fières de leurs belles voix et de leurs divins concerts, elles montèrent dans l'Olympe : la terre noire retentissait de leurs accords, et sous leurs pieds s'élevait un bruit ravissant tandis qu'elles marchaient vers l'auteur de leurs jours, ce roi du ciel (17), ce maître du tonnerre et de la brûlante foudre, qui, puissant vainqueur de son

---

[1] Toutes les notes auxquelles nous renvoyons dans les œuvres d'Hésiode se trouvent à la fin du volume.

père Saturne, distribua équitablement à tous les dieux les emplois et les honneurs.

Voilà ce que chantaient les Muses habitantes de l'Olympe (18), les neuf filles du grand Jupiter, Clio, Euterpe, Thalie, Melpomène, Terpsichore, Érato, Polymnie, Uranie et Calliope, la plus puissante de toutes, car elle sert de compagne aux rois vénérables. Lorsque les filles du grand Jupiter veulent honorer un de ces rois, nourrissons des cieux, dès qu'elles l'ont vu naître, elles versent sur sa langue une molle rosée, et les paroles découlent de sa bouche douces comme le miel. Tous les peuples le voient dispenser la justice avec droiture lorsqu'il apaise tout à coup un violent débat par la sagesse et l'habileté de son langage, car les rois sont doués de prudence afin que, sur la place publique, en proférant de pacifiques discours, ils fassent aisément restituer à leurs peuples tous les biens dont ils ont été insolemment dépouillés. Tandis que ce prince marche dans la ville, les citoyens, remplis d'un tendre respect, l'invoquent comme un dieu et il brille au milieu de la foule assemblée. Tel est le divin privilége que les Muses accordent aux mortels.

Les Muses et Apollon, qui lance au loin ses traits, font naître sur la terre les chantres et les musiciens; mais les rois viennent de Jupiter. Heureux celui que les Muses chérissent! un doux langage découle de ses lèvres. Si un mortel, l'âme déchirée par un récent malheur, s'afflige et se lamente, qu'un chantre, disciple des Muses, célèbre la gloire des premiers hommes et des bienheureux immortels habitans de l'Olympe, aussitôt l'infortuné oublie ses chagrins; il ne se souvient plus du sujet de ses maux et les présens des vierges divines l'ont bientôt distrait de sa douleur.

Salut, filles de Jupiter, donnez-moi votre voix ravissante. Chantez la race sacrée des immortels nés de la Terre et d'Uranus couronné d'étoiles, conçus par la Nuit ténébreuse ou nourris par l'amer Pontus. Dites comment naquirent les dieux, et la terre, et les fleuves, et l'immense Pontus aux flots bouillonnans, et les astres étincelans, et le vaste ciel qui les domine; apprenez-moi quelles divinités, auteurs de tous les biens, leur durent l'existence; comment cette céleste race, se partageant les richesses, se distribuant les honneurs, s'établit pour la première fois dans l'Olympe aux nombreux sommets. Muses habitantes de l'Olympe, révélez-moi l'origine du monde et remontez jusqu'au premier de tous les êtres.

Au commencement exista le Chaos, puis la Terre à la large poitrine, demeure toujours sûre de tous les immortels qui habitent le faîte de l'Olympe neigeux; ensuite le sombre Tartare, placé sous les abîmes de la terre immense; enfin l'Amour, le plus beau des dieux, l'Amour, qui amollit les âmes, et, s'emparant du cœur de toutes les divinités et de tous les hommes, triomphe de leur sage volonté. Du Chaos sortirent l'Erèbe et la Nuit obscure (19). L'Ether et le Jour (20) naquirent de la Nuit, qui les conçut en s'unissant d'amour avec l'Erèbe. La Terre enfanta d'abord Uranus couronné d'étoiles et le rendit son égal en grandeur afin qu'il la couvrît tout entière et qu'elle offrît aux bienheureux immortels une demeure toujours tranquille; elle créa les hautes montagnes, les gracieuses retraites des nymphes divines qui habitent les monts aux gorges profondes. Bientôt, sans goûter les charmes du plaisir, elle engendra Pontus, la stérile mer aux flots bouillonnans; puis, s'unissant avec Uranus, elle fit naître l'Océan aux gouffres immenses, Céus (21), Créus, Hypérion, Japet, Théa, Thémis, Rhéa, Mnémosyne, Phébé à la couronne d'or et l'aimable Téthys. Le dernier et le plus terrible de ses enfans, l'astucieux Saturne, devint l'ennemi du florissant auteur de ses jours. La Terre enfanta aussi les Cyclopes (22) au cœur superbe, Brontès, Stéropès et l'intrépide Argès, qui remirent son tonnerre à Jupiter et lui forgèrent sa foudre : tous les trois ressemblaient aux autres dieux, seulement ils n'avaient qu'un œil au milieu du front et reçurent le surnom de Cyclopes, parce que cet œil présentait une forme circulaire. Dans tous les travaux éclataient leur force et leur puissance.

La Terre et Uranus eurent encore trois fils grands et vigoureux (23), funestes à nommer, Cottus, Briarée et Gygès, race orgueilleuse et terrible! Cent bras invincibles s'élançaient de leurs épaules et cinquante têtes attachées à leurs dos s'allongeaient au dessus de leurs membres robustes. Leur force était immense, infatigable, proportionnée à leur haute stature. Ces enfans, les plus redoutables de tous ceux qu'engendrèrent la Terre et Uranus, devinrent dès le commencement odieux à leur père. A mesure qu'ils naissaient, loin de leur laisser la lumière du jour, Uranus les cachait dans les flancs de la terre et se réjouissait de cette action dénaturée. La Terre immense gémissait, profondément attristée, lorsque enfin elle médita une cruelle et perfide vengeance. Dès qu'elle eut tiré de son sein l'acier éclatant de blancheur, elle fabriqua une grande faulx, révéla son projet à ses enfans et, pour les encourager, leur dit, consumée de douleur :

« Mes fils! si vous voulez m'obéir, nous vengerons l'outrage que vous fait subir votre coupable père : car il est le premier auteur d'une action indigne. »

Elle dit. La crainte s'empara de tous ses enfans; aucun n'osa répliquer. Enfin le grand et astucieux Saturne, ayant pris confiance, répondit à sa vénérable mère :

« O ma mère! je promets d'accomplir notre vengeance, puisque je ne respecte plus un père trop fatal : car il est le premier auteur d'une action indigne. »

A ces mots, la Terre immense ressentit une grande joie au fond de son cœur. Après avoir caché Saturne dans une embuscade, elle remit en ses mains la faulx à la dent tranchante et lui expliqua sa ruse tout entière. Le grand Uranus arriva, amenant la Nuit, et animé du désir amoureux, il s'étendit sur la Terre de toute sa longueur. Alors son fils, sorti de l'embuscade, le saisit de la main gauche, et de la droite, agitant la faulx énorme, longue, acérée, il s'empressa de couper l'organe viril de son père (24) et le rejeta derrière lui. Ce ce fut pas vainement que cet organe tomba de sa main : toutes les gouttes de sang qui en découlèrent, la Terre les recueillit, et les années étant révolues, elle produisit les redoutables Furies, les Géans monstrueux, chargés d'armes étincelantes et portant dans leurs mains d'énormes lances, enfin ces nymphes qu'on appelle Mélies sur la terre immense.

Saturne mutila de nouveau avec l'acier le membre qu'il avait coupé déjà et le lança du rivage dans les vagues agitées de Pontus : la mer le soutint longtemps, et de ce débris d'un corps immortel jaillit une blanche écume d'où naquit une jeune fille qui fut d'abord portée vers la divine Cythère et de là parvint jusqu'à Cypre entourée de flots. Bientôt, déesse ravissante de beauté, elle s'élança sur la rive, et le gazon fleurit sous ses pieds délicats. Les dieux et les hommes appellent cette divinité à la belle couronne Aphrodite, parce qu'elle fut nourrie de l'écume des mers; Cythérée, parce qu'elle aborda Cythère ; Cyprigénic, parce qu'elle naquit dans Cypre entourée de flots, et Philomnédée, parce que c'est d'un organe générateur qu'elle reçut la vie. Accompagnée de l'Amour et du beau Désir, le même jour de sa naissance, elle se rendit à la céleste assemblée. Dès l'origine, jouissant des honneurs divins, elle obtint du sort l'emploi de présider, parmi les hommes et les dieux immortels, aux entretiens des jeunes vierges, aux tendres sourires, aux innocens artifices, aux doux plaisirs, aux caresses de l'amour et de la volupté.

Le grand Uranus, irrité contre les enfans qu'il avait engendrés lui-même, les surnomma les Titans, disant qu'ils avaient étendu la main pour commettre un énorme attentat dont un jour ils devaient recevoir le châtiment. La Nuit (25) enfanta l'odieux Destin, la noire Parque et la Mort; elle fit naître le Sommeil avec la troupe des Songes, et cependant cette ténébreuse déesse ne s'était unie à aucun autre dieu. Ensuite elle engendra Momus, le Chagrin douloureux, les Hespérides, qui par delà l'illustre Océan, gardent les pommes d'or et les arbres chargés de ces beaux fruits, les Destinées, les Parques impitoyables, Clotho, Lachésis et Atropos qui dispensent le bien et le mal aux mortels naissans, poursuivent les crimes des hommes et des dieux et ne déposent leur terrible colère qu'après avoir exercé sur le coupable une cruelle vengeance. La Nuit funeste conçut encore Némésis, ce fléau des mortels, puis la Fraude, l'Amour criminel, la triste Vieillesse, Éris au cœur opiniâtre. L'odieuse Éris fit naître à son tour le Travail importun, l'Oubli, la Faim, les Douleurs qui font pleurer, les Disputes, les Meurtres, les Guerres, le Carnage, les Querelles, les Discours mensongers, les Contestations, le Mépris des lois et Até, ce couple inséparable, enfin Horcus, si fatal aux habitans de la terre quand l'un d'eux se parjure volontairement.

Pontus engendra Nérée qui fuit le mensonge et chérit la vérité, Nérée, le plus âgé de tous ses fils : on l'appelle le vieillard à cause de sa sincérité et de sa douceur, et parce que, loin d'oublier les lois de la justice, il porte des arrêts équitables et modérés. Ce même dieu, uni avec la Terre, eut pour enfans le grand Thaumas, l'intrépide Phorcys, Céto aux belles joues et Eurybie qui renferme un cœur d'acier dans sa forte poitrine.

Nérée (26) et Doris aux beaux cheveux, cette

9

fille du superbe fleuve Océan, engendrèrent dans la mer stérile les aimables nymphes Proto, Eucrate, Sao, Amphitrite, Eudore, Thétis, Galéné, Glaucé, Cymothoë, Spéio, Thoë, l'agréable Thalie, la gracieuse Mélite, Eulimène, Agavé, Pasythée, Erato, Eunice aux bras de rose, Doto, Ploto, Phéruse, Dynamène, Nésée, Actée, Protomédie, Doris, Panope, la belle Galatée, l'aimable Hippothoë, Hipponoë aux bras de rose, Cymodocé qui sur la sombre mer, avec Cymatolége et Amphitrite aux pieds charmans, calme sans efforts la fureur des vagues et le souffle des vents impétueux, Cymo, Éïoné, Halimède à la belle couronne, Glauconome au doux sourire, Pontoporie, Liagore, Evagore, Laomédie, Polynome, Autonoë, Lysianasse, Evarné douée d'un aimable caractère et d'une beauté accomplie, Psamathe au corps gracieux, la divine Ménippe, Néso, Eupompe, Thémisto, Pronoë et Némertés en qui respire l'âme de son père immortel. Ainsi l'irréprochable Nérée eut cinquante filles savantes dans tous les travaux.

Thaumas (27) épousa Électre, née du profond Océan; Électre enfanta la rapide Iris, les Harpies à la belle chevelure, Aéllo et Ocypétès qui de leurs ailes légères égalent la vitesse des vents et des oiseaux en volant sous la céleste voûte.

Céto aux belles joues donna à Phorcys (28) des filles blanches dès le berceau et appelées les Grées par les dieux immortels et par les hommes qui marchent sur la terre, Péphrédo au beau voile, Enyo au voile de pourpre, et les Gorgones (29) qui habitent par delà l'illustre Océan, vers l'empire de la Nuit, dans ces lointaines contrées, où demeurent les Hespérides à la voix sonore, les Gorgones Sthéno, Euryale et Méduse éprouvée par de cruelles souffrances. Méduse était mortelle, tandis que ses autres sœurs vivaient exemptes de vieillesse et de mort; Neptune aux noirs cheveux s'unit avec elle dans une molle prairie, sur une couche de fleurs printanières. Lorsque Persée lui eut tranché la tête, on vit naître d'elle le grand Chrysaor et le cheval Pégase. Pégase mérita son nom parce qu'il était né près des sources de l'Océan, Chrysaor parce qu'il tenait un glaive d'or dans ses mains. Persée, quittant une terre fertile en beaux fruits, s'envola vers le séjour des immortels, et il habite le palais de Jupiter, de ce dieu prudent dont il porte le tonnerre et la foudre.

Chrysaor, uni à Callirhoë, fille de l'illustre Océan, engendra Géryon aux trois têtes; le puissant Hercule, désarmant Géryon, lui enleva ses bœufs aux pieds flexibles dans Erythie entourée de flots, le jour où il conduisit ces animaux au large front jusque dans la divine Tirynthe, après avoir traversé la mer et immolé Orthros avec le pasteur Eurytion, dans une étable obscure, par delà l'illustre Océan.

Callirhoë, au fond d'une caverne, produisit un autre enfant monstrueux, invincible et nullement semblable aux hommes ou aux dieux, la divine Echidna au cœur intrépide, moitié nymphe aux yeux noirs et aux belles joues, moitié serpent énorme et terrible, marqué de taches diverses et nourri de chairs sanglantes dans les entrailles de la terre sacrée. Ce monstre habite un antre profond dans le creux d'un rocher, loin des hommes et des immortels : c'est là que les dieux lui assignèrent une glorieuse demeure. Renfermée dans Arime, la fatale Echidna vivait sous la terre, toujours affranchie de la vieillesse et du trépas. Typhaon, ce vent fougueux et redoutable, s'unit, dit-on, avec cette nymphe aux yeux noirs, qui, devenue enceinte, enfanta une race courageuse, d'abord Orthros, ce chien de Géryon, ensuite l'indomptable Cerbère, qu'on ne nomme qu'avec effroi, ce gardien de Pluton, ce dévorant Cerbère à la voix d'airain, aux cinquante têtes, ce monstre impudent et terrible, enfin la fatale hydre de Lerne, que nourrit Junon aux bras d'albâtre, pour assouvir son implacable haine contre Hercule; mais ce fils de Jupiter, armé du glaive destructeur et secondé du vaillant Iolaüs, immola cette hydre, d'après les conseils de la belliqueuse Minerve. Echidna fit naître aussi la Chimère qui, exhalant des feux inextinguibles, monstre terrible, énorme, rapide, infatigable, portait trois têtes, la première d'un lion farouche, la seconde d'une chèvre, la troisième d'un dragon vigoureux; lion par le haut de son corps, dragon par derrière, chèvre par le milieu, elle vomissait avec un bruit affreux les tourbillons d'une dévorante flamme. La Chimère succomba sous Pégase et sous le brave Bellérophon. Echidna, s'accouplant avec Orthros, engendra le Sphinx, si fatal aux enfans de Cadmus, et le lion de Némée, que Junon, auguste épouse de Jupiter, nourrit et plaça sur les hauteurs de Némée pour la perte des humains. Ce lion, qui régnait sur le Trétos, sur Némée et sur l'Apésas, ravageait les tribus des hommes;

mais il périt, dompté par le puissant Hercule.

Céto, unie d'amour avec Phorcys, eut pour dernier enfant un serpent terrible qui, dans les flancs ténébreux de la terre, garde les pommes d'or aux extrémités du monde. Telle est la race de Céto et de Phorcys.

Téthys donna à l'Océan (30) des Fleuves au cours sinueux, le Nil, l'Alphée, l'Éridan aux gouffres profonds, le Strymon, le Méandre, l'Ister aux belles eaux, le Phase, le Rhésus, l'Achéloüs aux flots argentés, le Nessus, le Rhodius, l'Haliacmon, l'Heptapore, le Granique, l'Ésépus, le divin Simoïs, le Pénée, l'Hermus, le Caïque aux ondes gracieuses, le large Sangarius, le Ladon, le Parthénius, l'Évenus, l'Ardesque et le divin Scamandre. Téthys enfanta aussi la troupe sacrée de ces nymphes (31) qui, avec le roi Apollon et les Fleuves, élèvent sur la terre l'enfance des héros ; c'est Jupiter lui-même qui les chargea de cet emploi : Pitho, Admète, Ianthé, Électre, Doris, Prymno, Uranie semblable aux dieux, Hippo, Clymène, Rhodie, Callirhoë, Zeuxo, Clytie, Idye, Pasithoë, Plexaure, Galaxaure, l'aimable Dioné, Mélobosis, Thoë, la belle Polydore, Cercéis au doux caractère, Pluto aux grands yeux, Perséis, Ianire, Acaste, Zanthé, la gracieuse Pétréa, Ménestho, Europe, Métis, Eurynome, Télestho au voile de pourpre, Crisia, Asia, l'agréable Calypso, Eudore, Tyché, Amphiro, Ocyroë et Styx qui les surpasse toutes, telles sont les filles les plus antiques de l'Océan et de Téthys; il en existe beaucoup d'autres encore, car trois mille Océanides aux pieds charmans, dispersées de toutes parts, habitent la terre et la profondeur des lacs, race illustre et divine! Autant de Fleuves, nés de l'Océan et de la vénérable Téthys, roulent au loin leurs bruyantes ondes : il serait difficile à un mortel de rappeler tous leurs noms; les peuples qui habitent leurs rivages peuvent seuls les connaître.

Thia, domptée par les caresses d'Hypérion, fit naître le grand Soleil, la Lune splendide et l'Aurore qui brille pour tous les hommes et pour tous les dieux habitans du vaste ciel. Eurybie, déité puissante, unie avec Créius, mit au jour le grand Astrée, Pallas et Persès qui l'emporta sur tous par son habileté. L'Aurore, déesse fécondée par un dieu, conçut Astrée, les Vents impétueux, l'agile Zéphyre, le rapide Borée et Notus. Après, cette divinité matinale enfanta Lucifer et les astres étincelans dont le ciel se couronne.

Styx (32) fille de l'Océan, unie à Pallas, fit naître dans ses palais l'Émulation, la Victoire aux pieds charmans, la Force et la Violence, ces glorieux enfans, qui n'ont pas établi loin de Jupiter leur demeure et leur séjour, qui ne marchent pas dans une seule route où ce dieu ne les conduise et qui restent incessamment auprès du terrible maître du tonnerre. Telle est la faveur que leur obtint cette incorruptible fille de l'Océan le jour où Jupiter Olympien, dieu de la foudre, appela tous les immortels dans le vaste Olympe ; il leur annonça que, reconnaissant envers tous ceux qui l'aideraient à combattre les Titans, loin de les dépouiller de leurs priviléges, il leur laisserait le rang que jusqu'alors ils avaient gardé parmi les dieux ; et même il ajouta que si l'un d'eux n'avait été ni honoré ni récompensé par Saturne, il obtiendrait les honneurs et les récompenses que son zèle lui mériterait. L'irréprochable Styx, docile aux conseils de son père, arriva la première avec ses enfans. Jupiter l'honora et la combla de dons précieux ; il voulut qu'elle présidât au grand serment des dieux et que ses enfans vécussent toujours dans son palais. Quant aux promesses faites à toutes les autres divinités, il les remplit fidèlement; car il est tout-puissant et règne sur l'univers.

Phébé monta sur la couche désirée de Céus ; déesse fécondée par les embrassemens d'un dieu, elle enfanta la douce Latone au voile bleu, Latone qui, toujours agréable aux immortels et aux humains, apporta dès sa naissance l'allégresse dans l'Olympe. Elle engendra encore la célèbre Astérie que Persès autrefois amena dans son vaste palais pour la nommer son épouse. Devenue enceinte, Astérie donna l'existence à Hécate (33), que Jupiter, fils de Saturne, honora entre toutes les déesses : il lui accorda de glorieux priviléges et lui permit de commander sur la terre et sur la mer stérile. Déjà, sous Uranus couronné d'étoiles, elle avait obtenu cet emploi et jouissait des plus grands honneurs parmi les dieux immortels. Aujourd'hui, lorsqu'un des hommes, enfans de la terre, célèbre, selon l'usage, des sacrifices expiatoires, c'est Hécate qu'il invoque, et soudain la céleste faveur environne le suppliant dont la bienveillante déesse accueille les prières ; elle lui prodigue la richesse, car elle en a le pouvoir. Tous les priviléges partagés entre les nombreux enfans de la Terre et d'Uranus, elle seule les réunit. Le fils de Saturne ne lui a ni dérobé ni arraché aucune des prérogatives qui lui échurent sous les Titans, ces premiers dieux; elle conserve tout entière la part d'autorité qu'elle obtint dans l'origine. Fille unique, elle n'est ni moins respectée ni moins puissante sur la terre, dans le ciel et sur la mer; son pouvoir est encore plus vaste, parce que Jupiter l'honore. Quand elle veut favoriser un mortel, elle l'assiste avec empressement, et, selon sa volonté, elle le fait briller dans l'assemblée des peuples. Lorsque les hommes s'arment pour le combat meurtrier, c'est elle qui, à son gré, se hâte de lui accorder la victoire et de prodiguer la gloire au vainqueur. Aux jours où l'on rend la justice, elle s'assied auprès des rois vénérables. Si elle voit des rivaux lutter dans l'arène, toujours propice, elle vient les encourager et les secourir; l'athlète vainqueur par sa force et par sa constance mérite promptement un prix magnifique, et transporté d'allégresse, couvre de gloire sa famille. Quand elle le veut, elle protége les écuyers qui montent sur les chars; également favorable aux navigateurs qui affrontent le trajet difficile de la mer azurée, elle exauce les vœux qu'ils adressent à Hécate et au bruyant Neptune : cette illustre déesse leur procure aisément une abondante proie ou ne la leur montre que pour les en dépouiller si tel est son désir. Occupée avec Mercure à multiplier dans les étables les bœufs, les agneaux, les nombreux essaims de chèvres et de brebis à la toison épaisse, elle peut, comme il lui plaît, accroître ou diminuer les troupeaux. Rejeton unique de sa mère, elle vit comblée d'honneurs parmi tous les immortels. Le fils de Saturne la chargea encore d'élever et de nourrir es humains qui, après elle, devaient voir la lumière de l'aurore au loin étincelante. Ainsi dès le principe, elle devint la nourrice des enfans : tels sont ses nobles emplois.

Rhéa (34), amoureusement domptée par Saturne, mit au jour d'illustres enfans, Vesta, Cérès, Junon aux brodequins d'or, le redoutable Pluton qui habite sous la terre et porte un cœur inflexible, le bruyant Neptune et le prudent Jupiter, ce père des dieux et des hommes, dont le tonnerre ébranle la terre immense. Le grand Saturne dévorait ses enfans à mesure que des flancs sacrés de leur mère ils tombaient sur ses genoux; il agissait ainsi dans la crainte qu'un autre des glorieux enfans du ciel ne possédât parmi les dieux l'autorité souveraine : car il avait appris de la Terre et d'Uranus couronné d'étoiles que, d'après l'ordre du Destin, un jour, malgré sa force, il serait vaincu par son propre fils et détrôné par les conseils du grand Jupiter. Loin de surveiller vainement son épouse, toujours habile à la tromper, il dévorait sa propre race, et Rhéa gémissait, accablée d'une douleur sans bornes. Enfin, prête à enfanter Jupiter, ce père des dieux et des hommes, elle supplia les deux auteurs de ses jours, la Terre et Uranus couronné d'étoiles, de lui suggérer le moyen de cacher la naissance de son nouveau fils et de venger la mort de tous ses enfans dévorés par l'astucieux Saturne. Prompts à exaucer les désirs de leur fille, ils lui apprirent le destin réservé au roi Saturne et à son fils magnanime; ils l'envoyèrent à Lyctos, ville opulente de la Crète, au moment où elle allait mettre au jour le plus jeune de ses enfans, le grand Jupiter. C'est dans la vaste Crète que la Terre immense le reçut et se chargea du soin de le nourrir et de l'élever. Marchant à travers les ombres de la nuit rapide, elle le porta d'abord à Lyctos, puis, le prenant dans ses mains, elle le cacha sous une haute caverne, dans les entrailles de la terre divine, sur le mont Égée, au fond d'une épaisse forêt. Après avoir enveloppé de langes une pierre énorme, Rhéa la donna au fils d'Uranus, au puissant Saturne, ce premier roi des dieux: Saturne la saisit et l'engloutit dans ses flancs. L'insensé! il ne prévoyait pas qu'en dévorant cette pierre, il sauvait son invincible fils qui, désormais à l'abri du péril, devait bientôt le dompter par la force de ses mains, le dépouiller de sa puissance et commander aux immortels. Cependant la vigueur et les membres superbes du jeune roi croissaient avec promptitude; les années étant révolues, trompé par les perfides conseils de la Terre, l'astucieux Saturne rendit au jour toute sa race et succomba vaincu par la force et par l'adresse de son fils. D'abord il vomit la pierre qu'il avait dévorée la dernière et que Jupiter attacha dans la terre spacieuse, sur la divine Pytho, au milieu des gorges profondes du Parnasse, afin qu'elle devînt dans l'avenir un monument et une merveille pour les hommes. Jupiter affranchit de leurs liens douloureux tous ses oncles, enfans d'Uranus, que son père avait enchaînés dans sa démence. Ces dieux, reconnaissans d'un pareil bienfait, lui remirent ce tonnerre, ces éclairs, cette brûlante foudre que la Terre aux larges flancs avait jusqu'alors recélés. Fier de ces armes divines, Jupiter règne sur les hommes et sur les immortels.

Japet (35) épousa Clymène, cette jeune Océanide aux pieds charmans ; tous deux montèrent sur la même couche, et Clymène enfanta le magnanime Atlas (36), l'orgueilleux Ménétius, l'adroit et astucieux Prométhée et l'imprudent Epiméthée, qui dès le principe causa tant de mal aux industrieux habitans de la terre, car c'est lui qui le premier accepta pour épouse une vierge formée par l'ordre de Jupiter. Jupiter à la large vue, furieux contre l'insolent Ménétius, le plongea dans l'Erèbe, après l'avoir frappé de son brûlant tonnerre, pour châtier sa méchanceté et son audace sans mesure. Vaincu par la dure nécessité, Atlas, aux bornes de la terre, debout devant les Hespérides à la voix sonore, soutient le vaste ciel de sa tête et de ses mains infatigables. Tel est l'emploi que lui imposa le prudent Jupiter. Quant au rusé Prométhée (37), il l'attacha par des nœuds indissolubles autour d'une colonne ; puis il envoya contre lui un aigle aux ailes étendues qui rongeait son foie immortel ; il en renaissait autant durant la nuit que l'oiseau aux larges ailes en avait dévoré pendant le jour. Mais le courageux rejeton d'Alcmène aux pieds charmans, Hercule tua cet aigle, repoussa un si cruel fléau loin du fils de Japet et le délivra de ses tourmens : le puissant monarque du haut Olympe, Jupiter, y avait consenti, afin que la gloire de l'Hercule thébain se répandît plus que jamais sur la terre fertile. Dans cette idée, il honora son illustre enfant et abjura son ancienne colère contre Prométhée, qui avait lutté de ruse avec le puissant fils de Saturne. En effet, lorsque les dieux et les hommes (38) se disputaient dans Mécone, Prométhée, pour tromper la sagesse de Jupiter, exposa à tous les yeux un bœuf énorme qu'il avait divisé à dessein. D'un côté, il renferma dans la peau les chairs, les intestins et les morceaux les plus gras, en les enveloppant du ventre de la victime ; de l'autre, il disposa avec une perfide adresse les os blancs qu'il recouvrit de graisse luisante. Le père des dieux et des hommes lui dit alors : « Fils de Japet, ô le plus illustre de tous les rois (39), ami ! avec quelle inégalité tu as divisé les parts ! »

Quand Jupiter, doué d'une sagesse impérissable, lui eut adressé ce reproche, l'astucieux Prométhée répondit en souriant au fond de lui-même (car il n'avait pas oublié sa ruse ingénieuse) : « Glorieux Jupiter ! ô le plus grand des dieux immortels, choisis entre ces deux portions celle que ton cœur préfère. »

A ce discours trompeur, Jupiter, doué d'une sagesse impérissable, ne méconnut point l'artifice ; il le devina (40) et dans son esprit forma contre les humains de sinistres projets qui devaient s'accomplir. Bientôt de ses deux mains il écarta la graisse éclatante de blancheur ; il devint furieux, et la colère s'empara de son âme tout entière quand, trompé par un art perfide, il aperçut les os blancs de l'animal. Depuis ce temps, la terre voit les tribus des hommes brûler en l'honneur des dieux les blancs ossemens des victimes sur les autels parfumés. Jupiter qui rassemble les nuages, s'écria enflammé d'une violente colère : « Fils de Japet, ô toi que nul n'égale en adresse, ami ! tu n'as pas oublié tes habiles artifices. » Ainsi, dans son courroux, parla Jupiter, doué d'une sagesse impérissable. Dès ce moment, se rappelant sans cesse la ruse de Prométhée, il n'accorda plus le feu inextinguible aux hommes infortunés qui vivent sur la terre. Mais le noble fils de Japet, habile à le tromper, déroba un étincelant rayon de ce feu et le cacha dans la tige d'une férule. Jupiter qui tonne dans les cieux, blessé jusqu'au fond de l'âme, conçut une nouvelle colère lorsqu'il vit parmi les hommes la lueur prolongée de la flamme, et voilà pourquoi il leur suscita soudain une grande infortune. D'après la volonté du fils de Saturne, le boiteux Vulcain, ce dieu illustre, forma avec de la terre une image semblable à une chaste vierge. Minerve aux yeux bleus s'empressa de la parer et de la vêtir d'une blanche tunique. Elle posa sur le sommet de sa tête un voile ingénieusement façonné et admirable à voir ; puis elle orna son front de gracieuses guirlandes tressées de fleurs nouvellement écloses et d'une couronne d'or que le boiteux Vulcain, ce dieu illustre, avait fabriquée de ses propres mains par complaisance pour le puissant Jupiter. Sur cette couronne, ô prodige ! Vulcain avait ciselé les nombreux animaux que le continent et la mer nourrissent dans leur sein ; partout brillait une grâce merveilleuse, et ces diverses figures paraissaient vivantes. Quand il eut formé, au lieu d'un utile ouvrage, ce chef-d'œuvre funeste, il amena dans l'assemblée des dieux et des hommes cette vierge orgueilleuse des ornemens que lui avait donnés la déesse aux yeux bleus, fille d'un père puissant. Une égale admiration transporta les dieux et les hommes dès qu'ils aperçurent cette fatale merveille si terrible aux humains ; car de cette vierge est venue la race des femmes au sein fécond, de ces femmes dangereuses, fléau cruel vivant parmi les hommes et s'attachant non pas à la triste pauvreté, mais au luxe éblouissant. Lorsque, dans leurs ruches couronnées de toits, les abeilles nourrissent les frelons, qui ne participent qu'au mal, depuis le lever du jour jusqu'au soleil couchant, ces actives ouvrières composent leurs blanches cellules, tandis que renfermés au fond de leur demeure, les lâches frelons dévorent le fruit d'un travail étranger : ainsi Jupiter, ce maître de la foudre, accorda aux hommes un fatal présent en leur donnant ces femmes, complices de toutes les mauvaises actions.

Voici encore un autre mal qu'il leur envoya au lieu d'un bienfait. Celui qui, fuyant l'hymen et l'importune société des femmes, ne veut pas se marier et parvient jusqu'à la triste vieillesse, reste privé de soins ; et s'il ne vit pas dans l'indigence, à sa mort, des parens éloignés se divisent son héritage (41). Si un homme subit la destinée du mariage, quoiqu'il possède une femme pleine de chasteté et de sagesse, pour lui le mal lutte toujours avec le bien. Mais s'il a épousé une femme vicieuse, tant qu'il respire, il porte dans son cœur un chagrin sans bornes, une douleur incurable. On ne peut donc ni tromper la prudence de Jupiter ni échapper à ses arrêts. Le fils de Japet lui-même, l'innocent Prométhée n'évita point sa terrible colère ; mais, vaincu par la nécessité, malgré sa vaste science, il languit enchaîné par un lien cruel.

Saturne, irrité dans son âme contre Briarée, Cottus et Gygès, s'empressa de les attacher par une forte chaîne, bien qu'il admirât leur audace extraordinaire, leur beauté et leur haute stature ; il les renferma dans la terre aux larges flancs. Là, en des lieux reculés, aux extrémités de cette terre immense, ils souffraient un sort rigoureux et gémissaient, le cœur en proie à une grande tristesse ; mais Jupiter et les autres dieux immortels que Rhéa aux beaux cheveux avait conçus de Saturne, les rendirent à la clarté du jour, d'après les conseils de la Terre. En effet, la Terre, par de longs discours, leur fit comprendre qu'avec ces guerriers ils obtiendraient la victoire et une gloire éclatante. Longtemps éprouvés par de pénibles travaux les dieux Titans et les enfans de Saturne (42) se livrèrent entre eux de terribles batailles. Du haut de l'Othrys les glorieux Titans, du faîte de l'Olympe, les dieux auteurs de tous les biens, les dieux que Rhéa aux beaux cheveux avait engendrés en s'unissant à Saturne, continuèrent leur sanglante lutte durant dix années entières. Cette funeste guerre n'avait ni terme ni relâche, et l'avantage flottait égal entre les deux partis. Enfin, Jupiter, dans un riche festin, prodigua à ses défenseurs le nectar et l'ambroisie dont se nourrissent les dieux même ; leur généreux courage se réchauffa dans toutes leurs âmes ; quand le nectar et la douce ambroisie les eurent rassasiés, le père des dieux et des hommes leur adressa ces paroles :

« Écoutez-moi, nobles enfans de la Terre et d'Uranus, je vous dirai ce que mon cœur m'inspire. Déjà, depuis trop longtemps, animés les uns contre les autres, nous combattons chaque jour pour la victoire et pour l'empire, les dieux Titans et nous tous qui sommes nés de Saturne. Dans ces combats meurtriers, opposés aux Titans, montrez-leur votre force redoutable et vos mains invincibles. Fidèles au souvenir d'une douce amitié, songez qu'après de longues souffrances, affranchis par notre sagesse d'une chaîne cruelle, vous êtes remontés d'un abîme de ténèbres à la lumière du jour. »

Il dit. L'irréprochable Cottus répliqua en ces termes : « Dieu respectable ! tu ne nous apprends rien de nouveau. Nous aussi, nous savons combien tu l'emportes en sagesse et en intelligence. Tu as repoussé loin des immortels une horrible calamité. C'est grâce à ta prudence que nous avons été arrachés de notre obscure prison et délivrés de nos fers douloureux, ô roi, fils de Saturne ! après avoir enduré des tourmens inouïs. Maintenant donc, remplis d'une sage et ferme volonté, nous t'assurerons l'empire dans cette guerre terrible, en bravant les Titans au milieu des ardentes batailles. »

Il dit. Les dieux, auteurs de tous les biens, approuvèrent ce discours, et leur cœur brûla pour la guerre d'un désir plus violent que jamais. Dans ce jour, un grand combat s'engagea entre tous les dieux et toutes les déesses, entre les Titans et les enfans de Saturne que Jupiter tira des abîmes souterrains de l'Érèbe, pour les rappeler à la lumière, armée formidable, puissante, douée d'une force prodigieuse. Ces guerriers avaient chacun cent bras qui s'élançaient de leurs épaules, et cinquante têtes, attachées à leur dos, planaient sur leurs membres robustes. Opposés aux Titans dans cette guerre désastreuse, tous portaient dans leurs fortes mains d'énormes rochers. De l'autre côté, les Titans, pleins d'ardeur, affermissaient leurs phalanges. Les deux partis déployaient leur audace et la vigueur de leurs bras. Un horrible fracas retentit sur la mer immense. La terre poussa de longs mugissemens ; le vaste ciel gémit au loin ébranlé, et tout le grand Olympe trembla, secoué jusqu'en ses fondemens par le choc des célestes armées. Le ténébreux Tartare entendit parvenir dans ses abîmes l'épouvantable bruit de la marche des dieux, de leurs tumultueux efforts et de leurs coups violens. Ainsi les deux troupes ennemies lançaient l'une sur l'autre mille traits douloureux ; tandis que chacune s'encourageait à l'envi, leurs clameurs montaient jusqu'au ciel étoilé et de grands cris retentissaient dans cette mêlée terrible.

Alors Jupiter n'enchaîna plus son courage ; son âme se remplit soudain d'une bouillante ardeur, et il déploya sa force tout entière. S'élançant des hauteurs du ciel et de l'Olympe, il s'avançait armé de feux étincelans ; les foudres, rapidement jetées par sa main vigoureuse, volaient au milieu du tonnerre et des éclairs redoublés et roulaient au loin une divine flamme. La terre féconde mugissait partout consumée et les vastes forêts pétillaient dans ce grand incendie. Le monde s'embrasait ; on voyait bouillonner les flots de l'océan et la mer stérile. Une brûlante vapeur enveloppait les Titans terrestres ; la flamme immense s'élevait dans l'air céleste, et les yeux des plus braves guerriers étaient aveuglés par l'éblouissant éclat de la foudre et du tonnerre. Le vaste incendie envahit le chaos. Les regards semblaient voir, les oreilles semblaient entendre encore ce désordre qui agita le monde dans ces temps où la terre et le ciel élevé s'entre-choquaient avec un épouvantable fracas, lorsque la terre allait périr et que le ciel cherchait à la détruire en l'écrasant, tant ces dieux rivaux faisaient partout retentir un belliqueux tumulte !

Tous les vents, déchaînant leur rage, soulevaient des tourbillons de poussière mêlés au tonnerre, aux éclairs et à l'ardente foudre, traits enflammés du grand Jupiter ; ils répandaient au milieu des deux armées le bruit et les clameurs. Cette effroyable lutte continuait avec un fracas immense. Partout se déployait une égale vigueur. La victoire se déclara enfin. Jusqu'alors l'un et l'autre partis, en s'attaquant, avaient montré le même courage dans cette violente bataille ; mais, habiles à soutenir aux premiers rangs un combat acharné, Cottus, Briarée et Gygès, insatiables de carnage, de leurs mains vigoureuses lancèrent coup sur coup trois cents rochers, ombragèrent les Titans d'une nuée de flèches, et, vainqueurs de ces superbes ennemis, les précipitèrent tout chargés de douloureuses chaînes sous les abîmes de la terre aux larges flancs, aussi loin que le ciel s'élève au-dessus de la terre : car un même espace s'étend depuis la terre jusqu'au sombre Tartare. Une enclume d'airain, en tombant du ciel, roulerait neuf jours et neuf nuits, et ne parviendrait que le dixième jour à la terre ; une enclume d'airain, en tombant de la terre, roulerait également neuf jours et neuf nuits et ne parviendrait au Tartare que le dixième jour. Cet affreux abîme est environné d'une barrière d'airain ; autour de l'ouverture la nuit répand trois fois ses ombres épaisses ; au-dessus reposent les racines de la terre et les fondemens de la mer stérile (43). Là, par l'ordre de Jupiter qui rassemble les nuages, les dieux Titans languissent cachés dans les ténèbres, au fond d'un gouffre impur, aux extrémités de la terre lointaine. Cette prison n'offre point d'issue ; Neptune y posa des portes d'airain ; des deux côtés un mur l'environne. Là demeurent Gygès, Cottus et le magnanime Briarée, fidèles gardiens placés par Jupiter, ce maître de l'égide. Là sont tracées avec ordre les premières limites de la sombre terre, du ténébreux Tartare, de la stérile mer et du ciel étoilé (44), limites fatales, impures, abhorrées même par les dieux ! gouffre immense ! Le mortel qui oserait en franchir les portes, ne pourrait au bout d'une année en toucher le fond ; il serait entraîné çà et là par une tempête que remplacerait une tempête plus affreuse encore. Ce prodigieux abîme fait horreur aux dieux immortels. C'est là que le terrible palais de la Nuit obscure s'élève couvert de noirs et épais nuages. Debout à l'entrée, le fils de Japet soutient vigoureusement le vaste ciel de sa tête et de ses mains infatigables. Le Jour et la Nuit, s'appelant mutuellement, franchissent tour à tour le large seuil d'airain ; l'un entre, l'autre sort, et jamais ce séjour ne les rassemble tous les deux. Sans cesse l'un plane au dehors sur l'immensité de la terre, et l'autre, dans l'intérieur du palais, attend que l'heure de son départ soit arrivée. Le Jour dispense aux mortels la lumière au loin étincelante, et la Nuit funeste, revêtue d'un sombre nuage, porte dans ses mains le Sommeil, frère de la Mort. Là demeurent les enfans de la Nuit obscure, le Sommeil et la Mort (45), divinités terribles que le soleil resplendissant n'éclaire jamais de ses rayons, soit qu'il monte vers le ciel, soit qu'il en redescende. Le Sommeil parcourt la terre et le vaste dos de la mer en se montrant toujours paisible et doux pour les humains. Mais la Mort a un cœur de fer; une âme impitoyable respire dans sa poitrine d'airain; le premier homme qu'elle a saisi, elle ne le lâche pas, et elle est odieuse même aux immortels.

Près de là se dressent les demeures retentissantes du puissant Pluton, dieu des enfers, et de la terrible Proserpine; la porte en est confiée à la garde d'un chien hideux et cruel; cet animal, par une méchante ruse, caresse tous ceux qui entrent en agitant sa queue et ses deux oreilles, mais il ne les laisse plus sortir, et les épiant avec soin, il dévore quiconque veut repasser le seuil du puissant Pluton et de la terrible Proserpine.

Là demeure encore la fille aînée de l'Océan au rapide reflux, la formidable Styx (46), reine abhorrée des immortels; le beau palais qu'elle habite loin des autres dieux, s'élève couronné de rocs énormes et soutenu par des colonnes d'argent qui montent vers le ciel. Quelquefois la fille de Thaumas, Iris aux pieds légers, vole, messagère docile, sur le vaste dos de la mer lorsqu'une rivalité ou une dispute règne parmi les dieux. Si l'un des habitans de l'Olympe s'est rendu coupable d'un mensonge, Iris, envoyée par Jupiter pour consacrer le grand serment des dieux, va chercher au loin dans une aiguière d'or cette onde fameuse qui descend, toujours froide, du sommet d'une roche élevée. La plupart des flots du Styx, jaillissant de leur source sacrée, coulent sous les profondeurs de la terre immense, dans l'ombre de la nuit et deviennent un bras de l'Océan. La dixième partie en est réservée au serment: les neuf autres, serpentant autour de la terre et du vaste dos de la plaine liquide, vont se jeter dans la mer en formant mille tourbillons argentés, tandis que l'eau qui tombe du rocher sert au châtiment des dieux. Si l'un des immortels qui habitent le faîte du neigeux Olympes se parjure en répandant les libations, il languit pendant toute une année, privé du souffle de la vie; ne savoure plus ni l'ambroisie ni le nectar, et reste étendu sur sa couche sans respiration, sans parole, plongé dans un fatal engourdissement. Lorsque, après une grande année, sa maladie a terminé son cours, il est condamné à des tourmens nouveaux: durant neuf années entières, il vit séparé des dieux immortels, sans jamais se mêler à leurs conseils ou à leurs banquets; à la dixième année seulement il rentre dans l'assemblée de ces dieux habitans de l'Olympe. Ainsi les dieux consacrèrent au serment l'onde incorruptible du Styx, cette onde antique qui traverse des lieux hérissés de rochers.

Là sont tracées avec ordre les premières limites de la sombre terre, du ténébreux Tartare, de la stérile mer et du ciel étoilé, limites fatales, impures, abhorrées même par les dieux! Là, on voit des portes de marbre et un seuil d'airain, inébranlable, appuyé sur des bases profondes et construit de lui-même. A l'entrée, loin de tous les dieux, demeurent les Titans, par delà le sombre chaos; mais les illustres défenseurs de Jupiter, maître de la foudre, Cottus et Gygès habitent un palais aux sources de l'Océan. Quand au valeureux Briarée, le bruyant Neptune en a fait son gendre; il lui a donné pour épouse sa fille Cymopolie. Lorsque Jupiter eut chassé du ciel les Titans, la vaste Terre, s'unissant au Tartare, grâce à Vénus à la parure d'or, engendra Typhoë, le dernier de ses enfans: les vigoureuses mains de ce dieu puissant travaillaient sans relâche et ses pieds étaient infatigables; sur ses épaules se dressaient les cent têtes d'un horrible dragon, et chacune dardait une langue noire; des yeux qui armaient ces monstrueuses têtes, jaillissait une flamme étincelante à travers leurs sourcils; toutes, hideuses à voir, proféraient mille sons inexplicables et quelquefois si aigus que les dieux même pouvaient les entendre, tantôt la mugissante voix d'un taureau sauvage et indompté, tantôt le rugissement d'un lion au cœur farouche, souvent, ô prodige! les aboiemens d'un chien ou des clameurs perçantes dont retentissaient les hautes montagnes. Sans doute le jour de la naissance de Typhoë aurait été témoin d'un malheur inévitable; il aurait usurpé l'empire sur les hommes et sur les dieux si leur père souverain n'eût tout à coup deviné ses projets. Jupiter lança avec force son rapide tonnerre qui fit retentir horriblement toute la terre, le ciel élevé, la mer, les flots de l'océan et les abîmes les plus profonds. Quand le roi des dieux se leva, le grand Olympe chancela sous ses pieds immortels (47); et la terre gémit. La sombre mer fut envahie à la fois par le tonnerre et par la foudre, par le feu que vomissait le monstre, par les tourbillons des vents enflammés et par les éclairs au loin resplendisans. Partout bouillonnaient la terre, le ciel et la mer; sous le choc des célestes rivaux, les vastes flots se brisaient contre leurs rivages; un irrésistible ébranlement secouait l'univers. Le dieu qui règne sur les morts des enfers, Pluton s'épouvanta (48), et les Titans, renfermés dans le Tartare autour de Saturne, frissonnèrent en écoutant ce bruit interminable et ce terrible combat. Enfin Jupiter, rassemblant toutes ses forces, s'arma de sa foudre, de ses éclairs et de son tonnerre étincelant, s'élança du haut de l'Olympe sur Typhoë, le frappa et réduisit en poudre les énormes têtes de ce monstre effrayant qui, vaincu par ses coups redoublés, tomba mutilé, et dans sa chute fit retentir la terre immense. La flamme s'échappait du corps de ce géant foudroyé dans les gorges d'un mont escarpé et couvert d'épaisses forêts. La vaste terre brûlait partout enveloppée d'une immense vapeur; elle se consumait, comme l'étain échauffé par les soins des jeunes forgerons dans une fournaise à la large ouverture, ou comme le fer, le plus solide des métaux, dompté par le feu dévorant dans les profondeurs d'une montagne, lorsque Vulcain, sur la terre sacrée, le travaillé de ses habiles mains : ainsi la terre fondait, embrasée par la flamme étincelante. Jupiter plongea avec douleur Typhoë dans le vaste Tartare.

De Typhoë (49) naquirent les humides Vents, excepté Notus, Borée et l'agile Zéphyre : Ces trois vents, issus d'une divine race, prêtent un grand secours aux humains; les autres, entièrement inutiles, agitent la mer, se précipitent sur ses sombres vagues et causent des maux nombreux aux mortels en excitant de violens orages. Tantôt, soufflant de tous les côtés, ils dispersent les navires et font périr les matelots: alors il ne reste plus d'espoir de salut aux infortunés qui les rencontrent sur la mer; tantôt, déchaînés sur l'immensité de la terre fleurie, ils détruisent les brillans travaux des hommes nés de son sein en les couvrant d'une poussière épaisse et d'une paille aride.

(50) Quand les bienheureux immortels, après avoir courageusement combattu pour l'empire contre les Titans, eurent terminé cette guerre pénible, ils engagèrent, d'après les conseils de la Terre, Jupiter Olympien à la large vue, à saisir le pouvoir et à commander aux dieux. Jupiter leur distribua les honneurs avec équité. Ce roi des immortels choisit pour première épouse Métis (51), la plus sage de toutes les filles des dieux et des hommes. Mais lorsque Métis fut sur le point d'accoucher de Minerve, déesse aux yeux bleus, Jupiter, l'abusant par de flatteuses paroles, la renferma dans ses propres flancs, selon les conseils de la Terre et d'Uranus couronné d'étoiles, qui voulaient empêcher qu'au lieu de Jupiter, un autre des dieux immortels s'emparât de l'autorité souveraine; car, suivant l'arrêt du destin, Métis devait lui donner des enfans fameux par leur sagesse : d'abord la vierge aux yeux bleus, Minerve Tritogénie, égale à son père en force et en prudence, puis un fils qui, rempli d'un superbe courage, deviendrait le roi des dieux et des mortels. Jupiter prévint un tel malheur en cachant Métis dans ses flancs, afin que cette déesse lui procurât la connaissance du bien et du mal.

Ensuite il épousa la brillante Thémis; Thémis enfanta les Heures, Eunomie, Dicé, la florissante Irène, qui veillent sur les ouvrages des humains, et les Parques, comblées par Jupiter des plus rares honneurs, Clotho, Lachésis et Atropos, qui dispensent aux hommes et les biens et les maux. La fille de l'Océan, Eurynome, douée d'une beauté ravissante, conçut de Jupiter trois Grâces aux belles joues, Aglaia, Euphrosyne et l'aimable Thalie. L'amour, qui amollit les âmes, semble émaner de leurs paupières, et leurs yeux ont des regards pleins de charmes.

Cérès, cette nourrice du monde, laissa Jupiter entrer dans sa couche et engendra Proserpine aux bras d'albâtre, Proserpine que Pluton ravit à sa mère et que le prudent Jupiter lui permit de posséder.

Jupiter aima encore Mnémosyne à la belle chevelure, qui enfanta les neuf Muses aux bandelettes d'or, les Muses sensibles aux plaisirs des festins et aux douceurs du chant.

Latone (52), unie d'amour avec le maître de l'égide, fit naître Apollon et Diane chasseresse, ces deux enfans les plus aimables de tous les habitans du ciel.

Enfin Jupiter eut pour dernière épouse l'éclatante Junon, qui mit au jour Hébé, Mars et Ilithye après avoir partagé la couche du roi des dieux et des hommes. Mais il fit sortir de sa propre tête Tritogénie aux yeux bleus, cette terrible Pallas, ardente à exciter le tumulte, habile à guider les armées, toujours infatigable, toujours digne de respect, toujours avide de clameurs, de guerres et de combats.

Junon, sans s'unir à son époux, mais luttant de pouvoir avec lui, après de laborieux efforts, enfanta l'illustre Vulcain, le plus industrieux de tous les habitans de l'Olympe.

D'Amphitrite et du bruyant Neptune naquit le grand et vigoureux Triton, dieu redoutable qui, dans les profondeurs de la mer, habite un palais d'or auprès de sa mère chérie et du roi son père.

Épouse du dieu Mars qui brise les boucliers, Cythérée engendra la Fuite et la Terreur, divinités funestes qui dispersent les épaisses phalanges des héros et parmi les horreurs de la guerre secondent la fureur de Mars, ce destructeur des villes; elle enfanta aussi Harmonie (53), que le magnanime Cadmus choisit pour épouse.

La fille d'Atlas, Maïa (54), montant sur la couche sacrée de Jupiter, lui donna le glorieux Mercure, héraut des immortels.

Sémélé, fille de Cadmus, fécondée par les embrassemens de Jupiter, quoique mortelle, engendra un dieu, le célèbre Bacchus (55) qui répand au loin l'allégresse; tous les deux maintenant jouissent des célestes honneurs.

Alcmène, unie d'amour avec Jupiter qui rassemble les nuages, donna l'existence au puissant Hercule.

Le boiteux Vulcain, ce dieu illustre, eut pour brillante épouse Aglaia (56), la plus jeune des Grâces.

Bacchus aux cheveux d'or épousa la fille de Minos, la blonde Ariane, que le fils de Saturne affranchit de la vieillesse et de la mort.

L'intrépide enfant d'Alcmène aux pieds charmans, le puissant Hercule, délivré de ses pénibles travaux, choisit pour chaste épouse dans l'Olympe neigeux Hébé, cette fille du grand Jupiter et de Junon aux brodequins d'or. Heureux enfin, après avoir accompli d'éclatans exploits, il est admis au rang des dieux, et tous ses jours s'écoulent exempts de malheurs et de vieillesse.

La glorieuse fille de l'Océan, Perseïs donna au Soleil infatigable Circé et le monarque Éétès.

Éétès, fils du Soleil qui éclaire les mortels, épousa, d'après le conseil des dieux, Idye aux belles joues, cette fille du superbe fleuve Océan, Idye, qui, domptée par ses amoureuses caresses, grâce à Vénus à la parure d'or, enfanta Médée aux pieds charmans.

Recevez maintenant mes adieux, habitans des demeures de l'Olympe, dieux des îles, de la terre et de la mer aux flots salés. Et vous, Muses harmonieuses, vierges de l'Olympe, filles de Jupiter maître de l'égide, chantez (57) ces déesses qui, reposant dans les bras des mortels, donnèrent le jour à des enfans semblables aux dieux.

Cérès (58), divinité puissante, goûta les charmes de l'amour avec le héros Iasius au sein d'un champ labouré trois fois, dans la fertile Crète; là elle engendra le bienfaisant Plutus qui, parcourant l'immensité de la terre et le vaste dos de la mer, prodigue au mortel que le hasard amène sous sa main, l'abondance, la richesse et la prospérité.

Harmonie, la fille de Vénus à la parure d'or, conçut de Cadmus Ino, Sémélé, Agavé aux belles joues, Autonoë qu'épousa Aristée à l'épaisse chevelure; elle enfanta aussi Polydore dans Thèbes couronnée de beaux remparts.

Callirhoë, fille de l'Océan, goûtant avec le magnanime Chrysaor les plaisirs de Vénus à la parure d'or, engendra le plus robuste de tous les mortels, Géryon qu'immola le puissant Hercule pour ravir ses bœufs aux pieds flexibles dans Erythie entourée de flots.

L'Aurore donna à Tithon Memnon au casque d'airain, roi de l'Éthiopie et le monarque Hémathion. Elle conçut de Céphale un illustre enfant, l'intrépide Phaéton, homme semblable aux dieux. Phaéton, encore paré des tendres fleurs de la brillante jeunesse, ne pensait qu'aux jeux de son âge, lorsque Vénus, amante des plaisirs, l'enleva, l'établit nocturne gardien de ses temples sacrés et lui accorda les honneurs divins.

Docile aux conseils des dieux immortels, le fils d'Éson (59) enleva la fille d'Éétès, de ce monarque nourrisson de Jupiter, lorsqu'il eut accompli les nombreux et pénibles travaux que lui avait imposés le grand roi Pélias, ce roi orgueilleux, insolent, impie et criminel. Vainqueur enfin, après de longues souffrances, il revint dans Iolchos, amenant sur son léger navire cette vierge aux yeux noirs, dont il fit sa charmante épouse. Bientôt, amoureusement domptée par Jason, ce pasteur des peuples, elle mit au jour Médus que Chiron, ce rejeton de Phillyre, éleva sur les montagnes. Ainsi s'accomplissait la volonté du grand Jupiter.

La fille de Nérée, ce vieillard marin, Psamathe, déesse puissante, enfanta Phocus après s'être unie d'amour avec Éacus, grâce à Vénus à la parure d'or.

Fécondée par Pélée, la divine Thétis aux pieds d'argent fit naître un guerrier formidable, Achille au cœur de lion.

Cythérée à la belle couronne donna l'existence à Énée lorsqu'elle eût goûté les plaisirs de l'amour avec le héros Anchise sur le faîte ombragé de l'Ida aux nombreux sommets.

Circé, fille du Soleil, né d'Hypérion, unie au patient Ulysse, engendra Agrius et l'irréprochable, le vigoureux Latinus ; elle enfanta encore Télégonus, grâce à Vénus à la parure d'or ; et ces héros, dans la retraite lointaine des îles sacrées, régnèrent sur tous les illustres Tyrréniens.

Calypso, déité puissante, unie d'amour avec Ulysse, eut pour fils Nausithoüs et Nausinoüs.

Telles sont les déesses qui, dormant dans les bras des mortels, donnèrent le jour à des enfans semblables aux dieux. Maintenant chantez la race des femmes illustres (60), ô Muses harmonieuses, vierges de l'Olympe, filles de Jupiter maître de l'égide !

FIN DE LA THÉOGONIE.

LES TRAVAUX ET LES JOURS.

Muses de la Piérie (1), ô vous dont les chants immortalisent! venez; célébrez votre père, de qui descendent à la fois tous les hommes obscurs ou fameux, le grand Jupiter, qui leur accorde à son gré la honte ou la gloire, les élève aisément ou aisément les renverse, affaiblit le puissant et fortifie le faible, corrige le méchant et humilie le superbe, Jupiter qui tonne dans les cieux et réside sur les plus hauts sommets de l'Olympe. Dieu puissant qui entends et vois tout, écoute : dirige vers l'équité les jugemens des mortels. Pour moi, puissé-je faire entendre à Persès le langage de la vérité!

On ne voit pas régner sur la terre une seule rivalité; il en existe deux: l'une digne des éloges du sage, l'autre de son blâme; toutes deux animées d'un esprit différent. L'une excite la guerre désastreuse et la discorde; la cruelle! nul homme ne la chérit, mais tous, d'après la volonté des dieux, sont contraints de l'honorer en la haïssant. L'autre, c'est la Nuit obscure qui l'enfanta la première, et le grand fils de Saturne, habitant au sommet des cieux, la plaça sur les racines mêmes de la terre pour qu'elle vécût parmi les humains et leur devînt utile. Elle pousse au travail le mortel le plus indolent. L'homme oisif, qui jette les yeux sur un homme riche, s'empresse à son tour de labourer, de planter, de gouverner avec ordre sa maison; le voisin est jaloux du voisin qui tâche de s'enrichir. Cette rivalité est pour les mortels une source de biens. Ainsi le potier porte envie au potier, l'artisan à l'artisan, le mendiant au mendiant et le chanteur au chanteur.

O Persès! grave bien ces conseils au fond de ton âme : que l'envie, joyeuse des maux d'autrui, ne te détourne pas du travail; ne regarde pas les procès d'un œil curieux et n'écoute pas les plaideurs sur la place publique. On n'a que peu de temps à perdre dans les querelles et dans les contestations lorsque, pendant la saison propice, on n'a point amassé pour toute l'année les fruits que produit la terre et que prodigue Cérès. Rassasié de ces fruits, tu pourras alors envier et disputer aux autres leurs richesses (2). Mais non ; il ne te sera plus permis d'agir ainsi (3). Terminons enfin notre procès par d'équitables jugemens émanés de la bonté de Jupiter. Déjà nous avons partagé notre héritage, et tu m'as arraché la plus forte part dans l'espoir de corrompre ces rois, dévorateurs de présens (4), qui veulent juger notre querelle. Les insensés! ils ignorent que souvent la moitié vaut mieux que le tout (5) et combien il y a d'avantages à se nourrir de mauve et d'asphodèle (6). En effet, les dieux cachèrent aux mortels le secret d'une vie frugale. Autrement le travail d'un seul jour suffirait pour te procurer les moyens de subsister une année entière, même en restant oisif. Tu suspendrais soudain le gouvernail au-dessus de la fumée et tu laisserais reposer tes bœufs et tes mulets laborieux. Mais Jupiter nous déroba ce secret, furieux dans son âme d'avoir été trompé par l'astucieux Prométhée (7). Voilà pourquoi il condamna les hommes aux soucis et aux tourmens. Il leur avait caché le feu; mais le noble fils de Japet, par un adroit larcin, le leur apporta dans la tige d'une férule, après l'avoir enlevé au prudent Jupiter qui aime à lancer la foudre. Ce Dieu qui rassemble les nuages lui dit en son courroux :

« Fils de Japet, ô le plus habile de tous les mortels! tu te réjouis d'avoir dérobé le feu divin et trompé ma sagesse; mais ton vol te sera fatal à toi et aux hommes à venir. Pour me venger de ce larcin, je leur enverrai un funeste présent dont ils seront tous charmés au fond de leur âme, chérissant eux-mêmes leur propre fléau. »

En achevant ces mots, le père des dieux et des hommes sourit et commanda à l'illustre Vulcain de composer sans délais un corps, en mélangeant de la terre avec l'eau, de lui communiquer la force et la voix humaine, d'en former une vierge douée d'une beauté ravissante et semblable aux déesses immortelles; il ordonna à Minerve de lui apprendre les travaux des femmes et l'art de façonner un merveilleux tissu, à Vénus à la parure d'or de répandre sur sa tête la grâce enchanteresse, de lui inspirer les violens désirs et les soucis dévorans, à Mercure, messager des dieux et meurtrier d'Argus, de remplir son esprit d'impudence et de perfidie. Tels furent les ordres de Jupiter, et les dieux obéirent à ce roi, fils de Saturne. Aussitôt l'illustre Vulcain, soumis à ses volontés, façonna avec de la terre une image semblable à une chaste vierge; la déesse aux yeux bleus, Minerve, l'orna d'une ceinture et de riches vêtemens; les divines Grâces et l'auguste Persuasion lui attachèrent des colliers d'or, et les Heures à la belle chevelure la couronnèrent des fleurs du printemps. Minerve entoura tout son corps d'une magnifique parure. Enfin le meurtrier d'Argus, docile au maître du tonnerre, lui inspira l'art du mensonge, les discours séduisans et le caractère perfide. Ce héraut des dieux lui donna un nom et l'appela Pandore, parce que chacun des habitans de l'Olympe lui avait fait un présent pour la rendre funeste aux hommes industrieux.

Après avoir achevé cette attrayante et pernicieuse merveille, Jupiter ordonna à l'illustre meurtrier d'Argus, au rapide messager des dieux, de la conduire vers Épiméthée. Épiméthée ne se rappela point que Prométhée lui avait recommandé de ne rien recevoir de Jupiter, roi d'Olympe, mais de lui renvoyer tous ses dons de peur qu'ils ne devinssent un fléau terrible aux mortels: il accepta le présent fatal et reconnut bientôt son imprudence.

Auparavant, les tribus des hommes vivaient sur la terre exemptes des tristes souffrances, du pénible travail et de ces cruelles maladies qui amènent la vieillesse: car les hommes qui souffrent vieillissent promptement.

Pandore, tenant dans ses mains un grand vase, en souleva le couvercle, et les maux terribles qu'il renfermait se répandirent au loin. L'Espérance seule resta: arrêtée sur les bords du vase, elle ne s'envola point, Pandore ayant remis le couvercle, par l'ordre de Jupiter qui porte l'égide et rassemble les nuages. Depuis ce jour, mille calamités entourent les hommes de toutes parts : la terre est remplie de maux, la mer en est remplie; les Maladies se plaisent à tourmenter les mortels nuit et jour et leur apportent en silence toutes les douleurs, car le prudent Jupiter les a privées de la voix. Nul ne peut donc échapper à la volonté de Jupiter.

Si tu le veux, je te ferai un autre récit plein de sagesse et d'utilité; toi, recueille-le au fond de ta mémoire.

Quand les hommes et les dieux furent nés ensemble, dabord les célestes habitans de l'Olympe créèrent l'âge d'or (8) pour les mortels doués de la parole. Sous le règne de Saturne qui commandait dans le ciel, les mortels vivaient comme les dieux; ils étaient libres d'inquiétudes, de travaux et de souffrances; la cruelle vieillesse ne les affligeait point; leurs pieds et leurs mains conservaient sans cesse la même vigueur, et loin de tous les maux, ils se réjouissaient au milieu des festins, riches en fruits délicieux et chers aux bienheureux immortels. Ils mouraient comme enchaînés par un doux sommeil. Tous les biens naissaient autour d'eux. La terre fertile produisait d'elle-même d'abondans trésors; libres et paisibles, ils partageaient leurs richesses avec une foule de vertueux amis. Quand la terre eut renfermé dans son sein cette première génération, ces hommes, appelés les génies terrestres, devinrent les protecteurs et les gardiens tutélaires des mortels : ils observent leurs bonnes ou leurs mauvaises actions, et, enveloppés d'un nuage (9), parcourent toute la terre en répandant la richesse : telle est la royale prérogative qu'ils ont obtenue.

Ensuite les habitans de l'Olympe produisirent une seconde race bien inférieure à la première, l'âge d'argent (10) qui ne ressemblait à l'âge d'or ni pour la force du corps ni pour l'intelligence. Nourri par les soins de sa mère, l'enfant, toujours inepte, croissait, durant cent ans, dans la maison natale. Parvenu au terme de la puberté et de l'adolescence, il ne vivait qu'un petit nombre d'années, accablé de ces douleurs, triste fruit de sa stupidité: car alors les hommes ne pouvaient s'abstenir de l'injustice; ils ne voulaient pas adorer les dieux ni leur offrir des sacrifices sur leurs pieux autels, comme doivent le faire les mortels divisés par tribus. Bientôt Jupiter, fils de Saturne, les anéantit, courroucé de ce qu'ils refusaient leurs hommages aux dieux habitans de l'Olympe. Quand la terre eut dans son sein renfermé leurs dépouilles, on les nomma les mortels bienheureux; ces génies terrestres n'occupent que le second rang, mais le respect accompagne aussi leur mémoire.

Le père des dieux créa une troisième génération d'hommes doués de la parole, l'âge d'airain, qui ne ressemblait en rien à l'âge d'argent.

Robustes comme le frêne, ces hommes, violens et terribles, ne se plaisaient qu'aux injures et aux sanglans travaux de Mars; ils ne se nourrissaient pas des fruits de la terre, et leur cœur impitoyable avait la dureté de l'acier. Leur force était immense, indomptable, et des bras invincibles s'allongeaient de leurs épaules sur leurs membres nerveux. Ils portaient des armes d'airain; l'airain composait leurs maisons; ils ne travaillaient que l'airain, car le fer noir n'existait pas encore. Égorgés par leurs propres mains, ils descendirent dans la ténébreuse demeure du froid Pluton sans laisser un nom après eux. Malgré leur force redoutable, la sombre Mort les saisit et ils quittèrent la brillante lumière du soleil.

Quand la terre eut aussi renfermé leur dépouille dans son sein, Jupiter, fils de Saturne, créa sur cette terre fertile une quatrième race plus juste et plus vertueuse (11), la céleste race de ces héros que l'âge précédent nomma les demi-dieux dans l'immense univers. La guerre fatale et les combats meurtriers les moissonnèrent tous, les uns lorsque, devant Thèbe aux sept portes (12), sur la terre de Cadmus, ils se disputèrent les troupeaux d'OEdipe (13); les autres lorsque, franchissant sur leurs navires la vaste étendue de la mer, armés pour Hélène aux beaux cheveux, ils parvinrent jusqu'à Troie, où la mort les enveloppa de ses ombres. Le puissant fils de Saturne, leur donnant une nourriture et une demeure différentes de celles des autres hommes, les plaça aux confins de la terre. Ces héros fortunés, exempts de toute inquiétude, habitent les îles des bienheureux (14) par delà l'océan aux gouffres profonds, et trois fois par an la terre féconde leur prodigue des fruits brillans et délicieux.

Plût aux dieux que je ne vécusse pas au milieu de la cinquième génération! Que ne suis-je mort avant! que ne puis-je naître après! C'est l'âge de fer (15) qui règne maintenant. Les hommes ne cesseront ni de travailler et de souffrir pendant le jour, ni de se corrompre pendant la nuit; les dieux leur enverront de terribles calamités. Toutefois quelques biens se mêleront à tant de maux. Jupiter détruira cette race d'hommes doués de la parole lorsque presque dès leur naissance leurs cheveux blanchiront. Le père ne sera plus uni à son fils, ni le fils à son père, ni l'hôte à son hôte, ni l'ami à son ami; le frère, comme auparavant, ne sera plus chéri de son frère; les enfans mépriseront la vieillesse de leurs parens. Les cruels! ils les accableront d'injurieux reproches sans redouter la vengeance divine. Dans leur coupable brutalité, ils ne rendront pas à leurs pères les soins que leur enfance aura reçus: l'un ravagera la cité de l'autre; on ne respectera ni la foi des sermens, ni la justice, ni la vertu; on honorera de préférence l'homme vicieux et insolent; l'équité et la pudeur ne seront plus en usage: le méchant outragera le mortel vertueux par des discours pleins d'astuce auxquels il joindra le parjure. L'Envie au visage odieux, ce monstre qui répand la calomnie et se réjouit du mal, poursuivra sans relâche les hommes infortunés. Alors, promptes à fuir la terre immense pour l'Olympe, la Pudeur et Némésis (16), enveloppant leurs corps gracieux de leurs robes blanches, s'envoleront vers les célestes tribus et abandonneront les humains; il ne restera plus aux mortels que les chagrins dévorans, et leurs maux seront irrémédiables.

Maintenant je raconterai aux rois une fable (17) que leur sagesse même ne dédaignera point. Un épervier venait de saisir un rossignol au gosier sonore et l'emportait à travers les nues; déchiré par ses serres recourbées, le rossignol gémissait tristement; mais l'épervier lui dit avec arrogance: « Malheureux! pourquoi ces plaintes? Tu es au pouvoir du plus fort; quoique chanteur harmonieux, tu vas où je te conduis; je peux à mon gré ou faire de toi mon repas ou te rendre la liberté. » Ainsi parla l'épervier au vol rapide et aux ailes étendues. Malheur à l'insensé qui ose lutter contre un ennemi plus puissant! privé de la victoire, il voit encore la souffrance s'ajouter à sa honte.

O Persès! écoute la voix de l'équité, et abstiens-toi de l'injure, car l'injure est fatale à l'homme faible; l'homme de bien ne la supporte pas facilement: accablé par elle, il tombe sa victime. Il est un chemin plus noble qui mène à la justice. La justice finit toujours par triompher de l'injure. Mais l'insensé ne s'instruit que par son propre malheur. Horcus poursuit avec ardeur les jugemens iniques. La justice s'indigne et frémit partout où elle se voit entraînée par ces hommes, dévorateurs de présens, qui rendent de criminels arrêts. Couverte d'un nuage, elle parcourt en pleurant les cités et les tribus des peuples, apportant le malheur à ceux qui l'ont chassée et n'ont pas jugé avec droiture. Mais ceux qui, rendant une justice égale aux étrangers et à leurs concitoyens, ne s'écartent pas du droit sentier, voient fleurir leur ville et prospérer leurs peuples ; la paix, cette nourrice des jeunes gens (18), règne dans leur pays, et jamais Jupiter à la large vue ne leur envoie la guerre désastreuse. Jamais la famine ou l'injure n'attaque les mortels équitables : ils célèbrent paisiblement leurs joyeux festins ; la terre leur prodigue une abondante nourriture ; pour eux, le chêne des montagnes porte des glands sur sa cime et des abeilles dans ses flancs ; leurs brebis sont chargées d'une épaisse toison et leurs femmes mettent au jour des enfans qui ressemblent à leurs pères (19) ; toujours riches de tous les biens, ils n'ont pas besoin de voyager sur des vaisseaux, et la terre fertile les nourrit de ses fruits. Mais quand des mortels se livrent à l'injure funeste et aux actions vicieuses, Jupiter à la large vue leur inflige un prompt châtiment : souvent une ville entière est punie à cause d'un seul homme qui commet des injustices et des crimes (20) ; du haut des cieux, le fils de Saturne déchaîne à la fois deux grands fléaux, la peste et la famine, et les peuples périssent ; leurs femmes n'enfantent plus et leurs familles décroissent par la volonté de Jupiter, roi de l'Olympe, qui détruit leur vaste armée, renverse leurs murailles ou punit leurs vaisseaux en les engloutissant dans la mer.

Rois ! vous aussi, redoutez un pareil châtiment, car les immortels, mêlés parmi les hommes, aperçoivent tous ceux qui s'accablent mutuellement par des arrêts iniques sans craindre la vengeance divine. Par l'ordre de Jupiter, sur la terre fertile, trente mille génies, gardiens des mortels, observent leurs jugemens et leurs actions coupables, et, revêtus d'un nuage, parcourent le monde entier. La Justice, fille de Jupiter, est une vierge auguste et respectée des dieux habitans de l'Olympe ; lorsqu'un insolent ose l'outrager, soudain, assise auprès de Jupiter, puissant fils de Saturne, elle se plaint de la méchanceté des hommes et le conjure de faire retomber sur le peuple les fautes des rois qui, dans leurs criminelles pensées, s'écartent du droit chemin et prononcent d'injustes sentences. Pour éviter ces malheurs, ô rois dévorateurs de présens ! redressez vos arrêts et oubliez entièrement le langage de l'iniquité. L'homme qui fait du mal à autrui s'en fait aussi à lui-même ; un mauvais jugement est toujours terrible pour le juge. L'œil de ce Jupiter, qui voit et découvre tout, contemple notre procès si telle est sa volonté ; il n'ignore pas quel débat s'agite dans l'enceinte de notre ville. Puissions-nous maintenant, mon fils et moi, ne pas être justes aux yeux des mortels, puisque la justice n'attire plus que des malheurs, puisque l'homme le moins équitable obtient le plus de droits ! Mais je ne pense pas que Jupiter, maître de la foudre, tolère de semblables abus.

O Persès ! grave bien mes conseils au fond de ton esprit. Écoute la voix de la justice et renonce pour toujours à la violence : telle est la loi (21) que le fils de Saturne a imposée aux mortels. Il a permis aux poissons, aux animaux sauvages, aux oiseaux rapides de se dévorer les uns les autres, parce qu'il n'existe point de justice parmi eux ; mais il a donné aux hommes cette justice, le plus précieux des bienfaits. Si dans la place publique, un juge veut parler avec droiture et avec prudence, Jupiter à la large vue lui accorde la richesse ; mais s'il se parjure volontairement, s'il blesse l'équité par de faux témoignages, il subit des maux sans remède ; la gloire de sa postérité s'obscurcit d'âge en âge, tandis que d'âge en âge la postérité de l'homme juste devient plus illustre. Écoute mes utiles conseils, imprudent Persès ! Rien n'est plus aisé que de se précipiter dans le vice : le chemin en est court et nous l'avons près de nous ; mais les dieux immortels ont baigné de sueurs la route de la vertu : cette route est longue, escarpée et d'abord hérissée d'obstacles ; mais quand on touche à son sommet, elle devient facile, quoique toujours pénible.

Le plus sage est celui qui, jugeant tout par lui-même, considère les actions qui seront les meilleures lorsqu'il les aura terminées. L'homme docile aux bons conseils est encore digne d'estime ; mais celui qui ne sait pas s'éclairer par sa propre sagesse et refuse d'écouter les avis des autres est entièrement inutile sur la terre. Quant à toi, Persès ! ô rejeton des dieux (22) ! garde l'éternel souvenir de mes avis : travaille si tu veux que la Famine te prenne en horreur et que l'auguste Cérès à la belle couronne, pleine d'amour envers toi, remplisse tes granges de moissons. En effet, la Famine est toujours la compagne de l'homme paresseux; les dieux et les mortels haïssent également celui qui vit dans l'oisiveté, semblable en ses désirs à ces frelons privés de dards qui, tranquilles, dévorent et consument le travail des abeilles. Livre-toi avec plaisir à d'utiles ouvrages, afin que tes granges soient remplies des fruits amassés pendant la saison propice. C'est le travail qui multiplie les troupeaux et accroît l'opulence. En travaillant, tu seras bien plus cher aux dieux et aux mortels: car les oisifs leur sont odieux. Ce n'est point le travail, c'est l'oisiveté qui est un déshonneur. Si tu travailles, les paresseux bientôt seront jaloux de toi en te voyant t'enrichir; la vertu et la gloire accompagnent la richesse: ainsi tu deviendras semblable à la divinité. Il vaut donc mieux travailler, ne pas envier inconsidérément la fortune d'autrui et diriger ton esprit vers des occupations qui te procureront ta subsistance: voilà le conseil que je te donne. La mauvaise honte est le partage de l'indigent. La honte est très-utile ou très-nuisible aux mortels. La honte mène à la pauvreté, la confiance à la richesse. Ce n'est point par la violence qu'il faut s'enrichir; les biens donnés par les dieux sont les meilleurs de tous. Si un ambitieux s'empare de nombreux trésors par la force de ses mains ou les usurpe par l'adresse de sa langue (comme il arrive trop souvent lorsque l'amour du gain séduit l'esprit des hommes et que l'impudence chasse toute pudeur), les dieux le précipitent bientôt vers sa ruine; sa famille s'anéantit et il ne jouit que peu de temps de sa richesse. Il est aussi coupable que celui qui maltraiterait un suppliant ou un hôte, qui, monté en secret sur la couche d'un frère, souillerait sa femme d'embrassemens illégitimes, dépouillerait par une indigne ruse des enfans orphelins ou accablerait d'injurieux discours un père parvenu au triste seuil de la vieillesse. Jupiter s'irrite contre cet homme et lui envoie enfin un châtiment terrible en échange de ses iniquités. Mais toi, que ton esprit insensé s'abstienne de semblables crimes. Offre, selon tes facultés, des sacrifices aux dieux immortels (23) avec un cœur chaste et pur, et brûle en leur honneur les cuisses brillantes des victimes. Apaise-les par des libations et par de l'encens quand tu vas dormir ou lorsque brille la lumière sacrée du jour, afin qu'ils aient pour toi une âme bienveillante et que tu achètes toujours le champ d'autrui sans jamais vendre le tien. Invite ton ami à tes festins et laisse là ton ennemi; invite surtout l'ami qui habite près de toi: car s'il t'arrive quelque accident domestique, tes voisins accourent sans ceinture, tandis que tes parens se ceignent encore. Un mauvais voisin est un fléau autant qu'un bon voisin est un bienfait. C'est un trésor que l'on rencontre dans un voisin vertueux. Il ne mourra jamais un de tes bœufs, à moins que tu n'aies un méchant voisin. Mesure avec soin tout ce que tu empruntes à ton voisin; mais rends-lui autant et davantage si tu le peux, afin que si un jour tu as besoin de lui, tu le trouves prêt à te secourir.

Ne recherche pas des gains déshonorans; de tels bénéfices équivalent à des pertes. Tu dois chérir qui te chérit, visiter qui te visite, donner à qui te donne, ne rien donner à qui ne te donne rien. On rend présent pour présent et refus pour refus. La libéralité est utile; la rapine est funeste et ne cause que la mort. L'homme qui donne volontairement, quelle que soit la grandeur du bienfait, s'en réjouit et en est charmé jusqu'au fond de l'âme. Celui qui, fort de son impudence, commet un larcin, malgré la modicité du profit, sent le remords déchirer son cœur. Si tu acquiers peu à peu, mais souvent, tu auras bientôt amassé une grande fortune: qui sait ajouter à ce qu'il possède déjà, évitera la noire famine. Ce qu'on a déposé dans sa maison ne cause plus d'inquiétude. Il vaut mieux garder ses biens dans l'intérieur de ses foyers, puisque ce qui est dehors n'est pas en sûreté. S'il est agréable d'user de ce qu'on a près de soi, il est pénible d'avoir besoin de ce qui est ailleurs. Je t'engage à y songer. Bois à longs traits le commencement et la fin du tonneau, mais épargne le milieu. On le ménage trop tard, quand on ne ménage que le fond (24).

Donne toujours à ton ami le salaire convenu. En riant même avec ton frère, appelle un témoin: la crédulité et la défiance perdent également les hommes (25). Qu'une femme indécemment parée (26) ne te séduise point en t'agaçant par son doux babil et en s'informant de ta demeure: c'est se fier au voleur que se fier à la femme. Qu'un fils unique garde la maison paternelle, ainsi tes richesses s'accroîtront dans tes foyers. Puisses-tu ne mourir que vieux en laissant un autre enfant! C'est aux familles nombreuses.

que Jupiter prodigue d'immenses trésors. Plus des parens nombreux redoublent de soins et plus la fortune s'augmente. Si ton cœur désire la richesse, suis mon précepte : ajoute sans cesse le travail au travail.

Commence la moisson (27) quand les Pléiades, filles d'Atlas, se lèvent dans les cieux, et le labourage quand elles disparaissent; elles demeurent cachées quarante jours et quarante nuits, et se montrent de nouveau lorsque l'année est révolue, à l'époque où s'aiguise le tranchant du fer. Telle est la loi générale des campagnes pour les colons qui habitent les bords de la mer ou qui, loin de cette mer orageuse, cultivent un sol fertile dans les gorges des profondes vallées. Sois toujours nu quand tu sèmes, nu quand tu laboures et nu quand tu moissonnes, si tu veux exécuter à propos tous les travaux de Cérès, voir tes fruits parvenir à leur maturité et n'être pas forcé, dans ton indigence de parcourir en mendiant les maisons étrangères sans rien obtenir. Déjà tu es venu près de moi, mais je ne te ferai plus ni aucun don ni aucun prêt. Travaille, imprudent Persès! travaille à ces ouvrages que les dieux imposèrent aux hommes; tremble d'être contraint dans ta douleur de mendier ta nourriture avec ta femme et tes enfans et d'implorer des voisins qui te mépriseront : ils te donneront deux et trois fois, mais si tu les importunes encore, tu n'obtiendras plus rien et tu perdras ton temps en paroles; tes longs discours seront inutiles. Je te conseille plutôt de payer tes dettes et d'éviter la famine.

Procure-toi d'abord une maison, un bœuf laboureur et une esclave non mariée qui suivra tes troupeaux; rassemble chez toi tous les instrumens nécessaires à l'agriculture pour ne pas en demander aux autres et ne pas en manquer si tu éprouvais un refus : alors tu verrais le temps s'écouler et l'ouvrage en souffrirait. Ne remets pas tes travaux au lendemain ni au surlendemain : l'homme qui reste oisif ou qui diffère d'agir ne remplit pas ses granges. L'activité double la richesse. Celui qui temporise lutte toujours avec le besoin.

Lorsque le soleil ne darde plus les rayons de sa brûlante chaleur, lorsque, pendant l'automne, les pluies du grand Jupiter rendent le corps humain plus souple et plus léger (car alors l'astre du Sirius roule moins longtemps pendant le jour sur la tête des malheureux mortels et prolonge davantage sa course nocturne), lorsque les arbres coupés par le fer sont moins exposés à la carie, quand leurs feuillages tombent et leur sève s'arrête, songe que c'est le temps d'abattre les bois nécessaires à tes travaux. Façonne un mortier de trois pieds, un pilon de trois coudées et un essieu de sept pieds : telle est la mesure la plus convenable; taille ensuite un maillet de huit pieds et arrondis une jante de trois palmes pour un char qui en aura dix; prépare beaucoup d'autres morceaux de bois recourbés. Lorsque, en parcourant la montagne ou la plaine, tu auras trouvé un manche d'yeuse, apporte-le dans ta maison, c'est l'instrument le plus solide pour servir au labourage; qu'un élève de Pallas, l'attachant avec des clous, le fixe au dental et l'adapte au timon. Alors construis dans ta demeure deux charrues, l'une d'une seule pièce, l'autre de bois d'assemblage; rien n'est plus utile, puisque si tu brises l'une, tu pourras atteler tes bœufs à l'autre : c'est le laurier ou l'orme qui forme les timons les plus forts; que le dental soit de chêne et le manche d'yeuse. Achète deux bœufs de neuf ans; à cet âge leur vigueur est infatigable; parvenus au terme de la jeunesse, ils sont encore propres aux travaux : tu ne craindras point qu'en se disputant ils ne brisent la charrue au milieu d'un sillon et ne laissent l'ouvrage imparfait. Qu'un homme de quarante ans les accompagne, après avoir mangé en huit bouchées un pain divisé en quatre parties; tout entier au labour, il tracera des sillons toujours droits, ne détournera point ses yeux sur ses camarades et tiendra son esprit constamment appliqué à sa tâche : un plus jeune laboureur ne saurait ni répandre la semence avec mesure, ni éviter de la répandre deux fois, car un jeune homme est toujours impatient de rejoindre ses compagnons.

Observe chaque année le temps où tu entendras les cris de la grue retentir du haut des nuages; c'est elle qui apporte le signal du labour et qui annonce le retour du pluvieux hiver. L'homme qui manque de bœufs sent alors les regrets déchirer son âme. Nourris dans ton étable des bœufs aux longues cornes. Il est aisé de dire : Prête-moi des bœufs et un chariot; mais il est aisé de répondre : Mes bœufs sont occupés. L'homme riche en imagination parle de construire un chariot; l'insensé! il ignore que pour un chariot il faut cent pièces de bois, il aurait dû y songer plus tôt et se munir des matériaux nécessaires. Dès que le temps du labourage arrive pour les mortels, hâte-toi, pars le matin avec tes esclaves, travaille dans la saison le sol humide et sec pour rendre tes champs fertiles, défriche la terre dans le printemps, laboure-la encore pendant l'été ; elle ne trompera point ton espérance ; quand elle est devenue légère, c'est le temps de l'ensemencer. Ainsi travaillée, elle fournit les moyens d'écarter les imprécations et de procurer du repos aux enfans. Invoque le Jupiter infernal et demande à la chaste Cérès de faire parvenir ses divins présens à leur maturité. Lorsque, commençant le labour et prenant dans ta main l'extrémité du manche, tu frappes de l'aiguillon le dos de tes bœufs qui traînent le timon à l'aide des courroies, qu'un jeune serviteur te suive armé d'un hoyau et donne du mal aux oiseaux en recouvrant la semence. L'ordre est pour les mortels le plus grand des biens ; le désordre le plus grand des maux. Ainsi tes lourds épis s'inclineront vers la terre si le roi de l'Olympe accorde un heureux terme à tes travaux. Tu débarrasseras tes urnes de leurs toiles d'araignée (28) et je crois que tu te réjouiras, riche de tous les biens entassés dans ta maison. Tu attendras dans l'abondance le printemps aux blanches fleurs et tu ne regarderas pas les autres d'un œil jaloux ; ce seront les autres qui auront besoin de toi. Si tu ne laboures la terre féconde que dans le solstice d'hiver, tu pourras moissonner en demeurant assis ; à peine saisiras-tu dans ta main quelques rares épis que tu lieras en javelles inégales, en te traînant dans la poussière et sans te réjouir beaucoup. Tu emporteras ta moisson dans une corbeille et tu seras pour peu de monde un sujet d'envie. L'esprit de Jupiter maître de l'égide passe aisément d'une pensée à une autre, et il est difficile aux hommes de pénétrer ses desseins. Si tu ne laboures que tard, le mal n'est pourtant pas sans remède. Dès que le coucou chante dans le feuillage du chêne, et réjouit les mortels sur la terre immense, si Jupiter ne cesse de pleuvoir pendant trois jours et si l'eau ne reste pas au-dessous du sabot de tes bœufs sans toutefois le surpasser, le dernier labourage sera aussi heureux que le premier. Retiens tous ces préceptes dans ta mémoire. Observe attentivement l'approche du printemps aux blanches fleurs et la saison des pluies.

Dans l'hiver, lorsqu'un froid violent tient les hommes renfermés, passe, sans t'arrêter devant les ateliers de forgerons (29) et les lieux publics aux brûlans foyers. L'homme laborieux sait accroître son bien même dans cette saison. Ne te laisse donc point accabler par les rigueurs d'un hiver cruel et de la pauvreté. Crains d'être réduit à presser d'une main amaigrie tes pieds gonflés par le jeûne. Le paresseux se repaît de vaines illusions et, manquant du nécessaire, médite en son esprit de coupables actions. L'indigent, privé de moyens d'existence, reste assis dans les lieux publics, et nourrit l'espérance du mal. Au milieu de l'été, dis à tes esclaves : « L'été ne durera pas toujours, construisez vos demeures. » Redoute le mois Lénéon, ces mauvais jours tous funestes aux bœufs, et les glaces dangereuses qui couvrent la campagne lorsque, venu de la Thrace nourrice des chevaux, l'impétueux Borée agite de son souffle les flots de la vaste mer, resserre la terre et les bois, et, déchaîné sur cette terre féconde, déracine dans les gorges des montagnes les chênes à la cime élevée et les énormes sapins, en faisant mugir au loin les immenses forêts. Les bêtes sauvages frissonnent et ramènent sous leur ventre leur queue engourdie malgré l'épaisseur de leurs poils qui ne les garantit pas des attaques du glacial Borée. Ce vent pénètre sans obstacle à travers le cuir du bœuf et les longs poils de la chèvre ; cependant la force de son souffle ne perce point la laine touffue des brebis. Le froid courbe le vieillard, mais il respecte la peau tendre de la jeune fille qui, tranquille dans ses foyers auprès de sa mère, encore ignorante des plaisirs de Vénus à la parure d'or, après avoir lavé dans une onde pure et parfumée d'une huile luisante ses membres délicats, dort renfermée, la nuit, dans la maison natale, à l'abri des rigueurs de l'hiver, tandis que le polype se ronge les pieds dans sa demeure glacée, au fond de sa triste retraite ; car le soleil ne lui montre pas d'autre nourriture à saisir, le soleil qui se tourne vers les contrées et les villes des peuples à la noire couleur et brille moins longtemps pour tous les Grecs. Alors les monstres des forêts, armés ou dépourvus de cornes, grincent des dents et fuient à travers les épaisses broussailles ; tous les animaux qui habitent des tanières profondes et des antres dans les rochers, ne songent qu'à chercher ces abris ; pareils à l'homme à trois pieds (30) dont les épaules semblent brisées et qui penche son front vers la terre, ils se traînent avec effort, en tâchant d'éviter les blancs flocons de la neige.

Dans cette saison, pour garantir ton corps (31), revêts, suivant mon conseil, un manteau moelleux et une tunique flottante jusqu'aux talons; enveloppe-toi d'un vêtement dont la légère trame est couverte d'une laine épaisse, afin que tes poils hérissés ne se dressent pas sur tes membres frissonnans. Enlace à tes pieds des brodequins formés de la peau d'un bœuf que la force a fait périr et garnis de poils épais dans l'intérieur. Quand le temps de la froidure sera venu, jette sur tes épaules la dépouille des chevreaux premiers-nés et attache-la avec une courroie de bœuf, pour qu'elle te serve de rempart contre la pluie. Couvre ta tête d'un chapeau façonné avec soin et propre à défendre tes oreilles de l'humidité. Car lorsque Borée tombe, l'aurore est froide, et l'air fécond du matin, descendant du ciel étoilé, s'étend sur les travaux des riches laboureurs; la vapeur émanée du sein des fleuves intarissables, et soulevée au-dessus de la terre par la fureur du vent, tantôt vers le soir retombe en pluie, et tantôt souffle avec violence, tandis que Borée, venu de la Thrace, pousse au loin les épais nuages. Préviens cette tempête et, ton ouvrage terminé, rentre dans ta maison, de peur que du haut des cieux une sombre nuée, t'enveloppant tout entier, ne mouille ton corps et ne trempe tes vêtemens. Évite un tel danger; ce mois de l'hiver est le plus redoutable de tous; il est funeste aux troupeaux et funeste aux mortels. Alors ne mesure à tes bœufs que la moitié de leur pâture, mais donne plus d'alimens à l'homme; les longues nuits diminuent les besoins des animaux. Contracte l'habitude pendant l'année entière de régler la nourriture d'après la durée des jours et des nuits, jusqu'à ce que la terre, cette mère commune, te prodigue des fruits de toute espèce.

Quand, soixante jours après la conversion du soleil, Jupiter a terminé le cours de l'hiver, l'étoile Arcture, abandonnant les flots sacrés de l'Océan, se lève et brille la première à l'entrée de la nuit. Bientôt après, la fille de Pandion, la plaintive hirondelle reparaît le matin aux yeux des hommes, lorsque le printemps est déjà commencé. Préviens l'arrivée de l'hirondelle, pour tailler la vigne: cette époque est la plus favorable; mais, quand le limaçon, fuyant les Pléiades, grimpe de la terre sur les plantes, c'est le temps non pas de fouir la vigne, mais d'aiguiser tes faulx et d'exciter tes esclaves au travail. Fuis le repos sous l'ombrage, fuis le sommeil du matin, dans la saison de la moisson, lorsque le soleil dessèche tous les corps. Alors, dépêche-toi; rassemble le blé dans ta maison et sois debout au point du jour, afin d'obtenir une récolte suffisante. L'aurore accomplit le tiers de l'ouvrage; l'aurore accélère le voyage et avance le travail. Partout l'aurore, dès qu'elle se montre, met les hommes en route et place les bœufs sous le joug.

Lorsque le chardon fleurit, lorsque la cigale harmonieuse, assise au sommet d'un arbre, fait entendre sa douce voix en agitant ses ailes, dans la saison du laborieux été, les chèvres sont très-grasses, les vins excellens, les femmes très-lascives et les hommes très-faibles, parce que le Sirius appesantit leur tête et leurs genoux, et dessèche tout leur corps par ses feux ardens. Alors repose-toi à l'ombre des rochers; bois du vin de Biblos, choisis pour ton repas des gâteaux de fromage, le lait des chèvres qui ne nourrissent plus, la chair d'une génisse qui n'a pas encore été mère et ne broute que les feuilles des bois, ou la chair des chevreaux premiers-nés. Savoure un vin noir et demeure assis sous l'ombrage, rassasié d'une abondante nourriture, le visage tourné vers la pure haleine du zéphyre, aux bords d'une fontaine qui ne cesse d'épancher des flots limpides. Verse dans ta coupe trois portions d'eau et une quatrième de vin. Dès que l'impétueux Orion commencera à paraître, ordonne à tes esclaves de broyer les dons sacrés de Cérès, dans un lieu exposé aux vents, sur une aire aplanie. Mesure le grain et dépose-le soigneusement dans les urnes. Lorsque tu auras chez toi renfermé ta récolte entière, je t'engage à louer un mercenaire sans maison, à chercher une servante sans enfans, car celle qui en a devient trop importune. Procure-toi aussi un chien à la dent dévorante et ne lui épargne point la nourriture, de peur que le voleur qui dort pendant le jour ne vienne t'enlever tes richesses. Amasse le foin et la paille qui te serviront à nourrir durant une année tes bœufs et tes mulets. Mais ensuite laisse reposer les genoux de tes esclaves et dételle tes bœufs.

Lorsque Orion et Sirius seront parvenus jusqu'au milieu du ciel, et que l'Aurore aux doigts de rose contemplera Arcture, ô Persès! cueille tous les raisins et apporte-les dans ta demeure; expose-les au soleil dix jours et dix nuits. Conserve-les à l'ombre pendant cinq jours, et le sixième, renferme dans les vases ces présens du joyeux Bacchus. Quand les Pléiades, les Hyades et l'impétueux Orion auront disparu, rappelle-toi que c'est la saison du labourage. Qu'ainsi l'année soit remplie tout entière par des travaux champêtres.

Si le désir de la périlleuse navigation s'est emparé de ton âme, redoute l'époque où les Pléiades, fuyant l'impétueux Orion, se plongent dans le sombre Océan; alors se déchaîne le souffle de tous les vents; n'expose pas tes navires aux fureurs de la mer ténébreuse. Souviens-toi plutôt, comme je te le conseille, de travailler la terre; tire le vaisseau sur le continent et assujettis-le de tous côtés avec des pierres qui arrêteront la violence des vents humides. Songe à vider la sentine, pour qu'elle ne soit point gâtée par la pluie de Jupiter. Renferme tous les agrès dans ta maison. Replie avec soin les ailes du vaisseau qui traverse les mers. Suspends au-dessus de la fumée de ton foyer le superbe gouvernail et attends la saison propice aux courses maritimes. Quand elle sera venue, lance à la mer ton léger navire et remplis-le d'une cargaison convenable qui, à ton retour, te procurera des bénéfices. C'est ainsi que notre père, imprudent Persès, naviguait en cherchant un honnête moyen d'existence. Autrefois, abandonnant la Cume d'Éolide, il arriva dans ce pays, après avoir franchi sur un noir vaisseau l'immense étendue de la mer. Il ne fuyait pas la fortune, la richesse et l'opulence, mais la cruelle pauvreté que Jupiter envoie aux hommes. Enfin, il s'établit près de l'Hélicon, dans Ascra, misérable village, affreux l'hiver, incommode l'été, désagréable toujours.

Pour toi, ô Persès! souviens-toi de ne te livrer à tous les travaux et surtout à la navigation que dans la saison propice. Fais l'éloge d'un petit bâtiment, mais remplis un grand vaisseau de marchandises. Plus la cargaison est considérable, plus tu accumuleras profits sur profits, si toutefois les vents retiennent leur souffle désastreux. Si, tournant vers le commerce ton esprit imprudent, tu veux éviter les dettes et la cruelle famine, je t'enseignerai les moyens d'affronter la mer retentissante, bien que je sois inexpérimenté dans l'art de la navigation. Jamais je n'ai traversé sur un navire la vaste mer que lorsque je vins dans l'Eubée, en quittant Aulis où jadis les Grecs, attendant la fin des tempêtes, avaient rassemblé une nombreuse armée pour voguer de la divine Hellas vers Troie aux belles femmes. Pendant ce voyage, je passai à Chalcis pour disputer les prix du belliqueux Amphidamas, quand ses fils magnanimes proposèrent plusieurs genres de combats. Là je m'enorgueillis d'avoir conquis par mes chants un trépied à deux anses, que je consacrai aux Muses de l'Hélicon, dans les lieux mêmes où, pour la première fois, elles m'avaient inspiré des vers harmonieux. C'est alors seulement que je me confiai aux solides vaisseaux. Cependant je te révélerai les conseils de Jupiter armé de l'égide; car les Muses m'apprirent à chanter les hymnes célestes.

Cinquante jours après la conversion du soleil, lorsque le laborieux été arrive à son terme, c'est l'époque favorable à la navigation. Tu ne verras aucun vaisseau se briser, et la mer n'engloutira pas les voyageurs, à moins que le prudent Neptune qui ébranle la terre, ou Jupiter, roi des immortels, n'ait résolu leur perte. En effet, les maux et les biens sont tous au pouvoir de ces dieux. Les vents alors sont faciles à distinguer; la mer est sûre et tranquille. Encouragé par ces vents, lance sur cette mer ton rapide navire, que tu auras soigneusement rempli de marchandises. Mais hâte-toi de revenir dans tes foyers le plus tôt qu'il te sera possible; n'attends pas le vin nouveau, les inondations de l'automne, l'approche de l'hiver, ni le souffle impétueux du Notus qui, accompagnant les abondantes pluies de Jupiter, rend la mer orageuse et difficile.

On peut encore s'embarquer au printemps, lorsque l'homme voit bourgeonner à la cime du figuier des premières feuilles aussi peu sensibles que les traces d'une corneille qui glisse sur la terre; alors la mer est accessible. C'est l'époque de la navigation du printemps; mais je ne l'approuve pas; elle ne plaît point à mon esprit, parce qu'il faut toujours en saisir l'occasion. Tu auras de la peine à fuir le danger; néanmoins les hommes s'y exposent follement; car la richesse est la vie même pour les malheureux mortels. Cependant il est cruel de périr dans les flots. Je t'engage à méditer dans le fond de ta pensée tous les conseils que je te donne. Ne va point placer ta fortune entière sur tes profonds vaisseaux ; laisse le plus grand nombre de tes biens et n'emporte que la moindre partie. Il est aussi terrible de rencontrer sa perte dans les vagues de la mer, que si, après avoir placé sur un chariot un fardeau trop pesant, tu voyais se briser son essieu et se perdre toutes tes marchandises.

Agis toujours avec prudence. L'occasion en toute chose est ce qui vaut le mieux. Conduis une épouse dans ta maison, quand tu n'auras ni beaucoup moins, ni beaucoup plus de trente ans : c'est l'âge convenable pour l'hymen. Que ta femme soit nubile depuis quatre ans, et se marie la cinquième année. Epouse-la vierge, afin de lui apprendre des mœurs chastes. Choisis surtout celle qui habite près de toi. Examine attentivement tout ce qui l'entoure, pour que ton mariage n'excite pas la risée de tes voisins. Car s'il n'est pas pour l'homme un plus grand bien qu'une vertueuse femme, il n'est pas un plus cruel fléau qu'une femme vicieuse qui, ne recherchant que les festins, brûle sans flambeau l'époux le plus vigoureux et le réduit à une vieillesse prématurée.

Respecte toujours la puissance des bienheureux immortels. Ne rends pas ton ami l'égal de ton frère, ou, si tu agis ainsi, ne lui fais jamais tort le premier. Ne mens pas pour le plaisir de parler. Si ton ami commence à t'offenser par ses discours ou par ses actions, souviens-toi de le punir deux fois. Si, jaloux de rentrer dans ton amitié, il t'offre lui-même satisfaction, reçois-la. On est trop malheureux quand on change d'ami trop souvent. Que jamais ton visage ne trahisse ta pensée. Ne cherche point à passer pour un homme qui reçoit beaucoup d'hôtes, ni pour un homme qui n'en reçoit aucun. Ne sois ni le compagnon des méchans, ni le calomniateur des gens de bien. Garde-toi de reprocher à personne la pauvreté qui dévore l'âme, la pauvreté, ce funeste présent des bienheureux immortels. Une langue avare de discours est un trésor parmi les hommes. C'est la mesure des paroles qui en compose la grâce la plus précieuse. Si tu es médisant, bientôt on médira de toi davantage. Ne sois pas morose dans ces festins que de nombreux amis célèbrent en commun ; le plaisir en est très-grand et la dépense très-petite. Au lever de l'aurore, ne consacre point avec des mains impures (32) un vin noir à Jupiter et aux autres immortels ; ils ne t'écouteraient pas et repousseraient tes prières. Quand tu veux uriner, ne reste pas debout, tourné contre le soleil, et même depuis le coucher de cet astre jusqu'à son lever, ne le fais pas en marchant au milieu ou en dehors du chemin, ni en te découvrant. Les nuits appartiennent aux dieux. L'homme sage et pieux satisfait ce besoin lorsqu'il est assis ou qu'il s'approche du mur d'une cour étroitement fermée.

Dans ta maison ne va point, tout souillé d'une humide semence, te découvrir devant le foyer ; évite une telle indécence. Engendre ta postérité non pas au retour d'un repas funèbre au sinistre présage, mais après le festin des dieux. Ne traverse jamais à pied le limpide courant des fleuves intarissables, avant d'avoir prié à l'aspect de leurs belles eaux et lavé tes mains dans ces ondes transparentes de blancheur. L'homme impie qui traverse un fleuve sans y purifier ses mains provoque la colère des dieux et s'attire des malheurs dans l'avenir. Dans le festin solennel des dieux, ne sépare jamais avec le noir couteau tes vieux ongles des ongles encore neufs. Ne place pas l'urne du vin au-dessus de la coupe des buveurs ; car cette action deviendrait un présage fatal.

Quand tu bâtis une maison ne la laisse pas imparfaite de peur que la criarde corneille ne croasse du haut des murs. Garde-toi de manger ou de te laver dans les vases non encore consacrés ; ce délit t'exposerait au châtiment. Ne laisse pas s'asseoir sur l'immobile pierre des tombeaux un enfant de douze ans ; ce serait mal agir et tu n'en ferais qu'un homme sans vigueur ; n'y place pas non plus un enfant de douze mois : l'inconvénient serait le même. Homme ne lave pas ton corps dans le bain des femmes ; autrement tu subirais un jour une punition sévère. Si tu arrives au milieu d'un sacrifice déjà commencé, ne te moque point des mystères (33) ; la divinité s'en irriterait. Ne va point uriner dans le courant des fleuves qui coulent vers la mer, ni dans l'eau des fontaines ; garde-toi de les profaner ainsi. N'y satisfais pas également d'autres besoins ; une telle action ne serait pas plus louable. Evite une mauvaise renommée parmi tes semblables. La renommée est dangereuse ; son fardeau est léger à soulever, pénible à supporter et difficile à déposer. La renommée que des peuples nombreux répandent au loin, ne périt jamais tout entière; car elle est aussi elle-même une divinité.

Observe les jours (34) d'après l'ordre établi par Jupiter, pour les apprendre à tes esclaves; le trentième du mois est le plus convenable pour l'inspection de leurs travaux et le partage de leur salaire, lorsque les peuples rassemblés entendent les arrêts de la justice. Voici les jours qui viennent du prudent Jupiter : d'abord le premier de la nouvelle lune, le quatrième et le septième, jour sacré où Latone enfanta Apollon au glaive d'or. Le huitième et le neuvième du mois qui grandit conviennent aux affaires domestiques. Le onzième et le douzième sont favorables tous les deux, l'un à la tonte des brebis, l'autre à la récolte des joyeux fruits de la terre. Mais le douzième est bien préférable au onzième. C'est alors que l'araignée au léger vol file sa trame dans les airs, durant les grands jours de l'été, lorsque la fourmi ramasse ses provisions. Que la femme en ce jour prépare sa toile et entreprenne son ouvrage.

N'ensemence pas la terre le treizième jour du mois commencé; ce jour n'est favorable qu'aux plantations; le seizième leur est entièrement contraire; il est propice à la génération des mâles, mais nuisible, soit à la procréation des filles, soit à leur mariage. Le sixième ne vaut rien non plus pour engendrer des filles, il est bon pour châtrer les chevreaux et les béliers et pour entourer d'une enceinte les bergeries. Ce jour est heureux pour la conception des enfans mâles; il aime les injurieux propos, les mensonges, les paroles flatteuses et les secrets entretiens.

Le huitième jour du mois, tu peux châtrer les chevreaux et les bœufs mugissans, et, le douzième, les mulets laborieux. Le vingtième, pendant les grands jours, tu engendreras un fils doué d'une âme sage et prudente. Le dixième est propre à la génération des hommes, le quatorzième à celle des filles. Apprivoise en ce jour les brebis, les bœufs aux pieds flexibles et aux cornes recourbées, les chiens à la dent dévorante et les mulets laborieux, en les caressant de la main. Le quatrième et le vingt-quatrième jours du mois qui commence et qui finit, songe à fuir les chagrins dévorans; ce sont des jours sacrés. Le quatrième, conduis ton épouse dans ta maison, après avoir interrogé le vol des oiseaux; tel est le meilleur augure pour l'hymen. Évite les cinquièmes jours qui sont funestes et terribles. Car alors on dit que les Furies parcourent la terre, en vengeant Horcus que la Discorde enfanta pour le châtiment des parjures. Le dix-septième, visite soigneusement les dons sacrés de Cérès et jette-les au vent dans une aire aplanie. Coupe les bois destinés à la construction des maisons et à l'armement des navires. Commence, le quatrième, à construire les légers vaisseaux. Le dix-neuvième après midi est le jour le plus favorable; le neuvième n'est nullement dangereux pour les mortels; il est bon pour planter, propice à la génération, pour les hommes comme pour les femmes : ce n'est jamais un mauvais jour. Peu de personnes savent que le vingt-neuvième est excellent pour percer un tonneau, pour soumettre au joug les bœufs, les mulets, les chevaux aux pieds légers et pour lancer sur la sombre mer un rapide vaisseau à plusieurs rangs de rameurs. Peu de personnes l'appellent un jour d'heureux présage. Le quatrième, ouvre tes tonneaux; à midi ce jour est sacré par-dessus tous les autres. Quelques-uns regardent le vingtième au lever de l'aurore comme le meilleur du mois; car le soir il devient défavorable.

Tels sont les jours utiles aux hommes (35); les autres sont indifférens; ils ne présagent et n'apportent rien. Chacun loue tantôt l'un, tantôt l'autre; mais peu savent les apprécier. La journée est souvent une marâtre et souvent une mère. Heureux, heureux le sage mortel qui, instruit de toutes ces vérités, travaille sans cesse, irréprochable envers les dieux, observant le vol des oiseaux et fuyant les actions impies!

FIN DES TRAVAUX ET DES JOURS.

LE BOUCLIER D'HERCULE.

Ou telle (1), abandonnant sa maison et la terre de la patrie, la fille d'Électryon, de ce chef belliqueux des peuples, Alcmène (2) arriva dans Thèbes avec l'intrépide Amphitryon, Alcmène qui surpassait toutes les femmes au sein fécond par la beauté de son visage et par la grandeur de sa taille. Aucune de ces femmes que les mortelles enfantèrent en s'unissant à des époux mortels ne pouvait lui disputer le prix de la sagesse. Dans sa haute chevelure, dans ses noires paupières respirait une grâce (3) semblable à celle de Vénus à la parure d'or et, dans le fond de son cœur, elle aimait son époux comme jamais aucune femme n'avait aimé le sien. Cependant ce guerrier furieux en disputant des bœufs au noble père d'Alcmène, vainqueur l'avait fait périr par la force (4). Contraint de fuir sa patrie (5), il était venu dans Thèbes demander un asile aux enfans de Cadmus, porteurs de boucliers : c'est là qu'il demeurait avec sa pudique épouse, mais privé des aimables plaisirs de l'hyménée; car il lui était défendu de monter sur la couche de la fille d'Électryon, d'Alcmène aux pieds charmans, avant d'avoir vengé le meurtre des généreux frères de son épouse et livré à la flamme dévorante les villages des belliqueux Taphiens (6) et des Téléboens. Telle était la loi de son hymen et les dieux en avaient été les garans; dans la crainte de leur colère, il s'empressait d'accomplir sans retards le grand ouvrage que lui avait imposé la volonté céleste. Sur ses pas s'avançaient des soldats avides de guerre et de carnage, les Béotiens, ces dompteurs de chevaux, respirant par-dessus leurs boucliers, les Locriens habiles à combattre de près (7), et les magnanimes Phocéens : le noble enfant d'Alcée (8) marchait fier de ces peuples.

Mais le père des dieux et des hommes, concevant dans son âme un autre projet, voulait engendrer pour ces dieux et pour ces hommes industrieux un héros qui les défendît contre le malheur. Il s'élança de l'Olympe, méditant la ruse au fond de sa pensée et désirant coucher, une nuit, auprès d'une femme à la belle ceinture. Le prudent Jupiter se rendit sur le Typhaon (9), d'où il monta jusqu'à la plus haute cime du Phicius. Là il s'assit et roula encore dans son esprit ses merveilleux desseins. Durant la nuit il s'unit d'amour (10) avec la fille d'Électryon, Alcmène aux pieds charmans et satisfit son désir. Cette même nuit, le chef belliqueux des peuples, Amphitryon, cet illustre héros, content d'avoir terminé son grand ouvrage, revint dans sa maison. Avant de visiter ses esclaves et les rustiques gardiens de ses troupeaux (11), il monta sur la couche de son épouse, tant une violente passion agitait le cœur de ce pasteur des peuples ! Tel un homme (12) échappe plein de joie aux tourmens d'une douloureuse maladie ou d'un cruel esclavage : ainsi Amphitryon, délivré d'une entreprise difficile, rentra dans sa maison avec empressement et avec plaisir. Toute la nuit il coucha près de sa pudique épouse, jouissant des présens de Vénus à la parure d'or. Amoureusement domptée par un dieu et par le plus illustre des mortels, Alcmène enfanta dans Thèbes aux sept portes des jumeaux doués d'un esprit différent, quoique frères; l'un inférieur au reste des hommes, l'autre courageux et terrible parmi tous les héros, le puissant Hercule. Tous deux avaient été engendrés, Hercule par Jupiter, qui rassemble les sombres nuages, Iphiclès par Amphitryon, chef belliqueux des peuples. Leur origine n'était pas la même : leur mère avait conçu l'un d'un mortel et l'autre du fils de Saturne, de Jupiter, maître de tous les dieux (13).

Hercule tua le fils de Mars, le magnanime Cycnus (14). Dans un bois consacré à Apollon qui lance au loin ses traits, il trouva Cycnus et Mars, son père, ce dieu insatiable de combats, couverts d'armes étincelantes comme les éclairs de la flamme, et debout sur un char. Leurs agiles coursiers frappaient du pied la terre, et sous les pas de ces coursiers la poussière tourbillonnait autour du char magnifique dont leur rapide vol faisait retentir les roues. Le brave Cycnus se réjouissait, espérant immoler le belliqueux enfant de Jupiter avec son écuyer et les dépouiller de leur glorieuse armure. Mais Phébus-Apollon n'exauça point ses vœux : car il excita contre lui le puissant Hercule. Partout le bois sacré et l'autel d'Apollon Pagaséen (15) brillaient du vif éclat que répandaient les armes de Mars et la présence d'un si terrible dieu. De ses yeux semblait jaillir une ardente flamme. Quels mortels, excepté Hercule et l'illustre Iolaüs, auraient osé s'élancer à sa rencontre? Ces deux héros en effet étaient doués d'une grande force, et des bras invincibles, attachés à leurs épaules, s'allongeaient sur leurs membres robustes. Alors Hercule adressa la parole à son écuyer, au courageux Iolaüs :

« Iolaüs! héros, le plus cher de tous les humains, sans doute Amphitryon s'était rendu coupable envers les bienheureux immortels habitans de l'Olympe lorsque, laissant Tirynthe aux palais magnifiques, il vint dans Thèbes couronnée de beaux remparts, après avoir tué Électryon à qui il disputa des bœufs au front large. C'est là qu'il se réfugia auprès de Créon et d'Hénioché (16) au long voile, qui l'accueillirent avec bienveillance, lui prodiguèrent tous les secours dus aux supplians et le chérirent chaque jour davantage. Il vivait heureux et fier de son épouse, d'Alcmène aux pieds charmans, lorsque les années étant révolues, nous naquîmes ton père et moi, différens tous deux de stature et de caractère. Jupiter égara l'esprit de ton père (17) qui abandonna sa maison et les auteurs de ses jours, pour servir le coupable Eurysthée. Le malheureux! plus tard il en gémit profondément et déplora sa faute; mais cette faute est irréparable. Pour moi, le destin m'imposa de pénibles travaux. Ami! hâte-toi de saisir les brillantes rênes de mes coursiers aux pieds rapides, et, l'âme remplie d'une noble confiance, pousse en avant le char léger et les chevaux vigoureux, sans redouter le bruit de l'homicide Mars. Maintenant il fait retentir de ses cris de rage le bois sacré d'Apollon, qui lance au loin ses traits; mais quelle que soit sa force, il sera bientôt rassasié des fureurs de la guerre.

« Respectable ami! répondit l'irréprochable Iolaüs, combien ta tête est honorée par le père des dieux et des hommes, et par Neptune Tauréen (18) qui protége les remparts et défend la ville de Thèbes, puisqu'ils font tomber entre tes mains un héros si grand et si fort, pour te procurer une gloire immortelle! Revêts donc tes belliqueuses armes et combattons soudain en mettant aux prises le char de Mars et le nôtre. Mars ne saurait effrayer ni l'inébranlable enfant de Jupiter, ni celui d'Iphiclès; je crois plutôt qu'il fuira les deux rejetons de l'irréprochable fils d'Alcée, les deux héros qui sont là, brûlant d'une noble ardeur et tout prêts à combattre, car ils aiment bien mieux la guerre que les festins. »

Il dit et le puissant Hercule sourit en se réjouissant dans son cœur, parce qu'il venait d'entendre un langage généreux. Soudain volèrent de sa bouche ces paroles ailées :

« Iolaüs! héros nourrisson de Jupiter, voici l'instant du terrible combat. Si tu te montras toujours habile, aujourd'hui encore dirige avec adresse cet Arion (19), ce grand coursier aux crins noirs et seconde-moi de toutes tes forces. »

A ces mots il enlaça à ses jambes les brodequins d'un orichalque (20) splendide, glorieux présent de Vulcain; puis il ceignit sa poitrine de cette belle cuirasse d'or, magnifique chef-d'œuvre que lui donna Minerve, fille de Jupiter, lorsque pour la première fois il s'élança vers les combats meurtriers. Ce redoutable guerrier suspendit encore à ses épaules le fer qui repoussait le trépas et il jeta derrière lui le carquois profond rempli de flèches horribles (21), messagères de la mort, qui étouffe la voix de ses victimes; cette mort semblait attachée à leurs pointes trempées de larmes; polies et longues par le milieu, elles étaient revêtues à leur extrémité des ailes d'un aigle noir. Le héros prit la forte lance armée d'airain et sur sa tête guerrière posa le superbe casque d'acier qui, travaillé avec art, s'ajustait à ses tempes et protégeait le front du divin Hercule.

Enfin il saisit dans ses mains ce bouclier (22) aux diverses figures, que les flèches d'aucun mortel ne purent jamais ni rompre ni traverser, ce bouclier merveilleux, tout entier entouré de gypse (23), orné d'un blanc ivoire, étincelant d'un ambre jaune et d'un or éclatant; garni de lames bleues qui s'y croisaient de toutes parts.

Au milieu se dressait un dragon (24) qui inspirait une terreur indicible et lançait en arrière des regards brûlans comme le feu. Sa gueule était remplie de dents blanches, cruelles, insaisissables. Sur son front menaçant voltigeait l'odieuse Éris (25), cette inhumaine déesse qui, excitant le trouble et le carnage, égarait l'esprit des guerriers assez hardis pour attaquer le fils de Jupiter; leurs âmes descendaient dans la demeure souterraine de Pluton, et sur la terre leurs ossemens pourrissaient, dépouillés de leurs chairs et dévorés par le brûlant Sirius. Là se heurtaient la Poursuite et le Retour (26); là s'agitaient le Tumulte et la Fuite; là s'échauffait le Carnage; là couraient en fureur Éris et le Désordre. La cruelle Parque saisissait tantôt un guerrier vivant, mais qui venait d'être blessé ou un autre qui ne l'était pas encore, tantôt un cadavre qu'elle traînait par les pieds à travers la bataille. Sur ses épaules flottait sa robe souillée de sang humain; elle roulait des yeux effrayans et poussait des clameurs aiguës. Là paraissaient encore les têtes de douze serpens hideux, funestes à nommer, et terribles sur la terre pour tous les hommes qui osaient attaquer l'enfant de Jupiter; leurs dents s'entre-choquaient avec de longs sifflemens, tandis que le fils d'Amphitryon combattait. Un art merveilleux avait nuancé les corps de ces épouvantables dragons; l'œil distinguait et les taches bleues de leurs dos et la noirceur de leurs mâchoires profondes.

On voyait aussi des sangliers sauvages et des lions qui s'entre-regardaient avec fureur, et, rangés par troupes, se précipitaient en foule les uns sur les autres : ils ne s'inspiraient mutuellement aucun effroi; mais leurs cous se hérissaient de poils; car déjà un grand lion avait été abattu, et près de lui deux sangliers étaient tombés privés de la vie; de leurs plaies un sang noir s'épanchait sur la terre, et la tête renversée, ils gisaient morts sous leurs terribles vainqueurs. Cependant les deux troupes brûlaient encore de combattre; une nouvelle ardeur enflammait les sangliers sauvages et les farouches lions.

Ailleurs s'offrait le combat des belliqueux Lapithes (27) qui entouraient le roi Cénée, Dryas, Pirithoüs, Hoplée, Exadius, Phalère, Prolochus, le Titarésien Mopsus, fils d'Ampyx, rejeton de Mars et Thésée fils d'Egée, semblable aux immortels; tous, formés d'argent, portaient des armures d'or. De l'autre côté, les Centaures ennemis se rassemblaient autour du grand Pétréus, du devin Asbole, d'Arctus, d'Hurius, de Mimas aux noirs cheveux, et des deux enfans de Peucis, Périmède et Dryale : formés aussi d'argent, tous avaient des massues d'or entre leurs mains. Les deux partis s'attaquaient, comme s'ils eussent été vivans et ils combattaient de près, armés de lances et de massues. Les coursiers aux pieds rapides du cruel Mars étaient figurés en or; au milieu de la mêlée ce dieu, ravisseur de butin, ce dieu funeste frémissait, une pique à la main, excitant les soldats, couvert de sang, dépouillant les vaincus qui paraissaient respirer encore et triomphant du haut de son char. Près de lui se tenaient la Terreur et la Fuite, impatientes de se mêler au combat des héros. La belliqueuse fille de Jupiter, Pallas Tritogénie semblait vouloir allumer le feu des batailles; une lance brillait dans ses mains, un casque d'or sur sa tête, et l'égide sur ses épaules. Ainsi armée, elle se précipitait vers la guerre terrible.

Ici on contemplait le chœur sacré des immortels; au milieu de ce chœur le fils de Jupiter et de Latone tirait de sa lyre d'or des sons ravissans qui perçaient la voûte de l'Olympe, séjour des dieux. Autour de la céleste assemblée s'élevait en cercle un monceau d'innombrables trésors; et dans cette lutte divine, les Muses de la Piérie (28) chantaient les premières, comme si elles faisaient entendre une voix harmonieuse.

Là sur la mer immense s'arrondissait un port à l'entrée facile, composé de l'étain le plus pur et rempli de flots écumans. Au milieu, de nombreux dauphins paraissaient nager çà et là, en épiant les poissons; deux dauphins d'argent, soufflant l'eau par leurs narines (29), dévoraient les muets habitans de l'onde, et sous leurs dents se débattaient les poissons d'airain. Un pêcheur les contemplait, assis sur le rivage (30), et balançait dans ses mains un filet qu'il semblait prêt à lancer.

Plus loin, le fils de Danaé à la belle chevelure, Persée (31), ce dompteur de chevaux, ne touchait pas le bouclier de ses pieds rapides et n'en était pas très-loin; par un incroyable prodige, il n'y tenait d'aucun côté. Ciselé en or par les mains de l'illustre Vulcain, il portait des brodequins ailés, et le glaive d'airain à la noire poignée, suspendu au baudrier, brillait sur ses épaules; il volait comme la pensée (32). Tout son dos était couvert par la tête de la cruelle Gorgone (33) : autour de cette tête voltigeait, ô merveille! un sac d'argent d'où tombaient des franges d'or au loin étincelantes. Sur le front du héros s'agitait le formidable casque de Pluton (34), enveloppé des épaisses ténèbres de la nuit. Le fils de Danaé lui-même s'allongeait en courant, semblable à un homme qui précipite sa fuite tout frissonnant de terreur; sur ses pas s'élançaient les monstres insaisissables et funestes à nommer, les Gorgones, impatientes de l'atteindre. Dans leur élan impétueux, l'acier pâle du bouclier retentissait d'un bruit aigu et perçant. A leurs ceintures pendaient deux dragons qui courbaient leurs têtes, dardaient leurs langues, entre-choquaient leurs dents avec fureur et lançaient de farouches regards. Sur les épouvantables têtes de ces Gorgones planait une grande terreur. Là combattaient deux peuples couverts de leurs belliqueuses armes, les uns cherchant à repousser la mort loin de leur cité et de leur famille, les autres avides de meurtre et de ravage. Plusieurs guerriers étaient déjà tombés, sans vie; un plus grand nombre soutenait le choc des combats. Du haut des tours magnifiques, les femmes poussaient des clameurs aiguës, se meurtrissaient les joues et semblaient vivantes, grâce au talent de l'illustre Vulcain. Les hommes qui avaient atteint la vieillesse, rassemblés hors des portes, élevaient leurs mains vers les bienheureux immortels et tremblaient pour leurs fils. Ceux-ci combattaient sans relâche et derrière eux les noires Destinées (35), entre-choquant leurs dents éclatantes de blancheur, ces déesses à l'œil farouche, hideuses, ensanglantées, invincibles, se disputaient les guerriers couchés sur l'arène. Toutes, altérées d'un sang noir, étendaient leurs larges ongles sur le premier soldat qui tombait mort ou récemment blessé, et les âmes des victimes étaient précipitées dans la demeure de Pluton, dans le froid Tartare. A peine rassasiées de sang humain, elles rejetaient derrière elles les cadavres et retournaient à grands pas au milieu du tumulte et du carnage. Là paraissaient Clotho (36), Lachésis, et plus bas Atropos qui sans être une grande déesse, était plus puissante et plus âgée que ses sœurs. Toutes les trois, acharnées sur le même guerrier, se lançaient mutuellement d'horribles regards, et, dans leur fureur, entrelaçaient leurs ongles et leurs mains audacieuses. A leurs côtés se tenait la Tristesse (37) désolée, horrible, pâle, desséchée, consumée par la faim, chancelant sur ses épais genoux. De ses mains s'allongeaient des ongles démesurés; une impure émanation s'échappait de ses narines et le sang coulait de ses joues sur la terre. Debout, elle grinçait des dents avec un bruit terrible et ses épaules étaient couvertes des tourbillons d'une poussière humide de larmes.

Auprès s'élevait une cité munie de superbes tours et de sept portes d'or attachées à leurs linteaux. Les habitans s'y livraient aux plaisirs et à la danse (38). Sur un char aux belles roues ils conduisaient une jeune vierge à son époux et de toutes parts retentissaient les chants d'hyménée (39). On voyait au loin se répandre la clarté des flambeaux étincelans dans la main des esclaves. Florissantes de beauté, des femmes précédaient le cortége et des groupes joyeux les accompagnaient en dansant. Des chanteurs mariaient aux chalumeaux sonores leur voix légère et flexible, qui perçait les échos d'alentour, et un chœur gracieux voltigeait, guidé par les sons de la lyre. D'un autre côté les jeunes garçons se divertissaient aux accords de la flûte; les uns goûtaient les plaisirs du chant et de la danse; les autres riaient en contemplant ces jeux et chacun s'avançait précédé d'un musicien habile. Enfin, la joie, la danse et les amusemens animaient la ville tout entière. Devant les remparts des écuyers couraient montés sur leurs chevaux. Des laboureurs fendaient le sein d'une terre fertile, en relevant leurs tuniques. Dans un champ couvert de blés, des ouvriers moissonnaient les tiges hérissées de pointes aiguës et chargées de ces épis, don précieux de Cérès, tandis que leurs compagnons les liaient en javelles et remplissaient l'aire de leurs monceaux. Ailleurs, ceux-ci, armés de la serpe, récoltaient les fruits de la vigne; ceux-là, recevant de la main des vendangeurs les grappes blanches ou noires cueillies sur les grands ceps aux feuilles épaisses et aux rameaux d'argent, les entassaient au fond des corbeilles que d'autres emportaient. Non loin de là, rangés avec ordre et figurés en or, des plants nombreux, chefs-d'œuvre de l'industrieux Vulcain, s'élevaient couverts de pampres mobiles, soutenus par des échalas d'argent et chargés de grappes qui semblaient noircir. Les uns foulaient le raisin, les autres goûtaient le vin nouveau. On voyait encore des athlètes s'exercer à la lutte et au pugilat. Quelques chasseurs poursuivaient des lièvres agiles, et deux chiens à la dent acérée couraient en avant, impatiens de saisir ces animaux qui cherchaient à leur échapper. Près de cette chasse, des écuyers se disputaient le prix avec une ardente rivalité; debout sur leurs chars magnifiques, ils lançaient leurs légers coursiers et leur lâchaient les rênes: ces solides chars volaient en bondissant et les moyeux des roues retentissaient au loin. Cependant les rivaux redoublaient d'efforts; la victoire ne se déclarait pas et le combat restait indécis. Dans la lice brillait à tous les yeux un grand trépied d'or, glorieux ouvrage de l'habile Vulcain.

Enfin l'Océan (40), qui semblait rempli de flots, coulait de toutes parts autour du superbe bouclier. Des cygnes au vol rapide jouaient à grand bruit au milieu de ces flots; plusieurs nageaient sur la surface des vagues et les poissons s'agitaient autour d'eux, spectacle surprenant même pour le dieu du tonnerre qui avait commandé à l'adroit Vulcain cette vaste et solide armure! Le généreux fils de Jupiter la saisit avec ardeur et d'un saut léger s'élança sur le char, pareil à la foudre de son père qui porte l'égide. Son valeureux écuyer, Iolaüs, assis sur le siège, conduisait le char recourbé. Alors la déesse aux yeux bleus, Minerve (41) s'approcha des deux héros et pour les animer encore, fit voler de sa bouche ces paroles ailées: « Salut, ô descendans du fameux Lyncée (42)! Puisse le roi des bienheureux immortels, Jupiter, vous donner aujourd'hui la force d'immoler Cycnus et de le dépouiller de sa glorieuse armure! Mais, écoute mes conseils, Hercule, ô toi, le plus courageux des hommes! Quand tu auras privé Cycnus de la douce existence, laisse-le avec ses armes étendu sur l'arène. Observe l'approche de Mars, ce fléau des mortels, et frappe-le (43) de ta lance acérée à l'endroit que tu verras nu sous le magnifique bouclier. Après, éloigne-toi; car le sort ne te permet point de t'emparer de ses chevaux, ni de sa glorieuse armure (44). »

A ces mots, la puissante déesse monta (45) promptement sur le char, portant la victoire et la gloire dans ses mains immortelles. Alors, d'une voix terrible, Iolaüs, issu de Jupiter, excita les chevaux qui, effrayés de ses menaces, emportèrent le rapide char en couvrant la plaine de poussière. Minerve aux yeux bleus, secouant son égide, leur avait inspiré une nouvelle ardeur et la terre gémissait sous leurs pas.

Cependant Cycnus, ce dompteur de coursiers, et Mars, insatiable de combats, s'avançaient de front, semblables à la flamme ou à la tempête (46). Les chevaux des deux chars, arrivés les uns devant les autres, poussèrent des hennissemens aigus qui perçaient les échos d'alentour. Le puissant Hercule parla ainsi le premier:

« Lâche Cycnus! pourquoi diriger ces rapides coursiers contre des hommes endurcis comme nous par le travail et par la souffrance? Détourne ton char éclatant et cède-moi le chemin. Je vais à Trachine (47), auprès du roi Ceyx (48), qui, puissant et respecté, règne dans cette ville: tu le sais par toi-même, puisque tu as épousé sa fille, Thémisthonoë aux yeux noirs. Lâche! Mars ne repoussera pas la mort loin de toi, si nous nous mesurons tous les deux. Jadis, il éprouva le pouvoir de ma lance lorsque, me disputant la sablonneuse Pylos, il osa me résister, dans son insatiable ardeur de guerre et de carnage. Blessé trois fois, il se vit forcé de s'appuyer contre la terre; j'avais déjà frappé son bouclier, lorsque du quatrième coup je lui perçai la cuisse, en l'accablant de toute ma force; je déchirai sa chair de part en part, et, le front dans la poussière, il tomba sous le choc de ma lance. Alors, couvert de honte, il retourna parmi les immortels, laissant entre mes mains ses dépouilles sanglantes. »

Il dit, mais le belliqueux Cycnus ne voulut pas, docile à la demande d'Hercule, détourner ses vigoureux coursiers. Aussitôt le fils du grand Jupiter et le fils du terrible Mars (49) s'élancèrent du haut de leurs solides chars. Les écuyers rapprochèrent les chevaux à la belle crinière et sous le choc de leurs pas la vaste terre gémit profondément. Comme, du faîte élevé d'une grande montagne, de lourds rochers se précipitent en roulant les uns sur les autres, et dans leur rapide chute entraînent un grand nombre de chênes à la haute chevelure, de pins et de peupliers aux profondes racines, jusqu'à ce que ces confus débris arrivent tous dans la plaine: ainsi les deux héros s'attaquèrent avec des cris effrayans. Toute la ville des Myrmidons, la célèbre Iaolchos, Arné, Hélice, Anthée aux gras pâturages retentirent des longs éclats de leur voix (50); car ils s'entre-choquèrent en poussant d'incroyables clameurs. Le prudent Jupiter fit gronder au loin son tonnerre et laissa tomber du ciel des gouttes de sang (51), pour donner à son fils intrépide le signal du combat. Lorsque, dans les gorges d'une montagne, un sanglier à l'aspect farouche, aux dents menaçantes, brûle de combattre une troupe de chasseurs, la tête baissée, il aiguise contre eux ses blanches défenses; l'écume ruisselle de sa gueule prête à les déchirer; ses yeux ressemblent à la flamme étincelante, et sur son dos, sur son cou se dressent ses poils frémissans : tel le fils de Jupiter s'élança de son char. C'était la saison où la bruyante cigale aux noires ailes (52), assise sur un verdoyant rameau, commence à prédire aux hommes par ses chants le retour de l'été, la cigale, qui choisit pour boisson et pour nourriture la féconde rosée, et depuis l'aurore jusqu'au déclin du jour ne cesse de faire entendre sa voix, au milieu de la plus ardente chaleur, lorsque le Sirius dessèche tous les corps; c'était la saison où le millet, semé dans l'été, se couronne d'épis, où l'on voit se colorer ces verts raisins que Bacchus donne aux humains pour leur joie et pour leur malheur : c'était alors que ces héros combattaient, et leurs tumultueuses clameurs retentissaient de toutes parts. Tels deux lions, se disputant une biche qui vient de périr, s'élancent furieux l'un contre l'autre; ils poussent d'affreux rugissemens et leurs dents s'entre-choquent : tels encore, sur une roche élevée, deux vautours aux serres aiguës, aux becs recourbés, combattent à grands cris pour une chèvre des montagnes ou pour la grasse dépouille d'une biche sauvage, que tua la flèche lancée par l'arc d'un jeune chasseur; tandis que ce chasseur s'égare, incertain de sa route, ils s'en aperçoivent aussitôt et commencent une lutte opiniâtre : ainsi les deux rivaux se jetèrent, en criant, l'un sur l'autre. Cycnus, impatient d'immoler le fils du puissant Jupiter, frappa son bouclier d'un javelot d'airain, mais sans pouvoir le briser; car les présens de Vulcain défendaient Hercule. Le fils d'Amphitryon, le puissant Hercule, lançant rapidement sa longue javeline, atteignit Cycnus au-dessous du menton, entre le casque et le bouclier, à l'endroit où le cou restait découvert; la pointe homicide lui trancha les deux muscles, car son vainqueur l'avait accablé d'un coup violent. Il tomba comme un chêne ou un roc élevé frappé par la brûlante foudre de Jupiter. Dans sa chute, retentirent autour de lui ses armes étincelantes d'airain. Le fils patient de Jupiter abandonna sa victime, et voyant s'avancer Mars, ce fléau des humains, lui lança de farouches regards. Lorsqu'un lion a trouvé un animal vivant, soudain de ses ongles vigoureux il le déchire et lui arrache la douce existence; son cœur avide se rassasie de sa fureur; il roule des yeux effrayans, bat de sa queue ses flancs et ses épaules, creuse du pied la terre, et nul à cet aspect, n'ose s'approcher de lui, ni le combattre : ainsi le fils d'Amphitryon, insatiable de batailles, se présenta en face de Mars et son audace s'enflamma plus encore au fond de son cœur. Mars s'avança, la douleur dans l'âme et tous les deux, en criant, fondirent l'un sur l'autre. Comme une pierre (53) détachée du faîte d'une montagne, roule et bondit au loin avec un grand fracas, lorsque enfin elle rencontre dans une colline élevée un obstacle qui arrête sa chute : tel le funeste Mars qui fait plier les chars (54) sous son poids, s'élança, poussant d'effroyables clameurs; Hercule soutint son choc avec fermeté. Alors Minerve, fille de Jupiter maître de l'égide, alla au-devant de Mars en agitant sa ténébreuse égide, et, le regardant d'un œil irrité, elle fit voler de sa bouche ces paroles ailées :

« O Mars! apaise ta bouillante audace et retiens tes mains invincibles. Le sort ne te permet pas de tuer Hercule, ce fils intrépide de Jupiter, ni de le dépouiller de sa glorieuse armure. Cesse donc le combat et ne lutte pas contre moi. »

Elle dit, mais ne persuada point le cœur magnanime du dieu Mars. Mars, brandissant à grands cris ses armes semblables à la flamme, se précipita aussitôt sur le puissant Hercule; impatient de l'immoler et furieux du trépas de son fils, il atteignit de sa lance d'airain le vaste bouclier. Mais Minerve aux yeux bleus, se penchant hors du char, détourna le choc impétueux de la lance. Mars, en proie à une vive douleur, tira son glaive acéré et se jeta sur le généreux Hercule. Tandis qu'il accourait, le fils d'Amphitryon, insatiable de combats et de carnage, frappa d'un coup violent sa cuisse restée à découvert sous le magnifique bouclier. Armé de la lance, il déchira sa chair de part en part, et le renversa au milieu de l'arène. Soudain la Fuite et la Terreur firent avancer son char agile et ses coursiers; puis l'enlevant de la terre aux larges flancs, elles le portèrent sur ce char magnifique, frappèrent du fouet les chevaux et remontèrent dans le vaste Olympe.

Le fils d'Alcmène et le glorieux Iolaüs partirent après avoir dépouillé les épaules de Cycnus de sa belle armure, et bientôt, traînés par leurs coursiers aux pieds rapides, ils parvinrent dans la ville de Trachine (55). Minerve aux yeux bleus regagna le grand Olympe et les demeures de son père.

Cycnus fut enseveli par Ceyx et par le peuple innombrable, qui, auprès de la cité de cet illustre monarque, habitait Anthée, la ville des Myrmidons, la célèbre Iaolchos, Arné et Hélice. Une foule immense se rassembla pour honorer Ceyx, cet homme cher aux bienheureux immortels. Mais l'Araunus (56), grossi par les pluies de l'hiver, fit disparaître sous ses ondes le tombeau et le monument de Cycnus. Ainsi l'avait ordonné Apollon fils de Latone, parce que Cycnus, se plaçant en embuscade, dépouillait de vive force tous les mortels qui conduisaient à Pytho (57) de superbes hécatombes.

FIN DU BOUCLIER D'HERCULE.

FRAGMENS D'HÉSIODE.

I.

Uranie mit au monde un fils aimable, ce Linus que tous les chantres et tous les musiciens parmi les hommes pleurent au milieu des festins et des chœurs de danse, invoquant Linus au commencement et à la fin. (Eustathe ad Iliad., *S.* 570, p. 1163-1222; édit. rom.) (1).

II.

Il courait sur l'extrémité des épis et ne les brisait pas; mais il effleurait de ses pieds leurs pointes aiguës sans ravager leurs fruits. (Eustathe ad Iliad., *B.*, p. 323-245.)

III.

Ilée, que chérit le roi Apollon, fils de Jupiter, et à qui il donna ce nom, parce que ayant trouvé une nymphe favorable à ses désirs, il s'unit d'amour avec elle le jour où Neptune et Apollon bâtirent la haute muraille de la ville magnifique. (Étymol. Gud., p. 276; Tzetzès ad Iliad., p. 126.)

IV.

Ou telle que dans la béotienne Hyrie elle éleva sa fille. (Schol. Venet., Iliad., *B.*, cat. 3.)

V.

Elle répandit sur leurs têtes une gale affreuse; car la dartre envahit toute leur peau; les cheveux tombaient de leurs têtes et ces belles têtes devenaient chauves. (Eustathe ad Ody. *N.*, p. 1746.)

VI.

A cause de leur honteux libertinage, elles perdirent la tendre fleur de leur beauté. (Suidas au mot *Machlosuné*. Eustathe ad Iliad., *O.* 30, 1337.) (2).

VII.

Qui, venu de Lilée, épanche son onde superbe. (Eustathe ad Iliad., *B.*, v. 523, p. 275.) (3).

VIII.

A moins qu'il ne soit sauvé de la mort par Apollon ou par Péon lui-même, qui connaît les remèdes de tous les maux. (Eustathe a dOdy., *D.* 231.) (4).

IX.

Polycaste à la belle ceinture, la plus jeune des filles de Nestor, fils de Nélée, donna Persépolis à Télémaque après s'être unie avec lui, grâce à Vénus à la parure d'or. (Eustathe ad Ody., *P.*, p. 1796-597.) (5).

X.

Argos était sans eau, Danaüs lui en donna. (Eustathe ad Iliad., *D.*, p 461-350.) (6).

XI.

Phylée, cher aux bienheureux immortels. (Eustathe ad Iliad., *A.*, p. 125-94.)

XII.

En effet, peu de fils ressemblent à leurs pères; la plupart les surpassent en méchanceté. (Eustathe ad Iliad., *E.*, p. 235.)

XIII.

Et la fille de cet Arabus qu'engendrèrent le bienfaisant Mercure et Thronie, fille du roi Bélus. (Strabon, lib. 1, c. 2) (7).

XIV.

Ils furent les enfans du divin Lycaon, que jadis engendra Pélasgus. (Strabon, lib. 5, c. 2, §. 4.)

XV.

Locrus en effet commandait au peuple de ces Léléges, que jadis le fils de Saturne, Jupiter, doué d'une sagesse impérissable, choisit parmi les pierres de la terre et donna à Deucalion. (Strabon, lib. 7, c. 7.)

XVI.

Il habitait la roche Olénienne, sur les rives du fleuve Pirus aux eaux rapides. (Strabon, lib. 8, c. 3, § 11.) (8).

XVII.

Qui eurent pour enfans les divines Nymphes des montagnes, la race des méchans et méprisables Satyres, et les dieux Curètes, amis des jeux et de la danse. (Strabon, lib. 10, c. 3, § 19.) (9).

XVIII.

Mon esprit s'étonne de la quantité de figues que porte ce figuier sauvage, malgré sa petitesse. Pourrais-tu en dire le nombre? — Leur nombre est de dix mille, mais un médimne est leur mesure. Il en reste une de plus que tu n'es point en état de comprendre.— Il dit et tous les deux connurent la véritable mesure. Alors le sommeil de la mort couvrit les yeux de Calchas. (Strabon, lib. 14, c. 1, § 27) (10).

XIX.

Qui coule auprès de Panopis et de Gléçon aux fortes murailles, et traverse Orchomène en roulant comme un serpent. (Strabon, lib. 9, c. 3, § 17.)

XX.

Dans le pays des Glactophages, à qui leurs chars servent de maisons. (Strabon, lib. 7, c. 3, § 9.)

XXI.

Les Éthiopiens, les Libyens et les Scythes, nourris du lait des cavales. (Strabon, lib. 7, c. 3, § 7.)

XXII.

Il se rendit à Dodone auprès du hêtre, demeure des Pélasges. (Strabon, lib. 7, c. 7, § 10.)

XXIII.

Ou telle, habitant les collines sacrées de Didyme, dans la plaine de Dotium, en face d'Amyros féconde en vignobles, la chaste vierge baigna ses pieds dans le lac Bébéis. (Strabon, lib. 9, c. 5, § 22. *Idem*, lib. 14, c. 1, § 40.)

XXIV.

Hyettus, ayant tué dans sa maison Molyre, ce fils chéri d'Arisbas, parce qu'il avait couché avec sa femme, quitta son pays, s'enfuit d'Argos, nourrice des coursiers, et se réfugia chez Orchomène, fils de Minyas; ce héros l'accueillit et lui donna une portion de ses biens, comme l'hospitalité l'exigeait. (Pausanias. Béotie, c. 36.) (11).

XXV.

Phylas épousa la fille de l'illustre Iolaüs, Lipéphile, qui, semblable par sa beauté aux déesses de l'Olympe, mit au jour, dans ses palais Hippotès et la belle Théro, brillante comme les rayons de la lune. Théro conçut entre les bras d'Apollon et enfanta le vigoureux Chiron, ce dompteur de coursiers. (Pausanias. Béotie, c. 40.)

XXVI.

. . . Afin que la ville le fasse : l'ancienne loi est la meilleure. (Porphyre, dans l'Antre des Nymphes.)

XXVII.

Et le superbe Périclymène, cet heureux mortel, comblé de tous les dons par Neptune, qui ébranle la terre. Tantôt il paraissait parmi les oiseaux sous la forme d'un aigle; tantôt, ô prodige! il rampait comme une fourmi; quelquefois il se métamorphosait en un brillant essaim d'abeilles ou devenait un terrible et farouche serpent. Enfin il possédait mille dons, impossibles à décrire, mais qui dans la suite le perdirent d'après la volonté de Minerve. (Le Scholiaste d'Apollonius de Rhodes, lib. 1, v. 156.)

XXVIII.

Ayant demandé le fils de l'illustre Cléadéus.... (Le Scholiaste d'Apollonius de Rhodes, lib. 1, v. 824.)

XXIX.

Alors ils adressaient leurs vœux à Jupiter Énéien qui règne au haut des cieux. (*Idem*, lib. 2, v. 297.)

XXX.

Lui-même, dans le débordement du fleuve, issu de Jupiter..... (*Idem*, lib. 1, v. 757.)

XXXI.

De ses jolis pieds..... (*Idem*, 1, v. 456.)

XXXII.

Dans l'île d'Anthémoessa, où le fils de Saturne leur donna..... (*Idem*, 4, v. 892.)

XXXIII.

D'Hellen, ce roi dispensateur de la justice, naquirent Dorus, Xuthus, Éole qui se plaisait à conduire les coursiers. Éole engendra des rois dispensateurs de la justice, Créthéus, Athamas, l'astucieux Sisyphe, l'inique Salmonée et l'orgueilleux Périérès. (Tzetzès ad Lycophron, 284; et le Scholiaste de Pindare, Pyth. 4, v. 252.) (12).

XXXIV.

Un corbeau messager vint du festin sacré dans la divine Pytho et apprit des nouvelles ignorées à Phébus aux longs cheveux; il lui dit que le fils d'Ilatus, Ischys avait épousé Coronis, fille de Phlégyas, issu de Jupiter. (Le Scholiaste de Pindare, Pyht. 3, v. 14 et 48.)

XXXV.

L'Amaryncide Hippostrate, rejeton de Mars, glorieux enfant de Phyctée, chef des héros épéens. (Le Scholiaste de Pindare, Olyn. 10, v. 46.)

XXXVI.

Le parti que son esprit jugea le meilleur fut de le retenir et de cacher, contre son attente, le glaive superbe que lui avait fabriqué l'illustre Vulcain, afin qu'en cherchant seul cette arme sur le haut Pélion, il succombât dompté par les Centaures, habitans des montagnes. (Le Scholiaste de Pindare, Ném. 4, v. 95.) (13).

XXXVII.

Éson, père de Jason, pasteur des peuples, que Chiron éleva sur le Pélion couvert de forêts. (Le Scholiaste de Pindare, Ném. 3, v. 92.) (14).

XXXVIII.

Médite dans ton esprit prudent chacun de ces conseils : D'abord quand tu arrives dans la maison, offre de magnifiques sacrifices aux dieux immortels. (Le Scholiaste de Pindare, Pyth. 6, v. 19.) (15).

XXXIX.

Alors, pour la première fois, à Délos, Homère et moi, mariant nos chants en des hymnes nouveaux, nous célébrions Apollon au glaive d'or, ce dieu que Latone enfanta. (Le Scholiaste de Pindare, Nem. 2, v. 1.)

XL.

Ou telle que dans Phthie, dotée de ses attraits par la main des Grâces, la belle Cyrène habitait auprès des ondes du Pénée. (Le Scholiaste de Pindare, Pyth. 9, v. 6.)

XLI.

Ou telle que, dans Hyrie, la prudente Mécionice donna Euphémus à Neptune qui ébranle la terre, après s'être unie d'amour avec lui; grâce à Vénus à la parure d'or. (*Idem*, Pyth. 4, v. 35.)

XLII.

Devenue enceinte, elle enfanta Éacus, qui aimait à conduire les coursiers. Lorsqu'il eut atteint le terme de l'aimable adolescence, il s'affligeait d'être seul. Le père des mortels et des dieux métamorphosa toutes les fourmis qui se trouvaient dans cette île charmante en hommes et en femmes à la large ceinture. Ces peuples d'abord fabriquèrent des vaisseaux à deux rangs de rameurs; les premiers ils y placèrent les voiles, ces ailes du navire qui traverse les mers (Tzetzès ad Lycophron, 176; et le scholiaste de Pindare, Olyn. 8, v. 27.)

XLIII.

Il eut pour fils généreux Sérus et Alazygus. (Le Scholiaste de Pindare, Olymp. 10, 83.) (16).

XLIV.

Il existe une contrée nommée l'Ellopia, riche en moissons et en pâturages, abondante en brebis et en bœufs aux pieds flexibles. Là habitent des hommes qui possèdent beaucoup de bœufs et d'agneaux, et dont la foule innombrable forme une des tribus de la race mortelle. À l'extrémité de ce pays s'élève une ville, appelée

Dodone; Jupiter, qui la chérit, a voulu y placer son oracle révéré des humains dans le creux d'un hêtre. C'est de là que les habitans de la terre emportent toutes les prédictions. L'homme qui désire interroger le dieu immortel doit venir avec des présens et d'heureux présages tirés du vol des oiseaux. (Le Scholiaste de Sophocle ad Trachin., 174.) (17).

XLV.

Qui donna Hermione au belliqueux Ménélas et enfanta pour dernier fils Nicostrate, rejeton de Mars. (Le Scholiaste de Sophocle, Électre, 533.) (18).

XLVI.

Stratonice à la belle ceinture, étant devenue enceinte, mit au monde dans son palais Eurytus, le plus cher de ses fils. Les enfans d'Eurytus furent Déion, Clytius, Toxéus, égal aux dieux, et Iphytus, rejeton de Mars. Après ces héros, la puissante Antiope, fille de Pylon, fils de Naubole, lui donna pour dernier enfant la blonde Iolée. (Le Scholiaste de Sophocle, Trach., v. 264.)

XLVII.

Marès, messager rapide, traversant le palais, courut auprès de lui ; portant une coupe d'argent remplie de vin, il la présenta au roi. (Athénée, lib. 11.)

XLVIII.

Et alors le devin saisit dans ses mains la courroie du bœuf; Iphiclus se penchait sur ses épaules, et derrière lui, portant la coupe d'une main et de l'autre élevant le sceptre, Phylacus se tenait debout et disait au milieu des esclaves..... (Athénée, lib. 11.)

XLIX.

Bacchus a donné aux hommes la joie et la douleur. Celui qui boit sans mesure trouve la folie dans son ivresse. Le vin enchaîne à la fois ses mains, ses pieds, sa langue et son esprit par des liens invincibles, et le doux sommeil aime à fermer ses paupières. (Athénée, lib. 10.)

L.

Que les mortels appellent les Pléiades. (Athénée, lib. 11.)

LI.

Les Pléiades d'hiver se couchent. (*Idem.*)

LII.

Alors se cachent les Pléiades. (*Idem.*)

LIII.

Il est doux, au milieu d'un festin abondant, de se livrer à d'agréables discours, lorsque les convives sont rassasiés. (*Idem.*)

LIV.

Là est mon vase, ô chef des peuples ! (*Idem.*)

LV.

Il tua onze fils généreux du patient Nélée ; le douzième, l'écuyer Nestor, se trouvait comme hôte chez les Géréniens, ces dompteurs de coursiers. (Étienne de Byzance, v. *Gérénia*.)

LVI.

Nestor seul fut sauvé dans Géréna émaillée de fleurs. (*Idem.*)

LVII.

Dans l'île divine d'Abantis, que les dieux immortels appelaient ainsi auparavant, et qu'alors Jupiter nomma l'Eubée, du nom d'un bœuf. (Étienne de Byzance, v. *Abantis*.) (19).

LVIII.

Eurygyès, encore enfant de la sainte Athènes. (Hésychius in *Ep' Eurugué agôn.*) (20).

LIX.

Mourir dans l'âge le plus tendre. (Ammonius in *Orthrus*.)

LX.

En effet, le roi de l'Olympe donna la force aux Éacides, la prudence aux Amythaonides et la richesse aux Atrides. (Nicolas de Damas, p. 239, Coray.)

LXI.

Les Éacides, qui se réjouissent à la guerre comme dans les festins. (Polybe, v. 2.)

LXII.

La corneille babillarde vit neuf générations d'hommes florissans de jeunesse; le cerf vit quatre fois plus que la corneille; le corbeau vieillit pendant trois âges de cerf; le phénix vit neuf âges du corbeau et nous vivons dix âges de phénix, nous, Nymphes aux beaux cheveux, filles de Jupiter, armé de l'égide. (Plutarque, Mor. de oraculorum defectu, t. 2, p. 415; et Tzetzès ad Iliad., p. 149.)

LXIII.

Car il était épris d'un violent amour pour Églé, fille de Panope. (Plutarque, Vie de Thésée, 20.) (21).

LXIV.

Il n'y a point, parmi les hommes enfans de la terre, un devin qui connaisse la volonté de Jupiter, armé de l'égide. (Clément d'Alexandrie, *Stromates*, v. p. 610.) (22).

LXV.

Car il est le roi et le maître de tous les immortels; nul autre ne saurait rivaliser de pouvoir avec lui. (*Idem*, v. p. 603.) (23).

LXVI.

Des Muses, qui rendent un homme prudent, divin, célèbre. (*Idem*, 1, p. 287.)

LXVII.

Il est agréable de savoir ce que les immortels ont donné aux humains comme un signe manifeste des biens et des maux. (*Idem*, 6, p. 628.)

LXVIII.

O Jupiter, ô père des mortels! plût aux cieux que tu m'eusses donné une vie moins longue et une sagesse égale à celle des autres humains! Mais tu ne m'as pas accordé le moindre honneur et tu m'as condamné à parcourir une longue carrière, à vivre sept générations d'hommes doués de la parole. (Tzetzès ad Lycophron, 682; et ad Iliad, p. 149.)

LXIX.

L'homme n'obtient qu'une seule des dix parties de la jouissance; mais la femme les éprouve toutes les dix et le plaisir charme son cœur. (Tzetzès ad Lycophron, 682; et Apollodore, lib. 3, c. 6, § 7) (24).

LXX.

Trois fois heureux Éacide et quatre fois heureux Pélée, qui, dans ton palais, montes sur une couche sacrée! (Tzetzès, Proleg. in Lycophron, p. 261.)

LXXI.

Le père des dieux et des hommes s'irrita et, du haut de l'Olympe lançant sa foudre ardente, il tua le petit-fils de Latone, excitant lui-même son âme à la colère. (Athénagoras *in legatione pro christianis*, p. 134.)

LXXII.

Les Nymphes semblables aux Grâces, Phésyle, Coronis, Cléia à la belle ceinture, la gracieuse Phéo et Eudore au long voile, ces Nymphes que sur la terre les tribus des hommes appellent les Hyades. (Le Scholiaste d'Aratus, Phœn., v. 172.)

LXXIII.

Tous sont appelés Trichaïces, parce que, loin de leur patrie, ils se partagèrent trois contrées. (Le grand étymologiste, v. *Tricaïces*.)

LXXIV.

Tous les objets qu'il prenait dans ses mains, il les rendait invisibles. (*Idem*, v. *Aeïdélon*.)

LXXV.

Combien il est insensé l'homme qui, laissant ce qui est prêt, recherche ce qui ne l'est pas! (Le Scholiaste de Théocrite, XI, 75.)

LXXVI.

Il faut que tu sois un mouton pour ton père. (Le Scholiaste de Nicandre; Th., 452; Ed. Ald., 1523, p. 244.)

LXXVII.

Elle lui envoya pour gardien le grand et vigoureux Argus, qui, armé de quatre yeux, regardait de tous côtés. La déesse lui avait communiqué une force indomptable; le sommeil ne s'appesantissait pas sur ses paupières et il faisait une garde assidue. (Le Scholiaste d'Euripide, Phœn., 1116.)

LXXVIII.

Vénus, amante des plaisirs, s'irrita en les regardant et répandit contre elles une mauvaise renommée. (Le Scholiaste d'Euripide, Oreste, 239.)

LXXIX.

Les actions appartiennent à la jeunesse, les conseils à l'âge mûr et les prières aux vieillards. (Harpocration in *Erga*.) (25).

LXXX.

Il était lui-même l'arbitre de sa mort, lorsqu'il voudrait mourir. (Apollonius Dyscolus *de Pronominibus*, p. 366.) (26).

LXXXI.

Grande perte pour eux-mêmes..... (*Idem*, *idem*, p. 385.) (27).

LXXXII.

Alors les repas étaient communs, les assemblées étaient communes entre les dieux immortels et les humains. (Origène contre Celse, 4, p. 216.) (28).

LXXXIII.

S'il éprouvait ce qu'il fit aux autres, ce serait l'effet d'une droite justice. (Aristot., *Éthicâ Nicomakeia*, v. c. 5.) (29).

LXXXIV.

Atalante aux pieds légers. (Les Scholies de Venise, Iliad., *B*, cat. 271.) (30).

LXXXV.

Le héraut écuyer voyant..... (Les Scholies de Venise, Iliad., *Xi*, 119.)

LXXXVI.

Démodocé, qu'un grand nombre d'hommes, enfans de la terre, recherchaient en mariage et à qui des rois vaillans prodiguaient des présens magnifiques à cause de sa merveilleuse beauté. (*Idem, Xi*, 200.) (31).

LXXXVII.

Amenant son onde pure dans le courant de l'Océan. (Apollonius, Lexic. in *Phoibos*.) (32).

LXXXVIII.

Les présens persuadent les dieux, les présens persuadent les rois vénérables. (Suidas in *Dôra*.)

LXXXIX.

Étant devenue enceinte, elle donna à Jupiter, qui se plaît à lancer la foudre, deux fils, Magnès et Macédon, qui aime à conduire les coursiers; ces héros habitaient aux environs de la Piérie et des demeures de l'Olympe. (Constantin Porphyrogénète *Péri Thémâtôn*, liv. 2, p. 22.) (33).

XC.

Elle enfanta dans Mélibée Phellus, habile à à manier la lance. (Herodianus Dindymus, p. 11.) (34).

XCI.

Qui cachaient leur premier éclat. (Herodianus Dindymus, p. 18.) (35).

XCII.

Un vain bruit s'élevait sous ses pieds. (*Idem*, p. 42.) (36).

XCIII.

Par suite de cette dispute, elle enfanta, sans le secours de Jupiter, armé de l'égide, un fils illustre, Vulcain, qui, parmi tous les habitans du ciel, brillait par ses talens et par son habileté. Jupiter, à l'insu de Junon aux belles joues, s'unit avec Métis, fille de l'Océan et de Téthys à la belle chevelure, et la trompa malgré toute sa science. Après avoir pris Métis entre ses mains, il l'engloutit dans ses flancs, tremblant qu'elle n'enfantât quelque chose de plus puissant que la foudre. Dans cette crainte, le fils de Saturne, qui siége sur un trône élevé et habite dans les airs, s'empressa de la dévorer. Aussitôt elle conçut Minerve, que le père des dieux et des hommes fit sortir de sa tête sur les bords du fleuve Triton. Métis restait cachée dans les entrailles de Jupiter, Métis, mère de Minerve et la plus instruite parmi les justes dieux et les hommes mortels. Alors la déesse Thémis partagea la couche de Jupiter, Thémis, douée de talens entre tous les immortels habitans de l'Olympe. Métis, dans le corps de Jupiter, fabriqua pour Minerve une égide destinée à épouvanter les armées et engendra Minerve chargée de cette égide et couverte d'une belliqueuse armure. (Galien, *Péri tôn Ippocratous kai Platônos dogmatôn*, lib. 3, p. 273.) (37.)

XCIV.

O mon fils ! ton père Jupiter engendra en toi le héros le plus infortuné et le plus généreux. (Aspasius ad Aristotelem, *Éthica nicomakeia*, III, p. 43.) (38).

XCV.

Mon fils ! les Parques t'ont rendu le plus infortuné et le plus généreux des hommes. (*Idem, ibid.*)

XCVI.

..... Agrius et Latinus.
La jeune Pandore dans les palais de l'illustre Deucalion, unie d'amour avec Jupiter, souverain de tous les dieux, enfanta le belliqueux Græcus. (Lydus, *de Mensibus*, p. 5.) (39).

FIN DES OEUVRES D'HÉSIODE.

OEUVRES DE PINDARE,

TRADUITES PAR M. AL. PERRAULT-MAYNAND,

MEMBRE DE PLUSIEURS SOCIÉTÉS SAVANTES.

NOTICE SUR PINDARE.

Pindare, le plus célèbre des poëtes lyriques, naquit à Thèbes en Béotie, la première année de la LXVe olympiade, 520 ans avant J.-C. Il était fils de Scopelinus ; selon quelques autres, de Daïphante ou de Pagondas. L'histoire de ses premières années nous présente un de ces faits extraordinaires que l'antiquité fabuleuse se plaisait à inventer pour jeter un reflet mystérieux sur la gloire de ses grands hommes. On raconte qu'allant à Thespies, dans sa jeunesse, il se trouva fatigué de la route ; qu'il se coucha et s'endormit dans le chemin. Pendant qu'il goûtait les douceurs du sommeil, des abeilles vinrent se reposer sur ses lèvres, et sans lui faire aucun mal y laissèrent un rayon de miel. On vit dans cet événement un présage certain de la célébrité à laquelle parviendrait le jeune Pindare et de la supériorité qu'il obtiendrait un jour sur ses rivaux.

En effet, peu de temps après il remporta sur Myrtis [1] le prix de poésie. Moins heureux en concourant avec Corinne, il fut, au rapport d'Élien, cinq ou six fois vaincu. Pausanias attribue le triomphe de Corinne au dialecte éolien, plus gracieux, peut-être même plus intelligible pour ses juges, mais surtout aux charmes de sa figure ; ainsi on adjugea à la beauté le prix qui appartenait au génie. Toutefois ce léger déplaisir ne fut pas de longue durée ; Corinne elle-même, malgré le jugement qui lui assurait la victoire, proclama la supériorité de son rival [2].

Dans les assemblées publiques de la Grèce, d'où les femmes étaient exclues, Pindare l'emporta sur tous ceux qui osèrent disputer avec lui le prix de la poésie. On lui rendit, de son vivant même, les plus grands honneurs, et les personnages les plus considérables recherchèrent son amitié. Alexandre, fils d'Amyntas, Gélon et Hiéron, rois de Syracuse, le comblèrent de leurs faveurs. Enfin la prêtresse de Delphes déclara qu'Apollon voulait qu'on donnât au poëte la moitié des prémices qu'on offrait sur ses autels, et après sa mort les Thébains décrétèrent que, pour perpétuer la mémoire de leur poëte national, on rendrait à ses descendans les mêmes honneurs. Il eut trois enfans : un fils nommé Diophante, et deux filles, Eumétis et Protomaque.

La vertu de Pindare égalait son génie. Sa candeur et sa simplicité étaient sans bornes, et à toutes les critiques de ses envieux il ne répondait que ces mots: « Il vaut mieux exciter l'envie que la pitié. » Seulement on l'accusait d'aimer un peu trop les richesses. Malgré cela on l'admirait tellement pour son caractère et son génie, que la ville de Thèbes lui éleva, durant sa vie, une statue sur la place publique. Les ennemis les plus acharnés de sa patrie payèrent aussi leur tribut d'hommages à la gloire de ce grand homme. On sait qu'Alexandre, qui avait enveloppé tout un peuple dans le même arrêt, sentit sa colère expirer à la vue de cette inscription :

Pindarou tou mousopoiou tan stegan mè caiété.
Ne brûlez pas la maison du poëte Pindare.

Les Lacédémoniens ayant pris Thèbes quelque temps avant sa ruine par le roi de Macédoine, la démolirent et eurent le même respect pour l'habitation de cet illustre poëte.

Mais ce qui prouve le succès qu'il eut, c'est le grand nombre d'odes qu'il composa sur le même sujet, je veux dire pour les vainqueurs des jeux. Chaque triomphateur était jaloux d'avoir Pindare pour panégyriste, et l'on aurait cru qu'il manquait quelque chose à la pompe de la victoire si le poëte thébain ne l'avait chantée.

Pindare avait composé un grand nombre d'ouvrages lyriques, des *hymnes* en l'honneur des dieux, surtout d'Apollon, des *scholies*, ou chansons, des *hyporchèmes*, ou chants de danses sacrées, et des *thronismes* pour la cérémonie de l'intronisation dans les mystères d'Éleusis. On lui attribue de plus dix-sept tragédies, des épigrammes en vers héroïques et des éloges ; mais de toutes ces compositions il ne nous reste que ses odes athlétiques, dans lesquelles il célèbre ceux qui de son temps avaient remporté le prix aux quatre jeux solennels de la Grèce.

---

[1] Myrtis, femme grecque, se rendit célèbre par son talent pour la poésie. Elle eut pour disciples la célèbre Corinne et Pindare.

[2] Fabr. Biblioth. græc, t. 1, p. 578.

Quoique Pindare ait justement mérité l'admiration de toute l'antiquité savante, plusieurs littérateurs modernes cependant n'ont pas craint de lui reprocher un style barbare, des locutions emphatiques, une marche brusque et irrégulière qui échappe à l'analyse. Ils ont été même jusqu'à s'inscrire en faux contre les éloges complaisans d'un peuple léger dont l'enthousiasme, disent-ils, était moins excité par les chants du poëte que par l'ivresse du triomphe et l'entraînement des solennités nationales.

D'abord il est à peu près démontré que ceux qui prononcent aussi légèrement la condamnation de Pindare blasphèment ce qu'ils ignorent. Ils ont eux-mêmes assez de franchise pour avouer qu'ils l'ont à peine lu dans les mauvaises traductions qui le travestissent. S'ils s'étaient livrés à un examen approfondi, ils auraient reconnu qu'il procède avec méthode, autant que le lui permet la sublimité du genre; que ses écarts sont volontaires; que son *désordre* calculé est un véritable *effet de l'art;* que dans ses digressions on sent partout cette impétuosité de génie, ces violens transports, cette impulsion pour ainsi dire divine, qui caractérisent le véritable poëte lyrique. Il y a plus : ils ne pourraient s'empêcher d'admirer la hardiesse des images, l'énergie originale des expressions, l'audace des métaphores, l'harmonie des tours nombreux, les formes brillantes dont il revêt les sèches abstractions de la philosophie ; enfin l'art avec lequel il sait, malgré la multiplicité des digressions, ramener toujours son héros sous les yeux du lecteur.

Mais nous le répétons, ce n'est pas à la lecture froide et tranquille du cabinet que l'on peut éprouver quelque chose de l'enthousiasme qui inspirait le poëte thébain, ou recevoir quelque étincelle du feu qui l'animait. D'ailleurs il est assez reconnu qu'il est impossible de juger un poëte sur une version en prose, et que même en le lisant dans sa langue, il faut absolument, pour être juste à son égard, se reporter au temps où il écrivait.

Cette théorie n'est pas contestée, mais la pratique est plus difficile qu'on ne pense. Nous sommes si remplis des idées, des mœurs, des préjugés qui nous entourent, que nous avons une disposition très-prompte à rejeter tout ce qui nous parait s'en éloigner. J'avoue que la famille d'Hercule et de Thésée, les aventures de Cadmus et la guerre des Géans, les Jeux olympiques et l'Expédition des Argonautes, et tant d'autres fables de ce genre, ne nous touchent pas d'aussi près que les Grecs. Mais il faut en convenir, les fastes de la Grèce devaient intéresser les Grecs ; ces fables étaient en grande partie leur histoire ; elles fondaient leur religion ; les jeux olympiques, isthmiques, néméens, étant des actes religieux, des fêtes solennelles en l'honneur de leurs divinités, le poëte ne pouvait rien faire de plus agréable pour ces peuples que d'unir ensemble les noms des dieux qui avaient institué ces jeux et ceux des athlètes qui venaient d'y triompher. Il consacrait ainsi la louange des vainqueurs en la joignant à celle des immortels, et il s'emparait avidement de ces récits merveilleux si propres à exciter l'enthousiasme lyrique et à déployer les richesses de la poésie.

Aussi n'est-il pas de littérateur versé dans la langue de Pindare et un peu familiarisé avec son genre, qui dès le début ne soit frappé des effets merveilleux que produit cet enthousiasme sur le poëte thébain. Impétueux, bouillant, il tonne, il se précipite. C'est l'aigle rapide qui fend l'air et devance l'aquilon ; la terreur le précède, l'éclair jaillit de ses yeux ; c'est le coursier aux crins flottans, aux naseaux enflammés, qui respire la guerre. Ses pensées sont sublimes, ses expressions pompeuses ; il donne à tout un air de dignité et élève son lecteur à lui-même, pour le transporter dans une sphère toute divine. C'est, en un mot, le premier des poëtes lyriques, et s'il a quelques fautes, elles ne proviennent toutes que d'un excès dans ses qualités, dans son imagination poétique, dans son génie plein de chaleur, dans la force et la hardiesse des expressions, dans la précision de son style grave et sentencieux.

On ne peut nier, en lisant Pindare en grec, qu'il ne soit prodigue de toutes ces beautés, qui semblent naître en foule sous sa plume. Il n'y a point de diction plus audacieusement figurée ; il franchit les idées intermédiaires ; ses strophes sont une suite de tableaux dont il faut quelquefois suppléer la liaison. C'est que les Grecs, beaucoup plus sensibles que nous à la poésie de style, parce que leur langue était élémentairement poétique, demandaient surtout des sons et des images, et que Pindare leur prodiguait l'un et l'autre. Il est impossible en effet de n'être pas frappé de cet assemblage de syllabes toujours sonores, de cette harmonie toujours imitative, de ce rhythme imposant et majestueux qui semble fait pour retentir dans l'Olympe.

Ainsi, disons-le, pour bien juger Pindare, il faut non-seulement le lire dans l'original, mais il faudrait encore être Grec soi-même, participer aux idées, aux croyances, aux passions, aux préjugés des contemporains du poëte pour prendre goût à ses magnifiques digressions, pour partager son enthousiasme et son admiration pour les athlètes du cirque, et être touché de ces fables, de ces traditions religieuses qui enflamment sa muse et élèvent son génie ; il faudrait se transporter un moment au milieu de la société où il a vécu, supposer que l'on se trouve avec lui dans l'opulente Syracuse.... Hiéron est vainqueur ; son palais est orné pour célébrer ses triomphes ; toute la cité est dans l'allégresse. Autour de la table du monarque sont assis les premiers poëtes de la Grèce : ils chantent tour à tour Jupiter, dieu d'Olympie. Pindare se lève ; il détache sa lyre dorienne suspendue au mur de la salle du festin..... Le silence règne parmi les joyeux convives. Soudain l'esprit du poëte se transporte à Olympie; il voit la carrière et les combats ; les applaudissemens de la multitude retentissent à ses oreilles..... Non loin du cirque s'élève la tombe de Pélops, entourée de souvenirs religieux et nationaux. Ce n'est pas Hiéron que va d'abord chanter Pindare : ce sont les combats de Pise, c'est l'histoire merveilleuse de Pélops. Mais l'éloge du prince se présentera naturellement à la fin de cet hymne, et lorsqu'au milieu de son poëme Pindare fera entendre des conseils sévères sur le devoir de se modérer dans la prospérité, on sent que tous les regards se tourneront involontairement vers le fortuné monarque. Joignez à cela le charme de la musique, l'éclat des images, l'ivresse du plaisir, les idées de triomphe, de patrie et de gloire, vous concevrez comment les écarts pindariques, moins nombreux pour les auditeurs du poëte que pour nous, ont pu trouver des admirateurs dans l'antiquité.

Mais nous irons encore plus loin, et nous ne craindrons pas d'avancer, avec un de nos meilleurs critiques, que pour juger Pindare avec connaissance de cause il faut être instruit de l'histoire particulière de certaines villes et de certaines familles. Ce n'est qu'ainsi qu'il est possible de se convaincre que les écarts tant reprochés au poëte de Thèbes ne sont pas aussi réels qu'on le croit, et que c'est plutôt avouer son incompétence que de regarder comme un défaut ce que les Grecs ne lui ont pas reproché, que dis-je ! ce qu'ils ont si fort admiré : « Le nom de Pindare, dit-il, n'est pas moins le nom d'un poëte que celui de l'enthousiasme même ; il porte avec lui l'idée de transports, d'écarts, de désordres, de digressions lyriques. Cependant ce poëte *sort beaucoup moins de ses sujets qu'on ne le croit communément*. La gloire des héros qu'il a célébrés n'était point une gloire propre à chaque vainqueur : *elle appartenait de plein droit à sa famille et plus encore à la ville dont il était citoyen*. On disait : *Telle ville a remporté le prix de la course aux jeux olympiques*. Ainsi lorsque Pindare rappelait des traits anciens, soit des aïeux, soit de la patrie du vainqueur, *c'était moins un égarement du poëte qu'un effet de son art*. Ses digressions, qui le croirait ! *sont moins hardies que celles d'Horace*. S'il paraît quelquefois quitter son sujet, il ne finit jamais sans y revenir, au lieu que le poëte latin nous laisse souvent où il nous a emportés sans se mettre en peine de nous dire où nous sommes. »

On demeure généralement d'accord de la grandeur, de la sublimité des pensées ; on nie seulement qu'elles soient toujours amenées à propos. Ainsi, en deux mots, *désordre dans le plan*, voilà toute l'accusation. L'analyse du plan que suit ordinairement le poëte dans ses odes nous paraît la seule voie capable de le justifier, la seule dont ses défenseurs puissent se servir avec avantage. Prenons donc au hasard un exemple ; sa deuxième ode nous le fournira.

Le char de Théron venait de remporter le prix de la course aux jeux olympiques. Ce prince pouvait se glorifier de la plus noble origine qu'il fût possible d'avoir dans l'antiquité païenne : il descendait de Thersandre, fils de Polynice, par conséquent d'OEdipe, de Cadmus, d'Agénor. Dans la suite des temps, ses ancêtres s'étaient établis à Agrigente, ville de Sicile, où ils acquirent par leurs vertus et leurs services une grande autorité. Théron y régnait ; ses qualités personnelles répondaient à l'élévation de sa naissance et de son rang. Magnifique, juste, libéral, fidèle à ses alliés, père de ses peuples, il méritait d'être heureux. Cependant des guerres presque continuelles avec les souverains de Syracuse ou avec des princes voisins, des dissensions domestiques, une sédition excitée par Capys et Hippocrate, deux de ses parens, ne lui permettaient pas de goûter en paix les fruits de la sagesse de son règne. Tel est le sujet que devait traiter Pindare. Dès qu'on est instruit de ces principaux faits de l'histoire de Théron, tout le mystère de l'ode est révélé. Alors paraît à découvert l'adresse merveilleuse du poëte. Il passe en revue les personnages fameux de la maison de son héros et les présente dans un double état d'infortune et de prospérité, pour consoler ce prince de ses disgrâces et lui faire envisager une félicité à venir infiniment supérieure à tous les maux de la vie présente. Cette félicité, Théron en goûte déjà les prémices dans sa victoire aux jeux olympiques : on sait que chez les Grecs un mortel ne pouvait ambitionner un plus grand honneur.

Telle est la marche de Pindare. Nous le soutenons donc, et à juste titre, un esprit droit et impartial ne trouvera dans cet enchaînement d'idées rien d'étranger, rien d'extravagant, rien de contradictoire. Il y reconnaîtra au contraire que tout y est nécessaire ; que les idées y sont rendues avec une abondance si judicieuse d'images, de tours et d'expressions, qu'il ne s'offre pas un vers qu'on puisse retrancher ou qu'on voulût exprimer d'une manière différente.

En voilà sans doute assez pour porter tout helléniste de bonne foi à souscrire au jugement des Grecs, confirmé depuis plus de vingt siècles par toutes les nations qui n'ont point été étrangères aux lettres. Horace, qui est en ce point l'écho fidèle du sentiment de l'antiquité, devrait du moins nous rendre extrêmement circonspects à l'égard du lyrique grec. Il n'en parle qu'avec une admiration religieuse et le regarde comme le poëte le plus sublime, comme un écrivain unique, inimitable :

« Celui qui cherche à égaler Pindare, dit-il, s'appuie sur des ailes de cire pareilles à celles de Dédale et donnera son nom au cristal des mers.

» Comme un torrent qui se précipite de la montagne lorsque, grossi par les orages, il a franchi ses rives accoutumées, le divin Pindare, de sa source profonde, jaillit et s'élance avec majesté.

» Que sur sa tête repose le laurier d'Apollon, soit que dans ses audacieux dithyrambes il déroule des mots nouveaux et s'emporte en des nombres dégagés de toutes lois ;

» Soit qu'il chante les immortels, soit qu'il chante les rois, enfans des dieux, ces héros qui, par un juste trépas, étouffèrent les Centaures et les flammes de l'effroyable Chimère ;

» Soit qu'il célèbre l'athlète ou le coursier victorieux que la palme éléenne ramène couverts d'une gloire éternelle et qu'il les enrichisse d'un présent préférable à cent statues ;

» Soit enfin qu'il déplore un jeune époux ravi à son épouse désolée, et qu'élevant jusqu'aux cieux sa force, son courage, ses mœurs pures, il les dérobe au noir Léthé.

» Lorsque le cygne de Dircé plane vers les régions célestes, un souffle puissant l'élève et le soutient; mais pour moi, semblable à l'abeille du mont Matinus qui va butiner laborieusement sur le thym odoriférant, j'erre dans les bois et près des ruisseaux qui arrosent Tibur, et là, faible poëte, je forge péniblement mes vers. »

La mort de Pindare fut aussi paisible que sa vie avait été glorieuse. Penché sur les genoux de Théoxènes, jeune homme qu'il aimait tendrement, il s'endormit pour toujours au milieu d'une foule d'admirateurs qui se pressaient autour de lui sur le théâtre. Il était âgé de quatre-vingt-six ans.

DISSERTATION SUR LES JEUX OLYMPIQUES.

La gloire fut toujours pour les Grecs la source de toutes les vertus et le principe des actions les plus héroïques : lois, gouvernement, coutumes, jeux et solennités, tout dans les institutions de ce peuple belliqueux et passionné pour les grandes choses avait été combiné pour entretenir et exciter le feu sacré du patriotisme et de l'émulation. De sages législateurs avaient compris qu'il fallait ouvrir la carrière de la gloire à chaque citoyen, et donner ainsi un noble élan à chaque genre de mérite. Parmi ces institutions, les jeux et les combats contribuèrent d'une manière spéciale à cette splendeur à laquelle la Grèce parvint en peu de temps. Si l'on en considère l'origine et le but, il ne paraîtra plus étonnant qu'ils aient donné lieu à de si grands prodiges. Leur origine se rattachait à quelque dieu ; leur but était l'immortalité.

Hercule, Thésée, Castor et Pollux et les plus grands héros de l'antiquité, non-seulement en furent les instituteurs ou les restaurateurs, mais ils se firent encore gloire d'en pratiquer eux-mêmes les exercices, et un mérite d'y réussir. Vainqueurs des monstres et des ennemis du genre humain, ils ne crurent pas se rabaisser en aspirant aux honneurs du cirque, ni flétrir l'éclat de leurs anciennes couronnes en y ajoutant celles dont on ceignait leur tête dans ces jeux solennels. Aussi ces victoires étaient-elles l'objet des chants et des éloges des plus fameux poëtes, et la Grèce entière ne tarda-t-elle pas à s'enflammer du désir de marcher sur les pas de ses héros et de se signaler comme eux dans les combats publics.

Mais, outre le puissant aiguillon de la gloire, ces jeux, si conformes à l'humeur guerrière des Grecs, avaient encore l'avantage de former leurs jeunes gens à la profession des armes ; ils fortifiaient leurs corps, les rendaient plus robustes, plus capables de supporter les travaux et les fatigues de la guerre ; en un mot, plus fermes et plus adroits dans les combats, où l'on s'approchait de près et où la force du corps décidait ordinairement de la victoire.

On comptait quatre sortes de jeux auxquels était spécialement affecté le titre d'*ieroi*, *sacrés*, tant à cause de la haute faveur dont ils jouissaient chez toutes les nations, que parce qu'ils étaient un hommage rendu à des dieux ou à des héros déifiés, et étaient toujours précédés et suivis de pompeux sacrifices. Les deux distiques suivans rappellent à la fois leurs noms et ceux des dieux auxquels ils étaient consacrés, ainsi que les différens prix réservés aux vainqueurs :

Tessares eisin agônes an' Ellada, tessares iroi :
  Oi duo men thnêtôn, oi duo d'athanatôn,
Zênos, lêtoidao, Palaimonos, Archomoroio,
  Athla de cotinos, mêla, selina, pitus.

Les *olympiques* se célébraient tous les quatre ans en l'honneur de Jupiter, à Pise ou Olympie ; les *pythiques*, consacrés à Apollon, surnommé *Pythien*, étaient célébrés à Delphes, aussi de quatre ans en quatre ans ; les *Néméens*, qui tiraient leur nom de Némée, ville et forêt du Péloponèse, furent établis par Hercule après qu'il eut tué le lion de la forêt de Némée ; ils se célébraient de deux ans en deux ans ; enfin les *isthmiques* avaient lieu à l'isthme de Corinthe, tous les quatre ans, en l'honneur de Neptune.

Entre ces jeux, les olympiques tenaient le premier rang, pour plusieurs raisons ; d'abord ils étaient consacrés à Jupiter, le plus grand des dieux, et avaient été institués par Hercule, le plus grand des héros ; en second lieu, on les célébrait avec plus de pompe et plus de magnificence que les autres, et ils attiraient une immense multitude de spectateurs et d'athlètes ; enfin ils devinrent si célèbres dans tout l'univers qu'ils donnèrent leur nom aux *olympiades*, époques sur lesquelles les Grecs et les nations voisines établirent leur chronologie. Ils tiraient eux-mêmes leur nom, soit d'Olympie, ville de l'Élide, où ils se célébraient, soit du surnom d'*Olympien* donné à Jupiter, auquel ils étaient consacrés.

Leur origine se perd dans la nuit des temps, et les auteurs grecs mêlent tant de fables aux faits historiques et embrassent des opinions si différentes qu'il n'est possible ni de les concilier ni de les suivre séparément. Diodore de

Sicile dit que ce fut Hercule qui les institua : *Eraclês o stratêgicos, sunestêsato ton Olumpicon agôna;* qu'il n'était pas fils d'Alcmène, mais Égyptien ou Crétois d'origine, et que la seule analogie du nom induit en erreur les historiens qui le disent le fils d'Alcmène : *Tous de metagenesterous anthropous dia tên omônumian dokein, ton ex Alkmênês sustêsasthai tên tôn olumpiôn thesin* Pausanias est du même sentiment; mais il lenomme Hercule *Idéen : Eraklei oun prosesti tô Idaiô doxa tonté agôna diatheinai prôtô, kai Olumpia onoma thesthai.* (Paus. in Æliac.) Cependant aucun de ces deux historiens ne nous dit d'une manière certaine ni en quel temps ni en quelle occasion il les institua. « Quant aux jeux olympiques, dit Pausanias, voici ce que j'en ai appris de quelques Éléens, qui m'ont paru fort profonds dans l'étude de l'antiquité. Selon eux, Saturne est le premier qui ait régné dans le ciel, et, dès l'âge d'or, il avait un temple à Olympie. Jupiter étant venu au monde, Rhéa, sa mère, en confia l'éducation aux Dactyles du mont Ida, autrement appelé *Curètes*. Ces Dactyles vinrent ensuite de Crète en Élide, car le mont Ida est en Crète. Ils étaient cinq frères, savoir : Hercule, Péonéüs, Épimède, Jasius et Ida. Hercule, comme l'aîné, proposa à ses frères de s'exercer à la course et de voir qui en remporterait le prix, c'est-à-dire une couronne d'olivier, car l'olivier était déjà si commun qu'ils en prenaient les feuilles pour en joncher la terre et pour dormir dessus. Hercule apporta le premier cette plante en Grèce, de chez les Hyperboréens.

» C'est donc Hercule Idéen qui a eu la gloire d'inventer ces jeux et qui les a nommés *olympiques*. Et parce qu'ils étaient cinq frères, il voulut que ces jeux fussent célébrés tous les cinq ans. Quelques-uns disent que Jupiter et Saturne combattirent ensemble à la lutte dans Olympie, et que l'empire du monde fut le prix de la victoire. D'autres prétendent que Jupiter ayant triomphé des Titans, institua lui-même ces jeux, où Apollon signala son adresse en remportant le prix de la course sur Mercure et celui du pugilat sur Mars. C'est pour cela, disent-ils, que ceux qui se distinguent au pentathle dansent au son des flûtes qui jouent des airs pythiens, parce que ces airs sont consacrés à Apollon, et que ce dieu a été couronné le premier aux jeux olympiques.

» Cinquante ans après le déluge de Deucalion, Clyménus, fils de Cardis et l'un des descendans d'Hercule Idéen, étant revenu de Crète, célébra ces jeux à Olympie; ensuite il consacra un autel aux Curètes, et nommément à Hercule, sous le titre d'Hercule protecteur. Endymion chassa Clyménus de l'Élide, s'empara du royaume et le proposa à ses propres enfans pour prix de la course. Mais Pélops, qui vint environ trente ans après Endymion, fit représenter ces mêmes jeux en l'honneur de Jupiter, avec plus de pompe et d'appareil qu'aucun de ses prédécesseurs. Ses fils n'ayant pu se maintenir en Élide et s'étant répandus en divers lieux du Péloponèse, Amythaon, cousin germain d'Endymion, donna ces jeux au peuple. Après lui, Pélias et Nélée les donnèrent à frais communs. Augias les fit aussi célébrer, et ensuite Hercule, fils d'Amphytrion, lorsqu'il eut pris l'Élide. Le premier qu'il couronna fut Iolas, qui, pour remporter le prix de la course du char, avait emprunté les propres cavales d'Hercule. Les fils de Tyndare furent aussi victorieux : Castor à la course et Pollux au combat du ceste. On prétend même qu'Hercule eut le prix de la lutte et du pancrace.

» Mais, depuis Oxilus, qui ne négligea pas non plus ces spectacles, les jeux olympiques furent interrompus jusqu'à Iphitus, qui les rétablit. On en avait même presque perdu le souvenir; peu à peu on se les rappela, et à mesure que l'on se souvenait de quelqu'un de ces jeux, on l'ajoutait à ceux que l'on avait déjà trouvés. Cela paraît manifeste par la suite des olympiades dont on a eu le soin de conserver la mémoire, car dès *la première olympiade*[1] on proposa un prix de la course, et ce fut Corœbus, Eléen, qui le remporta. »

Cependant le sentiment le plus accrédité parmi les savans est que la célébration des jeux olympiques ne présente de certitude historique qu'à dater de Pélops, fils de Tantale. Il les fit célébrer l'an du monde 2635, qui répond à la vingt-neuvième année du règne d'Acrise, roi d'Argos; à la trente-quatrième du règne de Sicyon, dix-neuvième roi de Sicyone, et à la vingt-troisième année de la judicature de Débora chez les Hébreux, environ 1349 ans avant notre

---

[1] *Dès la première olympiade.* Non la première absolument parlant, mais la première qui se trouvait marquée dans les registres des Éléens et par laquelle on commença à compter les olympiades, l'an 776 avant J.-C.; elle est appelée *olympiade de Corœbus* et eut lieu sous le règne d'Iphitus, fils d'Hæmon, comme nous le dirons plus loin.

ère. Ils furent tantôt célébrés, tantôt interrompus, jusqu'au règne d'Iphitus, roi d'Élide, qui les restaura avec beaucoup de pompe et de magnificence.

Les guerres intestines dont la Grèce était déchirée, la peste qui la désolait, conduisirent ce prince à Delphes pour consulter l'oracle sur des maux si pressans. La Pythie lui répondit que le renouvellement des jeux olympiques serait le salut de la Grèce, et qu'il y travaillât lui et les Éléens. Iphitus ordonna aussitôt un sacrifice pour apaiser Hercule, puis célébra les jeux avec grand appareil. Au rapport de plusieurs historiens, Lycurgue, qui était son contemporain, concourut avec lui à ce rétablissement; il est même assez probable que la première idée venait du législateur de Sparte. Ce grand homme voulant réformer les lois de sa patrie, comprit qu'il ne pourrait en venir à bout tant qu'elle serait en guerre avec ses voisins; il chercha donc à rétablir la paix dans le Péloponèse. Il y parvint et imagina de la consolider en instituant, d'après les ordres qu'il s'était fait donner par l'oracle de Delphes, une fête commune à tous les peuples de cette contrée. Cette fête devant se célébrer tous les quatre ans, leur offrait un point de réunion où ils pouvaient conférer ensemble et s'expliquer sur les démêlés qui seraient survenus dans l'intervalle. Lycurgue se concerta pour tout cela avec Iphitus, roi d'Élide, et Cléosthène de Pise, ville dans le territoire de laquelle Olympie était située. Il traça lui-même, suivant Aristote, les lois de la suspension d'armes qu'on devait observer à l'époque de la célébration de ces jeux, et il les fit graver sur un disque qui se voyait encore à Olympie du temps de Pausanias. Cette restauration remonte à l'an 884 avant J.-C.

La paix que Lycurgue avait rétablie entre les peuples du Péloponèse subsista sans doute tant que ce sage législateur resta à Sparte, et il est probable que les jeux olympiques furent célébrés durant tout ce temps-là; mais à peine eut-il remis au jeune roi Charilaüs, son pupille, l'autorité dont il était chargé, que les Lacédémoniens se livrèrent à leur humeur conquérante, en attaquant successivement Ægis, Tégée et différentes villes du Péloponèse. Tandis qu'ils étaient occupés à la guerre d'Ægis, Phidon, roi d'Argos, de concert avec les Piséates, s'empara d'Olympie et y fit célébrer les jeux en la huitième olympiade depuis Iphitus. Il y a apparence que cette célébration fut ensuite suspendue pendant quelque temps. Mais les Éléens, ayant repris Olympie avec le secours des Lacédémoniens, Iphitus, fils d'Hæmon et petit-fils du premier Iphitus, rétablit encore les jeux olympiques, un peu avant le commencement du siège de Thèbes, l'an 776 avant J.-C., et c'est décidément de cette année que date l'ère des olympiades. Le siège d'Hélos commença presque aussitôt après. Les Éléens, voulant par reconnaissance envoyer des troupes au secours des Lacédémoniens, consultèrent l'oracle de Delphes, qui leur ordonna de s'en tenir à la défense de leur territoire. Ils restèrent ensuite cinq olympiades sans couronner personne, quoique les jeux se célébrassent toujours, mais probablement sans beaucoup de solennité. Cependant, à l'approche de la septième olympiade, Iphitus, dont nous venons de parler, ou peut-être son fils, alla de nouveau consulter l'oracle pour savoir si l'on couronnerait les vainqueurs. Le dieu répondit que oui, mais qu'il fallait employer à cela l'olivier sauvage au lieu du pommier, dont on s'était précédemment servi. On suivit ses ordres, et le premier qui reçut la couronne d'olivier fut Daïclès, Messénien, qui remporta effectivement le prix en la septième olympiade, suivant Denys d'Halicarnasse. Ce fut seulement à l'époque de ce rétablissement des jeux olympiques par Iphitus, l'an 776 avant notre ère, que s'établit l'usage de conserver le nom du vainqueur, tout au moins de celui qui avait remporté le prix de la course, parce que ce genre de lutte tenait le premier rang parmi les autres combats du cirque. C'est aussi depuis lors que l'athlète couronné à la course eut le privilège de donner son nom à l'olympiade.

En la dix-huitième olympiade, on se ressouvint du combat de la lutte et même du pentathle; ils furent renouvelés; Lampis et Eurybates, tous deux Lacédémoniens, eurent l'honneur de la victoire.

Le combat du ceste fut remis en usage en la vingt-troisième olympiade; Onomastus de Smyrne en remporta le prix; Smyrne était déjà censée ville d'Ionie. La vingt-cinquième olympiade fut remarquable par le rétablissement de la course du char attelé de deux chevaux, et ce fut Pagondas, Thébain, qui eut la victoire. La vingt-huitième vit renouveler le combat du pancrace et la course avec des chevaux de selle. La cavale de Crauxidas, natif de Cranon, passa toutes les autres, et Lygdamis de Syracuse terrassa tous ceux qui combattirent contre lui.

Ensuite les Éléens établirent des combats pour les enfans, quoiqu'il n'y en eût encore eu aucun exemple dans l'antiquité. Ainsi, en la trente-septième olympiade, on proposa aux enfans des prix pour la course et pour la lutte. Hipposthène, Lacédémonien, fut déclaré vainqueur à la lutte, et Polynice, Éléen, à la course. En la quarante-unième, les enfans furent admis au combat du ceste, et Philétas, Sybarite, surpassa tous les autres. La soixante-cinquième olympiade introduisit encore une nouveauté : des gens de pied, tout armés, disputèrent le prix de la course; ils parurent dans la carrière avec leurs boucliers, et Démarat, d'Hérée, remporta la victoire. Cet exercice fut jugé très-convenable à des peuples belliqueux. En la quatre-vingt-treizième olympiade, on courut avec deux chevaux de main dans la carrière; Évagoras, Éléen, fut vainqueur. En la quatre-vingt-dix-neuvième, on attela deux jeunes poulains à un char, et ce nouveau spectacle valut une couronne à Sybariade, Lacédémonien. Quelque temps après on institua la course avec deux poulains menés en main; Bélistiche, femme née sur les côtes de la Macédoine, fut la première qui remporta le prix. Enfin, en la cent quarante-cinquième olympiade, les enfans furent aussi admis au combat du pancrace, et Phédime, Éolien, d'une ville de la Troade, demeura victorieux.

Les femmes d'abord n'étaient point admises aux jeux olympiques : il y avait peine de mort contre celles qui auraient osé s'y présenter, et pendant tout le temps que duraient les jeux, il leur était défendu même d'approcher des lieux où ils se célébraient et de passer au delà du fleuve Alphée. Une seule eut la hardiesse de violer cette loi, et, s'étant déguisée, se glissa parmi ceux qui exerçaient les athlètes. Elle fut citée en justice et aurait subi la peine marquée par la loi; mais les juges, en faveur de son père, de ses frères et de son fils, qui avaient tous remporté la victoire aux jeux olympiques, lui pardonnèrent sa faute et lui firent grâce de la vie. La loi perdit cependant peu à peu de sa force, et les femmes obtinrent la faveur, non-seulement d'assister comme spectatrices, mais encore de prendre place parmi les concurrens; quelquefois même elles remportèrent la victoire. C'est ce qu'atteste Pausanias, que nous venons de citer plus haut, au sujet de la victoire remportée par Bélistiche.

L'époque de la célébration revenait tous les cinq ans, ou plutôt tous les cinquante mois, c'est-à-dire deux mois après l'espace de quatre ans révolus; c'est ce qui a fait dire à un scholiaste : *Tēn olumpiada dia penté etōn agesthai*, et non pas *meta penté etōn*. Ils duraient cinq jours, en mémoire des cinq Dactyles leurs premiers fondateurs, et commençaient au onzième jour pour finir au quinzième du mois lunaire *hécatombéon*, ce qui répond à nos mois de juin et de juillet, par conséquent aux environs du solstice d'été. Les citations suivantes en font foi : *Olumpia d'egeneto tou therous toutou* (Thucyd. liv. 5). Tyanée, dans Philostrate, ayant avancé que l'année où Néron visita la Grèce, le *vainqueur* des jeux olympiques ne pourrait point être appelé de ce nom, Philostrate nous en donne la raison : *Patriou men gar tois olumpiois tou perusin eniautou ontos, ekeleusé tous Éleious Nerón anaballesthai auta es tēn eautou epidēmian*, « car quoique ce fût la coutume de célébrer ces jeux sur la fin de l'année, Néron ordonna aux Éléens de les différer jusqu'à son arrivée. » Or, la fin de l'année était aux environs du solstice, selon la manière de compter des Grecs.

On donnait le nom d'*athlètes* (de *athlos*, travail, combat) à ceux qui s'exerçaient à dessein de pouvoir disputer le prix dans les jeux publics. L'art qui les formait à ces combats s'appelait *gymnastique* (de *gumnos*, nu), à cause de la nudité des athlètes.

Les athlètes fréquentaient dès leur plus tendre jeunesse les gymnases, ou palestres, qui étaient des espèces d'académies entretenues pour cela aux dépens du public. Là, ces jeunes gens étaient sous la direction de différens maîtres, qui employaient les moyens les plus efficaces pour leur endurcir le corps aux fatigues des jeux et pour les former aux combats. Leur régime de vie était très-dur et très-austère. Ils n'étaient nourris, dans les premiers temps, que de figues sèches, de noix, de fromage mou et d'un pain grossier et pesant. Le vin leur était absolument interdit et la continence commandée.

Il est vrai que dans la suite les athlètes n'observèrent pas toujours ce genre de vie. Vers le temps d'Hippocrate on commença à leur permettre l'usage de la viande, mais d'une viande solide, telle que celle du bœuf. Dromeus, de Stymphale, athlète coureur, s'étant relâché sur ce point de discipline, les autres l'imitèrent bientôt et en vinrent par la suite à un point de dissolution et de voracité incroyable. Nous en avons une preuve frappante dans Milon de Crotone, qui mangea en un jour un taureau de quatre ans qu'il avait assommé d'un coup de poing, après l'avoir porté sur ses épaules dans toute la longueur du stade. Cet athlète avait peine à se contenter, pour sa nourriture ordinaire, de vingt mines de viande, d'autant de mines de pain et de trois conges de vin : les vingt mines équivalent à vingt de nos livres, et les trois conges environ à quinze litres.

Les neuf premiers mois de gymnastique préparatoire étaient consacrés à des exercices au choix des athlètes. Ils devaient se livrer le dixième à tous ceux en usage dans les jeux. Avant que d'être admis à combattre, ils subissaient encore d'autres épreuves : par rapport à la naissance, il fallait être Grec; par rapport aux mœurs, elles devaient être à l'abri de tout reproche. Ainsi le condamné pour crime notoire, et même ceux qui lui appartenaient par les liens du sang, ne pouvaient être admis. Enfin, par rapport à la condition, il fallait être libre. Celui qui tentait de suborner son adversaire était puni d'une amende. Il devait encore, ainsi que ses parents, s'engager à n'employer aucun moyen frauduleux pour s'assurer la victoire. On ne doit pas confondre ici l'adresse d'un athlète habile dans toutes les souplesses de son art, qui sait esquiver à propos, donner subtilement le change à son antagoniste et profiter des moindres avantages avec cette lâche supercherie qui, sans nul égard pour les lois prescrites, emploie les moyens les plus injustes pour vaincre son adversaire.

Les athlètes se faisaient frotter avant les exercices, et par là donnaient à leur corps une grande souplesse; mais comme ces onctions rendaient leur peau trop glissante et leur ôtaient la facilité de se colleter et de se prendre au corps avec succès, ils remédiaient à cet inconvénient, tantôt en se roulant sur la poussière de la lice, tantôt en se couvrant réciproquement d'un sable très-fin, réservé pour cet usage dans les *xystes*, ou portiques des gymnases. Ils se ceignaient d'abord d'une espèce de ceinture ou d'écharpe, pour paraître plus décemment dans les combats; mais dans la suite, l'aventure d'un athlète, à qui la chute de cette écharpe fit perdre la victoire, donna occasion de sacrifier la pudeur à la commodité, en retranchant ce reste d'habillement. Cette nudité n'était d'usage parmi les athlètes que dans certains exercices, tels que la lutte, le pugilat, le pancrace, la course à pied, le saut, etc.

On appelait *stade*, chez les Grecs, l'endroit où les athlètes s'exerçaient entre eux à la course et celui où ils combattaient sérieusement pour les prix. Il était situé sur le penchant de la colline *Cronium* et non loin des bords de l'Alphée. Comme il n'avait d'abord qu'une stade de longueur (600 pieds), il prit le nom de sa propre mesure, et l'on comprit sous cette dénomination, non-seulement l'espace parcouru par les athlètes, mais encore celui qu'occupaient les spectateurs des combats gymniques. Le lieu où combattaient les athlètes s'appelait *Skamma*, parce qu'il était plus bas et plus enfoncé que le reste. Des deux côtés du stade et sur l'extrémité régnait une levée ou espèce de terrasse garnie de sièges et de bancs où étaient assis les spectateurs. Les trois parties remarquables du stade étaient l'entrée, le milieu, l'extrémité.

L'entrée de la carrière, d'où partaient les athlètes, était marquée d'abord par une simple ligne tracée suivant la largeur du stade; elle recevait les noms de *aphesis, grammê*. On y substitua ensuite une espèce de barrière, qui n'était qu'une simple corde tendue au-devant des chars et des chevaux ou des hommes qui devaient courir, et elle s'appela *aphetêria, usplênx*.

Le milieu du stade n'était remarquable que par cette circonstance, qu'on y plaçait ordinairement les prix destinés aux vainqueurs. A l'extrémité était un but qui terminait la course des coureurs à pied; il s'appelait *telos, terma, skopos, stathmê*. Dans la course des chars, il n'était question que de tourner plusieurs fois autour du but sans s'y arrêter pour regagner ensuite l'autre extrémité de la lice d'où l'on était parti.

En venant d'Olympie, on rencontrait d'abord la barrière des athlètes. Elle avait environ soixante pas de long sur une plus grande largeur : ainsi cette place formait un carré irrégulier. C'est dans cet espace qui précédait la lice que se tenaient les athlètes et les maîtres de lutte pendant la célébration des jeux. Du côté gauche s'élevait un tombeau que les Éléens disaient être celui d'Endymion, un de leurs rois; et à l'entrée de la lice se trouvait la barrière ou câble dont nous avons parlé plus haut (*usplênx*), et qui, en se baissant, donnait le signal aux combattans. A l'autre extrémité était l'édifice construit pour recevoir les chars et les chevaux : il était de forme elliptique et ressemblait assez à la proue d'un navire dont l'éperon ou le bec était tourné du côté de la lice. Un dauphin de bronze, soutenu par une verge de fer, en formait le couronnement. Vis-à-vis la partie opposée, l'édifice s'élargissait des deux côtés et venait se terminer en cintre. On avait pratiqué des écuries et des remises sur le devant desquelles régnait un câble qui servait à retenir les chevaux. Les loges se tiraient au sort entre les combattans et décidaient du rang qu'ils devaient occuper en entrant dans la lice. Au milieu de l'édifice était un autel de briques crues qu'on blanchissait à chaque olympiade, et sur cet autel un aigle de bronze, les ailes déployées : par le moyen d'un ressort, cet aigle s'élevait et se faisait voir aux spectateurs, en même temps que le dauphin, qui était à l'éperon, s'abaissait et descendait jusque sous terre. A ce signal, on lâchait le câble qui retenait les chevaux dans leurs loges, et aussitôt les combattans s'avançaient vers le milieu de l'enceinte et se rendaient vers l'éperon, où ils prenaient le rang que le sort leur avait assigné. Alors tombait l'autre câble (*usplênx*) qui formait la véritable barrière, et à ce second signal ils entraient tous ensemble dans la carrière pour disputer la victoire.

L'espace qui se trouvait entre ces deux parties formait la lice; elle était fermée à droite et à gauche par un mur à hauteur d'appui. Le côté droit, en partant de la barrière, était plus allongé que l'autre, sans doute pour faciliter auprès de la borne le tournant de plusieurs chars courant à la fois. Ce côté regardait la plaine, l'autre s'appuyait sur la colline *Cronium*. Toute la lice, en y comprenant le gymnase, les gradins des spectateurs, etc., avait environ quatre cent cinquante pas de longueur sur à peu près cent vingt de largeur. Elle n'était pas absolument droite, mais un peu sinueuse, resserrée en quelques endroits; le sol en était inégal et plein de petits tertres qui augmentaient la difficulté des courses. Aux trois quarts de la lice, où se trouvait apparemment la plus grande élévation du terrain, étaient, du côté de la plaine, les places des directeurs des jeux, qui consistaient en sièges de pierre exhaussés à la hauteur du mur : ils s'y rendaient par un chemin dérobé. Vis-à-vis on voyait un autel de marbre blanc avec la statue de *Cérès Chamyne*. Des deux côtés, dans toute la longueur, au-dessus et au-dessous de ces premières places, étaient celles des spectateurs; les plus commodes étaient réservées aux personnes de distinction; et à l'égard du peuple, qui accourait en foule à ces fêtes, il se plaçait où il pouvait sur la colline appelée par Pindare le *Promontoire de Saturne* ou *Cronium*; elle bornait la lice d'un côté et formait un amphithéâtre capable de recevoir une grande multitude de spectateurs.

La lice, prise dans toute son étendue, servait aux courses de chevaux et de chars et se nommait l'*hippodrome*[1]. Les courses à pied se faisaient alors dans la partie de cette même lice qui commençait à la barrière des athlètes et s'étendait jusqu'aux sièges des directeurs des jeux et à l'autel de Cérès, partie qui conservait le nom de *stade* proprement dit. L'espace qui se trouvait entre ces sièges et l'autel servait vraisemblablement aux exercices qui ne demandaient pas un vaste emplacement; les orateurs et les poëtes s'y assemblaient pour réciter leurs ouvrages, car les musiciens combattaient dans le bois sacré, où les échos favorisaient l'harmonie de leur voix et de leurs instrumens. Enfin à l'extrémité de l'hippodrome, sur la gauche, était la borne autour de laquelle les chars et les chevaux montés par des cavaliers tournaient plus ou moins de fois, suivant l'espèce de combat. Vis-à-vis la borne, dans l'angle du même côté, s'élevait sur un autel de figure ronde la statue du génie *Taraxipups* (*taraxis*, épouvante; *ippôn*, des chevaux); de sorte que les chevaux, en tournant dans un espace assez étroit, passaient nécessairement entre la borne et l'au-

---

(1) On trouve dans Diodore de Sicile (IV, 14) que l'*hippodrome*, séparé du *stade*, était à une certaine distance du Cronium et de l'Alphée. Lucien même prétend qu'il était situé à deux stades, dans la plaine, à l'orient d'Olympie. Quoi qu'il en soit, comme il n'y a rien de bien précis à cet égard dans la plupart des auteurs anciens, et qu'il nous a paru fort possible que les courses de chevaux et de chars pussent avoir lieu dans le stade, nous n'avons pas cru devoir, dans cette dissertation, distinguer le stade et l'hippodrome comme deux monumens séparés. Cependant, pour concilier les deux opinions, nous avons tracé, à la fin de ce volume, un plan d'Olympie, dans lequel l'hippodrome est à quelque distance du stade. Ceux qui prétendent qu'on ne doit pas séparer l'un de l'autre rapporteront au stade tout ce que nous disons de l'hippodrome.

tel. La statue du génie, faite de manière à les effrayer, devenait une nouvelle occasion de danger, et il arrivait souvent que les chevaux épouvantés ne connaissaient plus ni la main ni la voix de celui qui les conduisait et renversaient le char et l'écuyer.

Jusqu'à la cinquantième olympiade, une personne seule fut chargée de la présidence des jeux. A cette époque, un collègue seulement lui fut adjoint.

A la cent troisième, nous en trouvons douze, nombre égal à celui des tribus éléennes, qui avaient le droit d'en nommer chacune un. A l'olympiade suivante, le nombre des tribus étant réduit à huit, celui des présidens se trouve diminué dans la même proportion. A la cent cinquième, il monte à neuf. A la cent sixième enfin, il est porté à dix et se maintient ainsi jusqu'au règne d'Adrien, empereur romain. Les présidens prenaient les noms de *ellênodikai*, *hellanodiques* (juges des Grecs), *agônothetai*, *agonothètes* (*tithêmi agôna*, régler le prix), *athlothetai*, *athlothètes* (*tithêmi athlon*, proposer des récompenses). Ils s'assemblaient dans un lieu appelé *Ellênodikaion*. Ils s'y rendaient dix mois avant l'ouverture des jeux pour y surveiller les exercices préparatoires des prétendans qui venaient disputer le prix et pour y recevoir des *nomophulakés* (gardiens des lois) la connaissance des règlemens à observer. C'était dans ce lieu que se tenaient les registres où l'on inscrivait le nom, le pays, le genre d'exercice de chaque athlète qui se présentait pour combattre et le nom et le pays de quiconque sortait victorieux de ces combats : cette coutume, bien capable d'entretenir une noble émulation, fut toujours fidèlement observée. Un héraut proclamait publiquement à l'ouverture des jeux les noms de tous ceux qui s'étaient, pour ainsi dire, enrôlés ; puis les juges faisaient prêter le serment, non-seulement aux athlètes, mais encore à leurs parens, comme nous l'avons déjà dit. La cérémonie du serment avait lieu dans le sénat : on immolait un porc, et c'était sur les membres sanglans de la victime, en présence de Jupiter *Orkios* (qui préside aux sermens), que juraient les athlètes et ceux qui les accompagnaient. Le dieu avait un air terrible ; il tenait des foudres de chaque main, et sous ses pieds étaient gravés, sur une tablette de bronze, des vers élégiaques remplis des imprécations les plus terribles contre les parjures. Tout cet appareil était bien capable d'inspirer de la crainte.

Après le serment, le sort réglait l'ordre dans lequel les prétendans étaient appelés à combattre. On plaçait dans une urne d'argent (*kalpis*) de petites boules de la grosseur d'une fève, marquées des caractères de l'alphabet. La même lettre se trouvait sur deux boules, et les deux prétendans qui les avaient amenées combattaient ensemble. Si les prétendans étaient en nombre impair, celui qui amenait la boule dépareillée était appelé *ephedros*, parce qu'il devait combattre le dernier et disputer le prix avec le prétendant qui jusque-là avait obtenu l'avantage. On regardait cette chance comme entièrement favorable ; cet *ephedros* en effet se présentait au combat frais et bien disposé contre un adversaire dont les triomphes précédens avaient dû épuiser les forces.

On avait établi des peines sévères, des amendes considérables contre ceux des athlètes qui n'observaient pas strictement les lois du combat. Mais ni les lois, ni les peines ne furent pas toujours un frein capable de contenir l'ambition. Il y eut des supercheries : la punition prompte et sévère qu'en firent les juges n'empêcha pas certains athlètes de tomber de temps en temps dans les mêmes fautes. Le Thessalien Eumolpus est le premier qui corrompit, à force d'argent, ceux qui se présentèrent contre lui au combat du ceste. On punit Eumolpus pour avoir donné l'argent ; ceux à qui il l'avait donné, pour l'avoir reçu, et, du produit de l'amende, les Éléens firent élever, en l'honneur de Jupiter, six statues de bronze. L'une de ces statues portait cette inscription : « *Le prix des jeux olympiques s'acquiert, non par l'argent, mais par la légèreté des pieds et la force du corps.* » Une autre louait les Eléens d'avoir *noté d'infamie ceux qui tentèrent d'introduire la fraude au combat du ceste.*

Quoique rien ne fût plus infamant que l'amende et les monumens dont je viens de parler, il se trouva cependant un Athénien nommé Callipe qui acheta le prix du pentathle en la cent deuxième olympiade. Il fut condamné rigoureusement à la peine que méritait sa faute ; et Hypéride, député d'Athènes, ayant demandé sa grâce sans pouvoir l'obtenir, les Athéniens défendirent au coupable de payer. Mais les Éléens, fermes à maintenir leurs lois, ne s'épouvantèrent pas de cette défense : ils exclurent les Athéniens des jeux, et cet interdit dura jusqu'à ce que les Athéniens étant venus consulter l'oracle de Delphes, la Pythie leur déclara qu'elle ne rendrait aucune réponse avant que préalablement ils n'eussent satisfait les Éléens. Athènes se soumit donc à l'amende, qui fut employée à ériger, en l'honneur de Jupiter, six statues avec des inscriptions qui contenaient l'histoire et l'éloge de la sévérité des Éléens.

Les Lacédémoniens encoururent aussi un pareil interdit, qui non-seulement les excluait des jeux, mais encore leur défendait l'entrée du temple de Jupiter Olympien. Cet interdit dura longtemps et eut des suites funestes, car Lycas, fils d'Arcésilas, s'étant présenté inutilement, l'écuyer qui conduisait son char entra en lice au nom des Thébains et remporta la victoire. Lycas ne put contenir sa joie : il prit une guirlande, couronna lui-même son écuyer et découvrit par cette imprudence la fraude aux Agonothètes, qui sur-le-champ firent fustiger celui qui en était l'auteur. Les Lacédémoniens n'osèrent pas se plaindre de cet acte de justice; cependant ils cherchèrent un prétexte pour déclarer la guerre aux Éléens. Ils leur envoient donc une ambassade avec ordre de se départir de la domination qu'ils exerçaient sur les peuples voisins. Les Éléens répondent qu'aussitôt que Sparte aurait elle-même rendu la liberté à ses propres voisins, les Éléens en feraient autant à l'égard des leurs. Cette réponse hautaine piqua les Spartiates : ils entrent de suite en Élide, sous la conduite d'Agis, leur roi. Déjà ils s'étaient avancés près d'Olympie et jusqu'aux bords de l'Alphée lorsqu'un tremblement de terre les obligea à retourner sur leurs pas. Mais l'année suivante, Agis, à la tête d'une nouvelle armée, rentra dans le pays, donna un grand combat dans l'Altis, bois consacré à Jupiter, et fit un butin considérable. La troisième année de cette guerre ne promettait pas aux Éléens des suites moins fâcheuses. Voyant donc qu'Agis et les Lacédémoniens venaient les attaquer avec de plus grandes forces encore qu'auparavant, et n'étant point en état de leur tenir tête, ils prirent le parti de se soumettre et n'obtinrent la paix qu'à des conditions très-dures. Le traité portait que « leur ville serait démantelée; qu'ils se désisteraient de l'empire usurpé sur leurs voisins ; que les Lacédémoniens auraient à l'avenir une libre entrée dans le temple de Jupiter Olympien, et qu'ils pourraient même y sacrifier ; enfin qu'ils seraient admis non-seulement à assister aux jeux olympiques, mais à disputer les prix comme les autres peuples de la Grèce. » La guerre étant ainsi terminée, Lycas eut la permission de faire ériger sa statue dans le bois sacré de l'Altis. Toutefois les registres des Éléens portaient que c'était le peuple de Thèbes, et non Lycas le Lacédémonien, qui avait été victorieux.

Dans la suite, les jeux olympiques ne furent pas seulement célébrés à Pise, en Élide, mais encore dans différentes villes de la Grèce et de l'Orient, à Antioche, Smyrne, Alexandrie, Athènes, etc. ; c'est ce qu'atteste Pausanias et les marbres athlétiques, qui portent que M. Aurélius Asclépiades remporta la victoire aux jeux olympiques de Smyrne, *en Zmurnê Olumpia*; et ensuite ceux d'Alexandrie : *Athlêsas ta panta etê ex, pausamenos tês athlêseôs etôn KE..., kai meta to pausasthai meta pleiona chronon anankastheis en tê patridi Alexandria, kai nikêsas olumpia pankration olumpiadi ektê*. La première olympiade des Alexandrins concordait avec la deux cent trente-huitième des Éléens.

Archélaüs, pour transporter en quelque sorte l'Élide en Macédoine, fit célébrer les solennités olympiques à Dium, au pied du mont Olympe de Macédoine, comme Ulpianus, scholiaste de Démosthène, nous l'apprend dans son discours : *Peri Parapresbeias*, où il dit au sujet de Philippe : *Olumpia epoiei*; et au sujet d'Archélaüs : *Ta Olumpia de protos Archelaos en Diô tês Makedonias katedeixen : êgeto d'ep' ennea, ôs phasin, êmeras, isaritkmous tais Mousais*.

Diodore de Sicile atteste pareillement qu'Alexandre célébra pendant neuf jours, la deuxième année de la cent onzième olympiade, ces mêmes jeux que Philippe, son père, avait célébrés, la cent huitième olympiade, après la prise d'Olynthe.

Athènes eut aussi ses solennités olympiques : Pindare en fait mention dans sa deuxième Néméenne, où, après avoir énuméré les autres victoires de Timodémidas, il dit au sujet de celle qu'il remporta à Athènes :

. . . . . ta d'oikoi.
Masson arithmô
Dios agôni.

Et le scholiaste ajoute : *Tithetai de en Athenais Dios, agôn, toutesti ta Olumpia*, on célèbre à Athènes des jeux en l'honneur de Jupiter, c'est-à-dire des olympiques ; de même qu'Hésychius avait dit : *Olumpia o Athenesin agôn*. Mais cette institution des jeux olympiques à Athènes ressort encore plus clairement de ce passage de la neuvième Pythique. Pindare, après avoir chanté la victoire que Télésicrate remporta à Delphes, ajoute qu'il eut la gloire de vaincre encore :

En Olumpiosi te kai bathukolpou
Gâs aethlois.

Aux Olympiennes qu'on célèbre dans les vallées profondes et sinueuses de l'Attique.

Le scholiaste remarque fort bien à ce sujet : *Olumpiosi : ou tois en Pisê. Ou gar outôs erripsen aplôs ton logon : alla tois en Athenais.* « Il ne s'agit point ici des jeux olympiques de Pise, car Pindare n'en aurait pas fait mention en si peu de mots ; mais de ceux que l'on célébrait à Athènes. »

Toutefois, il ne faut pas confondre les jeux olympiques qui se célébraient à Athènes du temps de Pindare et de Thucydide avec ceux qui furent renouvelés pour la première fois en l'honneur d'Adrien et à l'époque du séjour de cet empereur dans la capitale de l'Attique. Ce prince en effet y fit élever un temple magnifique qu'il dédia à Jupiter et à la Fortune de l'empire ; et à cette occasion il restaura les combats olympiques dont la célébration avait été interrompue depuis longtemps à Athènes. Ce fut dans cette solennité que les Athéniens lui décernèrent le surnom d'*Olympien*, la troisième année de la deux cent vingt-septième olympiade des Éléens, comme l'attestent les marbres et surtout un magnifique bas-relief qui porte cette inscription fort bien conservée :

AUTOKRATORA KAISARA
TRAIANON ADRIANON
SEBASTON OLUMPION
TON EN TO PONTO
É BOULÉ KAI O DÉMOS
TON EAUTON EUERGETÉN
EN TÉ PROTÉ OLUMPIADI
DIA PRESBEUTON
KAPITONOS SKIPIONOS
KAI GAIOMIOU.

IMPERATOREM . CÆSAREM
TRAIANUM . HADRIANVM
AVGVSTVM . OLYMPIVM
SEBASTOPOLITANORVM
IN . PONTO
SENATVS . ET . POPVLVS
SVVM . BENEFACTOREM
IN . PRIMA . OLYMPIADE
LEGATIONEM . AGENTIBVS
CAPITONE . SCIPIONE
ET . GAEOMIO.

Il est évident qu'il s'agit ici d'une série d'olympiades autre que celle des Éléens ; car il ne peut venir à la pensée de personne qu'Adrien vécut dans l'olympiade de Corœbus, sept cent soixante-seize ans avant Jésus-Christ. Il est d'ailleurs impossible de soupçonner une erreur dans l'inscription qui porte, sans altération et sans lacune, ces mots : *En té prôté Olumpiadi*, dans la première olympiade. De quelle olympiade peut-il donc être ici question, si ce n'est de celle qui fut célébrée à Athènes à l'occasion de la dédicace du temple de Jupiter et de la restauration des jeux olympiques. Pindare lui-même ne s'est pas exprimé autrement lorsqu'il parle de la *première olympiade* qu'Hercule célébra à Pise :

. . . . . . *Kai penta-*
eterid' opôs ara estasen eortan
en Olumpiadi prôta

Mais il est temps de revenir aux athlètes et de parler des diverses sortes de combats et d'exercices qui composaient les solennités olympiques.

Entre les différens exercices auxquels les athlètes se livraient pour se donner en spectacle dans les jeux publics, la *course, dromos*, était celui qui tenait le premier rang :

Ou men gar meizon aneros ophra ken ésin,
É o, ti possin te rexei kai chersin eêsin.

(Hom. Odyss. liv. 6.)

C'était par la course que commençaient les jeux olympiques, et ce seul exercice en faisait même d'abord toute la solennité. On en distinguait de trois sortes : la course à pied, la course à cheval et la course en char.

Les coureurs se rangeaient tous sur une même ligne, en quelque nombre qu'ils fussent, après avoir tiré au sort la place qu'ils y devaient occuper. En attendant le signal, ils réveillaient leur souplesse et leur légèreté par divers mouvemens qui les tenaient en haleine, et étaient comme autant d'essais de l'agilité et de la vitesse de leurs jambes. Dès que le signal était donné, on les voyait voler vers le but avec une rapidité que l'œil avait peine à suivre et qui devait seule décider de la victoire; car, nous l'avons déjà dit, les lois agonistiques leur défendaient sous des peines infamantes de se la procurer par la ruse ou quelque piége tendu à leurs antagonistes.

Les courses à pied étaient de quatre sortes : 1° *stadion*, celle où il ne s'agissait que de parcourir une fois la carrière, c'est-à-dire cent vingt pas; 2° *diaulos*, où l'on parcourait deux fois cet espace; 3° *dolichos*, qui était la plus longue de toutes, puisqu'on y parcourait quelquefois vingt-quatre stades, par diverses allées et venues, en tournant douze fois autour de la borne qui servait de but; 4° enfin *oplitês*, qui était la course exécutée par des hommes complètement armés. De là les noms différens de *stadiodromoi*, *diaulodromoi*, *dolichodromoi*, *oplitodromoi* donnés aux coureurs, selon les différentes courses auxquelles ils prenaient part. Les antagonistes se nommaient *sunagônistai*, *antipaloi*, etc. S'efforcer d'atteindre des rivaux se disait *diôkein*; les laisser en arrière *katalambanein*. Celui qui atteignait le premier le but remportait le prix, *athlon* ou *brabeion*, qui consistait dans le principe en une couronne de branche d'olivier. La récompense était la même pour les autres exercices.

Il y eut dans l'antiquité, tant chez les Grecs que chez les Romains, des coureurs qui se sont rendus célèbres par leur vitesse. Pline fait mention de Philippide qui, en deux jours, parcourut les onze cent quarante stades (cinquante-sept lieues) qu'il y a d'Athènes à Lacédémone. Hérodote rapporte que Philonide, coureur d'Alexandre-le-Grand, fit en un jour douze cents stades (soixante lieues), en allant de Sicyone à Élis. On appelait ces coureurs *êmerodromoi*.

La course du cheval monté par un cavalier consistait à parcourir l'hippodrome, tourner la borne et revenir à la barrière une ou plusieurs fois. Quoiqu'elle ne fût pas aussi célèbre que celle des chars, cependant les princes et les rois recherchaient avec empressement la gloire d'y remporter le prix. On la nommait ordinairement *Kélês* (Voy. première Olympique). Les Grecs et les Romains élevaient à grands frais, pour ces sortes de courses, de superbes chevaux et avaient d'habiles écuyers chargés de les dresser. Le vainqueur recevait une couronne et l'on attachait une palme sur la tête du cheval. Quelquefois le cavalier menait par la bride un autre cheval, sur lequel il sautait en courant et changeait ainsi plusieurs fois de monture. Les Latins appelaient ces sortes de cavaliers *desultores*, et les Grecs *anabatai*.

La course des chars était le plus renommé de tous les exercices et celui qui faisait le plus d'honneur. Les rois eux-mêmes aspiraient à cette gloire avec beaucoup d'empressement, persuadés que le titre de vainqueur dans ces combats ne le cédait guère à celui de conquérant, et que la palme olympique rehaussait de beaucoup l'éclat du sceptre et du diadème.

Les chars avaient la forme d'une coquille montée sur deux roues, avec un timon fort court auquel on attelait deux, trois ou quatre chevaux de front (*bigæ*, *quadrigæ*); de là les noms de *duômoi*, *tethrippoi*, *tetraôroi*, etc. Quelquefois on mettait des mules à la place des chevaux, et le char alors s'appelait *apênê*. Ces chars, à un certain signal, partaient tous ensemble : le sort avait réglé leur place; ce qui n'était pas indifférent pour la victoire, parce que, devant tourner autour d'une borne, celui qui avait la gauche en était plus près que ceux qui étaient à la droite et qui par conséquent avaient un plus grand cercle à parcourir. On faisait douze fois le tour de l'hippodrome. Celui qui avait le plus tôt achevé le douzième tour était proclamé vainqueur. Le grand art consistait à prendre le point le plus propre pour tourner autour de la borne : car, si le conducteur du char s'en approchait trop, il courait risque de s'y briser; et s'il s'en éloignait trop aussi, son antagoniste le plus voisin pouvait lui couper le chemin et prendre le devant. Il ne faut pas croire cependant que dans la suite de la course les combattans gardassent toujours le rang dans lequel ils partaient : ce rang changeait souvent plusieurs fois dans un assez court espace de temps, et ces vicissitudes faisaient le plus grand plaisir des spectateurs et redoublaient l'intérêt du combat.

Tous ceux qui aspiraient à la victoire n'étaient point obligés à conduire eux-mêmes leur char;

il suffisait qu'ils fussent présens au spectacle ou même qu'ils envoyassent les chevaux destinés à mener le char; mais dans l'un et l'autre cas, il fallait d'abord faire inscrire sur les registres les noms de ceux pour qui les chevaux devaient combattre, soit dans la course des chars, soit dans la simple course à cheval.

Les femmes, au témoignage de Pausanias (livre 3e), furent admises par la suite à disputer le prix de la course des chars. Cynisca, sœur d'Agésilas, roi de Lacédémone, fut la première qui, par sa victoire, ouvrit cette carrière aux personnes de son sexe. Les Spartiates lui érigèrent un superbe monument, et une inscription en vers transmit à la postérité la mémoire de son triomphe.

La lutte paraît avoir été usitée dès les premiers siècles de la Grèce. Hercule l'institua aux jeux olympiques, et Thésée aux jeux isthmiques en même temps. Jusqu'à ce héros la lutte s'était pratiquée sans art et d'une manière toute naturelle; mais il établit le premier les palestres où des maîtres l'enseignaient aux jeunes gens.

Après que les lutteurs s'étaient frottés d'huile, on les divisait par couple, et ils en venaient aux mains. C'est alors qu'il fallait les voir se mesurer des yeux, puis soudain s'empoigner et s'enlacer mutuellement de leurs bras nerveux, se tirer rudement en avant, se pousser et se renverser en arrière, se serrer à la gorge jusqu'à s'ôter la respiration, se plier obliquement et sur les côtés, s'enlever en l'air, se heurter de front comme des béliers. Pour être vainqueur il fallait renverser son adversaire trois fois. De là les verbes *triaxai* et *apotriaxai*, remporter la victoire, et *apotriachthênai*, être vaincu. On distinguait deux sortes de luttes: *orthia palê*, ou *orthopalê*, où les combattans devaient se tenir debout; et *anaklinopalê*, où ils pouvaient à leur choix se rouler sur l'arène. On les nommait alors *kulistikoi*. Le vaincu reconnaissait sa défaite de vive voix, ou en levant le doigt en l'air; de là l'expression *aire daktulon*, confessé-toi vaincu.

Le pugilat *pugmê*, ou *pugmikê*, était un combat à coups de poings. Les pugilistes armaient quelquefois leurs mains de pierres ou de masses de métal, nommées *sphairai*, et le combat s'appelait alors *sphairomachia*. Dans les premiers temps, on combattait seulement avec les poings; l'usage du ceste s'introduisit par la suite.

C'était une espèce de gantelet composé de plusieurs courroies ou bandes de cuir, qu'on fortifiait par des plaques de fer, de cuivre ou de plomb: il se liait à l'entour du bras et servait à rendre les coups beaucoup plus violens. Le grand art dans cet exercice consistait à éviter les coups de son adversaire par un mouvement souple du corps et à ne point porter ses propres coups à faux. On les dirigeait sur le visage de l'adversaire, et les meurtrissures s'appelaient alors *upópia*.

Quelque acharnés que fussent les combattans l'un contre l'autre, l'épuisement où les jetait une trop longue résistance les réduisait souvent à la nécessité de prendre un peu de repos. Ils supendaient donc de concert le pugilat pour quelques momens, qu'ils employaient à se remettre de leurs fatigues et à essuyer la sueur dont ils étaient inondés; puis ils revenaient une seconde fois à la charge et continuaient à se battre jusqu'à ce que l'un d'eux, laissant tomber ses bras de faiblesse et de défaillance, fît connaître qu'il succombait à la douleur et à l'extrême lassitude, et qu'il demandait quartier, ce qui était s'avouer vaincu.

Le pancrace était un combat composé de la lutte et du pugilat. On le nommait ainsi (de deux mots grecs, *pan kratos*) parce qu'il exigeait toute la force du corps. Dans la lutte, il n'était pas permis de jouer des poings, ni dans le pugilat de se colleter; mais dans le pancrace, non-seulement on avait droit d'employer toutes les ruses pratiquées dans la lutte, on pouvait encore emprunter le secours des poings et des pieds, même des dents et des ongles pour vaincre son adversaire.

Le disque (*diskos*), sorte de palet pesant, rond et plat, de trois ou quatre pouces d'épaisseur, était fait quelquefois de bois, mais le plus souvent de pierre, de plomb ou de fer. Ceux qui s'exerçaient à ce combat s'appelaient *diskoboloi, lanceurs de disque*; et le vainqueur était celui qui le lançait le plus loin. On attribuait aux Lacédémoniens l'invention de cet exercice salutaire, dont le but était de rendre les hommes plus propres à porter le poids des armes et à en faire usage.

Le saut (*alma*) tirait son nom *apo tou allesthai*. Quelquefois les sauteurs se présentaient les mains vides; quelquefois ils portaient dans leurs mains, sur leur tête et sur leurs épaules, des poids de métal ou de pierres nommés *al-*

tères, qu'ils jetaient en l'air, à l'instant où ils s'élançaient, pour donner à leur corps plus d'élasticité. La lice, d'où l'on sautait, s'appelait *batêr*; le but, *ta eskammena*, de *sxaptô*, *creuser*, parce qu'on le désignait en creusant la terre; de là le proverbe *pédan uper ta eskammena, sauter au-delà du but*, appliqué aux extravagans.

Les Grecs donnaient le nom de *pentathle* à l'assemblage des cinq sortes d'exercices agonistiques mentionnés dans ce vers :

Alma, podôkeiên, diskon, akonta, palên.

Le saut, la course, le disque, le pugilat et la lutte. On croit que cette sorte de combat se décidait en un seul jour et quelquefois même en une seule matinée. Pour en mériter le prix, qui était unique, il fallait être vainqueur à tous ces divers exercices.

Avant la fin du cinquième jour on se rendait en foule au stade pour assister à la proclamation des vainqueurs, qui n'était qu'une répétition générale de ce que l'on avait fait à la suite de chaque combat. En un instant les gradins du cirque, la colline *Cronium*, le bois sacré de l'Altis et toutes les avenues du stade étaient inondés des flots de la multitude, qui se pressait au milieu de l'allégresse universelle et publique. Les couronnes étaient placées dans le stade sur des trépieds d'airain, et les palmes dans des urnes. Alors le son de la trompette se faisait entendre; aussitôt le silence régnait parmi les spectateurs, et l'un des présidens (*ellênodikai*) proclamait à haute voix les noms des vainqueurs, tandis qu'un autre leur mettait la couronne sur la tête et dans la main droite la palme de la victoire. A cette vue, des acclamations s'élevaient de toutes parts, des cris mille fois répétés frappaient les airs et faisaient retentir au loin les vallons du *Cronium* et les rives de l'Alphée; alors un héraut, précédé d'une trompette, conduisait tout autour du stade l'athlète revêtu d'un manteau magnifique, et répétait à la multitude son nom et celui de sa patrie; partout on lui jetait des fleurs; partout, sur son passage, les acclamations redoublaient; partout on lui témoignait avec transports la part qu'on prenait à sa victoire, et le plaisir qu'avait causé le spectacle de son combat. Comme il pouvait remporter plus d'une victoire, il recevait aussi plus d'une couronne et plus d'une palme.

Avant que les vainqueurs quittassent la carrière, un des présidens inscrivait sur le registre public leur nom, celui de leur pays et l'espèce de combat dans lequel chacun avait remporté la victoire; enfin l'on proclamait solennellement le vainqueur à la course des chars, et son nom était donné à l'olympiade.

Voilà donc quelle était dans le principe la récompense de tant de travaux, une couronne d'olivier sauvage, une simple branche de palmier! Et c'était pour l'obtenir que les Grecs supportaient tant de fatigues, s'imposaient tant de privations! La politique de ce peuple voulut faire entendre par là que l'honneur devait en être le seul but, et non point un vil intérêt; il voulut accoutumer ses enfans à ne chercher pour récompense de la vertu que la vertu même. Eh! de quoi en effet n'auraient pas été capables des hommes qui se seraient habitués à n'agir que par ce principe? C'est aussi ce qui causa l'étonnement de Tigrane, l'un des principaux chefs de l'armée de Xercès, lorsque, entendant raconter ce qui faisait le prix de ces jeux, il s'écria, en s'adressant à Mardonius, général de l'armée persane : « Ciel! avec quels hommes nous allez-vous mettre aux mains! Insensibles à l'intérêt, ils ne combattent que pour la gloire! » Exclamation pleine de sens et de sagesse, qui fut regardée par l'orgueilleux Xercès comme l'effet d'une honteuse lâcheté.

Longtemps les Grecs bornèrent toute leur ambition à de simples couronnes; et ce désintéressement leur fut d'autant plus honorable qu'il était un témoignage authentique du cas qu'ils faisaient de la pauvreté, à laquelle ils ne craignaient pas d'associer les dieux qui présidaient à ces combats. C'est ce qui a fait dire à Aristophane, dans Plutus :

O Zeus dêpou penetai : kai tout'êdê phanerôs sedidaxo.
Ei gar eploutei, pôs poiôn autos ton Olumpiakon agôna.
Ina tous Ellênas apantas aei di' etous pemptou xunageirei,
Anekerutten tôn athlêtôn tous nikôntas, stephanôsas Kotinou stephanô? Kaitoi chrusô mallon echrên, eiper eploutei.

Mais dans la suite les princes et les personnages opulens, qui ne dédaignaient pas de se mesurer dans la carrière, introduisirent des changemens et firent peu à peu disparaître cette antique et admirable simplicité. D'abord, on permit aux athlètes victorieux de fournir des tables magnifiques pour exposer les couronnes; celle d'Iphitus était ornée de bas-reliefs, ouvrage de Colotès, élève de Phidias. Puis, comme la poésie faisait ordinairement l'éloge des vainqueurs, chacun d'eux fut jaloux de voir célébrer son triomphe par un panégyriste dont la renommée s'étendît au loin; aussi payait-on à grands frais les poëtes les plus célèbres et un chœur nombreux de musiciens, qui mêlaient leurs accords mélodieux aux chants des hymnes. Bientôt la sculpture se réunit à la poésie et à la musique pour éterniser ces triomphes. Des statues furent érigées aux vainqueurs dans le lieu même où ils avaient été couronnés, quelquefois aussi dans celui de leur naissance. La patrie faisait ordinairement les frais d'un monument dont elle partageait la gloire. Le bois sacré de l'Altis était rempli d'une quantité prodigieuse de statues des dieux, des héros, et surtout des athlètes; on y voyait aussi un grand nombre d'autels et de trophées magnifiques. Si le vainqueur était peu fortuné, il était nourri le reste de ses jours dans le prytanée aux dépens de la patrie, et le trésor lui payait chaque année 500 drachmes, environ 250 francs de notre monnaie. Ils avaient encore la préséance dans les jeux publics, et étaient exempts d'impôt et de toute fonction onéreuse. Tous ces avantages sont énumérés dans ce passage de Xénophanes, de Colophon :

All' ei men tachutêti podôn nikên tis aroito,
ê pentathlenôn entha dios temenos,
par Pisao roês en Olumpiê, eite palaiôn,
ê kai puktosunên alginoessan echôn,
ei te ti deinon aethlon, o pankration kaleousin,
astoisi k' eiê kedroteros pros akra,
kaike proedriên phanerên en agôsin aroito,
kaike siteiê dêmosiôn kteanôn
ek poleôs, kai dôron o oi keimêlion eiê,
eite kai ippoisin tanta g' apanta lachoi.

Lorsque l'athlète retournait dans sa patrie, ses parens et ses amis lui formaient un cortége nombreux; et à son arrivée ses concitoyens sortaient au-devant de lui pour le recevoir. Monté sur un char à quatre chevaux, et décoré des marques de sa victoire, il entrait dans la ville, non par la porte, mais par une brèche que l'on faisait exprès à la muraille. On portait des flambeaux devant son char, qui s'avançait lentement au milieu des cris d'allégresse, des fanfares des instrumens, des chants de victoire, précédé et suivi d'un cortége plus nombreux et plus magnifique encore que celui qui l'avait accompagné dans le voyage.

La cérémonie du triomphe athlétique se terminait ordinairement par un festin que le peuple donnait à ses dépens au vainqueur, à ses parens et à ses amis, ou que l'athlète donnait à ses frais; et alors il régalait souvent une grande partie des spectateurs. Quand le peuple en faisait la dépense, les athlètes étaient traités dans les prytanées. Celui d'Olympie, placé dans le bois sacré de Jupiter, auprès du gymnase, avait une salle pour les festins publics. Lorsque les athlètes en faisaient eux-mêmes les frais, ils choisissaient des lieux proportionnés à la multitude des conviés. Alcibiade, après s'être acquitté des sacrifices dus à Jupiter (car c'était toujours par là que se terminait le cinquième jour des combats), traita toute l'assemblée avec une somptuosité extraordinaire.

C'était ordinairement au milieu de la joie de ces festins que la poésie célébrait le triomphe du vainqueur et la gloire qui en rejaillissait sur sa patrie et sur ses parens. Aussi l'enthousiasme des convives semblait se communiquer au poëte : son esprit s'enflammait; et alors ses chants s'élevaient véritablement à la hauteur de son sujet. Ainsi, quelque magnifiques, quelque sublimes que soient les expressions figurées de Pindare pour représenter la gloire dont se couvraient les vainqueurs, elles ne sont ni outrées ni hyperboliques et ne font que retracer la haute idée que les Grecs eux-mêmes en avaient. Ce peuple éclairé ne concevait rien de comparable; il ne croyait pas qu'il fût permis à un mortel de porter ses désirs plus loin; et cette opinion subsistait encore du temps de Cicéron et d'Horace. Cicéron, dans ses *Tusculanes*, assure que la victoire que l'on remportait aux jeux olympiques était pour les Grecs ce que l'ancien consulat dans toute la splendeur de son origine était pour les Romains : *Olympiorum victoria, Græcis consulatus ille antiquis videbatur.* Ailleurs il dit que vaincre à Olympie était presque dans l'idée des Grecs quelque chose de plus grand et de plus glorieux que de recevoir à Rome les honneurs du triomphe : *Olympionicam esse, apud Græcos prope majus fuit et gloriosius quàm Romæ triumphasse* (pro Flacco, n. 31). Mais Horace parle de ces sortes de victoires dans des termes encore plus forts; il ne craint point de dire qu'elles élevaient le vainqueur au-dessus de la condition humaine; ce n'était plus un homme, c'était un dieu:

> ... Palmaque nobilis
> Terrarum dominos evehit ad Deos.
> Od. I, lib. I.

> Sive quos Elea domun reducit
> Palma cœlestes.
> Od. 2, lib. 4.

Cependant le relâchement s'étant introduit dans les courses de chevaux et de chars s'étendit insensiblement aux autres exercices. Ces combats, si illustres par leurs auteurs et si utiles par le but qu'ils s'y proposaient, donnèrent lieu aux maîtres qui les pratiquaient avec plus de succès et qui les enseignaient à la jeunesse, de s'y livrer par ostentation et de faire assaut entre eux pour le simple plaisir de se donner en spectacle et de chercher à divertir le public.

Aussi l'auteur de l'*Esprit des lois* observe-t-il que, « du temps de Platon, les jeux olympiques étaient encore dignes d'admiration. Ils se rapportaient à un grand objet, qui était l'art militaire. Mais lorsque les Grecs n'eurent plus de vertus ces institutions détruisirent l'art militaire même. On ne descendit plus dans l'arène pour se former, mais pour se corrompre. Plutarque raconte que de son temps les Romains pensaient que ces jeux avaient été la principale cause de la servitude où étaient tombés les Grecs : c'était au contraire, reprend judicieusement notre profond politique, la servitude des Grecs qui avait corrompu ces exercices. Du temps de Plutarque, l'exercice de la lutte rendait les jeunes gens lâches, les portait à un amour infâme et n'en faisait que des baladins. Du temps d'Épaminondas, le combat de la lutte faisait gagner aux Thébains la bataille de Leuctres (liv. 8, chap. 11). »

La cessation entière des jeux olympiques arriva la deux cent unième olympiade, à compter de celle de Corœbus, l'an du monde 3977; de la fondation de Rome 783, et de notre ère le vingt-huitième. Cette Olympiade se trouve inscrite du nom d'*Hermogène*, de Pergame, qui fut sans doute le dernier vainqueur à la course des chars. Rome, qui jusque-là s'était contentée de vaincre l'univers, vaincue à son tour par le luxe de la Grèce subjuguée, voulut plaire et avoir ses spectacles, ses cirques, ses amphithéâtres. Tous les regards se tournèrent de ce côté; les peuples y accoururent en foule pour faire leur cour aux empereurs, et désertèrent insensiblement le stade olympique.

Nous terminerons cette dissertation par quelques réflexions sur la manière dont Pindare divise ses odes en *strophes*, *antistrophes* et *épodes*.

Les odes que les premiers poëtes composèrent pour célébrer les louanges de la divinité furent non-seulement embellies par tous les charmes de la poésie mais encore relevées par le son des instrumens les plus harmonieux. Bientôt après, la musique ayant été introduite dans le sanctuaire, la danse ne tarda pas à l'être aussi, parce que ces deux arts se lient intimement l'un à l'autre par l'expression; aussi trouve-t-on chez toutes les nations au nombre des cérémonies religieuses la danse appelée *sacrée*.

Cette danse était en usage chez les Juifs dans les fêtes solennelles établies par la loi, ou dans les occasions de réjouissance publique pour rendre grâces à Dieu et pour l'honorer. Après le passage de la mer Rouge et avant la promulgation de la loi, Moïse et sa sœur chantèrent et dansèrent devant le peuple pour remercier le Seigneur de les avoir arrachés à la vengeance de Pharaon.

Lorsque la nation sainte célébrait quelque événement heureux, où le bras du Tout-Puissant s'était manifesté d'une manière éclatante, les Lévites exécutaient des danses solennelles.

David se joignit à ces ministres sacrés, et dansa en présence de tout Israël lorsque l'arche fut ramenée dans la maison d'Obédédom à Bethléem.

La danse sacrée ne se trouve pas seulement chez le peuple juif, elle était encore pratiquée chez les Égyptiens, qui l'établirent en l'honneur d'Isis. On leur doit aussi l'invention de la danse *astronomique*, qui s'exécutait dans les temples et qui représentait, par des mouvemens variés et certaines figures l'ordre, le cours des astres et leurs différentes révolutions. Platon et Lucien en parlent comme d'une invention sublime.

Orphée, qui avait puisé chez les Égyptiens toutes ses idées sur la divinité et son culte, introduisit aussi chez les Grecs la danse sacrée. Depuis lui, toutes les fois qu'on élevait un autel nouveau on ne manquait jamais d'en faire la consécration par des danses publiques.

Des Grecs, la danse passa chez les Romains. On sait qu'à certaines époques, les Saliens, prêtres de Mars, exécutaient à Rome des danses publiques en l'honneur de leur dieu. Une foule d'auteurs en font mention.

Il était essentiel de faire observer cet usage, parce que seul il peut répandre quelque lumière sur ce que l'on doit entendre par *strophes*, *antistrophes* et *épodes* et aider nos lecteurs à s'en former une juste idée.

Dans le temps donc que la musique et la danse accompagnaient inséparablement l'ode, qui célébrait les louanges des dieux, cette dernière espèce de poésie fut divisée de telle manière, qu'on appelait *strophe*, la première partie de l'ode que le chœur chantait en dansant autour de l'autel, au son de la lyre, de droite à gauche. Par ce mouvement on prétendait représenter celui du monde, d'orient en occident; car Homère et d'autres poëtes anciens appellent à droite ce qui est à l'orient. La strophe finie, le chœur continuait la danse, mais dans un sens contraire, c'est-à-dire de gauche à droite, pour imiter, par ce mouvement, celui des planètes, d'occident en orient. Cette seconde partie de l'ode, que l'on chantait pendant cette nouvelle conversion, prenait de là le nom d'*antistrophe*. Une règle constante, c'est que les vers de celle-ci devaient être exactement du même nombre, de la même espèce et dans le même arrangement que ceux de la strophe. On reconnaît au premier coup d'œil que ces mouvemens du chœur ne sont qu'une imitation de la danse astronomique, inventée par les Égyptiens.

Dans la suite, Stésichore termina chaque révolution par une pause assez longue, pendant laquelle le chœur immobile devant la statue du dieu pour représenter la solidité de la terre chantait tantôt debout, tantôt assis, un troisième couplet. Ce couplet étant la clôture des deux autres, fut de là appelé *épode* (*epi ôdê*, chant par-dessus), *chant pour finir*. L'épode était ou plus longue ou plus courte que la strophe, rarement elle lui était égale, elle se composait de vers d'un rhythme différent et ne se chantait pas sur le même air.

Ce Stésichore, qui fut, dit-on, le premier inventeur de l'épode, était d'Himère, en Sicile. On l'appelait d'abord Tisias; mais depuis le changement qu'il fit dans les chœurs, on le nomma Stésichore, nom qui désigne exactement cette pause qu'il avait introduite. Pausanias raconte que ce poëte ayant perdu la vue, en punition des vers mordans qu'il avait faits contre Hélène, ne la recouvra qu'après avoir rétracté ses médisances, par une pièce contraire à la première; ce qu'on appela depuis, *chanter la palinodie*.

Chez les Romains, la poésie lyrique se flattant de plaire par ses propres attraits, n'empruntait plus si servilement ceux de l'harmonie. Pensant que sa marche noblement cadencée était suffisante pour séduire et pour charmer, elle se hasarda à se montrer quelquefois seule et négligea de se parer d'ornemens étrangers. A Rome, les odes d'Horace étaient vraisemblablement plus lues qu'elles n'étaient chantées; et s'il y avait une musique sur laquelle les paroles fussent ajustées (ce qui n'est pas encore démontré), cette musique n'avait pas différentes parties. Il n'était donc pas nécessaire de les diviser en *strophes*, *antistrophes* et *épodes*. Aussi Horace n'en fait-il pas mention.

Les poëtes français ont ressuscité le mot de *strophe*, et ont donné ce nom aux *divisions* de leurs odes, parce que ce mot, qui signifie *conversion*, exprimait mieux et plus brièvement que tout autre, le retour ou la répétition du même mécanisme qu'ils observent dans chacun de leurs couplets, composés invariablement sur le modèle du premier. Mais une différence sensible entre leurs strophes et celles de Pindare, c'est que les premières doivent être terminées par un sens parfait, règle qui les fait aussi appeler *stances* (de l'italien *stanza*, station), au lieu que celles du poëte grec ne sont terminées, ni par un sens, ni par la fin d'une phrase, ni même, ce qui paraîtra étonnant, par celle du mot, comme on le voit au quarante-cinquième vers de la troisième Olympique.

Voilà tout ce qu'on peut dire de plausible sur cette manière de diviser l'ode chez les Grecs. Les auteurs anciens n'ayant rien de bien précis à cet égard, nous nous sommes bornés à présenter ce qui se trouve dispersé dans les grammairiens, les scoliastes et les commentateurs.

Je ne dirai plus qu'un mot; et c'est de ma traduction. Frappé des éloges unanimes que Pindare a inspirés à toute l'antiquité et des jugemens divers que plusieurs littérateurs modernes en ont portés, je crus que ce grand poëte avait plus que tout autre auteur grec des droits à mes faibles recherches. Le désir de connaître et d'approfondir, toujours impérieux à un âge où les passions et la pensée sont plus vives, soutint et encouragea mes efforts contre toutes les difficultés d'une telle entreprise.

Je lus donc et relus souvent les odes du poëte de Thèbes; mais, malgré le véritable culte que je lui avais voué, je ne tardai pas à me persuader qu'il serait en quelque sorte impossible d'imiter en notre langue et de rendre parfaitement ces chants inspirés par le plus haut enthousiasme poétique et national, et dans lesquels le sens est presque toujours inséparable de certaines circonstances où le poëte et le vainqueur se trouvaient placés. Je m'environnai de tous les matériaux qui pouvaient m'être utiles, je consultai les scholiastes, les commentateurs, en un mot je recueillis tout ce qu'on avait écrit sur les jeux des anciens, sur les usages et coutumes de ces temps, sur la vie du poëte, son style, la marche de ses odes, etc.

Bientôt je réunis les traductions qui en avaient été faites; je parcourus tour à tour Sozzi, Gin, Tourlet, les *Essais* de Vauvilliers et ceux de l'auteur des *Soirées littéraires*. Partout en général je fus loin de reconnaître les chants harmonieux et sublimes du cygne de Dircé, ou du moins je les trouvai singulièrement défigurés. Cependant ces traducteurs m'offrirent quelques lumières utiles dont je profitai.

Dès ce moment je me résolus à traduire Pindare tout entier, mot à mot, avec l'attention scrupuleuse de ne point intervertir l'ordre des pensées, pour conserver leur enchaînement et leur gradation, et de respecter même l'ordre des mots pour ne pas détruire leur harmonie et leurs images : car tout se lie intimement dans la pensée et les expressions d'un génie supérieur.

Ce travail consciencieux, joint à un examen sérieux et réfléchi des plus habiles critiques, me convainquit que la plupart des traducteurs du poëte de Béotie étaient tombés dans un grand nombre de contre-sens, et s'étaient contentés, dans les passages difficiles, de paraphraser le texte en comblant à leur gré les lacunes qu'ils prétendent que ses écarts laissent en plus d'un endroit.

Quoique je fusse convaincu que notre langue, par sa pauvreté et l'uniformité de ses constructions, s'accordât peu avec la hardiesse des figures, l'harmonie des expressions, la variété du style, la longueur et la cadence des périodes de Pindare, néanmoins je compris qu'il serait possible, sinon d'égaler le modèle, au moins de ne pas rester tant au-dessous et de donner une traduction qui fût assez fidèle et assez élégante pour ne pas être tout à fait indigne du prince des poëtes lyriques. C'est là qu'ont tendu constamment mes soins et mes efforts pendant les cinq années que je me suis occupé de ce travail.

OLYMPIQUES.

I.

A HIÉRON (1) SYRACUSAIN,
Vainqueur au célés (2).

L'eau (3) est le premier des élémens, et l'or brille, entre les richesses les plus magnifiques, comme un feu étincelant au milieu des ombres de la nuit. Mais, ô (4) ma Muse! si tes regards parcourent en un beau jour le vide immense des cieux, ils n'y rencontreront point d'astre aussi resplendissant que le soleil; de même (5), si tu veux chanter des combats, tu n'en pourras célébrer de plus illustres que ceux de la carrière olympique.

C'est eux qui inspirent (6) aux doctes enfans de la sagesse des hymnes pompeux en l'honneur du fils de Saturne, et qui nous rassemblent aujourd'hui dans le palais fortuné d'Hiéron.

Ce prince libéral et magnifique, dont le cœur réunit tout ce que les vertus ont de plus sublime, fait fleurir la féconde Sicile par la sagesse de ses lois.

Il protège aussi les talens, et excelle dans l'art de former ces divins accords que souvent nous faisons entendre, assis à la table où son amitié nous convie.

Arrache donc à son silence (7) ta lyre dorienne. O ma Muse! si Pise anime tes transports, redis-nous les inquiétudes et l'allégresse que tu éprouvas en voyant Phérénice se précipiter d'un vol rapide (8) sur les bords de l'Alphée, et, sans être pressé de l'aiguillon, conquérir la victoire au maître habile qui l'a formé.

Ta gloire, ô roi de Syracuse! vivra sans cesse chez les valeureux descendans de Pélops (9), de ce Lydien fameux que le dieu dont l'humide empire embrasse la terre honora de son amitié, dès qu'il l'eut vu retiré par Clotho du vase funeste avec une épaule de l'ivoire le plus pur.

Prodiges étonnans sans doute!!... Mais la fable et ses fictions ingénieuses ont toujours eu plus d'empire sur le cœur des faibles humains que le simple langage de la vérité; et la poésie, qui embellit tout, a su prêter aux faits les plus incroyables l'apparence de la réalité. Le temps, à son tour, a épuré cette merveilleuse croyance.....

Quoi qu'il en soit, l'homme ne doit parler des dieux qu'avec respect et dignité : ses erreurs en seront toujours moins blâmables.

Fils de Tantale, je vais donc faire de ton histoire un récit contraire à celui de nos aïeux.

Je dirai qu'à ce festin splendide que ton père, hôte des immortels, leur rendit dans sa chère (10) Sipyle, Neptune, épris de tes charmes, t'enleva sur un char éclatant, au palais de l'Olympe, pour te donner auprès de lui les mêmes fonctions que déjà Ganymède (11) remplissait auprès du puissant Jupiter. Tu ne reparus plus, et tes fidèles serviteurs te cherchèrent en vain pour te rendre à ta mère éplorée.

Alors des voisins, jaloux de ta gloire, publièrent secrètement que tes membres, coupés en (12) morceaux et jetés dans l'airain frémissant sur la flamme, avaient été dévorés par les célestes convives.

Et je croirais les dieux avides à ce point!... Non, loin de moi une telle absurdité : jamais la calomnie n'échappa au châtiment qu'elle mérite.

Si les habitans de l'Olympe honorèrent un mortel de leur faveur, ce fut (13) Tantale. Mais il ne put supporter tant de prospérité; le dégoût et les soucis naquirent de l'abondance, et le père des dieux suspendit sur sa tête un énorme rocher : sans cesse il s'efforce d'en détourner le poids menaçant. Vain espoir! Tantale a perdu pour toujours sa joie et son bonheur.

Le voilà donc condamné sans retour à traîner sa triste existence en proie à de continuelles alarmes et associé aux (14) trois grands criminels du Tartare.

Un quatrième supplice est encore réservé à son audace. Il osa dérober aux immortels et prodiguer à ses compagnons le nectar et l'ambroisie qui l'avaient préservé de la mort. Insensé! pouvait-il espérer de cacher son larcin à la divinité. Pour le punir de sa témérité sacrilége, les dieux firent aussitôt rentrer son fils dans la courte et pénible carrière de la vie.

Ce fils était à la fleur de l'âge, à peine un tendre duvet commençait à couvrir ses joues, qu'il espéra allumer le flambeau d'un hymen digne de lui, et obtenir du roi de Pise, sa fille la belle Hippodamie.

Seul, pendant une nuit obscure, il se rend sur les bords de la mer écumeuse; et là, au milieu du mugissement des flots, il invoque à grands cris celui dont le trident fait retentir au loin les ondes.

Soudain ce dieu apparaît à ses regards: « Neptune, lui dit Pélops, si les aimables dons de Cypris ont pour toi quelque charme, transporte-moi en Élide sur ton char rapide; détourne de mon sein la lance du perfide OEnomaüs et couronne mes efforts du succès.

Déjà treize prétendans valeureux ont péri sous les coups de ce père barbare, qui diffère ainsi l'hyménée de sa fille. Les âmes timides ne sont point faites pour affronter de grands dangers; et puisque la mort est inévitable, pourquoi attendre dans un indigne repos une vieillesse honteuse sans avoir rien fait pour la gloire. J'ai résolu de tenter le combat; c'est à toi, ô Neptune! de m'accorder la victoire. »

Ainsi parla Pélops, et sa prière fut soudain exaucée. Le dieu voulant honorer son favori, lui donne un char tout resplendissant d'or attelé de coursiers ailés et infatigables. Il triomphe d'OEnomaüs, s'unit à la jeune Hippodamie et devient bientôt le père de six princes dignes imitateurs de ses vertus.

Maintenant c'est là que sa cendre repose en paix, non loin des rives de l'Alphée; et sur l'autel qui orne son tombeau, on offre chaque année de sanglans sacrifices, au milieu de l'affluence de toutes les nations.

Ainsi s'étendit la gloire de Pélops; ainsi s'est immortalisé son nom dans ces jeux où Olympie appelle les combattans à disputer le prix de la vitesse à la course, et celui de la force et du courage à affronter hardiment les dangers.

Qu'heureux est le mortel à qui la victoire a souri! Il coule le reste de ses jours au sein de la plus délicieuse tranquillité: le souvenir de ses combats est pour lui le souverain bien; il en jouit sans crainte de le perdre jamais.

O ma Muse! couronnons le front d'Hiéron, aux accens de la lyre éolienne; et faisons entendre des chants dignes de la victoire qu'il vient de remporter à la course.

Quel autre, de ceux qu'une généreuse hospitalité me rend chers, mérite mieux l'éloge de mes hymnes? Quel autre possède à un plus haut degré ces deux précieux avantages: l'amour des choses honnêtes et l'éclat de la puissance?

Un dieu protecteur, ô Hiéron, veille à l'accomplissement de tes vœux et à ta postérité. Bientôt, s'il ne retire son bras puissant, j'ai le doux espoir de célébrer ton char glorieux; et, à la vue de la colline de Saturne, quel enthousiasme nouveau fécondera mon génie et animera mes accens! Déjà ma Muse prépare pour ce beau jour le plus fort, le plus victorieux de ses traits.

La grandeur a différens degrés où sont placés les mortels: le plus élevé est celui qu'occupent les rois; ne porte pas tes regards au-delà.

Ah! puisses-tu couler tes jours dans l'éclat de ce rang sublime! Puissé-je moi-même passer les miens au milieu de tels vainqueurs; et, par ma sagesse, me recommander à l'estime de la Grèce entière!

II (1).

A THÉRON (2) D'AGRIGENTE,

Vainqueur à la course des chars (3).

Hymnes qui régnez sur ma lyre, quel dieu (4), quel héros, quel mortel vont célébrer nos accens? Jupiter est le protecteur tout-puissant de Pise; Hercule, des prémices de ses glorieux travaux (5), institua les solennités olympiques; Théron vient de remporter à la course des chars la palme de la victoire : c'est Théron que je veux chanter aujourd'hui. Prince juste et hospitalier (6), il est le plus ferme soutien d'Agrigente, le sage législateur des cités, et s'élève comme une fleur sur la tige illustre dont il est le rejeton.

Longtemps battus par les vents de l'adversité, ses aïeux s'établirent enfin sur les rives sacrées (7) du fleuve qui baigne Agrigente et devinrent le flambeau de toute la Sicile. Là ils passèrent le reste de leur vie au sein du bonheur, rehaussant par l'éclat de leurs vertus héréditaires et leurs richesses et leur puissance.

Fils de Saturne et de Rhée, toi qui du haut de l'Olympe où tu dictes tes lois contemples avec plaisir nos glorieux combats, et te montres sensible à mes chants, conserve, ah! dans ta bonté, conserve à leurs descendans la terre fortunée qui les a vus naître.

Les actions passées, justes ou injustes, sont à jamais consommées : le temps (8), père de toutes choses, ne pourrait lui-même les anéantir. Cependant les joies de la fortune peuvent les faire oublier ; et souvent, quand un dieu propice nous envoie un bonheur constant, le plaisir et la prospérité effacent en nous jusqu'au moindre souvenir des plus effroyables maux.

A de grands malheurs succède une félicité plus grande encore. Témoin les filles de (9) Cadmus, qui, maintenant au sein de la gloire, oublient les longues infortunes qui les ont accablées.

L'aimable Sémélé, que la foudre priva de la lumière, n'habite-t-elle pas aujourd'hui les palais radieux de l'Olympe, chérie de Jupiter et de Pallas, chérie du dieu son fils que couronne le lierre?

Accueillie au sein des flots, par les filles du vieux Néré, Ino ne retrouva-t-elle pas la vie et l'immortalité? Sans doute aucun mortel ne connaît le terme de sa carrière. Eh! qui pourrait seulement se flatter que le jour dont on voit le matin pur et tranquille s'écoulera jusqu'au soir avec la même sérénité?

Ainsi le plaisir et la peine, semblables aux lots balancés, agitent tour à tour le cœur des misérables humains. Ainsi le sort, qui se plut à prodiguer aux aïeux de Théron la fortune et l'opulence, doux présens des dieux, leur fit éprouver en d'autres temps de cruels revers.

Un fils, poussé par le Destin, rencontre et tue Laïus, et, parricide involontaire, accomplit l'antique et fatal oracle d'Apollon. Mais l'œil perçant d'Érynnis l'a vu ; elle arme ses deux fils du glaive de la vengeance, et leurs mains fratricides se lavent dans leur propre sang!!!

Polynice laissa un fils, Thersandre (11), également habile dans les exercices de la jeunesse et dans les périlleux travaux de Bellone. Ce rejeton s'allia au noble sang des Adrastides, et de lui naquirent tes ancêtres, ô Théron! C'est toi, digne fils d'Œnésidame, que célèbrent maintenant et ma lyre et mes vers.

Olympie te décerne aujourd'hui les palmes éléennes, et naguère tu (12) partageas encore la gloire dont ton frère se couvrit à l'Ithsme et à Delphes, où son char victorieux parcourut douze fois la carrière.

Heureux celui dont la victoire a couronné les efforts! Il ne sera jamais exposé aux soucis rongeurs. L'opulence embellie par la vertu le rendra capable de tout entreprendre, créera en lui cette réflexion profonde (13), astre divin, guide lumineux de l'homme dans les sentiers et la recherche de la vérité.

Eclairé par cet esprit investigateur, il saura les secrets de l'avenir, les châtimens qui attendent les crimes commis sur la terre et la sentence que prononce au fond des enfers un juge inexorable.

Un soleil toujours pur éclaire nuit et jour la paisible demeure des justes. Là ils coulent des momens heureux : leurs bras ne fatiguent point les flots, leurs mains n'y déchirent point la terre pour en arracher la pauvre nourriture des mortels.

Près des amis des dieux vivent en paix ceux qui crurent à la sainteté du serment : jamais les larmes n'altèrent leur bonheur, tandis que les parjures sont consumés par d'horribles supplices.

Et vous dont les âmes (14) habitèrent successivement trois fois le séjour de la lumière et trois fois celui des enfers sans jamais connaître l'injustice, bientôt vous aurez parcouru la route que traça Jupiter, bientôt vous parviendrez au royaume de Saturne, dans ces *îles fortunées* (15) que les zéphirs de l'océan rafraîchissent de leur douce haleine : là des bosquets odorans ombragent le cours des ruisseaux et les prairies sont émaillées de mille fleurs d'or dont tressent des couronnes les habitans de ces demeures pour orner et leur sein et leur front.

Ainsi, dans sa justice, l'a voulu Rhadamanthe, qui siége à la droite de l'époux de Rhée, puissante déesse dont le trône domine celui des autres immortels.

C'est dans ces lieux qu'habitent et Cadmus et Pélée ; c'est là qu'admis par les prières de sa mère, habite aussi l'invincible Achille, dont le bras immola Hector, ce rempart inexpugnable de Troie, et terrassa Cycnus et l'Éthiopien fils de l'Aurore.

Combien mon carquois ne renferme-t-il pas encore de ces traits qui ne partent que de la main du génie et qui sont trop pesans pour le vulgaire !

Celui-là seul est vraiment sage que la nature a instruit par ses (16) leçons ; ceux qu'une étude pénible a formés se perdent en de vaines paroles, semblables aux corbeaux (17) qui, de leurs bruyantes clameurs, ne sauraient intimider l'oiseau sacré de Jupiter.

Mais, ô ma Muse, ranime tes efforts ! tends de nouveau ton arc vers le but. Et quel but proposer à tes traits victorieux ? Dirige-les vers Agrigente.....

Que les accens de la vérité sortent de ma bouche, et qu'ils soient confirmés par un serment solennel ! Jamais, depuis cent ans, aucune cité n'a vu naître un mortel d'un cœur plus généreux, un roi plus libéral que Théron.

En vain l'envie voudrait ternir sa gloire, en vain l'injustice anime contre lui ceux qu'il a (18) comblés de ses faveurs : elles ne parviendront jamais à voiler aux hommes vertueux l'éclat de tant de belles actions. Qui pourrait en effet compter ses bienfaits ? Leur nombre surpasse (19) celui des sables de la mer.

III.

A THÉRON (1).

Puissent les (2) fils de Tyndare, protecteurs de l'hospitalité, puisse la belle Hélène se montrer aujourd'hui propices à mes chants ! Je célèbre Agrigente et l'illustre Théron, qui fait voler avec tant de succès dans la carrière olympique ses coursiers aux pieds légers et infatigables.

Ma Muse m'inspire des chants extraordinaires, et me presse de marier tour à tour aux accords variés du mode dorien les accens de ma voix qui fait l'ornement des festins. Déjà le front du vainqueur ceint de l'olivier triomphal m'invite à m'acquitter d'une dette sacrée, à unir les sons de ma lyre aux modulations de la flûte pour célébrer dans mes hymnes le glorieux fils d'OEnésidame. Tu m'ordonnes aussi de chanter, ô Pise ! source divine où les mortels puisent toujours la plus sublime louange.

Suivant l'antique usage établi par Hercule, un citoyen d'Étolie (3), juge intègre de nos combats, orne le front de l'athlète victorieux d'une couronne d'olivier verdoyant. Le fils d'Amphitryon apporta (4) jadis cet arbre des sources ombragées de (5) l'Ister : la douce persuasion le lui ayant fait obtenir des peuples hyperboréens, fidèles adorateurs (6) d'Apollon, il voulut que ses rameaux fussent la récompense glorieuse de nos triomphes.

Il méditait encore dans son cœur un beau dessein : celui de consacrer à Jupiter un bois capable de recevoir tous les enfans de la Grèce, et de donner par son feuillage de l'ombre aux spectateurs et des couronnes à l'athlète victorieux. Déjà le héros avait élevé dans ces lieux un autel à son père, alors que Phébé sur son char d'argent montrait en entier son disque lumineux ; déjà il y avait placé le tribunal des juges incorruptibles du combat, et arrêté que, tous les cinq ans, on célébrerait ces grands jeux sur les bords de l'Alphée. Mais ces beaux arbres, dont l'aspect délicieux charme aujourd'hui nos regards, n'embellissaient point encore le (7) Cronium et la vallée de Pélops : ce lieu n'avait ni ombre ni verdure ; il était exposé de toutes parts aux rayons d'un soleil ardent.

Cependant le fils de Jupiter brûlait de se transporter en Istrie, où jadis la belliqueuse fille de Latone le reçut lorsqu'il descendait des coteaux et des vallons sinueux de l'Arcadie, et que, pour obéir à l'oracle de son père et accomplir les ordres (8) d'Eurysthée, il poursuivait cette biche aux cornes d'or que (9) Taygète avait jadis consacrée à Diane (10) l'Orthosienne.

En s'attachant à ses traces, il arriva dans ces régions que Borée ne tourmenta jamais (11) de son souffle glacial. Frappé de la beauté des arbres qu'elles produisent, il forme aussitôt le projet d'en orner la carrière où (12) douze contours égaux mesurent le terme de la course. Et aujourd'hui il honore de sa présence la pompe de cette fête (13) avec les jumeaux de la belle Léda; car lorsque le héros fut monté dans l'Olympe, il les chargea de présider à ces nobles combats, et de juger de la force des athlètes et de l'adresse des écuyers à faire voler un char dans l'arène.....

Mais, ô ma Muse! hâte-toi de célébrer la gloire immortelle que Théron et les (14) Emménides viennent d'acquérir par la protection des illustres fils de Tyndare. Quels mortels sont plus dignes d'être chantés? Nul n'ouvre comme eux sa table généreuse à l'hospitalité; nul ne remplit avec plus de religion les devoirs sacrés que les dieux nous imposent. Oui, si l'eau règne sur les élémens, si l'or est le plus précieux des biens que l'on puisse posséder, ah! les vertus de Théron sont encore mille fois préférables! Elles l'ont conduit jusqu'aux colonnes (15) d'Hercule, au delà desquelles aucun mortel, le sage même, ne se flattera jamais d'atteindre... Cessons nos chants: tout autre éloge serait téméraire.

IV.

A PSAUMIS DE CAMARINA (1),

Vainqueur à la course aux chevaux (2).

Toi dont la main puissante lance au loin la foudre au vol impétueux, grand Jupiter, les (3) Heures tes filles me rappellent à Olympie pour être témoin de ses illustres combats, et chanter les vainqueurs aux sublimes accords de ma lyre!

Quelle est grande la joie de l'homme vertueux à la nouvelle du triomphe d'un hôte qui lui est cher! Reçois, fils de Saturne, maître souverain de l'Etna mugissante, dont le poids écrase le furieux (4) Tiphon aux cent têtes, reçois ce témoignage de ma reconnaissance, cet hymne consacré au vainqueur d'Olympie et qui doit immortaliser les plus héroïques vertus.

Voici (5) venir Psaumis sur son char de triomphe : le front ceint de l'olivier de Pise, il se hâte de retourner à Camarina sa patrie, pour y recueillir une gloire éternelle. Puissent les dieux exaucer tous les vœux de ce héros dont je célèbre les louanges!

S'il fut habile à dresser les coursiers, il fut encore plus ami des vertus hospitalières et de la paix si favorable au bonheur des cités. Je n'embellirai point mes éloges des couleurs du mensonge : de tout temps l'expérience apprit à juger les hommes.

C'est elle qui jadis vengea le fils de (6) Clymène de l'affront des femmes de Lemnos, lorsque vainqueur à la course, malgré le poids d'une armure d'airain, il s'avança vers Hypsipye pour recevoir de ses mains la couronne triomphale : « Reconnaissez en moi, lui dit-il, ce guerrier aussi brave dans les combats que souple et agile à la course. » Souvent la (7) jeunesse voit blanchir ses cheveux avant les jours fixés par la nature.

V.

AU MÊME PSAUMIS (1),

Vainqueur à la course des chars (2).

Fille (3) de l'Océan, recevez avec joie cette palme dont Olympie vient de couronner le plus glorieux des triomphes et de sublimes vertus. Psaumis la dépose à vos pieds; elle est la récompense des infatigables coursiers de son char.

C'est à ce mortel généreux que Camarina doit son agrandissement et son lustre (4), et ces douze autels que sa religion a consacrés aux grands dieux de l'Olympe et sur lesquels le sang des taureaux a coulé pendant les cinq jours solennels où Pise le vit se distinguer par son adresse à diriger un char, à faire voler ses mules et à guider un *célès* rapide. Quelle gloire ne vous a-t-il pas acquise en ce jour où il a fait proclamer et le nom de son père Acron et celui de sa patrie (5) relevée tout récemment de ses ruines par sa munificence.

A peine revenu de ces lieux charmans où tout rappelle OEnomaüs et Pélops, c'est dans ton bois sacré, ô Pallas! protectrice (6) des cités, qu'il offre ses premiers vœux. La pompe (7) de ses fêtes embellit le fleuve Oanis, le lac dont les bords l'ont vu naître, et ces canaux magnifiques par lesquels l'Hipparis (8) porte le tribut de ses eaux, les matériaux de nombreux et superbes édifices, et la richesse et le bonheur à un peuple autrefois indigent.

Toujours les entreprises périlleuses coûtent à l'homme vertueux beaucoup de peines et de travaux; mais quand un heureux succès couronne de tels efforts, alors les peuples applaudissent à leur sagesse.

O Jupiter sauveur! toi qui foules aux pieds les nues (9), qui habites le Cronium et te plais sur les bords majestueux de l'Alphée et dans l'antre (10) sacré de l'Ida, que mes chants, mêlés aux accords des flûtes (11) lydiennes, s'élèvent jusqu'à toi! Daigne illustrer à jamais cette cité par les plus éclatantes vertus! Et toi, vainqueur olympique, si fier de tes coursiers rivaux de ceux de (12) Neptune, puisses-tu, entouré de tes enfans, couler une heureuse et paisible vieillesse.

Le mortel qui joint une santé florissante à la richesse et à la gloire doit se garder d'envier le sort des dieux.

VI.

A AGÉSIAS SYRACUSAIN (1),

Vainqueur à la course des chars (2).

Quand un architecte habile élève un somptueux édifice, il en soutient les portiques sur des colonnes d'or : ainsi donnons à mes vers un début brillant et pompeux, surtout si le sujet de nos chants est un vainqueur d'Olympie, un prêtre (3) de l'autel fatidique de Jupiter (4), un fondateur de la puissante Syracuse. Quel hymne assez magnifique sera digne de ce héros, que déjà ses concitoyens ont célébré tant de fois sans envie dans leurs éloges?

Fils de Sostrate, c'est à toi que conviennent des chants (5) aussi sublimes. La gloire acquise sans péril dans les batailles et sur l'élément perfide n'est d'aucune valeur aux yeux des mortels. Est-elle le prix de pénibles travaux, elle vit éternellement dans leur mémoire. O Agésias! tu es digne de l'éloge qu'Adraste jadis adressa au fils d'Oïclée, au devin (6) Amphiaraüs, lorsque la terre l'eut englouti avec ses blancs coursiers.

Après que sept bûchers embrasés eurent consumé les corps des guerriers des (7) sept chefs, le triste fils de Talaüs prononça ces paroles : « Je pleure l'ornement et la gloire de mon armée, un sage devin, un vigilant et courageux capitaine. » Eh bien! l'illustre Syracusain que je célèbre mérite aussi cet éloge. Oui, quoique je sois ennemi des paroles de défiance et de contradiction, je ne craindrai pas de l'affirmer avec serment, oui, je le jure, et les Muses, qui n'inspirent jamais que des chants pleins de douceur, me pardonneront ce serment.

O Phintis (8)! attelle-moi promptement ces mules rapides; je vais parcourir aujourd'hui une brillante carrière et raconter l'origine des ancêtres d'Agésias. Ces mules couronnées à Olympie ne sont pas indignes de trouver place dans mes chants : elles peuvent mieux que tout autre guide me conduire à l'instant dans le palais (9) de Pitane, sur les bords de l'Eurotas.

Unie à Neptune, fils de Saturne, Pitane donna le jour à la belle Évadné aux cheveux d'ébène. Son sein cacha quelque temps le fruit de ses amours; mais le neuvième mois étant arrivé, elle confia à ses esclaves ce dépôt précieux pour le porter au vaillant fils (10) d'Élatus, qui dans (11) Phésane régnait sur les enfans de l'Arcadie, aux rives de l'Alphée.

Élevée en ces lieux charmans (12), Évadné goûta dans les bras d'Apollon les premières faveurs de Cypris; mais elle ne put longtemps échapper aux soupçons d'Épytus : cet époux infortuné comprit qu'elle portait dans ses flancs un germe divin. Cependant il renferme dans son cœur le feu de la colère qui le dévore et se rend à Delphes en toute hâte pour consulter l'oracle sur un avenir dont il ne peut supporter la pensée. Alors Évadné dépose sa ceinture de pourpre et son aiguière d'argent; et avec les secours des Parques et de la bienfaisante (13) Lucine qu'Apollon lui a envoyées, elle enfante, à l'ombre d'épais feuillages, un fils en qui respire la divinité.

Ainsi Jamus sortit du sein maternel sans peine et sans efforts. Sa mère, en proie aux plus vives alarmes, le laissait étendu à terre lorsque, par l'ordre des immortels, deux dragons aux regards étincelans, viennent lui prodiguer leurs caresses et le nourrir du (14) suc délicieux des abeilles.

Le roi bientôt a de nouveau franchi les sommets escarpés sur lesquels s'élève la ville d'Apollon; il rentre dans son palais, et demande à chacun des siens quel enfant Évadné a mis au monde: «Phébus, leur dit-il, m'a révélé qu'il en est le père, qu'entre tous les mortels il l'a choisi pour rendre sur la terre les oracles du ciel, et que sa postérité sera éternelle.» Ainsi parle Épytus. Tous répondent qu'ils n'ont rien aperçu, rien entendu. Cinq jours néanmoins s'étaient écoulés depuis que le fils d'Évadné avait reçu la vie; on l'avait tenu caché parmi les joncs et les bosquets touffus, où les violettes (15) purpurines avaient parfumé de leurs suaves odeurs ses membres délicats.

C'est pourquoi sa mère voulut qu'il portât à jamais l'immortel nom de (16) Jamus. Et quand le duvet du jeune âge eut orné ses joues de sa blonde couronne, il descend la nuit au milieu de l'Alphée, et invoquant Neptune son aïeul, dont la puissance s'étend au loin, et celui dont l'arc redoutable protége Délos (17), ouvrage de ses mains, il les prie de lui accorder un de ces honneurs qui contribuent au bonheur des peuples. Alors son père lui fait entendre sa voix fatidique en ces termes : « Lève-toi, mon fils, et suis-moi dans cette contrée où se rendent toutes les nations : c'est là que s'accompliront pour toi mes (18) premiers oracles. »

Ils arrivent ensemble au sommet escarpé du Cronium : là le dieu lui donne le double trésor de la divination. D'abord il recueille les paroles véridiques d'Apollon; ensuite, quand Hercule, le noble rejeton des (19) Alcaïdes, eut institué en l'honneur de son père ces combats illustres, ces jeux célèbres par l'affluence de tous les peuples, Apollon voulut que Jamus établît un oracle sur l'autel même de Jupiter. Dès lors la race des Jamides devint célèbre dans toute la Grèce; dès lors s'accrurent ses richesses et sa puissance.

Quiconque s'honore de la vertu mérite de briller aux yeux des mortels, et chacun se reconnaît à ses œuvres ; mais l'envie s'efforce toujours de suspendre le blâme sur la tête de ceux qui, après avoir fourni douze fois la carrière, ont le bonheur de ceindre leur front de l'olivier triomphal.

S'il est vrai, ô Agésias! que les ancêtres maternels, pieux habitans du mont Cyllène, aient souvent offert des sacrifices au céleste messager des dieux qui préside au succès des combats et à la distribution des couronnes, à Mercure, protecteur de l'Arcadie féconde en troupeaux, c'est à lui, n'en doute pas, fils de Sostrate, c'est à son père, au dieu de la foudre, que tu dois la félicité dont tu jouis... Mais quel dieu commande à ma langue ?... Les sons harmonieux des instrumens m'inspirent des chants sublimes : ainsi crie l'acier sous les frottemens de la pierre.

Métope (20), fille de Stymphale, est mon aïeule maternelle; Métope donna le jour à Thèbes, célèbre par ses coursiers, Thèbes que (21) j'habite aujourd'hui et dont j'immortalise par mes hymnes les enfans valeureux. Ô Énée (22)! excite tes compagnons à chanter d'abord Junon (23) Parthénienne, et à montrer si nous méritons encore cet ancien et injurieux surnom (24) *pourceau de Béotie*. Tu es le fidèle interprète des Muses aux beaux cheveux, et de ta bouche coulent des sons plus doux que la liqueur de la coupe du festin.

Ordonne-leur encore de chanter Syracuse et (25) Ortygie, heureuses sous la domination du sage Hiéron, le fidèle adorateur de (26) Cérès, d'Hiéron dont la présence embellit les fêtes (27) de Proserpine et (28) les pompes du puissant Jupiter Ætnéen. Que de fois ma lyre et mes vers n'ont-ils pas déjà répété la louange de ce prince !... Puisse le temps ne jamais troubler sa félicité! Puisse Hiéron lui-même recevoir avec bienveillance cet hymne consacré au triomphe d'Agésias! Il quitte aujourd'hui Stymphale, cette reine de l'Arcadie si riche en troupeaux, et rentre à Syracuse, son heureuse patrie. Ainsi, pendant une nuit orageuse (29), deux ancres assurent souvent le salut d'un esquif léger.

Quelque part que le sort te porte, ô Agésias, que les dieux t'accordent d'illustres destinées! Puissant maître des mers, époux d'Amphitrite (30) à la quenouille d'or, donne à mon héros une heureuse navigation, et accrois de plus en plus la gloire de mes chants.

VII.

A DIAGORAS (1) DE RHODES (2),

Vainqueur au pugilat (3).

Tel qu'on voit un père magnifique dans ses largesses, remplir d'un vin pétillant une coupe d'or massif, le plus riche ornement de sa table, l'effleurer de ses lèvres, et, l'offrant au jeune époux de sa fille, comme un présent digne d'être transmis de famille en famille, honorer par ce don l'alliance qu'il contracte et rendre ses amis jaloux d'un hymen si fortuné : ainsi je me plais à abreuver du nectar des Muses les athlètes victorieux, et par les doux fruits de mon génie, j'enivre de joie les héros couronnés à Delphes et à Olympie.

Oh! qu'heureux sont les mortels dont la renommée publie au loin la gloire! Tour à tour la victoire jette sur eux un regard favorable, et les grâces de la poésie mêlées aux tendres accords de la lyre et de mille instrumens sèment de fleurs le sentier de leur vie.

Je vais donc te chanter aujourd'hui au son éclatant des flûtes, aux douces mélodies de ma lyre, fille de Vénus (4), Rhodes, puissante reine des mers et épouse du Soleil.

J'unirai ton éloge à celui de Diagoras en célébrant les trophées de cet (5) invincible athlète, que viennent d'ennoblir la palme du pugilat, sur les bords de l'Alphée, et celles qu'on décerne aux (6) sources sacrées de Castalie.

Mes chants n'omettront point Démagète, son père, dont (7) l'équité est bénie en cent lieux. Tous deux habitent cette île aux (8) trois florissantes cités qui s'élèvent sur les côtes de a vaste Asie, non loin du promontoire (9) où se réfugia l'élite des enfans d'Argos.

Je veux, en commençant leur commun éloge, remonter jusqu'à Tlépolème, issu du grand Hercule.

Par son père, le sang même de Jupiter coule dans leurs veines; du côté d'Astydamie, leur mère, ils sont de la race d'Amyntor.

Mais pourquoi faut-il que l'erreur assiège sans cesse le cœur des faibles mortels! Et quel est celui qui, parvenu au terme de sa carrière, peut se glorifier de s'être toujours arrêté au parti le plus avantageux? Fondateur de cette colonie, on le vit jadis à Tirynthe, dans un transport de colère (10), tuer d'un coup de massue Licymnius, frère d'Alcmène, issu de la Phrygienne Médée.

Hélas! des passions tumultueuses peuvent donc à ce point égarer l'âme d'un sage.

Il part aussitôt pour consulter l'oracle. Le dieu à la blonde chevelure, du fond de son sanctuaire odorant, lui commande de quitter le rivage de Lerne et de diriger sa course vers (11) cette terre que la mer environne de toutes parts, où le souverain puissant des dieux fit tomber une pluie d'or lorsque, par le secours de l'industrieux Vulcain, Minerve s'élança de son cerveau en poussant un cri qui fit frémir et la terre et les cieux.

A la vue de ce prodige, le dieu qui verse la lumière, le dieu (12) fils d'Hypérion ordonna à ses enfans d'acquitter à l'avenir une dette à jamais sacrée, d'élever aussitôt un autel et d'honorer (13) les premiers, par d'augustes sacrifices, le puissant Jupiter et sa fille à la lance frémissante. Le respect que les hommes ont pour la volonté des dieux est le garant de leurs vertus et de leur bonheur.

Cependant un oubli funeste des ordres du divin Apollon aveugla l'esprit des Rhodiens et les écarta de la route qu'ils auraient dû suivre: ils font de leur citadelle un temple et immolent des victimes sans avoir le feu sacré (14) pour les consumer. Soudain Jupiter les enveloppe d'une nuée lumineuse et verse sur eux une abondante pluie d'or.

Dès cet instant, la déesse satisfaite leur accorda le don de surpasser (15) par leur adresse tous les autres peuples; dès lors leurs places publiques furent ornées de statues magnifiques semblables à des hommes vivans; dès lors enfin leur gloire s'étendit par toute la terre.

L'homme habile a d'autant plus de talent qu'il n'a pas recours à de vains (16) artifices.

Écoutons maintenant l'antique tradition des peuples. Quand les dieux se partagèrent l'univers, Rhodes n'apparaissait point encore au milieu des flots; elle était cachée dans les profonds abîmes de la mer. Le Soleil fut exclu du partage, il était absent. Ainsi aucune région ne lui fut spécialement consacrée.

Le dieu du jour le rappelle à Jupiter, qui consent à diviser de nouveau le monde; mais Apollon s'y oppose : « Je vois, dit-il, sortir du sein des ondes écumantes une île féconde en moissons et en excellens pâturages. »

Il ordonne aussitôt à Lachésis, dont le front est ceint d'une chaîne d'or, de lever la main et de jurer avec le fils de Saturne, par le serment redoutable des dieux (17), que cette terre qui vient d'apparaître à la lumière sera désormais son apanage.

Cet inflexible arrêt fut exécuté selon ses désirs; et du milieu des flots surgit à l'instant cette île renommée. Depuis lors, elle appartint au dieu qui lance les rayons perçans du jour et dont les coursiers soufflent au loin (18) la flamme.

Uni à la nymphe Rhodes, le divin Apollon donna la vie à sept fils, sages législateurs des premiers habitans de cette île. L'un d'eux engendra d'abord Jalysus, ensuite Camire et Lindus. Ainsi le territoire divisé en trois parties forma trois villes qui prirent, dans la suite des âges, le nom de leurs fondateurs.

C'est là que le chef des Tirynthiens (19), Tlépolème, trouva un adoucissement à ses malheurs; là on lui (20) offrit, comme à un dieu, de pompeux sacrifices et l'on célébra des jeux en son honneur.

Deux fois Diagoras y a triomphé; trois fois l'Isthme le vit vainqueur, et la forêt de Némée, et la puissante (21) Athènes l'ont aussi vu voler de triomphe en triomphe.

Le bouclier (22) d'airain, récompense que donne Argos; les magnifiques ouvrages de l'art que décernent (23) l'Arcadie et Thèbes, les combats fameux de la Béotie attestent sa valeur.

Six fois (24) Égine et Pellène ont proclamé sa victoire, et jamais le nom d'un athlète n'orna si souvent la colonne (25) sur laquelle Mégare inscrit le nom des vainqueurs.

Grand Jupiter qui règnes sur les sommets de (26) l'Atabyre, daigne accueillir mes chants et jeter un regard propice sur ce héros dont Olympie vient de couronner les mâles vertus.

Que sa gloire éclate et dans sa patrie et dans tout l'univers, puisqu'il suit les traces de ses héroïques ancêtres et qu'il marche d'un pas ferme dans les sentiers de la justice.

Dieu puissant, ne permets pas que la race de Callianacte se perde avec sa gloire dans l'obscurité. Ta patrie, ô Diagoras, célèbre aujourd'hui par ses pompes, la prospérité présente des Ératides; mais hélas! le souffle inconstant de la fortune ne peut-il pas nous rendre en un instant le jouet de ses caprices?

VIII.

AU JEUNE ALCIMÉDON (1),

Vainqueur à la lutte (2).

O tendre mère! qui te plais à orner de brillantes couronnes le front de tes athlètes, Olympie, prête l'oreille à mes accens!

Sanctuaire (3) de la vérité, c'est dans ton enceinte que d'augustes sacrificateurs demandent aux entrailles fumantes (4) des victimes les volontés du maître du tonnerre, sur ces hommes que de pénibles travaux conduisent aux vertus les plus sublimes et au repos, digne récompense de leurs succès; et Jupiter, sensible à leur piété et à leurs prières, leur manifeste ses décrets.

Et toi, verdoyant Altis, dont l'épais ombrage embellit le cours de l'Alphée, reçois cet (5) hymne et ces couronnes. Quelle gloire n'est pas réservée au mortel assez heureux pour obtenir une de tes palmes! Mais les mêmes biens ne sont pas réservés à tous les hommes, et les dieux dans leur bonté ont ouvert mille chemins pour aller au bonheur.

C'est ainsi, ô Timosthènes! que la fortune a attiré sur ton frère et sur toi les bienfaits de Jupiter, souche de ta race, en te faisant remporter la victoire à Némée et en donnant à Alcimédon la palme d'Olympie, au pied de la colline de Saturne. Qu'il faisait beau le voir! et combien sa valeur prêtait de charmes aux grâces de son visage! Vainqueur à la lutte, il a couvert de gloire (6) sa patrie puissante sur les mers Égine, où Thémis, conseillère de Jupiter Hospitalier, est honorée d'un culte solennel.

Il est sans doute bien difficile de juger avec sagesse au milieu de tant de passions et d'intérêts divers. Mais les dieux, par un décret spécial, ont voulu que cette terre s'élevât comme une colonne au milieu des flots et que les (7) étrangers y trouvassent un égal appui. Ah! que le temps dans son vol rapide ne l'ébranle jamais!

Égine fut gouvernée par les Doriens (8), depuis Éaque, que le fils de Latone et le puissant Neptune associèrent à leurs travaux lorsqu'ils s'apprêtaient à achever les murailles de Troie. Ainsi l'avait arrêté le Destin pour que les remparts d'Ilion pussent s'écrouler au milieu de noirs tourbillons de fumée et des ravages sanglans de la guerre. A peine le mur fatal est-il achevé que trois (9) dragons s'élancent contre ces nouveaux retranchemens : deux tombent et roulent au pied des tours où ils expirent épouvantés; mais le troisième se jette dans la ville et pousse d'horribles sifflemens. Alors Apollon, méditant sur ce funeste présage, fait entendre ces paroles : « Je vois Pergame prise par cet endroit même que tes mains viennent de fortifier (10), ô Éaque! ainsi me l'expliquent les prodiges que nous envoie le fils de Saturne, le puissant maître du tonnerre. Tes enfans ne sont point étrangers à cette catastrophe : je vois (11) tes fils la commencer et tes arrière-neveux la consommer. »

A ces mots, interprète des volontés du Destin, Apollon s'éloigne et va parcourir les bords du (12) Xanthe; puis il se retire chez les belliqueuses Amazones et dans les régions que l'Ister arrose. Le dieu dont les mains sont armées du trident laisse Éaque retourner à Égine et dirige ses coursiers brillans d'or vers les hauteurs de Corinthe, pour (13) contempler les jeux qu'on y célèbre en son honneur.

Jamais on ne peut plaire également aux mortels. Que l'envie ne s'irrite donc point contre moi si je célèbre par mes hymnes la gloire que recueille (14) Milésias des succès de ses jeunes élèves : Némée le vit aussi se distinguer lui-même; plus tard, dans l'âge viril, la victoire couronna ses efforts au combat du pancrace. Instruire est chose facile pour un maître habile; mais enseigner sans avoir la connaissance de son art est la plus grande des folies : tout précepte qui n'est pas fondé sur l'expérience est inutile et vain.

Qui mieux que Milésias peut apprendre par quels travaux doit se former l'athlète qui brûle de remporter la victoire dans nos combats sacrés. Ah! combien il est maintenant récompensé de ses soins pour Alcimédon! ce jeune héros vient de cueillir une palme que trente autres avant lui durent aux leçons de Milésias. La fortune, à la vérité, lui prodigua ses faveurs; mais ne doit-il pas à son courage d'avoir imprimé sur les membres de quatre jeunes rivaux les marques de leur défaite et de les avoir forcés à cacher leur honte dans l'obscurité et le silence? La joie qu'en ressentit son aïeul (15) rajeunit ses vieux ans, car la prospérité et la gloire font aisément oublier à l'homme la mort et le sombre empire...

Mais, en célébrant la victoire d'Alcimédon, ne dois-je pas rappeler le souvenir des Blepsiades (16). Jadis leurs mains cueillirent aussi les palmes du triomphe : aujourd'hui leur digne rejeton ajoute une sixième couronne à celles qu'on leur vit mériter dans nos combats. Ainsi la gloire des vivans rejaillit sur ceux qui ne sont plus, et la poussière du tombeau ne déshérite point les enfans de la gloire de leurs enfans.

O Iphion (17)! dès que la Renommée, fille de Mercure, t'aura apporté aux enfers la nouvelle de la victoire de ton fils, hâte-toi d'en instruire Callimaque; qu'il apprenne qu'un athlète sorti de son sang s'est montré digne de la faveur de Jupiter et des honneurs d'Olympie.

Puisse ce dieu favorable combler toujours de ses bienfaits les descendans des Blepsiades! Puisse-t-il chasser loin d'eux les (18) maladies promptes et cruelles! Puisse-t-il forcer Némésis (19) à ne jamais leur envier une félicité qu'ils ne doivent qu'à leurs vertus, leur accorder une vie exempte de maux et accroître leur bonheur et la prospérité de leur patrie!

IX (1).

A EPHARMOSTE (2) D'OPONTE (3),

Vainqueur à la lutte.

Loin de moi cet hymne d'Archiloque qu'Olympie entend souvent répéter (4), ce triple refrain bruyant : *Gloire au vainqueur !* Il a pu suffire pour guider les pas d'Épharmoste et les chœurs de ses amis près du mont de Saturne.

Mais aujourd'hui, ô Muse ! c'est à toi de faire entendre d'autres concerts ; que nos accens soient dignes du puissant maître de la foudre et des sommets (5) de l'Élide, que Pélops, le héros de la Lydie, conquit pas sa bravoure et assura pour dot à la belle Hippodamie.

Dirige d'abord ton vol heureux vers la ville d'Apollon : ne crains pas de ramper ; tu célèbres aux accords de ta lyre un illustre enfant d'Oponte, qui vient de s'immortaliser à la lutte. Chante donc et le fils et la mère, chante Oponte, séjour fortuné de Thémis (6) et sa fille la glorieuse Eunomie.

Les sources (7) de Castalie et les bords de l'Alphée sont également témoins de la valeur d'Épharmoste ; et les lauriers de sa couronne rehaussent aujourd'hui la gloire de cette patrie des Locriens, si fameuse par sa fertilité.

O cité chérie, puissé-je, par l'éclat de mes chants, répandre au loin ta gloire avec plus de vitesse que le coursier rapide ou que le vaisseau léger qui fend l'onde ! Pourvu qu'une main divine daigne m'introduire dans le jardin des Grâces et m'aide à y cueillir quelques fleurs. Les Grâces seules donnent la beauté, de même que les dieux distribuent aux mortels la force et la sagesse. Et comment Hercule, lorsqu'il attaqua (8) Pylos, aurait-il pu, sans autres armes que sa massue, résister au trident de Neptune, braver (9) Apollon, qui épuisa contre lui les traits de son arc d'argent, et rendre (10) immobile dans la main de Pluton cette baguette fatale avec laquelle il conduit dans le séjour des ombres les victimes de la mort?...

Silence, ma bouche ! loin de toi de semblables récits ! Médire des dieux est une fausse et odieuse sagesse et le symptôme de la folie. Cesse (11) donc de proférer d'imprudentes paroles et de nous représenter les immortels déchirés par les dissensions et les combats.

Chante plutôt la cité de (12) Protogénie où, par l'ordre de Jupiter-Tonnant, Deucalion et Pyrrha, descendant du ciel, trouvèrent leur premier asyle, où, sans suivre les lois de la nature, ils propagèrent leur race et firent sortir des pierres (13) un *peuple* dont le nom seul rappelle l'origine. Consacre-leur des chants harmonieux, mais nouveaux ; car si la vieillesse est louable dans la liqueur de Bacchus, la nouveauté prête toujours des charmes aux accens de la poésie.

Je dirai donc qu'à cette époque, un déluge engloutit la terre sous la profondeur de ses ondes ; mais que bientôt les flots, refoulés au loin, rentrèrent dans les abîmes creusés par la puissante main de Jupiter.

Ce couple illustre, ô Épharmoste ! fut la souche de tes magnanimes aïeux ; ainsi les héros de ton sang sont également issus des filles de Japhet et des fils valeureux de Saturne, qui régnèrent toujours dans Oponte, leur berceau et le tien.

Jadis le puissant roi de l'Olympe enleva de la terre (14) des Éphéens la fille d'Oponte, et s'unit à elle sur les sommets du (15) Ménale : puis il la rendit à Locrus son époux, afin que la mort ne le vînt point surprendre sans postérité.

Protogénie portait dans son sein un gage de la tendresse de son divin ravisseur ; et Locrus fut transporté de joie en voyant naître cet enfant, dont il n'était que le père adoptif. Il voulut que ce fils, depuis si célèbre par sa beauté et ses vertus, prît le nom de son aïeul maternel, et qu'il régnât sur la ville et les peuples d'Oponte.

Bientôt des émigrés d'Argos (16), de Thèbes, d'Arcadie et de Pise accourent se ranger sous ses lois. Mais, de tous ces étrangers celui qu'il honora le plus fut le fils d'Actor et d'Égine, le vaillant Ménétius. Il était père de ce guerrier qui accompagna les Atrides dans la contrée où régna Teuthras (17), et qui soutint seul avec Achille le choc des bataillons troyens, lorsque Télèphe (18) repoussait les enfans de Danaüs et les forçait à se retirer en désordre dans leurs vaisseaux.

Dès ce jour on connut la valeur de Patrocle ; dès ce jour le fils de Thétis ne voulut plus que ce brave s'exposât aux hasards des combats meurtriers, sans être protégé de sa lance redoutable aux mortels.

Qui m'inspirera maintenant des chants sublimes, et me rendra digne de m'asseoir sur le char des Muses! C'est là que la hardiesse (19) sera donnée à mes pensées et la force à mes paroles.

Chantre de l'hospitalité et de nobles exploits, je viens célébrer le triomphe que Lampromaque (20) et Épharmoste ont remporté en un même jour aux jeux isthmiques. Déjà deux victoires les avaient signalés aux portes de Corinthe; le nom d'Épharmoste a depuis été proclamé dans la forêt de Némée. Argos (21) lui a décerné la couronne des hommes faits, et Athènes (22) celle de l'enfance.

Mais de quelle gloire ne se couvrit-il pas à Marathon (23) lorsque, dédaignant de combattre des rivaux de son âge, il enlevait à des athlètes vigoureux la coupe d'argent, prix du triomphe; et, qu'après les avoir vaincus par son agilité et son adresse, il parcourait la lice aux bruyantes acclamations des spectateurs. Dieux! que de noblesse répandaient sur sa personne les grâces du jeune âge, rehaussées par son héroïque valeur!

Partout il a paru digne d'admiration, et aux peuples de Parrhasie (24) dans les fêtes publiques de Jupiter Lycéen, et à Pellène (25), où il obtint, pour prix de sa bravoure, un manteau que ni les vents, ni les frimas ne sauraient pénétrer. Le tombeau d'Iolas (26) et la maritime Éleusis (27) ont été aussi témoins de ses exploits.

C'est de la nature que nous vient tout ce qui est parfait. Cependant combien de mortels s'efforcent d'acquérir de la gloire par des vertus empruntées à l'art et aux préceptes; mais tout ce qu'on entreprend contre nature et sans la divinité, il est peu important que la renommée le publie ou le laisse dans l'oubli du silence. Ainsi, il est certaines routes qu'il n'est pas donné à tout homme de parcourir; car les mêmes désirs ne les enflamment pas tous, et la sagesse exige les plus grands efforts.

Maintenant, ô ma Muse! offre à Épharmoste cet hymne qui doit immortaliser sa victoire, et publie à haute voix qu'issu d'un sang divin, ce héros fut doué dès sa naissance d'une souplesse, d'une dextérité et d'une force extraordinaires. Cet éloge est bien dû à celui dont la main victorieuse a naguère couronné au milieu des banquets sacrés l'autel (28) de l'invincible Ajax, fils d'Oïlée.

X (1).

A AGÉSIDAME (2) LOCRIEN ÉPIZÉPHYRIEN,

Vainqueur au pugilat.

O Muses! rappelez à mon cœur le souvenir du fils d'Archestrate, qu'Olympie a couronné. Je lui devais le tribut de mes chants, comment ai-je pu l'oublier (3)?... Et toi, fille de Jupiter, céleste Vérité (4), que tes mains pures éloignent de moi le reproche odieux d'avoir voulu tromper un hôte et un ami. Si le temps qui s'est écoulé depuis enlève de son prix à mon hommage, ne puis-je pas, en payant ma dette avec usure (5), éviter les traits de la satire et de l'envie?

Je vais donc le chanter maintenant; mes chants feront disparaître le blâme, comme les ondes engloutissent le caillou qu'elles roulent dans leurs cours (6). Ainsi, cet hymne consacré à Agésidame et à sa patrie n'en sera pas moins digne d'eux et de l'amitié dont ils m'honorent: car la vérité règne dans la cité de Locres (7), et ses citoyens excellent également dans l'art divin de Calliope (8) et dans les travaux de Mars.

Jadis Hercule, malgré sa force, fut contraint à reculer (9) devant Cycnus; et toi, que vient d'illustrer une victoire remportée à Olympie, Agésidame, rends des actions de grâces à Ilas (10), comme autrefois Patrocle en rendit à Achille. La voix du courage enflamme un cœur généreux, et l'élève au faîte de la gloire, avec la protection du ciel; mais combien peu de mortels ont acquis sans de grands travaux cette renommée, qui répand tant d'éclat sur la vie.

Docile aux lois de Jupiter, je veux aussi chanter ces antiques jeux que le vaillant Hercule institua près du tombeau de Pélops, après avoir immolé à sa vengeance les deux fils de Neptune, le brave Ctéatus (11) et son frère Eurytus. Il voulait forcer Augias à lui payer le salaire promis à ses travaux; et ce roi parjure le lui refusait. Déjà les audacieux enfans de Molione avaient défait l'armée du héros de Tirynthe dans les défilés de l'Élide, où elle s'était arrêtée. Mais à son tour, il leur tend des embûches dans les bois que domine Cléone, et les fait tomber sous ses coups. Bientôt le perfide roi des Épéens voit son opulente patrie ravagée par le fer et le feu, s'engloutir dans un abîme de maux; tant il est difficile d'échapper à la vengeance d'un plus puissant que soi! Lui-même réduit au désespoir par le sac de sa ville, se montre le dernier aux regards d'Hercule, et ne peut éviter une mort cruelle.

Après sa victoire, le magnanime fils de Jupiter rassemble à Pise ses guerriers et les dépouilles qui sont le prix de sa valeur; puis il dédie à son père, le puissant roi des dieux, un temple magnifique; trace dans une vaste plaine l'enceinte sacrée de l'Altis, et veut que l'espace qui l'environne soit destiné à recevoir les tables des festins. Enfin il honore l'Alphée et les douze grands dieux, et appelle *Colline de Saturne* ce tertre qui, sous le règne d'OEnomaüs, était sans nom et toujours couronné de neiges et de frimas.

A cette inauguration première assistèrent les Parques et le Temps, père de la Vérité. C'est lui qui nous a appris comment Hercule partagea les dépouilles de ses ennemis, et consacra les prémices de sa victoire par l'institution des solennités olympiques, qui se renouvellent tous les cinq ans. Muse, dis-moi quels furent les premiers qui s'ouvrirent la carrière de la gloire, en obtenant la couronne, soit par la force de leurs bras, soit par l'agilité à la course ou la rapidité des chars.

Celui qui d'un pied léger parcourut le plus rapidement toute la longueur du stade fut le fils de Licymnius (12), OEonus, venu de Midée, à la tête d'une armée valeureuse. Échémus (13) illustra Tégée, sa patrie, par le prix de la lutte, et Doryclus (14) de Tirynthe par celui du pugilat. Le fils d'Halirotius, Samus de Mantinée, fut vainqueur à la course du char attelé de quatre coursiers. Le javelot de Phrastor frappa le but; Énicéus, après avoir d'un bras vigoureux fait tourner rapidement son énorme disque de pierre, le lança à une prodigieuse distance, et vit sa victoire saluée des acclamations unanimes de ses rivaux. Le soir de ce grand jour, la pleine lune versa sur la lice les rayons de sa douce lumière, et l'enceinte sacrée de toutes parts retentit de la joie des festins et des louanges des vainqueurs. Fidèles à ces rits antiques, nos chants de victoire vont célébrer, en l'honneur du héros qu'Olympie a couronné, le dieu (15) qui fait gronder son tonnerre, et qui, d'une main terrible, lance au loin la foudre, dont les éclats proclament sa puissance.

O Agésidame, les accords de la flûte seconderont la délicieuse harmonie de mes accens; et, quoiqu'ils aient retenti après un trop long délai sur les bords de la célèbre Dircé (16), ces chants n'en seront pas moins pour toi ce que la naissance d'un fils est pour un père dans sa vieillesse. De quel amour son cœur paternel ne brûle-t-il pas pour ce tendre objet de ses désirs! car rien n'est plus douloureux pour un mortel, sur le seuil de la tombe, que de voir ses richesses devenir la proie d'un étranger.

De même, ô Agésidame! quelque gloire qu'un vainqueur ait cueillie, s'il descend au palais de Pluton sans que les chants des poëtes aient consacré ses hauts faits, il s'est fatigué longtemps pour ne jouir que d'un instant de bonheur. Mais toi, les doux accords de la lyre et les modulations de la flûte célèbrent ton triomphe, et les Piérides (17), filles de Jupiter, en éternisent la mémoire.

Pour moi, qui partage leurs divins transports, j'ai chanté l'illustre nation des Locriens, j'ai répandu la louange de mes vers, comme un miel délicieux, sur leur cité féconde en héros, et j'ai payé un juste tribut d'éloges au fils d'Archestrate. Je l'ai vu près des autels d'Olympie remporter la victoire, par la force de son bras, à cet âge de grâces et de jeunesse où était Ganymède (18) lorsque, avec le secours de Cypris, il repoussa la mort.

XI (1).

AU MÊME AGÉSIDAME.

Comme le souffle des vents est nécessaire au pilote; comme les douces rosées du ciel, filles des nues, réjouissent le laboureur, ainsi les hymnes, par leur harmonie, récompensent les travaux et les succès de l'athlète victorieux, le rendent l'objet de l'entretien des siècles à venir et sont la preuve assurée de ses immortelles vertus.

Les hymnes que chante ma bouche en l'honneur des vainqueurs olympiques n'ont point à craindre les traits de l'envie : telle est la faveur que les dieux accordent au génie et à la sagesse.

Fils d'Archestrate (2), je vais, pour célébrer ta victoire au pugilat, ajouter l'ornement de mes vers à ta couronne d'olivier (3), mille fois plus précieuse que l'or, et mes chants seront un nouveau témoignage de l'intérêt que je porte au peuple de la Locride.

Volez, Muses, volez vers la cité qu'il habite ; mêlez-vous à ses chœurs et à ses fêtes. Vous trouverez, j'en suis garant, un peuple hospitalier, sage, belliqueux et ami des arts. Vit-on jamais le lion intrépide (4) et le renard adroit dépouiller le caractère dont la nature les a doués ?

XII (1).

A ERGOTÈLE (2) D'HIMÈRE,

Vainqueur au dolichodrome (3).

Fille de Jupiter-Libérateur (4), Fortune (5) conservatrice des cités, accorde, je t'en conjure, ta protection divine à la florissante Himère.

C'est toi qui fais voler sur les ondes les vaisseaux légers ; c'est toi qui présides aux combats sanglans et aux sages délibérations des mortels. Tu te joues de leurs espérances trompeuses : tantôt tu les portes au sommet de la roue, tantôt tu les en précipites.

Jamais aucun d'eux ne reçut des immortels un présage certain de son avenir : leur esprit, enveloppé de ténèbres, ne peut porter ses regards au delà du présent. Souvent des malheurs imprévus trompent leur attente et leurs désirs, tandis que d'autres, battus par la tempête, voient le bonheur tout à coup leur sourire, et leur destin changer en un instant.

Ainsi, toi-même, ô fils de Philanor ! si une sédition allumée parmi tes concitoyens ne t'eût pas arraché à Gnosse, ton ancienne patrie, réduit comme le coq belliqueux à des combats ignorés, tu aurais vu s'évanouir dans une honteuse inaction cette gloire que tu viens d'acquérir à la course.

Au lieu que maintenant, couronné à Olympie, deux fois vainqueur à Delphes et à l'Isthme, tu vas, ô Ergotèle ! rendre célèbres les bains chauds des Nymphes (6), près desquels tu as établi tes paisibles foyers.

XIII (1).

A XÉNOPHON DE CORINTHE (2),

Vainqueur à la course et au pentathle.

En célébrant une illustre famille trois fois victorieuse aux jeux olympiques, bienveillante pour ses concitoyens et officieuse envers ses hôtes, je redirai la gloire de l'heureuse Corinthe (3), vestibule de Neptune-Isthmien et féconde en jeunes héros. C'est dans ses murs qu'habite Eunomie avec ses sœurs, la Justice, ferme appui des cités, et la Paix, sa fidèle compagne. Ces trois célestes filles de Thémis aux conseils salutaires dispensent aux mortels la richesse et le bonheur, et écartent loin d'eux l'Insolence (4), mère audacieuse de la Satiété.

Une noble hardiesse délie ma langue, mon génie me fait sentir sa puissance irrésistible et m'inspire des chants sublimes en l'honneur de Corinthe. Mille fois, ô valeureux enfans d'Alétès (5) ! a rejailli sur vous l'éclat des triomphes que vos aïeux, athlètes indomptables, remportèrent à nos jeux solennels ! et les Heures (6), qui sèment les fleurs sur leurs traces, vous ont donné cette adresse admirable qui brille dans les chefs-d'œuvre sortis de vos mains. Tout inventeur a le droit de revendiquer son ouvrage. Ainsi, qu'on nous dise où naquit, sous l'inspiration des Grâces (7), le bruyant dithyrambe consacré à Bacchus ? qui donna de justes proportions aux rênes des coursiers ? qui plaça sur les temples des dieux (8) la double figure de l'oiseau de Jupiter ?

C'est dans Corinthe que fleurissent les Muses aux délicieux accords ; c'est là que Mars embrase une jeunesse intrépide de l'ardeur des combats.

Grand Jupiter, qui règnes en souverain dans Olympie, sois propice à mes chants ! mets à l'abri de tout danger le peuple de Corinthe et dirige toi-même la destinée de Xénophon au souffle de la prospérité. Daigne aussi agréer l'éloge solennel par lequel j'immortalise la couronne que, dans les champs de Pise, il mérita pour prix de sa victoire au pentathle et à la course, couronne que jamais aucun mortel ne ceignit avant lui.

Deux fois Xénophon parut aux jeux isthmiques, et deux fois le sélinum (9) au vert feuillage orna son front ; Némée lui accorda aussi le même honneur. Les bords de l'Alphée ont été témoins de la gloire que Thessalus, son père, s'est acquise par la légèreté de ses pieds. Un même soleil éclaira son triomphe aux jeux pythiques, où il remporta le prix de la course et celui du double stade.

Trois fois dans le même mois, Athènes, au sol pierreux, le ceignit de couronnes magnifiques ; sept fois les jeux hellotiques (10) le virent triompher ; et, dans ces lieux célèbres que Neptune (11) environne presque des ses flots, des chants de victoire répétèrent avec les noms de Terpsias et d'Éritime (12), celui de Ptœodore, qui lui donna le jour. Que de palmes, ô Corinthiens! ont illustré votre bravoure, à Delphes et dans la forêt qui servit de retraite au lion furieux. Je défie cent voix de les énumérer ; non, il serait plus facile de compter les sables de la mer. Mais chaque chose a ses bornes (13) ; le mérite, c'est de les fixer avec discernement. Ainsi, en chantant la victoire d'un seul (14) de vos concitoyens, je célébrerai votre gloire nationale et la sagesse et les vertus héroïques de vos ancêtres, sans rien dire de Corinthe qui puisse blesser la vérité.

Sisyphe fut semblable à un dieu par sa prudence et son adresse. Médée s'engagea malgré son père dans les nœuds de l'hyménée et sauva le navire Argo et les héros qu'il portait. On vit sous les murs de Dardanus les Corinthiens, partagés entre les deux partis, dont l'un, commandé par les fils d'Atrée, redemandait Hélène, et l'autre, avec les Troyens, s'obstinait à la retenir, signaler également leur valeur dans les deux armées.

Glaucus (15), venu de Lycie, jeta l'épouvante dans le camp des Grecs : fier de l'opulence de ses palais et des richesses que lui avaient léguées ses aïeux, il se glorifiait encore d'être fils de Bellérophon, qui régna jadis dans la cité qu'arrose Pyrène (16). Bellérophon brûlait du désir de dompter Pégase qui devait le jour à l'une des Gorgones aux cheveux hérissés de serpens ; mais ses efforts furent inutiles jusqu'au moment où la chaste Pallas lui apporta un frein enrichi de rênes d'or.

Réveillé en sursaut d'un sommeil profond, il la voit apparaître à ses yeux et l'entend prononcer ces paroles : « Tu dors, roi, descendant d'Éole (17) ! Prends ce philtre, seul capable de rendre les coursiers dociles ; après l'avoir offert à Neptune ton père, immole un superbe taureau à ce dieu si habile à dompter les coursiers. »

La déesse à la noire égide ne lui en dit pas davantage au milieu du silence de la nuit. Bellérophon se lève aussitôt, et, saisissant le frein merveilleux, le porte au fils de Cœramus, le devin de ces contrées. Il lui raconte la vision qu'il a eue ; comment, docile à ses oracles, il s'est endormi pendant la nuit sur l'autel de la déesse, et comment cette fille du dieu à qui la foudre sert de lance lui a donné elle-même ce frein d'or sous lequel doit plier Pégase. Le devin lui ordonne d'obéir sans retard à ce songe et d'élever un autel à Minerve Équestre (18), après avoir immolé un taureau au dieu qui de ses ondes environne la terre.

C'est ainsi que la puissance des dieux rend facile ce que les mortels jureraient être impossible et désespéreraient même d'exécuter jamais. Tressaillant d'allégresse, l'intrépide Bellérophon saisit le cheval ailé ; tel qu'un breuvage calmant, le frein dont il presse sa bouche modère sa fougue impétueuse ; alors, s'élançant sur son dos, Bellérophon, revêtu de ses armes, le dresse au combat en se jouant. Bientôt, transporté avec lui dans le vide des airs sous un ciel glacé, il accable de ses traits les Amazones (19) habiles à tirer de l'arc, tue la Chimère qui vomissait des flammes et défait les Solymes (20). Je ne parlerai point de la mort de Bellérophon (21) : je dirai seulement que Pégase fut reçu dans les étables de l'immortel roi de l'Olympe.

Mais pourquoi tant de traits que ma main lance toujours au but iraient-ils frapper au-delà ? Je vais donc, inspiré par les Muses aux trônes resplendissans, chanter la victoire des Oligéthides (22) à l'Isthme et à Némée ; je vais tracer rapidement leurs nombreux triomphes et affirmer avec serment que soixante fois l'agréable voix du héraut les a proclamés vainqueurs dans ces deux lices.

Ma lyre a déjà célébré les palmes qu'ils ont cueillies dans les champs d'Olympie : celles qu'ils cueilleront à l'avenir je les chanterai aussi, et ce bonheur leur est sans doute réservé, j'en ai l'espérance, quoiqu'il dépende encore de la divinité. Si toutefois le génie qui veille sur Xénophon l'abandonnait, c'est à Jupiter, c'est à Mars que je confierais le soin de sa gloire.

Combien de victoires n'a-t-il pas déjà remportées sur les sommets du Parnasse (23), à Argos et à Thèbes ! Combien de couronnes ne lui a pas décernées l'Arcadie (24) ! L'autel vénérable de Jupiter Lycéen est témoin de sa gloire. Pellène (25), Sicyone (26), Mégare (27), le bois sacré des Æacides (28), Éleusis, l'opulente Marathon, les cités florissantes (29) qui s'élèvent auprès de l'Etna, l'Eubée (30), tous les peuples de la Grèce enfin l'ont vu remporter plus de couronnes que l'esprit ne peut en concevoir.

O puissant Jupiter ! fais que mon héros achève (31) heureusement sa carrière; et avec la modestie accorde-lui la douce prospérité, mère de la joie.

XIV (1).

AU JEUNE ASOPICHUS (2) D'ORCHOMÈNE,

Vainqueur à la course.

O vous, augustes reines du Céphise et d'une cité fameuse par ses coursiers, Grâces (3)! illustres protectrices de la fertile Orchomène (4) et de l'antique race de Mynias, écoutez-moi, je vous adresse mes vœux !

Tous les biens, tous les plaisirs dont jouissent les mortels sont des bienfaits de votre bonté; et si quelque homme a en partage (5) la beauté, la sagesse ou la gloire, c'est encore à vous qu'il le doit. Jamais, sans les Grâces décentes (6), les festins et les chœurs ne plairaient aux dieux. Dispensatrices augustes de tous les plaisirs du ciel, assises sur des trônes auprès d'Apollon à l'arc d'or, vous offrez sans cesse d'éternels hommages à votre père, l'immortel roi de l'Olympe.

Charmante Aglaé, Euphrosyne amie des chants des poëtes, filles du plus puissant des dieux, prêtez l'oreille à mes accens; et vous, Thalie, pour qui la musique a tant de charmes, jetez un regard favorable sur cet hymne qui vole d'une aile légère (7) dans ce jour heureux et prospère.

Plein d'une ardeur poétique, jeune Asopichus, je suis venu chanter sur le mode lydien (8) la victoire olympique et la gloire dont tu illustres aujourd'hui la ville des Myniens. Volez, Écho, volez vers les sombres demeures de Proserpine; portez à Cléodame l'agréable nouvelle de la victoire de son fils; annoncez-lui qu'au sein de la glorieuse Pise, le laurier triomphal a couronné son jeune front.

FIN DES OLYMPIQUES.

LES PYTHIQUES.

DES JEUX PYTHIQUES.

Les jeux pythiques se célébraient à Delphes, capitale de la Phocide, en l'honneur de la victoire qu'Apollon avait autrefois remportée sur le serpent Python, monstre né du limon infect de la terre après le déluge. Ils furent institués par Jason, lors de la conquête de la toison d'or; d'autres disent par Agamemnon ou par Diomède, roi d'Étolie, et ne tardèrent pas à être interrompus. Cependant Euryloque de Thessalie, chef des Amphictyons, les rétablit.

D'abord ils furent célébrés tous les neuf ans; puis de cinq en cinq ans, ou plutôt après quatre ans révolus et au commencement de la cinquième année. Ils commençaient par des combats de poésie et de musique. Le sujet qu'on proposait ordinairement aux joueurs de flûte était le combat d'Apollon contre le serpent Python. Les exercices du stade étaient comme ceux d'Olympie, les différentes courses d'enfans et d'hommes, de chevaux, de chars, la lutte, le pugilat, le pancrace.

La solennité était rendue plus imposante par la présence des Amphictyons, députés à l'assemblée générale de tous les états de la Grèce. Ils étaient établis juges des combats et distribuaient eux-mêmes les prix aux vainqueurs. Le prix fut d'abord une somme d'argent; plus tard, on y substitua des branches de chêne, et enfin une couronne de laurier. Après celle des jeux olympiques, cette couronne était la plus honorable qu'un athlète pût obtenir.

I.

A HIÉRON,

Vainqueur à la course des chars.

O toi qui fais les délices d'Apollon et des Muses à la noire chevelure! lyre d'or, tes sons mélodieux règlent la mesure de la danse, source de la joie. Fais-tu entendre ces préludes ravissans qui précèdent les chœurs, soudain les chantres t'obéissent, les feux éternels de la foudre s'éteignent, le roi des airs, l'aigle de Jupiter s'endort sous le sceptre du maître des dieux; son aile rapide des deux côtés s'abaisse, une douce vapeur obscurcit sa paupière et courbe mollement sa tête appesantie, il dort... et son dos assoupi par la volupté, tressaille au gré de tes accords. Mars lui-même, le cruel dieu des combats, oubliant ses armes, s'enivre de ton harmonie. Il n'est enfin aucun des immortels qui ne soit sensible aux accords divins d'Apollon et des Muses.

Mais ceux que Jupiter poursuit de son courroux sur la terre et sur l'immensité des ondes, frémissent d'horreur à la voix des filles de Piérus. Tel frémit gisant au fond du Tartare ténébreux, cet ennemi des dieux, ce Typhée aux cent têtes, que vit naître jadis l'antre fameux de Cilicie. Maintenant enchaîné sous le rivage des mers qui s'étendent au-delà de Cume, il expie son audace téméraire; la Sicile pèse sur sa poitrine hérissée, et l'Etna, cette colonne du ciel et l'éternel nourricier des frimas, l'écrase de tout son poids.

Du fond de ses entrailles inaccessibles tourbillonnent des torrens de feu qui pendant le jour exhalent une fumée noire et brûlante : la nuit, des flammes rougeâtres s'élancent du gouffre béant et roulent à grand bruit des rocs calcinés dans le sein des mers profondes. Énorme reptile, dévoré par Vulcain, il vomit les flots d'une lave ardente, prodige affreux à voir! affreux même à entendre raconter de ceux qui l'ont vu. La chaîne qui le tient étendu, le lie depuis les noirs sommets de l'Etna jusque dans la plaine, et sa couche rocailleuse creuse le long de ses reins des sillons ensanglantés.

Puissent, ô Jupiter! puissent mes chants te plaire, dieu puissant qui règnes sur l'Etna, front sourcilleux d'une terre féconde! Non loin de ce mont s'élève une cité florissante : fière du nom d'Etna que lui donna son fondateur, elle partage aujourd'hui sa gloire, puisque dans les solennités pythiques la voix du hérault a proclamé son nom avec celui d'Hiéron, vainqueur à la course des chars.

Le nautonier prêt à quitter le rivage, sent-il un vent propice enfler sa voile, il en conçoit le présage d'un heureux retour; ainsi mes chants, en célébrant le triomphe d'Hiéron, sont pour Etna l'augure de sa gloire à venir. Habiles à dompter les coursiers, ses enfans cueilleront d'immortelles couronnes, et son nom sera chanté par les Muses au milieu de la joie des festins.

Dieu brillant qu'honore la Lydie et Délos, toi qui chéris le Parnasse et les sources de Castalie, écoute mes vœux et dépose dans ton cœur le souvenir d'un peuple généreux. C'est des dieux en effet que viennent toutes les vertus des mortels : c'est par eux que nous naissons sages, guerriers ou éloquens; c'est aussi par leur secours que j'espère immortaliser le héros que je chante. Le trait que va lancer ma main n'ira point se perdre au-delà du but, mais il franchira un tel espace que mes ennemis étonnés s'avoueront vaincus !

Ah! si le temps apportait à Hiéron avec les richesses et le bonheur l'oubli de ses maux, avec quel plaisir rappellerait-il à sa mémoire ces guerres et ces combats où, par le secours des dieux, son courage le couvrit d'une gloire qu'aucun des Grecs n'atteignit jamais, et qui maintenant ajoute le plus beau lustre à sa prospérité! Naguère encore, semblable à Philoctète, ne l'avons-nous pas vu marcher au combat et contraindre un roi puissant à le traiter avec toute la bienveillance qu'on a pour un ami? Tel on dit qu'autrefois le fils de Pœante, retiré de Lemnos par des héros semblables aux dieux, vint, armé des flèches d'Hercule, renverser la ville de Priam, et, quoique affaibli par les douleurs d'une blessure cruelle, mettre fin aux longs travaux des Grecs : telle était la volonté du Destin. Ainsi, puisse un dieu favorable désormais protéger Hiéron et veiller à l'accomplissement de ses désirs !

Muse, obéis à mon ardeur; va porter ces chants de victoire jusque dans le palais de Dinomène; un fils ne fut jamais insensible au triomphe de son père. Courage donc, ô ma Muse! enfante pour le roi d'Etna un hymne qui lui soit agréable! C'est par lui qu'Hiéron gouverne cette cité nouvelle; c'est par lui que sous les justes lois d'Hyllus, il fait régner la liberté, noble présent des dieux. Ainsi s'accomplissent les vœux de Pamphile et des Héraclides : ces vertueux habitans des vallées du Taygète n'auraient pu renoncer à ces lois qu'Égimius leur avait apportées de la Doride. Ils y restèrent fidèles lorsque, des sommets du Pinde, ils vinrent signaler leur vertu dans Amyclée, près de ces lieux que jadis illustrèrent les exploits des fils de Tyndare aux blancs coursiers.

Grand Jupiter, abaisse tes regards sur les bords de l'Amène ; accorde aux citoyens d'Etna et à leur roi de comprendre toujours quelle est pour des mortels la véritable source de la gloire. Que, par toi, le maître de la Sicile, formant son fils au trône et honorant les peuples par ses victoires, fasse régner au milieu d'eux la concorde et la paix. Fils de Saturne, je t'en conjure, exauce ma prière! Que le Phénicien et le Tyrrhénien, dégoûtés du tumulte des combats, demeurent en paix dans leurs foyers! Qu'ils frémissent au souvenir du désastre déplorable de leur flotte devant Cumes lorsque, du haut de ses nefs rapides, le roi de Syracuse dompta leur orgueil et précipita dans les flots leur brillante jeunesse, arrachant ainsi la Grèce au joug de la servitude.

A Athènes, je chanterai les Athéniens, vainqueurs devant Salamine; à Sparte, je célébrerai ce combat où le Cithéron vit tomber les Mèdes aux arcs recourbés; sur les bords rians de l'Himère, je redirai la gloire que les fils de Dinomène ont acquise par la défaite de leurs fiers ennemis.

Parler à propos, célébrer en peu de vers une suite nombreuse de belles actions, c'est le moyen d'offrir moins de prise à la critique des hommes. L'esprit est prompt, trop de détails le fatiguent bientôt, et la louange d'autrui pèse en secret à celui qui l'écoute. Quoi qu'il en soit, Hiéron, ne te lasse pas de poursuivre tes nobles desseins; il vaut mieux exciter l'envie que de s'exposer aux dédains de la pitié; gouverne ton peuple avec le sceptre de la justice; que ta langue ne profère jamais que des paroles de vérité : la moindre erreur qui s'échapperait de ta bouche, acquerrait au loin une haute importance. Souverain de tant de peuples, tu trouves en eux d'irréprochables témoins de tes paroles et de tes actions. Sois donc fidèle aux généreuses inspirations de ton cœur, et, si tu aimes à entendre la douce voix de la renommée, ne te lasse point de répandre d'abondantes largesses; sache en pilote habile tendre tes voiles aux vents, cher prince, et garde-toi de te laisser séduire par une trompeuse économie! Les hommes meurent, leur gloire seule leur survit, et quand le héros n'est plus, les orateurs et les poëtes redisent ce qu'il fut pendant sa vie. Ainsi la vertu bienfaisante de Crésus ne périra jamais, tandis que la postérité aura toujours en horreur la mémoire de Phalaris, qui brûlait inhumainement les hommes dans son taureau d'airain; jamais son exécrable nom ne retentira dans les assemblées où la jeunesse marie sa voix aux doux sons de la lyre.

Jouir des dons de la victoire est le premier des bienfaits; entendre célébrer ses louanges est le second : réunir ces deux avantages, c'est porter la plus belle couronne.

II.

A HIÉRON, ROI DE SYRACUSE,

Vainqueur à la course des chars.

Vaste cité de Syracuse, temple du dieu des combats, toi dont le sein fortuné nourrit tant de héros et de coursiers belliqueux, reçois ce chant de victoire qui part de la féconde Thèbes pour t'annoncer le triomphe de ton roi. Vainqueur à la course bruyante des chars, Hiéron, de l'éclat de ses couronnes, embellit Ortygie, terre consacrée à Diane-Alphéienne. Jamais, sans la déesse, son bras n'eût pu dompter ses coursiers fiers de leurs rênes brillantes. Mais à peine eut-il invoqué le redoutable dieu du trident que la vierge chasseresse et Mercure, qui préside à nos jeux, répandirent sur ces fougueux quadrupèdes un éclat éblouissant, et qu'Hiéron soudain les attela à son char, dociles au frein qui les guide.

D'autres en vers pompeux, rendent un juste hommage à la valeur et aux vertus de leurs princes; c'est ainsi que les peuples de Cypre répètent dans leurs chants le nom de Cynirus, cher au blond Phébus et pontife suprême de Cythérée. Ces chants, ô fils de Dinomène, sont aussi bien que les miens inspirés par des bienfaits; ils acquittent la dette de la reconnaissance.

De même si les vierges de Locres font retentir leurs paisibles demeures de tes louanges, si l'avenir ne leur offre plus que paix et sécurité, c'est à tes exploits, c'est à ta valeur qu'elles en sont redevables.

Rapidement entraîné sur la roue à laquelle l'a fixé l'ordre des dieux, Ixion ne crie-t-il pas aux mortels qu'ils aient à payer la bienfaisance d'un juste retour. Une funeste expérience l'a instruit de ce devoir. Admis par la bonté des fils de Saturne à couler auprès d'eux des jours délicieux, il ne put longtemps soutenir l'excès de son bonheur, il conçut dans son aveugle délire une furieuse passion pour Junon, que la couche du grand Jupiter est seule digne de recevoir. Mais son orgueilleuse audace le précipita dans un abîme de maux; doublement coupable, et lorsque vivant sur la terre, il se souilla le premier du sang de son beau-père, et lorsque, dans l'enceinte du sacré palais, il osa attenter à la pudeur de Junon, l'épouse du puissant Jupiter. Un supplice inouï devint bientôt le juste châtiment de ses crimes. Mortels, apprenez ainsi à ne jamais former des vœux au-dessus de votre faible nature.

Ixion, pour assouvir sa passion sacrilége, se précipita dans l'excès du malheur, aveugle qu'il était, il n'avait embrassé qu'un nuage, et son amour trompé s'était enivré de ce doux mensonge! La nue, brillant fantôme, pour l'entraîner à sa perte, avait pris sous la main de Jupiter la forme de la céleste fille de Saturne. Alors le maître des dieux l'attacha à cette roue... Ses membres y sont à jamais serrés par d'invincibles nœuds, et ses tortures, hélas! trop célèbres attestent à la terre la vengeance des immortels.

Cependant la nue, mère unique de son espèce, conçut, sans l'assistance des Grâces, un fruit unique aussi dans la sienne; sa nourrice le nomma Centaure; monstre également étranger aux formes humaines et aux attributs de la divinité, il courut dans les vallées du Pélion perpétuer sa race en s'accouplant avec les cavales de la Thessalie. C'est de cette union qu'est née la race extraordinaire des Centaures, participant à la forme de leur père et de leur mère, hommes jusqu'à la ceinture, et chevaux dans la partie inférieure du corps.

Ainsi Dieu dispose de tout à son gré : plus rapide que l'aigle qui fend les airs, que le dauphin qui fuit au milieu des ondes, il brise l'orgueil des mortels ambitieux et comble les autres d'une gloire impérissable.

Mais évitons d'aiguiser les traits de la médisance ; j'ai vu le mordant Archiloque avant moi, souvent réduit à une extrême indigence pour avoir exhalé le venin de sa malice et de sa haine. Préférons mille fois à tous les biens d'honorables possessions heureusement unies à la sagesse. Telles sont celles qui sont en ta puissance, ô Hiéron ! Ta main libérale peut les répandre au gré de ta générosité, car tu domines sur de florissantes cités couronnées de remparts et sur des peuples nombreux. Oui, il serait égaré par la démence celui qui oserait avancer que jamais dans la Grèce quelque héros l'ait surpassé en richesses et en gloire.

Je monterai sur ta flotte ornée de fleurs, et là je célébrerai tes exploits sur les ondes : je redirai aussi cette ardeur martiale qui, dans plus d'un combat sanglant, signala tes jeunes années, et les lauriers que tu cueillis, tantôt monté sur un impétueux coursier, tantôt à pied guidant au milieu de la mêlée tes intrépides phalanges. Enfin, je chanterai la prudence et les sages conseils de ton âge mûr, qui maintenant mettent à l'abri du soupçon et mes louanges et mes chants.

Prince généreux, reçois donc mon hommage, et que cet hymne te soit aussi agréable que les dons précieux que les mers t'apportent du rivage de la Phénicie ! Je l'ai composé, selon tes désirs, sur le mode éolien ; puissent les sons mélodieux de la lyre à sept cordes lui prêter un charme qui captive ton oreille.

Marche sans cesse dans le sentier de la vertu, et ne crois pas au langage des flatteurs. Un prince est toujours grand à leurs yeux, comme un singe est toujours beau pour des enfans. Ainsi Rhadamante fut heureux, parce que son cœur, riche des fruits de la sagesse, fut insensible aux discours artificieux dont les flatteurs séduisent les faibles mortels. Semblables au renard, ces hommes vils distillent sans cesse le noir venin de leur calomnie, également funestes à ceux qu'ils déchirent et à ceux qui les écoutent.

Mais que peut contre moi leur malice ? Comme le liége du pêcheur surnage à la surface des eaux sans jamais être englouti, de même je demeure immobile au-dessus des flots de la calomnie qu'ils soulèvent contre moi. Jamais les mensonges du fourbe ne trouvèrent crédit auprès de l'homme vertueux ; c'est en vain que ce reptile se replie de mille manières pour l'enlacer dans ses piéges... Loin de moi d'aussi viles attaques ! J'aime mon ami, je hais mon ennemi, et, comme un loup infatigable, je le poursuis dans les sentiers obliques et tortueux. Quelle que soit l'autorité qui régisse un empire, que le pouvoir soit le partage d'un seul, de la multitude turbulente ou d'un petit nombre de sages, celui dont la bouche ne trahit point la vérité est toujours digne du premier rang.

Bien coupable est le mortel qui se raidit contre les décrets des dieux ; eux seuls peuvent accorder les dons de la fortune aux uns, et ceux de la gloire aux autres. Mais la prospérité même n'adoucit pas l'envieux. L'insensé ! sa passion est un poids qui l'entraîne à sa perte, un cruel ulcère lui a rongé le cœur avant qu'il ait recueilli le fruit de ses trames criminelles. Il faut donc alléger par la patience le joug qui nous est imposé, et ne nous point irriter contre l'aiguillon. Pour moi, que les dieux m'accordent de couler mes jours dans la société des gens de bien et de consacrer mes chants à leur gloire !

III.

A HIERON.

Vainqueur au célés.

S'il m'était permis d'exprimer un vœu que tous les cœurs forment avec moi, je supplierais les dieux de rappeler à la vie Chiron, le fils de Phillyre. Centaure sauvage, mais ami de l'humanité, il régnerait encore dans les vallées du Pélion, ce divin rejeton de Saturne, tel qu'autrefois lorsqu'il y élevait le père de la Santé, Esculape, habile dans l'art de guérir les maladies qui affligent les mortels.

Esculape eut pour mère la fille de Phlegyos, riche en beaux coursiers. Atteinte par les traits dorés de Diane, qui servait le courroux d'Apollon, cette jeune beauté descendit hélas ! du lit nuptial dans la sombre demeure de Pluton avant d'avoir reçu les secours de la chaste Lucine ; tant est redoutable la colère des enfans de Jupiter !

Au mépris du dieu à la blonde chevelure, à qui elle s'était unie à l'insu de son père, et entraînée par l'égarement de son cœur, la Nymphe téméraire consentit à d'autres nœuds, quoiqu'elle portât déjà dans ses flancs le germe pur et sans tache de l'immortel qui l'avait aimée. Sans attendre ni le festin nuptial, ni les chants de l'hyménée, que font entendre le soir, au milieu des plaisirs et des jeux, les vierges compagnes de la nouvelle épouse, elle se prostitua à un amour étranger, par un aveuglement hélas! trop commun. Car telle est la folie des pauvres humains : souvent ils conçoivent un mépris insensé pour les biens dont ils peuvent jouir, et ne soupirent qu'après ceux dont ils sont éloignés, attachant à des avantages chimériques un espoir qui ne peut s'accomplir.

Ainsi la belle Coronis, en partageant sa couche avec un étranger venu de l'Arcadie, attira sur sa tête les plus affreuses calamités ; car son crime ne put échapper aux regards de celui qui éclaire le monde : du fond du sanctuaire, où fument sans cesse les entrailles des victimes, le dieu qui règne à Pytho voit l'infidélité de Coronis. Son œil pénètre jusqu'au fond des cœurs et jamais le plus ingénieux mensonge ne lui déroba les actions, ni même les pensées des hommes ou des dieux. A peine Phébus a-t-il connu l'abus qu'Ischys, fils d'Élatus, a fait des droits de l'hospitalité et la perfidie de sa jeune complice, qu'il charge sa sœur du soin de sa vengeance. Elle vole, enflammée de courroux, sur les bords du lac Bœbias, à Lacérie qu'habitait l'infidèle. Un autre dieu, maître de ses sens avait entraîné Coronis à sa perte : ses concitoyens y furent enveloppés ; ils périrent par le fléau d'une cruelle épidémie. Tel le feu parti d'une étincelle embrase et consume rapidement les forêts qui couvrent la montagne.

Déjà les parens de la Nymphe avaient élevé le bûcher ; déjà les feux ardens de Vulcain voltigeaient autour du corps gisant : « Non, s'écrie Apollon, non, je ne laisserai point périr le fruit de mon amour victime du forfait de sa coupable mère!... » Il dit, et d'un pas il arrive au bûcher. Soudain la flamme tremblante se divise ; alors le dieu retire des flancs inanimés de Coronis son fils vivant encore ; il le porte au centaure de Magnésire, pour qu'il lui enseigne l'art de guérir les maux infinis qui affligent l'humanité. Bientôt vers le célèbre disciple se pressent en foule les malades ; celui que dévorait un ulcère spontané, celui qu'avait blessé une pierre ou un coup de lance, celui qui était en proie au feu brûlant ou au froid mortel de la fièvre, venait chercher auprès de lui un remède à ses douleurs. Il guérissait les uns par l'art secret des enchantemens, les autres par des breuvages adoucissans, plusieurs par un baume salutaire répandu sur leurs plaies, d'autres enfin par les incisions douloureuses d'un acier tranchant.

Mais hélas! que ne peut l'appât du gain sur le cœur même du sage! Séduit par l'or qu'une main libérale lui présente, le fils de Coronis ose arracher à la mort un héros qu'elle venait d'immoler. A l'instant le fils de Saturne d'une main rapide saisissant sa foudre vengeresse, frappe au cœur les deux victimes et les précipite dans le noir séjour. Mortel, apprends par cet exemple à te connaître : que tes vœux soient d'un homme ; qu'ils soient conformes à tes destins.

Ainsi donc, ô mon génie! n'aspire point à la vie des immortels, et n'entreprends jamais rien au-dessus de tes forces. Si le sage Chiron habitait encore son antre, si la douce harmonie de mes chants pouvait s'insinuer dans son cœur, j'obtiendrais de lui qu'il soulageât encore par son art divin les maux dont l'homme vertueux est consumé. Oui, je l'implorerais lui, ou quelque enfant d'Apollon ou de Jupiter lui-même. Alors, avec quelle célérité mon navire, fendant les ondes de la mer ionienne, me porterait vers la fontaine Aréthuse, auprès du fondateur d'Etna, de ce roi puissant de Syracuse, dont la bonté fait le bonheur de ses sujets ; qui ne porte point envie aux gens de bien, et accueille les étrangers comme un ami, comme un père. Ah! si je l'abordais, portant un double tribut, la santé plus précieuse que l'or et cet hymne, où je chante la victoire que, non loin de Cirrha, vient de remporter Phérénicus, son coursier, dans les solennités pythiques, je lui apparaîtrais plus radieux que l'astre bienfaisant dont la douce lumière dissipe les ténèbres d'une mer orageuse.

Du moins, j'adresserai pour toi mes vœux à la mer des dieux, à la vénérable Cybèle, dont les vierges de Thèbes, pendant les ombres de la nuit, unissent le culte à celui de Pan, près de la demeure que j'habite.

Si ton esprit, ô Hiéron, sait interpréter les discours des sages, si tu as appris à expliquer les maximes des temps passés, tu comprendras que, pour un bien que les dieux dispensent aux mortels ils leur font éprouver deux maux. Jamais l'insensé ne put souffrir ce mélange, le sage seul ne montre au dehors que le bien qu'il reçoit.

Pour toi, le bonheur s'attache à la destinée,

et la fortune sur le trône où elle l'a élevé le regarde d'un œil favorable, plus qu'aucun autre mortel. Mais quelle vie se soutint constamment à l'abri des orages? Ni Pélée, le vaillant fils d'Éaque, ni le divin Cadmus n'en furent exempts. Ces deux héros cependant passent pour avoir possédé le bonheur suprême : tous deux entendirent chanter les Muses, et dans Thèbes aux sept portes, et sur le Pélion, Cadmus, lorsqu'il épousa la brillante Harmonie, Pélée, quand il unit son sort à Thétis, l'illustre fille du sage et prudent Nérée. Tous deux virent les dieux s'asseoir sur des sièges d'or au banquet de leur hyménée, et reçurent de leurs mains les présens de noces. Tous deux enfin, consolés de leurs revers par un bienfait de Jupiter, rouvrirent à la joie leurs cœurs flétris par le vent du malheur.

Mais voici venir de nouveau pour eux un temps d'épreuves et de calamités : les trois filles de Cadmus, par de tragiques aventures, éloignèrent de leur père tout espoir de bonheur, quoique Jupiter eût honoré de sa présence la couche de Thyonée aux bras éclatans de blancheur. Le fils que l'immortelle Thétis donna à Pélée dans Phthie, atteint d'une flèche meurtrière, perdit la vie dans les combats, et les Grecs en deuil pleurèrent sur son bûcher.

Que le sage, fidèle aux inspirations de la vérité, profite donc du présent et jouisse du bonheur que les dieux lui accordent. Rien de plus inconstant que le souffle impétueux des vents; ainsi la félicité des mortels n'est jamais durable.

Pour moi, que la fortune me sourie ou qu'elle me poursuive de ses rigueurs, on me verra toujours simple avec les petits, grand avec les grands, borner ou étendre mes désirs; et, sans murmurer, me soumettre à la condition où l'aveugle déesse m'aura placé. Mais si jamais un dieu me prodiguait d'abondantes richesses, ma gloire alors et celle de mon bienfaiteur passerait à la postérité la plus reculée. Ainsi vivent dans la mémoire des hommes et Sarpédon et Nestor que les plus sages favoris des Muses ont à jamais illustrés dans leurs chants; ainsi la vertu devient immortelle. Mais peu d'hommes sont capables de la célébrer dignement.

IV.

A ARCÉSILAS DE CYRÈNE,

Vainqueur à la course des chars.

Muse, ce jour t'appelle près d'un mortel que tu chéris, près d'Arcésilas, roi de Cyrène aux agiles coursiers; pars, et, au milieu des chœurs qu'il conduit, fais entendre cet hymne solennel, dont l'hommage appartient encore au fils de Latone et à Delphes. Ce fut dans le temple de cette cité célèbre, que la Pythie, assise près des aigles de Jupiter et inspirée par Apollon, ordonna à Battus de quitter l'île sacrée qui l'avait vu naître, pour aller fonder une ville fameuse par ses chars, dans la féconde Lybie, où la terre sans cesse prodigue les trésors de son sein.

Ainsi s'accomplit l'oracle que prononça jadis dans Théra la reine de Colchos, l'impitoyable Médée, sur les descendans à la dix-septième génération des demi-dieux compagnons du belliqueux Jason : « Enfans des dieux et des héros, écoutez : Un jour viendra que sur cette terre battue par les ondes, non loin des lieux consacrés à Jupiter-Ammon, la fille d'Épaphus fondera une cité chère aux mortels, d'où naîtront à leur tour d'autres cités puissantes. Au lieu des dauphins agiles, ses habitans auront de légers coursiers; au lieu de rames, des freins et des rênes, au lieu de vaisseaux, des chars aussi rapides que la tempête. Théra deviendra la métropole des cités florissantes; j'en ai pour garant le présage qu'autrefois reçut Euphémus, non loin des bords du marais Triton, lorsque, descendu de la proue du navire Argo, au moment où l'ancre aux dents d'airain le fixait sur le rivage, il reçut une glèbe mystérieuse, que lui offrit en signe d'hospitalité un dieu caché sous une figure humaine. Pour confirmer cet augure le fils de Saturne fit retentir sur nos têtes les éclats de son tonnerre.

» Déjà la douzième aurore avait brillé depuis qu'échappés aux flots de l'Océan nous avions porté sur la plage déserte les bois du navire Argo séparés par mes conseils, lorsque ce dieu solitaire s'offre à nous sous les traits d'un vieillard vénérable. Il nous adresse des paroles amicales, comme le font les hommes bienfaisans qui invitent d'abord les étrangers à leur table hospitalière. Mais l'impatience où nous étions de revoir notre patrie ne nous permettait pas de nous rendre à ses offres généreuses; alors il nous dit qu'il est Euripyle, fils du dieu dont l'humide empire environne et ébranle la terre ; et, voyant notre empressement à partir, il détache du sol une glèbe et nous la présente comme le seul gage d'hospitalité qu'il puisse nous donner en ce moment. Euphémus à l'instant s'élance sur le rivage, et, joignant sa main à celle du vieillard, il en reçoit le don mystérieux.

» Depuis j'ai appris que cette glèbe est tombée dans les flots, où elle s'est dissoute, entraînée par les flots de la mer d'Hespérie. Plus d'une fois cependant j'avais ordonné aux esclaves qui nous soulageaient dans les travaux d'une pénible navigation de conserver cette glèbe sacrée ; ils ont oublié mes ordres, et l'immortelle semence, apportée de la spacieuse Lybye, s'est dispersée avant le temps sur le rivage de Théra.

» Si Euphémus, ce grand roi qu'Europe, fille de Tityus donna pour fils à Neptune sur les bords du Céphise, l'eût jetée à son retour dans Ténare sa patrie, près de la bouche souterraine des enfers, ses descendans à la quatrième génération, mêlant leur sang avec celui des Grecs, se seraient emparés de cette terre vaste et féconde (car c'est à cette époque qu'on verra sortir de leur territoire de nombreuses colonies de Lacédémone, d'Argos et de Mycènes). Mais maintenant cet honneur est réservé aux fils des femmes étrangères ; ils aborderont à Théra sous la conduite des dieux, et d'eux naîtra un héros qui régnera sur cette terre fécondée par les orages. Ce héros se rendra au temple de Delphes, pour y consulter Apollon ; et dans son sanctuaire tout resplendissant d'or, le dieu lui ordonnera de traverser les mers et de conduire une colonie dans cette terre que le Nil fertilise de ses eaux, et où s'élève le temple du fils de Saturne. »

Ainsi parla Médée ; les héros, saisis d'admiration, écoutèrent en silence le mystérieux langage. Fils heureux de Polymneste, c'est toi, Battus, que désignaient ces accens prophétiques ; c'est toi qu'appela à ces hautes destinées la voix inspirée de la prêtresse de Delphes : et, au moment où tu lui demandais comment tu pourrais, avec l'aide des dieux, délier ta langue embarrassée, la prêtresse, te saluant trois fois, te reconnut pour le roi que le Destin réservait à Cyrène.

Et maintenant le huitième rejeton de cette tige féconde en héros, Arcésilas brille, tel qu'une fleur purpurine qui s'épanouit à l'approche du printemps. Apollon et Pytho viennent de lui décerner par la voix des Amphictyons la palme de la course des chars : je vais à mon tour, par le chant des Muses, illustrer sa gloire et celle des Argonautes Minyens, qui, par l'ordre des immortels, conquirent au delà des mers la toison d'or et se couvrirent d'une gloire impérissable.

Quelle fut la cause de cette célèbre navigation ? quelle nécessité insurmontable y entraîna tant de héros, malgré les périls dont elle était semée ? Un oracle avait prédit à Pélias qu'il périrait par les mains ou par les conseils inflexibles des fils d'Éole. Cet arrêt funeste lui fut annoncé dans les bosquets sacrés de Pytho, centre de la terre : « Évite soigneusement la rencontre du mortel qui, étranger et citoyen en même temps, descendra des montagnes n'ayant aux pieds qu'un cothurne, et qui, marchant vers l'occident, entrera dans la célèbre Iolcos. »

Au temps fixé par le Destin, il parut cet homme inconnu, sous les dehors d'un guerrier formidable. Il porte des armes dans sa main ; un double vêtement le couvre : une tunique magnésienne qui dessine les belles formes de ses membres nerveux, et par-dessus une peau de léopard qui le garantit des pluies et des frimas. Sa superbe chevelure n'était point tombée sous le tranchant du fer, elle flottait négligemment sur ses épaules. Intrépide, il s'avance d'un pas ferme et s'arrête avec une contenance assurée au milieu de la foule qui remplissait la place publique.

Il n'est connu de personne, mais tous, à sa vue, saisis de respect, se disaient : « Ne serait-ce point Apollon, ou l'amant de la belle Vénus, Mars, qui vole sur un char d'airain dans les combats ? Ce ne peut être Otus, un des enfans d'Iphimédée, ni toi, valeureux Éphialte, car on dit que vous êtes morts dans la fertile Naxos. Ce n'est pas non plus Tityus : les flèches de l'invincible Diane l'ont privé de la vie pour apprendre aux mortels à borner leur amour à des objets qu'il leur est permis d'atteindre. » Ainsi parlaient entre eux les habitans d'Iolcos.

Cependant Pélias, monté sur un char brillant traîné par des mules, se hâte d'arriver. Étonné à la vue de l'unique chaussure qui couvre le pied droit de l'étranger, il rappelle dans sa mémoire l'oracle qui lui fut prononcé ; mais dissimulant sa frayeur : « Quelle terre, dit-il, ô étranger, te glorifies-tu d'avoir pour patrie, et quels sont parmi les mortels, les illustres parens qui t'ont donné le jour? Parle: quelle est ton origine? que l'odieux mensonge ne souille point ta bouche. »

Alors plein de confiance, le héros lui répond: « Formé à l'école de Chiron, nourri par les chastes filles du Centaure, j'arrive de l'antre qu'habitent avec lui Philyre et Chariclo; j'ai atteint parmi elles ma vingtième année sans que jamais une action, ni même une parole indigne m'ait deshonoré. Aujourd'hui, je viens dans mon palais reclamer le trône de mon père injustement possédé par des étrangers; Éole le reçut de mon père, pour le transmettre avec gloire à ses descendans.

» J'apprends que Pélias, aveuglé par une folle ambition, a arraché violemment des mains de mes aïeux le sceptre qu'ils portaient au nom des lois. Redoutant la férocité de l'orgueilleux usurpateur, mes parens aussitôt ma naissance affichèrent un grand deuil et feignirent de pleurer ma mort; les femmes firent retentir le palais de leurs gémissemens; et, à la faveur de la nuit, seul témoin de leur fraude innocente, ils m'enveloppèrent en secret dans des langes de pourpre, et me firent porter au descendant de Saturne, au centaure Chiron, le chargeant de prendre soin de mon enfance.

» Voilà en peu de mots les principaux évènemens de ma vie; maintenant que vous les connaissez, généreux citoyens, indiquez-moi le palais de mes pères: fils d'Éson et né dans ces lieux, je suis loin d'être étranger à cette terre; Jason est le nom que le divin Centaure m'a donné. »

Ainsi parla le héros. Il entre ensuite dans la maison de son père; à peine le vieillard l'eut-il reconnu que d'abondantes larmes s'échappèrent de ses paupières; son cœur palpite d'une joie inexprimable, en voyant dans son fils le plus beau des mortels. Au bruit de son arrivée, les frères d'Éson accourent, Phérès, des lieux qu'arrose la fontaine Hypéréide, Amythaon de Messène; Admète et Mélampe, leurs fils, s'empressent aussi à féliciter leur oncle. Jason les accueille tous avec tendresse; il les admet à sa table, leur prodigue les dons de l'hospitalité, et passe avec eux cinq jours et cinq nuits dans la joie des festins, au milieu de la plus pure allégresse.

Le sixième jour, il leur raconte ce qu'il a dit au peuple, et leur fait part de ses projets. Tous l'approuvent, puis ils sortent ensemble, et se rendent précipitamment au palais de Pélias. Instruit de leur arrivée, le fils de la belle Tyro s'avance à leur rencontre. Alors Jason lui adresse ces paroles pleines de douceur et de sagesse: « Noble rejeton de Neptune Pétréen, l'esprit des hommes est malheureusement plus prompt à applaudir aux richesses acquises par la fraude qu'à en prévenir les suites funestes. Mais une telle bassesse répugne à la droiture de nos deux cœurs: nous devons l'un et l'autre fonder sur la justice le bonheur de notre avenir. Qu'il me soit donc permis de vous rappeler des faits que vous connaissez aussi bien que moi. Une même mère donna le jour à Créthée et à l'audacieux Salmonée. Tous deux nous sommes leurs descendans à la troisième génération et jouissons ensemble de la lumière bienfaisante du jour.

» Les Parques mêmes, vous le savez, ont en horreur ceux qui ne rougissent pas de rompre les liens du sang par de honteuses inimitiés. Ce n'est donc point à notre épée ni aux débats sanglans de la guerre, mais à notre droit que nous devons en appeler pour diviser entre nous l'honorable héritage de nos ancêtres. Je vous abandonne les immenses troupeaux de bœufs et de brebis, les vastes champs que vous avez usurpés sur mes pères: jouissez de leur fécondité; qu'ils accroissent l'opulence de votre maison, je n'en suis pas jaloux. Mais ce que je ne saurais souffrir, c'est de vous voir assis sur le trône de Créthée, posséder ce sceptre à l'ombre duquel il fit fleurir la justice. Sans allumer entre nous le feu de la discorde, sans nous exposer à de nouveaux malheurs, rendez-moi la royauté, elle m'appartient. »

Ainsi parla Jason. Pélias lui répond d'un air calme: « Je ferai ce que vous désirez; mais déjà la triste vieillesse m'assiége: vous, au contraire, dans la fleur de l'âge, vous avez toute la force que donne la vigueur du sang. Mieux que moi vous pouvez apaiser le courroux des dieux infernaux. L'ombre de Phryxus m'ordonne de partir pour le pays où règne Aétès, de ramener ses mânes dans sa terre natale, et d'enlever la riche toison du bélier sur lequel il traversa les mers pour échapper aux traits impies d'une cruelle marâtre. Tel est l'ordre que son ombre irritée m'a donné en songe; j'ai consulté l'oracle de Castalie pour savoir si je devais l'accomplir, et il m'a répondu qu'il fallait sur-le-champ vous équiper un vaisseau et vous exhorter à partir pour cette expédition. N'hésitez donc pas, je vous en prie, à acquitter ma dette; je m'engage à vous rendre le trône à votre retour, et je prends à témoin de mes sermens le puissant Jupiter dont nous descendons l'un et l'autre. » Tous approuvèrent son discours, et ils se séparèrent de lui.

Cependant Jason a fait proclamer dans la Grèce, par la voix des hérauts, l'expédition qu'il médite. Bientôt accourent trois fils de Jupiter, infatigables dans les combats, le fils d'Alcmène aux noirs sourcils et les jumeaux enfans de Léda. Deux héros à la chevelure touffue, issus du dieu qui ébranle la terre, arrivent aussi, l'un de Pylos et l'autre des sommets du Ténare. Jamais elle ne périra la gloire que vous vous êtes acquise par cet exploit, Euphémus et toi, Périclymène. A tous ces héros, se joignit le fils d'Apollon, Orphée chantre divin et père de la poésie lyrique. Le dieu qui porte un caducée d'or, Mercure, associe à cette entreprise périlleuse ses deux fils, Échion et Eurytus, tous deux brillans de jeunesse; ils arrivent des vallées que domine le Pangée. Joyeux de concourir à cette noble conquête, Zéthès et Calaïs se joignent aux héros: le roi des vents, Borée, fier du courage de ses deux fils, leur fait présent de deux ailes pourprées qui s'agitent derrière leurs blanches épaules. Enfin Junon souffle dans le cœur de tous ces demi-dieux une telle ardeur à s'embarquer sur le navire Argo qu'aucun d'eux ne songe plus à couler à l'abri des dangers des jours paisibles près d'une tendre mère, mais plutôt à conquérir avec ses rivaux une gloire éclatante, seule capable de faire vivre son nom au delà du tombeau.

Quand cette élite de la Grèce fut arrivée dans Iolcos, Jason en fait le dénombrement et la comble des éloges qu'elle mérite. Au même instant, Mopsus habile augure, interroge les destins et ordonne aux guerriers de monter promptement sur le navire. On lève l'ancre et on la suspend à la proue; alors le chef intrépide de tant de héros, debout sur la poupe, prend en ses mains une coupe d'or; il invoque et le père des dieux, le grand Jupiter, qui lance la foudre comme un trait, et les vents impétueux et les flots rapides; il leur demande une heureuse navigation, des nuits et des jours sereins et un prompt retour dans leur patrie.

Soudain du haut des nues embrasées par la foudre, le tonnerre gronde en éclats propices. A ces signes non équivoques de la volonté du ciel, les héros s'arrêtent immobiles d'étonnement; mais le devin interprétant ce phénomène, les remplit tous d'espérance et de joie. Il les engage à se courber sans délai sur la rame. Aussitôt les flots agités fuient sous les coups redoublés de leurs bras vigoureux; ils voguent, et, secondés par le souffle du Notus, ils arrivent aux bouches de la mer inhospitalière. Là ils dédient un bois sacré à Neptune, dieu des mers, et sur un autel que jadis des mains divines élevèrent en ces lieux, ils lui immolent un troupeau de taureaux de Thrace, qui s'offre à leurs regards sur le rivage. Souvent dans la suite, à la vue des périls dont ils sont menacés, ils adressent leurs vœux au dieu protecteur des nautoniers: ils le conjurent de les préserver du choc presque inévitable de ces roches qui se heurtent au sein des mers. Deux d'entre elles sont vivantes, et roulent plus rapides qu'un tourbillon de vents impétueux; mais le vaisseau des demi-dieux par sa présence leur enlève pour toujours le mouvement et la vie.

Enfin ils arrivent à l'embouchure du Phase, et livrent sur ses bords, aux farouches enfans de la Colchide, un combat sanglant, non loin du palais même d'Aétès.

Mais voici que la déesse dont les traits subtils blessent les cœurs des hommes, l'aimable Cypris descend de l'Olympe, portant sur son char aux roues brillantes cet oiseau, qui le premier inspira aux mortels les fureurs d'un incurable amour.

Elle enseigne au sage fils d'Éson, par quel prestiges enchanteurs il bannira de l'esprit de Médée le respect qu'elle doit aux volontés de son père et inspirera à son cœur dompté par la persuasion, un violent désir de voir les riantes campagnes de la Grèce. Cette princesse en effet ne tarda pas à révéler au jeune étranger par quel moyen il sortira victorieux des épreuves que lui préparait son père. Elle compose avec de l'huile et des sucs précieux un liniment salutaire dont la vertu rend le corps de Jason inaccessible à la douleur. Mais déjà tous deux épris l'un de l'autre, se sont juré de s'unir par les doux liens de l'hymen.

14

Cependant Aétès place au milieu de la troupe des Argonautes une charrue plus dure que le diamant ; il y attelle seul deux taureaux, qui de leurs narines enflammées exhalent des torrens de feu et tour à tour creusent la terre de leurs pieds d'airain. Il les presse, et le soc soulevant en glèbes énormes le sein de la terre entr'ouverte, trace derrière eux un sillon d'une orgie de profondeur. Puis il ajoute : Que le héros qui commande ce navire, achève mon ouvrage, et je consens qu'il emporte l'immortelle toison que l'or fait briller de tout son éclat.

A peine a-t-il achevé ces mots que Jason soutenu par Vénus jette son manteau de pourpre et commence la pénible épreuve. Les flammes que sur lui soufflent les taureaux, ne l'effraient pas grâce aux magiques secrets de son amante. Il arrache la charrue pesante du sillon où elle est enfoncée, force les taureaux à courber sous le joug leur tête indocile, et pressant de l'aiguillon leurs énormes flancs, les contraint à parcourir l'espace qui est prescrit.

Aétès, quoique saisi d'une douleur secrète, ne peut s'empêcher d'admirer une force si prodigieuse ; les compagnons du héros au contraire lui tendent les mains, couronnent son front de verts feuillages et lui prodiguent les témoignages de la plus tendre amitié. Aussitôt le fils du Soleil lui indique le lieu où l'épée de Phryxus a suspendu la riche dépouille du bélier. Il se flattait qu'il ne pourrait jamais en achever la conquête, car ce trésor précieux, caché dans les sombres profondeurs d'une forêt, était confié à la garde d'un dragon dont la gueule béante était armée de dents voraces, monstre affreux qui surpassait en masse et en longueur un vaisseau à cinquante rangs de rames.

Mais, ô ma Muse ! c'est trop s'écarter du sujet ; il est temps de rentrer dans la carrière des chars : les voies abrégées ne te sont pas inconnues, et quand la sagesse te l'ordonne on t'y voit marcher la première. Il me suffira donc ô Arcésilas ! de te dire que Jason tua par ruse le dragon aux yeux azurés, à la croupe tachetée ; qu'avec la toison il emmena Médée, et que Pélias tomba sous leurs coups.

Après avoir erré sur les gouffres de l'océan et parcouru les plages de la mer Érythrée, les Argonautes abordèrent à Lemnos ; ils y célébrèrent des jeux où leur mâle courage obtint pour récompense le superbe vêtement qu'on distribuait aux vainqueurs, et s'unirent par l'hymen aux femmes dont la jalousie venait d'immoler leurs époux. Ainsi les destins avaient marqué ce jour ou la nuit mystérieuse qui le suivit, pour faire éclore dans cette terre étrangère les premiers rayons de la gloire de tes ancêtres, ô Arcécilas ! Ainsi Euphémus vit naître et s'accroître sa nombreuse postérité ; Lacédémone la reçut dans son sein, et par la suite elle alla s'établir dans l'île de Callista. De là, le fils de Latone la conduisit dans les fertiles campagnes de la Lybie, où, sous la protection des dieux, il la fit régner avec équité et sagesse sur la divine cité de la nymphe Cyrène au trône d'or.

Maintenant, nouvel Œdipe, fais usage, ô Arcésilas ! de toute la pénétration de ton esprit.

Un chêne robuste est tombé sous le tranchant de la hache ; il a vu dépouiller ses rameaux et flétrir à jamais sa beauté. Mais quoiqu'il ait cessé de porter du fruit, ne pourra-t-il désormais être d'aucune utilité, soit que dans nos foyers il chasse l'hiver et la froidure, soit que transporté loin du sol qui l'a vu naître et appuyé sur deux hautes colonnes il soutienne un poids immense ou les murs d'un palais étranger.

Comme un habile médecin, tu sais, Arcésilas, guérir les maux qu'endurent tes sujets ; favori d'Apollon, tu dois appliquer le remède sur leurs plaies d'une main douce et bienfaisante. Il est aisé d'ébranler un empire, les moindres citoyens le peuvent ; mais combien n'est-il pas plus difficile de le rasseoir sur ses bases, à moins qu'un dieu puissant ne dirige les efforts des rois. Les Grâces t'ont réservé la gloire d'un tel ouvrage ; continue à veiller au bonheur de Cyrène, et ne te lasse pas de lui consacrer tes soins.

Pèse dans ta sagesse cette maxime d'Homère, et justifie-la : « L'homme de bien est toujours favorable au message dont il se charge. » Les chants des Muses ont même plus de pouvoir, quand sa bouche les fait entendre. Cyrène et l'auguste maison de Battus ont connu la justice de Démophile. Quoiqu'il soit encore au printemps de la vie, ses conseils furent constamment ceux d'un sage vieillard, et sa prudence parut toujours mûrie par cent années. Il ne prostitue point sa langue à la médisance ; il sait combien il est odieux l'homme ami de l'injure, et jamais les gens de bien ne trouvèrent en lui un contradicteur. L'occasion ne se présente aux mortels que pour un instant; Démophile sait la connaître, et quand il le faut la saisir en maître sans jamais la suivre en esclave.

Le plus cruel des maux est, dit-on, d'avoir connu le bonheur et les joies de la patrie et de se voir contraint par la dure nécessité aux rigueurs de l'exil. Ainsi comme un autre Atlas, privé de ses biens, privé des lieux qui l'ont vu naître, Démophile plie sous le poids du ciel qui l'accable. Mais espérons : Jupiter a délivré les Titans de leurs chaînes et souvent le pilote change ses voiles alors que le vent a cessé.

Après avoir épuisé la coupe du malheur, Démophile forme le vœu ardent de revoir enfin ses foyers et de retrouver, au milieu des festins donnés près de la fontaine d'Apollon, l'allégresse faite pour son jeune cœur. Sa lyre enfanterait de nouveau les sons les plus harmonieux au sein du repos et dans la compagnie des sages. Sans colère envers ses concitoyens, il ne saurait être en butte à leurs traits. Puisse-t-il, ô Arcésilas, te raconter quelle source de chants immortels il a trouvé dans Thèbes, où naguère il goûta les douceurs de l'hospitalité !

V.

A ARCÉSILAS,

Vainqueur à la course des chars.

Quelle n'est pas la puissance des richesses quand le mortel que la fortune en a comblé, sait comme toi, heureux Arcécilas, leur associer la vertu et par elles grossir la foule des amis qui l'entourent ! Dès tes premiers pas dans la carrière de la vie, tu as vu les dieux te prodiguer leurs faveurs; mais ta générosité en a fait un usage glorieux en les consacrant à rehausser la pompe des jeux que chérit Castor au char éclatant. En retour, ce demi-dieu, après avoir dissipé les nuages et la tempête, a fait luire sur ta maison fortunée les doux rayons du bonheur et de la paix.

Le sage soutient mieux que tout autre l'éclat de cette puissance que les dieux lui confient. Ainsi, Arcésilas, c'est parce que tu marches dans les sentiers de la justice que tu jouis vraiment du bonheur, et comme souverain de cités opulentes, et comme honoré par la victoire que tes coursiers ont remportée dans Pytho, victoire que célèbrent cet hymne et ces danses légères, délices d'Apollon.

Mais tandis que les accens de la gloire retentissent dans les jardins délicieux de Cyrène, dans ces bosquets consacrés à Vénus, n'oublie pas de rapporter à la divinité, comme à son premier auteur, la félicité dont tu jouis. Chéris aussi entre tous tes amis Carrotus, qui, sans être escorté de la timide Excuse, fille de l'imprévoyant Épiméthée, est revenu victorieux dans l'antique demeure des enfans de Battus dont les peuples chérissent la justice.

Digne des honneurs de l'hospitalité qu'on lui a accordés près de la fontaine de Castalie, Carrotus, monté sur un char magnifique, a parcouru douze fois la carrière avec une étonnante rapidité et a conquis ces couronnes qui parent aujourd'hui ton front.

Les fatigues d'une course périlleuse n'ont enlevé à son char aucun des ornemens que l'art de l'ouvrier y avait prodigués; mais tel il était naguère lorsque Carrotus descendait de la colline de Crisa, près de la vallée consacrée à Apollon, tel on le voit maintenant suspendu sous les portiques de Cypris, non loin de cette statue faite du tronc d'un seul arbre, que les Crétois élevèrent sur le sommet du Parnasse. Il est donc juste, ô Arcésilas ! qu'une prompte reconnaissance acquitte ce bienfait.

Et toi, fils d'Alexibius, quel n'est pas ton bonheur ! Les Grâces aux beaux cheveux rendent ton nom célèbre; et après tes mémorables travaux, mes chants élèvent à ta gloire un monument éternel. Quarante combattans, du haut de leurs chars en débris, ont été renversés dans l'arène; toi seul, intrépide écuyer, as su arracher ton char au déshonneur, et de retour de ces illustres combats, tu as revu les champs de la Lybie et la ville où tu reçus le jour.

Personne entre les mortels n'est exempt des travaux de la vie; personne ne le sera jamais. Cependant l'heureuse destinée de Battus sourit encore à ses descendans et les protège; elle est le rempart qui défend Cyrène et la source de cette gloire qui la rend chère aux étrangers. Jadis les lions saisis de crainte s'enfuirent devant Battus quand il vint dans leurs demeures conduit par un oracle prononcé au delà des mers. Apollon, dont il accomplissait les ordres, livra ces monstres à la terreur, pour qu'elle ne fût pas vaine et sans effet la promesse qu'il avait faite au fondateur de Cyrène.

Honneur à ce dieu bienfaiteur de l'humanité! C'est lui qui enseigna aux mortels des remèdes salutaires pour soulager leurs maux; il inventa la lyre, et avec les trésors de l'harmonie donna à ceux qui lui sont chers l'amour de la justice et de la paix. Du fond de l'antre sacré où il rend ses oracles il fit jadis entendre sa voix, et conduisit à Lacédémone, à Argos et à Pylos, les valeureux descendans d'Hercule et Ægimius.

Sparte! oh! combien l'honneur de t'appartenir relève encore la gloire de ma patrie! C'est toi qui vis naître ces Ægéides, mes ancêtres, que les dieux envoyèrent à Théra. Ils célébraient un sacrifice, au moment où le destin amena devant Thèbes les Héraclides qu'ils suivirent dans les murs. C'est d'eux, ô Apollon, que nous sont venues tes fêtes carnéennes et les festins au milieu desquels nous célébrons l'opulente Cyrène, où jadis se réfugièrent les Troyens, fils d'Antenor. Après avoir vu Ilion réduit en cendres par le flambeau de la guerre, ce peuple valeureux y aborda avec Hélène; il y fut admis aux festins sacrés et reçut les dons de l'hospitalité de la main des héros qu'Aristote (Battus) y avait conduits sur ses nefs légères à travers les flots tumultueux des mers.

Battus consacra aux dieux des bois plus vastes, applanit la voie Scyrota et la revêtit de rocs polis pour qu'elle pût résister aux pieds retentissans des coursiers; c'est là qu'il est enseveli, à l'extrémité de la place publique: heureux tant qu'il vécut parmi les hommes, et depuis sa mort honoré par les peuples comme un demi-dieu. Hors de la ville et devant le vestibule du palais reposent les cendres des autres rois, qui subirent après lui les rigueurs du trépas. Aujourd'hui mon hymne, en célébrant leurs vertus héroïques, pénètre au sombre bord et, comme une rosée bienfaisante, y réjouit leurs mânes par le souvenir de la gloire que leur fils partage avec eux.

Maintenant donc, ô Arcésilas! fais retentir au milieu des chœurs des jeunes Cyrénéens les louanges du dieu dont les rayons dorés vivifient le monde; c'est à lui que tu dois l'éclatante victoire que je chante aujourd'hui et la palme, noble dédommagement de tes dépenses et de tes travaux: ton éloge est dans la bouche de tous les sages. Ce qu'ils ont dit je vais le répéter: Ta sagesse et ton éloquence sont au-dessus de ton âge, pour le courage tu es l'aigle qui d'une aile vigoureuse devance tous les oiseaux, dans les combats ta force est un rempart puissant, dès le matin de tes ans ton génie s'est élevé au séjour des Muses, avec quelle adresse ne te voit-on pas diriger à ton gré un char rapide! enfin, ce qui est grand et sublime, tu l'encourages, tu l'adoptes, et les dieux bienveillans te donnent la force et les moyens pour l'exécuter.

Bienheureux enfans de Saturne, daignez favoriser ainsi pour l'avenir les projets et les actions d'Arcésilas! Que jamais le souffle empoisonné du malheur n'abatte les fruits que lui promettent ses beaux jours! Jupiter, que ta providence puissante préside au destin des mortels que tu chéris! daigne bientôt accorder au descendant de Battus l'honneur de la palme olympique.

VI.

A XÉNOCRATE, D'AGRIGENTE,

Vainqueur à la course des chars.

Mortels, prêtez l'oreille à mes accens! me voici dans la terre consacrée à l'aimable Vénus et aux Grâces, après avoir porté mes pas vers le temple d'Apollon Pythien: c'est là que pour célébrer à l'envi la victoire de Xénocrate, la félicité des Emménides et la belle Agrigente, qu'un fleuve du même nom arrose de ses eaux, j'ai trouvé dans le sanctuaire un trésor où j'ai puisé mes chants, trésor indestructible, qui n'a à redouter ni les pluies de l'hiver, ni les orages qui s'entre-choquent comme des bataillons armés, ni les vents qui roulent en tourbillons sur le gouffre des mers. Il brille de l'éclat le plus pur, ô Thrasybule, et devient pour moi une source de chants harmonieux qui, répétés de bouche en bouche, rediront à la postérité la gloire de ton père et de tes descendans, et la victoire curule qu'il a remportée dans la vallée de Crisa.

Digne fils de Xénocrate, avec quelle attention ne remplis-tu pas le précepte que jadis le Centaure né de Philyre donnait sur le mont Pélion au fils de Pélée, qu'il élevait loin de ses parens. « Mon fils, lui disait-il, honore parmi tous les dieux de l'Olympe le redoutable maître du tonnerre et garde-toi bien de priver pendant ta vie du tribut de ta reconnaissance le mortel qui te donna le jour. »

Tel fut le valeureux Antiloque qui se dévoua à la mort pour sauver les jours de son père, et seul s'exposa aux coups homicides de Memnon, sous qui combattaient les Éthiopiens. Blessé par les traits de Pâris, un des coursiers de Nestor retardait la fuite de son char, et Memnon s'avançait brandissant une longue javeline. Déjà le vieillard éperdu crie à son fils de ne pas affronter le trépas; c'est en vain, le jeune héros vole au combat, et, par le sacrifice de sa vie, il achète celle de son père, laissant aux races futures un modèle admirable de piété filiale.

Cette antique vertu des siècles passés, Thrasybule nous en donne aujourd'hui le touchant exemple : il marche dans le sentier que lui a tracé son père et le dispute en magnificence à son oncle Théron. Avec quelle modération jouit-il de ses richesses! Formé à la sagesse dans le sanctuaire des Muses, jamais il ne permit à l'injustice ni à l'aveugle prévention d'égarer un instant son cœur. Comme sa jeune ardeur se plaît à tes nobles exercices, Neptune, toi dont le trident ébranle la terre et qui appris aux mortels l'art de dompter les coursiers ! Enfin son caractère aimable et bienveillant fait la joie de ses amis, et, dans les festins, ses paroles coulent avec la douceur du miel que distille l'industrieuse abeille.

VII.

A MÉGACLÈS, D'ATHÈNES,

Vainqueur au quadrige.

Pour célébrer dignement l'antique puissance des enfans d'Alcméon et les triomphes de leurs coursiers, pourrais-je mieux préluder à mes chants que par le nom de la superbe Athènes ? Fut-il jamais patrie plus fameuse dans la Grèce! fut-il jamais un nom plus illustre que celui d'Alcméon !

La renommée a porté chez tous les peuples la gloire des citoyens à qui Érecthée dicta ses lois. Ce sont eux, ô Apollon! qui, dans l'enceinte de Pytho, rebâtirent ton divin sanctuaire. Que de victoires, ô Mégaclès, tes ancêtres et toi n'offrez-vous pas à mes chants! Cinq à l'Isthme, une plus glorieuse aux champs de Jupiter, à Olympie, deux enfin à Cirrha.

Ton nouveau triomphe surtout me comble d'allégresse ; mais une pensée m'afflige... Tant de belles actions ne vont-elles pas attirer sur toi les traits du sort jaloux? Telle est la destinée des mortels : le bonheur le plus durable n'est jamais ici-bas à l'abri des revers.

VIII.

A ARISTOMÈNE, D'ÉGINE,

Vainqueur à la lutte.

Fille de la justice, ô douce paix! toi qui rends les cités puissantes et tiens en tes mains les clés de la guerre et des sages conseils, reçois l'hommage de la couronne pythique dont Aristomène vient d'orner son front. Aimable déesse, tu donnes aux mortels les loisirs favorables à nos triomphes pacifiques et tu leur apprends à en jouir. Quand deux ennemis, le cœur gonflé d'une haine implacable, sont près de se frapper, c'est encore toi qui, l'élançant au-devant de leurs coups, fais tomber à tes pieds l'insulte et la colère.

Oh! combien il fut sourd à tes inspirations ce Phorphyrion, dont la fureur aveugle tenta d'envahir l'Olympe. Insensé! ne savait-il pas que les seuls biens légitimes sont ceux que nous offre avec plaisir une main libérale, et que tôt ou tard la violence et l'orgueil subissent le châtiment de leur cupidité! Tel fut encore ce terrible roi des Géans, ce Typhon à cent têtes, que la Cilicie engendra. Tous deux succombèrent, l'un sous les coups de la foudre et l'autre sous les traits d'Apollon. C'est à la protection de ce dieu que le fils de Xénarque doit la victoire où il a cueilli dans Cirrha le laurier du Parnasse, digne sujet de mes chants doriens.

L'heureuse patrie du vainqueur, Égine, amie de la justice et favorisée par les Grâces, brille encore de l'éclat des antiques vertus des Éacides. Non, depuis son origine, sa renommée ne s'est point affaiblie, et les favoris des Muses ont célébré dans leurs chants cette foule de héros qu'elle a vus naître, et que souvent couronna la victoire dans nos jeux et dans nos combats meurtriers. Adresse et valeur, telles sont en effet les sources de la gloire pour les mortels.

Mais pourquoi fatiguer ma lyre et ma voix du long récit de tous les titres de gloire d'Égine? la satiété est mère du dégoût. Bornons donc nos chants au sujet offert à ma Muse ; qu'elle touche à ton dernier triomphe, ô Aristomène! d'une aile prompte et légère !

Jadis Théognète et Clytomaque, tes oncles maternels, vainquirent à la lutte, l'un à Pise, l'autre à Corinthe; tu suis leurs traces et tu ne dégénères pas de leur courage. Noble soutien de la tribu des Midyles, tes ancêtres, j'oserais t'appliquer ces paroles mystérieuses que prononça le fils d'Oïclée en voyant devant Thèbes aux sept portes les fiers Épigones, la lance à la main lorsque, pour la seconde fois, ils venaient livrer à cette ville de nouveaux assauts. Ils combattaient, et le devin s'écria : « La nature a transmis aux enfans la magnanimité de leurs pères; je vois clairement aux portes de la cité de Cadmus Alcméon agitant le dragon dont les couleurs varient l'éclat de son bouclier. Après une première défaite, l'héroïque Adraste reparaît sous de meilleurs auspices; mais un malheur domestique lui fera payer cher ses succès. Seul de tous les enfans de Danaüs, Égialée périt, et Adraste, que la faveur des Dieux reconduit dans la vaste cité d'Abas avec son armée entière, emporte avec lui les cendres de ce fils adoré. » Ainsi parla Amphiaraüs.

Et moi je couronne aujourd'hui de fleurs la statue d'Alcméon, son fils, en lui consacrant les chants de ma reconnaissance. Voisin de mes foyers, son monument protége mes possessions, et le devin lui-même s'est offert à ma rencontre au moment où j'allais visiter le temple auguste placé au centre de la terre : héritier de l'art de son père, il sembla alors m'annoncer la victoire d'Aristomène.

O toi, qui lances au loin tes flèches redoutables et qui, au sein des vallées pythiques, règnes dans ce sanctuaire fameux ouvert à toutes les nations, tu as élevé Aristomène au comble de la félicité. Déjà, dans ces fêtes que sa patrie célèbre en ton honneur, dieu puissant, ta faveur lui a fait cueillir la palme du pentathle, le plus glorieux des combats. Daigne encore aujourd'hui agréer cet hymne harmonieux destiné à célébrer ses victoires. Eh! qui mieux qu'Aristomène a mérité le tribut de mes louanges et de mes chants? Et toi, Xénarque, puissent mes prières attirer sur ton fils et sur toi la protection immortelle des dieux.

L'homme qui, sans de longs travaux, a amassé de grands biens, paraît sage aux yeux du vulgaire ignorant : il a su, dit-il, par sa prudence et son adresse assurer sa prospérité. Insensé! le bonheur ne dépend point de la volonté des mortels : Dieu seul est le dispensateur; c'est lui dont la justice, distribuant également les biens et les maux, sait quand il lui plaît élever l'un, abaisser l'autre sous sa main puissante.

Mégare et les champs de Marathon ont été témoins de tes triomphes, ô Aristomène, et dans les jeux que ta patrie célèbre en l'honneur de Junon trois fois ta vigueur a dompté tes rivaux. Naguère aux solennités pythiques quatre athlètes terrassés ont éprouvé la force de tes coups. Combien leur retour a différé du tien! le doux sourire d'une mère n'a point réjoui leur cœur; honteux de leur défaite, ils tremblent à l'aspect de leurs ennemis, ils se cachent et fuient les regards des hommes.

Mais celui auquel la victoire vient de sourire s'élève aux plus hautes destinées sur les ailes de l'Espérance et préfère aux soucis de l'opulence la palme que sa valeur lui a conquise. Cependant si un court instant accroît ainsi le bonheur de l'homme, la plus légère faute en un instant aussi l'ébranle et le renverse.

O homme d'un jour! qu'est-ce que l'être? qu'est-ce que le néant? Tu n'es que le rêve d'une ombre et ta vie n'a de jouissance et de gloire qu'autant que Jupiter répand sur elle un rayon de sa bienfaisante lumière.

O nymphe Égine! tendre mère d'un peuple libre, joins-toi à Éaque, à Pélée, à l'immortel Télamon, à l'invincible Achille, pour protéger, sous le bon plaisir du puissant Jupiter, Aristomène et la cité qui l'a vu naître.

IX.

A TÉLÉSICRATE, DE CYRÈNE,

Vainqueur à la course armée.

Je veux, sous les auspices des Grâces à la belle ceinture, célébrer la victoire que dans Pytho Télésicrate a remportée à la course malgré le poids d'un énorme bouclier d'airain. Heureux mortel, Télésicrate fait la gloire de sa patrie, de Cyrène, cité célèbre par ses coursiers et qui doit son nom à cette nymphe chasseresse que, sur un char d'or, le blond Phébus enleva jadis dans les vallées retentissantes du Pélion. Ce dieu la transporta dans une contrée féconde en fruits et en troupeaux, et l'y établit reine de la florissante Lybie, troisième partie du vaste continent.

Vénus aux pieds d'albâtre, arrêtant d'une main légère le char qui les portait, reçut le dieu de Délos comme un hôte chéri; puis elle introduisit dans leur couche l'aimable Pudeur et accomplit l'hymen du jeune dieu avec la fille du puissant Hypséus qui régnait alors sur les fiers Lapithes. Petit-fils de l'Océan, ce héros avait pour mère la naïade Créuse, fille de la Terre, qui l'avait eue du Pénée, dans les célèbres vallons du Pinde. Hypséus lui-même prit soin des jeunes années de la belle Cyrène, sa fille.

Jamais la jeune nymphe ne se plut à promener sur la toile la navette légère ni à se livrer avec ses compagnes aux soins domestiques des festins ; mais armée de ses flèches d'airain et d'un glaive meurtrier elle poursuivait les hôtes féroces des bois, les immolait sous ses coups et assurait ainsi la tranquillité des troupeaux de son père : à peine au lever de l'aurore le sommeil si doux aux mortels appesantissait quelques instans sa paupière.

Un jour le dieu qui lance au loin ses flèches, Apollon au vaste carquois la trouve luttant seule et sans armes contre un lion furieux. A cette vue il appelle le centaure Chiron : « Fils de Philyre, dit-il, sors de ton antre, viens admirer le courage et la force étonnante d'une jeune vierge ; vois avec quelle intrépidité son cœur, supérieur au danger et inaccessible à la crainte, soutient ce terrible combat. Quel mortel lui donna le jour ? de quelle tige est sorti ce rejeton qui, dans les sombres retraites de ces monts sourcilleux, se plaît à déployer tant de force ? Serait-il permis à une main illustre de s'en approcher pour cueillir cette fleur de beauté plus douce que le miel ? » A ces mots la gravité du centaure disparaît, un doux sourire déride son front et il répond au dieu du jour : « Apollon, la sage persuasion fait jouer des ressorts cachés pour servir les desseins d'une honnête passion, et les dieux comme les hommes rougiraient de ne pas couvrir du voile de la pudeur le mystère des premières amours. Aussi les paroles que tu viens de m'adresser, ô dieu que le mensonge ne peut jamais tromper, te sont-elles inspirées par ton aménité naturelle. Tu me demandes l'origine de cette nymphe ! toi qui connais l'impérieuse destinée de tous les êtres, toi qui comptes les feuilles que la terre au printemps fait éclore et les grains de sable que les flots et les vents roulent dans les fleuves et dans les mers, toi dont l'œil perçant découvre tout ce qui est, tout ce qui sera !

» Mais s'il m'est permis de comparer ma sagesse à la tienne, puisque tu l'ordonnes, je vais te répondre : — Le sort te conduit en ces lieux pour être l'époux de Cyrène et la transporter au delà des mers dans les délicieux jardins de Jupiter. Là, sur une colline qu'entourent de riches campagnes, s'élèvera une cité puissante, peuplée d'une colonie d'insulaires dont tu l'établiras souveraine. En ta faveur, la vaste et féconde Lybie recevra avec empressement dans ses palais dorés cette nymphe destinée à donner des lois à une contrée également célèbre par sa fertilité et par les animaux féroces qu'elle nourrit.

» Elle y mettra au jour un fils que Mercure ravira aux baisers de sa mère pour le confier aux soins de la Terre et des Heures aux trônes étincelans. Ces déesses recevront l'enfant divin sur leurs genoux, feront couler sur ses lèvres le nectar et l'ambroisie et le rendront immortel comme Jupiter et le chaste Apollon. Il sera la joie de ses amis, veillera à la garde de nombreux troupeaux, et son goût pour les travaux des chasseurs et des bergers lui méritera le nom d'Aristée. » Ainsi parla Chiron, et il exhortait Phébus à accomplir cet heureux hyménée.

Les voies des dieux sont courtes et l'exécution de leurs desseins rapide : un seul jour suffit à Apollon. Ce jour même la Lybie unit les deux époux sous les lambris dorés d'un palais somptueux. Bientôt Cyrène s'élève et Apollon se déclare le protecteur de cette cité que la gloire des jeux a si souvent illustrée.

Aujourd'hui le fils de Carnéas, vainqueur à Delphes, l'associe à sa fortune en faisant rejaillir sur elle l'éclat de son triomphe. Aussi de quelle allégresse ne tressaillera pas cette heureuse patrie, que peuplent tant de jeunes beautés, quand elle le verra revenir de Pytho couronné par la victoire !

Les grandes vertus prêtent à de pompeux éloges ; mais peu de paroles suffisent au sage, même dans un vaste sujet. Saisir l'à-propos est en toutes choses le plus grand mérite. Jadis Thèbes aux sept portes vit Iolas signaler son habileté dans cet art, alors qu'il revint, une heure seulement, à la fleur de l'âge pour faire tomber sous son glaive la tête d'Eurysthée, et que peu après il fut renfermé dans la tombe. On l'ensevelit non loin du monument d'Amphitryon, son aïeul paternel, habile à conduire les chars, et qui de Sparte était venu chez les enfans de Cadmus demander l'hospitalité. Amphitryon et Jupiter partagèrent la couche de la sage Alcmène et donnèrent la vie à deux jumeaux célèbres par leur force et par leurs victoires.

Quel est le mortel assez stupide pour ne pas chanter les louanges d'Hercule et n'avoir aucun souvenir de la fontaine de Dircé, près de laquelle furent élevés Hercule et son frère Iphiclès? L'un et l'autre ont exaucé mes vœux; je célébrerai leurs bienfaits aux accens de ma lyre. Puissent les Grâces m'éclairer de leurs douces lumières, pour chanter dignement la victoire que trois fois Télésicrate a remportée dans Égine sur la colline de Nissa. Un si glorieux triomphe illustre sa patrie, et met pour toujours ce héros à l'abri de la tristesse et des regrets d'une défaite. Aussi n'est-il aucun citoyen de Cyrène, ami ou ennemi de Télésicrate, qui ne publie ce que cet athlète puissant a fait pour leur commune gloire, et qui ne soit à son égard fidèle observateur de la maxime du vieux Nérée : « Louez avec franchise même un ennemi, lorsqu'il s'est signalé par de brillans exploits. »

Combien de fois, ô Télésicrate, t'ai-je vu couronné aux solennités de Pallas, qui reviennent à des temps réglés, et dans ces fêtes olympiennes qu'on célèbre dans les vallées profondes et sinueuses de l'Attique, et dans tous les jeux des autres contrées de la Grèce : alors quelles mères ne désirèrent de t'avoir pour fils! quelles vierges ne demandèrent aux dieux un époux tel que toi!

Mais la soif des vers me tourmente; et, au moment de terminer mes chants, je ne sais quelle voix me presse de rappeler la gloire de tes nobles aïeux. Je dirai donc comment ils vinrent dans Irasse, ville d'Antée, pour disputer la main d'une jeune Lybienne que sa beauté faisait rechercher et de ses illustres parens et d'une foule d'étrangers : chacun à l'envi soupirait après le bonheur de cueillir cette rose virginale qu'Hébé à la couronne d'or venait de faire éclore. Mais Antée prépare à sa fille une union plus glorieuse. Il sait qu'autrefois dans Argos, Danaüs fixa promptement l'hymen de ses quarante-huit filles avant que le soleil eût achevé la moitié de sa carrière. Il plaça ses filles à l'extrémité de la lice, et voulut que parmi tous les prétendans le vainqueur à la course méritât seul de devenir son gendre.

A son exemple, le roi de Lybie veut donner à sa fille un époux digne d'elle. Il la pare de ses plus riches ornemens et la place pour but à l'extrémité de la carrière. Puis s'avançant au milieu des jeunes guerriers : « Que celui d'entre vous, leur dit-il, qui, dans sa course rapide aura le premier touché le voile qui la couvre l'emmène dans sa maison. » Soudain Alexidamas s'élance, franchit l'espace, prend la nymphe par la main et la conduit en triomphe au milieu des Nomades si renommés par leurs coursiers. On le couvre de couronnes, sous ses pas la terre est jonchée de fleurs..... Mais déjà combien de fois avant ce triomphe n'avait-il pas été porté sur les ailes de la Victoire!!

X.

A HIPPOCLÈS, THESSALIEN,

Vainqueur à la course diaulique.

O fortunée Lacédémone, et vous heureuses campagnes de la Thessalie où règnent, sortis d'une même tige, les descendans d'Hercule, le plus vaillant des guerriers, serait-ce à contre-temps que je vous célébrerais aujourd'hui dans mes chants? Non..... mais Pytho, Pélinnée et les enfans d'Aleüas m'appellent; ils veulent que mes plus nobles accens consacrés, à la gloire des héros, chantent la victoire d'Hippoclès.

A peine ce jeune athlète eut-il pris part à nos jeux solennels que l'auguste assemblée des Amphictyons réunis dans les vallées du Parnasse le proclama vainqueur de ses rivaux, pour avoir deux fois parcouru la vaste étendue de la carrière. « Le mortel qu'un dieu daigne conduire voit toujours un commencement prospère couronné d'une fin glorieuse. » C'est ainsi, ô Apollon! qu'Hippoclès a vaincu sous tes auspices.

Cependant il doit encore à sa valeur naturelle l'honneur de marcher sur les traces de Phricias, son père. Deux fois vainqueur à Olympie, sous l'armure pesante de Mars, cet heureux père fut encore couronné à la course légère, dans les prairies qu'ombrage le rocher de Cirrha. Puisse le Destin favorable répandre sur le père et le fils la gloire et le bonheur! Puissent aussi leurs richesses croître comme des fleurs brillantes!

Le sort pour eux ne fut jamais avare de ses dons; il leur a prodigué ces triomphes qui font l'orgueil des enfans de la Grèce. Ah! plaise aux immortels de leur être toujours propices, et d'éloigner d'eux les coups funestes de l'Envie! Celui que les sages aiment à célébrer comme le plus fortuné des mortels, est l'athlète qui, par la vigueur de son bras, la légèreté de ses pieds et sa noble audace a conquis la palme de la victoire; surtout, s'il peut voir au déclin de ses jours un jeune fils ceindre son front des couronnes pythiques. Cependant jamais ce ciel d'airain ne sera accessible aux mortels. Ballottée sur l'océan de la vie, notre frêle nacelle arrive au terme de la navigation alors seulement que le bonheur nous luit. Eh! quel homme a pu jusqu'à ce jour se frayer par mer ou par terre la route merveilleuse qui conduit aux régions hyperborées. Le seul Persée y pénétra: admis dans les demeures de leurs habitans, il s'assit à leurs festins et prit part à ces magnifiques hécatombes d'onagres qu'ils immolent à Apollon. Ce dieu prend plaisir à leurs fêtes, à leurs acclamations de joie, et sourit en voyant ces animaux d'une taille prodigieuse bondir et se débattre sous le couteau sacré.

Ces peuples ne sont point étrangers aux Muses. Partout chez eux les jeunes vierges se réunissent en chœurs, partout retentissent les accens de la lyre mariés aux sons éclatans de la flûte. Couronnés de laurier, les habitans de ces climats heureux se livrent gaiement aux plaisirs de la table; jamais la triste vieillesse, jamais les maladies ne les atteignirent; ils ne connaissent ni les travaux pénibles, ni les fureurs de la guerre, ni les vengeances de Némésis.

C'est parmi ces sages qu'arriva jadis, conduit par Minerve, l'intrépide fils de Danaé; il tua la Gorgone, et s'étant saisi de sa tête hérissée de serpens il la porta aux habitans de sériphe, qui, à sa vue, ô prodige étonnant! furent changés en pierres. Qu'y a-t-il d'incroyable pour moi, quand la toute-puissance des dieux commande et exécute!

Mais, ô ma Muse, arrête ici les rames; hâte-toi de jeter l'ancre et de l'enfoncer dans la terre pour mettre ta nef à l'abri des écueils que recèle l'onde amère; car, telle que l'abeille qui voltige de fleur en fleur, tu distribues les louanges de tes hymnes tantôt aux uns tantôt aux autres, errant avec rapidité sur différens sujets.

J'ai néanmoins la douce espérance que mes chants harmonieux répétés par des Éphyriens sur les bords du Penée prêteront un éclat durable aux couronnes d'Hippoclès, et que les vieillards, les hommes de son âge et les jeunes filles, quoique dominés par des attraits divers, le chériront et rendront hommage à sa victoire.

Celui qui, emporté par ses désirs, possède enfin le bonheur après lequel il a tant soupiré doit se hâter d'en jouir, car il n'est point de signes auxquels l'homme puisse prévoir même les événemens d'une seule année.

Pour moi, guidé par les nobles élans de mon cœur, j'ai répondu par cet hymne à l'amitié de Thorax. Il me l'a demandé: pouvais-je moins faire pour un hôte si cher dont les mains on attelé pour moi le char éclatant des Muses! Comme l'or brille sur la pierre qui l'éprouve, ainsi le bon esprit d'un ami se montre par l'expérience. Puis-je donc refuser le tribut de mes chants aux généreux frères de Thorax? La sagesse de leurs lois fait resplendir au loin la gloire de la Thessalie, et la justice de leur gouvernement assure à jamais la prospérité de ce empire.

XI.

AU JEUNE THRASYDÉE, DE THÈBES,

Vainqueur à la course.

Fille de Cadmus, Sémélé, qui habites l'Olympe avec les immortels, et toi, Ino-Leucothée, compagne des Néréides, c'est vous que j'invoque! Allez avec l'auguste mère du grand Hercule auprès de Mélia, dans ce sanctuaire où brillent les trépieds d'or d'Apollon. Nulle demeure n'est si chère à ce dieu; il l'honora du nom d'Iomène et la rendit le siége de ses infaillibles oracles. Illustres filles d'Harmonie, c'est là que Mélia vous appelle pour chanter aux approches du soir et l'auguste Thémis et Delphes source de jugemens équitables.

Vous illustrerez de nouveau Thèbes aux sept portes et ce combat fameux de Cirrha, où Thrasydée a fait revivre la mémoire de ses pères, et par sa victoire dans les champs de Pylade, ajouté une troisième couronne à celles que ceignit leur front.

Pylade! tu as à jamais immortalisé ta tendresse pour le Lacédémonien Oreste, que sa nourrice Arsinoé déroba aux cruelles embûches de Clytemnestre, quand cette reine impitoyable armée du fer tranchant fit descendre aux sombres bords de l'Achéron l'âme indignée de son époux Agamemnon et la malheureuse Cassandre, fille du vieux Priam. Cruel ressentiment! qu'excita dans le cœur de Clytemnestre la mort d'Iphigénie, immolée sur les bords de l'Euripe, loin de sa patrie, ou peut-être la honte de cet amour adultère, qu'à la faveur des ténèbres de la nuit, recéla une couche étrangère.

Mais en vain de jeunes épouses s'efforcent-elles de cacher ce crime odieux. Elles n'échappent point à la langue du vulgaire médisant; car l'opulence de l'homme puissant aiguise les traits de l'envie et fait frémir tout bas l'indigent.

Ainsi le héros fils d'Atrée trouva la mort à son retour dans les champs célèbres d'Amyclée, et avec lui périt la vierge Cassandre, célèbre par ses oracles. Ce fut donc en vain que, pour venger Hélène, ce prince réduisit Pergame en cendres et dépouilla de leurs richesses ses palais somptueux. Cependant le jeune Oreste son fils, se réfugia au pied du mont Parnasse, chez le vieillard Straphius, et bientôt s'armant du glaive, vengea sur Égiste et sur sa mère le meurtre de son père infortuné.

Mais, ô mes amis! où s'égarent mes pas incertains? je ne suis plus la route dans laquelle j'étais d'abord entré. Serait-ce quelque vent contraire qui m'aurait détourné de ma course comme un barque légère?... S'il est vrai, ô ma Muse! que tu te sois engagée à mériter le salaire, honorable récompense de tes chants, reviens à ton sujet, et dis-nous comment Trasydée et son père se sont tous deux couverts de gloire. Jadis le père, monté sur un char traîné par de fiers coursiers, obtint le prix des combats fameux d'Olympie; le fils, naguère déployant ses membres nerveux aux regards de de la Grèce, vola dans la carrière de Delphes et couvrit de honte tous ses rivaux.

Pour moi, je borne mes désirs aux biens que les dieux ont mis à ma portée; et quand je réfléchis que de tous les avantages que procurent à l'homme les institutions politiques, une heureuse médiocrité est le plus solide et le plus durable, je plains le sort des princes et des rois. J'ambitionne donc la possession des vertus privées et sans éclat: elles font le tourment de l'envieux, qui se consume en voyant au faîte du bonheur l'homme simple et tranquille, à l'abri de ses cruelles atteintes.

Heureux le mortel qui touchant aux noirs confins de la vie lègue à ses enfans chéris une bonne renommée, le plus précieux de tous les biens: sa mort est un doux sommeil. C'est à cet avantage que doivent leur célébrité, Jolaüs fils d'Iphiclès, et Castor et Pollux, héros issus des dieux, qui habitent tour à tour Thérapné, leur patrie, et les brillans palais de l'Olympe.

XII.

A MIDAS D'AGRIGENTE,

Joueur de flûte.

O toi! la plus belle des cités qu'ait jamais construites la main des mortels, demeure riante de Proserpine, Agrigente, qui t'élèves comme une colonne sur les bords fertiles de l'Acragas, agrée avec cette bienveillance qui charme et les hommes et les dieux la couronne que dans Pytho Midas vient de remporter: daigne accueillir en lui un vainqueur qui a surpassé les Grecs dans l'art inventé par Minerve.

Jadis cette déesse voulut imiter les affreux gémissemens des Gorgones et les sifflemens que poussèrent les serpens entrelacés sur leurs têtes, alors que Persée, les plongeant dans un deuil éternel, trancha la tête à Méduse leur troisième sœur et avec cet horrible trophée porta la mort dans la maritime Sériphe.

Ainsi fut anéantie la race monstrueuse du divin Phorcus par le fils de Danaé qu'une pluie d'or rendit féconde; ainsi ce héros, après avoir enlevé la tête hideuse de Méduse, rendit funeste à Polydecte l'odieuse hospitalité qu'il en avait reçue, et brisa les liens de l'hymen que la victoire avait imposé à sa mère.

Cependant quand Pallas eut délivré de ces travaux périlleux le mortel cher à son cœur, elle inventa la flûte pour imiter par les sons de cet instrument les cris lugubres que de sa bouche effroyable poussait la féroce Euryale. Bientôt elle en fit présent aux mortels, et lui donna un nom qui leur rappela que ses sons belliqueux font mouvoir des peuples entiers, en donnant le signal des combats. Modifiés ensuite par l'airain et les joncs que produit le bois sacré du Céphise, près de la ville des Grâces, les accens mélodieux de la flûte présidèrent partout à nos danses et à nos concerts.

S'il est parmi les hommes quelque félicité, elle a été acquise par de pénibles efforts. Ce que le Destin nous refuse aujourd'hui, demain peut-être il nous l'accordera: ses décrets sont inévitables; mais tantôt l'inconstante fortune dispense aux mortels ce qu'ils n'espéraient point obtenir, tantôt elle leur enlève ce qu'ils se croyaient déjà sûrs de posséder.

NÉMÉENNES.

DES JEUX NÉMÉENS.

Les jeux néméens, ainsi nommés de la forêt de Némée, dans l'Élide, se célébraient tous les trois ans, le 12 du mois boëdeomion dans une plaine voisine de cette forêt. On fait remonter leur origine à la guerre des sept chefs, sous la conduite de Polynice contre Étéocle, c'est-à-dire au premier siège de Thèbes.

Les sept chefs, passant dans la forêt de Némée et étant pressés de la soif, s'adressèrent à Hypsipyle de Lemnos, qu'ils rencontrèrent portant un enfant dans ses bras, et la prièrent de leur indiquer une source où ils pussent se désaltérer. Hypsipyle posa l'enfant sur l'herbe et les conduisit à une fontaine qui coulait à quelque distance. Pendant ce temps, un serpent tua l'enfant, ce qui réduisit Hypsipyle au désespoir.

Pour la consoler, les sept chefs, ayant rendu les devoirs funèbres à l'enfant, instituèrent des jeux en son honneur.

Cet enfant était fils de Lycurgue, roi du pays et prêtre de Jupiter; il s'appelait Opheltès ou Achémore.

Hercule, après sa victoire sur le lion de Némée, rétablit les jeux néméens qui avaient été interrompus et les consacra à Jupiter.

Les Argiens étaient les juges des combats. Ils nommaient à cet effet un ministre des autels, qui y assistait en leur nom, en habits de deuil, pour rappeler leur origine. Le vainqueur recevait une couronne, qui d'abord était d'olivier; mais les Argiens, ayant été battus dans la guerre contre les Mèdes, changèrent l'olivier en une herbe funèbre nommée ache. Selon d'autres, elle fut d'ache dès le principe en mémoire de la mort d'Achémore. Les jeux néméens formaient une ère pour les Argiens et les peuples du voisinage.

I.

A CHROMIUS, ETNÉEN,

Vainqueur à la course des chars.

Séjour sacré où l'Alphée respire enfin après sa course, Ortygie, noble rejeton de Syracuse, berceau de Diane et sœur de Délos, c'est par toi que je dois préluder à cet hymne harmonieux, qu'en l'honneur de Chromius je consacre à Jupiter Etnéen.

Aussi rapides que la tempête, les coursiers de Chromius ont franchi la carrière de Némée et attendent maintenant le tribut de louanges que j'ai promis à leur victoire. Brillant début, fondement de la félicité et de la gloire qu'avec l'aide des dieux obtient un héros orné déjà de toutes les vertus! Les filles de Mémoire aiment à perpétuer dans leurs chants le souvenir des plus illustres combats. Célèbre donc, ô ma Muse! célèbre au nom de Chromius cette île que le puissant maître de l'Olympe donna jadis à Proserpine lorsque, par un signe de sa tête immortelle, il lui en assura l'empire et lui promit que d'opulentes cités s'élèveraient dans ses campagnes fécondes. Fidèle à son serment, le fils de Saturne a peuplé la Sicile de citoyens amis de Bellone aux armes d'airain, non moins habiles à manier la lance qu'à former de légers coursiers, et souvent couronnés du feuillage d'or de l'olivier d'Olympie. Combien d'entre eux n'ai-je pas déjà célébrés par des chants que n'embellissent jamais d'ingénieux mensonges!

Aujourd'hui je m'arrête dans le palais d'un vainqueur généreux; j'y viens célébrer son triomphe au milieu de la joie des festins et assis à la table où son hospitalité se plaît à recevoir une foule d'étrangers. En vain la calomnie voudrait-elle abreuver ses vertus; les gens de bien la réduisent au silence : ainsi la fumée disparaît sous une ondée bienfaisante.

Tous les mortels n'ont point eu les mêmes dons en partage, mais tous doivent prendre la nature pour guide et marcher d'un pas assuré dans les sentiers de la droiture. Ici la force décide du succès; ailleurs c'est le conseil de la sagesse, cet instinct de l'âme qui, dans les événemens du passé nous découvre l'avenir. Fils d'Agésidame, la nature t'a départi l'un et l'autre, et tu sais en faire un noble usage. Insensé! que me servirait d'être comblé des dons de l'opulence pour les enfouir dans ma maison? Non, le sage à qui la Fortune accorde ses faveurs doit en jouir honorablement, et pour acquérir une bonne renommée et pour les partager avec ses amis; car telle est notre commune destinée, de pouvoir tous être en butte au souffle du malheur.

Ainsi le vaillant Hercule s'est élevé au-dessus de tout ce que l'antiquité nous offre de plus éclatantes vertus. A peine, sorti avec son frère du sein maternel, voyait-il la lumière du jour que l'œil de Junon, au trône d'or, découvrit sa naissance. Transportée d'une jalouse fureur, la reine des dieux envoie deux serpens qui pénètrent par la porte entr'ouverte dans l'intérieur du palais et se glissent dans le berceau, avides de broyer dans leurs gueules béantes les membres délicats des deux jumeaux. A l'instant le fils de Jupiter, relevant sa tête, essaie pour la première fois le combat. De ses deux mains dont ils ne peuvent éviter l'étreinte, il saisit les reptiles à la gorge, les presse de toute sa force et de leurs flancs monstrueux fait exhaler la vie.

Un effroi mortel glaçait les femmes empressées autour d'Alcmène. Elle-même, s'élançant presque nue hors de sa couche, fuit pour échapper au venin des deux dragons. Aussitôt à ses cris accourent, revêtus de leurs armes d'airain, les chefs intrépides des enfans de Cadmus; avant eux arrive Amphitryon; le glaive brille en ses mains et son cœur est en proie aux plus vives angoisses. Car tel est l'homme : accablé de ses propres malheurs, il a dans un instant oublié les maux de ses semblables. Immobile d'étonnement et de joie, Amphitryon s'arrête à la vue des serpens étouffés. Il admire le courage et la force prodigieuse de son fils, et reconnaît l'équivoque des oracles que jadis les dieux lui avaient prononcés.

A l'instant même il fait venir Tirésias, le sublime interprète des hauts desseins de Jupiter.

Alors le devin annonce au roi de Thèbes et à la foule qui l'entoure les destinées de l'enfant héros qui vient de naître : « Ils tomberont sous ses coups, s'écria-t-il, les monstres qui ravagent la terre et les mers. Les ennemis du genre humain, les tyrans orgueilleux et perfides recevront aussi la mort de sa puissante main; et, dans cette lutte terrible, où, sous les murs de Phlégra, les dieux combattront contre les Géans révoltés, le héros percera de ses traits redoutables ces fiers enfans de la Terre et souillera leurs cheveux dans la poussière. »

Puis le devin ajouta : « Arrivé enfin au terme de ses travaux, le fils d'Alcmène jouira d'une paix délicieuse dans les célestes demeures. Il s'unira à la jeune Hébé; son hymen sera célébré dans le palais du fils de Saturne, et l'Olympe retentira éternellement des louanges d'Hercule. »

II.

A THIMODÈME, ATHÉNIEN,

Vainqueur au pancrace.

De même que les rapsodes d'Homère commencent ordinairement leurs chants par les louanges de Jupiter, ainsi Thimodème, que je célèbre aujourd'hui, a reçu dans le bois consacré à Jupiter Néméen les prémices des couronnes qui doivent un jour ceindre son front. Le fils de Timonoüs devait nécessairement être l'ornement et la gloire de l'illustre Athènes, et, marchant dans la route que lui frayèrent ses ancêtres, cueillir comme eux les fleurs de la victoire, soit dans les combats de l'Isthme, soit dans la carrière de Delphes. Ainsi dès qu'on voit les Pléiades se lever au sommet des monts, l'on prévoit qu'Orion va suivre incessamment leurs traces.

Si jadis Salamine, parmi ses illustres guerriers, vit naître avec orgueil Ajax, qui fit trembler Hector jusque sous les murs de Troie; je puis à la valeur de ce héros comparer la force que tu viens de montrer, ô Thimodème, dans ta victoire au pancrace.

Acharné, lieu fécond en robustes athlètes, quelle ne fut pas ta renommée dans les siècles passés! Combien de fois les Thimodémides n'ont-ils pas illustré leur nom par leurs victoires dans les jeux de la Grèce? Quatre couronnes obtenues sur le Parnasse, dont les sommets dominent au loin ; huit à Corinthe, dans l'Isthme de Pélops ; sept à Némée, et mille autres dans leur patrie, aux jeux consacrés à Jupiter, sont des témoignages authentiques de leur gloire.

Concitoyens de Thimodème, célébrez par des chants et des hymnes le roi tout-puissant de l'Olympe ; célébrez le retour glorieux de votre héros, et que vos rives retentissent partout de vos chants d'allégresse.

III.

A ARISTOCLIDE, D'ÉGINE,

Vainqueur au pancrace.

Auguste mère de l'Harmonie, ô Muse chère à mon cœur ! viens, je t'en supplie, dans l'hospitalière Égine, en ce mois consacré aux combats néméens : là sur les rives de l'Asopus des chœurs de jeunes hommes t'attendent, impatiens de marier leurs voix à ta céleste mélodie.

Mille objets divers excitent nos désirs ; mais l'athlète vainqueur dans les jeux solennels ne soupire qu'après nos hymnes, qui accompagnent son triomphe et célèbrent sa gloire. Enflamme donc mon génie, ô fille de ce dieu puissant qui règne dans les profondeurs de l'Olympe ! fais, dès le commencement de ce chant de victoire, couler de ma bouche avec abondance de sublimes accords. J'y mêlerai ceux de ma lyre ; et ma voix, s'unissant à celles des citoyens d'Égine, chantera dignement les louanges d'Aristoclide, l'ornement de cette île, jadis habitée par les Myrmidons. Pouvait-il plus noblement soutenir leur antique renommée qu'en déployant, dans la lutte du pancrace, la vigueur de son bras. A combien de coups furieux n'a-t-il pas été en butte dans les vallons de Némée ? Mais la victoire, comme un baume salutaire, a guéri ses blessures et lui a déjà fait oublier les maux qu'il a soufferts.

L'éclat de ta vaillance, répondant à celui de la beauté, ô fils d'Aristophane ! t'a élevé au comble de la gloire. Garde-toi de porter au delà un regard ambitieux, et ne te flatte point de franchir à travers les flots d'une mer inabordable ces colonnes qu'Hercule érigea comme les témoins éclatans de sa navigation aux extrémités du monde. Ce dieu-héros avait déjà dompté les monstres de l'Océan, sondé ses abîmes et ses courans profonds, jusqu'en ces lointaines plages où le pilote trouve enfin le terme de ses fatigues et le commencement du retour ; il avait en un mot assigné à l'univers des bornes inconnues aux mortels.

Mais, ô mon génie ! sur quel promontoire étranger m'emporte ton navire ? C'est à Éaque, c'est à ses illustres rejetons que tu dois consacrer les accens de ta Muse. Il est juste sans doute de louer la vertu des grands hommes ; toutefois leur éloge est un ornement étranger au héros que je chante. Choisis parmi ses ancêtres, leurs hauts faits fourniront une assez ample matière à tes chants.

Ici se présente l'antique valeur de Pélée qui, armé de cette lance fameuse qu'il coupa sur le Pélion, seul, sans soldats, s'empara d'Iolcos, et mérita par ses travaux la main de la belle Thétis.

Là tu vois le courageux Télamon, secondé par Iolas, emporter d'assaut la ville de Laomédon et combattre avec lui les belliqueuses Amazones aux arcs d'airain. Jamais son cœur ne fut accessible à la crainte, qui dompte le courage des plus fiers guerriers.

Une vertu innée, un génie profond sont d'un grand poids dans la balance de la gloire. L'homme au contraire qui doit tout aux efforts d'une étude pénible reste inconnu et ignoré ; sans cesse en butte à mille impulsions diverses, il marche d'un pas chancelant, incapable de s'élever à ces hautes conceptions que son esprit trop faible ne fait qu'effleurer.

Tel ne fut point Achille à la blonde chevelure ; élevé dès sa naissance sous les yeux du fils de Philyre, chaque jour il se faisait un jeu des plus pénibles travaux. Lancer le javelot avec la rapidité des vents, terrasser les lions et les sangliers dans les sombres forêts, porter leurs membres palpitans aux pieds du Centaure, fils de Saturne, tels étaient ses exploits à l'âge de six ans. Combien de fois Diane et la belliqueuse Minerve le virent depuis avec étonnement percer de ses traits les cerfs et les atteindre sans limiers et sans filets, tant sa course était rapide et légère ! Ainsi croissait Achille dans le rocher caverneux du sage Chiron. Le centaure forma également l'enfance de Jason et d'Esculape et leur enseigna l'art d'appliquer d'une main légère des remèdes bienfaisans sur les plaies des mortels. Ce fut encore par ses soins que s'alluma le flambeau de l'hymen entre Pélée et la fille du vieux Nérée. Chiron se chargea de l'éducation du fils qui naquit de leur union et se plut à l'orner des plus brillantes vertus. Bientôt, formé par de telles leçons, le jeune héros traversa les mers et, conduit par le souffle des vents sur les rivages de Troie, soutint le choc des guerriers de la Lycie, de la Phrygie et de la Dardanie, en vint aux mains avec les fougueux Éthiopiens et fit mordre la poussière à l'oncle d'Hélénus, au vaillant Memnon, qui ne devait plus revoir sa patrie.

Ainsi de toutes parts la gloire des Éacides brille d'un éclat immortel. Ton sang divin, ô Jupiter, coule dans leurs veines, et tu présides à ces luttes célèbres d'où Aristoclide est sorti vainqueur. Son triomphe m'inspire ce chant de victoire, que les jeunes habitans d'Égine répètent avec joie en son honneur. Puissent leurs voix réunies célébrer dignement ce vaillant athlète, qui donne un lustre nouveau à l'île qui l'a vu naître et au temple d'Apollon Théarius, déjà fameux par de grands souvenirs.

L'expérience montre dans tout son jour la vertu dans laquelle chacun de nous excelle. Être enfant avec les enfans, homme avec les hommes, vieillard avec les vieillards, se proportionner à tous les âges de la vie, c'est le talent du sage. Il en est un autre nécessaire à la condition humaine, c'est de savoir s'accommoder à sa fortune présente. Ces qualités précieuses, Aristoclide les réunit toutes en sa personne.

Salut, digne ami de mon cœur! reçois cet hymne qu'accompagnent les accords de la flûte éolienne. Il sera pour toi aussi doux que le miel mêlé avec le lait le plus pur, aussi agréable que la rosée du matin. L'hommage en est un peu tardif; mais l'aigle au vol rapide observe longtemps sa proie, puis tout à coup s'élance et la saisit sanglante dans ses serres, tandis que le corbeau, poussant de vains cris, cherche à terre une vile pâture.

Enfin, Aristoclide, que manque-t-il à ta gloire? Clio au trône éclatant la publie au loin par ses chants; et les couronnes dont tu as ceint ton front à Némée, à Épidaure et à Mégare brillent d'un éclat immortel.

IV.

A TIMASARQUE, D'ÉGINE,

Vainqueur à la lutte.

Douce allégresse qui suis la victoire, tu es le meilleur médecin des fatigues et des travaux de l'athlète, surtout quand nos hymnes, sages filles des Muses, font palpiter son cœur au bruit de leurs accens: alors l'onde attiédie d'un bain est pour ses membres fatigués moins salutaire que la louange qu'accompagne la lyre. Nobles inspirations du génie et des Grâces, les paroles d'un poëte vivent plus longtemps que les hauts faits qu'elles ont célébrés.

Telles sont celles par lesquelles je prélude à cet hymne que je consacre au puissant Jupiter, à Némée et à Timasarque, vainqueur à la lutte. Puisse la cité des Éacides, renommée au loin par son amour pour la justice et l'hospitalité, recevoir aussi le tribut de louanges qu'elle mérite. Oh! si Timocrite, père du vainqueur que je chante, jouissait encore de la lumière, quelle serait la joie de son cœur! avec quels transports, variant les accords de sa lyre, unirait-il ses chants aux nôtres pour célébrer les victoires que son fils a remportées à Cléone, aux luttes de la superbe Athènes et à Thèbes aux sept portes!

Là, près du magnifique tombeau d'Amphitryon, les enfans de Cadmus accueillirent Timasarque et le couvrirent à l'envi de fleurs; ils honoraient en lui Égine, sa patrie, et le regardaient comme un ami qui vient chez ses amis au sein d'une ville hospitalière. Ils le reçurent dans l'auguste palais d'Hercule, de ce héros avec qui le vaillant Télamon saccagea la ville de Troie, vainquit les Méropes et le terrible Alcyon. Ce redoutable géant ne succomba qu'après avoir fracassé sous un énorme rocher douze chars et deux fois autant de guerriers qui les montaient, prodige qui ne peut paraître incroyable qu'à celui qui n'a jamais éprouvé l'art funeste de Bellone. Ainsi périt Alcyon: il était juste qu'il payât sous les coups d'Hercule les maux affreux que sa main avait faits.

Mais les heures s'écoulent, et les lois que ma Muse s'est imposées me défendent de m'éloigner de l'objet de mes chants; je cède d'ailleurs au désir pressant qui m'entraîne à tenir ma promesse pour le retour de la Néoménie. Quoique tu sois au milieu d'une mer d'écueils, ô ma Muse, sache les affronter avec courage et braver les efforts de nos ennemis. Hâte-toi donc d'aborder; au grand jour, l'éclat de ta gloire éclipsera tes rivaux. Que l'envieux conçoive au sein des ténèbres de vains projets, qui d'eux-mêmes retombent en poussière. Pour moi, je sens que la puissance du génie que m'a donné la fortune, recevra dans l'avenir le sceau de l'immortalité.

O ma douce lyre, fais entendre tes accords lydiens, et que ta douce harmonie rende cet hymne agréable à Œnone et à Cypre, où régna Teucer fils de Télamon. Que de rois à vus naître Œnone! Ajax régna à Salamine, sa patrie; Achille, dans cette île dont l'éclat se répand au loin sur le Pont-Euxin; Thétis, domina à Phtie, et Néoptolème fut souverain de la vaste et fertile Épire dont les monts sourcilleux s'étendent depuis la forêt de Dodone jusqu'à la mer d'Ionie. Pélée jadis la rendit tributaire des Emmoniens, lorsqu'il eut pris à main armée Iolcos, situé au pied du mont Pélion.

Après avoir été en butte aux ruses perfides d'Hippolyte, épouse d'Acaste, ce héros eut encore à éviter les embûches que le fils de Pélias lui tendit avec une astuce digne de Dédale. Mais Chiron vint à son secours et l'arracha au cruel destin que lui réservait Jupiter. Cependant avant qu'il lui fût permis d'épouser une des Néréides aux trônes élevés, Pélée dut encore lutter contre la violence des feux dévorans, braver les griffes et les dents acérées des lions; alors seulement au jour de son hymen, il vit s'asseoir à sa table les dieux du ciel et de la mer, qui le comblèrent de leurs dons et lui donnèrent cette puissance qu'il devait transmettre à sa postérité.

Mais il n'est pas donné à un mortel de franchir les colonnes d'Hercule où le soleil termine sa carrière. Tourne, ô ma Muse! la proue de la nef vers l'Europe : tu ne peux dans un seul récit redire tous les hauts faits des enfans d'Éaque. N'est-ce pas déjà assez pour toi de proclamer les victoires des Théandrides, et ces luttes fameuses d'où ils sortirent vainqueurs à Olympie, à l'Isthme, et à Némée. Ces lieux à jamais célèbres ont été les témoins de leur valeur et les ont vus retourner dans leur patrie, le front ceint de couronnes dont la gloire ne peut être ternie.

Qui mieux que moi sait, ô Timasarque! combien de sujets sublimes ta patrie offrit en tout temps à nos hymnes triomphaux. Docile à tes désirs, je veux élever à Calliclès, ton oncle maternel, une colonne qui surpasserait en éclat le marbre de Paros. De même que le feu purifie l'or et lui donne un nouveau lustre, de même les hymnes des favoris des Muses répandent sur l'athlète vainqueur une gloire qui le rend égal aux rois. Puisse Calliclès, sur les bords de l'Achéron, m'entendre célébrer la couronne d'ache vert, qu'il ceignit à Corinthe, dans ces jeux consacrés au dieu dont le trident ébranle la terre... Mais plutôt qu'Euphanès, ton aïeul, chante ses louanges, ô mon fils! n'est-il pas juste que chacun honore ses contemporains? Il les chantera avec joie; car quel est le mortel qui ne se flatte pas de raconter avec plus de vérité les faits dont il a été témoin.

Qui de nous par exemple en louant Mélésias s'exposerait à la critique ou au blâme? Son éloquence impétueuse entraîne tous les cœurs; et, s'il est bienveillant pour les bons, il est aussi le plus redoutable adversaire des méchans.

V.

A PITHÉAS, FILS DE LAMPON,

Vainqueur au pancrace.

Je ne suis point statuaire; ma main ne sait point façonner des simulacres inanimés pour les fixer sur une base immobile. Non, mes chants pénètrent en tous lieux. Vole donc, ô ma Muse! Pars d'Égine sur une barque légère, et publie au loin que Pithéas, le vaillant fils de Lampon vient de ceindre à Némée la couronne du pancrace.

Semblables à la vigne dont la fleur présage les doux fruits de l'automne, ses joues laissent à peine apercevoir un tendre duvet, que déjà sa victoire honore les Éacides, héroïques enfans de Saturne, de Jupiter et des blondes filles de Nérée, et cette opulente cité que fondèrent leurs mains et qui est devenue si fameuse par ses héros et ses flottes nombreuses. Debout autour de l'autel de Jupiter Hellénien les fils illustres de la nymphe Endéis levaient au ciel leurs mains suppliantes, et, avec eux, le puissant roi Phocus, que sur le rivage des mers, Pramathée avait mis au monde...

Comment oserais-je dévoiler ici l'attentat que Télamon et Pélée commirent contre toute justice? Non je ne sonderai pas la profondeur de ce mystère, je ne révélerai point la cause pour laquelle ces héros abandonnèrent leur patrie ou quel dieu vengeur les en exila. Il est des faits ou la vérité ne doit pas montrer sa face à découvert, et le silence fut toujours chez les mortels le fruit de la plus haute sagesse.

Mais s'il faut célébrer par mes chants la prospérité, la force et les exploits des Éacides, quel que soit l'espace qu'on me donne à franchir, ma force et ma légèreté me feront voler au delà; et ne voit-on pas l'aigle être emporté d'une aile rapide au delà des mers.

Je vais donc redire quels nobles accens le chœur des Muses fit entendre en leur honneur sur le Pélion; comment au milieu d'elles, Apollon variait sans cesse avec un archet d'or les sons mélodieux de sa lyre à sept cordes. Elles enchantèrent d'abord le grand Jupiter, ensuite l'immortelle Thétis et Pélée que la voluptueuse Crétéis-Hippolyte s'efforça de faire tomber dans ses piéges adultères. Cette princesse à l'aide de la plus noire calomnie persuada au roi des Magnésiens, son époux, que Pélée avait osé attenter à la sainteté de sa couche nuptiale. Mensonge impudent! elle-même au contraire avait osé provoquer le jeune héros, qui repoussa ses offres séduisantes, et craignit d'encourir la colère de Jupiter, protecteur de l'hospitalité.

Alors du haut des cieux, le roi des immortels, dont la voix assemble les nuages lui permit de choisir pour épouse une des Néréides à la quenouille d'or, après avoir obtenu l'assentiment de Neptune. Souvent ce dieu quittant son palais d'Aigé, visite l'ithsme célèbre qu'habitèrent jadis les peuples de la Doride. Là une foule empressée de jeunes athlètes l'accueillent au son des flûtes et déploient en son honneur la force et la souplesse de leurs membres robustes.

La Fortune, qui dès le berceau accompagne en tous lieux les mortels, est l'arbitre de toutes leurs actions. C'est la tienne sans doute, ô Euthymène! qui t'a conduit à Égine dans les bras de la victoire pour que tu sois aussi l'objet de nos chants. Vois comme la gloire de Pythéas, ton oncle, rejaillit maintenant sur toi et sur votre famille commune. Némée l'a vu conquérir sa couronne dans ce mois que chérit Apollon, comme naguère sa terre natale le vit aussi, dans les riantes vallées de Nisus, surpasser tous ses jeunes rivaux. Pour moi, je suis au comble de l'allégresse en voyant ainsi chaque cité s'enflammer d'une noble émulation de la gloire.

Souviens-toi encore, ô Pythéas! que tu dois aux soins utiles de Ménandre la plus douce récompense de tes honorables travaux; puissant motif pour les athlètes de choisir leurs maîtres parmi les citoyens d'Athènes.

S'il faut enfin, ô ma Muse! célébrer dans ce chant les louanges de Thémistius, ne crains point de l'entreprendre: élève ta voix, déploie les voiles de ton navire, et proclame du haut du mât, la victoire que deux fois Épidame lui a vu remporter au pugilat et au pancrace, et les couronnes verdoyantes et fleuries dont les Grâces aux blonds cheveux ornèrent sa tête devant les portiques du temple d'Éaque.

VI.

A ALCIMÈDE, D'ÉGINE,

Vainqueur à la lutte.

Des hommes ainsi que des dieux, l'origine est la même; une mère commune nous anima tous du souffle de la vie. Le pouvoir entre nous fait seul la différence; faible mortel, l'homme n'est rien, et les dieux habitent à jamais un ciel d'airain, demeure inébranlable de leur toute-puissance. Cependant une grande âme, une intelligence sublime nous donnent quelques traits de ressemblance avec la divinité, quoique nuit et jour la fortune nous entraîne vers un but que nous ignorons.

La race du jeune Alcimède peut être comparée à ces terres fertiles qui alternativement fournissent aux hommes d'abondantes récoltes et se reposent ensuite pour acquérir une nouvelle fécondité. Dès son début à la lutte, Alcimède remplit noblement la destinée que lui fixa Jupiter; à peine au printemps de la vie, on l'a vu à Némée s'élancer dans la lice comme un chasseur sur sa proie: ainsi ce jeune héros marche d'un pas assuré sur les traces de Praxidamas son aïeul paternel, qui, le premier des descendans d'Éaque, ceignit aux jeux olympiques son front de l'olivier cueilli sur les bords de l'Alphée, qui, cinq fois couronné à l'Isthme et trois fois dans Némée, tira de l'oubli Soclide, son père, le premier des fils d'Agésimaque.

Et maintenant trois athlètes célèbres issus de cette même tige sont parvenus par leurs victoires à ce comble de gloire où l'homme enfin peut goûter en paix le fruit de ses travaux. Jamais famille dans toute la Grèce ne fut à ce point favorisée des dieux, et ne remporta plus de couronnes aux luttes du pugilat.

J'ai à célébrer de grandes, de sublimes louanges; mais j'ai la douce espérance que la magnificence de mes chants ne sera point indigne de mes héros. Ainsi donc, ô ma Muse! bande ton arc, et fais voler un trait vers ce noble but; que tes hymnes, portés sur les ailes des vents, retentissent au loin. Ce sont les chants des poëtes et les récits de l'histoire qui transmettent à la postérité les hauts faits des grands hommes qui nous ont devancés dans le tombeau. Et où trouver ailleurs plus d'illustres actions que dans la famille des Bassides? Quel vaste champ d'éloges n'offre pas son antique gloire aux sages favoris des filles du Piérus! C'est de son sein qu'est sorti ce Callias qui, armé du pesant gantelet, remporta la victoire dans Pytho. Chéri des enfans de Latone à la quenouille d'or, il entendit près de Castalie, au milieu des chœurs des Grâces, ses amis répéter ses louanges jusqu'au lever de l'étoile du soir. Il fut encore le théâtre de sa victoire cet isthme fameux qui, semblable à une digue, sépare à jamais les deux rivages de l'infatigable élément; là, près du bois sacré de Neptune, il fut couronné de la main des Amphictyons dans ces jeux que tous les trois ans on voit reparaître; enfin, au pied de ces monts antiques, qui, de leurs sombres forêts, ombragent Phliunte, il ceignit sa tête de cette couronne dont l'herbe rappelle le vainqueur du lion de Némée.

De toutes parts l'illustre Égine ouvre à mon génie des routes magnifiques à parcourir; de toutes parts elle offre une ample matière à mes chants. Les nobles enfans d'Éaque, par leurs vertus héroïques, se sont fait une grande, une immortelle destinée. Volant sur la terre et par delà les mers, leur renommée est parvenue jusqu'en ces contrées qu'habitent les Éthiopiens; elle leur apprit le funeste sort de leur roi Memnon et l'affreux combat où Achille, descendant de son char, perça de sa lance homicide ce fils de la brillante Aurore.

Mais pourquoi dans mes vers suivrais-je la route où mille poëtes avant moi ont aussi traîné le char triomphal des Éacides? Que le nautonier pâlisse à la vue des flots écumeux qui battent les flancs de son navire; moi je ne plierai pas sous le double fardeau dont je me suis chargé, et je proclamerai la victoire que pour la vingt-cinquième fois cette illustre famille vient de remporter dans les combats que la Grèce appelle sacrés.

O Alcimide! tu viens de répandre un nouveau lustre sur la noblesse de ton sang, malgré la jalouse fortune qui a ravi à ta jeunesse, ainsi qu'à Tisnidas ton émule, deux couronnes auprès du bois de Jupiter Olympien. Quant à Mélésias qui t'a formé, je dirai que cet habile écuyer a la légèreté du dauphin qui rase avec vitesse la surface des mers.

VII.

AU JEUNE SOGÈNE, D'ÉGINE,

Vainqueur au pantathle.

O toi qui sièges à côté des Parques aux impénétrables pensées, fille de la puissante Junon, Ilithye, protectrice des nouveaux nés, prête l'oreille à mes accens. Sans toi, sans ton secours, nous n'eussions jamais connu ni la clarté du jour, ni le repos de la nuit, ni la florissante Hébé, ta sœur, déesse de la jeunesse.

Mais les mortels ne naissent pas tous pour une égale félicité: mille accidens font pencher en sens contraire la balance de leur sort. Cependant c'est à toi que Théarion dut la naissance de Sogène, dont la force invincible a mérité d'être proclamée par les juges et de recevoir au pantathle le prix de la lutte. Aussi ce jeune vainqueur reconnaît-il pour patrie celle des Éacides à la lance redoutable, cette Égine dont les citoyens brûlent à l'envi de perpétuer leur gloire dans nos combats solennels.

Le mortel que distinguent ses nobles travaux fournit une agréable matière aux chants des Muses: car les plus belles actions sont enveloppées de ténèbres épaisses, si elles ne sont point célébrées par les charmes de la poésie, où elles se réfléchissent comme dans un miroir fidèle; alors seulement elles sont consacrées dans les fastes de Mnémosyne, qui ceint sa tête de brillantes bandelettes, et trouvent dans nos hymnes la douce récompense des fatigues qu'elles ont coûtées.

Le sage imite la prudence du pilote, que l'appât du gain ne peut déterminer à braver les flots avant d'avoir éprouvé pendant trois jours la constance des vents. Il sait que, riches ou pauvres, les mortels viennent également se confondre dans la tombe, mais avec la différence de la renommée. Ainsi je soutiens qu'Homère a immortalisé Ulysse et lui a acquis par ses chants une célébrité au-dessus de ses travaux. Mais ce poëte divin nous présente avec tant de charmes ses mensonges ingénieux, il sait si bien rendre la fiction attrayante et lui donner du poids, qu'il nous éloigne sans peine de la vérité; tant il est vrai que chez la plupart des hommes le cœur se laisse aisément aveugler! Ah! si l'esprit humain ne fermait pas les yeux sur ses défauts et qu'il se connût lui-même, jamais le fougueux Ajax, égaré par la fureur, ne se fût enfoncé dans le sein sa redoutable épée. Ce guerrier, le plus courageux des Grecs après Achille, était venu sous les murs d'Ilion, conduit par des vents favorables, pour en ramener l'épouse du blond Ménélas. Mais la mort, comme un flot rapide, entraîne également celui qui l'attend et celui qui ne l'attend pas : la gloire seule reste aux héros au delà du trépas quand un dieu bienfaisant prend soin de la publier.

Ainsi Néoptolème, qui renversa la cité de Priam et supporta avec les Grecs tant de travaux, repose maintenant dans les champs de Pytho, centre du vaste continent. A son retour, une mer orageuse l'ayant écarté de Scyros, le jeta lui et ses guerriers sur le rivage d'Éphyre. Il régna peu de temps sur les Molosses et légua une gloire immortelle à sa postérité. Un jour, étant parti pour Delphes afin d'offrir au dieu qu'on y adore les dépouilles qu'il apportait de Troie, une querelle s'éleva au sujet du partage des victimes immolées : provoqué au combat, il y périt sous le glaive d'un inconnu audacieux. Ce meurtre indigna les Delphiens, amis de l'hospitalité; mais la destinée de Néoptolème le voulait ainsi : il fallait qu'un des rois issus du sang des Éacides reposât désormais dans le bois antique qui de son ombre environne comme d'un mur épais le temple magnifique d'Apollon; il fallait qu'un héros présidât aux triomphes des athlètes et rappelât constamment aux juges les lois de la sévère équité. Trois mots suffisent donc pour justifier ce décret des dieux : « *Un juge incorruptible préside à nos combats.* »

O Égine! ma Muse se sent assez d'enthousiasme pour chanter dignement la gloire des illustres enfans de Jupiter qui sont nés dans ton sein et pour célébrer ces vertus domestiques qui frayèrent à leurs descendans la route à l'immortalité; mais le repos est doux en tout ouvrage : le miel et les aimables fleurs elles-mêmes ont aussi leur dégoût. Nous n'avons point reçu de la nature les mêmes inclinations, les mêmes penchans; le sort d'un homme n'est point celui de l'autre. Ce bonheur après lequel nous courons tous, il nous est impossible de le posséder; et je ne pourrais citer aucun mortel à qui la Parque ait accordé une félicité durable et sans mélange. Cependant, ô Théarion! elle a été moins avare envers toi; elle t'a ménagé l'occasion de t'élever à la gloire par ton courage et t'a donné assez de sagesse pour en jouir.

Étranger, je suis à l'abri de tout reproche de flatterie. Je louerai un héros qui m'est cher, et la vérité, telle qu'une onde pure, coulera dans mes chants consacrés à sa gloire. Voilà le prix qui convient à la vertu. Je ne crains point même que l'Achéen, habitant du rivage ionien, puisse ici m'accuser d'imposture; partout je m'appuie sur les liens sacrés de l'amitié, sur les droits de l'hospitalité. Parmi mes concitoyens, l'éclat de ma renommée n'a jamais été terni : sans cesse j'ai repoussé loin de moi l'injure et la violence. Puissent mes jours à venir s'écouler ainsi au milieu du calme et de la joie!

Que ceux qui me connaissent disent si jamais le mensonge et la calomnie souillèrent ma bouche de leur impur langage. Je proteste donc, ô Sogène! digne rejeton d'Euxénus, que mes chants, semblables à la flèche armée d'airain, ont volé vers toi sans dépasser le but. Tu es sorti de la lutte avant que ta tête et tes membres robustes fussent inondés de sueur, avant que tu eusses à souffrir des ardeurs brûlantes du midi; et si ton triomphe a exigé de toi des efforts pénibles, la joie de l'avoir remporté en a été plus glorieuse et plus vive. Permets donc à ma voix, si jamais elle a fait entendre de sublimes accens, de proclamer aujourd'hui ta victoire : c'est un devoir facile que mon génie aime à remplir. Ne ceins point ta tête de couronnes périssables : pour t'en tresser une à son gré, vois, ma muse rassemble l'or, l'airain, l'ivoire et cette fleur éclatante que produit la rosée des mers.

Que la louange du puissant Jupiter, ô mon génie! trouve aussi place en tes chants, et que, portée sur les ailes des vents, la douce mélodie de ses hymnes vole jusqu'à Némée. N'est-elle pas digne de retentir de l'auguste nom du roi des immortels cette contrée célèbre où Éaque reçut le jour de ce dieu et de la nymphe Égine, digne objet de son amour. Éaque, le protecteur et l'appui de ma patrie, fut en même temps et ton frère et ton hôte, ô puissant Hercule!

Si les liens de la société rendent l'homme nécessaire à l'homme, que dirons-nous de la tendre amitié qui unit deux voisins vertueux?

Que parmi les mortels, il n'est pas de bonheur comparable à celui dont ils jouissent. Héros dont la main terrassa les géans, si un dieu accorde à Sogène l'honneur d'habiter près de toi, comme auprès d'un père, et de suivre sous ta puissante protection la route que lui ont frayée ses divins ancêtres, que manque-t-il à sa félicité? Le lieu où il a fixé sa demeure, situé au milieu de tes bois sacrés, n'est-il pas aussi proche de ton sanctuaire que le timon d'un char l'est à droite et à gauche des quatre coursiers qu'il dirige.

C'est donc à toi, divin Hercule, de fléchir en faveur de Sogène, Junon, son auguste époux et la déesse aux yeux d'azur. Tu peux, par ta puissance, mettre les malheureux mortels à l'abri des coups qui les plongent souvent dans l'abîme du désespoir. Accorde donc à mon héros une force durable, compagne d'une longue vie; que son heureuse jeunesse soit suivie d'une vieillesse aussi heureuse; que les fils de ses fils jouissent des honneurs qui l'environnent aujourd'hui et en méritent, s'il se peut, de plus glorieux encore.

Pour moi, jamais mon cœur ne me reprochera d'avoir outragé la mémoire de Néoptolème par d'injurieux discours. Mais répéter trois ou quatre fois la même apologie, n'est-ce pas faire preuve de stérilité, comme celui qui, faisant des contes aux enfans, répétait sans cesse : « O Jupiter Corinthien! »

VIII.

A DINIAS, FILS DE MÉGAS,

Vainqueur à la course du stade.

Beauté enchanteresse, qui appelles à ta suite les amours immortels enfans de Vénus, ô toi qui brilles sur le front des vierges et dans les yeux des jeunes hommes! tes attraits inévitables allument dans les cœurs mortels des feux, source de bonheur pour les uns, pour les autres des maux les plus cruels. En amour, comme en toutes choses, il faut saisir l'occasion et n'obéir qu'à des penchans honorables et légitimes. Tels furent ceux qui, sur la couche d'Égine, firent goûter à Jupiter les douces faveurs de Cypris et rendirent OEnone mère d'un roi si renommé par sa sagesse et sa valeur. De toutes parts accoururent vers lui, briguant l'honneur de le voir, la fleur des héros de la Grèce, et ces guerriers qui commandaient dans la pierreuse Athènes et les enfans de Pélops qui régnaient dans Sparte, tous, vaincus sans combat et admirateurs de ses vertus, venaient avec empressement se soumettre à ses lois.

Et moi aussi, divin Éaque, j'embrasse aujourd'hui tes genoux et je t'adresse mes vœux les plus ardens pour ta chère Égine et pour ses habitans. Ma lyre habile à varier la mélodie des accords lydiens, élève en ce jour un trophée en l'honneur du triomphe que, dans les jeux de Némée, viennent de mériter Dinius et son père Mégas à la double course du stade. De tous les biens, les plus durables sont ceux qu'une main divine verse ainsi sur les mortels : tel fut jadis le bonheur de Cyniras que la maritime Cypre vit comblé de tant de prospérités.....

Arrêtons un instant ma course impétueuse; Cyniras avant nous a été célébré tant de fois. Respirons donc ici avant que d'entonner d'autres chants. Il est si dangereux d'exposer à la critique des hommes les récits de la nouveauté et d'éveiller la noire envie : ce monstre fait sa pâture de nos discours; il s'attache aux œuvres du génie sans jamais sévir contre la faiblesse et l'ignorance.

C'est lui qui perdit le fils de Télamon, et le porta à tourner contre sa poitrine sa propre épée. Guerrier intrépide, mais peu versé dans l'art de la parole, il vit ses droits méconnus et oubliés des Grecs dans une querelle funeste, tandis que l'astucieux qui savait si bien colorer le mensonge fut honoré du prix de la valeur. Les généraux des Grecs donnèrent en secret leurs suffrages à Ulysse, et l'invincible Ajax, ainsi privé des armes glorieuses d'Achille, se précipita dans les horreurs du trépas.

Cependant quelle différence entre les coups que l'un et l'autre avaient portés aux ennemis, entre leur audace à repousser les bataillons troyens avec la lance meurtrière, soit dans ce combat qui s'engagea sur le corps d'Achille expirant, soit dans ces jours de carnage où tant de guerriers trouvèrent la mort au milieu des fureurs de Mars!

Elle n'était donc pas inconnue autrefois aux mortels cette odieuse éloquence qui, sous les couleurs d'un langage séduisant, sait voiler la perfidie et le mensonge, qui toujours déversa l'opprobre sur le mérite et jeta un éclat trompeur sur l'obscurité et l'infamie. Ah! loin de moi d'aussi coupables artifices. Fais, ô Jupiter!

que je marche avec franchise dans les voies de la vertu, afin qu'en descendant au tombeau, je lègue à mes fils une gloire sans tache, un nom que rien n'ait avili.

Il est des hommes que dévore la soif de l'or, d'autres qui convoitent d'immenses héritages : pour moi, jusqu'à ce que la terre engloutisse ma dépouille mortelle, je borne mon ambition à plaire à mes concitoyens, à louer ce qui est digne de louanges et à blâmer ce qui est digne de censure. Tel que l'arbuste, nourri par la rosée bienfaisante du ciel, élève dans les airs sa cime verdoyante, ainsi la vertu s'accroît par les justes éloges du sage.

Combien la possession d'amis fidèles est un trésor précieux! La gloire que nous ont méritée nos travaux acquiert un nouveau lustre par leurs suffrages, et leur cœur n'a pas de plus doux plaisir que de la publier au loin par leurs bienveillans témoignages. Je ne peux, ô Mégas! te rappeler à la vie : jamais un aussi fol espoir ne saurait s'accomplir. Mais je puis par mes chants dresser à ta famille et à la tribu des Chariades un monument aussi durable que le marbre en publiant ta victoire et celle de ton fils à la double course du stade. Quel plaisir je goûte à élever mes hymnes à la hauteur de vos travaux! Les charmes de la poésie font oublier aux athlètes les plus rudes fatigues; aussi l'usage de chanter ainsi leurs triomphes était-il déjà consacré chez les peuples longtemps avant les combats d'Adraste avec les enfans de Cadmus.

IX.

A CHROMIUS, D'ETNA,

Vainqueur à la course des chars.

Muses, quittez Sicyone et les sacrés parvis d'Apollon ; volez en chœur vers la cité nouvelle d'Etna, où la maison fortunée de Chromius peut à peine contenir la foule d'étrangers qui se pressent sous ses portiques ; chantez en son honneur un hymne dont les doux accens plaisent à ce héros : son char triomphal, traîné par deux coursiers vainqueurs dans la carrière, réclame de vous un chant de victoire digne de Latone, digne de ses deux fils, éternels protecteurs des jeux qu'on célèbre à Pytho.

De tout temps les mortels furent persuadés que c'était pour eux un devoir de sauver de l'oubli les actions héroïques ; et les chants, inspirés par un dieu, furent jugés seuls capables de seconder un si juste désir. Eh bien! que les cordes frémissantes de ma lyre, que le son mélodieux des flûtes proclament la victoire remportée par Chromius à la course des chars, dans ces jeux que jadis Adraste établit en l'honneur d'Apollon sur le rivage de l'Asopus (1). Héros que ma Muse chante en ce jour, permets que j'oublie un instant tes louanges pour rappeler l'origine de ces jeux célèbres!

Adraste régnait dans Sicyone ; là, par la pompe des fêtes, la nouveauté des combats où les jeunes athlètes déployaient la force de leurs bras et leur adresse à conduire des chars éclatans, il étendait au loin la renommée de la ville qu'il habitait. Il avait fui d'Argos pour échapper à la haine d'Amphiaraüs et à la révolte impie que cet audacieux avait excitée contre le trône et la maison de ses pères. Ainsi les enfans de Talaüs, victimes du fléau de la discorde, semblaient pour jamais avoir perdu l'empire. Mais Adraste, en héros sage et puissant, sut mettre un terme aux maux de sa famille : il unit sa sœur Ériphyle au fils d'Oïclée, à qui elle devait être si funeste, et cet hymen devint le gage assuré de la réconciliation. Dès lors les enfans de Talaüs acquièrent un nom illustre entre tous les Grecs à la blonde chevelure. Plus tard, ils conduisent contre Thèbes aux sept portes de formidables légions ; mais ces guerriers, couverts d'airain et montés sur de superbes coursiers, se mettent en marche sous les plus funestes auspices et malgré la foudre que du haut de l'Olympe lance Jupiter en courroux : ils courent donc à leur perte. A peine arrivés sur les bords de l'Ismen, ils perdent avec la vie l'espérance de revoir jamais leur patrie, et leurs corps inanimés engraissent la fumée qui, de sept bûchers ardens, s'élève dans les airs en nuages épais.

Cependant le fils de Saturne, d'un coup de cette foudre à qui rien ne peut résister, entr'ouvrant les entrailles profondes de la terre, y engloutit Amphiaraüs avec ses coursiers avant que, frappé dans sa fuite par la lance de Périclymène, il ait à rougir d'une déshonorante blessure. C'est ainsi que fuient les enfans même des dieux quand un dieu plus puissant verse la terreur dans leur âme épouvantée.

Immortel fils de Saturne, si je pouvais à force de vœux et de prières repousser au loin les lances des orgueilleux Phéniciens, je verrais Etna, cette illustre cité, sans cesse entre la vie et la mort par leurs cruelles tentatives, jouir désormais sous ta protection d'un sort prospère. Daigne donc, je t'en conjure, accorder à ses citoyens la plus désirable des richesses, celle d'être gouvernés par la justice des lois et de cultiver en paix les arts utiles. Elle nourrit dans son sein des hommes courageux, habiles à dompter les coursiers, et dont l'âme est assez élevée pour préférer la gloire aux dons d'une aveugle fortune. Désintéressement qui paraîtra incroyable parce que l'amour du gain se glisse secrètement dans les cœurs et en bannit cette noble pudeur, compagne de la gloire.

O vous! qui prêtez l'oreille à mes chants, si vous eussiez été l'écuyer de Chromius, vous l'eussiez vu dans la chaleur d'une action, combattre avec intrépidité, ici à pied dans les rangs, ailleurs à cheval, ou sur l'élément perfide; partout le sentiment de l'honneur enflammait son courage et l'excitait à éloigner de sa patrie le terrible fléau de Bellone. Peu d'hommes surent comme lui, allier au milieu du carnage, la bravoure et la présence d'esprit si nécessaires pour semer dans les rangs ennemis le désordre et la terreur. Hector seul posséda cette précieuse qualité; c'est à elle qu'il dut cette gloire florissante dont furent témoins les bords du Scamandre. C'est à elle aussi que le jeune fils d'Agésidame fut redevable de l'honneur dont il se couvrit sur les rives escarpées du profond Hélore, dans ce lieu surnommé depuis *le gué de Mars*.

Un jour je célébrerai ses autres exploits, ces nombreux combats où il signala sa vaillance dans les champs poudreux et sur les mers qui baignent le rivage d'Etna. Les travaux de la jeunesse, quand ils sont dirigés par la justice, préparent à la vieillesse des jours calmes et sereins. Que Chromius soit donc assuré que les dieux lui réservent une félicité digne de l'admiration des hommes. Quand, à d'immenses richesses, un mortel réunit l'éclat de la gloire, il ne lui est pas permis de prolonger sa course au delà.

De même que les festins sont amis de la douce paix, ainsi les couronnes de la victoire s'embellissent par les accens de la poésie. Au milieu des coupes, la voix prend un essor plus libre. Versez donc à l'instant l'agréable liqueur qui inspire nos chants; que le jus pétillant de la vigne remplisse ces coupes d'argent que les coursiers de Chromius lui ont méritées avec des couronnes tressées par Thémis aux jeux sacrés que célèbre Sicyone en l'honneur du fils de Latone.

Puissant Jupiter, fais que les Grâces répandent tant d'éclat sur mes hymnes, qu'ils élèvent au-dessus de mille autres la vertu et le triomphe de Chromius! Père des dieux et des hommes, puissé-je avoir atteint le but que s'est proposé ma Muse!

X.

A THIÉUS, FILS D'ULIUS,

Vainqueur à la lutte.

Grâces, chantez la cité où régna Danaüs sur un trône entouré des cinquante filles dont il fut le père; chantez Argos, séjour digne de la majesté de l'auguste Junon. Les hauts faits de ses intrépides enfans ont élevé Argos au comble de la gloire; qui pourrait raconter les exploits de Persée contre Méduse, l'une des Gorgones, et compter les cités célèbres qu'Épaphus fonda en Égypte? Que dirai-je de cette Hypermnestre, qui seule d'entre ses sœurs refusa d'armer son bras d'un glaive homicide? Minerve aux yeux bleus éleva Diomède au rang des immortels; la terre entr'ouverte par la foudre de Jupiter engloutit, près de Thèbes, le devin fils d'Oïclée, lorsque semblable à l'orage, il menaçait la ville aux sept portes; Argos enfin, entre toutes les villes de la Grèce, n'est pas moins féconde en jeunes beautés: témoins Alcmène et Danaé que Jupiter jugea dignes de jouir de ses tendres embrassemens. Ce dieu lui-même accorda au père d'Adraste et à Lyncée les inappréciables vertus, la justice et la sagesse.

Argos fut le berceau du valeureux Amphitryon, qui eut le bonheur de mêler son sang à celui du divin fils de Saturne. Amphitryon vainquit les Téléboens aux armes d'airain; et ce fut sous sa figure que le roi des immortels entra dans le palais de ce prince pour donner naissance à l'invincible Hercule, qui partage dans l'olympe la couche d'Hébé, la plus belle des nymphes que Junon vit à sa suite. Pour rappeler tous les faits glorieux dont l'heureuse Argos fut le théâtre, ma langue tenterait d'inutiles efforts; il serait d'ailleurs dangereux pour moi d'engendrer la satiété.

Élève donc, ô ma Muse! élève les accens de ta lyre pour chanter dignement les luttes et les combats. Vois ces boucliers d'airain, ce peuple qui se presse en foule aux hécatombes de Junon et qui brûle d'entendre proclamer le vainqueur; tout ce brillant appareil t'engage à chanter la double victoire que Thiéus, le fils d'Ulius, a remportée et dans laquelle ce robuste athlète trouve l'oubli de ses pénibles mais glorieux travaux.

Combien n'est-il pas digne d'être chanté par les Muses, ce héros que la fortune a si souvent couronné à Delphes, à l'Isthme, à Némée, devant l'auguste assemblée de la Grèce! Trois fois le rivage de l'Isthme que les flots ne franchiront jamais, trois fois la terre sacrée soumise autrefois aux lois d'Adraste l'ont vu conquérir la palme de la victoire. Et maintenant, ô Jupiter! le vœu que forme encore son cœur, sa bouche n'ose l'exprimer; mais de ta volonté seule dépend le succès de toute entreprise; et la gloire qu'il te demande comme un bienfait, ce n'est qu'au prix de ses sueurs et de son courage qu'il veut la mériter et l'obtenir. Mes paroles ne sont point une énigme pour toi, dieu puissant, ni pour l'athlète qui aspire au prix des plus nobles combats de la Grèce, qu'Hercule institua dans l'illustre carrière de Pise. Deux fois, à deux époques de leurs fêtes solennelles, les jeunes Athéniens accompagnèrent de leurs danses et de leurs chants d'allégresse le triomphe de Thiéus; et la cité de Junon, si féconde en héros, l'a vu apporter avec lui le doux fruit de l'olivier dans des vases durcis au feu et peints des plus brillantes couleurs.

Ainsi, ô Thiéus! tu te montres le digne émule de la gloire que dans tant de combats acquirent tes ancêtres maternels, avec l'aide des Grâces et des fils de Tyndare. Ah! s'il m'était donné comme à toi d'être le descendant d'un Thrasyclès, d'un Antias, avec quel orgueil me verrait-on promener mes regards dans Argos!

Combien d'autres couronnes ont illustré la cité de Prœstus, nourrice d'agiles coursiers! Quatre fois Némée, quatre fois le rivage corinthien ont entendu proclamer son nom. Que de riches coupes, que de vases d'argent ses athlètes rapportèrent-ils de Sicyone dans leur patrie! Combien de fois le tissu moelleux que Pellène donne au vainqueur flotta-t-il sur leurs épaules! qui aurait assez de loisir pour compter tous les ornemens d'airain que leur distribuèrent à l'envi et Clitor et Tégée, et les villes de l'Argolide et le Lycée, où la victoire couronna la force de leurs bras et la légèreté de leurs pieds, dans la carrière consacrée à Jupiter!

Faut-il s'étonner que la nature ait fait naître tant d'intrépides athlètes dans l'antique famille d'Ulius, depuis que Pamphas, un de ses ancêtres, eut reçu dans sa demeure hospitalière Castor et son frère Pollux, héros tutélaires de Sparte, qui de concert avec Mercure et Hercule sont chargés du soin de ces jeux florissans où leur bienveillance protège les hommes justes. Ces deux enfans des dieux tour à tour passent un jour auprès de Jupiter, leur père chéri, et l'autre au sein de la terre, dans la vallée de Thérapnée. Ainsi s'accomplit le vœu de Pollux, qui préféra volontiers ce partage alternatif à une immortalité sans bornes dont il eût seul joui dans le ciel, à jamais séparé de son frère immolé par la lance d'Idas.

Castor venait de lui enlever ses génisses. Assis sur le tronc d'un chêne, Lyncée, celui de tous les mortels qui avait l'œil le plus perçant, l'aperçoit du sommet du Taygète, sur-le-champ il appelle Idas, son frère, et ces deux fiers enfans d'Apharée, animés par la vengeance fondent sur le fils de Léda et le tuent. Mais Jupiter va leur faire éprouver le poids de son courroux. Pollux accourt et les met en fuite: ils s'arrêtent cependant près du tombeau de leur père: Là, saisissant une statue de Pluton, faite de marbre poli, ils la lancent contre la poitrine de Pollux. Loin de reculer, le héros n'est pas même ébranlé d'un tel choc: alors saisissant promptement un javelot, il fond sur Lyncée, et le lui enfonce dans le flanc. Au même instant Jupiter lance sur Idas sa foudre vengeresse, et dans un tourbillon de flamme et de fumée consume les restes mortels des deux frères: tant il est téméraire de mesurer ses forces avec un plus puissant que soi! Cependant le généreux fils de Tyndare accourt auprès de Castor; il le trouve respirant à peine, et près d'exhaler le dernier souffle de sa poitrine glacée. Il l'arrose de ses larmes et, dans l'excès de sa douleur, il s'écrie : « Fils de Saturne, ô mon père! quel sera le terme de mon malheur? fais-moi mourir avec mon frère; quel charme peut avoir la vie pour celui qui a perdu ce qu'il a de plus cher! » (Dévouement admirable! Combien peu de mortels consentiraient ainsi à partager les maux de l'amitié malheureuse!)

Ainsi Pollux exhalait ses regrets amers. Soudain Jupiter se présente à lui : « Tu es mon fils, lui dit-il ; ton frère est né d'un mortel que l'hymen fit entrer après moi dans la couche de ta mère. Je laisse néanmoins deux partis à ton choix : consens ou à partger la demeure des dieux avec Minerve et Mars à la lance sanglante, exempt de la mort et des ennuis de la vieillesse, ou, par amour pour ton frère, à l'associer à sa mortelle destinée, passant tour à tour comme lui la moitié de ta vie dans la nuit du tombeau et l'autre moitié dans le palais resplendissant de l'Olympe. » Ainsi parle Jupiter, et Pollux ne balance point. Aussitôt Castor au casque d'airain ouvre de nouveau les yeux à la lumière, et sa voix commence à se faire entendre.

XI.

A ARISTAGORAS, FILS D'ARCÉSILAS, PRYTANE DE TÉNÉDOS.

Fille de Rhée, protectrice de nos prytanées, Vesta sœur du puissant Jupiter et de Junon qui partage avec lui le trône de l'Olympe, reçois avec bonté dans ton sanctuaire et sous ton sceptre tutélaire Aristagoras et ses collègues. Dévoués à ton culte, ces citoyens vertueux gouvernent Ténédos et y font fleurir la justice. Souvent leurs mains reconnaissantes t'offrirent des libations comme à la première des déesses, souvent la graisse de leurs victimes fuma sur tes autels. Leurs lyres et leurs chants répètent ton auguste nom dans ces festins qu'un respectable usage consacre pendant toute l'année à Jupiter hospitalier. Déesse bienfaisante, daigne en retour accorder à Aristagoras de passer sans amertume et avec gloire les douze mois de sa magistrature.

Combien je t'estime heureux, Arcésilas, d'avoir donné le jour à un fils, en qui la nature a réuni le courage aux qualités extérieures du corps ! Mais que celui à qui la fortune a prodigué soit les richesses de l'opulence, soit les charmes de la beauté, et qui a donné des preuves éclatantes de sa force et de son courage dans nos combats, n'oublie pas que ses membres ne sont qu'une enveloppe mortelle, et que la terre sera le dernier vêtement de notre faible humanité. Cependant il est utile et honorable d'entendre ses louanges répétées par ses concitoyens et célébrées par les chants harmonieux des Muses.

Seize victoires éclatantes remportées à la lutte et au pancrace dans les villes voisines de Ténédos ont illustré Aristagoras et la cité qui l'a vu naître. Ah ! si la timide sollicitude de ses parents ne l'eût point empêché d'aller à Pytho ou à Olympie courir les chances du combat, auprès de Castalie ou du mont de Saturne aux verdoyantes forêts, il se fût présenté à ces luttes qu'institua Hercule et qui se renouvellent tous les cinq ans, je le jure et j'en ai la conviction, il en serait sorti vainqueur de ses rivaux, le front ceint d'une brillante couronne d'olivier et accompagné des chants de la victoire.

Mais tel est le sort des mortels ; les uns par une aveugle présomption se privent des doux fruits que procurent nos luttes glorieuses ; les autres par une timidité déplacée n'osent aspirer au triomphe que leur assurent leur force et leur vigueur. Eh ! pouvait-il ne pas compter sur la victoire, le noble rejeton de Mélanippe, qui habitait les bords de l'Ismène, le descendant du Spartiate Lisandre qu'Oreste conduisit d'Amyclée à Ténédos avec ses guerriers éoliens.

Les antiques vertus s'altèrent à travers les générations ; mais souvent elles reprennent leur éclat primitif. Les champs ne se couvrent pas tous les ans de fertiles moissons ; chaque printemps, les arbres ne se chargent pas de fleurs odorantes, ni chaque automne de fruits abondans : ils ont tantôt plus, tantôt moins de fécondité. Ainsi par l'ordre du Destin s'efface et se renouvelle la gloire des mortels. Jupiter ne nous promet point de succès assuré ; cependant nous méditons avec orgueil les plus vastes projets : une audacieuse espérance nous y entraîne sans cesse avec force et nous fait rejeter les conseils de la prévoyance.

Sachons donc borner notre ambition : c'est un funeste délire que de soupirer après ce qu'on ne peut atteindre.

FIN DES NÉMÉENNES.

ISTHMIQUES.

DES JEUX ISTHMIQUES.

Les jeux isthmiques, ainsi nommés de l'isthme de Corinthe qui joint le Péloponèse au reste de la Grèce, se célébraient dans cet isthme, près d'un temple de Neptune et d'un bois de pins consacré à ce Dieu. Ils furent institués en l'honneur de Palœmon ou Mélicerte, fils d'Athamas, roi de Thèbes, et d'Ino, qui, pour échapper à la fureur de son mari, se précipita avec Mélicerte dans la mer, où Neptune les reçut au nombre des divinités. Le corps de Palœmon, porté par un dauphin jusque sur le rivage de Corinthe, fut recueilli par Sisyphe, roi de cette ville, qui lui rendit les devoirs funèbres et consacra des jeux à sa mémoire, environ 1350 ans avant Jésus-Christ.

Une autre tradition nous apprend que Thésée fut le fondateur de ces jeux qu'il consacra à Neptune. L'opinion la plus probable est que leur origine remonte à l'époque de Mélicerte, mais qu'ils reçurent en effet de Thésée une organisation nouvelle.

De tous les peuples de la Grèce, les Éléens seuls étaient exclus de cette solennité. Une formule d'imprécation des plus terribles leur en interdisait l'approche. Ces jeux se célébraient tous les trois ans, ou, selon d'autres, de cinq en cinq ans. Interrompus quelque temps par l'oppression violente que Cypsélus, roi de Corinthe, fit peser sur ses sujets, ils furent repris dans la suite avec plus de splendeur et de magnificence. Les désastres de Corinthe ne les interrompirent nullement; en attendant que cette ville sortît de ses ruines, les habitans de Sicyone se chargèrent de leur célébration.

Des couronnes de pin et ensuite d'ache ou de persil flétri étaient le prix des vainqueurs; on supprima par la suite le persil, et le pin reprit ses droits.

Les Romains, après leurs victoires, sous le consul Mummius, 144 ans avant Jésus-Christ, élevèrent la magnificence de ces jeux au plus haut degré de splendeur.

I.

A HÉRODOTE, THÉBAIN.

Thèbes au bouclier d'or, ô ma mère! je quitte tout lorsqu'il s'agit de toi. Pardonne, pierreuse Délos, si je suspends les chants que je t'ai destinés; les gens de bien ont-ils rien de plus cher, rien de plus vénérable que leurs parens ? Modère donc ton impatience, île chérie d'Apollon; bientôt avec l'aide des dieux j'aurai accompli ma double promesse; bientôt à la tête d'un chœur que formeront les habitans de la maritime Céos, je chanterai Phébus à la longue chevelure et l'isthme de Corinthe qui, semblable à une digue, s'élève fièrement au milieu des deux mers. Déjà l'isthme, dans ses jeux solennels, a ceint de six couronnes le front des enfans de Cadmus : leurs victoires ont étendu au loin la gloire de ma patrie, de cette illustre Thèbes, où Alcmène mit au monde ce fils intrépide, qui fit trembler jadis le chien terrible de Géryon.

Maintenant je vais célébrer la gloire d'Hérodote, qui, sans le secours d'une main étrangère, a conduit à la victoire son char attelé de quatre coursiers agiles; et pour que mes louanges lui soient plus honorables, je veux le chanter à l'égal de Castor et d'Iolas. Héros fameux, tous deux habiles à diriger un char rapide, ils firent également la gloire de Lacédémone et de Thèbes, leurs patries. Mille fois on les vit triompher aux jeux solennels de la Grèce et orner leurs demeures de trépieds, de vases et de coupes d'or, fruits délicieux de leurs victoires. Ce fut dans ces luttes glorieuses qu'ils firent admirer leur adresse et leur courage, tantôt nus au milieu de rudes combats, tantôt à la course, revêtus d'une pesante armure ou couverts d'un bouclier retentissant.

Avec quelle impétuosité leurs bras nerveux lançaient-ils le javelot rapide ou le disque de pierre! Alors les cinq jeux n'étaient point réunis sous le nom de pentathle, un prix particulier récompensait chaque genre de combat. Que de couronnes de feuillage ombragèrent leurs fronts près de la fontaine de Dircé et sur les bords de l'Eurotas, lieux à jamais célèbres, qui virent naître le fils d'Iphiclès (1), issu du même sang que les enfans de Sparte, et le fils de Tyndare, descendant de ces Achéens qui peuplèrent le sol escarpé de Théraphé.

Héros immortels! agréez mon hommage. En consacrant cet hymne à Neptune Isthmien et aux rives d'Oucheste qui lui est chère, j'unirai les louanges d'Hérodote à celles d'Asopodore, son illustre père. Je veux aussi célébrer Orchomène, berceau de ses aïeux, qui l'accueillit si bien lui-même lorsque, après un naufrage sur une mer orageuse, il fut réduit à la plus horrible détresse. Maintenant son heureux destin lui a rendu sa première prospérité.

Le mortel qui s'est instruit par les leçons de l'adversité a acquis pour l'avenir une sage prévoyance. Quand la vertu doit sa gloire à d'honorables dépenses ou à de nobles efforts, il est juste de ne lui point envier ses succès et de lui accorder les louanges qu'elle a méritées. D'autant plus qu'il est si facile au sage de récompenser les pénibles travaux des athlètes par un éloge dont la patrie partage également l'honneur. Il est pour les mortels différentes récompenses de leurs fatigues : le berger, le laboureur, le chasseur, le nautonier n'ambitionnent pas la même; tous cependant font les mêmes efforts pour repousser la misère et la faim. Mais celui qui est sorti victorieux de la lice ou des combats meurtriers reçoit sa plus douce récompense s'il entend ses concitoyens et les étrangers répéter son nom et ses exploits.

En célébrant la victoire que vient d'obtenir à la course des chars un ami, un concitoyen, il faut aussi rendre de solennelles actions de grâces au fils de Saturne, au puissant Neptune qui ébranle la terre et qui préside à ces nobles exercices. Je n'oublierai pas non plus tes fils, ô Amphitryon! le golfe de Minya, le bois d'Éleusis consacré à Cérès et l'Eubée, lieux témoins des victoires d'Hérodote à la course. Enfin je rappellerai, ô Protésilas! le monument que, près de Pylacé, érigèrent en ton honneur les belliqueux Achéens. Mais c'est en vain que je voudrais embrasser dans les bornes étroites d'un hymne toutes les victoires que Mercure, arbitre de nos jeux, a accordées aux coursiers et au char d'Hérodote : ce qu'on est obligé de taire n'en est pas moins honorable.

Puisse-t-il, élevé au plus haut point de gloire sur les ailes brillantes des Muses à la voix éclatante, déposer un jour dans Thèbes aux sept portes ces palmes qu'il aura cueillies aux champs de Pytho, ou à Olympie, sur les bords rians de l'Alphée! Mais si l'homme jaloux d'enfouir dans sa maison d'obscurs trésors, par un rire moqueur insulte à mes chants, qu'il sache que son âme descendra sans gloire dans la nuit de l'Érèbe.

II.

A XÉNOCRATE (1) D'AGRIGENTE.

Quand les poëtes des jours anciens, ô Trasybule, assis sur le char des Muses à la chevelure d'or, faisaient résonner sous leurs doigts la lyre harmonieuse, leurs hymnes aussi doux que le miel chantaient de jeunes favoris dont les charmes, tels qu'un fruit mûri par l'automne, appelaient les voluptés de l'aimable Vénus. La Muse n'était pas avide alors ; ses chants n'étaient point mercenaires, et Terpsichore n'avait pas encore vendu au poids de l'or la mélodie de ses accens.

Maintenant plus indulgente, elle nous permet d'adopter la maxime franche et véridique de cet Argien qui, n'ayant plus ni amis, ni richesses, s'écriait : « *L'argent, l'argent! voilà tout l'homme.* »

Tu es sage, ô Thrasybule! et tu comprends comment ces paroles peuvent se rattacher aux chants par lesquels je célèbre la victoire isthmique que Neptune vient d'accorder aux coursiers de Xénocrate. C'est à l'Isthme que ce dieu s'est plu à orner sa tête d'une couronne de sélinum dorien pour honorer en lui le vaillant écuyer et le flambeau d'Agrigente. A Crisa, le puissant Apollon jeta sur lui un regard favorable et le combla de gloire. A Athènes, accueilli avec honneur par les enfans d'Érechthée, il n'eut qu'à se louer de la rapidité avec laquelle Nicomaque fit voler ses coursiers et dirigea son char dans la carrière.

Dès son entrée dans la lice olympique, les prêtres de Jupiter Éléen, chargés de proclamer l'ouverture des jeux solennels, reconnurent en lui ce citoyen généreux qui leur avait donné l'hospitalité ; ils le saluèrent avec affection, lorsqu'au sein de leur terre natale, ils le virent se prosterner devant la statue d'or de la Victoire, dans l'auguste enceinte de Jupiter Olympien, où les fils d'Énésidame furent environnés d'honneurs immortels. Ces demeures sacrées, ô Thrasybule! ne vous sont point inconnues à tous deux; elles retentissent sans cesse du chant des hymnes et des plus mélodieux concerts.

Il n'est ni écueil, ni sentier difficile au poëte qui porte à des familles illustres le juste tribut des sœurs de l'Hélicon. Puissé-je semblable à l'athlète qui lance au loin son disque, élever mes chants à la hauteur où Xénocrate lui-même s'est élevé, en surpassant ses concitoyens par l'affabilité de ses mœurs! Objet des respects de tout le monde, il sait cependant se confondre dans la foule; fidèle à l'usage des enfans de la Grèce, il a rassemblé de toutes parts de vigoureux coursiers, et prend soin de les nourrir. Avec quelle magnificence ne se plaît-il pas à orner les festins célébrés en l'honneur des dieux! Jamais le souffle de l'adversité ne l'a contraint à couvrir sa table hospitalière du voile de la parcimonie; et il sait si bien réunir dans sa maison toutes les jouissances de la vie, qu'on y goûte, l'été, la fraîcheur des rives du Phase, et l'hiver, la douce température des bords du Nil.

Que la crainte d'exposer ton père à l'envie qui assiége le cœur de l'homme ne te porte pas, ô Thrasybule! à laisser dans l'oubli ses vertus. Hâte-toi de publier mes hymnes; ma Muse ne les a point inspirés pour qu'ils demeurent immobiles. Et toi, Nicasippe, quand tu seras auprès de mon hôte, répète-lui ce chant consacré à la gloire de sa famille.

III.

A MÉLISSUS, THÉBAIN,

Vainqueur à la course des chevaux.

Si jamais un mortel fut digne d'entendre célébrer son nom par ses concitoyens, ce fut celui qui, comblé par le sort des dons de la fortune et de la victoire, sut préserver son cœur de l'orgueil, fils insolent de la Satiété. O Jupiter! c'est de toi que les hommes reçoivent les grandes vertus; mais la prospérité, dont les fondemens s'appuient sur une sage prévoyance, ne peut que s'accroître et durer, tandis que celle qui découle de la perversité du cœur n'a que l'éclat d'une fleur passagère.

Quant à l'athlète courageux, nos hymnes sont la plus digne récompense de ses belles actions, et le poëte, secondé par les Grâces, se plaît à l'immortaliser dans ses chants. Ainsi deux victoires que la fortune a accordées à Mélissus ont mis le comble à sa joie; vainqueur à la course des chevaux, il vient d'être couronné dans les vallées de l'Isthme, et naguère il a entendu proclamer le nom de Thèbes, sa patrie; non loin de la sombre forêt qu'habita jadis le lion si redouté.

Non, Mélissus n'a point dégénéré de la vertu de ses ancêtres. Vous savez tous, Thébains, quelle gloire acquit jadis son aïeul Cléonyme à la course des chars; à quel degré d'honneur et de prospérité parvinrent par leurs travaux et leurs victoires les Labdacides, ses aïeux maternels! Mais le Temps qui, dans sa course, entraîne les jours, amène d'étranges changemens: il élève l'un, abaisse l'autre; les seuls enfans des dieux sont à l'abri de ses coups.

IV.

AU MÊME MÉLISSUS.

De quelque côté que ma Muse tourne ses regards, ô Mélissus! partout se présente à elle l'immense carrière de gloire qu'il a plu aux dieux d'ouvrir à tes pas. Si d'abord je commence par chanter ta victoire récente aux jeux de l'Isthme, soudain mon génie s'enflamme au souvenir des vertus dont la bonté divine a orné les Cléonymides, tes aïeux, jusqu'au dernier terme de leur vie. Ils ne furent cependant pas exempts de revers; car le souffle de l'inconstante Fortune tantôt conduit les mortels au bonheur, tantôt les précipite dans un abîme de maux.

Ainsi tes ancêtres furent autrefois honorés à Thèbes, et comme hôtes des Amphictyons, et comme ennemis de la discorde et de l'injure. La Renommée, qui d'un vol infatigable annonce à l'univers la gloire des morts et des vivans, atteste que l'héroïsme de la vertu s'étendit en eux jusqu'aux colonnes d'Hercule; ils ne pouvaient le porter au delà. J'ajouterai qu'ils se distinguèrent également dans les travaux de Mars au cœur d'airain, et dans l'art de former de vigoureux coursiers. Mais hélas!

en un seul jour le cruel tourbillon de la guerre enleva quatre héros à cette famille jusqu'alors si fortunée.

Maintenant, par la faveur des dieux, elle refleurit de nouveau sous nos yeux, semblable à la terre qui, après les mois inconstans d'un hiver nébuleux, se pare du vif incarnat de ses roses. Le dieu dont le trident ébranle le rivage, qui se plaît dans Oucheste et à l'Isthme rempart des flots, a ranimé devant les murs de Corinthe l'antique renommée de leurs exploits, qui semblait plongée dans l'oubli, et a rendu cette illustre maison digne de mes magnifiques accens. Assoupie quelques momens, sa gloire se réveille entourée de toute sa splendeur, et non moins éclatante que l'étoile du matin au milieu des astres de la nuit.

Les poëtes qui florissaient alors trouvèrent une ample matière à leurs chants lorsque le héraut eut proclamé tes ancêtres vainqueurs, ô Mélissus! soit dans la fertile Athènes, soit à Sicyone, dans les combats institués par Adraste. Leurs chars disputèrent toujours le prix dans les grands jeux de la Grèce; toujours ils se firent remarquer par le luxe et la beauté de leurs coursiers. Il n'en est pas ainsi de ceux qui n'ont point tenté les combats : le silence et l'oubli, voilà leur partage.

Cependant le succès de la lutte est incertain jusqu'au moment de la victoire; et plus d'une fois l'artifice et la ruse de l'homme faible triomphent de la valeur du héros.

Témoin le redoutable Ajax qui, vaincu par Ulysse, se perça de son glaive au milieu de la nuit et mérita ainsi le blâme de tous les enfans de la Grèce accourus devant Troie. Mais Homère l'a vengé aux yeux de l'univers; il proclame sa valeur et en immortalise la mémoire dans ces chants divins que doit répéter la postérité.

Ainsi la gloire des héros marche à l'immortalité avec les chants des poëtes qui l'ont célébrée dans leurs vers : c'est un rayon que rien ne peut obscurcir et qui fait briller leurs actions sur la terre et au delà des mers.

Puissent les Muses m'enflammer de leur feu divin! Puissent-elles rendre mes hymnes dignes de couronner la victoire que l'illustre rejeton de Télésius, Mélissus, a remportée au pancrace. Sa valeur et son audace sont égales à celles du lion rugissant, acharné à poursuivre sa proie, et son adresse, à celle du renard qui, renversé sur le dos, arrête l'impétuosité de l'aigle. Ruse ou valeur, tout est bon quand il s'agit de triompher d'un ennemi.

Le sort n'a point donné à Mélissus la haute stature d'Orion; mais si son aspect n'offre rien d'imposant, sa force dans les combats n'en est pas moins formidable. Tel fut jadis le fils d'Alcmène : petit de taille, mais d'un courage inébranlable, il alla de la cité de Cadmus, dans la fertile Lybie, dans le palais d'Antée pour terrasser ce fier géant, qui avait été assez cruel pour bâtir avec les crânes de ses hôtes un temple à Neptune. Maintenant ce héros, après avoir parcouru toute la terre, sondé les abîmes de la mer écumeuse et accoutumé les flots à porter des navires, habite l'Olympe assis auprès du dieu qui porte l'égide. Honoré des immortels, gendre cher à Junon, il goûte dans un palais d'or le suprême bonheur entre les bras d'Hébé son épouse.

Et nous enfans de Thèbes, ses concitoyens, c'est pour lui qu'aux portes d'Électre nous célébrons des festins solennels et couronnons nos autels de fleurs; c'est à lui que nous immolons de nombreuses victimes pour consoler les mânes des huit enfans que lui donna Mégère, fille de Créon, et qui tous succombèrent sous un fer meurtrier. Depuis le coucher du soleil, une flamme éclatante s'élève jusqu'aux cieux, pendant toute la nuit, et répand dans les airs une odeur délicieuse.

Ce n'est que la deuxième aurore qui met fin à nos combats annuels, où de nombreux athlètes viennent à l'envi déployer les forces de leurs corps.

Deux fois le vainqueur que je chante s'est montré dans cette carrière le front ceint d'un myrte fleuri. Sa première couronne, il l'avait obtenue dans sa jeunesse par sa docilité aux conseils du prudent Orsée qui guidait son char. Qu'aujourd'hui cet habile écuyer partage la joie de Mélissus, en voyant son nom associé dans cet hymne à celui de son heureux disciple!

V.

A PHYLACIDAS, D'ÉGINE,

Vainqueur au pancrace.

Mère du soleil, ô Thia! dont la puissance s'étend partout, c'est toi qui inspires aux mortels l'estime de l'or dont ils regardent la possession comme le plus précieux de tous les biens. C'est en ton honneur, puissante reine, que les vaisseaux combattent sur la plaine liquide, et que les coursiers excitent les applaudissemens en faisant voler les chars dans l'arène.

Il s'est acquis une gloire immortelle, celui qui dans nos combats a vu son front ceint de nombreuses couronnes, récompenses des triomphes que lui ont obtenus la vitesse de ses pieds, la vigueur de son bras. La force est un don que l'homme ne doit qu'à la bienveillance des dieux ; mais il est deux avantages dont nous pouvons tous jouir et qui seuls font épanouir et fécondent la fleur de notre vie : *fortune* et *sagesse*, vous avez tout si vous possédez ces deux biens. N'aspirez donc point à devenir un Jupiter ; mortel, contentez-vous de ce qui convient aux mortels.

Deux fois, ô Phylacidas ! les jeux de l'Isthme ont couronné ta valeur ; Némée t'a vu ainsi que ton frère Pythéas remporter la victoire au pancrace... Cependant mon cœur ne serait pas satisfait si je n'associais dans mes chants le nom des Éacides à vos noms glorieux ; ce sera encore en votre faveur, ô fils de Lampon ! que je viendrai à la suite des Grâces dans Égine, siége de la justice et des lois. Si les héros que cette illustre cité a produits ont constamment fait de la gloire, présent des dieux, le but de leurs efforts et de leurs vœux, pourquoi porterait-on envie aux chants que je leur adresse, comme la récompense de leurs nobles travaux ? La renommée fut de tout temps le prix après lequel ont soupiré les plus vaillans guerriers. Que leurs vertus aient été chantées au son des flûtes et des lyres, ils ont été satisfaits ; objets de vénération pour tous les mortels, ils ont fourni par la volonté de Jupiter une abondante matière aux louanges des sages.

C'est ainsi qu'aux pompeuses solennités de l'Étolie, on se plaît à nommer les valeureux enfans d'OEnée ; à Thèbes, Jolas habile à conduire les coursiers reçoit un public hommage ; Persée est honoré à Argos ; Castor et Pollux entendent célébrer leur valeur sur les bords de l'Eurotas ; dans OEnone, on exalte la magnanimité d'Éaque et de ses fils qui deux fois saccagèrent la cité de Troie, d'abord avec Hercule, ensuite sous la conduite des fiers Atrides.

Maintenant, ô ma Muse ! élance ton char au-dessus de la terre ; dis-moi sous quels coups succombèrent et Cycnus et Hector et l'intrépide Memnon, chef des Éthiopiens ; quel héros, sur les rives du Caïcus, perça de son javelot le vaillant Télèphe : rappelle-moi ces grands hommes à qui toutes les bouches publient qu'Égine donna le jour.

Depuis longtemps cette cité fameuse s'est élevée par ses vertus, comme une tour qui porte son faîte dans les nues ; aussi est-elle souvent le but vers lequel ma Muse, juste dispensatrice de la gloire, a mille traits à lancer. Salamine, berceau d'Ajax, sauvée par ses flottes, ne fut-elle pas témoin de la bravoure de ses peuples, dans ce terrible combat où une multitude aussi serrée qu'une pluie orageuse tomba sous leurs coups comme les feuilles sous les coups de la grêle.

Toutefois, ô ma Muse, que tes louanges soient réservées et circonspectes ; car c'est du puissant maître de toutes choses, c'est de Jupiter que viennent également aux mortels et leurs biens et leurs maux. Mais les victoires des athlètes et leurs combats, ma lyre peut les célébrer sans crainte ; les chants des poëtes sont, pour le triomphateur, aussi délicieux que le miel. Pourra-t-il se présenter dans l'arène et se flatter de l'espoir d'une couronne, l'athlète qui connaît la famille des Cléoniens ? Non : les travaux des héros qu'elle a produits ne sont point enveloppés de ténèbres ; et les trésors qu'a prodigués leur générosité ont mis pour jamais leurs espérances à l'abri des revers dans nos combats.

C'est à Pythéas, en finissant, que j'adresse mes louanges ; c'est lui qui, en maître habile, parmi tant de robustes athlètes, a exercé les membres de Philacidas et a développé en son disciple cette vigueur et cette égalité d'âme garans de la victoire. Apporte donc, ô ma Muse ! la couronne et les bandelettes destinées au vainqueur ; et fais voler vers lui cet hymne que tu viens de m'inspirer en son honneur.

VI.

A PHYLACIDAS, A PYTHÉAS ET A EUTHYMÈNE LEUR ONCLE MATERNEL.

Ainsi que dans un banquet splendide auquel vient s'asseoir la fleur des citoyens, vidons, ô ma Muse ! pour la race de Cléonicus, la seconde coupe du nectar de nos hymnes. La première te fut offerte dans Némée, ô Jupiter! quand ses deux fils y reçurent les prémices de leur glorieux triomphe; cette seconde, nous la destinons au puissant maître de l'Isthme et aux cinquante Néréides, maintenant surtout que Phylacidas, le plus jeune des deux, vient d'y être proclamé vainqueur. Puissions-nous un jour offrir la troisième en libation à Jupiter-Sauveur qu'Olympie adore, et faire encore une fois tressaillir Égyne par la douce harmonie de nos chants!

Le mortel généreux qui consacre avec joie ses travaux et ses trésors à la recherche de la vertu, fille aimable du Ciel, recueille sous la protection des dieux une ample moisson de gloire, et, arrivant enfin au port où il tendait, y jette l'ancre au sein du bonheur et de la paix. Ainsi parvenu au comble de ses vœux, l'heureux fils de Cléonicus attend que la vieillesse blanchisse ses cheveux et le conduise au terme de sa carrière. Puisse Clotho, qui siége sur un trône d'or, puissent ses inflexibles sœurs ne pas repousser la prière d'un mortel qui nous est si cher! Et vous nobles enfans d'Éaque, maintenant élevés sur un char éclatant, dites si jamais je touchai le rivage de cette île qui vous donna le jour sans éprouver le besoin sacré de chanter vos louanges. La gloire a ouvert devant vous une immense carrière; vous l'avez parcourue en tous sens, et partout vos exploits ont laissé d'ineffaçables traces, depuis les sources lointaines du Nil jusqu'aux régions hyperborées. Non, il n'est point de ville si barbare, si étrangère à notre langage, qui n'ait entendu la Renommée publier la gloire de Pélée, époux de la fille des dieux, d'Ajax et de Télamon son père, que jadis le redoutable fils d'Alcmène conduisit sur ses vaisseaux avec les Thyrinthiens contre la superbe Troie. Ce héros si terrible dans les combats, avait reconnu dans Télamon un guerrier courageux; aussi l'associa-t-il aux travaux qu'il entreprit pour se venger du perfide Laomédon. Ce fut avec ce vaillant compagnon d'armes qu'il s'empara de Pergame, tailla en pièces des peuples entiers, et, dans les champs de Phlégra, terrassa le berger Alcyon, haut comme une montagne: jamais dans aucun combat la main d'Hercule ne tendit plus souvent son arc retentissant.

Sur le point de partir pour les rivages de Troie, il appelle le fils d'Éaque et lui ordonne de faire annoncer le départ de la flotte par la voix du héraut pendant que ses compagnons se livrent à la joie d'un festin. Déjà le fils d'Amphitryon se tient debout, couvert de la peau du lion de Némée; le brave Télamon le presse de commencer les libations et lui présente une coupe d'or ciselée pleine d'un vin pétillant. Hercule aussitôt levant au ciel ses invincibles mains, s'écrie: « O Jupiter, ô mon père! si jamais tu te montras propice à mes vœux, daigne je t'en supplie, écouter aujourd'hui mon ardente prière. Fais que de ce héros et d'Éribée son épouse naisse un fils courageux que je puisse un jour voir assis à ma table hospitalière; que ses membres acquièrent dans les fatigues et les combats la dureté de la dépouille qui couvre mes épaules et que dans la forêt de Némée j'enlevai au monstre dont la défaite fut le premier de mes travaux; qu'il soit enfin doué d'un courage et d'une force à toute épreuve! »

Comme il achevait ces mots, Jupiter lui envoie du haut des airs l'aigle, le roi des oiseaux. A la vue de ce présage, le cœur du héros tressaille de joie; d'une voix prophétique, il s'écrie: « Il naîtra de toi, ô Télamon! cet enfant que tu désires! Tu l'appelleras Ajax du nom de l'aigle qui vient de nous apparaître; il sera terrible dans les combats, et sa valeur étendra au loin sa puissance. » Après avoir ainsi parlé, le héros s'assit.

Mais il serait trop long de rappeler ici tous les hauts faits des enfans d'Éaque. D'ailleurs c'est en l'honneur de Phylacidus, de Pythéas et d'Euthymène, ô ma Muse! que tu viens aujourd'hui faire entendre tes hymnes et tes chants. Je dirai donc en peu de mots, à la manière des Argiens, que ces deux illustres frères et leur oncle ont signalé leur courage par de nombreuses victoires au pancrace; qu'après avoir été proclamés dans les vallons ombragés de Némée, l'Isthme les a encore vus trois fois se ceindre de la couronne du triomphe.

Quel éclat leur gloire ne répand-elle pas sur nos hymnes! Comme elle attire la douce rosée des Grâces sur la tribu des Psalychiades! Quelle prospérité assure à la maison de leur aïeul Thémistius, leur présence en cette ville chérie des immortels!

Par la vigilance et l'activité qu'il apporte à toutes ses entreprises, Lampon fait voir qu'il sait mettre en pratique la maxime d'Hésiode, que souvent il répète à ses fils; ainsi il contribue à l'honneur de la cité qui lui donna le jour. Quoiqu'il borne son bonheur à la jouissance d'une douce médiocrité, il se fait chérir de ses hôtes par ses bienfaits, et jamais sa langue ne proféra d'autres paroles que celles qui lui sont inspirées par la droiture de son cœur. Enfin vous diriez à le voir parmi les autres athlètes qu'il est pour eux comme la pierre de Naxos, qui seule triomphe de la dureté du bronze.

Fontaine de Dircé, qu'aux portes de la cité de Cadmus firent autrefois jaillir les filles de Mnémosyne à la ceinture d'or, laisse-moi toujours abreuver ainsi de ton onde pure les athlètes que célèbrent mes chants.

VII.

A STRÉPSIADE, THÉBAIN,

Vainqueur au pancrace.

Heureuse Thèbes, de tous les titres de gloire dont s'enorgueillissent tes enfans, quel est celui que tu te plais davantage à rappeler à ton souvenir? Est-ce la naissance du dieu à la flottante chevelure, de Bacchus, qui partage les honneurs bruyans des fêtes de Cérès, ou la visite du puissant roi des cieux, que tu vis se métamorphoser en pluie d'or (1) et s'introduire, au milieu de la nuit, dans le palais d'Amphitryon pour jouir des embrassemens d'Alcmène et donner la vie à Hercule? Est-ce la sagesse du divin Tirésias ou l'habileté d'Iolas à diriger les coursiers? ou ces héros qui naquirent tout armés des dents du dragon (2), ou bien la retraite du bouillant Adraste, qui, fuyant tes remparts, alla cacher sa honte dans Argos, abandonnant sur le champ de bataille ses nombreux compagnons d'armes? Serais-tu plus fière encore d'avoir fondé dans Lacédémone une colonie dorienne, sous la conduite des Ægides (3) qui, par l'ordre du dieu Pytho, s'emparèrent d'Amyclée?.....

Sans doute ces titres antiques te sont chers, mais ils dorment ensevelis dans l'oubli. Les mortels en effet perdent bientôt la mémoire des faits auxquels la poésie n'a point imprimé le sceau de l'immortalité. Hâte-toi donc, ô cité chérie! de former aux accens de ma voix des chœurs pour célébrer la victoire que Strépsiade a remportée au pancrace dans les solennités isthmiques. C'est là que ce puissant athlète a commandé l'admiration autant par sa force que par sa beauté, et qu'il a prouvé que ses vertus n'avaient point dégénéré de celles de ses ancêtres. Les Muses aux cheveux d'ébènes ont répandu sur sa gloire le plus vif éclat; elle rejaillit aussi sur Strépsiade, son oncle maternel, que le fer de l'impitoyable Mars enleva dans la carrière de l'honneur par une mort digne d'un héros.

Ainsi le guerrier qui repousse loin de sa chère patrie la tempête sanglante des combats, qui, par son courage, fait retomber sur les ennemis les calamités et la mort, accumule pour les siens et pour lui un trésor inépuisable de gloire dont il jouira pendant sa vie et au delà du tombeau. Généreux fils de Diodatus, c'est ainsi que tu expiras au printemps de ta vie. Digne émule de la vaillance de Méléagre, d'Hector et d'Amphiaraüs, avec quelle intrépidité ne te vit-on pas te précipiter au milieu de la mêlée à la tête des braves qui, dans ce jour funeste, soutinrent en héros le choc de Bellone et que ta perte laissa inconsolables!

Mais Neptune, qui de ses humides bras resserre au loin le monde, a maintenant fait succéder le calme à l'orage; je veux donc chanter le front couronné de laurier; je veux chanter sans craindre que les dieux me voient d'un œil d'envie, jouir du bonheur que chaque jour m'apporte, et marcher en paix vers la vieillesse et le terme fatal de ma carrière.

Nous sommes tous également sujets aux rigueurs du trépas, et tous également nous ignorons l'heure où doit cesser notre destinée. En vain l'homme aspirerait-il à de plus hautes destinées, en vain tenterait-il de s'élever jusqu'aux parvis d'airain qu'habitent les immortels : il éprouverait le sort de Bellérophon, que Pégase précipita sur la terre lorsqu'il prétendit pénétrer dans les célestes demeures et dans le conseil de Jupiter. Ainsi se change en amertume la douceur d'une jouissance injuste.

Mais toi, puissant Apollon, qui, dans ta course oblique (4), lances partout les rayons de ton disque éclatant, fais que dans les jeux de Pytho nous soyons couronnés du laurier qui t'est consacré!

VIII.

A CLÉANDRE, D'ÉGINE.

Que l'un de vous, ô jeunes citoyens, jaloux de payer le tribut de louanges que mérite la victoire de Cléandre, dirige les chœurs de danse vers les portiques de Télésarque, qu'il y célèbre par cet hymne le double triomphe que son fils a remporté à l'Isthme et à Némée.

Je vais, malgré la douleur qui m'accable (1), ouvrir en sa faveur le trésor précieux des Muses ; il l'ordonne… Délivrés enfin de trop longues calamités, pourquoi laisserions-nous nos têtes dépouillées de couronnes? pourquoi nos cœurs seraient-ils en proie à la tristesse? Mettons enfin un terme à des regrets inutiles, et après tant d'afflictions, faisons entendre de nouveau les accens de l'allégresse.

L'orage qui devait écraser la Grèce, comme le roc qui menace Tantale, un dieu l'a repoussé. L'éloignement du danger a fait cesser ma crainte : ainsi, dans notre cœur mortel, le présent l'emporte toujours sur le passé. Le temps qui nous conduit dans le chemin de la vie est incertain et trompeur ; mais la liberté vient, comme un baume salutaire, guérir nos maux, surtout quand l'espérance d'un meilleur avenir n'a jamais cessé de luire à nos yeux.

Enfant de Thèbes aux sept portes, je dois offrir à Égine l'hommage des chants que m'inspirent les Grâces. Thèbes et Égine, nées d'un même père, les plus jeunes des filles d'Aropus (2), plurent à Jupiter qui règne sur tous les immortels : il confia à l'une le soin de gouverner, près des eaux limpides de Dircé, Thèbes ma patrie, cité amie des chars ; l'autre, il la transporta dans l'île d'Œnopie (3) et la fit reposer à ses côtés. Bientôt elle donna pour fils au maître du tonnerre Éaque, le plus vénérable des mortels et l'arbitre des différends même des dieux. De ce héros naquirent des enfans semblables aux immortels, et une longue suite de descendans signalèrent leur courage et leur supériorité au milieu du tumulte de la guerre et des travaux de Mars, sources de tant de larmes et de deuil : à ces vertus, ils joignirent encore la tempérance et la sagesse.

Ainsi l'attesta jadis l'auguste assemblée des habitans des cieux, quand survint entre Jupiter et Neptune, son illustre frère, une querelle fameuse au sujet de Thétis : tous deux épris de cette déesse prétendaient l'avoir pour épouse ; mais l'immortelle sagesse des dieux ne permit pas une telle union. Les oracles furent entendus, et Thémis, au milieu du conseil céleste, fit entendre ces paroles :

« Il est écrit dans les destins que de la belle déesse de la mer doit naître un roi plus puissant que son père. Ainsi les traits que lancera le bras nerveux de ce fils seraient plus redoutables que la foudre, plus formidables que le trident si jamais elle s'unissait à Jupiter ou au frère de ce dieu puissant. Renoncez donc à vos rivalités, et que Thétis, en partageant sa couche avec un mortel, voie son fils, semblable à Mars par la force de son bras et à l'éclair par la vitesse de ses pieds, périr dans les combats. C'est à moi de prononcer dans cet hymen fixé par le Destin : l'honneur de cette alliance est réservé au vertueux fils d'Éaque, à Pélée, que nourrirent, dit-on, les champs d'Iolcos. Que cette nouvelle soit à l'instant portée vers l'antre sacré de Chiron ; que la fille de Nérée ne soit plus pour nous un sujet de discorde, et qu'aussitôt que Phébé montrera aux mortels son disque éclatant de lumière, elle accorde au héros les prémices de sa virginité. »

Ainsi parla Thémis. Les deux fils de Saturne applaudirent à ses paroles par un mouvement de leurs sourcils immortels. A l'instant s'accomplit la volonté du Destin, et le roi des cieux lui-même prit soin, dit-on, de mettre le sceau à l'hymen de Thétis. Bientôt la bouche des sages fit connaître au loin la vertu du jeune Achille et publia partout ses exploits. Les champs fertiles de la Mysie arrosés du sang de Téléphe, le retour des Atrides en Grèce, la délivrance d'Hélène, les phalanges troyennes taillées en pièces dans tant de combats meurtriers, le robuste Memnon, Hector et tant d'autres guerriers précipités aux sombres bords, tels sont les hauts faits par lesquels Achille a immortalisé la maison des Éacides et couvert de gloire Égine sa patrie. Les chants des poëtes le suivirent au delà du trépas ; les vierges de l'Hélicon vinrent pleurer sur sa tombe (4) et honorer ses cendres de leurs gémissemens. Ainsi il plut aux dieux que le plus grand des héros fut encore après sa mort célébré dans les hymnes de ces déesses.

Porté maintenant sur le char des Muses jusqu'au tombeau de Nicoclès, je m'empresse d'honorer sa mémoire et de chanter la couronne de

Sélinum, qu'à l'Isthme les Doriens lui décernèrent ; elle fut la noble récompense de ses victoires sur les athlètes voisins qui cédèrent à la violence de ses coups inévitables. Oncle paternel du vainqueur que je chante, Nicoclès compte donc en ce jour un descendant digne de lui.

O vous, jeunes compagnons de Cléandre ! chantez la victoire qu'il a remportée au pancrace et tressez-lui une brillante couronne de myrte pour ceindre sa tête ! Ainsi vous le reçûtes autrefois quand il revint victorieux des luttes d'Épidaure, instituées en l'honneur d'Alcathoüs (5). Il est bien digne des éloges de ses concitoyens l'athlète que l'on vit, toujours loin d'une obscure oisiveté, signaler sa jeunesse par les actions d'éclat qui forment les héros.

FIN DES OEUVRES DE PINDARE.

ANACRÉON,

TRADUIT PAR M. ERNEST FALCONNET.

VIE D'ANACRÉON.

La vie d'Anacréon est à peine arrivée jusqu'à nous : comme tous les grands poëtes de l'antiquité, le chantre des Grâces a été si souvent édité, commenté, annoté, que la vérité a disparu sous les ornemens. Nous ne savons presque rien de certain sur lui : les traducteurs se sont laissés aller au plaisir de faire chacun une préface sur l'homme dont ils s'étaient rendus les interprètes et les adorateurs ; une critique peu éclairée leur a fait recueillir des matériaux contradictoires. Il nous est aujourd'hui très-difficile de choisir.

Ainsi les uns le font naître vers la soixante-douzième olympiade, les autres à la soixante-deuxième, Suidas à la cinquante-deuxième. Sa famille n'est guère plus connue. Les commentateurs, généalogistes toujours charitables, lui ont donné quatre frères : Scythinus, Lamelus, Aristocritus et Parthénion ; quelques-uns même, se fondant sur un passage mal interprété de Platon, l'ont fait descendre du roi Codrus.

Anacréon naquit dans la ville de Téos, ville voluptueuse et charmante de l'Ionie. Il s'attacha à Polycrate, tyran de Samos, devint son ami et s'abandonna toujours aux délices des plaisirs et d'une vie facile. Il est bien vrai que M. Dacier, se fondant sur une anecdote douteuse racontée par Maxime de Tyr, nous représente Anacréon comme le premier ministre, le conseiller d'état de Polycrate ; mais nous ne trouvons dans les œuvres du poëte nulle trace de politique. Il ne paraissait pas faire grand souci des droits des peuples ou des droits de la royauté. Le pays dans lequel il écrivait était d'ailleurs, par le charme du climat, par le progrès des arts, par la volupté raffinée de ses manières, entraîné à une existence délicieuse. Anacréon s'y abandonna : ses odes nous le montrent toujours amoureux et volage ; il aima et il célébra les jeunes filles ; même dans un âge avancé, il mêla ses cheveux blancs à leurs blondes tresses : « Pourquoi ne pas mêler le lis aux roses, nous dit-il, leur couleur se marie si bien ? » Il aima le vin ; Ovide l'appelle avec enjouement et ironie *Vinosus senex*. Il réunit ainsi tous les vices aimables de la Grèce folle et empressée aux plaisirs : il se fit heureux de ce bonheur sensuel que consacraient les anciennes religions ; il augmenta toujours par une douce philosophie et par la crainte de la mort qui s'avance les insatiables désirs de volupté. Frère aîné d'Horace, dans l'ordre des temps et de la poésie, il ne vit dans la tombe qu'une éternelle interruption du bonheur. Il avait hâte de s'abandonner à la joie, et tous ses jours s'écoulèrent dans les transports de l'ivresse et de la jouissance.

S'il faut en croire Platon, Hipparque voulut attirer Anacréon à sa cour et lui envoya une barque. Le poëte ne sut pas résister à cette séduction : il apporta son aimable gaîté et ses poésies au tyran d'Athènes, à celui qui le premier ayant réuni l'*Iliade* et l'*Odyssée* voulut que les rhapsodes les chantassent dans les fêtes panathénées. Puis à la mort du tyran il retourna à Téos.

Anacréon eut une mort pareille à sa vie ; elle est le plus parfait emblème de son caractère et de ses habitudes : il fut suffoqué dans la quatre-vingt-cinquième année de son âge par une graine de raisin.

Nous avons recueilli de l'antiquité quelques monumens peu certains des traits et de la physionomie du poëte. L'*Iconographie* de Canini et l'*Iconographie grecque* de Visconti nous indiquent de belles médailles comme reproduisant avec exactitude la tête d'Anacréon. La bibliothèque royale de Paris (cabinet du roi) en renfermait une ainsi expliquée : « La tête de Neptune en profil, le dauphin et le trident qui sont dans le champ de la médaille caractérisent ce dieu. La légende du revers porte une inscription qui indique que c'est une monnaie des habitans de Téos sous le préteur de Tibérius Pépon. On y voit un poëte avec une longue barbe et jouant de la lyre : cette image, quoique sans inscription, est certainement celle du poëte. » M. de Saint-Victor a fait dessiner cette médaille au frontispice de la troisième édition de la traduction des *Odes d'Anacréon*.

Il ne nous reste qu'un petit nombre des ouvrages d'Anacréon. Outre ces petites odes charmantes, modèles de grâce et de fraîcheur, il avait écrit des hymnes qui sont perdues et des épigrammes dont quelques-unes seulement sont parvenues jusqu'à nous. Un passage de l'ode XVIIe d'Horace nous permet de croire qu'il avait composé un poëme sur la rivalité de Circé et de Pénélope. Fulgence parle d'un poëme d'Anacréon sur la lutte de Jupiter contre les Titans. Le scholiaste de Nicandre cite un ouvrage dont le sommeil est le sujet; en outre, il lui attribue un *Traité sur la médecine*. Suidas et Athénée donnent encore des éloges à quelques autres productions du poëte.

Quant à la manière dont ces trésors se sont perdus, nous n'avons que des suppositions sans preuve ou des accusations mal fondées. Selon Thomas Moore[1], le spirituel traducteur d'Anacréon et son rival souvent heureux dans le délicieux badinage de la pensée, les prêtres de la primitive Église grecque, voués au même genre de poésie et jaloux de sa gloire, supprimèrent quelques-uns de ses titres à notre admiration. Les intérêts de la religion furent invoqués comme prétexte de cet acte de vandalisme ; mais il nous est permis de croire qu'une lutte inégale engagée avec un modèle inimitable leur inspira l'idée de diminuer ses forces en lui enlevant ses chefs-d'œuvre. Ainsi il nous est facile de reconnaître, d'après les premiers vers de la première hymne de l'évêque Synésius, que sa composition a été modelée sur celle d'Anacréon et de Sapho ; nous savons en outre que Margunius et Damascène écrivirent aussi des poésies anacréontiques pieuses; et nous pouvons conclure avec Moore qu'un zèle peu éclairé, une jalousie mesquine dictèrent des arrêts de lacération pour des pages exquises et aujourd'hui inconnues du poëte de Téos.

Celles qui nous restent ont échappé pour parvenir jusqu'à nous à des actes de vandalisme souvent réitérés. Commentées par les polygraphes et les savans, elles ont subi de nombreuses annotations et se trouvent enfin environnées d'une pureté de texte remarquable. Le travail fut long et pénible. Dans le principe, Anacréon n'était connu des érudits que par quelques vers épars dans Aulu-Gelle et l'*Anthologie*. En 1554, Henry Estienne, ce sauveur des lettres antiques, publia une première édition composée de cinquante-cinq odes d'Anacréon recueillies dans deux manuscrits, l'un qu'il avait découvert en Italie, l'autre qui lui avait été communiqué par Jean Clément, valet de Thomas Morus. L'envie s'exerça sur cette publication : on attribua les œuvres d'Anacréon à des moines obscurs du quinzième siècle ; on contesta l'authenticité du manuscrit ; on nia même son existence, et de par les érudits le livre fut déclaré illégitime.

Enfin tous les doutes furent levés par la découverte du manuscrit du Vatican, qui paraît être du dixième siècle. Saumaise et Scaliger, savans anatomistes de tous les chefs-d'œuvre anciens, constatèrent l'authenticité de plusieurs des odes qu'il renfermait. Bexter, Isaac Vossius et Barnès en firent une copie inexacte et dénaturèrent tour à tour le texte; Maittaire et Corneille de Paw essayèrent des réformes peu justifiées; enfin Fischer et Brunk en donnèrent de grandes éditions très-pures et très-soignées et qui dès lors ont servi de modèle.

Anacréon a été traduit bien souvent en français. Voici la liste et la date de toutes les traductions :

Ronsard. Paris, 1555, in-8°, en vers.
Remy Belleau. Paris, 1556, in-12, en vers.
Belleau. Paris, 1578, 2 vol. in-12.
Dufour. Paris, 1660, in-12.
Mlle Lefèvre. Paris, 1691, in-12.
Longepierre. Paris, 1684, in-12, en vers.
Regnier-Desmarais. Paris, 1700, in-8°.
De La Fosse. Paris, 1704, in-12.
Le poëte sans fard (François Gacon). Roterdam, 1712, in-12, en vers.
De Seillans. Paris, 1754, in-8°, en vers.
Poinsinet de Sivry. Paris, 1758, en vers.
Moutonnet-Clairfons. Paris, 1773, in-8°.
Gail. Paris, 1794, in-18.
Anson. Paris, 1795, in-18.
Defrance, née Chompré. Paris, 1797, in-18.
Coupé, dans ses *Soirées littéraires*, 1797.
Mérard-Saint-Just; 1797, in-8°, en vers.
Chabanel. Paris, 1797, in-12, en vers languedociens.
Bergeron. Paris, 1818, in-18, en vers.
Saint-Victor; 1810, in-8°. Paris, 1813, 1818, 1822, en vers.
Hardouin. Paris, 1812, in-12.
Mollevaut. Paris, 1818, in-18.
Mme Vien. Paris, 1825, in-18.
Girodet. Paris, 1825, in-4°.
Veissier-Descombes. Paris, 1827, in-16, en vers.
Fauche. Paris, 1831, in-8°, en vers.
D'Attel de Lutange. Paris, 1833, in-4°
Lyon, polyglotte, in-4°, 1835.

Nous terminerons cette notice en traduisant du grec une petite ode sur Anacréon qui reflécbit toute sa grâce et fait comprendre sa manière :

« J'ai cru pendant un songe qu'Anacréon me regardait et m'appelait. Soudain je cours vers le chantre mélodieux de Téos, je le presse sur mon cœur, je l'embrasse. Quoique déjà vieux, il avait encore de la fraîcheur. La volupté brillait dans ses yeux ; ses lèvres exhalaient l'odeur du vin ; l'amour lui donnait la main et dirigeait ses pas chancelans. Alors ce poëte prend sa couronne, m'en fait présent : *elle sentait* Anacréon. Je la tiens à peine que je la mets sur mon front : quelle imprudence ! depuis cet instant je n'ai cessé d'aimer. »

---

[1] Moore, woorks 203-204-293.

ODES.

I.
SUR SA LYRE.

Je veux chanter les Atrides, je veux aussi chanter Cadmus; mais les cordes de ma lyre ne résonnent que pour l'amour. Je les ai d'abord changées, puis j'ai fait choix d'une autre lyre, et je célébrais les luttes d'Hercule; mais ma lyre me répondait par un chant d'amour. Adieu donc, héros! adieu pour jamais! Ma lyre ne peut chanter que les amours.

II.
SUR LES FEMMES.

La nature a donné aux taureaux des cornes, aux coursiers de durs sabots, aux lièvres la légèreté, aux lions un gouffre armé de dents, aux poissons les nageoires, aux oiseaux les ailes, aux hommes la prudence. Il ne restait rien pour les femmes. Que leur donna-t-elle donc? La beauté, qui leur sert à la fois de glaive et de bouclier: celle qui est belle triomphe du fer et du feu.

III.
SUR L'AMOUR.

Au milieu de la nuit, aux heures où l'Ourse tourne près de la main du Bouvier, où tous les mortels dorment appesantis par le sommeil, l'Amour arrive, et, frappant à ma porte, ébranle le verrou : « Qui frappe ainsi? m'écriai-je; qui vient rompre mes songes pleins de charmes? — Ouvre, me répond l'Amour, ne crains rien, je suis petit; je suis mouillé par l'orage, la lune a disparu et je me suis égaré dans la nuit. » Entendant ces mots, j'en eus pitié; j'allume ma lampe, j'ouvre et je vois un jeune enfant portant des ailes, un arc et un carquois; je l'approche de mon foyer, je réchauffe ses petits doigts dans ma main, de l'autre j'essuie ses cheveux inondés de la pluie. Dès qu'il est ranimé : « Allons, dit-il, essayons mon arc; voyons si l'humidité ne l'aurait point gâté. » Il le tend et me perce le cœur comme le ferait une abeille, puis il saute en riant avec malice : « Mon hôte, dit-il, réjouis-toi, mon arc se porte bien, mais ton cœur est malade. »

IV.
SUR LUI-MÊME.

Étendu sur les tendres myrtes et sur les feuilles de lotos, je veux boire à longs traits; l'Amour, rattachant à son cou d'albâtre les plis flottans de sa robe, me verse le nectar de Bacchus. Pareille à la roue d'un char, la vie précipite sa course, et dans la tombe il ne reste de nous qu'un peu de poussière.

A quoi bon garder ces parfums pour une pierre insensible? à quoi bon répandre des dons précieux sur la terre? Pendant que je vis encore, inondez-moi de douces odeurs, couronnez mon front de roses; appelez mon amie. Avant d'aller me mêler aux danses des morts, Amour, je veux chasser les Soucis.

V.
SUR LA ROSE.

Unissons à Bacchus la rose d'Amour. Le front couronné de la rose des Amours, buvons avec un délicieux sourire. La rose est la plus belle des fleurs; la rose est l'objet de tous les soins du printemps; les roses sont la volupté des dieux mêmes. Le fils de Cythérée enlace des roses dans ses beaux cheveux quand il danse avec les Grâces. Couronnez-moi, et la lyre en main, ô Bacchus! je danserai autour de tes autels couvert de roses avec une jeune vierge au sein d'ivoire.

VI.
ÉROTIQUE.

Le front couronné de roses, buvons avec une douce gaîté! Une jeune fille aux pieds délicats, portant un thyrse qui frémit enlacé dans le lierre, danse au son du luth; près d'elle, un jeune homme à la belle chevelure, à l'haleine parfumée, marie aux accords de la lyre les chants d'une voix mélodieuse. L'Amour aux cheveux dorés, le riant Bacchus et la belle Cythérée viennent se réjouir au banquet du dieu qui charme la vieillesse.

VII.

SUR L'AMOUR.

L'Amour me frappe rudement avec une branche d'hyacinthe et m'ordonne de le suivre. A travers les torrens rapides, à travers les bois et les précipices, je courais haletant de sueur; mon âme errait sur les bords de mes lèvres : j'allais mourir. Mais l'Amour, agitant sur mon front ses ailes délicates, me dit : « Toi, tu ne peux aimer. »

VIII.

SONGE.

Pendant la nuit, je dormais sur des tapis de pourpre, et Bacchus égayait mon sommeil. Il me semblait m'élancer d'une course rapide sur la pointe des pieds et folâtrer avec de jeunes filles; mais des adolescens plus frais que Bacchus, me voyant au milieu de ces belles, me poursuivaient par de cruelles railleries. Je voulais alors leur faire de douces caresses, mais ils m'échappèrent tous avec le sommeil. Resté seul, pauvre malheureux, je cherchais inutilement à m'endormir de nouveau.

IX.

SUR UNE COLOMBE.

« Aimable colombe, d'où viens-tu? d'où naissent les suaves parfums que tu exhales en traversant les airs? Qui es-tu? quel soin t'occupe donc en cet instant?

— Anacréon m'a envoyé vers un enfant, vers Bathylle, qui règne aujourd'hui en tyran sur tous les cœurs. Cythérée m'a vendue au poëte pour une petite chanson. Messagère fidèle, je sers ses amours, et maintenant quelles douces lettres je porte de sa part! Il dit qu'il va bientôt me rendre la liberté; mais dût-il me la donner, moi je veux rester esclave auprès de lui, car quel plaisir aurais-je à voler dans les montagnes, sur les plaines, à me reposer sur les arbres, à manger quelques graines sauvages! A présent je me nourris du pain que j'enlève aux mains d'Anacréon lui-même; il me donne à boire du vin qu'il a goûté; puis je danse, et de mes ailes j'ombrage mon maître. Je me couche et je m'endors sur sa lyre. Tu sais tout; adieu, voyageur! Tu m'as fait jaser plus qu'une corneille. »

X.

SUR UN AMOUR EN CIRE.

Un jeune homme vendait un amour en cire; je m'approche : « Combien veux-tu, lui dis-je, me vendre cet ouvrage de ta main? » Il me répond en langage dorique : « Prends-le pour ce que tu voudras, car, je vais te l'avouer, je ne suis pas un ouvrier en cire, mais je ne veux pas habiter avec l'Amour, cet hôte insatiable.

— Donne-moi donc, donne-le-moi pour une drachme ce charmant compagnon de lit. Et toi, Amour, embrase-moi bien vite, sinon je te ferai fondre dans la flamme. »

XI.

SUR LUI-MÊME.

Les femmes disent : « Anacréon, tu es vieux; prends un miroir et regarde : tu n'as plus de cheveux, ton front est chauve. »

Pour moi, si mes cheveux me restent encore ou sont tombés, je l'ignore; ce que je sais bien, c'est qu'il sied d'autant mieux à un vieillard de jouer avec les amours et les ris qu'il est plus près de la tombe.

XII.

SUR UNE HIRONDELLE.

Quelle punition veux-tu que je t'inflige, babillarde hirondelle? Veux-tu que je te coupe tes ailes rapides? ou bien faut-il, comme le fit Térée, que je t'arrache la langue? Pourquoi ton babil matinal m'a-t-il enlevé mon doux songe et Bathylle?

XIII.

SUR LUI-MÊME.

On dit qu'Atys, mugissant sur les montagnes,

appelait la belle Cybèle avec des accens pleins de délire ; d'autres, après avoir bu sur les bords de Claras l'onde prophétique de Phébus, dont le front est couronné de lauriers, sont saisis d'une rage frénétique. Moi aussi, enivré de Bacchus, enivré de parfums et de ma belle maîtresse, je veux avoir mes fureurs.

XIV.

SUR L'AMOUR.

Je veux, je veux aimer. Amour me donnait ce conseil ; mais moi insensé je ne sus pas le suivre. Soudain ce dieu, saisissant son arc et son carquois doré, me provoque au combat ; moi, comme autrefois Achille, armé d'une cuirasse, d'une lance et d'un bouclier, je défie l'Amour. Il me lance un dard, je l'évite. Lorsque ses flèches sont épuisées, le petit dieu irrité se lance lui-même comme un trait ; il pénètre au milieu de mon cœur et m'ôte toutes mes forces. A quoi me sert un bouclier, à quoi me sert de combattre au dehors quand le combat est au dedans ?

XV.

VIVRE SANS INQUIÉTUDE.

Je ne me soucie point de Gygès, roi de Sardes. L'ambition ne me tourmente pas et les tyrans ne me font pas envie. Tout mon soin c'est de verser des parfums sur ma barbe, c'est de placer une couronne de roses sur mon front ; tout mon soin c'est de jouir du présent. Eh ! qui connaît le lendemain ? Pendant que l'heure t'est propice, bois, joue au dé, offre des libations à Bacchus, de peur qu'une maladie ne vienne te dire : « Il ne faut plus boire ! »

XVI.

SUR LUI-MÊME.

Tu chantes les guerres de Thèbes, un autre chante les combats des Phrygiens, mais moi je chante mes défaites. Ce n'est ni cavalerie, ni infanterie, ni vaisseaux qui m'ont vaincu ; mais une armée d'une espèce nouvelle m'a percé de ses traits qui partaient des yeux.

XVII.

SUR UNE COUPE D'ARGENT.

O Vulcain ! cisèle-moi cet argent. Ne me fais pas une armure complète ; qu'ai-je à faire des combats ? mais une large coupe aussi profonde qu'il te sera possible. Ne grave sur ses contours ni les Astres, ni le Chariot, ni le triste Orion ; que me font les Pléiades et le Bouvier ? mais représente une vigne verdoyante et des raisins qui réjouissent, et les Ménades qui vendangent. Qu'on y voie un pressoir écumeux, et l'Amour et Bathylle avec le riant Bacchus foulant un doux nectar.

XVIII.

MÊME SUJET.

Artiste ingénieux, grave-moi une coupe gracieuse, peins-moi la Saison qui nous apporte les roses pleines de délices ; sur l'argent assoupli représente un joyeux festin. Ne grave ni sacrifice étranger ni scènes tragiques ; montre-nous plutôt le fils de Jupiter, le riant Bacchus, et Cypris, prêtresse des amours, encourageant l'hyménée ; grave sur cette coupe les Amours désarmés et les Grâces souriant à l'ombre d'une vigne riche de feuilles et de raisins ; ajoute encore de beaux enfans auprès desquels folâtre le blond Phébus.

XIX.

IL FAUT BOIRE.

La terre noire boit l'onde, l'arbre boit la terre, la mer boit les airs, le soleil boit la mer et la lune boit le soleil : ainsi pourquoi donc combattre mes désirs quand je veux boire à mon tour ?

XX.

A UNE JEUNE FILLE.

La fille de Tantale fut jadis transformée en rocher sur les bords de Phrygie, la fille de Pandion changée en hirondelle. Pour moi, que ne suis-je un miroir pour que toujours tu me regardes ? que ne suis-je une tunique afin que toujours tu me portes ? Je voudrais devenir une eau limpide pour baigner ton beau corps ? je voudrais devenir essence, ô ma maîtresse ! afin de te parfumer! Que je sois la bandelette de ta gorge, la perle, ornement de ton cou, ou seulement ta chaussure pour être au moins pressé par les pieds délicats.

XXI.

SUR LUI-MÊME.

Donnez, donnez, ô femmes! que je boive à longs traits la liqueur de Bacchus. C'est en vain que je bois, je gémis sous la chaleur. Donnez-moi de ces fleurs nouvelles, mon front embrasé brûle les couronnes qu'il porte. Mais, ô mon cœur! comment éteindre le feu des amours?

XXII.

A BATHYLLE.

Sous cet ombrage frais, Bathylle, repose-toi. Le bel arbre! il agite délicieusement sur ses rameaux sa chevelure délicate; la voix persuasive d'une source limpide nous invite auprès de lui : qui donc pourrait passer sans s'arrêter sous ce charmant asile?

XXIII.

SUR L'AMOUR DE L'OR.

Si l'or pouvait prolonger la vie des mortels, avec quel soin je garderais le mien! et quand la mort viendrait, elle en prendrait quelque peu et s'en irait. Mais s'il n'est pas en la puissance de l'homme d'acheter la vie, pourquoi gémir en vain? pourquoi soupirer? S'il faut mourir, à quoi l'or me sert-il? Oh! j'aime bien mieux boire, et, quand j'ai bu le doux nectar, me réunir à mes amis et sur une couche moelleuse sacrifier à Vénus.

XXIV.

SUR LUI-MÊME.

Je suis né mortel et pour parcourir le chemin de la vie; je sais bien la course que j'ai faite, mais j'ignore celle qui me reste encore à faire. Fuyez donc, fuyez donc, tristes soucis; qu'il n'y ait rien de commun entre vous et moi. Avant d'arriver au terme fatal, je veux jouer, rire et danser avec le joyeux Bacchus.

XXV.

SUR LUI-MÊME.

Quand je bois du vin, les chagrins s'endorment. A quoi bon les gémissemens? à quoi bon les peines et les inquiétudes? Il faut mourir, même quand je ne le voudrais pas. Pourquoi donc errer dans la vie? Buvons, buvons le nectar du joyeux Bacchus! Quand nous buvons, les chagrins s'endorment.

XXVI.

SUR LUI-MÊME.

Dès que Bacchus m'apparaît, mes chagrins s'endorment, je crois posséder tous les trésors de Crésus, et je fais entendre des sons plus aimables. Étendu sur ma couche mollement, couronné de lierre, il n'est rien que je ne foule aux pieds. Combattez, moi je bois. Donne-moi ma coupe, jeune enfant; j'aime bien mieux tomber ivre que mort.

XXVII.

SUR BACCHUS.

Quand ce fils de Jupiter, ce riant Bacchus qui délivre les soucis, vient s'emparer de mon âme, sa douce liqueur m'enseigne à danser,

XXVIII.

A UNE JEUNE FILLE.

Allons, peintre habile, toi qui règnes à Rhodes sur un art fameux, peins ma maîtresse absente, peins-la comme je vais te le dire : Peins d'abord des cheveux fins et noirs, et, si la cire le permet, qu'ils exhalent de doux parfums; sur le côté des joues arrondies, peins des boucles flottantes, et sous une chevelure d'ébène, peins le haut d'un front d'ivoire; aie soin de ne pas confondre et de ne pas séparer les sourcils : fais-les expirer insensiblement à leurs extrémités; montre avec vérité ses yeux de flamme azurés comme ceux de Minerve, humides comme ceux de Vénus; peins son nez et ses joues en mêlant des roses avec du lait; peins des lèvres où repose la persuasion et qui appellent le baiser; sous un menton délicat, autour d'une gorge d'albâtre, que toutes les Grâces viennent folâtrer; revêts-la de pourpre et ne laisse voir qu'un peu d'attraits, indice d'un beau corps. Arrête, arrête, je le vois! O portrait! tu vas parler.

XXIX.

SUR LE JEUNE BATHYLLE.

Peins-moi mon cher Bathylle comme je vais te le décrire. Que ses cheveux brillans soient noirs à l'intérieur, dorés vers les extrémités: sans liens et sans ordre, que leurs boucles flottent librement; que son sourcil plus brun qu'un serpent se dessine sur un front jeune et frais comme la rosée; que son œil soit fier et tendre à la fois, ayant quelque chose de Mars, quelque chose de la belle Cythérée, et vous laissant suspendu entre la crainte et l'espérance; donne à ses joues de rose le velouté de la pêche et répands sur elles, autant que tu le peux, l'incarnat de la pudeur; pour la lèvre, je ne sais comment tu pourras la rendre délicate et pleine de persuasion; enfin que la cire soit éloquente dans son silence.

Voilà son visage. Que son cou d'ivoire soit blanc comme celui d'Adonis! qu'il ait la poitrine et les mains de Mercure, les cuisses de Pollux et le ventre de Bacchus; au-dessus de sa cuisse délicate, de sa cuisse brûlante, peins-nous sa naïve puberté appelant déjà la reine de Paphos.

Mais ton art jaloux nous dissimule le contours de son dos; cependant il est parfait! Que te dire de ses pieds? Prends donc le prix que tu voudras, et de cet Apollon fais Bathylle; si jamais tu vas à Samos, de Bathylle tu feras Apollon.

XXX.

SUR L'AMOUR.

Un jour les Muses ayant enchaîné l'Amour avec des liens de fleurs le livrèrent à la Beauté. Cythérée le cherche, apportant une rançon pour délivrer l'aimable captif: il aurait sa liberté qu'il ne s'en irait pas; il reste, car il a appris à aimer sa servitude.

XXXI.

SUR SON DÉLIRE.

Au nom des dieux, permets-moi de boire, de boire à pleins bords: je veux, je veux un doux délire. Ils furent en délire après le meurtre de leur mère, Alcméon et Oreste aux pieds d'albâtre. Moi qui n'ai tué personne, m'enivrant d'un vin généreux, je veux, je veux un doux délire. Il était en délire, Hercule, quand il eut enlevé le terrible carquois et l'arc d'Iphytus; il était en délire Ajax, qui heurtait l'épée d'Hector sur son bouclier. Moi, ma coupe en main, la tête couronnée de fleurs, sans arc et sans épée, je veux, je veux un doux délire.

XXXII.

SUR LE NOMBRE DE SES AMOURS.

Si tu peux compter toutes les feuilles des arbres et tous les flots soulevés sur la mer, je te fais le seul historien de mes amours. D'abord dans Athènes, mets vingt amours, ajoute quinze encore; à Corinthe, comptes-en une foule: les femmes sont si belles dans cette ville d'Achaïe! comptes-en deux mille pour Lesbos, l'Ionie, Rhodes et la Carie: «Quoi, diras-tu, toujours!» Je ne t'ai encore parlé ni de la délicieuse Canope ni de la Crète, île charmante où l'amour parcourt les cités en célébrant ses mystères. Hé quoi! irai-je encore te raconter tous les amours de mon cœur au delà de Gadès, de la Bactriane et de l'Inde!

XXXIII.

SUR L'HIRONDELLE.

Aimable hirondelle, toi qui chaque année au printemps vient faire ton nid sur nos bords, tu disparais en hiver et tu t'enfuis vers le Nil ou vers Memphis.

Pour moi, toute l'année l'amour niche dans mon cœur; un nouveau né se revêt déjà de plumes, un autre est dans l'œuf, un troisième a brisé sa coquille à moitié: on entend le gazouillement perpétuel de la jeune couvée qui ouvre le bec. Les plus grands donnent la becquée aux plus jeunes. A peine élevés, ils font une nouvelle couvée à leur tour. Que faire? Je ne puis, hélas! suffire à tant d'amours!

XXXIV.

A UNE JEUNE FILLE.

Ne me fuis pas, ô jeune fille! en voyant ma

blanche chevelure; parce que tu es la fleur vivante de beauté, ne dédaigne pas ma flamme: vois comme la blancheur des lis se marie bien à des roses enlacées en couronnes.

XXXV.

SUR EUROPE.

Enfant, ce taureau me semble représenter Jupiter : il porte sur son dos une femme de Sidon, et de ses pieds il fend les flots écumeux de la mer. Quel autre taureau, échappant aux yeux vigilans du pâtre, franchirait ainsi l'immensité des ondes si ce n'est Jupiter lui-même.

XXXVI.

IL FAUT JOUIR DE LA VIE.

Pourquoi m'apprendre les lois et les sophismes des rhéteurs? à quoi me servent de pareils discours? Certes, il faut bien mieux m'apprendre à boire la douce liqueur de Bacchus, à jouer avec la belle Cypris. Déjà ma tête se couronne de cheveux blancs. Enfant, apporte-moi de l'eau et du vin écumant : il plonge mon âme dans l'oubli des peines. Bientôt après tu me couvriras d'un linceul : les morts n'ont plus de désirs.

XXXVII.

SUR LE PRINTEMPS.

Vois comme le printemps fleurit, comme les Grâces sèment les roses! vois comme les flots de la mer sourient calmes et unis! vois comme le plongeon sillonne l'onde! vois comme la grue fend les airs! Le soleil nous darde tous ses rayons, les nuages passent et répandent leurs ombres tremblantes, la terre se couvre de fruits et montre l'olivier naissant, la vigne se couronne de ses bourgeons: à travers les feuilles, à travers les épais rameaux se montre le fruit impatient.

XXXVIII.

SUR LUI-MÊME.

Je suis vieux, il est vrai, mais je bois plus que les jeunes gens; et si je veux danser, une outre devient mon sceptre, je n'ai besoin d'aucun appui. Que celui qui veut combattre se présente et combatte. Apporte ma coupe, jeune enfant, et que le miel tempère le doux vin. Je suis vieux, il est vrai, mais en dansant au milieu de vous, j'imiterai encore Silène.

XXXIX.

SUR UN BANQUET.

Quand je bois du vin, la joie descend dans mon cœur et je me mets à célébrer les Muses.

Quand je bois du vin, je chasse loin de moi les inquiétudes; les pensées désolantes s'envolent sur les ailes des vents qui tourmentent les mers.

Quand je bois du vin, le joyeux Bacchus me balance dans les airs parfumés après m'avoir enivré de sa douce liqueur.

Quand je bois du vin, je tresse des couronnes de fleurs, je les pose sur ma tête et je chante le calme de la vie.

Quand je bois du vin, j'inonde mon corps des parfums d'une essence odorante, je presse dans mes bras une jeune fille et je chante Cypris.

Quand je bois du vin, je noie mon esprit dans les coupes profondes, et je folâtre joyeusement avec un essaim de jeunes vierges.

Quand je bois du vin, c'est un gain véritable, le seul que je puisse emporter avec moi, car mourir est notre lot commun.

XL.

SUR L'AMOUR.

Un jour Cupidon n'aperçut pas une abeille endormie dans des roses; il fut piqué. Blessé au petit doigt de la main, il sanglote, il court, il vole vers la belle Cythérée : « Je suis perdu, ma mère, je suis perdu; je me meurs : un petit serpent ailé m'a piqué; les laboureurs le nomment abeille. » Vénus lui répondit : « Si l'aiguillon d'une mouche à miel te fait souffrir, ô mon fils! combien penses-tu que doivent souffrir ceux que tu atteins de tes coups. »

XLI.

SUR UN BANQUET.

Soyons joyeux, buvons du vin, chantons

Bacchus, Bacchus l'inventeur des danses, Bacchus l'ami des chansons, Bacchus le compagnon de l'amour, Bacchus l'amant de Cythérée, lui qui nous donna la joie, lui qui enfanta les Grâces, lui qui charme la tristesse, lui qui endort tous les chagrins. Enfans, apportez-nous un doux mélange de nectar et de miel, et la triste douleur fuira sur l'aile des vents dans les mers orageuses. Prenons cette coupe et chassons les chagrins. Que te servira-t-il de gémir sur tes soucis ? Tu ne peux connaître l'avenir ; la vie des mortels est incertaine. Hé bien ! je veux être ivre, je veux danser, je veux être couvert de parfums et jouer avec de belles femmes. Qu'ils s'abreuvent de chagrins ceux qui veulent s'en abreuver ; mais nous, soyons joyeux, buvons du vin, chantons Bacchus.

XLII.

ÉROTIQUE.

J'aime les danses de Bacchus ami des jeux ; j'aime à jouer de la lyre avec un jeune et beau convive ; j'aime mieux encore, le front couronné d'hyacinthes, folâtrer avec de jeunes vierges. Je ne connais pas l'envie mordante ; je fuis les traits acérés d'une langue ironique ; je hais les combats que le vin engendre au milieu des festins nombreux. Avec de jeunes vierges semblables à la fleur nouvellement épanouie, conduisant les chœurs au son de ma lyre, je porte légèrement le poids de la vie.

XLIII.

SUR LA CIGALE.

Heureuse cigale, sur la cime des arbres tu bois un peu de rosée et tu chantes comme la reine de la lyre. Toutes les belles choses que tu regardes dans les champs sont à toi, tout ce que produisent les saisons t'appartient. Tu es aimée du laboureur, car tu ne fais de mal à personne ; tu es honorée des mortels, agréable messagère de l'été ; tu es chère aux Muses ; tu es chère à Apollon lui-même : il t'a donné une voix harmonieuse ; la vieillesse ne t'accable point. Sage enfant de la terre, amante des chants joyeux, exempte de maux, n'ayant ni chair ni sang, tu es semblable aux dieux.

XLIV.

SONGE.

J'avais un songe. Je croyais courir, mes épaules portaient des ailes ; l'Amour, ses beaux pieds chargés de plomb, me poursuit et m'atteint. Que veut dire un songe pareil ? Je pense qu'enchaîné par beaucoup d'amour, si j'ai pu échapper aux autres, celui-ci me retient pour toujours.

XLV.

SUR LES TRAITS DE L'AMOUR.

L'époux de Cythérée, dans les antres de Lemnos, forgeait avec l'acier les traits de l'Amour. Cypris trempait leur pointe dans la douceur du miel, mais Cupidon y mêlait de l'amertume. Mars, au retour des combats, secouant sa lame pesante, parlait avec mépris des traits de l'Amour : « Celui-ci est pesant, dit Cupidon, éprouve, tu verras. » Mars saisit le trait, Cypris sourit et le dieu des combats en gémissant s'écrie : « Il est lourd, reprends ce trait. —Garde-le, » dit l'Amour.

XLVI.

SUR L'AMOUR.

Il est dur de ne pas aimer, il est dur aussi d'aimer ; mais il est bien plus dur encore d'aimer sans être heureux. En amour, la naissance est méprisée, la raison et la sagesse sont dédaignées : l'argent seul est estimé. Périsse, périsse le premier qui aima ce vil métal : à cause de lui plus de frères, à cause de lui plus de parens ! Il engendre les guerres et les meurtres, et ce qu'il y a de pire, c'est que les amans périssent faute d'argent.

XLVII.

SUR UN VIEILLARD.

J'aime un vieillard joyeux, j'aime un jeune homme qui danse. Un vieillard lorsqu'il danse, vieux par ses cheveux blancs, est encore jeune par le cœur.

XLVIII.

SUR BACCHUS.

Le dieu qui rend le jeune homme actif aux

travaux, intrépide aux amours et gracieux à la danse, ce dieu revient et apporte aux mortels un philtre enchanteur, un breuvage qui chasse les inquiétudes. Le raisin fils de la treille, mûr déjà, mais pendant encore au sarment, a Bacchus pour sentinelle : dès qu'il sera coupé, il dissipera toutes les maladies, rendra le corps robuste et donnera l'enjouement à l'esprit jusqu'à ce que brille le nouvel automne.

XLIX.

SUR UN DISQUE REPRÉSENTANT VÉNUS.

Qui donc osa graver la mer? Quel art habile déroula sur ce disque les flots arrondis de l'onde azurée? Quel est celui dont l'esprit inspiré des dieux a représenté sur le dos de l'humide élément la blanche et douce Cypris, reine des immortels. Il nous l'a montrée nue : les flots servent seuls de voile aux appas qu'il faut cacher ; elle erre sur l'eau comme l'algue blanchissante que balance une onde paisible.

Le corps soutenu par la mer, elle sépare devant elle les vagues frémissantes et fend pour la première fois les flots répandus autour de son sein de roses au-dessous de son cou délicat. Au milieu des sillons d'azur, comme un lis enlacé aux violettes, Cypris brille sur le calme de la mer. L'argent représente des dauphins en chœur et portant l'Amour et le Désir qui se jouent des finesses des hommes. La troupe des poissons en cercle sur les flots caresse la reine de Paphos partout où elle nage en souriant.

L.

SUR LE VIN.

De jeunes hommes avec de jeunes filles portent sur les épaules dans des corbeilles le noir raisin et le jettent sur le pressoir. Les hommes seuls foulent les grappes, font jaillir le vin de sa prison, chantent à pleine voix le dieu de la treille, en des hymnes consacrés au pressoir, et admirent la nouvelle liqueur de Bacchus qui frémit dans sa tonne. A peine un vieillard en a-t-il goûté qu'il danse d'un pied mal affermi en agitant ses blancs cheveux. L'aimable vendangeur se glisse d'un pas furtif auprès de la jeune fille accablée de sommeil, dont le beau corps mollement étendu repose à l'ombre du feuillage ; il la sollicite par des caresses prématurées de se rendre traîtresse à l'Hymen. Elle ne croit point à ses discours, et il la force contre sa volonté : car Bacchus dans son ivresse joue librement avec le jeune homme.

LI.

SUR LA ROSE.

Je chante la rose nouvelle au retour du printemps qu'elle couronne. Mon amie, soutiens mes accens. La rose est le souffle pur des dieux, la rose est la joie des mortels, l'ornement des Grâces, la fleur chérie de Vénus dans la saison délicieuse des amours ; la rose est agréable aux Muses, elle fournit de charmantes allégories ; il est doux d'avancer en tremblant la main dans un sentier épineux pour cueillir la rose ; il est doux en l'effeuillant de l'échauffer et de frapper cette fleur d'amour dans des mains délicates et gracieuses.

Comme la rose est chère aux poëtes dans les repas et sur les autels de Bacchus! Hélas! que deviendrions-nous sans les roses! L'Aurore a des doigts de roses, les Nymphes ont des bras de roses, Vénus a le teint des roses, selon le langage des poëtes ; la rose est précieuse dans les maladies, elle embaume les tombes, elle sait braver le temps : la vieillesse conserve encore les plus suaves parfums de sa jeunesse. Racontons sa naissance. Quand la mer engendra de son écume la belle Vénus, glissant sur l'onde azurée ; quand Jupiter fit sortir de son cerveau l'altière Pallas amante des horreurs des combats, la Terre enfanta la rose, fleur admirable qui s'épanouit en mille couleurs. La foule des déités heureuses présente à sa naissance versa sur elle une goutte de nectar. Alors on vit s'entr'ouvrir sur la branche épineuse la rose superbe, fleur immortelle consacrée à Bacchus.

LII.

SUR LUI-MÊME.

Quand je vois un cercle de jeunes gens, ma jeunesse me revient, et soudain, quoique vieillard, je vole me mêler aux chœurs de la danse. Attends-moi, Cybèle, donne-moi des fleurs, que je me couronne. Loin d'ici la blanche vieillesse! Je redeviens jeune ; je veux danser avec des jeunes gens. Qu'on m'apporte la liqueur de Bacchus amant de l'Automne : on verra la vigueur d'un vieillard qui sait parler, qui sait boire et qui sait délirer avec les Grâces.

LIII.

SUR LES AMANS.

Les chevaux portent sur la croupe l'empreinte d'un fer brûlant; le Parthe se reconnaît à sa thiare ; moi je reconnais de suite ceux qui aiment : ils portent dans le fond de leur âme un cachet de triste inquiétude.

LIV.

SUR LUI-MÊME.

Déjà mon front est dépouillé, ma tête blanchit, l'aimable jeunesse s'est enfuie loin de moi; mes dents même ont vieilli. Il ne me reste plus longtemps à jouir des douceurs de la vie. Pour moi qui redoute le Tartare, cette pensée me tire souvent des soupirs : l'aspect de ce séjour est affreux, la pente qui y conduit est horrible. Tous les mortels y descendent : nul n'en connaît le retour.

LV.

SUR LUI-MÊME.

Allons, enfant, apporte-moi une large coupe, que je boive à longs traits. Mélange cinq mesures de vin vieux avec dix mesures d'eau afin que nul excès ne vienne troubler les joies de Bacchus.....

Allons, verse du vin ; mais point de cris, point de tumulte; gardons-nous d'imiter l'ivresse brutale des Scythes : buvons, buvons au milieu des chants les plus aimables.

LVI.

SUR L'AMOUR.

Je chante l'Amour, ce gracieux enfant! Son front est paré de mille fleurs ; c'est lui qui est le vainqueur des dieux, c'est lui qui dompte les mortels.

LVII.

SUR LE PRINTEMPS.

Qu'il est doux de s'égarer sur des gazons émaillés que le zéphir caresse de sa délicieuse et suave haleine, d'admirer les richesses de Bacchus, et sous l'ombre heureuse des pampres d'étreindre en ses bras une jeune fille respirant Vénus tout entière.

LVIII.

SUR LUI-MÊME.

Donnez-moi la lyre d'Homère sans la corde des combats. Apportez les coupes des festins ; apportez-moi des œillets, je les mêlerai. Après avoir bu, je danserai gaîment ; dans ma sainte fureur, je chanterai sur ma lyre le pétulant Bacchus.

LIX.

SUR UN TABLEAU.

Allons, peintre distingué, écoute les accens de ma Muse lyrique : peins les villes s'abandonnant les premières aux ris et à la gaîté ; peins les Bacchantes folâtres qui aiment les jeux et les flûtes aux doubles sons ; et si la cire le permet, peins-nous les lois des amans.

LX.

SUR UNE JEUNE FILLE.

Jeune et belle cavale de Thrace, pourquoi ce regard inquiet, pourquoi cette fuite précipitée : tu me crois donc sans adresse et sans force? Apprends que je puis te courber sous le frein, et, tenant la bride, te lancer en vainqueur dans la poussière de l'arène. Maintenant tu folâtres dans les pâturages où ta légèreté joue et bondit, car jusqu'ici aucun habile écuyer n'a su te dompter.

FRAGMENS.

I.

SUR L'AMOUR.

O souverain, ô tyran des cœurs! la belle Vénus et les Nymphes aux tendres regards courent légèrement avec toi sur le sommet des montagnes : Amour, écoute favorablement mes prières; daigne me secourir; engage ma jeune maîtresse à couronner mes désirs ardens.

II.

ÉPITHALAME.

Vénus, reine des déesses; Amour, puissant vainqueur; Hymen, source de vie, c'est vous que je célèbre dans mes vers. C'est vous que je chante, Amour, Hymen et Vénus. Regarde, jeune homme, regarde ta maîtresse; lève-toi, Stratocle, favori de Vénus, Stratocle, mari de Myrille, admire ta jeune épouse; sa fraîcheur, ses grâces et ses charmes la font briller entre toutes les femmes. La rose est la reine des fleurs : Myrille est une rose au milieu de ses compagnes. Jouis de ses chastes embrassemens jusqu'à ce que le soleil éclaire les lieux les plus sombres. Puisses-tu bientôt voir croître dans ta maison un fils qui te ressemble!

EPIGRAMMES.

I.

SUR TIMOCRATE.

Timocrate, vaillant au milieu des combats, repose dans ce tombeau. Mars n'épargne point les braves : les lâches seuls sont à l'abri de ses coups.

II.

SUR AGATHON.

Toute la ville d'Abdère a poussé des cris de douleur en voyant sur le bûcher le belliqueux Agathon, mort en défendant ses murs. Mars avide de sang n'a jamais immolé au milieu des cruels combats un jeune guerrier aussi fameux.

III.

SUR CLÉONORIDE.

Le désir de revoir votre chère patrie, ô Cléonoride! vous a conduit au trépas. Vous avez osé vous exposer pendant l'hiver à la fureur des vents orageux : cette saison perfide vous a été funeste. Les flots irrités vous ont englouti dans la fleur de votre brillante jeunesse.

IV.

SUR UN TABLEAU DE BACCHANTES.

Celle qui tient un thyrse, c'est Éliconias; Xantippe est à ses côtés; Glaucé marche ensuite. Elles reviennent des montagnes, portant à Bacchus du lierre, des grappes de raisin et un chevreau gras.

V.

SUR LA GÉNISSE DE MYRON.

Berger, fais paître plus loin ton troupeau, car avec les génisses tu pourrais par erreur emmener celle de Myron, comme si elle respirait véritablement.

VI.

SUR LE MÊME SUJET.

Cette génisse n'a point été jetée en moule : la vieillesse l'a changée en bronze. Myron prétendait faussement que c'était un ouvrage de sa main.

ÉPITAPHE D'ANACRÉON,

Par Julien.

J'ai souvent chanté dans mes vers et je le répéterai du fond de mon tombeau : « Amis, buvez avant que la mort vous réduise en poussière. »

FRAGMENS.

Puissé-je mourir, c'est le seul remède aux maux que j'endure.

Moi je ne désire ni la corne d'Amalthée ni de régner cent cinquante ans à Tartessus.

Déjà commence le mois consacré à Neptune : les nuages roulent de noirs torrens d'eau, les tempêtes furieuses se détachent avec des bruits effrayans.

J'ai mangé un peu, j'ai bu de la liqueur de Bacchus; je touche maintenant les cordes voluptueuses de ma lyre, je célèbre les charmes et les attraits de ma maîtresse.

J'aime et je n'aime point, je suis fou et je suis sage.

Je veux rire et folâtrer avec toi : ton caractère est aimable et ton humeur charmante.

Lorsque je t'écoutais attentivement, bien décidé à fuir l'Amour, ce dieu s'est rendu maître de mon cœur.

Jeune beauté, dont les cheveux flottans sont couverts d'un voile tissu d'or, daigne écouter un vieillard.

Je hais et je déteste ceux qui parlent d'un ton élevé, emphatique : savoir garder le silence, voilà la plus belle qualité.

Apporte de l'eau, apporte du vin ; donne-moi des couronnes de fleurs fraîchement écloses. Je ne veux pas combattre plus longtemps contre l'Amour.

L'Amour me donne des ailes légères : je m'élève jusques aux cieux ; mais l'objet de mon ardeur est insensible à mes feux.

FIN D'ANACRÉON.

OEUVRES DE SAPPHO,

TRADUITES PAR M. ERNEST FALCONNET.

VIE DE SAPPHO.

Sappho naquit dans l'île de Lesbos vers la quarante-deuxième olympiade. Son père est désigné par les anciens sous huit noms différens, Simon, Eunonimus, Euryguis, Écritus, Semus, Camon, Étarchus et Scamandronymus; sa mère se nommait Cléis: toute sa famille appartenait au commerce et lui devait sa fortune. Elle-même épousa un riche citoyen de l'île d'Andros nommé Cercala. Son mari mourut jeune: elle resta veuve avec une jeune fille et se dévoua dès lors au culte des Muses; elle appela autour d'elle plusieurs femmes illustres de Lesbos ou de l'étranger, Atthis, Androméda, Télésippa, Mégara, Érinna, Cydno, Anactorie, Anagara de Milet, Gongyla de Colophon, Eunica de Salamine, Damaphile de Pamphilie; elle en fit ses élèves et ses compagnes, elle en fit surtout ses amies; elle les aima avec la passion d'une âme élevée et sensible. Dans ses poésies, elle leur exprima sa tendresse avec toute la violence du plus tendre amour. Ce sentiment profond et exalté fut traduit d'une façon malveillante par ses détracteurs: on s'en servit pour flétrir sa réputation. Aucun de ses contemporains, il est vrai, ne l'a accusée de ces désordres si graves et si vulgaires dans la société antique; les écrivains postérieurs ne l'ont pas épargnée dans leurs allégations injurieuses: l'autorité d'Horace et d'Ausone a été invoquée contre elle; ses défenseurs ont pu hardiment réfuter cette opinion en faisant remarquer qu'aucun document qui pût l'incriminer ne se retrouvait dans les œuvres de ses contemporains.

Du reste, les suppositions romanesques se sont exercées à l'aise sur les circonstances de sa vie: nous n'avons aucune trace positive, aucune preuve des événemens et des actions au milieu desquelles les biographes lui ont fait jouer un rôle. Les uns disent qu'entraînée par l'ascendant du poëte Alcée, son ami et son compatriote, elle s'engagea dans une conspiration contre Pittacus, qui régnait alors à Lesbos; que l'entreprise échoua et qu'elle fut obligée de s'enfuir en Sicile. Une inscription trouvée sur un marbre de Paras a servi de premier motif à ce roman ingénieux. L'épithète de *phogousa* (*fugitive, exilée*) a fait présumer qu'elle s'était enfuie en Sicile, soit pour suivre Phaon, qu'elle aimait, soit pour se dérober à Pittacus qu'elle avait en vain essayé de renverser du trône. Elle se serait donc réfugiée en Sicile avec quelques habitans mityléniens, et c'est pour conserver le souvenir de son séjour dans cette île que les Siciliens lui érigèrent une statue enlevée depuis du Prytanée de Syracuse par la rapacité de Verrès.

D'autres, d'après un fragment d'Hermésianax, poëte cité par Athénée, ont attribué à Sappho un tendre penchant pour Anacréon; mais ce synchronisme des deux poëtes de l'amour est démenti par les faits. Sappho vivait sous Alyatte, père de Crésus, et Anacréon sous Cyrus et Polycrate.

Il en est enfin qui ont voulu que cette liaison ait existé entre elle et son contemporain Alcée. Un fragment de Sappho et un dialogue en vers qui nous a été conservé par Aristote dans sa *Rhétorique* peuvent seuls appuyer cette opinion. Voici les vers cités par Aristote:

ALCÉE.

Je voudrais pouvoir m'expliquer, mais la honte m'arrête.

SAPPHO.

Votre front n'aurait pas à rougir si votre cœur n'était pas coupable.

Quoi qu'il en soit, Sappho a fait un grand nombre d'odes, d'épigrammes, d'élégies, d'épithalames; il ne nous reste d'elle que quelques rares morceaux et des fragmens épars dans les œuvres de Denys d'Halicarnasse et dans l'*Anthologie*. Les rhéteurs, les grammairiens, les lexicographes nous ont conservé quelques vers épars qui nous font vivement regretter des pertes nombreuses et irréparables. Elle a inventé le rythme appelé de son nom *sapphique*, un mode de cadence appelé *mixalydien* employé surtout dans les tragédies, et une sorte de lyre nommée *pectis* ou *mogadis* dont Anacréon fit usage après elle.

Sappho, quoique appelée *belle* par Socrate, était petite et brune. Après sa mort, les Mityléniens lui rendirent de grands honneurs; ils firent graver son image sur leurs monnaies.

Nous ne savons rien de plus sur Sappho. Quelque vague que soient ces détails, ils ont encore été obscurcis par une confusion involontaire de la Sappho de Lesbos avec une autre Sappho d'Érèse, courtisane célèbre née postérieurement et auteur, selon Suidas, de quelques poésies lyriques. Par suite de cette erreur, plusieurs auteurs anciens, et entre autres Ovide, ont attribué à la poétesse de Mytilène plusieurs faits qui appartiennent à la Sappho d'Érèse, et surtout sa passion pour Phaon. Nous comprenons de quel charme poétique cette fiction était revêtue par les circonstances mêmes qui l'environnaient : Phaon de Mytilène était beau comme Adonis ; c'est un don qu'il tenait de Vénus, la mère des Grâces et de l'Amour. Il commandait un vaisseau : une vieille femme se présente à lui indigente et n'ayant pas de quoi payer sa traversée ; le jeune homme n'exigea aucun paiement. Vénus, pour reconnaître ce service, se dévoila alors à ses yeux : elle lui fit présent d'un vase d'albâtre rempli d'un parfum précieux. Il le répandit sur son corps et acquit dès ce jour une beauté surnaturelle. Quelques anciens attribuent à une autre cause l'éclat et la réputation de Phaon : il aurait trouvé cette plante mystérieuse dont parle Pline, l'*éryngium*, qui avait pour vertu de faire adorer de toutes les femmes celui qui pouvait la découvrir. Sappho d'Érèse, éprise d'amour pour Phaon, ne put lui plaire ; victime de Vénus, elle ne voulut pas supporter ce tourment sans espoir : elle se rendit à Leucade, et du haut du rocher se précipita dans la mer. Cette tradition, pleine de poésie et de sentiment, est devenue populaire par le nom de Sappho ; elle a été accueillie et reproduite dans les commentaires de plusieurs critiques : arrivée à ce point où un fait entre dans la science vulgaire, elle n'a trouvé des contradicteurs que parmi les érudits.

Mais il en est un qui a rétabli la vérité, séparé ces deux existences confondues et précisé toute la différence existante entre les deux Sappho, c'est Visconti dans son *Iconographie grecque* :

« Je ne sais pas, dit-il, comment l'opinion contraire à la mienne a pu devenir générale : elle est cependant celle de Fabricius dans sa *Bibliothèque grecque*, livre II, chap. 15 ; celle de Hardion dans sa dissertation sur le saut de Leucade, *Mémoires de l'Académie des Inscriptions*, tome VII ; de Bayle, de Barthélemy, etc... L'autorité de Ménandre et celle de Strabon seraient à la vérité d'un grand poids si ces auteurs donnaient à entendre qu'en nommant Sappho, ils ont voulu parler de la célèbre poétesse de Mytilène ; mais ces auteurs ne la désignant point, il ne reste que l'autorité d'Ovide dans sa quinzième Héroïde, autorité suivie par quelques écrivains postérieurs. Or peut-on la mettre en comparaison avec l'opinion contraire, qui non-seulement est fondée sur le silence des auteurs les plus anciens, mais encore est appuyée par le témoignage de plusieurs écrivains grecs, tels que Nymphis, Athénée, Élien, Suidas, Apostolius, parmi lesquels les deux premiers sont distingués par leur érudition et paraissent avoir recueilli l'opinion générale adoptée par les gens instruits. Ovide au contraire a pu faire usage, pour embellir son élégie, d'une opinion à laquelle lui-même n'ajoutait peut-être pas foi, à l'exemple de quelques poëtes comiques qui avaient déjà altéré les aventures de cette femme extraordinaire pour donner plus d'intérêt à leurs pièces. Athénée a fait cette remarque à propos de Diphilus. Ce poëte comique, né à Sinope, postérieur à Ménandre, avait fait un drame qui portait le nom de Sappho et dans lequel il avait représenté comme ses amans Archiloque et Hipponax.

» Je crois devoir appuyer encore mon opinion de quelques preuves négatives que je ne pense pas avoir jamais été produites et qui me paraissent propres à éclairer ce point de l'ancienne biographie poétique.

» 1° Hérodote, qui parle de Sappho, en relevant quelques circonstances de sa vie, de sa famille et de ses poésies, se tait sur l'amour de la poétesse pour Phaon et sur la manière dont elle se donna la mort en se précipitant du rocher de Leucade ; cependant cet usage religieux tout à fait bizarre était bien dans le genre de ces faits qu'Hérodote se plaît à recueillir et dont il aime à rechercher l'origine. Il paraît probable que cet usage singulier n'était pas encore introduit ou si l'on veut n'avait pas encore été révélé du temps d'Hérodote, d'autant mieux que Strabon lui-même n'en a pas trouvé un témoignage plus ancien que celui du poëte Ménandre, qui a vécu après Alexandre et à la distance de plus de trois siècles de Sappho et d'Hérodote.

» 2° Le récit même d'Hérodote rend la prétendue catastrophe de Sappho tout à fait invraisemblable. Cet historien avait lu des vers que cette poétesse avait écrits contre Charaxus son frère à l'occasion du rachat de la courtisane Rhodope, esclave en Égypte pendant le règne d'Amasis ; or ce roi ne commença à gouverner qu'en l'année 570 avant l'ère chrétienne, et par conséquent Sappho, née au plus tard, selon Suidas, la première année de la 42e olympiade, c'est-à-dire en 612, devait être âgée au moins de cinquante ans quand elle attaqua dans ses vers Charaxus. J'ai dit que Sappho était née au plus tard en 612 : les marbres d'Oxford qui placent son exil de Mytilène en 596, seize ans seulement après cette date, confirment mon assertion, car on ne peut croire qu'une femme moins âgée et encore dans l'enfance ait pris part aux troubles de sa patrie.

» 3° Hermésianax, poëte plus ancien que Ménandre, a écrit une élégie sur les faiblesses des poëtes célèbres. Il allègue l'exemple et les égaremens de Sappho, à laquelle il donne aussi du penchant pour Anacréon ; mais il se tait absolument sur Phaon, qu'il aurait dû nommer le premier, cette passion fatale convenant beaucoup mieux au plan et au but de son élégie que tout autre aventure de la poétesse.

» 4° Antipater de Sidon, qui a composé une épigraphe relative au tombeau de Sappho, non-seulement ne parle pas de sa fin tragique, mais il suppose qu'elle a été ensevelie dans sa terre natale, où on lui a érigé un monument, et que sa mort a été naturelle.

» 5° Pinytus, ancien poëte, dans sa seule épigramme, qui est une épitaphe pour Sapho, ne fait non plus aucune mention de cette mort causée par le désespoir, à laquelle du reste on ne trouve aucune allusion dans un grand nombre d'épigrammes de l'*Anthologie* qui ont pour sujet la poétesse mytilénienne.

» 6° Ptolémée Éphestion, dans un livre où il a fait l'histoire du saut de Leucade et dont Photius nous a conservé un extrait, ne parle point de notre poétesse; il est vrai qu'il ne parle pas non plus de la mort de Sappho d'Érèse; mais cette courtisane, n'ayant jamais atteint à la célébrité de la poétesse du même nom, a pu être omise plus vraisemblablement ou dans l'ouvrage ou dans l'extrait. A la vérité Servius parle d'une femme qui fit le saut de Leucade pour l'amour de Phaon, mais il la traite comme un femme obscure et ne la nomme pas. »

Cette opinion de Visconti a trouvé des preuves nouvelles dans des portraits des deux Sapphos accompagnés de leurs noms et découverts en 1822; il ne peut donc nous rester aucun doute à cet égard. Si le sentiment poétique perd à cette explication d'un point controversé de l'antiquité, du moins la vérité y aura gagné.

Les poésies de Sappho ont été ordinairement imprimées à la suite de celles d'Anacréon; elles se trouvent en outre dans les ouvrages suivans :

Édition de Wolff. Hambourg, 1733.

Novem fœminarum græcarum carmina, de Fulvio Orsini. Plantin, 1598, in-8°.

Analecta, de Brunck, t. 1, p. 54.

Mousôn anthê, sive Selecta poetriarum carmina et fragmenta de Schneider, 1802, in-8°.

Les traductions de Sappho étant jointes à celles d'Anacréon, nous renvoyons le lecteur aux diverses traductions que nous avons citées à l'article de ce poëte.

FRAGMENS DE SAPPHO.

HYMNE A VÉNUS.

Immortelle Vénus, fille de Jupiter, toi qui siéges sur un trône brillant et qui sais habilement disposer les ruses de l'amour, je t'en conjure, n'accable point mon âme sous le poids des chagrins et de la douleur. Mais plutôt viens à ma prière comme tu vins autrefois, quittant le palais de ton père et descendant sur ton char doré. Tes charmans passereaux t'amenaient de l'Olympe à travers les airs qu'ils agitaient de leurs ailes rapides. Dès qu'ils furent arrivés, ô déesse! tu me souris de ta bouche divine; tu me demandas pourquoi je t'appelais; quels tourmens ressentait mon cœur, en quels nouveaux désirs il s'égarait; qui je voulais enchaîner dans les liens d'un nouvel amour : « Qui oserait te faire injure, ô Sappho! S'il te fuit aujourd'hui, bientôt il te recherchera; s'il refuse aujourd'hui tes dons, bientôt il t'en offrira lui-même; s'il ne t'aime pas aujourd'hui, il t'aimera bientôt lors même que tu ne le voudrais plus. »

O viens, viens donc aujourd'hui, déesse, me délivrer de mes cruels tourmens! Rends-toi aux désirs de mon cœur! Ne me refuse pas ton secours tout-puissant!

A UNE FEMME AIMÉE.

Il me paraît égal aux dieux celui qui, assis près de toi doucement, écoute tes ravissantes paroles et te voit lui sourire; voilà ce qui me bouleverse jusqu'au fond de l'âme.

Sitôt que je te vois, la voix manque à mes lèvres, ma langue est enchaînée, une flamme subtile court dans toutes mes veines, les oreilles me tintent, une sueur froide m'inonde, tout mon corps frissonne, je deviens plus pâle que l'herbe flétrie, je demeure sans haleine, il semble que je suis près d'expirer.

Mais il faut tout oser puisque dans la nécessité.....

ÉPITAPHE DU PÊCHEUR PÉLAGON.

Ménisque, père du pêcheur Pélagon, a fait placer sur le tombeau de son fils une nasse et une rame, monumens de sa vie dure et pénible.

ÉPITAPHE DE LA JEUNE TIMAS.

Les cendres de la charmante Timas reposent dans ce tombeau. Les Parques cruelles tranchèrent le fil de ses beaux jours avant que l'Hyménée eût allumé pour elle ses flambeaux. Toutes ses compagnes ont coupé courageusement sur sa tombe leur belle chevelure.

FRAGMENS.

I.

SUR LA ROSE.

Si Jupiter voulait donner une reine aux fleurs, la rose serait la reine de toutes les fleurs. Elle est l'ornement de la terre, la plus belle des plantes, l'œil des fleurs, l'émail des prairies, une beauté toujours suave et éclatante; elle exhale l'amour, attire et fixe Vénus : toutes ses feuilles sont charmantes; son bouton vermeil s'entr'ouvre avec une grâce infinie et sourit délicieusement aux zéphirs amoureux.

II.

Lorsque vous serez dans le tombeau, votre nom ne vous suivra point, il ne parviendra jamais à la postérité. Vous n'avez point cueilli des roses sur le mont Piérius : vous descendrez donc obscure, ignorée dans le sombre palais de Pluton; on vous oubliera entièrement quand vous serez allée rejoindre les ombres.

III.

Viens dans nos repas délicieux, mère de l'Amour, viens remplir d'un nectar agréable nos coupes d'or; que ta présence fasse naître la joie au milieu de tes convives et des miens.

IV.

L'amour vainqueur de tous les obstacles me trouble et m'agite. C'est un oiseau doux et cruel; on ne peut lui résister. Athis, je vous suis maintenant odieuse, tandis que toutes vos pensées sont pour la belle Andromède.

V.

La lune et les Pléiades sont déjà couchées : la nuit a fourni la moitié de sa carrière, et moi, malheureuse, je suis seule dans mon lit, accablée sous le chagrin.

VI.

O ma tendre mère, je ne puis, hélas! manier la navette ni l'aiguille : la redoutable Vénus m'a soumise à son joug impérieux, et mon violent amour pour ce jeune homme m'occupe tout entière.

FRAGMENS DIVERS.

Comment cette femme grossière et sans art peut-elle charmer ton esprit et enchaîner ton cœur? elle ne sait pas même laisser flotter avec grâce les plis de sa robe.

Le deuil et les larmes ne doivent point régner dans la maison d'un poëte : c'est une faiblesse indigne d'un fils d'Apollon.

L'homme qui n'est que beau l'est seulement pendant qu'on le regarde; mais l'homme sage et bon est toujours beau.

Pour moi, j'aime une vie molle et voluptueuse; mais cet amour pour les plaisirs présens ne m'empêche pas de faire des actions brillantes et honnêtes.

Je ne suis point d'un caractère bouillant et emporté, mon esprit au contraire est tranquille et calme.

Les richesses sans la vertu ne sont jamais à l'abri du reproche; mais renier la vertu et les richesses, voilà le comble du bonheur.

L'or est le fils de Jupiter; ni la rouille ni les vers ne rongent ce métal, qui agite si merveilleusement l'intelligence des mortels.

Heureux époux, tes noces sont terminées au gré de tes désirs; tu possèdes la jeune beauté que tu souhaitais.

Architectes, donnez plus d'élévation à ces portes, car l'époux qui s'avance est semblable au dieu Mars : il est beaucoup plus haut qu'un homme d'une grande taille.

Ils tenaient tous ensemble des vases, offraient des libations et faisaient des vœux pour le bonheur du nouvel époux.

Jamais une fille ne fut égale en beauté à celle-ci, ô mon gendre!

Hespérus, tu apportes avec toi tous les bonheurs : tu nous annonces l'heure de vider les coupes; tu ramènes les troupeaux à la bergerie et la jeune bergère auprès de sa mère. Hespérus, tu rassembles tous les êtres que l'Aurore avait dispersés par le retour de sa lumière.

Virginité, virginité, où t'envoles-tu après m'avoir abandonnée?... Je ne reviendrai plus vers toi, je ne reviendrai plus.

Venez ici, Muses, abandonnez votre brillant séjour!... Venez maintenant, Grâces délicates et vous Muses à la belle chevelure!... Venez chastes Grâces au bras de rose, venez, filles de Jupiter!......

Luth divin, réponds à mes désirs, deviens harmonieux!... C'est toi-même, Calliope.....

Les dédains de la tendre et de la délicate Gyrine ont enfin déterminé mon cœur pour la belle Mnaïs... L'amour agite mon âme comme le vent agite les feuilles des chênes sur les montagnes... Je volerais sur le sommet élevé de vos montagnes et je m'élancerais entre tes bras, toi pour qui je soupire... Tu m'enflammes... tu m'oublies entièrement, ou tu en aimes un autre plus que moi... Mets des couronnes de roses sur tes beaux cheveux; cueille avec tes doigts délicats les branches de l'aneth... La jeune beauté qui cueille des fleurs en paraît encore plus charmante et plus belle... Les victimes ornées de fleurs sont agréables aux dieux, ils dédaignent toutes celles qui ne sont point parées de guirlandes... Je vais chanter maintenant des airs mélodieux qui feront les délices de mes amantes..... Le rossignol annonce le printemps par ses doux sons... Plusieurs guirlandes et plusieurs couronnes de fleurs environnaient son cou... L'Amour est fils de la terre et du ciel... La Persuasion est fille de Vénus... Réjouissez-vous, jeune épouse ; réjouissez-vous, époux respectable !... Ami, tenez-vous vis-à-vis de moi ; que vos yeux brillent de tout leur feu et de toute leur grâce... L'eau fraîche d'un ruisseau murmure doucement dans ces vergers sous les branches des pommiers... J'ai dormi délicieusement pendant mon songe dans les bras de la charmante Cythérée...

Le bruit des feuilles agitées a dissipé mon sommeil...

Ses chants étaient beaucoup plus doux que le son de la lyre, et elle était bien plus précieuse que l'or le plus pur...

Amour, ministre charmant de Vénus...

Ces colombes timides sentaient leur courage se refroidir ; elles laissaient tomber languissamment leurs ailes fatiguées...

Saluez de ma part la fille de Polyanacte...

L'Aurore à la chaussure d'or paraît déjà à l'horizon...

Toutes les couleurs se confondaient sur son visage...

La lune dans son plein éclairait les cieux...

Les étoiles cachent leurs feux brillans dans le voisinage de la lune surtout lorsque parfaitement arrondi, ce bel astre éclaire la terre...

Le sommeil était étendu sur ses paupières...

Que les vents emportent ceux qui frappent les autres...

Ceux à qui je rends des services importans me font les plus profondes blessures...

Charmante Vénus, je vous ai envoyé des ornemens de couleur de pourpre ; ils sont très-précieux : c'est votre Sappho qui vous offre ces agréables présens...

Je ne vous estime pas autant que vous le voudriez...

Vos présens m'ont rendue respectable...

Ne vous occupez pas à des choses aussi minutieuses...

Oui c'est un mal de mourir, car si ce n'eût pas été un malheur, les dieux seraient morts eux-mêmes...

Dans la colère rien ne convient mieux que le silence ; lorsque ses transports sont calmés, il faut encore enchaîner sa langue et ne point se livrer à des discours futiles et emportés...

Les parens de cette jeune beauté gardée avec tant de soin prétendaient qu'elle détestait plus que la mort les discours sur l'hymen.....

FIN DE SAPPHO.

TYRTÉE,

TRADUIT PAR M. ERNEST FALCONNET.

VIE DE TYRTÉE.

Tyrtée vivait durant la seconde guerre de Messénie : l'époque précise est incertaine, car les auteurs la placent à des dates différentes ; Justin, Eusèbe, Suidas, à la fin de la trente-cinquième olympiade; Pausanias au contraire, à à la quatrième année de la vingt-troisième olympiade, c'est-à-dire huit cent soixante-quatre ans avant Jésus-Christ. Dans cette longue lutte de Messène contre Sparte les chances frent longtemps suspendues. Les deux villes rivales triomphèrent tour à tour ; l'issue de la guerre fut plusieurs fois changée par des retours subits de fortune. Les Messéniens d'abord vaincus revinrent sous la conduite d'Aristomène, les Spartiates furent battus. Cet échec inattendu les découragea ; le désespoir s'empara d'eux, ils furent obligés de recourir à d'habiles expédiens pour relever leur énergie abattue. Ils consultèrent leur oracle de Delphes. Il leur fut répondu de demander aux Athéniens un homme qui pût les aider de ses conseils. Ceux-ci virent avec plaisir une occasion d'abaisser l'orgueil de leurs rivaux, et par dérision ils leur envoyèrent Tyrtée, fils d'Archimbrote. C'était un maître d'école obscur, boiteux et borgne. L'exaltation d'un esprit voué au culte de la poésie le faisait même regarder par plusieurs comme peu sain d'intelligence. Platon lui accorde cependant le titre de sage, et les Lacédémoniens durent leur victoire à ses conseils et à sa puissante influence. Il récita d'abord devant les magistrats des élégies et des pièces de vers pleines d'enthousiasme et d'élan guerrier. Il chanta la gloire du héros qui meurt dans les combats, ses funérailles augustes, accompagnées des pleurs et des gémissemens de tout un peuple ; l'immortalité qui s'attache à son nom et le fait vivre dans une éternelle jeunesse. Il chanta encore le tumulte des batailles, le guerrier qui s'élance au milieu des javelots, affrontant la mort au centre des bataillons hérissés de fer, pour défendre les dieux de sa patrie, sa femme et ses enfans ; le respect qu'inspire sa présence quand il revient victorieux, accueilli par d'universels applaudissemens, et l'honorable repos dont il jouit dans sa vieillesse.

Les Lacédémoniens électrisés par ses poésies s'armèrent pour le combat ; ils se levèrent tous et marchèrent au-devant des ennemis ; ils prirent pour général celui qui les avait ainsi arrachés à leur découragement. Tyrtée les commanda. La mêlée fut terrible, mais Sparte resta victorieuse. L'œuvre du poëte accomplie, la reconnaissance publique lui conféra le titre de citoyen et une ovation triomphale. Puis il rentra dans le repos, et il mourut à Lacédémone laissant une grande gloire.

Par les trois pièces qui nous restent de Tyrtée nous pouvons juger de son talent. Le vers est énergique et fortement moulé ; il réfléchit la vigoureuse allure de la pensée ; les épithètes sont toujours expressives et hardies : ce n'est plus le vers abondant du poëme épique, ce n'est pas encore le vers harmonieux de l'ode. Le sentiment populaire anime toujours l'expression : quoique simple, elle est souvent sublime; elle s'élève de toute la grandeur des idées qu'elle invoque ; les immenses résultats qu'elle prépare apparaissent déjà dans cette force abrupte et presque sauvage.

1re MESSÉNIQUE.

Il est beau qu'un homme courageux tombe aux premiers rangs et meure en combattant pour sa patrie. Mais abandonner sa ville et ses champs féconds, mendier en errant avec une tendre mère, et un vieux père, et de petits enfans, et une épouse jeune encore, voilà de tous les maux le plus affreux. L'homme qui cède à l'indigence et à la triste pauvreté devient un objet d'horreur pour tous ceux qui l'approchent. Il déshonore sa race, il dément la noblesse de ses traits ; partout le suivent la honte et le malheur. Et puis, plus d'égards à l'homme ainsi errant, plus de respect à sa mémoire. Combattons avec ardeur pour cette terre, et sachons mourir pour nos enfans sans songer à sauver nos jours, ô jeunes guerriers! Oui, combattez pressés les uns contre les autres ; n'allez pas les premiers vous livrer à la peur, ni prendre honteusement la fuite, mais réveillez dans vos âmes un grand et magnanime courage, méprisez la vie et luttez contre l'ennemi. N'allez point par la fuite délaisser la vieillesse des vétérans dont l'âge enchaîne les genoux, car c'est une chose honteuse de voir étendu devant les jeunes guerriers et moissonné aux premiers rangs un vieillard dont la tête et la barbe sont déjà blanchies ; de le voir exhaler dans la poussière une âme généreuse, et le corps dépouillé, cacher sous ses mains tremblantes les organes sanglans de sa virilité, spectacle honteux, capable de faire naître l'indignation ! Mais tout sied bien au jeune guerrier, tandis qu'il garde encore la fleur brillante de ses années ; chaque homme l'admire, les femmes se plaisent à le contempler resplendissant et debout. Il n'est pas moins beau lorsqu'il tombe aux premiers rangs.

2ᵐᵉ MESSÉNIQUE.

Vous êtes la race de l'invincible Hercule, osez donc! Jupiter n'a pas encore détourné de vous ses regards. Que craignez vous ? ne redoutez pas le nombre des ennemis. Que chaque guerrier tienne son bouclier dressé contre les assaillans ; qu'il abjure l'amour de la vie, qu'il chérisse les sentiers obscurs de la mort autant que les rayons du soleil. Mars fait verser beaucoup de larmes, mais vous savez aussi quelle gloire il distribue ! Vous avez déjà affronté les périls des combats, car si on vous a vus fuir devant l'ennemi, on vous a vus aussi les poursuivre avec ardeur, ô jeunes guerriers! Ceux qui osent, serrés les uns contre les autres, épaule contre épaule, marcher d'un pas ferme au-devant des phalanges meurent en petit nombre et sauvent les soldats qui les suivent. Les guerriers timides perdent courage, et l'on ne saurait dire quels maux sont réservés au lâche. C'est une honte cruelle d'être frappé par derrière en fuyant l'ennemi ; c'est une honte cruelle qu'un cadavre gisant dans la poussière et présentant sur le dos une sanglante blessure! Mais qu'il est beau, l'homme qui, un pied en avant, se tient ferme à la terre, mord ses lèvres avec ses dents, et sous le contour d'un large bouclier protégeant ses genoux, sa poitrine et ses épaules, brandit de la main droite sa forte lance et agite sur sa tête son aigrette redoutable. Imitez les belles actions, apprenez à combattre vaillamment ; n'allez pas à l'ombre d'un bouclier vous tenir loin de la portée des traits : élancez-vous plutôt, armés de la longue pique et du glaive, frappez au premier rang, emparez-vous d'un ennemi. Pied contre pied, bouclier contre bouclier, aigrette contre aigrette, casque contre casque, poitrine contre poitrine, luttez avec votre adversaire, saisissez le pommeau de son glaive où le bout de sa lance. Et vous, soldats de la troupe légère, faites-vous l'un à l'autre un abri sous vos boucliers, accablez l'ennemi d'une grêle de pierres, et la pique en main, harcelez de près les panoplites.

3ᵉ MESSÉNIQUE.

Un mortel n'est pas pour moi digne d'estime, fût-il vainqueur à la course et à la lutte, eût-il la taille et la force des Cyclopes, fût-il plus agile que l'aquilon de Thrace, plus beau que Tythion lui-même, plus riche que Meidas et Cynoia, plus puissant que Pélops, fils de Tantale. Eût-il une voix aussi mélodieuse que celle d'Adraste, eût-il enfin tous les genres de gloire, il n'est rien s'il n'a pas la valeur guerrière. C'est un homme inutile à la guerre s'il ne supporte pas la vue d'un combat sanglant, s'il n'aspire pas à l'honneur d'affronter de près l'ennemi. La valeur est la plus précieuse qualité de l'homme ; c'est le plus bel ornement du jeune guerrier. C'est un bien pour l'état et pour le peuple que posséder un brave qui combat aux premiers rangs avec courage et fermeté, qui, loin de penser jamais à une fuite honteuse, expose hardiment sa vie aux dangers et encourage celui qui est à ses côtés à braver la mort. Voilà l'homme utile à la guerre ; il met en fuite les terribles bataillons de l'ennemi, et sa prudence active règle le sort du combat. S'il perd la vie, frappé au premier rang, il comble de gloire et sa patrie, et ses concitoyens et son père : de nombreuses blessures ont percé son bouclier, sa cuirasse et sa poitrine; les vieillards et les jeunes gens le pleurent également; toute la ville en deuil escorte ses funérailles; on montre sa tombe, on honore ses enfans, ses petits-fils et tous ses descendans. Sa gloire et son nom ne périssent pas : quoiqu'il repose au sein de la terre, il est immortel, le guerrier courageux qui est tombé sous les coups du terrible Mars, sans crainte, ferme à son poste, combattant pour sa patrie et ses enfans. S'il échappe au trépas et au long sommeil de la mort, il remporte la victoire et l'éclatant honneur du combat, il reçoit les louanges empressées des jeunes gens et des vieillards, et ce n'est qu'après de nombreux hommages qu'il descend chez Pluton. Quand il vieillit, il est au premier rang parmi ses concitoyens; par respect et par amour de la justice, nul ne voudrait l'offenser. Jeunes gens, hommes de son âge et même vieillards lui cèdent leur place par honneur. Aspirez donc au plus haut degré de cette vertu! Excitez, excitez votre ardeur guerrière.

FIN DE TYRTÉE.

STÉSICHORE,

TRADUIT PAR M. ERNEST FALCONNET.

VIE DE STÉSICHORE.

Stésichore vivait dans la quarante-deuxième olympiade, en même temps que Sappho et Alcée. Il naquit sous le beau ciel de la Sicile, à Himera, ville aimée des dieux ; au moment de sa naissance un rossignol descendit du ciel, vint se poser sur son berceau, puis sur sa bouche et chanta. Il fut, comme l'annonçait cet oracle, le plus mélodieux des poètes. Le caractère grave et imposant de ses poésies, *Stesichori que graves camœnæ*, n'ôta rien à leur mélodie ; il réunit l'harmonie et la majesté. Toute sa vie fut consacrée aux Muses ; il vécut quatre-vingt-quinze ans. Selon Suidas ses poésies formaient vingt-six livres ; il avait en outre composé des ballades ou légendes. Aristoxène nous rapporte le sujet d'une de ces pièces qui se trouve être un petit poëme du genre d'*Héro et Léandre* de Musée. Une jeune et belle Sicilienne nommée Calycé se prit d'amour pour Évathlus, charmant adolescent doué de toutes les grâces d'Adonis. Elle adressa à Vénus des vœux inutiles. N'ayant pu captiver son vainqueur elle se précipita du promontoire de Leucade. Cette histoire attribuée depuis à Sappho fut chantée par Stésichore avec toutes les grâces du langage, avec toute l'harmonie et la pureté d'un rythme qu'il contribua beaucoup à embellir. (Plutarque).

Stésichore était aussi doux dans sa vie privée que dans sa poésie : aimé de ses concitoyens, il avait des vertus devenues proverbiales et dont l'antiquité nous a conservé le souvenir : « Connaissez-vous les trois qualités de Stésichore? disait-on. Ce sont la probité, l'obligeance et l'art de faire les vers. » Précieux témoignage des anciens qui fait l'homme de bien égal au poëte et consacre pour nous un modèle accompli du véritable ami des dieux. Une fois cependant le poëte sentit leur colère : il s'était permis de blâmer Vénus ; Castor et Pollux, pour venger leur sœur, le frappèrent d'aveuglement. Depuis il obtint sa grâce en chantant des hymnes en son honneur. Pour honorer tant de vertus et tant de gloire, Catane lui érigea un précieux monument : c'était un temple soutenu par des colonnes de marbre blanc à huit faces. Les critiques ont consacré dans leurs livres leur admiration pour ses poésies. Quintilien nous dit qu'il chantait avec noblesse les batailles et les grands capitaines ; que sa lyre était digne de chanter les plus sublimes épopées, et que s'il eût pu retenir l'abondance de son imagination il aurait été le premier rival d'Homère. Le temps n'a pas épargné ses œuvres. Voici les seuls fragmens qui nous restent de lui.

FRAGMENS DE STÉSICHORE.

I.

Le peuple jetait à l'envi pour honorer le roi les plus beaux fruits de la Crète sur son char ; il y jetait encore des branches de myrte, des couronnes de roses, les tendres tiges de la douce violette. Le roi s'élança sur le navire dont la proue était cachée sous la terre qui le recouvrait, et lorsque sur le tillac il tenait la coupe à la main, le Soleil, fils d'Hypérion, descendait dans cette belle coupe d'or. Il se confie à l'élément perfide pour traverser les grottes profondes de l'Océan, pour arriver à la demeure sacrée de la Nuit ténébreuse, à ses enfans chéris ; et lorsque le fils de Jupiter eut abordé ces lieux pleins de silence, il se transporta à pied dans un bois couronné de lauriers toujours verts.

II.

Pluton n'aime que le deuil et les funérailles ; Apollon au contraire aime les Ris et les Grâces. O Muses harmonieuses! inspirez-moi donc des accens délicieux et faites retentir sur ma lyre chérie les louanges des beautés les plus aimées de la Sicile.

SOLON,

TRADUIT PAR M. ERNEST FALCONNET.

VIE DE SOLON.

Solon naquit l'an 592 avant J.-C., dans le bourg de Salamine. Il descendait de Codrus ; sa mère était aïeule de Platon, et des relations de famille existaient entre Pisistrate et elle. Son père avait perdu sa fortune dans des actes de bienfaisance ; Solon voulant la rétablir, embrassa la carrière du commerce. Il entreprit de longs voyages, et à l'aide d'une observation attentive, éclairée par une grande instruction, il acquit des connaissances variées et certaines. Il étudia surtout la science des gouvernemens ; il se fit ainsi philosophe et homme politique. Il établit des relations intimes avec des hommes sages et vertueux, dépouillés d'ambition personnelle et animés de l'amour du bien public, de l'intention d'améliorer les formes du gouvernement et de diriger les passions humaines à un but honorable. Cette assemblée grave, aréopage intelligent d'une civilisation laborieusement acquise, était composée de Thalès, Pittacus de Mitylène, Bias de Pryène, Cléobule de Lindus, Myson de Chio, Chilon de Lacédémone et le Scythe Anacharsis.

Le caractère de Solon était tout entier dominé par l'utilité : en toutes choses il voulait l'utile. C'est ainsi que le passé nous le montra toujours préoccupé du bien-être physique et moral de ceux qui l'environnent. Poëte, il ne se laissa pas emporter aux rêveries idéales, aux sentimens passionnés, aux exaltations ardentes de la pensée ; il ne se sert des formes attrayantes de la poésie que pour présenter les maximes les plus morales et les plus instructives. Philosophe, il ne s'égarait point dans les vaines spéculations de la métaphysique ; il cherchait surtout à saisir les devoirs de l'homme, à les comprendre, à les résumer en un code. A l'aide de la science des faits et de la science des hommes, il comprit et exprima en vers une partie des lois naturelles. Il les renferma dans le cadre étroit des vers, parce qu'il était plus facile de les graver ainsi dans la mémoire du peuple. Il fit comme Théognis de Mégare, Phocylide de Milet et Pythagore. Non content de travailler au bien public par des théories sages et vertueuses, il entra dans la vie réelle ;

il accepta des fonctions publiques et s'en acquitta avec une grande conscience, avec l'amour de ses devoirs. Quelque facilité que pût lui fournir sa position supérieure pour aspirer au pouvoir suprême, il dédaigna toutes les suggestions qui lui furent faites dans ce sens. Nommé archonte, l'an 569 avant notre ère, il refusa le pouvoir souverain qui lui fut offert, comme seul moyen de terminer les discussions sans nombre qui partageaient les Athéniens : « Non, dit-il, je ne me ferai jamais le tyran de mes égaux. — Devenez, lui disait-on, devenez leur maître pour leur propre bien. Pittacus et Timondas sont devenus rois, l'un à Mitylène, l'autre en Eubée, et les deux îles sont florissantes sous le sceptre paternel de ces deux princes. — Je souhaite que cela dure, reprit Solon ; la royauté est comme une route d'un abord facile, d'un trajet pénible et d'une issue dangereuse. » Il ne voulut pas sauver sa patrie par ce moyen extrême ; il comprit que la royauté énerverait le caractère national des Athéniens, tandis qu'il faudrait au contraire le retremper par des institutions fortes et modérées.

Il commença par abroger les lois de Dracon, cet impitoyable législateur qui avait méconnu le cœur de l'homme. Il n'en conserva qu'une seule, relative aux meurtriers. Il promulgua ensuite un code de lois douces et justes, et qui se trouvaient plus en harmonie avec le caractère des Athéniens. Il établit d'abord la sainteté de la famille en consacrant le mariage ; mais il ne lui fut pas possible de décréter son inviolabilité. Le christianisme seul pouvait arriver à ce résultat en relevant les femmes de leur assujettissement, en sanctifiant l'union qui commence ici-bas et se termine là-haut. Solon voulant mettre une digue aux mauvaises mœurs fut cependant forcé de subir les habitudes de son époque : il permit le divorce, mais sous des conditions rigoureuses.

Il environna les juges et les prêtres d'une plus haute considération, en leur imposant des devoirs plus sévères.

« Qu'il soit chassé des tribunaux, de l'assemblée

générale, du sacerdoce, dit-il; qu'il soit puni des peines les plus rigoureuses celui qui, noté d'infamie pour la dépravation de ses mœurs, ose remplir les saintes fonctions de législateur ou de juge; que le magistrat qui se montre ivre aux yeux du peuple soit au même instant mis à mort. » Son œuvre étant accomplie, une forme de gouvernement démocratique, tempérée par l'intervention de l'aristocratie, ayant été constituée, une nouvelle administration étant réglée avec sagesse, l'égalité et la liberté étant réparties à tous les citoyens, l'harmonie étant constituée par la loi entre tous les pouvoirs, Solon put espérer que sa patrie serait heureuse. Non pas qu'il crût à la perfection de ses lois, lui-même l'avait dit : « Je n'ai pas fait les meilleures lois qu'il eût été possible de faire, mais je les ai faites aussi bonnes que les Athéniens peuvent les supporter, » mais parce qu'il espérait qu'Athènes, enfin remise de tant de dissensions intérieures, chercherait à jouir tranquillement durant plusieurs années, de cette législation nouvelle et agréable par conséquent à un peuple spirituel et mobile. Lui-même, pour ne pas être tenté de porter trop promptement la main à son édifice à peine terminé, s'exila volontairement; il s'arracha pour dix ans au sol de la patrie, après avoir fait jurer à ses concitoyens qu'ils vivraient en paix jusqu'à son retour. Mais s'il avait prévu les instabilités de l'esprit populaire, il ignorait encore les habiles manœuvres des hommes ambitieux.

Pendant son absence, Pisistrate travailla à se faire des partisans. Brave, éloquent, généreux, d'une figure aimable et d'un esprit cultivé, il réunit autour de lui toutes les factions; il écouta leurs plaintes, il suscita leurs regrets et entretint leurs espérances. Il fit entrevoir à tous ceux qui étaient mécontens de l'organisation tempérée de Solon, la fondation d'une république dans laquelle l'égalité serait parfaitement répartie entre tous les citoyens. Enfin quand Solon revint à Athènes, il était à la tête d'un parti puissant et actif.

C'est en vain que Solon essaya de lutter contre lui. Pisistrate, fort de l'amour du peuple, et voulant arriver à la tyrannie qui était son but, se fit donner une garde. Dès lors Athènes ne fut plus libre. Pisistrate sut dorer ses chaînes et les lui rendre légères. Il encouragea les arts, la littérature et les sciences. Il respecta les jours de Solon, quoiqu'il eût toujours trouvé en lui un adversaire ardent; il essaya même de se l'attacher par des témoignages d'estime; mais Solon ne put voir asservis ces citoyens ingrats qu'il avait inutilement rappelés à la liberté; il s'exila et se retira à la cour du roi Amasis. Il était encore éloigné de son pays quand il mourut, l'an 559 avant notre ère; il était âgé de quatre-vingts ans.

Solon avait écrit un grand nombre de lettres, un poëme sur l'*Atlantide*, grande île qu'on avait découverte ou qu'on supposait dans la partie la plus éloignée de l'Océan. Les élégies politiques, dont quelques fragmens nous sont parvenus, montrent une âme noble, une raison élevée et un grand talent pour la poésie sérieuse. La meilleure édition est celle de Weber, 1825, in-8°.

POÉSIES DE SOLON.

I.

AUX MUSES.

Filles illustres de Jupiter et de la belle Mnémosyne, Muses de Piérie écoutez-moi : que j'obtienne de la main des immortels la félicité et de la bouche des hommes une gloire éclatante. Toujours doux pour mes amis, redoutable à mes ennemis, qu'aux uns j'inspire le respect, aux autres la terreur. Je voudrais avoir des richesses, mais les posséder justement, car la vengeance suit de près l'injustice ; les richesses qui viennent des dieux sont solides, celles que les hommes se procurent à l'aide de moyens criminels sont incertaines. Enlevées par la violence elles suivent avec peine la main qui les reçoit ; elles s'allient bientôt à la calamité. La calamité qui commence est d'abord un petit feu qui excite soudainement un grand incendie : dans le principe ce n'est rien, mais la fin est terrible. Les trésors amassés par l'iniquité ne sont pas durables ; le dominateur éternel se hâte de les détruire. Comme le vent du printemps, balayant devant lui les nuages après avoir ébranlé jusqu'au fond les flots de la mer et dévasté les riantes moissons de la terre, remonte victorieusement au ciel et rend la sérénité au monde : la force éclatante du soleil reluit dans nos plaines, nulle tache ne paraît plus dans le ciel azuré. Telle est la rapide vengeance que le roi de l'univers exerce sur les injustes ravisseurs ; sa colère est plus destructive que la colère de l'homme. Le crime le plus secret ne peut rester caché à son regard pénétrant : il sait le découvrir au fond du cœur. Tantôt il le punit à l'instant, tantôt il en diffère la vengeance. Si quelque méchant nous semble d'abord échapper à sa destinée, elle n'en est pas moins certaine ; elle arrive toujours. La punition méritée par les pères retombe même sur les enfans et leur postérité. Mais nous, mortels insensés, nous persistons dans une fatale erreur, disant : « Les bons et les méchans sont traités de même dans cette vie, » et nous n'abandonnons cette pensée injurieuse pour les dieux que lorsque nous voyons enfin les coupables à leur tour courbés sous la souffrance et les pleurs. Souvent un homme dont le corps est malade espère à l'aide d'un esprit sain surmonter la maladie, un lâche se croit brave, un homme laid se persuade être beau, celui qui est opprimé par la pauvreté s'imagine posséder d'autres richesses ; ceux-ci ne sauraient rester en repos : l'un court affronter tous les dangers des mers et des autans, jouer sa vie pour entasser des trésors dans sa maison ; celui-ci plante des arbres, trace de pénibles sillons et se fatigue dans les travaux de l'agriculture ; d'autres consacrent leur vie aux arts ingénieux de Minerve ou cherchent leur vie dans l'industrie de Vulcain ; il en est que les Muses célestes inspirent et que le don de la sublime poésie élève à la sagesse ; il en est qui sont interprètes sacrés des oracles, qui annoncent les calamités futures, qui sont en rapport avec les immortels, mais ils ne peuvent malgré leur science dominer la destinée ; il en est qui professent l'art consolateur de Péon et qui connaissent les herbes salutaires sans pouvoir jamais écarter notre terme inévitable ; car souvent la moindre douleur devient une grande maladie, et la science du médecin est impuissante, tandis qu'un autre mortel plus aimé des dieux rend de suite la santé au malade. Tous nos biens et tous nos maux nous viennent du Destin : nul ne peut échapper à ce qui lui arrive d'en haut. Notre vie est hérissée de dangers. On ne peut quand on entreprend une chose en prévoir la fin : l'un commence avec sagesse, mais la sagesse l'abandonne au milieu de sa carrière : il se précipite alors et tombe dans une faute comme dans un précipice ; l'autre débute avec imprudence, mais la protection d'un dieu vient à son secours ; il obtient un heureux succès : il est absous du crime de son imprudence.

Mais l'ambition des richesses ne connaît pas de limites : les plus opulens veulent le devenir encore davantage. Qui pourrait satisfaire cette insatiable avidité ! Les dieux nous donnent bien, il est vrai, de bons conseils; mais les penchans secrets de notre nature pour nous punir nous dominent toujours, et nous le sentons en nous chacun d'une manière différente.

II.

Jupiter ou le Destin qu'il représente veut que notre ville ne soit jamais détruite; elle est en outre défendue par la fille illustre du dominateur éternel, Pallas Minerve, qui l'a bâtie de ses mains. Mais hélas! des citoyens insensés veulent détruire eux-mêmes cette cité superbe par leur amour insatiable de l'or: ceux qui la gouvernent entassant injustice sur injustice hâtent encore sa ruine. Leur immense avidité n'a aucune borne. Ils ignorent que le bonheur de la vie est dans la modération et la tranquillité; ils ne songent qu'à amasser des richesses par des moyens honteux.

Ils ne respectent ni les propriétés sacrées ni le trésor public; ils pillent tout ce qui se rencontre au mépris des saintes lois de la justice. Mais cette justice éternelle, silencieuse aujourd'hui, conserve dans sa mémoire leurs coupables rapines; elle connaît le passé, elle voit le présent, elle arrive à l'heure marquée, elle punit enfin tant d'infamies. C'est par ces raisons criminelles qu'Athènes tout entière se trouve affligée de cruelles souffrances, que nous sommes tombés dans un esclavage insupportable, que nous avons été environnés d'horribles séditions, qu'une guerre cruelle est venue nous dévorer et qu'au bonheur le plus doux ont succédé des maux affreux. Notre ville si puissante et si aimable a été tout à coup opprimée par des hommes féroces : le crime triomphe; l'homme de bien est exposé à l'outrage ou à la mort. Voilà les malheurs qui sont venus fondre sur Athènes. Et déjà plusieurs de nos citoyens, mis à d'indignes enchères, chargés de liens comme des criminels, sont entraînés ignominieusement dans des régions lointaines.

La calamité publique envahit toutes les maisons particulières; ni les beaux portiques ni les portes d'airain ne sauraient l'empêcher : elle monte sur les toits les plus élevés et y découvre ceux qui s'y réfugient comme s'ils étaient dans leur lit. Que les Athéniens apprennent ainsi que l'injustice est toujours la ruine des empires. Avec la justice au contraire règne la modération : elle tempère la dureté, elle abaisse l'ambition, elle repousse l'injure et l'outrage; elle détruit les semences naissantes de la discorde, elle rectifie les jugemens, elle calme les cœurs aigris, elle met un frein à la sédition; sous son gouvernement heureux la sagesse et l'intégrité règlent toutes les actions des hommes.

Athéniens, n'attribuez pas aux dieux les maux qui vous accablent; c'est l'œuvre de votre corruption : vous-mêmes avez mis la puissance dans la main de ceux qui vous oppriment. Vos oppresseurs se sont avancés avec habileté comme des renards, et vous, vous n'êtes que des imprudens et des lâches : vous vous laissez séduire par la vaine éloquence et par les grâces du langage. Jamais la raison ne vous guide dans les choses sérieuses.

Une force destructive s'échappe de la nue embrasée et de la grêle retentissante; un tonnerre impétueux sort de l'éclair brillant; le vent soulève d'immenses orages sur la mer, et souvent par les grands hommes périssent les grands états; souvent les peuples imprudens se trouvent tout à coup dominés par les usurpateurs. J'avais donné par mes lois une égale puissance à tous les citoyens; je n'avais rien ôté, rien ajouté à personne; j'avais ordonné aux plus riches et aux plus puissans de ne rien faire contre les faibles, j'avais protégé les grands et les petits d'un double bouclier d'une force égale de chaque côté, sans donner plus aux uns qu'aux autres; mes conseils furent méprisés : on en porte la peine aujourd'hui. Mais vous, ô chef généreux des Soliens, qui m'avez donné l'hospitalité, que le ciel conserve votre patrie et votre famille, daignez me renvoyer de votre île glorieuse sur un navire agile; que la belle Vénus couronnée de violette soit propice à ma navigation, qu'elle bénisse cette terre hospitalière qui m'a accueilli et qu'elle me permette de revoir encore une fois mon Athènes bien-aimée!

Au lieu de naître Athénien, que ne suis-je né plutôt à Pholégandre ou à Sicinium! car en arrivant à Salamine le bruit va s'y répandre qu'un seul Athénien a peur d'aborder dans son port; j'y entrerai cependant : elle protégera mon innocence, et sa générosité envers moi réparera la honte de ses anciennes défaites.

III.

L'enfant dans les sept premières années de sa vie voit croître toutes ses dents. Quand le ciel lui a donné sept autres années, les marques de la puberté lui annoncent qu'il peut devenir père à son tour. Dans le troisième âge ses membres s'accroissent; un léger duvet d'une couleur indécise orne son menton. A vingt-huit ans toute sa force est venue; à cette époque la vertu paraît dans tout son éclat. A l'âge de trente-cinq ans il est mûr; il est temps qu'il connaisse l'amour si désiré. A quarante-deux ans son âme est portée aux grandes choses; ce qui est vil ne lui inspire que du dégoût. A quarante-neuf ans il a la plénitude de l'intelligence et de l'art de bien dire. A cinquante-six ans il possède encore ces heureux dons. Il peut encore à soixante-trois ans, mais il s'affaiblit : sa vertu, sa sagesse, son éloquence diminuent. Hélas! parvenu à sa soixante-dixième année, ce n'est plus qu'un fruit mûr pour tomber dans la mort.

IV.

Il est difficile de connaître l'étendue de la science universelle : elle est cachée dans une obscurité impénétrable; elle repose hors de notre sphère en un lieu sublime, qui sert de limite à toutes choses.

V.

Il est un Dieu maître suprême; aucun des immortels n'a un pouvoir égal au sien. Nous ne pouvons avoir qu'une idée obscure de la divinité. Conjurons ce maître suprême de répandre quelques rayons de sa gloire sur nos lois et de leur donner un heureux succès.

VI.

Je désire que le deuil accompagne ma mort, que mes amis en me voyant fermer les yeux saluent mon âme de leur douleur et de leurs soupirs.

VII.

Aucun mortel n'est heureux, mais aussi aucun de ceux qu'éclaire le soleil n'est vertueux.

VIII.

J'aime les douces faveurs de Vénus, de Bacchus et celles des Muses : elles remplissent de joie les cœurs des infortunés mortels. Vieillissez en apprenant toujours quelque chose de nouveau.

FIN DES POÉSIES DE SOLON.

ALCÉE,

TRADUIT PAR M. ERNEST FALCONNET.

VIE D'ALCEE.

Alcée, inventeur du vers alcaïque vécut dans la quarante-quatrième olympiade, l'an 604 avant Jésus-Christ : il était contemporain de Sappho et habitait l'île de Lesbos. Ses poésies pleines d'invectives contre Pittacus, l'un des principaux habitans de Mitylène mis par l'histoire au nombre des sept sages de la Grèce, lui firent un ennemi redoutable et une persécution méritée. Il porta la peine de ses satyres, sa verve pleine d'âcreté et son orgueil turbulent le firent exiler. Alors il s'arma contre Mitylène; mais sur le champ de bataille il prit la fuite. Tombé entre les mains de Pittacus, il en obtint un pardon généreux. Une seconde circonstance nous donne un nouvel exemple de sa pusillanimité. Combattant contre les Athéniens, il jeta son épée et son bouclier qui gênaient sa fuite. Les Athéniens victorieux les suspendirent en trophée dans le temple de Minerve. Pendant son exil Alcée avait voyagé, il avait visité l'Égypte; il avait continué à s'abandonner aux charmes de la poésie. Il avait composé des odes, des hymnes, des épigrammes. Tour à tour il menaçait les tyrans et les frappait de tout le poids de sa colère :

Alcei minaces camœnœ. (Horace.)

Tantôt il célébrait les doux jeux de Vénus et de Cupidon, et la puissance aimable de Bacchus. Il était poëte par les idées et par l'expression. L'abondance et la simplicité splendide de son vers lui faisaient souvent égaler Homère; Horace nous en a tracé un éloge magnifique d'un coup de crayon :

Et te sonantem plenius aureo
Alcee plectro...

Ce qu'on peut traduire ainsi :
Et toi Alcée qui tires de si beaux sons de ton archet d'or.

Le dithyrambe, tantôt enthousiaste et exalté comme l'ode, tantôt amer et menaçant comme la satyre, fut le genre où il excella. Aussi le grand critique latin Quintilien a-t-il écrit sur lui les lignes suivantes :

« Dans la partie de ses œuvres où Alcée attaque les tyrans, c'est avec raison qu'il mérite qu'on lui attribue un archet d'or. Il a une grande importance comme peintre de mœurs; son style est serré, riche et rapide. Il a de la ressemblance avec Homère, mais il a tort d'abaisser à célébrer les jeux et les amours un talent créé pour un plus noble emploi. »

Il ne nous reste d'Alcée que quelques fragmens conservés par Athénée et Suidas, et recueillis par Henry Estienne à la suite de son Pindare.

FRAGMENS D'ALCÉE.

I.

Jupiter nous inonde des pluies glaciales par torrens, le ciel est obscurci par tous les frimas, bientôt l'hiver enchaînera le cours des fleuves impétueux. Chassons ce triste hiver en faisant briller nos foyers d'une flamme étincelante, en remplissant nos coupes du vin le plus délicieux.

II.

Buvons! buvons! Pourquoi attendre l'heure des flambeaux, l'éclat du jour ne nous suffit-il pas? Bacchus, le joyeux fils de Jupiter et de Sémélé, nous a donné le vin pour noyer nos peines dans l'oubli. Emplissez cette coupe, emplissez-la jusqu'au bord; inondez votre cœur de ce doux nectar : voici l'heure où va paraître l'astre qui dévore les champs. Nous sommes au temps le plus enflammé de l'année. Nos prairies dévorées par la soif invoquent la pluie. C'est l'instant de nous enivrer : c'est l'instant de forcer les plus sobres à boire à longs traits. Amis, plantons, plantons la vigne de préférence à tout autre arbre.

III.

Pourquoi laisser notre âme se courber sous le poids des chagrins. L'homme qui fléchit sous le malheur n'est plus un homme. Dieu puissant de l'Inde, toi seul peux relever celui qui souffre en le plongeant dans les délices de l'ivresse.

IV.

Là roule sourdement le flot impétueux; plus loin retombe un autre flot qui s'élance avec fureur. Les vagues déchaînées nous environnent de toutes parts, le noir navire qui nous porte crie et se rompt sous le souffle impétueux des enfans de Borée. Nous ne reposons plus que sur la mer orageuse. C'est d'elle que dépend notre ruine. Toutes nos voiles brisées pendant l'orage ont disparu. Les flancs de notre navire sont fracassés : nous ne pouvons plus jeter l'ancre.

V.

La pauvreté est un mal terrible, insupportable; elle abat les plus grands peuples quand elle se réunit à sa sœur l'inquiétude.

VI.

L'homme riche est un grand homme et le pauvre un misérable sans aucune valeur.

VII.

Amis, profitez de l'histoire d'Admète; ne vous attachez qu'aux hommes estimables; fuyez plus que la mort la société des lâches : nul ne les respecte, pas même leurs semblables.

VIII.

Pourquoi l'homme ne peut-il percer de son regard tous les voiles qui nous dérobent les replis secrets du cœur humain, le voir tel qu'il est, le refermer ensuite et pouvoir alors choisir son ami.

IX.

Une écrevisse ayant vu prendre un serpent par une tortue ne put s'empêcher de dire : « Si mon frère le serpent n'avait pas usé de tant de détours et de sinuosités, il ne serait pas mort. » Ce qu'il y a de mieux à faire c'est de marcher toujours droit.

X.

Pallas! reine glorieuse, gouvernez toujours notre cité et nos citoyens, sans douleur, sans trouble, sans jamais verser le sang de nos frères. Et vous père des dieux, vous Olympie, mère de l'abondance, accordez-nous les dons de Cérès. Qu'ils nous soient apportés par les Heures éclatantes de grâce sous leurs belles couronnes. Exaucez aussi mes vœux, ô respectable Proserpine, et que Lesbos soit toujours florissante en obéissant à vos saintes lois!

XI.

Je porterai mon glaive sous une branche de myrte; j'imiterai Harmodius et Aristogiton, qui immolèrent le tyran et établirent dans Athènes l'égalité des lois. O généreux Harmoduis! en quittant la terre tu n'es pas mort : tu vis toujours dans ces îles bienheureuses où se trouvent Achille aux pieds légers et l'intrépide fils de Tydée. Oui je porterai mon glaive sous une branche de myrte comme le firent Harmodius et Aristogiton lorsqu'ils tuèrent le tyran Hipparque dans le temple des Panathénées. Que votre gloire soit éternelle dans le monde, cher Aristogtion! parce que vous avez tué le tyran et établi dans Athènes l'égalité des lois.

XII.

Que ne suis-je une belle lyre d'ivoire, une lyre resplendissante comme celles des belles Lesbiennes dans nos fêtes solennelles; que ne suis-je l'or le plus éclatant, et qu'une femme brillant de tout l'éclat de ma beauté eût envie de me porter sur son sein!

XIII.

A SA MAITRESSE.

Buvez avec moi, vieillissez avec moi, portez des couronnes avec moi. Folâtrez avec moi, soyez sage lorsque j'ai de la sagesse. Mais prenez garde aux hasards dont la vie est pleine. Il n'est pas de pierre sous laquelle un scorpion ne puisse se glisser : craignez à chaque instant qu'il ne vous surprenne. Il faut se défier de tout ce qui se cache sous les ténèbres.

XIV.

Quand vous êtes au port et que la mer immense semble dans sa colère battre les cieux, vous pouvez alors examiner de sang-froid si vous avez la force de braver ces dangers, si vous pouvez espérer de les éviter. Mais une fois lancé sur les flots, vous ne pouvez plus revenir : il faut voguer et suivre le vent qui vous entraîne.

XV.

Il est deux sortes de pudeur, l'une salutaire, le plus précieux ornement de la beauté; l'autre qui se change en honte, qui mène à la peur et qui devient la ruine des familles.

FIN D'ALCÉE.

IBYCUS,

TRADUIT PAR M. ERNEST FALCONNET.

VIE D'IBYCUS.

Ibycus était fils de Polyselle ; il naquit durant la cinquantième olympiade dans la ville de Rhegium en Sicile. Encore enfant il fut transporté dans l'île de Samos, lorsqu'elle était gouvernée par le père de Polycrate et lorsque Crésus régnait encore en Lydie. La Grèce était alors dans toute la gloire de la civilisation ; les philosophes et les poëtes illustraient leur patrie : Ibycus suivit leurs leçons, il s'inspira de leurs œuvres et publia d'abord des épigrammes. D'après Cicéron, elles étaient trop licencieuses : les historiens en ont pris texte pour lui attribuer des mœurs immorales. Suidas et Athénée ajoutent qu'il inventa l'*ibycinon*, instrument de musique guerrière dont les Romains et les Gaulois se servaient dans les combats : il est encore l'auteur d'une musique religieuse dont l'usage se conserva dans les temples après sa mort. Tous les livres qu'il composa étaient écrits dans le dialecte dorique. Suidas en compte sept. Un poëme où il décrivait en vers harmonieux le double enlèvement de Ganymède et de Tithon jouissait entre tous les autres d'une grande renommée. Le temps ne l'a pas épargné : il ne nous reste que des fragmens épars dans quelques auteurs.

Ibycus périt d'une manière étrange. Plutarque nous a conservé sa mort, et les poëtes en ont fait souvent le sujet de leurs compositions. Schiller l'a reproduite en une admirable ballade. Un jour Ibycus était sorti seul de Samos : plongé dans ses rêveries poétiques, il se trouva tout d'un coup engagé dans une profonde solitude. Des brigands s'élancent sur lui, le dépouillent, le terrassent et se disposent à le tuer pour effacer la trace du crime. En cet instant une nuée de grues filait à tire-d'aile au-dessus de la tête du malheureux Ibycus. Il les voit, et cherchant des témoins et des vengeurs, il s'écrie : « Oiseaux protecteurs de l'innocence et de la vertu, soyez les témoins fidèles de ma mort. » A peine a-t-il dit ces mots qu'il tombe sous le poignard des assassins. Son vœu fut acompli : la Justice au pied boiteux mais sûr lui amena ses vengeurs. Un des assassins entrant dans la ville de Samos, et voyant des grues qui traversaient le ciel, s'écria comme par raillerie : « Voilà les témoins de la mort du poëte Ibycus. » Cette parole les trahit : arrêtés par ordre des magistrats, ils avouèrent leur crime et furent punis. Ausone par allusion à cet événement merveilleux et plein de poésie a écrit ce vers.

Ibycus ut periit vindex fuit altivolans grus.

Nous ne savons rien de plus sur la vie d'Ibycus, et ses fragmens peuvent à peine nous faire comprendre quelle était la nature de son style : ses idées sont douces et suaves, l'expression pleine de charmes, le vers mélodieux et facile.

FRAGMENS D'IBYCUS.

Charmant Euryale, germe précieux, sorti du sein des Grâces aux beaux yeux d'azur, à la chevelure brillante, Vénus a sans doute pris soin de votre noble enfance, c'est la déesse de la persuasion qui vous éleva elle-même sur des lits de fleurs et de roses.

Apportez à la jeune vierge de ces *pemmes* délicieux, gâteaux odorans faits avec le miel si doux.

Quand vient le printemps, on voit croître sur les bords sinueux des fleuves l'arbre modeste qui porte le coing, dans les lieux charmans où sont les jardins des vierges, où le pampre précieux des vignes serpente en croissant. Moi que l'amour ne laisse reposer en aucun temps, que Borée tourmente de sa foudre éternelle lorsque envoyé par Vénus il sèche cruellement les cœurs des Thraces et le mien, je meurs sans pouvoir être satisfait auprès de la vierge aimable que je désire.

ALCMANE,

TRADUIT PAR M. ERNEST FALCONNET.

VIE D'ALCMANE.

Alcmane, fils de Damante, vivait dans la quarante-troisième olympiade du temps de Pittacus. Il naquit à Sardes, capitale de la Lydie, où régnait alors Ardius. Selon Élien, il avait été esclave d'Agésis, qui lui donna sa liberté à cause de la douceur et de la beauté de son génie : cette circonstance est commune à beaucoup de poëtes et se renouvelle fréquemment dans l'histoire de l'antique esclavage. Héphestion le fait inventeur d'une mesure de vers appelée *alcmaïque* de son nom. Il écrivit dans le dialecte dorique. Il était voluptueux et adonné aux plaisirs des festins. Ses poésies chantaient les charmes de l'amour, exprimant ainsi l'état habituel de son âme. Il aima tendrement une jeune fille nommée Mégalostrata, nymphe charmante aux cheveux blonds, qui lui récitait les vers inspirés par les Muses. Des six livres de poésies presque toutes érotiques qu'il composa, il ne nous reste que ces fragmens.

FRAGMENS D'ALCMANE.

I.

Dans la salle se voyaient sept lits et sept tables, couvertes de beaux tapis, chargées de lin et de sésame. Sept jeunes filles y étaient assises : dès qu'elles nous voient, abandonnant leur ouvrage imparfait, elles s'élancent comme de faibles poules qui cherchent à échapper par la fuite au vautour qui fond sur elles.

II.

Quand l'oiseau du printemps annonce la fin des rigueurs de l'hiver, la multitude s'assemble sur le coteau échauffé par le soleil. Là, dans des concerts solennels, le peuple joyeux fait circuler à la ronde la coupe d'or profonde comme celle des pasteurs : cependant l'amour suivant les ordres de Cypris distille goutte à goutte l'amour dans mon sein. Mégalostrata, nymphe charmante aux blonds cheveux, vient me réciter des vers que lui ont inspirés les Muses bienfaisantes. O Calliope! fille immortelle de Jupiter, inspirez-moi de même des chants aimables, un hymne qui lui plaise et soit digne d'être chanté par ses jeunes compagnes. O la plus belle des Lydiennes! les Grâces vous reçurent dans leur sein charmant, quand vous êtes tombée du sein de votre mère. Tendre Cythérée, vous abandonnez toutes les délices de Chypre et de Paphos que les flots environnent : votre aimable Adonis n'est plus! Que faire pour vous consoler? Pleurez, ô jeunes filles de Lydie! déchirez vos tuniques. Qui rendra à Vénus son Adonis! qui attendrira pour moi Mégalostrata!

FIN D'ALCHMANE.

BACCHYLIDE,

TRADUIT PAR M. ERNEST FALCONNET.

VIE DE BACCHYLIDE.

Bacchylide, selon Strabon, était neveu de Simonide. Il était né dans la ville d'Alcmènes en Béotie et vivait dans la quatre-vingt-unième olympiade. Plutarque, dans son livre de l'*Exil*, prétend que ce fut dans le Péloponèse que Bacchylide se livra à la composition lyrique. Les auteurs nous apprennent qu'il avait composé des hymnes opopemtiques dans lesquels il racontait les voyages de Bacchus sur la terre. Horace a imité de lui et presque entièrement traduit sa belle ode *Pastor cùm traheret per freta navibus*; Bacchylide lui-même dans cette poésie n'avait fait que rendre en grec la prophétie de Cassandre. Ammien Marcellin nous raconte que l'empereur Julien aimait tellement Bacchylide qu'il puisa dans ses vers tout un plan de conduite et qu'il adopta surtout ses principes sur la chasteté. Les interprètes de Pindare nous avouent que les Pythiques de Bacchylide avaient hautement la préférence sur les siennes au jugement d'Hiéron. Nous ne savons rien de plus de la vie de Bacchylide. Il ne nous reste de lui que les fragmens qui suivent.

POÉSIES DE BACCHYLIDE.

I.

SUR LA PAIX.

La Paix, déesse immortelle et bienveillante, verse sur la terre l'abondance et les fleurs des beaux vers qui tombent des bouches d'or; elle relève les autels abattus et profanés. Quand elle est dans tout son éclat, on brûle en l'honneur des dieux les cuisses des bœufs succulens et les épaules des grasses brebis : les jeunes guerriers ne sont plus armés que de cestes; ils reprennent les jeux du gymnase, leurs flûtes et leurs amours innocens; ils déposent dans un coin ténébreux leurs boucliers terribles, que les araignées auront bientôt recouverts de leurs toiles. La rouille use leurs haches et leurs épées. Les oreilles ne résonnent plus du bruit effrayant du clairon; le sommeil plus doux que le miel vient clore doucement nos paupières. Nos sens sont enchantés par des rêves délicieux; partout recommencent d'agréables festins longtemps interrompus, et les hymnes d'amour retentissent dans nos villes charmées.

II.

SUR LE VÉRITABLE COURAGE.

Il n'y a dans ce monde qu'une route pour conduire au bonheur : c'est de préserver son âme de l'excès de la souffrance, de ne jamais se laisser abattre par les malheurs qui assiégent notre vie. Vous ne faites pas ainsi, si mille pensées cruelles vous tourmentent, si jour et nuit votre cœur est ouvert à toutes les inquiétudes de l'avenir : au milieu de vos efforts inutiles, vous n'êtes plus qu'un lâche, un homme perdu.

III.

SUR LE BONHEUR.

Heureux celui à qui le ciel accorde une part assez grande de biens pour couler doucement ses jours. Ils ne sont pas toujours calmes, et souvent bien des nuages viennent les troubler, car le bonheur parfait n'appartient pas à notre faible nature.

IV.

L'amour de l'or remporte trop souvent la victoire quand il combat contre une vertu trop faible.

V.

La pierre de Lydie découvre l'or pur et véritable; de même la sagesse et la vérité découvrent la vertu sincère.

VI.

Hélas! Hélas! mon fils, pourquoi pleurer? Notre malheur n'est-il pas mille fois plus grand que nos larmes.

VII.

L'homme de bien arrive chez son hôte; il paraît debout sur le seuil de la porte pendant qu'on prépare le frugal repas. L'hôte lui dit : « Les hommes justes viennent naturellement s'asseoir à la table de ceux qui leur ressemblent. Nous n'avons à vous offrir ni des bœufs entiers ni des vases d'or, ni des tapis de pourpre, mais nous vous offrons des âmes tendres, une douce musique, du vin agréable dans nos humbles coupes de Béotie. » L'étranger entendant ces paroles vient s'asseoir à table; il étend les bras et remercie en mangeant.

VIII.

DIEU.

Les tristes maladies qui nous accablent ne sauraient atteindre sa nature divine. Son amour constant et nécessaire pour le bien l'empêche de succomber à aucune faute. Le grand maître du monde accorde à peu d'hommes de conserver une vertu pure jusqu'à l'heure des cheveux blancs, et d'éviter tous les malheurs avant d'entrer dans l'ornière de la vieillesse.

IX.

SUR LE PÉLOPONÈSE.

O porte sublime de l'île glorieuse de Pélops, porte majestueuse et construite par un dieu, isthme célèbre de Corinthe qui conduis à la florissante Messène!

X.

Un doux plaisir, enfant de la nature, excité par Vénus dans un festin délicieux, caresse doucement notre âme, et l'espérance vient la charmer au milieu des dons de Bacchus. Nous oublions alors les chagrins cuisans qui nous déchiraient. A table, nous renversons les plus inexpugnables forteresses, nous sommes les rois du monde. Dans notre ivresse, nous croyons voir notre humble chaumière devenue palais reluire d'or et d'ivoire; nous croyons posséder tout le froment d'Égypte, toutes les richesses de l'univers que nous apportent de beaux vaisseaux aux voiles de pourpre.

FIN DE BACCHYLIDE.

OEUVRES DE THÉOCRITE,

TRADUITES PAR M. B.... DE L....,

MEMBRE DE L'ACADÉMIE DE PARIS.

DÉDIÉ PAR L'AUTEUR A M. PERRAULT-MAYNAND, TRADUCTEUR DE PINDARE.

NOTICE SUR LA VIE ET LES OUVRAGES DE THÉOCRITE.

Nous ignorerions de Théocrite jusqu'au lieu de sa naissance, s'il n'avait eu soin de nous apprendre lui-même, dans sa xve *Inscription*, qu'il était né à Syracuse. Il nous dit encore qu'il ne faut point le confondre avec un autre Théocrite de Chio, auteur d'épigrammes sanglantes qui lui coûtèrent la vie ; il ajoute que son père s'appelait Praxagoras et sa mère Philina, leur faisant ainsi, par ce pieux souvenir, partager sa brillante immortalité : quelle plus belle marque d'amour filial un père et une mère peuvent-ils attendre d'un fils illustre ?

Théocrite florissait sous Ptolémée Philadelphe, vers la fin de la cxxii^e olympiade, deux cent quatre-vingt-dix ans avant l'ère vulgaire. La cour de ce prince était devenue l'asile des sciences et des arts, depuis que la Grèce désolée et près de subir le joug de Romains s'était vue abandonnée des Muses, ces enfans du luxe et de la liberté. Notre poëte fut l'astre le plus brillant de cette pléiade d'Alexandrie qui répandit l'éclat de sa gloire sur le règne des Logides. Il ne fut point oublié dans les largesses de Philadelphe, et sa reconnaissance fut égale aux bienfaits : jamais il ne laisse échapper une occasion de rendre à son protecteur les hommages que son zèle pour les lettres lui méritait, et dans ses louanges, il met la délicatesse et la grâce qui font le charme de ses écrits.

Il ne fut pas aussi heureux auprès d'Hiéron II, roi de Syracuse : il se plaint avec amertume, dans une de ses idylles (xvi) pleine d'adroits ménagemens, de l'avarice des grands de son époque : « Les Muses in- » dignées, dit-il, regagnent, les pieds nus, leur triste » demeure, parce qu'elles ont fait une démarche inu- » tile, et, accablées d'ennui, elles restent assises sans » honneur au fond d'un coffre vide, la tête appuyée sur » leurs genoux glacés. » Et cependant il ne réussit point à s'attirer la faveur du tyran que le suffrage de ses concitoyens avait alors placé sur le trône de Sicile.

Si l'on peut juger du caractère d'un écrivain par ses ouvrages, ceux de Théocrite nous donneront l'idée la plus flatteuse des qualités de son cœur et de son esprit. Il parle avec la plus touchante admiration, avec l'enthousiasme même le plus vrai de ses maîtres, Philétas de Cos, poëte élégiaque et Asclépiade, surnommé Sicélide, auteur d'épigrammes (idylle vii). Ses rivaux en poésie étaient ses meilleurs amis. Il raconte avec bonheur, dans les *Tholysiennes*, les conversations qu'il avait avec Lycidas, poëte bucolique de Cydon, dans l'île de Crète. Quels éloges il lui prodigue ! et Nicias, poëte et médecin de Milet, quelle tendre amitié les unit, quels sages conseils il lui donne ! Son cœur aimant a deviné l'influence des femmes dans la société, dont la civilisation moderne a tiré tant d'avantage. Voyez-le peindre avec une vérité frappante et sans froide galanterie, les devoirs de la mère de famille dans cette charmante épître (xxviii) qu'il adresse à Theugénide, l'aimable épouse de son ami Nicias, en lui envoyant une jolie quenouille d'ivoire, présent de Minerve la déesse aux yeux bleus : « Quenouille jolie ! s'écrie-t-il, tu seras offerte à » l'épouse de Nicias. Dans ses laborieuses mains tu » préparas ces superbes tissus dont les hommes se » couvrent, ces robes ondoyantes dont se parent les » femmes... Theugénide a cet amour du travail qui, » dans les femmes, est le caractère de la vertu. Je n'ai » point voulu te conduire dans le séjour de l'indolence » et de l'oisiveté... La demeure que je te réserve est » celle d'un sage. Toutes les amies de Theugénide ad- » mireront son élégante quenouille, et sans cesse tu » rappelleras à sa mémoire le souvenir de son hôte » chéri des Muses. Qu'en te voyant chacun dise : Le » présent est petit, mais qu'il a de prix ! Les dons de » l'amitié sont toujours précieux. » On dirait comme un écho éloigné des chants de Salomon sur la femme forte.

On attribue à Théocrite des élégies, des hymnes et des iambes; mais il ne nous est parvenu que xxx idylles et xxiii inscriptions ou épigrammes, où l'on croit toujours entendre résonner quelques accens affaiblis de la lyre champêtre. On a aussi recueilli dans Casaubon et Athénée iii fragmens, dont l'un semble faire suite à la xxixe idylle; aussi, dans notre nouvelle traduction, n'avons-nous pas hésité à le mettre à sa place convenable.

Les idylles du poëte de Syracuse ne sont pas seulement, comme semblerait indiquer ce mot, des poésies pastorales; le mot idylle est ramené ici à sa signification étymologique. *Eidos, eidyllion* désigne en grec un tableau, une image, une collection de petits sujets de peinture, et en l'appliquant, par comparaison, à la poésie, une suite de petits poëmes sur divers sujets. Aussi Théocrite, dans ses idylles, a pris tous les tons; mais c'est sur les sujets champêtres qu'il s'est le plus exercé, et c'est aussi sous ce rapport qu'il est le plus connu : on ne l'a même guère jugé que comme poëte bucolique. Les uns, et c'est, croyons-nous, tous ceux qui l'ont lu, l'ont admiré; les autres l'ont déprécié, en lui opposant constamment Virgile. C'est une bizarrerie inexplicable en littérature : lorsque deux auteurs dans le même genre sont en présence, on veut absolument que l'un soit supérieur à l'autre; il faut les comparer et juger de leur ressemblance. Prononcer sur leur mérite aux dépens de l'un des deux concurrens, c'est être ennemi de ses jouissances les plus pures.

Étudions en particulier les beautés de chaque écrivain, et nous verrons qu'un grand poëte, par exemple, ressemble à un autre grand poëte, comme une beauté ressemble à une autre beauté; ils sont tous les deux admirables, voilà leur ressemblance. Nous nous garderons bien d'avancer que Théocrite est préférable à Virgile, quoique, en notre qualité de traducteur, nous eussions droit de l'admirer exclusivement; mais si nous avions à peindre le talent de ces deux poëtes, nous tâcherions d'attirer sur l'un et l'autre la même admiration.

On ressentira, en lisant les poésies pastorales de Théocrite, tous les charmes de la campagne et de la solitude. Ses bergers sont peints avec tant de vérité qu'on s'imagine vivre au milieu d'eux; mais il a eu soin surtout, sauf un petit nombre d'exceptions, de ne nous présenter que le côté aimable de leur caractère, et s'il leur a laissé des défauts, il les a placés dans l'ombre, seulement pour nous frapper par la vérité de la peinture et faire ressortir plus vivement leurs bonnes qualités par un contraste habilement ménagé.

Lui ferons-nous un reproche de quelques traits d'une nature vraiment révoltante qu'on trouve dans la ve idylle et ailleurs et que nous avons voilés dans la traduction? Théocrite, quand on a lu ses ouvrages, intéresse tellement pour ses bergers et surtout pour lui-même qu'on n'a pas le courage de rien dire contre lui. Accusons de ces tristes débordemens les mœurs païennes : les gymnases, où les jeunes gens se livraient ensemble et dans la plus complète nudité aux exercices de la lutte, la séquestration des femmes, voilà sans doute la cause de ces monstruosités qui sont heureusement si éloignées de nos mœurs que nous ne comprenons pas comment on a pu les embellir du charme des vers. Ces amours à la grecque nous paraissent si dégoûtantes que peu s'en est fallu que dans la traduction nous n'ayons changé les noms d'hommes en noms de femmes.....

Cependant Théocrite n'était point étranger au doux sentiment de l'amour : il lui a inspiré ses deux plus belles idylles, qui sont sans contredit la iie et la xxviie. La première, c'est l'amour dans toute la violence de ses transports, et ce poëme est, au sentiment de Racine, juge compétent en pareille matière, ce que l'antiquité a laissé de plus passionné; l'autre le reproduit dans ce qu'il a de plus suave, de plus délicat : cette idylle, qui pourrait être le sujet d'une longue étude littéraire et philosophique, semble avoir été destinée à compléter pour le lecteur de Théocrite toutes les faces de l'amour, le plus infini des sentimens.

Si l'on appelle pastorales les poésies de Théocrite dont les acteurs sont des habitans de la campagne ou peuvent être supposés tels, on trouvera xvii idylles bucoliques; mais dans ses poëmes, il prend tous les tons : il se sert tour à tour de la poésie lyrique sous ses différentes formes, de l'élégie et de ses accens plaintifs.

Dans les idylles qu'il est impossible de regarder comme pastorales, notre poëte a les beautés propres à chaque genre; il s'élève à la hauteur de la poésie épique : pensées, expressions, épithètes, tout est plein de hardiesse et de pompe. L'ode, échauffée du feu de son âme, en fait l'émule de Pindare dans plusieurs de ses tableaux. Parfois aussi l'idylle prend le ton de la comédie.

Théocrite offre plusieurs scènes, soit en action, soit en récit, dignes des poëtes comiques les plus célèbres. Il a fait parler les héros et les dieux dans la tragédie; il dit alors simplement les choses graves, il est sublime sans enflure, naïf sans trivialité.

Il n'est pas étonnant qu'il ait voulu s'exercer dans le poëme dramatique : un de ses talens les plus remarquables, et c'est celui qui distingue tous les grands écrivains, est de peindre les actions des personnages qu'il introduit dans ses idylles avec une vivacité qui les met en scène dans l'imagination de ses lecteurs; joignez à cette brillante faculté de son génie l'art inépuisable de leur conserver à tous leur caractère propre avec une constance qui ne se dément jamais, et vous aurez une idée juste de Théocrite.

Il termina probablement son assez longue carrière vers l'année où Marcellus, après s'être emparé de Syracuse, défendue en vain par le fameux Archimède, vint lui-même perdre la vie dans un piége que lui tendit Annibal.

Dans cette nouvelle traduction, nous n'avons pas cru, par respect pour les anciens, devoir rien retrancher de ce que la postérité nous a conservé de Théocrite. La traduction doit faire connaître les auteurs à ceux qui ne peuvent ou ne veulent pas les lire dans leur langue originale; il faut donc les montrer tels qu'ils sont, avec toutes leurs beautés, mais aussi avec leurs défauts. C'est au lecteur à savoir secouer les préjugés de nations et de mœurs pour pouvoir juger sainement des mœurs et des usages séparés des nôtres par un espace de deux mille ans. Mais tout en conservant à son original le caractère d'antiquité qui lui convient, le traducteur doit se débarrasser des langes de la différence des langues et s'imaginer que son auteur est, non pas Français, mais qu'il parle la langue française avec autant d'élégance et de talent que s'il parlait réellement la langue grecque. Ainsi point d'hellénisme inadmissible dans notre idiome, point de tournure bizarre et choquante pour les Français : tel a été notre désir en travaillant à faire connaître les grâces de Théocrite.

Nous avons dû cependant, tout en présentant une nouvelle traduction du berger sicilien, examiner quelques-unes de celles qui ont été faites avant nous. Les travaux de nos prédécesseurs nous ont servi : souvent notre expression a acquis plus de force et de vérité grâce à des efforts qui ne sont pas les nôtres; souvent les fautes mêmes de nos devanciers nous ont signalé des erreurs à éviter, des imperfections à corriger.

Les traductions de Théocrite ont été nombreuses; le charme de son style et de ses sujets attirait naturellement l'attention des érudits. L'extrême difficulté de cet auteur a rendu infructueuses bien des tentatives successives et patientes; mais elles n'ont pas été complètement perdues pour la science; le texte de Théocrite y a gagné de la pureté; des vers inachevés ont été restitués, des commentaires habiles ont interprété des passages obscurs; les fréquens proverbes toujours si difficiles à comprendre, parce qu'ils sont l'image exacte des mœurs souvent inconnues d'une nation, furent expliqués ou du moins donnèrent naissance à d'ingénieuses dissertations, à des recherches savantes sur les habitudes de l'antiquité. Nous ne présenterons pas ici un catalogue exact des éditions, traductions, imitations, annotations de Théocrite : nous indiquerons successivement et nous jugerons avec réserve.

Théocrite a été traduit en vers latins par Hélius Eobanus. Ce volume, petit in-8° publié à Bâle en 1531, est l'œuvre d'un philologue habile, mais d'un poète médiocre. Il y a de la fidélité dans la traduction, mais l'expression manque de grâce et de couleur.

Longuepierre, auteur de *Médée*, tragédie qui est restée au théâtre, a traduit les quinze premières idylles. Les vers sont mauvais et aujourd'hui oubliés; les notes sont bonnes quoique un peu longues : elles ont mérité les éloges des philologues allemands, et si leur rédaction, souvent diffuse, les rend ennuyeuses à lire, elles offrent cependant des éclaircissemens curieux.

Chabanon a tour à tour traduit et imité quelques idylles de Théocrite. La sécheresse et la raideur sont les défauts de son œuvre; les notes seules ont survécu : elles sont utiles et pleines d'une science rendue avec facilité.

Après cette mauvaise traduction en parut une autre en prose plus mauvaise encore par P.-L.-C. Gin, ancien jurisconsulte. Le style en est diffus et c'est là son moindre défaut : la langue française, l'orthographe et la syntaxe même y sont violées à toutes les lignes.

Théocrite trouva enfin un traducteur en la personne de Geoffroy. Mais l'habile critique chercha surtout à plaire; l'élégance fut son principal but : pour faire lire Théocrite à des Français, il l'*arrangea*, il supprima les passages qu'il ne put pas rendre aimables, il amplifia la comparaison, il tailla les phrases à la française; il éluda ainsi les difficultés sérieuses et changea le caractère général, la physionomie du poète. Du reste Geoffroy a pris soin de nous avertir de ces licences, dictées par de bonnes intentions, dans une longue préface écrite toute entière avec le style et la rhétorique de l'ancien professeur d'éloquence au collège Mazarin[1] : « Cependant, nous dit-il, la bonne foi me fait un devoir de déclarer que, d'après les principes de Cicéron et d'Horace, je me suis plus attaché à rendre l'esprit de Théocrite qu'à compter ses mots. J'ai même osé sacrifier à notre goût et à nos mœurs quelques traits trop choquans pour des lecteurs français, convaincu que ces retranchemens témoignaient à la fois mon respect pour Théocrite et pour le public. Mais pour ne rien faire perdre aux amateurs et pour justifier mes libertés aux gens de goût, ce que j'enlève au texte, je le restitue dans les notes. Je sais qu'une pareille témérité eût été regardée autrefois comme un sacrilège, mais la superstition n'est plus à la mode. Si les anciens sont des dieux, le culte qui les honore le mieux c'est un culte raisonnable, et le traducteur le plus irréligieux sera toujours celui qui par une exactitude aveugle et servile immole sa divinité à la risée des impies. »

Geoffroy a tenu toutes ses promesses. Sa traduction est une *belle infidèle*.

Parmi nos contemporains, M. Didot a mis en vers avec une exactitude scrupuleuse la traduction déjà très-fidèle de M. Gail. M. Cros a publié en 1832 un travail fait selon les mêmes principes. Ce système de

---

[1] *Idylles de Théocrite*, traduites en français avec des remarques par Julien-Louis Geoffroy, ci-devant professeur d'éloquence au collège Mazarin.

traduction littérale et vers par vers a été tenté et consacré par d'heureux essais dans des langues étrangères. La langue allemande, plus riche que la nôtre, douée de combinaisons assez puissantes pour créer des mots nouveaux, maniée en outre habilement par Woss, a pu rendre les chefs-d'œuvre de la littérature ancienne dans leurs moindres détails ; mais jusqu'ici notre langue française, malgré les efforts de Delille, de Didot, de M. Cros et de beaucoup d'autres, n'a pu reproduire avec leurs qualités essentielles les chefs-d'œuvre de l'antique poésie.

Les Anglais possèdent deux traductions en vers de Théocrite, toutes deux également remarquables à des titres différens ; celle de Fawkes et celle de Polwhele.

Les Italiens citent avec orgueil une longue liste de traducteurs de Théocrite : Salvini, Gaetani della Torre, Pagnini, Regalotti, Zemagora.

Enfin les Allemands possèdent, outre les traductions en prose par Grillo et Kütner, une excellente traduction en vers par Ernst-Christoph Bindemann (1793) et celle de Woss, qui est un chef-d'œuvre poussé à un point de perfection qu'il est difficile de surpasser.

A toutes les versions de Théocrite que nous venons d'énumérer, nous en joindrons une dernière en vers, publiée en 1829, qui a pour nous le double mérite d'être d'une parfaite élégance et de nous être restée comme le dernier monument, l'ouvrage le plus consciencieux d'un de nos compatriotes, d'un Lyonnais, de M. Servan de Sugny, enlevé jeune encore aux espérances de la littérature. Le talent de Servan de Sugny était surtout remarquable par une facilité toujours pure, par une correction facile, par une douceur aimable. Dans sa traduction de Théocrite, il ne lutte pas avec assez de constance contre le poëte grec : il a souvent recours à la paraphrase quand il pourrait peindre d'un seul trait ; il est toujours retenu par une sorte de timide délicatesse qui l'arrête en face du texte : cependant sa traduction est lue avec plaisir ; elle a reçu des éloges mérités, et nous ne pouvons que consigner ici, avec l'expression de nos regrets pour une mort si rapide, l'expression sincère de notre admiration pour des efforts constans quelquefois couronnés par le succès.

Tels sont nos prédécesseurs. Puissions-nous dans cette nouvelle traduction avoir fait notre conquête de leurs beautés et notre enseignement de leurs fautes !

IDYLLES DE THÉOCRITE.

Ire IDYLLE.

LE BERGER THYRSIS, LE CHEVRIER.

Entretien entre le berger Thyrsis et un chevrier. Thyrsis chante les amours et la mort de Daphnis. Le chevrier, charmé de sa voix, lui permet de traire trois fois une chèvre et lui fait présent d'une coupe où est gravé un gracieux paysage.

THYRSIS.

Chevrier, le pin qui ombrage cette source fait entendre un doux frémissement ; et toi, tu tires de ta flûte des sons enchanteurs. Tu ne le cèdes qu'à Pan. Si ce dieu accepte un bouc haut encorné, tu recevras une chèvre ; mais s'il désire la chèvre, tu auras le chevreau : la chair du chevreau, nouvellement sevré, est exquise.

LE CHEVRIER.

O berger! ton chant est plus doux que le murmure de la source qui coule du haut de ce rocher. Si les Muses obtiennent une brebis, toi, tu recevras l'agneau encore renfermé dans la bergerie ; si cependant elles préfèrent l'agneau, tu obtiendras la brebis.

THYRSIS.

Au nom des Nymphes, veux-tu, chevrier, veux-tu venir t'asseoir sur le penchant de cette colline, au milieu des bruyères, et jouer de ta flûte? Pendant ce temps-là je surveillerai tes chèvres.

LE CHEVRIER.

Berger, je ne le puis. Déjà il est midi, et à midi il n'est pas permis de jouer de la flûte : c'est l'heure que Pan, fatigué de la chasse, a choisie pour se reposer. Ce dieu est cruel, la colère siège continuellement sur son front ; aussi je le crains beaucoup. Mais toi, Thyrsis, tu connais les malheurs de Daphnis, et tu excelles dans le chant bucolique. Allons nous asseoir sous cet ormeau, en face de la statue de Priape et de ces sources limpides, ou sur ce banc de gazon à l'ombre des chênes. Si tu chantes comme tu le fis naguère lorsque tu vainquis le Lydien Chromis, je te laisserai traire trois fois cette chèvre qui nourrit deux jumeaux et remplit encore deux vases de son lait ; je te donnerai aussi une coupe profonde enduite de cire odoriférante : elle est garnie de deux anses et sort à peine des mains du sculpteur. Un lierre, comme une guirlande de fleurs, couronne les bords supérieurs de cette coupe et se marie à un hélichryse qui descend entourer le pied, où s'épanouit son fruit d'or.

Au fond est ciselée une femme d'une rare beauté, parée d'un voile et d'un réseau qui retient ses cheveux. A ses côtés, deux amans à la chevelure ondoyante se disputent sa conquête. Sans paraître émue de leurs discours, la coquette tantôt sourit à l'un, tantôt porte sur l'autre ses regards enivrans ; et ses adorateurs, les yeux humides d'amour, se tourmentent en vain.

Au milieu on voit aussi un rocher escarpé, sur lequel un vieux pêcheur, encore plein de virilité, traîne à la hâte, et non sans peine, un immense filet qu'il veut jeter à la mer. On croit voir ses pénibles efforts : sur son cou nerveux ses veines se gonflent, et l'âge a blanchi son front sans affaiblir son corps.

Non loin de ce vieux marin, une vigne plie sous le poids de ses raisins pourprés. Un jeune enfant la garde, assis sur un tronc d'arbre. Près de lui sont deux renards : l'un se promène parmi les ceps, se gorgeant des grappes mûres ; l'autre assiége la panetière du berger et ne veut s'éloigner qu'après avoir dévoré tout son déjeuner. Cependant le petit gardien tresse avec du jonc et de la paille un piége pour prendre des cigales, et semble moins occupé de sa panetière et des raisins, que du plaisir qu'il prend à son travail.

Une molle acanthe embrasse aussi cette coupe, vrai chef-d'œuvre éolien. J'ai donné en échange, à un pilote de Calédonie, une chèvre et un énorme et délicieux fromage. Elle est toute neuve, je ne l'ai pas encore approchée de mes lèvres, et je te la donnerai sans regret, si tu me répètes ce chant admirable. Je ne suis point jaloux de ton talent. Allons, mon cher

Thyrsis, commence; ne réserve pas tes chants pour l'oublieux empire de Pluton.

THYRSIS. (Il chante.)

« Commencez, Muses chéries, commencez un chant bucolique; je suis Thyrsis de l'Etna, ma voix est la voix de Thyrsis.

» Où étiez-vous, ô Nymphes! lorsque l'amour consumait Daphnis? Dans les riantes prairies qu'arrose le Pénée, ou bien sur le Pinde? car vous ne vous délassiez ni sur les bords du majestueux Anapus, ni sur la cime de l'Etna, ni dans les ondes sacrées de l'Acis.

» Commencez, Muses chéries, commencez un chant bucolique.

» Les loups et les bêtes féroces l'ont pleuré par leurs hurlemens, et le lion en a rugi de fureur dans les forêts.

» Commencez, Muses chéries, commencez un chant bucolique.

» Ses nombreuses génisses et leurs mères, ses mille taureaux et ses bœufs gémissaient, couchés à ses pieds.

» Commencez, Muses chéries, commencez un chant bucolique.

» Mercure le premier accourut du haut des monts et dit : « Daphnis, qui t'a mis dans cet état? Je t'en prie, quel est l'objet d'un amour si violent? »

» Commencez, Muses chéries, commencez un chant bucolique.

» Les pâtres, les bergers, les chevriers, réunis autour de sa couche, lui demandaient le sujet de ses maux. Priopa vint : « Infortuné Daphnis, lui dit-il, pourquoi te chagriner ainsi? La bergère court le long des ruisseaux et dans les bois.....

» Commencez, Muses chéries, commencez un chant bucolique.

» A la recherche d'un autre. Tu es malheureux en amour, car il te fait perdre la raison. Jusqu'à ce jour on t'a nommé berger; maintenant, tel qu'un simple chevrier que l'accouplement du bouc et de la chèvre fait sécher de douleur.....

» Commencez, Muses chéries, commencez un chant bucolique.

» La vue de jeunes filles qui rient et folâtrent ensemble te rend jaloux; tu es désolé de ne pouvoir danser avec elles. »

» Le berger ne répondait rien et laissait le cruel amour dévorer sa languissante vie.

» Commencez, Muses chéries, commencez un chant bucolique.

» Enfin parut la belle et gracieuse Vénus, le sourire déguisait le courroux enfermé dans son cœur : « Eh bien! Daphnis, dit-elle, tu osais défier l'amour; ne remporte-t-il pas une mémorable et terrible victoire? »

» Commencez, Muses chéries, commencez un chant bucolique.

» Daphnis lui répondit : « Barbare Vénus, Vénus odieuse, vrai fléau des mortels! tout m'annonce que déjà le dernier soleil va se coucher pour moi; mais Daphnis, aux enfers même, détestera l'amour.

» Commencez, Muses chéries, commencez un chant bucolique.

» Va sur le mont Ida, où un simple berger et Vénus, dit-on... Va trouver Anchise... Là sont des chênes qui prêtent leur ombre; ici, il n'y a que du jonc, ici les abeilles bourdonnent autour de leurs ruches.

» Commencez, Muses chéries, commencez un chant bucolique.

» Adonis est beau aussi; il paît des troupeaux, perce des lièvres à la chasse et poursuit d'autres bêtes sauvages.

» Commencez, Muses chéries, commencez un chant bucolique.

» Ose te rendre auprès de Diomède et dis-lui : « J'ai vaincu le berger Daphnis, viens donc te mesurer avec moi. »

» Commencez, Muses chéries, commencez un chant bucolique.

» Loups, ours et vous tous hôtes des forêts, recevez mes adieux; vous ne verrez plus Daphnis dans les bois, ni sur les coteaux. Adieu, Aréthuse; adieu, fleuves qui portez le tribut de de vos ondes dans les flots limpides du Thymbris.

» Commencez, Muses chéries, commencez un chant bucolique.

» Je suis ce Daphnis qui paissais mes bœufs dans ces pâturages, ce Daphnis qui abreuvais dans vos sources mes taureaux et mes génisses.

» Commencez, Muses chéries, commencez un chant bucolique.

» O dieu Pan! soit que tes pas errent en ce moment sur le Lycée ou sur le haut Ménale, viens en Sicile, abandonne le promontoire d'Hélice et le magnifique tombeau du fils de Lycam, honoré des dieux mêmes.

» Cessez, Muses, oh! cessez le chant bucolique.

» Approche, roi des chanteurs, reçois cette flûte si douce, si belle, si bien vernie; son embouchure recourbée s'adapte parfaitement aux lèvres. Prends-la, car déjà ma fatale passion m'entraîne aux enfers.

» Cessez, Muses, oh! cessez le chant bucolique.

» Buissons, et vous ronces, produisez des violettes; que le beau narcisse fleurisse sur le genièvre. Nature, change tes lois, et que sur le pin la poire mûrisse, car Daphnis se meurt. Que le cerf traîne après lui le chien captif, et que le hibou le dispute au rossignol sur nos montagnes. »

» Cessez, Muses, oh! cessez le chant bucolique.

» Il dit, et languissant il expire. Vénus veut le rappeler à la vie, mais déjà les Parques en ont tranché les derniers fils. Daphnis a donc traversé le fleuve de la mort, et l'onde infernale enchaîne pour jamais ce mortel cher aux Muses et bien-aimé des Nymphes.

» Cessez, Muses, oh! cessez le chant bucolique. »

Donne-moi maintenant la coupe et fais approcher la chèvre; je veux la traire et faire une libation aux Muses.

Adieu, mille fois adieu, déesses d'Aonie! Qu'une autre fois mes chants soient plus dignes de vous!

LE CHEVRIER.

Puisse, ô Thyrsis! puisse ton gosier si harmonieux être toujours plein de miel et ne se nourrir que des figues délicates d'Égile! Le chant de la cigale est moins doux que le tien.

Voici la coupe. Examine-la, mon ami; quel parfum elle exhale! on dirait qu'elle a été plongée dans la fontaine des Heures.

Cissétha, ici... Toi, exprime le lait de ses mamelles... Mes chèvres, ne bondissez pas, de peur que le bélier ne s'approche de vous.

IIe IDYLLE.

LA MAGICIENNE.

Cimétha, éprise d'amour pour le Myndien Delphis, cherche par des enchantemens à le tirer du gymnase et à le ramener à elle. Elle invoque Hécate et la Lune, divinités favorables aux amans. Un esclave Thestylis la seconde dans ses opérations magiques.

Où sont les lauriers? où sont les philtres? apporte-les, Thestylis. Couvre cette coupe d'une rouge toison; je veux poursuivre de mes enchantemens le parjure qui cause mes maux. Depuis douze jours ce perfide est loin de moi, et il ne s'informe point si je vis ou si je meurs. Il n'est plus venu frapper à ma porte, le cruel! Ah! sans doute l'Amour et Vénus ont allumé d'autres feux dans son cœur inconstant. Demain j'irai au gymnase de Timagètes pour le voir et lui demander la raison de sa conduite. Aujourd'hui poursuivons-le de nos enchantemens.

O Lune! pare ton front d'un nouvel éclat; c'est ma voix qui t'implore, reine des nuits; et toi aussi, souterraine Hécate, toi que les chiens mêmes redoutent lorsque, te promenant parmi les tombeaux, ton pied se pose dans le sang.

Terrible Hécate, je te salue. Reste auprès de moi jusqu'à la perfection de ces philtres; qu'ils ne le cèdent ni à ceux de Circé, ni à ceux de Médée, ni à ceux de la blonde Périmède.

Oiseau sacré, vers moi rappelle mon volage amant.

Déjà le feu a consumé cette orge. Verse maintenant..... Malheureuse Thestylis, à quoi penses-tu donc? Maudite esclave, te jouerais-tu aussi de moi?... Verse le sel et dis ces paroles : « Je jette aux flammes les os de Delphis. »

Oiseau sacré, vers moi rappelle mon volage amant.

Delphis cause mes maux; c'est pour Delphis que je brûle ce laurier. Il pétilla en l'enflammant, déjà il est tout consumé sans même laisser de cendre : qu'ainsi se dissipe en flamme légère le parjure Delphis!

Oiseau sacré, vers moi rappelle mon volage amant.

Comme la cire se fond au feu, que le Myndien Delphis fonde soudain d'amour pour moi, et que, pareil à ce globe d'airain que ma main fait tourner, l'infidèle poursuivi par Vénus, tourne autour de ma demeure.

Oiseau sacré, vers moi rappelle mon volage amant.

Je vais brûler ce son ; toi, Diane, toi qui fléchirais Rhadamante lui-même et les cœurs les plus inflexibles des enfers... Écoute, Thestylis... Les chiens aboient... c'est pour nous qu'ils font retentir la ville de leurs hurlemens. La déesse est dans les carrefours; vite, vite, frappe ce vase d'airain.

Oiseau sacré, vers moi rappelle mon volage amant.

Déjà la mer se tait, les vents s'apaisent, tout dort, le chagrin seul veille au fond de mon cœur : je brûle d'amour pour celui qui, au lieu du nom d'épouse, m'a donné l'infamie, m'a ravi l'honneur.

Oiseau sacré, vers moi rappelle mon volage amant.

Je fais trois libations, et trois fois, astre brillant des nuits, je t'adresse cette prière : » Quel que soit l'objet qui partage la couche de Delphis, qu'il l'oublie à l'instant, comme Thésée oublia jadis dans Naxos Ariane à la belle chevelure. »

Oiseau sacré, vers moi rappelle mon volage amant.

L'hippomane que produit l'Arcadie, rend furieux et fait bondir sur les montagnes les jeunes chevaux et les cavales rapides. Puissé-je voir ainsi Delphis voler, plein d'amour, du gymnase à ma demeure !

Oiseau sacré, vers moi rappelle mon volage amant.

Delphis a perdu cette frange de son manteau ; je la déchire et la jette sur le feu dévorant. Hélas ! cruel amour ! pourquoi, pareil à l'avide sangsue, t'attacher à mon corps, pourquoi dévorer ma vie ?

Oiseau sacré, vers moi rappelle mon volage amant.

Je broie ce vert lézard, breuvage funeste que je te présenterai demain. Thestylis, prends ces philtres, inonde le seuil de sa maison, ce seuil où est attaché mon cœur, et le perfide ne s'en soucie pas ! Crache et dis : « Je jette aux vents les cendres de Delphis. »

Oiseau sacré, vers moi rappelle mon volage amant.

Je suis seule... Par où commencerai-je à dire mon déplorable amour ? Qui dois-je en accuser ? Anaxo, fille d'Eubolus, allait au bois de Diane, portant sur sa tête la corbeille sacrée. Dans ce bois furent amenées de toutes parts des bêtes féroces pour orner la fête ; parmi elles se trouvait une lionne.

Reine des nuits, apprends quel fut mon amour.

Theucarila, ma nourrice et ma voisine, née parmi les Thraces, et qui est maintenant dans l'heureux Élisée, me pressa, me conjura d'aller voir cette pompe solennelle ; et moi, pauvre jeune fille, je la suivis vêtue de beaux habits de lin et couverte du riche manteau de Cléarista.

Reine des nuits, apprends quel fut mon amour.

A moitié du chemin, près de la cabane de Lycon, je vis Delphis marchant avec Eudamippe. Un duvet fin et doré colorait leurs joues, et leur poitrine étincelait d'un éclat plus pur que le tien, ô Lune ! Ils revenaient du gymnase et de leurs nobles exercices.

Reine des nuits, apprends quel fut mon amour.

A sa vue, infortunée que je suis ! je devins toute en feu, ma raison s'égara, mon front pâlit, la fête disparut à mes yeux ; j'ignore quelle main alors me ramena chez moi. En proie à la fièvre brûlante, dix jours et dix nuits je fus attachée sur un lit de douleur.

Reine des nuits apprends quel fut mon amour.

Mon corps prit la triste couleur du thopsos ; ma tête se dégarnissait de ses cheveux et mes os n'étaient couverts que d'une peau livide. Qui n'implorai-je point ? De quelle magicienne n'ai-je point invoqué les enchantemens ? Cependant point de remède ! et le temps fuyait toujours !

Reine des nuits, apprends quel fut mon amour.

Enfin j'ouvris mon cœur à mon esclave : « Thestylis, cherche un remède à mes maux ! Le Myndien seul possède toute mon existence. Va, épie autour du gymnase de Timagètes : c'est là qu'il se promène ; c'est là qu'il dispute le prix de la lutte, ce délicieux amusement de son âge...

Reine des nuits, apprends quel fut mon amour.

» S'il est seul, fais-lui signe et dis-lui doucement : « Simétha vous appelle, suivez-moi. » Je dis, elle part et amène le beau Delphis. Quand d'un pas agile je l'entendis franchir le seuil de ma porte...

Reine des nuits, apprends quel fut mon amour.

Je devins plus froide que la glace; de mon front la sueur ruisselait semblable à la rosée du midi ; mes paroles expiraient sur mes lèvres ; ainsi l'enfant dans un songe veut appeler sa mère et demeure sans voix. J'étais froide, immobile comme un marbre.

Reine des nuits, apprends quel fut mon amour.

Le perfide me voit, baisse les yeux, s'assied sur ma couche : « Simétha, me dit-il, en m'appelant aujourd'hui, tu m'as prévenu de moins encore que j'ai devancé hier à la course le beau Philinus.

Reine des nuits, apprends quel fut mon amour.

» Oui, je serais venu de moi-même, j'en atteste le tendre amour, je serais venu cette nuit, suivi de deux ou trois amis, t'apporter des pommes de Bacchus, ayant sur ma tête, attachée avec des nœuds de pourpre, une couronne du peuplier consacré à l'immortel Alcide.

Reine des nuits, apprends quel fut mon amour.

» Si tu m'avais reçu, quelle félicité pour toi! tu aurais eu pour amant celui qu'une voix unanime a proclamé le plus beau et le plus léger de ses rivaux. Moi, j'aurais été satisfait de savourer un seul baiser sur tes lèvres vermeilles ; mais si, me repoussant, ta main eût continué à fermer le verrou de ta porte, alors le fer et le feu m'auraient frayé un chemin jusqu'à toi.

Reine des nuits, apprends quel fut mon amour.

» Je remercie d'abord Vénus de mon bonheur ; toi ensuite, ma bien-aimée, toi qui m'as arraché du milieu des flammes, qui m'as appelé dans ta demeure lorsque déjà j'étais à moitié consumé ; car souvent le feu de Vulcain cède au feu de l'amour.

Reine des nuits, apprends quel fut mon amour.

» Oui, c'est l'amour qui arrache la jeune vierge à son lit solitaire; c'est l'amour qui arrache de la couche nuptiale l'épouse palpitant encore des baisers de son époux. »

Ainsi parla Delphis, et moi, fille crédule et aimante, je le pris par la main ; je l'attirai tendrement sur mon lit. Son corps échauffa mon corps, nos lèvres brûlantes s'unirent et mille délices inondèrent nos âmes.

Qu'ajouterai-je encore, ô Lune bien-aimée! les doux mystères s'accomplirent.

Depuis ce moment nos jours s'écoulaient doux et sereins. Delphis et moi n'avions aucun reproche à nous faire. Mais la mère de Philisto, ma joueuse de flûte, mère aussi de Mélixo, est venue me voir ce matin au moment où les chevaux du Soleil, sortis de l'Océan, s'élançaient dans le ciel, chassant devant eux l'Aurore aux doigts de rose, et entre plusieurs propos elle m'a dit :

« Delphis a une autre passion ; je ne connais pas celle qu'il aime, mais je sais qu'il boit souvent à ses nouvelles amours. Tu es abandonnée ; ton infidèle orne de festons fleuris la maison de l'objet de ses feux. »

Voilà ce que m'a raconté ma voisine, elle qui dit toujours la vérité. En effet auparavant l'ingrat venait me voir trois ou quatre fois par jour ; souvent il a oublié chez moi sa coupe dorique, et voilà douze jours que je ne l'ai vu ! Est-il est vrai qu'il a d'autres amours ? qu'il m'a oubliée ? Je prétends qu'il tienne ses sermens, et s'il me néglige encore, j'en jure par les Parques, bientôt il verra les rives de l'Achéron ; car, puissante déesse, c'est d'un Assyrien que j'ai appris à composer les poisons renfermés dans cette urne magique.

Adieu reine des nuits, dirige tes coursiers vers l'Océan ; pour moi, j'ai souffert et je souffrirai encore.

Adieu Lune au front brillant ; adieu vous aussi, astres qui accompagnez le char silencieux de la reine des nuits.

IIIe IDYLLE.

LE CHEVRIER, OU AMARYLLIS.

Plaintes amoureuses d'un chevrier.

Je vais chanter devant la grotte d'Amaryllis, pendant que sur la montagne Tityre a soin de mes chèvres. Mon bon ami Tityre, veille sur mon troupeau ; tu l'abreuveras ensuite ; mais prends garde, ce bouc de Lybie est fort et vigoureux, il pourrait te frapper de sa corne.

Adorable Amaryllis, pourquoi ne pas t'asseoir à l'entrée de ta grotte? pourquoi ne pas appeler à tes côtés celui que tes charmes enivrent d'amour? Dis-moi, nymphe si jolie! me trouverais-tu le nez trop court et le menton trop allongé? Ah! tu veux donc que je meure!

Voilà dix pommes: je les ai cueillies sur l'arbre que tu m'as toi-même désigné. Demain je t'en apporterai dix autres; mais prends pitié, je t'en conjure, prends pitié de ma douleur.

Que ne suis-je légère abeille! je pénétrerais dans ta grotte, je me glisserais dans le lierre et la fougère qui servent de couche à tes membres délicats.

Je connais l'amour maintenant: dieu impitoyable, il a sucé le lait d'une lionne, et sa mère l'a nourri dans les forêts; il embrase mon sang, il consume mes os.

Jeune fille au regard si doux et au cœur d'airain, nymphe aux noirs sourcils, serre-moi dans tes bras, accorde-moi un baiser: un simple baiser a tant de charmes!

Amaryllis que j'adore, tu me forceras à briser cette couronne de lierre et de persil odorant que j'ai tressée pour toi.

Hélas! que faire? que devenir? Tu es sourde à ma voix! Je vais me dépouiller de mes habits et me précipiter dans les ondes du haut de cette roche d'où le pêcheur Olpis amorce le thon vorace. Si j'échappe au trépas, du moins mon désespoir réjouira ton cœur barbare.

J'ai appris naguère combien tu me haïssais. Curieux de savoir si tu avais de l'amour pour moi, j'interrogeai la feuille du pavot: en vain je la pressai sur ma main; elle s'y flétrit sans rendre aucun son.

Elle m'a dit aussi la vérité, la vieille Agréa que le crible instruit de l'avenir. Elle glanait aux champs, et sur ma demande que j'eus soin d'accompagner d'une récompense, elle me répondit: « Chevrier, tu brûles pour une inhumaine. »

Cependant je garde pour toi une chèvre blanche comme le lis et mère de deux petits. La brune Érithacis, fille de Mermnon, me la demande; eh bien! je la lui donnerai, puisque tu te ris de mon amour.

Dieux! un tressaillement à l'œil droit!... Dois-je la voir?... Je vais m'asseoir sous ce pin, et commencer une chanson; peut-être me regardera-t-elle: la belle Amaryllis n'a pas un cœur d'airain.

(Il chante).

« Amoureux d'une jeune princesse, Hippomène, les mains pleines de pommes, s'élance dans la carrière, et le premier touche au but. A la vue de ces fruits dorés, Atalante s'enflamme; elle brûle d'amour pour son vainqueur.

» Le devin Mélampe conduit à Pylos les troupeaux qui paissaient sur l'Othrys, et la mère de la sage Alphésibée devient l'heureuse épouse de Bias.

» Et Adonis, lorsqu'il gardait ses troupeaux sur les hautes montagnes, n'inspira-t-il pas à la belle Vénus un amour violent? ne vit-on pas cette immortelle presser sur son sein l'amant que la mort venait de lui ravir?

» Qu'il est digne d'envie, ô Endymion, ce sommeil éternel qui ferme tes paupières! Heureux, femme adorée, heureux Jasion! Il a obtenu ce que vous ne connaîtrez jamais, profanes mortels! »

Ma tête souffre, mais tu n'y songes guère. Je ne chanterai plus. Je vais me coucher ici; les loups me dévoreront, et ma mort te sera plus douce que le miel.

IVe IDYLLE.

BERGERS.

Conversation entre deux bergers, qui, tout en s'occupant de leurs troupeaux, ne s'épargnent pas la médisance.

BATTUS, CORYDON.

BATTUS.

Dis-moi, Corydon, à qui ces génisses? A Philondas?

CORYDON.

Non, à Égon qui m'a chargé de les conduire au pâturage.

BATTUS.

Ne t'arrive-t-il jamais le soir de les traire en secret?

CORYDON.

Certes non; le vieillard met lui-même les petits sous leurs mères, et a toujours l'œil ouvert sur moi.

BATTUS.

Égon où est-il allé? On ne le voit plus!

CORYDON.

Comment! tu l'ignores? Milon l'a emmené sur les bords de l'Alphée.

BATTUS.

Où a-t-il donc vu un gymnase?

CORYDON.

On lui a persuadé qu'il pourrait le disputer à Hercule en force et en vigueur.

BATTUS.

Ma mère aussi me disait que j'étais un Pollux.

CORYDON.

Il a pris sa bêche et emmené vingt brebis.

BATTUS.

Je crois que ce Milon persuaderait aux loups de devenir enragés.

CORYDON.

Ses génisses semblent le rappeler par leurs mugissemens.

BATTUS.

Les malheureuses! elles ont rencontré un bien mauvais berger!

CORYDON.

Oui, elles sont malheureuses, elles ne veulent plus paître.

BATTUS.

Cette génisse est bien décharnée! se nourrit-elle de rosée comme la cigale?

CORYDON.

Oh! non, par Jupiter: je la conduis tantôt auprès de l'OEsure, et je lui donne de bonnes poignées d'herbe tendre et fraîche; tantôt je la mène dans le bois touffu de Lotymne.

BATTUS.

Qu'il est maigre ce taureau au poil roux! Puissent les cruels Lampriades n'en offrir jamais d'autre à Junon!

CORYDON.

Cependant j'ai soin de le faire paître à l'entrée du marais, dans les environs du Phisius, et à Néèthe, où abondent les plus belles plantes, le serpolet, la sariette et l'odoriférante mélisse.

BATTUS.

Hélas! infortuné Égon, tes génisses périront tandis que tu cours après une douteuse victoire; la moisissure souillera cette flûte, ouvrage de tes mains.

CORYDON.

Sa flûte! non pas! j'en jure par les nymphes! En partant pour Pise il me l'a donnée, et je sais m'en servir. Je joue fort bien l'air de Glaucé, celui de Pyrrhus et ceux-ci: — Je célèbre Crotone; — Zacynthe est une belle ville; — Le cap Lacinium, voisin de l'aurore, où l'athlète Égon dévora lui seul quatre-vingts gâteaux. Il y traîna du haut de la montagne, et offrit à Amaryllis un taureau qu'il avait saisi par le pied. Les femmes poussèrent des cris d'épouvante et le berger se mit à rire.

BATTUS.

O trop aimable Amaryllis! jamais je ne t'oublierai. Mes chèvres me sont moins chères que ta mort ne m'a été cruelle. Hélas! quelle fatale destinée m'était réservée!

CORYDON.

Du courage, mon cher Battus; le jour de demain sera peut-être meilleur. L'espérance reste aux vivans, les morts seuls n'en ont plus. Jupiter fait succéder le beau temps à l'orage.

BATTUS.

Oui sans doute j'espère en l'avenir. Chasse donc tes génisses; ces misérables broutent les branches de l'olivier. Holà, Léparge!

CORYDON.

Hé, Cimétha! vers le coteau!... Ne m'entends-tu pas? par le dieu Pan, si j'y vais!... Encore!... Quels coups tu recevrais si j'avais ma houlette!

BATTUS.

Aie!... Regarde, Corydon; une épine m'a piqué le pied. Que les chardons sont hauts ici! Maudite génisse, c'est en te poursuivant que j'ai été blessé! Vois-tu l'épine?

CORYDON.

Oui; je la tiens..... La voilà.

BATTUS.

Que c'est petit! si peu de chose abattre un homme!

CORYDON.

Battus. ne va jamais nu-pieds sur les montagnes; on n'y trouve que des ronces et des chardons.

BATTUS.

Dis-moi, Corydon, ton vieux maître est-il toujours épris de cette belle aux yeux noirs que jadis il aimait tant?

CORYDON.

Plus que jamais, le vieux fou. L'autre jour je les surpris dans l'étable se prodiguant de tendres caresses.

BATTUS.

Courage vieux paillard! Défie donc dans leurs amoureux débats, les faunes et les satyres aux jambes grêles.

Vᵉ IDYLLE.

LES CHANTEURS BUCOLIQUES.

Combat de deux bergers pour le prix du chant. Ils gagent, l'un un chevreau, et l'autre un agneau. Morson, pris pour juge, prononce en faveur de Comatas. — Joie du vainqueur.

COMATAS, LACON, MORSON.

COMATAS.

Mes chèvres, fuyez Lacon le Sybarite: il m'a dérobé ma toison.

LACON.

Quoi! mes brebis, vous ne fuyez pas de cette source? vous ne voyez donc pas Comatas qui m'a volé ma flûte?

COMATAS.

Quelle flûte, vil esclave? As-tu jamais eu une flûte? N'est-ce pas assez pour toi de souffler avec Corydon dans un pipeau sauvage?

LACON.

Celle, excellent jeune homme, que Lycon m'avait donnée. Mais toi, quelle toison t'ai-je dérobée? parle donc, Comatas. Jamais ton maître Eumoras en a-t-il mis une sous lui pour dormir?

COMATAS.

Cette toison bigarrée que m'avait donnée Crocylus le jour où il sacrifiait une chèvre aux nymphes. Toi, méchant, tu en séchais de jalousie; enfin tu m'en as dépouillé.

LACON.

Non, par le dieu Pan gardien de nos rivages, non, Lacon, fils de Céléthis, ne t'a point dépouillé de cette toison. Si je mens, puissé-je dans un transport furieux me précipiter du haut de cette roche dans le Crathis.

COMATAS.

Non, j'en atteste les nymphes du marais, et qu'elles me soient toujours propices! Non, Comatas n'a pas dérobé ta flûte.

LACON.

Si je t'en crois, puissent fondre sur moi tous les malheurs de Daphnis! Mais si tu veux gager un chevreau, et la gageure n'est pas considérable, je te dispute le prix du chant jusqu'à ce que tu t'avoues vaincu.

COMATAS.

Allons, le porc a défié Minerve. Voilà mon chevreau; dépose un mouton gras.

LACON.

Impudent, où serait l'égalité? Qui voudrait tondre du poil pour de la laine? A côté d'une chèvre, mère pour la première fois, qui voudra traire une misérable lice?

COMATAS.

Celui qui est sûr de la victoire, comme toi, insipide bourdon, qui oses défier la cigale. Eh bien! si mon chevreau ne vaut pas ton mouton, voilà mon bouc. Commence.

LACON.

Attends donc; le feu n'est pas chez toi. Tu chanteras mieux assis sous cet olivier sauvage, à l'entrée du bois. Une source y répand un frais délicieux. La mousse forme un lit bien doux, et les sauterelles font entendre leur murmure.

COMATAS.

J'attends; mais je ne puis concevoir que tu oses me regarder en face, toi dont mes leçons instruisirent l'enfance. Voilà le prix que j'en retire. Élevez donc des louveteaux, élevez des chiens pour qu'ils vous dévorent!

LACON.

Des leçons! toi! et quand donc, je te prie, envieux et chétif avorton, est-il sorti de ta bouche quelque chose de bon et de sage dont je puisse me souvenir?

COMATAS.

Quand? mais le jour où... tu sais..... la douleur doit te le rappeler. Les chèvres bondissaient autour de nous, et le bélier se dressait sur ses pieds de derrière.

LACON.

Que ton corps, vilain bossu, n'entre pas sous la terre plus avant que... Allons, viens, commence.

COMATAS.

Non, je ne quitterai pas ces chênes ni ce tendre gazon où l'abeille bourdonne autour de sa ruche. Ici deux sources versent une onde pure, les oiseaux font entendre leurs doux gazouillemens sur ces arbres, et cette ombre est préférable à la tienne. D'ailleurs ce pin laisse tomber ses fruits.

LACON.

Mais tu te reposeras ici sur des toisons d'agneaux, sur un duvet plus doux que le sommeil. Ces peaux de boucs sentent encore plus mauvais que toi. Demain j'offrirai aux Nymphes une grande coupe remplie d'un lait délicieux et une autre de la liqueur de l'olive.

COMATAS.

Et toi, tu fouleras ici la molle fougère et le pouliot fleuri; j'étendrai sous toi des peaux de chèvres mille fois plus douces que tes toisons d'agneaux. J'offrirai à Pan huit vases de lait et huit ruches garnies de leurs rayons pleins du miel le plus pur.

LACON.

Reste donc là-bas à l'ombre de tes chênes favoris, et commence ta chanson. Mais qui sera le juge? Si Sycopos venait!

COMATAS.

Je n'ai que faire de lui. Si tu veux appelons ce bûcheron qui fend des tamaris là-bas derrière toi. Je crois que c'est Morson.

LACON.

J'y consens.

COMATAS.

Eh bien! appelle-le.

LACON.

Hé! l'ami! viens nous entendre; il s'agit du prix du chant. Il ne faut, mon cher Morson, ni m'être favorable, ni protéger Comatas.

COMATAS.

Oui, au nom des Nymphes, je t'en prie, ami Morson, pas de partialité pour moi, mais pas d'indulgence pour Lacon. Ce troupeau est celui de Thyrius, et les chèvres que tu vois là-bas appartiennent à Eumarus, tous deux de Sybaris.

LACON.

Mais, traître! quelqu'un te demandait-il si ce troupeau est au Sybarite ou à moi? Dieux! que tu es babillard!

COMATAS.

Oh! l'homme modeste, je dis la vérité, moi, et je ne suis pas un insolent orgueilleux comme toi qui as toujours des injures à la bouche.

LACON.

Auras-tu bientôt fini? Renvoie donc cet homme, tu vas l'assommer du poids de tes paroles. Par Apollon, quel bavard!

COMATAS. (Il chante.)

« Les Muses me préfèrent à Daphnis; aussi leur ai-je ces jours derniers immolé deux chevreaux.

LACON.

» Apollon m'aime; aussi j'élève pour lui un superbe bélier, car les fêtes carnéennes s'approchent.

COMATAS.

» Mes chèvres, deux exceptées, ont toutes deux petits, et c'est moi qui presse leurs mamelles. Ma bergère me voyant l'autre jour s'écria : « Quoi! pauvre chevrier, seul pour tant de soins? »

LACON.

» Lacon remplit vingt éclisses de fromages et va ensuite jouer avec son jeune ami.

COMATAS.

» Cléarista me jette des pommes lorsque je passe auprès d'elle et murmure de bien tendres paroles.

LACON.

» Quand le jeune Cratidas accourt à ma rencontre, je suis tout joyeux de voir flotter sur ses épaules sa blonde chevelure.

COMATAS.

» Ne compare donc pas à la rose l'églantier

19

et l'anémone, ces fleurs couvrent tous les buissons.

LACON.

» Ne compare pas le gland à la pomme; l'un a une dure écorce et l'autre la douceur du miel.

COMATAS.

» Je donnerai bientôt à ma jeune bergère une colombe qui tous les soirs se perche sur un genévrier.

LACON.

» Lorsque je tondrai ma brebis noire, j'en donnerai la belle toison à Cratidas.

COMATAS.

» Mes chèvres, respectez les rameaux de l'olivier; paissez sur le penchant de la colline, parmi ces bruyères.

LACON.

» Cunarus, Cinétha, loin du chêne! paissez à l'orient comme Pholarus.

COMATAS.

» Je réserve pour ma bergère un vase de bois de cyprès et une belle coupe, ouvrage du divin Praxitèle.

LACON.

» J'ai pour garder mon troupeau un superbe chien qui ne craint pas les loups; Cratidas le mènera à la chasse.

COMATAS.

» Agiles sauterelles qui sautillez sur les haies, épargnez mes vignes jeunes encore.

LACON.

» Voyez, cigales, comme mes chants irritent ce chevrier; ainsi vous irritez le moissonneur fatigué.

COMATAS.

» Je hais les renards qui visitent souvent les vignes de Micon et tous les soirs en dévorent les raisins.

LACON.

» Et moi, ces escarbots qui se gorgent des figues nouvelles de Philondas et fuient après à tire d'aile.

COMATAS.

» As-tu déjà oublié ce jour où, appuyé contre un chêne, tu étais soumis au vainqueur?

LACON.

» Oui, mais je me souviens du jour où Eumoras garotta et fustigea Comatas avec de dures lanières.

COMATAS.

» On se fâche! Morson, le vois-tu? Va cueillir la scille vieillie autour des tombeaux.

LACON.

» Moi aussi j'excite la colère; tu le vois, Morson? Hâte-toi d'aller arracher la cyclamine sur les bords de l'Halente.

COMATAS.

» Himère, change tes flots en un lait pur; Cratis, roule des ondes de vin, et que le jonc stérile produise des fruits.

LACON.

» Que la source du Sybaris soit pleine de miel, et que tous les matins ma bergère y remplisse son urne des trésors de l'abeille.

COMATAS.

» Mes chèvres se nourrissent de cytise et d'égile, foulent le jonc et se reposent sur le feuillage de l'arbousier fleuri.

LACON.

» Partout mes brebis rencontrent l'odorante mélisse, et pour elles la rose s'épanouit sur le lierre.

COMATAS.

» Je n'aime plus Alcippa; elle a pris ma palombe sans me saisir par l'oreille pour m'embrasser.

LACON.

» Moi, j'aime toujours Euméda; toutes les fois que je joue devant lui de ma flûte, il m'embrasse tendrement.

COMATAS.

» Lacon, jamais on n'a vu la pie disputer le prix du chant avec le rossignol, ni le hibou avec le cygne. Toi, tu n'es qu'un sot et un jaloux. »

MORSON.

Bergers, cessez, je vous l'ordonne. Comatas je t'adjuge le mouton : lorsque tu le sacrifieras aux Nymphes, n'oublie pas d'envoyer de sa chair délicate à Morson.

COMATAS.

Oh! oui, je t'en enverrai, j'en jure par le dieu Pan. Maintenant, mes boucs, bondissez de joie; soyez témoins des transports que me cause ma victoire sur Lacon et le prix que j'ai remporté : ma gloire m'élève jusqu'aux cieux. Courage, mes chèvres, demain je vous laverai toutes dans les sources du Sybaris. Hé! toi, blanc et pétulant bélier qui menaces de la corne, je te frapperai si tu oses t'approcher des chèvres avant mon sacrifice aux Nymphes. Tu recommences !..... Si je ne t'assomme, je consens qu'on m'appelle Mélanthe.

VIe IDYLLE.

LES CHANTEURS BUCOLIQUES.

Daphnis chante l'amour de Galatée pour Polyphème; Damétas, l'indifférence du Cyclope.

DAMÉTAS, DAPHNIS.

Mon cher Aratus, Damétas et Daphnis avaient réuni leurs troupeaux dans le même pâturage; l'un était enfant encore, et les joues de l'autre se couvraient déjà d'un léger duvet. Assis auprès d'une source, au milieu d'un beau jour d'été, ils chantèrent. Daphnis, auteur du défi, commença :

DAPHNIS chante.

« O Polyphème! Galatée lance des pommes à tes brebis, elle t'appelle berger intraitable, amant insensible; et toi, sans la regarder, indifférent Cyclope, tu fais résonner tes pipeaux harmonieux.

» Elle agace aussi ton chien, de tes brebis surveillant fidèle; il gronde contre la mer, les flots bruissent doucement, ouvrent un passage à cette nymphe et la laissent voir courant vers le rivage.

» Ah! prends garde, lorsqu'elle va s'élancer de la mer, que ton chien ne blesse son corps d'albâtre.

» Je la vois, elle court, elle folâtre : telle vole au gré des vents l'aigrette d'acanthe, quand les feux du soleil ont brûlé sa prison desséchée.

» Cette nymphe capricieuse, tu l'adores, elle t'évite; tu la dédaignes, elle te poursuit : la coquette met tout en œuvre pour te séduire.

» L'amour, ô Polyphème! l'amour embellit tout et même la laideur. »

Ainsi chanta Daphnis, et Damétas répondit :

DAMÉTAS.

« J'ai vu, j'en atteste le dieu Pan! j'ai vu Galatée agacer mes brebis; oui, je l'ai vue de cet œil unique, œil précieux : Ah! que les dieux me le conservent!

» Puisse Télème, ce prophète de malheur, voir dans sa propre famille retomber sur ses fils son funeste présage!

» Mais pour mieux la piquer je ne la regarde pas; je dis qu'une autre nymphe est l'objet de ma flamme.

» A ces mots, dans son âme le dépit fermente, et curieuse elle s'élance de la mer, promenant ses regards sur mon troupeau et autour de ma grotte.

» C'est moi qui tout bas excite mon chien; il jappait doucement quand je cherchais à lui plaire et mettait sur sa cuisse son museau caressant.

» Lassée de mon indifférence, elle voudra peut-être tenter quelque message; mais je ferme ma porte jusqu'à ce qu'elle ait juré de dresser de ses mains, dans cette île, le lit de l'hyménée.

» Je ne suis pas aussi dépourvu de beauté qu'on le dit; l'autre jour je me vis dans la mer immobile, et mon œil étincelait dans ce miroir.

» Ma barbe avait quelque chose de mâle; l'onde azurée réfléchissait l'émail de mes dents, supérieur à l'éclat du marbre de Paros.

» Craignant cependant un charme malin, trois fois j'humectai mon sein de salive : c'est la vieille Cotyttaris qui m'a donné ce secret, lorsqu'elle égayait des doux sons de sa flûte les moissonneurs réunis chez Hippocoon. »

Ainsi chanta Damétas; il embrassa Daphnis et lui donna sa flûte; Daphnis donna son hautbois à Damétas. Alors les deux jeunes bergers jouèrent des airs mélodieux, et soudain les génisses bondirent sur la tendre verdure..... Cependant aucun n'avait été vainqueur : ils étaient tous deux invincibles.

VIIe IDYLLE.

LES THALISIENNES,

ou

LE VOYAGE DE PRINTEMPS.

Théocrite, accompagné d'Eucritus et d'Amyntas, se rend aux fêtes thalysiennes, auxquelles il a été invité par Phrasidamus et Antigénès. Chemin faisant, il rencontra Lycidas, berger crétois, et pour égayer la route ils célèbrent leurs amours en chansons pastorales.

Il était déjà tard; Eucritus et moi, accompagnés d'Amyntas, allions de Syracuse sur les bords de l'Halente, où Phrasidamus et Antigénès célébraient les Thalysiennes en l'honneur de Cérès. Eucritus et Amyntas, ces deux fils de Lycopéus, sont les dignes rejetons de la tige antique de Clytios et de ce fameux Chalcon qui, frappant le roc de son genou puissant, fit jaillir la fontaine Bouris, autour de laquelle les peupliers et les ormeaux forment un délicieux et frais ombrage.

Nous ne découvrions pas encore le tombeau de Brasibus, qui est à la moitié du chemin, lorsque les Muses nous firent rencontrer un voyageur crétois, le plus aimable des hommes. Lycidas était son nom, son état chevrier; tout l'indiquait : la dépouille d'un bouc aux poils jaunissans et portant encore l'odeur du lait épaissi couvrait ses épaules, une large ceinture serrait son vieux manteau autour de ses reins et sa main s'appuyait sur une houlette d'olivier sauvage. Il m'appela par mon nom, et avec son gracieux sourire :

« Théocrite, me dit-il, où vas-tu? Le soleil darde sur nos têtes ses rayons de midi, le lézard sommeille sous la ronce épineuse et l'alouette huppée a fui vers les buissons. Est-ce à quelque festin? Ou bien vas-tu fouler le pressoir d'un de tes amis de la ville? Tu fais bondir les cailloux sous tes pas précipités. »

Je répondis : « Cher Lycidas, on te proclame dans toute la Sicile le plus habile joueur de flûte : mon cœur en est joyeux. Cependant j'oserai disputer avec toi le prix de la muse champêtre. Nous allons aux fêtes thalysiennes que nos deux amis préparent à la blonde Cérès pour lui offrir les prémices des moissons abondantes dont elle a rempli leurs vastes greniers. Mais puisqu'un heureux destin rend communs entre nous la route et la journée, chantons un air bucolique. Peut-être nos voix s'animeront mutuellement. Moi aussi je suis favori des neuf sœurs. On dit bien dans nos campagnes que je suis un chanteur habile; mais je ne suis pas crédule. Je ne crois pas encore égaler Philétas, encore moins Sicélide de Samos : je suis la grenouille défiant la cigale. »

Je dis, et le chevrier, toujours souriant, me répondit : Tiens, voilà ma houlette, tu es le digne rejeton du grand Jupiter. Je hais l'architecte qui se vante d'élever un palais aussi haut que l'Oromédon, et surtout je hais ces poëtes sans pudeur qui s'épuisent en vains efforts pour persuader à leurs contemporains qu'ils sont les rivaux heureux du cygne de Chio. Eh bien! Théocrite, commençons : je vais te répéter une chansonnette de montagne; tu me diras si tu goûtes mes vers. »

(Il chante.)

« Qu'elle soit heureuse la navigation d'Agéanax vers Mitylène, dans ce moment où le Notus soulève les flots humides, où l'Orion, au coucher des chevreaux, baigne ses pieds dans l'Océan!

» Oh! que sa navigation soit heureuse, si cette amante adorée est sensible à l'amour qui me dévore! qu'il est brûlant l'amour que j'éprouve pour elle!

» Que les Alcyons aplanissent les flots, calment l'Eurus et le Notus qui déracinent l'algue du fond des mers; les alcyons, que les filles de Nérée aux yeux d'azur préfèrent à tous les oiseaux qui chassent sous les ondes!

» Que tout soit paisible devant Agéanax, naviguant vers Mitylène; qu'elle aborde heureusement dans ce port désiré!

» Pour moi, ce jour même, la tête couronnée d'aneth, de lis et de roses, assis devant mon foyer, je boirai du vin de Ptélée dans ma large coupe.

» Pendant que la fève grillera sur la flamme ondoyante, mollement étendu sur un lit de sarriette, d'ache et d'asphodèle, je boirai avec volupté à mon Agéanax; j'attacherai mes lèvres à ma coupe pour la tarir jusqu'à la dernière goutte.

» Près de moi deux bergers, l'un d'Acharnanie et l'autre de Lycope, joueront de leur flûte, et Tityre chantera comment jadis le beau Daphnis fut épris des charmes de Xénéa, comment il erra solitaire sur les montagnes de Sicile.

» Il dira comment il fit verser des pleurs aux chênes de l'Himère quand on le vit, consumé par les feux de Vénus, fondre comme la neige de l'Hémus, ou de l'Athos, ou du Rhodope, ou du Caucase assis aux limites du monde.

» Il chantera comment un maître barbare enferma jadis dans une arche profonde un berger vivant, et comment les abeilles, au retour de la prairie, le nourrirent dans sa prison de cèdre du doux suc des fleurs, parce que les Muses avaient arrosé ses lèvres d'un délicieux nectar.

» O heureux Comatas! oui, c'est toi qui as éprouvé ces merveilleuses aventures : tu fus enfermé dans une arche et nourri tout un printemps du miel de l'industrieuse abeille.

» Que n'es-tu au nombre des vivans de mon âge! Je garderais tes chèvres chéries, et toi, divin Comatas, sous l'abri d'un chêne ou d'un pin verdoyant, tu ferais résonner les échos d'alentour de tes accords mélodieux. »

Il se tut. « Cher Lycidas, lui dis-je, depuis que je fais paître mes bœufs sur les hautes montagnes, les Nymphes m'ont appris des airs pleins d'harmonie, des airs que la renommée a répétés sans doute devant le trône de Jupiter. Écoute, berger chéri des Nymphes du Permesse, je vais en ton honneur chanter le plus beau. »

(Il chante.)

« Hélas! c'est pour nuire à Théocrite qu'éternua l'Amour. J'aime autant Myrto que la chèvre le doux printemps. Aratus, son ami le plus tendre, est consumé d'un feu secret pour un objet rebelle.

» Aristis le sait, Aristis le meilleur des mortels, et que Phébus verrait sans jalousie monter, la lyre en main, sur le trépied sacré; Aristis sait de quels feux l'Amour le brûle jusqu'aux entrailles.

» O Pan! toi qui habites les rians coteaux d'Homalus, jette dans ses bras l'objet qu'il adore. Souverain des bergers, si tu le rends heureux, que les jeunes Arcadiens lorsque la chasse a trompé leur attente n'osent plus exercer sur ton dos fracassé leur insolente fureur.

» Mais si ma voix t'implore en vain, puisses-tu, déchiré de leurs ongles acérés, voir ta couche hérissée de chardons aigus, passer le froid hiver sur les monts glacés de Thrace près de l'Hèbre, ou de l'Ourse assiégée de frimas!

» Puisses-tu, dans l'été brûlant, paître tes troupeaux aux extrémités de l'Éthyopie, sous les rochers des Blémyens, où le Nil s'engloutit dans les entrailles de la terre!

» Et vous, qui abandonnez les ondes sacrées d'Hyétis et de Biblis pour le brillant palais de la blonde Dioné, jeunes Amours dont le teint délicat retrace les couleurs de la pomme vermeille, prenez votre arc, lancez un trait contre l'insensible Philinus.

» Frappez, Amours, frappez, puisque l'ingrat est sourd aux vœux de mon ami. Cependant il n'est plus au printemps de son âge, et déjà les femmes lui ont dit : « Hélas! Philinus, la fleur de ta beauté se flétrit! »

» O mon Aratus! ne veillons plus à la porte de l'ingrat. Qu'un autre s'éveille au premier chant du coq matinal pour souffrir ses superbes dédains; que Molon perde la vie en ce rude exercice.

» Pour nous, soigneux de notre repos, chassons la tristesse ennemie et cherchons une vieille magicienne, dont les sortiléges éloignent de nous tout malheur. »

Telle fut ma chanson, et Lycidas, toujours le sourire sur les lèvres, me donna sa houlette. Je l'acceptai comme un présent des Muses et un gage précieux de son amitié. Tournant ensuite à gauche, il dirigea ses pas vers Pyxa, et moi, suivi de mes deux amis, j'allai chez Phrasidamus, qui nous fit reposer sur des lits de joncs et de pampre frais. Sur nos têtes, les peupliers et les ormeaux balançaient mollement leurs cimes, et près de là une source sacrée s'échappait avec un doux murmure de la grotte des Nymphes. Les cigales chantaient avec ardeur, cachées sous des rameaux touffus, et au loin, la chouette faisait entendre son cri noir au milieu des verts buissons. Les alouettes huppées et les chardonnerets chantaient aussi; la tourterelle répétait son plaintif roucoulement, et les abeilles aux ailes d'or voltigeaient en bourdonnant autour des fontaines. De tous côtés les arbres courbaient sous les fruits, l'automne exhalait ses doux parfums, les poires et les pommes tombaient à nos pieds, et les pruniers pliaient leurs rameaux jusqu'à terre.

Enfin on perça un tonneau scellé depuis quatre ans. O Nymphes de Castalie! vous qui habitez le sommet du haut Parnasse, dites-moi, le vieux Chiron offrit-il une liqueur aussi douce au vaillant Alcide, sous l'antre de Pholus? Et ce nectar que but le pasteur d'Anope, le Cyclope qui lançait des rochers formidables du haut de la montagne et dansait au fond de ses étables; ce nectar, ô Nymphes! valait-il celui dont vous remplîtes nos coupes auprès de l'autel de la blonde Cérès? Puissé-je encore puiser à la même source! Puisse la déesse des moissons, tenant dans ses mains des épis et des pavots, m'être toujours favorable!

VIIIe IDYLLE.

LES CHANTEURS BUCOLIQUES.

Ménalque et Daphnis se disputent le prix du chant. Ils déposent chacun une flûte à neuf tons. Le combat fini, un chevrier adjuge le prix à Daphnis. Joie du vainqueur; désespoir du vaincu.

DAPHNIS, MÉNALQUE, UN CHEVRIER.

Le beau Daphnis faisait paître ses bœufs lorsqu'il fut, dit-on, rencontré par Ménalque conduisant ses brebis sur les hautes montagnes. Tous deux avaient les cheveux blonds, tous deux étaient au printemps de leur âge, tous deux savaient animer la flûte champêtre et moduler de douces chansons.

Pasteur de ces bœufs mugissans, dit Ménalque, veux-tu disputer avec moi le prix du chant? Je gage de te vaincre.

DAPHNIS.

Berger de brebis à épaisse toison, Ménalque, toi qui joues si mélodieusement de la flûte, ne t'en fais pas accroire : jamais tu ne l'emporteras sur moi.

MÉNALQUE.

Veux-tu l'essayer? Veux-tu déposer un prix pour le vainqueur?

DAPHNIS.

Je veux bien l'essayer et déposer un prix pour le vainqueur.

MÉNALQUE.

Mais que gager qui soit digne de nous?

DAPHNIS.

Je gage un veau; toi, gage un agneau aussi gros que sa mère.

MÉNALQUE.

Jamais je n'oserai hasarder un agneau; mon père et ma mère sont sévères; tous les soirs ils comptent mes brebis.

DAPHNIS.

Quel sera donc le prix du vainqueur?

MÉNALQUE.

Voilà ma flûte à neuf tons; je l'ai faite moi-même et enduite de cire blanche; je la risque au lieu des agneaux de mon père.

DAPHNIS.

J'ai aussi une flûte à neuf tons, enduite de cire blanche. Il y a peu de jours que je l'ai achevée, et mon doigt déchiré par l'éclat d'un tuyau, n'est pas encore guéri de sa blessure. Mais qui sera le juge?

MÉNALQUE.

Appelons ce chevrier dont le chien aux poils blancs aboie là-bas après les chevreaux.

Les bergers l'appelèrent, il accourut et consentit à les entendre.

Désigné par le sort, Ménalque chanta le premier; Daphnis répondit à son tour en couplets cadencés.

Ménalque chante.

« Vallons sacrés, et vous fleuves enfans des dieux, si quelquefois j'ai pu vous charmer par les doux accords de ma flûte, engraissez mes brebis, et si Daphnis conduit ses génisses dans ces pâturages, qu'il y trouve l'abondance.

DAPHNIS.

» Fontaines, et vous herbes des champs, qui fournissez aux mortels une salutaire nourriture, si, tel qu'un rossignol, Daphnis a fait résonner la forêt de ses chants mélodieux, nourrissez mon troupeau, et si Ménalque tourne ses pas vers ces lieux, qu'il se réjouisse de voir ses brebis dans de gras pâturages.

MÉNALQUE.

» Quand ma jolie bergère se montre, soudain le printemps s'annonce, les prairies se couvrent de verdure, les mamelles se gonflent et l'agneau se nourrit d'un lait pur. Mais quand elle s'éloigne, aussitôt le berger et les fleurs languissent.

DAPHNIS.

» Aux champs fortunés où le beau Milon porte ses pas, les chèvres et les brebis sont deux fois mères, l'abeille remplit ses rayons d'un miel plus doux que le nectar, les ormeaux lèvent plus fièrement leurs têtes altières; mais quand il disparaît, soudain pasteur, génisse, ormeaux, tout se dessèche.

MÉNALQUE.

» Époux de ces chèvres blanches, chevreaux au nez épaté, approchez-vous de la source où repose le beau Milon. Va, bélier écorné, dis-lui que Protée, issu d'un sang divin, garda les troupeaux de Neptune.

DAPHNIS.

» Je ne veux ni de votre empire de Pélops, ni de ses immenses richesses, ni devancer les vents à la course. Que les dieux m'accordent de garder mes brebis assis sous cette roche, te serrant dans mes bras, contemplant au loin la mer de Sicile, et je suis heureux.

MÉNALQUE.

» L'arbre craint les hivers, l'été tarit les ruisseaux, les oiseaux redoutent les filets, les rets arrêtent les cerfs rapides, et l'amour d'une jeune vierge allume dans le cœur de l'homme un feu qui le consume. Père des dieux et des hommes, je n'ai point aimé seul; des mortelles l'ont vu sensible. »

Tels furent les chants des deux bergers. Ménalque termina par ses vers :

« Épargne, loup cruel, épargne mes chevreaux et mes brebis fécondes; ne me blesses pas moi-même, je suis jeune encore et je guide un nombreux troupeau.

» Lampuras, ô mon chien! quel sommeil appesantit tes yeux! Près d'un berger d'un âge si tendre, dois-tu ainsi te livrer au sommeil?

» Et vous, ne craignez rien, chères brebis; paissez en paix, broutez cette herbe tendre : dans peu d'instans elle va renaître plus belle.

» Allons, paissez, paissez, remplissez vos traînantes mamelles; que le lait ruisselle pour vos jeunes agneaux; qu'il s'épaississe pour votre heureux berger. »

Daphnis, à son tour, chanta d'une voix harmonieuse :

« L'autre jour je guidais mes génisses devant une grotte, une jeune bergère aux noirs sourcils à ma vue s'écria : « Qu'il est beau! qu'il est beau! » Je ne répondis rien d'amer, mais en passant mes yeux se baissèrent vers la terre.

» L'haleine et la voix de la génisse sont agréables; il est harmonieux le mugissement du jeune taureau et de sa mère; il est bien doux aussi d'être couché, pendant les chaleurs de l'été brûlant, sur les bords d'un ruisseau limpide.

» Les glands ornent le chêne, les pommes le pommier, les veaux leurs mères, et les génisses sont la gloire du pasteur. »

Ainsi chantèrent les deux bergers et le chevrier leur adressa ces paroles :

« O Daphnis, que j'aime tes chansons! Que ta voix est harmonieuse! Il est plus agréable de t'entendre chanter que de savourer le miel le plus doux. Reçois ces flûtes, tu es vainqueur. Si tu veux me donner des leçons de ton art, je réunirai nos chèvres pour les surveiller moi-même, et, en récompense de tes soins, je t'offre cette chèvre écornée qui tous les jours remplit un grand vase de son lait délicieux. »

A ces mots, le jeune berger fut si joyeux de sa victoire qu'on le vit, frappant des mains, sauter comme un jeune faon qui bondit auprès de sa mère; tandis que son rival, honteux de sa défaite, se livra à son amère douleur : telle au soir de l'hyménée, une vierge timide souffre, gémit et verse des pleurs.

Dès lors Daphnis tint le premier rang parmi les pasteurs, et, quoique jeune encore, il partagea la couche de la Nymphe Naïs.

IXe IDYLLE.

LES PASTEURS.

<small>Daphnis et Ménalque se disputent le prix du chant. Un berger juge du combat, donne au premier un rameau dont la nature avait fait une houlette, et à l'autre une belle conque marine.</small>

UN BERGER, DAPHNIS, MÉNALQUE.

LE BERGER.

Daphnis, dis-nous un chant pastoral; commence, Ménalque te répondra. Auparavant mettez les veaux sous leurs mères, et approchez des taureaux les génisses dont le flanc n'est pas encore fécondé. Vos troupeaux réunis brouteront l'herbe épaisse et le tendre feuillage de ce bois plein d'un délicieux ombrage. Reste ici, Daphnis, Ménalque te répondra de sa place.

DAPHNIS, chante.

« J'aime la voix mugissante des taureaux et des génisses; j'aime aussi les sons mélodieux de la flûte. Ta voix plaît, Ménalque; et la mienne n'est pas sans agrément.

» Près d'un frais ruisseau, j'étends sur l'herbe fleurie les blanches peaux de mes belles génisses que le fougueux Aquilon a renversées du haut du rocher où elles broutaient la feuille de l'arbousier.

» Quand je suis sur ma couche, je m'inquiète aussi peu des chaleurs dévorantes de l'été, qu'un amant d'entendre les remontrances de son père ou de sa mère. »

Ménalque répondit.

MÉNALQUE chante.

« J'ai reçu le jour sur l'Etna où ma belle grotte est taillée dans le roc.

» Tous les biens que des songes rians offrent pendant le sommeil, je les possède : des chevreaux bêlans et de jeunes brebis dont les douces toisons me forment une couche délicieuse.

» Un feu de chêne cuit mon frugal repas, et l'hiver je me réchauffe au feu de hêtre desséché : aussi je ne songe pas plus aux noirs frimats qu'un vieillard ne songe aux noix quand d'un œil satisfait il voit bouillir pour lui le lait et la farine. »

LE BERGER.

J'applaudis ces bergers et leur fis aussitôt un présent. Daphnis eut ma houlette que la nature seule forma dans les champs de mon père, et à laquelle l'art n'aurait su trouver le moindre défaut. Je donnai à Ménalque une précieuse conque marine, dont j'ai moi-même mangé la chair, et qui rassasia cinq de mes amis; je l'avais prise aux bords de la mer où vint tomber Icare. Le berger la reçut, et soudain les échos d'alentour redirent ces stances joyeuses :

« Muses des champs, je vous salue. Répétez la chanson que j'ai dite l'autre jour aux pasteurs. Ne permettez pas que jamais le signe impur du mensonge flétrisse mes lèvres.

» La cigale est amie des cigales, la fourmi des fourmis, l'épervier des éperviers; moi, j'aime les Muses et les chansons. Puissent-elles habiter le séjour où pour elles seules je veille.

» Les Muses me sont plus chères que les fleurs à l'abeille; plus douces que le sommeil, plus agréables que le printemps. Elles comblent de joie ceux qu'elles protégent, et c'est en vain que Circé leur offre ses breuvages perfides. »

Xe IDYLLE.

LES MOISSONNEURS.

Le souvenir de ses amours détourne Battus de sa moisson; Milon lui reproche sa paresse; Battus néanmoins, pour se disculper, chante à son amie des couplets amoureux. L'autre, plus sage, fait entendre la chanson du moissonneur.

MILON, BATTUS.

MILON.

Malheureux moissonneur, quel est ton chagrin? comment tu ne sais plus suivre la trace d'un sillon! Vois tes compagnons te laisser en arrière, comme la brebis dont une épine a blessé le pied. Que feras-tu vers le milieu du jour et le soir, si tu es déjà si fatigué au commencement de ton travail?

BATTUS.

O Milon! moissonneur infatigable, corps plus dur que le fer, n'as-tu jamais regretté une amie absente?

MILON.

Jamais. Un journalier a-t-il le temps de former des regrets?

BATTUS.

L'amour jamais n'a troublé ton sommeil?

MILON.

M'en préserve le ciel! il est dangereux pour le chien de goûter de la viande.

BATTUS.

Eh bien! Milon, moi, j'aime depuis onze jours.

MILON.

C'est-à-dire que tu puises à pleine coupe dans le nectar de Bacchus. Moi, je bois à peine d'un peu de vin grossier.

BATTUS.

Aussi mon petit champ devant ma porte est inculte et hérissé d'épines.

MILON.

Et quelle est la beauté qui cause ton tourment?

BATTUS.

La fille de Polybotas, qui l'autre jour chez Hippocoon faisait danser les moissonneurs aux sons mélodieux de sa flûte.

MILON.

Le ciel sait donc punir? Tu as enfin trouvé ce que tu cherchais depuis longtemps! cette cigale devineresse va donc habiter avec toi, et partager ta couche conjugale.

BATTUS.

Tu ris, mais sache que Plutus n'est pas le seul dieu qui soit aveugle, le soucieux Amour l'est aussi; ne te vante pas tant.

MILON.

Je ne me vante pas. Allons, entasse tes gerbes et chante un air à la louange de ta bergère, ton ouvrage ira mieux. Jadis on vantait tes vers.

BATTUS.

Nymphes du Parnasse, chantez avec moi ma gracieuse bergère; ô Muses! tout ce que vous touchez s'embellit sous vos doigts.

(Il chante.)

« Aimable Bombyca, tous osent t'appeler Syrienne maigre, femme au teint brûlé du soleil. Moi seul je dis que tu es blonde comme un rayon de miel doré.

» La violette est brune, l'hyacinthe est sombre, et cependant ces fleurs tiennent le premier rang dans une couronne.

» La chèvre cherche le cytise; le loup, la chèvre; la grue, le laboureur; moi je cherche Bombyca.

» Oh! si je possédais les trésors que posséda Crésus, bientôt j'offrirais à Vénus nos deux statues d'or massif; tu tiendrais ou la flûte, ou la rose, ou le fruit cher à Vénus, moi je serais revêtu d'un manteau de pourpre et chaussé du cothurne de l'agile danseur.

» Aimable Bombyca, tes pieds ont la blancheur de l'ivoire, ta voix est pleine de douceur, mais tes charmes si doux je ne saurais les décrire. »

MILON.

Que ce moissonneur nous laissait ignorer de jolies chansons! comme il sait bien saisir le ton et la cadence! Malheur à toi si la barbe qui ombrage ton menton ne t'a pas donné l'expérience. A ton tour, écoute cette chanson du divin Lytiersus.

(Il chante.)

« Cérès, déesse des blés, protége nos moissons, féconde nos guérets.

» Moissonneurs; liez vos gerbes; que le passant ne dise pas : « Ouvriers négligens, vous ne gagnez pas l'argent qu'on vous donne. »

» Que les tuyaux de vos gerbes dorées regardent le nord ou le couchant; alors vous verrez grossir les grains de vos épis.

» Vous qui battez le blé, fuyez le sommeil vers midi; à cette heure le grain plus sec se sépare mieux de la paille.

» Moissonneurs, mettez-vous à l'ouvrage quand l'alouette s'éveille, finissez quand elle dort; reposez-vous pendant la chaleur du jour.

» Amis, heureux le sort de la grenouille! un échanson ne lui verse pas à boire : elle boit à son aise.

» Notre intendant, un peu moins d'avarice, fais cuire des lentilles. Veux-tu blesser tes doigts en découpant en quatre parts un grain de cumin? »

Voilà Battus, voilà le véritable chant des moissonneurs que la chaleur altère. Pour toi, va raconter ton pitoyable amour le matin à ta mère éveillée dans son lit.

XIe IDYLLE.

LE CYCLOPE.

Plaintes de Polyphème sur les rigueurs de la nymphe Galatée. — L'étude et le travail, seul remède des passions.

O Nicias! les Muses sont l'unique remède à l'amour. Ce remède si doux, si efficace naît parmi les hommes, et cependant qu'il est difficile à trouver! mais tu dois le connaître, toi l'ami d'Esculape, toi si cher aux neuf sœurs.

Les Muses rendaient moins amers les tourmens du célèbre Cyclope, lorsqu'il aimait Galatée, alors que sur ses joues brillaient à peine les premières couleurs d'un tendre duvet.

Il ne chérissait pas les roses, les fruits, les cheveux bouclés ; mais les filles d'enfer rugissant dans son âme lui faisaient regarder d'un œil de mépris le reste de la nature.

Souvent ses troupeaux retournaient seuls au bercail. Lui, errant dès l'aurore, sur le rivage couvert d'algue marine, il appelait Galatée, et portait dans son cœur le trait profond dont l'avait frappé la main redoutable de Vénus. Assis sur un rocher élevé, l'œil fixé sur la mer, pour adoucir ses peines il chantait :

« O belle Galatée ! Pourquoi fuir l'amant qui t'adore ? Quand tu me regardes, tu es plus blanche que le lait, plus douce que l'agneau, plus légère que la génisse ; mais quand tu détournes de moi tes beaux yeux, oh ! alors tu deviens plus aigre que le fruit de la vigne sauvage.

» Tu viens sur cette plage quand le sommeil clôt mes paupières ; mais aussitôt que mon œil s'ouvre à la lumière du jour, tu fuis comme la brebis fuit le loup sanguinaire.

» Je commençai à t'aimer, jeune Nymphe, le jour où, pour la première fois, tu vins avec ma mère cueillir des hyacinthes sur la montagne ; moi je montrais le chemin.

» Dès lors plus de repos pour moi, je ne puis plus vivre loin de ta présence, et cependant, Jupiter en est témoin, tu n'as nul souci de ma peine.

» Je sais, ô la plus belle des Nymphes ! oui, je sais pourquoi tu me fuis ; c'est qu'un épais sourcil ombrageant mon front se prolonge de l'une à l'autre oreille ; c'est que je n'ai qu'un œil, et que mon nez élargi descend jusque sur mes lèvres.

» Pourtant, tel que je suis, je pais mille brebis, je presse leurs mamelles et je bois leur lait délicieux ; l'été, l'automne, à la fin de l'hiver, toujours mes clayons sont pleins d'excellent fromage.

» Nul Cyclope ne m'égale dans l'art de jouer du hautbois, et souvent toi que j'adore, toi qui es plus douce que la pomme vermeille, souvent je te célèbre dans mes chants pendant la nuit obscure.

» Pour toi je nourris onze faons que décore un beau collier, et quatre petits ours ; mais viens auprès de moi, et tout ce que je possède t'appartiendra.

» Laisse la mer azurée se briser contre le rivage ; tes nuits seront plus douces passées à mes côtés dans ma grotte ; là, croissent le laurier et le cyprès, le lierre noirâtre et une vigne chargée des raisins les plus doux.

» Ma grotte est arrosée d'une onde fraîche que me verse l'Etna de ses rochers couverts d'une neige éternelle ; elle me fournit une boisson digne des dieux ; qui peut, à tant d'avantages, préférer le séjour des flots bruyants ?

» Mais si la vue est blessée des longs poils dont ma peau se hérisse, j'ai du bois de chêne et un feu qui ne s'éteint jamais sous la cendre ; viens, et je suis prêt à tout souffrir, je te livre mon existence entière, et mon œil unique, cet œil qui m'est plus précieux que la vie.

» Hélas ! pourquoi la nature m'a-t-elle refusé des nageoires ? j'irais à toi à travers les ondes, je baiserais ta main si tu me défendais de cueillir un baiser sur ta bouche.

» Je voudrais te porter le lis éclatant et le rouge pavot, dont la feuille résonne sous les doigts ; mais l'été produit l'un, l'hiver voit croître l'autre.

» Jeune Nymphe, si un étranger aborde vers ce rivage, je veux qu'il m'enseigne à plonger au fond des mers ; j'irai voir quel charme puissant vous retient sous les ondes, toi et tes compagnes.

» Quitte les flots, ô Galatée ! et sur ce rocher puisses-tu comme moi oublier ton humide demeure. Viens garder les brebis auprès de Polyphème, viens les traire, et faire des fromages en mêlant au lait pur une acide liqueur.

» Ma mère seule a causé tous mes maux ; c'est elle seule que j'accuse : jamais elle ne t'a parlé de mon amour, elle qui chaque jour me voyait dépérir ; mais à mon tour aussi pour la tourmenter je lui dirai : « Je souffre, oui, je souffre beaucoup. »

» O Cyclope, Cyclope ! où est donc ta raison ? ne ferais-tu pas mieux d'aller tresser le souple osier, couper le vert feuillage pour tes agneaux ? Trais la brebis qui vient près de toi ; pourquoi courir après celle qui fuit ?

» Tu trouveras une autre Galatée moins rebelle à tes vœux, et peut-être plus belle. Plusieurs jeunes Nymphes veulent, à l'ombre de la nuit, m'associer à leurs jeux; elles rient, et leur joie est extrême quand je me prête à leurs danses folâtres; ainsi on compte donc Polyphème pour quelque chose sur la terre! »

C'était ainsi que par ses chansons l'amoureux Cyclope soulageait ses peines cruelles, et son remède était plus puissant que s'il eût payé au poids de l'or les secrets du dieu d'Épidaure.

XIIe IDYLLE.

AILÉS

ou

LES DEUX AMIS.

Tourmens que cause l'absence d'un ami; joie de son retour.

Tu es donc arrivé, enfant chéri! tu es donc arrivé après trois jours et trois nuits d'une cruelle absence! Un jour, un seul jour suffit pour vieillir celui que l'attente dévore.

Autant l'affreux hiver le cède au doux printemps, la prune sauvage à la pomme exquise, la toison de l'agneau à celle de sa mère, la femme qui trois fois a subi le joug de l'hymen à la jeune vierge, le jeune taureau à la biche légère, la pie bavarde à la mélodieuse Philomèle, autant, ami fidèle, autant ton arrivée me cause de bonheur. J'ai couru près de toi comme le voyageur brûlé du soleil court vers le hêtre touffu.

Puissent les amours nous sourire à tous deux et nos descendans dire un jour de nous : « Deux bergers furent unis par les liens de l'amitié la plus tendre. » L'Amycléen ajoutera : « L'un était l'ami; — L'autre était l'aimé, répondra le Thessalien. Ils s'aimaient d'un amour mutuel. Ils ont donc existé ces hommes de l'âge d'or à qui il suffisait d'aimer pour être aimés eux-mêmes! »

Exauce mes vœux, puissant fils de Saturne, père du monde, accorde-nous de ne jamais vieillir et d'aller à l'immortalité. Que dans deux mille ans, on vienne me dire au delà de cet Achéron qu'on passe sans retour : « Votre amour, tendres amis, est dans toutes les bouches; la jeunesse surtout s'en entretient sans cesse. »

Ce sort dépend des dieux; que leur volonté s'accomplisse. Mais du moins, cher enfant dont l'amitié fait mon bonheur, je veux célébrer ta beauté sans crainte de voir s'élever sur mon nez le signe honteux du mensonge. A peine as-tu blessé mon âme, trop sensible peut-être, que soudain tu me paies avec usure un moment de rigueur; je ne me retire d'auprès de toi que le cœur rempli d'une douce joie.

Citoyens de Mégare, illustres descendans de Nisus, si habiles à manier la rame, vivez heureux, ô vous qui avez honoré du prix le plus rare ce Dioclès d'Attique dont l'amitié pour les jeunes enfans était devenu une ardente passion.

Toutes les années, au retour de la saison nouvelle, réunie autour de son tombeau, la jeunesse se dispute à l'envi le doux prix du baiser, et là, celui qui sait le mieux poser une bouche aimable sur une bouche amoureuse, retourne auprès de sa mère, couronné de fleurs. Heureux l'arbitre de ces jeux! Il demande avec instance au beau Ganymède d'accorder à ses lèvres la vertu du caillou de Lydie, sur lequel l'argentier soupçonneux éprouve l'or pour s'assurer qu'il n'est pas altéré.

XIIIe IDYLLE.

HYLAS.

Hercule, accompagnant Jason à la conquête de la Toison d'or, s'était embarqué avec son cher Hylas sur le navire Argo. Dans la Propontide, Hylas va chercher de l'eau et est entraîné par des Nymphes au fond d'une source. Hercule, furieux de l'absence de son jeune ami, le cherche partout, et après mille courses inutiles, il va par terre rejoindre à Colchos Jason, qui déjà l'accusait de lâcheté.

Quel que soit l'immortel qui donna la vie à l'Amour, ce n'est point pour nous seuls, ô Nicias! que cet enfant fut créé, comme nous le croyons peut-être; ce n'est point nous non plus qui les premiers avons senti l'attrait de la beauté, nous simples mortels, ignorans du lendemain.

Le fils d'Amphitryon, cet Hercule au cœur indompté, qui terrassa le lion terrible de Némée, Hercule aimait le jeune Hylas à la longue et blonde chevelure. Il l'instruisait avec la même sollicitude qu'un tendre père instruit son fils bien-aimé, et par ses leçons il lui ouvrait cette noble carrière où lui-même il s'était rendu si illustre. Afin que cet enfant, façonné à son gré et toujours à sa suite, devînt un homme accompli, jamais il ne le quittait, ni au mo-

moment où l'Aurore, montée sur son char attelé de quatre chevaux blancs, s'élançait vers le palais de Jupiter, ni lorsque le blond Phébus, arrivé à son midi, lançait sur les mortels des rayons brûlans, ni lorsque les jeunes poussins, appelés par les battemens d'ailes de leur mère, regardent en gazouillant la solive antique qui leur sert de couche.

Le fils d'Éson allait voler à la conquête de la Toison d'or, suivi de l'élite des princes de la Grèce qui pouvaient le seconder dans son audacieuse entreprise, quand arriva dans la riche Iolcos le fils d'Alcmène et de l'héroïne Médée; Hylas l'accompagnait, et tous deux prirent place sur l'élégant Argo. Ce navire, comme un aigle rapide, glissant sur les mers, évite les îles Cyanées alors errantes et depuis immobiles, et touche à la redoutable rive du Phase. Mais au lever des filles d'Atlas, quand vers la fin du printemps, les moissons encore tendres fournissent aux jeunes agneaux une nourriture salutaire, l'élite des héros aimés des dieux se ressouvient du but de sa navigation et remonte sur l'Argo qui, secondé pendant trois jours par le Notus et le Zéphyre, franchit le détroit qu'Hellé rendit fameux, et aborde dans la Propontide, vers ces lieux où le bœuf du Cianois ouvre de larges et pénibles sillons dans des plaines fécondes.

Là, descendus le soir sur le rivage, les uns apprêtent le festin, d'autres, plus nombreux, pour faire un lit commun moissonnent l'herbe abondante de la prairie voisine, le butome aux feuilles allongées et l'épais cypère.

Hylas, chargé d'une urne d'airain, va chercher l'eau qui doit rafraîchir Hercule et le fier Télamon tous deux compagnons d'armes, tous deux assis toujours à la même table. Bientôt il découvre une source au pied de la colline où croissent en abondance des plantes odoriférantes, la chélidoine azurée, la verte ariante, le sélinum fleuri, et l'agrostis tortueux.

Au sein des ondes se jouaient des Nymphes folâtres, divinités redoutées des laboureurs, Eunico, Molis et Nichéa au regard doux comme le printemps.

Déjà l'élève d'Hercule avait approché l'urne au vaste contour, déjà, penché sur les bords de la source, il la plongeait dans l'eau frémissante, quand brûlant pour lui d'un amour violent, les trois Nymphes le saisissent par la main et l'entraînent au fond des ondes dont sa chute ternit un instant la limpidité : telle une étoile se détachant du ciel tombe dans la mer, et alors le pilote s'écrie : « Aux voiles, matelots! partons, les vents sont favorables. »

Cependant les Nymphes consolaient par de douces paroles le jeune enfant qu'elles tenaient sur leurs genoux et qui fondait en larmes. Mais Hercule, troublé de l'absence de son ami, prend son arc recourbé comme celui d'un Scythe, la massue dont son bras est toujours armé, et court à sa recherche. Trois fois d'une voix forte il appela Hylas, trois fois Hylas répondit, mais sa voix arriva faible à travers les ondes, et quoique près, elle paraissait lointaine. Comme un lion à flottante crinière, qui, altéré de sang, a entendu un faon crier au loin sur la montagne, s'élance de sa tanière, croyant déjà saisir une proie assurée; tel Hercule, cherchant le jeune Hylas, errait dans des déserts hérissés de ronces, et parcourait d'un pas rapide un immense pays.

Qu'on souffre quand on aime! Que de montagnes il franchit! que de forêts il traversa, oubliant et Jason et ses nobles projets!

Le navire se prépare à lever l'ancre; au milieu de la nuit, les voiles sont prêtes à être livrées aux vents, on n'attendait plus qu'Alcide qui, furieux, errait partout sans repos et sans fruit; un dieu barbare irritait les douleurs de son cœur ulcéré.

Ainsi le bel Hylas fut mis au rang des immortels.

Cependant les héros grecs osent verser sur le fils d'Amphitryon des reproches déshonorans, ils l'accusent d'avoir déserté le navire Argo et ses trente rangs de rameurs. Mais lui vint les rejoindre par terre à Colchos, et jusqu'au Phase inhospitalier.

XIVᵉ IDYLLE.

L'AMOUR DE CYNISCA.

Eschine se plaint à son ami Thyonichus de l'inconstance de Cynisca, et lui déclare qu'il veut aller sur les mers chercher un remède à ses chagrins. Thyonichus lui conseille d'offrir ses services à Ptolémée, roi d'Égypte. Éloge de ce prince. — C'est dans la jeunesse qu'il faut entreprendre de grands travaux.

ESCHINE, THYONICHUS.

ESCHINE.

Bonjour, Thyonichus.

IDYLLES.

THYONICHUS.

Je te salue, Eschine.

ESCHINE.

Qu'il y a longtemps que je ne t'ai vu!

THYONICHUS.

Oui, il y a bien longtemps. Mais quel soin te chagrine?

ESCHINE.

Mon cher Thyonichus, je ne suis pas bien.

THYONICHUS.

Voilà sans doute pourquoi ce visage amaigri, cette barbe négligée et ces cheveux en désordre. Tel était, l'autre jour, ce pythagoricien, le front pâle, les pieds nus, ne possédant rien, et qui se disait citoyen d'Athènes. S'il était amoureux, lui, c'était je crois d'une poignée de farine.

ESCHINE.

Tu me railles, mon ami; cependant la belle Cynisca m'outrage; j'en deviendrai fou, si je ne le suis déjà.

THYONICHUS.

Tu es donc toujours le même, mon cher Eschine? calme ou furieux, selon la circonstance. Dis-moi néanmoins le sujet de ta folie.

ESCHINE.

Un Argien, le cavalier thessalien Apis et le fantassin Cléonicus, dînent chez moi à ma campagne. Je leur sers deux poulets et un cochon de lait; le vin, plein du parfum de la grappe nouvelle, était un vrai Byblos de quatre ans. L'ognon et l'huître fraîche nous altéraient et rendaient le vin plus doux. Comme il se faisait tard, on propose de boire à celle qu'on aime; peu importe le nom, mais il faut en déclarer un quel qu'il soit. D'abondantes libations accompagnent le nom de l'objet aimé proclamé au milieu de la joie la plus folle. Cynisca, assise à mes côtés, garde le silence. Conçois-tu dans quel trouble j'étais? « Tu ne parleras donc pas? » lui dis-je alors. « As-tu vu le loup? » lui demande un des convives en plaisantant. Alors sa figure s'est enflammée et on y aurait pu allumer la mèche d'un flambeau.

Ce loup est le fils du voisin Lobès, jeune, grand et beau, dit-on; c'est pour lui qu'elle brûle de l'amour le plus violent. On m'avait jadis conté leurs feux, mais hélas! malgré l'expérience que devrait me donner la barbe qui ombrage mon menton, je négligeai cet avis.

Déjà le vin nous échauffait, quand l'habitant de Larisse, dans sa gaîté trop vive, entonna, sur un air thessalien, la chanson de mon loup. Tout à coup Cynisca pleura comme le jeune enfant qui désire sa mère. Ami, tu me connais, je suis bouillant, prompt, et sur-le-champ je lui appliquai sur la joue un violent soufflet qu'un second accompagna soudain; mais relevant sa robe, elle se sauve bien vite : « Auteur de tous mes maux, lui criai-je, je ne te plais donc pas! Un autre est plus heureux! Va donc serrer dans tes bras celui pour qui tes joues sont sillonnées de larmes. » Telle que l'hirondelle qui apporte de la nourriture à ses petits et s'envole ensuite du nid pour en apporter une nouvelle, telle, et plus rapide encore, Cynisca s'élance de son siége, franchit les deux portes et se met à courir. Le taureau, comme on dit, est lâché dans la forêt.

Voilà deux mois que je ne l'ai vue, et depuis ma barbe croît comme celle d'un Thrace. Cynisca est maintenant toute au loup; ce n'est plus que pour le loup que sa porte est ouverte la nuit. Moi, je ne suis rien; ainsi qu'un malheureux habitant de Mégare, on me rejette à la dernière place. Si du moins je pouvais maîtriser mon trouble! mais, ô mon ami! je suis comme le rat qui a goûté de la poix, et je ne connais pas de remède à mon fatal amour. Simus, du même âge que moi et qui aimait la fille d'Épichalcus, après avoir navigué quelque temps, est revenu consolé. Comme lui, je veux courir les mers, et si ton ami n'est pas au premier rang, il saura du moins ne pas être au dernier.

THYONICHUS.

Que tes vœux soient remplis, mon cher Eschine! Mais si tu es réellement décidé à prendre les armes, Ptolémée te recevra sous ses drapeaux. Ce prince sait payer le courage.

ESCHINE.

Quel accueil fait-il à l'homme libre?

THYONICHUS.

Un accueil excellent. Ce roi est bon, aimable, gracieux, ami des Muses; il sait connaître un ami fidèle et distinguer son ennemi. Il est généreux aussi; jamais il ne refuse de rendre un service, mais avec cette sagacité qui convient à un grand roi ; car, Eschine, il ne faut pas tout demander à un roi.

Si tu consens donc à attacher avec une boucle ta tunique sur l'épaule droite, et si tu as le courage de soutenir d'un pied ferme le choc d'un soldat furieux, vole en Égypte.

C'est par le front que la vieillesse ennemie commence ses ravages ; delà, le temps, qui nous blanchit, se glisse peu à peu sur nos joues. C'est dans la jeunesse qu'il faut entreprendre de glorieux travaux.

XVe IDYLLE.

LES SYRACUSAINES

ou

FÊTE D'ADONIS.

Gorgo et Praxinoé s'égaient sur le compte de leurs maris ; elles se rendent ensuite au palais de Ptolémée, où Arsinoé célébrait la fête d'Adonis avec une grande magnificence. Chemin faisant, les deux amies s'entretiennent des belles actions du prince. Louanges d'Adonis chantées par une Argienne.

GORGO, PRAXINOÉ, EUNOA, UNE VIEILLE, 1er ÉTRANGER, 2e ÉTRANGER.

GORGO.

Praxinoé est-elle au logis ?

EUNOA.

Vous voici bien tard, chère Gorgo ! Oui, elle y est.

PRAXINOÉ.

Je suis émerveillée de te voir. Eunoa, donne un siége, mets-y un coussin.

GORGO.

Il n'est pas nécessaire.

PRAXINOÉ.

Assieds-toi donc.

GORGO.

Heureuses les âmes sans corps ! Praxinoé, quelle peine pour arriver ici ! Je suis excédée. Partout des quadriges, des gens à chlamyde, à bottines, des soldats sous les armes ; partout une foule immense ; et quel trajet ! J'ai cru n'arriver jamais.

PRAXINOÉ.

C'est mon imbécille de mari qui est venu me loger au bout du monde, dans un antre plutôt que dans une maison, c'est pour nous séparer, je crois. Qu'il aime à me contrarier ! Oh ! c'est ma mort que cet homme-là.

GORGO.

Ma chère, ne parle pas ainsi de ton mari devant cet enfant ; vois comme il te regarde.

PRAXINOÉ.

Zéphyrion, mon fils, va, ce n'est pas de papa que je parle.

GORGO.

Par Proserpine ! cet enfant comprend..... Il est beau, ton papa.

PRAXINOÉ.

Dernièrement, comme on dit, son père allait acheter du nitre et du fard pour moi, et ce grand génie m'apporte du sel.

GORGO.

Mon mari Dioclidas, ce bourreau d'argent, n'en fait pas d'autres. Il acheta hier sept drachmes cinq toisons, vrai poil de chien, besaces en lambeaux, haillons pièce sur pièce. Mais prends ton voile et ta mante, et allons au palais du grand roi Ptolémée, voir la fête d'Adonis. On m'a dit que la reine a préparé une pompe solennelle.

PRAXINOÉ.

Chez les grands tout est grand. On conte ce qu'on voit à ceux qui n'ont rien vu.

GORGO.

Il est temps de partir. Il est toujours fête pour les oisifs.

PRAXINOÉ.

Eunoa, de l'eau. Qu'elle est lente ! Le chat veut se reposer mollement. Remue-toi donc ! Vite de l'eau ; c'est de l'eau qu'il me faut d'abord. Avec quelle grâce elle l'apporte ! Allons, verse ; mais, maladroite, pas si fort. Malheureuse, vois comme ma robe est trempée ! C'est assez ; je suis lavée comme il plaît aux dieux. La clé de cette armoire ? Donne-la moi.

GORGO.

Cette robe à longs plis te sied à merveille, Praxinoé. Dis-moi, qu'en vaut l'étoffe ?

PRAXINOÉ.

Je t'en prie, ne m'en parle pas, Gorgo; une ou deux mines d'argent fin, peut-être plus encore, sans la broderie, qui m'a coûté un travail infini.

GORGO.

Du moins, tu dois être contente.

PRAXINOÉ.

Il est vrai. Mon manteau et mon voile, place-les avec goût. Je ne t'emmène pas, mon fils, il y a des loups et les chevaux mordent les petits enfans. Pleure tant que tu voudras, je ne veux pas te faire estropier. Partons. Holà! nourrice, fais jouer l'enfant, appelle le chien et ferme la porte.

Grands dieux! quelle foule! Comment traverser? c'est une vraie fourmilière.

O Ptolémée! depuis que ton père s'est élevé au rang des dieux, que de bienfaits tu verses sur nous! Le voyageur aujourd'hui marche en sûreté, sans craindre de hardis fripons, de vrais Égyptiens. Comme auparavant manœuvraient ces hommes exercés à la ruse, tous de la même trempe, tous d'intelligence!

Ma chère Gorgo, qu'allons-nous devenir? ce cheval se cabre! qu'il est rétif!... Sotte Eunoa, veux-tu reculer!... Il va tuer son maître!... J'ai bien fait de laisser mon fils à la maison.

GORGO.

Rassure-toi, Praxinoé, il nous ont dépassés et sont déjà près de la place d'armes.

PRAXINOÉ.

Enfin, je respire! Le cheval et le froid serpent, voilà ce que j'ai toujours craint depuis mon enfance. Hâtons-nous, car la foule s'approche.

GORGO.

La mère, venez-vous du palais?

LA VIEILLE.

Oui, mes enfans.

GORGO.

Peut-on entrer?

LA VIEILLE.

Avec du temps et des efforts les Grecs sont entrés dans Troie; avec des efforts et du temps on réussit toujours.

GORGO.

L'oracle a prononcé; la vieille est déjà loin.

PRAXINOÉ.

Ces femmes savent tout, même comment au lit d'hymen Jupiter fut reçu par Junon.

GORGO.

Vois, Praxinoé, vois quelle foule sur la porte!

PRAXINOÉ.

C'est à faire trembler. Gorgo, donne-moi la main; toi, Eunoa, prends celle d'Entychidus et tiens-toi bien à lui de peur de l'égarer. Nous entrerons tous ensemble... Eunoa, serre-toi près de nous... Ah ciel! mon manteau est déchiré. Que Jupiter vous soit propice, seigneur étranger; mais, je vous en prie, ménagez mon manteau.

PREMIER ÉTRANGER.

Ce n'est guère en mon pouvoir, cependant je ferai de mon mieux.

PRAXINOÉ.

Quelle cohue! on nous presse comme des pourceaux.

PREMIER ÉTRANGER.

Courage, belle Syracusaine, vous voilà hors de danger.

PRAXINOÉ.

Généreux étranger, qui avez pris soin de nous, puisse le bonheur vous accompagner aujourd'hui et toujours!... Quel homme honnête!... On étouffe, Eunoa!... Allons, ferme, et tu passeras... Très-bien! Tout le monde est entré, comme dit l'époux quand il ferme le verrou sur la mariée.

GORGO.

Approche, Praxinoé, vois cette tapisserie; quelle est belle! que ces tissus sont fins! on dirait l'ouvrage des dieux.

PRAXINOÉ.

Auguste Minerve! quelles mains ont tissé ces ouvrages? Quels artistes ont peint ces figures? on les croit voir marcher! Ce ne sont pas des peintures, mais des êtres vivans! Combien l'homme a d'esprit! comme il est admirable, là, couché sur ce beau lit d'argent et les joues embellies d'un tendre duvet, le trop aimable Adonis, aimé même aux enfers!

DEUXIÈME ÉTRANGER.

Paix donc, bavardes impitoyables, qui roucoulez comme des tourterelles vos syllabes traînantes.

GORGO.

Par Tellus! d'où sortez-vous donc, l'ami? Que vous importe notre babil? Commandez à vos esclaves. Voudriez-vous par hasard dicter vos lois à des Syracusaines? Sachez que nous sommes Corinthiennes d'origine, aussi bien que l'illustre Bellérophon, et que nous parlons la langue du Péloponèse. Eh bien! défendez-vous à des Doriennes de parler dorien?

PRAXINOÉ.

O Proserpine! garde-nous d'un nouveau maître; un seul nous suffit. Mon ami, sachez que je ne vous crains pas.

GORGO.

Tais-toi, Praxinoé! la célèbre Argienne dont le talent l'emporte sur celui de Sperchis va chanter les louanges d'Adonis. Je suis sûre qu'elle va commencer; voilà qu'elle prélude. Quel plaisir!

ARGÉA chante.

« Toi qui chéris Golgos, Idalie et la haute Érix, Vénus, dont les faveurs ont plus de prix que l'or, après douze mois révolus, les Heures nous ont ramené Adonis des bords de l'avare Achéron. Les Heures chéries, que les dieux ont rendues tardives, se rendent enfin à nos désirs; toujours elles apportent aux mortels quelque don consolateur.

» Vénus, reine de Cypre, aimable fille de Dioné, c'est toi qui donnas l'immortalité à la mortelle Bérénice, en versant sur son sein l'ambroisie goutte à goutte. Touchée de tes soins généreux, déesse aux noms divers, Arsinoé, fille de Bérénice, non moins belle qu'Hélène, couvre de richesses ton jeune amant.

» Ici, autour d'Adonis, on voit réunis les fruits les plus beaux de nos vergers, de frais jardins encaissés dans l'argent, et des vases d'albâtre étincelans de dorures pleins des parfums de Syrie; tous les mets que ces jeunes beautés préparent sont formés avec des fleurs de blanche farine de pure froment, du miel et des doux sucs de l'olive; la terre et les airs ont apporté leur tribut.

» Là s'élève avec art un berceau de verdure où s'entrelace l'aneth odorant; au-dessus voltigent les Amours enfantins, comme on voit les jeunes rossignols perchés sur des arbustes, essayer leurs petites ailes en voltigeant de branche en branche.

» Oh! que d'ébène et d'or! et ces deux aigles de l'ivoire le plus pur, portant sur leurs ailes déployées le jeune échanson du fils de Saturne! Ces tapis de pourpre sont plus doux que le sommeil! s'écrieraient Milet et Samos même.

» Au-dessous est un lit pour Vénus; le bel Adonis occupe l'autre, Adonis époux à dix-huit printemps; ses baisers ne piquent point: à peine ses lèvres se dorent d'un tendre duvet, Vénus, réjouis-toi d'avoir un tel époux!

» Quand au lever de l'aurore, la terre demain sera encore mouillée de rosée, nous irons toutes ensemble le porter avec pompe sur les bords des flots écumans, et, les cheveux épars, la robe flottante, le sein découvert, nous entonnerons l'hymne solennel:

« Toi seul, ô Adonis! toi seul des démi-dieux, obtins l'insigne don de passer du Ténare au séjour des vivans. Ils n'ont point eu cet honneur le fier Agamemnon, Ajax au cœur bouillant, Hector le plus illustre des vingt fils d'Hécube, Patrocle, Pyrrhus heureux vainqueur de Troie; ni avant eux, les Lapithes, les enfans de Deucalion, de Pélops, ni les Pélasges, ces fondateurs de la nation grecque: tous ont subi la loi commune des mortels.

» O Adonis! sois-nous propice maintenant et toujours. Nos cœurs se sont réjouis de ton arrivée; fais qu'ils se réjouissent encore à ton retour. »

GORGO.

Praxinoé, quel chant! Femme heureuse! Oh! oui, heureuse de son admirable talent! Quelle voix mélodieuse!... Mais il est temps de partir: Diodidas est à jeun, et quand il a faim, malheur à qui l'aborde!

Adieu bel Adonis; viens encore quand Phébus aura fini son cours, viens apporter la joie et le bonheur.

XVIᵉ IDYLLE.

HIÉRON

OU LES GRACES.

Théocrite a adressé cette idylle à Hiéron, dernier tyran de Syracuse. Il s'y plaint de l'indifférence et de l'avarice des grands envers les poëtes qui célèbrent leurs exploits et font passer leurs noms à la postérité. Elle est terminée par l'éloge d'Hiéron, qui cependant n'a jamais rien fait pour Théocrite.

Les filles de Jupiter chantent les immortels; les poëtes célèbrent la gloire des héros. Les Muses sont des déesses, et c'est aux déesses à chanter les dieux; pour nous, simples mortels, célébrons les mortels. Mais est-il un seul homme qu'éclaire la brillante aurore, qui, accueillant les Grâces, les reçoit avec empressement et ne les renvoie pas même sans récompense? Indignées, les pieds nus, elles regagnent alors leur triste demeure, me reprochant leur inutile requête; accablées d'ennui, elles restent assises sans honneur au fond d'un coffre vide et la tête appuyée sur leurs genoux glacés.

Quel mortel aujourd'hui, oui, quel mortel sait priser le poëte qui donne l'immortalité? Pour moi, je ne le connais pas. Partout l'intérêt domine. On ne désire plus comme autrefois entendre célébrer les belles actions. La main cachée sous son manteau, chacun cherche des yeux de nouvelles richesses dont il garde même la rouille; et pour toute réponse, vous entendez répéter: « La jambe n'est qu'après le genou. Je garde ce que j'ai, les dieux assistent les poëtes! Mais pourquoi tant d'auteurs? Homère seul suffit; c'est lui qui chante bien! c'est le plus grand poëte, car jamais il n'aura rien de moi. »

Insensés! à quoi vous servent ces amas d'or, si vous les tenez renfermés dans des coffres? Le sage sait faire un plus digne usage de ses richesses; il en garde d'abord une partie pour lui, en donne une autre aux enfans d'Apollon, et du reste, il fait du bien à ses proches et à ses semblables. Souvent ses sacrifices fument pour les dieux; il exerce la douce hospitalité, et lorsqu'il admet des étrangers à sa table, il les laisse partir quand il leur plaît.

Avant tout, honorez les interprètes des Muses; eux seuls vous feront une bonne renommée même aux enfers, et un jour, oubliés sans gloire sur les bords du noir Achéron, vous ne verserez pas des larmes de repentir et de regret comme ce mercenaire dont les mains sont devenues calleuses sous le hoyau et qui pleure la fatale indigence que lui ont léguée ses pères.

Tous les mois les esclaves d'Antiochus et du roi Alevas se distribuaient une abondante nourriture; des troupeaux nombreux de génisses étaient renfermés tous les soirs dans les immenses étables de Scapas, et mêlaient leurs mugissemens à ceux des taureaux; les bergers de l'hospitalier Créondas, couvraient pendant l'été de gras et innombrables troupeaux les vastes plaines de Cranin; mais après avoir déposé leur délicieuse vie dans la barque du nocher des enfers, à quoi leur auraient servi ces richesses? Ils giraient aujourd'hui et pendant des siècles éternels, sans gloire et sans honneur, parmi la foule des morts vulgaires et abandonnés de leurs trésors, si le chantre de Cos ne les eût célébrés sur sa lyre harmonieuse et n'eût ainsi transmis leurs nobles noms aux races futures. Leurs coursiers mêmes sortis vainqueurs des jeux ont eu part à leur gloire.

Qui connaîtrait aujourd'hui les chefs des Lyciens, qui connaîtrait les enfans de Priam à l'ondoyante chevelure, qui connaîtrait enfin ce Cycnus aux traits efféminés, si les poëtes n'eussent célébré les héros du vieil âge? Ulysse qui erra dix ans chez toutes les nations du monde, Ulysse qui descendit vivant dans le sombre empire de Pluton, qui sut fuir de l'antre sanglant de l'affreux Polyphème, n'eût pas longtemps joui de la gloire immortelle. Ils seraient ensevelis dans l'oubli le plus profond, et le pasteur Eumée, et Philétius et le vénérable Laërte, si le chantre d'Ionie n'eût prodigué pour eux ses vers harmonieux.

Oui, les Muses seules donnent l'immortalité aux mortels; les richesses des morts sont la proie d'un avide héritier. Il serait aussi difficile de compter les flots nombreux que le vent fait briser contre le sable des mers, ou de laver une noire ardoise dans une onde pure que de vouloir attendrir un avare. Loin, loin d'ici l'esclave d'une telle passion! qu'il entasse trésor sur trésor et que sa richesse accroisse ses désirs!

Moi, je préfère l'estime et la bienveillance publiques aux chars et aux coursiers les plus fringans. Je cherche donc un mortel qui veuille gracieusement m'accueillir avec les Muses mes compagnes; car on ne peut arriver jusqu'à elles si le grand Jupiter n'en ouvre la voie.

Le ciel n'a point encore interrompu sa constante révolution qui nous donne les mois et les années; et souvent encore de superbes coursiers feront voler des chars dans l'arène. Un héros paraîtra que j'immortaliserai dans mes vers; ses exploits égaleront ceux du grand Alcide et du terrible Ajax dans les plaines qu'arrose le Simoïs au pied du tombeau d'Ilus. Déjà le Phénicien, recule aux extrémités de la Libye, auprès de ce rivage où Phébus se plonge dans les mers, le Phénicien est saisi d'effroi; déjà les Syrcusains saisissent leurs lances et se couvrent de boucliers d'osier. Au milieu d'eux, Hiéron, égal aux héros des vieux temps, revêt son armure, l'aigrette flotte sur son casque.

Jupiter, roi des dieux et des hommes! Redoutable Minerve, et toi, Proserpine, toi qui règnes avec ta mère sur la vaste et riche cité d'Éphyre, bâtie aux bords du limpide Lysimède, oh! qu'un destin protecteur éloigne les ennemis de notre île et les rejette dans la mer de Sardaigne; que les faibles restes de leurs nombreux bataillons retournent dans leur patrie pour annoncer aux enfans et aux épouses la mort funeste de ceux qu'ils chérissaient.

Que leurs premiers habitans reviennent dans ces villes qu'ont détruites de fond en comble les mains de nos sacriléges ennemis; qu'ils cultivent encore leurs champs couverts de verdure; que des milliers de brebis bêlent comme autrefois dans nos gras pâturages, et que de nombreux troupeaux de bœufs retournant ensemble le soir à l'étable, pressent la marche trop lente du voyageur. Oui, puisse la charrue ouvrir des sillons nouveaux quand chante la cigale oisive sur la cime des arbres en observant les bergers qui lui tendent des piéges! Puisse l'araignée couvrir de ses frêles tissus les armes meurtrières et le nom même de la guerre s'éteindre dans un long oubli!

Vous, poètes, portez l'honneur d'Hiéron au delà des mers de Scythie et jusqu'aux lieux où l'illustre Sémiramis cimenta par le bitume onctueux les vastes remparts de Babylone. Le premier je préluderai à ces glorieux concerts; vous que protégent les filles de Jupiter, réunissez vos voix à mes accens, et tous ensemble célébrons et la Nymphe Aréthuse, et la belle Sicile et les victoires d'Hiéron.

Divinités qu'honora Étéocle, vous qui aimez Orchomène que fonda Minyas jadis si détestée par les Thébains, ô Grâces! faites-moi chérir ma solitude; mais si quelqu'un m'invite et sait m'apprécier, je me rendrai avec confiance vers lui, accompagné des neuf sœurs, ou je reste chez moi.

O Grâces! ne me quittez jamais; sans vous, quels biens offriraient des douceurs au mortel?

XVIIᵉ IDYLLE.

ÉLOGE DE PTOLÉMÉE.

Éloge de Ptolémée Philadelphe, fils de Ptolémée Lagus et de Bérénice, dont le poëte fait remonter l'origne à Hercule. Bonheur des sujets de ce prince; sa munificence envers les dieux et les poëtes. Théocrite y joint en peu de mots l'éloge d'Arsinoé, sœur et épouse de Ptolémée.

Muses, que Jupiter soit le principe et la fin de nos chants, Jupiter le plus grand des dieux que nous puissions célébrer. Parmi les mortels chantons Ptolémée, que Ptolémée le plus grand des héros soit au début et à la fin de nos vers.

Les fils des demi-dieux ont jadis trouvé des chantres fameux pour redire leurs nobles exploits; moi, je consacre mes accens à célébrer l'immortel Ptolémée, car les accens du poëte sont un prix digne des dieux mêmes.

Un bûcheron pénètre dans la silencieuse forêt d'Ida; arrivé au milieu de ces arbres innombrables, il ne sait sur lequel sa coignée portera les premiers coups. Ainsi que lui j'hésite: par où commencer? Que de choses à dire sur le plus parfait des rois que les dieux eux-mêmes ont orné de toutes les vertus!

Remontons d'abord au berceau de ses ancêtres, au fils de Lagus, et nous verrons que lui seul pouvait achever ces immenses projets que tout le génie des autres mortels n'aurait pas même pu concevoir. Aussi, placé par Jupiter au rang des dieux immortels, il habite un palais d'or dans le brillant Olympe. Près de lui est assis son ami Alexandre, la tête ornée de la mitre asiatique; Alexandre, ce dieu formidable aux Perses que sa valeur a écrasés. En face, sur un trône de diamant, Hercule, le vainqueur du taureau, savoure au milieu des immortels les douceurs d'un banquet sacré, et voit avec joie ses petits-fils que Jupiter a exemptés de maux en rendant la verte jeunesse à leurs membres engourdis par l'âge. Tous les deux sont au rang des dieux, tous les deux descendent du valeureux Hyllus, fils d'Alcide qu'ils honorent comme le premier auteur de leur race.

Quand, enivré du céleste nectar, le fils d'Alcmène quitte la table des dieux pour voler auprès de sa jeune épouse, il donne à l'un son arc et son carquois, à l'autre sa massue noueuse armée de fer, et tous les deux, radieux de ce noble fardeau, accompagnent leur père dans le brillant palais d'Hébé aux pieds d'albâtre.

Bérénice, l'honneur de son sexe et la gloire de sa race, unissait les grâces à la plus haute sagesse. L'auguste fille de Dioné, la déesse qui règne dans Cypre, arrondit de ses belles mains son sein parfumé ; aussi jamais épouse n'inspira tant d'amour à son époux que Ptolémée en ressentit pour Bérénice, et jamais époux ne fut plus chèrement aimé. Heureux père autant qu'heureux époux lorsqu'il se livrait aux douceurs d'un amour tendrement partagé, il déposait sans crainte entre les mains de ses enfans les rênes de son vaste empire.

La mère coupable qui convoite une couche étrangère jouit d'une nombreuse postérité ; mais elle n'a point de fils semblables à leur père.

La plus aimable des déités, ô Vénus ! toujours tu fus la protectrice de Bérénice. Par toi cette belle princesse n'a point traversé l'Achéron, ce fleuve des larmes. Avant qu'elle ait pu s'approcher des sombres rivages et voir le redoutable nocher des enfers, tes mains l'enlevèrent pour la placer dans ton temple et l'associer à tes honneurs. Aussi aujourd'hui, divinité favorable aux mortels, elle n'inspire que des amours heureux et soulage les infortunes qui l'implorent.

Argienne aux yeux noirs, aimable fille d'Adraste, ton union avec Tydée donna le jour au héros de Colydon, à l'intrépide Diomède. Théthis au sein d'albâtre rendit le fils d'Éaque, Pélée, père de cet Achille si habile à lancer le javelot ; et toi, invincible Ptolémée, la belle Bérénice te conçut d'un Ptolémée aussi vaillant que toi.

Cos t'a reçu au sortir du sein de ta mère ; c'est là que tes yeux ont vu la première aurore ; c'est là que, pressée par les douleurs de l'enfantement, la fille d'Antigone implora la secourable Lucine. Lucine accourt, verse sur tous ses membres l'oubli de la douleur et alors naquit un aimable enfant ressemblant à son père.

A sa vue, Cos jette un cri de joie, et le prenant dans ses bras : « Crois, heureux enfant, dit-elle, et puisse ta naissance m'honorer autant que celle d'Apollon honore la florissante Délos ! Fais rejaillir sur le mont Triops et sur nos voisins, les peuples de la Doride, le même honneur que l'île de Rhénée obtint de l'immortel Apollon. »

Ainsi parle cette île, et l'aigle de Jupiter, du haut d'un nuage, fait entendre trois fois un cri d'heureux présage, signe certain de la protection du souverain des dieux, qui en tous les temps accorde ses faveurs aux princes vertueux. Le meilleur de tous est celui que le maître du monde protège au premier de ses jours ; le bonheur accompagne ses pas, son empire s'étend au loin sur la terre et les mers, des peuples immenses cultivent d'abondantes moissons que fertilisent les douces rosées du ciel.

Mais aucun pays n'égale la fécondité et les richesses du sol de l'Égypte quand le Nil débordé vient amollir la glèbe desséchée ; nul prince ne commande à un plus grand nombre de villes peuplées d'habitans industrieux. Qui pourrait compter les cités florissantes sur lesquelles le puissant Ptolémée règne en souverain ? Trois fois dix mille villes, trois fois mille, trois fois cent, trois fois dix et encore trois fois trois, voilà son empire. Il range encore sous son sceptre une partie de la Phénicie, de l'Arabie, de la Syrie, de la Libye et des noirs Éthiopiens. Il dicte des lois à toute la Pamphilie, aux braves Ciliciens, aux Lyciens, aux belliqueux Cariens et aux habitans des Cyclades. Ses vaisseaux invincibles fendent au loin les mers, car les mers, la terre et les fleuves rapides rendent hommage au puissant Ptolémée.

Autour de lui sont réunis une cavalerie sans nombre et d'innombrables fantassins étincelans de fer, et qui font retentir leurs brillantes armures. Son opulence efface celle de tous les rois ; chaque jour d'immenses richesses affluent de toutes parts dans son palais.

Ses peuples cultivent en paix les arts et leurs moissons. Jamais sous son règne, une horde ennemie n'osera traverser le Nil et porter le tumulte de la guerre dans les villages d'Égypte ; jamais le pirate, s'élançant de ses vaisseaux sur le rivage, ne viendra à main armée enlever les troupeaux de l'Égyptien. Le blond Ptolémée, si prompt à brandir sa lance meurtrière, veille à la sûreté de ses états ; Ptolémée qui, non content de conserver comme il sied à un grand roi l'héritage de ses pères, l'agrandit encore par de nouvelles conquêtes.

Cependant ses richesses ne sont point oisives comme cet or qu'accumule dans l'Inde l'avare fourmi ; elles ne restent point, inutiles, amoncelées dans son palais ; elles brillent dans les temples des dieux ornés des plus précieuses offrandes qu'il joint aux prémices de tous ses tributs.

Sa munificence étonne les rois les plus puissans ; il enrichit les cités et ses dignes amis. Aucun poëte admis aux combats sacrés de Bacchus ne fit entendre une docte harmonie qu'il ne reçût une récompense égale à ses talens ; et les interprètes des Muses, pour le payer de ses nobles faveurs, célèbrent à l'envi la grandeur de Ptolémée.

Est-il pour le riche une ambition plus belle que d'obtenir la célébrité parmi les hommes ? La gloire est aujourd'hui le seul bien qui reste aux Atrides, tandis que les brillantes dépouilles qu'ils ont enlevées au palais de Priam sont ensevelies dans les ténèbres de l'oubli où tout va se perdre sans retour.

Quels chants pourraient dignement répéter la piété filiale de Ptolémée ? A peine ses augustes parens sont descendus dans la tombe, que déjà il consacre leur mémoire par des temples où brûle un encens perpétuel. C'est là que leurs traits chéris respirent sur l'or et sur l'ivoire, et que tous les mortels les honorent comme des dieux protecteurs. Tous les ans le feu consume sur leurs autels ensanglantés de grasses et nombreuses victimes.

Ptolémée préside à ces sacrifices, accompagné de sa belle épouse qui presse dans ses bras le plus grand des héros, uni à elle par le double lien d'époux et de frère. Ainsi s'unirent par des liens sacrés les enfans de l'auguste Rhéa, les rois de l'Olympe, et partagèrent la couche nuptiale qu'Iris, vierge encore, leur avait préparée de ses mains parfumées.

Salut, roi Ptolémée ! je consacre ma voix à célébrer tes louanges comme celles des demi-dieux. Peut-être mes chants ne seront pas sans gloire pour toi dans la postérité. Quant à la vertu, c'est Jupiter seul qui la dispense.

XVIII⁕ IDYLLE.

ÉPITHALAME D'HÉLÈNE.

Douze jeunes filles des premières familles de Sparte, réunies près de l'appartement de Ménélas et d'Hélène, célèbrent le bonheur des nouveaux époux.

Jadis dans la ville de Sparte, quand le blond Ménélas, le plus jeune des deux fils d'Atrée, épousa la fille de Tyndare, la belle Hélène, douze vierges, choisies parmi les plus nobles familles, la fleur des jeunes Lacédémoniennes, le front couronné d'hyacinthes, se réunirent devant l'asile fortuné qui renfermait les deux époux, et frappant la terre en cadence, elles remplirent le palais des doux chants d'hyménée.

« Quoi ! l'astre du soir paraît à peine et déjà tu dors, nouvel époux ! As-tu les membres fatigués ? Le sommeil a donc bien des charmes pour toi ! est-ce Bacchus qui t'a fait sitôt rechercher ta couche ? Si tu voulais dormir, il fallait choisir un moment plus propice, et laisser ta jeune épouse s'égayer jusqu'au retour de l'aurore avec ses compagnes sous les yeux de sa mère, car, ô Ménélas ! le soir et le matin, et cette année, et les années suivantes Hélène est à toi.

» Heureux époux, un dieu éternua pour toi quand tu vins à Sparte, obtenir une faveur que se disputaient tant d'illustres rivaux. Seul de tous les demi-dieux tu nommeras ton père le maître de l'Olympe, car tu partages la couche de la fille de Jupiter. Dans toute l'Achaïe, Hélène ne voit pas de beauté qui marche son égale.

» S'il ressemble à sa mère l'enfant né de cet hymen, comme il sera beau ! Parmi toutes nos compagnes qui, le corps teint des sucs de l'olive, exécutent les mêmes exercices sur les bords de l'Eurotas, parmi ces huit fois vingt jeunes filles, parées de la fleur de l'âge, de la beauté et d'un mâle courage, aucune n'est sans défaut, comparée à Hélène.

» Comme l'aurore s'élève pleine d'éclat au premier jour du printemps, quand le froid hiver s'enfuit vers les pôles glacés, telle, ô nuit vénérable ! brillait parmi nous Hélène à la taille haute et majestueuse. Le cyprès embellit le jardin ou le champ fécond en gerbes, le coursier écumant est l'ornement du char thessalien : ainsi Hélène au teint de rose est l'ornement de Lacédémone.

» Quelle femme remplit sa corbeille de tissus plus beaux ? Qui marie avec tant de goût la soie à la laine aux couleurs variées, pousse aussi légèrement sa navette, ourdit des trames aussi longues et aussi délicates. Non, aucune femme ne sut tirer de sa lyre des sons aussi harmonieux et chanter avec autant de grâce les louanges de Diane ou de la docte Minerve, qu'Hélène dont les yeux sont l'asile des Amours.

» O belle, ô aimable fille ! tu es donc maintenant épouse ! Pour nous, dès le matin nous irons dans les prairies cueillir des fleurs nouvelles et former des couronnes odorantes ; nos cœurs te chercheront, ô Hélène ! comme l'agneau nouveau né cherche la mamelle de sa mère.

» Nous les premières, tressant des couronnes de lotos, nous en parerons les rameaux d'un platane ; les premières encore, portant une aiguière d'argent remplie des plus doux parfums, nous les verserons goutte à goutte sur le platane sombre. Ces mots seront gravés sur son écorce en langue dorienne, et tous les passans liront :

RESPECTEZ-MOI, JE SUIS L'ARBRE D'HÉLÈNE.

» Salut, nouvelle épouse ! salut, fils du roi des cieux ! Puisse Latone, protectrice de la fécondité, vous accorder des enfans dignes de vous ! Puisse Vénus, la déesse des amours, enflammer vos cœurs de transports mutuels, et le puissant fils de Saturne verser sur votre famille l'abondance et les richesses, qui passeront de race en race à des descendans dignes de vous !

» Dormez, couple charmant, et respirez sur le sein l'un de l'autre les plaisirs et l'amour, mais songez à vous réveiller avec l'aurore. Demain, dès que le chantre du matin, levant sa crête altière, annoncera le retour de Phébus, nous viendrons toutes encore chanter en chœur.

» Hymen, hymen, réjouis-toi de cette belle union ! »

XIXᵉ IDYLLE.

LE VOLEUR DE MIEL.

Le poëte veut prouver sans doute que toujours la peine suit ou accompagne le plaisir.

L'Amour voulut un jour dérober les rayons d'une ruche odorante : soudain une abeille cruelle piqua le petit voleur aux doigts. Atteint d'une vive douleur, l'enfant souffle sur sa main, du pied frappe la terre, s'envole et montre la plaie à Vénus en se plaignant qu'un aussi petit animal fît une si grande blessure : « Quoi ! mon fils, lui dit sa mère en souriant, ne ressembles-tu pas à l'abeille ? Tu n'es qu'un enfant, mais quels maux ne fait pas ta blessure ? »

XXᵉ IDYLLE.

LE PASTEUR.

Un pasteur se plaint des mépris et de la fierté de la courtisane Eunica. Le poëte rappelle les divinités qui ont abandonné l'Olympe pour courir après des beautés mortelles.

Je voulais obtenir un baiser d'Eunica, mais joignant l'insulte à la moquerie : « Éloigne-toi, m'a-t-elle dit ; quoi ! tu n'es qu'un pâtre grossier, et tu voudrais m'embrasser ? Je ne connais pas les baisers d'un rustre ; ma bouche n'a jamais pressé que les lèvres des citadins. Non, jamais tu ne baiseras ma bouche de rose, pas même en songe. Quels regards ! quelle voix ! quel grossier badinage ! quel gracieux parler ! quel sauvage maintien ! que cette barbe est bien tenue ! la belle chevelure ! Tes lèvres ont la pâleur d'un fiévreux, tes mains sont rudes et noires ; quelle puanteur ! Allons, retire-toi, tu infectes l'air que je respire. »

Elle dit, crache trois fois dans son sein, me mesure dédaigneusement de la tête aux pieds, murmure entre ses dents et me lance un regard de travers. Fière de sa beauté, le sourire du mépris errait sur ses lèvres. Soudain mon sang bouillonne dans mes veines, le dépit colore mon visage comme la rosée du matin colore la rose nouvelle. Enfin elle s'éloigne ; mais je porte toujours gravé dans mon cœur le souvenir de l'outrage de cette insolente courtisane.

Bergers, dites la vérité, n'ai-je plus d'attraits ? Un dieu jaloux m'aurait-il changé en un autre homme ? La fleur de la beauté brillait sur mon visage, et ma barbe parait mon menton, tel le lierre pare la tige qu'il embrasse ; mes cheveux flottaient autour de ma tête, comme un essaim d'abeilles voltige autour de sa ruche ; de noirs sourcils rehaussaient la blancheur de mon front ; mes yeux étaient plus bleus que les yeux de Pallas ; ma bouche ne le cédait pas en fraîcheur au lait pressuré, et ma voix avait la douceur du miel. Mon chant est plein d'harmonie, et je sais tirer des sons mélodieux de la flûte, du pipeau, du syrinx, du hautbois.

Sur nos montagnes, toutes les bergères disent que je suis beau, toutes veulent m'aimer ; mais les femmes de la ville m'évitent parce que je suis pasteur : elles ne songent pas sans doute que l'aimable Bacchus fut berger ; elles ignorent que Vénus, enflammée d'amour pour un pasteur, garda elle-même des troupeaux sur les monts phrygiens, qu'elle aima Adonis dans les forêts et qu'elle le pleura dans les forêts.

Que fut Endymion? ne fut-il pas un simple pâtre? Cependant Phébé l'aima, tout pâtre qu'il était, et désertant le séjour du ciel, elle vint dans la forêt de Dotmos se reposer dans les bras de son jeune amant. Et toi, vénérable Rhéa, tu pleures aussi un berger ; et toi, fils de Saturne, n'es-tu pas descendu sur la terre pour un simple pasteur ?

Eunica seule n'a pas cru un pasteur digne de son amour ; Eunica est en effet plus noble que Rhéa, plus belle que Vénus, plus auguste que Phébé.

Puisses-tu, fière beauté, rester sans amant dans la ville et sur nos montagnes, et passer de tristes nuits sur ta couche solitaire!

XXIᵉ IDYLLE.

LES PÊCHEURS.

Un pêcheur a rêvé que sa ligne tirait un poisson d'or du fond de la mer ; le poëte en profite pour se rire de l'ambition des hommes et prouver que la pauvreté sert d'aiguillon au travail, seul bien nécessaire, parce que avec le travail on vient à bout de tout.

Le besoin, mon cher Diophante, est l'aiguillon des arts ; lui seul force l'homme au travail. Les soucis dévorans ne laissent pas dormir le mercenaire, pendant la nuit : à peine le sommeil ferme-t-il sa paupière fatiguée que soudain les inquiétudes qui l'agitent l'éveillent en sursaut.

Dans une cabane dont le toit était de joncs et le mur de feuillage, deux vieux pêcheurs étaient couchés sur un lit d'algues desséchées. Autour d'eux étaient épars les instrumens de leurs rudes travaux, des paniers, des lignes, des hameçons, des filets encore couverts de mousse, des lacets, des seines, des nasses d'osier, une outre et leur vieille barque posée sur des rouleaux ; une natte de jonc, leurs habits et leurs bonnets antiques formaient un oreiller sous leur tête.

Tels étaient les outils, telles étaient les richesses des deux pêcheurs. Pas un vase, pas même un chien fidéle : le produit de leur pêche, ils le regardaient comme le suprême bien, et leur pauvreté leur était chère. Ils n'avaient pas un seul voisin, mais de tous côtés la mer battait de ses flots murmurans leur modeste cabane.

Le char de Phébé n'avait point encore fourni la moitié de sa course quand le travail réveilla ces pêcheurs. Ils chassent le sommeil de leurs paupières et commencent cet entretien dont la nature seule faisait les frais.

ASPHALION.

Ami, ils nous trompent sans doute ceux qui disent que les nuits sont plus courtes l'été, cette saison que Jupiter enrichit de longs jours. J'ai déjà vu mille songes, et l'aurore ne paraît pas. Me trompai-je? Que signifie cela? La nuit serait-elle plus longue qu'à l'ordinaire?

OLPIS.

Asphalion, tu accuses la gracieuse saison de l'été? Le temps ne change point ainsi à son gré : le souci qui trouble ton repos a pour toi prolongé la nuit.

ASPHALION.

Sais-tu expliquer les songes? J'en ai eu cette nuit d'excellens ; je ne veux pas te priver du plaisir qu'ils m'ont causé : puisque la pêche est commune entre nous, que les songes le soient aussi. Tu es le premier homme pour le bon sens, et le meilleur interprète des songes c'est un sens droit. D'ailleurs nous avons du loisir ; car que faire, couchés sur un lit de feuillage, près des flots, sans dormir? La lampe du Prythanée veille encore ; là du moins l'huile ne manque pas.

OLPIS.

Dis-moi ton songe, racontes-en toutes les circonstances.

ASPHALION.

Hier quand je fus endormi accablé des fatigues de la pêche, après un léger repas (tu t'en souviens, nous soupâmes sobrement et très-tard); je crus me voir assis sur un rocher d'où j'épiais les poissons en agitant la trompeuse amorce attachée à ma ligne. Un poisson des plus gros la dévore tout entière. Le chien rêve au pain, moi je rêve au poisson. Le mien tenait à l'hameçon, son sang coulait, et ma ligne se courbait sous le poids : mes bras tendus la soulèvent avec peine ; il me fallut lutter pour attirer avec un fer si faible un poisson lourd. Songeant ensuite qu'il pourrait bien me mordre : « Si tu me mords, lui disais-je, je te mordrai bien mieux. » Enfin, comme il ne remuait plus, j'étendis la main, et le combat fut terminé.

Que vois-je? un poisson d'or! oui, d'or massif. Je craignis qu'il ne fût le bien-aimé de Neptune, ou peut-être le trésor d'Amphytrite aux yeux d'azur. Je le détachai doucement de l'hameçon pour n'y point laisser quelque parcelle d'or, puis je le traînai sur le rivage à l'aide d'une corde et jurai de ne plus mettre désormais le pied sur la mer, mais de rester sur terre et d'y vivre comme un roi avec mon or... Dans ce moment je me suis réveillé.

Ami, rassure-moi; je suis effrayé du serment que j'ai fait.

OLPIS.

Ne crains rien, Asphalion; tu n'as ni juré, ni vu, ni pris de poisson d'or. Ce rêve est un mensonge. Lève-toi, ouvre bien les yeux, parcours le rivage, et ton rêve se bornera à chercher de véritables poissons. Mais prends garde de mourir de faim avec les songes d'or.

XXIIe IDYLLE.

LES DIOSCURES.

Cette idylle se divise en deux parties. Dans la première, le poëte chante la lutte de Pollux et d'Amycus, roi des Bébryces, qui contraignait les étrangers à lutter contre lui ; dans la seconde, il célèbre la victoire de Castor sur Lyncée, cruellement égorgé par son implacable rival.

Je chante les fils du puissant Jupiter et de la belle Léda, ce Castor si vaillant, ce Pollux invincible au pugilat quand le ceste armait sa redoutable main. Je répète les noms de ces deux illustres frères que Lacédémone vit naître de la fille de Thestius, qui se sont distingués si souvent dans les exercices athlétiques et dont la bonté tutélaire préserve aujourd'hui les mortels de l'homicide acier, dégage de la mêlée sanglante les coursiers épouvantés et ranime les matelots qui, luttant contre la tempête, cherchent en vain dans un ciel obscurci les astres qui doivent diriger leur course.

Les autans déchaînés soulèvent des montagnes humides, courent en tourbillons de la poupe à la proue et précipitent les flots sur le navire qui s'entr'ouvre de toutes parts ; l'antenne gémit, les voiles se déchirent, le mât brisé vole en éclats ; des torrens lancés du haut des nues augmentent l'horreur des ténèbres ; la plaine des mers mugit au loin sous les coups redoublés de la grêle et des vents. C'est alors, fils de Léda, que vous arrachez les vaisseaux à l'abîme, et à la mort le pâle nautonier qui se croyait déjà descendu aux sombres bords. Soudain les vents s'apaisent, le calme renaît sur les ondes, les nuages se dispersent, les ourses brillent, et les constellations favorables promettent aux matelots une heureuse navigation.

Protecteurs des mortels, ô modèle de la tendre amitié ! vous qui êtes également habiles à dompter un coursier et à manier une lyre, invincibles athlètes et chantres harmonieux, lequel célébrer d'abord? Tous deux vous avez droit à mes hommages. Je commence par Pollux.

Déjà Argo avait heureusement dépassé ces îles jadis errantes, aujourd'hui immobiles; déjà il avait franchi les bords inhospitaliers du Bosphore quand il aborda chez les Bébryces avec les héros chéris des dieux : là on jette les échelles, et les compagnons de Jason s'empressent de descendre sur le rivage, où, à l'abri des vents et des flots, ils dressent des lits, font jaillir le feu d'un caillou et préparent leur festin.

Cependant Castor, si habile à dresser les nobles coursiers, et le blond Pollux s'éloignent de leurs amis et s'avancent dans ces contrées solitaires. Tandis qu'ils considèrent la vaste et sombre forêt qui couronne la montagne, ils découvrent sous une roche escarpée une source abondante : l'eau pure et limpide laisse voir son sol parsemé de cailloux dont l'éclat égale le cristal et l'argent ; auprès croissent le pin altier, le peuplier blanc, le vert platane, le cyprès touffu, et ces fleurs odorantes dont la terre s'émaille sur la fin du printemps et que chérit l'industrieuse abeille.

Là, seul, sans autre toit que le ciel, habitait un audacieux mortel, au farouche regard, aux oreilles meurtries sous les coups du ceste; sa vaste poitrine s'élevait en s'arrondissant comme un globe, et son large dos était revêtu d'une peau plus dure que le fer; on eût dit un colosse forgé sous le marteau. Sur son bras nerveux, à l'extrémité de l'épaule, se prononçaient des muscles vigoureux : tels ces cailloux qu'un torrent a arrondis en les roulant dans ses flots. La dépouille d'un lion couvrait ses épaules et descendait jusqu'à terre.

L'intrépide Pollux le premier lui adresse la parole.

POLLUX.

Salut, étranger. Quel peuple habite ces contrées?

AMYCUS.

Pourquoi salut? quand je vois des hommes que je ne connais pas?

POLLUX.

Ne crains rien; je suis juste et fils de parens vertueux.

AMYCUS.

Moi, craindre? ce n'est pas à toi à me l'apprendre.

POLLUX.

Tu es vain, irascible et farouche.

AMYCUS.

Je suis tel que tu vois; d'ailleurs la terre que je foule n'est point la tienne.

POLLUX.

Si c'était la mienne, tu ne retournerais pas chez toi sans avoir reçu l'offrande hospitalière.

AMYCUS.

Jamais je ne serai ton hôte; pour mes dons, il n'est pas facile de les obtenir.

POLLUX.

Quoi! mon ami, nous ne pourrons pas même nous désaltérer à cette source?

AMYCUS.

Tu le sauras quand ta soif aura desséché tes lèvres.

POLLUX.

Faut-il de l'or pour cette faveur? Quel prix y mets-tu?

AMYCUS.

Celui de combattre corps à corps, armé du ceste, contre un athlète redoutable, serrant les mains contre ses mains, les cuisses contre ses cuisses, le bravant des yeux et du poing, et usant de toute ton adresse.

POLLUX.

Où donc est l'athlète?

AMYCUS.

Devant toi; Amycus est ton rival.

POLLUX.

Et le prix du combat?

AMYCUS.

Vaincu, je suis à toi; vainqueur, tu seras mon esclave.

POLLUX.

Ces combats sont des combats de coqs.

AMYCUS.

De coqs ou de lions, peu m'importe; nous ne combattrons qu'à ce prix.

Ainsi dit Amycus, et soudain l'air retentit de sa conque marine. A ce signal, les Bébryces si soigneux de leur longue chevelure se rassemblent en foule sous des platanes. De son côté, l'intrépide Castor vole vers le vaisseau et appelle tous ses illustres compagnons.

Les deux rivaux s'arment du ceste, attaché à leurs bras par de longues courroies entrelacées, et entrent dans l'arène les yeux étincelans de fureur.

D'abord ils se disputent l'avantage de présenter le dos aux rayons du soleil. Ton adresse, ô Pollux! l'emporte sur ton colossal ennemi, et les rayons de l'astre du jour tombent d'aplomb sur le visage d'Amycus, qui, transporté de rage, s'avance en cherchant à porter les premiers coups; mais le fils de Tyndare le prévient et le frappe sur la joue. Alors la fureur du géant redouble, il marche en avant et le combat s'anime. Les Bébryces font retentir l'air de leurs cris de joie. Les héros grecs encouragent le vaillant Pollux et tremblent que ce nouveau Tityus ne l'accable de son horrible masse dans cette arène si étroite. Mais le fils de Jupiter le presse de tous côtés, frappe tour à tour des deux mains et repousse les attaques de l'insolent fils de Neptune. Celui-ci s'arrête comme enivré de coups; il vomit un sang noir, ses joues et ses mâchoires sont meurtries, et ses yeux paraissent à peine à travers l'enflure de son visage. A ce spectacle, les princes grecs font retentir le rivage d'un cri de joie.

Cependant Pollux harcelle sans relâche son ennemi par de fausses attaques. Enfin, le voyant incertain sur sa défense, il lui assène un coup de son ceste au-dessus du nez, entre les sourcils, et lui dépouille le front jusqu'à l'os. Le géant chancelle, tombe et roule sur le gazon ensanglanté.

Bientôt il se relève, et le combat recommence avec une nouvelle fureur. Les deux rivaux se portent des coups terribles; mais ceux du chef des Bébryces ne tombent que sur la poitrine et loin de la tête de son adversaire, tandis que les coups de l'invincible Pollux couvrent de plaies dégoûtantes le visage d'Amycus. Alors, inondé de sueur, haletant de fatigue, le farouche géant n'est plus qu'un homme ordinaire, au lieu que le frère de Castor semble puiser dans le combat des forces nouvelles : ses membres deviennent plus vigoureux, ses traits se colorent d'un plus vif incarnat.

Muse, dis-moi, tu le sais, dis-moi comment le fils de Jupiter terrassa ce féroce mortel; interprète fidèle, je répéterai à ton gré ton langage sacré.

Méditant un coup décisif, Amycus saisit de sa main gauche la main gauche de Pollux, et là, penché hors de la portée des coups, il lève vivement la main droite pour frapper son rival. Ce moment allait être funeste au roi d'Amyclée; mais il baisse la tête, se glisse sous le bras du géant et le frappe à la tempe gauche de son ceste redoutable qui retombe sur son épaule. Aussitôt un sang noir ruisselle; et du poing gauche, Pollux lui meurtrit la bouche, lui fracasse les dents, multiplie ses coups sur ses joues et lui brise les os.

Étendu sur la terre, désespérant de la victoire, existant à peine, Amycus soulève avec effort ses mains suppliantes et avoue sa défaite. Magnanime Pollux, tu n'abusas point de la victoire, et lui te jura par son père de se montrer désormais plus humain envers les étrangers.

J'ai chanté ta valeur, intrépide roi d'Amyclée; c'est toi maintenant que je vais célébrer, noble fils de Tyndare, ô Castor! si habile dans l'art de dompter les coursiers et de lancer les javelots!

Les deux fils de Jupiter fuyaient, emmenant les deux filles qu'ils avaient ravies à Leucippe; mais déjà sur leurs pas volent les fils d'Apharéus, Lyncée et le valeureux Idas, fiancés des jeunes princesses. Ils les joignent au tombeau d'Aphorées; aussitôt Castor et Pollux se retournent, et tous quatre à la fois s'élancent des chars, armés de leurs glaives et de leurs boucliers. Lyncée, couvert d'un casque brillant, s'écrie : « Insensés! pourquoi voulez-vous combattre? Pourquoi ces épées qui brillent dans vos mains? Pourquoi employer la violence pour nous ravir nos épouses? C'est à nous que Leucippe a promis ces filles avant même de vous connaître; les sermens les plus solennels nous lient; et vous, sans égard pour des engagemens sacrés, vous venez, par vos présens corrupteurs, séduire un faible vieillard et enlever des troupeaux, des richesses qui doivent nous appartenir. Combien de fois, quoique sobre de paroles, combien de fois ne vous ai-je pas dit à tous deux : « Mes amis, il ne sied pas à des héros fameux de ravir des femmes aux époux qui leur sont destinés. Allez dans la populeuse ville de Sparte, allez dans cette vaste Élide si renommée par ses coursiers, parcourez l'Arcadie si féconde en troupeaux, visitez les villes de l'Achaïe, Mycène, Argos et les côtes où régna Sisyphe : là croissent sous les yeux de leurs mères mille jeunes Grecques dont l'esprit égale la beauté; vous n'aurez qu'à choisir; il n'est point de famille qui ne s'honore de l'alliance de héros tels que vous. Oui, vous tenez le premier rang parmi les héros, vous, vos aïeux et vos pères, dont l'origine remonte jusqu'aux dieux. Allons, amis, laissez-nous accomplir notre hyménée, et nous vous aiderons ensuite à trouver d'autres épouses dignes de vous. »

» Tels étaient mes discours; et les vents les portaient vers les flots : vous ne fûtes point touchés. Aujourd'hui du moins écoutez la voix de la justice. Nous sommes, vous et nous, les enfans de deux frères; mais si vos cœurs sont avides de carnage, s'il faut du sang pour assouvir votre haine, pour éteindre nos querelles, que mon frère Idas et Pollux mon cousin ne prennent point part au combat; plus jeunes, Castor et moi, nous tenterons le sort des armes, et nos tristes parens seront moins affligés : c'est assez que chaque famille ait à pleurer un fils chéri. Les deux autres consoleront les auteurs de nos jours, épouseront les princesses, et cette grande querelle sera terminée par un sacrifice moins douloureux. »

Ainsi parla Lyncée, et les dieux firent adopter son conseil.

Les deux aînés quittent aussitôt l'armure qui couvre leurs épaules. Le frère d'Idas s'avance vers le lieu du combat en frappant de sa lame les bords de son bouclier; l'intrépide Castor brandit la sienne; les panaches se balancent au gré des vents. D'abord les deux rivaux se mesurent des yeux, chacun cherche le défaut de la cuirasse de son ennemi; mais la pointe de leurs lances, frappant l'impénétrable bouclier, se brise avant d'avoir fait aucune blessure. Soudain, altérés de sang, tous les deux, sans donner de trêve à leur fureur, tirent leurs épées. Castor tombe à coups redoublés sur le large bouclier et le casque à aigrette de son rival. Lyncée au regard perçant frappe aussi avec rage sur le bouclier du fils de Jupiter, et du tranchant de son épée fait voler au loin son rouge panache. Déjà il dirige la pointe de son glaive contre son genou gauche; mais Castor retire le pied et lui mutile les doigts. Lyncée blessé laisse tomber son arme et s'enfuit au tombeau de son père, d'où le brave Idas assis tristement contemplait le combat des deux cousins. Le fils de Tyndare s'élance après lui, l'atteint et lui plonge dans le sein sa formidable épée. L'humide acier déchire les entrailles de Lyncée; il chancelle, tombe, et le sommeil de la mort presse ses paupières.

L'inconsolable Laocoosa ne vit pas même un de ses fils revenir sous le toit paternel et achever un hymen qu'elle s'était promis.

Déjà Idas arrache la colonne qui s'élève sur le tombeau d'Aphorée, il va la lancer contre le meurtrier de son frère; mais Jupiter veille sur les jours de son fils : le marbre échappe aux mains d'Idas, que dévore aussitôt la foudre du roi des cieux. Tel est le sort réservé au téméraire qui osera se mesurer avec les fils de Tyndare, ces enfans redoutés d'un père plus redoutable encore.

Salut, fils de Léda; accordez à mes hymnes une gloire immortelle. Toujours les poëtes furent chers aux Tyndarides, à Hélène, à ces héros qui, pour venger Ménélas, mirent Ilion en cendre. O princes chers aux mortels! il a livré vos noms à l'immortalité le chantre de Chio qui a célébré la ville de Priam, la flotte des Grecs, les combats phrygiens et l'invincible Achille.

A moi aussi les Muses ont accordé le don des vers harmonieux, et je vous offre l'hommage de leurs bienfaits, de ces hymnes qu'elles m'inspirent : les vers sont le plus doux présent qu'on puisse faire aux dieux.

XXIIIe IDYLLE.

L'AMANT MALHEUREUX.

Un berger brûlant d'amour est cruellement repoussé par l'objet de sa flamme. Il se prend de désespoir. La statue de l'Amour tombe sur l'insensible, l'écrase et venge ainsi l'amant malheureux.

Un homme aimait un jeune adolescent aussi beau que cruel, qui haïssait celui dont il était adoré et ne lui témoignait qu'une rigueur impitoyable. L'ingrat! il ne savait pas quel dieu est l'Amour, combien sûr est son arc, de quels traits aigus il perce les jeunes cœurs.

Ses discours se ressentaient de la férocité de son abord : jamais la faveur la plus légère, jamais un gracieux sourire, un coup d'œil bienveillant, une douce parole; jamais un de ses baisers si doux qui ravissent les sens. Semblable à l'hôte sauvage des forêts qui fuit à la vue du chasseur, la présence d'un mortel le mettait en fuite. Ses lèvres étaient dures, ses yeux lançaient de terribles regards, la colère altérait ses traits et laissait empreint sur son visage sévère un air de mépris et d'horreur. Cependant l'ingrat n'en était pas moins beau, et sa colère même irritait les désirs.

Enfin, succombant à sa douleur, le malheureux amant, baigné de larmes, s'approche de la fatale demeure de l'objet de son amour; il baise le seuil et fait entendre ces paroles qu'interrompent de douloureux soupirs :

« Cruel enfant, ô toi qu'a nourri de son lait une lionne féroce, cœur d'airain, cœur peu digne de tendresse, je viens t'offrir pour dernier présent ce nœud qui va terminer ma vie. O enfant! je ne veux plus que ma présence excite la colère; je me précipite vers les lieux où ta bouche m'a exilé, vers ces lieux où, dit-on, le Léthé roule pour les amans l'oubli des maux dans ses ondes salutaires. Hélas! mes lèvres en tariraient la source avant d'éteindre la flamme qui me consume. Que le seuil de ta porte reçoive mes derniers adieux.

» Ton destin se dévoile à mes yeux. La rose est belle, mais sa beauté n'a qu'un jour; la violette embellit le printemps, un instant la flétrit; le lis est d'une blancheur éclatante, il se fane sous la main qui le cueille; la neige éblouit par son éclat, à peine elle est formée que déjà elle se fond : ainsi est la beauté, bientôt la flétrit la main rapide du temps. Un jour viendra que tu aimeras à ton tour, ton cœur sera la proie d'un feu dévorant, et des larmes amères couleront de tes yeux.

» O enfant! ne me refuse pas une grâce dernière. Quand, au sortir de ta demeure, tu me verras suspendu à ta porte, ne passe point sans t'attendrir sur mon malheureux sort. Arrête-toi un seul instant, qu'une larme s'échappe de tes yeux attendris, détache en soupirant le nœud fatal, couvre mon corps de tes vêtemens, enfin embrasse-moi; applique du moins une fois tes lèvres sur ma dépouille inanimée. Que craindrais-tu? un baiser ne pourra me rendre à la vie. Que tes mains me creusent la tombe où doit s'ensevelir mon amour; et avant de t'éloigner, dis trois fois : «*Ami, repose en paix,*» ou si tu veux : «*J'ai perdu un ami fidèle.*» Grave sur ma tombe ces vers que je vais te tracer :

« L'amour fit périr ce mortel.
» Passant, arrête et dis » : Son ami fut cruel. »

Il dit, et roule vers le seuil un énorme éclat de rocher, attache à la porte le funeste tissu, le passe à son cou, du pied pousse la pierre, reste suspendu et meurt.

Cependant le jeune adolescent ouvre sa porte et voit sa victime attachée à l'entrée de sa maison; il la voit et n'en est point ému. A l'acpect de ce cadavre, aucune larme ne s'échappe de ses yeux, et il souille par le contact impur de ce corps inanimé les vêtemens qui embellissent sa jeunesse. Il court au gymnase et veut se plonger dans le bain auprès du dieu qu'il vient d'outrager.

La statue de l'Amour, placée sur un piédestal de marbre, dominait sur les eaux; elle se détache et tombe sur le barbare enfant. Son sang vermeil coula, et on l'entendit crier du fond de l'eau :

« Amans, vivez heureux; l'insensible n'est plus : aimez quand on vous aime..... Un dieu sait punir les ingrats. »

XXIVe IDYLLE.

ENFANCE D'HERCULE.

Hercule à peine âgé de dix ans étouffe deux serpens que Junon avait envoyés pour le faire périr dans son berceau. Alcmène consulte sur ce prodige le devin Tirésius, qui lui prédit la gloire future du jeune héros. — Instituteurs d'Hercule.

Alcmène, fille de Midée, ayant lavé et allaité ses deux fils, Hercule âgé de dix mois et Iphiclus plus jeune d'une nuit, les coucha sur un bouclier d'airain, armure brillante dont Amphitryon vainqueur avait dépouillé Ptérélas tombé sous ses coups. Elle les caressa tour à tour en leur adressant ces tendres paroles :

« Dormez, mes enfans, dormez d'un sommeil tranquille suivi d'un doux réveil; dormez, délices de mon âme; couple aimable, dormez; que rien ne trouble votre repos. Vous vous endormez heureux, heureux revoyez l'aurore. »

Elle dit, berça doucement le vaste bouclier, et le sommeil s'empara des jeunes enfans.

La nuit avait déjà fourni la moitié de sa carrière, l'Ourse était à son déclin, et près d'elle Orion montrait ses larges épaules, quand l'impitoyable Junon envoie vers le palais deux horribles serpens hérissés d'écailles azurées pour dévorer le jeune Alcide.

Les deux monstres, avides de sang, rasent la terre, déroulent leurs longs replis, s'avancent de front; de leurs yeux jaillissent des étincelles d'un feu sinistre, et leur gueule distille un noir venin.

Ils approchaient dardant leurs langues empoisonnées; alors les fils chéris d'Alcmène s'éveillent (car rien n'échappe aux yeux de Jupiter) et une lueur soudaine éclaire le palais.

Iphiclus aperçoit sur les bords du bouclier ces monstrueux serpens prêts à le dévorer. A la vue de leurs dents horribles, il jette un cri, renverse avec ses pieds la toison qui le couvre et cherche à fuir. Mais Hercule, qui ne connaît déjà d'autre défense que son courage, saisit de ses mains enfantines ces affreux reptiles, presse leur gorge enflée d'un noir poison haï des dieux mêmes. C'est en vain qu'ils enlacent dans leurs mille replis cet enfant dont Junon a retardé la naissance et qui, quoique au berceau, ne connut jamais les pleurs. Bientôt, épuisés eux-mêmes par d'inutiles efforts, ils se déroulent et cherchent à se délivrer de la main qui les broie.

Cependant Alcmène a entendu les cris d'Iphiclus, et s'éveillant la première : « Lève-toi, Amphitryon, lève-toi ! l'effroi glace mes sens. Ne prends pas ta chaussure : n'entends-tu pas les cris du plus jeune de nos fils ? Ne vois-tu pas cette lueur étrange qui éclaire ces murs au milieu de la nuit, quand l'aurore ne paraît point encore ? Oh ! mon cher époux, quel affreux malheur nous menace ! »

Amphitryon ému s'élance de sa couche et se précipite sur son épée suspendue à une colonne de son lit de cèdre. D'une main il saisit son baudrier nouvellement tissu, de l'autre il tire son épée du fourreau de lotos divinement travaillé. Soudain le palais est de nouveau plongé dans les ténèbres. Amphitryon appelle ses esclaves ensevelis dans un profond sommeil : « Esclaves fidèles, vite des flambeaux; forcez les portes, brisez les verroux; hâtez-vous, laborieux esclaves, hâtez-vous ! »

A ces cris, les esclaves accourent des torches à la main, s'empressent de toutes parts, et bientôt ils remplissent le palais.

A la vue du jeune Hercule tenant les deux serpens étroitement serrés dans ses jeunes mains, tous à la fois poussent un cri d'horreur; mais lui, dans les transports de sa joie enfantine, montre les reptiles à Amphitryon et les jette en riant à ses pieds, étouffés et sans vie. Cependant Alcmène presse sur son sein Iphiclus pâle et glacé de frayeur; et après avoir replacé l'autre enfant sous la toison d'un agneau, Amphitryon retourne à sa couche pour se livrer de nouveau au sommeil.

Pour la troisième fois, le chant sonore du coq avait annoncé l'arrivée du jour quand Alcmène, appelant le devin Tirésias, interprète fidèle de la vérité, lui conte le prodige et l'invite à lui dire ce qu'il présage : « Fils d'Évéridès, illustre devin, si les dieux me réservent quelque malheur, ne me le cache pas. En vain les hommes voudraient se dérober à la destinée que la Parque leur file, tu ne l'ignores pas, toi à qui rien n'est caché.

— Noble rejeton du sang de Persée, lui répondit Tirésias, mère d'illustres enfans, rassurez-vous. J'en jure par cette douce lumière qui depuis longtemps n'éclaire plus mes yeux, les femmes d'Achaïe, occupée le soir à faire tourner leurs rapides fuseaux autour de leurs genoux, charmeront leurs travaux en mêlant à leurs chants le nom d'Alcmène, et les Argiennes vous combleront d'honneur. Votre fils devenu homme, héros invincible, s'élancera vers la voûte étoilée après avoir détruit les monstres des forêts et fait tomber sous ses coups les guerriers les plus redoutables. Les Destins lui ont imposé douze travaux, après lesquels, déposant sur le bûcher de Trachinie sa dépouille mortelle, il sera conduit au palais de Jupiter. Là on le nommera gendre de ces mêmes divinités dont le courroux a tiré ces monstres de leur antre sauvage pour dévorer ce jeune enfant. Un jour viendra où le loup affamé, voyant le faon timide couché dans sa tanière, n'osera lui faire de mal.

» Maintenant, reine auguste, il faut tout préparer. Ordonnez que le feu soit conservé sous la cendre; prenez les branches desséchées d'aspalathe, de paliure, d'achardus jouet perpétuel des vents, et au milieu de la nuit prochaine, à l'heure même où ces serpens voulaient dévorer votre fils, que leurs dépouilles soient livrées aux flammes de ce bûcher. Qu'au lever de l'aurore, une de vos esclaves en recueille les cendres, monte sur un roc escarpé, les jette dans le fleuve, qui les portera bientôt loin de votre patrie, et qu'elle revienne sans tourner la tête.

» Mais, avant tout, purifiez ce palais par le soufre; prenez ensuite un vase couronné de vert feuillage et faites, selon les rits accoutumés, une aspersion d'eau pure mêlée avec le sel; enfin immolez un porc mâle au maître du tonnerre afin qu'il vous accorde de triompher sur vos ennemis. »

Telles furent les paroles du sage Tirésias qui, malgré le faix des années, remonte légèrement sur son char d'ivoire.

Cependant le jeune Hercule, toujours regardé comme le fils d'Amphitryon, croissait sous les yeux de sa mère, tel qu'un jeune arbre dans un verger. Le vieux Linus, fils d'Apollon, mentor vigilant, héros infatigable, lui donna la science des lettres; Eurytus, héritier des immenses domaines de ses pères, lui apprit à tendre un arc et à diriger vers le but une flèche assurée; Eumolpus, fils de Philammonide, forma sa voix brillante et conduisit ses doigts sur les cordes de la lyre.

Cet art d'entrelacer ses jambes dans les jambes d'un vigoureux adversaire, qu'inventa la souplesse des lutteurs argiens pour terrasser un rival, les ruses du pugilat, les finesses du caste, à l'aide desquelles l'intrépide athlète, penché vers la terre, cherche à accabler son antagoniste, lui furent enseignés par le fils de Mercure, Harpalycus de Phanope, dont nul combattant n'osa jamais, dans l'arène même, soutenir le regard, tant son épais sourcil imprimait l'épouvante sur son terrible front.

Amphitryon lui-même apprit à cet enfant chéri à conduire dans la carrière des coursiers unis à un char, à ménager l'essieu en tournant avec adresse autour de la borne; car Amphitryon remporta souvent, dans Argos si féconde en chevaux, de glorieux prix en faisant voler dans l'arène des coursiers écumans, et jamais il ne vit se briser les chars qu'il montait : le temps seul en rongeait les courroies.

Tenir la lance en arrêt, s'abriter sous son bouclier, attaquer son rival, parer ses coups, ranger une armée en bataille, disposer une embuscade pour fondre sur l'ennemi, conduire un escadron, c'est ce que lui montra Castor, Castor, ce fier dompteur du coursier indocile qui avait fui d'Argos, quand Adraste vit ses riches vignobles et tous les domaines de ses pères passer entre les mains usurpatrices de Tydée. Jamais aucun héros n'égala Castor dans les combats, avant que la vieillesse n'eût affaibli son noble courage.

Telle était l'éducation que la meilleure des mères donnait à Hercule. Enfant, son lit était près du lit de son père. Il aimait à dormir sur la dépouille d'un lion. Le soir, il prenait dans la corbeille des viandes rôties, et un large pain dorique qui seul eût suffi pour rassasier le mercenaire le plus avide; et le jour, des mets crus et légers. Ses vêtemens étaient simples, sans broderie, et ne couvraient que la moitié de la cuisse.....

(*La fin manque.*)

XXVe IDYLLE.

HERCULE VAINQUEUR DU LION,

ou

L'OPULENCE D'AUGIAS.

Description de l'opulence d'Augias et de ses immenses troupeaux. Hercule, après avoir parcouru les vastes domaines de ce prince, retourne à la ville accompagné de Phylée, fils du roi, à qui, il raconte comment il est parvenu à terrasser le lion de Némée dont il portait la dépouille.

(*Le commencement de l'idylle manque.*)

..... Alors le vieux pasteur, interrompant l'ouvrage de ses mains, lui dit : « Étranger, c'est avec plaisir que je vais satisfaire ta curiosité, sinon je craindrais la colère terrible de Mercure qui préside aux chemins, et punit ceux qui refusent de guider le voyageur incertain de sa route.

» Les brebis du roi Augias ne paissent pas toutes dans les mêmes pâturages, ni dans le même canton. Les unes se réunissent sur les rives de l'Elisente; les autres près des bords sacrés du divin Alphée; d'autres sur les coteaux de Bouprose, et d'autres, en ces lieux. Chacun de ces troupeaux se rassemble dans des étables séparées. Les bœufs, malgré leur nombre immense, trouvent ici des pâturages toujours verts, autour des vastes marais de Ménius; les prairies toujours fraîches, les champs humectés d'une rosée féconde, leur fournissent une herbe tendre et abondante qui augmente tous les jours leur vigueur.

» A droite, au delà du fleuve, tu découvres leur étable; là-bas, ô étranger! où ces antiques platanes étendent leurs rameaux, où s'élève cet olivier sauvage, auprès de ce temple consacré à Apollon jadis pasteur, et l'immortel le plus parfait.

» Plus loin, tu vois de vastes habitations; c'est là que nous demeurons, nous cultivateurs laborieux et vigilans à qui le roi a confié le soin de ses immenses et nombreux domaines. Nous ne livrons les semences à la terre que quand la charrue a déchiré trois et même quatre fois son sein. Les uns, connaissant la nature du sol, plantent les arbres ou la vigne, d'autres portent au pressoir les raisins mûris par les ardeurs de l'été.

» Ces plaines appartiennent à l'heureux Augias, ainsi que ces coteaux couverts d'épis, ces rians verger remplis d'arbres, jusqu'au sommet de ces montagnes lointaines qui font jaillir de leur sein des sources abondantes.

» Nous nous occupons sans cesse à cultiver ces campagnes avec le zèle qui convient à des serviteurs employés par leur maître à de champêtres travaux.

» Mais dis-moi, étranger, (peut-être te serai-je utile) dis-moi quel besoin t'amène en ces lieux? cherches-tu Augias, ou quelqu'un de ses serviteurs? ici je connais tout, et je puis te donner les renseignemens que tu désireras. A la noblesse de ton maintien, je ne crois pas que tu aies à rougir de ta naissance, et tes traits ne sont pas ceux des enfans des méchans. Tels sans doute les fils des dieux se montrent parmi les mortels.

» — Bon vieillard, lui répondit le valeureux fils de Jupiter, je cherche Augias, roi des Épéens, et le besoin de le voir m'amène en ces lieux. S'il est à la ville, au milieu de son peuple, occupé du bonheur public et à rendre la justice, donne-moi un de ses premiers serviteurs qui habitent ces campagnes, capable de m'entendre et qui puisse me répondre, car les dieux ont voulu que les hommes fussent unis par des besoins mutuels.

»—Étranger, repartit le rustique et vénérable vieillard; étranger, un dieu favorable a sans doute conduit ici tes pas; tu arrives, et tes désirs sont satisfaits. Augias, fils du Soleil, est venu hier de la ville accompagné de son fils, le vaillant Phylée, pour donner quelques jours à la visite de ses vastes domaines : les rois aussi sont convaincus que l'œil du maître fait prospérer leur maison. Rendons-nous auprès de lui ; je vais te conduire sous le toit des pasteurs, où peut-être tu trouveras le roi. »

Il dit, et se met en marche. La peau de lion qui couvrait les épaules de l'étranger, la lourde massue qu'il tenait à la main, irritaient la curiosité du vieillard; il aurait voulu savoir d'où il venait, et brûlait de l'interroger ; déjà il ouvrait la bouche, mais la crainte de retarder son hôte qui doublait le pas, arrêtait ses paroles prêtes à s'échapper de ses lèvres; il est bien difficile de lire dans la pensée d'autrui.

A peine ils s'approchaient, quand les chiens avertis par le bruit de leurs pas, et par les esprits qui émanaient de leurs corps échauffés, s'élancent en grondant contre le fils d'Amphitryon, tandis qu'ils caressent et flattent doucement le vieillard qui le conduit. Celui-ci ramasse quelques cailloux; ce geste seul les effraie et les fait reculer; il les menace d'un ton sévère, fait cesser leurs abois et parvient à les écarter, satisfait en son cœur de leur voir faire si bonne garde, même en son absence, puis s'adressant à l'étranger : « Quel présent, dit-il, les dieux ont fait aux hommes dans cet animal si intelligent! s'il avait le don de distinguer ceux qu'il doit attaquer de ceux qu'il doit défendre, aucun autre ne pourrait lui être comparé. Mais il est trop irritable et trop aveugle en sa colère. » Les chiens obéissans rentrèrent dans leur étable.

Cependant le Soleil dirigeait ses coursiers vers l'occident, et l'étoile du soir brillait dans l'Olympe; les brebis rassasiées quittaient les pâturages et regagnaient leurs bergeries. On voyait à leur suite d'innombrables troupeaux de bœufs se suivant, se succédant toujours les uns aux autres, comme se suivent et se succèdent les nuages humides, ces nuages chassés en foule par le souffle impétueux du Notus et du Thracien Borée, tant la violence des vents les pousse, les entasse les uns sur les autres, et l'œil confond celui qui disparaît avec celui qui le remplace. Aussi nombreux étaient les troupeaux d'Augias. Toutes les plaines, tous les chemins en étaient couverts ; les campagnes retentissaient de leurs mugissemens redoublés. Bientôt les bœufs remplissent leurs étables, et les brebis inondent leurs bergeries.

Quelque nombreux que soient les serviteurs autour de ces troupeaux, aucun ne reste oisif, aucun ne manque d'ouvrage. L'un attache des entraves aux pieds des génisses pour les traire plus commodément, l'autre met les jeunes nourrissons sous leurs mères pour sucer le lait pur dont sont remplies leurs pendantes mamelles ; celui-ci porte le lait dans un autre vase, celui-là pétrit un fromage onctueux, d'autres séparent les troupeaux des génisses.

Augias parcourait les étables, les examinait toutes en détail, et calculait le produit du travail des pasteurs. Son fils et le sage Hercule accompagnaient le roi parcourant ses immenses domaines. Quoique le fils d'Amphitryon eût un cœur ferme et inébranlable que jamais rien n'étonna, il ne put voir toutefois sans surprise ces innombrables troupeaux. En effet jamais personne n'eût dit, personne n'eût imaginé que tant de biens appartinssent à un seul homme. Dix rois, les plus riches en troupeaux, n'auraient pu, les réunissant, égaler ceux de ce prince. Le Soleil accorda à son fils d'être de tous les mortels le plus riche en troupeaux, et tous les jours il les faisait croître et multiplier. Jamais de ces maladies contagieuses qui détruisent les troupeaux et causent le désespoir des pasteurs; aussi tous les ans ses bœufs croissaient et amélioraient leur race; toutes les génisses étaient fécondes, et produisaient plus de femelles que de mâles. Au milieu d'elles marchaient trois cents taureaux aux pieds blancs, aux cornes recourbées, et deux cents autres au poil rouge ont déjà rendu fécondes les génisses.

Parmi eux, douze autres taureaux consacrés au soleil et blancs comme des cygnes, les surpassent tous par leur haute stature. Fiers de leur beauté, ils forment un troupeau à part, et paissent une herbe toujours verte dans de gras pâturages. Quand du fond d'un bois des bêtes féroces s'élancent dans la plaine pour fondre sur les troupeaux, ils se précipitent les premiers à leur rencontre, et leur présentent le combat. D'horribles mugissemens annoncent leur colère, et leurs yeux enflammés respirent la mort. L'un d'eux, nommé Phaéton, l'emporte sur tous les autres en taille, en force et en audace; tous les pasteurs le comparent à une étoile ardente, tant il se distingue entre ses compagnons par sa démarche altière et sa merveilleuse beauté.

A la vue de la peau du lion, il fond sur Alcide pour lui percer le flanc de son front vigoureux; mais le héros est sur ses gardes : il saisit d'une main robuste la corne gauche du taureau, lui tourne la tête vers le sol malgré ses efforts, appuie fortement le genou sur son épaule, le repousse, et l'animal irrité se dresse tout entier sur ses jarrets nerveux. Le roi des Épéens, Phylée son belliqueux fils, tous les pasteurs qui étaient présens, admirèrent la force prodigieuse du fils d'Amphitryon.

Cependant Hercule et Phylée quittèrent ces fertiles campagnes et cheminèrent vers la ville. Ils suivirent d'abord un étroit sentier qui se prolongeait depuis la bergerie à travers les vignes, et qu'on découvrait à peine au milieu des feuilles et des pampres dont il était couvert, et arrivèrent sur la grande route. Là le fils bien-aimé d'Augias, inclinant un peu la tête sur son épaule droite, adressa ces paroles au fils du puissant Jupiter qui marchait derrière lui :

« Étranger, c'est de toi sans doute que j'ai déjà entendu parler. Un Grec de la maritime Helicé vint d'Argos en ces lieux; il était à la fleur de l'âge, et m'apprit devant plusieurs Épéens, qu'un Grec avait tué en sa présence un lion monstrueux qui désolait tout le pays, et dont la noire retraite était dans la forêt de Némée consacrée au puissant Jupiter. J'ignore, ajoutait-il, si ce héros est né à Argos, s'il habite Tyrinthe ou Mycène; mais si ma mémoire est fidèle, il le disait issu du noble sang de Persée. Je ne pense pas qu'un autre que toi eût accompli un exploit pareil; d'ailleurs cette peau de lion qui couvre tes épaules annonce que tu ne dois ce trophée qu'à la force de ton bras. Dis-moi si je ne m'abuse point, si tu es réellement celui dont nous parlait ce Grec d'Hélicé, et si je t'ai bien jugé. Raconte-moi comment tu as terrassé ce monstre affreux, et comment il avait pénétré dans l'humide Némée; car on chercherait en vain dans la Grèce un si prodigieux animal. Jamais l'île de Pélops ne produisit de tels monstres; on n'y trouve que des ours, des sangliers et des loups avides de carnage. Aussi chacun était étonné d'un tel récit; quelques-uns même le regardaient comme un conte imaginé pour amuser les auditeurs. »

Il dit, quitte le milieu de la route, et se place à côté d'Alcide pour marcher de front avec lui et mieux entendre son récit.

« Fils d'Augias, lui répondit le héros, tu ne t'abuses point pour le premier objet de ta conjecture : c'est de moi que parlait le jeune Grec. Puisque tu le désires, je suis prêt à te répéter tout ce qui concerne ce monstre; mais je ne te dirai pas d'où il venait; aucun des nombreux habitans de la populeuse Argos ne pourrait le dire avec certitude. On présume seulement qu'un dieu irrité avait envoyé ce fléau aux Phoronéens pour les punir de négliger ses autels. Ce lion, comme un torrent débordé, ravageait les champs de Pise; il exerçait surtout d'horribles dégâts chez les Bembinéens, voisins de sa retraite. Euristhée m'imposa, pour premier de mes travaux, de lui arracher la vie. Je pars aussitôt, tenant d'une main mon arc flexible et mon carquois plein de flèches, et de l'autre une forte massue dont le bois était encore revêtu de son écorce : je l'avais faite moi-même d'un olivier que j'avais arraché tout entier avec ses fortes racines au pied de l'Hélicon.

» Arrivé près du repaire du monstre, je prends mon arc, tends la corde et y place une flèche meurtrière, pendant que mes yeux, se portant de tous côtés, cherchent à prévenir les regards de mon redoutable ennemi. Déjà le soleil était au milieu de sa course et je ne voyais encore aucune trace du lion, je n'entendais point ses rugissemens; je n'apercevais dans la campagne ni berger ni laboureur que je pusse interroger : la pâle crainte les tenait tous enfermés dans leurs cabanes. Je parcourus alors la forêt, impatient de rencontrer le monstre, d'essayer soudain mes forces contre lui.

» Enfin vers le soir, rassasié de chair et de

sang, il revenait vers son antre sauvage. Sa crinière, sa hideuse tête et sa poitrine étaient dégoûtantes de sang et de poussière, et de sa langue il léchait encore ses lèvres ensanglantées. Posté sur un rocher couvert d'arbrisseaux touffus, je l'attends au passage. Au moment qu'il s'avance, mon trait part et l'atteint au flanc gauche, mais en vain : le fer aigu ne peut percer son impénétrable peau et tombe inutile sur le gazon. Aussitôt le lion étonné relève sa tête affreuse inclinée vers la terre, promène çà et là des regards étincelans, ouvre sa gueule et montre ses dents horribles.

» Indigné du mauvais succès de ma première attaque, je lui décoche un second trait qui le frappe à la poitrine, à l'endroit de la respiration; mais il effleure à peine son cuir épais, et aussi inutile que le premier, le dard tombe à ses pieds.

» Animé par le désespoir, je vais lancer une troisième flèche, quand ce monstre épouvantable, roulant de tous côtés ses regards enflammés m'aperçoit enfin. Alors sa longue queue bat ses jarrets et soudain il s'apprête au combat. Son cou s'enfle de fureur, la rage hérisse sa crinière, son dos s'élève et se courbe comme un arc, son corps se replie sur les reins et sur les flancs : tel un figuier sauvage qu'un artiste essaie de courber en l'amollissant par le feu pour en former la roue d'un char, si le rameau plié avec effort s'échappe de ses mains, il bondit au loin : tel le lion avide de mon sang s'élance sur moi. Alors le bras enveloppé de mon manteau, d'une main je lui présente une flèche, et de l'autre levant ma massue, je la fais tomber avec force sur son front. Le sauvage olivier, malgré sa dureté, se brise en deux éclats sur le crâne d'airain de cette bête indomptable. Le monstre allait fondre sur moi, déjà ses pieds ne touchaient plus la terre; mais il chancelle et tombe, tant a été terrible le coup qui a ébranlé sa tête, et un nuage épais se répand sur ses yeux.

» Le voyant étourdi par la force de la douleur, je jette à terre mon arc et mon carquois et, sans lui donner le temps de reprendre ses esprits, je m'élance sur lui; d'une main vigoureuse j'étreins son cou par derrière, dans la crainte qu'il ne me déchire avec ses griffes; je presse ses pieds sous mes pieds, mes cuisses compriment ses flancs, puis soulevant son énorme tête et ses pieds de devant, je lui arrache la vie, et l'enfer vit son âme hideuse errer sur ses sombres bords.

» Bientôt je cherchai le moyen de le dépouiller de sa dure peau, entreprise pénible, car ni le fer, ni le coin, ni la pierre ne pouvaient l'entamer. Dans ce moment un dieu m'inspira la pensée de me servir des griffes mêmes du lion pour le déchirer. Je réussis, j'arrachai ce cuir plus dur que le fer, j'en couvris mes épaules et m'en fis une armure impénétrable aux traits homicides des ennemis.

» Telle fut, ami, la fin du terrible lion de Némée, qui pendant si longtemps avait fait un carnage affreux d'hommes et de troupeaux. »

XXVIe IDYLLE.

LES BACCHANTES.

Fin tragique de Penthée, roi de Thèbes, déchiré par sa propre mère lorsque caché sous un lentisque il contemplait d'un œil curieux les orgies des Bacchantes.

Ino, Autonoé et la belle Agavé guidaient toutes trois sur la montagne trois chœurs de Bacchantes. Arrachant les rameaux sauvages d'un chêne touffu, le lierre toujours vert et la rampante asphodèle, elles élèvent dans une vaste prairie douze autels : trois à Sémélé et neuf à Bacchus; tirant ensuite d'une corbeille les instrumens sacrés, elles les placent avec les rits ordinaires sur ces autels de feuillage nouvellement cueilli; ainsi l'avait ordonné Bacchus, telles sont les cérémonies qui plaisent à ce dieu.

Cependant du haut d'un roc escarpé, Penthée, caché sous un vieux chêne portait sur ces mystères un œil curieux. Autonoé l'aperçoit la première, jette un grand cri, s'élance sur les autels, et emportée par une sainte fureur, du pied renverse les symboles sacrés de Bacchus. Bientôt ses compagnes partagent son courroux. Penthée, saisi, épouvanté prend la fuite; les Bacchantes relèvent sur leur genou leurs longues tuniques attachées par une ceinture et courent à sa poursuite :

« Femmes, que voulez-vous ? s'écria-t-il. — Tu le sauras avant de nous entendre, répond Autonoé. »

Soudain sa mère lui arrache la tête, en rugissant comme une lionne en travail. Ino presse du pied les flancs du profanateur et lui emporte une épaule avec l'os qui l'attache au corps; Autonoé déchire l'autre. Leurs compagnes se disputent les débris de ce corps sanglant, et toutes ensemble rentrent dans Thèbes souillées de sang et rapportant de la montagne, non Penthée, mais un deuil qui épouvante la ville.

Ce supplice ne me révolte point, et que nul mortel s'avise d'accuser Bacchus de cruauté, le sacrilége eût-il été puni d'une manière plus cruelle encore, n'eût-il même à peine atteint la fleur de la jeunesse.

Pour moi, toujours plein de respect pour les immortels, puissé-je plaire aux cœurs religieux! La piété est l'heureux présage des faveurs de Jupiter : celui qui craint les dieux voit ses enfans prospérer ; ceux de l'impie périssent dans l'infortune.

Honneur à Bacchus que le grand Jupiter enferma dans sa cuisse au sortir du sein de sa mère sur le neigeux Dracan! Honneur à la belle Sémélé et à ses sœurs, filles de Cadmus, tant célébrées par les héroïnes! Bacchus lui-même conduisit leurs mains vengeresses contre un coupable. Qui oserait condamner les actions des dieux?

XXVIIᵉ IDYLLE.

DAPHNIS ET UNE BERGÈRE.

Entretien entre Daphnis et une jeune bergère qui, après une faible résistance se rend aux vœux de son amant.

LA BERGÈRE.

Pâris, quoique berger, enleva la sage Hélène.

DAPHNIS.

Et moi, c'est parce que je suis berger que mon Hélène m'embrasse.

LA BERGÈRE.

Moins d'orgueil, jeune indiscret ; un simple baiser n'est rien.

DAPHNIS.

Un simple baiser a mille charmes.

LA BERGÈRE.

Eh bien! j'essuie mes lèvres et j'en efface ton baiser.

DAPHNIS.

Tu l'effaces! Laisse-moi donc t'en donner un autre.

LA BERGÈRE.

Va baiser tes génisses ; respecte une fille encore pure.

DAPHNIS.

Moins d'orgueil : jeunesse passe comme un songe.

LA BERGÈRE.

Le raisin sec conserve sa saveur et l'on cueille encore la rose flétrie.

DAPHNIS.

Viens sous ces oliviers sauvages ; j'ai deux mots à te dire.

LA BERGÈRE.

Non, non; tu m'as déjà trompée avec tes douces paroles

DAPHNIS.

Viens sous ces ormeaux entendre les doux sons de ma flûte.

LA BERGÈRE.

Garde pour toi ce plaisir ; je crains le danger.

DAPHNIS.

Allons, jeune bergère, redoute le courroux de Vénus.

LA BERGÈRE.

Que m'importe Vénus? Diane me protége.

DAPHNIS.

Ne parle pas ainsi de peur qu'elle ne te punisse et que tu ne tombes dans ses piéges.

LA BERGÈRE.

Qu'elle fasse ce qu'elle voudra, Diane saura bien me défendre..... Retire donc ta main, ou je te déchire le visage.

DAPHNIS.

Tu n'échapperas pas à l'Amour ; toutes les jeunes filles subissent ses lois.

LA BERGÈRE.

Je lui échapperai, j'en jure par le dieu Pan!... Veux-tu laisser ce voile?

DAPHNIS.

Je crains que l'amour ne te livre à un époux moins digne que moi.

LA BERGÈRE.

Plusieurs voulaient ma main, mais aucun ne m'a plu.

DAPHNIS.

Et moi, le seul de tous, je te demande à toi-même.

LA BERGÈRE.

Que faire, mon ami? L'hymen est rempli de tant de peines!

DAPHNIS.

L'hymen n'a ni douleur ni peine, il n'offre que des plaisirs.

LA BERGÈRE.

Mais les femmes, dit-on, tremblent devant leurs maris.

DAPHNIS.

Dis plutôt qu'elles règnent sur eux : que peut redouter la beauté?

LA BERGÈRE.

Je crains d'accoucher : la blessure d'Ilythie est cruelle.

DAPHNIS.

Mais c'est Diane ta protectrice qui préside aux accouchemens.

LA BERGÈRE.

Si je deviens mère, je perdrai ma beauté.

DAPHNIS.

Tu la retrouveras dans tes enfans.

LA BERGÈRE.

Si je consens, quel présent de noces me donneras-tu?

DAPHNIS.

Tout, troupeau, bois, pâturages.

LA BERGÈRE.

Jure de ne pas m'abandonner après notre hymen.

DAPHNIS.

J'en atteste Pan! Non, jamais je ne t'abandonnerai, dusses-tu me bannir de ta présence.

LA BERGÈRE.

Me donneras-tu un lit nuptial, une maison, une bergerie?

DAPHNIS.

Oh! oui, je te donnerai un lit nuptial et c'est pour toi que je fais paître ce beau troupeau.

LA BERGÈRE.

Que dirai-je à mon père? Oui, que lui dirai-je?

DAPHNIS.

Il approuvera ton hymen quand il saura mon nom.

LA BERGÈRE.

Dis-le moi ton nom : le nom de l'objet aimé est toujours agréable.

DAPHNIS.

Daphnis, fils de Lycidas et de Noméa.

LA BERGÈRE.

Ta famille est honnête; la mienne ne l'est pas moins.

DAPHNIS.

Pas autant, car tu es la fille de Ménalque.

LA BERGÈRE.

Montre-moi tes bois; où est ta bergerie?

DAPHNIS.

Viens et tu verras mes hauts cyprès toujours verts.

LA BERGÈRE.

Paissez, mes chèvres; je vais voir les champs de mon berger.

DAPHNIS.

Paissez, mes troupeaux; je vais montrer mes bois à ma bergère.

LA BERGÈRE.

Que fais-tu donc? Pourquoi cette main sous mon voile?

DAPHNIS.

Je veux voir ces pommes arrondies.

LA BERGÈRE.

O Pan! je suis toute troublée!...... Retire donc ta main!

DAPHNIS.

Rassure-toi, ma jolie bergère; pourquoi trembler? Tu es trop timide.

LA BERGÈRE.

Tu me jettes sur la terre humide! Ah! mes beaux habits sont perdus!

DAPHNIS.

Cette toison les garantira.

LA BERGÈRE.

Tu as arraché ma ceinture ! Mais que veux-tu donc faire ?

DAPHNIS.

Consacrer à Vénus ma première offrande.

LA BERGÈRE.

Arrête, malheureux ! quelqu'un vient ; j'entends du bruit.

DAPHNIS.

Ce sont les ormeaux qui célèbrent notre hymen.

LA BERGÈRE.

Tu as déchiré mon voile ; me voilà nue.

DAPHNIS.

Je t'en donnerai un autre plus grand.

LA BERGÈRE.

Oui ; tu me promets tout maintenant, peut-être après tu ne me donneras rien.

DAPHNIS.

Ah ! que ne puis-je faire passer mon âme tout entière dans la tienne !

LA BERGÈRE.

O Diane ! ne te fâche pas ! Je te suis infidèle.

DAPHNIS.

J'immolerai une génisse à l'Amour, un taureau à Vénus.

LA BERGÈRE.

Je suis venue vierge et je m'en retourne épouse.

DAPHNIS.

Épouse et mère au lieu de fille inutile ; ton sein nourrira nos enfans.

Ainsi murmuraient tout bas ces jeunes amans au milieu de leurs doux ébats. Le couple furtivement uni se relève : la bergère retourne vers ses brebis la rougeur sur le front, mais la joie dans le cœur ; et Daphnis, fier de sa conquête, rejoint gaîment ses taureaux.

XXVIIIᵉ IDYLLE.

LA QUENOUILLE.

Théocrite, près de s'embarquer pour Milet, destine à Théugénide, femme de son ami Nicias, une quenouille d'ivoire, et accompagne ce présent d'une Idylle où il fait l'éloge de cette laborieuse mère de famille.

O Quenouille ! don précieux de la sage Minerve, toi qui te plais dans la main de la fileuse, qui inspires le travail et l'économie aux respectables mères de famille, suis-moi avec confiance dans la riante ville de Nilée, près de cette grotte ombragée de tendres roseaux et consacrée à la belle Vénus.

Puisse Jupiter m'accorder une heureuse navigation ! Puissé-je bientôt serrer dans mes bras mon ami Nicias, être pressé sur son cœur, Nicias, le modèle des hôtes, le favori des Muses !

Toi qu'embellit un ivoire artistement travaillé, ô quenouille ! tu seras offerte à l'épouse de Nicias. Dans ses laborieuses mains, tu prépareras ces superbes tissus dont les hommes se couvrent, ces robes ondoyantes dont se parent les femmes. Que deux fois l'année, les brebis, au sein de gras pâturages, se dépouillent de leur douce toison en faveur de la belle Théugénide, car elle a cet amour du travail qui dans les femmes est le caractère de la vertu.

Je n'ai point voulu te conduire dans le séjour de l'indolence et de l'oisiveté, toi qui naquis dans ma patrie, dans cette ville fameuse, l'orgueil de la Sicile, si féconde en héros et que fonda jadis Archias d'Éphyre.

La demeure que je te réserve est celle d'un sage dont la science profonde sait éloigner des humains les tristes maladies. Tu habiteras dans le fortuné Milet parmi les Ioniens. Toutes les amies de Théugénide admireront son élégante quenouille, et sans cesse tu rappelleras à sa mémoire le souvenir de l'hôte qui fut l'ami des Nymphes du Parnasse.

Qu'en te voyant, chacun dise : « Le présent est petit, mais qu'il a de prix ! Les dons de l'amitié sont toujours précieux. »

XXIXᵉ IDYLLE.

L'AMANT.

Plaintes d'un ami sur l'inconstance de son ami.

Cher enfant, la vérité, dit-on, est dans le vin : nous avons bu, soyons donc vrais.

Je vais te découvrir les plus secrets sentimens de mon cœur. Tu ne m'aimes pas, je ne le vois que trop, de toute la force de ton ame. Une moitié de moi-même vit de ta beauté, l'autre n'est déjà plus.

Quand tu veux, mon bonheur égale celui des immortels ; mais quand tu refuses, je suis plongé dans l'empire des ténèbres. Quoi de plus opposé aux lois de la nature, que d'affliger son ami le plus tendre?

Mais si ta jeunesse veut se confier à mon expérience, un jour viendra où tu t'applaudiras d'avoir suivi mes conseils. Ne fais qu'un seul nid et place-le sur un seul arbre dont n'approche aucun reptile venimeux.

Pourquoi voltiger aujourd'hui sur une branbre, demain sur une autre, et chercher sans cesse un nouvel asile?

Un inconnu te voit pour la première fois, il loue ta beauté; soudain tu le préfères à un ami de trois ans; tu rejettes à la troisième place celui qui t'aima le premier. Ton cœur n'écoute que l'orgueil.

Veux-tu vivre heureux? N'aime que ton égal. Si tu le fais ainsi, tu auras l'estime de tes concitoyens, et l'Amour te sera propice, l'Amour, qui dompte si aisément les cœurs rebelles, et qui a su amollir la dureté du mien.

Laisse-moi cueillir un doux baiser sur tes lèvres vermeilles.

¹ Songe que l'année dernière tu étais plus jeune, et que la vieillesse précède les infirmités.

Rien ne peut rappeler la jeunesse; elle a des ailes, et nos pas sont trop tardifs pour l'atteindre dans son vol.

Si tu te pénètres bien de cette vérité, tu deviendras un joyeux convive, et tu paieras du plus tendre retour celui qui t'aime de toute son âme. Ainsi à l'époque des beaux jours de la vie, nous retracerons l'amitié d'Achille et de Patrocle.

Mais si les vents emportent mes discours, si tu dis dans ton cœur : « Importun, laisse-moi; » eh bien! je te répondrai : « Aujourd'hui j'irais encore pour toi, oui, j'irais enlever les pommes d'or que garde un monstre furieux dans le jardin des Hespérides; j'irais affronter Cerbère, cet impitoyable gardien des ombres. Mais si tu laisses se refroidir mon amour, demain je n'irais pas, malgré tes instantes prières; non, je n'irais pas même jusqu'à ta porte. »

¹ Nous ajoutons ici le fragment conservé par Casaubon, parce que nous le croyons la suite de cette pièce.

XXXᵉ IDYLLE.

MORT D'ADONIS.

Vénus, inconsolable de la mort d'Adonis, ordonne aux Amours de lui amener le sanglier homicide. L'animal tremblant obtient son pardon à force de flatteries.

Adonis n'était plus. A la vue de ce corps inanimé, de ce front pâle, de ces cheveux souillés de sang et de poussière, Cythérée ordonna aux Amours de lui amener l'auteur de ses maux.

Aussitôt ces enfans ailés parcourent d'un vol rapide toute la forêt, rencontrent l'odieux sanglier, le lient et l'enchaînent d'un triple nœud.

L'un, lui passant une corde au cou, traîne après lui son captif; l'autre hâte sa marche en le frappant de son arc. Le sanglier s'avançait tristement, car il redoutait la colère de Vénus.

« O le plus féroce des monstres des forêts! s'écria la reine de Cythère, c'est donc toi qui as blessé cette cuisse? c'est donc toi qui as frappé mon époux?

» —Vénus, lui répondit l'homicide, ô reine des Amours! j'en jure par vous-même, j'en jure par votre époux, par ces liens qui me pressent, par ces aimables chasseurs, je ne voulais pas blesser Adonis.

» J'admirais votre jeune amant comme une belle statue, et mon cœur s'enflamma. Cédant alors à la violence de mes feux, je désirai baiser sa cuisse nue. Hélas! ce transport a causé mon malheur.

» Reine de Cythère, punissez, arrachez ces dents meurtrières; qu'en ferais-je désormais? Et si ce n'est assez, coupez aussi ces lèvres criminelles. »

Vénus attendrie ordonna aux Amours de le délivrer de ses liens.

Depuis ce temps, le sanglier suit la déesse; jamais il n'est retourné dans les forêts; et dans son désespoir, il brûla lui-même ses défenses.

INSCRIPTIONS.

I.

POUR UNE OFFRANDE A APOLLON.

Ces roses couvertes encore de rosée et ce serpolet touffu sont destinés aux Muses. Je réserve pour toi seul, ô puissant Apollon! ces lauriers au noir feuillage : c'est une couronne de laurier que la ville de Delphes a placée sur ton front. Ce bouc pétulant qui ronge les jeunes rameaux de l'odorant térébinthe arrosera ton autel de son sang.

II.

SUR DAPHNIS.

Le blond Daphnis, qui modulait sur sa flûte des airs champêtres, a offert au dieu Pan une flûte sonore, une houlette, un javelot, la peau d'un faon et la panetière où jadis il portait les fruits de son jardin.

III.

SUR LE MÊME.

O Daphnis! tu dors sur un lit de feuillage, tu livres au repos tes membres fatigués; mais déjà les pieux sont dressés pour tendre les filets sur la montagne. C'est toi que poursuivent Pan et l'aimable Priape dont le front est couronné de lierre safrané. Ils s'approchent ensemble de ta grotte. Fuis, fuis vite, et renonce au sommeil qui engourdit les sens.

IV.

VOEU A PRIAPE.

Chevrier, en passant par ce hameau qu'ombragent des chênes touffus, tu trouveras une nouvelle statue de bois de figuier encore revêtu de son écorce : c'est celle de Priape; elle est sur un socle à trois pieds, elle n'a point d'oreilles, et cependant ce dieu peut accomplir les mystères de Vénus. La statue est dans une enceinte sacrée, et du milieu des rochers s'élance sans jamais tarir une source ombragée de lauriers, de myrtes, de cyprès et d'un vigne sauvage don les rameaux s'étendent çà et là. Les merles printaniers y répètent leurs chansons, et les rossignols aux ailes d'or tirent de leurs gosiers des sons mélodieux. Arrête-toi dans ce lieu, prie l'aimable Priape de me délivrer de mon amour pour Daphnis, et dis-lui que je vais lui sacrifier un beau chevreau. S'il m'exauce, je lui immolerai trois victimes : une génisse, un bouc et un agneau encore renfermé dans ma bergerie. Daigne ce Dieu m'être propice!

V.

A UN JOUEUR DE FLUTE.

Au nom des Nymphes de ces bois, veux-tu me jouer sur ta double flûte un air doux et ravissant? Je l'accompagnerai de ma cythare, et le pasteur Daphnis tirera de son chalumeau des sons mélodieux. Asseyons-nous donc sous ce chêne touffu, derrière cet antre frais, et nous éveillerons le dieu Pan, protecteur des bergers.

VI.

A THYRSIS,

Dont un loup a dévoré la chèvre bien-aimée.

Infortuné Thyrsis! que gagneras-tu à baigner tes yeux de larmes éternelles? Ta chèvre, cet animal si beau, ta pauvre chèvre n'est plus, elle est descendue aux sombres bords : un loup cruel l'a dévorée. C'est en vain que tes chiens remplissent l'air de leurs tristes hurlemens. A quoi servent tes pleurs, puisqu'il ne te reste ni os, ni cendre de cette chèvre chérie?

VII.

POUR LA STATUE D'ESCULAPE.

Le fils de Péon, le divin Esculape, est arrivé à Milet, chez Nicais, ce docte médecin qui, tous les jours dépose de nouvelles offrandes sur son autel. Il a fait élever à ce dieu cette statue de cèdre odorant, pour laquelle il avait promis à Aétion une riche récompense. Le sculpteur a épuisé toutes les ressources de son art dans ce chef-d'œuvre.

VIII.

POUR LA STATUE DES MUSES.

O déesses! le musicien Xénoclès vous a élevé cette statue de marbre, monument de la reconnaissance. Chacun dira : « Dans la gloire que lui ont acquise ses talens, Xénoclès n'a pas oublié celles qui l'inspirèrent. »

IX.

POUR UN TRÉPIED

Offert à Bacchus par Damotélès.

C'est à toi, Bacchus, le plus aimable des

immortels, que le chorége Damotélès a offert ce trépied surmonté de ta statue. S'il était modeste dans son enfance, devenu homme, il fut honorable, ne se permettant jamais rien que de décent et de beau.

X.

POUR UNE STATUE DE VÉNUS-URANIE.

Cette Vénus n'est point la Vénus populaire, c'est la Vénus-Uranie. La chaste Chrysogone l'a placée dans la maison d'Amphiclès, à qui elle a donné plusieurs enfans, gages touchans de sa tendresse et de sa fidélité. Le premier soin, tous les ans, de ces heureux époux est de vous invoquer, puissante déesse, et en récompense de leur piété, tous les ans vous ajoutez à leur bonheur. Ils prospèrent toujours, les mortels qui honorent les dieux.

XI.

POUR LA STATUE D'ANACRÉON.

Étranger, fixe attentivement tes yeux sur cette statue, et de retour chez toi, tu diras : « J'ai vu dans Théos la statue d'Anacréon, le plus brillant poëte de l'antiquité. » Ajoute : « Et le plus grand ami de la jeunesse, » et en ce peu de mots, tu auras dépeint cet homme illustre.

XII.

SUR ÉPICHARMUS.

Epicharmus, inventeur de la comédie, était Dorien, et c'est en Dorien qu'il a écrit. O Bacchus ! en l'absence du poëte, les Syracusains, empressés de lui rendre leurs hommages, lui ont élevé une statue d'airain dans leur ville célèbre. Il fit un noble usage de ses grandes richesses et donna à la jeunesse d'excellens avis. Rendons-lui grâce de ses bienfaits.

XIII.

POUR LA STATUE D'ARCHILOQUE.

Voyageur, arrête et considère Archiloque, ce poëte ancien qui inventa le vers iambique et dont la juste renommée a pénétré du couchant à l'aurore. Apollon et les Muses l'aimèrent d'amour tendre. Il était aussi harmonieux dans ses vers qu'habile à les chanter sur sa lyre.

XIV.

POUR LA STATUE DE PISANDRE,

Auteur d'un poëme sur Hercule.

Voilà Pisandre de Camire qui, le premier des poëtes anciens, chanta le magnanime fils de Jupiter, vainqueur du lion de Némée, et ses glorieux travaux. Le peuple de Syracuse lui a élevé cette statue d'airain pour rendre son nom célèbre dans tous les âges.

XV.

SUR THÉOCRITE LUI-MÊME.

Il est un autre Théocrite de Chios. Moi, je suis le Théocrite de Syracuse, auteur de ce livre, fils de Praxagoras et de l'illustre Philina. Jamais je ne me suis paré des dépouilles d'autrui.

XVI.

SUR LA GÉNÉROSITÉ DE CAÏCUS.

Cette table est ouverte à tous, étrangers ou citoyens. Pour le rang, que la raison en soit juge. Les autres choisissent leurs convives : Caïcus offre la nuit même à tous ceux qui en désirent les riches produits que lui envoient les climats divers.

ÉPITAPHES.

I.

ÉPITAPHE DE CLÉONICE.

Homme, si tu chéris la vie, ne t'expose pas sur les flots pendant la saison des tempêtes, car la vie de l'homme est bien courte ! Infortuné Cléonice, tu te hâtais de porter, du fond de la Célésyrie, tes marchandises à l'opulente ville de Thase et tu traversais les mers au déclin des Pléiades. Nautonier malheureux, tu t'es couché avec elles.

II.

ÉPITAPHE D'ORTHON.

Étranger, le Syracusain Orthon te recommande de ne jamais te laisser surprendre ivre dans les chemins par les nuits d'hiver : telle a été la cause de ma mort, et au lieu d'être inhumé dans une belle patrie, une terre étrangère couvre ma dépouille.

III.
ÉPITAPHE D'UN MARIN.

Homme, ménage ta vie et ne l'expose pas à la mer pendant la saison des tempêtes : les jours de l'homme sont si courts !

IV.
ÉPITAPHE D'EUSTHÉNÈS LE PHYSIONOMISTE.

Ci-gît Eusthénès, cet habile physionomiste qui savait lire dans les yeux les pensées des hommes. Des mains amies lui ont creusé une honorable sépulture sur un sol étranger. Il était chéri des poëtes, et quoique privé des dons de la fortune, Eusthénès eut des amis.

V.
ÉPITAPHE D'EURYMÉDON.

C'est à la fleur de l'âge, ô Eurymédon ! que la mort t'a ouvert un tombeau, et tu laisses après toi un fils encore enfant. Mais à toi le séjour des justes ; à ton fils l'amour de ses concitoyens, qui se rappelleront longtemps encore les vertus de son père.

VI.
POUR LE MÊME.

Passant, je veux savoir si tu honores les gens de biens ou si, méchant toi-même, tu les confonds avec les méchans. Dis avec moi : « Honneur à ce tombeau ! Il ne pèse point sur la tête du vertueux Eurymédon. »

VII.
ÉPITAPHE DE CLITA,
Nourrice de Midéus.

Le jeune Midéus a élevé sur ce chemin un tombeau à sa nourrice et y a gravé ces mots : « Tombeau de Clita. » Cette femme sera ainsi récompensée d'avoir nourri cet enfant. Aujourd'hui, oui, aujourd'hui encore on l'apppelle *la bonne*.

VIII.
ÉPITAPHE D'HIPPONAX.

Ci-gît le poëte Hipponax. Méchant, n'approche point de son tombeau ; honnête homme, fils de parens vertueux, repose-toi sans crainte, dors même sur sa tombe si cela te plaît.

FRAGMENT DE LA BÉRÉNICE,
Conservé par Athénée.

Si celui à qui les filets tiennent lieu de charrue et tire de la mer ses moyens d'existence veut faire une pêche abondante, qu'il déchire avec ses ongles et offre à Bérénice le poisson sacré appelé *Leucus* : c'est le sacrifice le plus agréable à cette divinité. Il jettera ensuite ses filets, sûr de les retirer remplis de poissons.....

FIN DES OEUVRES DE THÉOCRITE.

BION ET MOSCHUS,

TRADUITS PAR J.-F. GRÉGOIRE ET F.-Z. COLLOMBET.

PRÉFACE.

I.

Nous ne connaissons rien d'aussi misérable et d'aussi puéril que certaines classifications littéraires qui sont dénuées de tout sens et qui néanmoins, à force d'être répétées, finissent par prévaloir entièrement ; il n'en est pas des livres comme de ces choses que l'on doit assigner à telle ou telle espèce, et qui ne sauraient être confondues. Si l'on se demande pourquoi Bion et Moschus figurent ordinairement parmi les poëtes bucoliques, on ne trouvera de cet arrangement singulier d'autre raison que le bon vouloir des savans et des philologues, tant c'est un noble privilége que d'être philologue et savant. Il n'y a certes rien de bucolique dans ces deux poëtes, et leurs diverses compositions participent tour à tour de l'épopée, de l'élégie, de l'idylle, à prendre ce dernier mot suivant sa première acception. Au surplus, qu'importe le genre? occupons-nous du mérite avant tout.

Il est bien reconnu que Bion et Moschus occupent une belle place dans la poésie grecque et qu'ils ont gardé avec soin les traditions du bon goût, quoiqu'on puisse leur reprocher quelques défauts assez graves. Ils s'étudient moins que Théocrite à copier les formes simples et inspiratrices de la nature ; leur muse délaisse les champs pour prendre les grands airs des cités, mais sa couronne de verdure s'est fanée au milieu du tumulte et de l'agitation.

Moschus et Bion sont trop ornés et font quelquefois parade d'esprit ; ne pouvant donner à leurs tableaux cette forme dramatique, si attachante dans Théocrite, ils se rejettent de préférence vers les objets qui se prêtent à des descriptions : le genre descriptif leur réussit admirablement, il est fait pour leurs forces. En comparant ces deux poëtes entre eux, Moschus mérite néanmoins la préférence pour sa plus grande simplicité. — Nous ne connaissons que peu de circonstances de leur vie.

II.

Bion était né à Smyrne, ou près de cette ville, car dans l'épitaphe que lui fit Moschus, il est nommé fils du Mélès. Suidas[1] le nomme Smyrnéen, et ajoute qu'il a vu le jour dans une campagne nommée Pholossa. Il paraît avoir vécu en Sicile, et y mourut empoisonné.

Nous avons de Bion une grande pièce entière, savoir : son *Chant funèbre* en l'honneur d'Adonis, *Epitaphios Adônidos*, en quatre-vingt-dix-huit vers ; les trente-un premiers vers d'une seconde, l'*Epithalame d'Achille et de Déidamie*, *Épithalamios Achilleôs kai Déidamias*, et quelques petites idylles. Le chant funèbre d'Adonis est le pendant de celui que Théocrite, en ses Syracusaines, met dans la bouche de la chanteuse argienne. Celle-ci a célébré le retour d'Adonis, Bion déplore sa perte. Ainsi ces deux poëmes nous offrent les deux sections de la fable d'Adonis, sa perte, *aphanismos*, et sa résurrection, *euresis*. Le morceau de Bion passe pour son chef-d'œuvre. On ne peut nier que cette pièce ne soit gracieuse et touchante : on y trouve des sentimens doux et des images attendrissantes ; c'est dommage qu'on y remarque aussi l'affectation d'une douleur étudiée. Un défaut plus grave dans ce petit poëme, c'est qu'il manque de variété et surtout de mouvement. Vénus pleure Adonis, les Grâces pleurent Adonis, les Amours pleurent Adonis, les *Ris* mêmes, suivant la traduction de Poinsinet.

« Les *Ris* pleurent en foule autour de sa blessure. »

Le titre de l'épithalame d'Achille promet un autre sujet que celui que nous présente le fragment qui nous reste ; dans ce morceau gracieux, il n'est question que de la ruse employée par le fils de Thétis pour tromper Déidamie qui le croit une fille.

III.

Les poésies de Bion furent publiées, pour la première fois, avec ce qui nous reste de Moschus, à Bruges, en Flandres, chez Hubert Goltzius, 1565, in-4°, avec une traduction latine et les notes d'Adolphe van Metkerke ; la collection des poésies de Bion et de Moschus ne date proprement que de cette époque.

[1] Sart. *Theokcitas.*

Henry Estienne les joignit à son recueil, et elles se trouvent dans toutes les collections qui renferment Théocrite, ainsi que dans celle de Fulvio Orsini.

Elles ont été publiées avec Callimaque par Bonaventure Urcleanius, Anvers, 1584, in-12; avec Musée, par David Withford, Londres, 1659, in-4°, accompagnées d'une version latine symétrique, et plusieurs fois ailleurs. Nous indiquerons les éditions suivantes :

Venise, 1746, in-8°, par Nic. Schwebel, avec les notes des éditions antérieures et les versions de Withford et de Longepierre.

Oxford, 1748, in-8°, par Jean Heskin; bonne et belle édition, avec la version.

Leipsick, 1752, in-8°, par Jean-Ad. Schier.

Leyde, 1779, par L.-G. Walckenaer, à la suite de son Théocrite, in-8°.

Erlang, 1780, in-8°, par Th.-Ch. Harless, avec des notes choisies dans les éditions précédentes.

Leipsick, 1793, in-8°, grec-latin, par L.-H. Teucher.

Gotha, 1795, in-8°, par F. Jacobs, d'après l'édition de Walcknaer.

Londres, 1795, in-8° par Gilbert Wakefield; nouvelle recension et notes savantes.

Au reste, Bion et Moschus se trouvent joints à plusieurs éditions de Théocrite, notamment à celle de MM. Kiessling et Briggs, ainsi qu'aux recueils de Brunet, de MM. Gaisford et Boissonade.

Bion a été traduit en vers français par Longepierre, Paris, 1686; Amsterdam, 1688; Paris, 1691; Lyon, Molin, 1697. La traduction, peu agréable à lire, parce que le style en a vieilli, est extrêmement fidèle; on estime les notes du traducteur, et les éditeurs suivans les ont recueillies avec soin. Bion a été défiguré en méchans vers français, par Poinsinet de Sivry, à la suite de son *Anacréon*; Nancy, 1758, in-12. Il a été traduit en prose par Moutonnet-Clairfons [1] et par Gail, 1795, in-18. L'édition de Manso, Gotha, 1748, in-8°, se trouve accompagnée d'une version allemande, en vers héroïques, et de deux savantes dissertations, l'une sur l'époque et la vie de Bion et de Moschus, l'autre sur les ouvrages, le caractère et les versions de ces deux poëtes.

IV.

Bion, comme l'indique l'élégie que Moschus composa sur sa mort, était contemporain de Théocrite.

Moschus vécut dans la 156e olympiade, sous le règne de Ptolémée-Philométor, environ cent quatre-vingts ans avant Jésus-Christ; il fut l'élève et l'ami de Bion de Smyrne. Ceux de ses écrits qui nous ont été conservés ont toujours été imprimés avec les poésies de Bion, et ces deux aimables poëtes, amis pendant leur vie, n'ont pas été séparés après leur mort. Ils ont eu aussi les mêmes hommes pour éditeurs et pour traducteurs.

Nous ne savons rien sur la vie ni sur la mort de Moschus; il nous reste de lui quatre grands morceaux et quelques petites pièces; les premières sont :

1° *Érôs drapétês*, *l'Amour fugitif*, en vingt-neuf vers. L'Amour s'étant échappé, Vénus promet une récompense à ceux qui le lui amèneront et fait le portrait de cet enfant plein de malice, afin que ceux qui le rencontreront ne puissent le méconnaître.

2° *Európé*, *Europe*, ou *l'Enlèvement d'Europe*, en cent soixante-un vers, morceau plein de grâce, renfermant des tableaux charmans, et qui serait digne des plus beaux siècles de la littérature grecque, si l'exposition n'était trop longue.

3° *Epitaphios Biônos*, *Chant funèbre en l'honneur de Bion*, en cent trente-trois vers. Le poëte nous fait voir la nature entière plongée dans le deuil par la mort de Bion. Ce poëme est de la plus grande élégance, mais surchargé d'images. On peut lui reprocher ce que Walckenaer appelait *elegantissimam luxuriem*.

4° *Megara guné éraklèous*, *Mégare, épouse d'Hercule*, fragment de cent vingt-cinq vers. C'est un dialogue entre la mère d'Hercule et son épouse. La scène est à Tyrinthe, et l'époque où le dialogue est censé avoir lieu, tombe dans une de ces absences forcées que fait Hercule pour exécuter les commandemens d'Eurythée. Les deux femmes plaignent leur propre sort et celui d'un fils et d'un époux chéri. Ce fragment renferme moins d'images et d'ornemens que le petit nombre d'ouvrages de Moschus qui nous a été conservé; il est au contraire d'une simplicité qui rappelle l'ancienne épopée et qui est relevée par une véritable sensibilité [1].

---

[1] Voyez son *Anacréon*.

[1] Schoell, *Histoire de la littérature grecque profane*, t. III, p. 178.

IDYLLES DE BION.

I.

CHANT FUNÈBRE SUR ADONIS.

(1) Je pleure Adonis. « Le bel Adonis n'est plus! il n'est plus le bel Adonis! » s'écrient les Amours éplorés. Ne repose plus, ô Cypris! sur une couche de pampre; lève-toi, déesse infortunée! revêts des habits de deuil, frappe ton sein et dis à toute la nature : « Il n'est plus le bel Adonis! »

Je pleure Adonis; les Amours répondent à mes pleurs. Il est gisant sur ces montagnes le bel Adonis : une dent cruelle a blessé sa cuisse d'albâtre, il ne lui reste plus qu'un léger souffle de vie, et Cypris en est désolée; un sang noir coule sur la peau d'Adonis, blanche comme la neige, ses yeux s'éteignent sous ses paupières et les roses de ses lèvres s'effacent et avec elles meurt un baiser que Vénus s'efforce de recueillir. Cypris trouve encore de la douceur dans les embrassemens d'un époux qui n'est plus; mais Adonis expirant ne sait pas qu'elle le couvre de baisers.

(2) Je pleure Adonis; les Amours répondent à mes pleurs. Une blessure, une cruelle blessure a déchiré la cuisse d'Adonis; mais Cythérée en porte une bien plus profonde en dedans de son cœur. Autour de ce jeune chasseur, ses chiens fidèles ont poussé des hurlemens; les Nymphes des montagnes sont éplorées. Vénus en désordre erre dans les forêts, triste, échevelée, les pieds nus; les ronces la blessent en sa marche et se teignent d'un sang divin : elle éclate en plaintes lamentables, s'élance à travers les longues vallées, redemande à grands cris son aimable Assyrien et appelle son jeune époux. Cependant un sang noirâtre jaillit de la blessure d'Adonis et rougit sa poitrine d'ivoire, et la neige de son sein se colore de pourpre.

(3) « Hélas! malheureuse Cythérée, » s'écrient les Amours en pleurs. Elle a perdu son bel époux et avec lui ses charmes divins. Elle était belle, Vénus, lorsque vivait Adonis : avec Adonis ont disparu les attraits de la déesse. « Hélas! hélas! » Toutes les montagnes et les forêts redisent : « Hélas! Adonis. » Les fleuves sont sensibles aux douleurs de Vénus; les sources, sur les montagnes, pleurent Adonis, et les fleuves, dans leur tristesse, se colorent de sang (4). Cythérée fait retentir de sa douleur les monts et les vallées : « Hélas! hélas! Cythérée, il n'est plus le bel Adonis! » L'écho a répondu : « Il n'est plus le bel Adonis! » Qui refuserait des larmes au malheureux amour de Cypris? Hélas! hélas!

Dès qu'elle vit, qu'elle aperçut l'affreuse blessure d'Adonis; dès qu'elle vit le sang épanché sur sa cuisse flétrie, elle étendit les bras en disant d'une voix plaintive : « Arrête, Adonis! arrête, malheureux Adonis! que je te voie pour la dernière fois, que je t'embrasse encore, que je colle mes lèvres sur tes lèvres! Réveille-toi un moment, cher Adonis; embrasse-moi pour la dernière fois; embrasse-moi tant que ton baiser vit encore plein de flamme (5) : que ton dernier soupir passe au fond de mon cœur et pénètre dans mon âme; que je savoure ce doux philtre (6), que je m'enivre d'amour. Je conserverai ce baiser comme toi-même, puisque tu me fuis, infortuné! Tu fuis loin de moi, cher Adonis; tu vas aux bords de l'Achéron, vers le roi sombre et farouche. Et moi, malheureuse, je vis, je suis déesse, et je ne puis t'accompagner. Proserpine, reçois mon époux; tu l'emporte de beaucoup sur moi (7) : tout ce qu'il y a de beau descend vers toi. Je suis au comble de l'infortune, ma douleur est inconsolable : je pleure Adonis, qui est perdu pour moi, et je te crains, déesse. Tu meurs, aimable Adonis; mon bonheur s'est envolé comme un songe; Cythérée est veuve; les Amours errent inutiles dans mon palais; ma ceinture a péri avec toi. Et pourquoi donc, téméraire, allais-tu chasser? Avec tant de beauté, quelle fureur d'attaquer les bêtes féroces? »

Ainsi gémissait Vénus. Les Amours disaient ensemble : « Hélas! hélas! Cythérée, il n'est plus le bel Adonis! » Vénus répand autant de larmes qu'Adonis perd de sang. Ces pleurs et ce sang, en touchant la terre, deviennent des fleurs : le sang enfante la rose et les pleurs l'anémone.

Je pleure Adonis; le bel Adonis n'est plus! Cesse, ô Vénus! de pleurer dans les forêts la mort de ton époux; il est pour Adonis, il est une belle couche de feuillage. Ton époux sans vie, ô Cythérée! est gisant sur ton lit. Quoique mort, il est beau toujours, il est beau dans son trépas : on dirait qu'il sommeille. Place-le sur ces tapis délicats où il dormait, où près de toi, pendant la nuit, il goûtait son divin sommeil sur une couche dorée. Malgré sa pâleur, aime toujours Adonis! étends-le sur des guirlandes et sur des fleurs. Tout est mort avec lui comme il est mort lui-même, et toutes les fleurs se sont flétries. Inonde-le d'essences odorantes, inonde-le de parfums. Périssent tous les parfums : le parfum de ton âme, Adonis, n'est plus! Le bel Adonis est étendu sur des vêtemens de pourpre; autour de lui gémissent les Amours éplorés; ils ont déposé leurs cheveux sur le lit d'Adonis : l'un foule aux pieds ses flèches, l'autre son arc, un autre brise son carquois redoutable; celui-ci délie la chaussure d'Adonis, celui-là dans des vases d'or apporte une onde pure; un autre lave la cuisse, un autre, placé derrière Adonis, lui rafraîchit le visage en agitant ses ailes. « Hélas! Hélas! Cythérée! » disent les amours en pleurs (8). Hyménée vient d'éteindre son flambeau sur le seuil du temple, il a brisé la couronne nuptiale; on n'entend plus ces agréables chants : « Hyménée! Hyménée! » On n'entend que ces cris : « Hélas! hélas! » O Adonis! et plus encore, ô Hyménée! les Grâces pleurent le fils de Cinyre : « Il n'est plus le bel Adonis, » se disent-elles les unes aux autres, et leurs cris sont plus perçans que les tiens, ô Dionée (9). Les Muses mêmes pleurent Adonis : par des chants magiques, elles veulent rappeler Adonis à la vie, mais il ne les entend pas (10), non qu'il ne veuille pas les entendre, mais Proserpine ne les rend pas.

Cesse tes gémissemens, Cythérée (11); fais trève à tes plaintes : il te faudra de nouveau gémir, de nouveau pleurer une autre année.

II.

Un oiseleur jeune encore, qui, dans un bois épais, dressait des embûches aux oiseaux, aperçut le volage Amour posé sur une branche de buis. Ravi de joie à la vue de cet oiseau qui lui semblait fort grand, il unit tous ses gluaux et suit des yeux l'Amour qui voltige çà et là. Le jeune oiseleur, dépité de son peu de succès, jette ses gluaux, va trouver un vieux laboureur dont il avait appris les secrets de cet art, lui dit la chose et lui montre l'Amour posé sur une branche. Mais le vieillard sourit en secouant la tête et répond à l'enfant : « Garde-toi d'une telle pipée, ne poursuit pas cet oiseau; fuis au loin, c'est une bête méchante. Tu seras heureux tant que tu ne le prendras pas; mais quand tu auras atteint l'âge viril (12), cet oiseau qui, maintenant fuit et voltige, viendra tout à coup de lui-même et se reposera sur ta tête. »

III.

Je dormais encore; la grande Cypris m'apparut conduisant de sa belle main le jeune Amour, qui baissait les yeux vers la terre; elle m'adressa ces mots : « Berger que je chéris, reçois l'Amour et apprends-lui à chanter. » Elle dit et s'éloigne. Et moi, qu'elle folie! j'enseignais à l'Amour mes chansons rustiques, comme s'il eût voulu les retenir, de quelle manière Pan inventa la flûte oblique (13), Minerve la flûte droite, Mercure la lyre, Apollon la tendre cithare : voilà ce que je lui enseignais. Il écoutait peu mes leçons; il me chantait des vers érotiques, il m'apprenait les amours des hommes et des dieux, les aventures de sa mère. Alors j'oubliai tout ce que j'avais enseigné à l'Amour, et je ne me souvins que des leçons amoureuses de Cupidon.

IV.

(14) Les Muses, loin de redouter le cruel Amour, le chérissent et s'attachent à ses pas. Si quelque esprit insensible les suit, elles s'éloignent et refusent de l'instruire. Mais un homme, le cœur agité par l'amour, fait-il entendre des chants harmonieux, alors toutes vers lui s'empressent de se rendre. Je puis dire, moi, que tout ceci est la vérité; car si je célèbre un autre mortel ou quelqu'un des dieux, ma langue balbutie et ne chante plus comme auparavant; mais si je reviens à l'amour et à Lycidas, les vers les plus heureux coulent de ma bouche avec abondance.

V.

(15) Si mes vers sont bons, n'y a-t-il pas assez pour ma gloire dans ceux que jusqu'à

présent la Muse m'a départis? N'ont-ils aucun agrément; pourquoi travailler davantage? Si Jupiter ou la Parque aveugle nous eût donné une double carrière à fournir, l'une au milieu de la joie et des plaisirs, l'autre dans les travaux accablans, alors peut-être on pourrait, après les fatigues, jouir enfin de quelques repos. Mais puisque les dieux n'accorde aux humains qu'une vie si courte et si éphémère encore, pourquoi donc, insensés, nous épuiser en peines et en travaux? Jusqu'à quand donnerons-nous aux arts et au gain toutes les heures de notre vie, ambitieux de richesses toujours plus grandes? Avons-nous donc oublié que nous sommes tous nés mortels et que, par l'arrêt du Sort, notre vie n'est qu'un moment rapide?.....

VI.

CLÉODAMUS ET MYRSON.

CLÉODAMUS. — Du Printemps, ô Myrson! de l'Hiver, de l'Automne, ou de l'Été, lequel t'est le plus agréable? lequel aimes-tu mieux voir arriver? Est-ce l'Été, lui qui mûrit tous nos travaux? est-ce le doux Automne, lui qui soulage la faim des hommes? est-ce l'Hiver paresseux, lui qui nous voit auprès de nos foyers, réunis en grand nombre, jouir du repos et de l'oisiveté? est-ce le beau Printemps qui te plaît davantage? Dis-moi ce que ton cœur préfère, car le temps nous permet de causer ensemble.

MYRSON. — Il n'appartient pas aux mortels de juger les œuvres des dieux : tout ce qu'ils font est sacré et doit nous plaire. Cependant, pour t'obéir, je te dirai, Cléodamus, quelle saison j'aime le mieux. Ce n'est pas l'Été, car alors les chaleurs du soleil son brûlantes; ce n'est pas l'Automne, car ses fruits engendrent des maladies; l'Hiver est pernicieux, je redoute la neige et les frimas. Que le Printemps, unique objet de mes désirs, règne l'année entière : ni le froid ni la chaleur ne nous incommodent alors. Au printemps, toute la nature enfante; au printemps, les plus belles productions se développent et les nuits sont égales aux jours.

VII.

SUR HYACINTHE.

Phébus, au milieu de si poignantes douleurs, ne savait à quel parti s'arrêter. Il cherchait tous les remèdes et appelait tous les secrets de son art. Il versait de l'ambroisie et du nectar sur la blessure; mais contre les Parques tous les remèdes sont vains.

VIII.

Heureux ceux qui aiment quand on les paie de retour! Pirithoüs présent, Thésée était heureux alors même qu'il descendait chez l'impitoyable Pluton. Oreste était heureux chez les cruels Axènes, parce que Pylade le suivait dans ses courses lointaines. Achille était heureux, lorsque Patrocle vivait encore; il l'était en mourant parce qu'il avait vengé le fatal trépas de son ami.

IX.

Il ne convient pas, mon ami, de recourir à un artiste pour toute sorte d'ouvrages et d'employer une main étrangère. Façonne toi-même ta flûte; tu le peux aisément.

X.

Que l'Amour appelle les Muses, que les Muses accompagnent l'Amour; que les Muses me donnent au gré de mes désirs un chant mélodieux le plus agréable de tous les remèdes.

XI.

Une goutte d'eau qui tombe incessamment, creuse, dit le proverbe, jusqu'à la pierre elle-même.

XII.

Je dirigerai ma route vers le penchant de cette colline en soupirant sur ce sable aride, sur ce rivage désert et en tâchant de fléchir l'insensible Galatée. La douce espérance me suivra jusque dans la vieillesse la plus avancée.

XIII.

Ne me laisse pas sans récompense; Apollon a souvent accordé pour prix le don de chanter. L'honneur porte les ouvrages à leur plus haute perfection.

XIV.

La beauté sied bien aux femmes et la force aux hommes.

XV.

Épithalame d'Achille et de Déidamie.

MYRSON, LYCIDAS.

MYRSON.

Voudrais-tu bien me chanter, ô Lycidas! un air sicilien (16), doux, harmonieux, tendre, érotique, semblable à celui que le cyclope Polyphème (17) chanta jadis à Galatée sur le rivage de la mer?

LYCIDAS.

Il me serait agréable, ô Myrson! de chanter, mais que chanterais-je?

MYRSON.

J'aime, ô Lycidas? la chanson de Scyros. Redis-moi le doux amour du fils de Pélée, ses baisers secrets, ses furtives caresses. Raconte-moi comment jeune encore il prit un vêtement de femme, comment il déguisa son sexe, comment, parmi les filles de Lycomède, Déidamie le pressait dans ses bras et lui faisait goûter les douceurs de l'amour?

LYCIDAS.

Un berger ravit autrefois Hélène et la conduisit sur le mont Ida, sujet d'une amère douleur pour Pénone. Lacédémone en fut irritée et rassembla tous les peuples de l'Achaïe. Aucun Grec, aucun habitant de Mycène, d'Élide ou de Laconie ne resta dans ses foyers, jaloux de porter la guerre meurtrière. Seul, caché parmi les filles de Lycomède, Achille apprenait à filer la laine au lieu de manier les armes, et ses blanches mains s'occupaient à des ouvrages de femme; il semblait être une jeune vierge. Il en avait toute la mollesse affectée; les roses brillaient sur ses joues de lis; sa démarche était celle d'une jeune fille, et il cachait ses cheveux sous un voile. Il avait le courage de Mars et l'amour d'un héros. De l'aurore à la nuit, il était assis auprès de Déidamie; quelquefois il imprimait un baiser sur sa main; souvent il enlevait son beau corps entre ses bras et s'abreuvait de ses larmes chéries. Il ne mangeait point avec une autre compagne et employait tous les artifices pour dormir avec Déidamie; il lui dit même ces mots : « Nos sœurs dorment ensemble; mais moi, je repose seule; tu dors seule aussi, jeune fille. Jeunes filles toutes deux, du même âge, belles l'une et l'autre, seules nous dormons chacune dans notre lit, car, hélas! une barrière méchante et perfide me sépare de toi..... »

XVI.

(18) Hesper, brillante lumière de l'aimable Vénus, Hesper chéri, ornement sacré d'une nuit azurée; toi qui l'emportes autant sur les autres astres, que la Lune l'emporte sur toi, salut, étoile bien-aimée. Le cœur joyeux, je cours chez un berger. Prête-moi ta lumière au défaut de la Lune, puisque celle-ci, recommençant aujourd'hui sa carrière, a disparu plus tôt. Je ne vais point voler, je ne vais point attaquer ceux qui voyagent pendant la nuit : j'aime, tout ne doit-il pas s'intéresser à un amant?

XVII.

(19) Aimable Cypris, fille de la Mer et du souverain de l'Olympe, pourquoi traiter avec tant de rigueur les hommes et les dieux? Je dis peu : quel ressentiment t'anime contre nous? Pourquoi donc as-tu donné naissance à ce fléau commun, l'Amour, ce dieu farouche, impitoyable, dont l'esprit répond si peu aux charmes qui l'embellissent? Pourquoi lui avoir donné des ailes et la puissance de lancer au loin ses traits, afin que nous ne pussions éviter ses coups teribles?

FIN DES IDYLLES DE BION.

IDYLLES DE MOSCHUS.

I.

L'AMOUR FUGITIF.

Cypris appelait à haute voix l'Amour son fils. « (1) Si quelqu'un a vu l'Amour errer dans les chemins, ce fugitif m'appartient. Celui qui m'en donnera des nouvelles recevra une récompense. Pour prix, vous obtiendrez un baiser de Vénus, et si vous le ramenez, vous n'aurez pas seulement un simple baiser, mais quelque chose de plus. Cet enfant est reconnaissable à plusieurs traits; vous le distingueriez entre vingt autres. Sa peau n'est pas blanche, elle ressemble au feu. Il a les yeux vifs et étincelans, l'esprit malin, le parler doux; ce qu'il pense ne ressemble pas à ce qu'il dit. Sa voix a la douceur du miel. Se met-il en colère, il devient cruel et fourbe, ne disant rien de vrai. Cet enfant trompeur est cruel dans ses jeux. Sa tête est ornée d'une belle chevelure, mais l'impudence siége sur son front. Ses mains sont petites, mais elles lancent des traits au loin, des traits qui pénètrent jusqu'à l'Achéron et atteignent le roi des enfers. Son corps est nu, mais son âme est impénétrable. Ailé comme un oiseau, il voltige tantôt d'un côté, tantôt d'un autre vers les hommes et les femmes, et il se fixe au fond du cœur. Il porte un petit arc, et sur cet arc est posé une flèche qui, malgré sa petitesse, monte jusque dans les cieux; à ses épaules est suspendu un petit carquois d'or rempli de flèches acérées dont souvent il me blesse moi-même. Tout ce qui lui appartient, tout en lui est redoutable; mais rien ne l'est plus que son petit flambeau qui brûle même le soleil. Si vous parvenez à le saisir, liez-le et amenez-le moi sans avoir pour lui la moindre pitié. Et si parfois vous le voyez pleurer, prenez garde qu'il ne vous trompe. S'il rit, resserrez ses liens; s'il veut vous embrasser, fuyez : son baiser est dangereux, ses lèvres sont empoisonnées. Et s'il dit : « Prenez toutes ces armes, je vous les donne, » n'y touchez pas : ce sont des présens perfides, car toutes ses armes sont trempées dans le feu. »

II.

EUROPE (2).

Un jour Cypris envoya un songe flatteur à Europe ; c'était la troisième partie de la nuit, aux approches de l'aurore, quand un sommeil plus doux que le miel s'appesantit sur les paupières, délasse les membres fatigués, enchaîne les yeux par un doux lien et que la foule des songes véridiques vient repaître l'esprit. Alors Europe (3), fille de Phénix et vierge encore, dormait dans la partie la plus élevée du palais. Elle crut voir en songe deux parties du monde se combattre à son sujet : c'était l'Asie et la terre située vis-à-vis. Elles avaient la forme de la femme; l'une paraissait étrangère, l'autre semblait être indigène et réclamait Europe comme sa fille, disant qu'elle l'avait enfantée, qu'elle l'avait élevée soigneusement. Celle-là entraînait avec ses bras vigoureux la jeune princesse, qui ne faisait aucune résistance; elle disait que les destins et Jupiter Œgiochus lui avaient promis Europe. La jeune vierge s'élance de sa couche superbe, toute tremblante de crainte et le cœur ému. Ce songe lui paraît véritable; elle reste longtemps assise et en silence, car elle a encore ces deux femmes devant les yeux. A la fin, elle élève la voix et dit :
« Quel est celui des dieux qui m'a envoyé cette apparition? Au milieu des douceurs du sommeil, quels songes viennent de troubler mes esprits? Quelle est cette étrangère que j'ai vue pendant que je dormais ? Combien était vif l'amour que mon cœur a éprouvé pour elle! avec quelle tendresse elle m'a accueillie! avec quelle bienveillance elle me regardait comme sa propre fille! Puissent les immortels me rendre ce songe favorable! »

Après avoir ainsi parlé, elle se lève; elle va chercher ses douces compagnes, jeunes comme elle, chères à son cœur et de noble origine ; ses compagnes, qui partageaient constamment ses jeux, soit qu'elle formât des danses légères, soit qu'elle baignât son beau corps dans les eaux de l'Anaurus, soit qu'au milieu des prés elle cueillit des lis odorans. Soudain elles apparaissent à sa voix, chacune tient en sa main une corbeille pour y déposer des fleurs ; elles vont dans les prés, sur les bords de la mer, où elles se réunissaient d'ordinaire, invitées par la beauté des roses et par le bruit des flots. Quant à Europe, elle portait une corbeille d'or, admirable et merveilleux ouvrage de Vulcain : ce dieu en avait fait présent à Lybie (4) lorsqu'elle partagea la couche de Neptune. Lybie la céda ensuite à la belle Théléphaersa, qui était issue de son sang. Théléphaersa légua ce don précieux à la jeune Europe sa fille. Travaillé avec un art infini, l'or présentait plusieurs objets brillans. Io (5), fille d'Inachus, y était gravée sous la forme d'une génisse et ne conservait plus rien des traits de la femme. D'un pied rapide elle fendait les ondes salées et paraissait nager, les flots de la mer étaient d'un sombre azur. Deux hommes étaient là sur la rive escarpée et contemplaient cette génisse traversant les flots. Là aussi était Jupiter, qui de sa main divine la caressait doucement et la transformait en femme sur le rivage du Nil aux sept bouches. Les eaux du fleuve étaient figurées en argent, la génisse en airain et Jupiter en or. Le dehors de la corbeille présentait Mercure ; près de lui était étendu Argus (6) aux yeux toujours ouverts : de son sang pourpré naissait un oiseau tout glorieux de ses couleurs variées et brillantes ; les plumes de sa queue, pompeusement déployées, ressemblaient aux voiles d'un vaisseau léger et couvraient le bord extérieur de la riche corbeille donnée à Europe.

Dès que les jeunes suivantes furent arrivées dans les prairies émaillées, elles se mirent à folâtrer chacune avec les fleurs qui lui plaisaient le plus. Celle-ci cueille le narcisse odorant, celle-là l'hyacinthe, l'autre la violette, une autre le serpolet, et la terre est jonchée des dépouilles éclatantes des prairies. Plusieurs se livrent de doux combats pour couper la chevelure parfumée du souci doré. Europe, environnée de ses compagnes, cueillait la rose vermeille et semblait Vénus au milieu des Grâces. Elle ne devait pas toutefois s'amuser longtemps encore à cueillir des fleurs ni conserver intacte la ceinture virginale, car à peine Jupiter l'eut-il aperçue que son cœur fut soudain blessé et vaincu par les traits rapides de Vénus, qui seule peut dompter le maître des dieux lui-même. Et en effet, voulant éviter la colère de la jalouse Junon et surprendre le jeune cœur de la belle Europe, il voila le dieu, changea de forme et se transforma en taureau. Il n'était point semblable au taureau que l'on nourrit dans les étables, ou qui trace un sillon en traînant la charrue recourbée, ou qui paît dans les prairies, ou qui, sous le joug, traîne péniblement un lourd chariot : tout son corps était d'un jaune rembruni, un cercle argenté brillait au milieu de son front ; ses yeux, d'un bleu naissant, étincelaient de désir ; deux cornes également recourbées s'élevaient sur sa tête et formaient un croissant pareil à celui de la lune. Ainsi transformé, Jupiter se rendit dans la prairie, et sa présence n'effraya pas les vierges timides ; toutes voulaient s'approcher et toucher cet aimable taureau ; la divine odeur qu'il exhalait au loin surpassait même les plus doux parfums de la prairie. Il s'arrête devant la chaste Europe, lui lèche le cou et lui prodigue ses caresses. Elle de son côté le flattait, puis avec ses mains délicates essuyait l'écume de son muffle et lui donnait quelques baisers. Il mugit alors doucement : vous eussiez cru entendre les sons harmonieux d'une flûte mygdonienne ; fléchissant ensuite les genoux devant Europe, il la regardait en repliant sa tête et lui offrait son large dos. La princesse dit à ses jeunes compagnes, dont les cheveux flottaient en longues tresses : « Approchez, mes chères compagnes, asseyons-nous et folâtrons sur ce taureau, car ainsi couché il nous recevra toutes ensemble comme un navire. Il est d'un aspect doux et agréable, et ne ressemble en rien aux autres taureaux ; il est animé, aussi bien que l'homme, d'un esprit raisonnable, il ne lui manque que la parole. » A ces mots, elle s'assied sur lui en riant. Ses compagnes se disposaient à l'imiter ; mais le taureau s'élance, emporte l'objet de ses désirs et arrive bientôt vers la mer. Europe se tournant vers ses chères compagnes, les appelle et leur tend les bras ; mais elles ne peuvent l'atteindre. Lui, il se précipite dans la mer, s'éloigne avec la rapidité d'un dauphin et marche d'un pied sec sur les vastes flots. A son approche la mer devient calme, et tout autour les baleines bondissent devant le maître des dieux. Le dauphin, joyeux, plonge dans les profondeurs des vagues ; toutes les Néréides sortent de leurs grottes, et assises sur le dos des monstres marins, elles défilent en ordre. Neptune lui-même si bruyant sur les mers, aplanit les flots et guide son frère dans sa course à travers les plaines de l'Océan. Autour de lui se rassemblent les Tritons, habitans des vastes abîmes, qui, avec leurs conques recourbées, font au loin retentir le chant nuptial. Europe, assise sur le divin taureau, se tient d'une main à l'une de ses cornes majestueuses, de l'autre abaisse les plis ondoyans de sa robe de pourpre, en sorte que l'extrémité en est mouillée par l'onde blanchissante. Son large voile, enflé par les vents, se gonfle sur ses épaules comme une voile de navire et soulève doucement la jeune vierge. Elle était éloignée déjà des bords de la patrie; les rivages battus des flots, les hautes montagnes eurent bientôt entièrement disparu; elle ne découvrait en haut que l'immensité des cieux, en bas que l'immensité des mers; promenant alors ses regards à l'entour, elle laisse échapper ces mots : « Où me portes-tu, divin taureau? qui es-tu? comment peux-tu fendre les flots avec tes pieds pesans et ne pas craindre la mer. Les navires voguent légèrement sur l'onde; mais les taureaux craignent de s'exposer sur la plaine liquide. Quelle douce boisson, quelle nourriture peux-tu trouver ici? serais-tu quelque divinité? Mais alors pourquoi fais-tu des choses messéantes à un dieu? Les dauphins ne marchent pas sur la terre, ni les taureaux sur les ondes; toi, tu cours également sur la terre et sur les flots; tes pieds te servent de rames. Peut-être si tu t'élevais dans l'air azuré, planerais-tu comme un oiseau léger? Hélas! infortunée que je suis! j'ai abandonné le palais de mon père, j'ai suivi ce taureau, et par une étrange navigation, j'erre seule à travers les ondes. Mais, ô Neptune! toi qui règnes sur les flots blanchissans, deviens-moi favorable; j'espère connaître enfin celui qui dirige ma course, car ce n'est point sans le secours d'une divinité que je traverse ainsi ces routes humides. »

Elle dit. Le taureau majestueux lui répond en ces termes : « Courage, jeune vierge, ne redoute pas les flots de la mer. Je suis Jupiter lui-même, bien que je semble être un taureau; je puis prendre toutes les formes que je veux : l'amour dont je brûle pour toi m'a seul engagé à parcourir une aussi vaste étendue de mer sous une telle apparence. Crète bientôt va t'accueillir, elle qui éleva mon enfance; nous y célébrerons ton hyménée; tu auras de moi des fils fameux qui tous règneront sur les peuples. »

Il achève, et tout se fait ainsi qu'il a dit. L'île de Crète apparaît déjà, et Jupiter a repris sa forme première; il délie la ceinture de la chaste Europe, et les Heures préparent son lit nuptial. La jeune vierge, devenue épouse de Jupiter, lui donna des enfans et connut la maternité.

III.

ÉPITAPHE DE BION (1).

Soupirez tristement avec moi, sombres vallons, flots doriens; et vous, fleuves, pleurez l'aimable Bion. Pleurez avec moi, plantes, et vous, bois épais; vous, fleurs, expirez sur vos tiges languissantes. Maintenant, ô roses! ô anémones! parez-vous d'un rouge plus sombre. Maintenant, hyacinthe, murmure tes tristes lettres, et plus que jamais imprime sur tes feuilles : « Hélas! hélas! (2) » Un doux chantre est mort.

Commencez le chant funèbre, commencez, Muses siciliennes.

Rossignols, qui pleurez sous l'épais feuillage, annoncez aux ondes de la sicilienne Aréthuse (3) que le pasteur Bion n'est plus, qu'avec lui ont péri les chants mélodieux et la Muse dorienne.

Commencez le chant funèbre, commencez, Muses siciliennes.

Cygnes du Strymon (4), gémissez lamentablement sur vos ondes, et, d'une voix plaintive, chantez un air lugubre pareil à ceux où Bion luttait d'harmonie avec vous. Dites aux filles d'OEagre (5), dites à toutes les Nymphes de la Thrace (6) : « L'Orphée dorien n'est plus! »

Commencez le chant funèbre, commencez, Muses siciliennes.

Ce berger, cher aux troupeaux, ne chante plus assis sous ces chênes solitaires, mais, chez Pluton, il entonne un air funèbre. Nos coteaux sont muets, nos génisses errent en mugissant près des taureaux et refusent de paître.

Commencez le chant funèbre, commencez, Muses siciliennes.

Phébus lui-même, ô Bion! a versé des larmes sur ta mort prématurée; les Satyres en pleurs, les Pryapes (7) en deuil, les Faunes désolés regrettent tes doux chants; les Nymphes des fontaines gémissent dans les bois, et leurs eaux se changent en larmes. Écho soupire au milieu des rochers : condamnée au silence, elle n'imitera plus les accens de ta voix mélodieuse. A ta mort, les arbres se sont dépouillés de leurs fruits, et toutes les fleurs se sont fanées. Nos brebis ne donnent plus de lait, nos ruches plus de nectar; le miel a péri de douleur dans la cire; aussi, puisque ton doux miel est perdu pour nous, qu'est-il besoin d'en recueillir un autre?

Commencez le chant funèbre, commencez, Muses siciliennes.

Le dauphin ne pleura jamais tant sur les rives de la mer; jamais le rossignol ne soupira tant sur un arbre isolé; jamais l'hirondelle ne gémit autant sur les hautes montagnes; jamais Céyx, pleurant Alcyon, ne fut plus abattue par la douleur.

Commencez le chant funèbre, commencez, Muses siciliennes.

Jamais Cerylus (8) ne chanta si languissamment sur les flots azurés; jamais dans les vallées orientales, l'oiseau de Memnon volant autour de la tombe du fils de l'Aurore (9) ne gémit autant que l'on a gémi sur le trépas de Bion.

Commencez le chant funèbre, commencez, Muses siciliennes.

Les rossignols et toutes les hirondelles, qu'il charmait autrefois et dont il façonnait le ramage, perchés sur des branches d'arbres, confondent leurs gémissemens que répètent les autres oiseaux. Vous aussi, colombes, manifestez votre deuil.

Commencez le chant funèbre, commencez, Muses siciliennes.

Et qui fera jamais résonner ta flûte, aimable berger? qui donc approchera sa bouche de tes chalumeaux? qui donc sera si téméraire? car ils respirent encore tes lèvres et ton haleine. Écho même, sur ces chalumeaux, recueille avidemment les derniers sons (10). Je l'offre au dieu Pan, ta flûte harmonieuse; peut-être n'osera-t-il en approcher ses lèvres, dans la crainte de ne mériter que le second prix après toi.

Commencez le chant funèbre, commencez, Muses siciliennes.

Galatée aussi regrette ces doux chants qui la charmaient jadis, assise auprès de toi sur le rivage de la mer, car tu chantais autrement que Polyphème. Lui, la belle Galatée le fuyait; mais toi, elle te regardait avec plus de plaisir que le cristal des eaux. Et maintenant, oublieuse des ondes, elle s'assied sur les sables déserts et garde encore tes troupeaux.

Commencez le chant funèbre, commencez, Muses siciliennes.

Avec toi, ô berger! ont péri tous les présens des Muses, les amoureux baisers des vierges (11), et les lèvres des jeunes hommes. Les Amours éplorés se désolent autour de ta tombe. Vénus t'aime beaucoup plus encore que ce tendre baiser qu'elle donnait naguère au mourant Adonis (12). Voici pour toi, ô le plus harmonieux des fleuves! un nouveau sujet de douleur; pour toi, ô Mélès (13)! encore un nouveau deuil. Autrefois tu perdis Homère, cette bouche des Muses; tu pleuras, dit-on, de tes eaux gémissantes cet illustre fils, et la mer fut remplie de tes plaintes. Tu pleures maintenant un autre fils, et tu te consumes en de noirs chagrins. Tous deux étaient chers aux fontaines; l'un s'abreuvait aux sources de Pégase, l'autre puisait dans l'Aréthuse. Le premier célébra la noble fille de Tyndare, et l'illustre fils de Thétis, et l'atride Ménélas; le second ne célébrait ni les combats, ni les larmes, mais Pan, mais les bergers; il chantait en faisant paître ses troupeaux; il faisait des pipeaux rustiques, trayait une douce génisse, vantait aux enfans le charme des baisers, nourrissait l'amour dans son sein, et plaisait à Vénus.

Commencez le chant funèbre, commencez, Muses siciliennes.

Toutes les villes célèbres, toutes les villes fameuses, ô Bion! plaignent ta destinée. Ascra te pleure bien plus qu'elle n'a pleuré son Hésiode; Hila de Béotie regrette moins son Pindare; la puissante Lesbos déplora moins son Alcée; la ville de Céos a répandu moins de larmes sur son poëte; le trépas d'Archiloque a moins attristé Paros; Mitylène, oubliant Sappho, ne pleure que ta Muse. Tous ceux qui ont reçu des Muses le talent harmonieux des poésies bucoliques déplorent ton trépas. Sicélide, ornement de Samos, est dans le deuil; Lycidas, dont l'aimable sourire inspirait la gaîté aux Lydoniens, fond maintenant en larmes ; Philétas, chez les Triopides, gémit sur les bords de l'Alente ; Théocrite s'afflige à Syracuse. Je retrace la douleur des Ausoniens, moi qui ne suis point étranger aux chants bucoliques que tu enseignas à tes chers nourrissons, héritiers de la Muse dorienne. Réservant les honneurs pour nous, à d'autres tu laissas tes richesses, à moi tu as légué le chant.

Commencez le chant funèbre, commencez, Muses siciliennes.

Hélas ! hélas ! quand les mauves, quand l'ache verdoyante ou l'anet fleuri et crépu ont péri dans nos jardins, ces plantes revivent ensuite, et renaissent une autre année ; mais nous, que nous soyons grands, vaillans ou sages, une fois morts, nous dormons oubliés dans le sein de la terre, un sommeil long, sans terme et qui n'a pas de réveil. Et toi aussi, enveloppé du silence, tu seras dans la tombe, tandis qu'il plaît aux Muses que la grenouille chante toujours ; certes, je ne lui porte pas envie, car ses chants n'ont rien d'harmonieux.

Commencez le chant funèbre, commencez, Muses siciliennes.

Le poison est venu à ta bouche, ô Bion ! il a coulé dans tes veines. Comment a-t-il pu s'approcher de tes lèvres, et ne s'adoucir pas ? Quel homme assez féroce osa t'apprêter ce breuvage ou te le présenter pendant que tu parlais ? Il a donc pu échapper au charme de ta voix ?

Commencez le chant funèbre, commencez, Muses siciliennes.

Mais tes ennemis ont reçu tous le juste châtiment de leur crime ; moi, dans ce deuil funeste, je pleure et gémis sur ta cruelle destinée. Encore, si je pouvais, tel qu'Orphée autrefois, tel qu'Ulysse, tel qu'Alcide, descendre au Tartare, j'irais au palais de Pluton, pour voir si tu chantes chez les morts, et pour entendre ce que tu chantes. Chante du moins auprès de Proserpine quelque air sicilien, quelque doux poëme bucolique. Sicilienne elle-même, elle a folâtré dans les vallons de l'Etna ; elle n'a point oublié les airs doriens. Tes vers ne resteront pas sans récompense ; et, comme autrefois elle rendit Eurydice aux doux accords d'Orphée, elle te rendra de même, cher Bion, aux coteaux de Sicile. Si mes chants, à moi, avaient quelque pouvoir, j'irais, oui j'irais chanter chez Pluton.

IV (1).

MÉGARE, FEMME D'HERCULE.

« Ma mère, pourquoi ton cœur affligé se consume-t-il en longs soupirs ? Les roses de tes joues sont effacées. Pourquoi l'abandonner si fort à la douleur ? Est-ce parce que ton illustre fils endure des maux innombrables sous un lâche, comme un lion sous un daim timide ? Hélas ! pourquoi les dieux immortels m'ont-ils couverte ainsi d'ignominie ? pourquoi mes parens m'ont-ils donné le jour sous un astre aussi funeste ? Épouse infortunée ! j'ai partagé la couche d'un héros accompli ; je l'aimais comme mes yeux (2), je l'honore et le respecte encore du fond de l'âme. Nul mortel ne fut plus malheureux que lui, et n'éprouva autant de peines ; autant de maux. Le barbare, avec l'arc dont Phébus lui avait fait présent, et avec les traits cruels ou d'une Parque ou d'Érinnys, a tué ses enfans, a tranché leurs jours si chers. Furieux, il se baigne dans leur sang au milieu de son palais. Mère infortunée, j'ai vu de mes yeux ces enfans percés par la main de leur père, spectacle que l'on ne vit jamais ! pas même en songe. Malgré leurs cris touchans et réitérés, je n'ai pu secourir mes fils, ces malheureuses victimes d'une mort inévitable (3). Tel gémit un oiseau sur la perte de ses petits nouvellement éclos, qu'un serpent furieux dévore au milieu d'un épais buisson : cette mère inconsolable voltige autour de leur nid, en poussant des cris aigus et douloureux ; mais elle ne peut les secourir, car elle craint d'approcher du monstre cruel. Telle, mère infortunée, déplorant la mort de mes enfans, je courais d'un pas furieux et égaré dans le palais. Que n'ai-je été moi-même étendue mourant avec mes enfans, le cœur frappé d'une flèche empoisonnée, ô Diane, puissante reine des faibles femmes ! Alors, après nous avoir pleurés, nos parens, de leurs mains amies nous couvrant à l'envi d'offrandes funéraires, nous auraient placés sur un bûcher commun ; après avoir recueilli nos cendres dans la même urne d'or, ils les auraient inhumées en ces lieux qui nous ont vu naître. Maintenant, ils habitent Thèbes fertile en coursiers, cultivant la féconde glèbe des champs aoniens. Et moi, dans l'aride Tirynthe, cité de Junon, le cœur déchiré par de vastes douleurs, malheureuse, je ne cesse de gémir et de verser des pleurs. Mes yeux voient rarement mon époux au milieu de ce palais, car il est de nombreux travaux qui le retiennent errant sur terre et sur mer, et son cœur de roche ou de bronze, affronte tous les dangers. Pour toi, pleurant la nuit et le jour, tu t'épuises comme l'eau répandue. Aucun de mes proches n'est là pour réjouir ma tristesse, car, éloignés des murs de ce palais, ils habitent tous au delà de l'Isthme fertile en pins; je n'ai personne vers qui tourner mes yeux, femme infortunée, pour reposer mon faible cœur. J'aurais ma sœur Pyrrha, mais elle est elle-même accablée d'amertume, à cause d'Iphicle, ton fils, car tes enfans, qu'ils soient d'un mortel ou d'un dieu, sont les enfans les plus infortunés, ce me semble. »

Ainsi parla Mégare; de brûlantes larmes inondant son visage coulèrent de ses yeux sur son beau sein, au souvenir de ses fils et de ses parens. Alcmène arrosait aussi de pleurs ses joues d'albâtre (4). Elle pousse alors du fond de son cœur un long soupir, et adresse à Mégare ces sages paroles:

« Mère infortunée, pourquoi ce triste souvenir s'offre-t-il à ton esprit? pourquoi veux-tu nous émouvoir encore l'une et l'autre en redisant les affreux malheurs que nous ne pleurons pas aujourd'hui pour la première fois? Ne nous suffit-il pas des maux qui nous surviennent chaque jour? Certes il faudrait être bien ami de la douleur pour les calculer tous. Prends courage, n'est-ce pas un dieu qui nous soumet à un pareil destin? car je vois, ma chère fille, que tu es comme moi victime d'une douleur profonde; mais je te pardonne ton affliction, parce qu'on se rassasie même de joie. J'ai grandement pitié de ton état et je pleure de te voir partager les destins qui menacent nos têtes. J'en atteste Proserpine et la chaste Cérès (puissent les parjures être cruellement punis par ces déesses!) tu n'es pas moins chère à mon cœur que si je t'avais portée dans mon sein et que si tu étais dans ce palais mon unique fille : je ne pense pas que tu ignores mes sentimens. Ne m'accuse donc pas, ô mon sang! de te négliger, parce que mes larmes sont plus abondantes que celles de Niobé à la belle chevelure. On ne peut blâmer une mère qui pleure un fils malheureux. Avant de le voir j'ai souffert dix mois en le portant dans mon sein : il m'a conduit presque aux portes redoutables de Pluton, si fortes ont été les douleurs que j'ai souffertes pour le mettre au jour. Maintenant, loin de moi, sur une terre étrangère, il affronte de nouveaux dangers, et j'ignore, infortunée! si je le reverrai dans ces lieux vainqueur ou non. De plus, un songe plein d'horreur m'a effrayée pendant mon sommeil paisible; je tremble que cette vision funeste ne menace mes enfans de quelque grand malheur : j'ai vu mon fils Hercule tenant des deux mains une bêche avec laquelle, comme un vil mercenaire, il creusait, nu, sans manteau, sans tunique, un large fossé à l'extrémité d'une plaine verdoyante, pour servir de rempart à une vigne. Tout l'ouvrage une fois achevé, il plante la bêche dans l'endroit le plus haut et va reprendre ses vêtemens. Mais tout à coup sur ce fossé profond brille un feu inextinguible, qui déroule ses tourbillons autour d'Hercule. Lui d'un pas précipité fuyait, voulant éviter cette flamme rapide, agitait sa bêche devant lui comme un bouclier et promenait de tous côtés ses regards pour se garantir de ces feux ennemis. J'ai cru voir le généreux Iphicle, jaloux de le secourir, glisser et tomber par terre avant d'arriver à lui; sans pouvoir se relever, il restait immobile comme un faible vieillard que le poids importun des années a fait tomber, et qui s'agite vainement sur le sol jusqu'à ce qu'un passant, ému de pitié à la vue de ses blancs cheveux, lui tende la main. Tel gisait le belliqueux Iphicle. Et moi, voyant mes fils sans défense, je pleurais, jusqu'à ce qu'enfin le sommeil a fui mes paupières, et soudain la brillante aurore a paru. Voilà, ma chère, quel songe m'a troublée toute la nuit; que les dieux, détournant ces malheurs de notre famille, les fassent retomber sur Eurystée. Puisse mon esprit pénétrer l'avenir et mes prédictions s'accorder avec le destin! »

V

Lorsque les Zéphirs soufflent légèrement sur la mer azurée, mon esprit, tout timide qu'il est, se laisse tenter, la terre me déplaît, et le calme des flots a bien plus d'attraits pour moi; mais quand mugit l'onde blanchissante, quand le dos de la mer se couvre d'écume, quand les vagues mutinées se remuent, je porte mes regards vers la terre et vers les arbres et je m'éloigne de la mer. Alors la terre me semble un séjour plus sûr, les forêts épaisses m'enchantent, car les vents y font résonner les pins élevés. Le pêcheur mène assurément une vie pénible, sa maison c'est une frêle barque, son travail est sur mer, le poisson n'est souvent pour lui qu'une proie trompeuse. Quant à moi, je goûte les douceurs du sommeil sous un platane touffu, et j'aime une fontaine voisine dont le murmure flatte l'oreille sans l'effrayer.

V.

Pan aimait Écho, sa voisine; Écho brûlait pour un Satyre léger; le Satyre ne respirait que pour Lyda; autant Écho aimait Pan, autant le Satyre aimait Lyda et Lyda le Satyre. C'est ainsi que le capricieux Amour les consumait de ses feux. Autant ils haïssaient l'objet qui les aimait, autant, par une une juste vengeance, ils étaient odieux à celui qu'ils adoraient. Tels sont les enseignemens que je donne aux cœurs insensibles : aimez qui vous aime, afin que si vous aimez jamais, l'on vous paie de retour.

VI.

Lorsque l'Alphée, au delà de Pise, est entré dans la mer, il se dirige vers Aréthuse, roulant ses ondes couvertes de branches d'olivier, et pour dons nuptiaux lui porte de belles feuilles, des fleurs et de la poussière sacrée. Il traverse rapidement les flots profonds et roule sous la vaste mer sans y mêler son onde : la mer ne le sent pas passer. Cet enfant redoutable, fécond en malices, savant en astuce, Cupidon, par ses enchantemens, a pu même instruire un fleuve à plonger.

ÉPIGRAMME.

L'AMOUR LABOUREUR.

Déposant son flambeau et son arc, le cruel Amour s'arme d'un aiguillon redoutable aux bœufs et charge son dos de tout l'attirail d'un laboureur. Il met ensuite sous le joug des taureaux patiens à l'ouvrage, trace des sillons et y sème le grain fécond de Cérès. Puis, levant les yeux vers le ciel, il parle en ces termes à Jupiter : « Fertilise ces champs, de peur que je ne te soumette au joug, taureau d'Europe. »

FIN DE MOSCHUS.

OEUVRES DE CALLIMAQUE,

TRADUITES PAR LAPORTE-DUTHEIL.

DISCOURS PRÉLIMINAIRE.

Parmi les différentes productions de l'antiquité, qui paraissent avoir été jusqu'à présent aussi négligées par les lecteurs superficiels qu'estimées des véritables amateurs de la langue grecque, on distingue surtout les hymnes de Callimaque. Tandis que les travaux multipliés d'une foule de commentateurs qui se sont attachés à éclaircir le texte de cet auteur, et le grand nombre d'éditions qu'ils en ont données successivement, semblent annoncer le cas qu'on doit faire de ces hymnes, la plupart de nos littérateurs les regardent comme de simples généalogies des dieux du paganisme, comme des espèces de litanies mythologiques, qui ne peuvent intéresser que les Grecs.

J'avoue qu'en général on ne voit dans ces petits poëmes ni la richesse des compositions d'Homère, ni le feu des odes de Pindare ou des chœurs des tragiques; mais j'ose dire aussi que Callimaque, dont le principal mérite ne consiste, si l'on veut, que dans une élégance continue et dans la variété des détails qu'il sait placer à propos, montre quelquefois assez d'élévation et de force pour que le jugement d'Ovide, qui lui refusait entièrement le génie et ne lui accordait que l'art, paraisse au moins trop sévère.

D'ailleurs la lecture de ses hymnes, qui, comme pièces de poésie, ont droit de nous intéresser, doit nous attacher encore plus par l'utilité dont elle est pour la parfaite intelligence de la fable et de l'histoire ancienne. Les notes de plusieurs savans hommes et surtout le vaste commentaire de Spanheim en ont fait sortir une foule de traits variés, qui peuvent servir à l'éclaircissement de plusieurs points de mythologie et d'histoire, principalement par rapport aux pratiques religieuses de plusieurs fêtes célèbres dans la Grèce. C'est en suivant les traces de ces laborieux écrivains, en réunissant tous ces différens traits épars dans leurs écrits et en recueillant ceux qui pouvaient leur être échappés, que je suis parvenu à donner dans plusieurs dissertations, lues à l'Académie des Belles-Lettres, une idée plus juste que celle qu'on s'était formée jusqu'à présent des solennités pour lesquelles la plupart de ces hymnes ont été composées, telles que les fêtes carnéennes, les Thesmophories, la cérémonie des bains de Pallas et les fêtes de Délos.

Si les détails nécessaires à ce genre d'ouvrage, détails traités souvent de minutieux ou d'inutiles par ceux que les études sérieuses n'ont point préparés à en connaître le prix et l'usage, ont pu ne pas déplaire dans un lieu où rien de ce qui concerne l'antiquité n'est étranger, j'ai toujours été bien éloigné de penser à les mettre jamais séparément sous les yeux du public. Je comptais même que la traduction des hymnes ne paraîtrait qu'à la suite de ces différentes dissertations, supposé qu'un jour l'Académie dont j'ai l'honneur d'être membre, les jugeât dignes d'être insérées dans le recueil de ses mémoires. Mais ayant appris par la lecture des écrits périodiques qu'un homme de lettres, qui ne se nommait point, se disposait à faire imprimer une imitation française des hymnes de Callimaque, j'ai cru pouvoir, sans injustice, me hâter de profiter d'un travail déjà fait et me procurer le faible avantage de contribuer le premier à faire mieux connaître un auteur injustement relégué jusqu'ici dans la bibliothèque des seuls érudits.

Tel est le motif qui me détermine à donner aujourd'hui cette traduction; mais avant tout, on me saura gré peut-être, de rassembler ici tout ce qu'on peut savoir touchant la personne de Callimaque, et ses nombreux ouvrages, dont nous ne possédons aujourd'hui que la moindre partie.

Callimaque, fils de Battus et de Mésatma, était né à Cyrène en Libye. Le nom de son père a fait présumer qu'il était de la race du fameux Battus, autrement nommé Aristote, fondateur de cette capitale de l'Afrique, et le rang distingué que sa famille tenait dans sa patrie semble autoriser cette conjecture. Lui-même, dans une épitaphe qu'il avait faite pour orner le tombeau de son père, et où, pour le dire en passant, il se vante assez naïvement d'être au-dessus de l'envie, nous apprend que son grand-père, qui se nommait comme lui Callimaque, avait commandé les armées de sa nation. L'usage était, chez les Grecs, que les enfans portassent le nom de leur grand-père plutôt que celui de leur père, ce qui dans une succession généalogique produisait une suite alternative des mêmes noms, comme on le voit par la généalogie des Callias, célèbre famille athénienne dont parle Aristophane.

Il serait difficile de savoir précisément l'année où naquit Callimaque. Si les vers insérés sous son nom au troisième livre de l'Anthologie (*épig.* 10, *p.* 313) étaient effectivement de lui et que ce fût de lui-même qu'il eût voulu parler, on en pourrait conclure que sa naissance précéda de peu, ou suivit de près la mort d'Alexandre. Le poëte, ou le personnage qu'il introduit dans cette épigramme, s'y exprime en homme fort âgé, et Callimaque, comme on le sait d'ailleurs, ne mourut que dans les premières années du règne de Ptolémée Évergète, plus de quatre-vingts ans après la mort du roi de Macédoine. Mais outre qu'il est fort incertain que Callimaque soit réellement l'auteur de l'épigramme dont il s'agit, il paraît clair que le poëte, quel qu'il soit, n'y a point prétendu parler en son nom, et l'on peut s'en convaincre par la lecture de la pièce même.

Quoi qu'il en soit, Callimaque florissait vers cette époque où la Grèce fatiguée, pour ainsi dire, par les miracles de tout genre qu'elle avait enfantés pendant près de deux siècles, et comme épuisée surtout par le dernier effort qui lui avait fait produire le vainqueur des nations, vit le génie des lettres et des arts s'envoler de son sein, s'arrêter quelque temps à la cour des Lagides et se fixer ensuite chez le peuple conquérant dont elle devait bientôt devenir la tributaire et l'esclave. Parmi le grand nombre de poëtes que la magnificence et la libéralité des Ptolémée attira pour lors en Égypte, on en distingua surtout sept, connus sous le nom de *Pléiade*, et dont le plus célèbre fut, sans contredit, Callimaque.

Instruit dans sa jeunesse par Hermocrate, grammairien célèbre alors, mais dont on ne connaît aujourd'hui que le nom il se vit bientôt en état de former à son tour des disciples et de faire oublier la réputation de son maître. En effet il s'établit dans un des faubourgs d'Alexandrie et y fonda une école où le fameux Ératosthène, ainsi qu'Apollonius de Rhodes, Aristophane de Byzance et Philostephanus acquirent les connaissances et les talens qui les firent briller dans la suite. On peut à ces noms connus dans l'antiquité littéraire, joindre celui de son neveu Callimaque, fils de sa sœur Mégatime et de Stazénor. Le goût que ce jeune homme prit pour les lettres et la réputation qu'il s'acquit par divers ouvrages furent vraisemblablement le fruit des leçons de son oncle, dont l'exemple influait sur tous ceux qui l'approchaient et les animait à l'étude. L'un de ses esclaves, nommé Ister, qui lui servait de secrétaire, profita si bien du commerce de son maître qu'il composa plusieurs livres lesquels n'étaient point sans mérite, puisque plus de quatre siècles après sa mort saint Jérôme ne dédaigna point d'en faire une traduction que L. Gyraldi prétendait avoir vu manuscrite dans une bibliothèque de Rome.

Ce métier qu'exerça d'abord Callimaque, peu convenable, ce semble, à un descendant des premiers rois de Cyrène, pourrait jeter des doutes sur la noblesse de son extraction, si l'on ne savait qu'il était peu favorisé des biens de la fortune et si l'on ne faisait réflexion que la protection éclatante dont les Lagides honorèrent les gens de lettres dut naturellement ennoblir une profession destinée à être bientôt méprisée, mais qui était à leur cour le chemin le plus sûr pour arriver à la faveur du prince.

Bientôt après notre poëte fut admis dans ce fameux musée où Ptolémée Philadelphe, par une magnificence vraiment royale, se plut à rassembler tout ce qu'il parut de savans hommes et d'artistes célèbres durant son règne, de quelque pays qu'ils fussent. Là, profitant du loisir et des facilités que la libéralité de ce prince y procurait à tous ceux qu'il y avait reçus, il composa ce grand nombre d'ouvrages de tout genre qui lui valurent pendant sa vie l'estime du souverain et lui assurèrent après sa mort un rang distingué parmi les littérateurs. S'il n'est pas certain qu'il ait été chargé en chef du soin de la bibliothèque d'Alexandrie, comme plusieurs écrivains modernes l'ont avancé sans preuves, on sait du moins très-positivement que Philadelphe, ainsi que son successeur Évergète, lui témoignait la plus grande considération.

Sa reconnaissance fut au moins égale aux bienfaits. On voit dans ses hymnes qu'il ne laissait échapper aucune occasion de louer ceux dont il avait reçu tant de marques de bonté. Tantôt il les met au-dessus de tous les autres rois, tantôt il les égale aux dieux même. Il est vrai que les grandes qualités de ces princes et l'éclat de leur règne semblaient autoriser les poëtes qui d'ailleurs se voyaient particulièrement l'objet de leurs faveurs, à leur prodiguer les louanges. Mais on ne peut leur pardonner d'avoir encensé des faiblesses ; car, quoique les mariages incestueux fussent tolérés par les lois de la Grèce et de l'Égypte, il sera toujours difficile d'excuser dans le fils et le petit-fils de Lagus la passion effrénée qu'ils conçurent, et à laquelle ils cédèrent l'un et l'autre en épousant leurs propres sœurs. Callimaque ne craignit point, ce semble, de mériter ce reproche, dont malheureusement les gens de lettres ne sont pas toujours exempts ; il n'en rougissait pas même encore dans sa vieillesse, à cet âge où l'on devrait naturellement être moins empressé de flatter les grands dont la faveur devient moins précieuse à mesure que l'avenir se ferme devant nous. Ce fut à la fin de sa vie qu'il composa ce poëme sur la chevelure de Bérénice dont Catulle fit dans la suite une traduction latine qui nous est parvenue, tandis que l'original s'est perdu.

On a peine d'abord à concilier cette conduite avec le désintéressement dont il faisait parade, car il se vantait quelquefois de n'avoir jamais vendu sa plume, comme avaient fait souvent bien d'autres poëtes, tels que Simonide. Peut-être était-il plus jaloux d'avoir du crédit que d'acquérir des richesses ; peut-être le commerce des rois fut-il en effet plus utile à sa réputation qu'à sa fortune. Une épigramme qui paraît lui être attribuée avec bien plus de fondement que celle dont nous avons déjà parlé, semble prouver qu'il vécut dans la pauvreté. Cependant il est difficile de penser que Philadelphe et son successeur eussent laissé dans l'indigence un homme dont ils aimaient la société.

L'enjouement de son caractère et son goût pour le plaisir, autant qu'on peut en juger aujourd'hui, contribuèrent ainsi que ses talens à le faire admettre dans la familiarité de ces princes. Un distique fait pour être inscrit sur son tombeau nous apprend qu'il était aussi aimable convive qu'agréable versificateur, et qu'il savait placer à propos un bon mot. Soit que cette épitaphe eût été composée d'avance par lui-même, comme on le croit communément, soit qu'elle fût l'ouvrage d'un de ses contemporains, il est probable que la louange qu'il y reçoit ne lui était point disputée [1].

Cependant la vie sérieuse et appliquée lui plut toujours davantage. Il nous reste un fragment d'une pièce philosophique, dans laquelle il regrettait le temps perdu pour l'instruction, et ne se rappelait avec satisfaction que les veilles qu'il avait consacrées à l'étude. L'amour avait dû l'en distraire plusieurs fois. Nous savons qu'il était marié, et comme la femme qu'il avait épousée était étrangère [2], il y a lieu de croire que l'inclination seule avait décidé de cet établissement. De plus, Ovide nous apprend que Callimaque avait été longtemps épris d'une maîtresse dont il célébrait souvent les charmes dans ses écrits. De pareilles faiblesses, que les hommes en général se pardonnent aisément, deviennent quelquefois un avantage pour les poëtes, surtout lorsqu'on voit la sensibilité de leur âme passer dans leurs écrits, et que le feu de leur génie (s'il est permis de parler un moment leur langage) s'allume au flambeau de l'amour. Tel fut apparemment l'effet de cette passion sur Callimaque, et ce fut sans doute à l'expression touchante de ses sentimens qu'il dut ses succès dans un genre de poésie dont le mérite consiste communément à peindre les mouvemens du cœur, les plaisirs et plus souvent encore les peines des amans. Je veux parler des élégies. Callimaque en avait composé un grand nombre, dont aucune n'est parvenue jusqu'à nous. La plupart des auteurs anciens qui ont pu les connaître, ceux même qui passent encore avec raison pour des oracles en matière de goût, lui accordaient la supériorité sur presque tous les poëtes qui avaient laissé des pièces de ce genre. Horace ne mettait au-dessus de lui que Mimnerme, et Quintilien le plaçait au premier rang.

D'après toutes ces particularités, l'on pourrait penser que sa conduite se rapprochait beaucoup de la philosophie d'Épicure ; on a cru même pouvoir inférer de quelques-unes de ses épigrammes qu'il ne croyait point à l'immortalité de l'âme. Cependant il est plus probable que ses principes, au fond, étaient les mêmes que ceux des Pythagoriciens. D'ailleurs, la nature de ses principaux ouvrages semble attester son attachement à la religion de son pays ; la plupart roulaient sur la fable, qui tenait tout entière au système théologique des anciens, et ses hymnes surtout annoncent un cœur pénétré de respect pour les dieux, dont il y célèbre la puissance. Rarement un auteur traite avec dignité les sujets qu'il méprise, et Racine incrédule n'eût jamais fait *Athalie*.

Une tache réelle que son propre témoignage imprime à sa mémoire, c'est un penchant visible à ce libertinage criminel que des exemples fameux faisaient excuser chez les Grecs et dont il paraît se vanter lui-même dans plusieurs épigrammes. Disons pour le disculper ce que Martial a dit depuis pour sa propre défense, que sa vie peut-être était plus chaste que ses vers, et que ses attachemens ne passaient point les bornes prescrites à l'amitié. Il faut même ajouter qu'il en eut certainement de cette espèce dont la vertu la plus austère ne put jamais rougir. Il conserva toute sa vie les sentimens d'estime qu'il avait conçus pour Héraclite d'Halicarnasse, poëte élégiaque, qui l'avait reçu avec affection dans ses voyages. Quoiqu'ils eussent vécu dans la suite éloignés l'un de l'autre, quoique la rivalité de gloire eût pu naturellement affaiblir sa reconnaissance, il n'en fut pas moins sensible à la perte de cet ami, et nous avons encore une petite élégie qu'il composa sur la mort de son hôte. Cette pièce, trop courte pour nous mettre à portée de juger par nous-mêmes du talent de Callimaque en ce genre, porte néanmoins un caractère de sensibilité qui lui fait honneur.

Il faut convenir qu'il en agit bien différemment avec le célèbre auteur du poëme des Argonautes, Apollonius, qui, de son disciple et de son ami, devint son ennemi déclaré, fin trop ordinaire des liaisons des gens de lettres. Il se peut que Callimaque, sûr de ses forces et dédaignant une fausse modestie lorsqu'il parlait de lui-même, ne ménageait point assez l'amour-propre de ses rivaux dans une carrière où l'émulation dégénère quelquefois en haine implacable. On voit par quelques fragmens de ses œuvres qu'il connaissait bien son propre mérite. Souvent il se vantait, comme nous l'avons déjà vu, d'avoir triomphé de l'envie ; d'autres fois il s'annonçait pour n'aimer et ne chercher que la gloire. Cependant, comme

---

[1] Voici le sens de ce distique :
Sous ce marbre funèbre où s'adressent tes pas,
Du neveu de Battus la cendre en paix sommeille ;
Jadis par ses beaux vers il charmait notre oreille
Et par ses mots plaisans égayait nos repas.

[2] C'était la fille d'un Syracusain nommé Euphratès.

un pareil langage est pardonnable aux poëtes, surtout quand une fois l'estime publique les a couronnés, et que dans d'autres momens il savait, à ce qu'il semble, apprécier sa juste valeur, on peut croire que dans cette rupture le tort fut tout entier du côté d'Apollonius. Le caractère qu'on donne à ce dernier doit nous le persuader aisément. La jalousie, selon le témoignage des anciens, fut son défaut dominant. Il ne serait donc pas étonnant que cette passion eût banni de son cœur la reconnaissance. Blessé de l'éclat d'une réputation que la sienne ne pouvait éclipser, plus envieux peut-être encore de la faveur des rois, qui ne le considérèrent jamais autant que son maître, il cherchait bassement toutes les occasions de lui nuire. Comme l'agrément et l'élégance des ouvrages de Callimaque laissaient peu de prise à la censure, il l'attaqua du côté de l'invention et du génie. Callimaque, en homme de goût, était persuadé qu'il est difficile d'intéresser longtemps des lecteurs; il pensait, comme l'a si heureusement exprimé quelque part le plus grand poëte de nos jours, que

Le secret d'ennuyer est celui de tout dire;

et souvent il avait à la bouche ce mot qui depuis est passé en proverbe : qu'*un grand livre est un grand mal.* En conséquence, parmi ses nombreux écrits il s'en trouvait peu qui fussent d'une certaine étendue. Son détracteur attribua leur brièveté à la stérilité de l'imagination de l'écrivain, affectant de débiter partout qu'il serait incapable de composer des ouvrages de plus longue haleine. Callimaque ne se vengea d'abord que de la manière la plus noble; et, pour confondre un injuste critique, il publia son poëme d'Hécale [1], auquel il donna plus d'étendue qu'à tout ce qu'il avait fait jusqu'alors. Le témoignage des anciens, qui citent fréquemment cet ouvrage, doit nous être un garant non suspect du succès qu'il eut dans sa nouveauté; mais ce triomphe, qui dut venger son amour-propre, ne put apparemment suffire pour calmer son cœur irrité par l'ingratitude d'un disciple qu'il s'était plu longtemps à former. Bientôt parut l'*Ibis*, pièce satirique, où, désignant Apollonius sous le nom de cet oiseau dégoûtant qui se nourrit d'animaux venimeux, il le dévouait à tous les supplices de l'enfer. Ovide imita depuis cet exemple à l'égard d'un ingrat dont il eut à se plaindre au temps de sa disgrâce, et son Ibis n'est qu'une imitation de la satire que Callimaque avait composée sous ce titre. L'histoire n'a point daigné nous apprendre si l'on vit enfin ces deux rivaux réconciliés, mais elle nous a transmis comme un fait singulier qu'Apollonius, après sa mort, fut mis dans le même tombeau que le poëte dont il s'était tant efforcé de détruire la réputation. Ainsi furent réunis deux hommes qui n'avaient pu s'accorder pendant leur vie; ainsi leurs violens débats aboutirent à mêler leurs cendres dans le sein de la terre. L'équitable postérité n'entre point aujourd'hui dans leur querelle et leur départ à chacun la portion de gloire qui leur est due : tant il est vrai que les satires personnelles influent peu sur le jugement des siècles postérieurs. Réflexion qu'aura faite plus d'une fois sans doute quiconque étudia l'histoire ou vécut avec les hommes, mais sur laquelle on ne peut trop, ce semble, insister dans le siècle où nous vivons. Plût à Dieu qu'elle servît enfin à calmer les animosités et la haine qui troublent si souvent l'empire des lettres! et puissent les écrivains se persuader un jour que le véritable moyen d'obscurcir la gloire d'un rival est de surpasser réellement son mérite, non de décrier injustement ses ouvrages!

Tels sont, parmi les traits qu'on peut recueillir aujourd'hui concernant Callimaque, ceux qui regardent sa personne et sa vie; il me reste à faire connaître plus particulièrement la nature de ses productions et à exposer les jugemens divers qu'en ont portés les anciens, afin de mettre les lecteurs en état de mieux apprécier ses talens.

Également versé dans tous les genres de science et de littérature, il y avait peu de matières sur lesquelles il n'eût laissé quelques écrits, soit en prose, soit en vers. Un savant moderne porte le nombre des livres qu'il avait composés jusqu'à huit mille; un autre plus modéré le réduit à huit cents. Il semble qu'ils aient voulu, l'un après l'autre, enchérir précisément d'un zéro sur le véritable nombre des ouvrages de Callimaque, car Suidas, auteur digne de foi à cet égard, le fixe à quatre-vingts. On n'en trouve que quarante et un de cités dans les anciens auteurs, encore y en a-t-il plusieurs qui semblent n'avoir dû former qu'un seul et même ouvrage, quoique cités sous des titres différens. De ces quarante et un ouvrages, vingt-deux étaient écrits en prose; les uns étaient historiques ou géographiques, d'autres concernaient la physique, d'autres enfin paraissent n'avoir contenu que des recherches purement littéraires. Parmi les ouvrages de poésie, il y avait des tragédies, des comédies et des drames satiriques, des fables, des mélanges, l'Hécale et la chevelure de Bérénice, l'Ibis, dont nous avons déjà parlé, les élégies, enfin les hymnes et beaucoup d'épigrammes [1].

---

[1] Sujet tiré de la vie de Thésée. Voyez *Plutarque*, Vie de Thésée.

[1] Voici le titre et la notice de ces quarante et un ouvrages, conformément à celle qu'en a donnée le savant Bentlei et qui se trouve insérée dans l'édition de M. Ernesti, p. 416.

1º *Des Concours ou jeux publics.*

2º *Les Causes.* — Il paraît, d'après les fragmens qui nous restent de cet ouvrage, que Callimaque y avait rassemblé toutes les traditions les moins connues sur l'histoire mythologique des dieux et des héros. La manière dont il en est parlé dans l'*Anthologie* (lib. III) et dans une épigramme de Martial (lib. X, epigr. 4) doit nous consoler de l'avoir perdu. Il était si obscur que Clément d'Alexandrie (*Strom., lib.* V) le compare, ainsi que l'*Ibis*, au poëme de Lycophron, livre fait, ajoute-t-il, pour exercer la sagacité des littérateurs. L'ouvrage était divisé en quatre livres et écrit en vers hexamètres. L'auteur, dans le

Je ne dissimulerai point que la manière dont quelques écrivains assez célèbres ont parlé de la plupart de ces ouvrages paraîtrait plus propre à nous consoler de les avoir perdus qu'à nous les faire regretter. Properce semblait quelquefois trouver Callimaque au-dessous de son sujet dans les poëmes héroïques. Ovide, comme on l'a dit plus haut, lui refusait l'invention et ne lui accordait que de l'art. Plusieurs critiques anciens prétendaient que le soin scrupuleux avec lequel il s'occupait de l'emploi des mots dégénérait en un défaut insupportable qu'ils nommaient *leptologie*, sorte d'exactitude minutieuse à marquer des nuances qui affaiblissent les grands traits et à exprimer des détails que le goût rejette ou que le génie néglige; c'est ce que lui reprochait formellement Lucien. Un autre personnage, singulier dans son genre, et qui par ses talens et ses lumières mérita de jouer un rôle considérable dans un siècle postérieur à celui de Lucien, pensait encore plus désavantageusement que cet écrivain du mérite de Callimaque; je veux parler de Sévérien de Damas, qui, au rapport de Suidas, n'avait pu supporter la lecture des ouvrages de notre poëte : dès la première fois qu'il avait voulu les connaître, il les avait trouvés si ennuyeux qu'il avait jeté le livre à terre en crachant dessus; et c'est probablement d'après tous ces jugemens défavorables que feu M. l'abbé Fourmont n'a pas craint de parler avec mépris de Callimaque dans un de ses Mémoires. J'avoue encore que le genre des citations tirées de ses écrits que l'on trouve dans les Lexiques donne lieu de penser que son style n'était pas sans défaut, et surtout qu'il était sujet à l'obscurité. Quand les scholiastes ou les lexicographes l'appellent en témoignage, c'est presque toujours pour autoriser ou un terme nouveau, ou l'acception détournée d'un mot ordinaire, ou une expression hardie, ou une épithète trop forte, ou une métaphore inusitée. Mais cette conjecture, qui n'est peut-être pas fondée, non plus, que l'arrêt de quelques grammairiens ou de quelques poëtes intéressés à rabaisser un rival, ne saurait balancer le grand nombre de témoignages avantageux qui doivent nous faire déplorer la perte des ouvrages de Callimaque.

début, feignait qu'il avait été transporté en songe sur le mont Parnasse, et que c'étaient les Muses elles-mêmes qui lui avaient révélé tout ce qu'il devait dire dans le cours de son poëme.

3º *Sur les colonies des Argiens*. — Callimaque aimait beaucoup les Argiens : peut-être avait-il voyagé dans la Grèce et s'était-il fait naturaliser à Argos. L'hymne qu'il a composée pour la fête des bains de Pallas qu'on célébrait dans cette ville semble favoriser cette opinion et prouve au moins son attachement à la métropole d'où les premiers fondateurs de Cyrène tiraient leur origine.

4º *Sur l'Arcadie*.

5º *Traité des Vents*.

6º *Branchus*. — C'était un hymne en vers choriambiques, composé en l'honneur de Branchus, ce berger milésien si célèbre dans la fable pour avoir été chéri d'Apollon, qui lui donna le don des oracles à Milet.

7º *Galatée*. — Poëme en vers hexamètres.

8º *Glaucus*.

9º *Des noms particuliers aux différentes nations*. — On voit, par un fragment de cet ouvrage, qui se trouve dans Athénée (lib. VII, p. 329), que Callimaque y traitait des manières différentes dont les diverses nations grecques appelaient certains pays et certains animaux.

10º *Hécale*. — Poëme en vers hexamètres; le sujet en est connu, d'après Plutarque dans la vie de Thésée...... « Pour ce qui est du conte que l'on fait d'Hécale et de la réception qu'elle fit à Thésée dans sa maison, il ne paraît pas entièrement éloigné de la vérité, car anciennement tous les bourgs des environs s'assemblaient toutes les années pour faire à Jupiter Hécalien un sacrifice appelé *hécalésien* et dans lequel ils honoraient particulièrement cette Hécale, qu'ils appelaient par un diminutif *Hécalène*, en mémoire de ce qu'ayant reçu chez elle Thésée encore jeune, elle le salua et le caressa, en le nommant toujours par des diminutifs, selon la coutume des vieilles gens. Cette bonne femme avait fait vœu que si Thésée revenait heureusement d'une expédition qu'il allait entreprendre, elle ferait un sacrifice solennel à Jupiter, mais elle mourut avant cette expédition, et Thésée étant de retour ordonna qu'on ferait ce sacrifice et qu'on y rendrait à Hécale toutes sortes d'honneurs en reconnaissance du bon accueil qu'elle lui avait fait et de l'affection qu'elle lui avait témoignée. » (*Morceau tiré de la traduction de M. Dacier*.)

11º *Des Élégies*.

12º *L'Espérance*.

13º *Poëme sur la victoire de Sosibe*.

14º *Épigrammes*. — M. Ernesti, dans sa belle édition, en a rassemblé soixante-treize qui sont attribuées à Callimaque, mais dont il y en a plusieurs qui paraissent n'avoir pu être composées véritablement par ce poëte.

15º *Des Merveilles naturelles*. — Tout ce qui se trouve dans le livre d'Antigonus Carystius, qui porte le même titre, depuis le chap. 144 jusqu'à la fin, était tiré de cet ouvrage de Callimaque.

16º *Des Poëmes ïambiques et choliambiques*. — Il s'y trouvait des fables écrites dans le style des fables d'Ésope.

17º *L'Ibis*.

18º *Sur l'arrivée d'Io*.

19º *Sur les différens noms donnés aux poissons*.

20º *Sur l'origine des îles et des villes et les différens noms qu'elles ont portés*.

21º *Cydippe*. — Poëme élégiaque.

22º *Des Comédies*.

23º *Des Poëmes lyriques*.

24º *Des noms des mois chez les différentes nations*.

25º *Le Musée*. — Poëme.

26º *Traité des usages singuliers des Barbares*.

27º *Des Oiseaux*.

28º *Tables des gens célèbres en différens genres de sciences et des livres qu'ils ont écrits, divisées en cent vingt livres*.

29º *Tables et notice chronologique des auteurs dramatiques depuis la naissance de l'art*.

30º *Tables de livres de tous genres*.

31º *Tables et notice des rhéteurs*. — Denys d'Halicarnasse accusait Callimaque de n'avoir pas été exact dans cet ouvrage, surtout dans ce qu'il disait de Démosthène.

32º *Tables de lois*.

33º *Tables des écrits de Démocrite et des mots inusités qui s'y rencontrent*.

34º *Des Fleuves de la terre*.

35º *Des Fleuves de l'Europe*.

36º *Des Fleuves de l'Asie*.

37º *Lettres à Praxiphanes*.

38º *Drames satiriques*.

39º *Sémélé*. — Poëme.

40º *Les Hymnes*.

41º *Mémoires historiques*.

Properce lui-même a reconnu vingt fois la supériorité de Callimaque dans tous les genres, et l'ingénieux Ovide n'a pu s'empêcher de témoigner souvent sa reconnaissance pour l'auteur auquel il devait quelques-unes des principales beautés dont brillaient ses productions. On n'imite guère ce qu'on estime peu, et nous savons qu'indépendamment de l'*Ibis*, qui n'est absolument qu'une imitation du poëme de Callimaque, la plupart des traits saillans qui se trouvent dans la fable de Philémon et Baucis sont empruntés de l'*Hécale*, sans parler d'un assez grand nombre de vers de l'*Art d'aimer* et des *Tristes*, qu'on reconnaît encore pour avoir été tirés des écrits du poëte grec. Au reste, les Latins pouvaient se permettre de transporter dans leur langue ce qu'ils admiraient dans ses ouvrages, puisque plusieurs écrivains de sa nation ne rougirent point de l'imiter dans la langue même dont il s'était servi. Le poëme d'Apollonius est rempli de vers que le maître de ce disciple ingrat aurait pu revendiquer. Le livre de Denys Périégète, ainsi que les lettres d'Aristænète, ne sont pour ainsi dire que des centons de Callimaque. Plusieurs de ses vers qui étaient passés en proverbe prouvent qu'il avait autant de philosophie dans l'esprit que de justesse dans l'expression. L'*Anthologie* nous a conservé diverses épigrammes composées dans des siècles différens qui montrent qu'aussi longtemps que ses ouvrages subsistèrent, il fut toujours regardé comme un poëte excellent et comme un des meilleurs littérateurs qui eussent paru depuis la mort d'Alexandre ; et plus de huit cents ans après nous voyons que les plus doctes grammairiens, les critiques les plus estimés, faisaient encore leur principale occupation de l'étudier et de le bien entendre. Marius entre autres, qui vivait sous l'empereur Anastase, avait fait une métaphrase en vers iambiques de l'*Hécale*, des hymnes, de l'ouvrage intitulé les *Causes* et des épigrammes. On eût dit que ce littérateur illustre, pressentant le sort que devaient éprouver bientôt les productions d'un auteur qu'il aimait, s'efforçait de les conserver à la postérité. En effet, peu de temps après, la barbarie des Arabes détruisit dans Alexandrie le fameux monument que les Ptolémée y avaient élevé à la gloire des lettres et des sciences. Les œuvres de Callimaque périrent avec la superbe bibliothèque dont elles avaient été pendant plusieurs siècles un des plus riches ornemens. Il échappa de ce naufrage quelques épigrammes recueillies dans l'*Anthologie* et les hymnes dont je présente aujourd'hui la traduction au public. De tous ses autres écrits nous n'avons que des fragmens épars qui ne peuvent servir tout au plus qu'à donner une idée du sujet que l'auteur traitait dans chaque ouvrage, comme on le voit par la liste qu'en a donnée le célèbre Bentlei.

Les savans modernes, à la renaissance des lettres recueillirent avidement ces précieux restes d'un auteur autrefois si vanté, et la seule production de ce beau génie que le sort eût laissé parvenir jusqu'à eux, ne leur parut point démentir les éloges dont les siècles passés l'avaient jugé digne. Les éditions différentes qu'on en donna successivement dans le quinzième et le seizième siècle, et qu'on dut aux soins des Lascaris, des Alde, des Froben, des Vascosan, des Estienne et des Frischlin, prouvèrent le cas qu'en faisaient les premiers restaurateurs de l'antiquité. Leur exemple fut suivi dans la suite par Mme Dacier, par Vulcanius, par Grævius et par le laborieux Spanheim, qui consacra sa jeunesse à travailler sur ce poëte, pour lequel il avait une estime particulière. Les deux éditions qu'on en a faites de nos jours en Angleterre semblent annoncer qu'il est plus connu chez les étrangers que parmi nous, et récemment encore M. Ernesti, l'un des principaux ornemens de la république des lettres en Allemagne, vient de le faire réimprimer avec un soin dont lui seul peut-être était capable, y joignant des notes qui ne laissent plus rien à désirer pour la parfaite intelligence de cet auteur. C'est en profitant avec reconnaissance de ses heureux travaux que je donne aujourd'hui cette nouvelle édition, où le texte grec paraît pour la première fois avec une version française, accompagnée de notes et de quelques additions dont je vais rendre compte en peu de mots, car il est temps de finir ce discours préliminaire, qui n'est peut-être déjà que trop long.

HYMNES.

I.

EN L'HONNEUR DE JUPITER.

Tandis qu'on offre des libations à Jupiter, quel plus digne objet de nos chants que ce dieu même, toujours grand, toujours roi, qui dompta les Titans et qui donne des lois à l'Olympe?

Mais sous quel nom l'invoquerai-je? Est-il le dieu de Dicté? est-il le dieu du Lycée? J'hésite, puisque enfin le lieu de sa naissance est contesté. O Jupiter! l'un veut que la Crète, l'autre que l'Arcadie ait été ton berceau : grand dieu, qui des deux en impose?... Mais toujours le Crétois fut menteur; le Crétois osa bien, dieu puissant, t'élever un tombeau, à toi qui n'as pu mourir, à toi qui es éternel. Oui, tu fus sur le mont Parrhasius, dans le plus épais de ses bois, que Rhée te donna la naissance; bois devenu sacré dès cet instant; bois où jamais femme, dont jamais animal sujet aux travaux de Lucine n'ose approcher et que les Apidans appellent la couche antique de Rhée.

Oui, ce fut là que ta mère, soulagée de son divin fardeau, chercha le canal d'une onde pure pour se purifier et laver ton corps. Mais le majestueux Ladon, mais le limpide Érymanthe ne coulaient point encore et l'Arcadie était encore aride. Un jour elle devait être célèbre par ses fleuves; mais au moment où Rhée détacha sa ceinture, des chênes sans nombre s'élevaient sur le terrain où coule aujourd'hui l'Iaon; des chars pesans roulaient sur le lit du Mélas; le Carnion, en dépit de ses eaux, entendait les animaux féroces creuser leur tanière sur sa tête, et le voyageur altéré, marchant sans le savoir au-dessus du Crathis ou du sablonneux Métope, brûlait de soif, tandis que ses sources abondantes étaient sous ses pieds.

Dans son cruel embarras la déesse s'écria : « Terre, enfante à ton tour; tendre mère, tes enfantemens sont faciles. » Elle dit, et, levant son bras puissant, frappa le mont de son sceptre. Le roc s'ouvre et vomit l'onde à grands flots. Aussitôt ta mère, roi des dieux, lava ton corps, t'enveloppa de langes et chargea Néda de te porter dans les antres de Crète pour t'y faire élever secrètement : Néda, de toutes les Nymphes qui l'assistaient alors, la plus âgée après Styx et Philyre, la plus chère à son cœur; Néda, de qui le zèle ne fut point sans récompense, puisque la déesse donna le nom de sa Nymphe à ce fleuve le plus antique des fleuves où se désaltèrent les neveux de Lycaon et qui va près du séjour des Caucons se réunir à Nérée.

A peine, ô Jupiter! Néda sortait de Thène et s'approchait de Gnossus, que ton cordon ombilical tomba. C'est de là que les Cydoniens ont nommé cet endroit la plaine Ombilicale. Les sœurs des Corybantes, les Nymphes de Dicté te reçurent dans leurs bras et te mirent dans un berceau d'or, où Adrastée te provoquait au sommeil. Là tu te nourris du lait abondant de la chèvre Amalthée et des rayons du miel le plus doux, que l'abeille Panacris travailla soudain sur ces rochers de l'Ida qu'on appelle de son nom. Les Curètes figurèrent autour de toi les pas compliqués de la Pyrrique, en frappant sur leurs armes; et le son de leurs boucliers étouffant le bruit de tes cris, parvint seul aux oreilles de Saturne.

Ainsi, dieu du ciel, vit-on croître, ainsi vit-on s'élever ton enfance. Bientôt vinrent les jours de ta jeunesse et le duvet ombragea ton menton; mais dès l'enfance, ton esprit était déjà mûr. Aussi tes frères, quoique tes aînés, t'ont-ils cédé l'Olympe sans oser te l'envier.

Poëtes mensongers, en vain avez-vous dit jadis que le sort distribua les empires aux trois fils de Saturne. Quel est donc l'insensé qui dans la même balance mettrait l'Olympe et les enfers? Quand les partages sont égaux, le sort en peut être l'arbitre; mais, entre ces deux empires il y a trop d'inégalité. Lorsqu'on ment, au moins faut-il être croyable. Non, grand dieu, non, ce ne fut point le sort qui te fit roi des dieux; ce furent les exploits, la valeur et la Force (1) que tu plaças au pied de ton trône. Tu chargeas aussi le prince des oiseaux d'annoncer tes augures; puisses-tu n'en envoyer que d'heureux à mes amis!

O Jupiter! tu t'es réservé l'élite des mortels. Ce ne sont ni les nochers, ni les guerriers, ni les poëtes. Tu laisses à des dieux inférieurs le soin de protéger; mais ce sont les rois eux-mêmes, les rois qui tiennent sous leur main le laboureur, le guerrier, le matelot, tout enfin; car est-il rien qui n'obéisse à son roi! Qu'à Vulcain donc soit consacré le forgeron, à Diane le chasseur, à Mars le soldat, à Phébus le chanteur; à Jupiter appartiennent les rois. Rien n'est plus saint que les rois, aussi toi-même en as fait ton partage. Tu leur as confié la garde des villes; mais du haut des citadelles, tu veilles sur ceux d'entre eux qui dirigent ou détournent les voies de la justice. Tu leur accordes à tous les richesses et l'opulence, mais avec inégalité; témoin mon roi, qui l'emporte de si loin sur les autres. Il accomplit le soir ses projets du matin; le soir, les plus vastes, les moindres aussitôt qu'il les forme; tandis que pour remplir les leurs, il faut au reste des rois une année, souvent plus, et combien de fois encore n'as-tu pas confondu leurs desseins et rompu leur effort!

Salut, puissant fils de Saturne, dispensateur des biens et du bonheur! Où est-il celui qui pourra chanter tes ouvrages? il ne fut, il ne sera jamais. Eh! qui pourrait chanter les ouvrages de Jupiter?

Salut, ô père des dieux, salut! Donne-nous la richesse et la vertu. L'opulence ne peut rien sans la vertu, ni la vertu sans l'opulence; donne-nous donc, ô grand dieu! et richesses et vertu.

II.

SUR LES BAINS DE PALLAS.

Ministres des bains de Pallas, sortez toutes; sortez; j'entends hennir les cavales sacrées et la déesse paraît. Accourez blondes filles des Pélasges, accourez. Jamais l'auguste Pallas, avant d'essuyer les flancs poudreux de ses coursiers, n'est entrée dans le bain; pas même au jour où revenant de combattre les fils insolens de la Terre, elle rapporta ses armes souillées de leur sang; mais son premier soin en dételant les chevaux de son char, fut d'essuyer l'écume épaissie sur leur bouche mutine et de laver leur sueur dans les flots.

Venez, jeunes Achéennes, j'entends crier les essieux, venez; mais n'apportez point d'odeurs ni d'essences. Ministres des bains de Pallas, Minerve ne veut point de parfums composés. Ne lui présentez donc point d'odeurs ni d'essences, ni de miroirs. La grâce est to[ute] dans ses yeux; et même sur l'Ida lorsque y jugea les déesses, elle ne consulta ni le métal resplendissant que recèle le sein des montagnes, ni les eaux transparentes du Simoïs. Junon l'imita; Cypris seule, les yeux fixés [sur] l'airain *réfléchissant*, changea et rechangea souvent sa coiffure; mais Pallas qui, telle qu[e] les Jumeaux divins au bord de l'Eurotas, v[e]nait de parcourir cent fois le stade; n'employ[a] d'autre parfum que le simple jus de ses ol[ives] chéries, et, pareille à la rose du matin[, ou] plutôt aux grains éclatans de la grenade, [une] vive rougeur colora son visage. Jeunes [filles,] ne lui présentez donc que le jus de l'olive: c'e[st] le parfum de Castor, ainsi que d'Hercule. O[f]frez-lui des peignes d'or pour démêler ses beau[x] cheveux, pour en séparer les tresses luisantes.

Sors de ton temple, ô Minerve! des vierges troupe chère à ton cœur, des vierges descendues du grand Acestor[1] s'empressent auto[ur] de toi. O Minerve! on porte aussi devant toi le bouclier de Diomède; ainsi le veut l'antique usage établi par Eumède; ce pontife chéri [de] toi, qui, pour se dérober aux transports d'[un] peuple furieux, s'enfuit jadis sur le mont Cré[tion] avec ton image et l'y cacha sous des roches escarpées qu'on a depuis ce temps honorées de ton nom.

Sors de ton temple, ô Pallas! déesse au c[asque] doré, déesse qui renverses les murailles qui te plais au fracas des armes et des chars.

Argiens, gardez-vous en ce jour de plong[er] vos urnes dans le fleuve; c'est aux fontain[es] seules à vous désaltérer. Esclaves, ne puis[ez] aujourd'hui qu'aux sources de Physadée dans les eaux d'Amymone[2]. Si, du haut

---

[1] On sait que les poëtes avaient personnifié la Force et la Violence.

[1] Acestor est un personnage inconnu dans la fable comm[e] dans l'histoire, mais qui sans doute avait joué un rôle cons[i]dérable dans sa patrie, puisqu'il y avait une tribu dans Arg[os] qui portait son nom.

[2] Physadée et Amymone étaient filles de Danaüs et avaie[nt] laissé leur nom à deux fontaines de l'Argolide.

ces coteaux fertiles, Inachus roule son onde argentée sur un lit d'or et de fleurs, c'est pour les bains de Pallas que ce dieu la réserve. Mais crains, ô Pélasge! crains de jeter un regard même involontaire sur ta reine. Malheur à celui qui portera la vue sur les appas secrets de votre déesse tutélaire; jamais ses yeux ne reverront Argos.

O puissante Minerve! sors de ton temple... cependant, jeunes filles, écoutez un récit ... ien d'autres poëtes ont déjà consacré.

... fut jadis à Thèbes une Nymphe, mère de Tirésias, que Minerve préférait à toutes ses compagnes et dont jamais elle ne se séparait. ...rs même qu'au travers des champs béotiens, la déesse guidait ses coursiers vers l'antique Thespie, vers Haliarte ou vers ces bocages ...orans que le Coronéen lui a consacrés sur ... bords du Curalion, toujours on voyait Cha... assise à ses côtés sur son char. Jamais ...ses ou concerts ordonnés par d'autres ne ...aient à Minerve. Préférence inutile! A des ... éternels la Nymphe était réservée.

Un jour, sur le sommet de l'Hélicon, au ...rd fleuri de l'Hippocrène, la déesse et sa Nymphe détachant leur ceinture entraient ...ans le bain. Le silence du midi régnait dans ...s bois. Tirésias seul, Tirésias à peine encore à l'âge où un léger duvet vient ombrager le ...enton, errait avec ses chiens dans cet asile redoutable. Par une soif brûlante amené vers la fontaine, l'infortuné jeune homme y vit, sans le chercher, un spectacle interdit aux ...ortels. Minerve en fut irritée; toutefois plai...ant son destin : « O toi, lui dit-elle, qui désormais ne jouiras plus de la vue, fils d'Eué... ...e, quel funeste démon t'a conduit en ces lieux? »

Elle dit : soudain une nuit épaisse couvrit ... yeux de l'enfant; il resta sans voix; la douleur enchaîna ses mouvemens, et l'étonnement lui coupa la parole. « Terrible Pallas, ...cria Chariclo, qu'avez-vous fait à mon fils!... Déesses, voilà donc votre amitié!... Vous avez ...vé mon fils de la lumière..... Enfant déplo...ble, tu as vu les appas de Minerve, mais tu ...e verras plus le soleil..... Mère infortunée!... Mont que j'abandonne à jamais, fatal Hélicon, que tu vends cher à mon fils ses plaisirs! Pour quelques faons, quelques daims qu'il a percés de ses traits, il lui en coûte les yeux. »

Ainsi Chariclo, semblable à la plaintive Philomèle, déplorait le destin de son fils, qu'elle embrassait et baignait de ses larmes. Minerve eut pitié de sa compagne et lui dit : «Nymphe, désavouez un discours que vous dicte la colère. Ce n'est point moi qui viens d'aveugler votre fils. Quelle douceur aurait pour Minerve le supplice d'un enfant innocent! N'en accusez que la loi de l'antique Saturne, qui met au plus haut prix la vue d'un immortel, quand on le voit sans que lui-même y consente. Nymphe, l'arrêt est irrévocable, et tel est le sort que le fuseau des Parques réservait à votre fils dès l'instant qu'il est né. C'est à lui de supporter son destin. Ah! combien d'holocaustes la fille de Cadmus et son Aristée voudront-ils un jour offrir aux dieux pour obtenir que leur fils, le jeune Actéon, ne perde que la vue! En vain aura-t-il été le compagnon de l'auguste Artémis; en vain aura-t-il cent fois avec elle poursuivi les hôtes des bois : rien ne garantira ses jours lorsque ses regards auront, quoique involontairement, surpris la déesse dans son bain. Mais soudain ses propres chiens dévoreront leur ancien maître, et sa mère parcourant les forêts n'y retrouvera que les os dispersés de son fils. Combien de fois alors appellera-t-elle heureuse et fortunée celle dont le fils sur ces montagnes n'aura laissé que les yeux! Sèche donc tes pleurs, ô ma compagne! puisqu'en ta faveur je réserve encore à ton fils un don consolateur. Je veux que les Thébains révèrent en lui le plus grand et le plus renommé des prophètes. Il saura distinguer dans le vol des oiseaux les augures prospères indifférens et sinistres. C'est de lui que les Béotiens, que Cadmus et les fameux Labdacides recevront mille oracles. Je lui donnerai un sceptre [1] dont la vertu divine guidera ses pas. Je reculerai dans les siècles les bornes de sa vie, et seul après sa mort, honoré du terrible dieu des enfers, il conservera chez les ombres son esprit fatidique. »

Elle dit et fit un signe de tête, infaillible garant de ses promesses, car à Minerve, seule d'entre ses filles, Jupiter a communiqué les attributs qui distinguent son pouvoir. Ministres des bains de Pallas, ce n'est point aux flancs d'une mère que Pallas fut conçue, c'est dans la tête de Jupiter. Jamais un signe de la tête de

---

[1] On sait que la fable avait donné à Tirésias un bâton mystérieux avec lequel il conduisait ses pas aussi sûrement que s'il avait été doué de la vue.

Jupiter ne fut démenti; jamais un signe de la tête de Minerve ne sera sans effet.

Minerve revient à son temple. Volez au-devant d'elle, jeunes filles; et si la patrie vous est chère, offrez à la déesse vos prières, vos vœux et vos chants.

Salut, ô déesse! protége les remparts d'Inachus, soit que tes coursiers t'éloignent ou te rapprochent de son temple, et conserve à jamais l'héritage de Danaüs.

III.

EN L'HONNEUR DE CÉRÈS.

Le calathus [1] revient; femmes, chantez : « Salut, ô Cérès! salut, ô déesse nourricière, déesse des moissons! »

Le calathus revient; à terre, profanes, à terre! Femmes, filles, enfans, craignons tous, en ce jour de jeûne, de le regarder du haut des toits ou d'un lieu trop élevé. Hespérus nous annonce son retour; Hespérus qui seul sut persuader à Cérès d'étancher sa soif lorsqu'elle cherchait les traces de Proserpine ravie à sa tendresse.

O déesse! comment tes forces suffirent-elles alors à courir jusqu'aux portes du couchant et jusqu'aux climats brûlans où croissent les pommes d'or, sans manger, sans boire, sans entrer dans le bain? Trois fois tu traversas le lit argenté de l'Achéloüs; trois fois tu passas tous les fleuves de la terre; trois fois tu revins au centre de la plus charmante des îles; trois fois enfin tu retournas t'asseoir au bord du puits de Callichorus, couverte de poussière, sans avoir mangé, sans avoir bu, sans être entrée dans le bain.....

Mais pourquoi rappeler ce qui coûta des larmes à Cérès? Parlons des lois aimables qu'elle a données à nos villes; parlons des jours où enseignant à Triptolème le plus beau des arts, elle montra la première à moissonner les épis, à en former des gerbes, à les faire broyer sous les pieds des taureaux. Ou plutôt encore, pour effrayer à jamais les impies, disons comme elle livra jadis le déplorable fils de Triopas aux tourmens de la faim.

Les Pélasges [2] habitaient encore à Dotium.

Ils y avaient consacré à Cérès un bois délicieux planté d'arbres touffus impénétrables au jour, lieu charmant, que la déesse aima toujours l'égal d'Éleusis, de Triopion et d'Enna. Là parmi les pins et les ormes altiers, les poiriers s'enlaçaient aux pommiers, et du sein des rocailles jaillissait une onde pareille au cristal le plus pur.

Mais quand le ciel voulut retirer ses faveurs aux enfans de Triopas, un funeste projet séduisit Érésichton. Il prend vingt esclaves, tous à la fleur de l'âge, tous semblables aux Géans et capables d'emporter une ville. Il les arme de haches et de cognées, et court insolemment avec eux au bois de Cérès.

Au milieu s'élevait un immense peuplier qui touchait jusqu'aux astres et dont l'ombre, à midi, favorisait les Dryades. Frappé le premier, il donne en gémissant un triste signal aux autres arbres. Cérès connut à l'instant le danger de son bois sacré : « Qui donc, s'écria-t-elle en courroux, brise les arbres que j'aime? » Aussitôt, sous les traits de Nicippe (c'était sa prêtresse), les bandelettes et le pavot dans les mains, la clé du temple sur l'épaule, elle s'approche, et ménageant encore un insolent coupable mortel : « O toi, lui dit-elle, qui brises des arbres consacrés aux dieux, ô mon fils, arrête; retiens tes esclaves; mon fils, cher espoir de ta famille, n'arme point le courroux de Cérès, dont tu profanes le bocage. » Mais lui, plus furieux qu'une lionne du Tomare l'instant qu'elle accouche, « Retire-toi, répond-il, ou bientôt cette hache..... Ces arbres me serviront plus qu'à bâtir le palais où je passerai mes jours avec mes amis dans les festins et dans la joie. »

Il dit, et Némésis écrivit le blasphème. Soudain Cérès en fureur se montra tout entière; ses pieds touchent à la terre et sa tête à l'Olympe. Tout fuit, et les esclaves demi-morts abandonnent leurs cognées dans les arbres. Cérès les épargna; ils n'avaient fait qu'obéir à leur maître. Mais à ce maître impérieux : « Va, dit-elle, insolent, va bâtir le palais où tu feras des festins : certes il t'en faudra souvent célébrer désormais. »

Elle n'en dit pas plus : le supplice était prêt...

---

[1] Espèce de corbeille mystérieuse et sacrée qu'à certain jour marqué l'on rapportait en pompe du temple d'Éleusis à celui de Cérès-Thesmophore dans Athènes.

[2] Ancien peuple répandu dans la Grèce, mais dont la principale habitation était en Thessalie, où ils avaient bâti, entre autres, la ville de Dorium. Il se fit dans la suite une émigration de ce peuple sous la conduite de Triopas, père d'Érésichton, qui alla fonder la ville de Cnide en Carie : voilà pourquoi le poëte ajoute : « N'habitaient point encore Cnide. »

Aussitôt s'allume au sein de l'impie une faim cruelle, insatiable, ardente, insupportable; effroyable tourment dont il fut bientôt consumé. Plus il mange, plus il veut manger; vingt esclaves sont occupés à lui préparer des mets, douze autres à lui verser à boire : car l'injure de Cérès est l'injure de Bacchus, et toujours Bacchus partagea le courroux de Cérès.

C'en est fait, ses parens honteux n'osent plus l'envoyer aux banquets. Tous les prétextes sont tour à tour employés. Les filles d'Orménus, l'invitaient aux jeux de Minerve-Itoniade : « Érésichton n'est point ici, répondait sa mère; il est allé redemander aux bergers de Cranon[1] les troupeaux nombreux qu'il leur avait confiés. » Polyxo préparait l'hymen d'Actorion[2]; elle conviait à la fête Triopas et son fils : « Triopas ira, lui disait-on avec larmes; mais Érésichton, atteint il y a neuf jours, dans les vallées du Pinde, par un fier sanglier, ne peut encore se soutenir. » Mère infortunée, mère trop tendre, quels détours n'avez-vous pas inventés. L'appelait-on aux festins : « Érésichton est loin de ces lieux. » Célébrait-on quelque hymen : tantôt « un disque l'a frappé; » tantôt « un cheval fougueux l'a terrassé; » tantôt « il compte ses troupeaux sur l'Othrys. »

Cependant au fond de son palais, Érésichton, passant les jours à table, y dévore mille mets. Plus il mange, plus s'irritent ses entrailles. Tous les alimens y sont engloutis sans effet, comme au fond d'un abîme.

Tel qu'on voit la neige du Mimas[3], ou la cire fondre aux rayons du soleil, tel et plus promptement encore on le vit dépérir. Bientôt les fibres et les os seuls lui restèrent. Sa mère et ses sœurs en pleurèrent, le sein qui l'avait porté en soupira, et ses esclaves en gémirent. Triopas lui-même en arracha ses cheveux blancs, et s'adressant à Neptune, qui ne l'entendait pas : « Non s'écriait-il, tu n'es point mon père; ou, s'il est vrai, que je sois né de toi et de la fille d'Aéole, regarde l'infortuné qui doit te nommer son aïeul, puisque c'est toi qui lui donnai le jour. Que n'est-il tombé sous les traits d'Apollon! Que ne l'ai-je enseveli de mes mains! Faut-il que je le voie dévoré par la faim! Éloigne donc de lui ce mal funeste, ou toi-même prends soin de le nourrir. Pour moi, j'ai tout épuisé. Mes bergeries sont vides, mes étables sans troupeaux, et mes esclaves ne suffisent plus à le servir. Il a tout consumé, jusqu'aux cavales qui traînaient son char, jusqu'aux coursiers qui lui avaient valu tant de gloire dans les jeux et dans les combats, jusqu'au taureau que sa mère engraissait pour Vesta. »

Tant qu'à Triopas il resta quelque ressource, son foyer fut seul témoin de sa peine. Mais quand Érésichton eut absorbé tout son bien, on vit le fils d'un roi, assis dans les places publiques, mendier les alimens les plus vils.

O Cérès! que celui que tu hais ne soit jamais mon ami! que jamais il n'habite avec moi! Loin de moi des voisins si funestes?

Chantez, jeunes vierges, et vous mères, répétez : « Salut, ô Cérès! salut, ô déesse nourricière, déesse des moissons! » Quatre coursiers, aux crins argentés, traînent le Calathus; ainsi, puissante Cérès, tu nous apporteras, d'année en année, quatre saisons favorables. Nous te suivons les pieds sans chaussure, et la tête sans bandelettes; ainsi tu préserveras des maux nos pieds et nos têtes. Des vierges portent en ton honneur des paniers tissus d'or; ainsi l'or ne manquera jamais à nos besoins.

Femmes qui n'êtes point initiées, ne suivez cette pompe mystérieuse que jusqu'au Prytanée. Femmes qui ne comptez pas encore soixante hivers, venez jusqu'au temple. Vous que l'âge appesantit, ou vous qui tendez les mains à Lucine, et que les douleurs ont surprises, venez jusqu'où vos forces pourront vous conduire; la déesse versera sur vous ses faveurs autant que sur celles qui l'accompagneront à son temple.

Salut, ô déesse! conserve cette ville dans la concorde et dans l'abondance. Fais tout mûrir dans nos champs. Engraisse nos troupeaux, fertilise nos vergers, grossis nos épis, féconde nos moissons. Fais surtout régner la paix, afin que la main qui sème puisse aussi recueillir.

Sois-moi propice, ô divinité trois fois adorable, puissante reine des déesses!

---

[1] Ville de Thessalie.
[2] Vraisemblablement le même que celui qui est mis par Orphée au nombre des Argonautes. Comme ce poëte ne dit point le nom de la mère de ce héros, il est vraisemblable que c'était cette Polyxo dont parle ici Callimaque et qui ne peut rien avoir de commun avec les autres héroïnes de ce nom, dont il est parlé dans les anciens mythologues qui nous restent.
[3] Promontoire de l'Ionie fort élevé.

IV.

EN L'HONNEUR D'APOLLON.

Ciel! comme le laurier d'Apollon est agité! comme le temple entier est ébranlé! Loin, loin d'ici, profanes! Déjà Phébus de son pied divin a touché le seuil de la porte. Ne le voyez-vous pas! Déjà le palmier de Délos l'a salué par un doux frémissement; déjà le cygne a rempli l'air de ses chants. Tombez verroux, tombez barreaux, le dieu approche: et vous, jeunes hommes, préparez vos concerts et vos danses.

Ce n'est point à tous indifféremment, mais au juste seul, qu'Apollon se manifeste. Qui le voit est grand; qui ne le voit point est petit. Je te verrai, dieu terrible, et serai toujours grand.

Enfans, voulez-vous parvenir aux jours de l'hymen, voulez-vous atteindre l'âge où les cheveux blanchissent, et bâtir sur des fondemens durables; aujourd'hui que Phébus visite ces lieux, faites entendre le son de vos lyres et le bruit de vos pas cadencés.....

Honneur à ces enfans! puisque leurs lyres ne sont plus oisives.

Silence. Écoutez les louanges d'Apollon. La mer même se tait, lorsqu'on chante les armes du dieu de Lycorée, les flèches et la lyre. *Io Pœan, Io Pœan!* A ce cri, Thétis cesse de pleurer son Achille; et ce roc humide, inébranlablement fixé dans la Phrygie, ce marbre qui fut femme, et qui semble jeter encore le cri de la douleur, suspend le cours de ses larmes.

Io Pœan! Chantez tous, *Io Pœan!* Malheur à qui lutte contre les dieux! Que celui qui brave les dieux, brave donc aussi mon roi! Que celui qui brave mon roi, brave donc aussi les dieux.

Si vos chants plaisent à Phébus, il vous comblera de gloire; il le peut, car il s'assied à la droite de Jupiter. Mais un jour est trop peu pour chanter Apollon; la carrière est vaste. Eh! qui peut cesser de chanter Apollon!

La tunique d'Apollon est d'or; son agrafe, sa lyre, son arc, son carquois et ses brodequins sont d'or. L'or et les richesses brillent autour de lui; j'en atteste Pytho [1].

Toujours jeune, toujours beau, jamais le moindre duvet n'ombragea les tendres joues d'Apollon. De sa chevelure découle une essence parfumée: mais non, ce ne sont point des parfums, c'est la *panacée* [1] même qui distille des cheveux d'Apollon. Heureux le sol que ce baume humectera! il n'y croîtra que des germes salutaires.

Nul ne réunit autant d'arts qu'Apollon: il est le dieu des archers et des poëtes; car le Destin lui a donné les flèches et la lyre. Il est le dieu des sorts et des augures: de lui les médecins ont appris à retarder la mort.

Nous l'appelons aussi *Nomius* [2], depuis que sur les bords de l'Amphryse [3], l'Amour lui fit prendre soin des cavales d'Admète. Qu'aisément sous les yeux d'Apollon un troupeau se féconde! Les taureaux s'y multiplient, les chèvres n'y sont jamais sans chevreaux, ni les brebis sans lait et sans agneaux; et celle qui n'en eût porté qu'un, en porte toujours deux.

O Phébus! sous tes auspices s'élèvent les villes; car tu te plais à les voir se former, et toi-même en poses les fondemens. Dès l'âge de quatre ans tu construisis sur les bords du lac charmant d'Ortygie, le premier édifice qu'aient vu les mortels. Diane te rapportait les cornes des chèvres qu'elle perçait de ses flèches sur le mont Cynthius; et tu t'en servais pour dresser un autel, en former la base, le corps et les côtés; ainsi tu nous appris à bâtir. Depuis tu désignas l'endroit où Battus devait fonder ma patrie; et sous la forme d'un corbeau d'heureux augure, tu guidas son peuple en Lybie. Tu juras de donner Cyrène à mes rois, et toujours ta parole est fidèle.

Dieu puissant, que d'autres l'appellent Bodromius, d'autres Clarius; cent noms divers te sont donnés à l'envi. Pour moi, c'est sous le nom de Carnéen que je veux te chanter; tel est l'usage de ma patrie.

Dieu de Carnus, Sparte fut la première à t'adorer sous ce nom: Théra suivit cet exemple, que Cyrène a depuis imité. De Sparte, le sixième descendant d'Œdipe apporta ton culte à Théra, d'où le fils de Polymneste [4] le transmit aux Asbytes [5]. Établi dans leur contrée il

---

[1] C'est-à-dire le temple de Pytho ou de Delphes.

[1] Mot grec qui signifie littéralement *remède à tout*.
[2] Autre mot grec qui signifie littéralement *pasteur*.
[3] Fleuve de Thessalie.
[4] Battus, autrement nommé Aristotèles. Le poëte lui donne l'épithète d'*oulos*, *entier*, *sain*, parce qu'il avait été longtemps muet et qu'il recouvra la parole avant d'aller en Lybie fonder la ville de Cyrène.
[5] Petit peuple de la Libye, voisin du canton où Battus établit sa colonie.

t'éleva ce temple superbe, institua ces fêtes annuelles où mille et mille taureaux tombent sous la hache de tes prêtres.

O dieu de Carnus! tes autels, dans la saison des frimas, sont couverts de safran parfumé; au printemps, ils sont parés de ces fleurs variées que Zéphire fait éclore en séchant la rosée; et dans ton sanctuaire brille une flamme éternelle, que jamais la cendre n'a couverte.

Ce fut proche des bois épais d'Azillis, et loin encore des sources de Cyré, que les guerriers doriens célébrèrent, pour la première fois, avec les blondes habitantes de la Libye, les jours consacrés au dieu de Carnus. Tu vis leurs danses, ton œil en fut réjoui; et tu les fis remarquer à ton épouse, du haut de ce mont fameux où elle avait terrassé le lion qui désolait les troupeaux d'Eurypyle [1]. Jamais danses ne te plurent davantage; jamais ville n'éprouva tes bienfaits autant que Cyrène : ils sont le prix des faveurs que tu ravis jadis à la Nymphe; aussi nul des immortels n'est plus honoré que toi par les enfans de Battus.

Io! que tout chante, *Io Pœan!* Tel fut le premier cri du peuple de Delphes, lorsqu'en sa faveur tu montras la force de tes flèches. Python, monstre épouvantable, Python, serpent terrible, s'élançait contre toi; mais bientôt tes coups redoublés et rapides l'étendirent à tes pieds. Le peuple s'écria : « Io, Io Pœan! frappe! Latone en toi nous donne un sauveur! » Depuis ce temps, c'est ainsi que tu fus célébré.

L'Envie s'est approchée de l'oreille d'Apollon, et lui a dit : « Que vaut un poëte, si ses vers n'égalent le nombre des flots de la mer! » Mais Apollon, d'un pied dédaigneux [2] a repoussé l'Envie et lui a répondu : « Vois le fleuve d'Assyrie, son cours est immense; mais son lit est souillé de limon et de fange. Non; toutes les eaux, indifféremment, ne plaisent point à Cérès; et le faible ruisseau, qui, sortant d'une source sacrée, roule une onde argentée toujours pure, servira seul aux bains de la déesse. »

Gloire à Phébus, et que l'Envie reste au fond du Tartare!

---

[1] Prince qui, selon la fable, régnait en Libye au temps de l'enlèvement de Cyrène.
[2] Le texte dit seulement : « Du pied. »

V.

EN L'HONNEUR DE DIANE.

Chantons Diane!..... (malheur aux poëtes qui l'oublient!) chantons la déesse qui se plaît à lancer des traits, à poursuivre les daims, à former des danses et des jeux sur la cime des montagnes. Rappelons ce jour où Diane, encore dans l'enfance, assise sur les genoux de Jupiter, lui adressa ces prières :

« Accorde, ô mon père! accorde à ta fille de rester toujours vierge, et de porter assez de noms divers pour que Phébus ne puisse le lui disputer. Donne-moi, comme à Phébus, un arc et des flèches. Que dis-je?..... non, mon père, ce n'est point à toi d'armer ta fille; les Cyclopes s'empresseront bientôt de me fabriquer des traits, de me forger un carquois. Mais donne-moi l'attribut distinctif de porter des flambeaux et de revêtir une tunique à frange, qui ne me descendra que jusqu'aux genoux, pour ne point m'embarrasser à la chasse. Attache à ma suite soixante filles de l'Océan, qui soient toutes à l'âge où l'on ne porte point encore de ceinture [1]. Que vingt autres Nymphes, filles de l'Amnisus, destinées à me servir aux heures où je cesserai de percer les lynx et les cerfs, prennent soin de mes brodequins et de mes chiens fidèles. Cède-moi les montagnes. Je ne demande qu'une ville à ton choix. Diane rarement descendra dans les villes. J'habiterai les monts, et n'approcherai des cités qu'aux momens où les femmes, travaillées des douleurs aiguës de l'enfantement, m'appelleront à leur aide. Tu sais qu'au jour de ma naissance les Parques m'ont imposé la loi de les secourir, parce que le sein qui m'a portée n'a point connu la douleur, et, sans travail, a déposé son fardeau. »

En parlant ainsi, l'enfant divin voulut toucher le menton de son père; mais elle étendit en vain ses petits bras pour l'atteindre. Jupiter en sourit, et lui rendant une tendre caresse : « Déesses, s'écria-t-il, donnez-moi toujours de semblables enfans, et je brave la fureur jalouse de Junon. Va, ma fille, tes désirs seront satisfaits, et ton père veut te faire encore d'autres dons bien plus magnifiques. Une ville est

---

[1] Littéralement : « Toutes âgées de neuf ans, toutes enfans encore sans ceinture. » Les jeunes filles ne commençaient à porter des ceintures qu'après avoir atteint l'âge nubile.

trop peu : je t'en donnerai trente; trente qui n'auront d'autre dieu que toi seule, ne porteront d'autre nom que le tien; tandis que tu partageras avec les autres immortels des cités sans nombre dans le continent et dans les îles. Partout Diane aura des bois sacrés et des autels; c'est elle qui sera la protectrice des chemins et des ports. » Il dit; et, d'un signe de tête, il confirma ses promesses. Aussitôt l'enfant vole en Crète sur la cime ombragée du Leucus, descend ensuite vers l'Océan, et se choisit une troupe nombreuse de Nymphes, toutes à l'âge de neuf ans, à cet âge où l'on ne porte point encore de ceinture. Cæratus et Thétys [1] s'applaudirent, en voyant l'un et l'autre leurs filles préférées par l'enfant de Latone.

Ce choix fait, Diane alla chercher les Cyclopes. Ils étaient dans Lipare, (aujourd'hui c'est ainsi qu'on la nomme, alors c'était Méligounis [2]) occupés à forger une masse ardente sur l'enclume de Vulcain. L'ouvrage pressait : c'était un abreuvoir pour les coursiers de Neptune. Les Nymphes pâlirent à la vue de ces énormes géans, pareils à des montagnes [3], et dont l'œil unique [4], sous leur épais sourcil, étincelait de regards menaçans. Les uns faisaient mugir de vastes soufflets; les autres, levant tour à tour avec effort leurs lourds marteaux, frappaient à grands coups le fer ou l'airain qu'ils tiraient tout en feu de la fournaise. L'enclume en gémit, l'Etna et la Sicile [5] en sont ébranlés, l'Italie en retentit, et la Corse même en résonne. A ce terrible aspect, à ce bruit effroyable, les filles de l'Océan s'épouvantent..... frayeur pardonnable : les filles même des dieux, dans leur enfance, n'envisagent ces fiers géans qu'avec crainte, et lorsqu'elles refusent d'obéir, leurs mères feignent d'appeler Argès ou Stéropès : Mercure accourt sous les traits de l'un de ces Cyclopes, le visage couvert de cendre et de fumée; soudain l'enfant effrayé couvre ses yeux de ses mains et se jette en tremblant dans le sein maternel. Pour toi, fille de Jupiter, plus jeune encore, et dès l'âge de trois ans, lorsque Latone t'avait portée dans ses bras à Vulcain,

pour recevoir ses premiers présens [1], et que Brontès t'avait mise sur ses genoux, tu avais arraché les poils hérissés de sa large poitrine, et depuis ils n'ont point été reproduits : ainsi les cheveux moissonnés une fois par l'alopécie ne reviennent jamais couvrir le front qu'elle a rendu chauve.

Aussi, d'une voix ferme, adressas-tu ce discours aux Cyclopes : « Cyclopes, hâtez-vous, il faut à Diane un arc, des flèches, un carquois. Diane, ainsi que Phébus, est fille de Latone; et si quelque sanglier ou quelque monstre des bois vient à tomber sous mes coups, c'est à votre table qu'il sera destiné. »

Tu dis; ils t'obéirent, et tu fus armée.

Il te manquait des chiens, tu voles en Arcadie et tu vas trouver Pan. Le dieu barbu était dans son antre, où il distribuait aux lices de sa meute les chairs d'un lynx du Ménale. Il te choisit aussitôt six chiens courageux, dont trois aux oreilles pendantes, deux noirs et blancs, un de diverses couleurs, tous capables de renverser des lions, de les saisir à la crinière et de les entraîner vivans. Il y joignit aussi sept cynosurides plus légers que le vent [2], plus vites que le lièvre [3] ou le faon, habiles surtout à découvrir le gîte du cerf, la tanière du porc-épic et les traces du daim.

Tu quittais ces lieux suivie de ta meute, lorsqu'au pied du Parrhasius tu vis s'abattre cinq biches, troupeau superbe, nourri sur les bords du sablonneux [4] Anaurus : elles étaient plus grandes que des taureaux et l'or brillait sur leurs cornes [5]. Ton œil en fut surpris, et tu dis en toi-même : « Sans doute elles sont dignes d'être la première proie de Diane. » Seule, et sans le secours de tes chiens, tu en pris quatre à la course et les destinas à traîner ton char; mais la cinquième (ainsi que le voulut Junon, qui la réservait pour servir un jour au dernier des tra-

---

[1] Littéralement : « Ses présens de vue, *optéria*. » La coutume chez les anciens, quand une femme accouchait, était que les parens du nouveau-né envoyassent à la mère des présens, comme pour obtenir la permission de voir son enfant.
[2] Cynosure était un lieu de la Laconie. Les chiens de ce pays étaient renommés par leur vitesse, surtout ceux qu'on croyait nés d'une chienne et d'un renard, espèce dont Aristote attestait l'existence, mais qui n'était autre que celle de nos lévriers.
[3] Le grec ajoute : « Qui ne ferme jamais les yeux. »
[4] Littéralement : « Qui roule un sable noir. » L'Anaurus était un fleuve de la Thessalie : il est assez singulier que Callimaque amène ces biches de Thessalie en Arcadie.
[5] Il ne faut pas s'étonner de ce que Callimaque donne ici des cornes aux biches : c'était une erreur commune à tous les poètes grecs et qui leur a même été reprochée par Aristote.

---

[1] Épouse de l'Océan.
[2] Nom qui en grec signifie *fertile en miel*.
[3] Le grec dit : « Aux rochers de l'Ossa. »
[4] Le grec ajoute : « Égal à un bouclier de quatre peaux. »
[5] Littéralement : « La Trinacrie, séjour des Siciliens, et la voisine Italie. »

vaux d'Hercule) passa le fleuve de Céladon [1] et se réfugia sur le mont Cérynien [2].

O Diane! ô déesse toujours vierge! déesse qui tuas Tityus, ton armure, ta ceinture et ton char étaient d'or; tu donnas aussi des freins d'or à ces biches. Mais en quels lieux menas-tu d'abord ce char triomphant [3]? en Thrace, sur le mont Aémus, d'où l'orageux Borée nous envoie les tristes frimas. Où coupas-tu des branches de pin? sur l'Olympe de Mysie. A quels feux allumas-tu ces nouveaux flambeaux? aux feux inextinguibles dont la foudre de ton père étincelle. Combien de fois éprouvas-tu tes flèches? tu les essayas d'abord sur un orme, ensuite sur un chêne, puis sur un monstre des forêts, enfin, non plus sur un arbre, mais sur une ville coupable, où l'on avait cent fois outragé la nature et l'hospitalité.

Malheur à ceux que poursuit ton courroux! leurs troupeaux sont dévorés par la peste et leurs champs dévastés par la grêle. Au déclin de leur âge, ils pleurent sur leurs fils morts avant eux; et les femmes, frappées de mort aux jours de l'enfantement ou n'accouchant que dans les horreurs de la guerre, n'élèvent jamais leurs enfans [4]. Heureux au contraire le mortel à qui tu souris! ses sillons engraissés se couvrent d'épis, ses taureaux se multiplient, sa richesse augmente et la tombe ne s'ouvre sous ses pas qu'au bout d'une longue et paisible carrière. La Discorde, qui renverse les plus solides maisons, ne déchire point sa famille, et chez lui la belle-mère et la bru s'assoient toujours à la même table.

Puisse, ô déesse redoutable! puisse l'homme que j'aime ressentir ainsi tes faveurs! Que je les éprouve aussi moi-même! que l'art des vers me soit toujours cher! je chanterai Latone et son hymen, je chanterai Phébus, je chanterai mille fois tes louanges, tes nombreux travaux, tes chiens, tes flèches et le char rapide qui te ramène pompeusement au palais de Jupiter. Là Mercure et Phébus accourent au-devant de toi, Mercure pour prendre tes armes, Phébus pour recevoir les monstres que tes traits ont terrassés : tel était du moins son emploi avant que le valeureux Alcide fût admis dans les cieux. Car aujourd'hui ton frère est déchargé de ce soin, puisque l'infatigable dieu de Tyrinthe, toujours aux portes de l'Olympe, attend avec impatience l'instant où tu lui rapportes quelques nouveaux mets. Tous les dieux, et surtout sa marâtre, en éclatent de rire chaque fois, qu'enlevant de ton char et tirant par les pieds quelque énorme taureau ou quelque sanglier encore palpitant, il cherche à t'encourager par ce discours adroit : « Courage, ô déesse! fais tomber sous tes coups les animaux féroces. Mérite que les mortels t'appellent, ainsi que moi, leur divinité protectrice. Permets aux lièvres, aux daims d'errer sur les montagnes. Quel mal font aux hommes et les daims et les lièvres? Ce sont les sangliers qui dévastent leurs vergers et leurs champs; ce sont les taureaux sauvages dont ils craignent la rage. Frappe les sangliers et les taureaux. » Il dit, et se jette aussitôt sur le monstre que tu lui rapportes; car la flamme qui consuma sa dépouille mortelle sur les monts de Trachine ne l'a point délivré de sa faim dévorante; il en ressent encore les ardeurs comme au jour qu'il rencontra le roi des Dryopes. Cependant les filles de l'Amnisus détellent et lavent tes biches, leur apportent de l'eau dans des vases d'or pour se désaltérer à leur gré, et répandent abondamment devant elles cette herbe céleste, prompte à se reproduire, qu'on moissonne dans les prairies de Junon et qui nourrit aussi les coursiers de Jupiter [1]. Tu entres ensuite au palais de ton père où, quoique chaque dieu t'invite à l'asseoir auprès de lui, tu te places toujours à côté d'Apollon.

Mais quand les Nymphes formeront autour de toi leurs danses, soit aux sources de l'Inopus [2], soit dans les plaines de Limnée et de Pitane (car Pitane aussi t'est consacrée); ou lorsque, rejetant le sanguinaire hommage du Taurien et quittant la Scythie, tu viendras visiter les Araphéniens, puissé-je alors n'avoir point engagé le travail mercenaire de mes bœufs pour défricher le champ d'autrui pendant la journée! Fussent-ils de la race de ces taureaux

---

[1] Fleuve d'Arcadie.
[2] Montagne d'Arcadie.
[3] Littéralement : « Attelé d'animaux à cornes. »
[4] L'expression grecque est bien plus poétique : « Aucun de leurs enfans ne se dresse sur ses jambes. »

[1] Callimaque est, je crois, le seul des poëtes et des mythologues qui fasse mention de ces prairies de Junon, qu'il place dans le ciel.
[2] Petit fleuve de l'île de Délos ; le poëte lui donne l'épithète d'*Égyptien*, parce que ce fleuve passait pour avoir les mêmes accroissemens et décroissemens que le Nil; c'était même une croyance assez généralement répandue parmi le vulgaire, que l'Inopus n'était autre que le Nil lui-même qui, après avoir traversé la mer, reparaissait dans l'île de Délos.

de Tymphée, si renommés pour tracer les plus pénibles sillons; fussent-ils dans la vigueur de leur âge et dans la force de leurs cornes, avec trop de peine et de fatigue ils reviendront à l'étable, puisque le Soleil, ravi du spectacle charmant de tes fêtes, arrête son char pour les voir plus longtemps et prolonge le jour.

Mais quelle île, quelle montagne, quelle cité, quel port te plaît davantage? Quelle Nymphe te fut la plus chère? Quelles héroïnes ont été tes compagnes? Déesse, instruis ton poëte, il instruira les autres à son tour.

Parmi les îles, Doliché; parmi les cités, Pergé[1]; parmi les montagnes, le Taygète[2]; parmi les ports, ceux de l'Euripe[3]; voilà les lieux qui t'ont plu davantage. La Nymphe qui te fut la plus chère, ce fut la Nymphe de Gortys, cette Nymphe redoutée des faons, Britomartis au coup d'œil assuré. Minos, brûlant pour ses charmes, la poursuivit longtemps sur les montagnes de Crète, mais elle se cachait tantôt sous des chênes touffus, tantôt au fond des marais. Neuf mois entiers il erra parmi les précipices et les monts. Enfin il était près de l'atteindre lorsqu'elle s'élança du haut d'un rocher dans les flots. Les filets d'un pêcheur la sauvèrent, et c'est de là que la Nymphe et le roc d'où elle s'était précipitée, reçurent des Cydoniens l'une le nom de *Dictynne*, l'autre celui de *Dicté*. Ils lui ont aussi dressé des autels et consacré des fêtes. Les couronnes qu'ils y portent sont de jonc ou de pin; le myrte en est banni; le myrte est haï de la Nymphe, parce qu'une branche de cet arbre, s'embarrassant dans sa robe, l'avait arrêtée dans sa fuite. O Diane! à tous les noms sous lesquels tu es honorée, les Crétois ont encore ajouté celui de cette Nymphe.

Cyrène fut aussi ta compagne; tu lui donnas deux chiens qui jadis, au tombeau de Pélias, lui valurent la victoire[4]. Tu permis aussi de te suivre, à la blonde épouse du fils de Dioné[5]. La belle Anticlée[6], dit-on, fut également l'objet de ta tendresse. Ces Nymphes furent les premières à s'armer d'arcs flexibles et de carquois pleins de flèches, en se découvrant toujours l'épaule droite[1] et le sein. Mais tu distinguas sur toutes la fille de l'Arcadien Iasius, la légère Atalante, que toi-même instruisis à conduire une meute, à lancer des traits; Atalante, que ne purent mépriser les célèbres chasseurs du sanglier de Calydon, puisqu'elle remporta le prix de la valeur, et que l'Arcadie possède encore les dents de ce monstre; Atalante, dont au fond des enfers, Hylaüs et l'insensé Rhœcus[2] voudraient en vain, malgré leur haine, calomnier l'adresse; car leur sang, qui teignit les rochers du Ménale, déposerait contre eux.

Salut, ô déesse vénérable[3]! déesse de mille cités, déesse du Chésius, de l'Imbrasus[4], déesse de Chitoné[5]; véritable citoyenne de Milet; car ce fut toi que Nélée prit pour guide en quittant les rivages de Cécrops. C'est à toi qu'Agamemnon consacra le gouvernail de son navire, pour apaiser ton courroux, lorsqu'enchaînant les vents tu retenais les Grecs impatiens de saccager Ilion et de venger leur Hélène. C'est à toi que Prœtus éleva deux temples, l'un sous le nom de *Déesse favorable aux filles*, parce que tu lui ramenas ses filles errantes sur le mont Azénien; l'autre dans la ville de Lussa, sous le nom de *la douce Déesse*, parce que tu sus adoucir la rage féroce qui les possédait. C'est à toi que jadis, aux rivages d'Éphèse, les Amazones érigèrent une statue sur le tronc d'un hêtre. Là tandis qu'Hippo t'offrait un sacrifice, ces femmes, amies de la guerre, dansèrent d'abord, avec leurs boucliers, la danse des armes, puis se réunirent en chœur autour de ton autel. Leurs mouvemens agiles faisaient résonner leurs carquois et retentir la terre sous leurs pieds. La flûte, cet ouvrage de Minerve, si funeste aux faons,

---

[1] Ville de Pamphylie, où Diane avait un temple auquel était attaché le droit d'asile.

[2] Montagne de la Laconie, où l'on trouvait beaucoup de chèvres, de sangliers, d'ours et de cerfs.

[3] Le culte de Diane était singulièrement en honneur dans toutes les villes qui bordaient le détroit de l'Euripe, tant sur la côte de Béotie que sur celle de l'Eubée, telles qu'Aulis, Délium, Amarynthe, etc.

[4] Près d'Iolchos: c'était là que Cyrène, selon la fable, avait combattu contre un lion et l'avait terrassé.

[5] Procris, épouse de Céphale.

[6] Anticlée n'est point connue dans la fable; la mère d'Ulysse s'appelait Anticlée, mais ce ne peut être de cette héroïne que le poëte ait voulu parler.

[1] L'expression grecque est remarquable; littéralement: « Leurs épaules droites étaient indépouillables, » c'est-à-dire *n'étaient point vêtues*.

[2] Deux Centaures qui avaient voulu attenter à la pudeur d'Atalante, et que cette héroïne tua à coups de flèche sur le mont Ménale.

[3] Le texte ajoute: « Déesse assise au premier trône, » *prôtothroné*, autre surnom de Diane dont je n'ai pu trouver l'étymologie.

[4] Le Chésius et l'Imbrasus étaient l'un un promontoire, l'autre un fleuve de l'île de Samos, où Diane était spécialement honorée.

[5] Chitoné était un bourg de l'Attique.

n'était pas encore inventée[1], mais le son des chalumeaux leur marquait la cadence, et l'écho le répétait jusque dans Sardes et dans Bérécynthe. Dans les âges suivans, on construisit autour de cette statue un vaste temple : le soleil n'en verra jamais de plus beau ni de plus riche; il l'emporte sur le temple même de Pytho. Jadis l'insolent Lygdamis[2] menaça d'en piller les trésors. Du fond des climats hyperboréens, que la fille d'Inachus a rendus si célèbres, il traînait à sa suite ces fiers Hippimolges, qui égalaient en nombre les grains de sable de la mer. Ô le plus malheureux des rois! quel était son espoir? ni lui, ni aucun de ces barbares dont les chars avaient foulé les rives du Caystre ne devaient revoir leur patrie, car tes flèches ont toujours défendu ton Éphèse.

Gloire à la déesse de Munychie, à la déesse des ports et de Phéres.

Mortels, craignez de ne pas honorer Diane. Si jadis Oinée négligea de parer ses autels, vous savez quels assauts il eut à soutenir. N'allez point la défier dans l'art de prendre un cerf, de lancer un javelot; cet orgueil coûta cher aux Atrides. N'aspirez point aux faveurs d'une déesse toujours vierge; Orion, Otus en ont trop éprouvé le danger. Ne refusez point de danser dans ses fêtes; Hippo ne l'a point refusé sans avoir eu bien des larmes à verser.

Salut, ô puissante déesse! sois propice à ton poëte.

VI.

EN L'HONNEUR DE DÉLOS.

Dans quel temps, ô ma Muse! en quel jour chanteras-tu la nourrice d'Apollon, l'île sacrée de Délos? Sans doute les Cyclades méritent toutes d'être chantées, elles sont les plus saintes des îles; mais Délos veut ton premier hommage. C'est elle qui reçut le dieu des poëtes au sortir du sein de sa mère; c'est elle qui l'enveloppa de langes et l'adora la première. Ainsi que les Muses dédaignent le poëte qui ne chante pas les eaux de Pimplée, ainsi Phébus dédaigne celui qui peut oublier Délos. Délos recevra donc aujourd'hui le tribut de mes vers; et toi, dieu du Cinthius, applaudis au poëte qui n'aura point négligé ta nourrice.

Délos, terre ingrate il est vraie, battue des vents et des flots, voit sur ses rives moins de coursiers que de plongeons. Inébranlablement fixée dans la mer Icarienne, dont les vagues amoncelées rejettent leur blanchissante écume sur ses bords, elle semble n'être faite que pour servir de retraite à ces hommes errans qui s'arment contre les habitans de l'onde[1]. Toutefois, quand les filles de l'Océan et de Thétys[2] se rassemblent chez leur père, toutes, sans envie, cèdent le pas à Délos. La Corse, bien qu'elle-même ne soit pas sans honneur, la Corse ne marche qu'après elle, ainsi que l'aimable Sardaigne, ainsi que l'île aux rivages prolongés qu'ont peuplée les Abantes, et celle qui, pour avoir accueilli Vénus au sortir de l'onde, a toujours ressenti ses bienfaits. La force de ces îles est dans leurs tours : celle de Délos est dans Apollon; quel rempart est plus ferme? Souvent le souffle impétueux de Borée renversa les murs et les pierres; mais un dieu n'est jamais ébranlé. Heureuse île, tel est, à toi, ton gardien!

Mais au milieu de la vaste carrière que ta gloire ouvre à mes chants, quelle route suivrai-je pour te plaire? Dirai-je comment un dieu terrible, d'un coup du trident que lui avaient fabriqué les Telchines sapa les montagnes, les arracha de leurs fondemens, et les faisant rouler dans la mer en forma les premières îles? Dirai-je qu'il les fixa toutes dans l'abîme par de profondes racines pour leur faire oublier le continent, tandis que toi, libre et sans contrainte, tu nageais sur les eaux? Tu t'appelais d'abord Astérie, parce que jadis, telle qu'un astre rapide, tu t'étais élancée du ciel au fond de la mer pour échapper aux poursuites du dieu de l'Olympe; et jusqu'au temps où l'aimable Latone se réfugia dans ton sein, tu n'avais point porté d'autre nom. Souvent le nocher qui, du

---

[1] Littéralement : « On n'avait pas encore percé les os des faons. » Les anciens, dans les premiers temps, faisaient leurs flûtes avec les os des faons. La plupart des mythologues attribuaient l'honneur de cette invention à Minerve, quoique les monumens historiques l'attribuent au Phrygien Hyagnis.

[2] Callimaque veut parler ici de cette invasion que les Scythes firent en Asie vers la xxxvi⁰ olympiade, environ cinq cent trente ans avant l'ère chrétienne. Selon Strabon (lib. I, p. 105, B.), Lygdamis, l'un de leurs chefs, périt effectivement, mais loin d'Éphèse et dans la Cilicie. Hésychius (voce Lugdamis) dit non-seulement qu'il menaça de piller le temple de Diane, mais qu'il le brûla.

[1] J'aurais pu rendre cet endroit d'une manière plus concise, mais la version n'aurait point répondu aux expressions poétiques du texte.

[2] C'est-à-dire les îles que les mythologues disaient allégoriquement être filles de l'Océan et de Thétys, donnant alors le nom de Thétys à la Terre même, quoique ordinairement Thétys passât pour être fille de la Terre. (Schol. Homer. ad Iliad. V, v. 201.)

port de Trézène¹ faisait voile pour Éphyre², l'apercevait dans le golfe saronique³; et souvent il te cherchait vainement au retour : une course légère t'avait portée vers le détroit où mugissent les flots resserrés de l'Euripe; d'où quelquefois, dans le même jour, dédaignant la mer de Chalcis, tu avais nagé soit jusqu'aux rochers de Sunium, soit jusqu'aux bords de Chio, soit enfin jusqu'aux bords de l'humide Parthénie, dans cette plage où les Nymphes de Mycale, du royaume d'Ancée, t'ont cent fois donné l'hospitalité. Mais après que toi seule eus reçu Phébus à sa naissance, les nautoniers te donnèrent le nom de Délos, parce que tu cessas de disparaître à leurs yeux et que tu fixas tes racines au milieu des flots égéens.

Tu ne craignis donc point la colère de Junon? Son terrible courroux éclatait contre toutes les maîtresses qui donnaient des enfans à Jupiter, mais surtout contre Latone, à qui le Destin promettait un fils que son père devait préférer à Mars même. Furieuse et transportée de rage, elle-même repoussait du ciel cette Nymphe en travail, tandis que par ses ordres deux gardiens attentifs l'observaient sur la terre. Du sommet de l'Émus, l'impitoyable Mars, tout armé, veillait sur le continent, et ses coursiers paissaient dans l'antre aux sept bouches qui sert de retraite à Borée, pendant qu'Iris du haut du Mimas veillait sur les îles.

De là ces deux divinités menaçaient toutes les villes dont Latone approchait et leur défendaient de la recevoir. Ainsi vit-elle fuir devant elle l'Arcadie et le mont sacré d'Augé⁴; ainsi vit-elle fuir l'antique Phénée⁵ et toutes les villes du Péloponèse voisines de l'Isthme : Égialée resta seule avec Argos; Latone n'osait point approcher de ces lieux arrosés par un fleuve trop aimé⁶ de Junon. Ainsi vit-elle fuir l'Aonie⁷ avec Dircé et Strophie⁸ que leur père, le sablonneux Ismène, entraînait avec lui. Asope les suivit, mais de loin, d'un pas tardif et tout fumant encore des coups de la foudre; et l'*indigène* Mélie, épouvantée de voir l'Hélicon secouer sa verte chevelure, quitta ses danses, pâlit et trembla pour son chêne. O Muse! ô ma déesse! les Nymphes en effet sont donc nées avec les chênes? Les Nymphes du moins se réjouissent quand la rosée ranime les chênes, et les Nymphes pleurent quand les chênes dépouillent leur feuillage.

Phébus indigné, quoique encore au sein de sa famille, adresse à Thèbes ces menaces qui n'ont point été vaines : « Pourquoi, malheureuse Thèbes, m'obliger à dévoiler déjà ton destin? Ne me force point à prophétiser ton sort. Pytho ne m'a point encore vu m'asseoir sur le trépied, et son terrible serpent n'est point mort : ce monstre barbu rampe encore sur les rives de Plistus¹, et de ses replis tortueux embrasse neuf fois le Parnasse que couvrent les neiges. Toutefois je te le prédis ici plus clairement que du pied de mon laurier : fuis; mais bientôt je l'atteindrai; bientôt je laverai mes traits dans ton sang; garde, garde les enfans d'une femme orgueilleuse² : ni toi, ni le Cithéron ne nourriront point mon enfance. Phébus est saint; c'est aux saints à lui donner un asile. »

Il dit, et Latone retourna sur ses pas; mais les villes d'Achaïe, mais Hélice, l'amie de Neptune, et Bure³, retraite des troupeaux de *Dexamène*, le fils d'Oïcée, l'avaient déjà repoussée : elle s'avança vers la Thessalie. Vain espoir! le fleuve Anaurus, la ville de Larisse, les antres du Pélion, tout s'enfuit, et le Pénée précipita son cours au travers des vallons de Tempé.

Cependant ton cœur, ô Junon! était encore inflexible. Déesse inexorable, tu la vis sans pitié étendre ses bras et former vainement ces prières : « Nymphes de Thessalie, filles du Pénée, dites à votre père de ralentir son cours impétueux; embrassez ses genoux, conjurez-le de recevoir dans ses eaux les enfans de Jupiter. O Pénée! pourquoi veux-tu l'emporter sur les vents? O mon père! tu ne disputes point le prix de la course! Es-tu donc toujours aussi rapide,

---

¹ J'ai cru devoir adopter la correction proposée par M. Ruhnkenius, qui pense qu'il faudrait lire *alixantoio* au lieu de *apo Xanthoio*, l'histoire ni la fable ne faisant mention d'aucun prince ou héros du nom de Xanthus parmi ceux qui ont illustré la ville de Trézène.
² Ancien nom de la ville de Corinthe.
³ Ainsi nommé, dit la fable, parce qu'un roi de Trézène, appelé Saron, s'y était précipité dans un accès de fureur.
⁴ Le poëte désigne ainsi le Parthénius, montagne d'Arcadie, célèbre dans la fable par les amours d'Hercule et d'Augé, dont a naissance de Télèphe fut le fruit.
⁵ Ville de l'Arcadie.
⁶ L'Inachus.
⁷ Ancien nom de la Béotie.
⁸ Deux fontaines de Béotie.

¹ Fleuve de la Phocide qui coulait au bas du mont Parnasse.
² Il désigne ainsi la fameuse Niobé et ses enfans.
³ Hélice et Bure étaient deux villes de l'Achaïe qui furent englouties par la mer vers la cle olympiade, environ trois cent soixante-dix ans avant l'ère chrétienne.

ou ne le deviens-tu que pour moi ? Et n'est-ce qu'aujourd'hui que tu trouves des ailes ?..... Hélas ! il est sourd..... Fardeau que je ne puis plus soutenir, où pourrai-je vous déposer ? Et toi, lit nuptial de Philyre, ô Pélion ! attends-moi donc, attends ; les lionnes mêmes n'ont-elles pas cent fois enfanté leurs cruels lionceaux dans tes antres ? »

Le Pénée, l'œil humide de pleurs lui répond : « La Nécessité, Latone, est une grande déesse. Je ne refuse point, vénérable immortelle, de recevoir vos enfans : bien d'autres mères avant vous se sont purifiées dans mes eaux. Mais Junon m'a fait de terribles menaces. Voyez quel surveillant m'observe du haut de ces monts ; son bras, d'un seul coup me peut accabler. Que ferai-je ? Faut-il me perdre à vos yeux ? Allons, tel soit mon destin ; je le supporterai pour vous, dussé-je me voir à jamais desséché dans mon cours, et seul de tous les fleuves rester sans honneur et sans gloire ; je suis prêt, c'en est fait, appelez seulement Ilithye. »

Il dit et ralentit son cours impétueux. Bientôt Mars, déracinant les monts allait les lancer sur lui et l'ensevelir sous les rocs du Pangée[1] ; déjà du haut de l'Émus il pousse un cri terrible et frappe son bouclier de sa lance : l'armure rend le son de la guerre, et l'Ossa en frémit ; les vallées de Cranon et les cavernes glaciales du Pinde en tremblent, et l'Émonie entière en tressaille. Ainsi, quand le géant terrassé jadis par la foudre, se retourne sur sa couche, les antres fumans de l'Etna sont tous ébranlés ; les tenailles de Vulcain, le fer qu'il travaille, tout se renverse dans la fournaise, et la forge retentit du choc épouvantable des trépieds et des vases. Tel fut le bruit horrible que rendit le divin bouclier. Pénée, toujours intrépide, demeurait fixe et retenait ses ondes fugitives ; Latone lui cria : « Fuis, ô Pénée ! songe à te garantir : que ta pitié pour moi ne fasse point ton malheur ; fuis et compte à jamais sur ma reconnaissance. »

A ces mots, quoique accablée déjà de fatigue elle marcha vers les îles, mais aucune ne voulut la recevoir ; ni les Échinades dont le port est si favorable aux navires, ni Corcyre la plus hospitalière des îles. Iris menaçante, au sommet du Mimas, leur défendait d'y consentir, et les îles épouvantées fuyaient toutes à l'approche de Latone.

Elle voulait aborder à Co, séjour antique des sujets de Mérops, retraite sacrée de Chalciope ; mais Phébus lui-même l'en détourna. « O ma mère ! lui dit-il, ce n'est point là que tu dois m'enfanter, non que je dédaigne ou méprise cette île ; je sais qu'elle est plus qu'aucune autre fertile en pâturages et féconde en moissons. Mais les Parques lui réservent un autre dieu, fils glorieux des Sauveurs[1], qui aura les vertus de son père et verra l'un et l'autre continent, avec les îles que la mer baigne du couchant à l'aurore, se ranger sans peine sous le sceptre macédonien[2]. Un jour viendra qu'il aura, comme moi, de terribles assauts à soutenir, lorsque empruntant le fer des Celtes et le cimeterre des Barbares, de nouveaux Titans[3], aussi nombreux que les flocons de la neige ou que les astres qui peuplent un ciel serein, fondront des extrémités de l'occident sur la Grèce. Ah ! combien gémiront les cités et les forts des Locriens, les roches de Delphes, les vallons de Crissa et les villes d'alentour, quand chacun apprendra l'arrivée de ces fiers ennemis non par les cris de ses voisins, mais en voyant ses propres moissons dévastées par le feu ; quand, du haut de mon temple, on apercevra leurs phalanges et qu'ils déposeront auprès de mon trépied leurs épées sacrilèges, leurs larges baudriers et leurs boucliers épouvantables, qui toutefois serviront mal cette race insensée de Gaulois, puisqu'une partie de ces armes me sera consacrée et que le reste, sur les bords du Nil, après avoir vu ceux qui les portaient expirer dans les flammes, sera le prix des travaux d'un prince infatigable ! Tel est mon oracle, ô Ptolémée ! et quelque jour tu rendras gloire au dieu qui, dès le ventre de sa mère, aura prophétisé ta victoire. Pour toi, ma mère, écoute mes paroles : il est au milieu des eaux une petite île remarquable qui erre sur les mers ; elle n'est point fixe en un lieu, mais, comme une fleur, elle surnage et flotte au gré des vents et des ondes : porte-moi dans cette île, elle te recevra volontiers. »

---

[1] Montagne située sur les confins de la Thrace et de la Macédoine et qui faisait partie du mont Émus.

[1] Le poëte désigne ainsi Ptolémée Philadelphe, fils de Ptolémée Soter et de Bérénice, que les Égyptiens avaient mis l'un et l'autre au rang des dieux sous le noms de dieux sauveurs. Ce prince était né dans l'île de Co.

[2] Ptolémée Philadelphe, était petit-fils de Lagus, était Macédonien d'origine.

[3] Il parle des Gaulois et de leur invasion en Grèce.

Ainsi parla Phébus, et les îles fuyaient toujours. Mais toi, tendre et sensible Astérie, quittant naguère les rivages de l'Eubée, tu venais visiter les Cyclades et tu traînais encore après toi la mousse du Géreste[1]. Saisie de pitié à la vue d'une infortunée qui succombait sous le poids de ses peines, tu l'arrêtes et t'écries : « Junon menace en vain ; je me livre à ses coups. Viens, Latone, viens sur mes bords. »

Tu dis, et Latone, après tant de fatigues, trouve enfin le repos : elle s'assied sur les rives de l'Inopus, qui chaque année grossit son cours dans le même temps où le Nil tombe à grands flots des rochers d'Éthiopie. Là, détachant sa ceinture, le dos appuyé contre le tronc d'un palmier, déchirée par la douleur la plus aiguë, inondée de sueur et respirant à peine, elle s'écrie : « Pourquoi donc, cher enfant, tourmenter ta mère? ne suis-je pas dans cette île errante que tu m'as désignée? Mais, ô mon fils! nais, et sors avec moins de cruauté de mon sein. »

Cependant, inflexible épouse de Jupiter, tu ne devais pas longtemps ignorer cette nouvelle; bientôt ta prompte messagère accourt hors d'haleine et tient ce discours entrecoupé par la crainte : « O toi, la plus puissante des déesses, vénérable Junon! Iris est à toi, l'univers t'appartient; tu marches égale au roi de l'Olympe : nous ne craignons ici d'autre déesse que toi. Toutefois, ô reine! apprends ce qui doit exciter ta colère. Latone est reçue dans une île, elle y détache sa ceinture. Toutes les autres l'ont repoussée; mais Astérie, l'a d'elle-même invitée : Astérie, vil fardeau de la mer..... Déesse, tu la connais...... mais venge-nous, tu le peux, venge tes ministres qui, pour t'obéir, étaient descendus sur la terre. »

Elle dit, et s'assit au bas du trône d'or de la déesse ; ainsi le chien de Diane, après une course rapide se repose à ses pieds, les oreilles droites et toujours attentives à la voix de sa maîtresse : telle la fille de Thaumas est aux genoux de Junon; jamais elle ne quitte cette place, pas même dans les instans où le dieu de l'oubli lui couvre les yeux de ses ailes; mais sur les marches même du trône, la tête penchée, elle dort d'un somme léger, sans ôter sa ceinture ni ses brodequins, crainte d'un ordre subit de la reine. Junon indignée frémit et s'écrie : « Ainsi du moins, infâmes objets des amours de Jupiter, puissiez-vous cacher toujours vos plaisirs adultères et en déposer les fruits non dans l'asile ouvert aux dernières des esclaves, mais dans les antres déserts où les vaches marines enfantent leurs petits! Toutefois, j'oublie l'injure que me fait Astérie; elle ne ressentira point un courroux qu'elle a bien mérité par sa pitié pour Latone. Je lui dois trop, puisqu'elle n'a point souillé mon lit et qu'elle a préféré la mer à mon époux. »

Ainsi parla Junon. Cependant les chantres harmonieux de Phébus, les cygnes de Méonie, quittant le Pactole, vinrent tourner sept fois autour de Délos et chantèrent autant de fois l'accouchement de Latone. Ce fut en mémoire de ces chants sept fois répétés que, dans la suite, le dieu monta sa lyre de sept cordes. Ils chantaient encore pour la septième fois et Phébus naquit. Les Nymphes déliennes, les filles de l'antique Inopus, entonnèrent l'hymne sacré d'Ilithye; la voûte céleste répéta leurs concerts éclatans, et Junon n'en fut point courroucée : Jupiter l'avait apaisée.

Délos, en cet instant, tout chez toi devint or; ton lac en ce jour ne roula que de l'or, le palmier au pied duquel Phébus était né s'ombragea de feuilles d'or et l'or grossit les flots du profond Inopus. Toi-même, élevant de ton sol parsemé d'or l'enfant divin et l'approchant de ton sein, tu l'écrias : « Vaste univers qui renfermez tant de villes et tant de temples, continens fertiles et vous îles qui les entourez, je ne suis qu'une île aride; toutefois c'est mon nom qu'Apollon portera, et jamais terre ne sera chérie de son dieu autant que moi. Oui, Cerchnis[1] sera moins aimée de Neptune, la Crète de Jupiter et le mont de Cyllène[2] de Mercure : je vais cesser d'être errante. »

Tu dis, et l'enfant suça tes mamelles. Dès lors tu fus nommée la plus sainte des îles, la nourrice d'Apollon. Jamais Bellone, jamais la mort, ni les coursiers de Mars[3] n'ont approché de tes bords ; mais chaque année les na-

[1] Promontoire de l'Eubée.

[1] Cerchnis, ou Cenchris, ou, comme on l'appelle plus communément, Cenchrée, était l'un des ports de Corinthe; l'autre s'appelait le Léchée.
[2] Montagne d'Arcadie.
[3] Tous les peuples de l'antiquité conservaient un si grand respect pour Délos que les Perses, même au temps de leur invasion dans la Grèce, où ils se firent un devoir de religion de renverser les temples et de briser les statues des dieux des Grecs, parce qu'ils ne les reconnaissaient point, engagèrent néanmoins les Déliens, que la crainte avait fait sortir de leur île, à y revenir; et qu'ils les laissèrent jouir de tous les avantages de la neutralité.

tious t'envoient les prémices et la dîme de leurs fruits. Du couchant à l'aurore, du nord au midi, tous les peuples, jusqu'à ceux qui, les plus antiques de tous, habitent les climats hiperboréens, célèbrent des fêtes en ton honneur. Ceux-ci même sont les plus empressés à apporter leurs épis et leurs gerbes sacrées, présens nés dans un climat lointain et que les gardiens austères de l'urne fatidique reçoivent d'abord à Dodone, pour les porter ensuite au séjour montueux et sacré des Méliens, qui, franchissant la mer, les transmettent aux Abantes [1], dans les plaines charmantes de Lélas, d'où le trajet est court jusqu'à toi, puisque les ports de l'Eubée sont voisins de tes côtes. Les filles de Borée, l'heureuse Hécaërge, Oupis et Loxo, suivies de jeunes hommes choisis sur toute leur nation, t'ont les premières [2] apporté ces offrandes de la part des blonds Arimaspes [3]. Ni les unes ni les autres n'ont revu leur patrie; mais leur destin fut heureux, mais leur gloire ne meurt point, puisque les jeunes Déliennes (dans ces jours où l'hymen et ses chants effarouchent les vierges) consacrent à ces hôtes du bord les prémices de leurs chevelures, et que les jeunes Déliens leur offrent le premier duvet que le rasoir moissonne sur leurs joues.

Astérie, île parfumée d'encens! les Cyclades semblent former un chœur autour de toi. Jamais Hespérus aux longs cheveux n'a vu la solitude ni le silence régner sur tes bords; mais toujours il y entend résonner des concerts. Les jeunes hommes y chantent l'hymne fameux que le vieillard de Lycie, le divin Olen, t'apporta des rives du Xanthus, et les jeunes filles y font retentir la terre sous leurs pas cadencés. On y voit, chargée de couronnes, la statue célèbre que Thésée et les enfans d'Athènes consacrèrent jadis à Vénus. Échappés à la rage du monstre mugissant que la fille de Minos avait enfanté, dégagés du tortueux labyrinthe, ils dansèrent au son des cithares, autour de tes autels, et Thésée lui-même ordonnait leur danse. Depuis ce temps, c'est son navire soigneusement conservé que les neveux de Cécrops envoient tous les ans porter leur hommage à Phébus.

Astérie, île sainte, île où l'on a dressé mille autels! quel nocher, dans sa course rapide, traversa jamais la mer Égée sans s'arrêter sur tes côtes? quelque favorisé qu'il soit des vents, quelque soin qui le presse, soudain il abaisse ses voiles, descend sur tes rivages et ne remonte sur son bord qu'après avoir mordu le tronc de ton olivier et fait le tour de ton autel, les mains liées derrière le dos, s'offrant de lui-même au fouet de tes prêtres, en mémoire de ce jeu qu'une Nymphe de Délos inventa jadis pour amuser l'enfance d'Apollon.

Salut, ô Délos! divin foyer des îles, salut à toi, salut à Phébus, salut à la fille de Latone!

---

[1] Ancien nom des premiers habitans de l'île d'Eubée. Ils habitaient la plaine de Lélas, lieu renommé dans cette île pour une source d'eau salutaire qu'on y trouvait.

[2] Tous les auteurs se réunissent pour rapporter comme un fait constant qu'anciennement de jeunes filles, suivies de quelques jeunes gens du même pays qu'elles, étaient venues du fond des climats septentrionaux porter des offrandes à Délos, et à l'exception de quelque différence dans les noms qu'il donne à ces jeunes filles, Hérodote s'accorde avec Callimaque au sujet des honneurs que les Déliens rendirent à ces étrangères après leur mort, ainsi qu'aux jeunes gens qui les avaient accompagnées.

[3] Nation qui faisait partie des peuples septentrionaux compris sous la dénomination générale d'Hyperboréens.

FIN DES OEUVRES DE CALLIMAQUE.

OEUVRES DE COLUTHUS,

TRADUITES PAR ALUTH, DE L'ACADÉMIE DE MONTPELLIER.

VIE DE COLUTHUS.

Coluthus est né, selon Suidas, à Lycopolis dans la Thébaïde d'Égypte. Il vivait sous l'empereur Athanase vers la fin du cinquième siècle. Il avait composé plusieurs poëmes : l'un, intitulé *les Calydoniaques*, un autre nommé *les Persiques*, et enfin dés *Éloges* en vers et dont l'authenticité est fort contestable. On lui attribua aussi le petit poëme qui a pour titre l'*Enlèvement d'Hélène*. Cette œuvre a été soumise aux vicissitudes générales de la littérature. Il disparut complètement ; il ne restait plus que son nom rappelé et inscrit dans tous les compendium des belles-lettres. Il fut retrouvé à Otrante par le cardinal Bessarion.

Il fut imprimé pour la première fois chez les Aldes à la suite de *Quintus Calaber*, in-8°, à Venise, sans date, mais probablement vers 1505.

Henri Estienne l'a compris dans son édition des *Poëtes héroïques grecs*, in-folio 1562. Enfin il a paru à Genève dans le *Corp. poët. græc*. 2. vol. infol. 1614.

Il a été traduit deux fois en français une première fois par Du Molard, avec des remarques historiques et mythologiques, en 1742 ; une seconde fois par Scipion Aluth dans une collection de différens fragmens littéraires, un volume in-8° intitulé *Nouveaux mélanges de poésies grecques*. C'est la traduction que nous avons adoptée en la revoyant, corrigeant le sens quelquefois et souvent la rédaction.

Coluthus a été en outre traduit en italien par Théodore Villa, Milan, 1752. Pour rendre cette édition plus curieuse, Villa a ajouté des notes sur le texte original tirées d'un manuscrit de la bibliothèque ambroisienne et des discours d'Isocrate et de Gorgias au sujet d'Hélène. La meilleure édition de ce petit poëme est sans contredit celle de Lennep, Leuwarden, 1747. C'est celle que nous avons suivie.

Une édition de Coluthus, également remarquable, a été publiée par M. Harles à la suite du *Plutus* d'Aristophane, Nuremberg, 1776, in-8. Dans quatre délibérations académiques sur Coluthus, il prouva en outre que les défauts l'emportent sur les beautés, que ce poëme est d'un ordre inférieur, et, selon ses propres expressions, que l'auteur n'est qu'un inepte imitateur d'Homère.

Ce jugement sévère porte l'empreinte d'une grande prévention : sans doute Coluthus reproduit bien souvent les formes homériques avec une servilité peu heureuse ; il n'écrit pas d'inspiration ; il appartient à cette époque de la littérature où l'on faisait un poëme comme une composition de rhéteur, mais il est curieux à étudier par cela même qu'il fait connaître son siècle. Pour nous c'est une étude de phrases et d'idées qui reproduisent exactement les préjugés et la décadence du cinquième siècle.

Ernest FALCONNET.

L'ENLÈVEMENT D'HÉLÈNE.

Nymphes de la Troade, filles du Xanthe, vous qui, renonçant au soin de tresser vos cheveux et aux amusemens délicieux de votre fleuve natal, montez quelquefois sur le sommet de l'Ida pour y danser en chœur; accourez à mon aide; quittez les eaux retentissantes au milieu desquelles vous habitez et venez m'apprendre quelles furent les pensées d'un berger destiné à juger les dieux. Pourquoi le vit-on descendre de ses montagnes et franchir un élément qui lui était inconnu? Pourquoi, conduit par un destin fatal, alla-t-il s'embarquer, s'il ne devait aboutir qu'à bouleverser la mer et la terre? Quelle fut la cause subite d'un différent dans lequel on vit des bergers prononcer entre les immortels? Quel jugement termina cette dispute divine? Comment le nom d'une jeune beauté d'Argos put-il voler jusqu'à Troie? Racontez-moi toutes ces choses, filles immortelles; vous qui, du haut des rochers de l'Ida à double colline, avez vu le beau Pâris reposant dans des lieux solitaires, et la déesse Vénus, cette reine des Grâces, s'applaudissant de sa beauté.

Le divin enfant qui verse le nectar au maître du tonnerre, s'était déjà rendu sur les sommets élevés des montagnes de Thessalie, retentissant des chants d'hyménée en l'honneur du fils d'Éaque; tous les dieux y accouraient, voulant illustrer par leur présence les noces célèbres de la sœur d'Amphitrite. Jupiter avait abandonné l'Olympe, et Neptune le fond des eaux; Apollon était arrivé, précédant la troupe harmonieuse des Muses, empressées en ce jour à descendre de l'Hélicon. L'épouse et la sœur de Jupiter marchait après lui; la fille de l'Harmonie, la déesse qui naquit de l'écume azurée des mers, ne tarda pas à se rendre dans la retraite du Centaure Chiron; la Persuasion y vint aussi, armée de quelques traits dont elle avait allégé le carquois du petit dieu qui porte un arc; elle apportait la couronne nuptiale qu'elle avait préparée elle-même. Minerve, ayant déposé le casque dont le poids énorme surcharge sa tête, suivait les autres dieux à cette noce, quoique assez ignorante du mystère de cette cérémonie. La fille de Latone, la sœur d'Apollon Diane elle-même, toute sauvage qu'elle est n'avait pas dédaigné d'assister à la fête. Le die Mars s'y rendit aussi. Tel on l'avait vu jadi chez Vulcain, sans casque et sans lance, tel parut aux noces de Pélée; il n'avait point en dossé ce jour-là sa cuirasse, il ne portait pa le fer homicide; on le vit même sourire e dansant. La Discorde s'y montra sans que l Centaure Chiron ou Pélée daignassent lui fair le moindre accueil. Enfin Bacchus, secouan dans l'assemblée ses tresses dorées, éparpilla çà et là des raisins qui s'en détachaient et fai sait ainsi flotter sa chevelure au gré du zéphir Telle on voit une génisse piquée par le taon, ce insecte ennemi de son espèce, quitter des paca ges qui lui fournissaient une nourriture abon dante, pour courir au fond des forêts : telle l Discorde, devenue furieuse par l'excès de s jalousie, portait çà et là ses pas inquiets, cher chant un moyen de troubler le festin des dieux Quelquefois, se relevant sur la pierre qui lu servait de siége, elle se tenait debout; mai bientôt elle s'asseyait de nouveau. Souvent ell portait ses mains à terre, sans y rencontrer un seule pierre qui pût servir d'instrument à s rage. Elle aurait voulu disposer à son gré d feu céleste qui roule avec tant de fracas lors qu'il est enflammé, ou réveiller les Titans au fond de leurs cavernes souterraines, pour ébranler la demeure du maître des dieux. Malgré la passion qui l'aveuglait, elle laissa à Vulcain l'honneur de manier le feu divin pour y forger les armes de Jupiter. Elle eut bientôt une autre pensée, ce fut de faire retentir les airs du choc épouvantable de boucliers qui se heurteraient ensemble; elle espérait que les dieux, troublés par cet horrible fracas, se lèveraient tous en sursaut; mais elle craignit l'ardeur guerrière du dieu qui porte sans cesse un bouclier; aussi imagina-t-elle une autre ruse. Elle se souvint du jardin des Hespérides où croissent des pommes d'or; elle espéra avoir trouvé la plus belle source de dissensions; elle se flatta d'exciter par là une guerre mémorable. Ayant donc été chercher une de ces pommes, elle la jeta au milieu du festin, et répandit ainsi le trouble entre les déesses. Junon, fière de l'honneur qu'elle a de partager le lit du souverain des dieux, et frappée d'étonnement à la vue de cet objet fatal, se leva pour s'en saisir. Vénus, comme la plus belle des immortelles, voulut à son tour avoir la pomme qu'elle regardait comme le gage des Amours. Jupiter, voyant la querelle survenue entre les déesses, appela son fils Mercure et lui parla ainsi : « Tu connais sans doute le fils de Priam, le beau Pâris qui paît les troupeaux sur les montagnes situées dans les environs de Troie, au pied desquelles le Xanthe roule ses flots. Va lui porter cette pomme ; ordonne-lui de ma part de décider quelle est celle des déesses qui l'emporte sur les autres par la beauté régulière de ses traits, ou pour la manière dont les paupières se joignent entre elles, ou par le contour du visage. Que cette pomme soit le prix de la beauté pour celle qui aura été jugée la plus belle. » Tels sont les ordres que le fils de Saturne donna à Mercure. Celui-ci, soumis aux volontés de son père, s'achemina vers le lieu où il lui était prescrit d'aller, servant de guide aux déesses et remarquant bien si elles le suivaient. Chacune prétendait avoir plus de charmes que ses rivales. Cypris, toujours habile dans l'art de séduire, déployant alors son voile et dénouant l'agrafe embaumée qui retenait sa chevelure, sema l'or parmi ses boucles et dans ses cheveux. Ensuite, regardant tendrement les Amours, elle leur parla ainsi : « Le moment décisif s'approche, mes enfans ; rassemblez-vous autour de votre mère. C'est aujourd'hui qu'on doit juger si je possède quelque beauté. J'ignore à qui le berger adjugera la pomme, et cette incertitude me donne des craintes. Junon est, dit-on, la mère des Grâces ; elle dispose à son gré des sceptres et distribue les empires. Pallas préside aux combats. Moi seule entre les déesses, je n'ai aucune puissance. Ni l'autorité royale, ni la lance, ni les javelots, ne sont de mon partage. Mais pourquoi concevrais-je de vaines alarmes ? Au lieu de pique, n'ai-je pas une arme bien puissante dans cette ceinture qui me sert à enchaîner les Amours, charmés des liens que je leur impose ? Ne suis-je pas armée d'un aiguillon bien piquant et d'un arc dont les traits sont assurés ? Combien de mortelles souffrent des ardeurs que leur inspirent cette ceinture fatale, sans pouvoir trouver la mort qu'elles implorent ! » Ainsi parla Vénus aux doigts de rose. Les Amours, dociles à la voix de leur mère, s'empressèrent d'accourir à son secours.

Déjà le messager de Jupiter parcourait le sommet du mont Ida, tandis que le jeune Pâris paissait les troupeaux de son père vers l'embouchure du fleuve Anaure, faisant le compte de ses taureaux et de ses brebis. Une peau de chèvre sauvage lui pendait derrière le dos jusqu'au genou ; il portait une houlette, dont il se servait pour conduire ses taureaux. Tel Pâris marchait au-devant de son troupeau, réglant ses pas sur la mesure des airs dont il faisait retentir son chalumeau. Son chant, quoique rustique, n'en était pas moins mélodieux. Souvent, assis dans des lieux solitaires, il abandonnait son âme à la mélodie au point d'oublier ses taureaux et ses brebis. Là, suivant l'usage des bergers, il entonnait sur ses pipeaux champêtres un hymne à Pan et à Mercure, ses dieux chéris. Ses chiens, touchés de ses accens, cessaient alors d'aboyer ; ses taureaux suspendaient leurs mugissemens : Écho seule, cette divinité aérienne qui n'a jamais proféré d'elle-même aucun son, répétait tous ceux dont il faisait retentir le mont Ida. Les génisses ayant satisfait leur faim, reposaient sur l'herbe, et elles étaient pesamment accroupies ; elles l'écoutaient dans un muet contentement. Il était arrêté sur une hauteur et assis à l'ombre de quelques arbrisseaux lorsqu'il aperçut de loin le messager des dieux. Il ressentit un tel effet en le voyant qu'il se leva à l'instant pour se soustraire aux regards de tant de divinités qu'il redoutait déjà. Quoiqu'il ne fût pas encore las de chanter, il interrompit la chanson commencée, et il s'éloigna, laissant sur l'herbe les roseaux dont il venait de tirer des sons si mélodieux. Le divin fils de Maïa cherchant à le rassurer lui parla ainsi : « Bannis la crainte et laisse là tes brebis. Viens juger des divinités qui ont quitté le ciel pour comparaître devant toi. Vois quelle est celle dont la beauté te paraît préférable et donne-lui cette pomme ; ce sera pour elle un prix bien doux. » A peine avait-il achevé que Pâris, promenant ses regards timides sur les immortelles, s'était mis en devoir de juger quelle était la plus belle. Il comparait l'éclat dont brillaient leurs yeux, les formes du cou, l'or qui relevait la parure de chacune, l'élégance du pied, rien ne lui échappait. Minerve s'approchant de lui avant qu'il eût pu prononcer, et le saisissant par la main, tandis qu'il souriait à la vue de tant de charmes, lui parla ainsi : « Approche, fils de Priam : ni l'épouse de Jupiter, ni la reine des Amours, ne méritent d'arrêter les regards; que la déesse de la valeur, que Pallas seule obtienne de toi des éloges. C'est à toi, dit-on, qu'est commis le soin de gouverner et de défendre les murs de Troie, apprends que je peux mettre en toi la délivrance de ton peuple et te sauver des fureurs de Bellone. Décide en ma faveur et je t'instruirai dans l'art de la guerre, je t'égalerai aux plus vaillans guerriers. »

Comme Minerve disait ces mots, Junon prit la parole, et s'adressant à Pâris : « Si tu m'adjuges, dit-elle, le prix de la beauté, je te promets de te faire régner sur l'Asie entière. Laisse les soins belliqueux. Qu'importe la guerre au souverain dont la puissance n'est pas contestée ? Les rois commandent également aux plus vaillans et aux plus lâches d'entre les mortels. Ce ne sont pas toujours les favoris de Minerve qui sont assis au plus haut rang. Ceux qui suivent Bellone avec le plus d'ardeur périssent les premiers ! » Ainsi la reine des immortelles cherchait à séduire son juge en lui promettant le pouvoir suprême.

Vénus parla à son tour, et pour paraître avec plus d'avantage, elle commença par délier les agrafes qui attachaient sa tunique. Dès qu'elle fut en liberté, elle se redressa, sans rougir de ce qu'elle allait faire ; et puis dénouant sa ceinture où résident les tendres Amours, elle présenta sa gorge nue, en étala complaisamment toutes les beautés; puis, s'adressant au berger avec un sourire de volupté : « Jouis, dit-elle, jouis de tous les charmes que j'offre à ta vue. Ne méritent-ils pas bien la préférence sur les travaux guerriers ? et leur possession ne vaut-elle pas mieux que celle de tous les sceptres et de tous les royaumes de l'Asie ? Les fatigues des combats me sont étrangères. Et qu'ai-je à faire de boucliers ? Les femmes se distinguent surtout par l'éclat de leur beauté. Je ne donne pas la valeur ; mais je peux te donner une compagne charmante. Ce n'est pas sur un trône que je te ferai monter, mais je te ferai monter au lit d'Hélène. Tu ne quitteras Troie que pour aller former à Sparte les nœuds les plus fortunés. »

A peine la déesse avait-elle achevé, que Pâris lui adjugea le prix de la beauté : elle reçut de ses mains la pomme qu'elle avait tant souhaitée, source fatale de divisions et de combats. Elle n'eut pas plustôt en sa possession ce gage précieux, qu'élevant la voix, et s'adressant d'un air moqueur aux autres déesses : « Céderez-vous enfin, leur dit-elle, la victoire à votre rivale ? Je me suis toujours piquée de beauté ; et son éclat que j'ai tant chéri me suit partout. C'est à toi, Junon, que les Grâces doivent le jour : la naissance de ces filles charmantes te causa, dit-on, des douleurs horribles. Malgré cela elles t'ont désavouée aujourd'hui même; il n'y en a pas une seule qui ait daigné te secourir. Auguste reine qui présides au choc des boucliers, quoique tu sois la mère du dieu qui forge les armes, Mars qui sait les employer avec autant de succès que de fureur, n'est point accouru à ton aide. De quoi t'ont servi les flammes que ton fils allume à son gré ? Et toi, déesse infatigable dans les combats, qui peut t'inspirer cette fierté qui se peint dans tes regards ? Tu n'es point le fruit d'un tendre hymen ; ce n'est pas au sein d'une mère que tu as été conçue : tu dois le jour au fer qui t'ouvrit un passage à travers le cerveau de Jupiter. Pourquoi, endossant une armure d'airain, fuis-tu le tendre Amour ? Si tu préfères les exercices de Mars, c'est que tu ignores les douceurs d'un lien adoré et que tu n'as jamais senti le charme qu'on goûte en aimant. N'avoueras-tu pas que celles d'entre nous qui font vanité de je ne sais quels travaux guerriers dont elles retirent si peu de gloire, qui renoncent aux Grâces de leur sexe, sans avoir les qualités qui distinguent les hommes, sont des êtres bien inutiles et bien éloignés du degré de valeur auquel elles prétendent ? »

C'est ainsi que Cypris insultait à Pallas. Le prix de la beauté, qui venait de lui être accordé en dépit de Junon et de Minerve, était une source de malheurs qui présageait la ruine des cités. L'infortuné Pâris, transporté d'amour pour un objet qu'il ne connaissait pas encore, et songeant déjà aux moyens de le posséder, manda aussitôt d'habiles ouvriers. Il les conduisit dans le fond des forêts : là il leur donna ordre d'abattre les plus beaux troncs. Ces travaux, qui devaient avoir une si funeste issue, furent dirigés par les avis de Phéréclus qui, pour servir la passion insensée du fils de Priam, lui fit construire des vaisseaux. Déjà ce malheureux prince avait quitté les sommets du mont Ida pour un élément perfide. Il voguait sur la vaste étendue des mers, après avoir offert sur le rivage plus d'un sacrifice à la déesse qui y reçut la vie. Bientôt les signes les plus fâcheux lui apparurent. Les flots irrités s'élancèrent en grondant jusqu'aux cieux, et s'étendirent jusque vers le pôle où sont les deux Ourses, comme un grand voile d'obscurité. L'air se confondit avec ces masses d'eau qui retombaient en une pluie affreuse : enfin le mouvement des rames causait un fracas horrible à la surface de la mer. Pâris, s'étant éloigné des bords où régna Dardanus, cinglait au delà de l'embouchure du fleuve Ismare; à peine avait-il doublé le promontoire de Pangée, qui s'avance dans la mer de Thrace, qu'il découvrit la tombe de la trop sensible Phyllis : il reconnut l'enceinte qu'elle parcourut neuf fois, pleurant l'absence de son époux, supportant avec impatience son retard, et demandant aux dieux quand est-ce qu'ils le ramèneraient sain et sauf dans ses bras. Après avoir côtoyé les champs fertiles de Thrace, il aperçut les cités de l'Achaïe, Phthie, dont les environs produisent abondamment tout ce qui est nécessaire à la vie, et la superbe Mycène. Il n'eut pas plutôt dépassé les prairies de l'Érymante, que Sparte se montra à ses regards. En la voyant assise sur les bords de l'Eurotas, il ne put méconnaître cette ville si célèbre par la beauté de ses femmes, et le séjour chéri d'un des enfans d'Atrée. Il vit tout près de là la charmante cité de Thérapnée, située sur un coteau planté d'arbres qui jettent à l'entour un ombrage délicieux. Sa navigation touchait à son terme; et déjà, malgré le calme, on n'entendait plus le bruit des rames. Les matelots chargés de la manœuvre, jetaient les cordages à terre pour y amarrer le vaisseau. Pâris, après s'être lavé dans les eaux limpides de l'Eurotas, s'avançait doucement vers les murs de Lacédémone : il avait soin de ne pas soulever la poussière en marchant, de crainte de salir ses pieds; il craignait qu'une démarche précipitée ne laissât trop à la merci des vents les boucles qui s'échappaient de dessous son casque. D'abord il considéra les superbes édifices élevés par un peuple ami de l'hospitalité : ensuite, admirant les temples consacrés aux dieux, il jugeait par la magnificence de ces bâtimens de la beauté du pays. Il s'arrêta quelque temps devant une statue d'or représentant Minerve, déesse tutélaire de la contrée; puis il tourna ses regards vers une autre statue du jeune Hyacinthe. Jadis les Amycléens, qui le voyaient jouer avec Apollon, avaient craint que Latone, se reprochant l'amour qu'elle avait eu pour Jupiter, n'enlevât cet enfant. Le dieu du jour avait ignoré que Zéphire fût épris du même feu dont il brûlait pour Hyacinthe, et pour le consoler de la douleur qu'il eut de perdre ce beau jeune homme, la terre produisit sur-le-champ une fleur qui porta le nom de cet enfant chéri.

Déjà Pâris, confiant dans le succès de ses charmes, avait atteint le seuil du palais d'Atride. Non, jamais le fils de Jupiter et de Sémélé n'eut tant d'attraits. Quoique le maître des dieux t'ait donné le jour, pardonne, ô Bacchus! l'injure que je viens de te faire, mais rien ne peut se comparer à l'éclat de la beauté de Pâris. Hélène, empressée de recevoir un tel hôte, courut à la porte de son appartement et passa dans le vestibule. Après qu'elle se fut arrêtée un moment sur la porte pour considérer cet étranger, elle l'attira dans l'intérieur du palais, où elle lui ordonna de s'asseoir. Elle ne se lassait point de le regarder. D'abord elle le prit pour le fils de Cythérée, pour cet enfant aux tresses dorées qui veille au bonheur des amans; mais elle reconnut enfin que ce n'était pas l'Amour, puisqu'il n'était point armé du carquois où sont renfermées les flèches de ce dieu. Plus d'une fois, séduite par les grâces enchanteresses de son nouvel hôte, elle crut avoir devant les yeux le dieu des vendanges. Interdite à la vue de tant de charmes, elle s'écria : « Jeune étranger, apprends-moi qui tu es. Les parens à qui tu dois le jour sont sans doute aussi aimables que toi; fais-moi connaître qui ils sont, et quels lieux t'ont vu naître. Je ne vois point de famille dans la Grèce à qui je puisse rapporter ton origine. Tu ne commandes certainement pas à Pylos, jadis fondée par Nélée. Je connais Antiloque, et les traits me sont absolument étrangers. La riante Phthie, ce berceau de tant de héros, ne t'est point soumise; il n'est aucun des Éacides qui me soit inconnu; j'ai vu par moi-même tout ce que la renommée a publié de ces grands hommes. Je sais quelle est la beauté de Pélée, la gloire de Télamon, la bonté de Patrocle, et la valeur d'Achille. »

C'est ainsi qu'Hélène, entraînée par le désir, parlait à son nouvel amant. Celui-ci, prenant la parole, lui dit du ton le plus tendre : « Peut-être as-tu entendu parler d'une ville qu'on nomme Ilion, située sur les confins de la Phrygie et dont les murs sont l'ouvrage de Neptune et d'Apollon : peut-être aussi sais-tu qu'un prince fortuné, dont l'origine remonte au puissant fils de Saturne, règne en ces lieux. C'est de ce grand roi que je suis issu, et je cherche en me signalant à suivre l'exemple de mes illustres aïeux. Sache que je suis fils du riche Priam. Je descends de Dardanus qui fut engendré par Jupiter. Souvent les dieux ont quitté l'Olympe pour venir habiter parmi les hommes : tout immortels qu'ils sont, ils ont plus d'une fois supporté la servitude. C'est ainsi qu'on vit jadis Apollon et Neptune occupés à construire les murs de Troie, dont les fondemens sont inébranlables. Pour moi, princesse, j'ai été établi juge entre des immortelles; deux d'entre elles ont été courroucées de l'arrêt par lequel j'ai adjugé le prix de la beauté à Vénus, qui m'a promis en récompense une épouse charmante. Hélène est son nom et la déesse est sa sœur. C'est pour elle que j'ai bravé les flots et que je viens ici serrer des nœuds que Cythérée elle-même m'ordonne de former. Ne me rebute point et ne dédaigne pas mon amour. Je ne t'en dirai pas davantage; et que pourrais-ajouter à tout ce que je viens de t'apprendre ? Tu sais que Ménélas est d'un sang qui souffre patiemment une injure. Il n'est point à Argos de femme aussi timide que lui. Malgré la faiblesse naturelle à leur sexe, elles ont quelque chose de mâle qui les exclut du rang de femmes. »

Tandis que Pâris prononçait ces derniers mots, Hélène tenait fixés contre terre ses beaux yeux humides d'amour, et ne sachant comment rompre le silence, elle ne répondait rien. Elle sortit enfin du ravissement où elle était plongée : « Ces murs, dit-elle, où tu reçus la vie et qu'ont bâtis les mains divines de Neptune et d'Apollon, j'ai souhaité sincèrement de les voir; j'ai désiré de parcourir les lieux solitaires qui retentirent des chants harmonieux d'Apollon devenu berger, et ces pâturages où, selon l'arrêt rendu par les autres dieux, il conduisit plus d'une fois ses bœufs. C'en est fait, partons et conduis-moi à Troie : je consens à t'y suivre, puisque la déesse des Amours le veut ainsi. Je crains peu la fureur de Ménélas lorsqu'il apprendra que je me suis réfugiée dans Ilion. » C'est ainsi que cette beauté s'engageait à Pâris. Le soleil, ayant achevé sa course, fit place à la nuit, qui suspendit les travaux des humains. Le lendemain, l'Aurore, en se levant, chassa par degrés le sommeil. Lorsqu'elle l'eut rendu plus léger, elle ouvrit les deux portes par où sortent les songes. Il en est une d'où viennent ces visions brillantes qui montrent la vérité aux humains et de laquelle on entend retentir la voix des dieux qui ne trompe jamais; l'autre donne passage à la séduction qui nourrit l'esprit de vains fantômes. C'est à cette heure que Pâris conduisait Hélène sur ses vaisseaux, qui devaient l'éloigner des bords de Sparte. Ce fils de Priam, enhardi par les promesses de Cythérée, amenait à Troie celle qui devait y porter la désolation. Dès que l'Aurore eut vu cet enlèvement se consommer, Hermione, éperdue et rejetant son voile en arrière, fit retentir le palais de ses gémissemens. Aux cris qu'elle poussait, ses femmes accoururent. Lorsqu'elle les entendit à portée, elle leur parla ainsi : « Ne m'apprendrez-vous point, mes chères compagnes, où est allée ma mère ? Elle m'abandonne et me laisse plongée dans la douleur que me cause son départ. Hier au soir je l'accompagnais encore, lorsqu'avant de se livrer au sommeil, elle prit les clés des appartemens pour n'être point surprise en l'absence de Ménélas. » En disant ces mots, elle fondait en larmes et ses femmes s'affligeaient avec elle : elles craignaient l'excès de son affliction et faisaient leurs efforts pour la consoler : « Princesse, lui disaient-elles, calmez votre douleur. Votre mère est sortie, mais elle ne tardera pas à revenir dès qu'elle apprendra combien elle vous fait verser de pleurs. Ne voyez-vous pas que les larmes qui coulent le long de vos belles joues en ternissent l'éclat et que tant de sanglots vont bientôt flétrir votre beauté. Peut-être, votre mère, voulant aller joindre les jeunes femmes dans l'endroit où elles se rassemblent, s'est-elle égarée dans sa route et elle-même est-elle dans les larmes. Peut-être allant dans la prairie consacrée aux Heures pour y adorer ces jeunes divinités, s'est-elle arrêtée sur l'herbe encore humide de rosée; peut-être enfin, après s'être baignée dans les eaux de l'Eurotas, a-t-elle voulu avant d'arriver se reposer sur les bords du fleuve.—Pourquoi me flattez-vous ainsi ? s'écria Hermione fondant en larmes et poussant de profonds soupirs. Ma mère connaît parfaitement les entours de la montagne et les bords de l'Eurotas : elle sait tous les chemins qui mènent au bosquet planté de roses et à la prairie. L'astre du jour s'est couché et ma mère n'a point paru; sans doute elle a passé la nuit sur quelque rocher. Le soleil a recommencé sa carrière et elle ne revient point. Hélas! ma mère, en quels lieux êtes-vous donc? Sur quelle montagne portez-vous vos pas errans? Quelque bête féroce vous aura surprise et vous aura dévorée. Mais que dis-je? Les monstres les plus farouches n'oseraient se désaltérer dans le sang du puissant maître des dieux. Peut-être qu'en roulant du haut de quelque précipice, votre corps horriblement meurtri sera resté suspendu à quelques broussailles qui se seront trouvées sur son passage; mais j'ai parcouru la forêt, il n'y a pas un arbre, pas une feuille que je n'aie considérée attentivement, et je n'ai trouvé aucune de vos traces. Ce n'est pas les bois que j'accuse de mon malheur, et je ne crains pas davantage les eaux sacrées de l'Eurotas. Serait-il possible qu'elles fussent assez calmes pour vous retenir au fond submergée, sans vous porter de temps en temps à la surface? Les fleuves ainsi que les mers sont peuplés de Nayades qui ne font point de mal aux femmes qui vont les visiter. » C'est ainsi qu'Hermione exhalait sa douleur : elle étendit sa tête sur son chevet et s'abandonna de nouveau au sommeil, dieu consolateur et digne compagnon de la mort. S'ils ont une même origine, ne doivent-ils pas aussi avoir toutes choses communes et produire les mêmes effets? C'est ce qu'éprouvent souvent les femmes qui sont accablées du poids de leur affliction et qui s'en soulagent en dormant. Bientôt Hermione, trompée par ses songes, crut avoir sa mère devant les yeux ; dans l'étonnement que lui causa cette vision, elle s'écria du ton de la plainte : « Vous vous êtes enfuie de ce palais tandis que j'étais endormie; vous m'y avez laissée couchée dans le lit de mon père et en proie à mon désespoir. Quels monts n'ai-je point parcourus pour vous chercher! quels coteaux n'ont pas retenti de mes cris! Est-ce ainsi que vous m'abandonniez pour suivre des nœuds dans lesquels Vénus veut vous attirer! — Ma fille, lui répondit Hélène, aie pitié de ce que je souffre, et, quelque peine que je t'aie causée, cesse de me faire des reproches. Ce perfide étranger, envers qui nous avons exercé hier l'hospitalité, a employé la séduction pour m'enlever. » A ces mots, Hermione se leva en sursaut, et ne voyant plus sa mère, elle jeta des cris affreux : « Enfans de l'air, dit-elle, oiseaux qui franchissez l'espace avec tant de rapidité, allez en Crète, et dites à Ménélas qu'un homme sans foi est arrivé à Sparte et qu'il a souillé la gloire de sa maison. » En disant ces mots, elle s'inondait de larmes, elle errait çà et là dans l'espoir de rencontrer sa mère; mais c'était en vain.

Cependant Pâris, ayant traversé les villes des Ciconiens et passé le détroit auquel Hellé donna son nom, avait conduit son amante dans les ports phrygiens. Cassandre, voyant du haut des tours d'Ilion la nouvelle conquête de son frère, s'arrachait les cheveux et déchirait son voile tissu d'or. Troie ouvrit enfin ses superbes portes et reçut dans ses murs l'auteur de sa ruine.

FIN DE COLUTHUS.

MUSÉE LE GRAMMAIRIEN,

TRADUIT PAR J.-F. GRÉGOIRE ET F.-Z. COLLOMBET.

PRÉFACE.

I.

Les critiques sont partagés sur l'histoire de Héro et de Léandre. Ceux-ci, avec le savant numismate Nicolas Mahudel, la relèguent au nombre des fables, appuyés sur un passage de Strabon qui semble prouver l'impossibilité du trajet réitéré de Léandre. Ceux-là, avec la Nauze, jugent son authenticité bien démontrée par une ancienne tradition, par des médailles abydiennes qui nous représentent un nageur au milieu des flots, par de nombreux témoignages d'auteurs grecs et latins.

Pour nous, si notre sentiment pouvait être de quelque poids en cette matière, nous croirions volontiers à une chose que les faits établissent assez bien, et qui n'est pas invraisemblable, puisqu'elle s'est reproduite de nos jours, comme on le verra bientôt. Quoi qu'il en soit, du reste, nous rapporterons ici quelques-unes des autorités qui peuvent prouver l'existence de Héro et de Léandre, et en même temps venir à l'appui du récit de Musée.

Ovide rappelle plusieurs fois dans ses vers l'histoire tragique des rives de Sestos. Ainsi, voulant dire que ce n'est pas toujours par amour que l'on remplit un engagement amoureux, il s'exprime en ces termes : « Tu aurais souvent pu, ô Léandre! te priver de ton amie; tu passais le détroit pour qu'elle connût ton courage. » Rappelant ailleurs le dernier trajet où périt Léandre : « Plus d'une fois, dit-il, le jeune amant de Héro avait passé les ondes à la nage, et il les aurait encore passées cette dernière fois, mais sa route était ténébreuse. » Le même poëte comparant ailleurs la largeur de l'Euxin, aux bords duquel il était exilé, avec le canal étroit de l'Hellespont : « Léandre dit-il, si tu avais eu jadis une pareille mer à traverser, on ne pourrait pas accuser un petit détroit d'avoir été la cause de ta mort. »

Virgile était contemporain d'Ovide : or, on ne peut douter qu'il n'ait eu Léandre en vue, quand il a dit dans ses *Géorgiques*, III, 258 :

Que n'ose un jeune amant qu'un feu brûlant dévore!
L'insensé, pour jouir de l'objet qu'il adore,
La nuit, au bruit des vents, aux lueurs de l'éclair,
Seul traverse à la nage une orageuse mer;
Il n'entend ni les cieux qui grondent sur sa tête,
Ni le bruit des rochers battus par la tempête,
Ni ses tristes parens de douleur éperdus,
Ni son amante, hélas! qui meurt s'il ne vit plus.

Strabon, qui donna des ouvrages de géographie presque dans le même temps que Virgile et Ovide se distinguaient par leurs poésies, Strabon, dans la description de Sestos et d'Abydos, fait une mention expresse de la tour de Héro. Un monument public tel que celui-là, qui portait alors le nom de Héro, est, ce me semble, une grande preuve de la vérité de l'histoire qu'on en racontait.

Pomponius Mela, autre géographe, de la même époque à peu près, dit qu'Abydos était « célèbre par un commerce amoureux, qui avait autrefois éclaté. » Cette seule expression, *autrefois*, fait assez sentir qu'on ne regardait point, dans ces premiers temps, comme un conte fait à plaisir l'histoire de Héro et Léandre.

Lucain dit, en parlant de César qui s'embarque sur l'Hellespont : « Il voit les gorges thréiciennes, et cette côte fameuse par l'amour, et la tour de Héro sur un fatal rivage. » Silius Italicus parle du détroit de Léandre dans l'Hellespont, qui vit mille vaisseaux du roi Xercès;

et Statius, de la prêtresse de Sestos qui, pleine d'anxiété, regardait continuellement de sa tour.

Martial a fait de Léandre le sujet de deux épigrammes, dont l'une a été souvent traduite ou imitée en vers français.

Les auteurs de l'*Anthologie* n'ont point oublié un sujet si convenable à leur genre d'écrire. On voit parmi eux Antipater de Macédoine, s'écrier en parlant des naufrages arrivés dans l'Hellespont : « Malheureuse Héro, et toi, infortuné Déimaque, vous perdîtes dans ce trajet de peu de stades, l'une un époux, et l'autre une épouse chérie. »

A tous ces témoignages, on peut joindre encore l'autorité des anciennes médailles ; on en trouve un grand nombre avec des revers, où se lisent les noms de Héro et de Léandre, et où l'on voit Léandre, précédé d'un amour, qui porte le flambeau à la main, nager vers Héro, qui est au sommet d'une tour.

Sans nous arrêter plus longtemps à une discussion inutile, venons à quelque chose de plus agréable et de plus piquant, au poëme de Musée, sur les amours de Héro et de Léandre.

Le nom de Musée a été commun à plusieurs grands hommes de la Grèce, poëtes, historiens, philosophes. Celui-ci est appelé dans les manuscrits : *Musée le Grammairien*. Il semble avoir été inconnu, aussi bien que son ouvrage, à tout ce qu'il y a d'anciens scholiastes, et plusieurs de ses passages paraissent empruntés des *Dionysiaques* de Nonnus de Panopolis : « Les opinions, dit Schoell, varient beaucoup sur l'antiquité de son poëme. Jules-César Scaliger croyait qu'il était de l'ancien Musée l'Athénien, et par conséquent antérieur à la poésie ionienne. Sans doute cette petite épopée est digne de la haute antiquité, sous le rapport de la fable et de la diction, mais en même temps, elle porte des traces évidentes d'une origine moderne, tant dans la teinte sentimentale, par laquelle l'auteur a su adoucir la manière peu délicate dont les anciens traitaient l'amour physique, que dans quelques images. Croit-on par exemple qu'un poëte du temps d'Homère aurait dit : « Les anciens assuraient faussement qu'il n'y avait que trois Grâces ; l'œil de Héro pétille de cent grâces quand elle sourit. » Aussi l'opinion de Scaliger a-t-elle été rejetée par son fils Joseph et par tous les critiques postérieurs. Quelques-uns d'entre eux ont même placé ce poëme dans le XIIe ou XIIIe siècle, parce que la première mention et la seule en est faite par Tzetzès, qui en parle dans ses *Chiliades*. Toutefois la pureté du langage et le goût qui distinguent l'ouvrage de Musée, ne permettent pas de le croire si moderne. Aussi plusieurs savans ont assez bien prouvé qu'Achilles Tatius et Aristénète l'ont eu sous les yeux. L'époque précise où ces deux romanciers ont vécu est incertaine, mais nous dirons plus tard par quels motifs on pense que le premier n'est au moins pas antérieur au Ve siècle, et qu'Aristénète est de la fin du même siècle. M. G. Hermann, à Leipzick, dans les observations sur les changemens qu'à éprouvés l'hexamètre grec, a fait voir que le poëme de *Héro et Léandre* est postérieur aux *Dionysiaques* de Nonnus. En combinant ces différentes données, on paraît fixer l'époque de ce même poëme entre les années 430 et 480 après Jésus-Christ. Une circonstance vient à l'appui de ce calcul. Tous les manuscrits donnent à l'auteur du poëme en question le titre de *Grammairien*; or, parmi les lettres de Procope de Gaza, il y en a une qui s'adresse à un Musée ; à la vérité, l'inscription ne le qualifie pas de grammairien, mais à en juger par son contenu, cette lettre devait être destinée à un philosophe.

Cette lettre, que Schoell ne donne pas, nous semble trouver ici sa place naturelle ; nous avons essayé de la traduire avec une scrupuleuse fidélité.

« A Musée.

» Le très-docte Pallas est venu me remettre ta lettre toute d'or. S'il m'eût apporté les richesses de Crésus, je ne l'eusse pas regardé d'un œil aussi favorable. Les uns se glorifient d'une chose, les autres d'une autre : le Lydien de son or, le Spartiate de sa pique, Arion des cordes de son luth et des sons qu'il en tire. Pour moi, je me fais un sujet de gloire de ta présence, de tes lettres, et de tout ce que je puis avoir de toi. Nous devons donc une juste récompense au jeune homme, et nous aurions bien raison de rougir, si nous ne la lui donnions pas. Mais cette récompense, par Jupiter, ce n'est ni de l'or, ni des perles indiennes ; aussi bien je ne suis pas riche en ces sortes de choses, et ce n'est point pour recueillir cela que ce jeune homme est venu vers moi. Je ne possède pas l'élégance du langage, et je ne suis point fécond en productions des Muses. Les charmes de l'atticisme n'abondent pas chez moi ; de pareilles faveurs sont le partage des enfans nés sous un astre heureux. Mais si tu veux apprécier mon présent, quel qu'il soit, je t'offre de la bienveillance et une amitié empressée, car *je possède ces choses,* comme dit Démosthène. Quand aux dons d'une autre nature, la fortune et les Muses en disposent à leur gré. »

On trouve encore dans le même Procope une seconde lettre à un Musée ; elle est peut-être plus significative que la première ; la voici :

« J'ai reçu ta lettre, qui m'est d'autant plus précieuse qu'ayant passé par tes mains, elle en a retiré peut-être quelque chose de poétique ; celui qui en usera, doit désormais, ce me semble, trouver en lui une intelligence plus perçante, comme Socrate lorsqu'il était assis auprès de l'Illissus où se trouvaient le temple des Muses et la retraite de Pan. Fassent les dieux que mon cher Musée puisse en touchant d'autres livres les rendre tels que j'en reçoive, à mon tour quand ils viendront à moi, une sorte d'inspiration divine. »

« Il paraît donc, poursuit Schoell, que Musée le *Grammairien* a vécu du temps de Procope. On fixe l'époque de la célébrité de ce sophiste vers l'an 520. Si l'on suppose que le poëme de *Héro* est un ouvrage de la jeunesse de Musée, et qu'il était parvenu à un âge avancé lorsque Procope, jeune encore, lui écrivit la lettre en question, entre les années 480 et 500 peut-être, rien n'empêche de regarder le correspondant de celui-ci, comme l'auteur de notre ouvrage qui ainsi, pourrait avoir été composé avant 450.

» Ce poëme porte le titre de *Ta kath' Éro kai Leandron*, ce qu'on ne peut traduire que par ces mots : *Héro et Léandre*. Il se compose de trois cent quarante et un hexamètres. « La fable de ce poëme est ancienne, dit un de ses traducteurs : Virgile et Ovide la connaissaient, et elle porte évidemment le cachet inimitable de l'antiquité ; mais le mérite de la composition n'en appartient pas moins au poëte. Méprisant l'artifice d'exciter la curiosité du lecteur, et de lui ménager des surprises, il nous fait connaître d'avance toute la marche de l'action et son dénouement. Après une description du local qui était d'autant plus nécessaire que cette localité motive la fable et amène le dénouement, nous voyons paraître pour la première fois les deux amans, au milieu de la pompe d'une fête religieuse. Le moment ne pouvait être mieux choisi, soit pour faire contraster avec la solitude dans laquelle ils devront périr, soit pour nous montrer Héro entourée d'une splendeur qui dispense le poëte de nous faire son portrait. C'est une idée digne de la tragédie, de faire commencer un amour malheureux dans une solennité célébrée en l'honneur de Vénus et d'Adonis. Le dialogue plein de vivacité et de vérité qui s'établit entre Héro et Léandre est une des beautés caractéristiques de ce poëme. Les plaisirs dont ils jouissent furtivement sont peints avec autant de feu que de réserve, et cette preuve de goût élève Musée bien au-dessus de son siècle. Rien de plus beau que le passage successif des jouissances les plus délicieuses aux horreurs de la mort qui doit y mettre fin. L'approche de l'hiver nous la fait appréhender ; et de même que la fête d'Adonis était le présage de leur amour, la tempête qui soulève les flots de la mer, annonce leurs malheurs. Toutes les circonstances accessoires qui remplissent de sinistres pressentimens l'âme du lecteur, sont amenées sans affectation et avec tant de vérité, qu'on les envisage comme nécessaires. La simplicité avec laquelle le poëte raconte la catastrophe est digne des plus beaux siècles. »

Nous avons beaucoup abrégé ce que M. Passow dit du poëme de Musée ; nous croyons que tout lecteur de goût souscrira à sa manière de juger ce poëme. Il serait parfait si l'on n'y remarquait quelques taches par lesquelles l'auteur a trahi le temps où il a vécu ; M. Passow ne veut pas les reconnaître ; nous sommes fâchés de ne pas pouvoir nous accorder avec lui sur ce point. C'est beaucoup sans doute pour la gloire du Ve siècle qu'on puisse différer d'opinion sur la question de savoir s'il a péché contre le bon goût.

Ce qui ajoute encore au mérite de Musée, c'est la face nouvelle qu'il donne à l'amour jusque-là trop sensuel et trop extérieur chez les anciens ; il y a déjà dans son langage quelque chose de celui des âges récens. Nous pouvons le dire à notre gloire, la véritable conquête poétique des temps modernes, c'est une sorte de spiritualisme incarné dans l'amour, un accent de vague et intime rêverie, des paroles douces et pénétrantes, une divine tristesse qui va remuer sur la lyre une corde que l'antiquité ne connut point. Malgré ses trésors de poésie a-t-elle un livre passionné, mais chaste et pur comme les *Méditations* du chantre harmonieux d'Elvire?

III.

ÉDITIONS DE MUSÉE.

Peu de livres ont été plus souvent réimprimés, commentés, traduits ou imités, que le petit poëme de Musée. Il parut pour la première fois à Venise, chez Alde l'ancien, en grec et en latin, in-4°, sans date, mais dans le courant de 1494. C'est le second, ou selon d'autres, le premier ouvrage grec qui soit sorti des presses de ce typographe célèbre. Les deux pages intérieures du feuillet *b vj* portent deux gravures en bois représentant Héro et Léandre.

Une seconde édition in-4°, également sans date et sans lieu d'impression, a été soignée après 1496 par Jean Lascaris, et imprimée par Alopa à Florence, à la suite de ses *Gnomœ monostichoi*, le dernier et le plus rare des cinq ouvrages qu'il a imprimés en lettres capitales.

L'édition sans date et toute grecque de Gilles Gourmont à Paris, qui est du commencement de 1507, semble être le premier essai du caractère grec en France. L'édition de Complut, sans date encore, a probablement paru en 1514, comme le *Chrysoloras* sorti des mêmes presses. —Phil. Giunta imprima Musée en 1515, et 1519, à Florence : André d'Asola avait fait paraître le même ouvrage en 1517, in-8°. Les éditions très-nombreuses qui parurent ensuite, sont : de Cologne, 1517, in-4° en grec ; de Bâle, 1518, dans la collection de Froben, en grec et en latin ; de Florence, 1519, chez les Giunta ; de Paris, 1538, in-8°, chez Christ. Wechel. A cette édition, devenue rare, doivent être joints les deux opuscules suivans, donnés par le même imprimeur et dans la même année 1538 : *Musœi opusculum de Herone et Leandro*, en latin, petit in-8°; *Musœi opusculum de amoribus Leandri et Herus*, Guill. de Mara paraphraste, J. Vatelli commentariis enarratum, petit in-8°.

Henri Estienne inséra Musée dans ses *Poëtes grecs*, in-folio, 1566, page 419 à 427. — Les Plantin mirent également le poëme de Héro et Léandre dans un recueil de différens petits ouvrages, 1572, in-12.

Dav. Parcus publia une édition de Musée en 1627, Francfort, in-4°; Gaspard Barthius en donna une autre en 1638, Amberg, in-8°. Viennent ensuite les éditions de Jacques du Rondel (Rondellius), Paris, 1678, in-8°; et de de Kromayer, Halle, 1721, in-8°. Celle-ci, l'une des meilleures qui existent fut perfectionnée par Matthias Rœver, à l'aide des manuscrits, Leyde, 1737, in-8°; mais l'édition la plus ample de Musée est celle de Jean Schrader, Leuwarden, 1742, in-8°; Jean-Benoît Carpzow donna d'abord le texte seul, Helmstadt, 1749, in-4°, et ensuite le même texte, revu et accompagné de la traduction de Whitford, à Magdebourg, 1775, in-8° : cette traduction avait paru à Londres, avec Bion et Moschus, en 1765, in-4°.

L'édition de Bandini, Florence, 1765, in-8°, accompagnée de la traduction de Salvini en vers italiens, est peu estimée.

La Porte du Theil a joint une traduction française en prose à l'édition qu'il a publiée en 1784, Paris, Nyon le jeune, in-12. — En 1789 et une seconde fois en 1795, J. H. Teucher fit réimprimer Musée ; les éditions de ce savant sont en général peu estimables. — Le texte, avec une traduction italienne en vers de Jérôme Pompéi, a été inséré dans le second volume des œuvres de ce savant, 1790, Vérone, in-8°, et imprimé séparément avec beaucoup de luxe par Bodoni, à Parme, in-4., puis ensuite par Renouard, Paris, 1801, in-12.

En 1793, Charles-Fréd. Heinrich donna une édition critique du texte, avec de savantes observations, Hanovre, petit in-8. Elle est regardée à juste titre, comme la meilleure de Musée et comme un modèle de sage précision que n'ont pas toujours connue les commentateurs allemands.

En 1796, Gail fit imprimer Musée avec deux traductions, l'une en prose latine, l'autre en prose française, in-4°.

En 1797, il parut à Londres un Musée, sous ce titre : *Musœus, The loves of Hero and Leander* (in english verse, with the greck text), in-4°. de 53 pages avec deux frontispices : édition imprimée à un petit nombre d'exemplaires pour le traducteur G.-C. Bedford.

En 1810, Franc. Passow publia : *Musœos*, Urschrift, Vebersetzung, Einleitung und Kritische Anmerkungen ; Leipzick, petit in-8°.

Enfin en 1825, God.-Henr. Schaefer a donné une nouvelle édition du Musée de Schrade; Leipzick, Hartmann, in-8°.

IV.

TRADUCTIONS ET IMITATIONS DE MUSÉE.

La première traduction de *Héro et Léandre* qui ait été faite en français, est celle de Clément Marot; elle fut imprimée en 1541, à Paris et à Lyon, avec ce titre : *Histoire de Leander et Hero*. L'édition de Lyon était précédée de cet avis *Aux Lecteurs* qui se trouve encore aujourd'hui dans les OEuvres de Marot :

« A peine étoit la présente histoire hors de mes mains, lecteurs débonnaires, que je ne sçay quel avare libraire de Paris, qui la guettoit au passage, la trouva et l'emporta tout ainsi qu'un loup affamé emporte une brebis, puis me la va imprimer en bifferie du Palais, c'est à sçavoir en belle apparence de papier et de lettre, mais les vers si corrompus et le sens si dessiré que vous eussiez dict que c'estoit ladicte brebis eschappée d'entre les dents du loup : et qui pis est, ceux de Poitiers trompez sur l'exemplaire des autres, m'en ont fait autant. Quand je vy le fruict de mes labeurs ainsi accoustré, je vous laisse à penser de quel cœur je donnai au diable monsieur le babouin de Parisien, car à la vérité il semblait qu'il eust autant pris de peine à gaster mon livre, que moy à le bien traduyre. Ce que voyant, en passant par la noble ville de Lyon, je priay maistre Sébastien Griphius, excellent homme en l'art de l'imprimerie, d'y vouloir mettre la main, ce qu'il a fait, et le vous a imprimé bien correct, et sur la copie de l'auteur, lequel vous prie, pour votre contentement et le sien, si avez envie d'en lire, de vous arrêter à ceux-cy. Dieu tout-puissant soit toujours vostre garde. De Lyon, ce 20ᵉ jour d'octobre 1541. »

La version de Marot, fidèle et habile, présente toute la grâce, tout le coloris dont notre langue était alors susceptible; on en jugera par ce fragment.

> Dedans le temple où se faisoit la feste,
> Hero marchoit en gravité honneste,
> Rendant par tout de sa face amiable
> Une splendeur à tous yeux agréable;
> Telle blancheur au visage elle avoit,
> Que Cynthia, quand lever on la veoit;
> Car sur le haut des joues paroissoient
> Deux cercles ronds qui un peu rougissoient,
> Comme le fons d'une rose nayfve,
> Meslé de blanche et rouge couleur vive.
> Vous eussiez dit ce corps tant bien formé
> Sembler un champ de roses tout semé;
> Car par dessus sa blancheur non pareille,
> La vierge estoit de membres si vermeille,
> Qu'en cheminant, ses habits blancs et longs
> Monstroient par fois deux roses aux talons.
>
> D'elle au surplus sortoient bien apparentes
> Graces sans nombre, et toutes différentes,
> Vrai est qu'en tout trois Graces nous sont painctes
> Des anciens, mais ce ne sont que faintes,
> Veu que d'Héro un chascun œil friant
> Multiplioit cent graces en riant ;
> Si que Venus, si trop ne me deçoi
> Avoit trouvé nonnain digne de soi.

En 1681 il parut une version en prose des *Amours de Léandre et d'Héro*, in-12 ; le nom du traducteur ne nous est point connu. Cette traduction est fort libre, et sent plus la galanterie moderne que l'antiquité. Il est surtout un peu singulier de voir insérer des vers de Boileau, dans un ouvrage que l'on donne pour la traduction d'un poëme écrit il y a plus de deux mille ans.

Si vous avez lu les ouvrages de Scarron, vous y aurez trouvé une autre espèce de traduction du poëme de Musée, sous le titre d'*Ode burlesque*, adressée à Fouquet, surintendant des finances. On y reconnaît le génie de l'auteur, génie inimitable dans son genre. Le fond de l'histoire de Léandre et Héro y est conservé, mais le poëte français a brodé cette histoire à sa manière et n'y a rien laissé de sérieux. Tout est dans le goût des strophes suivantes, tout respire la même bouffonnerie grivoise :

> Le garçon avait nom Léandre
> Et ne passait pas pour zéro ;
> La pucelle avait nom Héro,
> De peau doucette et d'âme tendre.
>
> Héro prit naissance à Sestos ;
> Son père y vivait de ses rentes,
> Ayant hérité de deux tantes
> Mortes pour lui fort à propos.
>
> La mer, le séjour des harengs,
> Sépare de Sestos Abyde,
> Et dans ce rendez-vous liquide
> Les vents vident leurs différends.
>
> C'est dans Abyde que Léandre
> La première fois vit le jour,
> Et sa mère était dans ce bourg
> Ce que dans Troie était Cassandre.
>
> A son fils elle avait prédit
> Qu'il mourrait un jour de trop boire :

Son fils ne l'en voulut pas croire,
Dont elle mourut de dépit.

Héro fut sacrificatrice
Ou prêtresse, car c'est tout un,
De dame Vénus à l'œil brun,
Déité chaude comme épice.

Dans une tour, on ne sait pas
Si la tour fut ronde ou carrée,
La prêtresse de Cythérée
Logeait, elle, et tous ses appas.

Dans cette tour des flots lavée,
Tout son plaisir était souvent
De voir, par la fureur du vent,
La mer jusqu'aux cieux élancée.

Elle avait pour train et pour tout
Une vieille sexagénaire,
Qui l'entretenait d'ordinaire
De contes à dormir debout.

De ce que hors de chez son père
Elle était séquestrée ainsi,
Je ne me mets guère en souci,
Car la chose n'importe guère.

En 1774, Moutonnet-Clairfons publia une version en prose du poëme de Musée, in-8°; elle fut réimprimée en 1779, in-12. Cette traduction ne serre pas toujours le texte d'assez près et n'égale pas en mérite celle que La Porte du Theil mit au jour dix ans plus tard (1784). Toutefois, ce savant, plein de modestie, ne réclamait que le faible mérite d'avoir devancé Moutonnet-Clairfons: la version de du Theil avait été lue en 1771, dans une assemblée particulière de l'Académie des belles-lettres.

La version de Gail, qui parut en 1796, est plus fidèle et plus élégante que celle de La Porte du Theil; mais on s'aperçoit que le nouveau traducteur a pris beaucoup dans son devancier.

M. C.-L. Mollevaut publia en 1805, in-12, une traduction libre, en vers français, du poëme de Musée; cette traduction, réimprimée avec les *Élégies* de l'auteur, Paris, A. Bertrand, 1816, in-18, est écrite d'un style pur et facile.

A peu près au temps où parut la version de M. Mollevaut, un professeur de l'université, Cournand, traduisait aussi Musée en vers français. — Depuis cette époque, les amours de Héro et Léandre ont trouvé dans le fameux peintre Girodet un interprète gracieux et noble; nous citerons quelques vers de cette version peu connue et qui cependant mérite de l'être. Voici comment Girodet nous peint Héro :

Aimable rejeton de la race des dieux,
Héro de mille attraits éblouissait les yeux ;
Aux autels de Vénus en naissant destinée,
Pour toujours à son culte elle était enchaînée ;
Elle ignorait l'amour, ses peines, ses plaisirs ;
Dans son cœur chaste encor sommeillaient les désirs.
Au bord de l'Hellespont, une tour solitaire,
De cette autre Cypris modeste sanctuaire,
Dérobait ses appas aux regards curieux ;
Des vierges de son âge elle oubliait les jeux,
Et d'un sexe léger craignant la jalousie,
Seule et loin de sa mère elle cachait sa vie.
Du redoutable amour fuyant les traits cruels,
Elle implorait Vénus ; du pied de ses autels
Chaque jour s'élevait sa prière timide ;
Mais, pour le désarmer, en vain du dieu de Gnide
Elle offrait chaque jour les parfums les plus doux :
Elle ne put, hélas ! échapper à ses coups.

M. Denne Baron a publié en 1806, *Héro et Léandre,* poëme en IV chants, imité du poëte grec ; Paris, Le Normant, in-12. L'auteur avait près de vingt ans ; les beaux vers qu'il a semés dans son ouvrage peuvent donc bien faire absoudre quelques autres fautes.

Je n'ai rien à dire d'un petit poëme de Léonard sur Héro et Léandre, non plus que d'une très-fade et très-mince héroïde composée par Dorat ; je me contenterai de mentionner les traductions de Musée, en vers latins, par André Papius de Gand, par David Whitford, par Guillaume de Mara et par Florent Chrétien.

Chez les Espagnols, un poëte assez médiocre, Boscan, a imité le poëme de Musée, ou plutôt a délayé dans un grand nombre de vers l'histoire de Léandre et Héro. — Chez les Anglais, Fawkes a traduit Musée en vers (1760); sa version a été réimprimée à Londres en 1810. — Chez les Italiens, le marquis Nicolo Viviani a publié un petit poëme intitulé : *Ero e Leandro,* qui ne manque ni de grâce ni de facilité. Mais ce qui vaut mieux que ce poëme, c'est la belle traduction de Musée en vers italiens, par Jérôme Pompéi ; jamais, ce nous semble, on n'a rendu les beautés molles et délicates du poëte grec avec autant d'élégance, de souplesse et de fidélité.

Les amours de Héro et Léandre offriraient sur la scène un événement plus tragique sans doute, qu'Ariadne abandonnée dans l'île de Naxos, qui a fourni à Th. Corneille le sujet d'une tragédie que notre théâtre met au nombre de ses richesses. En 1633, de La Selve, avocat de Nîmes, donna une tragi-comédie intitulée :

Les *Amours infortunées de Léandre et d'Héron*; la pièce était en vers alexandrins et fut presque étouffée par les éloges des poëtes du temps. Gilbert fit représenter en 1667, sur le théâtre de l'hôtel de Bourgogne, une tragédie intitulée *Léandre et Éro*.

Le Franc de Pompignan composa un opéra sur ce sujet, dont s'est emparé depuis Florian, pour en faire un petit drame en prose; mais aucune de ces pièces ne présente les proportions que pourraient avoir sous une main habile les amours de Héro et Léandre.

F.-Z. C.

HÉRO ET LÉANDRE.

Muse, chante ce flambeau confident d'un amour clandestin, et ce nageur nocturne qui fendait les flots de la mer pour voler à l'hyménée, et ce ténébreux hymen que ne vit pas l'immortelle Aurore, et Sestos et Abydos où se consomma l'union secrète de Héro et de Léandre. J'entends à la fois et nager Léandre et pétiller le flambeau, ce flambeau annonçant l'heure de Vénus, et décorant les noces mystérieuses de Héro; ce fanal, étendard de l'amour. Le souverain Jupiter, après ses nocturnes ébats, aurait dû le placer parmi les astres et le nommer l'étoile propice aux amans, parce qu'il fut et le complice d'une tendre fureur et le messager fidèle d'une amante inquiète, avant que l'impétueux Aquilon eût fait sentir son souffle ennemi.

Viens donc, Muse, rappelle dans mes chants l'instant fatal qui tout à la fois éteignit le flambeau et termina les jours de Léandre.

Sestos et Abydos, cités voisines de la mer, s'élevaient vis-à-vis l'une de l'autre. Amour, tendant son arc, avait, d'un seul trait lancé sur les deux villes, embrasé le cœur d'un jeune homme et d'une jeune vierge: l'aimable Léandre, la douce Héro; c'étaient leurs noms. Celle-ci habitait Sestos, celui-là Abydos; l'un et l'autre astres brillans des deux villes et pareils entre eux. Toi, voyageur, si jamais tu passes là, cherche la tour où jadis, le fanal à la main, Héro se tenait et guidait Léandre; cherche le détroit retentissant de l'antique Abydos, qui pleure encore aujourd'hui l'amour de Léandre et son trépas.

Mais comment Léandre qui habitait dans Abydos put-il s'enflammer pour Héro et la rendre en même temps sensible à son amour? La gracieuse Héro, issue d'un sang généreux, était prêtresse de Cypris et ignorant les plaisirs de l'hymen; elle habitait, loin de ses parens, une tour sur le rivage de la mer: c'était une autre Vénus. Par pudeur et par chasteté, elle ne se trouva jamais avec des femmes réunies; jamais elle ne parut au milieu des danses gracieuses des jeunes filles de son âge, évitant les traits de l'envie; car les femmes sont volontiers jalouses de la beauté. Héro tous les jours cherchait à se rendre Vénus favorable; souvent aussi elle offrait des libations à l'Amour. Elle redoutait également et les flèches brûlantes du fils et le courroux terrible de la mère. Et toutefois avec cela elle ne put éviter les traits enflammés de l'Amour.

Bientôt revint le jour solennel où dans Sestos on célèbre Adonis et Vénus. De toutes parts se rendirent à cette fête sacrée les peuples qui habitaient les îles que la mer couronne; ils arrivaient les uns d'Æmonie, les autres des rivages de Chypre. Aucune femme ne demeura dans les villes de Cythère: ceux qui dansent au sommet du Liban parfumé, les habitans de Phrygie, ceux d'Abydos, ville voisine, tous vinrent à la fête. Les jeunes gens amoureux y parurent des premiers, car s'ils entendent parler d'une fête, les jeunes gens y volent aussitôt, moins pour offrir des sacrifices aux immortels que pour contempler les charmes des beautés assemblées.

Déjà s'avance majestueusement au milieu du temple la vierge Héro, qui jette de son gracieux visage l'éclair de la beauté, pareille à la blanche Phébé quand elle monte sur l'horizon. Ses joues d'albâtre offraient, dans leurs cercles extrêmes, les nuances purpurines d'un bouton de rose qui s'entr'ouvre: vous eussiez dit que sa peau blanche et vermeille était une prairie semée de fraîches roses. Lorsqu'elle marchait, sa robe flottante laissait entrevoir des roses à ses pieds. Un essaim de grâces embellissait tous ses traits; les anciens disaient faussement qu'il n'y avait que trois Grâces; mais un seul œil de Héro pétillait de cent grâces en souriant. Certes Vénus avait trouvé une digne prêtresse.

Ainsi, éclipsant de beaucoup les autres femmes, la prêtresse de Cypris apparaissait comme une seconde Vénus. Ses charmes séduisirent les cœurs des tendres amans, et il n'y avait aucun homme qui ne brûlât d'avoir Héro pour épouse. Partout où elle dirigeait ses pas, à travers le temple majestueux, elle attirait après elle et les cœurs, et les regards, et les désirs. Un jeune homme ravi des appas de Héro prononça ces paroles :

« J'ai été à Sparte, j'ai vu la cité de Lacédémone, où l'on dispute et où l'on reçoit le prix de la beauté; mais je ne vis jamais une vierge aussi belle, aussi tendre. Sans doute, Vénus a pour prêtresse la plus jolie des Grâces : je me suis lassé en la regardant, mais je n'ai pu me rassasier encore de la contempler. Je consentirais à mourir sur-le-champ si je partageais une seule fois la couche voluptueuse de Héro : je n'ambitionnerais pas d'être mis au rang des dieux dans l'Olympe si j'avais Héro chez moi pour épouse. Mais s'il ne m'est pas permis de posséder ta prêtresse, accorde-moi du moins, ô Cythérée! une épouse embellie des mêmes attraits. »

Ainsi parlait un jeune homme; plus loin quelques autres amans, épris des charmes de la vierge, renfermaient dans leurs cœurs une plaie cuisante.

Infortuné Léandre! après avoir vu la noble prêtresse, tu ne voulais pas te consumer en des feux secrets, mais dompté soudain par des flèches brûlantes tu ne voulais plus vivre si tu ne devenais l'époux de la belle Héro. Chaque regard qu'il jette sur elle augmente l'ardeur qui le dévore et embrase son cœur d'une passion invincible; car la beauté renommée d'une femme chaste perce plus promptement qu'une flèche rapide. D'abord l'œil est frappé, ensuite le trait fatal se glisse et descend au fond de l'âme.

Léandre éprouve alors les effets du ravissement et de la témérité, de la crainte et de la honte. Son cœur tremble, il rougit de s'être laissé prendre, admire d'un œil avide les charmes de Héro; mais l'amour chasse enfin la honte. Devenu tout à coup hardi et téméraire, il s'avance doucement et va se placer vis-à-vis de la prêtresse. Il jette sur elle des regards obliques et séducteurs, et entraîne par des signes muets le cœur de la jeune vierge. Dès qu'elle a compris la secrète passion de Léandre, elle s'applaudit de ses charmes, cache souvent son beau visage, adresse à Léandre quelques regards furtifs et correspond à son amour. Celui-ci se réjouit au fond de l'âme de ce que la jeune vierge a compris son ardeur et ne l'a pas dédaigné.

Mais pendant que Léandre cherche l'heure favorable, le soleil retire sa clarté, se plonge dans l'Océan, et l'étoile de Vénus, cet astre messager des ténèbres, apparaît à l'horizon. Léandre, voyant que des ombres épaisses enveloppent la terre, devient plus hardi et s'approchant de la jeune prêtresse, lui serre furtivement ses doigts de rose et pousse un profond soupir. Elle, en silence, comme irritée, retire sa blanche main. Dès que le jeune homme a vu l'indécision de la prêtresse, il la saisit hardiment par sa robe éclatante et veut la conduire dans le lieu le plus reculé de ce temple auguste. Héro le suit lentement et comme à regret; puis, d'une voix menaçante, à la manière de son sexe, elle adresse ces mots à Léandre :

« Étranger, quelle est ta folie? Malheureux, pourquoi entraîner ainsi une vierge? Prends un autre chemin et laisse mes vêtemens. Évite la colère de mes riches parens : il ne t'est pas permis de porter la main sur la prêtresse de Vénus; tu ne peux aspirer à la couche d'une vierge. »

Héro menace Léandre en ces termes, langage ordinaire des jeunes filles.

Léandre, dès qu'il entend ces foudroyantes menaces, reconnaît les aveux d'une amante vaincue; car, lorsque les femmes éclatent contre leurs amans, leur courroux est l'expression tacite d'une défaite prochaine. Aussitôt Léandre couvre de baisers le cou d'albâtre, le cou parfumé de la prêtresse, et prononce ces paroles que lui arrache l'ardeur de son amour :

« O ma chère Vénus! ô ma tendre Minerve! toi que j'adore le plus après ces deux déesses; car je ne t'assimile point aux femmes de la terre, mais je te compare aux filles du puissant maître des dieux, heureux celui qui t'engendra! heureuse la mère qui te donna le jour! trois fois heureux les flancs qui te portèrent. Écoute favorablement ma prière; prends pitié de mon amour invincible! comme prêtresse de Vénus, livre-toi aux plaisirs de Vénus. Viens ici, viens t'initier aux lois conjugales de cette déesse. Une jeune vierge ne peut être la prêtresse de Vénus; Cypris ne voit pas les vierges d'un œil favorable. Si tu veux connaître les aimables lois et les rits fidèles de la déesse, l'hymen et le lit nuptial te les apprendront. Si tu aimes Cythérée, aime aussi le doux empire des Amours qui ravissent l'âme. Reçois-moi pour ton esclave, ou, si tu le préfères, pour un époux qu'a su t'asservir Cupidon, en l'atteignant de ses flèches. C'est ainsi que le rapide Mercure, armé de son caducée d'or, enchaîna l'intrépide Hercule aux pieds de la fille d'Iardan. Vénus elle-même m'a guidé vers toi; ce n'est point le prudent Mercure qui m'amène en ces lieux. Tu connais l'histoire de l'Arcadienne Atalante, qui jadis, pour conserver sa virginité, dédaigna la couche de Milanion son amant. Vénus irritée remplit le cœur d'Atalante de l'amour le plus violent pour celui qu'elle avait rebuté d'abord. Laisse-toi donc attendrir, ô mon amie! ne va point exciter la colère de Vénus. »

Il dit; ses paroles persuasives fléchissent la vierge rebelle, et son langage séducteur égare le cœur de Héro. La prêtresse interdite et muette fixe les yeux à terre, cache son visage que la pudeur colore, effleure le sol d'un pied délicat, et, d'un air modeste, ramène souvent son manteau sur ses épaules. Tous ces signes sont les indices premiers d'un réciproque amour, car le silence d'une jeune fille vaincue prouve qu'elle consent à partager les plaisirs de l'hymen. Héro a vivement ressenti l'aiguillon des amours mêlé d'amertume et de douleur; un tendre feu consume son âme, elle admire avec ravissement la beauté de l'aimable Léandre. Tandis qu'elle attache ainsi ses regards à la terre, Léandre, les yeux enflammés d'amour, ne se lasse pas de contempler le cou délicat de la prêtresse.

Après un long silence, Héro, baignant de larmes ses joues colorées par la pudeur, adresse enfin ces douces paroles à Léandre :

« Étranger, tes discours pourraient attendrir les rochers mêmes. Qui donc t'enseigna l'art de cette éloquence séduisante? Malheureuse que je suis! Qui t'a conduit dans ma patrie? Mais tu parles en vain. Quoi donc! errant, étranger, inconnu, tu prétendrais à mes faveurs? Nous ne pouvons être unis publiquement par les liens sacrés de l'hymen. Mes parens n'y consentiront jamais. Et quand même tu voudrais rester ici comme un inconnu, tu ne pourrais cacher tes furtives amours. La langue des hommes se plaît à médire, et ce que l'on fait dans le secret, retentit bientôt dans le public. Mais, dis-le moi sans détour, quelle est ta patrie? quel est ton nom? Le mien, tu ne l'ignores pas, je porte le nom célèbre de Héro; une tour fameuse et élevée me sert de demeure; là j'habite avec une seule esclave, devant Sestos et sur les rives escarpées, je n'ai de voisins que la mer; ainsi le veulent de sévères parens. Je n'ai près de moi aucune compagne de mon âge et je n'aperçois jamais les danses légères des jeunes gens. Nuit et jour retentit à mes oreilles le bruit d'une onde agitée par les vents. »

Elle dit et cache sous son voile ses joues de rose, et, sa pudeur se réveillant dans son âme, elle condamne ses propres paroles.

Léandre, blessé par les traits perçans du désir, médite en lui-même comment il pourra livrer le combat amoureux. Car si l'Amour fertile en ruses dompte un mortel avec ses flèches, il guérit ensuite les blessures qu'il a faites ; s'il triomphe de tous les cœurs, il sait aussi conseiller ceux qu'il a vaincus. Il secourut alors, dans sa passion, Léandre, qui, rompant le silence avec un soupir, tint à Héro ce langage artificieux :

« Jeune vierge, pour toi je traverserai les flots courroucés, la mer fût-elle bouillonnante de feux et inabordable. Pour être admis dans ta couche, je ne redoute ni les vagues agitées, ni le bruit retentissant de l'onde mugissante. Chaque nuit, porté sur les eaux, ton époux saura passer à la nage le détroit du rapide Hellespont, car je demeure dans Abydos, en vue et non loin de ta ville.

» Seulement, du haut de ta tour voisine des nues, montre-moi dans les ténèbres, un flambeau, afin qu'en le voyant, je sois le navire de l'Amour, ayant ton fanal pour étoile; les yeux fixés sur cet astre, je ne verrai ni le coucher du Bootès, ni l'affreux Orion, ni la trace toujours sèche de l'Ourse. Alors, j'aborderai aux rives fortunées de ta patrie. Mais toi chère amante, prends bien garde que le souffle impétueux des vents n'éteigne ce brillant flambeau, arbitre de mes jours, et que je ne perde aussitôt la vie. Si tu veux savoir mon nom, je m'appelle Léandre, l'époux de la belle Héro. »

C'est ainsi que ces deux jeunes amans forment le projet de s'unir par un hymen clandestin, et se promettent mutuellement de goûter pendant la nuit, à l'aide d'un flambeau allumé, les plaisirs de l'amour ; celle-ci allumera le fanal, celui-là traversera les vastes flots. Puis, après s'être promis de veiller pour un hymen ennemi du sommeil, ils furent contraints, quoiqu'à regret, de se séparer. Héro se retire dans sa tour, et Léandre, pour ne pas s'égarer à travers la nuit obscure, porte ses regards sur le fanal de la tour, et gagne à la nage les rives de la populeuse Abydos. Que de fois, dans le désir de se livrer une nuit entière aux luttes secrètes des époux, ne souhaitèrent-ils pas le retour de l'obscurité si favorable aux doux mystères !

Déjà la nuit déployait son voile azuré et apportait le sommeil aux humains, mais non pas à l'amoureux Léandre. Sur les bords de la mer mugissante, il attendait le signal de son brillant hyménée, et tâchait de découvrir ce funeste flambeau qui doit annoncer de loin ses plaisirs secrets. Héro, voyant les obscures et épaisses ténèbres de la nuit répandues sur la terre, arbore le fanal; il verse à peine une faible lumière que l'amour embrase déjà le cœur de l'impatient Léandre. Tandis que le fanal brille, lui aussi brûle et se consume.

Lorsque Léandre entend les mugissemens horribles des vagues mutinées, il est d'abord saisi de crainte, mais, ranimant son audace, il s'adresse à lui-même ces paroles, pour rassurer ses esprits effrayés : « L'amour est impérieux; la mer est implacable; mais, après tout, la mer n'est que de l'eau, tandis que les feux de l'amour me brûlent intérieurement. Rassemble donc tes feux, ô mon cœur! ne crains pas le vaste amas d'eau. Seconde ma passion; pourquoi redouter ces vagues impétueuses! Ignores-tu que Cypris est née au sein des ondes; qu'elle possède un pouvoir absolu sur la mer et sur mon mal? »

Il dit, et, des deux mains, découvre ses membres délicats, lie ses vêtemens autour de son cou, s'élance du rivage, se précipite dans les flots, et nage toujours vers le fanal étincelant. Lui-même est son rameur, sa voile et son navire.

Héro, du sommet de la tour où elle tient la la lumière, quel que soit le côté par lequel soufflent les vents ennemis, protége le flambeau avec le pan de sa robe jusqu'à ce que Léandre, épuisé de fatigue, aborde au rivage de Sestos. La jeune prêtresse le conduit vers la tour, puis, sur le seuil de la porte, embrasse en silence son époux hors d'haleine et dont les cheveux sont humides encore des flots de la mer. Elle le mène ensuite dans l'asile secret, vers la couche virginale. Là, elle l'essuie, le parfume d'essence de roses, et dissipe l'odeur désagréable de l'onde salée. Dès qu'ils sont placés sur le duvet moelleux, Héro enlace de ses bras Léandre encore haletant, et lui adresse ces douces paroles :

« Cher époux, tu as essuyé bien des fatigues, plus que n'en essuya aucun autre époux. Cher ami, tu as souffert de rudes peines. Tu as assez lutté contre l'onde amère et senti l'odeur importune des flots agités. Viens, cher époux, viens oublier tes travaux entre mes bras. »

Ainsi parle Héro, et Léandre se hâte de délier la ceinture de la prêtresse, et ils se livrent aux plaisirs de l'aimable Vénus. C'étaient des noces, mais on n'y dansa point; c'était un lit nuptial, mais on n'y chanta point d'hymnes; nul poëte n'invoqua la chaste Junon; la couche ne fut point éclairée par des flambeaux; les jeunes gens ne formèrent aucune danse légère; des parens vénérables ne chantèrent point à cet hyménée, le lit nuptial fut préparé dans le silence, à l'heure favorable aux tendres combats; le voile de la nuit fut le seul ornement de la jeune épouse, et l'on ne fit point retentir ces mots : « *Io hymen! io hyménée!* » Les ténèbres seules embellirent l'union de ces deux amans, et jamais l'Aurore ne vit Léandre couché dans ce lit confident de son bonheur. Chaque matin cet époux insatiable de plaisirs, et respirant encore ses nocturnes amours, retournait à la nage vers les murs d'Abydos.

Héro vêtue d'une longue robe savait tromper ses parens; le jour, c'était une chaste prêtresse; la nuit, une tendre amante. Souvent les deux époux souhaitèrent que le soleil, en commençant sa carrière, fût sur le point de la finir. C'est ainsi qu'ils savaient déguiser la violence de leur passion, et qu'ils goûtaient sans crainte pendant la nuit toutes les délices de l'amour. Mais ils vécurent peu de temps, et leur doux hymen ne fut pas de longue durée.

Lorsque revint le brumeux hiver qui soulève d'horribles tempêtes, les aquilons bouleversaient les gouffres mobiles et les humides fondemens de la mer, et déployaient toute leur rage sur les ondes. Déjà dans les deux ports, le nautonier, pour échapper à la mer courroucée et perfide, avait mis son noir esquif. Mais la crainte de la mer orageuse ne put te retenir, intrépide Léandre. Lorsque le perfide et impitoyable flambeau t'offrit des hauts de la tour sa lumière accoutumée, tu ne craignis pas la fureur des vagues.

L'infortunée Héro aurait dû se priver de Léandre pendant la saison des noirs frimas, et ne point allumer l'astre passager de l'hymen ; mais l'amour et le destin l'entraînaient impérieusement. Aveuglée par le désir, ce n'est plus le flambeau de l'amour qu'elle présente, mais une torche funèbre.

C'était la nuit, alors que les vents soufflent avec plus de violence, qu'ils sévissent de leur haleine glaciale, que tous ensemble ils fondent sur les rives du détroit. Encouragé par l'espoir de se réunir à son épouse, Léandre s'élance sur le dos bruyant des vagues. Déjà les flots sont poussés par les flots, l'onde s'amoncelle, les vagues se mêlent avec les nues, les vents se combattent et résonnent de toutes parts. Eurus souffle contre Zéphyre, Notus frémit contre Borée ; un bruit horrible s'étend sur la mer retentissante.

L'infortuné Léandre, du milieu des gouffres adresse souvent ses prières à Vénus née au sein des ondes, et souvent aussi à Neptune, souverain des flots. Il n'oublie pas Borée, et lui rappelle le souvenir de la vierge attique. Mais aucune de ces divinités ne le secourut, et l'amour lui-même n'arrêta pas la destinée fatale. Léandre, battu par le funeste choc des vagues accumulées, devient leur jouet. Ses pieds lassés perdent leur force ; ses bras épuisés par un mouvement continuel, restent immobiles. Les ondes se précipitent dans sa bouche entr'ouverte ; il boit le funeste breuvage des flots amers ; le souffle cruel des aquilons éteint le flambeau perfide, tranche à la fois la vie et les amours du malheureux Léandre.

Héro, pendant qu'il tarde encore, reste l'œil vigilant et l'âme abandonnée aux inquiétudes les plus déchirantes. L'aurore est venue ; Héro n'aperçoit point son époux, elle promène çà et là ses regards sur le dos de la vaste mer, pour voir si Léandre, privé de la lumière du flambeau n'erre point sur les ondes. Elle aperçoit au pied de la tour son époux sans vie, et déchiré par les pointes des rocs. A cet aspect, elle arrache le beau vêtement qui couvre son sein, jette un cri aigu et se précipite du sommet de la tour. Ainsi périt Héro sur le corps de son amant ; et ils furent unis jusque dans leur trépas.

FIN DE MUSÉE LE GRAMMAIRIEN.

ŒUVRES DE TRYPHIODORE,

TRADUITES PAR M. ALUTH, DE L'ACADÉMIE DE MONTPELLIER.

VIE DE TRYPHIODORE.

Tryphiodore appartient à l'époque de la décadence des lettres : comme tous les auteurs de cette époque, il était à la fois grammairien et poëte, et plus grammairien que poëte. Nous savons peu de détails : Suidas nous apprend qu'il était Égyptien et qu'il avait composé plusieurs poëmes ; il ne nous reste que leurs noms, qui nous ont été conservés par cet infatigable lexicographe. Ce sont les *Marathoniques*, *Hippodamie*, la *Destruction de Troie*, et une *Odyssée lipogrammatique*, c'est-à-dire que dans chacun des vingt-quatre chants qui la composent, une lettre de l'alphabet est omise ; l'*alpha* dans le premier, *bêta* dans le second, jusques et y compris l'*oméga* dans le dernier. Cette disposition bizarre de la langue, cet artifice de formes, cet abus des mots et de leur combinaison caractérisent une époque sans idée et sans talent. La poésie avait été remplacée par un mécanisme inerte, et par des combinaisons de syllabes. Comme grammairien, Tryphiodore aimait ces jeux pitoyables de l'esprit ; il s'épuisait à les reproduire, et condamnait à cette occupation une intelligence qui avait cependant quelque valeur. Nous pouvons d'ailleurs, tout en faisant la part du cinquième ou sixième siècle auquel il vivait, juger ce poëte par la *Destruction de Troie* qui nous reste de lui.

Ce petit poëme de six cent quatre-vingt-un vers n'est qu'une esquisse rapide, un résumé incomplet qui a été utilisé, élargi et fécondé par Virgile au second livre de l'*Énéide*. Quelque étroit que soit ce cadre, nous devons cependant remarquer quelques traits pleins de vigueur et hardiment colorés.

Ainsi nous pouvons citer un passage dramatique et d'une belle intention. Vénus sous les traits d'une vieille Troyenne vient révéler à Hélène le complot formé par les Grecs. Elle lui apprend que son mari Ménélas est du nombre des guerriers enfermés dans le ventre de l'immense cheval. Hélène se précipite aussitôt, elle arrive au temple où le fatal colosse avait été placé, elle s'approche avec précaution, elle appelle les guerriers à voix basse, elle essaie de les charmer en leur parlant de leurs femmes. Ces souvenirs frappent leurs cœurs, ils sont émus, ils fléchissent ; l'un d'eux va parler et se trahir ; tout sera perdu. Ulysse le prévient et l'étrangle à l'instant. Cette idée est certainement d'une invention fort heureuse, elle anime l'épisode, elle rattache son action aux passions du cœur humain, elle est dans la nature et par cela même pleine de poésie et de réalité.

Mais hormis ce passage, Tryphiodore n'offre rien de remarquable : son poëme se traîne avec une froide analyse : il est sec ; mal lié, il manque de vie. L'intérêt n'est nulle part. Le style aurait pu racheter ce défaut, mais le style est à la hauteur de l'idée, il a toutes les imperfections de ce siècle. Une recherche maladroite est un goût faux. Aussi pendant longtemps Tryphiodore est-il resté inaperçu et ignoré.

Son poëme a eu cependant plusieurs éditions, mais leur publicité a été restreinte dans le cercle des érudits. Il parut d'abord dans les deux premières éditions de Quintus de Smyrne, et dans les diverses collections d'Henri Estienne, de Lectius et de Néander ; une traduction en a été faite et publiée par Aluth dans ses *Nouveaux Mélanges*. Elle est bonne, et nous l'avons adoptée avec de très-légères corrections.

Ernest FALCONNET.

LA PRISE DE TROIE.

Divine Calliope, dis-moi qu'elle fut la fin si longtemps désirée d'une guerre féconde en pénibles travaux : dis-moi les ruses et les perfidies qu'employa Minerve pour défendre les Grecs qu'elle protégeait. Satisfais mon impatiente curiosité ; ne me cache aucune circonstance ; hâte-toi de chanter cet antique sujet de discorde ; dis-moi, dis-moi, quelle fut l'issue de tant de combats.

On comptait déjà la dixième année depuis que Bellone exerçait sa fureur contre les Grecs et les Troyens, sans pouvoir se rassasier de carnage. Les lances n'avaient plus de force dans la main des guerriers, fatiguée de meurtres ; leurs épées ne répandaient plus la terreur ; on n'entendait plus retentir les armures d'airain ; les baudriers auxquels elles étaient suspendues, étaient près de se rompre ; à peine les boucliers offraient-ils encore quelque résistance aux traits qui venaient les frapper ; les arcs avaient perdu leur ressort, les flèches leur rapidité. Les coursiers, à l'écart, la tête courbée sur la crèche, semblaient déplorer dans l'oisiveté la perte des compagnons de leurs anciens travaux ; ils regrettaient en vain la triste destinée de leurs guides fidèles. Le fils de Pélée, privé de vie, avait rejoint son cher Patrocle, le vieux Nestor répandait des larmes sur son fils Antiloque, Ajax, devenu furieux et tournant ses forces contre lui-même, avait rougi le fer homicide des flots de son propre sang ; les Troyens, désolés en voyant Hector indignement traîné autour de leurs murailles, n'avaient pas seulement à gémir de leurs maux ; sensibles aux douleurs des nations étrangères, dont ils avaient emprunté le secours, ils versaient aussi des larmes avec elles. Les Lyciens pleuraient Sarpédon, que sa mère elle-même, enorgueillie des faveurs du maître des dieux, avait jadis envoyé à Troie, où le fils de Ménétius l'avait frappé du coup mortel ; les Thraces s'attendrissaient sur l'infortune de Rhésus leur chef, surpris au milieu de la nuit dans le temps qu'il était plongé dans un sommeil funeste ; l'Aurore, accablée de douleur en perdant son fils Memnon, s'était cachée dans un nuage, voulant obscurcir par là l'éclat du jour qui lui était devenu odieux ; des filles guerrières, venues des bords du Thermodon, où elles ont coutume de se couper l'extrémité de la mamelle, s'affligeaient du trépas de la vaillante Penthésilée leur reine, qui, en arrivant au camp où tant de peuples divers se trouvaient réunis, s'était signalée en dissipant les bataillons ennemis, forcés de se retirer sous leurs vaisseaux. Achille seul avait pu réprimer ses efforts ; il l'avait frappée de sa lance, et, après lui avoir ôté la vie, il s'était emparé de ses dépouilles, et lui avait rendu les honneurs de la sépulture. Les sacrés remparts d'Ilion n'avaient point encore reçu de brèche ; ses murs, élevés par des mains divines, avaient été posés sur des fondemens inébranlables. Les Grecs se plaignaient d'une si longue résistance. Pallas elle-même, quoique infatigable, déjà près de succomber sous le poids de ses travaux, n'aurait recueilli aucun fruit de ses sueurs, si le devin Hélénus ne s'était réfugié dans le camp des Grecs, pour n'être pas témoin à Troie de la flamme adultère de Déiphobe. On eût dit qu'il y était venu pour soulager la peine de Ménélas, en lui prédisant la ruine tant retardée d'Ilion. Cependant les Argiens, voulant accomplir cet oracle, s'empressèrent de faire leurs préparatifs pour quelque action décisive. Le fils d'Achille et de la belle Déidamie, ayant quitté Scyros sa patrie, si renommée pour la beauté de ses jeunes filles, s'était rendu sous les murs de Troie. Ce héros, dont les belles joues n'étaient point encore ombragées de poil follet, montrait déjà dans les combats la valeur de son père ; il apportait aux Grecs une statue de Minerve, qu'il regardait comme inviolable, c'était un don que la déesse elle-même lui avait fait pour favoriser un peuple qu'elle chérissait. Épéus, guidé par les conseils de cette immortelle, s'occupait alors à construire un cheval d'une grosseur prodigieuse, qui devait faire l'admiration et la désolation des Troyens. Le bois destiné à cet ouvrage était descendu des sommets du mont Ida dans la plaine ; il avait été tiré des mêmes forêts qui avaient fourni les vaisseaux que Phéréclus fait construire par les ordres de Pâris ; source infinie de malheurs. Cet habile architecte avait ménagé entre les côtés de cette énorme machine une cavité pareille à celle que forme l'intérieur d'un vaisseau. Il avait mis la plus grande précision dans ce travail. Au-dessus du poitrail s'élevait le cou de l'animal, sur lequel on voyait flotter une crinière, dont le haut était attaché par un nœud qui formait un ornement au-dessus de sa tête. Deux pierres précieuses, un béril et une améthyste, placées dans chaque orbite, imitaient parfaitement l'éclat des yeux. Le violet et le pourpre se confondant, produisaient une nuance pareille à celle d'un œil bleu. L'ouvrier n'avait pas négligé de placer dans chaque mâchoire des dents d'argent, qui serraient fortement un mors fait avec beaucoup de soin. Il avait pratiqué une ouverture secrète, qui venait aboutir à la bouche, et à la faveur de laquelle l'air intérieur, se renouvelant, laissait respirer librement ceux qui devaient se cacher dans le corps de l'animal. Un autre conduit ouvert à travers ses naseaux, était encore destiné à rafraîchir l'air au-dedans. On voyait s'élever au-dessus de la tête des oreilles qui se redressaient sans cesse, et semblaient attendre le signal du clairon. La tournure du dos était admirable : il allait parfaitement ensemble avec les flancs, et les cuisses tombaient très-naturellement sous la croupe. Une queue superbe descendait, en flottant, jusqu'au bas des jambes, et traînait à terre; semblable à une branche de cep qui serpente le long du terrain, où elle est entortillée par ses pampres. Ses pieds se mouvaient très-lentement et très-difficilement, leurs articulations n'étant point flexibles, comme elles auraient dû l'être pour exécuter des mouvemens rapides. La manière dont ce cheval avait été construit l'aurait forcé à rester en place, si le génie de l'ouvrier ne lui eût suggéré des ressources. Ses jambes étaient soutenues sur des plaques d'airain, qui lui tenaient lieu de cornes : leur extrémité était enchâssée dans une brillante écaille de tortue, au moyen de laquelle ses pieds ne touchaient jamais à terre. Une porte et un escalier, ménagés avec art sur le côté de cette énorme machine, servaient à y introduire les bataillons grecs : au moyen de cette échelle et de cette ouverture, il était aisé d'y monter, et de se porter au dehors dans le besoin. On voyait descendre des guirlandes de fleurs le long de son cou, et jusque vers le bout de ses naseaux. Quant à son mors, il était orné d'ivoire et d'airain incrusté d'argent. Dès qu'Épéus eut achevé de construire ce cheval, qui devait être si funeste aux Troyens, il lui posa les jambes sur des roues, afin qu'on pût le traîner dans la campagne, et qu'il n'opposât pas une trop grande résistance aux ennemis, lorsqu'ils voudraient le faire entrer dans leurs murs. Tel était cet animal de prodigieuse structure. Il répandait autour de lui l'admiration et l'effroi : s'il eût été possible de l'animer, le dieu Mars lui-même, qui se plaît à combattre à cheval, n'aurait pas refusé de monter celui-là. L'architecte avait élevé une grande muraille, dont l'enceinte lui avait servi d'atelier, afin qu'aucun des Grecs ne se doutât de son stratagème, et n'en prévînt l'effet, en livrant aux flammes un ouvrage aussi parfait.

Cependant les chefs de l'armée grecque, se dérobant au tumulte et aux cris de leurs soldats pressés du désir de combattre, s'étaient rendus au conseil convoqué auprès du vaisseau d'Agamemnon. La belliqueuse Minerve ayant pris la forme d'un héraut, y était venue aussi pour assister Ulysse de ses conseils. En effet elle prêta un tel charme à ses discours qu'on eût dit que le plus doux nectar découlait de sa bouche. Ce héros, s'abandonnant aux inspirations de la déesse, parut d'abord immobile. Il tenait les yeux fixés contre terre, comme un homme privé de sens ; mais bientôt, donnant un libre cours à ses paroles, il tonna dans l'assemblée. Ses auditeurs, entraînés par le doux torrent de son éloquence, croyaient voir tomber du haut des monts une source sacrée : « Amis, s'écria-t-il, c'en est fait et tout est prêt pour l'exécution de notre stratagème. Ce sont, à la vérité, des mains mortelles qui ont achevé l'entreprise, mais Minerve elle-même en a conçu l'idée. Sans doute vous n'hésiterez pas à me suivre, vous qu'on vit toujours remplis de confiance en vos propres forces, et qui de tout temps fûtes animés du courage le plus intrépide et que rien ne peut abattre. Il serait honteux qu'on nous vît retenus plus longtemps sur ce rivage, faisant de vains efforts et vieillissant dans des travaux inutiles. Vivons pour terminer une glorieuse conquête, ou mourons, s'il le faut, pour nous soustraire à l'ignominie. Tous les présages ne sont-ils pas pour nous contre nos ennemis ? Rappelez-vous cet oiseau que vous vîtes sur un platane, cherchant à défendre sa couvée contre un vieux dragon qui dévora la mère et ses petits à peine éclos. Si Calcas vous a annoncé la volonté des dieux, enfin s'il faut en croire le devin Hélénus qui vient de passer dans notre camp, tout nous promet une victoire prochaine. Croyez-en donc mes avis et ne perdons pas de temps à nous placer dans le ventre du cheval. Que les Troyens, séduits par la ruse d'une vaillante déesse et courant eux-mêmes au-devant de leur perte, puissent bientôt introduire dans leur cité la cause de leur ruine. Que ceux qui ne pourront nous suivre mettent le feu à nos tentes, et qu'après avoir préparé nos vaisseaux pour leur départ, ils s'éloignent des bords d'Ilion, en feignant de faire route vers leur patrie, jusqu'à ce qu'ils aperçoivent de quelque rivage voisin des feux allumés sur les hauteurs pour les avertir de revenir sur leurs pas. Surtout qu'à ce signal vos rameurs ne ralentissent point leurs efforts. Gardez-vous de ces terreurs que la nuit fait naître quelquefois dans les cœurs timides. Conservez précieusement le sentiment respectable de votre ancienne valeur, et que nul de vous, en souillant sa gloire, ne perde le prix de ses travaux lorsque vous toucherez au moment de remporter les dépouilles de l'ennemi. »

A ces mots, Ulysse sortit de l'assemblée. Le divin Néoptolème, cédant à ses sages avis, fut le premier à le suivre. Tel on voit un jeune coursier précipiter ses pas dans la campagne encore humide de rosée; fier des nouveaux ornemens dont on vient de le parer, il s'élance sans attendre les coups de fouet ou les menaces de son maître. Le fils de Tydée, Diomède, marche sur les traces de Néoptolème et s'étonne de retrouver sitôt en lui le généreux Achille. Cyanippe vient après lui, Cyanippe, issu d'un sang illustre par Comètho sa mère, qui jadis avait été unie par l'hymen à Tydée, après la mort duquel elle se donna au brave Égiale dont la perte lui coûta bientôt de nouveaux regrets. La naissance de ce héros fut le fruit de ce second hyménée. Ménélas se leva aussitôt après. Il était transporté de rage, et dans sa fureur il souhaitait ardemment de rencontrer Déiphobe, le dernier ravisseur d'Hélène, pour venger sur lui son déshonneur. L'impétueux fils d'Oïlée, Ajax le Locrien, suivait ses pas : il était encore dans son bon sens et Cassandre n'avait point encore essuyé l'outrage qu'il lui fit dans la suite.

Ce héros entraînait avec lui Idoménée, roi de Crète, prince d'un âge mûr et dont les cheveux étaient à demi blanchis par les années. Le vaillant Thrasymède, fils de Nestor, et Teucer, fils de Télamon, dont les traits, quoique lancés de loin, atteignaient toujours le but, marchaient avec eux. On voyait accourir à leur suite Eumélus et Calcas l'interprète des dieux, qui prévoyait déjà que les Grecs, parvenus au terme de leurs fatigues, allaient se rendre maîtres de Troie, à l'aide de la fatale machine qui devait les y porter. Démophon et Acamas, tous deux fils de Thésée, jaloux de se signaler dans cette expédition, voulurent aussi en être : cette faveur leur fut accordée de même qu'à Anticlus roi d'Ortigie. Ce dernier étant mort dans le flancs du cheval, les Grecs le pleurèrent et lui rendirent les derniers devoirs avant que d'en sortir. Pénélée, Mégès, le brave Antiphate, les deux fils de Pélias, Amphidamas et Eurydamas, dont le premier portait toujours son arc avec lui, accompagnèrent les autres héros. Épéus fut le dernier à monter dans cette machine qu'il avait construite avec tant d'habileté.

Tous ces guerriers ayant adressé leur prière à la déesse aux yeux bleus, dont Jupiter est le père, précipitaient leurs pas vers le cheval d'invention divine, destiné à les recevoir. Minerve propice à leurs vœux, les pourvut de nectar et d'ambroisie dont les dieux se nourrissent, de crainte qu'étant sans cesse occupés du piège qu'ils tendaient à leurs ennemis, ils ne songeassent point à se prémunir contre la faim. Ainsi qu'on voit, après la saison des frimas, les nues portées rapidement par des vents orageux, couvrir les champs de flocons de neige qui condensent l'air en tombant; lorsque ces neiges fondues descendent des montagnes en torrent, les bêtes sauvages, effrayées à l'approche de ces bruyantes eaux, fuient au-devant d'elles, elles sautent légèrement d'une éminence à l'autre, jusqu'à ce qu'elles se soient tapies dans le creux de quelque rocher, où, couchées sur leurs membres palpitans, elles attendent en silence que les flots impétueux se soient écoulés. Ainsi les Grecs se portant avec ardeur, chacun à son poste, dans le ventre du cheval, se montraient infatigables. Ulysse, à qui l'on avait confié la garde de la porte, eut grand soin de la fermer dès que les flancs du cheval eurent reçu tous ceux qui devaient y entrer. Il se plaça sur un hauteur pour être plus à portée de découvrir au loin. Les Atrides avaient déjà donné leurs ordres pour qu'on employât des ouvriers de l'armée à démolir la muraille derrière laquelle était caché le chef-d'œuvre d'Épéus, Ulysse fut aussi d'avis de le mettre à découvert, afin qu'étant aperçu de plus loin, il attirât les regards de tous ceux qui seraient à portée de juger de la beauté de ses proportions. En conséquence la démolition ordonnée par le roi des rois fut exécutée. Dès que le soleil précipitant ses rayons dans l'Océan, eut fait place à la nuit, on entendit des hérauts publier dans le camp, qu'il fallait délier les cordages qui retenaient les vaisseaux à terre, et qu'après avoir porté la flamme dans les retranchemens et détruit les tentes qui y étaient dressées, on devait s'éloigner du rivage troyen. Déjà les Grecs traversaient les flots où se précipita jadis la fille d'Athamas ; ils ne laissaient derrière eux que le perfide Sinon qui, pour mieux tromper l'ennemi et le perdre plus sûrement, s'était lui-même meurtri de coups. Tel on voit un rusé chasseur se tapir à l'écart entre des branches touffues, tandis que ses compagnons dressent leurs filets autour d'une enceinte plantée de pieux ; il ne pense pas que sa proie puisse lui échapper ; il guette en silence, et l'œil toujours fixé vers le piége, il observe attentivement tous les animaux qui viennent s'y rendre : tel le malheureux Sinon, s'étant impitoyablement déchiré le corps, méditait la ruine des Troyens. Le sang qui sortait de ses blessures ruisselait le long de son dos.

Cependant la flamme ravageant les tentes des Grecs, brillait au milieu des ténèbres de la nuit, on la voyait s'élancer avec impétuosité, et vomir des tourbillons de fumée. Le dieu dont les feux exercent au loin leur fracas, Vulcain lui-même présidait à cet incendie, c'était lui qui portait dans tout le camp l'élément destructeur ; la déesse sa mère excitait l'ardeur des flammes par son souffle divin. L'aurore n'était pas loin de paraître lorsque la renommée qui ne sait rien taire, vint répandre la terreur dans l'esprit des Troyens et de leurs épouses, en leur montrant les torrens de fumée qui s'élevaient dans l'air. A l'instant ils se rendirent en hâte hors de leurs portes. Bientôt la campagne fut couverte de gens à pied et à cheval, cherchant à reconnaître si ce qu'ils voyaient n'était point une ruse de la part des Grecs. Les uns, traînés dans leurs chariots par d'agiles mulets, accompagnaient hors des murs leur roi Priam ; les vieillards ranimés à la vue de ceux de leurs enfans qui avaient échappé à la fureur de Mars, accouraient en diligence malgré la pesanteur de l'âge ; ils se promettaient enfin de voir couler le reste de leurs jours dans une heureuse liberté. Mais hélas ! leur joie ne devait pas durer longtemps, et les décrets de Jupiter étaient près de s'accomplir.

Les Troyens n'eurent pas plutôt aperçu le cheval de merveilleuse structure, qu'ils se rassemblèrent autour de lui pour le considérer. Ils ne pouvaient se lasser de se récrier sur la beauté de ce chef-d'œuvre : telle on voit une troupe de geais faire retentir l'air de leurs cris, à l'aspect d'un aigle qui plane au-dessus d'eux, et dont la force les étonne. Dans l'admiration dont les Troyens sont saisis, ils forment mille projets aussi légers qu'absurdes, sans savoir auquel s'arrêter. Ceux-ci rebutés d'une guerre qui les a épuisés, et détestant une machine qui est l'ouvrage de leurs ennemis, veulent qu'on la précipite du haut des rochers les plus élevés, ou qu'elle soit détruite par le tranchant de la hache : ceux-là espérant tirer quelque parti d'un chef-d'œuvre aussi parfait, et désirant de le conserver, veulent en faire une offrande aux immortels, et le suspendre aux voûtes de leurs temples, où il deviendra peut-être dans la suite le sujet de nouvelles hostilités, si les Grecs sont tentés de le reprendre.

Tandis qu'on délibérait sur ces divers expédiens, on vit paraître dans la campagne un misérable couvert de plaies, et dont aucun vêtement ne cachait l'affreuse nudité : les meurtrissures qui paraissaient à la surface de son corps étaient les marques d'autant de coups de fouet donnés avec force. Il s'approcha, et se voyant à portée de Priam il se jeta à ses pieds, lui tendit des mains suppliantes, et après avoir embrassé les genoux du vieillard, il implora sa clémence en lui adressant ce discours artificieux : « Illustre héritier du trône de Dardanus, si tu daignes prendre en pitié un malheureux qui a passé les mers avec les Grecs ; pour aborder en ces lieux, tu sauveras la vie à un homme destiné à être le libérateur des Troyens et de leur ville, en un mot, à l'ennemi mortel des Grecs. Vois en quel horrible état ils m'ont mis : sans doute ils craignent peu la vengeance céleste. Hélas ! que leur avais-je fait pour me traiter si indignement? Mais ce n'est pas la première injustice dont ils se sont rendus coupables. N'ont-ils pas commis la plus noire ingratitude en enlevant à Achille le prix de son courage? Philoctète, abandonné par eux dans une île déserte, n'a-t-il pas éprouvé toute leur perfidie? Palamède enfin n'est-il pas tombé sous leurs coups, victime d'une basse jalousie? Que de tourmens, ô ciel! ces barbares m'ont fait souffrir, et cela, parce que j'ai refusé de m'en retourner avec eux, et que j'ai tâché de persuader à mes compagnons de ne point quitter ce rivage. Les cruels ont suivi les conseils des plus jeunes d'entre eux; ils m'ont battu sans pitié; après m'avoir dépouillé ils m'ont horriblement écorché à coups de lanières, et ils m'ont laissé sur une terre étrangère. Prince fortuné, sois toujours l'imitateur fidèle du maître des dieux, de cet auguste protecteur des malheureux réduits à l'état de supplians. Quel triomphe pour les Grecs, si tu permettais aux Troyens de violer en ma personne les droits de l'infortune et de l'hospitalité! Daigne m'accueillir et je te promets que tu n'auras point à craindre de la part des Grecs de nouvelles hostilités. »

Il dit, et le vieillard cherchait à le rassurer, en lui parlant du ton le plus affable : « Ami, lui dit-il, pourrais-tu encore éprouver des alarmes au milieu de nous, et lorsque tu n'as plus aucune injure à redouter de la part des Grecs? Tu seras désormais notre ami, et ce titre seul te tiendra lieu de patrie et de biens. Mais de grâce, dis-moi à quoi bon cette admirable machine? Dans quelle vue a-t-on construit cet énorme cheval, dont le seul aspect inspire une surprise mêlée d'effroi? Apprends-moi ton nom, ta naissance, que je sache enfin d'où sont partis les vaisseaux qui t'ont conduit sur ces bords. »

L'étranger, toujours fécond en ruses et feignant de prendre courage, repartit ainsi : « Je répondrai à toutes tes questions, puisque tu me l'ordonnes. J'ai reçu le jour dans Argos, et je me nomme Sinon. Aésimus, un mortel blanchi par les années, est mon père. C'est au génie d'Épéus que les Grecs doivent l'invention de ce cheval, que d'anciens oracles leur avaient promis. Sache que les dieux ont arrêté que si vous le laissez dans la campagne, Troie doit tomber au pouvoir des Grecs : si Pallas au contraire le reçoit dans son temple comme un hommage rendu à sa divinité, vos ennemis s'enfuiront, honteux d'avoir fait jusqu'ici d'inutiles efforts. Ne perdez donc point de temps; entortillez des chaînes autour de cette fatale machine, et conduisez-la ainsi dans votre citadelle, dont l'enceinte est si chère à la déesse des combats. »

Dès qu'il eut achevé ces mots, le roi lui fit apporter des vêtemens, et lui ordonna de s'en couvrir. Cependant les Troyens, ayant passé des bandes de cuir et de fortes chaînes autour du corps du cheval, le traînaient dans la campagne, à l'aide des roues sur lesquelles il était monté. Ils ignoraient qu'il portait dans ses flancs l'élite des héros grecs. Des joueurs de flûte et de luth, rassemblés au-devant de lui, faisaient retentir l'air de leurs concerts. Hélas! misérables humains, que nos vues sont bornées! Un nuage épais nous dérobe l'avenir : séduits par de vains transports, nous courons souvent sans le savoir à notre ruine. Ainsi le plus terrible fléau menaçait les Troyens, et eux-mêmes allaient l'introduire dans leurs portes. Ils avaient cueilli toutes les fleurs des bords du Simoïs, et ils couronnaient déjà de guirlandes le cheval auquel le destin avait attaché leur perte. La terre gémissait sous le poids de l'airain dont les roues étaient entourées; l'essieu, surchargé d'un poids énorme, criait horriblement; l'on entendait craquer le bois assemblé avec un art infini; la chaîne qui traînait à terre, et qui y formait plusieurs circonvolutions, élevait des tourbillons de poussière dont l'air était obscurci; les cris de la multitude employée à traîner cette machine, faisaient un bruit épouvantable. Les Hamadryades du mont Ida firent en cet instant retentir les bois de leurs gémissemens; le Xanthe désespéré roula ses eaux avec plus de fracas; l'on entendit le Simoïs à son embouchure pousser des cris affreux; enfin Jupiter, embouchant la trompette céleste, annonçait l'approche de la guerre.

Cependant les Troyens avançaient toujours, traînant après eux l'auteur de leur ruine. Les inégalités du terrain et les rivières qu'il fallait traverser, leur rendaient le chemin très-pénible : malgré ces obstacles, le cheval les suivait aux autels de Pallas. Il semblait s'enorgueillir de ce qu'il devait en être l'ornement. La déesse, frappant de sa main divine la croupe de l'animal, augmentait la rapidité de sa marche : aussi franchissait-il l'espace plus promptement qu'une flèche. Il atteignit aisément ses conducteurs, quelque précipitée que fût leur marche. On ne le vit pas prendre un instant de relâche, jusqu'à ce qu'il fût rendu sous les murs de Troie. Les portes n'étaient pas assez larges pour le recevoir ; mais Junon accourut, et lui en rendit l'accès facile. Neptune, assis au haut des tours d'Ilion, enfonça les portes d'un coup de son trident, et lui en ouvrit l'entrée. Aussitôt les femmes troyennes, accourant des divers quartiers de la ville, se rassemblèrent autour de cette merveille. Les vierges, les jeunes filles dont la main était déjà promise, celles enfin qui joignaient au titre d'épouse celui de mère, toutes exprimaient leur joie par leurs chants et par leurs danses. Les unes apportaient des tapis brodés, pour en parer ce superbe cheval et le mettre à couvert ; d'autres, déliant leurs riches ceintures, afin de pouvoir agir plus librement, l'entouraient de guirlandes qu'elles avaient tressées elles-mêmes ; l'une d'entre elles, faisant servir à des libations la liqueur renfermée dans un très-grand tonneau, en laissa couler un vin exquis, mêlé d'une infusion de safran doré. La terre ainsi abreuvée exhalait une odeur délicieuse. Les cris des femmes répondaient à ceux des hommes ; les enfans mêlaient leurs voix aiguës aux sons débiles que poussaient les vieillards. Comme on voit des grues arriver en troupes des rivages situés par delà le vaste Océan, ces filles de l'hiver annoncent leur venue par les cris qu'elles font entendre au haut des airs ; elles planent, et, disposées en rond, elles gardent toujours un ordre admirable : le laboureur affligé du retour des frimas se désole en les voyant. Ainsi les Troyens, assemblés en tumulte au-devant de leurs portes, amenaient un cheval qui portait dans ses flancs des bataillons ; ils allaient le déposer dans leur citadelle.

Dans ces entrefaites, Cassandre, agitée par l'esprit prophétique, et ne pouvant plus demeurer renfermée dans son appartement, en avait brisé la porte, et courait au dehors. Telle on voit une génisse piquée par un insecte, vrai fléau de son espèce, s'élancer avec légèreté : c'est en vain que le berger attend son retour ; elle n'entend plus sa voix qui l'appelle, elle a oublié ses pâturages qu'elle aimait tant ; depuis qu'elle a senti l'aiguillon de son ennemi, elle a fui loin de ses parcs. Telle la fille de Priam, en proie au trait dont elle était déchirée en découvrant un avenir fâcheux, agitait le laurier sacré ; elle remplissait la ville de ses hurlemens. Ni ce qu'elle doit au rang illustre dont elle est issue, ni ce qu'elle doit à ses amis, rien ne peut la retenir ; elle a perdu jusqu'au sentiment de la pudeur, si cher à son sexe. L'excès de fureur auquel elle est livrée est pire que l'état de ces femmes thraces qui, troublées par le son des flûtes de Bacchus, lorsqu'il court sur les montagnes, et ressentant toute la rage que ce dieu sait inspirer, restent immobiles, sans que rien puisse détourner leurs regards de l'objet sur lequel ils se sont fixés : on les voit secouer leur tête dépouillée de tout ornement, et ceinte uniquement d'une bandelette de lierre attachée par un cordon ; ainsi Cassandre, conduite par son délire, errait çà et là. Souvent dans les accès de son désespoir elle s'arrachait les cheveux, et déchirant sa poitrine elle jetait des cris effroyables : « Insensés que vous êtes, dit-elle en s'adressant aux Troyens, quelle fureur aveugle vous a fait conduire dans vos portes ce cheval, ouvrage de la perfidie ? pourquoi vous précipiter ainsi dans la nuit éternelle ? c'est à la mort que vous courez ; un sommeil funeste va fermer vos yeux pour jamais. Ne voyez-vous pas que vos ennemis sont campés dans cette prodigieuse machine ? C'est à cette heure que vont s'accomplir les tristes visions qui ont troublé le repos d'Hécube. Rien ne s'opposera désormais aux efforts de nos ennemis ; ils touchent à l'exécution de leur entreprise, et leurs succès vont terminer la guerre. Un bataillon de héros grecs est prêt à fondre sur nous, ils n'attendent qu'une nuit obscure pour sortir des flancs où ils sont renfermés, ils brûlent de descendre à terre pour nous livrer combat. Malgré les ténèbres, nous verrons briller le fer homicide levé contre nous. Avec quelle ardeur ces braves guerriers vont s'élancer dans la mêlée ! Vos femmes, alarmées à l'aspect de tant de soldats issus du ventre du cheval, s'enfuiront et ne pourront tenir contre une semblable multitude. La déesse qui a conçu le plan de cette machine la délivrera du poids dont elle est surchargée ; Pallas elle-même, qui se plaît à désoler les cités, favorisera cette espèce d'enfantement qui doit nous coûter tant de larmes. Je vois déjà les flots de notre sang rejaillir sur nos meurtriers ; ils se repaissent de carnage. Les femmes enveloppées dans le malheur commun sont chargés de fers. Un feu dévorant s'est glissé dans nos murs, c'est du sein du cheval qu'il est sorti. Hélas, malheureuse Casandre! hélas, chère patrie! tu vas être réduite en poussière. L'ouvrage des dieux va périr : des murs qu'ils ont bâtis eux-mêmes, et que Laomédon fonda jadis, sont près d'être renversés. O mon père! je gémis d'avance sur tes malheurs et sur ceux d'une reine infortunée; une chute affreuse t'attend. Couché désormais aux pieds des autels que tu as élevés dans ton palais au grand Jupiter, tu n'auras plus d'autre ressource que de l'implorer. Et toi, mère trop féconde, d'autres humiliations te sont réservées. Après avoir vu massacrer tes enfants, les dieux t'ôteront la figure humaine, pour te changer en une bête furieuse. Polixène ma sœur, mes larmes te suivront dans le tombeau qu'on t'aura élevé aux environs de Troie. Fassent les dieux qu'un de nos vainqueurs, sensible à la peine que m'aura causée ta perte, daigne m'immoler à sa fureur, et joindre ainsi mes cendres aux tiennes. Hélas! ma mort ne sera pour Agamemnon qu'un faible dédommagement de tant de fatigues essuyées pour nous perdre. Ouvrez enfin les yeux et dissipez un nuage que le destin ennemi répand autour de vous pour vous égarer. Que ce cheval qui porte tant de héros dans ses flancs, tombe sous l'effort de la hache, qu'il périsse dans les flammes, et que les Grecs qui s'y sont cachés y trouvent un bûcher digne prix de leur perfidie. Lorsque vous vous serez ainsi vengés, les festins, les danses, tous les plaisirs vous seront permis, après avoir fait des libations aux dieux qui nous auront rendu la liberté, l'objet de vos vœux les plus doux. »

Elle parla ainsi, sans qu'on ajoutât foi à ses discours. Apollon qui lui avait accordé le don de prévoir l'avenir, avait fait en sorte que personne ne croyait à ses oracles. Priam qui l'entendit, ne lui répondit que par les reproches les plus amers : « Quelle audace, quelle impudence est la tienne, lui dit-il, et quel mauvais génie te porte encore aujourd'hui à nous annoncer des malheurs? c'est en vain que tu nous révèles tes oracles. La fureur qui s'est emparée de ton esprit, ne s'est donc point calmée, et ta langue ne se contiendra jamais? Tu t'affliges de notre bonheur, et tu nous prédis notre ruine, au moment même où Jupiter fait briller à nos yeux l'espoir de la liberté, lorsqu'il vient de dissiper les vaisseaux ennemis! On ne voit plus les lances agitées dans la main des guerriers, les arcs restent détendus, on n'entend plus le cliquetis des épées ni le sifflement des flèches ; des exercices plus doux, la danse et le chant, sont le signal de notre victoire. Les mères n'ont point à pleurer leurs enfans, les épouses qui armèrent elles-mêmes leurs jeunes époux avant le combat, ne se reprochent point d'avoir hâté leur départ, puisque leur retour les comble de joie; enfin Pallas, notre déesse tutélaire, reçoit l'offrande que nous lui faisons du cheval attiré dans son temple, et tu ne rougis pas de venir débiter à la porte de mon palais d'indignes mensonges! Quel fruit pouvons-nous retirer de tes prophéties ? elles sont vaines, et les murs sacrés d'Ilion en sont profanés. Abandonne-toi si tu le veux au désespoir, mais laisse-nous les danses, les festins et les chansons. Nous n'avons plus de sujets d'alarmes, et nous nous passerons bien de tes folles prédictions. » En achevant ces mots, il ordonna qu'on ramenât sa fille dans l'intérieur du palais : la princesse obéit avec peine aux ordres de son père. Cependant, étant rentrée dans son appartement, et s'étant jetée sur son lit, elle fondit en larmes en pensant à sa triste destinée. Elle se représentait déjà la flamme faisant des progrès rapides autour des murailles de sa patrie.

Dans le même temps les Troyens, rassemblés dans le temple de Minerve protectrice de leur ville, étaient occupés à placer sur de riches piédestaux le cheval qu'ils venaient de lui offrir. Le feu consumait les victimes consacrées à la déesse, et ses autels étaient tout fumans de la graisse des sacrifices. Les dieux rejetaient ces hécatombes. On ne voyait partout que festins, on s'abandonnait à une joie effrénée, dont l'excès devenait encore pire par la stupidité que l'ivresse répandait sur tous les esprits. On ne pensait plus à rien, personne n'était à son poste, et l'on ne cherchait qu'un prétexte pour y manquer. Entre ceux à qui l'on avait confié la garde des portes, il y en avait bien peu qui songeassent à y veiller. Déjà le jour venant de s'éteindre, la nuit avait couvert Ilion de son voile funeste, lorsque la déesse des amours, toujours habile à imaginer des ruses, ayant pris un ajustement favorable à ses charmes, se rendit auprès d'Hélène, elle l'appela et lui parla ainsi : « Chère princesse, lui dit-elle avec douceur, le vaillant Ménélas ton époux, porté dans les flancs du cheval de bois, vient te retirer des mains de tes ravisseurs. Les autres princes grecs, jaloux de l'honnneur de partager les périls d'une entreprise dont tu es l'objet, sont renfermés avec lui dans cette fatale machine. Ne t'inquiète point sur la destinée du vieux Priam; que le reste des Troyens et Déiphobe lui-même cessent d'occuper ta pensée. Je vais te rendre à Ménélas. » Hélène, séduite par le ton insinuant de Vénus, abandonna sa couche embaumée : Déiphobe guidé par son amour, suivit les traces de sa nouvelle épouse dont la beauté charmait les regards des femmes troyennes qui se trouvaient sur son passage. Elle se rendit au temple de Minerve; le superbe cheval qui venait d'être introduit sous ces voûtes sacrées, l'étonna par l'énormité de sa taille. Elle en fit trois fois le tour. L'esprit occupé des jeunes beautés de la Grèce, elle les nomma toutes à voix basse. Leurs époux placés dans le ventre du cheval, s'affligeaient au tendre souvenir que leur rappelaient des noms si chéris. Ménélas s'attendrit au son de la voix de la fille de Tyndare qui vint frapper ses oreilles, Diomède versa des pleurs en entendant nommer Égialée sa tendre épouse; le nom de Pénélope produisit la même émotion dans l'âme de son cher Ulysse. Anticlus seul ne put contenir ses transports; dès qu'il entendit prononcer le nom de Laodamie, il ouvrit la bouche pour répondre à la voix qui lui rappelait l'objet de son amour; mais Ulysse arrêta son indiscrétion; il se jeta sur lui, et, lui pressant la gorge avec ses deux mains, il l'empêcha de proférer un seul mot. Il lui serra les lèvres si fortement qu'il ne lui fut pas possible de les ouvrir. Ce malheureux ne voulut se lever pour échapper à la violence de son adversaire et pour se soustraire à la rigueur d'un silence qui le tuait; en se débattant ainsi, il rendit le dernier souffle. Les Grecs, témoins de son malheur, le pleurèrent sans se laisser aller à l'excès de la douleur de crainte qu'on ne les entendît. Ils le précipitèrent dans une cavité formée par une des cuisses du cheval et jetèrent un manteau sur son cadavre glacé. La perfide Hélène aurait attiré bien d'autres Grecs, si Pallas, avec cet air qui répand la terreur, ne l'eût écartée par ses menaces. La seule vue de la déesse lui fit abanner l'enceinte du temple. Comme elle se disposait à en sortir, Minerve lui parla ainsi : « Malheureuse, lui dit-elle d'un ton qui la fit trembler, jusqu'où doivent t'emporter tes folles ardeurs? Quand cesseras-tu de soupirer après de nouveaux amans ? Les feux impudiques que Vénus allume en ton sein ne s'éteindront-ils donc jamais ? N'es-tu point touchée de la constance de ton premier époux, et l'éloignement de ta fille Hermione ne te cause-t-il aucun regret ? Tiendras-tu toujours le parti des Troyens? Fuis loin de ces lieux, retourne au palais de Priam, et du haut de ses tours montre aux Grecs le chemin que leurs vaisseaux doivent tenir pour leur retour, en faisant briller à leurs yeux des flambeaux allumés. » C'est ainsi que Pallas prévenait les suites de l'attendrissement qu'aurait pu exciter chez les héros grecs la séduisante voix d'Hélène.

Tandis que cette princesse s'acheminait vers le palais, les Troyens, accablés de lassitude, avaient cessé de danser pour se livrer au sommeil. Ils ne faisaient plus résonner leurs instrumens de musique. Ceux-ci, fatigués des excès de la table, s'étaient endormis la tête penchée sur leurs verres, pendant que ceux-là, cherchant à saisir leurs coupes remplies de vin, les laissaient échapper de leurs mains débiles. Le repos, compagnon de la nuit, versait sa douce influence sur les mortels; les chiens mêmes, suspendant leurs aboiemens, semblaient craindre de troubler ce silence. Le calme qui régnait dans la cité allait devenir le signal du carnage. Déjà le maître des dieux, qui dispense la victoire à son gré, avait fait pencher sa balance en faveur des ennemis des Troyens; la perte de ces derniers était assurée. Apollon ne pouvait plus frapper les Grecs de ses traits. Affligé de la ruine prochaine des murs sacrés d'Ilion, il sortit de leur enceinte et se retira dans un superbe temple que les Lyciens lui avaient bâti.

Cependant Sinon, ayant allumé des feux auprès du tombeau d'Achille, donnait aux Grecs le signal convenu. Hélène à son tour, voulant les favoriser, leur montrait du haut de son palais une torche ardente. Telle Hécate brillant d'un éclat nonpareil, dore la voûte céleste qui s'éclaire à son aspect, quand ayant passé les premiers jours du mois pendant lesquels cet astre cornu ne répand sur l'univers qu'une lueur ténébreuse, son disque s'arrondit enfin et devient plus lumineux en attirant à soi un plus grand nombre de rayons du soleil; telle l'épouse de Ménélas étincelait dans l'obscurité de la nuit, de l'éclat que lui prêtait la flamme qu'elle avait allumée en faveur des Grecs. Ceux-ci apercevant de loin les flambeaux que leur tendait une si belle main, s'empressèrent d'aborder aux rivages phrygiens qu'ils avaient feint de vouloir quitter. Les rameurs faisaient diligence, pressés du désir de terminer une guerre malheureuse; il leur tardait de quitter la rame pour s'élancer dans la mêlée, impatiens d'arriver, ils s'animaient l'un l'autre. Les vents, secondant leur ardeur et soufflant avec violence sur leurs vaisseaux, les eurent bientôt portés devant Troie où ils abordèrent heureusement sous les auspices de Neptune. A l'instant les matelots devenus soldats, se mirent en marche, laissant derrière eux leurs cavaliers, de crainte que les chevaux des Troyens, hennissant à l'approche de leurs cavales, n'éveillassent leurs maîtres.

Déjà les héros enfermés dans le ventre du cheval s'élançaient hors de ses flancs. Telles des abeilles sortant du creux d'un chêne, où elles ont bâti artistement leur ruche, se répandent dans la prairie, elles s'y repaissent du suc des fleurs et se jettent ensuite sur les passans qu'elles percent de leur aiguillon : tels les Grecs sortant d'embuscade et sautant à terre, fondaient impétueusement sur les Troyens. Le sommeil dans lequel ils les trouvèrent plongés devint le sommeil de la mort. Elle n'eut pour eux d'autres horreurs que les songes funestes qui vinrent s'offrir à leur esprit. Le carnage fut tel, qu'on vit la terre inondée de sang; l'air retentissait à chaque instant des cris des vaincus fuyant au-devant de leurs meurtriers; la cité était ébranlée par la chute des morts qui tombaient sans mouvement. Les vainqueurs, semblables à des lions furieux, portaient le tumulte dans tous les quartiers et jonchaient les rues des cadavres de leurs ennemis. Les femmes troyennes, entendant tout ce fracas du haut de leurs toits et soupirant sur la perte de leur liberté, présentaient la tête à leur époux en leur demandant le coup mortel; les mères désolées répandaient des larmes sur leurs enfans, comme on voit la tendre hirondelle, lorsqu'elle a perdu les fruits de ses amours, se désespérer en voltigeant autour de son nid. Plus d'une jeune fille versa des pleurs sur le corps de son amant palpitant encore et courut d'elle-même à la mort pour terminer sa peine; elle aima mieux périr que de se voir condamnée à passer le reste de ses jours dans les fers d'un insolent vainqueur; elle craignit peu de l'irriter par des refus, et demeurant toujours fidèle à ses premiers vœux, elle voulut être unie à son amant, même après le trépas. Les femmes enceintes surprises avant le terme par les douleurs de l'enfantement, expirèrent avec leur fruit dans des souffrances horribles. Bellone, cette déesse qui se plaît tant à s'abreuver de sang, passa toute cette nuit dans l'ivresse et la joie : on la vit traverser la ville en dansant, semblable à la tempête qui soulève jusqu'aux nues les flots de la mer bruyante. La Discorde, dont la tête atteint jusqu'aux cieux, travaillait de concert avec elle à exciter l'ardeur des Grecs. Le terrible Mars se joignit aussi, quoique un peu tard, à ces divinités : il venait secourir les enfans de Danaüs et il avait fixé en leur faveur la victoire inconstante. Cependant la déesse aux yeux bleus, secouant l'égide du maître des dieux, fit retentir la citadelle d'Ilion de ses cris horribles; Junon accourant à ce bruit, l'air en frémit, la terre ébranlée par le trident de Neptune répondit à ce fracas; le souverain des enfers fut troublé d'effroi; il se précipita à l'entrée de ses royaumes sombres; ce dieu craignait que Jupiter irrité n'eût enfin détruit l'espèce humaine, et que Mercure n'amenât dans son empire tant d'âmes dégagées de leur enveloppe. Une confusion épouvantable régnait dans toute la ville. Les meurtriers s'abandonnaient à leur rage, sans considérer quelles étaient leurs victimes. Des soldats arrêtés auprès de la porte Scée massacraient tous ceux qu'ils voyaient fuir vers eux; quelques-uns surpris au saut du lit se sentirent percés par une main inconnue, dans le temps qu'ils cherchaient eux-mêmes leurs armes pour aller au combat; d'autres, à la faveur des ténèbres, s'étant réfugiés ailleurs que chez eux, y donnaient leurs ordres comme s'ils eussent été les amis du maître de la maison. Insensés! ils ne voyaient pas que cet asile devait leur être funeste et qu'ils imploreraient en vain les droits de l'hospitalité. Plusieurs, perchés sur leurs toits, furent atteints de flèches au moment qu'ils s'y attendaient le moins; il y en eut qui, s'étant surchargés de vin, se réveillèrent en sursaut, et voulant accourir au bruit qu'ils entendaient ils se précipitèrent du haut du toit sans songer qu'un escalier pouvait les conduire dans la rue : tant ils étaient aveuglés par leur ivresse! leurs vertebres fracassées dans cette chute ouvraient une issue au vin dont ils s'étaient gorgés. On en voyait d'attroupés pour combattre, qui périssaient ensemble sous les coups de l'ennemi : la fuite ne pouvait les dérober au trépas, on les poursuivait avec un tel acharnement, qu'ils n'hésitaient pas à sauter du haut des tours en bas; ils descendaient ainsi dans le Tartare, et le funeste saut qui les y conduisait était le dernier de leur vie. Quelques-uns plus heureux échappèrent en prenant des routes secrètes à la tempête qui soufflait avec tant de rage sur Ilion : ils fuyaient dans les vallons de manière qu'on les eût pris pour des voleurs qui se sauvent furtivement. Enfin, un grand nombre de Troyens étaient immobiles au milieu des ténèbres et du carnage, on eût dit qu'ils étaient déjà sans vie et qu'ils n'avaient pas même la ressource de fuir; on les voyait tomber sans défense les uns sur les autres. La cité destituée de ses habitans et peuplée uniquement de morts ne pouvait plus contenir les flots de sang; on n'épargnait personne; les vainqueurs pressaient les vaincus avec furie, leur rage insolente étouffait en eux la crainte de la vengeance céleste; le sang dont ils souillaient les autels allumaient la colère des dieux bien loin de les appaiser. On immolait sans pitié les vieillards les plus vénérables ; ils avaient beau demander grâce à genoux, ni leur posture suppliante ni leurs têtes blanchies par les années, rien ne pouvait les défendre de la barbarie des meurtriers. Malgré les droits de leur âge, les enfans étaient arrachés du sein de leurs mères dont les jours s'éteignaient bientôt lorsqu'elles se voyaient enlever ce qu'elles avaient de plus cher au monde : on faisait expier à ces innocentes créatures les crimes de leurs pères. C'était en vain que les nourrices présentaient leurs mamelles à leurs nourrissons qui étaient hors d'état d'en sucer le lait; elles en répandaient les flots sur leurs corps glacés d'un froid mortel, et elles en faisaient des libations à leur mânes. Les oiseaux et les chiens s'attroupaient autour des cadavres dont la ville était couverte, et ces animaux que la nature a placés dans un élément différent se repaissaient de la même chair ; ils se désaltéraient dans le même sang en se livrant à leur férocité naturelle. Les cris des oiseaux acharnés à leur proie semaient la terreur dans l'air, tandis que les chiens hurlaient impitoyablement en dévorant leurs maîtres. Ingrats! ils ne respectaient pas même les corps de ceux qui, pendant leur vie, s'étaient occupés à pourvoir à leurs besoins.

Au milieu de ces scènes d'horreur, Ulysse et le blond Ménélas s'acheminaient vers le palais de Déiphobe, où ce fils de Priam brûlait d'amour pour Hélène. Tels on voit dans une nuit d'hiver les loups affamés profiter de l'absence du berger pour fondre sur les brebis : après les avoir tuées ils les emportent et frustrent ainsi les pasteurs du prix de leurs soins. En arrivant, ces deux héros ont à faire tête à un nombre prodigieux d'ennemis. Le combat recommence, les uns s'approchent pour se mesurer avec les princes grecs, les autres montent sur le toit, et de là il les accablent de grosses pierres et de flèches. Ces braves aventuriers dérobent leurs têtes superbes à tant de traits : défendus par leurs casques et retranchés derrière leurs boucliers, ils parcourent la vaste enceinte du palais. Ulysse renverse des portes qui, par leur solidité, auraient arrêté tout autre que lui : il abat la multitude de ses adversaires. Atride, de son côté poursuit Déiphobe, il l'atteint dans l'instant qu'il cherchait à lui couper le chemin, il le frappe au milieu du corps et lui fait une ouverture par où le foie et les intestins s'échappent; ce prince infortuné tombe et ne perd sa valeur qu'en perdant la vie. Hélène effrayée du danger de Déiphobe dont elle était la conquête l'avait suivi dans les appartemens : dans la crise où elle se voyait, tantôt elle éprouvait un sentiment de joie en pensant que la guerre allait être terminée, tantôt rougissant, quoique un peu tard, de sa conduite passée et se rappelant le souvenir de sa chère patrie, elle rougissait intérieurement et sans articuler ses plaintes, comme si tout ce qu'elle sentait eût été l'illusion d'un songe. Néoptolême cherchant à venger son père s'était introduit dans le palais du vieux Priam : il l'aperçut aux pieds des autels de Jupiter, et du coup qui l'étendit sans vie il termina ses malheurs : ni les instances de ce roi infortuné, ni la conformité de son âge avec celui de Pélée, aïeul de Néoptolême, ne purent garantir un vieillard dont Achille, malgré la pétulence de son caractère, avait épargné les jours. Hélas! les dieux ne laissèrent pas ce crime impuni : le meurtrier périt à son tour de la même manière. Le dieu dont les oracles ne trompent jamais le vit tomber au pied de ses autels, sous le fer d'Oreste qui le poursuivit dans le temple de Delphes, croyant qu'il y était venu pour le piller. Quelle fut la douleur d'Andromaque en cette journée! que de larmes ne répandit-elle point en voyant le jeune Astyanax, précipité du haut des tours d'Ilion par le perfide Ulysse, terminer sitôt sa carrière!

L'impétueux Ajax acheva le déshonneur de Cassandre. Cette princesse implora vainement le secours de Pallas, déesse protectrice de la virginité. Minerve, courroucée d'une telle violence, retira de ce moment sa faveur de dessus les Grecs; et pour punir le crime d'un seul elle leur voua son inimitié. Énée et son père Anchise échappèrent à leurs ennemis par un bienfait de Vénus qui les cacha dans un nuage: elle eut pitié d'un vieillard qu'elle avait aimé jadis, et elle voulut conserver son fils destiné par un décret des dieux à fonder un établissement en Ausonie, loin des rivages troyens; Jupiter avait confirmé cet arrêt, voulant que les fils de Cythérée et leur postérité s'illustrassent à jamais par l'étendue de leur puissance. Atride sauva du carnage les enfans d'Antenor, en mémoire de l'hospitalité que ce bon vieillard et Théano son épouse, avaient ci-devant exercée envers lui. Pour toi, malheureuse Laodice, avant que tu pusses t'éloigner des bords qui t'avaient vu naître, la terre te reçut dans son sein, tu ne survécus point à la perte d'Ilion, ni le vaillant Acamas, ni aucun autre Grec, ne purent t'emmener dans leurs murs.

Sans doute il me serait aisé de chanter toutes les funestes circonstances de cette guerre, puisque ce sont les Muses qui m'inspirent: quoique près d'avoir atteint le but, je pourrais soutenir encore longtemps ma voix.

Déjà l'Aurore, sortant du sein de l'Océan, paraissait à l'orient, conduite dans son char par ses superbes coursiers. Ses rayons blanchissant le ciel dissipaient peu à peu les ténèbres et chassaient devant eux une nuit féconde en désastres. Les vainqueurs enorgueillis de leur victoire cherchaient partout, dans l'espoir de rencontrer quelque Troyen échappé au carnage. Le reste était dans les lacs de la mort, tels on voit des poissons enveloppés de filets qu'on a jetés sur le rivage. Cependant les Grecs ne trouvant plus aucune résistance pillaient dans les maisons les meubles les plus précieux et tout ce qui pouvait satisfaire leur cupidité: ils ne respectaient pas même les temples dont ils enlevaient les offrandes; ils emmenaient sur leurs vaisseaux les captives avec leurs enfans. Enfin ils livrèrent aux flammes les murailles de Troie, et l'ouvrage de Neptune devint ainsi la proie de l'élément destructeur. La cité réduite en cendres servit elle-même de tombeau à ses anciens habitans. Le Xanthe témoin des funestes progrès de la flamme mêla des larmes à ses ondes. Les Grecs voulant apaiser les mânes d'Achille arrosèrent son tombeau du sang de Polyxène. Ils se partagèrent les captives et les trésors qu'avait produits le butin, ils en chargèrent leurs vaisseaux et traversant les flots, ils s'éloignèrent des bords phrygiens, après y avoir heureusement terminé leur entreprise.

FIN DES OEUVRES DE TRYPHIODORE.

APOLLONIUS,

TRADUIT PAR J.-J.-A. CAUSSIN.

VIE D'APOLLONIUS.

Apollonius naquit à Alexandrie [1], sous le règne de Ptolémée Philadelphe, environ 276 ans avant l'ère vulgaire [2]. Son père, qui était de la tribu ptolémaïde, se nommait Illée ou Sillée, et sa mère Rhodé. Il étudia l'art des vers sous Callimaque, poëte célèbre chéri de Ptolémée Philadelphe, auquel il prodiguait souvent la flatterie, et dont nous avons encore des hymnes écrits avec autant d'esprit que d'élégance. Les leçons d'un tel maître firent bientôt éclore les talens du jeune Apollonius et prendre l'essor à son génie. Il n'avait pas encore atteint l'âge viril lorsqu'il fit paraître la première édition de son poëme sur l'*Expédition des Argonautes*. La publication de cet ouvrage fit naître entre lui et son maître une rivalité qui dégénéra bientôt chez Callimaque en une haine violente. D'abord il se contenta de critiquer l'ouvrage d'Apollonius et l'accusa de vouloir rabaisser les siens [3]; mais bientôt ne pouvant plus contenir son ressentiment il composa contre lui une satyre dans laquelle, le désignant sous le nom d'*Ibis*, oiseau fort commun en Égypte et qui se nourrit de serpens et de scorpions, il entasse sur lui les imprécations les plus ridicules. Cette pièce, dont on doit peu regretter la perte, était écrite d'un style très-obscur puisqu'un auteur la cite avec la *Cassandre* de Lycophron et d'autres ouvrages du même genre, qu'il regarde comme de vastes champs de bataille ouverts à tous les commentateurs qui veulent les expliquer [1]. On peut se faire une idée du mauvais goût dans lequel elle était écrite, par celle qu'Ovide a composée sous le même titre contre un de ses ennemis. Ovide avait trop de jugement et de délicatesse pour ne pas sentir les défauts de ce genre énigmatique; il les expose fort bien au commencement de son Ibis, et s'excuse seulement sur l'exemple du poëte grec [2].

Nous ignorons si Callimaque borna son ressentiment à écrire, et s'il ne fit pas usage de la faveur dont il jouissait auprès de Philadelphe pour perdre Apollonius [3]: ce qui est constant, c'est que celui-ci fut obligé de quitter Alexandrie, peu après la publication de son poëme. Cet exil lui fut d'autant plus sensible, qu'il avait pour le lieu de sa naissance un

---

[1] Strabon, liv. XIV, p. 655. (Suidas.) Les auteurs des deux notices sur la vie d'Apollonius qui se trouvent à la tête des éditions de son poëme.

[2] C'est l'époque de la naissance d'Ératosthène, contemporain d'Apollonius, et comme lui, disciple de Callimaque. (Suidas.)

[3] Voici le passage de Callimaque, dans lequel on croit communément qu'il a voulu désigner Apollonius: c'est la fin de l'hymne à Apollon.

« L'Envie s'est approchée de l'oreille d'Apollon et lui a dit : « Que vaut un poëte, si ses vers n'égalent pas le nombre des flots de la mer? » Mais Apollon, d'un pied dédaigneux a repoussé l'Envie et lui a répondu : « Vois le fleuve d'Assyrie, son cours est immense, mais son lit est souillé de limon et de fange. » Non, toutes les eaux indifféremment ne plaisent pas à Cérès, et le faible ruisseau, qui, sortant d'une source sacrée, roule une onde argentée toujours pure, servira seul aux bains de la déesse.

» Gloire à Phébus, et que l'Envie reste au fond du Tartare. »

---

[1] Suidas au mot *Callimaque*, Clem. Alex. *Strom.*, liv. V.

[2] Nunc quo Batliades inimicum devovet Ibin,
Hoc ego devoveo teque tuosque modo :
Utque ille, historiis involvam carmina cœcis :
Non soleam quamvis hoc genus ipse sequi.
Illius ambages imitatus in Ibide dicar;
Oblitus moris, judiciique mei.
Et quoniam qui sis, nondum quærentibus edo ;
Ibidis interea tu quoque nomen habe.
Utque mei versus aliquantum noctis habebunt ;
Sic vitæ series tota sit atra tuæ.
Ovid. Carm. in Ibin., v. 53.

» Je te dévoue aujourd'hui, toi et les tiens, par des imprécations semblables à celles par lesquelles le fils de Battus (Callimaque) dévoua son ennemi Ibis; comme lui j'envelopperai mes vers d'histoires obscures, quoique ce genre soit fort éloigné du mien ; et pour imiter ses ambages, j'oublierai un moment mon goût et ma manière. Reçois donc le nom d'Ibis, puisque je ne veux pas encore te faire connaître autrement, et que toute ta vie soit ténébreuse comme mes vers.

[3] Le passage de Callimaque que j'ai rapporté dans une note précédente, le ton triomphant qui y règne, me font croire que Callimaque eut quelque part à l'exil d'Apollonius : « Apollon dit-il, a repoussé du pied l'Envie. » Qui ne voit que sous le nom d'Apollon, ce poëte courtisan désigne Philadelphe, et qu'il y a ici une allusion à l'exil d'Apollonius? Dans un autre endroit (*Epig.* 22), il se vante d'avoir chanté mieux que son rival.

amour qu'on peut aisément reconnaître dans une comparaison de son poëme, dans laquelle il représente un homme éloigné de sa patrie, tournant avec ardeur ses pensées vers elle. La vivacité et l'énergie du tableau ne peuvent être que l'effet du sentiment, et l'on sent que tous les traits partent du cœur [1].

L'île de Rhodes était depuis longtemps le séjour des beaux-arts et la retraite des illustres malheureux. Apollonius, à l'exemple d'Eschine, y éleva une école de littérature, et s'y vit bientôt entouré d'une foule de disciples. Le poëme qu'il avait publié à Alexandrie, avait été, comme on peut l'imaginer, fort mal reçu de Callimaque et de ses partisans. Profitant sagement des critiques qu'on en avait faites, il s'appliqua soigneusement à corriger les défauts dans lesquels sa jeunesse peut-être l'avait entraîné et y ajouta de nouvelles beautés.

Cette seconde édition du poëme des *Argonautes* eut le plus grand succès, non-seulement à Rhodes, mais même à Alexandrie. Les Rhodiens adoptèrent Appollonius pour un de leurs concitoyens et lui décernèrent plusieurs honneurs. Ce fut alors que la reconnaissance lui fit prendre le surnom de Rhodien, par lequel on le distingue ordinairement des auteurs qui ont porté le même nom [2].

Après avoir passé une grande partie de sa vie à Rhodes, et peut-être seulement après la mort de Callimaque, Apollonius fut invité de revenir à Alexandrie jouir parmi ses concitoyens de sa réputation et des honneurs qu'on lui destinait. Il se rendit à de si douces instances, il revit sa chère patrie et goûta le plaisir d'être couronné par les mains de ceux qui l'avaient flétri. Une place distinguée, l'intendance de la bibliothèque d'Alexandrie, se trouvant vacante par la mort d'Ératosthène [1], Apollonius fut choisi pour lui succéder. Son âge déjà avancé ne lui permit pas vraisemblablement d'occuper longtemps un si beau poste ; il mourut, âgé d'environ quatre-vingt-dix ans, vers la quatorzième année du règne de Ptolémée Épiphanes [2] et fut mis dans le tombeau où reposaient les cendres de Callimaque. C'était tout à la fois lui faire partager jusqu'aux derniers honneurs accordés à son maître et vouloir effacer le souvenir de leurs querelles.

Après avoir fait connaître Apollonius autant qu'il m'a été possible, je dois parler de son poëme et du jugement qu'en ont porté les anciens.

Quintilien, en parcourant les auteurs les plus distingués et qu'il importe le plus, suivant lui, de connaître, cite d'abord Homère, Hésiode, Antimaque, Panyasis et Apollonius, dont l'ouvrage lui paraît surtout recommandable par une manière toujours égale et soutenue dans le genre tempéré [3]. Le jugement de Longin, conforme au fond à celui de Quintilien, a quelque chose de plus flatteur. Ce célèbre critique, voulant faire voir que le sublime qui a quelques défauts doit l'emporter sur le genre tempéré dans sa perfection, s'exprime ainsi : « En effet Apollonius, par exemple, celui qui a composé le poëme des *Argonautes*, ne tombe jamais ; et dans Théocrite, ôtés quelques endroits où il sort un peu du caractère de l'églogue, il n'y a rien qui ne soit heureusement imaginé. Cependant aimeriez-vous mieux être *Apollonius* ou *Théocrite* qu'*Homère* [4] ? »

Quoique Longin mette dans ce passage Apollonius peut-être beaucoup au-dessous d'Homère, on voit qu'il ne connaissait pas de modèle plus parfait dans

---

[1] Voici cette comparaison, qui se trouve dans le second chant : « Ainsi lorsqu'un mortel errant loin de sa patrie, par un malheur trop commun, songe à la demeure chérie qu'il habitait, la distance disparaît tout à coup à ses yeux, il franchit dans sa pensée les terres et les mers, et porte en même temps ses regards avides sur tous les objets de sa tendresse. »

[2] Le savant Meursius a composé un catalogue des auteurs qui ont porté le nom d'Apollonius, dans lequel il fait de notre poëte deux personnages différens, l'un d'Alexandrie, l'autre de Rhodes. Cette erreur a été corrigée par Vossius, dans son ouvrage sur les historiens grecs, liv. I, ch. 16. On peut ajouter aux témoignages qu'il produit, celui de Strabon qui dit formellement qu'Apollonius, auteur du poëme des Argonautes, était d'Alexandrie, et portait le surnom de Rhodien. (Strabon, lib. I, p. 655.) Il paraît par un passage d'Athénée (Deipn., lib. VII, p. 283), et par un autre d'Élien (De anim. lib. XV, cap. 23), qu'on donnait aussi quelquefois à notre poëte un surnom tiré de la ville de Naucratis, dans la Basse-Égypte.

Je ne puis m'empêcher de relever ici une autre erreur sur Apollonius, toute contraire, je crois, à celle de Meursius. Dans le discours préliminaire qui est à la tête de la traduction des hymnes de Callimaque, l'auteur fait d'Apollonius un portrait assez hideux, et cite le témoignage des *anciens*. J'ai recherché et lu avec attention tous les passages des *anciens* écrivains qui ont parlé d'Apollonius, et je n'en ai trouvé aucun qui puisse, je ne dirai pas confirmer, mais faire naître l'idée que l'auteur dont je parle, nous donne d'Apollonius. Notre poëte n'aurait-il pas été confondu avec un autre Apollonius, grammairien célèbre, dont le surnom de Dyscolus pourrait faire soupçonner qu'il était d'un caractère chagrin et difficile ? Je n'ose l'affirmer, et je n'aurais pas même fait cette remarque, si la persécution qu'éprouva Apollonius, persécution qui n'est pas la seule qu'on puisse citer dans l'histoire littéraire, ne me faisait autant aimer sa personne que ses vers.

---

[1] Arrivée 196 ans avant l'ère vulgaire. *Suidas. Voss. de Hist. græc*, lib. I, cap. 17.

[2] 186 ans avant l'ère vulgaire. (Voyez *Mémoires de l'Académie des belles-lettres*, t. IX, p. 404.)

[3] «Paucos enim, qui sunt eminentissimi, excerpere in animo est.» *Et plus bas :* « Apollonius in ordinem a grammaticis datum non venit, quia Aristarchus atque Aristophanes, poetarum judices, neminem sui temporis in numerum redegerunt : non tamen contemnendum ediidit opus æquali quadam mediocritate. Quintil. *Inst. orat.*, lib. X, cap. 1. » On se tromperait grossièrement, si on traduisait *mediocritas* dans ce passage, par notre mot *médiocrité*. Quintilien désigne par le mot *mediocritas*, le genre que nous appelons aujourd'hui tempéré, et qu'un ancien appelle *mediocris oratio*, qui tient le milieu entre *gravis oratio*, et *attenuata oratio*, genre auquel il est difficile d'atteindre, selon le même auteur, *ad Heren.*, lib. IV, §. 8 et 10. Cicéron donne à ces trois genres les noms de *subtile, modicum vehemens*. La douceur et les grâces sont l'apanage du *genus modicum*, qui est fait proprement pour plaire. *Orator.*, cap. X et XII.

[4] Longin, *Traité du Subl.*, ch. XXXIII, traduction de Despréaux.

son genre. A ces témoignages je dois en ajouter un bien précieux, c'est celui du prince des poëtes latins. On n'imite que ce qui plaît davantage. Virgile, en imitant Apollonius en tant d'endroits et de tant de manières différentes, a montré le cas qu'il en faisait, et un auteur anglais a raison d'appeler notre poëte l'auteur favori de Virgile. Macrobe et Servius [1] ont remarqué depuis longtemps que le quatrième livre de l'Énéide était presque tout entier tiré du poëme des *Argonautes*. J.-C. Scaliger [2], tout en traitant d'impudens ceux qui osent avancer cette assertion, ne laisse pas de convenir que Virgile a imité Apollonius dans beaucoup d'endroits qu'il rapporte, et quoiqu'il prononce hardiment que le poëte latin est partout bien supérieur, il lui échappe cependant quelquefois des éloges qui ne sont sûrement pas suspects. J'ai rapporté quelques-unes de ces imitations, et j'aurais pu en rapporter un bien plus grand nombre. Je me suis borné à celles qui pouvaient être plus facilement senties, même dans une traduction. Quant à celles qui consistent plus dans les choses que dans les mots et qui appartiennent à la structure du poëme, aux épisodes, aux caractères des personnages, je laisse en ce moment à ceux qui connaissent le poëte latin le plaisir de les remarquer eux-mêmes.

Une autre preuve de l'estime qu'avaient pour Apollonius les auteurs du siècle d'Auguste, c'est la traduction qu'en fit P. Terentius Varron, surnommé Atacinus, du nom d'une ville ou d'une rivière de la Gaule-Narbonnaise, aujourd'hui la rivière d'Aude [3]. Ce poëte célèbre, ami de Properce, d'Horace et d'Ovide, étant parvenu à l'âge de trente-cinq ans, s'appliqua avec ardeur à l'étude de la langue grecque et publia sa traduction d'Apollonius, celui de ses ouvrages le plus souvent cité par les anciens et qui paraît avoir le plus contribué à sa réputation [4]. Il nous en reste seulement quelques vers que j'ai rapportés [5]. On peut regarder encore, sinon comme une traduction, au moins comme une imitation suivie d'Apollonius le poëme de Valerius Flaccus, dont il ne nous reste que huit livres [6].

Si quelques critiques français du dernier siècle n'ont pas jugé Apollonius aussi favorablement que les anciens, je crois pouvoir l'attribuer aux difficultés que renferme cet auteur et aux fautes dont son texte était rempli avant l'édition qu'en a donné Brunck. Ces fautes étaient en si grand nombre que, de l'aveu du célèbre David Ruhnkenius [1], qui en a fait disparaître beaucoup, plusieurs habiles critiques auraient bien de la peine à corriger celles qui restent encore.

C'est ici le lieu de parler des éditions d'Apollonius, qui sont au nombre de dix, en comptant les deux données à Oxfort par J. Shaw. Je ne m'étendrai pas sur les anciennes, toutes, comme je viens de le remarquer, remplies de fautes et dont on peut voir ailleurs le catalogue. Henri Estienne est le premier qui ait bien mérité de notre auteur par d'heureuses corrections [2] et des notes courtes, mais bien faites. On n'en peut pas dire autant de celles de Jérémie Hœlzlin qui, plus de quatre-vingts ans après a donné d'Apollonius une traduction inintelligible et que David Ruhnkenius qualifie avec raison de : *Tetricus iste et ineptus Apollonii commentator*. Pour se faire une idée du fatras que renferment ses notes, il suffit de lire la première, dans laquelle il cite successivement les actes des Apôtres, la comédie des *Grenouilles* d'Aristophane, le Ier livre des Rois, l'*Énéide* de Virgile, Oppien et plusieurs mots hébreux.

Le savant Tib. Hemsterhuys paraît être le premier qui se soit appliqué dans ce siècle à bien entendre notre auteur et qui en ait remarqué tous les endroits corrompus. D. Ruhnkenius, son disciple, profita des leçons de son maître [3]. Doué d'une critique fine et délicate, il a corrigé plusieurs passages et en a éclairci un plus grand nombre. Mais personne n'a rendu à Apollonius un service plus signalé que Brunck. Cet illustre savant, auquel la république des lettres est redevable de plusieurs éditions qui joignent au mérite de l'exécution, celui de présenter de nouvelles leçons tirées des manuscrits, une ponctuation exacte et des corrections heureuses, a donné d'Apollonius une édition bien préférable à celles que nous avions déjà, qui toutes étaient calquées les unes sur les autres et n'offraient rien de neuf. Brunck a collationné lui-même cinq manuscrits de la bibliothèque nationale et s'est encore procuré trois autres collations. A l'aide de ces secours et de ceux que lui fournissaient une mémoire heureuse, une sagacité rare, une oreille délicate et accoutumée au rhythme poétique, il a corrigé une multitude de passages évidemment corrom-

---

[1] Macr. *Saturn.*, lib. V. ch. 17. Servius, *ad Æn.*, lib. IV, v. 1. Voss. *de Imit.*, cap. I.

[2] Jules-Cæsar Scaliger, *Poet.*, lib. V, cap. 6.

[3] A peu près dans le même temps, Cornelius Gallus, à qui Virgile a adressé sa dixième églogue, traduisit en latin un autre poëte grec contemporain d'Apollonius, Euphorion de Chalcis, bibliothécaire d'Antiochus-le-Grand.

[4] Quintilien, X, cap. 1, Voss. *de Poet. lat. Id. de Historiâ latinâ.*

Varronem, primamque ratem quæ nesciat ætas,
Aureaque Æsonio terga petita duci ?
Ovid. Amor. I, 15,—21

[5] Virgile a emprunté des vers entiers de cet auteur. (Servius, *ad Georg.* I, 377, *id.*, *ad Georg.*, II, 404.)

[6] Pet. Crinitus, *de Poet. lat.*, lib. IV, cap. 66. Marianus, qui florissait sous l'empire d'Anastase Ier, au commencement du sixième siècle, avait fait une métaphrase en vers iambiques du poëme d'Apollonius. Suidas., Voss. *de Poet. græc.*

---

[1] *Epist. crit.* II, p. 172 *editio secunda*.

[2] H. Estienne ne cite qu'une seule fois l'auteur d'un manuscrit. C'est sur le vers 491 du livre Ier, et la correction qu'il fait en cet endroit, se trouvait déjà dans l'édition de Paris de 1541. J'ai vu un exemplaire de cette dernière édition, qui a appartenu au célèbre Passerat, successeur de Ramus, dans la place de professeur d'éloquence au collège de France. Passerat y a souligné tous les endroits qui ont été imités par Virgile. Ovide, Properce, etc., mais sans citer les vers de ces poëtes.

[3] David Ruhnkenius, *Epist. crit.* II, p. 189 et 190.

pus et a donné sur d'autres des conjectures très-ingénieuses. On lui a reproché d'avoir inséré dans le texte plusieurs de ses conjectures. Peut-être la finesse de son goût et son zèle pour la pureté des auteurs l'ont-ils emporté quelquefois trop loin, mais ce n'est pas à moi qui ai souvent profité de ces mêmes conjectures à lui faire un reproche d'une hardiesse qui me paraît plus heureuse que blâmable.

Il me reste à dire un mot de ma traduction, et j'ai encore ici un nouvel hommage à rendre au savant Brunck. Ayant appris, il y a plusieurs années, que je travaillais à cet ouvrage, il me fit passer la traduction qu'il avait faite lui-même des trois premiers livres, accompagnée des notes d'un de ses amis. Il appelait tout cela ses *broutilles sur Apollonius* et me permit d'en faire l'usage que je voudrais. J'avais déjà achevé moi-même cette partie du poëme d'Apollonius et je travaillais sur le quatrième livre, plus long et plus difficile que les autres. Je parcourus avec avidité la traduction de Brunck et je recherchai d'abord les endroits les plus difficiles, surtout ceux dont son édition ne m'avait pas présenté la solution. J'ai adopté dans plusieurs de ces passages le sens que Brunck avait suivi, et j'ai laissé subsister le mien dans d'autres. Quant au reste de l'ouvrage, au style de la traduction et à la manière de rendre, je n'ai pas pu profiter beaucoup du travail de Brunck, qui, à ce qu'il m'a paru, n'était qu'une ébauche. On doit regretter que ce savant ne l'ait pas achevée.

Depuis qu'Apollonius est mieux connu, surtout en Allemagne et en Angleterre, plusieurs auteurs, à l'exemple des Varrons et des Valérius Flaccus, en ont donné des traductions, ou plutôt des imitations en vers. Des poëtes anglais disingués en avaient déjà fait connaître plusieurs morceaux, lorsqu'il parut à Londres en 1780, deux traductions du poëme entier. L'une est de Francis Fawke, l'autre d'Edward Barnaby Greene. Il existe aussi une traduction du même auteur en vers allemands, et le prélat Flangini en a publié il y a quelques années une en vers italiens.

Après le siége de Troie, que les poésies d'Homère ont rendu si célèbre, il n'y a pas dans l'histoire des temps héroïques d'événement plus fameux que l'expédition des Argonautes. On pourrait dire même que cet événement aurait été chanté bien avant la colère d'Achille, si le poëme des *Argonautiques*, composé sous le nom d'Orphée, était véritablement du chantre de la Thrace. Mais les plus savans critiques l'attribuent au devin Onomacrite qui florissait sous Pisistrate, environ cinq cent soixante ans avant l'ère vulgaire[1]. Quoique cet ouvrage n'ait que le nom de poëme, puisqu'il est dépourvu des ornemens qui font le charme de la poésie, il ne laisse pas d'être précieux par son antiquité et par les notions géographiques qu'il renferme. Plusieurs siècles auparavant, Homère avait célébré le navire Argo, son passage entre Charybde et Scylla, l'amour de Junon pour Jason et la protection qu'elle accordait à son entreprise, principal ressort du poëme d'Apollonius. Le séjour des Argonautes dans l'île de Lemnos; les amours de Jason et d'Hypsipyle, fille du divin Thoas, n'ont point été inconnus au chantre d'Achille[1]. Il parle de Pélias, roi de la grande ville d'Iolcos, d'Orchomène, ville des Minyens, surnom donné aux Argonautes[2]. Il a fait entrer dans ses fictions le terrible Éétès et sa sœur Circé, tous deux enfans du Soleil et de Persé, fille de l'Océan[3], et il a adapté, selon Strabon, aux voyages d'Ulysse plusieurs circonstances de celui des Argonautes, telles que l'île d'Æa, dont le nom est celui de la capitale de la Colchide, et les rochers Planctæ ou errans, imaginés sur les rochers Cyanées qui rendent dangereuse l'entrée du Pont-Euxin[4].

Hésiode en traçant la généalogie de ses demi-dieux n'a point oublié de parler du voyage de Jason, du tyran Pélias et de l'enlèvement de Médée[5].

Mais aucun des plus célèbres poëtes de l'antiquité ne s'est étendu davantage sur ce sujet que Pindare dans sa quatrième Pythique, adressée à Arcésilas, roi de Cyrène. Après avoir rappelé dans cette ode, l'origine de la ville de Cyrène fondée par Battus, un des descendans de l'Argonaute Euphémus à la dix-septième génération, il trace, dans la manière et dans le style qui conviennent au genre lyrique, l'histoire des Argonautes. Il s'étend surtout beaucoup sur Jason dont il fait une peinture sublime, sur ses exploits en Colchide et rapporte les deux circonstances du voyage qui ont trait à l'histoire de Cyrène; le séjour des héros dans l'île de Lemnos, où commença la postérité d'Euphémus et leur arrivée en Libye.

Outre le devin Onomacrite, dont j'ai parlé, plusieurs poëtes, qui ne nous sont connus que de nom, avaient traité le même sujet avant Apollonius. Le plus célèbre est Épiménide, de la ville de Gnosse, dans l'île de Crète, qui florissait plus de six cent cinquante ans avant l'ère vulgaire et dont le poëme contenait six mille cinq cents vers[6].

---

[1] Hérodote, 7, 6. Clém. Alex. *Strom. I,* Voss. *de Poet. græc.*

[1] *Odys.* VII, 468, XII, 70, XIV, 230, XXIII, 745.
[2] *Ibid.* XI, 255 et 258.
[3] *Ibid.* VII, 37, X, 135.
[4] Strabon, I, p. 21.
[5] Hésiode, *Théog.* v. 995.
[6] Diog. Laert. Voss. *de Poet. græc. Id. de Hist. græc.* On cite encore Cléon de Curium dans l'île de Crète, dont Apollonius avait emprunté beaucoup de choses, suivant le témoignage d'Asclépiade de Myrtée (rapporté dans la *Scholie,* I, 623.) Hérodote, et après Apollonius, Denys de Milet ou de Mitylène. (Giraldi, *de Poet. hist. dial.* IV, p. 245. Fabr. *Bib, græc.* 2, 522.) Mais il ne me paraît pas qu'ils aient écrit en vers, et l'ouvrage du dernier, intitulé *Argonautiques,* en six livres, était certainement en prose. (*Suidas.*)

La plupart des auteurs qui ont écrit l'histoire ont parlé de l'expédition des Argonautes d'une manière qui ne permet pas de douter de la certitude de cet événement [1]. On voit par Hérodote que le voyage des Grecs en Colchide et l'enlèvement de Médée étaient des faits connus des Perses mêmes, et ceux d'entre eux qui étaient les plus versés dans l'histoire regardaient l'enlèvement d'Hélène, qui arriva deux générations après, comme une représaille de celui de Médée. Il paraît encore, par le même historien, que ce voyage n'avait eu d'autre objet que le commerce. Du temps de Strabon, il existait encore dans plusieurs contrées de l'Asie des temples très-respectés, bâtis en l'honneur de Jason, et une ville qui portait le nom de Phrixus. On voyait encore sur les bords du Phase la ville d'Æa, et le nom d'Éétès y était commun [2]. Les richesses de ce pays, qui produisait tout ce qui est nécessaire pour la marine et qui renfermait des mines abondantes d'or, d'argent et de fer, avaient, suivant le même auteur, excité Phrixus à faire le voyage de la Colchide, et les Argonautes avaient imité son exemple.

Les Grecs, avant cette expédition, ne connaissaient que les bords de la mer Égée et les îles qu'elle renferme; leur marine encore faible ne leur permettait pas d'entreprendre de longs voyages. Ils n'osèrent pendant longtemps pénétrer dans le Pont-Euxin, qui portait alors le nom d'*Axin* ou *inhospitalier*, à cause des nations barbares qui en habitaient les côtes [3]. Ce nom fut ensuite changé en celui d'*Euxin* ou *hospitalier* lorsqu'ils commencèrent à fréquenter ces mers, à peu près comme le promontoire appelé d'abord cap des Tempêtes fut ensuite appelé cap de Bonne-Espérance, peu avant la découverte du passage des Indes, dans le quinzième siècle. La puissance des Grecs s'augmenta bientôt dans ces parages, où ils fondèrent de nouvelles colonies. La ville d'Æa avait été longtemps le centre d'un commerce considérable; outre les richesses que son sol lui fournissait, elle était encore l'entrepôt des marchandises de l'Inde, qui de la mer Caspienne remontaient le fleuve Cyrus, d'où, après un trajet de cinq jours par terre, elles étaient embarquées sur le Gluacus qui se rendait dans le Phase [4]. Ce dernier fleuve était lui-même navigable jusqu'à Sarrapana, et de là l'on transportait encore les marchandises sur le Cyrus [5]. L'établissement des colonies grecques et les révolutions de la Colchide, qui fut partagée entre plusieurs princes, diminuèrent beaucoup le commerce de la ville d'Æa, qui passa presque tout entier entre les mains des Grecs [6].

C'est donc la découverte du Pont-Euxin et la grande entreprise qui fut le fondement du commerce que les Grecs y firent ensuite, qui fait le fond du sujet, si souvent chanté sous le titre d'*Argonautiques* ou *Expédition des Argonautes*. Un autre but des poëtes qui ont traité ce sujet, but qui paraît surtout dans le retour des Argonautes, a été de rassembler les traditions qui existaient de leur temps sur l'origine de plusieurs villes et sur les contrées les plus éloignées, et de donner pour ainsi dire un voyage autour du monde alors connu, voyage dans lequel on doit s'attendre à trouver bien des erreurs. Tout cela est entremêlé de fictions qu'on entendra facilement d'après ce que je viens de dire, et sur lesquelles mon dessein n'est pas de m'étendre [1]; car le merveilleux est l'âme de la poésie, et c'est l'anéantir que de l'analyser. Je me hâte de remettre sous les yeux des lecteurs quelques traits de l'histoire des temps héroïques qui ont précédé le voyage des Argonautes et y sont intimement liés.

Athamas, fils d'Éolus, roi d'Orchomène, en Béotie, eut de Néphélé, sa première femme, un fils nommé Phrixus et une fille appelée Hellé. Ino, fille de Cadmus, qu'il épousa ensuite, conçut une haine violente contre les enfans de Néphélé et résolut de les faire périr. Dans ce dessein, elle fit corrompre le blé destiné à ensemencer, et causa ainsi une famine qui obligea Athamas d'avoir recours à l'oracle de Delphes. Ceux qu'il envoya consulter Apollon, gagnés par Ino, rapportèrent que, pour faire cesser le fléau qui désolait le pays, il fallait immoler aux Dieux les enfans de Néphélé. Phrixus et sa sœur Hellé étaient déjà au pied des autels, lorsqu'ils furent tout à coup enlevés par Néphélé leur mère, qui les fit monter sur un bélier à la toison d'or, que Mercure lui avait donné. Le bélier traversant les airs prit la route de la Colchide. Hellé se laissa tomber dans la mer, et donna son nom à l'Hellespont, canal qui conduit de la mer Égée dans la Propontide (aujourd'hui le détroit des Dardanelles).

Éétès qui régnait alors dans la Colchide était fils du Soleil et frère de Circé et de Pasiphaé. Il avait de la reine Idie un fils nommé Absyrte et deux filles, Chalciope et Médée. Phrixus, à son arrivée, immola par ordre de Mercure le bélier à Jupiter, qui avait

---

[1] Justin, *Histor. lib.* LXLI, cap. 2 Diod., *lib.* IV, Hérodote, *lib.* I, cap. 2, 3.
[2] Strabon, liv. I, p. 45.
[3] Pline, liv. VI, chap. 1.
[4] Casaub. *Comm. in* Strab. p. 205.
[5] Strab. liv. XI, page 498. Pline, liv. VI, chap. 4.
[6] On peut juger de l'étendue du commerce de Dioscurias, colonie grecque, peu éloignée de la ville d'Æa, par ce que rapporte Pline, qu'il s'y rendait trois cents nations, dont la langue était différente, et que les Romains y avaient cent trente interprètes pour les affaires de leur commerce. Pline, liv. VI, chap, 5. Strab. *ubi suprà*.

[1] Le savant Meziriac, dans ses commentaires sur la sixième épître d'Ovide, a rassemblé avec une exactitude précieuse tout ce qu'on trouve dans les anciens sur le navire Argo, le bélier à la toison d'or, et plusieurs autres circonstances de ce voyage. On peut voir aussi les dissertations de Banier dans les *Mémoires de l'Académie des belles-lettres*, t. 7 et 12. J'avertis que cet auteur se trompe souvent lorsqu'il cite Apollonius.

protégé sa fuite, et donna sa toison à Éétès, qui la suspendit à un chêne, au pied duquel veillait sans cesse un dragon. Éétès reçut Phryxus avec bonté et lui donna en mariage sa fille Chalciope, dont il eut quatre fils, Argus, Mélas, Phrontis et Cytisore.

Jason qui fut chargé de faire la conquête de la Toison d'or était fils d'Éson et d'Alcimède, et naquit à Iolcos ville de la Magnésie dans la Thessalie, située au fond du golfe Pélasgique. (aujourd'hui le golfe de Volo). Le royaume d'Iolcos, qui devait appartenir à son père Éson, fils de Créthée et petit-fils d'Éolus, avait été usurpé par Pélias. On cacha d'abord la naissance de Jason au tyran, et il fut élevé dans un antre du mont Pélion voisin d'Iolcos, par le Centaure Chiron et les soin de Philyre, mère du Centaure et de Chariclo sa femme. Lorsqu'il eut atteint l'âge viril, il ne craignit point de se découvrir à Pélias. Celui-ci, appréhendant d'être contraint de lui céder le trône de son aïeul Créthée, chercha un moyen de se débarrasser de Jason. Il feignit d'avoir eu un songe dans lequel, suivant les idées superstitieuses des Grecs, Phrixus lui ordonnait d'apaiser ses mânes errans, dans une terre étrangère, et de rapporter en Grèce la toison du bélier qui lui avait sauvé la vie. Pélias ajoutait qu'étant trop vieux pour exécuter lui-même cette entreprise, il avait consulté l'oracle de Delphes qui avait désigné Jason pour l'accomplir[1].

[1] Apollodore, liv. I. Pindare, Pyth. 4ᵐᵉ *Argonauticôn hypothesis*, à la tête des éditions d'Apollonius.
Voyez aussi l'*Examen de la tragédie de la Conquête de la Toison d'or*, par Pierre Corneille. On ne lira pas, je crois, sans intérêt, ce morceau tracé par la main d'un grand poëte, profondément versé dans la connaissance des antiquités grecques et latines, et dont les plus faibles compositions rappellent ce vers d'Horace:
Invenias etiam disjecti membra poetæ.

L'EXPÉDITION DES ARGONAUTES

OU

LA CONQUÊTE DE LA TOISON D'OR,

POÈME EN QUATRE CHANTS.

CHANT PREMIER.

Exposition du sujet. — Dénombrement des Argonautes. — Regrets d'Alcimède, mère de Jason. — Jason est élu chef de l'expédition. — On lance le vaisseau à la mer. — Sacrifice en l'honneur d'Apollon ; querelle entre deux des Argonautes ; Orphée chante en s'accompagnant de sa lyre. — Départ du vaisseau ; souhaits du centaure Chiron ; chants d'Orphée. — On aborde à l'île de Lemnos ; description du manteau de Jason. — Départ de Lemnos ; adieux d'Hypsipile et de Jason. — On descend dans l'île de Samothrace et ensuite dans le pays des Dolions, sur les bords de la Propontide. — Combat contre des géans. — Les Argonautes ayant quitté le pays des Dolions y sont rejetés par les vents contraires. — La nuit empêche de se reconnaître; on se bat. — Mort de Cyzique, roi des Dolions et de Clité son épouse. — Douleur des Argonautes ; sacrifice à Cybèle. — On aborde en Mysie, près du fleuve Cius. — Hylas est enlevé par une nymphe ; tandis qu'Hercule et Polyphème sont occupés à le chercher, le vaisseau part. — Colère de Télamon ; apparition de Glaucus.

C'est en t'invoquant, divin Apollon, que je commencerai à célébrer la gloire de ces anciens héros qui, par l'ordre du roi Pélias[1], firent voguer le navire Argo à travers l'embouchure du Pont-Euxin et les rochers Cyanées[2] pour conquérir une toison d'or.

Ton oracle avait prédit à Pélias qu'il périrait par les conseils d'un homme qu'il verrait paraître en public avec un seul brodequin. Peu de temps s'était écoulé depuis ta prédiction, lorsque Jason, traversant à pied l'Anaurus[3], laissa l'un des siens au fond du fleuve. Il se rendait alors à un sacrifice que Pélias offrait à Neptune et aux autres divinités. Junon seule n'y était pas invoquée[4].

A la vue de Jason, Pélias se souvint de l'oracle ; et pour se soustraire au danger qui le menaçait, il commanda au héros d'entreprendre une navigation dangereuse, espérant qu'il périrait au milieu des mers ou des nations étrangères.

Argus, s'il faut en croire la renommée qui a transmis son nom d'âge en âge, construisit le vaisseau sous les ordres mêmes de Minerve ; pour moi, inspiré par les Muses, je dirai l'origine et le nom des héros qui le montèrent, les mers qu'ils parcoururent et les exploits par lesquels ils se signalèrent en errant sur divers rivages.

Orphée sera le premier objet de mes chants, Orphée, fruit des amours d'Éagrus[1] et de Calliope, qui lui donna le jour près du mont Pimplée[2]. Les rochers et les fleuves sont sensibles aux accens de sa voix, et les chênes de la Piérie, attirés par les doux sons de sa lyre, le suivent en foule sur le rivage de la Thrace, où ils attestent encore le pouvoir de son art enchanteur[3]. Ce fut par les conseils de Chiron que le fils d'Éson reçut au nombre de ses compagnons le chantre divin qui régnait sur les Bistoniens[4].

Astérion accourut un des premiers pour par-

---

[1] Roi d'Iolcos en Thessalie.
[2] Situés à l'entrée du Pont-Euxin.
[3] Rivière de Thessalie qui coulait près d'Iolcos.
[4] Pélias avait autrefois profané le temple de Junon et affectait depuis ce temps de mépriser cette déesse. *Apollodore*, liv. I. De la haine de Junon contre Pélias, l'un des principaux ressorts de ce poëme.

[1] Roi de Thrace.
[2] Montagne de Macédoine située dans la contrée appelée Piérie, près du fleuve Hélicon. Il y avait aussi un village et une fontaine du même nom. *Strabon*, liv. X. *Tzetzès sur Lycophron*, v. 275.
    Unde vocalem temere insecutæ
    Orphea sylvæ,
    Arte materna rapidos morantem
    Fluminum lapsus celeresque ventos,
    Blandum et auritas fidibus canoris
    Ducere quercus.
          Hor., Od. XII, liv. I.
[3] Ce rivage, appelé Zoné, voisin de l'embouchure de l'Hèbre, était couvert d'arbres que les poëtes feignaient y avoir été attirés par la lyre d'Orphée. *Saumaise*, *Plin. excr.*, page 113. *Pomponius Mela*, liv. II, cap. 2.
[4] Peuple de la Thrace.

tager la gloire de cette expédition. Cométès son père, habitait Pirésies[1], située près du mont Phyllée, à l'endroit où l'Apidan et l'Énipée mêlent ensemble leurs eaux.

Animé de la même ardeur, Polyphème abandonna le séjour de Larisse; Polyphème qui s'était autrefois signalé dans le combat des Lapithes et des Centaures[2]. Il était alors le plus jeune des Lapithes; aujourd'hui son corps est appesanti par les années, mais son courage est toujours aussi intrépide.

Iphiclus ne tarda point à quitter Phylacé, Frère d'Alcimède, mère de Jason, les liens du sang l'excitaient à voler au secours de son neveu.

Le roi de Phères, le brave Admète, ne voulut point rester à l'ombre du mont Chalcodon, qui couvre cette ville opulente.

Deux fils de Mercure, Érytus et Échion, distingués par leurs richesses et savans dans l'art d'employer habilement la ruse, quittèrent bientôt Alopé. Éthalide, autre fils du même dieu, se joignit à eux. Eupolémie, fille de Myrmidon, l'avait mis au monde sur les bords de l'Amphryse[3]. Les deux autres avaient pour mère Antianire, fille de Ménétus.

Coronus, habitant de Gyrtone, était fils de Cénée. Tout brave qu'il était, il ne surpassait pas son père, qui avait mis en fuite les Centaures et les poursuivait avec ardeur lorsque le voyant seul et éloigné de ses compagnons, ils se rallièrent et vinrent fondre tous ensemble sur lui. Malgré leurs efforts, ils ne purent ni le blesser ni l'abattre; mais toujours ferme et invulnérable, il s'enfonça tout vivant dans les entrailles de la terre, cédant aux coups des énormes sapins dont ils étaient armés[4].

Mopsus, habitant des bords du Titarèse, instruit par Apollon lui-même dans la science des augures; Eurydamas, fils de Ctiménus, habitant de la ville de Ctimène, près du lac Xynias; Ménœtius, envoyé d'Oponte[1] par son père Actor, voulurent aussi partager la gloire et les dangers de cette entreprise.

Eurytion, le vigoureux Éribotès, celui-ci fils de Téléon, l'autre d'Irus fils d'Actor, suivirent leur exemple. Avec eux marchait Oïlée, aussi célèbre par sa bravoure qu'habile à poursuivre un ennemi qu'il a mis en fuite.

L'Eubée vit sortir de son sein ses plus illustres habitans. Canthus suivait avec joie les ordres de son père Canéthus, fils d'Abas. Il ignorait, l'infortuné! qu'il ne reverrait jamais Cérinthe sa patrie, et qu'il périrait avec le devin Mopsus sur les confins de la Lybie. Faibles humains, il n'est donc pas de malheur si imprévu qui ne puisse nous arriver! Ces deux guerriers sont ensevelis dans la Lybie, et la Lybie est aussi éloignée de Colchos, que l'orient l'est de l'occident. Clytius et Iphitus, qui régnaient dans Échalie, étaient fils du cruel Eurytus; Eurytus à qui l'arc qu'il avait reçu d'Apollon devint fatal, aussitôt qu'il eut la témérité de disputer d'adresse avec son bienfaiteur.

Télamon et Pélée, tous deux fils d'Éacus, n'arrivèrent cependant pas ensemble. Obligés de sortir d'Égine à cause du meurtre involontaire de leur frère Phocus, ils avaient transporté leur séjour dans des lieux d'ifférens. Télamon habitait l'île de Salamine, et Pélée la ville de Phthie.

Le vaillant Butès, fils du brave Téléon et le belliqueux Phalère avaient quitté le pays où régna Cécrops. Quoique Phalère fût le seul rejeton d'Alcon, le fruit de sa vieillesse et le soutien de ses jours, son père lui-même lui avait ordonné de partir pour se signaler parmi tant de héros.

Tu ne pus les accompagner, illustre descendant d'Érecthée, généreux Thésée! Un lien fatal te retenait alors dans les cachots souterrains du Ténare, où tu avais suivi ton ami Pirithoüs. Sans doute votre valeur aurait été pour les Argonautes un puissant secours!

Tiphys, fils d'Agnias, habile à prévoir les tempêtes et à diriger un navire, en observant tantôt le soleil et tantôt l'étoile du nord, partit de Sipha[2], ville des Thespiens, pour se joindre

---

[1] Ville de de Thessalie, ainsi que Larisse, Phylacé, Phères, Alopé, Gyrtone, Ctimène, Phthie, qui seront nommées ci-après.
[2] Anciens peuples de la Thessalie.
[3]   Et te memorande canemus
   Pastor ab Amphyso.
                         Virg., Georg. III, v. 1er.
[4]   Manet imperfossus ab omni,
   Inque cruentatus Cæneus Elateius, ictu.
. . . .
   Obrutus immani cumulo, sub pondere Cæneus
   Æstuat arboreo . . . .
. . . . Alii sub inania corpus
Tartara detrusum silvarum mole ferebant.
                         Ovid., Metam, liv. XII, v. 490 et suiv.

---

[1] Capitale des Locriens Opontiens qui habitaient à l'orient de la Phocide.
[2] Ville de la Béotie, sur le golfe de Corinthe, la même que Tipha.

aux héros qui souhaitaient de l'avoir pour compagnon. Minerve elle-même lui en avait inspiré le dessein; Minerve dont les mains divines construisirent avec Argus ce vaisseau fameux, supérieur à tous ceux qui ont fendu jusqu'ici le sein des flots.

Phlias, riche des dons de Bacchus son père, habitait la ville d'Aréthyrie[1], près des sources de l'Asopus.

Talaüs, Aréius, le brave Léodocus, tous habitans d'Argos, étaient fils de Bias et de Péro, que Mélampus obtint pour son frère, après avoir enduré bien des maux dans les étables d'Iphiclus[2].

Hercule, l'invincible Hercule, ne dédaigna pas lui-même de se rendre aux vœux de Jason. Il revenait alors d'Arcadie, d'où il avait rapporté sur ses larges épaules le fameux sanglier d'Érymanthe, qu'il avait exposé tout vivant et chargé de liens aux yeux des habitans de Mycènes. C'était de lui-même et sans l'ordre d'Eurysthée qu'Hercule marchait à cette expédition. Son fidèle Hylas l'accompagnait; Hylas, en qui brillait la fleur de la première jeunesse, qui portait l'arc et les flèches du héros.

Avec eux vint Nauplius, issu d'un héros du même nom, célèbre par son habileté dans l'art de la navigation, fruit des amours de Neptune et de la belle Amymone, fille du divin Danaüs.

Idmon fut le dernier de ceux qui arrivèrent d'Argos. La science des augures lui avait appris qu'il marchait à une mort certaine. Il partit cependant pour ne point flétrir sa réputation. Quoiqu'il passât pour fils d'Abas et descendant d'Éolus, il avait eu pour père Apollon, qui lui enseigna l'art de prévoir l'avenir en observant le vol des oiseaux et les entrailles des victimes.

Le vigoureux Pollux, Castor habile à dompter les coursiers, tous deux fruits d'un seul et pénible enfantement, furent envoyés de Sparte par leur mère elle-même, fille d'un roi d'Étolie. Digne épouse de Jupiter, Léda ne craignit point de se séparer de ses enfans chéris.

Les fils d'Apharée, Lyncée et le violent Idas, pleins de confiance dans leurs forces extraordinaires, étaient sortis d'Arène[1]. Lyncée, si l'on en croit la renommée, portait ses regards perçans jusque dans les entrailles de la terre.

Périclymène, l'aîné des enfans qui naquirent à Nélée dans la ville de Pylos, marchait avec eux. Neptune lui avait donné une force invincible et le pouvoir de prendre en combattant toutes sortes de formes[2].

Deux fils d'Aléus, Amphidamas et Céphée, habitans de la ville de Tégée et de cette partie de l'Arcadie qui échut en partage à Aphidas[3], étaient accompagnés d'Ancée, fils de Lycurgue, leur frère aîné. Obligé de rester lui-même près du vieux Aléus pour avoir soin de ce père chéri, Lycurgue avait envoyé son fils avec eux. En vain pour le retenir, Aléus avait fait cacher ses armes. Le bras gauche couvert de la peau d'un ours du mont Ménale, il agitait de la main droite une énorme hache à deux tranchans.

Augée, que la renommée disait issu du Soleil, régnait sur les habitans de l'Élide. Fier de ses richesses, il souhaitait avec passion de voir la Colchide et le roi Éétès.

Poussés par le même désir, Astérius et Amphion, fils d'Hypérasius, sortirent de Pellène, bâtie par leur aïeul Pellès sur le rivage de la mer qui borde l'Achaïe.

Euphémus quitta le promontoire Ténare[4]; Euphémus issu de Neptune et d'Europe, fille du géant Tityus, qui pouvait courir sur les flots en mouillant seulement la plante de ses pieds[5].

Deux autres fils du même dieu, Erginus, le fier Ancée, habiles dans l'art de combattre et de conduire un vaisseau, étaient partis l'un de l'illustre Milet et l'autre de Samos, demeure de Junon Imbrasienne[6].

Le fils d'OEnée, Méléagre, à peine sorti de

---

[1] Nom d'une ville et d'une contrée de la Sicyonie, appelées ensuite Phlionte et Phliasie.

[2] Nélée avait promis sa fille Péro à celui qui lui amènerait les bœufs d'Iphiclus. Bias, qui la recherchait, pria son frère Mélampus, habile devin, de le mettre en possession de ces bœufs. Mélampus les obtint, après avoir tenté inutilement de les dérober, et être resté un an chez Iphiclus.

Turpia perpessus vates est vincla Melampus,
Cognitus Iphicli subripuisse boves:
Quem non lucra, magis Pero formosa coëgit,
Nox Amythaonia nupta futura domo.
Properce, II, 3, 51.

[1] Ville de Messénie, ainsi que Pylos, nommée ci-après.

[2]
Cui posse figuras
Sumere quas vellet, rursusque reponere sumptas
Neptunus dederat, Nelei sanguinis auctor.
Ovid., Metam, XII, 556.

[3] Fils d'Arcas, ancien roi d'Arcadie, dont le royaume fut partagé entre ses enfans. *Apollodore*, liv. III, *Pausanias*, liv. VIII, cap. 4.

[4] Dans la Laconie.

[5]
Vel mare per medium, fluctu suspensa tumenti,
Ferret iter, celeres nec tingeret æquore plantas.
Virg., Æn, VII, v. 810.

[6] Junon avait un temple magnifique à Samos. Le surnom d'Imbrasienne est tiré du fleuve Imbrasus qui coule dans l'île.

l'enfance, parut aussi parmi ces héros. S'il fût resté encore un an à Calydon, Hercule seul eût pu l'emporter sur lui. Le soin de sa conduite était confié à Laocoon, déjà avancé en âge, né du même père qu'OEnée, mais d'une mère esclave. Il était encore accompagné d'Iphiclus, son oncle maternel, aussi habile à lancer un javelot qu'à combattre de près l'ennemi.

Au milieu d'eux on voyait s'avancer à pas inégaux, Palémonius fils de Lernus ou plutôt du dieu Vulcain. Tout boiteux qu'il était, il fut admis parmi les héros armés pour la gloire de Jason, et sa valeur le mettait au-dessus de toute insulte.

Le lien sacré de l'hospitalité unissait avec Jason Iphitus, fils de Naubolus et petit-fils d'Ornytus. C'était en allant à Delphes consulter l'oracle sur son expédition, que le fils d'Éson avait été reçu chez ce généreux habitant de la Phocide.

Deux fils de Borée, Calaïs et Zéthès, attiraient sur eux les regards étonnés. Leur mère Orithye se jouait sur les bords de l'Ilissus [1], lorsqu'elle fut tout à coup enlevée par Borée, qui la transporta jusqu'aux extrémités de la Thrace et, l'enveloppant de nuages épais, lui ravit sa virginité près du rocher de Sarpédon et du fleuve Erginus. Les fruits de cet hymen, touchant légèrement la terre de leurs pieds, agitaient de larges ailes parsemées d'étoiles d'or. Une épaisse chevelure flottait au gré du vent sur leurs épaules.

Acastus lui-même, fils du roi Pélias, ne put se résoudre à rester oisif dans le palais de son père. Bientôt il devait se joindre aux Argonautes, aussi bien qu'Argus qui avait construit le vaisseau sous les ordres de Minerve.

Tels étaient les compagnons de Jason, qui, descendus comme lui la plupart des filles de Mynias [2], se faisaient appeler les princes Minyens.

Déjà tout était préparé pour le départ, et ils traversaient la ville d'Iolcos pour se rendre au port de Pagases, sur le rivage de la Magnésie. Le peuple accourait en foule sur leur passage. Couverts de leurs armes, ils s'avançaient à grands pas au milieu de cette multitude, semblables à des étoiles, dont l'éclat perce à travers les nuages : « Grand Jupiter, disait-on, autour d'eux, quel est donc le dessein de Pélias? et pourquoi envoyer loin de la Grèce un si grand nombre de héros? Sans doute le jour même qu'Éétès refusera de leur livrer la brillante Toison, objet de leurs désirs, il verra son palais devenir la proie des flammes. Mais, hélas! que de chemin à parcourir! que de dangers à essuyer! »

Tandis que les hommes parlaient ainsi, les femmes, levant leurs mains au ciel, priaient les dieux d'accorder aux Argonautes un heureux retour et se disaient l'une à l'autre en pleurant : « Mère infortunée, pauvre Alcimède, le sort, qui t'avait épargnée si longtemps, te fait aujourd'hui sentir ses rigueurs et tu n'as pu goûter le bonheur jusqu'à la fin de tes jours! Et toi, malheureux Éson, ne vaudrait-il pas mieux que tu fusses déjà descendu dans le tombeau! Plût aux dieux que le flot qui fit périr Hellé eût aussi précipité Phrixus et son bélier dans la mer! Mais non, par un prodige effroyable, l'animal fit entendre une voix humaine pour être cause un jour du malheur d'Alcimède [1].

Cependant la mère de Jason, environnée d'une troupe d'esclaves et de femmes éplorées, tenait son fils serré dans ses bras; tandis que Éson, accablé sous le poids des ans et retenu dans son lit, s'enveloppait le visage et étouffait ses sanglots. Le héros, après avoir tâché de les consoler, demande enfin ses armes. Des esclaves consternés les lui présentent en gardant un morne silence. Alcimède sent alors redoubler sa douleur et, tenant toujours son fils embrassé, elle verse des torrens de pleurs. Telle une jeune fille qu'un sort cruel, après lui avoir enlevé tous ses parens, a réduite à vivre sous l'empire d'une marâtre qui lui fait tous les jours essuyer de nouveaux outrages, lorsqu'elle se trouve seule avec sa fidèle nourrice, se jette entre ses bras, laisse éclater sa douleur et donne un libre cours à ses larmes : « Malheureuse que je suis, s'écriait Alcimède, plût aux dieux que j'eusse rendu le dernier soupir le jour même où j'ai entendu Pélias prononcer cet ordre fatal! Tu m'aurais toi-même ensevelie de tes mains, ô mon cher fils! C'est le seul devoir que j'avais encore à attendre de toi, puisque j'ai déjà reçu, dans tout le reste, la récompense des soins que m'a coûtés ton enfance. Mais maintenant, aban-

---

[1] Rivière qui coule près d'Athènes.
[2] Roi d'Orchomène, en Béotie. Alcimède, mère de Jason, était fille de Clymène, fille de Minyas.

[1] Hellé, étant tombée dans la mer, le bélier rassura Phrixus et lui promit de le porter en Colchide.

donnée comme une esclave, moi dont toutes les femmes thessaliennes enviaient autrefois le bonheur, je sècherai de douleur dans un palais désert, privée d'un fils qui faisait toute ma gloire, pour qui seul j'ai délié ma ceinture et imploré le secours de Lucine. Car la déesse, pour me rendre cette faveur plus chère, ne voulut pas qu'elle fût suivie d'aucune autre. Cruelle destinée! l'aurais-je pu jamais penser, que la fuite de Phrixus serait la source de mon malheur! »

Tandis qu'Alcimède se plaignait ainsi d'une voix entrecoupée de sanglots, ses femmes attendries, gémissaient autour d'elle : « Ma mère, lui répondit tendrement Jason, cessez de me déchirer par cet excès de douleur. Vos larmes, au lieu de remédier à mes maux, ne font que les irriter. Les dieux dispensent à leur gré les malheurs aux faibles mortels. Supportez avec courage ceux qu'ils vous envoient, quelque cruels qu'ils soient. Ayez confiance dans la protection de Minerve, dans les oracles d'Apollon ; enfin dans le secours de tant de héros; surtout, restez dans ce palais avec les femmes qui vous entourent et n'apportez pas par vos pleurs un sinistre présage au départ du vaisseau vers lequel mes amis et mes esclaves vont m'accompagner. »

Il dit et s'avance à grands pas hors du palais. Tel qu'on voit Apollon dans l'île de Délos, à Delphes, à Claros, ou dans les plaines de la Lycie, sur les bords du Xanthe, lorsque sortant de son temple, parfumé d'encens, il paraît aux yeux des mortels : tel Jason marchait à travers la foule du peuple, qui faisait retentir l'air de ses acclamations[1]. La vieille Iphias, prêtresse de Diane, déesse tutélaire de la ville, se rencontrant sur son passage, lui baisa la main droite. Elle aurait aussi voulu lui parler, mais la foule plus alerte la repousse, et Jason est déjà loin d'elle.

Lorsqu'il fut arrivé sur le rivage de Pagases, ses compagnons, qui l'attendaient près du vaisseau s'avancèrent à sa rencontre et s'assemblèrent autour de lui. Ce fut alors qu'on vit avec étonnement descendre de la ville Acaste et Argus, qui accouraient de toutes leurs forces à l'insu de Pélias. Argus était couvert de la peau d'un taureau noir, qui lui descendait jusqu'aux pieds. Acaste portait un superbe manteau dont sa sœur Pélopie lui avait fait présent. Jason, sans s'amuser à leur faire aucune question sur leur arrivée, invita tous ses compagnons à tenir conseil. Les voiles encore roulées et le mât, qui était couché par terre, leur servirent de sièges : « Compagnons, leur dit-il, tout est préparé pour notre départ, le vaisseau est pourvu de tout ce qui est nécessaire, et si les vents secondent nos désirs, rien ne peut désormais nous arrêter. Mais puisque nous n'avons tous qu'un même dessein, puisque nous devons affronter ensemble les dangers du voyage et revenir ensemble dans la Grèce, unissons-nous par un lien commun. Choisissez hardiment le plus vaillant d'entre vous ; qu'il commande aux autres, qu'il veille sur tout, et qu'il fasse à son gré la paix ou la guerre avec les nations chez lesquelles nous devons aborder. » A ces mots, chacun tournant les yeux vers Hercule, assis au milieu de l'assemblée, un cri général lui déférait le commandement. Le héros, sans se lever, fit signe de la main et prononça ces mots : « Qu'aucun de vous ne songe à m'accorder cet honneur, je ne puis ni l'accepter ni souffrir qu'aucun de ceux qui sont ici l'accepte. Celui dont le danger nous rassemble aujourd'hui, doit seul nous commander. »

Ce discours magnanime fut suivi d'un applaudissement général, et Jason reprit ainsi la parole avec joie : « Amis, puisque vous voulez bien me confier ce glorieux emploi, que rien ne nous retienne plus ici davantage. Implorons la faveur d'Apollon par un sacrifice, célébrons en son honneur un festin, et en attendant que mes esclaves aient amené les victimes qu'ils vont choisir parmi mes troupeaux, lançons le vaisseau à la mer, et tirez les places au sort. Nous élèverons ensuite sur le rivage un autel au dieu qui doit protéger notre embarquement et m'a promis dans ses oracles de nous servir lui-même de guide à travers l'immensité des mers si je commençais cette entreprise en lui adressant mes vœux. »

Il dit, et le premier se dispose au travail. A son exemple, tous ses compagnons s'étant levés, déposèrent leurs vêtemens sur un rocher poli qui, baigné dans les tempêtes par les eaux de la mer, était alors à l'abri des flots[2]. Leur

---

[1] Qualis ubi hibernam Lyciam, Xantique fluenta
Deserit, ac Delum maternam invisit Apollo,
Instauratque choros : mixtique altaria circum
Cretesque Dryopesque fremunt.
        Virg., Æn. IV, 148.

[2] Est procul in pelago saxum spumantia contra

premier soin fut d'entourer le vaisseau, suivant le conseil d'Argus, d'un câble bien tendu pour assujettir la charpente et la fortifier contre la violence des flots. Ils creusèrent ensuite depuis la proue jusqu'à la mer, un fossé d'une largeur suffisante et dont la pente augmentait toujours de plus en plus. On le garnit de pièces de bois bien polies, et on inclina la proue sur les premières, afin qu'emporté par son propre poids et poussé à force de bras, le vaisseau glissât plus facilement. On retourna les rames et on les attacha plus fortement aux bancs. S'étant ensuite rangés autour du vaisseau, ils appuyèrent contre les extrémités des rames leurs bras et leur poitrine. Tiphys, monté sur la poupe, donna le signal en jetant un grand cri. Au même instant, chacun déploie toutes ses forces; le vaisseau s'ébranle, un dernier effort le pousse en avant, il glisse avec rapidité. On le suit en courant et en jetant des cris de joie. Les poutres gémissent et crient sous le poids, une épaisse fumée s'élève dans les airs, le vaisseau se précipite dans les flots. On le retient avec des cordes préparées pour cet usage. On arrange ensuite les rames, on apporte les voiles, le mât et les provisions. Tout étant ainsi disposé, on tira les places au sort. Chaque banc contenait deux hommes; celui du milieu fut réservé d'une commune voix à Hercule et à Ancée. Tiphys fut chargé de diriger le gouvernail. On ramassa ensuite des pierres sur le rivage; on éleva un autel à Apollon, protecteur des rivages et des embarquemens, et on étendit dessus des branches sèches d'olivier.

Dans le même temps, les esclaves de Jason amenèrent deux taureaux. Les plus jeunes d'entre les Argonautes les conduisirent au pied de l'autel, et présentèrent avec l'orge sacrée l'eau nécessaire pour laver les mains. Jason s'adressant alors à Apollon : « O toi! dit-il, protecteur de Pagases et de la ville d'Ésonie, à laquelle mon père a donné son nom, Apollon, écoute ma prière! Ce sont tes oracles qui m'ont engagé dans les périls que je vais affronter. Tu m'as promis lorsque j'allai te consulter à Delphes de faire réussir cette expédition. Conduis donc toi-même notre vaisseau vers ces bords éloignés, et ramène-le toi-même dans la Grèce avec tous mes compagnons. Nous t'immolerons sur ce même autel, à notre retour, autant de taureaux que nous serons alors de guerriers échappés aux périls, et j'enrichirai de mes présens les temples de Delphes et de Délos. Reçois donc aujourd'hui la première offrande que nous te présentons en montant sur ce vaisseau. Fais, dieu puissant, que nous partions heureusement sous tes auspices, qu'un vent favorable enfle nos voiles et que le calme nous accompagne toujours. » En achevant cette prière, Jason répandit l'orge sacrée sur la tête des victimes qu'Hercule et Ancée se préparaient à immoler. Hercule décharge à l'un des taureaux un coup de massue sur le front, et l'abbat à ses pieds. Ancée frappe l'autre de sa hache, et lui fend le cou, l'animal chancelle et tombe sur ses cornes. Aussitôt on les égorge, on les dépouille et on les coupe par morceaux. Les cuisses, consacrées au dieu, sont mises à part. On les recouvre exactement de graisse et on les fait brûler sur l'autel, tandis que Jason fait des libations de vin.

Cependant la flamme brille de toutes parts, et la fumée s'élève en longs tourbillons de pourpre. Le devin Idmon se réjouit en voyant ces heureux présages de la faveur du dieu: « Vous reviendrez, s'écria-t-il aussitôt, oui, vous reviendrez dans la Grèce chargés de la Toison d'or; telle est la volonté des dieux. Mais combien vous aurez à soutenir auparavant de combats! Pour moi qu'un destin cruel condamne à ne plus revoir ces lieux, je vais chercher au loin la mort dans les champs de l'Asie. De sinistres augures m'avaient instruit déjà de mon sort. Cependant j'ai quitté ma patrie pour vous suivre, et laisser ainsi à mes descendans une gloire immortelle. » Les Argonautes, entendant ce discours, furent aussi touchés du sort d'Idmon que flattés du retour qu'il leur annonçait.

Le soleil avait déjà parcouru plus de la moitié de sa carrière, et les ombres des rochers s'étendaient dans la plaine, lorsque les compagnons de Jason, ayant couvert le rivage d'épais feuillages, s'assirent tous ensemble pour prendre leur repas. Des viandes abondantes sont servies devant eux; un vin délicieux coule dans les coupes; des discours agréables se mêlent au festin. Une gaîté délicate et qui ne connaît point l'injure outrageante, se répand parmi les convives.

Cependant Jason, occupé de soins plus im-

Littora, quod tumidis submersum tunditur olim
Fluctibus, etc.
Virg., Æn., v. 125.

portans, avait les yeux baissés et réfléchisait profondément : « Fils d'Éson, s'écria le bouillant Idas avec insolence, quel dessein roules-tu dans ton esprit? Découvre-nous tes pensées. La crainte, ce tyran des âmes faibles, s'emparerait-elle de toi? J'en atteste cette lance avec laquelle j'ai acquis dans les combats une gloire que rien n'égale, cette lance qui vaut mieux pour moi que le secours de Jupiter; non, puisque Idas est avec toi, tu n'as rien à craindre et rien ne pourra te résister, quand même un dieu combattrait contre toi. Tel est, puisqu'il faut me faire connaître celui qui, pour te secourir a quitté le séjour d'Arène. »

Il dit, et saisissant à deux mains une coupe remplie de vin, il avale d'un trait la liqueur écumante qui se répand sur ses joues et sur sa poitrine. Un murmure d'indignation s'élève aussitôt parmi les convives, et le devin Idmon adressa ainsi la parole à Idas : « Téméraire, est-ce ton audace naturelle qui t'inspire ces sentimens, ou bien est-ce le vin qui t'enfle le cœur et te fait courir à ta perte en blasphémant les dieux. On peut consoler un ami et relever son courage par d'autres discours. Les tiens sont aussi insensés que ceux des enfans d'Aloée[1] lorsqu'ils vomissaient des injures contre les dieux. Apollon les fit expirer sous ses flèches rapides, et cependant leur force était beaucoup au-dessus de la tienne. »

A ce discours, Idas ne répondit d'abord que par des éclats de rire; bientôt il adressa d'un ton moqueur ces mots au devin : « Peut-être les dieux me réservent-ils un sort pareil à celui que ton père fit éprouver aux enfans d'Aloée. Tu peux nous faire part de leurs desseins, mais si la prédiction est vaine, songe à te soustraire à ma fureur. » Idas en parlant ainsi, frémissait de colère; il allait se porter aux derniers excès, mais ses compagnons l'arrêtèrent, et Jason apaisa la querelle. Dans le même temps le divin Orphée prit en main sa lyre, et mêlant à ses accords les doux accens de sa voix, il chanta comment la terre, le ciel et la mer, autrefois confondus ensemble, avaient été tirés de cet état funeste de chaos et de discorde; la route constante que suivent dans les airs le soleil, la lune et les autres astres; la formation des montagnes, celle des fleuves, des Nymphes et des animaux[1]. Il chantait encore comment Ophyon et Eurynome, fille de l'Océan, régnèrent sur l'Olympe, jusqu'à ce qu'ils en furent chassés et précipités dans les flots de l'Océan par Saturne et Rhéa, qui donnèrent des lois aux heureux Titans. Jupiter était alors enfant; ses pensées étaient celles d'un enfant. Il habitait dans un antre du mont Dicté, et les Cyclopes n'avaient point encore armé ses mains de la foudre, instrument de la gloire du souverain des dieux. Orphée avait fini de chanter, et chacun restait immobile. La tête avancée, l'oreille attentive, on l'écoutait encore, tant était vive l'impression que ses chants laissaient dans les âmes.

Le repas fut terminé par des libations qu'on répandit, selon l'usage, sur les langues enflammées des victimes, et la nuit étant survenue, chacun se livra au sommeil.

L'aurore brillante éclairait de ses feux naissans les sommets du mont Pélion, et les flots de la mer se balançaient doucement au souffle d'un vent léger. Tiphys s'éveille et excite ses compagnons à s'embarquer. Aussitôt le rivage retentit d'un bruit affreux, au milieu duquel une voix sortie du vaisseau se fit entendre. C'était la poutre merveilleuse tirée par Minerve d'un chêne de la forêt de Dodone qui pressait elle-même le départ. Frappés de ce prodige, les héros entrèrent promptement dans le vaisseau, s'assirent sur les bancs, chacun à la place que le sort lui avait marquée, et déposèrent auprès d'eux leurs armes. Ancée et le puissant Hercule remplissaient le banc du milieu. Hercule avait près de lui sa massue, et sous ses pieds le vaisseau s'était enfoncé plus avant dans les flots. Déjà on retire les câbles et on fait sur la mer des libations de vin. Jason détourne du rivage de sa patrie ses yeux baignés de larmes. Tels que des jeunes gens qui, dansant au son du luth autour de l'autel d'Apollon, soit à Delphes, soit à Délos, ou sur les bords de l'Isménus, attentifs aux accords de l'instrument sacré, frappent en cadence la terre d'un pied léger : tels les compagnons de Jason, au son de la lyre d'Orphée, frappent tous ensemble les flots de leurs longs avirons. La mer est agitée, l'onde écume et frémit sous leurs puissans efforts, les

---

[1] Otus et Éphialte, appelés aussi les Aloïdes, étaient d'une taille gigantesque, et voulaient escalader le ciel. *Homère*, Odyssée, liv. XI, vers 304.

[1] Namque canebat, uti magnum per inane coacta
Semina terrarumque, animæque, marisve, fuissent,
Et liquidi simul ignis, etc.
Virg., Ecl. VI, 31.

armes étincellent aux rayons du soleil; de longs sillons blanchissans, semblables aux sentiers qu'on distingue à travers un champ couvert de verdure, marquent la trace du navire. Tous les dieux, attentifs à ce spectacle, voient avec complaisance du haut de l'Olympe voguer sur les flots les plus vaillans des héros issus de leur sang. Les Nymphes du Pélion, rassemblées sur leurs sommets, admirent à la fois l'ouvrage de la déesse d'Itone[1] et les héros dont les efforts font voler le vaisseau sur les ondes. Le fils de Philyre, Chiron lui-même, descendant du haut de la montagne, s'avance sur le rivage en leur faisant signe de la main et leur souhaitant un heureux retour. Près de lui son épouse Chariclo, portant dans ses bras le jeune Achille, le présente tendrement à son père Pélée[2].

Lorsque par la prudence et l'adresse de Typhis, qui dirigeait leur course en tenant le gouvernail, ils furent sortis du port, alors ils dressèrent le mât, le fixèrent avec des câbles, déployèrent la voile et l'attachèrent par des cordages aux deux côtés du vaisseau. Elle fut aussitôt enflée par un vent frais qui, laissant reposer le bras des Argonautes, les porta bientôt au delà du promontoire Tisée. Orphée célébrait alors sur sa lyre l'illustre fille de Jupiter, Diane, protectrice des vaisseaux, qui se plaît à parcourir ces rivages, et veille sur la contrée d'Iolcos. Attirés par la douceur de ses chants, les monstres marins et les poissons mêmes, sortant de leur retraite, s'élançaient tous ensemble à la surface de l'onde et suivaient en bondissant le vaisseau, comme on voit dans les campagnes des milliers de brebis revenir du pâturage en suivant les pas du berger qui joue sur son chalumeau un air champêtre.

Déjà la terre fertile des Pélasges se dérobe aux regards des navigateurs. Ils laissent derrière eux les rochers du Pélion. Le promontoire Sépias disparaît; on découvre l'île de Sciathus, plus loin la ville de Pirésies, le rivage tranquille de Magnésie et le tombeau de Dolops où, sur la fin du jour, le vent contraire les obligea de relâcher. À l'entrée de la nuit, ils honorèrent la mémoire du héros par un sacrifice. Les vagues étaient courroucées, et la tempête dura deux jours. Le troisième, ayant déployé la voile, ils quittèrent ce rivage, dont le nom rappelle encore le séjour qu'ils y firent[1]. Mélibée, toujours battue par les vents, Omolé, située sur le bord de la mer, l'embouchure de l'Amyrus, Eurymènes, les vallées humides de l'Ossa et de l'Olympe se présentèrent successivement à eux. Les côtes de Pallène et le promontoire Canastrée furent parcourus à la faveur du vent qui souffla pendant la nuit. Le matin on découvrit le mont Athos. Il est éloigné de Lemnos du chemin que peut faire un vaisseau léger depuis le matin jusqu'à midi; cependant l'ombre du sommet couvre une partie de l'île et s'étend jusqu'à la ville de Miryne. Le vent, qui s'était soutenu pendant tout le jour et la nuit suivante, cessa de souffler au lever du soleil. On gagna à force de rames l'île de Lemnos, séjour des antiques Sintiens[2].

Tous les hommes y avaient péri misérablement l'année précédente, victimes de la fureur des femmes. Depuis longtemps elles ne présentaient à Vénus aucune offrande. La déesse irritée les rendit odieuses à leurs maris qui, les ayant abandonnées, cherchèrent de nouveaux plaisirs dans les bras des esclaves qu'ils enlevaient en ravageant la Thrace. Mais à quels attentats ne se porte pas la jalousie? Les Lemniennes égorgèrent, dans une même nuit, leurs maris et leurs rivales, et exterminèrent jusqu'au dernier des mâles, afin qu'il n'en restât aucun qui pût un jour leur faire porter la peine de leur forfait. Hypsipyle seule, fille du roi Thoas, épargna le sang de son père, déjà avancé en âge. Elle l'enferma dans un coffre et l'abandonna ainsi au gré des flots, espérant qu'un heureux hasard pourrait lui sauver la vie. Des pêcheurs l'ayant en effet aperçu, le retirèrent dans l'île d'OEnoé, appelée depuis Sicinus[3], du nom d'un fils que Thoas eut de la nymphe OEnoé, l'une des Naïades.

Les Lemniennes, devenues les seules habitantes de l'île, quittèrent les ouvrages de Minerve, qui seuls jusqu'alors avaient occupé leurs mains, et s'accoutumèrent sans peine à manier les armes, à garder les troupeaux et à labou-

---

[1] Minerve, ainsi appelée d'une ville de Thessalie suivant le Scholiaste.
[2] Parvumque patri tendebat Julum.
Virg., Æn. II, 674.
Achille, encore dans l'enfance, était élevé près du centaure Chiron lorsque Pélée son père s'embarqua pour la conquête de la Toison d'or.

[1] Il s'appelait Aphétes, qui signifie les barrières d'où l'on commençait à courir dans les jeux publics, et indiquait que le vaisseau s'était remis en mer dans cet endroit.
[2] Nom des premiers habitans de Lemnos.
[3] Une des Cyclades.

rer la terre. Cependant elles tournaient toujours avec inquiétude leurs yeux vers la mer, et craignaient sans cesse de voir les Thraces venir fondre sur elles. Remplies de cette idée, dès qu'elles aperçurent le navire Argo qui s'approchait de leur île à force de rames, elles s'armèrent à la hâte, sortirent de Myrine, et se répandirent sur le rivage, semblables à des Bacchantes en furie. Hypsipyle, portant l'armure de son père, était à la tête de cette troupe que la frayeur rendait muette et interdite.

Les Argonautes députèrent pour héraut Éthalide, auquel ils avaient confié le ministère et le sceptre de Mercure son père. Ce dieu lui avait donné une mémoire inaltérable qu'il ne perdit point en traversant le fleuve d'Oubli; et quoiqu'il habite aujourd'hui, tantôt le séjour des ombres, et tantôt les lieux éclairés par le soleil, il conserve toujours le souvenir de ce qu'il a vu. Mais pourquoi m'arrêter à l'histoire d'Éthalide? Hypsipyle, persuadée par ses discours, permit aux Argonautes de passer sur le rivage de l'île la nuit qui s'approchait.

Cependant le vent du nord qui s'éleva le lendemain les empêcha de continuer leur route. Hypsipyle assembla aussitôt les femmes de Lemnos et leur tint ce discours : « Chères compagnes, envoyons promptement à ces étrangers les provisions et le vin dont ils peuvent avoir besoin, afin que n'ayant rien à venir chercher dans cette ville, ils ne puissent découvrir ce qu'il serait dangereux que la renommée publiât. Il faut l'avouer, notre vengeance fut un coup hardi qui pourrait déplaire même à ces inconnus. Voilà mon avis; si quelqu'une de vous connaît un meilleur expédient, qu'elle se lève; c'est pour vous consulter que je vous ai rassemblées ici. »

En achevant ces mots, Hypsipyle s'assit sur la pierre qui servait autrefois de trône à son père. La vieille Polixo sa fidèle nourrice, empressée de parler, se lève aussitôt. Un bâton soutenait son corps chancelant; auprès d'elle étaient quatre jeunes filles encore vierges dont les blonds cheveux flottaient sur les épaules. Polixo s'avança jusqu'au milieu de l'assemblée, et dressant avec peine la tête sur son dos recourbé, elle parla ainsi :

« Suivons le conseil que propose elle-même Hypsipyle, et envoyons des présens à ces étrangers, j'y consens; mais, dites-moi, que gagnerez-vous à les éloigner de ces murs, et comment défendrez-vous seules votre vie si les Thraces ou quelque autre ennemi viennent un jour fondre sur vous? De telles invasions ne sont que trop communes. Ces étrangers eux-mêmes ne sont-ils pas arrivés ici au moment où nous y pensions le moins? Supposons cependant qu'une divinité favorable détourne de vous ce danger, d'autres malheurs, plus terribles mille fois que la guerre, vous attendent. Lorsque la mort aura moissonné les plus vieilles d'entre vous, et que les jeunes seront parvenues sans postérité à une triste vieillesse, comment ferez-vous alors, malheureuses! pour soutenir les restes d'une misérable vie? Vos taureaux, subissant volontairement le joug, traîneront-ils d'eux-mêmes la charrue et moissonneront-ils vos champs? Pour moi, quoique les Parques m'aient épargnée jusqu'ici, je descendrai bientôt dans le sein de la terre, et je recevrai les derniers honneurs avant de voir arriver cette calamité. C'est à celles qui sont plus jeunes à y penser sérieusement. Vous pouvez éviter aujourd'hui ce cruel avenir. Saisissez l'occasion et remettez votre ville et vos biens entre les mains de ces étrangers. » Toute l'assemblée applaudit à ce discours. Hypsipyle se leva aussitôt : « Puisque vous approuvez, dit-elle, le conseil de Polixo, je vais envoyer sur-le-champ une de mes femmes au vaisseau. » Et s'adressant à Iphinoé, qui était auprès d'elle, elle lui ordonna d'aller trouver le chef de ces étrangers, de l'inviter à se rendre dans son palais pour apprendre de sa bouche cette résolution, et d'engager tous ses camarades à entrer sans crainte et avec des sentimens de paix dans la ville. Hypsipyle congédia ensuite les Lemniennes et se retira dans son palais.

Iphinoé, prompte à remplir ses ordres, arrive auprès des Minyens, qui s'empressent autour d'elle pour savoir le sujet qui l'amène : « Hypsipyle, leur dit-elle, fille du roi Thoas, m'envoie vers vous pour inviter votre chef à venir apprendre d'elle une agréable nouvelle et pour vous engager tous à entrer sans crainte et avec des sentimens de paix dans la ville. » Les Minyens, charmés de ce discours, pensèrent aussitôt que la mort avait enlevé Thoas, et qu'Hypsipyle, sa fille unique, régnait à sa place. Ils pressèrent Jason de partir et se disposèrent eux-mêmes à le suivre.

Le héros se revêtit d'un ample manteau, ouvrage de Pallas, qui le lui avait donné lorsqu'elle travaillait elle-même au vaisseau et montrait à Argus à en régler les dimensions. Son éclat surpassait celui du soleil ; le fond était rouge, et sur les bords, couleur de pourpre, étaient représentés avec un art infini, différens sujets. On y voyait les Cyclopes sans cesse occupés des mêmes travaux, fabriquant un foudre à Jupiter, dont l'éclat éblouissait les yeux. Il n'y manquait plus qu'un rayon qui déjà s'étendait sous les coups redoublés des marteaux[1], au milieu d'un tourbillon de flammes. On y voyait aussi les deux fils d'Antiope, Amphion et Zéthus. Près d'eux s'élevait une ville qui n'était pas encore couronnée de tours, c'était Thèbes dont ils venaient de jeter les fondemens. Zéthus portait sur ses épaules un rocher semblable au sommet d'une haute montagne et marchait avec peine, courbé sous ce fardeau. Près de lui Amphion, faisant résonner sous ses doigts sa lyre dorée, se faisait suivre par une pierre deux fois plus grande.

Vénus y était représentée la main appuyée sur le bouclier du dieu Mars ; sa tunique détachée tombait d'un côté sur son bras et laissait voir à découvert une partie de son sein, image que répétait encore l'airain poli du bouclier.

Plus loin on aperçoit de gras pâturages au milieu desquels les fils d'Électryon[2] tâchent de repousser les Téléboens sortis de Thaphos[3] pour enlever leurs troupeaux. Une égale fureur anime les combattans ; l'herbe est teinte du sang qui se mêle avec la rosée ; mais enfin le grand nombre l'emporte et les brigands sont vainqueurs.

Près de là deux chars se disputaient le prix de la course. Pélops, accompagné d'Hippodamée son amante, fait voler le premier sur l'arène et secoue avec ardeur les rênes de ses chevaux. Le second est conduit par Myrtile. Près de lui son maître OEnomaüs, poussant en avant sa lance pour percer son vainqueur, tombe lui-même sur les débris de son essieu brisé.

On voyait ensuite Apollon dans un âge encore tendre, perçant d'une flèche le téméraire qui voulait entraîner sa mère en la tirant par son voile. C'est Tityus, fils de Jupiter et d'Élaré, nourri depuis et enfanté de nouveau par la terre[1].

Enfin, on avait représenté sur ce manteau, Phrixus prêtant l'oreille au bélier qui semble lui adresser la parole. En les voyant, on est saisi d'étonnement ; on croit qu'ils vont parler, et dans cette attente, on ne se lasse point de les considérer.

Tel était le présent que Jason avait reçu de Minerve. Il prit ensuite un long javelot, gage d'hospitalité qu'Atalante lui avait donné sur le mont Ménale. Cette jeune héroïne voulait alors marcher elle-même à la conquête de la Toison d'or, mais Jason l'en détourna, craignant que sa beauté ne charmât les Argonautes et n'excitât parmi eux la discorde.

Dans cet équipage, Jason s'avançait vers la ville, semblable à un astre brillant que de jeunes filles voient s'élever sur leur demeure et répandre dans l'air ses feux éclatans, qui charment leurs regards. Tourmentée de l'absence d'un amant auquel elle doit être bientôt unie, sa tendre amante en conçoit un heureux présage et croit que ce jour va lui ramener enfin l'objet de ses désirs. Les Lemniennes, transportées d'une joie pareille en voyant entrer dans la ville leur nouvel hôte, se précipitent en foule sur les pas du héros qui marchait gravement et les yeux baissés, vers le palais d'Hypsipyle. A sa vue les portes s'ouvrirent. Iphinoé le conduisit à travers un superbe portique dans l'appartement de sa maîtresse et le fit asseoir devant elle sur un siège richement orné. La jeune reine baissa les yeux et rougit d'abord à la vue du héros : « Étranger, lui dit-elle ensuite, pourquoi vous tenir si longtemps éloigné de nos murs ? Cette ville n'est point habitée par des hommes. Ils l'ont quittée pour aller cultiver les campagnes fertiles de la Thrace, et pour que vous sachiez la cause de cet événement, je vais vous raconter fidèlement tous nos malheurs. Tandis que Thoas mon père régnait sur nos citoyens, ils s'embarquèrent plus d'une fois pour aller ravager la partie de la Thrace la plus voisine de cette île. Ils en revenaient toujours chargés de butin et ramenant avec eux toutes les jeunes filles qu'ils pou-

---

[1] Ferrum exercebant vasto Cyclopes in antro.
 Iis informatum manibus jam parte polita
 Fulmen erat ; toto genitor quæ plurima cœlo
 Dejicit in terras : pars imperfecta manebat.
  Virg., Æn. VIII, 424.

[2] Roi d'Argos.

[3] Une des îles Échinades, dont les habitans appelés Téléboens, étaient fort adonnés à la piraterie.

[1] Terræ omnipotentis alumnum.
  Virg., Æn. VI, 295.

vaient enlever. C'était un piège que Vénus leur tendait pour accomplir ses funestes desseins. Bientôt cette perfide déesse les plongea dans un tel aveuglement qu'ils abandonnèrent leurs femmes légitimes et les chassèrent même de chez eux pour se jeter entre les bras de leurs captives. Les perfides ! en vain nous attendîmes longtemps que la raison reprît sur eux son empire. Le mal allait toujours en augmentant. Une race infâme commençait à croître, les enfans légitimes étaient méprisés. Des filles sans époux, des mères veuves erraient honteusement dans la ville. Le père voyait avec indifférence sa fille déchirée sous ses yeux par la main d'une injuste marâtre. Les enfans ne vengeaient plus comme autrefois l'injure de leurs mères, et le frère était insensible au sort de sa sœur. D'indignes captives étaient seules honorées dans les maisons, dans les assemblées, dans les fêtes et dans les festins. Un dieu nous inspira enfin un courage au-dessus de notre sexe. Un jour qu'ils étaient allés faire une nouvelle incursion dans la Thrace, nous leur fermâmes au retour les portes de la ville, afin de les forcer de reprendre à notre égard des sentimens plus justes ou de s'aller établir ailleurs avec leurs captives. Ils choisirent ce dernier parti, et ayant redemandé tous les mâles qui étaient encore dans la ville, ils reprirent le chemin de la Thrace, où ils habitent aujourd'hui. Ne craignez donc plus, ô étranger ! de vous mêler parmi nous. Je dirai plus, si vous voulez fixer ici votre demeure, le sceptre de Thoas vous attend ; vous régnerez sur une contrée qui ne peut manquer de vous plaire, puisque notre île est la plus fertile de toutes celles que baigne la mer Égée. Allez donc trouver vos compagnons, faites-leur part de mes offres et ne restez pas plus longtemps hors de cette ville. » Ainsi parlait la reine de Lemnos, dissimulant avec adresse le massacre des Lemniens.

Jason lui répondit en ces termes : « Hypsipyle, nous recevons avec reconnaissance les secours que vous nous offrez si généreusement. Je vais rendre compte de tout à mes compagnons, et dans peu je serai de retour auprès de vous. Quant au sceptre que vous m'offrez, qu'il reste entre vos mains : quelque prix qu'il puisse avoir à mes yeux, le Destin m'entraîne loin de ces bords ; je vole aux combats qu'il m'a préparés. » En achevant ces mots, il toucha la main de la reine et partit aussitôt. Des jeunes filles sans nombre l'accompagnèrent jusqu'aux portes de la ville en faisant éclater leur joie. Quelque temps après, elles montèrent sur des chars qui renfermaient des présens de toute espèce et arrivèrent au rivage lorsqu'il finissait de raconter à ses compagnons le discours d'Hypsipyle. Elles engagèrent elles-mêmes les Argonautes à les suivre, et ceux-ci se laissèrent facilement entraîner, car Vénus, pour complaire à Vulcain qui voulait voir bientôt son île chérie peuplée de nouveaux habitans, avait elle-même fait naître ce doux désir dans le cœur des héros. Jason retourna près d'Hypsipyle, et chacun de ses compagnons suivit celle que le hasard lui donna pour guide. Cependant Hercule et quelques autres, dédaignant les offres des Lemniennes, restèrent près du vaisseau.

Aussitôt toute la ville se livre au plaisir. Ce ne sont partout que danses et festins en l'honneur des dieux. La fumée des sacrifices s'élève de toutes parts. L'illustre fils de Junon [1], Vénus son épouse, sont de tous les immortels ceux dont on implore le plus ardemment la faveur par des chants et des offrandes.

Cependant le départ était différé de jour en jour. Les Argonautes, retenus par les douceurs de Lemnos, auraient fait dans cette île un trop long séjour si le brave Hercule, les ayant assemblés hors de la ville, ne leur eût ainsi reproché leur mollesse : « Compagnons, avons-nous donc été chassés de notre patrie comme des meurtriers, ou sommes-nous venus chercher ici des femmes au mépris de nos citoyennes et avons-nous résolu d'y fixer notre demeure ? Sera-ce en restant si longtemps attachés à des étrangères que nous acquerrons la gloire à laquelle nous aspirons ? Attendez-vous qu'un dieu sensible à nos vœux nous apporte ici la Toison d'or pour prix de notre oisiveté ? Croyez-moi, retournons tous dans notre patrie et laissons notre chef passer au gré de ses désirs tout le jour dans les bras d'Hypsipyle. Qu'il remplisse Lemnos de sa postérité et qu'il rende par cet exploit son nom immortel. »

Ce discours couvrit de confusion ceux à qui il s'adressait. Personne n'osa répondre à Hercule ni même lever les yeux sur lui, et l'on se disposa sur-le-champ à partir.

Aussitôt que les Lemniennes se furent aperçues de ce dessein, elles accoururent en foule

---

[1] Vulcain.

sur le rivage : comme on voit des essaims d'abeilles sortant d'un rocher qui leur servait de retraite se répandre dans une riante prairie, voltiger en bourdonnant autour des fleurs et cueillir çà et là leur suc délicieux[1], ainsi elles s'empressent toutes en soupirant autour des Argonautes et leur font les plus tendres adieux en priant les immortels de leur accorder un heureux retour. Hypsipyle elle-même, tenant les mains de Jason, lui adressa ce discours en pleurant : « Pars donc et que les dieux te ramènent avec tous tes compagnons, rapportant, comme tu le désires, la Toison d'or à Pélias. Cette île et le sceptre de mon père seront toujours à toi si tu reviens un jour en ces lieux, et tu pourras y rassembler de plusieurs contrées un peuple innombrable ; mais non, je le vois, jamais cet empire n'aura pour toi de charmes. Souviens-toi du moins d'Hypsipyle et pendant ton voyage et lorsque tu seras de retour dans ta patrie, et dis-moi ce que je dois faire si les dieux m'accordent de mettre au jour un fruit de nos amours.

—Hypsipyle, lui répondit Jason, puissent s'accomplir les vœux que vous formez pour le succès de notre entreprise ! Mais, au nom des dieux, connaissez mieux mes sentimens. Jamais on ne me verra renoncer à ma patrie. Tout mon bonheur serait de l'habiter un jour en paix après avoir heureusement achevé cette expédition. Si mon destin est de ne jamais revoir la Grèce et que vous mettiez au jour un fils, envoyez-le dès qu'il sera sorti de l'enfance à Iolcos, afin qu'il serve de consolation aux auteurs de mes jours, si toutefois ils vivent encore, et qu'il soit élevé dans leur palais, loin des regards de Pélias. »

Il dit et monta le premier sur le vaisseau. Ses compagnons s'empressèrent de le suivre ; Argus lâche le câble qui retenait le vaisseau, et tous commencent à ramer avec une nouvelle ardeur. Le soir ils abordèrent, par les conseils d'Orphée, dans l'île de Samothrace, pour se faire initier dans ses mystères sacrés et parcourir ensuite les mers avec moins de danger. Mais qu'allais-je faire en poursuivant mon récit ? Salut à l'île elle-même ! Salut aux dieux invoqués dans les mystères que je ne puis révéler !

Les Argonautes traversèrent le lendemain le golfe Mélas, ayant d'un côté la Thrace, de l'autre l'île d'Imbros, et arrivèrent peu après le coucher du soleil à la pointe de la Chersonèse. Le vent du midi qui s'élevait leur fit déployer la voile et les porta dans le détroit rapide auquel la fille d'Athamas a donné son nom. Là, ayant à droite la contrée au-dessus de laquelle s'élève le mont Ida, ils doublèrent le promontoire Rhétée, et laissant derrière eux Dardanie, Abyde, Percote, le rivage sablonneux d'Abarnis et l'illustre Pytyie[1], ils arrivèrent heureusement, dans cette même nuit, à l'extrémité de l'Hellespont.

Dans la Propontide, au delà du fleuve Ésèpe, s'avance en forme de presqu'île une immense montagne appelée par les peuples du voisinage la montagne des Ours. Un isthme escarpé, près duquel les vaisseaux trouvent en tout temps un abri commode, la sépare des plaines fertiles de la Phrygie. Elle est habitée par des fils de la terre, géans fiers et féroces dont la vue seule inspire l'étonnement et l'effroi. Chacun d'eux fait mouvoir avec facilité six bras d'une force prodigieuse, dont deux sont suspendus à leurs épaules et quatre sont attachés à leurs larges flancs. Les Dolions, que la protection de Neptune, dont ils tiraient leur origine, mettait à couvert des insultes de ces géans, habitaient l'isthme et la plaine qui s'étend au delà. Le vaillant Cyzique, fils d'Énée[2] et d'Énète, fille de l'illustre Eusorus[3] régnait alors sur ces peuples. Ce fut près de leur demeure que le navire Argo, poussé par les vents de Thrace, aborda dans un port que la nature elle-même avait formé[4]. Les Argonautes y détachèrent, par l'avis de Tiphys, la pierre qui leur servait d'ancre et la laissèrent près de la fontaine Artacie pour en prendre une autre plus pesante. Dans la suite, les Ioniens compagnons de Nélée[5], dociles à l'oracle d'Apollon, consacrèrent cette ancre abandonnée dans le temple de Minerve, protectrice de Jason.

---

[1] La même que Lampsaque, selon le Scholiaste.
[2] Différent d'Énée, fils d'Anchise : celui-ci était originaire de Thessalie, fils d'Apollon et de Stilbé.
[3] Roi de Thrace, dont le fils Acamas commandait les Thraces au siège de Troie. *Homère, Iliade* II, vers 844.
[4] Hæc fessos tuto placidissima porta adcipit.
Virg., Æn. III, 78.
[5] 1077 ans environ avant l'ère chrétienne, Nélée, fils de Codrus, dernier roi d'Athènes, conduisit dans l'Asie-Mineure une colonie d'Ioniens dont une partie vint s'établir dans la ville de Cyzique.

---

[1] Ac velut in pratis, ubi apes æstate serena
 Floribus insidunt variis, et candida circum
 Lilia funduntur : strepit omnis murmure campus.
Virg., VI, 707.

Instruits de l'arrivée des Argonautes et de leur origine, les Dolions et Cyzique lui-même allèrent au-devant d'eux, les reçurent avec joie et les invitèrent à quitter le port dans lequel ils étaient mouillés pour gagner à la rame celui de la ville, où ils pourraient prendre terre et amarrer leur vaisseau. Les Argonautes, ayant suivi ce conseil, élevèrent sur le rivage un autel à Apollon, protecteur des débarquemens, et se préparèrent à lui offrir un sacrifice. Cyzique, averti par un oracle d'aller au-devant de tous leurs désirs, leur fournit le vin et les victimes dont ils avaient besoin. Ce prince, comme la plupart des compagnons de Jason, était dans la fleur de la jeunesse et ne pouvait encore se glorifier d'être père. Clité son épouse, qu'il venait d'obtenir par de riches présens, était fille de Mérops[1], originaire de Percote. Les plaisirs qui l'attendaient auprès de cette jeune beauté ne purent l'empêcher de passer la nuit avec les Argonautes et de prendre part à un repas où l'on se fit mutuellement mille questions. Cyzique s'informait du but de leur voyage et des ordres qu'ils avaient reçus de Pélias; les Argonautes l'interrogeaient à leur tour sur les villes et les peuples du voisinage. Il leur nomma tous ceux qui habitaient les bords de la Propontide: ses connaissances ne s'étendaient point au delà et il ne put satisfaire davantage leur curiosité. Au lever de l'aurore, ils résolurent de monter sur le mont Dindyme pour reconnaître eux-mêmes et contempler la route qu'ils allaient parcourir.

Cependant le vaisseau était toujours dans le port de Chytus où ils l'avaient fait entrer après avoir quitté leur premier mouillage. Tandis qu'ils suivaient en gravissant un chemin qui fut depuis appelé le chemin de Jason, les géans, par une autre route, descendirent avec impétuosité de la montagne et entreprirent de combler avec d'énormes pierres l'entrée du port, espérant d'y prendre le vaisseau comme on prend dans une fosse un animal féroce. Mais Hercule, qui était heureusement resté avec quelques-uns des plus jeunes, ayant bandé son arc, en renversa d'abord plusieurs sur le sable; les autres, saisissant aussitôt des quartiers de rocher, les lancèrent contre lui et commencèrent un combat que l'implacable Junon réservait depuis long-temps pour être un des travaux d'Hercule. D'un autre côté, les héros qui n'étaient pas encore arrivés au sommet de la montagne, voyant le dessein des géans, descendirent avec précipitation, fondirent sur eux à coup de flèches et de lances et les exterminèrent jusqu'au dernier. Tels qu'on voit des arbres, qui naguère s'élevaient jusqu'aux nues, abattus par la hache et jetés sur le bord de la mer pour être humectés par les flots, tels les géans, étendus sur le sable, bordent le détroit qui forme l'entrée du port. Une partie de leur corps est plongée dans la mer, l'autre est étendue sur le rivage, et ils servent en même temps de pâture aux poissons et aux vautours.

Délivrés de ce danger, les Argonautes profitèrent d'un vent favorable et mirent à la voile. Ayant vogué tout le jour au gré de leurs désirs, ils furent repoussés pendant la nuit par les vents contraires et obligés d'aborder de nouveau chez les Dolions. On attacha le vaisseau à un rocher qui porte encore le nom de pierre sacrée, et l'on prit terre sans que personne reconnût la presqu'île d'où ils étaient partis le matin. Les Dolions, de leur côté, trompés par les ténèbres et ne songeant plus aux Argonautes, qu'ils croyaient déjà bien loin, s'imaginèrent que c'était une troupe de Pélasges qui venait les attaquer et prirent aussitôt les armes pour les repousser. Déjà le bruit des lances et des boucliers retentit de toutes parts; on se mêle avec la rapidité de la flamme qui dévore une aride forêt[1]. Les malheureux Dolions ne peuvent soutenir le choc et sont massacrés par les Argonautes. Cyzique lui-même ne doit plus revoir son épouse chérie: atteint à la poitrine d'un coup que lui porte Jason, il est renversé sur le sable et succombe à sa destinée. Cruelle destinée que nul mortel ne peut éviter, comme une barrière insurmontable, tu nous environnes de tous côtés! Cyzique, en voyant partir les Argonautes, se croit à l'abri de tout danger de leur part, et voilà qu'au milieu de cette nuit même, en combattant contre eux, un coup mortel vient trancher le fil de ses jours. Un grand nombre de ceux qui l'accompagnaient subirent le même sort. Télécléе et Mégabronte périssent par la main d'Hercule. Sphodris est

---

[1] Roi de Pityie, ville de la Troade, dont il a été question ci-devant. Ses deux fils, Adraste et Amphius, commandaient une partie des Troyens au siége de Troie. *Homère, Illiade*, liv. II, vers 835.

[1] Ac velut immissi diversis partibus ignes
Arentem in silvam...
Virg., Æn. XII, 521.

renversé par Acaste; Proméc par Idas, Hyacinthe par Clytius; Télamon porte à Basilée un coup mortel; Zélys, le fier Géphyrus sont terrassés par Pélée; les deux fils de Tindare font mordre la poussière à Mégalosacus et à Phlogius; enfin le jeune Méléagre abat à ses pieds Itymon et Artace, le plus vaillant des Dolions. Tous ces guerriers, pour prix du courage qu'ils firent alors paraître, sont encore aujourd'hui honorés comme des demi-dieux par les habitans du pays. Les autres, saisis d'épouvante, fuient comme des colombes devant l'épervier qui les poursuit et se précipitent en foule au travers des portes de la ville, qui retentit aussitôt de cris et de gémissemens. Le matin chacun reconnut son erreur. Les Argonautes furent pénétrés de douleur en voyant le jeune prince étendu sur la poussière et baigné dans son sang. Pendant trois jours ils poussèrent avec les Dolions des cris lamentables et s'arrachèrent les cheveux; le quatrième, on s'occupa des funérailles. Les deux peuples, revêtus de leurs armes, tournèrent trois fois autour du corps [1] et célébrèrent en l'honneur du héros des jeux funèbres au milieu d'une prairie où son tombeau s'offre encore aux yeux de la postérité. Clyté ne voulut pas survivre à son époux : un nœud fatal termina d'une manière encore plus affreuse sa vie et son désespoir. Les Nymphes des forêts la pleurèrent, et pour conserver à jamais la mémoire de cette épouse infortunée, elles formèrent de leurs larmes une fontaine qui porte encore son nom.

Les Dolions, accablés de tant de maux, n'avaient pas le courage de prendre de nourriture. Pendant longtemps ils ne songèrent pas seulement à préparer le premier soutien de la vie et ne mangèrent que des herbes crues. Ce sont ces jours de douleur que les Ioniens, habitans de Cyzique, rappellent encore lorsque, renouvelant tous les ans leurs libations en l'honneur des héros dolions, ils font broyer sous une meule publique la matière d'un pain grossier qui leur sert alors de nourriture.

Les Argonautes restèrent encore douze jours sur ce rivage, retenus par les tempêtes dont la mer était agitée. Sur la fin de la dernière nuit, tandis que chacun était endormi profondément et que Mopsus faisait la garde avec Acaste, un alcyon, voltigeant au-dessus de la tête de Jason, annonça par un doux gazouillement la fin des orages. Mopsus entendit le chant de l'oiseau qui habite les bords de la mer et comprit le présage. Bientôt l'alcyon, obéissant aux ordres de la divinité qui l'envoyait, alla se placer sur le haut de la poupe du vaisseau. Mopsus, s'approchant alors de Jason, qui reposait sur des peaux de brebis, le tira par le bras et lui dit : « Fils d'Éson, écoute ce que je viens d'apprendre par le chant d'un alcyon qui voltigeait autour de toi pendant ton sommeil. Pour calmer la fureur des vents qui troublent depuis si longtemps les flots, il faut que, montant sur le sommet sacré du Dindyme, tu te rendes la mère des dieux favorable par un sacrifice. C'est elle qui tient sous son pouvoir les vents, la mer, les abîmes de la terre et les sommets glacés de l'Olympe; et lorsque quittant la cime des montagnes elle paraît dans les cieux, Jupiter lui-même se lève pour lui céder sa place; à son exemple, les autres immortels témoignent à l'envi leur respect à cette redoutable déesse. »

Ce discours remplit Jason de confiance et d'allégresse; il se lève, court à tous ses compagnons, les éveille, et lorsqu'ils furent assemblés leur expose la prédiction de Mopsus. Aussitôt les plus jeunes font sortir des étables les bœufs nécessaires pour le sacrifice et les conduisent sur la montagne. Les autres, ayant détaché le vaisseau du rocher sacré, le font avancer à la rame dans le port des Thraces, et, ayant laissé quelques-uns d'entre eux pour le garder, montent ensuite sur le sommet du Dindyme. De là ils découvraient devant eux, et pour ainsi dire sous leurs mains [1], les monts Macriens et toute la Thrace. Ils apercevaient à travers les nuages l'embouchure du Bosphore, les montagnes de la Mysie, et voyaient d'un autre côté serpenter le fleuve Ésèpe et s'élever au milieu des champs Népéiens la ville d'Adrastie [2].

Au milieu des arbres qui couronnaient cette montagne, un vieux sep de vigne était parvenu à une grosseur prodigieuse : on le coupa pour en faire un simulacre consacré à la déesse. Argus le tailla d'une main habile et le plaça sur une cime escarpée au pied des chênes élevés qui le recouvraient de leurs sommets. On ra-

---

[1] Ter circum accensos, cincti fulgentibus armis, Decurrere rogos.
Virg., Æn. XI, 188.

[1] In manibus terræ . . . . .
Virg., Georg. II, 45.
[2] Ville de la Troade, entre Parium et Priapus, vis-à-vis de Cyzique. *Strabon*, liv. 12, p. 575 et 588.

massa ensuite des pierres pour dresser l'autel, on se couronna de feuilles de chêne, et on offrit le sacrifice en invoquant l'auguste mère des dieux, déesse du Dindyme, et habitante de la Phrygie. On adressa en même temps des vœux à Titias et à Cyllène, ces illustres compagnons de la déesse, les chefs de tous les Dactyles de Crète [1] que la Nymphe Anchialé mit au monde au fond d'un antre du mont Dicté [2], en saisissant, dans l'accès de sa douleur, la terre de ses mains.

Jason versant des libations sur les victimes enflammées, suppliait ardemment la déesse d'apaiser la fureur des vents. Ses compagnons, revêtus de leurs armes, dansaient autour de l'autel en frappant de toutes leurs forces leurs boucliers de leurs épées [3]. Orphée l'avait ainsi commandé pour écarter du sacrifice les tristes gémissemens des Dolions, qui pleuraient sans cesse leur roi, et c'est de là que les Phrygiens ont conservé l'usage d'invoquer Cybèle au son du rhombe [4] et des tambours.

La déesse écouta les vœux qu'on lui adressait, et sa faveur se manifesta par des signes éclatans. Les arbres se couvrirent subitement de fruits; la terre fit éclore sous les pas des héros des fleurs sans nombre; les lions, quittant leurs cavernes, s'approchèrent d'eux en les caressant de leurs queues, et, par un prodige encore plus étonnant, le Dindyme, qu'aucune fontaine n'avait arrosé jusqu'à ce jour, vit tout à coup jaillir de son sommet aride une source abondante, que les habitans des contrées voisines appellent encore la fontaine de Jason. Le sacrifice fut suivi d'un festin, pendant lequel la montagne des ours retentit de chants en l'honneur de Cybèle.

Les Argonautes se rembarquèrent au lever de l'aurore et s'éloignèrent de l'île en ramant à l'envi. Le ciel serein, la mer unie et tranquille favorisaient leurs efforts. Remplis d'allégresse, ils déployaient la force de leurs bras et faisaient voler le vaisseau avec tant de vitesse que les rapides coursiers de Neptune n'auraient pu l'atteindre. Vers la fin du jour, des vents impétueux ayant soulevé de nouveau les flots, ils se sentirent enfin accablés de lassitude et furent obligés de laisser reposer leurs rames. Hercule seul, toujours infatigable, opposait au courroux des vagues la vigueur de ses bras, et par de violentes secousses faisait avancer le vaisseau. Ils avaient déjà passé l'embouchure du Rhyndacus et le tombeau d'Égéon [1] et côtoyaient avec joie le rivage de la Mysie, lorsque tout à coup la rame fut brisée par la violence des flots. Une partie est emportée par les vagues, l'autre reste entre les mains du héros, qui tombe à la renverse et se relève aussitôt sans rien dire et comme étonné de voir ses bras condamnés au repos.

L'heure approchait où le laboureur quitte les champs, et pressé par la faim se hâte de retourner à sa chaumière; arrivé près de sa porte il étend par terre ses genoux fatigués, et considérant son corps couvert de poussière, et ses mains usées par le travail, il maudit les besoins qu'il ne peut satisfaire qu'au prix de tant de peines et de fatigues. Les Argonautes abordèrent alors sur un rivage voisin de la ville de Cius, près du fleuve du même nom et du mont Arganthon. Les Mysiens qui habitaient cette contrée, voyant arriver des étrangers qui n'avaient aucun dessein ennemi, leur accordèrent volontiers l'hospitalité, et leur fournirent en abondance des vivres et du vin. Les uns vont chercher du bois sec, les autres étendent sur la terre des lits de verdure [2], ceux-ci font jaillir du feu du sein d'un caillou; ceux-là versent du vin dans les coupes et préparent le repas, après avoir offert à l'entrée de la nuit un sacrifice à Apollon, protecteur des débarquemens.

Cependant le fils de Jupiter, empressé de réparer la perte de sa rame, laissa ses compagnons apaiser la faim qui les pressait, et dirigea ses pas vers une forêt voisine où, après avoir erré longtemps, il découvrit un sapin peu chargé de branches et dont la grosseur et la hauteur n'excédaient point celles d'un peuplier. Aussitôt il jette par terre son arc et son carquois, se dépouille de sa peau de lion et de sa massue,

---

[1] Les Dactyles de Crète, appelés aussi Curètes, habitaient le mont Ida, et accompagnaient Rhéa, la même que Cybèle. Lorsqu'elle mit au monde Jupiter, ils aidèrent à cacher sa naissance en dansant autour de lui, et en frappant leurs armes pour étouffer ses cris.

[2] Montagne de Crète.

[3] Espèce de danse appelée Pyrrique, en usage chez les Crétois et chez les Lacédémoniens.

[4] Instrument d'airain dont se servaient aussi les magiciennes. *Théocrite*, Idyll. II, v. 30 et 35. *Eustath.* comm. in Dionys, v. 1134.

[1] Un des géans, le même que Briarée, qui secourut Jupiter contre les autres dieux. *Homère*, Iliade, v. 404.

[2] Hic manus heroum placidis ut constitit oris
 Mollia composita littora fronde tegit.
Properce, I, 20, 21.

frappe à coups redoublés le pied de l'arbre. Sûr de ses forces, il saisit ensuite à deux mains le bas du tronc, y appuie sa large épaule, et du premier effort l'enlève avec toutes ses racines et la terre qui y était attachée. Tel au milieu de l'hiver, lorsque la constellation d'Orion brille sur les flots, un ouragan fougueux emporte à la fois le mât d'un vaisseau, les cordes et les câbles qui le retenaient. Hercule reprend aussitôt son carquois, sa peau de lion et sa massue, et se met en chemin pour rejoindre ses compagnons.

Pendant ce temps le jeune Hylas, attentif à préparer le repas de son maître, s'était écarté de la troupe et tenant une urne d'airain, cherchait une claire fontaine pour y puiser de l'eau. Hercule l'avait accoutumé dès l'enfance à le servir, lorsque après avoir tué son père Théodamas, il l'avait enlevé de la maison paternelle. Théodamas, habitant de la Dryopie, était occupé à labourer son champ, et conduisait tristement sa charrue. Hercule, qui ne cherchait qu'un prétexte de faire la guerre aux Dryopes pour les punir de leurs brigandages, lui demanda fièrement un de ses bœufs, et sur son refus le massacra lui-même impitoyablement. Mais pourquoi m'arrêter à ce récit? Hylas, conduit par le hasard, arriva sur le bord d'une fontaine qu'on appelle les Sources. C'était l'heure à laquelle les Nmphes qui habitaient la riante contrée d'alentour, avaient coutume de se rassembler pour chanter, en dansant pendant la nuit, les louanges de Diane [1]. Les Nymphes des montagnes, celles des bois, celles qui demeuraient dans les antres profonds, avaient déjà quitté leur retraite et s'avançaient vers la fontaine. Éphydatie qui l'habitait, levant alors la tête au-dessus de son onde limpide, aperçut le jeune Hylas, et découvrit à la faveur de la lune, qui laissait tomber sur lui ses rayons, l'éclat de sa beauté et les grâces de son visage. Aussitôt l'amour s'empare de ses sens, elle est toute hors d'elle-même et demeure interdite. Hylas, penché sur le bord, plongeait son urne au milieu des ondes, qui se précipitaient avec bruit dans l'airain résonnant. La Nymphe, brûlant d'appliquer un baiser sur sa bouche délicate, lui passe une main autour du cou et le tire de l'autre par le bras. L'infortuné est entraîné au fond des ondes et jette en tombant des cris perçans.

Polyphème, qui était éloigné des autres et attendait le retour d'Hercule, fut le seul qui les entendit. Il courut aussitôt du côté de la fontaine. Tel qu'un lion affamé, entendant le bêlement des moutons, s'approche avec vitesse, et ne pouvant se jeter sur le troupeau que les bergers ont renfermé, pousse pendant longtemps d'affreux rugissemens [1]; tel le fils d'Élatus fait retentir au loin l'air de ses gémissemens. En vain il parcourt en criant tous les lieux d'alentour, rien ne répond à ses cris. Dans cette extrémité, craignant qu'Hylas ne soit devenu la proie des bêtes féroces ou n'ait été enlevé par des brigands, il tire son épée pour voler, s'il le peut, à sa défense [2]. Tandis qu'il courait ainsi en faisant briller son épée dans l'obscurité, il rencontra Hercule qui retournait à grands pas vers le vaisseau. Il le reconnut, et tout hors d'haleine lui adressa ces mots: « Cher compagnon, je vais vous annoncer un funeste acccident. Hylas était allé puiser de l'eau à une fontaine et ne reparaît point. Des voleurs ou des bêtes féroces se sont jetés sur lui. J'ai entendu ses cris et ne sais rien de plus. »

Tandis qu'Hercule écoutait ce discours, une sueur abondante coulait de son front [3], et son sang bouillonnait dans ses veines. Enflammé de colère, il jette aussitôt le sapin qu'il portait et suit en courant le chemin qui se présente à lui. Comme un taureau, piqué par un taon, s'échappe du pâturage, et, fuyant loin des bergers et du troupeau, s'arrête quelquefois, lève sa tête altière, et, pressé par la douleur, pousse d'effroyables mugissemens, ainsi Hercule, emporté par sa fureur, tantôt court avec rapidité, et tantôt suspendant sa course, répète avec des cris perçans le nom de son cher Hylas.

Cependant l'étoile du matin brillait sur la cime des montagnes [4], les vents propices commençaient à souffler, et Typhis pressait ses

---

[1] Hic erat Arganthi, Pegæ, sub vertice montis
Grata domus Nymphis humida Thyniasin.
Properce, I, 20, 23.

[1] Ac veluti pleno lupus insidiatus ovili
Quum fremit ad caulas . . . . .
Virgil., Æn. IX, 59.

[2] Corripit hic subita trepidus formidine ferrum
Æneas, strictamque aciem venientibus obfert.
Virgil., Æn. VI, 290.

[3] Tum gelidus toto manabat corpore sudor.
Virgil., Æn. III, 175.

[4] Jamque jugis summæ surgebat lucifer Idæ
Ducebatque diem.
Virgil., Æn. II, 801.

compagnons de partir[1]. Dociles à ses conseils, ils montent aussitôt sur le vaisseau, lèvent l'ancre et retirent les câbles. Le vent enfle la voile, et déjà ils doublent avec joie le promontoire de Neptune. L'aurore vermeille éclairait le ciel de ses feux; on voyait au milieu des vertes campagnes reluire les sentiers poudreux et briller les champs couverts de rosée. Les Argonautes s'aperçurent alors de l'absence de leurs compagnons. Une violente querelle s'élève aussitôt parmi eux. On n'entend de tous côtés que plaintes et que clameurs. Tous se reprochaient mutuellement d'avoir si promptement mis à la voile et laissé à terre le plus vaillant héros de la troupe. Pendant ce tumulte, Jason, plongé dans la plus cruelle incertitude, était assis tristement et dévorait son chagrin dans un morne silence : « Tu demeures tranquille, lui dit Télamon transporté de fureur, et n'es pas sensible à la perte d'Hercule. Je le vois trop, tu craignais que sa gloire n'éclipsât un jour la tienne dans la Grèce, si les dieux nous accordent d'y rentrer, et tu avais formé le dessein de l'abandonner. Mais à quoi bon de plus longs discours? Je veux à l'instant me séparer de toi et de ceux qui ont tramé avec toi cette perfidie. » Il dit, et, les yeux étincelans de rage[2], se jette sur Typhis, et s'empare du gouvernail. Chacun était prêt à seconder en ramant ses efforts, et le navire allait regagner le rivage de la Mysie, si les deux fils de Borée, Calaïs et Zéthès, reprenant vivement Télamon, ne se fussent opposés à son dessein. Infortunés! ils se repentiront un jour de n'avoir point voulu qu'on retournât chercher Hercule. Surpris dans l'île de Ténos[3] au retour des jeux funèbres de Pélias, ils périront par la main du héros, qui doit élever sur leur sépulture deux colonnes, dont l'une, par un prodige étonnant, s'agite au souffle de l'aquilon qui leur donna le jour.

Cependant la dispute s'échauffait de plus en plus lorsque le sage Glaucus, interprète des volontés du divin Nérée, sortant tout à coup du sein de la mer, éleva au-dessus des flots sa tête couverte de cheveux blancs et saisissant le gouvernail d'une main vigoureuse : « Pourquoi, s'écria-t-il, voulez-vous, contre les décrets de Jupiter, emmener le valeureux Hercule en Colchide. Soumis dans Argos aux ordres de l'impitoyable Eurysthée, il doit accomplir douze travaux et monter ensuite au rang des immortels. Il ne lui en reste plus à achever qu'un petit nombre; cessez donc de souhaiter davantage sa présence. Polyphème bâtira près de l'embouchure du Cius une ville fameuse et terminera ses jours parmi les Chalybes. Pour Hylas, une Nymphe amoureuse de sa beauté, l'a fait son époux. C'est en le cherchant que les héros que vous regrettez se sont égarés. » Glaucus, en finissant ces mots, se replonge au fond de la mer. Les flots écument et l'onde amère rejaillit dans le vaisseau.

Son discours remplit de joie les Argonautes. Télamon s'approcha de Jason, et lui prenant la main : « Fils d'Éson, lui dit-il, excuse l'excès de mon emportement. La douleur m'a fait proférer un discours insolent et téméraire. Que les vents emportent mon erreur et soyons unis comme auparavant. — Ami, lui répondit Jason, tu m'as outragé cruellement, en m'accusant devant tous nos compagnons de trahir un héros qui m'est cher. Quoique vivement blessé, je n'en conserverai point de ressentiment; puisque enfin ce n'est point pour un vil intérêt, mais en regrettant un ami que ta colère s'est allumée. J'espère, si l'occasion s'en présente jamais, que tu soutiendras ma querelle avec la même chaleur. » Il dit, chacun se remit à sa place et la concorde fut rétablie.

Les oracles de Glaucus ne tardèrent point à s'accomplir. Polyphème fonda chez les Mysiens la ville de Cius, près du fleuve du même nom. Hercule se rendit peu après aux ordres d'Eurysthée; mais avant son départ, il menaça de ravager la Mysie si on ne lui rendait Hylas ou vivant ou privé de la vie. Les Mysiens lui promirent avec serment de le chercher sans relâche, et les principaux d'entre eux lui donnèrent leurs enfans en otage. Aujourd'hui même les habitans de Cius cherchent encore Hylas et entretiennent une étroite alliance avec la ville de Trachis, dans laquelle Hercule transporta les enfans qui lui furent alors livrés.

Les Argonautes furent poussés tout le jour, et même la nuit suivante, par un vent favorable, dont le souffle ne s'éteignit qu'au lever de l'aurore. Un golfe spacieux, entouré d'un rivage élevé, se présentait alors à leurs regards. Ce fut là qu'ils abordèrent, à force de rames,

---

[1] . . . . Jubet uti navita ventis.
      Ovid., Metam. III, 420.
[2] . . . . . . Totoque ardentis ab ore
Scintillæ absistunt : oculis micat acribus ignis.
      Virgil., Æn. XII, 101.
[3] Une des Cyclades.

au moment où les premiers rayons du soleil éclairaient l'univers.

CHANT SECOND.

Les Argonautes abordent dans le pays des Bébryces. — Combat de Pollux et du roi Amycus ; défaite des Bébryces. — Entrée dans le Bosphore. — Histoire de Phinée, délivré des Harpies par les fils de Borée. — Il donne des conseils aux Argonautes et leur prédit une partie de leurs aventures. — Histoire de Parébius. — Origine des vents étésiens. — Histoire de la nymphe Cyrène et de son fils Aristée. — Les Argonautes traversent les rochers Cyanées et abordent à l'île Thymiade. — Apparition d'Apollon. — Description du fleuve Achéron et de l'antre de Pluton. — Ils sont bien reçus par Lycus, roi des Mariandyniens, qui leur donne son fils Dascylus pour les accompagner. — Mort du devin Idmon et du pilote Tiphys, Ancée prend soin du gouvernail. — Apparition de l'ombre de Sthénélus. — Heureuse rencontre des fils de Phrixus qui s'embarquent avec les Argonautes. — On aperçoit le sommet du Caucase et l'aigle qui dévorait le foie de Prométhée. — Arrivée en Colchide.

Sur ce rivage était la demeure d'Amycus, roi des Bébryces [1] et les étables qui renfermaient ses nombreux troupeaux. Fils de Neptune et de la nymphe Mélia, Amycus était le plus féroce et le plus orgueilleux des mortels. Par une loi barbare, il obligeait les étrangers à se battre au pugilat contre lui et avait déjà fait périr ainsi plusieurs de ses voisins. Dès qu'il aperçut le vaisseau, il s'approcha du rivage, et sans daigner s'informer ni quels étaient les Argonautes, ni quel était le sujet de leur voyage : « Vagabonds, leur dit-il fièrement, écoutez ce qu'il faut que vous sachiez. De tous ceux qui abordent chez les Bébryces, aucun ne s'en retourne sans avoir auparavant essayé ses bras contre les miens ; choisissez donc le plus habile d'entre vous au combat du ceste, afin qu'il se mesure à l'instant avec moi. Telle est la loi que j'ai établie ; si vous refusiez de vous y soumettre, la force saurait bien vous y contraindre. »

Ce discours remplit d'indignation les Argonautes. Pollux, plus vivement offensé du défi qu'aucun autre, s'empressa de l'accepter et répondit ainsi : « Arrête, qui que tu sois, et cesse de parler de violence. Nous obéirons volontiers à ta loi ; tu vois ton adversaire et je suis prêt à combattre. » Amycus, étonné de sa hardiesse, le regarde en roulant des yeux farouches, comme un lion environné par des chasseurs fixe ses yeux ardens sur celui qui lui a porté le premier coup.

[1] Peuple de Bithynie.

Le fils de Tyndare dépose aussitôt son manteau dont le tissu délicat était l'ouvrage d'une Lemnienne qui le lui avait donné comme un gage de sa tendresse. Le roi des Bébryces détache en même temps le sien de couleur noire et d'une étoffe grossière, et le jette par terre avec le bâton noueux qu'il portait à la main. Près d'eux était un lieu commode pour le combat ; les Argonautes et les Bébryces se rangent à l'entour et s'asseyent séparément sur le sable. Les deux rivaux offraient aux yeux des spectacles bien différens. Amycus ressemblait à un fils de l'affreux Typhon [1] ou aux Géans que la terre irritée enfanta contre Jupiter [2]. Pollux était aussi beau que l'étoile brillante du soir ; un léger duvet ombrageait encore ses joues, la grâce de la jeunesse brillait dans ses yeux ; mais il avait la force et le courage d'un lion. Tandis qu'il déployait ses bras [3] pour essayer si la fatigue et le poids de la rame ne leur avaient point ôté leur souplesse, Amycus, qui n'avait pas besoin d'une pareille épreuve, le regardait de loin en silence [4] et brûlait de verser son sang.

Lycorée, l'un des serviteurs du roi, jeta devant eux des cestes d'une force et d'une dureté à toute épreuve : « Prends sans tirer au sort, dit fièrement Amycus, et choisis ceux que tu voudras, afin qu'après le combat tu n'aies aucun reproche à me faire ; arme tes mains et bientôt tu pourras dire si je sais former un gantelet de cuir et faire couler le sang des joues de mes adversaires. »

Pollux ne répondit qu'en souriant et ramassa les cestes qui étaient à ses pieds. Castor et Talaüs s'approchèrent pour les lui attacher et l'animèrent en même temps par leurs discours. Arétus et Ornytus attachèrent ceux du roi, bien éloignés de penser qu'ils rendaient pour la dernière fois ce service à leur maître.

Bientôt les deux combattans s'avancent en tenant leurs mains pesantes élevées devant leurs visages. Le roi des Bébryces fond sur son adversaire comme un flot impétueux. Semblable

[1] Monstre moitié homme et moitié bête, suivant la fable.
[2] Illam terra parens irâ irritata deorum
 . . . .
 Progenuit.
Virgil., Æn. IV, 178.
[3] . . . . . Alternaque jactat
 Brachia protendens. . .
Virgil., Æn. V, 376.
[4] . . . . . Totumque pererrat
 Luminibus tacitis,
Virgil., Æn. IV, 363.

à un pilote habile qui détourne adroitement son vaisseau pour éviter la vague qui se précipite et menace de le submerger, Pollux, par un mouvement léger, se dérobe aux coups d'Amycus qui le poursuit sans relâche. Ensuite ayant bien examiné les forces de son adversaire et connaissant sa manière de combattre, il fait ferme à son tour, déploie ses bras nerveux et cherche les endroits qu'Amycus sait le moins garantir. Comme on voit des ouvriers assembler à grands coups les pièces d'un navire et faire retentir l'air du bruit de leurs marteaux, ainsi les deux combattans se frappent avec furie les joues et les mâchoires et font sans cesse résonner leurs dents sous la pesanteur de leurs poings. La fatigue épuise enfin leurs forces, ils se séparent, et tout hors d'haleine essuient la sueur qui coule à grands flots de leurs fronts. Bientôt ils courent de nouveau l'un sur l'autre, semblables à des taureaux furieux qui se disputent une génisse [1]. Amycus, se dressant sur la pointe des pieds [2], comme un homme prêt à assommer une victime [3], lève avec fureur un bras redoutable. Pollux penche la tête, évite adroitement le coup qui ne fait qu'effleurer son épaule, et s'avançant aussitôt sur son adversaire, le frappe de toutes ses forces au-dessus de l'oreille. L'air retentit au loin, les os sont fracassés. Amycus, vaincu par l'excès de la douleur, tombe sur ses genoux et rend le dernier soupir.

Tandis que les héros minyens poussent des cris de joie, les Bébryces, irrités de la mort de leur roi, s'avancent vers Pollux en levant leurs massues et brandissant leurs dards; ses compagnons se précipitent à l'instant devant lui et lui font un rempart de leurs épées. Castor frappe d'abord un des ennemis qui s'élançait sur son frère, d'un seul coup lui fend la tête qui tombe ainsi partagée sur les deux épaules [4]. Pollux lui-même renverse d'un coup de pied dans la poitrine le géant Itymon, et d'un de ses poings encore armés du ceste, il porte à Minas, au-dessus du sourcil gauche, un coup qui lui emporte la paupière et laisse voir le globe de l'œil à découvert. Le fier Oridès, l'un des gardes d'Amycus, atteignit d'un dard Talaüs dans le flanc; mais le coup ne fit qu'effleurer la peau sans blesser les entrailles. Arétus, de sa lourde massue, porte également au brave Iphitus un coup inutile et expire bientôt lui-même sous le glaive de Clytius qui accourt au secours de son frère, levant d'une main sa hache redoutable et présentant de l'autre la dépouille d'un ours qui lui servait de bouclier. L'intrépide Ancée s'élance avec fureur au milieu des ennemis. Les deux fils d'Éacus fondent en même temps sur eux et Jason se précipite avec ardeur dans la mêlée.

Lorsqu'au milieu de l'hiver des loups affamés [1], trompant les chiens et les pasteurs, sont entrés dans une bergerie, et que, regardant avec avidité tout le troupeau, ils cherchent la proie qu'ils doivent d'abord dévorer, on voit les brebis effrayées se serrer, se presser et se renverser les unes sur les autres : telle est l'épouvante que les héros minyens répandent parmi les Bébryces. Comme des abeilles cachées dans le creux d'un rocher, où des pasteurs ont introduit une épaisse fumée, s'agitent d'abord en bourdonnant, et s'échappent ensuite en fuyant loin de leur retraite [2]; ainsi ces perfides adversaires, après une courte résistance, prennent la fuite et vont porter la nouvelle de la mort du roi dans le fond de leur pays. Là pour comble de désastre, ils rencontrent Lycus à la tête des Mariandyniens leurs mortels ennemis, qui, profitant de l'absence d'Amycus, ravageait leurs campagnes et pillait leurs demeures. Les Argonautes de leur côté n'épargnaient rien de ce qui était près du rivage, et chassaient devant eux des troupeaux innombrables : « Qu'auraient donc fait, disaient-ils alors entre eux, les faibles Bébryces, si le destin eût conduit Hercule en ces lieux? Sans doute il n'y aurait eu aucun combat; mais

---

[1] Digredimur paulum : rursumque ad bella coimus...
Nox aliter fortes vidi concurrere tauros
Cùm pretium pugnæ, toto nitidissima saltu,
Expetitur conjux.
Ovid., Metam. IX, 42.

[2] In digitos arrectus.
Virgil, Æn. V, 426.

[3] Elatumque alte, veluti qui candida tauri
Rumpere sacrificâ molitur colla securi,
Illisit fronti Lapithæ.
Ovid., Metam. IX, 248.

[4] Atque illi partibus æquis
Huc caput atque illuc humero ex utroque pependit.
Virgil., Æn. IX, 754.

[1] . . . . Lupi ceu
Raptores atra in nebula.
Virgil, Æn. II, 355.

[2] Inclusas ut cum latebroso in pumice pastor
Vestigavit apes, fumoque implevit amaro;
Illæ intus trepidæ rerum per cerea castra
Discurrunt, magnisque acuunt stridoribus iras, etc.
Virgil. Æn. XII, 587.

lorsque Amycus venait fièrement nous annoncer ses lois, la massue d'Hercule lui aurait fait oublier et ses lois et sa fierté. Mais hélas! nous l'avons abandonné par mégarde, nous naviguons maintenant sans lui, et nous aurons plus d'une fois à gémir de son absence. »

Ainsi les Argonautes se reprochaient sans cesse une séparation dont les décrets de Jupiter étaient seuls la cause. Ils passèrent la nuit sur le rivage, et s'occupèrent d'abord du soin des blessés. On offrit ensuite un sacrifice aux immortels et on prépara le repas, après lequel, au lieu de se laisser aller au sommeil, chacun se couronna des branches d'un laurier auquel le vaisseau était attaché. Orphée prit en main sa lyre dorée, et tous mêlant leurs voix à ses divins accords, chantèrent ensemble les louanges du dieu qu'on révère à Thérapné[1]. Les vents retenaient leur haleine, le rivage était tranquille, la nature entière semblait sourire à leurs chants.

Le soleil recommençant sa carrière, éclairait le sommet des montagnes couvertes de rosée, et les bergers écartaient le doux sommeil de leurs paupières. Les Argonautes, après avoir embarqué les troupeaux qui leur étaient nécessaires, détachèrent du pied du laurier le câble du vaisseau; et poussés par un vent favorable, entrèrent dans le rapide détroit du Bosphore. Là des flots semblables à des montagnes, s'élèvent jusqu'aux cieux, et sont toujours prêts à fondre sur les navigateurs, qui semblent ne pouvoir échapper à la mort suspendue comme un nuage sur leurs têtes. Cependant l'habile pilote sait se frayer une route au milieu du danger. Ainsi les Argonautes, par l'adresse de Tiphys, avançant toujours sans accident, mais non sans frayeur, abordèrent le lendemain vis-à-vis les côtes de la Bithynie.

Un fils d'Agénor[2], Phinée, faisait sa demeure sur ce rivage. Apollon lui avait accordé depuis longtemps le don de prévoir l'avenir; faveur dangereuse qui devint la source de tous ses malheurs. Sans respect pour le maître des dieux, il découvrait hardiment aux mortels ses décrets sacrés. Jupiter irrité le condamna à une éternelle vieillesse, priva ses yeux de la douce lumière du jour, et voulut qu'il ne pût jamais se rassasier d'aucun mets. En vain ceux qui venaient consulter ses oracles, lui en apportaient sans cesse de nouveaux; les Harpies, fondant tout à coup du haut des cieux, les lui arrachaient de la bouche et des mains. Quelquefois pour prolonger ses tourmens en soutenant sa misérable vie, elles lui abandonnaient de légers restes, sur lesquels elles répandaient une odeur si infecte que personne n'aurait eu le courage non-seulement de s'en nourrir, mais même d'en supporter de loin la puanteur. Phinée n'eut pas plutôt entendu la voix des Argonautes et le bruit de leur débarquement qu'il comprit aussitôt qu'ils étaient les étrangers dont l'arrivée, suivant les décrets de Jupiter, devait mettre fin au plus cruel de ses maux. Semblable à un fantôme, il sort de son lit, et s'appuyant sur un bâton, il traîne en tâtonnant le long des murs ses pieds chancelans. Tous ses membres, épuisés par la faim et la vieillesse, tremblent à chaque pas. Son corps est sale et hideux. Une peau desséchée recouvre à peine ses os. Il arrive au seuil de sa porte et s'y assied accablé de lassitude. Au même instant, un ténébreux vertige s'empare de ses sens; la terre lui semble tourner sous ses pieds; sa bouche est muette : il perd le sentiment et reste évanoui.

Les Argonautes l'ayant aperçu s'approchent de lui, l'environnent et sont saisis d'effroi. Tout à coup de longs soupirs sortent du fond de sa poitrine[1]. Inspiré par un dieu, il fait entendre ces mots : « Écoutez, ô les plus braves de tous les Grecs..... Si c'est vous que par l'ordre cruel de son roi, Jason conduit sur le navire Argo à la conquête de la Toison d'or. Mais je n'en puis douter, c'est vous-mêmes... Fils de Latone, dieu puissant, je te rends grâces au milieu de mes maux, rien n'échappe encore à mon esprit pénétrant..... Je vous conjure donc par Jupiter qui protége les supplians et punit sévèrement les cœurs impitoyables; au nom d'Apollon et de Junon, qui vous favorisent plus que toutes les autres divinités, ayez pitié de moi, soulagez mes maux; ne partez pas sans avoir compassion d'un infortuné dont vous ne connaissez pas encore toute la misère. Non-seulement une impitoyable Furie m'a ravi les yeux, non-seulement je traîne une vieillesse

---

[1] Lieu voisin de Lacédémone, consacré à Apollon.
[2] Roi de Phénicie.

[1] Suspirans, imoque trahens a pectore vocem.
Virgil., Æn. I. 371.
Sed graviter gemitus imo de pectore ducens.
Id. II, 288.

éternelle, un tourment cent fois plus horrible encore m'assiége sans cesse. Des Harpies cruelles m'arrachent ma nourriture : à peine j'essaie d'apaiser la faim qui me dévore qu'elles fondent tout à coup sur moi d'un repaire invisible, d'où elles m'observent avec tant de soin, qu'il m'est aussi impossible de me dérober à leurs regards que de me cacher à moi-même. Si par hasard elles laissent devant moi quelque chose, il s'en exhale une odeur si insupportable qu'avec un cœur d'airain on ne saurait en approcher. Cependant l'affreuse nécessité de la faim l'emporte, me retient et me force d'avaler le reste. Fils de Borée, c'est à vous qu'il est réservé de chasser d'auprès de moi ces monstres odieux. En me secourant, vous n'obligerez pas un étranger. Phinée, que ses richesses et sa science ont rendu autrefois célèbre parmi les mortels, est fils d'Agénor, et j'obtins pour épouse votre sœur Cléopâtre, lorsque je régnais sur les Thraces. »

Phinée se tut, et les Argonautes restèrent pénétrés de la plus vive compassion. Les deux fils de Borée, encore plus touchés que les autres, s'approchèrent de lui en essuyant leurs larmes ; Zéthès lui prit la main, et lui dit : « O le plus infortuné des mortels ! comment de si grands maux sont-ils venus fondre sur vous? Sans doute vous avez excité la colère des dieux par des prédictions indiscrètes; nous brûlons du désir de vous secourir, mais nous craignons leur vengeance, toujours si terrible pour les faibles humains ; et nous n'oserons chasser les Harpies, qu'après que vous nous aurez juré que notre action ne déplaira point aux immortels.

— Cesse, ô mon fils! dit le vieillard entr'ouvrant ses yeux privés de lumière et les tournant vers Zéthès : cesse de me tenir de semblables discours; j'en jure par le fils de Latone, de qui j'ai reçu l'art de prévoir l'avenir, par le sort affreux qui me tourmente, par le nuage répandu sur mes yeux, par les divinités infernales (et puisse leur courroux, si je te trompe, me poursuivre encore après ma mort), non, vous n'offenserez pas les dieux en me secourant. »

Rassurés par ce serment, Calaïs et Zéthès brûlent déjà d'impatience de se signaler. Un repas, dernière proie des Harpies, est bientôt préparé et servi devant le vieillard. Ils se placent à ses côtés, tenant en main leurs glaives, et attendent l'instant d'exécuter leur dessein. Phinée eut à peine touché un des mets, que ces monstres affamés, s'élançant avec un bruit affreux du sein des nues, fondirent tout à coup sur la table avec la rapidité des tourbillons ou des éclairs. Les Argonautes poussèrent en les voyant de grands cris. Tout fut dévoré en un instant, et elles s'envolèrent au-dessus des mers aussi rapidement qu'elles étaient venues, laissant après elles une odeur insupportable.

Les fils de Borée, que Jupiter remplit en ce moment d'une vigueur infatigable, les poursuivent avec une égale vitesse et les menacent sans cesse de leurs épées. Tels que des chiens bien dressés prêts d'atteindre à la course une biche légère, s'efforcent de la saisir en allongeant le cou ; mais la proie leur échappe, et leurs dents résonnent inutilement [1] : tels les fils de Borée touchent sans cesse les Harpies sans pouvoir les saisir. Enfin ils les atteignaient, et, contre la volonté des dieux, ils allaient les exterminer près des îles Plotées, lorsque la légère Iris, traversant les airs, arrêta leurs bras par ce discours : « Fils de Borée, respectez les Harpies, ce sont les chiens de Jupiter. Je vous jure par le Styx, redouté des dieux mêmes, qu'elles n'approcheront plus à l'avenir de la demeure de Phinée. » Calaïs et Zéthès ayant entendu ce serment, retournèrent vers le vaisseau, laissant le nom d'îles du Retour [2] à celles qu'on appelait auparavant Plotées. Iris regagna l'Olympe d'un vol rapide, et les Harpies se réfugièrent dans une caverne de l'île de Crète.

Cependant les Argonautes, après avoir purifié le corps du malheureux vieillard, immolèrent aux dieux des brebis choisies parmi celles qu'ils avaient enlevées des étables d'Amycus, et préparèrent un grand festin dans le palais de Phinée qui était assis avec eux et mangeait avidement, ne sachant encore si son bonheur n'était pas un songe. Le repas achevé, ils veillèrent ensemble, en attendant le retour des fils

---

[1] . . . . At vividus Umber
Hæret hians, jam jamque tenet, similisque tenenti
Increpuit malis, morsuque elusus inani est.
Virgil., Æn. XII, 753.
Ut canis in vacuo leporem cum gallicus arvo
Vidit ; et hic prædam pedibus petit, ille salutem.
Alter inhæsuro similis, jam jamque tenere
Sperat, et extenso stringit vestigia rostro ;
Alter in ambiguo est, an sit deprensus, et ipsis
Morsibus eripitur, tangentiaque ora relinquit.
Ovid., Metam. I, 533.

[2] En grec Strophades.

de Borée. Phinée, placé au milieu d'eux près du foyer, leur annonçait la route qu'ils devaient suivre pour arriver au terme de leur navigation.

« Écoutez, mes amis, ce qu'il m'est permis de vous apprendre; car Jupiter, dont j'ai déjà trop mérité le courroux par mon imprudence, me défend de vous révéler entièrement tout ce qui doit vous arriver. Ainsi ce dieu veut que les prédictions soient toujours imparfaites, afin que les mortels ne cessent jamais d'implorer sa providence. En quittant ce rivage, vous verrez à l'extrémité du détroit, deux rochers, que jusqu'ici nul mortel n'a pu franchir. Ils sont mobiles, et se réunissent souvent pour n'en former qu'un seul. L'onde agitée s'élève alors en bouillonnant au-dessus de leurs cimes, et le rivage retentit au loin du bruit de leur choc. Suivez donc, si vous êtes sages et religieux, les conseils que je vais vous donner, et ne vous laissez point emporter à l'ardeur d'une folle jeunesse, en courant à une mort certaine. Avant de tenter le passage, vous lâcherez dans les airs une colombe; si elle traverse heureusement, faites force de rames, sans différer un instant; votre salut dépendra plus alors de la vigueur de vos bras que des vœux que vous pourriez adresser au ciel. Je ne vous défends pas cependant de l'implorer; mais dans ce moment, ne comptez que sur vos efforts et sur votre intrépidité. Si la colombe périt au milieu du détroit, retournez en arrière. Céder aux dieux, c'est le parti le plus sage. Votre vaisseau fût-il de fer, ne pourrait manquer d'être brisé par le choc des rochers. Je vous le dis donc encore une fois, ne soyez pas assez imprudens pour négliger mes conseils; et quand vous me croiriez mille fois plus odieux aux immortels que je ne suis, n'avancez pas sans lâcher auparavant une colombe.

» L'événement sera tel qu'il plaira aux dieux; mais si ayant évité la rencontre de ces rochers, vous entrez heureusement dans le Pont-Euxin, naviguez à droite le long de la Bithynie, et gardez-vous d'approcher de terre, jusqu'à ce qu'ayant passé l'embouchure du Rhébas et doublé le cap Noir, vous soyez arrivés à l'île Thyniade. Peu loin de là, vous aborderez dans le pays des Mariandyniens; c'est là qu'on trouve un chemin qui descend aux enfers, et qu'on voit s'élever le promontoire Achérusias, du haut duquel tombe l'Achéron en roulant ses flots impétueux à travers des précipices qu'ils ont creusés. Vous découvrirez ensuite les montagnes de la Paphlagonie, pays dont les habitans se vantent de descendre de Pélops, qui régna d'abord parmi eux. Sur le même rivage, un promontoire s'avance dans la mer, et son sommet se perd dans les cieux. Les vents du nord viennent s'y briser; il est connu sous le nom de Carambis. Assez loin de ce promontoire, et près d'un autre plus petit, le fleuve Halys vomit son onde avec fracas. L'Iris roule ensuite ses flots moins nombreux, et verse dans la mer ses eaux pures et limpides. Au delà de son embouchure, la côte s'avance et forme un coude terminé par le cap Thémiscyre, près duquel se jette le Thermodon après avoir taversé d'immenses contrées. Là sont les champs de Doas et les trois villes habitées par les Amazones. Plus loin les Chalybes, les plus misérables des mortels, habitent une terre rude et sauvage, occupés sans cesse à retirer le fer de son sein; près d'eux les Tibaréniens font paître leurs nombreux troupeaux au delà d'un promontoire consacré à Jupiter hospitalier, et les Mossynoéciens, renfermés entre des montagnes couvertes de forêts, se construisent avec art des tours de bois appelées Mossynes, qui leur ont fait donner le nom qui les distingue. Ce trajet achevé, vous aborderez dans une île déserte, après avoir chassé par quelque artifice les oiseaux importuns dont elle est infestée depuis longtemps. Deux reines des Amazones, Otrère et Antiope, au milieu d'une expédition militaire, y firent autrefois construire un temple de pierre en l'honneur du dieu Mars. Une affreuse tempête doit être pour vous dans cette île la source d'un grand bonheur: c'est pourquoi mon amitié vous recommande de vous y arrêter… Mais que dis-je? et pourquoi m'exposer encore à la colère des dieux en vous révélant tout ce qui doit vous arriver? Au delà de l'île, différens peuples habitent le continent. Vous trouverez successivement les Philyres, les Macrons, la nation nombreuse des Béchires, celle des Sapires, les Byzères; enfin les belliqueux habitans de la Colchide. Naviguez toujours jusqu'à ce que vous soyez parvenus à l'extrémité la plus reculée de la mer. C'est là qu'au milieu de la Colchide, loin des campagnes de Circé et des monts Amarantes où il prend sa source, le Phase impétueux jette ses eaux dans le Pont-Euxin; c'est là qu'enfin vous découvrirez le palais d'Éétès et la forêt consacrée à Mars, dans laquelle la Toison d'Or est suspendue au haut d'un chêne. Un monstre horrible, un dragon furieux, veille sans cesse à sa garde; et jamais ses yeux ardens ne sont fermés par le doux sommeil. »

Le discours de Phinée remplit de terreur les Argonautes; ils restèrent quelque temps muets et consternés. Jason rompit enfin le silence : « Respectable vieillard, dit-il, tu viens de nous conduire à travers mille dangers jusqu'au terme de notre navigation; tu nous as fait connaître à quel signe nous devons hardiment traverser ces rochers redoutables qui défendent l'entrée du Pont-Euxin. Mais pourrons-nous les éviter une seconde fois pour retourner dans la Grèce? c'est ce que je désire ardemment de savoir. Mais que dis-je? et comment traverser tant de mers inconnues? comment parvenir aux rivages de la Colchide qui touche aux extrémités de la terre et des mers? — Mon fils, répondit le vieillard, dès que vous aurez heureusement passé les rochers redoutables, allez avec confiance; un dieu vous ramènera par une autre route; et pour arriver en Colchide, vous ne manquerez pas de conducteurs. Surtout, ô mes amis, tâchez de vous rendre Vénus favorable. C'est de cette adroite déesse que dépend le succès de vos travaux. Mais j'en ai dit assez, ne me demandez rien de plus. »

Le fils d'Agénor achevait de parler, lorsque les enfans de Borée, descendant du haut des airs, posèrent leurs pieds légers sur le seuil de la porte. A leur aspect chacun se leva, impatient de savoir ce qu'étaient devenues les Harpies. Zéthès, encore tout hors d'haleine, raconta jusqu'où il les avait poursuivies, comment elles avaient été sauvées de leurs mains par Iris, et s'étaient réfugiées dans un antre du mont Dicté; enfin le serment de la déesse. Ces nouvelles remplirent de joie Phinée et les Argonautes : « Fils d'Agénor, s'écria Jason pénétré de la plus vive tendresse, un dieu sans doute a eu pitié de ta misère; c'est lui qui nous a conduits sur ces bords éloignés, pour te faire trouver des vengeurs dans les fils de Borée; si ce dieu pouvait encore te rendre la lumière, je serais aussi sensible à ce bonheur qu'à celui de revoir ma patrie. — Fils d'Éson, répondit Phinée, le mal est sans remède, mes yeux sont éteints pour jamais. Que les dieux m'accordent plutôt une mort prompte, et je me croirai parvenu au comble de toutes les félicités. »

Tandis qu'ils s'entretenaient ainsi, l'Aurore parut [1]. Les habitans du voisinage qui avaient coutume de rendre tous les jours visite à Phinée et de lui apporter une partie de leurs provisions, s'assemblèrent alors en foule autour de lui; il les écoutait tous avec bonté, et répondait à leurs questions sans négliger les plus indigens. Ses prédictions en avaient retiré du malheur un grand nombre, et les soins qu'ils lui rendaient étaient l'effet de leur reconnaissance. L'un d'eux, nommé Parébius, lui était plus cher que les autres; depuis longtemps il lui avait annoncé que les plus vaillans héros de la Grèce, faisant voile vers la ville d'Éétès, aborderaient dans le pays des Thyniens, et chasseraient les Harpies; Parébius fut charmé de voir ces héros, et Phinée ayant congédié les autres habitans qu'il avait satisfaits par ses sages réponses, le retint avec eux. Peu après, il le pria d'aller chercher le plus beau de ses béliers, et lorsqu'il fut parti, il adressa ce discours à ses hôtes : « Mes amis, tous les hommes ne sont point encore injustes et ingrats. Celui que vous venez de voir vint autrefois me consulter. Il travaillait sans relâche, et sa pauvreté augmentait sans cesse. Un jour malheureux était suivi d'un autre plus malheureux encore. Cependant il était innocent, mais le sort qui l'affligeait était la punition d'un crime que son père avait commis. Celui-ci, coupant un jour des arbres sur une montagne, une nymphe Hamadryade, faisant entendre une voix lugubre, le conjura en pleurant d'épargner un chêne avec lequel elle était née et où elle avait toujours fait sa demeure. Insensible à ses prières, et emporté par l'ardeur d'une jeunesse imprudente, il abattit l'arbre qu'il aurait dû respecter. La nymphe irritée rendit inutiles et ses travaux et ceux de ses enfans. Parébius étant donc venu me trouver, je reconnus aussitôt le crime qui causait son malheur. Je lui ordonnai d'élever un autel à la nymphe de Thynie et de lui offrir un sacrifice afin d'apaiser son courroux; et de détourner de lui la vengeance qu'avait méritée son père. Ses prières furent exaucées, il vit la fin de son infortune. Depuis ce temps, il n'a jamais oublié ce qu'il me doit, il est sans cesse à mes

[1] Hâc vice sermonum roseis aurora quadrigis, etc.
Virgil., Æn. VI, 533.

côtés, il compâtit à mes maux, les soulage et ne s'éloigne de moi qu'avec peine. »

Parébius arriva dans ce moment, amenant avec lui deux béliers. Le jour venait de finir, Jason et les fils de Borée offrirent un sacrifice, par l'ordre de Phinée, à Apollon auteur des oracles. Les plus jeunes de la troupe apprêtèrent le repas, après lequel chacun se livra au sommeil; les uns sur le rivage et près du vaisseau, les autres dans la demeure de Phinée.

Le lendemain matin, les vents qui commençaient à souffler les empêchèrent de se rembarquer; c'étaient les vents étésiens, dont le souffle se fait sentir sur toute la terre. Jupiter les envoya jadis aux mortels pour les soulager d'un terrible fléau.

La belle Cyrène, fuyant le commerce des hommes, et résolue de demeurer toujours vierge, faisait paître ses troupeaux sur les bords du fleuve Pénée. Apollon la vit et en devint amoureux, et, l'ayant enlevée, la transporta loin de la Thessalie pour la confier aux nymphes qui habitent la Lybie, près du mont Myrtose. Ce fut là qu'elle mit au jour Aristée, que les Thessaliens invoquent comme le dieu tutélaire des campagnes et des troupeaux. Apollon pour prix des faveurs de Cyrène, lui accorda l'immortalité et lui soumit les vastes campagnes de la Lybie. Aristée fut transporté par son père dans l'antre de Chiron pour y être élevé. Lorsqu'il eut atteint l'adolescence, les Muses lui choisirent elles-mêmes une compagne. Elles lui apprirent l'art de guérir, celui de lire dans l'avenir, et lui confièrent le soin de leurs nombreux troupeaux, qui paissaient dans les champs de Phthie, près du mont Othrys et du fleuve Apidan. Aristée faisait son séjour dans ces contrées, lorsque les rayons brûlans de Sirius ayant desséché les îles autrefois gouvernées par Minos, les habitans, qui depuis longtemps ne connaissaient plus aucun remède à leurs maux, eurent recours à lui pour chasser la peste qui les tourmentait. Aristée obéit à son père, et passa dans l'île de Céos avec une colonie de Pharrasiens descendans de Lycaon. La sécheresse était l'origine du mal; pour la faire cesser, il éleva un grand autel à Jupiter, principe de l'humidité des corps, et sacrifia sur les montagnes à Sirius et au fils de Saturne.

Depuis ce temps, les vents étésiens rafraîchissent la terre pendant quarante jours, et les prêtres de Céos offrent tous les ans des sacrifices avant le lever de la Canicule.

Les Argonautes, ainsi retenus parmi les Thyniens, reçoivent d'eux chaque jour de nouveaux présens pour le service qu'ils avaient rendu à Phinée. Les vents ayant cessé de souffler, ils construisirent sur le rivage un autel en l'honneur des douze dieux, y offrirent des sacrifices et se rembarquèrent sans oublier la colombe, qu'Euphémus tenait dans sa main.

Leur départ n'échappa point à Minerve [1]. Empressée de les secourir, elle monte sur un nuage léger qui la porte en un instant aux bords habités par les Thyniens. Ainsi lorsqu'un mortel errant loin de sa patrie, par un malheur trop commun, songe à la demeure chérie qu'il habitait, la distance disparaît tout à coup à ses yeux; il franchit dans sa pensée les terres et les mers, et porte en même temps ses regards avides sur tous les objets de sa tendresse.

Parvenus au détroit tortueux bordé d'écueils menaçans, les navigateurs s'avançaient en tremblant au milieu du courant qui les repoussait sans cesse et entendaient déjà le bruit des rochers qui se heurtaient. Euphémus tenant la colombe monte sur la proue, et chacun, excité par Tiphys, rame avec ardeur. Après avoir franchi le dernier détour, ils aperçurent ce qu'aucun mortel ne devait voir après eux. Les rochers Cyanées s'ouvrirent et demeurèrent écartés l'un de l'autre. A ce spectacle la frayeur redouble: Euphémus lâche la colombe; chacun lève la tête et la suit des yeux. Tout à coup les rochers se rapprochent et se joignent avec un bruit épouvantable: l'onde jaillit au loin, l'air frémit, la mer se précipite en mugissant dans le creux des rochers, le rivage est couvert d'écume et le vaisseau tourne plusieurs fois sur lui-même. Cependant la colombe échappe au péril, ayant seulement perdu, par la rencontre des rochers, l'extrémité de sa queue. Les Argonautes poussèrent aussitôt des cris de joie. Tiphys les excita de plus en plus à faire force de rames, afin de passer rapidement entre les rochers qui s'ouvraient de nouveau. Chacun obéit en tremblant, lorsque tout à coup les flots qui venaient se briser contre le rivage les poussèrent en refluant au milieu du passage fatal, où la mort, suspendue sur leurs têtes, et l'immensité de la mer qui s'offrit à leurs re-

---

[1] Nec latuere doli fratrem Junonis, et iræ.
Virgil., Æn. I, 130.

gards, glacèrent entièrement leurs cœurs d'effroi. Au même instant une montagne d'eau s'éleva devant eux : ils baissèrent la tête et se crurent engloutis. Tiphys, par une adroite manœuvre, évita le péril; mais les vagues, retombant avec violence dans la mer, soulevèrent le vaisseau et le reportèrent bien loin en arrière. Euphémus courant çà et là exhorte ses compagnons[1] qui redoublent en criant leurs efforts; mais le flot qui les entraîne les repousse deux fois plus que la vigueur de leurs bras ne les ferait avancer sans cet obstacle. Les rames ne peuvent résister à tant de violence et se courbent comme des arcs. Cependant un nouveau flot s'élève derrière eux, et le navire, glissant sur le dos de la montagne humide, est précipité pour la seconde fois au milieu des rochers où, pour comble d'horreur, un tourbillon le retient et semble l'enchaîner. Déjà ces masses énormes s'agitent des deux côtés avec un bruit horrible; mais Minerve, appuyant contre une d'elles sa main gauche, pousse en même temps le vaisseau de la droite[2]. Aussi rapide qu'une flèche, il vole à travers les rochers qui brisèrent en se heurtant les extrémités de la poupe. La déesse le voyant hors de danger remonte vers l'Olympe, et les rochers devenus immobiles restèrent pour toujours voisins l'un de l'autre. Tel était l'ordre du Destin qui devait s'exécuter aussitôt qu'un mortel assez hardi pour soutenir leur aspect les aurait heureusement traversés.

Cependant les Argonautes, comme s'ils fussent échappés du royaume de Pluton, promenaient autour d'eux leurs regards et contemplaient alors sans frayeur la vaste étendue de la mer : « Nous sommes sauvés, s'écria Tiphys, et Minerve seule en est la cause; c'est elle qui a donné au vaisseau une force divine qui le rend supérieur aux dangers. Fils d'Éson, ne redoute plus, après un si grand bonheur, d'exécuter les ordres de Pélias. Phinée nous l'a prédit : le succès de nos travaux est maintenant assuré. » En parlant ainsi, Tiphys dirigeait, en traversant la pleine mer, le vaisseau vers les côtes de la Bithynie. Jason qui voulait éprouver les dispositions de ses compagnons, lui répondit avec douceur : « Tiphys, c'est en vain que tu tâches de me consoler; j'ai commis, je le vois, une faute irréparable : il fallait, lorsque Pélias m'ordonna d'entreprendre ce funeste voyage, refuser de lui obéir et m'exposer à périr par les plus affreux tourmens, plutôt que de me voir toujours en proie à l'inquiétude, redouter tantôt les dangers de la mer et tantôt ceux qu'on court en abordant chez les barbares. La nuit même ne m'apporte aucun repos : rempli des alarmes du jour, je la passe tout entière à gémir. Telle est ma situation depuis que vous vous êtes assemblés pour me secourir. Il est facile de parler à celui qui ne songe qu'à sa conservation : ce n'est pas ce soin qui m'occupe, je fais peu de cas de ma vie, c'est la tienne, Tiphys, c'est celle de tous mes compagnons qui m'est chère; et la crainte de ne pas vous ramener tous sains et saufs dans la Grèce fait seule mon tourment. »

A ce discours, les compagnons de Jason élevèrent tous ensemble la voix pour montrer leur courage et rassurer leur chef : « Mes amis, leur dit-il alors le cœur pénétré de joie et laissant éclater ses vrais sentimens, votre courage m'inspire la confiance. Oui, puisque telle est votre fermeté dans les plus grands dangers, je serai désormais inaccessible à la crainte, et je traverserai sans frayeur les gouffres du Tartare. Mais puisque nous avons franchi les rochers fatals, nous n'avons plus, je le crois, rien de semblable à redouter, pourvu que nous suivions exactement les conseils de Phinée. » Il dit, et sans plus discourir, les infatigables héros ramèrent avec une nouvelle vigueur. Bientôt ils laissèrent derrière eux le fleuve Rhébas, le rocher de Colone, le cap Noir et l'embouchure du Phyllis, où Dipsacus, fils de ce fleuve et d'une Nymphe habitante des prairies qu'il arrose, avait autrefois reçu chez lui le fils d'Athamas, lorsque monté sur un bélier il fuyait loin de la ville d'Orchomène. Uniquement touché des charmes de la vie champêtre, Dipsacus demeura toujours près de sa mère et se plut à faire paître ses troupeaux sur les bords du fleuve auquel il devait le jour. Les Argonautes découvrirent en passant le temple consacré à ce héros, les rivages spacieux du fleuve et les

---

[1] At media socios incedens nave per ipsos
Hortatur Mnestheus : Nunc, nunc insurgite remis.
Virgil., Æn. V, 188.

[2] Et pater ipse manu magna Portunus euntem
Impulit. Illa noto citius volucrique sagitta
Ad terram fugit.
Virgil., Æn. V, 241.

. . . . . . et dextra discedens impulit altam,
Haud ignara modi, puppim. Fugit illa per undas
Ocior et jaculo et ventos æquante sagitta.
Id. X, 246.

champs arrosés par le Calpis. Il ne s'éleva point de vent pendant la nuit, et les héros continuèrent à ramer de toute leur force. Tels qu'on voit des bœufs vigoureux fendre le sein d'une terre grasse et humide ; des ruisseaux de sueur coulent de leurs flancs et de leurs cous ; épuisés et hors d'haleine, ils baissent la tête en regardant obliquement le joug, et tracent pendant tout le jour de pénibles sillons.

Dans le temps où la nuit n'étant plus le jour ne paraît pas encore, mais seulement une lueur incertaine qui se mêle aux ténèbres, les Argonautes furent contraints par la fatigue d'aborder dans l'île de Thyniade. A peine étaient-ils débarqués sur cette rive déserte, qu'Apollon lui-même s'offrit à leurs yeux. Il venait de quitter la Lycie et allait visiter au loin les nations nombreuses des Hyperboréens. Sa marche rapide agitait ses cheveux dorés, dont les boucles voltigeaient sur ses joues ; il tenait de la main gauche son arc, et son carquois était suspendu sur ses épaules. L'île entière tremblait sous ses pas, et les flots soulevés inondaient le rivage. A son aspect les héros, saisis de frayeur, demeurèrent immobiles, baissant la tête et n'osant porter leurs regards sur la face éclatante du dieu qui, déjà loin de l'île, traversait les airs au-dessus du Pont-Euxin : « Amis, s'écria Orphée après un long silence, consacrons promptement cette île au soleil du matin, puisque c'est dans ce temps qu'Apollon nous y est apparu. Élevons-lui un autel sur le rivage et offrons-lui un sacrifice tel que la circonstance le permet. Si quelque jour il nous ramène heureusement en Thessalie, la graisse des chèvres fumera sur ses autels. Roi puissant, que ton apparition soit pour nous le gage de ta faveur ! »

A ces mots, les uns ramassent des pierres pour former l'autel et les autres se répandent çà et là pour chercher des biches ou des chèvres sauvages échappées du fond des forêts. Apollon lui-même leur fournit bientôt une chasse abondante. Ils firent brûler, selon l'usage, les les cuisses de tous ces animaux, et tandis que la flamme brillait dans les airs, ils dansèrent autour de l'autel en célébrant le beau Phébus, et répétant : « *Io pæan! io pæan!* » Orphée s'accompagnant de sa lyre chantait comment, sur le mont Parnasse, le serpent Python expira autrefois percé des flèches du dieu, qui était alors dans l'âge le plus tendre, et se plaisait encore à porter ses longs cheveux bouclés. Mais que dis-je ? pardonne dieu puissant, jamais le fer tranchant n'approchera de tes cheveux que l'ordre du Destin rend éternels. La fille de Cœus, Latone ta mère, ose seule les toucher ; seule elle les arrange de ses mains. Orphée chantait aussi comment, attentives au combat, les Nymphes qui habitaient l'antre Corycium animaient le courage d'Apollon en criant : « *Io, io,* » refrain qu'on répète encore aujourd'hui dans les hymnes qui lui sont consacrés. Les Argonautes firent ensuite des libations et jurèrent sur l'offrande sacrée de se secourir mutuellement et de conserver parmi eux une concorde éternelle. En même temps ils élevèrent à la déesse de la Concorde un monument qu'on voit encore en ces lieux.

L'Aurore brillante paraissait pour la troisième fois dans les cieux depuis qu'ils avaient quitté la cour de Phinée. Secondés d'un vent favorable, ils s'éloignèrent de l'île de Thyniade et découvrirent bientôt l'embouchure du Sangaris, les champs fertiles des Mariandyniens, le fleuve Lycus et le marais Amthémoïsis. Leur course rapide agitait les cordages et faisait retentir les agrès du vaisseau. Le vent tomba durant la nuit, et le matin ils abordèrent avec joie au promontoire Achérusias, qui s'avance dans la mer de Bithynie. Son sommet couvert de platanes s'élève jusqu'au ciel, et sa base est environnée d'écueils contre lesquels les flots viennent se briser avec un bruit horrible. Au milieu d'une épaisse forêt qui s'étend du côté de la terre, est l'antre de Pluton, recouvert d'arbres et de rochers : une vapeur froide s'en exhale sans cesse et forme tout autour une gelée blanche qui ne se fond qu'aux ardeurs du midi. Le doux silence ne règne jamais en ce lieu qui retentit sans cesse du bruit des vagues et de celui des arbres agités par le vent. A l'orient, le fleuve Achéron tombe du haut de la montagne et précipite ses flots dans la mer. Longtemps après le voyage des Argonautes, des Mégariens, qui venaient habiter la contrée, assaillis d'une violente tempête, se réfugièrent dans ce fleuve et lui donnèrent par reconnaissance le nom de *Sauveur des vaisseaux.*

Ce fut sur ses bords que les Argonautes, voyant le vent qui leur manquait, mirent pied à terre après avoir doublé le promontoire Achérusias. La nouvelle de leur arrivée se répandit bientôt dans le pays ; il était gouverné par Lycus, et les Mariandyniens qui l'habitaient avaient fait longtemps la guerre aux Bébryces. Instruits par la renommée de la mort d'Amycus, ils s'assemblèrent autour de Pollux, qu'ils regardèrent comme un dieu bienfaisant, et voulurent contracter alliance avec ses compagnons : ils les reçurent donc dans la ville avec les témoignages de l'amitié la plus vive, et le jour même le roi leur donna un festin, pendant lequel l'on s'entretint avec une entière confiance. Jason racontait à Lycus les noms de tous ses compagnons, le sujet de leur voyage, l'accueil qu'ils avaient reçu des femmes de Lemnos, ce qui leur était arrivé à Cizyque, comment ils avaient laissé sans le savoir Hercule à Cius, l'oracle de Glaucus, la mort d'Amycus et la défaite des Bébryces, les malheurs de Phinée, ses prédictions, enfin le bonheur avec lequel ils avaient franchi les rochers Cyanées et l'apparition d'Apollon dans l'île de Thyniade.

Lycus écoutait avec plaisir ces récits et plaignit les Argonautes de n'avoir plus Hercule avec eux : « Mes amis, leur dit-il, quel mortel vous avez perdu et combien de chemin il vous reste à parcourir sans lui! Je connais Hercule, je l'ai vu dans ce palais chez Dascylus mon père, lorsqu'il traversait à pied l'Asie, emportant avec lui le baudrier de cette reine des Amazones, la belliqueuse Hippolyte. A peine sorti de l'enfance, un léger duvet recouvrait mes joues[1]. Priolas mon frère venait d'être tué en combattant contre les Mysiens; Priolas, que le peuple pleure encore et dont il répète sans cesse le nom dans ses lugubres chants. On célébrait en son honneur des jeux funèbres. Le jeune Titias effaçait tous les autres athlètes par sa force et par sa beauté. Hercule le vainquit au combat du ceste et joncha la terre de ses dents. Voulant ensuite signaler par un exploit éclatant son amitié pour nous, il soumit au pouvoir de mon père les Mysiens, les Phrygiens nos voisins et les Bithyniens qui habitent en deçà de l'embouchure du Rhébas et du rocher de Colone. Les Paphlagoniens, autrefois sujets de Pélops que le Billéus renferme dans son cours tortueux, cédèrent également à sa valeur. Tel était l'empire dont Hercule nous avait rendus maîtres. Mais après le départ du héros et depuis que je suis sur le trône, les Bébryces m'ont enlevé la plus grande partie de ces conquêtes et ont étendu leur injuste domination jusqu'aux rivages du fleuve Hypius. Enfin, vous m'avez vengé d'eux, et c'est, je l'ose dire, par une providence particulière des dieux[1] que le fils de Tyndare a étendu le superbe Amycus à ses pieds afin qu'on vît aussitôt s'élever ce combat si funeste à nos ennemis. Un tel bienfait mérite ma reconnaissance et je suis prêt à vous la témoigner de tout mon pouvoir. C'est l'obligation que contractent les hommes faibles lorsqu'ils sont soulagés par des mortels plus puissans. Je vous donne pour vous accompagner mon fils Dascylus. Avec lui vous serez reçus partout, selon les lois de l'hospitalité, jusqu'à l'embouchure du Thermodon. Quant aux fils de Tyndare, j'élèverai sur le sommet du promontoire Achérusias un temple en leur honneur. Les navigateurs le découvriront de loin et leur adresseront des vœux. Je les honorerai moi-même comme des divinités et je leur consacrerai près de ces murs un champ vaste et fertile. »

Le festin se passa dans ces discours et dura tout le jour. Le lendemain, au lever de l'aurore, les Argonautes se mirent en chemin pour retourner au vaisseau, accompagnés de Lycus, qui les combla de présens, et de son fils Dascylus qui devait s'embarquer avec eux. Tandis qu'ils s'avançaient avec promptitude, un accident funeste termina les jours du devin Idmon. Au milieu d'un marais couvert de roseaux, un énorme sanglier, que les Nymphes mêmes ne pouvaient voir sans frayeur, reposait tranquillement, ignoré des habitans du voisinage, et baignait ses larges flancs dans un épais bourbier. Idmon, que son art ne put garantir de sa destinée, marchait le long du marais lorsque tout à coup l'animal s'élançant du milieu des roseaux se jeta sur lui et lui coupa la cuisse. L'infortuné pousse au loin des cris perçans; ses compagnons y répondent en frémissant. Pélée lance au sanglier son dard et l'atteint. L'animal qui fuyait revient avec plus de furie; Idas se jette au-devant de lui, le perce de sa lance et le renverse à ses pieds. On le laisse étendu par terre et l'on s'empresse autour du malheureux Idmon, prêt à rendre le dernier soupir. On veut le transporter au vaisseau, mais il expire entre les bras de ses compagnons. Dès ce moment ils ne songèrent plus qu'à déplorer sa

---

[1] Tum mihi prima genas vestibat flore juventa.
Virgil., Æn. VIII, 160.

[1] ..... Non hæc sine numine Divûm
Eveniunt.
Virgil., Æn. II, 777.

perte. Pendant trois jours, l'air retentit de leurs gémissemens; le quatrième ils lui firent de magnifiques funérailles, auxquelles Lycus assista avec tout son peuple. On immola sur la fosse un nombre infini de victimes et on lui éleva un tombeau que la postérité voit encore. Il est situé au pied du promontoire Achérusias et surmonté d'un olivier sauvage qui le recouvre de ses branches. C'est ce même Idmon, si j'ose révéler ce que m'ont appris les Muses, oui, c'est lui que l'oracle d'Apollon ordonnait aux fondateurs d'Héraclée d'invoquer comme le génie tutélaire de leur ville; c'est auprès de son tombeau qu'ils en jetèrent les fondemens; mais au lieu d'Idmon, descendant d'Æolus, ils invoquent encore Agamestor. Quel est donc l'autre héros qui périt en même temps sur ce rivage et dont la mort est attestée par un second monument? Ce fut Tiphys à qui le destin ne permit pas de conduire plus loin le vaisseau. On était occupé des funérailles d'Idmon, lorsqu'un mal imprévu le plongea loin de sa patrie dans un sommeil éternel. Son corps fut enseveli dans le même lieu.

Cependant les Argonautes ne pouvaient soutenir la perte de leur pilote. Assis sur le rivage, enveloppés dans leurs manteaux, ne songeant plus à prendre de nourriture, ils étaient plongés dans la plus amère douleur et désespéraient de revoir jamais leur patrie. Ils seraient restés longtemps dans cet abattement si Junon n'eût fait renaître la confiance dans le cœur d'Ancée. Fils de Neptune et de la nymphe Astypalée qui lui donna le jour sur les bords de l'Imbrasius, il excellait dans l'art de manier un gouvernail. « Comment, dit-il vivement en s'adressant à Pélée, comment pouvons-nous sans honte renoncer aux travaux que nous avons entrepris et demeurer si longtemps dans une terre étrangère? En quittant l'île de Parthénie pour accompagner Jason, je me suis flatté de lui être également utile par mon habileté dans l'art de la navigation et par ma bravoure dans les combats. Qu'on cesse donc de rien craindre pour le navire. Mais que dis-je? il est encore parmi nous d'autres pilotes auxquels on peut sans péril confier le gouvernail. Va donc, sans perdre de temps, avertir nos compagnons et les exciter à poursuivre hardiment notre entreprise. » Ce discours remplit de joie le fils d'Éacus; il assembla ses compagnons et leur parla ainsi : « Amis, pourquoi nous abandonner sans cesse à une douleur inutile? Ceux que nous regrettons ont subi leur destinée; nous avons parmi nous plusieurs pilotes expérimentés; que rien ne nous retienne donc plus; faites trêve à votre chagrin et ranimez votre courage. » Jason, toujours consterné d'un malheur qui lui paraissait sans remède, lui répondit : « Fils d'Éacus, où sont donc ces pilotes dont vous parlez? Ceux que nous nous glorifions d'avoir sont maintenant plus accablés que moi par la tristesse. Je le vois trop, hélas! notre sort ne sera pas moins malheureux que celui de Tiphys et d'Idmon. Réduits à ne pouvoir ni gagner la Colchide ni retourner en Grèce, nous allons languir ici tristement et terminer par une mort honteuse une vieillesse inutile. » A peine eut-il achevé ces mots, qu'Ancée, poussé par l'inspiration de Junon, s'offrit pour conduire le vaisseau. Erginus, Nauplius et Euphémus se levèrent aussitôt pour lui disputer cet honneur. On les retint, et les suffrages furent pour Ancée.

Onze jours s'étaient écoulés depuis l'arrivée des Argonautes dans le pays de Mariandyniens, lorsqu'ils profitèrent d'un vent favorable et se rembarquèrent au lever de l'aurore. Ils descendirent en ramant le fleuve Achéron, déployèrent en mer leur voile et voguèrent au gré du vent. Bientôt ils arrivèrent à l'embouchure du fleuve Callichorus où le dieu de Nysa célébra, dit-on, ses orgies, lorsque ayant quitté les peuples de l'Inde, il allait habiter la ville de Thèbes. Un antre voisin, devant lequel dansaient les Bacchantes, lui servait de retraite pendant les nuits consacrées à ses mystères. Les Argonautes aperçurent ensuite le tombeau de Sthénélus, fils d'Actor, qui, ayant accompagné Hercule dans la guerre contre les Amazones, en revint blessé d'une flèche et mourut sur ce rivage. Sachant que les Argonautes approchaient, Sthénélus conjura Proserpine de lui laisser revoir un instant des guerriers autrefois ses amis et ses compagnons. La déesse, touchée de sa prière, permit à son ombre de sortir des enfers. Du haut de son tombeau, il contemplait avec avidité le navire et paraissait tel qu'il était au jour de son départ pour cette guerre, portant sur sa tête un casque éclatant, orné d'un panache couleur de pourpre: il disparut bientôt et rentra dans la nuit profonde. Les Argonautes, saisis d'étonnement et d'effroi, résolurent par le conseil du devin Mopsus de prendre terre afin d'apaiser l'ombre de Sthénélus. On baissa la voile, on s'approcha du rivage, et lorsqu'on y eut attaché le navire, on se rendit près du tombeau sur lequel on fit des libations et on brûla des victimes stériles en l'honneur du héros[1]. Ensuite on éleva un autel à Apollon, protecteur des vaisseaux. Orphée lui consacra sa lyre, et le nom de cet instrument est devenu celui du lieu même.

Le vent qui soufflait engagea les Argonautes à se rembarquer promptement. On déploya de nouveau la voile et le vaisseau volait sur les flots comme un épervier qui plane au haut des airs sans agiter ses ailes, et s'abandonne au gré du vent[2]. Bientôt ils aperçurent un fleuve dont le cours paraissait doux et paisible. C'était le Parthénius. Dans ses aimables eaux, la fille de Latone rafraîchit ses membres fatigués, lorsqu'au retour de la chasse elle se dispose à remonter dans l'Olympe. Pendant la nuit, ils laissèrent derrière eux la ville de Sésame, les rochers Érythines, Crobialé, Cromna et Cytore entourée de forêts. Le soleil lançait ses premiers rayons, lorsqu'ils doublèrent le promontoire Carambis. Obligés alors de reprendre la rame, ils avancèrent tout ce jour et la nuit suivante, le long d'une côte immense, après laquelle est le pays des Assyriens[3], où ils abordèrent. La belle Sinope, fille du fleuve Asopus, y fut autrefois transportée par Jupiter qui, pour gagner son amour, promit de lui accorder ce qui lui plairait davantage. La Nymphe, trompant les espérances du dieu, lui demanda de conserver sa virginité. Par un semblable artifice, elle éluda les poursuites d'Apollon et du fleuve Halys, et jamais aucun mortel ne put jouir de ses faveurs. Près de ce rivage habitaient les fils de l'illustre Déimachus, que le hasard avait séparé d'Hercule, lorsqu'il allait porter la guerre dans le pays des Amazones. Dès qu'ils aperçurent les Argonautes, ils allèrent à leur rencontre; et ayant fait connaître leurs noms et leur origine, et le désir qu'ils avaient de quitter cette terre étrangère, ils obtinrent la permission de s'embarquer avec eux. Le vent qui recommença à souffler, porta rapidement les Argonautes au delà du fleuve Halys, de l'Iris, qui lui succède, et des atterages du pays des Assyriens. Le même jour, ils doublèrent le promontoire des Amazones, où la belliqueuse Mélanippe, emportée par son ardeur loin de ses compagnes, fut surprise par Hercule, qui obtint pour sa rançon le baudrier de sa sœur Hippolyte.

Cependant la mer commençait à soulever ses flots. Les Argonautes furent obligés de relâcher dans le golfe au delà du promontoire, et s'arrêtèrent près de l'endroit où le Thermodon, d'un cours majestueux, porte au Pont-Euxin le tribut de ses eaux. Une seule source, située dans les monts Amazoniens, voit sortir de son sein le roi des fleuves, qui se divise en cent fleuves différens, dont les uns se perdent çà et là, d'autres vont eux-mêmes se rendre à la mer. C'est là qu'on découvre les champs de Doïas, habités par les Amazones. Filles de Mars et de la nymphe Harmonie, qui se rendit aux désirs du dieu dans les sombres retraites de la forêt d'Alcmon, elles sont fières, ne connaissent point de lois, et ne respirent que guerre et que carnage. Les Argonautes auraient eu à soutenir un sanglant combat contre elles s'ils fussent restés quelque temps sur ce rivage. Mais le calme ayant succédé à la tempête, et le vent favorable s'étant élevé, ils sortirent du golfe, sur les bords duquel on voyait déjà s'assembler en armes les Amazones de Thémiscyre, à la tête desquelles était la reine Hippolyte. Les autres Amazones habitaient les villes de Lycaste et de Chalesie. Toute la nation était ainsi divisée en trois tribus.

Le lendemain et la nuit suivante, les Argonautes côtoyèrent le pays des Chalybes, dont le soin n'est ni de labourer la terre, ni de faire éclore des fruits de son sein, ni de faire paître des troupeaux dans de gras pâturages; mais seulement de tirer d'un sol âpre et sauvage le fer qu'ils échangent contre des alimens. Toujours couverts de suie et de fumée, l'aurore, en se levant, les voit sans cesse occupés des mêmes travaux. Le cap Génète, consacré à Jupiter, les sépare des Tibaréniens. Ceux-ci, si l'on en croit la renommée, poussent, après la naissance de leurs enfans, des cris aigus, se mettent au lit, s'enveloppent la tête et se font nourrir délicatement et préparer des bains par leurs femmes. Les Argonautes ayant ensuite doublé le pro-

---

[1] On n'offrait aux morts que des animaux stériles, et on brûlait entièrement les victimes.

[2] . . . . Mox aere lapsa quieto
Radit iter liquidum, celeres nec commovet alas.
Virgil., Æn. V, 216.

[3] Contrée de l'Asie-Mineure, appelée plus communément Leuco-Syrie, ou Syrie-Blanche, à cause de la couleur de ses habitans. Elle comprenait la Cappadoce et une partie de la Paphlagonie.

montoire sacré, arrivèrent à la vue du pays habité par les Mosynœques. Leurs lois et leurs coutumes sont contraires à celles de toutes les autres nations. Ce qu'on fait ailleurs en public, ils le font dans les maisons, et ne rougissent pas de se livrer en public à des plaisirs qu'on voile ailleurs des ombres du mystère. Leur roi, assis au milieu d'une tour élevée, juge les différends de ses nombreux sujets avec la plus sévère équité. S'il s'en écarte, on le tient enfermé tout le jour sans lui donner de nourriture, et on lui fait ainsi expier sa faute par la faim.

Le vent étant tombé pendant la nuit, les Argonautes voguèrent à l'aide des rames, et se trouvèrent en plein jour vis-à-vis de l'île de Mars. Tout à coup ils aperçurent un des oiseaux dont elle était infectée, qui fendait les airs et volait vers eux. Lorsqu'il fut au-dessus du vaisseau, il battit des ailes, et en fit partir une plume meurtrière qui vint percer l'épaule gauche du brave Oïlée. Le héros pressé par la douleur, laisse échapper la rame de ses mains, et chacun est saisi d'épouvante à la vue du trait emplumé. Éribotès, qui était assis près d'Oïlée, le retira doucement et banda la plaie avec l'écharpe qui soutenait son épée. Bientôt on vit paraître de loin un autre oiseau. Clytius, qui venait de bander son arc, lui décoche une flèche et l'atteint. L'oiseau tombe en tournoyant près du vaisseau. Amphidamas, fils d'Aléus, prit alors la parole : « Nous voilà, dit-il, près de l'île de Mars. Vous n'en pouvez douter en voyant ces oiseaux. Si vous voulez y aborder en suivant l'ordre de Phinée, nos flèches ne suffiront pas pour nous garantir du danger, et je crois qu'il faut avoir recours à un autre expédient. Lorsque Hercule vint en Acardie pour chasser les oiseaux du lac Stymphale, je fus moi-même témoin de sa victoire. Après avoir épuisé vainement contre eux son carquois, il prit un tambour d'airain, et s'étant placé sur une colline voisine, il fit un si grand bruit que les oiseaux effrayés s'enfuirent en jetant des cris affreux. Nous pouvons faire usage d'un semblable expédient. Voici celui que j'ai imaginé. Que chacun se couvre la tête de son casque, surmonté de hautes aigrettes. Nous ramerons alternativement ; et tandis que les uns feront avancer le vaisseau, les autres le couvriront de leurs boucliers et de leurs lances. En même temps nous pousserons tous ensemble de grands cris, qui, joints au spectacle de nos casques agités et de nos lances menaçantes, jetteront l'épouvante parmi les oiseaux. Au moment d'aborder, nous frapperons sur les boucliers en redoublant nos cris. » Il dit, et chacun approuva le stratagème. Aussitôt les casques, brillant sur la tête des guerriers, portent au loin la terreur, et les panaches éclatans flottent dans les airs. Les uns font mouvoir les rames, et les autres travaillent à couvrir le vaisseau, en arrangeant leurs lances et leurs boucliers comme un homme qui joint ensemble des tuiles pour embellir tout à la fois une maison et la défendre contre la pluie. En même temps l'air retentit de cris semblables à ceux de deux armées qui s'avancent pour combattre. Les oiseaux ont disparu. Mais lorsque sur le point d'aborder on eut fait retentir l'air du bruit des boucliers et des épées, aussitôt sortant de leurs retraites, ils obscurcissent le ciel de leur troupe innombrable et lancent en fuyant leurs traits emplumés qui ne peuvent blesser les Argonautes. Ainsi, lorsque le fils de Saturne lance du haut des airs une grêle épaisse sur une vaste cité, les habitans retirés dans leurs maisons, qu'ils ont mises d'avance à l'abri des orages, entendent tranquillement le bruit des toits frappés par la grêle. Cependant les oiseaux traversent les mers, et s'envolent vers des montagnes éloignées.

Quel fut donc le dessein de Phinée lorsqu'il conseilla aux Argonautes d'aborder dans cette île et qu'allaient-ils y chercher avec tant d'empressement ?

Les enfans de Phrixus étaient partis de Colchide avec la permission du roi Éétès, pour aller recueillir à Orchomène le riche héritage de leur père, qui avait ordonné en mourant ce voyage. Tandis que les Argonautes abordaient dans l'île de Mars, ils en étaient eux-mêmes peu éloignés et voguaient tranquillement au gré d'un vent favorable lorsque Jupiter, voulant signaler par des tempêtes le lever de l'astre pluvieux du Bouvier, commande à Borée d'exercer sur les eaux sa fureur. Son souffle rapide, se jouant pendant le jour sur les montagnes, agitait légèrement la cime des arbres et préludait ainsi à l'orage. Au milieu de la nuit, il déchaîne tout à coup sa rage contre les flots et les soulève avec d'horribles sifflemens. L'air mugit, le ciel est couvert d'un voile affreux ; les astres de la nuit ont disparu ; d'épaisses ténèbres sont répandues de tous côtés. Les malheureux navigateurs, devenus le jouet des flots qui font jaillir sur eux l'onde amère, tremblent à la vue de la mort qui les environne. Soudain un coup de vent emporte leur mât et pousse avec furie les flots contre le vaisseau qui ne peut résister à leurs efforts et nage en débris sur les eaux. Les enfans de Phrixus, qui étaient au nombre de quatre, saisissent alors, par la faveur des dieux, une longue poutre sur laquelle éperdus et demi-morts, ils s'abandonnent à la merci des vents et des flots. Cependant les nuées crèvent, le ciel se fond en eau; des torrens de pluie inondent à la fois et semblent confondre la mer, l'île et le continent voisin. La poutre est jetée par les vagues sur le rivage de l'île où ils abordent au milieu des ténèbres. Le soleil ayant ramené le lendemain le calme et la clarté, l'on ne tarda point à se rencontrer. Argus, l'aîné des enfans de Phrixus, adressa ainsi la parole aux Argonautes : « Qui que vous soyez, nous vous conjurons au nom de Jupiter, témoin de tout ce qui se passe ici-bas, d'avoir pitié de notre misère. La tempête qui vient d'éclater a brisé le frêle vaisseau sur lequel la nécessité nous avait forcés de nous embarquer; nous vous en supplions, donnez-nous quelques vêtemens; soulagez des malheureux qui sont à peu près de votre âge. Nous sommes tout ensemble étrangers et supplians, ne nous rejetez donc pas, si vous craignez Jupiter, protecteur des supplians et des étrangers; Jupiter dont les yeux sont maintenant ouverts sur nous. » Jason, soupçonnant que cette rencontre serait l'accomplissement des prédictions de Phinée, leur répondit : « Nous sommes prêts à vous donner de bon cœur tous les secours dont vous avez besoin; mais apprenez-nous votre nom, votre origine, en quel lieu de la terre est votre demeure, quelle nécessité vous a fait braver les dangers de la mer. » Argus reprit aussitôt : « Vous avez sans doute entendu parler de Phrixus[1], qui quitta la Grèce pour se réfugier en Colchide; Phrixus, qui parvint jusqu'à la ville d'Éétès monté sur un bélier, dont la Toison d'or, ouvrage de Mercure, fut suspendue au haut d'un chêne où elle se voit encore, après que l'animal, suivant l'ordre qu'il fit entendre lui-même, eût été immolé à Jupiter, protecteur de ceux qui sont contraints de prendre la fuite. Phrixus, arrivé dans la ville d'Æa, fut reçu dans le palais d'Éétès, qui l'accueillit avec bonté, et pour gage de son amitié, lui donna sa fille Chalciope, sans exiger de lui aucuns présens. Nous sommes les fruits de cet hymen. Phrixus, courbé sous le faix des ans, vient de terminer ses jours dans le palais d'Éétès. C'est pour obéir à sa dernière volonté que nous allions à Orchomène prendre possession des richesses de notre aïeul Athamas. Puisque vous désirez savoir nos noms : Cytisore est le nom de mon frère que voici; celui-là s'appelle Phrontis; cet autre Mélas, et je me nomme Argus. » Il dit. Les Argonautes, surpris et charmés de cette heureuse rencontre, s'empressèrent autour d'eux et Jason reprit ainsi la parole : « Comment pourrais-je vous refuser le secours dont vous avez besoin, puisque les liens du sang nous unissent ensemble. Créthéus, mon aïeul, était frère d'Athamas; j'ai quitté moi-même la Grèce et je vais à la ville d'Éétès, accompagné des braves guerriers que vous voyez; mais suspendons maintenant ces discours et couvrez-vous de vêtemens. Je n'en doute point, c'est la providence des dieux qui vous a conduits entre nos bras. » Il leur fit apporter des habits du vaisseau et ils marchèrent tous ensemble vers le temple de Mars pour y offrir un sacrifice. Hors de l'enceinte était un autel formé de quelques cailloux sur lequel ils immolèrent les victimes. Dans l'intérieur, qui était découvert, s'élevait une pierre noire regardée comme sacrée et à laquelle les Amazones adressaient leurs prières lorsque, passant du continent dans cette île, elles immolaient sur l'autel, non des bœufs ni des brebis, mais seulement des coursiers qu'elles engraissaient avec soin pour cet usage. Le sacrifice fut suivi d'un repas au milieu duquel Jason parla ainsi : « Jupiter embrasse d'un regard tout ce qui se passe ici-bas. Jamais il n'oublie l'homme juste et religieux. Comme il a sauvé votre père des mains d'une marâtre homicide et lui a fait trouver au loin de grands avantages, de même il vous a sauvés de la fureur des flots et vous a fait rencontrer un vaisseau qui peut, sans rien redouter, voguer également ou vers la ville d'Æa ou vers celle de l'illustre Orchomène. Il est l'ouvrage de Minerve qui en a elle-même coupé les bois sur le sommet du mont Pélion. Argus, que vous voyez ici, l'a construit avec elle. Le vôtre au contraire était trop frêle pour résister aux fatigues d'un long voyage, puisqu'il a été brisé

---

[1] Fando aliquid si forte tuas pervenit ad aures, etc.
Virgil., Æn. II, 81.

par les flots avant même d'être parvenu au détroit redoutable où deux rochers s'entre-choquent sans cesse. Maintenant croyez-moi, joignez-vous à nous pour emporter en Grèce la Toison d'or, et servez-nous de guides dans une navigation entreprise pour expier l'attentat commis contre votre père et apaiser la colère de Jupiter, irrité depuis ce temps contre la race des Éolides. »

Les enfans de Phrixus, qui connaissaient le caractère d'Éétès, furent effrayés du dessein des Argonautes : « Nous ne refuserons jamais, répondit Argus, de vous secourir de tout notre pouvoir; mais la cruauté d'Éétès me fait frissonner au récit seul de ce projet. Éétès se vante d'être fils du Soleil ; un peuple innombrable obéit à ses lois. Sa voix terrible ressemble à celle de Mars et sa force égale celle de ce dieu ; et ne croyez pas qu'il soit plus facile de lui dérober la Toison d'or que de la lui enlever. Autour d'elle veille sans cesse un dragon immortel, sorti du sein de la terre et formé du sang du géant Typhon. Ce fut sur le mont Caucase, près du rocher qui porte son nom, que Typhon, levant contre le ciel ses bras redoutables, fut frappé de la foudre et souilla la terre du sang qui coulait en bouillonnant de sa tête. Cherchant en vain son salut dans la fuite, il parvint juqu'aux champs de Nysa [1], près desquels il est enseveli sous les eaux du lac Serbonis. » A ce discours qui fit pâlir d'effroi plusieurs des Argonautes, Pélée répondit aussitôt avec hardiesse : « Cessez, Argus, de montrer tant de crainte et croyez que nous pouvons nous mesurer avec Éétès. Et nous aussi, nous savons nous battre, et nous sommes issus du sang des dieux ; et s'il refuse de nous livrer la Toison, tous ses peuples de la Colchide lui seront d'un vain secours. »

On s'entretenait ainsi pendant le repas. Lorsqu'il fut achevé, chacun se livra au sommeil et le lendemain on mit à la voile à la faveur d'un vent frais qui leur fit bientôt perdre de vue l'île de Mars. Pendant la nuit, ils côtoyèrent le pays qui porte le nom de Phylire, où Saturne, trompant les regards de Rhée son épouse, obtint les faveurs de cette Nymphe. Jupiter était alors élevé dans un antre de l'île de Crète, au milieu des Curètes du mont Ida et Saturne donnait encore dans l'Olympe des lois aux Titans. La jalouse Rhée, cherchant à dé-

[1] Ville et montagne de Syrie sur les confins de l'Égypte.

couvrir ses amours, allait le surprendre entre les bras de son amante. Aussitôt il s'élance de sa couche sous la forme d'un coursier fougueux qui faisait flotter dans l'air une épaisse crinière. Phylire, honteuse et confuse, abandonna le séjour de cette contrée et se retira dans les hautes montagnes des Pélasges, où elle mit au monde le centaure Chiron.

Les Argonautes laissèrent ensuite derrière eux le pays des Macrons, celui des Béchires, qui s'étend au loin, les fiers Sapires et les Byzères. Le vent, qui soufflait toujours, leur fit enfin découvrir l'extrémité du Pont-Euxin et les sommets du mont Caucase. C'est là que Prométhée est attaché par des chaînes de fer à des rochers escarpés, tandis que son foie, toujours renaissant, sert de pâture à un aigle qui vient sans cesse renouveler son supplice. Ce monstre avide parut vers le soir au-dessus du vaisseau. Sa grosseur surpassait de beaucoup celle des oiseaux de son espèce. Ses ailes, semblables aux rames d'un navire, frappaient l'air avec un bruit affreux ; et quoique son vol se perdît dans les nues, leur battement agitait la voile du vaisseau. Bientôt on entendit le malheureux Prométhée faire retentir l'air de ses gémissemens, jusqu'à ce qu'ayant dévoré sa proie, l'aigle cruel traversât de nouveau les airs et reprît la route qu'il avait d'abord suivie.

Les Argonautes, conduits par Argus, qui connaissait ces parages, arrivèrent enfin à l'extrémité la plus reculée du Pont-Euxin et à l'embouchure du Phase. On plia la voile, on descendit l'antenne, on abattit le mât, et l'on serra le tout dans l'intérieur du vaisseau. Ensuite on entra dans le canal du fleuve, dont les eaux écumantes cédaient en murmurant aux coups redoublés des avirons. On voyait s'élever à gauche le mont Caucase et la ville Æa. A droite était le champ consacré à Mars et la forêt du même dieu, où la Toison, suspendue au haut d'un chêne, était gardée par un dragon qui veillait sans cesse. Jason, prenant alors une coupe d'or remplie de vin pur, versa des libations dans le fleuve, en priant la Terre, les dieux tutélaires du pays de lui être favorables et de le laisser aborder sous d'heureux auspices : « Compagnons, dit aussitôt Ancée, nous naviguons sur le Phase, et nous voici arrivés en Colchide. Que chacun de nous réfléchisse à présent si nous devons tenter auprès d'Éétès la voie de la persuasion ou s'il est quelque autre moyen d'obtenir l'objet de nos vœux. » Tandis qu'il parlait, Jason, par le conseil d'Argus, commanda qu'on fît avancer le navire dans un marais voisin couvert de joncs épais. On y jeta l'ancre et les héros passèrent la nuit dans le vaisseau, attendant avec impatience le lever de l'aurore qui ne tarda point à paraître.

CHANT TROISIÈME.

Junon et Pallas vont trouver Vénus pour la prier d'engager Cupidon à inspirer à Médée de l'amour pour Jason. — Jeu de l'Amour et de Ganymède. — Jason se présente à la cour d'Éétès avec deux de ses compagnons. — L'Amour lance une de ses flèches dans le cœur de Médée. — Discours d'Argus, l'aîné des enfans de Phrixus. — Colère d'Éétès. — Combat qu'il propose à Jason. — Peinture de l'amour de Médée; son entrevue avec Jason près du temple d'Hécate; elle lui donne un charme qui augmente ses forces et le rend invulnérable. — Description du combat.

Viens maintenant à mon secours, divine Érato, raconte-moi comment Jason, secondé par l'amour de Médée, rapporta la Toison d'or à Iolcos. Tu te plais à célébrer la puissance de Vénus, tu charmes le cœur des jeunes filles par tes chants, et ton nom rappelle celui de l'amour [1].

Tandis que les Argonautes, cachés au milieu des roseaux, se dérobaient aux regards des Colchidiens, Junon et Minerve, attentives à tout ce qui leur arrivait, quittèrent l'assemblée des dieux et se retirèrent dans un appartement écarté, pour délibérer sur ce qu'elles devaient faire en leur faveur : « Fille de Jupiter, dit Junon, parlez la première. Quel est votre avis ? Avez-vous inventé quelque ruse pour tromper Éétès et les rendre maîtres de la Toison, ou voulez-vous que pour l'obtenir ils gagnent la bienveillance du roi ? Il est, vous le savez, fier et intraitable, mais il ne faut négliger aucune tentative. — Ce que vous me demandez, répondit aussitôt Minerve, est ce qui occupe mon esprit. Je médite plusieurs desseins, mais aucun ne me satisfait entièrement. » Les deux déesses, gardant alors le silence, avaient les yeux baissés [2] et réfléchissaient profondément.

« Allons trouver Vénus, dit tout à coup Junon, et prions-la d'engager si elle peut son fils à percer de ses flèches le cœur de Médée et à lui inspirer de l'amour pour Jason. La jeune princesse, qui connaît tous les secrets de la magie, ne manquera pas de les employer pour rendre les héros maîtres de la Toison. » Minerve trouva l'artifice adroit : « Jupiter, répondit-elle, m'a mis, en me donnant le jour, à l'abri des traits de l'amour ; j'ignore ses charmes et ne connais pas les tendres désirs ; mais puisque ce projet vous plaît, je suis prête à vous accompagner chez Vénus, à qui vous prendrez soin d'expliquer vous-même votre demande. »

Les déesses partirent aussitôt et arrivèrent au palais que Vulcain construisit à son épouse lorsqu'il la reçut des mains de Jupiter. Elles entrèrent d'abord sous un superbe portique, au delà duquel était l'appartement des deux époux. Vulcain était parti dès le matin pour visiter sa forge et ses enclumes renfermées dans le sein d'une île flottante [1], où il fabrique par le moyen du feu ses ouvrages merveilleux. Vénus, seule dans son appartement, était assise vis-à-vis de la porte sur son trône élégant et séparait avec une aiguille d'or ses cheveux flottant sur ses épaules d'ivoire [2] pour en former de longues tresses et les arranger sur sa tête. Aussitôt qu'elle aperçut les déesses, elle descendit de son trône, les fit asseoir, se plaça près d'elles après avoir relevé négligemment ses cheveux et leur dit avec un malin sourire : « Illustres déesses, quel dessein vous conduit ici ? Ces lieux sont peu accoutumés à vous recevoir. Vous tenez sans contredit le premier rang parmi les habitantes de l'Olympe, et rarement on vous voit ainsi me visiter. — Trêve de raillerie répondit Junon, nous sommes toutes les deux dans la plus vive inquiétude. Les Argonautes, parvenus sur les bords du Phase, touchent au moment du plus pressant danger. Nous tremblons pour eux tous, mais surtout pour Jason, dont les jours me sont si précieux que, dût-il descendre aux en-

---

[1] Érato est dérivé du verbe éraô, j'aime, d'où vient aussi érôs, l'amour.

Nunc mihi, si quando, puer et Cytherea, favete :
Nunc Erato, nam tu nomen amoris habes.
Ovide, de Ar. am. II, 15.

[2] Le texte porte attachés à terre.
Diva solo fixos oculos aversa tenebat.
Virgil., Æn. I, 486.

[1] L'île de Lipari, dans laquelle étaient les forges de Vulcain, suivant Callimaque (Hym. in Dian, v. 47). Homère, Odyss. X, v. 3, lui donne l'épithète de flottante. Pline (Hist. nat. II, 95), parle de plusieurs îles qui se meuvent au gré des vents. Celle de Délos, suivant les poètes, ne devint immobile qu'après que Latone y eut mis au monde Apollon. (Callimaque, hymn. in Del.)

[2] Candida dividua colla tegente coma.
Ovide, Am. I, 5, 10.

fers pour briser les chaînes du téméraire Ixion, je le protégerais de tout mon pouvoir, plutôt que de souffrir que le superbe Pélias, insultant à la mort de mon héros, se réjouisse d'avoir évité la juste punition de l'injure qu'il me fait en dédaignant de m'appeler à ses sacrifices. Ce motif n'est pas le seul qui m'anime, et Jason m'est cher depuis longtemps[1]. Je voulais éprouver un jour s'il était quelque humanité sur la terre, et j'avais pris la forme d'une vieille femme. Jason revenant de la chasse, me rencontra sur les bords de l'Anaurus. Les montagnes étaient alors couvertes de neige, et les torrens se précipitaient avec bruit dans les campagnes. Le héros, voyant mon embarras, fut touché de compassion, me prit sur ses épaules et me fit ainsi traverser le fleuve. Par cette action il a mérité pour toujours ma bienveillance, et si vous ne favorisez son retour, Pélias ne sera point puni de l'injure qu'il m'a faite.

Vénus étonnée de ce langage, fut touchée de voir Junon implorer son assistance : « Auguste reine, répondit-elle, négliger de satisfaire vos désirs, serait un opprobre pour moi. S'agit-il de parler? Faut-il quelque chose de plus? disposez de moi, disposez de mes faibles mains, je ne veux même aucune reconnaissance.

—Notre dessein, reprit alors Junon, n'est pas d'employer la force, et nous n'avons aucun besoin du secours de vos mains. Demeurez tranquille et commandez seulement à votre fils d'inspirer à la fille d'Éétès de l'amour pour Jason. D'intelligence avec ce héros, elle saura par ses artifices le rendre maître de la Toison et le ramener à Iolcos. » Vénus répondit : « Illustres déesses, mon fils vous obéira beaucoup mieux qu'à moi. Quelle que soit sa hardiesse, votre présence lui imprimera du respect. Pour moi, il me méprise et se montre sans cesse rebelle à mes volontés. Hier même, ne pouvant supporter sa méchanceté, je voulais briser son arc et ses flèches. Il devint furieux et s'emporta jusqu'à me dire que si je ne retenais mes mains, il ne mettrait plus de bornes à son courroux et me ferait repentir de mon action. » Les deux déesses entendant ce discours, se regardaient en souriant : « On rit de mes chagrins, continua Vénus d'un air affligé, je le sais trop, et je me garderai bien d'en parler davantage. Je vais tâcher de gagner l'Amour, j'emploierai les caresses, et je crois qu'il se laissera persuader. » Junon prenant alors la main de la déesse, lui dit avec un gracieux sourire : « Reine de Cythère, exécutez promptement votre promesse. Oubliez tout ressentiment contre votre fils, et ne vous mettez plus en colère contre lui. C'est un enfant, il se corrigera. » En achevant ces mots, Junon se leva, Minerve la suivit et elles s'en retournèrent ensemble. Vénus, de son côté, se mit à parcourir les lieux les plus secrets de l'Olympe pour y chercher son fils. Elle le trouva sous un bosquet fleuri, seul avec Ganymède, dont la beauté charma autrefois le maître des dieux, qui le mit au rang des immortels. Ils jouaient ensemble comme des enfans du même âge avec des osselets d'or. Le folâtre Amour était debout, ayant la main gauche remplie d'osselets et serrée contre son sein. Son teint brillait des plus vives couleurs, et la joie éclatait dans ses yeux. Son camarade au contraire, assis sur ses talons, l'air triste et honteux, jouait au hasard deux osselets qui lui restaient, en se fâchant contre Cupidon, qui riait de toutes ses forces. Après avoir tout perdu, Ganymède s'en retourna tout confus et les mains vides, sans apercevoir la déesse qui s'avançait : « Méchant, dit-elle à l'amour, en lui caressant le visage, pourquoi te moquer? Tu viens sans doute de tromper Ganymède et d'abuser de sa simplicité. Mais, écoute, j'ai besoin de ton ministère, et si tu veux faire ce que je vais te dire, je te donnerai le plus beau de tous les bijoux qu'ait eu Jupiter à ton âge, celui que lui fit sa nourrice Adrastie pour l'amuser dans l'antre du mont Ida. Vulcain lui-même ne pourrait te faire un plus beau présent. C'est une boule creuse et à jour, formée de cercles d'or, entre lesquels serpente un lierre. Lorsqu'on la jette en l'air, elle trace en tombant un sillon de lumière pareil à celui que laisse après elle une étoile qui tombe du firmament[1]. Tel est le bijou que je

---

[1] ..... Neque enim novus iste Dianæ
Venit amor.
Virgil., Æn. XI, 537.

[1] Un savant antiquaire, Ézéchiel Spanheim (*Notice sur Callimaque*, p. 45), a cru reconnaître cette boule sur une médaille de Trajan frappée en Crète et heureusement expliquée par Tristan (*Commentaire historique*, t. II, p. 253), qui traduit ainsi, dans son style naïf, le commencement de ce passage :
Je te ferai un don, mais beau par excellence,
Qu'Adrastée un jour fit à son petit Jupin,
Dedans l'antre d'Ida, en sa première enfance.

te promets si tu veux percer d'une de tes flèches le cœur de la fille d'Éétès et lui inspirer de l'amour pour Jason. » A ce discours, l'Amour, déjà plein d'impatience, jette tous ses osselets, saute à sa mère, et la tenant par sa robe, lui fait les plus vives instances pour obtenir sur-le-champ le bijou. Vénus, le caressant de nouveau, lui dit en souriant : « J'en jure par moi-même et par cette tête chérie que j'embrasse, ô mon fils! fais ce que je désire, et tu en recevras aussitôt le prix. » L'Amour, ramassant alors ses osselets, les compte avec soin et les donne à garder à sa mère. Il prend ensuite son carquois, qui était au pied d'un arbre, l'attache à ses épaules, et s'étant saisi de son arc il quitte les jardins fertiles de Jupiter, arrive aux portes de l'Olympe et prend le chemin qui descend de la voûte éthérée sur la terre. Il aperçoit d'abord ces montagnes élevées dont les sommets se perdent dans les nues et d'où le soleil darde ses premiers rayons sur la terre. Puis traversant la vaste étendue des airs, il avait au-dessous de lui des campagnes fertiles, des villes peuplées, des fleuves sacrés, des montagnes, la mer enfin, qui règne autour de la terre.

Cependant les Argonautes, cachés dans les marais du Phase et n'osant sortir du vaisseau, étaient assis sur leurs bancs et tenaient ensemble conseil, écoutant attentivement Jason qui leur parlait ainsi : « Mes amis, c'est à vous à décider ce que nous devons faire. Je vais seulement vous exposer mon avis. Le péril est commun, et chacun de nous doit parler librement. Celui qui cacherait sa pensée par un silence affecté, se rendrait responsable de tous les malheurs qui peuvent nous arriver. Demeurez ici tranquillement sous les armes, tandis qu'accompagné des enfans de Phrixus et de deux de nos guerriers, j'irai trouver Éétès pour le prier de nous céder de bon gré la Toison d'or. S'il ne veut pas y consentir, et que, fier de sa puissance, il nous rejette avec mépris, ainsi maltraités, nous n'aurons plus rien à ménager et tout nous deviendra permis. Nous pourrons alors ou l'attaquer à force ouverte ou recourir à quelque artifice. Mais avant de nous être assurés de ses dispositions, il serait insensé de vouloir lui enlever par la force un bien que nous pouvons obtenir par la persuasion. Combien de fois un discours doux et adroit n'a-t-il pas fait ce que la force aurait vainement tenté? Phrixus, échappé aux embûches d'une marâtre et au couteau que levait sur sa tête un père sacrilège, obtint un asyle en ces lieux par ses prières; et quels cœurs assez féroces pour ne pas s'adoucir au nom de Jupiter hospitalier! »

Tous les héros applaudirent à ce discours. Jason ayant choisi Télamon et Augée pour l'accompagner avec les enfans de Phrixus, prit en main le caducée de Mercure. Aussitôt ils s'élancèrent hors du vaisseau, et marchant au milieu des joncs et de l'eau, ils gagnèrent le rivage et arrivèrent dans une plaine qui porte le nom de Circé. Elle était couverte de saules et de tamarins, auxquels étaient suspendus par des chaînes des cadavres sans nombre. Telle est la coutume des habitans de la Colchide. Ils regardent comme un crime abominable de brûler les corps des hommes, et il n'est pas permis de les couvrir de terre. On les enferme dans des peaux de bœuf qui n'ont point été préparées; on les attache à des arbres et on les laisse ainsi suspendus loin de la ville. Cependant la terre ne perd pas pour cela ses droits, mais les femmes seules sont déposées dans son sein.

Tandis qu'ils s'avançaient vers la ville, Junon, toujours attentive à les servir, voulut les dérober aux regards d'un peuple innombrable et les enveloppa d'un nuage épais qui se dissipa lorsqu'ils furent arrivés au palais d'Éétès[1]. Ils s'arrêtèrent à l'entrée et contemplèrent avec étonnement sa structure, ses larges portes, les colonnes qui l'environnaient et le balcon de pierre, soutenu de pilastres d'airain, qui régnait au haut de l'édifice. Près de la porte, des vignes touffues élevaient leurs rameaux verdoyans à une hauteur considérable et couvraient de leur ombre quatre fontaines creusées de la main même de Vulcain. Le vin et le lait coulaient à grands flots des deux premières; la troisième fournissait une huile dont l'odeur ressemblait à celle des plus doux parfums; et la dernière faisait jaillir une eau merveilleuse qui, toujours chaude au milieu des rigueurs de l'hiver, devenait aussi fraîche que la glace pendant l'été. Telles étaient les merveilles dont l'industrieux Vulcain avait enrichi le palais d'Éétès. Il lui avait encore donné deux taureaux dont les pieds

---

C'est un globe tournant, chef-d'œuvre de Vulcain,
Le plus parfait qui fût jamais en ta puissance.

[1] At Venus obscuro gradientes aere sepsit.
Et multo nebulæ circum Dea fudit amictu.
Cernere ne quis eos. . . .
Virgil., Æn. I, 411.

étaient d'airain et dont la bouche, fabriquée du même métal, vomissait sans cesse des tourbillons de flamme; enfin, une charrue d'une seule pièce, forgée de l'acier le plus dur. Par tant de présens, l'époux de Vénus avait voulu reconnaître envers Éétès le service que lui avait rendu le Soleil son père, en le recevant dans son char lorsque, après avoir combattu contre les géans, il revenait fatigué des champs de Phlégra.

Jason et ceux qui l'accompagnaient entrèrent sans obstacle dans une vaste cour, où brillaient de toutes parts des portes magnifiques et des appartemens somptueux. A droite et à gauche s'étendaient deux portiques élégans; des bâtimens plus élevés régnaient sur les deux autres côtés. Éétès occupait le plus grand avec la reine Idie, la plus jeune des filles de l'Océan et de Téthys. Dans le second demeurait Absyrte, qu'Éétès avait eu avant son mariage, d'Astérodie nymphe du mont Caucase. La taille et la beauté du jeune prince, qui surpassait tous ceux de son âge, lui avaient fait donner le surnom de Phaéton [1]. Chalciope et Médée, toutes deux filles d'Éétès, occupaient le reste du palais avec un grand nombre d'esclaves. Médée passait ordinairement les jours entiers dans le temple d'Hécate dont elle était prêtresse; mais Junon lui avait inspiré la pensée de demeurer ce jour-là dans le palais, et elle sortait de son appartement pour aller dans celui de sa sœur lorsque Jason entra suivi de ses compagnons. Dès qu'elle les aperçut, elle poussa un grand cri. Chalciope effrayée, accourut aussitôt avec ses esclaves, qui avaient jeté leurs toiles et leurs fuseaux pour la suivre [2]. Quelle fut sa surprise lorsque parmi ces étrangers elle reconnut ses enfans, qui volèrent à l'instant dans ses bras! Transportée de joie, elle lève les mains au ciel et leur dit : « Chers gages de la tendresse de Phrixus, vous ne m'abandonnerez donc point pour aller chercher un pays éloigné : le Destin lui-même s'y oppose et vous ramène entre mes bras. Malheureuse que j'étais! quelle fatalité vous avait inspiré un si violent désir de voir la Grèce? Avec quelle ardeur vous obéissiez à l'ordre de Phrixus! Ordre cruel, dernières et funestes paroles par lesquelles votre père a déchiré mon cœur! Qu'importait après tout Orchomène, et pourquoi laisser votre mère en proie à la tristesse pour courir après les biens d'Athamas? » Éétès et la reine Idie, ayant entendu la voix de Chalciope, sortirent de leur appartement. Éétès donne ses ordres pour recevoir les étrangers. Ses esclaves s'empressent d'obéir. Les uns apprêtent un taureau pour le festin, d'autres s'arment de coignées à fendre le bois, d'autres font chauffer de l'eau pour les bains.

Cependant l'Amour, traversant les airs sans être aperçu, descendit dans le palais, semblable au taon bourdonnant qui fond sur les génisses et les met en fureur. Il s'arrête d'abord sous le vestibule, bande son arc et tire de son carquois une flèche redoutable qui n'avait pas encore servi. S'avançant ensuite légèrement, il jette les yeux de tous côtés, se glisse derrière Jason, pose la flèche sur le milieu de la corde, étend les bras et la décoche à Médée, qui se trouble à l'instant [1]. L'enfant malin voit l'effet du coup et s'envole en riant. Bientôt le trait porte au fond du cœur de la princesse un feu dévorant. Elle jette sur Jason des regards enflammés. De fréquens soupirs s'échappent avec peine de son sein. Jason seul occupe sa pensée; une douce langueur s'empare de ses sens. Ainsi lorsqu'une femme, réduite à vivre du travail de ses mains, se lève longtemps avant le jour et, pressée d'éclairer son réduit, rassemble autour d'un tison de légers morceaux de bois, souvent le feu s'allumant tout à coup avec violence consume en un instant l'aliment qui l'entourait : ainsi l'amour, caché dans le cœur de Médée, l'embrase en un instant [2]. Tantôt ses joues paraissent tout en feu, tantôt une pâleur mortelle efface l'éclat de son teint.

Les héros n'eurent pas plutôt rafraîchi par le bain leurs membres fatigués qu'on servit le repas. Lorsqu'il fut achevé, Éétès adressa ainsi avec bonté la parole à ses petits-fils : « Enfans de ma fille et d'un père étranger que j'ai reçu dans mon palais et comblé de mes faveurs, comment pouvez-vous être déjà de retour dans cette contrée? Quel accident a interrompu le cours de votre voyage? Vous ne vouliez pas ajouter foi à mes discours lorsque je vous parlais du chemin immense que vous aviez à parcourir.

---

[1] En grec, *brillant, éclatant*.
[2] Excussi manibus radii, revolutaque pensa.
  Virgil., Æn. IX, 476.

[1] . . . . Nervoque obversus equino
  Intendit telum, diversaque brachia ducens.
  Virgil., Æn. IX, 662.
[2] Vulnus alit venis et cæco carpitur igni.
  Virgil., Æn. IV, 2.

J'avais cependant appris moi-même à le connaître lorsque je traversai la voûte azurée monté sur le char du Soleil mon père, qui transportait dans l'Hespérie ma sœur Circé ; nous nous arrêtâmes aux rivages des Tyrrhéniens, où ma sœur habite encore, séparée de la Colchide par un immense intervalle[1]. Mais sans m'arrêter davantage à des discours superflus, faites-nous un récit fidèle de ce qui vous est arrivé ; apprenez-moi qui sont ces étrangers qui vous accompagnent et en quels lieux vous avez laissé le vaisseau que je vous avais donné. »

Argus, l'aîné de ses frères, prit aussitôt la parole et, craignant pour les Argonautes, tâcha de leur concilier ainsi la faveur d'Éétès : « Grand roi, la tempête a brisé le vaisseau que vous nous aviez donné. Dans ce naufrage, une planche nous a servi de refuge, et les flots nous ont jeté sur le rivage de l'île de Mars, au milieu des horreurs d'une nuit ténébreuse. Un dieu sans doute veillait à notre salut. Les oiseaux redoutables qui infestaient auparavant cette île déserte venaient d'en être chassés par ces guerriers, qui étaient abordés la veille et avaient été retenus, ou par quelque heureux destin, ou par Jupiter lui-même, qui voulait soulager nos maux par leur rencontre. En effet ils nous donnèrent généreusement des habits et nous firent prendre de la nourriture aussitôt qu'ils nous eurent entendus prononcer le nom de Prixus et le vôtre. Car c'est vers cette ville soumise à votre empire qu'ils dirigeaient leur course, et le dessein qui les amène est tel que je vais vous l'exposer. Ce héros, que sa force et sa valeur élèvent au-dessus de tous les descendans d'Éolus, obéit aux ordres d'un roi jaloux qui, pour l'éloigner de sa patrie et de ses biens, l'envoie dans ces lieux, sous le spécieux prétexte que la postérité d'Éolus ne pourra se soustraire à la colère implacable de Jupiter, ni expier l'attentat commis contre Phrixus, à moins que la Toison d'or ne soit rapportée dans la Grèce. Pallas elle-même a construit à ce héros un vaisseau qui ne ressemble point à ceux qu'on voit en Colchide, dont le plus fragile sans doute était celui que nous montions, puisque les vents et les flots l'ont si promptement mis en pièces. Le sien au contraire est en état de résister aux plus furieuses tempêtes, et sa course est toujours aussi rapide, soit qu'un souffle propice enfle sa voile, ou que les guerriers qu'il porte déploient, en ramant eux-mêmes, la vigueur de leurs bras. Ces guerriers sont l'élite des héros de la Grèce. Celui qui les a rassemblés, après avoir erré longtemps avec eux et parcouru les terres et les mers[1], arrive enfin dans la ville d'Æa pour vous exposer humblement sa demande. Vos volontés décideront de son destin. Il ne vient point dans le dessein d'employer la force : son seul désir serait de vous témoigner sa reconnaissance par un exploit éclatant. Instruit par moi que les Sauromates sont vos ennemis, il veut les subjuguer et les soumettre à votre empire. Sa naissance, celle de ses compagnons, excitent peut-être votre curiosité ; je vais la satisfaire. Jason est le nom de celui sous qui, de toutes les parties de la Grèce, sont venus se ranger tant de héros. Il est fils d'Éson et petit-fils de Créthée. Cette origine l'unit à nous par les liens du sang puisque Athamas, notre aïeul, était, ainsi que Créthée, fils d'Éolus. Vous voyez dans Augée un des enfans du Soleil. Celui-ci, dont le nom est Télamon, est fils de l'illustre Éacus, qui doit la naissance à Jupiter. Tous les autres sont également issus du sang des immortels. »

Ce discours, au lieu de toucher le cœur d'Éétès, fit naître dans son esprit des soupçons qui allumèrent aussitôt sa colère et contre les Argonautes et contre les enfans de Phrixus, qu'il crut ne revenir sur leurs pas que pour seconder les projets ambitieux de ces étrangers : « Infâmes, s'écria-t-il d'une voix terrible, les yeux étincelans de colère et respirant à peine par l'excès de sa rage, comment ne fuyez-vous pas à l'instant loin de mes yeux ? Comment ne sortez-vous pas de mes états, avant que je vous fasse remporter en Grèce le prix que méritent vos fourberies ? Vous parlez de Phrixus et de la Toison d'or. Ce n'est point pour conquérir une Toison, c'est pour m'enlever le sceptre et la royauté que vous êtes venus ici. Si déjà vous ne vous étiez assis à ma table, je vous ferais couper la langue et les mains et je vous enverrais ainsi mutilés pour

---

[1] Il y avait en Italie dans le *Latium*, sur le bord de la mer Tyrrhénienne, ou de Toscane, une petite ville nommée *Circeii*, où l'on disait que Circé avait fait sa demeure. Un promontoire qui en était voisin, porte encore le nom de *monte Circello*. C'est aussi dans cet endroit qui forme une espèce de presqu'île, qu'on place communément l'île d'Æa, où Ulysse aborda chez Circé. *Homère*, Od., liv. X.

[1] . . . . Multùm ille et terris jactatus, et alto.
Virgil., Æn. I, 7.

vous empêcher de vous porter désormais à de pareils attentats et vous apprendre à respecter les dieux, dont vous avez l'insolence de vous prétendre issus. » Télamon frémissant de rage à ces menaces allait y répondre avec emportement, Jason le retint, et prenant lui-même la parole : « Grand roi, dit-il avec douceur, apaisez un injuste courroux. Nous n'avons pas, comme vous le supposez, conçu de desseins téméraires contre cette ville ni contre ce palais[1]. Ce n'est pas même notre volonté qui nous a conduits en ces lieux. Qui voudrait traverser tant de mers, dans l'espoir d'une conquête à laquelle il n'aurait aucun droit? Un sévère destin et les ordres cruels d'un tyran, voilà ce qui m'a contraint de quitter ma patrie. Laissez-vous donc toucher par mes prières. Je publierai un jour dans toute la Grèce la gloire de votre nom. Dès ce moment, vous pouvez disposer de notre valeur, nous sommes prêts à combattre pour vous ou les Sauromates, ou tel autre peuple que vous voudrez soumettre à votre empire. » Jason tâchait ainsi d'adoucir et de flatter Éétès. Mais lui, toujours insensible et ne méditant que vengeance, délibérait en lui-même s'il les ferait périr sur-le-champ, ou s'il mettrait auparavant leur courage à l'épreuve. Ce dernier parti lui parut enfin préférable : « Étranger, reprit-il, de plus longs discours seraient inutiles, je puis consentir à vous donner la Toison, mais il faut auparavant que j'éprouve si vous êtes véritablement du sang des dieux et assez forts pour me disputer ce qui m'appartient. Vous le voyez, je ne ressemble point au tyran qui règne sur la Grèce, et loin de porter envie au mérite, je suis prêt à lui céder la récompense qui lui est due. L'épreuve que je vais vous proposer, est un combat dont je viens facilement à bout, quelque périlleux qu'il paraisse. Dans un champ qui porte le nom de Mars, j'ai deux taureaux, dont les pieds sont d'airain, et dont la bouche vomit des tourbillons de flamme. Je les attelle moi-même à une charrue, et je leur fais labourer quatre arpens d'un terrain âpre et sauvage. Ce travail achevé, je sème, au lieu des dons de Cérès, les dents d'un horrible dragon, d'où naissent aussitôt des géans armés qui m'environnent de toutes parts. Je les attaque, les renverse et les fais expirer sous le fer de ma lance. J'ai commencé le matin à atteler mes taureaux, et ma moisson est achevée le soir. Si Jason peut faire éclater sa valeur par un semblable exploit, qu'il emporte au même instant ma Toison ; mais sans cela, n'espérez point l'obtenir. Il est indigne d'un homme de cœur de céder à quiconque ne peut l'égaler. »

Jason, étonné du défi que lui proposait Éétès et n'osant d'abord s'engager dans une entreprise qui lui paraissait au-dessus de ses forces, resta quelque temps les yeux baissés, gardant un morne silence. Enfin, dissimulant son embarras : « Grand roi, dit-il, la loi que vous m'imposez est terrible, mais je ne puis m'y soustraire, et quel que soit le danger, j'accepte le combat. Peut-être j'y perdrai la vie, mais est-il rien de plus affreux que la nécessité qui m'a contraint de venir en ces lieux ? Oui, la mort même sera plus douce pour moi que l'ordre de Pélias. — Puisque tu acceptes le combat, reprit Éétès d'un ton formidable, va maintenant rejoindre tes compagnons ; si mes taureaux t'effraient, si tu n'es pas assez fort pour leur faire subir le joug, ou si tu recules à l'aspect de la moisson, j'aurai soin que ton sort puisse un jour servir d'exemple et faire trembler quiconque voudrait désormais attaquer un plus puissant que lui. » Jason, se levant aussitôt, se retira suivi d'Augée, de Télamon et d'Argus, qui fit signe à ses frères de rester.

Tandis qu'ils s'avançaient hors de la salle, Médée, toujours en proie à sa passion, tenait ses regards attachés sur Jason et, soulevant un côté de son voile, contemplait avec admiration les grâces et la beauté qui le distinguaient de ses compagnons. Elle le suivit longtemps des yeux, et son âme tout entière volait comme un songe léger sur ses traces. Chalciope, redoutant la colère du roi, se hâta de se dérober à sa vue et rentra dans son appartement avec ses enfans. Médée sortit pareillement, roulant dans son esprit toutes les pensées que l'amour peut suggérer. Sans cesse occupée de l'objet de sa passion, elle le voit sans cesse devant elle. Sa figure, ses vêtemens, ses discours, son maintien lorsqu'il était assis, sa marche lorsqu'il sortait de la salle, tout est encore présent à ses yeux. Jason lui paraît au-dessus de tous les mortels. Sa voix surtout, la douceur de ses paroles retentit sans cesse à son oreille[1]. Tout

---

[1] Non nos aut ferro libycos populare Penates
Venimus, aut raptas ad littora vertere prædas.
   Virgil., Æn. I, 531.

[1] Multa viri virtus animo, multusque recursat

à coup elle s'effraie des dangers qui le menacent. Elle craint qu'il ne succombe à la furie des taureaux, ou qu'Éétès ne l'immole à sa colère : et comme s'il avait déjà perdu la vie, elle pousse des cris lamentables, et son visage est baigné de pleurs : « Insensée que je suis, se dit-elle enfin à elle-même, pourquoi m'affliger ainsi? Que Jason périsse, qu'il soit le plus vaillant des héros ou le plus lâche des mortels, que m'importe?... Fassent les dieux cependant qu'il échappe au danger [1]. Divine Hécate, exauce ma prière! Fais qu'il retourne vainqueur dans sa patrie, ou si le Destin veut qu'il périsse, qu'il sache au moins que sa mort ne sera pas un sujet de joie pour moi. »

Tandis que le cœur de Médée était agité de ces pensées, Jason et ses compagnons suivaient tristement le chemin qui les avait conduits à la ville : « Fils d'Éson, dit alors Argus, vous pourrez blâmer l'avis que je vais vous proposer, mais dans une telle extrémité, est-il rien qu'on ne doive tenter? Je vous ai déjà parlé d'une jeune princesse instruite par Hécate elle-même dans l'art des enchantemens. S'il était possible de l'intéresser en notre faveur, il n'y aurait plus pour vous de danger à redouter. Ma mère seule, Chalciope, peut nous concilier sa bienveillance; mais je crains qu'elle n'ose nous seconder. Je retournerai, si vous le permettez, auprès d'elle, et je lui ferai les plus vives instances en lui représentant qu'il y va de la vie de ses enfans et que votre perte entraînerait infailliblement la nôtre. Ami, répondit Jason, je ne m'opposerai point au dessein que votre zèle vous suggère. Allez trouver votre mère, et employez auprès d'elle les prières les plus touchantes. Notre espoir, hélas! est bien fragile, s'il n'est fondé que sur des femmes. » En parlant ainsi, ils arrivèrent au marais. Les Minyens, transportés de joie en revoyant leurs compagnons, s'empressaient de leur demander des nouvelles de leur voyage : « Mes amis, leur dit Jason d'un air consterné, le cruel Éétès a fait éclater contre nous toute sa colère. Il est inutile de vous en dire davantage. Sachez seulement que dans un champ qui porte le nom du dieu Mars paissent deux taureaux dont les pieds sont d'airain et dont la bouche vomit des tourbillons de flamme. Je dois leur faire labourer quatre arpens, dans lesquels je sèmerai les dents d'un horrible dragon, d'où naîtront aussitôt des géans tout armés qu'il faut exterminer dans le même jour. Tels sont les ordres d'Éétès : telle est l'entreprise que, forcé par la nécessité, j'ai promis de tenter. » A ce discours, les Argonautes, effrayés d'un danger qui leur paraissait insurmontable, se regardaient les uns les autres dans un morne silence ; enfin Pélée, rappelant sa hardiesse, prit ainsi la parole : « Il est temps maintenant de se décider et d'agir. La valeur est ici plus nécessaire que le conseil. Si vous avez résolu, fils d'Éson, d'affronter le danger, préparez-vous au combat; si vous doutez de vos forces, ne vous exposez point, et sans chercher parmi nos compagnons, souffrez que Pélée combatte à votre place. Je vous le déclare, rien ici ne m'effraie puisque enfin je ne puis trouver dans ce combat que la mort. » Pélée avait à peine achevé ces mots lorsque Télamon, Idas et les fils de Tyndare se levèrent avec intrépidité. Méléagre suivit leur exemple : quoiqu'il fût encore dans un âge tendre, sa force et son courage l'égalaient aux plus fameux héros. Le reste de la troupe gardait encore le silence : « Amis, dit Argus, en s'adressant aux guerriers qui venaient de faire éclater leur audace, il faudra certainement en venir au combat, mais auparavant laissez-moi recourir à Chalciope. Je crois que son appui ne nous sera point inutile. Demeurez encore ici quelque temps; il vaut mieux retenir son courage que de se perdre par imprudence. Dans le palais d'Éétès habite une jeune princesse à qui la divine Hécate a révélé ses secrets les plus cachés; elle connaît toutes les productions de la terre et des eaux et sait, en les préparant avec adresse, composer des charmes capables d'apaiser l'ardeur de la flamme, de suspendre le cours des fleuves les plus impétueux et d'arrêter dans leur marche la lune et les étoiles [1]. Chalciope est sa sœur, et pourrait l'engager à nous accorder son secours. Nous parlions de ce projet en revenant de la ville. Si vous l'approuvez, j'y retournerai dès aujourd'hui. Peut-

---

Gentis honos : hærent infixi pectore vultus
Verbaque. . . . .
       Virgil., Æn. IV, 3.
. . . Illum absens absentem auditque, videtque.
       Id. ib. v. 83.
. . . . Vivat an ille
Occidat, in Dîs est. Vivat tamen.
       Ovide, Metam. VII, 23.

[1] Sistere aquam fluviis, et vertere sidera retro.
       Virgil., Æn. IV, 489.

être les dieux seconderont-ils mes efforts. »

Tandis qu'Argus parlait ainsi, une timide colombe vint du haut des airs se réfugier dans le sein de Jason, évitant la poursuite d'un épervier qui s'abattit lui-même sur la poupe du vaisseau. Le divin Mopsus fut frappé du présage et prononça aussitôt cet oracle : « Mes amis, les dieux vous manifestent leur volonté. Il n'y a plus à balancer, il faut implorer le secours de la jeune princesse, et je crois qu'elle ne rejettera point nos prières. Phinée nous l'a prédit. C'est de Vénus que nous devons attendre notre retour. S'il est ainsi, le succès de notre entreprise est assuré puisque l'oiseau qu'elle chérit vient d'échapper à la mort. Puisse l'événement ne point démentir un augure si heureux! Invoquez la mère des Amours, et livrez-vous aux conseils d'Argus. »

Les héros se rappelant l'oracle de Phinée applaudirent au discours de Mopsus. Idas seul, se levant avec fureur, s'écria d'une voix menaçante : « Dieux immortels! suis-je donc venu ici avec des femmes qui invoquent le secours de Cypris plutôt que le dieu de la guerre? Quoi donc! des colombes et des milans vous empêchent de combattre? Allez, lâches, renoncez au métier des armes, rampez aux pieds d'une jeune fille et tâchez de la séduire par vos prières. » Ces paroles excitèrent dans l'assemblée un grand murmure; personne cependant n'y répondit. Idas s'assit alors la rage dans le cœur, et Jason dit avec fermeté : « Qu'Argus retourne à la ville, puisque vous approuvez tous son projet. Quant à nous, ne restons pas plus longtemps cachés. Attachons le vaisseau au rivage du fleuve, il est temps de montrer que nous ne craignons pas le combat. » Argus partit aussitôt et, les héros, dociles à l'ordre de Jason, levèrent l'ancre, firent avancer en ramant le vaisseau hors du marais et mirent pied à terre sur le bord du Phase.

Cependant Éétès, méditant la perte des héros, assemblait les Colchidiens hors de son palais, dans un endroit destiné à cet usage, et leur déclarait qu'aussitôt que ses taureaux auraient mis en pièces le téméraire qui avait entrepris de les dompter, il ferait abattre le bois qui couvrait une montagne voisine, afin de brûler le vaisseau avec tous ceux qui le montaient, et de faire ainsi expier à ces étrangers leur insolence et leur audace : « Jamais, disait-il, malgré les prières touchantes de Phrixus, malgré sa douceur et sa vertu qui le rendaient le plus aimable de tous les hôtes, je ne l'aurais reçu dans mon palais si Jupiter n'avait fait descendre Mercure de l'Olympe pour m'engager à le traiter avec bonté. Comment donc pourrais-je laisser venir ici impunément des brigands qui ne cherchent qu'à ravir mes trésors, à tramer des complots, à piller les troupeaux et à ravager les campagnes? » Éétès se promettait encore de punir les enfans de Phrixus, qui ne s'étaient unis, selon lui, à ces scélérats que pour lui enlever le sceptre et la couronne. Le Soleil, son père, l'avait autrefois averti par un oracle de redouter les embûches et les desseins perfides de ses descendans. Ses filles ni son fils Absyrte ne lui donnaient aucun ombrage; mais il croyait avoir tout à craindre des enfans de Chalciope, et c'était pour cette raison plutôt que pour satisfaire au désir qu'ils témoignaient d'obéir à leur père qu'il les avait envoyés dans la Grèce. Rempli de ces idées et emporté par la colère, il faisait à ses sujets les plus terribles menaces, en leur ordonnant de veiller sur le navire et sur les Argonautes, afin qu'aucun d'eux ne pût lui échapper.

Dans le même temps, Argus, de retour au palais d'Éétès, conjurait sa mère d'implorer en faveur des Argonautes les secours de Médée. Chalciope en avait déjà conçu le dessein; mais la crainte la retenait : elle appréhendait ou que Médée ne redoutât trop la colère de son père pour écouter ses prières, ou qu'Éétès ne découvrît bientôt leur intelligence si sa sœur se laissait persuader.

Cependant Médée, retirée dans son appartement et appuyée sur son lit, cherchait dans le repos à calmer le trouble qui l'agitait. Le sommeil suspendit un instant ses tourmens; mais bientôt des songes affreux, voltigeant autour d'elle, présentent à son esprit les plus cruelles illusions. Dans leur erreur, il lui semble que Jason n'est point venu en Colchide et ne doit pas combattre pour le vain désir d'obtenir une Toison; mais qu'elle-même est l'objet de ses vœux et qu'il doit l'emmener dans sa patrie pour s'unir à elle par le nœud sacré de l'hymen. Il lui semble encore qu'elle dompte elle-même les taureaux et surmonte aisément les autres dangers; que néanmoins son père ne veut pas la laisser partir, sous prétexte que c'était à Jason de soutenir le combat; qu'il s'élève à ce sujet une dispute, qu'elle est prise elle-même pour arbitre et se jette dans les bras de l'étranger : abandonnant ses parens qui, saisis d'indignation, poussent un cri terrible. A ce cri, Médée tressaille de frayeur et le sommeil fuit de ses yeux. Elle s'éveille en tremblant, regarde longtemps autour d'elle, et reprenant enfin l'usage de ses sens : « Malheureuse que je suis, dit-elle en gémissant, quels songes affreux ont glacé mon cœur d'épouvante¹? Je crains bien que l'arrivée de ces guerriers n'ait des suites funestes. Mais quoi! un étranger porte le trouble au fond de mon âme! qu'il aille loin de ces lieux chercher une épouse dans sa patrie! Pour moi, je chérirai ma virginité, je ne quitterai point le palais qu'habitent les auteurs de mes jours..... Cependant ma sœur tremble pour ses fils..... De quels tourmens elle me délivrerait si, pour sauver ce qu'elle a de plus cher, elle me priait de donner au héros un moyen assuré de sortir victorieux du combat! Excitée par elle, j'oserais tout entreprendre. »

Elle dit, et se levant aussitôt, les pieds nus et sans autre vêtement qu'un simple manteau, elle ouvre la porte de sa chambre, impatiente d'aller joindre sa sœur. A peine a-t-elle franchi le seuil que la honte la saisit : elle reste quelque temps dans le vestibule et rentre ensuite dans son appartement. Bientôt elle sort une seconde fois et rentre encore, portant çà et là ses regards incertains. Entraînée par l'amour, la pudeur la retient; retenue par la pudeur, l'amour lui rend de nouveau sa hardiesse. Trois fois elle tenta d'accomplir son dessein, trois fois la crainte fit évanouir sa résolution ². Enfin elle se précipite éperdue sur son lit : telle qu'une jeune épouse à qui la mort vient d'enlever l'époux que lui avaient donné ses parens, avant qu'ils aient goûté l'un et l'autre les douceurs de l'hymen, fuyant les regards et les propos indiscrets de ses femmes, se tient renfermée dans le fond de son appartement et, les yeux attachés sur ce lit désert, déplore tout bas son malheur et craint de laisser échapper ses sanglots. Telle Médée pleurait et gémissait tout bas, lorsqu'une de ses plus jeunes esclaves entra tout à coup chez elle. Alarmée de l'état où elle vit sa maîtresse, elle courut sur-le-champ avertir sa sœur qui délibérait avec ses enfans. Chalciope effrayée de cette nouvelle vole à l'appartement de Médée, qu'elle trouva sur son lit, les yeux baignés de larmes et se frappant le visage. « Chère Médée, s'écria-t-elle, quel sujet fait couler vos pleurs ? Qu'avez-vous ? D'où vient la douleur qui vous presse ? La colère des dieux vous a-t-elle frappée de quelque mal subit ? Mon père a-t-il prononcé quelque horrible menace contre moi et contre mes enfans ? Plût aux dieux que je ne pusse plus voir ce palais et cette ville et que j'habitasse aux extrémités de la terre où l'on ignore jusqu'au nom de Colchos ! » A ces mots elle se tut. Médée rougit et la pudeur l'empêcha quelque temps de répondre. Les paroles volaient sur le bord de ses lèvres et rentraient aussitôt dans son sein; elle ouvrait sa bouche aimable et sa voix expirante trompait ses efforts ¹. Enfin elle s'enhardit, et l'amour lui suggéra cet artifice : « Ma sœur le danger auquel sont exposés vos enfans me cause la plus vive inquiétude. Je crains qu'Éétès ne les fasse périr avec ces étrangers. Des songes affreux semblent me l'annoncer. fassent les dieux qu'ils soient sans effet et que vous ne soyez pas réduite à pleurer bientôt ce que vous avez de plus cher ! » Médée tâchait ainsi d'engager sa sœur à implorer son secours. Chalciope, sentant redoubler à ce discours toute sa frayeur, lui répondit : « Vos alarmes sont les miennes, et je viens chercher auprès de vous un remède à mes maux; mais avant tout jurez-moi par le ciel et par la terre, quelque chose que je vous propose, de me garder le secret et de me prêter votre secours. Je vous en conjure par tous les dieux, par vous-même, par les auteurs de nos jours, sauvez mes enfans; ne permettez pas qu'ils expirent à mes yeux, ou croyez que je mourrais avec eux et que, semblable à une Furie vengeresse, mon ombre sortie du sein des enfers vous poursuivrait sans cesse. »

En achevant ces mots, Chalciope répandit un torrent de larmes; elle embrassait les genoux de Médée et sa tête était penchée sur son

---

¹ .... Quæ me suspensam insomnia terrent?
Virgil., Æn. IV, 9.
² Ter limen tetigi : ter sum revocatus.
Ovid., Trist. I, 3, 55.
Ter revoluta toro est.....
Virgil., Æn. IV, 691.

¹ Ter tecum conata loqui, ter inutilis hæsit
Lingua, ter in primo destitit ore sonus.
Ovid., Ep. IV, 7.
Incipit effari, mediaque in voce resistit.
Virgil., Æn. IV, 76.
...... Et vox faucibus hæsit.
Id. ib. II, 775.

sein. Leurs gémissemens se mêlaient ensemble; on n'entendait que des soupirs et des sanglots.

« Chère Chalciope, reprit enfin Médée, que puis-je faire pour me soustraire à vos imprécations? Plût aux dieux qu'il fût en mon pouvoir de sauver vos enfans! J'en fais le serment que vous exigez, le plus terrible de tous les sermens : oui, j'en jure par le ciel et la terre, mère de tous les dieux, quelque chose que vous proposiez, je ne négligerai rien pour vous satisfaire.

— Ne pourriez-vous pas, répondit aussitôt Chalciope, imaginer en faveur de mes enfans un moyen de faire sortir victorieux du combat cet étranger? Lui-même il implore votre secours. Argus que j'ai laissé dans mon appartement est venu de sa part pour m'engager à vous solliciter. » A ces mots, le cœur de Médée tressaillit de joie, elle rougit, et s'abandonnant aveuglément à son transport : « Ma sœur, dit-elle, je ferai ce que vous désirez. Que l'aurore ne luise plus pour moi et que je cesse bientôt de vivre s'il est rien dans le monde qui me soit aussi cher que vous et vos enfans! ils ont été les compagnons de mon enfance; leur âge est égal au mien, et ne sont-ils pas en quelque sorte mes frères? N'êtes-vous pas vous-même et ma sœur et ma mère, puisque vous m'avez portée comme eux dans vos bras et nourrie de votre lait, ainsi que notre mère me l'a souvent raconté? Allez donc, cachez notre intelligence, afin que je puisse vous servir à l'insu de nos parens. Demain, au lever de l'aurore, je me rendrai au temple d'Hécate et je remettrai à l'étranger qui cause ici tant de trouble un charme propre à adoucir la férocité des taureaux. » Chalciope sortit aussitôt et alla porter cette nouvelle à ses enfans. Médée abandonnée à elle-même fut bientôt saisie de honte et de crainte en pensant qu'elle allait trahir son père pour favoriser un étranger.

Cependant la nuit couvrait la terre de ses ombres et les pilotes contemplaient attentivement les constellations de l'Ourse et d'Orion. Le voyageur fatigué cherchait un asile et les gardes qui veillent aux portes des cités sentaient s'appesantir leurs paupières. La mère même, désolée de la perte de ses enfans, suspendait ses gémissemens et se laissait aller au sommeil. La ville ne retentissait plus des aboiemens des chiens et des clameurs du peuple; le silence régnait partout avec l'obscurité de la nuit. Médée seule ne goûtait point les douceurs du repos[1] : le danger auquel Jason allait être exposé lui causait mille inquiétudes et faisait à chaque instant palpiter son cœur. Ainsi, lorsque les rayons du soleil frappent la surface d'une eau dont on vient de remplir un vase, l'image qui se forme alors se meut sans cesse autour de l'appartement et voltige çà et là en décrivant des cercles rapides. Telle était l'agitation du cœur de Médée[2] : des pleurs de tendresse et de compassion coulent de ses yeux; le feu qui la dévore s'attache à tous ses nerfs et se fait sentir jusque derrière la tête, dans cet endroit où la douleur est la plus vive, lorsqu'un amour extrême s'empare de tous les sens. Tantôt elle veut faire triompher Jason, tantôt elle aime mieux périr avec lui; quelquefois elle ne veut ni périr ni le faire triompher, mais plutôt supporter patiemment ses peines et ses ennuis. Tourmentée de ces pensées, elle s'assied sur son lit et fait entendre ces mots : « Infortunée que je suis, je ne vois autour de moi que des maux et mon esprit est plongé dans la plus affreuse incertitude. Cependant ma peine s'accroît de plus en plus et rien ne peut la soulager : redoutable Artémis, que n'ai-je expiré sous tes flèches rapides avant d'avoir vu cet étranger, avant que les fils de Chalciope partissent pour la Grèce! Sans doute un dieu courroucé ou plutôt quelque Furie a fait aborder ici ce vaisseau pour mon malheur. Mais que dis-je? Que Jason périsse si telle est sa destinée!..... Et comment cacher aux yeux de mes parens le secours que mon art lui fournirait? de quelle excuse colorer une telle action? oserais-je bien même lui parler et me trouver seule avec lui?... Mais quoi, malheureuse!... sa mort apaiserait-elle donc mes tourmens?

---

[1] Nox erat, et placidum carpebant fessa soporem
Corpora per terras. . . . .
At non infelix animi Phœnissa, neque unquam
Solvitur in somnos, oculisve, aut pectore noctem
Accipit. . . . .
Virgil., Æn. IV, 522.
Desierant latrare canes, urbesque silebant :
Omnia noctis erant placida composta quiete.
Vers de la traduction d'Apollonius, par Varron, conservés par Sénèque. Controv. XVI.

[2] . . . . . Magno curarum fluctuat æstu :
Atque animum nunc huc celerem, nunc dividit illuc;
In partesque rapit varias, perque omnia versat.
Sicut aquæ tremulum labris ubi lumen ahenis
Sole repercussum, aut radiantis imagine lunæ,
Omnia pervolitat late loca, jamque sub auras
Erigitur, summique ferit laquearia tecti.
Virgil., Æn. VIII, 19.

ne serait-elle pas au contraire le comble des maux pour moi? Eh bien! puisqu'il en est ainsi, que la pudeur, que le soin de ma gloire ne me retiennent plus!. Mais lorsque je l'aurai sauvé, qu'il porte où il voudra ses pas. Pour moi, aussitôt après sa victoire, un nœud fatal ou un venin mortel rompra la trame de mes jours..... Mais de quelle indigne tache ma mémoire va-t-elle être souillée? Toute la ville retentira du bruit de mon trépas: ma funeste aventure deviendra l'entretien des femmes de Colchos, qui diront en m'insultant: « Elle s'est donné la mort pour sauver un étranger dont elle était éprise, elle a déshonoré ses parens et sa famille pour satisfaire un fol amour... » Malheureuse! non, je ne puis m'exposer à tant d'opprobres il vaut mieux renoncer cette nuit même à la vie, et me soustraire à la honte par une mort dont la cause soit inconnue. » En achevant ces mots, elle va chercher une boîte où étaient renfermées différentes compositions, les unes salutaires et les autres mortelles. Elle la pose sur ses genoux, et résolue de faire couler dans ses veines le plus subtil de ses poisons, elle déplore de nouveau sa destinée: des torrens de larmes se répandent sur son sein. Déjà elle avait dénoué les cordons de la fatale boîte lorsque tout à coup l'horreur de la mort s'empare de ses sens: elle reste longtemps immobile. Les charmes de la vie, les plaisirs qu'elle fait goûter se retracent alors à son esprit; elle se rappelle ses aimables compagnes, leur gaîté folâtre, tous les jeux et les amusemens du jeune âge. Plus elle s'arrête à ces images et plus il lui paraît doux de vivre. Enfin, cédant aux inspirations secrètes de Junon, elle éloigne de sa vue la funeste boîte, et sans hésiter davantage, elle attend avec impatience le retour de l'aurore, afin de porter à Jason le secours qu'elle avait promis à Chalciope. Mille fois elle ouvrit la porte de sa chambre pour voir si le jour commençait à paraître. Cette lumière si désirée vint enfin frapper ses yeux. Déjà tout est en mouvement dans la ville, et Argus, ayant ordonné à ses frères de rester encore pour observer les desseins de la jeune princesse, sort du palais et va rejoindre les Argonautes.

Dès que Médée voit paraître les premiers rayons de l'aurore, elle relève avec ses mains ses blonds cheveux qui pendaient en désordre; elle efface de dessus ses joues l'empreinte de ses larmes, ranime l'éclat de son teint avec une essence aussi douce que le nectar, se revêt d'un superbe manteau qu'attachaient de magnifiques agrafes et couvre sa tête d'un voile d'une blancheur éclatante. Ainsi parée, elle se promène dans le palais, marchant d'un pas assuré sans songer ni aux maux qui la pressent ni à ceux dont elle est menacée.

Dans le vestibule de son appartement couchaient douze jeunes esclaves qui n'avaient point encore subi le joug de l'hymen. Elle les appelle et leur ordonne d'atteler promptement ses mules à son char pour la conduire au temple d'Hécate. Tandis qu'on exécutait ses ordres, elle tira de sa boîte une liqueur qui porte, dit-on, le nom de Prométhée et dont la vertu est telle que si quelqu'un en répand sur ses membres après avoir offert un sacrifice nocturne à Hécate, tout à coup il devient pendant tout un jour invulnérable au fer, insensible aux ardeurs du feu et acquiert une force et un courage extraordinaires. La plante dont elle est tirée naquit pour la première fois dans les vallons du mont Caucase du sang que distillait de son bec l'aigle cruel qui dévorait le foie du malheureux Prométhée. Sa double tige est surmontée d'une large fleur dont la couleur est semblable à celle du safran de Cilicie[1]. Sa racine offre l'image d'un morceau de chair nouvellement coupée et renferme une liqueur noire, semblable à celle qui découle des chênes sur les montagnes. Médée l'avait exprimée autrefois dans une coquille de la mer Caspienne, après qu'elle se fut purifiée sept fois dans une fontaine et que, vêtue de noir, elle eut dans l'horreur des ténèbres invoqué sept fois Brimo[2]; Brimo qui préside à l'éducation des enfans, qui se montre la nuit sous des formes épouvantables, qui commande aux mânes et règne dans les enfers. Tandis qu'elle coupait cette racine, la terre mugit et trembla sous ses pas; Prométhée lui-même ressentit une vive douleur au fond de ses entrailles et remplit l'air de ses gémissemens.

Médée ayant donc tiré le charme de la boîte où il était renfermé, le mit dans la ceinture parfumée qui retenait sa robe autour de son beau sein, sortit de son appartement et s'élança sur son char. Deux de ses esclaves se placèrent à

---

[1] Le safran qui venait près du promontoire Corycus, en Cilicie et dans un ravin peu éloigné, était le plus estimé des anciens. *Strabon*, liv. XIV, pag. 671. *Dioscore*, I, 25.
[2] Hécate.

ses côtés. Elle saisit elle-même les rênes, prend en main un fouet travaillé avec art et vole à travers la ville. Ses autres esclaves ayant leur robe retroussée jusqu'aux genoux, se tenaient à son char et la suivaient en courant. Telle sortant du fleuve Amnisus [1] ou des eaux limpides du Parthénius [2], la fille de Latone, montée sur un char enrichi d'or et traînée par des cerfs légers, franchit les montagnes et vient recevoir un pompeux sacrifice. Les nymphes de l'Amnisus, celles qui habitent les forêts et les rochers la suivent en foule [3] et les animaux, tremblans à son aspect, font entendre un doux frémissement. Les habitans d'Æa, saisis du même respect, se retirent à l'approche du char de Médée et n'osent arrêter leurs regards sur la fille de leur roi. Lorsqu'elle fut sortie de la ville et arrivée près du temple, elle descendit légèrement de son char, et s'adressant à ses esclaves : « Mes amies, leur dit-elle, j'ai commis une grande imprudence en venant ici sans songer que c'est nous exposer à rencontrer les étrangers qui sont descendus sur ces côtes. Toute la ville est en alarme et je ne vois aucune des femmes qui ont coutume de venir chaque jour invoquer en foule la déesse. Mais puisque nous voici dans cette campagne riante et que personne ne paraît, charmons notre loisir en nous amusant à cueillir des fleurs sur l'émail de cette prairie. Nous partirons ensuite à l'heure accoutumée et vous remporterez toujours bien des richesses à la ville si vous voulez me laisser exécuter le dessein que je vais vous communiquer. Argus et Chalciope (gardez fidèlement ce secret de peur qu'il ne parvienne aux oreilles de mon père) m'engagent à secourir l'étranger qui s'expose à la furie des taureaux. Pour prix de ce service, il doit m'apporter de magnifiques présens. J'ai feint de consentir à tout et je lui ai fait dire de se rendre ici seul. Nous partagerons ensemble ses dons et je lui donnerai un charme dont l'effet sera contraire à celui qu'il attend. Aussitôt que vous l'apercevrez, ayez soin de vous retirer à l'écart. » Ainsi parla Médée. L'artifice qu'elle proposait plut à toutes ses compagnes.

Cependant Argus, instruit par sa mère que Médée devait aller à la pointe du jour au temple d'Hécate, tira Jason à l'écart pour l'y conduire. Ils étaient accompagnés de Mopsus, habile à expliquer le vol et le chant des oiseaux. Ce jour là l'épouse de Jupiter avait pris soin d'embellir Jason des plus charmans attraits. De tous les héros issus de Jupiter ou des autres dieux, aucun ne lui était comparable pour la bonne mine ni pour les grâces qu'il savait répandre dans ses discours. Ses compagnons eux-mêmes le regardaient avec complaisance et ne pouvaient se lasser d'admirer l'éclat de sa beauté. Mopsus en conçut un augure favorable et son cœur se réjouissait d'avance, dans l'espoir du plus heureux succès. A quelque distance du temple et sur le chemin qui y conduisait était un peuplier dont l'épais feuillage servait de retraite aux bruyantes corneilles. A la vue des héros, un de ces oiseaux prenant tout à coup son essor se percha sur le sommet de l'arbre, annonçant ainsi dans son langage les desseins de Junon : « Qu'il est méprisable ce devin qui ne prévoit pas ce qui n'échapperait pas à des enfans ! Quelle jeune fille osera devant des témoins importuns découvrir à son amant sa tendresse ? Périsse cet ignorant devin, que Vénus et les Amours ne l'inspirent jamais ! » L'oiseau se tut. Mopsus entendant sa voix divine sourit de ses reproches et dit à Jason : « Continuez votre route jusqu'au temple d'Hécate, vous y trouverez la fille d'Éétès. Vénus, dont la protection doit nous faire triompher, suivant l'oracle de Phinée, a touché son cœur pour vous. Argus et moi nous attendrons ici votre retour. Seul avec la princesse, employez les plus vives instances pour obtenir d'elle le secours que vous désirez. » Argus applaudit à ce conseil et Jason s'éloigna aussitôt.

Cependant Médée, l'esprit tout occupé du héros qu'elle attend avec impatience, prenait peu de part aux amusemens de ses compagnes. A peine un jeu était-il commencé, qu'il cessait de lui plaire. Ses yeux ne pouvaient s'arrêter sur ce qui l'environnait, elle tournait à tout moment la tête et portait au loin ses regards inquiets dans la campagne. Le moindre bruit, le plus léger souffle de vent faisait tressaillir vivement son cœur [1]. Enfin, elle aperçoit l'objet

---

[1] Rivière de l'île de Crète, qui coule au pied du mont Dicté. *Nonn. Dion.* VIII, 114.

[2] Rivière de la Paphlagonie, près de laquelle Diane prenait souvent les plaisirs de la chasse. *Steph. de urb.*

[3] . . . . Quam mille secutæ
Hinc atque hinc glomerantur Oreades.
Virgil., Æn. I, 499.

[1] Nunc omnes terrent auræ : sonus excitat omnis Suspensum.
Virgil., Æn. X, 728.

de ses désirs. Tel qu'on voit sortir du sein de l'Océan Sirius dont la splendeur frappe les yeux, mais dont l'influence est souvent funeste aux troupeaux [1]; tel et avec encore plus d'éclat le fils d'Éson s'avançant à grand pas parut aux regards de Médée. A son aspect le trouble s'empare de ses sens, ses yeux se couvrent d'un nuage, une rougeur brillante se répand sur son visage [2], ses genoux tremblans se dérobent sous elle, elle ne peut ni avancer ni s'éloigner. Cependant ses suivantes se retirent et la laissent seule avec Jason. Ils restent tous les deux quelque temps immobiles et sans rien dire. Ainsi lorsque les zéphirs retiennent leur haleine, le silence règne dans une forêt. Mais bientôt le vent souffle, les arbres sont agités et font entendre un doux murmure : ainsi Jason et Médée inspirés par l'amour feront bientôt succéder au silence les plus tendres accens. Le héros reconnut d'abord au trouble de Médée le trait dont une main divine l'avait blessée. « Princesse, lui dit-il avec douceur, vous me voyez seul devant vous : d'où vient que la crainte glace vos esprits ? Je ne suis point de ces hommes que leur insolence rend insupportables. Jamais on ne me vit tel, lors même que j'habitais au sein de ma patrie. Cessez donc d'appréhender : parlez et interrogez-moi librement, et puisque une confiance réciproque nous réunit en un lieu sacré, sûr garant de la bonne foi, daignez vous expliquer, et, sans m'abuser par des espérances frivoles, exécutez la promesse que vous avez faite à votre sœur en m'armant du pouvoir de vos enchantemens. Je vous en conjure par Hécate elle-même, par les auteurs de vos jours, par Jupiter dont le bras vengeur protége les étrangers et les supplians. C'est à ce double titre que j'embrasse vos genoux. Sans vous, je ne puis sortir victorieux des combats où la nécessité m'a condamné. L'intervalle qui sépare nos demeures ne me laisse qu'un moyen de faire éclater ma reconnaissance. Je publierai vos bienfaits dans la Grèce et j'y rendrai votre gloire immortelle. Tous les héros qui me suivent diront que c'est à vous qu'ils doivent la douceur de revoir leur patrie. Leurs femmes et leurs mères vous combleront de bénédictions. Peut-être qu'assises en ce moment sur le bord de la mer elles déplorent déjà notre perte. Dissipez leurs alarmes en nous secourant. Par une semblable faveur, la jeune Ariane, fille de Minos et de Pasiphaé qui avait pour père le soleil, délivra autrefois Thésée du plus pressant danger. Que dis-je ! non contente de lui avoir sauvé la vie, elle quitta sa patrie pour s'embarquer avec lui, après que Minos eut apaisé sa colère. Par cette action généreuse, Ariane s'est rendue chère aux immortels et sa couronne brille toute la nuit parmi les constellations qui ornent la voûte éthérée [1]. Les dieux, n'en doutez pas, prendront aussi soin de vous récompenser si vous voulez sauver tant de héros. Et comment ne le voudriez-vous pas ? L'aimable bonté brille sur votre front. »

Médée sensible à la louange, sourit en baissant les yeux. Bientôt elle les lève, et regardant Jason, elle veut parler et ne sait par où commencer. Tout à coup elle tire de dessous sa ceinture le charme qu'elle avait apporté et le donne au héros, qui le reçoit avec les plus vifs transports de joie. Elle lui aurait volontiers donné sa vie s'il en avait eu besoin, tant est puissante la flamme que l'amour fait briller sur le visage de Jason ! Les yeux de Médée en sont éblouis et son cœur, semblable à la rosée qui se fond aux premiers rayons du matin, se sent de plus en plus pénétré d'une douce chaleur. Ils restaient l'un et l'autre en silence, tantôt les yeux baissés et tantôt se regardant tendrement : « Apprenez, dit enfin Médée, quel est le charme que vous venez de recevoir de moi. Lorsque mon père aura remis entre vos mains les dents de dragon que vous devez semer dans le champ du dieu Mars, attendez le milieu de la nuit. Alors revêtu d'habits noirs, et après vous être purifié dans les eaux du fleuve, vous creuserez seul une fosse ronde, dans un lieu écarté. Vous y égorgerez une brebis, et vous la brûlerez tout entière [2] sur un bûcher que vous dresserez au bord de la fosse. Vous invoquerez ensuite la fille unique de Persée, la puissante Hécate, en faisant en son honneur des libations de miel. Éloignez-vous après cela

---

[1] . . . . Aut Sirius ardor :
Ille sitim, morbosque ferens mortalibus ægris
Nascitur, et lævo contristat lumine cœlum.
Virgil., Æn. X, 278.

[2] Cum videt Æsoniden, extinctaque flamma reluxit;
Et rubuere genæ, totoque recanduit ore.
Ovid., Metam, VII, 77.

[1] La *couronne d'Ariane*, constellation située entre celles d'Hercule et du Bouvier.

[2] Et solida imponit taurorum viscera flammis.
Virgil., Æn. VI, 253.

de la fosse sans regarder derrière vous, quel que soit le bruit des pieds et les hurlemens des chiens qui frappent vos oreilles. Si vous n'observez cette loi, tout le reste deviendra inutile pour vous et vous ne pourriez même rejoindre sans danger vos compagnons. Au lever de l'aurore, vous humecterez le charme que je viens de vous donner, et vous en frotterez non-seulement votre corps, mais encore votre épée, votre lance et votre bouclier. Une force plus qu'humaine se répandra aussitôt dans vos membres. Le fer des guerriers qui naîtront de la terre s'émoussera contre vous et vous braverez les flammes que vomissent les taureaux. Ce charme puissant ne doit durer qu'un jour; mais ne craignez rien, et voici un moyen de terminer promptement le combat. Lorsqu'après avoir subjugué les taureaux et labouré le champ, vous verrez les fils de la terre sortir en grand nombre des dents que vous aurez semées, jetez alors au milieu d'eux une grosse pierre. Semblables à des chiens qui se disputent une proie, ils se battront à l'entour; profitez du moment et fondez aussitôt sur eux. C'est ainsi que vous triompherez et qu'obéissant aux ordres de Pélias, vous emporterez loin de la Colchide la Toison dans la Grèce. Mais que m'importe vers quelles contrées vous dirigerez vos pas! s'il faut, hélas! que vous quittiez ces lieux. » Médée prononça ces dernières paroles en baissant les yeux et en témoignant par ses larmes les regrets que lui causait d'avance le départ de Jason. « Du moins, ajouta-t-elle, (devenue plus hardie et lui prenant la main) si vous retournez un jour dans votre patrie, souvenez-vous du nom de Médée comme je me souviendrai moi-même de vous. Mais de grâce, dites-moi qu'elle est cette patrie pour laquelle vous allez traverser tant de mers? Est-elle près de l'opulente Orchomène ou voisine de l'île d'Æa? Racontez-moi l'histoire de cette princesse que vous venez de nommer, à qui Pasiphaé, sœur de mon père, donna le jour et qui s'est rendue si célèbre. »

Les discours et les larmes de Médée faisaient passer l'amour dans le cœur de Jason : « Si je retourne heureusement dans la Grèce, répondit-il, et si votre père ne m'impose pas un second combat plus terrible encore que le premier, votre image sera nuit et jour présente à mon esprit. Vous désirez savoir maintenant quelle est ma patrie? il est doux pour moi de vous satisfaire. Au milieu de hautes montagnes est une contrée fertile et abondante en troupeaux; l'Hémonie est son nom. Ce fut là que Prométhée, fils de Japet, donna le jour à Deucalion, qui régna le premier sur les hommes, bâtit des villes et éleva des temples aux immortels. Là, parmi plusieurs cités florissantes, est celle d'Iolcos ma patrie. Ce fut de cette contrée que sortit autrefois Minyas pour aller fonder la ville d'Orchomène, voisine de celle de Cadmus. Quant à l'île d'Æa, le nom même en est inconnu dans l'Hémonie. Mais pourquoi perdre en de vains discours des momens précieux? Qu'est-il besoin de vous parler de ma patrie et de vous répéter le nom si fameux de l'illustre Ariane? Son père Minos consentit à la donner pour épouse à Thésée : plût aux dieux que votre père voulût ainsi combler mes vœux! »

Ce discours, au lieu d'adoucir la douleur de Médée, ne faisait que l'irriter : « Dans la Grèce, dit-elle en fondant en larmes, il peut être beau de former de pareils nœuds. Mais Éétès ne ressemble point à Minos, et je n'ose moi-même me comparer à Ariane. Cessez donc de parler d'alliance; mais lorsque vous serez de retour à Iolcos, conservez le souvenir de Médée comme je conserverai moi-même le vôtre en dépit même de mes parens, et si jamais mon nom s'efface de votre mémoire, puisse la renommée ou quelque présage m'apprendre cette triste nouvelle! Puissé-je, portée sur l'aile des tempêtes, traverser aussitôt les mers et arriver à Iolcos pour vous rappeler mes bienfaits et vous reprocher votre ingratitude! Quelle douceur pour moi de vous surprendre alors dans votre palais et de paraître tout à coup à vos yeux! — Aimable princesse, répondit Jason, pourquoi parler de tempêtes et de présages? Laissez là les vains discours. Si vous veniez véritablement dans la Grèce, vous verriez tous ses habitans prosternés à vos pieds vous honorer comme une déesse et reconnaître avec transport que c'est à vous qu'ils sont redevables du salut d'un frère, d'un fils, d'un époux chéri. Rien alors ne s'opposerait plus à notre bonheur. Les nœuds de l'hymen nous uniraient ensemble et notre amour ne finirait qu'avec notre vie. » Le charme de ces paroles pénétra jusqu'au fond du cœur de Médée : mais l'idée du crime la remplit aussitôt de crainte et d'horreur. Bientôt cependant elle devait consentir à quitter la Colchide ; et comment l'infortunée pourrait-elle résister au pouvoir de Junon, qui veut la conduire à Iolcos afin de faire périr par ses artifices le superbe Pélias ?

Cependant le jour sur son déclin avertissait la jeune princesse de retourner près de sa mère, et ses esclaves, la regardant de loin en silence, semblaient excuser leur maîtresse, qui, trop sensible au plaisir de voir et d'entendre Jason, ne songeait point à le quitter : « Il est temps de nous séparer, lui dit le héros plus prudent, retournez à la ville avant le coucher du soleil de peur qu'un plus long retard ne nous trahisse. Nous pourrons une autre fois nous rassembler encore dans le même lieu. » Après qu'ils se furent ainsi découvert l'un à l'autre leurs sentimens, Jason, plein de joie, partit pour rejoindre ses compagnons et Médée retourna vers ses esclaves, qui accoururent toutes ensemble au-devant d'elle. A peine s'aperçut-elle de leur présence ; son esprit distrait s'égarait dans mille pensers divers. Elle monte machinalement sur son char, prend d'une main les rênes, de l'autre le fouet et excite ses mules, qui suivent avec rapidité le chemin de la ville. A peine fut-elle arrivée au palais que Chalciope, toujours inquiète pour ses enfans, s'empressa de la venir voir et de l'interroger. Médée, déjà en proie aux remords et plongée dans une sombre rêverie, ferme l'oreille aux discours de sa sœur et ne veut pas répondre à ses questions. Assise près de son lit, la tête appuyée sur la main gauche, les yeux baignés de larmes, elle repasse dans son esprit ce qu'elle vient de faire et s'abandonne aux plus cruelles réflexions.

Cependant Jason, ayant rejoint ses deux compagnons, se hâta de retourner avec eux au vaisseau. Les héros, charmés de son arrivée, s'empressèrent de lui demander le succès de son entrevue. Il leur raconta les conseils qu'il avait reçus de Médée et leur montra le charme qui devait le rendre invulnérable. Ces heureuses nouvelles répandirent la joie dans tous les cœurs. Idas seul était assis à l'écart et frémissait de rage.

La nuit étendait déjà ses voiles sur la terre et invitait tous les mortels au repos. Les Argonautes ne songèrent plus alors qu'à prendre de la nourriture, et se livrèrent aux douceurs du sommeil. Le lendemain, dès que l'aurore parut, on députa deux guerriers pour aller demander au roi la fatale semence. Le brave Télamon et l'illustre Éthalide furent chargés de cette commission. Ils partirent et reçurent d'Éétès les dents terribles du dragon d'Aonie[1]. Ce monstre gardait près de l'antique Thèbes une fontaine consacrée à Mars lorsque Cadmus, cherchant sa sœur Europe, arriva dans ce lieu, où il devait fixer sa demeure, guidé par une génisse dont l'oracle d'Apollon lui avait ordonné de suivre les traces. Cadmus perça le dragon de ses flèches, et Minerve qui connaissait la vertu de ses dents, prit soin de les arracher, et en donna la moitié au vainqueur et l'autre à Éétès. Cadmus les ayant semées dans les champs de l'Aonie, en vit naître tout à coup des guerriers, dont un grand nombre furent aussitôt moissonnés par le fer de Mars. Il rassembla ceux qui échappèrent et fit de ces enfans de la terre les premiers habitans de la ville de Thèbes. Le roi de la Colchide avait conservé précieusement le présent de Minerve, et il le remit avec joie aux députés, persuadé que Jason ne sortirait jamais vainqueur du combat des géans, quand même il viendrait à bout de subjuguer les taureaux.

Le soleil, parvenu aux bords les plus reculés de l'Éthiopie, cachait ses feux sous un autre hémisphère, et la nuit attelait ses chevaux à son char. Les Argonautes étendirent des lits de feuillage sur la rive du fleuve, près de l'endroit où était attaché le vaisseau. Tandis qu'ils se livraient au sommeil, Jason attendait avec impatience le milieu de la nuit. Déjà la constellation de l'Ourse commençait à s'abaisser vers l'horizon[2] ; un calme profond régnait dans les airs. Jason alors s'avança sans bruit pour chercher un endroit écarté, portant avec lui toutes les choses qui lui étaient nécessaires et qu'il avait préparées pendant le jour. Argus lui avait donné le lait et la brebis, et il avait tiré le reste du vaisseau. A quelque distance du chemin était un lieu solitaire qu'arrosait une eau claire et tranquille. Le héros, s'y étant purifié, se revêtit d'un manteau noir dont Hypsipyle lui avait fait présent à son départ de Lemnos pour lui rappeler le triste souvenir de leurs amours,

---

[1] Aonie, nom de la Béotie.
[2] Cette circonstance par laquelle Apollonius indique le milieu de la nuit suppose que la grande Ourse se levait alors un peu avant le coucher du soleil.

trop tôt interrompus. Il creusa ensuite une fosse de la profondeur d'une coudée, dressa un bûcher, égorgea la brebis [1], l'étendit avec soin sur le bûcher, y mit le feu, et versa sur la victime des libations de lait et de miel en invoquant le secours d'Hécate [2]. Dès qu'il eut achevé, il s'éloigna de la fosse. La déesse, ayant entendu sa prière, accourut de ses profonds abîmes pour recevoir le sacrifice. Son front était ceint de rameaux de chêne entrelacés de serpens. Des torches enflammées répandaient autour d'elle une lumière éclatante. Elle était environnée des chiens infernaux, qui poussaient des hurlemens affreux. La prairie trembla sous ses pas, et les nymphes effrayées firent retentir l'air de leurs cris [3]. Jason ne fut point exempt d'épouvante. Toutefois il continua sa marche sans regarder derrière lui jusqu'à ce qu'il eût rejoint ses compagnons.

A peine l'aurore, sortant du sein de l'onde, faisait briller de ses rayons les sommets du Caucase couverts de neige, lorsqu'Éétès se revêtit d'une cuirasse d'un métal impénétrable, présent du dieu Mars, qui l'avait enlevée au géant Mimas, après lui avoir arraché la vie dans les champs de Phlégra. Il mit sur sa tête un casque d'or, surmonté de quatre aigrettes, dont l'éclat égalait celui du soleil lorsqu'il sort des eaux de l'Océan. Il portait d'une main un énorme bouclier recouvert de plusieurs cuirs, et de l'autre une lance formidable dont Hercule seul aurait pu soutenir le poids. Son fils Phaéton l'attendait sur un char attelé de coursiers rapides. Il y monte, prend en main les rênes, et sort de la ville, suivi d'un peuple innombrable, pour se rendre au lieu du combat. Tel Neptune, monté sur son char, vole aux jeux isthmiques, au promontoire Ténare, au marais de Lerna, ou au bois sacré d'Onchestus; tel encore, traîné par ses coursiers, il va visiter Calaurie, le rocher de Thessalie ou le Géreste couvert de forêts [4].

Cependant Jason, docile aux conseils de Médée, prit le suc merveilleux qu'il avait reçu d'elle et en frotta son bouclier, sa lance et son épée. Ses compagnons, rangés autour de lui, voulurent aussitôt éprouver la vertu du charme en tâchant de faire plier sa lance; mais tous leurs efforts furent inutiles. Idas alors, transporté de rage, tire son large cimeterre et en décharge un grand coup sur la poignée. Le fer est repoussé et rejaillit comme le marteau sur l'enclume. A ce spectacle, les héros transportés d'allégresse poussèrent des cris de joie et se livrèrent aux plus heureuses espérances. Jason ayant ensuite fait couler le charme sur son corps, se sentit tout à coup rempli d'une force et d'un courage invincibles. Ses bras se roidissent et deviennent plus nerveux. Tel qu'un coursier belliqueux, attendant le combat avec impatience, fait retentir l'air de ses hennissemens et, frappant du pied la terre, dresse les oreilles et lève fièrement la tête, tel le fils d'Éson, plein de confiance dans la vigueur de ses membres, s'agite, marche à grands pas, brandit sa lance et secoue son bouclier, d'où partent mille feux étincelans. Ainsi, lorsqu'un orage est près d'éclater, de fréquens éclairs percent l'obscurité des nuages et brillent de toutes parts.

Les Argonautes, impatiens de voir arriver le moment du combat, montent sur le vaisseau, saisissent les rames et s'avancent sur le rivage qui bordait le champ de Mars. Il est situé vis-à-vis de la ville, et était aussi éloigné d'eux que la borne autour de laquelle tournent les chars est éloignée de l'entrée de la carrière dans les jeux qu'on célèbre en l'honneur d'un illustre guerrier, d'un roi puissant. Ils trouvèrent en arrivant Éétès, qui se promenait sur le rivage, et les habitans de la Colchide répandus en foule sur les rochers du mont Caucase. Dès qu'ils eurent attaché le vaisseau, Jason, dépouillé de ses vêtemens, son épée suspendue à ses épaules, et tenant d'une main sa lance et son bouclier, de l'autre son casque éclatant, rempli des dents du dragon, saute légèrement à terre et marche fièrement au combat, aussi redoutable que Mars, aussi beau qu'Apollon. Il parcourt d'abord des yeux la campagne et aperçoit le joug d'airain

---

[1] . . . . Ipse atri velleris agnam
. . . .
Ense ferit. . . . .
      Virgil., Æn. VI, 249.
[2] Voce vocans Hecaten. . . . .
      Id. ib. VI, 246.
[3] Sub pedibus mugire solum, et juga cœpta moveri Silvarum, visæque canes ululare per urbem, Adventante dea. . . . .
      Id. ib. VI, 256.
. . . . Summoque ululârunt vertice Nymphæ.
      Id. ib. IV, 168.
[4] *Géreste*, promontoire de l'île d'Eubée. *Calaurie*, île du golfe Saronique, vis-à-vis le port de Trézène. *Onchestus*, ville de Béotie. *Lerna*, fontaine proche d'Argos. *Ténare*, promontoire de la Laconie. Neptune avait dans tous ces lieux des temples célèbres.

et la charrue fabriquée d'un seul morceau de fer. Il s'approche, enfonce auprès d'elle sa lance dans la terre, dépose son casque, et s'avance couvert de son bouclier pour chercher les taureaux. Un profond souterrain, toujours rempli d'une épaisse fumée, leur servait de retraite. Ils sortent tout à coup en vomissant des flammes. Les Argonautes sont saisis d'épouvante : Jason, présentant son bouclier, les attend de pied ferme, semblable à un rocher contre lequel les vagues écumantes viennent se briser[1]. En vain ils frappent en mugissant le bouclier de leurs cornes, Jason n'est point ébranlé de ce choc. Tels que de vastes soufflets qui tantôt excitent l'ardeur des fourneaux où l'on fond l'airain, tantôt retiennent leur haleine, et dont l'air s'échappe avec un bruit épouvantable, tels les deux taureaux exhalent en mugissant leur souffle de feu. La flamme brille par éclairs autour de Jason ; mais le charme qu'il a reçu de Médée le rend invulnérable. Il saisit par une corne le taureau qui était à sa droite, le tire de toutes ses forces, l'amène près du joug et d'un coup de pied le fait tomber adroitement sur les genoux. Le second qui s'avance est également terrassé. A l'instant il jette par terre son bouclier, et de ses deux mains il les tient l'un et l'autre couchés sur les genoux, insensible à l'ardeur des flammes au milieu desquelles il est plongé. Éétès regarde avec étonnement ce prodige de force et ne peut revenir de sa surprise. Cependant Castor et Pollux, suivant l'ordre qu'ils en avaient reçu auparavant, accourent aussitôt, prennent le joug et le présentent à Jason, qui l'attache fortement, saisit ensuite le timon et l'adapte au joug. Les fils de Tyndare s'éloignent alors des flammes et retournent au vaisseau. Jason ramassa aussitôt son bouclier, le suspendit à ses épaules, prit le casque qui renfermait les dents fatales, et tenant le manche de la charrue, il piquait les taureaux de sa lance comme un laboureur thessalien presse les flancs de ses bœufs avec la perche dont il mesure son champ. Les taureaux, devenus alors furieux, vomissent des torrens de flamme et frémissent comme les vents impétueux qui font la terreur des nautoniers et les obligent de plier toutes leurs voiles. Cependant, pressés par la lance, ils sont contraints d'avancer. La terre cède à leurs efforts et à ceux du vigoureux laboureur qui les conduit. Des mottes énormes, détachées par le soc tranchant, se brisent avec un fracas horrible. Le héros, marchant d'un pas ferme, jette au loin derrière lui les dents du dragon dans la terre qu'il a déjà labourée et tourne à chaque instant la tête de peur d'être surpris par les guerriers qui doivent en sortir.

Le soleil avait parcouru les deux tiers de sa carrière et les laboureurs fatigués soupiraient après la fin de leurs travaux. Jason, ayant achevé de labourer les quatre arpens, détela les taureaux, qui prirent aussitôt la fuite avec épouvante, et retourna lui-même au vaisseau, tandis que la terre était encore stérile. Ses compagnons s'empressant autour de lui enflammaient de plus en plus son courage par leurs discours. Il prit avec son casque de l'eau du fleuve, et ayant étanché sa soif, s'assit sur le rivage, attendant patiemment le combat comme un sanglier qui aiguise ses dents à l'approche des chasseurs et dont la gueule est couverte d'écume.

Bientôt les fils de la terre commencèrent à sortir de son sein. La campagne est hérissée de boucliers, de lances et de casques, dont l'éclat se réfléchit jusqu'au ciel[1]. Comme on voit dans une nuit d'hiver étinceler toutes les constellations lorsqu'après une neige abondante les nuages se sont dissipés, ainsi brillaient les terribles géans sur la surface de la terre. Jason se souvint du conseil de Médée et saisit aussitôt une pierre d'une énorme circonférence, disque épouvantable de Mars, que quatre hommes n'auraient pu soulever. Il l'enlève sans effort, la jette au loin au milieu des géans[2], et s'assied tranquillement derrière son bouclier. A ce spectacle, les habitans de la Colchide poussent des cris semblables aux mugissemens des flots qui se brisent contre des rochers. Éétès, voyant voler l'énorme disque, demeure interdit. Semblables à des chiens avides, les

---

[1] Ille, velut rupes vastum quæ prodit in æquor,
Obvia ventorum furiis expostaque ponto,
Vim cunctam, etc.
Virgil., Æn. X, 693.

[1] . . . . Atraque late
Horrescit strictis seges ensibus, æraque fulgent
Sole lacessita, et lucem sub nubila jactant.
Virgil., Æn. VI, 525.
. . . . Tum late ferreus hastis
Horret ager, campique armis sublimibus ardent.
Id. ib. XI, 601.

[2] . . . . Saxum circumspicit ingens,
Saxum antiquum, ingens.
Ille manu raptum trepida torquebat in hostem.
Id. ib. XII, 896.

géans se jettent dessus en frémissant, se percent mutuellement de leurs lances et tombent sur la terre qui les a produits comme des pins ou des chênes renversés par le vent. Aussi prompt qu'une étoile qui, se détachant des cieux, traverse rapidement les airs et porte l'effroi dans le cœur des mortels en traçant au milieu des ténèbres un long sillon de lumière, Jason fond sur eux l'épée à la main et, frappant au hasard tout ce qui s'offre à ses coups, moissonne à la fois ceux qui n'étaient sortis de terre que jusqu'aux épaules ou jusqu'à la ceinture, ceux qui commençaient à se tenir sur leurs pieds et ceux qui déjà marchaient au combat. Tel, au milieu des alarmes de la guerre, un laboureur, craignant que sa moisson ne devienne la proie du soldat, prend sa faulx nouvellement aiguisée et se hâte d'abattre les épis sans attendre qu'ils soient mûris par l'ardeur du soleil. Bientôt les sillons deviennent des ruisseaux de sang. Tous les géans sont renversés et leurs corps, étendus dans la campagne, présentent l'image des baleines que la mer a jetées sur le rivage. Les uns, tombés sur les genoux, saisissent la terre avec leurs dents, d'autres sont couchés sur le dos et d'autres sur le côté; plusieurs, frappés avant d'être entièrement sortis de terre, sont courbés sur eux-mêmes et appuyés sur leurs têtes sanglantes. Tels de jeunes arbrisseaux, l'espoir d'un cultivateur, renversés par une pluie violente, inclinent leurs sommets flétris vers la terre[1]. A ce spectacle, celui qui les a fait élever avec tant de soin gémit et est saisi de tristesse. Pénétré d'une semblable douleur, Éétès retourne à la ville accompagné de ses sujets et cherche en lui-même un moyen de se venger. Cependant le jour finissait, et Jason avait achevé les travaux qui lui avaient été imposés.

[1] Purpureus veluti cùm flos, succisus aratro,
Languescit moriens; lassove papavera collo
Demisere caput, pluvia cùm forte gravantur.
Virgil., Æn. IX, 435.

CHANT QUATRIÈME.

Médée quitte le palais de son père, endort par ses enchantemens le dragon qui gardait la Toison d'or et s'embarque avec les Argonautes, qui traversent le Pont, entrent dans le Danube et arrivent dans le golfe Adriatique. — Rencontre d'Absyrte, frère de Médée, à la tête d'une nombreuse armée de Colchidiens. — Complot de Médée; meurtre d'Absyrte. — Les Argonautes sont repoussés vers l'embouchure du Pô. — Le navire Argo leur annonce la route qu'ils doivent suivre. — Histoire de Phaéton et de ses sœurs; origine fabuleuse de l'ambre jaune. — Les Argonautes, ayant remonté le Pô, descendent par le Rhône dans la mer de Sardaigne. — Ils abordent à l'île d'Æthalie et ensuite chez Circé, qui purifie Jason et Médée du meurtre d'Absyrte. — Discours de Junon à Iris et à Thétis. — Histoire du jeune Achille. — Passage près de l'île des Syrènes. — Butés se laisse charmer par la douceur de leur voix. — Chants d'Orphée. — Thétis et ses nymphes conduisent le vaisseau à travers le détroit de Charybde et de Scylla. — Il aborde à l'île des Phéaciens. — Rencontre d'une nouvelle armée de Colchidiens. — Le roi Alcinoüs se rend arbitre du différend. — Hymen de Jason et de Médée. — Le vaisseau est jeté sur les côtes d'Afrique, au fond de la Grande-Syrte; les Argonautes le portent sur leurs épaules jusqu'au lac Triton. — Histoire du dragon qui gardait les pommes d'or, tué par Hercule; douleur des Hespérides; leur métamorphose. — Mort de Canthus et de Mopsus. — Apparition de Triton. — On fait voile vers l'île de Crète. — Histoire du géant Talus, qui périt par les enchantemens de Médée. — Naissance de l'île d'Anaphé. — Origine de l'île Calliste, appelée ensuite *Théra*. Les Argonautes relâchent dans l'île d'Égine et arrivent enfin au port de Pagases, d'où ils étaient partis.

Maintenant, fille de Jupiter, viens raconter toi-même tout ce qui se passa dans le cœur de Médée et les desseins qu'elle conçut. Pour moi, mon esprit en suspens cherche en vain si sa fuite hardie fut l'effet d'une passion funeste ou de la crainte de son père.

Éétès, ayant fait pendant la nuit assembler dans son palais les plus distingués de ses sujets, cherchait avec eux les moyens de perdre les Argonautes et ne pouvait s'empêcher de soupçonner ses filles d'avoir eu quelque part au succès qui faisait son désespoir. Dans le même temps, la reine des dieux répandit la terreur dans le cœur de la princesse. Semblable à une jeune biche qui du fond de sa retraite entend les aboiemens des chiens et les cris des chasseurs, elle est saisie de crainte et se persuade que ses esclaves l'ont trahie, que son père est instruit de tout et qu'il va faire éclater sur-le-champ son courroux. A l'instant ses yeux s'enflamment, mille bruits effrayans retentissent à ses oreilles, elle se frappe le sein et s'arrache en pleurant les cheveux. Dans son désespoir, elle allait mettre fin à ses jours par un poison subtil et rendre ainsi inutiles les projets de Junon, lorsque tout à coup la déesse lui inspira le dessein de s'enfuir avec les enfans de

Phrixus. Cette pensée ranima son courage. Elle referma la boîte qui contenait ses nombreux poisons, et ayant embrassé son lit[1], la porte et les murs de sa chambre, elle arracha les plus longs de ses cheveux pour laisser à sa mère un monument de sa virginité[2], et s'écria en gémissant : « Que ces cheveux, ô ma mère ! vous rappellent le souvenir de votre fille, et que l'intervalle qui va nous séparer ne vous empêche pas de recevoir ses tendres adieux. Adieu, Chalciope..... Adieu, tous ceux qui demeurent dans ce palais..... Plût au ciel que cet étranger eût été englouti par les flots avant d'aborder en Colchide ! » En parlant ainsi, des torrens de larmes inondaient son visage. Telle qu'une jeune fille qui n'a jamais connu la peine et le travail, emmenée captive hors de sa patrie, ne peut supporter les rigueurs de l'esclavage et se dérobe en fuyant aux mauvais traitemens de sa maîtresse, telle l'aimable princesse s'échappe hors du palais de son père. Les portes s'ouvrent d'elles-mêmes devant elle et les verrous sont repoussés par ses enchantemens. Le visage recouvert d'un voile qu'elle tient de la main gauche, elle relève de la droite les bords de sa robe et court les pieds nus à travers les rues les plus étroites. Bientôt elle sort de la ville par un sentier détourné sans être aperçue des gardes ; et reconnaissant les chemins où elle avait tant de fois erré pour chercher, suivant la coutume des magiciennes, des cadavres ou des plantes, elle dirige d'abord ses pas tremblans vers le rivage où était attaché le vaisseau des Argonautes.

Phébé, qui commençait à s'élever sur l'horizon, apercevant le trouble qui l'agitait, fut ravie de joie et dit en elle-même : « Je ne suis donc pas la seule qui se laisse entraîner par l'amour, lorsque je vais visiter l'antre du mont Latmus[3] et que je brûle pour le bel Endymion. Toi-même, ô impudente ! qui m'as si souvent rappelé ma tendresse dans des chants insidieux, afin de pouvoir en mon absence préparer à loisir tes enchantemens à la faveur des ténèbres[4], tu éprouves à présent une semblable passion..... Va donc, obéis aux lois d'un funeste amour et connais à ton tour les rigueurs d'un mal dont ton art n'a pu te garantir. »

Cependant Médée s'avança jusqu'aux bords du fleuve, ayant aperçu de l'autre côté des feux que les Argonautes avaient allumés pour se réjouir de la victoire de Jason, et cria de toutes ses forces en appelant d'une voix aiguë Phrontis, le plus jeune des enfans de Phrixus. Ceux-ci reconnurent aussi bien que Jason la voix de la princesse et en informèrent les Argonautes qui, malgré leur étonnement, comprirent aussitôt ce qui se passait et firent avancer promptement le vaisseau. Trois fois Médée fit entendre sa voix, trois fois Phrontis lui répondit en criant. Lorsqu'on fut près du rivage Jason s'élança hors du vaisseau, suivi d'Argus et de Phrontis. Médée, se jetant à leurs genoux, leur dit : « Mes amis, sauvez-moi, sauvez-vous vous-mêmes de la colère d'Éétès. Tout est découvert. Hâtons-nous de prendre la fuite avant qu'il ne monte sur son char rapide. Je vous donnerai moi-même la Toison, après avoir endormi le dragon qui veille à sa garde. Mais auparavant, ô étranger ! prends les dieux à témoin, devant tes compagnons, des promesses que tu m'as faites, de peur qu'en quittant mon pays sans avoir des garans assurés de ta foi, je ne devienne un objet de mépris aux yeux de toutes les nations. » Jason, transporté de joie en entendant ce discours, la releva doucement et la rassura en ces termes : « J'en jure par Jupiter Olympien et par Junon qui préside à l'hymen ; aussitôt que nous serons de retour en Grèce, les nœuds les plus sacrés nous uniront pour jamais l'un à l'autre. » Il dit et lui donna la main pour gage de sa foi.

Médée conseilla aussitôt aux Argonautes de faire avancer le vaisseau contre la forêt sacrée afin d'enlever pendant la nuit la Toison d'or à l'insu d'Éétès. On se rembarqua donc et chacun se mit à ramer avec ardeur. Médée, détournant la tête, étendait en pleurant ses mains vers le rivage, tandis que Jason l'encourageait par ses discours et tâchait d'apaiser le trouble qui l'agitait.

Dans le temps où les chasseurs, renonçant au sommeil, se hâtent de prévenir l'aurore dans la crainte que les traces et l'odeur de la bête ne se dissipent aux premiers rayons du

---

[1] Amplexæque tenent postes, atque oscula figunt.
    Virgil., Æn. II, 490.
[2] Les jeunes filles en se mariant, coupaient une partie de leurs cheveux, et les consacraient à une divinité. *Hérodote*, IV, 34. *Callimaque*, in Del. v. 296.
[3] Montagne de Carie, près d'un golfe qui portait son nom, peu éloigné de Milet.
[4] Les anciens croyaient que les magiciennes avaient le pouvoir de faire descendre la lune du ciel :

Carmina vel cœlo possunt deducere lunam.
Virgil., Ecl. VI, 69.

jour, Jason et Médée descendirent par le conseil d'Argus dans une campagne couverte de verdure, où le bélier qui avait porté le fils d'Athamas se reposa, dit-on, pour la première fois. On voyait encore dans le voisinage les restes enfumés de l'autel sur lequel, d'après le conseil de Mercure, il fut immolé par Phrixus, au dieu protecteur de sa fuite. Ils s'avancèrent ensuite vers la forêt sacrée, cherchant des yeux le chêne antique auquel était suspendue la Toison, semblable à un nuage que les rayons du soleil levant font paraître tout en feu [1]. Le dragon, dont les yeux perçans n'étaient jamais fermés par le sommeil, les vit s'approcher, et, allongeant une tête effroyable, remplit l'air d'horribles sifflemens. La forêt et les rivages du fleuve en retentirent, et ils furent entendus de ceux qui habitaient loin d'Æa [2], vers les extrémités de la Colchide et les bords du fleuve Lycus qui, se séparant de l'Araxe [3], se mêle ensuite au Phase et se jette avec lui dans le Pont-Euxin. A ce bruit affreux, les mères épouvantées s'éveillent et pressent contre leur sein leurs nourrissons tremblans [4].

Tels qu'on voit du milieu d'une forêt embrasée s'élever des tourbillons de fumée qui se succèdent sans cesse et forment mille contours dans les airs, tels paraissent les replis innombrables du dragon, qui s'agite avec fureur et dont le corps est couvert d'écailles éclatantes. Médée s'avance hardiment vers lui en invoquant la redoutable Hécate et priant doucement le Sommeil, le plus secourable de tous les dieux, d'assoupir le monstre. Jason la suit, non sans effroi : mais bientôt le dragon, dompté par la force du charme, abaisse ses replis menaçans et s'étend en une infinité de cercles [5], semblable à un flot qui se répand sans bruit sur le rivage. Cependant il lève encore la tête et cherche de tous côtés sa proie en ouvrant une gueule effroyable. Médée, secouant un rameau de genièvre nouvellement coupé, lui répand sur les yeux une liqueur enchantée qui l'endort [1] : sa tête retombe sur la terre et son corps tortueux couvre au loin la forêt. Jason alors, par l'ordre de Médée qui se tenait toujours auprès du monstre et ne cessait de faire agir le charme, enleva la Toison de dessus l'arbre. Ils sortirent ensuite de la forêt et retournèrent vers le vaisseau.

Semblable à une jeune fille qui, retirée dans son appartement, reçoit sur sa robe les rayons de la lune et s'amuse à considérer leur aimable clarté, Jason contemple avec plaisir la Toison qu'il tient dans ses mains et dont l'éclat se réfléchit et répand un rouge de feu sur son visage. Sa grandeur est égale à celle de la peau d'un cerf ou d'un jeune bœuf, et les précieux flocons dont elle est chargée éclairent les pas du héros, qui tantôt la tient entre ses mains, tantôt la laisse pendre de dessus son épaule, et craint sans cesse qu'un dieu ou quelque mortel ne vienne la lui ravir.

L'aurore répandait déjà ses rayons sur la terre lorsqu'ils arrivèrent au vaisseau. Chacun, étonné de l'éclat et de la grandeur de la Toison, voulait la toucher et la prendre dans ses mains. Mais Jason, l'ayant recouverte d'un beau manteau, la mit du côté de la poupe, fit asseoir Médée par-dessus et adressa ce discours à ses compagnons : « Mes amis, ne songez plus maintenant qu'à retourner dans votre patrie, puisque la conquête pour laquelle nous avons essuyé tant de fatigues vient d'être achevée par l'adresse de cette jeune princesse, qui veut bien encore devenir mon épouse. Elle vient de vous rendre, elle vient de rendre à toute la Grèce un service signalé; hâtez-vous donc de la soustraire à la colère de son père; hâtez-vous de sortir du fleuve avant qu'Éétès, suivi de ses nombreux sujets, ne vous ferme l'entrée de la mer. Tandis que les uns rameront, que les autres opposent leurs boucliers aux traits de l'ennemi. Notre patrie, nos enfans, tout ce que nous avons de plus cher, est actuellement entre nos mains. C'est de nous que la Grèce entière attend sa gloire ou son déshonneur. »

---

[1] . . . . . . Qualis cum cærula nubes
Solis inardescit radiis, longeque refulget.
Virgil., Æn. VIII, 622.

[2] Clamorem immensum tollit : quo pontus et omnes
Intremuere undæ. . . . .
Id. ib. III, 172.

Tartaream intendit vocem, qua protinus omne
Contremuit nemus, et silvæ intonuere profundæ.
Audiit et Triviæ longe lacus : audiit amnis.
Id. ib. VII, 516.

[3] Fleuve d'Arménie qui se jette dans la mer Caspienne.

[4] Et trepidæ matres pressere ad pectora natos.
Id. ib. VII, 518.

[5] . . . . Immania terga resolvit
Fusus humi, totoque ingens extenditur antro.
Id. ib. VI, 422.

[1] . . . . . Ramum Lethæo rore madentem
Vique soporatum Stygia super utraque quassat
Tempora, cunctantique natantia lumina solvit.
Virgil., Æn. V, 854.

À ce discours, les Argonautes poussèrent des cris de joie. Jason se revêtit de ses armes et, ayant tiré son épée, coupa lui-même les câbles qui retenaient le vaisseau [1], et s'assit à côté de la princesse et du pilote Ancée. Ses compagnons, impatiens de sortir du fleuve, ramaient avec ardeur.

Cependant le bruit de la fuite et de l'amour de Médée s'étant bientôt répandu, les Colchidiens prirent les armes et s'assemblèrent en aussi grand nombre que les flots soulevés durant l'hiver par les aquilons, ou que les feuilles que l'automne fait tomber dans les forêts [2]. Tout à coup les rivages du fleuve retentirent de leurs cris menaçans. Éétès, monté sur un char magnifique, conduit par son fils Absyrte, et traîné par les coursiers rapides qu'il avait reçus du Soleil, paraissait à leur tête, tenant d'une main son bouclier et de l'autre agitant une torche ardente : près de lui brillait sa redoutable lance.

Déjà le vaisseau, poussé par les rames et entraîné par le courant, était sorti du fleuve. Éétès le voyant fendre les flots de la mer, leva les mains au ciel et, prenant le Soleil et Jupiter à témoin, menaça ses sujets que s'ils ne lui ramenaient bientôt sa fille, il ferait retomber sur eux toute sa colère et que la vengeance égalerait l'injure qu'il avait reçue. Aussitôt les Colchidiens se préparèrent, et le même jour la mer fut couverte d'une multitude de vaisseaux, qui ressemblaient moins à une flotte qu'à une nuée d'oiseaux qui traversent les flots.

L'épouse de Jupiter, impatiente de se voir vengée par Médée des mépris de Pélias, fit souffler un vent favorable qui porta le troisième jour les Argonautes sur le rivage de Paphlagonie, près de l'embouchure du fleuve Halys. Là par le conseil de Médée, ils offrirent un sacrifice à Hécate. La princesse l'accompagna de cérémonies dont aucun mortel ne doit être instruit et que je me garderai bien de révéler dans mes vers. On éleva en même temps en l'honneur de la déesse un monument qui se voit encore sur le bord de la mer.

Jason et ses compagnons se souvinrent alors que, suivant la prédiction de Phinée, ils devaient suivre en revenant d'Æa un chemin différent de celui qui les y avait conduits. Aucun d'eux ne pouvait deviner quel était ce chemin, lorsque Argus prit ainsi la parole : « Nous pouvons en retournant dans la Grèce obéir à l'oracle du devin infaillible que vous avez eu le bonheur de rencontrer. Il est une autre route connue par des prêtres issus de la ville de Thèbes qu'arrosent les eaux du Nil.

» Tous les astres qui font leurs révolutions dans le ciel n'existaient point encore ; les descendans sacrés de Danaüs [1] étaient inconnus ; l'illustre postérité de Deucalion ne régnait point dans la terre des Pélasges [2], et les Arcadiens étaient encore les seuls d'entre les Grecs : les Arcadiens qui se vantent d'avoir précédé la lune et qui se nourrissaient de glands au milieu des montagnes. Une contrée fertile, l'Égypte, mère des premiers humains, était déjà célèbre ainsi que le fleuve majestueux qui l'arrose, dont les eaux répandent la fécondité sur des campagnes qui ne sont jamais humectées par la pluie. De cette contrée sortit un guerrier fameux [3] qui, plein de confiance dans le nombre et le courage de ses troupes, parcourut l'Europe et l'Asie, et fonda en tous lieux un nombre infini de villes dont plusieurs n'existent plus ; d'autres sont encore florissantes après tant de siècles. De ce nombre est la ville d'Æa. Ses habitans, issus des guerriers qui y furent établis par le héros égyptien, conservent encore des monumens de leurs ancêtres, où sont tracés tous les chemins qu'ils ont autrefois parcourus sur l'un et l'autre élément.

» Il est un fleuve large et profond, source féconde pour la mer qu'il enrichit du tribut de ses eaux. Les Égyptiens, ayant reconnu une grande partie de son cours, lui ont donné le nom d'Ister [4]. Les rochers d'où il sort, situés au delà du souffle des aquilons, font partie des monts Riphées [5]. Après avoir traversé des plaines immenses, il arrive aux confins de la Scythie et de la Thrace, où il se divise en deux

---

[1] .... Dixit : vaginâque eripit ensem
Fulmineum, strictoque ferit retinacula ferro.
Virgil., Æn, IV, 579.

[2] Quam multa in silvis autumni frigore primo
Lapsa cadunt folia........
Id. ib. VI, 309.

[1] Danaüs, originaire d'Égypte, s'empara du royaume d'Argos 1511 ans avant l'ère vulgaire. (*Chronique de Paros.*)

[2] Hellen, fils de Deucalion et père d'Éolus, Dorus et Xuthus, d'où sortirent la plupart des peuples de la Grèce, régnait dans la Phthiotide, contrée de la Thessalie, 1521 avant l'ère vulgaire. (*Chronique de Paros.*)

[3] Sésostris. Il régnait, selon un passage précieux de Dicæarque, conservé par le scholiaste, 3712 ans avant l'ère vulgaire.

[4] Le Danube.

[5] Appelés aussi Hyperboréens.

branches. L'une se jette dans le Pont-Euxin et l'autre dans un golfe profond[1] qui, s'étendant au-dessus de la mer de Sicile baigne les côtes de la Grèce et reçoit dans son sein le fleuve Achéloüs. »

Ce discours était à peine achevé qu'une flamme céleste parut tout à coup du côté vers lequel il fallait se diriger[2] pour arriver à l'embouchure du Danube. Chacun fut frappé du prodige. On poussa des cris de joie et on résolut de suivre le chemin qu'Argus venait d'indiquer.

Les Argonautes, ayant donc laissé sur ce rivage le fils de Lycus que son père leur avait confié, déployèrent aussitôt les voiles et, au lieu de doubler le promontoire Carambis, prirent au large et voguèrent jusqu'aux rivages du Danube, poussés par le vent et guidés par cette clarté qui brillait toujours devant eux.

Cependant les Colchidiens, qui les poursuivaient, avaient pris à dessein différens chemins pour les atteindre. Les uns, acharnés à une poursuite inutile, sortirent du Pont-Euxin en traversant les rochers Cyanées. Les autres, à la tête desquels était Absyrte, ayant fait voile vers l'Ister, y entrèrent avant les Argonautes et arrivèrent ainsi les premiers au fond de la mer Ionienne[3].

Au devant de l'Ister est une île de figure triangulaire appelée Peucé[4]. Le fleuve en l'embrassant se jette dans le Pont-Euxin par deux embouchures, dont l'inférieure porte le nom de Calon et l'autre celui de Narécos. Absyrte était déjà entré dans la première avec les vaisseaux qui le suivaient lorsque les Argonautes entrèrent dans la seconde en voguant de l'autre côté de l'île. Les habitans de ces contrées, effrayés à la vue des vaisseaux qu'ils prenaient pour des monstres sortis du sein de la mer, abandonnaient leurs troupeaux et fuyaient de toutes parts. Alors, pour la première fois ces masses énormes qui voguent sur la mer s'offrirent aux yeux des Scythes, des Sigynnes[1], des Graucéniens et des Sindes, qui habitent les vastes campagnes de Laurium.

Les Colchidiens, ayant passé le mont Angure, le rocher Cauliacus, près duquel ce fleuve se partage en deux branches, enfin les plaines de Laurium, entrèrent dans la mer Ionienne[2] et s'emparèrent de tous les passages afin que les Argonautes ne pussent leur échapper. Ceux-ci qui les suivaient, arrivèrent bientôt près de deux îles consacrées à Diane[3], dont Absyrte ne s'était pas saisi par respect pour la déesse. L'une renfermait le temple de Diane et l'autre leur servit d'asile dès qu'ils aperçurent que les Colchidiens occupaient toutes les îles d'alentour et celles qui étaient au delà jusqu'au fleuve Salancon et au pays des Nestiens.

Les Argonautes, craignant de succomber au nombre, résolurent de tenter un accommodement dont les conditions devaient être qu'ils garderaient la Toison d'or, qui leur appartenait à juste titre après la victoire de Jason, et que Médée, qui seule devait faire le sujet de la contestation, resterait sous la sauvegarde de Diane, en attendant qu'un monarque, interprète de la volonté des dieux, eût décidé si elle devait retourner auprès de son père ou continuer sa route vers la Grèce.

Médée, ayant appris cette résolution, fut saisie de la plus vive inquiétude. Elle tira Jason à l'écart et lui dit d'une voix entrecoupée de sanglots : « Fils d'Éson, quel est donc le dessein que vous méditez contre moi ? Les charmes de la victoire vous ont-ils donc fait oublier quels étaient avant ce combat si redouté vos discours ? Où sont ces sermens dans lesquels vous attestiez Jupiter, protecteur des malheureux ? Où sont ces flatteuses promesses qui m'ont fait abandonner honteusement ma patrie, mon palais, les auteurs de mes jours, tout ce que j'avais de plus cher au monde ? C'est pour vous avoir sauvé la vie, pour vous avoir fait triompher des taureaux et des géans, pour avoir mis entre vos mains la Toison qui faisait l'objet de vos désirs que j'erre avec les tristes Alcyons sur les mers. Pour vous, le dirai-je ? Je me

---

[1] Le golfe Adriatique. Les Grecs croyaient que l'Ister, ou Danube, se déchargeait dans le golfe Adriatique et dans le Pont-Euxin. Cette opinion était fondée sur le nom d'Istrie, que porte encore aujourd'hui une presqu'île située au fond du golfe Adriatique, nom qu'ils croyaient dérivé d'un fleuve Ister qui traversait ce pays et communiquait à l'Ister qui se jette dans le Pont. *Strabon*, I, 57, VII, 317. — *Pline*, III, 19. — *Pomponius Mela*, 2, 3. — *Aristote, Histoire des animaux*, VIII, 13, etc.

[2] ..... De cœlo lapsa per umbras
Stella facem ducens multa cum luce cucurrit.
Virgil., Æn. II, 693.

[3] Le golfe Adriatique.

[4] Aujourd'hui Piczina.

[1] Nation qui habitait sur les bords du Danube et confinait aux Vénètes, qui demeuraient au fond du golfe Adriatique. *Hérodote*, V, 9.

[2] Le golfe Adriatique.

[3] Ces îles étaient situées dans le golfe Flanatique, aujourd'hui Quarnero ou de Fiume. Elles furent ensuite appelées Absyrtides. *Strabon*, VII, 315.

suis rendue l'opprobre de mon sexe en quittant tout pour vous suivre, comme si j'eusse voulu être tout à la fois votre fille, votre épouse et votre sœur. Prenez donc un peu mieux ma défense et ne m'abandonnez pas en attendant un vain jugement. Vos promesses, la foi que vous m'avez jurée, voilà les lois qu'il faut suivre. S'il en est d'autres pour vous, percez-moi tout à l'heure le sein de votre épée : que je reçoive ainsi de vous-même le prix de mon imprudence. Et comment, cruel, retourner auprès de mon père, si le roi que vous prendrez pour arbitre me livre entre les mains d'Absyrte ? Ne suis-je pas bien couverte de gloire pour paraître à ses yeux ? A quelle punition, à quels tourmens ne dois-je pas m'attendre ? Mais toi-même, perfide ! crois-tu retourner heureusement à Iolcos ? Non, non, l'épouse de Jupiter, Junon même, dont le secours te rend si fier, ne pourrait t'y conduire. Tu te souviendras de Médée au milieu des malheurs qui vont t'accabler. La Toison disparaîtra de tes mains comme un léger songe. Les Furies vengeresses te repousseront sans cesse de ta patrie et tous les maux où tu m'exposes retomberont sur toi. Ainsi tu seras puni de ton parjure, et vous ne m'insulterez pas longtemps à la faveur de cet horrible traité. »

En parlant ainsi, Médée avait déjà formé le dessein de mettre le feu au vaisseau, d'immoler tout à sa vengeance et de se jeter elle-même au milieu des flammes[1]. Jason, qui redoutait en secret les effets de sa colère, lui répondit avec douceur : « Calmez vos alarmes, aimable princesse, ce traité me serait aussi odieux qu'à vous ; mais sachez que ce n'est qu'une ruse pour éviter le combat contre un ennemi devenu innombrable depuis que les habitans de ces contrées conjurés contre nous brûlent de secourir Absyrte et de vous voir emmenée captive en Colchide. Les attaquer tous ensemble, ce serait courir à une mort certaine et d'autant plus malheureuse que vous seriez la proie des vainqueurs. Si nous pouvons au contraire, sous l'apparence de ce traité, dresser un piége à votre frère, les Colchidiens, privés de leur chef, ne trouveront plus ici de secours et je ne balancerai plus moi-même à les attaquer : en vain s'opposeraient-ils seuls à notre passage.

— Je le vois trop, reprit alors Médée, égarée par le désespoir, je le vois trop, une première faute en entraîne nécessairement d'autres, et les dieux, qui m'ont rendue si coupable, attendent encore de moi ce crime : évitez de combattre à présent et envoyez à Absyrte les riches présens que vous lui destinez. Je tâcherai de le livrer entre vos mains en engageant les hérauts de la déesse qui doivent lui porter vos dons à lui proposer de venir en secret s'entretenir avec moi. Vous pourrez alors lui ôter la vie si vous le jugez à propos et fondre aussitôt sur les Colchidiens. »

Le complot étant ainsi formé, Jason fit porter à Absyrte un grand nombre de présens parmi lesquels était la robe de pourpre qu'il avait reçue d'Hypsipyle. Les Grâces l'avaient elles-mêmes tissue dans l'île de Naxos pour le dieu Bacchus, qui l'avait donnée à son fils Thoas, père de la reine de Lemnos. Diverses broderies en relevaient l'éclat et l'on ne pouvait se lasser de la regarder et de la toucher. Elle exhalait une odeur d'ambroisie, depuis le jour où le dieu de Nysa, demi-ivre de vin et de nectar, s'endormit sur le sein de la belle Ariane, abandonnée par Thésée.

Médée avait en même temps chargé les hérauts d'inviter Absyrte à venir la trouver pendant la nuit, aussitôt que, suivant le traité, elle serait déposée près du temple de la déesse, afin qu'elle pût concerter avec lui le dessein qu'elle avait, disait-elle, de ravir la Toison aux Argonautes et de s'en retourner dans la Colchide, d'où elle avait été enlevée par les enfans de Phrixus. Non contente de cet artifice, elle répandit dans l'air des odeurs dont la vertu était capable d'attirer de loin l'animal le plus féroce et de le faire descendre de dessus les montagnes les plus élevées.

Cruel Amour ! dieu funeste et terrible ! Toi qui produis la discorde, les plaintes, le désespoir et mille autres maux, détourne contre nos ennemis ta colère ; inspire-leur des forfaits semblables à celui que je vais raconter[1].

Les Argonautes avaient remis Médée dans dans l'île qui renfermait le temple de Diane, ainsi qu'on en était convenu. Les Colchidiens, avec tous leurs vaisseaux, s'étaient éloignés

---

[1] .... Faces in castra tulissem,
Implessemque foros flammis, natumque patremque
Cum genere exstinxem, memet super ipsa dedissem.
Virgil., Æn. IV, 640

[1] Improbe amor, quid non mortalia pectora cogis !
Virgil., Æn. IV, 412.
Di meliora piis, erroremque hostibus illum.
Id. Georg. III, 512.

d'eux et Jason s'était mis en embuscade. Au milieu de la nuit, Absyrte, trompé par les perfides promesses de Médée, fit avancer son vaisseau, descendit dans l'île sacrée, et sans être accompagné d'aucun de ses gens, alla trouver sa sœur et commença à s'entretenir avec elle. Faible enfant! qui s'expose à un torrent auquel les hommes les plus forts ne peuvent résister. Déjà tout lui semble arrangé pour tromper les Argonautes lorsque Jason, sortant tout à coup de l'endroit où il était caché, fondit l'épée à la main sur le malheureux prince et, le frappant à son aise, comme un homme qui assomme un taureau, le fit tomber sur les genoux à l'entrée du temple bâti par les Brygiens[1] en l'honneur de Diane. Médée, se couvrant de son voile, détournait la tête pour n'être pas témoin du meurtre de son frère; mais lui, prêt à rendre le dernier soupir, reçut dans ses mains le sang de sa blessure et en teignit le voile et les vêtemens de sa sœur, tandis que la déesse des forfaits, l'impitoyable Érinnys, regardait avec avidité cet horrible spectacle. Jason, suivant la coutume de ceux qui veulent se purifier d'un meurtre, coupa quelques parcelles des extrémités du cadavre[2], prit trois fois du sang dans sa bouche et le rejeta trois fois; ensuite il enterra le corps dans l'endroit où l'on voit encore aujourd'hui le tombeau d'Absyrte, chez les peuples qui portent son nom[3].

Dans le même temps, les Argonautes, ayant aperçu devant eux une flamme, signal dont ils étaient convenus avec Médée, poussèrent leur vaisseau contre celui des Colchidiens, et, fondant sur eux comme des milans sur des colombes ou des lions affamés qui portent le ravage au milieu d'un troupeau, ils les massacrèrent sans qu'aucun échappât à leur fureur. Sur ces entrefaites, Jason vint rejoindre ses compagnons, qui le reçurent avec joie, non qu'ils eussent besoin de secours, mais parce qu'ils étaient déjà inquiets de sa personne. Bientôt après on tint conseil sur la route qu'on devait prendre. Médée était présente et Pélée prit ainsi la parole :

« Compagnons, profitons de l'obscurité pour nous éloigner des ennemis en suivant une route opposée. Lorsque le jour leur aura découvert la perte qu'ils ont faite, ils ne songeront guère, je crois, à nous poursuivre. La mort de leur chef, mettant parmi eux la division, les obligera de se disperser, et lorsque nous reviendrons ensuite, rien ne s'opposera plus à notre passage. »

Il dit, et chacun applaudit à son discours. Aussitôt on se mit à ramer avec vigueur jusqu'à ce qu'on fût arrivé à l'île Électris, la plus considérable de celles qui sont situées près du fleuve Éridan[1].

Cependant les Colchidiens, s'étant bientôt aperçus de la perte de leur prince, étaient prêts à parcourir toutes ces mers pour chercher les Argonautes ; mais Junon les obligea d'abandonner ce dessein en les épouvantant par des éclairs dont le ciel parut embrasé tout à coup. D'un autre côté, la crainte qu'ils avaient du courroux d'Éétès fut cause qu'ils n'osèrent retourner en Colchide. Il s'établirent donc, les uns dans les îles qui avaient servi de retraite aux Argonautes et dont les habitans portent encore le nom d'Absyrte, les autres sur les bords du grand fleuve d'Illyrie, près de la nation des Enchéliens et du tombeau de Cadmus et d'Harmonie[2] ; d'autres enfin près de ces monts[3] dont le nom rappelle encore le souvenir des foudres qui les empêchèrent d'aborder dans une île voisine.

Aussitôt que les Argonautes crurent le danger dissipé, ils revinrent sur leurs pas et relâchèrent dans le pays des Hylléens[4], qui, ne songeant plus comme auparavant à s'opposer

---

[1] Peuple qui habitait l'Illyrie et la Thrace, dont une partie passa en Asie, où ils prirent le nom de Phrygiens. *Strabon*, VII, 295.

[2] Cette ancienne coutume est aussi rappelée par Sophocle, qui s'en sert dans sa tragédie d'Électre pour augmenter l'horreur du meurtre commis par Clytemnestre. Le passage de Sophocle a été horriblement défiguré par le P. Brumoy. Je crains d'avoir rendu trop fidèlement celui d'Apollonius.

[3] Les habitans des îles Absyrtides. *Strabon*. VII, 315.

[1] Le Pô. Les Grecs croyaient qu'il y avait près de son embouchure plusieurs îles, d'où venait l'ambre jaune, *Electrum*, auxquelles ils donnaient pour cette raison le nom d'îles Électrides.

[2] Cadmus et Harmonie sa femme, obligés de quitter Thèbes dans un âge avancé, se retirèrent chez les Enchéliens, peuple d'Illyrie. Leurs descendans régnèrent après eux dans cette contrée, et l'on y montrait leur tombeau. C'était deux rochers voisins l'un de l'autre qui se réunissaient, disait-on, quand le pays était menacé de quelque danger. *Apollodore*, III, 5. — *Strabon*, VII, 326. — *Dionys. perieg.* 391. — *Callimaque*, fragmens CIV.

[3] Les monts Cérauniens ou Acrocérauniens, ainsi appelés du mot grec *keraunos*, la foudre.

[4] Sur la côte d'Illyrie. La péninsule appelée autrefois Hyllis est aujourd'hui Sabioncello. *Danv.*, *Géographie ancienne*, I, 164.

à leur passage, les conduisirent à travers les îles qui rendent en cet endroit la navigation difficile; ils reçurent pour prix de ce service un grand trépied. Apollon en avait donné deux semblables à Jason lorsqu'il alla consulter l'oracle de Delphes sur son voyage. L'arrêt du Destin était, que les lieux où ils seraient déposés n'auraient rien à craindre des ravages de l'ennemi. Les Hylléens conservent encore aujourd'hui ce précieux don, et, pour le dérober aux regards des mortels, ils l'ont caché bien avant dans la terre, près de l'illustre ville qu'ils habitent.

Hyllus, leur fondateur, fruit des amours d'Hercule et de la belle Mélite, n'existait plus alors. Hercule, voulant expier le meurtre de ses enfans [1], se rendit près de Nausithoüs qui régnait sur l'île appelée Macris, du nom de la Nymphe qui allaita le dieu Bacchus. Là, s'étant laissé toucher par les charmes de Mélite, nayade, fille du fleuve Égée, il en eut le brave Hyllus qui, devenu grand, quitta bientôt l'île où il avait pris naissance. Nausithoüs, à l'empire duquel il voulait se soustraire, favorisa lui-même son dessein en lui donnant une colonie de Phéaciens. Aidé de ce secours, il traversa la mer de Saturne et s'établit dans le pays où abordèrent alors les Argonautes, peu de temps après qu'il eut été tué par les Mentoriens [2], en défendant des troupeaux qu'ils voulaient enlever.

Mais comment, ô déesses! le navire Argo, sorti de ces mers, parut-il au delà de l'Ausonie, près des îles Stœchades [3], habitées par les Lyguriens? Quel destin força les Argonautes de parcourir des lieux si éloignés? Quels vents purent les y conduire?

Jupiter, irrité du meurtre d'Absyrte, voulut qu'ils ne retournassent dans leur patrie qu'après avoir souffert des maux infinis et s'être purifiés de leur crime par les conseils de Circé. Ignorant leur destinée, ils voguaient loin du pays des Hylléens et avaient déjà laissé derrière eux les îles de la Liburnie, occupées peu auparavant par les Colchidiens; Issa, Dysclade,

l'aimable Pityie et Corcyre, où la nymphe du même nom, fille du fleuve Asopus, fut transportée par Neptune qui, touché de sa beauté, l'enleva loin des campagnes de Phliunte [1]. Les matelots aperçoivent de loin les sombres forêts dont cette île est couronnée et l'appellent, à cause de cela, *Corcyre la Noire* [2].

Les Argonautes avaient ensuite passé près de Mélite [3], de Cérossus et de Nymphée, demeure de la reine Calypso, et commençaient à apercevoir les monts Cérauniens lorsque Junon instruite de la colère de Jupiter et voulant leur faire parcourir rapidement la route qu'il avait marquée, fit souffler un vent furieux qui, les repoussant en arrière, les porta de nouveau près de l'île Électris. Dans le même temps, cette poutre merveilleuse, sortie de la forêt de Dodone et que Minerve avait placée au milieu du vaisseau, faisant entendre une voix humaine, leur annonça : « Qu'ils ne pourraient se soustraire à la fureur des flots et des tempêtes avant que Circé, fille du Soleil et de Persé, ne les eût purifiés du meurtre d'Absyrte; que pour cela, Castor et Pollux devaient prier les immortels de leur ouvrir les chemins de la mer d'Ausonie, où Circé faisait sa demeure. »

Les Argonautes, effrayés de la voix qui venait de frapper leurs oreilles et redoutant la colère de Jupiter, étaient plongés dans une affreuse consternation, et les fils de Tyndare levaient leurs mains vers le ciel. Le vaisseau, toujours emporté par le vent, se trouva bientôt au milieu du fleuve Éridan, près de l'endroit où Phaéton, frappé de la foudre, fut précipité du char du Soleil au fond d'un marais d'où s'exhale encore une fumée épaisse et au-dessus duquel les oiseaux ne peuvent voler impunément [4]. Tout autour les filles du Soleil, changées en peupliers, pleurent la mort de leur frère, et les larmes qu'elles répandent sont des gouttes d'ambre qui, séchées d'abord sur le sable par les rayons du soleil, sont ensuite reportées dans le cours du fleuve par les flots que les vents poussent vers le rivage. Les Celtes au contraire racontent que les larmes dont l'am-

---

[1] Hercule, dans un accès de fureur qui lui fut inspiré par Junon, tua les enfans qu'il avait eus de sa femme Mégare. Il fut purifié de ce meurtre par Thestius, roi des Thespiens, selon Apollodore (II, 12). Suivant notre poëte, il eut recours à Nausithoüs, père d'Alcinoüs, roi de l'île Macris, appelée communément Corcyre ou l'île des Phéaciens, aujourd'hui Corfou.

[2] Peuple d'Illyrie.

[3] Aujourd'hui les îles d'Hières.

[1] Ville de la Sicyonie, dans le Péloponèse, peu éloignée de l'Asopus.

[2] Aujourd'hui Curzola.

[3] Méléda.

[4] Quam super haud ullæ poterant impune volantes
Tendere iter pennis. . . . .
Virgil., Æn. VI, 239.

bre est formé, sont celles que répandit Apollon, lorsque irrité de la mort de son fils Esculape, que la nymphe Coronis mit au monde dans la ville de Lacérie [1], sur les bords de l'Amyrus, et forcé par les menaces de son père de quitter l'Olympe, il se retira dans le pays des Hyperboréens [2].

Cependant les héros minyens, plongés dans la tristesse, ne songeaient pas même à prendre de nourriture; l'odeur infecte qui s'exhalait de l'Éridan les suffoquait pendant le jour, et la nuit ils entendaient les cris aigus et les plaintes des filles du Soleil, dont les larmes, semblables à des gouttes d'huile, paraissaient au-dessus des flots.

De ce fleuve, le vaisseau fut conduit dans un autre, dont les eaux se mêlent en murmurant à celles de l'Éridan. Il porte le nom de Rhône et prend sa source aux extrémités de la terre, près des portes du couchant et du séjour de la nuit. Une de ses branches se jette dans l'Océan; l'autre dans la mer Ionienne, en se confondant avec l'Éridan; la troisième enfin se rend par sept embouchures au fond d'un golfe de la mer de Sardaigne [3].

Les Argonautes, ayant pris la première branche, se trouvèrent au milieu des lacs, dont le pays des Celtes est couvert et risquaient, sans le savoir, d'être jetés dans l'Océan, d'où ils ne seraient jamais revenus; mais Junon descendit tout à coup du ciel, et du haut des monts Hercyniens [4] fit retentir l'air d'un cri qui les remplit d'épouvante. En même temps elle les repoussa en arrière, leur fit prendre le chemin par lequel ils devaient revenir dans leur patrie et les enveloppa d'un nuage, à la faveur duquel ils traversèrent, sans être aperçus, le pays des Celtes et des Liguriens. Étant enfin parvenus à la mer après être sortis du fleuve par l'embouchure du milieu, ils abordèrent heureusement aux îles Stœchades, redevables en partie de leur salut aux Dioscures, à qui Jupiter confia bientôt le soin de veiller pareillement sur tous les vaisseaux. Depuis ce temps on élève des autels et on offre des sacrifices en leur honneur.

Les Argonautes abordèrent ensuite à l'île Æthalie [1], où ils s'arrêtèrent pour enlever de leurs corps la sueur dont ils étaient couverts. Les cailloux qu'ils employèrent à cet usage, répandus sur le bord de la mer, se font remarquer à leur couleur [2]. On voit aussi dans l'île les disques [3] d'une grosseur prodigieuse avec lesquels ils s'exerçaient, et l'un des ports porte le nom du navire Argo [4].

De là, voguant à la vue du pays des Tyrrhéniens, ils traversèrent la mer d'Ausonie, et arrivèrent au port fameux d'Æa [5]. Ils aperçurent sur le rivage Circé, occupée d'une cérémonie religieuse, qui se purifiait dans les eaux de la mer. Un songe affreux venait de la remplir d'épouvante. Elle avait cru voir, pendant la nuit, son palais inondé de sang et les poisons avec lesquels elle enchantait les étrangers en proie à un incendie qu'elle s'efforçait d'éteindre avec le sang qu'elle puisait à pleines mains autour d'elle. Alarmée de ce présage, elle s'était levée dès l'aurore et était sortie de son palais pour baigner dans l'onde amère ses cheveux et ses vêtemens. Mille monstres différens marchaient sur ses pas comme un troupeau qui suit son pasteur. Leurs corps, bizarre assemblage de l'homme et de la bête, ressemblaient à ceux qui sortirent autrefois du limon de la terre lorsqu'elle n'avait pas encore été comprimée par l'air ni desséchée par les rayons du soleil, et que les espèces, distinguées depuis par le temps, étaient encore confondues.

Les Argonautes, étonnés de ce spectacle, ne laissèrent pas, en regardant Circé, de reconnaître aisément dans ses traits et dans ses yeux la sœur d'Éétès. Aussitôt qu'elle eut achevé de se purifier et qu'elle eut chassé de son esprit les frayeurs de la nuit, elle reprit le chemin de son palais en faisant signe aux héros de la suivre. Jason leur ordonna de rester et s'avança sur ses pas, accompagné seulement de Médée. Lorsqu'ils furent arrivés au palais, au lieu de se placer sur des siéges, ainsi que

---

[1] Ville de Thessalie, dans la Magnésie, (*Steph. de urb.*)

[2] Jupiter ayant foudroyé Esculape, qui avait trouvé le secret de rendre la vie aux morts, Apollon irrité tua les cyclopes qui avaient fabriqué la foudre. Jupiter pour le punir l'exila de l'Olympe pendant quelque temps.

[3] Le golfe de Lyon. Apollonius considère ici le Rhin, le Rhône et le Pô, comme trois branches d'un même fleuve.

[4] La forêt Noire.

[1] L'île d'Elbe, près des côtes de Toscane, célèbre par ses mines de fer.

[2] *Strabon*, liv. V, 224, et l'auteur du traité de *Mirab. auscul.* attribué à Aristote, parlent de ces pierres de diverses couleurs et de leur origine fabuleuso.

[3] Ces disques étaient des masses de fer arrondies que les anciens s'exerçaient à lancer.

[4] *Argoüs Portus*, aujourd'hui *Porto-Ferraro*.

[5] Appelée aussi *Circéi*, près d'un promontoire, dont le nom actuel est *Monte-Circello*.

Circé les y invitait, ils allèrent, selon la coutume des suppliants, s'asseoir en silence au pied de l'autel des dieux pénates. Médée couvrait son visage de ses mains; Jason avait enfoncé dans la terre l'épée dont il avait frappé le fils d'Éétès; tous deux avaient les yeux fixés vers la terre.

A cette vue, Circé comprenant le sujet de leur arrivée, adora la justice de Jupiter qui déteste le meurtre, mais se laisse fléchir aux prières des suppliants. Aussitôt elle commença les cérémonies usitées dans ces occasions, pour purifier les criminels. Elle étendit d'abord sur l'autel un jeune pourceau qui tétait encore sa mère, et l'ayant égorgé, elle teignit de son sang les mains des deux coupables. Elle répandit ensuite des libations en implorant la clémence de Jupiter, et lorsque les Naïades qui la servaient eurent emporté hors du palais toutes les choses dont elle venait de se servir, elle fit brûler devant le foyer des gâteaux et d'autres offrandes mêlées de miel, en versant dessus des libations exemptes de vin, afin d'apaiser la colère des redoutables Euménides et d'adoucir même la malheureuse victime du forfait, soit que le sang répandu par les coupables fût celui d'un étranger ou d'un de leurs concitoyens.

Les cérémonies de l'expiation étant achevées, Circé fit asseoir ses hôtes sur des sièges, s'assit elle-même devant eux, et se rappelant le songe qu'elle avait eu, voulut savoir ce qui les concernait, et désira même d'entendre parler la princesse, dont elle soupçonna l'origine aussitôt qu'elle lui vit lever les yeux [1], car les descendans du Soleil étaient remarquables par l'éclat et la vivacité de leurs regards.

Médée, ne pouvant rester plus longtemps cachée, lui raconta en langue colchidienne le voyage des Argonautes, les dangers qu'ils avaient courus, la faute qu'elle avait commise par les conseils de sa sœur, et la manière dont elle s'était soustraite à la colère de son père avec les enfans de Phrixus. Elle ne lui parla point du meurtre d'Absyrte; mais Circé pénétra facilement ce mystère et ne put néanmoins s'empêcher d'avoir pitié des pleurs de sa nièce:

« Malheureuse, lui dit-elle, votre indigne fuite et vos horribles forfaits ne sauraient demeurer impunis. Puisse Éétès aller bientôt lui-même en Grèce pour vous faire sentir sa colère et venger la mort de son fils! Votre qualité de suppliante et le sang qui nous lie m'empêchent de penser moi-même à vous punir. Sortez de mon palais et suivez l'inconnu pour lequel vous avez abandonné votre père; mais n'embrassez pas mes genoux et n'implorez plus mon secours. Aux dieux ne plaise que je veuille favoriser vos honteux desseins! »

Médée, saisie de douleur en entendant ce discours, se couvrait le visage de son voile et versait des torrens de larmes, lorsque Jason, la prenant par la main, la conduisit hors du palais.

Cependant Iris qui, par l'ordre de Junon observait le moment où ils sortiraient pour se rendre au vaisseau, porta aussitôt à la déesse la nouvelle de leur départ : « Chère Iris, lui dit Junon, puisque tu remplis si fidèlement mes ordres, va maintenant, d'un vol rapide, annoncer à Thétis que j'ai besoin d'elle, et qu'elle sorte aussitôt du sein de la mer pour se rendre ici. Tu dirigeras ensuite ta course vers ces rivages, où les enclumes de Vulcain retentissent sous les coups affreux de ses marteaux et tu diras au dieu du feu de laisser reposer ses fourneaux jusqu'à ce que le navire Argo soit passé. Enfin tu commanderas de ma part à Éole, qui règne sur les vents, de leur imposer silence et de laisser seulement souffler le zéphyr, afin que les Argonautes arrivent bientôt à l'île des Phéaciens. »

Elle dit, aussitôt Iris, déployant ses ailes, s'élance hors de l'Olympe traverse les airs, et s'étant plongée sous les flots de la mer Égée, où le vieux Nérée fait sa demeure, instruisit Thétis des ordres de Junon. Ensuite elle alla trouver Vulcain et l'engagea sur-le-champ à suspendre ses travaux. Éole, fils d'Hippotas, reçut pareillement sa visite. Elle venait de lui exposer le sujet de son message et était déjà de retour dans l'Olympe, lorsque Thétis, ayant quitté ses sœurs et le palais de Nérée, se rendit près de Junon, qui la fit asseoir près d'elle et lui tint ce discours :

« Écoutez, divine Thétis, ce que je veux vous dire. Vous savez combien Jason et ses compagnons me sont chers, comment je leur

---

[1] Circé avait été transportée en Italie longtemps avant la naissance de Médée et ne pouvait par conséquent la connaître. Voyez le discours d'Éétès aux enfans de Phrixus, au commencement du troisième chant.

ai fait traverser heureusement les rochers Cyanées, autour desquels mugissent sans cesse les vents et les flots. Maintenant ils doivent passer près du rocher de Scylla et du gouffre de Charybde. Souvenez-vous que j'ai pris soin de vous depuis votre enfance et que je vous ai aimée plus que toutes les autres habitantes de la mer parce que vous n'avez pas voulu vous rendre aux désirs de Jupiter, toujours prêt à séduire les déesses et les mortelles. Irrité d'un refus dont votre respect pour moi et la crainte de ma vengeance vous faisaient une loi, il jura que vous ne seriez jamais l'épouse d'un dieu. Cependant il ne cessa de tourner vers vous ses regards jusqu'à ce que, l'auguste Thémis lui ayant annoncé que le fils qui naîtrait de vous surpasserait en tout son père, la crainte de perdre l'empire du ciel lui fit oublier son amour. Attentive alors à remplir vos vœux, je voulus vous faire goûter les douceurs de l'hymen et je vous choisis pour époux le plus distingué des mortels[1] : j'invitai tous les dieux au festin de vos noces ; et pour répondre à cet honneur insigne, je portai moi-même la torche nuptiale[2]. Aujourd'hui je vais vous découvrir un secret qui doit vous toucher. Votre fils, qui, privé du lait de sa mère, est actuellement élevé par les Naïades dans l'antre du centaure Chiron, doit être un jour l'époux de Médée lorsqu'il sera parvenu dans les champs élysiens. Ne refusez donc pas en ce moment votre secours à cette princesse ainsi qu'à Pélée votre époux. Pourquoi ce ressentiment éternel que vous conservez contre lui ? Il a failli ; mais les dieux eux-mêmes n'ont-ils pas failli ? Vulcain doit par mon ordre ralentir le feu de ses fourneaux, Éole enchaîner tous les vents, excepté le zéphir, qui les conduira sur les rivages des Phéaciens. Prenez donc aussi soin de leur retour et unissez-vous à vos sœurs pour les garantir des flots et des rochers. Craignez surtout que Charybde ne les engloutisse, ou que Scylla, ce monstre d'Ausonie, fille de Phorcus et d'Hécate, et qu'on appelle aussi Crataïs[3], étendant hors de son antre une gueule effroyable, ne dévore l'élite de ces héros. Pour éviter ce malheur, dirigez vous-même le vaisseau dans ce passage étroit, qui seul peut les mettre à l'abri de la mort. »

Thétis lui répondit : « Si nous n'avons à craindre ni la violence des flammes, ni la fureur des tempêtes, je vous promets à l'aide du zéphyr, de sauver le vaisseau, même en dépit des flots. Mais il est temps que je vous quitte, et j'ai bien du chemin à parcourir pour retourner vers mes sœurs et aller ensuite presser le départ des Argonautes. » Elle dit, et ayant traversé les airs, elle se plonge dans les abîmes de la mer et appelle aussitôt ses sœurs. Les Néréides se rassemblent à sa voix, entendent les ordres de Junon et prennent le chemin de la mer d'Ausonie.

Thétis, plus rapide que l'éclair ou que le rayon qui marque le lever du soleil, traversa les flots, et, étant arrivée au port d'Æa, trouva les Argonautes qui s'amusaient aux exercices du disque et du javelot. Aussitôt, invisible à tous les autres, elle se découvrit aux yeux du seul Pélée son époux, et lui prenant la main : « Ne restez pas plus longtemps, lui dit-elle, sur les côtes de la Tyrrhénie ; obéissez à Junon qui vous protége et partez aussitôt le retour de l'aurore. Les filles de Nérée, assemblées par l'ordre de la déesse, défendront le vaisseau contre les rochers entre lesquels il doit passer. Mais gardez-vous, lorsque vous me verrez au milieu de mes sœurs, de me faire connaître à personne si vous ne voulez m'irriter de plus en plus contre vous. » En achevant ces mots, Thétis disparut et se plongea dans la mer, laissant Pélée vivement ému de la présence d'une épouse qui depuis longtemps avait abandonné sa couche et son palais. C'était au sujet du jeune Achille que son courroux s'était allumé. La déesse, poussée du désir de le rendre immortel et de soustraire son corps aux injures de la vieillesse, détruisait la nuit les chairs sujettes à la mort en les consumant peu à peu par le feu, et frottait pendant le jour son corps d'ambroisie. Pélée, s'étant par hasard éveillé tout à coup, aperçut au milieu des flammes son fils palpitant, et ne put s'empêcher de pousser des cris affreux. La déesse indignée jeta brusquement l'enfant par terre, et, semblable à un songe ou au souffle d'un vent léger[1], sortit pour toujours du palais.

---

[1] Pélée fils d'Éacus, et petit-fils de Jupiter.
[2] . . . . . Prima et tellus et pronuba Juno
Dant signum. . . . .
Virgil., Æn. IV, 166.
La mère du mari portait ordinairement un flambeau devant la nouvelle épouse. Le schol. Eurip. Phœn. 346.
[3] Homère, Odys., XII, 124.

[1] Par levibus ventis, volucrique simillima somno.
Virgil., Æn. II, 794.

Cependant Pélée ayant annoncé à ses compagnons les ordres de Thétis, ils quittèrent aussitôt leurs jeux pour préparer le repas et les lits de feuillage sur lesquels ils devaient passer la nuit. Le lendemain, aussitôt que l'aurore eut frappé de ses rayons le sommet des cieux, on se rembarque à la faveur du zéphyr, on lève avec joie les ancres et on déploie les voiles. Le vent qui les enfle porte bientôt le vaisseau à la vue d'une île couverte de fleurs, et d'un aspect riant [1]. Elle était habitée par les Sirènes, si funestes à ceux qui se laissent séduire par la douceur de leurs chants. Filles d'Achéloüs et de la muse Terpsichore, elles accompagnaient autrefois Proserpine et l'amusaient par leurs concerts avant qu'elle eût subi le joug de l'hymen. Depuis, transformées en des monstres moitié femmes et moitié oiseaux, elles étaient retirées sur un lieu élevé, près duquel on pouvait facilement aborder. De là, portant de tous côtés leurs regards, elles tâchaient d'arrêter les étrangers qu'elles faisaient périr en les laissant consumer par un amour insensé.

Les Argonautes, entendant leurs voix, étaient près de s'approcher du rivage; mais Orphée prenant en main sa lyre, charma tout à coup leurs oreilles par un chant vif et rapide qui effaçait celui des Sirènes, et la vitesse de leur course les mit tout à fait hors de danger. Le seul Butès, fils de Téléon, emporté tout d'abord par sa passion, se jeta dans la mer, et nageait en allant chercher une perte certaine ; mais la déesse qui règne sur le mont Éryx [2], l'aimable Vénus, le retira des flots et le transporta près du promontoire Lilybée.

Échappés aux enchantemens des Sirènes, les Argonautes approchaient en tremblant du détroit où des dangers plus affreux encore les attendaient. D'un côté s'élevait le rocher de Scylla, de l'autre Charybde poussait du fond de ses gouffres d'affreux mugissemens. Plus loin, on entendait frémir sous les flots les rochers errans qui de leur sein embrasé lançaient peu auparavant des tourbillons de flamme. Une épaisse fumée dérobait aux yeux la lumière du soleil, et l'air était encore rempli d'une vapeur étouffante, excitée par les travaux que Vulcain venait de suspendre.

Les Néréides paraissent aussitôt de tous côtés et Thétis saisit elle-même le gouvernail. Telle qu'une troupe de dauphins dont la vue remplit de joie les matelots, sortant du sein d'une mer tranquille, se jouent alentour d'un vaisseau; telles les filles de Nérée environnent en foule le navire Argo, dont la course est dirigée par Thétis. Lorsqu'il fut près des rochers errans, les nymphes, relevant leurs robes jusqu'aux genoux, se répandirent çà et là sur le bord des écueils. Le vaisseau entraîné par le courant est battu par les flots qui se soulèvent avec furie et mugissent en se brisant contre les rochers dont les uns s'élèvent comme des précipices au milieu des airs et les autres sont cachés sous les eaux. Ainsi qu'on voit sur un rivage sablonneux de jeunes filles, la robe retroussée dans la ceinture, s'amuser à recevoir et à se renvoyer mutuellement une balle qui ne touche jamais la terre, ainsi les nymphes de la mer font voler tour à tour le vaisseau sur les flots et lui font franchir tous les écueils. Vulcain, debout sur la cime d'un rocher et l'épaule appuyée sur le manche d'un marteau, regarde avec étonnement ce spectacle. Junon le voit aussi du haut des cieux et dans sa frayeur elle presse Minerve entre ses bras.

La durée d'un jour de printemps fut celle du travail des Néréides. Elles disparurent après avoir rempli les ordres de Junon et s'enfoncèrent comme des plongeons dans les flots. Le vaisseau, poussé par le vent, était alors près des campagnes de la Sicile où paissent les troupeaux du Soleil, et les Argonautes entendaient le bêlement des moutons et les mugissemens des bœufs. Phaétuse, la plus jeune des filles du Soleil, conduisait les moutons en tenant dans sa main une houlette d'argent. Lampétie portait une baguette d'airain et suivait les bœufs qui paissaient au milieu de gras pâturages, entrecoupés de ruisseaux. Ils étaient tous d'une blancheur égale à celle du lait et portaient fièrement leurs têtes ornées de cornes d'or. Les Argonautes ayant parcouru ce rivage pendant le jour, firent route la nuit suivante à travers une mer d'une vaste étendue, où les premiers rayons de la lumière les retrouvèrent encore

---

[1] Une des trois îles ou rochers appelés *Sirenusae*, aujourd'hui *Galina* et *Galli* (*Danville*, t. III, *Nom. alph.*) près de l'île *Capreês* ou *Capri*.

[2] Éryx, montagne de Sicile, près du promontoire Lilybée, sur laquelle Vénus avait un temple célèbre.

Tum vicina astris Erycino in vertice sedes
Fundatur Veneri Idaliæ. . . . .
        Virgil., Æn. V, 759.

Ce temple est aujourd'hui une citadelle appelée *San-Giuliano*. *Danville*, I, 222.

Non loin des monts Cérauniens, au-devant du détroit de la mer Ionienne, il est une île vaste et opulente, dans laquelle est cachée, dit-on, la faulx avec laquelle (pardonnez Muses, je rapporte malgré moi une ancienne tradition) Saturne mutila si cruellement son père. D'autres racontent que cette faulx est celle de Cérès qui habita jadis dans cette île et apprit aux Titans, en faveur de la nymphe Macris qu'elle aimait, à moissonner les épis nourriciers. De là cette terre sacrée, patrie des Phéaciens, issus d'un sang divin, prit le nom d'une faulx[1].

Ce fut sur ces rives que le vaisseau, sorti de la mer de Sicile après tant de fatigues, fut porté par le souffle des vents. Le roi Alcinoüs et ses sujets célébrèrent l'arrivée des Argonautes par des sacrifices et des festins. Toute la ville se réjouit comme s'ils eussent été des enfans chéris, et eux-mêmes, transportés de plaisir, se crurent presque au sein de leur patrie; mais un nouveau danger devait bientôt leur faire prendre les armes. Une armée innombrable de Colchidiens, sortie du Pont-Euxin à travers les rochers Cyanées pour courir à leur poursuite, vint tout à coup leur redemander Médée en les menaçant de toutes les horreurs d'une guerre sanglante et de l'arrivée du roi Éétès. Alcinoüs, qui désirait terminer le différend sans combat, arrêta d'abord leur furie. Cependant Médée, saisie de frayeur, implorait tantôt les compagnons de Jason et tantôt embrassait en pleurant les genoux de la sage Areté, épouse d'Alcinoüs : « Grande reine, lui disait-elle, ayez pitié de moi, je vous en supplie. Ne me livrez point aux Colchidiens, ne me laissez pas emmener à mon père. Tous tant que nous sommes, de légères erreurs nous entraînent rapidement dans de plus grandes. Telle est la cause de mon malheur; une folle passion n'y eut jamais de part. J'en atteste la lumière sacrée du soleil et les mystères de la redoutable Hécate, c'est malgré moi que j'ai quitté ma patrie pour suivre des étrangers. La crainte et le désespoir, effets d'une première faute, m'ont contrainte de prendre le seul parti qui me restait; mais l'honneur et la vertu n'ont jamais cessé pour cela de m'être chers. Ayez donc pitié de moi, intéressez votre époux en ma faveur et que les dieux vous accordent des jours fortunés, qu'ils multiplient les fruits de votre hymen et qu'ils rendent votre empire toujours florissant. »

Médée s'adressant ensuite à chacun des Argonautes en particulier, leur disait : « C'est vous, illustres héros, c'est votre funeste entreprise qui me plonge dans les alarmes où je suis; moi qui vous ai fait dompter la fureur des taureaux, triompher des géans et conquérir la Toison que votre retour va bientôt porter dans la Grèce. Ingrats! j'ai quitté ma patrie pour vous faire retrouver la vôtre; j'ai perdu mes parens pour vous assurer le plaisir d'embrasser tendrement les vôtres; j'ai renoncé pour vous à toutes les douceurs de la vie; un dieu jaloux, après me les avoir ravies, me rend encore un objet d'horreur en me faisant errer çà et là avec des étrangers. Ah! du moins, respectez la foi des traités, respectez vos sermens; redoutez les Furies qui vengent les malheureux; redoutez le courroux des dieux qu'allumerait sans doute le sort affreux qui m'attend entre les mains d'Éétès. Ce n'est ni des temples ni des remparts, c'est de vous seuls que j'attends ma défense. Ne rougissez-vous pas, cruels, de me voir prosternée aux pieds d'une reine étrangère, lui tendre indignement les bras? Vous auriez affronté pour enlever la Toison la nation entière des Colchidiens et le redoutable Éétès lui-même; oublierez-vous aujourd'hui votre courage quand vous n'avez qu'un corps séparé d'ennemis à combattre? »

Tous les Argonautes, sensibles aux prières de Médée, tâchaient de calmer son chagrin et la rassuraient en faisant briller à ses yeux leurs lances et leurs épées et en lui promettant de la défendre vaillamment s'il arrivait qu'Alcinoüs prononçât contre elle un arrêt injuste.

La nuit, qui suspend les travaux des mortels, survint au milieu de ces alarmes et répandit la tranquillité sur toute la terre. Médée seule ne pouvait goûter les douceurs du sommeil; son cœur était agité dans son sein comme le fuseau que fait tourner entre ses doigts une femme diligente qui travaille pendant la nuit au milieu de ses enfans désolés de la mort de leur père. L'horreur de sa situation est toujours présente à l'esprit de cette mère et les larmes coulent sans cesse de ses yeux. Ainsi pleurait la jeune princesse, pénétrée de la plus vive douleur.

Cependant Alcinoüs et la reine Areté, repo-

---

[1] En grec Drépané. L'île des Phéaciens, appelée Schérie par Homère, est aussi nommée par d'autres auteurs Macris, Drépané et plus communément Corcyre. C'est aujourd'hui Corfou.

sant tranquillement au fond de leur palais, s'entretenaient ensemble de Médée. « Cher époux, dit tendrement la reine, montre-toi favorable aux Minyens et délivre de la poursuite des Colchidiens cette malheureuse princesse. Argus et les habitans de l'Hémonie[1] sont voisins de notre île: Éétès, au contraire, en est très-éloigné et nous ne le connaissons que de nom. Je te l'avoue, les malheurs et les larmes de cette jeune infortunée ont touché mon cœur de la plus vive compassion. Ne la laisse pas conduire entre les mains de son père. Sa première faute a été de secourir Jason. Bientôt (comme il nous est ordinaire à tous), voulant remédier à un mal par un autre mal, elle s'est soustraite en fuyant à la colère d'un père implacable. Jason (ainsi que je l'ai appris) s'est engagé par les plus grands sermens à la prendre pour épouse. Épargne à ce héros un parjure et sauve une fille de la fureur de son père. Combien de malheureuses en ont été les tristes victimes! Antiope[2] fut cruellement persécutée par l'ordre de Nyctée. Danaé fut exposée par son père à la fureur des flots[3]. Tout récemment et près d'ici, l'infâme Échetus[4] ayant enfoncé des pointes de fer dans les yeux de sa fille, l'enferma dans une obscure prison où elle s'efforce en vain de broyer des grains de cuivre sous une meule pesante. »

Alcinoüs touché du discours de son épouse lui répondit : « L'intérêt que Médée m'inspire me ferait volontiers prendre les armes pour repousser les Colchidiens; mais je crains de blesser les décrets éternels de Jupiter et d'ailleurs il serait plus dangereux que vous ne pensez d'offenser Éétès dont la puissance surpasse celle de tous les autres rois et qui peut, du fond de son pays, porter bientôt la guerre au milieu de la Grèce. Il vaut mieux prononcer un jugement qui paraîtra juste à tous les hommes et que je vais vous communiquer. Si la princesse conserve encore sa virginité, je veux qu'elle soit renvoyée à son père; mais si déjà elle est épouse, je ne la séparerai point de son époux et je ne livrerai point entre des mains ennemies l'enfant qu'elle peut avoir conçu. » Alcinoüs, après cette réponse, se laissa bientôt aller au sommeil. Son épouse, frappée de ce qu'elle venait d'entendre, se leva sans perdre de temps, sortit de l'appartement, accompagnée de ses esclaves et ayant fait venir sans bruit son hérault, le chargea d'annoncer à Jason le jugement et de l'exhorter de sa part à terminer sur-le-champ son mariage avec Médée.

Le hérault étant parti pour se rendre au port d'Hyllus, peu éloigné de la ville, y trouva les Argonautes qui passaient la nuit sous les armes. La nouvelle qu'il apportait ne pouvait être plus agréable; elle répandit parmi eux la plus vive allégresse.

Aussitôt on fit en l'honneur des dieux les libations accoutumées; on traîna les victimes à l'autel et on prépara le lit nuptial dans un antre sacré qui servit autrefois de retraite à la nymphe Macris, fille du tendre Aristée, qui fit le premier connaître aux hommes le suc que compose l'abeille et le jus onctueux de l'olive. Macris, habitant auparavant l'île d'Eubée, reçut entre ses bras le jeune Bacchus et abreuva de miel ses lèvres desséchées par le feu dont Mercure venait de le retirer[1]; mais bientôt la nymphe, chassée de l'Eubée par la colère de Junon, se retira dans une grotte de l'île des Phéaciens, qui par ses bienfaits se virent en peu de temps comblés de richesses.

Les Argonautes ayant donc préparé dans ce lieu un grand lit, étendirent par-dessus la Toison d'or, afin d'orner davantage le trône de l'hymen et de rendre cette union à jamais mémorable. Une troupe de nymphes, dont les unes étaient filles du fleuve Egée[2] et les autres habitaient le sommet du mont Mélite et les bois d'alentour, envoyées par Junon pour faire honneur à son héros, apportèrent des fleurs de toute espèce qu'elles venaient de cueillir elles-mêmes. L'éclat de la Toison, qui brillait comme une flamme autour d'elles, les remplit d'admi-

---

[1] La Thessalie.
[2] Antiope fille de Nyctée, que Jupiter rendit mère d'Amphion et de Zéthus, obligée de se soustraire par la fuite à la colère de son père, fut poursuivie et emmenée captive par Lycus, frère de Nyctée.
[3] Acrisius, père de Danaé l'enferma avec son fils Persée dans un coffre qu'il jeta dans la mer, et qui fut heureusement porté sur les bords de l'île Seriphe, une des Cyclades, où ils se sauvèrent.
[4] Roi d'Épire, qu'Homère représente comme le plus cruel de tous les hommes. (*Odys.* XVIII, 84) Æchmodicus, l'amant de sa fille, ressentit aussi les effets de sa rage, et fut mutilé dans un festin.

[1] Sémélé étant enceinte de Bacchus voulut voir Jupiter dans toute sa gloire, et fut foudroyée. Mercure retira de son sein l'enfant et le sauva des flammes.
[2] Fleuve de l'île de Corfou, Mélite, montagne de la même île.

ration. Leurs yeux pétillaient du désir de la prendre entre leurs mains, mais la pudeur les retint. Bientôt après elles étendirent autour des deux époux leurs voiles odorans, tandis que les Argonautes se tenaient à l'entrée de la grotte sacrée qui porte encore le nom de Médée. La lance à la main de peur d'être surpris par les ennemis et le front ceint de branches d'arbres, ils célébraient l'hymen en chantant au son de la lyre d'Orphée.

C'était à son retour à Iolcos et dans le palais de son père que Jason se proposait d'épouser Médée. La princesse attendait elle-même ce moment, mais la nécessité les força de le prévenir. Ainsi, misérables mortels que nous sommes, nous ne goûtons jamais de félicité parfaite et l'amertume se mêle toujours à nos plaisirs[1]. Ces deux époux, au sein du bonheur, appréhendent sans cesse que le jugement d'Alcinoüs ne trompe leur attente.

Déjà l'aurore avait dissipé les ténèbres. Les rivages de l'île et les campagnes voisines souriaient aux premiers rayons du jour. Tout était en mouvement dans la ville, lorsque Alcinoüs, tenant dans sa main le sceptre d'or avec lequel il rendait la justice à ses sujets et environné des plus distingués des Phéaciens tous revêtus d'armes éclatantes, prononça le jugement qui, suivant la convention des deux partis, devait décider du sort de Médée. Aussitôt, sur le bruit que Junon avait elle-même répandu de ce qui s'était passé pendant la nuit, les femmes sortirent en foule de la ville pour voir les Argonautes et les habitans de la campagne accoururent de toutes parts avec empressement. L'un conduisait un agneau choisi, l'autre une génisse qui ne connaissait pas encore le joug; d'autres apportaient des urnes pleines de vin pour les libations et déjà la fumée des sacrifices s'élevait dans les airs. Les femmes de leur côté portaient des voiles richement travaillés, des bijoux d'or et tous les ornemens qui servent à parer les nouvelles épouses. Dès qu'elles se furent approchées, elles admirèrent la bonne mine des Argonautes; Orphée qui frappait la terre d'un pied léger, en chantant et en s'accompagnant de sa lyre; enfin les nymphes qui célébraient avec lui l'hyménée et dansaient en décrivant des cercles et en chantant les louanges de Junon qui avait inspiré à la reine de donner aux Argonautes un avis si salutaire.

Alcinoüs, instruit que l'hymen était conclu, ne laissa pas de persister dans le jugement qu'il avait porté, sans que la crainte du ressentiment d'Éétès pût le faire manquer à ses sermens.

Les Colchidiens voyant donc leur voyage inutile, et pressés par le roi de s'éloigner promptement de ses ports s'ils ne voulaient de bonne foi s'en tenir à sa décision, aimèrent mieux, plutôt que de retourner vers Éétès dont ils redoutaient la colère, supplier Alcinoüs de les recevoir au nombre de ses sujets. Ils habitèrent ainsi parmi les Phéaciens, jusqu'à ce que plusieurs siècles après, les Bacchiades[1], ayant quitté la ville de Corinthe, les obligèrent de passer dans une île plus éloignée, d'où ils gagnèrent ensuite les monts Cérauniens, et se retirèrent parmi les Nestéens[2] et dans la ville d'Oricum. On offre encore tous les ans à Corcyre dans le temple d'Apollon Nomius[3], des sacrifices en l'honneur des Parques et des Nymphes sur des autels que fit élever Médée. Alcinoüs ne laissa point partir ses hôtes sans leur faire beaucoup de présens; son épouse voulut y joindre les siens et donna en outre à Médée douze esclaves phéaciennes qui avaient été élevées dans son palais.

Ce fut le septième jour après leur arrivée que les Argonautes quittèrent l'île des Phéaciens, accompagnés d'un vent frais qui les faisait avancer avec rapidité: mais leur destin était de n'arriver en Grèce qu'après avoir souffert encore bien des maux sur un rivage éloigné. Déjà voguant à pleines voiles, ils avaient laissé derrière eux le golfe d'Ambracie, le pays des Curètes[4], les îles Échinades[5] et commençaient à découvrir la terre de Pélops lorsqu'une tempête excitée par le vent du nord les poussa tout à coup dans la mer de Lybie. Là, après avoir été le jouet des flots pendant neuf jours et neuf nuits, ils furent jetés bien

---

[1] . . . . . Usque adeo nulla est sincera voluptas
Sollicitique aliquid laetis intervenit.
Ovide, Metam. VII, 453.

[1] Famille illustre qui exerça longtemps la principale autorité à Corinthe. Ils en furent chassés à cause de l'attentat qu'ils commirent contre Actéon, fils de Mélissus, 600 ans après la guerre de Troie. Le *scholiaste*.
[2] Peuple d'Illyrie. *Oricum*, ville située au fond d'un golfe de la mer Adriatique, au pied des monts Acrocérauniens.
[3] Qui préside au maintien des lois. *Le scholiaste*.
[4] L'Acarnanie, aujourd'hui Carnia.
[5] Situées à l'embouchure du fleuve Achéloüs, actuellement Aspro-Potamo.

avant dans la Syrte, golfe d'où ne sortent jamais les vaisseaux qui ont été forcés d'y entrer[1].

De tous côtés s'étend un vaste marais dont les eaux, remplies de mousse et couvertes d'écume, sont entourées de sables immenses, d'où n'approchent jamais ni les animaux terrestres ni les oiseaux. Le flux qui s'y fait sentir avec violence emporta tout à coup le navire au fond du golfe, en lui faisant perdre seulement une légère portion de sa carène. On descendit à terre et chacun fut saisi de frayeur en voyant devant soi un ciel immense et au-dessous des plaines d'une égale étendue, où régnait un morne silence et où l'on n'apercevait ni source d'eau, ni sentier, ni cabane de pasteur : « Quelle est donc, se disaient-ils les uns aux autres, quelle est cette terre où nous ont jetés les tempêtes? Plût aux dieux que, sans écouter une crainte funeste, nous eussions, au retour de la Colchide, suivi le chemin qui nous y a conduits! En bravant les décrets du Destin, nous serions au moins morts glorieusement; mais maintenant que ferons-nous, si les vents nous forcent de rester ici quelque temps, puisque toute la côte n'est qu'un vaste désert ? »

Le pilote Ancée lui-même, plongé dans le désespoir, leur dit : « C'en est fait mes amis, notre perte est certaine et nous ne pourrions éviter le malheur qui nous menace quand même le vent viendrait à souffler de terre. Je ne vois du côté de la mer qu'un immense marais. L'eau qui baigne le rivage a très-peu de profondeur, et notre navire aurait été misérablement fracassé avant d'aborder s'il n'eût été soulevé par le flux. Maintenant que la mer est retirée, le fond est à peine couvert d'eau. Renoncez donc à l'espoir de vous mettre en mer. Qu'un autre cependant essaie de montrer s'il veut son adresse et qu'il prenne en main le gouvernail. Pour moi, je vois trop que Jupiter ne veut pas mettre fin à nos travaux par un heureux retour. »

Ainsi parlait le pilote en pleurant. Chacun de ceux qui savaient l'art de conduire un vaisseau tenait le même langage. Tous les cœurs furent alors glacés d'effroi et la pâleur se répandit sur tous les visages. Au milieu des horreurs d'une guerre sanglante ou d'une peste affreuse, aux approches d'un orage qui doit détruire tous les travaux des laboureurs, ou lorsque les statues des dieux paraissent couvertes d'une sueur de sang et qu'on croit entendre des mugissemens dans les temples[1], ou quand le soleil, au milieu de sa course, se couvrant tout à coup de ténèbres, le jour est à l'instant changé en nuit et les étoiles brillent au firmament, dans ces momens de trouble et de désastre, les habitans d'une ville errent çà et là, semblables à des fantômes inanimés : ainsi les Argonautes, abîmés dans leur douleur, se traînent languissamment le long du rivage. Sur le soir ils s'embrassent en pleurant, se séparent et s'étendent tristement sur le sable, chacun dans l'endroit qu'il a choisi. Ils passèrent ainsi la nuit et une partie du jour la tête enveloppée de leurs manteaux, souffrant les rigueurs de la faim et n'attendant que la mort. D'un autre côté, Médée et les femmes qui l'accompagnaient, retirées à l'écart, laissaient traîner leurs blonds cheveux dans la poussière et faisaient retentir l'air de leurs gémissemens. Ainsi de petits oiseaux, trop faibles encore pour voler, poussent des cris aigus lorsqu'ils sont tombés hors de leur nid ; ainsi sur les bords du Pactole, les cygnes font entendre leurs chants : la prairie d'alentour y répond par un doux frémissement et les eaux du fleuve en sont émues.

Les plus vaillans des héros, dans cet état affreux, allaient périr ignorés des mortels avant d'avoir achevé leur entreprise, lorsque les déesses furent touchées de leur sort : c'était les divinités tutélaires de la contrée, qui avaient autrefois reçu Pallas, lorsqu'elle sortit tout armée du cerveau de son père, et avaient lavé son corps dans les eaux du lac Triton[2]. Vers le milieu du jour, dans le temps que le soleil dardait sur la Lybie ses plus ardens rayons, elles s'approchèrent de Jason et levèrent doucement son manteau de dessus sa tête. Le héros détourna par respect les yeux : « Infortuné, lui dirent-elles avec bonté, pourquoi vous laisser ainsi aller au désespoir? Nous sommes les divinités de ces déserts, déesses tutélaires et filles de la Lybie. Nous savons que vous êtes partis de Grèce pour conquérir la Toison d'or. Nous

---

[1] La grande Syrte, aujourd'hui Sidra, sur la côte d'Afrique, dans le royaume de Tripoli.

[1] Vox quoque per lucos vulgo exaudita silentes. . . .
Et mœstum illacrimat templis ebur, æraque sudant.
Virgil., Georg. I, 476.

[2] Situé près de la ville de Bérénice, aujourd'hui Bernic, à l'entrée de la Grande-Syrte.

connaissons les fatigues que vous avez essuyées et les exploits par lesquels vous vous êtes signalés dans le Pont-Euxin. Cessez maintenant de vous affliger. Levez-vous et faites lever vos compagnons. Aussitôt qu'Amphitrite aura dételé le char de Neptune, montrez-vous reconnaissans envers votre mère des souffrances qu'elle a endurées pour vous, et rendez-lui un service pareil à celui qu'elle vous a rendu, en vous portant si longtemps dans son sein. C'est ainsi que vous retournerez dans votre patrie. »

En finissant ces mots, elles disparurent. Jason s'assit aussitôt et regardant autour de lui : « Augustes déesses, dit-il, qui habitez ces déserts, pardonnez si la manière dont vous m'annoncez notre retour paraît obscure à mon esprit. Je vais assembler mes compagnons pour tâcher de la mieux comprendre : que ne peuvent pas plusieurs avis réunis ! » Aussitôt il se lève et, tout couvert de poussière, appelle à haute voix ses compagnons. Tel un lion, traversant une forêt où paissent plusieurs troupeaux, remplit l'air de ses rugissemens. Les vallons en retentissent, les arbres tremblent au loin sur les montagnes et les pasteurs sont saisis d'effroi. Les compagnons de Jason au contraire entendent avec plaisir sa voix, s'assemblent en silence autour de lui. Le héros les ayant fait asseoir aussi bien que les femmes près de l'endroit où ils avaient abordé, leur adressa ce discours : « Écoutez, mes amis. Trois déesses semblables à de jeunes filles, le corps couvert de peaux de chèvre, se sont approchées de ma tête tandis que j'étais comme vous enseveli dans le chagrin et, tirant mon manteau de leurs mains délicates, m'ont ordonné de me lever et de vous faire lever, afin que, lorsque Amphitrite aura dételé le char de Neptune, nous soyons prêts à reconnaître les souffrances que notre mère a endurées pour nous e à lui rendre un service pareil à celui qu'elle nous a rendu, en nous portant si longtemps dans son sein. A cet oracle que j'ai peine à comprendre, elles ont ajouté qu'elles étaient les déesses tutélaires et les filles de la Libye, et qu'elles savaient tout ce que nous avons souffert tant sur mer que sur terre. Tout à coup elles ont disparu d'auprès de moi, et je ne sais quel nuage épais les a dérobées à mes yeux. »

Les Argonautes ne pouvaient revenir de la surprise où les avait plongés ce qu'ils venaient d'entendre, lorsqu'un prodige plus inouï s'offrit à leurs regards. Du sein de la mer s'éleva tout à coup sur le rivage un cheval d'une taille et d'une grosseur extraordinaires ; une crinière dorée flottait sur son cou. A peine eut-il secoué l'onde amère dont son corps était couvert, qu'il se mit à courir avec la rapidité du vent. « Mes amis, s'écria aussitôt Pélée, croyez-en mon augure, Amphitrite vient de dételer le char de son époux, et notre mère..... c'est le navire Argo lui-même, qui nous a portés si longtemps dans son sein et a souffert pour nous tant de fatigues. Réunissons-donc tous nos efforts et portons-le sur nos épaules à travers les sables, en suivant la route que nous a montrée l'un des chevaux de Neptune. Sans doute il ne va point chercher une retraite au sein de la terre et ses traces nous conduiront à l'extrémité de quelque golfe profond. » Il dit, et chacun approuvant son avis, se prépare à l'exécuter.

Déesses du mont Piérus, Muses, c'est vous que j'atteste en racontant ce prodige [1]. Docile à votre voix, je chante ce que vous m'avez vous-mêmes enseigné. Illustres descendans de tant de rois ! il est donc vrai que par la force de vos bras et la grandeur de votre courage vous pûtes bien élever sur vos épaules le vaisseau avec tout ce qu'il renfermait et le porter ainsi douze jours et douze nuits à travers les déserts sablonneux de la Libye ! Qui pourrait raconter les maux que vous eûtes à souffrir sous ce pesant fardeau ? Et que vous fîtes bien voir alors que vous étiez vraiment du sang des immortels.

Les Argonautes étant enfin parvenus sur les bords du lac Triton, déposèrent dans ses eaux le navire et coururent aussitôt, comme des chiens furieux, chercher une fontaine pour apaiser la soif qui les pressait. Un heureux hasard les conduisit au milieu d'une campagne sacrée du royaume d'Atlas, où le serpent Ladon [2], né du sein de la terre, veillait peu auparavant à la garde des pommes d'or, tandis que les nymphes Hespérides qui le servaient faisaient retentir l'air des doux accens de leurs voix. L'animal redoutable venait d'être tué par Hercule au pied de l'arbre qu'il gardait. L'extrémité de sa queue palpitait encore, le reste de

---

[1] Quis Deus, ô Musæ. . . . .
Dicite. Prisca fides facto, sed fama perennis.
Virgil., Æn. IX, 77.
[2] Strabon fait mention d'un fleuve de ce nom, appelé par d'autres auteurs Lathon, qui se jette dans le lac des Hespérides, près de la ville de Bérénice.

son corps était étendu sans mouvement, et des essaims de mouches trouvaient la mort dans ses plaies infectées du venin qu'y avaient laissé les flèches trempées dans le sang de l'hydre de Lerne. Près de lui les Hespérides gémissaient tendrement et se couvraient le visage de leurs mains. Les Argonautes s'approchèrent assez près d'elles sans être aperçus, mais au premier bruit de leur marche elles disparurent tout à coup.

« Aimables divinités, s'écria Orphée en voyant ce prodige, soit que vous habitiez le ciel ou les enfers ou que vous soyez les nymphes de ces déserts, Nymphes sacrées, filles de l'Océan, puisque nous avons été assez heureux pour vous contempler, montrez-nous une eau qui puisse étancher la soif qui nous dévore. Pour prix de ce service, si nous retournons un jour dans la Grèce, vous partagerez nos présens avec les premières d'entre les déesses; nous vous offrirons des libations et nous célébrerons en votre honneur des repas sacrés. » Telle fut la prière d'Orphée. Les Nymphes ne furent point insensibles au malheur des Argonautes. On vit d'abord sortir de la terre quelques brins d'herbe, de tendres rameaux parurent ensuite et bientôt des branches infinies s'élevèrent de toutes parts. Hespéra devint un peuplier, Erythie un orme, Églé fut changée en saule : toutes, par un merveilleux prestige, paraissaient encore sous la forme de ces arbres, telles qu'elles étaient auparavant. Églé prenant la parole adressa ce discours aux Argonautes : « Cet audacieux qui nous a enlevé les pommes d'or après avoir tué le dragon qui les gardait, en nous laissant en proie à la douleur semble être venu pour soulager vos maux. Hier arriva ce mortel aussi redoutable par sa force que par sa méchanceté. Ses yeux étincelaient sous son front farouche. Il était couvert de la dépouille d'un énorme lion et portait, avec un tronc d'olivier qui lui servait de massue, l'arc qui fut si fatal au dragon. Parcourant à pied la terre, il était, comme vous, dévoré par la soif et ses yeux cherchaient vainement de tous côtés une eau pour se désaltérer. Un rocher voisin du lac Triton s'offrit à ses regards : inspiré par un dieu, il le frappe du pied, le brise et voit jaillir une source abondante. Aussitôt, étendant par terre ses mains et sa poitrine, il avale à longs traits la liqueur limpide qui remplit ses vastes entrailles. »

Les Argonautes, transportés de joie à ce discours, coururent aussitôt à la source et se pressèrent à l'entourer comme des fourmis à l'entrée de leur étroite retraite ou comme des mouches autour d'une grotte de miel. « Grands dieux! dit alors l'un d'eux content de sentir ses lèvres rafraîchies, Hercule séparé de ses compagnons est néanmoins la cause de leur salut. Quel bonheur pour nous si nous pouvions le rencontrer et nous réunir à lui. »

Cependant les vents qui avaient soufflé pendant toute la nuit avaient agité le sable et fait disparaître les traces du héros. Les plus agiles de la troupe furent choisis pour le chercher par divers chemins. Les deux fils de Borée se confiaient dans leurs ailes, Euphémus dans la légèreté de ses pieds et Lyncée dans sa vue perçante. Canthus qui faisait le cinquième fut entraîné par son courage et par sa destinée : inquiet du sort de son ami Polyphème, il voulait absolument savoir d'Hercule en quels lieux il l'avait laissé. Mais hélas! Polyphème, après avoir bâti une ville célèbre en Mysie [1], touché du désir de revoir sa patrie et cherchant à découvrir le vaisseau des Argonautes, s'était avancé jusqu'au pays des Chalybes [2] où il avait terminé ses jours. Son monument élevé près de la mer fut surmonté d'un peuplier.

Lyncée portant au loin ses regards crut apercevoir Hercule à une distance infinie. Ainsi lorsque la lune est nouvelle, on la voit ou on croit la voir au milieu des nuages [3]. Aussitôt il retourna vers ses compagnons et leur annonça qu'il était impossible d'atteindre le héros. Euphémus et les deux fils de Borée revinrent aussi au bout de quelque temps après s'être inutilement fatigués. Toi seul, malheureux Canthus, tu trouvas la mort au milieu de la Libye; car tandis que tu songeais à pourvoir aux besoins de tes compagnons en leur conduisant un troupeau qui se rencontra sur ton chemin, le pasteur accourant au secours te lança une pierre qui t'ôta la vie. Le coup partait d'une main illustre, et Caphaurus ne le cédait point à Canthus puisqu'il était fils d'Apollon et d'Acacallis. Minos, père de cette princesse, la fit transporter en Libye dans le temps qu'elle était encore

---

[1] La ville de Cius, aujourd'hui Ghio, ou Kemlik, au fond d'un golfe de la mer de Marmara.

[2] Aujourd'hui Keldir, au midi de Trébisonde, sur la mer Noire.

[3] . . . . Agnovitque per umbram
Obscuram, qualem primo qui surgere mense
Aut videt, aut vidisse putat per nubila lunam.
Virgil., Æn. VI, 452.

enceinte. L'enfant qu'elle mit au monde, Amphithemis, appelé aussi Garamante, eut de la nymphe Tritonis, Nasamon et le vaillant Caphaurus qui, après avoir tué Canthus, ne put échapper lui-même à la vengeance des Argonautes. Ils ensevelirent leur compagnon et emmenèrent avec eux le troupeau.

Le même jour vit périr le devin Mopsus, que son art ne put garantir d'un sort toujours inévitable. Un horrible serpent était caché dans le sable et se tenait à l'abri de la chaleur du jour : il ne cherchait point à nuire ni à se jeter sur sa proie ; mais aussitôt qu'il avait lancé son noir venin, rien de tout ce qui respire sur la terre ne pouvait échapper à la mort la plus prompte et Pæon lui-même n'aurait pu guérir l'impression seule de ses dents. Lorsque Persée, surnommé par sa mère Eurymédon, volait au-dessus de la Libye, portant à Polydecte[1] la tête de Méduse qu'il venait de couper, les gouttes de sang dont la terre fut arrosée formèrent cette espèce de serpent[2]. L'infortuné Mopsus appuya en marchant le pied sur le dos de l'animal qui, pressé par la douleur, se dresse aussitôt, lui entoure la jambe de ses replis et lui fait une profonde morsure. Médée et les femmes qui l'entouraient furent saisies de frayeur. Cependant Mopsus presse avec intrépidité sa blessure et ne ressent aucune douleur violente. Mais hélas ! une langueur mortelle a déjà passé dans son corps ; ses yeux se couvrent de ténèbres, ses membres s'appesantissent, il tombe en expirant au milieu de Jason et de ses compagnons, aussi surpris qu'effrayés d'une mort si déplorable. Bientôt toute sa chair, corrompue par le venin, tombe en pourriture, et le corps ne peut plus rester exposer aux rayons du soleil. On creuse promptement une fosse profonde ; les hommes et les femmes y jettent une partie de leurs cheveux en faisant éclater leur douleur. Chacun prend ensuite ses armes, on fait trois fois le tour de la fosse, et après avoir rendu au mort tous les honneurs accoutumés on le recouvre de terre.

Les Argonautes, s'étant ensuite rembarqués à la faveur d'un vent du midi, voguaient au hasard et ne savaient quelle route tenir pour sortir du lac Triton. Tel qu'au milieu des ardeurs du jour un serpent, brûlé par les rayons du soleil, se traîne obliquement et l'œil en feu tourne de tous côtés sa tête en poussant d'horribles sifflemens, jusqu'à ce qu'il ait gagné l'entrée de sa retraite ; ainsi le navire Argo erre longtemps çà et là pour parvenir à l'embouchure du lac. Dans ce cruel embarras, Orphée commande à ses compagnons de descendre à terre et de se rendre les divinités du pays favorables en leur consacrant un grand trépied, présent d'Apollon. La cérémonie fut à peine achevée que le dieu Triton lui-même leur apparut sous la forme d'un jeune homme tenant dans la main une poignée de terre qu'il leur présenta en disant : « Recevez, mes amis, ce gage de l'hospitalité : je n'en ai pas dans ce moment de plus précieux à vous offrir ; mais si, comme étrangers, vous ignorez les chemins de ces mers, je suis prêt à vous les enseigner. Neptune mon père m'a placé près de son empire et je règne sur ces rivages. Peut-être, quoique vous soyez d'un pays éloigné, le nom d'Eurypyle[1] qui reçut le jour en Lybie est-il parvenu jusqu'à vous. »

Euphémus, qui était aussi fils de Neptune, s'avançant aussitôt, reçut dans ses mains la poignée de terre et répondit : « Illustre héros, si la Grèce et la mer de Crète ne vous sont point inconnues, daignez nous tirer de l'incertitude où nous sommes plongés. Ce n'est point notre volonté qui nous a conduits ici : d'horribles tempêtes nous ont fait échouer sur la côte ; nous avons avec mille fatigues porté notre vaisseau dans ce lac à travers les déserts, et nous ignorons quelle route peut nous en faire sortir et nous conduire à la terre de Pélops. » Aussitôt Triton, étendant la main et montrant de loin la mer et l'embouchure du lac : « Voilà, dit-il, cette issue que vous cherchez. L'onde y est immobile et d'une couleur plus noire. Des deux côtés s'élèvent des rivages d'une blancheur éclatante, séparés par un intervalle étroit. La mer qui est au delà baigne les rivages de l'île de Crète et ceux du Péloponèse. Lorsque vous y serez entrés, naviguez à droite et suivez la côte jusqu'à l'extrémité du promontoire qui s'avance vers le nord[2]. Éloignez-vous alors en pre-

---

[1] Roi de l'île Scriphe, une des Cyclades où Persée fut élevé.
[2] Viperei referens spolium memorabile monstri,
Acra carpebat tenerum stridentibus alis :
Cumque super libycas victor penderet arenas,
Gorgonei capitis guttæ cecidere cruentæ :
Quas humus exceptas varios animavit in angues ;
Unde frequens illa est, infestaque terra colubris.
Ovid., Metam. IV, 614.

[1] Prince de Libye, qui céda son empire à la nymphe Cyrène, lorsqu'elle eut tué le lion qui ravageait ses troupeaux. Callimac. in Apol., v. 92. Les scholiastes d'Apollonius, liv. II, v. 500.
[2] Le promontoire Phycus, aujourd'hui cap Rasat.

nant à gauche : voguez avec confiance en pleine mer, et montrez que vos corps à la fleur de l'âge sont supérieurs aux fatigues et aux ennuis. »

A peine eut-il achevé que les Argonautes, impatiens de sortir du marais, se rembarquèrent et firent force de rames. Au même instant Triton, emportant le trépied sacré, s'approche du rivage, entre dans le marais et disparaît tout à coup, laissant les Argonautes transportés de joie de ce qu'un dieu s'était offert à eux avec tant de bonté. Jason prit aussitôt par leur conseil une brebis choisie qu'il immola sur la poupe : « Dieu puissant, dit-il, qui avez daigné vous montrer à nos yeux, soit que vous soyez Triton, ce monstre marin, ou Phorcys ou Nérée, père des Nymphes de la mer, regardez-nous toujours d'un œil favorable et mettez le comble à nos vœux en nous accordant un heureux retour. »

Jason en récitant cette prière précipita la victime du haut de la poupe. Triton parut alors au-dessus des flots sous sa forme naturelle. Depuis la tête jusqu'à la ceinture, son corps est semblable à celui des immortels; il est terminé par une double queue de baleine dont les extrémités échancrées en croissans fendaient avec vitesse la surface des eaux. S'étant approché du navire, il le prit par le gouvernail et le conduisit ainsi vers la mer. Tel un habile écuyer, saisissant par les crins un cheval docile, le fait voler autour de la carrière. L'animal fend l'air en élevant une tête superbe et fait résonner sous ses dents son frein écumeux.

Triton ayant fait entrer le vaisseau dans la mer, se plongea de nouveau sous les flots à la vue des Argonautes étonnés d'un tel prodige. Le vent qui soufflait les obligea de rester ce jour-là dans un port qui a retenu le nom d'Argoüs, près duquel sont encore des autels en l'honneur de Neptune et de Triton.

Le lever de l'aurore fut le signal du départ. Un vent du couchant remplissant les voiles les fit voguer le long des déserts qui régnaient sur la droite. Le lendemain, ils arrivèrent à l'endroit où la côte s'incline vers le midi, en formant un large golfe. Le vent du couchant, cessant alors de souffler, fut remplacé par celui du midi. Chacun en poussa des cris de joie; mais à peine le soleil descendu sous l'horizon laissait briller l'étoile qui met fin aux travaux des laboureurs, que ce même vent tomba tout à coup. Alors on plia les voiles, on abaissa le mât et on commença à ramer. On continua d'avancer ainsi le lendemain et la nuit suivante, et l'on parvint à l'île Carpathus, hérissée de rochers. On se préparait à gagner la Crète, qui surpasse par sa grandeur toutes les autres îles, lorsqu'un géant redoutable, lançant du haut d'un rocher des pierres énormes, les empêcha d'y aborder : c'était l'invincible Talus, un de ces hommes que le siècle d'airain vit naître du sein des arbres les plus durs[1] et qui, seul de cette race féroce, vécut dans l'âge suivant parmi les demi-dieux. Jupiter l'avait donné à Europe pour veiller à la garde de l'île[2], et chaque jour il en faisait trois fois le tour. Son corps, fabriqué de l'airain le plus dur, était invulnérable, à l'exception d'une veine cachée près du talon à laquelle était attachée sa vie.

Les Argonautes, effrayés, abandonnèrent promptement le rivage et se préparaient, malgré la soif qui les pressait et la fatigue dont ils étaient accablés, à fuir loin de l'île de Crète : « Écoutez, leur dit alors Médée, quel que soit ce fier ennemi, quand tout son corps serait d'airain, je prétends, pourvu qu'il ne soit pas immortel, le dompter seule aujourd'hui si vous voulez tenir quelque temps le vaisseau immobile hors de la portée de ses coups. »

On s'arrêta donc, et chacun attendait l'événement avec impatience. Médée, le visage couvert de sa robe, fut conduite à travers les bancs par Jason qui lui tenait la main et monta sur le bord du vaisseau. Là par des enchantemens elle invoqua les Furies, ces chiens agiles de Pluton, qui tournant sans cesse dans les airs sont toujours prêts à se jeter sur les mortels. Elle se mit ensuite à genoux et les conjura trois fois par de nouveaux charmes et trois fois par de simples prières. Dès qu'elle fut remplie de leur esprit malin, elle fascina par des regards pleins de haine les yeux de Talus; et toute hors d'elle-même, elle souffla sur lui sa rage et lui envoya d'horribles fantômes. Grand Jupiter! quelle surprise est la mienne! Les maladies et le fer ne sont donc pas les seules causes de notre mort, un ennemi peut nous la donner de loin par ses prestiges. Ainsi Talus, malgré l'airain dont son corps était formé, succomba sous le pouvoir de Médée. Tandis qu'il faisait

---

[1] Gensque virûm truncis, et duro robore nata.
Virgil., Æn. VIII, 315.
[2] Jupiter ayant enlevé Europe, la transporta dans l'île de Crète, pour la dérober aux poursuites de son père Agénor.

rouler des pierres pour empêcher qu'on ne pût aborder, son talon rencontra la pointe d'un rocher. Aussitôt une liqueur semblable à du plomb fondu coula de la veine fatale. Avec elle ses forces l'abandonnent, et bientôt il ne peut plus soutenir ses membres. Tel qu'un pin élevé que des bûcherons ont laissé à demi-abattu sur une montagne, agité durant la nuit par les vents, se brise entièrement et est renversé, tel le géant, après avoir chancelé quelque temps, tombe enfin sans force avec un bruit effroyable.

Les Argonautes ayant passé la nuit dans l'île de Crète, élevèrent aux premiers rayons du jour un monument en l'honneur de Minerve Minoïs, et s'étant munis d'eau, se rembarquèrent pour doubler aussitôt le promontoire Salmon[1]. Ils parcoururent ensuite la mer de Crète, et l'avaient même déjà franchie lorsqu'ils furent surpris par une nuit épouvantable, nuit redoutée des matelots, qui l'appellent Catoulas[2] et dont les astres ne peuvent percer l'obscurité. On eût dit que le noir chaos était répandu sur le ciel ou que les plus profonds abîmes avaient vomi dans les airs toutes leurs ténèbres. Chacun, interdit, ne savait s'il était porté sur les eaux ou plongé dans le sombre empire de Pluton. Au milieu de cette horrible situation, ne pouvant plus tenir de route certaine, ils abandonnèrent à la mer le soin de les conduire. Jason, élevant les mains au ciel et fondant en larmes implorait à grands cris le secours d'Apollon et promettait d'envoyer à Delphes, à Amycles et à Délos des présens aussi nombreux que magnifiques. Sensible à la prière du héros, tu descendis aussitôt du ciel, illustre fils de Latone, et du haut des rochers Mélantes, qui semblent sortir des flots, tu fis briller ton arc d'or au milieu des airs. Une lumière éclatante se répandit alors de tous côtés et les Argonautes aperçurent une petite île[3] du nombre des Sporodes, située vis-à-vis celle d'Hippouris. Ils y jetèrent l'ancre et le lendemain, ayant préparé dans le milieu d'un bois épais un endroit riant et découvert, ils y élevèrent un autel et consacrèrent le tout à Apollon, qu'ils surnommèrent Éclatant[4], à cause de l'heureux éclat qu'il avait fait briller à leurs yeux. Ils donnèrent aussi à l'île un nom qui marquait la manière dont ils l'avaient découverte[1].

On pratiqua ensuite en l'honneur d'Apollon toutes les cérémonies qu'on peut faire sur un rivage désert. Les esclaves phéaciennes qui accompagnaient Médée, accoutumées à la cour d'Alcinoüs, à des sacrifices où l'on immolait toujours des taureaux, ne purent retenir leurs ris en voyant répandre des libations sur des tisons ardens. Les Argonautes voulant repousser la raillerie, leur répondirent par des propos piquans qui donnèrent lieu à une dispute vive et enjouée, modèle de celle qui s'observe encore aujourd'hui entre les hommes et les femmes de l'île d'Anaphé, lorsqu'ils offrent des sacrifices à leur dieu tutélaire, Apollon, surnommé Éclatant.

Les Argonautes étant partis d'Anaphé, Euphémus se rappela un songe qu'il avait eu la nuit précédente. Il croyait tenir entre ses mains cette glèbe divine qu'il avait reçue de Triton. Elle était arrosée du lait qui découlait de son sein, quand tout à coup il en sortit une jeune fille pour laquelle il conçut une violente passion. À peine y eut-il succombé, qu'il gémit de sa faiblesse, en pensant qu'il l'avait lui-même nourrie de son lait. « Ami, lui dit-elle alors, en le consolant doucement, je ne suis pas une simple mortelle. Fille de Triton et de la nymphe Lybie, c'est moi qui dois nourrir ta postérité. Dépose-moi dans le sein de la mer que j'habite près d'Anaphé avec les filles de Nérée. Un jour je paraîtrai pour recevoir tes descendans. »

Euphémus s'étant rappelé ce songe en fit part à Jason qui, repassant dans son esprit les oracles d'Apollon, lui répondit : « Euphémus, quelle sera votre gloire ! Quel bonheur est le vôtre ! Cette glèbe, si vous la jetez dans la mer deviendra une île où habiteront les enfans de vos enfans, car c'est Triton et non pas un autre dieu qui vous a donné ce gage d'hospitalité tiré de la terre de Lybie. » Euphémus, charmé de la prédiction, suivit le conseil de Jason et jeta dans les flots la glèbe d'où sortit l'île Callisté[2],

---

[1] Appelé aussi *Samonium*, aujourd'hui *Salamone*.
[2] D'un mot grec qui signifie funeste. *Suidas*.
[3] Anaphé, aujourd'hui Namphio. Les anciens croyaient que cette île était sortie tout à coup du sein de la mer. *Pline*, 11, 87.
[4] En grec Æglète. Strabon parle de ce temple d'Apollon Æglète, qui était dans l'île Anaphé. *Strabon*, liv. X, p. 484.

[1] Le nom d'Anaphé vient d'un mot grec qui signifie *montrer*, *faire paraître*.
[2] Pline rapporte aussi que cette île, qui fut ensuite appelée Théra, sortit tout à coup du sein de la mer. Mais il se trompe, en plaçant sa naissance à la quatrième année de la 135e olympiade, qui répond à l'an 237 de l'ère vulgaire. *Pline*, 11, 87.

terre sacrée, nourricière des descendans d'Euphémus, lorsqu'après avoir été chassés par les Tyrrhéniens, de Lemnos où ils habitaient d'abord, et s'être ensuite retirés quelque temps à Sparte, ils vinrent s'établir dans son sein sous la conduite de Théras, fils d'Autésion, qui changea le nom de Callisté en celui de *Théra*[1].

Cependant les Argonautes, qui voguaient avec rapidité abordèrent à l'île d'Égine[2], où ils s'arrêtèrent pour puiser de l'eau. Le besoin qu'ils en avaient et le vent qui soufflait, les obligeant de se hâter, firent naître parmi eux une dispute innocente à qui regagnerait plus tôt le vaisseau. C'est de là que les descendans des Myrmidons qui habitent cette île ont pris la coutume de se disputer le prix de la course, en portant sur leurs épaules des outres remplies d'eau.

Soyez-moi propices, illustres héros, issus du sang des dieux, et que mes chants deviennent de jour en jour plus agréables aux mortels. Me voici parvenu au terme de vos travaux. Partis d'Égine, vous n'eûtes plus d'obstacles à surmonter, plus de tempêtes à essuyer; mais après avoir côtoyé paisiblement la terre de Cécrops[1], passé le long de l'île d'Eubée[2], près de la ville d'Aulis et du pays des Locriens, vous abordâtes avec joie aux rivages de Pagases[3], d'où vous étiez partis.

---

[1] Aujourd'hui Santorin. Cette histoire est racontée fort au long par Hérodote et par Plutarque. Voyez les savantes notes du citoyen Larcher sur Hérodote, t. III, p. 458.

[2] Aujourd'hui Engia, dans le golfe du même nom, à l'orient de la Morée.

[1] L'Attique, qui fait aujourd'hui partie de la Livadie.

[2] Négrepont.

[3] Port du golfe Pélasgique, aujourd'hui golfe de Volo.

FIN D'APOLLONIUS.

OEUVRES D'OPPIEN,

TRADUITES PAR M. BELIN DE BALLU.

PRÉFACE.

Parmi les chefs-d'œuvre poétiques de l'antiquité échappés au naufrage des lettres et à la méchanceté des hommes, il en est peu qui méritent autant notre estime que les ouvrages d'Oppien. Ce poëte, par le choix de sa matière, par le style agréable et nombreux dont il a su l'embellir, par la richesse et la variété des descriptions répandues dans ses deux poëmes, obtient sans peine un rang distingué sur le Parnasse des Grecs. Il est étonnant sans doute, qu'un pareil écrivain soit resté si longtemps dans une espèce d'oubli et qu'on ne se soit pas empressé de le traduire. On ne doit l'attribuer qu'à l'indifférence générale que l'on témoigne aujourd'hui pour la langue grecque, ou plutôt à l'état d'altération où le texte de cet auteur se trouvait dans les différentes éditions. Une foule de passages offraient un sens défectueux ou n'en offraient aucun, et il était nécessaire de les rétablir avant de les interpréter. Telle fut en effet la première difficulté que j'éprouvai, lorsque j'entrepris ce travail. Je n'avais conçu d'autre projet que celui d'essayer de transmettre dans notre langue quelques-unes des images brillantes dont les poëmes d'Oppien sont remplis; mais bientôt arrêté presque dès le commencement de mon entreprise, je me vis obligé de travailler à une édition nouvelle de ce poëte. Heureusement j'ai trouvé dans les manuscrits de la bibliothèque du roi, dans ceux de Venise et du Vatican, des secours abondans qui m'ont mis en état de publier le poëme de *la Chasse* beaucoup plus correct qu'on ne l'avait eu jusqu'à présent. C'est d'après cette édition qui a paru à Strasbourg en 1786 que je donne aujourd'hui cette traduction.

Il est naturel, en lisant les ouvrages d'un auteur, de chercher à connaître les différens événemens de sa vie, le temps auquel il a fleuri et la patrie qui s'honore de lui avoir donné le jour. Nous ne savons malheureusement que peu de détails sur la vie d'Oppien. Un grammairien anonyme et Constantin Manassès, qui vivait à Constantinople vers le douzième siècle, sont les seuls qui nous aient transmis quelques faits intéressans sur ce poëte.

Oppien naquit vers la fin du règne de Marc-Aurèle, à Anazarbe, ville capitale de la Cilicie. Son père se nommait Agésilas et sa mère Zénodote. Agésilas était un des membres les plus distingués du Sénat d'Anazarbe, moins encore par sa naissance que par son amour pour les lettres et pour la philosophie. Il destina de bonne heure son fils à cultiver ces belles connaissances, et déjà le jeune Oppien avait parcouru le cercle des sciences que les Grecs appellent Encyclopédie, lorsqu'un malheur subit détruisit sa fortune et précipita son père dans l'indigence. L'empereur Septime-Sévère, monté depuis peu sur le trône qu'il avait conquis, vint à Anazarbe; tous les sénateurs s'empressèrent d'aller au-devant de lui et de porter leurs hommages au nouveau souverain. Le seul Agésilas négligea ce devoir que les circonstances semblaient lui prescrire. L'empereur irrité de cette indifférence, qu'il regardait peut-être comme un reproche secret fait à son usurpation, dépouilla Agésilas de tous ses biens et l'exila dans l'île de Mélite, située dans la mer Adriatique (on l'appelle aujourd'hui Meleda). Oppien aimait trop son père pour ne pas partager volontairement son infortune. Il se condamna lui-même à l'exil. Ce fut dans cette retraite qu'il conçut et exécuta ses poëmes de *la Chasse* et de *la Pêche*. Il vint à Rome, et il les offrit à Sévère et à son fils Antonin Caracalla, qui se plaisaient à ces différens exercices. Cet hommage du poëte fut si favorablement reçu, qu'après avoir entendu la lecture de ces poëmes, l'empereur lui ordonna de souhaiter tout ce qu'il lui plairait. Ce fils tendre et reconnaissant ne demanda que la grâce de son père. Elle lui fut aussitôt accordée, et pour récompenser sa piété filiale aussi bien que ses talens, Sévère fit donner à Oppien une statère d'or pour chacun de ses vers, lesquels, suivant Suidas, se montaient à vingt mille.

Oppien ne jouit pas longtemps de sa gloire et de sa prospérité. A peine était-il de retour dans sa patrie, qu'une peste affreuse ravagea la ville d'Anazarbe et moissonna notre poëte à la fleur de son âge. Il n'avait guère alors plus de trente ans. Ses concitoyens l'honorèrent de leurs regrets et lui élevèrent un tombeau magnifique, sur lequel ils placèrent sa statue avec une inscription en vers dont voici le sens :

« Je suis Oppien, j'ai acquis une gloire immortelle. La Parque jalouse et le cruel Pluton ont ravi à la fleur de son âge l'interprète des Muses. Si j'avais vécu plus longtemps, et si le sort jaloux m'eût laissé sur la terre, aucun mortel n'eût atteint à ma renommée. »

Les ouvrages d'Oppien étaient nombreux pour le peu de temps qu'il a vécu. Il avait composé, dit Suidas, un poëme sur *la Pêche* en cinq chants, un autre sur *la Chasse* en quatre chants, un troisième sur la manière de prendre les oiseaux. A ces ouvrages, Manassès et l'auteur anonyme qui a écrit la vie d'Oppien, ajoutent différentes poésies admirables, que je soupçonne être des odes et des dithyrambes, d'après le vers 27e du 1er chant de *la Chasse*.

De tous ces ouvrages, il ne nous reste plus aujourd'hui que le poëme de *la Chasse*: encore le quatrième chant de ce dernier est-il incomplet et le cinquième totalement perdu; car ce poëme était, comme celui de *la Pêche*, divisé en cinq chants. Ils existaient du temps de l'anonyme, mais le dernier était déjà perdu du temps de Suidas. *Les Ixeutiques* ou la Chasse aux oiseaux, n'existent plus depuis longtemps. Le sophiste Eutechnius nous a laissé une paraphrase en prose d'un poëme intitulé *Ixeutica*. On croit assez communément que c'est celui d'Oppien; mais Eutechnius lui-même déclare à la fin de sa paraphrase, que ce sont *les Ixeutiques* de Dionysius qu'il a traduites en prose. Or ce Dionysius ne peut être que celui de Samos, qui, selon le témoignage d'Eusthate dans la préface de son Commentaire sur Denis Périégete, avait écrit un poëme sur cette matière, en vers durs et presque barbares.

La perte des écrits d'Oppien est d'autant plus digne de nos regrets, que ceux qui sont parvenus jusqu'à nous lui ont mérité des éloges distingués. Tous les critiques anciens et modernes lui donnent les épithètes les plus glorieuses. Jean Tzetzès, dans les vers qu'il a mis à la tête de ses scholies sur le poëme de *la Pêche*, appelle Oppien *un océan de grâces*. Manassès, dans les vers politiques que nous avons publiés à la tête de notre édition, ne donne pas de moindres louanges à ce poëte. *J. C. Scaliger*, ch. 9, liv. 5 de sa Poétique, trouve Oppien si sublime et si nombreux qu'il le regarde comme le seul des Grecs qui ait atteint à l'élégance de Virgile. Et l'on sait quelle était la passion de Scaliger pour le poëte latin. *Casp. Barthius*, un des plus savans hommes du dernier siècle, n'a pas fait difficulté d'appeler Oppien, *le plus fleuri des poëtes grecs*. Que dirai-je de Conrad Gesner, écrivain aussi distingué par son mérite littéraire que par ses vastes connaissances en histoire naturelle? Il s'appuie presque à chaque pas du témoignage d'Oppien. L'illustre M. de Buffon cite souvent notre poëte et toujours avec éloges; il va jusqu'à dire, tome VI de l'histoire des quadrupèdes, qu'une probabilité devient une certitude par le témoignage d'Oppien.

Le poëme de *la Chasse* n'a encore été traduit en entier qu'une seule fois, et en vers, par Florent Chrétien, précepteur d'Henri quatre. Chrétien était fort savant en grec et en hébreu; sa traduction ne manque pas de fidélité; il paraît avoir travaillé sur l'édition d'Alde, fort défectueuse et dans laquelle il manque plusieurs vers. D'ailleurs la langue française était alors bien éloignée de ce degré de perfection, de cette clarté, de cette élégance, qui lui ont mérité l'estime de toutes les nations de l'Europe et qui la font considérer comme la langue universelle, plutôt que comme celle d'un seul peuple. La poésie de Chrétien est faible même pour son siècle. Cette traduction parut en 1575 sous ce titre : *Les quatre livres de la Vénerie d'Oppian, poëte grec d'Anazarbe*; à Paris, de l'imprimerie de R. Étienne, par Mamest Patisson. M. D. LXXV. Ce livre est devenu fort rare.

Environ cent ans après, un anonyme traduisit en prose *les deux derniers chants de ce poëme*, pour servir de suite au traité de *la Chasse d'Arrien*. Cette traduction qui fourmille de contresens, écrite d'un style presque barbare, annonce que son auteur n'avait qu'une très-faible connaissance de la langue grecque. L'abbé Goujet, en parlant de cette traduction dans sa *Bibliothèque française*, l'attribue à Défermat, conseiller au Parlement de Toulouse, habile mathématicien. La seule preuve sur laquelle ce bibliographe se fonde est que l'exemplaire qu'il a vu à la bibliothèque du roi portait le nom de Défermat, écrit sur le titre. Il eût été plus naturel d'en conclure que ce livre avait appartenu à celui dont il porte le nom. Cette traduction parut à la suite de celle d'Arrien, chez *David Hortemels* en 1690. Depuis, Oppien n'a point été traduit en français, et le poëme de *la Pêche* n'a jamais paru en cette langue. Nous le publierons incessamment.

Les Italiens qui ont traduit avec succès tous les poëtes grecs n'ont pas oublié le nôtre. L'abbé Antonio Maria Salvini, si célèbre en ce genre, publia les deux poëmes d'Oppien à Florence 1728. Sa traduction en vers italiens de huit syllabes est très-fidèle. Il l'a enrichie de quelques notes. On assure que les Anglais ont aussi traduit Oppien en leur langue; mais quelques recherches que j'aie faites, je n'ai pu me procurer cette traduction anglaise.

BELIN DE BALLU.

LA CHASSE,

POEME.

CHANT PREMIER.

Divin mortel (1), c'est pour toi que je chante, glorieux soutien de la terre, astre chéri des belliqueux enfans d'Énée, tendre rejeton du Jupiter d'Ausonie, Antonin, heureux fruit (2) de l'hymen fortuné qui unit à l'illustre Sévère l'illustre Domna. Noble épouse d'un magnanime époux, cette aimable mère d'un fils rempli de grâce, est la Vénus d'Assyrie, c'est Phébé (3), dont l'éclat lumineux n'est jamais éclipsé. O vous! dont l'origine ne le cède en rien à celle du fils de Saturne, daignez m'être propice, Titan (4) rayonnant de gloire et toi brillant Apollon, qui tiens de ton père l'empire de l'univers conquis par ses mains puissantes. C'est pour toi que la terre libérale produit de son sein fécond les fruits et la verdure; c'est pour toi que l'Océan paisible nourrit ses monstrueux habitans; c'est pour toi que tous les fleuves roulent leurs eaux limpides puisées au sein des mers (5), et que la gracieuse Aurore s'élance en souriant dans les cieux.

Je désire chanter les nobles plaisirs (6) de la chasse; Calliope me l'ordonne et Diane le veut. J'ai entendu, (autant qu'il est permis à un mortel,) j'ai entendu la voix de cette déesse. Je lui ai répondu. Elle me parla la première et me dit :

D. Lève-toi, marchons dans un sentier pénible (7) où nul mortel guidé par les Muses n'ait encore porté ses pas.

O. Favorise mes chants, chaste déesse, et la voix d'un mortel secondera tes désirs.

D. Je ne veux point qu'en ce jour tu chantes Bacchus dont les fêtes triennales se célèbrent sur les montagnes (8), ni les danses de ce dieu sur les bords de l'Asope, dont les flots baignent l'Aonie (9).

O. Je ne parlerai point, puisque tu me l'ordonnes, des mystères nocturnes de Sabazius (10). J'ai souvent autrefois mené des chœurs de danse en l'honneur du fils de Thyonée (11.)

D. Tu ne célèbreras, ni la race des héros, ni les courses maritimes de l'Argo, ni les guerres des mortels, ni le dieu destructeur qui y préside.

O. Je ne chanterai point les combats ni les funestes exploits de Mars. La défaite des Parthes (12), la prise de Ctésiphonte eussent cependant fourni un noble sujet à mes chants.

D. Garde sur les combats un silence profond. Ne parle pas non plus de la ceinture de Vénus; je hais ce qu'on nomme les jeux de cette fille de l'Océan.

O. Déesse, je le sais, tu n'es point initiée aux mystères de l'hymen.

D. Chante plutôt la guerre que les chasseurs courageux déclarent aux animaux sauvages. Chante les espèces variées et légères des chiens et des coursiers, les ruses subtiles, l'art ingénieux de suivre les bêtes à la piste (13), les haines des habitans des bois, leurs amours formées dans les montagnes, et dont les plaisirs sont exempts de larmes; chante leurs enfantemens qui n'ont pas besoin des secours de Lucine.

Tels furent les ordres de la fille du puissant Jupiter; je les ai entendus et je chante; puisse ma voix frapper au but qui m'est prescrit. Et toi dont l'empire s'étend des portes de l'Aurore aux extrémités de l'Océan, daigne d'un front serein (14) sourire à mes vers, me tendre avec bonté cette main protectrice qui verse le bonheur sur la terre et sur ses cités, et qui peut assurer le succès de mes chants.

Jadis un dieu fit présent (15) aux mortels de trois sortes de chasses (16) : l'une s'exerce sur la terre, l'autre dans les airs et la troisième au milieu des eaux; mais les travaux en sont bien différens. Comment pourrait-on comparer l'homme qui des profondeurs de l'onde tire, avec le secours de la ligne, un poisson palpitant, ou précipite du haut des airs l'oiseau qui plane les ailes étendues, avec celui qui combat sur les montagnes des animaux farouches et sanguinaires? Ni le pêcheur ni l'oiseleur ne sont pas assurément dispensés de travail, mais leur peine est toujours suivie d'un plaisir sans mélange; ils ne risquent point de répandre leur propre sang. Tranquillement assis sur les rochers qui bordent le rivage, armé de ses roseaux courbés et de ses cruels hameçons, le pêcheur enchaîne le poisson qui se joue dans les eaux. Quel plaisir pour lui lorsque d'un fer acéré il perce l'habitant de l'onde, l'arrache malgré ses bonds à sa profonde demeure, l'enlève (17) et le voit s'agiter en l'air avec la souplesse et l'agilité d'un danseur. Le travail de l'oiseleur est sans doute bien doux; il ne porte pour sa chasse ni épée ni glaive, ni javelots armés d'airain; l'épervier (18) compagnon de ses travaux le suit dans les bocages. De longues ficelles, l'humide glu dont la couleur imite celle du miel, des roseaux qui sillonnent les plaines de l'air (19), voilà tout son appareil. Qui oserait assimiler dans ses chants ces différens travaux (20), comparer l'aigle au lion, ce roi des animaux, la murcene (21) aux panthères venimeuses (22), les thos aux éperviers, les rhinocéros aux hérissons de mer (23), le pluvier aux chèvres sauvages, et tous les monstres des mers à un seul éléphant?

Les chasseurs donnent le trépas aux loups et les pêcheurs aux thons. Les brebis sauvages tombent sous les coups des chasseurs et les oiseleurs ravissent les colombes (25). L'ours est abattu par les hommes hardis qui le poursuivent et le mormyre est la proie de celui qui le guette sur le rivage. Les cavaliers triomphent du tigre et les pêcheurs des trigles. Les chasseurs prennent le sanglier en suivant ses traces et l'oiseleur avec sa glu enchaîne les rossignols.

O Nérée! ô divinités qui habitez le sein d'Amphitrite! et vous aimable chœur des Dryades qui chérissez les oiseaux, pardonnez; déjà les Muses me rappellent sur mes pas; je vais chanter pour les dieux qui se plaisent à faire couler le sang des animaux sauvages.

Je veux premièrement que les jeunes chasseurs ne soient point chargés d'un embonpoint excessif. Souvent il faut au milieu des rochers s'élancer sur un cheval d'une taille élevée, franchir de larges fossés et poursuivre d'un pied vigoureux et léger les bêtes sauvages à travers les forêts. Que les hommes trop gras ne viennent donc point à la chasse, que ceux qui sont trop délicats s'en abstiennent aussi; quelquefois un chasseur passionné se trouve dans la nécessité de combattre corps à corps des animaux belliqueux. Allez porter la guerre dans les bois, vous qu'une heureuse constitution rend tout à la fois et légers à la course et robustes dans les combats. Que dans sa main droite le chasseur agite de longs javelots armés d'un fer à double tranchant, et qu'un glaive recourbé (26) soit passé dans sa ceinture, prêt à donner le trépas aux animaux féroces ou à repousser les attaques des brigands (27). De sa gauche, s'il est à pied, il guidera ses chiens, et s'il monte un cheval, il gouvernera le frein qui dirige le coursier. Sa tunique relevée avec grâce sera fixée au-dessus du genou par le double contour d'une courroie. Le manteau qui flotte en descendant du cou sur l'un et l'autre bras, doit être rejeté derrière les épaules; les mouvemens du chasseur en seront plus libres. Ceux qui s'attachent à suivre les traces incertaines des habitans des bois, doivent marcher à nu, de peur que le bruit de la chaussure qui gémit pressée sous le pied ne dissipe le sommeil épanché sur les yeux des animaux. Il vaudrait encore mieux ne point porter de manteau. Agité par le souffle de l'air, souvent il effraie le gibier timide et lui fait prendre la fuite. Que les chasseurs soient donc légèrement vêtus; c'est ainsi que les aime la fille de Latone, cette déesse qui se plaît à lancer des traits.

L'heure de la chasse varie suivant les différentes saisons. On triomphe des bêtes sauvages lorsque le jour commence et quand il est près de finir; à midi et quelquefois le soir, quelquefois aussi durant la nuit, à la clarté des rayons de la lune. Cependant le lever de l'aurore est l'instant le plus propice aux chasseurs. Les regards sereins de cette déesse répandent sur l'univers un calme favorable aux courses fatigantes lorsque le printemps fait éclore les feuilles ou que l'automne sur son déclin les sème à nos pieds.

Les saisons tempérées secondent merveilleusement la vitesse des coursiers, des chasseurs et des chiens. Elles règnent lorsque le printemps répandant ses trésors sur la nature chasse au loin les nuages, pères des frimas, et que la mer applanie permet aux nautoniers de déployer sur les vaisseaux ces ailes éclatantes qui les font voler sur la surface de l'onde, lorsque la terre, souriant au cultivateur, délie les nœuds qui captivaient les fleurs, entrouvre les boutons de rose. Elles règnent à la fin de l'automne, au dernier solstice (28), lorsque la maison du laboureur est enrichie des présens de Pomone, qu'il a recueillis avec soin; lorsque le fruit de Minerve remplit les vases de sa liqueur onctueuse; lorsque foulant la grappe (29), le vendangeur chante joyeusement l'hymne du dieu du vin, et que par les soins de l'abeille les ruches sont chargées des rayons d'un miel odorant.

Si l'hiver est dans sa force, chassez au milieu du jour, à l'heure où retiré dans sa cabane le berger allume une flamme passagère avec quelques bois secs ramassés dans les forêts et fait, assis près du feu, les apprêts de son repas. Mais en été, évitez les rayons enflammés et l'ardeur dévorante du soleil. Je vous invite à vous mettre en marche aux premiers traits du crépuscule, à la pointe du jour, lorsque le laboureur attelant ses bœufs sous le joug de la charrue déchire en longs sillons le sein de la terre, ou sur le soir, lorsque le soleil inclinant son char, le berger donne à ses troupeaux le signal du retour : ils reviennent alors aux étables, courbés sous le poids de leurs mamelles gonflées de lait. Les petits quittant leur retraite se précipitent en foule au-devant de leurs mères et bondissent autour d'elles; les veaux bondissent autour des génisses, les agneaux bêlans appellent les brebis, les chevreaux courent auprès des chèvres et les poulains légers folâtrent aux côtés des jumens.

(30) Voici les instrumens et les armes de la chasse, ces armes qui ne respirent que le carnage, et que doivent porter dans les bois et sur les montagnes des chasseurs courageux et pleins d'ardeur pour ce noble travail. Des rets, des fourches pour les supporter, des filets dans lesquels la proie gémira captive, des toiles, des osiers fortement tordus, une longue panagre (31), une lance à trois pointes (32), une pique toute de fer armée d'un large tranchant (33), un harpon (34), des pieux, des flèches ailées, des épées, des haches, un trident propre à donner le trépas aux lièvres, des crochets tortueux, des anneaux de plomb, des ficelles de Sparte, des pièges, des nœuds (35), des perches et une gibecière faite d'un tissu de mailles nombreuses.

Menez avec vous à la chasse de généreux coursiers, mais n'y conduisez que des mâles.

Non-seulement les cavales trop faibles de jarret ne pourraient pas fournir une longue course à travers les forêts, mais il faut encore se tenir en garde contre le tempérament lascif du cheval et écarter loin de lui les jumens de peur que les désirs amoureux ne le fassent hennir, et que saisis d'épouvante aux sons éclatans de sa voix, les faons, les chevreuils légers, les lièvres timides ne prennent aussitôt la fuite.

Les races des chevaux sont variées à l'infini. Le nombre des espèces égale celui des divers peuples que la terre nourrit de ses fruits. Je vais nommer les coursiers qui surpassent les autres par leur vigueur et qui dans un concours remportent le prix sur leurs rivaux.

Tels sont ceux de Tyrrhène, de Sicile, de Crète, de Mazace (36), d'Achaïe, de Cappadoce (37), les maures, les scythes, ceux de Magnésie, de Thessalie, d'Ionie, d'Arménie; les chevaux libiens, thraces et arabes.

Les gouverneurs des hippodromes et des harras, instruits de leur art, reconnaissent pour un excellent coursier celui dont le corps est embelli des formes que je vais décrire.

Sur son cou flexible s'élève une tête de médiocre grosseur. Sa taille est allongée, ses membres sont arrondis. Sa tête relevée ramène par ses mouvemens sa mâchoire inférieure sur son poitrail. Son front large et brillant est couronné d'une crinière touffue (38) qui naît du sommet de la tête. Ses yeux vifs et pleins de feu semblent trop à l'étroit sous leurs paupières enflammées; je lui veux de larges naseaux, une bouche médiocrement fendue, de courtes oreilles, une crinière flottante sur un cou arrondi comme le panache dont un casque est rehaussé. Que son poitrail soit fourni, son corps allongé, son dos large et garni d'une double épine qui donne de l'embonpoint à ses reins, qu'on en voie jaillir une queue longue et touffue. Ses cuisses doivent être pleines et musculeuses; mais sa jambe, vers le pied, sera mince, efilée, semblable à celle du cerf dont le front est orné de longs rameaux et qui court avec la rapidité des tempêtes. Que le talon du cheval soit recourbé, qu'une sole épaisse et dure enveloppe son pied et s'élève au-dessus de la terre.

Tel doit être un généreux coursier. Bouillant d'ardeur, ce belliqueux compagnon de vos travaux, ne respire que les combats de la chasse. Tels sont ceux de Toscane, d'Arménie, d'Achaïe, et ceux que la Cappadoce nourrit au pied du mont Taurus. J'ai remarqué dans ces derniers une singularité surprenante : tant qu'ils conservent dans la bouche les dents de leur enfance et que leur corps est gonflé de lait, il n'ont aucune vigueur; mais plus ils vieillissent plus ils deviennent légers et prompts à la course. Voilà ceux qu'il faut dresser aux combats et à la chasse des bêtes féroces; il s'élancent avec audace au-devant des armes, rompent les phalanges les plus serrées, attaquent les animaux les plus courageux.

Avec quelle fierté le coursier belliqueux entend, au milieu des batailles, le son martial de la trompette (39); signal des combats! De quel œil intrépide il fixe un épais bataillon de jeunes guerriers et soutient les éclairs foudroyans du fer et de l'airain! il sait quand il doit rester immobile ou fondre sur l'ennemi. Il comprend l'ordre des généraux. Ombragé d'une aile d'airain, souvent il approche des remparts ennemis, lorsque animés du désir de saccager une ville, les guerriers élèvent sur leurs têtes de larges boucliers obliquement affermis l'un sur l'autre, et forment par leur industrie une plaine au milieu des airs; l'éclat éblouissant de l'astre du jour frappe l'airain qui le repousse en longs éclairs juqu'aux voûtes célestes.

La nature qui produit tant de merveilles, entre mille belles qualités a surtout donné au coursier le courage des humains (40) et un cœur capable de nos diverses affections. Il hennit en voyant son illustre cavalier. Il gémit (41) lorsque dans les combats il voit tomber le courageux compagnon de sa gloire. Quelquefois le cheval, au milieu des batailles, a rompu les liens du silence (42), et franchissant les lois de la nature, a pris une voix humaine et parlé comme les mortels. Le belliqueux coursier du roi de Macédoine, Bucéphale, combattait avec ses armes naturelles. Un cheval courut légèrement sur la sommité des fleurs; un autre, sur les flots de l'Océan, sans toucher l'onde amère. Un cheval porta le vainqueur de la Chimère au-dessus des nuages. Un cheval, par ses hennissemens et les ruses d'un écuyer, donna un souverain aux peuples de la Perse (43). Ces animaux respectent les liens de la nature et du sang. Il est inouï qu'ils aient jamais formé d'hymen illégitime. Ils ne brûlent que d'une pudique ardeur.

(44) On dit qu'autrefois un monarque, riche en troupeaux, possédait dans ses campagnes un superbe et nombreux harras. Une maladie funeste moissonna tous ses chevaux et n'en épargna que deux, une cavalle et son jeune poulain qu'elle allaitait encore. L'âge eut à peine formé sa taille, que son maître, homme impie, tenta de faire passer la mère dans les bras du fils. Bientôt il s'aperçut de l'aversion qu'ils avaient pour un hymen incestueux que leur fait abhorrer la nature; alors il médite un dessein affreux et machine contre eux une ruse perfide, guidé par l'espoir de faire revivre la race de ses coursiers. Dans la profondeur de sa scélératesse, il commence par couvrir de peaux et le fils et la mère. Il les oint l'un et l'autre de parfums; il se flattait, sans doute, de dissiper l'odeur qui détruisait en eux l'amour. O dieux! il ne vit pas qu'il commettait un crime. Enfin cet hymen abominable, détesté des coursiers, s'accomplit; tel autrefois, chez les mortels, se célébra l'hymen fatal du fugitif Œdipe. Mais il ne sont pas plutôt dépouillés de leurs voiles que, connaissant cette noire trahison, et pénétrés d'une douleur profonde, ils se lancent des regards menaçans. La malheureuse cavale regarde avec horreur son fils, qui n'était plus son fils, et celui-ci, époux criminel, incestueux, sa déplorable mère, qui avait cessé de l'être. Ils se cabrent en frémissant de rage, rompent leurs liens, fuient à travers la plaine et, remplissant l'air de leurs hennissemens, semblent prendre les immortels à témoin de ce crime et former des imprécations contre l'auteur de cet exécrable hyménée. Gémissant enfin de leur sort, ils s'élancent avec fureur, se frappent la tête contre les rochers, se brisent le crâne et se privent volontairement de la vie. Ils expirent la tête penchée l'un vers l'autre. C'est ainsi qu'une antique renommée a consacré la gloire des coursiers.

De tous les chevaux que nourrissent les innombrables contrées de la terre, les plus légers à la course sont ceux de la Sicile, qui paissent dans les plaines de Lilybée et sur la triple montagne dont le poids fait gémir Encelade. Là, des flancs de l'Etna s'élève en bouillonnant et jaillit sans cesse dans les airs un fleuve de feu semblable à la foudre que vomit la nue. Les coursiers arméniens qui bondissent sur les rives de l'Euphrate, et les parthes ornés d'une longue crinière, déploient encore plus de vitesse que ceux de Sicile. Cependant les chevaux d'Ibérie l'emportent de beaucoup sur les Parthes (45), dans leurs courses ils font résonner la plaine sous un pied plus rapide (46). L'aigle qui s'élance dans les vastes champs de l'air, l'épervier qui plane les ailes étendues, ou le dauphin bondissant sur les flots, peut seul leur être comparé. Mais ces chevaux sont petits, ils ont peu de force, encore moins de courage ; une course de quelques stades épuise bientôt toute leur vigueur. D'ailleurs leur corps est embelli des formes les plus élégantes, mais leur sole a peu de consistance, elle est humide et molle et prend trop de largeur.

La race légère des coursiers de Mauritanie est préférable à toute autre pour les longues courses et les travaux fatigans. Après eux, ceux de la Libye, qui habitent les plaines sablonneuses de Cyrène, fournissent aussi une longue carrière. Ces deux espèces sont assez semblables, elles diffèrent seulement par la taille ; les chevaux lybiens sont plus grands et plus robustes, leur corps est allongé, et, comme les côtes de leurs flancs sont plus larges que celles des autres chevaux, ils paraissent d'une taille plus considérable et courent avec plus de vitesse. Ils supportent courageusement le poids de la chaleur et l'ardeur dévorante de la soif.

Les chevaux de Tyrrhène et les espèces innombrables que nourrit la Crète ont le double avantage de fournir avec vitesse une longue carrière. Les chevaux siciliens sont plus prompts que les maures ; les parthes le sont plus que ceux de Sicile ; ce sont les seuls qui, sans prendre la fuite, soutiennent le rugissement épouvantable du lion.

Ces diverses espèces sont propres à chasser les diverses animaux. Leurs yeux vous instruiront du choix que vous en devez faire. Poursuivez les cerfs aux pieds tachetés avec les coursiers aux yeux bleus. Dressez contre les ours les chevaux aux yeux pers ; ceux dont l'œil respire le sang, menez-les contre les léopards. Le coursier dont les regards font jaillir de longs traits de flamme doit poursuivre les sangliers, et celui dont la large prunelle étincelle de feux attaquera les lions aux yeux étincelans.

Mais le coursier dont la beauté suprême efface celle de tous les autres, c'est le coursier de Nisée (47). Il sert de monture aux riches souverains. Sa taille élégante charme les yeux. Il offre au cavalier un siège commode, et sa bouche délicate obéit promptement au frein. Sa tête est petite, il est vrai, mais couronnée d'une épaisse et longue crinière qui flotte orgueilleusement sur son cou et dont la couleur brillante le dispute à l'or du miel.

Il est encore une autre espèce de coursiers dont l'aspect gracieux flatte agréablement les regards, ils sont rayés et pleins de vivacité ; on les appelle *orynges* (48), soit parce qu'ils naissent et vivent sur les montagnes ombragées de forêts, soit parce qu'ils poursuivent leurs femelles avec impétuosité. La beauté des orynges, relevée par les plus vives couleurs, est de deux sortes. Les uns ont le cou et le dos peints de longues raies tracées l'une après l'autre. Tels sont les tigres légers enfans du léger Zéphyre. Les autres sont ornés, ainsi que les léopards, de taches circulaires semées en grand nombre sur tout le corps. L'industrie des humains a coloré ces derniers dès l'enfance, en leur brûlant le poil avec un fer ardent.

Depuis longtemps les mortels ont imaginé les moyens ingénieux de peindre un jeune poulain dans les flancs mêmes de sa mère. Que le génie de l'homme est puissant ! Qu'il est fertile en inventions ! Tout ce qu'il projette, il l'accomplit ! Il imprime diverses couleurs sur les chevaux encore renfermés dans le sein maternel !

En effet quand l'aiguillon de Vénus presse la cavale amoureuse et qu'elle attend que le superbe étalon vienne bondir à ses côtés, alors on embellit ce noble époux en lui peignant le corps des couleurs les plus vives ; tout fier de sa beauté on le conduit à son amante. Tel paré de riches vêtemens, par les mains des matrones qui président aux mariages, couronné de fleurs exhalant les doux parfums de Palestine, un jeune homme s'avance vers la chambre nuptiale en chantant l'hymne des époux ; tel le coursier bouillant d'ardeur annonce son hymen par ses hennissemens. On retient quelque temps, en présence de son épouse, cet époux éclatant de beauté et tout écumant de désirs ; puis on le laisse courir aux aimables caresses de l'amour. Bientôt la cavale dont les yeux ont reçu l'empreinte des vives couleurs dont brillait l'étalon attire dans ses flancs les germes producteurs, conçoit et met au jour un fils qui brille des riches couleurs de son père.

Par de semblables moyens, ceux qui s'appliquent à dresser des gluaux, les oiseleurs, ont aussi trouvé l'art de peindre de diverses nuances les petits des colombes. Lorsque ces oiseaux s'approchent pour goûter les plaisirs de l'hymen et confondent avec un doux murmure leurs becs amoureux dans celui de leurs épouses, le mortel qui nourrit ces oiseaux apprivoisés emploie une ruse ingénieuse. Il place auprès des femelles des vêtemens teints dans la pourpre éclatante. L'aspect agréable de cette couleur charme les yeux des colombes au moment où leur cœur s'ouvre à la volupté et leur fait donner le jour à des petits revêtus de pourpre.

Les habitans de la Laconie usent envers leurs épouses d'un pareil stratagème. Lorsqu'elles portent dans le sein le fruit de leurs amours, on expose à leurs regards des tableaux où sont représentés les jeunes héros qui, par une rare beauté, brillèrent autrefois parmi les mortels; Nirée, Narcisse, le blond Hyacinthe, le belliqueux Castor et son frère Pollux, qui fit tomber sous ses coups le cruel Amycus, ou les aimables demi-dieux et les immortels dont les grâces sont vantées, Phébus couronné de laurier et Bacchus entouré de lierre. Ces femmes prennent plaisir à considérer des images charmantes, et, frappées d'admiration pour la beauté, elles mettent au jour de beaux enfans.

Tels sont les préceptes que l'on peut donner sur les coursiers. O mon génie! chantez à présent, mais d'un ton plus bas (49), les races légères des chiens (50); dites quels sont ceux qui par leur vigueur l'emportent sur les autres et que les chasseurs recherchent avec plus de soin. Ce sont les chiens de Péonie (51), d'Ausonie (52), de Carie, de Thrace, d'Ibérie, d'Arcadie, d'Argos, de Lacédémone (53) et de Taigète; les chiens sarmates, celtes et crétois; les magnésiens, les amorgéens (54), tous ceux qui sur les rivages sablonneux de l'Égypte gardent les grands troupeaux; les locriens et les molosses (55) aux yeux brillans.

Si vous voulez mêler et croiser ces races excellentes, c'est au printemps qu'il faut leur dresser le lit nuptial. C'est au printemps que les désirs de l'amour, plus chers à tous les cœurs, enflamment également les chiens et les reptiles odieux, les habitans de l'air et ceux des eaux. C'est au printemps que la vipère (56), chargée d'un venin mortel, se rend au rivage pour s'enlacer à sa maritime épouse. Au printemps tout le vaste Océan frémit avec un doux murmure sous la loi de Cythérée. Les poissons agités par les désirs de l'hymen font rider en courant la surface unie de la mer. Au printemps, les ramiers amoureux poursuivent les colombes, les chevaux caressent de leurs pieds (57) les cavales qui paissent dans la prairie, les taureaux impétueux s'élancent sur les génisses, les béliers aux cornes recourbées saillissent les brebis, les sangliers enflammés d'amour fondent sur les laies, les boucs *chevauchent* (58) les chèvres velues. Les mortels eux-mêmes brûlent au printemps d'une plus vive ardeur; tous les êtres enfin fléchissent en cette saison sous le joug de Vénus.

En unissant par l'hymen les différentes races, ayez soin d'accoupler ensemble celles qui ont des convenances et des rapports plus marqués (59). Aux chiens d'Élide mariez ceux d'Arcadie, ceux de Pannonie à ceux de Crête. Donnez à un époux sarmate une épouse ibérienne. Par ce moyen vous ferez d'heureux mélanges; toutefois les races excellentes ne doivent point être croisées (60). Elles en sont meilleures au jugement des chasseurs expérimentés.

Les races des chiens sont innombrables; je vais néanmoins décrire la forme et la beauté de quelques-unes.

(61) Un beau chien doit avoir le corps nerveux et allongé, la tête médiocre, légère, ornée de grands yeux dans lesquels brillent des prunelles d'un bleu tendre. Sa gueule largement fendue est armée de fortes dents, ses oreilles sont courtes et revêtues d'une peau délicate. Il a le cou long, la poitrine large et fournie, les pattes de devant plus courtes que les autres, montées sur un tibia long et droit. Il lui faut de larges omoplates, les côtes des flancs arquées, des reins charnus sans être gras, et d'où jaillit une queue rude, épaisse, nerveuse et garnie de longs poils. Tels sont les chiens que l'on destine aux longues courses et à poursuivre les chevreuils, les cerfs et les lièvres rapides.

(62) Il en est d'autres dont un courage martial est l'apanage. Ils attaquent les taureaux, s'élancent sur les sangliers impétueux et leur donnent le trépas. Pleins de confiance en leurs propres forces, ils ne redoutent pas même les lions leurs souverains. Une taille énorme les fait ressembler à des collines élevées. Ils ont le museau aplati et de vastes sourcils qui re-

tombant sur les yeux leur donnent un air terrible. De brillantes prunelles étincellent dans leurs yeux enflammés. Leur corps robuste est revêtu d'un poil épais et présente un large dos. Ils ne sont pas légers à la course, mais leur courage est extrême, leur force ne saurait s'exprimer, et leur valeur indomptable ne redoute aucun danger.

Formez à la chasse ces chiens belliqueux : ils poursuivent tous les monstres des forêts. Cependant la couleur blanche ou bleue annonce en eux de mauvaises qualités. Les chiens de ce poil ne sont pas capables de supporter longtemps l'ardeur du soleil ni la rigueur des frimas. L'on doit préférer à tous les autres ceux qui par la couleur ou la forme ressemblent aux bêtes cruelles, aux loups meurtriers des brebis, aux tigres aussi légers que les zéphyrs, aux renards, aux penthères. Tous ceux qui portent la couleur de Cérès et du froment sont à la fois robustes et prompts à la course.

Si vous mettez vos soins à élever de jeunes chiens (63), ne permettez jamais qu'ils sucent la mamelle d'une chèvre, d'une brebis ou d'une chienne domestique. Ils deviendraient pesans et n'auraient aucun courage. Qu'ils tettent plutôt une biche, une lionne apprivoisée, une chevrette ou une louve qui se plaît aux courses nocturnes. Par là vous leur procurerez la force et la vitesse, et ils seront semblables aux nourrices qui les auront allaités.

(64) Donnez à vos chiens, lorsqu'ils sont dans l'enfance, des noms courts et qui se prononcent avec rapidité, afin qu'ils entendent rapidement votre voix. Accoutumez-les, dès leur tendre jeunesse, à chasser avec les coursiers dont ils doivent être les compagnons. Doux et amis de tous les humains, qu'ils n'aient de haine que pour les bêtes sauvages. Qu'ils ne soient point enclins à aboyer : le silence est une loi sacrée pour les chasseurs, surtout pour ceux qui suivent les animaux à la piste.

Cette espèce de chasse assez difficile se fait de deux manières, ou par les hommes ou par les chiens. Les hommes, dont le génie est si fertile en inventions, reconnaissent à la vue et suivent les traces des animaux ; les chiens les découvrent par le seul odorat. L'hiver est pour cette chasse la saison la plus favorable aux humains ; ils suivent d'un œil facile leur proie, dont tous les pas, tracés sur la neige ou imprimés dans la boue, frappent les regards. Le printemps est aussi ennemi de l'odorat des chiens que l'automne lui est propice. Au printemps la terre se couvre de plantes et de fleurs de toute espèce. Elle exhale mille parfums. Les prairies, sans le secours de l'agriculture, se parent de l'éclat de la pourpre, et la campagne embaumée émousse entièrement l'odorat qui conduit le chien sur les traces du gibier. Mais lorsque l'automne sur son déclin mûrit les fruits et les raisins, alors les plantes desséchées (65) permettent aux chiens d'exercer sans obstacle le sens qui les guide à la chasse.

Parmi les chiens qui chassent à la piste, il est une espèce excellente (66), petite à la vérité, mais qui seule mériterait un long poëme. Les peuples sauvages de la Bretagne (67) qui se peignent le corps de couleurs variées, élèvent ces animaux avec soin et les nomment *agasses* (68) en leur langage. Cette race, par sa grosseur, est assez semblable à ces chiens méprisés et gourmands, condamnés à travailler pour les plaisirs de la table. La taille des bassets est cambrée. Ils sont maigres et revêtus d'un poil épais ; ils ont peu de vivacité dans les yeux, mais leurs pattes sont armées d'ongles redoutables et leur gueule est hérissée d'un rempart de dents serrées, dont la morsure est venimeuse. C'est surtout par la délicatesse de son odorat que l'agasse l'emporte sur tous les autres chiens. Il excelle à aller en quête, et n'a pas moins de talent pour connaître par le flair la route que le rapide oiseau suit dans les airs que pour trouver la piste des animaux qui courent sur la terre.

Voulez-vous éprouver les dispositions de ces chiens ? portez loin des portes de votre habitation un lièvre vivant ou mort, mais imitez en marchant les sinuosités d'un sentier tortueux. Suivez d'abord une route droite, puis détournez obliquement vos pas. Allez ensuite à gauche, revenez à droite, et formez les replis d'un labyrinthe. Lorsque vous serez éloigné de la ville ou des portes de votre demeure, creusez une fosse et enterrez-y votre gibier. Retournez ensuite à votre logis, puis revenant sur vos pas amenez avec vous votre chien que l'inquiétude et le désir de la quête tourmentent déjà. A peine sera-t-il lancé dans la plaine, que vous le verrez frémir de joie à l'odeur du lièvre et chercher ses traces sur la terre. Quelle que soit son ardeur, il ne peut d'abord les trouver ; il erre de tous côtés avec inquiétude, va, revient sur ses pas, se tourmente et s'agite. Telle une jeune épouse, lorsque la dixième lune amène le terme de son premier enfantement, frappée de l'aiguillon douloureux de Lucine, arrache la bandelette qui captivait sa chevelure, déchire le riche vêtement qui couvre son sein; presque nue, souffrante et les cheveux épars, elle erre dans ses appartemens; tantôt elle revient se jeter sur son lit : quelquefois se roulant sur la poussière, elle pousse des cris douloureux et flétrit de sa main les roses de ses joues. De même celui-ci, tourmenté d'un chagrin dévorant, court çà et là, et tour à tour interroge chaque pierre, chaque butte, redemande sa proie à tous les sentiers, aux arbres, aux vignes, aux buissons, aux guérets. Mais lorsqu'il en rencontre enfin la trace, il fait éclater sa joie par ses aboiemens aigus. Comme une tendre génisse bondit autour de la mère qui l'allaite, il s'élance transporté de plaisir. Vainement vous chercheriez à le détourner en vous éloignant de lui; attiré par l'odeur qui le flatte, il poursuit sa quête sans relâche jusqu'à ce qu'il ait fourni sa carrière et qu'il soit parvenu au terme de ses travaux.

Si vous lancez ce chien sur des lièvres qui n'auront point encore été chassés, il s'approchera d'eux sans se laisser apercevoir, et posant ses pas sur leurs traces, il se glissera sous les vignes ou dans les roseaux, pour se dérober à leur vue. Tel un voleur, pour ravir un chevreau, guette l'instant où le berger sommeille et s'approche à pas de loup : le chien n'est pas plutôt parvenu en rampant au buisson où son lièvre est gîté, qu'il s'élance avec la rapidité d'un trait, ou plutôt d'un serpent qu'un moissonneur éveille lorsqu'il reposait auprès de son repaire venimeux; ainsi le chien se précipite avec ardeur : s'il atteint son gibier, il le terrasse, lui donne aussitôt le trépas avec ses ongles aigus, et, saisissant dans sa gueule cet énorme fardeau, il s'avance à votre rencontre; accablé sous le poids, haletant de fatigue, il s'empresse de vous apporter sa proie.

Vous avez vu en été un char traîner avec effort dans une métairie la moisson dont il est surchargé. Les rustiques villageois le voyant s'avancer de loin, courent en foule à sa rencontre; les uns pèsent sur les roues, d'autres poussent par derrière; ceux-là soulevant le timon secondent les efforts des bœufs; le char entre; à l'instant on délie le joug, les bœufs couverts de sueur se reposent de leurs fatigues et leur conducteur ouvré son cœur à la joie. C'est ainsi que le chien s'avance portant à sa gueule le fardeau de sa proie : le chasseur joyeux s'empresse d'aller à sa rencontre et prenant dans ses bras et le gibier et celui qui l'a pris, il serre l'un et l'autre contre son sein.

CHANT SECOND.

Descends des cieux, fille de Jupiter, aimable Phébé, vierge à la ceinture d'or, sœur jumelle d'Apollon, viens m'apprendre quel fut le premier des mortels ou des vaillans héros, qui reçut de ta main libérale les nobles présens de la chasse.

Au pied du mont Pholoé, dont le sommet s'élève dans les airs, une race féroce, qui unit à la forme des humains celle des animaux et dont le corps semblable jusqu'à la ceinture à celui des hommes se termine par la croupe d'un cheval, inventa la chasse autrefois pour fournir aux besoins de la table (1). Chez les mortels le héros qui trancha la tête de la Gorgone, ce fils illustre de Jupiter changé en or, Persée fut le premier chasseur : porté sur les ailes rapides dont ses pieds étaient ornés, il saisissait de ses mains les lièvres et les thos, les chèvres sauvages, les daims légers, les oryx (2); il arrêtait les cerfs mêmes par le bois orgueilleux qui couronne leur tête. Castor, dont l'astre brillant annonce le retour de la lumière, inventa l'art de chasser à cheval les animaux sauvages; d'un javelot adroitement lancé, il donnait aux uns le trépas, et poursuivant les autres à l'aide de ses coursiers rapides il les forçait dans les forêts, lorsque Phébus était au milieu de sa carrière. Le Lacédémonien fils de Jupiter, Pollux, fut le premier qui d'un ceste redoutable fit mordre la poussière aux brigands et terrassa les bêtes sauvages avec le secours de ses chiens agiles. Le belliqueux fils d'Oïnée (3), Méléagre, se distingua sur tous les mortels, par les courses et les combats qu'il soutint dans les montagnes. Hippolyte enseigna le premier aux humains l'art de tendre les toiles et les rets. L'illustre fille de Schœnée, cette Atalante qui frappa d'un trait mortel le sanglier de Calydon, inventa les flèches ailées qui donnent le trépas aux habitans des forêts; et longtemps avant tous les autres. Orion, chasseur fécond en ruses ingénieuses, imagina les embûches nocturnes et cette chasse furtive par laquelle on surprend le gibier au milieu des ténèbres.

Tels furent autrefois les héros qui les premiers frayèrent les sentiers de la chasse (4). Mille mortels après eux furent épris pour elle du plus violent amour. Lorsqu'une fois on a senti l'aimable aiguillon de ce plaisir, on ne s'en détache pas volontiers. Il nous arrête par un charme inexprimable (5). Autant un doux sommeil que l'on goûte au printemps sur un lit de fleurs, ou dans une sombre caverne pendant l'ardeur de la canicule fait éprouver de volupté, autant les chasseurs en trouvent à prendre leurs repas au milieu des rochers. Quel plaisir pour eux de cueillir les fruits dorés de l'automne, d'étancher leur soif au ruisseau frais et limpide qui s'écoule d'un antre, d'oublier leurs fatigues dans un bain délicieux; et combien les vases remplis d'un doux laitage, que les bergers leur portent dans les bois, sont pour eux d'agréables présens!

(6) Chantons premièrement les taureaux, cette espèce jalouse à l'excès; chantons ces fréquens et terribles combats qu'allument entre eux les désirs de l'hymen. Unique souverain, le taureau que sa taille et sa force élèvent au-dessus des autres règne en tyran sur tout le troupeau. Il domine sur les femelles et sur les taureaux plus faibles que lui; tous redoutent ce monarque puissant armé de cornes menaçantes : les génisses elles-mêmes tremblent à l'aspect de leur époux furieux. Mais si quelque autre taureau, écarté du troupeau dont il est aussi roi, marche à sa rencontre en secouant fièrement la tête, alors un violent combat s'élève entre eux. D'abord posés en présence l'un de l'autre, ils se mesurent des yeux; la fureur jalouse dont ils sont embrasés éclate dans leurs regards; le feu sort à travers leurs naseaux; ils déchirent la terre avec leur pied, semblables à des athlètes qui veulent se couvrir de poussière. Ils se défient réciproquement au combat en poussant de belliqueux mugissemens. A peine ils ont sonné la charge qu'ils s'élancent avec impétuosité l'un sur l'autre et de leurs cornes aiguës se percent le flanc tour à tour. Ainsi dans un combat naval, lorsque le dieu de la guerre allume sur les flots le flambeau de la discorde, deux immenses vaisseaux font briller en se menaçant les éclairs de l'airain dont ils sont hérissés; poussés par un vent rapide et par l'effort des nautoniers, ils volent, proue contre proue, à la rencontre l'un de l'autre, ils s'approchent, ils se choquent; le bruit des armes, les cris des combattans, le fracas des vaisseaux qui se brisent, retentissent sur les prochains rivages et font gémir au loin le vaste empire de Nérée. Tels ces taureaux furieux font retentir les airs sous les coups terribles qu'ils se portent, jusqu'à ce que l'un d'eux obtienne enfin une victoire longtemps douteuse et chère à ses désirs. L'autre cependant ne veut plus porter le joug de la servitude; honteux d'être vaincu et poussant de profonds soupirs, il va cacher sa défaite dans le sein des forêts épaisses. Là durant des années entières, vivant seul au milieu des rochers, il paît, loin de son troupeau dans les bois et sur les montagnes. Comme un athlète qui veut accroître sa vigueur, il exerce ses forces; mais dès qu'il les sent assez redoutables pour balancer celles de son rival, il remplit les vallons de ses cris; son vainqueur y répond et la forêt en est ébranlée. Bientôt de plus fiers mugissemens augmentent son audace; il descend avec impétuosité des monts qu'il habitait, fond sur son ennemi et remporte sur lui une victoire facile; ses forces se sont accrues par la vie sauvage qu'il menait dans les bois, et les plaisirs de Vénus ne les ont point énervées.

Les diverses espèces de taureaux sont innombrables, et leurs mœurs varient à l'infini. Ceux qui dans l'Égypte paissent les bords de ce fleuve, dont les canaux multipliés font naître de riches moissons, ont la blancheur éblouissante de la neige et surpassent tous les autres en grosseur. En les voyant de loin, on les prendrait pour un immense vaisseau qui vogue sur la terre. Leur caractère est doux; amis des humains, ils s'accoutument dès la jeunesse à supporter tous les travaux qu'on leur impose.

(7) Les taureaux de Phrygie ont la noble couleur de Cérès et celle du feu; un fanon large et majestueux descend de leur cou, que surmonte une éminence arrondie. Leurs cornes sont d'une étrange nature; elles ne sont point fixées sur la tête puissante de ces animaux, mais ils les baissent et les relèvent à vo-

lonté. (8) Ceux d'Aonie, embellis de diverses taches, ont l'ongle d'une seule pièce ; une corne unique et redoutable croît au milieu de leur front. En Arménie les taureaux ont deux cornes, qui pendent recourbées et roulées en spirale. Elles portent de funestes blessures.

Les taureaux de Syrie, ceux que produit la Chersonnèse (9) et ceux qui paissent sur les montagnes d'où s'élève la magnifique Pella, sont roux, forts et courageux. Ils ont un large front, mènent une vie sauvage (10) et sont infatigables; ils attaquent à coups de cornes, s'irritent aisément, poussent des mugissemens épouvantables et lancent des regards affreux. La jalousie les transporte, et leurs mâchoires sont largement fendues. Peu chargé d'embonpoint, leur corps n'est point appesanti dans sa marche; et quoique maigres, ils n'en sont pas moins forts et vigoureux. Ainsi par un heureux accord, ces animaux unissent les dons divers qu'ils ont reçus des dieux, et sont tout à la fois prompts à la course et robustes aux combats.

On dit que le fils de Jupiter, l'infatigable Hercule, les amena jadis d'Eurythie (11). Ce fut le prix de la victoire qu'il remporta sur Géryon, près des bords de la mer, lorsqu'il combattit et terrassa ce triple monstre sur le roc élevé qu'il habitait. Le héros se proposait encore d'exécuter un autre travail, non pour obéir à Junon ou aux ordres d'Eurysthée, mais en faveur d'Archippus son ami, souverain de Pella. La vaste plaine qui s'étend aux pieds du mont Emblon (12) était changée depuis longtemps en une mer immense. L'Orontès, toujours débordé (13), promenait au loin ses eaux vagabondes et semblait avoir oublié le chemin de la mer. Épris des charmes d'une Nymphe, fille de l'Océan, il s'arrêtait au pied des collines, et loin de renoncer à la passion malheureuse qui le transportait pour la belle Méliboée, il couvrait de ses flots une terre fertile. Deux montagnes prolongeaient l'une vers l'autre leur sommet majestueux, environnaient et bornaient des deux côtés le cours de ce fleuve. Le mont Dioclès étendait vers l'aurore sa masse élevée, au couchant s'avançait la pointe gauche de l'Emblon, et dans la plaine qu'ils renfermaient le fleuve roulait ses ondes impétueuses. Il les augmentait sans cesse, et les portant jusqu'aux pieds des remparts de ma patrie, quoiqu'elle fût un continent, il en faisait une île en la baignant de ses flots. C'est pour les réprimer que le fils de Jupiter, à l'aide de sa massue et de ses bras infatigables, devait en mesurer le cours, séparer et diriger loin de la plaine les eaux de ce beau lac et celles du fleuve rapide. Il accomplit cette immense entreprise en coupant le sommet des montagnes qui bordaient les rives de l'Orontès. Il brisa les rochers qui enchaînaient l'onde de ce fleuve, et, le faisant couler lui-même à flots précipités, il le fit descendre avec un horrible murmure sur les bords de la mer. A sa chute épouvantable, l'Océan retentit d'un bruit affreux que répéta le noir rivage de la Syrie (14). C'est avec moins de fracas que deux fleuves dont le cours est contraire, précipitent leurs eaux au sein des mers qu'ils font mugir au loin; ni l'Ister, qui, franchissant les barrières de glace (15) que Borée oppose à son cours, roule son onde sur les rochers et les promontoires qu'il bat de ses flots et traverse la Scythie avec un murmure effrayant et continuel, ni le fleuve sacré de l'Égypte, qui, descendu de la Lybie, épouvante la mer lorsqu'il vient y briser ses vagues écumeuses, ne font rien entendre de pareil aux mugissemens affreux dont le vaste Orontès fit retentir les rives de l'Océan. Elles poussèrent un horrible cri (16) lorsqu'elles reçurent dans leur sein la masse énorme de cette mer étrangère. Bientôt renaissant sous les eaux qui l'accablaient, la terre offrit à Hercule une plaine nouvelle, reprit sa couleur noire et sa fertilité. Aujourd'hui même encore ses guérets se couronnent de riches moissons, et le bœuf laborieux foule le grain entassé dans les aires voisines du temple de Memnon, de ce temple où les peuples de l'Assyrie pleurent l'aimable fils de l'Aurore, ce héros que l'intrépide époux de Déidamie (17) précipita chez les morts, à la fleur de ses ans, lorsqu'il marchait au secours des malheureux Troyens. Une autre fois je célèbrerai dignement et dans l'aimable langage du Permesse (18) les beautés qui décorent votre patrie. Je reviens maintenant aux chants que j'ai consacrés à la chasse.

Il est encore parmi les fiers taureaux une race indomptable (19). On donne à ceux-ci le nom de bisons, parce que la Bistonie de Thrace est leur patrie. Voici les formes qu'ils ont reçues de la nature. Sur leur cou épais flotte une crinière hérissée qui règne jusqu'aux épaules et couvre leurs joues délicates (20). Telle la porte le lion, ce noble roi des animaux, couronné d'une chevelure blonde et majestueuse. Les cornes de ces taureaux sont armées de pointes aiguës, aussi subtiles que des langues de feu (22) et semblables aux hameçons recourbés ; elles ne croissent point opposées comme aux autres taureaux, les pointes n'en sont point dirigées l'une vers l'autre, mais ces funestes dards, couchés sur le front de l'animal, se redressent à leur extrémité et regardent les cieux. Aussi lorsque ces taureaux poursuivent un homme ou quelque quadrupède, s'ils le frappent de leurs cornes, ils l'enlèvent dans les airs. Leur langue, d'une rudesse extrême, est semblable à cet instrument qui ronge le fer (23) ; ses caresses font couler le sang.

Le cerf aux pieds légers se nourrit des productions de la terre. Il a le front couronné d'un bois majestueux ; son œil est grand, son port noble et son dos tacheté et nuancé de diverses couleurs. Cet animal plein de vivacité traverse les fleuves et porte orgueilleusement sa tête ; ses reins sont fournis de graisse, mais ses jambes sont minces, son cou est faible et sa queue fort courte. Ses naseaux, partagés en quatre ouvertures (23), forment autant de canaux par lesquels il respire. Le courage n'habite point son cœur, sa colère est peu redoutable, et quoique élevé, son bois n'est armé que de pointes émoussées (24) ; aussi jamais les cerfs ne combattent à coups de tête, ni les animaux belliqueux, ni les chiens intrépides, ni même le lièvre aux pattes velues, animal faible et craintif.

Mais l'amour exerce un violent empire sur leurs cœurs, Vénus y verse tous ses feux. Semblables au coq ardent et belliqueux et à tous les oiseaux qui portent sur leurs ailes les riches couleurs du printemps, les cerfs brûlent durant des jours entiers des désirs de l'hymen. C'est dans leurs flancs et au-dessous du ventre qu'ils recèlent le double organe de la génération. En le moissonnant avec le fer, on ferait à l'instant d'un mâle une femelle ; et le bois majestueux dont sa tête est parée tomberait entièrement. Le cerf dans ses amours n'observe point la loi de l'hymen que suivent les autres quadrupèdes, il se livre à d'étranges caresses ; car pour jouir de sa femelle, il ne se tient point debout dans les pâturages, ni couché sur les fleurs dont la terre émaille les prairies ; ce n'est que par une course rapide qu'il peut joindre sa biche. Il la saisit en courant et la presse amoureusement dans ses bras. Mais loin de se laisser attendrir, elle fuit emportant son époux sur son dos et conserve un cœur inaccessible à la tendresse. Cependant le cerf la suit avec vivacité à l'aide des deux pieds qui lui restent, et sans quitter l'objet de son amour, il accomplit le devoir nuptial. Mais lorsque plusieurs lunes révolues ont amené le terme de son enfantement, la biche va chercher une retraite obscure, loin des lieux fréquentés par les humains ; les lieux où les mortels portent leurs pas sont odieux aux animaux sauvages.

Les cerfs, par le bois touffu qui couronne leur tête, surpassent en beauté tous les habitans des forêts, et lorsque ces rameaux tombent dans certaine saison, ils creusent une fosse et les enterrent de peur que quelque mortel (25), ne les trouvant dans un sillon ne s'en saisisse. Ils se cachent ensuite eux-mêmes dans le plus sombre taillis, honteux de montrer ainsi dépouillée aux yeux des autres animaux, cette tête qu'ils levaient auparavant avec orgueil.

Les cerfs sont amphibies (26) ; ils courent sur la terre et marchent au milieu des flots. Pour voyager ainsi sur les eaux, ils se rassemblent, et lorsqu'ils traversent les mers, l'un d'eux nageant à la tête du troupeau rangé sur une colonne, lui sert de conducteur ; tel un pilote dirige le gouvernail d'un navire : un autre, appuyant sa tête et son cou sur le dos du premier, le suit en nageant ; ils fendent ainsi l'onde en se prêtant un mutuel soutien, et lorsque le premier est fatigué, il quitte la file et vient à la queue de la phalange, où il se délasse en s'appuyant sur un autre ; chacun d'eux sert de guide à son tour ; de leurs pieds, comme avec des rames ils sillonnent l'onde amère, et tenant élevé le bois qui décore leur tête, ils le présentent ainsi qu'une voile au souffle des vents.

(27) Une haine implacable règne entre la race entière des cerfs et celle des serpens. Le quadrupède cherche sans cesse le fier reptile dans le fond des vallées, et sitôt qu'il reconnaît ses vestiges tracés en longs sillons tortueux, il accourt transporté de joie au repaire de son ennemi, applique ses naseaux sur son nid, et par la violence de son souffle il l'attire au combat. Le reptile funeste voudrait en vain l'éviter, le cerf l'arrache malgré lui à sa retraite profonde. A peine le monstre gonflé de venin a vu

son ennemi qu'il dresse une horrible tête, ouvre une large gueule hérissée de dents blanches et aiguës; fait craquer ses mâchoires et pousse des sifflemens pleins de colère; mais le cerf, qui semble rire de son courroux, le déchire à coups de dents, malgré les vains efforts qu'il fait pour se défendre. Le serpent a beau s'enlacer au cou et aux jambes du quadrupède, celui-ci le mord sans relâche et jonche la terre de ses tronçons palpitans. Quelle que soit la perfidie de son caractère, vous auriez pitié de ce reptile en le voyant ainsi mutilé tomber en lambeaux.

Sur les confins de la Lybie, fertile en généreux coursiers, on voit errer une foule innombrable et funeste de serpens de toute espèce. Si quelque cerf vient seul se reposer sur les collines sablonneuses, aussitôt un essaim de serpens ennemis forme un bataillon venimeux et s'élance sur lui. Ils se répandent sur tous ses membres; les uns lui rongent la tête et de leurs dents aiguës lui scient le front et les sourcils. D'autres dévorent son cou délicat, sa poitrine, ses flancs, son ventre ou sa bouche. Ceux-ci s'attachent à ses côtés, ceux-là se fixent sur ses cuisses ou se repaissent de son dos; d'autres encore se suspendent à d'autres parties, dans lesquelles ils plongent leurs dards empoisonnés. L'infortuné quadrupède, pénétré de toutes parts des plus vives douleurs, veut d'abord s'y dérober par une fuite légère; mais il n'en a pas la force. Cette multitude innombrable de serpens en fureur l'enchaîne et l'accable au point qu'elle le contraint à rester sur la place. Cependant il déchire à coups de dents des milliers de ces cruels animaux. Rugissant de douleur, il se roule en tous sens pour écraser ces reptiles odieux, qui, sans chercher à fuir le trépas, et loin de lâcher prise, périssent attachés à leur proie. La haine les rend intrépides; les uns tombent coupés par la dent du cerf, d'autres expirent foulés sous ses pieds; une sanie sanglante ruisselle sur la terre jonchée de leurs tronçons palpitans, dont les restes à moitié dévorés sont attachés au flanc de l'animal. Quoique morts, ils le serrent encore de leurs dents, et leur tête enfoncée sous sa peau y demeure ensevelie. Cependant le léger quadrupède, qui par un effet de la providence des dieux, connaît les avantages qu'il a reçus de la nature, cherche partout le cours de quelque fleuve chargé d'un noir limon (28); là broyant sous ses dents des écrevisses, il trouve en elles l'antidote naturel du poison qui circule dans ses veines. A l'instant et d'eux-mêmes tombent à ses pieds ces restes odieux des furies qui l'agitaient et leurs morsures se cicatrisent.

Le cerf vit très-longtemps, et c'est avec vérité que les mortels assurent que sa vie est égale à celle de quatre corneilles (29).

Il est une autre race de cerfs appelés *eurycérotes* (aux larges cornes) (30). Leur nom désigne assez quelle est la nature du bois dont ils sont couronnés.

On trouve encore dans les forêts l'animal qu'on nomme *jorcos* (31). Il a le corps du cerf, mais son dos est revêtu d'une peau entièrement semée de diverses taches semblables à celles qui brillent sur la robe des léopards.

(32) Le bubal est plus petit que l'eurycérote, mais plus grand que la gazelle. Il a les yeux brillans, la peau d'une couleur agréable et l'aspect gracieux. Les rameaux de ses cornes s'élèvent en droite ligne au sortir de la tête, mais plus haut elles se recourbent vers le dos par l'inflexion de leurs pointes. Cette espèce chérit singulièrement les lieux qui l'ont vue naître, les forêts où elle fait son séjour et sa retraite accoutumée. Si les chasseurs, après l'avoir enchaîné dans leurs filets, transportent cet animal dans une autre contrée et le laissent courir en liberté dans les vallées il reviendra bientôt dans les lieux chéris qu'il habitait. Il ne peut se résoudre à errer dans un pays où il est étranger. Ce n'est donc point aux seuls mortels que la patrie est chère (33); cet amour est également gravé par la nature dans le cœur des animaux sauvages.

(34) Les légères dorcades forment une espèce charmante. Tout le monde en connaît la forme, la taille et la force. Les perdrix belliqueuses, au cou changeant, à l'œil enflammé, contractent dans les vallées l'amitié la plus tendre pour les dorcades, vivent familièrement avec elles, habitent la même retraite, placent leur nid près de leur séjour et les suivent au pâturage. Mais, hélas! cette amitié par la suite devient funeste à toutes deux; elles en retirent l'une et l'autre de tristes fruits. Les humains, profitant de cette inclination mutuelle, dressent à ces infortunées une embûche perfide : pour attirer les dorcades dans le piège, ils leur présentent des perdrix, objets de leur tendresse, et offrent à celles-ci des dorcades, leurs amies.

(35) Il est des espèces sauvages de chèvres et de brebis qui ne sont pas beaucoup plus grandes que nos brebis ordinaires et nos chèvres velues, mais qui déploient bien plus de vitesse à la course et de force dans les combats. Leur tête est armée de cornes roulées en volutes. La force de ces brebis réside dans leur front, dont la dureté est extrême. Souvent dans les forêts elles s'élancent contre les sangliers impétueux et les renversent expirans sur la poussière. Si quelque combat s'allume entre elles, la violence de leur choc fait résonner l'air d'un bruit formidable. L'ennemi ne peut éviter leur rencontre, et c'est pour l'une et l'autre une nécessité indispensable ou de remporter la victoire ou de tomber sans vie sur le champ de bataille : telle est la violence de leurs combats.

(36) Au milieu de leurs cornes les chèvres ont un conduit de respiration ; il passe à travers les dents et communique au cœur et aux poumons. Si l'on enduisait leurs cornes de cire, on ferait mourir ces animaux en interceptant le canal par lequel ils respirent.

Tendre mère, la chèvre sauvage prend un soin extrême de ses petits lorsqu'ils sont dans l'enfance, et les petits à leur tour prennent soin de leur mère dans sa vieillesse. Tels on voit des humains remplis de tendresse pour un père lui prodiguer tous leurs soins lorsque, enchaîné dans les tristes liens de la vieillesse, ses pas s'appesantissent, sa démarche devient tremblante, ses membres se couvrent de rides, ses bras languissent sans vigueur, ses yeux s'obscurcissent ; ses enfans lui paient alors le prix de leur éducation, qui lui coûta tant de travaux : ainsi les jeunes chevreaux veillent sur les auteurs chéris de leur naissance, et lorsque ceux-ci viennent tomber dans les filets des chasseurs, ils leur présentent avec la bouche l'herbe tendre et fleurie qu'ils vont cueillir au loin, leur apportent sur le bord des lèvres l'eau fraîche qu'ils ont puisée dans le prochain ruisseau et d'une langue caressante leur nettoient le corps. Si vous prenez la mère seule dans vos filets, bientôt vous prendrez à la main tous les petits. On dirait qu'elle leur parle et les exhorte à prendre la fuite ; elle semble par ses bêlemens leur adresser cette prière : « Fuyez, chers enfans, les redoutables chasseurs ; fuyez et ne me rendez pas en tombant sous leurs coups une mère infortunée, privée des objets de sa tendresse. » On croirait qu'elle leur tient ce langage. Ses petits, rangés autour d'elle, semblent aussi, par leurs plaintes touchantes, déplorer le sort de leur mère, et l'on dirait que, quittant leurs bêlemens pour prendre une voix humaine, ils vont parler et supplier le chasseur en ces termes : « Au nom de Jupiter, au nom de Diane elle-même, rends-nous une mère chérie, nous t'en supplions ; reçois pour sa rançon tout ce que dans notre infortune il nous est possible de te donner : prends-nous nous-mêmes à la place de notre malheureuse mère. Laisse fléchir ton cœur barbare, crains la vengeance des immortels et songe à la vieillesse de ton père si tu possèdes encore dans ton palais ce cher auteur de ta vie. » C'est ainsi qu'ils paraissent supplier le chasseur ; mais s'ils voient qu'il conserve un cœur inaccessible à la pitié (ô tendresse, ô pouvoir de l'amour filial !), ils s'enchaînent volontairement sur ses pas et le suivent d'eux-mêmes.

Sur les bords les plus reculés de la Crète, dans le territoire de Cortyne, il est une race de brebis rousses armées de quatre cornes ; la laine dont elles sont vêtues a l'éclat de la pourpre et croît avec abondance, mais elle n'est point délicate au toucher : sa rudesse la fait plutôt ressembler à la chevelure grossière de la chèvre qu'à la toison fine d'une brebis.

(37) Telle est aussi la couleur fauve dont brille le subus ; mais sa robe n'est point chevelue, et au lieu de quatre cornes, deux seules assez épaisses arment son large front. Cet animal est amphibie, et lorsque dans la mer il fend rapidement les flots, une foule de poissons nage à sa suite. Charmés à la vue du subus, dont ils aiment la peau délicate, ils lui lèchent les membres. Les pagres, les timides mélanures, les aiguilles de mer et les homards le suivent avec plus d'ardeur que les autres.

Quel sujet d'un étonnement inexprimable de voir des animaux brûler des plus étranges désirs de l'amour ! Ce n'est pas seulement aux bêtes de même espèce que ce dieu a imposé l'inévitable loi d'un penchant réciproque et naturel : il ne l'a pas bornée non plus à la nécessité d'accroître et de perpétuer leur race. Il est admirable sans doute que des êtres privés de raison soient enchaînés par les nœuds de la volupté, éprouvent pour leurs semblables le charme de l'amour et forment sans le secours de la réflexion une union conjugale, imitant en cela les humains, chez qui l'amour s'introduit par les yeux, que la raison tient sans cesse ouverts. Mais que par un pouvoir surnaturel les animaux ressentent pour des espèces étrangères toutes les fureurs de Vénus!... (38) Quelle passion les gelinottes ne conçoivent-elles pas pour les cerfs, et les perdrix pour les gazelles! Par quel charme l'outarde, dont l'oreille est recouverte d'un long poil, aime-t-elle les chevaux? (39) Le loup et le perroquet vivent ensemble dans une étroite union (40), et toujours le quadrupède recherche l'oiseau qui porte sur ses ailes la couleur des prairies.

Amour, puissant Amour, que tu es grand! que ta force est immense! que tes desseins sont profonds! que ton empire est absolu! Dieu suprême, quels sont tes jeux! La terre est assise sur ses fondemens, et tu la fais trembler sous tes traits. L'Océan est agité, et tu rends ses flots immobiles. Tu t'élances dans les airs, et le vaste Olympe frémit à ta présence. Tous les êtres tremblent devant toi, depuis la voûte immense des cieux jusqu'aux entrailles de la terre. Les tristes habitans de l'empire de Pluton qui ont bu l'onde insensible du Léthé et se sont dérobés à tous les maux te redoutent encore. Ta puissance pénètre où n'a jamais pénétré l'œil du soleil; sa lumière cède en tremblant à tes feux, que respectent les foudres même de Jupiter. Tant ils sont violens ces traits que tu nous lances, dieu terrible! ces traits douloureux et brûlans, qui corrompent la raison, inspirent une folle ivresse, allument des fureurs extrêmes, ces traits dont rien ne peut guérir les coups et dont tu te sers pour enflammer le cœur des animaux de désirs qu'ils ne peuvent calmer par une douce union!

On est saisi d'étonnement lorsqu'on voit l'attagas, auquel la nature a donné des ailes, s'abattre sur le cerf armé de cornes; quand la perdrix caresse les gazelles, les rafraîchit, lorsqu'elles sont couvertes de sueur, par l'agitation rapide de ses ailes et calme la chaleur extrême qui les incommode; quand l'outarde amoureuse tombe du haut des airs à la rencontre du coursier qui fait résonner la plaine sous ses pas. Les sagres s'attachent aux boucs, et une foule de poissons de toute espèce, éprise d'amour pour le subus, se range autour de lui lorsqu'il fend les flots et lui forme un immense cortége. Transportés de joie, ils le pressent de toutes parts, et l'Océan écume autour d'eux, frappé sous leurs blanches nageoires. Mais insensible aux caresses de ces étrangers, le quadrupède sans pitié dévore ses amis d'une dent meurtrière; en vain ils voient le triste sort dont ils sont menacés, ils ne peuvent haïr celui qui leur donne le trépas et ne veulent point se détacher de lui. Méchant et cruel subus, les pêcheurs un jour te dresseront dans les flots de mortelles embûches dont tes ruses ni ta cruauté envers les poissons ne te sauveront pas!

Un animal aux cornes aiguës habite encore dans les forêts (41), c'est le féroce oryx, l'enemi déclaré des bêtes sauvages. Sa couleur est celle du lait au printemps; ses joues sont les seules parties de sa face qui soient teintes de noir. Il a les reins doubles et fournis de graisse; ses cornes de couleur d'ébène croissent et s'élèvent en droite ligne, armées de pointes aiguës qui font de cruelles blessures : plus terribles que l'airain acéré et le fer tranchant, ces cornes surpassent en dureté le marbre même et recèlent, dit-on, un poison subtil. L'oryx a le cœur cruel et superbe; il ne craint ni les aboiemens du chien prompt à suivre sa trace ni le frémissement du sanglier qui sur les rochers court à sa rencontre. Le mugissement redoutable du taureau, l'horrible cri du léopard ne lui inspirent aucun effroi. Le lion même par son affreux rugissement ne lui fait pas prendre la fuite; son intrépidité brave jusqu'aux mortels, et souvent le chasseur courageux qui s'oppose à son passage est renversé dans les précipices. Quand l'oryx aperçoit quelque animal belliqueux, un sanglier à la dent recourbée, un lion qui ouvre une gueule menaçante, un ours intrépide et cruel, alors il incline la tête, et le front appuyé sur la terre, les cornes enfoncées dans le sable, il attend l'assaut de son ennemi et souvent le prévient en lui donnant la mort. En effet, le front obliquement baissé, il s'élance sur l'animal dont il observe tous les mouvemens et lui présente ses armes aiguës. Celui-ci les brave et court avec fureur se précipiter sur leurs pointes redoutables. Un mortel plein de vigueur et de courage, que Diane a comblé de ses dons, lorsqu'il voit au milieu des forêts accourir le lion qu'il a blessé, fait briller un javelot dans ses robustes mains, et attendant le monstre de pied ferme, il oppose à sa rage le fer à double tranchant; tel l'oryx attend la bête cruelle qui vient fondre sur lui et qui par son intrépidité se donne elle-même le trépas: les pointes aiguës pénètrent aisément dans ses flancs, et de cette double blessure coulent à l'instant les flots d'un sang noir que l'animal féroce étanche avec sa langue. Alors ces deux ennemis font de vains efforts pour prendre la fuite : ils ne le peuvent et périssent en se donnant une mort réciproque. Quelquefois le laboureur ou le berger rencontre avec étonnement leurs corps étendus sur son passage et s'empare de cette riche proie.

A la suite et dans la chasse même des animaux qui sont armés de cornes, on doit célébrer l'éléphant, cet énorme quadrupède; les deux défenses redoutables qui sortent de sa bouche s'élèvent en regardant les cieux et ressemblent à des dents recourbées : le vulgaire leur en donne même le nom; mais il se trompe, et nous pensons qu'il vaut mieux les appeler des cornes (42). Ces armes naturelles ne diffèrent-elles pas par des signes évidens? Celles qui dans les animaux sortent des mâchoires supérieures et croissent en s'élevant sont des cornes; mais lorsqu'elles se dirigent vers la terre, ce sont de véritables dents. Les deux cornes de l'éléphant ont leurs racines dans sa tête; ces racines, comme celles des arbres, sont proportionnées à la grosseur de l'animal : cachées d'abord sous sa peau, elles s'allongent en descendant le long des tempes, arrivent dans la bouche, d'où elles sortent dépouillées de leur enveloppe. Voilà ce qui donne au vulgaire la fausse opinion qui l'abuse; cependant les mortels ont encore pour connaître la vérité un signe indubitable. Toutes les dents des animaux sont inflexibles, elles ne cèdent à aucun art et demeurent indomptables; l'ouvrier par son industrie veut en vain étendre leur surface, elles résistent obstinément; leur fait-on violence, elles rompent en morceaux. Avec les cornes au contraire, on fabrique des arcs recourbés et mille instrumens divers. Celles de l'éléphant, auxquelles on donne le nom de dents, se laissent étendre et ployer sous la main des ouvriers qui travaillent l'ivoire.

De tous les animaux terrestres, il n'en est aucun dont la taille égale celle de l'éléphant; on le prendrait en le voyant pour le vaste sommet d'une montagne ou pour un nuage épais qui recèle dans ses flancs la tempête redoutée des mortels et qui s'avance en menaçant les campagnes. La tête énorme de ce quadrupède est coiffée de deux oreilles creuses et découpées (43); entre ses yeux sort un nez long, mince et flexible; on l'appelle une trompe; c'est la main de l'éléphant : avec elle il exécute aisément tous ses desseins (44). Ses pieds ne sont point égaux, ceux du devant sont plus élevés que les postérieurs. La peau dont son corps est revêtu est rude au toucher, désagréable à la vue et si dure que le tranchant du fer à qui tout cède ne saurait l'entamer. L'éléphant est doué du plus grand courage; féroce tant qu'il habite les forêts, il s'apprivoise aisément avec les humains, dont il devient le fidèle ami. On le voit, dans les prairies, dans le fond des vallées, déraciner les hêtres, les oliviers sauvages, les palmiers dont la tête majestueuse s'élève dans les airs, et les renverser en les frappant de ses armes aiguës qui lui sortent des mâchoires; mais entre les mains puissantes des mortels il, oublie bientôt ce fier courage et dépouille toute la férocité de son caractère : il supporte le joug, reçoit un frein dans sa bouche et se laisse monter par des enfans qui le dirigent dans ses travaux. On dit que les éléphans parlent entre eux et qu'il sort de leur bouche une voix articulée; mais cette voix *animale* (45) ne se fait pas entendre à tout le monde, leurs conducteurs ont seuls cet avantage. J'ai appris avec admiration que les plus robustes de ces animaux possèdent une intelligence prophétique et connaissent l'instant inévitable de leur trépas. Ce n'est donc pas parmi les seuls oiseaux que les cygnes présagent l'avenir et chantent douloureusement leur hymne funèbre (46): chez les quadrupèdes, l'éléphant prévoit le terme fatal de sa vie et le déplore en poussant de tristes accens.

D'une taille un peu plus forte que l'impétueux oryx (47), le rhinocéros porte à l'extrémité de son nez une corne aiguë et redoutable, arme terrible avec laquelle il peut dans l'effort de sa course percer l'airain et fendre le plus dur rocher. Souvent cet animal s'élance sur l'éléphant que, malgré sa force extrême, il renverse mort sur la poussière.

(48) Sur son front couronné d'une chevelure dorée et sur son large dos sont semées de nombreuses taches de pourpre. Tous les rhinocéros sont mâles (49); on ne voit aucune femelle de cette espèce. A qui doivent-ils donc la vie? je ne l'ai point appris, et ne le sachant pas, je ne puis dire si c'est du sein des rochers que naissent ces terribles animaux, ou s'ils sont autochtones et sortis des entrailles de la terre, ou si, sans amour, sans hymen, sans enfantement,

ils se reproduisent eux-mêmes. Ainsi dans les humides vallées de l'Océan, on voit naître d'eux-mêmes et sans le secours d'une mère divers animaux, les huîtres, les anchois, les crabes, les trombes et tous ceux qui naissent dans le sable.

Muse, il ne nous est pas permis de chanter de faibles objets. Laissons dans l'oubli les animaux sans force et sans courage, les panthères aux yeux brillans (50), les chats malfaisans qui attaquent les oiseaux domestiques, les loirs au corps fluet, au cœur timide, aux membres délicats, et qui, ensevelis dans une retraite obscure, s'enivrent d'un sommeil continuel tant que l'hiver exerce ses rigueurs; les infortunés ne prennent alors aucune nourriture et leurs yeux sont fermés à l'éclat du jour. Ces animaux sont tellement endormis au fond de leur tanière qu'ils semblent morts de froid; mais lorsque le printemps commence à sourire à la nature et rajeunit les fleurs et l'herbe des prairies, ils s'éveillent, sortent de leur obscurité, ouvrent les yeux et reçoivent la lumière du soleil; le besoin rappelle en eux l'agréable souvenir de la douce pâture: ainsi les loirs reviennent à la vie.

Je ne parlerai point de l'écureuil aux longues soies, de cet animal timide qui dans la saison brûlante oppose, en élevant sa queue, un abri naturel aux rayons de l'astre du jour. C'est ainsi que le paon ombrage son corps d'une voûte circulaire sur laquelle éclatent les couleurs les plus riches et les plus variées. De tous les êtres qui marchent sur la terre, dont le sein fécond les fait naître, qui d'une aile légère traversent l'immensité des cieux ou sillonnent les flots agités dans les gouffres de l'Océan, le souverain des dieux n'en a produit aucun de plus brillant ni de plus agréable aux yeux des mortels que cet oiseau dont le corps étincelle de la richesse de l'or unie à l'éclat du feu.

Je ne parlerai pas non plus de l'horrible hérisson environné d'un rempart formidable. Il est deux espèces de ces animaux affreux: l'une, petite et sans force, n'est armée que de faibles pointes; l'autre, d'une taille plus considérable, est hérissée de tous côtés de dards menaçans.

Je passe sous silence les trois espèces de singes, ces mauvais imitateurs de l'homme. Qui ne haïrait cette race difforme, odieuse, lâche et perverse? Ces animaux engendrent deux petits, mais ils n'ont pas pour eux une égale tendresse: l'un est l'objet de leur amour et l'autre de leur haine; ils lui donnent la mort jusque dans les bras de sa mère.

Mes chants se refusent encore à célébrer la race autochtone des taupes aveugles, dont l'herbe est la nourriture. Cependant, s'il faut croire l'incroyable opinion accréditée chez les mortels, elles tirent d'un sang royal leur glorieuse origine.

Le dieu brillant du jour autrefois irrité contre Phinée, souverain de la Thrace, d'avoir été vaincu par lui dans la science de l'avenir, le priva de la lumière et le fit tourmenter par les Harpies, monstres ailés, infâmes, qui par leur présence odieuse venaient infecter ses repas. Mais lorsque les deux illustres fils de Borée, Zéthus et Calaïs, vinrent en Thrace avec Jason, qu'ils suivaient sur le navire Argo à la conquête de la Toison d'or ils eurent compassion de ce vieillard malheureux (51), tuèrent les monstres qui le tourmentaient et rassasièrent Phinée de mets les plus exquis. Cependant Apollon, dont la colère n'était point assoupie, le changea en taupe, dont la race n'existait point encore. Voilà pourquoi ces animaux sont aveugles et gourmands.

CHANT TROISIÈME.

Après avoir chanté les animaux armés de cornes, les taureaux, les cerfs, les daims à la taille élégante, les légères gazelles, l'oryx, le brillant jorcos et tous ceux dont le front est orné de rameaux, Muse, célébrons à présent les espèces cruelles qui ouvrent une gueule menaçante et dévorent la chair, et celles qui portent des dents recourbées.

C'est au lion que je dois consacrer mes premiers chants.

(1) Jadis les Curètes nourrirent le fils du puissant Saturne, lorsque Rhée, dérobant à la voracité de ce père impitoyable le fruit de son hymen, le déposa dans les antres de la Crète. Saturne aperçut ce jeune enfant déjà robuste, et pour se venger des Curètes, il changea ces généreux sauveurs de Jupiter en animaux sauvages. Dépouillés par la volonté d'un dieu de la forme des humains, ils revêtirent celle des lions. Mais bientôt après Jupiter leur donna le souverain empire sur les habitans des forêts et le droit de traîner le char rapide de la mère des dieux.

Il est diverses espèces de lions. Chacun de ces animaux a sa forme particulière. Ceux que produit l'Arménie vers l'embouchure bruyante et sur les vastes bords du Tigre (2) et ceux que fait naître la fertile contrée des Parthes, brillent d'une couleur fauve. Leur vigueur n'est pas extrême, mais ils ont un cou épais et une longue crinière. Leurs yeux brillans sont recouverts par de vastes sourcils tristement hérissés et prolongés jusqu'au museau. De leur cou et de leur menton descend des deux côtés une superbe chevelure.

Les lions que nourrit l'Arabie, nommée heureuse par les mortels, ont comme les premiers le cou et la poitrine velue et font jaillir de leurs yeux de longs éclairs de feu. Ils surpassent tous les autres en beauté, mais cette espèce est rare sur la terre.

Dans les plaines brûlantes de la fertile Lybie, une foule innombrable de robustes lions fait entendre ses rugissemens affreux (3). Ces animaux ne sont point hérissés de poils, un duvet rare et léger les environne ; mais leur aspect est effrayant : ils ont une tête énorme, une couleur cyanée légèrement mêlée de noir règne sur tous leurs membres (4). La force de leurs muscles est extrême, et le lion de Libye est le roi des autres lions souverains du reste des animaux.

Autrefois un lion prodigieux passa de l'Éthiopie dans la Libye. (5) Il était noir, coiffé d'une belle crinière. Sa gueule seulement avait la couleur de la pourpre. Il portait un large front, ses pattes étaient garnies d'un long poil, le feu le plus vif brillait dans ses yeux. Je n'en parle pas d'après un simple récit, j'ai vu moi-même ce terrible animal. Il vint à Rome pour être offert aux regards de l'empereur.

(6) Les lions n'éprouvent pas le besoin de manger tous les jours, ils en emploient un à leurs repas et l'autre aux travaux de la chasse. Ils ne se retirent pas non plus dans les creux des rochers pour se livrer au sommeil ; mais pleins de confiance en leur courage, ils dorment en pleine campagne, et partout où les surprend la nuit profonde.

J'ai su des jeunes hommes qui prennent soin des lions, que la patte droite de ces animaux a la puissante vertu de la torpille (7), et que c'est par ce charme qu'ils ravissent toute la force aux autres bêtes sauvages.

La femelle du lion éprouve cinq fois les douleurs de Lucine (8). On dit qu'elle ne fait qu'un seul petit ; mais c'est une opinion absolument fausse (9). Elle en produit cinq à sa première portée, quatre à la seconde, trois à la troisième, deux à la quatrième ; mais à son dernier enfantement cette noble mère ne fait sortir de ces généreux flancs qu'un seul lionceau destiné à régner un jour dans les forêts.

(10) Les redoutables panthères se divisent en deux espèces, les unes déploient à nos regards une taille considérable, un dos large et fourni de graisse ; les autres sont plus petites, mais n'ont pas une moindre force. Toutes deux brillent des mêmes beautés, leur forme est la même ; ce n'est que par la queue qu'elles diffèrent ; les petites panthères la portent plus longue, et les grandes plus courte (11). Cet animal a les cuisses charnues, le corps allongé, l'œil brillant ; ses prunelles étincellent sous des paupières d'un bleu tendre ; elles ont elles-mêmes cette couleur, mais le fond teint de pourpre éclate de mille feux dont elles paraissent embrasées ; les dents inférieures dont sa gueule est armée sont blanches et venimeuses, sa robe est d'un gris obscur, semée de fréquentes taches noires semblables à des yeux. La panthère est si rapide à la course et s'élance avec tant de force, qu'on croirait à la voir bondir qu'elle vole à travers les airs. C'est cette race que célèbrent les poëtes, lorsqu'ils disent que les panthères furent jadis les nourrices de Bacchus. Voilà pourquoi elles aiment encore le vin avec excès et saisissent avidement dans leur gueule les doux présens du dieu de la treille. Une autre fois je dirai pour quelle raison ce dieu changea des femmes illustres en de cruelles panthères.

On voit encore une double espèce d'animaux légers à la course (12), celle des lynx dont les uns, assez petits, font la guerre aux lièvres encore plus faibles qu'eux, tandis que les autres d'une taille plus considérable s'élancent avec agilité sur les cerfs et sur les oryx. Ces deux lynx sont revêtus de formes parfaitement semblables, une égale vivacité éclate dans leurs regards et leur physionomie a je ne sais quoi d'agréable et de riant ; tous deux ont la tête de médiocre grosseur et l'oreille arrondie : la seule couleur de la peau met entre eux quelque différence ; les petits lynx ont la robe d'un fauve ardent, celle des grands a la teinte du safran ou du soufre.

Tous ces animaux, les lynx aux regards

agréables, les lions aux prunelles enflammées, les redoutables panthères, les tigres aussi légers que les vents, chérissent singulièrement leur tendre progéniture. Si d'intrépides chasseurs perçant jusqu'au fond des bois, vont dérober leurs petits, les mères de retour, à la vue de leur demeure abandonnée, poussent de fréquens gémissemens et font retentir au loin leurs plaintes douloureuses. Telles, à la vue de leur patrie ravagée par le fer et la flamme, les femmes éplorées volent au secours de leurs enfans en poussant des cris lamentables. O puissance de cet amour qu'un dieu sans doute a gravé dans le cœur de tous les êtres pour leur jeune postérité! Ce n'est pas chez les seuls humains, en qui tout est le fruit du génie, que cette tendresse éclate; elle anime les reptiles et les poissons, les nombreux habitans de l'air et jusqu'aux animaux les plus féroces. Que de soins le dauphin, le glaucus aux yeux brillans, (13) le phoque et tous les citoyens de l'onde ne prodiguent-ils pas à leurs petits! Et parmi les oiseaux, quelle infatigable tendresse n'ont pas pour leur couvée les colombes, les orfraies, toutes les espèces d'aigles et la corneille qui vit de si nombreuses années. Voyez comme à l'aspect de l'épervier planant au haut des airs, la poule, cet oiseau qui partage la demeure des humains, s'agite avec inquiétude autour de ses poussins; d'abord elle jette un cri perçant, bondit çà et là, les appelle d'une voix aiguë, et la tête élevée, le cou arrondi, les plumes hérissées, elle ouvre les ailes, les étend vers la terre; ses petits tout tremblans se réfugient sous ce léger rempart. Souvent elle épouvante l'oiseau cruel et le force à prendre la fuite, tant elle est intrépide à défendre sa postérité; elle nourrit avec tendresse ses poussins lorsqu'ils sont dans l'enfance, ou lorsque n'ayant point encore de plumes ils viennent de rompre les liens de la coquille. Ainsi parmi les bêtes féroces, les lionnes rugissantes, les panthères impétueuses, les tigres au dos rayé affrontent tous les dangers pour défendre leurs petits, attaquent les chasseurs, bravent les lances dont ils sont armés et subissent le trépas. Rien ne les effraie quand elles combattent pour leur postérité, ni la foule menaçante des jeunes hommes armés d'épieux, ni les éclairs du fer et de l'airain, ni la grêle de traits et de pierres dont elles sont frappées. Tous leurs efforts tendent à sauver leurs petits ou à perdre la vie.

L'ours cet animal féroce, traître et sanguinaire, revêtu d'un poil épais et rude, n'offre rien dans ses traits rebutans qui ne déplaise aux yeux. Sa gueule largement fendue, armée de dents menaçantes, le rend redoutable aux chasseurs. Il a le museau bleu, l'œil vif et perçant, le corps fourni, large. Il est prompt à la course (14); ses pattes ressemblent aux pieds et aux mains de l'homme. Il gronde d'une manière effrayante; son cœur est toujours occupé de ruses et de trahisons; Vénus y règne tout entière, nulle pudeur n'en peut arrêter les transports. Les femelles brûlent jour et nuit des désirs de l'hymen et recherchent avec fureur les caresses des mâles. A peine peuvent-elles s'abstenir de la couche nuptiale lorsqu'elles portent dans leurs flancs le fruit de leur fécondité. En effet, à l'exception des lynx et des lièvres timides, c'est pour tous les animaux une loi sacrée de ne point se livrer alors aux plaisirs de l'amour; mais l'ourse toujours tourmentée de désirs, l'ourse à qui le veuvage est odieux, ose attenter sur ses propres enfans, et prévenant le terme prescrit par la nature, elle presse ses flancs et fait violence à Lucine. Tel est l'excès de sa lubricité, telle est la violence de ses transports amoureux. Ses petits, lorsqu'elle les met au monde, ne sont encore formés qu'à moitié (15). Leurs membres confondus, sans articulations, n'offrent aux yeux qu'une masse informe de chair; la mère partage ses soins entre la nourriture de ses enfans et les plaisirs d'un nouvel hymen; à peine a-t-elle mis bas, qu'elle jouit aussitôt des embrassemens de son époux. Cependant elle lèche ses oursons, comme on voit les jeunes bœufs se lécher les uns les autres. Ces animaux en effet trouvent dans la peau de leurs semblables une saveur qui flatte agréablement leur goût, et jamais ils ne se séparent qu'ils ne se soient rassasiés de ce plaisir; et l'homme qui les conduit au pâturage, sent en les voyant son cœur rempli de joie; c'est ainsi que l'ourse achève de former ses petits en les caressant avec sa langue, jusqu'à ce qu'ils fassent entendre leur grondement épouvantable.

Malgré l'épaisseur de sa fourrure, l'ours craint la rigueur de l'hiver (16) et lorsque le vent d'occident verse en abondance la neige qui blanchit les campagnes, il va se cacher au fond d'une caverne spacieuse où, privé de nourriture, il lèche ses pattes, les suce comme une mamelle, et donne par là le change aux désirs de son estomac. Telle est aussi la ressource ingénieuse qu'emploie le polype tortueux dans les profondeurs du vaste Océan. Pour se mettre à l'abri du froid qu'ils redoutent, les polypes se cachent sous les rochers qui bordent le rivage et se nourrissent en mangeant leurs cheveux. Mais lorsque le printemps fait renaître les fleurs, ils produisent en peu de temps de jeunes rameaux et recommencent à voguer sur la mer, ornés d'une nouvelle chevelure.

(17) Chantons à présent l'onagre : sa jambe fine, sa tête qu'il porte au vent, sa légèreté, sa vitesse, sa taille élevée le rendent digne de plaire à nos yeux (18). Il a l'air gai, le corps plein, bien proportionné, revêtu d'un poil argenté. Sa tête est surmontée de deux longues oreilles, une raie noire accompagnée de deux bandes aussi blanches que la neige règne le long de son dos. Ce quadrupède se nourrit de fourrages et paît l'herbe que la terre lui fournit avec abondance (19); mais il est lui-même une pâture délicate pour les animaux carnassiers plus robustes que lui. La race entière des onagres est livrée à la plus excessive jalousie. Ces animaux mettent leur gloire à posséder un grand nombre de femelles qui suivent leur époux partout où il veut les conduire, soit au pâturage, soit aux sources limpides des fleuves (20), boisson chérie des animaux, soit à leurs demeures ombragées, lorsque Vesper amène le sommeil à sa suite.

Le terrible aiguillon de la jalousie qui tourmente les mâles les rend cruels envers leurs propres enfans. Lorsqu'une femelle éprouve les douleurs de Lucine, tranquillement assis auprès d'elle, son époux attend le moment où elle sera délivrée de son fruit pour en observer le sexe (21) : si c'est une femelle, l'onagre qui déjà désire sa jouissance la caresse tendrement avec sa langue; mais s'il voit naître un mâle, transporté d'une funeste jalousie, il s'élance sur son petit et veut d'une dent cruelle lui couper la marque de son sexe, dans la crainte qu'il ne devienne un jour l'époux de celle qui l'a fait naître. Quoique affaiblie par les douleurs de l'enfantement, la mère défend son malheureux poulain si cruellement attaqué. Lorsqu'au milieu des horreurs de la guerre de barbares soldats massacrent un enfant sous les yeux de sa mère, et l'arrachent elle-même au corps tout sanglant de son fils qu'un reste de vie fait palpiter encore, elle pousse les cris les plus douloureux, se déchire les joues, le sang et le lait confondus inondent son sein; telle l'onagre femelle semble par ses gémissemens, par ses cris lamentables déplorer le sort de son malheureux fils. On dirait que pour le défendre cette infortunée a recours aux prières les plus touchantes, aux plus tendres supplications et qu'elle dit :

« O mon époux ! mon époux ! d'où vient ce front irrité ? pourquoi vos yeux tout à l'heure si brillans sont-ils enflammés de colère (22) ? Ce n'est point l'affreuse tête de Méduse, ce n'est point un dragon venimeux, ni le petit d'une lionne sauvage qui s'offre à vos regards; c'est votre enfant dont la naissance m'a coûté tant de douleurs et que nos vœux ont enfin obtenu des dieux. Quoi, vous voulez d'une dent ennemie ravir à votre fils sa virilité ! arrêtez cher époux ! gardez-vous de trancher..... et pourquoi..... Hélas ! qu'avez-vous fait ? en mutilant votre fils vous l'avez réduit au néant. Que je suis malheureuse ! j'ai perdu tout le fruit de ma fécondité ! Et toi, mon fils ! l'excès de ton malheur vient de ton coupable père ; c'est par sa dent cruelle et non par les ongles des lions que tu es mutilé. »

C'est ainsi que cette mère infortunée s'emble gémir du triste sort de son fils. Mais insensible à ses plaintes, l'onagre d'une bouche ensanglantée achève son horrible repas. O Jupiter ! quel est donc le caractère atroce de la jalousie ! tu la fais triompher à nos yeux de la nature même. Puissant roi des dieux, elle a reçu de toi une force plus active, plus pénétrante que celle de la flamme, et tu l'as armée d'un glaive de diamant. Loin de garantir les enfans des fureurs de leurs pères, elle ne connaît ni les liens du sang ni ceux de l'amitié. C'est elle qui jadis arma contre leurs propres enfans les demi-dieux et les déesses mêmes, Thésée, Athamas en Attique, Progné, Philomèle en Thrace, Médée à Colchos et l'illustre Thémisto. Bien plus, ainsi qu'aux malheureux mortels, elle présente aux animaux l'horrible festin de Thyeste (23).

Sur les confins de l'Éthiopie habite au milieu des précipices la race nombreuse des *hippagres* (chevaux sauvages) (24); leur bouche est armée de deux défenses venimeuses; cependant ces animaux ne sont point solipèdes, ils portent au contraire une double pince semblable à celle d'un cerf. Sur le milieu de leur dos une épaisse crinière règne depuis le sommet de la tête jusqu'à l'extrémité de la queue. Le fier hippagre n'a jamais pu supporter la servitude, et lorsque les noirs habitans de l'Inde (25) le prennent dans leurs filets ou par de subtiles embûches, il ne veut plus prendre ni boisson ni nourriture et se révolte contre le joug de l'esclavage.

Muse, chantez à présent deux races d'animaux féroces, dont la rencontre est funeste et dont la large gueule est hérissée de dents, le loup meurtrier des brebis (26) et l'hyène aux yeux peu clairvoyans : l'un donne le trépas aux bergers et aux chèvriers, l'autre est l'ennemie redoutée des chiens les plus intrépides. Le premier pressé par la faim ravit pendant la nuit les agneaux et les chevreaux; le second ne marche qu'à la faveur des ténèbres, ne fait que des courses nocturnes; car elle ne jouit de la lumière que lorsque nous l'avons perdue (27) et le retour de l'aurore la replonge dans l'obscurité. La forme du loup et de l'hyène est bien différente de celle des bêtes féroces : l'un paraît absolument semblable aux grands chiens des bergers (28), l'autre a le dos arqué par la courbure de son épine; elle est entièrement velue; son corps effrayant à voir est peint de longues raies d'un bleu pâle et tracées en grand nombre, sa taille est étroite et longue. Les poëtes célèbrent la puissance redoutable de la peau de ces animaux. Si vous portez à vos pieds des courroies de peau d'hyène, vous inspirerez l'effroi aux chiens les plus robustes, et lorsque vous marcherez avec cette chaussure, ils n'aboieront plus à votre rencontre, quoiqu'ils le fissent auparavant. D'un autre côté, si l'on écorche un loup et que l'on fasse un tambour de sa peau, ce tambour bruyant, propre à célébrer les fêtes de Cybèle, capable de causer l'avortement de tous les fruits quand on le frappe en même temps que plusieurs autres, fait seul résonner l'air d'un bruit formidable. On n'entend plus que lui, il impose le silence aux autres et les rend muets quelque sonore qu'ils fussent auparavant. Les brebis après sa mort craignent encore le loup qui ne vit plus.

Une particularité surprenante que j'ai apprise au sujet des hyènes à robe rayées, c'est qu'elles changent de sexe tous les ans. (29) Tantôt mâle tantôt femelle, cet animal fait tour à tour les fonctions d'un époux amoureux et d'une mère féconde.

On compte jusqu'à cinq espèces de loups revêtus de poil gris : les bergers, dont ces animaux sont les cruels ennemis, ont remarqué en eux différentes formes qui distinguent ces espèces; la première est celle de ce loup intrépide que l'on appelle *archer*. Il est entièrement roux, ses membres sont arrondis, il porte une tête plus forte que les autres et court avec vitesse; son ventre blanc est parsemé de taches grises, son hurlement inspire la terreur, il fait des bonds d'une hauteur surprenante. Ce loup secoue sans cesse la tête et ses regards ont la vivacité du feu.

Il en est un autre d'une taille plus considérable, ses membres allongés le rendent plus prompt à la course que tous les loups. Les hommes lui donnent le nom d'*épervier* ou de *ravisseur*. Dès le matin, aux premiers traits du jour, il sort pour aller à la chasse, en poussant un sifflement considérable. Il se passe aisément de nourriture; ses flancs et sa queue brillent d'une blancheur éclatante; c'est sur les montagnes élevées qu'il fait ordinairement son séjour; mais en hiver lorsque la froide neige tombe des nues et couvre la terre, cet animal perfide et revêtu d'impudence s'approche de la demeure des humains dans l'espoir de trouver quelque pâture. Il rôde en silence autour des maisons, et s'il rencontre une chèvre il la saisit aussitôt avec ses griffes aiguës. Sur les sommets glacés du Taurus au milieu des montagnes de Cilicie et près des bords élevés de l'Amanus (30), habite un animal que sa beauté ravissante élève au-dessus de toutes les bêtes sauvages. On l'appelle *chriseus* (loup doré) (31). Sa longue chevelure dorée lui prête un éclat éblouissant. Ce n'est point un loup : il l'emporte de beaucoup sur cette espèce par la hauteur de sa taille. Ses dents sont aussi tranchantes que l'acier et sa force est extrême. Souvent dans sa fureur il perce l'airain le plus épais, brise les pierres et le fer dont les lances sont armées. Il connaît le temps auquel règne la canicule et, redoutant le lever de cette constellation, il se cache dans un souterrain ou dans quelque caverne obscure, jusqu'à ce que le soleil et l'astre funeste du chien aient calmé la violence de leurs feux.

Les acmons (*enclumes*), cette race sanguinaire, se divisent en deux espèces. Le cou assez court, de très-larges épaules, les cuisses et les pattes garnies de longs poils, la tête petile, les yeux médiocrement fendus, voilà leur caractère. La première espèce de ces animaux est remarquable par son dos argenté et la blancheur de son ventre. L'extrémité seule de ses pattes est teinte d'un gris obscur. Les hommes lui ont donné le nom d'*Ictinus à poils gris*. La seconde espèce paraît de couleur noire. Sa taille est plus petite, mais cet acmon n'est pas moins robuste que l'autre. Il poursuit les lièvres, sur lesquels il s'élance avec impétuosité, et tous les poils dont ses membres sont couverts se dressent et se hérissent.

Souvent l'hymen rapproche les loups et les cruelles panthères ; et de leur union naît une race vigoureuse, celle des thos, sur qui brillent réunies les diverses couleurs de ceux dont ils tiennent le jour. Ils ressemblent à leur mère par les nuances de leur peau, et par la face à leur père.

(32) Chantons à présent le tigre au corps noble et superbe. La nature ingénieuse et féconde, entre mille animaux, n'en a produit aucun de plus agréable à nos yeux. Le tigre l'emporte autant sur tous les habitans des forêts que le paon sur les autres oiseaux. Il paraît entièrement semblable à la sauvage femelle du lion, si vous en exceptez la peau, embellie chez le tigre de diverses guirlandes qui ont tout l'éclat de la pourpre et des fleurs. Ses yeux enflammés lancent, comme ceux de la lionne, de brillans éclairs. Il a comme elle le corps robuste et la taille fournie. C'est la même queue, ombragée de long poil, le même mufle, les mêmes sourcils fièrement relevés. Leurs dents brillent du même éclat (33). De tous les quadrupèdes c'est le plus prompt à la course, et sa légèreté égale celle de Zéphire, dont il tient la naissance. Mais non : Zéphire n'est pas son père (34). Qui croira jamais que des animaux puissent être fécondés par le souffle de l'air ? Dire que cette race entière est femelle et ne s'accouple point avec des mâles, c'est une erreur destituée de vraisemblance. On peut voir souvent cet époux décoré de riches couleurs, mais il n'est pas facile à prendre, car aussitôt qu'il aperçoit des chasseurs il abandonne ses petits pour fuir de toute sa force. La mère au contraire suit toujours ses enfans, et, pénétrée de douleur, vient, au grand plaisir des chasseurs, se précipiter dans les filets qu'ils lui tendent.

Le sanglier tient un rang distingué parmi les animaux sauvages et belliqueux : il aime à placer sa bauge au fond des précipices. Les hurlemens des bêtes fauves lui sont odieux. Toujours errant dans les forêts, il poursuit avec ardeur sa femelle, et dans ses transports amoureux ses soies se hérissent sur son col, comme l'aigrette qui s'élève sur un casque. La terre est arrosée de l'écume qu'il distille, et cette écume blanche frappe à grand bruit sur ses dents, poussée par un souffle brûlant. Il met dans ses amours plus d'emportement que de tendresse ; si sa femelle soumise souffre ses caresses, elle apaise à l'instant sa colère ; mais si elle s'y refuse et fuit ses embrassemens, cet époux embrasé de fureur lui fait violence, ou, la frappant de ses défenses, il l'étend morte sur la poussière.

(35) C'est une opinion commune que la défense du sanglier recèle intérieurement la chaleur brûlante du feu. Voici par quel moyen on peut connaître la vérité. Lorsque les nombreux chasseurs, à l'aide de leurs chiens courageux, ont renversé un sanglier sur la poussière et qu'il succombe sous les coups redoublés des lances et des javelots, si on arrache une soie de son col et qu'on l'approche de la dent de l'animal tandis qu'il respire encore, à l'instant le poil saisi par la chaleur se roule en spirale. Eh ! ne voit-on pas sur la peau des chiens mêmes de longues cicatrices de feu tracées sur leurs flancs, aux endroits où les défenses brûlantes du sanglier les ont atteints ?

(36) Il n'est dans les forêts aucun animal d'un aspect plus affreux que les porcs-épics : il n'en est point de plus redoutable. Leur taille par sa grosseur approche de celle des loups ; elle est cependant un peu plus petite. Ils ont le corps robuste et la peau hérissée de toute part d'une chevelure épaisse et rude, semblable à celle dont sont revêtues les diverses espèces de hérissons. Lorsqu'ils sont poursuivis par des animaux plus forts qu'eux, voici le stratagème auquel ils ont recours : ils dressent leur chevelure piquante et, par un mouvement rapide de leur dos, ils décochent un des traits aigus et douloureux dont il est armé. C'est ainsi qu'ils fuient et combattent à la fois. Souvent ils tuent le chien qui les poursuit la gueule ouverte. On les prendrait pour de jeunes guerriers habiles à tirer de l'arc avec justesse. Aussi quand les chasseurs aperçoivent le porc-épic,

ils ne lâchent point sur lui leurs chiens, mais ils emploient les ruses dont je parlerai dans la suite lorsque je chanterai le trépas des animaux sauvages.

(37) L'ichneumon est petit, mais il mérite d'être célébré à l'égal des plus grands animaux à cause de son instinct et du courage intrépide qu'il fait éclater malgré sa délicatesse. C'est par ses ruses qu'il donne le trépas à deux espèces dangereuses, aux serpens et aux terribles crocodiles, ces cruels habitans du fleuve de l'Égypte. Si quelqu'un de ces monstres funestes s'endort en ouvrant sa gueule énorme, gouffre profond entouré d'un triple rempart de dents formidables, l'ichneumon, qui médite contre lui une ruse mortelle, l'observe d'un regard oblique jusqu'à ce qu'il soit assuré que cette bête immense est ensevelie dans un profond sommeil (38). Aussitôt il se roule dans le sable et dans la boue, et s'élançant avec intrépidité dans la gueule du monstre, il franchit rapidement cette porte du trépas et se glisse à travers son vaste gosier. Aux premières atteintes d'une douleur imprévue et dont il porte la cause dans ses flancs, le malheureux crocodile s'éveille. Désespéré, furieux, il erre de tous côtés; tantôt il se précipite au fond du fleuve, tantôt il se roule sur le sable du rivage, pousse des soupirs effrayans et se tord de douleur. Son ennemi brave sa rage impuissante; placé sur son foie, il le dévore à son gré et se régale d'un mets qui flatte son goût. Enfin il sort du corps de ce féroce animal et l'abandonne après en avoir entièment vidé les entrailles.

Intrépide ichneumon, que je t'admire! quel instinct éclate dans tes ruses! que ton cœur renferme de courage! avec quelle audace tu soutiens la vue du trépas que tu oses affronter de si près!

(39) Voici maintenant le piège qu'il tend à l'aspic venimeux: le corps entièrement enseveli dans le sable, à l'exception de sa queue et de ses yeux enflammés, il attend son ennemi. Or la longue queue de l'ichneumon est faite comme un serpent, elle en représente la tête par les poils de l'extrémité, elle paraît noire lorsqu'on la regarde en face et ressemble à la peau écailleuse des reptiles. Dès qu'il voit celui-ci s'approcher en sifflant, il recourbe sa queue en demi-cercle et provoque au combat le cruel aspic, qui s'avance aussitôt en levant sa tête venimeuse. Sa gorge s'enfle, il découvre ses horribles dents et fait à son ennemi d'inutiles morsures de ses mâchoires empoisonnées. Le courageux ichneumon s'élance à l'instant hors du sable, saisit le serpent à la gorge, le déchire malgré les replis dont celui-ci l'environne, lui donne le trépas et lui fait vomir tout le poison amer, violent et mortel dont il était chargé.

De tous les animaux qui mènent une vie sauvage (40), le renard est le plus rusé. Son cœur est rempli de courage, et la prudence lui fait habiter le plus reculé des terriers, car il se creuse sept demeures éloignées les unes des autres, de peur que les chasseurs ne le fassent tomber dans les filets qu'ils dressent à la porte de sa retraite. Dans un combat, sa gueule est redoutée des animaux plus robustes que lui et des chiens qui le poursuivent. Lorsque la rigueur de l'hiver a dépouillé les vignes de leur pampre, privé de nourriture, le renard emploie alors toute son industrie à chasser aux oiseaux et à prendre les jeunes lièvres.

Muse, que votre voix sonore, harmonieuse chante aussi ces animaux de nature mixte, formés du mélange de deux races différentes, en qui la panthère au dos tacheté est unie au chameau (41). Père de la nature, ô Jupiter! quelle magnificence éclate dans tes nombreux ouvrages! quelle riche variété répandue dans les plantes, dans les animaux, dans les poissons! que de présens tu as faits aux mortels, ô toi dont la puissance a revêtu de la robe des panthères cette espèce de chameaux embellie des plus riches couleurs; nobles et charmans animaux que les humains apprivoisent sans peine (42); ils ont un long cou, leur corps est semé de diverses taches (43); de courtes oreilles couronnent leur tête dépourvue de crinière dans la partie supérieure (44). Leurs jambes sont longues et leurs pieds larges; mais ces membres sont inégaux. Ceux de devant sont beaucoup plus élevés que les postérieurs, considérablement plus courts; tels les ont les boiteux. Du milieu de la tête de ces animaux sortent deux cornes qui ne sont pas de la nature des cornes ordinaires (45); leurs pointes molles environnées d'une chevelure s'élèvent sur les tempes et près des oreilles. Cette espèce a, comme le cerf, la bouche délicate, médiocrement fendue et garnie de petites dents d'une blancheur égale à celle du lait. Ses yeux étincellent du plus vif éclat, et sa queue, aussi courte que celle de la gazelle, est garnie de crins noirs à son extrémité.

Il est encore une autre espèce prodigieuse que j'ai vue de mes propres yeux ; elle est également composée de deux races différentes, du passereau et du chameau (46), et quoiqu'elle ait des ailes et qu'on la compte au nombre des oiseaux, mes chants la célébreront cependant, parce qu'on ne la prend que par le genre de chasse qui fait l'objet de mes vers. La glu, funeste aux autres volatiles, ne peut enchaîner celui-ci ; les flèches qui traversent les routes de l'air n'ont point sur lui de puissance (47), il faut le poursuivre à l'aide des coursiers, le lancer avec des chiens agiles et l'enfermer dans des filets dont on lui dérobe la vue. Sa taille et sa force sont immenses et telles qu'il peut porter un enfant sur son large dos. Ses jambes élevées ressemblent à celles des pesans chameaux et sont couvertes de fréquentes écailles jusqu'à leurs doubles genoux. Il porte une tête assez petite, montée sur un long cou que recouvrent de grands poils de couleur blanchâtre ; il agite une aile épaisse, mais il ne navigue point dans les plaines de l'air. Cependant il court avec autant de vitesse et de légèreté que volent les oiseaux. L'hymen de celui-ci ne s'accomplit pas en montant sur sa femelle, comme fait toute l'espèce ailée, mais à rebours, ainsi que s'accouple l'animal de la Bactriane (le chameau). Il pond un œuf immense, d'une grosseur capable de contenir un oiseau si considérable, et cet œuf est revêtu d'une coquille aussi dure que la pierre.

Chantons à présent les lapins et les lièvres, le gibier le plus abondant de la chasse. Ils ont le corps petit et velu, de très-longues oreilles, une tête médiocre, les pattes courtes et inégales. La couleur de leur robe n'est pas la même à tous ; elle est d'un gris obscur à ceux qui habitent un terrain noir et d'un fauve ardent lorsqu'ils vivent sur une plaine dont le sol est rouge. Leurs yeux ont de larges prunelles où brille la gaîté et sont invincibles au sommeil. Jamais en dormant ces animaux ne ferment les paupières ; toujours en garde contre la violence des bêtes sauvages ou l'industrie des humains, ils veillent toute la nuit et se livrent aux caresses de l'amour, qu'ils désirent sans cesse. Les femelles, quoique pleines, ne se refusent point à l'ardeur impétueuse du mâle, lors même qu'elles portent dans leurs flancs le trait douloureux de Lucine. Cette espèce est la plus féconde de toutes celles que nourrit la terre, et tandis qu'elle fait sortir de son sein un petit tout formé, elle en porte un autre qui n'a pas encore de poil ; un troisième imparfait s'accroît en même temps dans ses flancs, qui en recèlent un quatrième dont les membres ne sont point encore développés ; la mère les met au jour l'un après l'autre, et cette femelle sans pudeur ne fait point de trêve avec la lasciveté, et, sans jamais refuser les plaisirs de Vénus, elle se livre à toute l'impétuosité de sa passion.

CHANT QUATRIÈME.

Telles sont les diverses espèces d'animaux sauvages et les caresses conjugales auxquelles ils se livrent dans le sein des forêts. Telles sont leurs amitiés, leurs haines, leurs combats terribles et leurs retraites accoutumées. Chantons à présent le travail immense des infatigables humains, leur intrépidité jointe à des ruses ingénieuses. C'est avec un cœur muni tout à la fois de courage et d'industrie que l'on attaque les espèces cruelles auxquelles la nature a donné la force en partage et un instinct qui le cède de bien peu à l'esprit inventif des chasseurs.

La chasse, ce noble exercice qui demande un grand nombre de filets, se fait de différentes manières : les unes conviennent à certains animaux, d'autres sont propres à certaines nations, d'autres ne s'emploient que dans des précipices et des terrains inégaux ; enfin elles sont infinies. Quel génie pourrait seul les embrasser toutes et les chanter dignement d'une voix harmonieuse ? Il n'y a que les dieux dont le vaste regard puisse tout contempler sans peine. Pour moi je chanterai ce dont mes yeux m'ont rendu témoin lorsque j'allais dans les bois recueillir les nobles présens de la chasse et ce que m'ont appris les hommes qui s'appliquent à pénétrer les plus secrets mystères de cet art agréable : je veux les chanter au fils de notre Jupiter. (1) Et toi, chaste déesse, souveraine des chasseurs, viens avec bonté faire entendre ta voix à l'oreille attentive de ce jeune prince, afin qu'instruit par tes leçons des préceptes de ton art, il trouve son bonheur à terrasser de ses mains victorieuses les animaux sauvages et qu'il se plaise à m'entendre chanter leur trépas.

Parmi ces animaux les uns sont doués d'un instinct fécond en ruses, mais ils n'ont pas la force du corps en partage; d'autres, au contraire, sont robustes et courageux, mais leur intelligence est bornée. Il en est aussi qui, privés tout à la fois de vigueur et de courage, n'ont de ressource que dans la promptitude de leurs pieds; d'autres enfin ont tout reçu des dieux, instinct, courage et vitesse (2). Chacun d'eux connaît les avantages qu'il tient de la nature et ce qui le rend faible ou redoutable. Le cerf ne met point sa confiance en ses cornes, celles du taureau le rendent audacieux : la force de l'oryx ne réside pas dans sa gueule, et c'est par là que le lion est terrible; le rhinocéros se fie peu à la légèreté de ses pieds, et c'est dans la rapidité des siens que le lièvre trouve son salut. La panthère sait quel poison funeste recèlent ses ongles acérés. La brebis sauvage n'ignore pas l'impénétrable dureté de son front de marbre, et le sanglier connaît la force extrême de ses défenses.

(3) Je célèbrerai séparément les piéges que les chasseurs intrépides vont seuls dresser sur les rochers, les précautions qu'ils prennent et les chasses particulières que l'on fait de chaque animal; mais je réunirai dans mes chants celles qui se font en commun. C'est ainsi que l'on tend les toiles et les rets, que l'on poursuit à l'aide des coursiers et des chiens agiles les bêtes qui fuient avec vitesse. Quelquefois aussi on les chasse avec les seuls coursiers sans le secours des chiens; ces coursiers, nourris en Libye ou dans la Mauritanie, (4) ne sont point retenus par le frein que gouverne une main vigoureuse; un faible osier les fait obéir et les guide au gré du cavalier; ceux qui les montent pleins de confiance en leur vitesse laissent loin d'eux les chiens, et sans aucun secours chassent exposés à l'ardeur du soleil. On se réunit encore pour attaquer à coups de javelots et de flèches les animaux belliqueux qui combattent les hommes.

De l'art de tendre les toiles dépend tout le succès de la chasse (5) : il faut observer le (6) vent et éviter son souffle. Les nautoniers pour conduire un vaisseau se tiennent assis à la poupe; le gouvernail en main, ils examinent le vent, et, se confiant au Notus, qui fait blanchir les flots, ils étendent les voiles et déploient tous les agrès. Tels je veux que sur la terre les chasseurs observent de quel côté porte le souffle de l'air afin de placer les toiles et de diriger contre son cours leur poursuite accompagnée de cris. Les bêtes sauvages ont l'odorat subtil, et lorsqu'elles sont frappées de l'odeur des fourches ou de la toile étendue, elles fuient du côté opposé; souvent elles viennent à la rencontre des chasseurs et rendent leurs travaux inutiles (7). Que ceux qui veulent donner le trépas aux bêtes fauves observent donc le vent et placent contre sa direction les toiles et les fourches qui les suspendent, qu'ils poursuivent ensuite les animaux en marchant vers le midi si Borée purifie les cieux par son souffle violent; vers le nord si le Notus excite les sombres tempêtes; quand l'Eurus règne, courez vers le Zéphire, et quand c'est celui-ci, portez vos pas vers l'Eurus.

Connaissez premièrement la chasse illustre des lions et le courage intrépide des humains. On commence par aller reconnaître les lieux où sont situées les cavernes habitées par le lion rugissant, la terreur des troupeaux et des bergers, et quand on a vu le vaste sentier où s'imprime la trace de ses pas et par lequel il descend dans le fleuve pour éteindre sa soif brûlante, alors on creuse en cet endroit une fosse circulaire, large et profonde, au milieu de laquelle on construit une colonne élevée. A son sommet est suspendu un jeune agneau qu'on ravit à la tendre mère qui vient de lui donner le jour. Le contour extérieur de la fosse est environné d'un épais buisson affermi par des pierres amoncelées, afin de dérober au lion lorsqu'il s'approchera la vue de ce gouffre insidieux; cependant l'agneau, qui regrette la mamelle de sa mère, l'appelle par ses bêlemens, dont le son va frapper le cœur du lion affamé; il accourt aussitôt plein de joie, guidé par les gémissemens; il s'empresse, ses regards enflammés cherchent de tous côtés, bientôt il approche du piége, il en fait le tour, et la faim excitant son audace, il franchit le buisson et tombe dans le gouffre immense. D'abord il ne s'aperçoit pas qu'il s'est précipité dans un abîme sans issue (8); il en fait le tour avec impétuosité, revient sur ses pas, s'élance pour en sortir. Tel un rapide coursier accoutumé à remporter le prix, s'élance en doublant la borne, lorsqu'il se sent pressé par le frein et la main de son conducteur. Cependant les chasseurs plaés sur une éminence ont observé le lion ; ils accourent à l'instant et font descendre dans la fosse une cage solide, suspendue à de fortes courroies (9). Pour y attirer l'animal, ils y renferment un morceau de chair qu'ils ont exposé à l'ardeur de la flamme. Le lion, qui croit sortir du gouffre, s'élance avec joie dans la cage; alors tout espoir de liberté est perdu pour lui. Voilà de quelle manière se fait la chasse du lion dans les sables de la Libye.

Mais sur les rives de l'Euphrate on dresse à combattre ces animaux des coursiers aux yeux pers, au cœur magnanime, rapides à la course, intrépides dans les dangers. Seuls ils soutiennent le rugissement du lion, tandis que tous les autres tremblent à son aspect, baissent les yeux et n'osent soutenir les regards enflammés de leur roi : nous l'avons déjà dit en chantant les coursiers. Cependant quelques chasseurs à pied étendent un rempart de toiles et établissent les filets sur des fourches. Les deux extrémités de ce rempart ne doivent s'approcher qu'autant que les pointes du croissant nouveau s'inclinent l'une vers l'autre. Trois chasseurs se placent en embuscade auprès des toiles, l'un occupe le milieu, les deux autres se tiennent aux extrémités, assez près du premier pour entendre sa voix s'il venait à crier. Le reste des chasseurs se range en bataillon ; chacun d'eux tient de la main droite une torche enflammée, et de la gauche un bouclier dont le bruit formidable inspire la terreur aux sauvages habitans des forêts. Le lion redoute surtout le brillant de la flamme (10) et ne peut d'un œil fixe en soutenir la vivacité. Si quelques-uns de ces animaux courageux viennent à paraître, tous les cavaliers réunis le poursuivent, ceux des chasseurs qui sont à pied suivent en frappant sur leurs boucliers et font retentir les airs de leurs cris. Saisis d'effroi, les lions n'osent les attendre, ils fuient à pas précipités, le désespoir dans le cœur (11), et sans vouloir se défendre. (12) Par une semblable ruse les pêcheurs conduisent pendant la nuit les poissons sur leurs filets en portant sur leurs barques des flambeaux allumés ; à la vue de cette lumière brillante les poissons fuient épouvantés. C'est ainsi que ces rois des animaux effrayés par le bruit des chasseurs et l'éclat des flambeaux ferment les yeux et viennent se précipiter d'eux-mêmes dans les filets.

Une troisième espèce de chasse fort surprenante et qui demande des forces infatigables est en usage chez les Éthiopiens. Quatre hommes robustes et pleins de confiance en leur vigueur l'exécutent de cette manière. Ils fabriquent avec des osiers fortement entrelacés d'épais boucliers arrondis par les côtés, et recouverts de peaux de bœuf séchées au soleil : c'est le rempart qu'ils opposent aux ongles terribles et à la gueule du lion. Leur corps est entièrement revêtu de toisons de brebis, et ceint par d'épaisses courroies pressées les unes contre les autres ; un casque couvre toute leur tête ; on ne leur voit que le nez, la bouche et les yeux. Bientôt ils marchent ensemble, et faisant résonner l'air sous le bruit éclatant des fouets dont ils sont armés, ils vont à la rencontre du farouche lion. Celui-ci ne tarde pas à quitter sa caverne ; il accourt plein de fureur, ouvre une gueule effroyable et menaçante ; ses yeux étincelans font jaillir de longs traits de feu. Sa colère s'allume, il pousse des rugissemens semblables au bruit affreux du tonnerre.

Lorsque le Gange aux portes de l'aurore abandonne les plaines de l'Inde et les peuples de Maryandie (13), qu'il roule en grondant ses flots impétueux grossis du cours de vingt fleuves différens et se précipite du haut des rochers pour inonder un immense rivage, il pousse des mugissemens moins affreux que n'est le bruit épouvantable dont le lion rugissant fait alors retentir les vallées et les forêts. Impétueux comme la tempête, il s'élance sur les chasseurs qui bravent sa colère, soutiennent sans être ébranlés cet assaut furieux ; des ongles et des dents il cherche à déchirer le premier qu'il saisit. A l'instant un de ces jeunes gens intrépides le frappe par derrière en poussant de grands cris, et provoque sa fureur. Le lion se retourne, abandonne celui qu'il avait saisi de sa gueule cruelle. Un autre vient encore l'exciter contre lui : ces chasseurs intrépides le fatiguent tour à tour par leurs fréquentes attaques, pleins de confiance en leurs boucliers, défendus par les peaux et les courroies dont ils sont revêtus, et que les dents du lion ni ses ongles de fer ne peuvent entamer. Enfin ce monstre furieux épuise ses forces par ses continuels efforts ; s'il quitte l'un, il s'élance sur l'autre et l'enlève de terre, puis il fond avec impétuosité sur un troisième.

Tel au fort d'une mêlée, lorsqu'un vaillant

guerrier se voit enveloppé par une phalange ennemie, animé d'une fureur martiale, il vole de tous côtés, il agite d'un bras vigoureux sa lance meurtrière. Mais enfin accablé par le nombre de ses ennemis qui fondent sur lui tous à la fois, il tombe sur la terre frappé d'une grêle de traits qui font résonner l'air de leurs longs sifflemens. C'est ainsi que le lion dont les forces sont épuisées par d'inutiles efforts cède enfin la victoire aux chasseurs. Son écume sanglante ruisselle sur la terre; honteux d'être vaincu, il baisse tristement les yeux.

Un athlète qui dans les combats du ceste s'est souvent couronné d'olivier, s'il se sent accablé sous les coups redoublés que lui porte un redoutable adversaire, tient ferme quelques instans malgré les flots de sang qui jaillissent de ses blessures; il chancelle, sa tête se balance, on dirait que l'ivresse a troublé sa raison; bientôt ses genoux fléchissent, il tombe étendu sur l'arène : tel le lion étend sur le sable ses membres fatigués. C'est alors que les chasseurs, redoublant leurs efforts, fondent tous à la fois sur lui et enchaînent dans de solides liens cet animal qui, loin de chercher à se défendre, est couché sans mouvement. Quelle est l'intrépidité de ces hommes! quelle entreprise hardie ils exécutent! ce monstre terrible, ils l'enlèvent comme un timide agneau.

C'est encore en creusant des fosses et par des ruses semblables que l'on prend les thos cruels et que l'on trompe les diverses espèces de panthères. Mais ces fosses sont beaucoup plus petites; la colonne que l'on dresse au milieu n'est point de pierres; on taille à cet effet le tronc d'un chêne, et au lieu d'un chevreau on y suspend un chien auquel on serre fortement les testicules avec une étroite courroie; la douleur qui le tourmente lui fait pousser des hurlemens aigus; ils se font entendre de la panthère et portent la joie dans son cœur. Aussitôt elle accourt du fond des bois. Ainsi les pêcheurs placent une amorce trompeuse au fond de leurs filets tissus d'osier de Salamine, soit un polype, soit une écrevisse qu'ils présentent auparavant à l'ardeur de la flamme; l'odeur s'en répand sur les prochains rivages, elle attire les poissons, qui courent au-devant du trépas et vont se précipiter eux-mêmes dans la nasse dont ils ne pourront plus sortir. De même la panthère du plus loin qu'elle entend les cris du chien accourt, s'élance sans se douter du piége trompeur, et tombe dans le gouffre pour avoir obéi aux désirs de son estomac.

La liqueur de Bacchus triomphe aussi des panthères, et les chasseurs leur versent cette boisson perfide, sans craindre le courroux du dieu qui nous l'a donnée.

Les panthères sont aujourd'hui des animaux féroces, autrefois c'étaient des femmes charmantes (14); vouées au culte de Bacchus, elles célébraient ses fêtes triennales, buvaient sa liqueur à longs traits, se couronnaient de pampre et de guirlandes de fleurs; elles élevèrent ce dieu, père de la joie et de la danse. (15) La fille d'Agénor, Ino, nourrit Bacchus en son enfance, et présenta au fils de Jupiter sa mamelle d'où le lait jaillissait pour la première fois. Agaré et Autonoé partagèrent ses soins maternels; ce ne fut point dans le palais du cruel Athamas, mais sur une montagne que les mortels appelaient alors *Méros* (16). Et pour se dérober à la colère de la puissante Junon et aux fureurs du roi Panthée, fils d'Échion, elles enfermèrent le divin enfant dans un coffre de sapin qu'elles couvrirent de peaux de cerf et couronnèrent de pampre. Elles le déposèrent ensuite dans un antre, formèrent des danses mystérieuses autour de ce jeune dieu, et par le bruit des tambours et des cymbales qui résonnaient dans leurs mains, elles couvraient ses cris. Ce fut autour de ce coffre caché qu'elles célébrèrent les premières orgies. Bientôt les femmes d'Aonie furent secrètement initiées par elles à ces mystères, et lorsque ces nourrices de Bacchus résolurent de quitter la montagne et de sortir de la Béotie, elles firent assembler leurs fidèles amies. Déjà les temps étaient arrivés où la terre auparavant inculte et sauvage devait se couronner de pampre par les bienfaits du dieu qui fait oublier les chagrins. Le chœur sacré de ces prêtresses enlève le coffre mystérieux, le pose sur le dos d'un âne, et dirige ses pas vers les bords de l'Euripe; là elles trouvent un vieillard et ses enfans occupés à pêcher; elles l'environnent et le prient de leur faire passer l'onde. Pénétré d'un saint respect à la vue de ces femmes, il les reçoit dans sa nacelle; aussitôt le smilax couvre de sa verdure les bancs des rameurs (17); le pampre et le lierre couronnent la proue de leurs guirlandes fleuries, et les pêcheurs, frappés d'une terreur religieuse, se seraient précipités dans les eaux si la barque n'eût au même instant touché la rive. Arrivées en Eubée, les nourrices de Bacchus furent déposer le dieu chez Aristée; il habitait un antre creusé sur la cime d'une montagne; les rustiques humains devaient à son industrie mille inventions utiles pour la vie; c'est lui qui le premier leur apprit à faire paître les troupeaux (18), le premier il pressa les fruits onctueux de l'olivier sauvage, fit cailler le lait et renferma dans des ruches les essaims des abeilles qu'il recueillait sur les chênes. Il reçut le jeune Bacchus des mains d'Ino, qui le tira du coffre, et il le nourrit dans son antre. Ses soins furent secondés par les Dryades et par les Nymphes qui chérissent les abeilles, par les jeunes filles de l'Eubée et les femmes d'Aonie. Déjà Bacchus adolescent jouait avec les jeunes gens de son âge: d'un bâton qu'il avait coupé (19), il frappait les rochers, qui sous ses coups faisaient jaillir des ruisseaux de vin pur; d'autres fois il égorgeait des brebis, les dépouillait de leur toison, les coupait en morceaux et les jetait sans vie sur la terre, puis il rejoignait exactement leurs membres; elles ressuscitaient à l'instant et paissaient l'herbe fleurie. Bientôt il songea à célébrer ses mystères. Les présens du fils de Thyonée furent répandus sur toute la terre, et partout où ce dieu portait ses pas, il signalait sa puissance aux yeux des mortels. Il vint enfin à Thèbes: toutes les filles de Cadmus accoururent au-devant de ce fils du tonnerre. Penthée seul est assez insensé pour vouloir charger de chaînes les mains de ce dieu qu'aucun lien ne saurait captiver; il ose même, sans respect pour les cheveux blancs de Cadmus, insensible aux prières d'Agarée, prosternée à ses pieds; il ose menacer Bacchus de le déchirer de ses mains cruelles; il commande à ses compagnons impies d'entraîner le fils de Jupiter et de l'enfermer. Lui-même poursuit le chœur des Bacchantes. Les gardes de Penthée et tous les Thébains voudraient voir traîner dans les prisons le dieu du vin chargé de fers; mais les chaînes ne le touchèrent point. Cependant l'effroi glace le cœur des initiés, ils jettent à terre les couronnes qui ceignaient leur front et les thyrses dont leurs mains étaient armées. Les Bacchantes, baignées de larmes, s'écrient: « Dieu puissant, ô Bacchus! allume la foudre de ton père (20). Fais trembler la terre et punis au plus tôt ce tyran impie. Fils du tonnerre! change ce Penthée (21), dont le nom est funeste, en un taureau errant sur les montagnes; change-nous aussi en bêtes cruelles, armées d'ongles terribles, afin que nous puissions le déchirer d'une gueule affamée. » Tels furent leurs vœux: le dieu qui règne à Nysse les entend; il fait aussitôt un taureau de Penthée, enflamme ses yeux d'une farouche ardeur, prolonge son col et fait croître deux cornes sur son large front. Il métamorphose aussi ses Bacchantes en bêtes farouches, leur donne des yeux étincelans, les arme de dents terribles et peint leur dos des couleurs qui brillent sur celui des faons. Perdant leur première beauté, ces femmes changées en panthères par la puissance du dieu déchirent Penthée sur les rochers. On doit croire ses mystères tels que nous les chantons. Loin d'ici ces crimes atroces commis dans les vallées du Cythéron par quelques femmes impies, étrangères à Bacchus, et que les poëtes célèbrent dans leurs chants imposteurs comme les nourrices de ce dieu.

Disons maintenant quelle ruse un chasseur aidé de ses compagnons met en œuvre contre les panthères passionnées pour le vin. Aux plaines sablonneuses de la Libye on choisit dans un terrain vaste mais aride une source peu abondante, dont l'eau noire coule imperceptiblement et goutte à goutte, ne s'épand pas au loin, ne forme aucun murmure, et qui ne sortant qu'avec peine, semble demeurer immobile et séjourner sur le sable. C'est là qu'au lever de l'aurore les farouches panthères viennent se désaltérer. Les chasseurs y transportent pendant la nuit vingt amphores d'un vin excellent et qui compte sa onzième année depuis que le vigneron l'a foulé sur le pressoir. Ils mêlent ce vin pur à l'eau de la source, s'éloignent et vont se coucher à peu de distance, ayant soin de s'envelopper de peaux de chèvres ou de leurs toiles mêmes, car on ne saurait trouver d'abri ni dans le creux des rochers ni dans les bois touffus; toute cette contrée est une plaine unie, où l'on ne rencontre aucun arbre. Bientôt la soif et l'odeur agréable du vin attirent les panthères frappées des rayons brûlans du soleil; elles approchent de la source et boivent avec avidité la liqueur de Bacchus. Aussitôt on les voit bondir et courir les unes après les autres comme de jeunes filles qui forment un chœur de danse. Leur démarche devient ensuite plus pesante; insensiblement elles penchent la tête, et tombent enfin vaincues par le sommeil. Tels dans un festin des jeunes gens dont un léger duvet ombrage encore le menton font couler les flots de vin pur, chantent joyeusement et s'invitent à boire à longs traits en s'envoyant réciproquement la coupe. Le repos succède enfin à ce tumulte bacchique, et la force du vin, accablant leurs esprits et leurs yeux, les renverse l'un sur l'autre. De même les panthères couchées en désordre deviennent aisément la proie des chasseurs.

Les habitans de l'Arménie, fameux par leur adresse à tirer de l'arc, et ceux des rivages du Tigre ont inventé contre les ours une chasse célèbre et qui l'emporte sur toute autre. Une troupe nombreuse de chasseurs pénètre dans le fond des bois les plus épais, où les plus expérimentés cherchent la piste de ces funestes animaux, guidés par les limiers qu'ils tiennent en laisse. Lorsque les chiens découvrent l'empreinte des pas d'un ours, ils la suivent et dirigent par leur flair la marche des chasseurs; si quelque trace plus fraîche vient à frapper leurs sens, ils s'élancent aussitôt pleins de joie sur cette piste nouvelle et oublient la première. Mais lorsque après bien des circuits ils sont parvenus au terme de leurs recherches et qu'ils ont trouvé le fort où l'animal repose, le limier se précipite et veut échapper à la main du chasseur; il fait éclater sa joie par ses aboiemens douloureux. Telle on voit au printemps une jeune bergère errer pieds nus sur les montagnes où elle cherche des fleurs : si quelque suave odeur lui annonce de loin l'agréable violette, elle en ressent un plaisir extrême, et dans la joie dont son cœur est possédé, elle porte ses pas de tous côtés, sans éprouver de lassitude, forme de ces fleurs une couronne, la pose sur sa tête et revient en chantant à la demeure rustique de ses parens. Telle est la joie du limier courageux. Mais malgré les efforts qu'il fait pour échapper à la main du chasseur, celui-ci le retient par sa courroie, et retournant sur ses pas, revient trouver ses compagnons, leur indique le bois où il a laissé le féroce animal. On s'empresse à l'instant de planter les fourches solides, on déploie les filets entre lesquels on dépose les rets. Aux deux extrémités on place deux hommes sous des branches de frêne entrelacées, et depuis ces extrémités, où sont ces jeunes gens qui gardent l'entrée des filets, on tend à gauche une longue corde peu élevée au-dessus de la terre, mais assez pour qu'elle vienne au nombril de l'homme. On attache à cette corde des rubans de toutes couleurs (21), dont l'éclat effraie les bêtes sauvages; on y suspend mille plumes brillantes de divers oiseaux, des ailes de vautours, de cygnes, de cigognes. A droite on place une embuscade cachée sous la feuillée; l'on construit à la hâte en cet endroit avec des branches vertes des cabanes peu distantes l'une de l'autre, et l'on y cache quatre hommes dont le corps est entièrement revêtu de feuillage.

Quand tout est disposé comme il convient, la trompette fait entendre ses sons effrayans, l'ours sort avec impétuosité du bois, pousse des hurlemens et lance des regards terribles. Alors tous les chasseurs se mettent en marche, et rangés en phalange viennent des deux côtés, en jetant de grands cris, à la rencontre de l'animal, qui, pour éviter le bruit et les chasseurs, s'élance avec vitesse vers les lieux où la plaine lui paraît le plus libre. Mais de ce côté on le poursuit aussi avec un bruit et des cris redoublés; on le pousse vers la corde hérissée de plumes, vers cet épouvantail de diverses couleurs. L'ours, saisi d'un violent chagrin, ne sachant où fuir, se porte avec effroi de tous côtés, il redoute à la foi l'embuscade, le son de la trompette, le tumulte et les cris des chasseurs et l'épouvantail, car le souffle du vent fait mouvoir les rubans qui y sont suspendus; les plumes agitées font entendre un sifflement aigu. L'ours, après avoir porté de tous côtés ses regards effrayés, vient se précipiter dans les filets : aussitôt les hommes placés à leur extrémité sortent de leur embuscade, se hâtent de tirer le péridrome et reploient le filet sur lui-même en lui faisant faire plusieurs tours, car les ours travaillent alors avec fureur de leur gueule et de leurs pattes redoutables. Souvent ils échappent aux chasseurs en rompant les filets, et rendent la chasse inutile. Mais un homme robuste en lui liant la patte droite le prive de toute sa force. Il la lie adroitement et l'attache à un morceau de bois, puis il enferme dans une cage de bois de chêne et de sapin cet animal encore enveloppé dans les filets.

C'est en descendant des rochers et des montagnes qu'il faut poursuivre la race légère des lièvres et des lapins, et les écarter soigneusement des lieux qui vont en montant. Dès que ces animaux aperçoivent les chiens et les chasseurs, ils gagnent les collines, parce qu'ils savent que leurs pieds de devant sont plus courts que les autres; voilà pourquoi les collines sont plus aisées à gravir aux lapins et plus difficiles aux cavaliers. Éloignez-les encore des sentiers battus, et poussez-les dans les terres labourées, car ils courent avec plus de vitesse et sautent avec plus de légèreté dans les chemins, au lieu que dans les terres soulevées par la charrue, leurs pieds se fatiguent même durant l'été, et pendant l'hiver ils y prennent une chaussure qui leur devient funeste.

Si vous poursuivez un chevreuil, prenez garde qu'après une longue course et lorsque vous croyez toucher à la fin de vos travaux, il ne s'arrête quelques instans pour lâcher son urine. Les chevreuils sont ordinairement sujets à éprouver un gonflement dans la vessie, causé par les eaux qu'ils ne peuvent évacuer; alors ils sentent dans leurs flancs un poids qui les retarde et les fait tomber sur les reins. Mais s'ils peuvent respirer un moment, ils reprennent leur force et leur vitesse, et fuient d'un pied plus agile quand ils ont allégé leurs entrailles.

On ne prend le renard ni dans les filets ni dans les toiles : son instinct les lui fait reconnaître. Adroit à couper les cordes avec ses dents, à délier les mailles, il sait échapper au trépas par ses subterfuges multipliés. Cependant les chiens en réunissant leurs efforts viennent à bout de le prendre ; mais quelque vigoureux qu'ils soient, ce n'est pas sans répandre du sang qu'ils remportent la victoire.....

(*Le reste est perdu.*)

FIN DE LA CHASSE.

LA PÊCHE

ou

LES HALIEUTIQUES,

TRADUIT PAR J.-M. LIMES.

PRÉFACE.

Ce n'est point sans motif, comme on le verra dans la première remarque du troisième chant, que cette traduction porte pour titre les *Halieutiques*, c'est-à-dire le mot même employé par Oppien. Je n'ai pas cru qu'il dût suffire de l'intituler la *Pêche*, nom sous lequel ce poëme est assez souvent désigné, parce que l'auteur y traite non-seulement de la pêche, mais même de tout ce qui concerne ce grand nombre d'animaux différens dont les eaux sont peuplées. Il ne se borne pas à ce que nous entendons aujourd'hui par le mot *poissons*, car plusieurs savans, comme l'observe Willugby, comprennent dans ce nom collectif tous les habitans des eaux, *aquatilia tam sanguinea qu'exanguia*; et lui-même, ainsi que l'ont fait plusieurs auteurs jusqu'à ces derniers temps, y fait entrer les cétacés, tant, dit-il, à cause de leur forme extérieure, assez ressemblante à celle des poissons proprement dits, qu'à cause du lieu de leur habitation, sans songer que la différence d'organisation qui en fait des animaux à mamelles force de les inscrire dans la grande classe des mammifères.

Notre poëte nous retrace donc les mœurs des poissons, des mollusques, des crustacés, des cétacés, etc. Oppien est ici poëte, naturaliste et philosophe tout ensemble. Le charme d'une belle poésie accompagne et anime ses tableaux; les fleurs dont il a soin d'orner leurs cadres donnent de la fraîcheur et du coloris à une matière qui ne paraissait promettre que de l'aridité; enfin, son poëme offre l'avantage d'une belle exécution poétique et l'intérêt qu'inspire toujours l'histoire bien présentée de la nature. Son mérite, comme naturaliste, est reconnu de tous ceux qui se livrent à l'étude de l'histoire naturelle. On sait quel cas, sous ce rapport, en faisait Buffon : ce qu'il en dit dans plusieurs passages de son histoire des quadrupèdes en est une preuve irrécusable. Son digne et éloquent successeur, M. le comte de Lacépède, montre la même estime pour ce poëte, dont il a

emprunté quelques traits qui ne déparent point son *Histoire naturelle des Poissons*, ouvrage traité avec une méthode et dans un système de classification tout nouveaux, fruit du génie de son illustre auteur, monument impérissable élevé en l'honneur de cette belle partie des sciences, qui, joint à celui des grands travaux anatomiques du célèbre Cuvier, en facilitera à jamais l'étude et les progrès.

On trouvera sans doute quelques erreurs dans Oppien. Mais quel est l'ouvrage sur cette partie des sciences, je ne dis pas ancien mais même moderne, qui en soit exempt? Chaque siècle, chaque homme a les siennes. On sait que Pline, Ælien et les autres naturalistes anciens nous en ont transmis un assez grand nombre ; Oppien était un poëte, et un jeune poëte, puisqu'il mourut vers sa trentième année. Ses connaissances en histoire naturelle, qui paraissent assez étendues pour le temps où il a vécu, étaient celles de ses contemporains et des auteurs qui l'avaient précédé. Ce n'est donc point Oppien qu'il faut accuser de quelques fables qu'on rencontre dans son poëme, que nous reconnaissons aujourd'hui pour telles, mais qui, de son temps, n'avaient point ce caractère, tant il est vrai que l'homme se roule, de siècle en siècle, dans un cercle toujours nouveau d'erreurs, trop heureux de ramasser de loin en loin quelque vérité qui le dédommage des trop fréquentes aberrations du reste de sa carrière! J'ai eu soin de relever ces erreurs dans les remarques qui font suite au texte, et de mettre le lecteur au courant de l'état de la science au moment où j'écris. Ces remarques seront sans doute inutiles à ceux des naturalistes qui font depuis longtemps leur étude de l'ictyologie; plusieurs même y trouveront des passages sur lesquels leurs écrits ont fourni des éclaircissemens précieux. Ils me pardonneront d'en avoir usé ainsi en faveur des personnes à qui cette partie des sciences naturelles est peu familière, et pour lesquelles il sera plus commode de trouver à la suite de cette traduction les documens qu'elle leur laisserait à désirer.

Un critique sévère fera peut-être le reproche à Oppien d'avoir prodigué les comparaisons. Ce défaut, si c'en est un, est de ceux qu'on blâme et qu'on admire : heureux excès d'imagination, trop rare et trop fugitive surabondance d'idées et de moyens, véritable caractère du génie, qui, au physique comme au moral, sont l'orgueil et l'apanage de la jeunesse, dont le goût en se formant apprend bientôt à ménager l'usage! Mais si leur fréquence nuit à la rapidité d'un récit, cet inconvénient s'affaiblit ou s'éteint dans un poëme qui n'est qu'une suite de tableaux isolés, dont chacun est un tout à part, sans rapport ni liaison nécessaires avec ceux qui le précèdent ou qui le suivent; comparaisons qui leur servent de cortége et comme d'entourage pour en remplir les intervalles, pour reposer l'attention, pour la conduire, toujours avec agrément, à travers cette multitude de descriptions qui, dénuées de toute parure, finiraient peut-être, dans un poëme, par produire la lassitude et le dégoût. Celles d'Oppien sont si belles, si bien choisies, si heureusement exprimées, que ceux mêmes qui en désireraient moins seraient en peine de désigner celles qu'ils voudraient proscrire, tant elles se défendent elles-mêmes contre le critique implacable qui voudrait en réduire le nombre.

CHANT PREMIER.

Arbitre suprême de la terre, Antonin, fils illustre de Sévère et de Domna, je chante les enfans d'Amphitrite, ces habitans des ondes, ces espèces si nombreuses de poissons, tout ce qui vit dans l'abîme, dans le sein des flots orageux, les parties de l'empire de Neptune que chacun recherche pour sa nourriture, leurs amours, leur ponte, leurs mœurs; ce qu'ils aiment, ce qui leur déplaît; les ruses, les attaques de tout genre dont se compose l'art si utile de la pêche; les artifices que l'active industrie de l'homme a multipliés pour surprendre, dans leurs sombres demeures, ces races si fécondes d'animaux. S'élançant avec audace sur des mers douteuses, dans des détroits inconnus, il a vu, il a appris des choses jusqu'alors ignorées ; il a rendu l'entier domaine des eaux tributaire et victime de son indomptable génie.

C'est à découvert que le chasseur voit l'ours ou le sanglier fondre sur lui: il peut, à son choix, les frapper de loin, les terrasser de près. Il n'est point de surprise entre l'homme et l'animal terrestre qu'il attaque. Les chiens, guides et compagnons du chasseur, lui signalent sa proie, le conduisent jusqu'au gîte où elle repose, et le suivent, prêts à le seconder. A la chasse, ni l'hiver ne fait autant sentir ses rigueurs, ni l'été ses feux dévorans : on a de nombreux abris, des retraites ombragées, les cimes inclinées des monts, les grottes taillées par la nature, des sources en grand nombre au pied des montagnes, dont les eaux argentées étanchent la soif et présentent un bain toujours nouveau. Sur leur bord verdoie l'herbe basse et touffue, heureux lit de repos, soit pour s'y délasser par un sommeil réparateur, soit pour y prendre un repas agreste des fruits abondans des montagnes. On a moins de peine que de plaisir à la chasse. Ceux qui s'arment contre les oiseaux [1] ont aussi une chasse facile et toujours sous leurs yeux. Tantôt ils prennent le temps du sommeil pour les ravir furtivement dans leurs nids; tantôt ils les abattent sous leurs flèches enduites de glu. Ici, las de vaguer dans les airs, les oiseaux se précipitent eux-mêmes dans des filets à longs plis, où ils trouvent un bien triste asile. Le pêcheur le plus endurci à la fatigue est toujours à lutter contre des obstacles inattendus. L'inquiète espérance, telle qu'un vain songe, berce son âme : ce n'est point sur un sol immobile qu'il va porter la guerre, mais sur un élément rebelle et terrible dans sa fureur, sur lequel, même du rivage, on ne peut hasarder un regard, on n'ose essayer ses yeux, sans frémir d'épouvante. Jouet errant des tempêtes sur une frêle barque, et l'esprit toujours fixé sur les flots, il ne perd jamais de vue ce noir nuage qui le menace; cette onde opaque et profonde le glace de crainte : ici, nul abri contre l'impétueuse fureur des vents et des pluies, contre la chaleur brûlante de l'été. Il faut qu'en sillonnant les plaines liquides, il redoute encore ces monstres, l'effroi des mers déjà si effrayantes par elles-mêmes. Là point de chien pour battre et marquer les sentiers : ceux qu'ont à craindre les navigateurs ne sont ni tracés ni connus. Les poissons ne fréquentent pas toujours les mêmes lieux; aussi le pêcheur ne sait jamais d'une manière bien certaine ceux où il établira sa pêche. Quelques crins frêles, les pointes de quelques crochets, des roseaux, les mailles de quelques filets, voilà tous les instrumens de sa puissance.

[1] Oppien avait composé un poëme sur les oiseaux, qui est perdu.

Toutefois, Antonin, si tu ne demandes à la pêche que de l'amusement, tu ne manqueras pas d'y en trouver : l'agrément et le plaisir accompagnent toujours celle d'un empereur. De jeunes matelots, frappant l'onde de leurs rames, impriment un mouvement rapide à une nacelle aussi légère qu'artistement assemblée ; un pilote, sur la proue, la dirige avec la vitesse d'un trait vers un lieu tranquille et abrité, dont rien ne trouble l'azur des eaux. Là, mille espèces de poissons avides dévorent cette nourriture abondante que leur portent des esclaves toujours chargés de ce soin, et qui les tiennent ainsi gras et prêts pour la pêche que toi, mon prince, et ton illustre fils, daignez faire. Déjà ta main jette sur l'onde une ligne courbée avec art ; déjà le poisson s'y précipite et mort à l'hameçon ; déjà tu l'entraînes sans résistance vers ta personne auguste : ton cœur en palpite de joie. Oui, c'est un spectacle qui réjouit également l'esprit et les yeux, que celui d'un poisson qui s'agite et bondit sous la ligne à laquelle il s'est laissé prendre.

Soyez-moi propice, fils de Saturne, roi des ondes, ô Neptune ! toi aussi, vaste Océan ! et vous tous, dieu qui habitez la mugissante mer ! Aidez-moi vous-mêmes à chanter les troupes, les races nombreuses qui s'y nourrissent. Et toi, muse céleste, donne à mes chants ce charme, ce poli qui les fasse paraître émanés de toi, et qui les rende dignes de l'empereur et de son fils.

Mille espèces de poissons possèdent en commun le domaine d'Amphitrite : il serait difficile d'en dire tous les noms ; les limites et les profondeurs des mers sont encore inconnues ; on n'est guère parvenu au-dessous de trois cents orgyes [1]. La mer immense et sans bornes nous dérobe la plupart des choses qu'elle recèle. L'esprit de l'homme et ses moyens sont faibles, et il ne peut parler de ce qu'il ignore. Mais je pense que la mer n'est pas moins féconde que la terre, soit pour le nombre, soit pour la grandeur des animaux qui y vivent. Les dieux seuls peuvent dire s'il y a égalité entre elles, ou si l'une l'emporte sur l'autre ; nous, sachons nous réduire aux connaissances qui sont notre partage.

La naissance, les mœurs des poissons, le lieu de la mer qu'ils habitent, les substances dont ils se nourrissent ne sont pas toujours les mêmes. Les uns préfèrent les plages les plus basses : leurs alimens sont le sable ou ce qu'il produit, tels l'hippocampe [1], le rapide cocus [2], l'érythrine [3], le cythare [4], le trigle [5], le débile mélanure [6], les nombreux trachures [7], le bouglousse [8], le faible tœnia [9], le plature [10], le mormyle aux couleurs variées [11], les scombres, les cyprins, et tant d'autres qui fréquentent les rivages.

Ceux-ci se tiennent et se nourrissent dans la vase et le limon des mers : ce sont la raie batis, les énormes bœufs marins [12], la redoutable trygone [13], la narqué (ou torpille), bien digne de ce nom, les psettes [14], les claries [15], les trigles, la race si nombreuse des onisques [16], les saures [17], les scépanes [18], tous ceux enfin qui vivent dans les eaux bourbeuses. Ceux-là préfèrent les rives verdoyantes par le nombre d'herbes qui y croissent, comme les maïnis [19], les tragues [20], les atherines, les smaris [21], les blennies, les spares, les bogues [22], et toutes les races de poissons phytophages [23].

Le kestre [24], le céphale [25], le plus innocent des poissons, les labres, l'audacieuse amie [26], les chremés [27], le pélamys [28], les congres [29], et

---

[1] L'orgye contenait 6 pieds grecs, répondant à 5 pieds 8 pouces 3 lignes de notre mesure, ce qui ne diffère pas beaucoup de notre toise.

[1] Le syngathe hippocampe, vulgairement le cheval marin.
[2] Le trigle grondin.
[3] Le spare pagel.
[4] Le pleuronecte limande. Le folio, suivant Rondelet.
[5] Le mulle.
[6] Le spare oblade.
[7] Le caranx trachure, ou le maquereau bâtard.
[8] Le pleuronecte sole.
[9] Le cépole tœnia.
[10] N'est-ce pas le turbot ou quelqu'un des pleuronectes ?
[11] Le spare morme.
[12] Les raies flassades.
[13] La raie pastenague.
[14] Le pleuronecte moineau.
[15] Le gade lote.
[16] Le gade merlan, suivant plusieurs naturalistes.
[17] L'osmère saure.
[18] Au lieu de *skepanos*, ne doit-on pas lire *skepénos*, qui signifie *munitus, tectus, protégé, couvert*? Ne seraient-ce pas les *ostracions*? Certaines espèces vivent dans la mer Rouge et ne devaient pas être inconnues aux anciens.
[19] Le spare mendole.
[20] Le gobie boulerot.
[21] Le spare smaris.
[22] Le spare bogue.
[23] On sait que ce mot veut dire *mange-plante*.
[24] Les muges.
[25] Le muge céphale.
[26] Le scombre amie, le boniton de Rondelet.
[27] *Chremés* ou *chromis*, le spare marron.
[28] Le jeune thon.
[29] La murène congre.

celui qu'on appelle oliste¹, ne s'écartent point de ces mers voisines des fleuves, ou des marais dont l'eau douce se joint à l'onde amère, ou de ces amas d'eaux fangeuses descendues en torrens des coteaux; c'est là qu'ils trouvent en abondance la nourriture qui leur est chère, et qu'ils s'engraissent dans leurs flots moins salés. Le labre ne s'éloigne point du lit des fleuves, et remonte de la mer dans leur embouchure; l'anguille au contraire les quitte pour se traîner sur les rivages.

Des rochers de formes diverses, autour desquels roulent les ondes, sont entretenus dans une constante humidité par les fucus²; des mnies³ abondantes les recouvrent. Là, trouvent leur nourriture les perches, les iulis⁴, les chaunes⁵, les saupes⁶ au dos diversement coloré, les kicles⁷ agiles et le phycis⁸ que les pêcheurs nomment aussi l'inhabile. Non loin des mers sablonneuses sont d'autres roches de forme aiguë, qu'habitent la skirre⁹, la sciène, le basilisque¹⁰, le mulle et le trigle¹¹ aux couleurs rouges. D'autres, plongées sous les eaux, mais surmontées de plantes toujours vertes, sont peuplées à la fois des sargues¹², des siènes, du chalchis¹³, du coracin¹⁴ (ou corbeau), ainsi nommé de sa couleur, du scare¹⁵, le seul parmi les poissons, tous muets, qui fasse entendre une humide voix, le seul qui, pareil aux animaux ruminans, triture de nouveau dans sa bouche des alimens¹⁶ qu'il y ramène à la manière des brebis. Celles où abondent les cames¹ et les lépas² sont le séjour et les lieux où se nourrissent les oxuphagres³, les agricphagres⁴ si farouches, les cercures⁵, les opsophagres⁶, la visqueuse murène, le scombre, l'orphe⁷ vivace, celui de tous les habitans des eaux qui passe le plus de temps sous terre et qui survit aux coups dont le fer l'a tranché. Dans les retraites et les fonds les plus reculés, se tiennent le probate⁸ et les hépates⁹, et ceux des poissons qui, remarquables par leur taille et leur génie, se roulent pesamment au sein des ondes. Ils sortent peu de cet asile, ils y restent en embuscade, et fondent soudain sur ceux des poissons d'un ordre inférieur qui passent à leur portée. De ce nombre est l'onos, ou l'aselle¹⁰, qui redoute surtout les feux brûlans de la canicule; retiré dans sa demeure ténébreuse, il ne se montre que lorsque les cieux sont devenus plus doux.

Un poisson qui se plaît surtout parmi les rochers battus des vagues, d'une couleur à peu près rouge, dont les mœurs ressemblent assez à celles des muges, est celui qui porte le nom d'adonis¹¹, que d'autres appellent exocet, parce qu'il est le seul des animaux à membranes branchiales qui sorte des mers pour habiter tour à tour la terre. Lorsqu'un calme propice a assoupi la fureur des flots, il s'élance avec eux vers le rivage, se choisit un gîte sur les rochers et s'y livre aux douceurs du sommeil. Il redoute toutefois les oiseaux pêcheurs qui lui font la guerre; sitôt qu'il en voit quelqu'un se porter vers lui, il bondit tel qu'un sauteur agile, jusqu'à ce que ses bonds précipités l'aient rendu à son élément préservateur.

Il en est qui se plaisent également parmi les roches et dans les sables : le chrysophrys¹², qui

---

¹ C'est sans doute une espèce de murène. Le mot indique que c'est un poisson qui échappe des mains à cause de sa qualité gluante.
² Un des genres de la famille des algues.
³ Un des genres de la famille des mousses.
⁴ Le labre girelle.
⁵ Le labre hyatule.
⁶ Le spare saupe.
⁷ Le labre tourd femelle.
⁸ La blennie phycis, surnommée *l'eunuque* à cause de sa faiblesse, qui la fait aussi surnommer la molle.
⁹ *Skirris* pour *skinis*. C'est, suivant Rondelet, une espèce de sciène.
¹⁰ Ne serait-ce pas celui que Rondelet appelle *peis rei*, poisson royal, une espèce d'umbre ou de sciène ?
¹¹ Le mulle rouget.
¹² Le spare sargue.
¹³ La clupée sardine.
¹⁴ Le corp ou sciène umbre.
¹⁵ Le cheiline scare. Rondelet dit que le mot *skaros* vient de *skaireīn*, qui veut dire paître, car ce poisson, dit-il, se paît d'herbes. Je ne sais où Rondelet a trouvé que *skaireīn* veut dire paître ; ce mot signifie sauter. Aussi Scapula observe-t-il que le nom de scare a été donné au poisson qui le porte, *quod, inclusus nassis, caudæ ictibus crebris aversus laxet fores, atque ita retrorsum erumpat.*
¹⁶ *Ut scarus, epastas solus qui ruminat escas.*
OVIDIUS, Halieuticon, v. 119.

¹ et ² Mollusques qui portent ces noms.
³, ⁴ et ⁵ Spare pagre, dont Oppien distingue les trois espèces ou variétés qui correspondent à ces numéros.
⁶ On lit dans Ovide, vers 103 :
Cercyrosque ferox scopulorum fine moratus.
⁷ Le spare orphe.
⁸ Rondelet conteste que ce soit l'aigrefin, auquel plusieurs l'ont rapporté : cependant Oppien l'associe aux hépates, qu'on a aussi regardés comme des aigrefins. Ce qu'il y a de certain, c'est que ce sont des poissons de grande taille, puisque Oppien le dit formellement.
⁹ S'il faut en croire Rondelet, cet hépate, en latin *jecorinus*, n'est pas l'aigrefin, mais plutôt le labre hépate.
¹⁰ Le gade merlus. On n'est pas parfaitement fixé sur ce que les anciens appelaient *onos* et *oniskos*.
¹¹ La blennie coquillade.
¹² Le spare dorade.

doit son nom à sa beauté, les dragons[1], les simes[2], les glaucus[3], les vigoureux synodontes[4], les deux espèces de scorpion[5], les deux sphyrènes allongées et les raphis[6] plus effilés encore. On y rencontre le carac[7], les gobies, ces plongeurs si agiles, la race intraitable des mus ou caprisques[8], ces poissons téméraires qui provoquent l'homme au combat, quoique moins grands que lui, qui, forts d'une peau impénétrable et d'un rempart de dents étroitement serrées, attaquent les pêcheurs les plus robustes, les poissons les plus redoutables, et font leur demeure dans les immenses abîmes des mers, loin de la terre et des rivages. On y voit les thons rapides si renommés par leur vélocité, les xiphias, le grand et robuste orcynus[9], les prenades[10], les cybeies[11], les skolies[12], les scytalles[13] et les hippures[14]. On y voit aussi le callichte[15] ou le poisson sacré, le pompile[16], honoré des navigateurs, qui l'ont ainsi nommé parce qu'il les accompagne dans leurs voyages. Entraînés par la joie la plus vive à la vue des vaisseaux qui sillonnent les mers, les pompiles les suivent en foule et à l'envi, sautant et se jouant à la poupe, à la proue, sur les flancs, tout autour de ces chars maritimes. Leur passion pour eux est si ardente qu'on dirait qu'ils cèdent moins à une impulsion libre et volontaire qu'à des liens qui les enchaînent aux bâtimens, et qui les forcent d'en suivre la marche. Comme on voit un prince qui vient de prendre une ville, comme on voit un homme vainqueur dans les jeux publics, le front ceint d'une couronne de fleurs nouvelles, autour desquels se presse un peuple immense, enfans, jeunes gens, vieillards qui les accompagnent, qui sont toujours après eux jusqu'aux portes de leur habitation, et ne se retirent qu'après les avoir vus pénétrer audedans, ainsi les pompiles vont toujours en foule à la suite des navires, tant qu'ils ne sont pas troublés par la crainte du voisinage de la terre; sitôt qu'elle n'est plus éloignée, car elle leur est odieuse, ils se retournent tous ensemble, comme ayant atteint la barrière, et se retirent en abandonnant les vaisseaux. Leur retraite est un indice certain pour les nautoniers qu'ils approchent du continent. O poisson justement cher aux navigateurs! ta présence annonce les vents doux et amis; tu ramènes le calme et tu en es le signe.

L'échéneis[1] suit aussi les navires : il est long d'une coudée, sa couleur est noirâtre, sa taille est assez semblable à celle des anguilles. Le dessous de sa tête présente une bouche terminée en pointe arquée pareille à la courbure d'un hameçon. Il est devenu pour les navigateurs l'objet d'un prodige. On aurait peine à y croire sur un simple récit, tant l'esprit rebelle de l'homme rejette ce qu'il n'a pas appris par sa propre expérience, et se refuse souvent à la vérité. Un vaisseau qu'un vent assez impétueux fait avancer à pleines voiles sur les vastes plaines des mers est arrêté tout à coup par la bouche d'un poisson de taille médiocre, qui s'oppose à sa marche et qui dirige ses efforts sur la partie inférieure, à laquelle il s'applique. Le vaisseau, comme enchaîné, suspend malgré lui sa course; on dirait qu'il est resserré dans un port étroit. Les voiles, les câbles, les cordages trop tendus crient; les antennes gémissent, plient, vont se briser; le pilote, quoique pressé de continuer sa route, se voit réduit à les détendre. Son navire résiste au gouvernail, n'obéit plus au vent, n'est plus entraîné par

---

[1] La trachine vive.
[2] La chimère arctique.
[3] Le caranx glauque.
[4] Le spare denté.
[5] Les scorpènes. Ce nom est composé de deux mots grecs, *skôr*, ordure, et *penomai*, faire.
[6] L'ésoce belone.
[7] Le cyprin hamburge.
[8] Le baliste caprisque.
[9] Le grand thon de Rondelet.
[10] On ne trouve dans aucun dictionnaire *prénades*, mais on trouve dans le *Thesaurus linguæ græcæ*, 1554, *prémades* ou *préme*, qu'il explique ainsi : *Piscis thunnorum genere*. La différence du *mu* au *nu* est trop légère pour ne pas penser que c'est réellement de l'espèce du genre *thon* que parle ici Oppien, qui le place d'ailleurs à côté de l'*orkunos*, que nous venons de dire être le grand thon de Rondelet. On retrouvera, je crois, plusieurs autres poissons d'Oppien, qu'on croyait ne pas connaître, en rétablissant dans le texte des lettres qui, par erreur, avaient été substituées à d'autres.
[11] John Jones, qui, en 1722, a publié à Oxford une traduction en vers anglais des *Halieutiques* d'Oppien, dont Diaper avait fait les deux premiers chants, dit que *kubriai* signifie les *jeunes thons femelles*, sans ajouter sur quoi il se fonde.
[12] J'incline à croire que *skolai* est le même que *koliai*. Rondelet dit que ces derniers sont des maquereaux plus grands que les maquereaux ordinaires, nommés *coguoils* près de Marseille.
[13] Espèces de carides, suivant Rondelet.
[14] Le coryphène hippure.
[15] Le mot grec veut dire *beau poisson*; on l'appelle aussi *poisson sacré*. On en verra la raison plus loin dans le texte. C'est le lutjan anthias de Lacépède.
[16] Le coryphène pompile.

---

[1] L'échéneis remora : suivant Rondelet, le pétromyzon lamproie. Les raisons qu'il en donne ne me paraissent pas décisives.

les flots, mais reste forcément immobile, attaché, enraciné à la bouche de ce faible et misérable habitant des ondes. Cet événement glace de crainte les nautoniers, qui en cherchent vainement la cause; ils croient voir un de ces prodiges qu'enfante le sommeil. Ainsi qu'un chasseur, à la rencontre d'une biche qui court d'un pas rapide dans les bois, fait voler vers elle un trait dont la blessure, glaçant son impétuosité, la force par les douleurs les plus vives, les plus intolérables, d'attendre le redoutable chasseur, ainsi l'échénéis oppose audevant du navire un obstacle invincible et l'arrête : il en a tiré son nom, celui d'arrête-vaisseau.

Les calchoïdes [1], les thrisses [2], les abramys [3] se portent en colonies nombreuses et réunies tantôt dans un lieu, tantôt dans un autre : ici on les trouve parmi les rochers, là on les rencontre dans la longue étendue des rivages, sans demeure fixe, changeant sans cesse de domicile, comme des voyageurs. Les anthia [4] cherchent surtout leur nourriture au milieu de ces roches qui ont de la profondeur, sans que ce soit cependant leur séjour habituel : ils vont errant partout où les entraîne une faim toujours active, un insatiable appétit. Quoique leur bouche soit en partie dépourvue de dents, l'aiguillon du besoin les tourmente sans cesse. Sur les quatre grandes espèces d'anthias, les uns sont blancs, les autres fauves, une troisième est d'une couleur noir de sang, on nomme les autres *euôpous* et *aulôpous, poissons aux beaux yeux, aux yeux rayonnans*, parce que leur prunelle est terminée par des sourcils en rayons dont l'ensemble aplati s'arrondit en cercle d'une teinte foncée.

L'astacus [5] et le crabe [6] aux pinces aiguës, revêtus tous deux d'une peau dure et testacée, se plaisent dans les golfes des mers; ils y habitent et se nourrissent au milieu des rochers. On remarque surtout dans l'astacus une affection naturelle et difficile à rendre pour le lieu qui lui sert de retraite ; il ne l'abandonne jamais volontairement. En est-il arraché de force, et après l'avoir transporté au loin le rend-on à la mer, bientôt il se pressera de regagner sa demeure et ne voudra jamais en habiter une nouvelle. Il ne se fixera point sur un autre rocher, il cherchera celui qui était le sien, celui qu'il a perdu, celui de ses habitudes, celui qui fournissait à ses besoins: les pêcheurs même en violant son asile n'auront pu le lui rendre odieux. O navigateurs! c'est ainsi que la mer qui vous a vus naître, que le toit paternel, que ces lieux que vous fréquentiez dans votre enfance, excitent et font couler dans votre âme une joie douce et délicieuse! Les mortels ne sont donc pas les seuls pour qui la patrie a des charmes! Non! il n'est pas de douleur plus cruelle ni plus cuisante que celle d'un homme qui, gémissant dans une terre étrangère sous le poids accablant de l'arrêt qui le proscrit, est condamné à finir dans l'exil une vie de chagrins et d'amertumes.

Dans la même famille se trouvent le cancre voyageur, les carides [1] et les farouches pagures, qu'on peut aussi ranger parmi les amphibies. Tous ces animaux, dont le corps est protégé par un test osseux, le perdent lorsqu'il est trop ancien ; un nouveau repousse à la place ; lorsque les pagures sentent l'effort que fait pour se briser celui qu'ils doivent perdre, ils s'empressent de se gorger d'alimens, afin que la tension due à leur quantité en facilite la déchirure; lorsque leur peau rompue les abandonne, ils restent d'abord sur le sable, privés en quelque sorte de sentiment, sans songer à se nourrir ou à faire tout autre chose : on dirait qu'ils se croient déjà au rang des morts, qu'ils ne sentent plus en eux aucun principe de vie. Cette peau tendre qui vient de renaître les tient dans une crainte continuelle; cependant ils reprennent peu à peu leurs esprits ; devenus moins timides, ils portent et promènent quelques grains de sable dans leur bouche. Ils restent dans cet état d'immobilité et de faiblesse jusqu'à ce que leur peau, raffermie, ait acquis de la solidité. Comme un fils d'Esculape qui, appelé auprès d'un homme subitement atteint d'une maladie, commence par interdire à son malade toute espèce de nourriture, afin d'amortir tout d'un coup la force et la violence du mal; qui ne lui laisse prendre ensuite que

---

[1] Le chalcoïde cyprin.
[2] La clupée alose.
[3] Le cyprin brème.
[4] Le lutjan anthias et autres.
[5] Le homar ou l'écrevisse de mer.
[6] La langouste ; en grec *karabos*. Notre crabe est leur *karkinos*, le *cancre*. Le lecteur voudra bien se souvenir que partout où il trouvera le mot *crabe* dans cet ouvrage, il sera toujours question de la langouste.

[1] Les squilles, suivant Rondelet. Les scyllares de M. La Treille.

quelques légers morceaux, jusqu'à ce qu'il ait fait disparaître entièrement les maux et les douleurs qui l'accablaient, de même les pagures n'osent point se hasarder avec leur peau trop nouvelle, dans la crainte que quelque choc fâcheux ne l'entame et ne l'offense.

D'autres animaux rampans vivent dans le sein des mers : le poulpe aux bras nombreux[1], le scordyle[2], la scolopendre exécrée des pêcheurs et l'osmyle[3]; tous sont amphibies. Il est sans doute plus d'un habitant des campagnes qui, en soignant ses plantations sur le bord des rivages, a vu la poulpe et l'osmyle enlacés dans des rameaux chargés de fruits, s'occupant d'en faire un doux repas : on y voit aussi la rusée sépie[4], entraînée par les mêmes goûts.

Une immense quantité d'animaux à coquille habite au milieu des eaux, sur les rochers et dans les sables : les nérites, les strombes, les pourpres, le solen, si bien nommé le manche à couteau[5], les chéruques (ou buccins), les myes[6], les huîtres aquifères et les échines (les oursins) à pointes aiguës. Si vous coupez l'un de ces mollusques en un petit nombre de parties, et que vous les jetiez à la mer, vous les verrez bientôt se rassembler et le mollusque reprendre une vie nouvelle. Les carkinas (les bernard-l'ermite), en venant au jour, n'ont point de test : ils naissent nus et sans défense; leur corps débile en revêt un qui n'est pas le leur. Lorsqu'ils aperçoivent une coquille vacante et privée de son maître que la mort a moissonné, ils s'y placent, se l'approprient, la dirigent de l'intérieur et parcourent ainsi les mers sous un abri étranger; ils s'inquiètent peu s'il a été la dépouille d'une nérite, d'un buccin ou d'un strombe; ils préfèrent même celles de ce dernier, parce qu'elles ont le double avantage de la grandeur et de la légèreté. Lorsque les carkinas en grandissant ont rempli leur demeure, ils ne continuent plus de l'occuper; ils l'abandonnent pour se mettre en cherche et se revêtir d'une plus ample. Ces coquilles sont souvent pour eux un grand sujet de débat et de guerre; le plus fort en chasse le plus faible, et s'arrange dans cette maison usurpée qui est à sa convenance.

Il est un mollusque enfermé dans une coquille univalve et profonde dont l'animal ressemble assez aux poulpes, qu'on nomme avec raison le *nautile*, à cause de son adresse à naviguer : il habite le fond des mers sablonneuses; quelquefois il s'élève à leur surface, mais à la renverse, le corps tourné vers la terre, afin que sa coquille ne soit pas submergée. Dès qu'il est parvenu à la hauteur des ondes, il se retourne et la dirige de la même manière qu'un pilote dirige un vaisseau. Il dresse et élève deux de ses pieds en forme de mâts; il déploie dans le milieu une membrane mince en guise de voile, et la présente au vent; deux autres de ses pieds, tournés en bas et s'enfonçant dans les eaux, lui tiennent lieu de rames et font marcher à la fois la coquille, la nacelle, l'animal. Survient-il quelque danger, il ne met point son salut dans la fuite ou dans le secours des vents; il retire et rentre à la hâte les mâts, les voiles, les rames; un vaste volume d'eau remplit enfin la coquille : ce poids trop lourd l'affaisse et l'entraîne au fond des mers. O dieux! qui donc a trouvé le premier l'art de la navigation? Est-ce quelqu'un des immortels qui en a révélé les lois? Est-ce quelque homme d'un génie hardi qui a osé le premier se hasarder sur les flots, ou plutôt ne serait-ce point que ce mollusque aurait servi de modèle et d'exemple, soit pour la construction d'un navire, du gouvernail et des rames, soit pour l'usage des mâts et des voiles?

On ne voit point sans effroi ces énormes cétacés, ces monstrueuses merveilles de l'Océan, ces immenses masses vivantes qui ont aussi une force immense : toujours en proie à une rage effrénée et meurtrière, ils vivent en grand nombre dans le vaste domaine des eaux, et de préférence dans les parties les plus reculées et les moins connues de l'empire de Neptune. Peu quittent la haute mer pour se porter sur les rivages qu'ils font gémir de leur poids; de ce nombre sont le féroce lion[1], la terrible zy-

---

[1] Le grec dit *polupos*, qui signifie *à plusieurs pieds ou bras*. Pour être fidèle au plan que j'ai suivi dans cet ouvrage, je devrais mettre dans le texte le mot *polype*; mais comme ce nom désigne chez nous un animal bien différent, j'ai cru, pour éviter toute méprise, devoir faire exception à la règle que je me suis prescrite, et devoir donner à cet animal son véritable nom, *poulpe*, sous lequel nous le connaissons.

[2] Une espèce du genre poulpe.

[3] Autre espèce de poulpe qui sent le musc, non-seulement, dit Rondelet, *lorsqu'il est vif*, mais aussi *mort et desséché*.

[4] La sèche.

[5] C'est le nom que nous lui donnons en langue vulgaire. Le mot grec *sôlen* veut dire plus particulièrement un tube creux, un tuyau.

[6] Rondelet dit que ce sont les moules, et non ce que nous entendons aujourd'hui par *myes*; d'autres entendent par ce mot les *murex*.

---

[1] Serait-ce le grand phoque, ou plutôt n'est-ce pas le physeter microps?

gène ¹, la redoutable pardalis ², l'impétueux physsale ³, la race robuste des melanthons ⁴, la farouche pristis ⁵, l'épouvantable lamie ⁶, à gueule effroyable, la malthe ⁷, ainsi nommée de son humeur moins sauvage ; de ce nombre sont encore les béliers cruels ⁸, l'hyène ⁹ au poids énorme, les chiens marins ¹⁰, si impudemment ravisseurs, dont on forme trois races : l'une fait partie des terribles cétacés ; les deux autres sont du nombre des poissons les plus forts. Les uns sont la centrine ¹¹, ainsi nommée de ses noirs aiguillons ; les autres sont appelés d'un nom commun, les galées (ou chats) qui fournissent plusieurs espèces, les skymnes ¹², les leïcs ¹³, l'acanthias ¹⁴, la riné ¹⁵, les alopés ¹⁶ (ou renards), et ceux de ce genre à diverses couleurs ¹⁷ : les chiens marins (ou squales) ont tous les mêmes mœurs et les mêmes formes ; ils vivent et se nourrissent ensemble.

Les dauphins se plaisent sur les rives résonnantes et dans le sein des profondes mers ; aucune n'en est dépourvue ; ils sont chers à Neptune depuis le jour qu'ils lui révélèrent le lieu caché du palais de l'Océan, dans lequel la fille de Nérée, la belle et jeune Amphitrite, se tenait cachée, rebelle à son amour, pour se dérober à sa poursuite et à son hymen. Ce dieu aux beaux cheveux noirs ravit aussitôt la déesse et triompha de sa résistance ; elle devint son épouse et la souveraine des ondes. Ce bon office des fidèles dauphins leur valut la bienveillance de leur maître et l'honneur insigne qui est, pour ainsi dire, imprimé à leur race.

Il est de ces terribles cétacés qui sortent des mers et s'avancent sur le sol nourricier de la terre ; on voit ainsi s'arrêter assez longtemps sur les rivages ou sur les terrains qui les avoisinent, les anguilles, la tortue cuirassée et les castors funestes et de mauvais présage, qui menacent les hommes de leur voix fatale et funéraire. Le mortel dont les oreilles sont frappées de ces sons lamentables, de ces tristes gémissemens, ne tardera point à être précipité dans la tombe : ces lugubres accens lui annoncent la fin prochaine de sa destinée. On assure que l'énorme phaleine ¹ vient également sur le rivage pour y jouir de la douce influence du soleil. Les phoques sortent toujours de la mer pendant la nuit ; souvent aussi, durant le jour, ils restent paisiblement sur les rochers ou sur le sable ; ils s'y abandonnent au sommeil.

Puissant Jupiter, tout est en toi et par toi, soit que tu habites dans les régions supérieures de l'éther, ou que tu sois partout (car nul mortel ne peut le dire). Avec quelle ingénieuse complaisance tu as limité, séparé les masses éthérées, l'air, l'eau, la terre mère de tout, et chaque chose de toutes les autres, en les enchaînant néanmoins toutes dans les liens d'une harmonie commune, en leur imposant le joug nécessaire d'une mutuelle dépendance ! L'éther ne peut exister sans l'air, ni l'air sans l'eau, ni l'eau sans la terre. Ils se fondent les uns dans les autres, ils parcourent tous le même cercle, ils éprouvent tous la même vicissitude. C'est ainsi qu'ils se sont, en quelque manière, donné des gages et des otages réciproques dans les amphibies. Les uns, en effet, se portent de la mer sur la terre ; les autres, du haut des airs, se précipitent au sein des eaux ; les légers laros ², les gémissans alcyons : les robustes et voraces aigles de mer et tous les oiseaux pêcheurs qui ne vivent que de poissons.

Ceux-ci, quoique nés dans les eaux, fendent

---

¹ Le squale marteau.
² La panthère. C'est sans doute quelque squale rochier ou roussette.
³ Il n'est pas hors de toute vraisemblance qu'Oppien désigne ici le cachalot macrocéphale. (*Voyez* la remarque du premier chant qui correspond à cet article.)
⁴ Ce sont sûrement ceux que cite Rondelet, liv. XVI, prem. part., chap. 19, sous le nom de mélanthyes, qui ne diffèrent pas beaucoup de celui d'Oppien ; *melanthunos*. Ne serait-ce pas quelque espèce du genre nombreux des dauphins ? Leur grosseur les rendait dignes chez les anciens de trouver place parmi les cétacés ; ils auraient pour nous un titre bien plus caractéristique pour en faire partie : ce serait celui d'être mammifères.
⁵ Le squale scie.
⁶ Je crois qu'il s'agit de la lamie, et qu'il faut lire *lamiés* au lieu de *lamnés*, ou bien que les deux noms désignaient le même poisson : c'est alors notre squale requin.
⁷ La lamiole de Rondelet, le squale milandre de Lacép.
⁸ Je ne vois que le narwal, parmi les cétacés, à qui on puisse donner ce nom.
⁹ N'est-ce pas la baleine franche ? Le poids énorme que le poëte lui attribue, donne de la vraisemblance à cette conjecture.
¹⁰ Diverses espèces de squales.
¹¹ Le squale humantin.
¹² Le squale roussette.
¹³ Le squale émissole.
¹⁴ Le squale aiguillat.
¹⁵ Le squale ange.
¹⁶ Le squale renard.
¹⁷ Le grec dit *poikiloi*. Certains auteurs ont pris ce mot pour celui d'un nom propre ; je ne suis pas de cet avis, et je pense que c'est le pluriel de l'adjectif *poikilos*, qui veut dire *bigarré*. Il me paraît que cette épithète pourrait convenir aux squales roussettes, qui sont comme tigrés.

¹ *È phôkaina* d'Aristote ; le dauphin marsouin.
² Le *gavia* des Latins, le goëland ou la mouette, oiseau palmipède à bec fort, long, pointu, et arqué à l'extrémité.

les airs; ce sont les theulis [1], les irex [2], les chélidons (ou hirondelles de mer). Ces poissons en voient-ils un autre à leur portée et prêt à les atteindre, ils s'élancent du milieu des flots et s'échappent dans les airs. Lorsque les theulis déploient au loin et assez haut leurs ailes, on distingue difficilement s'ils sont des poissons ou des oiseaux, surtout lorsqu'on les voit en troupes nombreuses. Les hirondelles de mer ont le champ de leur vol moins élevé; celui des irex est encore plus bas; ils ne font que raser les ondes; ils paraissent à la fois nager et voler.

Il est des poissons qui vivent entre eux en société comme dans les villes, mais séparés des autres espèces; certains voyagent sans ordre en troupes diverses, pareils à des troupeaux ou à des armées; on leur donne le nom de *nomades*. D'autres marchent en colonnes régulières qu'on prendrait pour des bataillons ou des décuries; l'un d'eux est en avant et à leur tête : le reste suit à la file et sur deux lignes; d'autres enfin ne s'écartent point de leur habitation. Tous ont, durant l'hiver, une extrême appréhension de ces tourmentes, de ces tempêtes qui bouleversent et font mugir les flots; il n'est même aucun être qui vive dans leur sein, qui ne redoute la mer lorsqu'elle est irritée. Les uns restent alors tremblans et sans force dans le sable qu'ils ont creusé de leurs nageoires; d'autres se roulent tous en masse dans les trous des rochers; ceux-ci fuient et vont chercher un asile dans les fonds les plus bas et les plus reculés; le bouleversement des ondes, la furie des vents n'arrivent point à ces extrêmes profondeurs; aucune tempête n'atteint jusqu'aux dernières couches, jusqu'aux derniers retranchemens des eaux [3]. Ils échappent ainsi aux maux et aux effets funestes du terrible hiver. Mais lorsque le printemps, rendant à la terre sa parure de fleurs, fait aussi sourire les ondes, qu'elles respirent, délivrées des noirs frimas, qu'un air plus doux caresse mollement leur surface, alors les poissons, tout joyeux, s'élancent de toutes parts dans le voisinage de la terre. Telle une ville chérie des dieux, heureuse de survivre au fléau destructeur de la guerre, après avoir été longtemps en proie à ses fureurs; qui, libre enfin, et respirant des maux qu'elle a soufferts, donne volontiers l'essor à sa joie, se plaît à reprendre les travaux utiles de la paix, et voit ses habitans se livrer sans crainte aux plaisirs de la table et de la danse; tels les poissons, débarrassés de leurs longues douleurs, de la crainte des ondes, s'agitent, bondissent ivres de joie et de bonheur, pareils à des danseurs agiles. Dans le printemps, le doux attrait d'une jouissance nécessaire, le désir d'une tendre union, le besoin d'une ardeur réciproque fermentent dans les cœurs de tout ce qui respire sur la terre, dans les airs et dans les eaux. Dans le printemps, plusieurs races de poissons ovipares hâtent le moment d'être allégées du fardeau douloureux de l'amour; les mâles, dans la vue de perpétuer leur espèce, les femelles pour se débarrasser de leurs œufs, effleurent, caressent le sable de leurs ventres délicats, car ces œufs ne se détachent pas aisément : réunis en masse au dedans du corps, et se prêtant un appui mutuel, ils résistent fortement; ainsi serrés, comment pourraient-ils se frayer un passage? Les mères, dans cet état d'angoisse, ont peine à ne pas abjurer et maudire leur progéniture. Ainsi les dieux n'ont donc pas donné aux seuls poissons des délivrances pénibles. Les épouses des mortels ne sont donc pas aussi les seules qui gémissent des douleurs de l'enfantement? Tout ce qui vit les éprouve.

Parmi les poissons, il est des mâles qui voulant faire leur proie d'autres poissons, les poursuivent jusque sur le bord du rivage afin de les dévorer; d'autres courent et sont sans cesse à la suite des troupes nombreuses de leurs femelles; ces dernières, emportées par la violence des plus effrénés désirs, se précipitent vers les mâles avec une irrésistible fureur; ceux-ci, s'excitant alors entre eux par des contacts et des froissemens réciproques, répandent leur laitance que les femelles enflammées dévorent aussitôt de leurs bouches avides et brûlantes; on dit que cette espèce d'hymen les féconde.

Telles sont les lois, les mœurs d'un grand nombre de poissons. Il en est d'autres qui forment avec leurs épouses des nœuds plus étroits et plus particuliers, et qui vivent séparément

---

[1] Le calmar.
[2] Il paraît que ce sont les deux mêmes poissons que ceux dont parle Rondelet, sous le nom de *ierax*, accipiter, ou le trigle milan de Lacép.
[3] Cette expression est hardie, peut-être, même hasardée : elle est de l'auteur. Pour la faire passer plus aisément, j'ai ajouté ces mots, *jusqu'aux dernières couches*, qui présentent un sens plus clair, une idée plus nette.

avec elles, car Vénus exerce un grand empire sur les poissons : de là ces désirs immodérés, cette jalousie, tourment affreux, et tout ce qu'entraîne à sa suite une passion brûlante lorsqu'elle est arrivée par une insatiable volupté. Plusieurs se disputent les uns aux autres leurs femelles, pareils aux amans d'une jeune personne, qui viennent ensemble lui faire leur cour, et qui, quoique égaux, rivalisent de richesse et de beauté. Les poissons n'ont aucun de ces avantages à mettre en avant; ils n'ont à s'opposer que leurs forces, leurs mâchoires, un solide rempart de dents fortes et aiguës. C'est avec ces armes qu'ils s'attaquent et se préparent à la victoire; celui qui a vaincu ses rivaux, remporte aussi le prix de l'hymen. Quelques-uns se plaisent dans la possession de plusieurs femelles; tels sont les sargues [1] et les cossyphes [2]. D'autres n'en aiment qu'une, ne veulent vivre qu'avec une seule; les canthares [3] et les aîtnées [4] sont de ce nombre; une seule leur suffit.

D'autres mœurs dans leurs amours sont propres aux anguilles, à la tortue, au poulpe, à la noire murène; ils n'obéissent qu'à regret au vœu de la nature. Les premières, enlacées en spirales, pressent les unes contre les autres leur corps froid et visqueux; il en découle une sanie, une espèce d'écume que le sable reçoit et absorbe; par là devenu fécond, les anguilles y naissent en foule. Le même effet se produit à peu près pour les congres à peau si gluante. Les tortues redoutent, abhorrent un trop pénible hymen; elles n'y sont point entraînées par l'attrait du plaisir, comme les autres animaux; de longues et cruelles douleurs l'accompagnent. Les mâles sont armés d'une pointe dure et aiguë, d'un aiguillon osseux qui rend leur approche fâcheuse pour leurs femelles; aussi leurs jouissances sont-elles précédées de véritables luttes, de morsures terribles et réciproques, les femelles pour se soustraire aux efforts des mâles, ceux-ci pour parvenir à vaincre cette résistance, jusqu'à ce que leur force en triomphe et les livre impérieusement à leur amour, comme une proie, une conquête faite à la guerre. Enfin, les tortues accouplées présentent le même phénomène que les chiens de terre et que les phoques; elles restent longtemps engagées dos à dos; on dirait que des liens les tiennent enchaînées. L'hymen fatal du poulpe et sa mort cruelle se succèdent de très-près; le terme de son amour est aussi celui de sa vie. Il ne quitte point sa femelle, il ne cesse point de jouir qu'il n'y soit contraint par l'abandon de ses forces, qu'il ne tombe de lassitude et d'épuisement sur le sable; il devient alors la proie de tout ce qui passe près de lui. Les cancres, gros et petits, le dévorent, ainsi que ces poissons qu'il poursuivait naguère avec tant d'avantage, dont il faisait lui-même sa nourriture. Étendu maintenant, il est mis en morceaux jusqu'à ce qu'il succombe et meure. Il périt ainsi victime d'un trop funeste amour. Sa femelle meurt de même dans les douleurs de ses efforts laborieux; car, différente des autres poissons, elle ne voit point sortir ses œufs les uns après les autres; adhérens entre eux et comme en grappes, ils ne sortent qu'avec peine par une issue trop étroite; ce qui fait que les poulpes ne vivent jamais au delà d'une année; leurs œufs ou leurs amours les font toujours périr misérablement.

C'est une chose assez reconnue que le serpent [1] s'accouple avec la murène, que celle-ci sort d'elle-même de la mer pour satisfaire le penchant qui la porte à cet hymen. Le serpent en proie à l'ardeur la plus vive brûle de jouir, se traîne à la hâte vers le rivage; il cherche d'abord une pierre creuse et concave, dans laquelle il puisse déposer son venin; il y verse ce funeste et subtil poison, trésor et magasin du trépas : il rend ainsi son approche sans danger et sans dommage pour la murène. Parvenu au bord des eaux, il donne le signal accoutumé, ce signal dont il l'invite à l'amour : elle l'entend aussitôt et s'avance plus rapide qu'un trait. Elle s'élance du fond des mers; le serpent s'élance aussi de la terre au sein des flots; tous deux avides de s'unir se précipitent l'un sur l'autre. Dans l'ivresse du bonheur, la murène admet dans sa bouche la tête de cet époux chéri. Lorsqu'ils ont rempli le vœu de l'hymen, ils se retirent, elle dans le lieu de la mer qu'elle habitait, lui vers le rivage. Il retourne aussitôt à la pierre dépositaire du venin exprimé de ses dents; il le reprend et le repompe. S'il ne le retrouve pas, s'il connaît que quelque

---

[1] Spare sargue.
[2] Le labre tourd mâle. La femelle était appelée *kichlé*.
[3] Le spare canthare.
[4] Suidas dit que c'est le grand canthare.

[1] La vipère.

passager, qui en a fait la rencontre, l'a dissipé dans des flots d'eau, il succombe à la plus vive douleur ; il se jette à terre et y attend que l'inexorable destin termine sa vie et son supplice : tant est grande sa honte de se trouver ainsi sans force, sans ces armes qui faisaient sa gloire et son essence comme serpent ; il perd et laisse sa vie sur la même pierre où il avait laissé son venin.

Les dauphins s'unissent entre eux à la manière des mortels : ils leur ressemblent encore par la forme de leurs sexes ; seulement celui des mâles n'est pas toujours visible : il est caché dans l'intérieur de leur corps ; il ne se montre que dans l'acte nécessaire de la génération.

Telles sont les mœurs des poissons dans leurs amours, dans leurs hymens. Le besoin de s'unir, le désir de perpétuer leur espèce, se font sentir aux uns dans une saison, à ceux-là dans une autre : c'est tantôt l'été, tantôt l'hiver ; ici c'est le printemps, là l'automne précipité qui les voit vaquer aux soins de leur reproduction. Le plus grand nombre n'a qu'une seule ponte, n'engendre qu'une seule fois chaque année. Le labrax éprouve deux fois les douleurs de Lucine ; les trigles sont ainsi nommés de leur ponte triple ; on en observe quatre dans le scorpion, et cinq dans les seuls cyprins. On dit qu'on n'a jamais vu l'onisque se reproduire ; sa manière de se régénérer est encore inconnue aux humains. Lorsque les germes des poissons ovipares se développent en eux au printemps, certaines espèces bornées à leur demeure ordinaire y restent tranquilles et paisibles ; d'autres, qui vivent en commun, se rendent ensemble dans le Pont-Euxin pour y déposer leurs œufs : c'est le bassin le plus agréable de l'empire d'Amphitrite ; il est le rendez-vous de plusieurs fleuves aux eaux douces et abondantes. Sur ses bords sinueux sont des bancs d'un sable doux et fin, de gras pâturages, des roches dont la cime surnage aux ondes, d'autres à creux profonds, des cavernes à lits d'argile, des monts à sommets ombragés, enfin tout ce qu'aiment les poissons. On n'y voit ni les cétacés dévastateurs ni tout autre animal dont ils puissent devenir la proie, pas même les ennemis des plus petits d'entre eux, les poulpes, les astacus, les pagures. Les dauphins y sont en petit nombre ; ils sont d'ailleurs les plus faibles, les moins malfaisans des cétacés ; c'est ce qui fait que cette mer a pour eux autant d'attrait et qu'ils mettent tant d'empressement à y chercher leur nourriture : ils s'y portent tous en masse pêle-mêle et de toutes parts, offrant l'ensemble et l'aspect d'un troupeau. Tous suivent la même route, la même impulsion, le même mouvement, le même instinct pour leur retour. D'immenses quantités de poissons différens passent de la mer de Bébrycie et des bouches étroites de celle du Pont dans le Bosphore de Thrace et se répandent dans la longue étendue de cette vaste mer. Ainsi lorsqu'il arrive de l'Éthyopie et de l'Égypte des bandes de grues élancées dans les airs qu'elles remplissent de leurs cris, qui fuient ou la cime neigeuse du mont Atlas, ou le rude hiver, ou les races inhabiles des Pigmées dégénérés, leurs grandes troupes alignées en bataillons s'avancent sans rompre leurs rangs et obscurcissent les cieux de leurs ailes déployées ; ainsi des milliers de poissons sillonnent les eaux de l'Euxin. Cette mer en est remplie et frémit dans son sein des battemens nombreux et répétés de leurs nageoires jusqu'à ce qu'ils s'arrêtent dans leurs courses et pour leur ponte. La saison de l'automne reparaît-elle, ils songent aussitôt à faire retraite ; car l'hiver exerce bien plus ses rigueurs sur cette mer agitée qui a peu de profondeur : elle est plus accessible à la fureur des vents, qui la bouleversent et la tourmentent à leur gré. Fuyant donc ces rives des Amazones, ils s'en retournent avec leur nouvelle famille et se dispersent dans l'Océan, suivant leur goût ou leur caprice. Ceux qu'on nomme mous (ou mollusques), qui n'ont point de sang, qui n'ont point d'os, ceux qui sont enfermés dans de fortes écailles ou recouverts de têts solides, se propagent aussi par des œufs dont la nature leur confie le soin. Le chien vorace, l'aigle de mer[1] et tous ceux qu'on désigne sous le nom de *cartilagineux*, les dauphins, ces rois des poissons, et les phoques aux gros yeux font des petits qui, au sortir du sein de leurs mères, ont les mêmes formes qu'elles. Tous les animaux des mers qui sont vivipares ont un amour extrême pour leur progéniture et la défendent avec courage.

Rien ne tient plus du prodige que l'histoire des dauphins, soit qu'ils aient fait autrefois partie de l'espèce humaine, soit qu'ils aient ha-

---

[1] La raie aigle.

bité dans des villes avec des hommes ; que cédant ensuite aux conseils de Bacchus, ils aient changé leur élément pour celui des mers en revêtant la forme des poissons. Ils en ont conservé cette douce urbanité dans leurs mœurs, dont toutes leurs actions portent l'empreinte. Lorsque deux dauphins jumeaux, fruit ordinaire de leur hymen, sont venus au jour, ils ne se quittent pas ; ils sont toujours sautant et nageant autour de leur mère : ils passent à travers ses dents dans sa bouche et y restent sous l'abri protecteur de son palais. Cette mère leur prodigue de son côté ses douces caresses, s'agite sans cesse autour d'eux, ivre d'orgueil et de joie, leur tend à tous deux ses mamelles d'où chacun peut faire jaillir un lait doux et nourrissant. Les dauphins ont reçu des dieux du lait et des seins semblables à ceux des mortelles : aussi exercent-ils le doux ministère des nourrices. Les petits sont-ils devenus plus forts, aussitôt leur mère les conduit et les précède dans le lieu de leur chasse et leur enseigne à la faire aux poissons. Elle ne s'en éloigne point, elle ne les abandonne point à eux-mêmes que leurs forces ne soient entièrement développées, elle est toujours auprès d'eux mère surveillante et protectrice. Quel navigateur pourrait tenir son âme fermée à l'admiration en voyant l'aimable spectacle qui s'offre à lui lorsque, dans un temps calme, dans une mer mollement caressée des zéphirs, ses regards se portent sur ces troupes superbes de dauphins, l'amour et l'orgueil des ondes? Les jeunes marchent en avant et réunis comme des troupes d'enfans, comme des chœurs dont la figure et le dessin varient à tout instant. En arrière est l'armée de réserve, composée de ceux qui l'emportent par leur taille et par leur âge et qui ne s'écartent jamais des plus jeunes. Ils ressemblent à des bergers qui dans le printemps suivent leurs tendres agneaux aux pâturages. On voit tous les jours des enfans qui sortent en foule des écoles, et des maîtres d'un âge avancé (car la vieillesse rend l'homme respectable) qui les suivent de près, veillent sur eux et sont les régulateurs de leur marche, de leurs mouvemens, de leur esprit. C'est ainsi que les dauphins plus âgés vont à la suite des jeunes pour les garantir de tout accident funeste.

Les phoques ont aussi grand soin de leurs petits ; leurs femelles ont également des mamelles qui fournissent d'abondans ruisseaux de lait. Ce n'est point au milieu des flots, mais sur la terre, qu'elles gémissent, à leur terme, des douleurs de l'enfantement : elles y passent douze jours avec eux ; le treizième, au lever de l'aurore, elles les prennent sous leurs aisselles et, fières de ce doux fardeau, courent à la mer pour leur montrer leur patrie et leur élément naturel. Ainsi qu'une femme qui, s'étant délivrée dans une terre étrangère, retourne avec plaisir sur ses foyers, se complaît à tenir tout le jour son enfant entre ses bras, à lui montrer le toit paternel, et se livre avec une inépuisable tendresse aux doux soins de la maternité, tandis que l'enfant, trop jeune pour connaître ce qu'il voit, considère néanmoins toutes choses, la maison, les divers objets qui servent aux auteurs de ses jours ; ainsi les phoques transportent leurs petits à la mer et leur en apprennent les secrets et les travaux.

Grands dieux! l'homme n'est donc pas le seul en qui l'amour de ses enfans soit plus fort, soit plus doux que la lumière et la vie. Les oiseaux, les bêtes féroces, les monstres des mers éprouvent aussi pour les leurs cet irrésistible et si vif sentiment : il est inné en eux, il leur fait braver avec audace les maux les plus terribles, la mort même. Déjà le chasseur a rencontré sur la montagne la lionne rugissante qui couvre ses lionceaux de son corps, qui combat pour les défendre : elle s'inquiète peu du nombre de pierres ou de traits qui volent sur elle. Frappée, repoussée de mille manières, son opiniâtre résistance demeure inébranlable, elle ne cède qu'en mourant : à moitié domptée, elle leur sert encore d'égide ; elle s'occupe moins du danger qui la menace que du malheur de les voir tomber dans la cage funeste qu'on leur destine. Et ce pâtre, si familier tout à l'heure avec sa chienne qui vient de mettre bas, n'ose toucher à ses petits, effrayé du grognement de leur mère irritée, qui s'emporte pour repousser sa main téméraire ; elle est également féroce pour quiconque ose l'approcher. A quelle fureur ne sont pas en proie les génisses qu'on prive de leurs veaux? Elles poussent des sanglots et des gémissemens qui ne diffèrent point de ceux des femmes, qui affligent et attendrissent leurs ravisseurs eux-mêmes. Quel mortel ne connaît les lamentables douleurs de l'orfraie lorsqu'elle déplore avant le jour la perte de ses aiglons? Qui n'a entendu celles du chantre harmonieux des bois, de la triste et plaintive Philomèle? Qui n'a pas vu au printemps le deuil inquiet des hirondelles lorsqu'elles viennent d'être privées du fruit de leurs amours, que des hommes impitoyables ou des dragons cruels ont arraché de leur nid?

Les dauphins se distinguent éminemment des autres poissons par leur amour pour leur progéniture : il en est d'autres qui montrent aussi une grande affection pour la leur. Les chiens de mer, si vagabonds, en sont un exemple admirable ; ces animaux nouveau-nés restent toujours auprès de leur mère qui leur fait un rempart d'elle-même. Ont-ils quelque chose à craindre, survient-il quelque sujet pressant d'alarmes, elle leur donne asile dans ses flancs par la même route, par la même voie que celle de leur naissance. Elle affronte volontiers toutes les douleurs qui l'attendent, et recèle une seconde fois ses petits dans son sein maternel pour leur donner de nouveau le jour lorsque le danger aura cessé.

La riné (ou squale ange) use en faveur des siens d'un semblable stratagème, sans cependant les recevoir dans son corps comme les chiens de mer. Au-dessous de ses nageoires pectorales, des deux côtés sont des plis profonds qui ressemblent assez aux membranes branchiales des autres poissons ; c'est là qu'elle enferme ses petits palpitans d'effroi. D'autres espèces rassemblent les leurs dans leur bouche, qui leur sert ainsi d'asile et de refuge. Quel amour ne ressent pas pour les siens la femelle du glaucus[1], le poisson ovipare qui l'emporte sur tous les autres par ses soins maternels? Elle reste constamment auprès de ses œufs jusqu'à ce qu'ils soient éclos. Ses petits sont-ils nés, elle nage toujours avec eux ; lorsqu'elle voit qu'ils sont effrayés de l'approche de quelque poisson plus fort, son palais s'ouvre pour les recevoir et leur sert d'abri jusqu'à ce que l'ennemi se soit éloigné : elle les rejette et les exhale alors dans les eaux.

Je ne crois pas qu'il existe dans les mers d'animal plus barbare, de mœurs plus féroces que le thon. Lorsqu'il est parvenu, au milieu des plus vives douleurs à pondre ses œufs, ces œufs qui sont son ouvrage et sa substance, il dévore impitoyablement tous ceux qu'il rencontre ; il en fait de même des jeunes thons qui n'ont pas appris à se soustraire par la fuite à sa dent meurtrière : il n'a ni pitié ni respect pour son propre sang.

Il est je ne sais combien de poissons qui ne naissent d'aucun autre, qui ne proviennent d'aucun hymen, mais qui se produisent eux-mêmes, qui sont le résultat d'une génération spontanée : de ce nombre sont ces espèces si nombreuses d'huîtres qui prennent l'être d'un vil limon ; on ne distingue en elles aucun sexe, ni mâle ni femelle ; elles sont toutes semblables et d'une organisation uniforme. C'est ainsi que la race misérable de la faible aphye naît sans avoir été engendrée, sans avoir eu de père. Lorsque des masses de pluie s'échappant des nuages, suivant les desseins du maître des dieux, se précipitent avec fureur et en torrens sur les vastes plaines des mers, toutes leurs ondes confondues et converties en tourbillons agités se heurtent, se couvrent d'écume, deviennent tumescentes : les aphyes alors se produisent, vivent et se montrent en nombre immense, entassées les unes sur les autres, faibles et de couleur blanche, sans qu'on sache par quels rapprochemens, par quels ressorts secrets et cachés leur existence a été déterminée ; c'est ce qui leur a fait donner le nom d'aphrétides (nées de l'écume). D'autres naissent dans la vase limoneuse : lorsque la violence des vents se fait sentir par le choc des eaux jusque dans les précipices, et que la mer bouillonne tourmentée, bouleversée, son immense limon s'entasse et ne forme bientôt qu'un seul corps. Le calme rétabli, toutes les substances qui se trouvaient pêle-mêle dans la vase et dans les eaux, fermentent, se décomposent ; il en provient des quantités considérables d'aphyes, qu'on prendrait pour des vers. Il n'est pas d'espèce plus frêle, ni plus débile que celle de ce malheureux poisson ; sa chair est du goût de tous les autres, qui en font leur proie. Les aphyes se lèchent entre elles et se servent ainsi mutuellement de nourriture. Lorsqu'elles se meuvent dans les mers en masses réunies, à la recherche de quelque rocher qui projette de l'ombrage, de quelque retraite, de quelque abri au fond des eaux, l'azur des plages d'Amphitrite se change en un blanc éclatant. Lorsqu'un vent violent d'ouest a couvert la vaste plaine d'une neige abondante, on n'aperçoit plus la couleur noire de la terre, mais seulement le blanc de la couche épaisse qui l'enveloppe ; de même les champs de Neptune prennent la teinte et la

---

[1] Le caranx glauque.

blancheur de ces immenses quantités d'aphyes qu'on y rencontre.

CHANT SECOND.

Tels sont les lieux que fréquentent, où se nourrissent les nombreux habitans des eaux. Tels sont aussi les doux hymens, les heureuses reproductions dont ils goûtent les charmes; les hommes en doivent sans doute la connaissance à quelqu'un des dieux : car que peuvent les mortels sans leur secours? Ils seraient même inhabiles à soulever la plante de leurs pieds, à mouvoir leur frêle paupière. Les dieux, toujours près quoique éloignés, ordonnent et disposent de tout ; c'est donc une irrésistible nécessité de se soumettre. En vain la force ou la puissance, telles qu'un coursier qui rejette le mors, exciteraient leurs bouches rebelles à secouer témérairement le frein; arbitres suprêmes de tout, les immortels font toujours incliner les rênes du côté qu'ils veulent. Le sage obéit donc sans murmure et n'attend pas d'y être contraint par les durs aiguillons d'un fouet incitateur. L'homme leur doit l'industrie féconde et un génie propre à tout ; ils en ont tous reçu un nom et un honneur particuliers, à cause des divers travaux auxquels chacun préside : Cérès est recommandable par le joug imposé aux bœufs, par la culture et les sillons de la terre, par les précieuses moissons des grains ; nous tenons de Pallas l'art de fabriquer des armes, de construire des maisons, de transformer en riches étoffes la douce toison des brebis ; Mars nous a fait don du glaive, des armures protectrices, des casques, des lances, de tout l'appareil cher à Bellone; Apollon et les Muses nous ont fait présent de la divine mélodie ; nous devons à Mercure l'éloquence et les vigoureux combats des jeux publics; Vulcain veille aux pénibles et suans travaux des forges. La même divinité qui, comblant d'abord les vastes gouffres de la terre avec les eaux réunies des fleuves, en a formé la masse amère des mers qu'elle a enchaînées, couronnées de coteaux et de rivages, a fait aussi connaître aux humains les secrets des ondes, les races et les mœurs de leurs habitans, les moyens d'obtenir d'heureuses pêches, quel que soit d'ailleurs le nom qu'on doive lui donner, celui de tout-puissant Neptune, de vieux Nérée, ou mieux encore de Phorcus ou de quelque autre souverain des eaux. Toutefois, vous tous dieux immortels qui habitez les célestes lambris, le vaste Océan, la terre fertile, les plaines des airs, daignez sourire, accordez votre bienveillance à mon heureux prince, à son illustre fils, à leurs peuples, à mes chants.

Les poissons n'ont entre eux ni justice, ni pudeur, ni amitié : ils sillonnent les mers, chaque espèce ennemie implacable de l'autre espèce; le plus fort dévore toujours le plus faible : ils se précipitent les uns sur les autres pour se donner la mort; ils sont toujours la proie et l'aliment les uns des autres. Les uns triomphent des moindres par la puissance plus énergique de leurs muscles ou de leurs mâchoires : les bouches de ceux-ci recèlent un venin destructeur; ceux-là, pour échapper aux coups mortels des autres, sont armés de pointes, de piquans aigus, instrumens terribles d'une ardente fureur. Ceux à qui les dieux n'ont accordé ni la force, ni aiguillon osseux qui s'élance de leur corps, trouvent en eux-mêmes une arme aussi redoutable, une source féconde de ruses : c'est ainsi que d'autres poissons, plus grands et plus robustes, tombent souvent victimes de leur adresse. De quelle puissance propre et inhérente à sa substance, n'est pas douée la molle torpille pour balancer et subjuguer la force : son corps faible est sans ressort, sa lente et lourde masse l'affaisse; on ne la prendrait point pour un animal qui nage. Se glissant quelquefois dans l'eau limpide, elle se roule surtout dans les endroits troubles et obscurs. Des deux côtés, à chacun de ses flancs, sont deux séries de rayons ou tuyaux, appareil de ruse et supplément de sa faiblesse. Tout être vivant qui en approche et qui la touche, sent ses forces se briser, son sang se contracte et se glace, ses membres ne servent, ne soutiennent plus son corps; la nature s'arrête en lui enchaînée par ce stupide habitant des eaux. Connaissant toutefois l'avantage dont elle dispose, elle se tient accroupie dans le sable, et y reste sans mouvement et comme morte : tout poisson qui l'effleure est à l'instant foudroyé; il tombe, abandonné de ses sens, dans un sommeil léthargique. Elle s'élance alors avec précipitation, quoique peu prompte elle-même, et, transportée de joie, le déchire vivant comme s'il avait cessé de l'être. Elle se traîne souvent à la rencontre des poissons qui nagent dans les mers, amortit en les touchant leur impétuosité, arrête et suspend la rapidité de leur course; infortunés qui, raides et dénués de force, ont perdu le souvenir de leur route ou de leur fuite; et sont dévorés sans défense, sans en avoir le sentiment! Lorsqu'un homme dans les pénibles agitations d'un songe se croit frappé d'épouvante et fait effort pour fuir, son cœur saute et s'agite, tandis que ses genoux gémissent immobiles sous le poids des chaînes qui contiennent ses élans : tel est l'effet produit par l'engourdissante compression de la torpille.

Le batrachos est un poisson également lent et mou; il est horrible à voir : sa bouche présente une ouverture immense; la ruse lui sert aussi à se procurer la nourriture. Enfoncé dans un vaste limon, il y reste tranquillement couché en soulevant une excroissance[1] charnue, déliée, blanche, mais d'une odeur forte qui naît de dessous l'extrémité de sa mâchoire supérieure; il l'agite fréquemment en guise d'appât pour les petits poissons, qui bientôt l'aperçoivent et cherchent à s'en saisir; le batrachos la retire alors en arrière jusqu'à sa bouche en l'y balançant mollement : ceux-ci ne soupçonnant point le piége, l'y suivent et tombent engloutis tous ensemble dans cette gueule énorme. Un homme qui veut attirer au trébuchet les oiseaux légers, le garnit au dedans des mêmes grains qu'il vient de répandre au dehors à l'entour des portes et assure ainsi le succès de sa ruse. L'attrait séducteur d'un aliment dont ces oiseaux sont avides, les entraîne et les fait entrer dans la cage funeste d'où toute issue leur est fermée et qui leur montre un bien triste résultat de leur repas; c'est par un semblable stratagème que le lourd batrachos attire les petits poissons, qui sont loin de songer qu'ils courent à leur ruine. On dit que le rusé renard exécute une manœuvre à peu près pareille. Lorsqu'il aperçoit une troupe nombreuse d'oiseaux, il se couche, le dos recourbé, les jambes tendues, ferme les yeux et rapproche exactement ses lèvres. On dirait qu'il est enseveli dans un sommeil profond, ou plutôt qu'il est étendu à terre mort réellement. Il est ainsi, sans pousser le moindre souffle, à concerter les ruses les plus adroites et les plus variées. Cependant les oiseaux qui le voient en cet état volent en foule sur lui, grattent et feutrent son poil de leurs pieds, insultant insolemment à son sort; dès qu'ils sont assez près de ses dents, il donne l'essor à ses ruses; sa vaste bouche s'ouvre, fond avec avidité sur ces téméraires oiseaux et saisit par cette irruption précipitée une proie abondante.

La trompeuse sépie[1] déploie aussi les ruses dans ses chasses. Du sommet de sa tête partent des prolongemens charnus, longs et grêles, semblables à des cordes, avec lesquels elle pêche les poissons comme avec des lignes; gisante ou retirée sous son tégument dans le sable, elle s'en sert pour s'accrocher aux corps solides lorsque les tempêtes d'hiver font enfler les ondes : on la prendrait pour un bâtiment amarré par ses câbles aux rochers du rivage.

Les carides[2] sont petites sans doute et n'ont pas une grande force, mais elles rendent victime de leurs ruses un plus fort poisson, le labrax, qui doit son nom à sa voracité : empressé d'en faire sa proie, il se jette à la hâte sur elles : fuir ou résister est au-dessus de leur pouvoir; prêtes à périr, elles font périr et blessent à mort leur meurtrier. Par des sauts et des élans réitérés, elles percent son palais d'une pointe aiguë, qui s'élance de l'extrémité de leur tête. Le labrax, tout entier à son vorace appétit, s'occupe peu des coups dont il est percé; cependant sa blessure se nourrit et s'étend : il succombe enfin aux maux et aux douleurs et reconnaît trop tard que celle qu'il priva de la vie lui fait perdre la sienne.

Il est un poisson qui se tient d'habitude dans la vase, ami de la chair de l'homme, le bœuf[3], le plus grand de tous en étendue. Sa largeur est souvent de dix et même de douze coudées; il n'a point la vigueur en partage, son corps est mou, destitué de force, ses dents sont intérieures, à peine visibles, petites et faibles. S'il triomphe, ce n'est point par sa puissance, mais par la ruse; il fait cependant sa proie de

---

[1] *Oligèn sarkœ è ra oi ek genuos neatès upenerthe pephukei.* Cette excroissance charnue est double et placée au-devant des yeux. Bloch leur donne le nom de *houppes* :

« Les deux longues houppes, dit-il, de matière cornée, qui se trouvent devant les yeux, qu'Aristote compare à des *cheveux*, Pline à des *cornes*, Oppien à des *verrues*, leur servent à attirer les autres poissons. Le docteur Parson les a trouvées de la longueur de deux pieds dans un poisson de quatre pieds trois pouces. On en voit encore le dos quatre de même nature qui tiennent par le bas à une membrane. » *Histoire générale et particulière des poissons*, 3e partie, p. 75.

[1] La sèche.
[2] Il paraît qu'il s'agit ici de la *squilla gibba*, ou du caramot de Rondelet, chap. 8, liv. XVIII, 1re partie.
[3] La raie flassade.

l'homme, dont il met en défaut le génie pénétrant, car il aime beaucoup à s'en nourrir; sa chair a beaucoup d'attrait, est un repas très-agréable pour lui. S'il en voit quelqu'un au-dessus des eaux, que quelque soin attire dans leur fond, plus léger à cause de sa grande surface, il s'élève et nage constamment au-dessus de sa tête, immobile, étendu sur lui, semblable au toit d'une maison. Il le suit en cet état dans tous ses mouvemens : il est toujours au-dessus comme une fermeture. De même qu'un enfant qui dresse le piège fatal à la souris avide, qu'un imprudent appétit attire sans soupçon au dedans, mais qui bientôt surprise par le bruit du creux instrument de sa captivité, ne peut en sortir, malgré ses efforts, que lorsque l'enfant la saisit et la tue souvent avec un ris moqueur; de même ce funeste poisson plane sur la tête de l'homme et l'empêche de remonter sur l'onde; enchaînant par là sa respiration, il lui fait perdre la vie au sein des flots, il tombe alors sur lui et le dévore; c'est ainsi qu'il doit à la ruse cette difficile conquête.

On louera, on admirera sans doute l'ingénieuse industrie du cancre dans ses trous tapissés de mnies : les dieux lui ont donné l'adresse nécessaire pour faire des huîtres une nourriture aussi agréable que facile. Lorsqu'elles ouvrent la barrière de leurs écailles pour saisir le limon ou pour s'abreuver d'eau, et qu'elles s'accrochent aux angles des rochers, le cancre prend sur le rivage une petite pierre et la porte engagée en travers dans ses pinces aiguës, il approche à la dérobée et la place dans le milieu de l'huître, qu'il se met ensuite à dévorer en savourant ce mets chéri. Ce misérable mollusque veut en vain refermer ses valves, il n'en a plus le pouvoir : elles restent ouvertes par l'effet d'une dure nécessité, jusqu'à ce qu'il meure et que son ennemi en ait fait un ample repas.

Les rampantes étoiles de mer ont un art à peu près semblable, et c'est encore contre les huîtres qu'elles l'exercent; ce n'est point d'une pierre qu'elles s'aident ou dont elles font leur instrument, mais d'un corps osseux qu'elles passent entre leurs valves baillantes : les huîtres sont ainsi à leur discrétion et deviennent leur nourriture.

Il est une coquille bivalve dans laquelle habite un mollusque qui porte le nom de pinne, qui est inhabile à combiner, à faire quelque chose par elle-même. Elle vit en communauté de toit et de demeure avec un cancre qui la nourrit et veille à sa sûreté, ce qui lui a valu le surnom de *pinnophulax* (garde-pinne). Quelque animal pénètre-t-il dans la coquille, le cancre réveille aussitôt son attention en la pinçant, en la stimulant par d'utiles morsures : pressée par la douleur, elle contracte ses valves, y emprisonne l'animal qui devient la proie de l'un et de l'autre; ils en font ensemble un doux repas. C'est ainsi que parmi les habitans des eaux comme parmi les hommes, on remarque de la sagacité dans les uns, de l'inaptitude dans les autres : ils n'ont pas tous le même degré d'intelligence.

On chercherait en vain un poisson qui l'emportât par sa stupidité sur l'émérocet[1]; la mer n'en renferme pas qui croupisse dans une plus grande inertie. Ses yeux sont dirigés sur la partie supérieure de sa tête vers le ciel, sa bouche vorace est placée entre ses yeux; il reste tout le long du jour couché sur le sable, plongé dans le sommeil. Seul de tous les habitans des eaux, il veille la nuit et vague dans leur sein; il est aussi appelé *nuctéris* (animal nocturne). Une faim déplorable est le résultat de son insatiable avidité; il ne connaît ni terme ni mesure dans ses appétits. La fureur d'un irrésistible besoin, d'une faim toujours dévorante l'entraîne d'une manière impérieuse. Il ne cesse de se gorger d'alimens que lorsque son ventre se déchire, qu'il tombe étendu sous leur poids ou qu'il est saisi par un autre poisson, avalant encore le dernier morceau. Quelle preuve plus frappante de cette immodérée voracité! Dans les filets même du pêcheur, si une main le provoque en lui présentant quelque nourriture, il en remplit son estomac, jusqu'à ce qu'elle retourne à son palais. Apprenez par cet exemple, ô mortels! quelle est la triste fin de cette passion insensée pour la table, quels maux en sont l'inévitable fruit. Évitez donc cette oisiveté funeste de l'esprit et du corps, ce dérèglement des trop somptueux repas. Prenez-les avec mesure et sans livrer votre âme à leur folle joie. Combien parmi vous qui ne connaissent aucun frein, qui s'abandonnent à tous les débordemens d'un goût qui les maîtrise! Regardez l'émérocet : que la leçon que vous offre son malheur ne soit point perdue pour vous.

[1] L'uranoscope rat.

Les oursins à pointes aiguës ont un instinct qui leur fait prévoir et juger la force des vents, l'approche des terribles tempêtes : ils lestent alors leur dos d'une pierre aussi lourde que les intervalles de leurs piquans peuvent le permettre, et luttent ainsi chargés contre la fureur des flots : ils craignent surtout que le courroux des ondes ne les roule et ne les jette sur le rivage.

Personne n'ignore l'art qu'emploient les poulpes qui, semblables aux rochers sur lesquels ils se moulent, y appliquent leurs bras : donnant ainsi le change soit aux pêcheurs, soit aux animaux plus grands, ils parviennent à leur échapper. Lorsqu'ils font la rencontre d'un plus petit, ils quittent leur forme, leur apparence de pierre, et reparaissent sous celle de poulpes et d'êtres vivans; par cette adresse ils en prennent alternativement qui sont différentes et se dérobent à la mort. On dit que l'hiver ils ne vaguent point dans les eaux, qu'ils en redoutent beaucoup les orageux tourbillons : retirés et tremblans dans leurs creuses retraites, ils dévorent comme une proie étrangère leurs propres bras, qui repoussent ensuite après leur avoir servi d'aliment. Ils doivent cette pratique aux inspirations de Neptune. C'est ainsi qu'en use l'ours farouche et rugissant : pour se soustraire aux rigueurs de la froide saison, il se réfugie dans le lieu le plus reculé des cavernes, et trompe sa faim en léchant et suçant ses pattes; avide d'une nourriture si vaine, il reste fixé dans sa tanière jusqu'au retour du jeune époux de la nature.

Une haine affreuse existe surtout entre le crabe ardent, la murène et le poulpe : ils se donnent mutuellement la mort les uns aux autres. Le genre de discorde et de guerre qui est propre aux habitans des eaux règne toujours sur eux : ils se dévorent réciproquement. S'élançant de dessus les roches des mers, déjà la fougueuse murène se roule à travers les flots à la recherche d'une proie; bientôt elle aperçoit le poulpe qui se traîne sur les sommités du rivage, et toute joyeuse se précipite sur cette victime chère à son goût. Son approche n'échappe pas au poulpe : dans son inquiétude, il se détermine à la fuite; mais comment se déroberait-il en rampant à la murène qui nage et fond si violemment sur lui, qui le saisit à l'instant et le presse de sa mâchoire cruelle? Il se trouve donc forcément engagé dans ce combat funeste : il roule autour d'elle ses membres; il la serre dans tous les sens des contours nombreux de ses bras, cherchant par ses efforts à se débarrasser des siens. Vain espoir, plus de remède, l'ardente et visqueuse murène glisse comme l'onde d'entre ses liens; il en étreint tantôt son dos, tantôt son cou, ici l'extrémité de sa queue; là il les pousse contre l'ouverture de sa bouche, contre les parties cachées de ses mâchoires. Tels que deux lutteurs habiles et robustes qui font longtemps assaut de leurs forces, des membres desquels découle déjà une sueur grasse et abondante, qui essaient et promènent partout les ressources variées de leur art, et dont les bras nerveux flottent agités autour de leurs corps, tels ceux des poulpes errent sans ordre et se tourmentent dans des luttes inutiles. La murène le dévore de ses dents aiguës; son estomac recèle quelques-uns de ses membres, tandis que d'autres sont encore triturés dans ses mâchoires acérées; d'autres enfin à moitié rongés palpitent et se contournent encore vivans comme cherchant à lui échapper. Dans les forêts, un cerf au bois fourchu qui parcourt les bois fréquentés des serpens, flaire, trouve leurs traces, parvient à leur repaire, en fait sortir un de ces reptiles, et se presse de le mettre en morceaux, dans le temps même que l'animal se roule autour de ses jambes, de son cou, de sa poitrine, et que ses tronçons à moitié dévorés jonchent la terre ou sont broyés sous sa dent rapide; ainsi se replient les parties en mouvement du malheureux poulpe. En vain cherchera-t-il son salut sous la forme de la pierre! Si, se débarrassant de la murène, il court appliquer ses membres sur une roche et se fondre dans sa couleur, ce stratagème n'échappera pas à son ennemie; elle ira le saisir, et sa ruse restera sans succès. Quel est le mortel qui, voyant sa mort déplorable, pourrait se défendre de la pitié? Étendu sur la pierre et faisant corps avec elle, la murène d'un air moqueur s'approchera de lui. On croirait que la cruelle lui tient ce langage insultant : « Poulpe trompeur, que crains-tu? Espères-tu de me surprendre! Nous verrons bientôt si tu es de la pierre ou si la pierre te servira d'asile et te garantira de ma dent. » Se portant alors sur son enveloppe sinueuse et testacée, elle l'engloutit dans sa gueule, à mesure qu'elle l'arrache tout tremblant de dessous la roche. Quoique mis en pièces et dévoré, il ne la quitte point, il ne cesse de s'y retenir, il l'embrasse toujours jusqu'à ce que ses bras accrochés soient les seules parties qui existent encore. De même lorsque dans une ville livrée à la fureur des ennemis, où les enfans et les femmes sont entraînés dans une dure captivité, un homme, suivant la triste loi de la guerre, cherche à ravir un jeune enfant qui repose dans les bras et sur le sein de sa mère, celui-ci se tient avec plus de force à son cou, le presse de ses mains, tandis que cette mère, poussant des cris aigus, résiste à le livrer et se laisse plutôt entraîner avec lui; de même le corps du malheureux poulpe se presse contre la pierre humide dont il se sent arracher et ne s'en détache jamais.

Quelque redoutable que soit la murène, le crabe la dévore; elle est vaincue par son ardeur même. Arrivé près de la roche qu'habite son agile ennemi, il dresse ses deux aiguillons; son souffle rare et guerrier, sonnant la charge, la provoque au combat. Semblable au chef d'un des premiers rangs d'une armée, qui, fier de sa vaillance, de son adresse militaire, des armes qui renforcent son corps vigoureux, agite sa lance aiguë, défie celui des ennemis qui osera paraître, et bientôt excite et voit s'avancer contre lui l'un des chefs opposés; c'est ainsi que le crabe aiguillonne la murène. Celle-ci ne se fait pas attendre : s'élançant de son obscure retraite, la tête raide et courbe de colère, elle se présente en proie à la plus violente fureur; mais cette rage est impuissante contre le corps rude du crabe. En vain elle le presse de ses fortes mâchoires, en vain ses dents robustes se fatiguent pour l'entamer; repoussées comme par une pierre raboteuse, elles rentrent émoussées dans sa bouche : leur impétueuse activité reste sans effet. Cependant son cœur féroce s'agite et bouillonne jusqu'à ce que le crabe, rapprochant ses longues pinces, la serre dans le milieu du corps. Il la comprime, il la retient sans relâche dans cet état, comme avec des instrumens de fer; il ne les desserre point, quelque effort qu'elle fasse pour s'échapper. Contenue par la force, accablée de douleurs, elle roule et contourne obliquement son corps de tous côtés, en frappe, en serre de plusieurs tours le dos hérissé du crabe, et s'engage ainsi elle-même dans les pointes, dans les aiguillons de ce crustacé : elle succombe enfin toute couverte de blessures, qu'elle doit aux coups mêmes qu'elle s'est donnés. Sa mort est son propre ouvrage, celui de son audace insensée. Ainsi, lorsqu'un homme habile dans l'art de tuer les bêtes féroces, la lance en arrêt, le corps raide et oblique, au milieu d'un peuple groupé autour des maisons, attend la panthère effarouchée du sifflement des lanières, du bruit des épouvantails, qui, à la vue du tranchant de l'acier, s'arme et s'enflamme de la plus terrible fureur, et dont la gueule énorme se précipite elle-même comme un fourreau sur le fer acéré; ainsi la malheureuse murène s'emporte à une rage aveugle : elle périt des maux qu'elle s'est faits.

Tels sont les combats que se livrent sur la terre, dans le fond des bois, le serpent et l'oursin épineux lorsqu'ils viennent à s'attaquer. Dès que celui-ci soupçonne l'approche du funeste reptile, il se retranche, sous forme sphérique, derrière le rempart de ses longues et nombreuses épines qui lui servent de bouclier, et se traîne de l'intérieur. Le serpent, de son côté, se porte sur lui et l'essaie de ses dents gorgées de venin sur tous les points de sa surface circulaire; mais ses efforts sont inutiles : quelque terribles que soient ses mâchoires, elles ne peuvent arriver jusqu'à son corps, à travers la fourrure épineuse dont il est enveloppé. Roulé en cercle, en masse globuleuse, il se meut, il se précipite en tours nombreux sur lui-même, et des piquans dont il est hérissé, frappe le reptile, fait couler de ses membres une sanie sanglante, et l'accable d'une multitude de blessures. L'odieux serpent le couvre aussi en entier des longs et robustes replis de son corps, le presse, le serre malgré les pointes horriblement aiguës dont il est percé de toutes parts. La fureur ajoute à son audace. L'oursin, ferme au centre de ses aiguillons, ne cesse de lutter de toutes ses forces, et ne gémit que malgré lui dans cette dure compression. Sous l'abri protecteur de la voûte cachée qui le recèle, il attend que son ennemi meure; souvent il périt lui-même en l'accablant : ils sont ainsi l'un à l'autre un instrument de ruine et de mort. Souvent le malheureux oursin s'échappe, semble surgir du sein du reptile qui le tenait emprisonné, et en emporte à ses piquans les chairs expirantes. C'est à peu près de la même manière que la murène tombe victime du crabe : elle est pour lui une nourriture dont il est avide et qui flatte son goût.

Le poulpe, quoique faible et lent dans ses mouvemens, fait sa proie du crabe à la fois rude et rapide. Lorsqu'il l'aperçoit en repos et sans méfiance sur une roche, il se jette furtivement sur son dos, qu'il enchaîne de ses bras longs et forts, de leurs dernières articulations comprime en même temps avec violence le conduit de ses alimens, et arrête en lui le jeu alternatif de l'aspiration et de l'expiration de l'air (car il est nécessaire même aux habitans des eaux): il le retient ainsi en l'accablant de toutes parts. Le malheureux crustacé nage, s'arrête, s'élance en bonds, quelquefois se déchire dans ses parties extrêmes; nul relâche à son supplice que ses forces et sa vie ne l'abandonnent; son ennemi le dévore alors tranquillement sur les sables du rivage. Tel qu'un enfant qui presse de sa bouche le sein de sa nourrice pour en aspirer le lait, il en retire et en absorbe les chairs, vide en entier par ses succions ce corps à aiguillons nombreux et remplit son estomac de cette nourriture chérie. Un voleur de profession, qui médite de noirs projets; qui, toujours hors des sentiers de la justice, attend la nuit en embuscade dans une rue étroite que quelque passant au sortir d'un repas tombe dans ses piéges, en voit bientôt approcher un dont le vin rend la marche chancelante, à qui il fait exhaler quelque chanson à boire où la sobriété n'est pas trop célébrée, fond alors à la dérobée et par derrière sur lui, frappe à coups redoublés sur sa tête, l'accable de ses mains cruelles, et le met dans un état d'engourdissement et de sommeil peu différent de la mort, lui ravit ensuite tout ce qu'il porte et se retire en emportant ce butin illicite et si honteusement acquis; l'instinct des poulpes les porte à mettre en usage des moyens du même genre. Tels sont surtout les habitans des eaux qui s'attaquent et sont ennemis entre eux. Seuls parmi les divers genres de poissons, ils sont tour à tour meurtriers et vengeurs les uns des autres.

D'autres sont venimeux, ont autour de leur bouche un venin funeste qui laisse partout l'odieuse empreinte de leurs morsures. Telle est la scolopendre, ce fatal reptile des mers dont la forme est assez semblable à celle de terre, mais qui porte un bien plus grand préjudice. Si quelqu'un en approche et la touche de quelque partie de son corps, il s'y établit aussitôt une démangeaison, une rougeur vive et brûlante qui fait trace comme celle de la plante à laquelle on donne le nom d'ortie [1], à cause des douleurs cuisantes qu'elle produit. La présence de la scolopendre est surtout exécrée des pêcheurs; pour peu qu'elle ait effleuré les filets, aucun poisson ne touche aux appâts, tant le venin dont ils ont pu s'imprégner les leur rend odieux.

Les iulis [2] aux couleurs variées sont également redoutables par la puissance de leur bouche. Les plongeurs, qui vont fouiller le fond des mers, et les pêcheurs d'éponges, accoutumés aux plus rudes épreuves, les ont surtout en horreur. Lorsqu'ils aperçoivent quelqu'un de ces chercheurs sous-marins se livrant dans l'onde à ses travaux, ils s'élancent par milliers de dessus les roches, fondent, se pressent de toutes parts sur lui, l'embarrassent dans ses recherches et dans sa marche, en l'accablant à la fois de tous côtés de leurs téméraires morsures. Il se consume en vains efforts pour lutter contre les eaux et ces odieux iulis: ses pieds, ses mains s'agitent pour repousser leurs masses ennemies; leur opiniâtre activité s'attache avec acharnement sur lui; tels ces incommodes essaims de mouches qui volent sans cesse dans l'été autour des hommes livrés aux pénibles soins des moissons. Tout suans de fatigue et des ardeurs immodérées d'un ciel embrasé, ils ont encore à gémir de l'importunité de ces insectes qui ne se relâchent jamais qu'ils ne reçoivent la mort ou ne se rassasient du sang vermeil des moissonneurs. C'est ainsi que le sang de l'homme a un attrait vif et puissant pour les habitans des eaux. Il en est dont les morsures ne sont pas légères, telles sont celles du poulpe rampant et de la sépie, qui recèlent en eux-mêmes une liqueur, une encre en petite quantité, mais dangereuse et nuisible.

Certains poissons tiennent de la nature des instrumens d'attaque, de forts aiguillons: ce sont le gobie, ceux des scorpions qui se plaisent sur les rochers ou dans les sables, les chélidons rapides, les dragons, et ceux des chiens marins qui tirent leurs noms [3] de leurs piquans redoutables; ces pointes portent toutes un venin funeste dans les chairs où elles s'implantent profondément.

La trygone et le xiphias ont chacun reçu des dieux un don terrible, une arme d'une grande

---

[1] En latin *urtica*, qui vient d'*urere*, brûler.
[2] Le labre girelle.
[3] Et principalement la centrine.

puissance qui est fortement inhérente à leurs membres. La mâchoire de celui-ci donne naissance, naturellement, à un glaive droit, taillé en pointe et en lance d'épée non d'acier, mais de diamant. Poussé avec impétuosité, il n'est point de pierre, quelque solide qu'elle soit, qui puisse résister à son effort tant il a d'énergie et de violence. De l'extrémité de la queue de la trygone sort un horrible aiguillon tout à la fois redoutable par la force et dangereux par son venin. Que leur proie se présente à eux vivante ou morte, ni les xiphias, ni les trygones ne la dévorent avant de l'avoir percée de leurs traits funestes. Sitôt que la vie abandonne le xiphias, son arme puissante périt et s'éteint avec lui : elle n'est plus qu'une masse, qu'un os sans vigueur, qu'il ne serait plus possible de prendre pour un glaive, quelque désir qu'on eût de l'y reconnaître. Il n'est pas de blessure qui fasse un mal plus assuré que celle de la trygone, pas même celle de ce fer que l'art a fabriqué pour les combats, pas même celles de ces flèches ailées qu'empoisonnent les Perses, et dont ils lancent la mort. Ce formidable et si vif aiguillon de la trygone, dont on n'entend point parler sans effroi, ne conserve pas seulement son activité tant qu'elle est vivante, lorsqu'elle a cessé de l'être, sa force et sa roideur se maintiennent encore immuablement. Les animaux ne sont pas les seuls sur qui elle porte le ravage et la destruction ; tout végétal, la pierre même qui tombe sous ses coups, n'en reçoivent pas impunément l'atteinte. Si d'une belle bouture ou d'une riche semence, s'est élevé un jeune arbuste dont la verdure hâtive annonce la vigueur, et que ses racines en soient assez gravement offensées, cet accident fera languir ses rameaux; ils pencheront vers la terre comme affectés de quelque maladie ; l'aspect gracieux de l'arbuste commencera par s'affaiblir : il ne tardera pas à perdre la parure de ses feuilles, à sécher, à n'être plus qu'un vil tronc.

L'enchanteresse Circé, mère de Télégon [1], arma autrefois son fils d'un de ces aiguillons de trygone pour lui servir de long dard emmanché et marin, dont il pût exterminer ses ennemis. Il fut jeté sur une île à nombreux troupeaux de chèvres, et en fit un grand butin, sans savoir qu'ils étaient ceux de son vieux père qu'il cherchait, et qui, courant à sa défense, reçut de lui le coup mortel. C'est ainsi que cet ingénieux Ulysse, qui avait été en butte à tant de traverses et de combats sur les mers, mourut du trait rude et rapide d'une trygone.

Le thon et le xiphias portent toujours avec eux un fléau qui les vexe et les déchire sans cesse : ils ne peuvent ni s'y soustraire, ni s'en délivrer ; c'est un insecte, l'œstre cruel, qui se fixe entre leurs nageoires, et qui, dans les chaleurs de l'ardente canicule, se presse avec force contre leur corps, y enfonce violemment son dard vif et acéré. Dans les maux dont il les accable, ils s'emportent à une rage affreuse, et bondissent incités malgré eux comme par des fouets terribles. Rendus furieux par ce noir aiguillon, ils s'agitent dans tous les sens. Là, poussés par les plus intolérables douleurs, ils se tourmentent en courses rapides sur les flots, ici, transportés hors d'eux-mêmes par la véhémence des plus cruelles piqûres, ils sautent et se jettent sur les vaisseaux les plus élevés. Souvent aussi, s'élançant du sein des mers, ils se précipitent palpitans sur la terre et remplacent leurs tourmens par la mort, tant leur violence est grande et sans aucun relâche.

Lorsque cet odieux insecte s'attache aux bœufs et perce de son aiguillon le cuir tendre de leurs flancs, leur conducteur, le pâturage, le reste du troupeau, rien ne peut les retenir. Délaissant leurs étables, leurs parcs, leur nourriture, ils se portent partout en proie au plus cruel délire. Les fleuves, les mers, les précipices, les rochers escarpés ne sont plus pour eux que de faibles barrières ; sitôt que d'ardentes piqûres de cet aiguillon pénètrent leur corps et le déchirent des plus cuisantes douleurs, ils vont mugissant et s'élançant par bonds de tous côtés, tant la fureur qui les transporte est terrible et orageuse. Ainsi l'œstre exerce un égal et féroce empire sur les poissons et sur les bœufs.

Les dauphins sont éminemment sur la première ligne parmi les habitans des eaux et se distinguent surtout par leur vigueur, par la beauté de leurs formes, par l'impétuosité de leurs mouvemens ; ils volent sur les mers avec la rapidité d'un trait; une lumière vive et perçante jaillit de leurs yeux ; ils aperçoivent le plus petit poisson tremblant dans sa retraite ou roulé dans le sable. Ainsi que les aigles sont les rois des oiseaux, que les lions sont à la tête des animaux carnassiers, que les dragons sont les

---

[1] Dont Ulysse fut le père.

premiers des reptiles, ainsi les dauphins occupent le plus haut rang parmi les poissons; il n'en est aucun qui ose attendre leur approche, ou dont l'œil ne craigne de les fixer; ils redoutent même de loin leurs terribles élans, leur respiration rapide et brûlante. Lorsqu'ils parcourent les mers à la poursuite de leur nourriture, toutes ces nombreuses espèces se précipitent les unes sur les autres dans le désordre d'une fuite générale et portent partout l'effroi. Se pressant de toutes parts, elles encombrent à la fois les endroits les plus obscurs, les retraites les plus cachées, les ports, les anfractuosités des rivages; les dauphins choisissant alors sur un si grand nombre la proie la meilleure en font un aussi ample repas qu'ils le désirent. Toutefois les poissons connus sous le nom d'amies, se présentent contre eux en adversaires intrépides, sans songer que ce sont des dauphins qu'elles ont à combattre, et seules elles leur font la guerre. Les amies sont plus minces de corps que les thons, ont les chairs plus grêles, mais leur bouche est hérissée de dents serrées et aiguës; c'est là le principe de leur audace, de cette témérité qui les fait assaillir un des plus forts rois des mers. Lorsqu'elles aperçoivent quelque dauphin seul, éloigné du reste de la troupe, elles s'ébranlent de tous côtés comme une armée au signal de son chef et fondent courageusement en masse sur l'ennemi, telles que des guerriers en fureur, armés de boucliers, qui marchent à l'assaut d'une tour. Le dauphin, fort de ses robustes mâchoires, méprise d'abord cette multitude d'amies qui se pressent à sa rencontre; il se jette tantôt sur l'une, tantôt sur l'autre, et dévore comme un mets agréable toutes celles qu'il saisit. Mais lorsque enveloppé de leurs nombreux bataillons, il se trouve enfermé dans leur enceinte, il sent alors les rudes travaux qui s'ouvrent devant lui; il connaît ainsi seul au milieu d'ennemis innombrables l'affreux précipice où il est tombé, dans quelle lutte pénible sa force est engagée. Pleines de rage, les amies l'environnent, l'accablent dans tous les sens de leurs masses, l'attaquent à la fois de toute la violence de leurs dents, le déchirent dans toutes les parties de son corps avec audace et sans jamais lâcher prise. Plusieurs attaquent sa tête, d'autres sa mâchoire azurée; celles-ci s'attachent à ses nageoires, celles-là impriment leurs bouches cruelles dans ses flancs; d'autres se saisissent de l'extrémité de sa queue; un grand nombre se presse sous son ventre, un grand nombre dévore son dos; celles-ci sont suspendues, les unes au-dessus, les autres au-dessous de sa gorge. Assiégé de tant de maux et de fatigues, il fait mugir l'onde de son souffle; son cœur brûlant de rage et dans une fièvre ardente bouillonne et excite intérieurement en lui un bruissement sourd. Il bondit, il se roule autour de lui-même embrasé par la douleur et dans le plus horrible délire. Semblable à un plongeur, tantôt il disparaît dans l'épaisseur des eaux comme un tourbillon, tantôt il se pousse jusqu'au fond de l'abîme; il remonte ensuite et reparaît fréquemment à la surface, toujours pour se soustraire à ce nombre immense d'impitoyables poissons. Les amies obstinément serrées ne se relâchent point, l'accablent de l'ensemble de leurs forces, se portent partout avec lui et s'il s'élance au-dessus, s'élancent aussi comme entraînées. On croirait qu'un nouveau monstre vient de paraître dans l'empire d'Amphitrite, un *dauphin-amie;* leurs dents sont si fortement engagées dans son corps qu'il semble ne faire qu'un avec elles. Ainsi lorsqu'un fils d'Esculape, pour dégorger une plaie, soutire de ses lèvres le fluide impur qui en cause la bouffissure et applique sur la partie malade ces vers des humides marais, les noires sangsues, afin qu'elles en pompent le sang; celles-ci grossissent bientôt et deviennent gibbeuses, continuent de l'aspirer et ne cessent que lorsque enivrées par de longues succions, elles tombent et roulent d'elles-mêmes semblables à des hommes pris de vin; ainsi les amies ne mettent point de terme à leur acharnement contre les dauphins avant d'avoir trituré dans leurs bouches celles de ses chairs où leurs dents étaient arrêtées. Mais pour peu qu'elles s'en écartent sitôt qu'elles le laissent respirer un moment, la fureur de ce prince irrité des mers éclate dans toute son énergie, le tour de l'épouvantable supplice des amies arrive; elles fuient; il tombe sur elles à leur poursuite et les écrase comme la foudre au son terrible, en fait un horrible carnage, une proie continuelle; de ses lèvres ensanglantées, rougit au loin l'onde amère et tire une affreuse vengeance des maux qu'il a soufferts. Les chasseurs racontent que, dans les bois les thos féroces réunis font éprouver le même sort au cerf; ils se jettent sur lui, emportent au moyen de leurs morsures quelques parties de ses muscles et s'abreuvent du sang encore chaud de ses fraîches blessures. Sanglant, rugissant de douleur, le corps tout couvert de plaies, il cherche un refuge sur le sommet des montagnes voisines; les thos ne le quittent point, le suivent de près, avides de sa chair, le déchirent vivant et mettent en pièces sa peau avant qu'il ait exhalé le dernier soupir.

Mais les thos cruels ne portent point la peine réciproque de leur férocité; ils insultent encore aux cerfs qui sont tombés leurs victimes après en avoir fait un triste et déplorable repas. Les amies belliqueuses au contraire sont aussitôt et bien cruellement punies de leur aveugle audace.

Qui ne serait saisi d'admiration en entendant rapporter ce fait merveilleux des dauphins? Lorsqu'ils sont attaqués d'une maladie grave et mortelle, ils ont le sentiment de leur état, ils connaissent que leur fin est prochaine. Quittant alors les immenses profondeurs des mers et des vastes bassins, ils se portent sur les bancs des rivages; ils y meurent dans l'espoir ou que quelqu'un des mortels qui les verra ainsi gisans devant lui par respect pour le coursier sacré de Neptune, les ensevelira sur cette rive, en mémoire de leur tendre attachement pour la race humaine, ou bien que la mer dans ses tumultueux balancemens les enveloppera elle-même dans les sables. Ils ne veulent point qu'un de ses rois soit aperçu mort par les autres habitans des eaux, et qu'après leur trépas quelque ennemi outrage leur dépouille. La fierté, la vertu n'abandonnent donc point l'être qui meurt; à sa dernière heure encore, il ne dégrade point sa dignité.

On assure que le kestre est de tous les poissons celui dont les mœurs sont les plus douces et les plus innocentes. Il est le seul qui ne soit pas méchant, qui ne fasse point de mal à ceux de son espèce ou à ceux d'une espèce différente, qui ne se nourrisse point de chair morte ou vivante; race heureuse qui vit sans nuire à aucune autre, sans se souiller de sang, sans soin et sans crime! La verte mnie[1] des mers ou la vase sont ses alimens. Les kestres promènent aussi leurs bouches sur le corps les uns des autres en se léchant. C'est par ces motifs que les autres poissons les honorent et les révèrent; aucun n'offense leurs petits nouveaunés comme ils attaquent ceux des autres espèces, ni ne porte sur eux une dent cruelle. Ainsi la vertu obtient partout la récompense qui lui est due; elle reçoit partout un juste tribut d'honneurs! Tous les autres habitans des eaux cherchent à se détruire mutuellement; aussi ne les voit-on jamais s'abandonner au doux sommeil. Leurs yeux, le principe de leurs facultés intellectuelles veillent toujours et sont sans cesse en activité; ils ont toujours ou la crainte que quelque poisson plus fort ne tombe sur eux ou le désir de fondre sur un plus faible. Les pêcheurs disent que le seul scare à chair molle n'a jamais été pris dans les filets pendant la nuit; ils croient qu'il passe ce temps à dormir dans le creux de quelque retraite. Toutefois doit-on être si étonné que la Justice habite loin des mers? Cette déesse, la plus ancienne de toutes, n'a pas toujours eu un temple chez les mortels. Le tumulte, le désordre, Mars, ce dieu féroce, fléau du genre humain; la discorde, principe de tous les maux, qui fomente l'odieuse guerre, source de tant de larmes, ont longtemps exercé leur dévorante tyrannie sur les malheureux humains. Ils n'avaient pas construit des villes qui missent une barrière entre eux et les bêtes sauvages. Plus cruels que les lions, ils souillaient du sang de leurs semblables et de la noire fumée de Vulcain leurs tours, leurs maisons et les autels odorans des dieux. Enfin le fils de Cronus[1] eut pitié de leur race qui se détruisait ainsi elle-même. Enfans d'Énée[2], il vous fit aborder sur cette terre et vous en remit l'empire. Vos premiers rois virent cependant l'Ausonie livrée encore aux fureurs de la guerre; il fallut combattre et les Celtes et les fiers Ibères, et les guerriers de la vaste Lybie, ceux du Rhin, de l'Ister, de l'Euphrate..... Mais pourquoi rappeler ces prodiges de vos armes? Aujourd'hui, ô fille d'Astrée! toi qui fais fleurir les états, je vois que, descendue parmi les hommes et devenue leur amie, tu es assise sur ce trône éclatant d'où l'auguste An-

---

[1] C'est une plante et un genre de la famille des mousses.

[1] *Cronos*, signifie le *Temps*. C'est le même que Saturne, père de Jupiter.
[2] Il n'est sans doute aucun de mes lecteurs assez étranger à l'histoire ancienne et au beau poëme de Virgile pour ignorer qu'après la prise de Troie, Énée conduisit dans l'Ausonie (aujourd'hui l'Italie) un assez grand nombre de Troyens qui s'y établirent; on sait aussi que les Romains s'honoraient singulièrement de cette origine.

tonin et son illustre fils dispensent des lois à la terre, et qu'enfin par eux la suprême puissance[1] est arrivée pour notre bonheur à un heureux port. Grand Jupiter et vous chœurs d'immortels, cour brillante des dieux, conservez-nous ces princes! Si la vertu obtient de vous quelque faveur, fixez sur eux votre appui durant une longue, une nombreuse suite d'années et versez sur leur règne un bonheur sans mélange!

CHANT TROISIÈME.

Accordez maintenant quelque attention, ô mes souverains! à ce que je vais dire de l'art varié de la pêche, de ses pratiques ingénieuses, des luttes pénibles des pêcheurs et de leurs lois dans leurs travaux. Mes chants ne seront pas pour vous sans intérêt; la mer, ses divers habitans font partie de votre empire; tout ce qui émane de la main des hommes se réfléchit vers vous. Les dieux m'ont fait naître en Cilicie dans la ville de Mercure pour être votre poëte, pour vous offrir quelque agrément dans mes vers. Et toi, le plus puissant des fils de Jupiter, divinité de Corycie, inspire-moi! chante avec moi cet art qui promet un si grand avantage aux mortels; dieu de ces contrées, tu as toi-même suggéré aux plus habiles pêcheurs tout ce qu'ils mettent en œuvre pour leurs pêches; tu leur en as montré le véritable objet en leur enseignant les divers moyens de donner la mort aux habitans des ondes. Ces secrets des eaux, tu les appris à notre Pan, ton fils, qu'on assure avoir été le défenseur de ton père et le meurtrier de Typhon. Cet horrible géant, séduit par l'attrait d'un superbe repas de poissons, dont Pan trompa son avidité, sortit du fond de sa vaste caverne et se montra sur le bord des mers; il y fut écrasé sous les traits brûlans, sous les coups pressés de la foudre. Embrasé par une pluie de feu, ses cent têtes mises en pièces furent dispersées en éclats de tous côtés. Les extrémités même des rives où viennent expirer les flots et que jaunit leur écume, furent rougies du sang de cet illustre rebelle. Dieu des salutaires conseils, ô Mercure! c'est toi surtout que les pêcheurs cherchent à se rendre propice; je l'invoque donc, ainsi que tous les dieux qui président aux heureuses pêches; elles vont être le sujet de mes chants.

Que le corps, que les membres du pêcheur soient tout à la fois dégagés et robustes, ni trop musculeux, ni trop peu charnus; la nécessité l'oblige souvent à lutter de toutes ses forces contre les plus forts poissons qu'il veut entraîner, qui en opposent eux-mêmes de terribles, tant qu'ils se roulent et s'agitent dans le sein de leur élément naturel. Qu'il soit prompt à s'élancer de dessus un rocher ou sur un rocher. Le temps des travaux des mers arrive-t-il, il faut qu'il fasse agilement à la nage un long trajet, qu'il se précipite lestement au fond des eaux, qu'il y reste plongé, en se livrant, comme sur la terre, aux fatigues et aux combats dans lesquels se consument les marins les plus intrépides sous la masse des flots. Que le pêcheur soit doué d'un génie fécond en stratagèmes divers pour rendre vains ceux auxquels les poissons ont recours lorsqu'ils se voient engagés dans des pièges sans issue. Qu'il soit surtout inaccessible à la crainte, audacieux, mais avec prudence et ennemi d'un trop long sommeil. Que son esprit, que ses yeux toujours vigilans, toujours ouverts, soient dans une continuelle activité. Qu'il sache braver les rigueurs de la froide saison et les feux du brûlant Syrius; qu'il ait de l'ardeur pour le travail et qu'il aime la mer. Il obtiendra de riches, d'abondantes pêches et l'heureuse bienveillance de Mercure.

Le moment où Phébus se plonge dans l'onde, celui où l'Aurore sort des bras de son vieil époux, sont les plus favorables pour les pêches qui se font vers l'été et l'automne. Celles d'hiver réussissent mieux lorsque le soleil, au haut de sa carrière, lance tous ses feux. Toute heure du jour est également propice pour celles de l'aimable printemps lorsque Lucine et Vénus entraînent les poissons vers la terre par le double attrait de leur ponte ou de leurs amours. Qu'on soit surtout attentif à la présence des vents doux et amis, dont l'innocente haleine ride et balance mollement la masse paisible des mers; les poissons craignent, détestent ceux qui sont impétueux, et se gardent lorsqu'ils soufflent, de se jouer à sa surface. C'est dans le calme des airs que la pêche obtient un plein succès. La marche des habitans des eaux est toujours en sens contraire de celle des vents et des ondes; ils se portent par là plus facilement

---

[1] Voyez sur cette phrase la dernière remarque du second chant.

sur les rivages, sans avoir à gémir des chocs auxquels les expose la violence d'une trop forte impulsion sur leur dos. Le pêcheur, déployant au loin ses filets, les lancera utilement vers Borée lorsque l'humide Auster se fait sentir; vers la mer australe si c'est Borée qui règne. Est-ce l'Eurus qui domine? Qu'il les dirige vers le domaine de Zéphire. Enfin, que celui-ci pousse sa nacelle vers l'Eurus; d'innombrables poissons viendront ainsi en foule vers lui, et ses filets prêts à se rompre lui donneront une pêche complète.

Les pêcheurs distinguent quatre espèces différentes de pêches. Les uns se plaisent à faire usage des *hameçons* (ou *haims*); ils en font la guerre aux poissons en adaptant à l'extrémité de longs roseaux soit des crins de cheval artistement tressés, soit des fils d'un lin que leurs doigts ont tissu. D'autres préfèrent se servir de *cathèthes* ou de cordons armés d'un grand nombre d'haims. Ceux-ci emploient plus volontiers des *dictues* (ou grands filets) qui portent le nom les uns d'*amphiblestres*, les autres de *gryphées*, d'autres de *gangames*, d'autres d'*hypoches* circulaires, d'autres enfin de *sagènes* (ou seines); on connaît encore les *calumnes* (ou voiles), les *pèzes* et les *sphairones*, dont on se sert en même temps que des *sagènes*; enfin l'oblique et tortueux *panagre* et mille autres du même genre, de ruses et de formes diverses. Ceux-là trouvent plus commodes les *curtes* (ou nasses), qui comblent les vœux du pêcheur pendant son sommeil: ainsi une proie abondante est le prix d'un léger sommeil; il en est enfin qui, des bords du rivage ou de dessus leur nacelle, à leur choix, percent et enlèvent les poissons avec des tridens à pointes aiguës. Quant à la proportion et à l'ordonnance de chacun de ces instrumens, ceux qui les emploient en sont suffisamment instruits.

Les poissons ne cherchent pas seulement à se surprendre les uns les autres par les fraudes et les combinaisons les plus adroites, les mieux concertées; ils parviennent souvent à se jouer des pêcheurs. Déjà même embarrassés dans les piéges, ils se dégagent des hameçons et des flancs des panagres: leur instinct trompe, met en défaut le génie de l'homme et devient pour lui un sujet d'amertume.

Le kestre engagé dans les replis des rets ne tarde pas à s'apercevoir qu'il est détenu dans une enceinte étroite, il s'élance vers la partie supérieure des ondes, avide d'atteindre à leur surface; il bondit et s'élève verticalement d'un saut léger et impétueux, autant que ses forces le lui permettent. Son ingénieuse activité ne trahit pas toujours son attente; souvent il doit à ses efforts de franchir les dernières attaches des liéges et d'échapper à la mort. Mais si, malheureux dans son premier élan, il retombe dans le filet, tout entier à la douleur, il ne s'emporte ni ne s'élance plus; instruit par l'expérience, il réprime un transport inutile. Ainsi lorsqu'un homme en proie aux tourmens d'une maladie féconde en maux divers voit déjà la parque cruelle prête à trancher ses jours, pressé d'abord par l'espoir et le désir de conserver sa vie, il se livre avec une aveugle docilité aux enfans d'Esculape et suit avec ardeur toutes leurs ordonnances. Sentant bientôt que son destin fatal l'entraîne et triomphe, il cesse de prendre aucun soin de lui-même et reste étendu, en abandonnant au trépas ses membres accablés: ainsi le kestre, qui connaît le sort fâcheux qui doit être son partage, demeure immobile à la place même où il est tombé, en attendant qu'il plaise au pêcheur de disposer de lui.

La sphyrène prise dans les filets s'agite dans leurs vastes flancs, en interroge, en essaie toutes les mailles, et, se précipitant à travers, glisse et s'échappe, à la manière des serpens, par l'effet de l'heureuse viscosité de son corps.

Le labrax, creusant de ses nageoires dans le sable un trou capable de le contenir, s'y établit comme dans un gîte. Cependant les pêcheurs rasent de leurs dictues le fond des rivages. Perdu alors dans la vase, il s'échappe et se soustrait avec joie à l'instrument fatal. Le mormyle emploie ce stratagème lorsqu'il s'aperçoit qu'il est l'objet de la pêche; il s'enfonce aussi dans la terre. Le labrax se sent-il percé du dard crochu de l'hameçon, il frappe fortement la ligne de sa tête, qu'il meut par sauts et avec effort jusqu'à ce que sa plaie s'étant agrandie, il se dégage du fer acéré.

Le grand orcynus en use à peu près de même. Sitôt que la pointe aiguë des crochets s'est implantée dans sa bouche, il se précipite et s'étend dans l'abîme le plus reculé des eaux en faisant violence à la main du pêcheur; arrivé au fond sur le ferme, il y presse sa tête, rompt sa blessure et se débarrasse des hameçons. Lorsque des poissons de plus grande masse sont pris aux cathètes, comme les bœufs, ou les probates, ou la bâtis, ou le paresseux onos, ils ne se laissent point enlever; projetant leur large corps sur le sable, ils se ramassent sur eux-mêmes, luttent de tout leur poids, de toutes leurs forces et font gémir les pêcheurs dans de rudes fatigues; souvent même dans leur chute ils s'échappent débarrassés des haims. Les véloces amies, les renards ont-ils mordu aux appâts, ils se hâtent de se porter en avant et de rompre de leurs dents robustes ou le milieu des lignes ou les extrémités des crins : aussi ceux qui leur font la guerre adaptent-ils à leurs hameçons un prolongement de plomb creux qui rend inutile tout effort de leurs dents.

La torpille, malgré le tourment que lui cause sa blessure, conserve encore son génie et sa puissance. Bien qu'accablée de douleurs, elle serre ses flancs contre les crins de la ligne; dans l'instant le trait invincible qu'elle lance passe de l'un à l'autre et imprime sur le bras de celui qui pêche un coup, une torpeur qui porte le nom même du poisson. Souvent la ligne, tous les objets qu'il tient en réserve pour la pêche échappent de sa main, tant elle est subitement et fortement glacée.

La sépie emploie un artifice du même genre. Dans un sac inhérent à son corps est une liqueur noirâtre, d'une couleur plus foncée que celle de la poix liquide (une encre), poison obscur qui se forme sans cesse en elle pour lui servir de défense. Est-elle frappée de quelque danger, aussitôt ce ténébreux fluide jaillit de son corps, la mer en est souillée au loin autour d'elle, toutes les avenues en sont obscurcies, l'œil ne peut plus distinguer aucun objet. A la faveur de ce trouble des eaux, elle se dérobe facilement à la poursuite des pêcheurs et même des plus forts poissons. Les theutis[1], ces nageurs volans, mettent en œuvre le même art : leur encre n'est pas noire, mais rougeâtre; ils en font toutefois le même usage.

Tels sont les stratagèmes de ces animaux, qui ne peuvent les soustraire au génie actif et vainqueur de l'homme; il en fait aisément sa proie lorsqu'ils sillonnent la haute mer, car ils n'ont que des moyens très-bornés. Certains, errant sur les ondes, se laissent entraîner par les bulbes de quelques plantes ou même par des hameçons sans appât. Ceux qui vivent dans le voisinage de la mer, cet immense bassin des eaux, ont un instinct moins obtus. Cependant les moins considérables sont attirés par les carides, de moindre prix encore. Les theutis se prennent à des morceaux d'étoffe, à des cancres. Les petits de ces crustacés, de la chair même salée, les lombrics des rochers, tout ce qui se trouve à portée sous la forme d'êtres vivans peut indifféremment servir d'amorce. Les moindres de ces derniers doivent seulement être offerts aux plus grands; également avides de nourriture, ils courent tous à leur ruine : une faim dévorante aiguillonne sans cesse leurs races nombreuses. Le coracin (ou corbeau) attire le thon, et la grasse caride le labrax. Les chaunes sont un appât pour les phagres, les bœufs pour les synodontes, les iulis pour les hippures. Le trigle fait tomber l'orphe dans le piège, la perche[1] a de l'attrait pour la scienne, le chrysophrys ne résiste point à la vue des mainis, la terrible murène se précipite sur les poulpes. Parmi ceux d'une certaine grosseur, le callichte brûle de dévorer le thon; l'onisque (ou l'aselle) est recherché de l'orcynus. Vous aurez dans le labrax une arme puissante contre l'anthias; présentez l'hippure au xiphias et le kestre au glaucus. Armez-vous d'une espèce contre une autre espèce, et toujours d'une plus petite contre une qui le soit moins; elles sont toutes l'une à l'autre un appât sûr et chéri : leur voracité les conduit, les livre toutes tour à tour à la mort. Rien n'est donc plus funeste pour les mortels qu'un appétit impérieux, qu'un ventre importun, lorsqu'ils règnent sur eux en maîtres cruels et sont partout à leur suite en tyrans fâcheux et exigeans qui ne laissent aucun relâche à leur insatiable avidité. Ils ont fait chanceler la raison d'un grand nombre et les ont poussés à leur perte et à leur déshonneur : odieuse passion qui domine les bêtes féroces, les reptiles, les habitans des airs; elle exerce une puissance encore plus grande sur les poissons; elle

---

[1] Les calmars, ainsi nommés parce qu'ils portent une encre, et une partie au dos qu'on a comparée à une plume. Rangés par M. de Lamarck dans la classe des mollusques et dans la section des *céphalopodes nus*, ayant pour caractère un corps charnu, allongé, contenu dans un sac ailé intérieurement, et renfermant vers le dos une coquille allongée en forme de plume. Dix bras couronnent la tête, huit plus courts que les deux autres, ornés de ventouses, excepté les bras pédunculés, qui n'ont de ventouses qu'à l'extrémité, tandis que les autres en ont sur toute leur longueur. Le mot calmar veut dire *écritoire*, l'animal ayant de l'encre, une plume, etc.

[1] La perche, en grec *perké*, tire son nom du mot *perkos*, qui veut dire tacheté. On remarque en effet sur ce poisson un grand nombre de taches. Cette étymologie paraît avoir échappé à nos ictyologistes modernes.

est presque toujours la cause de leur trépas.

Écoutez d'abord avec quelle adresse la pêche des anthias est conduite dans mon heureuse patrie, vers le promontoire de Sarpedon, et par ceux qui habitent soit la ville de Mercure, Corycie, célèbre par ses vaisseaux, soit l'île d'Éleusa. Un homme intelligent remarque dans les parties qui avoisinent la terre ces roches excavées et sillonnées de trous nombreux qui servent de retraite à ces poissons. En frappant l'onde de ses rames pour faire avancer sa nacelle, il en bat les flancs, qui résonnent sous ses coups : ce bruit a des charmes pour les anthias. Déjà l'un d'eux s'élance au sein des eaux pour contempler la barque et son pilote : ce dernier jette à l'instant vers lui des perches ou des coracins qu'il tenait en réserve, et fait le premier à son hôte les présens de sa bienvenue. L'anthias s'en saisit tout joyeux, savoure ce mets si doux et balance mollement sa queue en signe de reconnaissance envers le pêcheur. Ainsi lorsqu'un homme marquant par des ouvrages d'art ou d'esprit arrive dans la maison d'un hôte hospitalier, il en est reçu avec toutes les démonstrations de la joie; les présens, les festins, tous les témoignages de bienveillance sont prodigués, comme autant de preuves d'affection; heureux l'un de l'autre, ils se livrent à table et dans des libations réciproques aux délices d'un doux commerce; de même, tandis que le poisson goûte le bonheur d'un repas inattendu, le pêcheur sourit enivré d'espérance. Il continue pendant une longue suite de jours, sans cesse ni relâche, d'envoyer vers les roches de nombreux fragmens de nourriture. Les anthias se rassemblent aussitôt autour de lui, comme à la voix d'un chef. Toujours il offre à plusieurs et aux plus empressés une proie à ravir. Toutes leurs retraites, tout autre séjour s'effacent de leur mémoire : ils restent établis dans celui-ci comme des troupeaux dans leurs étables pendant la rigoureuse saison d'hiver, sans aucun désir de se répandre au dehors. Dès qu'ils voient la nacelle nourricière se détacher du rivage et s'avancer accélérée par la rame propice, élancés, transportés, ils s'agitent dans tous les sens à la surface des eaux et viennent, en se jouant avec un grâce tout à fait aimable, au-devant de leur nourrice. Ainsi lorsque l'oiseau du printemps (l'hirondelle), messager des douces haleines, apporte la pâture à ses petits nouveau-nés et nus, ceux-ci, frétillant et piolant de joie, s'élancent du fond de leurs nids autour de leur mère, le bec largement ouvert, avides de saisir ce qu'elle leur destine; en même temps la maison qui leur sert d'asile retentit des cris intéressans de ces jeunes oiseaux : ainsi les anthias, à l'approche du mortel qui leur prodigue une si grande abondance d'alimens, se portent en délire à sa rencontre et forment autour de lui comme un cercle et un chœur de danse. Des vivres qu'il leur envoie sans mesure, une main amie qu'il leur tend toujours chargée de ses dons, les rendent envers lui confians et familiers. Dociles à ses ordres comme à ceux d'un souverain, ils se jettent sur-le-champ partout où le moindre de ses gestes leur en donne le signal. Soit que son bras se tourne vers le devant de la nacelle, soit qu'il se dirige vers la partie opposée ou du côté de la terre, ils se précipitent tels que des enfans qui, dans les divers exercices du gymnase, vont çà et là partout où leur maître l'ordonne. Le terme de tant de soins arrive enfin : c'est le tour de ceux de la pêche. L'extrémité du fil de la ligne roulé autour de sa main, déjà le pêcheur l'arme du terrible et rapide hameçon; il écarte et disperse à la fois d'un signe toute la bande des anthias; il prend une pierre et la jette dans l'onde; ils y courent, croyant poursuivre quelque aliment. Parmi ces poissons il en est un dont il a fait choix, qu'il a laissé à l'écart; infortuné! qui n'a plus qu'un dernier repas à faire. C'est à lui qu'il présente au-dessus des eaux l'appât fatal; l'anthias y mord sans délai; lui, plein d'ardeur, le tire de ses deux mains, cherchant à l'enlever furtivement et avec célérité, sans être aperçu des autres, car s'ils voient ou s'ils entendent qu'un de leurs compagnons est entraîné par suite d'une frauduleuse nourriture, elle n'aura plus aucun attrait pour les ramener : ils s'éloigneront en maudissant ces dons traîtres, ce lieu funeste. Que le pêcheur soit donc robuste et enlève le poisson d'un bras vigoureux, ou qu'un second se joigne à lui pour l'aider dans ce travail. S'ils ne s'aperçoivent point qu'on use de fraude à leur égard, déjà gras des mets dont ils se sont nourris, ils continueront de le devenir de plus en plus. On en fera ainsi quand on voudra une pêche riche et conforme à ses désirs.

D'autres, fiers de leur force et de la vigueur de leurs membres, engagent avec les anthias un combat, une lutte terrible, sans emprunter le secours des alimens ou d'une feinte amitié. Ils les attaquent des pointes aiguës de leurs haims et les combattent avec la plus active intrépidité. Le fer ou le dur airain est la matière de leurs hameçons. Un double crochet est attaché à une longue corde de lin tordu. Ils disposent tout autour un labrax vivant, lorsqu'il en est à leur portée; s'ils n'ont pu l'obtenir que mort, ils attachent au-dessous de sa bouche un plomb auquel ils donnent le nom de *dauphin*[1]. Chargé de ce poids, il meut et porte sa tête en bas, tel qu'un poisson plein de vie. Les câbles de la nacelle sont longs et forts: dès que les anthias en entendent le bruit, ils s'élancent de la mer. Cependant le soin de la rame est remis en d'autres mains. Le pêcheur, du haut de la poupe, jette dans l'onde l'instrument redoutable, en le ramenant un peu vers lui: les anthias se mettent aussitôt à suivre la nacelle qui vogue et s'éloigne. Trompés par la ressemblance du poisson, ils se pressent à l'envi les uns des autres et se disputent cette proie; on croirait voir un homme qui court de toutes ses forces, mis en fuite par un ennemi. Ils sont tous ambitieux de faire cette belle conquête: le pêcheur l'avance du plus beau qu'il a pu remarquer; celui-ci, saisissant avec avidité ce don funeste, se retire en même temps en arrière. Il faut voir alors la force, l'ardeur réciproque de deux combattans, du pêcheur et du poisson qu'il veut arracher des eaux; les bras nerveux de l'un, son front, ses épaules, son cou, les muscles de ses jambes tumescens et tendus par la véhémence de ses efforts; l'autre, le poisson, brisé par la douleur, furieux, tirant avec rage le bras qui le tire, brûlant de l'entraîner dans l'abîme. Le premier crie à ses aides de ne point ménager les rames; pendant que la nacelle s'avance, il est précipité de nouveau du haut de la poupe par l'impétuosité du poisson. On entend frémir la corde de la ligne, sa main est sciée et sanglante; toutefois il reste ferme et opiniâtre dans ce combat pénible. Ainsi que deux hommes robustes qui font assaut de leurs forces et qui, s'étant engagés l'un l'autre dans des liens, cherchent à le rompre par les élans vigoureux de leur dos, en proie longtemps tous les deux à des fatigues égales, ils tirent et sont tirés avec une égale énergie; ainsi le pêcheur et le poisson luttent avec le même avantage, celui-ci pour s'échapper, celui-là pour entraîner l'autre. Cependant ses compagnons n'abandonnent point l'anthias dans ce moment de détresse; ils viennent aider à sa défense, ils se jettent et s'appliquent tous ensemble sur lui; insensés! qui ne voient pas qu'ils l'accablent de leur masse. Souvent ils se portent sur la corde de la ligne, dans l'espoir de la rompre de leurs morsures; vains projets: leur bouche mal armée est impuissante. Succombant enfin à la fatigue et au tourment de sa blessure, frappé de nombreux coups de rames, il cède et se laisse enlever par l'ardent pêcheur, qui, pour peu qu'il se fût donné de relâche, n'aurait pu y parvenir, tant la puissance des anthias est grande et terrible. Souvent il tranche la corde de l'aiguillon aigu de son dos et s'enfuit des mains du pêcheur, qui restent vides. Le callichte, la race des orcynus, tous les poissons d'une grande taille, opposent la même résistance, qui est vaincue par les même moyens.

Il en est d'autres qui se laissent prendre aussi par l'appât trompeur des alimens: le canthare est le premier qui se présente; il se plaît parmi les rochers et les pierres. Le pêcheur se pourvoira d'une nasse arrondie et aussi grande qu'il pourra se la procurer, en entrelaçant à quelques bâtons de faibles rameaux ou des spartium d'Ibérie[1]. L'entrée en sera étroite et la panse vaste. Dans le milieu seront placés pour amorce une poulpe ou un crabe grillés au feu; leur fumet entraînera les canthares dans l'intérieur. Ce piége ainsi conçu et disposé sera établi au sein des eaux, sur le penchant d'un rocher. Bientôt l'odeur attire le poisson; il y entre d'abord avec méfiance et se reporte au dehors sitôt qu'il a saisi la nourriture: le pêcheur aura soin d'en placer une nouvelle et de tenir son filet toujours garni; leur fatale avidité ne tarde pas à y conduire les canthares; ils s'y rendent comme des convives qui s'amènent les uns les autres. Sans crainte maintenant et réunis en troupe dans la nasse, ils y restent toute la journée; ils y sont comme dans une

---

[1] A cause de sa forme, qui sans doute ressemble à celle d'un dauphin, comme le dit Vitruve, au sujet du plomb dont on faisait usage dans l'architecture sous le nom de dauphin.

[1] C'est une plante de la famille des légumineuses fort commune en Espagne, dont il est beaucoup parlé dans les auteurs anciens. Les Espagnols en font des cordes et surtout des tapis très-propres et très-commodes. Il serait extrêmement utile de propager cette plante dans les pays méridionaux de la France pour l'employer au même usage. Je la recommande dans ce sens aux botanistes cultivateurs. J'en ai rapporté d'Espagne une assez grande quantité de graines, dans l'espoir de la naturaliser dans mes propriétés.

nouvelle demeure, qui deviendra pour eux une bien triste retraite. Ainsi, lorsque dans la maison d'un jeune homme privé de l'auteur de ses jours se rassemblent, invités ou sans l'être, d'autres jeunes gens qui n'ont pas trop la réserve en partage, qui, s'emportant au contraire à tous les désordres d'une jeunesse sans frein, sont toute la journée à dissiper son héritage, qu'aucun chef ne gouverne; ainsi les canthares, amoncelés dans la nasse, ne sont pas loin de leur ruine. Lorsqu'ils sont en assez grand nombre et devenus assez gras, le pêcheur clôt la nasse de son couvercle et l'arrête avec de forts liens, il les retire ensuite, glacés de crainte dans leur prison et prêts à s'endormir du sommeil de la mort. Voyant alors trop tard le sort qui les attend, ils palpitent avec plus de fréquence et cherchent à s'échapper ; fol espoir : la nasse n'est plus pour eux un asile propice et ami.

Faites avec l'osier d'automne des nasses contre l'adonis[1] ; fixez-les dans le fond des eaux en les assujettissant par l'aplomb d'une pierre qu'on aura percée pour l'y attacher ; que des liéges y soient suspendus et en marquent la place sur les ondes. Mettez au dedans quatre humides cailloux des rivages : leur onctuosité y attirera la blanche écume des mers, qui a tant d'attraits pour les espèces viles et voraces des petits poissons; elle les rassemblera bientôt en grand nombre dans les nasses; ils s'établiront dans leurs sinuosités. Les adonis voyant leur affluence les y poursuivront précipitamment, avides d'en faire leur proie ; ils ne pourront toutefois les saisir : la petitesse de ces derniers leur permettra de glisser à travers les mailles ; quant à eux, quelque désir qu'ils aient d'en sortir, toute issue leur est fermée ; se faisant obstacle les uns aux autres, ils y trouveront tous la mort. De même lorsqu'un chasseur des montagnes a disposé dans la forêt un piège contre les bêtes féroces et lié dans son enceinte un chien dont un nœud cruel serre étroitement les parties les plus sensibles[2], auquel il fait pousser des cris de douleur qui, se propageant au loin, font retentir tout le bois;

la panthère, à ce bruit qui éveille sa faim, s'élance pour en connaître la direction, arrive à la hâte et se précipite vers le leurre. Le chien subitement enlevé par quelque secret ressort est à l'abri de sa dent terrible, tandis qu'elle roule culbutée dans la fosse; uniquement occupée des moyens de fuir, elle ne songe plus à sa proie; il ne lui est plus possible d'échapper. Telle est l'affreuse situation des adonis, au lieu d'alimens, ils ne rencontrent que leur perte et l'inévitable trépas.

Quelqu'un pense-t-il à la pêche d'automne des thrisses et des chalchis ; en veut-il à la belle race des trachures, que ses nasses de spartium soient fortement tissues ; qu'il fasse griller des orobes[1] et les trempe dans un vin odorant ; qu'il en mette aussi une certaine quantité dans ses nasses ; il y mêlera quelques larmes de cette princesse d'Assyrie, fille de Théante, qu'on assure avoir conçu pour son père une affreuse passion, et malgré Vénus irritée, avoir consommé cet exécrable inceste. Depuis que les dieux la changèrent en une plante de son nom, versant d'intarissables pleurs, elle gémit et déplore les horribles faveurs auxquelles son crime força l'amour. Mêlant donc à ces orobes quelqu'une de ces gouttes divines, il enverra sa nasse dans les eaux ; l'odeur délicieuse qui s'en répandra dans l'instant sur les ondes servira comme de rappel aux cohortes éparses de ces poissons; son charme enivrant les entraînera dans les nasses, qui en seront ainsi remplies et combleront les vœux du pêcheur.

Les humides fucus ont toujours pour la saupe un irrésistible attrait ; on les emploie aussi pour en faire la pêche. Celui qui l'entreprend dirige, durant plusieurs jours, sa navigation vers la même partie des mers. Il jette sans cesse dans les flots de petites pierres qu'il a enveloppées de verts fucus. A peine la cinquième aurore brillera dans les cieux, les saupes seront réunies dans le lieu de ces algues pour en faire leur nourriture : c'est alors le moment pour le pêcheur de disposer sa nasse. Il place au dedans des pierres recouvertes de fucus ; il garnit l'entrée de plantes marines, de celles qu'il sait être agréables aux saupes ou aux autres poissons phytophages ; elles arrivent bientôt et dévorent ces plantes ; elles se

---

[1] Le grec dit *ad môsin*; je crois qu'il faut lire *adonisi* : le *n* qui termine le mot *ad môsin* est évidemment superflu, puisque celui qui suit commence par une consonne. Il est évident qu'avec le même nombre de traits, on peut écrire le mot *adonisi*. C'est une erreur des éditeurs, d'autant plus facile à reconnaître que le mot *ad môsin* ou son nominatif n'est celui d'aucun poisson connu ni cité par aucun autre auteur.

[2] Le grec dit *apo médéa*.

[1] L'orobe, plante de la famille des légumineuses, l'*ers*.

portent ensuite dans l'intérieur de la nasse. Le pêcheur, l'enlevant alors promptement, vogue avec célérité; il poursuit son travail dans le plus profond silence, les rameurs sans ouvrir la bouche, les rames sans faire aucun bruit, car le calme et le silence sont favorables à toute espèce de pêche et surtout à celle des saupes, qui sont d'un naturel craintif et facile à s'effrayer : la crainte ruine l'espérance du pêcheur.

Il n'est pas de poisson qui s'accommode de plus vils alimens que le trigle : tout lui est bon, jusqu'à la moindre ordure. Il recherche singulièrement tout ce qui est d'odeur fétide : le mets qui flatte le plus son goût est le cadavre d'un homme en putréfaction, lorsque la mer gémissante lui en offre quelqu'un ; aussi les appâts qui se distinguent par la plus repoussante puanteur l'attirent-ils plus aisément. Des mœurs qui ont de l'analogie, des appétits également immondes, rapprochent le cochon et le trigle, et tous deux occupent le premier rang, l'un parmi les habitans des eaux, l'autre parmi les animaux terrestres.

Vous ne prendrez point le mélanure avec vos filets, vous ne l'attirerez point facilement dans vos nasses ; c'est de tous les poissons celui qui a le moins d'énergie et d'intelligence; sa chair n'est ni délicate, ni d'un bon goût. Tant que la mer est calme, il repose sur son fond et ne s'élève jamais à la surface; mais lorsqu'elle s'enfle agitée par les vents impétueux, les seuls mélanures en sillonnent les vagues courroucées sans redouter ni l'homme ni d'autres poissons. Ceux-ci frappés d'effroi se réfugient dans les dernières profondeurs des eaux. Les mélanures se répandent sur les rives retentissantes, circulent autour des rochers, dans l'espoir que l'agitation des flots y aura conduit quelque aliment. Insensés! ils ne savent pas combien les mortels l'emportent sur eux par les ressources de leur esprit et qu'ils tombent dans leurs mains, quelque effort qu'ils fassent pour se dérober à eux. Lorsque l'empire d'Amphitrite bouillonne, soulevé par les tempêtes d'hiver, le pêcheur se place sur le penchant d'une roche que l'onde environne, dans le lieu où le bruit qu'elle fait contre ses flancs est le plus fort; il sème dans les parties où elle vient se briser des fragmens de pain et de fromage pétris ensemble : les mélanures, pleins de joie, s'élancent, empressés de s'en saisir. Lorsqu'il les voit s'y précipiter en foule il relève son corps incliné pour que son ombre ne tombe point sur les eaux et n'effraie point les poissons ; ses mains sont armées d'un léger roseau : une corde grêle d'un léger crin lui est inhérente et sert d'attache à de nombreux petits hameçons ; il y accroche pour appât le même mets qu'il jetait naguère dans les mers, il le lance dans leur sein troublé et tourmenté : les mélanures y fondent aussitôt, et y trouvent la mort. Le pêcheur, de son côté, n'a plus un instant de repos; il faut que son bras enlève fréquemment la ligne, quoique souvent sans aucune proie : il ne saurait reconnaître, au milieu du déchirement des ondes, si ce sont elles qui l'entraînent ou si c'est quelque poisson. Dès que l'un d'eux a mordu aux haims, le pêcheur se presse de le tirer avant que les autres mélanures s'aperçoivent de la fraude et que la crainte leur fasse prendre la fuite. Telle est la pêche dont son adresse vient à bout dans les temps rigoureux de l'hiver.

Quoique le kestre ne soit pas vorace, on le trompe en lui présentant des hameçons enlacés dans des appâts d'un mélange de pain et de la matière solide du lait, dans lequel on aura fondu la menthe odorante, qu'on dit être une jeune nymphe, fille du Cocyte. Longtemps Pluton l'honora de sa couche; mais lorsque le dieu des enfers eut ravi sur le mont Etna la fille unique de Cérès, cette mère irritée des fureurs téméraires, des emportemens jaloux de la fière Menthe, la foula impitoyablement aux pieds. Cette nymphe superbe osait prétendre qu'elle l'emportait par sa naissance, par sa beauté, sur Proserpine aux beaux yeux noirs; elle ne craignit point de publier que Pluton lui rendrait son cœur et renverrait sa rivale. Quel prix terrible de tant d'orgueil et de jactance! Changée en menthe[1], elle s'élance de terre, humble plante de son nom. Les pêcheurs la mêlent donc dans leurs appâts : le kestre, lorsque l'odeur en est parvenue jusqu'à lui, ne tarde pas à s'approcher; il reste d'abord à une certaine distance de l'hameçon et le considère d'un œil oblique et en dessous ; semblable à un homme qui, arrivant à la naissance de trois chemins, reste en suspens et pensif : un secret mouvement l'entraîne tantôt à se porter vers

---

[1] Tout le monde connaît la menthe. C'est un genre de plante à nombreuses espèces de celles qui composent la famille des labiées, rangée par Linné dans la classe de la didynamie gymnospermie.

celui qui est à gauche, tantôt à préférer celui qui est à droite : il tourne ses regards sur chacun d'eux; son esprit flotte comme l'onde des mers; il se fixe et se décide enfin; de même le kestre éprouve à la fois des impressions diverses. Cet appât lui paraît tantôt un piége, tantôt un mets innocent; enfin cette dernière impulsion l'emporte et le conduit au trépas. Près d'arriver, il s'en retourne tout tremblant. Que de fois, comme il touchait à l'hameçon, la frayeur l'a saisi et ramené en arrière! Ainsi qu'une fille en bas âge qui convoite quelque mets ou quelque autre objet en l'absence de sa mère, mais qui tremble de s'attirer son courroux et n'ose s'avancer, quelque tentée qu'elle soit de s'emparer de ce qu'elle désire; qui le fait toutefois, mais à la dérobée, et revient au même instant sur ses pas, le cœur dans un combat continuel entre l'assurance et la crainte cruelle, et les yeux toujours attachés sur le seuil de la porte : tel ce timide poisson, se poussant vers l'appât, balance et recule; mais lorsque, devenu plus téméraire, il s'en approche davantage, il n'y touche pas encore; il le bat et l'essaie auparavant de sa queue pour reconnaître s'il ne recèle point quelque chose qui respire; car les kestres ont pour loi de ne faire leur nourriture d'aucun être vivant; il l'effleure ensuite et l'entame à peine du bout de de ses lèvres : dans ce moment le pêcheur le presse, le perce de l'hameçon en le tirant à lui, tel qu'un cavalier[1] qui, du frein modérateur de sa bride, retient l'ardeur trop vive de son checheval; il l'enlève enfin, et le jette palpitant sur le rivage.

On leurre aussi le xiphias avec le funeste hameçon; mais il n'y trouve pas la mort de la même manière que les autres habitans des eaux. Aucun appât ne garnit les crochets : nus et à découvert, ils sont seulement liés et suspendus postérieurement aux deux bouts d'une corde; on y attache au-dessus, à la distance de trois palmes[2] un de ces poissons mous et blancs; on l'y dispose avec adresse en le fixant par les extrémités de la tête. Lorsque le xiphias s'y porte avec impétuosité, son glaive ardent met en pièces le corps du poisson. Les liens alors, dont ce dernier était retenu, tombent sur l'hameçon et l'enveloppent. Le xiphias, sans soupçonner le piége et la mort qui l'attendent, se précipite la bouche largement ouverte sur cette horrible nourriture, et devient la proie du pêcheur qui le tire avec violence. On attaque encore le xiphias par beaucoup d'autres moyens, et principalement dans la pêche qui s'en fait dans la mer Thyrrénienne, dans les parages de la ville sacrée de Marseille et dans ceux des Celtes. Là vivent d'énormes, de prodigieux, d'inabordables xiphias d'une immense grosseur[1] et d'une forme toute différente de celle des poissons. Dans ces contrées, les pêcheurs construisent des bateaux armés de fers redoutables, qui ont la structure et la ressemblance des xiphias : ils en attaquent ces animaux; ceux-ci ne se portent point sur eux comme sur une proie; ils les prennent non pour des bâtimens à riches galères, mais pour des compagnons, des poissons de même espèce, jusqu'au moment où ils se voient enfermés de toutes parts dans un cercle de pêcheurs ennemis. Frappés alors du terrible trident, ils reconnaissent l'extrémité cruelle où ils sont réduits; tous leurs efforts sont vains, la fuite n'est plus en leur pouvoir, il faut qu'ils succombent à l'impérieuse nécessité. Souvent ces robustes habitans des mers se défendent avec leurs glaives et les plongent dans les flancs creux des bateaux; les pêcheurs se pressent aussitôt de les rompre, de les séparer de leurs têtes à grands coups de hache. Ils entraînent les xiphias ainsi désarmés, tandis que leurs glaives restent fixés dans le bois comme des pieux de fer. Lorsque des guerriers, dans le dessein d'entrer par ruse dans une ville et dans ses tours, se revêtent des dépouilles des ennemis restés morts sur le champ de bataille et se présentent dans cet état aux portes, les habitans, croyant voir arriver à la hâte leurs concitoyens, leur ouvrent et n'ont pas lieu d'être fort contens d'avoir reçu de pareils amis : de même le xiphias se laisse surprendre à la ressemblance trompeuse des bateaux. Lorsqu'il est emprisonné dans les obliques cavités des rets, il périt par sa folle imprudence en s'emportant, pour s'échapper, à des sauts pernicieux. Il redoute extrêmement les filets; dans la crainte de s'embarrasser dans leurs replis, il se livre sans défense; son cœur est loin d'être aussi puissamment armé que sa tête, il

---

[1] Le grec dit *éniochôs*, qui signifie proprement un conducteur de chars.

[2] La largeur de chacune est celle de quatre doigts de la main.

[1] Voyez l'intéressante remarque du chant troisième, qui correspond à ce passage.

reste glacé d'effroi dans un abattement honteux, jusqu'à ce qu'il soit entraîné sur le rivage : là les pêcheurs l'accablent, écrasent sa tête des coups redoublés de leurs lances; sa sotte faiblesse cause sa ruine.

C'est aussi leur folie qui fait prendre le scombre, le thon charnu, les raphis et les nombreuses espèces de synodontes. Les scombres, voyant certains des leurs bondir au dedans des rets, veulent aussi entrer dans cette enceinte de mort. Le plaisir qu'ils ressentent à la vue de leurs compagnons est le même que celui des enfans sans expérience qui, frappés du vif éclat d'un brasier enflammé, sourient réjouis de ces rayons de lumière; ils désirent de la toucher, ils avancent vers elle leur main novice; mais dans l'instant le feu leur paraît un ennemi terrible. Les scombres désirent aussi de pénétrer dans ces retraites sans issue; ils forment un bien misérable vœu : les uns plus à l'aise, bondissent emprisonnés dans de plus vastes; d'autres entassés dans de plus étroites, périssent dans les affreux tourmens d'une trop forte pression. Vous en verriez un grand nombre, lorsque les rets ont été ramenés sur le rivage, qui adhèrent fortement à leurs flancs, comme s'ils y étaient fixés par des clous; d'autres qui entrent à l'instant dans ce séjour du trépas; d'autres qui brûlent impatiemment d'en sortir, mais que retiennent sans espoir ces humides prisons.

Les thons doivent de même à leur folie de finir leur sort dans les mêmes angoisses que les scombres. Poursuivis par un égal désir de leur perte, ils ambitionnent également de s'embarrasser dans le rets fatal. Ils ne pénètrent point dans son intérieur, ils l'attaquent de leurs dents obliques pour y faire une trouée où leur corps puisse passer; ces mailles mouillées s'engagent ainsi dans leurs dents; plus de moyens de fuir. Gémissant dans ces liens dont leur bouche est entravée, ils sont entraînés sur la terre, victimes de leur folle témérité. Les raphis ont les mêmes mœurs : lorsque échappés de l'enceinte des dictues ils s'étaient aussi soustraits aux tourmens de leur captivité, ils se reportent de nouveau dans les filets, excités par la vengeance à les déchirer de leurs morsures; leurs dents s'y attachent avec force et y sont irrévocablement enchaînées.

Les synodontes vont par troupes. Lorsque les pêcheurs leur présentent l'hameçon, ils font tous volte-face les uns vis-à-vis des autres et ne veulent point approcher; mais si quelque synodonte d'une autre bande s'élance pour saisir l'appât, la confiance renaît en eux, ils y courent et sont pris. Leurs compagnons, les voyant alors sur la proie, s'abandonnent aux plus vifs transports, tandis que le pêcheur les entraîne; ils se disputent, se pressent à l'envi les uns des autres à qui se jettera le plus tôt dans ses mains, à qui mourra le premier, comme des enfans qui se livrent joyeusement à leurs jeux.

Les thons viennent du vaste Océan et se rendent dans nos mers après l'époque des ardeurs du printemps, après qu'ils ont goûté les doux plaisirs de l'hymen. On les voit d'abord sur la mer d'Ibérie, où les pêchent les vaillans et fiers[1] Ibères; ils se portent ensuite vers l'embouchure du Rhône, où les prennent les Celtes, ces anciens habitans de la Phocide. On les rencontre en troisième station sur les rivages de l'île de Trinacris[2] et le long de la mer de Thyrrène[3]. De là ils se répandent de toutes parts dans les immenses profondeurs des flots, dont ils remplissent toute l'étendue. Lorsque les nombreuses phalanges des thons paraissent au printemps, la pêche est aussi riche qu'extrêmement abondante. On commence par faire choix d'un lieu de la mer qui ne soit pas trop resserré vers le plan incliné du rivage, qui ne soit pas trop battu des vents, mais qu'en défendent ou la nature du climat, ou des abris protecteurs. Un habile thunnoscope[4] se place en sentinelle sur la cime d'un mont élevé; il guette l'arrivée des diverses troupes des thons, il observe leur qualité, leur nombre; il en donne connaissance aux autres pêcheurs : aussitôt toutes les dictues, transportées au milieu des eaux, sont disposées comme une ville; on y voit des avenues, des portes étroites et intérieures : les thons y entrent en bataillons nombreux; tels seraient ceux d'une armée. Là sont ceux des plus jeunes, plus loin ceux des plus âgés, ici ceux d'un moyen âge; ils se portent dans tous les détours des filets, en colonies innombrables qui n'ont

---

[1] Cette épithète a toujours été donnée à ces peuples : ils ne l'ont jamais démentie.
[2] Tout le monde sait que la Sicile est ainsi nommée de ses trois caps ou promontoires, Lilibæe, Pachine et Pélore.
[3] Aujourd'hui la mer de Toscane.
[4] *Un habile guetteur.* Je conserve en français le mot *thunnoscope*, qui me paraît rendre parfaitement en un mot la commission qui lui est départie de veiller à l'arrivée des thons. Ce mot ne doit avoir rien qui répugne, puisque nous avons déjà dans notre langue *télescope, termoscope, microscope, uranoscope,* etc.

de terme que les désirs des pêcheurs et qu'au moment où ceux-ci enlèvent les digues. Ils se procurent ainsi une pêche étonnante et immense.

CHANT QUATRIÈME.

Les amours des poissons en font tomber un grand nombre dans les mains des pêcheurs ; leur mortel empressement pour leurs femelles les entraîne à de funestes hymens, à de bien fatales jouissances. O vous, le plus puissant de ceux qui commandent aux mortels, Antonin, et vous son cher, son divin fils ! voyez avec complaisance, avec intérêt ces ravissans tableaux des mers dont les Muses en me comblant de leurs faveurs ont tracé les heureuses images dans mon esprit et dans mes chants : poëte, elles ont ceint mon front de leurs lauriers immortels, pour me rendre digne de faire passer à vos oreilles et dans vos âmes le charme enivrant de la douce harmonie !

Amour ! trompeur Amour ! le plus beau sans doute des dieux, mais le plus terrible lorsque tu portes inopinément le trouble dans un cœur : tu y exerces le ravage comme la tempête ; tu y souffles d'horribles tourbillons de feux ; tu y développes le ferment des douleurs aiguës, des plus intraitables fureurs ; tu te fais un jeu cruel de voir verser des larmes, d'entendre pousser des soupirs, des sanglots, d'embraser, de rougir les entrailles d'un feu dévorant, de ruiner cette fleur de la beauté du corps, de creuser les yeux, de livrer l'âme enfin au plus affreux délire. Que de victimes de ta rage effrénée, en proie au plus horrible désordre, ont été englouties dans la tombe ! Ce sont là les sacrifices qui te plaisent. Qui que tu puisses être, ou la plus ancienne des divinités sortie rayonnante des gouffres de l'informe chaos, qui as établi le premier les lois et les nœuds de l'hymen et fait connaître le véritable objet du rapprochement des sexes, ou que tu aies pour mère la reine de Paphos, l'ingénieuse Vénus, et que, dieu ailé, tu tiennes d'elle cette ressemblance avec les oiseaux, daigne m'être propice ! Viens avec ton aimable et douce bienveillance, dicte toi-même mes chants. Quel téméraire oserait blâmer l'ouvrage de l'Amour ! Ton empire s'étend sur tout ce qui existe : partout on te désire et partout on te redoute. Heureux celui dont un amour tranquille occupe et remplit le cœur ! Les habitans de l'Olympe, la race des humains ne suffisent pas à ta puissance : tu ne dédaignes ni les bêtes féroces ni les êtres qui peuplent les vastes régions de l'air ; tu pénètres dans l'abîme des eaux, armé de tes flèches acérées, afin que rien n'échappe à ton impérieuse et nécessaire influence, pas même le poisson qui vit au sein des ondes.

Quel amour, quelle véhémence dans l'ardeur des scares aux couleurs variées ! Loin de se délaisser entre eux dans le danger, ils se prêtent un appui réciproque. L'un d'eux gémit-il engagé au terrible hameçon, un autre s'élançant à sa défense, rompt la corde de ses dents, lui sauve la vie et prive le pêcheur contristé du prix de ses travaux : celui-ci, captif dans les nasses est délivré par un autre scare, qui l'en retire et l'arrache au trépas. Lorsque ce beau poisson se voit pris dans le filet, il cherche, il essaie tous les moyens de se soustraire à son malheur. La tête et les yeux tournés en bas, il nage de sa queue en arrière en la passant dans le cou de la nasse ; il redoute surtout les brins aigus et allongés qui en hérissent l'entrée et qui, tels que des piquans blessent sa face et ses yeux lorsqu'il se présente par sa partie antérieure. Ceux de son espèce voyant son inquiétude, son embarras, s'élancent de dehors à son secours et ne l'abandonnent point dans sa détresse : l'un d'eux lui tend sa queue, comme si elle était une main dont il pût le prendre ; elle lui sert à s'y accrocher de ses dents : il l'entraîne ainsi hors de sa prison, la bouche comme enchaînée à cette queue conductrice. Souvent c'est celui qui est dans la nasse qui avance sa queue ; un autre s'en saisit, le fait suivre et l'enlève du précipice. C'est par cet industrieux manège qu'ils se dérobent à la mort. Ainsi lorsque des hommes gravissent un mont escarpé durant une nuit ténébreuse, quand la lune a cessé de paraître, voilée par les crêpes rembrunis des noirs nuages, ils se tourmentent dans l'obscurité, et s'égarant dans des sentiers qui ne sont point battus, se donnent la main les uns aux autres et s'entr'aident en se tirant mutuellement ; ainsi l'amour des scares les uns pour les autres les entraîne à se secourir entre eux ; il est même souvent la cause de la ruine de ces infortunés : attachement aussi amer que funeste, qui les précipite dans les mains ennemies des pêcheurs ! Quatre de ces derniers montent un esquif rapide; deux seulement se livrent au soin des rames, un troisième dispose le piége : il attache la femelle d'un scare par le bout de ses lèvres et la porte au sein des eaux sous le lien qui sert à fermer le filet. Il la préfère vivante; si elle ne l'est pas, il place sous sa bouche le plomb-dauphin, il assujettit un autre plomb mobile au bout opposé et postérieur du lien; il agite et promène en tous sens dans les flots cette femelle qui paraît douée de la vie. Le quatrième porte à sa rencontre et tout près d'elle la frauduleuse nasse. Aussitôt les scares aux brillantes couleurs se hâtent, se rassemblent en grand nombre pour délivrer leur compagne entraînée ; ils se jettent de toutes parts autour de l'esquif, emportés par l'irrésistible attrait de leurs femelles. Les rameurs pressent alors la nacelle de toutes leurs forces, les scares la suivent avec ardeur, mais c'est là leur dernier effort. Lorsque les pêcheurs jugent que leur nombre est assez grand, que leur fureur est assez exaltée, ils poussent dans la nasse et la corde et le plomb, qui, rendant le scare plus lourd, le font tomber dans l'intérieur. A cette vue ils se précipitent tous ensemble, à l'envi les uns des autres, dans cette tortueuse enceinte de mort. La bouche, les gorges obstruées de la nasse sont trop étroites pour la foule des scares qui s'y présente, tant leurs transports sont impétueux. Des hommes prêts à entrer en lice pour le prix de la course, s'élançant de la barrière, mettent en œuvre toute la force, toute la rapidité de leurs jambes, ambitieux d'avoir bientôt parcouru la longue carrière du stade; ils s'appliquent tous à s'approcher de la borne, à ravir la douce palme de la victoire, à se porter sur le terme, à s'assurer en le touchant le titre glorieux de vainqueur. C'est avec le même empressement que les scares se laissent entraîner sans retour dans l'abîme, dans les flancs ténébreux de la nasse; poussés pour la dernière fois par cette passion effrénée pour leurs femelles, ils comblent eux-mêmes par une proie abondante les vœux des pêcheurs. D'autres introduisent dans l'obscur filet une femelle vivante et la placent sur les rochers que fréquentent ces poissons d'une blancheur éblouissante. Attirés, embrasés par l'atmosphère d'amour qu'elle exhale, ils se rassemblent de tous côtés, caressent de leurs bouches, lèchent tout autour les parois de la nasse, cherchant partout avec ardeur quelque voie pour y pénétrer. Ils parviennent enfin dans cette prison sans issue, où ils s'entassent tous les uns sur les autres; plus d'espoir d'en sortir, une fin déplorable est le fruit de leur folle passion. Un oiseleur qui veut par la ruse faire tomber les oiseaux dans le piége, cache sous d'épais rameaux une femelle de même espèce, compagne ordinaire de ses chasses, qui bientôt fait entendre son chant vif et gracieux; les oiseaux, attirés, détournés de leur route par le son séducteur de cette voix, arrivent en foule et donnent dans le filet : les scares viennent de même chercher la mort dans les nasses.

L'amour cause aussi de la même manière la perte des céphales; ils se laissent tromper également par une femelle aussi belle que bien nourrie, qu'on promène dans les flots; dès qu'ils l'aperçoivent, ils se portent sur elle en nombre immense, et comme enchaînés à cet attrait, ils ne veulent point s'en détacher. Ce charme, l'ardeur de leurs désirs, les entraînent partout, même sur le rivage qui leur est funeste si on y dirige la frauduleuse femelle; ils la suivent en foule, sans se souvenir des pêcheurs et de leurs piéges. Ainsi que des jeunes gens qui, frappés de la beauté d'une femme, s'arrêtent d'abord pour la contempler, pour admirer ses traits enchanteurs, qui s'en approchent ensuite, oublient, cessent de suivre la route qu'ils tenaient auparavant, et sont toujours après elle, le cœur agité des doux mouvemens de l'amour : ainsi vous verriez le chœur nombreux des céphales emportés, égarés par leur amoureux délire; mais ces amours ne tardent pas à leur être odieux : le pêcheur, armé de l'amphiblestre, le projette au loin sur eux, les enveloppe aisément dans ses mailles artistement tissues, et en fait une pêche copieuse.

Les sépies, malheureuses dans leurs amours, éprouvent un sort plus fâcheux : les pêcheurs ne se fatiguent point dans les mers à diriger contre elles les nasses ou les longs replis des filets; ils les entraînent en portant au milieu des eaux leurs mains sur une seule. A peine sont-ils aperçus des autres sépies, qu'elles fondent à la hâte sur elle, se serrent sur son corps, l'enlacent de leurs bras, comme de jeunes filles qui voient de retour ou leur frère absent depuis nombre d'années, ou leur père chéri qui revient sain et sauf dans ses foyers, ou comme une jeune épouse récemment engagée sous les lois de l'hymen, qui tient son jeune époux étroitement embrassé dans le lit nuptial, et dont les bras d'une éclatante blancheur sont toute la nuit attachés, suspendus à son cou ; ainsi les rusées sépies sont fortement roulées les unes sur les autres. Cet effort de leur amour ne cesse que lorsque les pêcheurs les ont enlevées dans la nacelle ; alors même restent-elles encore unies, et leur amitié n'a-t-elle d'autre terme que la mort qu'elles reçoivent ensemble. Dans le printemps, on les prend, on les trompe avec les nasses qu'on établit à l'ombre sous les rameaux du myrica [1], ou sous les branches épaisses du comare [2], ou dans tout autre fourré sur les bords des rives sablonneuses. Les sépies, pressées par le désir de se reproduire, par le besoin de s'unir, se hâtent d'entrer dans les nasses, et se plaçant sous l'abri des rameaux, perdent à la fois leur amour et leur vie, domptées par l'adresse des pêcheurs.

Le cossyphe [3] est de tous les poissons celui qu'un trop fatal amour accable de la manière la plus terrible : brûlant de la plus vive ardeur pour les kichles [4], l'amour et la jalousie, déesse affreuse, dévorent son cœur. Il ne se contente point d'un seul lit nuptial, d'une seule épouse, d'un seul hymen ; il possède plusieurs femelles dont les retraites cachées recèlent séparément les gîtes particuliers. Elles sont sans cesse et toute la journée dans ces demeures solitaires ; semblables à de jeunes mariées que personne n'a vues se montrer devant la maison de leurs époux, dont l'aimable pudeur virginale rougit encore le front ; de même les kichles, retirées chacune dans son habitation, y restent toujours, quelle que soit celle que leur époux leur ait assignée. Le cossyphe, placé sur la roche, ne les perd pas de vue ; il est toujours à surveiller leurs gîtes, il ne se porte jamais ailleurs ; il est tout le jour en sentinelle, tournant alternativement ses regards sur chacune ; son instinct ne le ramène ni vers le soin de sa nourriture, ni vers tout autre objet. Sa jalouse inquiétude le tient dans les tourmens d'une garde continuelle : c'est la nuit qu'il songe à ses repas, qu'il se relâche pour quelques instans de cette éternelle surveillance. Mais lorsque les kichles sont en travail de leur ponte, le farouche cossyphe s'agite dans la plus cruelle anxiété. Il va tantôt vers l'une, tantôt vers l'autre de ses épouses, en proie aux plus vives alarmes sur le danger de leur état ; de même qu'une mère, l'âme brisée par la douleur, frissonne du trop prompt accouchement de sa fille unique (accouchement si redouté des femmes), qui n'est pas dans des transes moins rudes que l'accouchée, qui vague de tous côtés hors de la chambre nuptiale, se consumant en prières, en gémissemens, et l'esprit en arrêt jusqu'à ce qu'elle entende de l'intérieur le cri de la délivrance ; de même le cossyphe, craignant pour ses épouses, tremble et frémit. On dit que des mœurs analogues dans leurs amours, dans leurs hymens, sont en usage chez ces peuples d'Assyrie dont les villes sont situées sur les bords du Tigre, chez ceux qui habitent la Bactriane, célèbres par la distance à laquelle ils lancent leurs flèches. Ils vivent séparément et à la fois avec plusieurs épouses, et partagent tour à tour leur couche avec elles. Toujours pressées par l'aiguillon de la jalousie, elles meurent de rage et de douleur, en se déchirant mutuellement par une guerre vive et opiniâtre.

C'est ainsi que parmi les mortels, la jalousie est le plus funeste, le plus horrible des maux. Que de chagrins, que de gémissemens dont elle est l'odieuse cause ! Compagne de la rage effrénée, elle s'associe avec elle, enfante les plus affreux désordres, se termine par la mort ; elle pousse aussi le malheureux cossyphe à sa perte : il ne recueille de ses nombreux hymens qu'un fruit bien amer. Lorsque le pêcheur le voit s'agitant sur la roche, en peine pour ses épouses, il roule une caride vivante autour de son hameçon, il place le cube de plomb au-dessus ; il avance vers les roches le piège chargé de ce poids, il le présente à portée des demeures des kichles. Le cossyphe s'en aperçoit et s'élance transporté de fureur, croyant voir la cruelle ennemie de ses plaisirs et de ses épouses prête à pénétrer dans leurs gîtes ; il croit, en se précipitant, venger de ses dents aiguës cet attentat de la caride ; il ne voit pas que sa bouche s'ouvre pour sa ruine. Le pêcheur, qui l'attend, pousse et presse contre lui son dard recourbé ; il l'entraîne triste, abattu, expirant, et lui tient ce langage moqueur : « Pauvre cossyphe, prends soin, fais maintenant la garde

---

[1] Le tamaris, plante de la famille des portulacées.
[2] Le traducteur latin dit *oleaster*, l'olivier sauvage. C'est plutôt l'*arbousier* de la belle famille des rosages.
[3] Le labre merle mâle.
[4] Femelle du cossyphe ; le labre merle femelle.

de tes épouses, livre-toi auprès d'elles aux douceurs de l'amour; une seule, un hymen unique ne sauraient te plaire; il te faut pour toi seul la jouissance d'un grand nombre : approche, heureux époux, vois ces noces qui se préparent, ce foyer embrasé qui remplit le rivage de sa clarté brillante. » Discours outrageans, mais qu'il lui tient sans en être entendu. Les kichles, lorsque leur défenseur, lorsque leur cossyphe a cessé de vivre, quittent ces retraites de leurs hymens, s'égarent au dehors et partagent, par un trépas commun, le triste destin de leur époux.

Les chiens galées, les races des noirs centrophores[1], périssent de même par suite de l'attachement, des secours qu'ils se portent les uns aux autres. Le pêcheur fixe un poisson blanc à l'hameçon; il le porte à la profondeur de longues et nombreuses orgyes sur quelque fond vaseux et obscur : un de ces poissons s'y précipite et y trouve sa perte; il est enlevé sur-le-champ. Dès que les autres s'en aperçoivent, ils se jettent et sont toujours en foule après lui jusqu'à la rencontre de la nacelle et des pêcheurs. On les prend alors dans l'enceinte circulaire de vastes filets, en lançant sur eux avec impétuosité des fers à trois pointes ou d'autres instrumens meurtriers; ils ne se retirent que lorsqu'ils ont vu leur compagnon entraîné : ils ambitionnent de mourir avec lui. Ainsi que de tendres parens accompagnent de leur maison jusqu'au triste lieu de sa sépulture, un enfant dont la parque vient de trancher les jours, leur unique enfant, objet de tant de soins et de sollicitudes; se déchirant de leurs mains cruelles, versant des torrens de pleurs sur sa tombe, ils y restent opiniâtrément attachés; ils se refusent de retourner chez eux, obstinés à mourir sur son malheureux cadavre : de même ces poissons ne veulent point se séparer de celui qu'entraînent les pêcheurs, jusqu'à ce qu'ils succombent eux-mêmes sous leurs coups.

Il en est qu'un attrait particulier autre que celui des mers sollicite d'en sortir pour satisfaire leur passion pour la terre; ce goût si vif pour un élément étranger se remarque surtout parmi les poulpes et la race des sargues, qui vit au milieu des rochers. Le poulpe ne résiste point au penchant qui l'entraîne vers l'arbre de Minerve, le glauque olivier; le charme qui l'attire vers ce végétal, la joie que lui inspire cette plante oléagineuse, semblent tenir du prodige. Se trouve-t-il sur le prochain rivage, non loin de la mer, un bel olivier richement chargé de fruits, l'instinct du poulpe l'y dirige de la même manière que la puissance de son odorat conduit le chien de Cnosse[1] sur la trace des bêtes sauvages, qui, sur la foi de ce guide, s'engage à leur recherche sur les montagnes, dans des routes tortueuses, qui bientôt fond sur elles, sans être trompé dans son attente, et retourne glorieux vers son maître. Le poulpe reconnaît de même la présence d'un olivier voisin : il sort du fond des flots, se traîne tout joyeux sur la terre et s'approche de l'arbre chéri. Il commence par se rouler, par se serrer étroitement et avec transport autour du pied, pareil à un jeune enfant dont les bras s'ouvrent à l'approche de sa nourrice, s'enlacent autour d'elle, font effort pour atteindre jusqu'à son cou, avides de presser sa tête et son sein; ainsi le poulpe, cédant à l'impulsion de son amour, s'enchaîne autour de ce tronc tant aimé. S'appuyant bientôt des extrémités de ses bras, il rampe avec empressement vers sa cime et se contourne sur ses rameaux, en se portant tantôt sur l'un, tantôt sur l'autre, tel qu'un homme qui, après une longue absence, ne se lasse point d'embrasser ses amis venus en foule à sa rencontre, ou tel que le lierre toujours frais qui serpente le long des hauts sapins et s'étend partout en rampant sur leurs branches, depuis la racine jusqu'au sommet; ainsi l'heureux poulpe engage ses bras avec caresse dans les rameaux onctueux de l'olivier. Lorsque son amour, satisfait par la douce jouissance de cet arbre favori, a perdu de son ardeur, il se retire dans l'abîme des mers. Les pêcheurs, qui ont remarqué ce goût des poulpes pour l'olivier, le mettent à profit pour les attirer dans le piége; ils lient ensemble plusieurs de ces plus belles branches; ils chargent le milieu d'un poids de plomb, et les tirent de l'intérieur de la nacelle : le poulpe ne résiste point à cet appât; il se saisit de ces rameaux aimés et s'y attache avec force. Entraîné ensuite comme une proie, les nœuds de son amour ne se rompent que lorsque le pêcheur l'a enlevé sur la barque; même

---

[1] Les centrophores sont des squales à dos noir et armé d'aiguillons, nommés noirs, (kelainoi), dit Salvini; par opposition à ceux que le poëte grec veut désigner sous le nom des galées (galesi), qui n'ont pas le dessus du corps noir, et dont le nom peut venir de gala, (lait) squales au dos blanc.

[1] On sait que Cnosse était une des villes de l'île de Crète.

en mourant, l'olivier ne saurait lui être odieux.

Les sargues ont un vif amour pour les chèvres : elles sont l'objet de leurs désirs. Quoiqu'ils vivent dans les ondes, ils trouvent dans les troupeaux des montagnes un charme difficile à rendre. Quoi de plus merveilleux que ce rapprochement d'animaux sortis les uns des mers, les autres des monts escarpés! Durant les chaleurs de l'ardente canicule, les bergers conduisent leurs chèvres vers la mer pour qu'elles y prennent, exposées aux rayons de Phébus, un bain qui les purifie. Les sargues qui entendent leur bêlement, la voix plus forte des chevriers, s'élancent vers la rive à la hâte, quoique peu agiles, entraînés jusque sur ses bords par l'élan du plaisir, caressent de leurs queues ces quadrupèdes à cornes, promènent sur eux leurs langues avides, et bondissant tout autour, les assiégent en nombre immense. Les bergers qui en sont pour la première fois témoins restent frappés d'étonnement. Les chèvres ne voient point avec peine cette troupe amie; les sargues, de leur côté, ne se lassent point de ce doux commerce. Des chevreaux qui sautent autour de leur mère à leur retour du pâturage se livrent envers elles à de moindres transports, à de moins douces affections dans leurs sombres étables. Lorsque tout retentit des bêlemens de joie de ces tendres chevreaux, l'aimable sourire anime la figure des bergers. Les sargues montrent le même empressement autour des troupeaux de chèvres. Lorsqu'un assez long séjour dans les eaux a satisfait leurs désirs et leurs besoins, elles retournent vers la bergerie. Les sargues affligés les suivent alors tous en masse et de près jusqu'à la dernière ride des ondes qui touche à la terre : ainsi, lorsqu'une mère, une épouse désolée accompagnent l'une son fils chéri, l'autre son époux prêts à partir pour une contrée lointaine, leur esprit, plongé dans la plus accablante douleur, calcule la longue étendue des mers, le nombre des mois; s'avançant sur le bord qui frise de plus près les ondes, elles donnent l'essor à leurs gémissemens et conjurent les dieux de hâter le retour de leur fils, de leur époux ; leurs pieds ne secondent plus leurs vœux pour les ramener; leurs regards ne peuvent plus se détacher de dessus les mers; ainsi serait-on porté à croire que les larmes coulent des yeux des sargues abandonnés des chèvres qui se retirent. Infortunés, vous ne tarderez pas sans doute à maudire les chevriers ! Le génie de l'homme tournera contre vous votre attachement pour vous tromper, pour vous donner la mort.

Le pêcheur cherche d'abord, à portée du rivage, ces rochers à deux sommets rapprochés dont la mer est resserrée dans un étroit espace, qui sont frappés sans obstacle de tous les feux du jour, où les sargues habitent en commun ; car ils aiment beaucoup les rayons vifs et ardens du soleil. Revêtu de la peau des chèvres, la tête surmontée de deux cornes, il s'y rend muni d'un appât; il jette dans les flots de la farine imprégnée de la graisse et du fumet de ces animaux. Cette odeur amie, cette forme trompeuse, le bienfait de cette nourriture aimée, les attirent sans qu'ils aient le soupçon d'aucun piége; ils se jouent avec une orgueilleuse complaisance autour du pêcheur ennemi déguisé sous la peau des chèvres, auquel ils prodiguent leurs douces caresses. Malheureux, ils apprendront bientôt combien ce traître ami leur sera fatal, combien il diffère de l'innocente douceur des chèvres ! Armé à l'instant du roseau mortel, de la corde tressée de lin, il garnit l'hameçon d'un fragment de chair détaché de la bouche d'une chèvre ; les sargues s'en saisissent avec avidité. Le pêcheur, incliné en arrière, tire sur-le-champ la ligne à lui d'une main vigoureuse. Si quelqu'un de ces poissons s'avise du stratagème dont ils sont l'objet, ils ne reparaîtront plus lors même qu'on amènera de véritables chèvres aux longs poils. Glacés d'effroi, ils fuiront tous ensemble et le simulacre et l'appât, et l'heureuse exposition du rocher. Si le pêcheur leur dérobe le secret de ses ruses, s'il pousse sa manœuvre avec rapidité, aucun ne lui échappera, ils tomberont tous victimes de la forme empruntée de ces quadrupèdes.

Les sargues, dans le printemps, se livrent aux soins d'un autre amour, à celui de leur propre espèce. Ils se font la guerre pour la jouissance de leurs femelles ; un seul prétend à la possession de plusieurs. Celui qui sort vainqueur du combat reste l'unique époux de toutes ; il conduit leur troupe nombreuse vers ces rochers où les pêcheurs ont disposé la nasse aux vastes flancs et de forme circulaire, dont ils ont masqué l'ouverture avec des rameaux de myrte, de laurier odorant ou de tout autre arbuste qu'ombragent tout entière des branches verdoyantes arrangées avec art. L'aiguillon de l'amour excite bientôt les sargues à commencer l'attaque; ils se battent avec une horrible fureur, dont l'hymen est le prix. Lorsqu'un d'eux, repoussant ses rivaux, a remporté la victoire, il cherche de l'œil quelque roche excavée qui puisse servir de retraite à ses épouses. Il aperçoit la nasse gisante que recouvrent des rameaux chargés de feuilles : nouvel époux, il y dirige ce chœur de femelles, qui se portent aussitôt dans son enceinte; il écarte au dehors les autres mâles et ne leur permet d'approcher d'aucune d'elles. Lorsqu'elles sont toutes dans la nasse fatale, il y entre après elles comme dans une chambre nuptiale, comme dans son lit d'hymen, qui bientôt sera son lit de mort. Ainsi lorsqu'un berger ramenant ses brebis laineuses du lieu de leurs dépaissances les fait rentrer dans le bercail; placé sur le seuil de la porte, il les compte au fur et à mesure en lui-même et en fait la revue exacte, s'assurant ainsi qu'elles sont toutes en bon état. Dès qu'il les voit renfermées à la presse dans leurs étables, il y entre à leur suite : ainsi les femelles des sargues vont en avant les premières dans ce creux séjour. Lui-même, trop malheureux époux, s'y précipite le dernier au milieu de ses malheureuses épouses.

Tels sont les combats que l'amour provoque parmi les habitans des eaux : telles sont aussi les fraudes cruelles, cause de leur ruine, dont leurs amours sont le principe.

Les hippures aperçoivent-ils quelque corps qui flotte sur les ondes, ils le suivent en foule et de près dans tous ses mouvemens, surtout lorsqu'un vaisseau brisé par la tempête, après avoir été cruellement en butte à l'horrible courroux de Neptune, a été mis en pièces par les vagues amoncelées, que ses fragmens, rompus par le nombre et la force des chocs, errent dispersés dans la vaste mer. Les races des hippures se dirigent alors sur ces débris emportés par les flots et ne les quittent pas. Si le pêcheur les attaque dans ce moment, il en fera une pêche abondante et qui ne lui sera pas enviée. Puissent les nautoniers, chéris du dieu des mers, être à l'abri de ces malheurs! puissent leurs bâtimens, aidés du souffle léger des zéphirs, sillonner le sein des eaux sans en être battus, sans accident fâcheux, en effectuant, par le jeu alternatif de leurs rames, les utiles transports du commerce! On imaginera d'autres piéges contre les hippures, et la pêche s'en fera sans la destruction des vaisseaux : liant ensemble plusieurs morceaux de bois dégradés, on les jettera dans le gouffre des mers, après avoir fixé au-dessous une pierre dont le poids les entraînera dans le fond. Tout cet appareil s'enfoncera ainsi doucement dans les eaux. Aussitôt les hippures, amis des lieux sombres, s'y rassembleront en cohortes nombreuses. Le plaisir de se jouer sans cesse sur le dos de ces bois les y retiendra sans peine. Les pêcheurs prendront ce moment pour en faire la pêche. Qu'ils arrivent, les hameçons garnis de leurs amorces, et jettent les lignes, les hippures s'empresseront d'y courir et saisiront la mort. Lorsqu'un homme, agitant entre deux chiens une proie qu'il tient suspendue, excite entre eux une rixe cruelle, pressés tous deux par l'aiguillon de la faim, ils tendent en grondant leurs gueules l'un au devant de l'autre, avec une égale fureur, les yeux toujours fixés sur la main de l'homme, cherchant à juger où tombera la nourriture, qu'ils se disputent ensuite avec rage à coups pressés de leurs dents : c'est avec la même ardeur que les hippures se précipitent sur les appâts. Un pêcheur diligent les enlèvera tous aisément les uns après les autres; plus prompts que lui, les hippures se presseront vers la mort, victimes de leur aveugle stupidité. L'imprudente avidité des pompiles favorise aussi leur pêche : les mers sombres ont pour eux le même attrait.

On prépare contre les theutis une fusée en corde sous forme d'écheveau; on fixe tout autour, très-près les uns des autres, de nombreux hameçons dont les pointes crochues se correspondent, sur lesquels on engage des iulis au corps bigarré qui recouvrent les extrémités aiguës du fer. Le pêcheur qui tient cette corde fortement liée la tire au-dessus des vastes abîmes : la theutis l'aperçoit, s'élance, embrasse l'appât de ses ailes humides et se prend aux haims. Quels que soient ses efforts, il ne peut s'en dégager : il est entraîné malgré lui, après s'être enferré lui-même.

Dans les anses paisibles des mers un jeune pêcheur fait en jouant la pêche des anguilles : il prend les intestins d'une brebis, il les jette dans l'onde, tels que les longs filets d'une ligne. L'anguille les voit, s'y porte, sa bouche s'en saisit; l'enfant, qui juge qu'une partie est déjà dans son estomac, souffle avec force dans ces intestins, qui s'enflent et se raidissent aussitôt; gros et tendus par le ressort de l'air que sa bouche y lance, ils gonflent et distendent la gorge de la malheureuse anguille. La compression, due au souffle de cet enfant, la tourmente d'une manière affreuse; en vain veut-elle fuir, elle est enchaînée jusqu'à ce que son horrible enflure et l'étouffement dont elle est cause, la forçant de monter à la surface des eaux, la livrent aux mains du pêcheur. Ainsi lorsqu'un homme qui veut déguster la liqueur d'un vase applique sa bouche au tube creux propre à la soutirer et la fait jaillir au dehors par l'aspiration des extrémités réunies de ses lèvres en l'entraînant à la suite de son souffle : ainsi les anguilles, rendues tumescentes par celui des pêcheurs, sont impérieusement amenées vers la bouche fatale d'où ces jets d'air sont partis.

Il est un poisson malheureux et dénué de force, l'espèce misérable de la faible aphye, à laquelle on donne le nom d'*engraules* : tous les autres s'en accommodent pour leur nourriture; elle est toujours prête à prendre la fuite; elle tremble au moindre objet. Engagées les unes dans les autres, les aphyes s'établissent en groupe étroitement serrées, retenues entre elles comme par de forts liens : on tenterait vainement de les désunir, de les détacher, tant elles font corps ensemble. Souvent les vaisseaux s'embarrassent au milieu des manœuvres dans leurs masses; souvent ceux qui commandent les galères cherchent à les rompre de leurs rames; les rames, quoique mues avec force, en sont arrêtées autant que par un dur rocher. D'autrefois la hache terrible tombe sur elles sans pénétrer dans toute leur épaisseur; elle ne coupe qu'une partie de ce monceau animé, tranche la tête de l'une, coupe la queue de l'autre, fait deux parties égales de celle-ci, emporte celle-là tout entière. Spectacle horrible qui ressemble à un exécrable champ de carnage! Les aphyes restent toutefois opiniâtrément engagées dans les nœuds qui les enchaînent : on dirait qu'elles sont fixées par des clous : un homme qui y porterait sa main, ainsi que dans un banc de sable, l'en retirerait amplement chargée. Lorsque les pêcheurs les voient ainsi pressées les unes sur les autres, ils les enveloppent de leurs sagènes et en amènent sur le rivage une proie immense acquise sans un grand travail; ils en remplissent leurs vases, leurs bâtimens; ils en élèvent en avant de la rive des tas d'une grande hauteur, tant la pêche qu'ils en ont faite est considérable. Ainsi que des gens de la campagne qui, pour achever l'œuvre de la moisson, livrent le grain au vent, le lancent de leurs rames [1] propices et terrestres pour l'obtenir sans mélange et en forment, au milieu de l'aire arrondie, une pile d'un grand volume qui, la remplissant en entier, blanchit au loin, en apparence, sous la forme d'une couronne; de même le front du rivage, dont la mer sinueuse est bordée, blanchit par le nombre infini d'aphyes qui en couvrent l'étendue.

L'Euxin est la patrie des pélamys [2]; les tunnis [3] farouches leur donnent l'être; ces dernières, rassemblées à l'embouchure du Mœotis, autour de ses humides roseaux, dans ces plages où il s'unit à la mer, se livrent à leur ponte pénible; elles y dévorent impitoyablement tous les œufs qui s'offrent à leurs bouches avides; ceux qui leur échappent, protégés par les joncs et les roseaux, produisent dans le temps la race nombreuse des pélamys. A peine ont-ils le contact des ondes, ont-ils essayé les mers qu'ils se hâtent de passer dans celle de l'Euxin et ne veulent plus rester dans les eaux de leur naissance, quelque petits qu'ils soient. Il est sur les confins de la Thrace une mer enfoncée, qu'on dit être celle du domaine de Neptune, qui a le plus de profondeur et qui tire de là le nom de *Noire*, sur laquelle les vents impétueux, les vents dévastateurs n'exercent point leur affreux ravage. Dans son enceinte sont sous les flots des retraites excavées, vaseuses, immenses où se produisent plusieurs substances qui sont une nourriture agréable aux petits poissons : ce sont les premiers asiles où se rendent les troupes innombrables des pélamys nouveau-nés. Ils sont ceux de tous les habitans des eaux qui redoutent le plus les tempêtes du rude hiver; ces terribles agitations des ondes troublent et trompent leur vue. Abrités dans ces bassins spacieux, ils y restent sans inquiétude, ils y croissent dans l'attente du doux printemps : ils ressentent alors l'heureux besoin de l'hymen.

---

[1] Expression métaphorique pour exprimer les pelles dont on se sert pour vanner le grain.

[2] Les anciens appelaient ainsi les jeunes thons.

[3] Les femelles des thons.

Lorsque leurs germes développés grossissent dans leurs flancs, ils retournent dans la mer qui les vit naître et s'y délivrent de leurs œufs. Les Thraces, pendant la cruelle saison des frimas, en font dans la vaste et noire étendue de cette mer une pêche pénible et sans attrait, par le droit sanglant de la guerre et le fatal privilége de la mort. Ils ont une pièce de bois peu longue, seulement d'une coudée, mais grosse et forte, lestée dans sa partie supérieure d'une couche épaisse de plomb; ils l'arment de pointes, de tridens de fer nombreux et serrés; une corde fortement tressée s'étend tout autour et l'enveloppe. Dirigeant leur nacelle vers le lieu de la mer qui a le plus de profondeur, ils envoient, dans le fond le plus reculé de l'abîme, la pièce solide de bois. Entraînée en même temps par l'impulsion du pêcheur, par le poids du plomb et des fers, elle arrive jusqu'aux dernières couches des ondes et tombe sur les malheureux pélamys engagés dans la vase : elle perce, elle saisit tous ceux de ces infortunés qui se trouvent à sa rencontre. Les pêcheurs les enlèvent aussitôt, se débattant encore autour du fer dont les blessures les déchirent des plus atroces douleurs. L'homme même le plus dur, en voyant cette triste pêche et leur horrible trépas, ne pourrait défendre son cœur des émotions de la pitié. Ces terribles pointes prennent l'un par les flancs, l'autre à la tête, atteignent celui-ci à la queue, celui-là au ventre, écrasent le dos de cet autre, percent les entrailles de ce dernier. Ainsi lorsque, après une bataille, des guerriers retirent du sang et de la poussière leurs compagnons tués dans le combat et les portent, les yeux baignés de larmes, sur le lit et le brasier funéraires (sur le bûcher), on voit sur ces cadavres tous les genres de blessures, les coups de toute espèce dont la fureur de Mars les a frappés : ainsi les pélamys sont mis en pièces de mille façons : véritable image de la guerre, qui remplit de joie les pêcheurs. D'autres prennent ces stupides poissons avec des rets légers. Ils sont pendant toute la durée de la nuit dans de continuelles alarmes, frémissant au moindre objet qui tombe dans la mer; ils ont une crainte extrême des ténèbres. On choisit ce temps pour en faire la pêche lorsqu'ils gémissent saisis de terreur au fond des eaux. Les pêcheurs ont des dictues à mailles légères qu'ils disposent en cercle : ils battent violemment de leurs rames le dos des ondes et poussent avec impétuosité leurs perches retentissantes. Mis en fuite par le bruit et l'agitation phosphorique des flots, les pélamys s'élancent et s'engagent dans les flancs du filet solidement fixé qu'ils prennent pour un sûr asile. Insensés, que la peur d'un vain bruit précipite sous la faux de la Mort! Les pêcheurs se jettent aussitôt sur le rivage. Les pélamys, à la vue du mouvement de ces cordes, en proie à la frayeur, se serrent, se roulent tout tremblans en un seul tas. Que celui qui gouverne les dictues prie les dieux qui président aux pêches qu'il ne sorte rien du filet, qu'aucun être qui se meut n'en montre l'issue aux pélamys! sans cela ils passeraient avec rapidité de l'intérieur de leur mobile prison dans le fond des mers, et rendraient la pêche vaine et stérile. Si quelque divinité des eaux n'est point contraire aux pêcheurs, ces poissons, lors même qu'ils auront été entraînés sur le rivage, hors de l'empire d'Amphitrite, ne voudront point quitter le filet, mais resteront obstinément attachés et comme adhérens aux replis de ses parois. C'est ainsi que, dans les forêts, sur les montagnes, les chasseurs prennent, par un heureux artifice, les cerfs timides en suspendant aux arbres extérieurs des cordons où sont attachées les ailes légères des rapides oiseaux. Les cerfs, à cette vue, glacés d'une vaine et folle crainte, effrayés sans objet de ces plumes, n'osent approcher, jusqu'au moment où les chasseurs fondent sur eux et les prennent.

Un plongeur qui a une grande habitude de la mer, qui marche sur son fond avec autant d'assurance que sur le continent, saisira sans ruse et seulement avec ses mains, certains poissons, le sargue craintif et la timide sciène. Les sargues, en proie à l'épouvante, s'entassent en tremblant dans quelque endroit creux des ondes; leurs flancs appliqués, pressés les uns à côté des autres, ils dressent et présentent leurs dos hérissés d'aiguillons aigus; pareils à des vignerons qui ont enceint leur héritage d'une haie épaisse hérissée de piquans, barrière redoutable contre toute entreprise téméraire; on essaierait vainement d'y pénétrer, puisque de fortes épines en défendent l'entrée : de même personne, dans cette disposition des sargues, ne saurait y toucher, y porter la main ; elle serait repoussée par cet assemblage de noirs et horribles piquans. Un pêcheur instruit dans son art se précipite au fond des eaux, examine les sargues dans tous les sens ; il voit de quel côté sont leurs têtes, où sont les attaches de leurs queues. Plaçant alors sa main au-dessus de leurs têtes, il l'avance et abat peu à peu leurs aiguillons en les pressant avec force. Les sargues qui croient que ces aiguillons les mettent hors de toute atteinte, se tiennent fortement serrés les uns sur les autres ; le pêcheur en enlève un de chaque main et remonte au-dessus des flots, redevable de ses succès à son adresse.

La sciène est-elle saisie de crainte, amie des rochers, elle s'empresse de s'y précipiter et se jette dans quelque trou circulaire, dans quelque fente, ou s'enfuit sous les herbes marines, sous les humides fucus. Elle ne se met point en peine de quelque retraite qui puisse la recevoir, la protéger tout entière ; elle borne ses soins à garantir sa tête ; elle la cache ainsi que ses yeux. Ne voyant point son ennemi, elle espère échapper à sa poursuite, de même qu'un bubale [1] qui, près de tomber sous la griffe d'un lion furieux, incline sa tête, l'enfonce dans un buisson (défense, hélas ! trop vaine), et croit s'être soustrait à la vue du féroce animal, jusqu'à ce qu'il en soit atteint et déchiré. Telle est la confiance de la sciène ; elle n'incline pas sa tête ; en mourant même, elle croit être en sûreté. Ainsi que l'oiseau-géant de la Libye [2] met en usage une ruse aussi folle qu'indigne d'elle et qui n'a pas une bonne issue, de même la trop faible sciène se cache dans une vaine espérance. Bientôt le pêcheur, la tenant dans ses mains, s'élève au haut des ondes et l'offre aux yeux de ses compagnons, accablée et dans l'étonnement.

Telles sont les pratiques ingénieuses venues à ma connaissance, qui font partie de l'art de la pêche, auxquelles tant de poissons doivent une si triste fin. Les autres n'ont pas un sort plus doux, engagés dans les nasses, dans les flancs des vastes filets, aux hameçons, enlevés par les tridens redoutables, par ce nombre d'instrumens inventés par les pêcheurs, et dont se compose leur art. On attaque les uns pendant le jour ; on ne fait la guerre aux autres que le soir. Lorsqu'aux premières approches de la nuit, les pêcheurs font avancer sur les mers leurs nacelles éclairées par des feux qu'ils y ont allumés, ils frappent de mort dans les ténèbres les poissons qui se croyaient sans alarmes. Malheureux ! ils se portent autour de la barque, réjouis par la grasse clarté de ces résineux fanaux ; surpris à l'instant par les coups impétueux du terrible trident, ils auront vu de bien tristes feux.

Il est un autre genre de pêche, celle qui s'obtient à la faveur des poisons. On fait usage contre les habitans des eaux d'une préparation empoisonnée qui leur donne une mort prompte. Les pêcheurs, par des battemens précipités, par des coups nombreux de leurs perches et de leurs rames, forcent les bandes nombreuses des poissons de se rendre en un même lieu de forme concave, sillonné de profondes et creuses retraites ; les sciènes se retirent sous ces roches excavées ; les pêcheurs s'arrêtent pour en fermer l'enceinte d'une longue suite de dictues comme s'ils élevaient contre des ennemis une double barrière, un double rang de murs. L'un d'eux prend alors de l'argile onctueuse et quelques racines de la plante connue des enfans d'Esculape, sous le nom de *cyclamen* [1] ; les mêlant ensemble dans ses mains, il en pétrit deux galettes. Il s'élance dans l'onde par-dessus les filets. Il enduit de ce poison odieux et d'odeur si fatale les endroits creux des rochers ; il en remplit, il en infecte toute la mer ; la nacelle se tient à portée pour qu'il puisse ensuite y remonter. Cette odeur ennemie et mortelle parvient bientôt dans les gîtes des sciènes ; leurs yeux en sont oppressés comme par le nuage de quelque vapeur ; leurs têtes, leurs membres en sont appesantis ; elles ne peuvent plus rester dans leurs demeures ; elles se répandent, toutes troublées, au debors sur les rochers. La mer leur est encore moins propice, tant elle est imprégnée de cet exécrable poison. Enivrées, étourdies, comme des hommes pris de vin, par ces funestes émanations, elles se jettent de tous côtés sans trouver aucune partie des ondes où elles n'éprouvent le même tourment. Elles se précipitent à la hâte et avec fureur sur les dictues dans l'espoir de passer à travers ; mais nul relâche à leurs souffrances ; point de moyens de s'y soustraire ; elles s'emportent au plus cruel délire, accablées tout à la fois de la fatigue de leurs sauts et des coups

---

[1] Voyez la note relative à cet animal dans les remarques du quatrième chant.
[2] L'autruche, le plus gros des oiseaux.

[1] Plante de la famille des lysimachies.

qu'elles se donnent. Les expirations plus fortes et plus rapides des sciènes mourantes remplissent toute la mer; car c'est là l'unique expression de la douleur des poissons. Les pêcheurs attendent dans le voisinage, charmés et tout joyeux de leur supplice, que le silence règne sur les eaux; que, cessant de lutter contre la mort, on n'entende plus le bruit dont leur souffle agite la mer. Ils enlèvent alors cette immense quantité de poissons qu'un destin commun, qu'un même trépas livrent entre leurs mains. Ainsi, lorsque des ennemis déployant toutes les fureurs de la guerre contre une ville, ne cessent, dans l'espoir d'en faire plus facilement le pillage, de diriger contre elle les fléaux les plus désastreux et rendent l'eau de leurs sources mortelles en y versant des poisons, ceux qui l'habitent, succombant sur leurs tours à tous les malheurs, au funeste effet de cette onde traîtresse, périssent d'une mort odieuse, horrible, et la ville entière est jonchée de leurs cadavres; ainsi les sciènes, victimes des pêcheurs, terminent leur vie par un trépas aussi barbare que terrible.

CHANT CINQUIÈME.

Vous reconnaîtrez sans peine, ô mes souverains! si vous prêtez quelque attention à ce que je vais mettre sous vos yeux, qu'il n'est rien qui résiste à l'industrie des hommes, ni sur la terre, cette mère commune, ni dans le vaste sein des mers : leur origine remonte sans doute à celle des dieux; leur puissance seule est inférieure. Soit donc que leur race, analogue à celle des immortels, ait été l'ouvrage du génie de Prométhée et le fruit de l'heureuse association des substances solides et liquides, soit que leur cœur porte la trempe, l'empreinte de l'essence divine et que leur existence tire sa source du sang illustre des Titans, car nul être n'est supérieur à l'homme, si l'on en excepte les dieux, nous ne cédons qu'à eux seuls. Que d'animaux féroces des montagnes, doués d'une force énorme, son courage n'a-t-il pas domptés! Que de races d'oiseaux élancés, errans dans les airs, à la hauteur des nues, ne sont pas tombées sous ses coups, quoiqu'il soit inhabile à s'élever de terre! Ni l'audace terrible du lion ne l'a mis à l'abri d'en être terrassé, ni le vol rapide de l'aigle ne l'a dérobé à sa poursuite. Enchaîné par l'homme, le grand et noir quadrupède de l'Inde a subi le joug, a courbé son dos sous les poids les plus lourds, s'est soumis aux pénibles travaux du trait. Que d'immenses cétacés vivent dans les champs de Neptune! Loin d'être au-dessous des animaux terrestres par leur masse, ces monstres marins l'emportent de beaucoup par leur taille, par l'énergie de leurs muscles. On trouve sur le continent certaines espèces de tortues qui n'ont ni le pouvoir, ni le moyen de nuire; on ne se présente point sans danger au milieu des flots devant la tortue de mer. Les chiens de terre sont redoutables par leurs morsures; aucun n'est comparable dans sa fureur, à ceux de l'empire d'Amphitrite. La panthère est une des bêtes de terre les plus terribles; celle des mers l'est bien davantage. La terre a sa cruelle hyène; celle des ondes est mille fois plus horrible. La première a ses béliers, animaux innocens des bergeries; ceux qui approcheront de ceux des eaux, n'auront point à se louer de leur douceur. Qui mettrait au même rang la férocité des sangliers et celle de l'exécrable lamie? Qu'est le lion en proie à la rage la plus effrénée, à côté de l'affreuse zygène? L'ours aux longs crins redoute même sur la terre la violence plus cruelle des phoques, et s'il en est attaqué succombe inévitablement. Tels sont les êtres à si grande puissance dont les mers sont peuplées. Toutefois la race intraitable des humains met en usage les manœuvres les mieux combinées pour parvenir à leur ruine; ils sont vainqueurs dans les combats qu'ils engagent même avec les cétacés. Je vais dire les fatigans travaux de leur pêche. Célestes soutiens de la terre, ô mes souverains! prêtez-moi une oreille favorable.

Les cétacés vivent en grand nombre et de grande dimension dans le sein des plus hautes mers; ils ne s'élèvent que rarement à leur surface, retenus dans le fond par l'énormité de leur poids. Une faim toujours active, toujours impérieuse les tourmente sans cesse; leur indomptable voracité ne connaît point de relâche. Quel serait le mets d'une grosseur suffisante pour combler le gouffre de leur vaste estomac, pour assouvir ce besoin toujours renaissant d'une nouvelle proie? Ils se détruisent mutuellement : le plus fort donne violemment la mort au plus faible; ils se dévorent entre eux et se servent les uns aux autres de nourriture. Trop souvent leur présence glace les nautoniers d'épouvante dans la mer occidentale d'Ibérie, lorsque quittant les abîmes immenses de l'Océan, ils se portent de préférence sur ces parages, tels que des vaisseaux à vingt rames. Trop souvent, dans le séjour qu'ils font dans ces mers, ils s'approchent des rivages à grands fonds où les pêcheurs leur font la guerre. Ces énormes habitans des eaux ont tous, si l'on en excepte ceux de la race des chiens, des membres lourds et peu propres aux courses rapides. Leur vue ne s'étend pas au loin; ils ne se montrent pas sur toute l'étendue des ondes, embarrassés par le jeu difficile de leurs parties trop massives; ils se roulent pesamment et avec lenteur sur les flots; aussi vont-ils tous escortés d'un poisson de taille médiocre à corps long, à queue grêle, qui, en avant, à une petite distance, leur sert comme de signal et les conduit sur les mers; de là le nom de *conducteur* [1] qu'on lui a donné. Il est, pour le cétacé, un compagnon extrêmement cher et précieux, son guide, son gardien qui l'entraîne sans effort partout où il veut. Toujours fidèle à son fidèle conducteur, le cétacé le suit aveuglément et ne suit que lui. Le poisson ne s'en éloigne jamais, avance la queue à portée de ses yeux et l'avertit par elle de toutes choses, de l'approche d'une proie, de la présence de quelque obstacle, de quelque basfond qu'il est utile d'éviter. Cette queue, comme si elle jouissait du don de la voix, l'informe de tout, et le cétacé se règle sur son rapport. Enfin ce poisson est son enseigne, ses oreilles, ses yeux; il n'entend ni ne voit que par lui; il lui livre sans réserve le soin de sa garde et de sa vie. Ainsi qu'un jeune homme que son pieux amour fait rendre à son vieux père de tendres soins si doux à la vieillesse en retour de ceux qu'il reçut dans l'enfance; qui, toujours à ses côtés, lui prodiguant les plus touchantes caresses, guide les pas chancelans de ce père chéri dont les ans ont affaibli les organes et rendu la vue incertaine, qui, d'une main tutélaire le soutient dans sa marche et lui sert en toute occasion d'appui, de défenseur; les enfans sont en effet la force renaissante des vieillards : ainsi le poisson dirige par amour ce colosse des mers comme un pilote qui, le gouvernail en main, règle le mouvement d'un navire; soit que dès le moment de leur naissance les nœuds du sang les aient unis, soit que l'instinct libre de sa bienveillance ait attaché le poisson au cétacé.

Ainsi l'avantage d'un corps vigoureux, celui de la beauté, sont au-dessous de ceux de l'esprit. Ainsi la force sans intelligence est un don de peu de valeur. L'homme même le plus fort est vaincu, tandis qu'un autre plus faible, mais d'un heureux génie, triomphe. C'est ainsi que l'énorme cétacé, aux vastes membres, se fait précéder d'un petit poisson. Le pêcheur s'occupe d'abord de prendre ce vigilant conducteur en mettant sous ses yeux le frauduleux appât, le perfide hameçon. Tant qu'il serait vivant, le pêcheur ne réussirait point, malgré tous ses efforts, à dompter le cétacé; lorsqu'il aura tué son guide, la victoire lui coûtera moins de peines et de fatigues. L'animal, privé de son compagnon, ne voit plus d'une manière si distincte sa route sur les mers, n'évite pas si aisément les dangereux écueils. Pareil à un bateau de transport qui a perdu son nautonier, il erre au hasard et sans défense au gré des flots, se porte dans des endroits obscurs et sans abri, veuf de son guide protecteur, et va donner dans sa marche vagabonde contre les rochers et les rives, tant est épais le nuage qui plane sur ses yeux. Les pêcheurs alors, plus prompts que la pensée, volent à l'attaque en priant les dieux qui président à ce genre de pêche de favoriser leur entreprise contre les monstres d'Amphitrite. Comme un gros détachement de guerriers qui dans la nuit se portent furtivement, avec précaution, sous les murs d'une ville ennemie, qui trouvant, par une faveur signalée du dieu des combats, les sentinelles, les gardiens des portes endormis, tombent sur eux et les massacrent, de là s'élancent avec audace dans la ville même et dans le fort, armés du tison fatal prêt à réduire en cendres leurs bâtimens d'une si belle construction : ainsi la bande des pêcheurs s'avance avec confiance devant le cétacé dénué de son gardien que la mort lui a ravi. Ils cherchent d'abord à reconnaître la masse et la grandeur de l'animal; ils s'arrêtent à ces signes : s'il ne laisse paraître au-dessus des ondes, lorsqu'il s'agite dans leur sein, qu'une très-petite partie de son dos et la sommité seulement de sa tête, qui est grosse et vaste, les flots surchargés de son poids ne le soulèvent qu'à peine, ne le supportent que dif-

---

[1] Le centronople pilote.

ficilement; si son dos se montre d'avantage, on en augure un poids plus faible. Les moindres sont plus rapides dans leur course. Les pêcheurs ont une corde tressée de plusieurs plus petites fortement tordues, pareille au câble moyen d'un vaisseau : sa longueur sans limite a l'étendue qu'exige la pêche. Leur hameçon est un gros fer crochu hérissé des deux côtés de pointes aiguës qui se correspondent, qui seraient capables de déraciner une pierre ou quelque fragment de rocher, enfin d'une assez grande dimension pour occuper la vaste gueule du cétacé. Au manche du noir hameçon est fixée une chaîne forte et solide, dans le cas de résister aux violens efforts de ses dents, ainsi qu'aux autres défenses de sa bouche; cette chaîne est protégée par des liens circulaires et très-rapprochés les uns des autres, qui contiennent l'animal dans ses écarts et l'empêchent de rompre le fer lorsqu'il se tourmente, tout sanglant et déchiré par les plus terribles douleurs. Les pêcheurs roulent donc tout autour une corde flexible; ils garnissent l'hameçon d'un funeste appât, de l'épaule ou du foie gras et noir d'un bœuf, mets analogue à la gueule de l'animal. Ils prennent une foule d'instrument nouvellement polis et aiguisés comme pour une bataille, des épieux forts, de robustes tridens, des harpons, d'horribles tranchans et tant d'autres sortis naguère de dessus les enclumes retentissantes des fils de Vulcain. S'embarquant avec ardeur sur leurs navires solidemens assemblés, ils se demandent par des signes et se font passer les uns aux autres en silence ce qui est nécessaire à chacun; leurs rames muettes blanchissent l'onde amère; euxmêmes s'interdisent le moindre bruit, dans la crainte que le cétacé, n'ayant l'éveil de quelque dessein, ne disparaisse en se portant dans les plus profonds abîmes et que leurs travaux n'aient qu'une vaine issue. Lorsqu'ils sont assez près, ils lancent du haut de la proue vers lui le terrible hameçon. A peine voit-il cet énorme appât, il s'élance, et cédant à son irrésistible voracité, se jette sur cette proie : sa large gueule s'ouvre pour la saisir, et saisit tout ensemble le fer recourbé qui s'engage dans ses chairs, qui s'y fixe par ses pointes. Irrité de sa blessure, il avance et tourmente d'abord avec rage sa terrible mâchoire, dans l'espoir de rompre la chaîne de fer. Efforts inutiles : excité par les plus ardentes douleurs, il se roule prcipitamment dans les gouffres les plus reculés des mers. Les pêcheurs aussitôt lui abandonnent toute la corde, car les mortels ne sont pas doués d'une assez grande force pour enlever, pour dompter malgré lui cet immense animal, qui, lorsqu'il est emporté par son impétueuse fureur, les entraînerait eux et toutes leurs galères au fond des flots. Au moment qu'il s'y plonge, ils lui envoient de grandes outres remplies d'air qui tiennent à des cordes dont ils les attachent. Mis hors de lui-même par les tourmens qu'il éprouve, il s'embarrasse peu de ces outres et les fait suivre forcément, quelque résistance qu'elles opposent, avec quelque effort qu'elles se portent au haut des ondes. Mais lorsque, le cœur dévoré d'inquiétude, il approche de leur fond, il s'arrête, écumant de rage et de douleur. Tel qu'un coursier qui, parvenu tout suant au terme de sa course, fatigue le mors oblique dans sa bouche remplie de son haleine embrasée et le rougit de son écume sanglante; tel il s'arrête, poussant d'affreux soupirs. Les outres, quelque désir qui le presse, ne lui permettent point le moindre relâche au-dessous des eaux : elles remontent à l'instant même avec rapidité et jaillissent à leur surface, enlevées par l'air qu'elles renferment. Il est ainsi en butte à un nouveau genre de combat. Il s'élance, vainement ambitieux de punir de ses morsures ces outres téméraires; elles reculent à son approche et ne se laissent jamais atteindre, semblables à des êtres vivans qui ont pris la fuite. Frémissant de fureur, il s'enfonce de nouveau dans les mers et s'y précipite en tourbillons nombreux, tantôt volontairement, tantôt malgré lui, tirant et tiré tour à tour. Comme des ouvriers en bois qui exécutent ensemble avec vitesse les travaux du sciage, pressés de finir ou quelque barque ou quelque pièce nécessaire aux navigateurs, tous deux, après avoir fixé la position de la scie, la tirent vers eux avec un égal effort tandis que ses dents s'ouvrent une nouvelle route : allant, venant des deux côtés, elle coupe, elle scie, toujours entraînée et de nouveau tirée. Telles sont les luttes qui ont lieu entre ces outres et le monstre des mers. Bouillonnant de douleur, il vomit au loin sur les flots une noire écume; son souffle terrible mugit sous l'onde qui mugit aussi emprisonnée; on dirait que celui de l'impétueux Borée est engouffré dans son sein. L'animal pousse son haleine avec force et violence : tour à tour, les nombreux torrens de ce souffle, lancés en longs ruisseaux dans l'abîme forcent et creusent les eaux en s'y frayant une route. Comme entre les dernières extrémités des mers d'Ionie et de la bruyante Thyrrène, dans l'espace si resserré qui forme le détroit toujours agité par les expirations véhémentes de Typhon, l'onde grosse et rapide est tourmentée par les chocs des anfractuosités qu'elle rencontre sans cesse, et la noire Charybde tourbillonne, entraînée sur elle-même par ces reflux trop fréquens ; ainsi l'empire d'Amphitrite, mis partout en mouvement par l'immense et rapide haleine du monstre est bouleversé jusque dans ses gouffres. Un des pêcheurs, pressant alors la rame, conduit promptement sa nacelle vers la terre, lie la corde à quelque roche de la rive et retourne comme s'il avait amarré un bâtiment avec le câble de la proue. Lorsque le cétacé, las de tant d'agitations, plongé dans l'ivresse par la douleur, sent son cœur féroce s'affaiblir, dompté par la fatigue et que les balances inclinées de l'odieuse mort l'entraînent, une des outres surgit, messagère et premier signal de la victoire. Sa présence excite une joie vive parmi les pêcheurs. Lorsqu'un héraut, aux vêtemens blancs, retourne d'un combat, objet de tant d'alarmes, ses concitoyens, rayonnant d'espérance, s'empressent autour de lui, avides d'entendre à l'instant son heureux message ; de même les pêcheurs, voyant cette outre d'un présage favorable, sentent leur cœur agité des plus doux mouvemens. Bientôt les outres s'élèvent et remontent à la surface des flots, amenant après elles l'énorme animal : accablé de ses douleurs et de ses blessures, il est enlevé malgré lui.

A cette vue, l'audace des pêcheurs s'allume ; ils poussent à force de rames leurs galères vers le cétacé ; la mer retentit au loin des cris et des clameurs de ces marins, qui s'appellent, qui s'excitent les uns les autres : on croirait voir les approches et les dispositions d'un combat naval, tant ils montrent d'ardeur, tant est grand le tumulte dont ils assourdissent les mers, tant ils brûlent d'impatience de fondre sur le cétacé. Le chevrier gardant ses troupeaux, le berger faisant paître ses brebis dans la vallée, le bûcheron frappant le pin de de sa cognée, le chasseur poursuivant les bêtes féroces, entendant au loin ce bruit étrange et funeste, se rendent étonnés vers le rivage et, se plaçant sur une éminence, s'établissent spectateurs des rudes travaux de ces hommes, de leur combat sur les ondes, de l'épouvantable issue de cette pêche.

L'horrible et mortelle attaque commence. Quelques-uns des pêcheurs mettent en œuvre l'affreux trident, les autres l'épieu à pointe aiguë ; ceux-ci font mouvoir les faulx au dos courbe, ceux-là frappent de la hache tranchante ; tous sont occupés, tous armés de fers redoutables les dirigent contre la vaste mâchoire du cétacé ; ils le parcourent aussi tout autour frappant, blessant, accablant de coups sans relâche ce malheureux animal. Abandonné de son immense force, il ne peut plus, quel que soit son désir, écarter de sa gueule ces bâtimens ennemis dont il est assiégé. Toutefois, en s'agitant dans l'onde, ses énormes nageoires ou l'extrémité de sa queue leur impriment encore un choc terrible du côté de la poupe et rendent vains une dernière fois les travaux des rames, l'effort guerrier des pêcheurs ; semblable à un vent impétueux qui pousse contre la proue d'un navire les vagues irritées et contraires. On entend les cris confus de ces marins qui retombent sur l'animal ; la mer est souillée du sang noir que vomissent ses cruelles blessures, l'onde en bouillonne et en est rougie. Ainsi lorsqu'une terre rouge et ocreuse, détachée par les torrens d'hiver de la cime rouge des monts et fondue dans leurs eaux est entraînée par l'impétuosité de leur chute dans le sein grossi des mers, les flots d'Amphitrite sont chargés au loin de cette teinte rougeâtre et paraissent entachés de sang ; ainsi cette partie du domaine de Neptune est maintenant rougie et mêlée de celui qui jaillit des nombreuses blessures du monstre. Les pêcheurs, par des jets adroitement dirigés, font pénétrer un poison dans ces plaies ; l'onde même, par le sel dont elle est imprégnée, devient brûlante pour elles comme le feu, et conspire à précipiter sa mort. Lorsque la foudre, lancée par le maître en courroux des dieux frappe un navire qui sillonne la mer et y fait un affreux ravage, l'onde amère, se joignant à ces horribles feux, ajoute la violence de ses chocs à ceux de ces carreaux embrasés ; de même l'élément liquide par les substances qui s'y dissolvent enflamme, irrite davantage les plaies cruelles, les terribles tourmens du cétacé.

Mais lorsque accablé sous le poids de tant d'intolérables maux, il touche au milieu des plus rudes angoisses, aux portes du trépas, les pêcheurs ravis de joie le tirent chargé de liens sur le rivage : il est entraîné malgré lui toujours percé de fers acérés, de robustes épieux, chancelant et dans l'étourdissement, dans la fatale ivresse de la mort. Les pêcheurs, entonnant alors le grand Pœan de la victoire, balançant les rames de leurs bras vigoureux, s'abandonnent aux plus vifs transports, et dans le temps qu'ils pressent leurs navires, remplissent les airs de leurs chants rauques et aigus. Lorsque après un combat naval, les vainqueurs enchaînant les vaisseaux de leurs ennemis, portent à la hâte et pleins d'allégresse sur la terre ceux qui les montaient et chantent le bruyant, le joyeux Pœan de leur victoire navale, les vaincus suivent forcément et dans la tristesse en cédant à l'impérieuse nécessité ; de même les pêcheurs après avoir enchaîné le monstre le remorquent sur le rivage. Lorsqu'il est près d'y toucher, c'est alors le trop réel et terrible moment de sa mort : il palpite, il bat l'onde de ses nageoires frémissantes comme un oiseau qui s'agite et se débat aux autels contre la mort prête à en faire sa proie. Infortuné ! qui soupire sans doute après des eaux d'une plus grande profondeur. Son énorme puissance est anéantie, ses membres engourdis n'obéissent plus ; il est entraîné sur la terre poussant d'affreuses haleines. Ainsi que des nautoniers qui, voulant aux approches de l'hiver se reposer de la fatigue de leurs courses maritimes, retirent du sein des mers, conduisent sur la terre un gros navire de transport et n'y parviennent qu'au prix des plus rudes travaux ; ainsi les pêcheurs amènent avec effort sur la rive le monstrueux cétacé. Toute la grève est couverte de ses immenses membres gisans. Étendu, mort, il est même horrible à voir : quoiqu'il ait cessé de vivre, quoiqu'il soit couché sur le sol, on n'ose s'avancer trop près de son informe cadavre ; on le craint encore lorsqu'il n'existe plus ; on frémit encore après son trépas à la vue des dents dont ses terribles mâchoires sont armées. Enfin les pêcheurs, s'animant entre eux, se réunissent autour de cette masse inanimée qu'ils ne voient même qu'avec effroi. Les uns considèrent l'épouvantable charpente de ses mâchoires, le triple rang de ses dents saillantes en fer de lance très-rapprochées, à pointes nombreuses et aiguës ; d'autres se plaisent à toucher ces cruelles blessures, dont leurs instrumens meurtriers ont accablé le monstre : ceux-là regardent avec étonnement cette épine tranchante de son dos hérissé d'atroces aiguillons ; ceux-ci attachent leurs regards sur sa queue, d'autres sur son ventre à si vaste capacité, d'autres sur son énorme tête. L'un d'entre eux en voyant cet horrible tyran des mers, plus habitué à passer sa vie sur le continent que dans l'empire d'Amphitrite, prononce ces mots qui sont entendus de ceux de ses compagnons dont il est entouré : « Terre amie, qui prends soin de me nourrir, tu m'as donné l'existence, tu me pourvois d'alimens terrestres ; puisses-tu recueillir mon dernier soupir lorsque mon jour fatal sera venu ! Que je ne sois point une des victimes des nombreux dangers des mers ! Que je puisse du rivage payer mon juste tribut à Neptune ! qu'un bois d'une mince épaisseur ne me transporte point sur les ondes rebelles ! que je n'aie point à gémir de voir s'avancer dans les airs les vents et les orages ! Ils causent aux mortels une crainte plus affreuse que les flots, que les tourmens d'une navigation pénible auxquels ils sont en butte au milieu des tempêtes les plus désastreuses. N'est-ce point assez de perdre la vie dans la vaste mer ? faut-il encore servir de proie à de pareils monstres ? faut-il, privé de sépulture, être réservé si on les rencontre à remplir le gouffre odieux de leur estomac ? De pareils malheurs me font frémir. O mer ! salut donc de dessus la terre ; sois-moi de loin douce et propice. »

Telles sont les manœuvres dont on fait usage contre ceux de ces cétacés, à plus vaste dimension, dont le poids immense affaisse les ondes : on en emploie de moindres contre ceux d'une moindre grandeur. On se sert d'instrumens dont la proportion suit celle de ces animaux, de cordes plus minces, d'hameçons moins forts, d'un plus petit appât. Au lieu d'outres de la peau de chèvres, on a des courges sèches, disposées en cercle, qui enlèvent, par leur légèreté, ce genre de cétacés.

Les pêcheurs en veulent-ils aux petits des lamnes, ils dénouent le plus souvent le lien dont la rame était contenue, et le font arriver dans les flots. Sitôt que l'animal l'aperçoit, il s'y jette et le saisit de ses fortes mâchoires. Ses dents crochues, engagées comme par des nœuds à ces liens, y restent irrévocablement arrêtées; on le prend alors avec moins de peine, en le frappant à coups pressés de l'impitoyable trident.

Au nombre de ces intraitables cétacés est la race des chiens, si distingués des autres par la fureur de leur immodérée voracité. Ils se font remarquer surtout par l'impudence et l'audace les plus effrénées. Hardis jusqu'à l'insolence, transportés de la rage la plus affreuse, rien ne leur inspire de crainte. Lors même qu'ils sont captifs dans les filets, ils osent souvent s'élancer sur les marins, s'approcher de leurs nasses remplies de poissons, et s'approprier leur pêche, dont ils font à l'instant un doux repas. Le pêcheur attentif, leur présentant à propos l'hameçon et les poissons pour appât, en fera une proie facile, due à leur aveugle et insatiable avidité.

On n'attaque le phoque ni avec l'hameçon ni avec des instrumens à trois pointes qu'on fasse pénétrer dans son corps; il est protégé par une peau extrêmement dure, rempart impénétrable. Lorsque les pêcheurs l'aperçoivent enveloppé, malgré eux, dans les dictues, au milieu de nombreux poissons, ils n'ont pas un moment à perdre pour amener les rets sur le rivage; le moindre retard ferait triompher le phoque dans ses efforts pour s'échapper; quel que fût le nombre des filets, il s'y précipiterait et les romprait facilement des pointes dures et aiguës de ses ongles : il serait tout à la fois le libérateur des autres poissons qui étaient emprisonnés avec lui et l'occasion d'une douleur cruelle pour les pêcheurs. S'ils se pressent de l'entraîner à terre ils lui donneront la mort en assénant violemment sur ses tempes de grands coups de leurs tridents, de leurs barres noueuses, de leurs longues perches : les blessures dont les phoques sont atteints à la tête leur donnent le plus prompt trépas.

Trop souvent l'importune présence des tortues dérange la pêche et fait tort à ceux qui s'y livrent. Un homme hardi, dont le cœur est inaccessible à la crainte, n'aura qu'une peine légère à s'en rendre maître. Se portant sur la rude tortue, au milieu des flots, il la retourne et l'asseoit sur sa carapace [1]; elle tentera vainement de se soustraire à la mort : palpitant avec force, elle essaiera de ses pieds exhaussés de se rétablir par de faibles et vaines natations, et provoquera le rire des pêcheurs, qui tantôt la feront périr sous les coups de leurs instrumens de fer, tantôt la retireront captive du sein de leurs filets : ainsi lorsqu'un folâtre enfant joue avec une tortue des montagnes et la met sur le sol à la renverse, couchée sur le dos, elle ambitionne ardemment de retrouver le contact de la terre, agite ses pieds rugueux, et palpitant avec plus de fréquence, tourmente ses genoux crochus, prêtant à rire à ceux qui la voient dans ce bizarre embarras; ainsi l'animal des mers, du même genre, renversé, retourné dans l'onde, est à la merci des pêcheurs. Souvent cette tortue vient sur la terre, où ses écailles sont surprises par l'ardeur des rayons de Phébus; elle reporte dans les flots ces parties desséchées; trop légère alors, elle surnage et ne saurait gagner le fond; elle roule sur elle-même à la surface, en proie au vain désir de pénétrer dans l'intérieur; les marins qui la rencontrent dans cet état s'en emparent facilement et à leur gré.

La pêche des dauphins est réprouvée des dieux : les sacrifices de celui qui oserait la faire ne leur seraient point agréables; il n'approcherait de leurs autels qu'une main profane. L'homme qui se porte volontairement à leur faire la guerre entache de son crime tous ceux de sa maison. Les immortels sont également irrités du meurtre des humains et de celui de ce prince des mers. Un même génie est le partage des hommes et de ces ministres de Neptune. De là le principe, comme naturel, de leurs affections, le nœud qui les lie à l'homme d'une amitié si particulière; aussi dans les parages de l'Eubée [1], les dauphins prêtent-ils leur assistance aux pêcheurs, quels que soient les poissons qu'ils ambitionnent de prendre. Lorsque dans leurs pêches nocturnes ils se présentent sur les ondes armés de l'épouvantail de leurs feux, de la lumière vive d'une lampe d'airain, les dauphins se rangent à leur suite pour hâter avec eux leur pêche. Les poissons, saisis d'épouvante, prennent la fuite, les dauphins, du sein des eaux, viennent réunis à leur rencontre, les forcent de retourner en arrière, les harcèlent, les pressent, quoique ambitieux de gagner le fond, de faire

---

[1] Par le mot *carapace*, on entend la partie convexe de l'écaille dont le dessus du corps de la tortue est recouvert; par celui de *plastron*, l'écaille plate qui en recouvre le dessous, et qui s'applique au sternum.

[1] Une des îles de la mer Égée.

retraite vers la terre ennemie ; semblables à des chiens de chasse qui, par leurs aboiemens successifs, décèlent, ramènent le gibier aux chasseurs. Repoussés ainsi vers le rivage, dans le trouble et le désordre, les poissons tombent aisément dans les mains des pêcheurs, percés de leurs tridens aigus. Voyant que la route des mers leur est fermée, ils bondissent dans l'onde, pressés par les dauphins, leurs rois, et par les feux des marins. Lorsque le travail de cette heureuse pêche est terminé, les dauphins s'approchent pour demander le prix de leur secours, pour recevoir leur part du butin : les pêcheurs ne s'y refusent point, ils leur délivrent sans peine la portion qui leur en est due. S'ils commettaient l'injustice de leur en faire tort, les dauphins ne s'offriraient plus dans la suite comme auxiliaires dans leurs pêches.

Qui n'a connaissance de cette antique histoire du chanteur de Lesbos, qui, monté sur un dauphin, tranquillement assis sur son dos, sillonna les plaines liquides sans interrompre ses harmonieux accords, se déroba ainsi au sort fatal dont le menaçaient des pirates, et aborda au Ténarium [1], sur les rives montueuses des Lacons ? Peut-être aussi a-t-on présenté à la mémoire cette affection si justement célèbre d'un dauphin pour ce jeune berger de la Libye, qui, gardant les troupeaux, devint l'objet de son vif attachement. Jouant avec lui près du rivage, se plaisant au son de la flûte pastorale, il aimait à se confondre avec les brebis paissantes, à quitter la mer, à goûter l'abri des bois. L'entière Éolide conservera toujours le souvenir de cette tendre amitié qu'un dauphin, non dans les siècles reculés, mais de nos jours même, portait à un jeune insulaire qu'il aimait comme s'il eût été l'auteur de ses jours. Ce dauphin vivait près d'une île, on le voyait toujours au port comme un habitant de la cité; son cœur ne pouvait se détacher un moment de son jeune ami. Dès leur plus tendre enfance et à mesure qu'ils avaient avancé en âge, les liens de la plus étroite amitié s'étaient de plus en plus resserrés entre eux : le dauphin s'était fait aux mœurs et aux habitudes de l'enfant. A peine avaient-ils atteint l'époque et toute la vigueur de leur puberté, déjà le jeune homme et le dauphin l'emportaient à la course, le premier sur ses compagnons, le second sur ceux de son espèce. On vit alors un phénomène vraiment admirable, difficile même à croire, fait pour frapper d'un égal étonnement les étrangers et les gens du pays. La renommée, qui publie au loin ce prodige, attire un grand concours de personnes empressées d'être témoins de cette union intime du jeune homme et du dauphin. La foule qui se rend sur le rivage pour admirer cette étrange amitié croît de jour en jour. Le jeune homme, monté sur sa nacelle, navigue au-devant du port, il appelle le dauphin, il l'appelle de ce nom qu'il lui a donné dès ses plus jeunes ans. Le dauphin, à la voix du jeune homme, s'élance comme un trait, arrive à la nacelle, balance sa queue, soulève fièrement sa tête en signe de joie, avide de se presser sans intermédiaire auprès du jeune homme ; celui-ci le frappe mollement de ses mains, le caresse avec amitié ; le dauphin voudrait pouvoir se placer dans la nacelle, à ses côtés. Sitôt qu'il le voit plongeant d'un saut léger dans l'onde, il nage avec lui, près de lui, soulevant de ses flancs les flancs de son ami, pressant de sa tête et de sa bouche la tête et la bouche du jeune homme on dirait qu'il veut l'accabler de baisers, qu'il aspire à serrer sa poitrine contre la sienne, tant il nage côte à côte avec lui. Le dauphin se trouve-t-il à portée du rivage, le jeune homme, saisissant la partie postérieure de sa tête, monte sur son dos humide. Fier, heureux de cette charge aimée, le dauphin la reçoit avec plaisir et se porte partout où son conducteur chéri lui en manifeste le désir, soit qu'il veuille s'engager dans le lointain des mers, soit qu'il préfère retourner près du port ou s'approcher de terre ; il obéit à la moindre expression de sa volonté. Un coursier, dont la bouche est sensible, suit avec moins de docilité l'impulsion que lui imprime son maître à la faveur du frein oblique ; un chien, compagnon ordinaire d'un chasseur, est moins docile, moins empressé de le suivre partout où celui-ci porte ses pas ; les ministres d'un souverain ont une volonté moins en harmonie avec la sienne, moins d'ardeur de se conformer à ses ordres que le dauphin de céder au moindre vœu de son ami, sans mors, sans frein qui l'y obligent. Il ne se borne pas à le porter lui-même ; au moindre signe, il en fait autant de tout autre, l'admet sur son dos, lui obéit, ne se

---

[1] Promontoire qui est la terre du Péloponèse la plus avancée vers le midi ; il se nomme aujourd'hui Matapan, du mot grec *metopon*, qui signifie front. (*Géographie de Danville*, p. 72.)

refuse, par amitié pour son ami, à aucune espèce de service, tant cette amitié est vive et sincère. La mort frappe le jeune insulaire : le dauphin, tel qu'un homme en proie à la plus inquiète douleur, va, revient sans cesse sur le rivage, cherchant, redemandant partout son tendre ami. On croit réellement entendre la voix plaintive et gémissante d'un mortel, tant la douleur qui le presse est profonde et pénible. Les autres habitans de l'île l'appellent ; il ne se rend pas le plus souvent à leurs cris, il ne veut plus de la nourriture qu'ils lui prodiguent ; il disparaît bientôt de cette mer : personne ne l'a plus vu depuis, il n'a plus paru au port ; le vain désir de revoir son ami l'a consumé : il n'a pas tardé à le rejoindre dans le tombeau.

Toutefois, quelque bonté qui distingue leur naturel, quel que soit l'esprit de bienveillance qui les anime en faveur des hommes, les Thraces barbares, ainsi que les habitans de Byzance, leur font sans pitié la guerre. Ces peuples sont éminemment féroces et méchans : ni leurs fils ni leurs pères n'en sont épargnés ; les liens du sang sont pour eux de faibles barrières. Ils conduisent ainsi cette cruelle pêche : deux dauphins jumeaux, double fruit d'un douloureux enfantement, vont à la suite de leur mère, pareils à des enfans en bas âge ; les Thraces impitoyables fondent sur eux en employant dans cette odieuse attaque leurs lances légères. Les dauphins voyant la nacelle s'avancer sur eux ne craignent point de l'attendre, ne cherchent point à prendre la fuite, ne soupçonnant pas de fraude les mortels, ne croyant point avoir à en redouter aucun outrage ; ils les accueillent, tout joyeux, de leurs caresses, comme de véritables amis. Ces transports les poussent à leur ruine. Les pêcheurs se portant aussitôt sur la lance à trois pointes projettent et enfoncent en entier dans leur corps le fer, instrument si terrible de ce genre de pêche ; ils en font une horrible blessure à l'un des jeunes dauphins. Arraché de son aplomb par la douleur, souffrant d'une manière cruelle, il se précipite au fond des eaux dans le plus affreux délire, fruit des maux intolérables, des tourmens atroces dont il est déchiré. Les pêcheurs ne tentent point de l'entraîner de force vers eux, ils se consumeraient en efforts inutiles pour obtenir ainsi leur proie ; ils lui livrent, au gré de ses désirs, une longue corde, pressent la nacelle de leurs rames rapides et suivent dans tous ses mouvemens le dauphin éperdu. Lorsque, affaibli par les plus horribles douleurs, il succombe à la fatigue et au déchirement du fer cruel, il reparaît à la hauteur des flots privé de sentiment : ses membres robustes sont dénués de force ; soulevé par l'onde légère, il est prêt à rendre le dernier soupir. Sa mère ne l'abandonne jamais, est sa constante compagne dans sa détresse, semblable à une personne qu'on retire du sein des eaux abattue et profondément gémissante : on croirait voir une mère dans le plus affreux désespoir, à qui des ennemis, après avoir pris une ville, arrachent ses enfans d'entre ses bras pour leur servir de butin, suivant l'exécrable loi de la guerre ; de même celle du dauphin s'agite dans la plus mortelle inquiétude autour de son petit si cruellement blessé, comme si elle-même avait été frappée du fer et en éprouvait les tourmens. Elle tombe sur son autre petit pour le forcer à s'écarter et le harcèle en l'éloignant toujours : « Fuis, mon fils, lui dit-elle ; les iniques humains ne sont plus nos amis ; ils disposent contre nous leurs armes et leurs attaques ; ils font déjà la guerre aux dauphins en rompant ce pacte d'alliance, ouvrage des immortels, en violant ce traité, ces nœuds si anciens d'amitié qui nous unissaient. » Tel est le langage qu'elle tient à ses petits, quoique privée de l'organe de la voix ; elle excite l'un à fuir au loin : souffrante des affreuses souffrances de l'autre, elle le suit même dans le voisinage de la nacelle et ne le quitte point. On tenterait en vain de l'éloigner : on n'y parviendrait ni en la frappant avec violence ni par quelque menace que ce pût être. Infortunée ! elle se laisse entraîner avec son petit qu'on entraîne jusque sous la main des pêcheurs. Ceux-ci, durs et inflexibles, n'ont aucune pitié de cette mère désolée ; leur cœur de fer reste inébranlable : tombant à coups redoublés de leurs lances sur la mère et sur son petit, ils leur donnent en même temps la mort à tous deux. S'ils donnent la mort à cette mère, ce n'est point contre sa volonté ; c'est le sachant, l'ambitionnant même, qu'elle succombe avec son fils mourant. Ainsi lorsqu'un dragon sorti de dessous quelque antre creux s'approche d'un nid d'hirondelles nouvellement nées et nues, les tue et les broie entre ses dents, leur mère, désespérée, vole d'abord au-dessus, poussant des sons aigus et pressés, vive et touchante expression de la douleur qu'elle éprouve du meurtre de ses petits; bientôt les voyant sans vie, elle ne cherche plus à se soustraire au trépas et se porte elle-même sous la dent du dragon jusqu'à ce qu'elle en reçoive la mort : ainsi celle du jeune dauphin périt avec lui en se précipitant aussi elle-même volontairement dans la main des pêcheurs.

On assure que les diverses races d'ostracés qui rampent dans les champs de Neptune sont plus fournies en chair toutes les fois que la lune arrondit son orbe; qu'elles remplissent alors plus exactement leurs coquilles; qu'au déclin de cet astre, leurs membres amaigris se resserrent sur eux-mêmes; que telle est la loi à laquelle ces mollusques sont soumis. Les pêcheurs se portant au fond des eaux retirent les uns de dessus le sable avec leurs mains, arrachent les autres de dessus les rochers auxquels ils adhèrent fortement : les flots en vomissent aussi un grand nombre sur le rivage ou dans les trous qui ont pu se creuser dans le sable.

Les pourpres sont les plus voraces des ostracés; voici la véritable manière dont on en fait la pêche : on a de petites nasses tissues de joncs très-serrés, dont la forme est celle des paniers connus sous le nom de *talares*; on introduit, on place ensemble dans leurs flancs des strombes et des cames. Emportées par leur aveugle et brûlante avidité, les pourpres ne tardent pas à paraître; elles avancent hors de leurs coquilles leurs langues allongées, qui sont en même temps minces et aiguës, et les engagent dans les claires-voies des talares. Elles n'y rencontrent qu'une bien faible nourriture; leurs langues, comprimées entre ces joncs trop peu distans, s'enflent : l'espace qui les sépare devient de plus en plus trop étroit : les pourpres font de vains efforts pour les ramener en arrière, elles y restent arrêtées et contenues par les douleurs les plus vives jusqu'à ce que les pêcheurs les retirent se débattant encore de leurs langues. Ils se servent ensuite de ces mollusques pour faire passer sur de riches étoffes leur belle, leur superbe teinte pourpre.

Je ne crois pas qu'il y ait de pêche qui présente de plus rudes combats, de plus déplorables travaux à ceux qui s'y livrent, que celle des éponges. Lorsqu'ils se disposent à la faire, ils ont soin de s'abstenir d'une nourriture, d'une boisson trop abondantes; ils ne s'abandonnent point aux douceurs d'un long sommeil peu convenable aux pêcheurs. Ainsi lorsqu'un chanteur célèbre, favori d'Apollon, se prépare à disputer le prix du chant, il ne néglige aucun moyen, il met tout en usage pour se maintenir jusqu'au moment du combat dans toute la force et la fraîcheur de sa voix; ainsi les pêcheurs d'éponges s'observent attentivement d'avance afin que leur respiration reste libre à leur entrée dans l'onde et les ranime contre le premier choc de leurs travaux. Lorsqu'ils y sont en butte en parcourant l'épaisse profondeur des mers, ils invoquent toutes les divinités des eaux et les supplient de les préserver de l'approche des funestes cétacés, ainsi que de toute autre rencontre dangereuse : s'ils aperçoivent le callichte, leur esprit rassuré reprend toute son énergie. On ne voit en effet dans aucune des parties de l'empire d'Amphitrite, où se trouve ce beau poisson, ni cétacé, ni monstre marin, ni tout autre objet qui puisse nuire : il se plaît, il se porte toujours dans les eaux limpides et qui n'offrent aucun danger; aussi l'a-t-on nommé le *poisson sacré*. Les pêcheurs, réjouis de sa présence, hâtent leurs manœuvres : l'un d'eux passe autour de ses reins une corde très-longue; il arme ses deux mains, l'une d'un gros poids de plomb, l'autre d'une faux bien affilée; il tient en rérerve dans sa bouche une préparation huileuse blanche. Placé sur la proue, il considère la vaste étendue de l'abîme, il songe aux tourmens terribles, à l'onde immense contre lesquels il va lutter. Ses compagnons l'excitent, l'encouragent de leurs discours, comme un homme au pied rapide prêt à s'élancer dans la carrière. Lorsque son cœur a pris assez d'assurance, il se précipite dans les flots; le plomb l'entraîne plus aisément au fond des mers où il aspire d'arriver. En entrant dans l'onde, il laisse échapper de sa bouche cette huile préparée, qui, se mêlant aux eaux, leur donne plus de transparence, une lumière plus vive; tel qu'un flambeau qui, au sein des ténèbres, fait sur l'œil une plus forte impression. Parvenu près des rochers, il aperçoit les éponges; elles s'y produisent dans le fond le plus bas des mers fortement adhérentes entre elles. On assure qu'elles jouissent du bienfait de la vie, ainsi que tant d'autres êtres qui naissent sur les rochers battus des eaux; sa main vigoureuse fond aussitôt sur elles et les coupe avec la faux, comme ferait un moissonneur des dons de Cérès. Il s'inquiète peu de s'arrêter plus longtemps; il agite promptement la corde, indiquant ainsi à ses compagnons de l'enlever. Le sang fétide des éponges jaillit à l'instant de toutes parts et se porte tout autour de lui. Souvent cette odieuse sanie s'attachant à ses narines arrête, par l'odeur repoussante qui lui est propre, le jeu de sa respiration : c'est par ce motif qu'il remonte avec tant de célérité et que ses compagnons le hissent plus prompts que la pensée. On ne saurait le voir ainsi sortir des mers sans être affecté tout à la fois du double sentiment d'une joie vive et d'une douleur mêlée de pitié : la crainte, ses accablantes fatigues mettent ainsi son corps dans le plus triste état d'épuisement et de faiblesse. Malheureux! trop souvent, dans son horrible et funeste pêche, il périt au milieu des mers surpris par la rencontre de quelque monstre. Il tire précipitamment la corde, avertissant par là ses compagnons de sa détresse; ils l'enlèvent à moitié dévoré par quelque affreux cétacé, spectacle horrible! désirant encore rejoindre son navire et ses compagnons. Les autres pêcheurs, douloureusement émus, abandonnent aussitôt ce lieu cruel, cette pêche exécrable, et, les yeux baignés de pleurs, transportent sur la rive les restes de leur infortuné compagnon.

Princes chéris de Jupiter, ô mes souverains! telles sont les diverses merveilles, les scènes variées, ouvrages de la nature et de l'art, que nous offrent les mers et dont j'ai recueilli la connaissance. Puissent vos navires, toujours secondés des vents doux et amis, sillonner le vaste Océan sans éprouver de dommage! Puisse l'empire d'Amphitrite être toujours peuplé, rempli d'innombrables poissons! Puisse Neptune, du fond des eaux, maintenir les fondemens de la terre dans leur inébranlable solidité et les défendre de toute secousse intérieure qui en provoque la destruction!

FIN DES OEUVRES D'OPPIEN.

OEUVRES DE SYNÉSIUS,

TRADUITES PAR GREGOIRE ET COLLOMBET.

PRÉFACE.

Il n'existe en français qu'une version de Synésius ; elle a pour titre : *Les hymnes de Synese Cyrenean, evesque de Ptolemaide, traduits du grec en françois par Iaques de Courtin de Cissé, gentilhomme percheron;* Paris, Gilles Beys, 1581, in-16, à la suite des *Euvres poétiques* du même auteur. Ce volume est rare ; il y en a un exemplaire à la bibliothèque de la rue Richelieu. Comme tous les poëtes du seizième siècle, Courtin de Cissé traduit son modèle en vers aussi intelligibles à peu près que le texte ; on jugera au surplus de son mérite par l'hymne suivant, qui est le huitième :

Je mari'rai céte fois
Ma haute-chantante voix
A la chanson dorienne
De ma harpe aonienne,
En ton honneur bienheureux,
En ton honneur merueilleux,
O fils de la Vierge mere,
De la Vierge singuliere.

Or chasse d'autour de moi
Toute peur et tout emoi.
Garde, ô mon roy ! que ma vie
Au mal ne soit asseruie,
Soit que le soleil doré
Orne le ciel azuré,
Soit que lassé de sa course
Il cherche l'onduleuse source,
Epans sur moi le raion
De l'ineffable surgeon.

Mes membres armez de force
Bastent contre toute entorce,
Que ma jeunesse et mes faits
Viuent en honneur parfaits.
Ains que la douce vieillesse
D'une tremblante foiblesse
Face chanceler mes pas
Pour me conduire au trepas,
Fay qu'en heureuses iournées
I'allonge maintes années,
Mariant à la santé
Un auis sage arrêté.

Prens en ta garde mon Frere,
Lequel tu as, ô bon Pere,
Quand ia l'Enfer pallissant
Le retenoit languissant,
Fait retourner de nagueres
Dessous les celestes spheres,
Et as étanché les pleurs
Qui témoignoient mes douleurs,
Et la déurante flame
la maîtresse de mon ame,
Le tirant de l'autre bord,
Desia proye de la mort,
Pour l'amour de moi, ô Pere !
Qui t'en auoi fait priere.

Que ma seur et ses enfans
Soient à iamais triomfans,
Et dessous ta main tranquille
Garde touiours sa famille.

Aies, ô Seigneur ! pitié
De ma fidelle moitié ;
Que par toi elle soit pure
De maladie et d'iniure,
Tres-chere, semblable à moi,
Qu'elle, loialle en sa foi,
Entre-tienne d'un cueur sage
Les accors du mariage,
Chastes, purs, fuians touiours
Les impudiques amours,
Et son ame hors de la serre
De cette facheuse terre.

Chasse de moi tout mal-heur,
Chasse de moi la douleur,
Et qu'auec la troupe sainte
Qui ne sent la fiere attainte
De la mort, ni du destin,
I'aille, louangeant sans fin
Ta deité debonnere,
Auec celle de ton pere.

Que ie puisse encor tenter
Mon lut à fin de chanter
Un hymne plein d'excellence
A ta diuine puissance,
Peut estre que quelquefois
D'une plus hautaine voix,
Pour tes louanges redire,
Ie repincerai ma lyre.

Il existe plusieurs traductions latines de Synésius : la plus connue est celle du P. Péteau ; mais en présence du grec de notre poëte et de son vague platonisme, le latin du célèbre jésuite ne lève pas toutes les difficultés.

Nous avons suivi, pour cette édition, le texte que M. Boissonnade publia en 1825 dans son volume des *Lyrici Græci.* (Paris, Lefèvre, 1 vol. in-18). Le Synésius moderne, plus complet que celui du P. Pétau, occupe une grande place dans ce recueil, et va de la page 97e à la 160e. M. Boissonnade a bien voulu revoir nos épreuves, c'est-à-dire nous communiquer avec une rare bienveillance des remarques abondantes et précieuses que nous avons fait passer dans notre travail et qui sont pour nous une garantie.

Aux hymnes de Synésius nous avons ajouté un hymne de saint Clément d'Alexandrie, qui se trouve imprimé à la suite de plusieurs éditions de notre auteur. Nous avons suivi le texte publié récemment en Allemagne par M. Ferdinand Piper, et enrichi de savantes scholies. Le petit in-8° de M. Piper a pour titre : *Titi Flavii Clementis hymnus in Christum Salvatorem.* — *Severi Sancti Endelechii carmen bucolicum De mortibus boum*, edidit, vertit, illustravit Ferdinandus Piper ; Gottingæ, Douerlich, 1835.

Un ancien éditeur disait, en parlant de l'hymne de saint Clément :

« Quin etiam Clementis Alexandrini hymnum satis » insignem, quoniam ejusdem est et generis et car- » minis, ad finem velut *epimetron* adjecimus. »

C'est aussi la raison pour laquelle nous plaçons à la fin de cet ouvrage l'hymne de saint Clément.

NOTICE SUR SYNÉSIUS.

Un caractère remarquable du IVe siècle, de cette époque environnée de si près par la barbarie, c'est que les génies suscités par le christianisme se produisaient à la fois sur tous les points du monde romain. Cet idéalisme qui remplaçait la mythologie, et dont Grégoire de Nazianze offrit de si beaux modèles dans ses vers, ne se montre pas avec un éclat moins original dans les hymnes de Synésius, évêque de Ptolémaïs et contemporain de Chrysostôme. Ses ouvrages sont un monument curieux de la civilisation qui régnait encore au quatrième siècle dans la Cyrénaïque, contrée de l'Afrique méridionale anciennement colonisée par les Spartiates, quelque temps rivale de Carthage, tombée dans la suite sous la domination des Ptolémée d'Égypte, et léguée par l'un d'eux en héritage aux Romains qui d'abord la déclarèrent libre et ne tardèrent pas à la soumettre aux préteurs de l'île de Crète.

Cette fertile région que Pindare, dans ses vers, a nommée le *Jardin de Vénus*, et qui fit longtemps une partie du commerce de l'Orient, avait perdu beaucoup de sa splendeur : « Je pleure, disait Synésius, sur cette terre illustre de Cyrène qu'ont habitée les Carnéade et les Aristippe. » La capitale même était dépeuplée et presque en ruine, mais on comptait encore dans la province quatre grandes villes, Bérénice, Arsinoé, Apollonie et Ptolémaïs.

Ce fut là que, vers le milieu du quatrième siècle, naquit Synésius, d'une famille riche et illustre. Il ne fut pas, comme la plupart des orateurs chrétiens de son temps, préparé à l'enthousiasme par la solitude et les pratiques austères. Quoique le christianisme se fût depuis longtemps répandu dans la Cyrénaïque, Synésius ne reçut d'abord que l'éducation philosophique. Il alla dans Alexandrie écouter les leçons de la célèbre Hypatie, qui, belle, éloquente, vertueuse, enseignant à ses auditeurs charmés les vérités de la géométrie, semblait une Muse plus sévère suscitée pour la défense du paganisme.

Après les écoles d'Alexandrie, Synésius visita celles d'Athènes, cherchant la sagesse que se disputaient les partis et les sectes philosophiques ou religieuses.

De retour dans sa patrie, il continua les mêmes études. Ses concitoyens, accablés de maux par l'administration de l'empire et les invasions des Barbares, le députèrent à la cour d'Arcadius, vers l'époque où Chrysostôme venait d'en être banni. Synésius y prononça, devant le faible empereur, un discours sur les devoirs de la royauté, monument d'une philosophie libre et pure. Il ne craint pas d'y censurer le luxe de la cour de Bysance et la honteuse lâcheté qui faisait confier les dignités du palais et de l'armée à des étrangers, à des chefs d'origine barbare. C'étaient d'autres réprimandes que celles de la chaire chrétienne. Elles pouvaient être plus utiles au peuple, en réveillant le patriotisme et le courage.

Sysénius était marié, possesseur de vastes domaines, souvent occupé de fêtes et de plaisirs. La chasse et les travaux des champs ne lui prenaient pas moins de temps que la philosophie de Platon : « Mes doigts, dit-il lui-même, sont moins occupés à tenir la plume qu'à manier les dards et les bêches. »

Dans ce loisir, la fortune et la réputation de Synésius devaient attirer sur lui les regards de l'église chrétienne, toujours animée du prosélytisme qui lui avait soumis l'empire romain. Synésius était trop éclairé, peut-être trop mondain, pour partager les rêveries de quelques-uns de ces platoniciens qui, dans Alexandrie et dans Athènes, croyaient perpétuer le paganisme, en le transformant par un mélange bizarre d'abstractions et d'illuminisme ; mais il tenait fortement à quelques idées métaphysiques peu d'accord avec la théologie chrétienne. En croyant à l'immortalité de l'âme il ne pouvait admettre l'éternité des peines. Il adoptait les idées pures des chrétiens sur l'essence divine, mais il blâmait ou dédaignait leurs querelles sur les dogmes sacrés de leur foi, et dans le calme de sa raison et de son heureuse vie, on ne pouvait espérer qu'il se précipitât vers les autels d'un culte triomphant avec cette ardeur qui jadis attirait tant de néophytes vers des autels entourés de persécutions et de mystères. La simple initiation chrétienne qui, dans les premiers siècles, était un attrait assez puissant pour l'enthousiasme et la curiosité, ne suffisait plus, maintenant que le pouvoir et la foule étaient passés du côté du christianisme. Se convertir, c'était ressembler à tout le monde, et, par cela même, il y avait une sorte de séduction dans l'indépendance de l'esprit philosophique qui, dégagé des anciennes fables, sans appartenir entièrement à la loi nouvelle, se faisait à lui-même son culte et sa foi.

Telle était la situation d'âme où se complaisait Synésius, savant, riche, heureux, admiré de ses compatriotes. Les efforts des chrétiens redoublèrent pour attacher à leur foi une si difficile conquête ; ce fut une négociation suivie par les plus célèbres évêques d'Orient. Le peuple de Ptolémaïs le demanda pour évêque. Le patriarche d'Alexandrie, Théophile, le pressa de consentir à sa consécration. Synésius se défendait avec une modeste franchise, en alléguant ses goûts, ses opinions. Il se croit assez de vertu pour être philosophe, mais pas assez pour être évêque, dans l'idée sublime qu'il se fait des devoirs et des travaux de l'épiscopat.

« Songes-y, dit-il dans une lettre à son frère, je partage aujourd'hui mon temps entre le plaisir et l'étude. Quand j'étudie, surtout les choses du ciel, je me retire en moi ; dans le plaisir, au contraire, je suis le plus sociable des hommes. Mais un évêque doit être un homme de Dieu, étranger, inflexible à tout plaisir, entouré de mille regards qui surveillent sa vie, occupé des choses célestes, non pour lui, mais pour les autres, puisqu'il est le docteur de la loi et doit parler comme elle [1]. » Un autre motif du refus de Synésius, c'était son mariage : « Dieu lui-même, dit-il, la loi et la main de Théophile m'ont donné une épouse ; aussi je déclare et j'affirme que je ne veux ni me séparer d'elle ni vivre furtivement avec elle comme un adultère ; je veux et je souhaite au contraire en avoir de beaux et nombreux enfans. » L'adoption de Synésius parut un si grand avantage aux évêques d'Orient qu'on eut égard à tous ses scrupules et qu'on lui permit de garder sa femme et ses opinions.

A ce prix, Synésius devint évêque de Ptolémaïs. Il ne semble pas que sa vie ait beaucoup changé dans cet état nouveau. L'étude de la philosophie profane, les plaisirs des champs, le goût des arts et de la poésie continuèrent d'occuper ses jours. Il y mêla seulement la méditation de l'Écriture sainte et les soins charitables de l'épiscopat ; mais du reste il parut indifférent à ces controverses de théologie si épineuses et si subtiles, dont le sacerdoce chrétien fatiguait l'esprit des peuples.

Synésius, dans sa belle retraite de Libye, consacrait son éloquence à de plus utiles sujets. Souvent il célébrait, dans ses vers pleins d'élégance et d'harmonie, les mystères de la foi chrétienne, la grandeur de Dieu, son ineffable puissance, sa triple unité, la rédemption des âmes, la fin des sacrifices sanglans et le commencement d'une loi plus douce pour l'univers.

Telles sont les idées qui remplissent les chants du poëte philosophe et chrétien. On sent le disciple de Platon et l'imitateur des anciens poëtes de la Grèce ; mais cette couleur de métaphysique religieuse, qui est la poésie de la pensée, donne à ses accens un charme d'originalité sans lequel il n'y a point de génie. L'évêque grec du IVe siècle ressemble quelquefois, dans ses chants, à quelques-uns de ces métaphysiciens rêveurs et poëtes que la liberté religieuse a fait naître dans l'Allemagne moderne. Ce rapprochement ne doit pas étonner : le rapport des situations morales fait disparaître la distance des siècles. La satiété et le besoin de croyances, l'affaiblissement d'un ancien culte, l'enthousiasme solitaire substitué aux engagemens d'une croyance vieillie et bientôt insuffisant comme elle ; enfin l'adoption d'une foi nouvelle où l'esprit, ébloui par la fatigue, croit souvent retrouver ses propres idées et se fixe dans une règle qu'il transforme à sa manière, tel est le travail intérieur, la révolution morale par laquelle ont passé plusieurs de ces écrivains allemands tour à tour incrédules, déistes et catholiques.

L'imagination orientale qui, dans ses abstractions comme dans son enthousiasme, a plus d'un rapport avec la poésie des peuples du Nord, ajoute à la vérité de ce parallèle. Mais écoutons quelques hymnes de l'évêque marié de Ptolémaïs, du philosophe chrétien et poëte, qui mêle un souvenir de Platon au dogme du christianisme :

« Viens à moi, lyre harmonieuse ! etc..... »

Synésius, dans ses autres hymnes, ramène souvent les mêmes pensées. Cette poésie méditative a plus de grandeur que de variété. On peut cependant apercevoir dans les vers de Synésius le progrès de sa

[1] Epist. XXI.

croyance. L'extase un peu rêveuse est insensiblement remplacée par une foi plus positive, et l'imagination du poëte finit par se confondre avec le symbole de l'évêque.

Malgré ce goût pour la contemplation, Synésius embrassa fortement les devoirs de l'épiscopat, tel qu'il se montrait alors, zélé pour la défense du peuple et des opprimés. Il eut le beau caractère de la charité courageuse des premiers temps. Andronicus, gouverneur de la Cyrénaïque, en était le Verrès; il y avait introduit des supplices et des tortures inconnues dans les mœurs de cette colonie grecque. Après avoir inutilement réclamé près de lui par les conseils et la prière, Synésius le frappa d'une sorte d'excommunication par laquelle ils lui interdisait l'église de Ptolémaïs, et conjurait toutes les églises d'Orient d'imiter cet exemple.

Il est à remarquer cependant que l'évêque de Ptolémaïs ne prétendait attacher aucun pouvoir politique à l'épiscopat; ces deux choses lui semblaient inconciliables : « Dans les temps antiques, dit-il les mêmes hommes étaient prêtres et juges. Les Égyptiens et les Hébreux furent longtemps gouvernés par des prêtres; mais comme l'œuvre divine se faisait ainsi d'une manière tout humaine, Dieu sépara ces deux existences : l'une resta religieuse, l'autre toute politique.

» Pourquoi essayez-vous donc de réunir ce que Dieu a séparé, en mettant dans les affaires, non pas l'ordre, mais le désordre? Rien ne saurait être plus funeste. Vous avez besoin d'une protection, allez au dépositaire des lois; vous avez besoin des choses de Dieu, allez au prêtre de la ville. La contemplation est le seul devoir du prêtre qui ne prend pas faussement ce nom [1]. »

Mais, sans doute, en s'interposant pour les opprimés, en séparant de sa communion le préfet romain qui avait fait injustement torturer les plus illustres citoyens de la Cyrénaïque, Synésius, chrétien et grec, croyait ne remplir qu'un devoir et venger également sa foi et son pays.

Quelque temps après, le gouverneur ayant été disgracié, Synésius, dont il avait imploré le secours, le défendit contre la fureur du peuple. Mais la malheureuse province de Cyrène respirait à peine des cruautés d'Andronicus qu'elle fut ravagée par des peuplades barbares contre lesquelles le faible empire d'Orient ne pouvait la défendre. Ces peuplades [2], où les femmes mêmes étaient armées, détruisaient tout sur leur passage, et ne réservaient que les enfans des vaincus pour les élever et les enrôler dans leurs rangs. Monumens des arts antiques et du culte nouveau, derniers restes de la splendeur de cette florissante colonie, cités, temples, églises, tout périssait! Rien de plus touchant, de plus expressif, que les plaintes de l'évêque grec, qui voyait s'anéantir à la fois les deux civilisations qu'il aimait.

Dans sa douleur, il mêlait tous ses souvenirs chrétiens et profanes avec une naïveté, image curieuse de ces temps : « O Cyrène, disait-il, dont les registres publics font remonter ma naissance jusqu'à la race des Héraclides! Tombeaux antiques des Doriens, où je n'aurai pas de place! Malheureuse Ptolémaïs, dont j'aurai été le dernier évêque! Je ne puis en dire davantage, les sanglots étouffent ma voix! Je suis tout entier à la crainte d'être forcé peut-être à quitter le sanctuaire. Il faut nous embarquer et fuir; mais quand on m'appellera pour le départ, je supplierai qu'on attende; j'irai d'abord au temple de Dieu, je ferai le tour de l'autel, je baignerai le pavé de mes larmes, je ne m'éloignerai pas avant d'avoir baisé le seuil et la table sainte. Oh! que de fois j'appellerai Dieu! oh! que de fois je saisirai les barreaux du sanctuaire! Mais la nécessité est toute-puissante, elle est impitoyable. Combien de temps encore me tiendrai-je debout sur les remparts et défendrai-je les passages de nos tours? Je suis vaincu par les veilles, par la fatigue de placer des sentinelles nocturnes, pour garder à mon tour ceux qui me gardent moi-même. Moi qui souvent passais les nuits sans sommeil pour épier le cours des astres, je suis accablé de ces veilles pour nous défendre des incursions ennemies. Nous dormons à peine quelques momens mesurés par la clepsydre; ma part de repos m'est enlevée par le cri d'alerte; et si je ferme les yeux, que de rêves affreux où me jettent les pensées du jour! Nous sommes en fuite, nous sommes pris, blessés, chargés de chaînes, vendus en esclavage!.....

» Cependant je resterai à mon poste, dans l'église; je placerai devant moi les vases sacrés, j'embrasserai les colonnes du sanctuaire qui soutiennent la table sainte; j'y resterai vivant, j'y tomberai mort. Je suis ministre de Dieu, et peut-être faut-il que je lui fasse l'oblation de ma vie! Dieu jettera quelques regards sur l'autel arrosé par le sang du pontife [1]. »

Le dévouement de l'évêque encouragea les habitans. Ptolémaïs assiégée repoussa les barbares; ils se rejetèrent sur le reste de la province, qui fut détruite et dépeuplée pour jamais. Dans l'obscurité qui couvre l'histoire de ces temps malheureux, on ne retrouve plus de détails sur Synésius, ni même la date de sa mort. Ce noble génie disparut au milieu des ruines de son pays. Tout périssait dans l'empire, et périssait oublié; les ténèbres de la barbarie descendaient sur ce magnifique et ingénieux Orient.

---

[1] *Synesii Opera*, p. 198.
[2] *Ibid*, pag. 300.

[1] *Synesii Opera*, pag. 198.

HYMNES.

I.

Viens donc, lyre harmonieuse; après les chansons du vieillard de Téos, après les accens de la Lesbienne, fais entendre sur un ton plus grave des vers qui ne célèbrent pas les jeunes filles au voluptueux sourire, ni les charmes séducteurs des jeunes amans.

La pure inspiration de la divine sagesse me presse de disposer les cordes de la lyre pour de pieux cantiques; elle m'ordonne de fuir la douceur empoisonnée des terrestres amours. Qu'est-ce, en effet, que la force, la beauté, l'or, la réputation, les pompes des rois, au prix de la pensée de Dieu?

Qu'un autre presse un coursier; qu'un autre sache tendre un arc; qu'un autre garde des monceaux d'or; qu'un autre se pare d'une chevelure tombant sur ses épaules; qu'un autre soit célébré parmi les jeunes hommes et les jeunes filles pour la beauté de son visage!

Quant à moi, qu'il me soit donné de couler en paix une vie obscure, inconnue des autres mortels, pourvu que je connaisse les choses de Dieu!

Puisse venir à moi la sagesse, excellente compagne du jeune âge comme des vieux ans, et reine de la richesse! La sagesse supporte en riant et sans effort la pauvreté, la pauvreté inaccessible aux soucis amers de la vie. Que j'aie seulement assez pour n'avoir pas besoin de la chaumière du voisin, et pour que la nécessité ne me réduise pas à de sombres inquiétudes.

Entends le chant de la cigale qui boit la rosée du matin. Regarde; les cordes de ma lyre ont retenti d'elles-mêmes. Une voix harmonieuse vole autour de moi. Que va donc enfanter en moi la divine parole?

Celui qui est à soi-même son commencement, le conservateur et le père des êtres, sur les hauts sommets du ciel, couronné d'une gloire immortelle, Dieu repose inébranlable.

Unité pure des unités, monade primitive, qui engendre dans un enfantement sublime et rassemble en un faisceau les simples sommités. De là, jaillissant sous sa forme originelle, la monade mystérieusement répandue reçoit une triple puissance.

La source suprême se couronne de la beauté des enfans qui, du centre sortis, roulent autour du centre divin.

Arrête, lyre audacieuse, arrête; ne montre pas aux peuples les mystères très-saints. Chante les choses d'ici-bas, et que le silence couvre les merveilles d'en haut.

Mais l'âme ne s'occupe plus que des mondes intellectuels, car c'est de là qu'est venu sans mélange le souffle de l'humaine pensée.

Cette âme, tombée dans la matière, cette âme immortelle est une parcelle de ses divins auteurs, bien faible, il est vrai; mais l'âme qui les anime eux-mêmes, unique, inépuisable, tout entière partout, fait mouvoir la vaste profondeur des cieux; et, tandis qu'elle conserve cet univers, elle existe sous mille formes diverses.

Une partie anime le cours des étoiles; une autre le chœur des anges; une autre, pliant sous des chaînes pesantes, a reçu la forme terrestre, et, plongée dans ce ténébreux Léthé, admire ce triste séjour, dieu rabaissé vers la terre.

Il reste cependant, il reste toujours quelque lumière dans ses yeux voilés; il reste dans ceux qui sont tombés ici, une force qui les rappelle aux cieux, lorsque, échappés des flots de la vie, ils entrent dans la voie sainte qui conduit au palais du Père.

Heureux qui, fuyant les cris affamés de la matière, et s'échappant d'ici-bas, monte vers Dieu d'une course rapide! Heureux qui, libre des travaux et des peines de la terre, s'élançant sur les routes de l'âme, a vu les profondeurs divines!

C'est un grand effort de livrer toute son âme à toutes les ailes des célestes désirs.

Soutiens cet effort par l'ardeur qui te porte aux choses intellectuelles. Le Père céleste se montrera de plus près à toi, te tendant la main. Un rayon précurseur brillera sur la route, et rouvrira l'horizon idéal, source de la beauté.

Courage, ô mon âme! abreuve-toi dans les sources éternelles; monte par la prière vers le créateur, et ne tarde pas à quitter la terre. Bientôt, te mêlant au Père céleste, tu seras Dieu dans Dieu même.

II.

Encore la lumière, encore l'aurore; encore le jour qui brille après les sombres ténèbres.

Chante encore, ô mon âme! en un hymne matinal, ce Dieu qui a donné son éclat à l'aurore, qui a donné à la nuit ses étoiles, chœur harmonieux se déroulant autour des mondes.

Placé sur le feu le plus pur, l'éther a voilé la surface de la matière flottante, aux lieux où la majestueuse lune élève son disque d'argent.

Par de là la huitième sphère des cercles constellés, un espace dépeuplé d'astres, agitant en son sein des orbes qui se croisent en leur cours, se déploie autour de la grande intelligence dont les blanches ailes couvrent l'extrémité du monde céleste.

Dans les régions ultérieures, un auguste silence enveloppe les êtres intellectuels unis et pourtant séparés.

Une seule source, un seul principe brille sous une forme trois fois resplendissante. Là où se trouve la profondeur du Père, là se trouve aussi la splendeur du Fils, enfantement ineffable de son cœur; là éclate encore la sagesse créatrice du monde, et la lumière de l'esprit saint qui resserre cette unité.

Une seule source, un seul principe produit une riche abondance de biens, un germe mystique puissant et fécond, et les splendeurs éblouissantes des bienheureuses substances.

Le chœur des ministres immortels, qui se rattachent de plus près au monde, célèbre en des hymnes mystérieux la gloire du Père et la personne du premier né.

Auprès de leurs créateurs bienveillans, les bataillons des anges qui ne connaissent pas la vieillesse, tantôt plongeant dans les profondeurs intellectuelles, contemplant avec admiration le principe de toute beauté; tantôt regardant les sphères, régissent l'immensité du monde et abaissent l'éclat céleste jusqu'aux derniers confins de la matière où la nature affaissée enfante la troupe tumultueuse et rusée des démons. C'est du milieu de cet éclat céleste que s'élance le Fils, et que l'esprit, répandu autour de la terre, en a vivifié les parties et leur a donné des formes diverses.

Tout dépend de ta volonté; tu es le principe des choses présentes, passées, futures, de tout. Tu es le père, tu es la mère; tu es le mâle, tu es la femelle; tu es la voix, tu es le silence; tu es la nature féconde de la nature. O roi! tu es le siècle du siècle.

Autant qu'une faible voix peut le proclamer, salut donc, salut à toi, centre des êtres, monade des nombres éternels, de ces rois qui n'ont pas de substance. Gloire à toi, gloire à toi, car en Dieu réside la gloire. Prête une oreille favorable à la jubilation de mes chants.

Révèle-moi la lumière de la sagesse; donne-moi une glorieuse félicité; donne-moi l'éclat brillant d'une vie tranquille; écarte loin de moi l'indigence et le terrestre fléau des richesses; repousse loin de mon corps les maladies et l'ardeur honteuse des passions; repousse loin de mes jours les soucis rongeurs; fais que les ailes de mon âme ne demeurent point retenues pesamment à la terre, mais que, prenant un libre essor, je puisse m'élancer dans les secrets divins de ton fils.

III.

Courage, ô mon âme! entonne des hymnes sacrés, assoupis les ardeurs qu'enfante la matière, excite les rapides élans de l'intelligence.

Au roi des dieux nous tressons une couronne, nous lui offrons une victime non sanglante, nous lui adressons des chants pour libation.

C'est toi que je célèbre sur la mer, toi que je célèbre dans les îles, toi que je célèbre sur le continent, et au sein des villes, et sur le sommet des montagnes, et dans les brillantes plaines lorsque j'y pose mes pieds, ô Dieu, père du monde!

La nuit m'amène à toi pour dire tes louanges, ô souverain!

A toi le matin, à toi le jour, à toi le soir j'adresse mes hymnes.

J'ai pour témoin l'éclat resplendissant des astres, la course paisible de la lune, et l'immense soleil, qui est le modérateur des astres purs, l'arbitre saint des saintes âmes.

Je détache mes ailes de la vaste matière, pour m'élancer vers tes parvis dans ton sein, joyeux d'arriver à ton vestibule sacré.

Je vais en suppliant, tantôt vers les temples saints où l'on célèbre tes mystères, tantôt sur la cime des hautes montagnes, tantôt dans les vallées profondes de la déserte Libye, rivage brûlé du Notus, et que ne souille jamais un souffle impie, que ne foule jamais le pied des hommes livrés aux soucis de la ville.

C'est là que mon âme, pure de passions, dégagée de désirs, exempte de travaux, de pleurs, de colère, de querelles, et secouant loin d'elle tous ces funestes enfans du cœur, t'adressera d'une voix chaste et d'une pensée pieuse, les hymnes qui te sont dus.

Paix dans les cieux et sur la terre; que l'Océan se calme, que l'air fasse silence.

Taisez-vous souffle des vents; arrêtez-vous tourbillons des flots impétueux, cours des fleuves, sources des fontaines.

Que le silence règne aux diverses régions du monde, pendant que j'adresse en sacrifice des hymnes sacrés.

Qu'ils se cachent sous terre les serpens sinueux, qu'il se cache sous terre aussi le dragon ailé, ce démon de la matière, ce nuage de l'âme, cet ami des idoles, qui excite contre nos prières les aboiemens de ses satellites.

Toi Père, toi bienheureux, défends contre les chiens voraces et mon esprit, et mon âme, et ma prière, et ma vie et mes œuvres.

Mais que l'offrande de mon cœur soit agréée de tes ministres augustes, pieux messagers des hymnes saints.

Me voici déjà au terme de mes chants sacrés; déjà retentit dans mon cœur une voix divine. O bienheureux! aie pitié de moi, Père pardonne-moi, si j'ai touché à ce qui te regarde, sans la décence, sans la pureté convenables.

Quel œil assez sage, quel œil assez perçant ne sera point ébloui de tes splendeurs?

Contempler d'un regard fixe l'éclat de ton visage, c'est ce qui n'est pas donné même aux immortels.

Mais l'esprit tombant de tes hauteurs, embrasse tout ce qui t'environne, essaie de percer des mystères impénétrables, d'envisager la lumière qui brille dans ton immense profondeur.

Puis abandonnant ce qu'il ne peut atteindre, il pose un regard ferme sur tes œuvres éclatantes, et s'inspirant à la vue de cette lumière, il entonne tes louanges, fait taire les vents impétueux, te restitue ce qui t'appartient.

Eh! quelle chose n'est pas tienne, ô roi! ô le père de tous les pères! ô le père de toi-même!

Toi le père antérieur, toi qui es sans père, fils de toi-même, toi, l'unité qui précède l'unité;

Toi, le germe des êtres, le centre de tout, esprit éternel et sans substance; racine des mondes, lumière brillante des choses premières, vérité pleine de sagesse, source de sapience, esprit voilé de tes propres splendeurs, œil de toi-même, maître de la foudre, père des siècles, vie des siècles.

Toi qui surpasses les dieux, toi qui surpasses les intelligences, toi qui les gouvernes à ton gré.

Esprit père des esprits, toi qui donnes la naissance aux dieux, toi le créateur des âmes, toi qui les nourris? Source des sources, principe des principes, racine des racines. Tu es la monade des monades, le nombre des nombres, la monade et le nombre; tu es l'intelligence, l'être intelligent, l'être intelligible, tu es avant tout ce qui est intelligible.

Seul et tout seul en toutes choses, et seul avant toutes choses, germe de tout, racine et branche, nature parmi les intelligences, le mâle et la femelle.

L'âme initiée à tes profondeurs ineffables, et qui se meut autour d'elles, s'exprime en ces termes:

Tu es ce qui enfante, tu es ce qui est enfanté, tu es ce qui illumine, tu es ce qui brille, tu es ce qui paraît, tu es ce qui est caché; lumière voilée dans sa propre splendeur, seul et tout, tout en toi et en toutes choses.

Tu as été épandu Père ineffable, pour engendrer un fils, la divine sagesse, la sagesse créatrice; mais de la sorte épandu, tu enfantes par une indivisible division.

Je te chante, ô unité! je te chante, ô trinité! Tu es unité bien que tu sois trinité, tu es trinité quoique tu sois unité. L'intellectuelle division conserve indivisé encore ce qui fut divisé.

Tu as été épandu sur le fils par une profonde sagesse, et cette sagesse elle-même est une nature moyenne, nature ineffable, qui est avant toutes les natures.

Il n'est pas permis de dire qu'un second soit sorti de toi; il n'est pas permis de dire qu'un troisième soit sorti du premier.

Enfantement sacré, génération ineffable, tu es le terme de la nature qui enfante et de celle qui est enfantée.

Je vénère l'ordre secret des choses intellectuelles. Elles renferment quelque chose d'intermédiaire qui n'est point répandu au dehors.

Fils ineffable d'un père ineffable, enfanté pour toi-même, tu as paru à la lumière par cet enfantement; tu as paru avec le père par la sagesse du père, et par toi la sagesse réside toujours dans le père.

Le temps aux flots immenses n'a pas connu ta naissance merveilleuse, et les vieux siècles n'ont pas connu le fils dont les âges ne se déroulent point par une série d'années. Il a toujours apparu avec le père, le fils toujours né qui devait naître.

Qui donc en des choses inénarrables, a proposé un prix à l'audace des hommes? C'est une audace impie que celle des aveugles mortels aux discours subtils. Il n'y a que toi qui puisses donner la lumière, la lumière des intelligences. Tu détournes des obliques sentiers de l'erreur les esprits pieux et saints, pour qu'ils n'aillent pas s'abîmer dans les ténèbres de la matière.

C'est toi, père du monde, père des siècles, créateur des dieux qu'il est permis de louer.

C'est toi que chantent les intelligences, ô roi! c'est toi, bienheureux, que célèbrent les ministres du monde, ces yeux brillans, ces esprits célestes autour desquels se meut la masse imposante de la création.

C'est toi que chantent les chœurs des bienheureux qui, hors du monde comme dans le monde, hors des zones comme dans les zones, gouvernent, ministres pleins de sagesse, les diverses parties de l'univers, qui prennent place à côté des pilotes glorieux sortis de la chaîne des Anges.

C'est toi que célèbre la race illustre des héros qui parcourent par des voies secrètes les œuvres des mortels, mortelles elles-mêmes.

C'est toi que célèbre l'âme restée debout et celle qui se penche vers les épaisses ténèbres de la terre; c'est toi que la bienheureuse nature et ses enfantemens célèbrent, ô roi immortel! car tu gouvernes le monde avec un souffle vital, qui découle et s'élance de tes canaux divins.

Tu es le modérateur des mondes incorruptibles, tu es la nature des natures; tu vivifies la nature, mère des êtres mortels, et image de la nature immortelle, afin que les bornes mêmes les plus reculées de la création participent à cette vie qui passe d'un être à l'autre.

Car il ne fallait pas que la lie du monde fût placée au sommet de la création; mais les choses une fois rangées dans le chœur des êtres ne doivent plus périr, et tous les corps, par une admirable vicissitude, jouissent alternativement les uns des autres.

Le cercle éternel, échauffé par ton souffle, fait partout monter en chœur vers toi, mère nature, des hymnes du sein des êtres périssables embellis de tes couleurs, ornés de tes œuvres brillantes, et, par les voix diverses des êtres animés, il t'adresse aussi un concert unanime d'éloges.

Tous les êtres t'envoient des hymnes sans fin : le jour et la nuit; les foudres, les neiges, le ciel, l'éther, le fondement de la terre, les eaux, les airs, tous les corps, tous les esprits, les semences, les fruits, les plantes et les gazons, les racines, les herbes, les animaux des champs, les oiseaux des cieux et le peuple des poissons.

Regarde aussi cette âme qui languit épuisée

sur la Libye, et qui, dans tes fêtes augustes, s'applique à de saintes prières ; cette âme qu'entourent les nuages de la matière.

Ton œil, ô Père ! peut percer cette enveloppe. Maintenant, mon cœur fécondé par tes hymnes jette une ardeur de feu dans mon intelligence.

Toi donc, ô roi ! illumine mes yeux afin qu'ils contemplent les choses célestes. Fais, ô Père ! qu'échappée au lien du corps, cette âme n'aille plus désormais se plonger dans la boue de la matière.

Pendant que je demeure assujetti aux liens de cette vie terrestre, que la fortune, ô Père ! me sourie favorable, et qu'un souffle ennemi ne vienne pas dessécher ma vie et la livrer aux tristes soucis.

Que je puisse vaquer toujours aux choses divines, et que je n'aille plus me rouler dans cette fange d'où échappé grâce à tes faveurs, je tresse pour toi une couronne cueillie dans les saintes prairies, et t'apporte ce tribut de louanges, à toi, prince des mondes purs, et à ton fils, sage de ta propre sagesse, à lui que tu as versé de ton sein ineffable, et qui réside en toi sorti de toi-même.

De là il régit toutes choses du souffle de sa sagesse, de là il préside à la longue chaîne des siècles, et règle la marche du vaste monde, jusque dans la profondeur des êtres qui tiennent à la terre.

Il éclaire de ses feux les âmes pieuses, il délivre de toute peine, de tout souci les malheureux mortels : c'est lui qui est l'auteur de tout bien, lui qui dissipe nos alarmes.

Mais quoi d'étonnant que le dieu créateur du monde éloigne tout mal de ses œuvres ?

O roi du vaste univers ! je viens accomplir le vœu que j'ai formé en Thrace, où j'ai habité trois ans près de la demeure royale de la terre, où j'ai enduré de nombreuses fatigues, de lamentables tourmens, quand je portais en mon cœur la mère patrie.

La terre était arrosée de la sueur de mes membres qui combattaient chaque jour.

Ma couche était inondée des larmes qui sortaient chaque nuit de mes yeux.

Les temples construits pour servir à ton culte, ô roi ! je les ai tous visités.

Je m'inclinais suppliant, je baignais le sol de mes pleurs, et pour que mon voyage ne devînt pas inutile, j'implorais tous les esprits immortels, les ministres qui protègent les fécondes régions de la Thrace, qui sur le continent opposé président aux champs chalcédoniens et que tu as couronnés, ô roi ! des rayons angéliques pour en faire tes ministres sacrés.

Ce sont ces êtres bienheureux qui ont écouté mes prières, ce sont eux qui m'ont aidé, soulagé dans mes maux.

La vie alors ne m'était point douce, parce que ma patrie était opprimée ; mais, ô roi ! tu l'as affranchie de son deuil, toi qui ne connais pas la vieillesse, ô souverain du monde !

Mon âme était défaillante, mes membres languissaient, tu as ranimé leur vigueur, tu as donné une force nouvelle à mon âme malheureuse.

Tu as su mettre, selon mes vœux, un doux terme à mes fatigues ; tu m'as accordé, ô roi ! le repos après de longues peines.

Conserve longtemps de semblables faveurs aux habitans de Libye, en considération du souvenir que j'ai toujours gardé de tes bienfaits, et en considération des souffrances cruelles que mon âme a endurées.

Je t'en supplie, accorde-moi une vie exempte de maux, préserve-moi des fatigues, préserve-moi des maladies, préserve-moi des soucis rongeurs.

Accorde à ton serviteur une vie intellectuelle, n'épanche point sur moi les torrens des richesses afin que je puisse vaquer aux choses divines, ne fais pas non plus que la triste pauvreté, s'attachant à ma demeure, entraîne vers la terre les pensées de mon cœur.

Ces deux choses rabaissent l'âme vers la terre, ces deux choses font oublier l'intelligence, à moins que tu ne viennes, ô roi ! nous prêter des forces.

Oui, ô Père ! ô source de la pure sagesse ! fais briller dans mon âme les rayons de ta lumière, illumine mon cœur de l'éclat de la sagesse, indique-moi d'une manière certaine la route sacrée qui mène à toi, écarte de ma vie et de mes prières ces esprits matériels qui tourmentent les âmes.

Conserve mon corps sain et sauf et défends-le des cruelles maladies; conserve encore sans tache mon esprit, ô roi!

Maintenant, il est vrai, je fléchis sous le poids de la ténébreuse matière, et les passions m'étreignent de leurs terrestres liens; mais tu es le libérateur, tu es le purificateur.

Délivre-moi des maux, délivre-moi des maladies, délivre-moi des entraves.

Je porte un germe de toi, une étincelle d'un esprit divin, cachée dans la profondeur de la matière.

Car tu as déposé une âme dans le monde et, par cette même âme, tu as placé un esprit dans mon corps, ô roi!

Prends pitié de celle qui est ta fille, ô bienheureux!

Je suis descendue de toi pour être mercenaire sur la terre, mais de mercenaire je suis devenue esclave; la matière a su me captiver par ses artifices magiques.

Cependant il reste encore en moi quelque chose de la pupille spirituelle qui n'a pas perdu toute sa vigueur; mais d'obscurs nuages sont répandus autour d'elle et la rendent aveugle, elle, destinée à contempler Dieu.

Père, prends pitié de ta fille suppliante; bien souvent déjà elle a voulu, par des ascensions spirituelles, monter jusqu'à toi; mais les charmes de la matière l'ont toujours retenue. Toi donc, ô roi! illumine ses yeux afin qu'ils s'élèvent jusqu'aux choses célestes.

Allume dans mon cœur un feu et un incendie pour conserver sur ma tête ce faible dépôt de lumière.

Place-moi, ô Père! dans le centre de la lumière salutaire, où la nature ne porte pas la main et d'où ne puissent plus me ramener ni la terre, ni la fatale nécessité des destins.

Que ton serviteur se dérobe par la fuite au malheur d'une naissance terrestre.

Entre moi, ô Père! et entre le tumulte d'ici-bas, qu'il s'élève une flamme.

Donne, Père, donne à ton serviteur de déployer enfin les ailes de l'intelligence.

Que mon âme suppliante porte le signe du Père, épouvantail des esprits dangereux qui, s'élançant des profondeurs de la terre, soufflent aux mortels de coupables pensées.

Ce signe que je montrerai à tes ministres saints qui, dans les hauteurs du brillant univers, tiennent les clés des avenues de l'Empyrée, pour qu'ils m'ouvrent les portes de la lumière.

Tandis que je rampe encore sur une terre misérable que je ne sois pas terrestre.

Dès ici-bas, donne-moi le fruit des œuvres célestes, des paroles véridiques et tous ces sentimens qui rechauffent dans l'âme la douce espérance.

Je me repens d'une vie terrestre; loin de moi, fléaux des impies mortels, opulence des villes; loin de moi vices flatteurs, charmes sans attraits que la terre emploie pour captiver l'âme et la retenir en servitude; et la malheureuse boit l'oubli de ses biens, jusqu'à ce qu'elle tombe dans la mauvaise part, car il est deux parts de la séduisante matière.

Celui qui jette la main à table sur les mets délicats se repentira d'avoir pris la part amère, lorsque des forces opposées l'entraîneront.

Car c'est la loi de l'humaine nécessité; elle verse de deux coupes la vie aux mortels. Le vin pur et le bien pur et sans mélange c'est Dieu ou les choses divines.

Enivré à la douce coupe, j'ai touché de près aux choses mauvaises; je suis tombé dans le filet, j'ai éprouvé le malheur d'Épiméthée et je hais les lois variables et changeantes.

Me hâtant vers les tranquilles prairies du Père, je précipite mes pas, mes pas fugitifs, pour me dérober au double présent de la matière.

Regarde-moi, ô arbitre de la vie intellectuelle! vois une âme suppliante s'efforcer sur la terre de former de saintes ascensions.

O roi! illumine ces yeux qui se dirigent vers le ciel, donne-moi des ailes légères;

Coupe les chaînes, relâche les liens des doubles passions, ces liens avec lesquels la trompeuse nature incline les âmes vers la terre.

Fais que, me dérobant aux dangers du corps, je puisse d'un vol rapide m'élancer jusque dans ton palais, jusque dans ton sein, d'où l'âme tire son origine.

Goutte céleste, j'ai été répandue sur la terre; rends-moi à la source d'où je suis sortie, fugitive et vagabonde.

Permets que je sois unie à la lumière créatrice.

Permets que, dirigée par toi, ô Père! je t'offre solennellement avec le chœur des esprits célestes des hymnes spirituels.

Permets, ô Père! qu'unie à la lumière, je n'aille plus me plonger désormais dans la fange terrestre.

Et pendant que je demeure assujetti aux liens de cette vie matérielle, que la fortune, ô Père! vienne me sourire favorable.

IV.

C'est toi qu'à l'aurore, toi qu'aux rayons croissans de la lumière, toi qu'au milieu du jour, toi que vers le coucher du soleil sacré, toi que dans la nuit mystérieuse je célèbre, ô Père!

Toi, le médecin des âmes, le médecin des corps, le distributeur de la sagesse; toi qui éloignes les maladies, toi qui donnes aux cœurs une vie tranquille, une vie que ne troublent point les soucis de la terre, père des douleurs, père des souffrances.

Puissent mes années être à l'abri des chagrins cruels, afin que je célèbre dans mes hymnes la mystérieuse origine de toutes choses et que les péchés rebelles ne me séparent jamais de Dieu!

C'est toi que je chante, immortel souverain du monde. Que la terre fasse silence quand je célèbre ta gloire. Quand je t'adresse des prières que l'univers se taise, car il est ton ouvrage, ô Père!

Que l'on n'entende ni le sifflement des vents, ni le murmure des arbres, ni le chant des oiseaux;

Que l'éther, que les régions aériennes écoutent mes chants en silence;

Que les courans des eaux, apaisant leur bruit, s'arrêtent dans leur marche.

Ceux qui troublent les hymnes sacrés, ces démons qui se plaisent au sein des ténèbres, qui habitent au milieu des tombeaux, qu'ils fuient mes saintes prières; mais ces ministres bienfaisans du Père céleste, qui habitent les profondeurs et les extrémités du monde, qu'ils entendent avec bienveillance ces hymnes adressés au Père et qu'ils daignent lui porter mes supplications.

Unité des unités, père des pères, principe des principes, source des sources, racine des racines, bien des biens, astre des astres, monde des mondes, idée des idées, beauté immense, semence mystérieuse, père des siècles, père des mondes intellectuels, que ne peut décrire la parole et duquel s'échappe un souffle parfumé qui, planant sur la masse du corps, vient y créer un autre monde!

C'est toi que je chante par ma voix, ô immortel! toi que je chante par mon silence; car, si tu entends le son de la voix, tu n'entends pas moins le silence de l'âme.

Je chante aussi le fils premier né, premier flambeau.

Fils glorieux d'un père ineffable; je te célèbre, ô immortel! toi et ton père suprême.

Je chante cet enfantement sublime, cette sagesse féconde, ce principe médiateur, cet esprit saint, ce centre du père, ce centre du fils.

Tu es la mère, tu es la sœur, tu es la fille; c'est toi qui as présidé à la naissance de cette racine mystérieuse.

Car, pour qu'il y eût communication du père au fils, la communication elle-même a trouvé un germe;

Elle s'est vue, elle troisième, Dieu de Dieu, et par cette sublime communication du père immortel, le fils a trouvé naissance.

Tu es unité, bien que trinité; unité qui demeure, et trinité permanente; mais cette division intellectuelle conserve encore indivisible ce qui est divisé.

Le fils demeure dans le père et ne laisse pas de gouverner au dehors tout ce qui est du père, communiquant au monde cette félicité de vie puisée à la source où il la puise lui-même.

Verbe que je chante ainsi que le Père souverain, c'est l'ineffable pensée du Père qui te donne le jour, et tu es le Verbe conçu du Père.

Tu es le premier engendré de la première

racine; tu es la racine de toutes les choses qui furent créées depuis ta glorieuse naissance.

L'ineffable unité, la semence universelle t'a semé, toi qui es aussi la semence de tout; car tu es en toutes choses.

C'est par toi que la nature suprême, moyenne et inférieure, jouit des dons précieux de Dieu le père, d'une vie féconde.

C'est pour toi que les sphères, qui ne connaissent pas la vieillesse, roulent dans leur mouvement infatigable.

C'est d'après ta direction que les sept astres sont emportés d'un mouvement contraire dans les rapides révolutions de leurs globes immenses.

C'est par ta volonté que des étoiles nombreuses décorent un seul monde, ô fils glorieux!

Parcourant les régions célestes, tu retiens indissoluble la course des siècles.

C'est d'après tes saintes lois, ô immortel! que, dans les hauteurs immenses des espaces aériens, se meuvent les chœurs des astres étincelans.

C'est toi qui, aux habitans des cieux, aux habitans de l'air, aux habitans de la terre, aux habitans des enfers, assignes leur tâche et distribues la vie.

C'est toi qui dispenses l'intelligence aux êtres divins et à ceux des êtres mortels qui ont été trempés de la rosée intellectuelle.

C'est toi qui donnes l'âme aux êtres dont la vie, dont la nature infatigable, dépendent de l'âme.

Les aveugles rejetons de l'âme sont suspendus à ta chaîne, et toutes les créatures qui sont dépourvues d'intelligence puisent dans ton sein la force qui les conserve, force que ta puissance leur communique du sein mystérieux du Père, la monade mystérieuse.

C'est de là que le ruisseau de vie s'échappe et se répand, grâce à ta puissance, jusque sur la terre, à travers les mondes incompréhensibles des intelligences;

C'est par là que le monde visible, image du monde intellectuel, recueille la source des biens qui descend d'en haut.

Ce monde a eu pour second soleil le père de la seconde lumière, soleil qui illumine les yeux, le dispensateur de la matière qui naît et meurt, le fils, type sensible du soleil intellectuel, le distributeur des biens qui sont dans le monde; tout cela par ta volonté, fils glorieux, ô Père! que l'on ne peut connaître, père ineffable, toi que l'esprit ne peut concevoir, que la parole ne peut exprimer. Tu es l'intelligence de l'intelligence, l'âme des âmes; tu es la nature des natures.

Voilà que, fléchissant le genou, moi ton serviteur, je me prosterne contre terre et te supplie, les yeux privés de lumière.

Toi qui distribues la lumière intellectuelle, prends pitié, ô immortel! d'une âme suppliante;

Chasse les maladies, chasse les soucis qui rongent le cœur;

Ce monstre audacieux de l'enfer, démon de la terre éloigne-le de mon âme, de mes prières, de ma vie, de mes actions;

Qu'il habite loin du corps, loin de l'esprit, loin de tout ce qui est à nous;

Qu'il me laisse, qu'il me fuie, lui qui est la force des passions de la matière, qui mure la route des cieux, qui s'oppose aux efforts que l'on fait pour aller à Dieu.

Donne-moi pour compagnon, pour ami, ô roi! l'ange saint de la force sainte; l'ange qui inspire, doux et bienveillant, de célestes prières; l'ange, gardien de l'âme, gardien de la vie, gardien des prières, gardien des actions;

Afin qu'il préserve mon corps des maladies, mon esprit de toute souillure, et qu'il me fasse oublier les passions;

Afin que, durant la vie que je mène ici-bas, les ailes de mon âme se fortifient par tes louanges;

Afin que cette vie qui suit le trépas et qui succède aux chaînes terrestres, je la mène dégagée, autant que possible, de toute matière, dans tes palais, dans ton sein, d'où s'échappe la source de l'âme.

Toi donc, ô immortel! tends-moi la main; rappelle vers toi, arrache à la matière, une âme suppliante.

V.

Chantons le fils de l'épouse, de l'épouse qui n'a pas connu les liens d'un hyménée mortel; les conseils ineffables du Père ont présidé à la naissance du Christ, et les flancs sacrés d'une Vierge ont enfanté, sous la forme d'un homme, celui qui est venu communiquer aux mortels la source de la véritable lumière.

Ta naissance ineffable, ô Christ! a devancé l'origine des siècles; tu es la lumière primitive, le rayon qui brille avec le Père; dissipant les ténèbres d'ici-bas, tu éclaires les âmes saintes;

C'est toi qui as créé le monde, qui as arrondi les astres éclatans, qui as affermi le centre de la terre. Tu es le sauveur des hommes; c'est pour toi que le soleil, source éternelle du jour, s'avance sur son char; pour toi que la lune au front paré de cornes d'argent dissipe l'ombre des nuits; pour toi que mûrissent les fruits, pour toi que paissent les troupeaux; c'est toi qui, de tes ineffables trésors, faisant jaillir une splendeur vivifiante, fécondes les contrées du monde. C'est de ton sein que sont sorties brillantes et la lumière, et l'intelligence et l'âme.

Prends pitié de ta fille, que retiennent captive des membres mortels et qui gémit dans l'espace borné de la vie. Préserve des atteintes de la maladie nos membres sains et vigoureux. Donne à nos discours la persuasion; donne de la gloire à nos actions pour que nous brillions de l'ancien éclat de Cyrène et de Sparte. Que mon âme, exempte de douleurs, coule des jours tranquilles, des jours fortunés et qu'elle ne cesse de contempler ta splendeur, afin que, dégagé de la matière, je marche d'un pas ferme en ma route sans regarder derrière moi, fuyant les soucis de ce monde pour aller me confondre dans la source de l'âme.

Donne à ton poëte une vie ainsi exempte de souillures, à moi qui, faisant monter mes chants vers toi; qui, célébrant ton origine, éternelle gloire du Père, et l'Esprit saint qui partage le même trône, entre la racine et le germe; à moi qui, redisant la puissance du Père, charme les nobles pensées de mon âme par les hymnes que je t'adresse. Salut, ô source du Fils! salut, ô ressemblance du Père! salut, ô demeure du Fils! salut, ô image du Père! salut, ô puissance du Fils! salut, ô beauté du Père! salut, toi encore, Souffle pur, centre du Fils et du Père!

Cet Esprit, ô Fils! envoie-le-moi avec le Père, afin que, rafraîchissant les ailes de mon âme, il me comble de présens divins.

VI.

Avec la source sacrée, féconde par elle-même, au-dessus des ineffables unités, couronnons des savantes fleurs de la poésie le Dieu, noble Fils du Dieu immortel, le Fils unique engendré du Père unique, le Fils que le mystérieux enfantement de la pensée du Père a produit de son sein ineffable, enfantement qui a fait briller les fruits cachés du Père, et, après les avoir manifestés au grand jour, s'est montré esprit médiateur. Quoique répandus au dehors, ces fruits restent néanmoins dans leur source. Sagesse de l'esprit du Père, splendeur de beauté, le Père, après t'avoir engendrée, t'a permis d'engendrer. Tu es la semence mystérieuse du Père, car le Père t'a fait le principe des mondes, afin que tu donnasses des formes à la matière d'après les types intellectuels. C'est toi qui diriges la voûte intelligente des cieux, toi qui diriges sans cesse les chœurs des astres. O roi! tu conduis les légions des anges, tu domines sur les phalanges des démons. Tu régis la nature mortelle; tu divises autour de la terre ton souffle indivisible, et tu rends à la source ce qui a été donné, affranchissant les mortels de la nécessité de mourir.

Écoute d'une oreille bienveillante les hymnes que je t'adresse; accorde à ton poëte une vie paisible; calme les agitations incessantes de la pensée; apaise les sombres tempêtes de la matière. Dissipe les maladies du corps et de l'âme; assoupis l'impétuosité des funestes passions.

Éloigne de moi les incommodités de l'opulence et de la pauvreté; donne à mes œuvres une renommée glorieuse; fais-moi chez les peuples un nom illustre. Donne-moi les grâces de la douce persuasion afin que mon esprit goûte en paix un heureux loisir et que, délivré des soucis terrestres, je m'abreuve à tes sublimes sources des eaux fécondes de la science.

VII.

Le premier, j'ai trouvé des chants pour toi, ô bienheureux et immortel! noble fils d'une vierge, Jésus de Solyme, et j'ai fait répéter à ma lyre des accords nouveaux.

Sois-moi donc propice, ô roi! et accueille l'harmonie de ces chants pieux.

Nous célébrons un Dieu immortel, le noble fils d'un Dieu, le fils du Père créateur des siècles, le fils créateur du monde, la nature unie de l'homme et de Dieu, la sagesse sans bornes, celui qui est Dieu pour les habitans du ciel, celui qui est mortel pour les habitans de la terre.

Lorsque tu naquis d'un flanc mortel, la science des Mages fut étonnée à l'apparition de l'astre, ne sachant quel était cet enfant qui naissait, quel était ce Dieu caché: était-ce un dieu, un mortel ou un roi?

Sus donc, apportez des présens, la myrrhe précieuse, l'or et les vapeurs suaves de l'encens. Tu es Dieu, reçois l'encens; je t'offre de l'or comme à un roi; la myrrhe parfumera ton sépulcre.

Tu as purifié la terre, et les flots de la mer, et les routes que parcourent les démons, et les champs liquides de l'éther, et les retraites sombres; tu es descendu, Dieu secourable, chez les morts de l'enfer.

Sois-moi donc propice, ô roi! et accueille l'harmonie de ces chants pieux.

VIII.

Aux accords doriens de ma lyre d'ivoire je mêlerai les accens variés de ma voix pour te célébrer, ô bienheureux immortel, noble fils d'une vierge!

Mais toi, préserve ma vie de tout mal, ô roi! et rends-la inaccessible aux chagrins, la nuit comme le jour.

Fais jaillir dans mon cœur un rayon de la lumière intellectuelle; donne à mon corps la force, aux actions de ma jeunesse la gloire; prolonge mes années jusqu'à une douce vieillesse, et enrichis-moi de prudence et de santé.

Conserve, ô immortel! le frère que naguère tu m'as ramené des portes du tombeau, et dont le retour a mis fin à mes chagrins, à mon deuil, à mes larmes et aux angoisses dévorantes de mon âme.

Tu l'as rendu à la vie, ô Père! touché de mes supplications.

Conserve ma sœur et mes deux enfans; couvre de ta main ma paisible demeure.

La compagne de ma couche nuptiale, ô roi! mon épouse chérie, qui n'a qu'une même pensée avec moi et qui ne connut jamais de furtives amours, conserve-la exempte de maladie, d'infortune. Qu'elle garde le lit conjugal pur, sans tache, inaccessible aux désirs illégitimes.

Affranchis mon âme des entraves d'une vie terrestre; délivre-la des douleurs et des maux cruels.

Donne-moi de célébrer dans mes hymnes, de concert avec les chœurs des justes, et ta gloire, ô Père! et ta puissance, ô immortel!

Je t'adresserai encore des hymnes, je t'adresserai encore des chants; bientôt aussi, de rechef, j'accorderai ma lyre.

IX.

O noble, ô désirable, ô bienheureux fils de la vierge de Solyme! je te célèbre, toi qui as chassé des vastes jardins du Père le serpent terrestre, si fécond en ruses, le serpent qui donna au premier homme le fruit défendu, cause d'une fatale destinée.

C'est toi, noble vainqueur, ô fils de la vierge de Solyme! toi que je chante.

Tu es descendu sur la terre, tu as paru avec un corps mortel parmi les hommes qui vivent un jour.

Tu es descendu vers les sombres rives, aux lieux où la mort retenait enchaînés des milliers d'âmes. Alors l'antique souverain de l'enfer frissonna d'horreur, et le chien vorace s'éloigna du seuil.

Mais toi, lorsque tu eus arraché aux souffrances les âmes des justes, entouré de cette escorte radieuse, tu adressas des hymnes au Père.

C'est toi, noble vainqueur, ô fils de la vierge de Solyme! toi que je chante.

Lorsque tu remontais, ô roi! la foule innombrable des démons répandus dans les airs pâlit à ton aspect, et le chœur immortel des astres purs fut saisi d'étonnement.

L'Éther, noble père de l'harmonie, sourit alors, et, sur sa lyre à sept cordes, entonna des chants de triomphe.

On vit sourire aussi et l'étoile qui annonce le jour, et l'étoile brillante du soir, astre de Cythérée.

En tête s'avançait la lune, souveraine des dieux de la nuit; son disque argenté s'embellissait tout entier d'une lumière éclatante.

Le soleil étendait sous tes pas ineffables sa vaste chevelure enflammée; il reconnut le fils de Dieu, l'intelligence créatrice, source des feux dont il brillait lui-même.

Toi, déployant tes ailes, tu traversas les espaces du ciel azuré et tu t'arrêtas sur les sphères intelligentes et pures, où est la source des biens, le ciel enveloppé de silence.

Là ne se rencontrent ni le temps aux vastes profondeurs, aux pieds infatigables, emportant tout ce qui est né de la terre, ni les douleurs importunes de la matière.

Mais on y trouve le temps antique, exempt de vieillesse, jeune et vieux à la fois et qui donne aux dieux une éternelle demeure.

X.

Souviens-toi, ô Christ! fils du Dieu souverain, souviens-toi de ton serviteur, pécheur malheureux qui a écrit ces choses, et délivre-moi de ces passions funestes qui s'attachent à mon âme chargée de souillures.

Donne-moi de voir, ô sauveur Jésus! ta splendeur divine.

Quand je paraîtrai devant elle, je chanterai un hymne au médecin des âmes, au médecin des corps, au Père suprême et à l'Esprit saint.

HYMNE AU CHRIST SAUVEUR,

Par saint Clément.

Frein des jeunes coursiers indociles, aile des oiseaux qui ne s'égarent pas, gouvernail véritable des navires, pasteur des agneaux du roi,

Réunis tes chastes enfans, pour que saintement ils louent, pour que d'une voix pure, ils chantent avec candeur le Christ, conducteur des enfans.

Roi des saints, verbe tout-puissant du Père très-haut, arbitre de la sagesse, éternelle colonne des travaux, sauveur de la race humaine, Jésus; pasteur, laboureur, gouvernail, frein, aile céleste du très-saint troupeau;

Pêcheur d'hommes que tu sauves, les poissons sacrés qui étaient dans la mer du vice tu les retires de l'onde ennemie par une vie douce.

Conduis tes brebis spirituelles, ô pasteur! Conduis tes chastes enfans, ô saint roi!

Les traces du Christ, c'est la voie céleste.

Verbe éternel, siècle infini, lumière durable, source de miséricorde, auteur de la vertu, auguste vie de ceux qui louent Dieu, Christ Jésus;

Lait divin, qui découles des douces mamelles de l'épouse des grâces, de ta sagesse.

Nous, enfans, qui, de nos lèvres tendres encore, prenons notre nourriture, qui nous rassasions de la fraîche rosée de la mamelle spirituelle,

Chantons ensemble des louanges simples, des hymnes sincères au roi Christ, pieuse récompense de la doctrine de vie;

Chantons avec candeur le Fils puissant;

Chœur de paix, enfans du Christ, peuple vertueux, célébrons ensemble le Dieu de paix.

FIN DE SYNÉSIUS.

NOTICE SUR L'ANTHOLOGIE.

L'*Anthologie* grecque est un recueil de petites pièces de vers composées par des poëtes peu connus et de quelques épigrammmes qui ont paru trop peu importantes pour être jointes aux œuvres plus volumineuses et plus estimées de leurs auteurs. Ce nom d'*Anthologie* veut dire bouquet de fleurs ; il avait été donné à un recueil des meilleures épigrammes de quarante-six poëtes grecs par Méléagre, natif de Gadare en Syrie, qui les avait réunies soixante ans avant Jésus-Christ. Ce volume présentait vraiment un bouquet de poésie : les différentes pièces se trouvaient sous des noms de fleurs : ainsi Anytès figurait le lis ; Sappho, la rose, etc.

Sous Auguste Philippe de Thessalonique, on fit un autre recueil composé de quatorze poëtes ; plus tard, Diogénanus d'Héraclée et Strato de Sardes sous Adrien, Agathias sous Justinien remanient encore ces différens travaux ; enfin deux recueils plus modernes furent imprimés, l'un de Constantin Céphalas au dixième siècle, l'autre de Maxime Planude, moine grec de Constantinople, quatre siècles plus tard. Le premier était incomplet, mêlé de textes obscurs, sans ordre, sans noms d'auteurs ; le second fut découvert par Saumaise dans la bibliothèque de Heidelberg. Guiet en eut une copie qu'il annota et transmit à Ménage ; de là elle arriva à la bibliothèque royale, qui la possède maintenant : c'est un manuscrit de soixante pages, qui a servi à plusieurs éditions.

La meilleure édition est celle de Jacobs-Leipsig, 1813 ; elle renferme trois mille vers. Les pièces sont réunies en cinq parties différentes :

La première et la seconde renferment les poésies licencieuses ;

La troisième réunit les *epigrammatica mathēmathica*, ou inscriptions pour offrandes aux dieux ;

La quatrième, les épitaphes ;

La cinquième, les *epidectika*, ou épigrammes de luxe.

A travers toutes ces pièces diverses, qui souvent n'offrent aucun intérêt, qui souvent aussi répètent sous des formes différentes une même pensée sur un même sujet, nous avons dû faire un choix très-restreint : nous nous sommes borné à présenter une sorte de spécimen de l'épigramme antique sous toutes ses formes. Il ne faut demander à ces œuvres légères ni poésie ni intérêt : c'est tout au plus si parfois elles révèlent un peu de cette élégance et de cette finesse que les modernes ont spécialement affectées aux écrits de ce genre.

Ernest FALCONNET.

EXTRAITS DE L'ANTHOLOGIE,

TRADUITS PAR M. ERNEST FALCONNET.

I.

ÉPITAPHE.

Née en Lybie, ensevelie à la fleur de mes ans sous la poussière ausonienne, je repose près de Rome le long de ce rivage sablonneux. L'illustre Pompée qui m'avait élevée avec une tendresse de mère, a pleuré ma mort et m'a déposée dans un tombeau qui m'égale, moi pauvre esclave, aux Romaines libres. Les feux de mon bûcher ont prévenu ceux de l'hymen. Le flambeau de Proserpine a trompé nos espérances.

II.

SUR L'INVENTION DES MOULINS A EAU.

O vous qui fatiguez vos bras à moudre le blé, ô femmes! reposez-vous maintenant : laissez les coqs vigilans chanter au lever de l'aurore et dormez à votre aise : ce que vous faisiez de vos mains laborieuses les Naïades le feront, Cérès le leur a ordonné. Déjà elles obéissent; elles s'élancent au bout d'une roue et font tourner un essieu : l'essieu par les rayons qui l'entourent fait tourner avec violence la masse pesante des meules qu'il entraîne. Nous voilà donc revenus à la vie heureuse, paisible et facile de nos ancêtres : nous n'avons plus à nous inquiéter de nos repas, nous allons jouir enfin sans peine des doux présens de Cérès.

III.

SUR LES VOLUPTUEUX.

De Lucien.

Théron fils de Ménippe avait dépensé dans sa jeunesse tout son patrimoine à des jouissances infâmes. Euctémon, ami de son père, le voyant tourmenté par une extrême détresse, l'accueillit avec bonté et le maria avec sa fille en lui donnant une dot considérable. Mais à peine Théron fut-il enrichi contre son espérance qu'il recommença ses premières folies. Il ne se refusa la volupté d'aucun des plaisirs les plus honteux, en sorte que les eaux dévorantes de la pauvreté l'entraînèrent de nouveau. Alors Euctémon se mit à gémir non sur lui, mais sur la dot et sur le mariage de sa fille; et il reconnut que celui qui a abusé de ses propres richesses ne peut pas être prudent pour celles des autres.

IV.

SUR LA VIE HUMAINE.

D'Archias.

Il faut louer les Thraces qui pleurent sur les nouveau-nés sortant du ventre de leur mère, mais ils disent : « Bienheureux ceux qui abandonnent la vie et qui obéissent aux ordres de la Mort, cette messagère impitoyable. Les premiers ont trouvé dans la vie, des traverses de toute espèce; les seconds au contraire ont trouvé dans la mort le remède à tous les maux.

V.

SUR LA VIE HUMAINE.

De Pasidippe selon les uns, de Cratès le cynique suivant d'autres.

Voulez-vous savoir quel sentier nous suivons dans la vie? Au forum les procès et les contestations désagréables; dans nos maisons, les soins domestiques; dans les champs, des travaux sans nombre; sur la mer, la frayeur; en voyage, une crainte perpétuelle si vous possédez quelque chose, de la gêne si vous n'avez rien. Marié, vous ne serez pas sans inquiétude; n'avez-vous pas de compagne, vous vivez dans une triste solitude; les enfans engendrent des travaux; vivre sans enfans, c'est être mutilé. La jeunesse est irréfléchie, la vieillesse est infirme. Ah! l'on devrait bien choisir l'une de ces deux choses, ou ne vivre jamais, ou mourir dès qu'on a vu le jour.

VI.

DE PALLAS.

Je suis venu sur la terre nu, et je retournerai nu dans la terre. A quoi bon travailler inutilement, puisque j'arriverai nu à la fin de toutes choses.

VII.

D'UN INCONNU.

Tout est dérision, tout est poussière, tout est rien, car c'est du hasard qu'est né tout ce qui est.

VIII.

D'UN INCONNU.

O homme plus malheureux que les animaux, tu es haï de toutes choses; toutes sont liguées contre toi. Partout la mort t'attend. T'enfuis-tu sur la terre, le loup est là; montes-tu sur un arbre, un aspic est caché sous les branches; te hasardes-tu sur le Nil, dans l'abîme un crocodile te menace, bête terrible et juste pour les impies.

IX.

SUR LE MARIAGE.

D'un inconnu.

Après une première épreuve, se hasarder à un second mariage, c'est naviguer une seconde fois sur une mer profonde et dangereuse.

X.

UN ROSEAU AVEC LEQUEL ON ÉCRIT.

J'étais un roseau, plante sauvage; je ne produisais ni figue, ni pomme, ni grappe de raisin. J'étais né sur l'Hélicon; un homme me cueillit, me tailla par le bout et polit mon extrémité : maintenant je bois l'encre noire, je suis doué d'un don divin, de prononcer toute parole quoique ma bouche soit muette.

XI.

SUR LES FEMMES.

De Pallas.

Homère nous a montré la femme mauvaise et trompeuse, et la femme chaste et pudique; toutes deux également pernicieuses. L'adultère d'Hélène a engendré de grands massacres d'hommes. La chasteté de Pénélope a été cause aussi de beaucoup de morts. Le poëme de l'*Iliade* est fait pour une seule femme. Le poëme de l'*Odyssée* est aussi fait pour la seule Pénélope.

XII.

SUR UN LAURIER.

D'un inconnu.

Qui que tu sois, assieds-toi sous les feuilles verdoyantes de ce laurier et désaltère-toi dans cette onde limpide, afin que le zéphyr rafraîchisse tes membres harassés par les fatigues de l'été.

XIII.

D'ARCHIAS.

Un noir corbeau aperçut un jour, du haut des airs resplendissans qu'il traversait, un scorpion qui sautait à terre. Il s'élança et le saisit, mais en même temps il se blessa contre la pointe d'un javelot aigu qui était planté là; il mourut : c'est ainsi que souvent on trouve la mort en la préparant à d'autres.

XIV.

SUR UN ENFANT.

De Philippe.

Un enfant se hasarda sur l'Èbre de Thrace dont les eaux avaient été gelées. Un faux pas le précipita dans le fleuve, et la glace brisa sa tendre tête. Le reste de son corps fut retiré du fleuve, mais sa tête eut nécessairement l'onde pour tombeau. O mère malheureuse! dont le fils a été dévoré par l'eau et par le feu, sans que ni l'un ni l'autre l'aient reçu entier dans leur sépulture.

XV.

SUR LA VIE.

De Lucien.

Toute vie est brève pour ceux qui font le bien, mais pour ceux qui font le mal, une seule nuit est un temps immense.

XVI.

SUR L'AMOUR.

Paroles de l'Amour.

Qui domptera le feu par le feu? Qui éteindra

une flamme par une flamme? Qui tendra son arc contre mon arc? Il n'y a qu'un nouvel amour qui puisse lutter en force contre un autre amour.

XVII.

SUR L'AMOUR.

De Lénodote.

Qui a mis cet amour près d'une fontaine, espérant qu'on pourrait éteindre sa flamme avec de l'eau?

XVIII.

SUR L'AMOUR.

D'un inconnu.

Si le temps n'y peut rien, que la faim dompte l'amour; si la faim est impuissante, il n'y a qu'un remède, un lacet.

XIX.

SUR L'INGRATITUDE.

De Lucien.

Les bienfaits prompts sont plus agréables. Tout bienfait tardif est inutile, il ne faut pas l'appeler un bienfait.

XX.

SUR LA MORT.

D'un inconnu.

Tu te réjouis de la mort de Théodore, un autre se réjouira de la tienne : nous devons tous tribut à la mort.

XXI.

SUR LA MORT.

De Bianos.

Vous m'avez tué mon jeune enfant qui se promenait, ô abeilles! vous m'avez tué mon Hermonax. Le malheureux ignorait auprès de quelles abeilles il était venu. Vous avez été plus cruelles que des serpens; vous l'avez criblé de vos dards mortels. Ô méchantes! être si terribles et avoir le don de faire du miel si doux.

XXII.

SUR LA MORT.

D'un inconnu.

Je suis mort, mais je t'attends; toi aussi tu en attends un autre, car le même enfer reçoit tous les mortels.

XXIII.

SUR LES DIEUX.

De Lucien.

En faisant le mal vous pouvez peut-être échapper à la vue des hommes, mais vous ne cacherez rien aux dieux, pas même votre pensée.

XXIV.

SUR VÉNUS.

De Léonidas.

Un jour Eurotas dit à Vénus : « Ou prends des armes, ou éloigne-toi de Sparte; cette ville doit être toute dévouée à la guerre. » Mais celle-ci lui répondit avec un doux sourire : « Je serai toujours sans armes, et j'habiterai cependant Lacédémone. » Oh! quels menteurs que ces historiens qui racontent que même chez nous Vénus portait des armes.

XXV.

SUR HIPPOCRATE.

De Nicomède selon les uns, de Bassus selon les autres.

Hippocrate était la lumière des hommes : il sauvait le peuple, et, pendant sa vie, il y avait disette de morts dans le sombre empire.

XXVI.

De Lucilius.

Lorsque Magnus, le médecin, descendit aux enfers, Pluton s'écria en tremblant : « Il vient pour ressusciter nos morts eux-mêmes. »

XXVII.

SUR LES FLATTEURS.

D'un inconnu.

Tu n'as qu'une fausse amitié : tu aimes par crainte et par nécessité; mais rien n'est plus infidèle que d'aimer ainsi.

XXVIII.

SUR LES VAISSEAUX.

De Lélotin.

Quand je n'étais encore qu'un sapin j'ai été rompu sur la terre par le souffle des vents;

pourquoi me lancer sur la mer ainsi brisé avant la navigation?

XXIX.

SUR LE MÊME SUJET.
De Cyllénius Pétéamus.

Je ne suis pas encore un navire et j'ai déjà péri : qu'aurais-je souffert de plus si j'étais entré dans l'élément perfide ? Hélas ! les tempêtes de la mer sont terribles même à ceux qui habitent les rivages.

XXX.

SUR LE MÊME SUJET.
De Mœcius.

Hieroclide navigua et vieillit avec son navire ; il l'eut pour compagnon de sa vie et de sa mort, pour ami dans toutes ses pêches ; les flots furent toujours bienveillans pour lui ; et son vaisseau le nourrit ainsi dans sa vieillesse ; quand il fut mort il servit à l'inhumer ; ainsi ils naviguèrent ensemble jusqu'aux enfers.

XXXI.

SUR LES OISEAUX.
D'Argentarius.

Ne chante pas plus longtemps sur le chêne élevé, ne fais pas entendre davantage tes doux accens, ô doux oiseau : cet arbre t'est dangereux ; va aux lieux où naît la vigne, qui s'ombrage de feuilles verdoyantes ; là tu peux t'arrêter, et, de ton gosier flexible, tirer des sons cadencés. Le chêne ne produit guère qu'une glu ennemie ; la vigne au contraire produit le raisin, et Bacchus aime les chanteurs.

XXXII.

SUR LE MÊME SUJET.
D'un inconnu.

Fille de l'Attique, nourrie de miel, toi qui chantes si bien, tu enlèves une cigale, bonne chanteuse comme toi, et tu la portes pour nourriture à tes petits oiseaux. Toutes deux ailées, toutes deux habitant ces lieux, toutes deux célébrant la naissance du printemps, ne lui rendras-tu pas la liberté ? Il n'est pas juste qu'une chanteuse périsse du bec d'une de ses semblables.

XXXIII.

SUR UNE FONTAINE.
D'Antiphanus.

Autrefois je versais en abondance les flots d'une bonne eau ; maintenant je suis desséchée jusqu'à la dernière goutte : un homicide a lavé ses mains sanglantes dans mes ondes, il m'a tachée de sang ; depuis ce jour mes eaux m'ont abandonnée en s'écriant : « Nymphes. »

XXXIV.

SUR LES RICHESSES.
De Pallas.

Tu t'enrichis ! mais ensuite, mais en mourant emporteras-tu tes richesses que tu entasses en monceaux ? C'est à l'aide du temps que tu les réunis ; mais tout cela ne pourra te servir à éviter le dernier terme de la vie.

XXXV.

SUR LES MUSES.
D'Antipater Sidonius.

Quand Mnémosyne entendit la douce Sappho, elle eut peur que les hommes n'eussent une dixième Muse.

XXXVI.

SUR LES POÈTES.
D'Antipater le Thessalien.

La rosée suffit pour enivrer les cigales. Lorsque les cygnes ont bu ils chantent d'une voix plus mélodieuse ; ainsi le poëte reconnaît par des hymnes divins les plus légers dons qu'on lui offre.

XXXVII.

SUR LA FORTUNE.
De Lucien.

Autrefois j'étais le champ d'Achœmìnie, maintenant je suis à Ménippus, et je passerai encore à un autre, car l'un pensait m'acquérir et c'est un autre qui me possède ; et vraiment je n'appartiens à aucun, j'appartiens à la fortune.

XXXVIII.

SUR LE MÊME SUJET.
De Lucien.

Si tu es heureux, tu comptes pour amis tous

les hommes et même les dieux, qui t'écoutent avec faveur; sois malheureux, tu n'as plus aucun ami, mais tout te devient hostile, et en un instant la fortune a tout changé.

XXXIX.
SUR L'ENVIE.
D'un inconnu.

L'envie est un grand mal; elle a cependant cela de bon, qu'elle dévore le cœur et les yeux des envieux.

XL.
SUR L'AMITIÉ.
D'un inconnu.

Héliodore, un ami fidèle est un trésor immense pour celui qui sait le conserver.

XLI.
SUR LE MÊME SUJET.
D'un inconnu.

C'est une chose difficile à trouver qu'un ami fidèle; il en est beaucoup, il est vrai, mais qui ne sont amis que des lèvres.

XLII.
A UNE HIRONDELLE.
D'Archias.

Après avoir parcouru toute la terre et les îles, tu viens déposer et nourrir tes petits sur une statue de Médée; espères-tu donc que la vierge de Colchos te conservera tes oisillons sans plume, elle qui n'a pas épargné ses enfans.

XLIII.
SUR LA PRUDENCE.
De Lucien.

Un conseil tardif vaut toujours mieux: un conseil trop rapide traîne souvent sa peine après soi.

XLIV.
SUR LE TEMPS.
De Platon.

Le temps apporte tout: le temps sait changer le nom, la figure, la nature et la fortune.

XLV.
SUR LE MÊME SUJET.
Du même.

O brève volupté de la vie! O plaignez-vous de la rapidité du temps! assis ou couchés, en repos ou agissant, qu'importe! Le temps court, il court contre nous malheureux mortels, et il apporte avec lui la mort, ce terme de la vie de tout homme.

XLVI.
SUR LE MÊME SUJET.
D'un inconnu.

Jouissez du temps : tout vieillit vite. Une saison suffit pour faire un bouc d'un agneau.

XLVII.
SUR UN LUTTEUR.
De Lucilius.

Ulysse rentrant dans sa patrie après une absence de vingt ans fut reconnu par son chien Argus; mais toi, Stratophon, après quatre heures de pugilat tu es devenu méconnaissable non-seulement au chien mais à la ville tout entière. Si tu veux regarder ta figure dans un miroir, tu diras toi-même: « Non, je ne suis plus Stratophon. »

XLVII.
SUR UN COUREUR.
De Lucien.

Si tu es rapide au festin et lent à la course, mange avec tes pieds et cours avec ta bouche.

XLIX.
SUR LES ASTROLOGUES.
De Lucilius.

Les astrologues ont tous prédit au père de mon frère une longue vie : leurs oracles étaient unanimes sur ce point. Le seul Hermoclide lui annonça qu'il mourrait d'une mort prématurée; mais il lui dit quand nous le pleurions déjà, mort dans la maison paternelle.

L.
SUR LE MÊME SUJET.
Da Nicarche.

Quelqu'un vint demander à Olympicus s'il arriverait à Rhodes et comment il devait faire pour naviguer avec sûreté. Le devin lui répondit: « D'abord prends un navire neuf; ne t'embarques pas en hiver, mais en été; fais de la sorte et tu arriveras ici et là, à moins cependant que des pirates ne te prennent sur mer. »

LI.
SUR LE MÊME SUJET.
D'un inconnu.

Le paysan Calligène, avant d'ensemencer sa terre, vint demander à l'astrologue Aristophane si sa moisson serait abondante et s'il recueillerait de beaux épis ; celui-ci prenant des petits cailloux, les met sur la table, et les supputant avec ses doigts, dit à Calligène : «Si le champ est arrosé autant qu'il faudra, s'il n'engendre pas des herbes inutiles, si la gelée ne brise pas les sillons et que la grêle ne vienne pas abattre la tête de tes épis naissans, si les hannetons ne tondent pas tes moissons, si l'air ou la terre ne te réserve pas quelque autre calamité, je te prédis un heureux été et des épis bien fournis : crains seulement les sauterelles.»

LII.
SUR UNE VIEILLE FEMME.
De Lucilius.

On dit, Nicylla, que tu teins tes cheveux achetés au marché.

LIII.
SUR LES GRAMMAIRIENS.
De Lucilius.

Nul grammairien ne peut conserver un esprit un peu droit ; la fureur, la colère et la bile s'emparent de suite de lui.

LIV.
SUR LES FEMMES.
De Pallas.

Toute femme est colère et n'a dans sa vie que deux bonnes heures, l'heure du lit de noce et l'heure de la mort.

LV.
SUR LES GENS DIFFORMES.
De Lucilius.

Olympicus, ne viens jamais avec une telle figure, ne viens jamais te mirer à une fontaine dans l'eau transparente, car en te voyant, tu mourrais comme Narcisse, mais tu mourrais de haine pour toi-même.

LVI.
SUR LE MÊME SUJET.
De Léonidas.

La maison de Lénogène brûlait ; lui de sa fenêtre cherchait à s'échapper à l'aide de cordes, il ne pouvait en venir à bout ; enfin il aperçut le nez d'Antimachus, il y posa une échelle, il s'enfuit.

LVIII.
SUR LE MÊME SUJET.
D'Ammien.

Proclus ne peut pas moucher son nez avec sa main, car il a la main plus courte que le nez, et quand il éternue, il ne dit pas : «Que Jupiter me garde !» Il ne s'entend pas éternuer, car son nez est trop loin de son oreille.

LVIII.
SUR LES MÉDECINS.
De Nicarche.

Phédon ne m'a pas soigné, Phédon ne m'a pas même touché ; mais ayant la fièvre, je me suis rappelé son nom et je suis mort.

LIX.
SUR LES CHEVAUX.
De Lucilius.

Olympius m'avait promis un cheval : il m'amène une queue à laquelle pendait une rosse efflanquée.

LX.
SUR LES CHANTEURS.
De Lucilius.

Le chanteur Simylus avec son chant nocturne a tué tous ses voisins excepté le seul Brigène ; la nature a voulu que ce dernier fût sourd et lui a donné ainsi en échange de l'ouïe une prolongation dans son existence.

LXI.
SUR LES VOLEURS.
De Lucilius.

Pasteur, éloigne de ces lieux ton troupeau qui paît, de peur que le voleur Périclès non content de te voler tes bœufs te vole toi-même.

LXII.
SUR LE MÊME SUJET.
Du même.

Si Dion avait les pieds comme les mains, ce ne serait plus Mercure, mais Dion qui passerait à juste titre pour le plus habile et le plus rapide parmi les hommes.

LXIII.
SUR LES PETITS HOMMES.
D'Ammien.

Le petit Macron dormait durant l'été; un petit rat l'ayant vu le tira par le pied; mais lui, saisissant le rat l'étrangla en s'écriant : « Grand Jupiter regarde, tu as un second Hercule. »

LXIV.
SUR LE MÊME SUJET.
De Lucilius.

Menestratus à cheval sur une fourmi comme sur un éléphant fut tout à coup renversé. Blessé au talon et croyant le mal mortel : « O envie! s'écria-t-il, c'est ainsi que sur de rapides coursiers est déjà mort Phaëton. »

LXV.
SUR LE MÊME SUJET.
Du même.

Chérémon, soulevé par le vent et plus léger qu'un palet, nageait dans l'Éther. Il eût pénétré plus avant encore dans les nuages s'il ne se fût embarrassé les pieds dans une toile d'araignée. Il resta là suspendu pendant cinq jours et cinq nuits; le sixième jour il eut le bonheur de descendre par un fil d'araignée.

LXVI.
SUR LES POÈTES.
De Pallien.

C'est la folie qui te fait poète bien plus que la Muse : aussi écris-tu beaucoup de choses téméraires; mais écris, écris toujours. Je ne peux pas te souhaiter une plus grande folie que celle-là.

LXVII.
SUR LE MÊME SUJET.
De Lucilius.

Ni l'eau débordée au temps de Deucalion, ni Phaëton dévorant par la flamme ceux qui habitaient la terre, n'ont tué autant d'hommes que le poète Potamon et le chirurgien Hermogènes, en sorte qu'on peut dire que le temps a été partagé entre quatre fléaux : Deucalion, Phaëton, Potamon et Hermogènes.

LXVIII.
SUR UN MÉCHANT.
D'Ammien.

Que la terre te soit légère comme de la cendre, infâme Néarche, pour que les chiens te déterrent plus facilement.

LXIX.
SUR LE VIN.
De Macédonius.

J'étais malade; mon médecin en véritable ennemi me défendait de boire le vin pétillant de la coupe; il me conseillait de boire de l'eau; mais en vain, je n'avais oublié qu'Homère nous dit que le vin fait la force de l'homme.

LXX.
SUR UN AVARE.
D'un inconnu.

On te dit riche, Apallophane; moi, je prétends que tu es pauvre : on ne prouve les richesses qu'en s'en servant. Si tu en jouis, elles t'appartiennent; si tu les gardes pour tes héritiers, elles deviennent la propriété d'autrui.

LXXI.
SUR LE MÊME SUJET.
De Lucilius.

L'avare Hermocrate mourant s'était institué dans son testament son propre héritier. Étendu sur son lit, il calculait combien il lui en coûterait dans sa maladie et combien lors de sa convalescence il lui faudrait donner au médecin : quand il vit que se soigner lui reviendrait à une drachme plus cher : « Il vaut mieux mourir, dit-il, et il mourut. » Il gisait sur son grabat comme un mendiant n'ayant qu'une obole. Mais ses héritiers ravis surent bien trouver ses richesses.

LXXII.
SUR LE MÊME SUJET.
De Pallas.

Tu as les richesses d'un homme opulent, mais l'âme d'un pauvre : oh! que tu es riche pour les héritiers, mais que tu es pauvre pour toi-même.

LXXIII.
SUR UN PHILOSOPHE.
De Pallas.

Si entretenir soigneusement sa barbe indique de la philosophie, un bouc bien barbu est un véritable Platon.

LXXIV.
SUR UN BOITEUX.
De Pallas.

Tu as l'âme boiteuse comme le pied ; la nature a fait de ton extérieur l'image parfaite de ton intérieur.

LXXV.
SUR UN GOUTTEUX.
D'un inconnu.

La goutte qui brise les membres est fille de Bacchus et de Vénus, qui les brisent également.

LXXVI.
ÉPITAPHE.
De Paulus Silentiarius.

Bienveillant, plein d'une aimable liberté, d'un doux aspect, laissant dans la vie un fils qui soigna sa vieillesse, Théodore est enseveli dans cette tombe avec l'espoir d'un meilleur sort. Heureux dans ses travaux, qu'il soit heureux même dans la mort.

LXXVII.
ÉPITAPHE.
D'un inconnu.

Bon Sabinus ; le monument de notre douleur n'est qu'une pierre étroite, petit témoignage d'une grande amitié. Je te chercherai sans cesse ; mais toi, chez les morts, ne bois pas, je t'en prie, à cette coupe qui te ferait oublier tes anciens amis.

LXXVIII.
SUR UN LUTTEUR.
De Simonide.

Cette belle statue représente le beau Milon, sept fois vainqueur à Pise et qui jamais ne fléchit sur ses genoux.

LXXIX.
SUR DEUX FRÈRES.
D'Agathias Scholasticus.

Laloüs et Paulus, deux frères avaient dans la vie une parfaite intimité : ils ont suivi les fils d'une même destinée et tous deux aujourd'hui reposent sur les rives du Bosphore. Ils ne pouvaient vivre l'un sans l'autre et tous deux se sont dirigés ensemble vers Proserpine. Salut, amis pleins de douceur et d'union. Votre sépulcre aurait dû devenir un autel à la Concorde.

LXXX.
SUR LES BRAVES MORTS AUX THERMOPYLES.

Passant, va dire à Lacédémone que nous sommes morts ici pour obéir à ses lois.

LXXXI.
D'UN INCONNU.

Nous sommes de L'Eubée, et nous reposons sous les murs de Suze. Hélas ! hélas ! que nous sommes loin de notre patrie.

LXXXII.
DE DIOSCORIDE.

Déménète, ayant envoyé ses huit fils contre l'ennemi, les ensevelit tous sous une seule colonne ; la douleur ne lui tira pas une larme, mais il dit seulement : « O Sparte ! c'est moi qui t'avais donné ces nobles enfans. »

LXXXIII.
SUR TIMON.
D'un inconnu.

Timon après sa mort est encore dangereux. Cerbère, portier terrible de Pluton, prends garde qu'il ne te morde toi-même.

LXXXIV.
SUR LA MORT DE PTOLÉMÉE.
D'Antipater Sidonius.

Ton père et ta mère, ô Ptolémée ! désespérés de ta mort, se sont arraché les cheveux ; ta nourrice éplorée a jeté sur sa chevelure une noire poussière. Toute l'Égypte, couverte d'un vêtement de deuil, s'est rasé la tête, et la large maison de l'Europe a poussé un profond gémissement. La lune obscurcie par la douleur a abandonné les astres et les routes célestes. Tu as succombé à la peste, cette dévastatrice de la terre, avant que ta jeune main reçût de tes parens le sceptre royal ; la nuit éternelle ne t'a pas englouti, toi qui mourus pendant la nuit; car ce n'est pas l'enfer qui reçoit des princes tels que toi, c'est Jupiter qui les conduit lui-même dans le ciel.

LXXXV.
DE JULIEN.

Julien repose ici sur les bords du Tigre rapide. Il fut à la fois hardi combattant et bon roi.

LXXXVI.
SUR LA MORT D'UN ENFANT.
De Lucien.

J'avais cinq ans, l'esprit gai et nom Callimaque; la mort inexorable m'atteignit; ne me pleure pas : j'ai eu une vie courte il est vrai, mais aussi j'en ai peu connu les maux.

LXXXVII.
SUR LE MÊME SUJET.
D'un inconnu.

Mort cruelle! pourquoi frapper Calleschus, un si jeune enfant? Dans la maison de Proserpine ce ne sera qu'un petit enfant joueur, tandis qu'il laisse au foyer de sa mère des douleurs inconsolables.

LXXXVIII.
SUR UN VIEILLARD.
D'un inconnu.

Je me nomme Denys de Tharse et je repose en ces lieux après soixante années! Je ne me suis jamais marié; plût à Dieu que mon père eût fait de même.

LXXXIX.
A DES LABOUREURS.
D'un inconnu.

La terre manque-t-elle donc à vos charrues, ô laboureurs! que vos bœufs ouvrent des sillons sur des tombes! Quel avantage y trouvez-vous? Et quel froment de meilleure qualité tirerez-vous de la cendre plutôt que de la terre. Vous ne vivrez pas toujours et un autre à son tour labourera sur vos corps; il jettera comme vous le faites aujourd'hui la semence sur des tombes.

XC.
SUR UNE FEMME.
De Léonidas.

O femme! comment t'appelles-tu, toi qui reposes sous cette colonne de marbre de Paros? — Prexo Callitelis. — D'où es-tu? — De Samos. — Qui t'a enseveli? — Théocrite à qui mes parens m'avaient louée. — De quoi es-tu morte? — D'une couche. — Quel âge avais-tu? — Vingt-deux ans. — As-tu laissé des enfans? — Oui, j'ai laissé mon petit Callitelis âgé de trois ans à peine. — Qu'il vive pour toi et qu'il arrive à une longue vieillesse! — Merci étranger, et que la fortune te comble de toutes ses faveurs.

XCI.
D'AGATHIAS SCHOLASTICUS.
Sur sa mère enterrée à Bysance.

Passant, pourquoi pleures-tu? — Je pleure sur ta mort. — Sais-tu qui je suis? — Non, et cependant je trouve ta mort bien triste; qui es-tu donc? — Périclea. — De qui étais-tu la femme? — D'un excellent homme, rhéteur en Asie, nommé Memnon. — Comment cette terre de Bosphore a-t-elle ta tombe? — Demande à la Parque qui m'a donné un tombeau éloigné de ma patrie. — As-tu laissé un enfant? — Oui, un fils de trois ans qui jadis dans ma maison se nourrissait du lait de mes mamelles. — Qu'il vive et qu'il soit beau! — Oui ami; souhaite-lui de devenir un beau jeune homme pour qu'il verse sur moi de douces larmes.

XCII.
ÉPITAPHE.
D'un inconnu.

Pourquoi rester ainsi près de ma tombe en versant des larmes inutiles? Ma mort ne doit pas vous faire répandre des pleurs. Cessez votre chagrin, cher époux et cher enfant, et gardez dans vos cœurs le souvenir d'Amazone.

XCIII.
SUR LA TOMBE D'ACHILLE.

C'est là que les Grecs construisirent la tombe d'Achille, la terreur des Troyens et de leurs descendans, il repose sur le rivage, afin que le fils de la maritime Thétis soit glorifié par le gémissement de la mer.

XCIV.
SUR LA TOMBE D'AJAX.

Je suis la vertu, et malheureuse, m'arrachant les cheveux, je repose au tombeau d'Ajax ; mon âme est rongée de douleur parce que les Grecs ont préféré à mon courage l'habileté fallacieuse d'un autre.

XCV.
SUR LE MÊME.
D'un inconnu.

C'est le sépulcre d'Ajax fils de Télamon ; le destin l'a tué en se servant de sa propre main et de sa propre épée. Car Clotho, quelque fût son désir, n'aurait pu lui trouver parmi les hommes aucun autre meurtrier.

XCVI.
SUR LE MÊME.

Hector a donné à Ajax une épée, Ajax à Hector un ceinturon ; pour chacun un instrument de mort.

XCVII.
SUR HECTOR.

Ne juge pas Hector d'après cette tombe, ne mesure pas l'ennemi de la Grèce sur ce sépulcre ; l'*Iliade*, Homère, les Grecs en fuite, voilà mon sépulcre. Je suis enterré sous toutes ces grandes actions.

XCVIIII.
SUR UN DAUPHIN.
D'un inconnu.

Les flots et une tempête horrible m'ont jeté sur le rivage ; spectacle affreux d'une triste destinée ! mais sur la terre on a de la miséricorde. Ceux qui m'ont vu m'ont élevé un tombeau. La mer qui m'avait engendré m'a perdu. Quelle confiance faut-il avoir en Neptune, puisqu'il n'épargne pas son propre enfant.

XCIX.
SUR LE TOMBEAU D'UN NAUFRAGÉ.
De Julien.

Salut, malheureux naufragé ; quand tu arriveras aux enfers n'accuse pas de ta mort les flots de la mer, mais les vents : ce sont eux qui t'ont englouti ; mais les flots bienfaisants t'ont porté sur la rive, où la piété de tes parens t'a élevé un sépulcre.

C.
SUR LE MÊME SUJET.
De Flaccus.

Fuis les fatigues de la mer ; adonne-toi plutôt aux travaux fertiles des bœufs si tu veux arriver heureusement au terme d'une longue vie. Jamais sur la mer les hommes n'ont eu le temps de voir blanchir leurs cheveux.

CI.
SUR UN JUPITER DE PHIDIAS.
D'un inconnu.

Oui, le dieu est venu sur la terre pour se montrer à toi, ô Phidias ! ou tu es monté aux cieux pour le découvrir.

CII.
SUR LA GÉNISSE DE MILON.
De Démétrius Bithynus.

Si un veau me voyait, il mugirait ; si c'était un taureau, il s'élancerait vers moi ; mais si c'était un berger, il voudrait me chasser au milieu de son troupeau.

FIN DES EXTRAITS DE L'ANTHOLOGIE.

NOTES SUR LES OEUVRES D'HÉSIODE,

PAR M. A. BIGNAN.

Eusèbe dit que Sanchoniathon, antérieur à la guerre de Troie, avait composé sur la Phénicie une histoire remarquable par l'exactitude des recherches. Nous avons parlé de cet auteur dans notre *Essai sur Hésiode*. Voici tout le fragment de Sanchoniathon traduit en grec par Philon de Byblos et cité par Eusèbe dans sa *Préparation évangélique* (livre 1, chap. 7) :

« Sanchoniathon établit pour principe de toute chose un air ténébreux et spiritueux, ou plutôt le souffle d'un air ténébreux, et en outre un chaos confus et obscur ; toutes ces matières sont infinies et sans bornes à cause de leur longue durée :

« Lorsque, dit-il, l'esprit devint amoureux de ses propres principes et qu'il s'opéra une conjonction, cette conjonction s'appela le Désir. Telle fut l'origine de la création de tous les êtres. Mais l'esprit ne connaissait point sa propre création. De la conjonction de l'esprit avec ses principes sortit le Mot, qui est un limon selon les uns, et suivant les autres une corruption d'une mixtion aqueuse d'où provinrent toutes les semences de la création et l'origine de toute chose.

» Il y avait certains animaux privés de sentiment, d'où naquirent des animaux intelligens appelés *sophasémis*, c'est-à-dire contemplateurs du ciel, et présentant la forme d'un œuf.

» Alors brillèrent Mot, le soleil, la lune, les astres et les grandes planètes. »

» Telle est la cosmogonie des Phéniciens, et elle conduit directement à l'athéisme. »

Voyons maintenant ce que Sanchoniathon rapporte de la zoogonie. Il dit :

« L'air, la mer et la terre ayant jeté une vive clarté à cause de leur conflagration, il en résulta des vents, des nuages et de larges épanchemens, de grandes chutes des eaux célestes. Après que ces élémens furent séparés et chassés de leur place par l'ardeur du soleil, ils se rejoignirent tous dans l'air, s'entre-choquèrent et produisirent les tonnerres et les éclairs. Au bruit des tonnerres, les animaux intelligens dont il a été déjà parlé se réveillèrent, s'effrayèrent de ce fracas, et mâles ou femelles commencèrent à se mouvoir sur la terre et dans la mer. »

Telle est la zoogonie des Phéniciens. Le même écrivain ajoute :

« Tout cela se trouve rapporté dans la *Cosmogonie* de Taaut et dans ses *Annales*, conformément aux conjectures et aux preuves que son esprit a su trouver par expérience et dont il nous a éclairés. »

Ensuite, après avoir dit les noms de Notus, de Borée et des autres vents, il continue ainsi :

« Ces hommes furent les premiers qui consacrèrent les productions de la terre, les appelèrent des dieux et les adorèrent, parce qu'ils s'en nourrissaient eux et leurs descendans, à l'exemple de tous leurs devanciers ; ils faisaient en leur honneur des libations et des sacrifices. » Sanchoniathon ajoute : « Ce mode d'adoration convenait à leur faiblesse et à la timidité de leur âme. »

Puis il rapporte « que du vent Colpia et de sa femme Baau, dont le nom signifie *la nuit*, naquirent OEon (la durée) et Protogonos (le premier-né), qui étaient des hommes mortels ainsi appelés, et qu'OEon avait trouvé la manière de se nourrir du fruit des arbres ;

»Que les enfans nés de ces deux êtres furent appelés Génos (genre) et Généa (race) et habitèrent la Phénicie ; que de grandes chaleurs étant survenues, ils levèrent leurs mains au ciel vers le soleil. Car, dit-il, ils regardaient le soleil comme un dieu, seul maître du ciel, et l'appelaient Bulsamen, ce qui signifie chez les Phéniciens *maître du ciel*, et Zeus chez les Grecs. »

Après il reproche ainsi aux Grecs leur erreur :

« Ce n'est point sans motif que nous établissons souvent ces distinctions ; nous suivons la succession des noms et l'ordre des choses que les Grecs, par ignorance, ont entendus différemment, trompés par l'ambiguïté de l'interprétation. »

Ensuite il dit « que de Génos, fils d'OEon et de Protogonos, naquirent des enfans mortels dont les noms furent Phos (la lumière), Pyr (le feu) et Phlox (la flamme). Ceux-ci, dit-il, d'après le frottement du bois, inventèrent le feu et en enseignèrent l'usage.

» Ils engendrèrent des fils doués d'une grandeur et d'une taille extraordinaires ; leurs noms furent donnés à quelques montagnes dont ils s'emparèrent ; de là vinrent les dénominations du Cassius, du Liban, de l'Antiliban et du Brathy.

» De ceux-ci, dit-il, naquirent Memrumus et Hypsuranius. Ils prenaient leurs noms de leurs mères, de ces femmes qui alors se prostituaient sans pudeur à tous ceux qu'elles rencontraient. »

Ensuite il dit « qu'Hypsuranius habita Tyr et imagina de construire des cabanes avec des roseaux, des joncs et des écorces de papyrus ; qu'il se révolta contre son frère Usoüs, qui le premier couvrit son corps de la peau des bêtes féroces dont il se rendait maître ;

» Que de violentes pluies et de grands vents ayant eu lieu, les arbres près de Tyr, se choquant les uns contre les autres, prirent feu et brûlèrent la forêt qui se trouvait dans le pays ;

» Qu'Usoüs, ayant pris un arbre et l'ayant dépouillé de ses branches, osa le premier se lancer sur la mer, consacra deux colonnes au feu et au vent, les adora et leur fit des libations avec le sang des animaux qu'il prenait à la chasse ;

» Qu'après la mort de cette génération, ceux qui restaient lui consacrèrent des baguettes, adorèrent des colonnes et célébrèrent des fêtes annuelles ;

» Que bien longtemps après la race d'Hypsuranius, naquirent Agréus et Aliéus, inventeurs de la pêche et de la chasse, d'où ils furent appelés les chasseurs et les pêcheurs ;

» Que de ces deux hommes naquirent deux frères qui découvrirent le fer et l'art de le travailler ; que l'un d'eux, Chrysor, se distingua par le talent de la parole, des enchantemens et de la divination ; que Chrysor est le même que Vulcain ; qu'il inventa en outre l'hameçon, l'appât, la ligne et les radeaux ; qu'il fut le premier de tous les hommes qui ait navigué ; qu'il fut révéré après sa mort comme un dieu, et qu'on l'appela aussi Diamichium : on dit que ses frères inventèrent l'art de construire des murailles en briques ;

» Que de cette race sortirent deux jeunes hommes appelés l'un Technitès (l'ouvrier) et l'autre Géinon Autochthone (le terrestre indigène). Ceux-ci trouvèrent le moyen de mêler de la paille au ciment de la brique et de sécher le tout au soleil ; ils inventèrent encore l'art de fabriquer des toits.

» De ces hommes en naquirent d'autres, dont l'un fut nommé Agros, l'autre Agroueros ou Agrotès ; ce dernier avait une statue très-révérée et un temple portatif en Phénicie ; les habitans de Byblos l'appelèrent de préférence le plus grand des dieux.

» Ces deux frères imaginèrent de joindre aux maisons des cours, des enclos et des souterrains. C'est d'eux que vinrent les agriculteurs et les chasseurs, qui sont appelés aussi les vagabonds et les Titans.

» De cette race sortirent Aménus et Magus, qui établirent les villages et les bergeries.

» De ceux-ci naquirent Misor et Sydyc, c'est-à-dire l'homme facile à délier et le juste. Ils trouvèrent l'art d'employer le sel.

» Misor engendra Taaut, qui inventa l'écriture des emières lettres et que les Égyptiens appelèrent Thoor, les habitans d'Alexandrie Thoyth et les Grecs Hermès.

» De Sydyc vinrent les Dioscures ou les Cabires, les Corybantes, les Samothraces, qui les premiers, dit-il, construisirent des vaisseaux. De ceux-ci en naquirent d'autres qui découvrirent la vertu des plantes, le secret de guérir les morsures des animaux et l'art des enchantemens.

» Dans ce temps-là naquirent un certain Élium appelé Hypsistus (le très-haut) et une femme nommée Béruth. Ils demeuraient dans les environs de Byblos.

» Ils eurent pour fils Épigéios ou l'Autochthone, qu'ensuite on nomma Uranus. C'est de ce nom que l'élément qui est au-dessus de nous, à cause de sa beauté extraordinaire, s'appela le ciel (*Ouranos*).

» Les mêmes époux donnèrent à Uranus une sœur qui fut appelée Gué, et à cause de sa beauté, dit l'auteur, la Terre reçut d'elle le nom de Gué (*Gê*).

» Leur père Hypsistus, étant mort de l'attaque de quelques bêtes féroces, obtint l'apothéose, et ses enfans lui offrirent des libations et des sacrifices.

» Uranus, ayant pris le royaume de son père, épouse sa sœur Gué et en a quatre enfans, Ilus, le même que Cronos, Bétyle, Dagon, appelé Siton (l'inventeur du blé), et Atlas.

» Uranus eut encore une nombreuse race de ses autres femmes. C'est pourquoi Gué dans son chagrin, devenue jalouse, blâma tellement Uranus que tous les deux se séparèrent. Mais, quoique éloigné de son épouse, Uranus, lorsqu'il le voulait, s'en rapprochait de force, s'unissait avec elle et la quittait de nouveau ; il tâchait même de détruire les enfans qu'il en avait eus. Gué s'opposa souvent à ses projets en rassemblant de nombreux alliés.

» Cronos, devenu homme, usant des conseils et du secours d'Hermès Trismégiste, qui était son scribe, combattit son père Uranus pour venger sa mère.

» Cronos eut pour enfans Perséphoné et Athéna : la première mourut vierge. D'après l'avis d'Athéna et d'Hermès, Cronos fabriqua une faux et une lance de fer.

» Ensuite Hermès, animant les alliés de Cronos par les discours de la magie, leur inspira le désir de combattre pour Gué contre Uranus. Ainsi Cronos, ayant livré bataille à Uranus, le chassa du trône et reçut la royauté.

» Une concubine très-chère à Uranus, et encore enceinte, fut prise dans le combat. Cronos la donna en mariage à Dagon, auprès de qui elle accoucha du fils qu'elle avait conçu d'Uranus et qu'elle appela Démarus.

» Sur ces entrefaites, Cronos entoura sa maison de murailles et bâtit pour première ville Byblos en Phénicie.

» Ensuite s'étant méfié de son propre frère Atlas, d'après les conseils d'Hermès, il le jeta dans une fosse profonde et le recouvrit de terre.

» Dans ce temps, les enfans des Dioscures, ayant construit des radeaux et des navires, se livrèrent à la navigation, et jetés par les flots près du mont Cassius, ils y consacrèrent un temple.

» Les compagnons d'Ilus ou de Cronos furent surnommés Éloïm, c'est-à-dire les Croniens. Tels sont les hommes qu'on dit avoir vécu sous Cronos.

» Cronos, ayant eu un fils nommé Sadidos, l'immola de son propre fer, parce qu'il s'était méfié de lui, et devenu le meurtrier de son fils, il le priva de la vie.

» Il coupa aussi la tête de sa propre fille; de sorte que cette résolution de Cronos frappa d'étonnement tous les dieux.

» Dans la suite des temps, Uranus, mis en fuite, envoya contre Cronos une de ses filles encore vierge, Astarté, avec deux autres de ses sœurs, Rhéa et Dioné, en les chargeant de le faire périr par ruse. Cronos, voyant ses sœurs en âge de se marier, les épousa. Uranus l'apprit et fit marcher contre Cronos Imarméné et Hora avec d'autres alliés; mais Cronos se les attacha par l'amitié et les retint auprès de lui.

» Le dieu Uranus, ajoute Sanchoniathon, inventa les bétyles en fabriquant des pierres animées.

» Cronos eut d'Astarté sept filles Titanides ou Artemides; il eut encore de Rhéa sept fils, dont le plus jeune reçut l'apothéose dès sa naissance. Dioné ne lui donna que des filles; il eut encore d'Astarté deux enfans mâles, Pothos et Eros.

» Dagon, après avoir trouvé le blé et la charrue, fut appelé Zeus Arotrius (Jupiter laboureur).

» Une des Titanides, unie à Sydyc, appelé le Juste, enfanta Asclépius. Cronos eut encore dans la Pérée trois enfans, Cronos, qui porta le nom de son père, Zeus Bélus et Apollon.

» Dans ce temps naquirent Pontus, Typhon et Nérée, père de Pontus.

» De Pontus naquirent Sidon, qui la première, à cause de la mélodie extraordinaire de sa voix, trouva le chant des hymnes, et Poséidon.

» Démarus eut pour fils Mélicarthe, qui est le même qu'Hercule.

» Ensuite Uranus fait la guerre à Ponthus, et, se séparant de lui, s'allie à Démarus. Démarus fond sur Pontus, mais Pontus le contraint à fuir. Démarus dans sa fuite fit le vœu d'un sacrifice.

» Dans la trente-deuxième année de son pouvoir et de son règne, Ilus, c'est-à-dire Cronos, ayant dressé une embuscade à son père Uranus dans un endroit situé au milieu des terres, et s'étant armé d'un glaive, lui coupa les parties génitales sur le bord des fontaines et des fleuves. C'est là qu'Uranus obtint l'apothéose; il y avait perdu le souffle de la vie, et le sang de son organe viril avait coulé dans les fontaines et dans les ondes des fleuves. On montre encore aujourd'hui le théâtre de cet événement.

» Telles sont les actions de Cronos; tel est le récit véritable du genre de vie qu'ont célébré les Grecs et qu'on a placé sous le règne de Cronos. Voilà les mortels qu'on dit avoir formé la première race de l'âge d'or, de cet âge où le bonheur des anciens hommes a été si grand. »

L'écrivain ajoute à ce qu'il a déjà rapporté et dit entre autres choses :

« Astarté la très-grande, Jupiter Démarus et Adodus, roi des dieux, régnaient sur le pays, du consentement de Cronos.

» Astarté mit sur sa propre tête, pour marque de sa royauté, la tête d'un taureau. En parcourant la terre, elle trouva un astre tombé du haut des airs, qu'elle prit et consacra dans l'île sainte de Tyr. Les Phéniciens disent qu'Astarté est la même qu'Aphrodite.

» Cronos, faisant aussi le tour du monde, donna le royaume de l'Attique à Athéna sa fille. La peste et la mortalité étant survenues, Cronos sacrifie à son père Uranus son fils unique et coupe ses parties génitales, obligeant ses compagnons à faire la même chose.

» Peu de temps après, un autre fils qu'il avait eu de Rhéa, et qui se nommait Muth, étant mort, il lui décerna l'apothéose. Les Phéniciens donnent à ce fils le nom de la Mort et de Pluton.

» Ensuite Cronos donna la ville de Byblos à la déesse Baaltis, qui est la même que Dioné, et Béryte à Poséidon, aux Cabires, aux Agrotès (les agriculteurs) et aux Aliens (les pêcheurs), qui consacrèrent dans Béryte les restes de Pontus.

Avant ces événemens, le dieu Taaut, imitant Uranus, figura les images des dieux Cronos et Dagon et des autres pour en faire les caractères sacrés des lettres.

» Il donna à Cronos, pour signe de royauté, quatre yeux par devant et par derrière la tête : deux veillaient tour à tour et se reposaient. Il plaça aussi sur ses épaules quatre ailes, deux comme déployées et deux comme abaissées.

» Ce symbole montrait que Cronos veillait en restant couché et restait couché en veillant. Il en était de même pour les ailes, qui signifiaient qu'il volait en se reposant et se reposait en volant.

» Quant aux autres dieux, il ne donnait à chacun que deux ailes sur leurs épaules, pour montrer qu'ils accompagnaient seulement le vol de Cronos.

» De plus, il mit sur la tête de Cronos deux ailes, comme emblèmes, l'une de la supériorité de son esprit dans le commandement, l'autre des sensations de son âme.

» Cronos, étant allé dans le pays du Notus, donna toute l'Égypte au dieu Taaut pour qu'elle devînt son royaume.

» Les premiers qui ont raconté tous ces événemens, dit-il, sont les sept fils de Sydyc, les Cabires et leur huitième frère Asclépius, comme le leur avait recommandé le dieu Taaut.

» Le fils de Thabion (Sanchoniathon), le premier hiérophante des Phéniciens, né dès la plus haute antiquité, allégorisa tous ces récits, les enveloppa d'idées physiques et cosmiques, et les transmit aux chefs des orgies et aux prophètes qui présidaient aux sacrifices.

» Ceux-ci, cherchant surtout à en augmenter l'importance, les communiquèrent à leurs successeurs et aux initiés, au nombre desquels était Isiris, l'inventeur des trois lettres, le frère de Chna, qui fut surnommé le Phénicien. »

Ensuite il continue en ces termes:

« Les Grecs, qui ont surpassé tous les peuples par l'étendue de leur esprit, se sont approprié la plupart de ces anciennes histoires, les ont surchargées d'ornemens ambitieux; et, dans le dessein de plaire par le charme de leurs fables, les ont diversifiées à l'infini. C'est de là qu'Hésiode et les autres poëtes cycliques, si renommés, ont forgé leurs théogonies, leurs gigantomachies, leurs titanomachies et ces morceaux détachés qu'ils ont inventés à plaisir en étouffant la voix de la vérité.

» Nos oreilles, nourries de leurs fictions et prévenues en faveur de tant de siècles, conservent comme un dépôt cet amas de fables qui leur a été transmis, ainsi que je l'ai dit au commencement. Ces fables, dont la croyance a été fortifiée par le temps, ont acquis une autorité difficile à détruire, de sorte que la vérité même paraît un mensonge et que ces traditions mensongères semblent la vérité.

» Tels sont les récits tirés de Sanchoniathon, traduits par Philon de Byblos et regardés comme authentiques par le philosophe Porphyre. »

NOTES SUR LA THÉOGONIE.

(1) Guiet a regardé comme supposés les cent quinze premiers vers de *la Théogonie*. Heyne pense que le début n'est qu'un assemblage de plusieurs exordes distincts composés par divers chantres. Il remarque une poésie différente depuis le cinquième vers jusqu'au onzième, du onzième au vingt-quatrième, et de celui-ci au trente-cinquième. Un autre rhapsode, suivant lui, a intercalé l'exorde placé entre ce dernier vers et le cinquantième. Wolf croit reconnaître dans le commencement du poëme la manière des anciens rhapsodes, qui, avant de chanter les poésies des autres, avaient coutume de réciter quelques fragmens de leurs propres vers. Ces sortes de préfaces poétiques renfermaient ordinairement les louanges des dieux, des déesses et des Muses, célébrées dans le style de l'épopée; comme elles étaient souvent répétées et mises par d'autres chantres à la tête des poëmes antiques, on ne doit pas s'étonner qu'elles y soient demeurées tellement attachées qu'on les a confondues avec les poëmes eux-mêmes et conservées sous le nom d'un seul auteur. Wolf signale dans ce début, qu'il compare à un hymne, beaucoup de pensées incomplètes ou incohérentes et plusieurs hémistiches empruntés d'Homère.

Toutes ces remarques sont justes: on ne trouve pas d'unité de conception dans l'exorde de *la Théogonie*; mais il nous est impossible de spécifier ce qui appartient à Hésiode ou aux rhapsodes; nous nous bornerons à observer que tout ce morceau est fortement empreint du caractère de la poésie ancienne, qui, toujours liée à la religion, commençait par invoquer les dieux pour mettre en quelque sorte ses inspirations sous leur protection et leur sauvegarde.

Toutefois la poésie d'Hésiode ne remonte pas si haut que celle d'Homère: Homère ne parle ni du nombre et du nom des Muses, ni de leur séjour sur l'Hélicon, ni du Permesse, ni de l'Hippocrène.

Le nom de *Muses* vient, suivant Jean Diaconus, de deux mots: *omou ousai* (étant ensemble), et suivant Leclerc du mot phénicien *motsa* (inventrice), que les anciennes colonies de la Phénicie apportèrent en Grèce. D'après le système de Leclerc, qui donne à tout un sens historique, un chœur de neuf vierges, d'abord célèbre par ses talens en Béotie et en Thessalie, fut institué par Jupiter, roi de cette dernière contrée. Les âges suivans feignirent qu'elles avaient inventé la poésie, la musique et l'éloquence; ils les divinisèrent et leur donnèrent pour mère Mnémosyne, parce que c'est la mémoire qui fournit les sujets de poëmes et de discours. Diaconus, dans ses allégories sur *la Théogonie*, voit en elles une image des âmes, qui, débarrassées des liens du corps, s'épurent en montant plus haut, et, devenant plus légères, connaissent la nature des choses, soulèvent le voile de toutes les vérités, comprennent l'harmonie des astres et pénètrent les mystères de la création. Les Muses sont la personnification des sciences humaines.

(2) Jupiter était honoré sur l'Hélicon. Les anciens élevaient des temples et des autels sur les montagnes. C'est sur les hauts lieux que les Persans et les Hébreux sacrifiaient. Le Mérou de l'Inde rappelle l'Olympe de la Grèce.

(3) Leclerc pense qu'Hésiode a fait chanter et danser les Muses pendant la nuit afin de ne pas laisser

découvrir l'artifice de sa poésie et parce qu'on pouvait lui objecter que les Muses n'avaient jamais été vues de personne. Cette interprétation nous semble trop subtile. Leclerc est tombé dans le défaut de ces critiques qui veulent donner de l'esprit à leurs auteurs et qui jugent les siècles anciens d'après les idées modernes. L'épithète de *ennuchiais* 'accorde avec l'image de ce voile ténébreux dont le poëte environne les Muses. Les divinités antiques aimaient à s'entourer d'obscurité lorsqu'elles descendaient sur la terre. Dans Homère, les dieux marchent presque toujours enveloppés d'un nuage pour échapper aux regards des mortels. Dans Virgile, Vénus environne d'un manteau de nuage (*nebulæ amictu*) Énée et les héros troyens (*Æn.* lib. 1, v. 411). Les dieux alors n'avaient pas la faculté de se rendre invisibles par l'effet de leur seule volonté, ils ne le pouvaient qu'en employant un moyen matériel.

La poétique image de ces Muses qui, dans l'ombre du mystère, forment des chœurs de danse et font résonner l'Hélicon de leurs chants harmonieux a peut-être inspiré au génie d'Horace l'idée de représenter Vénus présidant la nuit aux jeux des Nymphes et des Grâces (*Od.*, lib. 1, c. 4).

Apollonius de Rhodes a imité Hésiode en parlant des Nymphes qui célèbrent Diane dans leurs chants nocturnes. (Lib. 1, v. 1225.)

(4) Junon était appelée *Argéïé* parce que, suivant Strabon, on la croyait née à Argos. Quand Hésiode la montre appuyée sur des brodequins d'or, il n'a pas eu l'intention de nous donner une idée de la noblesse de sa démarche, ni encore moins de désigner l'air éclairé par le soleil, comme le prétend Barlæus; il a rappelé par là, involontairement sans doute, cette époque de première civilisation où la sculpture métallique fabriquait les statues des divinités.

Junon était appelée *Chrusopedilos* probablement parce que ses antiques statues la représentaient avec des brodequins d'or, de même que Minerve était appelée *Glaucopis* parce que le métal qui figurait ses yeux avait une teinte bleuâtre. L'épithète de *Chruséé* appliquée à Vénus, épithète que l'on a tort, selon nous, de traduire par *blonde*, comme si l'éclat de l'or voulait désigner la couleur de ses cheveux, indique également que les statues de cette déesse étaient d'or ou la représentaient couverte d'une parure de ce métal. Neptune aux noirs cheveux (*Cuanochaités*), Thétis aux pieds d'argent (*Arguropéza*), Hébé à la couronne d'or (*Chrusostephanos*), attestent encore que la sculpture primitive employait l'assemblage des métaux pour figurer les images des dieux. Les épithètes, chez les anciens Grecs, ne peignaient en général que les objets matériels; même en retraçant un souvenir mythologique, c'était encore d'une source physique qu'elles provenaient. Ainsi on appelait Junon *Boopis* sans doute parce qu'elle avait été d'abord adorée sous l'image d'une vache. L'origine de ce culte remontait jusqu'aux Hindous, chez qui le bœuf représentait Siva comme père et générateur, et la vache était consacrée à Bhavani et à Lakchmi. On doit donc traduire exactement toutes les épithètes et ne pas les détourner de leur signification primitive, soit en leur donnant un sens moral, soit en les remplaçant par une image équivalente : leur reproduction fidèle peut servir beaucoup à l'intelligence du polythéisme grec. Nous devons remarquer qu'elles sont semblables chez Hésiode et chez Homère, tant elles se trouvaient intimement liées au fond même de la religion!

Barlæus signale des traits de ressemblance entre l'Apollon grec, à qui on attribue l'invention de la musique, et Jubal, que Moïse (*Genèse*, 4) appelle le père de ceux qui chantent sur la lyre. Platon, dans le Cratyle, lui attribue quatre talens : la musique, la divination, la médecine et l'art de lancer des flèches. Cicéron (*De naturâ deorum*, lib. 3) compte quatre Apollons, dont le plus ancien est, selon lui, l'Apollon né de Vulcain et gardien d'Athènes. Le plus célèbre de tous est le fils de Jupiter et de Latone. C'est à tort que beaucoup de mythologues l'ont confondu avec le soleil (*Hélios*), comme ils ont pris Diane pour la lune (*Sélèné*); l'épithète de *brillant* (*Phoibos*), qui est devenu ensuite un second nom propre d'Apollon, a pu faire naître cette erreur. M. Kreuzer pense que les rayons mâle et femelle de la lumière étaient personnifiés, l'un dans Apollon, l'autre dans Artémis, et que cette lumière avait pour symbole, aux yeux des prêtres lyciens, les flèches qu'on représente comme l'attribut de ces deux divinités, attendu qu'Olen apporta leur culte de la Lycie, pays d'archers et de chasseurs. Quelque ingénieuse que soit une telle conjecture, le soleil et la lune, du temps d'Homère et d'Hésiode, étaient entièrement distincts d'Apollon et de Diane, dont l'image ne présente aucune trace d'une corrélation apparente ou secrète avec ces deux astres.

(5) Thémis représente la Justice ou la vengeance céleste, qui récompense les bons ou punit les mechans; l'épithète de *Aidoia* convient à la dignité de son emploi. Aulu-Gelle la décrit ainsi (lib. 14):« *Imaginem Justitiæ fieri solitam formâ atque filo virginali, adspectu vehementi et formidabili, luminibus oculorum acribus, neque humilem, neque atrocem, sed reverendæ cujusdam tristitiæ dignitate.* » Pline dit (*H-N.* lib. 4. c. 3) qu'elle eut près du Céphise en Béotie un temple où elle rendait ses oracles, et que Deucalion et Pyrrha après le déluge vinrent la consulter sur la manière de repeupler le monde. Cicéron compte quatre divinités de ce nom. (*De naturâ deorum*, lib. 8.)

Les anciens, témoins des bienfaits de la lumière

et des mouvemens éternels des astres, représentèrent l'aurore, le soleil et la lune sous l'image des trois divinités qui présidaient au jour et à la nuit. L'astrolâtrie, comme on le sait, remonte presque jusqu'au berceau du monde; les Grecs, à cause de leurs relations avec l'Orient, durent s'y livrer dans l'origine; mais son règne s'affaiblit d'âge en âge au point de disparaître entièrement du temps d'Hésiode. Cette personnification des astres subsista seulement comme un témoignage, comme un débris des croyances primitives.

Nous remarquerons qu'Hésiode dit *Hélion mégan*, de même que Moïse (*Genèse*, 10) appelle le soleil *luminare majus*.

(7) Hésiode, au sujet de Latone, de Japet, de Saturne, de la Terre, de l'Océan et de la Nuit, confond les divinités, qui de son temps n'étaient plus l'objet d'aucun culte avec celles qu'on adorait encore. Saturne, symbole du Temps, qui a commencé avec la marche des astres et avec la sphère céleste; Japet, dont le nom, semblable à celui de Japhet, fils de Noé et père des Européens, rappelle peut-être le souvenir de l'établissement des peuples dans une des parties du monde; la Nuit, qui avant la naissance des dieux occupait l'espace vide et ténébreux appelé le Chaos; l'Océan, représenté comme un des principes de la création, à laquelle l'humidité est nécessaire; la Terre, qui dans l'acte de la génération est l'élément femelle comme le ciel est l'élément mâle; toutes ces divinités, liées soit à des idées cosmogoniques, soit à un ancien système religieux, se trouvent invoquées pêle-mêle avec les dieux qui, comme Jupiter, Neptune et Apollon, sont en possession de tous les honneurs divins et ont survécu à la ruine du culte primitif. Cette confusion mythologique peut servir à confirmer nos doutes sur l'authenticité du début de *la Théogonie*. Avouons toutefois que le poème entier n'offre guère qu'une œuvre à double face, où des idées contradictoires viennent trop souvent s'entre-choquer et s'entasser sans ordre.

(8) Les poëtes anciens ou les héros de leurs poëmes n'étaient guère dans l'usage de prononcer leur propre nom lorsqu'ils parlaient d'eux-mêmes. Achille dit cependant (*Iliade*, ch. 1, v. 240): « Les enfans des Grecs regretteront Achille. »

Mais Homère ne parle jamais de lui et ne se nomme nulle part. Si Hésiode prononce ici son nom, nous ne croyons pas, comme Wolf, que cette tournure respire une certaine simplicité antique; nous pensons qu'elle indique plutôt une époque où, la poésie étant devenue moins générale et par conséquent moins naïve, les chantres, éprouvant le besoin de l'individualisme, aimaient à fixer sur eux l'attention et suivaient les conseils de leur vanité au lieu de ne songer qu'aux intérêts et aux plaisirs du grand nombre.

Hésiode se représente gardant des troupeaux, non comme un pasteur mercenaire, mais conformément à l'usage d'un siècle où les emplois champêtres étaient le partage des héros et même des rois: peut-être a-t-il voulu montrer comment les Muses peuvent de la condition la plus simple élever un homme jusqu'au rang de poëte. Lucien et Perse semblent s'être moqués de cette apparition des Muses à Hésiode; Ovide y fait allusion deux fois d'abord dans les *Fastes*, 6, v. 13:

Ecce deas vidi, non quas præceptor arandi
Viderat, ascræas cùm sequeretur oves.

Ensuite dans le poëme de l'*Art d'aimer*, 1, vers 27:

Nec mihi sunt visæ Clio Cliusque sorores,
Pascenti pecudes vallibus, Ascra, tuis.

(9) L'habitude qu'avaient les poëtes de commencer et de finir leurs chants en invoquant les dieux remonte à la plus haute antiquité, puisque la religion était le centre d'où partait et où revenait sans cesse la poésie. Les expressions employées ici par Hésiode se retrouvent dans ses vers sur Linus, dans le fragment d'un hymne homérique à Apollon, dans le début des *Pensées de Théognis* et dans beaucoup d'autres poésies consacrées à l'éloge des dieux. Une telle formule de louange s'appliquait même aux monarques; ainsi dans l'*Iliade* (ch. 9, v. 97), Nestor dit à Agamemnon: « C'est par toi que je commencerai, c'est par toi que je finirai ce discours. »

Les poëtes latins ont emprunté des Grecs cette pensée qui marque toujours la déférence et le respect. Horace (*Épitre* 1, *lib*. 1, v. 1) s'adresse ainsi à Mécène:

Primâ dicte mihi, summâ dicende Camœnâ.

Virgile a dit également (*Égloque* 8, v. 11):

A te principium tibi desinet.

(10) Cette expression proverbiale: « *Pourquoi m'arrêter ainsi autour du chêne ou du rocher?* » voulait probablement dire: « *Pourquoi parler de choses étrangères à ce qui m'occupe?* » Le Clerc pense qu'elle était venue de ce que les poëtes qui avaient commencé la description d'une montagne ou d'une forêt se jetaient quelquefois dans de longues digressions qui les éloignaient de leur but. La conjecture de Le Clerc nous semblerait plus fondée s'il eût dit que c'était le chêne ou le rocher qui servait de digression au lieu d'être le sujet du récit principal. Ce proverbe se trouve originairement dans l'*Iliade* et dans l'*Odyssée*. Hésiode a préféré le sens qu'il a dans ce premier poëme à celui qu'il présente dans le second.

Dans l'*Iliade* (ch. 22, v. 126), Homère fait dire à Hector prêt à combattre Achille: « Ce n'est plus le temps de s'entretenir ici sur le chêne ou sur le rocher, comme les vierges et les jeunes hommes qui discourent ensemble. » Heyne et Wolf prétendent que cette tournure indique la sécurité avec laquelle on s'entretient, comme lorsque deux personnes assises dans un lieu élevé, sur un arbre ou sur une roche, se plaisent à causer tranquillement. L'expression d'Hésiode *péri drun* ou *péri pétrès* est à peu près conforme à celle d'Homère *apo druos, apo pétrès*, que les traducteurs ont eu tort, selon nous, d'expliquer comme si le poëte disait : « Ce n'est plus le temps de parler du chêne ou du rocher. » Nous croyons qu'Homère laisse à entendre que ce n'est plus le temps de s'asseoir sur le haut d'un rocher ou à l'ombre d'un chêne pour discourir longuement, comme font les bergers oisifs. C'est dans le même sens qu'Hésiode emploie ce proverbe qui rappelle la grande simplicité des mœurs antiques et l'époque où les hommes vivaient encore plutôt dispersés dans les forêts que réunis dans les cités.

Dans l'*Odyssée* (ch. 19, v. 163), Pénélope dit à Ulysse, qu'elle ne reconnaît pas : « Dis-moi quelle est ta puissance ; car tu n'es pas né de l'ancien chêne ou du rocher. » Les scholiastes prétendent que cette croyance populaire est due à la tradition fabuleuse d'après laquelle, les femmes déposant leurs enfans dans le creux des arbres, ceux qui trouvaient ces enfans les disaient nés du chêne ou du rocher, ou qu'elle s'est répandue parce que les premiers hommes, encore nomades, s'accouplaient avec les femmes dans les lieux arides et dans les forêts sauvages. D'autres commentateurs y voient une allusion à la métamorphose des pierres en hommes par Deucalion, métamorphose qui fournissait aux enfans des sujets d'entretiens futiles. Quoi qu'il en soit, elle retrace ici d'anciens et obscurs souvenirs ; elle rappelle confusément ce mystère des origines qui se perd dans la nuit des âges. Un pareil sens ne peut s'appliquer ni à l'autre passage de l'*Iliade* ni au vers de la *Théogonie*. Voici comment ce vers est paraphrasé par Wolf : «*Sed quid in his quæ ad eam rem quam tracto, minus faciunt, tam diù velut otiosus moror?* » Une telle explication est conforme à celle du scholiaste. Wolf trouve que cette réflexion d'Hésiode a quelque chose de brusque et de forcé. En effet elle ne se rattache ni à ce qui la précède ni à ce qui la suit. Peut-être a-t-elle été ajoutée par un de ces rhapsodes dont souvent la mémoire, confondant les anciens poëmes, intercalait dans l'un les vers qui appartenaient à un autre.

(11) Ce vers ressemble au trente-deuxième et par conséquent est tiré de l'*Iliade*. Nous retrouvons dans Hésiode beaucoup de vers qui existent déjà dans Homère ; on a voulu en conclure que l'auteur de la *Théogonie* était postérieur au chantre de la guerre de Troie. Mais qui peut décider quel est celui de ces deux poëtes qui a copié ou imité l'autre? La véritable preuve de la postériorité d'Hésiode, ce ne sont pas quelques formes de langage qui étaient entrées pour ainsi dire dans le domaine public, c'est le sujet particulier de ses chants, c'est le fond même de la poésie.

(12) Cette image de la parole, comparée à un flot qui coule, a son origine dans l'*Iliade* (ch. 1, v. 249). Homère dit que les paroles coulaient plus douces que le miel de la bouche de Nestor.

(13) La poésie grecque, malgré sa simplicité ordinaire, prêtait aux choses inanimées le sentiment de la douleur ou de la joie, mais elle n'avait recours que rarement à cette espèce de personnification poétique. L'idée de faire sourire le palais de Jupiter quand les Muses chantent a été probablement inspirée à Hésiode par ce passage de l'*Iliade* (ch. 19, v. 362) : « L'éclat de ces armes monte jusqu'au ciel, et la terre tout entière sourit aux éclairs de l'airain. »

L'image employée par Hésiode semble aussi belle, quoique moins hardie, que les expressions d'Homère ; le merveilleux et l'extraordinaire s'appliquaient naturellement au chant des Muses et au séjour des dieux. Dans Homère, il s'agit de l'appareil des batailles, de l'éclat menaçant des lances et des boucliers, tandis qu'Hésiode nous représente les Muses charmant l'Olympe de leurs accords pacifiques et harmonieux : l'image du sourire qui fait naître l'idée du calme et de l'allégresse paraît donc ici plus convenablement placée.

Ces deux passages de l'*Iliade* et de *la Théogonie* ont eu de nombreux imitateurs.

(14) L'épithète de *neigeux*, appliquée à l'Olympe, est d'origine homérique et indique que la demeure des dieux n'était autre chose qu'une montagne de Thessalie couverte de neige à cause de son élévation. L'humanité avait servi de type à l'image de la divinité : les dieux se livraient à tous les plaisirs et à toutes les passions des hommes ; ils aimaient comme eux les festins et la musique. Ce qui établissait leur supériorité, c'était leur force physique, c'était le lieu où ils demeuraient ; si dans l'origine ils avaient habité la terre, leur séjour ne s'était reculé que sur une montagne, et l'anthropomorphisme avait construit et peuplé leur Olympe.

(15) Les Muses chantent d'abord la Terre et Uranus et tous les dieux enfantés par ces deux divinités, les dieux appelés Uranides ou Titans, les dieux du premier ordre ; puis Jupiter et ses descendans, qui appartiennent à la seconde race ; enfin les héros, c'est-à-dire les fondateurs de villes, les bienfaiteurs de l'humanité, les inventeurs des arts, les guerriers fameux qui ont joui des honneurs divins après leur mort. Il n'est pas étonnant que les Muses célèbrent

les héros, puisque les dieux étant venus dans les premiers siècles se mêler familièrement avec les hommes, il y avait eu entre eux communauté d'actions et de sentimens. Ces trois classes de dieux étaient les seules que reconnussent les contemporains d'Hésiode, dont la pensée ne remontait pas plus haut que jusqu'à la Terre et à Uranus.

D'après les physiciens et les allégoristes, la Terre, mère et nourrice de tous les corps, n'a pu rien enfanter sans être fécondée par les rayons de la chaleur : de là le mythe qui l'a supposée l'épouse du ciel. Les anciens les considérèrent tous deux comme les principes mâle et femelle qui avaient produit toute chose. Dans la Genèse, le ciel et la terre naissent dès le premier jour ; il en est de même dans *la Théogonie*; seulement Hésiode fait jouer à la matière informe et aveugle, au chaos qui existe avant tout, le rôle d'être créateur que Moïse attribue à Dieu. La notion de ce Dieu suprême, auteur de l'univers, était inconnue aux anciens Grecs ou se confondait dans leur esprit avec l'idée de Jupiter, qu'Hésiode cependant range parmi les dieux du second âge, mais qui alors était l'objet du culte dominant et regardé comme le centre de la sphère mythologique.

(16) Les Muses devaient plaire à l'assemblée céleste en chantant les géans que Jupiter avait vaincus. D'après Hésiode, ces géans naquirent de la Terre et du sang d'Uranus, privé par Saturne de ses parties génitales. Apollodore (lib. 1, c. 6, § 1) prétend qu'ils étaient d'une force et d'une taille extraordinaires, qu'ils avaient de longues barbes et de longs cheveux, des jambes couvertes d'écailles de serpent, et qu'ils lancèrent contre le ciel des rochers et des chênes enflammés. Josèphe, dans ses *Antiquités judaïques*, raconte qu'ils provinrent de l'accouplement des démons avec les femmes. Macrobe (*Saturnales*, liv. 10, c. 20) croit que c'était une race d'hommes impies qui avaient voulu chasser les dieux du ciel. Les uns les disaient fils de Titan et de la Terre, les autres nés du sang des Titans tués par Jupiter. Peut-être les nombreux poëmes anciennement composés sous le titre de *Gigantomachies* n'étaient-ils inconnus ni d'Ovide ni de Claudien. Dans cette fable il y a beaucoup de traits qui se rapportent à la Thessalie, bouleversée, comme l'indique encore aujourd'hui l'aspect du sol, par d'anciens tremblemens de terre et par de grands incendies. La cause physique, comme il est arrivé souvent, a pu se transformer en un mythe, et le théâtre de ce mythe a été transporté dans d'autres contrées où de semblables catastrophes avaient eu lieu, comme dans les champs phlégréens, près de Cumes, en Italie. D'après Pausanias (lib. 8, c. 29), la gigantomachie avait eu lieu en Arcadie, sur les bords de l'Alphée, et à Tartesse, en Espagne, suivant le scholiaste d'Homère (*Iliad*, c. 8, v. 479). Les poëtes feignirent que les géans furent plongés dans le Tartare ou que, foudroyés par Jupiter, ils furent ensevelis sous l'Etna ou sous les îles de Mycone et de Lipare. On les a confondus souvent avec les Titans, et leur combat offre des traits de similitude avec la défaite de Typhon. Les orientalistes leur ont trouvé des rapports avec les hommes audacieux qui bâtirent la tour de Babel (*Genèse*, 6) et avec Josué faisant la guerre aux Cananéens (*Nombres*, 13). La fable de leur combat n'a été inventée qu'après Homère et Hésiode, qui n'en parlent point. Les géans dont il est question dans l'*Odyssée* (c. 7, v. 59 et 205), voisins des Phéaciens et sujets d'Eurymédon, père de Péribée, sont représentés comme un peuple sauvage et impie ; mais le poëte ne dit pas de quelle manière ils périrent avec leur roi. Apollodore, dans ce qu'il raconte de la défaite des géans, a probablement suivi la tradition de Phérécide, d'Acusilaüs et de quelques anciens poëtes. Quant à leurs noms, ils en ont eu plusieurs. Apollodore (liv. 1, c. 6, §. 1 et 2) cite Phorphyrion, Alcyonée, Ephialte, Euryte, Clytius, Encelade, Pallas, Polybotès, Hippolyte, Gration, Thoon et Agrius. Mimas a été célébré par Euripide (*Ion.* 215) et par Horace (O. 3. 4, v. 53), qui parle aussi de Rhétus. C'est Alcyonée qui a fait naître la fable de la lutte d'Antée avec Hercule. Pindare (*Néméennes* 1, v. 100) parle de la victoire remportée par ce dieu sur les géans.

Les physiciens ont vu dans la gigantomachie la lutte des vents, qui, renfermés dans le sein de la terre et ne trouvant pas d'issue, brisaient les plus hautes montagnes et en lançaient les débris contre le ciel. Des mythologues ont supposé que le bruit souterrain des volcans n'était que le gémissement des géans écrasés sous leur poids. Nous pensons que dans ce mythe comme dans beaucoup d'autres, les inventions de la fable reposent sur un fonds de vérité historique. Presque toutes les traditions primitives parlent d'une race d'hommes supérieure en stature et en force : Homère représente souvent les anciens héros comme plus vigoureux que ceux de son temps, et s'il donne à quelques-uns de ses dieux une taille surnaturelle, cette fiction atteste peut-être sa croyance à des êtres humains doués de dimensions gigantesques, puisque c'était l'homme qui, dans le polythéisme grec, avait servi de type à la divinité. Hésiode, en nous parlant de l'existence des géans, confirme donc cette opinion des savans qui prétendent que l'univers a été peuplé dans l'origine d'une race plus grande et plus vigoureuse.

(17) Hésiode, au milieu du polythéisme, semble quelquefois reconnaître l'unité de la puissance divine en montrant Jupiter comme le maître des dieux, le dispensateur de tous les emplois, le souverain du ciel et de la terre ; la foudre est l'emblème et l'instrument de son pouvoir. Sa victoire sur son père Saturne est une preuve de sa force ; elle atteste un

nouvel ordre de choses et la substitution d'une monarchie à une autre. Jupiter ayant été d'abord un roi de Thessalie, les Grecs mêlaient en lui la notion de l'homme avec celle du dieu, ils confondaient le mont Olympe avec le ciel.

(18) Suivant les pythagoriciens, les Muses étaient les âmes des sphères célestes, qui en s'éloignant du centre du monde rendaient des sons différens et marchaient les unes plus lentes, les autres plus rapides, mais par leur mouvement universel produisaient cette harmonie divine que Pythagore disait avoir entendue souvent.

Calliope était la plus importante des neuf Muses, parce qu'elle présidait à l'épopée : l'épopée, consacrée aux héros, aux rois et aux dieux, devait obtenir la préférence sur tous les autres poëmes dans un siècle où la religion et l'histoire étaient les deux sources fécondes de la poésie populaire.

(19) Le Chaos enfante l'Érèbe et la Nuit : l'Érèbe représente la masse lourde et confuse de ces ténèbres qui s'étendaient partout avant la naissance du monde, comme nous le dit Moïse. Les poëtes l'ont pris pour l'enfer. La Nuit, qu'Orphée appelle la mère des dieux et des hommes, la Nuit, l'épouse naturelle de l'Érèbe, est née du Chaos, parce qu'avant la création du soleil et des astres, l'air était ténébreux.

(20) De l'Érèbe et de la Nuit naquirent l'Éther et le Jour : l'Éther est la partie supérieure de l'air ; il forme cette région de feu dont parle Anaxagore. Sa chaleur remplit, féconde et nourrit tout. On a dû l'adorer comme un esprit divin qui anime le vaste corps de l'univers : « *Mens agitat molem.* » Le Jour est regardé comme le fils de la Nuit, parce qu'il ne peut briller qu'après le départ de la nuit qu'il remplace.

(21) De l'hymen de la Terre et d'Uranus naquirent d'autres enfans :

Céus, un des Titans, dont parle Virgile ;

Créus, qui fut peut-être un roi puissant, comme l'indique son nom, dérivé de *créin* (commander) ;

Hypérion, père du Soleil et qui, suivant Diodore de Sicile, connut et enseigna aux hommes la marche de tous les astres ;

Japet, père de Prométhée et considéré comme l'auteur du genre humain ;

Théia, mère du Soleil, parce que les bienfaits que cet astre répand semblent venir d'une nature divine : *théia*;

Rhéa, mère et nourrice de tous les hommes et dont le nom vient de *rhéin* (couler), parce que, selon Chrysippe, les eaux coulent de son sein, ou parce que, suivant Platon, elle représente le temps, qui coule et ne reste pas ;

Thémis, qui enseigne ce qui est permis ou défendu et instruit les hommes à la sagesse et à l'équité ;

Mnémosyne, mère des Muses et déesse de la Mémoire, à l'aide de laquelle on peut acquérir et conserver tous les trésors des sciences ;

Phébé, qui, d'après les physiologues, exprime par son éclat la pureté de l'air et porte une couronne d'or comme symbole de cet éclat ;

Téthys, épouse de l'Océan, mère des Néréides et différente de cette Thétis qui épousa Pélée et enfanta Achille ;

Enfin Saturne, vieillard impénétrable, vivant emblème du temps, qui produit et dévore tous les êtres.

Ces différens noms, comme on le voit, rappellent des traditions historiques ou des allégories physiques ou morales. Voici ce que dit à ce sujet le savant M. Guigniaut (*Religions de l'antiquité*, ouvrage traduit de Frédéric Creuzer, tome 2, 1re partie, p. 862) :

« Les uns sont les personnifications des élémens confusément entassés dans le chaos et qui peu à peu s'en dégagent, se limitent réciproquement et entrent en accord ; les autres représentent symboliquement les relations du soleil, de la lune et des étoiles, dont l'observation donne la mesure du temps ; d'autres sont les lois religieuses, les mœurs et les institutions personnifiées ; quant à Cronos ou Saturne, c'est le dieu caché, retiré en lui-même, l'abîme ténébreux et incommensurable du temps. »

(22) Les mythologues comptent trois races de Cyclopes : d'abord ceux qui, nés de la Terre et d'Uranus, passaient pour les plus anciens, puis ceux qui bâtirent les murs de Mycène et de Tyrinthe et parcoururent diverses contrées où ils laissèrent tant de vieux monumens ; enfin les compagnons de Polyphème, que l'auteur de l'*Odyssée* et les poëtes de l'âge suivant ont placés en Sicile. Malgré cette distinction de races, l'antiquité dut les confondre en une seule et attribuer aux uns ce qui n'appartenait qu'aux autres. Les poëtes dans leurs récits consultèrent moins la véritable date de l'origine des Cyclopes que les diverses traditions de leur propre siècle qui s'étaient modifiées avec le temps. Ainsi quoique les Cyclopes de l'*Odyssée* soient nés après ceux de *la Théogonie*, leurs mœurs annoncent une époque plus antique ; ils sont représentés comme des hommes encore sauvages, inhospitaliers, étrangers à l'agriculture et à la navigation, tandis que les autres ont en partage l'industrie et les arts. Cette différence vient de ce que le chantre de *la Théogonie*, étant postérieur à celui de l'*Odyssée*, s'est conformé aux changemens que, grâce aux progrès de la civilisation, la tradition avait subis dans l'intervalle des deux poëmes.

La fable relative à l'œil des Cyclopes est peut-être née de leur nom même, quoique, selon la remarque de Heyne, ce nom, dans le principe, puisse avoir signifié des yeux ronds, énormes et menaçans. Le scholiaste nous apprend que Hellanicus disait qu'ils étaient ainsi nommés de Cyclops, fils d'Uranus. Les physiciens ont vu dans leur œil unique tantôt le mouvement des astres autour de la terre ou les tourbillons circulaires des vapeurs et du feu, tantôt les éclairs qui jaillissent des sombres nuages ou la bouche enflammée des volcans. On peut raisonnablement supposer que les Cyclopes offrent la personnification de quelque phénomène physique; leurs dénominations de Brontès, Stéropès, Argès indiquent des rapports avec les explosions électriques de l'atmosphère : *Brontès* signifie *le tonnerre; Stéropès, l'éclair; Argès, la blancheur* ou *l'activité de la flamme.* L'emploi que leur attribue Hésiode confirme une pareille opinion; il les représente comme des forgerons habiles qui ont fabriqué la foudre de Jupiter.

(23) Après les Cyclopes, la Terre enfanta les trois Centimanes, Cottus, Briarée, qui, suivant Homère (*Iliade*, ch. 1, v. 404), est le même qu'Égéon, et Gygès, qu'Apollodore appelle Gyés (*lib.* 1, ch. 1, § 1) : tous les trois secoururent Jupiter dans sa guerre contre les Titans. Sous le rapport fabuleux, leur origine peut remonter jusqu'à la mythologie indienne, qui représente ses dieux armés de têtes et de bras innombrables et qui leur donne des figures bizarres et des formes monstrueuses. Le fragment suivant de Sanchoniathon nous montre quelques similitudes entre les croyances phéniciennes et les traditions du polythéisme grec :

« Ceux qui étaient nés d'OEon et de Protogonos s'appellèrent Génos et Guénéa et habitèrent la Phénicie.

» De Génos naquirent des enfans mortels nommés la Lumière, le Feu, la Flamme.

» Ils procréèrent des fils d'une grandeur et d'une fierté extraordinaires, dont les noms furent donnés à certaines montagnes qu'ils envahirent. »

Sous le rapport historique, c'étaient peut-être, comme le suppose Leclerc, trois anciens brigands redoutables par la force de leurs corps et par le grand nombre de leurs complices : aussi Hésiode les appelle-t-il *ouc onomastoi*, épithète applicable aux hommes impies dont on tremble de prononcer le nom sinistre et à laquelle répond exactement le mot latin *nefandi*.

Sous le rapport physique, Bergier veut qu'ils aient été des montagnes; Heyne pense qu'ils pouvaient signifier la force impétueuse de la nature manifestée par quelque effet cosmogonique; M. Guigniaut (*Religions de l'antiquité*, tome 2, 1re partie, p. 362) voit dans la double triade des Cyclopes et des Centimanes une opposition symétrique de l'été et de l'hiver : les uns, selon lui, sont les explosions électriques de l'air, propres à la saison brûlante; les autres désignent l'hiver avec le vent et l'inondation qui accompagnent toujours la saison froide et pluvieuse.

Quoi qu'il en soit de ces diverses suppositions, les Centimanes semblent nous rappeler ces premiers âges du monde où les hommes étaient à la fois plus vigoureux, plus grands et plus féroces. Moïse nous parle également d'une race de géans qui existait avant le déluge.

(24) Ce récit de Saturne, qui coupe les parties génitales de son père Uranus, considéré sous le point de vue historique, peut représenter un changement de dynastie, la chute d'Uranus et l'avénement de Saturne; mais il est vraisemblable qu'il renferme une pensée plus haute et plus profonde et qu'il indique le temps qui détruit la force génératrice. Lorsque, après plusieurs expériences successives de la nature, l'ordre de choses une fois créé subsista pour toujours, le pouvoir d'engendrer des formes nouvelles sembla entièrement anéanti. Uranus peut donc signifier les premiers essais de la création, dont Saturne a été le complément.

Ce symbole de la nature privée de sa puissance génératrice existe dans beaucoup de religions sacerdotales; la mythologie grecque le leur a emprunté, mais sans en faire une des bases du culte. Nous le retrouvons dans les fragmens de Sanchoniathon, qui ont été probablement le type de la fable d'Hésiode :

« De Élium, appelé Hypsistus (*le très-haut*), et d'une femme appelée Béruth naquit Épigeios ou l'authocthone, que dans la suite on appela Uranus.

» Uranus eut une sœur descendue des mêmes parens et que l'on nomma Gué.

» Uranus prit l'empire de son père et épousa sa sœur Gué; il en eut quatre enfans : Ilus ou Cronos, Bétyle et Dagon, qui est Siton (*le donneur de blé*), et Atlas.

» Uranus eut encore de plusieurs autres femmes une race nombreuse. Gué, devenue jalouse, donna du chagrin à Uranus, et ils se séparèrent. Uranus, privé de son épouse, s'approchait d'elle de force et l'abandonnait de nouveau : il essayait de faire périr les enfans qu'elle mettait au jour.

» Gué rassembla plusieurs personnes qui la secoururent contre Uranus. Cronos, devenu homme, usant des conseils et de l'appui d'Hermès-le-Trismégiste, son scribe, pour honorer sa mère, s'opposa à son père Uranus.

» Cronos combattit et chassa son père de la royauté. Cronos, dans la trente-deuxième année de son règne, s'étant mis en embuscade contre son père, Uranus, dans un vallon, d'un coup de sabre lui coupa les parties génitales : cette action se passa entre des fontaines et des rivières.

» C'est là qu'Uranus reçut l'apothéose; il y avait rendu l'esprit, et son sang, sorti par la blessure, avait coulé, en se mêlant avec les eaux des fontaines et des rivières.

» On montre aujourd'hui encore l'endroit où cet événement a eu lieu. »

Le mythe célébré par Hésiode a dû l'être par les chantres antérieurs, comme on le voit par un fragment d'Orphée que nous a conservé Proclus (*In Timœum*, p. 296) et où il est dit que les Titans entrèrent tous dans la conjuration contre leur père, mais que l'Océan, après avoir délibéré longtemps s'il mutilerait Uranus ou s'il refuserait de partager le crime de Saturne et de ses autres frères, se décida pour ce dernier parti. Hésiode ne parle pas du refus de l'Océan; il dit qu'aucun des frères de Saturne n'osa se charger du soin de venger la Terre et que Saturne seul eut ce courage. Les détails de cette fable s'étaient modifiés avec le temps, mais le fonds en était resté le même. Apollodore semble avoir suivi la tradition orphique plutôt que celle d'Hésiode.

(25) La Nuit enfante toute seule une foule d'êtres nuisibles et redoutables; comme elle n'a pas eu d'époux, ce qui a été engendré sans volupté devait inspirer la crainte et l'horreur. Ici les allégories ont un sens tour à tour moral et cosmique. La création se divise et se multiplie; mais la nature nous montre toujours les élémens du mal et du désordre au milieu même de sa régularité.

Tout le morceau compris entre les vers 210 et 233 a été regardé comme interpolé par Ruhnkenius, Hermann et d'autres savans. Heyne rejette les vers 212, 213, 220, 221 et 222. Wolf conteste le vers 224. En effet, beaucoup d'idées sont contraires aux diverses traditions qu'Hésiode a suivies dans le reste de *la Théogonie*. Conformons-nous cependant à l'ordre de création adopté par le poëte, tout en signalant ses contradictions.

D'abord la Nuit engendre le Destin et la Parque, qu'Hésiode distingue l'un de l'autre, mais qui l'ont eue pour mère commune, parce que le sort des mortels reste enveloppé d'épaisses ténèbres. Le Destin, dans Homère, est un enchaînement successif de causes et d'effets qui domine les hommes et qui finit toujours par l'emporter sur les dieux, quels que soient les obstacles que leur volonté ou leur puissance lui oppose. D'après l'opinion des stoïciens, il représentait l'esprit divin qui a tout créé avec ordre et prescrit ses bornes à la vie humaine.

La Parque dont il s'agit ici est probablement une des trois qu'Hésiode nomme v. 218. On ne voit pas pourquoi il la sépare de ses sœurs.

La Mort est fille de la Nuit parce qu'elle amène une nuit éternelle; les anciens l'adoraient comme une déesse. Le Sommeil est son frère dans Hésiode ainsi que dans Homère. (*Iliad.*, ch. 14, v. 231, et ch. 16, v. 672 et 682.) L'idée de cette fraternité se reproduit en Grèce dans les arts comme dans la religion. Pausanias (*Élide*, c. 18) dit que sur le côté gauche du fameux coffre de Cypsélus on voyait une femme tenant sur son bras droit un enfant blanc endormi, et sur l'autre un enfant noir qui semblait aussi dormir, et que les inscriptions apprenaient que ces enfans étaient la Mort et le Sommeil, et que la Nuit leur servait de nourrice. On se rappelle le vers de Virgile conforme à cette tradition grecque:

Et consanguineus lethi sopor. (*Æn.* 6, v. 278.

La troupe des songes, compagne naturelle du sommeil, devait aussi être enfantée par la Nuit, qui nous fait dormir et rêver. Ici l'allégorie est trop frappante pour avoir besoin d'être démontrée. Il n'en est pas de même de celle qui concerne la naissance de Momus. Ce dieu est peut-être regardé comme enfant de la Nuit parce qu'il est plus facile de se moquer en secret qu'à découvert. Momus, en effet, est le dieu qui découvre et ridiculise les défauts et les vices. Voici comment il trace lui-même son portrait dans Lucien (*l'Assemblée des dieux*, t. 2, p. 709, Ed. Amstelod): « Tout le monde sait que j'ai le langage libre et que je ne tais rien de tout ce qui se fait de mal. Je blâme tout et je dis ouvertement ce que je veux sans craindre personne, sans jamais dissimuler ma pensée par une fausse honte. Aussi je parais insupportable à beaucoup de personnes, enclin à la calomnie, et je suis appelé par elles un accusateur public. » Leclerc observe qu'Hésiode a mieux saisi que Lucien le caractère de la médisance, qui est de naître dans le mystère et de s'exercer dans l'ombre. Le Momus d'Hésiode est donc la personnification du blâme, de la moquerie, de la méchanceté. Sa qualification de dieu du silence est une invention des poëtes postérieurs.

(26) Nérée épouse Doris dont le nom indique l'abondance des richesses que procure la mer. Leclerc veut que leurs cinquante filles soient les âmes de ceux qui avaient péri sur la mer ou qui avaient habité les premiers les îles de la Méditerranée. On sait combien le système de Leclerc sur la manière d'entendre le nom de *nymphes* est susceptible de controverse. Nous croyons plutôt que cette famille de Nérée et de Doris a pu désigner le grand nombre de fleuves qui se jettent dans le Pont-Euxin et les sources qui en général répandent la fertilité: « Les cinquante filles nées
» de cet hymen, dit M. Guigniaut (*Religions de l'anti-
» quité*, t. 2. 1re part. p. 364), rappellent les cinquante
» filles de Danaüs, où l'on a reconnu avec raison sous
» un point de vue les cinquante fontaines du pays d'Ar-
» gos. Ce sont les sources et les Nymphes qui y prési-
» dent; mais les noms de quelques-unes ont trait à
» d'autres idées. En effet, dans l'antiquité, les prophè-
» tes, les législateurs, les Sybilles, les devineresses sor-
» tent des abîmes souterrains; les Muses primitives
» qui toutes sont des Nymphes, s'élèvent du sein des
» eaux, chantent près des sources et des rivières. Est-ce
» une allégorie du sentiment profond donné en partie à
» la femme ou bien un symbole de sa volonté variable
» et changeante comme le cours des eaux? »

Les noms de ces Néréides se trouvent pour la plupart dans l'*Iliade* (ch. 18, v. 39). Le nombre de cinquante que leur donne Hésiode a été conservé par Pindare (*Isth.* 6, 8), par Euripide (*Ion.* 1081, et *Iphigénie en Tauride*, v. 274), par l'auteur des *Hymnes orphiques* (23, v. 3), et par Élien (*De nat. anim.*, 14, 28). Il a été porté jusqu'à cent par d'autres auteurs, comme par Platon dans le *Critias* et par Properce (3, 7, 67). Ces divers noms sont accompagnés dans Hésiode des mêmes épithètes que dans Homère; ils offrent quelquefois de légères différences avec ceux que cite Apollodore. Nous avons suivi le texte donné par M. Boissonnade, excepté seulement au vers 245, où il change le nom propre de *Thoé* en une épithète appliquée à Spio; car alors il n'y aurait que quarante-neuf Néréides, attendu que Cymatolége doit, non pas être rangée parmi ces Nymphes, mais être regardée comme une déesse de la mer, ainsi qu'Amphitrite, avec laquelle elle se trouve jointe par la même préposition *sun*. La construction de la phrase ne laisse pas le sens douteux.

(27) Le fils de Pontus, Thaumas, qui préside aux vapeurs naissant de la mer, aux météores produits par le ciel, aux effets merveilleux de la lumière et de l'onde, s'unit avec la fille de l'Océan, Électre, qui représente le reflet de la vague colorée par le soleil.

De leur hymen naît Iris, dont Cicéron a dit (*De Naturâ deorum*, lib. 3) : « *Cur non arcûs species in deorum numero reponatur? Est enim pulcher et ob eam causam, quia speciem habet admirabilem, Thaumante dicitur esse nata.* » Iris a été vénérée comme déesse par les Égyptiens, par les Phéniciens et par les Grecs; il paraît, d'après ce passage de Cicéron, qu'elle n'était pas adorée chez les Romains. Les anciens, remarquant que l'arc-en-ciel apparaissait dans les temps pluvieux, comprirent aisément que c'était la pluie qui le produisait; de là les poëtes le firent naître de la Mer. Éblouis de l'éclat et de la beauté de ses couleurs, ils l'assimilèrent à une échelle par laquelle les messagers des dieux descendaient parmi les hommes; aussi donnèrent-ils à la messagère du ciel le nom d'*Iris*, qui, selon le scholiaste, vient de *ciro* (je dis), attendu qu'elle répétait les ordres des habitants de l'Olympe. Ce nom dérive de la même source que celui d'*Irus*, ainsi appelé dans l'*Odyssée* (ch. 18, v. 6), parce qu'il servait de messager aux Ithaciens.

Les Harpies, dont le nom vient du verbe *harpazein* (enlever), désignent les vents qui emportent tout sur leur passage et qui accompagnent souvent Iris dans les jours de pluie et d'orage. Homère est le premier qui en parle lorsqu'il dit (*Iliade*, ch. 16, v. 150) que la harpie Podarge conçut du souffle du Zéphyre les deux coursiers Xanthe et Balie. Quand Télémaque (*Odyssée*, ch. 1, v. 241) se plaint que les Harpies ont enlevé honteusement son père, il faut entendre par ce mot les tourbillons et les tempêtes. Hésiode dit positivement qu'elles volent avec les vents et les oiseaux, et qu'elles portent des ailes : il les représente ornées d'une belle chevelure.

Ce sont les poëtes des âges suivans qui ont imaginé les premiers de leur supposer des traits difformes, des mains crochues, un visage pâle de famine. Apollonius de Rhodes dit (ch. 2, v. 187), au sujet de Phinée : « Tout à coup élancées du sein des nuages, les Harpies avec leurs becs ne cessaient d'enlever les alimens de sa bouche et de ses mains; elles ne lui laissaient que le peu de nourriture qui était nécessaire pour vivre et pour souffrir. Elles exhalèrent ensuite une odeur fétide, et aucun convive n'osait approcher les mets de ses lèvres ni même se tenir devant la table, tant les restes du repas infectaient les airs! » Le récit d'Apollodore (*Lib.* 1, c. 9, § 21) s'accorde avec celui d'Apollonius. Valerius Flaccus a suivi également la tradition du chantre des *Argonautiques*. Quant aux vers de Virgile (*Æn.* 3, 216), ils sont trop connus pour avoir besoin d'être rappelés. Les Harpies présentent donc la personnification des vents et ne sont pas, comme le veut Leclerc, de sauterelles dont le vol peut faire croire qu'elles sont apportées par les nuages. Leurs noms, Aello et Ocypète, expriment l'impétuosité de la tempête. Virgile leur donne une troisième sœur appelée Céléno, de *Célainos* (noir), parce que l'orage noircit la mer et les cieux.

(28) Tout le mythe relatif à la race de Phorcys et de Céto se refuse à une interprétation précise; il semble se détacher entièrement du reste de la mythologie grecque et appartenir à une époque primitive où la fable s'était chargée d'aucun ornement. Peut-être doit-il naissance aux récits des navigateurs phéniciens qui portèrent leurs courses jusqu'aux extrémités occidentales de l'Afrique et de l'Espagne ou à l'imagination des poëtes qui chantèrent les exploits de Persée, d'Hercule et des Argonautes.

(29) Homère ne dit rien de la fable des Gorgones et de Persée; cette fable ne porte pas l'empreinte d'une origine grecque. Eschyle donne la description des Gorgones dans son *Prométhée* (voy. 797). Il les représente ailées et la tête hérissée de serpens. D'après Apollodore (liv. 2, chap. 4, § 3), elles avaient des dents comme les défenses de sanglier, des mains d'airain, des ailes d'or, et elles changeaient en pierre tous ceux qui les regardaient. Probablement ces monstres n'étaient dans le principe que l'image de la Terreur personnifiée. La tête de la Gorgone figurait sur la cuirasse de Pallas, sur l'égide de Jupiter et sur le bouclier d'Agamemnon. Bergier, qui applique à tout son système *aquatique*, voit des fontaines dans les Gorgones. Fourmont (t. 7 des *Mémoires de l'Académie des belles-lettres*, pag. 220), prétend

que ce sont les trois premiers vaisseaux à voiles que virent les Grecs. M. Creuzer veut qu'elles aient trait à la lune, considérée comme corps ténébreux, et qu'elles désignent avec Méduse l'impureté naturelle de cet astre qui doit être purifié par le soleil, par Mithras Persée, armé du glaive d'or. On ne pourra jamais donner une explication satisfaisante de ce mythe dont le théâtre indique l'antiquité et la bizarrerie; en effet les premiers poëtes de la Grèce plaçaient toujours leurs fables les plus singulières dans les régions éloignées et inconnues comme l'étaient l'Afrique et la mer occidentale.

(30) Hésiode énumère maintenant toute la race de l'Océan, principe des eaux et père des dieux, suivant Homère (*Iliade*, ch. 14, v. 302) et de Téthys, qu'il ne faut pas confondre avec l'autre Thétis, mère d'Achille. Cette énumération est faite sans ordre; Hésiode n'avait, comme ses contemporains, que des notions incomplètes en géographie : à l'exception du Nil, du Pô, du Danube et de l'Ardesque, que le scholiaste place en Scythie, tous les fleuves dont parle Hésiode appartiennent à la Grèce et à l'Asie mineure. Homère en avait déjà désigné un grand nombre qui descendaient du mont Ida dans la Troade (*Iliade*, ch. 12, v. 20).

Homère appelait Égyptus le fleuve auquel Hésiode donne le nom de Nil. Le scholiaste en conclut ainsi qu'Eustathe (*ad. Odyss.*, ch. 4, p. 1510) qu'Hésiode doit-être regardé comme moins ancien. Suivant Diodore de Sicile (*lib.* 1) le Nil, dans les premiers temps, était appelé Egyptus, c'est-à-dire le fleuve par excellence de l'Égypte. Ce n'est que plus tard qu'il échangea ce nom primitif contre celui de Nil (*Neilos*), qui, suivant l'observation de Leclerc, formé du mot hébreu *nahhal*, n'est pas le nom distinctif d'un seul fleuve, mais le nom de tous les fleuves en général.

Les noms des autres fleuves mentionnés par Hésiode expriment l'idée générique de la mer, dont les eaux réduites en vapeurs se résolvent en pluie et alimentent les rivières et les fontaines. La reconnaissance due à leurs bienfaits et la crainte qu'inspiraient leurs ravages leur méritèrent les honneurs du culte et le titre de dieux.

(31) Téthys conçoit encore de l'Océan trois mille Nymphes chargées d'élever l'enfance des héros. Rien n'est plus faux, selon nous, que le sens prêté par plusieurs commentateurs au mot *kourizousi*. On sait que les anciens Grecs étaient dans l'usage de consacrer leurs cheveux aux fleuves et de les couper en leur honneur; témoin Achille qui, dans l'*Iliade* (chant 23, v. 141), coupe sa chevelure, qu'il laissait croître pour le Sperchius, et en offre l'hommage aux mânes de Patrocle. Dans les grandes douleurs ils en faisaient le sacrifice, comme nous l'atteste Hérodote (liv. 2, c. 36; liv. 4, c. 34; liv. 6, c. 21).

(32) Styx, fille de l'Océan et de Téthys, s'unit à Pallas et enfanta l'Émulation, la Victoire, la Force et la Violence : « Sous cette généalogie apparente, dit M. Guigniaut (*Religions de l'Antiquité*, t. 2, 1ʳᵉ partie, p. 367), se cache un sens profond et fort antique. Sitôt que Pallas s'unit avec Styx, c'est-à-dire sitôt que la source ténébreuse de la nature physique et de l'homme naturel est agitée et mise en mouvement, à l'instant se soulèvent les passions, les penchans tumultueux, la jalousie et la violence, qui triomphent de tout et foulent tout aux pieds. » Nous doutons qu'Hésiode ait pénétré toute la profondeur d'une pareille signification. Sans doute il donnait à sa poésie une tendance plus allégorique que ne le faisait Homère; mais ces allégories, pour être comprises, demandaient à être en quelque sorte transparentes, comme celle dont il est ici question. Cette personnification des passions et de leurs effets, introduite par Hésiode dans la poésie grecque, inspira plus tard aux auteurs tragiques l'idée de manifester les sentimens cachés de l'homme sous l'image vivante de l'homme même. On sait qu'Eschyle a fait figurer la Force et la Violence au nombre des personnages de son *Prométhée*. La Victoire, adorée comme une déesse, était gravée sur l'airain ou ciselée sur le marbre, avec des ailes aux épaules, des couronnes sur la tête et des palmes à la main; on lui dressait des statues et des autels. Ainsi les quatre enfans de Pallas et de Styx présentent une allégorie qui s'explique d'elle-même, et en suivant partout les pas de Jupiter, ils ajoutent à l'idée de sa toute-puissance et de sa grandeur. Si toutefois, quand les fictions de la poésie antique se laissent aisément deviner à travers le voile léger qui les couvre, il n'est pas besoin d'en chercher l'explication dans l'histoire : on peut ici admettre les conjectures de Leclerc, qui entend par Styx les habitans des bords de cette fontaine, les héros arcadiens venus les premiers au secours de Jupiter dans sa guerre contre les Titans; ces héros contribuèrent à lui assurer la victoire et restèrent auprès de lui pour le garder. Jupiter, jaloux de les attirer dans son parti, leur avait promis non-seulement de les maintenir dans la possession de leurs anciens honneurs, mais de récompenser leurs services par de nouveaux priviléges. Cette époque est donc celle d'un changement de dynastie ou du moins d'un changement de religion, lorsque Uranus et Saturne furent remplacés par Jupiter et par une foule d'autres dieux; alors le cercle de la mythologie s'élargit avec celui de la création.

(33) Apollodore et Apollonius de Rhodes s'accordent avec Hésiode, qui fait d'Hécate la fille de Persès. Le scholiaste d'Apollonius (liv. 3, v. 467) dit cependant qu'elle était fille de Cérès dans les poëmes orphiques, de la Nuit selon Bacchylide, d'Astérie et de Jupiter d'après Musée, et d'Aristée, fils de Péon, suivant Phérécyde. Ces diverses traditions prouvent combien

son nom et son culte étaient anciens et répandus. Hésiode semble avoir puisé dans plusieurs sources ce qu'il rapporte sur cette déesse. C'est surtout la doctrine orphique qu'il imite lorsqu'il réunit en elle ces nombreuses fonctions relatives à la nature, à la nuit ou à la lune, à laquelle l'antiquité attribuait une si grande influence sur le cours des saisons, sur la destinée des hommes. C'est Hécate qui procure les honneurs et la victoire, préside aux arrêts de la justice, favorise les athlètes, les navigateurs, les bergers. Jupiter lui a aussi confié l'emploi de nourrice des enfans. On invoque sa puissance dans tous les sacrifices ; elle règne sur la terre, dans le ciel et sur la mer ; en un mot elle est comme un résumé de toutes les autres divinités. Quoiqu'elle ait été adorée avant Jupiter, Jupiter lui conserve tous les priviléges dont elle jouissait déjà sous les dieux précédens, sous Uranus et sous Saturne, tant son pouvoir la place à l'abri des révolutions du culte! Tout manifeste dans Hécate une origine étrangère. Ses nombreuses attributions offrent un mélange des notions relatives à la magie, à la philosophie ou à la génération du monde. Jablonsky (*Panthéon égyptien*) la considère comme étant la Titrambo égyptienne. M. Creuzer, qui la compare à Brimo, voit en elle cette idée orientale de la nuit primitive, à laquelle se rattachent d'autres idées empruntées des trois phases de la lune, de ce triple pouvoir d'où viennent les épithètes de *trimorphos* (triformis). On ne peut nier qu'il n'y ait des rapports remarquables entre Hécate et la lune : cet astre ayant été en grand honneur dans la Béotie, le scholiaste a peut-être raison de supposer que c'est pour ce motif qu'Hésiode, en qualité de Béotien, fait un éloge si étendu de cette déesse de sa patrie. Benjamin-Constant regarde Hécate comme une divinité malfaisante et reléguée dans une sphère qui la sépare entièrement de toutes les divinités agissantes et populaires. Cependant Hésiode nous la montre invoquée dans tous les sacrifices, protégeant les hommes dans toutes les carrières qu'ils embrassent et rassemblant en elle seule tout le pouvoir partagé entre les autres dieux ; quoique son souvenir se rattache à la génération passée, elle fait encore partie de la génération présente : en cela elle diffère de ces divinités que détrôna l'avénement de Jupiter au trône de l'Olympe.

(34) Voici maintenant, comme l'observe Heyne, un nouveau système de cosmogonie plus conforme aux croyances vulgaires des Grecs. Voici la postérité de Rhéa et de Saturne. Saturne est détrôné et remplacé par Jupiter ; avec Jupiter commence une autre mythologie et naissent des fables plus douces et plus agréables : de nouvelles divinités apparaissent et chacune reçoit ses attributs distinctifs. Jupiter a la foudre pour emblème de sa puissance. L'Olympe de Thessalie est assigné aux dieux pour demeure. Tout s'éclaircit, tout se coordonne, tout se détermine dans cette troisième et dernière période de la religion grecque.

Saturne et Rhéa engendrent trois filles, Vesta, Cérès, Junon, et trois fils, Pluton, Neptune, Jupiter. Ces divinités présentent un sens physique.

(35) Hésiode va célébrer un nouvel ordre de fables, un nouvel arbre généalogique qui tient plus encore à la souche hellénique. La race de Japet est une source de mythes qui renferment un fond symbolique et allégorique caché sous les ornemens de la poésie, comme les mythes de Prométhée et de Pandore. Heyne pense que tout le passage compris depuis le vers 506 jusqu'au vers 616 est en grande partie interpolé et mutilé. Les fragmens que le temps a épargnés ne doivent nous en paraitre que plus précieux. Japet est dans Hésiode l'époux de Clymène, et dans Appollodore (lib. 1, c. 2, v. 3.) d'Asie, fille de l'Océan. Il eut encore pour femme Thémis, suivant Eschyle (*Prométhée*, v. 209). Quant à ses enfans, Proclus (Commentaires sur les *Travaux et les jours*, p. 24) porte leur nombre jusqu'à vingt-neuf. Les seuls qui nous soient connus sont les quatre dont il est question dans Hésiode et dans Appollodore et une fille appelée Anchiale, qui, suivant Étienne de Byzance, fut la fondatrice d'une ville à qui elle donna son nom.

Japet, en qui plusieurs savans voient le fils de Noé Japhet dont la postérité peupla l'Europe, est dans le système de M. Creuzer un dieu du feu habitant dans les profondeurs de la terre, avec l'Océanide Clymène, également puissance souterraine. De leur hymen naissent Atlas, Ménétius, Prométhée et Epiméthée.

(36) L'auteur de l'*Odyssée* est le premier qui ait parlé d'Atlas (chant 1, v. 52) en disant qu'il connaissait les profonds abimes de l'Océan et soutenait les hautes colonnes placées entre la terre et les cieux. Suivant Pausanias (*Élide*, c. 11 et 18) deux bas-reliefs du coffre de Cypsélus et du trône de Jupiter à Olympie le représentaient également soutenant le ciel et la terre. Dans Hésiode, il ne soutient que le ciel. Laquelle des deux traditions d'Hésiode ou du chantre de l'*Odyssée* doit-elle être considérée comme la plus ancienne ? Nous présumons que c'est celle d'Hésiode, parce qu'elle est la plus simple. Quoique venu plus tard, Hésiode offre dans ses poésies plus de rappport avec cette vieille civilisation grecque qui précéda l'époque homérique. Or il est vraisemblable que dans le principe les Grecs regardaient la terre comme un disque sur les extrémités duquel s'appuyait le ciel, c'est-à-dire une voûte solide, pesante et semblable au fer ou à l'airain, comme l'indiquent les épithètes de *polucalcos, calcéos, sidéréios*. Cette voûte ne pouvant rester suspendue dans

les airs sans avoir quelque soutien, on imagina de lui donner pour support un principe animé, un être divin, un Titan, issu de cette famille japétique qui habitait les derniers confins de l'Afrique. De là naquit Atlas, personnification de l'idée cosmographique. L'Atlas montagne, ne fut connu que dans les temps postérieurs, où les premiers physiciens changeaient en agens physiques les êtres créés par la mythologie. Comme le pense M. Letronne, on ne peut trouver de traces de l'Atlas géographique avant l'époque du voyage de Colaéus de Samos à Tartesse en 639 avant J.-C. C'est depuis cette époque que les relations des Samiens et des Phocéens avec les peuples de l'Afrique firent appliquer le nom d'Atlas aux montagnes de cette région. Ce nom s'étendit à toute la chaîne, jusqu'au delà des Colonnes et jusqu'à l'Océan même. Les descriptions d'Hérodote, de Pomponius Méla et de Virgile prouvent cette transformation d'un être divin en montagne. Dans la suite, les poëtes et les historiens lui firent subir une nouvelle transformation et le représentèrent tantôt comme un roi inventeur de l'astronomie, tantôt comme un père ou un frère d'Hespérus.

L'Atlas mythologique a donc tour à tour donné lieu à de nombreuses fictions : il a figuré dans les poëmes théogoniques, dans les titanomachies, dans les mythes de Persée, des Gorgones et des Hespérides, dans les Héraclées et dans les fables arcadiennes, qui lui ont supposé du rapport avec l'astronomie à cause de la famille des Pléiades dont il était le père.

Ménétius, dont très-peu de mythologues ont fait mention, était, à ce qu'il paraît, célèbre par son orgueil et par sa conduite insolente envers Jupiter, qui, suivant Hésiode (*Théogonie*, 515), le précipita d'un coup de tonnerre au fond de l'Érèbe ; Apollodore (lib. 1, c. 2. v. 3.) dit que ce fut dans le combat avec les Titans.

Prométhée et Épiméthée, dont les noms composés de *pro* et de *manthanein* (savoir d'avance), et de *epi* et de *manthanein* (savoir après), semblent offrir un double emblème de la prévoyance et de l'imprudence humaine. Ces deux noms, tout grecs, ne sont probablement pas les mêmes que les premières colonies de la Grèce donnèrent à ces Titans ; ce sont plutôt des surnoms, qui auront remplacés les noms primitifs que le cours des siècles avait fait tomber dans l'oubli. Ces mythes, suivant M. Creuzer, expriment la noble étincelle de la vie, qui brille et s'éteint tour à tour, et tout ce qu'offre d'incompréhensible ce dualisme de biens et de maux dont cette vie se compose. Prométhée représentant l'invention des arts obtenus par le secours du feu, c'est-à-dire par la céleste flamme du génie, Prométhée est tout ensemble la sagesse qui prévoit et l'imagination qui découvre ; Épiméthée nous montre les fautes et les malheurs où nous entraîne l'excès de la civilisation même. En épousant la belle, mais insidieuse Pandore, il introduit dans la société le germe de cette mollesse, de ces désordres suites trop fréquentes du commerce des femmes : Épiméthée est à la fois la passion qui s'égare et l'esprit qui ne s'instruit qu'à l'école de l'infortune.

Homère ne parle d'aucun de ces deux personnages, dont la création ne pouvait appartenir qu'à un siècle qui donnait à la poésie une tendance morale et allégorique. Leclerc, fidèle à sa pensée évhémériste, n'a vu que de l'histoire dans cette fable, dont la pensée est plus haute et plus profonde.

(37) Comme toute cette fable a pour théâtre l'Afrique occidentale, il est vraisemblable que c'est sur le mont Atlas qu'Hésiode suppose que Prométhée a été enchaîné par l'ordre de Jupiter. Tous les poëtes postérieurs ont fait passer sur le Caucase cette scène de douleur et de vengeance. Apollonius de Rhodes a dit dans le passage où il parle de la navigation des Argonautes (liv. 2, 1251) : « Alors apparaissaient les sommets élevés des monts du Caucase, où Prométhée, attaché à des rocs escarpés par d'indissolubles nœuds d'airain, nourrissait de son foie un aigle qui volait en arrière. »

La fable de Prométhée enchaîné a donné lieu à beaucoup d'explications. Le scholiaste d'Apollonius nous a laissé une note curieuse que nous traduisons en entier :

« Prométhée était attaché sur le Caucase et un aigle rongeait son foie. Agroitas, dans le treizième livre des *Scytiques*, dit que le foie de Prométhée passait pour être mangé par un aigle parce qu'un fleuve appelé Aétus ravageait la puissante contrée de Prométhée, et que beaucoup de personnes entendaient par le mot de foie, comme par celui de mamelle, une terre fertile en fruits ; il ajoute qu'Hercule ayant détourné le cours du fleuve dans des fossés, on avait cru que l'aigle avait été percé des flèches d'Hercule et Prométhée délivré de sa chaîne.

» Théophraste dit que Prométhée, devenu sage, communiqua d'abord aux hommes la philosophie, d'où vint la fable qu'il leur avait donné le feu. Hérodote raconte différemment l'aventure de Prométhée : il rapporte qu'il était roi des Scythes et que ne pouvant procurer à ses sujets des moyens de subsistance, parce qu'un fleuve nommé Aétus inondait ses états, il fut enchaîné par les Scythes, mais qu'Hercule parut, détourna le fleuve et le dirigea vers la mer (cette action fait supposer qu'Hercule avait tué l'aigle), et délivra enfin Prométhée de ses chaînes. Phérécyde, dans son deuxième livre, dit que l'aigle envoyé contre Prométhée était né de Typhon et d'Échidna, fille de Phorcys, et qu'il mangeait son foie pendant le jour, mais que ce qui restait croissait pendant la nuit et redevenait d'une égale grosseur. »

(38) La croyance de la commune origine des dieux et des hommes se trouve confirmée par ce passage où le poëte nous les montre réunis et se disputant dans la même ville. Quel était le sujet de leur querelle? Était-ce l'invention des arts, la manière d'offrir des sacrifices ou, suivant l'opinion du scholiaste, la question de savoir quels dieux obtiendraient après la guerre le privilége de gouverner les hommes? Aucun ancien mythologue ne nous l'apprend. Très-peu d'auteurs en effet parlent de cette lutte entre Jupiter et Prométhée. Hésiode lui-même n'en dit rien dans le poëme des *Travaux et des Jours*. Heyne ne voit dans cette fable qu'une invention poétique destinée à prouver la supériorité que Prométhée semble avoir sur Jupiter en fait de sagesse ou, ce qui était alors la même chose, en fait d'adresse et de ruse. Le poëte a choisi le moment d'un sacrifice, parce que, dans ces siècles encore à demi barbares, on attachait une grande importance à obtenir la meilleure part des victimes. Il a supposé que Prométhée trompa Jupiter en lui faisant choisir les os du bœuf qu'il avait divisé en deux portions au lieu de lui en donner les chairs et les intestins. Un mythe si antique renferme probablement sous ce voile grossier une allusion à ces temps où la découverte des arts et la naissance de l'industrie attestent les premiers développemens de l'intelligence humaine.

(39) Si Hésiode appelle Prométhée le plus illustre de tous les *rois*, cette opinion n'entraîne pas l'idée que nous nous formons de nos monarchies modernes. La désignation de roi, ou plutôt de maître, de chef, de protecteur, s'appliquait à tous les personnages qui veillaient sur le sort des autres, aux héros comme aux dieux ; l'image de la puissance divine se confondait alors avec celle de la puissance royale. Ici Prométhée est roi comme Jupiter: avec l'un commence une nouvelle société terrestre, avec l'autre s'établit une nouvelle royauté céleste.

(40) Cette manière de dire une chose par l'affirmation et par une double négation est fréquente dans Homère et dans la Bible. Les littératures primitives aiment les répétitions de pensées et de mots. Leclerc prétend qu'Hésiode n'a pas osé dire que Jupiter a été trompé, mais que la suite du récit prouve qu'il l'a été réellement ; nous croyons que Leclerc est dans l'erreur. En effet le passage dont il est ici question, ne doit pas laisser le plus léger doute. Si plus tard Jupiter entre en fureur lorsqu'il découvre les os de la victime au lieu de ses intestins, il s'indigne, non-seulement d'être privé de la meilleure part du sacrifice, mais de ce que Prométhée a conçu l'audacieuse pensée qu'il pouvait l'abuser impunément. Le poëte d'ailleurs représente Jupiter comme doué d'une sagesse éternelle, ce qui confirme l'idée qu'il n'a pas voulu le faire croire le jouet des ruses de Prométhée ; mais quoiqu'il ait pénétré le perfide dessein du fils de Japet, Jupiter n'en est pas moins résolu à faire retomber sur le genre humain le châtiment mérité par un seul coupable. Ainsi dans *les Travaux et les Jours* (20), Hésiode dit que souvent une ville tout entière est punie du crime d'un seul homme. Cette vengeance injuste et barbare, dont la pensée se reproduit également dans les Saintes Écritures, est conforme à l'esprit des siècles antiques, qui n'avaient pas encore de saines notions sur la morale et qui attribuaient aux dieux toutes les passions de l'humanité.

(41) Hésiode représente comme un des plus grands maux du célibat l'idée de ne pas laisser après soi d'héritiers légitimes. Homère dit également que c'est un surcroît de douleur lorsque, après la mort des enfans, l'héritage passe en des mains étrangères ; il emploie ces expressions qu'Hésiode a copiées textuellement : « ..... *cherostai de dia ctésin datéonto*. » (*Iliade*, ch. v. 158). Le mot *cherostai* signifie les alliés qui héritaient à défaut de parens en ligne directe. Eustathe entend par là des magistrats qui prenaient soin des successions vacantes, non qu'ils s'en emparassent pour eux-mêmes, mais parce qu'ils administraient les biens au nom de l'état ou des parens éloignés, entre lesquels la fortune était partagée par indivis. Nous ne croyons pas que du temps d'Homère ni même d'Hésiode, ce mot eût déjà une telle signification. D'un côté le prix qu'on attachait à laisser ses richesses à de légitimes héritiers, de l'autre la censure amère des défauts des femmes et des inconvéniens d'un mauvais mariage contribuent à prouver encore que le siècle du chantre de *la Théogonie* était un composé de vertus et de vices comme tous les siècles où la civilisation commence à introduire plus de fausseté et de corruption dans les mœurs. Les femmes ici jouent un rôle bien plus important que dans l'*Iliade* ou l'*Odyssée*, puisqu'elles influent si puissamment sur le bonheur ou sur le malheur domestique. Tout annonce une époque de transition placée entre la rudesse des mœurs antiques et les molles et coupables habitudes que fait contracter l'amour du luxe et des plaisirs.

(41) Cette bataille entre les Titans et les fils de Saturne porte un caractère grandiose qui tient presque du prodige. Le culte des Titans une fois détruit, les poëtes postérieurs décrivirent un autre combat des géans et des dieux, et ils en placèrent la scène dans les champs de Phègra et de Pellène : les noms des combattans varièrent, mais le fonds du sujet resta le même. On a souvent confondu la titanomachie et la gigantomachie ; Hésiode ne fait le tableau que de la première quoiqu'il ait parlé plus haut (v. 185) de la race des géans nés du sang d'Uranus. Il y a sans doute dans cette titanomachie une personnification des forces secrètes de la nature et de la lutte des élémens, une allusion aux ravages produits par les tem-

pêtes et par les volcans. Si l'on n'examine cette description que sous le rapport poétique, on avouera qu'Hésiode n'a pas seulement brillé dans le genre tempéré, comme le dit Quintilien : « *In mediocri illo dicendi genere* », mais que sa Muse s'est élevée juqu'aux plus sublimes hauteurs. Cet ébranlement de la terre, du ciel, de la mer et du Tartare, ce déchaînement des vents, ces éclairs qui se croisent, cette foudre qui éclate, ce désordre convulsif qui agite le monde et semble le replonger dans le chaos, toutes ces images élevées, fortes, terribles, rendent ici Hésiode d'Homère lui-même. La fameuse théomachie du vingtième chant de l'*Iliade*, n'offre rien de plus poétique.

(43) On voit qu'Hésiode plaçait le Tartare non dans l'intérieur mais au-dessous de la terre, en des espaces vides et obscurs dont les anciens ne pouvaient se former une idée précise à cause de leur ignorance de la véritable forme de la terre, qu'ils croyaient non pas sphérique et partout environnée d'air, mais appuyée à sa base sur le Tartare et sur le Chaos et inaccessible aux rayons du soleil.

(44) Ici semble commencer un nouveau poëme, qui contient la description des enfers. Le poëte nous parle encore de cet espace vide sur lequel reposent les fondemens du Tartare, de la terre, de la mer et du ciel ; gouffre immense assiégé d'horribles tempêtes, chaos infect et ténébreux dont on ne pourrait toucher le fond, même après y avoir roulé pendant une année entière : c'est là qu'est le séjour de la Nuit ; c'est là que demeure Atlas, soutenant le ciel sur sa tête et avec ses mains. On comprend pourquoi l'Atlas, montagne de l'Afrique occidentale, passa à titre de personnification dans la mythologie grecque: cette montagne semblait porter le ciel, parce qu'elle était située à l'extrémité de l'occident, où les anciens plaçaient l'empire de la Nuit et le chemin qui conduisait aux enfers ; l'Atlas était comme une borne posée aux dernières limites du monde antique.

Wolf doute comme Heyne que cette inscription soit tout entière l'ouvrage d'Hésiode : elle offre plusieurs répétitions inutiles ; le vers 739, copié textuellement d'Homère (*Iliade*, ch. 20, v. 65), est le même pour le sens que le vers 741 ; en général la confusion des idées paraît s'être communiquée à la manière de les rendre.

(45) La Mort et le Sommeil, qu'Hésiode représente comme frères, selon la tradition homérique, sont tous deux fils de la Nuit ; leur séjour est celui des ténèbres.

Hésiode fait contraster le charme que répandent les doux bienfaits du Sommeil avec la cruauté de la Mort, qui renferme dans sa poitrine un cœur d'airain et inspire de l'horreur à ceux mêmes sur qui elle n'exerce point d'empire, c'est-à-dire aux dieux immortels. Tout le passage de *la Théogonie* relatif à la description de la Nuit et du Jour, du Sommeil et de la Mort, nous semble non-seulement porter une date postérieure au siècle d'Homère, mais encore présenter des idées et des expressions plus ingénieuses qu'on n'en trouve dans la manière ordinaire d'Hésiode : peut-être est-il l'ouvrage des rhapsodes.

(46) On ne peut douter, ce nous semble, que Styx, fille de l'Océan, ne soit ici la personnification de la fontaine dont parlent Hérodote et Pausanias.

Le premier dit (liv. 6, c. 74) que « Cléomène, étant arrivé dans l'Arcadie, trama de nouvelles entreprises, souleva les Arcadiens contre Sparte, et, entre autres sermens qu'il exigea d'eux, obtint celui de le suivre partout où il les conduirait. Il désirait en outre mener dans la ville de Nonacris les Arcadiens les plus puissans pour leur faire prêter serment par l'eau du Styx : c'est dans cette ville que, suivant les Arcadiens, le peu qui paraît de l'eau du Styx coule d'un rocher dans un bas-fond entouré d'un cercle de murailles. Nonacris, dans laquelle se trouve cette source, est une ville d'Arcadie voisine de Phénée. »

Le second, après avoir placé la fontaine du Styx près des ruines de Nonacris, ajoute (*Arcadie*, c. 18) : « L'eau qui distille du rocher près de Nonacris tombe d'abord sur un autre rocher très-élevé, le traverse et se jette dans le fleuve Crathis ; cette eau donne la mort aux hommes et à tous les animaux. »

Strabon nous a laissé de cette fontaine une description semblable (liv. 8, p. 389). Son eau était regardée comme mortelle et comme sacrée : c'est peut-être pour ce motif que les poëtes en ont placé la source dans les enfers. Lorsqu'Homère (ch. 2, v. 755) dit que le Tartare s'échappe du Styx, on doit entendre, comme le remarque Dugas-Montbel (*Observations sur l'Iliade*, tome 1, p. 128), que le Styx était renfermé dans les entrailles de la terre, puisqu'il n'y avait pas de fleuve de ce nom dans la Thessalie, où coule le Titarèse. Homère le place positivement dans les enfers (ch. 8, v. 366). Hésiode et les autres mythologues grecs et latins ont suivi cette tradition. La description que fait Hésiode de la source du Styx tombant d'un rocher est conforme au sens des paroles d'Homère lorsqu'il l'appelle *to catéiboménon stugos hudôr* (ch. 15, v. 37). Les colonnes d'argent qui soutiennent sa grotte représentent, d'après Bergier, ces colonnes de pierre stalactite qui se forment dans les endroits où l'eau se cristallise en coulant du haut des rochers. Quant au serment prêté sur l'eau du Styx, on voit déjà dans Homère qu'il était le plus redoutable et le plus solennel de tous : les dieux mêmes tremblaient de le prononcer. Hésiode nous trace un tableau menaçant des souffrances réservées aux parjures pour effrayer les mortels par l'exemple des dieux : ces menaces semblent annoncer une époque où la foi du serment n'est plus aussi respectée qu'auparavant et où les hommes ont besoin d'y être ramenés par la crainte des punitions les plus terribles.

(47) Cette description de combat, animée de tant de verve et de chaleur, semble avoir été inspirée à Hésiode par Homère lui-même. La marche de Jupiter qui fait trembler le vaste Olympe rappelle ici Neptune agitant sous ses pieds immortels les montagnes et les forêts. Hésiode avait probablement sous les yeux ce beau passage de l'*Iliade* (ch. 13, v. 17) : « Soudain il descend du mont escarpé en s'élançant d'un pas rapide ; les vastes montagnes et les forêts tremblent sous les pieds immortels de Neptune qui s'avance. »

(48) Ce passage est encore une imitation du morceau sublime de l'*Iliade* (ch. 20, v. 61) qui représente Pluton épouvanté s'élançant de son trône. Ce morceau, qui arrachait à Longin des transports d'admiration, est trop connu pour qu'il soit nécessaire de le rappeler.

(49) Typhoé, principe et agent du mal, est le père de tous les vents, excepté du Notus, de Borée et de Zéphyre. Remarquons ici avec Wolf : 1° qu'outre les vents cardinaux, les seuls dont Homère fasse mention, Hésiode en a connu d'autres ; 2° qu'il représente comme bienfaisans et utiles le Notus, Borée et Zéphire, et décrit les autres comme nuisibles et orageux. On pourrait en conclure qu'il en savait plus qu'Homère à cet égard ; cependant il passe sous silence l'Eurus, dont Homère parle souvent : il paraît donc tantôt plus instruit, tantôt plus ignorant qu'Homère. Ainsi ce passage n'est pas un de ceux qui peuvent servir à fixer l'époque où vécut chacun de ces deux poëtes.

(50) Ici commence une nouvelle époque : les dieux, vainqueurs des Titans, défèrent la royauté à Jupiter, et Jupiter, fidèle à ses promesses (v. 392), leur distribue les emplois et les honneurs. La race de Jupiter représente le troisième et dernier âge de la religion grecque ; le voile des allégories commence à devenir plus diaphane, et le polythéisme se revêt de la véritable forme hellénique.

(51) Métis est la première femme de Jupiter, parce qu'un roi ne doit pas avoir de compagne plus intime que la Prudence : le poëte indique par cette allégorie que la Sagesse est unie à la puissance divine. Le livre intitulé *la Sagesse de Salomon* nous présente une image semblable (c. 8, § 2) : « J'ai aimé la Sagesse et je l'ai recherchée dès mon adolescence : j'ai désiré l'avoir pour épouse. »

Lorsque Jupiter dévore Métis et la cache dans ses entrailles, c'est pour s'attacher la Sagesse par des nœuds encore plus indissolubles ; il agit ainsi d'après les conseils d'Uranus et de la Terre, parce que les destins avaient prédit qu'il lui naîtrait un fils qui le détrônerait. Ce mythe bizarre remonte sans doute à une haute antiquité ; nul passage n'a été plus interpolé que celui qui le concerne. Chrysippe, cité par Galien (*De Hippocratis et Platonis dogmatum differentiâ*, 3, p. 273), lisait dans son exemplaire de la *Théogonie* une narration bien plus détaillée, que nous avons traduite dans les *Fragmens*. Cette fable a été mentionnée par le scholiaste de l'*Iliade* (ch. 1, 195, et ch. 8, 39), par celui de Platon (p. 204) et par les pères de l'Église, saint Théophile (*in Autolyco*, p. 276) et saint Clément de Rome (*Homélie* 5, 12). Voici ce que rapporte Apollodore (liv. 1, c. 3, § 6) : « Jupiter s'unit à Métis, qui emprunta toutes sortes de formes pour ne point partager sa couche ; lorsqu'elle fut enceinte, il s'empressa de la dévorer : elle lui avait prédit qu'après la fille qu'elle allait mettre au jour, elle enfanterait un fils qui deviendrait le maître du ciel ; dans cette crainte, il la dévora. Le terme de l'accouchement étant arrivé, Prométhée, ou, suivant d'autres, Vulcain, lui fendit la tête, et Minerve en sortit tout armée sur les bords du fleuve Triton. »

Il y a à la fois quelque chose de cruel et de monstrueux dans cette action de Jupiter, qui engloutit Métis dans ses entrailles. Ce mythe a sans doute une origine orientale, car il ressemble au mythe de Saturne dévorant ses enfans. La naissance de Minerve a des rapports avec celle des brames, issus de la tête de Brama. L'Onga phénicienne apportée par Cadmus à Thèbes (Pausanias, *Béotie*, c. 13) n'est pas assujettie non plus aux lois ordinaires de la génération ; elle n'a point de mère et émane du sein de l'abîme commun, d'où tout sort et où tout rentre : l'Inde, la Phénicie, l'Égypte, la Libye, ont concouru à la formation de la Minerve grecque.

(52) Latone conçoit de Jupiter Apollon et Diane. Hésiode distingue Apollon et Diane du Soleil et de la Lune, qui sont nés (v. 372) d'Hypérion et de Thia. Homère avait déjà établi cette distinction. La confusion n'arriva que plus tard, vraisemblablement lorsque le culte d'Hélios et de Sélèné s'affaiblit et disparut. En effet la filiation de ces deux divinités cosmogoniques indique que les Grecs les faisaient remonter jusqu'à l'époque de cet ancien culte sacerdotal dont l'astronomie composait un des élémens et dont les Titans avaient été les fondateurs.

(53) Hésiode fait naître Harmonie de Mars et de Vénus. Apollodore (liv. 3, c. 4) a suivi la même tradition. Mais d'après Diodore de Sicile (liv. 5, c. 48), elle était née de Jupiter et d'Électre, fille d'Atlas. Le scholiaste d'Euripide (*Phéniciennes*, v. 7) rapporte que, suivant Dercyllus, elle avait eu pour père Dracon, fils de Mars et souverain de la contrée où Thè-

bes fut fondée par Cadmus. Si les traditions varient sur les parens d'Harmonie, toutes s'accordent sur le nom de son époux. Le mariage de Cadmus et d'Harmonie est célèbre dans les fables antiques; il a été chanté ou mentionné par Pindare (*Pyth.* 3, v. 163), par Euripide (*Phénic.* 829), par Théognis (v. 15), par Nonnus (*Dionysiaques*, liv. 5, 88, 125), par Pausanias (l. 9, c. 5), par Diodore de Sicile (liv. 5, c. 49), et par Apollodore. Hésiode parle plus bas (v. 975) des enfans issus de ce mariage.

(54) Jupiter et Maïa, fille d'Atlas, engendrent Mercure, qu'Hésiode nomme le héraut des immortels. Les nombreuses découvertes, les nombreux talens que la fable attribua à Mercure doivent faire supposer qu'il a existé plusieurs dieux de ce nom qu'on a adorés et pour ainsi dire résumés dans un seul, comme on a mis sur le compte d'un seul Hercule les travaux que plusieurs avaient accomplis. Nous devons remarquer que du temps d'Homère et même d'Hésiode, Mercure n'est guère représenté que comme le messager des dieux ou le conducteur des ombres dans les enfers; ce n'est que plus tard qu'on lui assigna d'autres fonctions. Comme Hésiode n'en parle pas, il y a lieu de croire que l'hymne homérique à Mercure n'a été composé qu'après ce poëte; voici le début de cet hymne:

« Muse, célèbre Mercure, le fils de Jupiter et de Maïa, le protecteur de Cyllène et de l'Arcadie aux nombreux troupeaux, l'utile messager des dieux, Mercure qu'enfanta l'auguste Maïa aux beaux cheveux après s'être unie d'amour avec Jupiter. Se dérobant à la foule des bienheureux immortels, elle habitait au fond d'un antre ténébreux : c'est là que le fils de Saturne s'unit à cette Nymphe aux beaux cheveux, pendant la nuit, tandis qu'un doux sommeil s'était emparé de Junon aux bras d'albâtre, et il trompait ainsi les immortels et les faibles humains. Quand la volonté du grand Jupiter fut accomplie, le dixième mois brilla dans le ciel, et la lumière du jour éclaira d'illustres merveilles. Alors Maïa enfanta un fils à l'esprit rusé, aux paroles séduisantes, voleur adroit, habile à enlever des bœufs, conducteur des songes, qui veille durant la nuit et garde les portes; ce dieu devait faire éclater bientôt des prodiges parmi les immortels. Né dès l'aurore, déjà il jouait de la lyre vers le milieu du jour, et le soir il déroba les bœufs d'Apollon qui lance au loin ses traits. »

(55) Bacchus, fils de Jupiter et de Sémélé, fille de Cadmus, est la première divinité qu'Hésiode fasse naître d'un Dieu et d'une mortelle. Cette filiation annonce une nouvelle époque religieuse, celle des hommes qu'un genre de talens inconnu aux siècles antérieurs fit placer au rang des dieux. Peut-être faut-il croire que si des héros tels que Bacchus ou Hercule étaient censés descendre de Jupiter, c'est qu'ils avaient été les bienfaiteurs de l'humanité, enrichie par eux de découvertes utiles, ou délivrée de ses fléaux; c'est qu'ils semblaient jouer sur la terre, par leur puissance, le rôle suprême que Jupiter remplissait dans les cieux. Des rois n'étaient-ils pas surnommés les nourrissons, les rejetons de Jupiter (*diotréphéis, diogénéis*)? Hésiode ne raconte la naissance de ces demi-dieux qu'après celle de tous les dieux issus d'une origine doublement céleste, parce que leur culte ne s'établit en Grèce qu'à l'époque où le polythéisme éprouva le besoin de renouveler ses antiques idoles et d'élargir le cercle de ses croyances.

On sait qu'il y eut plusieurs Bacchus dans l'antiquité; les deux plus célèbres furent l'un le fils de Jupiter et de Proserpine ou de Cérès, qui sous le nom de Iacchus figurait dans les mystères d'Éleusis, et l'autre le fils de Jupiter et de Sémélé dont Homère parle (*Iliade*, ch. 14, v. 325). Homère et Hésiode ne disent rien de la fable bizarre de Bacchus né de la cuisse de Jupiter ni de tous les exploits qu'on lui attribue; ils se bornent à le représenter comme faisant la joie et le bonheur des mortels. Homère l'appelle *charma brotoisin*; Hésiode lui donne l'épithète de *polugêthéa*. Virgile a copié ces deux poëtes lorsqu'il dit (*Æneid.* 10) : « *Adsis, lœtitiæ Bacchus dator.* » L'histoire de Bacchus, ainsi que l'a démontré Bochart (*Chanaan*, liv. 1, c. 18), remonte plus haut que celle de Cadmus, et si Hésiode lui assigne une origine thébaine, c'est pour flatter l'orgueil de sa patrie ou parce que les fondateurs de Thèbes avaient apporté son culte de l'Orient. Bacchus était connu ailleurs avant de l'être en Grèce; il a eu tour à tour pour berceau l'Inde, l'Égypte et la Phénicie. La première notion de Bacchus est orientale et par conséquent symbolique : On a divinisé en lui d'abord la force de la génération, puis l'idée de la civilisation, surtout celle de la découverte du vin, qui amena dans beaucoup d'endroits, comme ailleurs la culture du blé, le commencement de l'industrie et des arts. Les fêtes de Bacchus, qui devinrent des mystères, offraient donc le symbole du passage de la vie sauvage et grossière à une vie plus douce et meilleure; bientôt ces rites religieux se changèrent en cérémonies où régnèrent l'hilarité et la licence, le délire et la fureur. Les mythes venus de la Phénicie, de l'Égypte et de la Thrace, ces mythes si différens les uns des autres, furent appliqués au seul Bacchus thébain. Les attributions et le culte de ce Dieu durent leur accroissement successif aux dithyrambes, aux drames satiriques, aux tragédies et aux Dyonysies célébrées dans Athènes,

(56) Hésiode s'écarte ici de la tradition homérique en donnant Aglaïa, la plus jeune des Grâces, pour femme à Vulcain. Dans l'*Iliade*, c'est Charis, nom commun aux Grâces; dans l'*Odyssée*, c'est Vénus

qui est son épouse. Cornutus (*De naturâ deorum*, c. 15) dit qu'Homère a marié une des Grâces à Vulcain parce que les ouvrages de l'art sont gracieux. Une telle pensée nous semble trop subtile pour avoir été dans l'esprit d'Homère et même dans celui d'Hésiode. Aglaïa, dont le nom signifie *l'éclat*, offre plutôt ici quelque rapport cosmogonique avec le feu personnifié dans Vulcain.

(57) Voici le début d'un nouveau poëme. Ici commence l'héroogonie ou la naissance des héros conçus par des déesses qui ont épousé des mortels : à la race des dieux succède la race des déesses. Le récit de leurs hymens n'est pas aussi détaillé ni aussi orné que les narrations précédentes, d'où il est permis de supposer avec Heyne qu'Hésiode a manqué de matériaux et que de son temps ces fables n'avaient pas encore été célébrées par beaucoup de poëmes antérieurs.

(58) Cérès s'unit à Iasius et engendre Plutus. Ce mythe remonte jusqu'à l'*Odyssée*, où il est dit (ch. 5, v. 125) : « Ainsi lorsque Cérès aux beaux cheveux, cédant aux désirs de son cœur, s'unit d'amour avec Jasion dans un guéret trois fois labouré, Jupiter ne l'ignora point et il tua Jasion en le frappant de sa foudre brûlante. » Apollodore (*lib.* 3, c. 12, § 1) raconte que Jasion, né de Jupiter et d'Électre, fille d'Atlas, étant devenu amoureux de Cérès et voulant la violer, fut tué par la foudre. Hésiode se tait sur ce genre de mort. Diodore de Sicile (liv. 5, c. 77) rapporte que Plutus naquit dans une ville de Crète appelée *Tripolum*; mais, comme il est facile de le voir, il a forgé ce nom avec l'hémistiche *neio éni tripolo*, qui se trouve également dans l'*Odyssée* et dans la *Théogonie*. Il ajoute que, suivant les uns, la terre ensemencée par Jasion produisit des fruits en si grande abondance que l'on appela cette abondance *Plouton*; et que, selon d'autres, de Cérès et de Jasion naquit un fils nommé Plutus, parce qu'il fut le premier qui apprit aux hommes à ramasser et à garder les richesses. Wolf, en reconnaissant dans ce mythe des signes frappans du langage allégorique, cite un passage des *Allégories homériques* (c. 68) où Héraclide dit : « C'est avec raison que Jasion, homme adonné à l'agriculture et habitué à recueillir en abondance les fruits de ses champs, passa pour avoir été aimé de Cérès. » Heyne prétend que les fables de Jasion et de Cérès avaient rapport à celles de la Samothrace. Plutus, qui est représenté ici comme dispensateur des richesses et du bonheur sur la terre et sur la mer, plus tard fut dépeint sous d'autres couleurs, suivant le génie de chaque siècle, témoin la comédie d'*Aristophane* qui porte le nom de ce dieu.

(59) Hésiode célèbre l'hymen de Jason, fils d'Éson et de Polymède, suivant Apollodore, avec Médée, fille d'Éétès et d'Idye. L'unique fruit de ce mariage est Médéus, d'après Hésiode. Cependant Pausanias (*Corinthie* 3) nous apprend que les enfans de Médée et de Jason étaient Mermérus et Phérès, et que, suivant Cynéthon de Lacédémone, qui avait écrit des généalogies en vers, ils avaient encore eu une fille nommée Ériopis. Apollodore (liv., 1 c. 9, v. 28) dit que Médéus ou Médus eut pour père Égée, que Médée épousa dans Athènes. On voit que ces généalogies s'éloignent des traditions d'Hésiode. On peut supposer que le récit de l'expédition des Argonautes est un mythe postérieur aux premiers siècles de la Grèce : Homère en effet et même Hésiode ne parlent pas de la conquête de la Toison d'or. Hésiode ne représente pas ici Médée comme une magicienne ; quant à Jason, il se borne à dire que le roi Pélias lui imposa de nombreux travaux, comme Eurysthée à Hercule. Un voyage guerrier ou plutôt la piraterie exercée sur le Pont-Euxin, un riche butin rapporté dans la Thessalie, la conquête d'un vaste trésor ou peut-être de cet or que le Phase roule dans le sable de ses flots, la capture d'une princesse ou d'une femme du pays, que le vainqueur emmena à son retour d'Iolchos, voilà sans doute le fond historique que dans la suite l'imagination des poëtes embellit de tant d'ornemens fabuleux. A quelle époque fut composé le premier poëme des *Argonautiques*? c'est ce qu'il est difficile de préciser. On peut seulement croire qu'il n'a été l'ouvrage ni d'Epiménide ni d'Orphée. L'expédition des Argonautes, à cause de son antiquité et de l'éloignement du pays qui lui servit de théâtre, est un des événemens de l'antiquité que la fable et la poésie ont le plus chargé de fictions empruntées à divers peuples et à diverses époques. Un sujet si obscur ne saurait donc fournir aucun document positif pour établir quelque système de géographie, d'histoire ou de chronologie.

Hésiode dit que Thiron éleva Médéus sur les montagnes. Ce centaure, habitant de la Thessalie, passait dans l'antiquité pour avoir veillé à l'éducation de presque tous les héros. Les hommes les plus célèbres par leur courage ou par leur science, Jason, Achille, Esculape avaient été ses élèves. Chiron, dont il est souvent parlé dans Homère, était fils de Philyre et de Saturne, suivant Apollodore (liv. 1, c. 2, v. 2). Suidas, cité par le scholiaste d'Apollonius (liv. 1, 554), disait dans ses *Thessaliques* qu'il était né d'Ixion, comme les autres centaures.

(60) Wolf ajoute peu de foi à l'authenticité des deux derniers vers. En effet la généalogie des héros issus des hommes et des femmes célèbres de l'ancienne Grèce ne se rattache pas à celle des dieux, qui fait le sujet principal de la *Théogonie*. Il dit cependant : « Si les deux derniers vers sont authentiques, le poëte continuait par l'énumération des héroïnes *gunaikôn phulon* (comme plus haut, 965, *theaôn phulon*), c'est-à-dire des femmes mortelles qui avaient eu des héros pour

époux et pour fils. Dans ce nombre devait être Alcmène, qui eut d'Amphitryon Iphiclus et de Jupiter Hercule. Ainsi ce poëme, que les grammairiens ont intitulé *le Bouclier d'Hercule*, devrait être rattaché à *la Théogonie*, les passages qui se trouvaient entre ces deux ouvrages en ayant été séparés par l'injure des ans. » Il est, selon nous, plus naturel de croire que la *Théogonie* finissait au vers 1,020, ou que du moins à la place des deux vers suivans il en existait d'autres qui se liaient davantage au sujet du poëme et qui lui servaient de complément. Le poëme consacré aux femmes célèbres devait former un ouvrage à part. Plusieurs auteurs le désignent par le titre de *Megalai Eoîai* ou de *Katalogos gunaikôn*. C'est à ce poëme que se rattachait probablement *le Bouclier d'Hercule*.

NOTES SUR LES TRAVAUX ET LES JOURS.

(1) Le commencement du poëme des *Travaux et des Jours* a été révoqué en doute. Pausanias en effet rapporte que les Béotiens, habitans de l'Hélicon, en retranchaient l'exorde sur les Muses et ne le faisaient commencer qu'à l'endroit où il est question des deux Rivalités. Tzetzès dit qu'Aristarque et Praxiphane, disciple de Théophraste, regardaient les dix premiers vers comme supposés; Plutarque ne semble pas non plus les reconnaître (*Symp.* 9, 1, p. 736). Ils sont donc probablement l'œuvre de quelqu'un de ces anciens rhapsodes qui avaient coutume d'ajouter aux poëmes qu'ils chantaient des prologues et des épilogues de leur composition : ils débutaient ordinairement par l'éloge de Jupiter, ainsi que Pindare nous l'apprend (*Néméenne*, 2, v. 1).

Comme il n'est pas vraisemblable que le poëme ait brusquement commencé par le onzième vers, Hésiode aura composé un exorde qui ne nous est point parvenu et auquel on en a substitué un autre. Si ce début eût été réellement son ouvrage, aurait-il appelé filles de la Piérie les Muses qu'il appelle filles de l'Hélicon dans *la Théogonie* ? Quoiqu'il dise, dans *la Théogonie* (v. 53), qu'elles sont nées dans la Piérie, en qualité de Béotien ne leur aurait-il pas conservé ici la qualification qu'il leur donne ailleurs pour flatter la vanité de ses compatriotes ?

Cet exorde, quel que soit son auteur, est remarquable par la peinture poétique du pouvoir suprême de Jupiter, qui renverse ou élève à son gré les hommes. Horace l'a imité dans ce passage :

Valet ima summis
Mutare et insignem attenuat Deus,
Obscura promens ; hinc apicem rapax
Fortuna cum stridore acuto
Sustulit, hic posuisse gaudet.

(2) Cette phrase doit s'entendre dans une acception ironique. Hésiode dit à son frère : « Quand tu seras riche, alors tu pourras intenter des procès aux autres pour leur prendre leur bien. Mais ton premier soin doit être de te procurer par le travail des moyens d'existence. »

(3) Heinsius blâme les commentateurs qui ont expliqué *deuteron* comme s'il y avait *to palin*. Il remarque que les anciens, lorsqu'ils engageaient la foi de quelqu'un, lui proposaient une première condition à laquelle ils l'astreignaient, et lorsqu'ils voulaient l'engager moins étroitement lui en proposaient une seconde en employant cette formule : « *Touto deuteros estai*, » c'est-à-dire : « Si la première chose ne te convient pas, la seconde te sera permise. » Ces mots *deuteron esti* sont donc synonymes de *il est permis* (*exesti*.)

(4) L'épithète de *dorophagoi* donnée aux rois annonce l'époque d'une corruption et d'une vénalité inconnues aux siècles homériques. Ici le nom de *basilées*, qui veut dire littéralement la base, l'appui du peuple, n'entraîne pas l'idée que nous nous formons des rois actuels; ainsi que le remarque Proclus, il signifie les juges et les chefs (*tous dicastas cai tous archontas*). Il y en avait quelquefois plusieurs dans un même pays. L'auteur de l'*Odyssée* (ch. 8, v. 40), dit que les Phéaciens avaient, outre Alcinoüs, beaucoup d'autres rois.

Leclerc prétend que les rois sont appelés *dorophagoi* parce que, abandonnant le soin de leurs affaires domestiques pour juger les procès, ils exigeaient publiquement un salaire et recevaient en secret des présens de la part des plaideurs. Mais Robinson ne voit pas sur quelle preuve historique Leclerc fonde l'opinion qu'ils recevaient un salaire public : il conclut précisément le contraire de ce passage d'Hérodote (liv. 1, c. 97) relatif au Mède Déjocès, qui exerçait les fonctions de juge : « Comme le concours du peuple, qui regardait ses sentences comme très-équitables, augmentait de jour en jour, Déjocès, voyant que tout le poids des affaires retombait sur lui seul, ne voulut plus siéger ni rendre la justice comme auparavant; il annonça son refus, disant qu'il n'était pas avantageux pour lui de négliger le soin de sa propre fortune pour juger tout le jour les procès des autres. » Robinson observe que si Déjocès avait reçu un salaire public, il aurait eu mauvaise grâce à se plaindre de la ruine de ses affaires particulières, et que si, dans ce temps, l'usage de faire des présens publics aux juges eût été établi, le peuple mède n'aurait pas laissé sans récompense un homme intègre et juste comme Déjocès. C'est donc parce qu'ils se laissaient corrompre secrètement que les juges sont appelés ici *dorophagoi*. Ce ne sont plus là ces monarques pasteurs des peuples qu'Homère nous représente rendant la justice sur le seuil de leurs palais et le sceptre à la main.

(5) Hésiode, en disant que la moitié est préférable au tout, conseille à son frère de conserver seulement la tranquille jouissance de la moitié plutôt que de chercher la possession de la totalité en s'exposant aux ennuis et aux dépenses d'un procès. Proclus prétend que la pensée du poëte est que la moitié justement possédée vaut mieux que le tout acquis avec injustice. On peut entendre encore par là qu'il y a plus d'honneur à se contenter d'une sage médiocrité qu'à se livrer à de folles dépenses. Platon (*Républ.* 5, p. 466, c. legès 3, p. 690, E.), Aristote (*Polit.* 4), Cicéron (*Verrines* 3, c. 50), le scholiaste de Sophocle (*OEdipe à Colonne*, 1211) rappellent cette maxime d'Hésiode, d'où semble être dérivé cet ancien proverbe : «*Arché hémisu pantos.*» On trouve dans les dystiques de Caton une pensée à peu près semblable.

Quod nimium est fugito, parvo gaudere memento,

Lucrèce semble avoir imité Hésiode dans ces vers :

Quod si quis vera vitam ratione gubernet,
Divitiæ grandes homini sunt vivere parce.

De pareils préceptes, en caractérisant le genre de poésie d'Hésiode, prouvent que les juges et les magistrats de son siècle avaient besoin qu'on leur rappelât souvent les principes de la modération et de la sagesse. Ces codes de morale ne sont nécessaires que dans les temps de corruption.

(6) Hésiode continue et complète l'idée exprimée par le vers précédent; lorsqu'il dit qu'il y a de l'avantage à se contenter de mauve et d'asphodèle, il désigne par ces alimens économiques une vie simple et frugale. On voit par ce passage que les anciens se nourrissaient de ces deux plantes. Plutarque dit, dans *le Banquet des sept sages* : « La mauve est bonne à manger et l'anthéric est doux. »

On se rappelle aussi ces vers d'Horace :

Me pascunt olivæ,
Me cichorea, levesque malvæ.

Cet usage de se nourrir de légumes et de racines remonte aux temps les plus anciens : on sait qu'il était recommandé par Pythagore comme un moyen d'entretenir la santé du corps et de l'esprit.

Heinsius dit, à propos de ce vers, que les dieux et les habitans des Champs-Élysées se nourrissaient d'asphodèle; mais cette assertion est erronée. Heinsius prétend que toutes les fois qu'Homère décrit la prairie d'asphodèle, il ajoute ces mots: « *où les hommes jouissent de la manière de vivre la plus facile.* » Ce célèbre critique se trompe. Le vers qu'il cite se trouve bien dans l'*Odyssée* (ch. 4, 565), mais dans un passage où il ne s'agit pas de l'asphodèle; les seuls vers de l'*Odyssée* où il en soit question sont les vers 538 et 572 du onzième chant et le vers 13 du vingt-quatrième.

Pline nous apprend (liv. 22, c. 22) qu'Hésiode avait parlé de l'asphodèle dans un autre ouvrage où il disait qu'il naissait dans les forêts. Cette plante servait quelquefois à un autre emploi qu'à celui de nourrir les hommes : Hérodote (liv. 4. c. 190) dit que les Lybiens construisaient des maisons portatives en tiges d'asphodèles tissues avec des joncs. L'asphodèle appartient à la famille des liliacées et croît abondamment sur les côtes de la Méditerranée.

(7) Le poëte rappelle que Jupiter a été trompé par Prométhée. C'est dans *la Théogonie* (534) qu'il raconte l'histoire du bœuf divisé en deux parts. Le poème où cette histoire est consignée semble avoir dû précéder celui qui n'en renferme qu'un simple souvenir. Hésiode se sera cru dispensé de répéter ici ce qu'il avait déjà raconté en détail. Quant au mythe de Pandore, l'existence d'une fable rapportée en termes souvent identiques dans deux poëmes différens ne laisse pas d'être un fait singulier et difficile à expliquer.

(8) Hésiode, après avoir établi la commune origine des dieux et des hommes, fait de l'âge d'or une description brillante, mais contradictoire avec ce qu'il a raconté dans *la Théogonie* des malheurs arrivés sous le règne de Saturne. De ces deux traditions du bien et du mal, laquelle est la plus ancienne? L'une n'est-elle qu'une fiction? l'autre appartient-elle à l'histoire? Leclerc préfère le récit de *la Théogonie* à celui des *Travaux et des Jours*.

D'abord il trouve que l'attentat de Saturne envers son père, qu'il détrôna, s'accorde mal avec cette innocence qu'Hésiode attribue à l'âge d'or.

En second lieu, ce qu'on rapporte de cet âge ne lui paraît appuyé sur aucun fondement historique: les monumens des Hébreux prouvent qu'avant et après le déluge, l'histoire du genre humain n'a été que celle de l'injustice et du crime : « Si nous nous souvenons, dit-il, que l'action de Saturne se passa peu de temps avant Abraham, nous comprendrons aisément que tant d'innocence n'a pu être le partage des colons de la Grèce. »

Enfin l'ignorance de ces premiers siècles, étrangers aux arts et à la civilisation, ne lui semble pas supposer de grandes vertus ni un grand bonheur. C'est dans les temps de barbarie que les passions se déploient avec le plus de fougue et de férocité. Alors les dieux étaient aussi cruels, aussi violens que les hommes.

Leclerc ne dissimule pas que, d'après l'opinion de plusieurs savans, cette peinture de l'âge d'or figure l'état du genre humain avant la chute d'Adam et d'Ève; mais il ne pense pas que les Grecs aient pu conserver le moindre souvenir de ce bonheur si court dont jouirent nos premiers parens dans le paradis terrestre : il croit plutôt qu'Hésiode n'a fait que retracer un âge d'or idéal. Dans une société déjà corrompue, l'imagination aime à se rejeter vers le passé comme pour échapper au présent. Beaucoup de poëtes, à l'exemple d'Hésiode, ont accusé leur siècle et loué les siècles antérieurs.

La plupart de ces observations de Leclerc ne manquent pas de justesse; mais un fait qu'elles ne détruisent pas, c'est la croyance générale de l'antiquité à un état primitif de bonheur et d'innocence. Le berceau de presque toutes les religions repose dans un Éden. La longévité des hommes avant le déluge dans la Bible, la supériorité de leur force antérieurement au siècle d'Homère dans l'*Iliade*, attestent l'existence de cette opinion qui attribuait à l'espèce humaine plus voisine de la création une nature moins imparfaite et presque divine. En effet quand le monde entier ne consistait encore que dans une seule famille, les vices et les crimes n'avaient pas eu le temps de naître et de se développer; si les premiers habitans de la terre étaient peut-être moins heureux dans cet état sauvage, il y avait entre leur âme et leur corps une sorte d'harmonie, de vigueur et de beauté. A mesure que la famille s'étendit et se dispersa, les intérêts se divisèrent, les besoins, les passions se multiplièrent et se combattirent; l'homme devint sanguinaire, cruel, impie. De là l'idée de déchéance qui plane sur toutes les religions de l'antiquité. Hésiode a donc suivi à son insu la tradition qui consacrait cette idée cosmopolite, mais il l'a suivie en adoptant également ce que les Grecs rapportèrent des premiers temps de leur histoire : ainsi dans *la Théogonie* il raconte le crime de Saturne envers Uranus, et dans *les Travaux et les Jours* il fait le tableau du bonheur du genre humain sous ce même Saturne. Comme d'un côté les souvenirs mythologiques des Grecs ne remontaient pas au delà d'Uranus et de Saturne, et comme de l'autre tous les peuples anciens croyaient à une époque primitive de félicité et d'innocence, il a consacré ces deux traditions sans réfléchir sans doute à ce qu'elles offrent de disparate. Remarquons toutefois que ce n'est point dans le même poëme qu'il les a confondues; ainsi, prises isolément, elles ont chacune leur vérité relative.

L'opinion sur l'identité d'origine des dieux et des hommes, antérieure sans doute à Hésiode, lui a survécu, puisque Pindare commence ainsi sa sixième *Néméenne* :

« L'origine des hommes et des dieux est la même : c'est d'une seule mère que nous avons tous reçu le souffle de la vie. »

Julien dit dans un fragment de lettre (p. 291, t. 1, édit. Spanthcius) :

« On dit que les dieux et Jupiter sont homogènes avec nous, etc. »

Dans la mythologie grecque, la Terre est appelée la mère commune de tous les êtres; dans *la Théogonie* (126), elle enfante le Ciel.

(9) Plusieurs anciens grammairiens ont cru qu'Hésiode parlait ici des héros à cause de cet hémistiche : « *Heëra essamënoi*, » que Virgile a rendu par ces mots : « *Obscuro aere septi;* » et ils ont fait dériver leur nom de *aeros*. Eustathe (*Iliade*, ch. 1, v. 3) et le grand étymologiste s'y sont trompés eux-mêmes. Mais Heinsius remarque avec raison que les héros et les Génies ne sont pas ici la même chose. Hésiode, suivant Proclus, divise en quatre classes la hiérarchie céleste et humaine; dans la première il place les dieux, dans la seconde les Génies, dans la troisième les héros et dans la quatrième les hommes. Ces Génies, agens intermédiaires entre Jupiter et les rois, président à la justice et distribuent la richesse parmi les mortels. Représentans de la Divinité sur la terre, s'ils restent subordonnés aux dieux, leur pouvoir invisible et protecteur s'élève au-dessus de la puissance humaine. Il y a de l'analogie entre ces Génies et les anges des Hébreux dans la Bible.

(10) Hésiode, dans le tableau de l'âge d'argent, nous montre la race humaine déjà dégénérée : les enfans restent pendant cent années, amollis par une éducation efféminée, auprès de leur mère, et leur intelligence est lente à se développer; cet état de mollesse et d'ignorance les porte aux actes de violence et d'impiété.

Ce nombre de cent années pendant lesquelles se prolonge l'enfance prouve qu'il ne faut pas assigner à chacun de ces âges la durée précise des générations ordinaires qu'Homère borne à trente ans. Quoiqu'Hésiode dise que les enfans, une fois parvenus à l'adolescence, ne vivaient que peu, leur vie entière, n'eût-elle été composée que du temps de l'enfance, était encore plus longue que celle des héros de l'*Iliade*. Hésiode en effet rapporte une tradition qui se rapproche plus que la tradition homérique du berceau de l'univers. Le mot de génération dans *les Travaux et les Jours* entraîne donc l'idée d'un espace de temps d'une longueur indéterminée. C'est dans l'Orient que la Grèce a trouvé le modèle des âges du monde.

Il y a dans les écrits des Indiens quatre *yougas* ou quatre âges destinés à la durée du monde : la première période (*crita* ou *satya-youga*) a duré trois millions deux cent mille ans; la seconde (*treta-youga*), deux millions quatre cent mille ans; la troisième, (*dwapara-youga*), un million six cent mille ans; la quatrième (*cali-youga*) doit durer quatre cent mille ans, dont cinq mille environ sont déjà écoulés. Les hommes vivaient d'abord cent mille ans, puis dix mille ans, ensuite mille ans, maintenant ils ne vivent plus que cent années ; ainsi la durée de la vie diminue à mesure que la corruption s'accroît.

Dans le *Zend-Avesta*, la grande période de douze mille ans, pour la lutte des deux principes, se divise en quatre âges : dans le premier, Ormuds règne seul; dans le second, Arihman commence à paraître ; dans le troisième, qui est l'âge présent, Arihman combat Ormuds; dans le quatrième, qui est l'âge futur, le mauvais principe doit l'emporter jusqu'à la fin du monde, où le bon principe dominera pour toujours.

La Grèce, comme on le voit, a réduit l'énormité de ces calculs à des proportions moins gigantesques ; mais on trouve encore dans cette partie de ses croyances plus d'exagération que dans les autres, d'où l'on peut conclure que l'empreinte des types orientaux est ici plus frappante.

(11) Hésiode dit que l'âge des héros fut plus juste et meilleur que l'âge précédent ; mais, comme l'observe Leclerc, combien celui-ci ne dut-il pas être criminel, puisque celui-là nous montre les forfaits de la famille d'OEdipe, et les guerres des sept devant Thèbes, et l'enlèvement d'Hélène et le siége de Troie ! Ce siècle est appelé celui des héros et des demi-dieux, parce que les hommes se distinguèrent par leur bravoure, et parce qu'ayant eu pour auteurs de leurs jours un mortel et une déesse ou bien une mortelle et un dieu, ils participaient également à la nature divine et à la nature humaine.

(12) Il y avait trois villes de Thèbes dans l'antiquité : la première *aux sept portes*, fondée par Cadmus dans la Béotie; la seconde *aux cent portes*, en Égypte, et la troisième, appelée *Hypoplacie*, en Cilicie ; cette dernière, suivant Tzelzès, était située auprès d'Atramytium, lieu ainsi appelé d'Atramytos, frère de Crésus.

(13) Etéocle et Polynice se disputent les troupeaux d'OEdipe, car dans ces temps primitifs les troupeaux composaient la plus grande partie des richesses royales. Homère nous montre souvent les fils de rois gardant des troupeaux et des brebis ; l'enlèvement de ces animaux était ordinairement l'objet de leurs premières guerres. Cette vie pastorale, à laquelle la muse bucolique rattache des idées de paix, d'innocence et de bonheur, n'était alors qu'une cause de brigandages et de rapines. Il y a loin des paisibles bergers de Virgile et de Théocrite à ces hommes violens et farouches qui dans les siècles héroïques s'arrachaient la vie pour s'enlever leurs troupeaux.

(14) L'idée de l'île des *bienheureux* est évidemment prise dans ce passage de l'*Odyssée* (ch. 4, v. 561) :

« Pour toi (c'est Protée qui parle) ton destin n'est point, ô Ménélas ! ô nourrisson de Jupiter ! de périr dans Argos féconde en coursiers, ni de connaître le trépas. Mais les immortels t'enverront aux Champs-Élyséens, aux extrémités de la terre ; c'est là que règne le blond Rhadamanthe et que les humains jouissent d'une vie fortunée. Jamais de neiges, jamais de longs hivers, jamais de pluies : l'Océan envoie sans cesse les douces haleines du Zéphyre pour rafraîchir les hommes. »

Strabon (liv. 1, c. 1) dit que les îles des Bienheureux furent ainsi appelées parce qu'on les croyait heureuses, à cause du voisinage de ces lieux décrits dans l'*Odyssée*; il les place vis-à-vis la Maurusie, vers le couchant, du côté de l'extrémité occidentale de l'Ibérie. D'après Diodore de Sicile (liv. 5, c. 82), le continent opposé à ces îles ayant été ravagé par de longues pluies, les fruits de la terre se corrompirent et la famine amena la peste; mais les îles, rafraîchies par un air sain et abondantes en fruits, rendirent leurs habitans heureux (*macarious*). C'est leur fertilité qui leur valut leur nom ; « et quelques-uns, ajoute Diodore, disent qu'elles ont été ainsi nommées des fils de Macarée et d'Ion qui y régnèrent. En un mot ces îles dont je viens de parler se distinguaient des îles voisines par leur bonheur, non-seulement dans les anciens temps, mais encore dans notre siècle. »

Pindare, Horace, Silius Italicus parlent également du séjour des bienheureux.

Hérodote qui, plus voisin du siècle d'Hésiode que ces auteurs, aurait dû se conformer davantage à sa tradition est cependant celui qui s'en écarte le plus; il raconte (liv. 3, c. 26) que le territoire de la ville d'Oasis, distante de Thèbes de sept journées de marche, portait un nom qui signifiait l'*île des Bienheureux*. Après tout, dans un temps où tout ce qu'on rapportait sur l'Afrique occidentale était vague et confus, la renommée avait bien pu placer cette île dans une de ces oasis du désert qui sont réellement des îles de verdure jetées au milieu d'une mer de sables. Si Hésiode a relégué l'*île des Bienheureux* par delà l'Océan, c'est que, parlant d'une chose idéale, il a dû choisir la contrée qui, à cause de son éloignement, se prêtait merveilleusement à tout ce que la mythologie avait de singulier et de mystérieux. L'existence et la situation de ce séjour fortuné, où la terre produisait des fruits abondans et délicieux, offrent beaucoup de ressemblance avec le jardin où croissaient les pommes d'or des Hespérides.

(15) La peinture de l'âge de fer dans lequel vécut Hésiode démontre que la corruption et la méchanceté avaient fait d'effrayans progrès depuis l'âge des héros. Peut-être l'auteur, par une exagération permise en poésie, en a-t-il rembruni à dessein les couleurs. Quoi qu'il en soit, il doit y avoir de la vérité dans ce tableau, qui atteste un long intervalle entre les deux siècles d'Homère et d'Hésiode. Le poète exprime le regret de n'être pas né avant son siècle ou du moins le vœu de ne naître qu'après, comme si les âges futurs devaient être meilleurs. Ce tourment de la pensée qui, fatiguée du présent, a besoin de se reporter vers le passé ou de se lancer dans l'avenir est commun aux hommes d'une époque de malaise et de transition.

(16) Hésiode, pour compléter la peinture d'un siècle d'injustice et d'impiété, nous montre la Pudeur et Némésis prêtes à s'envoler de la terre vers le ciel; la blancheur de leurs vêtemens semble indiquer la candeur et la pureté de leur âme. Nous observerons de nouveau qu'Homère n'est pas dans l'usage de personnifier ainsi les idées morales. Ce passage a été imité par Juvenal (sat. 6).

> Credo pudicitiam Saturno rege moratam
> In terris visamque diu.
>
> Paulatim deinde ad superos Astræa recessit
> Hâc comite atque duæ pariter fugêre sorores.

(17) De la peinture des cinq âges du monde, Hésiode passe brusquement à la narration d'un apologue qui semble avoir pour objet de reprocher aux puissans leur iniquité et d'exciter la pitié en faveur des faibles. Tzetzès dit que le poète se compare au rossignol, à cause de la mélodie de ses vers, et qu'il assimile ses juges à l'épervier à cause de leur rapacité.

La fable, qui a pour but de fronder nos travers et nos préjugés, de châtier nos vices, de corriger le genre humain en l'amusant, n'a pu naître en Grèce que dans une époque plus civilisée que celle d'Homère : elle annonce un siècle où la complication des intérêts et des besoins a nécessité l'abus de la force et l'emploi de la ruse. Alors la morale emploie un langage détourné pour faire parler la vérité; elle ne décoche ses traits que d'une manière oblique; elle appelle l'allégorie à son aide : ce sont les animaux qu'elle met en scène pour que les hommes ne s'offensent pas de reproches qui ne leur sont point adressés par leurs semblables. L'apologue, qui est un symbole développé, une fiction morale mise à la portée de tout le monde, a existé dans tous les pays parvenus à une certaine civilisation, dans l'Inde, dans la Perse, chez les Hébreux, en Lydie. Fille de l'Asie centrale, cette mère-patrie du symbole et du despotisme, la fable est venue en Grèce lorsqu'elle a eu des défauts et des ridicules à censurer, des grands à punir et des petits à venger. Quoiqu'elle appartienne à la même famille que la comédie, elle naquit longtemps avant elle, parce que le petit nombre de ses acteurs la rendait d'abord accessible à toutes les intelligences. C'est dans Hésiode que nous trouvons le premier type de l'apologue grec, qui se trouve placé entre la simplicité majestueuse des âges épiques et la spirituelle malignité de ces temps où la poésie comique vécut d'allusions politiques ou privées et fit plutôt alliance avec la philosophie qu'avec l'histoire.

(18) La description d'un pays où la justice est sagement administrée contraste poétiquement avec le tableau des malheurs qui servent de cortége à l'iniquité et à l'injure; l'abondance y règne, la Paix y fleurit, la Paix qui accroît la population que la guerre diminue, la Paix à laquelle Hésiode donne pour ce motif la belle épithète de *nourrice des jeunes gens*. Cette épithète est une de celles qui dans la langue grecque ont le privilége d'enfermer dans un seul mot une vaste pensée ou une grande image.

(19) Lorsque le poëte dit que les femmes mettent au jour des enfans qui ressemblent à leurs pères, il parle de la similitude physique. On voit que l'adultère souillait quelquefois du temps d'Hésiode la sainteté du nœud conjugal, puisque la ressemblance des fils avec les auteurs de leurs jours est comptée au nombre des principales preuves qui attestent le bonheur d'un pays où règne la vertu.

Théocrite a copié la pensée d'Hésiode dans son *Éloge de Ptolémée*, où il dit (43) :

« La femme qui n'aime pas son époux attache toujours sa pensée sur un autre homme; mais sa race est facile à reconnaître, et jamais ses enfans ne ressemblent à leur père. »

On se rappelle encore ce passage d'Horace (lib. 4, v. 6) :

> Nullis polluitur casta domus stupris;
> Mos et lex maculosum edomuit nefas,
> Laudantur simili prole puerperæ;
> Culpam pœna premit comes.

Et ces vers de Catulle dans son *Épithalame de Julie et de Mallius :*

> Torquatus volo parvulus,
> Matris è gremio suæ,
> Porrigens teneras manus,
> Dulce rideat ad patrem
> Semihiante labello.
>
> Sit suo similis patri
> Mallio et facile insciis
> Noscitur ab omnibus
> Et pudicitiam suæ
> Matris indicet ore.

(20) Cette pensée est conforme à celle de *l'Ecclésiaste* : « *Sæpe universa civitas mali viri pœnam luit.* » On ne peut se dissimuler que ce ne soit accuser d'injustice la Divinité que de la montrer punissant toute une ville pour le crime d'un seul homme. Proclus cherche à justifier Hésiode en prétendant qu'il a voulu dire qu'une ville entière est châtiée pour n'avoir pas empêché, lorsqu'elle le pouvait, le crime d'un de ses habitans. Nous croyons plutôt que cette idée d'un mal universel, qui sert de châtiment à une faute particulière, se rattache au dogme antique de l'expiation dans lequel le juste est puni pour le méchant.

Dans le tableau de la vengeance de Jupiter, Hésiode semble avoir emprunté plusieurs traits des saintes Écritures qui mettent au nombre des châtimens divins la famine et la peste, la stérilité des femmes et l'extermination des armées; dans l'*Iliade*, le courroux d'Apollon déchaîne également la peste dans le camp des Grecs. L'hémistiche *apophtinousi de laoi* est visiblement calqué sur celui de l'*Iliade*, *oleconto de laoi* (ch. 1, v. 10).

(21) Josèphe dit, en parlant du nom de loi (contre Apion, liv. 2, c. 15) que : « ce nom n'était pas connu anciennement chez les Grecs, témoin Homère qui ne s'en est servi dans aucune de ses poésies. » Comme Leclerc l'a remarqué, le hasard a voulu que le mot *nomos* (loi) ne fût pas employé par Homère, qui n'a pas compris dans ses ouvrages la langue grecque tout entière; de même que nous ne trouvons point dans Virgile beaucoup d'expressions que nous lisons dans les meilleurs écrivains de son siècle. L'assertion de Josèphe est encore fausse, puisque Hésiode s'est servi du mot *nomos;* et certes quoique Hésiode n'ait pas été le contemporain d'Homère ses poëmes n'en appartiennent pas moins à la haute antiquité de la littérature grecque. *Nomos* vient de *Némésis*, distribution, partage, suivant *Hésychius* et le *scholiaste de Venise* (Il. ch. 20, 249) : alors le mot de *loi* n'avait probablement pas un sens absolu comme aujourd'hui. On appela *lois de Jupiter* les coutumes dont on ignorait l'auteur à cause de leur vétusté. Ainsi, dans l'*Antigone* de Sophocle (5. 455), Antigone, qui avait enseveli son frère Polynice malgré la défense de Créon, dit à ce prince :

« Cet arrêt ne m'avait point été dicté par Jupiter ni par la Justice, compagne de ces divinités infernales qui ont prescrit aux hommes de pareilles lois. Je ne croyais pas que tes décrets eussent assez de force pour qu'un mortel violât les lois des dieux, ces lois non écrites, mais immuables. Ce n'est ni d'aujourd'hui ni d'hier qu'elles sont nées ; elles subsistent éternellement, et personne ne connaît leur origine. »

(22) Dans l'*Histoire de l'Académie royale des inscriptions et belles-lettres* (T. 3, p. 122) on lit la note suivante : « Hésiode exhorte Persès son frère au travail; or, M. l'abbé Sévin observe que l'épithète de *dion genos* ne saurait lui convenir, parce que les poëtes ne la donnent d'ordinaire qu'à des personnes distinguées par leur naissance ou par des actions héroïques. Persès n'avait ni l'un ni l'autre de ces avantages; et quand il les aurait eus, qui s'imaginera qu'Hésiode l'ait ici traité avec tant d'honneur, lui qui, partout ailleurs, se plaint de ses injustices et qui ne le désigne jamais que par l'épithète injurieuse d'extravagant et d'insensé. Il y a donc toute apparence que cet endroit a été altéré ; ainsi, à la place de *dion génos* (descendu des dieux), il vaudrait beaucoup mieux lire *Diou génos* (fils de Diul). Cette leçon sauve tous les inconvéniens, et de plus elle cadre parfaitement avec le témoignage des anciens qui font tous Hésiode et Persès fils de Dius. »

On peut répondre à cette note que les anciens poëtes donnaient quelquefois l'épithète de *divin* à de simples mortels, comme pour rappeler la communauté d'origine entre les hommes et les dieux, dont Hésiode a parlé (5. 109) : ils s'en montraient même si prodigues que l'auteur de l'*Odyssée* l'applique à un gardeur de pourceaux, *dion suboten*. Les guerriers de l'*Iliade*, en s'injuriant avant le combat, s'appellent mutuellement *fils des dieux* ou *rejetons de Jupiter*. Cette dénomination en effet était plutôt générique qu'individuelle. Hésiode a donc pu appeler son frère *dion génos*, quoiqu'il l'accuse souvent de folie, de paresse et de perversité.

Quant au père d'Hésiode et de Persès, Hésiode ne cite son nom nulle part, malgré l'occasion qui s'en présentait naturellement dans l'endroit où il parle de ses voyages et de son commerce (5. 632). La généalogie de notre poëte ne peut avoir guère plus de certitude que celle d'Homère. Moschopule prétend qu'il faisait remonter sa race jusqu'à Orphée et à Calliope. Ce qu'il dit de son père, qu'il représente comme un pauvre marchand, ne serait point un motif de ne pas croire à la noblesse d'une pareille origine : l'infortune et l'indigence étaient souvent le partage des héros, des rois et des chantres de l'antiquité.

D'après ces considérations, nous pensons qu'il faut maintenir la leçon de *dion génos*, qui d'ailleurs a obtenu l'assentiment de Leclerc, de Lœsner, de Gaisford et de M. Boissonade.

(23) Socrate, au rapport de Xénophon (*Mémorab. Socratis*, liv. 1), avait l'habitude de répéter ce vers. Horace a exprimé une pensée analogue en s'adressant à Mécène délivré d'une maladie dangereuse :

Reddere victimas
Ædemque votivam memento;
Nos humilem feriemus agnam. (Liv. II, od. 17.)

On ne saurait trop admirer la sagesse de ces préceptes de religion et de morale, qui, de la bouche d'Hésiode, ont passé dans la mémoire de ses contemporains et se sont disséminés ensuite dans toute l'antiquité grecque ou romaine. Quelques-uns nous semblent trop nus et trop vulgaires, parce que les élémens de notre civilisation moderne sont la recherche et l'affectation ; mais c'est à leur simplicité même, c'est à leur forme proverbiale qu'ils ont dû leur privilége de vivre dans le souvenir des hommes. Le poëme des *Travaux et des Jours* est donc précieux non-seulement à cause du mérite d'une poésie forte et concise, mais parce qu'il nous offre un code moral, un résumé philosophique du siècle d'Hésiode. C'est là que le poëte a consacré en beaux vers les maximes de vertu que les sages et les penseurs opposaient de son temps à l'invasion de l'impiété et du vice. Hésiode a été l'hiérophante de la morale chez les anciens Grecs, comme Homère avait été le chantre de leur histoire.

(24) Dans quelques éditions on lit *deinè*, mais le sens indique que la véritable leçon est *deilè*. Le vin est meilleur au milieu du tonneau qu'au commencement ou au fond : aussi Hésiode conseille-t-il aux buveurs de ménager le milieu afin de prolonger leur jouissance. On peut consulter, sur le sens de ce passage, Plutarque (*le Banquet des sept sages*, 3, 7) et Macrobe (7, *Saturn.*, c. 12). Tzetzès et Proclus disent qu'Hésiode fait ici allusion à une fête grecque appelée *Pothoïgie* et célébrée en l'honneur de Bacchus, fête pendant laquelle les maîtres ouvraient leurs tonneaux et permettaient à tous leurs esclaves et à tous les mercenaires de boire avec eux en commun. Dans cette hypothèse, le poëte donnerait aux intendans de la maison le conseil de modérer l'empressement des buveurs, lorsque leur première soif est calmée, pour que les plaisirs de la fête durent plus longtemps. Suivant Proclus, d'autres commentateurs voyaient dans l'image du tonneau divisé en trois parties, une allégorie de l'enfance, de la virilité et de la vieillesse : Hésiode aurait voulu faire entendre qu'il faut consacrer le premier et le dernier âge au plaisir et l'âge mûr au travail. Nous doutons que le poëte ait eu cette pensée. Ces préceptes sur la boisson, comme tous les autres, ne doivent être pris que dans leur signification naturelle et en quelque sorte physique.

Hésiode dit qu'il faut toujours donner à nos amis le salaire convenu quand ils nous ont rendu un service, soit afin de prévenir tout sujet de querelle, soit pour ne pas abuser de la bienveillance d'un ami indigent qui ne voudrait pas accepter une récompense égale à sa peine. Il paraît que cette maxime n'appartient pas en propre à Hésiode, comme nous l'apprend Plutarque au commencement de la *Vie de Thésée*, où il dit en parlant de Pitthée, aïeul de ce héros : « Il jouit plus que tous ses contemporains de la réputation d'un homme plein de raison et de sagesse. Cette sagesse avait le caractère et la force de celle qui valut tant de gloire à Hésiode, surtout à cause des sentences du poëme des *Travaux*. Un de ces préceptes est attribué à Pitthée : «*Misthos*, etc.» Aristote le philosophe a rapporté aussi ce fait.

Aristote (*Morale*, liv. 9, c. 1) cite les premiers mots de ce vers qui était devenu proverbial.

Plutarque cite le vers (*de vitioso Pudore* 11, p. 533 B).

(25) Phèdre a imité ainsi cette pensée :
«*Periculosum est credere et non credere.*» (L. 3, f. 10.)

(26) L'épithète *pugostolos* signifie *nates exornans*. Il s'agit probablement des parures indécentes dont les femmes de mauvaise vie surchargeaient leurs robes par derrière, quoique Tzetzès et Proclus disent qu'on peut aussi entendre par là les bracelets et les bagues dont elles aimaient à se parer. Cette épithète annonce, comme le dit Moschopule, une courtisane qui s'habille pour la débauche. Suidas lui donne la signification de *meretrix*.

Ce passage atteste d'une manière frappante la disparité qui règne entre les deux siècles d'Homère et d'Hésiode. Dans l'*Iliade* on ne trouve que de jeunes captives qui servent de maîtresses à leurs vainqueurs ; dans *les Travaux et les Jours* on voit des courtisanes impudiques se prostituant aux hommes débauchés. Là le plaisir des sens a pour excuse le droit de la guerre ; ici les loisirs de la paix ont produit la corruption d'une vie efféminée et dissolue.

(27) Après avoir tracé les règles de la justice, Hésiode nous propose comme moyen de la conserver le travail, qui seul peut nous préserver du vice et de la pauvreté. La plus utile des occupations, l'agriculture est le premier objet de ses chants ; la navigation ne viendra qu'après. A la partie morale de son poëme il fait donc succéder la partie économique, mais sans avoir l'intention de diviser son ouvrage en deux livres ; cette division n'existe ni sur les anciens manuscrits ni dans les notes des *scholiastes*. Si l'on voulait absolument séparer le poëme en deux parties, il faudrait plutôt, pour se conformer à l'esprit de son double titre, ne faire commencer la seconde qu'au vers sept cent vingt-trois, où le poëte passe à la définition des bons et des mauvais jours; mais une telle distinction a été inconnue à toute l'antiquité. Les *Travaux et les Jours* n'ont pas été composés de la même manière que les *Géorgiques*, dont les quatre premiers vers annoncent la division en quatre chants. Hésiode, qui n'écrivait pas plus qu'Homère, n'a pas songé davantage à diviser son ouvrage en plusieurs livres ; pour cela il aurait fallu que l'écriture eût été en usage : or il chantait ses poëmes en les improvisant devant tout un peuple. C'est dans la seule mémoire des hommes que le dépôt s'en est conservé, mais non sans éprouver des pertes d'une part et sans recevoir beaucoup d'additions de l'autre. La poésie de ces anciens chantres

de la Grèce était donc étrangère, par sa nature même, à ces combinaisons de plans, à ces calculs de l'art auxquels nous attachons une si grande importance ; elle ne suivait d'autre loi que l'inspiration.

(28) Hésiode dit à Persès qu'il lui faudra débarrasser ses urnes des toiles d'araignée pour signifier que la récolte sera abondante. En effet, dans les années de stérilité cette précaution devient inutile, puisque tous les vases destinés à renfermer le blé ne sont pas alors nécessaires. La poésie antique ne dédaignait point les images simples et vulgaires, même en traitant les sujets les plus relevés : ainsi Télémaque dit à son père dans l'*Odyssée* (ch. 15, v. 35) : « Sans doute la couche d'Ulysse languit abandonnée et remplie d'odieuses toiles d'araignée. »

Properce a dit (2, 5) :

Sed non immerito velavit aranea fanum.

Catulle, pour décrire une bourse vide, emploie cette métaphore pittoresque :

Nam tui Catulli
Plenus sacculus est aranearum.

(29) *Chalceion thocon* signifie un endroit où l'on fabrique l'airain, un atelier de forgeron. Ces boutiques, comme nous l'apprend Proclus, étaient sans portes ; tout le monde pouvait y entrer et s'y chauffer ; les pauvres y passaient la nuit. Quant au mot *lesché*, voici ce que rapporte Harpocration : Antiphon dit en son discours contre Nicoclès : « On appelait (*leschés*) *Leschas* certains lieux publics où les oisifs venaient s'asseoir en foule. »

Homère a dit : « Tu ne veux pas aller dormir dans la boutique d'un forgeron ou dans quelque *lesché*. »

Cléanthe, dans son ouvrage sur les dieux, dit que les *leschés* étaient consacrées à Apollon, qu'elles devinrent semblables aux *exèdres* (assemblées de gens de lettres) et que quelques-uns reconnaissaient un dieu surnommé Leschinorion.

Les *leschés*, où l'on se rassemblait pour causer et se chauffer pendant l'hiver, étaient pour les Grecs ce qu'étaient pour les Romains les *stationes* et les *tonstrinæ*. Proclus dit qu'il y en avait dans Athènes trois cent soixante. On donnait aussi ce nom aux écoles et aux lieux de réunion des philosophes. Pausanias (*Phocide*, c. 25) dit que les Delphiens avaient appelé ainsi un édifice renfermant les tableaux de Polygnote. Du temps d'Hésiode, il ne faut entendre par là que les endroits publics où se rassemblaient les oisifs. Hésiode conseille donc à Persès de ne pas s'y arrêter ; il lui interdit également l'entrée des ateliers de forgerons, parce que l'homme assis devant un foyer contracte l'habitude de la mollesse et de l'oisiveté. Un passage de Xénophon, dans ses *OEconomiques*, atteste que les arts sédentaires pratiqués à l'ombre des arbres ou auprès du feu étaient regardés par les anciens comme propres à énerver l'esprit et le corps et comme indignes de l'homme. L'agriculture passait pour l'occupation la plus noble, parce que c'est en plein air qu'elle s'exerce. La vie antique était presque tout extérieure.

(30) Hésiode compare les animaux à un homme courbé par la vieillesse. L'épithète de *Tripodi* fait sans doute allusion à l'énigme du Sphinx rapportée par Diodore de Sicile (liv. 4) :

« Quel est l'être qui est à la fois bipède, tripède et quadrupède ? OEdipe répondit que le sujet de cette énigme était l'homme qui, encore enfant, se traînait sur quatre pieds, qui n'en avait que deux lorsqu'il était grand, et qui, devenu vieux, en avait trois, parce qu'il se servait d'un bâton à cause de sa faiblesse. »

(31) Ces préceptes, relatifs à la manière de se préserver du froid, ne sont curieux qu'en ce qu'ils nous donnent une idée exacte des vêtemens dont les Grecs se couvraient du temps d'Hésiode. Un manteau de laine, des brodequins de cuir de bœuf, une peau de chèvre jetée sur les épaules ne formaient pas une parure bien élégante ; mais nous devons songer que c'est aux habitans de la campagne que s'applique surtout ce costume. Le luxe des habillemens avait dû naître déjà dans les villes remplies de riches oisifs et de femmes débauchées.

(32) Cet usage de se laver les mains avant d'offrir des libations à Jupiter et aux autres dieux existe également dans l'*Iliade*. L'origine de cette pratique religieuse remonte sans doute jusqu'à l'Inde, où les peuples du Gange se purifiaient par de fréquentes ablutions. Nous regardons maintenant comme des superstitions puériles des préceptes dont l'oubli dans les dogmes de la théocratie antique suffisait pour irriter la vengeance céleste.

(33) Cette défense de se moquer des mystères pendant les sacrifices indique que la religion, loin d'être extérieure comme dans l'*Iliade*, tendait à se renfermer dans le cercle des cérémonies superstitieuses. Alors elle n'était plus accessible à toutes les intelligences les plus vulgaires et elle avait des secrets qu'on ne pouvait tourner en ridicule sans offenser les dieux.

(34) Ces superstitieuses idées de bonheur et d'infortunes attachées à tel ou tel jour provinrent sans doute des Chaldéens, qui, d'après l'observation des astres, imaginèrent des rapports entre les mouvemens célestes et les événemens terrestres ; elles ne furent point particulières aux seuls habitans de la Grèce : elles passèrent chez les Romains, comme nous l'atteste Pétrone, qui rapporte dans *le Banquet de Trimalcion* (c. 30) qu'on voyait suspendus à deux poteaux deux tableaux dont l'un représentait le cours de la lune et les images des sept étoiles, et marquait les

jours heureux ou néfastes. Properce a dit (liv. 2, élég. 26) :

> Quæritis et cœlo Phœnicum inventa sereno
> Quæ sit stella homini commoda, quæque mala.

Les Grecs, au rapport de Proclus, regardaient comme propices ou contraires à leurs entreprises non-seulement les jours tout entiers, mais encore les différentes parties de la journée. Proclus ajoute que, par exemple, ils consacraient l'avant-midi aux dieux et et l'après-midi aux héros. Nous ne nous étendrons point sur l'importance qu'ils attachaient à la distinction des divers jours, parce que, suivant Hésiode lui-même, peu d'entre eux en savaient la raison. Ces puériles superstitions faisaient partie de leurs croyances nationales et se transmettaient des pères aux enfans, comme il arrive assez souvent chez les peuples modernes les plus avancés dans les voies de la civilisation, tant l'homme éprouve le besoin impérieux de croire même à des choses futiles et absurdes!

(35) Hésiode termine ici ses préceptes sur l'indication des bons et des mauvais jours; il ajoute que les autres sont indifférens et que chacun les loue diversement suivant son caprice, parce que, selon Tzetzès, Orphée et Mélampus en avaient vanté d'autres.

La maxime qui couronne le poëme rachète par sa sagesse et par sa piété ce que toutes ces superstitions offrent de puéril et de ridicule. Après tout, de pareilles superstitions n'occupent que peu de place dans *les Travaux et les Jours*, dont l'ensemble présente une collection précieuse de préceptes utiles aux travaux de la campagne, à l'exercice de la religion et à la culture de la morale.

NOTES SUR LE BOUCLIER D'HERCULE.

(1) Hermésianax de Colophon voyait dans le mot *éoié* le nom d'une amante d'Hésiode que le poëte avait voulu immortaliser : cette hypothèse n'est guère vraisemblable. Nous n'avons pas besoin non plus de réfuter l'opinion de ces critiques qui veulent, comme Guiet et Robinson, que ce mot signifie *matinale* ou *elle seule*. Peut-être, comme le suppose Heinrich, le poëte s'adressait-il à sa Muse en ces termes : « Muse ! dis-moi *quelle* fut cette héroïne ou *quelle* fut cette autre (*é oié aut qualis*). » Leclerc pense qu'Alcmène pouvait être comparée ici à quelque déesse, comme dans l'*Odyssée* (ch. 6, v. 102) Nausicaa est comparée à Diane. On peut se livrer à de nombreuses conjectures toutes les fois qu'on manque, comme dans cette circonstance, de preuves solides et d'argumens authentiques. L'opinion qui nous semble le moins s'éloigner de la vérité est celle qui rattache ce début au poëme des *Megalai éoiai*. Nous pensons donc que cette formule *é oié* établissait un terme de comparaison entre les diverses héroïnes chantées par le poëte et servait de transition pour passer de l'éloge de l'une à celui de l'autre.

Hésiode dit qu'Alcmène quitta sa patrie, c'est-à-dire Mycène, que son père Électryon possédait avec Tirynthe et Midée. Alcmène est appelée *Mideatis Héroïna* dans Théocrite (13, 20 et 24, v. 1).

(2) Le nom d'Alcmène était célèbre dans l'antiquité grecque : il est parlé d'Alcmène dans l'*Iliade* (ch. 14, 323, et ch. 19, v. 99) et dans l'*Odyssée* (ch. 2, v. 120, et ch. 11, v. 266); ce dernier poëme contient (ch. 11, v. 224) une récapitulation des femmes dont la gloire s'était le plus répandue. Les femmes des âges héroïques n'étaient pas, comme elles le furent dans la suite, séparées du commerce des hommes; elles avaient des occasions de signaler leurs vertus : leurs mariages avec les héros et leurs amours avec les dieux servaient encore à augmenter leur renommée. Il y eut donc avant Hésiode des chantres et des rhapsodes qui célébrèrent les héroïnes de l'antiquité, comme après lui on vit paraître l'auteur du poëme intitulé *ta Naupactica* et Pisandre de Camire, qui composa le poëme appelé *Héroïcai Théogamiai*.

Alcmène était fille d'Électryon et d'Anaxo, suivant Apollodore (liv. 2, c. 4, § 5); sa mère était, d'après Plutarque (*Vie de Thésée*, c. 7), Lysidice, fille de Pélops. Pausanias rapporte (*Élide*, c. 17) que le poëte Asius disait qu'Alcmène était née d'Amphiaraüs et d'Ériphyle. Ce même auteur raconte que Jupiter emprunta la figure d'Amphitryon pour avoir commerce avec elle; qu'après sa mort elle fut changée en pierre; qu'on voyait son lit à Thèbes parmi les ruines d'une maison; que son tombeau existait à Mégare près de l'Olympiéum, et qu'elle avait un autel dans le temple d'Hercule à Athènes. Toutes ces traditions ont pu être consignées dans le poëme d'Hésiode, dont le temps n'a respecté que le morceau relatif à l'union d'Alcmène avec Jupiter. Homère et Hésiode sont les

(3) L'image de cette grâce qui respire dans les cheveux et dans les yeux d'Alcmène comme dans ceux de Vénus a pu être empruntée d'un passage de l'*Hymne à Vénus* (v. 174).

Le verbe grec *aênai* répond au verbe latin *spirare*; Horace a dit (ode 4, 13, 19) :

Faciesque spirabat amores.

Virgile a voulu sans doute imiter Hésiode dans cette élégante et gracieuse description de Vénus (*Æn.*, liv. 1, v. 406) :

Dixit et avertens roseâ cervice refulsit,
Ambrosiæque comæ divinum vertice odorem
Spiravere.

(4) Hésiode dit qu'Amphitryon tua volontairement Électryon dans une dispute élevée au sujet d'un troupeau de bœufs; d'autres auteurs ont supposé que ce fut par hasard qu'il commit ce meurtre. Voici comment Apollodore raconte cette histoire (liv. 2, c. 4, § 6) :

« Électryon régnant à Mycènes, les fils de Ptérélaüs vinrent avec Taphius réclamer le trône de Mestor, le père de sa mère, et comme Électryon le leur refusa, ils enlevèrent ses bœufs. Les fils d'Électryon voulant s'y opposer, il s'engagea une bataille où ils se tuèrent les uns les autres. Il ne se sauva des fils d'Électryon que Licymnius encore très-jeune, et des fils de Ptérélaüs que Évérès, qui gardait les vaisseaux. Ceux des Taphiens qui s'enfuirent sur la flotte emmenèrent les bœufs qu'ils avaient pris et les confièrent à Polyxène, roi des Éléens. Amphitryon les racheta de Polyxène et les reconduisit à Mycènes; mais Électryon, jaloux de venger la mort de ses enfans, donna à Amphitryon son royaume et sa fille Alcmène, et lui fit jurer de respecter sa virginité jusqu'au retour de la guerre qu'il projetait contre les Téléboens. Il alla recevoir les bœufs, mais l'un d'eux s'étant échappé, Amphitryon lui lança une massue qu'il tenait entre ses mains et qui, ayant frappé les cornes de l'animal, rebondit sur la tête d'Électryon et le tua. »

Nous lisons la note suivante dans le *scholiaste* d'Apollonius de Rhodes (liv. 1, v. 747) :

« L'île de Taphos est une des Échinades où s'établirent les Téléboens, ces premiers habitans de l'Acarnanie, ces peuples adonnés à la piraterie. Étant allés à Argos, ils enlevèrent les bœufs d'Électryon, père d'Alcmène; un combat eut lieu, et Électryon y périt avec ses fils; aussi Alcmène promit-elle sa main à celui qui vengerait le meurtre paternel; Amphitryon l'ayant vengé épousa Alcmène. Cette histoire est clairement expliquée dans Hésiode. »

Jean Diaconus dit qu'Amphitryon tua Électryon en le frappant d'un bâton qu'il avait lancé sur un bœuf. Ainsi on ne voit ni dans Apollodore, ni dans le *scholiaste* d'Apollodore, ni dans Jean Diaconus, que le meurtre du père d'Alcmène ait été l'ouvrage volontaire d'Amphitryon. Hésiode dit cependant que ce héros tua Électryon d'une manière violente (*iphi damassas*) et avec colère (*chosaménos*). Faut-il croire que les trois écrivains cités plus haut ont puisé les détails de cette mort dans un autre ouvrage d'Hésiode ou dans les poëmes d'un autre auteur? Ces histoires des siècles héroïques avaient été chantées par un grand nombre de poëtes; elles servirent d'aliment fécond aux Muses tragique et lyrique. Eschyle avait fait une *Alcmène*; Sophocle, un *Amphitryon*; Euripide, une *Alcmène* et un *Licymnius*; Pindare (*Néméenne*, 10, 26) a chanté la victoire d'Amphitryon sur les Téléboens.

(5) On voit dans Hésiode comme dans Homère que si les meurtriers étaient contraints de fuir leur patrie, ils trouvaient un asile dans les pays voisins. Hésiode ne dit pas qu'Amphitryon, réfugié à Thèbes, se soit fait purifier par Créon, comme le rapporte Apollodore (liv. 2, c. 4, § 6) et comme le voulait le mode d'expiation établi pour les supplians, témoin dans Hérodote (liv 1, c. 35) l'histoire du phrygien Adraste qui, ayant tué son frère involontairement, trouva un refuge à la cour de Crésus.

(6) L'auteur de l'*Odyssée* parle des Taphiens comme de peuples navigateurs et pirates (ch. 1, v. 105, 181, 419; ch. 14, v. 452; ch. 15, v. 427 et ch. 16 v. 426), mais il ne fait pas mention des Téléboens. Ces deux peuples habitaient la même contrée. Comme Hésiode ne dit pas qu'Amphitryon dans son expédition contre eux se soit servi de vaisseaux, on peut conjecturer qu'à cette époque les Téléboens habitaient encore le continent de l'Acarnanie, d'où ils passèrent dans l'une des îles Échinades, situées vis-à-vis ce continent. Les Téléboens, qui faisaient partie des Lélèges, étaient plus anciens que les Taphiens. Suivant Apollodore (liv. 2, c. 4, § 5), Taphius, fils de Neptune et d'Hippothoé, fonda Taphos et donna à ses peuples le nom de Téléboens parce qu'il était allé loin de sa patrie (*oti télon tês patridos ébê*). On lit dans le scholiaste d'Apollonius de Rhodes (liv. 1 v. 747) que, d'après Hérodote, Hippothoé et Neptune eurent un fils nommé Ptérélas qui fut père de Téléboas et de Taphus, et que ce dernier donna son nom à l'île de Taphos, dont les habitans prirent de tous deux la dénomination de Taphiens et de Téléboens. Quel que soit le plus ou moins de vraisemblance de ces diverses étymologies, on voit que du temps d'Hésiode ces deux peuples n'en formaient qu'un seul, ou que du moins ils habitaient l'un près de l'autre; car il est possible qu'alors les Taphiens fussent déjà établis dans l'île de Taphos et que les Téléboens demeurassent encore sur le continent de l'Acarnanie. Ces peuples, dans la suite, occupèrent un grand nombre d'îles et entre autres celle de Caprée, comme nous l'apprennent Virgile

(*Æn.*, 7, 733) et Silius Italicus (7, 418). Dès l'origine, ils s'étaient adonnés au brigandage, et ils étaient venus enlever les bœufs d'Electryon, dont ils avaient tué les enfans. Alcmène, fille de ce roi, avait promis de n'accorder ses faveurs à Amphitryon qu'après qu'il aurait vengé la mort de ses frères. Amphitryon fit donc dans leur pays une expédition qui passa pour un des plus beaux exploits de l'antiquité. Pindare parle de cette guerre (*Néméenne*. 10, v. 25) et Hérodote rapporte (liv. 5, c. 59) qu'il vit dans le temple d'Apollon Isménien un trépied dédié aux Thébains avec cette inscription en lettres cadméennes :

AMPHITRYON M'A CONSACRÉ A SON RETOUR DE LA GUERRE CONTRE LES TÉLÉBOENS.

(7) Hésiode appelle les Locriens *Anchémachoi* (combattant de près), ce qui est contraire à ce qu'Homère dit de ces peuples (*Iliade*, ch. 13, v. 713). Aussi quelques commentateurs pensent-ils qu'il faut lire *Enchémachoi*, (combattant avec la lance). Nous n'avons cru devoir rien changer au texte ordinaire. Hésiode n'a peut-être point parlé des mêmes Locriens qu'Homère ; car, suivant Pausanias, il y avait les Locriens Hypocnémidiens, les Locriens Ozoles, et ceux d'Opunte, de l'île d'Atalante, de Thronium et d'Italie ; ces divers peuples devaient différer de mœurs et d'usages. Les Locriens Ozoles étant voisins non-seulement de la Phocide, mais encore des Taphiens et des Téléboens, à qui Amphitryon fit la guerre, furent probablement ceux qui accompagnèrent ce héros avec les Béotiens et les Phocéens, tandis que ce furent les Locriens d'Opunte qui allèrent au siége de Troie sous les ordres d'Ajax, fils d'Oïlée.

(8) Amphitryon, suivant Apollodore (liv. 2, c. 4, § 5), était fils d'Alcée et d'Hipponome, fille de Ménécée. D'après Pausanias (*Arcadie*, c. 14), les Phénéates disaient qu'Alcée avait eu Amphitryon de Laonomé, fille de Gunéus, et non de Lysidice, fille de Pélops.

(9) Le mont Typhaon, qui devait être placé entre l'Olympe et Thèbes, peut-être dans la Phocide, n'étant mentionné par aucun auteur, Leclerc a proposé de lire *Tilphosion*, parce que le mont Tilphosius existait en Béotie à cinquante stades d'Haliarte, suivant Pausanias (*Béotie*, c. 33). Bochart conjecture que Tilphosius était un surnom de l'Hélicon. Quant au mont Phicius, il ne laisse pas de doute sur son existence ; les poëtes et les mythologues en parlent fréquemment. Situé en Béotie, près de Thèbes, il tirait son nom du mot éolique *Phix*, qui est le même que celui de *Sphix*. C'était là que le Sphinx avait séjourné.

Hésiode semble avoir voulu présenter l'image grandiose de Jupiter arrivant en deux pas de l'Olympe au Typhaon et du Typhaon au Phicius. Le prodige d'une telle marche, admissible quand il s'agit d'un dieu, fait ressouvenir de Neptune qui, dans l'*Iliade* (ch. 13, v. 20) franchit en trois pas une vaste distance. Ainsi, dans Pindare (*Pythique* 3, 75), Apollon d'un seul pas accourt arracher son fils Esculape des flancs de sa mère inanimée.

Ces miracles de vigueur et d'agilité, que la poésie grecque attribuait souvent aux divinités, étaient un débris de la croyance primitive, qui en avait fait des êtres pourvus de formes gigantesques et de forces prodigieuses. Ce ne fut que par degrés que les dieux se rapprochèrent davantage de la nature humaine.

(10) Le fond de ce mythe est dans Homère (*Iliade*, ch. 19, v. 98, etc.). Hésiode ne dit point que Jupiter, pour mieux tromper Alcmène, emprunta la figure d'Amphitryon, ces sortes de métamorphoses n'étant point conformes au génie de la mythologie grecque primitive. Ce fait aura été imaginé par des poëtes postérieurs, qui l'ont fourni à Apollodore (liv. 2, c. 4, § 8) et à Diodore de Sicile (liv. 4, c. 9). Ces deux écrivains rapportent que Jupiter demeura trois nuits avec Alcmène, et de là vint le surnom de *Triesperos* appliqué à Hercule. Il passa neuf nuits et neuf jours auprès d'elle, suivant Clément d'Alexandrie (*Protrept.*, p. 28) et Arnobe (*Contrà gent.*, p. 145), et deux nuits seulement d'après Ovide (*Amorum*, liv. 1, él. 13, v. 415) et Properce (liv. 2 él. 18, v. 25). Hésiode dit qu'il ne resta qu'une seule nuit dans sa couche. Ainsi les traditions s'amplifient et se dénaturent à mesure qu'elles s'éloignent de leur première source.

(11) Les rois et les princes des siècles héroïques faisaient consister dans leurs troupeaux leur principale richesse ; ils ne dédaignaient pas de les visiter et de les soigner eux-mêmes. Amphitryon, après une longue absence et une guerre pénible, devait donc n'avoir rien tant à cœur que de revoir ses troupeaux et ses bergers. Mais Hésiode nous le représente tellement amoureux de sa femme qu'il néglige pour elle un si vif plaisir. Ce passage, tout en nous offrant dans l'amour d'Amphitryon pour Alcmène l'idée d'une époque où le sentiment conjugal se perfectionne, nous montre, jusque dans la preuve de cet amour, un reste de la simplicité et de la rudesse des premiers âges, puisqu'il n'y a qu'une épouse qui puisse l'emporter sur des troupeaux dans le cœur de ce guerrier. Il y a là, comme dans presque tout Hésiode, le mélange de deux sociétés, la fusion de deux époques.

(12) Hésiode compare la joie d'Amphitryon rentrant dans sa maison à celle d'un homme échappé à un dur esclavage ou à une dangereuse maladie. Ainsi, dans l'*Odyssée* (ch. 5, v. 394), Ulysse, errant sur

la mer, quand il aperçoit le rivage, éprouve autant de plaisir que des fils dont le père revient à la vie :

« Lorsque des enfans voient renaître un père chéri qui, abattu par la maladie, en proie à des maux cruels, a langui longtemps consumé de souffrances et vaincu par une terrible divinité, ils se réjouissent de ce qu'enfin les dieux l'ont affranchi de ses douleurs : ainsi Ulysse aperçoit avec joie la terre et les forêts. »

(13) Ces deux vers (55 et 56) ne présentent qu'une froide répétition de ce qui a été déjà dit ; comme ils sont cependant nécessaires pour servir de lien à ce qui va suivre, il est probable qu'ils ont été interposés par le rhapsode ou par le diaskévaste qui a réuni les deux parties du poëme.

Malgré l'addition de ces deux vers, on sent qu'il y a une lacune immense entre le début du poëme et sa continuation. Est-il croyable que le même poëte ait passé brusquement de la naissance d'Hercule à son combat avec Cycnus ? n'aurait-il pas donné quelques détails sur son enfance et sur ses autres exploits? Hésiode avait parlé plus longuement de ce héros dans son poëme des *Mégalai éoiai*; comme l'atteste le fragment conservé par Aspasius (*Ad Arist. Eth. Nicom.*, 3, p. 43) et dans lequel Alcmène dit à Hercule :

« O mon fils! le puissant Jupiter t'a rendu le plus infortuné et le plus généreux des hommes. »

C'est donc ici que finit le morceau des *Mégalai éoiai* qui a survécu à la perte des autres, et c'est également ici que commence le poëme d'un antique rhapsode qui a célébré le combat d'Hercule contre Cycnus, combat peut-être oublié par d'autres chantres et qui a intercalé dans son récit la description du bouclier.

(14) Il y a dans les fables grecques trois Cycnus : l'un, fils de Neptune et de Céyx, qui fut tué par Achille, l'autre fils de Mars et de Pyrène, et le troisième fils de ce même dieu et de Pélopie. Apollodore (liv. 2, c. 6, § 11) dit qu'Hercule, près du fleuve Échédore, rencontra, le second, qui le défia au combat, et que Mars ayant voulu prendre la défense de son fils, la foudre tomba au milieu d'eux et les sépara. Il raconte aussi (liv. 2, c. 7, § 7) qu'à son passage à Itone, Hercule fut provoqué par le troisième et le tua dans un combat singulier ; mais il est vraisemblable, comme le remarque Clavier, qu'Apollodore d'un seul combat en a fait deux, et qu'il a été trompé par la différence du nom que les auteurs ont donné à la mère de Cycnus. C'est du fils de Mars et de Pélopie qu'il s'agit dans *le Bouclier d'Hercule*. Telle est l'opinion de Heyne (*Observationes ad Apollodorum*, p. 170), car Apollodore prétend qu'il fut tué près d'Itone, et Hésiode dit qu'il se trouvait dans le bois consacré à Apollon Pagaséen, lequel bois n'était pas éloigné de cette ville ni de celle de Trachine, et que son tombeau fut détruit par l'Anaurus, fleuve de Thessalie, dont Euripide (*Hercule furieux*, v. 386) parle également. Le combat d'Hercule et de Cycnus, qui cependant n'est pas classé parmi les douze travaux d'Hercule, a été célébré par les sculpteurs, les historiens et les poëtes. Suivant Pausanias (*Laconie*, c. 18), il était figuré sur le trône d'Apollon Amycléen. Pausanias avait vu (*Attique*, c. 27) dans la citadelle d'Athènes une autre sculpture dont le même combat était le sujet. Diodore de Sicile en fait mention (liv. 4, c. 37). Pindare en parle (*Olympiques* 10, v. 19) et il dit que la force d'Hercule fléchit un moment sous celle de Cycnus; en effet, d'après le scholiaste de Pindare (*loc. cit.*), Stésichore avait composé un poëme lyrico-épique, intitulé *Cycnus*, dans lequel le résultat du combat était la retraite d'Hercule. Hésiode ne dit rien de cette suite, que probablement Stésichore aura imaginée pour rehausser la gloire de son héros. Stésichore racontait dans son poëme que Cycnus tranchait les têtes des voyageurs et en construisait un temple à Apollon. Hésiode se contente de dire qu'il se plaçait en embuscade pour dépouiller les étrangers qui venaient consacrer à ce dieu des offrandes et des hécatombes. Pausanias rapporte (*Attique*, c. 27) qu'il avait tué beaucoup de personnes, entre autres Lycus de Thrace, et qu'il promettait un prix à celui qui pourrait le vaincre. La conduite de Cycnus rappelle la férocité de ces premiers siècles, où les hommes, confiant dans leur force et libres du frein des lois, infestaient les routes et dressaient des embûches aux voyageurs. Cycnus est le brigand qui ravage la terre, Hercule est le héros qui la délivre ; ils sont la personnification l'un d'un reste de barbarie, l'autre d'un commencement de civilisation.

(15) L'Apollon Pagaséen était l'Apollon adoré à Pagase, ville de Thessalie, appelée dans la suite Démétric, située au nord du golfe Pélasgique et d'où les Argonautes partirent pour la Colchide. Hygin dit, d'après Callimaque, qu'ils y avaient érigé un temple à ce dieu. Le scholiaste d'Apollonius de Rhodes rapporte (ch. 1, v. 238) que cette ville s'appelait ainsi, parce que le navire *Argo* y avait été fabriqué *(apo tou ecai pepechtai tên Argo)*, et que Scepsius prétendait que son nom provenait des sources dont ses environs étaient arrosés *(apo tou pêgais pêrirréesthai tous topous)*. Ce nom a pu aussi lui être donné par l'Hyperboréen Pagasus, qui, suivant une tradition consignée dans Pausanias (*Phocide*, ch. 5), avait fondé avec Agyéus l'oracle de Delphes.

Rien n'est plus poétique que l'image du bois et de l'autel d'Apollon que l'aspect de Mars et de ses armes remplissent d'une clarté soudaine. C'est ordinairement par leur éclat que les dieux chez les poëtes trahissent leur présence; témoin ce passage de l'*Odyssée* (ch. 19, 33).

Pallas, portant un flambeau d'or, répandait une lumière magnifique. Alors Télémaque se hâte de s'adresser à son père :

« O mon père ! certes un grand prodige frappe mes regards. Les murs de ce palais, ces superbes lambris, ces poutres de sapins, ces hautes colonnes brillent à mes yeux comme une flamme étincelante. Sans doute une des divinités qui habitent le vaste Olympe est descendue parmi nous. »

Le prudent Ulysse lui répond ainsi :

« Tais-toi ! modère ton impatience et ne m'interroge pas. C'est ainsi que les habitans de l'Olympe ont coutume de nous apparaître. »

Dans l'hymne à Cérès, cette déesse manifeste sa présence de la même manière (275):

« A ces mots, la déesse change sa figure et sa taille et se dépouille de la vieillesse; la beauté se répand autour d'elle, une suave odeur s'exhale de ses voiles parfumés, un vif éclat s'échappe de son corps immortel et ses blonds cheveux voltigent sur ses épaules. Tout le palais se remplit alors d'une splendeur semblable aux éclairs. »

Virgile environne aussi Vénus d'une lumière divine (*Æn.*, liv. 1, v. 406) :

Dixit et avertens roseà cervice refulsit.

(16) Dans l'*Antigone* de Sophocle (1180), l'épouse de Créon est Eurydice; ici elle s'appelle Hénioché : ce n'est pas la première fois que nous avons remarqué des différences de noms dans les mythes grecs. Créon d'ailleurs a pu avoir plusieurs épouses, comme l'observe Heinrich.

Hénioché est appelée *tanupéplos* (au long voile), comme Hélène dans l'*Iliade* (ch. 3, v. 230).

(17) Cet hémistiche « *tou men phrenas éxéléto* » est pris de l'*Iliade* (ch. 4, v. 234, et ch. 19, v. 137).

Si l'on voit souvent dans les poëtes les dieux ôter aux hommes l'esprit de sagesse, leur inspirer de fatales passions et même les entraîner au crime, de pareilles fictions ne sont point des traits d'impiété : elles attestent seulement que les Grecs s'étaient fabriqué des dieux à leur image et qu'ils leur prêtaient quelquefois tous les défauts de l'humanité. La pensée d'Homère a été copiée ou imitée par plusieurs poëtes : d'abord par l'auteur du *Bouclier d'Hercule*, ensuite par Eschyle, dont Platon rapporte ce passage :

« La Divinité fournit un motif de perte aux mortels lorsqu'elle veut ruiner de fond en comble leur maison. »

Et par un auteur tragique inconnu dont Grotius cite les paroles dans ses *Excerpta*, p. 461 :

« Lorsque la Divinité prépare des malheurs à un homme, elle commence par égarer l'esprit à l'aide duquel il délibère. »

Les saintes Écritures, comme les poésies grecques, nous montrent la Divinité aveuglant les hommes, leur fermant les oreilles et leur endurcissant le cœur. Le Jéhovah de la Bible est jaloux, sanguinaire, violent comme les dieux du paganisme.

(18) On sait que les anciens poëtes ont donné aux fleuves la forme de taureaux et qu'ils les ont appelés *taurocranous* ou *tauropodas*. Horace a dit (liv. 4, od. 14, 25) :

Tauriformis volvitur Anfidus.

Et Virgile, (*Géorg.* 4, v. 371) :

Et gemina auratus taurino cornua vultu
Eridanus.....

On a cherché la cause de cette image symbolique tantôt dans le bruit des ondes comparé au mugissement des taureaux, tantôt dans les détours et les sinuosités des fleuves, semblables aux cornes de ces animaux, tantôt dans la fertilité des champs dont le bœuf fut l'emblème chez les anciens; des fleuves, cette image a passé à Neptune, qu'on a nommé *Tauréos*, comme s'il était représenté sous la forme d'un taureau.

C'est dans ce sens que Grœvius a pris cette épithète à laquelle se rapporte celle de *Taurocranos* que, dans *Oreste*, Euripide applique à l'Océan. Selon Voss, l'épithète de *Tauréos* indique que Neptune fournit leur nourriture aux taureaux dans les pâturages situés sur des rivages peu élevés, de même que ce dieu est appelé *Hippios* ou *Hippoposéïdôn* parce qu'il abreuve les chevaux de ses ondes. Mais une pareille explication n'est confirmée ni par les témoignages des écrivains ni par les monumens de l'art. On doit plutôt, comme le veut Heinrich, ajouter foi aux paroles de Tzetzès, qui prétend que dans les villes de la Béotie, et surtout à Oncheste, on immolait des taureaux à Neptune, qui reçut de là le surnom de *Tauréos*.

Il y avait, suivant Hésychus, des fêtes consacrées à Neptune et appelées *Tauréa*. Athénée parle d'une fête de ce nom célébrée à Éphèse, dans laquelle des jeunes gens tout nus, qui présentaient les coupes, s'appelaient *Tauroi*. C'est la qualité des victimes immolées dans cette fête qui lui a valu son nom et à Neptune l'épithète de *Tauréos*.

D'où les Grecs ont-ils emprunté cet usage de sacrifier des taureaux ? Il est probable que c'est de la religion persane. Dans le *Zend-Avesta*, Mithras immole le taureau, qui est le symbole de la génération et de la vie et dont les cornes produisent tous les fruits; il lui ouvre le sein pour donner un passage aux eaux fécondées. Il y a donc analogie entre ce taureau primitif qui porte en lui-même les germes de toutes choses et l'élément de l'eau qui répand la fertilité. De là est venue chez les Grecs la coutume d'immoler des taureaux en l'honneur des fleuves et de la mer. Ce rite était un hommage rendu au principe humide de la création.

Diane et Bacchus dans les premiers temps avaient porté une tête de taureau, sans doute comme un symbole d'origine orientale.

(19) Le cheval Aréion ou Arion est très-célèbre dans les fables d'Adraste. Homère est le premier qui en parle (*Iliade*, ch. 23, v. 347). Stace en fait aussi mention (ch. 6, v. 301).

Voici ce qu'en dit Pausanias (*Arcadie*, c. 25) :

« On rapporte que Cérès eut de Neptune une fille, dont il n'est pas permis de dire le nom à ceux qui ne sont point initiés, et le cheval Arion. Voilà pourquoi, dit-on, les Arcadiens ont donné les premiers le surnom d'Hippius à Neptune. »

Il cite à l'appui de ce qu'il avance des vers de l'*Iliade* et de *la Thébaïde*.

Homère dit dans l'*Iliade*, au sujet d'Arion :

« Non, quand même un héros, derrière toi, exci-
» terait le divin Arion, ce rapide coursier d'Adraste,
» dont la race est immortelle. »

On sait, d'après *la Thébaïde*, qu'Adraste s'enfuit de Thèbes :

« Portant des vêtemens de deuil et conduit par
» Arion aux crins verts. »

Ils prétendent que ces vers indiquent que Neptune était père d'Arion. Cependant Antimaque dit qu'Arion était fils de la Terre.

« Adraste, fils de Talaus, descendant de Créthée,
» le premier des Danaens, poussa en avant ses fameux
» chevaux, l'agile Cérus et Arion le Thelpusien, que
» la Terre elle-même enfanta près du bois d'Apollon
» Oncéen pour qu'il devînt l'objet de l'admiration
» des mortels. »

On peut dire également d'un cheval né de la Terre, qu'il est de race divine, et il peut aussi avoir la crinière verte. On dit encore qu'Hercule, faisant la guerre aux Éléens, demanda ce cheval à Oncus, et qu'il était traîné par Arion lorsqu'il s'empara d'Élis. On ajoute qu'Hercule le donna ensuite à Adraste ; c'est pour cela qu'Antimaque dit en parlant d'Arion :

« Qu'il était alors conduit par Adraste, son troi-
» sième maître. »

Apollodore raconte (liv. 3, c. 6, v. 8) qu'Adraste, dans la défaite des Argiens, fut seul sauvé par son cheval Arion, que Cérès, transformée en Furie, avait conçu de Neptune. Les scholiastes de l'*Iliade* (ch. 23, 347) et de *Lycophron* (153) lui attribuent la même origine.

Nous remarquerons que, dès les siècles héroïques, on avait l'habitude de donner des noms propres aux chevaux les plus célèbres, et qu'ici le char qui porte Hercule et Iolaüs est traîné par un seul cheval, tandis que les héros de l'antiquité en conduisaient ordinairement deux et quelquefois un troisième attaché aux autres par une corde et appelé *hippos seiraios*, *séiraphoros*, ou *paréoros*, comme dans l'*Iliade* (ch. 8, v. 81).

(20) Suivant Tzetzès, l'orichalque était un mélange formé de l'airain qui, naturellement rougeâtre, devenait blanc par suite d'une certaine préparation. Virgile (*Æn.*, 12, v. 87) dit : *album orichalcum*; de même que nous trouvons ici *oreichalcoio phaéinou*. Cet hémistiche a été copié par Apollonius de Rhodes (liv. 4, v. 973). Le scholiaste de ce poète dit que l'orichalque est une espèce d'airain ainsi nommée d'un certain Oréius qui la découvrit ; il ajoute que plusieurs auteurs, entre autres Aristote, nient l'existence de ce métal factice, mais que d'autres, comme Stésichore, Bacchylide et Aristophane le grammairien en font mention, et que d'autres, comme Socrate et Théopompe, dans son vingt-cinquième livre, prétendent que c'était le nom d'un statuaire. Voici ce que dit Strabon (liv. 13, c. 1, v. 56) :

« Aux environs d'Andira on trouve une espèce de pierre qui se change en fer par l'action du feu ; ensuite ce fer, mis en fusion avec une certaine terre, produit le faux argent qui, mêlé avec de l'airain, devient ce métal que quelques-uns appellent l'orichalque. »

Des brodequins d'airain, une cuirasse d'or, une épée, un carquois, une lance, un casque, un bouclier, telle est l'armure d'Hercule. Cette description est imitée des passages de l'*Iliade* qui concernent l'armure de Minerve (ch. 5, v. 736), et d'*Agamemnon* (ch. 11, v. 16). Hercule est donc armé ici comme les guerriers d'Homère et comme tous ceux des âges héroïques. Il n'a point la peau de lion, la massue et l'arc que lui donnèrent la poésie et la sculpture dans les siècles suivans. Alors on voulut le représenter avec le costume de ces premiers temps de barbarie où les hommes n'étaient revêtus que de la dépouille des animaux sauvages, ne combattaient qu'avec des bâtons et n'avaient pour bouclier que des peaux de chèvre. Mais une pareille armure, quoique historiquement elle ait dû précéder l'autre, n'a été qu'une invention postérieure aux siècles d'Homère et d'Hésiode. La véritable armure antique d'Hercule consistait dans le bouclier, la cuirasse, l'épée et la lance ; telle était également celle des dieux et des déesses. Ce n'est que plus tard que s'opéra un changement dans l'appareil guerrier de ce héros. Suivant Athénée (12, p. 512, F.), Stésichore fut le premier qui lui donna la massue et la peau de lion. Strabon prétend (15, p. 1009, B.) que ce fut Pisandre ou un autre chantre des Héraclées. Remarquons que Thésée, regardé presque comme un autre Hercule, a été d'abord armé de l'épée, et que l'idée de la massue n'est venue que dans les âges postérieurs.

Malgré son changement d'armure, Hercule conserva encore chez plusieurs poètes quelques-unes des anciennes armes que lui avaient attribuées les chantres des siècles héroïques. Dans les temps même où les jeux de la scène et les monumens de la sculpture le représentaient armé de la massue et chargé de la peau de lion, Sophocle l'appela (*Philoctète*, 727) *chalcaspis aner* (le héros au bouclier d'airain). Moschus raconte (*Megara*, v. 98) qu'Alcmène a vu en songe Hercule *tout nu, sans son manteau et sa tunique*, et ensuite reprenant les vêtemens dont il était couvert. Apollodore dit (liv. 2, c. 4, §. 11) qu'ayant appris d'Eurytus à tirer de l'arc, Hercule reçut de Mercure une épée, d'Apollon des flèches, de Vulcain une cuirasse d'or, de Minerve un manteau, et qu'il coupa lui-même une massue dans la forêt de Némée. On voit que les poëtes et les mythologues ont confondu les dates et les détails de son armure et de son costume. Ce qu'il y a de certain, c'est que l'auteur du *Bouclier* le montre vêtu et armé comme il l'a été primitivement, comme l'étaient les guerriers des siècles héroïques. Cette circonstance suffirait donc pour attester la haute antiquité de ce poëme, qui présente partout les traditions et la couleur homériques.

(21) Le poëte s'est étendu sur la description des flèches d'Hercule, que dans la suite, on supposa empoisonnées, et que Sophocle (*Philoctète*, 106) représente comme *inévitables et messagères de carnage*. Ici leurs pointes présentent la mort et sont trempées de larmes, des larmes arrachées aux parens de leurs victimes. L'épithète de *lathiphtongoio* (qui arrache la voix), appliquée à la mort, ne se rencontre dans aucun autre poëte grec. La description de toute l'armure d'Hercule annonce le travail d'un auteur qui a cherché les images hardies et les effets grandioses.

(22) Voici ce fameux bouclier dans la description duquel le poëte, à l'exemple d'Homère, a donné une ample carrière à son imagination. Ce bouclier est un chef-d'œuvre remarquable par la variété et la profusion des figures, non telles que le poëte les a vues réellement, mais telles que son esprit les a conçues et que son talent les a embellies. Ce n'est donc point d'après les règles sévères de la ciselure qu'il faut examiner et juger ce morceau. Ces personnages qui se meuvent, ces héros qui se poursuivent, cette discorde qui crie, ces serpens qui sifflent, ces Muses qui chantent, tous ces prodiges sont le produit d'un enthousiasme et d'une licence de poëte. Quoique le bouclier d'Achille, dans Homère, soit sans doute supérieur à celui d'Hercule pour le mérite de l'invention et pour la noble simplicité de la poésie, il y a cependant de l'injustice à leur avoir appliqué ce vers de Sannazar :

Illum hominem dicas, hunc posuisse deum.

(23) L'éclat des armes chez les anciens en faisait, comme on sait, un des principaux mérites. Toute la surface du bouclier d'Hercule, qui était de forme ronde, paraissait donc étincelante de divers métaux qui remplissaient les intervalles d'une ciselure à l'autre.

Titano. Comme l'observe Bergier, il paraît que la peinture en émail n'était pas inventée du temps d'Hésiode : qu'ainsi ce mot ne signifie que de la soudure. Bergier pense qu'il faut entendre par là l'étain, et alors le terme latin *stannum* en serait dérivé. Les scholiastes expliquent *titanos* par *gupsos* ou *scirros*. Suidas prétend que c'était du gypse ou de la poussière du marbre, et il ajoute que c'était une pierre calcinée appelée d'abord *titanos* et par suite *asbestos*. Pline dit (*Hist. Nat.*, 36, c. 59) : «*Cognata calei res gypsum est.*» L'usage d'employer le gypse avait fait naître l'art appelé *gupsemplasticé techné* (*V*. Saumaise, *exerc.*Plin.). Ici donc le gypse ne sert pas à composer les figures tracées sur le bouclier, mais à séparer et à distinguer les divers morceaux de ciselure.

Leuco t'elephanti. L'ivoire, dès les temps les plus anciens, a servi, comme l'atteste Homère, d'ornement aux ouvrages de l'art. Grâce à son emploi dans le bouclier, sa blancheur devait ressortir davantage, mise à côté du fer, de l'or ou de l'acier.

Électro. Ce métal était un mélange d'or et d'argent. Pline en parle ainsi (*H.N.*, 33, c. 23) : «*Ubicumque quinta argenti portio est, electrum vocatur. Fit et curâ electrum argento addito, et electro auctoritas, Homero teste, qui Menelai regiam auro electro, argento, ebore fulgere tradit.* » Le mot *electro* a pour nous la signification *d'ambre jaune*.

Pluchès. C'étaient des lames de fer, d'airain ou d'acier plaquées les unes sur les autres pour défendre les boucliers contre les coups de lance et de flèche, ainsi qu'on le voit dans l'*Iliade* (ch. 7, 247 ; ch. 18, 481 ; ch. 20, 269) ; ces lames, qui étaient bleues, s'allongeaient (*diélélanto*) sur tout le bouclier, quelquefois aussi elles servaient de rempart aux cuirasses. La cuirasse d'Agamemnon (*Iliade*, ch. 11, 24) était garnie de dix lames d'azur foncé, de douze d'or et de vingt d'étain.

(24) Au milieu du bouclier se dressait un dragon. Pausanias parle aussi (*Phocide*, c. 26) du bouclier de Ménélas, sur lequel on remarquait le dragon qui parut à Aulis lors du sacrifice et qui fut regardé comme un présage. Pindare dit (*Pythique*, 8, v. 65) qu'Alcméon portait devant Thèbes un bouclier que distinguait un dragon tacheté. Dans l'*Iliade* (ch. 11, v. 38), un dragon à trois têtes est figuré sur la courroie à laquelle est suspendu le bouclier d'Agamemnon. Les poëtes voyaient dans ce reptile une image propre à inspirer l'effroi dans les combats.

(25) Sur la tête de ce dragon voltigeait Éris ou la Discorde, fille de la Nuit. Rien n'est plus poétique

que la description de cette déesse : elle punit les ennemis téméraires qui osent attaquer Hercule ; eux-mêmes descendent dans les enfers, et leurs ossemens pourrissent sur la terre, desséchés par le soleil. Remarquons que le germe de cette pensée peut avoir existé dans les premiers vers du premier chant de l'*Iliade*, où Homère dit que la colère d'Achille envoya chez Pluton les âmes illustres d'innombrables guerriers et livra leurs corps en pâture aux chiens et aux oiseaux.

Leclerc reproche à l'auteur du *Bouclier* d'y avoir entassé plus d'images qu'il ne pouvait en contenir et de l'avoir rempli d'objets qui se meuvent d'eux-mêmes. On peut lui répondre : 1° que la Toreutique pouvait aisément ciseler une grande quantité d'objets sur un bouclier proportionné sans doute à la taille et à la force des hommes des âges héroïques ; 2° que l'artiste n'avait eu besoin que de représenter la Discorde avec des ailes déployées pour lui donner l'apparence d'un être qui volait dans les airs. Ainsi pour figurer des guerriers qui se poursuivaient ou qui poussaient des cris, il lui suffisait de les montrer avec le corps penché ou la bouche entr'ouverte. D'ailleurs toutes ces images doivent être prises dans un sens figuré. Ajoutons que comme il s'agit d'une armure fabriquée par Vulcain, l'ouvrage d'un dieu autorise la supposition de toutes les merveilles de l'art.

(26) Les diverses personnifications de toutes les circonstances du combat peuvent avoir été l'ouvrage plutôt de l'imagination du poëte que du talent de l'ouvrier. *Proioxis* est l'action de poursuivre, *palioxis* est celle de se retourner.

(27) Le combat des Lapithes et des Centaures aux noces de Pirithoüs et d'Hippodamie a été célébré par le chantre de l'*Odyssée* (ch. 21-295) et par une foule d'autres poëtes. Il a servi de sujet à un grand nombre de bas-reliefs et de peintures. En effet, Thésée, héros indigène des Athéniens, s'étant distingué par sa victoire remportée sur les Centaures, les artistes d'Athènes mettaient une sorte d'amour-propre national à représenter ce combat.

Les Lapithes et les Centaures étaient deux peuples de Thessalie ou plutôt, comme le pense Clavier (*Histoire des premiers temps de la Grèce*, t. 1, p. 279, seconde édition), les Centaures avaient la même origine que les Lapithes, car, d'après Diodore de Sicile (liv. 4, c. 69), ils étaient fils de Centaurus, frère de Lapithès ; il paraît qu'on appelait ainsi ceux des Lapithes qui avaient les moyens d'entretenir un cheval. L'équitation devait être connue alors dans la Thessalie, où l'on pratiquait la chasse aux taureaux décrite par Héliodore (*OEthiopiques*, l. 10, p. 428) et qui a donné naissance au nom de Centaures, composé des deux mots *centein taurous* (piquer les taureaux). Les Centaures n'avaient pas de rois, tandis que les Lapithes en avaient, comme étant le peuple principal. Dans le dénombrement du deuxième chant de l'*Iliade* (740), les Lapithes marchent sous les ordres de Polypétés et de Léontée. Cette nation, qui était une colonie des Pélasges de la Thessalie, occupait un vaste pays entre la Phthiotide, le Pinde, l'Olympe et la Perrhébie. On trouve dans l'*Iliade* la liste des Lapithes (ch. 1, v. 262) ; celle du *Bouclier d'Hercule* en contient quatre nouveaux : Hoplée, Phalère, Prolochus et Mopsus ; mais elle ne parle point de Polyphème. Le vers relatif à Thésée est le même dans les deux poëmes.

Quelques commentateurs ont pris *titarésion* pour un nom propre de Lapithe, mais ce mot n'est qu'un adjectif qui se rapporte à Mopsus, fils d'Ampyx, et dérive du nom de la patrie de ce héros, comme le dit Jean Diaconus : « *apo titarésiou topou;* » soit du Titarèse, fleuve de Thessalie, dont l'*Iliade* parle (ch. 2-751), soit du mont Titarus d'où ce fleuve descend. Ainsi Apollonius de Rhodes a dit de Mopsus (ch. 1, v. 65) :

« Là vint aussi Mopsus le Titarésien, que le fils de Latone avait rendu savant parmi tous les augures dans l'art d'interpréter le vol des oiseaux. »

Orphée (*Argon.*, v. 126) le place au nombre des Argonautes :

« Et Mopsus, venu de Titarus ; Mopsus, que Arégonis, mariée à Ampyx, mit au jour sous un hêtre de Chaonie. »

Lycophron (*Alexandr.* 881) a dit avec une légère différence :

« Mopsus Titéronien. »

Les noms des Centaures sont Pétréus, Asbole, Arctus, Urius, Mimas, Périmède et Dryale ; ils ont pour armes des massues. La massue en effet convenait à ces guerriers encore farouches et sauvages qu'Homère appelle des monstres habitans des montagnes (*Il.* ch. 1, 268) et tout hérissés de poils (*Il.* ch. 2, 743). Ces dénominations ont pu faire naître longtemps après Homère et Hésiode l'idée de les représenter comme étant moitié hommes et moitié chevaux.

(28) « L'expression de « *Muses de la Piérie*, » dit Heinrich, n'a pu venir d'Hésiode ni dans cet endroit ni au commencement du poëme des *Travaux et des Jours*. Un poëte d'Ascra aurait dit : « Les Muses de l'Hélicon, » comme au début de la *Théogonie* : « Les Muses, dont le culte fleurit d'abord dans la Thrace et la Piérie, étant venues en Grèce, établirent leur séjour sur l'Hélicon, montagne de Béotie. » Or croira-t-on qu'un poëte voisin de cette montagne ait mieux aimé tirer la dénomination des divinités de son pays du nom de leur demeure, qui était la plus éloignée et dont le souvenir avait presque péri de son temps ? » Voilà un nouveau motif de supposer que la description du *Bouclier d'Hercule* n'est pas l'ouvrage d'Hésiode.

(29) Cette action de rejeter l'eau par les narines est conforme aux habitudes des dauphins, dont Pline a dit (liv. 9, 7) : « *Cùm fame conciti, fugientem in vada ima persecuti piscem, diutiùs spiritum continuere, ut arcu emissi, ad respirandum emicant, tantâque vi exsiliunt, ut plerumque vela navium transvolent.* »

(30) Théocrite (*Idylle* 1, v. 39) nous montre également un pêcheur ciselé sur une coupe :

« A côté d'eux sont un vieux pêcheur et un roc escarpé sur lequel un vieillard s'empresse de traîner un vaste filet pour le lancer dans les eaux et ressemble à un homme qui se livre avec vigueur à de pénibles efforts. »

La description qui se trouve dans le *Bouclier d'Hercule* a quelque chose de plus gracieux et de plus doux que celle de Théocrite : ce n'est pas ici un vieillard qui, sur une roche escarpée, se fatigue à traîner de lourds filets, c'est un pêcheur assis sur le rivage, guettant paisiblement les poissons et prêt à jeter le filet qui doit les saisir ; une telle occupation est plutôt un plaisir qu'un travail.

(31) Le tableau de Persée poursuivi par les Gorgones est l'objet le plus important du *Bouclier*, d'abord parce que le poëte semble y avoir apporté un soin particulier, ensuite parce que Persée, fils de Jupiter et de Danaé, étant l'aïeul d'Hercule, c'est à dessein que son image a été mêlée aux autres peintures. La fable du combat de Persée avec les Gorgones est d'origine argienne ; elle a dû être chantée par les anciens poëtes les plus illustres, quoiqu'il n'y en ait que de rares vestiges. Homère ne cite le nom de Persée qu'une fois (*Iliade*, ch. 14, 319), et il ne parle que d'une seule Gorgone (*Iliade*, ch. 5, 741 ; ch. 8, v. 349, et ch. 11, 36); ce qui a fait dire à Hésychius, *in Gorgó*, qu'il avait ignoré la fable de Danaé, de Persée et des Gorgones. Pausanias rapporte (*Élide*, ch. 18) que sur le coffre de Cypsélus les Gorgones étaient représentées poursuivant Persée qui volait comme elles. L'image de Persée est ciselée sur le bouclier d'Achille dans l'*Électre d'Euripide* (v. 458, 463), et Stace (*Achilleid.*, 3, 7) a fait une élégante description d'un tableau dont il est le sujet. L'histoire de Persée est racontée en détail par Apollodore, qui a suivi le récit de Phérécyde, conservé en partie par le scholiaste d'Appollonius (l. 4. 1091 et 1515).

(32) Cette expression : « *Il volait comme la pensée* », est imitée du passage suivant de l'*Iliade* (ch. 15, v. 80):

« Comme s'élance la pensée d'un homme qui, après avoir parcouru beaucoup de pays, se dit dans son esprit prudent : « J'étais ici, j'étais là, » et se rappelle une foule de souvenirs. » Ainsi l'auteur de l'*Odyssée* a dit (ch. 7, 36) : « Leurs vaisseaux sont rapides comme l'aile ou la pensée. »

On lit dans l'hymne à Apollon (v. 186) : « De là il s'élance de la terre vers l'Olympe comme la pensée et monte dans le palais de Jupiter. »

Et dans l'hymne à Mercure (v. 43):

« Comme une rapide pensée traverse l'esprit de l'homme tourmenté de nombreux soucis. »

Malgré ces exemples, de pareilles comparaisons entre un objet physique et un objet moral ne se présentent que rarement chez les poëtes primitifs ; elles sont au contraire très-fréquentes dans les poëtes de seconde main.

(33) La tête de Méduse avait été d'abord un objet effrayant, comme le prouvent plusieurs passages de l'*Iliade* et de l'*Odyssée* (*Iliade*, ch. 5, 741, et ch. 11, 36; *Odyssée*, ch. 11, 633); c'est lorsque le culte se dépouilla de ses premières formes laides et horribles qu'on lui attribua les traits de la beauté. Pindare a dit (*Pyth.*, 12, 28) « *euparaou crata Medoïsas.* » L'auteur du *Bouclier* a suivi la tradition primitive.

(34) *Aidês* (Pluton) veut dire *l'invisible*. Son casque empêchait donc celui qui le portait d'être vu. Comme Minerve le prend dans l'*Iliade* (ch. 5, 845) pour échapper aux yeux de Mars, de même Persée s'en couvre pour tromper la poursuite des Gorgones, de Sthéno et d'Euryale, qui cherchent à venger la mort de leur sœur Méduse. Ces Gorgones étaient si bien ciselées que leur marche semblait faire retentir le bouclier. La hardiesse de cette image prouve la différence qui règne entre les beautés naïves et simples d'Homère et la poésie souvent ambitieuse et recherchée des âges suivans.

(35) *Kéres* signifie les *destinées* ; il ne faut pas les confondre avec les Parques (*Moirai*). Homère, qui les appelle *kéres thanatoio*, n'en a mis qu'une seule (*kéra*) dans le bouclier d'Achille (*Il.*, ch. v. 18, 535). Virgile a dit (*Æn.*, l. 8, 692) : « *Tristesque ex œthere Diræ.* » Ces déesses sont la personnification des désastres sanglans qui ont lieu dans les combats : la blancheur de leurs dents, les ongles qui arment leurs mains, leur avidité à boire le sang, comme Mars dans l'*Iliade* (ch. 5, 289 et ch. 22, 267), tout en elles conspire à répandre la terreur ; on trouve dans cette peinture un débris de la férocité de ces premiers siècles, où une barbarie presque sauvage régnait dans les batailles.

L'expression « *ball' onuchas mégalous* » du vers 254 a pu faire naître celle de Virgile : « *Injicere manum Parcæ.* » (*Æn.*, 10 v. 419.)

(36) Les trois Parques sont ici distinguées par leurs noms, comme dans la *Théogonie* (v. 217 et

903). Homère ne connaissait pas encore leurs différens noms. Elles sont appelées *Kataklôthes* dans l'*Odyssée* (ch. 7, 197), attendu que le nom de Clotho, que dans la suite on n'attribua qu'à une seule, était, dans l'origine, commun à toutes les trois. Atropos est représentée comme la plus vieille. Elles n'étaient pas toutes du même âge : il en est d'elles, sous ce rapport, comme des Harpies, des Grâces et des Nymphes.

(37) La description du combat est poétiquement couronnée par l'image de la Tristesse qui plane sur tout le champ de bataille et rassemble en elle seule toutes les horreurs que la guerre engendre. La Tristesse est pâle, parce que ses forces sont épuisées et consumées par la faim, parce que le combat a duré longtemps ; elle chancèle sur ses genoux, se roule dans le sable et s'agite en proie aux convulsions du trépas. Cette personnification de la tristesse est tout entière pleine de beautés hardies et fortes ; la poésie est comme son sujet, sombre, énergique et grave.

(38) Homère a décrit pareillement dans le *Bouclier d'Achille* les jeux et les fêtes d'une ville en temps de paix (*Iliade*, ch. 18, 490); et Quintus de Smyrne a imité cette description (liv. 5, 60). Le tableau tracé par le chantre du *Bouclier d'Hercule* est rempli d'éclat et de richesse.

La ville dont il s'agit ici a sept portes, quoiqu'il soit difficile de concevoir comment le sculpteur avait pu rendre à la fois visibles les sept portes dont cette ville devait être entourée. Comme le pense Diaconus, il est vraisemblable qu'il est question de Thèbes, puisque le *Bouclier* est fabriqué pour un héros thébain. D'ailleurs Thèbes est ordinairement désignée de cette manière, comme dans Ovide (*Métam*., 13, 685), qui dit au sujet d'une coupe ornée de figures ciselées :

Urbs erat, et septem posses ostendere portas,
Hæ pro nomine erant et quæ foret illa, docebant.

Remarquons que l'idée du nombre sept a pu être communiquée à la Grèce par la Perse, qui en avait fait un symbole religieux. Dans la doctrine persane il y avait parmi les symboles une échelle ayant sept sortes de divers métaux et au-dessus une huitième, lesquelles avaient rapport au soleil, à la lune, aux astres et au passage des âmes dans ces planètes. On se rappelle les sept enceintes d'Ecbatane distinguées chacune par une couleur différente, les sept portes de l'antre de Mithras, les sept pyrées ou autels des monumens de ce dieu, les sept Amchaspands ou Génies invoqués par les Perses et les sept notes de la musique sacrée. Le nombre sept était un nombre mystique dans beaucoup d'autres religions orientales.

(39) Toute l'idée de cette pompe nuptiale est imitée de l'*Iliade*; les expressions en sont même quelquefois empruntées textuellement, comme cet hémistiche : «*Polus de humenaios ororei.*» L'épithète *polus* signifie que l'hymne d'hyménée était chanté par beaucoup de voix. Dans la suite cet hymne s'appela *Harmateion mêlos*, parce qu'on avait l'habitude de traîner les jeunes vierges sur des chars pour les mener à leurs nouveaux époux, comme nous le voyons ici.

L'emploi de la cavalerie, dans les âges héroïques, n'était point encore appliqué aux batailles ; mais, comme on a dû monter sur les chevaux avant de les atteler à des chars, l'équitation était déjà connue. Seulement il paraît que les exercices équestres formaient un art qui se pratiquait en temps de paix et comme objet de divertissement. Ainsi Ajax, dans l'*Iliade* (ch. 15, v. 679), est comparé à un cavalier qui dirige quatre chevaux en sautant tour à tour sur chacun. Le chantre du *Bouclier* nous montre également l'équitation exercée non par des guerriers qui combattent, mais par des hommes qui s'occupent à lutter entre eux. La description de cet art a été embellie par la muse de Virgile (*Æn*., 7, 162) et d'Ovide (*Mét*. 6, 218).

(40) Après avoir décrit la course des chars, le poëte nous montre, à l'exemple d'Homère (*Iliade*, ch. 18, v. 606), l'Océan coulant autour du bouclier, parce qu'alors on le considérait comme un fleuve. Rien n'est plus gracieux que l'image des cygnes qui folâtrent sur ses ondes. Le verbe *épuon*, que Virgile semble avoir voulu paraphraser ainsi (*Æn*., 11, 458) :

Dant sonitum rauci per stagna loquacia cycni,

doit s'entendre moins du chant des cygnes que du bruit qu'ils produisent en agitant leurs têtes et leurs ailes. Heinrich doute que le verbe *épuein*, qui signifie en général *faire du bruit*, puisse signifier *chanter* en particulier. Ce verbe entraîne la même idée que l'adverbe *klaggèdon* qu'Homère applique aux cygnes qui jouent sur les bords du Caystre (*Il*., ch. 2, v. 463). C'est à tort que quelques poëtes ont vanté l'harmonie du chant de ces oiseaux ; il est donc vraisemblable que l'auteur du *Bouclier* n'a voulu parler que du bruit qu'ils faisaient en nageant.

(41) Minerve vient au secours d'Hercule ; la protection qu'elle accordait à ce héros est une chose connue dans l'ancienne mythologie. Nous n'en citerons d'autre preuve que le passage de l'*Iliade* (ch. 8, v. 362) où Minerve rappelle qu'elle a secouru Hercule dans l'exécution des travaux que lui avait imposés Eurysthée.

(42) Voici une note de Tzetzès : « Lyngée était roi d'Argos ; il fut père d'Abas, Abas d'Acrisius, Acrisius de Danaé ; de Danaé vint Persée, de Persée Al-

cée, d'Alcée Électryon et Amphitryon; d'Amphytrion Hercule, d'Iphiclus Iolaüs. »

Hercule et Iolaüs ayant les mêmes ancêtres, Minerve les appelle tous les deux *Lunkeos geneē* (race de Lyncée). L'orthographe primitive exige qu'on lise *Lunkêos*, comme dans le scholiaste de Lycophron qui rapporte ce vers (1124). Cette leçon est confirmée par l'assentiment de Heyne, de Heinrich, de Gaisford et de M. Boissonade.

(43) Robinson dit à propos du conseil que Minerve donne à Hercule de blesser Mars :

« Les poëtes célèbrent partout l'inimitié de Minerve et de Mars. Au cinquième chant de l'*Iliade*, Minerve excite Diomède à blesser ce dieu; au vingtième, elle lui est opposée dans le combat des dieux et elle le renverse. Les poëtes en effet désignaient ainsi la lutte de la sagesse et de la fureur guerrière. Mais on peut s'étonner ici que, lorsqu'au cinquième chant de l'*Iliade* Dioné énumère les maux que les hommes ont fait éprouver aux dieux et surtout le châtiment que Mars lui-même avait subi de la part des Alcides, Homère ait passé sous silence cette histoire si fameuse (la blessure de Mars par Hercule), de même que l'autre histoire qu'Hésiode raconte plus bas (v. 358) (la rencontre de Mars et d'Hercule devant Pylos). »

(44) Minerve dit à Hercule qu'il ne lui est pas permis d'enlever l'armure de Mars ; cependant Hercule raconte ailleurs (366) qu'il la lui a déjà ravie. Pour concilier ces deux passages, Heinrich prétend que le poëte n'a suivi ici que sa propre imagination, tandis qu'il s'est conformé plus bas à la tradition la plus ancienne et par conséquent la plus barbare, qui rapportait qu'Hercule avait dépouillé Mars de ses armes toutes sanglantes (*enara brotoenta*).

(45) Heinrich s'étonne que le poëte fasse remonter Minerve sur son char lorsqu'il n'a pas raconté qu'elle en était descendue, et il pense qu'il y a une lacune dans l'endroit (v. 324) où elle s'approche d'Hercule et d'Iolaüs pour leur parler. Heinrich n'a pas réfléchi que Minerve n'a point de char et qu'elle ne fait que monter sur celui des deux guerriers, auprès de qui elle reste afin de les encourager, et qu'elle les quitte à la fin du poëme, quand ils sont vainqueurs, et se retire dans l'Olympe.

Minerve tient dans ses mains la victoire et la gloire. Si on s'attache au sens littéral de ces expressions, on doit entendre qu'elle porte une petite statue de la Victoire, comme Phidias l'avait représentée à Athènes, comme le Jupiter-Olympien tenait dans sa main droite une statue de la Victoire en ivoire et en or. Mais un pareil sens n'est point conforme à la simplicité de la poésie antique, qui ne personnifie pas ainsi la Victoire. Le poëte a voulu dire seulement qu'elle amenait avec elle le succès et la gloire. Ainsi nous voyons dans Homère (*Iliade*, ch. 5, 593) Bellone parcourant l'armée troyenne en portant le désordre, et dans Mimnerme (*Fragm.* 2, v. 6) les Destinées portant l'une la vieillesse funeste et l'autre la mort.

On ne doit voir dans ces diverses expressions que des images et des allégories poétiques dont la sculpture chercha plus tard à matérialiser la pensée. C'est sans doute ce passage relatif à Minerve qui donna l'idée de la faire adorer à Athènes sous le nom de *Nikêphoros* et de la représenter avec une statue de la Victoire à la main. Elle s'appelait aussi *Nikê* (la Victoire), comme l'attestent Sophocle (*Philoctète*, 134), Euripide (*Ion.*, 457, 1529), Aristophane (*Lysistrata*, 317) et Pausanias (*Attique*, ch. 42).

(46) Cette comparaison de Cycnus et de Mars avec la flamme ou la tempête est imitée d'un vers de l'*Iliade* (ch. 13, v. 39).

Tout ce passage, comme la description du reste du combat, porte l'empreinte homérique ; il y a identité dans le fond de la pensée et les formes du style. Signalons toutefois une différence : dans l'*Iliade*, c'est toujours pour répandre l'effroi et pour présager des désastres que Jupiter secoue l'égide ; ici Minerve agite cette armure pour inspirer de l'audace et de la confiance aux chevaux d'Hercule. On trouve une belle imitation de ce morceau dans l'*Énéide* (lib. 12, v. 332) où il s'agit de Mars au lieu de Minerve :

> Sanguineus Mavors super increpat atque furentes,
> Bella movens, immittit equos ; illi œquore aperto
> Ante Notos Zephyrumque volant. Gemit ultima pulsu
> Thraca pedum

Ces derniers mots sont la paraphrase de l'hémistiche : « *Peristonachize de gaia.* »

(47) Trachine était une ville de la Phthiotide, située sous le mont OEta. Voici ce qu'en dit Hérodote (*Polymnie*, c. 99) :

« La ville de Trachine est éloignée de ce fleuve Mélas de trois stades ; elle est bâtie sur l'espace le plus large qui dans tout le pays se trouve entre la montagne et la mer ; cet espace forme une plaine de vingt-deux mille plèthres. Dans la chaîne de monts dont le territoire de Trachis est entouré, on remarque, au midi de la ville, une ouverture à travers laquelle le fleuve Asopus coule au pied de la montagne. »

(48) Céyx, qu'il ne faut pas confondre avec l'autre Céyx, fils de Lucifer et mari d'Alcyone, était roi de Trachine et l'un des descendans de Dorus, fils d'Hellen. Hésiode, d'après le scholiaste d'Apollonius de Rhodes (liv. 1, v. 1290), avait fait un poëme intitulé *les Noces de Céyx*. Le poëte ne dit pas pour quel motif Hercule se rend auprès de ce roi ; selon Apollodore (liv. 2, c. 7, § 6), ce fut pour avoir tué, dans un festin chez OEnée, Eunome, fils d'Architelès.

D'après Pausanias (*Attique*, c. 32), il quittait Tirynthe et fuyait Eurysthée. Peut-être, comme le conjecture Diaconus, allait-il se plaindre à Céyx de la conduite de son gendre Cycnus envers les étrangers qui apportaient des offrandes à Apollon, ou lui déclarer la guerre, d'après les conseils de ce dieu. On ne sait donc si la rencontre d'Hercule et de Cycnus est préméditée ou involontaire. Il paraît cependant que c'est Cycnus qui pousse son char contre Hercule pour l'attaquer, comme il agissait envers tous les voyageurs.

(49) Hercule et Cycnus descendent de leurs chars pour combattre, selon l'usage antique; les écuyers rapprochent les deux attelages afin de contempler la lutte et de secourir le vaincu. Sans doute toute la description du combat est pleine de beautés larges et d'images brillantes; mais l'accumulation de ces images et des comparaisons semble révéler le travail d'un rhapsode qui se tourmente pour produire de grands effets. La poésie d'Homère, malgré son abondance et sa richesse, a quelque chose de plus naïf, de plus inspiré. Dans l'*Iliade*, Homère n'a devant les yeux que la nature; dans *le Bouclier d'Hercule*, le poëte ne fait trop souvent que la copie des tableaux homériques; la plupart de ses comparaisons sont empruntées de l'*Iliade* : témoin d'abord celle du vers 373, qu'Homère a inventée le premier (*Iliade*, ch. 13, 137). Voici les plus célèbres imitations que plusieurs poëtes ont faites de cette comparaison :

« Comme du faîte élevé d'une grande montagne, de lourds rochers se précipitent en roulant les uns sur les autres et dans leur rapide chute entraînent un grand nombre de chênes à la haute chevelure, de pins et de peupliers aux profondes racines, jusqu'à ce que ces confus débris arrivent tous dans la plaine, etc. » (*Le Bouclier d'Hercule*, v. 373.)

> Ac veluti, montis saxum de vertice præceps
> Cùm ruit avulsum vento, seu turbidus auster
> Proluit, aut annis solvit sublapsa vetustas;
> Fertur in abruptum magno mons improbus actu,
> Exultatque solo; sylvas, armenta, virosque
> Involvens secum.
> (*Virgil.*, Æn., 12, 684.)

> Sic ubi nubiferum montis latus aut nova ventis
> Solvit hyems, aut victa situ non pertulit ætas ;
> Desilit horrendus campo timor, arma, virosque
> Limite non uno, longævaque robora secum
> Præcipitans, tandemque exhaustus turbine fesso,
> Aut vallem cavat aut medios intercipit amnes.
> (*Stat*, Thébaïd., 7; v. 744.)

« Lorsque d'une montagne élevée tombe un rocher immense que l'infatigable Jupiter, en lançant sa foudre terrible, a précipité d'en haut; tandis qu'il se brise dans les épaisses forêts et dans les longues vallées dont les profondeurs retentissent au loin, la frayeur égare dans les bois les taureaux ou les autres troupeaux qui paissaient exposés à sa chute, et tous cherchent à fuir le choc violent et funeste du rocher qui roule : ainsi, etc. » (*Quintus de Smyrne*, ch. 2, 379.)

> Qual fasso talor ch' o la vecchiezza
> Solve dà un monte, o svelle ira de venti;
> Ruinos dirupa, e porta e spezza
> Le selve e colle case anco gli armenti.
> (*Le Tasse*.)

Si nous avons cité ces diverses imitations, c'est pour montrer combien elles s'éloignent de l'esprit de leur modèle : elles ont en général pour but de signaler les ravages que la chute du rocher produit parmi les forêts, les troupeaux, les cabanes et les habitans de la campagne, tandis qu'Homère ne s'attache qu'à représenter les accidens de cette chute qui du haut de la montagne descend jusque dans la plaine. Le poëte primitif en effet ne retrace que les objets qui sont devant ses regards; sa pensée ne s'étend pas au delà de leur observation matérielle. C'est quand la poésie compte déjà plusieurs siècles d'existence qu'elle devient métaphysique et qu'elle tente d'approfondir les causes et de peindre les effets.

(50) Les cris des deux combattans font retentir tous les pays voisins. Les cités dont il est ici question appartiennent à la Thessalie. La ville des Myrmidons est Phthie, le séjour de Pélée et la patrie d'Achille, appelée également *Murmidonón astu* dans l'*Odyssée* (ch. 4, v. 9), et qui du temps de Diaconus n'était autre que Pharsale. S'il faut en croire Velléius Paterculus (liv. 3), toute la contrée qui dans la suite reçut le nom de Thessalie s'appelait d'abord *Myrmidonum civitas*, le mot *polis* s'employant dans le sens de *chóra*. Eschyle (*les Perses*, 487) a dit *Thessalón polisma* pour désigner la Thessalie elle-même. La ville d'Iaolcos ou d'Iolcos avait été fondée par Iolcos, fils d'Amyrus. Selon Étienne de Byzance (*V. Iólkos*), Crethée, fils d'Éole, s'en empara et s'y établit; Homère et Hérodote en parlent (*Iliade*, ch. 2, 712; et ch. 5, 94). Arné, ville de Béotie dans Homère (*Il.*, ch. 2, 507), existait aussi en Thessalie, suivant Strabon (liv. 9, p. 630, c. 633, B.) et Pausanias, qui rapporte (*Béotie*, c. 40) qu'elle tenait son nom d'Arné, fille d'Éole. Hélice, ville d'Achaïe (Hérodote, liv. 1, 145, et Pausanias, *Achaïe*, c. 34), fut submergée deux ans avant la bataille de Leuctres. Strabon (liv. 8, p. 590) dit qu'il est question dans Hésiode de la ville d'Hélice située en Thessalie, et il fait évidemment allusion au poëme du *Bouclier d'Hercule*. Quant à Anthée, c'est un nom appliqué à des villes, soit de l'Achaïe, soit de la Messénie; le poëte appelle celle-ci *poiéessa* (fertile en herbes); Homère (*Iliade*, ch. 9. 151-293) lui donne l'épithète de *bathuleimos* (aux gras pâturages); mais ce ne peut être la même ville, malgré la ressemblance des épithètes. Celle dont parle Homère n'était pas située en Thessalie : elle faisait partie du royaume d'Agamemnon, puisqu'elle est une des cités que ce roi promet à Achille pour désarmer sa colère.

(51) C'est pour célébrer un grand événement que Jupiter fait pleuvoir des gouttes de sang, comme dans l'*Iliade* (ch. 8, 171; ch. 11, 53, et ch. 16, 459); ces pluies de sang étaient rangées au nombre des prodiges et des présages : tantôt elles semblaient une marque d'honneur et de protection que Jupiter accordait aux hommes : ainsi il fait pleuvoir du sang dans l'*Iliade* pour honorer son fils Sarpédon tué par Patrocle, et dans le poëme du *Bouclier* pour annoncer la victoire que son fils Hercule remportera sur Cycnus; tantôt elles servaient de prélude à quelque événement funeste : ainsi dans le vingt-septième chant des *Dionysiaques* de Nonnus, une pluie de sang présage aux Indiens leur défaite dans la bataille que Dériade va livrer à Bacchus.

(52) La saison de l'été est ici désignée par le chant des cigales, par la maturité du millet, qui se couronne d'épis et du raisin qui se colore sous les feux du soleil : on voit qu'il s'agit de l'époque de la plus grande chaleur. Homère est le premier qui ait parlé du chant harmonieux des cigales (*Il.*, ch. 3, 152), qu'il représente assises sur des arbres. L'auteur du *Bouclier* dit également en parlant de cet animal : « *ozo éphézoménos* », et il ajoute que la féconde rosée lui sert de nourriture. Anacréon nous montre de même la cigale, qu'il appelle *le doux messager de l'été*, buvant la rosée sur le sommet des arbres et chantant comme un roi.

Saint Grégoire de Naziance parle aussi du chant de la cigale.

Le poëte dit que l'été est la saison où l'on sème le millet, tandis que nous voyons dans Columelle (2, p. 18; 11, 2, 33) et dans Virgile (*Géorgiques*, 1, 216) que les anciens le semaient au printemps, à la fin du mois de mars.

Le verbe *aiollontai* indique le changement de couleur du raisin qui mûrit. Cette expression a peut-être donné à Horace l'idée des vers (2, 5, 9, 12) par lesquels il cherche à détourner un ami de soupirer pour une vierge non encore nubile :

<blockquote>
Tolle cupidinem
Immitis uvæ; jam tibi lividos
Distinguet autumnus racemos
Purpureo *varius* colore.
</blockquote>

Le vers 399 se trouve dans un fragment du poëme des *Megalai eoiai* conservé par Athénée (10, p. 423). C'est à tort, comme le pense M. Kœppen, qu'il a été intercalé dans le poëme du *Bouclier*. Cette conjecture est encore confirmée par l'existence du mot *oia* qui, étant neutre, ne peut se rapporter au substantif féminin *omphakès*.

(53) Voici encore une comparaison dans le genre de celle du v. 373. Mais ici le poëte semble avoir voulu plutôt décrire les obstacles opposés au rocher qui roule que les désastres causés par sa chute. Il y a beaucoup de rapport entre ce passage et le morceau suivant de Quintus de Smyrne (liv. 1, v. 696) :

« Comme, lorsque la pluie rapide ou la foudre de Jupiter détache d'un lieu escarpé une pierre d'une grosseur immense, sa chute précipitée fait retentir les vallons; emportée par un bruit continuel, elle roule et rebondit mille fois, jusqu'au moment où, arrivée dans la plaine, elle s'arrête tout à coup malgré son désir. »

Quoique le fond de ces deux comparaisons soit le même, on voit dans celle de Quintus de Smyrne une versification qui cherche à prêter du sentiment aux objets inanimés. Ainsi la pierre ne s'arrête que malgré elle.

(54) Cette épithète *Brisarmatos* (qui fait plier les chars) est également appliquée à Mars dans l'hymne homérique à cette divinité (v. 1). La poésie supposait que les dieux et les déesses faisaient plier les chars sous le poids de leurs corps, qu'on croyait plus grands et plus robustes que ceux des simples mortels. Ainsi Minerve, dans l'*Iliade* (ch. 5, 838), fait crier l'essieu d'un char. Ovide dit la même chose d'Apollon (*Mét.*, 2, 161). Les vaisseaux semblent fléchir également lorsqu'ils portent un dieu ou même un héros, comme Bacchus (*Hymne homérique à Bacchus*, 17, 18) ou comme Énée (*Æn.*, 6, 413).

(55) Leclerc observe qu'il est étonnant qu'Hercule, après avoir tué Cycnus, gendre de Céyx, ose aller chez ce roi, qui se montra très-sensible à la perte de Cycnus, puisqu'il lui rendit, avec son peuple, de magnifiques honneurs funèbres. On peut répondre à cette remarque qu'Hercule avait une double excuse du meurtre de Cycnus : d'abord la nécessité où il s'était vu réduit de repousser la force par la force, ensuite la vengeance qu'il avait tirée des outrages de Cycnus envers Apollon. Cette visite d'Hercule à Céyx avait été le sujet d'un poëme lyrique de Bacchylide, dont Athénée (4, p. 178, B.) nous a conservé un fragment, le discours du héros à son arrivée.

(56) L'Anaurus était un fleuve de Thessalie dont Euripide fait mention en rappelant le meurtre de Cycnus (*Hercule furieux*, 390). On voit par là que les anciens regardaient comme un grand malheur pour les morts d'être privés de leurs tombeaux par suite de l'inondation des fleuves ou de tout autre accident. Si l'Anaurus engloutit la tombe de Céyx, ce fut par l'ordre d'Apollon, jaloux de se venger des outrages de Céyx envers les voyageurs qui lui apportaient des offrandes. Apollon semble ainsi avoir voulu détruire le souvenir du brigandage et du crime. Il y a peut-être dans ce mythe un sens physique que la tradition et la poésie ont converti en une allégorie religieuse.

(57) Qelques traducteurs ont eu tort de rendre le mot *Puthoi* par celui de *Delphes*, dont le nom ne se trouve ni dans l'*Iliade* ni dans l'*Odyssée*, et qui n'existait pas encore, à ce qu'il paraît, du temps où le *Bouclier d'Hercule* a été composé. Clavier, dans un mémoire sur les oracles des anciens, imprimé dans le troisième volume de son *Histoire des premiers temps de la Grèce*, pense que la fondation du temple de Delphes n'a eu lieu qu'après la guerre de Troie, à l'époque de l'établissement des Doriens dans la Dryopide, qui prit alors le nom de Doride : « Le Parnasse, dit-il, et ses environs étaient déjà habités par quelques nations doriennes, comme les Méliens de Trachine et les Doriens, sujets d'Autolycus. Ces peuples se réunirent pour ériger en commun un temple à Apollon, leur divinité tutélaire, ce qui fut le principe de l'amphicthyonie de Delphes. Il est bien possible que les prêtres de ce temple se mêlassent dès lors de prédire l'avenir, à l'exemple de ceux de Dodone ; mais l'oracle ne prit une forme régulière que longtemps après, et j'ai de fortes raisons pour croire qu'elle lui fut donnée par Lycurgue. »

Le temple et l'oracle de Delphes n'existaient donc pas du temps de la guerre de Troie. Quant au nom de Pytho, il ne se trouve que deux fois dans l'*Iliade* et deux fois dans l'*Odyssée*, et parmi ces quatre passages, ceux où il s'agit de ce temple et de cet oracle (*Iliade*, ch. 9, v. 401 ; *Odyssée*, ch. 8, v. 81) ont été reconnus pour avoir été interpolés. Or, il est vraisemblable que du temps d'Hésiode il n'y avait pas encore d'oracle établi à Pytho, qui s'appela Delphes dans la suite, quoique plusieurs traditions poétiques assignent à cet oracle l'antiquité la plus reculée.

Leclerc pense que le poëme du *Bouclier* ne se terminait point ici et qu'il lui manque beaucoup de choses à la fin ainsi qu'au commencement. Certes, nous sommes loin de croire à l'unité de conception de ce poëme, puisque nous pensons que le début appartient à Hésiode et que le reste est l'ouvrage d'un autre chantre ; mais le fragment qui concerne le combat d'Hercule et de Cycnus nous semble former un tout ; en effet, la célébration des funérailles de la victime en est le complément naturel. L'*Iliade* n'a-t-elle pas également pour conclusion les honneurs funèbres rendus à Hector ? L'auteur du *Bouclier* ajoute même qu'Apollon se vengea des impiétés de Céyx en faisant disparaître sa tombe sous les eaux de l'Anaurus. On dirait qu'il ait voulu terminer son poëme par une pensée morale et religieuse.

NOTES SUR LES FRAGMENS.

(1) Hésiode est l'auteur le plus ancien qui parle de Linus, de ce vieux chantre qui, avec Eumolpe, Orphée et Musée, fonda la secte de ces poëtes sacerdotaux dont les chants civilisèrent la Grèce encore sauvage. Ici la poésie sert, comme dans tous les poëmes primitifs, à confirmer les récits de l'histoire. Diodore de Sicile (*Bibliothèque historique*, liv. 3, c. 67) raconte que Linus fut l'inventeur de la poésie grecque, qu'il transporta le premier dans sa langue les lettres phéniciennes, célébra les exploits du premier Bacchus et d'autres faits mythologiques, eut pour disciples Hercule, Thamyris et Orphée, et fut tué d'un coup de lyre par Hercule, qu'il avait frappé pour le punir de sa lenteur à apprendre la musique. Selon Clément d'Alexandrie (*Stromates*, 1, p. 330), Hésiode, après avoir dit que ce Linus possédait tous les talens, ajoute qu'il était aussi habile dans l'art de la navigation. Apollodore (*Bibliothèque*, l. 1, c. 3, § 2) prétend que Linus naquit, comme Orphée, de Calliope et d'OEagre, mais qu'il passait comme lui pour fils d'Apollon : il s'accorde avec Diodore de Sicile sur la manière dont il périt (*Bibliothèque*, l. 2, c. 4, § 9). Pausanias (*Béotie*, c. 29) rapporte qu'il y eut deux Linus, l'un né d'Uranie et d'Amphimarus, fils de Neptune, et tué par Apollon, parce qu'il avait osé se comparer à ce dieu pour le chant, et le second nommé le fils d'Isménius et tué par Hercule enfant, à qui il enseignait la musique.

Le même auteur dit que les Grecs avaient une chanson sur les malheurs de Linus, ce qui est conforme au fragment d'Hésiode ; qu'après sa mort le deuil se répandit même parmi les nations barbares, et qu'il existait chez les Égyptiens une chanson de Linus à laquelle ils donnaient dans leur langue le nom de *Mnuéros*. Hérodote (*Euterpe*, c. 79) parle aussi du cantique de Linus qui se chantait en Égypte comme en Phénicie, à Cypre et en d'autres pays ; il ajoute que ce cantique porte différens titres suivant la différence des contrées, mais qu'il s'accorde toujours avec celui que les Grecs connaissent sous le nom de Linus ; enfin il ne peut s'expliquer d'où les Égyptiens ont pris ce nom. J. Leclerc cherche à démontrer la cause de cette étymologie. En remarquant que dans la langue phénicienne *lin* signifie *gémissement*, surnom donné à Linus à cause de la douleur que sa perte excita parmi ses disciples et parce qu'il avait vécu à une époque où les lettres phéniciennes venaient de s'introduire en Grèce, il prétend que cet hymne funèbre portait en Égypte le même nom que dans la Phénicie et dans la Grèce, ces trois contrées ayant entre elles beaucoup de rapports de langage et de mœurs.

Ce fragment sur Linus prouve encore l'existence d'une civilisation grecque antérieure au siècle d'Homère. A cette première époque, la poésie est un présent céleste; son inventeur est fils d'Uranie, de l'une de ces Muses filles de Jupiter et de Mnémosyne; son nom est sacré parmi les hommes, et longtemps après sa mort sa mémoire obtient un culte dans les cérémonies de la religion comme dans les pompes des festins. Le contraste de cet hymne de deuil qui précède et accompagne les banquets et les danses n'a-t-il pas quelque chose d'auguste et d'attendrissant? La poésie était toute l'occupation, toute la pensée, toute la vie de ces Grecs, peuple jeune et enthousiaste; elle présidait à leurs travaux et à leurs plaisirs : avant de commencer leurs repas, les convives trouvaient dans leur voix des notes graves et tristes pour pleurer le plus ancien de tous leurs poëtes. Rien n'est tout à la fois plus instructif et plus poétique que cette image de la mort associée aux joies de la vie.

(2) Le grand étymologiste (p. 523, l. 8) loue, sans nommer Hésiode, une partie de ce beau fragment. C'est à tort, suivant la remarque de Ruhnkenius, qu'Heinsius a changé *knuoe* (la gale) en *kruos* (le froid); mais il a eu raison de transformer, pour la mesure du vers, *kateschen* en *kateschethen*. Cette maladie, qui était probablement une espèce de lèpre, fut une vengeance divine qui tomba sur les filles de Prétus, appelées, suivant Apollodore (l. 2, c. 2, § 2) Lysippe, Iphinoé et Iphianasse; suivant Élien (*Histoires diverses*, l. 3, c. 42), Élegé et Célène, et suivant Servius (*ad Virg., Églog.* 6, v. 48), Lysippe, Hipponoé et Cyrianasse. Apollodore (*loco cit*) dit que, parvenues à l'âge de puberté, elles devinrent folles : selon Hésiode, pour avoir méprisé les mystères de Bacchus, ou selon Acusilas, pour avoir outragé une statue de Junon. Apollodore s'est peut-être trompé involontairement en admettant pour cause de leur folie le courroux de Bacchus, une telle tradition ayant pu se glisser dans l'un de ces nombreux poëmes composés et répandus sous le nom d'Hésiode. Comme il ne nous est parvenu aucun fragment d'Hésiode qui la confirme ou qui la fasse soupçonner, nous sommes autorisés à la rejeter avec d'autant plus de raison que la cause de leur maladie est spécifiée dans le vers d'Hésiode que Suidas cite comme relatif aux filles de Prétus :

« A cause de leur honteux libertinage, elles perdirent la tendre fleur de leur beauté. »

Cette opinion semble encore justifiée par le passage où Élien (*Histoires diverses*, 3, 42) dit que la reine de Cypre les rendit impudiques. Hésiode, dans le *Catalogue des Héroïnes*, dit que Junon punit leur libertinage effréné en souillant par une maladie impure la beauté de leur tête. On peut donc croire que les déréglemens où les entraîna Vénus excitèrent la colère et la vengeance de Junon. Les vers dans lesquels Hésiode décrit leur mal, sont pleins d'une âpre énergie. Leur sombre et forte couleur rappelle les plus beaux passages de *la Théogonie*.

(3) Dans l'endroit de l'*Iliade* à propos duquel Eustathe cite ce vers, il s'agit du Céphise dont les sources se trouvent auprès de la ville de Lilée, en Phocide. Le scholiaste de Venise (*Il.*, 2; *Catal.*, 29) l'attribue comme Eustathe à Hésiode. Runkhenius observe qu'il fait partie de l'hymne homérique à Apollon (v. 241); mais on peut croire qu'Hésiode s'en est servi également : Strabon en effet (*lib.* 9, c. 3, § 17) dit que ce poëte avait décrit longuement le cours du Céphise. On doit songer d'ailleurs qu'à une époque où la poésie était chantée et non pas écrite, les poëtes devaient s'emprunter mutuellement une grande quantité de vers. Homère, qui a été tant de fois copié par ses successeurs, n'a-t-il pas lui-même copié quelques-uns de ses devanciers? Tous les vers qui servaient non pas à exprimer le langage de la passion ou un sentiment individuel, mais à caractériser les dieux, les héros et les pays, étaient en quelque sorte entrés dans le domaine public. Un poëte ne passait donc point pour un plagiaire lorsqu'il ne faisait qu'user de la propriété commune. De là le retour des mêmes épithètes et des mêmes formes, et cette identité de couleur que revêtait la poésie d'une même époque.

(4) On ne peut connaître ni même conjecturer de quel héros Hésiode veut parler. Comme il s'agit de Péon qui possède le secret de guérir tous les maux, sans doute il est ici question d'un homme blessé dans les combats et près de mourir si Apollon ou Péon ne vient à son secours. Ce fragment est peut-être tiré du poëme de l'*Héroogonie*; malgré sa brièveté, on y retrouve le caractère de la poésie épique.

(5) D'après Homère, les plus célèbres enfans de Nestor sont Antiloque et Thrasymède; les autres étaient (*Odyssée*, 3, v. 413) Echéphron, Stratius, Persée, Arétus et Pisistrate. Nestor les avait eus d'Eurydice, l'aînée des filles de Clymène, suivant le témoignage d'Homère (*Odys.*, 3. 452). Eustathe (*ad Il.*, 2., 296, 25) raconte qu'après la mort d'Eurydice, Nestor épousa Anaxibie, sœur d'Agamemnon; cependant on voit dans Pausanias (11, 29) et dans le scholiaste d'Euripide (*Oreste*, 764) que cette Anaxi-

bie fut l'épouse de Strophius et la mère de Pylade. Apollodore (*Bibl.* 1, c. 9, § 9) prétend que Nestor épousa Anaxibie, fille de Cratiéus, et qu'il en eut sept fils et deux filles, Pisidice et Polycaste. Il ne fait pas mention de l'Eurydice de l'*Odyssée*. En donnant à Nestor Polycaste pour fille, il aura probablement suivi Hésiode, car Homère n'en parle point. Quant à Télémaque, qui n'est pas marié dans l'*Odyssée*, si Hésiode lui donne Polycaste pour femme, on voit, d'après Eustathe (*Od.*, 16, p. 17, 96, v. 597), qu'Aristote, dans son ouvrage sur le *Gouvernement des Ithaciens*, et Hellanicus disaient qu'il avait épousé Nausicaa, fille d'Alcinoüs. Ces récits contradictoires prouvent combien plus une époque est antique, plus les traditions s'accumulent les unes sur les autres. Chaque âge ajoute aux faits que lui a transmis l'âge précédent. Placés comme nous le sommes à une si longue distance, il nous est bien difficile de reconnaître ce qui appartient à chaque siècle en particulier. Nous ne pouvons nous former de ces temps reculés qu'une idée générale.

(6) Voici la traduction de la note d'Eustathe. « Il (Homère) appelle Argos *poludipsion* (brûlante de soif), ou comme étant très-regrettée par les Grecs, ou parce qu'on raconte qu'elle était alors privée d'eau. On dit qu'elle en fut pourvue dans la suite, soit parce que Neptune ouvrit les fontaines de Lerne à cause de son amour pour Amymone, de laquelle provinrent dans Argos les eaux amymoniennes, soit parce que les Danaïdes venues d'Égypte enseignèrent aux habitans l'art de creuser des puits. Ainsi Hésiode :

Argos, anudron eon Danaai poiessen enudron.

Strabon (l. 8, c. 6) cite ce même vers, mais sans en nommer l'auteur et avec quelques changemens :

Argos anudron eon Danaai thesan Argos enudron.

Suivant lui, la ville d'Argos, bâtie dans un lieu privé d'eau, renfermait beaucoup de puits dont l'invention était due aux Danaïdes ; quatre de ces puits étaient consacrés et honorés d'une manière spéciale. Strabon parle de la fontaine *Amymone* qu'on montrait aux environs de Lerne, marais situé entre Argos et Mycène. Apollodore (*Bibl.*, 2, c. 1, § 4) raconte ainsi la fable relative à cette fontaine : « Le pays étant dépourvu d'eau parce que Neptune avait tari toutes les fontaines, dans sa colère contre Inachus qui avait attesté que la contrée appartenait à Minerve, Danaé envoya ses filles puiser ailleurs de l'eau ; l'une d'elles (Amymone), cherchant une source, lança un trait contre un cerf et atteignit un satyre endormi. Ce satyre s'éveilla et désira s'unir avec elle ; mais il s'enfuit à l'aspect de Neptune : Amymone se livra à ce dieu, et Neptune lui découvrit les fontaines de Lerne. » Dans Euripide (*Phéniciennes*, p. 195) la fontaine jaillit de terre sous un coup du trident de Neptune. Quelle que soit l'origine d'une semblable fable, le vers d'Hésiode est un débris de poésie précieux pour l'histoire ; en nous montrant Danaé procurant de l'eau à une ville qui en manquait, il nous donne une idée de la civilisation égyptienne, qui, fertilisant les contrées arides, transporte le bienfait des arts sur le sol de la Grèce.

(7) Ce fragment, tiré du *Catalogue* et conforme au récit de Stésichore, comme nous l'apprend Strabon, fait conjecturer à ce géographe que c'est d'Arabus que l'Arabie a pris son nom. Quel était cet Arabus ? Sans doute un puissant héros, puisqu'il devait la naissance à un dieu et à la fille d'un roi, à Mercure et à Thronie. L'épithète de *bienfaisant* appliquée à Mercure peut étonner les lecteurs habitués à le regarder comme le dieu tutélaire des marchands et des voleurs. Qu'ils songent que ces attributs de bonté ou de méchanceté que la mythologie grecque donna à ses dieux et à ses déesses furent presque tous des inventions postérieures aux premiers temps du polythéisme. Dans les siècles d'Homère et d'Hésiode, les divinités ne se cachaient pas encore sous ce voile de symboles et d'allégories dont les tragiques et les autres mythographes les surchargèrent : Mercure n'était pas plus le dieu de l'éloquence ou le protecteur du vol que Vénus ou Diane n'était l'emblème de l'amour ou de la chasteté. On appelait donc Mercure *bienfaisant* parce que, étant supérieur aux hommes, il pouvait, comme toutes les divinités, les secourir et les protéger.

(8) Homère est le premier auteur qui parle de la roche d'Olène (*Il.*, lib. 2, v. 617) ; il la place dans le voisinage d'Élis. Pausanias (*Élide*, c. 20) dit qu'il existait en Élide une roche olénienne ainsi nommée d'un habitant du pays savant dans l'art de l'équitation. Il rapporte aussi (*Achaie*, c. 18) qu'à 40 stades de Dyme, on trouve l'endroit où le fleuve Pirus se jette dans la mer, et qu'il y avait autrefois près de ce fleuve une ville appelée Olène. Suivant Strabon (lib. 8, c. 3, § 10), on conjecturait que la roche olénienne était la montagne que de son temps on appelait Scollis, montagne pierreuse, voisine de Dyme et d'Élis. Le fragment d'Hésiode doit avoir de l'autorité même dans une question géographique ; on peut donc supposer, d'après le voisinage du fleuve Pirus et de la roche olénienne mentionnée dans ce vers, que cette roche était située dans l'Élide.

(9) Suivant Strabon, qui, dans sa description de la Crète, nous a conservé ce fragment, Hésiode dit que Hécateus et une fille de Phoronée eurent cinq filles d'où naquirent les nymphes Oréades, les Satyres et les Curètes. Nous ne répéterons pas ici tout ce qui a été dit sur la lubricité et sur l'intempérance des Satyres ou sur les danses sacrées de ces Curètes, qui ont été confondus avec les Corybantes et avec les Dactyles de l'Ida et dont les mythes ont été aussi mêlés aux fables phrygiennes et crétoises. Nous re-

marquerons seulement que l'origine de ces traditions remontait à la plus haute antiquité, puisqu'elles ont été célébrées par Hésiode. Le nom de *dieu* que ce poëte donne aux Curètes s'accorde avec la qualité de devins que leur attribuèrent les mythologues postérieurs.

Il y a dans ce fragment quelque chose qui indique une époque de religion primitive et une importation du culte oriental. Leclerc pense que le mot *saturoi* vient du phénicien *schatar*, qui chez les Arabes signifie *molester*, parce que les Satyres ne jouissaient des Nymphes ou des femmes qu'après les avoir lassées de leur poursuite. Il croit aussi que l'épithète *orchestéres* (danseurs) appliquée aux Curètes a sa racine dans le mot phénicien *charar* (danser).

(10) Strabon (lib. 14, c. 1, § 27) raconte que Calchas à son retour de Troie visita l'oracle d'Apollon Clarien, et qu'y ayant rencontré Mopsus, fils de Manto, fille de Tirésias, il lui proposa l'énigme du figuier, et périt de chagrin après avoir entendu sa réponse. Suivant Strabon, Phérécyde rapporte que Calchas demanda à Mopsus combien de cochons portait une truie pleine; que Mopsus répondit qu'elle en portait trois, dont l'un était une femelle, et que le nombre s'étant trouvé juste, Calchas en mourut de dépit. D'après le même auteur, Sophocle, dans sa pièce intitulée *Helenês apaitesis* (la Réclamation d'Hélène), disait qu'il était dans la destinée de Calchas de mourir lorsqu'il aurait trouvé un devin plus savant que lui, et il transportait dans la Cilicie le théâtre de sa dispute et de sa mort.

La singularité de l'énigme rapportée par Hésiode, et dont il est difficile de saisir le sens, attesterait seule, quand bien même nous manquerions d'autres preuves, la disparité de l'âge d'Homère et de celui d'Hésiode. En effet, l'obscurité de la pensée, la tendance de la poésie vers la recherche et l'ambiguïté, cette lutte d'esprit établie entre deux devins, ce Calchas qui meurt de chagrin parce qu'il a rencontré un rival plus habile, tout cela n'indique-t-il pas une époque où les Muses ont moins pour but d'émouvoir les nations, en célébrant les grands événemens guerriers et populaires, que de piquer la curiosité d'un peuple oisif par des inventions futiles et bizarres? Dans l'*Iliade*, Calchas interroge le vol des oiseaux, prophétise en plein air, conduit la flotte des Grecs et demeure dans leur camp, où il n'est pas moins guerrier que devin. Ici Mopsus et Calchas se rencontrent à l'oracle d'Apollon, probablement dans l'enceinte d'un temple; ils ne viennent pas consulter le dieu sur le sort des peuples: ils s'amusent à se porter un défi, et le vaincu périt de honte et de douleur, tant la superstition lui faisait attacher de prix à la gloire de son art! Dans le siècle d'Homère, les caractères, les passions, le culte, tout est extérieur. Dans celui d'Hésiode, la civilisation a depuis long-temps introduit la dissimulation et la ruse; les croyances sont moins vives; les formes de la religion deviennent plus compliquées, plus minutieuses; la divination acquiert plus d'importance: on sent déjà que la puissance des prêtres ne tardera point à s'établir; enfin la superstition commence à succéder à la foi, la recherche à la simplicité, une poésie spirituelle et réfléchie à ces chants naïfs et spontanés qui, en sortant de la bouche d'un seul homme, semblaient s'échapper du cœur de tout un peuple.

(11) Pausanias, en rapportant ce fragment, dit qu'il appartient à l'auteur du poëme que les Grecs nomment *Mégalai éoiai*. Quoiqu'il puisse sembler singulier qu'il ne nomme pas Hésiode, ce n'est qu'à ce poëte que ces vers peuvent être attribués. Cet Orchomène, qu'il ne faut pas confondre avec un autre Orchomène fils de Lycaon (*Apollodore*, lib. 3, c. 8, § 1), était, suivant Pausanias (*Béotie*, ch. 36), fils de Minyas et donna son nom à sa ville. Ce fut sous son règne qu'Hyettus, exilé d'Argos pour un meurtre, vint se réfugier auprès de lui. Orchomène lui céda le canton où furent depuis le bourg d'Hyette et le territoire adjacent.

Pausanias en disant que cet Hyettus, meurtrier de Molyre, qui avait séduit sa femme, est le premier homme connu qui ait tiré vengeance d'un adultère, ajoute que dans la suite Dracon, législateur des Athéniens, plaça cette sorte de vengeance au nombre des actions qui ne devaient pas être punies. Cette loi de Dracon atteste que de son temps le sentiment moral avait fait des progrès dans l'esprit des Grecs et que la société, plus civilisée quoique plus corrompue, regardait comme un crime digne du dernier châtiment l'injure faite à la sainteté du mariage. Dans les temps primitifs, la violation de la loi conjugale n'était pas considérée comme un délit plus grave que tous les autres; le meurtrier de l'homme qui l'avait outragé par un adultère n'inspirait pas plus de pitié, ne méritait pas plus d'excuses que le meurtrier d'un homme innocent: comme un coupable, il était obligé de fuir sa patrie. Convenons cependant qu'à une époque où les femmes ne jouaient qu'un rôle subalterne et vivaient renfermées dans le cercle de leurs devoirs et de leur existence domestiques, ce genre de délit ne devait pas être fréquent, ou du moins l'honneur des époux n'y attachait pas une grande importance, puisque cet Hyettus était, selon Pausanias, le premier mari qui eût tué le séducteur de sa femme. C'est dans la maturité ou la vieillesse des sociétés que les délicatesses de l'amour-propre s'augmentent avec la violence des passions et avec la corruption des mœurs.

(12) Les deux premiers vers de ce fragment sont cités par Tzetzès et les trois derniers par le scholiaste de Pindare (*Pyth.* 4, 252). Ce passage faisait partie du poëme de *la Généalogie des héros*.

Dans l'édition de Leclerc et dans plusieurs autres,

on lit ainsi le premier vers : « *Hellênes d'égenonto themistopoloi basilées.* » Leclerc conjecturait cependant qu'il fallait lire *Hellênos*. S'il avait consulté le texte du scholiaste, il aurait eu la satisfaction de voir cette hypothèse confirmée. Il est étonnant que Robinson et Gaisford aient écrit *themistopoloi basilées*, lorsqu'il y a dans Tzetzès *themistopolou basileou*. Ces deux mots se rapportent à Hellen.

Au second vers, Heinsius avait mis *Choros*. Leclerc propose avec raison d'écrire *Doros*. Tel est effectivement le nom qu'Apollodore donne à l'un des fils d'Hellen (lib. 1, c. 7, § 9) ; il appelle les deux autres Xuthus et Éole comme dans Hésiode. Quant à Hellen, il rapporte qu'il eut ces trois fils de la nymphe Orséis et qu'il fut le premier enfant de Deucalion et de Pyrrha ; il ajoute que quelques-uns le disaient fils de Jupiter.

Robinson a changé les deux derniers mots de cet hémistiche :

Kai huperthumos péri kéri,

en un seul mot, *Périérès*. C'est le nom de ce Périérès qui, d'après Apollodore (lib. 1, c. 7, § 3), était avec Créthéus, Athamas, Sisyphe et Salmonée au nombre des enfans qu'Éole eut d'Énarète, fille de Déimaque. Apollodore en nomme deux autres dont Hésiode ne parle pas, Déion et Magnès.

L'épithète de *thémistopolos* (dispensateur des lois) et celle de *adikos* (inique), également appliquées à Salmonée, peuvent sembler une contradiction du poëte ; mais on doit songer que les Grecs donnaient ordinairement aux rois les mêmes qualités, comme celle de *thémistopoloi* ou de *diotrophoi*, (nourrissons de Jupiter) ; par là ils voulaient désigner un des attributs généraux de la royauté, ce qui ne les empêchait point d'appeler un monarque *dêmoboros* (dévorateur de peuple), comme dans Homère (*Il.*, c. 1, v. 231), ou *dôrophagos* (mangeur de présens), comme dans Hésiode (*les Travaux et les Jours*, v. 39) : autre chose en effet était le caractère du souverain, autre chose la conduite particulière de l'homme. N'oublions pas d'ailleurs que l'habitude de chanter les vers favorisait le retour des mêmes épithètes appliquées aux mêmes personnages. Une poésie chantée rend agréables et presque nécessaires des répétitions qui ne seraient que fatigantes et inutiles dans une poésie écrite.

(13) Ce fragment est vraisemblablement la source première où Pindare a puisé sa fable sur Pélée et sur Acaste, fils de Pélias et roi d'Iolchos. Le poëte ne rapporte pas le motif de la vengeance que ce roi exerça contre Pélée. Suivant Apollodore (lib. 3, c. 13, § 3), Astynamie, femme d'Acaste, devenue amoureuse de Pélée, et honteuse d'un refus, l'accusa d'avoir tenté de la séduire. Acaste furieux le conduisit à la chasse sur le Pélion où il le laissa endormi après avoir caché son épée. Pélée, s'étant réveillé, chercha son arme et tomba entre les mains des Centaures ; mais il fut sauvé par Chiron. Le scholiaste d'Apollonius de Rhodes rapporte cette fable à peu près de la même manière (lib. 1, v. 224) ; seulement il diffère sur le nom de la femme d'Acaste, qu'il dit s'être nommée Crithéis, ou Hippolyte, comme l'appelle Pindare (*Ném.* 4, v. 93). Il raconte que Mercure ou, selon d'autres, Chiron, voyant Pélée désarmé sur la montagne où Acaste l'avait abandonné pour qu'il servît de pâture aux bêtes féroces, lui donna une épée magnifique avec laquelle ce héros, rentré dans la ville, égorgea Acaste et son épouse.

On doit remarquer la ressemblance qui existe entre l'aventure de la femme d'Acaste et de Pélée et celle de Bellérophon (*Iliade*, c. 6, v. 160), qui fut aussi aimé d'Antée, femme de Prétus, et accusé par elle auprès de son mari d'avoir voulu profaner sa couche. Le type de ces deux histoires est peut-être l'histoire de Joseph et de la femme de Putiphar. L'Égypte et la Grèce eurent des points de contact nombreux. En parcourant la route de l'antiquité, on trouve souvent les mêmes jalons dispersés loin les uns des autres.

(14) Comme Hésiode, Pindare (*Ném.* 3, v. 93) dit que Chiron éleva Jason. Chez les poëtes, presque tous les héros les plus fameux ont le Centaure pour maître.

(15) Ce fragment était, suivant le scholiaste, le début du poëme sur les préceptes de Chiron pour l'éducation d'Achille. Pausanias (*Béotie*, c. 31) met ce poëme au nombre des ouvrages attribués à Hésiode. Comme il appartient au genre didactique, on doit le regarder comme le produit et l'expression d'un siècle où la poésie antique s'éloignait de son but primitif, qui était d'émouvoir plutôt que d'instruire, de célébrer les événemens historiques et non de tracer des préceptes de morale.

(16) Le scholiaste nous apprend que le père des deux héros dont parle Hésiode était Halirrhothius, fils de Périérès et d'Alcyone. Apollodore (lib. 3, c. 14, § 2) fait mention d'un autre Halirrhothius, fils de Neptune et de la nymphe Euryte, qui, voulant violer Alcippe, fille de Mars et d'Agraule, fut surpris et tué par Mars.

(17) Ce fragment, suivant le scholiaste de Sophocle, appartenait au poëme des *Mégalai éoiai*. Suivant lui, on croyait que le pays de Dodone était le même que l'Hellopie. Strabon, qui cite le premier et le cinquième vers (lib. 7, c. 7, § 10), dit que Philochore rapporte la même chose. Le nom d'*Hellopie* venait peut-être des Selles (*Selloi* ou *Elloi*), qui avaient rendu célèbre cette contrée : car, selon Hésychius,

ella était le siége de Jupiter à Dodone, c'est-à-dire l'escabeau où se plaçaient les ministres de ce dieu, lorsqu'ils révélaient l'avenir.

Runkhenius propose de lire ainsi le sixième vers :

Tôn de zeus édélêsen eon chrêstêrion einai,

et de mettre au septième vers *naien* au lieu de *naion*, suivant la leçon de Valckener.

Ces changemens nous semblent heureux. Il n'en est pas de même de celui que Runkhenius propose pour le huitième vers, qu'il écrit ainsi :

Enthên épichtonioïs manteia panta phérontai.

Ces remarques sont peu importantes : ce qui mérite d'être observé, c'est la conformité du sens des deux derniers vers avec ce passage tiré de l'hymne homérique à Mercure, 540 :

« Si quelque mortel (c'est Apollon qui parle) vient à moi, guidé par le chant ou par le vol des oiseaux choisis, mes ordres lui seront propices et je ne le tromperai point ; mais si l'un d'eux, se confiant à des oiseaux trompeurs, veut interroger mon oracle malgré ma volonté et désire en savoir plus que les dieux immortels, je lui prédis que son voyage sera inutile, et pourtant je recevrai ses dons. »

Ce passage prouve à la fois que les hymnes attribués à Homère portent une date moins antique et qu'ils n'ont précédé que de peu de temps les poëmes d'Hésiode. Dans l'hymne à Mercure et dans le fragment d'Hésiode, Apollon et Jupiter sont encore avides de présens, comme dans l'*Iliade*; mais ils attachent plus d'importance aux augures favorables tirés du vol des oiseaux : la divination est devenue un art plus sacré. Hésiode surtout nous révèle un changement dans l'essence et dans les formes du culte. C'est dans le creux d'un hêtre que repose l'oracle ou plutôt l'image de Jupiter. Tous les mortels se font un devoir de le consulter. La divinité s'entoure d'un mystère plus profond pour inspirer un respect plus religieux.

(18) Apollodore (livre 3, c. 11, § 1) s'est conformé à la tradition d'Hésiode en disant que Ménélas eut d'Hélène Hermione et Nicostrate. Pausanias (*Corinthie*, c. 13) prétend que c'est d'une esclave que Ménélas avait eu ce Nicostrate et un autre fils nommé Mégapenthès, le même dont parle Homère (*Od.*, 4, 10). On lit dans les scholies de Venise (*Il.*, 3, v. 175) qu'Hélène avait donné à Ménélas un fils appelé Morraphius selon Diéthus, ou Nicostrate d'après Cinéthon. Homère (*Odyssée*, ch. 4, v. 12, et *Iliade*, ch. 3, 175) dit qu'Hélène n'avait pas eu d'autre enfant qu'Hermione : Hésiode lui en donne deux ; d'autres poëtes en ont encore augmenté le nombre. Ainsi les vieilles traditions tantôt s'accroissent, tantôt diminuent, et presque toujours s'altèrent avec le temps.

(19) Probablement, comme le dit Étienne de Byzance, ce fragment est extrait du second livre d'*Égimius*, poëme très-ancien que les plus habiles critiques ont attribué à Hésiode ou à l'un de ses rivaux nommé Cercops de Milet. Ce poëme était consacré à Égimius, roi des Doriens, dont les enfans contribuèrent au retour des Héraclides dans le Péloponèse pour reconnaître les services rendus à leur père par Hercule, car nous voyons dans Apollodore (liv. 2, c. 7, § 7) qu'Égimius, étant en guerre avec les Lapithes et se trouvant assiégé, fut secouru et sauvé par Hercule, qui tua leur chef Coronus. Le récit de Diodore de Sicile (liv. 4, c. 37) s'accorde avec celui d'Apollodore. Suivant le scholiaste d'Apollonius (liv. 1, v. 77), les Eubéens s'appelaient Abantes, du nom d'un héros appelé Abas, qui avait probablement régné sur eux. Strabon (liv. 10, c. 1, § 3) rapporte que l'Eubée fut anciennement appelée Macris et Abantis : « Aristote, dit-il, prétend que les Thraces, venus d'Abas en Phocide, fondèrent une colonie dans l'île et nommèrent Abantes ceux qui l'occupaient ; d'autres font dériver ce nom d'un héros, comme l'Eubée dut sa dénomination à une héroïne. De même que le nom de *boos aulê* (la retraite des bœufs) est resté à un autre situé sur le rivage qui est tourné vers la mer Égée et où l'on dit qu'Io accoucha d'Épaphus, c'est peut-être une cause semblable qui a valu ce nom à l'Eubée. Un autre de ses noms fut celui d'Oché, nom que porte la plus grande des montagnes de cette île. » Si nous nous bornons à examiner le fragment d'Hésiode, nous y trouverons un indice presque certain que cette dénomination de l'*Eubée* est venue de la fable d'Io, car il était question de cette fable dans le poëme d'*Égimius*, comme le prouvent l'assertion d'Étienne de Byzance et les quatre vers sur Argus, qui nous ont été conservés par le scholiaste d'Euripide et qui se rattachent au même poëme. La métamorphose d'Io en vache, l'allégorie de ce personnage d'Argus, à qui Hésiode donne quatre yeux et qui ne dormait jamais, la singularité de l'origine du nom de l'Eubée, tout cela nous paraît entièrement conforme à l'esprit d'un siècle ami des fictions et du merveilleux.

Hésiode donne à l'Eubée l'épithète de *divine* parce que cette île était consacrée à Junon.

Quand il rapporte que les dieux l'appelaient autrefois Abantis, il semble rappeler que les noms les plus anciens étaient toujours attribués aux dieux, comme Homère nous le fait entendre souvent dans l'*Iliade* en établissant une distinction entre la langue des dieux et celle des hommes. Lorsqu'il nous dit que Jupiter donna à cette île le nom de l'Eubée, il nous montre l'époque où une nouvelle religion, victorieuse de l'ancien culte, introduisit ses changemens dans l'Olympe comme sur la terre. C'est sous le règne de Jupiter que le polythéisme grec trouva enfin le point d'appui qui le fixa d'une manière certaine et durable.

(20) Eurygyès est le même héros qu'Androgée, fils de Minos. Apollodore raconte (l. 3, c. 15, § 7) qu'il vainquit tous ses rivaux dans les Panathénées, mais qu'Égée l'envoya contre le taureau de Marathon, qui le fit périr, ou que, d'après une autre tradition, étant allé à Thèbes aux jeux funèbres de Laïus, il fut tué dans une embuscade par ceux qui devaient lui disputer le prix. Properce (liv. 2, 1, 63) suppose qu'il fut ressuscité par Esculape. Pausanias dit (*Attique*, c. 28) que Minos vengea sa mort sur les Athéniens; il parle (*Attique*, c. 1) d'un autel nommé l'*autel des héros* que les Athéniens dédièrent à Androgée. Suivant Hésychius, Mélésagoras disait qu'on célébrait dans le Céramique des jeux funèbres en son honneur. Rien n'est plus touchant qu'un tel hommage rendu à ce héros, mort dans la fleur de son âge. Hésiode l'appelle l'*enfant de la sainte Athènes*, comme si la ville tout entière adoptait sa gloire et pleurait son souvenir avec la tendresse et la douleur d'une mère.

Runkhenius conjecture avec raison qu'il faut rapporter à Androgée ce fragment où le poëte semble déplorer une mort prématurée.

(21) Plutarque cite ce vers à propos de Thésée, qui abandonna Ariane dans l'île de Naxos, parce qu'il s'était épris d'amour pour Églé. Suivant lui, Héréas de Mégare prétendait que Pisistrate avait fait retrancher ce vers du poëme d'Hésiode, de même que pour faire plaisir aux Athéniens il avait intercalé le vers suivant dans le onzième chant de l'*Odyssée* (630) : « Thésée et Périthoüs, glorieux enfans des dieux. »

On voit par là que les poëmes recueillis par l'ordre de Pisistrate n'ont souvent qu'une authenticité problématique, puisque ce roi, jaloux de flatter l'orgueil des Athéniens, tantôt en ôtait les passages injurieux à la mémoire de leurs ancêtres et tantôt en ajoutait d'autres qui pouvaient augmenter encore la gloire de leurs anciens héros.

Un passage d'Athénée (13, p. 557) confirme ce que dit Plutarque. Le voici : « Hésiode rapporte que Thésée épousa légitimement Hippé et Églé en faveur de laquelle il viola les sermens qu'il avait faits à Ariane, comme le dit Cercops. »

(22) Ces vers, où il est question de l'art de la divination, étaient peut-être compris dans *la Mélampodie*.

(23) Ces deux vers semblent se rattacher au passage précédent, car ils ne peuvent s'appliquer qu'à Jupiter. Quel que fût du temps d'Hésiode le respect qu'inspiraient les devins, leur puissance n'était pas comparable à celle du roi de tous les dieux, de ce Jupiter dont ils ne pouvaient pénétrer les desseins ni suspendre la volonté. Nous avons préféré la leçon *to*, approuvée par Gaisford, à celle de *séo*, qu'a dopte M. Boissonade. Il nous a semblé plus naturel de rapporter la première à Jupiter que d'appliquer la seconde soit à un devin soit à un autre homme à qui le poëte s'adresserait.

(24) Ce bizarre fragment, qui a été imité par Callimaque et qui a inspiré Ovide, est extrait de *la Mélampodie*. Voici ce qu'Apollodore (lib. 3, c. 6, v. 7) dit à ce sujet : « Hésiode rapporte que Térésias, ayant trouvé à Cyllène deux serpens accouplés et les ayant blessés, devint femme d'homme qu'il était : mais ayant retrouvé ces mêmes serpens encore acccouplés, il redevint homme. Aussi Jupiter et Junon, se disputant pour savoir qui, de l'homme ou de la femme, jouissait de plus de plaisir en amour, le choisirent pour arbitre. Il répondit que des dix-neuf parties qui composaient la jouissance, l'homme en éprouvait neuf et la femme dix. Junon, à cause de cette réponse, le priva de la vue, mais Jupiter lui donna le talent de la divination. » Apollodore cite, à l'appui de cette fable, les deux vers d'Hésiode. Heyne propose de corriger le commencement du dernier, en mettant *Ennea d'* au lieu de *tas deka*, attendu, dit-il, que de dix parties, quand on en ôte une, il en reste neuf. Il se fonde principalement sur ce que Phlégon (*de Mirabil*, c. 4) dit que Térésias répliqua que des dix parties qui composent la jouissance, l'homme en goûte une seule et la femme en éprouve neuf. La leçon proposée par Heyne offre sans doute quelque vraisemblance; nous croyons cependant qu'on doit conserver le texte ancien, dont le sens paraît le plus véritable. Hésiode, en effet, a voulu dire que l'homme n'obtenait qu'une partie de la jouissance, mais que la femme la savourait tout entière. Or cette jouissance n'aurait pu être complète si elle n'eût été composée que de neuf parties : il fallait que la femme les éprouvât toutes les dix. D'ailleurs le mot dont se sert le poëte, *empiplési*, exprime l'action d'accomplir une chose dans son entier.

Ce fragment est curieux en ce qu'il porte encore l'empreinte d'une époque où le plaisir des sens avait tant de charmes et de puissance que Jupiter et Junon même se disputaient pour savoir quel sexe en éprouvait davantage. Dans ces temps à demi civilisés, les hommes ne recherchaient dans l'amour que la jouissance physique. Si un rival ou un vainqueur leur enlevait leurs esclaves, ce n'était pas leur cœur qui gémissait d'une telle perte, c'était leur orgueil qui souffrait et s'indignait de se voir arracher la récompense de leur valeur. L'habitude d'une vie guerrière ou politique les avait rendus indifférens à ces égards et à ces soins qu'exige la compagnie assidue des femmes. Le siècle d'Hésiode nous montre bien, il est vrai, les femmes liées davantage au sort des hommes et troublant déjà la société par les désordres de leur mauvaise conduite, mais il ne faut pas en conclure que les plaisirs matériels ne conservassent pas tout leur empire : les passions avaient gardé quelque chose de violent et de brutal qui rappelait une époque voisine de la barbarie. Rien n'annonçait encore ces temps où, sous Périclès, les femmes exercèrent tant d'influence sur la vie privée et sur la destinée de l'état.

(25) Harpocration attribue ce vers à Hésiode, d'après le témoignage d'Hypéride, qui prétend qu'il se trouvait dans le poëme sur Autoclès. Il est cité par Aristophane le grammairien. L'idée philosophique qu'il renferme est pleine de sagesse et de vérité. Le mérite de sa concision, qualité nécessaire au genre didactique, le range parmi le petit nombre de ces vers qui résument quelquefois tout un siècle. Il n'a pu être composé qu'à une époque où la poésie, commençant à s'allier avec la morale, s'attachait moins aux faits qu'à la pensée.

Le poëme d'Autoclès, d'où il est extrait, était probablement un poëme d'une nature semblable à celle du poëme des *Travaux et des Jours*. Hésiode devait s'adresser à Autoclès pour lui donner des conseils de morale, comme il s'adresse à Persès pour l'exhorter au travail.

(26) Apollonius Dyscolus, dans son *Traité sur les Pronoms*, nous apprend que la particule *tin*, en perdant quelquefois le *tau*, conserve la même valeur. Hésychius dit que l'usage de cette particule est très-rare et que *in autô* signifie la même chose que *autos autô*. Ces sortes de pléonasmes sont dans le génie des langues grecque et latine.

Apollonius Dyscolus ne cite que les cinq premiers mots de ce vers sans désigner le héros auquel ils se rapportent. D'après le scholiaste d'Apollonius de Rhodes (lib. 4, v. 57), il s'agit d'Endymion, né d'Aéthlius, fils de Jupiter et de Calyscé, qui avait reçu de Jupiter le privilége de fixer lui-même le moment où il voudrait mourir. Les idées sur le pouvoir du Destin s'étaient déjà modifiées depuis Homère jusqu'à Hésiode. Jupiter, dans l'*Iliade*, cherche quelquefois à dominer le Destin; mais le Destin finit toujours par l'emporter, parce qu'il est la marche nécessaire des événemens, l'inévitable enchaînement des causes et des effets qui réagissent les uns sur les autres. Ici nous voyons un héros qui reçoit la faculté de décider lui-même l'heure de sa mort : la destinée elle-même cède à l'ascendant du pouvoir que les dieux confèrent aux hommes.

(27) Schœfer pense que cet hémistiche n'est qu'une variante du vers 56 des *Travaux et des Jours*; mais Apollonius Dyscolus rapportant qu'il est tiré du troisième chant d'un poëme d'Hésiode, M. Boissonade a cru devoir le comprendre parmi les fragmens.

(28) Nous trouvons ici une nouvelle preuve de l'idée répandue dans l'antiquité sur la commune origine des hommes et des dieux et consignée dans les poëmes d'Hésiode.

On dirait que cette communauté de repas et d'assemblées dont parle ce fragment fait supposer une époque antérieure à l'âge d'or, l'époque où les habitans de la terre et du ciel vivaient confondus.

(29) On trouve ce vers dans Aristote et dans le scholiaste d'Eschyle (*les Suppliantes*, 444), qui le cite sans nom d'auteur. Dans Suidas (*in aiké pothoi*), Apollon le prononce en prophétisant sur Aurélien. Les vers de ce genre, que la justesse de leur morale et leur brièveté popularisent comme des proverbes, courent risque d'être attribués à d'autres qu'à leur véritable auteur et appliqués à d'autres sujets qu'à ceux auxquels ils se rapportaient primitivement.

(30) Apollodore (lib. 3, c. 9, § 2) dit que, suivant Hésiode et quelques autres, Atalante n'était pas fille d'Iasus, mais de Schenée. L'épithète qu'Hésiode lui donne, *podokès*, s'accorde avec ce que la fable raconte de sa vitesse à la course. Cet hémistiche est probablement extrait du poëme des *Megalai éoiai*.

(31) On voit dans les scholies de Venise que ces vers, tirés du *Catalogue des Héroïnes*, se rapportent à la fille d'Agénor. Heyne (*Il*. t. 6, p. 564) pense que Démodocé est la même que Démonice, fille d'Agénor et d'Épicaste, dont Apollodore parle (liv. 1, c. 7, § 7).

(32) Apollonius, en disant que l'on emploie le mot *phoibon* dans le sens de *katharon* (pur), cite ce vers, qu'il attribue à Héliodore. Villoison a substitué le nom d'Hésiode à celui d'Héliodore, et ce changement est confirmé par le témoignage du grand étymologiste (p. 796) et d'autres grammairiens. Il est impossible de deviner de quel fleuve il est ici question. La marche du vers est assez embarrassée à cause de la place qu'occupe le mot *kéras* (bras de rivière). En voici la traduction littérale en latin :

Puram undam adducens cornu Oceani fluentis.

(33) Constantin Porphyrogénète, en citant ce passage, dit que la Macédoine a reçu son nom de Macédon, fils de Jupiter et de Thyia, fille de Deucalion. Suivant Hellanicus, ce héros était fils d'Éole. Apollodore et Pausanias ne disent rien de lui.

(34) M. Boissonade prend *té Méliboia* pour le nom d'une femme, de Mélibée, qui fut, d'après Apollodore (l. 3, c. 8, § 1), la fille de l'Océan et l'épouse de Pélasque. Il est permis d'élever quelques doutes sur cette opinion. Dans une telle hypothèse, Mélibée aurait enfanté Phellus, et aucun poëte ou mythologue ancien ne lui donne un fils de ce nom. Ne serait-il pas plus naturel de croire qu'il s'agit de la

ville de Mélibée dont Apollonius de Rhodes fait mention (lib. 1, 592) et qui, suivant le scholiaste (*ibid*), était située dans la Thessalie? La construction de la phrase nous semble favoriser cette interprétation :

Phellon eummelien téké té Meliboia.

L'expression de *téké enfanta* ne peut se rapporter qu'à une femme, et ce verbe ne peut être gouverné par un substantif dont le cas est le datif ou l'ablatif. On doit donc, selon nous, traduire ainsi : « Elle enfanta dans Mélibée Phellus, habile à manier la lance. » Quelle était cette femme, mère de Phellus ? c'est ce qu'on ne saurait deviner. Un vers isolé ne peut rien nous apprendre.

(35) Ce fragment, dont il est impossible d'expliquer le sens, se trouvait, selon Hérodianus Dindymus, dans le deuxième livre d'Hésiode, *en deuteró*. Peut-être, comme le conjecture M. Boissonade, désigne-t-il ainsi le second chant du *Catalogue des Héroïnes*.

(36) Hérodianus Dindymus dit que cet hémistiche est tiré du troisième livre, *en tritó*. Il s'agit peut-être encore du troisième chant du *Catalogue des Héroïnes*. L'obscurité de ce fragment ne saurait pas plus s'éclaircir que celle du précédent. Nous avons donné à *nouthos* la valeur du mot *nothos*, qui signifie faux, illégitime, vain. Les grammairiens disent *nothos logismos* (un faux raisonnement). Suidas prend le mot de *nothos* dans le sens de *xénos* (étranger).

(37) Ce fragment, que Galien nous a conservé comme étant rapporté par Chrysippe, peut servir de variante et de développement aux passages de *la Théogonie* qui concernent le mariage de Jupiter avec Métis (v. 886) et l'enfantement de Vulcain par Junon (v. 927). Plusieurs vers de *la Théogonie* reparaissent dans ce fragment, dont le texte est très-corrompu et le sens quelquefois très-obscur. Runkhenius en a corrigé heureusement beaucoup de parties (*Epist. crit.*, p. 100); mais il avoue avec franchise qu'il n'a su comment le corriger tout entier. M. Boissonade a ajouté quelques corrections. Son texte est celui que nous avons préféré; cependant nous avons suivi pour la dernière phrase une ponctuation différente, qui consiste à placer un point à la fin du dix-septième vers et seulement une virgule à la fin du dix-huitième; en cela nous avons adopté le sens proposé déjà par Runkhenius : ce n'est pas Thémis, mais Métis qui, dans le corps de Jupiter, fabriqua une égide pour Minerve, qui s'élança tout armée du cerveau de son père, comme l'atteste l'hymne homérique (v. 5) consacré à cette déesse. Cette fable de Métis renfermée dans le corps de Jupiter est consignée dans l'hymne orphique qui nous a été conservé par Stobée (*Éclog.*, liv. 1, p. 40, Heeren) et qui se termine ainsi :

« Il est une force, un dieu, grand principe du tout, un seul corps excellent qui embrasse tous ces êtres, le feu, l'eau, la terre et l'éther, la nuit et le jour, et Métis la créatrice première et l'Amour plein de charmes. Tous ces êtres sont contenus dans le corps immense de Jupiter. »

(38) Aspasius, dans ses *Commentaires sur Aristote*, dit que le mot *ponêros* s'emploie dans le sens de *épiponos* (laborieux), et de *dustuchês* (malheureux), et il cite comme un exemple ce fragment des *Mégalai éoiai* où Alcmène, s'adressant à Hercule, l'appelle le plus infortuné et le plus généreux de tous les hommes. L'existence de ce fragment est un nouveau motif de croire que le poëme du *Bouclier d'Hercule* n'est pas complet, qu'il règne une lacune considérable entre le récit de la naissance d'Hercule et celui de son combat avec Cycnus. Les vers conservés par Aristote se rattachaient vraisemblablement à cette partie du poëme qui ne nous est point parvenue et qui devait célébrer les travaux et les exploits du fils d'Alcmène.

(39) Clavier, qui rapporte ces vers dans les notes de son *Histoire des premiers temps de la Grèce* (tome 3, p. 18), observe avec raison que la tradition contenue dans ce passage diffère de celle que nous offrent les autres poëmes d'Hésiode. En effet, suivant *la Théogonie* (v. 576) et *les Travaux et les Jours* (v. 60), Pandore avait épousé Épiméthée; il n'est point question de son union avec Jupiter, ni de son fils Græcus : elle fut mère de Pyrrha, femme de Deucalion. Il ne serait pas cependant impossible qu'Hésiode eût voulu parler ici d'une autre Pandore que de celle qui fut formée par l'ordre de Jupiter. Clavier observe encore que, dans *la Théogonie* (v. 1012), Agrius et Latinus sont fils d'Ulysse et de Circé, et non pas de Pandore et de Jupiter. Mais le fragment dont il s'agit ne dit pas, comme il le prétend, que Jupiter ait eu de Pandore Agrius et Latinus. Clavier aurait dû s'apercevoir qu'il fallait placer un point après ces deux noms : *Agrion éde Latinon*, lesquels se rattachent probablement à une phrase précédente qui finit là, et non pas à celle qui concerne Pandore et qui commence ainsi : « *Kouré d'en*, etc. » Sa première observation suffit donc pour faire soupçonner l'authenticité des vers cités par Lydus. Comme on ne les trouve dans aucun écrivain plus ancien que cet auteur, Clavier pense qu'ils ont été forgés même depuis la translation de l'empire à Constantinople. Malgré ces justes soupçons sur leur légitimité, nous avons cru devoir les rétablir; ils ne sont pas compris dans les éditions de Gaisford et de M. Boissonade. En voici le texte :

Agrion éde Latinon.
Kouré d'en mégaroisi agauou Deukalionos
Pandoré Dii patri théon semantori panton
Michteis en philoteti téké Graikon menecharmen.

NOTES DES OLYMPIQUES,

PAR M. PERRAULT-MAYNAND.

OLYMPIQUE PREMIÈRE.

(1) *A Hiéron, tyran de Syracuse.* Hiéron, premier du nom, fils de Dioménès et frère de Gélon et de Thrasybule, succéda à son frère Gélon dans la souveraineté de Syracuse, la troisième année de la soixante-quinzième olympiade, environ 478 ans avant Jésus-Christ. Ce prince, sensible aux éloges de Pindare, l'appela à sa cour avec Simonide et Épicharme. Ses liaisons avec ces grands hommes adoucirent la rudesse de son caractère et la sévérité de son gouvernement. Il se déclara le protecteur des arts et des sciences et fit le bonheur des Syracusains. Il mourut après un règne de huit ans et laissa le trône à Thrasybule son frère.

Cette ode fut chantée à Syracuse, dans le palais d'Hiéron, pendant les fêtes qu'il donna à l'occasion de sa victoire. Pindare était présent.

(2) *Au Célès.* Le Célès ou cheval de selle. Cette victoire était inférieure à celle des chars. Dans le texte grec, après *Kelêti*, sous-entendez *nikêsanti*.

Élien raconte qu'Hiéron, au commencement de son règne, en la soixante-quinzième olympiade, étant arrivé à Pise avec un superbe équipage, Thémistocle, qui présidait à ces jeux comme l'un des Ampihtryons nommés par le peuple d'Athènes, proposa de l'exclure pour n'avoir pas pris parti dans la guerre des Grecs contre les Perses. Cet affront, joint à la satiété du trône, fut la source des ennuis dont parle Pindare. Depuis ce temps, le roi de Syracuse et les autres souverains ne se hasardèrent plus à disputer eux-mêmes la victoire aux jeux de la Grèce; ils se contentaient d'y envoyer leurs écuyers et leurs chevaux. C'est pour cette raison que Pindare, tout en louant Hiéron sur sa justice, la sagesse de son gouvernement et son goût pour la musique et les arts, fait partager au coursier Phérénice (*pherô nikên* — je porte la victoire) l'honneur de cette journée.

(3) L'eau est considérée ici comme élément et principe vital de l'univers, selon la cosmogonie de Thalès de Milet : « *Udôr pantôn archê* »; disait ce philosophe. Cette opinion, qui avait eu cours longtemps avant lui et qu'il ne fit que mettre dans un plus grand jour, avait porté les poëtes dès les premiers temps à regarder l'Océan comme le père et des dieux et des hommes et de tous les êtres en général ; c'est ce qui a fait dire à Orphée :

Okeante, theôn gennesin, thnêtôn' anthrôpôn.

« Et l'Océan, origine des dieux et des mortels. »

et à Homère :

. . . . *Potamoio reerra
Okeanou osper genesis pantessi tetuktai.*

« Les flots de l'Océan, source de tout ce que renferme la nature. »

Un poëte de l'*Anthologie* avait mis cette jolie inscription au haut d'un bain :

*Aithe se, Pindare, mallon emois ekathêra reethrois,
Kai ken ariston udôr t'oumon ephestha monon.*

« Si vous vous étiez baigné dans mes eaux, ô Pindare ! c'eût été d'elles seules que vous eussiez dit qu'il n'y a rien de plus excellent que l'eau. »

Cyrus, autre poëte dont l'*Anthologie* nous a conservé plusieurs pièces, éleva près d'une fontaine une statue à Pindare et mit au pied ces deux vers :

*Pindaron imeroenta par' udasi Kuros egeirei
Ouneka phormizôn eipen, ariston udor.*

« Sur le bord de ces eaux, Cyrus éleva une statue à Pindare pour avoir dit dans une de ses odes que l'eau est la plus excellente chose du monde. »

(4) *Mais ô ma muse.* Le grec porte *philon êtôr*, qu'il faut prendre ici dans une signification un peu différente de celle qu'ils ont coutume d'avoir : pour commencer d'abord par le mot *philon*, on sait qu'il veut dire *cher*, tandis qu'il signifie ici *mon*; c'est ce qu'ont remarqué les meilleurs grammairiens. Nous en avons un exemple dans Q. Calaber. Ce poëte, parlant des femmes de Lemnos qui avaient trempé leurs mains dans le sang de leurs époux, dit :

*Philous ana dômat' akoitas
Kteinon anélegeôs*

« Elles remplirent leurs maisons de carnage et égorgèrent impitoyablement *leurs* maris. »

Homère, dans le 2e chant de l'*Iliade*, met ces paroles dans la bouche d'Ulysse lorsqu'il s'emporte contre Thersite :

*Mêd' eti telemachoio patêr keklêmenos eiên
Ei me egô se labôn apo men phila eimata dusô.*

« Que je ne sois plus le père de Télémaque si le saisissant moi-même je n'arrache *tes* vêtements. »

Dé même, au 3ᵉ chant, il a dit en parlant de Pâris saisi de frayeur à la vue de Ménélas :

Kateplégé philon étor.

« Il fut frappé d'épouvante dans *son* cœur. »

(5) *Si tu veux chanter.* Il semble qu'après avoir énoncé les deux premières comparaisons à peu près en ces mots : « L'eau est le premier des élémens, l'or est le plus précieux des métaux, » Pindare devait naturellement ajouter : « et le soleil est le plus lumineux de tous les astres. » Nos poëtes d'aujourd'hui n'eussent pas manqué de s'assujettir à cette exactitude. Mais au gré du poëte grec, un arrangement si méthodique et si uniforme eût senti la prose et la monotonie. Il s'abandonne donc à son enthousiasme, et par un tour extraordinaire, auquel on ne s'attend point, il rend son lecteur attentif, et il se sauve lui-même de la langueur où il serait nécessairement tombé par trop de symétrie. Cependant un tour si poétique et si beau n'a pu échapper à la censure; on a trouvé cet endroit obscur. Mais « lorsque Pindare débute par des comparaisons, sa coutume est de n'en pas faire d'abord l'application, mais d'insérer quelque image lumineuse qui mette encore dans un plus grand jour l'excellence de la chose comparée et de passer ensuite aux rapports qu'elle peut avoir avec les choses auxquelles il la compare, » ce qui lui arrive parce qu'il est comme entraîné par le feu de son imagination et par la fécondité de son génie : « *Ethos de esti Pindarō, mē ois prooimiazetai sugkritikois, toutois ta sugkrinomena eutheōs epagein : alla metaxu tina eikona apodeiktinēn tēs beltiōseōs parentithetai, kai outō ton sugkrisin epipherei. Poiei de touto, thermos tis ōn kai polunous epi ta noēmata.* »
(Schol. Pind.)

(6) *Aux doctes enfans de la sagesse*, c'est-à-dire aux poëtes. Les anciens regardaient la poésie comme une espèce de philosophie.

(7) *Ta lyre dorienne.* Pindare écrivait dans le dialecte dorien.

(8) Le stade était bâti tout près des rives du fleuve Alphée.

(9) *De ce Lydien.* Pélops était fils de Tantale, roi de Lydie. Son père, ayant reçu les dieux chez lui, voulut par un forfait inouï éprouver leur divinité : il tua son fils Pélops et le leur servit avec d'autres viandes qu'il leur présenta à sa table. Les dieux, ayant connaissance de ce crime, ne touchèrent point aux mets. Cérès, absorbée par la douleur que lui causait la perte de Proserpine sa fille, fut la seule qui en mangea. Jupiter rendit la vie à Pélops et lui remit une épaule d'ivoire à la place de celle que Cérès avait mangée. Tantale, après le meurtre de son fils, fut précipité dans les enfers et Pélops se retira chez Ænomaüs, roi de Pise. Plus tard il soumit par les armes plusieurs peuples voisins et donna son nom au Péloponèse.

(10) *Sipyle.* Ville de la Lydie, au nord-ouest, près du Méandre, primitivement nommée Céraunie de *keraunos* (foudre), parce que la hauteur du mont Sipyle sur lequel elle est située y attirait souvent la foudre.

(11) *Ganymède*, fils de Tros, était d'une si grande beauté que Jupiter l'enleva pour en faire son échanson à la place d'Hébé, déesse de la jeunesse.

(12) *En morceaux.* Le texte porte *amphi deutata*, que Bœckh et d'autres interprètes traduisent par *frusta* (morceaux). En effet, quand on découpe une forte pièce de gibier, on commence par retrancher les gros membres, puis on découpe le reste du corps en plusieurs parties auxquelles on fait subir une troisième dissection, etc. De telle sorte que, d'après l'expression de Pindare, on pourrait appeler la première dissection des membres *ta prōta kreōn*, la seconde *ta deutera kreōn*, et toutes celles qui s'ensuivront *ta deutata*, les parties plus que deuxièmes.

(13) Les dieux admirent Tantale à leur table avant qu'il eût commis son crime.

(14) Ces trois grands criminels sont Ixion, Sisyphe et Tityus.

OLYMPIQUE II.

(1) Cette ode fut chantée à Agrigente, en Sicile, dans les fêtes qui suivirent la victoire de Théron.

(2) Ce prince était fils d'OEnésidame, de Béotie, descendant de Cadmus, fondateur de Thèbes. Il tient un rang considérable dans l'histoire de Sicile. Il donna sa fille en mariage à Gélon, tyran de Syracuse, et épousa lui-même la fille de Polyzèle, frère d'Hiéron. Cette double alliance forma d'abord une étroite amitié entre les deux maisons; mais lorsque Gélon fut mort, Hiéron lui succéda dans le gouvernement de Syracuse. Ce prince ayant conçu des soupçons contre son frère Polyzèle, Théron prit le parti de son beau-père et il s'éleva à ce sujet de grands et de longs différends entre le tyran de Syracuse et celui d'Agrigente; mais ils se terminèrent par la sage entremise du poëte Simonide. Pour rendre leur bonne intelligence plus durable, ces princes la cimentèrent d'une nouvelle alliance : Hiéron épousa la sœur de Théron.

(3) Agrigente ou Acragas (de *akra* extrémité *gês* de la terre, ou mieux *prémices de la terre*, à cause de la fertilité de son territoire), ville de Sicile, au mi-

lieu de la côte méridionale, sur le mont Acragas et à dix-huit stades de la mer. Elle était célèbre par ses richesses et sa nombreuse population, qui s'élevait à deux cent mille âmes. Vers l'an 408 avant Jésus-Christ, les Carthaginois la prirent et la saccagèrent.

(4)
>Quem virum aut heroa lyrâ, vel acri
>Tibiâ sumes, celebrare Clio,
>Quem Deum?..... (HORACE.)

La gradation de Pindare est plus juste et plus naturelle que celle du poëte latin.

(5) *Des prémices*, etc. Hercule, au rapport de la fable, fonda les jeux olympiques des prémices du butin qu'il fit sur le roi Augias. On sait que ce roi injuste lui avait refusé la récompense promise pour avoir nettoyé ses étables.

(6) *Hospitalier*. Pindare ne manque jamais de louer ses héros de leurs vertus hospitalières il était souvent admis à leur table.

(7) *Les rives sacrées*. Agrigente fut nommée la ville *sainte* à cause d'un temple de Proserpine qui s'élevait sur les bords du fleuve Acragas lorsque les aïeux de Théron fondèrent leur colonie.

(8)
>. . . . . Non tamen irritum
>Quodcumque retro est efficiet (Jupiter) neque
>Diffinget, infectumque reddet,
>Quod fugiens semel hora vexit.
>(HORACE, lib. 3, Od. 29.)

(9) *Les filles de Cadmus*. Elles étaient quatre, mais Pindare ne parle ici que de Sémélé et d'Ino. Sémélé, poussée par la jalouse Junon, demanda à Jupiter qu'il se montrât à elle dans tout l'éclat de sa gloire. Le père des dieux la satisfit à regret et parut devant elle armé des éclairs et de la foudre. Sémélé fut aussitôt consumée par le feu. Mais Jupiter la mit au rang des immortelles sous le nom de *Thioné*.

Junon haïssait Ino parce qu'elle était sœur de Sémélé. Cette déesse implacable ordonna à Tisiphone de troubler l'esprit d'Athamas, époux d'Ino. Ce prince dans un transport de fureur ayant tué son fils Léarque, Ino pour se dérober à la fureur de son mari se précipita dans la mer avec Mélicerte, son autre fils. Les dieux, touchés de son sort, la changèrent en une déesse marine sous le nom de *Leucothoé*. Mélicerte fut de même changé en un dieu marin sous le nom de *Palémon*.

(10) *Et leurs mains fratricides*. Étéocle et Polynice étaient fils d'OEdipe. Après la mort de leur père, ils convinrent de régner alternativement une année. Étéocle monta le premier sur le trône par droit d'aînesse ; mais lorsqu'il eut goûté pendant un an les douceurs de la royauté, il ne voulut plus céder la couronne à son frère. Polynice implora le secours d'Adraste, roi d'Argos, dont il épousa la fille, et marcha contre Thèbes à la tête d'une armée commandée par six autres braves capitaines. Étéocle confia la défense de la ville à un pareil nombre de guerriers et se chargea lui-même de combattre son frère. Enfin les deux frères convinrent de terminer leur querelle par un combat singulier, où ils se battirent avec tant d'acharnement qu'ils se portèrent l'un à l'autre un coup mortel.

(11) Thersandre, fils de Polynice, était un des sept Épigones qui mirent le siége devant Thèbes. Longtemps après il alla au siége de Troie. Il avait épousé Démonasse, fille d'Amphiaraüs.

(12) *Tu partageas encore la gloire*. C'est le sens qu'indiquent *omoklaron* et plus bas *koinai*, qui montrent évidemment qu'il y a une double victoire et que chacun des deux frères remporta la sienne, l'un à Olympie, l'autre dans l'Isthme et à Delphes.

(13) *Cette réflexion profonde*..... Le texte porte *merimnan agroteran* (une méditation de chasseur, c'est-à-dire d'homme qui semblable au chasseur songe aux moyens de s'assurer de sa proie); *agroteran* rappelle le mot latin *venari* pour *appetere vehementer*.

(14) *Habitèrent trois fois*, etc. Pindare veut ici parler de la métempsycose ou transmigration des âmes, dont Virgile et Ovide ont exposé le système :

>. . . . . Animæ quibus altera fato
>Corpora debentur. . . . .
>Scilicet immemores supera ut convexa revisant,
>Rursus et incipiant in corpora velle reverti.
>(Æn. 6.)

>Morte carent animæ, semper que priore relictâ
>Sede, novis domibus vivuntque habitantque vicissim.
>(OVIDE *Métam*. 15.)

es tris a évidemment rapporté aux trois différens passages qu'après la mort subissait l'âme de l'homme dans les corps des animaux *terrestres, aquatiques* et *aériens :* elle employait *trois* mille ans à cette *triple* transmigration, après quoi elle revenait animer le corps de l'homme.

(15) *Dans ces îles fortunées*. Les Canaries, îles de la mer Atlantique, à l'ouest de la Mauritanie. Les anciens n'en eurent jamais qu'une faible connaissance. Selon Plutarque, ils y plaçaient les Champs-Élysées.

(16) *Que la nature a instruit par ses leçons*. Horace dit :

>Naturâ fieret laudabile carmen an arte
>Quæsitum est. Ego nec studium sine divite venâ,
>Nec rude quid prosit video ingenium, alterius sic
>Altera poscit opem res, et conjurat amice.
>(*Art poétique*.)

(17) *Dont les bruyantes clameurs.* Il est évident que Pindare désigne par ces paroles ses jaloux détracteurs, Simonide et Bachylide son neveu. Ces deux poëtes s'efforçaient par tous les moyens possibles d'affaiblir l'estime qu'on faisait des ouvrages de Pindare, et il paraît qu'à son tour celui-ci ne les épargnait pas.

(18) *Des hommes comblés de ses faveurs.* Capys et Hippocrate, proches parens de Théron et même comblés de ses bienfaits, prirent les armes contre lui et engagèrent un grand nombre de personnes dans leur révolte; mais Théron battit les rebelles et les fit rentrer dans le devoir.

(19) . . . Neque enim numero comprendere refert.
Quem qui scire velit, Libyci velit æquoris idem
Dicere quàm multa Zephiro turbentur arenæ.
(VIRG. *Georg.* 2.)

OLYMPIQUE III.

(1) Bœckh prétend que cette ode fut chantée à Agrigente à peu près dans le même temps que la précédente et pour la même victoire. Théron était occupé à célébrer les *Théoxénies* lorsque ses chevaux revinrent couverts de branches d'olivier. Pindare en prend occasion de raconter comment Hercule obtint l'olivier sauvage des Hyperboréens quand il alla sur les bords du Danube chasser la biche aux cornes d'or.

Les *Théoxénies* étaient des fêtes que les Grecs célébraient en mémoire des dieux qui autrefois avaient été leurs hôtes. Le scholiaste de Pindare en attribue l'origine à Castor et Pollux :« *Kai outoi aph' eautón metenoēsan Panēgurin, Theoxenia : para to dokein tote xenizein tous Theous.*» C'est pour cela que les sacrifices qu'on faisait aux fils de Léda s'appelaient *Xenismoi.*

(2) *Les fils de Tyndare.* Castor et Pollux, fils de Tyndare, roi de Sparte et de Léda, suivirent Jason à la conquête de la Toison-d'Or et devinrent tous deux célèbres, Pollux à la lutte et Castor dans l'art de dompter les chevaux. Après leur mort on leur rendit les honneurs divins sous le nom de *Dioscures* (*Dios* de Jupiter, et *kouroi* fils). Ils furent même comptés par plusieurs villes au nombre des grands dieux de la Grèce. Agrigente les honorait d'un culte particulier, et voilà pourquoi, entre autres raisons, le poëte dédie son ode à eux plutôt qu'à Jupiter.

(3) *Un citoyen d'Étolie.* Hercule nomma *Oxyllus*, Étolien, juge des luttes olympiques. Depuis ce temps les Étoliens ou Éléens, habitans de l'Élide, pour les distinguer des Achéens, habitans de l'Achaïe, demeurèrent en possession du droit de choisir les juges; d'abord un seul, ensuite deux, enfin jusqu'à neuf : trois pour les courses des chars, trois pour les cinq autres genres de combat, trois pour la distribution des prix. Aristodème, roi de Lacédémone, en ajouta un dixième qui était comme le président. Ces juges prêtaient serment de juger avec équité.

(4) *Qui le premier apporta cet arbre.* Pindare attribue ici à l'Hercule grec ce qui, selon Pausanias, appartient à l'Hercule idéen ou de Crète.

(5) *Près des sources ombragées de l'Ister.* L'Ister, maintenant le Danube, un des plus grands fleuves de l'Europe et qui prend sa source dans la forêt Noire.

(6) *Des peuples hyperboréens.* C'est ainsi que les Grecs nommaient tous les peuples septentrionaux par rapport à eux, tant de l'Europe que de l'Asie, ce qui comprend la Scythie, la Tartarie européenne et asiatique, les monts Riphées, le pays des Abiens qu'Homère nomme *les plus justes des hommes*, pays alors couverts de forêts. Il serait trop long de raconter toutes les fables qu'ils ont débitées sur ces peuples; je ne citerai que Pline le naturaliste : « Près des monts Riphées, dit-il, au delà de l'aquilon, habite un peuple heureux, si nous les en croyons, qu'ils nomment Hyperboréens ; ils vivent longtemps et sont célèbres par de fabuleuses merveilles. C'est là qu'on croit que sont placés les pôles sur lesquels roule l'axe du monde : c'est l'extrémité de la terre, le terme de la course des astres. Le soleil est pour ces peuples pendant six mois sous l'horizon : ils n'ont qu'un seul jour d'un semestre entier, non comme disent les ignorans depuis l'équinoxe du printemps jusqu'à celui d'automne, mais un seul solstice éclairé du soleil pendant six mois, remplacé pendant six mois par une nuit profonde, température douce et heureuse. Les souffles impétueux des passions ne troublent pas le repos de ces nations exemptes de crimes; les bois, les antres des forêts leur servent de maisons; ils rendent aux dieux en public et en particulier un culte religieux; la discorde et les maladies de toute nature leur sont inconnues; la mort ne les atteint que lorsque, rassasiés de la vie, de repas, de fêtes, les vieillards se précipitent d'eux-mêmes d'une roche élevée dans la mer, genre de mort qu'ils regardent comme la plus heureuse.—*Ponè eos montes, (Ripheos) ultrà aquilonem, gens felix, si credimus, quas Hyperboreos appellavêre, annoso degit œvo, fabulosis celebrata miraculis. Ibi creduntur esse cardines mundi, extremique siderum ambitus, semestri luce, et unâ die solis aversi; non ut imperiti dixêre, ab equinoxio verno in autumnum; semel in anno solstitio oriuntur eis soles, brumâque semel occidunt : regio aprica, felici temperie, animi afflatu noxis carens. Domus iis nemora, lucique et deorum cultus viritim, gregatimque ; discordia*

ignota et ægritudo omnis; mors non nisi satietate vitæ, epulis delibutisque senibus luxu, ex rupe quâdam in mare salientibus; hoc genus sepulturæ beatissimum. » (Pline, liv. 4, ch. 12.) Vossius établit savamment que la région qu'ils habitent doit être située dans l'occident méridional, par exemple en Portugal, où la douceur du climat favorise la culture de l'olivier. Ce qui n'a pas empêché Heyne de taxer Pindare d'une grossière ignorance.

(7) *Fidèles adorateurs d'Apollon.* « Ces peuples, dit le même Pline, adoraient le soleil et envoyaient tous les ans par de jeunes filles leurs offrandes au temple de ce dieu, à Délos. »

(8) *Du Cronium.* Colline au pied de laquelle était bâti le stade.

(9) *Les ordres d'Eurysthée.* Jupiter ou, selon d'autres, Thémis ayant prédit qu'il naîtrait bientôt un enfant qui commanderait un jour à tous les hommes, Junon, qui préside aux enfantemens, retarda l'accouchement d'Alcmène et avança celui d'Archippe, femme de Sthénélus roi de Mycènes; de sorte qu'Eurysthée vit le jour avant Hercule et que celui-ci lui fut assujetti : de là sont venus les douze travaux d'Hercule, si fameux chez les poëtes :
« *Ote gar Éraklês emelle gennasthai, Zeus en theois ephê, ton apo Perseôs gennêthêsomenon tote basileuein Mukênôn : êra de dia ton zêlon Eileithuian epeisen, ton men Alkmênês tokon epischein, Eurusthea de ton Stenelou pareskeuase gennêthênai eptamêniaion onta.* » (Apollod., lib. 3.)
« En effet Hercule étant prêt à voir le jour, Jupiter dit en présence des dieux que celui qui allait naître de la race de Persée règnerait à Mycènes. Junon par jalousie engagea Lucine à retarder l'accouchement d'Alcmène et à faire naître sur-le-champ Eurysthée, fils de Sthénélus, quoiqu'il n'eût que sept mois. »

(10) *Que Taygète avait,* etc. Taygète, fille d'Atlas et de Pléione, poursuivie par Jupiter, fut changée en biche par Diane, qui lui rendit sa première forme quand le péril fut passé. Cette nymphe, en reconnaissance, consacra à la déesse une biche dont elle fit dorer les cornes et qu'elle ornait de bandelettes. C'est cette biche qu'Hercule rapporta à Eurysthée et qui fait l'un de ses travaux.

(11) *Diane l'Orthosienne.* Diane était ainsi appelée du mont Orthosius, en Arcadie, où elle chassait. C'est la Diane à qui l'on immolait des victimes humaines.

(12) *Que Borée ne tourmenta jamais,* etc. Le texte porte *pnoias opithen Borea* (en arrière du souffle de Borée). Si cette contrée est *en arrière*, c'est-à-dire *plus loin* que le souffle de Borée, elle en est donc à l'abri.

(13) *Où douze contours égaux.* Voyez la Dissertation sur les jeux olympiques.

(14) Il ne s'agit point ici des jeux olympiques, mais des fêtes *Théoxénies,* que Théron célébrait alors dans le temple de Castor et Pollux.

(15) *Les Emménides.* La tribu des Emménides, à Agrigente, remontait à Télémacus qui, ayant tué le tyran Phalaris, s'empara du trône; il eut pour fils Emménides, duquel est issu OEnésidame, père de Théron.

(16) *Jusqu'aux colonnes d'Hercule.* Expression figurée pour marquer que Théron était au comble de la gloire. Ce mot est devenu proverbial comme le *sidera ferrie* d'Horace. Mais ici, le sujet même de l'ode en grande partie consacrée à Hercule donne à cette formule une application particulière.

OLYMPIQUE IV.

(1) *Camarina,* ville de Sicile fondée par les Syracusains l'an 135 de la fondation de Syracuse. Elle était voisine d'un lac du même nom dont il est parlé ode 5e.
Cette ode fut chantée à Olympie, comme le prouvent les vers 4, 5 et 6, en la quatre-vingt-deuxième olympiade. Psaumis était un riche citoyen de Syracuse; on pense qu'il était lié avec Pindare.

(2) Ce titre est défectueux, à ce que Bœckh prétend, et il le prouve par l'emploi que fait le poëte dans la suite de l'ode du mot *ochos,* qui signifie proprement un *char attelé à deux mules.* Il est certain que les médailles frappées en mémoire de cet événement représentaient des mules au lieu de chevaux. Heyne et M. Boissonade maintiennent cependant la leçon *ippois* que nous avons aussi cru devoir conserver.
Apênê exprime proprement la course des chars attelés de mulets.

(3) *Les Heures, tes filles.* Les Heures, filles de Jupiter et de Thémis, étaient chargées d'ouvrir et de fermer les portes du jour. On les représentait ordinairement avec des ailes de papillon. Hygin (fable 183e) nous a conservé les noms des déesses qui présidaient aux heures du jour; il dit en effet : « *Alii auctores tradunt decem his nominibus :* 1° Auge (*Augê*), l'aurore ou le point du jour; 2° Anatole (*Anatolê*), le lever du soleil; 3° Musœa (*Mouseia*), l'heure des Muses, c'est-à-dire celle des études; 4° Gymnasia (*Gumnasia*), l'heure du gymnase ou des exercices, elle suivait immédiatement celle des Muses; 5° Nympha (*Numphai*), l'heure des Naïades, c'est-à-dire

l'heure du bain, qui avait toujours lieu après les exercices du gymnase; 6° Mesembrai (*Mesembria*), le midi; 7° Sponde (*Spondé*), l'heure des libations; 8° Lite (*Lité*), l'heure des prières; 9° Acte et Cypris (*Akté kai Kupris*), l'heure de la table et du plaisir; 10° enfin Dyses (*Dusis*), le coucher du soleil. »

(4) *Typhon*, géant fameux que l'on confond quelquefois à tort avec Typhée. Junon le fit naître seule en frappant la terre.

(5) *Voici venir Psaumis*. Nous avons préféré ce sens, qui nous paraît traduire parfaitement le grec : « *Psaumios gar ikei ocheôn : os elaia stephanôtheis*, etc.; » littéralement : « car la pompe du char de Psaumis s'avance. Lui qui couronné de l'olivier, etc. » M. Tourlet a traduit : « *Ils* (mes chants) *suivront le char de Psaumis jusque dans Camarine...* » Ce ne peut être l'idée du poëte, ce n'est d'ailleurs visiblement point celle qu'expriment les mots, qui ne présentent ici aucune ambiguïté. Il nous semble en outre que le sens que nous avons adopté est plus en harmonie avec le genre lyrique, qui aime les tableaux vifs et animés.

(6) *Vengea le fils de Clymène*. Erginus, fils de Clymène, l'un des Argonautes, ayant trouvé dans l'île de Lemnos Hypsiphile occupée à honorer par des jeux et des combats les funérailles de Thoas son père, se présenta dans la lice la tête couverte de cheveux blancs. Les femmes de Lemnos le prirent pour un vieillard et se moquèrent de lui; mais Erginus vainquit à la course le fils même de Borée et reçut le prix des mains d'Hypsiphile. Cette anecdote paraît d'autant plus vraisemblable qu'elle est confirmée par le proverbe : « *Ouch' oti soi to tou Erginou sumbebêken, en neotêti polia.* » (Libanius.)

(7) *Souvent la jeunesse voit blanchir ses cheveux avant le temps*. Ainsi *les cheveux blancs* ne sont pas toujours un indice de faiblesse, l'exemple d'Erginus en fait foi, et Psaumis, quoiqu'au déclin de l'âge viril, avait encore ce trait de ressemblance avec Erginus et pouvait comme lui se livrer avec succès aux mêmes exercices de la jeunesse.

OLYMPIQUE V.

(1) Cette ode fut chantée à Camarina dans une chapelle de la nymphe Homonyme.

(2) L'usage des chars attelés de mules fut introduit par Asander; il ne subsista pas longtemps et fut supprimé à la quatre-vingt-neuvième olympiade.

(3) *Fille de l'Océan*. Toutes les fontaines étaient réputées filles de l'Océan :

Tris gar muriai eisi tanusphuroi ôkeanides.

(4) *Et ces douze autels.* Il paraît qu'il ne s'agit point ici d'Olympie, dont le temple ne contenait que six autels, mais de douze autels que Psaumis avant son départ pour la Grèce avait fait élever à Camarina et sur lesquels, d'après ses ordres, on devait immoler un grand nombre de victimes pour lui rendre les dieux favorables.

(5) *Relevée tout récemment de ses ruines.* Camarina, dévastée par les Syracusains, devait en grande partie son rétablissement aux libéralités de Psaumis.

(6) *Embellir par la pompe de ses fêtes.* Soit par celles qu'on lui fit à son retour d'Olympie, soit par celles qu'il donna lui-même au peuple de Camarina en reconnaissance de sa victoire.

(7) *O Pallas, protectrice des cités.* Le grec porte *poliaoche* (de *echein polin*), surnom de Minerve, qui était regardée comme la divinité tutélaire des villes. Les anciens plaçaient sa statue au haut de leurs forteresses et de leurs temples :

O dea, quæ retines in summis urbibus arces.
(Catulle.)

(8) L'Oanus coulait à Camarina; on croit que c'est le *Prascolari*.

(9) *L'Hippanis*, aujourd'hui *Camarino*, coulait non loin de Camarina. Son lit était si large et si profond qu'il pouvait recevoir des vaisseaux et, au moyen de canaux pratiqués pour faciliter sa jonction avec l'Oanus, les remonter dans la ville même. Il prenait sa source dans une montagne couverte d'immenses forêts, où les Camarinains coupaient des bois pour la construction de leurs édifices et les faisaient descendre le long du fleuve jusqu'à la ville.

(10) *Veille sur Camarina.* Le poëte donne à entendre que la ville nouvelle avait été mise sous la protection de Jupiter.

(11) *L'Antre sacré de l'Ida.* Il est probable qu'il existait au pied de la colline *Cronium* un autre *idéen*.

(12) *Des flûtes lydiennes.* Le mode lydien était le plus doux et celui qu'on mettait en usage dans les prières.

(13) . . . . Tuque ô, cui prima frementem
Fudit equum, magno tellus percussa tridenti.
(Virgile.)

OLYMPIQUE VI.

(1) Cette ode fut composée à Thèbes et chantée à Stymphale.

(2) *Agésias, fils de Sostrate, Syracusain par son père, Stymphalien par sa mère*, était de l'illustre famille des Jamides.

(3) Pindare donne à Agésias la plus illustre origine et les fonctions les plus honorables que l'on pût avoir dans l'antiquité païenne. Les anciens parlent de la famille de Jamides comme en parle notre poëte. Pausanias remarque qu'à la bataille de Mantinée, les Mantinéens avaient avec eux le devin Thrasybule Éléen, fils d'Eneüs de la race des Jamides, qui leur prédit la victoire et y contribua beaucoup par sa valeur. La grande prêtresse de l'autel de Jupiter dans le temple d'Olympie appartenait vraisemblablement à la famille d'Agésias. Ses ancêtres avaient été revêtus de ce sacerdoce et lui l'exerçait alors. Cet autel est nommé *fatidique*, parce que le prêtre avant la célébration des jeux lisait dans les entrailles des victimes le sort qui attendait les athlètes. (*Olympique* 8, vers 3 et 4.)

(4) Les ancêtres d'Agésias avaient été fondateurs de Syracuse.

(5) *Des chants aussi sublimes.* Le grec porte : « *Que le fils de Sostrate sache qu'il est sur un bon pied dans cette chaussure,* » c'est-à-dire que cet éloge lui convient parfaitement.

(6) *Au devin Amphiaraüs*. Amphiaraüs, fameux devin, fils d'Oïclée, assista à la chasse du sanglier de Calydon et, suivant Apollodore, fut un des Argonautes. Il épousa Ériphyle, sœur d'Adraste roi d'Argos, dont il eut deux fils, Alcméon et Amphiloque. Lorsque Adraste, à la prière de Polynice, eut déclaré la guere à Thèbes, Amphiaraüs, instruit par les dieux qu'il périrait dans cette expédition se cacha pour n'être pas obligé de prendre part à la guerre; mais Ériphyle découvrit le lieu de sa retraite à Polynice, qui récompensa sa perfidie par le don d'un collier de diamans. Amphiaraüs, forcé de marcher contre Thèbes, fit avant son départ promettre à son fils Alcméon de le venger en faisant mourir sa mère Ériphyle. La guerre de Thèbes fut funeste aux Argiens et Amphiaraüs fut englouti sous terre en voulant sortir de la mêlée. Alcméon n'eut pas plutôt appris cette triste nouvelle qu'il poignarda sa mère. Amphiaraüs reçut après sa mort les hommages divins. Les Opiens, peuple de l'Attique, lui bâtirent un temple près d'une fontaine regardée comme sacrée, parce qu'on croyait qu'après son apothéose il était sorti par là de dessous la terre. Les malades et ceux qui voulaient consulter le dieu avaient seuls la permission de s'y baigner ; après le bain ils jetaient une pièce d'or ou d'argent dans la fontaine. Pour être admis à interroger l'oracle, il fallait se purifier, s'abstenir de nourriture pendant vingt-quatre heures et de vin pendant huit jours : on immolait ensuite un bélier, puis on étendait sa peau, sur laquelle on se couchait pour recevoir pendant le sommeil la réponse du dieu.

(7) *Après que sept bûchers embrâsés.* Un scholiaste assure qu'il existait auprès de Thèbes un champ nommé *eptapurai* où furent dressés les bûchers non des *sept chefs*, car tous ne périrent pas dans l'expédition, mais des guerriers de leurs sept légions qui avaient succombé. (*Voyez* Pausanias, 1, 39, et *les Suppliantes* d'Euripyde.)

(8) *O Phintis.* Phintis était sans doute le conducteur, l'écuyer du char d'Agésias.

(9) *Dans le palais de Pitane.* Nom d'une nymphe, fille de l'Eurotas, fleuve de la Laconie et qu'on suppose protectrice d'une ville du même nom placée sur les bords de ce fleuve, car les poëtes sont dans l'usage de donner des nymphes pour fondatrices à toutes les cités.

(10) Élatus, fils d'Arcas et de la nymphe Calisto, que Jupiter changea en ours, eut cinq fils, parmi lesquels Épytus, époux d'Évadné, et qui régna en Arcadie.

(11) Phésane, d'après le scholiaste et tous les auteurs, est une ville sur les confins de l'Arcadie et de l'Élide.

(12) *Évadné*. Ce n'est pas la même dont il est question au sixième livre de l'*Énéide*.

(13) Lucine ou Ilithye (de *eleuthô*, *Eileithuia*, parce qu'elle vient aux cris de femmes enceintes pour les délivrer) était fille de Jupiter et de Junon et présidait aux accouchemens. Apollon lui envoya aussi les Parques afin que chacune d'elles gratifiât cet enfant d'un don spécial.

(14) *Du suc délicieux des abeilles.* Le grec porte *ios*, qui au propre signifie un *projectile quelconque* (du verbe *iêmi*, envoyer) et par extension la liqueur lancée ou distillée de la bouche de certains animaux. En parlant des dragons, ce sera du venin ; ici, le suc de l'abeille. En Grèce on était dans l'usage de faire sucer du miel dans une éponge aux petits enfans ; de là sans doute l'origine du titre de *nourrices de Jupiter* que reçurent les abeilles.

(15) *C'est pourquoi sa mère voulut qu'il portât à jamais l'immortel nom de Jamus.* Apollon retenu dans le ciel ne pouvait donner un nom à son fils. *Jamus* vient de *apo tôn iôn* (des violettes), sur lesquelles son corps reposa parmi les joncs. Les anciens, fort supersrtitieux, attachaient un présage au nom *nomen*

omen. Aussi la plupart de leurs noms étaient-ils significatifs.

(16) *Où les violettes purpurines.* La violette en effet a le fond du calice d'un jaune vif et éclatant, ce qui excuse et justifie l'expression *aktisi.*

(17) *Délos, ouvrage de ses mains.* Virgile rapporte qu'Apollon fixa cette île qui était flottante en l'attachant à Mycone et à Giare, deux îles voisines.

(18) *Mes premiers oracles.* Le grec porte *opisthen* (mes oracles d'*en arrière*), c'est-à-dire d'autrefois, ceux que j'ai rendus sur toi à l'époque de ta naissance.

(19) *Le noble rejeton des Alcaïdes.* Quoique Hercule fût, suivant la fable, fils de Jupiter, le poëte le désigne ici par son père putatif Amphitryon, fils d'Alcée.

(20) *Métope fille de Stymphale*, etc. Métope, suivant la fable, était fille du Ladon, sur lequel est situé Stymphale, et de l'Asopus, fleuve thébain, qui eut pour fille la nymphe Thébé, protectrice de Thèbes, capitale de la Béotie. C'est pour cela qu'il nomme Métope son aïeule maternelle. De cette manière il y avait parenté pour les femmes entre les Arcadiens et les Béotiens.

(21) *Thèbes que j'habite aujourd'hui.* Le grec porte: «*dont je bois l'eau.*»

Virgile a dit :

Aut Ararim Parthus bibet aut Germania Tigrim.

(22) *Énée ordonne*, etc. Il est probable que cet Énée était le chorége, c'est-à-dire celui qui avait la direction des chœurs et des danses.

(23) *Junon Parthénienne.* Junon était adorée sur le Parthénion, montagne d'Arcadie, au nord de Tégée.

(24) *A ce grossier proverbe: «Pourceau de Béotie;»* littéralement : «*Faire connaître que nous ne méritons pas le proverbe outrageant :* Porc béotien.» Les habitants de la Béotie passaient pour des gens lourds et grossiers.

Platon dit dans *le Banquet* : «*la Béotie où les esprits sont pesans et où l'éloquence n'est pas ordinaire.*» De là les proverbes *pourceau de Béotie*, *conte béotien*, pour exprimer des actions ou des discours grossiers, ineptes, dépourvus de sens. Cette opinion n'était point affaiblie du temps d'Horace, qui dit lui-même :

Bœotum crasso jurares in aere natum.

C'est pourtant sous ce climat si épais que sont nés Pindare et Plutarque.

(25) *Ortygie* (*ortux, coturnix*), petite île adhérente à Syracuse. C'était la résidence royale d'Hiéron. Probablement aussi qu'Agésias l'habitait. C'était dans cette île qu'était la fontaine Aréthuse.

(26) *De Cérès aux pieds de pourpre.* Cérès est ainsi appelée soit parce qu'en cherchant Proserpine sa fille, l'excès de la fatigue et de la marche lui avait rendu les pieds rouges, soit qu'en traversant les blés mûrs, la couleur dorée des épis se réfléchissait sur ses pieds. Virgile a dit aussi « *rubicunda Ceres.* »

(27) *Les fêtes de Proserpine.* Ces fêtes se nommaient *theogamia* ou *anthesphoria* (noces des dieux), à cause des noces de Proserpine et de Pluton qu'on y célébrait.

(28) *Et les pompes du puissant Jupiter Ætnéen.* Hiéron joignait à la dignité de souverain celle de grand pontife de Jupiter Ætnéen.

(29) *Deux ancres assurent souvent le salut.* Allusion à la double patrie d'Agésias, la Sicile et l'Arcadie, Syracuse et Stymphale ou Métope : aussi le poëte a-t-il raison d'avancer que *deux ancres assurent le salut*, etc. Chez les anciens, les navires avaient quelquefois deux ancres, l'une à la proue, l'autre à la poupe; c'est ce qui a fait dire à Épictée:«*Oute naun ek mias agkuras, oute bion ek mias elpidos ormisteon.*» L'expression en est devenue proverbiale et répond à celle-ci de notre langue : «*Avoir plusieurs cordes à son arc.*»Il était facile à Agésias de s'en appliquer le sens, car si les dissensions ou quelque autre malheur l'eussent obligé de quitter la Sicile, il pouvait chercher un asile en Arcadie.

(30) *D'Amphitrite à la quenouille d'or.* Cette épithète que donne Pindare à la déesse des mers est parfaitement d'accord avec ces vers où Virgile parle des nymphes qui accompagnaient une autre déesse marine :

. . . . Millesia vellera nymphæ
Carpebant. . . . .
. . . . Dum fusis mollia pensa
Devolvunt.

OLYMPIQUE VII.

(1) Cette ode fut chantée à Rhodes dans la ville d'Ialyse pendant un repas. Les Athéniens la regardaient comme le chef-d'œuvre de Pindare; ils la firent graver en lettres d'or et déposer dans le temple de Minerve.

(2) Diagoras, Rhodien, fils de Démagète, de la famille des Ératides, remporta un grand nombre de victoires et fut un des plus illustres athlètes. Ses en-

fans furent presque aussi célèbres que lui : « Vous trouvez dans l'Altis, dit Pausanias, plusieurs athlètes de Rhodes; c'est Diagoras et toute sa famille, etc. » Ses petits-fils furent aussi couronnés aux jeux olympiques, car Euclis, fils de Callianax et de Callipatire, eut le prix du ceste dans la classe des hommes et Pisidore l'eut dans celle des enfans. Un jour il amena avec lui ses deux fils Acusilas et Damagète; ces illustres athlètes ayant été proclamés vainqueurs, les deux fils portèrent le père sur leurs épaules au milieu d'une foule de Grecs qui jetaient des fleurs sur leur passage et admiraient la gloire et le bonheur d'un père qui avait de tels enfans et des enfans qui avaient un tel père. Une de ses filles, Aristophatrie, s'étant présentée pour combattre, malgré la loi qui n'admettait pas les femmes à ces luttes, obtint une exception motivée sur la gloire que son père s'était acquise et remporta la victoire.

(3) *Au pugilat.* Voyez la Dissertation sur les jeux olympiques.

(4) *Rhodes puissante reine des mers, épouse du Soleil.* Cette île est située sur la côte de l'Asie, dans la Méditerranée. Son nom vient de *rodon* (rose). On dit qu'il ne se passe point de jour sans que le soleil y paraisse et que c'est pour cela que les anciens la dédièrent à cette divinité.

(5) *Cet invincible athlète.* Diagoras était d'une force et d'une constitution extraordinaires.

(6) *Aux sources sacrées de Castalie.* Il est probable que Diagoras avait été couronné aux jeux pythiques qui se célébraient à Delphes. La fontaine de Castalie coulait entre les deux sommets du Parnasse, le Nauplias et l'Hyampé; c'est sur l'une de ces pointes que Delphes était bâtie.

(7) *Dont l'équité*, etc. Du temps de Diagoras, Rhodes était libre; mais ses ancêtres y avaient eu la souveraineté. Démagète même y était encore prytane. C'est d'ans l'exercice de cette charge qu'il s'était concilié l'affection générale par son équité.

(8) *Aux trois florissantes cités.* Les anciens y comptaient trois villes considérables : Lindus, Jalisus et Camérie, ainsi nommées des trois petits-fils du Soleil qui les fondèrent. (*Voyez* épode 4). Homère nous a consacré le nom de ces trois villes :

Oi Rodon amphenemonto, diatricha kosmethentes
Lindon, Ielusion te kai arginoenta Kameiron.

(9) *Non loin du promontoire où se réfugia*, etc. Ce promontoire est en Lycie, vis-à-vis l'île de Rhodes. Ce fut probablement dans cet endroit que Tlépolème, banni d'Argos, vint débarquer avec ses compagnons.

(10) *Tuer d'un coup de massue*, etc. Tlépolème était fils d'Hercule. Ayant tué Licymnius son oncle, fils de Mars et de Ménée, il abandonna son pays, et après avoir erré quelque temps sur la mer, il se rendit maître de Rhodes. Homère dit que ce fut par mégarde que Tlépolème tua Licymnius, et Apollodore observe que ce fut en voulant frapper un esclave de ce prince. Ainsi ce meurtre ne peut faire supposer à Tlépolème aucun motif d'ambition ou de perfidie.

(11) *Vers cette terre que la mer environne.* Le poëte ne lui fait désigner par l'oracle qu'en termes ambigus et par périphrase le lieu de son exil, pour avoir occasion de remonter à l'origine de la puissance commerciale de Rhodes figurée par cette pluie d'or.

(12) *Le dieu, fils d'Hypérion.* Hypérion fut un astronome qui, ayant décrit avec exactitude les mouvemens du soleil, de la lune et des astres, mérita d'être placé au nombre des dieux et supposé le père du Soleil.

(13) *Et d'honorer les premiers.* L'oracle avait assuré la protection de Minerve à la nation qui offrirait le premier sacrifice au moment de sa naissance.

(14) *Sans avoir le feu sacré.* Soit que les Rhodiens se fussent servis d'un feu étranger, soit qu'ils n'eussent point fait usage de réchauds pour brûler l'encens et les victimes. La négligence était capitale surtout dans un sacrifice offert à Minerve. Le feu devait être pris aux rayons du soleil et alimenté sur des trépieds ou réchauds *ad hoc*. Malgré leur oubli involontaire, les Rhodiens, n'étant coupables que de l'omission d'une formalité, ne purent être privés de la prérogative attachée à l'accomplissement de la condition imposée par l'oracle.

(15) *De surpasser par leur adresse.* Les Rhodiens, malgré leur supériorité dans les arts, le cédaient pourtant aux Athéniens, parce que ceux-ci avaient offert à la déesse le premier sacrifice en règle.

(16) *A de vains artifices.* Les Rhodiens avaient été accusés de se livrer à la magie.

(17) *Par le serment redoutable des dieux.* Ce serment est celui que les dieux faisaient par le Styx :

. . . . *Stugos udôr, oste megistos*
Orkos, deinotatos te pelei makaressi theoisi.
(HOMÈRE.)

Ne dubita dabitur, Stygias juravimus undas,
Quodcumque optaris. . . . . .
(OVIDE.)

Di cujus jurare timent et fallere numen.
(VIRGILE.)

(18) Interea volucres Pyroeïs, Eous et Æthon,

> Solis equi, quartusque Phlegon hinnitibus auras
> Flammiferis implent. . . . . . .
> (OVIDE.)

(19) *C'est là que le chef des Tyrintiens.* Tlépolème avait été roi de Tirynthe et d'Argos.

(20) *On lui offrit comme à un dieu*, etc. Tlépolème ayant été tué au siège de Troie, les Rhodiens rapportèrent dans leur île ses cendres et ses os, lui érigèrent un superbe monument, lui décernèrent les honneurs divins, instituèrent des jeux dont la couronne était une branche de peuplier; ils se célébraient tous les ans, le vingt-quatrième jour du mois *gorpiœus* (septembre).

(21) *Et la puissante Athènes.* Les fêtes qu'on célébrait dans l'Attique sont les Panathénées et les mystères d'Éleusis, pendant lesquels on célébrait des jeux solennels.

(22) *Le bouclier d'airain.* Le bouclier était un des insignes de Junon. Les Argiens en donnaient un pour prix au vainqueur dans les jeux hécatombéens.

(23) *Que décernent l'Arcadie et Thèbes.* Les jeux lycéens se célébraient en Arcadie. Les jeux béotiens, dits *légitimes*, se célébraient en l'honneur d'Hercule à Thespies, à Platée, à Orope, à Délos, etc.

(24) *Six fois Égine et Pellène*, etc. Les jeux anciens se célébraient à Égine. Les *Théoxénies* ou fêtes de Mercure se célébraient spécialement à Pellène.

(25) *La colonne sur laquelle Mégare.* On célébrait à Mégare des jeux en l'honneur d'Alcothoüs, fils de Pélops.

(26) *Sur les sommets de l'Atabyre.* Il y avait deux montagnes de ce nom, dont l'une en Sicile; le poëte parle ici de celle de Rhodes.

OLYMPIQUE VIII.

(1) Cette ode fut chantée dans un festin à Olympie.

(2) Alcimédon d'Égine, frère de Timosthène, qui avait déjà remporté le prix aux jeux néméens, fut vainqueur en la quatre-vingtième olympiade.

(3) *Sanctuaire de la vérité.* Parce que Jupiter y rendait des oracles par le ministère des Jamides, comme l'indique la suite de l'ode.

(4) *Demandent aux entrailles fumantes*, etc. Quelques jours avant l'ouverture des jeux, ceux qui se proposaient d'y disputer le prix faisaient des sacrifices pour se rendre les dieux favorables et cherchaient en quelque sorte à lire leur sort dans les entrailles des victimes.

(5) *Et ces couronnes.* La couronne était portée *processionnellement* autour de l'Altis.

(6) *Sa patrie puissante sur les mers, Égine*, etc. Égine, île de la mer Égée, est située entre l'Attique et l'Argolide, dans le golfe Saronique. Elle avait autrefois porté le nom d'Émone, d'OEnopie, de Myrmidonie, et elle fut ainsi appelée de la nymphe Égine. Ayant été ravagée par la peste, elle fut repeuplée par des fourmis que Jupiter changea en hommes à la prière d'Éaque, roi de cette contrée.

(7) *Et que les étrangers y trouvassent un égal appui.* Le commerce attirant des marchands de toutes les nations, il y avait un tribunal spécial pour régler leurs intérêts (*polla repei*).

(8) *Égine fut gouvernée par les Doriens.* Après que Pélée et Télamon, fils d'Éaque, eurent tué Phocus leur frère, Pélée s'enfuit en Thessalie et Télamon à Salamine; en sorte qu'Éaque étant mort, cette île restait sans roi; mais un certain Driacon ou Tracon, qui était Dorien, conduisit une colonie à Égine et s'en rendit maître.

(9) *Trois dragons s'élancent*, etc., etc. Le poëte sous cette allégorie représente les trois siéges que soutint la ville de Troie; elle fut saccagée au troisième.

(10) *Que tes mains viennent de fortifier, ô Éaque!* Neptune et Apollon, exilés du ciel au rapport de Virgile, construisirent les murs de Troie. Pindare y joint un mortel, Éaque, dont l'ouvrage est moins solide, ce qui s'accorde avec les paroles qu'Andromaque adresse à Hector :

> Laon de stèson par' erineon, entha malista
> Ambatos esti polis, kai epidromon epleto teichos.

« Arrête tes soldats près de ce figuier; c'est là, n'en doute pas, que la ville est d'un facile accès, que nos murs peuvent être aisément franchis. »

(11) *Je vois tes fils commencer et tes arrière-neveux*, etc., etc. Les premiers coups furent portés à Troie par Télamon et Pélée (*première génération*); la ruine fut consommée par Pyrrhus et Épéus fabricateur du cheval (*quatrième génération*).

(12) *Aux bords du Xanthe.* Fleuve de la Troade, auprès duquel il avait laissé paître ses coursiers.

(13) *Pour contempler les jeux*, etc., etc. Ce sont les jeux Isthmiques célébrés en l'honneur de Neptune à l'Isthme de Corinthe.

(14) *Mélésias*, nom du maître d'exercices d'Alcimédon.

(15) *La joie qu'en ressentit son aïeul*, etc., etc. Il cite le grand-père d'Alcimédon, parce que, selon toutes les apparences, son père était mort.

(16) *Rajeunit ses vieux ans*. Littéralement : «*Lui inspire une vigueur contraire à la vieillesse.*»

(17) *O Ophion!* etc., etc. C'est probablement le nom du père d'Alcimédon.

(18) *Dès que la renommée*. Angélie, fille de Mercure.

(19) *Les maladies promptes et cruelles*. Cette prière finale autorise à croire qu'Iphion et Callimaque auraient été enlevés par quelque maladie contagieuse, quoique le poëte ne le dise pas expressément.

(20) *Puisse-t-il forcer Némésis*. Némésis, divinité de l'enfer, fille de Jupiter et de la Nécessité ou de l'Océan et de la Nuit, était la déesse de la vengeance. Elle vengeait les crimes que la justice humaine laisse impunis, l'arrogance, l'oubli de soi-même dans la prospérité, l'ingratitude, etc. On convient généralement que son nom signifie *la force ou le pouvoir de la fortune*, et c'est probablement dans ce sens que Pindare demande à Jupiter de la forcer à ne point envier à ses héros leur félicité.

OLYMPIQUE IX.

(1) Cette ode fut chantée à Oponte dans un festin qui accompagna le couronnement de l'autel d'Ajax.

(2) On ne connaît aucun détail sur la famille d'Épharmoste ni sur ses ancêtres, d'où l'on peut inférer qu'il était d'une naissance obscure. Aussi Pindare, dans l'ode qu'il lui adresse, dit-il fort peu de chose de lui et porte-t-il tous ses éloges sur Oponte sa patrie. Sa victoire à la lutte est probablement de la quatre-vingt-unième olympiade.

(3) Opunte ou Oponte, ville des Locriens en Béotie, près du golfe de Négrepont. Elle fut bâtie, selon les uns, par Opoentes, compagnon de Patrocle, ami d'Achille, et selon les autres par Deucalion, appelé aussi *Opus*. Elle était habitée par les Locriens Épicnémidiens.

(4) *Ce triple refrain bruyant*, etc. Archiloque, poëte grec né à Paros, avait composé un hymne pour la victoire d'Hercule et d'Iolas. Hercule y porte le nom de *Kallinikos* (brillant vainqueur). C'était une ode banale chantée à Olympie seulement (*phônaen Olumpia*), lorsque le vainqueur n'avait point trouvé de panégyriste. *Triploos* indique qu'elle était divisée en trois strophes ou couplets, ou bien qu'on répétait jusqu'à trois fois le refrain *Ténella!...* ; et *kechlados*, qui est synonyme de *pléthuôn*, signifie que la musique imitait le son plein et renflé de certains instrumens bruyans. Le scholiaste d'Aristophane nous en a conservé les deux premiers vers :

Ténella! Kallinike, chair', anax Érakleis
Autos te kai Iolaos, aich méta duô.

(5) *Et des sommets de l'Élide*. Olympie est géographiquement le point le plus élevé de l'Élide; il n'y a donc point de métaphore dans ces vers.

(6) *De Thémis et de sa fille*, etc. Thémis ou la Justice, fille du Ciel et de la Terre. Elle régna dans la Thessalie et s'appliqua avec tant de sagesse à rendre la justice à ses peuples qu'on la regarda toujours depuis comme la déesse de la justice, dont on lui fit porter le nom. Jupiter la força de l'épouser et lui donna trois filles, l'Équité, la Loi et la Paix. *Eunomie* signifie la loi. Hésiode dans sa *Théogonie*, vers 902, fait encore Thémis mère des Heures:

Orai, thugateres Themidos kai Zénos anaktos
Eunomié te Diké, kai Eiréné poluolbé.

(7) *Les sources de Castalie*, c'est-à-dire les jeux pythiques qui se célébraient à Delphes, non loin de la fontaine de Castalie, consacrée à Apollon et aux Muses. On dit que ce dieu, poursuivant une nymphe de ce nom, la métamorphosa en cette source et lui donna la propriété de rendre poëte quiconque boirait de ses eaux.

(8) *Lorsqu'il attaqua Pylos*. Hercule, ayant tué Trachinius, consulta Apollon, qui lui ordonna de se faire purifier par Nélée, fils de Neptune. Nélée refusa de le purifier; Hercule combattit ce prince et Neptune même qui vint au secours de son fils. Pindare place ce combat près de Pylos, ville de l'Élide, où régnait Nélée.

(9) *Braver Apollon*. Hercule étant venu pour consulter l'oracle d'Apollon, la pythie lui répondit que le dieu était absent et qu'elle ne pouvait pas répondre. Irrité de ce refus, Hercule se saisit du trépied sacré et entraîna la prêtresse au fond du sanctuaire : « Seigneur, s'écria-t-elle, rien ne peut vous résister. » Réponse qu'il ne manqua pas de prendre pour un oracle favorable.

(10) *Et rendre immobile dans la main de Pluton*. Hercule descendit aux enfers, par l'ordre d'Eu-

rysthée, pour en tirer le chien Cerbère, ce qu'il exécuta, après l'avoir lié de trois chaînes, sans que Pluton pût l'empêcher. Pindare donne ici à la baguette de ce dieu les attributs qu'il donne ailleurs au caducée de Mercure.

(11) *Cesse donc de proférer*, etc. Il s'aperçoit que le récit d'anecdotes aussi scandaleuses pourrait compromettre son caractère de poëte sensé et passe à l'éloge d'Oponte, qu'il appelle *ville de Protogénie*.

(12) *Chante plutôt la cité de Protogénie*. Protogénie, comme son nom l'indique assez, était la fille aînée de Deucalion et de Pyrrha, et la ville de Protogénie était Oponte.

(13) La fable de Deucalion et Pyrrha repeuplant la terre en jetant des pierres derrière leur dos ne vient que d'une simple équivoque du mot grec *laos* qui signifie également *pierre* et *peuple*.

(14) *De la terre des Épéens*. Les Éléens étaient appelés Épéens à cause d'Épéus, fils d'Endymion, qui avait été leur roi.

(15) *Ménale*, montagne d'Arcadie dédiée au dieu Pan ; elle tirait son nom de Médalus, fille de Lycaon.

(16) Il désigne les Thébains, ses compatriotes, comme faisant partie des étrangers qu'attirait à la cour d'Oponte le désir de lier connaissance avec lui pour rattacher en quelque sorte à cette ancienne hospitalité son amitié pour pharmoste.

(17) *Où régna Teuthras*. Teuthras donna son nom à une partie des côtes de la Cilicie et de la Mysie.

(18) *Lorsque Téléphe repoussait*. Les Grecs, à leur départ d'Aulide, ayant abordé la Mysie, qu'ils prenaient pour la Troade, en ravagèrent les campagnes. Téléphe fond sur eux, les met en fuite, à l'exception d'Achille et de Patrocle qui tiennent ferme et repoussent l'ennemi.

(19) *Tolma* est proprement la *hardiesse* de conceptions, de pensées ; et *dunamis*, la *force* du tyle, la force des expressions.

(20) Lampromaque était l'ami et le compatriote d'Épharmoste ; il avait remporté plusieurs victoires aux différens jeux de la Grèce.

(21) *Argos lui a décerné*. Dans les fêtes appelées *Junonia*.

(22) *Et Athènes, celle de l'enfance*. Aux Panathénées établies par Éricthon en l'honneur de Minerve. Elles se divisaient en grandes et en petites.

Les premières se célébraient tous les cinq ans, et les autres étaient annuelles, comme on le voit dans ce passage d'Harpocration : «*Ditta Panathênaia ègeto Athênêsi : ta men kath' ekaston eniauton, ta de dia pentaetéridos, aper kai megala ekaloun.*»

(23) *A Marathon*, aux fêtes d'Hercule, dont le prix était de deux vases d'argent.

(24) *Aux peuples de Parrhasie*, ville d'Arcadie, à l'ouest de Mégalopolis ; on y célébrait des jeux en l'honneur de Jupiter Lycéen.

(25) *Et à Pellène*, ville d'Achaïe, où l'on célébrait, en l'honneur d'Apollon et de Mercure, des jeux appelés Théoxénies ; le prix était un manteau. Cette ville, au rapport d'Hésychius et de Strabon, était renommée par ses manteaux : «*Pellênê polis en Argei pellênikai chlainai : epei diapherein edokoun ai en Pellênê ginomenai chlainai, ôs kai atha tois nikôsi didosthai.*

»*Esti de kômê Pellênê othen kai ai Pellênikai chlainai, as kai athla etithesan en tois agosi.*» (Strab. lib. 8.)

(26) *Le tombeau d'Iolas*, c'est-à-dire la victoire qu'il remporta aux jeux thébains, institués près du tombeau d'Iolas en mémoire d'Hercule.

(27) *Et la maritime Éleusis*. On célébrait dans cette ville de grands et de petits jeux sur les bords de la mer ; les vainqueurs y étaient couronnés d'épis de blé.

(28) *L'autel de l'invincible Ajax*. Dans la Locride, dont les habitans faisaient chaque année des sacrifices solennels à l'endroit où ce prince avait fait naufrage, poursuivi par la colère des dieux.

OLYMPIQUE X.

(1) Cette ode fut chantée probablement en la soixantième olympiade, dans le Prytanée, chez les Locriens Épizéphiriens. Les Locriens se divisaient en trois tribus : les *Ozoles*, dont le nom signifie *puans*, soit parce qu'ils étaient plus grossiers que les autres, soit parce qu'il y avait dans leur pays des marais infects ; les *Épicnémidiens* ou *Orientaux*, ainsi nommés du mont *Cnémis* dont ils étaient voisins, et les *Épizéphiriens* ou *Orientaux*, qui habitaient une autre Locride au sud de l'Italie, près du promontoire Zéphirium.

(2) Agésidame, fils d'Archestrate, était de la Locride Épizéphirienne.

(3) *Comment ai-je pu l'oublier ?* Pindare ne composa cette ode qu'assez longtemps après la victoire d'Agésidame.

(4) *Céleste Vérité*. Pindare fait ici la vérité fille de Jupiter, quoique la plupart des auteurs anciens la disent fille du Temps, parce que c'est le Temps, selon Pindare même, qui la découvre aux mortels.

(5) *En payant ma dette avec usure*. Il veut parler ici de la onzième ode, qui n'a qu'une strophe et qu'il regarde comme une compensation, un intérêt à celle-ci qu'il avait différée pendant longtemps.

(6) *Mes chants feront disparaître le blâme, comme les ondes engloutissent le caillou qu'elles roulent dans leur cours*. Bœckh donne à ce passage une signification tout à fait différente; la voici littéralement : « *Maintenant* (EXAMINONS) *comment le flot, en s'écoulant, baignera le caillou qu'il roule.*» D'abord il est obligé de sous-entendre *skepsômetha* (examinons); puis à travers une suite de métaphores obscures il voit *le suffrage* du public dans *psaphon* (caillou), les *vers* du poëte dans *kuma reon* (le flot s'écoulant), et prétend que la phrase veut dire : «*Maintenant il s'agit d'examiner comment nous traiterons un sujet que le public est appelé à juger...*» Il nous semble vraiment que ce n'est plus expliquer un poëte, mais plutôt débrouiller une énigme à force de torturer les mots qui la cachent et l'enveloppent. Nous croyons que pour avoir le véritable sens de ce passage, il ne faut pas perdre de vue celui qui le précède : « *O Muse! et toi surtout, Vérité, fille de Jupiter, repoussez d'une main équitable le reproche de mensonge nuisible à un hôte; car le temps futur, survenant de loin, a rendu honteuse ma dette. Mais* (nun) *maintenant*, (opa) *de la manière dont* (kuma reon) *le flot qui s'écoule* (katalussei) *submerge* psaphon elissomenam) *le caillou roulé*, (opa te) *et de cette manière*, (timosen) *nous paierons*, (es charin [tou Agésidamon]) *en mémoire d'Agésidame* (logon) *un hymne* (koinon) *commun* (à lui et à sa patrie), (philan) *tribut de notre amitié*;» c'est-à-dire qu'en consacrant à Agésidame et à sa patrie un hymne digne de leur amitié, il fera disparaître ce que le retard a de blâmable, de même que le flot submerge, etc. Ce sens nous paraît découler des expressions mêmes de Pindare, il est aussi plus naturel; nous avons dû l'adopter.

(7) *Car la vérité règne dans la cité de Locres*. Les Locriens furent les premiers peuples grecs qui eurent des lois écrites. *Atrekeia* constitue tout ce qui est *vrai* dans un gouvernement : intégrité dans les mœurs, sagesse dans la législation, justice dans les tribunaux.

(8) *Dans l'art divin de Caliope et dans les travaux de Mars*. Les Locriens cultivaient les beaux-arts, la poésie, et étaient bons soldats.

(9) *Jadis Hercule*, etc. Cycnus, fils de Mars, attaqua Hercule près du fleuve Échédore. Hercule fut d'abord contraint de fuir, parce que Mars secourut son fils; mais bientôt revenant au combat, il le tua. (Apollodore, p. 69.)

(10) *Rends des actions de grâces à Hylas*. Agésidame eut le dessous au commencement du combat; mais son maître Hylas l'ayant frotté d'huile, il revint à la charge et remporta la victoire.

(11) Ctéatus et Eurytus, chefs des Éléens, étaient fils d'Actor et de Molione. Étant venu au secours d'Augias contre Hercule, ils tuèrent une bonne partie des soldats de ce héros, qui bientôt les tua eux-mêmes dans les embûches qu'il leur avait dressées près de Cléone, ville de l'Argolide. (Apol. liv. 2, p. 75; Paus., pag. 149.)

(12) OEonus, fils de Licymnius et cousin d'Hercule, régnait à Midée. (Paus. p. 96.)

(13) Échémus, fils d'Aëropus, régnait à Tégée, ville d'Arcadie (Paus., p. 239). C'est lui qui tua Hyllus, à sa descente dans le Péloponèse.

(14) Doryclus était un des compagnons d'Hercule, ainsi que Phrastor et Énicéus.

(15) *Le dieu qui fait gronder son tonnerre*. Le culte de Jupiter Tonnant, dans la Locride, remonte au temps diluviens. Les indigènes de cette province, s'imaginant que les eaux avaient été taries par ce dieu, le représentèrent sur leurs monnaies des foudres à la main, ce qui jette un grand jour sur le passage de la neuvième Olympique (vers 64), où il est question de Jupiter Tonnant.

(16) Dircé, fontaine de Thèbes. La fable dit que Dircé, femme de Lycus, princesse très-cruelle, fut changée en cette fontaine par Bacchus, en punition des maux qu'elle avait fait souffrir à Antiope.

(17) *Et les Piérides*. Nom donné aux Muses, soit à cause du mont Piérus en Thessalie, qui leur est consacré, soit à cause du prix de la poésie et du chant qu'elles remportèrent sur les filles de Piérus, qui avaient osé leur faire un défi et qui, en punition de leur témérité, furent changées en pies.

(18) *Avec le secours de Cyprys*. Ganymède dut en effet à sa beauté d'avoir été enlevé dans l'Olympe et de n'avoir pas eu à subir les rigueurs de la mort.

OLYMPIQUE XI.

(1) Cette ode fut improvisée et chantée à Olympie.

(2) *Je vais pour célébrer ta victoire*, etc. Ce ton

emphatique et solennel que prend le poëte pour annoncer quelques vers qui restent encore confirme la conjecture de Bœckh, qui prétend, comme nous l'avons déjà dit, que cette ode n'est qu'un *à-compte* de la précédente et qu'elle lui est antérieure : « *Nisi hæc itâ intelligenda essent*, dit-il, *quid tanto hiatu dignum poeta protulisset, quippe cùm paucissimi addantur versus?* »

(3) Ce n'est point une couronne d'or, comme l'ont prétendu certains scholiastes et traducteurs, mais une couronne plus précieuse que l'or; et nous sommes en ce sens d'accord avec Bœckh : « Patet olivam *auream* poeticè dici, ob dignitatem et caritatem. »

(4) *Vit-on jamais le lion intrépide.* Nous avons préféré conserver la tournure vive et elliptique de Pindare, convaincus que nos lecteurs comprendront facilement que le poëte a voulu dire que les vertus sont naturelles aux Locriens, et qu'ils ne peuvent pas plus y renoncer que le renard à ses ruses et le lion à son courage. Le renard, emblème de la finesse, fait allusion au sentiment délicat du *beau* dont les Locriens étaient doués, et le lion, symbole de la force, caractérise leur naturel guerrier.

OLYMPIQUE XII.

(1) Cette ode fut composée en Sicile et chantée à Himère, après le retour d'Ergotèle, dans la soixante-dix-septième olympiade.

(2) Ergotèle, fils de Philanor, était né à Gnosse, dans l'île de Crète. Ayant été obligé de s'exiler à cause d'une sédition où il s'était compromis, il se réfugia chez les Himériens, qui lui accordèrent le droit de bourgeoisie. C'est pour cela que Pindare lui donne le titre d'Himérien.

(3) *Le dolichodrome* est la course du stade douze fois répétée.

(4) Après la bataille de Platée, on érigea des temples à Jupiter Libérateur dans toute l'étendue de la Grèce et on institua des jeux en son honneur.

(5) *Fortune conservatrice.* La Fortune était une divinité que les anciens considéraient comme l'âme de toutes les entreprises et qui distribuait, selon ses caprices, les biens, les honneurs et les maux. Les Grecs et les Romains la révéraient également sous le nom de *Conservatrice*. Horace, dans son ode à la Fortune, a imité le début de Pindare :

> Te pauper ambit sollicitâ prece
> Ruris colonus, te dominam æquoris
> Quicumque Bithynâ lacessit
> Carpathium pelagus carinâ.

(6) Au rapport de Diodore de Sicile et d'Étienne de Byzance, Hercule, revenant d'Espagne, d'où il amenait les bœufs de Gérion, passa par la Sicile et s'arrêta près d'Himère. Ce fut là que Minerve ordonna aux Nymphes de faire sortir de terre des bains chauds où ce héros pût se délasser. Voilà pourquoi, sur les médailles thermitanes et himériennes, Hercule est représenté d'un côté, et de l'autre les Nymphes faisant sortir de terre les bains d'Himère. Ergotèle avait sa maison dans le voisinage de ces bains.

OLYMPIQUE XIII.

(1) Cette ode fut chantée à Corinthe même dans une procession de Jupiter.

(2) Xénophon de Corinthe appartenait à une famille distinguée. Ses ancêtres avaient été couronnés plusieurs fois aux jeux publics de la Grèce. La victoire de Xénophon est de la quatre-vingt-dix-neuvième olympiade.

(3) *Corinthe, vestibule de Neptune.* Corinthe était une ville célèbre de la Grèce située sur l'isthme de ce nom, environ à 60 stades de l'une et de l'autre mer. Sisyphe en jeta les premiers fondemens l'an 1330 avant J.-C., et Corinthus, fils de Pélops, lui donna son nom; elle portait auparavant celui d'Éphyre. Pendant les beaux jours de la Grèce, Corinthe fut, après Athènes, la ville la plus riche, la plus polie et la plus commerçante de toute cette contrée. Elle fut presque entièrement détruite par le consul Mummius 146 ans avant J.-C. Jules César y envoya une colonie et fit tous ses efforts pour la relever de ses ruines.

(4) *L'Insolence, mère audacieuse de la Satiété.* Ce passage ferait soupçonner que Corinthe se trouvait alors dans un état de désorganisation politique et d'anarchie. C'est aussi le sentiment de Bœckh : « *Studiosè avertunt Insolentiam demagogorum, qui verbis violentis excitant in populo fastidium, ut sua contemnat, aliena jura appetat.* »

(5) *O valeureux enfans d'Alétès!* Les Corinthiens descendaient en général d'Alétès qui conquit le trône de Corinthe à la tête d'une armée de Doriens. Sa postérité y régna l'espace d'un siècle, jusqu'à Bachilide.

(6) Bœckh conjecture d'après ce vers que les Heures étaient honorées d'un culte spécial à Corinthe.

(7) *Le bruyant dithyrambe.* Arion de Méthymne inventa le dithyrambe, espèce de poésie bachique et licencieuse. On le chantait en formant une *ronde* autour d'un bœuf destiné à être immolé à Bacchus. Le premier dithyrambe, selon Pindare, fut chanté à Corinthe.

(8) *La double figure de Jupiter.* Certains com-

mentateurs prétendent que *didumon oiônôn basiléa* ne peut signifier autre chose que les deux frontispices parallèles des temples, de configuration triangulaires, et appelés *aetôma* à cause de leur ressemblance avec l'aigle lorsqu'il a les ailes déployées. Bœckh prétend que ce passage prouve que les anciens couronnaient d'un aigle les deux frontons de leurs temples.

(9) *Le sélinum au vert feuillage.* L'ache ou sélinum, sorte de grand persil, servait à couronner les vainqueurs aux jeux isthmiques.

(10) *Les jeux hellotiques* se célébraient en l'honneur de Minerve. On y courait en tenant des flambeaux à la main. Quant à l'étymologie du mot *Ellôtia*, voilà ce qu'en dit le scholiaste de Pindare : « *Cognomen hoc aiunt habuisse Minervam à Palude circà Marathonem, ubi statua illi erecta fuit. Est igitur Minervæ festum apud Corinthios : in quo certamen cursûs cum lampadibus celebratur. Currebant juvenes lampadas tenentes. Hæc autem celebritas fuit inventa secundùm quosdam, cùm Bellorophontis equum Pegasum subjugavit dea, frænosque imposuit, et sic eum apprehendit. Aut ob hanc causam Dores, et Heraclidæ, Peloponnesiis insidiati, Corinthum, quam ceperant, incenderunt. E' mulieribus excidium fugentibus, quædam cum Eurytione et Hellotide Minervæ templum intrârunt, atque ità se periculum evasuras putârunt. Id ubi senserunt Dores, iis ignem injecerunt. Et aliæ quidem effugerunt; Eurytione autem, et Hellotis in loco conflagrârunt. Hinc ortâ pestilentiâ, morbum, non ante cessurum dea respondit, quam virginum animas placassent, et Hellotidis Minervæ templum ædificassent, festumque Hellotiorum instituissent.*

(11) *Que Neptune environne*, etc. Horace a dit : *Bimarisve Corinthus.*

(12) *Les noms de Terpsias*, etc. Selon les scholiastes, Terpsias était frère de Ptœodore et par conséquent oncle de Thessalus ; Éritimus était ou le fils ou le neveu de Terpsias. Certaines éditions ont écrit ce passage : «*Therpsies th' epsont' eritimoi,*» ce qui est embarrassant. Nous avons préféré le texte de M. Boissonade ; mais à la place du futur *epsontai*, nous avons substitué l'aoriste *epsonto*, qui rend la phrase plus claire.

(13) *Mais chaque chose a ses bornes.* Horace a dit :
> Est modus in rebus, sunt certi denique fines
> Quos ultrà citràque nescit consistere rectum.
> (*Art poétique*.)

(14) *En chantant la victoire d'un seul*, etc. (*Egô de, idios en koinô staleis*). La brièveté de ce passage le rend difficile ; voici le commentaire de Bœckh : « *Ego qui modo privatus laudes, datâ operâ, tractavi in publicâ causâ, nunc, ubi ad ipsas publicas laudes urbis redeo, non minùs verè et accuratè de Corintho dicam.* » Il célèbre un particulier (*idios*); mais son éloge est comme national (*en koinô*).

(15) *Glaucus venu de Lycie.* Glaucus était petit-fils de Bellérophon. Homère raconte l'histoire de cette famille au 6e chant de l'*Iliade*, vers 150 et suivans.

(16) *Pirène* était une fontaine qui coulait dans l'Acro-Corinthe. (*Voyez* Pausanias, 1, 5, 1, et Strabon, 8, 6.)

(17) *Bellérophon* descendait d'Éole.

(18) *Le porte au fils de Cœranus.* Ce fils de Cœranus était Polyidias, illustre devin de la noble famille argienne de Mélampe.

(19) *Il accable de ses traits les Amazones.* Homère raconte les guerres de Bellérophon dans le 6e chant de l'*Iliade*, vers 179 et suivans.

(20) *Et défait les Solymes.* Les Solymes étaient des peuples barbares originaires de Crète. Chassés de cette île par Minos, ils vinrent s'établir en Asie, dans la contrée appelée Mylias, plus tard la Lycie. (Herod. liv. 1, chap. 173).

(21) *Je ne parlerai point de la mort de Bellérophon.* Bellérophon ayant eu la témérité de tenter d'escalader le ciel, Jupiter envoya un taon qui irrita tellement Pégase, sur lequel il était monté, qu'il fut précipité sur la terre et mourut bientôt après. Le poëte ne veut rien dire de cette mort, parce qu'elle est humiliante pour Bellérophon.

(22) *La victoire des Oligéthides.* Tribu de Corinthe à laquelle appartenait Xénophon.

(23) *Sur les sommets du Parnasse*, c'est-à-dire aux jeux pythiens à Delphes. *A Argos et à Thèbes.* (*Voir* les notes de l'Olympique septième).

(24) *Combien de couronnes ne lui a pas décernées l'Arcadie* aux jeux lycéens. (*Voir* les notes de l'Olympique septième.)

(25) *Pellène.* (*Voir* les notes de l'Olympique septième.)

(26) On célébrait à Sicyone, de cinq ans en cinq ans, des jeux pythiens en l'honneur d'Apollon, et on y donnait pour prix une coupe d'argent.

(27) *Mégare* était une ville très-ancienne de l'A-

chaïe; elle était située à vingt milles d'Athènes. On y célébrait des jeux appelés *Diocléens*. (Voir les notes de l'Olympique septième.)

(28) *Le bois sacré des OEacides*. Dans l'île d'Égine on célébroit, en l'honneur des OEacides, des jeux appelés de leur nom *OEaciens*.

(29) *Les cités florissantes*, etc. Syracuse, Catane et autres villes de la Sicile, où l'on célébrait des jeux appelés *Isthmiques* et *Néméens*, à l'instar de ceux institués à l'Isthme de Corinthe et dans la forêt de Némée.

(30) *L'Eubée*. On célébrait dans l'île d'Eubée, aujourd'hui Négrepont, des jeux appelés *Gérestiens*, de Géreste, qui les avait institués en l'honneur de Neptune, parce que ce dieu l'avait sauvé d'une tempête.

(31) *Fais que mon héros achève*, etc. Voici la construction et le mot à mot de cette phrase : « *Zeu telei (auton) ekneusai posin kouphoisin, kai didoi (autō) aidō kai tuchan glukeian terpnōn*. — O Jupiter! fais qu'il surnage avec des pieds légers, et donne-lui la modestie et la fortune agréable de choses heureuses. » On ne trouve absolument rien dans cette phrase qui puisse excuser le sens que M. Tourlet et autres lui ont donné : « Permets, ô Jupiter! que je détourne mes pas d'un champ aussi vaste. Perpétue la gloire de mes hymnes, assure à leurs charmes le doux bonheur de plaire. » Peut-on supposer que Pindare, en terminant son ode, ait ainsi brusquement quitté celui qui est l'objet de ses chants, pour se louer lui-même! N'est-il pas naturel de le voir finir par des vœux pour Xénophon, et cela avec d'autant plus de raison que cette famille avait couru de grands dangers dans une émeute du peuple de Corinthe.

OLYMPIQUE XIV.

(1) Cette ode fut chantée à Orchomène pendant la procession des Grâces, en la soixante-seizième olympiade.

(2) La famille d'Asopichus n'est pas connue. Il était d'Orchomène, ville de Béotie, qui tirait son nom d'Orchoménus, fils de Minyas, roi de cette cité. Les peuples qui l'habitaient s'appelaient Orchoméniens *Myniens*, surnom qui les distinguait des Orchoméniens d'Arcadie (Pausanias, p. 310).

(3) Les trois Grâces étaient filles de Jupiter et de Vénus. Ce fut Éthéocle, roi d'Orchomène, qui établit leur culte dans cette ville et leur éleva un autel sur les bords du Céphise. Le poëte Pamphus composa le premier des vers en leur honneur. Voici les noms allégoriques des trois Grâces : *Aglaé* (la splendeur), *Euphrosine* (les sages conseils), *Thalie* (la gaîté).

(4) *De la fertile Orchomène*. Le texte porte *liparâs*, par allusion à ses plants d'olivier ou à l'huile dont on frottait les lutteurs.

(5) *Et si quelque homme a en partage*. C'est pour cela sans doute que Socrate recommandait si souvent à ses disciples de *sacrifier aux Grâces* (*Thue tais Charisin*).

(6) *Les Grâces décentes*. Horace a dit de même :

Junctæque Nymphis Gratiæ decentes.
Alterno terram quatiunt pede.
(Liv. 1, ode 4.)

(7) *Qui vole d'une aile légère* : « Est, incedentem levi pede, alacri motu, qualis est in leviori et pueris aptatâ saltatione. » (Bœckh).

(8) *Je suis venu chanter sur le mode lydien*. Le texte porte encore *en meletais* (avec méditation, avec étude), c'est-à-dire *avec des chants travaillés*. Le mode *lydien* était tendre et mélancolique; le *dorien*, grave et pompeux; l'*éolien*, vague et romantique.

NOTES SUR LES PYTHIQUES.

PYTHIQUE Ire.

(1) *Au delà de Cumes.* Une des îles éoliennes, située près de la Sicile.

(2) *L'oubli de ses maux.* Hiéron, au rapport d'Aristote, était tourmenté de la pierre ; Pindare fait allusion à son état de souffrance lorsqu'il compare son héros à Philoctète.

(3) *Et contraindre un roi puissant à le traiter.* Anaxilas, roi de Rhèges, effrayé des menaces du roi de Syracuse, abandonna ses projets sur les Locriens.

(4) *Dans le palais de Dinomène.* Hiéron était fils de Dinomène et père d'un autre Dinomène à qui il avait confié la nouvelle ville d'Etna.

(5) *Sous les justes lois d'Hyllus.* Dorien célèbre qui régna sur les Doriens, habitant les confins de l'Italie.

(6) *Les vœux de Pamphyle.* Il était fils d'Égimius et eut pour frères Dymas et Dorus ; tous trois donnèrent leur nom à des peuples de Laconie.

(7) *Et des Héraclides.* C'est-à-dire les Lacédémoniens.

(8) *Habitans des vallées du Taygète.* Montagne de Laconie qui dominait Sparte et Amyclée.

(9) *A ces lois qu'Égimius.* Ces lois étaient les mêmes que celles de Lycurgue.

(10) *Que le Phénicien et le Thyrrénien.* Les Carthaginois et les Toscans assiégeaient Cumes et la menaçaient, ainsi que la Sicile entière, d'un honteux esclavage. Hiéron la sauva.

(11) *Arrachant ainsi la Grèce au joug.* C'était l'époque de l'invasion des Perses en Grèce. Sparte et Athènes avaient demandé du secours à Hiéron ; mais Xerxès, pour paralyser les efforts de ce prince, engagea les Carthaginois à faire une descente en Sicile. Ils furent défaits et obligés à conclure une paix honteuse qui assurait de ce côté la liberté des Grecs.

(12) *Ce combat où le Cythéron.* La bataille de Platée.

(13) *Sur les bords rians de l'Himère.* Fleuve de Sicile, ainsi que l'Amène dont il a été question plus haut.

(14) *Que ta langue ne profère jamais*, etc. Littéralement : « *Forge ta langue sur une enclume véridique.* »

(15) *Ainsi la vertu bienfaisante de Crésus.* Ce prince attira à sa cour les plus beaux génies.

(16) *La mémoire de Phalaris.* Tyran d'Agrigente, en Sicile.

PYTHIQUE II.

(1) *Vaste cité de Syracuse.* Elle se composait de la réunion de plusieurs bourgs qui devinrent autant de quartiers : Acradine, Épipole, Tyché et Néapolis ; c'est ce qui explique le pluriel *Surakousai*.

(2) *Ortygie, terre consacrée à Diane Alphéienne.* Ile voisine de Syracuse ; elle fut réunie à la ville par une jetée. Hiéron y avait ses haras. C'est dans cette île que se trouvait la fontaine Aréthuse, autrefois nymphe de Diane, et que l'Alphée amoureux poursuit, selon la fable, jusque sous la mer de Sicile.

Alpheum fama est Elidis amnem
Occultas egisse vias subter mare, qui nunc
Ore, Arethusa, tuo siculis confunditur undis.
(VIRGILE, liv. 4, v. 3.)

(3) *Le nom de Cinyras.* Il était fils d'Apollon, régna à Chypre. Hiéron prétendait faire remonter sa généalogie jusqu'à ce prince.

(4) *Ixion ne crie-t-il pas aux mortels :*

Discite justitiam moniti et non temnere divos.
(VIRGILE.)

(5) *J'ai vu le mordant Archiloque.* Poëte satirique, inventeur de l'iambe.

Archilochum proprio rabies armavit iambo.
(HORACE. *Art poétique.*)

PYTHIQUE III.

(1) *Chiron, le fils de Philyre.* Une des nymphes filles de l'Océan. Pindare, après avoir raconté l'histoire d'Esculape, fait des vœux pour la guérison du roi de Syracuse et regrette que Chiron n'existe plus.

(2) *Son œil pénètre jusqu'au fond des cœurs.*

Hésiode et Ovide disent qu'un corbeau avertit Apollon du crime de Coronis. La fiction de Pindare est plus noble.

(3) *Sur les bords du lac Bœbias, à Lucérie.* Lac de Thessalie, près de Lucérie, qui est le même que Larisse, entre les monts Olympe, Ossa et Pélion.

(4) *Osa arracher à la mort un héros.* Hippolyte, fils de Thésée.

(5) *S'insinuer dans son cœur comme un philtre séduisant.* Comparez la marche de cette ode à celle de Rousseau au comte du Luc.

(6) *A celui de Pan, près de la demeure que j'habite.* Il y avait devant la porte de Pindare un temple consacré à Cybelle.

(7) *Ils leur font éprouver deux maux.* Allusion aux deux urnes qu'Homère place l'une à droite, l'autre à gauche de Jupiter. (*Iliade*, chant 24.)

(8) *La brillante Harmonie.* Fille de Mars et de Vénus.

(9) *Les trois filles de Cadmus.* Ino, Agavé et Sémélé, que le poëte appelle Thyonée. Ino vit son fils Zéarque brisé par Athauras contre les rochers; Agavé, mère de Penthée, le déchire de ses propres mains dans un accès de fureur; le sort de Thyonée est célèbre dans la fable.

(10) *Le fils que l'immortelle Thétis donna.* Achille.

(11) *Et Sarpédon et Nestor.* Le premier était fils de Jupiter et roi de Lycie; le second, roi de Pylos, en Élide.

PYTHIQUE IV.

(1) *Roi de Cyrène.* Ville d'Afrique. Neptune avait appris à ses habitans à dompter les chevaux.

(2) *Ordonna à Battus.* Ce prince était bègue; il se nommait encore Aristole.

(3) *Dans Théra.* Théra ou Callista, une des îles les plus méridionales de l'Archipel.

(4) *Ainsi s'accomplit l'oracle.* Les Argonautes étant tombés dans les Syrtes, écueils dangereux de la Libye, furent contraints, par le conseil de Médée, à transporter sur leurs épaules leur navire désassemblé. Après avoir marché douze jours à travers l'Afrique, ils arrivèrent au bord du lac Tritonide, où Euripyle, fils de Neptune, donna à Euphémus, un de leurs chefs, une glèbe ramassée à terre, comme présent d'hospitalité. Elle tomba dans la mer près de Théra.

(5) *La fille d'Épaphus.* D'Épaphus, fils de Jupiter et d'Io, naquit Lybie, qui donna son nom à une partie de l'Afrique.

(6) *Dans Ténare.* Ville de Laconie, près de laquelle était une porte des enfers.

<small>Tenarias etiam fauces, alta ostra ditis.....</small>
<small>(Virgile.)</small>

(7) *Aux fils des femmes étrangères.* Au retour de leur expédition, les Argonautes s'arrêtèrent à Lemnos et eurent des Lemniennes plusieurs enfans. Ceux-ci étant devenus grands se rendirent à Lacédémone. Les Spartiates les reçurent avec bonté; mais ayant découvert qu'ils conspiraient contre eux, ils les mirent en prison. Leurs mères, ayant trouvé moyen de pénétrer jusqu'à eux, les firent évader en prenant leurs habits et en restant à leur place. Ils allèrent, à la suite de Théras et Samus, fonder une colonie dans l'île de Callista, nommée depuis Théra.

(8) *Des Argonautes Myniens.* Les Thessaliens qui suivirent Jason faisaient remonter leur origine à Mynias, fils de Neptune.

(9) *Des fils d'Éole.* Éson était fils de Créthée, roi d'Iolcos, et Créthée fils d'Éole.

(10) *De Pytho, centre de la terre.* Jupiter voulant connaître exactement le milieu de la terre, lâcha des extrémités du monde, à l'orient et à l'occident, deux aigles d'égale vitesse; ils se rencontrèrent à Delphes.

(11) *Étranger et citoyen.* Étranger, comme élevé loin de sa patrie; citoyen, comme fils d'Éson.

(12) *Qu'habitent avec lui Philyre et Chariclo.* Philyre était mère du Centaure, et Chariclo, sa femme; ses deux fils s'appelaient Ocyroë et Eudéis.

(13) *Éole la reçut.* Il ne s'agit point ici du dieu des vents, mais d'un autre Éole, fils d'Hellen, qui eut pour père Deucalion, fils de Prométhée.

(14) *Noble rejeton de Neptune Pétréen.* Surnom de Neptune que les Thessaliens croyaient avoir entr'ouvert les rochers pour donner un libre cours au Pénée. Ce dieu était encore honoré de ce nom dans le lieu où il avait fait sortir d'un rocher le premier cheval.

(15) *L'ombre de Phrixus.* Il était fils d'Athumus et frère d'Hellé. Pendant qu'il était avec sa sœur chez Créthée leur oncle, une peste ravagea le pays. L'oracle, consulté, répondit que les dieux s'appaiseraient pourvu qu'on leur immolât les dernières per-

sonnes de la maison royale. Comme cet oracle regardait Phrixus et Hellé, on les condamna à être immolés; mais dans l'instant ils furent entourés d'une nue d'où sortit un bélier qui les enleva l'un et l'autre dans les airs et prit le chemin de la Colchide. En traversant la mer, Hellé, effrayée du bruit des flots, tomba et se noya dans cet endroit qu'on appela depuis l'Hellespont. Phrixus étant arrivé en Colchide y sacrifia ce bélier à Jupiter, en prit la toison qui était d'or, la pendit à un arbre dans une forêt consacrée à Mars et la fit garder par un dragon qui dévorait tous ceux qui se présentaient pour l'enlever.

(16) *L'oracle de Castalie.* Fontaine située sur le Parnasse et par conséquent voisine de Delphes.

(17) *Le choc presque inévitable de ces rochers.* Ces rochers s'appelaient *Cyanées* et quelquefois aussi *Symplégades.* Homère ne dit pas que ces rochers eussent du mouvement; mais un fragment d'Orphée le dit positivement : « *Ai d'allêlôn aporousai.* » Ce fut ce chantre habile qui passa pour avoir fixé les roches cyanées.

(18) *Cet oiseau qui le premier.* La *bergeronnette* ou *hochequeue*, en grec *iugx* ou *seisoura.* On s'en servait dans les enchantemens dont le but était d'inspirer de l'amour.

(19) *Alors le fils du Soleil.* Aétès était fils du Soleil.

(20) *De la nymphe Cyrène.* Qui donna son nom à la ville de Cyrène. Elle eut pour fils Aristée, dont parle Virgile au 4e livre des Géorgiques.

(21) *La justice de Démophile.* Ce Démophile avait trempé dans les séditions formées contre Arcésilas. Pindare, en finissant, sollicite sa grâce; il sent la difficulté de son entreprise et enveloppe d'abord sa demande du voile de l'allégorie.

PYTHIQUE V.

(1) *Les jeux que chérit Castor.* Les Cyrénéens rendaient un culte particulier à Castor et à Pollux. Castor était le dieu de l'équitation; on lui attribuait l'invention des chars attelés de deux coursiers.

(2) *Et toi, fils d'Alexibius.* Carrothus était fils d'Alexibius.

(3) *Jadis les lions s'enfuirent.* Hérodote et Pausanias racontent que Battus ayant rencontré un lion monstrueux, poussa dans sa frayeur un cri qui fit fuir l'animal et rompit le filet de la langue de Battus, guérison qui lui avait été prédite par l'oracle.

(4) *Ils célébraient un sacrifice au moment.* Les Héraclides, marchant sur Lacédémone, passèrent par Thèbes et y arrivèrent au moment où les Thébains célébraient un sacrifice. Ils en transportèrent les cérémonies d'abord à Sparte, puis à Théra et à Cyrène.

(5) *Tes fêtes Carnéennes.* Ainsi nommées d'un certain Carnus, devin et favori d'Apollon.

(6) *Où jadis se réfugièrent les Troyens.* Sous la conduite de Ménélas, qui, ayant abordé en Lybie, avec Hélène, y fonda une colonie, partie de Grecs, partie de captifs troyens. (Voyez *Odys.*, chant 3e.)

PYTHIQUE VI.

(1) *Dans la terre consacrée à Vénus et aux Grâces.* Le poëte appelle ainsi les campagnes d'Agrigente à cause de leur beauté et de leur fertilité.

(2) *La victoire de Xénocrate et la félicité des Emménides.* Cette victoire ne fut pas remportée par Xénocrate, mais par Thrasybule son fils, qui fit proclamer Xénocrate. Ce dernier était frère de Théron, et tous deux étaient fils d'Emménus.

(3) *Trésor indestructible.* Horace a dit par imitation :

> Exegi monumentum ære perenius,
> Regalique situ pyramidem altius,
> Quod nec imber edax, aut aquilo impotens
> Possit diruere, aut innumerabilis
> Annorum series, et fuga temporum.
>
> (*Odes*, liv. 3 - 30.)

(4) *Blessés par les traits de Pâris.* Homère fait mention de cette blessure de l'un des chevaux de Nestor par une flèche que décocha Pâris; mais le roi de Pylos était poursuivi par Hector et non par Memnon, et il ne fut point alors secouru par son fils, mais par Diomède. (*Iliade*, chant 8.)

PYTHIQUE VII.

(1) *L'antique puissance des enfans d'Alcméon.* Mégaclis était de la famille des Alcméonides, descendans d'Érecthie, l'un des anciens rois d'Athènes. Ce furent les éloges que Pindare donna à Athènes, dans cette ode, qui le brouillèrent avec Thèbes, car la jalousie rendit ces deux républiques ennemies jusqu'au temps où l'éloquence de Démosthène et les invasions de Philippe les réconcilièrent momentanément; mais en même temps que Thèbes, par ce motif, priva Pindare du droit de cité et le condamna à une forte amende, Athènes paya l'amende et l'adopta. Il se réconcilia depuis avec sa patrie.

(2) *Ce sont eux, ô Appollon!* Les Pisistratides avaient brûlé le temple de Delphes; les Alcméonides, alors exilés, firent vœu de le rebâtir s'ils chassaient les tyrans. Ils triomphèrent et tinrent leur promesse.

PYTHIQUE VIII.

(1) *Ce Porphyrion.* Géant qui tenta d'enlever les bœufs d'Hercule ; il fut foudroyé par Jupiter avec les autres géans dans leur entreprise contre le ciel.

(2) *Ce Typhon.* L'un des géans qui tentèrent d'escalader l'Olympe.

(3) *Égine amie de la justice.* Ile au sud de Salamine, dans le golfe Salonique. Pindare loue souvent Égine sur ses vertus douces et paisibles. (Voyez *Olymp.* 8-27).

(4) *Des antiques vertus des Éacides.* Égine eut pour roi Éaque, un des juges des enfers. Elle lui dut des lois équitables qui la font appeler par le poëte *Dikaiopolis.*

(5) *Le fils d'Oïclée.* Le devin Amphiaraüs, un des sept princes qui secoururent Polynice contre son frère.

(6) *Égialée périt.* Au deuxième siége, Égialée fils d'Adraste, roi d'Argos et de Sicyone, fut le seul chef qui périt.

(7) *La vaste cité d'Abas.* Abas, 12ᵉ roi d'Argos, était fils de Lyncée et d'Hypermnestre.

(8) *La statue d'Alcméon.* Apparemment il y avoit près de la maison de Pindare une statue ou un temple d'Alcméon. Il n'est point étonnant que Thèbes eût érigé des monumens à sa gloire, puisqu'il commandait l'expédition des Épigones, qui fut heureuse.

(9) *Dans ces fêtes que sa patrie célèbre.* Tous les cinq ans on célébrait à Égine les jeux delphiens en l'honneur d'Apollon.

(10) *En l'honneur de Junon.* Les jeux en l'honneur de Junon se célébrèrent d'abord à Argos ; dans la suite, les citoyens d'Égine, colonie d'Argos, les empruntèrent à la métropole.

(11) *O homme d'un jour !* etc. Ce passage est remarquable par son énergie et sa précision. Sophocle a dit après Pindare :

> Orô gar emas ouden ontas allo plên
> Eïdôl', osoi per zômen, e kouphên skian.
> (*Ajax*, 125.)
>
> Video enim nos nihil aliud esse quàm
> Simulacra, quicumque vivimus, aut levem umbram.

Et Aristophane dans *les Oiseaux* : « Les hommes ne sont que la fange pétrie et façonnée ; ce sont des êtres d'un jour : ils sont semblables à des songes. »

(12) *O nymphe Égine !* Le poëte s'adresse à la nymphe tutélaire d'Égine.

PYTHIQUE IX.

(1) *Malgré le poids d'un énorme bouclier.* Pour obtenir le prix dans cette lutte, il fallait parcourir deux fois le stade, allant et revenant avec la pesante armure des anciens.

(2) *Petit-fils de l'Océan.* Hypséus, père de Cyrène, naquit de Pénée, fils de l'Océan et de Créuse, fille de la Terre.

(3) *A promener sur la toile la navette.* Le texte porte : « *A men outh' istôn palimbamous ephilosen odous ;* » littéralement : « *Quæ quidem non telarum reciprocas amavit vias.* » Plus bas, il appelle le sommeil *sugkoiton glukun* (*concubitorem suavem*). Expressions qui n'ont point de synonymes dans notre langue.

(4) *Aux soins de la Terre et des Heures.* On pourrait peut-être dire avec plus de raison *et des saisons*, ce qui désigne les occupations d'Aristée, qui le premier, dit-on, distingua les saisons par l'inspection des astres et fendit la terre pour la féconder.

(5) *Alors qu'il revint une heure.* Iolas, compagnon d'Hercule et d'un âge très-avancé, voyait les enfans du héros poursuivis par l'implacable jalousie d'Eurysthée. Il demanda aux dieux une heure de son ancienne jeunesse et en profita pour tuer le persécuteur de sa famille.

(6) *La Fontaine de Dircé.* Voisine de Thèbes et consacrée aux Muses.

(7) *Dans ces fêtes olympiennes.* Les Olympiennes d'Athènes, qu'il ne faut pas confondre avec les Olympiques de Pise, se célébraient en l'honneur de la Terre.

(8) *Dans Irasse, ville d'Antée.* Ville de Lybie près du marais Tritonide. Antée, dont il est ici question, n'est pas celui qui fut étouffé par Hercule.

(9) *L'hymen de ses quarante-huit filles.* Danaüs en avait cinquante ; mais le poëte ne compte ici ni Hypermnestre, épouse de Lyncée, ni Amymone qui céda aux hommages d'Apollon.

(10) *Soudain Alexidamus s'élance.* Télésicrate comptait Alexidamus parmi ses ancêtres.

(11) *Au milieu des Nomades.* C'est-à-dire *Pasteurs* ; de là vint plus tard le nom de *Numides*, peuples si célèbres pour leur cavalerie.

SUR LES NÉMÉENNES.

PYTHIQUE X.

(1) *Les enfans d'Aleuius.* Famille qui dominait alors dans les villes de Thessalie.

(2) *La roche de Cirrha*, c'est-à-dire le Parnasse.

(3) *Le père et le fils.* Phricias et Hippoclès.

(4) *Par les Éphyriens.* Les Thessaliens, habitans de la ville d'Éphire, située en Thessalie. Corinthe portait aussi ce nom.

PYTHIQUE XI.

(1) *Auprès de Mélia.* Nymphe fille de l'Océan.

(2) *Oracle isménien.* Près de Thèbes était une colline et un temple dédié à Apollon Isménien, du nom d'Isménus, devin célèbre.

PYTHIQUE XII.

(1) Méduse avait osé le disputer en beauté à Minerve elle-même.

(2) Phorcus était père des Gorgones.

(3) Polydecte, roi de l'île de Sériphe, craignant l'humeur entreprenante de Persée, qu'il avait élevé, ordonna dans un festin, à chaque convié, de lui apporter un don, et demanda à Persée la tête de Méduse. Il la vit et fut changé en pierre.

(4) Cette origine de la flûte fait concevoir que plus tard elle ait été proscrite dans les jeux à cause du son triste et désagréable qu'elle rendait. Elle ne fut plus employée que dans les funérailles.

NOTES SUR LES NÉMÉENNES.

NÉMÉENNE Ire.

(1) Chromius, fils d'Agésidame, était de Catane, ville de Sicile à laquelle Hiéron avait donné le nom d'Etna. Il avait été écuyer de ce prince, et après avoir quitté le service de ce prince, il avait établi un haras dans la Sicile. C'était la première fois qu'il combattait en son nom.

(2) Ortigie était une petite île jointe à Syracuse et où était la fontaine Aréthuse. Les poëtes assuraient que les eaux de l'Alphée, après avoir coulé sous mer, venaient se mêler à celles de cette fontaine. On trouve en effet dans Pausanias : « Le dieu de Delphes, en envoyant Archias le Corinthien pour bâtir Syracuse, lui parla en ces termes : « Au-dessus de la mer sombre par sa profondeur et de la Thrinacie s'élève Ortygie là où la bouche de l'Alphée fait jaillir ses eaux en se mêlant aux sources d'Aréthuse l'Euripéenne. »

O theos en Delphois Archian ton korinthion es ton Surakousòn
Apostellôn oikismon kai tade eipe ta epê :
Ortugié, tis keitai en èeroeideï pontô,
Thrinakiés, kathuperthen in' Alpheiou stoma bluzei,
Misgomenon pêgais Euripeïés Arethousés.
(Paus. Eliac. 1, c. 7. p. 390.)

(3) *Cette île que le maître de l'Olympe.* La Sicile.

(4) Théocrite donne dix mois à Hercule quand il étouffa les serpens envoyés par Junon (Idyle 24e). Pindare place cette aventure dans la nuit même de la naissance d'Hercule.

(5) Phlégra, ville de Macédoine.

NÉMÉENNE II.

(1) Timodème était d'Acharne, l'une des bourgades de l'Attique.

(2) *Les rhapsodes d'Homère.* On appelait ainsi une espèce de poëtes ambulans qui compilaient et rassemblaient diverses poésies attribuées à Homère et en faisaient une application quelconque analogue au goût de leurs auditeurs. Le nom de *rhapsodes* vient de *raptein* (coudre).

(3) *Les Pléiades*, constellation de sept étoiles que les anciens nommaient Taygète, Électre, Alcioné, Astéropé, Céléno, Maïa et Mérope ; elles étaient filles d'Atlas. La constellation d'Orion se montre derrière elles, et cette position a donné lieu aux mythologues de feindre que cet Orion, enflammé d'amour, les poursuit sans relâche dans l'espoir de les atteindre.

NÉMÉENNE III.

(1) Les Myrmidons, ainsi nommés de *murmêx*

(fourmi). Éaque, affligé du ravage que la peste avait fait dans ses états, pria Jupiter de les repeupler. Le dieu, touché de sa prière, métamorphosa en hommes les fourmis dont l'île était remplie.

(2) Iolcos, ville de Thessalie, dont Pélée se rendit maître dans la guerre qu'il déclara à Acaste, fils de Pélias; il fut aidé par Jason et les fils de Tyndare, Castor et Pollux.

(3) Iolas, fils d'Iphiclès, accompagna Hercule au premier siége de Troie contre Laomédon.

(4) Phylire était fille de l'Océan et mère du centaure Chiron.

(5) Il paraît que cette ode ne fut composée que longtemps après la victoire d'Aristoclide.

NÉMÉENNE IV.

(1) Cléone, petite ville de l'Argolide.

(2) Les Méropes étaient les anciens peuples de l'île de Cos, une des Sporades. Ils s'appelaient ainsi du nom d'un de leurs rois.

(3) Alcyon, géant, frère de Porphyrion; Hercule le tua à coups de flèches.

(4) *OEnone*. C'est la même qu'Égine.

(5) Cette île avait plusieurs noms: les uns l'ont appelée Leucé, du grec *Leuké* (Blanche), les autres Achillea. Elle était située près du Pont-Euxin, à l'opposite du Danube. Achille y avait un temple, des autels et un oracle.

(6) Phthie, ville de Thessalie où Thétis avait un temple.

(7) *Les Emmoniens*. Ancien nom des Thessaliens.

(8) Acaste était fils de Pélices, roi de Thessalie.

(9) Timasarque appartenait à la tribu des Théandrides

(10) Mélésias était le maître de gymnastique de Timasarque.

NÉMÉENNE V.

(1.) *Je ne suis point statuaire*. Pythéas était d'Égine. Sa famille, disent les scholiastes, trouvant que Pindare mettait à un trop haut prix l'hymne qu'il était chargé de composer, crut pouvoir, avec la même somme que le poëte lui demandait, faire ériger une statue à son parent; mais ayant été désabusée, elle revint à Pindare. Le début de son ode fait allusion à ce trait. (*Voyez* Horace, ode 8, livre 4 : « *Donarem pateras, grataque commodus, etc.* »)

(2) On dit que la Grèce étant affligée d'une grande sécheresse, Éaque, d'après un certain oracle, offrit un sacrifice à Jupiter Panhellénien, qu'on adorait à Égine.

(3) La nymphe Endéis épousa Éaque et fut la mère de Pélée et de de Télamon.

(4) Psammathée eut d'Éaque Phocus, que tuèrent Pélée et Télamon.

(5) Pindare fait ici allusion à l'exercice du saut, où les juges marquaient exactement l'espace que chaque concurrent avait à franchir.

(6) Ile située près de l'Eubée.

(7) Enthymène était parent de Pythéas.

(8) *Colline de Nisus*. C'est-à-dire Mégare, don Nisus avait été roi.

(9) Thémistius était le grand-père maternel de Pythéas.

NÉMÉENNE VI.

(1) *Les Bassides*. Tribu d'Égine à laquelle appartenait Alcimide.

(2) *Callias*. Autre descendant des Bassides, appartenant par conséquent à la famille d'Alcimide.

(3) Un réglement défendait d'admettre les enfans aux jeux olympiques. Alcimide et Timidas, qui s'y présentèrent pour disputer le prix, furent rejetés.

NÉMÉENNE VII.

(1) Théarion, avancé en âge, n'ayant pas d'enfans, obtint d'Ilithie la naissance de Sogène.

(2) Néoptolème ou Pyrrhus était fils d'Achille.

(3) *Éphyre*. Cette ville était en Épire; c'est une autre que Corinthe.

(4) *Euxémus* était le chef de la tribu de Sogène.

(5) *O Jupiter Corinthien !* Exclamation proverbiale pour signifier une chose répétée jusqu'à satiété.

NÉMÉENNE VIII.

(1) Cinyras était un roi de Cypre dont l'opulence passait en proverbe.

(2) Les Chariades, tribu à laquelle Mégas appartenait.

NÉMÉENNE IX.

(1) Pausanias et Denys d'Halicarnasse racontent

ainsi la fondation des jeux sicyoniens. Dans une guerre entre les habitants de Sicyone et ceux de Crisa, consacrée à Apollon, le siége de la ville tirant en longueur à cause des convois que les assiégés recevaient par mer, Clistène Sicyonien leva à ses frais une flotte pour intercepter les convois. En reconnaissance de ce bienfait, les Sicyoniens se soumirent à son autorité et lui adjugèrent la tierce partie du butin, qu'il employa à la fondation de ces jeux, qui se célébraient à l'instar de ceux d'Olympie et de Pytho. C'est donc à tort, comme le remarque Heyne, que cette ode a été mise au nombre des Néméennes.

(2) *L'Asopus*, fleuve qui arrose Sicyone. C'est à Adraste que Pindare attribue l'institution des jeux qui se célébraient dans cette ville, ce qui contredit ce que j'ai rapporté plus haut au sujet de Clistène, à moins qu'on ne dise que Clistène remit en honneur les jeux qu'Adraste avait fondés, ce qui est arrivé à presque tous les jeux de la Grèce.

(3) *Talaüs*, roi d'Argos et père d'Adraste, succomba sous les coups d'Amphiaraüs.

(4) Amphiaraüs s'était caché pour ne pas aller à la guerre de Thèbes, où il savait qu'il devait périr; Ériphyle découvrit sa retraite, et Amphiaraüs trouva la mort au milieu du combat.

(5) Les Carthaginois contre lesquels Chronicus avait combattu sous le règne de Gélon.

(6) *Hélore*, fleuve de Sicile.

NÉMÉENNE X.

(1) *Thiéus* était d'Argos. Ce n'est point à Némée qu'il remporta cette victoire, mais à Argos aux jeux hécatombéens, ainsi appelés parce qu'on immolait cent bœufs à Junon.

(2) *Persée* était fils de Jupiter et de Danaé.

(3) Épaphus, fils de Jupiter et d'Io, fonda, environ 1800 ans avant Jésus-Christ, Memphis et plusieurs autres villes d'Égypte : c'est le dieu Apis des Égyptiens.

(4) *Hypermnestre* était fille de Danaüs. Ce prince, ayant donné ses cinquante filles en mariage aux cinquante fils du roi d'Égypte, engagea ses filles à égorger leurs époux la première nuit de leurs noces. Toutes obéirent, à l'exception d'Hypermnestre, qui épargna Lyncée son époux, avec lequel elle régna par la suite dans Argos, après la mort de Danaüs, que ce même Lyncée assassina pour venger le meurtre de ses frères.

(5) *La cité de Prœtus*. Argos, où régna Prœtus, fils d'Abas.

(6) *Pélane* ou *Pélène*, ville du Péloponèse.

(7) *Clitor* et *Tégée*. Villes de l'Arcadie.

(8) *Therapnée*, village près de Sparte, où naquirent Castor, Pollux et Hélène, tous trois enfans de Léda.

(9) *Idas* était fils d'Apharée, roi de Messénie, et frère de Lyncée autre que celui qui épousa Hypermnestre.

NÉMÉENNE XI.

(1) Aristagoras avait remporté plusieurs victoires dans sa patrie; mais cette ode n'est point faite pour les célébrer. Pindare la composa pour féliciter Aristagoras du choix qu'avaient fait de lui pour prytane les habitants de Ténédos. Les magistrats appelés prytane étaient sous la protection de Vesta.

(2) *Mélanippe* était de Thèbes. Dans la guerre des sept chefs, il blessa Tydée. Ce dernier poussa la vengeance jusqu'à se repaître de la cervelle de Mélanippe. Il fut puni de cet excès par Minerve, qui le priva de l'immortalité qu'elle lui avait promise.

(3) *Les bords de l'Isménus*. Fleuve qui passait près de Thèbes en Béotie.

(4) *Jupiter ne promet point*. Horace a dit dans le même sens :

Prudens futuri temporis exitum
Caliginosâ nocte premit Deus.

NOTES SUR LES ISTHMIQUES.

ISTHMIQUE Ire.

(1) Hérodote était fils d'Asopodore et originaire d'Orchomène. Quelques dissensions civiles l'obligèrent à quitter Thèbes et à se retirer à Orchomène ; mais peu après il revint à Thèbes, et il occupa un rang honorable parmi ses concitoyens.

(2) Le scholiaste raconte que Pindare, ayant été engagé par les habitans de l'île Cos à composer un hymne en l'honneur de la naissance d'Apollon à Délos, suspendit son travail pour célébrer la victoire remportée par son compatriote Hérodote.

(3) *De Géryon*. Géryon, roi d'Érythie (que l'on croit avoir été en Espagne) était un géant à trois corps régis par une seule âme. Il nourrissait ses bœufs de chair humaine. Le poète a mis le pluriel pour le singulier en parlant de son chien, car la fable ne fait mention que d'un seul chien de Géryon ; mais ce chien, nommé Orthrus, avait deux têtes.

(4) *L'Eurotas* coulait à Lacédémone.

(5) *Le fils d'Iphiclès*. C'était Iolas.

(6) *Le fils de Tyndare*. C'est-à-dire Castor.

(7) *Oucheste*, ville de Béotie, consacrée à Neptune ; elle était située sur le bord méridional du lac Céphise. Homère en parle au 2e chant de l'*Iliade* : « Et la divine Oucheste consacrée à Neptune. »

(8) Orchomène, autre ville de Béotie, célèbre par ses richesses ; elle était située sur le bord oriental du Céphise.

*Oud' os es Orchomenon potinissetai, oud' osa Thêbas
Aiguptias othi pleista domois en ktêmata keitai*
. . . .
Oud' ei moi tosa doiê. . . . .
(*Iliade*, ch. 9—382.)

« Me donnât-il tout ce que le commerce apporte de richesses dans Orchomène ou dans Thèbes, la capitale de l'Égypte, dont les maisons sont remplies d'immenses trésors...... »

(9) Orchomène nommée par Homère la *Minyenne*, pour la distinguer des autres villes du même nom ou parce que ce fut dans cette Orchomène que le roi Minyas et ses descendans fixèrent leur résidence.

(10) *Éleusis*, ville de l'Attique, entre Athènes et Mégare.

(11) L'Eubée (aujourd'hui Négrepont), grande île de la mer Égée, à l'ouest de la Béotie.

(12) *Protésilas*, fils d'Iphiclès. Il périt au siége de Troie, et on lui éleva un tombeau à Phylacée en Arcadie, près la source de l'Alphée.

(13) Horace a dit :

> Nullus argento color est avaris
> Abditœ terris, inimice lamnœ
> Crispe Salusti ; nisi temperato
>   Splendent usu
> (HORACE, ode 2, liv. 2.)

ISTHMIQUE II.

(1) Cette ode composée en l'honneur de Xénocrate est adressée à son frère Thrasybule. Callistrate raconte que Xénocrate ayant offert à Pindare une somme peu proportionnée à son travail, celui-ci s'en vengea en adressant son hymne à Thrasybule. Le début semble confirmer ce récit.

(2) *Aristodème* était de Sparte. Pindare l'appelle Argien peut-être parce qu'il regarde Argos comme la capitale de tout le Péloponèse ou bien parce que les Argiens avaient comme les Lacédémoniens le mérite de la concision.

(3) *Érecthée* était roi d'Athènes et père de Cécrops.

(4) *Nicomaque*, écuyer de Xénocrate.

(5) *Les fils d'Énésidame*, Théron et Dinomène.

(6) *Le Phase*, fleuve de la Scythie, pays très-froid.

(7) *Le Nil*, fleuve d'Égypte coulant sous un ciel brûlant.

(8) *Nicasippe* était sans doute un messager dépêché tout exprès par le poëte vers Thrasybule pour lui remettre son hymne.

ISTHMIQUE III.

(1) Mélissus descendait d'OEdipe par sa mère.

(2) *Les Labdacides*, descendans de Labdacus, père de Laius, qui donna naissance à OEdipe.

ISTHMIQUE IV.

(1) *Les Kléonymides.* Nom de la tribu à laquelle appartenait Mélissus.

(2) Les ancêtres de Mélissus avaient disputé des prix aux grands jeux *panagurioi*, *panellanès agônès*, mais il n'en avaient point obtenu.

(3) Virgile suppose Orion d'une taille démesurée quand il dit :

. . . . . Quam magnus Orion
Cum pedes incedit medii per maxima Nerei
Stagna viam scindens humero super eminet undas.

(4) *Oportet quidlibet facientem obscurare hostem.* Tout est bon contre un ennemi. Virgile a dit :

. . . Dolus an virtus, quis in hoste requirat ?

(5) Horace a dit :

Romulus et Liber pater et cum Castore Pollux
Post ingentia facta, deorum in templa recepti
Dum terras, etc.
(Epist. lib. 2, Epist 1.)

Et ailleurs :

Dignum laude virum Musa vetat mori,
Cœlo Musa beat ; sic Jovis interest
Optatis epulis impiger Hercules.
(Lib. 4, ode 8.)

(6) *La porte d'Électre.* L'une des sept portes de Thèbes, près de laquelle les Thébains immolaient à Hercule des enfans de Mégara.

ISTHMIQUE V.

(1) *Thias.* Hésiode rapporte dans sa *Théogonie* que cette déesse unie à Hypérion donna naissance à la Lune et au Soleil. Son nom vient sans doute de *theomai* (je vois) ou de *thea* (spectacle).

(2) *Oïnée* était roi de Calydon et père de Méléagre et de Tydée, fameux parmi les anciens héros de la Grèce.

(3) *Le Caïque.* Fleuve de Mysie que les Grecs étaient obligés de traverser pour arriver à Troie. Télèphe leur refusa le passage, et les ayant attendus dans une embuscade, il les mit tous en fuite, à l'exception d'Achille et de Patrocle. Télèphe blessé de la main d'Achille consulta l'oracle de Delphes, qui lui répondit qu'*il ne pouvait guérir que par le même javelot qui l'avait blessé.* Cette réponse détermina le roi de Mysie à faire sa paix avec le fils de Pélée, qui appliqua sur la blessure la rouille de son javelot avec des simples que le centaure Chiron lui avait fait connaître.

(4) *Salamine*, île du golfe Saronique, en face d'Athènes et près de laquelle se livra la fameuse bataille navale contre Xercès. De tous les alliés d'Athènes, les habitans d'Égine furent ceux qui fournirent un plus grand nombre de vaisseaux.

ISTHMIQUE VI.

(1) Le fils de Cléonicus, c'est-à-dire Lampon.

(2) *Tu l'appelleras Ajax.* Pindare suppose ici que le nom d'Ajax vint du mot *aietos* (aigle).

(3) Les Argiens comme les Lacédémoniens (*Voyez* notes de la 2ᵉ Isthmique) passaient pour s'exprimer avec brièveté et concision.

(4) *La tribu des Psalychiades.* Tribu d'Égine à laquelle appartenait Phylacidas.

(5) *Thémistius*, un des ancêtres de Phylacidas.

(6) *La pierre de Naxos.*

. . . . Fungur vice cotis acutum
Reddere quœ ferrum valet, exsors ipsa secandi.
(Horace. *Art. poét.*)

En effet Lampon par ses conseils et ses exemples *aiguisait* le courage des autres athlètes.

ISTHMIQUE VII

(1) *Se métamorphoser en pluie d'or.* Le poëte confond ici, peut-être à dessein, les amours de Jupiter tant avec Danaé qu'avec Alcmène.

(2) *Ou ces héros qui naquirent tout armés*, etc. *Spartôn* vient de *speirô* (semer). Il désigne donc les Thébains, dont les premiers étaient nés des dents du dragon semées par Cadmus.

(3) *Sous la conduite des Ægides*, etc. La tribu des Ægides, originaire de Thèbes, s'était unie aux Héraclides partant pour la conquête du Péloponèse et s'était distinguée dans cette expédition.

(4) *Dans ta course oblique.* Loxias, surnom d'Apollon soit à cause de l'obscurité de ses oracles, soit à cause de l'obliquité de sa course.

ISTHMIQUE VIII.

(1) *Malgré la douleur qui m'accable.* Cette ode fut composée immédiatement après la bataille de Salamine, où il est probable que Pindare avait perdu plusieurs de ses amis ou de ses proches.

(2) *Les plus jeunes des filles d'Asopus.* Le fleuve

Asopus eut vingt filles; selon la fable, les plus jeunes furent Thèbes et Égine.

(3) *L'île d'OEnopie.* « Les anciens la nommèrent OEnopie, mais Éaque changea ce nom en celui de la nymphe Égine, sa mère. »

> OEnopiam veteres appellavere, sed ipse
> Eacus, Aiginam genitricis nomine dixit.
> (Ovide. *Métam.* liv 8.)

(4) *Les vierges de l'Hélicon vinrent pleurer sur sa tombe.* (*Voyez* Homère, *Odyssée*, chant 24.)

(5) *En l'honneur d'Alcathoüs.* Un lion furieux dévastait le Cithéron; Alcathoüs, fils de Pelops, le tua et institua des jeux pour perpétuer le souvenir de sa victoire; ils se célébraient à Épidaire.

FIN DES NOTES SUR PINDARE.

NOTES SUR LES FRAGMENS DE SAPPHO,

PAR M. ERNEST FALCONNET.

(1) Littéralement : « *Ma langue est brisée.* »

(2) Cette pièce est regardée à juste titre comme un chef-d'œuvre. Dans la traduction du *Traité du sublime* de Longin, Boileau l'a ainsi rendue :

Heureux qui près de toi, pour toi seule soupire,
Qui jouit du plaisir de l'entendre parler,
Qui te voit quelquefois doucement lui sourire :
Les dieux dans son bonheur peuvent-ils l'égaler !

Je sens de veine en veine une subtile flamme
Courir par tout mon corps sitôt que je te vois,
Et dans les doux transports où s'égare mon âme
Je ne saurais trouver de langue ni de voix.

Un nuage confus se répand sur ma vue,
Je n'entends plus, je tombe en de douces langueurs,
Et pâle, sans haleine, interdite, éperdue,
Un frisson me saisit, je tremble, je me meurs.

Heureux celui qui près de toi soupire,
Qui sur lui seul attire ces beaux yeux,
Ce doux accent et ce tendre sourire !
    Il est égal aux dieux.

De veine en veine, une subtile flamme
Court dans mon sein sitôt que je te vois ;
Et dans le trouble où s'égare mon âme,
    Je demeure sans voix.

Je n'entends plus, un voile est sur ma vue,
Je rêve et tombe en de douces langueurs ;
Et sans haleine, interdite, éperdue,
    Je tremble, je me meurs.

Voici quelques réflexions de Longin ; elles feront connaître en quoi consistent principalement les beautés de cette ode :

« Quand Sappho veut exprimer les fureurs de l'a-
» mour, elle ramasse tous les accidens qui suivent
» et qui accompagnent cette passion. Mais où son
» adresse paraît principalement, c'est dans le choix
» de tout ce qui marque davantage l'excès et la vio-
» lence de l'amour. De combien de mouvemens elle
» est agitée ! Elle brûle, elle gèle, elle est folle, elle
» est sage, elle est entièrement hors d'elle-même,
» elle va mourir. On dirait non pas qu'elle est éprise
» d'une seule passion, mais que toutes les passions
» se sont donné rendez-vous dans son âme et s'y
» combattent ; et c'est en effet ce qui arrive à ceux
» qui aiment. »

Racine a dit dans *Phèdre* :

Je le vis, je rougis, je pâlis à sa vue,
Un trouble s'éleva dans mon âme éperdue ;
Mes yeux ne voyaient plus, je ne pouvais parler ;
Je sentis tout mon corps et transir et brûler.....
Je reconnus Vénus.....

(3) C'était un usage des Grecs de mettre sur les tombeaux les instrumens de l'art qu'on avait exercé pendant sa vie : ils y versaient en outre des parfums et des fleurs ; les femmes y coupaient leurs cheveux. C'était une sorte de culte solennel et gracieux rendu à la mort. Cet amour et ce respect des tombes se sont conservés chez quelques peuples ; mais chez nous il a disparu pour faire place à des habitudes plus vul-gaires, moins poétiques et peut-être plus sages. Les anciens redoutaient la tombe ; ils étaient incertains d'une autre vie : nous, nous l'avons sanctifiée par la religion comme le port des douleurs, et l'avenir nous est assuré.

Si nous parvenions à faire l'histoire des tombeaux de la Grèce, nous retrouverions toute une civilisation qui ne nous est connue que sous quelques-unes de ses faces. Nous retrouverons cependant deux espèces de tombeaux bien distincts : les *tumulus*, qui sont les monumens funéraires de l'âge homérique ; tels étaient les tombeaux d'Alcméon, de Méléagre, d'Ino, de Phocus, de Diomède, d'Opheltas, de Pélops, de Néoptolème et de plusieurs autres personnages des temps héroïques ; tel était le tombeau présumé de l'amazone Antiope aux portes d'Égypte ; tel était le tombeau d'Épytutertre élevé sur une haute montagne de l'Arcadie, dont il est parlé dans Homère (*Iliade*, t. 2, p. 64), que Pausanias avait étudié avec le plus grand soin (8, 16, 2) et qu'un de nos voyageurs français croit avoir retrouvé dans le même emplacement, mais non dans le même état (Raoul-Rochette) :

« Ces *tumulus* de l'âge héroïque étaient générale-ment appuyés sur une base solide construite en pierre, et le faîte en était surmonté d'une cippe, qu'on appelait une *stèle*. Ces stèles ne portaient encore aucune inscription, et il s'écoula longtemps avant qu'on vît s'établir l'usage et surtout le luxe des épitaphes. Les stèles sépulcrales restèrent longtemps simples et unies sans aucun ornement ; quelquefois cependant on y gravait en relief, avec l'imperfection d'un art qui s'essayait encore, l'image du défunt : il nous reste des exemples de cette pratique intéressante qui se rapportent à des personnages de l'époque mythologique. Plus souvent on se contentait d'y sculpter un symbole propre à exprimer dans ce langage figuré qui plaisait tant à l'antiquité, le caractère, le génie, la profession, la fortune du personnage, et cette coutume se continua à travers tous les âges et sous toutes les formes de la civilisation grecque en s'appliquant à toutes les conditions de la vie. La tombe des *héros* et des *sages* n'était le plus souvent ornée à l'extérieur sur la *stèle* qui en marquait la place que par des symboles ou des emblèmes appropriés à leur caractère et à leur génie : ainsi la *stèle* de Léonidas avait pour ornement un *lion*, celle d'Isocrate une *syrène*, celle de Diogène un *chien*, celle d'Épaminondas un *bouclier* ; ce fut à l'image d'une *sphère* et d'un *cylindre* gravés sur une *stèle* que Cicéron découvrit à Syracuse la tombe d'Archimède, ignorée des Syracusains eux-mêmes. Le même système eut lieu, avec toutes les applications dont il était susceptible, pour les monumens érigés à la mémoire des plus humbles citoyens eux-mêmes : le simple artisan faisait graver sur sa *stèle* les instrumens de sa profession ; et plusieurs de ces stèles, que nous possédons dans nos musées, offrent ainsi une encyclopédie abrégée des arts et métiers de l'antiquité grecque et romaine. »

FIN DES NOTES SUR LES FRAGMENS DE SAPPHO.

NOTES SUR LES IDYLLES DE THÉOCRITE,

PAR M. B.... DE L.......

IDYLLLE Ire.

Pour bien entendre cette idylle, il est nécessaire d'être instruit de l'histoire de Daphnis.

Suivant la plupart des traditions, Daphnis eut pour père Mercure; suivant quelques autres, il ne fut que son favori, et Théocrite lui-même paraît avoir été de ce sentiment. La mère de Daphnis, selon l'opinion commune, était une nymphe fille de roi, qui, trop sensible au mérite d'un amant d'un rang très-inférieur au sien et dont on ignore le nom, fut contrainte, pour sauver son honneur, d'exposer le fruit de ses amours. Elle l'enferma dans un petit coffre et le mit dans un bocage planté de lauriers, ce qui lui fit donner le nom de Daphnis, du mot grec *daphnê*, qui signifie *laurier*. Des bergers trouvèrent le coffre où il était enfermé plein de rayons de miel que des abeilles y avaient déposé et dont elles avaient nourri le jeune Daphnis. Le bocage où il fut exposé était situé dans un vallon délicieux, entre les monts Hérœens, derrière une petite ville du territoire de Syracuse appelée Hybla et surnommée Héra ou Hérœa; c'était le plus beau canton de la Sicile, au rapport de Diodore:

« Les monts Hérœens, dit cet historien, par leur situation singulière, par les qualités admirables de leur sol et par toutes les autres beautés que la nature y a rassemblées, forment la plus délicieuse retraite que l'on puisse choisir contre les ardeurs de l'été. Une infinité de sources, qui surpassent par la bonté et la douceur de leurs eaux tout ce qu'il y a de fontaines au monde, y entretiennent sans cesse une agréable fraîcheur. Les chênes qui couvrent les sommets de ces montagnes sont fort hauts et fort épais et portent du gland plus gros de moitié que le gland ordinaire. La terre y produit sans le secours de l'art des arbres fruitiers de toute espèce, beaucoup de vignes et surtout une quantité prodigieuse de pommiers. Cette contrée était si riche et si fertile qu'une armée entière de Carthaginois, dans une extrême disette de vivres, y avait trouvé de quoi se nourrir abondamment sans l'épuiser. »

Les nymphes prirent soin d'élever le jeune Daphnis; Pan lui apprit à chanter et à jouer de la flûte; les Muses lui inspirèrent le goût de la poésie. Pour cultiver ces arts avec plus de loisir, il embrassa la vie pastorale, et c'est en gardant ses troupeaux au milieu des champs et des prairies qu'il inventa, dit Diodore, par l'effet d'un génie extraordinaire le poëme et le chant bucolique dans la forme où il s'est maintenu constamment jusqu'à ce temps-ci dans la Sicile. Il épousa fort jeune une nymphe qui, craignant son inconstance, le lia par des sermens et lui déclara que s'il les violait, il en serait puni par la perte de la vue. Daphnis resta quelque temps fidèle; il résista même aux vives instances d'une princesse, dont la dernière ressource fut de l'enivrer et de lui faire perdre, avec l'usage de la raison, le souvenir de ses sermens : cette faute involontaire attira cependant sur Daphnis la punition à laquelle il s'était soumis. Quelques traditions, il est vrai, disent que cette aventure de Daphnis fut suivie de plusieurs autres infidélités volontaires qui irritèrent à un tel point la jalousie de son épouse qu'elle se jeta sur lui et lui arracha les yeux.

Il y a une autre tradition sur les amours de Daphnis qu'il est plus important de connaître, parce qu'elle donne l'intelligence de plusieurs endroits obscurs qu'on trouve dans cette première idylle. Théocrite, qui a suivi cette tradition, suppose que Daphnis, après avoir été longtemps insensible, après avoir bravé hautement le pouvoir de Vénus, éprouva enfin la vengeance de cette déesse, qui le fit passer dans un moment de la plus sévère modestie aux plus vifs emportemens de l'amour. Entraîné par une force supérieure, il se livra avec fureur à tous les objets qui se présentèrent à ses yeux et ne put se fixer à aucun : la beauté d'une nymphe dont il était aimé ne put modérer ses transports ni rappeler sa raison égarée. Enfin, consumé par le désordre et l'agitation de ses sens, il tomba dans une langueur qui termina ses jours à la fleur de son âge dans les solitudes du mont Etna, sur les bords de l'Acis, lieux où il avait passé la plus grande partie de sa vie.

Les diverses aventures de Daphnis devinrent le sujet le plus ordinaire des chansons des bergers et des poëtes bucoliques. Si l'on en croit Élien, Stésicore fut le premier qui chanta les malheurs de Daphnis. Théocrite, à son exemple, a pris pour sujet de sa première idylle la mort funeste de cet illustre berger : c'est une des plus belles pièces de notre auteur; elle est pleine de sentiment et de cette simplicité touchante qui est le principal caractère de Théocrite. Virgile l'a imitée et presque copiée en plusieurs endroits dans sa 10e églogue intitulée *Gallus*. Il y a plus de chaleur, plus d'éloquence et de pathétique dans le poëte latin ; mais on trouve dans Théocrite une teinte de mélancolie, un charme et une douceur qui paraissent convenir davantage à la nature de l'idylle.

La première idylle, tout à fait pastorale et fort touchante, annonçait le grand talent de Théocrite. Virgile en a imité plusieurs traits, dont nous citerons plus bas les principaux, que nous emprunterons à la traduction en vers français de M. le chevalier de Langeac. Les chiffres indiqueront le texte même de Virgile pour ceux de nos lecteurs qui voudraient le consulter.

« Je voudrais bien savoir, dit Fontenelle, pourquoi Daphnis en mourant dit adieu aux ours et aux loups-cerviers aussi tendrement qu'à la belle fontaine d'Aréthuse et aux fleuves de Sicile ; il me semble qu'on n'a guère coutume de regretter une pareille compagnie. »

Pour répondre à cette objection du plus acharné détracteur des anciens, il faut se rappeler que souvent le poëte Daphnis avait charmé les hôtes des forêts par la douceur de ses chants : « N'est-il pas naturel, dit M. Gail, que le berger regrette des animaux qui ont en sa faveur oublié leur férocité ? »

Hélicryse. Pline appelle cette plante *héliocryse* : « Sa fleur a la couleur de l'or ; sa feuille est mince, ainsi que sa tige, qui cependant est dure. Les mages se servaient de cette plante pour faire des couronnes, et l'on croyait qu'elles avaient la vertu de rendre heureux ceux qui les portaient si on avait la précaution de les arroser de parfums pris dans un vase d'or qui n'eût point éprouvé le feu. » Ce récit de Pline est copié mot à mot de Théophraste.

« Des critiques ont blâmé dans Théocrite la description de cette coupe comme trop longue ; mais elle est si belle et si riche de poésie qu'on serait bien fâché de ne pas l'y trouver : les bergers ont tant de loisirs qu'ils peuvent s'égayer dans leurs descriptions. Fontenelle s'étonne qu'un si grand nombre d'objets puissent être représentés sur une coupe : il n'en eût pas été surpris s'il eût su que ces sortes de vases dont se servaient les bergers de Sicile étaient fort grands et ressemblaient plutôt à des urnes qu'à des coupes. Il compare malignement la coupe de Théocrite au bouclier d'Hercule ; mais en dépit de ses plaisanteries, il y a plus de véritable poésie dans la description de cette coupe que dans toutes ses églogues. » (Geoffroy.)

Aréthuse. Il y eut plusieurs fontaines de ce nom, mais la plus célèbre était celle de Sicile dont parle le berger Thyrsis. Le mot *Aréthuse* avait passé en proverbe pour désigner une belle fontaine.

Thymbris, fleuve de Sicile. Quelques commentateurs prétendent que ce mot signifie *la mer*.

Le *Ménale* et le *Lycée*, montagnes d'Arcadie. La première tirait son nom de Ménale, fils de Lycaon.

PRINCIPAUX TRAITS IMITÉS PAR VIRGILE.

Non, le flot qui de loin vient mourir sur la plage,
Le ruisseau qui la nuit roule en paix sur les fleurs,
A la mélancolie offrent moins de douceurs. (Eglo. 5, 83.)

Commence : Palémon gardera tes brebis. (5, 12.)

Elle est belle et féconde ; et par elle nourris,
Deux jeunes veaux encore en augmentent le prix.
(3, 30.)

Une vigne où le lierre avec art s'entrelace,
Se dessine à l'entour, serpente et les embrasse. (3, 38.)

L'anse de chaque vase offre à l'œil enchanté
De la plus souple acanthe un feuillage imité (3, 45.)

Mes lèvres ni le temps ne les ont point flétris. (3, 47.)

Que mes derniers accens soient dignes du Ménale.
(8, 21.)

Quel antre ténébreux, quelle forêt secrète,
Jeunes vierges des eaux, vous servit de retraite
Quand, d'un aveugle amour indignement charmé,
Gallus de ses tourmens périssait consumé ;
Non, non, d'Aganippé la source enchanteresse,
Les torrens d'Hippocrène ou les flots du Permesse,
Les vallons d'Aonie et ses monts radieux
N'arrêtaient point vos pas, n'attiraient point vos yeux.
(10, 9.)

Oui, des lions d'Afrique, et les monts et les bois
Prolongeaient en soupirs la formidable voix. (5, 27.)

Déjà de toute part la foule t'environne,
Chacun sur tes amours s'interroge et s'étonne ;
Les plus jeunes pasteurs s'approchent les premiers ;
Près d'eux, à pas tardifs, viennent les lourds bouviers,
Et le vieux Palémon, sur sa tête blanchie,
Rapportant pour l'hiver des glands chargés de pluie.
La foule avec respect s'ouvre pour Apollon ;
Il répétait : « Gallus, où donc est ta raison ?
» Celle qui t'est si chère... un autre l'a séduite,
» Et dans l'horreur des camps la traîne à sa suite ! »
(10, 19.)

C'est moi qui fus Daphnis.....
De ces bois jusqu'aux cieux ma gloire doit s'étendre,
Berger d'un beau troupeau moins beau que son berger.
(5, 43.)

Que l'agneau maintenant des loups soit la terreur,
Qu'ici de l'oranger le chêne offre la fleur ;
Que sur l'aune mouvant brille aux yeux le narcisse ;
Que l'ambre, en perles d'or, sur nos buissons jaunisse
Et que Tityre enfin soit, par des sons nouveaux,
Orphée au fond des bois, Arion sur les eaux.
C'en est fait, je descends à la rive infernale. (8, 52.)

IDYLLE II.

Voici ce que dit Longepierre de ce poëme : « Cette idylle est à mon gré la plus belle de Théocrite, et peut-être nous reste-t-il peu de morceaux de l'antiquité aussi parfaits. Il règne d'un bout à l'autre un génie, une vivacité, une force d'expression et surtout un pathétique qui touche et qui attache : aussi ai-je ouï dire à M. Racine, si bon juge et si grand maître en

Voltaire nous a donné une imitation de cette pièce, où la passion la plus naïve s'exprime avec toute l'élégance et la molle douceur convenables au sujet :

> Reine des nuits, dis quel fut mon amour,
> Comme en mon sein les frissons et la flamme
> Se succédaient, me perdaient tour à tour ;
> Quels doux transports égarèrent mon âme ;
> Comment mes yeux cherchaient en vain le jour.
> Comme j'aimais, et sans songer à plaire,
> Je ne pouvais ni parler ni me taire.
>
> Reine des nuits, dis quel fut mon amour.
> Mon amant vint, ô momens délectables !
> Il prit mes mains, tu le sais, tu le vis,
> Tu fus témoin de ses sermens coupables,
> De ses baisers, de ceux que je rendis ;
> Des voluptés dont je fus enivrée.
> Momens charmans, passez-vous sans retour ?
> Daphnis trahit l'amour qu'il m'a jurée !
> Reine des nuits, dis quel fut mon amour.

Cette pièce s'éloigne tout à fait du genre pastoral. Virgile a voulu s'en rapprocher ; mais il nous semble que le récit d'une opération magique n'est guère convenable dans la bouche d'un berger : les chansons bucoliques doivent respirer la joie et l'innocence ; aussi Théocrite ne fait-il point parler une bergère, mais une courtisane à qui il donne le nom de cette fameuse *Simèthe* de Mégare, dont l'enlèvement causa une guerre très-vive entre les Mégariens et les Athéniens.

Oiseau sacré. Le texte dit *Iunx*, petit oiseau dont on se servait dans les enchantemens ; on croit que c'est le hochequeue ou bergeronnette. Selon Callimaque, Iunx était fille d'Écho. Jupiter en étant devenu amoureux eut recours aux enchantemens pour s'en faire aimer. Suivant d'autres, Junon métamorphosa Iunx en oiseau, en punition des charmes qu'elle avait employés pour rendre Jupiter amoureux d'Io.

Les jeunes filles grecques, lorsqu'elles étaient sur le point de se marier, portaient les corbeilles sacrées au temple de Diane pour se rendre propice cette déesse et la prier de leur pardonner la perte de leur virginité. Les filles des familles riches s'y rendaient en pompe, entourées de véritables tigresses et de lionnes apprivoisées, comme pour implorer la clémence de la sœur d'Apollon en lui rappelant que les animaux les plus sauvages avaient eux-mêmes cédé à l'amour ; celles qui ne pouvaient faire tant de dépense portaient seulement l'effigie de ces animaux.

Le globe d'airain. C'était une espèce de toupie ou sabot d'airain qu'on faisait tourner dans les cérémonies magiques, tantôt dans un sens, tantôt dans un autre, pour exciter des passions contraires. Quelques savans prétendent qu'on se servait d'un rouet et non d'une toupie.

L'hippomane. Plante dont le fruit, selon Cratéros, est de la grosseur de celui du figuier sauvage ; sa feuille, hérissée d'épines, tire sur le noir comme celle du pavot. Théophraste prend l'hippomane pour une composition que l'on faisait avec du tithymale. Chez les anciens, l'hippomane signifiait encore une certaine liqueur qui coule des parties naturelles d'une jument en chaleur et une excroissance de chair que le poulain nouveau-né porte quelquefois sur le front et que la cavale mange aussitôt qu'elle a mis bas, sinon elle ne pourrait le nourrir. Ces deux sortes d'hippomane avaient, dit-on, une vertu singulière dans les philtres.

« Les pommes, dit Athénée, n'étaient pas moins consacrées à Bacchus que les raisins ; elles étaient d'un grand usage dans la galanterie.» Dans Théocrite et dans Virgile, une bergère jette des pommes à son berger pour l'agacer.

C'était un usage d'orner de guirlandes de fleurs la porte de sa maîtresse. Voici ce que dit encore à ce sujet Athénée : « Les amans parent de guirlandes et de festons les portes de leurs maîtresses comme ils orneraient la porte d'un temple, ou pour les honorer davantage, ou parce qu'ils croient consacrer ces couronnes à l'Amour même plutôt qu'à l'objet de leur tendresse. La personne que l'on aime est la plus parfaite image de l'Amour, et sa maison devient pour un amant le temple de ce dieu : voilà pourquoi ils en ornent la porte et quelquefois même y font des sacrifices. »

PRINCIPAUX TRAITS IMITÉS PAR VIRGILE.

> .... Essayons de magiques accens ;
> Peut-être ils toucheront l'ingrat qui me délaisse :
> C'est aux enchantemens qu'a recours ma tristesse.
> (Églo. 8, 66.)
>
> Charmes de mes accens, guidez vers moi Daphnis.
> (8, 68.)
>
> Sous le vent des soufflets le même feu docile
> Fait bouillonner la cire et fait durcir l'argile :
> Ainsi, grâce à l'Amour, que ton cœur sous ma loi,
> Pour tout autre endurci, s'attendrisse pour moi !
> Mais couvrons ces lauriers de flamme et de bitume ;
> Oui, tels que ces lauriers, que son cœur se consume
> Et qu'il sente une fois les feux dont je péris ! (8, 80.)
>
> Regarde : ce beau fleuve et les vents sont paisibles !
> Tout se tait. (9, 57.)

Racine a dit dans son *Iphigénie :*

> Mais tout dort, et les vents et l'armée, et Neptune.
>
> Je la vis, je brulai... dans mes yeux, dans mon cœur,
> Je sentis..... cet instant décida mon erreur. (8, 41.)

Racine a ainsi imité ce vers dans *Phèdre :*

> Je le vis, je frémis, je pâlis à sa vue.
>
> Quoi ! Je vous garde encor, dépouilles d'un perfide !
> O terre ! dans ton sein que ce gage réside ;
> C'est par lui qu'à mon cœur son retour est promis !
> Charmes de mes accens, guidez vers moi Daphnis.
> (8, 71.)

IDYLLE III.

Je vais conter mes peines, etc. Le grec *kômasdô* exprime particulièrement ces visites tumultueuses que les jeunes gens rendaient la nuit à leurs maîtresses au sortir d'une débauche de table et généralement tout acte de galanterie. Cette pièce, quoique dans le genre bucolique, a beaucoup de rapport à cette espèce d'élégie appelée par les anciens *paraklausithumon*, c'est-à-dire *plaintes à la porte*. Lorsque l'amant qui se rendait à la porte de sa maîtresse pour la cérémonie de la couronne dont nous avons parlé dans l'idylle précédente n'était point admis, alors, ou bien il employait la force ouverte, ou il se contentait d'exhaler sa douleur dans des plaintes amères : il apostrophait la porte, le portier et les chargeait d'imprécations pathétiques ; il mettait tout en usage pour attendrir sa nymphe, qui souvent riait de ses plaintes avec son rival :

Exclusus fore cum longarenus foret intus.

Ovide et Properce nous fournissent des exemples de cette espèce d'élégie. Il y avait donc deux parties principales dans le *kômos* : l'hommage de la couronne (*anadêsis*) dont nous avons parlé dans l'idylle deuxième, et les plaintes (*paraklausitumos*) ; il s'en faut donc bien que le sens du mot *kômos* soit restreint à la seule signification de réjouissance, festin, danses lascives, comme se l'est imaginé Longepierre.

Pour connaître si l'on était aimé, on prenait une feuille de pavot ou de rose que l'on plaçait sous le coude, sur la main ou sur l'épaule ; on la pressait ensuite, et si elle rendait un son, c'était un augure favorable.

Le tressaillement de l'œil ainsi que le vol des oiseaux, les éclats du tonnerre, l'éternument, etc., étaient mis au nombre des augures, mais il fallait qu'ils arrivassent du côté droit.

Hippomène. Atalante, fille de Schénée, roi de de l'île de Scyros, était très-légère à la course. Pour se défaire de ses amans, elle déclara qu'elle ne se donnerait qu'à celui qui la vaincrait à la course, mais que la mort serait la peine du vaincu. Hippomène, peu effrayé du malheureux succès de ses rivaux, osa entrer en lice muni de trois pommes d'or, cueillies au jardin des Hespérides, dont Vénus lui avait fait présent : il les jetait l'une après l'autre et le plus loin qu'il pouvait. Atalante s'étant retournée pour les ramasser fut vaincue.

Mélampe était frère de Bias, qui devint éperdument amoureux de la belle Péro. Celle-ci ne devait être l'épouse que de celui qui amènerait à Nélée, son père, les génisses d'Iphiclus. Mélampe les lui amena et obtint Péro pour Bias. Le nom de Mélampe nous rappelle une circonstance peu connue. Rhodope sa mère l'avait exposé après lui avoir soigneusement couvert tout le corps, à l'exception des pieds, et le soleil les lui brûla.

Othrys, montagne de Thessalie.

Pylos. Il y avait trois villes de ce nom dans le Péloponèse ; celle dont parle Théocrite était située dans un canton de l'Élide, qui anciennement s'appelait Triphylie.

Endymion, petit-fils de Jupiter, passait souvent les nuits sur le mont Latmos à observer les astres ; il obtint du maître des cieux la faculté de dormir toujours pour être exempt de la vieillesse et de la mort. C'est pendant ce sommeil que Diane, déjà éprise de sa beauté, allait toutes les nuits sur le mont Latmos lui prodiguer ses embrassemens.

Jasion, fils de Minos et de la nymphe Phronie, était roi de Crète : ce prince s'étant endormi dans une prairie, Cérès profita de son sommeil et eut de lui Plutus.

PRINCIPAUX TRAITS IMITÉS PAR VIRGILE.

Je pars, mais je reviens. Prends soin de mes troupeaux,
Tityre ! conduis-les de nos prés aux ruisseaux ;
Mais de ce bouc hardi n'approche pas sans crainte,
Il frappe de la corne: évite son atteinte. (Eglog. 9, 23.)

Moi, pour l'aimable enfant, loin de servir mon zèle,
Les bois ne m'ont offert que douze pommes d'or;
Mais demain, Amyntas en aura douze encor. (3, 70.)

Ah ! je connais l'Amour ! Le Rhodope en courroux,
L'Ismare et ses rochers l'ont vomi parmi nous !
(8, 45.)

Du sommet des rochers qui dominent ces ondes,
Oui, je veux m'élancer dans les vagues profondes,
Et sûr que tes regrets ne me survivront pas,
Comme un dernier hommage accepte mon trépas.
(8, 59.)

J'ai deux chevreuils encor, tous deux sont mouchetés ;
Chez moi sous deux brebis ils croissent allaités.
Je les garde pour vous : Thestylis les souhaite ;
Aura-t-elle un présent que votre cœur rejette ? (2 40.)

IDYLLE IV.

La scène de cette idylle n'est point en Sicile, mais dans cette partie de l'Italie connue autrefois sous le nom de *Grande-Grèce*, aux environs de Crotone, ville célèbre et patrie du fameux athlète Milon : « J'ai remarqué, dit M. Firmin Didot, que notre poëte, lorsqu'il place la scène de ses bergers en Italie, affecte de donner un ton souvent rustique à ses interlocuteurs et les fait ainsi contraster avec les bergers de Sicile, qui joignent à la douceur et à la politesse de leurs mœurs beaucoup de grâce et d'élégance dans leurs chansons ainsi que dans leur langage. »

Avant d'entrer en lice, les athlètes étaient soumis

par les gymnasiarques ou présidens des jeux à des épreuves de trente jours. Pendant ce temps-là il fallait vivre et sacrifier sur les six autels consacrés aux douze dieux protecteurs des jeux olympiques : voilà pourquoi Égon avait emmené vingt brebis. Quant au hoyau, les athlètes s'en servaient pendant ce temps d'épreuves pour fouiller l'arène et la préparer. Cet instrument, aussi bien que le râteau, était l'attribut que les peintres et les sculpteurs donnaient aux athlètes.

Milon persuaderait aux loups, etc., pour dire : *Milon pourrait l'impossible.* Ce proverbe est fondé sur ce que les loups supportant longtemps la soif, les anciens ne les croyaient pas susceptibles d'hydrophobie.

OEsare, fleuve qui passait à Crotone.

Latymne, montagne voisine de Crotone.

Lampriades, peuplade qui habitait près du lac Lucinien, où était un temple dédié à Junon.

Le *Néèthe,* fleuve qui passe à deux lieues de Crotone.

Le *cap Lucinien* est appelé voisin de l'aurore parce qu'il faisait une des pointes du golfe de Tarente et était à l'orient de Crotone.

PRINCIPAUX TRAITS IMITÉS PAR VIRGILE.

MÉNALQUE.
Dis-moi, de ce troupeau quel est le possesseur,
Damète ?

DAMÈTE.
C'est Égon, et j'en suis le pasteur.

MÉNALQUE.
Malheureuses brebis ! loin d'elle quand leur maître
Obsède ma Phyllis et croit lui plaire, un traître
Ici, deux fois par heure épuisant le troupeau,
De son lait nourricier prive le faible agneau.
(Églo. 3, 34.)

Une marâtre avide et mon père à son tour
Viennent jusqu'à deux fois le compter en un jour.
(3, 34.)

IDYLLE V.

A propos de pomme, dont il est encore question dans cette idylle, nous ajouterons à ce que nous avons dit dans les notes de la seconde l'autorité de Lucien. Cet auteur observe qu'on employait surtout ce fruit et les couronnes pour persuader de son amour et pour se faire aimer : « Charidée, dit-il, voulant faire connaître à Dinéas qu'elle était amoureuse de lui, lui envoyait des couronnes à demi fanées et des pommes où ses dents étaient imprimées. »

Élevez de jeunes chiens. Ce proverbe doit probablement son origine à la fable d'Actéon, qui fut dévoré par les chiens mêmes que sa main avait nourris.

C'était l'usage d'embrasser les personnes qu'on aimait beaucoup en les prenant par l'oreille.

Crathis, fleuve voisin de Sybaris.

La *cydamine,* herbe dont la feuille ressemble à celle du lierre et dont les fleurs sont de couleur pourprée.

Égile, sorte d'arbrisseau.

Fêtes carnéennes. Fêtes d'Apollon établies par le berger Carnus, que ce dieu aimait : elles duraient neuf jours.

Mélanthe, berger très-méchant qui gardait les chèvres d'Ulysse et favorisait les profusions des amans de Pénélope. Le roi d'Ithaque le fit suspendre par une chaîne de fer au haut d'une colonne.

PRINCIPAUX TRAITS IMITÉS PAR VIRGILE.

Mais ne t'ai-je pas vu, fourbe insigne, en secret,
Dérober à Damon sa chèvre la plus belle ? (Eglo. 3, 17.)

............Mais un jour dans ta vie,
As-tu de notre flûte essayé l'harmonie ?
Toi qui, d'un fifre aigu fatigant les passans,
Perdais sur les chemins tes fredons glapissans ? (3, 25.)

Ces présens le charmaient ; tu pâlissais d'envie,
Et ne pas l'affliger t'aurait coûté la vie. (3, 13.)

Et moi, c'est Apollon qui règle mes accens ;
Il m'aime, et chaque jour il aura mes présens. (3, 62.)

Souvent ma Galatée, une pomme à la main,
Me poursuit, me la jette, et me fuyant soudain,
Sous des saules épais se dérobe à ma vue ;
Mais avant, la folâtre a soin d'être aperçue. (3, 64.)

Je garde à mes amours un don qu'elle chérit :
Sur un arbre élevé deux ramiers ont leur nid ;
Je les ai remarqués, je les aurai pour elle. (3, 68.)

Que Phyllis est aimable ! A mon départ, Phyllis
Longtemps versa des pleurs qui la rendaient plus belle :
« Adieu, Ménalque ; adieu, beau Ménalque, dit-elle. » (3, 78.)

IDYLLE VI.

Nous croyons devoir donner ici l'origine de la fable des amours de Polyphème. Ce cyclope, voyant que ses troupeaux lui fournissaient une prodigieuse quantité de lait, éleva par reconnaissance un temple avec cette inscription : « *Galathéias,* » du grec *gala* qui signifie *lait.* Dans la suite, Philoxène de Cythère, ayant fait un voyage en Sicile, vit ce temple et son inscription, et n'en comprenant point la cause, il s'imagina que *Galatée* était une nymphe dont Polyphème était amoureux et en l'honneur de laquelle il avait élevé ce monument. Cette fable devint très-célèbre dans la Sicile et fit le sujet le plus ordinaire des chansons des bergers. Ce même Philoxène composa un drame allégorique sur les prétendus amours de Galatée et du cyclope.

Pour détourner l'effet de l'envie, quand on se louait, on crachait dans son sein. Lucien, dans son *Dialogue des vœux* : « Quoi ! tu te glorifies de la sorte, mon cher Adimante, et tu ne craches pas dans ton sein ! » On croyait à ce charme une vertu admirable contre les enchantemens et les influences malignes des yeux.

Télème, devin qui, dans le 9e chant de l'*Odyssée*, prédit au cyclope qu'on lui crèverait l'œil. Ovide, dans ses *Métamorphoses*, parle aussi de cette prédiction de Télème.

Cotyttaris, suivant Heinsius, signifie *une magicienne*. *Cottis*, parmi les Corinthiens, signifiait *tête*, et de ce mot on avait fait *Cotys* ou *Cotytto*, divinité infâme. A ces fêtes, que l'on célébrait la nuit et dans le plus grand secret, on employait des enchantemens : de là est venu l'usage de nommer une magicienne *Cotyttaris*.

PRINCIPAUX TRAITS IMITÉS PAR VIRGILE.

Corydon et Thyrsis observaient dans la plaine
Sur un même gazon leurs troupeaux confondus ;
Tous deux étaient ensemble à chanter assidus,
Jeunes, brillans de grâce et rivaux d'harmonie,
Et tous les deux enfans de l'heureuse Arcadie.
(Eglo. 7, 2.)

De mille agneaux pourtant une troupe docile
S'égare dans mes prés sur les monts de Sicile ;
Riche en toute saison, un laitage argenté
Ruisselle entre mes doigts et l'hiver et l'été. (2, 21.)

Mes traits n'ont rien d'affreux : penché sur le rivage,
Dans les tranquilles flots j'ai suivi mon image. (2, 25.)

IDYLLE VII.

Les Thalysiennes se célébraient en l'honneur de Cérès ; mais Ménandre le rhéteur assure qu'elles avaient également pour objet de remercier le dieu des vendanges. On place généralement dans l'île de Cos la scène de cette idylle : en effet Clytias et Chalcon, dont parle Théocrite, régnèrent autrefois à Cos. M. Firmin Didot au contraire la place dans la Grande-Grèce.

En Arcadie, les enfans fustigeaient le dieu Pan à coups de roseaux quand leur chasse avait été malheureuse, parce que, le regardant comme le dieu de la chasse, ils attribuaient leur peu de succès à sa mauvaise volonté.

Halente, selon le scholiaste, est un bourg de l'île de Cos ; suivant Heinsius, c'est un fleuve de Sicile qui se trouve sur la route de Syracuse à l'île de Cos.

Philétas, poëte de l'île de Cos ; selon d'autres, de l'île de Rhodes.

On sait que le *chantre de Chio* est Homère. Chio est une des sept villes qui se disputaient l'honneur d'avoir donné naissance à ce grand poëte.

Un chevrier nommé *Comatas*, qui faisait paître ses troupeaux sur la montagne de Thurium en Sicile, sacrifiait souvent aux Muses. Sa piété irrita son maître, qui le fit enfermer dans un coffre pour voir si les Muses lui donneraient du secours dans cette occasion. Deux mois après, il fit ouvrir la prison du chevrier, qu'il trouva pleine de rayons de miel.

Les *Blémyens*, peuple barbare de la Lybie, ainsi nommés de Blémys, un de leurs rois. Des auteurs, amis du merveilleux sans doute, ont prétendu que les Blémyens n'avaient point de tête et avaient la bouche et les yeux à la poitrine.

Hiétis et *Biblis*, fontaines sur le territoire de Milet.

Érix, montagne de Sicile.

PRINCIPAUX TRAITS IMITÉS PAR VIRGILE.

........C'est ici la moitié du chemin :
Déjà vers le penchant de ce coteau lointain
Paraît de Bianor l'antique sépulture. (Eglo. 9, 59.)

Sous les buissons épais, regardez, voici l'heure,
L'heure où le vert lézard glisse vers sa demeure. (2, 9.)

Les Muses dès longtemps m'ont aussi fait poëte,
Et même nos pasteurs me disent inspiré.
Je ne m'abuse point : tous mes vers, à mon gré,
De Cinna, de Varus n'atteindront point la gloire,
Et je ressemblerais, si je pouvais le croire,
A l'oiseau des marais qu'on entend sur leur bord
Mêler au chant du cygne un cri rauque et discord.
(9, 32.)

Je t'offrirai des vers mieux inspirés peut-être :
On les retrouvera sur l'écorce d'un hêtre ;
Je les chantais, Ménalque, et traçais tour à tour
Entre Amyntas et moi prononce dans ce jour. (5, 13.)

L'été sous un berceau, l'hiver près d'un foyer,
L'ivresse des festins viendra se déployer.
Là d'un vin précieux coulera l'ambroisie. (5, 71.)

Zéphyrs, pour consacrer ces mots délicieux,
Portez-en quelque chose à l'oreille des dieux ! (3, 75.)

IDYLLE VIII.

Il y a dans les chansons que contient cette idylle une douceur, une mollesse, une grâce que l'on sent mieux qu'on ne peut l'exprimer. Théocrite les a mises en vers élégiaques pour leur donner un plus grand air de négligence.

Devancer les vents à la course. Chez les anciens, après la royauté et les richesses, les biens les plus précieux étaient les qualités du corps : de là les honneurs excessifs rendus aux vainqueurs dans les jeux publics.

PRINCIPAUX TRAITS IMITÉS PAR VIRGILE.

Daphnis vint par hasard s'asseoir sous un vieux chêne.
Corydion et Thyrsis observaient dans la plaine
Sur un même gazon leurs troupeaux confondus ;
Tous deux étaient ensemble à chanter assidus,
Jeunes, brillans de grâce et rivaux d'harmonie,
Et tous les deux enfans de l'heureuse Arcadie.
(Eglo. 7, 1.)

Damète a su lui-même unir à mes pipeaux,
Pour sept tons différens, sept tubes inégaux. (2, 36.)

Tout périt dans ces lieux de l'air qu'on y respire :
Les pampres sont flétris, l'herbe altérée expire !
Mais que Phyllis paraisse et tout va refleurir,
Et des cieux plus féconds les sources vont s'ouvrir.
(7, 57.)

De fleurs, à son aspect, la terre se couronne ;
Chaque arbre sème au loin les trésors de Pomone.
Mais on verrait bientôt, si l'on perd Alexis ,
Les champs décolorés et les fleuves taris. (7, 5.)

L'aspect d'un loup cruel est funeste au troupeau,
L'orage à nos moissons, les vents à l'arbrisseau,
A nous, Amaryllis, ton injuste colère. (3, 80.)

Ainsi que des moissons la soigneuse culture
Du champ qu'elle enrichit fait encore la parure ;
Ainsi que dans nos prés un superbe taureau
Est à la fois la force et l'orgueil du troupeau,
Que l'ormeau s'embellit de sa vigne fidèle,
Que de raisins chargés une vigne est plus belle :
Ainsi de tous les siens Daphnis, heureux pasteur,
Est lui seul et l'amour et l'éternel honneur. (5, 32.)

Oh ! de nos cœurs émus comme ta voix dispose !
Moins doux est le sommeil aux membres qu'il repose,
Et pour la soif ardente une eau vive en été.

IDYLLE IX.

Les anciens croyaient que les pustules à la langue et sur le nez étaient le signe d'un mensonge ou de quelque fraude.

Circé, c'est-à-dire *la volupté*. Il n'y a point de préservatif plus sûr contre les grossiers plaisirs des sens que le goût des plaisirs purs de l'esprit.

PRINCIPAUX TRAITS IMITÉS PAR VIRGILE.

Près de l'âtre enfumé qui m'échauffe et m'éclaire,
Ici des vents glacés nous bravons la colère,
Comme un loup dévorant de nombreuses brebis,
Ou les torrens fougueux les bords qu'ils ont franchis.
(Eglo. 7, 49.)

IDYLLE X.

C'était la coutume chez les anciens de consacrer à quelque dieu les statues qu'ils élevaient à des hommes sans doute pour imprimer par là plus de vénération pour ces statues. C'est ainsi que Mithridate consacra aux Muses la statue qu'il fit dresser à Platon ; c'est ainsi que celle d'Épicharme fut consacrée à Bacchus.(*Voyez* la 12e *Inscription*.)

« Chez les Grecs, dit Cicéron dans son discours contre Verrès, l'honneur qu'on rendait aux hommes célèbres en leur érigeant des statues tenait en quelque sorte à la religion et au culte des immortels. On respectait jusqu'aux statues des ennemis : témoins les Rhodiens, qui, ennemis jurés de Mithridate, poursuivis par ce prince sur leurs côtes et dans leurs murs, ne touchèrent pas même à sa statue placée dans l'endroit le plus fréquenté de leur ville. »

Les chiens ne doivent pas goûter de la viande parce qu'ils en deviennent plus friands. Lucien, dans son *Traité contre un ignorant*, fait allusion à ce proverbe : « Le chien qui ronge une peau sanglante ne la quitte pas volontiers. » C'est un proverbe grec dont le sens est qu'il faut éviter les plaisirs dont notre état ne nous permet point la jouissance habituelle de peur d'y prendre trop de goût et de n'en pouvoir ensuite supporter la privation.

Lytierse, roi de Phrygie, forçait ses hôtes à moissonner avec lui, le soir leur coupait la tête et enveloppait le tronc dans une gerbe. Son nom avait conservé une certaine célébrité parmi les moissonneurs de Phrygie, qui appelèrent leurs chansons des *lytierses*.

PRINCIPAUX TRAITS IMITÉS PAR VIRGILE.

Plus que le blanc tilleul on recherche l'ébène.
(Eglo. 2, 18.)

Mais le sombre hyacinthe orne encore le printemps,
(10, 39.)

La lionne en fureur du loup cherche la trace ,
Le loup cherche l'agneau, l'agneau des prés fleuris ;
Chaque être a son penchant, le mien c'est Lycoris. (2, 63.)

Si toujours dans les bois j'ai des succès nouveaux,
J'élève ton image en marbre de Paros. (7, 31.)

IDYLLE XI.

L'idylle du *Cyclope* tient un des premiers rangs parmi celles de Théocrite ; elle est vantée par M. de Châteaubriand dans son *Génie du Christianisme*, et Fontenelle lui-même , ce détracteur des anciens, la trouve belle. On voit par les imitations de Virgile l'estime qu'en faisait ce grand poète. Ovide l'a imitée bien plus encore ; mais la passion respire dans *Polyphème* de Théocrite : celui d'Ovide n'a qu'un esprit redondant et fastidieux. Nous allons citer la traduction de ce passage d'Ovide par de Saint-Ange :

Comment ne pas l'aimer, Galatée est si belle !
La feuille du troëne a moins de blancheur qu'elle.
Quel éclat sur son teint ! Les prés n'ont pas sa fleur,
Le cristal son brillant, la pomme sa couleur ;
Ses doigts ont le poli de la plus dure écaille ;
L'aune est moins élancé, moins souple que sa taille ;
Une chèvre est moins vive ; et l'ombre dans l'été,
Le soleil dans l'hiver plaît moins que sa beauté.
Moins doux est au toucher le plumage du cygne,

Moins doux est à cueillir le fruit mûr de la vigne ;
Plus riante cent fois dans ses rians dédains
Que les trésors fleuris des plus rians jardins.
Mais trop ingrate, hélas ! l'aimable Galatée
A d'un taureau fougueux la rudesse indomptée ; [peurs;
Un vieux chêne est moins dur, les flots sont moins trom-
Plus qu'un roc immobile elle est sourde à mes pleurs;
Plus qu'un paon dédaigneux d'un vain orgueil remplie,
Plus souple que l'osier qui plie et se replie,
Elle insulte, elle échappe à nos soins superflus.
Les chardons sont piquans, elle blesse encore plus.
Dans son antre aux chasseurs l'ours est moins redoutable ;
Un serpent que l'on foule est moins impitoyable ;
Et ce qui me désole et me nuit plus encor,
Plus légère qu'un cerf effrayé par le cor,
Plus prompte que l'oiseau je la vois disparaître.

Nicias, célèbre médecin de Milet, ami de Théocrite.

PRINCIPAUX TRAITS IMITÉS PAR VIRGILE.

De mille agneaux pourtant une troupe docile
S'égare dans mes prés sur les monts de Sicile;
Riche en toute saison, un laitage argenté
Ruisselle entre mes doigts et l'hiver et l'été.
Ces chants que l'Aracynthe à jamais te rappelle,
Quand le triste Amphyon de sa lyre immortelle
Rappelait ses troupeaux ravis de l'écouter.
Oui, ces divins accords, je puis les répéter.
Mes traits n'ont rien d'affreux: penché sur le rivage,
Dans les tranquilles flots j'ai suivi mon image;
Et je vous prends pour juge entre Daphnis et moi
Si l'onde offre une image assez digne de foi.
Oh ! seulement un jour, que mon humble retraite,
Le spectacle des champs, la chasse vous arrête !
Régnez sur mes chevreaux, ce jeune peuple est doux,
Venez d'un bois léger les chasser devant vous. (Eglo. 2, 11.)

Accours, viens Galatée à la voix qui t'appelle !
Quel charme a donc pour toi l'onde qui te recèle?
Ici, pour t'arrêter, si tu chéris les eaux,
Les fleurs couronneront nos limpides ruisseaux.
Regarde ce palmier, vois la vigne sauvage,
Autour de cette grotte abaisser leur feuillage ;
Viens trouver près de nous le calme et la fraîcheur,
Et laisse entre eux les flots s'agiter en fureur. (9, 39.)

Approchez, belle enfant, voyez combien de lis,
En corbeille, en faisceau, les nymphes ont cueillis !
La brillante Naïs pour vous unit en gerbes
La douce violette et les pavots superbes,
L'hyacinthe au narcisse ; et le feu du souci
Près du vaciet en deuil brille plus adouci. (2, 45.)

IDYLLE XII.

Amycléens, habitans d'une ville de Laconie.

Dioclès, banni d'Athènes, se réfugia chez les Mégariens et s'y distingua par son attachement pour les jeunes garçons. Il fut tué dans une bataille en combattant près de son ami et en s'efforçant de parer les coups qu'on lui portait. La fête que le peuple de Mégare établit en son honneur a échauffé l'imagination du Guarini et lui a fourni une scène charmante au second acte du *Pastor fido*.

IDYLLE XIII.

Les *îles Cyanées* étaient deux rochers situés à l'entrée du Pont-Euxin, l'un du côté de l'Asie, l'autre du côté de l'Europe, à environ une demi-lieue de distance l'un de l'autre. Il était écrit au livre des destins qu'ils se réuniraient au premier vaisseau qui échapperait à leur fureur et seraient désormais immobiles. Le navire *Argo* eut ce bonheur, grâce à la protection de Minerve, et depuis ce moment ces rochers cessèrent d'errer sur les mers.

Butome, sorte d'herbe de marais dont la feuille est tranchante.

Cypère, sorte de jonc anguleux.

Les Scythes excellaient tellement à tirer de l'arc qu'on donnait souvent l'épithète de *scythe* à l'arc ou au carquois.

Théocrite donne au *Phase*, fleuve célèbre de la Colchide, l'épithète d'*inhospitalier*, sans doute à cause des féroces habitans du Caucase, les Allanes, que nous appelons Alains.

IDYLLE XIV.

Malheureux Mégarien. Allusion à un oracle de Delphes qui, après avoir classé les villes de la Grèce selon l'ordre de prééminence qui semblait leur appartenir, réduisait les Mégariens à n'être pas même comptés après les autres.

Le rat a goûté de la poix. Ancien adage grec pour désigner la situation de ceux qui sont empêtrés dans une mauvaise affaire dont ils ne peuvent se débarrasser.

Théocrite joue sur le nom de *Lycos*, qui en grec veut dire *loup* et qui est en même temps le nom de l'amant de Cynisca. Lorsqu'une personne avait perdu la voix ou était enrhumée, on disait qu'elle *avait vu le loup*, ou, chez les Romains, qu'elle *avait été vue par le loup*. Cette expression proverbiale est encore usitée dans la Provence.

IDYLLE XV.

« Cette idylle, dit Geoffroi, est tout à la fois une satire des femmes de Syracuse, un éloge magnifique de Ptolémée Philadelphe et d'Arsinoé, sa femme et sa sœur, et une description poétique de la fête d'Adonis telle qu'on la célébrait à Alexandrie, au palais de Ptolémée. Le poëte suppose que des femmes de Syracuse ont fait exprès le voyage d'Alexandrie pour jouir du spectacle d'une si belle fête ; il a peint au naturel leur humeur hautaine et impérieuse, leur mépris pour leur mari, leur curiosité, leur pétulance, l'excessive volubilité de leur babil et ce mélange singulier de hardiesse et de timidité qu'on remarque dans les femmes : c'est une véritable scène comique où il y a beaucoup de mouvement et de variété, un dialogue extrêmement vif et naturel ; l'auteur n'y a pas ménagé les proverbes. Les savans pensent que c'est une imitation de quelque mime de Saphron. C'est de toutes les pièces de Théocrite celle où il a mis le plus de locutions familières, de ces petits agrémens de la conversation, de ces finesses du langage qui préparent des tortures aux traducteurs et qu'il faut rendre par des équivalens. »

Les fêtes d'Adonis étaient les fêtes du soleil au renouvellement de l'année.

Il paraît que Praxinoé avait été volée en arrivant à Alexandrie antérieurement à l'époque où Ptolémée avait placé Lagus, son père, au rang des dieux ; peut-être encore avait-elle été trompée sur quelques achats aux approches des fêtes d'Adonis, qui attiraient un grand concours d'étrangers à Alexandrie, ce qui lui donnait de l'humeur. On entrevoit aussi dans ses invectives le mépris que les Grecs avaient en général pour les autres nations, quoiqu'ils dussent eux-mêmes primitivement leur instruction aux Égyptiens. (*F. D.*)

Sperchis, nom d'un poëte, ou, suivant d'autres, d'un Lacédémonien qui s'était livré à Xerxès pour le salut de sa patrie.

Golgos, ville de Cypre, ainsi appelée de Golgus, fils de Vénus et d'Adonis.

Théocrite dit les vingt fils d'Hécube ; Homère ne lui en donne que dix-neuf.

IDYLLE XVI.

Eumée, appelé dans le grec gardien de pourceaux, était premier conseiller et premier ministre d'Ulysse.

Éphyre, ancien nom de Corinthe, dont une colonie fonda Syracuse.

Lysimèle, marais ou lac voisin de Syracuse.

Étéocle, fils de l'inceste d'OEdipe et de Jocaste et roi de Thèbes, fut, dit la fable, le premier qui sacrifia aux Grâces, à Orchomène, ville de Béotie, où on leur avait élevé un temple magnifique.

Orgilus, roi d'Orchomène, ruina la ville de Thèbes et rendit ses habitans tributaires pour venger la mort de son père Clymène, tué par les Thébains : de là cette haine que ces derniers portaient à la ville d'Orchomène.

IDYLLE XVII.

« Théocrite, dit M. Firmin Didot, dans cette idylle ou plutôt dans cet hymne en l'honneur de Ptolémée Philadelphe, s'élève au style le plus noble : c'est un grand poëte qui loue un grand roi. Si Ptolémée Philadelphe fut illustre dans la paix et dans la guerre ; si ce prince, honorant les dieux et les auteurs de ses jours, bâtit des temples magnifiques ornés de leurs statues d'or et d'ivoire ; s'il accueillit à sa cour des poëtes et des artistes, s'il leur donna des récompenses, s'il fonda richement la fameuse bibliothèque d'Alexandrie, s'il fit enfin d'Alexandrie même la capitale du monde savant, Théocrite à son tour par cet hymne sut payer les faveurs de Ptolémée. »

Le nom des villes soumises à Ptolémée n'est pas une chimère poétique ; on peut en lire la preuve dans le discours de M. Ameilhon sur le commerce et la navigation des anciens.

IDYLLE XIX.

« Ce petit madrigal, dit Geoffroi, quoique attribué par tous les savans à Théocrite et inséré dans toutes les éditions de ses ouvrages, paraît tenir beaucoup plus de la manière de Bion ou de son disciple Moschus : quel qu'en soit l'auteur, l'idée en est infiniment agréable et ingénieuse. » De quelque poids que soit pour nous l'opinion de Geoffroi, nous ne la partageons pas ; nous croyons au contraire que ce petit poëme est bien de notre poëte, œuvre de sa jeunesse, alors qu'il préludait à *la Magicienne*, à *l'Épithalame d'Hélène*, aux *Gémeaux*, etc. : « Théocrite, ajoute Mme Dacier, si riche de son propre fonds, n'a pas dédaigné d'imiter l'ode d'Anacréon, que les anciens trouvaient fort belle. » Et cette pièce est si peu importante par sa longueur que le poëte de Syracuse a pu fort bien dire (*Inscription* 15) que jamais il ne s'était paré des dépouilles d'autrui.

Nos lecteurs nous sauront gré sans doute de leur donner ici l'ode d'Anacréon traduite en vers français :

L'AMOUR PIQUÉ PAR UNE ABEILLE.

Dans une rose une abeille dormait ;
Dans le rosier, l'Amour qui butinait
Ne la voit point, par malheur la réveille,
Et tout à coup est piqué par l'abeille.
Il fait un cri, tord sa petite main,
Frappe du pied, puis d'une aile légère
Vers Cythérée il s'envole soudain :
« Je suis perdu, c'est fait de moi, je meurs !.....
» Vois d'un serpent les atteintes mortelles :
» Il est petit, au dos il a des ailes ;
» C'est une abeille, au dire des pasteurs. »
Vénus répond : « Si la faible piqûre

» Que fait l'abeille est un si grand malheur,
» Juge, mon fils, des supplices qu'endure
» L'infortuné que ton trait frappe au cœur. »

IDYLLE XXI.

« Théocrite a fait une idylle de deux pêcheurs, dit Fontenelle dont nous avons déjà parlé et du reste poëte très-médiocre, mais elle ne me paraît pas d'une beauté qui ait dû tenter personne d'en faire de cette espèce. Deux pêcheurs qui ont mal soupé sont couchés dans une méchante petite chaumière qui est au bord de la mer : l'un réveille l'autre pour lui dire qu'il venait de rêver qu'il prenait un poisson d'or, et son compagnon lui répond qu'il ne laisserait pas que de mourir de faim avec une si belle pêche. Était-ce la peine de faire une idylle ? »

La peinture naïve de la douce pauvreté de ces pêcheurs est faite pour plaire à toutes les âmes sensibles. Le songe d'Asphalion est plein de naturel, de vérité et très-riche de poésie : Fontenelle seul était homme à ne pas comprendre l'instruction intéressante qui en résulte. Elle apprend à la classe la plus précieuse, mais non la plus heureuse de la société, à ne point se bercer de vaines illusions qui nourrissent l'oisiveté, mais à se livrer à l'industrie et au travail, véritables sources des richesses.

IDYLLE XXII.

Dans cette idylle, Théocrite s'élève à la plus haute poésie héroïque. Le combat de Pollux et d'Amycus est peint avec tant de vigueur et de vérité que nous ne savons si, dans la peinture du combat de Dorès et d'Entelle, Virgile est l'égal de Théocrite. Le discours de Lyncée réunit à la force des raisons le charme d'une douce sensibilité. En le lisant, on aime le héros qui le prononce; dans le combat, on s'intéresse à lui, on tremble quand on le voit dans le péril, on s'indigne enfin de voir succomber le plus généreux et le plus sage.

Les côtes où régna Sisyphe. Les côtes de la Céphalonie et d'Ithaque.

Suivant la tradition commune, c'est Lyncée qui tua Castor, et Pollux vengea la mort de son frère.

IDYLLE XXIV.

On sait que Junon avait retardé la naissance d'Hercule afin qu'Euristhée vînt au monde avant lui.

Trachinie, petite contrée de la Phthiotide en Thessalie, où était la ville de Thracys fondée par Hercule.

Aspalathe, sorte de bois qui approche de l'aloès et qu'on emploie dans les parfums.

Poliure, arbuste épineux qui croît en Afrique.

Achardus, plante sèche, hérissée d'épines et dont la tige faible plie au gré des vents.

IDYLLE XXV.

En plusieurs endroits de cette idylle, Théocrite semble avoir pris le ton et le style de l'*Odyssée* d'Homère; il a surtout imité la scène d'Ulysse déguisé avec son ministre Eumée.

Les athlètes, au moment du combat, roulaient autour de leur bras gauche pour mieux parer les coups une espèce de *pallium* (manteau).

IDYLLE XXVI.

« Théocrite, dit M. Firmin Didot, avait probablement offensé par quelque raillerie des acteurs ou des actrices d'une orgie licencieuse faite sous le prétexte d'honorer Bacchus, et redoutant la vengeance de quelques prêtres du dieu ou de quelques prêtresses qui auraient bien pu imiter l'exemple de celles dont la fureur mit en pièces Orphée, il crut devoir chanter la palinodie. Peut-être est-ce un des morceaux qu'il avait composés en Égypte pour les combats sacrés où les poëtes chantaient Bacchus et dont il est question dans l'idyllle 17. »

Quoi qu'il en soit, nous n'approuvons pas l'abominable superstition du poëte, qui ne rougit pas de nous présenter le plus odieux de tous les crimes, une mère égorgeant son enfant, comme l'ouvrage des dieux.

Lentisque, arbre résineux d'où découle le mastic.

IDYLLE XXX.

Nous dirons avec MM. Firmin Didot et Geoffroi qu'il est impossible que l'aimable berger de Syracuse soit l'auteur d'une pièce où la fausse galanterie est portée à l'excès et dont l'invention est aussi fade et aussi peu naturelle.

Adonis. Adon, mot phénicien, signifie *maître*, *seigneur*. Ici ce mot désigne l'âme de la nature, le soleil; Mars ou le sanglier représente ici l'hiver : ainsi Adonis tué par Mars, c'est le soleil tué par l'hiver.

NOTES SUR LES IDYLLES DE BION,

PAR GRÉGOIRE ET COLLOMBET.

IDYLLE Ire.

(1) Cette idylle a été longtemps attribuée à Théocrite, mais Camérarius, dans son édition du poëte syracusain publiée en 1530, ne balança pas à dire que la pièce est de Bion.

Adonis fut de tous les dieux de la Syrie le plus célèbre en Grèce. Le mot *adon* ou *adonaï* en hébreu et généralement dans les langues sémitiques signifie *seigneur*, *monseigneur*, et l'on en retrouve effectivement les élémens principaux dans une foule de noms propres orientaux ou d'origine orientale que les rois et les princes portent de préférence : tels qu'Adonisebech, Assaraddon, Sardanapale (Assar-Adanbaal). Adonis est donc une dénomination générique affectée plus particulièrement par l'usage au soleil.

Suivant Hérodote, cité par Apollodore (3, 14), Adonis était fils de Phénix et d'Alphésibée ; selon l'ancien mythologue Panyasis, Adonis devait la naissance à l'inceste de Théias ou Thias, roi des Assyriens, et de Smyrne, sa fille, qui fut changée en un arbre du même nom (l'arbre à myrrhe). Dix mois après l'aventure du roi Thias avec sa fille et la métamorphose de cette dernière, Adonis s'élance hors de l'écorce de l'arbre maternel. Astarté ou, comme le dit l'antiquité greco-romaine, Aphrodite ou Vénus est frappée de sa beauté et dès lors, décidée à le réserver pour ses plaisirs, elle le cache, encore jeune enfant, dans un coffre dont elle confie la garde à l'épouse du sombre Aïs, à Perséphone (Proserpine) ; mais Perséphone a entrevu le contenu du coffre : l'amant futur d'Aphrodite est nécessaire à son bonheur et bientôt, dépositaire infidèle, elle refuse de s'en dessaisir. Enfin il est décidé que les deux rivales s'en référeront au tribunal de Jupiter : alors le maître des dieux décrète que des douze mois qui composent l'année, quatre seulement appartiendront à l'adolescent, qui devra tour à tour en passer quatre avec Perséphone et quatre avec Aphrodite. Cet arrêt est exécuté à ceci près que le bel Adonis, préférant Aphrodite à Perséphone et le ciel aux sombres demeures, consacre à la première ses quatre mois de liberté : « Longtemps après, ajoute Apollodore, Adonis est tué à la chasse par un sanglier que Diane irritée excite contre lui. »

Adonis, venu au monde dans les brûlantes solitudes de l'Arabie, nouveau domicile de sa mère métamorphosée en arbuste à parfum, acquiert avec l'âge la plus ravissante beauté. Vénus, qui a persécuté sa mère devient éperdument amoureuse du fils, l'enlève, le transporte dans ses jardins de Cypre ou de Syrie et l'enivre de ses faveurs. Mais l'amant de Vénus est par là même le rival de Mars. Cependant Adonis, qu'ennuie un long et monotone repos, parcourt les forêts du Liban et, malgré les sermens qu'il a prodigués à l'inquiète Vénus, poursuit les bêtes farouches avec toute l'impétuosité de son âge. Le dieu jaloux se change en sanglier ou, suivant quelques mythologues, engage Diane à envoyer un sanglier contre son rival. Adonis le blesse, et presque aussitôt il est renversé et mis en pièces : son sang coule et colore en rouge les roses blanches que naguère foulaient ses pas. Vénus qui, pour le suivre, a tout quitté, Cythère, Paphos, Amathonte, arrive sur ces entrefaites et cache le corps de son ami sous des mauves et des laitues (les unes et les autres passaient chez les anciens pour anti-aphrodisiaques). Plus tard elle le métamorphosa en anémone.

C'est après cette chasse funeste qu'Adonis, privé de la vie, apparaît aux enfers et inspire à Proserpine les sentimens qu'il a inspirés à Vénus. En vain la déesse de la beauté a obtenu de Jupiter la résurrection et le retour de son amant : la reine du Styx n'acquiesce point à ce décret. Alors le père des dieux renvoie les deux déesses amoureuses au jugement de la muse Calliope, qui tranche le différend en ordonnant qu'Adonis appartiendra alternativememt à Perséphone et à sa rivale et passera six mois par an auprès de chacune d'elles ; mais cet arrangement n'est point ratifié par les contestantes, et quant Adonis ramené des enfers par les Heures est remis aux bras de sa céleste amante, celle-ci, après six mois de possession, refuse de le rendre à Perséphone. Nouveaux débats. Jupiter intervient de nouveau, et cette fois, jugeant le procès par lui-même, il modifie la sentence de Calliope et décrète, comme dans la tradition ancienne, qu'Adonis sera un tiers de l'année à Vénus, un tiers à la reine des enfers et un tiers à qui il voudra.

La mort cruelle ou l'espèce de résurrection d'Adonis donna lieu à une des fêtes les plus remarquables de l'antiquité. On devine qu'il s'agit ici des *Adonies*, qui, dans Alexandrie, dans Athènes, à Byblos et ailleurs, étaient célébrées avec la plus grande pompe. Il paraît que dans certaines contrées la fête durait huit jours ; vulgairement elle n'en excédait pas deux ou trois. Nous allons voir la raison de ces différences. Les *Adonies* se composaient essentiellement de deux parties : l'une, consacrée au deuil et aux larmes, se nommait *Aphanisme*, c'est-à-dire *disparition*; l'autre, destinée aux réjouissances qu'excitait le retour du héros, portait en conséquence le nom d'*Hévrèse* ou *découverte*. Pour l'ordinaire les deux solennités se suivaient à peu de distance, et l'intervalle, au plus de huit jours, se réduisait souvent en un seul. Dans ce cas la durée des *Adonies* était de trois jours. De plus les deux fêtes ne se succédaient pas dans le même ordre : à Biblos la fête des larmes précédait; Athènes, Argos, Alexandrie célébraient l'*Hévrèse* avant l'*Aphanisme*. Cette différence dans les deux rites se rapporte probablement à celle des deux légendes, puisque si, d'après la plus remarquable et la plus moderne des deux, Vénus ne se livre à la joie d'avoir retrouvé son amant qu'après avoir pleuré sur sa perte, le caractère de la plus ancienne est de nous faire voir d'abord la conversation des deux amantes d'Adonis, puis Adonis dans tout l'éclat de sa beauté, enfin Adonis blessé à mort, en d'autres termes, l'Aphanisme après l'Hévrèse.

Toutefois il paraît que des deux parties intéressantes de la fête, l'Aphanisme était la plus célèbre et la plus magnifique : c'est de celle-là que nous entretiennent les descriptions des poëtes anciens; c'est pour celle-là qu'ils semblent avoir composé des hymnes; c'est à celle-là que vaquaient les femmes israélites, auxquelles Ézéchiel reprochait de verser des pleurs sur Themmouz. Une procession magnifique, mais où tout respire et inspire la tristesse, ouvrait d'ordinaire la cérémonie que quelquefois elle terminait; parmi les prêtres, des canéphores marchaient chargés de corbeilles de gâteaux, de parfums, de fleurs, de branches d'arbres. On se rendait ainsi auprès d'un catafalque colossal sur lequel des femmes laïques, mais des femmes de la plus haute distinction, étendaient solennellement de riches tapis de pourpre; l'on y recouchait ensuite une statue d'Adonis, à la plaie sanguinolente, livide et pâle comme l'être que la vie abandonne, mais beau encore. Sur un lit voisin et quelquefois sur le catafalque même, une Vénus Épitymbie, c'est-à-dire *à la tombe*, que représenta plus d'une fois une actrice vivante, se livrait à toutes les démonstrations d'une muette douleur. La flûte gingrine faisait entendre des sons lamentables; des hymnes de deuil, proprement *Adonidées* (*Adônidia*) retentissaient. (*Voyez* Théocrite, idylle 15, v. 131 et suiv.) Les femmes qui venaient en foule à la cérémonie paraissaient sans ceinture, les cheveux épars ou la tête rasée et en robe de deuil. Une mélancolie vague, un mol et presque voluptueux abandon respiraient dans leurs pores, dans leurs gestes, dans leur démarche chancelante. A Biblos même celles qui refusaient de prendre part au deuil étaient obligées de s'abandonner un jour durant aux pieux visiteurs de la tombe d'Adonis et de consacrer à son autel le prix de la prostitution sacrée. Enfin vers le déclin du jour, on procédait à l'ensevelissement solennel du dieu. Ce dernier acte de la cérémonie funèbre était diversifié par des épisodes nombreux, probablement fidèles images de ce qui se pratiquait en Syrie dans les inhumations : de suaves parfums, des eaux limpides inondaient ce corps d'albâtre dont

Le Cocyte aux flots purs peut seul laver les plaies [1].

Nous devons surtout remarquer le sacrifice funéraire dit *cathèdre* (siége), probablement parce que la plupart des spectateurs étaient assis; on sait que les anciens représentent fréquemment dans cette attitude les personnages qui versent des larmes. Dans les magnifiques *Adonies* alexandrines on portait processionnellement l'effigie du dieu jusqu'à la mer, divinité ennemie suivant l'antique croyance égyptienne, et on la précipitait dans les flots. L'honneur de porter la statue sainte était l'objet de la rivalité des femmes les plus qualifiées d'Alexandrie et même des reines. Suivant Lucien (*Déesse Syr.*, chap. 7, tome 9, page 90, édit. Deux-Ponts), les célébrans abandonnaient alors à la mer un panier d'osier qui, poussé par les vents, allait aborder sur les côtes de la Phénicie, où il était attendu avec impatience. A peine arrivé sur la plage il était en grande pompe transporté au temple, puis examiné. Une tête mystérieuse s'offrait aux regards, et les lamentations de la veille disparaissaient devant les joies et les pompes du lendemain. Saint Cyrille ajoute que dans cette espèce d'esquif, à côté de la tête divine, se trouvaient des lettres par lesquelles l'Égypte invitait la Syrie à se réjouir, vu que le dieu pleuré par elle était retrouvé. Il est clair que cette dernière circonstance des cérémonies *adoniques* reflète les aventures posthumes d'Osiris, tantôt perdu pour Isis ou l'Égypte son épouse, tantôt trouvé par elle dans une des colonnes du palais de Biblos, et en effet il y a tant de traits communs à Osiris et à Adonis que nous ne répudierons pas entièrement le système des savans Dupuis, etc., qui appellent le premier Adonis égyptien et désignent le deuxième par la périphrase d'Osiris égyptien. (*Origine des cultes*, liv. 3, chap. 9.)

La fête de la résurrection ou du retour commençait vraisemblablement par quelque chose d'analogue à ce que nous venons de dire sur la réception du coffret théophore à Biblos : « Adonis est retrouvé! Adonis est de retour! » tel devait être le cri des prêtres qui annonçaient l'ouverture d'une cérémonie nouvelle. L'effigie du dieu qui allait échapper à l'empire des ténèbres figurait encore, du moins presque partout, sur le catafalque ou le lit de la veille; mais à la pâleur de la mort avait succédé celle de la convalescence; les pleurs, les hymnes lamentables avaient cessé et fait place à une joie tendre, en quelque sorte craintive et incertaine; autour de l'estrade funéraire

[1] Vers d'Euphorion, *Hyacinthe*.

et le long des murailles saintes, des paniers de jonc, des vases d'argile, des corbeilles de bronze, d'or ou d'argent, suivant l'opulence des temples, étaient rangés et couverts de jeunes tiges, de pousses tendres et verdoyantes que développait dans un terreau choisi et meublé l'action d'une chaleur concentrée, étalaient autour du bel et faible Adonis renaissant une image de la végétation printanière : du blé, du fenouil, des mauves, de la laitue, tels étaient les principaux élémens de ces jardins improvisés que quelques jours avaient suffi pour faire naître, que quelques jours devaient flétrir. De là l'expression proverbiale du jardin d'Adonis *chêtoi Adônidos*, si célèbre chez les Grecs depuis Euripide et Platon jusqu'aux temps de la décadence des lettres, pour désigner des jouissances frivoles ou peu solides. (*Biogr. univ.*, partie mythologique au mot Adonis. Ces pages ne sont qu'un extrait d'un article assez long.)

(2) Apparemment ces mots que Bion répète si souvent et auxquels il semble s'assujettir étaient consacrés aux plaintes qu'on faisait dans ces fêtes, et c'était, si j'ose le dire, une espèce de formule et de refrain appuyé sur un ancien usage. Aussi Aristophane, dans sa *Lysistrate*, après avoir dit qu'on célébrait ces fêtes d'Adonis dans les maisons, ajoute que la femme d'un certain Démostrate disait en dansant : « Hélas! hélas! Adonis! »

E guné d'orchoumené
Ai ai, Adônin phésin.

Un refrain si lugubre et si plaintif convenait fort bien à la tristesse de ces fêtes, dans lesquelles on se servait aussi d'une espèce de petite flûte d'un son plus triste et plus lugubre que les autres. Ces flûtes, qui étaient nommées *giggrainoi auloi*, du mot *giggrès* qui, en langue phénicienne, veut dire *Adonis*, selon Athénée et Pollux, avaient été inventées apparemment pour ces fêtes; le son des autres flûtes ne paraissant ni assez lugubre ni assez plaintif. Ce n'étaient pas même les Phéniciens seuls qui s'en servaient, les Cariens aussi les employaient dans leurs pompes funèbres, à moins que la Carie, dit Athénée, ne se doive prendre en cette occasion pour la Phénicie, ainsi que dans les poésies de Corinne et de Bacchilide. C'est de ce même mot qui, en langue phénicienne, signifie *Adonis*, qu'on avait nommé *giggrauta* une espèce de vers tristes et plaintifs. On peut consulter sur ces flûtes Athénée (liv. 4), qui cite Xénophon; Pollus (liv. 4, chap. 10) et Eustathius (sur le 17ᵉ liv. de l'*Iliade*). Hesychius s'éloigne un peu des autres : « *Giggriai auloi mikroi enois prôton manthanousi*, dit-il; — les flûtes gingriennes sont de petites flûtes sur lesquelles on commence d'apprendre. »

(3) Longepierre traduit ainsi la seconde partie de ces vers :

Ah! Vénus, ah! Vénus! dans ces vives alarmes
Les Amours gémissans versent aussi des larmes.

Puis il ajoute : « Cet endroit peut avoir plus d'un sens parce qu'on peut rapporter la préposition *epi* du verbe *epaiazousin* à plus d'une chose. On peut la rapporter d'abord à Vénus même et dire que *les Amours pleurent avec elle*, ou à la personne qui prononçait cette plainte et qui, après avoir dit « *Ah! Vénus, ah! Vénus!* » ajoute « *les Amours disent la même chose et gémissent avec moi!* » Ainsi, j'ai voulu me servir d'une expression générale qui convînt à l'un et à l'autre de ces sens. On pourrait encore l'expliquer de cette manière : « *Les Amours disent aussi en gémissant : Ah! Vénus, ah! Vénus!* » Mais à parler sincèrement, cette explication me paraît un peu forcée, et d'ailleurs il faudrait retrancher la virgule qui sépare le mot *eutheurian* de celui qui le suit. »

Comme il n'y a pas de virgule dans l'édition de M. Boissonade, nous avons cru devoir suivre le dernier sens dont parle Longepierre.

(4) Il y a mot à mot dans le grec : « *Et Vénus chante tristement par toutes les collines et par toute la ville.* » Cet endroit peut recevoir deux sens : ou l'on peut entendre véritablement par le mot de *Vénus* cette déesse même, qui, troublée de douleur à cause de la mort d'Adonis, se plaignait de cette perte et courait dans la campagne et dans la ville la plus prochaine du lieu où Adonis venait d'être tué, ou bien l'on doit rapporter la chose à la *fausse* Vénus, c'est-à-dire à la personne qui dans ces fêtes représentait cette déesse et dont l'emploi était d'imiter ce qu'on supposait que l'amour et la douleur avaient fait faire autrefois à Vénus. Deux raisons me feraient croire ce dernier sens plus véritable que l'autre : l'une est fondée sur le mot *aeidei* (chante) dont Bion se sert en cet endroit, car il est peu convenable aux transports effectifs de la véritable Vénus et il se peut fort bien appliquer à la douleur feinte de la fausse, parce que ces plaintes se chantaient ou entières ou du moins en partie, ainsi qu'il paraît par *les Syracusiennes* de Théocrite; l'autre raison est tirée du mot *ptolin*. Il me semble que si Bion avait voulu parler de la ville la plus voisine du lieu où Adonis fut tué, il l'aurait nommée et ne s'en serait pas tenu à une appellation si générale. On ne donne ces sortes d'appellations qu'à des choses si connues de tous ceux parmi lesquels on écrit qu'ils ne peuvent prendre le change et qu'il n'est pas besoin de rien ajouter de plus particulier. Il y a plus : c'est que les Siciliens, parmi lesquels Bion a passé sa vie, appelaient Syracuse *la ville* par excellence et la Sicile *l'île*. Ainsi, il me paraît presque certain que c'est de Syracuse qu'on doit entendre cet *ana ptolin* et par conséquent attribuer tout ceci à la fausse Vénus. Au reste je crois qu'il est inutile de dire pourquoi j'ai traduit :

Et Vénus en tous lieux dit d'une voix plaintive.

au lieu de :

Et d'une voix plaintive en tous lieux Vénus chante.

L'esprit se porte d'abord à entendre ici par *Vénus* cette déesse, parce que tout ce qui précède immédiatement s'y rapporte en effet, et il ne trouverait pas sa douleur aussi vive qu'elle le doit être si l'on disait d'elle qu'elle chante en se plaignant. Ainsi je me suis servi d'expressions générales afin qu'on pût encore rapporter ceci à la véritable Vénus.

Il pouvait y avoir, du temps de Bion, de l'art et de la grâce à confondre ces deux Vénus et à passer ainsi tout d'un coup de l'une à l'autre. Dans ces siècles où la crédulité dont étaient prévenus les spectateurs de ces fêtes pour des représentations qui faisaient partie de leurs mystères et dans lesquelles tous les sens étaient agréablement émus par des objets touchans qui flattaient tout à la fois leur cupidité et leur religion; dans ces siècles, dis-je, où la crédulité captivait la raison en partie là-dessus, l'esprit entrait bien mieux dans l'application de ce qu'avaient de commun et de différent la véritable et la fausse Vénus. Il se faisait même un plaisir de passer de lui-même et sans être arrêté de l'une à l'autre, et ces changemens avaient pour lors le charme de la vérité sans avoir le dégoût de l'obscurité et de l'embarras. Mais un lecteur qui est de sang-froid et qui ne se trouve pas dans la prévention où étaient ceux qui envisageaient ces choses comme des mystères n'aime point qu'on le transporte ainsi d'un objet à un autre, au lieu de l'y conduire insensiblement.

Nec te prætereat Veneri ploratus Adonis.

a dit Ovide (*Artis amatoriæ*, 1, 75), et ce poëte invite les amans à fréquenter le temple de Vénus où l'on célébrait les fêtes d'Adonis, selon le rite syriaque. Racine le fils, dans son poëme de *la Religion*, rappelle ces fêtes funèbres en l'honneur d'Adonis :

Que de gémissemens et de lugubres cris!
O filles de Sidon! vous pleurez Adonis;
Une dent sacrilége en a flétri les charmes,
Et sa mort tous les ans renouvelle vos larmes.
CH.

(5) Outre le sens naturel de ce vers qui est d'autant plus beau qu'il est plus passionné, on peut dire encore que Bion fait parler ainsi Vénus par rapport à ce dernier baiser que donnait à un mourant la personne qui lui était la plus chère. Ce baiser était, comme l'on sait, l'un des devoirs les plus considérables qu'on rendait aux mourans, et les anciens se persuadaient qu'ils recueillaient ainsi l'âme avec les derniers soupirs, comme il parait par les vers suivans de Bion : « *Ainsi ton esprit et ton âme passeront doucement de ma bouche en mon cœur.* »

Si quis super halitus errat,
Ore legam,

disait la sœur de Didon. Au reste, il y a dans le grec : « *Passeront dans mon foie.* » Les anciens mettaient le siège de l'amour dans le foie peut-être parce qu'ils étaient faussement persuadés que c'était dans cette partie du corps que se faisait le sang. (On peut voir les remarques sur la 3e ode d'Anacréon.)

(6) *Je boirai de l'amour*, dit le grec. Cette même expression se trouve dans une belle épigramme de l'*Anthologie* (livre 7, *épig.* 209, édit de Grotius). Julien d'Égypte dit aussi dans une autre épigramme, quoique dans un sens un peu différent, qu'*il but l'amour.*

(7) Ce vers peut être entendu de deux manières : ou en rapportant ces mots : *tout ce qu'il y a de beau à Adonis*, c'est-à-dire Adonis, qui est tout ce qu'il y a de beau, descend auprès de toi; ou en assurant que la pensée de Bion est la même qu'Ovide a exprimée plus généralement lorsqu'il a fait dire à Pluton et à Proserpine, par Orphée :

Tendimus huc omnes; hæc est domus ultima, vosque
Humani generis longissima regna tenetis.

Bion, donnant des bornes un peu plus étroites à cette pensée, dit que *tout ce qu'il y a de beau descend aux enfers*, et Catulle, à son exemple :

At vobis male sit, malæ tenebræ
Orci, quæ omnia bella devoratis.

Et certainement les plus belles choses durent en effet ou semblent durer moins que les autres, soit parce qu'on les regrette davantage ou qu'on s'aperçoit plutôt et qu'on se souvient plus longtemps de leur perte.

Au reste, le premier de ces deux sens me parait bien meilleur que l'autre; il n'y a qu'à faire réflexion sur ce qui précède et sur ce qui suit. Vénus dit : « *O Proserpine! reçois mon époux; que ton destin est heureux auprès du mien! car tout ce qu'il y a de beau descend auprès de toi!* »

Malgré l'observation de Longepierre, j'aimerais mieux suivre le premier sens avec Schwebel, à cause de la signification du verbe *katarréin* : il s'emploie spécialement pour exprimer le cours des fleuves et doit se prendre ici dans un sens métaphorique pour exprimer un grand nombre d'homme : « *Tendimus huc omnes.* »

Il y a mot à mot dans le grec : « *Et ma ceinture ensemble a péri.* » Cette ceinture était la source des charmes et des plaisirs; ainsi Junon, Junon elle-même voulant plaire à son époux, crut ne le pouvoir faire sans cette ceinture qu'elle demanda à Vénus. (*Voyez* la belle description qu'en fait Homère dans le 14e livre de l'*Iliade*.)

(8) HYMEN ou HYMÉNÉE était invoqué dans les chants du mariage par le refrain « *hymen, ô hymenæe!* » Il est devenu dans les poëtes un fils d'Uranus, ou bien d'Apollon et de Calliope, ou mieux encore de Bacchus et de Vénus. Dans cette dernière généalogie, il se trouve le frère de l'Amour. Les romanciers mythologiques en ont fait depuis, les uns un jeune homme qui fut écrasé le jour de ses noces dans sa maison et en

l'honneur duquel furent instituées les fêtes nuptiales dites *Hyménées*; les autres un bel adolescent athénien qui, pris un jour par des corsaires avec beaucoup de thesmophoriazuses athéniennes parmi lesquelles il s'était glissé à la faveur d'un déguisement féminin pour voir celle qu'il aimait, se mit à leur tête pour tuer les pirates pendant la nuit et y parvint. Les Athéniens, ravis de revoir leurs filles, leurs sœurs et leurs épouses, lui permirent de prendre pour femme la riche jeune fille qu'il avait distinguée et qui jusque-là lui avait été refusée. Toutes ces aventures relatives à des mariages donnèrent lieu, disent les évhéméristes, à la création du dieu Hymen. Pour nous il est clair que ces événemens vrais ou imaginés ne furent ajoutés qu'après coup à la conception primordiale du dieu. On sait au reste ce qu'en anatomie humaine veut dire *hymen*. Il n'est point impossible que la rupture de cette membrane ait eu son symbole dans la mort tragique du jeune marié qu'écrase le jour de ses noces la ruine de sa maison.

Hymen est décrit par les poëtes comme environné de fleurs, surtout de marjolaine, ayant un flammeum (ou voile jaune de flamme) sur la tête et un flambeau à la main; son brodequin aussi est jaune. Chez d'autres c'est un jeune homme blond, ceint de roses, enveloppé dans une robe brodée de fleurs et portant un flambeau et un arrosoir. (*Biogr. univ.*, partie mythol., au mot HYMEN.)

Dans Bion, le dieu Hyménée est représenté avec un flambeau éteint et une couronne brisée, parce que l'on croyait qu'il n'assistait qu'aux mariages heureux et commencées sous de favorables augures.

(9) Moutonnet-Clairfons et Gail présentent ici dans leur traduction un contre-sens évident; ils ont lu *Moïrai* au lieu de *Moisai*; ils ont supposé que *les Parques pleuraient Adonis* et *le rappelaient par leurs chants*. Ce dernier membre de phrase aurait dû avertir les deux traducteurs et leur faire reconnaître que c'étaient les *Muses* et non les *Parques* qui pleuraient Adonis et le rappelaient par leurs chants. M. Boissonade a rétabli ce passage dans son édition des poëtes grecs.

Girodet s'est servi, à ce qu'il paraît, de la traduction de Moutonnet-Clairfons, et il a mis les Parques en scène, mais il ne les a pas fait *chanter*; il les a représentées implorant Proserpine en faveur d'Adonis. Ce n'est pas la pensée du poëte grec, mais elle est digne de lui.

(10) *Non qu'il ne veuille entendre.* Je crois que c'est ainsi qu'il faut expliquer cet endroit, quoique la plupart l'aient traduit : « *at ille non exaudit, non sane, neque vult,* » sens qui ne me paraît s'accorder ni avec la raison, ni avec les mots. En effet, quand il serait vrai qu'Adonis, sensible à la nouvelle passion de Proserpine, ce qui est contraire à la fable et à la vraisemblance, quand il serait vrai, dis-je, qu'il n'aurait pas voulu revivre, il serait cependant ridicule de le dire sévèrement à Vénus dans un discours qui n'est fait que pour la consoler. Mais pour l'entendre de cette manière, il faut même faire quelque violence aux mots, car il faut mettre après *ou man* une virgule qui n'est point dans le grec; et ainsi, il est bien plus naturel de traduire : « *Non quidem non vult,* » d'autant plus que le *de* qui est après le *chóra* qui commence la phrase suivante est une particule qui marque ordinairement de l'opposition entre la phrase où elle se trouve et celle qui la précède, opposition qui ne peut subsister ici, en traduisant de la manière contraire à celle dont j'ai traduit. Cependant ceux qui ne voudront pas souscrire à mon sentiment, pourront lire :

> En vain : il n'entend pas et ne veut pas entendre,
> Et Proserpine enfin refuse de le rendre.

Malgré l'autorité de Boissonade, nous suivons le premier sens adopté par Longepierre.

(11) Moutonnet-Clairfons, Gail, et Heskin avant eux, sont tombés dans une étrange méprise : ils ont supposé que le poëte disait à Vénus : « Fuis dans ce jour les *plaisirs*, » selon Gail; les *festins*, d'après Moutonnet-Clairfons, conforme sous ce rapport à Heskin, qui a traduit la phrase grecque par ces mots: « *Et hodie abstine à conviviis*, » sans s'apercevoir que ce conseil était tout à fait hors de vraisemblance et qu'il y avait évidemment altération dans le texte. En effet, M. Boissonade, en rétablissant *Kommón*, au lieu de *Kómón*, donne à la phrase un sens plus raisonnable, et c'est cette leçon que j'ai suivie.

IDYLLE II.

(12) Le grec dit : « *Quand vous serez parvenu à la mesure d'homme,* » expression qui se trouve souvent dans Homère. (Voyez l'*Iliade*, ch. 11, v. 225; l'*Odyssée*, ch. 11, v. 317; ch. 18, v. 217.—Théocrite, idylle 18, v. 15.)

Cette pièce de Bion se trouve imitée en vers français dans les *OEuvres* de Jean Godard (tome 1, p. 101). Elle a été traduite en beaux vers latins anacréontiques par le père Sanadon (*Carminum*, p. 87), et dans les *Deliciæ poet. gall.*, Monerii, *Epig.* t. 1, page 603.

IDYLLE III.

(13) Il y a dans le grec : « *Pan avait trouvé le plagiaulos,* » c'est-à-dire la *flûte oblique*, la *flûte courbe*, qu'on nommait ainsi par rapport à sa forme, et qui était opposée à la flûte droite. Suivant Pollux (4, 10), le *plagiaulos* fut inventé par les Lydiens; il était en lotos. Athénée (4, 23) parle aussi du *plagiaulos*, qu'il appelle *photin*, et dit que les Égyptiens en at-

tribuent l'invention à Osiris. Nous ne rapporterons pas un plus grand nombre d'autorités pour un sens ou pour l'autre; on voit qu'il est difficile sur ce point de savoir à quoi s'en tenir.

La flûte appelée *aulos* était faite d'un seul roseau percé en plusieurs endroits; c'était avec les doigts et non point avec la bouche, comme dans la *fistula*, que l'on dirigeait les sons et les modes. (*Voyez* Achilles Tatius, *Erôtike*, liv. 8, page 477, édit. Salmas.) Dans son *hymne* 5e, Callimaque attribue aussi à Minerve l'invention de l'*aulos*, quoique les monuments historiques donnent au Phrygien Hyagnis l'honneur de cette découverte. Il y a mot à mot dans Callimaque (édit. de la Porte du Theil, page 138) : « *On n'avait pas encore percé les os des faons, ouvrage de Minerve, funeste au cerf.* » Nous savons par là que les anciens, dans les premiers temps, faisaient leurs flûtes avec les os des jambes de faons; c'est pourquoi ils les appelaient, ces flûtes, *kebreioi auloi*. Aristophan. *Acharn.* v. 62-3. (C.)

Mercure fit la *Chelys* d'une écaille de tortue qu'il rencontra. Homère, dans l'hymne à Mercure, raconte cette histoire fort au long. (*Voyez* l'édition-traduction de M. Dugas-Montbel, page 235 et suiv.)

Cette idylle a été traduite en vers latins anacréontiques par le père Sanadon (*Carminum* pag. 89), imitée en vers français par Marot et traduite par La Monnoye (t. 1er de ses *OEuvres choisies*, p. 179).

IDYLLE IV.

(14) Les deux premiers vers de cette idylle se trouvent diversement dans les divers exemplaires. Il y en a où on les lit ainsi :

Tai moisai ton Erôta ton agrion e phobeontai,
E'k thumô phileonti.

« *Les Muses, en secret, craignent le fier Amour, ou l'aiment, et, suivant ses pas, lui font la cour.* » Henri Estienne même, et Grotius, dans son Stobée, ont lu et traduit ainsi; et quoiqu'il semble d'abord que de cette façon il y ait quelque contrariété dans la flûte, cette difficulté s'évanouit en examinant la chose de plus près. Bion dit que les Muses, ou craignent ou chérissent l'Amour, et que le suivant en tous lieux, soit par crainte, soit par tendresse pour lui elles ne veulent rien faire qui le puisse offenser. Ce sens est fort bon; mais cependant celui que j'ai suivi me paraît plus naturel :

Les Muses, loin de craindre Amour, le traître Amour,
L'aiment, et le suivant partout lui font la cour.

Dans son édition, Schwebel soutient le sens que Longepierre adopte de préférence, et ici encore nous nous rangeons volontiers de leur côté plutôt que de celui de M. Boissonade. (C.)

Il y a des exemplaires qui portent *aêidê* (canat), et d'autres *opêdê* (sequatur). Ces deux mots reviennent au même sens, et la traduction convient à l'un et à l'autre.

IDYLLE V.

(15) Ce n'est ici qu'un fragment, et le dernier vers n'est pas même achevé. Dans Stobée, qui le rapporte, il est précédé immédiatement d'un vers détaché qui pourrait bien être de la même pièce, au moins ne m'en paraît-il pas fort éloigné pour le sens. Le voici :

Ouk oid', oud' epeoiken, a mê mathomen poneisthai,
Je l'ignore, et l'on doit s'épargner l'embarras
De suer en cherchant ce que l'on ne sait pas.

Nous nous contentons de placer ce vers ici plutôt que de le mettre, comme fait M. Boissonade, à la tête de la pièce; nous ne voyons guère ce qu'il y signifie.

Il y a dans les différentes éditions et même dans celle de M. Boissonade *ôpase Moira* (que m'a donnés la Parque); nous aimerions mieux avec Longepierre lire *Moisa* (la Muse). Toutefois, comme le fait remarquer le même commentateur, la première leçon pourrait être défendue. Horace a dit (ode 2, 16) :

Spiritum graiæ tenuem camenæ,
Parca non mendax dedit.

IDYLLE XV.

(16) Un air sicilien, c'est-à-dire un air bucolique et champêtre. On appelait ces sortes de poésies *siciliennes*, parce qu'elles avaient commencé en Sicile : « *Sikelikai Moisai*, » dans Moschus. Virgile a dit aussi : « *Sicelides Musæ, syracosio versu;* » mais le docte Servius croit que ce poëte n'a parlé ainsi que parce qu'il imitait Théocrite, qui était de Sicile et Syracusien.

(17) Voyez sur les amours de Polyphème et de Galatée les *idylles* de Théocrite, 6 et 11.

IDYLLE XVI.

(18) Dans Longepierre, Schwebel, etc., cette pièce est rangée parmi celles de Moschus.

IDYLLE XVII.

(19) Il y a eu plus d'une Vénus. Cicéron, dans le 3e livre de la *Nature des dieux*, en compte jusqu'à quatre; mais ce que dit ici Bion est assez singulier. Il appelle Vénus fille de la Mer et de Jupiter; cela ne s'accorde pas avec l'opinion commune. La Vénus fille de Jupiter eut Dioné pour mère, et la Vénus fille de la Mer devait sa naissance à l'infortune du Ciel, que l'avare ambition de Saturne venait de mettre hors d'état de pouvoir jamais être père.

NOTES SUR LES IDYLLES DE MOSCHUS.

IDYLLE Ire.

(1) Les anciens faisaient chercher de cette manière ce qu'on leur avait dérobé. Un crieur public déclarait ce qui avait été perdu et promettait un prix à celui qui en donnerait des nouvelles ou qui le rendrait; il entrait même dans les maisons pour y fouiller, et de peur qu'on ne pût le soupçonner d'y porter la chose volée, dans le dessein de nuire à ceux chez qui il entrait, ce crieur public était nu, autant que la bienséance et la pudeur le pouvaient permettre. Il portait aussi une espèce de bassin dont il se servait, à ce qu'on prétend, pour se boucher les yeux lorsqu'il entrait dans cette partie de la maison que les femmes habitaient, *eis to gunaikeion*. D'autres veulent que ce bassin lui servît à mettre la récompense promise à celui qui découvrait où était la chose perdue, et ce dernier sentiment est appuyé du passage de Pétrone (*Satyr.* 97), où cette coutume des anciens est marquée tout au long : « *Intrat stabulum præco cum servo publico, aliaque sane modica frequentia, facemque fumosam magis quam lucidam quassans, hæc proclamavit : puer in balneo paulo ante aberravit, annorum circa 16, crispus, mollis, formosus, nomine Giton; si quis eum reddere, aut communitrare voluerit, accipiet nummos mille. Nec longe a præcône Ascyltos stabat amictus discolaria veste, atque in lame argentea indicium et fidem proferebat.* »

Apulée, dans le 6e livre de ses *Milésiaques*, a marqué la même coutume d'une manière qui a assez de rapport à celle dont Moschus l'a marquée dans cette idylle.

Vous n'aurez pas seulement, etc. Ovide aussi a dit (*Amorum*, 1, 4) :

Oscula jam sumet, jam non tantum oscula sumet.

Il existe plusieurs imitations de *l'Amour fugitif*; la plus jolie est celle de Méléagre (livre 7 de l'*Anthologie*); on parle encore de l'*Amore fugitivo* de Tasse : ces imitations et quelques autres se trouvent dans les *Observatzioni sopra l'Aminta* du savant Ménage, qui a lui-même fait une épigramme à ce sujet.

Ange Politien a traduit *l'Amour fugitif* en beaux vers latins; mais il n'est pas vrai, comme le disent quelques auteurs, qu'il ait traduit tout Moschus ; du moins on ne trouve dans ses œuvres que la version de *l'Amour fugitif* et celle de *l'Amour laboureur*. Le père Sanadon (*Carminum*, p. 197) a traduit aussi cette pièce; M. Didot l'a rendue en vers français.

IDYLLE II.

(1) Morceau plein de grâces, renfermant des tableaux charmans et qui serait digne des plus beaux siècles de la littérature grecque si l'exposition ou l'introduction n'était trop longue. (Schoell, *Hist. de la litt. grecque prof.*, tome 3, p. 176.)

(2) Les anciens avaient différentes manières de diviser la terre : l'une de ces divisions n'établissait que deux parties du globe, la *septentrionale* et la *méridionale*; celle-ci fut appelée *Asie*, du nom d'une nymphe, fille de l'Océan et de Thétis. On voit dans cette idylle d'où vient le nom d'*Europe* donné à la partie septentrionale.

(3) *Lybie*, fille d'Épaphus et de Calliopée. Neptune l'aima, elle devint mère d'Agénor et de Bélus et donna son nom à la Lybie.

(4) Io s'était jetée dans la mer afin d'échapper au taon que Junon avait envoyé pour la persécuter; après avoir erré dans diverses contrées, elle s'arrêta sur les bords du Nil, où Jupiter lui rendit sa première forme.

(5) Argus fut métamorphosé en paon après que Mercure lui eut coupé la tête; suivant d'autres, Junon prit ses yeux et les répandit sur la queue de cet oiseau consacré à cette déesse.

On peut lire dans Ovide (*Métam.*, 2) le récit de l'enlèvement d'Europe. (*Voyez* le même sujet grandement traité dans Horace, ode 3, 17.)

Girodet a traduit cette pièce de Moschus en vers français. Scipion Allut l'a traduite en prose dans ses *Mélanges*.

IDYLLE III.

(1) Le poëte nous fait voir la nature entière plongée dans le deuil par la mort de Bion. Ce poëme est de la plus grande élégance, mais surchargé d'images; on peut lui reprocher ce que Valcknaer appelait *elegantissimam luxuriem*.

(2) Ceci est une fable assez connue; Ovide l'exprime en deux vers dans ses *Métamorphoses*, 10, 215 :

Ipse suos gemitus foliis inscribit, et *ai ai*
Hos habet inscriptum, funestaque littera ducta est.

(3) Il n'est pas de fontaine au monde si célèbre que cette fontaine de Sicile, soit pour la beauté, soit pour l'abondance de ses eaux et de ses poissons, auxquels on n'osait toucher et qui étaient sacrés aux hommes, dit Diodore (livre 5); mais elle est fameuse surtout par l'amour d'Alphée. Elle est dans la pointe de l'île d'Ortygie, qu'un pont joint à la ville de Syracuse, dit Strabon (livre 6).

(4) Le *Strymon*, fleuve de Thrace.

(5) Moschus appelle les Muses *filles d'OEagre* sans doute à cause d'OEagre, qui épousa Calliope, de laquelle il eut Orphée, comme nous l'apprend Apollonius de Rhodes (*Argonaut.*, 1, v. 23) : « Rappelons d'abord Orphée, que jadis Calliope, unie au Thracien OEagre, enfanta, dit-on, près de la grotte Pimpléida. »

(6) Il y a dans le grec *aux nymphes bistoniennes*. La Thrace a été nommée Bistonie de Biston, l'un de ses rois, qui donna aussi son nom à une ville et à un marais. Les poètes appellent souvent les Thraces *Bistoniens*. (Apollonius, *Argonaut.*, 2, v. 706; Ovide, *Epist.* 16, v. 344; *Ex Ponto*, 2, 9, v. 54; 4, 5, v. 35; Sidon. Apollin., *Paneg.*)

(7) Je crois cet endroit assez singulier, et il ne me souvient pas d'avoir jamais vu ce mot au pluriel dans les anciens. Priape était un dieu champêtre que les anciens croyaient présider à la garde des jardins; il était fils de Bacchus et de Vénus et le principal de ces dieux sans pudeur que révéraient les Gentils; on l'honorait particulièrement à Lampsaque. Strabon (livre 3) dit qu'il n'a été mis au nombre des dieux que par les modernes. Théocrite, dans sa 1re *idylle*, fait venir ce même dieu avec d'autres divinités champêtres pour consoler Daphnis.

(8) Cerylus est le mâle de l'alcyon, suivant quelques auteurs, Suidas entre autres; c'est un oiseau différent de l'alcyon, suivant Aristote (*Hist. animal.*, 8, 3).

(9) Voyez les *Métamorphoses*, 13, v. 576-622.

(10) Longepierre traduit ainsi :

Sur ces doux chalumeaux, Écho, flattant sa peine,
Recueille avidement les restes de tes chants.

Puis il dit en note : « C'est ainsi que j'entends ces mots *en donakessi*, non pas comme ont traduit les interprètes, *in arundinetis*; ce sens que j'ai suivi est bien plus beau et convient fort bien aux mots; cependant si quelqu'un s'accommodait mieux de l'autre, il n'aurait qu'à lire :

L'ingénieuse Écho, pour adoucir sa peine,
Repasse tes doux chants au milieu des roseaux »

(11) Des bouches de corail les attraits amoureux.

C'est ainsi que j'ai traduit le grec, *cheilea paidón*, (*les lèvres des belles personnes*); l'expression grecque est divine. Gambara ne l'a pas entendue, puisqu'il a traduit :

Et quis erit posthac qui dulcia cantet amantum
Oscula, sicaniis tantum celebrata puellis ?

(12) Moschus fait allusion à ce que dit Bion dans la pompe funèbre d'Adonis (v. 12 et 49). Le seul mot *próon* du grec fait sentir que Moschus a eu en vue cette pensée de Bion : « *Le baiser qu'elle donna naguère à Adonis mourant.* » *Naguère*, c'est-à-dire *dans la description que vous en avez faite naguère.* Ce n'est pas le seul endroit de Bion auquel Moschus ait voulu faire allusion dans cette pièce.

(13) *Mélès*, fleuve de l'Ionie, que quelques-uns ont fait père d'Homère, qui s'appelait, selon eux, *Mélégisène*. Il paraît par ce vers que Moschus a cru, ainsi que plusieurs autres, qu'Homère était de Smyrne.

IDYLLE IV.

(1) Quelques critiques ont cru pouvoir donner ce fragment soit à Pisandre, soit à Panyasis. C'est un dialogue entre la mère d'Hercule et son épouse; la scène est à Tirynthe, et l'époque où le dialogue est censé avoir lieu tombe dans une de ces absences forcées que fait Hercule pour exécuter les commandemens d'Eurysthée. Les deux femmes plaignent leur propre sort et celui d'un fils et d'un époux chéris. Ce fragment renferme moins d'images et d'ornemens que le petit nombre d'ouvrages de Moschus qui nous a été conservé; il est au contraire d'une simplicité qui rappelle l'ancienne épopée.

(2) Ces expressions « *Je l'aimais comme mes yeux* » sont fréquentes chez les auteurs anciens. (*Voyez* Callimaque, *Hymne à Diane*, v. 211; Eschyle, *les Sept Chefs devant Thèbes*, v. 481; Catulle, *Épigr.* 78.)

(3) Voilà le bel original de l'admirable comparaison du 4e livre des *Géorgiques* de Virgile :

Qualis populea, etc.

Plusieurs des anciens avaient touché cette pensée avant Moschus. Ainsi Sophocle, dans un chœur de son *Ajax*, parlant de la douleur d'Éribœé, mère de ce héros, dit qu'*elle sera plus vive que celle du rossignol*; et Euripide, dans ses *Phéniciennes*, fait dire à Antigone :

Tel gémit sur un arbre un oiseau malheureux,
Infortunée et solitaire mère,
Qui, pleurant ses petits, par ses cris douloureux
S'accorde aux vains regrets de ma douleur amère.

Vient Homère enfin, qui leur a servi à tous d'ori-

ginal lorsqu'il fait parler Ulysse de ce fatal serpent qui présageait la ruine de Troie après neuf années :
Mais Moschus a mis la pensée dans tout son jour, ainsi que Virgile, qui l'a suivi. On connaît assez la belle traduction de Delille dans laquelle il a imité avec talent la comparaison de Virgile.

(4) Cet endroit peut être entendu de deux manières, et c'est la diversité des sens du mot *mêlôn*, qui en fait la difficulté. On peut donc entendre des *larmes plus douces, plus abondantes que des pommes*, et c'est là le sens qui semble convenir le mieux au mot. J'avoue que cette expression paraît extraordinaire à notre goût, mais elle ne le semblait pas aux anciens. Ainsi Théocrite, dans sa 14e idylle, v. 38., a joint les pommes aux larmes :

Tênô ta sta dakrua, mala reonti.

On peut entendre aussi par le mot *mêlôn* (les joues) : « *Des pleurs humides coulent de vos joues dans votre sein.* » Pollux dit que les joues ont été ainsi nommées parce que c'est dans cette partie du visage, siége de la rougeur, que brille surtout la fleur de l'âge. Elles pourraient aussi avoir été ainsi nommées à cause de leur rondeur et de leur élévation, qui leur donne quelque air d'une pomme.

FIN DES NOTES SUR LES IDYLLES DE BION ET MOSCHUS.

NOTES SUR LA CHASSE D'OPPIEN,

PAR M. BELIN DE BALLU.

CHANT PREMIER [1].

(1) *Divin mortel.* Les Romains donnaient à leurs empereurs les titres de *divus* et de *deus*; Oppien, pour les imiter, appelle le jeune Antonin *makar*, qui ne signifie pas seulement *heureux*, comme Turnèbe et Rittershuis l'ont interprété. Ce mot chez les Grecs équivalait à celui de *dieu*. Il paraît que les Romains ont puisé cet usage chez les Perses, qui prodiguaient à leurs souverains les titres les plus magnifiques et les appelaient des dieux, comme on le voit dans Æschile, tragédie des *Perses*, v. 154, où le chœur dit: « Respectable mère de Xercès, je vous salue; épouse de Darius, vous avez partagé le lit d'un dieu des Perses, et vous êtes la mère d'un de leurs dieux. »

(2) *Heureux fruit.* Le texte dit à la lettre que « *la grande Domna engendra au grand Sévère, mariée avec un heureux époux, grosse d'un heureux enfantement.* » Les Grecs aiment cette répétition d'épithètes; notre langue les évite avec soin.

Cette Domna est Julia Domna, fille de Basanius, prêtre du soleil, et Syrienne de nation. Sévère, lorsqu'il méditait la révolution qui le fit monter sur le trône, l'épousa après la mort de Marcia, sa première femme, parce que l'horoscope de Julia lui promettait un souverain pour époux. Julie aimait et cultivait les lettres; elle accueillait les savans et les récompensait. C'est à sa sollicitation que Philostrate composa son roman intitulé: *la Vie d'Apollonius de Thyane.* Diogène de Laërce lui dédia son ouvrage sur la vie et les opinions des philosophes grecs.

(3) *C'est Phœbé dont l'éclat.* A la lettre : « *C'est une lune qui n'est jamais éclipsée.* » Le surnom de Vénus Assyrienne fait allusion à la patrie de Julia, qui était de Syrie. Ainsi le poëte la compare à la déesse Astarbée, fameuse par le temple que les Syriens lui avaient élevé et par le culte qu'ils lui rendaient dans Hiérapolis : il nous reste sur cette déesse et sur son temple une dissertation écrite en ionien, que l'on attribue à Lucien, mais il ne paraît pas qu'il en soit l'auteur.

[1] Nous avons joint parfois aux notes d'Oppien des fragmens sur les animaux dont il parle que nous avons puisés dans les œuvres d'histoire naturelle d'Eldémiri, historien arabe.

(4) *Titan — Apollon.* C'est Sévère et Antonin qu'Oppien désigne sous ces noms.

(5) *Puisées au sein des mers.* Si Oppien dit que les fleuves tirent leurs eaux de l'Océan, c'est que chez les poëtes les plus anciens et les meilleurs mythologues, l'Océan est regardé comme le père de toutes les eaux. Cette doctrine fondée sur la saine physique est enseignée par Homère (*Illiade*, l. 21, v. 195) et expliquée par Platon dans le *Phædon* (p. 112, édition de Serraunus).

(6) *Les nobles présens.* Le texte dit : « *Les nobles inventions.* »

(7) *Dans un sentier pénible.* A la lettre : « *Dans un rude sentier que nul mortel n'ait foulé dans ses chants.* » Oppien est le premier des Grecs qui ait écrit en vers sur la chasse.

(8) *Les fêtes triennales.* Le grec : « *Bacchus des montagnes, triennal.* » Ce nom fut donné à Bacchus à cause des sacrifices qu'on lui offrait tous les trois ans dans les fêtes instituées par les Béotiens en mémoire de l'expédition de ce dieu dans les Indes et de son apparition aux hommes, laquelle dura trois ans. (Diodore de Sicile, liv. 4, p. 211.)

(9) *Qui baignent l'Aonie.* C'est la Béotie qui fut, comme on le sait, le berceau de Bacchus. L'Asopus et l'Ismenus traversaient la plaine de Thèbes.

(10) *Sabazius.* Car le nom que les Thraces donnaient à Bacchus, selon le scholiaste d'Aristophane sur les *Guêpes*, v. g., selon Strabon (liv. 10, p. 324), c'est un dieu de Phrygie : « Sabazius, dit-il, tient aux mystères de Phrygie; c'est en quelque sorte l'enfant de Rhéa ajouté au cortége de Bacchus. » Lucien met aussi Sabazius au rang des dieux étrangers dans l'*Icaroménippe*, p. 783. Il fait dire à ce voyageur céleste : « L'heure du souper étant venue, Mercure me prit par la main et me fit asseoir à côté de Pan, à la table des Coribantes, d'Atis, de Sabazius et des divinités étrangères. » Mais Diodore de Sicile rapporte une opinion différente sur Sabazius : « *Quelques personnes racontent*, dit-il au liv. 4, p. 112, qu'il y eut un autre Bacchus plus ancien que celui-ci (le fils

de Sémélé), fils de Jupiter et de Proserpine. C'est celui-là que quelques-uns nomment Sabazius..... Ses mystères, ajoute plus bas cet historien, n'ont été introduits que dans le plus grand secret à cause de la licence extrême de son culte. » Il paraît par là que Diodore confond Bacchus Sabazius avec Bacchus Zagræus, dont l'auteur des *Dionisiaques* donne l'histoire au 6ᵉ chant de son poëme, et qu'il ne reconnaît que deux Bacchus, au lieu qu'il y en eut trois, comme le témoigne Nonnus Dionys (liv. 48, p. 1306, v. 1) : « Athènes célébra Bacchus par de triples mystères ; ses citoyens formant enfin des chœurs mystérieux, firent raisonner l'airain en l'honneur de Zagræus, de Bromius et d'Iacchus. » Selon Orphée ou l'auteur des hymnes publiés sous son nom, Sabazius est Jupiter, père de Bacchus. Ce passage d'Oppien peut faire soupçonner que dans sa première jeunesse il avait composé des poésies dithyrambiques.

(11) *Fils de Thyonée*. Surnom de Sémélé ; il signifie *furieuse*. Suivant le scholiaste d'Apollonius de Rhodes (liv. 1ᵉʳ, v. 636 du poëme des *Argonautes*), Æschyle fut le premier qui donna ce nom à Sémélé dans une tragédie où il la représentait enceinte et transportée d'une fureur bacchique qui se communiquait aux femmes qui lui touchaient le ventre.

(12) *La défaite des Parthes*. La prise de Ctésiphonte, leur ville capitale. Cet événement arriva, selon Baronius, l'an de Jésus-Christ 197, la troisième année du règne de Septime Sévère. Voici les détails que nous en a conservés Hérodien (liv. 3) : « Sévère, après quelques jours de marche, vint attaquer Ctésiphonte, où résidait le grand roi Artaban (les Parthes comme les Perses donnaient ce titre à leurs souverains). Les Romains, qui avaient surpris les Barbares avant que ceux-ci eussent fait aucun préparatif pour se défendre, tuèrent tout ce qui s'offrait à leur rencontre, saccagèrent entièrement la ville, firent prisonniers les femmes, les enfans, les vieillards. Le roi eut bien de la peine à se sauver avec un petit nombre de cavaliers. Ses trésors tombèrent entre les mains des vainqueurs, qui pillèrent toutes ses richesses et reprirent ensuite le chemin de Rome. Sévère, continue l'historien, dut plutôt cette victoire à son heureuse fortune qu'à sa bonne conduite et à sa prudence. Il manda ses succès au sénat, auquel il en écrivit en termes magnifiques ; il voulut même qu'on consacrât le souvenir de ses combats et de ses victoires par des monumens et des inscriptions. » Ce fut à cette occasion qu'on fit élever l'arc de triomphe sous le nom d'arc de Sévère, et l'un des plus beaux monumens de Rome : il subsiste encore ; on peut en voir la figure dans le quatrième tome de l'*Antiquité expliquée* de D. Montfaucon.

(13) *Les bêtes à la piste*. A la lettre : « *Les travaux de la piste qui procurent un grand gain.* »

(14) *D'un front serein*. Le texte porte : « *De tes sourcils immortels.* » Les Grecs plaçaient dans les sourcils l'expression de la joie ou de la douleur.

(15) *Un dieu fit jadis présent*. Oppien suit ici l'opinion de Xénophon, qui commence ainsi son *Traité de la chasse* : « L'art de chasser et d'élever les chiens est une des inventions des dieux Apollon et Diane. »

(16) *Trois sortes de chasses*. La vénerie, la pêche et l'oisellerie. Oppien en cet endroit donne à la pêche l'épithète d'*aimable*, parce que les Romains en faisaient plus de cas que de la chasse. Salluste même va jusqu'à nommer ce dernier exercice *l'ouvrage d'un esclave* (*opus servile*.) Mais les Grecs pensaient bien différemment : ils n'avaient au contraire que du mépris pour la pêche ; et Platon, dans ses lois, l'interdit expressément aux jeunes gens bien nés.

(17) *L'enlève*. Le grec dit : « *Enlève au travers des airs ce danseur marin.* » Métaphore très-singulière mais véritable et dont il existe un grand nombre d'exemples dans les auteurs anciens.

(18) *L'épervier compagnon de ses travaux*. Plusieurs savans, entre autres M. de La Curne de Sainte-Palaie (*Mémoires sur l'ancienne chevalerie*, liv. 3, p. 182), ont pensé que la chasse à l'oiseau était inconnue aux anciens. Ce passage de notre poëte s'élève contre leur sentiment, et plus encore ce que Pline dit d'après Aristote (liv. 9, chap. 36) : « En Thrace, dans le voisinage d'Amphipolis, les hommes et les éperviers chassent de compagnie : ceux-ci font partir les oiseaux des bois et des buissons, et les éperviers qui planent fondent sur eux au moment qu'ils s'envolent. »

(19) *Qui sillonnent les plaines de l'air*. A la lettre : « *Des roseaux qui foulent le sentier de l'air.* » Ces roseaux d'oiseleur étaient enduits de glu et servaient principalement à la pipée pour abattre les oiseaux lorsqu'ils volaient autour du pipeur. La manière dont celui-ci les abattait en les frappant est décrite par Pétrone, chap. 40 de sa *Satire*. Dans le repas de Trimalcion on apporte un cochon dont le le ventre était rempli d'oiseaux qui s'envolent aussitôt qu'on lui ouvre le flanc d'un coup de couteau de chasse. Des oiseleurs étaient là disposés de place en place, et avec des roseaux enduits de glu ils abattaient les oiseaux à leur passage. Ces roseaux s'allongeaient et se raccourcissaient à volonté, parce qu'on les adaptait les uns au bout des autres.

(20) *Assimiler ces différens travaux*. A la lettre : « *Chanter ces choses comme étant d'un poids égal.* » Telle est la force de l'expression grecque *isotalanta*.

(21) *La murène* (la lamproie). Ce poisson, qui a la forme d'un serpent et le corps troué comme une flûte, est très-avide de chair humaine. Il faisait autrefois les délices des tables somptueuses de Rome : on le nourrissait à grands frais dans de superbes viviers dont un certain C. Hirrius, fameux par sa gourmandise, fut l'auteur. Cet homme dépensait chaque année des sommes immenses pour la seule nourriture de ses lamproies. Quelques-uns de ces voluptueux poussaient la barbarie jusqu'à faire jeter dans leurs viviers des esclaves vivans afin de mieux engraisser leurs poissons : « Crassus supporta, dit Porphyre (*De abstinentia carnis*, liv. 3, § 5), la mort de trois de ses enfans et fut plongé dans la plus grande affliction de la mort d'une de ses lamproies. » L'histoire naturelle de ce poisson, celle du *mormyre*, appelé *morme* en français, et des *mulets* ou trigles sera traitée dans les remarques sur le poëme de la pêche.

(22) *Les panthères venimeuses*. Selon une opinion de l'antiquité, les panthères recèlent un venin subtil dans leurs griffes; le texte porte simplement:«*Le poison des panthères*,» et au second chant le poëte place ce poison dans leurs dents.

(23) *Aux hérissons de mer*. Le hérisson de mer est le même que les naturalistes nomment *orbis*.

(24) *Le pluvier*. L'oiseau que les Grecs appelaient *laros* et les Latins *gavia* est le goiland ou mouette, espèce d'oiseaux aquatiques, palmipèdes, dont le bec est fort, long, étroit, pointu, un peu courbé à l'extrémité. (*Voyez* le *Dictionnaire* de Bomare.) C'est par erreur que j'ai traduit ce mot par *pluvier*.

(25) *Ravissent les colombes*. Les prennent à la volée par le moyen de leurs roseaux enduits de glu.

(26) *Allez porter la guerre*. La chasse, qui n'est chez nous qu'une course à cheval, était chez les anciens une véritable image de la guerre. Ils y prenaient un exercice violent capable de former le corps et de l'endurcir aux plus rudes fatigues. Pollux, dans la préface du 5ᵉ livre de son *Onomasticon*, recommande la chasse à son élève Commode, depuis empereur : « Il vous convient, lui dit-il, de vous appliquer à la chasse; ce plaisir est celui des héros et des rois. C'est un exercice qui fortifie le corps, aiguise le courage ; la patience pacifique, l'audace belliqueuse y sont tour à tour employées. La bravoure s'accroît par les dangers : on devient robuste, léger à la course, excellent cavalier. Cet art éveille l'intelligence et fait aimer le travail. » Et Porphyre remarque avec raison que les animaux chasseurs sont plus intelligens que les autres, parce que, dit-il, ils exercent un art qui en leur procurant la subsistance leur fait acquérir des forces et du courage. (Porphyre, *De abstinentia*, liv. 1, § 14.)

(27) *Les attaques des brigands*. On ne doit pas être surpris de ce qu'Oppien dit ici des attaques des brigands : les anciens dans leurs chasses parcouraient une grande étendue de pays, étaient des mois entiers hors de leurs habitations, vivaient et couchaient dans les bois et sur les montagnes. On dit même que Mithridate, roi de Pont, passa sept ans de suite à la chasse sans entrer dans aucune ville ni dans aucune maison.

(28) *Au dernier solstice*. Le texte dit : « *Au solstice d'automne.*» Ce que nous appelons solstice, d'après les Latins, qui croyaient que le soleil était immobile, les Grecs l'appelaient *retour du soleil*. Ils avaient connu et observé dès la plus haute antiquité la marche retrograde de cet astre, et Homère dit qu'Atlas, père de Calypso, auquel il attribue une science universelle, avait élevé dans l'île d'Ogygie deux colonnes sur lesquelles étaient représentés le ciel et la terre (*Odyss.* liv. 1, v. 53). Il y avait aussi marqué les solstices (liv. 15, v. 403.)

(29) *En foulant la grappe*. Le sens de ce vers était fort incertain, mais je crois l'avoir fixé par une correction assez probable d'après laquelle il faut traduire:«*Lorsque le pressureur danse l'épilénion sur les grappes de la vigne.*» C'était en effet un usage dans l'antiquité de danser sur le pressoir et de fouler la vendange en sautant et en dansant : cette danse s'appelait *épilénion*, c'est-à-dire la danse du pressoir. Ainsi Théocrite, dans l'idylle 7, v. 24, dit : « *Allez-vous danser ou sauter sur le pressoir de quelque habitant de la ville?* » Cette danse était une pantomime qui représentait les différens travaux de la vendange. Voici la description que nous en donne Longus dans sa charmante pastorale des *Amours de Daphnis et Chloé* (liv. 11, p. 61, édition de M. de Villoison) : « Charmés d'entendre la flûte de Philétas, les bergers gardaient un profond silence. Tout à coup Dryas se lève, il prie le vieillard de jouer un air bacchique et se met à danser une danse de pressoir. On le voyait tantôt couper la grappe et vendanger, tantôt porter des paniers, ensuite fouler le raisin, remplir les tonneaux, boire du vin doux. » On appelait aussi épilénion (*la chanson du pressoir*) l'air au son duquel on dansait cette pantomime. Athénée, dans la description de la pompe de Ptolémée Philadelphe (liv. 5, p. 119), en parle en ces termes : « Suivait un char à quatre roues, long de vingt coudées, large de seize, tiré par trois cents hommes et sur lequel était établi un pressoir de vingt-quatre coudées de long et de quinze coudées de large chargé de grappes de raisin que soixante satyres foulaient en chantant au son de la flûte un épilénion.»

(30) *Voici les instrumens*. Il n'est pas possible de traduire avec exactitude les noms de ces divers ins-

trumens et de ces armes employées dans une espèce de chasse qui nous est peu connue et que depuis plusieurs siècles on a cessé de pratiquer. Contentons-nous d'en prendre une idée en rapprochant ce qu'en ont écrit les auteurs de l'antiquité qui ont précédé ou suivi notre poëte; nous parviendrons peut-être à fixer le véritable sens des termes dont il s'est servi : d'ailleurs cette partie de l'antiquité peut piquer la curiosité du lecteur, et comme elle n'a jamais été traitée par personne, j'ai cru devoir l'éclaircir autant que mes faibles lumières me le permettraient.

D'abord il faut observer que chez les anciens Grecs, du temps d'Homère, les instrumens de chasse n'étaient que des instrumens de guerre; on se servait également contre les animaux et contre les ennemis de la hache, de l'arc, du javelot, de la pique, de la massue. Il paraît que ce fut beaucoup plus tard que les Grecs connurent les filets et les piéges. Il fallait alors forcer le gibier à la course ou le combattre corps à corps. Dans les chasses de Cyrus, décrites par Xénophon, il n'est point parlé de ces ruses que les chasseurs ont employées depuis, ni de ces instrumens qui suppléent à la force et à la vitesse. Ce n'est pas qu'ils ne fussent déjà connus du temps de Xénophon; mais cet admirable historien, toujours fidèle au costume, n'a point voulu prêter au siècle de son héros des inventions qui n'avaient pris naissance que longtemps après. Virgile, il est vrai, n'a pas fait difficulté de parler de *filets* en décrivant au 4e livre de l'*Énéide* la chasse d'Énée et de Didon; mais Virgile use en cet endroit du privilége des poëtes.

Les filets de chasse en usage chez les Grecs étaient de trois espèces, on les nommait *diktua*, *arkues* et *enodia*. (Je suis obligé d'employer les termes grecs, puisque notre langue n'en a point qui puissent les représenter.) Ces filets étaient faits avec du lin : le meilleur se tirait d'Égypte, de Carthage, de Colchide et d'Espagne; celui des vallées de Cumes était encore fort estimé. Pour donner plus de solidité au tissu du filet, Xénophon veut que le lin dont il est fait soit composé de trois cordes formées chacune de trois fils réunis et tordus ensemble. La première espèce de filet, la plus grande, était le *diktuon*. Ses mailles étaient composées de seize fils réunis, au lieu que les autres n'en avaient que neuf. (Pollux, l. 5.) La longueur de ce filet était depuis dix jusqu'à trente brasses. Xénophon conseille de ne pas les faire plus longs de peur qu'ils ne soient trop difficiles à manier. Cependant le poëte latin Gratius veut que le grand filet ait quarante pas d'étendue (environ deux cents pieds de roi) et dix mailles de hauteur, tandis que Xénophon en demande trente. Ces mailles pouvaient avoir jusqu'à quatre pouces de largeur, ce qui donnait au filet une hauteur assez considérable pour que les animaux ne pussent pas le franchir.

On ajoutait à ce grand filet une partie que n'avaient pas les autres et que l'on appelait *sardonnes*. Voici la définition qu'en donne Pollux : « On ajoute à ces filets des sardonnes qui sont la frange du filet et qui le soutiennent après le dernier rang de mailles à l'endroit où le péridrome et l'épidrome[1] portent sur les fourches. » Ainsi ces sardonnes servaient à accrocher le filet sur les fourches.

Les filets nommés *archues* étaient les plus petits; leur forme était celle d'un capuchon et se terminait en pointe. Ils ressemblaient en grand aux bourses dont on se sert aujourd'hui pour prendre des lapins et des renards. Les chasseurs anciens employaient les *archues* en les plaçant de distance en distance entre les *diktua*, qui, étendus à travers la plaine sur un long espace, empêchaient le gibier de passer. Alors les animaux cherchaient une issue en courant le long du filet, et quand ils trouvaient un *archus*, ils entraient dans la concavité de cette bourse, qui se fermait par les efforts que l'animal faisait pour passer outre et qui tiraient deux cordes appelés *péridrome* et *épidrome*.

L'*archus* était donc composé de deux parties principales : la bourse, que l'on appelait *brochos*, dont l'ouverture avait une forme rhomboïde, et le péridrome ou épidrome, corde passée dans la dernière rangée des mailles de cette bourse, tant dans celle d'en haut que dans celle d'en bas; elle dépassait le filet des deux côtés et servait à la fermer. Cette corde devait être sans nœuds afin de couler plus aisément ; elle régnait le long du grand filet, passée dans des anneaux de corde que l'on ménageait en le faisant : ces anneaux s'appelaient *strophia* et *stropheia*.

Les anciens se servaient encore pour leurs chasses d'une troisième espèce de filets dont Oppien ne parle pas, mais qui n'étaient pas d'un moindre usage que les autres. On les plaçait sur les chemins, et pour cette raison ils étaient nommés *enodia*; leurs mailles étaient composées de douze fils réunis; ils avaient une partie appelée *mastoi* (mamelles) dont j'ignore l'usage.

Quand ces filets ne servaient point on les renfermait dans un sac de peau de veau ou de peau de chien.

Pour les dresser dans la plaine, on les appuyait sur des fourches que l'on nommait en grec *staliches*, *schalides*, *schalidômata*, en latin *valli*, *vari*, *cervi*. Elles étaient fermement plantées en terre, de distance en distance, mais un peu inclinées l'une vers l'autre pour leur donner plus de solidité. Ces fourches étaient de grandeur inégale, suivant l'inégalité du terrain; leurs pointes devaient être lisses et unies; il n'était pas besoin qu'elles fussent longues, on ne les faisait que par une incision peu profonde.

(31) *Une longue panagre*. C'était encore une espèce de filet propre à prendre toute sorte d'animaux. On n'en sait rien de plus.

---

[1] Ces mots sont expliqués plus bas.

(32) *Une lance à trois pointes.* L'arme qu'Oppien désigne ici est la même que la lance dont Pollux donne la description (liv. 5, segm. 21). Le fer de cette lance avait par sa forme quelque ressemblance avec nos hallebardes : il était composé de même de trois parties, dont celle du milieu s'appelait la *langue*, les deux autres étaient nommées *les ailes*. Voilà pourquoi Oppien lui donne le nom de lance à trois pointes. Il ne faut pas la confondre avec le *trident à lièvre* dont il est parlé plus bas.

(33) *Une pique de fer.* Cet instrument, que les Grecs appelaient *siguné* ou *zibuné*, était une pique entièrement de fer en usage chez les Macédoniens et chez les Cypriotes.

(34) *Un harpon.* C'est ainsi que je rends *arpalagon*, sur lequel je n'ai trouvé aucun renseignement. L'étymologie de ce mot peut faire penser qu'il désigne un instrument propre à prendre les lièvres.

(35) *Des nœuds.* Ne serait-ce point des mailles dont il faut faire provision pour raccommoder les filets s'ils venaient à se rompre ?

(36) *De Mazace* ou *de Mazie.* Ce dernier nom est celui d'une contrée d'Afrique, voisine de la Mauritanie, dont les peuples étaient nommés par les Romains *Mazices*.

(37) *De Cappadoce.* Ces chevaux portaient une marque distinctive et particulière, un cappa ou un Σ imprimé sur la fesse ou sur l'épaule. Quelquefois on leur imprimait une marque différente, comme une tête d'animal, de bœuf, de singe, de loup, etc. Ces marques désignaient vraisemblablement leur qualité ou leur prix.

(38) *Une crinière abondante.* Le grec porte : «*Et de son toupet descendent et s'agite sur son front les boucles touffues de ses crins.*» Oppien appelle ces boucles *chorumboi*, mot qui signifie proprement *les bouquets de lierre* qui croissent en grappes et forment des guirlandes : « La crinière est, dit Xénophon dans son traité *De Re equestri*, le plus bel ornement du cheval, c'est la parure que les dieux lui ont donnée. » Les chevaux en sont si fiers que, suivant le même auteur, il faut couper les crins aux jumens que l'on veut accoupler avec les ânes ; sans quoi elles ne consentiraient jamais à déroger dans leurs amours.—*Ses yeux vifs et pleins de feu.* Selon Xénophon, les yeux du cheval doivent être saillans pour paraître plus vifs et avoir meilleure vue. — *De larges naseaux* : « Des naseaux larges, dit Xénophon, rendent la respiration du cheval bien plus facile que ceux qui sont qui sont étroits et donnent en même temps à l'animal un air plus vif et plus animé. » — *Une bouche médiocrement fendue.* Xénophon est du même sentiment qu'Oppien. Les os de la tête doivent être saillans et la bouche doit être petite : « Il faut encore, ajoute-t-il, examiner si les joues sont douces et molles ou rudes, ou si elles ont d'autres qualités. »—*De courtes oreilles.* «Le sommet de la tête étroit, de très-courtes oreilles donnent un meilleur air au cheval, dit Xénophon. » Le mouvement des oreilles du cheval fait connaître suivant les anciens, les impressions qu'il ressent.—*Sur un cou arrondi.* La courbure du cou du cheval est très-exactement décrite par Xénophon, le plus habile écrivain de l'antiquité sur l'hippiatrique : « L'encolure en sortant de la poitrine ne doit point tendre en avant comme celle du sanglier, mais, semblable à celle du coq, il faut qu'en s'élevant vers la tête elle soit arrondie avec grâce. »

Voici un portrait du cheval tracé par Eldémiri dans son histoire arabe des animaux.

« Le cheval est naturellement fier, plein d'amour-propre et attaché à son maître. Une des marques de la grandeur et de l'élévation de son caractère, c'est qu'il ne touche point aux restes du fourrage qu'un autre a laissé. On dit que le calife Merouan avait un cheval qui ne se laissait approcher par le palefrenier qu'après le lui avoir permis. Le palefrenier, avant d'entrer dans l'écurie, faisait du bruit en remuant le sac dans lequel il lui donnait l'avoine. Si le cheval hennissait, c'était signe qu'il pouvait entrer ; et s'il entrait sans avoir pris cette précaution et s'être assuré par là de son consentement, l'animal se jetait sur lui.

» La jument est d'un naturel très-ardent ; c'est pour cela qu'elle s'accouple avec le mâle d'une autre espèce. Elle n'est que très-peu sujette au flux périodique. Le cheval peut saillir à quatre ans ; il vit quelquefois jusqu'à quatre-vingt-dix. On remarque qu'il rêve comme les hommes. Il ne boit que de l'eau trouble, et la trouble exprès quand elle est claire. On dit qu'il a la vue très-perçante. S'il marche sur les traces d'un loup, ses jambes s'engourdissent au point qu'il peut à peine se remuer. On voit souvent de la fumée s'élever de son corps. Le cheval, dit-on, n'a point de rate, comme le chameau n'a point de fiel. L'auteur qui fait cette remarque observe à cette occasion que pour se préserver de toute douleurs dans cette partie du corps, il faut avoir soin de mettre toujours le soulier droit le premier et de l'ôter le dernier.

» Mahomet a dit : « Entre l'instant où Dieu m'a envoyé et celui où j'ai commencé ma mission, il n'y a pas eu plus d'intervalle qu'entre deux chevaux qui courent le prix et dont le vainqueur devance à peine son camarade de l'oreille, c'est-à-dire j'ai obéi à l'instant même où Dieu m'a envoyé pour annoncer sa parole. » On dit de même en proverbe : « Ils sont comme deux chevaux qui se disputent le prix de la course, c'est-à-dire ils vont de pair. » On se sert aussi de ces comparaisons : « Avoir la vue plus perçante, être plus docile qu'un cheval. » Les Arabes disent encore : « Il est comme un cheval alezan ; s'il avance avec ardeur, il se fait égorger, s'il recule on lui coupe les jarrets. » Cette expression vient de ce que les Arabes regardent les chevaux alezans comme de mauvais augure et croient qu'ils portent malheur à ceux qui les montent. »

PORTRAIT D'UN CHEVAL, EXTRAIT D'UN POÈTE ARABE[1].

« Avant même que les oiseaux sortent de leurs nids, je saute sur un agile coursier dont le poil est court et luisant, qui devance les bêtes les plus légères et les arrête dans leur fuite. Plein de vigueur et de force, il se détourne, il fuit, il avance, il recule en un instant avec la rapidité d'un énorme caillou qu'un torrent impétueux détache et précipite du haut d'un rocher. La selle glisse sur son poil rougeâtre et luisant comme les gouttes d'eau qui tombent sur un marbre poli. Lors même que la fatigue a diminué ses forces, il brûle d'une noble impatience, et dans l'ardeur qui l'anime, sa voix entrecoupée imite le bruit de l'eau qui bout dans un vase d'airain. Tandis que les coursiers les plus généreux, réduits aux abois, impriment profondément dans la poussière les traces de leurs pas, il précipite encore sa course légère ; il renverse le cavalier jeune et léger et fait voltiger les habits de celui que l'âge a rendu plus pesant... Il a les reins d'une gazelle et les jambes d'une autruche : il trotte comme le loup et galope comme un jeune renard. Ses hanches sont larges et robustes. Sa queue touffue traîne presque jusqu'à terre et remplit tout l'espace qui est entre ses jambes sans incliner plus d'un côté que de l'autre. Lorsqu'il est debout auprès de ma tente, le poli éclatant de son dos est semblable à celui de la pierre sur laquelle on broie des parfums pour une jeune épouse au jour de ses noces et qui sert à piler les grains de la coloquinte. Le sang des bêtes sauvages qu'il a prises à la chasse, et dont ses naseaux sont souillés, imite la couleur d'une barbe flottante teinte avec du jus de hinna[2]. »

(39) *De la trompette.* Le texte porte : « *Des longues flûtes.* » La flûte des anciens rendait un son militaire ; plusieurs peuples s'en servaient dans les combats, soit pour donner le signal, soit pour exciter le courage des soldats ou pour régler leur marche : « Les Lacédémoniens, dit Lucien (*Traité de la danse*, p. 273), combattent au son de la flûte et en mesure ; ils marchent d'un pas réglé. Chez eux la flûte donne le premier signal du combat : aussi ont-ils toujours été vainqueurs quand ils ont été conduits par la musique et le rythme. » Athénée dit la même chose (p. 627). Les Lacédémoniens combattent au son des flûtes, les Crétois au son de la lyre, les Lydiens au son des chalumeaux et des flûtes.

(40) *Le courage des humains.* Aussi les Égyptiens représentaient un cheval pour exprimer dans leurs hiéroglyphes la bravoure et la franchise. C'est ce que nous apprend Clément d'Alexandrie au 5e livre de ses *Stromates*, p. 567.

(41) *Il gémit.* Les chevaux d'Achille pleurèrent la mort de Patrocle et celle d'Achille même. (Homère, *Iliade*, 17, v. 426, et Quintus Calaber, liv. 3, v. 470.)

(42) *A rompu les liens du silence.* Le cheval d'Achille, Xanthus, lui prédit que son jour fatal approche. (*Iliade*, liv. 19, v. 408.)

(43) *Donna un souverain aux peuples de la Perse.* Après que Darius, fils d'Hystapes, eut tué le mage Smerdis, qui avait usurpé le trône de Perse, les sept nobles persans résolurent d'élire pour roi celui dont le cheval hennirait le premier en entrant dans les faubourgs de la ville. Olbaarès, écuyer de Darius, attacha pendant la nuit, à l'endroit convenu, une jument qu'aimait le cheval de son maître et la lui fit saillir : le lendemain ce cheval hennit en arrivant et Darius fut aussitôt salué roi.

(44) *On dit qu'autrefois.* Cette histoire se trouve dans Ælien (*De nat. anim.*, liv. 4, ch. 7), qui a suivi Oppien dans la marche de son récit. Aristote, Pline et Antigonus Carystius en font aussi mention et nous apprennent que le souverain auquel cette aventure arriva était roi de Scythie, mais aucun auteur ne l'a nommé.

(45) *Les chevaux d'Ibérie.* Les anciens donnaient le nom d'Ibérie à deux contrées fort différentes et fort éloignées l'une de l'autre, à l'Espagne, ou plutôt à sa partie méridionale, qui s'étend depuis les colonnes d'Hercule jusqu'au fleuve Ibérus (l'Èbre) ; la seconde Ibérie était située entre la Colchide et l'Albanie : c'est la province que nous appelons aujourd'hui Géorgie.

(46) *Ils font résonner la plaine.* Oppien fait connaître par ce trait la bonté du pied des chevaux d'Ibérie, car, suivant la remarque de Xénophon, le bruit que fait le cheval en courant est une preuve de la bonté de ses pieds. La comparaison suivante est tirée du poëme des *Bassariques* de Dionysius de Samos.

(47) *Le coursier de Nisée.* Il y eut deux villes célèbres dans l'antiquité qui portèrent le nom de Nisée, l'une située en Attique au-dessous de Mégare, l'autre en Asie dans la Médie : c'est de cette der-

---

[1] Moallaka de Amriolkays.
[2] C'est une plante dont les Arabes expriment le jus pour teindre leur barbe. Il paraît que c'est le *souchet* ou *curcuma* qui donne une couleur de pourpre. Les Espagnols l'appellent *alhena*, nom qu'ils ont pris des Arabes. On l'appelle en latin *cyperus*.

nière dont il s'agit ici. Ses chevaux passaient pour les plus beaux et les meilleurs de l'univers : elle nourrissait dans ses plaines un haras si nombreux que du temps d'Alexandre il se montait à cinquante mille chevaux ; auparavant il était bien plus considérable. Ces chevaux étaient destinés au service des rois de Perse et à celui de leurs favoris, auxquels ils accordaient la permission d'en user. Le présent d'un tel cheval était si estimé que Lucien, en parlant de l'historien Ctésias, qui avait été médecin d'Artaxerce, roi de Perse, dit que l'on ne doit point attendre la vérité d'un historien qui espère recevoir en présent du roi de Perse la robe persane, un collier ou un cheval de Nisée.

(48) *On les appelle orynges*. On ne peut pas douter, d'après la description qu'Oppien fait de cet animal, que ce ne soit le même que le zèbre décrit par Buffon.

(49) *Mais d'un ton plus bas*. Le texte dit : « O mon génie ! descends maintenant dans le sentier des chiens. »

(50) *Dites quels sont ceux*. Les anciens Grecs, c'est-à-dire ceux du temps de Xénophon, rappelaient à deux espèces générales toutes les espèces particulières de chiens propres à la chasse : la première était appelée *castoride* et la seconde *alopécide*. Castor, qui aimait beaucoup la chasse, avait dressé cette première espèce et lui avait donné son nom ; l'autre, produite, à ce que croyaient les Grecs, par une chienne et par un renard, portait le nom de cet animal. Mais les connaissances des Grecs s'accrurent depuis ; plusieurs auteurs suppléèrent à ce qui avait échappé aux anciens, et Xénophon le jeune, plus connu sous le nom d'Arrien, malgré la précaution qu'il a prise de se nommer dans son ouvrage, composa un traité sur les chiens de chasse, surtout sur les chiens gaulois, qui n'avaient pas été connus du premier Xénophon. Les poëtes qui ont écrit avant ou après Oppien reconnaissent comme lui un grand nombre d'espèces de chiens de chasse :

Mille canum patriæ, ductique ab origine mores,
Cuique sua,

dit Gratius (*Cynég.*, v. 154). Claudien (*De Cons. Stilichonis*, v. 297 et suivans) nomme avec des épithètes caractéristiques plusieurs espèces de chiens, et Pollux (*Onom.* liv. 5, ch. 1), donne une liste de ceux qui sont le plus estimés ; les amateurs peuvent la consulter.

Voici le portrait du chien tracé par Eldémiri :

« Le chien semble former une classe intermédiaire entre les bêtes carnassières et les animaux connus sous le nom générique de bestiaux. Il tient des premières en ce qu'il se nourrit de chair, et des autres par ses mœurs et sa manière de vivre en société avec l'homme. On en distingue deux espèces, le chien domestique et celui qu'on nomme *selouki* du nom d'une ville de l'Arabie heureuse, mais ces deux espèces ont les mêmes caractères. On remarque que cet animal rêve durant son sommeil. La femelle est sujette à des écoulemens périodiques : elle porte soixante jours ou environ ; ses petits naissent aveugles, et leurs yeux ne s'ouvrent que douze jours après leur naissance. Le mâle sent les aiguillons de l'amour plutôt que la femelle : celle-ci peut être couverte à un an et quelquefois plutôt. Le nombre de ses petits et la variété de leurs couleurs répond au nombre des mâles qui l'ont couverte et à la couleur de leur poil. Le chien a l'odorat plus fin que tous les autres animaux : il suit très-bien à la piste ; il préfère la charogne à la viande fraîche, mange des excrémens et retourne à ce qu'il a vomi. Il y a antipathie singulière entre le chien et l'hyène. Le chien a l'instinct de défendre son maître et de garder sa maison en son absence comme en sa présence, la nuit comme le jour. Il n'y a pas d'animal qui veille avec plus d'exactitude lors même qu'il est pressé par le besoin de dormir. Il dort plus ordinairement durant le jour, où sa vigilance est moins nécessaire : pendant son sommeil, il a l'oreille plus alerte au moindre bruit que le cheval, et il est plus difficile de le surprendre que la pie. Ses paupières demeurent toujours entr'ouvertes et ne sont point repliées l'une sur l'autre parce que son sommeil est très-léger : cela vient de ce que sa cervelle est froide en comparaison de celle de l'homme.

» La sagacité de cet animal est si grande qu'il connaît les personnes d'un état distingué, les respecte et n'aboie point contre elles, tandis qu'il aboie contre les nègres, les gens pauvres ou mal vêtus et les écarte de son chemin. Il témoigne son amitié par ses caresses et le mouvement de sa queue et s'attache si fortement à son maître que lorsqu'il l'appelle après l'avoir battu, il vient aussitôt à lui. Si l'on joue avec lui, il mord doucement sans faire aucun mal ; ses dents sont si fortes qu'elles peuvent serrer une pierre et la retenir. Le chien est susceptible d'instruction. Il en est que l'on accoutume à tenir un chandelier sur leur tête sans se remuer même pour prendre la nourriture qu'on leur jette jusqu'à ce qu'on le retire. Cet animal dans certains temps est sujet à la mélancolie.

» Un écrivain arabe raconte l'aventure suivante : « Un voyageur passant proche d'un bourg vit un tombeau d'une construction magnifique sur lequel était gravée cette inscription : « *Si tu désires savoir à quelle occasion ce monument a été élevé, entre dans le bourg voisin : c'est là que tu l'apprendras.* »

» Il y entra en effet, mais il ne se trouvait personne qui pût satisfaire sa curiosité ; enfin on l'adressa à un vieillard âgé de plus de deux cents ans qui lui raconta l'histoire suivante, qu'il disait tenir de son père : « Un roi de ce pays, lui dit-il, avait un chien qui ne le ne quittait jamais ; il avait aussi une jeune esclave muette et entièrement percluse des deux jambes. Il sortit un jour pour se promener dans un de ses jardins et fit attacher le chien, ne voulant pas qu'il le suivît. Pendant son absence, son cuisinier lui prépara un mets fait avec du lait, suivant l'ordre qu'il lui en avait donné, l'apporta dans l'endroit où étaient l'esclave et le chien et l'y laissa sans couvrir le vase. Lorsqu'il se fut retiré, un énorme serpent s'approcha du vase, et après avoir bu, il y rejeta ce qu'il avait pris et se retira. Le roi, étant de retour, se disposait à prendre son repas et ne comprenait rien aux signes que l'esclave faisait pour l'empêcher de toucher au mets qu'on lui avait apprêté : le chien commença alors à aboyer en poussant des hurlemens affreux et à s'agiter dans sa chaîne avec tant de violence qu'il semblait prêt à s'étrangler. Le prince, supris de cette fureur, le fit détacher, et aussitôt le chien sautant sur sa main fit tomber le morceau qu'il portait déjà à sa bouche. Il voulait le faire battre à coups de fouet, mais l'animal enfonça sa tête dans le vase qui était devant le prince et n'eut pas plutôt goûté de ce qui était dedans qu'il fut renversé par terre et sa chair tomba en morceaux. Le roi comprit alors par les signes de l'esclave tout ce qui était arrivé. Il punit le cuisinier qui avait laissé le vase découvert et fit jeter ce qui était dedans ; en même temps il donna ordre d'enterrer le chien, d'élever ce monument sur le lieu de sa sépulture et d'y graver l'inscription que vous avez lue. »

» On rapporte aussi ce trait remarquable d'un chien qui appartenait à un habitant de Bagdad. Cet homme, qui s'amusait à élever des chiens et à les dresser, en avait un auquel il était plus particulièrement attaché. Comme il sortait un jour de grand matin pour quelque affaire, ce chien le suivit et ne voulut point le quitter, quelque chose qu'il fît pour le renvoyer. Chemin faisant, il passa dans un lieu où demeuraient plusieurs de ses ennemis : ceux-ci profitèrent de ce qu'il était sans armes pour l'attaquer ; ils se saisirent de lui, l'emmenèrent dans leur maison, le firent mourir et jetèrent son corps dans un puits dont ils bouchèrent l'ouverture. Le chien, qui les avait suivis, avait été témoin de tout ce qui était arrivé : ils le maltraitèrent et le mirent dehors. Aussitôt il retourna chez son maître en aboyant, mais on n'y fit aucune attention. La mère de celui qui avait été assassiné, voyant que son fils ne revenait point, ne douta pas qu'il ne fût péri, et après s'être acquittée de ce qu'elle devait à sa mémoire, elle chassa de sa maison tous les chiens qu'il élevait. Celui-ci ne voulut point s'éloigner et demeura près de la porte. Un jour qu'il était couché en cet endroit suivant sa coutume, un des assassins de son maître vint à passer ; il l'aperçut, et sautant sur lui, il lui déchirait les jambes avec ses griffes et le mordait. En vain cet homme faisait effort pour se débarrasser, il ne pouvait y réussir, non plus que les passans qui étaient accourus à son secours. La mère de celui qui avait été tué entendant un grand tumulte sortit pour voir quelle en était la cause ; elle vit un des gardes de la porte de la ville qui s'était approché et disait : « Sans doute ce chien n'attaquerait point cet homme s'il n'avait quelque sujet de haine contre lui. » Cette femme, frappée de ces paroles et de la fureur avec laquelle le chien tenait cet homme, le regarda attentivement et le reconnut pour un des ennemis de son fils ; elle soupçonna que c'était peut-être lui qui l'avait fait mourir et ne voulut point le laisser aller : on les conduisit donc devant le calife Radhibillah, et elle l'accusa en sa présence du meurtre de son fils. Le calife l'envoya en prison après l'avoir fait battre de verges sans qu'il se fût avoué coupable. Le chien le suivit et demeura à la porte de la prison ; quelques jours après, le calife fit mettre le prisonnier en liberté. Il ne fut pas plutôt sorti de la prison que le chien le saisit de nouveau comme il avait fait la première fois. Cet acharnement causa une grande surprise à ceux qui en furent témoins, et ce ne fut qu'avec beaucoup de peine qu'on parvint à le délivrer. Le calife, informé de ce fait, donna ordre de laisser aller l'accusé et chargea un de ses officiers de le suivre et de mener le chien avec lui. Quand il fut rentré chez lui, l'officier du calife se hâta de le joindre et y entra aussi avec le chien, mais quelque perquisition qu'il pût faire, il ne vit aucune trace du crime. Le chien cependant aboyait et cherchait avec inquiétude aux environs du puits où les meurtriers avaient jeté le cadavre : on en donna avis au calife, qui ordonna de rouvrir le puits. Cet ordre fut exécuté et on y trouva le cadavre. Le maître de la maison, arrêté et conduit devant le prince, avoua son crime et déclara ses complices : il fut mis à mort ; les autres s'enfuirent et on ne put pas découvrir le lieu de leur retraite. »

» Le chien est sujet à la rage[1], maladie qui est une espèce de folie accompagnée de fureur. On connaît l'animal qui en est atteint aux symptômes suivans. Ses yeux rougissent, sa vue s'obscurcit, ses oreilles deviennent flasques et pendantes, la langue lui sort de la bouche, sa salive est très-abondante et il coule une humeur de ses narines ; il a la tête penchée, le milieu du dos relevé en bosse, l'épine du dos contournée et la queue toujours entre les jambes ; il marche avec un air triste et craintif, on dirait qu'il est ivre. Quoique pressé de la faim et de la soif, il ne mange ni ne boit, et s'il voit de l'eau, il s'en éloigne avec fureur, quelquefois même il en meurt d'épouvante. Aperçoit-il quelque objet qui l'effraie, il saute dessus sans aboyer. Les autres chiens évitent sa ren-

---

[1] Le nom de cette maladie dans la langue arabe est dérivé de celui du chien ; *kelb* signifie un chien, et *kéleb*, la rage.

contre, et s'il approche d'eux, ils remuent la queue et tremblent devant lui. Dans cet état, il attaque les hommes.

» Celui qui a été mordu par un chien enragé tombe dans un état effrayant. Une des suites les plus funestes de sa maladie, c'est qu'il craint l'eau au point de se laisser mourir de soif plutôt que d'en approcher; il ne cesse de demander à boire, et lorsqu'on lui en présente, il ne veut point y toucher. Quand cette maladie a fait de grands progrès, on trouve dans l'urine du malade des matières qui ont la forme de petits chiens.

» L'auteur du livre intitulé *Abrégé de médecine* distingue deux espèces de maladies connues sous le nom de *kéleb*. Il dit que l'une est une sorte de lèpre à laquelle sont sujets le chien, le loup, l'hyène, le chacal et le renard, et que l'autre est un genre de folie dont les chiens sont attaqués et qui leur donne la mort; il ajoute que la morsure du chien malade est mortelle pour tous les animaux, excepté pour l'homme, qui peut en guérir. L'âne et le chameau sont aussi sujets à cette maladie.

» Alkazonini dit, dans son livre des *Merveilles de la nature*, qu'il y a dans un village du territoire d'Alep un puits, nommé le puits de la rage, dont les eaux guérissent les personnes mordues par des chiens enragés; ce puits est très-fameux : « J'ai appris, dit-il, d'un des habitans du lieu que ces eaux ne procurent la guérison que lorsqu'on en boit dans les quarante jours après l'accident, et j'en ai vu moi-même l'effet sur trois personnes qui, ayant été mordues par des chiens enragés, burent de cette eau : deux furent guéries, mais la troisième, qui n'en but que plus de quarante jours après sa blessure, en mourut. Ce puits fournit à la boisson des habitans. »

» Les chiens de l'espèce nommée sélouki ont cela de particulier que lorsqu'ils sentent de près comme de loin l'odeur d'une gazelle, ils discernent si elle vient devant ou derrière eux et savent distinguer le pas du mâle de celui de la femelle; ils connaissent aussi si un homme est véritablement mort ou s'il fait semblant de l'être.

» Les Grecs n'enterrent point un mort qu'ils ne se soient assurés s'il l'est en effet par ce moyen. Ils font approcher du mort un chien de cette espèce et connaissent par la manière dont il le flaire s'il est vivant ou mort. Quelques-uns disent que cette propriété n'appartient qu'au chien qu'on nomme *kolthi* ou chien chinois et qui est une variété du sélouki, dont le corps est petit et les jambes extrêmement courtes. La femelle du sélouki est plus aisée à dresser que le mâle; c'est le contraire du *fahd* ou loup cervier.

» On lit dans l'Alcoran cette expression proverbiale : « Semblable au chien, il aboie, soit qu'on l'attaque, soit qu'on le laisse tranquille[1]. » On attribue aussi à Mahomet cette sentence : « Celui qui reprend ce qu'il a donné est comme le chien qui retourne à son vomissement. »

» Les Arabes ont plusieurs façons de parler prises des qualités de cet animal, telles que celles-ci : « Plus avare, plus docile, plus impudent, plus bas, plus reconnaissant qu'un chien. » Ils ont encore un proverbe qui signifie à la lettre pisser plus souvent qu'un chien et qui peut s'entendre dans le sens littéral ou signifier une nombreuse postérité, car le mot qui désigne cette action dans le langage des Arabes indique dans le style figuré l'opération par laquelle les animaux se reproduisent, comme on le voit dans l'histoire du calife Abdelmelic ben Meronan. Il rêva qu'il était dans le sanctuaire où le prophète avait coutume de faire sa prière et qu'il profanait la sainteté de ce lieu en satisfaisant à ce besoin naturel; ce songe s'étant répété jusqu'à quatre fois, l'interprète qu'il consulta lui répondit qu'il signifiait que quatre de ses enfans recevraient la couronne après lui. Cette interprétation se vérifia par le règne consécutif de ses quatre fils, Wélid, Soliman, Hescham et Yezid.

» On se sert aussi de ces expressions figurées : « Engraissez votre chien, il vous mordra; laissez jeûner votre chien, il vous suivra. » La première revient à celle-ci : « Méfiez-vous de celui à qui vous aurez rendu quelque service; » l'autre indique la conduite que l'on doit tenir vis-à-vis des gens qui n'ont que des sentimens bas et intéressés.

» Les Arabes disent encore : « Lâchez le chien contre le cerf, c'est le moyen d'être tranquille, » c'est-à-dire « Laissez les hommes bons ou méchans se disputer entre eux, et pour vous prenez le chemin de la paix et du salut; » ou bien : « Si l'occasion favorable se présente, saisissez-la et ne la négligez pas. »

(51) *Les chiens de Péonie*. Ces chiens forts et vigoureux ne servaient pas seulement à la chasse, on les dressait à la guerre aussi bien que ceux de Magnésie. Les anciens, comme nos aïeux les Gaulois, avaient l'usage barbare d'instruire les chiens à déchirer les hommes. Pline (*H. nat.*, liv. 8, ch. 40) : « *Propter bella Colophonii itemque Cartabalenses cohortes canum habuere; eæ primæ dimicabant in acie nunquam detrectantes.* » Au surplus ces chiens sont ceux de Pannonie; c'est ainsi qu'il faut traduire au lieu de Péonie.

(52) *D'Ausonie*, c'est-à-dire d'Italie, principalement ceux de Toscane, qui étaient les plus célèbres. Némésianus en parle dans son *Cynégéticon*, v. 231.

(53) *De Lacédémone*. Ces chiens étaient fort vantés chez les anciens à cause de leur vélocité et de leur courage. Aristote observe que la femelle de cette espèce et celle des chiens molosses sont d'un caractère plus heureux que le mâle, et suivant le même auteur,

---
[1] Cor., ch. 7, v. 176.

les chiens nés d'un mâle molosse et d'une mère de Laconie l'emportent sur les autres par leur courage. Les chiens de Laconie passaient pour avoir le flaire excellent, puisque Sophocle (*Ajax Mast.*, v. 7) compare Ulysse, qui observe toutes les démarches d'Ajax, au chien de Laconie qui suit le gibier à la piste.—*Celtes*, c'est-à-dire gaulois. Les anciens n'ont connu ces chiens qu'un peu tard. Xénophon n'en parle point, ce qui a engagé Xénophon le jeune, autrement Arrien, à faire son *Traité de la chasse*, comme il le dit lui-même au ch. 2. Gratius parle des chiens celtes déjà célèbres de son temps, qui était celui d'Auguste (*Cynég.*, v. 156) :

Magnaque diversos extollit gloria Celtas.

Mais il est douteux que les chiens dont Gratius parle soient les chiens gaulois, et Ulitius, commentateur de ce poëte, ne le croit pas; il ne croit pas non plus que ceux dont parle Xénophon le jeune soient les véritables chiens gaulois, mais il se trompe à cet égard. Ce Xénophon, au ch. 3, dit que ces chiens s'appelaient *Egousiai* du nom d'un peuple de la Gaule : or ce nom est celui des *Segusiani*, habitans de la Bresse (*Voyez* César, *De bello gall.*, liv. 7, p. 332, édit. varior), ou de Grenoble, suivant Henri Estienne (*Schediasma*, 2, liv. 4). A l'égard de la forme et du caractère de ces chiens, Xénophon ou Arrien nous apprend qu'ils sont velus, desagréables à l'œil, que les meilleurs sont les plus laids, que leur voix est plaintive, et que quand ils rencontrent la trace de la bête, ils la suivent, non pas avec colère comme les autres, mais en jetant des aboiemens douloureux. Il est une autre espèce de chiens gaulois; ils excellent pour la course; on les appelle *vertraga* dans la langue du pays, nom qui exprime leurs qualités, suivant Arrien : ceux-là sont beaux, tout est agréable en eux, les formes du corps, les yeux, le poil, la couleur. Nous avons encore ces deux espèces : la première est celle des chiens moutonnés, différens des barbets, et dont les chasseurs font un grand cas; la seconde est celle de nos chiens courans ordinaires.

Crétois. Ælien, dans son *Traité sur la nature des animaux*, fait ainsi le portrait du chien de Crète : « Il est léger, saute facilement, comme étant élevé dans les montagnes. » Il est rapide à la course, a le flaire excellent, suivant Arrien, ch. 3.

(54) *Les Amorgéens.* C'est-à-dire de l'île Amorgo, l'une des Cyclades.

(55) *Les Molosses aux yeux brillans.* La force, le courage et même la férocité forment le caractère de ce chien, dont Ælien dit : « Le chien molosse est le plus colère de tous les chiens, comme les hommes de ce pays sont les plus colères de tous les hommes. » (*Voyez De nat.*, an. liv. 3, ch. 2, et liv. 12, ch. 20.) Cette race descendait, selon les poëtes, d'un chien d'airain que fabriqua Vulcain, qu'il anima et dont il fit présent à Jupiter. Celui-ci le donna à Europe, Europe à Minos, Minos à Procris, Procris à Céphale. (*Voyez* Pollux, *Onom.* liv. 5, seg. 39.) Au surplus les naturalistes s'accordent assez à reconnaître notre mâtin dans le chien molosse.

(56) Les amours de la murène et de la vipère sont une fable de l'antiquité.

(57) *Caressent à coups de pied.* C'est de cette manière que les chevaux font l'amour; on est même obligé de les déferrer alors pour qu'ils ne se blessent pas.

(58) *Chevauchent.* Le grec porte *ephippeuousi* et il m'a été impossible de traduire autrement.

(59) *Et des rapports plus marqués.* « Junge pares, » dit Gratius, v. 263, Némésianus, v. 114 : «Huic parilem submitte marem, » et dans les *Géoponiques*, livre 19, ch. 1 : « Unissez un mâle et une femelle de nature et de taille semblables; et prenez garde que des chiens sortis d'une même mère ne s'accouplent ensemble. »

(60) *Toutefois les races excellentes.* Cette opinion n'est pas juste. Le véritable moyen de perfectionner les races, c'est de les croiser.

(61) *Un beau chien.* Il semble qu'Oppien n'ait fait ici que mettre en vers la description que Xénophon fait du chien courant (p. 570, ligne 41). Je vais la traduire afin qu'on puisse la comparer à celle de notre poëte et faciliter en même temps l'intelligence de ce morceau, que le traducteur latin a singulièrement défiguré : « Il faut d'abord au chien une tête longue, mais légère, camuse, nerveuse, et dont les muscles soient fortement prononcés dans la partie inférieure du front. Ses yeux doivent être noirs et brillans, son front sera large et grand, la séparation des sourcils profonde; que ses oreilles soient petites, unies et minces à leur extrémité; qu'il ait un cou long, flexible, arrondi, une poitrine large et fournie à l'endroit où elle quitte les épaules, les omoplates peu distantes; à l'égard des pattes, celles de devant courtes, droites, arrondies et nerveuses; que les jointures en soient saillantes; les côtes doivent être peu rentrées et tournées obliquement à leur extrémité; ses reins peu charnus ne seront ni trop longs ni trop courts, mais entre deux; les flancs ne doivent être ni gras ni desséchés, les cuisses seront arrondies et charnues par derrière, bien ouvertes en haut, en dedans elles joindront les flancs. » Xénophon veut encore aux chiens une queue droite qui batte sur les cuisses, peu rude au toucher et dont le poil crie sous la main. C'est ainsi du moins que j'explique ces mots :

ouras makras, orthas, liguras, mériaias, mé skléras. J'ai rassemblé dans mes notes latines d'autres descriptions que l'on peut encore comparer à celle-ci.

Des prunelles d'un bleu tendre. « Les yeux du chien, selon Arrien, ch. 4, doivent être grands, élevés, nets, brillans et d'un regard imposant. Les meilleurs sont ceux en qui l'on voit briller plus de feux et qui lancent des éclairs comme ceux des panthères, des lions et des lynx. Les yeux noirs n'ont que le second rang; on peut placer au troisième les yeux bleus (*ta charôpa*), car ces yeux ne sont point un mauvais signe dans les chiens, surtout lorsqu'ils sont clairs et vifs. » Arrien dit ensuite, au ch. 5, qu'il avait un chien dont les yeux étaient de cette couleur et qui avait d'excellentes qualités; il était si vif à la course et si ardent à la chasse qu'il pouvait prendre quatre lièvres par jour. Ces grands talens, la douceur de son caractère et son attachement pour son maître lui ont mérité, au jugement de celui-ci, que son nom parvînt à la postérité, qui saura, dit-il, que Xénophon l'Athénien (véritable nom d'Arrien) avait une chienne appelée Hormé, d'une vitesse extrême, parfaitement instruite et consacrée aux dieux.

(62) *Il en est d'autres.* Ceux-ci nous sont connus sous le nom de dogues de forte race, ou *bouldogues*, comme les appellent les Anglais, c'est-à-dire chiens à taureaux. Il est probable qu'Oppien indique ici la race des chiens d'Albanie et de l'Inde, célèbres dans l'antiquité pour leur force et leur valeur. Ælien dit de ces chiens, comme notre poëte, qu'ils bravent toutes les bêtes féroces, combattent contre les lions, répondent à leurs rugissemens en aboyant, soutiennent leur assaut, leur rendent morsure pour morsure, et sont quelquefois vaincus, quelquefois vainqueurs. Le même auteur dit encore qu'ils excellent à découvrir la trace des bêtes fauves, que les tigres s'accouplent avec eux, et qu'à la troisième génération, il en résulte des chiens assez doux pour être apprivoisés. Cette opinion fabuleuse se retrouve dans Aristote (*Hist. an.*, liv. 8, ch. 38), mais ce philosophe ne la croyait pas. Strabon parle aussi de ces chiens de l'Inde, qui sont, dit-il (livre 15, p. 481), d'un courage et d'une force surprenans. Alexandre en reçut cent cinquante en présent de Sopithès, roi d'Albanie; il en fit combattre deux contre un lion, qu'ils vainquirent. Xénophon (*Cyneg.* p. 579) recommande ces chiens pour chasser le sanglier.

(63) *Ne permettez jamais.* Cette opinion de notre poëte est mal fondée, et contraire à ce qu'enseigne Xénophon, *Cyneg.*, p. 576, où il dit expressément: « Lorsque les chiens sont nés, il faut les laisser sous la mère; car les soins d'une étrangère ne font point profiter; mais le lait des mères, leur haleine, leurs tendres caresses, sont très-favorables. » Arrien est aussi du même sentiment.

(64) *Donnez à vos chiens.* Ceci est encore pris de Xénophon l'ancien, qui donne pour exemple une liste de quarante-sept noms de deux syllabes.

(65) *Le silence.* Remarquez la douceur de cette transition, qui est des plus heureuses.

(66) *Les plantes desséchées.* Le texte dit: « Les plantes et les fleurs vieillissent. »

(67) *Il est une espèce.* A la seule description de ces chiens, j'ai reconnu nos bassets, et je ne sais comment Bodin et Rittershuis ont pu y voir les dogues d'Angleterre.

(68) *Les peuples sauvages de la Bretagne.* Les anciens habitans de l'Angleterre se peignaient le corps avec le jus d'une herbe que les Grecs appellent *isatis*, de laquelle on exprime un suc d'un jaune verdâtre. Cette plante est, je crois, la même que *l'herba lutea* de Dalechamp, en français *la gaude* ou *l'herbe aux teinturiers*. Les Latins la nommaient *vitrum*, comme on le voit dans ce passage de César (*De bello gall.*, liv. 5, p. 171, *edit. variorum*): « *Omnes verò se Britanni vitro inficiunt quod cæruleum efficit colorem, atque hoc horribiliori sunt in pugna adspectu.* » De là ces peuples ont été appelés Pictes par les Romains.

(69) *Les nomment Agasses.* Guill. Cambden, dans son *Histoire d'Angleterre*, p. 190, prétend que ces chiens sont les mêmes que les Anglais appellent aujourd'hui *a gase hond*. Mais M. Schneider doute beaucoup que l'article *a* soit aussi ancien dans la langue anglaise.

CHANT SECOND.

(1) *Chez les mortels, le héros qui trancha.* Xénophon, que notre auteur a pris pour guide lorsqu'il attribue l'invention de la chasse aux centaures, Xénophon, dis-je, ne nomme point *Persée* au rang des premiers chasseurs, et j'ignore d'où Oppien a pu tirer la tradition qu'il suit ici. Selon Xénophon, les dieux Apollon et Diane, pour récompenser Chiron de son amour pour la justice, lui communiquèrent l'art de la chasse; il eut pour élèves dans cet art Céphale, Esculape, Mélanion, Nestor, Amphiaraüs, Pélée, Télamon et plusieurs autres parmi lesquels on ne voit point le nom de Persée. Les premiers inventeurs de la chasse furent les Phéniciens, si nous en croyons le récit de Sanchoniaton rapporté, d'après la traduction grecque de Philon de Biblos, par Eusèbe de Phamphilie (*Préparation évangé-*

lique, liv. 1, p. 35) : « Longtemps, dit-il, après la naissance d'Hypsuranius naquirent Agrée et Haliée, inventeurs de la pêche et de la chasse. C'est d'eux que les pêcheurs et les chasseurs ont tiré leur nom. » On admirera sans doute la conformité qui se trouve entre ces deux noms prétendus phéniciens et les noms grecs *alieis* et *agreutai*; elle me servira peut-être à prouver quelque jour que ce récit de l'antique Sanchoniaton n'est qu'un roman de Philon adapté à certaines circonstances et inventé pour déprimer les Grecs, qui s'attribuaient une trop haute antiquité et l'invention des sciences. Selon le poëte Nonnus (*Dionysiaques*, liv. 5, p. 152), Aristée fut l'inventeur de la chasse, des filets, des fourches et de l'art de suivre les bêtes à la piste. (*Voyez* dans les notes latines le passage de ce poëte.) Les Crétois s'attribuaient aussi cette invention. (Diodore de Sicile, livre 5, p. 334.)

(2) *Les Oryx*. Espèce de chèvre sauvage dont nous parlerons par la suite.

(3) *Méléagre*, qui tua le sanglier de Calydon. (*Voyez* son histoire dans Homère, *Iliade*, liv. 9, v. 530.) Atalante l'accompagnait à cette chasse et porta la première blessure au sanglier. (*Voyez* les mythologues.)

(4) *Les héros qui les premiers frayèrent les sentiers de la chasse*. Le grec dit : « *qui furent les conducteurs de la chasse*. »

(5) *Autant un doux sommeil*. Imitation de ces beaux vers de Virgile :

> Quale sopor fessis in gramine, quale per œstum
> Dulcis aquæ saliente sitim restinguere rivo.
> (*Eclog*. 5, v. 16.)

(6) *Chantons ces fréquens et terribles combats*. Tout ce morceau est imitation du 3ᵉ livre des *Géorgiques*.

(7) *Les taureaux de Phrygie*. Oppien leur attribue deux caractères principaux, d'avoir une éminence ou bosse sur le dos et de remuer les cornes à volonté. Ce second caractère est suspect, quoique indiqué par d'autres auteurs, tels qu'Aristote (*Hist. anim.*, livre 3, ch. 9), Antigonus Carystius (*Mirabilium synagoge*, ch. 81), et Ælien (*De anim.*, liv. 2, ch. 20), lequel dit la même chose des taureaux d'Érythrée. A l'égard du premier caractère, c'est celui de plusieurs autres espèces de taureaux, principalement du zèbre décrit par M. de Buffon, t. 5, p. 119. Mais cette dernière espèce est trop petite pour convenir à la description de notre poëte; cette description s'accorde bien mieux avec celle que Pline nous a laissée des bœufs de Syrie et de Carie

(livre 8, ch. 45) : « *Syriacis non sunt palearia, sed gibber in dorso. Carici quoque in parte Asiæ fœdi visu, tubere super armos eminente, luxatis cornibus, excellentes in opere narrantur; cætero nigri coloris candidive ad laborem damnantur.* » Sans pouvoir rien affirmer de précis sur ces taureaux, il paraît qu'on peut les rapprocher de l'espèce du bison et du bonasus décrit par Aristote au livre 9, ch. 45 de l'*Histoire des animaux*, et dont nous parlerons bientôt.

(8) *Ceux d'Aonie*. Les caractères qu'Oppien donne à ces animaux, l'ongle d'une seule pièce, la corne unique qui croit au milieu de leur front, annoncent que ce ne sont point des taureaux mais des licornes ou monocéros, animaux fabuleux, dont cependant plusieurs auteurs ont assuré l'existence et décrit la forme. Strabon, d'après Onésicrite, les appelle *ippous monokerôtas elaphorkranous* (chevaux à tête de cerf et qui n'ont qu'une seule corne). Cet animal, dont les pieds ont vraisemblablement été mal observés par les anciens, paraît être le même que celui dont parle César (*De bello gallico*, liv. 6, page 246) : « On trouve, dit-il, dans les forêts de Germanie un bœuf qui a la forme du cerf et est monocorne, c'est-à-dire que ces cornes réunies en une seule pièce depuis la racine, s'élèvent en droite ligne au-dessus de son front, et à une certaine hauteur se partagent en deux rameaux fort étendus. » Je pense que c'est le renne que César veut décrire en cet endroit. Ce quadrupède, aujourd'hui retiré dans les forêts du Nord, habitait autrefois celles de la Germanie, selon M. de Buffon (t. 5, p. 232). Pline (*Histoire naturelle*, livre 8, ch. 21) reconnaît, comme Oppien, des bœufs solipèdes et qui n'ont qu'une corne; mais il leur donne, ainsi que Strabon cité ci-dessus, l'Inde pour patrie : « *In Indiâ et boves solidis ungulis unicornes.* » D'où je pense qu'il faut lire dans Oppien *oi Indoi* au lieu d'*Aonoi* qu'on lit aujourd'hui et d'*ai Onoi* que propose Bochart (p. 932 de son *Hierozoïcon*) sans faire attention que ce mot, dont la première syllabe est brève, rompt la mesure du vers. Ces taureaux de l'Inde me paraissent avoir beaucoup de rapport avec la description que Pline (liv. c.) fait du monocéros; et cette description appartient par plusieurs traits essentiels au rhinocéros. Quoi qu'il en soit, on sera peut-être curieux de savoir quelle était chez les anciens la chasse du monocéros. Jean Tzetzès, dans ses *Histoires* (chiliade 5, v. 398), nous a conservé une description de cette chasse que peut-être il a prise dans le 5ᵉ livre du poëme d'Oppien. Comme ce livre est perdu, je vais traduire le passage de Tzetzès : « Le monocéros porte une corne sur le milieu du front. Cet animal aime passionnément les odeurs. On le chasse de cette manière. Un jeune homme déguisé en fille, exhalant l'odeur des parfums les plus exquis, va se placer dans

les lieux fréquentés par ce quadrupède. Les chasseurs se tiennent en embuscade à peu de distance. L'odeur des parfums attire bientôt le monocéros auprès du jeune homme; il le caresse. Celui-ci lui couvre les yeux avec des gants de femme parfumés. Les chasseurs accourent à l'instant, saisissent l'animal sans qu'il fasse de résistance, lui coupent sa corne, qui est un excellent alexipharmaque, et le renvoient sans lui faire d'autre mal. »

(9) *Que produit la Chersonnèse.* Les anciens géographes reconnaissent cinq Chersonnèses : celle du Péloponèse, celle de Thrace, celle de Tauride, la Cimbrique, et la Chersonnèse d'or située dans la presqu'île méridionale de l'Inde, que nous nommons aujourd'hui presqu'île de *Malaca.* Mais outre ces cinq Chersonnèses, on donnait encore ce nom à la ville d'Apamée en Syrie, parce qu'elle était environnée en forme de péninsule par le fleuve Orontès. Plus anciennement elle portait le nom de *Pharnace;* elle prit ensuite celui de *Pella,* d'une colonie macédonienne sortie de l'ancienne Pella, qui vint s'y établir. Elle reçut depuis le nom de *Chersonnèse,* et enfin celui d'*Apamée.* C'est Strabon qui nous apprend tous ces détails au 16e livre, p. 517, de sa *Géographie.*

(10) *Mènent une vie sauvage.* La description qu'Oppien fait de ces taureaux me ferait penser qu'il désigne ici les buffles si M. de Buffon n'assurait d'une manière précise que cette espèce était absolument inconnue aux anciens, quoiqu'elle soit aujourd'hui très-commune en Grèce et en Italie (t. 5, pages 45 et 51). Cependant en comparant les traits sous lesquels M. de Buffon a peint le buffle et ceux dont Oppien se sert pour caractériser les taureaux de Syrie, on est frappé de la vive ressemblance qui se trouve entre ces deux tableaux : c'est la même nature, la même forme et surtout le même caractère indomptable. Je voudrais que M. de Buffon nous eût appris comment il a pu se faire que ces animaux, communs en Grèce et en Italie, aient pu être inconnus aux anciens habitans de ces contrées. Il faut encore rapprocher des taureaux de Syrie d'Oppien celui que César décrit sous le nom d'*urus* au livre 6 *De bello gallico,* p. 218 : « *Ii sunt magnitudine paullo infra elephantos, specie et colore et figurâ tauri; magna vis eorum, magna velocitas.* » Puis il ajoute « qu'ils attaquent indifféremment tout ce qu'ils rencontrent, hommes ou animaux; qu'ils sont indomptables et ne peuvent s'appriviser, les élevât-on dès la plus tendre jeunesse : leurs cornes diffèrent de celles des autres taureaux par la grandeur, la forme et la nature. » Cet animal ne peut être ni le *bison* d'Oppien ni le *bonasus* d'Aristote, car il n'a pas cette crinière qui fait le caractère principal du bison. César n'aurait pas manqué ce dernier coup de pinceau, sans lequel le portrait de l'animal était imparfait. N'est-ce que notre taureau ordinaire dans l'état de nature? Non : celui-ci se révolte contre le joug, le nôtre s'accoutume insensiblement à le porter. Ce caractère indomptable, qui est essentiellement celui des buffles, me fait penser que ce sont eux qu'Oppien a décrits sous le nom de *taureaux de Syrie* et César sous le nom d'*urus.*

(11) *Les amena jadis d'Eurythie.* Ancien nom de *Cadix.* L'enlèvement des bœufs de Géryon est raconté par Apollodore au 3e livre de sa *Bibliothèque mythologique.*

(12) *Aux pieds du mont Emblon.* Le nom de cette montagne et celui du mont Dioclès sont inconnus aux géographes anciens. M. Schneider pense que le *Dioclès* est le même que le *Liban,* et l'*Emblon* le mont *Casius* en Séleucie.

(13) *L'Orontès toujours débordé.* Ce fleuve s'appelait plus anciennement *Typhon* et devait ce nom, selon les poëtes, au géant *Typhon* changé en serpent sur ses bords par Jupiter; ensuite il prit le nom d'*Orontès,* d'un certain *Orontès* Indien dont le corps fut trouvé dans le fleuve. (*Voyez* cette histoire dans Pausanias, *Arcadie,* p. 261.) Eustathe, sur Denis Périégètes, v. 919, prétend que l'Orontès fut ainsi appelé par l'empereur Tibère et qu'il se nommait auparavant *Dracon.* Mais il paraît qu'Eustathe se trompe, car Pomponius Mela, qui vivait bien des années avant Tibère, appelle le fleuve *Orontès* (liv. 1, ch. 12, p. 78). Enfin selon Strabon (livre 16), le nom de *Typhon* que portait ce fleuve fut changé en celui d'*Orontès* du nom même de celui qui le premier y construisit un pont.

(14) *De ce beau lac.* Le grec dit : « De ce lac aux *beaux cheveux,* » par allusion aux roseaux dont il était couvert. Comme le poëte l'a personnifié plus haut, il soutient ici la métaphore.

(15) *Le noir rivage de la Syrie.* Cette épithète *noir* exprime simplement la fécondité. Hérodote (*Euterpe,* ch. 12) fait entendre que le rivage de la Syrie n'est pas noir, car il dit de celui de l'Égypte, qui l'était, qu'il ne ressemble ni à celui de la Lybie ni à celui de l'Arabie et de la Syrie.

(16) *Franchissant les barrières de glace.* A la lettre : « *Rompant le frein blanc de Borée.* » Le poëte indique par là l'impétuosité du Danube lors de sa *débâcle.*

(17) *Elles poussèrent un horrible cri.* Cette expression pourra paraître bien hardie en français ap-

pliquée à des rives ; mais l'image m'a paru trop belle pour ne pas la conserver tout entière : c'est d'ailleurs une imitation de ce vers de Virgile (*Géorg.*, liv. 3, v. 261) :

. . . . . . Scopulis illisa reclamant littora.

(18) *Que l'époux de Déidamie.* Achille.

(19) *En langage du Permesse.* A la lettre : « *En chant de Pimplée.* » Pimplée est une montagne de Thrace sur laquelle les Muses faisaient leur séjour aussi bien que sur l'Hélicon. C'était la demeure ordinaire d'Orphée.

(20) *On donne à ceux-ci le nom de bisons.* Les naturalistes anciens qui ont parlé du bison le désignent tous par un caractère auquel il est impossible de se méprendre, cette crinière dont il est revêtu depuis le haut de la tête jusqu'au milieu du dos, qui retombe sur ses épaules et couvre son poitrail. C'est à ce caractère que Gesner, et d'après lui M. de Buffon, ont reconnu dans le bison le bonasus d'Aristote. L'opinion de ces deux illustres modernes et les preuves dont ils l'ont appuyée sont trop connues pour nous y arrêter davantage. (*Voyez* la description du bonasus au livre 9, ch. 45 de l'*Histoire des animaux* d'Aristote, et dans l'excellente traduction que M. Camus vient de donner de cet ouvrage.)

(21) *Telle la porte le lion.* Aristote, au livre 2, ch. 1 de l'*Hist. des an.*, compare aussi la chevelure du bonasus à la crinière du lion.

(22) *Aussi subtiles que des langues de feu.* C'est ainsi que j'entends *puriglóchines*, que M. Schneider dit ne point entendre. La disposition des cornes du bison est bien différente, selon Oppien, de celle observée par Aristote, qui dit expressément (*De partib. anim.*, livre 3, ch. 2) que les cornes de ces quadrupèdes sont courbées et inclinées l'une vers l'autre, de manière qu'elles leur sont inutiles pour se défendre. Mais cette disposition n'est pas un caractère essentiel, elle peut varier suivant les individus et selon les circonstances. L'auteur du traité *De mirabilibus auscultat.* dit que les cornes du *bolinthus*, le même animal que le bison, sont tournées en bas (*katestramména*) et que leur pointe est voisine des oreilles. (*Voyez* la fig. du bonasus dans Gesner, p. 131.)

(23) *Semblable à cet instrument.* La lime. Je n'ai rien trouvé dans les auteurs sur l'âpreté de la langue du bison. En général les bœufs ont la langue fort rude.

On aurait lieu de me faire un reproche si je finissais l'article du bison sans rien dire de la manière dont les anciens le prenaient à la chasse. Sans doute qu'Oppien en avait parlé dans le 5ᵉ livre de ce poëme ; mais comme ce livre est perdu, nous y suppléerons par un passage de Pausanias tiré de la description de la Phocide (page 828, édition de Kuhnius). Je ne me sers point de la traduction de l'abbé Gédoin : « Le bison, dit-il, est de tous les animaux féroces le plus difficile à prendre vivant ; les filets ne sont point assez forts pour résister à son impétuosité. Voici de quelle manière on le chasse. Après avoir trouvé un terrain qui a de la pente et qui descend dans une cavité, les chasseurs commencent par l'environner d'un rempart solide ; ensuite ils étendent sur ce terrain, à l'endroit où il monte et jusqu'à celui où il devient uni, des peaux nouvellement écorchées : si l'on n'en a pas, on se sert de peaux sèches que l'on rend glissantes en les humectant avec de l'huile. Après cela ceux des chasseurs qui sont meilleurs cavaliers poursuivent les bisons et les poussent vers cette enceinte. Ces animaux n'ont pas plutôt mis le pied sur les premières peaux qu'ils glissent sur le terrain incliné et tombent dans la cavité. On les abandonne là pendant trois ou quatre jours, et le cinquième, lorsque la faim et la fatigue ont épuisé leurs forces et dompté leur férocité, des hommes qui ont l'art d'apprivoiser les bêtes sauvages leur présentent un fruit de pin greffé, dont auparavant ils ont ôté les petites enveloppes, car ces animaux ne voudraient pas alors goûter d'aucune autre nourriture ; enfin on leur passe des liens autour du corps et on les emmène. » C'est ainsi qu'on les prenait pour les faire combattre aux jeux du cirque.

(24) *Le cerf. Son nez a quatre ouvertures.* Cela est faux, et je ne sais dans quel auteur Oppien a puisé cette fable. Les narines du cerf sont larges et très-ouvertes.

(25) *N'est armé que de faibles pointes.* A la lettre : «*De pointes émoussées.* » Aristote (*De part. anim.*, liv. 3, ch. 2) dit que les cornes du cerf lui sont plus nuisibles qu'utiles pour sa défense à cause de l'étendue de leurs rameaux.

Voici ce que dit Eldémiri du cerf, qu'il appelle aussi ayyil :

« Le bois du cerf ne commence à pousser que lorsqu'il a atteint l'âge de deux ans. Ses bois sont d'abord droits comme deux pieux ; à la troisième année ils se séparent en plusieurs rameaux et continuent à croître de la sorte jusqu'à l'âge de six ans : on dirait alors que ce sont deux arbres qu'il porte sur sa tête. Depuis cet âge il jette son bois tous les ans, et il en croît de nouveaux à la place ; quand le nouveau est formé, il s'expose à l'ardeur du soleil pour le durcir.

» Aristote dit que l'on prend cet animal en chantant. Tant qu'il entend chanter, il ne se laisse point aller au sommeil. Les chasseurs se servent de ce moyen pour l'occuper et le distraire ; ils s'approchent par derrière, et lorsqu'ils le voient tranquille et les oreilles pendantes, ils le prennent [1]. Ses bois sont solides et n'ont aucun creux dans l'intérieur. Il est peureux et poltron de son naturel ; il mange beaucoup de serpens et les avale toujours par la queue. Il jette ses bois tous les ans. Ceci arrive par une disposition particulière de la Providence, qui a prévu l'utilité que les hommes en retireraient : son bois en effet guérit toutes sortes de maladies, sert au soulagement des femmes enceintes, et facilite l'accouchement. Brûlé et pétri avec du miel, il chasse les vers du corps des enfans. Tout ceci est tiré des livres d'Aristote. L'ayyil est sujet à devenir très-gros et se retire alors dans des lieux déserts de crainte de tomber entre les mains des chasseurs [2].

» Un poëte a dit en parlant de son amante : « Si je te fuis, ce n'est pas par un superbe dédain, et mon amour n'en est pas moins violent, quoique je détourne de toi mes regards : je te fuis comme l'animal qui tourne autour d'une source d'eau et n'ose en approcher parce qu'il sait qu'il y trouverait une mort certaine : dévoré par la soif, la crainte du trépas l'arrête, il se contente de la regarder de loin ; il détourne ses yeux avec un air d'indignation, et d'instant en instant il jette sur elle un coup d'œil d'amour et de passion. »

» Sur quoi le commentateur fait cette remarque : c'est du cerf que le poëte veut parler. Cet animal mange des serpens durant les chaleurs de l'été, et cette nourriture lui cause une fièvre brûlante dont l'ardeur le porte à chercher quelque ruisseau. Mais sitôt qu'il trouve de l'eau, il s'abstient d'en goûter et tourne tout autour, se contentant d'en aspirer la vapeur. S'il buvait dans cet instant, l'eau venant à se mêler avec le venin qu'il a dans les entrailles lui causerait la mort. Ce n'est que lorsque le temps a dissipé le venin qu'il satisfait sa soif sans danger. « Ainsi, dit le poëte, je m'éloigne de ta société, quelque peine qu'il en coûte à la violence de mon amour, comme cet animal s'abstient de l'eau qu'il désire passionnément par la crainte du trépas. »

» *N. B.* Les Hébreux se servaient de la même comparaison et exprimaient la force de l'amour par l'ardeur avec laquelle le cerf cherche une source d'eau. De là vient cette expression du psalmiste : « *Quemadmodum desiderat cervus ad fontes aquarum, ita desiderat anima mea ad te, Deus.* »

---

[1] Voici le passage d'Aristote : « On prend, dit-il, les cerfs en chantant ou en jouant de la flûte : c'est le moyen dont on se sert pour les attirer et les surprendre. Tandis qu'un des chasseurs chante sans se cacher, un autre s'approche secrètement et le frappe par derrière au signal que lui donne son camarade. Si le cerf tient les oreilles droites, il entend très-bien et il est impossible de le surprendre ; mais s'il les tient baissées, on le tue facilement. (Aristote, *Hist. anim.*, l. 9.)

[2] Ceci est encore tiré d'Aristote au même chapitre ci-devant cité.

Il n'est pas vrai, comme l'enseigne Oppien, que la castration fasse tomber le bois des cerfs et les change en femelles. On ne peut cependant lui faire un reproche de paraître adopter cette fable : sa qualité de poëte est son excuse. Aristote a fait à l'égard de la mutilation du cerf cette judicieuse observation, confirmée par l'expérience : « Un cerf coupé avant l'âge où le bois croît n'en aura jamais. Si son bois est déjà né, il demeure fixé à la hauteur qu'il avait alors, et ce bois ne tombe plus. (*Hist. anim.*, liv. 9, ch. 50.) » Porphyre enseigne aussi la même doctrine dans son *Traité de l'abstinence de la chair* (liv. 5, p. 233) et compare les accidens que la castration occasionne sur les animaux à ceux qu'elle cause à l'espèce humaine ; d'où l'on voit que les anciens avaient sur ces objets des idées très-saines. Il ne faut pas, comme on ne le fait que trop souvent, accuser d'ignorance l'antiquité tout entière d'après les fables d'un poëte ou l'erreur de quelques écrivains.

La saisit et la presse avec ses pieds de devant. Que n'ai-je pu traduire « *et la presse dans ses bras ;* » mais notre langue ne s'élève pas à cette hardiesse : nous n'osons pas dire *les bras d'un animal*. Ce qu'Oppien dit ici de la fuite de la biche est vrai jusqu'à un certain point, et Aristote (*Hist. anim.*, liv. 5, ch. 2, et liv. 6, ch. 9) enseigne que la femelle du cerf, ainsi que celle du taureau, ne souffre qu'avec peine l'approche du mâle (*propter nimiam genitalis membri tintiginem*) et qu'elle ploie les reins (*quando semen recipiunt*), mais que la biche emporte le cerf sur son dos et que le mâle n'achève son accouplement qu'en courant ; voilà ce qui appartient à l'imagination du poëte, lequel en cette qualité peut employer les traditions fabuleuses, toujours plus agréables que la vérité.

(26) *Et les enterrent.* Fable ridicule que l'on peut pardonner à un poëte et que des philosophes n'ont pas eu honte de répéter sérieusement : Théophraste (*De animalibus quæ dicuntur invidere*, p. 474); et Pline (liv. 2, ch. 32), qui a chargé son ouvrage de tous les contes absurdes qu'il a pu rassembler. Aristote rapporte aussi cette fable, mais ce philosophe témoigne assez qu'il n'en croit rien.

(27) *Les cerfs sont amphibies.* Il est aisé de voir qu'Oppien n'attache pas au mot *amphibie* le sens que nous lui donnons ordinairement en français. Il suffit que le cerf nage avec facilité et traverse une étendue d'eau considérable pour que le poëte lui attribue le nom d'un animal qui vit dans les deux élémens. La navigation des cerfs est attestée par plusieurs auteurs anciens, Pline, Ælien, Artémidore, Jean Tzetzès. Le témoignage de ces écrivains peut être justement suspect, néanmoins le fait ne paraît pas absolument impossible.

(28) *Une haine implacable.* L'inimitié du cerf et du serpent est une fable répétée par une foule d'auteurs anciens ; elle paraît fondée sur une vérité : le cerf mange réellement des serpens et des couleuvres, sans doute pour se soulager de quelque maladie. On a trouvé plus d'une fois des tronçons de serpent dans les intestins du cerf.

(29) *Broyant sous ses dents des écrevisses.* Selon Antigonus Carystius (ch. 41), ce n'est pas le cerf mais le sanglier qui mange des écrevisses pour se guérir de la morsure du serpent. Aristote le dit des cerfs quand ils sont piqués par une espèce d'araignée qu'il nomme *phalangion*. Les écrevisses de rivière broyées et cuites dans du lait d'ânesse sont un bon alexipharmaque et guérissent la morsure des reptiles venimeux, si l'on en croit Dioscoride (*De materia med.*, liv. 2, ch. 12).

(30) *Et c'est avec vérité.* Rien n'est plus faux : le cerf vit trente à quarante ans. Aristote avait déjà réfuté l'erreur populaire qui attribue au cerf des siècles de vie. Il dit (au livre 6 de l'*Histoire des animaux*, ch. 29) : « Ce qu'on débite de la longue vie du cerf n'est qu'une fable ; rien de certain ne prouve ce que l'on en dit, et ni le temps de la gestation (qui est de huit mois) ni celui de l'accroissement du faon n'annoncent, par leur durée, un animal qui doit vivre de longues années. »

(31) *De cerfs appelés eurycérotes.* Tous les naturalistes sont d'accord pour reconnaître le daim dans l'eurycérote, dont le nom signifie *qui a les cornes larges* ou *palmées*.

(32) *Qu'on nomme jorcos.* Ce cerf est le même que l'*axis* de Pline et le *cerf du Gange* des modernes. Il suffit pour s'en convaincre de rapprocher des vers d'Oppien la description de l'*axis* faite par M. de Buffon, tome 5 des quadrupèdes. (*Voyez* les notes latines.)

(33) *Le bubal.* On pense communément que le *bubal* des anciens est l'animal connu sous le nom de *vache de Barbarie.* C'est le sentiment de M. de Buffon, qui, d'après Pline, a montré et réfuté l'erreur dans laquelle plusieurs auteurs étaient tombés en prenant le bubal pour l'espèce de taureau appelée *urus.* En effet, Aristote (*De part. anim.*, liv. 3, ch. 2) range le bubal dans la classe des cerfs, et en cela Oppien s'accorde parfaitement avec lui. Cependant il reste une difficulté sur l'identité de ces deux animaux : les cornes de la vache de Barbarie décrite et représentée dans les *Mémoires pour servir à l'histoire des animaux* (part. 2, page 24) sont simples, tandis qu'Aristote range le bubal entre les animaux dont les cornes ont des rameaux. Oppien indique aussi ce caractère par les mots *akremones proteneis* (*rameaux prolongés*). M. de Buffon n'a point soupçonné cette difficulté ; et ce qui vraisemblablement a pu la lui déguiser, c'est la version latine d'Oppien qu'il avait sous les yeux et qu'il rapporte à la page 392 du tome 5 de l'histoire des quadrupèdes (*boubalos Oppiani*) : « *Dorcade Platycerote corpore inferior, cornua non ramosa sicut cervis et capreis sed rupicaprarum similia.*» Ces mots *cornua non ramosa* sont absolument opposés au texte du poëte ; les autres ne s'y lisent point, et je ne sais de quelle version d'Oppien ils ont été tirés.

(34) *Ce n'est donc pas aux seuls mortels.* Cette réflexion, qui reparaît encore au premier chant du poëme de la pêche au sujet des homards, est une allusion délicate au malheur que notre poëte éprouvait lui-même : banni de sa patrie par l'empereur Sévère, il cherche à l'attendrir sur son sort.

(35) *Les légères dorcades.* Incertain s'il s'agit ici des chevreuils ou des gazelles, plus communes dans la patrie d'Oppien que les chevreuils, j'ai préféré conserver le nom grec. Cependant je vois que la plupart des naturalistes appliquent au *chevreuil* le nom grec *dorx* et à la gazelle celui de *dorkas*. L'amitié des perdrix et des gazelles est une fable ; il n'est pas nécessaire d'en prévenir le lecteur.

Voici d'après Eldémiri le portrait de la gazelle ou dorcade (*gazâl* ou *dhaby*) :

« Le mot gazelle vient de l'arabe *gazâl* ; c'est le nom que les Arabes donnent aux jeunes dorcades.

» Il y a trois espèces de gazelles qui diffèrent entre elles par la couleur de leur poil. La première, que les Arabes nomment *rêm*[1], est entièrement blanche ; elle habite les terrains sablonneux et est grasse et charnue. La seconde espèce, qui a le poil rougeâtre, a le cou très-court et est moins agile que les autres ; elle fait son séjour des lieux élevés et pierreux. Enfin la dernière, qui a le ventre blanc, a le cou et les jambes très-longues.

» Les gazelles ont la vue très-perçante, sont d'un naturel extrêmement timide et prennent aisément la fuite. Quand le mâle veut rentrer dans son gîte, il marche à reculons et porte ses regards de tous côtés pour observer s'il n'est point aperçu par quelque objet capable de lui nuire ou de lui faire craindre pour sa sûreté et celle de ses petits : si quelqu'un le regarde, il demeure dehors ; s'il ne découvre rien, il entre tranquillement.

» Les gazelles aiment le fruit de la coloquinte. Elles boivent volontiers l'eau de la mer et vont se désaltérer sur ses bords. Cet animal n'a point de dents incisives.

---

[1] C'est l'animal que les Hébreux nomment *rêm* et que l'on a mal à propos traduit en latin par *unicornis*.

» C'est à la dernière espèce dont nous avons parlé que se doit rapporter la gazelle qui donne le musc. Elle a le poil noir et ressemble aux autres par sa légèreté et la délicatesse de ses jambes ; elle a aussi la corne du pied très-fendue. Mais ce qui la distingue ainsi que celle de la troisième espèce, c'est qu'elles ont deux dents blanches, qui sortent de leur bouche près de la mâchoire inférieure, qui ont la même apparence que les défenses du sanglier ; ces dents ont environ la longueur qui est entre le pouce et l'index étendus autant qu'ils peuvent l'être [1].

» Le musc n'est autre chose que du sang qui se rassemble vers le nombril de la gazelle dans un certain temps de l'année et forme une tumeur. La Providence a disposé ces tumeurs pour être la mine où se forme le musc : c'est une production qui se renouvelle tous les ans par la permission du Créateur, comme les fruits des arbres. Tant que dure la formation de cette tumeur, l'animal souffre et est malade. Les habitans de la Mecque plantent, dit-on, des pieux dans la campagne pour que les gazelles viennent s'y frotter et que le musc coule le long de ces pieux.

» Un auteur dit qu'il sort tous les ans de la mer à une certaine époque un poisson qui ressemble à la gazelle. On en fait, dit-il, une pêche considérable, et après avoir tué ceux qu'on a pris, on trouve dans leur nombril un amas de sang : c'est là le musc ; il n'a aucune odeur dans ce pays et ne devient odoriférant que lorsqu'il est transporté dans un autre canton. Ceci est singulier, mais l'origine du musc que nous avons donnée d'abord est plus généralement reconnue.

» La gazelle porte en arabe le nom de *gazâl* jusqu'à ce qu'elle ait pris sa croissance et que ses cornes soient formées.

» On dit en proverbe : « Plus assoupi qu'une gazelle, » parce que les jeunes gazelles dorment profondément après avoir teté leur mère.

» Les Arabes disent aussi : « Quitter quelque chose comme la gazelle quitte son gîte. » Ce proverbe se dit des gens timides et poltrons ; il vient de ce qu'une gazelle à qui la frayeur a fait quitter le gîte où elle se met à l'abri des ardeurs du soleil n'y retourne jamais.

» Si l'on fait manger à une femme hautaine et impertinente dans ses discours la langue d'une gazelle séchée à l'ombre, elle sera guérie de ce vice.

» La fiente et la peau de gazelle, brûlées et réduites en poudre, mêlées dans la nourriture d'un enfant, lui donnent de l'esprit, un caractère heureux et une bonne mémoire.

» Le musc affermit la vue, excite la transpiration, fortifie le cœur et le cerveau, détruit les cataractes des yeux et est un très-bon remède pour les palpitations de cœur ; c'est une substance sèche et chaude. Le meilleur vient du Tibet. On corrige la trop grande chaleur du musc, dangereuse pour les tempéramens chauds, en le mêlant avec du camphre. Le musc est un bon contre-poison ; il n'a d'autre inconvénient que de jaunir le teint : pris dans les alimens, il occasionne une soif dévorante. La chair de gazelle est très-bonne à manger et est préférable à tout autre gibier ; c'est un aliment sec et chaud.

Les poëtes arabes faisant l'éloge d'une femme comparent sa voix et la douceur de ses yeux à celles d'une gazelle.

(36) *Il est des espèces de chèvres et de brebis.* Les traits sous lesquels Oppien peint ces animaux, apparemment très-connus de son temps, sont trop vagues, trop généraux pour déterminer le nom particulier de ces brebis et de ces chèvres. On peut seulement rappeler à cette espèce le mouflon, le bélier surnommé *strepsikéros*, le mouton de Barbarie, l'*ibex* de Gesner.

(37) *Au milieu de leurs cornes.* Voici encore une tradition fabuleuse répétée par plusieurs auteurs ; par Aristote (*H. an.*, liv. 1, ch. 2), qui ne la rapporte que pour la réfuter et nous apprendre qu'elle doit naissance à un certain Alcmæon de Corinthe, dont les ouvrages remplis de traits merveilleux étaient fort accrédités chez les Grecs. Pline n'a pas laissé échapper cette fable absurde ; il la rapporte au livre 8, chap. 40, en citant pour son garant Archélaus, qui vivait longtemps après Aristote et sous le règne d'un Ptolémée. Mais ces auteurs, à la différence d'Oppien, disent que c'est par les oreilles que les chèvres sauvages ont leur second canal de respiration, et notre poëte approche plus de la vérité qu'eux.

Il est une race de brebis rousses. Celles-ci me paraissent être les mouflons, dont le principal caractère est d'être vêtus d'un long poil plus semblable à celui de la chèvre qu'à la laine de la brebis. On trouve encore aujourd'hui cette espèce dans les îles de la Grèce. Il est vrai qu'elle n'a pas le nombre de cornes qu'Oppien leur attribue ; mais les cornes, soit par leur nombre soit par leur disposition, ne forment point un caractère assez constant pour établir une différence réelle de race ou d'espèce : le climat, la nourriture, mille circonstances peuvent influer sur cette exubérance naturelle. On voit en France des brebis à quatre cornes qui ne sont point différentes de nos brebis ordinaires, et en Islande on en voit qui en portent jusqu'à huit.

(38) *Telle est aussi la couleur fauve dont brille le subus.* Quelques recherches que j'aie faites sur le subus, rien n'a pu m'indiquer ni le nom moderne ni l'espèce de ce quadrupède, qu'Oppien met dans la classe des chèvres et des brebis sauvages. Il paraît

---

[1] C'est la mesure nommée par les Grecs *lichas*.

même que ce poëte est le seul auteur de l'antiquité qui ait parlé du subus. Les recherches du savant Gesner n'avaient pas été plus heureuses, et il avoue (p. 871) qu'il ignore quel peut être cet animal. Bodin, dans son commentaire d'Oppien, ne trouve aucune difficulté à reconnaître le bélier strepsikeros de Pline dans le subus, et à cette erreur il en ajoute une plus grossière en disant qu'Aristote parle du subus et le décrit. On ne manquera pas de dire que cet animal doit être rangé parmi les monstres éclos du cerveau des poëtes; mais je ne saurais me persuader qu'Oppien nous eût donné une description si particulière de la forme et des mœurs de ce quadrupède s'il ne l'eût réellement connu; il n'aurait pas répété au poëme de *la Pêche* (liv. 5) ce qu'il dit ici de l'inclination des poissons pour le subus : il est vrai que dans ce second poëme il ne parle que des chèvres en général. Enfin je crois qu'il est plus prudent d'avouer notre ignorance sur cet objet que de risquer des conjectures hasardées ou de traiter de fabuleux ce qui échappe à nos faibles connaissances.

(39) *Les gelinottes. Attagas* est selon M. de Buffon le *francolin* de Bélon, qui n'est autre que la gelinotte. Alexandre de Myndes, cité par Athénée (liv. 9, page 387), donne une excellente description de cet oiseau. En voici la traduction : « Il est un peu plus petit que la perdrix, taché sur le dos d'une couleur rousse un peu plus foncée que celle de l'argile (*cuite*). Les chasseurs le prennent à l'aide des chiens à cause de la pesanteur de son vol, car il a les ailes courtes. C'est un oiseau pulvérateur qui produit beaucoup et qui vit de graines. » Aristophane, dans sa comédie des *Oiseaux*, a fait de l'attagas un oiseau de marais; mais le témoignage d'un poëte comique n'est d'aucun poids en histoire naturelle. D'ailleurs les Athéniens donnaient souvent aux plantes et aux animaux des noms différens de ceux qu'employaient les autres peuples de la Grèce, et il se peut qu'Aristophane donne le nom d'*attagas* à un oiseau différent que celui qu'Alexandre de Myndes a décrit sous ce nom. Aristote range aussi l'*attagas* parmi les oiseaux pulvérateurs, et son témoignage est décisif.

(40) *L'outarde.* C'est M. de Buffon qui le premier a dissipé par une savante critique les ténèbres dont la nomenclature de cet oiseau était environnée. Les auteurs anciens et modernes confondaient sans cesse l'*ôtis* et l'*ôtos*. M. de Buffon a démontré que ce premier nom appartenait à l'outarde et le second au hibou. Le témoignage d'Oppien confirme de la manière la plus précise le sentiment de ce grand naturaliste, et l'on ne saurait caractériser l'outarde d'une manière plus heureuse que l'a fait notre poëte. Cet oiseau est en effet le seul qui porte une espèce de barbe d'un duvet très-fin depuis la naissance du bec jusque dessus l'oreille. Ce caractère avait échappé à Aristote, qui décrit ainsi cet oiseau dans *Athénée* (liv. 9) : « L'outarde est de la classe des oiseaux de passage et des fissipèdes ; il a trois doigts, sa grosseur est celle d'un grand coq et sa couleur celle de la caille ; il a la tête allongée, le bec pointu, le cou mince, les yeux grands, la langue osseuse ; mais il n'a point de jabot. » L'amitié de l'outarde et du cheval est célébrée par plus d'un auteur.

(41) *Le perroquet.* L'historien Ctésias est le premier des Grecs qui ait parlé de cet oiseau qu'il nomme *bittakos* (Fragm. de l'*Histoire de l'Inde*, Bibliot. de Photius, p. 144). Ce qu'il dit de la faculté qu'a le perroquet d'imiter le langage des hommes a dû paraître fabuleux aux Grecs, chez lesquels cet oiseau n'est devenu commun qu'après l'expédition d'Alexandre aux Indes.

(42) *C'est le féroce oryx.* La plupart des auteurs de l'antiquité qui ont parlé de l'oryx avant Oppien en ont dit si peu de chose qu'il est aisé de voir que cet animal ne leur était connu que de nom. Aristote le range dans la classe des animaux monocornes qui ont le pied fourchu (*De partibus anim.*, liv. 3, ch. 2). Pline copie Aristote et n'ajoute aux paroles du philosophe que pour rapporter suivant son usage les fables les plus ridicules (*Voy.* liv. 8, ch. 53, et liv. 10, c. 73). Il en est cependant quelques-uns qui peuvent nous servir de guides dans la recherche du quadrupède auquel ils ont donné le nom d'oryx. Hérodote, cet historien auquel on a tant reproché de mensonges et qui nous apprend tant de vérités, en rangeant l'oryx dans la classe des *pazans*, des *bubales*, des *gazelles*, nous donne une assez juste idée de cet animal (Voyez *Melpom.*, ch. 192). Il semble même indiquer le nombre de ses cornes en le mettant au nombre de ces quadrupèdes qui en ont deux, et désigner leur forme en disant que les *Phéniciens se servent des cornes de l'oryx pour faire les branches de leurs lyres*. On voit par là qu'Hérodote est éloigné de reconnaître l'oryx pour un animal qui n'a qu'une seule corne : il n'eût pas manqué d'avertir le lecteur de cette circonstance, lui qui, quelques lignes plus haut, en parlant des ânes que produit l'Afrique, a soin de prévenir qu'ils ne sont pas de ceux qui portent des cornes. A son témoignage, je joins celui de Diodore de Sicile (liv. 3, p. 194), qui ne parle des cornes de l'oryx qu'au pluriel et ne remarque point que cet animal soit monocorne, singularité bien digne d'être remarquée. Mais il y a plus : bien loin que tous les anciens fassent de l'oryx un animal qui ne porte qu'une seule corne, Ælien (*De nat. anim.*, liv. 15, ch. 14) dit qu'il existe des oryx qui en ont quatre. Columelle compte l'oryx parmi les cerfs et les différentes espèces de chèvres. Le scholiaste de Juvénal (sur la satire 11e du livre 4, v. 140) compare l'oryx au bubal. De cette foule de témoignages, il

résulte que l'oryx n'est qu'une chèvre sauvage; mais à quelle espèce de ces chèvres paraît-il appartenir? Je pense que c'est à celle du chamois, ou plutôt que l'oryx des anciens n'est autre que cet animal. Tous deux portent les mêmes caractères, la même couleur, un jaune pâle, qui est *celle du lait au printemps*, comme s'exprime notre poëte; et ce qu'il faut bien remarquer, tous deux ont les joues marquées de noir : c'est la seule partie de leur face qui en soit teinte. Ce caractère appartient exclusivement au chamois; ce dernier a comme l'oryx d'Oppien les cornes noires, très-aiguës et courbées à leur extrémité; leurs mœurs sont les mêmes : ils se plaisent à mener une vie sauvage sur les rochers escarpés et dans les forêts les plus touffues, ils sont intrépides et très-difficiles à chasser ; enfin tout concourt à prouver l'identité de ces deux animaux. La seule difficulté qui s'élève est sur la grosseur de l'oryx, qu'Hérodote (l. c.) compare à un bœuf et Oppien à un rhinocéros ; mais on peut répondre qu'Hérodote parle des oryx d'Afrique, sans doute plus gros que ceux d'Europe, et qu'Oppien se sert d'une emphase poétique ou n'avait vu que de jeunes rhinocéros : cet animal jusqu'à sept ans n'excède pas la taille d'un bœuf.

(43) *Nous pensons qu'il vaut mieux les appeler des cornes.* Les anciens ont été fort partagés sur le nom et la nature des défenses de l'éléphant. Les uns, comme Oppien, les regardaient comme des cornes, d'autres les appelaient des dents. Du nombre des premiers est Pausanias, qui semble avoir fourni à notre poëte la plus grande partie des preuves qu'il apporte en faveur de son système; il enseigne dans ses *Éliaques* (liv. 1, ch. 12) que *les défenses de l'éléphant ont leurs racines sur le sommet de la tête*; il prétend l'avoir observé sur le *crâne d'un éléphant qu'il a vu en Campanie dans un temple de Diane*. Cette observation ne paraît pas exacte. Ce qu'il dit ensuite, que les dents de l'éléphant s'amollissent au feu, qu'on les travaille au marteau, qu'on les ploie comme des cornes et qu'on étend leur surface, est contredit par l'expérience. L'ivoire brûle au feu et se réduit en cendres loin de s'amollir; il casse sous le marteau, et l'on ne peut le travailler qu'avec le ciseau et la scie. Mais peut-être les anciens connaissaient-ils l'art de le fondre et de le rendre malléable : à cet égard, le témoignage d'Oppien et de Pausanias, qui assurent ce fait, est singulièrement fortifié par le silence de Philostrate, qui, réfutant l'opinion de ceux qui prennent les défenses de l'éléphant pour des cornes, ne répond en aucune manière à cet argument tiré de la ductilité de l'ivoire (*Voy.* Philostrate, *De vita Apollonii Thyan.*; liv. 2, ch. 6). Une différence essentielle entre les dents ordinaires et les défenses de l'éléphant, c'est que les premières, si par hasard elles se cassent, pourrissent et ne se réparent point dès qu'elles ont perdu l'émail. Celles de l'éléphant se réparent et croissent de nouveau par lames longitudinales.

(44) *De deux oreilles creuses et découpées.* Le texte dit : « *De deux petites oreilles.* » C'est-à-dire qu'elles paraissent petites en comparaison de la grosseur énorme de l'animal.

(45) *Ses pieds ne sont point égaux.* Oppien se trompe quand il dit, d'après Aristote, que les jambes antérieures de l'éléphant sont plus élevées que celles de derrière. Ælien les avait mieux observées, car il dit précisément le contraire (*De nat. an.*, l. 4, c. 31), et son témoignage est confirmé par M. de Buffon : « La conformation des pieds et des jambes est encore singulière et différente dans l'éléphant de ce qu'elle est dans la plupart des autres animaux. Les jambes de devant paraissent avoir plus de hauteur que celles de derrière; cependant celles-ci sont un peu plus longues. » La peau de l'éléphant est assez bien représentée par Oppien; mais ce qu'il dit de sa dureté extrême, qui la fait *résister au tranchant du fer*, est une emphase poétique.

(46) *Voix animale.* J'ai risqué cette expression sans laquelle il n'est pas possible de traduire *théreios aulé*.

(47) *Les cygnes chantent douloureusement.* On a traité jusqu'ici de fable ce que les anciens ont dit du chant du cygne. Il est cependant une espèce de cygnes chanteurs, et personne n'en doute plus depuis que M. l'abbé Demongez, de l'Académie des belles-lettres, a publié un mémoire sur les cygnes sauvages qui s'étaient abattus dans les jardins de Chantilly. La musique de ces cygnes n'est pas à la vérité aussi mélodieuse que les poëtes le prétendent, mais enfin ils chantent et cela suffit pour disculper l'antiquité.

(48) *Le rhinocéros.* Par la comparaison qu'Oppien fait de la taille de l'oryx avec celle du rhinocéros, il est évident qu'il n'avait connu cet animal que fort jeune. On peut dire la même chose de Strabon, qui nous a donné une assez bonne description du rhinocéros, dont il compare la grosseur à celle du taureau (liv. 16, page 533). En effet jusqu'à l'âge de sept ans il n'excède pas cette taille, mais il devient ensuite deux fois plus gros. Aristote ne parle nulle part du rhinocéros, d'où l'on peut conclure que de son temps ce quadrupède était inconnu aux Grecs. Agatarchis de Cnide, qui vivait sous le sixième Ptolémée, vers la cent cinquantième olympiade, deux cents ans avant Jésus-Christ, est le premier auteur grec qui ait parlé du rhinocéros. Les Romains le virent pour la première fois dans leur cirque dans les jeux que donna le grand Pompée, suivant le témoignage de Pline; depuis, les anciens l'ont fréquemment décrit et paraissent l'avoir

bien connu; mais ce qui doit nous étonner, c'est qu'aucun n'ait parlé d'un caractère particulier de cet animal, dont les pieds sont partagés en trois parties revêtues chacune d'une sole semblable à celle du bœuf.

(49) *Son front couronné d'une chevelure.* C'est une erreur, le rhinocéros n'a de poil qu'à l'extrémité de sa queue; mais cette erreur appartient moins à Oppien qu'aux copistes de son poëme, qui ont écrit *kallikumoisi* pour *poulutumoisi*, mot par lequel Oppien exprimait les rides profondes et les replis dont le rhinocéros a la face et les épaules couvertes. A l'égard des taches pourpres dont Oppien parle ensuite, elles sont également répandues sur tout le corps; ce sont des incrustations ou tubérosités dont les plus larges sont sur les épaules et sur la croupe. (*Voyez* M. de Buffon, tome 4, p. 332.)

(50) *Tous les rhinocéros sont mâles.* Tradition fabuleuse. Ce qui suit sur la génération spontanée des *huîtres*, des *aphyes* et des *strombes* ou colimaçons de mer est tiré d'Aristote (*Hist. des anim.*, liv. 6, ch. 15).

(51) *Les panthères.* C'est le petit panthère ou l'*adire*, ainsi que l'a prouvé M. de Buffon (tome 6, p. 200).

(52) *Tuèrent les monstres.* Cette fable est rapportée différemment par Apollonius de Rhodes (liv. 2, v. 282). Zétès et Calaïs ne tuèrent point les harpies, ils les poursuivirent jusqu'aux îles Strophades et leur laissèrent la vie à la prière d'Iris, qui promit avec serment que jamais les harpies ne reviendraient troubler les repas de Phinée.

CHANT TROISIÈME.

(1) *Jadis les Curètes.* Cette fable est connue; on sait d'après le témoignage des poëtes que les Curètes dansaient la pyrrhique autour du berceau de Jupiter et par le bruit de leurs armes empêchaient que les cris de cet enfant ne fussent entendus de Saturne (Callimaque, hym. 1, v. 52 et suiv.—Lucien, *De Saltatione*, page 272). Les mythologues donnent à Jupiter différentes nourrices : les uns nomment Adrastie, sœur des Curètes, et les nymphes Méliades; d'autres prétendent que la chèvre Amalthée le nourrit de son lait. Callimaque fait nourrir Jupiter du miel des abeilles qui habitaient les monts Panacrés, situés en Crète, et par cette raison appelle ces abeilles panacrides, d'où quelques commentateurs ont imaginé une abeille nommée Panacride, parce que le poëte s'exprime par figure au singulier et dit l'*abeille de Panacrée* pour *les abeilles.* Mais il est une autre opinion plus curieuse, celle d'Agathocle le Babylonien qui, au lieu d'une chèvre et d'une ruche, donne pour nourrice à Jupiter une truie, laquelle par ses grondemens couvrait les cris du jeune dieu, et par cette raison toute l'espèce de ces animaux était sacrée chez les Crétois. L'ouvrage dans lequel Agathocle rapporte cette opinion est cité par Athénée (liv. 9, p. 275, F.), sous le titre d'*Hist. de Cyzique, liv. premier.* — (*En prôtô peri Kuzikou*).

(2) *Sur les vastes bords du Tigre.* Le texte porte de *l'Ister*, c'est-à-dire du Danube. C'est une erreur de géographie, puisque l'Arménie n'est point arrosée par le Danube.

(3) *Une foule innombrable.* Oppien ne veut pas dire que les lions d'Afrique vont par troupes, mais seulement qu'ils sont très-nombreux dans cette contrée. Notre poëte ne pouvait pas ignorer que le lion est un animal solitaire et que le temps de ses amours est le seul où il consent à vivre en société avec sa femelle. Les anciens avaient fait cette observation : elle se trouve dans Ælien (*De nat. anim.*, liv. 4, ch. 13).

(4) *Une couleur cyanée.* C'est-à-dire un bleu obscur.

(5) *Il était noir.* Pline (liv. 8, ch. 17) assure que les seuls lions de Syrie sont noirs; il se trompe, les lions d'Afrique sont aussi de cette couleur.

(6) *Les lions n'éprouvent pas le besoin de manger tous les jours.* Il ne faut pas prendre ceci trop à la lettre. Oppien a suivi une opinion fabuleuse fondée sur ce que le lion peut passer plusieurs jours sans manger, parce qu'il prend beaucoup de nourriture à la fois. Aristote en fait l'observation (*Hist. des anim.*, liv. 8, ch. 5) : « Le lion, dit-il, est un animal carnivore, comme sont toutes les bêtes sauvages dont les dents sont pointues. Il mange avec avidité et avale des morceaux considérables sans les broyer; il reste ensuite deux ou trois jours sans prendre de nourriture, et son estomac chargé d'alimens le rend capable de cette abstinence. » Pline n'a point balancé d'adopter la fable en disant (liv. 8, ch. 16) que *les lions ne mangent que deux jours l'un.* —*Vesci alternis diebus.*

Voici le portrait du lion tracé par Eldémiri :

« Parmi les bêtes féroces, il n'en est point de plus célèbre que le lion. Il a sur les autres animaux la supériorité d'un roi que sa force, son intrépidité, sa fierté, son agilité et la férocité de son naturel rendent également redoutable. De là vient que son nom est employé pour exprimer la force, le courage, la bravoure, la grandeur d'âme et la violence.

» Il y en a de plusieurs espèces : « J'en ai vu une, dit Aristote, qui a quelque ressemblance avec la figure de l'homme; son poil est d'un rouge foncé et sa queue est faite comme celle du scorpion. » Il existe une autre espèce qui approche de la figure du bœuf et qui a des cornes noires de la longueur d'un palme. La lionne, disent les écrivains qui ont traité de l'histoire naturelle, ne met bas qu'un seul lionceau. En sortant du ventre de sa mère, il est comme une masse de chair privée de sentiment et de mouvement : il demeure dans cet état trois jours entiers sous la garde de sa mère. Le père au bout de ce temps vient souffler[1] sur lui, ce qu'il continue jusqu'à ce qu'il ait fait naître en lui le mouvement et la respiration. Alors ses membres se forment et se séparent de la masse, sa figure se développe et la mère vient l'allaiter. Ses yeux ne s'ouvrent que sept jours après sa naissance. A l'âge de six mois il commence à chercher lui-même sa nourriture. Le lion supporte la faim plus aisément que les autres animaux sauvages, et il n'en est aucun qui ait moins besoin d'eau. Il ne mange point ce qui a été pris par un autre et ne retourne jamais à la proie qu'il a une fois abandonnée après s'en être rassasié. Lorsque la faim le presse, il se livre à la férocité de son caractère ; mais lorsqu'il n'est point tourmenté par le besoin de nourriture, il est assez doux. Jamais il ne goûte de l'eau dans laquelle un chien a bu. Il se contente de mordre et de déchirer sa nourriture avec ses dents sans la mâcher et il a très-peu de salive, ce qui est cause que son haleine est très-puante. Sa timidité n'est pas moins fameuse que sa hardiesse : le chant du coq, la vue d'un chat, le bruit d'un chaudron l'effraient, et lorsqu'il aperçoit du feu il demeure interdit. Le lion est farouche et ne fait société avec aucun autre animal, sans doute parce qu'il n'en trouve aucun qui puisse aller de pair avec lui. Si l'on met la peau du lion sur celle des autres animaux, celles-ci se dépouillent de tout leur poil. Le lion, quelque affamé qu'il soit, n'approche point d'une femme qui a ses règles. Il est très-sujet à la fièvre et vit fort longtemps ; la chute de ses dents est un signe de vieillesse.

» On dit en proverbe : « Plus noble, plus généreux, plus agile qu'un lion. » On se sert aussi de son nom pour désigner quelque chose de terrible, comme dans ces vers d'un poëte :

« Un jour je m'étais approché de leurs tentes le cœur dévoré d'une flamme cruelle : « Ne crains-tu donc point, me dirent-ils, la colère de notre lion. — Hélas ! leur répondis-je, le cœur d'un mortel est toujours où repose l'objet de son amour. »

» On dit aussi en proverbe : « Les lions de Schara ; » c'est un lieu où ils sont en grand nombre. Un poëte a dit :

« Celui qui tend un piége à l'honneur de ma femme est comme celui qui attaque les lions de Schara pour ravir leurs petits. »

» Si un homme se frotte tout le corps de graisse de lion, les bêtes féroces le fuiront et ne lui feront aucun mal : sa voix fera mourir les crocodiles..... »

(7) *A la puissante vertu de la torpille.* La torpille est un poisson du genre des raies ; elle a la propriété d'engourdir le bras de celui qui la touche. Nous en parlerons plus au long dans le poëme de la pêche. Il n'est pas besoin d'avertir que ce que le poëte dit ici de la patte du lion est fabuleux et que cet animal ne doit qu'à la force extrême de ses muscles la supériorité qu'il a sur les autres animaux.

(8) *Éprouve cinq fois les douleurs de Lucine.* Le grec dit à la lettre : « *Dénoue sa ceinture,* » expression figurée qui ne peut en français s'appliquer aux animaux et par laquelle les Grecs désignaient l'accouchement. A l'égard de la fécondité de la lionne et de ses cinq portées, plusieurs auteurs de l'antiquité ont suivi cette opinion. Aristote l'adopte, mais pour les lions de Syrie simplement (*Hist. des anim.*, liv. 6, ch. 31). Voyez aussi Ælien (*De nat. anim.*, liv. 4, ch. 34) et Manuel Phile (*In jambis de prop. anim.*, p. 136). Le même Aristote enseigne (liv. 6, ch. 31) que les lionnes ne mettent bas qu'une seule fois l'année, au printemps. Leur gestation est de sept mois, selon Philostrate (*Vie d'Apollonius*, liv. 1, ch. 16). Gesner adopte ce sentiment (*De quadr.*, p. 579). Ælien et Manuel Phile prétendent que les lionnes ne portent que deux mois. La taille du lion et le temps qu'il lui faut pour parvenir à sa pleine croissance prouvent suffisamment qu'Ælien n'a enseigné qu'une erreur.

(9) *C'est une opinion absolument fausse.* Hérodote est le plus ancien auteur qui ait enseigné que la lionne ne mettait bas qu'un seul petit durant toute sa vie. Il suffira de rapporter ses paroles pour les réfuter : « La lionne, dit-il dans sa *Thalie* (p. 251, édition de Wesseling), la lionne, cet animal si fort et si terrible, ne devient mère qu'une seule fois durant sa vie, car en mettant au jour son lionceau elle perd sa matrice. La raison est que lorsque le fœtus commence à s'agiter dans le sein de sa mère, ses ongles déjà très-aigus déchirent l'enveloppe qui le contient ; plus il devient fort, plus il l'attaque et la déchire, et lorsque la lionne est près de mettre bas, il n'y reste plus rien d'entier. » Antigonus Carystus a adopté aveuglément l'opinion d'Hérodote (*Mirab. synagoge*, ch. 25) ; Aulugelle, plus prudent, la révoque en doute au ch. 7 du liv. 13 de ses *Nuits attiques ;* mais Aristote n'a point balancé à la ranger au rang des fables absurdes (*Hist. des anim.*, liv. 3, ch. 31).

(10) *Les redoutables panthères se divisent en deux espèces*, la panthère proprement dite et l'once. Elles diffèrent entre elles non-seulement par la taille et la longueur de la queue, mais la couleur de la peau et la forme des taches dont leur robe est semée : celle

---

[1] Le texte dit *sur lui* ou *dans lui*. Peut-être cette dernière traduction est-elle plus exacte, et l'auteur veut dire apparemment *dans sa bouche* ou *ses naseaux*.

des panthères est de couleur fauve, ses taches sont rondes, noires, larges, faites comme un anneau ou une rose dont le ceintre est peint des mêmes couleurs. L'once au contraire a le poil plus blanc et parsemé de taches longues, répandues par faisceaux et sans ordre. Cet animal est bien moins féroce que la panthère, et les Orientaux les forment à la chasse comme les chiens. Aristote a remarqué que l'Asie était la patrie des panthères et qu'on n'en trouvait aucune en Europe (*Hist. des anim.*, liv. 8, ch. 28). Les Grecs distinguaient par deux noms différens le mâle et la femelle de ces animaux : ils appelaient le mâle *pordalis* et la femelle *pardalis*; de même les Latins nommaient la femelle *variam* et *pantheram* et le mâle *pardum* (Pline, liv. 8, ch. 17). Quelques modernes, entre autres le savant père Hardouin a cru que ce dernier nom désignait notre *léopard*; mais c'est une erreur, et il paraît que cet animal n'était pas connu des anciens.

(11) *Cet animal a les cuisses charnues.* La panthère est décrite d'une manière très-exacte par Aristote (*De physiognomia*, p. 1176). Il observe qu'elle a la face assez courte, la gueule très-fendue, les yeux petits, mais plus étincelans que ceux du lion; le cou long, effilé; le dos large, les reins et les cuisses fournies. On a débité beaucoup de contes au sujet des panthères : on a prétendu qu'elles exhalaient une odeur qui attirait les autres bêtes et servait à les leur faire prendre. (*Voyez* Aristote, *Problem.*, p. 748 ; Antigonus de Carystie, ch. 37.)

Une autre fois je dirai. Au quatrième livre.

(13) *La double espèce de lynx.* Nous connaissons aujourd'hui ces deux espèces. La petite s'appelle le *caracal*; on le nomme aussi *le pourvoyeur du lion*, parce qu'il chasse de compagnie avec le lion et lui aide à découvrir le gibier. Les grands lynx retiennent ce nom et sont tels qu'Oppien les décrit. Les uns et les autres portent un caractère qu'il est étonnant que notre poëte ait passé sous silence : c'est un long pinceau de poil à l'extrémité de l'oreille. Ælien n'a pas manqué ce trait caractéristique en parlant du lynx (liv. 14, ch. 6).

(14) Lisez : « *Le glaucus aux yeux brillans.* » Le glaucus des anciens est suivant Rondelet *le desbio*; il est bleu, et c'est de cette couleur que son nom de *glaucus* lui a été donné. Il a de plus le ventre blanc, les écailles petites, et, ce qui peut former un caractère, il a à l'extrémité de la nageoire dorsale une pointe qui avoisine la tête et tournée en sens contraire de celles de la nageoire. Ce caractère convient aux trois espèces de *glaucus* données sous ce nom par Rondelet. Aristote parle de ce poisson (*Hist. des anim.*, liv. 8, ch. 13) et dit qu'il se cache pendant l'été durant soixante jours, qu'il a peu d'appendices à l'esto-

mac. Oppien, dans le poëme de la pêche, célèbre particulièrement l'amour que le glaucus porte à sa postérité (liv. 1, v. 749, où nous parlerons plus en détail de ce poisson).

Le *phoque* est un poisson amphibie. (*Voyez* les remarques de M. Camus sur Aristote, p. 632.) Philostrate dit que ce poisson aime tellement ses petits qu'une phoque qui avait mis bas un petit mort, pénétrée de douleur, se priva de nourriture pendant trois jours : fable bien digne de la *Vie d'Apollonius de Thyane*, dans laquelle elle se trouve (liv. 2, ch. 8).

L'orfraie est le grand aigle de mer.

(16) *Ses pattes.* Le grec dit : « *Ses mains et ses pieds ressemblent aux pieds et aux mains de l'homme.* » Aristote dit la même chose (livre 2, ch. 1). Mais cette main de l'ours est une main très-informe, le pouce n'est pas séparé des autres doigts comme dans la main de l'homme, ce qui n'empêche pas l'ours de saisir fortement et de lancer des pierres avec une adresse merveilleuse.

(17) *Ne sont qu'à moitié formés.* Toute l'antiquité semble avoir adopté cette fable. Le seul Aristote en parle avec plus de réserve : « L'ours, dit-il au liv. 6, ch. 30, produit ses petits moins gros qu'une belette, mais plus forts qu'un rat : ils sont sans poils et aveugles, leurs membres ne sont presque pas articulés. » Le philosophe n'a garde de dire que l'ours les forme en les léchant. A l'égard de Pline, il prétend que les oursons à leur naissance ne « sont qu'une masse de chair blanche et sans forme, sans poil, sans yeux, à laquelle l'ours donne une figure en la léchant. » (L. 8, c. 36). La raison pour laquelle les ours se plaisent à se lécher les uns les autres est vraisemblablement la transpiration salée qui sort de leur peau.

(18) *L'ours craint la rigueur de l'hiver.* La plupart des anciens ont observé que l'ours aimait le froid et n'habitait point les pays chauds, ce qui n'est vrai que des ours noirs, animaux frugivores, bien différens, par le caractère moral, des ours bruns dont Oppien fait ici la description. On croit communément que les ours noirs n'ont point été connus des anciens; cependant ce n'est qu'en leur accordant cette connaissance que l'on peut concilier le sentiment de Pline (liv. 8, ch. 36), qui assure que les ours n'habitent point les pays chauds et qu'on n'en trouve point en Afrique, avec celui d'Hérodote (*Melpomène*, ch. 191), qui affirme le contraire. Mais cette contradiction disparaît si l'un a parlé des ours noirs, qui n'habitent effectivement que les régions les plus froides, et l'autre des ours bruns, que l'on trouve dans les climats les plus chauds.

(19) *Chantons à présent l'onagre.* L'onagre n'est point le zèbre, comme l'a enseigné le dernier éditeur

d'Oppien, M. Schneider. Déjà M. de Buffon avait averti de la différence essentielle qui est entre ces deux animaux : « Le zèbre, dit-il (t. 5, p. 177 de son *Hist. des quadr.*), n'est point l'animal indiqué par les anciens sous le nom d'onagre. » Celui-ci n'est autre que l'âne ordinaire en état de liberté ; il est plus grand, plus fort et plus beau parce qu'il n'est point déshonoré par le joug de l'esclavage et qu'il vit sous un climat plus favorable, dans les belles contrées de l'Asie et de l'Afrique.

(20) *Il a l'air gai.* Si l'on veut adopter la correction que je propose, *osté péléïphaïdros* au lieu d'*osté péléïphe*, il faut traduire : « *Il a les yeux brillans.* »

(21) *Mais il est lui-même une pâture délicate pour les animaux carnassiers.* Parmi ces animaux carnassiers, il faut comprendre l'homme, car les anciens faisaient un cas particulier de la chair de l'onagre. Xénophon (*Expédition du jeune Cyrus*, liv. 1, p. 151) dit que cette chair ressemble beaucoup à celle du cerf, si ce n'est qu'elle est plus délicate encore. Nous voyons dans l'*Ane* de Lucien qu'on avait fait présent à un homme riche d'une cuisse d'âne sauvage comme d'un morceau recherché et digne d'une table somptueuse. Le cuisinier, par sa négligence, ayant laissé dévorer cette cuisse par des chiens et voulant se pendre de désespoir, sa femme lui conseille d'égorger l'âne des prêtres de Cybèle, d'en prendre la cuisse et de la servir à son maître comme celle de l'âne sauvage. Les onagres les plus délicats étaient, selon Pline (liv. 8, ch. 44), ceux d'Afrique, que les Latins appelaient *lalisiones*.

(22) *Boisson chérie.* Le grec dit à la lettre : « *Le vin pur des animaux* » C'est une imitation de Virgile (*Géorg.* 3, v. 529) :

Pocula sunt fontes liquidi.

(23) *Le moment où elle sera délivrée de son fruit.* Le grec dit : « Quand le petit tombe aux pieds de sa mère. »

(24) *Ce n'est point l'affreuse tête de Méduse.* Il est assez plaisant de voir un âne citer la fable. Ce trait est de mauvais goût et décèle la jeunesse de l'auteur, qui paraît avoir voulu imiter Euripide dans les *Phœnissiennes* (v. 458), où Jocaste dit à Polynice qui regarde son frère d'un œil courroucé : «Adoucissez, mon fils, la sévérité de vos regards et contenez votre colère. Ce n'est point la tête affreuse de la Gorgone qui se présente à vous, c'est un frère. »

(25) *Thésée.* Qui dévoua son fils Hippolyte à la vengeance des dieux, sur les calomnies de Phèdre.

Athamas, irrité par les délations d'Ino sa seconde épouse, exila Phryxus et Hellé qu'il avait eus de sa première femme. Hygin (fab. 4 et 5) dit que, dans un accès de fureur, il tua à la chasse son fils Léarque.

Thémisto, fille d'Hypséus et seconde femme d'Athamas, selon Hygin, tua ses propres enfans en croyant tuer ceux d'une rivale (fab. 45).

(26) *La race énorme des hippagres.* Dans ce vers, *polu* marque moins le nombre que la grosseur et l'énormité de la taille. Mais quels sont ces *hippagres* dont le nom signifie à la lettre *chevaux sauvages*? Il est aisé de s'apercevoir, en lisant la description qu'en fait Oppien, qu'elle ne convient à aucune des espèces de chevaux connues, et ce que Bodin et d'après lui Rittersheim disent des chevaux sauvages de la Scythie ne mérite pas qu'on s'y arrête.

S'il m'est permis de dire ici mon sentiment, je pense que ces chevaux sauvages ne sont autres que ceux que les anciens appelaient *chevaux du Nil* et *hippopotames*. Ne serait-il pas étonnant qu'Oppien eût passé tout à fait sous silence un animal aussi célèbre dans l'antiquité? Mais si tous les traits dont le poëte s'est servi pour caractériser son hippagre conviennent parfaitement à l'hippopotame, s'il a suivi les opinions et même les erreurs des écrivains précédens qui ont parlé de ce fameux animal, il demeurera pour constant que sous le nom d'hippagre, Oppien a voulu décrire le cheval du Nil. Premièrement, selon notre poëte, l'hippagre habite les confins de l'Éthiopie, c'est-à-dire entre l'Égypte et l'Éthiopie. Ce sentiment est celui d'Hérodote (liv. 2, ch. 71) et de Diodore de Sicile (liv. 1, p. 42), qui donnent pour patrie à l'hippopotame l'Égypte supérieure. Nicandre (v. 566 de ses *Theriaca*), Nonnus (l. 26, p. 690 de ses *Dionysiaques*) et la plupart des écrivains modernes enseignent la même chose. Les hippagres d'Oppien ont la bouche armée de deux dents saillantes et recourbées. L'hippopotame, suivant Hérodote, Diodore, Aristote (*Hist. des anim.*, l. 2, c. 7), porte de pareilles défenses et du même genre des animaux que les Grecs appellent *chauliodontas*. Ce qu'Oppien dit du pied de l'hippagre, qu'il n'est pas renfermé comme celui des chevaux dans une sole, mais qu'il est divisé en une double pince comme celui du cerf, se retrouve entièrement dans les auteurs que je viens de citer et c'est une erreur qui leur est commune ; ils parlent encore de la crinière de l'hippopotame à peu près dans les mêmes termes qu'Oppien nous décrit celle de l'hippagre, excepté qu'ils ne disent pas, comme le poëte, que cette crinière règne depuis le sommet de la tête jusqu'à l'extrémité de la queue. Les mœurs sauvages et le caractère indomptable de l'hippagre d'Oppien conviennent parfaitement au tableau que Diodore nous fait des mœurs et du caractère de l'hippopotame. Tous ces traits réunis et comparés prouvent par leur ressemblance que, sous deux noms différens, l'hippopotame et l'hippagre sont le même animal. Je ne puis mieux terminer cet article qu'en traduisant ici une description de l'hippopotame faite par un auteur grec anonyme et que le savant J.-Cæs. Boulanger a publiée, d'après un manuscrit, dans sa *Dissertation sur les jeux du cirque*, dissertation comprise dans les antiquités grecques et romaines recueillies par Grævius et Gronovius (t. 9, page 730, édit. de Florence) : « L'hippopotame, dit l'écrivain anonyme, a le ventre et les pieds du cheval, excepté que la sole en est fendue ou divisée en deux pinces. Sa queue est épaisse, peu garnie de poils, aussi bien que tout le reste de son corps. Sa tête est arrondie, ses mâchoires sont plus petites que celles du cheval. Il a les naseaux très-creux, et le souffle qui s'exhale par leur cavité ressemble à des tourbillons de fumée qui sortent d'une cheminée. Sa bouche est fendue jusqu'à ses tempes. Il a en outre deux dents saillantes semblables à celles du sanglier. C'est un animal prodigieusement vorace : une moisson entière peut à peine assouvir sa faim. Sa taille est celle d'un taureau. Pour le chasser, on observe les lieux qu'il fréquente, on y creuse des fosses qu'on recouvre de branchages légers sur lesquels on répand de la terre. »

(27) *Les noirs habitans de l'Inde.* Ce sont les Éthiopiens, car l'Éthiopie est quelquefois appelée l'Inde occidentale, par la raison, dit Philostrate (*Vie d'Apollonius*, livre 3, ch. 6), que les Éthiopiens tirent leur origine de l'Inde. Ce dernier pays est quelquefois appelé Éthiopie orientale, comme nous l'apprend Servius, commentateur de Virgile, sur le 4e livre de l'*Énéide*, v. 481 : « *Duæ sunt Æthiopiæ, una circa ortum solis, altera circa occasum, id est, Mauritania, quam nunc dicit. Dicta est Æthiopia à colore populorum, quos solis vicinitas torret.* »

(28) *L'hyène.* La nomenclature de cet animal est extrêmement variée chez les auteurs anciens. Aristote l'appelle *glanos* au livre 8, ch. 5 de l'*Hist. des Anim.* Ctésias, dans son *Hist. de l'Inde*, et Porphyre (*De abstinentia*, l. 3, § 4) la nomment *crocotta*. Ce nom est, selon Ctésias, celui que lui donnent les Indiens. Strabon (lib. 16) nous apprend qu'on l'appelle quelquefois *kunolucos*, parce qu'elle tient du chien et du loup. Enfin elle est nommée *belbus* par quelques auteurs latins, entre lesquels on distingue Capitolinus (p. 677, édition dite des *variorum*.)

(29) *Elle ne jouit de la lumière que lorsque nous l'avons perdue.* Les anciens Grecs appelaient *héméralopie* cette disposition vicieuse des organes de la vue qui, trop faibles ou trop irrités pour soutenir l'éclat du jour, ne distinguent les objets qu'aux approches de la nuit. Il est douteux que l'hyène soit habituellement sujette à cette maladie.

(30) *L'autre a le dos arqué.* Il est assez étonnant qu'Aristote ait oublié ce caractère particulier à l'hyène, dont il donne d'ailleurs une assez bonne description (*H. an.*, liv. 6, ch. 32, et liv. 8, ch. 5). Il est superflu d'avertir le lecteur que ce que notre poëte raconte ensuite de la vertu des peaux de l'hyène et du loup est purement fabuleux.

(31) *Tantôt mâle, tantôt femelle.* Ce qui a pu donner naissance à cette fable ridicule, rapportée sérieusement par une foule d'auteurs et réfutée par Aristote, c'est que le mâle a sous la queue une raie assez profonde semblable à la vulve de la femelle. (Aristote, *De generat. anim.*, liv. 3, ch. 6, p. 1103. B.)

(32) *Près des rocs élevés de l'Amanus.* C'est ainsi qu'il faut lire, et non *Près des bords*. L'Amanus est une chaîne de montagnes qui divisent la Cilicie et la Syrie.

(33) *On l'appelle Chrysus.* C'est-à-dire *loup doré*. M. de Buffon croit que ce loup doré d'Oppien est le *thos* d'Aristote et le *chacal* ou *schiagal* des Orientaux. Mais Oppien distingue expressément le *thos* du loup doré.

(34) *Le tigre au corps noble et superbe.* Le tableau qu'Oppien nous trace ici du tigre est le plus vrai de tous ceux que l'antiquité nous a laissés de cet animal ; et notre poëte est le seul qui ait donné au tigre le véritable caractère qui le distingue de la panthère, de l'once et du léopard, en disant que sa peau est embellie par diverses guirlandes, c'est-à-dire par de longues bandes tirées de la tête à la queue.

(35) *C'est le plus prompt à la course.* Le tigre s'élance et bondit plutôt qu'il ne court : « La vélocité du tigre est terrible, dit Pline (liv. 8, ch. 18) ; on la connaît lorsqu'on lui enlève pendant son absence toute sa portée, qui est toujours nombreuse : le ravisseur, monté sur un excellent coursier, fuit à toute bride ; mais dès que la femelle (le mâle est peu attaché à ses petits) trouve son repaire abandonné, elle accourt sur les traces du ravisseur, le joint et le force à lui jeter un de ses petits ; elle le prend aussitôt dans sa gueule, le porte à sa demeure, revient encore, en reprend un second, jusqu'à ce que le cavalier, parvenu à son vaisseau, s'éloigne et la laisse sur le rivage, où elle fait éclater sa fureur et ses regrets. » C'est par ce moyen que les Romains se procuraient des tigres vivans pour combattre dans les jeux du cirque. On employait encore une autre ruse pour avoir des tigres sauvages et dans la force de l'âge : on fabriquait une large boîte dont le fond était occupé par un miroir ; autour de cette boîte on dressait une enceinte de filets, dans lesquels les chasseurs poussaient l'animal ; celui-ci, en arrivant à la boîte, voyait dans le miroir

'image de la campagne, croyait pouvoir passer outre et s'élançait dans la boîte, dont un homme, placé derrière, fermait aussitôt le couvercle. On voit une représentation de cette espèce de chasse dans l'*Antiquité expliquée* de D. Montfaucon.

Le nom du tigre lui est donné à cause de son extrême promptitude et vient, suivant Varron (*De linguâ lat.*, liv. 4, n° 20), d'un mot arménien qui signifie *flèche*.

(36) *Qui croira jamais*. C'est avec raison qu'Oppien rejette cette fable ridicule, que plusieurs graves auteurs ont enseignée sérieusement. Varron (*De R. R.*, liv. 2) prétend que les cavales d'Espagne et de Lusitanie sont fécondées par le vent.

(37) *C'est une opinion commune*. Il n'est pas nécessaire d'avertir le lecteur que cette opinion est fausse. Oppien paraît l'avoir puisée dans le *Traité de la Chasse* de Xénophon, ch. 17; il n'a fait pour ainsi dire que mettre en vers le texte de cet auteur, que Pollux paraît aussi avoir copié au ch. 12 du liv. 5 de son *Onomasticon*.

(38) *Les porcs-épics*. Cet animal, appelé *hystrix* par les anciens, paraît avoir été confondu par quelques-uns avec le *hérisson (echinus)*, dont cependant il diffère essentiellement par la grosseur aussi bien que par la forme; la seule ressemblance qui soit entre ces deux animaux, c'est que l'un et l'autre a le corps revêtu de piquans. Le nom de *porc-épic* pourrait faire croire qu'il y a quelque similitude avec le porc; il n'a cependant que peu de rapports avec ce quadrupède : ses pieds sont divisés en doigts, tandis que ceux du porc sont partagés en deux pinces; il n'a point le museau allongé du porc, son mufle est arrondi. Ainsi Claudien a enseigné une erreur lorsqu'il a dit dans son petit poëme du *Porc-épic*, v. 5 :

Os longius illi
Assimilat porcum.

Les porcs-épics sont plus petits que les loups, et si Oppien semble les égaler à ces animaux, c'est par une erreur de copiste, car il faut lire au v. 393 *tôn d'outoi megethos* au lieu de *tôn d' étoi*, ainsi que je crois l'avoir prouvé dans les notes latines.

(39) *L'ichneumon*. C'est l'animal que l'on appelle aujourd'hui la mangouste et que les Égyptiens nomment en leur langage *rat de Pharaon*, quoiqu'il n'ait aucun rapport avec le rat; il ressemble plutôt à la belette. (*Voyez* sa description dans l'hist. des quad. de M. de Buffon, tome 6, p. 133.)

(40) *Aussitôt il se roule dans le sable*. Strabon (liv. 17, p. 558) décrit à peu près dans les mêmes termes qu'Oppien la ruse que l'ichneumon emploie contre le crocodile : « Les ichneumons, dit-il, détruisent les crocodiles. Lorsqu'ils voient ceux-ci ouvrir au soleil leur vaste gueule, ils s'élancent dans ce gouffre, rongent les entrailles du crocodile et sortent par son ventre. » Ce que Pline semble avoir traduit liv. 8, ch. 25 : « *Crocodilum somno pressum conspicatus ichneumon, per easdem fauces ut telum aliquod immissus, erodit alvum.* »

(40) *Voici le piége qu'il tend à l'aspic*. Ce combat de l'ichneumon et de l'aspic est totalement emprunté d'Aristote (*Hist. an.*, liv. 9, ch. 6); mais le philosophe n'y croyait pas beaucoup. Ælien, Nicandre, Antigonus Carystius et une foule d'autres auteurs ont orné leurs écrits de cette fable.

(41) *Le renard*. Cet animal est trop connu pour nous y arrêter. La ruse qu'il emploie pour prendre les oiseaux est décrite par Oppien au poëme de *la Pêche* (liv. 1, v. 108).

(42) *En qui la panthère est unie au chameau*. C'est de cette réunion que les Grecs avaient nommé cet animal *camelopardalis*; nous l'appelons aujourd'hui *girafe* d'après les Orientaux. La description qu'en donne ici Oppien est une des meilleures que nous ayons.

(43) *Ils ont un long cou*. Héliodore dit de même : « Son cou mince s'allongeait comme celui d'un cygne. »

(44) *De courtes oreilles*. Ni Strabon ni Héliodore ne parlent des oreilles du camelopardalis. Belon, qui avait vu cet animal, assure que les oreilles de la girafe sont tout à fait semblables à celles de la vache et de même grandeur; par conséquent elles doivent paraître fort petites pour un animal dont la tête est si élevée.

(45) *Dépourvue de crinière*. Oppien est ici d'une exactitude admirable. En effet dans les descriptions modernes de la girafe et dans les différentes figures qu'on en a tracées, la crinière, qui est fort courte, ne commence qu'à la naissance du cou.

(46) *Deux cornes qui ne sont pas de la nature des cornes ordinaires*. C'est ainsi que je traduis *outi kéras kéroen* : « *Ce n'est pas une corne de corne.* » En effet, suivant les meilleurs naturalistes modernes, les cornes de la girafe sont d'une nature osseuse, roulées en spirale, revêtues de poils qui semblent être adhérens; leur hauteur est à peu près de six pouces ou un peu plus. Ces cornes, comme le dit Oppien, croissent au milieu du front, au-dessus des tempes.

(47) *Du passereau et du chameau*. D'après cette

opinion, les Grecs nommaient l'autruche *stroutio-camélos*. Les Arabes lui donnent encore aujourd'hui un nom qui signifie aussi oiseau-chameau. (*Voyez* les *Extraits de l'hist. nat.* d'Eldémiri.)

(48) *Il faut le poursuivre à l'aide des coursiers.* Ælien (*De nat. anim.*, liv. 14, ch. 7) décrit ainsi la chasse de l'autruche. Cet oiseau se prend en le forçant avec des chevaux. Sa course est circulaire et excentrique ; les chevaux l'atteignent en lui coupant le chemin. On le prend encore en guettant le moment où il va visiter ses œufs pour voir s'ils sont éclos, car il ne les couve point : il les dépose seulement dans le sable, et l'ardeur du soleil les fait éclore. Quand il croit que ses petits sont nés, il vole à eux les ailes étendues ; alors les chasseurs, placés en embuscade, le percent à coups de traits. Oppien, dans le poëme de *la Pêche* (l. 4, v. 630), dit que l'autruche est si stupide qu'elle croit se dérober à la vue des chasseurs en se cachant la tête dans des buissons.

CHANT QUATRIÈME.

(1) *Au fils de notre Jupiter.* Le texte porte : « *Au fils de Sévère notre Jupiter.* » C'est ainsi qu'au commencement du poëme, il appelle Sévère le Jupiter de l'Ausonie.

(2) *Chacun d'eux connaît.* « Chaque animal, dit Porphire (*De abstin.*, livre 3, § 9, p. 223), connaît ce qui fait sa force et sa faiblesse, il fait usage de l'une et protége l'autre : la panthère attaque avec les dents, le cheval avec le pied, le bœuf avec ses cornes, le coq avec ses éperons, le scorpion avec sa queue. »

(3) *Je célébrerai séparément les piéges.* C'était, sans doute un des objets du 5ᵉ chant, lequel est perdu.

(4) *Ces coursiers nourris en Lybie.* Nous en avons parlé en détail dans les remarques sur le 1ᵉʳ chant.

(5) *Dépend tout le succès de la chasse.* Le texte dit à la lettre : « *C'est vers les toiles qu'il faut diriger le gouvernail de la chasse.* » Oiéia est au pluriel, parce que les vaisseaux des anciens avaient plusieurs gouvernails ; les monumens en offrent un grand nombre de ce genre.

(6) *Et éviter son souffle.* C'est-à-dire ne pas [se mettre sous le vent.

(7) *Et rendent leurs travaux inutiles.* Ceci suppose que l'intention des chasseurs est de prendre les animaux vivans en les poussant vers les toiles et en les faisant tomber dans les filets. Autrement, il me semble qu'ils pourraient tuer les animaux qui viennent à leur rencontre, et que leurs travaux ne seraient pas inutiles.

(8) *Dans un abime sans issue.* J'ai traduit conformément à la correction de M. Schneider, qui lit *anostêtoio* au lieu d'*anoïstoio* (inopiné). Mais je reviens à cette dernière leçon, la seule avouée par les manuscrits et qui peint mieux l'imprudence du lion.

(9) *Une cage.* Le texte dit : « *Des palais composés d'osiers fortement tordus (eustropha tukta melathra).* » On voit bien que c'est une emphase poétique.

(10) *Le lion redoute surtout le brillant éclat de la flamme.* Telle est aussi l'observation d'Aristote (*Histoire des anim.*, livre 9, ch. 44). Ce que l'on dit du lion est vrai : le feu est ce qu'il redoute le plus, ainsi qu'Homère l'a dit dans son poëme (*Iliade*, liv. 17, v. 663, et liv. 2, v. 547). Ælien (au 12ᵉ liv. ch. 7, *De nat. anim.*) fait une remarque semblable : « Le lion, dit-il, craint le feu extérieur, parce qu'il est intérieurement rempli de feux. »

(11) *Le désespoir dans le cœur.* A la lettre : « *Rongeant son cœur.* » Manière de parler empruntée d'Homère.

(12) *Par une semblable ruse les pêcheurs.* Cette espèce de pêche se trouve détaillée dans le 4ᵉ livre des *Halieutiques*, v. 640.

(13) *Les peuples de Maryandye.* Il ne faut pas confondre ces peuples, habitans de l'Inde, avec les *Maryandiniens* situés sur la rive orientale du Pont-Euxin. Le véritable nom de ceux dont parle Oppien est Marundes (*Maroundai*) : c'est ainsi que les nomme Ptolémée (liv. 7 de sa *Géographie*, ch. 2). Oppien a changé ce nom en *Maruandés*, à cause du dialecte ionien dans lequel il écrit ; ou peut-être faut-il lire en cet endroit *Marounrea* au lieu de *Maruanrea*.

(14) *Vouées au culte de Bacchus.* L'expression grecque signifie : « *Qui aime à boire du vin.* » Le texte ajoute à cette épithète celle d'*oschophores*. Ce surnom vient d'une cérémonie usitée dans les fêtes de Bacchus à Athènes. Nous trouvons une description très-détaillée de cette cérémonie, appelée *Oschophorie*, dans la *Chrestomathie* de Proclus, dont Photius nous a conservé plusieurs fragmens dans sa *Bibliothèque*, p. 989. Ce morceau m'a paru assez intéressant pour être mis sous les yeux des lecteurs qui aiment à étudier l'antiquité dans ses mœurs et dans ses usages : « Les vers oschophoriques, dit Pro-

clus parlant des différentes sortes de vers usités chez les Grecs, se chantent chez les Athéniens. Deux jeunes gens, habillés en femmes et portant des branches de vigne chargées de raisin, mènent le chœur: cette branche s'appelle *osché*, et de ce nom est venu celui des vers. Thésée fut, dit-on, le premier qui célébra cette fête lorsqu'il s'offrit volontairement à s'embarquer pour la Crète et délivra sa patrie du tribut douloureux qu'elle payait à Minos. Il l'institua pour rendre grâce à Minerve et Bacchus, qui lui étaient apparus dans l'île de Dia (aujourd'hui Naxie); il employa pour la célébrer deux jeunes gens qui avaient été élevés à l'ombre, c'est-à-dire dans la prison du labyrinthe, et qui furent les ministres de cette cérémonie religieuse. Chez les Athéniens, la procession allait du temple de Bacchus à celui de Minerve Sciriade; le chœur suivait les jeunes gens, et les adolescens de chaque tribu disputaient le prix de la course. La récompense du vainqueur était de goûter à la coupe nommée Pentaple, composée d'huile, de vin, de miel, de fromage et de farine. » Cette fête, selon le témoignage de Plutarque, se célébrait en l'honneur de Bacchus et d'Ariane, au temps où l'on fait la cueillette des fruits. On admettait au sacrifice et à la cérémonie des femmes qu'on appelait *Déipnophores* (qui apportent le repas) et qui représentaient les mères des jeunes gens que le sort avait nommés pour aller en Crète. (*Voyez* Plutarque, *Vie de Thésée*, p. 48, édition de Reiske.)

(15) *Ino nourrit Bacchus.* La première nourrice de Bacchus fut *Macris*, fille d'Aristée, s'il faut s'en rapporter au poëte Apollonius de Rhodes (*Argonautes*, liv. 4, v. 1134), et selon Nonnus (*Dionysiaques*, liv. 48), ce fut Minerve qui, malgré sa virginité, allaita Bacchus.

(16) *Sur une montagne que les mortels appelaient alors Méros.* Cette montagne était située dans l'Inde, près de la ville de Nyssa, à peu de distance du Gange. Le nom de cette montagne, qui signifie *cuisse*, a probablement donné lieu à la tradition mythologique par laquelle les poëtes enseignent que Bacchus fut déposé dans la cuisse de Jupiter pour y attendre le terme de sa naissance. Arrien, dans son *Histoire de l'Inde*, ch. 1 (si cet ouvrage est d'Arrien), semble adopter l'opinion contraire et dire que la montagne fut ainsi nommée de l'événement arrivé à Bacchus. Euripide explique cette fable d'une manière assez curieuse et prétend que le nom de *Méros* est dit par corruption pour *oméros*, mot grec qui signifie *otage*. Voici la raison qu'il en donne et comme il s'exprime dans sa tragédie des *Bacchantes*, v. 286, où Tirésias dit à Penthée:

« Vous insultez à ce dieu par vos ris lorsqu'on vous dit qu'il a été enfermé dans la cuisse de Jupiter; mais je vais vous apprendre combien cette opinion est juste. Lorsque le souverain de l'Olympe eut dérobé ce jeune enfant aux feux de son tonnerre, il le transporta dans les cieux, d'où la jalouse Junon voulut bientôt l'exiler. Mais Jupiter, comme un dieu puissant, rendit les ruses de Junon inutiles, et séparant une portion de terre environnée d'air, il y déposa Bacchus et le donna pour *otage* de la fin de ses débats avec Junon. De là les hommes ont dit que ce dieu avait été durant quelque temps nourri dans la *cuisse* de Jupiter; ils prirent occasion de jouer sur le mot, de ce que Jupiter s'étant raccommodé avec Junon, lui avait donné Bacchus pour *otage*. » Au surplus il paraît, par le récit d'Oppien, qu'il place en Béotie la montagne de Méros. Si cela est, c'est une erreur de géographie.

(17) *Aussitôt le smilax.* J'ignore quelle est cette plante que les uns prennent pour l'if, d'autres pour le buis, d'autres pour une espèce de chêne vert, comme nous l'avons déjà observé sur le premier chant. Homère, ou l'auteur de l'hymne à Bacchus imprimé sous le nom d'Homère, rapporte un semblable prodige lorsque les pirates tyrrhéniens veulent enlever Bacchus. (*Voyez* aussi Nonnus, *Dionysiaques*, liv. 45, p. 1166, et Ovide, *Métamor.*, liv. 3, v. 644.)

(18) *C'est lui qui le premier.* Apollonius (*Argonautes*, liv. 4, v. 1132) attribue également à Aristée diverses inventions utiles, telles que l'art de recueillir le miel, de faire de l'huile avec des olives, etc.

(19) *D'un bâton qu'il avait coupé.* Le même prodige est rapporté par Nonnus (*Dionysiaques*, liv. 48, p. 1282). Euripide l'attribue à une Bacchante dans sa tragédie de ce nom, v. 701.

(20) *O Bacchus! allume la foudre de ton père.* « Le feu, dit Lucien dans son petit traité intitulé *Bacchus*, le feu est l'arme de Bacchus; il l'a ravi à la foudre de son père. »

(21) *Ce Penthée dont le nom est funeste.* Le nom de Penthée signifie *deuil*, ou plutôt ce nom approche de *penthos* qui a cette signification. Une allusion semblable au nom de Penthée se trouve dans la tragédie des *Bacchantes* d'Euripide, v. 367: « Vous vous appelez Penthée; prenez garde que le deuil (*penthos*) n'entre dans votre maison. » (*Voyez* aussi le vers 508 de la même tragédie.)

(21) *On attache à cette corde.* L'usage de cette corde chargée de bandelettes de pourpre et de plumes de différentes couleurs était d'effrayer les animaux qui auraient voulu sortir par le côté du demi-cercle que traçaient les filets et les toiles. On l'appelait en latin *formido*, comme les Grecs l'appelaient *deima*, qui a la même signification. Cette corde était soutenue dans sa longueur sur de petites fourches que les latins appelaient *anconés*, *valli*, *vari*, *cervi*. Nous en avons déjà parlé au 1er livre.

REMARQUES SUR LA PÊCHE D'OPPIEN,

PAR J. M. LIMES.

CHANT PREMIER.

Arbitre suprême de la terre, Antonin, fils illustre de Sévère et de Domna, etc. Le grec dit seulement *Antonin*. J'ajoute « *fils illustre de Sévère et de Domna* » pour indiquer que le poëte parle de l'empereur Marc-Aurèle Caracalla, surnommé Antonin par Sévère. C'est la désignation qu'Oppien lui a donnée au commencement des *Cynégétiques*.

On sait que l'empereur Septime Sévère eut pour seconde épouse Julia Domna, fille de Bassianus, prêtre d'Apollon; que deux enfans provinrent de cet hymen, Bassianus et Géta. Dans la suite, lorsque Sévère, parvenu à l'empire, voulut s'adjoindre ses fils, il fit quitter à l'aîné le nom peu noble de Bassianus et lui donna celui de Marc-Aurèle Antonin : le surnom de Caracalla lui vint d'un habillement barbare, nommé *caracalle*, qu'il prit lors de son expédition contre les Parthes.

Tout ce qui vit dans l'abime, dans le sein des flots orageux, etc. Lippius a très-bien exprimé dans les vers qui suivent le sujet de chacun des chants d'Oppien.

> Primus habet coitus, proles et pascua ponti.
> Ostendit fraudes, cædes et bella secundus.
> Tertius in pisces hamos et retia jactat.
> Ducit amor quarto captos in fata natantes.
> In quinto Delphinus amat, ceteque necantur.

Celle d'un empereur. Le grec dit : « *Basiléios agré.* (Une pêche impériale). »

Le phycis, que les pêcheurs nomment aussi l'inhabile, etc. Rondelet croit que le phycis est une espèce de tanche. Il veut encore que l'épithète d'inhabile, mise dans le texte à la place d'eunuque, ne regarde pas le phycis, mais qu'elle s'applique au gade merlan, et que le pronom grec de la fin du vers 126, *as th'alines*, ne se rapporte point à *phukides*.

Le trigle aux couleurs rouges. En latin *mullus*. « E perche il triglie son di color rosato, Veneziani chiamano *mule*, le pianelle de loro senatori. I Tatini, mullei, calcei patriciorum. (*Note* de Salvani.) Les trigles sont de couleur tirant sur le rouge. On les nomme *mulli* en latin : de là est venu le nom de *mules* que les Vénitiens ont donné aux pantoufles également rouges de leurs sénateurs. Les Romains donnaient le nom de *mullei* aux chaussures des patriciens. »

Qui pareil aux animaux ruminans. « Ce poisson, dit M. le comte de Lacépède, non-seulement habite dans la Méditerranée, mais encore vit dans les eaux qui baignent la Sicile et la Grèce et les îles répandues auprès des rivages fortunés de cette Grèce si fameuse. Il n'est donc pas surprenant que les premiers naturalistes grecs aient pu observer cet osseux avec facilité. Le cheiline est d'une couleur blanchâtre ou livide mêlée de rouge; il ne parvient guère qu'à la longueur de trois décimètres : les écailles qui le recouvrent sont grandes et très-transparentes; il montre sur les côtés de sa queue des appendices transversales dont la forme et la position ont frappé les observateurs. La conformation de ses dents n'a pas moins été remarquée : elles sont émoussées au lieu d'être pointues et par conséquent très-propres à couper ou arracher les algues et les autres plantes marines que le scare trouve sur les rochers qu'il fréquente. Les végétaux marins paraissent être l'aliment préféré par ce cheiline, et cette singularité n'a pas échappé aux naturalistes d'Europe les plus anciens; mais ils ne se sont pas contentés de rechercher les rapports que présente le scare, outre la forme de ses dents, les dimensions de son canal intestinal, la quantité de ses sucs digestifs et la nature de sa nourriture, très-différente de celle qui convient au plus grand nombre de poissons, ils ont considéré le scare comme occupant, parmi ces poissons carnassiers, la même place que les animaux ruminans qui ne vivent que de plantes, parmi les mammifères qui ne se nourrissent que de proie, et exagérant ce parallèle, étendant les ressemblances et tombant dans une erreur qu'il eût été cependant facile d'éviter, ils sont allés jusqu'à dire que le scare ruminait; et voilà pourquoi, suivant Aristote, les Grecs l'ont appelé *mérukan*. » (*Histoire naturelle des poissons*, t. 6, p. 277, in-12.)

Et ceux des poissons, etc. Le grec dit « *éde prepontes*, » que Lippius traduit par *décentes*; d'autres, du nombre desquels est Salvini, en font un nom particulier de poisson. Je ne crois pas devoir suivre son exemple : j'aime mieux croire, comme Lippius, que *prepontes* exprime seulement la beauté des formes de ceux des habitans des mers dont il est question d'une manière générale.

Est arrêté tout à coup par la bouche d'un poisson d'une taille médiocre[1], etc. On ne lira pas sans intérêt ce que M. de Lacépède dit au sujet de ce poisson, dont tout le merveilleux tient à une plaque de diverses lames qui ont la forme de cette espèce d'abat-jour qu'on nomme *persienne*, laquelle est adhérente au-dessous de sa gorge, et qu'il présente aux corps auxquels il s'accroche dans un sens opposé à celui de la fermeture de ces lames, ce qui produit une résistance d'une certaine énergie, mais très-peu capable d'arrêter la marche d'un bâtiment :

« Depuis le temps d'Aristote, dit l'ictyologiste français, jusqu'à nos jours, cet animal a été l'objet d'une attention constante; on l'a examiné dans ses formes, observé dans ses habitudes, considéré dans ses efforts. On ne s'est pas contenté de lui attribuer des propriétés merveilleuses, des facultés absurdes, des forces ridicules ; on l'a regardé comme un exemple frappant des qualités occultes départies par la nature à ses diverses productions. Il a paru une preuve convaincante de ces qualités secrètes dans leur origine et inconnues dans leur essence ; il a figuré avec bonheur dans le tableau des poëtes, dans les comparaisons des orateurs, dans les récits des voyageurs, dans les descriptions des naturalistes ; et cependant à peine, dans le moment où nous écrivons, l'image de ses traits, de ses mœurs, de ses effets, a-t-elle été tracée avec fidélité. Écoutons par exemple, au sujet de ce remora, l'un des plus beaux génies de l'antiquité :

« L'echéneis, dit Pline, est un petit poisson accoutumé à vivre au milieu des rochers. On croit que lorsqu'il s'attache à la carène des vaisseaux, il en retarde la marche, et de là vient le nom qu'il porte et qui est formé de deux mots grecs, *je retiens*, et l'autre *navire*. Il sert à composer des poisons capables d'amortir et d'éteindre les feux de l'amour. Doué d'une puissance bien plus étonnante, agissant par une faculté morale, il arrête l'action de la justice et la marche des tribunaux; compensant cependant les qualités funestes par des propriétés utiles, il délivre les femmes enceintes des accidens qui pourraient trop hâter la naissance de leurs enfans ; lorsqu'on le conserve dans du sel, son approche seule suffit pour retirer du fond des puits les plus profonds l'or qui peut y être tombé. »

[1] Rondelet croit que l'echéneis d'Oppien est la lamproie et non l'echéneis remora. Les raisons qu'il en donne ne me paraissent pas décisives.

Mais le naturaliste romain ajoute avant la fin de la célèbre histoire qu'il a écrite une peinture bien plus étonnante du remora, et voyons comment il s'explique au commencement de son 32e livre :

« Nous voici parvenus au plus haut des forces de la nature, au sommet de tous les exemples de son pouvoir. Une immense manifestation de sa puissance occulte se présente d'elle-même ; ne cherchons rien au delà, n'en espérons pas d'égale ni de semblable. Ici la nature se surmonte elle-même et le déclare par des effets nombreux. Qu'y a-t-il de plus violent que les mers, les vents, les tourbillons et les tempêtes ? Quels plus grands auxiliaires le génie de l'homme s'est-il donnés que les voiles et les rames ? Ajoutez à cela la force inexprimable des flux alternatifs qui font un fleuve de tout l'Océan : toutes ces puissances et toutes celles qui pourraient se réunir à leurs efforts sont enchaînées par un seul et très-petit poisson qu'on nomme *echéneis*. Que les vents se précipitent, que les tempêtes bouleversent les flots, il commande à leurs fureurs, il brise leurs efforts, il contraint de rester immobiles des vaisseaux que n'aurait pu retenir aucune chaîne, aucune ancre précipitée dans la mer et assez pesante pour ne pouvoir en être retirée. Il donne ainsi un frein à la violence, il dompte la rage des élémens, sans travail, sans peine, sans chercher à retenir et seulement en adhérant. Il lui suffit pour surmonter tant d'impétuosité de défendre aux navires d'avancer. Cependant les flottes armées pour la guerre se chargent de tours et de remparts pour que l'on combatte au milieu des mers comme au haut des tours. O vanité humaine ! un poisson très-petit contient leurs éperons armés de fer et de bronze et les tient enchaînés ! On rapporte que lors de la bataille d'Actium, ce fut un echéneis qui, arrêtant le navire d'Antoine au moment où il allait parcourir les rangs des vaisseaux et exhorter les siens, donna à la flotte de César la supériorité de la vitesse et l'avantage d'une attaque impétueuse. Plus récemment, le bâtiment monté par Caïus, lors de son retour d'Andara à Antium, s'arrêta sous l'effort d'un echéneis : alors le remora fut un augure, car à peine cet empereur fut-il rentré à Rome qu'il périt sous les traits de ses propres soldats. Au reste son étonnement ne fut pas long lorsqu'il vit que de toute sa flotte, son quinquerème seul n'avançait pas. Ceux qui s'élancèrent du vaisseau pour en rechercher la cause trouvèrent l'echéneis adhérent au gouvernail et le montrèrent au prince, indigné qu'un tel animal pût l'emporter sur quatre cents rameurs et très-surpris que ce poisson, qui dans la mer avait pu retenir son navire, n'eût plus de puissance jeté dans le vaisseau. Nous avons déjà rapporté plusieurs opinions, continue Pline, au sujet du pouvoir de cet echéneis, que quelques Latins ont nommé *remora*. Quant à nous, nous ne doutons pas que tous les genres des habitans de la mer n'aient une faculté semblable. L'exemple célèbre et consacré dans le temple de Gnide ne permet pas de refuser la même puissance à des conques marines. De quelque manière que ces effets aient lieu, ajoute plus bas l'éloquent naturaliste que nous citons, quel est celui qui, après cet exemple de la faculté de retenir des navires, pourra douter du pouvoir qu'exerce la nature par tant d'effets spontanés et de phénomènes extraordinaires ? »

« Combien de fables et d'erreurs accumulées dans ces passages, qui d'ailleurs sont des chefs-d'œuvre de style ! Accréditées par un des Romains dont on a le plus admiré la supériorité de l'esprit, la variété des connaissances et la beauté du talent, elles ont été presque universellement accueillies pendant un grand nombre de siècles ; mais on n'attend pas de nous une mythologie, etc. » (*Histoire naturelle des poissons*, tome 5, pages 192 et suivantes.)

Non, il n'est pas de douleur plus cruelle, etc. On ne sait ce qu'on doit admirer ici le plus ou du sentiment dont l'auteur est animé ou de l'adresse qu'il emploie dans le choix des idées qui en sont l'expression. Qu'il est beau de voir ce jeune et sensible poëte cherchant, comme sans dessein, à ramener l'attention de l'empereur vers un père condamné à l'exil ! Avec quelle finesse il termine le tableau qu'il n'avait commencé que dans cet objet ! Quelle délicatesse de motif et de sentiment !

John Jones, ou plutôt Diaper, son co-traducteur, a paraphrasé ainsi ce passage :

> The love of country's not to man confined
> The same propensions sway the brutal mind.
> Fishes their native caves vith transport view,
> They know their countries, and their fondness too.
> No nation may with that blest clime compare,
> That grave us first acquaintance of our eyes.
> How rich the soil ! how beautiful the skyes !
> The name of country fills the grateful mind
> With all that's tender, generous and kind.
> Ah ! wretched those who forc'd from what they love
> Necessitous in vagrant exil rove,
> Still restless must the killing grief renew,
> Despis'd by all, or pity'd but few. (Ch. 1er.)

Oppien, dans ses *Cynégitiques*, avait saisi une circonstance du même genre pour exprimer, quoique d'une manière plus éloignée, son désir d'obtenir le rappel de son père ; on y lit, en parlant de la vache marine : « Cette espèce chérit singulièrement les lieux qui l'ont vue naître, les forêts où elle fait son séjour et sa retraite accoutumée. Si les chasseurs, après l'avoir enchaînée dans leurs filets, transportent cet animal dans une autre contrée et le laissent courir en liberté dans les vallées, il reviendra bientôt dans les lieux chéris qu'il habitait : il ne peut se résoudre à errer dans un pays où il est étranger. Ce n'est donc point aux seuls mortels que la patrie est chère : cet amour est également gravé par la nature dans le cœur des animaux sauvages. » (*Traduction de Belin de Ballu*, chant 1er, page 43.)

Ils promènent quelques grains de sable dans leur bouche, etc. Le grec dit : « *Apo psammatoio pasanto*. (Ils se nourrissent de sable.) » J'ai cru devoir adoucir un peu cette idée, qui ne me paraît pas vraie prise dans un sens absolu ; on est moins éloigné de croire qu'ils promènent quelques grains de sable dans leur bouche pour en extraire l'humidité qu'il recèle et qui, dans l'affaiblissement où ils se trouvent, peut suffire à leur nourriture.

L'impétueux physsale, etc. « Ce cétacé n'est pas étranger à la Méditerranée. Les anciens n'en ont pas eu cependant une idée bien nette ; il paraît même que, sans excepter Pline ni Aristote, ils n'ont pas bien distingué les formes ni les habitudes de ces grands cétacés. Malgré la présence de plusieurs de ces animaux dans la Méditerranée et malgré les renseignemens que leurs relations commerciales avec les Indes pouvaient leur procurer sur plusieurs autres, non-seulement ils ont appliqué à leur *mysticetus* des organes, des qualités, des gestes du rorqual aussi bien que de la baleine franche, mais encore ils ont attribué à leurs baleines des formes ou des propriétés du gibbar, du rorqual et du cachalot macrocéphale mêlé avec ceux du gibbar. » (Lacép., *Histoire naturelle des cétacés*.)

De ce nombre sont encore les béliers cruels, etc. « Il y a, dit Rondelet, plusieurs autres bêtes marines à nous inconnues, hormis que de nom, comme béliers, éléphans, panthères, mélanthyes, hyènes, roues, dromons et autres infinies. Oppien, au 1er livre, met les béliers entre les cruels et ceux des hautes mers ; au 5e, entre les cétacés. Pline écrit que du temps de l'empereur Tibère, la mer océane, se retirant sur la grève, laissa plus de trois cents bêtes marines de merveilleuse variété et grandeur, guère moins en la côte de Saintonge : entre les autres, des éléphans, des béliers et plusieurs néréïdes. Ælien et Oppien ont fait mention de la panthère, des mélanthyes, de l'hyène. » (Liv. 16, ch. 19, 1re partie.)

On dit que cette espèce d'hymen les féconde, etc. On ne croit plus aujourd'hui à ce mode de fécondation. Voici comment s'exprime à ce sujet M. de Lacépède dans son discours sur l'histoire naturelle des poissons.

« A peine les femelles sont-elles débarrassées du poids qui les tourmente que quelques-unes dévorent une partie des œufs qu'elles viennent de pondre, et c'est ce qui a donné lieu à l'opinion de ceux qui ont cru que certaines femelles de poissons avaient un assez grand soin de leurs œufs pour les couver dans leurs gueules. D'autres avalent aussi avec avidité la liqueur laiteuse des mâles à mesure qu'elle est répandue sur des œufs déjà déposés, et voilà l'origine du soupçon erroné auquel n'ont pu se soustraire des modernes et de très-grands naturalistes qui ont cru que les poissons femelles pourraient bien être fécondées par la bouche. » (*Histoire naturelle des poissons*, t. 1, p. 136.)

Par là devenu fécond, les anguilles y naissent en foule, etc. On est mieux fixé maintenant sur la manière dont se propagent les anguilles ; longtemps, jusqu'à nos jours même, on a été dans l'erreur à cet égard. Notre ictyologiste français va nous fournir encore des instructions précieuses :

« Comment se perpétue, dit cet illustre naturaliste, cette espèce utile et curieuse? L'anguille vient d'un véritable œuf, comme tous les poissons. L'œuf éclôt le plus souvent dans le ventre de la mère, comme ceux des raies, des squales, de plusieurs blennies, de plusieurs silures. La pression sur la partie inférieure du corps de la mère facilite la sortie des petits déjà éclos. Ces faits, bien vus, bien constatés par les naturalistes récens, sont simples et conformes aux vérités physiologiques les mieux prouvées, aux résultats les plus sûrs des recherches anatomiques sur les poissons et particulièrement sur l'anguille. Et cependant combien depuis deux mille ans ils ont été dénaturés et altérés par une trop grande confiance dans les observations précipitées et mal faites qui ont séduit les plus beaux génies, parmi lesquels nous comptons non-seulement Pline, mais même Aristote. Lorsque les anguilles mettent bas leurs petits, communément elles reposent sur la vase du fond des eaux ; c'est au milieu de cette terre et de ce sable humectés qu'on voit frétiller les murènes qui viennent de paraître à la lumière. Aristote a pensé que cette génération était due à cette fange. Les mères vont quelquefois frotter leurs ventres contre des rochers ou d'autres corps durs pour se débarrasser plus facilement des petits déjà éclos dans leur intérieur. Pline a écrit que par ce frottement elles faisaient jaillir des fragmens de leur corps qui s'animaient, et que telle était la seule origine des jeunes murènes dont nous exposons la véritable manière de naître. D'autres anciens auteurs ont placé cette même origine dans les chairs corrompues des cadavres des chevaux ou d'autres animaux jetés dans l'eau, cadavres autour desquels doivent souvent fourmiller de jeunes anguilles forcées de s'en nourrir par le défaut de tout autre aliment placé à leur portée. A des époques bien plus rapprochées de nous, Helmont a cru que les anguilles venaient de la rosée du mois de mai, et Leuwenhoek a pris la peine de montrer la cause de cette erreur en faisant voir que dans cette belle partie du printemps, lorsque l'atmosphère est tranquille et que le calme règne sur l'eau, la portion de ce fluide la plus chaude est la plus voisine de sa surface, et que c'est cette couche plus échauffée, plus vivifiante et plus analogue à leur état de faiblesse que les jeunes anguilles peuvent alors préférer. Schwenckfeld de Breslaw, en Silésie, a fait naître des murènes anguilles des branchies du cyprin bordelière. Shoneveld de Kiel, dans le Holstein, a voulu qu'elles vinssent à la lumière sur la peau des gades morues ou des salmones éperlans. Ils ont pris l'un et l'autre pour de très-petites murènes anguilles des gordins, des sangsues ou d'autres vers qui s'attachent à la peau ou aux branchies de plusieurs poissons. Eller, Charleton, Fakleberg, Gesner, Birchkoltz ont connu au contraire la véritable manière dont se reproduit l'espèce que nous décrivons. Plusieurs observateurs des temps récens sont tombés à la vérité dans une erreur combattue même par Aristote en prenant les vers qu'il voyaient dans les intestins des anguilles qu'ils disséquaient pour des fœtus de ces animaux. Leuwenhoeck a eu tort de chercher les œufs de ces poissons dans leur vessie urinaire, et Vallisniéri dans leur vessie natatoire ; mais Muller et peut-être Mondini ont vu les ovaires ainsi que les œufs de la femelle, et la laite du mâle a été également reconnue.

» D'après toutes ces considérations, on doit éprouver un assez grand étonnement et ce vif intérêt qu'inspirent les doutes et les recherches d'un des plus habiles et des plus célèbres physiciens lorsqu'on lit dans le *Voyage de Spallanzani* que des millions d'anguilles ont été pêchées dans les marais, les lacs et les fleuves d'Italie et de la Sicile sans qu'on eût vu dans leur intérieur ni œuf ni fœtus. Ce savant observateur explique ce phénomène en disant que les anguilles ne multiplient que dans la mer, et qu'on n'en trouve pas, continue-t-il, suivant Sennebier, dans le lac de Genève, jusque auquel la chute du Rhône ne leur permet pas de remonter, tandis qu'on les pêche dans le lac de Neufchâtel, qui communique avec la mer par le Rhin et le lac Brenna. Il invite en conséquence les naturalistes à faire de nouvelles recherches sur les anguilles qu'ils rencontreront au milieu des eaux salées et de la mer proprement dite dans le temps du frai de ces animaux, c'est-à-dire vers le milieu de l'automne ou au commencement de l'hiver.

» Les œufs de l'anguille, éclosant presque toujours dans le ventre de la mère, y doivent être fécondés ; il est donc nécessaire qu'il y ait dans cette espèce un véritable accouplement du mâle avec la femelle, comme dans celle des raies, des squales, des syngnathes, des blennies et des silures, ce qui confirme ce que nous avons déjà dit de ses affections. Et comme la conformation de la murène est semblable en beaucoup de points à celle des serpens, l'accouplement des serpens et de la murène doit avoir lieu à peu près de la même manière. Rondelet a vu en effet le mâle et la femelle entrelacés dans le moment de leur réunion la plus intime comme deux couleuvres le sont dans les circonstances analogues, et ce fait a été observé depuis par plusieurs naturalistes. » (*Histoire naturelle des poissons*, tome 3, p. 329 et suiv.)

C'est une chose assez reconnue que le serpent s'accouple avec la murène. Cette jolie mais ridicule fable de l'accouplement de la vipère avec la murène ne trouve plus aujourd'hui personne qui daigne y ajouter foi. Les circonstances qui l'accompagnent dans le tableau que nous offre Oppien la rendent encore plus digne d'être reléguée parmi les erreurs populaires : « *Muræna*, dit Pline, *quocumque tempore parit cum cæteri pisces stato pariant : ova ejus citissime crescunt, in sicco littore lapsas vulgus coitu serpentium impleri putat.* » (Liv. 9, ch. 23.)

Le chien vorace, l'aigle de mer et tous ceux qu'on désigne sous le nom de cartilagineux, les dauphins mêmes, ces rois des poissons, et les phoques aux gros yeux font des petits vivans qui, au sortir du sein de leurs mères, ont les mêmes formes qu'elles. Les dauphins, les phoques, qui font partie des mammifères, sont les seuls réellement vivipares. Quant aux poissons cartilagineux, ils sont tous ovipares, en ce sens que leurs petits viennent tous d'un œuf; mais il en est quelques-uns dans ce nombre dont les œufs éclosent dans le ventre de leur mère ; ce sont ceux de ce genre dont Oppien a raison de dire qu'ils sont en naissant semblables à leur mère : tels sont les raies, les squales, les aodons, la chimère (dans le mâle de laquelle on a remarqué un double instrument de fécondation), la syngnathe, encore ces derniers présentent-ils une particularité remarquable: leurs œufs sortent par une déchirure qui se fait au-dessous de leur ventre et se disposent dans une espèce de canal sur des rangs plus ou moins nombreux, c'est là qu'ils sont fécondés à travers la peau très-mince de ce canal, que les petits rompent lorsqu'ils éclosent.

Les phoques ont aussi grand soin de leurs petits, etc. Buffon, qui faisait un cas particulier d'Oppien non-seulement comme poëte, mais encore comme naturaliste, puisqu'il dit de lui (tome 6 de l'*Histoire des quadrupèdes*) qu'*une probabilité devient une certitude par le témoignage d'Oppien*, s'explique ainsi sur ces animaux dans son *Histoire nat.* (t. 27, p. 162, édit. in-12) : « Les phoques femelles mettent bas en hiver ; elles font leurs petits à terre, sur un banc de sable, sur un rocher, sur une petite île et à quelque distance du continent ; elles se tiennent assises pour les allaiter[1] et les nourrissent ainsi pendant douze à quinze jours dans l'endroit où ils sont nés, après quoi la mère amène ses petits avec elle à la mer où elle leur apprend à nager et à chercher à vivre ; elle les prend sur son dos lorsqu'ils sont fatigués.

Comme chaque portée n'est que de deux ou trois, ses soins ne sont pas fort partagés et leur éducation est bientôt achevée; d'ailleurs ces animaux ont naturellement assez d'intelligence et beaucoup de sentiment : ils s'entendent, ils s'entr'aident et se secourent mutuellement ; les petits reconnaissent leur mère au milieu d'une troupe nombreuse, ils entendent sa voix, et dès qu'elle les appelle ils arrivent à elle sans se tromper. Nous ignorons combien de temps dure la gestation ; mais à en juger par celui de l'accroissement, par la durée de la vie et aussi par la grandeur de l'animal, il paraît que ce temps doit être de plusieurs mois, et l'accroissement étant de quelques années, la durée de la vie doit être assez longue. Je suis même très-porté à croire que ces animaux vivent beaucoup plus de temps qu'on n'a pu l'observer, peut-être cent ans et davantage, car on sait que les cétacés en général vivent bien plus longtemps que les animaux quadrupèdes : comme le phoque fait une nuance entre les uns et les autres, il doit participer de la nature des premiers et par conséquent vivre plus que les derniers. »

Elle leur donne asile dans ses flancs, etc. Je n'ai pas besoin d'avertir que ce que dit Oppien est une erreur ou tout au moins une méprise qui provient de ce que ces cartilagineux ont des plis à leur peau de dessous le ventre, à l'abri de laquelle leurs petits se réfugient dans le moment du danger, d'où ils sortent ensuite lorsqu'il a cessé. Cependant Rondelet dit la même chose de la torpille : « Elle engendre environ vers l'automne, selon Aristote, non pas des œufs, mais des petits vifs qu'elle éclôt au dedans, lesquels quand ils ont peur les reçoit en soi, puis les met dehors. » (*Partie première*, liv. 12, ch. 18.)

C'est ainsi que la race misérable de la faible aphye naît sans avoir été engendrée. On lit dans la belle histoire générale et particulière des poissons de Bloch : « Ce nom d'aphye, qui signifie *sans mère*, vient sûrement d'*aphya*, que les anciens donnaient à un petit poisson qu'ils faisaient naître de l'écume de la mer, sans le secours de la génération. » (*Troisième partie*, p. 122.) On ne croit plus aujourd'hui à la production spontanée de ces animaux. Cette erreur assez singulière s'est pourtant accréditée jusque parmi nous, puisque Rondelet, qui a consigné dans son 7e livre (ch. 1er) l'opinion des anciens à cet égard, ne fait aucune réflexion qui décèle le moindre doute. Il est cependant certain que ces osseux viennent comme tous les autres d'un œuf et que, se tenant dans le limon des mers, ils se montrent et paraissent naître lorsque les eaux ébranlées par la tempête jusqu'en leurs fondemens en entraînent la vase et ces poissons qui y vivaient. Il en est de même des huîtres : bien loin qu'on ne distingue dans ces mollusques aucun sexe, comme le dit Oppien, on recon-

---

[1] Quand les veaux marins sont en mer, leurs pieds de derrière leur servent de queue pour nager, et à terre de siége quand ils donnent à teter à leurs petits. (*Voyage de Dampierre*, t. 1, p. 117.)

(*Id.* p. 119.)

naît au contraire les deux sexes dans le même individu ; en sorte que ces animaux sont *hermaphrodites*. Leurs œufs, ainsi que nous l'apprend le savant auteur de l'*Anatomie comparée*, M. Cuvier, sont situés derrière le foie ; ils sont quelquefois abreuvés par une humeur qui paraît de la semence, laquelle est secrétée dans un certain temps : cette disposition est nécessaire puisque l'huître ne peut se remuer et par conséquent ne peut aller chercher un autre individu pour s'accoupler. Ce savant a vu dans les *moules*, et il pense que ce doit être la même chose dans les *huîtres*, que lorsque les œufs ont été fécondés ils descendent et se placent entre les deux lames qui forment chaque branchie. Il les a vus plusieurs fois, en examinant les moules au microscope, dans cette même place. Il a distingué dans chaque œuf un petit moule vivant et remuant déjà ses valves, ce qui prouve évidemment que ces animaux sont ovovipares [1].

CHANT SECOND.

Ou mieux encore de Phorcus, etc. Phorcus, fils de Neptune et de la nymphe Thoosa, père de Méduse, régna en Sardaigne et en Corse. Atlas le vainquit et le détrôna ; il devint dieu marin et fut révéré comme le premier des Tritons et des autres divinités de la mer : c'est ce que les poëtes nommaient le chœur de Phorcus.

De quelle puissance propre et inhérente à sa substance n'est pas douée la molle torpille, etc. Rien n'est plus curieux, n'est plus extraordinaire que de retrouver dans les poissons, particulièrement dans la torpille, cette propriété électrique, cet instrument vivant propre à lancer la foudre. Le lecteur pour qui ce fait et sa cause seraient nouveaux me saura peut-être gré de le mettre au courant de ce que la physique nous en a appris ; il sera ainsi dispensé de chercher ailleurs des notions sur ce sujet. Nous les trouvons dans l'article de ce cartilagineux de M. de Lacépède. On verra que les idées d'Oppien sur l'organe électrique de ce poisson étaient assez justes. Comme il est bien reconnu aujourd'hui que le fluide électrique est l'agent du phénomène que nous offre la torpille, je joindrai à la citation qu'on va lire un extrait de ce que j'ai écrit en 1808 sur la *nature* de l'agent électrique et sur *sa manière d'agir* pour produire les effets de l'électricité. Cet abrégé de la théorie que j'ai publiée ne sera pas indifférent à ceux qui aiment à remonter au véritable principe des choses.

« La torpille, dit M. de Lacépède, a reçu de la nature une faculté particulière bien supérieure à la force des dents, des dards et des autres armes dont elle aurait été pourvue : elle possède la puissance redoutable et remarquable de lancer pour ainsi dire la foudre ; elle accumule dans son corps et fait jaillir le fluide électrique avec la rapidité de l'éclair ; elle imprime une commotion soudaine et paralysante au bras le plus robuste qui s'avance pour la saisir, à l'animal le plus terrible qui veut la dévorer ; elle engourdit pour des instans assez longs les poissons les plus agiles dont elle cherche à se nourrir ; elle frappe quelquefois ses coups invisibles à une distance assez grande, et par cette action prompte et qu'elle peut renouveler, annulant les mouvemens de ceux qui l'attaquent et de ceux qui se défendent contre ses efforts, on croit la voir réaliser au fond des eaux une partie de ces prodiges que la poésie et la fable ont attribués aux fameuses enchanteresses dont elles avaient placé l'empire au milieu des flots ou près des rivages.

» Mais quel est donc dans la torpille l'organe dans lequel réside cette électricité particulière ? et comment s'exerce ce pouvoir que nous n'avons vu encore départi à aucun des animaux que l'on trouve sur l'échelle des êtres lorsqu'on descend depuis l'homme jusqu'au genre des raies ?

» De chaque côté du crâne et des branchies est un organe particulier qui s'étend communément depuis le bout du museau jusqu'au cartilage demi-circulaire qui fait partie du diaphragme et qui sépare la cavité de la poitrine de celle de l'abdomen. Cet organe aboutit d'ailleurs par son côté extérieur presqu'à l'origine de la nageoire pectorale ; il occupe donc un espace d'autant plus grand, relativement au volume de l'animal, qu'il remplit tout l'intérieur compris entre la peau de la partie supérieure de la torpille et celle de la partie inférieure. On doit voir aisément que la plus grande épaisseur de chacun des deux organes est dans le bord, qui est tourné vers le centre et vers la ligne dorsale du poisson et qui suit dans son contour toutes les sinuosités de la tête et des branchies, contre lesquelles il s'applique. Chaque organe est attaché aux parties qui l'environnent par une membrane cellulaire dont le tissu est serré et par des fibres tendineuses, courtes, fortes et droites, qui vont depuis le bord extérieur jusqu'au cartilage demi-circulaire du diaphragme.

» Sous la peau qui revêt la partie supérieure de chaque organe électrique on voit une espèce de bande, étendue sur tout l'organe, composée de fibres prolongées dans le sens de la longueur du corps et qui, excepté ses bords, se confond dans presque toute sa surface supérieure avec le tissu cellulaire de la peau. Immédiatement au-dessous de cette bande on en découvre une seconde de même nature que la première et dont le bord intérieur se mêle avec celui de la bande supérieure, mais dont les fibres sont situées dans le sens de la largeur de la torpille.

» Cette bande inférieure se continue dans l'organe proprement dit par un très-grand nombre de prolon-

---

[1] Voyez sur ces animaux le superbe ouvrage de Regenfus, et ceux de Knorr, notamment celui qui a pour titre *les Délices des yeux et de l'esprit*.

gément membraneux qui y forment des prismes verticaux à plusieurs pans, ou pour mieux dire des tubes creux perpendiculaires à la surface du poisson et dont la hauteur varie et diminue à mesure qu'ils s'éloignent du centre de l'animal et de la ligne dorsale. Ordinairement la hauteur des plus longs tuyaux égale six vingtièmes de la longueur totale de l'organe; celle des plus petits en égale un vingtième, et leur diamètre, presque le même dans tous, est aussi d'un vingtième ou à peu près.

» Les formes des différens tuyaux ne sont pas toutes semblables : les uns sont hexagones, d'autres pentagones, d'autres carrés; quelques-uns sont réguliers, mais le plus grand nombre est d'une figure irrégulière. Les prolongations membraneuses qui composent les pans de ces prismes sont très-déliées, assez transparentes, étroitement unies l'une à l'autre par un réseau lâche de fibres tendineuses qui passent obliquement et transversalement entre ces tuyaux, et ces tubes sont d'ailleurs attachés ensemble par des fibres fortes et non élastiques qui vont directement d'un prisme à l'autre. On a compté dans chacun des deux organes d'une grande torpille jusqu'à près de douze cents de ces prismes. Au reste, entre la partie inférieure de l'organe et la peau que revêt le corps du poisson, on trouve deux bandes entièrement semblables à celles qui recouvrent les extrémités supérieures de ces tubes.

» Non-seulement la grandeur de ces tuyaux augmente avec l'âge de la torpille, mais encore leur nombre s'accroît à mesure que l'animal se développe; chacun de ces prismes creux est d'ailleurs divisé dans son intérieur en plusieurs intervalles par des espèces de cloisons horizontales, composées d'une membrane déliée et très-transparente, paraissant se réunir par leurs bords, attachées dans l'intérieur des tubes par une membrane cellulaire très-fine, communiquant ensemble par de petits tuyaux sanguins, placées l'une au-dessous de l'autre à de très-petites distances et formant un grand nombre de petits interstices qui semblent contenir un fluide.

» De plus, chaque organe est traversé par des artères, des veines et un grand nombre de nerfs qui se divisent dans toutes sortes de directions entre les tubes et étendent de petites ramifications sur chaque cloison où ils disparaissent. Tel est le double instrument que la nature a accordé à la torpille; tel est le double siége de la puissance électrique. Nous venons de voir que lorsque cette raie est parvenue à un certain développement, les deux organes réunis renferment près de deux mille quatre cents tubes : ce grand assemblage de tuyaux représente les *batteries électriques* si bien connues des physiciens modernes et que composent des *bouteilles fulminantes* appelées *bouteilles de Leyde* disposées dans ses batteries de la même manière que les tubes des organes de la torpille, beaucoup plus grandes à la vérité, mais aussi bien moins nombreuses. » (*Hist. nat. des poissons*, t. 1, p. 117, édit. in-12.)

La torpille n'est pas le seul poisson qui jouisse de cette faculté foudroyante et électrique; il en est même qui en sont doués dans un degré plus éminent : tel est le *gymnote électrique*, plus particulièrement connu sous le nom d'*anguille de Surinam*. Cette plus grande intensité électrique se manifeste par des étincelles qui supposent une plus grande accumulation ou condensation du fluide électrique [1]. On connaît aujourd'hui plusieurs autres poissons électriques, le *tetrodon*, le *trichiure*, le *malaptérure*, etc. Il est à présumer qu'on découvrira par la suite cette propriété avec plus ou moins d'énergie dans beaucoup d'autres animaux.

C'est ainsi que parmi les hommes on remarque de la sagacité dans les uns et de l'inaptitude dans les autres. C'est une chose digne de l'attention d'un philosophe et d'un ami de la nature que cette différence dans les facultés des hommes. Ceux mêmes qui paraîtraient devoir le plus se rapprocher à cet égard, les membres d'une même famille, ceux qui tiennent le jour des mêmes individus, offrent non-seulement des différences, mais encore des disproportions, pour ne pas dire des disparates, qui sont pour le moraliste des problèmes assez difficiles à résoudre. Des êtres placés dans les mêmes circonstances, nés des mêmes parens, qui ont reçu la même éducation, présentent cependant des résultats opposés. Trop souvent un homme d'un esprit supérieur a un fils ou un frère imbécile, d'un esprit faux ou borné, quoique celui-ci ait reçu le même enseignement, ait eu les mêmes maîtres. Les exemples, si on voulait les rapporter ici, n'en seraient que trop nombreux; on n'aurait pas besoin de les aller chercher dans l'antiquité, quoiqu'elle nous en fournisse plusieurs très-frappans et trop connus. N'est-ce pas à la physiologie plutôt qu'à la morale à nous donner quelques lumières à cet égard? Ne trouverons-nous pas le principe de cette inégalité dans cette différence physique qui établit des modifications, des nuances d'impression et de sensibilité, d'où résulte ou l'homme de génie ou l'homme obtus, dans un assemblage d'organes discordans, hors de la proportion et de l'harmonie nécessaires pour constituer ce que le vulgaire appelle un homme *heureusement organisé*, d'où provient un imbécile ou un fou? Tels ces instrumens dont les cordes mal d'accord ne présentent à nos oreilles blessées que des tons aigres et faux, qu'une musique détestable. Le docteur Gall, ce savant cranologiste, ne désavouera pas sûrement cette explication. Sa longue

---

[1] Cependant Galvani est parvenu à apercevoir dans l'obscurité quelques étincelles que donnait le fluide émané de la torpille au moyen de deux lames de métal isolées et placées à une petite distance, de manière que ce fluide qui y parvenait par l'intermède d'une lame pût passer de l'une à l'autre.

étude de l'organe cérébral, les nombreuses expériences qu'il a été dans le cas de faire pour appuyer son système, lui ont fourni des preuves multipliées de ce que j'avance. Les anciens avaient fait des observations du même genre : Homère décrit la forme *aiguë* de la tête chauve de Thersite et paraît attribuer à cette forme particulière et bizarre le caractère de ce guerrier.

Autar uperthe
Phoxos eén kephalén, psedné d'epenénothe lachné,
(Illiade, chant 1er, vers 219.)

Apprenez par cet exemple, ô mortels ! quelle est la triste fin de cette passion insensée pour la table, etc. Il paraît que l'auteur fait allusion à ces repas des Romains si célèbres par leur luxe monstrueux. En écrivain discret et qui ne veut offenser personne, il se retranche dans les généralités ; il profite de l'occasion de donner une leçon utile ; il le fait toutefois sans humeur comme sans pédanterie, avec cette noblesse d'expression, de sentiment qui constitue l'homme franc et poli tout ensemble. Il est impossible de ne pas s'apercevoir, par la diction pure et distinguée d'Oppien, que son éducation avait été digne de sa naissance.

Ils lestent alors leur dos d'une pierre, etc. Virgile, dans son 4e livre des *Géorgiques*, donne aux abeilles le même genre d'industrie ; elles luttent ainsi avec avantage contre la force des vents :

> Nec vero a stabulis pluvia impendente recedunt
> Longius, aut credunt cœlo adventantibus Euris.
> Sed circum tutæ sub mænibus urbis aquantur,
> Excursus breves tentant ; et *sæpe lapillos
> Ut cymbæ stabiles fluctu jactante suburram
> Tollunt*; his sese per inania nubila librant.

> L'air est-il orageux et le vent incertain,
> Il ne hasarde point de voyage lointain :
> A l'abri des remparts de sa cité tranquille,
> Il va puiser une onde à ses travaux utile ;
> Et souvent dans son vol, tel qu'un nocher prudent,
> Lesté d'un grain de sable, il affronte le vent.
> (Trad. de Delille.)

Grégoire Bersmann a rendu la même idée dans les vers suivans :

> Adversus autem se notos per nubila
> Librat, lapillum sustinens rite pedibus,
> Quo flatuum contra ruentes impetus
> Se firmat ipsa gravata pondere.
> Nam cymba recto non fertur tramite
> Quam non suburræ fulcit æquilibrium.

Dans les forêts, un cerf au bois fourchu qui parcourt les lieux fréquentés des serpens, etc. Oppien, dans ses *Cynégétiques*, décrit cette espèce de guerre des cerfs contre les serpens.

De l'extrémité de la queue de la trygone sort un horrible aiguillon tout à la fois redoutable par sa force et dangereux par son venin, etc. C'est une erreur qui s'est longtemps perpétuée que celle de ce prétendu venin dont on gratifiait les pointes osseuses des poissons. On sait aujourd'hui que l'effet fâcheux qu'ils produisent n'est dû à aucune espèce de venin. Une anatomie bien faite de ces animaux nous a fait connaître qu'il n'existe chez eux aucune glande qui en soit le réservoir. On trouvera dans le discours sur l'*Histoire naturelle des poissons* de M. de Lacépède un assez long passage sur ce sujet. Je me contenterai de rapporter ce qu'il dit à cet égard à l'article de la raie aigle :

« Lorsque cette arme particulière est introduite très-avant dans la main, dans le bras ou dans quelque endroit du corps de ceux qui cherchent à saisir la raie aigle, lorsque surtout elle y est agitée en différens sens et qu'elle en est violemment retirée par des efforts multipliés de l'animal, elle peut blesser le périoste, les tendons ou d'autres parties plus ou moins délicates de manière à produire des inflammations, des convulsions et d'autres symptômes alarmans. Ces terribles effets ont bientôt été regardés comme les signes de la présence d'un venin des plus actifs, et comme si ce n'était pas assez d'attribuer à ce dangereux aiguillon dont la queue de la raie aigle est armée les qualités redoutables mais réelles des poisons, on a bientôt adopté sur sa puissance délétère les faits les plus merveilleux, les contes les plus absurdes. On peut voir ce qu'ont écrit sur ce venin mortel Oppien, Ælien, Pline, relativement aux effets funestes que nous indiquons. Ces trois auteurs ont entendu par leur pastenague ou leur raie trygone non-seulement la pastenague proprement dite, mais la raie aigle, qui a les plus grands rapports de conformation avec cette dernière. Non-seulement ce dard dentelé a paru aux anciens plus propre à donner la mort que les flèches empoisonnées des peuples à demi sauvages, non-seulement ils ont cru qu'il conservait sa vertu malfaisante longtemps après avoir été détaché du corps de la raie, mais son simple contact tuait l'animal le plus vigoureux, desséchait la plante la plus vivace, faisait périr le gros arbre dont il attaquait la racine : c'était l'arme terrible que la fameuse Circé remettait à ceux qu'elle voulait rendre supérieurs à tous leurs ennemis. Et quels effets plus redoutables, selon Pline, que ceux que produit cet aiguillon, qui pénètre dans tous les corps avec la force du fer et l'activité d'un poison funeste ?

» Cependant ce dard, devenu l'objet d'une si grande crainte, n'agit que mécaniquement sur l'homme ou sur les animaux qu'il blesse ; et sans répéter ce que nous avons dit des prétendues qualités venimeuses des poissons, l'on peut assurer que l'on ne trouve auprès de la racine de ce grand aiguillon aucune glande destinée à filtrer une liqueur empoisonnée ; on ne voit aucun vaisseau qui puisse conduire un venin plus ou moins puissant jusqu'à ce piquant dentelé ; le dard ne renferme aucune cavité propre à transmettre ce poison jusque dans la blessure, et aucune humeur particulière n'imprègne ni n'humecte cette arme, dont toute la puissance provient de sa grandeur, de sa durée, de ses dentelures et de la force avec laquelle l'animal s'en sert pour frapper. » (*Histoire naturelle des poissons*, t. 1er, page 14, édit. in-12.)

Le thon et le xiphias portent toujours avec eux un fléau qui les vexe et les déchire sans cesse, etc. Rondelet, dans son 8me livre des *Poissons*, 1re partie, a tracé, sur la figure qui représente le thon, l'*insecte*, l'*œstre* dont parle Oppien; il dit dans son article du xiphias : « Ce poisson est aussi fort tourmenté d'un ver nommé *œstrus* ou *asilus*, comme le thon; il en saute à terre et dans les navires. Ce ver est pourtrait au pourtrait du grand thon; il se fiche sous l'aile à cause que sa chair y est plus molle et plus tendre; il en peut sucer le sang et y tient si fort qu'il n'en peut tomber, quelque mouvement du corps qu'il fasse. »

Bloch n'a pas manqué, à l'exemple de tous les ictyologistes, de parler de ce petit animal, si terrible pour le thon et le xiphias :

« Selon Aristote et Pline, dit-il, le thon, dans la canicule, est tourmenté par un insecte qui a la grosseur d'une araignée et la forme d'un scorpion, et qui se met sous les nageoires de la poitrine. Le thon, piqué par cet animal, devient furieux au point que, selon Oppien, il saute dans les vaisseaux et sur le rivage. La raison pour laquelle cet insecte s'attache plus particulièrement au thon qu'aux autres poissons est que la peau du thon est très-molle sous les nageoires de la poitrine. » (*Ictyologie* ou *Histoire générale et particulière des poissons*, 2me partie, p. 89.)

Il manquerait quelque chose à cet article si nous ne rapportions ce qu'en a écrit M. de Lacépède, dont le style, dans ce passage comme dans tant d'autres, est si vif et si animé, pour ne pas dire même poétique :

« D'autres fois, et dans certains temps de l'année, des insectes aquatiques s'attachent à sa peau et au-dessous de ses nageoires pectorales et dans d'autres endroits d'où il ne peut les faire tomber malgré tous ses efforts; et quoiqu'il se frotte contre les algues, les sables ou les rochers, ils se cramponnent avec obstination et le font souffrir si vivement qu'agité, furieux, en délire comme le lion et les autres grands animaux terrestres sur lesquels se précipite la mouche du désert; il va au-devant des plus grands dangers, se jette au milieu des filets, s'élance sur le rivage ou s'élève au-dessus de la surface de l'eau et retombe jusque dans les barques des pêcheurs. » (*Histoire naturelle des poissons*, t. 4, p. 25.)

» Des animaux marins très-grands et très-puissans, tels que les squales, les xiphias, sont pour les thons des poissons dangereux contre les armes desquels leur nombre ou leur réunion ne peuvent pas toujours les défendre.

» Mais indépendamment de ces adversaires remarquables par leur force ou par leur dimension, le thon expire quelquefois victime d'un être bien petit et bien faible en apparence, mais qui, par les piqûres qu'il lui fait et les tourmens qu'il lui cause, l'agite, l'irrite, le rend furieux, à peu près de la même manière que le terrible insecte ailé qui règne dans les déserts brûlans de l'Afrique est le fléau le plus funeste des panthères, des tigres et des lions. Pline savait qu'un animal dont on compare le volume à celui d'une araignée et la figure à celle d'un scorpion s'attachait au thon, se plaçait auprès et au-dessous de ses nageoires pectorales, s'y cramponnait avec force, le piquait de ses aiguillons et lui causait une douleur si vive, que ce scombre, livré à une sorte de délire et ne pouvant, malgré tous ses efforts, ni immoler, ni fuir son ennemi, ni apaiser sa souffrance cruelle, bondissant avec violence au-dessus de la surface des eaux, la parcourait avec rapidité, s'agitait en tous sens et, ne résistant plus à son état affreux, ne connaissait plus d'autre danger que la durée de son angoisse : excédé, égaré, transporté dans une sorte de rage, il s'élançait sur le rivage et sur le pont des vaisseaux, et bientôt il trouvait dans la mort la fin de son tourment. » (*Même volume*, p. 459.)

Ils se tourmentent en courses rapides sur les flots. Le grec dit : « *Allote d'allè kuma kathippeuousin*; mot à mot : « Ils enjambent, ils enfourchent les flots avec la rapidité d'un coursier, tantôt d'un côté, tantôt de l'autre. » Cette expression, outre qu'elle paraîtrait bien hasardée en français, n'est pas assez noble pour pouvoir entrer dans le texte; mais je la rapporte ici, en y joignant la phrase grecque, afin que cette image ne soit pas perdue pour le lecteur. Euripide avait dit de même dans les *Phéniciennes* : «*Zephurou pnoiais ippeuanthos en ouranô* (montant à cheval vers les cieux sur le souffle léger des zéphirs); » nous dirions, dans le génie de notre langue : « S'élançant vers les cieux sur l'aile des zéphirs. » On lit dans Horace (ode 4, liv. 4) : « *Ceu flamma per tœdas vel Eurus per siculas equitavit undas*. » Il paraît que plusieurs auteurs, soit ceux qu'on vient de citer, soit plusieurs autres, se sont emparés de la même expression, qui leur a paru tout à la fois vive et hardie.

L'attaquent à la fois de toute la violence de leurs dents sans jamais lâcher prise. Les uns lisent *atromoi* et les autres *atropoi*. Les commentateurs préfèrent cette dernière version : c'est aussi celle que j'ai suivie.

Les chasseurs racontent que dans les bois, les thos féroces, etc. Oppien parle des thos dans le 3ᵐᵉ livre des *Cynégétiques* : « Souvent, dit-il, l'hymen rapproche les loups et les cruelles panthères, et de leur union naît une race vigoureuse, celle des thos, sur qui brillent réunies les couleurs de ceux dont ils tiennent le jour : ils ressemblent à leur mère par les nuances de leur peau, et par la face à leur père. » (*Traduction de Belin de Ballu*, p. 75.) Celui-ci croit pouvoir avancer que ce quadrupède n'est pas notre *chacal*, comme l'avait pensé Buffon ; mais il avoue en même temps qu'il ne sait à quel animal connu le rapporter :

« M. de Buffon, dit-il dans ses notes, p. 192, a pensé que le thos était le même animal que le chacal (*Hist. des quadrupèdes*, t. 6, p. 188). Nous devons sans doute beaucoup déférer aux opinions de ce grand homme, mais il semble que ce sentiment, qu'il a puisé dans l'ouvrage de Gesner sur les quadrupèdes et dans Bochart (*Hierozoicon*, t. 1ᵉʳ, p. 87), n'est pas absolument exact. Il est constant, d'après ce passage d'Oppien, que le loup doré et le thos sont deux animaux fort différens. Le premier ressemble entièrement à un loup ; il n'a de particulier que le poil doré : le thos au contraire n'a rien du loup que la forme de la tête ; du reste il en diffère essentiellement par la couleur de sa robe et par les taches dont elle est semée : ces taches, semblables à celles que porte la panthère, ont fait croire aux anciens que les thos étaient le produit de l'accouplement du loup et de la panthère ; il résulte de là que les chacals, manquant absolument de ces taches et n'ayant qu'un poil doré et de couleur uniforme, ne peuvent être les mêmes que les thos et que ces taches forment un caractère particulier. Oppien n'est pas le seul auteur qui nous apprenne que les thos ont la robe semée de taches. Arrien, dans son *Histoire de l'Inde*, p. 329, distingue une espèce de thos dont la robe est semée de nuances différentes. Pline reconnaissait aussi cette espèce de loups tachetés et les peint en ces mots (liv. 8, ch. 9) : « *Pompei magni primum ludi ostendere thoem*[1] *quem Galli rufium vocabant effigie lupi, pardorum maculis.* » Ainsi, selon ce naturaliste, le thos a le port du loup et les taches de la panthère. Ce qu'Aristote dit du thos est trop abrégé pour qu'on puisse en tirer un caractère propre à fixer sa ressemblance avec quelqu'un des animaux que nous connaissons. Quel est parmi ces animaux celui qui représente le thos d'Oppien et de Pline ? je l'ignore ; mais je crois pouvoir assurer que les naturalistes qui pensent que le thos des anciens est le chacal des Perses se trompent ou du moins n'ont point encore prouvé cette identité, contre laquelle l'autorité des anciens s'élève fortement. »

On lit dans Pline (liv. 2, chap. 34) : « *Thoes (luporum id genus est procerius longitudine, brevitate crurum dissimile, velox saltu, venatu vivens, innocuum homini) habitum non colorem mutant per hyemes hirtis æstate nudi.* » Cette description conviendrait assez au chacal.

C'est l'opinion de M. Larcher, qu'il exprime ainsi dans ses notes (t. 3 de sa traduction d'Hérodote, p. 581) : « Cet animal paraît être le chacal que les Anglais écrivent *jack-all*. Il y en avait un à la Tour de Londres tandis que j'étais en Angleterre, en 1752. Il est d'une couleur plus obscure que le renard et à peu près de la même grandeur ; il glapit aussi de même que cet animal. Les Arabes l'appellent *deeb* ou *chathall*. Le nom anglais *jack-all* vient sans doute de ce dernier nom et non pas parce que c'est le pourvoyeur du lion, comme on le croit communément en Angleterre. Quand je parle d'une opinion communément reçue, j'en excepte toujours les savans, qui font le plus petit nombre. Il est si peu son pourvoyeur que si le lion survient lorsqu'il dévore sa proie, il s'enfuit aussitôt : « On voit souvent le jack-all[1] ronger les carcasses dont le lion a mangé partie pendant la nuit. Cette circonstance et le bruit que le jack-all fait en quelque manière de concert avec le lion et que j'ai souvent entendu moi-même est tout ce qui peut favoriser cette opinion. »

Camus trouve des probabilités pour l'identité du chacal avec le thos ; cependant il hésite à se ranger du côté de ceux qui l'adoptent. On peut voir ses motifs à l'article *thos* dans sa traduction de l'*Histoire des animaux* d'Aristote, p. 805.

Ainsi la vertu obtient partout la récompense qui lui est due ! Le grec dit *dikès aidoiès*. Je traduis ces mots par celui de *vertu*, d'abord parce que celui de justice ne convient point à la circonstance dont il est ici question, en second lieu parce que cette version ne s'accorderait point avec ce que l'auteur dit plus bas : « Doit-on être si étonné que la justice habite loin des mers ? »

Enfans d'Énée, il vous fit aborder sur cette terre et vous en remit l'empire, etc. Oppien termine ce second chant par un éloge des Romains aussi adroit que flatteur ; il retrace rapidement et comme en masse tous leurs exploits guerriers contre les divers peuples successivement soumis à leur puissance : « Mais pourquoi, dit-il, rappeler ces prodiges de vos armes ? » Il quitte ces souvenirs de leurs conquêtes pour se livrer au sentiment qui semble le presser de rendre hommage à l'empereur et à son fils. Quelle vivacité, quelle abondance d'expressions et d'idées ! Quel mouvement, quel élan de l'imagination et du cœur dans les vœux qu'il forme pour leur conserva-

---

[1] Je trouve dans le texte de Pline que cite Belin une petite différence ; on y lit : « *Pompei magni primum ludi ostenderunt* chaum *quem Galli* raphium *vocabant, effigie lupi, pardorum maculis.* »

[1] *Voyages de Shaw en Barbarie et au Levant*, t. 1ᵉʳ, p. 321.

tion ! L'histoire nous apprend que les vers d'Oppien, outre le rappel de son père, qui était l'objet principal pour ce jeune poëte, lui valurent autant de statères d'or qu'il y avait de vers dans ses poëmes. Ah ! sans doute le passage dont nous nous occupons ne fut pas celui qui contribua le moins à cette générosité, dont il n'existait peut-être pas d'exemple, comme elle n'a pas été prise pour modèle.

Je ne puis m'empêcher de remarquer qu'il est un des vers de ce morceau qui ne me paraît pas avoir été bien entendu ou du moins bien traduit par aucun traducteur latin, ni par Salvini, dont nous avons cité quelquefois la traduction italienne ; c'est celui que j'ai rendu par ces mots : « Et qu'enfin par eux la suprême puissance est arrivée pour notre bonheur à un heureux port, »

Ek tôn moi glukus ormos anaktoriés pepetastai.

Lippius l'explique ainsi :

Nascitur ex istis mos et doctrina regendi,

ce qui offre un sens tout à fait différent de celui du texte. Rittershusius, dans son interprétation latine, me paraît avoir approché de la véritable idée de l'auteur sans cependant y être arrivé tout à fait : « *Ex quibus mihi dulcis portus imperii aperitur.* » La traduction de Salvini est à peu près celle de ces mots latins : « *Da questi aperto è a me un dolce porto di corte,* » ce qui peut signifier : « Par eux le doux port de la suprême puissance m'est ouvert. » Quoique ces mots rendent à peu près ceux qui leur correspondent dans le grec, comme ce sens paraît insignifiant et qu'il l'a paru vraisemblablement à Lippius lui-même, puisqu'il en a cherché un plus éloigné, je crois qu'il est convenable d'en imaginer un autre qui s'adapte davantage au motif du morceau entier dont il fait partie. Je pense donc que *moi* peut être ici pris pour *noi* et que l'auteur a voulu dire que *la suprême puissance est arrivée pour le bonheur des humains à un heureux port*[1], puisqu'elle est établie pour un grand nombre d'années sur la tête d'Antonin et de son fils, ce qui met l'empire pour longtemps à l'abri des secousses et des malheurs qui ont si souvent ensanglanté la venue au trône des nouveaux Césars. Ce sens me paraît beau, naturel, digne d'Oppien et de l'honneur qu'il veut attacher au règne de ses souverains. On pourrait aussi admettre la version suivante, qui serait peut-être moins éloignée : « Je vois que, descendue parmi les hommes et devenue leur amie, tu es assise sur ce trône éclatant d'où l'auguste Antonin et son illustre fils dispensent des lois à la terre, *et que je leur dois d'en avoir laissé ouvrir pour moi la douce barrière.* »

[1] J'ai vu avec plaisir que Diaper avait eu la même pensée :
 The heav'nly power will look propitious down,
 By sure succession fix th' establish'd throne,
 Preserve th' immortal sire, and the god-like son.

CHANT TROISIÈME.

Accordez maintenant quelque attention, ô mes souverains ! à ce que je vais dire de l'art varié de la pêche. On voit par les premiers vers de ce chant que c'est seulement dans celui-ci qu'Oppien commence à parler de la pêche. On a vu qu'il était question dans les précédens d'une foule d'autres circonstances qui concernent ces nombreux habitans des eaux, de leurs amours, de leur ponte, de leurs habitudes, des lieux où ils se plaisent, de la nourriture qu'ils préfèrent, des combats qu'ils se livrent, etc. Il est évident que l'auteur a eu raison de ne pas donner à son poëme le seul titre de *la Pêche*, comme ont voulu le faire ceux qui se contentent de le désigner ainsi. Ce n'est pas sans motif que le poëte grec lui a donné un nom plus convenable, plus analogue au plan qu'il avait fait, qu'il a si heureusement exécuté. C'était aussi le devoir d'un traducteur de ne pas en rétrécir l'idée, de conserver jusque dans le titre du poëme ce bel ensemble qui en fait la matière et l'objet, de lui donner enfin le nom qu'Oppien lui a donné. Je l'intitule donc *les Halieutiques*, quoique ce mot tout à fait grec ne présente pas d'abord pour le commun des hommes ce qu'il signifie. Pour prévenir toute difficulté à cet égard, j'en ai donné l'explication dans le titre même. Ovide, qui avait aussi un poëme sur la même matière, dont il ne nous reste que des fragmens, l'avait également intitulé *les Halieutiques*. M. Gail, cet helléniste et littérateur distingué, en a usé ainsi dans sa traduction des *Cynégétiques* de Xénophon, à laquelle il a laissé le titre grec.

Ces secrets des eaux, tu les appris à notre Pan, ton fils, qu'on assure avoir été le défenseur de ton père et le meurtrier de Typhon, etc. Typhon, l'un des géans qui escaladèrent le ciel, fut contraint pour se dérober à la vengeance du maître des dieux, de se retirer dans un antre du mont Imariné, ou, selon d'autres, du mont Etna ; le dieu Pan, fils de Mercure, l'attira au dehors en l'invitant à un repas funeste sur le bord de la mer, où il fut atteint et écrasé par les foudres de Jupiter.

Les extrémités même des rives où viennent expirer les flots et que jaunit leur écume furent rougies du sang de cet illustre rebelle, etc. Certains commentateurs veulent que le texte porte *etheirai* au lieu de *ochthai*, ce qui alors fait un sens tout différent et ce qui signifie : « *Ses cheveux blancs furent par suite de sa rébellion rougis de son sang sur le bord des mers.* » Lippius a suivi à peu près ce sens, quoique le mot *ochthai* existe dans le texte grec du même volume. Mais la version que j'ai suivie me paraît meilleure : « *Puisque ses cent têtes furent dispersées en éclats de tous côtés,* » comme le dit Oppien, rien de plus naturel que d'ajouter « *que les bords du rivage furent souillés de son sang.* »

Que le corps, que les membres du pêcheur soient tout à la fois dégagés et robustes. Oppien dit à peu près la même chose dans ses *Cynégétiques.*

Le moment où Phébus se plonge dans l'onde, celui où l'Aurore sort des bras de son vieil époux sont les plus favorables pour les pêches qui se font vers l'été et l'automne, etc. Le grec dit *opórinésin enórais*. Le mot *opórinésin* exprime tout à la fois la fin et le commencement de l'automne.

Les pêcheurs distinguent quatre espèces différentes de pêches : les uns se plaisent à faire usage des hameçons ou haims, etc. Ce passage d'Oppien contient l'énumération des divers instrumens dont les anciens se servaient dans leurs pêches. Il serait inutile de donner d'autres détails sur ceux dont l'explication est dans le texte même. Oppien dit des *hameçons*, qu'on les adapte à l'extrémité de longs roseaux, que les haims ou crochets sont attachés à des crins ou à des fils. Il dit des *cathètes*, que ce sont des cordons armés d'un grand nombre d'haims, et le nom grec indique que ces cordons sont destinés pour le fond des mers. Suivant quelques-uns, ce sont de grands hameçons qu'on place et qui reposent dans des endroits creux. On tire alors ce sens de *kathiémi* (je suis couché). D'autres veulent que *kathétes* soit le plomb même dont on charge la corde de la ligne afin qu'elle soit entraînée par ce poids au fond de l'eau; dans ce cas ils font venir son nom de *kathienai* (être entraîné en bas).

Quant aux *dictues* (diktuon de dikô je jette), ce sont de très-grands filets dont la forme est variable et qui prennent un nom particulier et spécifique de la forme qu'ils présentent. Ainsi on les nomme *amphiblestres* lorsqu'ils sont faits de manière à pouvoir enfermer les poissons de tous côtés et sans doute d'une manière circulaire : ils tirent leur dénomination d'*amphiballein* ; *gryphées*, lorsque faits d'osiers ils sont à plusieurs compartimens et contours propres à prendre et à tenir les poissons prisonniers ; *gangames*, lorsque, représentant nos *verviers* ou *verveux*, ils sont à mailles fortes dont les bords sont retenus et arrêtés par une bande circulaire de fer ; *hypoches*, espèces de dictues destinées à emprisonner et à resserrer fortement les poissons qui y sont pris ; *sagènes* ou *seines*, ce sont de grands filets qui s'étendent dans un très-grand espace, qui, placés dans la largeur d'une rivière, par exemple, la traverseraient en entier ; *calumnes*, espèces de voiles qui, en se déployant au moment qu'on les lance à l'eau, occupent une assez grande étendue à sa surface ; *pezes*, espèces de petites dictues ; *sphairones*, filets circulaires en forme de bourse qu'on plaçait à terre et dont la bouche semblait offrir une issue aux poissons arrêtés dans leur course par les *sagènes* ; *panagre*, le mot même indique que c'était un filet propre à toute espèce de pêche : il servait aussi pour la chasse, ainsi que le dit Oppien dans ses *Cynégétiques*, mais sans en donner aucune description ; *kurtes*, nasses ou paniers faits d'osiers : on les place dans la nuit, on ne les lève que le lendemain. On peut consulter sur ces instrumens et sur ceux qui leur correspondent Shneider (*Petri artedi synonymia piscium*), Duhamel (*Traité des Pêches*), l'Encyclopédie méthodique (volume ayant pour titre *Dictionnaire de toutes les Pêches*), M. de Lacépède dans les divers volumes de son *Histoire naturelle des poissons*, etc.

Dans l'instant le trait invisible qu'elle lance passe de l'un à l'autre et imprime sur le bras de celui qui pêche un coup, une torpeur, etc. Nous avons vu que la torpille a la faculté de lancer sur les animaux dont elle veut faire sa proie une espèce de foudre qui amortit leurs forces vitales et qui les livre par ce moyen à sa voracité ; nous avons dit que cet effet est dû au fluide électrique que la torpille a la propriété de pouvoir projeter hors d'elle-même. Elle emploie le même moyen contre les pêcheurs ; elle dirige le fluide, non sur eux, parce qu'ils sont trop éloignés et parce qu'ils sont isolés par rapport à elle, mais contre la ligne dont le pêcheur tient à la main l'extrémité, qui sert ainsi de conducteur et porte la foudre sur le bras de l'homme. Celui-ci, dompté par la douleur, laisse tomber ses instrumens de pêche et renonce forcément à faire sa proie de ce poisson.

Écoutez d'abord avec quelle adresse la pêche des anthias est conduite dans mon heureuse patrie, vers le promontoire de Sarpedon, etc. M. de Lacépède n'a pas manqué de décrire, à l'article de ce poisson, la manière dont les anciens en faisaient la pêche : « Plusieurs auteurs grecs et latins, dit-il, ont parlé de l'anthias, et particulièrement Oppien et Pline se sont occupés de la manière de le pêcher. Selon ce que rapporte le naturaliste romain, les lutjans de cette espèce étaient très-communs auprès des îles et des écueils voisins de l'Asie-Mineure. Un pêcheur, toujours vêtu du même habit, se promenait dans une petite barque pendant plusieurs jours de suite, et chaque jour, à la même heure, dans un espace déterminé, auprès de ces écueils et de ces îles, il jetait aux anthias quelques-uns des alimens qu'ils préfèrent. Pendant quelque temps cette nourriture était suspecte à ces animaux, qui, armés pour se défendre bien plutôt que pour attaquer, doivent être plus timides, plus réservés, plus précautionnés, plus rusés que plusieurs autres habitans des mers. Cependant, au bout de quelques jours, un de ces poissons se hasardait à saisir quelques parcelles de la pâture qui lui était offerte. Le pêcheur l'examinait avec attention, comme l'auteur de son espoir et de ses succès, et l'observait assez pour le reconnaître plus facilement. L'exemple de l'individu plus hardi que les autres n'avait pas d'abord d'imitateurs ; après quelque temps, il ne paraissait qu'avec des compagnons dont le nombre augmentait peu à peu, et enfin il ne se montrait qu'avec une troupe nombreuse d'autres anthias qui se familiarisaient bientôt avec le pêcheur et s'accoutumaient à recevoir la nourriture de sa main. Ce même pêcheur cachant alors un hameçon dans l'aliment qu'il présentait à ces animaux trompés, les retenait, les enlevait, les jetait avec vitesse et facilité dans son petit bâtiment, mais avait un grand soin de ne pas saisir l'anthias imprudent auquel il devait la bonté de sa pêche et dont la prise aurait mis à l'instant en fuite tous ceux qui ne s'étaient avancés vers le navire qu'en imitant sa témérité et se mettant en quelque sorte sous sa conduite.

» Oppien raconte que lorsque, dans d'autres circonstances, un anthias est pris à l'hameçon, ses compagnons s'empressent à l'aider et à le détacher du fatal crochet ou de la ligne en le poussant avec leur dos, et que même quelquefois l'individu retenu par la corde la coupe avec l'aiguillon long et dentelé de sa nageoire dorsale, etc. (*Histoire naturelle des poissons*, tome 7, page 170).

Soit l'île d'Eleusa, etc. Dans laquelle était la ville de Sébaste, suivant ce que dit Danville dans sa *Géographie ancienne*, article Cilicie, p. 114, in-4°. Il parle aussi d'un lieu nommé *Corycus*, et d'un autre nommé *Curco*, célèbre par la bonté du safran qui y croissait : il marque dans sa carte le promontoire de Sarpedon, dans la contrée de la Cilicie nommée *Cetis*.

Les présens, les festins, les témoignages d'amitié sont prodigués, etc. Non-seulement ceux qui recevaient des étrangers leur faisaient des présens, mais les étrangers en faisaient aussi à leurs hôtes. Les uns et les autres étaient nommés d'un nom commun *xenia*; ils portaient le même nom, *xenia*, chez les Romains.

En même temps la maison qui leur sert d'asile retentit des cris intéressans de ces jeunes oiseaux. Le grec dit : «*Apan d'epi dôma leleken andros xeinod'ochoio liga klazousi.*» Je croirais qu'au lieu de *andros xeinod'ochio*, il faudrait mettre *mêtros erchomenoio*. « *Au retour, à l'arrivée, à l'approche de leur mère, toute la maison retentit des cris de ces jeunes oiseaux.* » Ce sens me paraît plus naturel, plus vrai que celui du texte tel qu'il est, et qui signifie *la maison de l'homme qui leur donne l'hospitalité retentit*, etc. Je croirais donc que la phrase entière devrait être ainsi traduite : « Ainsi, lorsque l'oiseau du printemps (l'hirondelle), messager des douces haleines, donne la pâture à ses petits nouveau-nés et nus ; que ceux-ci, frétillant et piolant de joie, s'élancent de leurs nids autour de leur mère, le bec largement ouvert, avides de saisir ce qu'elle leur destine, et qu'à son approche toute la maison retentit des cris intéressans de ces jeunes oiseaux. » Les commentateurs eux-mêmes conviennent que le texte était altéré. Les éditeurs ont rempli cette lacune : je crois qu'ils n'ont pas été parfaitement heureux dans leur travail ; et les mots *mêtros erchomenoio* me paraissent préférables.

De même lorsqu'un chasseur a disposé dans la forêt un piége contre les animaux féroces, etc. Oppien, dans ses *Cynégétiques*, parle de ce genre de piége dont on se sert pour prendre les thos.

Il y mêlera quelques larmes de cette princesse d'Assyrie, fille de Théante, qu'on assure avoir conçu pour son père une affreuse passion, etc. Il s'agit de Myrrha, qui, ayant eu avec son père Cynire un commerce incestueux, menacée d'en recevoir la mort lorsqu'il reconnut le crime involontaire qu'elle lui avait fait commettre, fut changée en une plante d'où découle la mirrhe.

Il n'est pas de poisson qui s'accommode de plus vils alimens que le trigle : tout lui est bon, jusqu'à la moindre ordure, etc. Les goûts de ce poisson, si ce que dit Oppien est vrai, sont bien peu analogues à la belle parure, aux couleurs brillantes et magnifiques que les ictyologistes admirent en lui. Rondelet dit qu'on trouve dans Aristote que cet animal vit d'algue, d'huîtres, de fange, de chair. Bloch le met au nombre des poissons voraces qui dévorent tout ce qu'ils rencontrent. M. de Lacépède se contente de dire qu'il vit de crustacés. Après avoir fait de ce beau poisson un portrait si intéressant, il n'a pas voulu sans doute nous le représenter faisant sa nourriture des alimens les plus vils et les plus immondes au moment de nous le montrer dans les mains et sur les tables de ces Romains si recherchés dans leur luxe effréné, pour y offrir cette succession des couleurs les plus riches et les plus variées par lesquelles ils passaient avant d'expirer. Cet article de M. de Lacépède est si bien fait, les richesses d'expression y sont si bien déployées que ce serait faire tort à nos lecteurs de ne pas le mettre sous leurs yeux :

« Avec quelle magnificence, dit M. de Lacépède, la nature n'a-t-elle pas décoré ce poisson ! Quels souvenirs ne réveille pas ce mulle dont le nom se trouve dans les écrits de tant d'auteurs célèbres de la Grèce et de Rome ! De quelles réflexions, de quels mouvemens, de quelles images son histoire n'a-t-elle pas enrichi la morale, l'éloquence et la poésie ! C'est à sa brillante parure qu'il a dû sa célébrité ; et en effet, non-seulement un rouge éclatant le colore en se mêlant à des teintes argentines sur ses côtés et sur son ventre, non-seulement ses nageoires resplendissent des divers reflets de l'or, mais encore le rouge dont il est peint, appartenant au corps proprement dit du poisson et paraissant au travers des écailles très-apparentes qui revêtent l'animal, reçoit par sa transmission et le passage que lui livre une substance diaphane, polie et luisante, toute la vivacité que l'art peut donner aux nuances qu'il emploie par le moyen d'un vernis habilement préparé. Voilà pourquoi le rouget montre encore la teinte qui le distingue lorsqu'il est dépouillé de ses écailles, et voilà pourquoi encore les hommes du temps de Varron gardaient les rougets dans leurs viviers comme un ornement, qui devint bientôt si recherché que Cicéron reproche à ses compatriotes l'orgueil insensé auquel ils se livraient lorsqu'ils pouvaient montrer de beaux mulles dans les eaux de leurs habitations favorites.

» La beauté a donc été l'origine de la captivité de ces mulles ; elle a donc été pour eux, comme pour tant d'autres êtres d'un intérêt bien plus vif, une cause de contrainte, de gêne et de malheur. Mais elle leur a été bien plus funeste encore par un effet bien éloigné de ceux qu'elle fait naître le plus souvent ; elle les a condamnés à toutes les angoisses d'une mort lente et douloureuse : elle a produit dans l'âme de leurs possesseurs une cruauté d'autant plus révoltante qu'elle était froide et vaine. Sénèque et Pline rapportent que les Romains, fameux par leurs richesses et abrutis par leurs débauches, mêlaient à leurs dégoûtantes orgies le barbare plaisir de faire expirer entre leurs mains un des mulles rougets afin de jouir de la variété des nuances pourpres, violettes et bleues qui se succédaient depuis le rouge du cinabre jusqu'au blanc le plus pâle, à mesure que l'animal, passant par tous les degrés de la diminution de la vie et perdant peu à peu la force nécessaire pour faire circuler dans les ramifications les plus extérieures de ses vaisseaux le fluide auquel il avait dû ses couleurs, en même temps que son existence, parvenait enfin au terme de ses souffrances longuement prolongées. Des mouvemens convulsifs marquaient seuls l'approche de la fin du tourment du rouget : aucun son, aucun cri plaintif n'annonçaient ni la vivacité des douleurs ni la mort qui allait les faire cesser. Les mulles sont muets comme les autres poissons ; et nous aimons à croire, pour l'honneur de l'espèce humaine, que ces Romains, malgré leur avidité pour de nouvelles jouissances qui échappaient sans cesse à leurs sens émoussés par l'excès des plaisirs, n'auraient pu résister à la plainte la plus faible de leur malheureuse victime. Mais ses tourmens n'en étaient pas moins réels, ils n'en étaient pas moins les précurseurs de la mort. Et cependant le goût de ce spectacle cruel ajouta une telle fureur pour la possession des mulles ; ce désir raisonnable, s'il eût été modéré, de voir ces animaux animer par leurs mouvemens et embellir par leur éclat les étangs et les viviers, que leur prix devint bientôt excessif. On donnait quelquefois de ces osseux leur poids en argent [1]. Le Calliodore, objet d'une des satires de Juvénal, dépensa 400 sesterces pour quatre de ces mulles. L'empereur Tibère vendit 4,000 sesterces un rouget du poids de deux kilogrammes dont on lui avait fait présent. Un consul nommé Célère en paya un 8,000 sesterces. Les Apicius épuisèrent les ressources de leur art pour parvenir à trouver la meilleure manière d'assaisonner les mulles rougets. Et c'est au sujet de ces animaux que Pline s'écrie : « On s'est plaint de voir des cuisiniers évalués à des sommes excessives ; maintenant c'est au prix des triomphes qu'on achète les cuisiniers et les poissons qu'ils doivent préparer. » Et que ce luxe absurde, ces plaisirs féroces, cette prodigalité folle, ces abus sans reproduction, cette ostentation sans goût, ces jouissances sans délicatesse, cette vile débauche, cette plate recherche, ces appétits de brute qui se sont engendrés mutuellement, qui n'existent presque jamais l'un sans l'autre et que nous rappellent les traits que nous venons de citer ne nous étonnent point. De Rome républicaine, il ne restait que le nom ; toute idée libérale avait disparu : la servitude avait brisé tous les ressorts de l'âme ; les sentimens généreux s'étaient éteints ; la vertu, qui n'est que la force de l'âme, n'existait plus ; le goût, qui ne consiste que dans la perception délicate des convenances que la tyrannie abhorre, chaque jour se dépravait ; les arts, qui ne prospèrent que par l'élévation de la pensée, la pureté du goût, la chaleur du sentiment, éteignaient leurs flambeaux : la science ne convenait plus à des esclaves dont elle ne pouvait éclairer que les fers. Des joies fausses mais bruyantes et qui étourdissent, des plaisirs grossiers qui enivrent, des jouissances sensuelles qui amènent tout oubli du passé, toute considération du présent, toute crainte de l'avenir ; des représentations vaines de ces trésors trompeurs, entassés à la place des vrais biens que l'on avait perdus ; plusieurs recherches barbares, tristes symptômes de la férocité, dernier terme d'un courage abâtardi, devaient donc convenir à des Romains avilis, à des citoyens dégradés, à des hommes abrutis. Quelques philosophes, dignes des respects de la postérité, s'élevaient encore au milieu de cette tourbe asservie, mais plusieurs furent immolés par le despotisme, et dans leur lutte trop inégale contre une corruption générale, ils éternisèrent par leurs écrits la honte de leurs contemporains sans pouvoir corriger leurs vices funestes et contagieux. » (*Histoire naturelle des poissons*, t. 6, p. 82 et suiv. de l'édition in-12.)

[1] Des rougets ont pesé deux kilogrammes ; le kilogramme d'argent vaut à peu près deux cents francs.

Dans les parages de la ville sacrée de Marseille. Les Phocéens, n'ayant pas voulu se soumettre à la domination de Cyrus, qui voulait les constituer en monarchie, se retirèrent dans la Gaule Narbonnaise et y bâtirent la ville de Marseille. Elle a été citée par tous les auteurs comme l'asile de toutes les vertus ainsi que de toutes les idées libérales, ce qui lui a mérité l'épithète de *sacrée*. On pourrait ajouter aujourd'hui qu'elle réunit à ces avantages celui de tous les agrémens.

Là vivent d'énormes, de prodigieux, d'inabordables xiphias d'une immense grosseur et d'une forme toute différente de celle des poissons. Ce passage difficile paraît avoir été mal entendu par Lippius, qui le traduit ainsi : « *Qui superant reliquos ingenti mole natantes.* — Qui l'emportent par leur masse énorme sur tous les habitans des eaux. » En réfléchissant sur le texte d'Oppien, que voici :

Keíti gar ekpagloi té, kai ikthusin ouden omoioi
Aplatoi xiphiai megakétées énéméthontai.

dont la traduction littérale est en tête de cet article, j'ai été entraîné à en conclure que ce poëte désignait, *peut-être sans le savoir lui-même*, quelque monstre des mers autre qu'un des poissons de notre genre xiphias. Comment en effet appliquer à nos xiphias ce que dit ici Oppien, que « souvent ces robustes habitans des eaux plongent leurs glaives dans les flancs creux des bateaux, etc.? » Il paraîtrait que ce n'est qu'au narwhal ou au squale scie que cette circonstance pût convenir. Comment présumer surtout qu'on pût dire de nos xiphias qu'ils sont d'une immense grosseur et d'une forme toute différente de celle des poissons? Me livrant à ce sujet à diverses conjectures et à de longues recherches, j'ai cru enfin reconnaître qu'il devait être question du *poulpe colossal* ou du *poulpe kraken*, dont M. Denys Montfort nous a donné une longue et si étonnante histoire qu'elle trouve beaucoup d'incrédules.

En parcourant ce qu'il a écrit sur ces énormes animaux, je suis arrivé à une citation d'Olaus Magnus, qui m'a paru devoir dissiper tous les doutes. On y lit en effet[1] la note suivante extraite de l'ouvrage de ce savant (*De Piscibus monstruosis*, 743) : « *Xiphia est animal* NULLI ALTERI SIMILE *nisi in aliquâ proportione ceto. Caput habet horridum ut bubo, os valde profundum veluti barathrum immensum quo terret et fuget inspicientes : oculos horribiles, dorsum cuneatum, rostrum mucronatum quo naves perfossas asscrit*, etc. »—« Le xiphias, dit M. Denys Montfort, ne ressemble à aucun autre; ses seules proportions colossales le rapprochent des cétacés. Sa tête, qui ressemble à celle du hibou, est épouvantable; sa bouche, extrêmement vaste et ouverte, ressemble à une immense caverne qui glacerait d'épouvante et d'effroi l'homme le plus intrépide; les yeux sont horribles et le dos élevé en pointe, etc.» Dans la figure extrêmement de caprice qui sert de frontispice à cette courte description du xiphias, on peut cependant encore reconnaître la tête du poulpe. Des espèces de barbes, courtes à la vérité, entourent antérieurement la tête de cet animal; ses yeux rappellent ceux de ce mollusque; son large et énorme bec, qui engloutit ou un morse ou un hippopotame, ne laisse plus aucun doute à cet égard. Mais le reste du corps, galonné dans toute sa longueur, ne ressemble plus à rien et peut être relégué dans le pays des chimères. Il paraît qu'Olaus Magnus a mêlé avec ce qui pouvait appartenir à ce monstre ce qui doit être rendu au narwhal, et surtout lorsqu'il dit qu'attaquant les vaisseaux avec son nez pointu, il les fait périr en les perçant dans leur fond et en y faisant de larges voies d'eau qui le font couler bas.

Il est à présumer qu'Oppien en a fait autant : il attribue à cet animal, qu'il ne connaissait sans doute que par les relations fausses ou exagérées des naturalistes qui l'avaient précédé, des choses qui conviennent tout à la fois aux véritables xiphias et à d'autres monstres des mers, ce qui fait qu'on a peine à reconnaître celui-ci dans la description très-peu fidèle qu'en fait ce poëte.

M. Denys Montfort est porté à croire que les effets merveilleux racontés par les anciens de l'echénéis remora, et de la puissance qu'ils lui ont accordée de pouvoir arrêter la marche des vaisseaux, doivent plutôt être attribués au *poulpe colossal*, ou que du moins un pareil acte n'est pas hors de leur pouvoir, comme il l'est très-certainement de celui du remora.

Ce qui paraît confirmer cette idée, c'est ce qu'on voit dans la description qu'Oppien fait de l'echénéis lorsqu'il dit que « le dessous de sa tête présente une bouche terminée en pointe arquée pareille à la courbure d'un hameçon. » Or le véritable echénéis remora, celui auquel le poëte ne donne que la longueur d'une coudée, qu'il dit être noirâtre et d'une forme assez semblable à celle des anguilles, n'a pas une « bouche terminée en pointe arquée pareille à la courbure d'un hameçon[1], » tandis que ce caractère conviendrait fort bien au poulpe colossal. Il paraîtrait donc qu'encore ici Oppien aurait mêlé la description du véritable echénéis à celle d'un autre animal des mers qui pourrait bien être le prétendu *poulpe colossal*, et que ce qu'il dit de la puissance de cet osseux, de pouvoir arrêter la marche des vaisseaux, devrait peut-être s'entendre du même poulpe colossal.

M. Denys Montfort, en parlant du fabuleux poulpe *kraken*, met Oppien au nombre des auteurs anciens qui en ont parlé, mais il n'indique pas sous quel

---

[1] *Histoire générale et particulière des mollusques*, tome 2, pag. 304 et suiv.

[1] Ce qui avait fait croire à Rondelet que l'echénéis d'Oppien était la lamproie (liv. 13, ch. 3).

nom. Si cela est, nous pensons que ce ne peut être que sous celui de xiphias et dans le passage qui donne lieu à la discussion qu'on vient de lire.

L'existence de ces poulpes colossaux et kraken n'est rien moins qu'admise par tous les naturalistes. Ils pensent que ce n'est que sur l'autorité de Pline qu'on a avancé qu'il existait des poulpes assez grands pour faire engloutir des vaisseaux : « *In eodem esse statius sebosus haud modico miraculo affert, vermes branchiis binis sexaginta cubitorum qui nomen a facie traxerunt : his tantas esse vires ut elephantos ad potum venientes, modicus comprehensa manu corum abstrahant.* » (Pline, l. 9. c. 15.) On lit également dans Ælien : « *Temporis longiquitate polypi adeo magni evadunt, et ad ceti magnitudinem accedant, cetateique generis numerum obtineant* (liv. 12, ch. 10). »

Ils se procurent ainsi une pêche étonnante et immense, etc. La pêche des thons est une des plus intéressantes et des plus curieuses. Elle ne se fait pas toujours de la même manière, comme on va le voir par la description extrêmement détaillée que nous en donne M. de Lacépède :

« On donne, dit-il, le nom de *thonnaire* ou *tonnaire* à une enceinte de filets que l'on forme promptement dans la mer pour arrêter les thons au moment de leur passage. On a eu pendant longtemps recours à ce genre d'industrie auprès de Couilloure, où on la pratiquait et où peut-être on la pratique encore chaque année depuis le mois de mars jusqu'à celui d'octobre. Pour favoriser la prise des thons, les habitans de Couilloure entretenaient, pendant la belle saison, deux hommes expérimentés qui, du haut de deux promontoires, observaient de loin ces poissons qui s'avançaient par bandes de deux ou trois mille ; ils en avertissaient les pêcheurs en déployant un pavillon par le moyen duquel ils indiquaient l'endroit où ces animaux allaient aborder. A la vue de ce pavillon, de grands cris de joie se faisaient entendre et annonçaient l'approche d'une pêche dont les résultats importans étaient toujours attendus avec une grande impatience. Les habitans couraient alors vers le port, où les patrons de bâtimens pêcheurs s'empressaient de prendre les filets nécessaires et de faire entrer dans les bateaux autant de personnes que ces embarcations pouvaient en contenir afin de ne pas manquer d'aides dans les grandes manœuvres qu'ils allaient entreprendre. Quand tous les bateaux étaient arrivés à l'endroit où les thons étaient réunis, on jetait à l'eau des pièces de filets lestées et flottées, et on en formait une enceinte demi-circulaire dont la concavité était tournée vers le rivage et dont l'intérieur était appelé *jardin*. Les thons renfermés dans ce jardin s'agitaient entre la rive et les filets et étaient si effrayés par la vue des barrières qui les avaient subitement environnés qu'ils osaient à peine s'en approcher à la distance de six ou sept mètres.

» Cependant, à mesure que ces scombres s'avançaient vers la plage, on resserrait l'enceinte, ou plutôt on en formait une intérieure et concentrique à la première avec des filets qu'on avait tenus en réserve, en laissant une ouverture à cette seconde enceinte, jusqu'à ce que les thons eussent passé dans l'espace qu'elle embrassait ; et en continuant de diminuer ainsi, par des clôtures successives et toujours d'un plus petit diamètre, l'étendue dans laquelle les poissons étaient renfermés, on parvenait à les retenir sur un fond recouvert uniquement par quatre brasses d'eau ; alors on jetait dans ce parc maritime un grand *boulier*, espèce de seine dont le milieu est garni d'une manche. Les thons, après avoir tourné autour de ce filet dont les ailes sont courbes, s'enfonçaient dans la poche ou la manche. On amenait à force de bras le boulier sur le rivage ; on prenait les petits poissons avec la main, les gros avec des crochets ; on les chargeait sur les bateaux pêcheurs et on les transportait au port de Couilloure. Une seule pêche produisait quelquefois plus de quinze mille myriagrammes de thons ; et pendant un printemps, dont on a gardé avec soin le souvenir, on prit dans une seule journée seize mille thons dont chacun pesait dix ou quinze kilogrammes.

» Il est des parages dans la Méditerranée où l'on se sert pour prendre les thons d'un filet auquel on a donné le nom de *scombrière* ou *combrière*, de *courantille*, qu'on abandonne aux courans et qui va pour ainsi dire au-devant de ces scombres, lesquels s'engagent ou s'embarrassent dans ces mailles. Mais hâtons-nous de parler du moyen le plus puissant de s'emparer d'une grande quantité de ces animaux si recherchés ; occupons-nous d'une des pêches les plus importantes qui aient lieu dans la mer : jetons les yeux sur la pêche pour laquelle on emploie la madrague : nous en avons déjà dit un mot au traité de la *raie mobular* ; tâchons de la mieux décrire.

» On a donné le nom de *madrague* à un grand parc qui reste construit dans la mer, au lieu d'être établi pour chaque pêche, comme les *thonnaires*. Ce parc forme une vaste enceinte distribuée en plusieurs chambres dont les noms varient suivant les pays ; les cloisons qui forment ces chambres sont soutenues par des flottes de liège étendues par un lest de pierre et maintenues par des cordes, dont une extrémité est attachée à la tête du filet et l'autre amarrée à une ancre.

» Comme les madragues sont destinées à arrêter les grandes troupes de thons au moment où elles abandonnent les rivages pour voguer en pleine mer, on établit entre la rive et la grande enceinte une de ces longues allées appelées *chasses* : les thons suivent cette allée, arrivent à la madrague, passent de chambre en chambre, parcourent quelquefois, de compartiment en compartiment, une longueur de plus de mille brasses et parviennent enfin à la dernière chambre, que l'on nomme *chambre de mort* ou *corpon*. Pour forcer ces scombres à se rassembler dans ce *corpon*, qui doit leur être si funeste, on les pousse et on les presse pour ainsi dire par un filet long de plus de vingt brasses que l'on tient tendu derrière ces poissons par le moyen de deux bateaux, dont chacun soutient un des angles supérieurs du filet et que l'on fait avancer vers la chambre de mort. Lorsque les poissons sont ramassés dans ce corpon, plusieurs barques chargées de pêcheurs s'en approchent : on soulève les filets qui composent cette enceinte particulière, on fait monter les scombres très-près de la surface de l'eau, on les saisit avec la main et on les enlève avec des crocs.

» La curiosité attire souvent un grand nombre de spectateurs autour de la madrague; on y accourt comme à une fête; on rassemble autour de soi tout ce qui peut augmenter la vivacité du plaisir : on s'entoure d'instrumens de musique. Et quelles sensations ne font pas en effet éprouver l'immensité des mers, la pureté de l'air, la douceur de la température, l'éclat d'un soleil vivifiant, que les flots mollement agités réfléchissent et multiplient; la fraîcheur des zéphirs, le concours des bâtimens légers, l'agilité des marins, l'adresse des pêcheurs, le courage de ceux qui combattent contre d'énormes animaux, rendus plus dangereux par leur rage désespérée; les élans rapides de l'impatience, les cris de la joie, les acclamations de la surprise, les sons harmonieux des cors, le retentissement des rivages, le triomphe des vainqueurs, les applaudissemens de la multitude ravie! » (*Hist. nat. des poissons*, t. 4, p. 459 et suiv., édit. in-12.)

CHANT QUATRIÈME.

Amour! trompeur amour! le plus beau, sans doute, des dieux, etc. Ce morceau, qui commence le quatrième chant, étincelle des beautés du premier ordre. Quel élan sublime! quel heureux délire! Qu'Oppien est beau dans ces vers où, entraîné par un sentiment qui le presse, il donne l'essor à son génie et se sent échauffé de ce feu divin et inspirant qu'Apollon n'accorde qu'à ses favoris, qu'Ovide a si bien peint dans ces mots : *agitante calescimus illo!* Quel beau mouvement dans ce qui suit : « O vous, les plus puissans de ceux qui commandent aux mortels! Antonin et vous son cher, son divin fils, voyez avec complaisance, avec intérêt ces ravissans tableaux des mers dont les Muses, en me comblant de leurs faveurs, ont tracé les heureuses images dans mon esprit et dans mes chants! Poëte, elles ont ceint mon front de leurs lauriers immortels pour me rendre digne de faire passer à vos oreilles et dans vos âmes le charme enivrant de la douce harmonie. »

Le tableau qui vient après cette peinture si vive et si animée des bienfaits, des malheurs de l'amour, se ressent de cette inspiration céleste qui avait produit les vers précédens. Le début de ce chant ne le cède en richesse de poésie à aucun autre sorti de la plume de ce poëte. Il en a inséré un du même genre dans le second chant des *Cynégétiques* que je joins ici pour qu'on puisse en faire le rapprochement.

« Amour, puissant Amour! que tu es grand! que ta force est immense! que ton empire est absolu! Dieu suprême! quels sont tes jeux! La terre est assise sur ses fondemens, et tu la fais trembler sous tes traits; l'Océan est agité, et tu rends ses flots immobiles; tu t'élances dans les airs, et le vaste Olympe frémit de ta présence. Tous les êtres tremblent devant toi, depuis la voûte immense des cieux jusqu'aux entrailles de la terre. Les tristes habitans de l'empire de Pluton, qui ont bu l'onde insensible du Léthé et se sont dérobés à tous les maux, te redoutent encore. Ta puissance pénètre où n'a jamais pénétré l'œil du soleil : sa lumière cède en tremblant à tes feux, que respectent les foudres même de Jupiter, tant ils sont violens les traits que tu nous lances, dieu terrible! ces traits douloureux et brûlans qui corrompent la raison, inspirent une folle ivresse, allument des fureurs extrêmes; ces traits dont rien ne peut guérir les coups et dont tu te sers pour enflammer le cœur des animaux de désirs qu'ils ne peuvent calmer par une douce union! »

L'un d'eux gémit-il engagé au terrible hameçon, un autre, s'élançant à sa défense, rompt la corde de ses dents, etc. M. de Lacépède, en citant à ce sujet Oppien, rapporte la même chose de ces animaux :

« Les individus de cette espèce, dit-il, vivent en troupe; et le poëte grec Oppien, qui a cru devoir chanter leur affection mutuelle, dit que lorsqu'un scare a été pris à l'hameçon, un de ses compagnons accourt et coupe la corde qui retient le crochet et l'animal, avec ses dents obstuses dont il est accoutumé à se servir pour arracher ou scier l'herbe qui tapisse le fond des mers. Il ajoute que si un scare enfermé dans une nasse cherche à en sortir, la queue la première, ces mêmes compagnons l'aident dans ses efforts en le saisissant avec leur gueule par cette queue qui se présente à eux, en la tirant avec force et constance; et enfin, pour ne refuser à l'espèce dont nous nous occupons aucune nuance d'attachement, il nous montre les mâles accourant vers une femelle retenue dans une nasse ou par un hameçon et s'exposant, pour l'amour d'elle, à tous les dangers dont les pêcheurs les menacent. Mais je n'ai pas besoin de remarquer que c'est un poëte qui parle. Et combien le naturaliste, plus sévère, n'est-il pas forcé de réduire à quelques faits peu extraordinaires des habitudes si touchantes et que la sensibilité voudrait conserver comme autant d'exemples utiles et d'heureux souvenirs! » (*Histoire naturelle des poissons*, tome 6, p. 279, édit. in-12.)

Les sépies, malheureuses dans leurs amours, éprouvent le sort le plus fâcheux, etc. La sèche est, suivant M. de Lamarck, un des *céphalopodes* nus compris dans la classe nombreuse des mollusques, ayant un corps charnu, déprimé, contenu dans un sac ailé dans toute l'étendue de sa longueur et renfermant vers le dos un os crétacé, spongieux, ayant des bras garnis de *ventouses*. Ce que dit Oppien du secours qu'elles se portent mutuellement est vrai et rapporté par tous ceux qui ont écrit l'histoire de cet animal.

Semblables à de jeunes mariées que personne n'a vu se montrer devant la maison de leurs époux, etc. On lit dans Jean-Louis Vives, liv. 2 : « *Novas nuptas amissâ virginitate menses aliquot latere convenit.* » Il y a donc apparence que cet usage, qui annonçait une réserve si éloignée de nos mœurs, a eu lieu, puisqu'il est mentionné tout à la fois par deux auteurs différens.

Les sargues ont un vif amour pour les chèvres. Cet amour pour les chèvres, qu'Oppien et d'autres anciens naturalistes attribuent aux sargues, n'est point véritable ou n'a d'autre cause que l'espèce de suin qui émane de ces quadrupèdes, qui les attire par son odeur assez forte et dont quelques molécules détachées par les eaux peuvent en s'y mêlant avoir de l'attrait pour ces poissons. Il paraît que notre poëte ajoutait quelque foi à cet empressement des sargues pour les chèvres, puisqu'il en parle ainsi dans *les Cynégétiques*.

« Les sargues, dit-il, s'attachent aux boucs, et une foule de poissons de toute espèce, éprise d'amour pour le subus, se range autour de lui lorsqu'il fend les flots et lui forme un immense cortége. Transportés de joie, ils le pressent de toutes parts, et l'Océan écume autour d'eux, frappé sous leurs blanches nageoires. Mais insensible aux caresses de ces étrangers, le quadrupède sans pitié dévore ses amis d'une dent meurtrière. En vain ils voient le sort dont ils sont menacés : ils ne peuvent haïr celui qui leur donne le trépas et ne veulent point se détacher de lui. Méchant et cruel subus, les pêcheurs te dresseront un jour dans les flots de mortelles embûches dont tes ruses ni tes cruautés envers les poissons ne te sauveront pas! » (*Traduction de Belin de Ballu*, chant 2e.)

M. de Lacépède, bien loin d'admettre que ces osseux se portent vers les chèvres lorsqu'elles entrent au sein des eaux, par l'effet de quelque cause qui les attire vers elle, et après avoir rejeté ce prétendu amour des sargues pour ces animaux, présente des idées tout à fait différentes et qui sont assez ingénieuses pour que le lecteur qui n'en a pas connaissance ne soit pas bien aise que je les insère ici :

« A l'égard, dit-il, de l'amour merveilleux qu'Ælien et Oppien ont attribué à ce thoracin pour les chèvres, et de la propriété qu'on a supposée dans les incisives ou les molaires de ce spare, qui, portées avec soin, préservent, dit-on[1], de tout mal aux dents, nous ne ferons pas à nos lecteurs le tort de les prémunir contre des assertions dont l'état actuel de la science ne permet pas de craindre la répétition. » (*Histoire naturelle des poissons*, t. 7, p. 9, édit. in-12).

« Ajoutons que les mâles de l'espèce (du spare mendole) dont nous nous occupons présentent fréquemment des nuances ou reflets noirâtres, surtout sur les nageoires et les opercules, pendant que les femelles sont encore pleines, et que dès le temps d'Aristote, ils recevaient des Grecs à cette époque, de l'altération des couleurs en noirâtre ou en noir, le nom de boucs (*tragoi*). Nous avons vu à l'article du sargue, qu'Ælien a parlé du prétendu amour de ces derniers pour les *chèvres*. On pourrait trouver l'origine de cette croyance ridicule dans quelques contes absurdes substitués maladroitement par l'ignorance à une opinion peut-être fausse, mais que l'on ne pourrait regarder au moins comme très-invraisemblable. Les espèces du sargue et de la mendole ont tant de rapports l'une avec l'autre que des mâles de la première peuvent très-bien, dans la saison du frai, rechercher les œufs pondus par les femelles de la seconde et ces femelles elles-mêmes. Cette habitude aura été observée par les anciens Grecs, qui dès lors auront parlé de l'affection des sargues pour les mendoles femelles. Ces mendoles femelles auront été désignées par eux sous le nom de *chèvres*, comme les mendoles mâles l'auront été sous celui de *boucs*; et dans un pays ami du merveilleux et où l'histoire de la nature était perpétuellement mêlée avec les créations de la mythologie et les inventions des poëtes, on aura bientôt dit et répété que les sargues avaient un amour assez violent, non pas pour les mendoles appelés *chèvres*, mais pour les véritables chèvres que l'on conduisait dans les gras pâturages arrosés par la mer. » (*Id.*, t. 7, p. 21.)

Lorsque tout retentit des bêlemens de joie de ces tendres chevreaux, l'aimable sourire anime la figure des bergers. Quelle idée riante! Qu'elle aimable peinture! Le grec dit seulement : « *L'esprit des bergers sourit.* » Lippius traduit :

    Omnia cum circum reboant loca vocibus illis,
    Pastores dulces fundunt de pectore risus.

Salvini traduit plus brièvement : « *É ne ride la mente de pastori.* » Image charmante qui est suivie d'une autre qui ne l'est guère moins : « Lorsqu'un assez long séjour dans les eaux a satisfait leurs désirs et leurs

---

[1] Oppien ne parle pas de cette propriété ridicule des dents du spare ou sargue.

besoins, elles (les chèvres) retournent vers la bergerie. Les sargues affligés les suivent alors tous en masse et de près *jusqu'à la dernière ride des ondes qui touche à la terre.* » Expression heureuse pour rendre une idée tout à fait agréable :

> *Eutan d'einalion men aden ichôsi loctrôn*
> *Ai depalin steichôsin es aulia, de tote sargoi*
> *Achnumenoi, mala pantes aollees egclus epontai*
> *Kumatos akrotatoio gelôs othi cherson ameibei.*

Lippius n'a pas traduit ces vers, qui méritaient cependant de ne pas être oubliés. Salvini a été plus exact. Voici sa traduction :

> Quando appunto
> De' marini lavacri a sofficienza
> Abbiano, ed alle stalle elle ne riedano ;
> Allora, sarghi addolorati in folla
> Seguono presso del estremo flutto,
> Ove il *riso* del mare el terren varca.

Ces comparaisons ne seront pas jugées inutiles : elles font connaître tout à la fois les divers génies des langues et des traducteurs. Rien ne forme plus le goût que ces rapprochemens.

Dans les anses paisibles des mers, un jeune pêcheur fait, en jouant, la pêche des anguilles. Cette manière de pêcher ces animaux est curieuse et même nouvelle pour nous : elle n'est pas mentionnée dans nos divers ouvrages sur la pêche. L'*Encyclopédie méthodique*, outre celle à *la nasse*, à *la ligne dormante*, à *la main*, celle à la faveur d'une *préparation empoisonnée*, fait mention de deux autres assez intéressantes. La première est nommée *pêche des anguilles à la fouane :* « La fouane, y lit-on, est un instrument particulier à cette pêche. On le promène le long de la rivière et on fiche l'instrument au fond de l'eau, en remuant de côté et d'autre, comme pour faire sortir le poisson. Si la fouane est maniée par une main industrieuse et qu'il y ait des anguilles aux lieux où on la fait agir, elles se prennent entre les branches, et on en tire quelquefois deux ou trois d'un seul coup. On doit cette méthode au solitaire inventif.

» Le secret suivant n'est sans doute qu'une imitation de la pêche à la fouane. On prend du sarment dont on fait une javelle que l'on noue par les deux bouts ; on la jette ensuite au fond de l'eau avec une grosse pierre ou un pieu auquel on l'attache, et on ne la retire que la nuit suivante. On y trouve souvent des anguilles entrelacées. Ce poisson se trouve pris par les dents qu'il n'a pu retirer du sarment après l'avoir mordu. » (*Encyclop. méthod., Dictionn. de toutes les pêches*).

Il est un poisson malheureux et dénué de force, l'espèce misérable de la faible aphie, à laquelle on donne le nom d'engraule, etc. Nous avons déjà parlé d'une autre aphie bien différente de celle-ci et que nous avons dit être le *cyprin aphie*. Les engraules sont de l'espèce appartenant au genre *clupée*, que nous nommons l'*anchois* : « Cet osseux, dit Willugby, est beaucoup plus connu par l'usage qu'on en fait pour l'assaisonnement que par sa forme, qu'on est rarement à portée d'observer, parce qu'elle se trouve dénaturée par les préparations que l'on fait subir à ce poisson avant de nous l'envoyer. Sa longueur ordinaire est d'un doigt et s'étend quelquefois jusqu'à une palme et au delà ; sa grosseur est égale à celle du pouce de la main ; il a le corps plus épais que le hareng, dépourvu d'écailles et remarquable par une transparence qui n'est interrompue qu'à l'endroit de l'épine ; le dos est d'une couleur brune ou cendrée avec un mélange de vert, celle du ventre est argentée ; les mâchoires sont luisantes et ont une teinte rouge ; le museau est terminé en pointe ; la mâchoire supérieure dépasse de beaucoup l'inférieure, ce que Linnæus et Artedus donnent pour le principal caractère spécifique de l'*anchois ;* l'ouverture de la gueule est d'une grandeur démesurée par proportion au volume de ce poisson : il en faut dire autant des ouvertures des ouïes ; les yeux, qui ont pareillement un diamètre considérable à raison des autres dimensions de l'anchois, sont recouverts par une peau lâche : leurs iris sont argentés.

» La nageoire du dos est garnie de quinze rayons ; les nageoires pectorales en ont chacune quatorze ; les ventrales, situées au delà des précédentes, en allant vers la queue, n'ont chacune que sept rayons : on en compte dix-sept à la nageoire anale. La queue est évidée en forme de fourche.

» L'anchois est commun dans les parties de la Méditerranée qui baignent les côtes de Venise, de Gênes et de Rome. On sale ce poisson et on l'envoie dans de petits barils ; mais avant de l'apprêter, on a soin d'ôter la tête, que l'on dit être d'un goût très-amer, ce qui a fait donner à ce poisson, par les anciens, le nom d'*encrasicholus*, c'est-à-dire qui a du fiel à la tête.

» Comme les anchois se dissolvent aisément dans presque toutes les liqueurs que l'on expose sur le feu, on fait avec ce poisson une saumure propre à relever la saveur des mets qu'elle accompagne. » Note extraite du volume de *l'Encyclop. méthod. sur les poissons*, article *anchois*.

De même le front du rivage, etc. Le grec dit : « *Ophrus agchialou leukainetai aigialoio.* » Lippius n'a pas rendu l'image agréable que présente le mot *ophrus* (le *sourcil*, la *bordure*) :

> Piscibus innumeris canent sic littora ponti

Salvini l'a conservée.

> Dall' apue innumerabili il ciglione
> Del lido presso il mare si s'imbianca.

L'Euxin est la patrie des pélamys ; les thunnis farouches leur donnent l'être. Il paraît que le mâle de ces poissons portait le nom de *thunnos* et la femelle celui de *thunnis*; que les petits en changeaient en passant par différens âges, comme nous l'apprend Rondelet:

« Touchant ce poisson, dit-il, aucuns sans raison reprennent Aristote, disant que les pelamydes se changent en thons, car ils prennent notre thon vulgaire pour le thon d'Aristote. Aussi n'a-t-il jamais entendu les pelamydes se changer en thons; mais voulant désigner que ce poisson a divers noms, pour les divers âges, il dit les petits thons s'appeler *cordylas*; quand ils sont un peu plus grands, s'appeler *pelamydes*; quand encore sont plus grands, s'appeler *thons*. Mais je ne le croirai pas volontiers quand il dit que les thons ne vivent que deux ans. Mais je pense qu'il le dit plutôt par l'opinion des pêcheurs que par la sienne, ce que montrent assez ces paroles. Aristote aussi écrit les pelamydes et thons ne faire leurs petits ailleurs qu'au Ponte, et après lui Pline. Il est bien vrai que le Ponte leur est bien plus commode pour ce, et plus abondant pour leur nourriture à cause de l'abondance des eaux douces qui y tombent, lesquelles les thons aiment fort et s'engraissent, encore que de leur nature ils vivent de la chair des autres. Nous voyons par expérience les poissons être plus gras et plus gros quand il pleut fort, au contraire maigres et petits quand l'année est sèche et sans pluie. En outre au Ponte il n'y a guère de grandes bêtes marines qui tourmentent fort les autres poissons. Mais, si pour cette raison on conclut qu'ils ne font leurs petits qu'au Ponte, qu'on n'en voit point ailleurs, il me semble que la conclusion n'est pas nécessaire, car je crois qu'on n'en trouve point guère de petits, ni au Ponte ni ailleurs, vu que tout poisson croisse bientôt au Ponte, comme écrit Pline après Aristote, par quoi ils sont cachés au profond des eaux où ils s'engraissent fort. Mais chacun pensera de cette affaire ce que bon lui semblera. Aucune fois les thons entrent aux rivières; on en a vu en Agde monter jusqu'au pont. » (*Première partie*, liv. 8, chap. 10, pag. 196.)

C'est ainsi que dans les forêts, sur les montagnes, les chasseurs prennent par un heureux artifice les cerfs timides en suspendant aux arbres extérieurs des cordons, etc. Oppien dit à peu près la même chose dans ses *Cynégétiques*, au sujet de l'ours. Il ajoute seulement qu'on suspendait aussi à des cordes des *rubans de toutes couleurs*: « L'usage de cette corde, chargée de bandelettes de pourpre et de plumes de différentes couleurs, était d'effrayer les animaux qui auraient voulu sortir par le côté du demi-cercle que traçaient les filets et les toiles: on l'appelait en latin *formido*, comme les Grecs l'appelaient *deima*, qui a la même signification. Cette corde était soutenue dans sa longueur sur de petites fourches que les Latins appelaient *ancones*, *valli*, *veri*, *cervi*. » (*Note du chant quatrième de Belin de Ballu*.)

Où s'enfuit sous les herbes marines, sous les humides fucus. En français *varec*; c'est une plante cryptogame de la famille des algues. Il est des rivages de la mer où on l'accumule en si grande abondance qu'on s'en sert et qu'on le brûle pour fumer les terres. C'est un excellent engrais.

Ainsi que l'oiseau-géant de la Libye. On voit assez qu'il est question de l'autruche. Oppien, dans ses *Cynégétiques*, décrit cet animal le premier pour la grandeur de tous ceux qui composent la grande tribu des oiseaux.

L'un d'eux prend alors de l'argile onctueuse et quelques racines de la plante connue des enfans d'Esculape sous le nom de cyclamen. Vulgairement *pain de pourceau*. La racine assez grosse de cette plante est âcre, caustique et un violent emménagogue; elle provoque des vomissemens et des superpurgations funestes. Sans doute qu'elle communique son dangereux effet à l'eau qui est en contact avec les roches ou les fonds sur la surface desquels elle est frottée.

CHANT CINQUIÈME.

Soit que leur cœur porte la trempe de l'empreinte de l'essence divine. Le grec dit: «*Kradién de theón echrisen aloiphé*.» Mot à mot: « et que Prométhée ait oint leur cœur de l'essence divine; » ce que Lippius traduit par ces mots: *et corda perunxit plasmate divino*; » et Salvini par ceux-ci: « *e il cuor unse coll' unto degli dei*. » Ce dernier ajoute: « Cuore e principal parte dell' uomo, e da quel sanguigno punto, che si vede nel torlo d'ell' uovo, chiamato *punto saltante* e originato il moto, lo spirto e la vita dell' animale, e cosi nella sua fabrica vien considerato singularmente. Orazio :

Et fertur insani leonis
Vim stomacho apposuisse nostro

questo disse credendolo residenza dell' anima, mettendoci l'unzione divina, cioe lo spirto, l'aura vitale. »

Enchaîné par l'homme, le noir quadrupède de l'Inde, etc. On comprend assez qu'il est question de l'éléphant.

Ils se dévorent entre eux et se servent les uns aux autres de nourriture, etc. Voici ce qu'on lit à cet égard dans le volume de l'*Encyclopédie* où Bonaterre traite des cétacés:

« En recueillant les observations des pêcheurs et des naturalistes, il paraît que dans les cétacés chaque espèce a ses alimens particuliers: en effet s'ils prenaient tous la même nourriture, la mer, quelles que soient sa population et son étendue, ne pourrait déjà plus suffire à la subsistance d'une famille si nombreuse.

» Suivant Otho Fabricius, la baleine franche vit principalement de cancers et de planorbes : on est étonné qu'une bête aussi énorme que la baleine se nourrisse de si petits animaux et qu'elle engraisse au point de donner plus de cent vingt milliers de lard; cependant cette assertion paraîtra plus probable si l'on fait attention que ces vers et ces insectes sont en si grand nombre dans les mers du Nord qu'en ouvrant simplement la gueule, la baleine en engloutit plusieurs mille à la fois. Linné et plusieurs autres naturalistes disent qu'elle se nourrit de méduses, mais cette opinion ne paraît pas vraisemblable. M. Otho Fabricius n'en a pas entendu parler en Groenland, et d'ailleurs ces vers n'offrent qu'une espèce de substance gélatineuse qui semble peu propre à produire une grande quantité de graisse : « Certaines gens prétendent encore, ajoute M. le chevalier Pagès, que la baleine avale des polypes de la grosseur d'une fève; l'on m'assura qu'elle se nourrissait d'une petite carnosité qu'on m'apporta : elle était de la grosseur d'un œuf, à peu près de la forme d'un melon, et des fibres qui en resserraient la surface lui donnaient la forme des côtes de ce fruit; certaines fibres rouges répandues dans la carnosité lui donnaient une couleur rougeâtre; le reste ne me parut être qu'une matière visqueuse. Je doutai fort qu'une baleine pût s'en nourrir, car l'ayant mise à sécher, il ne resta presque rien de solide, et l'aliment de la baleine a certainement un peu de solidité, puisque ses excrémens, couleur de safran, en ont assez; je crus plutôt qu'elle se nourrissait de chevrettes : un loup marin que l'on prit dans la suite, qui en avait l'estomac plein, m'indiqua qu'elles abondaient au fond de la mer; les fanons de la baleine seraient très-propres à les amasser et assez forts pour les écraser. »

» Le nord-caper se nourrit de maquereaux, de thons, de morues et de harengs. M. de Bréville, capitaine des vaisseaux de la compagnie des Indes, a observé que quand une baleine de cette espèce rencontre un banc de harengs, elle frappe l'eau avec sa queue et la fait bouillonner de manière à étourdir ces poissons, et qu'alors elle en fait sa proie. Willugby a trouvé vingt ou trente morues dans un individu de cette espèce, et Harrebows raconte que les Islandais trouvèrent six cents morues vivantes et, outre cela, une grande quantité de sardines et quelques oiseaux aquatiques dans l'estomac d'un nord-caper qui en poursuivant des poissons s'était jeté sur le rivage. Toutes les autres espèces de ce genre se nourrissent de harengs, de salmones arctiques et d'appâts de vase.

» Le narwhal choisit de préférence les cynoglosses et les actinies : à la vérité il n'a point de dents pour saisir sa proie, mais des auteurs dignes de foi assurent qu'il enfile ces poissons avec la dent qui sort de sa mâchoire supérieure, et qu'après les avoir ainsi ramenés jusque sur le bord des lèvres, il les suce et les détruit en y passant continuellement la langue.

» Les cachalots donnent la chase aux phoques, aux dauphins, aux cycloptères et aux baleines à bec. Le grand cachalot poursuit avec acharnement le requin, dont il fait sa nourriture ordinaire, et cet animal, d'ailleurs si formidable, est saisi d'une telle frayeur à la vue de cet ennemi terrible qu'il va se cacher dans la terre ou sous le sable pour se soustraire à sa dent meurtrière; quelquefois, se voyant assailli de toutes parts, il se précipite à travers les rochers et se frappe avec tant de violence qu'il se donne lui-même la mort, tant est grande la terreur dont il est pénétré! « Cet effroi va même si loin, ajoute M. Otho Fabricius, que ce chien de mer, qui recherche avec tant d'avidité le cadavre des autres cétacés, n'ose pas même s'approcher de celui du grand cachalot. »

» Le cachalot microps n'attaque guère que les phoques, qui prennent la fuite aussitôt qu'ils l'ont aperçu : les uns gagnent précipitamment le rivage, les autres grimpent sur les glaçons; alors si le cachalot est seul, il se cache sous les glaces et attrape les phoques à mesure qu'ils redescendent dans l'eau, et lorsqu'il y a plusieurs cachalots réunis, ce qui arrive communément, ils entourent le glaçon, le renversent et se saisissent de leur proie.

» Les dauphins vivent de morues, d'aiglefins, de persèques, de pleuronectes et de beaucoup d'autres poissons d'une grandeur médiocre. L'épaulard est, dit-on, le plus hardi, le plus vorace et le plus fort de cette famille; presque tous les naturalistes s'accordent à dire qu'il attaque même les grosses baleines, qu'il les met en fuite et qu'il est cause qu'elles viennent souvent échouer sur nos côtes. » (*Introduction*, p. 18.)

De là le nom de conducteur qu'on lui a donné, etc. Ce poisson est celui que nous nommons le centronote pilote. Voici ce qu'en dit M. de Lacépède : « Le centronote dont nous traitons dans cet article parvient très-rarement à la longueur de deux décimètres; malgré les dents dont quelques parties de son corps sont hérissées, il ne pourrait donc se défendre avec succès que contre des ennemis peu redoutables ni attaquer avec avantage qu'une proie presque invisible; son espèce n'existerait donc plus depuis longtemps s'il n'avait reçu l'agilité en partage. Il se soustrait par des mouvemens rapides au danger qui peut le menacer; d'ailleurs sa petitesse fait sa sûreté et compense sa faiblesse. Il n'est recherché ni par les pêcheurs ni par les grands habitans des mers : l'exiguïté de ses membres le dérobe souvent à leur vue; le peu de nourriture qu'il peut fournir empêche qu'il ne soit l'objet des désirs des marins ou des appétits des squales. Il en résulte pour cette espèce cette sorte de sécurité qui dédommage le faible de tant de privations : pressée par la faim, ne trouvant pas facilement à certaines distances des rivages les œufs, les vers, les insectes, les mollusques qu'elle pourrait saisir, elle ne fuit ni le voisinage des vaisseaux ni même la présence des squales ou des autres tyrans des mers ; elle s'en approche sans défiance et sans crainte, elle joue au-devant des bâtimens ou au milieu des terribles poissons qui la dédaignent; elle trouve dans les alimens corrompus que l'on rejette des navires ou dans les restes des victimes immolées par le féroce requin des fragmens appropriés par leur ténuité à la petitesse de ses organes. Elle précède ou suit avec constance la proue qui fend les ondes ou des troupes carnassières de grands squales, et frappant vivement l'imagination par la tranquillité avec laquelle elle habite son singulier asile, elle a été bientôt douée par les amis du merveilleux d'une intelligence particulière : on lui a attribué un instinct éclairé, une prévoyance remarquable, un attachement courageux ; on l'a revêtue de fonctions très-extraordinaires et on ne s'est arrêté qu'après avoir voulu qu'elle partageât avec l'echénéis le titre de conducteur du requin, de pilote des vaisseaux. Nous avons été bien aise de rappeler cette opinion bizarre par le nom spécifique que nous avons conservé à ce centronote avec le plus grand nombre des auteurs modernes. Celui qui écrit l'histoire de la nature doit marquer les écueils de la raison, comme l'hydrographe trace sur ses cartes ceux où ont péri les navigateurs. (*Histoire naturelle des poissons*, t. 5, p. 403 et suivantes, édit. in-12.)

Ainsi qu'un jeune homme que son pieux amour fait rendre à son vieux père, etc. Cette comparaison est si touchante, si belle que je crois devoir mettre sous les yeux du lecteur la traduction latine de Lippius, celle italienne de Salvini et celle anglaise de John Jones, afin qu'il puisse les comparer à l'original et à la version française. Voici celle de Lippius :

Ac veluti natus confecto ætate parenti
Debitor officii jam præmia justa rependit,
Debilibus membris, caligantemque senectam
Luminibus servans, dextram pretendit eunti,
Et movet e cano cuncta impedimenta parente :
Sic nova longævi sunt patris robora nati.

Voici celle de Salvini :

Qual fanciullo carezza il vecchio padre,
Co'pensier governanti la viecchiezza,
Del nodrire pagando le mercedi,
È quello infiebolito delle membra,
E degli occhi, con studio maneggiando,
L'abbracia, è per le vie la mano porge
E in tutto l'opre aita ; é al padre i figli
Invecchiato, valor sono novello.

Suit la traduction anglaise de John Jones :

As when some filial breast with tenderest charme

Nurture repaying love, and duty warms,
The grateful youth, in life's declining stage
His sire deprest with joynt-enfeebling age
Supports, when dim diffusion veils his eyes
Sticks to his side, nor all the day denies
His guiding arm ; along the dang'rous street
The glad old man with unsupplanted feet
Stalks on secure ; in sons of duteous mind
A secound youth reviving fathers find. (Can. 5.)

Ils lui envoient de grandes outres remplies d'air, etc. Le grec dit *pnoiés andromeés* (du souffle des hommes), c'est-à-dire de l'air qui sert ou qui a servi à la respiration des hommes. Il n'était pas possible de conserver cette expression dans la traduction française : « Les Groenlandais, dit M. de Lacépède, par un usage semblable à celui qu'Oppien attribue à ceux qui pêchaient de son temps dans la mer Atlantique, attachent aux harpons, qu'ils lancent avec autant d'adresse que d'intrépidité contre la baleine, des espèces d'outres faites avec la peau de phoques et pleines d'air atmosphérique ; ces outres, très-légères, non-seulement font que les harpons qui se détachent flottent et ne sont pas perdus, mais encore empêchent le cétacé blessé de plonger dans la mer et de disparaître aux yeux des pêcheurs : elles augmentent assez la légèreté spécifique de l'animal dans un moment où l'affaiblissement de ses forces ne permet à ses nageoires et à sa queue de lutter contre cette légèreté qu'avec beaucoup de désavantage pour que la petite différence qui existe ordinairement entre cette légèreté et celle de l'eau salée s'évanouisse et que la baleine ne puisse pas s'enfoncer. » (*Histoire naturelle des cétacés*, t. 1er, p. 134, édit. in-12.)

Les pêcheurs entonnent alors le grand pœan de la victoire, etc. Le pœan était un hymne qui se chantait lorsque quelque grand et heureux avantage avait été remporté ; cet usage tirait son origine du chant de joie que les habitans de Delphes chantèrent en l'honneur d'Apollon après qu'il eut mis à mort à coups de flèches le serpent Python, ce qui donna lieu aussi à l'institution des jeux Pythiens.

Il la retourne et l'asseoit sur sa carapace. On pêche les tortues de diverses manières que M. de Lacépède rapporte dans son histoire naturelle des quadrupèdes ovipares.

« Malgré les ténèbres, dit-il, dont les tortues franches cherchent pour ainsi dire à s'envelopper lorsqu'elles vont déposer leurs œufs, elle ne peuvent se dérober à la poursuite de leurs ennemis. A l'entrée de la nuit, surtout lorsqu'il fait clair de lune, les pêcheurs se tenant en silence sur la rive, attendent le moment où les tortues sortent de l'eau ou reviennent à la mer après avoir pondu ; ils les assomment à coups de massue et ils les retournent rapidement sans leur donner le temps de se défendre et de les aveugler par le sable qu'elles font quelquefois rejaillir avec leurs nageoires. Lorsqu'elles sont très-grandes, il faut que plusieurs hommes se réunissent et quelquefois s'arment de pieux, comme d'autant de leviers, pour les renverser sur le dos. La tortue franche a la carapace trop plate pour pouvoir se remettre sur ses pattes lorsqu'elle est ainsi *chavirée*; et on a dit que lorsqu'elles étaient retournées hors d'état de se défendre et qu'elles ne pouvaient plus s'épuiser qu'en vains efforts, elles jetaient des cris plaintifs et versaient un torrent de larmes. Plusieurs tortues, tant marines que terrestres, font entendre souvent un sifflement moins fort et même un gémissement très-distinct lorsqu'elles éprouvent avec vivacité ou l'amour ou la crainte : il peut donc se faire que la tortue franche jette des cris lorsqu'elle s'efforce en vain de reprendre sa position naturelle et que la frayeur a commencé à la saisir; mais on a exagéré sans doute les signes de sa douleur. Pour peu que les matelots soient en nombre, ils peuvent dans moins de trois heures retourner quarante ou cinquante tortues qui renferment une grande quantité d'œufs. Ils passent le jour à mettre en pièces celles qu'ils ont prises la nuit; ils en salent la chair et même les œufs et les intestins; ils retirent quelquefois de la graisse des grandes tortues jusqu'à trente-trois pintes d'une huile jaune ou verdâtre qui sert à brûler, que l'on emploie même dans les alimens lorsqu'elle est fraîche et dont tous les os de ces animaux sont pénétrés, ainsi que ceux des cétacés, ou bien ils les traînent renversées sur leur carapace jusque dans les parcs où ils veulent les conserver. On peut aussi prendre les tortues franches au milieu des eaux : on se sert d'une varre ou d'une sorte de harpon pour cette pêche ainsi que pour celle de la baleine. On choisit une nuit calme où la lune éclaire une mer tranquille; deux pêcheurs montent sur un petit canot que l'un d'eux conduit. Ils reconnaissent qu'ils sont près d'une grande tortue à l'écume qu'elle produit lorsqu'elle monte vers la surface de l'eau; ils s'en approchent avec assez de vitesse pour que la tortue n'ait pas le temps de s'échapper. Un des pêcheurs lui lance aussitôt son harpon avec tant de force qu'il perce la couverture supérieure et pénètre jusqu'à la chair; la tortue blessée se précipite au fond de l'eau, mais on lui lâche une corde à laquelle tient le harpon, et lorsqu'elle a perdu beaucoup de sang, il est assez aisé de la tirer dans le bateau ou sur le rivage.

» On a employé dans la mer du Sud une autre manière de pêcher les tortues. Un plongeur hardi se jette dans la mer à quelque distance de l'endroit où, pendant la grande chaleur du jour, il voit les tortues endormies nager à la surface de l'eau; il se relève très-près de la tortue et saisit sa carapace vers la queue. En enfonçant ainsi le derrière de l'animal, il le réveille, l'oblige à se débattre, et ce mouvement suffit pour soutenir sur l'eau la tortue et le plongeur qui l'empêche de s'éloigner jusqu'à ce qu'on vienne les pêcher.

» Sur les côtes de la Guyane, on prend les tortues avec une sorte de filet nommé la *fole*. Il est large de quinze à vingt pieds, sur quarante à cinquante de long; les mailles ont un pied d'ouverture en carré, et le fil a une ligne et demie de grosseur. On attache de deux en deux mailles *deux flots* d'un pied et demi de longueur faits d'une tige épineuse que les Indiens appellent *moucou-moucou* et qui tient lieu de liége; on attache aussi au bas du filet quatre à cinq grosses pierres du poids de quarante à cinquante livres pour le tenir bien tendu. Aux deux bouts qui sont à fleur d'eau, on met des *bouées*, c'est-à-dire de gros morceaux de *moucou-moucou* qui servent à marquer l'endroit où est le filet; on place ordinairement les *foles* fort près des îlots, parce que les tortues vont brouter les espèces de *fucus* qui croissent sur les rochers dont ces petites îles sont bordées.

» Les pêcheurs visitent de temps en temps les filets; lorsque la *fole* commence à caler, suivant leur langage, c'est-à-dire lorsqu'elle s'enfonce d'un côté plus que de l'autre, on se hâte de la retirer. Les tortues ne peuvent se dégager aisément de ces sortes de rets, parce que les lames d'eau, qui sont assez fortes près des îlots, donnent aux deux bouts du filet un mouvement continuel qui les étourdit ou les embarrasse. Si l'on diffère de visiter les filets, on trouve quelquefois les tortues noyées. Lorsque les requins, ou les espadons, rencontrent des tortues hors d'état de fuir et de se défendre, ils les dévorent et brisent le filet. Le temps de foler la tortue franche est depuis janvier jusqu'en mai.

» L'on se contente quelquefois d'approcher doucement dans un esquif des tortues franches qui dorment et flottent à la surface de la mer. On les retourne, on les saisit avant qu'elles n'aient eu le temps de se réveiller et de s'enfuir; on les pousse ensuite devant soi jusqu'à la rive, et c'est de cette manière que les anciens les pêchaient dans les mers de l'Inde. Pline a écrit qu'on les entend ronfler d'assez loin lorsqu'elles dorment en flottant à la surface de l'eau. Le ronflement que ce naturaliste leur attribue pourrait venir du peu d'ouverture de leur glotte, qui est étroite, ainsi que celle des tortues de terre, ce qui doit ajouter à la facilité qu'ont ces animaux de ne point avaler l'eau dans laquelle ils sont plongés.

» Si les tortues demeurent quelque temps sur l'eau, exposées pendant le jour à toute l'ardeur des contrées équatoriales, lorsque la mer est presque calme et que les petits flots, ne pouvant point atteindre jusqu'en dessus de leur carapace, cessent de la baigner, le soleil dessèche cette couverture, la rend plus légère et empêche les tortues de plonger aisément, tant leur légèreté spécifique est voisine de celle de l'eau et tant elles ont de peine à augmenter leur poids, etc. » (T. 1er, p. 92 et suivantes, édit. in-12.)

Qui n'a connaissance de cette antique histoire

du chanteur de Lesbos, etc. C'est l'histoire assez connue d'Arion. « On a répété, dit éloquemment M. de Lacépède, l'histoire de Phallante sauvé par un dauphin après avoir fait naufrage près des côtes d'Italie. On a honoré le dauphin comme un bienfaiteur de l'homme ; on a conservé comme une allégorie touchante, comme un souvenir consolateur pour le génie malheureux l'aventure d'Arion, qui, menacé de la mort par les féroces matelots du navire sur lequel il était monté, se précipita dans la mer, fut accueilli par un dauphin, que le doux son de sa lyre avait attiré, et fut porté jusqu'au port voisin par cet animal sensible et reconnaissant.

» On a nommé barbares et cruels les Thraces et les autres peuples qui donnaient la mort aux dauphins. » (*Histoire naturelle des cétacés*, t. 2 p. 212.)

Peut-être aussi a-t-on présenté à la mémoire cette affection si justement célèbre d'un dauphin pour ce jeune berger de la Libye. Les dauphins ont toujours passé pour avoir une affection particulière pour les jeunes individus de l'espèce humaine. Pline (liv. 9, ch. 8) raconte plusieurs traits de ces poissons qui en offrent des preuves multipliées. M. de Lacépède n'a pas manqué d'en rapporter quelques-uns.

« Les animaux de leur espèce, dit-il, ne sont pas les seuls pour lesquels ils paraissent concevoir de l'affection ; ils se familiarisent du moins avec l'homme. Pline a écrit qu'en Barbarie, auprès de la ville d'Hippodiarrhite, un dauphin s'avançait sans crainte vers le rivage, venait recevoir sa nourriture de la main de celui qui voulait la lui donner, s'approchait de ceux qui se baignaient, se livrait autour d'eux aux mouvemens d'une gaîté très-vive, souffrait qu'ils montassent sur son dos, et obéissait avec autant de docilité que de précision. » (*Histoire naturelle des cétacés*, t. 2, p. 199.).

« Les anciens ont prétendu que la familiarité des cétacés était plus grande avec les enfans qu'avec les hommes avancés en âge. Mécénas-Fabius et Flavius-Alfius ont écrit dans leurs chroniques, suivant Pline, qu'un dauphin qui avait pénétré dans le lac Lucrin recevait tous les jours du pain que lui donnait un jeune enfant, qu'il accourait à sa voix, qu'il le portait sur son dos, et que l'enfant ayant péri, le dauphin, qui ne revit plus son jeune ami, mourut bientôt de chagrin. Le naturaliste romain ajoute des faits semblables arrivés sous Alexandre de Macédoine ou racontés par Égésidème et par Théophraste. Les anciens enfin n'ont pas balancé à supposer dans les dauphins, pour les jeunes gens avec lesquels ils pouvaient jouer plus facilement qu'avec les hommes faits, une sensibilité, une affection et une constance presque semblables à celles dont le chien nous donne des exemples si touchans. » (*Id.*, p. 202).

L'entière Æolide conservera toujours le souvenir de cette tendre amitié qu'un dauphin, etc. Le tableau que nous présente ici Oppien est si touchant, ces exemples de l'amour des dauphins pour les jeunes gens ont un si vif intérêt que nous croyons faire plaisir à nos lecteurs de mettre sous leurs yeux la trente-troisième épître de Pline le jeune, qui nous rapporte un fait du même genre dans un style qui en rend le récit plus piquant :

A Cavinius.

« J'ai découvert un sujet de poëme. C'est une histoire qui a tout l'air d'une fable. Il mérite d'être traité par un homme comme vous, qui ait l'esprit agréable, élevé, poétique. J'en ai fait la découverte à table, où chacun comptait à l'envi son prodige. L'auteur passe pour très-fidèle, quoiqu'à vrai dire qu'importe la fidélité à un poëte ? Cependant c'est un auteur tel que vous ne refuseriez pas de lui ajouter foi si vous écriviez l'histoire. Près de la colonie d'Hippone, qui est en Afrique, sur le bord de la mer, on voit un étang navigable d'où sort un canal qui, comme un fleuve, entre dans la mer, ou retourne à l'étang même, selon que le flux l'entraîne ou que le reflux le repousse. La pêche, la navigation, le bain y sont des plaisirs de tous les âges, surtout des enfans que leur inclination porte au divertissement et à l'oisiveté. Entre eux ils mettent l'honneur et le mérite à quitter de plus loin le rivage, et celui qui s'en éloigne le plus et qui devance les autres est le vainqueur dans cette sorte de combat. Un enfant, plus hardi que ses compagnons, s'étant fort avancé, un dauphin se présente et tantôt le précède, tantôt le fuit, tantôt tourne autour de lui, enfin charge l'enfant sur son dos, puis le remet à l'eau ; une autre fois le reprend, et l'emporte, tout tremblant d'abord, en pleine mer ; mais peu après il revient à terre et le rend au rivage et à ses compagnons. Le bruit s'en répand dans la colonie, chacun y court, chacun regarde cet enfant comme une merveille ; on ne peut se lasser de l'interroger, de l'entendre, de raconter ce qui s'est passé. Le lendemain tout le peuple court au rivage ; ils ont tous les yeux sur la mer ou sur ce qu'ils prennent pour elle ; les enfans se mettent à la nage, et parmi eux celui dont je vous parle, mais avec plus de retenue. Le dauphin revient à la même heure, il s'adresse au même enfant ; celui-ci prend la fuite avec les autres. Le dauphin, comme s'il voulait le rappeler et l'inviter, saute, plonge et fait cent tours différens. Le jour suivant, celui d'après et plusieurs autres de suite, même chose arrive, jusqu'à ce que ces jeunes gens, nourris sur la mer, se font une honte de leur crainte : ils approchent le dauphin, ils l'appellent, ils jouent avec lui ; ils le touchent, il se laisse manier. Cette épreuve les encourage, surtout l'enfant qui le premier en avait couru le risque ; il nage auprès du dauphin et saute sur son dos : il est porté et apporté ; il se croit reconnu et aimé, il aime aussi. Ni l'un ni l'autre n'a de peur, ni n'en donne ; la confiance de celui-là augmente, et en même temps la docilité de celui-ci; les autres enfans même l'accompagnent en nageant et l'animent par leurs cris et par leurs discours. Avec ce dauphin en était un autre (ceci n'est pas moins merveilleux) qui ne servait que de compagnon et de spectateur : il ne faisait, il ne souffrait rien de semblable, mais il menait et ramenait l'autre, comme les enfans menaient et ramenaient leur camarade. Il est incroyable, mais pourtant il n'est pas moins vrai que tout ce qui vient d'être dit, que ce dauphin qui jouait avec cet enfant et qui le portait avait coutume de venir à terre, et qu'après s'être séché sur le sable, lorsqu'il venait à sentir la chaleur, il se rejetait à la mer. Il est certain qu'Octavius Avitus, lieutenant du proconsul, emporté par une vaine superstition, prit le temps que le dauphin était sur le rivage pour faire répandre sur lui des parfums, et que la nouveauté de cette odeur le mit en fuite et le fit sauver dans la mer. Plusieurs jours s'écoulèrent depuis sans qu'il parût; enfin il revint d'abord languissant et triste; et peu après ayant repris ses premières forces, il recommença ses jeux et ses tours ordinaires. Tous les magistrats des lieux circonvoisins s'empressaient d'accourir à ce spectacle : leur arrivée et leur séjour engageaient cette ville, qui n'est pas déjà trop riche, à de nouvelles dépenses et achevaient de l'épuiser. Le concours du monde y troublait d'abord et y dérangeait tout. On prit donc le parti de tuer secrètement le dauphin qu'on venait voir! Avec quels sentimens ne pleurerez-vous pas son sort! avec quelles expressions, avec quelles figures ne releverez-vous point cette histoire, quoiqu'il ne soit pas besoin de votre art pour l'augmenter ou l'embellir et qu'il suffise de ne rien ôter à la vérité! Adieu. » (*Trad. de M. de Sacy.*)

On a de petites nasses tissues de joncs très-serrés, dont la forme est celle des paniers connus sous le nom de talares, *etc.* Les talares étaient des paniers oblongs où les personnes du sexe mettaient leur laine et qui servaient aussi à d'autres usages.

Ils s'en servent ensuite pour faire passer sur de riches étoffes leur belle, leur superbe teinte pourpre, etc. L'espèce de pourpre qui fournissait aux anciens cette belle couleur du nom de ce mollusque est, à ce qu'on croit, celle qui dans la nomenclature de ces animaux porte le nom de *purpura patula*. Il en existe une autre espèce nommée *purpura capillus* dont on se sert maintenant dans le Nord pour colorer en rouge.

Je ne crois pas qu'il y ait de pêche qui présente de plus rudes combats, de plus déplorables travaux à ceux qui s'y livrent que celle des éponges, etc. » Les éponges, dit M. de Lamarck, sont des polypiers polymorphes constituant une masse flexible et poreuse, ayant une croûte, substance gélatineuse, irritable dans l'état frais et se desséchant à la sortie de la mer, ayant le plus grand rapport avec les alcyons et s'en distinguent en ce que dans l'état sec, ils sont plus mous, moins encroûtés, qu'ils offrent dans l'état frais une matière gélatineuse qu'on ne voit point dans les alcyons.

Princes chéris de Jupiter, ô mes souverains! telles sont les diverses merveilles, les scènes variées, ouvrages de la nature et de l'art, que nous offrent les mers et dont j'ai recueilli la connaissance. Le grec dit seulement : « *Toss' edaën, skeptouche diotrephes, erga thalessés.* » Mot à mot : « Prince chéri de Jupiter, tel est le grand nombre des travaux des mers que j'ai connus. » — *Tot, princeps generose, maris novimus artes*, traduit Lippius. J'ai cru devoir donner plus de développement au mot *erga*, le vers où il se trouve étant la péroraison de ce poëme, dont il exprime l'objet et le contenu. J'aurais pu me contenter de mettre : « Tel est le grand nombre des merveilles des mers venues à ma connaissance. » Ce que j'ai ajouté me paraît terminer beaucoup mieux l'ouvrage dans lequel il est réellement question de tout ce que la nature et l'art présentent de curieux et d'utile concernant les animaux des mers. Je craindrais sans cela que cette péroraison ne parût trop concise et trop brusque.

FIN DES REMARQUES SUR LA PÊCHE D'OPPIEN.

TABLE DES MATIÈRES

CONTENUES DANS CE VOLUME.

Préface de l'éditeur. ix
Introduction. xi

OEUVRES D'ORPHÉE.

Préface d'Orphée. 1
L'Argonautique. 21

HYMNES.

Hymne Ier. Le parfum de la Déesse qui veille aux portes. 38
— II. Parfum de la Nuit. ib.
— III. Parfum d'Ouranos. ib.
— IV. Parfum de l'Ether. ib.
— V. Parfum du Primigenius. ib.
— VI. Parfum des Astres. 39
— VII. Parfum du Soleil. ib.
— VIII. Parfum de la Lune. ib.
— IX. Parfum de la Nature. ib.
— X. Parfum de Pan. 40
— XI. Parfum d'Hercule. ib.
— XII. Parfum de Saturne. ib.
— XIII. Parfum de Rhéa. ib.
— XIV. Parfum de Jupiter. 41
— XV. Parfum de Junon. ib.
— XVI. Parfum de Neptune. ib.
— XVII. Sur Pluton. ib.
— XVIII. Parfum de Jupiter Tonnant. ib.
— XIX. Parfum de Jupiter Foudroyant. 42
— XX. Parfum des Nuages. ib.
— XXI. Parfum de la Mer. ib.
— XXII. Encens de Nérée. ib.
— XXIII. Parfum des Néréides. ib.
— XXIV. Parfum de Protée. 43
— XXV. Parfum de la Terre. ib.
— XXVI. Parfum de la Mère des dieux. ib.
— XXVII. Parfum de Mercure. ib.
— XXVIII. A Proserpine. ib.
— XXIX. Parfum de Bacchus. 44
— XXX. des Curètes. ib.
— XXXI. A Minerve. ib.
— XXXII. Parfum de la Victoire. ib.
— XXXIII. Parfum d'Apollon. ib.
— XXXIV. Parfum de Latone. 45
— XXXV. Parfum de Diane. ib.
— XXXVI. Parfum des Titans. ib.
— XXXVII. Parfum des Curètes. ib.
— XXXVIII. Parfum de la mère Cérès d'Eleusis. 46
— XXXIX. Encens de Mésa. ib.
— XL. Parfum des Saisons. ib.

— XLI. Parfum de Sémélé. 46
— XLII. A Bacchus Bassaréen et Triennal. 47
— XLIII. Parfum de Licnitus. ib.
— XLIV. Parfum de Bacchus. ib.
— XLV. Parfum de Salazius. ib.
— XLVI. Parfum d'Ippa. ib.
— XLVII. A Bacchus Lénéus. ib.
— XLVIII. Parfum des Nymphes. ib.
— XLIX. Parfum de Bacchus Triennal. 48
— L. Parfum de l'anniversaire de Bacchus. ib.
— LI. Parfum du Satyre Silène. ib.
— LII. Hymne d'Aphrodite. ib.
— LIII. Parfum d'Adonis. 49
— LIV. Parfum de Mercure infernal. ib.
— LV. Parfum de Cupidon. ib.
— LVI. Parfum des Parques. ib.
— LVII. Parfum des Grâces. 50
— LVIII. A Némésis. ib.
— LIX. Parfum de la Justice. ib.
— LX. Parfum de l'Équité. ib.
— LXI. Parfum de la Loi. ib.
— LXII. Parfum de Mars. 51
— LXIII. Parfum de Vulcain. ib.
— LXIV. Parfum d'Esculape. ib.
— LXV. Parfum d'Hygie. ib.
— LXVI. Parfum des Euménides. ib.
— LXVII. Parfum des Euménides. 52
— LXVIII. Parfum de Mélinoé. ib.
— LXIX. Parfum de la Fortune. ib.
— LXX. Parfum du Génie protecteur. ib.
— LXXI. Parfum de Leucothée. ib.
— LXXII. Parfum de Palémon. ib.
— LXXIII. Parfum des Muses. 53
— LXXXIV. Parfum de Mnémosyne. ib.
— LXXV. Parfum de l'Aurore. ib.
— LXXVI. Parfum de Thémis. ib.
— LXXVII. Parfum de Borée. ib.

— LXXVIII. Parfum du Zéphire. 53
— LXXIX. Encens de Notus. 54
— LXXX. Parfum de l'Océan. ib.
— LXXXI. Parfum de Vesta. ib.
— LXXXII. Parfum du Sommeil. ib.
— LXXXIII. Parfum de la Mort. ib.

LES PIERRES.

Præmium 55
Argument des Pierres. 56
I. Le Cristal. 57
II. La Galactite. ib.
III. La Pétrace. ib.
IV. L'Agate. 58
V. La Corne de cerf. ib.
VI. La Pierre barbare. ib.
VII. La Jaspe. ib.
VIII. La Topase. ib.
IX. L'Opale. ib.
X. L'Aimant. 59
XI. L'Ostrite. ib.
XII. Le Jais. 61
XIII. Le Coryphode. ib.
XIV. Le Corail. ib.
XV. L'Agate. 62
XVI. ib. 63
XVII. ib. ib.
XVIII. Neuritis. 64
XIX. Chabaccos. ib.
Fragmens. ib.

OEUVRES D'HOMÈRE.

Préface. 67
Hymne I. A Apollon. 73
— II. A Mercure. 79
— III. A Vénus. 87
— IV. A Cérès. 90
— V. A Vénus. 96
— VI. A Bacchus. ib.
— VII. A Mars. 97
— VIII. A Diane. ib.
— IX. A Vénus. ib.
— X. A Minerve. 98
— XI. A Junon. ib.
— XII. A Cérès. ib.
— XIII. A la Mère des dieux. ib.
— XIV. A Hercule au cœur de lion. ib.
— XV. A Esculape. ib.
— XVI. Aux Dioscures. ib.
— XVII. A Mercure. ib.
— XVIII. A Pan. 99
— XIX. A Vulcain. ib.
— XX. A Apollon. ib.
— XXI. A Neptune. 100
— XXII. A Jupiter. ib.
— XXIII. A Vesta. ib.
— XXIV. Aux Muses et à Apollon. ib.
— XXV. A Bacchus. ib.
— XXVI. Au même. Fragment. ib.

TABLE DES MATIÈRES.

— XXVII. A Diane. 101
— XXVIII. A Minerve. ib.
— XXIX. A Vesta et à Mercure. ib.
— XXX. A la Mère de tous. ib.
— XXXI. Au Soleil. 102
— XXXII. A la Lune. ib.
— XXXIII. Aux Discoures. ib.

FRAGMENS.
I. Aux habitans de Neotychus colonie de Cyme. 102
II. En revenant dans la ville de Cyme. 103
III. Épitaphe de Midas. ib.
IV. Contre les habitans de Cyme. ib.
V. Contre Testoride. ib.
VI. A Neptune. ib.
VII. A la ville d'Érithrée. ib.
VIII. Contre des Nautoniers. ib.
IX. A un Pin. ib.
X. A Glaccus. 104
XI. Contre une Prêtresse de Samos. ib.
XII. A la Maison des amis. ib.
XIII. Le Fourneau ou la terre à potier. ib.
XIV. Fragment. ib.
XV. A des Pêcheurs. ib.

FRAGMENS DE DIVERS POÈMES ATTRIBUÉS A HOMÈRE.
I. Fragment du Margitès. 105
II. Fragmens de la Thébaïde, poëme cyclique. ib.
III. Fragmens des Épigones. ib.
IV. Fragmens des vers Cypriens. ib.
V. Fragmens de la petite Iliade. ib.
VI. Fragment d'un poëme intitulé le Retour. 106
VII. Fragmens des Cercopes. ib.
VIII. Fragmens de poëmes inconnus. ib.
La Batrachomyomachie. 107

OEUVRES D'HÉSIODE.
Essai sur Hésiode. 113
La Théogonie. 127
Les Travaux et les Jours. 140
Le Bouclier d'Hercule. 151
Fragmens. 158

PINDARE.
Notice sur Pindare. 165
Des jeux olympiques. 169
Ire Olympique pour Hiéron. 185
IIe — pour Théron. 186
IIIe — pour Théron. 188
IVe — pour Psaumis. 189
Ve — pour Psaumis. ib.
VIe — pour Agésias. 190
VIIe — pour Diagoras. 192
VIIIe — pour Alcimédon et Timosthènes. 193
IXe — pour Épharmostus. 194
Xe — pour Agésidamus. 196
XIe — pour Agésidamus. 197
XIIe — pour Ergotèle. 198
XIIIe — pour Xénophon. ib.
XIVe — pour Asopichus. 200
Des jeux pythiques. 201
Ire Pythique pour Hiéron. 201
IIe — pour Hiéron. 203
IIIe — pour Hiéron. 204
IVe — pour Arcésilas. 205
Ve — pour Arcésilas. 211
VIe — pour Xénocrate. 212
VIIe — pour Mégaclès. 213
VIIIe — pour Aristomène. ib.
IXe — pour Télésicrate. 214

Xe — pour Hippoclès. 216
XIe — pour Thrasydée. 217
XIIe — pour Midas. 218
Des jeux néméens. 219
Ire Néméenne pour Chromius. ib.
IIe — pour Timodème. 220
IIIe — pour Aristoclide. 221
IVe — pour Timasarque. 222
Ve — pour Pythéas. 223
VIe — pour Alcimide. 224
VIIe — pour Sogène. 225
VIIIe — pour Dinias. 227
IXe — pour Chromius. 228
Xe — pour Thiéus. 229
XIe — pour Aristagoras. 231
Des jeux isthmiques. 232
Ire Isthmique pour Hérodote. 232
IIe — pour Xénocrate. 233
IIIe — pour Mélissus. 234
IVe — pour Mélissus. ib.
Ve — pour Phylacidas. 235
VIe — pour Phylacidas, Pithéas et Euthymène. 236
VIIe — pour Strepsiade. 238
VIIIe — pour Cléandre. 239

ANACRÉON.
Vie d'Anacréon. 242
Ode I. Sur sa lyre. 243
— II. Sur les femmes. ib.
— III. Sur l'Amour. ib.
— IV. Sur lui-même. ib.
— V. Sur la rose. ib.
— VI. Érotique. ib.
— VII. Sur l'Amour. 244
— VIII. Songe. ib.
— IX. Sur une colombe. ib.
— X. Sur un Amour en cire. ib.
— XI. Sur lui-même. ib.
— XII. Sur une hirondelle. ib.
— XIII. Sur lui-même. ib.
— XIV. Sur l'Amour. 245
— XV. Vivre sans inquiétude. ib.
— XVI. Sur lui-même. ib.
— XVII. Sur un coupe d'argent. ib.
— XVIII. Même sujet. ib.
— XIX. Il faut boire. ib.
— XX. A une jeune fille. ib.
— XXI. Sur lui-même. 246
— XXII. A Bathylle. ib.
— XXIII. Sur l'amour de l'or. ib.
— XXIV. Sur lui-même. ib.
— XXV. Sur lui-même. ib.
— XXVI. Sur lui-même. ib.
— XXVII. Sur Bacchus. ib.
— XXIII. Sur une jeune fille. ib.
— XXIX. Sur le jeune Bathylle. 247
— XXX. Sur l'Amour. ib.
— XXXI. Sur son délire. ib.
— XXXII. Sur le nombre de ses amours. ib.
— XXXIII. Sur l'hirondelle. ib.
— XXXIV. A une jeune fille. ib.
— XXXV. Sur Europe. 248
— XXXVI. Il faut jouir de la vie. ib.
— XXXVII. Sur le printemps. ib.
— XXXVIII. Sur lui-même. ib.
— XXXIX. Sur un banquet. ib.
— XL. Sur l'Amour. ib.
— XLI. Sur un banquet. ib.
— XLII. Érotique. 249
— XLIII. Sur la cigale. ib.
— XLIV. Songe. ib.
— XLV. Sur les traits de l'Amour. ib.
— XLVI. Sur l'Amour. ib.
— XLVII. Sur un vieillard. ib.
— XLVIII. Sur Bacchus. ib.
— XLIX. Sur un disque représentant

Vénus. ib.
Ode L. Sur le vin. 250
— LI. Sur la rose. ib.
— LII. Sur lui-même. ib.
— LIII. Sur les amans. 251
— LIV. Sur lui-même. ib.
— LV. Sur lui-même. ib.
— LVI. Sur l'Amour. ib.
— LVII. Sur le printemps. ib.
— LVIII. Sur lui-même. ib.
— LIX. Sur un tableau. ib.
— LX. Sur une jeune fille. ib.
Fragmens. 251
Épigrammes. 252
Épitaphe d'Anacréon, par Julien. ib.
Fragmens. ib.

SAPPHO.
Vie de Sappho. 254
Hymne à Vénus. 258
Hymne à une femme aimée. ib.
Épitaphes. ib.
Fragmens. ib.

TYRTÉE.
Vie de Tyrtée. 260
Ire Messénique. ib.
IIe Messénique. 261
IIIe Messénique. ib.

STÉSICHORE.
Vie de Stésichore. 263
Fragmens. ib.

SOLON.
Vie de Solon. 264
Aux Muses. 266

ALCÉE.
Vie d'Alcée. 269
Fragmens. ib.

IBYCUS.
Vie d'Ibycus. 272
Fragmens. ib.

ALCMANE.
Vie d'Alcmane. 273
Fragmens. ib.

BACCHYLIDE.
Vie de Bacchylide. 274
I. Sur la paix. ib.
II. Sur le véritable courage. ib.
III. Sur le bonheur. ib.
Sur Dieu. 275
Sur le Péloponèse. ib.

OEUVRES DE THÉOCRITE.
Vie de Théocrite. 277
Idylle I. Le berger Thyrsis, le chevrier. 281
— II. La magicienne. 283
— III. Le chevrier ou Amarryllis. 285
— IV. Battus et Corydon. 286
— V. Les chanteurs. 288
— VI. Les chanteurs Damétas et Daphnis. 291
— VII. Les Thalisiennes. 292
— VIII. Les chanteurs Daphnis et Ménalque. 294
— IX. Les pasteurs. 295
— X. Les moissonneurs. 296
— XI. Le cyclope. 297
— XII. Les deux amis. 299
— XIII. Hylas. ib.
— XIV. L'amour de Cynisca. 300
— XV. Les Syracusaines. 302
— XVI. Hiéron ou les Grâces. 305

TABLE DES MATIÈRES.

Idylle XVII. Éloge de Ptoléméc. 306
— XVIII. Épithalame d'Hélène. 308
— XIX. Le voleur de miel. 309
— XX. Le pasteur. 309
— XXI. Les pêcheurs. 310
— XXII. Les dioscures. 311
— XXIII. L'amant malheureux. 314
— XXIV. Enfance d'Hercule. 315
— XXV. Hercule vainqueur du lion. 317
— XXVI. Les bacchantes. 320
— XXVII Daphnis et une bergère. 321
— XXVIII. La quenouille. 323
— XXIX. L'amant. ib.
— XXX. Mort d'Adonis. 324
Inscriptions. 324
Épitaphes. 326
Fragmens de la Bérénice. 327

BION ET MOSCHUS.

Préface. 329
Idylles de Bion. 331
Idylles de Moschus. 335

OEUVRES DE CALLIMAQUE.

Discours préliminaire. 343
Hymne I. En l'honneur de Jupiter. 349
— II. Sur les bains de Pallas. 350
— III. En l'honneur de Cérès. 353
IV. En l'honneur d'Apollon. 354
— V. En l'honneur de Diane. 355
— VI. En l'honneur de Délos. 359

OEUVRES DE COLUTHUS.

Vie de Coluthus. 365
L'enlèvement d'Hélène, poëme. 366

MUSÉE.

Préface. 373
Héro et Léandre, poëme. 380

OEUVRES DE TRYPHIODORE.

Vie de Tryphiodore. 385
La prise de Troie, poëme. 386

APOLLONIUS.

Vie d'Apollonius. 397

EXPÉDITION DES ARGONAUTES, POÈME.

Chant Ier. 403
Chant IIe. 420
Chant IIIe. 435
Chant IVe. 452

OEUVRES D'OPPIEN.

Préface 475

LA CHASSE, POÈME.

Chant Ier. 477
Chant IIe 484
Chant IIIe. 492
Chant IVe. 499

LA PÊCHE OU LES HALIEUTIQUES, POÈME.

Préface. 506
Chant Ier. 507
Chant 2e. ib.
Chant IIIe. ib.
Chant IVe. 537
Chant Ve. 546

OEUVRES DE SYNÉSIUS.

Préface. 557
Notice sur Synésius. 558
Hymnes. 561

ANTHOLOGIE.

Notice sur l'Anthologie. 573
Extraits de l'Anthologie. 574

NOTES.

Notes sur les œuvres d'Hésiode. 585
Notes sur la Théogonie. 588
Notes sur les Travaux et les Jours. 605
Notes sur le Bouclier d'Hercule. 613
Notes sur les Fragmens. 626
Notes des Olympiques de Pindare. 635
Notes sur les Pythiques. 651
Notes sur les Néméennes. 655
Notes sur les Isthmiques. 658
Notes sur les Fragmens de Sappho. 661
Notes sur les Idylles de Théocrite. 663
Notes sur les Idylles de Bion. 673
Notes sur les Idylles de Moschus. 679
Notes sur la Chasse d'Oppien. 682
Remarques sur la Pêche d'Oppien. 709

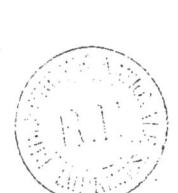

FIN DE LA TABLE DES MATIÈRES.